中華大典

經濟典

四川出版集團·巴蜀書社

《中華大典》工作委員會

《中華大典》編纂委員會

《中華大典》前言

《中華大典》是運用我國歷代漢文古籍編纂的一部大型工具書。其目的是爲學術界及願意了解中國古代珍貴文化典籍的人士提供準確詳實、便於檢索的漢文古籍分類資料。

中國是世界文明古國之一，幾千年來纂寫和聚集的文化典籍浩如烟海。我國歷代都有編纂類書的優良傳統，具有代表性的《永樂大典》等大多已佚失，現存《古今圖書集成》編就距今也已數百年。爲了適應今天和以後研究和檢索的需要，一九八八年海内外三百多位專家學者和各古籍出版社同仁倡議，在已有類書的基礎上，用現代科學方法編纂一部新的類書《中華大典》。

國務院在關於編纂《中華大典》問題的批覆中指出，編纂《中華大典》『是我國建國以來最大的一項文化出版工程』。本書所收漢文古籍上起先秦，下迄清末，約三萬種，達七億多字，分爲二十四個典，近百個分典，内容廣博，規模宏大，前所未有。

《中華大典》的編纂工作堅持科學態度和百花齊放、百家争鳴方針。儘量採用古精校精刻本，優先採用我國建國後文獻學和考古學的優秀成果。對傳統文化中重要的不同學派的資料，兼收並蓄。運用現代圖書分類的方法，對搜集到的資料，精選、精編，力求便於檢索、準確可信。

這項工作從開始起就受到中共中央、國務院和有關部門的重視和支持。國家主席江澤民、國務院總理李鵬分别爲《中華大典》題詞。江澤民的題詞是：『同心同德，群策群力，認真編好中華大典，爲建設有中國特色的社會主義服務。』李鵬的題詞是：『繼承和弘揚民族優秀傳統文化。』全國政協主席李瑞環、國務委員李鐵映也作了重要指示，要求抓緊辦理。一九九〇年五月，國務院批准《中華大典》爲國家重點古籍整理項目。一九九二年九月，正式成立了《中華大典》工作委員會和《中華大典》編纂委員會，召開了《中華大典》工作、編纂會議。自此，《中華大典》的編纂工作由試點轉入正式啓動，逐步鋪開。

編纂《中華大典》，學術性很强，工作量很大，工程十分艱巨，全賴廣大專家學者和全國各有關高等院校、科研院所、圖書館、出版單位的鼎力支持與積極參與。大家本着弘揚中華民族優秀文化的心願，發揚奉獻精神，克服各種困難，團結協作，給這部巨大類書的出版提供了根本保證。在此謹表示誠摯的謝意。

對本書的批評與建議，我們將十分歡迎。

《中華大典》編纂委員會

一九九七年四月

二〇〇六年十一月修訂

《中華大典》編纂通則

一、性質：《中華大典》（以下簡稱《大典》）是對漢文古籍（含已翻譯成漢文的少數民族古籍）進行全面的、系統的、科學的分類整理和彙編總結的新型類書，是在繼承歷代類書優良傳統、考慮漢文古籍固有特點的基礎上，借鑑和參照近代編纂百科全書的經驗和方法編纂而成。編纂《大典》的目的，是爲學術界及願意了解中國古代珍貴文化典籍的人士提供各種分門別類的、準確詳細的古代漢文專題資料。

二、規模和體例：《大典》所收古籍的時限，上自先秦，下迄辛亥革命。全書共收各類漢文古籍三萬餘種，七億多字。全書體例，着重汲取清代《古今圖書集成》所採用的經目和緯目相交織這一統一框架結構的模式，同時參照現代科學的學科、目録分類方法，並根據各類學科内容的實際情況，一般將每一大類學科輯爲一典，也有將幾個相關學科共輯爲一典的。對各典名稱，均以現代學科命名，對於所收入的各種古籍資料，亦儘可能納入現代科學分類體系之中。

三、經目：《大典》共分二十四個典，即哲學典、宗教典、政治典、軍事典、經濟典、法律典、教育體育典、語言文字典、文學典、藝術典、歷史典、歷史地理典、民俗典、數學典、物理化學典、天文典、地學典、生物學典、醫藥衛生典、農業典、林業典、工業典、交通運輸典、文獻目録典。典以下以分典、總部、部、分部分級，分部之下的標目根據各學科特點由各典自行擬定。

四、緯目：共設置九項緯目，用以包容各級經目的具體内容：
①題解：對有關學科的名稱、概念、含義、特點等作總體介紹的資料。
②論説：有關理論部分的資料。
③綜述：有關學科或事物的系統性資料，凡有關學科或事物的性狀、制度、範疇、特點及學科地位、發展情況等具體内容均編入此緯目中。
④傳記：有關人物的傳記資料。
⑤紀事：有關學科或事物的具體活動或事例的資料。
⑥著録：重要人物或文獻的有關著作資料，如專集介紹、序跋、藏書題記，以及有關著作的成書經過、版本源流等。
⑦藝文：有關屬於文學欣賞性的散文或韵文。
⑧雜録：凡未收入以上各緯目，而又有較高參考價值的資料，均入雜録。
⑨圖表：根據有關經目的内容需要，圖與表附於相關專題之下，或集中彙總於某級經目之後。
《大典》以内容分類安排各級緯目，各級緯目的正文，一般以原書爲單位，按時代順序排列。每一條資料前標明出處，包括書名或作者名、篇名或卷次，以利讀者核對原書。
五、書目：每分典後附有該分典所收書之書目，書目包括書名、作者、時（年）代、版本等内容。時代以成書時代爲準，成書時代不詳者，以作者主要活動時代爲準，並遵從歷史習慣。
六、版本：《大典》在選用版本時儘量採用古人的精校精刻本，亦採用部分學術界通用的近、現代整理圈點本及現代學者校點整理本。

七、校點：爲儘可能保存古籍原貌，《大典》祇對底本中明顯的脱、訛、衍、倒進行勘正。古本中的避諱字一般不作改動，祇對缺筆字補足筆畫。後人刻書時避當朝人諱而改動的字，據古本改回。《大典》採用新式標點法。

《中華大典》編纂委員會

一九九六年八月

二〇〇六年十一月修訂

《中華大典·經濟典》編纂委員會

主　　編：寧　可

常務副主編：李華瑞

副　主　編：郝春文　閆守成　汪聖鐸　陳明光　寧　欣　姜錫東　任士英

劉玉峰　石　濤　郗志群　王曉龍

學術秘書：張麗軍

編　　委：（以姓氏筆畫爲序）

王青山　王曉龍　牛來穎　石　濤　史　衛　任士英　宋　傑

李　軍　李　曉　李志英　李華瑞　汪聖鐸　郗志群　郝春文

陳支平　陳明光　姜錫東　唐文基　閆守誠　楊振紅　楊建庭

彭　勇　賈道民　張小鋒　張春蘭　張熙惟　趙樹廷　魯統彥

寧　可　寧　欣　寧俊偉　劉玉峰

《中華大典·經濟典》序

經濟是一個國家、一個民族賴以生存和發展的基礎。《中華大典·經濟典》所輯録、編列的，就是從先秦到清末有關中國經濟的文獻資料。它力求全面、完整、清楚地體現這段時期中國經濟的概貌及其特點。本典内容，除去編纂者的學力未逮與識見不足之外，還不可避免地帶有與文獻本身俱來的疏失與缺憾。

首先需要提出的中國歷史的第一個特點是，中國是世界上的文明古國。在其五千年的歷史中，一脈相承，賡續發展，始終沒有中斷或被其他民族與文明取代過。

早在三千多年前，中國已經有了成型成體系的古文字——甲骨文，其他民族、國家的古文字體系，包括埃及象形文字、兩河流域楔形文字和古波斯文的釋讀，都需要藉助另一種文字的重譯。祇有中國，雖然甲骨文之後還出現像金文、戰國文字那樣一些變異，但在西元前二百二十一年秦始皇統一六國，推行『書同文』之後，全國文字基本統一，雖然其間累有小的變革，但兩千多年來，總體上一脈相承、循而未改，在中國文化的傳承過程中具有極大的連貫性與優越性。

中國歷來就有重視文獻記録的傳統，『萬邦之君，有典有則』（《尚書·五子之歌》）。到了西漢，柔韌的紙張發明，西元七世紀的唐初，雕版印刷術發明，更是給文字材料的書寫、保存、複製和傳播帶來極大的便利。歷代王朝對文字資料特別是書籍檔案的搜集和典藏都極為重視，西漢就有『金匱石室之書』。到清朝乾隆帝更集全國之力編修《四庫全書》，總目、存目著錄所收書籍即達萬種，連同當時未收和歷代佚失書籍，何止數萬。這些注重搜集書卷、保留文獻的傳統和做法也不時給文獻資料帶來厄運，歷代因為各種原因特別是戰亂，使得大量皇家官府民間藏書損毀。最近的兩大劫難，一是明《永樂大典》唯一抄本兩萬餘卷一萬餘冊毀於八國聯軍之役。經過多方徵集，幸存者不過八百餘卷四百餘冊；一是《四庫全書》全國七部抄本中的四部分別毀失於英法聯軍與太平天國之役，目前僅存三部半。

在大量現存的文獻資料中，有不少涉及經濟的資料。而且有些是相當系統完整的，特別是正史中的貨殖列傳、平准書、食貨志；政書、類書中的食貨典，以及會要類書中有關經濟的記載。此外，編年體史書中亦有相當多的有關記載；雜史筆記，乃至詩文集中有關經濟的記錄也非鮮見。這給《經濟典》的編纂提供了大量豐富的資料。

但是，《經濟典》的編纂也具有難以克服的缺憾。

其一是搜集的僅限於漢文文獻。當前全國五十六個民族中，除了漢族之外，還有二十六個民族有和自己語言相一致的五十四種文字（其中有些民族有兩種以上的文字），若是把它們都記錄下來，定會有相當多的是屬於有關本族經濟的。另外，歷史上的少數民族有過自己文字的，還有大約十三種之多（其中古巴蜀文尚未能釋讀）。《經濟典》尚無法對之一一搜羅編列，未免遺憾。

其二，由於我國歷史悠久，文化積澱豐厚，考古—文物資料極為豐富，其中有大量的具有寶貴的史料價值，尤其是甲骨文、金文、考古實物資料，不少還待整理研究；還有大量的明清官私檔案，格於體例與力量，也還沒能去搜集編纂。此外，社會調查也應是編纂《經濟典》的一個重要方面，我們也還沒有力量去做這些事，歷史上能做到的恐怕就衹有有名的《徐霞客遊記》這類書籍了。

中國歷史的第二個特點是，中國不僅是一個文明古國，而且是一個農業古國。在那裏農業佔據了最優先的、最崇高的地位。正如馬克思在《政治經濟學批判導言》裏所說，在那裏，農業是普照一切的光，以至一切社會現象都會染上它的色彩。從遠古的以耒耜為代表的原始農業到戰國以犁鋤為代表的傳統農業，中國逐漸形成了一套以精耕細作、高產穩產為特徵的大陸集約型農業。原來兼行的畜牧業，逐漸退化而成為圈養副業。原始農業幾乎純屬自然經濟，手工業生產和商品交換自然也不發達，貨幣尚處在萌芽狀態，市場經濟也還未形成。到了春秋戰國，由於生產力的發展，土地大量墾辟，農業發展，人口繁衍，社會轉型，開始衍發了第一個商品經濟浪潮。這時一方面由於商品經濟發展，對基本的農業有所侵蝕；另一方面，不少農民離開土地，從事所謂『末業』的工商業，以至出現『農不如工，工不如商，刺繡文不如倚市門』的社會風氣，與工商業對立的重農思想與風氣開始形成，農業被譽為『本業』，重本抑末、重農輕商、重農賤商的觀念開始流行並成為國家的政策。這種新起的思想與主張，最早見於戰國的李悝、商鞅的改革（《漢書·食貨志》和《商君書》），先秦的一大思想流派——儒家也有了這種觀念，而農家更成為百家爭鳴時代中的九流十家之一。逮至秦漢，商品經濟浪潮仍然不可抑制，晁錯、賈誼的貴粟重農言論也大行於世，法令雖然有大大抑商之舉（例如商人不許乘車馬、衣綢緞、做官，犯罪要重判等），但仍然無法阻止商品經濟大潮的泛濫，直到漢武帝時任用桑弘羊行平准均輸榷莞之法，纔略見收斂。東漢以後由於封建經濟的變化，出現了豪強——門閥地主的封建田莊，自然經濟色彩加重，再加上殘酷的民族鬥爭，黃河流域遭到很大破壞，商品經濟出現了萎縮。隋唐統一，國內安定，農業再度恢復發展，連帶著也掀起了第二個商品經濟浪潮。到了宋朝，商品貨幣經濟繁茂，政府對工商業的專營和控制亦見鬆弛，出現了『永嘉功利之學』的代表葉適的『重末』思想，中國社會開始走向近代的門檻。但農業與家庭小工業牢固結合的自給自足的自然經濟仍佔據著統治地位，社會風氣從賤商、抑商，轉為賤商、輕商，『治本於農』、安土重遷、『以末致富、以本守之』的農本思想以及『耕讀傳家』讀書做官的道路，仍被各階層民眾視為正途。而政府重農，從皇帝每年的『藉田』大典到各級官吏的勸課農桑都有表現，而商人要提高自己的社會地位，也往往以『儒商』自詡和標榜，以期能與傳統的重農思想相適應。

在有關經濟的歷史文獻中，關於農業和土地制度的記載往往置於首位而數量也大大超過了工商業的記載。《尚書·洪範》八政，『一曰食，二曰貨』，即為《漢書·食貨志》與《通典·食貨典》之所本。在正史《食貨志》中，貨幣的記載也超過了工商業。《中華大典·經濟典》的編纂，也因此而更多地搜羅了經濟思想、土地、人口、賦稅、貨幣、財政，其他方面，如商業、貿易、城市、區域經濟等也盡量搜集，至于日常生活、經濟規模、投放産出等方面，則付諸闕如，雖另有《農業典》《工業典》《林业典》，也仍然有材料不足之憾。

中國歷史的第三個特點是，從西元前二百二十一年秦始皇統一到清末的兩千多年間，中國是一個專制主義中央集權制的封建國家，朝代雖有更替，制度雖有變化，但是上以皇權為最高統治者與權威的代表，下有各級政府官僚制度的網絡式統治，始終是經常的一貫的。

這種專制主義中央集權國家的統治和管理職能是很強大的，其中也包括了經濟職能。它表現為看重版圖土地戶籍賦役的調查和上報。早在先秦就有授土授民的做法，井田制尤重版籍。周室衰落，周宣王即有『料民於太原』之舉。春秋時諸侯互併，人口也有增加，社會秩序混亂，井田制崩壞，人口也開始流動。到了戰國，各國爭相攻伐，戰爭頻繁殘酷，但是各國內部的對內統治也有加強。到了秦統一，最高統治者定號為皇帝，中央行三公九卿之制，地方則行郡縣制，加強了皇權對中央政府各部門和地方政府的操控，成體制的中央集權專制主義官僚制度形成了，其中戶籍制度更是嚴格。漢承秦制，每年十月上計，由地方政府層層報送中央，編列全國民數及財物數字。西漢平帝元始二年（西元二年），全國人口記錄五千九百餘萬，這是世界首例全國人口統計數字，也是第一個最準確的全國人口數字。到了東漢，由於豪強——門閥地主興起，戶口舉報數字往往不實，全國及各地人口統計數字漸漸失去了它的權威性和翔實性。逮至東晉五胡十六國，中原板蕩，黃河流域戶籍流失，大量人口遷徙，戶籍制度大多隳壞，黃河流域大族大量隱報人口，致有『百室合戶，千丁共籍』。南方多在墾辟草萊，戶籍也大多不實。北魏行均田制，戶籍制度開始恢復，隋唐繼承北魏均田制傳統，三年一定戶籍，與均田制結合，籍帳種類繁多，又不斷『貌閱』，防止隱漏、詐老詐小。宋代戶籍雖有闕漏，經推行保甲之制，目的仍在控制人口。明代戶籍黃冊和魚鱗圖冊將人口與土地分列，尤見嚴密。清代更名田，攤丁入畝，『滋生人丁，永不加賦』，版籍偏重土地而忽視了人丁。不管這些戶籍制度有多嚴格，但仍有漏洞，易於隱匿遺漏，始終未能有全國性的和各地各時期的準確數字。歷朝正史食貨志、地理志，會要，政書，會典，實錄，均有詳細記錄，可資參考。

專制主義中央集權封建主義的另一特色是對工商業的操控。在進入歷史時期之初，商品經濟還未大發展，商周政權即已實行『工商食官』之制。即工業品的生產和交換完全歸政府所有，並完全由政府控制。當時，『國之大事，在祀與戎』。大宗貴重的產品屬於禮器、樂器和兵器裝備，以及供各級政權和貴族所用的用器及紡織品。而產品一般也不用作商品，祇在貴族之間進行賞賜、貢納與交換，除日用外，更在墓葬中用作明器。至於一般人民，則由與農業結合的小家庭手工業進行生產，交換也在市集中小規模地偶然地零散地進行。『氓之蚩蚩，抱布貿絲』，『日中為市』。到了春秋戰國，生產力發展，井田制崩潰，『禮崩樂壞』，出現了第一個商品經濟浪潮。但這時有關國計民生的主要產品，仍由政府所有並經營，像齊國這樣經濟發達的國家，有關國計民生的產業如鹽、鐵、紡織，仍屬官有，但是私營大業主亦受到重視（《史記・貨殖列傳》）。私營工商業者不但崛起，而且社會地位也有所提高（如弦高犒師、陶朱遠遊）。中國歷史上的第一個商品經濟浪潮的激蕩使社會經濟幾乎到了無序發展的地步。其後，雖有秦朝的嚴厲統制，但在西漢初年社會安定的環境下，大工商業者的勢力卻到了極度膨脹的地步。到了漢武帝，中央集權專制主義統治加強了，又開始了對大工商業者的限制和干預、打擊，這就是有名的桑弘羊主持的均輸平准榷莞。此後，這套做法一直延續下來，既有政府直接所有和經營（多為非商品化的），還有官監民營類型等一系列做法，其間尤以有關國計民生的鹽鐵為最。此後，除鹽鐵外，榷莞發展到酒、醋、礬、銅、鉛、錫、茶等。隋唐開始的第二個商品經濟浪潮，使政府的管制和干預受到衝擊，各種管制措施逐漸鬆弛，工商業經營漸富商品色彩，其中，勞動者的雇傭色彩也逐漸濃厚，民營工商業逐漸發展強大。到宋以後，除了與農民結合的家庭手工業（主要是紡織品）外，政府對其他產品的管制均放鬆了。但由政府直接掌控的手工業仍舊強大，已開始實行外包給私人的辦法（機戶之類）。清代的江南三織造署（蘇州、江寧、杭州）即是其例。而對私人工商業的管理限制，則更多地課以繁重的商稅、厘金。在這樣一個大的形勢下，大量有關官府工商業的記載中多具有官方文書色彩，如官營專賣等等。材料中少有私人工商業經營的方面也就是很自然的了。除去戰國秦漢及隋唐宋元兩次商品經濟浪潮之外，民間工商業經營的記載是籠統、抽象、簡略、含混的。衹有到了清代，有關的記載如晉商、徽商等纔出現。至於手工業的所有、組織、管理、技術、生產過程、原材料出處、產品流通等材料就更稀缺了。至於社會經濟生活，衹是野史筆記，詩、文集中還有一些零散的片斷，衹好去索隱鉤沉了。這是《中華大典·經濟典》編纂中的又一個缺憾。

以上就是中國古代經濟的特點及其所帶來的優越性和缺憾，這不免在編纂時既有材料豐富，又難以下手的困難，也有與生俱來的無可避免的缺失，至於更加全面完整清晰地反映中國歷代的社會經濟生活，衹有待諸以後的努力了。

《中華大典·經濟典》編纂委員會

二〇一一年一月四日

《中華大典·經濟典》凡例

一、《經濟典》是《中華大典》的組成部分之一。本典汲取和運用現代科學的觀念和方法，對辛亥革命以前有關經濟方面的傳統文化典籍、文獻資料，進行一次全面的科學的系統的分類整理和資料性的彙編總結。為科學研究和實際工作提供準確、詳細的專題資料。堅持『百花齊放』、『百家爭鳴』的方針，對於歷史上重要的不同學派、不同觀點的資料，在輯錄中均兼收並蓄，並做到客觀、完整和全面。

二、本典以歷史上經濟活動為範圍，凡經濟活動涉及的制度、政策、設施、結構、部類、形態、思想、理論、現象、性狀、範疇等，均在收編之列。雖然農業生產、水利、林牧漁業、手工業、交通運輸、森林環境、飲食等都是經濟活動的重要組成部分，但是不屬本典收錄範圍。

三、本典收錄材料的範圍和對象為一九一一年以前刊印的文獻資料，為力求全面不遺，除各類經濟專書，包括經、史、子、集，碑傳、石刻；考古發現的文獻和圖像資料，如簡牘、敦煌、吐魯番文書，可酌情收錄。考古實物資料、甲骨文和金文因解釋分歧，暫不收錄。清代有關檔案，因數量太大，未經整理前，亦暫不收錄。

四、本典經目從上至下分為四級，即：典、分典、總部、部。本典屬《中華大典》二級經目，本典下的七個分典屬三級經目。這七個分典是：（一）經濟思想（理論）分典；（二）土地制度分典；（三）戶口分典；（四）商業城市貿易分典；（五）財政分典；（六）貨幣金融分典；（七）經濟綜合分典。七個分典之下的經目為四級經目，稱總部，按經濟門類劃分。總部以下的經目為五級經目，稱部，按具體事項劃分。

五、本典三級緯目為：（一）解題：對本典的名稱、概念、涵義、特點等作概括性的總體介紹。（二）論說：系統歸納和彙集本典中有關理論部分不同學派及觀點的資料。是對各種經濟現象或有關的人物、事件、著述等進行論難、評論、辨析、闡發等。（三）綜述：全面、系統、準確地彙集本典主要資料。表述學科特點、地位、發展情況。是對各種經濟現象進行記錄、描寫、說明等。（四）傳記：真實、全面收錄本典有關代表人物的傳記資料。（五）紀事：具體活動和重大事件。（六）著錄：收錄本典中的重要人物或文獻的有關著作資料，如專集、序跋、重要史籍、藏書題記，以及各種著作的成書經過、版本源流等。著錄緯目詳細著錄本經目所涉及的屬於本學科的專業著作，無論存亡，皆予著錄。（七）藝文：收錄與本典相關的重要散文和韻文。（八）雜錄：凡未收入『題解』『論說』『綜述』『傳記』『記事』『藝文』，而又具有較高參考價值的資料，一律收入『雜錄』。（九）圖表。

六、各級緯目的設置，視所據有資料的情況，有則設之，無則不設。各級緯目內容，一般以所收輯的原書為單位，按時代順序排列。同一緯目中如有並列的不同專案，不可能以原書順序收錄的，也可按類型（事類）收輯。

七、本典各分典所轄總部、部目次；分冊不破總部，各總部所轄部以下經目目次；總部（部、分部）經目之下設緯目，各緯目下錄正文；各分典正文之後列該分典引用書目，包括書名、作者、時代、版本及備註等，書目之後列索引。

八、典籍中對同一書之記載，古今（至 1911 年）皆有者，一律著錄，不避重複。圖表，或是圖，或是表，類聚於某經目之下。所謂圖表，純為形式，不像其他緯目以內容類聚，某些圖表實為論說、綜述等的表達方式，置於論說或綜述中。

九、關於省略：摘引文字中間有與所屬部類內容無關，必須省略者，用【略】表示，緊接下文。有整段省略者，在上段末尾標【略】（略字不佔行），提行再接下文。

十、正文注疏僅收自注和名注。原書為夾注形式的，仍按大典編纂及校點通則規定處理。原書注疏文繫篇、卷、書後注的，其注疏文字可列於正文之後。但仍應按大典編纂及校點通則規定，寫明注疏者姓名、注疏、索引、集解等字樣，可不標書名號。後人注疏中轉引前人注者，應予標明。注文一律用較正文小一號字體，單行，低正文一格。

十一、本典正文注疏採用夾注形式，作為夾注的注疏寫明注疏者姓名，注、疏、索隱、集解等字樣，不標書名號。後人注疏中轉引前人注者，應予標明。注疏文字較正文小一號字，單行齊腳。注疏標目置於注疏前，用冒號，冒號後緊接注疏內容。著錄書目文獻時，先依時代先後排列，同時代者按國家目錄、史志目錄、私撰目錄、專科目錄、題跋集、讀書記的次序排列。

十二、民國前的朝代名標注，遵從《大典》書目規定中的有關規定。選用書出處的卷次等標目，使用中文數位（一、二、三、四、五、六、七、八、九、〇）不用十、百、千、萬等表整數的文字。

十三、在標點使用上，遵從《中華大典》通則的規定，多用逗號和句號，儘量少用或不用其他符號。

十四、本典所錄文獻，一般不作校勘。遇明顯錯訛，則以（）括出，並將正確文字以［］補入。

《中華大典·經濟典》編纂委員會

二〇一一年一月四日

中華大典·經濟典

土地制度分典

《中華大典·經濟典·土地制度分典》編纂委員會

主　編：郝春文

副主編：郗志群

編　委：（以姓氏筆畫爲序）

金瀅坤　郝春文　郗志群　符　靜　張國旺

《中華大典·經濟典·土地制度分典》编纂説明

《中華大典·經濟典·土地制度分典》下設綜論、國有土地制度、私有土地和均田制四個總部。

土地制度指土地的所有、使用與管理的經濟制度及相應的法權制度。在古代，農業是中國的主要生産部門，土地則是古代人民賴以生存的主要生産資料。

本分典的編纂目的是較全面地保存我國古代土地制度的内容，客觀反映我國古代土地制度的發展演變。由此，我們以我國一九一一年以前成書的土地制度及其他相關古籍爲採録對象，進行了博採廣收。

由於中國古代土地制度的内容異常豐富，要把這些材料分門别類地組織起來決非易事。首先遇到的問題就是分典内各總部的劃分。最初計劃分為綜論總部、土地公有制度總部（原始社會）、土地國有制度總部（奴隸社會）和封建土地制度總部，這樣劃分一方面與社會形態發展的歷程相合，各總部之間的邊界也比較容易把握。問題是各總部的篇幅很不平衡，第二、三總部内容太少，而第四總部又内容太多，第四個總部篇幅要超過其他三個總部的總和，這顯然是不合適的。所以，各總部的劃分既要考慮各總部之間的邏輯關係，又要考慮各總部的篇幅大致平衡。依據這樣的原則，經過慎重考慮，我們提出土地制度分典下設綜論總部、國有土地制度總部（含公有土地）、私有土地總部和均田制總部的劃分建議，得到了參編人員的認可。之所以把均田制單列為一個總部，一方面是因為關於均田制的性質學術界一直存在爭議，無法簡單地將其歸入國有或私有土地的範疇；另一方面是因爲有關均田制的材料比較豐富和研究比較深入，單列為一個總部在篇幅上也是適中的。在中國古代，還有一些介於私有和國有之間的土地所有制形態，如族田、寺田、學田，可以算作集體所有。因材料不多，不足以單列成一個總部，只得將其歸入國有土地制度總部。總之，各總部的劃分，實際上是邏輯關係和篇幅平衡兩方面折衷或妥協的結果。這樣的劃分，不一定十分科學，但我們的確是經過慎重考慮和反復權衡了的。

各總部劃分完成以後，具體材料的歸類有時也頗費琢磨。材料類別屬性比較清楚的當然不會發生問題，不少材料具有雙重或多重屬性，這類材料就容易在各總部之間發生重疊和交叉。另外，綜論總部和其他總部在材料上也會發生部分重疊或交叉。此外，一些史籍在使用某些土地名詞時所指範疇並不特別明確，也給材料歸類帶來了困難。遇到上述情況，編委會一般是通過討論和協商的形式，集中集體智慧解決問題。儘可能將每一條材料都放在最恰當的總部，儘量避免各總部之間的內容重疊和交叉的內容。

分典的編纂工作得到了《經濟典》的主編寧可和常務副主編李華瑞教授的大力支持，巴蜀書社的段志洪社長和有關編輯則給予我們很多具體指導和幫助，對此我們表示衷心的感謝！

《中華大典·經濟典·土地制度分典》編委會

二〇一〇年十月

目録

綜論總部

國有土地制度總部

均田制總部

變更部

引用書目

綜論總部

主　編：郗志群
副主編：吴麒麟
編纂人員：姜　賓　高　希

《綜論總部》提要

《綜論總部》下設田制、職掌二部。各部下再依照採集資料的主旨劃分成論說、綜述、紀事三緯目。

作為分典下面的第一個總部，『綜論』之名已開宗明義，即以收集編纂一九一一年前形成的中文文獻中有關歷代土地制度綜論性質的文字為主體，而前人對於歷代土地制度綜合性的考證、評價等文字也屬收錄範圍，這類資料都歸入『田制部』。中國是農業大國，土地制度對於社會經濟的發展乃至政治的興衰都至關重要。因此，中國歷朝都制定有相關的法規、政策；歷代的帝王、大臣等也會就田制、農政等方面發布詔令和提交奏議；地方官吏則時有勸農、救荒等方面的公告，這類資料均歸入『職掌部』。

這裏需要説明兩點：一是由於本總部綜論性質的定位，使得主體資料較多地集中在正史、政書、類書等文獻的相關類目之中，所輯録的原文也往往篇幅較長；二是本總部因要涵蓋各種土地制度，這樣一來也就會與另外三個總部（國有土地制度、私有土地、均田制）所輯録的文獻出現一定的重複。經過協商，解決的辦法是凡概述歷代土地制度沿革的資料由本總部完整地收録，其他總部不再加以摘録。那些只論一種土地制度，或者主述某種土地制度並兼述其他土地制度的資料，則歸另外三個總部分別輯録。

《綜論總部》編委會

二〇一〇年八月

綜論總部

田制部

論說

宋・王應麟《困學紀聞》卷一六《考史・歷代田制考》 秦廢井田，開阡陌。周顯王十九年。【略】

《大事記解題》曰：決裂云者，唐、虞、三代井田之制，分畫堅明，封表深固，非大用力以決裂之，不能遽掃滅其迹也。秦始皇三十一年，使黔首自實田。使井田不廢，何患田之不實乎。

漢董仲舒請限民名田。

名田，占田也。各爲立限，不使富者過制，貧弱之家可足也。武帝時，賈人有市籍及家屬，皆無得名田。胡氏曰：限田終不能行者，以人主自爲兼并，無以使民興於廉也。

趙過教民爲代田。

代，易也。《周官・大司徒》：不易、一易、再易之地，有三等。《公羊傳》注：司空謹別田之高下善惡，分爲三品，上田一歲一墾，中田二歲一墾，下田三歲一墾。《左傳》：晉作爰田。《晉語》云：作轅田。轅，易也。《漢・地理志》：秦商君制轅田。轅與爰同，易也。《食貨志》：歲耕種者爲不易上田，休一歲者爲一易中田，休二歲者爲再易下田。三歲更耕之，自爰其處。《鹽鐵論》御史曰：古者制田，百步爲畝，民井田而耕，什而藉一。先帝哀憐百姓之愁苦，衣食不足，制田二百四十步而一畝，率三十而稅一。

師丹建言限名田。

王嘉奏曰：詔書罷苑，而以賜董賢二千餘頃。均田之制，從此墮壞。

新莽更名天下田曰王田，不得買賣。

建武十五年，詔州郡檢覈墾田戶口。【略】

後魏孝文太和九年，詔均田：男夫十五以上，受露田四十畝。婦人二十畝。

劉氏恕曰：後魏均田制度，似今世佃官田及絕戶田出租稅，非如三代井田也。魏、齊、周、隋兵革不息，農民少而曠土多，故均田之制存。至唐承平日久，丁口滋衆，官無閑田，不復給授，故田制爲空文。《唐志》云：口分世業之田壞而爲兼并。似指以爲井田之比，失之遠矣。

北齊河清三年，令民一夫受露田八十畝，婦人四十畝。

隋文帝開皇十二年，京輔三河，地少人衆。發使四出，均天下之田。其狹鄉每丁纔至二十畝。

唐武德七年，初定均田。丁中之民，給田一頃。篤疾減十之六，寡妻妾減七。皆以什之二爲世業，八爲口分。

范氏曰：唐初定均田，有給田之制，蓋由有在官之田也。其後給田之制不復見，蓋官田益少矣。林氏勛曰：周制步百爲畝，百畝僅得唐之四十餘畝。唐之口分，人八十畝，幾倍於古。蓋(正)[貞]觀之盛，戶不及三百萬，永徽唯增十五萬。若周則王畿千里，已有三百萬家之田，列國不與焉。是以唐制受田倍於周，而地亦足以容之。狹鄉雖裁其半，猶可以當成周之制。然按一時戶口，而不爲異日計，則後守法難矣。既無振貧之術，乃許之賣田，後魏以來弊法也，是以啓兼并之漸。永徽中，洛多豪右，占田踰制，賈敦頤舉沒三千餘頃，賦貧民。

開元九年，宇文融爲勸農使，括逃戶及籍外田。

陸贄論兼并之家，私斂重於公稅，請爲占田條限。

後周世宗以元稹《均田圖》賜諸道，詔艾穎等分行諸州，均定田租。

今按元稹《同州奏均田》曰：因農務稍暇，令百姓自通手實狀，又令里正書手等傍爲穩審，並不遣官吏擅到村鄉，略無欺隱。除去逃荒，其餘頃畝，取兩稅元額，通計七縣沃瘠，一例作分抽稅。蘇氏曰：三代之君，開井田，畫溝洫，謹步畝，嚴版圖，因口之衆寡以授田，因田之厚薄以制賦。經界既定，仁政自成，下及隋、唐，風流已遠。然其授民田有口分世業，皆取之於官。其斂民財有租庸調，皆計之於口。其後變爲兩稅。戶無主客，以見居爲簿。人無丁中，以貧富爲差。貧者急於售田，則田多而稅少。富者利於避役，則田少而稅多，僥倖一興，稅役皆弊。嘉祐中，薛向、孫琳始議方田，量步畝，審肥瘠，以定賦稅之入。熙寧中，呂惠卿復建手實，抉私隱，崇告訐，以實貧富之等。元豐中，李琮追究逃絶，均虚數，虐編户，以補失陷之稅。此三者，皆爲國歛怨，所得不補所失。昔宇文融括諸道客户，州縣覬望，虚張其數，以實户爲客，雖得户八十餘萬，歲得錢數百萬，而百姓困弊，實召天寶之亂。均稅之害，何以異此。張子曰：治天下不由井地，終無由得平。周道止是均平。

南唐烈祖分遣使者，按行民田，以肥瘠定其稅。

宋·朱熹《晦庵集》卷七二　開阡陌辨

《漢志》言秦廢井田，開阡陌。説者之意，皆以開爲開置之開，言秦廢井田而始置阡陌也。故白居易云：人稀土曠者，宜修阡陌；户繁鄉狹者，則復井田。蓋亦以阡陌爲秦制，井田爲古法。此恐皆未得其事之實也。按阡陌者，舊説以爲田間之道，蓋因田之疆畔，制其廣狹，辨其横從，以通人物之往來，即《周禮》所謂遂上之徑、溝上之畛、洫上之涂、澮上之道也。然《風俗通》云：南北曰阡，東西曰陌。又云：河南以東西爲阡，南北爲陌。二説不同。今以《遂人》田畝、夫家之數考之則當以後説爲正。蓋陌之爲言百也，遂洫從，而徑涂亦從，則遂間百畝，洫間百夫，而徑涂爲陌矣；阡之爲言千也，溝澮横，而畛道亦横，則溝間千畝，澮間千夫，而畛道爲阡矣。阡陌之名由此而得。至於萬夫有川，而川上之路周於其外，與夫《匠人》井田之制，遂、溝、洫、澮亦皆四周，則阡陌之名疑亦因其横從而命之也，然遂廣二尺，溝四尺，洫八尺，澮二尋，則丈有六尺矣。徑容牛馬，畛容大車，涂容乘車一軌，道二軌，路三軌，則幾二丈矣。此其水陸占地不得爲田者頗多，先王之意，非不惜而虚棄之也，所以正經界，止侵爭，時畜洩，備水旱，爲永久之計，有不得不然者，其意深矣。商君以其急刻之心，行苟且之政，但見田爲阡陌所束，而耕者限於百畝，則病其人力之不盡；但見阡陌之占地太廣，而不得爲田者多，則病其地利之有遺。又當世衰法壞之時，則其歸授之際，必不免有煩擾欺隱之姦，而阡陌之地切近民田，又必有陰據以自私，而稅不入於公上者。是以一旦奮然不顧，盡開阡陌，悉除禁限，而聽民兼并買賣，以盡人力；墾闢棄地，悉爲田疇，而不使其有尺寸之遺，以盡地利；使民有田即爲永業，而不復歸授，以絶煩擾欺隱之姦；使地皆爲田，而田皆出稅，以覈陰據自私之幸。此其爲計，正猶楊炎疾浮户之弊，而遂破租庸以爲兩稅，蓋一時之害雖除，而千古聖賢傳授精微之意於此盡矣。故《秦紀》、《鞅傳》皆云：爲田開阡陌封疆，而賦稅平。蔡澤亦曰：決裂阡陌，以靜生民之業，而一其俗。詳味其言，則所謂開者，乃破壞刬削之意，而非創置建立之名；所謂阡陌，乃三代井田之舊，而非秦之所置矣。所謂賦稅平者，以無欺隱竊據之姦也；所謂靜生民之業者，以無歸授取予之煩也。以是數者合而証之，其理可見，而蔡澤之言尤爲明白。且先王疆理天下，均以予民，故其田間之道有經有緯，不得無法。若秦既除井授之制矣，則隨地爲田，隨田爲路，尖斜屈曲無所不可，又何必取其東西南北之正以爲阡陌，而後可以通往來哉。此又以物情事理推之，而益見其説之無疑者。或乃以漢世猶有阡陌之名，而疑其出於秦之所置。殊不知秦之所開亦其曠僻，而非通路者耳。若其適當衝要，而便於往來，則亦豈得而盡廢之哉。但必稍侵削之，不使復如先王之舊耳。或者又以董仲舒言富者連阡陌，而請限民名田，疑田制之壞由於阡陌，此亦非也。蓋曰富者一家而兼有千夫、百夫之田耳。至於所謂商賈無農夫之苦，有阡陌之得，亦以千夫、百夫之收而言。蓋當是時去古未遠，此名尚在，而遺迹猶有可考者，顧一時君臣乃不能推尋講究而修復之耳，豈不可惜也哉。

宋·呂祖謙《歷代制度詳説》卷九《田制》　制度

井田：《小司徒》：乃經土地而井牧其田野。九夫爲井，四井爲邑，四邑爲丘，丘爲甸，四甸爲縣，四縣爲都，以任地事而令貢賦，凡稅歛之事。

受田：《大司徒》：凡造都鄙，制其地域而封溝之，以其室數制之。不易之地家百畝，一易之地家二百畝，再易之地家三百畝。

民受田：上田夫百畝，中田夫二百畝，下田夫三百畝。歲耕種者爲不易上田，休一歲者爲一易中田，休二歲者爲再易下田，三歲更耕之，自爰其處。農民户人已受田，其家衆男爲餘夫，亦以口授田如比。士、工、商家受田，五口乃當農夫一人。此謂平土可以爲法者也。若山林、藪澤、原陵、淳鹵之地，各以肥磽多少爲差。民年二十受田，六十歸田。七十以上，上所養也；十歲以下，上所長也；十一以上，上所強也。

任田：載師掌任土之法。以廛里任國中之地，以場圃任園地，以宅田、士田、賈田任近郊之地，以官田、牛田、賞田、牧田任遠郊之地，以公邑之田任甸地，以家邑之田任稍地，以小都之田任縣地，以大都之田任畺地。【略】

名田：漢武帝時，董仲舒說上曰：秦用商鞅之法，改帝王之制，除井田，民得買賣，富者田連阡陌，貧者無立錐之地。又專川澤之利，筦山林之饒，荒淫越制，踰侈以相高；邑有人君之尊，里有公侯之富，小民安得不困。漢興，循而未改。井田法雖難猝行，宜少近古，限民名田，以贍不足，塞兼幷之路。鹽鐵皆歸於民。去奴僕，除專殺之威。薄賦斂，省徭役，以寬民力。然後可善治也。仲舒死後，功費愈甚，天下虛耗，人復相食。哀帝即位，師丹輔政，建言：古之聖王莫不設井田，然後治乃可平。今累世承平，豪富吏民訾數鉅萬，而貧民愈困。蓋君子爲政，貴因循而重改作，然所以有改者，將以救急也。亦未可詳，宜畧爲限。天子下其議。丞相孔光、大司空何武奏請：諸侯王列侯皆得名田國中。列侯在長安，公主名田縣道，及關內侯、吏民名田，皆無過三十頃。諸侯王奴婢二百人，列侯、公主百人，關內侯、吏民三十人。期盡三年，犯者沒入官。時田宅奴婢賈爲減賤，丁傅用事，董賢隆貴，皆不便也。詔書：且須後，遂寢不行。

公田：孝宣地節三年詔曰：郡國宮館，勿復修治。流民還鄉者，假公田，貸種食。孝元初元元年，以三輔、太常郡國公田及苑可省者，振業貧民。江、海、陂、湖、園、池屬少府者，以假貧民，勿租賦。

王田：王莽更名天下田曰王田，奴婢曰私屬，皆不得買賣。其男口不滿八，而田過一井者，分餘田與九族鄉里。犯令法至死，制度不定。吏緣以爲奸，天下敖敖然，陷刑者衆。後三歲，莽知民愁，下詔：諸食王田及私屬皆得買賣，勿拘以法。

均田：後魏孝文太和元年三月，詔曰：去年牛疫死大半，今東作既興，人須肄業，有牛者加勤於常歲，無牛者倍傭於餘年。一夫制理四十畝，中男二十畝，無令人有餘力，地有遺利。時李安世上疏曰：今雖桑井難復，宜更均量，審其經術，令分藝有準，力業相稱，細民獲資生之利，豪右靡餘地之盈。帝深納之。均田之制起於此矣。九年，下詔均給天下人田，諸男十五以上，受露田四十畝。婦人二十畝。後周文帝霸政之初，創置六官，司均掌田里之政令，分田數以定田畝。隋開皇中，發使四出，均天下田。

口分、永業田：北齊武成帝河清三年，詔令男子十八受田，輸租調，二十充兵，六十免力役，六十六退田，免租調。京師四面、諸方之外三十里之內爲公田，受公田者，三縣爲遷戶。執事官一品以下，逮於羽林、武賁，各有差。其外畿郡，華人官第一以下，羽林、武賁以上，各有差。執事及百姓請墾田者，名爲永業田。隋文帝令自諸王以下至於都督皆給永業露田，各有差。多者至百頃，少者至三十頃。其丁男、中男永業田，皆遵後齊之制。唐授田之制：男年十八以上者田一頃，其八十畝爲口分，二十畝爲永業。老及篤疾、廢疾者，人四十畝，寡妻、妾三十畝，當戶者增二十畝，皆以二十畝爲永業，其餘皆口分。永業之田，樹榆、棗、桑及所宜之木，皆有數。田多可以足其人者爲寬鄉，少者爲狹鄉，受田減寬鄉之半，其地有薄厚，歲一易者倍授之，寬鄉三易者不倍授。工商者，寬鄉減半，狹不給。凡庶人徙鄉及貧無以葬者，許賣世業田。自狹鄉而徙寬鄉者，得幷賣口分田，已賣者不復授。死者收之，以授無田者。

詳說

天下之事，不知而不行者，其害淺；知之而不得行者，其害深。夫天下大利或藏於隱微之中，智者不能謀，勇者不能斷，出於天下思慮之所不及此。雖有堯舜之君，禹稷之臣，猶必有所待於其後，何者？不知而不可強行也。舉天下之事，智者能謀之，勇者能斷之，而儒者又世守之，非必堯、舜、禹、稷之君臣而能行之。然而有不得爲者，是可嘆也。永惟歷代之田制，上古有井田，漢有限田、名田、敎代田，建武之際有度田，晉有占田，後魏有露田，齊有給受田，而唐有口分、世業之田。其法制或詳或略，其行之或遠或近，其利或厚或薄，然大要以爲田之制在上，而惟其不知而不行之，苟其知矣，則未有不可行者也。今世學者坐而言田制，然天下無在官之田，而賣易之柄歸之於民，則是舉今之世，知均田之利而不得爲均田。

宋・廖行之《省齋集》卷四《田制論》　自秦開阡陌，壞井田，於是兼幷縱橫而貧富相絕，上無制民產之法，而趨末者益衆。漢興未能復古。高祖五年之詔，令民各歸其縣，復故田宅，與從軍高爵先與田宅，初不爲天下畫一定制。觀其言曰：夫有功勞者，田未能如法，而小吏顧多滿，此無制之弊也。其後，徙齊楚大族關中，亦與利田宅而已。惠帝高后之際，頗知務農。舉力田者，復其身，置力田秩二千石。至於文帝，尤加意焉。詔爲農而下者，歲相繼也。以爲農天下之大本，既開耤田，親耕以率之。又時賜田者半租，以戶口置力田常員，其後遂除田之租稅。古人注意田農無以過此。以歲比不登而曰度田，非益寡而食之不足，帝胡不思其故端由貧富之不等耶？一時議臣如賈誼，以趨末衆而亡蓄積，則欲毆民歸農而著之本，使天下各食其力。晁錯以地有遺利，民有遺力，生穀之地未盡墾，游食之民未盡歸農，則欲務農而貴粟，皆可謂知本務矣。惜其田制不立，而無田之民竟亦未能均被其澤。兼并豪黨役財驕溢，而窮貧無田者猶故也。武帝慨慕治古，多所改作，獨於田農未有良法。方且內興功利，役費並興，而民益去本。董仲舒思救其弊，建言：自秦除井田，富者田連阡陌，貧者亡立錐之地。又加屯戍，力役一歲三十倍於古，田租、口賦、鹽鐵之利二十倍於古，或耕豪民之田見稅什五，故貧民常衣牛馬之衣，而食犬彘之食。以爲井田法理難卒行，宜少近古，限民名田，以贍不足。仲舒之意亦可謂善於復古，漸而不遽，然而施行之略，當時莫之講也。末年，僅知征伐之悔，以力農爲務。趙過代田之法，平都令光輓犁之制，特田農之一助耳。至哀帝之世，師丹本仲舒之說，建議名田，謂豪富吏民訾數鉅萬，而貧弱愈困，宜畧爲限。天子下其議，丞相孔光、大司空何武條奏其制：王列侯得名田國中，列侯在長安，及公主名田縣道，關內侯、吏民名田皆無得過三十頃，賈人不得名田，犯者以律論，諸名田過品皆沒入縣官。夫三十頃，古三十夫之田也。一家而兼三十夫之田，制亦寬矣。丁傅用事，董賢隆貴，猶不便之。詔書頒後，卒寢不行。漢家田制大抵若此。惜其去古未遠而不能少復古制，誠可恨也。王莽一旦得志，乃一切純以古法。更名天下田曰王田，不得買賣，男口過八而田過一井者，分餘田與九族、鄉黨，犯令至死。然莽之亂亡，非由井田之復，其他政誖亂，雖有良法不足恃也。况復制度不定，吏緣爲姦，正以益亂爾。它日雖曰令得賣買，勿拘以法，卒亦無救於禍，以是知莽之亂亡果非復井田之所致。雖然，漢固無田制，而其盛時，海內富庶，衣食滋殖，至興禮義，而公上之積陳陳相因，是果何術哉？此獨文景之君崇本務農，民從其化，其效乃爾。向使井田之法未廢，當與成康比隆可也，然則田制既廢之後，人君之務農者如文景可也。

宋・袁燮《絜齋集》卷六《田制》 問古者井田之法莫備于周。蓋岐山則有平土之法，而小司徒之職則有井牧之法。其平土也，則屋三爲井，積而爲通，爲成，爲終，爲同；其井牧也，則九夫爲井，積而爲邑，爲丘，爲甸，爲縣，爲都。名與數俱不類，抑隨時損益，不能盡同歟？抑旁加之說，果有之歟？井田之法備于周，而司徒之職止于都。都果足以盡井田之制歟？宅田、士田、賈田曷爲而任近郊，官田、牛田、賞田、牧田曷爲而任遠郊？若此類者，必皆有說，可言其詳歟？百畝之田，所食不過八口，餘衆男爲餘夫，亦以口授田如此。夫當授田之初，量地制邑，度地居民，固已無曠土矣。不知餘夫所受于何取之，取之近則無餘地，取之遠則父子異居，非先王厚人倫之道也。周之受田，以不易、一易、再易爲差，而又有所謂萊地者，田卒汙萊，詩人所刺也。周之盛時，宜無遺利，而田猶有萊，豈肯廢而不治歟？杜佑《通典》謂九州之地定墾者九百萬餘頃。誠如佑說，則一州之內纔百餘萬頃，爾其可信歟？《禹貢》荆、揚之田蓋最下者，而唐以江淮爲財賦之淵，古今地利何遼絕若此歟？秦人廢井田，開阡陌，天下之人宜不勝其害。而不出數年，乃有國富兵強之大利，遂使先王之制一廢而不可復，秦豈能過于古歟？漢氏之興可以復古矣。因陋就簡，卒莫之復，公私之積，宜乎匱乏。而雞鳴犬吠，烟火萬里，田租之輕至於三十而一，其極也盡除之，乃有三代所不能爲者。漢果能過於三代歟？趙過爲代田，一畝三甽而歲代處，蓋古法也。不知所謂三甽者，周人不易、一易之法歟，抑自爲之歟？耕其一，廢其二，利微矣。而課所得穀，常過縵田畝一斛以上，豈更休以全其地力而致然歟？夫欲地力有餘，加之培植可矣。乃廢而不治，不治而獲其利，是法也，果可通行于天下歟？王莽時，王田私屬，毋得賣買，受田者悉如制度。既而農商失業，食貨俱廢，豈欲復還舊貫而非其人歟？荀悅著論，謂井田之制不宜于人衆之時，其言似矣。然觀元魏之興，至於太和之主，蓋幾傳矣。當時稱爲極盛。戶口衆多而能略依古制，均給天下田。隋開皇中，墾田千九百萬頃，戶口歲增，號稱繁富。乃能發使四出，均天下之田。已然之效，于是可覩。而曰不宜于衆多之時，可乎？魏有露田，有桑田，有麻田。隋有永業田，有職分田，有公廨田。其法度孰合于古？唐之口分、世業，尊卑貴賤莫不有分，廢疾孤寡莫不有養，守而不失，自足以傳遠。而貧無以葬者，聽賣永業；樂遷寬鄉者聽賣口分。以太宗之英明，不能講求先王維持經久之意，而立法之初，已開變易隳壞之端。豈古道難行，雖欲久遠而不可得歟？其悉以告。

宋・方岳《秋崖集》卷一三《田制》 井田變阡陌，萬世以罪秦。商君信苛刻，不過民自民。漢名反秦火，當與三代鄰。今年田欲方，明年田欲均。寧知古井田，不爲賦稅湮。百畝官所予，無甚富與貧。所爲經界者，要使風俗淳。豈爲橫江網，竭不遺一鱗。乃知三代時，官與民爲春。秦民自生生，官不與笑矉。孰云漢田制，顧不如秦仁。秦姑寘勿問，漢已掎摭瘏。誰其起鄒叟，重與畢戰陳。

宋·劉元高《三劉家集·通鑑議論》　《梁高祖紀》：中興二年正月，大司馬解承制。《齊和帝紀》亦云：大司馬梁王解承制。後人誤於大司馬上加拜高祖三字也。君實曰：魏紀太和九年，均田詔云：還受以生死爲斷。《志》云：十五以上受田。又云：及課則受田，老免則還田。又云：有舉戶老小癃者，年踰七十不還，是不以生死爲斷也。又云：所授之田率倍之。是受田四十畝者，再受八十畝閒田歟？桑田不在還受之限，是民於田中種桑者，可得爲永業歟？又云：非桑之土，夫給一畝。或給二十畝，或給一畝，何不均也？又曰：應退之田，不種桑棗，是露田又不得歟？又曰：恆從見口。有盈者，無受無還，何哉？又云：一人之分，正從正，倍從倍，不得隔越他畔。是二者必須相鄰，地形安得如此？井田廢久矣，天下皆民田也。魏計人口及奴婢，皆以田給之。其亦有說乎？道原曰：後魏《食貨志》云：諸遠流配謫無子孫及戶絕者，墟宅桑榆盡爲公田，以給授。觀均田制度，似今世佃官田及絕戶田，出租稅非如三代井田也。劉、石、苻、姚喪亂之後，土田無主悉爲公田。除兼并大族外，貧民往往無田可耕，故孝文分官田以給之。然有分限丁口計畝給田，老死還納，別授壯者。非若今世許合戶稅，不計其歲月，但不得典賣耳。詔書言其略，故云還受以生死爲斷。本志言其詳，故有還不還之別也。不栽樹者，謂之露田。男夫受露田四十畝，婦人二十畝。謂男夫之有婦者共受六十畝也。丁牛一頭，受田三十畝。謂戶內更有一丁未娶者及有牛一頭，又受田三十畝也，限四牛。所受之田率倍之者，謂每一丁一牛則倍三十畝。丁牛雖多，給田止於一百二十畝，故曰限四牛也。初受田者，男夫一人給田二十畝，前後種桑五十樹，棗五株，榆三根。非桑之土，夫給一畝，依法課蒔榆、棗。謂初受田者，雖娶婦同一戶，不復給田。非桑之土，惟種棗、榆共八株，故止給一畝。下文云：麻布之土，男夫及課，別給麻田十畝，婦人五畞，并桑榆地亦十六畝也。桑田用力最多，欲勸人種桑，故賜爲永業田。露田有還受，故不得種桑麻。恆從見口，有盈者無還無受，不盈者受種如法。謂種桑不還之田，計見在男夫及丁口，其合給田畝外，田有餘亦許爲主，但不受亦不還耳。若少桑田者，復受於官，種桑果。故盈者得賣其盈，不足者得買其所不足也。一人之分，正從正，倍從倍，不得隔越他畔。猶下文云：進丁受田，恆從所近。謂取逐戶傍近，不必地相連也。唐制，丁男給田一頃，十之二爲世業，八爲口分。世業則身死承戶者受之，口分則沒官更給人。後諱世字，故云永業。魏、齊、周、隋享國日淺，兵革不息，農民常少，而曠土常多，故均田之制存。至唐，承平日久，丁口滋衆，官無閒田，不復給受，故田制爲空文。《新唐書·食貨志》言：口分世業之田壞而爲兼并。其意似指此爲井田之比，失之遠矣。君實曰然。

先君與溫公凡訪問史事之疑，每卷不下數條，論議甚多，不能悉記。

元·陸文圭《牆東類稿》卷四《田制》　問孟子答井田之問，曰：夫仁政，必自經界始。又曰：經界既正，分田制祿可坐而定也。正經界、均井地、平穀祿，誠爲國家之先務矣。自秦廢井田、開阡陌，漢因之無所改。至王莽，欲復井田，更名天下田曰王田，皆不得買賣，于是農桑失業，百姓日以凋弊。魏文行均田法，最爲近古。歷周、隋及唐，而定均田，口分、世業，天寶以後，歸于兼并之家，而口分、世業壞矣。使井田可復，何爲王莽行之而弊；使井田不可復，何爲魏唐行均田而便於民。抑井田之法，非口分、世業之謂耶？方今篤行仁政，經理田土，酌古揆今，富國便民之事無出於此。或者奉行未得其策，滋以病民，遂使良法美意藐然無成效。諸友講明，于此熟矣。願相與推求其要，以俟他日大廷之對。

封建古法也，司馬晉行之而叛者起；肉刑古法也，漢文廢之而人心悅；井田亦古法也，新莽傚之而失業者怨。然則古法不可行耶？曰不可行，則古人不行久矣。夫行古人之法，當得古人之意。故有尊賢親親之意，則可以行封建之法；有尚德緩刑之意，則可以行肉刑之法；有損上益下之意，則可以行井田之法。不得其意而守其法，是爲徒法，徒法不能以自行。吾觀孟子答文公井地之問凡二章，始言貢、助、徹之異，繼言公田、世祿之制，又言君子、野人之別，而終之曰此其大畧也。若夫潤澤之，則在君與子。朱文公釋潤澤二字，謂因時制宜，使合于人情，宜于土俗，而不失乎先王之意也。然則先王之意奈何？曰：恭以禮下，儉以取民，仁以行政，其在上者如此；庠以養，校以敎，序以射，而人倫明，相友助，相扶持，而百姓睦，其在下者如此。當是時也，白墳、黃壤、靑黎之地，皆聲敎漸被之餘。而隴上輟耕之夫，安得鴻鵠之興嘆。鄉師、黨正、閭胥之間，皆德行道藝之選。而絳縣老人之年，安得泥塗之久辱。《大田》之詩曰：雨我公田，遂及我私。言天意本雨我君之田，我因蒙其餘惠耳。《噫嘻》之詩曰：駿發爾私，終三十里。戒爾民當大發其力，于爾之私田無尺地之不耕也。蘇氏曰：上之告民則先其私，民之奉上則先其公，上下之間交相忠愛如此，法禁以厲之歟，號令以迫之歟，刑賞以誘之歟？亦君民相與之意耳。阡陌開而貧者無立錐，王田禁而市道有泣涕。仲舒、師丹限田之請不行於漢，漢民之不幸也。魏文、周、隋均田之制卒定於唐，唐民之猶幸也。塞兼幷之路，減田宅之價，此議法之善者。口分給老小，世業傳子孫，此立法之善者。然亦徒法而已。楊龜山嘗論王荆公新法之弊，引明道先生之語，有關睢麟趾之意，然後可以行周官之法度，大要歸於正心誠意之效。龜山蓋深識此理，豈鄙儒之所能語，俗吏之所能知哉。度田之法，爲之以漸，持之以久，本之以信。濟之以寬嚴而從於寬，權之以義利而主於義，酌之以今古而宜於今。慢經界者，始於汙吏；務財用者，始於小人。與其百姓不足，不若君不足；與其有聚斂之臣，寧有盜臣。淵中察魚不祥，罝中掩兔不仁。大絃急則小絃絶，耒耜奪丁男之利，絲纊竭紅女之力。普天之下莫非王土，豈屑屑計此。桑宏羊、宇文融之故智不可用也。昔周世宗夜半讀元微之《均田圖》，慨然嘆曰：此致治之本也。詔頒其圖，使吏民先習知之，期以來歲大均天下之田。彼區區五代之君，猶能留意民事如此，况上嘉唐虞之令主乎。昔鄭子產爲政一年，國人誦之曰：取我田疇而伍之，孰殺子產，吾其與之。及三年，又誦曰：我有田疇，子產殖之。子產而死，誰其嗣之。彼區區列國之卿，猶能不失民心如此，况願爲稷契之良臣乎。邇者經理之法，良法也。有司奉行，未得其意，堯仁如天，亦既與之更始矣。快活條貫，次第舉行，執事猶以成效藐然爲疑，何哉。僕也，識字耕田夫耳，願受一廛而爲氓。鄉校議執政，夫我則不暇。

元・黃鎮成《尚書通考》卷一〇　田制賦乘圖

	井田	公田	私田	夫家	車賦
一井方一里	九百畝	八十畝	八百畝	八家	
十井	九千畝	八百畝	八千畝	八十家	
百井方十里	九萬畝	八千畝	八萬畝	八百家	一乘
千井	九十萬畝	八萬畝	八十萬畝	八千家	十乘
萬井方百里	九百萬畝	八十萬畝	八百萬畝	八萬家	百乘
十萬井	九千萬畝	八百萬畝	八千萬畝	八十萬家	千乘

明・梁寅《新喻梁石門先生集》卷九《田制》

井田之法，自黃帝而建於周，其法始大備。始於九夫之井，而井方一里，終於四縣之都，而都廣一同。大司徒之造都鄙，辨其不易、再易之差；遂人之辨郊野，別其上地、中地、下地之等。至秦用商鞅，遂廢井田、開阡陌。漢武帝時，董仲舒言井田法雖難卒行，宜少近古，限民田以贍不足。哀帝時，師丹建限田之議，欲吏民無過三十頃。丁（簿）〔傅〕用事而其議格。唐均田之制，成丁者人一頃，八十畝爲口分，二十畝爲永業。二百四十步爲畝。田多可以足其人者爲寬鄉，少者爲狹鄉，狹鄉受田減寬鄉之半。凡徙鄉及貧無以葬者，得賣世業。自狹鄉徙寬鄉者，得賣口分。已賣不復授。周世宗見元稹《均田圖》，乃嘆曰：此致治之本也。乃頒其圖於天下，期以一歲均之。自井田之制而天下無游惰之民，民無游惰而天下富，天下富而國家乃可以久安。井田之法壞而天下多游惰之民，民多游惰而天下貧，天下貧而治以不久矣。成周之世，田皆井授，而民有定制：士之子恆爲士，農之子恆爲農。其後秀者，舍農而爲士，則可矣而難其入也，彼貪利者，欲舍農而爲工商，則又不許也。如是則游惰何自而起哉。故曰成周之久安者，以井田之法行也。自秦廢井田而富益以富，貧益以貧。富者恃其財力，則舍農而爲商、爲吏者益衆矣；貧者無以贍生，則舍農而爲百工、技術以游食者又益衆矣。故曰後世之治不久者，以井田之法壞也。然西漢因秦制而治，王莽復周制而亂者，何也。曰時不可也。漢高承秦亂之後，是時田野多曠，人民稀少，政變通之日。使高帝得周公其人爲之輔，以復三代之制，而又去繁就簡，因時制宜，則天下大治矣。漢之爲漢，豈止如是哉。若王莽之時，則承漢之久安，天下之民，既繁既富，而莽乃擾亂之。因苦之民，其不畔乎。唐均田之法亦近古矣，然令民得遷徙，又得買賣其田，則游食兼併自若也。其法之易壞宜矣。今之可以講求者，惟限田之法。蘇洵所謂少爲之限而不奪其田者，尤爲良策。若夫嚴工商之令，重游閒之禁，則又與限田之法相爲表裏者也。先儒有言曰：鄉遂之兵，不可復也。屯田以省費，亦鄉遂之兵也。肉刑不可復也，不肆赦以幸奸，亦肉刑之刑也。井田不可復也，不踰制以有限。亦井田之田也。論隨時之宜者，斯言得之。

明・鄭善夫《少谷集》卷二一《田制論》　賦税之法，所以出財以供國用也。賦者，所以給車馬、兵甲、士徒、賜予也。税者，所以供郊廟、社稷、奉養、禄食也。十一而征，則其供也易，征及商賈與虞衡者，抑浮食也。宅不毛出里布，地不耕出屋粟，人無職事出夫税、家税者，罪其惰也。歲役不過三日者，愛其力也。

禹畫九州，制五服，任土作貢。畿内五百里曰甸服，外五百里曰侯服，外五百里曰綏服，外五百里曰要服，外五百里曰荒服。

殷分百里内曰畿，以供官；千里内曰甸，以爲御；千里外曰流，設方伯以爲屬。公田藉而不税，七中而助。

周分九畿，方千里曰王畿；外曰侯畿，貢祀物；又外曰[甸]畿(甸)，貢嬪物；又外曰男畿，貢器物；又外曰采畿，貢服物；又外曰衛畿，貢材物；又外曰蠻畿，曰夷畿，要服也，貢貨物；又外曰鎮畿，曰藩畿，荒服也，一見貢寶玉。

周制任事有等。任農以耕事，貢九穀；任圃以樹事，貢草木；任工以飭材事，貢器物；任商以市事，貢貨賄；任牧以畜事，貢鳥獸；任嬪以女事，貢布帛；任虞以山事，任衡以澤事，各貢其物。又因其比隣，以五人爲伍，五伍爲兩，四兩爲卒，五卒爲旅，五旅爲師，五師爲軍。以起軍旅，以作田役。任土所以紀地宜也，分五服、設九畿所以别遠近也，爲伍所以知衆寡也。因井廬以定賦税，農、圃、工、商、牧、嬪、虞、衡之人，皆因其所工不求其所拙也。履畝紀於魯宣者，履畝而税也。宣公無恩信於民，民不助力於公田，故履畝按行擇其善者税之。《穀梁》曰：私田稼不善則非吏，公田稼不善則非民。税畝雖十一，悉其民矣。

魯成作邱甲者，使邱出甲也。《周禮》：九夫爲井，四井爲邑，四邑爲邱。邱十六井，出戎馬一匹，牛三頭。四邱爲甸，甸六十四井，出長轂一乘、戎馬四疋、牛十二頭、甲士三人、步卒七十二人。此甸所賦，成公使邱出之，重斂也。

魯哀用田賦者，一井之田，斂其財物也。言用田賦者，若漢家斂民錢以田爲率矣，公田不過十一，軍賦，十井不過一乘。哀公外慕彊吳，空盡國儲，故復用田賦，過什一矣。

漢武置平糴，立均輸，起漕運，興鹽鐵，開鬻爵，設榷酤，收算緡，納雜税，造錢幣。雖經費獲湍，民無聊矣。散淳樸之風，成貪饕之俗，自此始矣。

租庸調之法，歲庸二十日既免其役。日收庸絹戶丁一尺。夫庸者，猶古歲庸三日之名，調戶丁，摹倣井田調發兵車之名，然去古遠矣。租者，蓋屯田之法，古者以逸制敵。內無亡費之利，外有守禦之備。自漢昭遣人屯田張掖之復，趙充國破先零屯浩亹，鄧艾滅吳屯淮潁，歷代因之，皆得其利。今之屯田，其名雖存，其法盡廢。守屯之卒與農氓無異，其官亦但知了賦税而已，更不知屯以用兵，一旦有寇，興師費財，屯田實無補尺寸，失古者屯田之意矣。甚至爭民奪利，祇爲民害。愚意屯田之法不復，不如無屯。

明・徐渭《徐文長集》卷一七《論》　戶口論

夫口與業相停，而養始不病，養不病而後可以責民之馴。今按於籍口六萬二千有奇，不丁不籍者奚啻三倍之，而一邑之田，僅四十餘萬畝，富人往往累千至百十等其類而分之，止須數千家而盡有四十餘萬之田矣。合計依田而食與依他業別產而食者，僅可令十萬人不飢耳，此外則不沾寸土者，尚十餘萬人也，然即令不占於富，而并分之土亦不足矣，烏在其爲不病於養哉？既病其養，而欲責其馴，加於無恆產而有恆心者則可耳，而若是者能幾何人哉？噫，亦窮矣。蘇軾有言，吳蜀有可耕之人，而無其地，荆襄有可耕之地，而無其人。軾之意，大約欲輩徙飢寒，正令口與業相停也。嗟乎，此豈易言者哉！

明・章潢《圖書編》卷三二　統論九州之田

今天下之田稱衍者，莫如吳、越、閩、蜀。其一畝所出，視他州輒數倍。彼閩、蜀、吳、越者，古揚州、梁州之地也。按《禹貢》，揚州之田第九，梁州之田第七。是二州之田在九州之中等最爲下，而今以沃衍稱者何哉。吳、越、閩、蜀地狹人衆，培養、灌溉之功至也。夫以第七、第九之田，培養、灌溉之功至，猶能倍他州之所出，又况其上之數等乎。以此言之，今天下之田，地力未盡者亦多矣。

明・黄宗羲《明夷待訪録・田制一》　昔者禹則壤定賦，《周官》體國經野，則是夏之所定者，至周已不可爲準矣。當是時，其國之君，於其封疆之內田土之肥瘠，民口之衆寡，時勢之遷改，視之爲門以內之事也。井田既壞，漢初十五而税一，文、景三十而税一，光武初行什一之法，後亦三十而税一。蓋土地廣大，不能縷分區別，總其大勢，使瘠土之民不至於甚困而已。是故令九州之田，以下下爲則，下下者不困，則天下之勢相安，吾亦可無事於縷分區別，而爲則壞經野之事也。夫三十而稅一，下下之稅也。當三代之盛，賦有九等，不能盡出於下下，漢獨能爲三代之所不能爲者，豈漢之德過於三代歟。古者井田養民，其田皆上之田也。自秦而後，民所自有之田也。上既不能養民，使民自養，又從而賦之，雖三十而稅一，較之於古亦未嘗爲輕也。至於後世，不能深原其本末，以爲十一而稅，古之法也。漢之省賦，非通行長久之道，必欲合於古法。九州之田，不款於上而賦以十一，則是以上上爲則也。以上上爲則，而民焉有不困者乎。漢之武帝，度支不足，至於賣爵、貸假、榷估、算緡、鹽鐵之事無所不舉，乃終不敢有加於田賦者，彼東郭、咸陽、孔僅、桑宏羊，計慮猶未熟與。然則十而稅一，名爲古法，其不合於古法甚矣。而兵興之世，又不能守其十一者，其賦之於民，不任田而任用，以一時之用制天下之賦，後王因之。後王既衰，又以其時之用制天下之賦，而後王又因之。嗚呼，吾見天下之賦日增，而後之爲民者日困於前。儒者曰：井田不復，仁政不行，天下之民始敝敝矣。孰知魏、晉之民又困於漢，唐、宋之民又困於魏，晉，則天下之害民者，寧獨在井田之不復乎。今天下之財賦出於江南，江南之賦至錢氏而重，宋未嘗改，至張士誠而又重，有明亦未嘗改。故一畝之賦，自三斗起科至於七斗，七斗之外，尚有官耗私增。計其一歲之穫，不過一石，盡輸於官，然且不足。乃其所以至此者，因循亂世苟且之術也。吾意有王者起，必當重定天下之賦；重定天下之賦，必當以下下爲則，而後合於古法也。或曰：三十而稅一，國用不足矣。夫古者十里之內，天子食之，其收之諸侯之貢者，不能十之一。今郡縣之賦，郡縣食之不能十之一，其解運至於京師者十有九。彼收其十一者尚無不足，收其十九者而反憂之乎。

明·黃宗羲《明夷待訪録·田制二》 自井田之廢，董仲舒有限民名田之議。師丹、孔光因之，令民名田無過三十頃，期盡三年而犯者沒入之。其意雖善，然古之聖君方授田以養民，今民所自有之田，乃復以法奪之授田之政未成而奪田之事先見，所謂行一不義而不可爲也。或者謂奪富民之田則生亂，欲復井田者，乘大亂之後，土曠人稀而後可。故漢高祖之滅秦，光武之乘漢，可爲而不爲，爲足惜。夫先王之制井田，所以遂民之生，使其繁庶也。今幸民之殺戮，爲其可以便吾事，將使田既井而後，人民繁庶，或不能於吾制無齟齬，豈反謂之不幸與。後儒言井田必不可復者，莫詳於蘇洵；言井田必可復者，莫切於胡翰、方孝孺。洵以川路、澮道、洫涂、溝畛、遂徑之制，非勞數百年之力不可。夫誠授民以田，有道路可通，有水利可修，亦何必拘泥其制度疆界之末乎。凡蘇洵之所憂者，皆非爲井田者之所急也。胡翰、方孝孺但言其可復，其所以復之之法亦不能詳。余蓋於衛所之屯田，而知所以復井田者亦不外於是矣。世儒於屯田則言可行，於井田則言不可行，是不知二五之爲十矣。每軍撥田五十畝，古之百畝也，非即周時一夫授田百畝乎。五十畝科正糧十二石，聽本軍支用，餘糧十二石，給本衛官軍俸糧，是實徵十二石也。每畝二斗四升，亦即周之鄉遂用貢法也。天下屯田見額六十四萬四千二百四十三頃，以萬曆六年實在田土七百一萬三千九百七十六頃二十八畝律之，屯田居其十分之一也。授田之法未行者，特九分耳。由一以推之九，似亦未難爲行。況田有官民，官田者，非民所得而自有者也。州縣之內，官田又居其十分之三。以實在田土均之，人戶一千六十二萬一千四百三十六，每戶授田五十畝，尚餘田一萬七千三十二萬五千八百二十八畝，以聽富民之所占，則天下之田自無不足，又何必限田、均田紛紛，而徒爲困苦富民之事乎。故吾於屯田之行，而知井田之必可復也。難者曰：屯田既如井田，則屯田之軍日宜繁庶，何以復有銷耗也。曰：此其說有四。屯田非土著之民，雖授之田，不足以挽其鄉土之思，一也。又令少壯者守城，老弱者屯種，夫屯種而任之老弱，則所穫幾何。且彼見不屯者之未嘗不得食也，亦何爲而任其勞苦乎。二也。古者什而稅一，今每畝二斗四升，計一畝之入不過一石，則是什稅二有半矣，三也。又徵收主自武人而郡縣不與，則凡刻剝其軍者何所不爲，四也。而又何怪乎其銷耗與。

明·黃宗羲《明夷待訪録·田制三》 或問井田可復，既得聞命矣。若夫定稅則如何而後可。曰：斯民之苦暴稅久矣，有積累莫返之害，有所稅非所出之害，有田土無等第之害。何謂積累莫返之害。三代之貢、助、徹，止稅田土而已。魏晉有戶調之名，有田者出租賦，有戶者出布帛，田之外復有戶矣。唐初立租、庸、調之法，有田則有租，有戶則有調，有身則有庸。租出穀，庸出絹，調出繒、纊、布、麻，戶外身復有丁矣。楊炎變爲兩稅，人無丁中，以貧富爲差，雖租、庸、調之名渾然不見，其實併庸、調而入於租也。相傳至宋，未嘗減庸、調於租內，而復斂丁身錢米。後世安之，謂兩稅，租也；丁身，庸、調也，豈知其爲重出之賦乎。使庸、調之名不去，何至是耶。故楊炎之利於一時者少，而害於後世者大矣。有明兩税，丁口而外，有力差，有銀差，蓋十年而一值。嘉靖末行一條鞭法，通府州縣十歲中夏税、秋糧、存留、起運之額，均徭、里甲、土貢、顧募、加銀之例，一條總徵之，使一年而出者分爲十年，及至所值之年，一如餘年，是銀、力二差又併入於兩税也。未幾而里甲之值年者，雜役仍復紛然。其後又安之，謂條鞭，兩税也；雜役，值年之差也，豈知其爲重出之差乎。使銀差、力差之名不去，何至是耶。故條鞭之利於一時者少，而害於後世者大矣。萬曆間，舊餉五百萬，其末年加新餉九百萬，崇禎間又增練餉七百三十萬，倪元璐爲戶部，合三餉爲一，是新餉、練餉又併入於兩税也。至今日以爲兩税固然，豈知其所以亡天下者之在斯乎。使練餉、新餉之名不改，或者顧名而思義，未可知也。此又元璐不學無術之過也。嗟乎，税額之積累至此，民之得有其生也亦無幾矣。今欲定税，須反積累以前而爲之制。授田於民以什一爲則，未授之田以二十一爲則。其戶口則以爲出兵養兵之賦，國用自無不足，又何事於暴税乎。何謂所税非所出之害。古者任土作貢，雖諸侯而不忍強之以其地之所無，况於小民乎。故賦穀米，田之所自出也；賦布帛，丁之所自爲也。其有納錢者，後世隨民所便，布一疋，値錢一千，輸官聽爲九百。布值六百，輸官聽爲五百，比之民間，反從降落。是錢之在賦，但與布帛通融而已。其田土之賦穀米，漢、唐以前未之有改也。及楊炎以戶口之賦併歸土田，於是布帛之折於錢者與穀相亂，亦遂不知錢之非田賦矣。宋隆興二年，詔溫、台、處、徽不通水路，其二税物帛，許依折法，以銀折輸。蓋當時銀價低下，其許以折物帛者，亦隨民所便也。然按熙寧税額，兩税之賦銀者六萬一百三十七兩而已，而又穀賤之時，常平就糴。故雖賦銀，亦不至於甚困。有明自漕糧而外，盡數折銀。不特折錢之布帛爲銀，而歷代相仍不折之穀米，亦無不爲銀矣。不特穀米不聽上納，即欲以錢準銀，亦有所不能矣。夫以錢爲賦，陸贄尚曰：所供非所業，所來非所供。以爲不可，而况以銀爲賦乎。天下之銀既竭，凶年田之所出不足以上供，豐年田之所出足以上供，折而爲銀，則仍不足以上供也。無乃使民歲歲皆凶年乎。天與民以豐年而上復奪之，是有天下者之以斯民爲讐也。然則聖王者而有天下，其必任土所宜，出百穀者賦百穀，出桑麻者賦布帛，以至雜物皆賦其所出，斯民庶不至困瘁爾。何謂田土無等第之害。《周禮·大司徒》，不易之地家百晦，一易之地家二百畝，再易之地家三百晦，是九則定賦之外，先王又細爲之等第也。今民間田土之價，懸殊不啻二十倍，而有司之徵收，畫以一則。至使不毛之地歲抱空租，亦有歲歲畊種，而所出之息不償牛種。小民但知其爲瘠土，向若如古法休一歲、二歲，未始非沃土矣。官府之催科不假，雖欲易之，惡得而易之，何怪夫土力之日竭乎。吾見有百畝之田而不足當數十畝之用者，是不易爲害也。今丈量天下田土，其上者依方田之法，二百四十步爲一畝，中者以四百八十步爲一畝，下者以七百二十步爲一畝，再酌之於三百六十步、六百步爲畝，分之五等。魚鱗冊字號，一號以一畝準之，不得贅以奇零，如數畝而同一區者，不妨數號，一畝而分數區者，不妨一號。使田土之等第，不在税額之重輕，而在丈量之廣狹，則不齊者從而齊矣。是故田之中、下者，得更番而作，以收土田之利。如其力有餘也，而悉畊之。彼二畝三畝之入，與土田一畝較量多寡，亦無不可也。

清·顧炎武《日知録》卷一〇《地畝大小》 以近郭爲上地，遠之爲中地、下地。蓋自金、元之末，城邑丘墟，人民稀少。先耕者近郭，近郭，洪武之冊田也；後墾者遠郊，遠郊，繼代之新科也。故重輕殊也。

《廣平府志》曰：地有大小之分者，以二百四十步爲畝，自古以來未之有改也。由國初有奉旨開墾，永不起科者，有因洿下鹻薄而無糧者，今一概量出作數，是以元額地少，而丈出之地反多。有司恐畝數增多，取駭於上，而貽害於民，乃以大畝該小畝，取合元額之數。自是上行造報，則用大地，以投黃冊；下行徵派，則用小畝，以取均平。是以各縣大地，有以小地一畝八分折一畝，遞增之至八畝以上折一畝。既因其地之高下而爲之差等，又皆合一縣之丈地，投一縣之元額，以敷一縣之糧科，而賦役由之以出，此後人一時之權宜爾。考之他郡，如河南八府，而懷慶地獨小，糧獨重，開封三十四州縣，而杞地獨小，糧獨重。蓋由元末未甚殘破，故獨重於他郡邑。天下初定，日不暇給，度田之令、均丈之法有所不及詳。原注解縉《大庖西封事》言：土田之高下不均，而起科之輕重無別。或膏腴而税反輕，瘠鹵而税反重。是則洪武之時即已如此。而中原之地，彌望荆榛，亦無從按畝而圖之也。唐陸贄有言：創制之始，不務齊平。供應有煩簡之殊，牧守有能否之異，所在徭賦，輕重相懸；所遣使臣，意見各異。計奏一定，有加無除。此則致敝之端，古今一轍。而井地不均，賦税不平，固三百年於此矣。故《東昌府志》言：三州十五縣，步尺參差，大小畝規畫不一，人得以意長短廣狹其間。而《大名府志》謂：田賦必均而後可久，除沙茅之地別籍外，請檄諸州縣長吏，畫一而度之，以鈔準尺，以尺準步，以步準畝，以畝準賦，倣江南魚鱗冊式而編次之。舊所籍不齊之額悉罷去，而括其見存者，均攤於諸州縣之間，一切糧稅、馬草、驛傳、均徭、里甲之類，率例視之以差。數百里之間，風土人烟同條共貫矣。則知均丈之議，前人已嘗著之，而今可通於天下者也。閻氏曰：江都之田一萬七千餘頃，額徵銀五萬餘兩。高郵田二萬五千餘頃，額徵銀四萬一千餘兩。泰州田九千餘頃，額徵銀四萬四千餘兩。非泰州之田僅高郵三分之一，賦重於高郵三倍也，蓋泰州大地，而高郵小地也。又如興化田二萬四千餘頃，額徵銀二萬八千餘兩。寶應田二千餘頃，額徵銀二萬餘兩。非寶應僅興化十分之一，賦重十倍也，蓋寶應大地而興化小地也。小地則一畝爲一畝而賦輕。大地則數畝折一畝而賦重。《賦役全書》内皆未經注明也。錢糧欵項不可不簡，而田畝大小尤不可不明。

《宋史》言：宋時田制不立，甽畝轉易，丁口隱漏，兼并冒僞，未嘗考按。原注：《王洙傳》，洙言：天下田稅不均，請用郭咨、孫琳千步開方法頒州縣以均其稅。沈氏曰：《宋・食貨志》重修定方田法，以東西南北各千步，當四十一頃六十畝一百六十步爲一方。又言：宣和中，李彥置局汝州。凡民間美田，使他人投牒告陳，指爲天荒。魯山闔縣盡括爲公田，焚民故券，使田主輸租，訴者輒加威刑。公田既無二稅，轉運使亦不爲奏除，悉均諸他州。原注：《宦者傳》。是則經界之不正，賦稅之不均，有自宋已然者，又不獨金、元之季矣。

清・顧炎武《日知録》卷一〇《後魏田制》 後魏田制。汝成案《周禮・閭師》：任工以飭材事。今作餘材。攷《魏書》同。恐誤脱。又貢其材，《周禮》作貢其物。後魏雖起朔漠，據有中原，然其墾田、均田之制有足爲後世法者。景穆太子監國，令曰：《周書》言：任農以耕事，貢九穀；任圃以樹事，貢草木；任工以餘材，貢器物；任商以市事，貢貨賄；任牧以畜事，貢鳥獸；任嬪以女事，貢布帛；任衡以山事，貢其材；任虞以澤事，貢其物。乃令有司課畿内之民，使無牛者借人牛以耕種，而爲之芸田以償之。凡耕種二十二畝，而芸七畝，大略以是爲率。使民各標姓名於田首，以知其勤惰。禁飲酒游戲者。於是墾田大增。高祖太和九年十月丁未，詔曰：朕承乾在位十有五年，每覽先王之典，經綸百氏，儲蓄既積，黎元永安。爰暨季葉，斯道陵替。富強者并兼山澤，貧弱者望絶一廛，致令地有遺利，民無餘財。或爭畝畔以亡軀，或因饑饉以棄業。而欲天下太平，百姓豐足，安可得哉。今遣使者循行州郡，與牧守均給天下之田，勸課農桑，興富民之本。其制：男夫十五以上，受露田四十畝，婦人二十畝。民年及課則受田，老免，及身沒則還田。諸桑田不在還受之限。男夫人給田二十畝，課蒔餘種桑五十樹，棗五株，榆三根。非桑之土，夫給一畝。依法課蒔榆棗，限三年種畢，不畢奪其不畢地。於是有口分、世業之制，唐時猶沿之。嗟乎，人君欲留心民事，而創百世之規，其亦運之掌上也已。宋林勳作《本政》之書，而陳同父以爲必有英雄特起之君，用於一變之後，豈非知言之士哉。

清・俞正燮《癸巳類稿》卷三《周鄉遂田制義》 《小司徒》：經土地，井牧其田野，以四井爲邑，四邑爲邱，四邱爲甸，四甸爲縣，四縣爲都。注云：此謂制都鄙也。采地制井田，其法異於鄉遂，重立國也。立國出車，以四起數，周之大法，鄉遂用貢，都鄙用助，鄭讀書熟，故能分析言之。俗儒讀書不能記，得此失彼，讀鄭注亦不熟，偏指一二句論之，遂以不狂爲狂。按《漢書・刑法志》：古一同萬井，除山川、沈斥、城池、邑居、園囿、術路，三千六百井，定出賦六千四百井，大率三分去一。鄉遂都邑之畎遂溝洫澮川占地，即在其一之中，遂人匠人，一以夫計，一以井計，事本不同，制無緣合。《大司徒》言：不易之地家百畝，一易之地家二百畝，再易之田家三百畝。此助制也。《遂人》言：上地田百畝，萊五十畝；中地田百畝，萊百畝；下地田百畝萊二百畝。《大司馬》言：賦地，上地食三之二，中地食半，下地食三之一。與《遂人》同，此貢法也。《周官》貢不爲井，後人欲以己意井之，遂改説《周官》，使不可通。《遂人》言：夫間有遂，十夫有溝，百夫有洫，千夫有澮，萬夫有川。《匠人》言：一耦有畎，田首謂遂，井間謂溝，成間謂洫，同間謂澮，達於川。遂人，十夫千畝，長百畝即有溝；匠人，井九百畝，長三十畝即有溝。以此推之，洫澮皆異，遂人所治鄉遂分邑，《遂師》所謂經牧，貢法也。匠人所治都鄙采邑，《小司徒》所謂井牧，助法也。助法面以三，貢法面以十。采邑以井言則爲里爲夫，三之，屋不能爲十夫也。井自成井形，不能更用他法積算。陳祥道、鄭樵謂《遂人》、《匠人》之制無不合者，不識數矣。

清・俞正燮《癸巳類稿》卷三《王制東田名制解義》 《王制》云：古者以周尺八尺爲步，今以周尺六尺四寸爲步。古者百畝當今東田百四十六畝三十步。東田之名，鄭、王、熊、皇、劉、孔皆不悉，至以爲南東其畝之東。案謂之今東田者，漢文帝時，洛濱以東河北燕趙及南方舊井地，武帝以後即無之。《史記・秦本紀》云：商鞅開阡陌東地渡洛。言開阡陌者，改井田以二百四十步爲畝。言東地渡洛，則盡秦地井田皆改，而六國仍以步百爲畝，故謂之東田，對秦田言之也。東田之改，在漢武帝時。《漢書・食貨志》云武帝末年詔曰：十二夫爲田一井一屋，故畝五頃。案井九百畝，屋三百畝，以千二百畝改五頃，是畝二百四十步也。桓寬《鹽鐵論》云：先帝制田二百四十步而一畝。論作於昭帝時，知制田指武帝也，所以知武帝改是東田者。西田是秦成制，則漢制是改東田。又商鞅言開阡陌，而武帝詔不言十二頃爲五頃，而云一井一屋爲五頃，明是續開商鞅未開之阡陌，井田至是始盡。合《王制》與《秦本紀》、《食貨志》、《鹽鐵論》讀之，東田之義始見，一井一屋之文亦見，而文散義隱，故解者不知也。《王制》云：古者百畝當今東田百四十六畝三十步。鄭推之云：當百五十六畝二十五步。謂當者，古步積六千四百寸，畝積六十四萬，東田步積四千九十六寸，畝積四十萬九千六百寸，鄭數合也。以東田就《王制》推之，則有古田、東田、秦田、漢制田四者之異。古周尺百二十五黍，八尺步長千黍，步羃百萬黍，百步畝羃萬萬黍。六國東田尺得周尺之八尺，百黍即咫也，步長八百黍，步羃六十四萬黍，百步畝羃六千四百萬黍。秦用周尺六尺，步長七百五十黍，步羃五十六萬二千五百黍，二百四十步畝羃萬三千五百萬黍。漢制田依東田步羃六十四萬黍，二百四十步畝羃萬五千四百六十萬黍，此其密率也。《魏書・高允傳》云：古人言方一里爲田三頃七十畝，百里爲田三萬七千頃。蓋僅以東田與漢制田計之，東田九百畝，爲漢制田三百七十五畝，若《王制》所謂古者，田則九百畝，當漢制田五百八十二畝三十五步有奇，本當東田千四百六畝九步有奇也。今戶部尺百四十八黍，五尺步羃五十四萬七千六百黍，二百四十步畝羃萬三千一百四十二萬四千黍。

清・秦蕙田《五禮通考》卷二三四《軍禮二》 《周禮・地官・載師》：以公邑之田任甸地。【略】

陳氏《禮書》：邦甸浸廣矣，又無九等之地，故餘地爲公邑，邦削至邦都，又加廣矣，而三等采地之外，其餘亦爲公邑。公邑有四。而《載師》特曰公邑之田任甸地者，言公邑始於此也。蓋公邑閑田也，天子使大夫治之，遂人與縣師預焉。遂人掌野，自百里外至五百里皆曰野。縣師，掌邦國、都鄙、稍甸、郊里之地域。鄭康成謂二百里、三百里，其大夫如州長；四百里、五百里，其大夫如縣正。義當然也。

《禮記・坊記》正義，兵賦之法：畿內六鄉，家出一人，遂之軍法與鄉同，其公邑出軍亦與鄉同。故鄭注《匠人》云：采地制井田，異於鄉遂及公邑，則知公邑地制與鄉遂同，明公邑出軍亦與鄉遂同。

蕙田案：遂之餘地，即所謂以公邑之田任甸地。縣士注：所謂封則采地，未封則爲公邑也。蓋公邑雖稱餘地，實多於遂幾倍，準之稍、縣、都亦多於采地幾倍。以公邑太宰九賦所出，天子使大夫治之，其地宜廣也。

又案：采地之外餘地，在夏殷則六十四同九十六成。周則六十五同八十一成三十井。一爲祿士，一爲閒田。夏謂之閒田，周謂之公邑，其實一也。其祿士之內，又包二條：一是元士，即所云天子之元士，不與鄭謂不在封國數中是也；一是公卿之子，父死後既不世爵，得食父祿，即所云大夫不世爵。未賜爵，視天子之元士，以君其國是也。二者皆爲無地之士。雖給以地，而當其祿不得爲采地。春秋之時，公卿亦有無地，劉子、單子是有地者，稱爵。畿內諸侯皆稱子，見鄭答趙商。王子虎卒，是無地者，不稱爵是也。其祿士之外，並爲閒田，與畿外附庸閒田相對，但畿內閒田即是公邑，畿外閒田非即附庸。已封人爲附庸，未封人則閒田。畿內不言附庸，無附庸也。又畿外州建二百一十國之外，則閒田少；畿內建九十三國之外，則閒田多。所以然者，畿外諸侯有大功德，始有附庸，故閒田少；畿內每須盼賜，故閒田多也。又案：《王制》凡九州一節，鄭以爲殷制，但言元士不與不及閒田。天子之田方千里一節，鄭亦以爲殷制，其注但言元士亦不及閒田，似若殷時無此一項者，或係偶不及之，經無明文，姑闕。又案：計遂之公邑，九同五十成十八分，而去五得六十一萬七千五百夫，以六家受十三夫通之，可受二十八萬五千家。稍地公邑，十六同六成二十五井十八分，而去五得一百四萬四千六十二夫半，六家受十三夫，可受四十八萬一千八百七十五家。縣地公邑，二十二同七十五成十八分，而去五得一百四十七萬八千七百五十夫，六家受十三夫可受六十八萬二千五百家。畺地公邑，二十七同十八分，去五得一百七十五萬五千夫，六家受十三夫，可受八十一萬家。計四處公邑共二百二十五萬九千三百七十五家。據賈疏，以公邑之制，亦與六遂同，則亦下劑致甿。但內應除去治溝洫若干夫，則出賦之夫亦未可定，今特舉其概云。

又案：以上公邑出軍之制。

《遂人》：上地，夫一廛，田百畝，萊五十畝，餘夫亦如之。中地，夫一廛，田百畝，萊百畝，餘夫亦如之。下地，夫一廛，田百畝，萊二百畝，餘夫亦如之。

《孟子》：卿以下必有圭田，圭田五十畝。餘夫二十五畝。賈氏公彦《匠人》疏：《孟子》云：卿以下必有圭田，圭田五十畝。餘夫二十五畝。注云：古者卿以下至於士，皆受圭田五十畝，所以供祭祀圭潔也。所謂惟士無田，則亦不祭，言絀士無潔田也。井田之民養公田者，受百畝，圭田半之，故五十畝。餘夫者一家一人受田。其餘老少有餘力者受二十五畝，半於圭田，謂之餘夫也，受田者，田業多少有上、中、下。《周禮》曰：餘夫亦如上中下之制也。《王制》曰：夫圭田無征。謂餘夫圭田皆不出征賦。

陳氏《禮書》：先王之於民，受地雖均百畝，然其子弟之衆或食不足，而力有餘則又以餘夫任之。此《詩》所謂侯彊，《遂人》所謂以彊予任甿者也。然餘夫之田不過二十五畝。以其家既受百畝，而又以百畝予之，則彼力有所不逮矣。故其田四分農夫之一而已。《禮》言上地田百畝，萊半之云云，則所謂餘夫如之者，如田萊之多寡而已，非謂餘夫亦受百畝，如正農夫也。班固謂其家衆男亦以口受田如此。鄭司農謂戶計一夫，一婦而賦之，餘夫亦受此田。其說與《孟子》不合。賈公彦之徒遂謂餘夫三十有妻者受百畝，二十九以下未有妻者受田二十五畝。是附會之論也。

蕙田案：陳氏解餘夫如之甚確。蓋上地田二十五畝，萊十二畝半；中地田二十五畝，萊亦二十五畝；下地田二十五畝，萊五十畝也。又案：以上附論圭田餘夫。

《周禮・地官・遂人》：凡治野，夫間有遂，遂上有徑；十夫有溝，溝上有畛；百夫有洫，洫上有涂；千夫有澮，澮上有道；萬夫有川，川上有路，以達於畿。【略】

《考工記》：匠人爲溝洫，耜廣五寸，二耜爲耦。一耦之伐，廣尺深尺謂之甽，田首倍之，廣二尺深二尺謂之遂。九夫爲井，井間廣四尺深四尺謂之溝。方十里爲成，成間廣八尺深八尺謂之洫。方百里爲同，同間廣二尋深二仞謂之澮。【略】

《地官・小司徒》：頒比法於六鄉。乃均土地以稽其人民而周知其數：上地家七人，可任也者家三人；中地家六人，可任也者二家五人；下地家五人，可任也者家二人。【略】

蕙田案：此六鄉授田。

《遂人》：上地，夫一廛，田百晦，萊五十晦，餘夫亦如之。中地，夫一廛，田百晦，萊百晦，餘夫亦如之。下地，夫一廛，田百晦，萊二百晦，餘夫亦如之。【略】

蕙田案：中地，田百晦，萊百晦，即所謂一易之地，家二百晦；下地，田百晦，萊二百晦，即所謂再易之地，家三百晦。惟上地，田百晦萊五十晦，較六鄉獨多耳。【略】

《大司徒》：凡造都鄙，不易之地家百晦，一易之地家二百晦，再易之地家三百晦。【略】

蕙田案：此都鄙授田。

《夏官・大司馬》凡令賦，以地與民制之：上地，食者參之二，其民可用者家三人；中地，食者半，其民可用者二家五人；下地，食者參之一，其民可用者家二人。【略】

蕙田案：蔡氏德晉解《大司馬》此節，謂所令之賦自鄉遂以達於邦國、都鄙，皆一法。可食者，謂田也；其不可食者，則萊也。可食者三之二，謂田百畝，萊五十畝也。食者半，謂田百畝，萊亦百畝也。食者參之一，謂田百畝，萊二百畝也。此條以《大司馬》三等與《遂人》三等同與康成合。但鄭謂是邦國，蔡通畿內都鄙，一槩同之。

又案：此邦國授田。

鄭氏鍔曰：《經》所載自王畿之鄉遂、都鄙至於諸侯之邦國，凡授田之法，自有四節。《大司徒》言都鄙之制，《小司徒》言六鄉之制，《遂人》言六遂之制，《大司馬》言諸侯國之制，何以明之。《大司徒》言凡造都鄙，而繼以不易、一易、再易之地，其爲都鄙之制明矣。《小司徒》言上地、中地、下地之制，不與遂同，又不與都鄙大司馬同。非六鄉田制而何。何則上地當食十人、九人、八人，中地當食七人、六人，下地當食五人，此常法也。六鄉在內，不及十人、九人，但家有七人，則授以上地；家有六人，則授以中地；家有五人，則授以下地。所以然者，將以強內故也。若六遂所授，則不可與鄉同。故別言之曰：上地，夫一廛，田百畝；中地，夫一廛，田百畝；下地夫一廛，田百畝。見其如常法而已。然又有萊五十畝，萊百畝，萊二百畝，不與鄉同。則以遂地遠而瘠，授之萊，所以饒遠也。又以爵考之，鄉大夫爵與遂大夫同，鄉師爵與遂師同，小司徒爵與遂人同。遂人掌授遂田，則小司徒掌授鄉田矣，遂人言六遂之制，則小司徒所言爲六鄉授田之制。何疑之有。若夫外造都鄙，則大司徒事，故都鄙之田於大司徒言之。施政職於九畿之外，而令其軍賦，則大司馬事，故邦國之田於大司馬言之也。

蕙田案：小司徒六鄉，大司徒都鄙，授田法與井牧同。遂人六遂，大司馬邦國，授田法與井牧微異。蓋以饒遠。遂較鄉爲遠，邦國較畿內爲遠，故其差如此。及其出稅賦，則皆二而當一。今臚列諸條彙於一處，學者覽之自明。

馬氏端臨曰：周家授田之制，如《大司徒》、《遂人》之說，則是田肥者少授之，田瘠者多授之；如《小司徒》之說，則口衆者授之肥田，口少者授之瘠田；如《王制》、《孟子》之說，則一夫定以百畝爲率，而良農食多，惰農食少。三者不同。

《地官・遂人》：凡治野，以下劑致甿。【略】

蕙田案：王昭禹觧下劑致甿。劑爲約劑，謂與甿約之要書也。此說太迂，不如鄭注之確。【略】

《載師》：凡任地，國宅無征，園廛二十而一，近郊十一，遠郊二十而三，甸、稍、縣、都皆無過十二，惟其漆林之征，二十而五。【略】

蕙田案：蔡氏說，最有理據存參。

觀承案：《載師》此條實爲難解。什一者，天下之中正。烏有二十而三與無過十二之異數哉。或謂稅民只是十一，此就下所奉上十中之一，又以其一分爲十而取其十中之一，與二十中之二與三，非謂民稅之二與三也。然經文直云二十而三與無過十二，則以其奉上之一分爲十與分爲二之說，又何所據而鑿出耶。其爲臆度之詞，固不足信。即謂近郊十一至無過十二係歆莽所添，必去此十九字然後可通者，亦未見其當。蓋此條與上條一一相對，未有以證其爲添附，則豈可憑臆而斷，竟毅然刪截乎。竊謂此條雖承上文而意義各別。上條九等任地，皆言其田，此條首提國宅無征句，乃著明園廛二十而一爲有征，其下遂承以近郊、遠郊、甸、稍、縣、都而詳其所征之數，並不一言涉及田字，則是專指其近郊、遠郊、甸、稍、縣、都之爲園廛者言，而非田稅之正，故不妨。二十而三無過十二之不均，惟漆林之征，雖亦園廛一類，然牟利太多，又開侈靡之習，與園廛但毓果蔬草木者，又自不同。故獨二十而五，以重稅抑末而止奢，俾不敢棄田以爲園林也。如此則亦字字甚明。《周禮》本文自當，何煩鑿爲之說，或別加刊削也哉。

《孟子》：請野九一而助，國中什一使自賦。

朱子曰：野，郊外都鄙之地也。九一而助，爲公田而行助法也。國中，郊門之內，鄉遂之地也。田不井授，但爲溝洫，使什而自賦其一，蓋用貢法也。周所謂徹法者蓋如此，以此推之，當時非惟助法不行，其貢法亦不止什一矣。

《詩・小雅・甫田》箋：歲取十千，於井田之法，則一成之數也。九夫爲井，井稅一夫，其田百畝；井十爲通，通稅十夫，其田千畝；通十爲成，成方十里，成稅百夫，其田萬畝。疏：《孟子》言三代稅法，其實皆什一。若井稅一夫，是九稅一矣。此詩之意，刺幽王賦重，當陳古稅之輕，而言成稅萬畝，反得重於什一者。《孟子》言什一，據通率而言耳。周制有貢有助，助者九夫而稅一夫之田，貢者什一而貢一夫之穀，通之二十而稅二夫，是爲什中稅一也。故《冬官・匠人》注廣引經傳而論之，云周制畿內用夏之貢法，稅夫無公田。邦國用殷之助法制公田，不稅夫。貢者，自治其所受田，貢其稅穀；助者，借民之力，以治公田，又使收斂焉。通其率以什一爲正。《孟子》曰：野九夫而稅一，國中什一。是邦國亦異外內之法耳。是鄭觧通率爲什一之事也。又《孟子》云：滕文公使畢戰問井田，孟子對曰：請野九一而助，國中什一使自賦。是鄭所引異外內之事也。《孟子》又云：方里而井，井九百畝，其中爲公田，八家皆私百畝，同養公田。公事畢，然後治私事，所以別野人也。是說助法，井別一夫以入公也。言別野人者，別野人之法，使與國中不同也。《爾雅》云：郊外曰野。則野人爲郊外也。野人爲郊外，則國中爲郊內也。郊內謂之國中者，以近國故繫國言之亦可，地在郊內，居在國中故也。助法既言百畝爲公田，則使自賦者，明是自治其田，貢其稅穀也。助則九而助一，貢則什一而貢一，通率爲什一也。若然，九一而助者，爲九中一。知什一自賦，非什中一者，以言九一即云而助，明九中一助也。國中言什一，乃云使自賦，是什一之中，使自賦之，明非什中一爲賦也。故鄭玄通其率，以什一爲正。若什一自賦爲什中賦一，則不得與九一通率爲什一也。且鄭引《孟子》云野九夫而稅一，國中什一，不言國中什而稅一，明是國中什一而貢一，故得通率爲什一也。史傳說助貢之法，惟《孟子》爲明。鄭據其言，謂什一而徹爲通外內之率，理則然矣。而《食貨志》云：井方一里，是爲九夫。八家共之，各受私田百畝，公田十畝，是爲八百八十畝，餘二十畝爲廬舍。其言取《孟子》爲說，而失其本旨。何休之注《公羊》，范甯之解《穀梁》，趙岐之注《孟子》，宋均之說《樂緯》，咸以爲然。皆義異於鄭，理不可通。何則言井九百畝，其中爲公田，則中央百畝，共爲公田，不得家取十畝也。又言八家皆私百畝，則中央百畝皆屬公矣。何得復以二十畝爲廬舍也。言同養公田，是八家共理公事，何得貢則九而助一，家分十畝自治之也。若家取十畝，各自治之，安得謂之同養也。若二十畝爲廬舍，則家別二畝半亦入私矣，則家別私有百二畝半，何得爲八家皆私百畝也。此皆諸儒之謬。鄭於《匠人注》云：野，九夫而稅一。此箋云：井稅一夫，其田百畝。是鄭意無家別公田十畝及二畝半爲廬舍之事，俗以鄭說同於諸儒，是又失鄭旨矣。

蕙田案：趙岐解《孟子》云：夏后時，民耕五十畝，貢上五畝。殷(氏)[民]耕七十畝，以七畝助公家。周民耕百畝者，徹取十畝以爲稅。雖異名而多少同。故曰：其實皆什一也。賈公彥《匠人疏》亦用趙氏之說。今從鄭說則不合，故陳祥道《禮書》云：鄭謂通率什一而穎達之徒申之，謂助之所取者重，貢之所取者輕。孟子何以言皆什一歟。曰：字書訓徹爲通，正兼二法，爲什一之義。不當以爲徹取龍子莫不善於貢之言。夏元肅雖謂後人流弊，其實亦由立法而然。制公田則不必取盈，不制公田則賦有常額，安得謂貢助皆什而稅一耶。朱子謂周時鄉遂用貢法，十夫有溝；都鄙用助法，八家同井。此條得之。至謂夏一夫受田五十畝，每夫計其五畝之入以爲貢。如此則與助通率爲十九分而取其二分，與前說自相矛盾。其《請野》節注：使什而自賦其一，亦當改爲使什一而自賦其一乃爲確耳。又謂貢法以十一爲常，而周則一夫耕私田百畝，公田十畝，爲十一而取一，如此則通率爲二十一分而取其二分，皆非也。何休、范甯、班固、趙岐之說本於《公羊》，然求之諸經則無文，計以法數則不合，不可從。

又案：鄉遂、公邑，溝洫稠多，其治溝洫不出賦之夫，當數倍於都鄙。而檢經注無此法，則鄉遂出賦之數亦不能定。又六鄉家二人半。六遂家二人，都鄙與邦國郊外約七家出一人。其賦役之差，繁於近，簡於遠，參差不一如此。予嘗反覆推尋，求其說而不得。既而檢《春秋正義》，鄉遂不出車、甲、馬、牛，而都鄙出車、甲、馬、牛，則其費且倍於鄉遂。至於稅之輕近重遠，又各不同，則其輕重之差亦固無可疑者。案鄭氏《匠人注》云：畿內用貢法者，鄉遂及公邑之吏，且夕從民事，謂其促之以公，使不得恤其私。邦國用助法者，諸侯專一國之政，爲其貪暴稅民無藝。周之畿內，稅有輕重。諸侯謂之徹者，通其率以什一爲正。《孟子》云：野九夫而稅一，國中什一。是邦國亦異外內之率耳。然則二法不同、輕重有異者，豈非畿內之賦，鄉遂重而都鄙輕；邦國之賦，國中重而郊外輕。故特設此輕近重遠之稅，以均之歟。《載師》：凡任地，國宅無征，園廛二十而一，近郊十一，遠郊二十而三，甸、稍、縣、都皆無過十二。注：國稅輕近而重遠，近者多役也。《匠人注》亦引《載師》此文，而云：此謂田稅也，皆就夫稅之輕近重遠耳。又駁異義云：案《公羊》說，十一稅遠近無差，元之聞也。《周禮》制稅法，輕近而重遠者，爲民城道溝渠之役，近者勞遠者逸也。若然《周禮》稅法據王畿，《公羊》稅法據諸侯邦國。諸侯邦國無遠近之差者，以其國地狹少役賦事暇，故無遠近之差也。夫所謂近者多役，故輕其稅者，城道溝渠之役固然矣。而六鄉上劑致甿，四處公邑同於遂，則亦下劑致甿。此豈非畿內之近者多役乎。至謂諸侯無遠近之差者，對畿內而稅耳。其實則孟子對滕文公，正是邦國異外內之事。而《尙書·費誓》正義：大國三軍，出自三鄉；次國二軍，出自二鄉；小國一軍，出自一鄉。是國中亦家出一人也。《司馬法》：甸六十四井出七十五人。賈公彥以爲邦國之制是在野七家而出一人也，此豈非邦國之近者多役乎。抑所謂近郊遠郊，賈氏欲取九等田分屬之，故不言六鄉，其實六鄉亦在其內也。所謂園廛者，鄭氏取《孟子》五畝之宅樹之以桑，以鮮廛；取《詩》中田有廬，疆場有瓜以鮮園。鄭不取何休公田內二十畝，八家各二畝半之說，其箋《詩》云：田中作廬，以便田事，意亦指廬在私田之內。賈失鄭指而取趙岐廬井邑居各二畝半之說，以園廛兩物合成一五畝之宅。乃趙岐注滕文公以園廛皆是國中之地，與五畝之宅無涉，則賈又失趙指矣。其實廛者即經所謂發廛里任國中之地，園者即經所謂以場圃任園地也。場人掌國之場圃，則園不在國中乎。是園廛亦在六鄉之內也。惟甸、稍、縣、都無過十二者，指六遂及四處公邑而言，無采地在內。其采地稅法之輕重，檢經注無明文。以下劑致甿及七家一人之差考之，則采地之稅必當又重於十二，可推而知也。論出賦之法，最重則畿內之六鄉廛里以下九等地。邦國之三鄉、二鄉、一鄉，其次則畿內之六遂及四等公邑，其次則邦國之郊外，最輕則畿內之三等都鄙。論出稅之法，最重則畿內之漆林。【略】其次則畿內之三等都鄙。【略】其次則畿內之六遂及四等公邑。其次則畿內遠郊之六鄉及官田、牛田、賞田、牧田。【略】其次則邦國之郊外。其次則畿內之近郊宅田、士田、賈田。其次則邦國之國中。【略】其次則畿內之園廛。【略】最輕則園宅及圭田，餘夫皆無征。【略】總之，稅輕者賦重，賦輕者稅重，錯綜參伍而尋之，則渙然無疑矣。

清・錢塘《溉亭述古録》卷一　周禮田制軍賦論

《周禮》：王畿千里，以郊、甸、削、縣、都五者爲節，而田制軍賦出焉。稅以夫計，車以乘計，可以考知其數者里也。而田或三分而去一，或於三分所去六而存一。民或一家受二夫之田，或六家受十三夫之田。賦或家出一人，或十家出一人，皆隨地之遠近內外而殊。康成言之詳矣。而後人之所疑者有二：治溝洫之夫稅，鄉遂當與都鄙同去也，都鄙出車，不得不與鄉遂變通也。二者皆康成之所未言。愚請得攷而釋之：鄉遂制田以溝洫，都鄙制田以丘甸，是以都鄙有治洫治澮之夫，而鄉遂則否。無他，形勢使之然耳。十里爲成，百里爲同，此都鄙之制也。是故成中有甸，甸方八里。居一成之中，則旁餘一里，六十四成，方八十里。居一同之中，則旁餘十里。甸之外無洫，至成而後有洫，故一里爲治洫之夫。六十四成之外無澮，至同而後有澮，故十里爲治澮之夫。溝洫之地，可以十里、百里計，而不爲成，則無甸。是故澮與洫遇，而有百夫；川與川遇，而有萬夫。百夫之田，九遂九溝，九之而爲十里；萬夫之田，九洫九澮，九之而爲百里。無餘也。無餘，則安得有治溝洫之夫哉。然則鄉遂之溝洫，受田出稅之家，自治之而已。自治之而猶稅之者，稅輕也。都鄙之稅重，故不稅其治洫治澮之夫，以是爲均而已矣。遂之稅與都鄙同，而其受田也，率六家而餘一夫，故稅雖重而不困。蓋其所常稅者，家止二夫，而不及其餘乎。則與不稅治洫治澮之夫，何異也。六遂十二同，百八萬夫。十八分之十三率之，去三十萬夫，餘七十八萬夫。受田有三十六萬家，依六鄉受田，多六萬夫，當爲不出稅之夫。夫有其夫而卹之，然後去稅，既無其夫，則何稅之去乎。論者以康成明言都鄙出田稅之夫，而於鄉遂不言，因謂其間治溝洫之夫，出稅與否，尚未可定。不知康成言六鄉，定受田十二萬家，卽出田稅之家也。則六遂受田三十六萬家，亦卽出田稅之家也。不出田稅者，特六鄉之六萬夫耳。然固三十六萬之家所受也，六家受十三夫之田，故知六萬夫，卽三十六萬家之所受。是無不出稅之家矣。然則鄉遂不言出田稅，而都鄙言之，何歟。曰：都鄙言之者，稅止於甸也。鄉遂不言者，稅不用甸法也。稅止於甸，而田不止於甸，不言出田稅之家，則受田者皆出稅矣。故特言之，明其與鄉遂異也。此康成之微意歟。鄉、遂、都、鄙之田制既異，則其軍賦亦異。故鄉遂乘七十五人，都鄙乘三十人。大抵鄉遂出二千乘，都鄙出八千乘，是爲天子萬乘。論者謂都鄙不稅治洫治澮之夫，亦當去其賦。如此則車多人少，不得不借鄉遂以足之。此又不然。治洫治澮之夫，聞其不出稅，未聞其不出賦也。都鄙之賦，不計甸而計成。《信南山》箋曰：甸方八里，在一成之中。或方十里出兵車一乘，以爲賦法，斯非計成出賦之明文乎。論者以《坊記》注古者方十里，其中六十四井，出兵車一乘，爲賦止於甸之證。不知此卽班固所謂一同百里，提封萬井，除山川、沈(厈)[斥]、城池、居邑、園囿、術路三千六百井，定出賦六千四百井者也。如其說，則有甸無成矣。一同除三千六百井，卽旁加之十里也。則一成亦除旁加之一里而同惟百甸。無成，是無治洫治澮之夫。而鄉遂出車，亦不得有二千乘。鄉遂各七萬五千家，出車二千乘，其餘歸之九等田及公邑。依《刑法志》，僅出千六百乘。此則不合於《周官》。蓋箋所云者，侯國出車之法也。康成於《周禮》特言畿內出車，故依《王制》三分去一之說。稍、甸、縣、都，所去不及三分之一，則以十八分之十三率之。計其受田之家，仍得三分之一。通以一家受二夫之田，不離三分去一也。而以其所餘者爲成，於是《周禮》可通，而成亦必出賦，成既出賦，則都鄙不患其人少矣。是故三分去一，亦三分取一，則削、縣、都八十四同之中，取其二十八同，已足其八千四百乘之數。三分取一，卽三分去一。及一家受二夫也，二十八同。上地家百畝，凡二百五十二萬家。以十家出一人一乘三十人率之，正得八千四百乘。

清・錢塘《溉亭述古録》卷一　三代田制解

三代田制曷以異，曰：無異也。無異，則《孟子》何以言五十畝、七十與百畝。曰：名異而實不異。非不欲異，其制固不能異也。其不能異奈何。曰：井田始於黃帝，洪水之後，禹修而復之。孔子所謂盡力乎溝洫也，溝洫既定，不可復變，殷周遵而用之耳。《攷工記》：匠人爲溝洫，始於廣尺、深尺之畎田。首倍之爲遂，倍其遂爲井間之溝，倍其溝爲成間之洫，倍之洫爲同間之澮。賈公彦繪一成之圖，謂畎縱遂橫，溝縱洫橫，澮縱自然川橫，然則見畎知畝，見遂知夫，見溝知井，見洫知成，見澮知同也。一同之田，川與澮爲方；一成之田，洫與溝爲方；一井之田，溝與遂爲方；一夫之田，遂與畎爲方。畎，伐也，不爲夫田限，故夫三爲屋。遂與溝遇也，至溝與洫遇，則爲通矣；洫與澮遇，則爲終矣。屋者，三分夫之一；通者，十分成之一；終者，十分同之一。皆不爲方，水道有縱橫故也。禹自言濬畎澮距川，明畎澮縱而川則橫，周制本乎夏制矣。使周異於殷，殷異於夏，必盡更夏后氏之制。更其畎遂固易也，溝洫則難矣，川澮抑又難矣。我因川澮溝洫之不能更，而知周用夏制也。我因周用夏制，而知殷與周之未嘗各異也。然則畝數之不同，何歟。曰：所謂異其名也。其名何以異。曰：以度法之各異也。蔡邕謂夏以十寸爲尺，殷以九寸爲尺，周以八寸爲尺。夫殷之尺，非遂得夏之九寸也，蓋九寸則不足；周之尺，非止得夏之八寸也，蓋八寸而有餘。何則。夏之百分，殷以爲百一十二分，周以爲百二十分。通其率，則五十之爲五十六與六十也。而夫田之廣長與其步法俱得矣。是故同此一夫之田，夏以廣十尺、長五百尺爲畝，殷以廣八尺、長五百六十尺爲畝，周以廣六尺、長六百尺爲畝。如其畝法，而五十七十與百畝之數立矣。步則夏以五尺，殷以五尺六寸，周以六尺。一畝同長百步，而夏廣二步，殷廣一步五十六分。步之二十四周廣一步，推之一里，則廣長皆三百步。其積皆九萬步也。夫如是，則自遂以上，殷周皆不必更，而獨更其畎，豈不甚易也哉。夫三代步法，與其夫田之廣長，皆與率數相應。故夫有異畝，畝無異步，是之謂名異而實同。少康有田一成，卽《攷工》之十里，其明證也。曰：井與夫皆方，畝何以不爲方。曰：畎之水注於遂，遂在田首，故不能方。猶溝之水注於洫，洫在通首，亦不能方。卽《詩》所謂南東其畝，而韓嬰謂之長一步、廣一步者也。南畝之長，卽東畝之廣。分言之，則皆一步，而或者疑之，則畝必廣長皆十步耶。曷爲晉欲令齊盡東其畝也。《孟子》又謂皆什一，奈何。曰：此殷周侯國之制也。康成所謂公田不稅夫，故其名曰莇與徹。夏則稅夫，無公田而名爲貢，貢爲什一，莇與徹爲九一，九一之與什一，盈朒無名耳。故曰：皆什一。《禹貢》：賦有九等，果什一歟。曰：禹以九州爲等，非一井也，烏得言非什一。

清·朱駿聲《傳經室文集》卷一　夏五十而貢，殷七十而助，周百畝而徹說。天下生齒有增無減。則劉氏、皇氏夏殷民多，周民少之說非也。什一之制，天下中正。則熊氏夏殷百畝之夫止稅其五十、七十，周乃畎盡稅之之說非也。溝洫既定，更張則擾。則陳氏夏殷田少，周田多之說，及徐氏夏殷儉約，授五十、七十而用足，周則彌文，不得不加多之說皆非也。井田始於黃帝，不始於夏。洪水之後，禹特脩之而已。則金氏區皆百畝，夏十六家受之，自貢什一，殷十二家受之，助耕公田，周乃每夫一區，似屬可通。但十六家當是十八家之譌，而殷則授十二家不足，授十一家有餘。若云十二家，則公田只六十畝矣。終難牽配，則亦非也。一井之田，肥瘠不至懸殊。則袁氏三代皆百畝，夏以五十爲萊田，商以三十爲萊田之說又非也。至金氏周世君子，工商及庶人在官皆不受田，故田多而農得百畝，尤爲無理。豈夏商之士、工、商皆兼農耶。惟舊有周尺狹小於古之說，謂周百、殷七十、夏五十，其地實同，合之《王制》，古者以周尺八尺爲步，今以周尺六尺四寸爲步，其論較爲允協。但逐細推之，得數亦不甚合，只可存其大略而已。若欲合數，夏須以方九尺爲步而用十寸之尺。則當周之九十九畝稍絀。殷以方八尺五寸爲步而用九寸之尺。則當周之一百畝稍贏。周則以方八尺爲步而用八寸之尺。按夏以十寸爲尺，方八尺爲一步，積六十四尺。百步爲晦，橫八尺，從八百尺，積六千四百尺，是五十晦，爲積三十二萬尺也。夏之五十畝，當殷六十一畝奇，當周七十八畝奇，當周末一百二十二畝奇。殷以九寸爲尺，方八尺爲一步，積五十一尺八寸四分。百步爲晦，橫七尺二寸，從七百二十尺，積五千一百八十四尺，是七十畝，爲積三十六萬二千八百八十尺也。殷之七十畝，當周八十八晦奇，當夏五十六畝奇，當周末一百三十八畝奇。周初以八寸爲尺，方八尺爲一步，積四十尺零九寸六分，百步爲晦，橫六尺四寸，從六百四十尺，積四千零九十六尺，是百畝爲積四十萬零九千六百尺也。周之百畝，當殷七十九畝奇，當夏六十四畝，當周末一百五十六畝奇。周末六寸四分爲尺，方八尺爲一步，積二十六尺二寸一分四釐四豪，百步爲晦，橫五尺一寸二分，從五百十二尺，積二千六百二十一尺四寸四分，百畝爲積二十六萬二千一百四十四尺。周末百畝，當周初六十四畝，當殷五十一畝奇，當夏四十一畝弱。秦仍以八寸爲尺，改六尺爲步，每步積二十三尺零四分，百步爲晦，橫四尺八寸，從四百八十尺，積二千三百零四尺。漢景帝以八寸爲尺，方六尺爲步，積二十三尺零四分，改定二百四十步爲晦，橫四尺八寸，從一千一百五十二尺，積五千五百二十九尺六寸。今以十寸爲尺，改五尺爲一步，積二十五尺，二百四十步爲畝，橫五尺，從一千二百尺，積六千尺。○三百六十步爲一里，一百八十丈積九千尺。○積步求晦，二四除之。積尺求晦，以長廣相乘，以六除之。反畝爲步，二四乘之。步化爲尺，以五乘之。尺化爲步，以二乘之。

清・温曰鑑《勘書巢未定稿》 三代田制異同説

《周禮・小司徒》注：《司馬法》曰：六尺爲步，步百爲畝，畝百爲夫，夫三爲屋，屋三爲井，井十爲通，通十爲成，成百井。成十爲終，終十爲同，同萬井。《遂人》：凡治野，夫間有遂，遂上有徑。十夫有溝，溝上有畛。百夫有洫，洫上有涂。千夫有澮，澮上有道。萬夫有川，川上有路。此周之田制也。徵之《詩》則曰：信彼南山。惟禹甸之。考之《國語》則曰：有田一成。是周之田制，卽夏之田制。以溝洫畛涂觀之，夏、殷、周若不相因，而必欲改作，恐易代之際，天下之民皆不得而安。卽聖人亦心有所不忍，力有所不能。然則何有五十、七十、百畝之異，或言尺有長短，則其數有多寡。《王制》云：古者以周尺八尺爲步，今以周尺六尺四寸爲步。古者百畝當今東田百四十六畝三十步。則周田之多於夏殷固宜然。百畝可爲百四十六畝。則以夏視殷尚近，而以夏視周則大相遠也。又考之《遂人》上地夫田百晦，萊五十晦；中地夫田百晦，萊百晦；下地夫田百晦，萊二百晦。故說者謂夏五十畝，其五十畝是萊；殷七十畝，其三十畝是萊；槪未可知。然一井內豈田萊參半乎。大抵夏時水土初平則土曠人稀，故授田五十畝，其爲畝也大。殷周疆域漸開則土闢人稠，故授田七十畝，其爲畝也小。名異而實同，以新一朝之耳目要之溝、洫、畛、涂，夏、殷、周莫不相因，而未嘗改作。不然秦用商鞅始開阡陌，此井田之所由壞，豈三代時而已遞變其制乎。

清・張廷玉《澄懷園文存》卷三《罷限田議》 奏爲遵旨議奏事都統兼刑部侍郎臣盛安請立限田之制一摺。奉硃批：大學士等議奏。欽此。臣等竊維國家定制。凡以利民，事由理斷，亦隨勢遷。有應行之事，有不應行之事，有不應行而不可不行之事，有應行而實不可行之事。畏難而欲速，因循而鹵莽，其不能利民，似異而實同。蓋勢既靡，常理遂無定居。今日而議復限田，誠無不可行之理，而有不可行之勢。強勢以合理，無論奉行之不善，卽使善於奉行，亦恐急切，少奉行之善策，是不如不行之爲愈也。查限田之說倡自董仲舒，師丹繼之，荀說亦謂宜以口數占田，爲之立限，以防兼幷。宋臣蘇洵通其說，以爲少爲之限，而不奪其田，但使後之人不敢多占田以過吾限。要之數世，富者之子孫，或不能保其地以復於貧，而彼常過吾限者，散而入於他人，則所占者少而餘地多，貧民易取以爲業。是限田之法，前人論之綦詳。今民間田非耕者所有，而有田者不耕。富者田日增則田益貴，田益貴則貧民之得田愈難，棄田尤易。雖業主能養佃戶，終不若自佃其田。凡此情形，由來已久，亦人所共知者。如果限田一行，卽能使富者無多占田，貧者得有恆產，漸至貧富均平，因而家給人足，豈不盡善。惟是利未興而弊先伏，利未一而弊恆十。田以何爲等差，限以何爲多寡。直省風土互異，貧富長落不時，非清查不知，而查則滋擾。縱使章程既定，券契可憑，而瓜分、詭寄、改戶、移名，卽精明之吏亦難按冊而稽。將胥吏乘機需索訛詐，而小民震惑，互相告訐，獄訟紛緐。古云：治大國如烹小鮮。在毋擾之而已。今天下各直省皆大國也。本欲安之，適以擾之，雖法良意美，顧可不深思而熟慮之乎。至稱請收買公田，仍公之於民，並捐監贖罪皆準以田捐贖等語，在盛安之意，亦以爲限田難行，欲收買公田並捐監贖罪之田，皆公之於民，庶民得田日多，是限田之通也。意固善也。查公田之法，宋、元、明皆有之，大率皆籍沒之產，及抽踰限之官民田以充公。官爲之招租，民受其困至無所逃避。今盛安所稱公田，雖官買招種，而租價既減復，卽以所收租補完原項還給地戶，較諸從前公田，自屬迥別。然收買時不無長短，催租時不無凌虐，完納時不無勒索。比之民種民田，實有便、有不便，且承種者既皆可得田，則此承種得田之人能保其盡爲無田之貧戶，絕無有田之富民乎。一經察別，則弊竇百出，爭端四起，又必然之勢矣。至於捐監例不過百金，人或急於功名，但罄一時之蓄，便可如數輸納。若田，則子孫世業也，倘令民以田捐納，又將捐納之田仍散之民，不獨予奪彼此，微失其平，且恐無田之人必須捐監，勢必轉買田以報捐，不又阻其路而迂其途乎。贖罪之條本不應濫，而犯罪之人未必皆有田之人，徒增一例，亦並無補裨。臣等愚見：限田之議，應行而不可行；其收買官田並納田捐贖之議，不可行而亦不應行。盛安所奏，俱無庸議。謹奏。

清・阮元《詁經精舍文集》卷二趙春沂《孟子周禮田制異同攷》 《孟子》言：井九百畝，其中爲公田。八家皆私百畝，同養公田。而《周禮》又有上地、中地、下地之別，不盡以一夫百畝爲斷，其故何歟。蓋古者一夫受田百畝，而地有肥磽，不能畫一者，勢也。鄭康成《載師》注云：王畿內方千里，積百同，九百萬夫之地也。有山陵、林麓、川澤、溝瀆、城郭、宮室、涂巷，三分去一，餘六百萬夫。又以田不易、一易、再易，上中下相通，定受田三百萬家也。夫云定受田三百萬家，是六百萬夫之地，因有肥磽不同，折實爲三百萬畝。凡《周禮》所云家二百畝、家三百畝，司徒與民之時，皆作百畝與也。匹夫受田之時，亦皆作百畝受也。故鄭注又云：六鄉之地，七萬五千家，通不易、一易、再易，一家受二夫，則十五萬夫之地。然則《孟子》言八家皆私百畝，舉其定數，《周禮》上中下之别，是土均之法。詳《周禮》而《孟子》之説可該，但《小司徒》注云：一家男女七人已上，授以上地；男女五人已下，授以下地。是田仍限百，而授人因乎人數。夫民間生齒緐耗，一家歲各不同，設逐歲大更張之，政亦過擾。至一家受二夫之説，又疑民力有限。彼受上地者，事半功倍；受下地者，不勝有將伯之呼。馬氏貴與亦嘗以《大司徒》、《小司徒》、《孟子》之説，云三者不同矣。然攷之井田因乎溝洫，三代以來，貢、助、徹名雖異，而溝洫必不變。不易之地，不能分而爲三，再易之地，亦不并而爲一。地之分上中下，自無可疑。且古尺甚短，周之百畝，非可以今之百畝例。人力自能兼三百畝者，又子弟未有室受田者，亦來助耕可知。迨子弟長而受田，父兄已老而歸田矣。一夫受二之説，《周禮》賴有鄭注，而與《孟子》之言一而二、二而一者也。又《孟子》云：卿以下必有圭田，圭田五十畝。卽《載師》士田也。先鄭以士田爲士大夫之子得而耕之田。後鄭云：士讀爲仕，仕者亦受田，所謂圭田。卽引《孟子》言爲證。然《周禮》無圭田五十畝明文也。又《孟子》：餘夫二十五畝。餘夫卽司徒羨卒也，彼《遂人》職餘夫非是。賈疏云：《遂人》職餘夫，是餘子弟多三十壯有室者，其合受地，與正夫同。《孟子》所云餘夫，年二十九以下，未有妻，受口田，故二十五畝，與正夫不同。是《周禮》無二十五畝明文也。攷鄭注：宅田、士田、賈田云，各受一夫，則半農人也。夫農人以上中下相通，各受二夫之地，折實爲一百畝。此云受一夫，半農人，則其爲五十畝可知，至其田任近郊，則在六鄉又可知。《周禮》雖無明文，鄭注可參也。餘夫之田，常取諸公田。蓋六鄉之中，二十四萬夫之地，既受十五萬家之民，餘九萬夫，廛里場圃等九者，通受一夫，彼《遂人》職所云餘夫亦如之者。是正室外有室之丁，亦不能受田六鄉，故鄭注云：餘夫在遂地之中，則此未有室之餘夫，亦烏能受田於鄉。若亦使居六遂，則未有室者，離厥父母兄長，遠在百里，出作入息，獨耕獨耨，王道豈不近人情若是。意其地卽以公田給之，在六鄉者不離乎鄉，在六遂者不離乎遂，至於貢卽於二十五畝之內，各出己之田二畝半，亦未見其不可也。此又於鄭注中無由參攷而臆斷者也。

清・魏源等《清經世文編》卷三六《户政十一》《田制説籌濟編》楊芳

井田之制，起於黄帝，三代因之。自商鞅開阡陌而井田廢。《勸農書》曰：欲仿井田，不必盡泥古法。縱橫曲直，各隨地勢，淺深高下，各因水勢。程子云：必井田而後天下可爲。非聖人之達道，道在倣其意行之而民不病。蓋田不可復井，而遂徑溝畛之遺意猶存也。古者后稷爲田，一畝三甽。以後隨地制宜，田制不一。

綜述

唐・杜佑《通典》卷一《食貨一・田制上》 陶唐以前，法制簡略，不可得而詳也。及堯遭洪水，天下分絶，使禹平水土，别九州，其分别疆理所在，具《州郡篇》。冀州，厥土惟白壤，無塊曰壤。厥田惟中中。田第五。兗州，厥土黑墳，色黑而墳起。厥田惟中下。第六。青州，厥土白墳，厥田惟上下。第三。徐州，厥土赤埴墳，土黏曰埴。厥田惟上中。第二。揚州，厥土惟塗泥，地泉濕。厥田惟下下。第九。荆州，厥土惟塗泥，厥田惟下中。第八。荆河豫州，厥土惟壤，下土墳壚，高者壤，下者壚。壚，疎也。厥田惟中上。第四。梁州，厥土青黎，色青黑，沃壤也。厥田惟下上。第七。雍州，厥土惟黄壤，厥田惟上上。第一。九州之地，定墾者九百一十萬八千二十頃。虞夏殷三代凡千餘載，其閒定墾，書册不存，無以詳焉。

周文王在岐，今扶風郡岐山縣。用平土之法，以爲治人之道，地著爲本，地著謂安土。故建司馬法：六尺爲步，步百爲畝，畝百爲夫，夫三爲屋，屋三爲井，井十爲通，通十爲成，成十爲終，終十爲同，同方百里，同十爲封，封十爲畿，畿方千里。故丘有戎馬一匹，牛三頭，甸有戎馬四匹，兵車一乘，牛十二頭，甲士三人，步卒七十二人。一同百里，提封萬井，戎馬四百匹，車百乘，此卿大夫采地之大者，是謂百乘之家。一封三百六十六里，提封十萬井，定出賦六萬四千井，戎馬四千匹，車千乘，此諸侯之大者，謂之千乘之國。天子之畿內，方千里，提封百萬井，定出賦六十四萬井，戎馬四萬匹，兵車萬乘，戎卒七十二萬人，故曰萬乘之主。小司徒之職，乃均土地以稽其人民，而周知其數。上地家七人，可任也者家三人。中地家六人，可任也者二家五人。下地家五人，可任也者家二人。鄭玄曰：均，平也。周猶徧也。一家男女七人以上，則授之以上地，所養者衆也。男女五人以下，則授之以下地，所養者寡也。正以七人、六人、五人爲率者，有夫有婦，然後爲家，自二人以至于十爲九等，七、六、五者爲其中。可任，謂丁強任力役之事者，出老者一人，其餘男女強弱相半，其大數。乃經土地，而井牧其田野。九夫爲井，四井爲邑，四邑爲丘，四丘爲甸，四甸爲縣，四縣爲都，以任地事而令貢賦，凡稅斂之事。此謂造都鄙也。采地制井田，異於鄉遂，重立國，小司徒爲經之。立其五溝五塗之界，其制似井之字，因取名焉。謂隰皋之地，九夫爲牧，二牧而當一井。今造都鄙，授民田，有不易，有一易，有再易，通率二而當一，是之謂井牧。昔夏少康在虞，思有田一成，有衆一旅。一旅之衆而田一成，則井牧之法，先古然矣。九夫爲井者，方一里，九夫所治之田也。四井爲邑，方二里；四邑爲丘，方四里；四丘爲甸，甸方八里；旁加一里，則方十里，爲一成。積百井九百夫，其中六十四井五百七十六夫出田稅，三十六井三百二十四夫治洫。四甸爲縣，方二十里，四縣爲都，方四十里；四都方八十里，旁加十里，乃得方百里，爲一同也。積萬井九萬夫，其四千九十六井三萬六千八百六十四夫出田稅，二千三百四井二萬七百三十六夫治洫，三千六百井三萬二千四百夫治澮，井田之法，備於一同。今止於都者，采地食者，皆四之一。其制三等，百里之國凡四都，一都之田稅入於王。五十里之國凡四縣，一縣之田稅入於王。二十五里之國凡四甸，一甸之田稅入於王。地事謂農牧衡虞也，貢謂九穀山澤之材也，賦謂出車徒給徭役也。任土之法，以物地事，授地職，而待其政令。任土者，任其力勢所能生育，且以制貢賦也。物，物色之，以知其所宜之事而授農牧衡虞，使職之。以廛里任國中之地，以場圃任園地，以宅田、士田、賈田任近郊之地，以官田、牛田、賞田、牧田任遠郊之地，以公邑之田任甸地，以家邑之田任稍地，以小都之田任縣地，以大都之田任疆地。謂廛里者，若今云邑居里矣。廛，民居之區域也。里，居也。圃樹果蓏之屬，季秋於中爲場。樊圃謂之園。宅田者，致仕之家所受之田也。《士相見禮》曰：宅者在邦，則曰市井之臣；在野，則曰草茅之臣。士讀爲仕，仕者亦受田，所謂圭田也。《孟子》曰：自卿以下，必有圭田，圭田五十畝。賈田，在市賈人其家所受田也。官田，庶人在官者其家所受田也。牛田，牧田，畜牧者之家所受田也。賞田者，賞賜之田。公邑謂六遂餘地，天子使大夫治之，自此以外皆然。家邑，大夫之采地；小都，卿之采地；大都，公之采地，王子弟所食邑也。疆五百里，王畿界也。皆言任者，地之形實不方平如圖，受田邑者遠近不得盡如制，其所生育職貢，取正於是耳。民受田，上田夫百畝，中田夫二百畝，下田夫三百畝。歲耕種者爲不易上田，休一歲者爲一易中田，休二歲者爲再易下田，三歲更耕之，自爰其處。爰，於也，更謂三歲卽改與別家佃，以均厚薄。農民戶人已受田，其家衆男爲餘夫，亦以口受田如比。比，例也。必寐反。士工商家受田，五口乃當農夫一人。口二十畝。此謂平土可以爲法者也。若山林藪澤原陵淳鹵之地，淳，盡也，澤鹵之田不生穀。各以肥磽多少爲差。磽，磽确，謂瘠薄之田。民年二十受田，六十歸田。七十以上，上所養也；十歲以下，上所長也；十一以上，上所強也。勉強勸之，令習事。

《孟子》曰：夫仁政必自經界始。經界不正，井地不均，穀祿不平，是故暴君污吏必慢其經界。經界既正，分田制祿可坐而定也。

秦孝公任商鞅，鞅以三晉地狹人貧，三晉，韓趙魏三卿，今河東道之地。秦地廣人寡，故草不盡墾，地利不盡出。於是誘三晉之人，利其田宅，復三代無知兵事，而務本於內，而使秦人應敵於外。故廢井田，制阡陌，任其所耕，不限多少。孝公十二年之制。數年之閒，國富兵強，天下無敵。

漢孝文時，民近戰國，皆多背本趨末。賈誼說上曰：古之治天下，至孅至悉，故其畜積足恃。今背本而趨末，遊食者甚衆，是天下之大殘也。本，農桑也。末，工商也，言人已棄農而務工商矣，其食米粟者又甚衆也。殘謂傷害。漢之爲漢，幾四十年矣，幾，近也。公私之積，猶可哀痛。言年載已多，而無儲積。卽不幸有方二三千里之旱，國胡以相恤？卒然邊境有急，數十萬之衆，國胡以餽之？兵旱相乘，天下大屈。今敺人而歸之農，皆著於本，使天下各食其力，末伎遊食之民轉而緣南畝，言皆趨農作。則畜積足而人樂其所矣。帝感誼言，始開籍田，躬耕以勸百姓。

詔曰：夫度田非益寡，而計民未加益，度謂量計。以口量地，其於古猶有餘，而食之甚不足者，其咎安在？無乃百姓之從事於末以害農者蕃，蕃，多也。爲酒醪以靡穀者多，靡，散也。靡讀曰糜。六畜之食焉者衆與？細大之義，吾未能得其中。竹仲反。其與丞相列侯吏二千石博士議之，有可以佐百姓者，率意遠思，無有所隱也。

晁錯復說上曰：聖王在上而民不凍飢者，非能耕而食之，織而衣之，食讀曰飼。爲開其資財之道也。故堯禹有九年之水，湯有七年之旱，而國亡捐瘠者，捐，謂人饑相棄捐也。瘠，瘦病也。言無相棄捐而瘦病者。以畜積多而備先具也。今海內爲一，土地人民之衆不避湯、禹，加以亡天災數年之水旱，而畜積未及者，何也？地有遺利，民有餘力，生穀之土未盡墾，山澤之利未盡出也，遊食之民未盡歸農也。民貧則姦邪生，貧生於不足，不足生於不農，不農則不地著，不地著則離鄉輕家。民如鳥獸，雖有高城深池，嚴法重刑，猶不能禁也。夫寒之於衣，不待輕暖；苟禦風霜，不求靡麗。飢之於食，不待甘旨；旨，美也。飢寒至身，不顧廉恥。夫腹飢不得食，膚寒不得衣，雖慈父不能保其子，君安能以有其民哉！明主知其然也，故務民於農桑，薄賦斂，廣畜積，以實倉廩，備水旱，故民可得而有也。是故明君貴五穀而賤金玉。今農夫五口之家，其服役者不下二人，服，事也。其能耕者不過百畝，百畝之收不過百石。春耕夏耘，秋穫冬藏，伐薪樵，治官府，給徭役。春不得避風塵，夏不得避暑熱，秋不得避陰雨，冬不得避寒凍，四時之間亡日休息。又私自送往迎來，弔死問疾，養孤長幼在其中。勤苦如此，尚復被水旱之災，急政暴賦，賦斂不時，朝令而暮改。當具有者半價而賣，本直千錢者，價得五百。亡者取倍稱之息，取一償二爲倍稱。稱，舉也。今俗所謂舉錢。於是有賣田宅、鬻子孫以償責者矣。方今之務，莫若使民務農而已矣。欲民務農，在於貴粟；貴粟之道，在於使民以粟爲賞罰。帝從之。其後務敦農本，倉廩充實。

孝景元年，制曰：閒者歲比不登，民多乏食，夭絕天年，朕甚痛之。郡國或地磽陿，無所農桑繫畜；或地饒廣，薦草莽，草稠曰薦，草深曰莽。水泉利，而不得徙。其議民欲徙寬大地者，聽之。後元三年，詔曰：農，天下之本也。黃金珠玉，飢不可食，寒不可衣，以爲幣用，不識其終始。閒歲或不登，意爲末者衆，農民寡也。其令郡國務勸農桑，益種樹，可得衣食物。

孝武外事四夷，內興功利，役費并興，而民去本。董仲舒說上曰：《春秋》它穀不書，至於麥禾不成，則書之，以此見聖人於五穀最重麥與禾也。今關中俗不好種麥，是歲失《春秋》之所重，而損生民之具也。願陛下幸詔大司農，使關中民益種宿麥，令毋後時。宿麥，謂苗經冬。仲舒又說上曰：秦用商鞅之法，改帝王之制，除井田，民得賣買，富者田連阡陌，貧者無立錐之地。漢興，循而未改。古井田法雖難卒音猝。行，宜少近古，限民名田，以贍不足，名田，占田也。各爲立限，不使富者過制，則貧弱之家可足也。塞并兼之路，然後可善治也。竟不能用。

元狩三年，遣謁者勸有水災郡種宿麥，舉吏人能假貸貧人者以名聞。及末年，帝悔征伐之事，乃封丞相田千秋爲富民侯。下詔曰：方今之務，在於力農。以趙過爲搜粟都尉。過能爲代田，一晦三甽，甽，壟也，音工犬反，字或作畎。歲代處，故曰代田，代，易也。古法也。后稷始甽田，以二耜爲耦，併兩耜而耕。廣尺深尺曰甽，長終畝。一畝三甽，一夫三百甽，而播種於甽中。播，布也。種謂穀也。苗生葉以上，稍耨隴草，耨，鉏也。因隤其土以附苗根。隤謂下之。音頹。故其《詩》曰：或芸或秄，黍稷儗儗。音擬。《小雅・甫田》之詩，儗儗，盛貌。秄音子。芸，除草也。秄，附根也。言苗稍壯，每耨輒附根，比必寐反。盛暑，隴盡而根深，能風與旱，能讀曰耐。故儗儗而盛也。其耕耘下種田器，皆有便巧。率十二夫爲田一井一屋，故畝五頃，九夫爲井，三夫爲屋。夫百畝，於古爲十二頃。古百步爲畝，漢時二百四十步爲畝，古千二百畝，則得今五頃也。用耦犂，二牛三人，一歲之收常過縵田畝一斛以上，縵田，謂不甽者。音莫幹反。善者倍之。善爲甽者，又過縵田二斛以上。過使教田太常、三輔，太常主諸陵，有民，故亦課田種。大農置工巧奴與從事，爲作田器。二千石遣令長、三老、力田及里父老善田者受田器，學耕種養苗狀。爲法意狀。民或苦少牛，無以趨澤，趨讀曰趣，及也。澤，雨之潤澤。故平都令光教過以人輓音晚。犂。輓，引也。史失光姓。過奏光以爲丞，教民相與庸輓犂。庸，功也，言換功共作也。義與傭賃同。率多人者田日三十晦，少者十三晦，以故田多墾闢。過試以離宮卒田其宮壖而緣反。地，離宮，別處之宮，非天子所常居也。壖，餘也。宮壖地，謂外垣之內，內垣之外也。諸緣河壖地，廟垣壖地，其義皆同。守離宮卒，閑而無事，因令於壖地爲田。課得穀皆多其旁田晦一斛以上。令命家田三輔公田。令，使也。命者，教也。令離宮卒教其家田公田也。又教邊郡及居延城。居延，張掖縣也。時有甲卒也。是後邊城、河東、弘農、三輔、太常民皆便代田，用力少而得穀多。至孝昭時，流民稍還，田野墾闢，頗有畜積。

孝宣地節三年，詔曰：郡國宮館，勿復修治。流民還歸者，假公田，貸種食。種，五穀種。

孝元初元元年，以三輔、太常、郡國公田及苑可省者振業貧民，江海陂湖園池屬少府者以假貧民，勿租賦。建昭五年，詔曰：方春農桑興，百姓勠力自盡之時也。故是月勞農勸桑，無使後時。今不良之吏，覆按小罪，徵召證按，興不急之事，以妨百姓，使失一時之作，亡終歲之功，公卿其明察申敕之。

孝成帝之時，張禹占鄭白之渠四百餘頃，他人兼并者類此，而人彌困。陽朔四年正月，詔曰：夫《洪範》八政，以食爲首，斯誠家給刑錯之本也。先帝劭農，薄其租稅，寵其強力，令與孝弟同科。閒者，民彌惰怠，鄉本者少，趨末者衆，將何以矯之？方東作時，其令二千石勉勸農桑，出入阡陌，致勞來之。《書》不云乎，服田力嗇，乃亦有秋。其勗之哉！

孝哀卽位，師丹輔政，建言：古之聖王莫不設井田，然後治乃可平。孝文皇帝承亡周亂秦兵革之後，天下空虛，故務勸農桑，帥以節儉，民始充實，未有并兼之害，故不爲民田及奴婢爲限。今累世承平，豪富吏民訾數鉅萬，而貧弱逾困。蓋君子爲政，貴因循而重改作，所以有改者，將以救急也。亦未可詳，宜略爲限。天子下其議。丞相孔光、大司空何武奏請：諸侯王、列侯皆得名田國中。列侯在長安，公主名田縣道，及關內侯、吏民名田皆毋過三十頃。諸侯王奴婢二百人，列侯、公主百人，關內侯、吏民三十人。期盡三年，犯者沒入官。時田宅奴婢賈爲減賤，丁、傅用事，董賢隆貴，皆不便也。詔書且須後，須，待也。遂寢不行。孝平元始元年，置大司農部丞十三人，人部一州，勸農桑。二年，定墾田八百二十七萬五百三十頃。蓋紀漢盛時之數。據元始二年戶一千二百二十三萬三千，每戶合得田六十七畝百四十六步有奇。

王莽篡位，下令曰：古者設井田，則國給人富而頌聲作。此唐虞之道，三代所遵行也。秦爲無道，壞聖制，廢井田，是以兼并起，貪鄙生，強者規田以千數，弱者曾無立錐之居。於是更名天下田曰王田，奴婢曰私屬，皆不得買賣。其男口不盈八而田過一井者，分餘田與九族鄰里鄉黨。故無田今當受田者，如制度。敢有非井田聖制、無法惑衆者，投諸四裔。於是農商失業，食貨俱廢，百姓涕泣於市道。坐賣買田宅奴婢，自諸侯卿大夫至於庶人，抵罪者不可勝數。經二年餘，中郎區博諫曰：井田雖聖王法，其廢已久。周道既衰，而人不從。秦順人心，改之可以獲大利，故滅廬井而置阡陌，遂王諸夏，訖今海內未厭其弊。今欲違人心，追復千載絕迹，雖堯舜復生，而無百年之漸，不能行也。莽知人愁，乃以許賣。其後百姓日以凋弊。

後漢之初，百姓虛耗，率土遺黎，十纔一二。光武建武十五年，詔下州郡檢覆墾田頃畝及戶口年紀。河南尹張伋及諸郡守十餘人，坐度田不實下獄死。順帝建康元年，定墾田六百八十九萬六千二百七十一頃五十六畝九十四步。據建康元年戶九百九十四萬六千九百九十，每戶合得田七十畝有奇。

荀悅論曰：昔文帝十三年六月，詔除人田租。且古者十一而稅，以爲天下之中正。今漢人田，或百一而稅，可謂鮮矣。然豪富強人占田逾多，其賦太半，官收百一之稅，而人輸豪強太半之賦。官家之惠，優於三代，豪強之暴，酷於亡秦，是以惠不下通，而威福分於豪人也。今不正其本，而務除租稅，適足以資富強也。孝武皇帝時董仲舒嘗言，宜限人占田。至哀帝時，乃限人占田不得過三十頃，雖有其制，卒難施行。然三十頃又不平矣。且夫井田之制，不宜於人衆之時，田廣人寡，苟爲可也。然欲廢之於寡，立之於衆，土地布列在豪強，卒而革之，并有怨心，則生紛亂，制度難行。由是觀之，若高祖初定天下，光武中興之後，人衆稀少，立之易矣。既未悉備井田之法，宜以口數占田爲之立限。人得耕種，不得賣買，以贍貧弱，以防兼并，且爲制度張本，不亦宜乎！雖古今異制，損益隨時，然紀綱大略，其致一也。

崔寔《政論》曰：昔聖人分口耕耦地，各相副適，使人飢飽不變，勞逸齊均。富者不足僭差，貧者無所企慕。始暴秦隳壞法度，制人之財，既無綱紀，而乃尊獎并兼之人。烏氏以牧豎致財，寵比諸侯；寡婦清以攻丹殖業，禮以國賓。於是巧猾之萌，遂肆其意。上家累巨億之貲，斥地侔封君之土，行苞苴以亂執政，養劍客以威黔首。專殺不辜，號無市死之子。生死之奉，多擬人主。故下戶踦嶇，無所跱足，乃父子低首，奴事富人，躬帥妻孥，爲之服役。故富者席餘而日熾，貧者躡短而歲踧，歷代爲虜，猶不贍於衣食，生有終身之勤，死有暴骨之憂，歲小不登，流離溝壑，嫁妻賣子。其所以傷心腐藏、失生人之樂者，蓋不可勝陳。故古有移人通財，以贍蒸黎。今青、徐、兗、冀，後漢青州，今北海、濟南、淄川、東萊、東牟、高密、平原等郡地。徐州，今東海、琅邪、彭城、臨淮、廣陵等郡地。兗州，今陳留、靈昌、濮陽、東平、濟陽、濟陰、魯等郡地。冀州，今魏郡、鄴郡、鉅鹿、清河、常山、趙郡、博陵、信都、景城等郡地。人稠土狹，不足相供。而三輔左右及涼、幽州，內附近郡，涼州，今安定、彭原之北、天水、隴西并其地。幽州，今上谷、范陽之北，東至遼東並其地。皆土曠人稀，厥田宜稼，悉不墾發。小人之情，安土重遷，寧就飢餧，無適樂土之慮。故人之爲言瞑也，謂瞑瞑無所知。猶羣羊聚畜，須主者牧養處置，置之茂草，則肥澤繁息，置之磽鹵，則零丁耗減。是以景帝六年，下詔郡國，令人得去磽狹，就寬肥。至武帝，遂徙關東貧人於隴西、北地、西河、上郡、會稽，隴西，今隴西、天水、金城、會寧、安鄉等郡地。北地，今安定、彭原、安化、平原、靈武、五原等郡地。西河，今銀川、新秦、西河、昌化等郡地。上郡，今延安、咸寧、洛交、中部等郡地。會稽，今浙江東晉陵郡以東，直至信安、永嘉郡地。凡七十二萬五千口。後加徙猾吏於關內。今宜復遵故事，徙貧人不能自業者於寬地，此亦開草闢土，振人之術也。

仲長統《昌言》曰：遠州縣界至數千，而諸夏有十畝共桑之迫。遠州有曠野不發之田，代俗安土有死無去。君長不使，誰能自往緣邊之地。亦可因罪徙人，便以守禦。

晉武帝泰始八年，司徒石苞奏：州郡農桑未有殿最之制，宜增掾屬令史，有所循行。帝從之。芭既明勸課，百姓安之。平吳之後，有司奏：王公以國爲家，京城不宜復有田宅。今未暇作諸國邸，當使城中有往來之處，近郊有芻稾之田。今可限之，國王公侯，京城得有宅一處。近郊田，大國十五頃，次國十頃，小國七頃。城內無宅城外有者，皆聽留之。男子一人占田七十畝，女子三十畝。其丁男課田五十畝，丁女二十畝，次丁男半之，女則不課。其官第一品五十頃，每品減五頃以爲差，第九品十頃。而又各以品之高卑蔭其親屬，多者及九族，少者三代。宗室、國賓、先賢之後士人子孫亦如之。而又得蔭人以爲衣食客及佃客，量其官品以爲差降。自西晉則有蔭客之制，至東晉其數更加，具《賦稅上篇》。

宋孝武帝大明初，羊希爲尚書左丞。時揚州刺史西陽王子尚上言：山湖之禁，雖有舊科，人俗相因，替而不奉，熂許氣反。山封水，保爲家利。自頃以來，頹弛日甚。富強者兼嶺而占，貧弱者薪蘇無託。至漁採之地，亦又如茲。斯實害理之深弊。請損益舊條，更申恆制。有司檢壬辰詔書：擅占山澤，強盜律論，贓一丈以上皆棄市。希以壬辰之制，其禁嚴刻，事既難遵，理與時弛。而占山封水，漸染復滋，更相因仍，便成先業，一朝頓去，易致怨嗟。今更刊革，立制五條。凡是山澤，先恆熂爈力居反。種養竹木雜果爲林，仍及陂湖江海魚梁鰌鮆七由反，即移反。場，常加工修作者，聽不追奪。官品第一、第二品，聽占山三頃。第三、第四品，二頃五十畝。第五、第六品，二頃。第七、第八品，一頃五十畝。第九品及百姓，一頃。皆依定格上貲簿。若先已占山，不得更占。先占闕少，依限占足。若非前條舊業，一不得禁。有犯者，水土一尺以上，并計贓，依常盜律論。除晉咸康二年壬辰之科。從之。

時山陰縣人多田少，孔靈符表請徙無貲之家於餘姚、鄮、莫侯反。鄞銀音。三縣界，墾起湖田。餘姚，今會稽郡縣。鄮、鄞則今餘姚郡地。帝令公卿博議，咸曰：夫訓農修政，有國所同。土著之人，習翫日久，如京師無田，不聞徙居他縣。尋山陰豪族富室，頃畝不少，貧者肆力，非爲無處。又緣湖居人，魚鴨爲業，小人習始既難，勸之未易。遠廢之疇，方翦荆棘，率課窮乏，其事彌難，資徙粗立，徐行無晚。帝違衆議，徙人并成良業。

後魏明帝永興中，頻有水旱。神瑞二年，又不熟，於是分簡尤貧者就食山東。敕有司勸課田農曰：前志有之，人生在勤，勤則不匱。凡庶人不畜者祭無牲，不耕者祭無盛，不樹者死無槨，不蠶者衣無帛，不績者喪無縗。教行三農，生殖九穀。自是人皆力勤，歲數豐穰，畜牧滋息。

太武帝初爲太子監國，曾令有司課畿內之人，使無牛家以人牛力相貿，墾殖鋤耨。其有牛家與無牛家一人種田二十畝，償以耘鋤功七畝，如是爲差。至與老小無牛家種田七畝，老小者償以鋤功二畝。皆以五口下貧家爲率。各列家別口數、所種頃畝，明立簿目。所種者於地首標題姓名，以辨播殖之功。

宋·王欽若等《册府元龜》卷四九五《邦計部十三·田制》 昔黃帝之有天下也，畫野分州，列爲萬國。周公小司徒之職，有井、邑、丘、甸之制，以建民中，以裁軍賦。《公羊》所謂頌聲繇什一而作，孟軻亦稱仁政自經界而始，皆井田之謂也。及戰國異政，謀臣變古，王制既壞，兼并遂起。歷世彌久，因時立法，或限以自占之數，或差其命秩之品，原其創制改作之意，率以敦本革弊爲念。蓋將禁抑豪侈，惠綏困窮。在上者之心，亦已勤矣！然其舊典斯廢，大道云喪，命令之出，姦詐隨生。雖齊之以刑，亦不能勝矣！故周之中正，墜而莫舉；漢之極盛，邈不能及焉。【略】

魏文侯時，李悝作盡地力之教，李悝，文侯臣也。以爲地方百里，提封九萬頃。除山澤邑居，參分去一，爲田六百萬畮，治田勤謹，則畮益三升；升，當言三斗。謂治田勤，則畮加三斗也。不勤，則損亦如之。地方百里之增減，輒爲粟百八十萬石矣！【略】

始皇三十一年，使黔首自實田。

漢文帝令博士諸生作《王制》云：天子之田，方千里。象日月之大，亦取晷同也。此謂縣內，以祿公卿、大夫、元士。公侯田方百里，伯七十里，子、男五十里。不能五十里者，不合於天子，附於諸侯，曰附庸。天子之三公之田，視公侯；天子之卿，視伯；天子之大夫，視子、男；天子之元士，視附庸。皆象星辰之大小也。不合，謂不朝會也。小者曰附庸，附庸者，以國事附於大國，未能以其名通也。視，猶比也。元，善也。善士，謂命士也。此地殷所因夏爵三品之制也。殷有鬼侯、梅伯，春秋變周之文，從殷之質，合伯、子、男以爲一，則殷爵三等者，公、侯、伯也，異畿內謂之子。周武王初定天下，更立五等之爵，增以子、男，而猶因殷之地，以九州之界尚狹也。周公攝政，致太平，大九州之界，制禮，成武王之意，封王者之後爲公，及有功之諸侯。大者，地方五百里，其次侯四百里，其次伯三百里，其次子二百里，其次男士百里。所因殷之諸侯，亦以功黜陟之。其不合者，皆益之地爲百里焉。是以周世有爵尊而國小者，有爵卑而國大者。唯天子畿內，不增以祿，群臣不爲王治民。制農田百畝，百畝之分上農夫，食九人，其次食八人，其次食七人，其次食六人；下農夫，食五人。庶人在官者，其祿以是爲差也。農夫皆受田於公田，肥磽有五等，收入不同也。庶人在官，謂府史胥徒，官長所除，不命於天子國君者，分或爲糞。方一里者，爲田九百畝；一里，方三百步。方十里者，爲方一里者百，爲田九萬畝；方百里者，爲方十里者百，爲田九十億畝；億，今十萬。方千里者，爲方百里者百，爲田九萬億畝。萬億，今萬萬也。自恆山至於南河，千里而近；冀州域。自南河至於江，千里而近；豫州域。自江至於衡山，千里而遙；荆州域。自東河至於東海，千里而遙；徐州域。自東河至於西河，千里而近；亦冀州域。自西河至於流沙，千里而遙。雍州域。西不盡流沙，南不盡衡山，東不盡東海，北不盡恆山，凡四海之內，斷長補短，方三千里，爲田八千萬億一萬億畝。九州之大計。方百里者，爲田九十億畝，山陵、林麓、川澤、溝瀆、城郭、宮室、塗巷，三分去一，其餘六十億畝。以一大國爲率，其餘所以受民也。山足曰麓。古者以周尺八尺爲步；今以周尺六尺四寸爲步。古者百畝當今百四十六畝三十步，古者百里，當今百二十一里六十步四尺二寸二分。周尺之數，未詳聞也。按禮制，周猶以十二寸爲尺，蓋六國時多變亂法度，或言周尺八寸，則步更爲八八六十四寸，以比計之，古者百畝，當今百五十六畝二十三步，古者百里，當今百二十五里。方千里者，爲方百里者百，封方百里者三十國，其餘方百里者七十。又封方七十里者六十，爲方百里者二十九，方十里者四十，其餘方百里者四十，方十里者六十。又封方五十里者百二十，爲方百里者三十，其餘方百里者十，方十里者六十。名山、大澤，不以封。其餘以爲附庸閑田。諸侯之有功者，取其閑田以祿之；其有削地者，歸之閑田。天子之縣內，方千里者，爲方百里者百，封方百里者九，其餘方百里者九十一。又封方七十里者二十一，爲方百里者十，方十里者二十九，其餘方百里者八十，方十里者七十一。又封方五十里者六十二，爲方百里者十五，方十里者七十五，其餘方百里者六十四，方十里者九十六。

武帝詔賈人有市籍，及家屬皆無得名焉，一人有市籍，則身及家內皆不得有田也。以便農。敢犯令，沒入田貨。又趙過爲搜粟都尉，過能爲代田，一畮三甽，歲代處，故曰代田，古法也。后稷始甽田，以二耜爲耦，并兩耜而耕。廣尺、深尺曰甽，長終畮，一畮三甽，一夫三百甽，而播種於甽中，播，布也。種爲穀子也。苗生葉以上，稍耨隴草，耨，足也。因隤其土，以附苗根。隤，謂下之也。故其《詩》曰：或芸或芓，黍稷儗儗。《小雅·甫田》之詩，儗儗，盛貌。芸，除草也；芓，附根也，言苗稍壯，每耨輒附根，比盛暑隴盡，而根深，能風與旱，故儗儗而盛也。其耕耘下種，田器皆有便巧，率十二夫爲田，一井一屋，故畮五頃，九夫爲井，三夫爲屋，夫百畮於古爲十二頃，古百步爲畮，漢時三百四十步爲畮，古千二百畮，則得今五頃。周耦犂二牛、三人，一歲之收，過常縵田畮一斛以上，縵田，謂不爲甽者也。善者倍之。善爲甽者，又過縵田一斛以上。過使教田太常、三輔，太常主諸陵，有民亦謂課田種。大農，置工巧奴與從事，爲作田器。二千石遣令長、三老、力田及里父老善田者，受田器，學耕種養苗狀。爲法意狀也。民或苦少牛，亡以趨澤，趨，及也。澤，雨之潤澤也。故平都令光王欽若等曰：先史失其姓。教過以人輓犂，輓，引也。過奏光爲丞，教民相與庸輓犂，庸，功也。言換功共作也，義亦與庸賃同。率多人者，田日三十畮；少者，十三畮，以故田多墾辟。過試以離宮卒田其宮壖地。離宮，別處之宮，非天子所常居也。壖，餘也。宮壖地謂外垣之內、內垣之外也，諸緣河壖地、廟垣壖地，其義皆同。守離宮卒，閑而無事，因令於壖地爲田也。課得穀皆多其旁田畮一斛以上。令命家田、三輔公田。令，使也。命者，教也。令離宮卒，教其家田、公田也。又曰：命，謂爵命者。命家，謂受爵命。一爵爲公，士以上令得公田，優之也。又教邊郡，及居延城。居延，張掖縣也。時有甲卒也。是後，邊城、河東、弘農、三輔、太常民，皆便代田，用力少而得穀多。

成帝時，安昌侯張禹，占鄭白之渠四百餘頃，他人兼并者，皆類此而人稱困矣。【略】

王莽動欲慕古，不度時宜，分裂州郡，改職作官。下令曰：漢民減輕田租，三十而稅一。常有更賦，罷癃咸出，雖老病者，復出口算。而豪民侵陵，分田劫假，分田，謂貧者無田，而取富人田耕種，共分其所收地。假，亦謂貧人賃富人之田也。劫者，富人劫奪其稅，侵欺之也。厥名三十，實什稅五也。富者驕而爲邪，貧者窮而爲姦，俱陷於辜，刑用不錯。錯，置也。今更名天下田曰王田，奴婢曰私屬，皆不得賣買。其男口不滿八而田過一井者，分餘田與九族、鄉黨，犯令，法至死。制度又不足定，吏緣爲姦，天下謷謷然，陷刑者衆。中郎區博諫莽曰：區，姓也。音一侯切。井田雖聖王法，其廢久矣！周道既衰，而民不從。秦知順民之心，可以獲大利也。故滅廬井而置阡陌，遂王諸夏，訖今海內未厭其弊。今欲違民心，追復千載絶迹，復，音扶目切。雖堯、舜復起，而無百年之漸，弗能行也。天下初定，萬民新附，誠未可施行。莽知民怨，迺下書曰：諸食王田，皆得賣之，勿拘以法。犯私買賣庶人者，且一切勿治。

後漢光武建武十五年，以天下墾田多不實，又戶口年紀互增減。詔：天下諸州郡，檢覆田頃、人戶年紀，而刺史、太守，多不平均，或優饒豪右，侵刻羸弱，百姓嗟怨，遮道號呼。河南尹張伋，及諸郡守十餘人，坐度田不實，下獄死。

和帝元興元年，墾田七百三十二萬一百七十頃八十畝百四十步。

安帝延光四年，墾田六百九十四萬二千八百九十頃一十三畝八十步。

順帝建康元年，定墾田六百八十九萬六千二百七十一頃五十六畝九十四步。據建康元年，戶九百九十四萬六千九百九十，每戶合得田七十畝有奇。

冲帝永嘉元年，墾田六百九十五萬七千六百七十六頃二十畝八十步。

質帝本初元年，墾田六百九十三萬一百二十三頃三十八畝。

晉武帝平吳之後，有司奏：詔書：王公以國爲家，京城不宜復有田宅。今未暇作諸國邸，當使城中有往來處。近郊有芻藁之田，今可限之國王、公、侯，京城得有一宅之處，近郊田大國十五頃，次國十頃，小國七頃。城內無宅，城外有者，皆聽留之。又制：官品第一至於第九，各以貴賤占田。品第一者，占五十頃；第二品四十五頃；第三品四十頃；第四品三十五頃；第五品三十頃；第六品二十五頃；第七品二十頃；第八品十五頃；第九品十頃。而又各以品之高卑，蔭其親屬。多者及九族，少者三族。宗室、國賓、先賢之後，及士人子孫，亦如之。而又得蔭人，以爲衣食客及佃客。品第六已上，得衣食客三人；第七、第八品二人；第九品及舉輦、迹禽、前驅、繇基、強弩、司馬、羽林郎、殿中冗從武賁、殿中武賁、持椎斧武騎武賁、持鈒冗從武賁、命中武賁武騎一人。其應有佃客者，官品第一、第二者，佃客無過十五戶；第三品十戶；第四品七戶；第五品五戶；第六品三戶；第七品二戶；第八品、九品一戶。是時，天下無事，賦稅平均，人咸安其業而樂其事。又制：男子一人，占田七十畝，女子三十畝。其外丁男課田五十畝，丁女十畝，次丁男半之，女則不課。

宋武帝孝建三年，制：內外官有田在近道，聽遣所給吏僮附業。大明初，揚州刺史、西陽王子尚上言：山湖之禁，雖有舊科，民俗相因，替而不奉，熂山封水，保爲家利。自頃以來，頽弛日甚。富強者兼領而占，貧弱者薪蘇無託。乃至漁采之地，亦又如兹，斯實治之深弊也。又宜損益舊條，更申常制。有司檢壬辰詔書：擅占山護澤，強盜律論，贓一丈以上，皆棄市。尚書左丞羊希以壬辰之制，其禁嚴刻，事既難遵，理與時弛。而占山封水，漸染復滋，更相因仍，便成先業，一朝頓去，易致嗟怨。今更判革，立制五條，凡是山澤，先嘗熂爐，種養竹木雜果爲林，仍及陂湖、江海、魚梁、鰌鮆場，常加功修作者，聽不追奪。官品第一、第二，聽占山三頃；第三、第四品二頃五十畝；第五、第六品二頃；第七品、八品一頃五十畝；第九品及百姓一頃。皆依定格上貲簿。若先已占山澤，不得更占足。若非前條舊業，一不得禁。有犯者，水土一尺以上，幷計贓依常盜律論，停除晉咸康二年壬辰之科。從之。

明帝泰始三年，復郡縣公田。

梁高祖大同七年十一月，詔曰：用天之道，分地之利，蓋先聖之格訓也。凡是田桑廢宅沒入者，公收之外，悉以分給貧民，皆使量其所能，以受田分。如聞頃者豪家富室，多占取公田，貴價就稅，以與貧民，傷時害政，爲蠹以甚。自今公田，悉不得假與豪家，已假者，特聽不追。若富室給貧民種糧共營作者，不在禁例。

後魏太武，初爲太子監國，曾令有司，課畿內之人，使無牛家，以人牛力相貿，墾殖鋤耨。其有牛家與無牛家一人，種田二十畝，償以耘鋤功七畝。如是爲差，至于老小無牛家種田七畝，老少者償以鋤功二畝，皆以五口下貧家爲率，各列家別口數，所種頃畝，明立簿目。所種者於地首標題姓名，以辯播殖之功。太平眞君九年，下詔均給天下人田。諸男夫十五以上，受露田四十畝，不栽樹者，謂之露田。婦人二十畝，奴婢依良丁，牛一頭受男三十畝限，四牛所授之田，率倍之；三易之田，再倍之。以供耕作，及還受之盈縮，人年及課，則受田；老免及身沒，則還田。奴婢、牛隨有無以還受課。桑田不在還受之限。但見人倍田分，于數雖盈，不得以充露田之數。不足者，以露田充。倍諸初受田者，男夫一人，給田二十畝，課種桑五十樹、棗五株、榆三根。非桑之土，夫給一畝，依法課蒔榆、棗，各依根限，三年種畢，奪其不畢之地於桑、榆地分，雜蒔餘果及多種桑榆者不禁。諸應還之田，不得種桑、棗、果，種者以違令論。地入還，分諸桑田，皆爲代業，身終不還，常從見口，有盈者無受無還，不足者受種如法。盈者得賣其盈，不足者得買所不足，不得賣其分，亦不得買過所足。諸麻布之土，男夫及課列給麻田十畝，婦人五畝，奴婢依良，皆從還受之法。諸有舉戶老小殘疾，無受田者，年十一以上及疾者，各受以半夫田，年逾七十者，不還所受；寡婦守志者，雖免課，亦受婦田。諸還受田，常以正月，若始受田而身亡，及買賣奴婢、牛者，皆至明年正月，乃得還受。諸土廣人稀之處，隨力所及，官借人種蒔，後有來居者，依法封受。諸地狹之處，有進丁受田，而不樂遷者，則以其家桑田爲正田，分又不足，不給倍田。又不足，家內人別減分。無桑之鄉，準此爲法。樂遷者聽逐空荒不限。異州他郡，唯不聽避勞就逸，其地足之處，不得無故而移。諸人有新居者，三口給地一畝，以爲居室。奴婢五口一畝，男、女十五以上，因其地分口課種菜五分，畝之一諸一人之分，正從正，陪從陪，不得隔越他畔。進丁受田者，常從所近。若同時俱受，先貧後富，再陪之田，放此爲法。諸遠流配謫，無子孫及戶絕者，墟宅桑榆，盡爲公田，以供授受之次，給其所親。未給之間，亦借其所親。諸宰人之官，各隨近給公田。刺史十五頃，太守十頃，治中、別駕各八頃，縣令、郡丞六頃，更代相付，賣者坐如律。

文成時，主客給事中李安世，以民困饑流散，豪戶多有占奪。安世乃上疏曰：臣聞量地畫野，經國大式，邑地相參，致治之本。井稅之興，其來日久，采田之數，制之以限。蓋欲使土不曠功，民罔避力。雄擅之家，不獨豐腴之美；單陋之夫，亦有頃畝之分。所以恤彼貧微，抑茲貪欲，同富約之不均，一齊民於編戶。竊見州郡之民，或因年儉流移，棄賣田宅，漂居異鄉。事涉數世，子孫既立，始返舊墟。廬井荒毀，桑榆改殖，事已歷遠，易生假冒。強宗豪族，肆其侵凌，遠認魏晉之家，近引新舊之驗。又年載稍久，鄉老所惑，群證雖多，莫可取據。各附親知，互有長短，兩證徒具，聽者猶疑，爭訟遷延，連紀不判。良疇委而不開，柔桑枯而不采，僥倖之徒興，繁多之獄作，欲令家豐歲儲，人給資用，其可得乎？愚謂今雖桑井難復，宜更均量，審其經術，令分藝有準，力業相稱。細民獲資生之利，豪右靡餘地之盈，則無私之澤，乃播均於兆庶，如阜如山，可有積於比戶矣！又所爭之田，宜限年斷，事久難明，悉屬今主。然虛妄之民，絕望於覬覦；守分之事，永免於凌奪矣！帝深納之，後均田之制，起於此矣！

孝文帝太和九年冬十月丁未，詔：朕承乾在位，十有五年，每覽先王之典，經綸百代，儲蓄既積，黎元永安，爰暨季葉，斯道凌替。富強者幷兼山澤，貧弱者望絕一廛，致令地有遺利，民無餘財。或爭畝畔以亡身，或因饑饉以棄業，而欲天下太平，百姓豐足，安可得哉？今遣使者，循行州郡典守，均給天下之田，授以主業，以充爲勸課農桑，興萬民之本。

十四年十二月壬午，詔：依準丘井之式，遣使與州郡，宣行條制。隱口漏丁，即聽附實。若朋附豪勢，陵抑孤弱，罪有常行，比齊給授田令，仍依魏朝，每年十月，普令轉授。成丁而受，丁老而退，不聽賣易。

武成帝河淸三年，詔：每歲春月，各依鄉土，早晚課人農桑。自春及秋，男子十五以上，皆布田畝；桑蠶之月，婦女十五以上，皆營蠶桑。孟冬，刺史聽審教之優劣，定殿最之科品。人有人力無牛，或有牛無人力者，須令相便，皆得納種，使地無遺利，人無游手。又令男子率以十八受田，輸租調，二十充力役，六十六退田，免租調。京城四面，諸坊之外三十里內，爲公田。受公田者，三縣代遷戶、執事官一品以下，逮於羽林、武賁，各有差。其外畿郡華人官第一品以下，羽林、武賁以上，各有差職事，及百姓請墾田者，爲永業田。奴婢受田者，親王止三百人；嗣王二百人；第二品、嗣王以下，及庶姓王百五十人；正三品以下，及皇宗百人；七品以下八十人；八品以下至庶人六十人。奴婢、限外不給田者，皆不輸。其方百里外及州人，一夫受露田八十畝，奴婢依良人限數，與在京百官同丁牛一頭，受田六十畝，限止四牛。每丁給永業二十畝爲桑田，其田中種桑五十根、榆三根、棗五根，不在還受之限。非地田者，悉入還受之限。土不宜桑者，給麻田，如桑田法。關東風俗，傳曰其時強弱相凌，恃勢侵奪，富者連畛踰陌，貧無立錐之地。昔漢氏募人從田，恐遺墾課，令就良美而齊民，全無斟酌，雖有當年權格，時暫施行，爭地文案，有三十年不了者，此田授受無法者也。其賜田者，謂公田及諸橫賜之田，不問貴賤，一人一頃，以共芻秣。自宣武出獵以來，始以永賜，得聽買賣。遷鄴之始，濫職衆多，所得公田，悉從貿易。又天保之代，曾遙壓首人田，以充公簿。比武平以後，橫賜諸貴，亦已盡矣！又河渚山澤，有可耕墾肥饒之處，悉是豪勢。或借或請，編戶之人，不得一壟。糾賞者，依令口分之外，知有買匿，聽相糾列還，以此地賞之。至有貧人，實非賸長買匿者，苟貪錢貨，詐吐壯丁口分，以與糾人，亦既無田，即便逃走。帖賣者，帖荒田七年，熟田五年。錢還地還，依令聽許。露田雖復不聽賣買，賣買亦無重者。貧戶因王課不濟，率多貨賣田業，亦有懶惰之人，雖存田地，不肯肆力，在外浮游，乃至賣其口以供稅課。比來頻有還人之格，欲以招慰逃散，假便暫還，即賣所得之地，地盡還之，一繇懸聽，其賣帖園田故也。廣占者，依令奴婢諸田，亦與良人相似。以無田之良口，比有地之奴、牛。宋世良天保中獻書，請以富家牛地先給貧人。其時朝列，稱其合理。

後周文帝霸政之初，創六官司，均掌田里之政。令凡人口十以上，宅五畝；口七以上，宅四畝；口五以下，宅三畝。有室者，田百四十畝；丁者田百畝。

隋令自諸王以下，至于都督，皆給永業田各有差。多者至百頃，少者至三十頃。其丁男、中男，永業、露田皆遵後齊之制，并課樹以桑、榆及棗。其田宅率三口給一畝。

開皇十二年，文帝以天下戶口歲增，京輔及三河地少而人衆，衣食不給，議者咸欲從就寬鄉。帝乃發使四出，均天下之地。其狹鄉每丁纔至二十畝，老小又少焉。太常卿蘇威立議，以爲戶口滋多，民田不贍，欲減功臣之地以給民。王誼奏曰：百官者，歷世勳賢，方蒙爵土，一旦削之，未見其可。如臣所慮，正恐朝臣功德不建，何患民田有不贍？帝然之，竟寢威議。

十四年，詔省府州縣皆給公廨田，不得治生，與人爭利。

煬帝大業中，天下墾田五千五百八十五萬四千四十一頃。其時，有戶八百九十萬七千五百三十六，則戶合墾田五頃餘，恐本史之非實。

唐玄宗開元十八年，宣州刺史裴耀卿論時政，上疏曰：竊見天下所檢客戶，除兩州計會歸本貫以外，更合所在編附，年限向滿，須準居人，更有優矜。即此輩僥倖，若全徵課稅，即目擊未堪。竊料天下諸州，不可一例處置，且望從寬鄉有剩田州作法。竊計有剩田者，不減三四十州，取其剩田，通融支給，其剩地者，三分請取一分已下；其浮戶，任其親戚、鄉里相就。每十戶已上，共作一坊，每戶給五畝充宅，并爲造一兩口屋。開巷陌，立閭伍，種桑棗，築園蔬，使緩急相助，親鄰不失。丁別量給五十畝已上爲田，任其自營種。卒其戶於近坊，更供給一頃以爲公田，共令營種。每丁一月，役功三日。計十丁一年，共得三百六十日。營公田一頃，不啻得足。計早收一年，不減一百石，使納隨近州縣，除役三百六十日外，更無租稅。既是營田戶，且免征行，安樂有餘，必不流散。官司每丁納收十石，其粟更不別支用，每至不熟年，計別三十價，然後支用。計一丁一年，還出兩石已上，亦與正課不殊。則官收其役，不爲矜縱；人緩其稅，又得安舒。倉廩日殷，久遠爲便。其狹鄉無剩地客戶多者，雖此法未該準式，許移窄就寬，不必須要留住。若寬鄉安置得所，人皆悅慕，則三兩年後，皆可改途。棄地盡作公田，狹鄉總移寬處。倉儲既實，水旱無憂。

二十三年九月，詔曰：天下百姓口分永業田，頻有處分，不許買賣典貼。如聞尙未能斷，貧人失業，豪富兼幷，宜更申明處分，切令禁止。若有違犯，科違敕罪。

二十五年，制：田廣一步，長二百四十步爲畝，畝百爲頃。自秦、漢以降，即二百四十步爲畝，非獨始於唐，蓋具令文耳。國家程式，雖則具存，令所纂録，不可悉載，但取其朝夕要切，冀易精詳，乃臨事又惑也。丁男給永業田二十畝，口分田八十畝，其中男年十八以上，亦依丁男給。老、幼、篤疾、廢疾，各給口分田四十畝；寡妻妾合給分田三十畝。先永業者，通充口分之數。黃小、中丁男女及老男、篤疾、廢疾、寡妻妾當戶者，各給永業田二十畝，口分田二十畝，應給寬鄉，幷依所定數；若狹鄉新受者，減寬鄉口分之半。其給口分田者，易田則倍給。寬鄉三易以上者，仍依鄉法易給也。其永業田，親王百頃；職事官正一品六十頃；郡王及職事官從一品，各五十頃；國公若職事官正二品，各四十頃；郡公若職事官從二品，各三十五頃；縣公若縣事官正三品，各二十五頃；郡侯若職事官從三品，各二十頃；縣侯若職事官正四品，各十五頃；伯若職事官從四品，各十頃；子若職事官正五品，各八頃；男若職事官從五品，各五頃；上柱國三十頃；柱國二十五頃；上護軍二十頃；護軍十五頃；上輕車都尉十頃；輕車都尉七頃；上騎都尉六頃；騎都尉四頃；驍騎尉、飛騎尉各八十畝；雲騎尉、武騎尉各六十畝。其散官五品以上同職事給，兼有官爵及勳具應給者，唯從多不幷給。若當家口分之外，先有地非狹鄉者，幷即回受有賸，追收不足者，更給諸永業田，皆傳子孫，不在收授之限。即子孫犯除名者，所承之地，亦不追。每畝課種桑五十根以上，榆、棗各十根以上，三年種畢。鄉土不宜者，任以所宜樹充。所給五品以上永業田，皆不得狹鄉受任於寬鄉，隔越射無主荒地充。即買蔭陽田充者，雖狹鄉亦聽。其六品以下永業，即聽本鄉取還公田充，願於寬鄉取者亦聽。應賜人田非指的處所者，不得狹鄉給其應給永業人。若官爵之內有解免者，從所解者追。即解免不盡者，隨所降品追也。其除名者，依口分例給。自外及有賜田者，幷追。若當家之內，有官爵及少口分應受者，幷聽回給有賸追收。其因官爵應得永業，未請及未足而身亡者，子孫不合追請。諸襲爵者唯得承父、祖永業，不合別請。若父、祖未請及未足而身亡者，減始受封者之半給。其州縣界內所部受田悉足者，爲寬鄉；不足者，爲狹鄉。諸狹鄉田不足者，聽於寬鄉遙受，應給園宅地者，良口三口以下，給一畝；每三口加一畝；賤口五口，給一畝，每五口加一畝，幷不入永業口分之限。其京城及州縣郭下園宅，不在此例。諸驛封田，皆隨近給，每馬一匹，給地四十畝。若驛側有收田處，匹別各減五畝。其傳遞馬，每匹給田二十畝。諸庶人有身死家貧，無以供葬者，聽賣永業田。即流移者亦如之。樂遷就寬鄉者，幷聽賣口分。賣充住宅、邸店、碾磑者，雖非樂遷，亦聽私賣也。諸買地者，不得過本制。雖居狹鄉，亦聽依寬制。其賣者不更請，凡賣買皆須經所部官司申牒，年終彼此除附，若無文牒輒賣買，財沒不追，地還本主。諸以工商爲業者，永業口分田各減半給之。在狹鄉者，幷不給。諸因王事，沒落外蕃不還，有親屬同居，其身分之地，六年乃追。身還之日，隨便先給。即身死王事者，其子孫雖未成丁，身分地勿追。其因戰傷入篤疾、廢疾者，亦不追減，聽終其身。諸田不得貼債及質，違者，財沒不追，地還本主。若從遠役外任，無人守業者，聽貼債及質。其官人永業田及賜田欲賣及貼債者，皆不在禁限。諸給口分田，務從便近，不得隔越。若因州縣改隸，地入他境及犬牙相接者，聽依舊受。其城居之人，本縣無田者，聽隔縣受。雖有此制，開元之季，天寶以來，法令寬弛，兼幷之弊，有逾於漢成哀之間矣。親王出藩者，給地一頃作園。若城內無可開拓者，於近城便給。如無官田，取百姓地充其地，給好地替。

天寶十一載十一月乙丑，詔曰：周有均土之宜，漢存墾田之法，將欲明其經界，定其等威。食祿之家，無廣擅於山澤；貿遷之伍，罕爭利於農收。則歲有豐穰，人無胥怨，永言致理，何莫繇兹。如聞王公百官及富豪之家，比置莊田，恣行呑幷，莫懼章程，借荒者，皆有熟田，因之侵奪；置牧者，唯指山谷，不限多少。爰及口分永業，違法賣買，或改籍書，或云典貼，致令百姓無處安置，乃別停客戶，使其佃食。既奪居人之業，實生浮惰之端，遠近皆然，因循亦久，不有釐革，爲弊慮深。其王公百官勳蔭等家，應置莊田，不得逾於式令。仍更從寬典，務使弘通。其有同籍周期以上親俱有勳蔭者，每人占地頃畝，任其累計。其蔭外有餘，如舊是無勳蔭地合賣者，先用鐵買得，不可官收。限敕到百日內，容其轉賣。其先不合蔭又蔭外請射，兼借荒及無馬置牧地之內，幷從合蔭者，幷不在占限。官還主其口分永業地，先合買賣，若有主來理者，其地雖經除附，不限載月，近遠宜幷卻還。至於價值準格，幷不合酬備，即緣先已用錢，審勘責其有契驗可憑，特宜官爲出錢，還其買人。其地若無主論理，不須收奪，庶使人皆摭實，地悉無遺。百姓知復於田疇，蔭家不失其價值，此而或隱，罪必無容。又兩京去城五百里內，不合置牧地。地內熟田，仍不得過五頃已上，十頃已下。其有餘者，仰官收。應緣括檢，共給授田地等，幷委郡縣長官及本判官、録事相知勾當，幷特給復業。幷無籍貫浮逃人，仍據丁口量地好惡，均平給授，便與編附，仍放當載租庸。如給未盡，明立簿賬，且官收租佃，不得輒給。官人親識、工、商、富豪兼幷之家，如有妄請受者，先決一頓，然後準法科罪。不在官當蔭贖。有能糾告者，地入糾人。各令採訪使按覆，具狀聞奏。使司不糾察，與郡縣官同罪。自今已後，更不得違法。買賣口分永業田，及諸射兼借公私荒廢地，無馬妄請牧田，併潛停客戶，有官者私營農，如輒有違犯，無官者決杖四十，有官者錄奏取處分。又郡縣官人，多有任所寄莊，言念貧弱，慮有侵損，先已定者，不可改移。自今已後，一切禁斷。今所括地授田，務欲優矜百姓，不得妨奪，致有勞損客戶，人無使驚擾，緣酬地價值，出官錢支科之間，必資總統。仍令兩京出納使楊國忠，充使都勾當條件處置，凡在士庶，宜悉朕心。

十四載，受田千四百三十萬三千八百六十二頃一十三畝，其載戶八百九十餘萬，計定墾之數每戶各一頃六十餘畝。

代宗寶應元年四月，敕：百姓田地，比者多被殷富之家、官吏呑併，所以逃散，莫不繇兹。宜委縣令，切加禁止。若界內自有違法。當倍科責。五月十九日，敕：逃戶不歸者，當戶租賦停徵，不得卒攤鄰親高戶。

廣德二年四月，敕：如有浮客情願編附，請射逃人物業者，便準式據丁口給授。如二年已上種植，家業成者，雖本主到，不在卻還限，任別給授。

大曆元年，制：逃亡失業，萍泛無依，時宜招綏，使安鄉井。其逃戶復業者，宜給復二年，不得輒有差遣。如有百姓先貨賣田宅盡者，宜委本州縣取逃死戶田宅，量丁口充給。

德宗建中四年六月，判度支、戶部侍郎趙贊，請置大田。天下田計其頃畝，官收十分之一，擇其上腴，樹桑環之，曰公田、公桑。自王公至於匹庶，差借其力，得穀絲以給國用。詔從其說。贊熟計之，自以爲非便，皆寢不下。

憲宗元和四年十二月，監察御史裏行元稹牒，同州奏均田狀：　當州自於七縣田地數內，均配兩稅元額頃畝，并請分給諸色職田、州使官田與百姓，其草、粟、腳錢等，便請於萬戶上均卒。又均攤左神策部陽鎮軍田粟，及時放百姓稅麻，并除去斛斗錢草零數等利宜，分析如後。當州兩稅地，右件地并是貞元四年檢責，至今已是二十六年，其間人戶逃移，田地荒廢。又近河諸縣，每年河路侵沙苑側近，日有礫塡掩，百姓稅額已定，皆是虛頭，徵卒其間，亦有豪富兼并，廣占阡陌。十分田地，纔稅二三，致使窮獨逋亡，賦稅不辦，州縣轉破，實在於斯。臣自到州，便欲差官檢量，又慮疲人煩擾。昨因農務稍暇，臣遂設法，各令百姓，自通手狀，又令里正書手等，傍爲穩審，并不遣官吏擅到村鄉。百姓等皆知臣欲一例均平所通田地，略無欺隱。臣便據所通，悉與除去逃戶荒地及河侵沙掩等地。其餘見定頃畝，然取兩稅額地數，通計七縣沃瘠，一例作分數抽稅。自此貧富強弱，一切均平徵斂，賦租庶無逋欠。三二年外，此州實冀稍較完全。當州京官及州縣官職田、公廨田，并州使官田驛等，右臣當州百姓田地，每畝只稅粟九升五合、草四分，地頭榷酒錢共出二十一文已下，其諸色職田，每畝約稅粟三斛、草三束、腳錢一百二十文。若是京官上司職田，又頃百姓變米雇腳搬送，比量正稅，近於四倍，加徵既緣差稅至重，州縣遂逐年抑配百姓租佃，或有隔越村鄉，被配一畝、二畝者，或有身居市井，亦令虛頭出稅者，其公廨田、官田等，所稅輕重，約與職田相似，亦是抑配百姓租田。疲人患苦，無甚於斯。伏準長慶元年七月赦文，京兆府職田，令於萬戶上均配，正與臣當州事宜相類。臣今因重配元額稅地，便請盡將此色田地，一切給與百姓，任爲永業，一依正稅。粟、草及地頭榷酒錢數納稅，其餘所欠職田斛斗錢草等，只於夏稅地上，每畝各加一合，秋稅地上，每畝各加六合、草一分，其腳錢只收地頭榷酒錢上分釐充數，便足百姓，元不加配。其上司職田合變米送城者，比緣百姓出車牛及零碎舂碾，動踰舂夏，送納不得到城。臣今便於當州近城縣納粟，官爲變碾，取本色腳錢。州司和雇情願車牛搬載，差綱送納，計萬戶所加至少，使四倍之稅永除。上司職祿及時，公私俱受其利。當州供左神策部陽鎮軍田粟二千石，右自置軍鎮以來，準敕，令取百姓高荒田地一百頃，給充軍田。其時緣田地零碎，軍司佃田不得，遂令縣司每畝出粟二斗，其粟并是一縣百姓秋稅上加配，偏當重斂，事實不均。臣今已於七縣應稅地止，量事配率，自此亦冀均平。當州朝邑等三縣，代納夏陽、韓城兩縣率稅，又準元和十三年敕，緣夏陽、韓城兩城殘破，量減逃戶率稅，每年攤配朝邑、澄城、部陽三縣，代納錢六百七貫九百二十一文、斛斗三千一百五十二石一斗三升三合，草九千九束，零并不計。臣今因令百姓自通田地，落下兩縣，已減元額稅地，請更不令三縣代納差科當州稅麻。又當州從前稅麻地七十五頃六十七畝四壠，每年計麻一萬一千八百七十四斤四兩，充州司諸色公用。臣昨因均配均稅，檢尋三數十年兩稅文案，只見逐年配率，麻地并不言兩稅數內爲復，數外既無條敕可憑，以今一切放免，不稅當州所徵斛斗，并草及地頭等錢奇零分數。又從前所徵斛斗升合之外，有抄勺圭撮錢草，則分釐毫銖，案牘交加，不可勘算，人戶輸納，元無奇零，蹙數所成，盡是姦吏欺沒。臣令所徵斛斗，并請成合，草亦并請成束，錢并請成文，在百姓分數，元無所加，於官司簿書，永絕姦詐。其蹙數粟、麥、草等，便充塡所欠職田等數，其錢當州每畝元稅二十文三分六釐，人戶納二十一文釐數。臣今只收元納二十一文釐，零數將充職田。腳錢二千六百餘貫便足，更不分外攤徵。回姦吏隱欺之贓，除百姓重斂之困，如此處置，庶有利宜。以前逐件謹具利宜如前，其兩稅元額頃畝，并攤配職田分數，及蹙文分合等草錢斛斗數，謹具後件分析，以前件如前，伏以當州田地鹻鹵瘠薄兼帶山原，通計十畝不敵京畿一二，加以檢責年深，貧富偏併，稅額已定，徵率轉難。臣昨所奏累年逋懸，其弊實繇於此。臣今并已均於稅，又免配佃職田。里閭之間，稍合蘇息。伏緣請配職田地充百姓永業事，須奉敕處分，冀永有遵憑。

穆宗長慶元年正月，敕：　節文應諸道管內百姓，或因水旱兵荒，流離死絕。見在桑產，如無親承佃，委本道觀察使，於官健中取無莊田有人丁者，據多少給付，便與公驗，任充永業。不得令有力職掌人，妄爲請射。其官健仍借種糧，放三年租稅。

武宗會昌元年正月，制：　安土重遷，黎民之性，苟非難窘，豈至流亡？將欲招綏，必在資產。諸道頻遭災沴，州縣不爲申奏，百姓輸納不辦，多有逃移。長吏懼在官之時，破失人戶，或恐務免正稅，減克料錢，只於見在戶中，分外攤配。亦有破除逃戶，產業已無，歸還不得，見戶每年加配，流亡轉多。自今已後，應州縣開成五年已前逃戶，并委觀察使、刺史差強明官，就村鄉詣實檢勘桑田、屋宇等，仍勒長令，切加檢校，租佃與人，勿令荒廢。據所得與納戶內，徵稅有餘，即官爲收貯，待歸還給付。如欠少即與收貯，至歸還日，不須徵理。自今年已後，二年不歸復者，即仰縣司，召人給付承佃，仍給公驗，任爲永業。其逃戶錢、草、斛、斗等，就留使錢物合十分、十三分已上者，并仰於當州使雜給用錢內，方圓權落，下不得剋。正員官吏料錢，及館驛使料、遞乘作人課等錢，仍本戶歸復，日漸復元額。

宣宗大中二年正月，制：所在逃戶見在桑田、屋宇等，多時暫時，東西便被鄰人與所繇等計會，推云代納稅錢，悉欲砍伐毀折，及願歸復，多已蕩盡，因致荒廢，遂成閑田。從今已後，如有此色，勒鄉村老人與所繇并鄰近等，同檢校勘分明，分析作狀，送縣入案。任鄰人及無田產人，且爲佃事與納稅，如五年不來復業者，便任佃人爲主，逃戶不在論理之限。其屋宇、桑田、樹木等，權佃人逃戶未歸五年，不得輒有毀除、斫伐。如違犯者，據限口量情科責，并科所繇等不檢校之罪。

懿宗咸通十一年七月十九日，敕：諸道州府百姓，承佃逃亡田地，如已經五年，須準承前赦文，便爲佃主，不在論理之限。仍令所司準此處分。

後唐明宗天成四年夏，詔曰：今年夏苗，委人戶自供手狀，具頃畝多少，仍以五家爲保，委無隱漏，攢連手狀，送於本州。本州具賬送省，州縣不得差人檢括。如或人戶隱欺，許令保內陳告，其田并令倍。

長興二年六月，詔：諸道觀察使均補苗稅，將有力人戶出剩田苗，補貧下不迨頃畝。有司者排段檢括，自今年起爲定額。

九月戊子，前鄆州三川縣令竇延岡上：利見營田，務有元屬田戶，一任管係。如果後來投務，乞行止絕。敕旨：凡致營田，比召浮客，若取編戶，實紊常規。如有係稅之人，宜令卻還本縣。應諸州府營田務，只許耕無主荒田，及召浮客。此後若敢違越，官吏并投名稅戶，重加懲斷。

三年二月，樞密使奏：城南稻田務，每年破錢二千七百貫，獲地利纔及一千六百貫。所得不如所亡，請改種雜田。三司使亦請罷稻田，欲其水利并於諸碾，以資變造。從之。

愍帝應順元年正月，諸處籍沒田宅并屬戶部，除賜功臣外，禁請射。

晉高祖天福三年六月己丑，金部郎中張鑄奏：臣聞國家以務農是本，勸課爲先，用廣田疇，乃資倉廩。臣竊見所在鄉村，浮居人戶，方思墾闢，正切耕耘。種木未滿於十年，樹穀未臻於三頃，似成產業，微有生涯，便被縣司繫名，定作鄉村色役。懼其重斂，畏以嚴刑，遂捨所居，卻思他適。覩玆阻隔，何以舒蘇？既乖撫恤之門，徒有招攜之令。伏乞皇帝陛下，明示州府，特降條流。應所在無主空閑荒地，一任百姓開耕，候及五頃已上，三年外，即許縣司量戶科徭。如未及五頃已上者，不在搔擾之限，則致荒榛漸少，賦稅增多，非唯下益蒸黎，實亦上資邦國。從之。

漢隱帝乾祐三年，左補闕淳于希顏上言：竊以久不檢田，且仍舊額，無妨耕稼，雖知有勸於農，民復恐不均於衆。望三五年中，時一通括，兼以州縣遭水旱處，比有訴論，差使封量，不宜便有出剩。請今後差官，能敷元額，已不虧官，凡出剩求功，請不收附，所以知朝廷愛民之意，炤物之仁。

周太祖廣順三年九月戊寅朔，敕：京兆府耀州莊宅三百渠，使所管莊宅，并屬州縣。其本務職員節級，一切停廢。除見管水磑及州縣鎮郭下店宅外，應有係官桑土、屋宇、園林、車牛，動用并賜見佃人，充永業。如已有莊田，自來被本務，或形勢影占，令出課利者，并勒見佃人爲主，依例納租，條理未盡處，委三司區分，仍遣刑部員外郎曹匪躬，專往點檢，割屬州縣。

十一月，敕：廢衛州共城縣稻田務，并歸州縣，任人佃蒔。宜令戶部郎中趙延休，往彼相度利害，及所定租賦聞奏。先時，三司奏年課無幾，官牛疫死，因廢營田，故有是命。

世宗顯德二年五月乙未，詔曰：起今後應有逃戶莊田，并許人請射承田，供納租稅。如三周年內，本戶來歸者，其桑土不以荒熟并莊園，并交還一半；五周年內歸業者，三分交還一分；如五周年外歸業者，其莊田除本戶墳塋外，不在交還之限。

五年八月庚子，命殿中侍御史張藹於京城四面按行稻田之地。

十月庚寅，命殿中侍御史張藹，於鄭州界制置稻田。是月，周世宗因覽唐同州刺史元稹均田之法，始議重定天下民租。申命纂其法制，繕寫爲圖，遍賜於諸侯。詔曰：朕以寰宇雖安，烝民未泰，當乙夜觀書之際，較前賢阜俗之方。近覽元稹《長慶集》，見在同州時所上均田表，校當時之利病，曲盡其情。俾一境之生靈，咸受其賜，傳於方冊，可得披尋。因令裂素成圖，直書其事，庶公王觀覽，觸事經心，利於國而便於民，無亂條制；背於經而合於道，盡繫變通，但要適宜，所務濟世，繄乃勳舊，爰庇黎元。今賜卿元稹所奏均田圖一面，至可領也。

是月，賜諸道詔曰：朕以干戈既弭，寰海漸寧，言念黎元，務令通濟。須議普行，均定所貴，永適重輕。卿受任方隅，深窮理本，必能副寡昧平分之意，察鄉閭致弊之源，明示條章，用分憂寄。竚聆集事，允屬推公。今差使臣往被檢括，餘從別敕處分。乃命右散騎常侍艾穎等三十四人，使于諸州，檢定民租。明年春，諸道使臣迴，總計檢到戶二百三十萬九千八百一十二，定墾田一百八萬五千八百三十四頃，淮南郡縣，不在此數。

宋・王應麟《玉海》卷一七六《食貨》 田制

古者井田之興，必始於唐虞，夏商葺治，至周大備。因口之衆寡以授田，因田之厚薄以制賦，畫溝洫，謹步畝，嚴版圖。經界既定，仁政自成。其法自春秋時已壞。晉作爰田，則賞衆以田，易其疆畔矣。魯初稅畝，則履其餘畝，十取其二矣。用田賦，則二猶不足，重困農民矣。鄭子駟爲田洫，而四族皆喪。子產使田有封洫，而謗以伍田疇，則溝洫廢矣。晉欲使齊封內盡東其畝，而戎車是利，則疆理廢矣。管仲作內政，楚蔿掩書土田，亦頗改周典之舊矣。戰國兵農浸分。孟子言王道之始，魏惠王以爲迂。滕文公問井地，卒莫之行。自秦孝公隳經界，開阡陌，而兼幷僭踰興矣。漢承秦舊，董仲舒請限民名田，師丹諫言限名田，言未嘗行也。趙過敎民爲代田，乃耕田之法，非受田之制。下及漢唐，風流已遠。然其授田有口分、世業，皆取之於官，其斂民財，有租庸調，皆計之於口。其後變爲兩稅，戶無主、客，以見居爲簿，人無丁、中，以貧富爲差。貧急於售田，則田多稅少；富利於避役，則田少稅多。僥倖一興，稅役皆弊。既無振貧之術，又許之賣田，後魏以來弊法也。《唐志》謂：口分、世業之田壞而爲兼幷，似指以爲井田，失之遠矣。

《續通典》卷二《食貨・田制上》 唐代宗廣德二年敕：如有浮客願編附，請射逃人物業者，便准式據丁口給授。如二年以上種植家業成者，雖本主到，不在卻還限，任別給授。大曆元年制：逃戶復業，給復二年。如百姓先賣田業盡者，委本州縣取逃死戶田宅，量丁口充給。德宗貞元中陸贄言曰：古者百畝地號一夫，蓋一夫授田不過百畝，欲使人不廢業，田無曠耕。今富者萬畝，貧者無容足之居，依託強家，爲其私屬，終歲服勞，常患不充。有田之家坐食租稅，京畿田畝稅五升，而私家收租畝一石，官取一，私取十，穡者安得足食？宜爲占條限，裁租價，損有餘，優不足，此安富恤窮之善經，不可捨也。穆宗長慶元年敕節文：應諸道管內百姓，或因水旱兵荒，流離死絕。見在桑產，如無親承佃，委本道觀察使於官健中取無莊田有人丁者，據多少給付，便與公驗，任充永業。不得令有力職掌人妄爲請射，其官健仍借種糧，放三年租稅。懿宗咸通十一年敕：諸道州府百姓，承佃逃亡田地，如已經五年，須准承前赦文，便爲佃主，不在論理之限，仍令所司，准此處分。先是，宣宗大中中，以逃戶桑田被人代納毀折，遂成閑田。敕許校勘送縣，任人佃納。五年不復，佃人爲主。至是復有是敕。 後唐明宗天成四年，詔曰：今年夏苗，委人戶自供手狀，具頃畝多少，仍以五家爲保，委無隱漏攢連手狀，送於本州，本州具帳送省，州縣不得差人檢括，如或人戶隱欺，許令保內陳告，其田並令倍。長興二年敕：凡置營田，比召浮客，若取編戶，實紊常規，如有係稅之人，宜令卻還本縣，應三京諸道營田，祇耕佃無主荒田，及召浮客。此後若敢違越，其官吏及投名稅戶，當行重斷。愍帝應順元年，諸處籍沒田宅並屬戶部。除賜功臣外，禁請射。晉高祖天福二年，以杜篷策言，荒田一任百姓開種，三年檢照所開種頃畝多少，量納一半租稅。敕曰：闢彼汙萊，期于富庶。方當開創，正切施行。往日雖曾指揮，漸恐廢墮，當在申於勸誘，期共樂於豐穰。宜令逐處長吏徧下管內，應是荒田有主者一任本主開耕，無主者一任百姓請射。佃蒔三年內並不在收稅之限。三年六月金部郎中張鑄奏：臣聞國家以務農爲本，勸課爲先，用廣田疇以資倉廩。竊見所在鄉村浮居人戶，方思墾闢，正切耕耘，種木未滿於十年，樹穀未臻於三頃，似成產業。微有生涯，便被縣司繫名定作鄉村色役。懼其重斂，畏以嚴刑，遂捨所居，卻思他適。覩茲阻隔，何以舒蘇。既乖撫卹之門，徒有招攜之令。伏乞皇帝陛下明示州府，特降條流，應所在無主空閑荒地，一任百姓開耕，候及五頃以上，三年外卽許縣司量戶科徭。如未及五頃以上者，不在騷擾之限。則致荒榛漸少，賦稅增多。非唯下益蒸黎，實亦上資邦國。從之。

周太祖廣順二年，敕：應諸處戶部營田人戶租稅課利，除京兆府莊宅務贍軍國外，其餘並割屬州縣。所徵租稅課利，官中祇管戶部營田舊徵課額，其戶部營田職員，一切停廢。其客戶元佃係省莊田，桑土舍宇，便令充爲永業，自立戶名，仍具元佃動用實數，陳狀縣司，給與憑由，仍放下戶三年差遣。若不願立戶名，許召卸佃，不得有失元額租課。其車牛動用屋舍樹木，亦各宜賜。是年九月，敕：京兆府耀州莊宅三白渠使所管莊宅宜並屬州縣，鎮郭下店宅外，應有係官桑土屋宇園林車牛動用，並賜見佃人充本業。如已有莊田，自來被本務或形勢影占，令出課利者，並勸見佃人爲主，依例納租。條理未盡，委三司區分，仍差尚書刑部員外郎曹匪躬專往點檢，割屬州縣。 世宗顯德二年，敕：逃戶莊田許人請射承佃，供納租稅。如三周年內本戶來歸業者，桑土不以荒熟，并莊園交還一半，其承佃戶自出力葢造屋舍及栽種樹木園圃，並不在交還之限。如五周年後歸業者，莊田除本戶墳塋不在交付，如有荒廢桑土，承佃戶自來無力佃蒔，祇仰交割與歸業戶佃蒔。其近北諸州，陷番人戶來歸業者，五周年內三分交還三分，十周年內還一半，十五周年內三分還一分，此外不在交還之限。五年七月，上將均定天下民租，均田之名始見《漢書・王嘉傳》注，孟康曰：自公卿以下至於吏民，名曰均田，皆有頃數。詔曰：朕以寰宇雖安，烝民未泰，當乙夜觀書之際，校前賢阜俗之方，近覽元稹《長慶集》，見在同州時所上《均田表》，較當時之利病，曲盡其情，俾一境之生靈，咸受其賜，傳於方冊可得搜尋，因令製素成圖，直書其事，庶公卿觀覽，觸目驚心。利國便民，無亂條制，背經合道，盡繫變通，但要適宜，所冀濟務，繫乃勛舊，共庇黎元。今賜元稹所奏均田及圖一面，至可領也。十月，賜諸道均田，詔曰：朕以干戈既弭，言念地征，罕臻藝極，須議並行均定，所議冀永適重輕，卿受任方隅，深窮治本，必能副寡昧平分之意，察鄉閭致弊之源，明示條章，用分寄任，竚令集事，允屬推公，今差使臣，往彼檢括，餘從別敕。乃命左散騎常侍艾穎等三十四人于諸州檢定民租。

宋太祖建隆二年，遣使度民田，課民種樹。每縣定民籍爲五等，第一等種雜樹百，每等減二十爲差，桑棗半之。男女十歲以上種韭一畦，闊一步，長十步。乏井者，鄰伍共鑿之。令、佐春秋巡視，書其數，秩滿，第其課爲殿最。諸州各隨風土所宜，其不宜種藝者，不須責課。遇豐歲則諭民謹葢藏，節費用，以備不虞。民伐桑棗爲薪者，罪之。剝桑三工以上，爲首者死，從者流三千里。不滿三工者，爲首配役，從者徒三年。太宗端拱二年詔：興置方田。命知定州張永德等各兼方田都總管。詔諭邊將令緣邊作方田，量地里遠近，列置寨柵以爲戰守之備。至道元年詔曰：近歲以來，天災相繼，民多轉徙，田卒汙萊。招誘雖勤，逋逃未復。宜申勸課之旨，更示蠲復之恩，應州縣曠土並許民佃爲永業，仍蠲三歲租，三歲外輸二分之一。州縣官吏勸民墾田之數悉書於印紙，以示旌賞。二年，陳靖言：逃民復業及浮客請佃者，委農官勘驗，以給授田土，收附版籍。州縣未得議其差役。其田制爲三品，以膏沃而無水旱之患者爲上品；雖沃壤而有水旱之患，埆瘠而無水旱之慮者爲中品；既埆瘠復患於水旱者爲下品。上田，人授百畝；中田，百五十畝；下田，二百畝。並五年後收其租，亦只計百畝十收其三。一家有三丁者，請加授田如丁數；五丁者，從三丁之制，七丁者，給五丁，十丁給七丁；至二十、三十丁者，以十丁爲限。若寬鄉田多，卽委農官裁奪以賦之。其室廬、蔬韭及棃棗、榆柳種藝之地，每戶十丁者給百五十畝，七丁者百畝，五丁者七十畝，三丁者五十畝，不及三丁者三十畝。除桑功五年後計其租，餘悉蠲其課。詔以靖爲京西勸農使，按行陳、許、蔡、潁、襄、鄧、唐、汝等州，勸農墾田，以皇甫選、何亮副之。選、亮言功難成，願罷之，事遂寢。竇儼曰：小畝步百，周之制也，中畝二百四十，漢之制也；大畝三百六十，齊之制也。今所用者，漢之中畝。眞宗咸平中，令閣館檢校故事，申定職田之制，以官莊及遠年逃亡田充，悉免租稅，佃戶以浮客充，所得課租均分，如鄉原例。州縣長吏給十之五，自餘差給。其兩京、大藩府四十頃，次藩鎭三十五頃，防禦、團練州三十頃，中、上刺史州二十頃，下州及軍、監十五頃，邊遠小州、上縣十頃，中縣八頃，下縣七頃，轉運使、副十頃，兵馬都監押、砦主、釐務官、録事參軍、判司等，比通判、幕職之數而均給之。二年，詔請佃荒田，未定賦稅無田稅者，方許請射。係官荒土及遠年落業荒田，候及五年，官中依前敕於十分內定稅二分爲永額。如現在莊田，土窄願於側近請射，及舊有莊產後來逃移，已被別人請佃，礙敕無路歸業者，亦許請射。六年，靜戎軍王能言：於軍城東、新河之北開方田，廣袤相去皆五尺，深七尺，以限隔戎馬，仍以地圖來上。帝以圖示宰臣，李沆等對曰：緣邊所開方田，專委邊臣，可以爲備，乞與施行。威虜、順安軍亦宜興置。從之。先是，三年知雄州何承矩言：兵有三陣，日月風雲，天陣也；山陵泉水，地陣也；兵車士卒，人陣也。今用地陣。設險，以水泉作固，相高下建陂塘，縱有敵騎，何懼奔衝？自後河北塘治相循不廢，仍領於沿邊屯田司。乾興元年，是時仁宗已卽位。制：衙前將吏各免戶役者，除見莊業外不得更興買田土，如違，將所典買沒官。其罷任前資官元無田者，許置五頃爲限。又敕：應以田產虛立契，與買於形勢戶下隱庇差役者，命官使臣除名，公人百姓決配。又准臣僚奏，命官所置莊田，定以三十頃爲限。衙前將吏合免戶役者，定以十五頃爲限。所典買田只得於一州之內，如祖父遷葬別有塋地者，數外許更置墳地五頃。時洛州肥鄉田賦不平。郭諮攝令以千步方田法四出量括，遂得其數。除無地之租四百家，正無租之地者百家，收逋賦八十萬。會三司議均稅法，知諫院歐陽修言：天下不知均括之術，惟諮方田法簡而易行。詔諮與孫琳均蔡州與上蔡稅。三司議均田租。諮陳均括之法十條。仁宗天聖初，詔民流積十年者，其田聽人耕，三年而後，收賦，減舊額之半；　後又詔流民能自復者，賦亦如之。既而又與流民期，百日復業，蠲賦役，五年減舊賦十之八；　期盡不至，聽他人得耕。　明道二年，劉平奏：　自邊吳淀望長城口，東西不及五十里，請引水植稻以開方田，四面穿溝，屈曲爲徑路，纔令通步兵。　引曹、鮑、徐河及雞距泉分注溝中，數載之後，必有成績。　從之。　始置弓箭手斥塞上棄地，人角力勝者，給田二頃。　一百人以上，團爲一指揮，卽要害處爲築堡使。自塹其地爲方田以環之，塞上諸塹率以丈五尺爲深廣之限。　山險不塹者，但治使峭絶而已，後皆以爲法。　時曹瑋知鎮戎軍，請自隴山而東循古長城鑿塹爲限，弓箭手給閒田，蠲其稅，春秋耕斂，出兵護之。　慶曆中，詔限職田，有司始申定其數。　凡大藩長吏三十頃，通判八頃，判官五頃，幕職官四頃。　凡節鎮長吏十五頃，通判七頃，判官四頃，幕職官三頃五十畝。　凡防、團以下州軍長吏十頃，通判六頃，判官三頃五十畝，幕職官三頃。　其餘軍、監長吏七頃，判官、幕官，並同防、團以下州軍。　凡縣令，萬戶以上六頃，五千戶以上五頃，不滿五千戶並四頃。　凡簿、尉萬戶以上三頃，五千戶以上二頃五十畝，不滿五千戶二頃。　録事參軍比本判官。曹官比倚郭簿、尉。　發運制置、轉運使副，武臣總管，比節鎮長吏。　發運制置判官，比大藩府通判。　安撫都監，路分都監，比節鎮通判。　大藩府都監，比本府判官。　黃汴河、許汝石塘河都大催綱，比節鎮判官。　節鎮以下至軍監，諸路走馬承受并砦主，都同巡檢，提舉捉賊，提點馬監，都大巡河，不得過節鎮判官。　在州監當及催綱、撥發，巡捉私茶鹽賊盜，駐泊捉賊，不得過簿、尉。皇祐中，帝聞天下廢田尚多，民罕土著，或棄田流徙爲閒民。　每下赦令，輒以招輯流亡，募人耕墾爲言，民被災而流者，又優其蠲，復緩其期招之。　詔諸州長吏令佐，能勸民修陂池、溝洫之久廢者，乃墾闢荒田，增稅二十萬以上，議賞。　監司能督責部吏經畫，賞亦如之。　神宗熙寧閒，復詔詳定職田，凡知大藩府二十頃，節領十五頃，餘州及軍並十頃，餘小軍、監七頃。　通判，藩府八頃，節鎮七頃，餘州六頃。　留守、節度、觀察判官，藩府五頃，節鎮四頃。　掌書記以下幕職官三頃五十畝。　防禦、團練軍事推官，軍監判官三頃。　令、丞、簿、尉，萬戶以上，縣令六頃，丞四頃，不滿萬戶，令五頃，丞三頃，不滿五千戶，令四頃，丞二頃五十畝。　簿、尉減令之半。　藩府、節鎮録參，視本州判官，餘視幕職官。　藩府、節鎮曹官，視萬戶縣簿、尉，餘視不滿萬戶者。　發運、轉運使副，視節鎮知州。　開封府尉提點，視餘州。　發運、轉運判官，常平倉提舉官，視藩府通判。　同提舉，視萬戶縣令。　發運司幹當公事，視節鎮通判。　轉運司管幹文字，提刑司檢法官，提舉常平倉司幹當公事，視不滿萬戶縣令。　蔡河、許汝石塘河都大催綱，管幹機宜文字，府界提點司幹當公事，視節鎮判官。　總管，視節鎮知州。　路分鈐轄，視餘州知州。　安撫、路分都監，州鈐轄，視節鎮通判。　藩府都監，視本州判官。　諸路正將，視分都監；　副將，視藩府都監。　走馬承受，諸州都監，都同巡，都大巡河，並視節鎮判官。　巡檢，堡砦都監，砦主，在州監當及催綱、撥發，巡捉私茶鹽賊盜，駐泊捉賊，並視幕職官。　巡轄馬遞舖，監堰並縣、鎮、砦監當，並視本縣簿、尉。　諸路州學教授，京朝視本州判官，選人視本州曹官。　又詔：　成都府路提點刑獄司，以本路職田令逐州軍歲以子利稻麥等拘斛變錢，從本司以一路所收錢數，又紐而爲斛斗價直，然後等第均給。　自熙寧三年始。　五年，帝患田賦不均，重修定方田法。　詔司農以《均稅條約幷式》頒之天下。　以東西南北各千步，當四十一頃六十六畝一百六十步，爲一方；　歲以九月，縣以令、佐分地計量，隨陂原平澤而定其地，因赤淤黑壚而辨其色；　方量畢，以地及色參定肥瘠而分五等，以定稅。　若瘠鹵不毛，及衆所食利山林、陂塘，溝路、墳墓，皆不立稅。　凡田方之角，立土爲峰，植其野之所宜木以封表之。　有方帳，有莊帳，有甲帖，有戶帖；　其分煙析產、典賣割移，官給契，縣置簿，皆以今所方之田爲正。　令既具，乃以濟州鉅野尉王曼爲指教官，先自京東路行之，諸路倣焉。　六年，詔土色分五等，疑未盡，下郡縣物其土宜，多爲等以期均當，勿拘以五。　七年，詔從鄧潤甫之請，京東十七州選官四員，各主其方，分行郡縣，各以三年爲任。　又詔每方差大甲頭二人、小甲頭三人，同集方戶，令各認步畝，方田官驗地色，更勒甲頭、方戶同定。　諸路及開封府界秋田災傷三分以上縣權罷外，餘候農隙。　河北西路提舉司乞通一縣災傷不及一分勿罷。　元豐五年，開封府言：　方田取稅之最不均縣先行，卽一州而定五縣，歲不過兩縣，今府界十九縣，准此行之十年乃定。　請歲方五縣。　從之。　其後歲稔農隙乃行，而縣多山林者或行或否。　八年，帝知官吏擾民，詔罷之。　天下之田已方而見於籍者，至是二百四十八萬四千三百四十九頃。　先是熙寧五年，詔開方田，至是遂罷。　哲宗時，畢仲游言曰：　有人則有田，有田則有分。　田有瘠薄，人有衆寡。　以人耕田，相其瘠薄衆寡而分之，謂之分。　分定而以名自占之，謂之名田。　無甚難行者，而至今不行，則其制未均，而恤之太甚故也。　蓋周井田之法，一夫一婦受田百畝，餘夫二十五畝，以至工商士人受田亦各有等，而又分之不易一易再易之差。以一夫一婦而受百畝，無主客之別，比今二百畝矣。以不易一易再易之相掩而又有餘夫，則比今三百畝矣。什一而征，無他賦斂，而又歲用其力，不過三日，則比今四百畝矣。而何武之制，自諸侯王及於吏民皆無過三十頃。以一諸侯王而財七八農夫，此所謂制未均者也。名田之議，起於董仲舒，申於何武、師丹。至晉泰始限王公之田，以品爲差，而均田之制，起於後魏，至唐開元亦嘗立法，而卒皆不行。夫名田之不行，非下之人不行也，乃上之人不行也，非賤者而不行，乃貴者而不行也。在上而貴者戴高位、食厚祿，官其子孫，而賞賜狎至，雖田制未均，猶當行也。而何師之議，則革於丁、傅、董賢。晉魏有存則名存而實去，此則所謂恤之太甚者也。今將議占田之數，酌復除之法，則周官之書，漢魏隋唐之制，有可行者，有不可行者。董仲舒以秦變井田，民得買賣，富者連阡陌，貧者無置錐之地，宜少近古限民名田以贍不足，塞兼幷之路，其說雖正而不聞其制度。何武之制太狹，今日之制太無限，宜約周官授田之數，與唐世業口分之法，參其多少而用之。士大夫則因其品秩之高下，與其族類之衆寡，無使貴者有餘，而貧者不足。要之仰足以事父母，俯足以畜妻子，旁可以及兄弟朋友，而不爲兼幷則善矣。昔《周官・小司徒》辨正役之施舍，卿大夫、國中貴者、賢者、能者、服公事者、老者、疾者，皆舍征。秦民耕織致粟帛多，與漢之孝弟力田皆復其身，而丞相之子返與戍邊爲踐更卒，則今日之復除亦可因而爲法。九品者復其身，亡品者復其子孫。五品以上乃復其家，而戍邊之制可易以助。今齊民之役，雖丞相子必使出泉以助之，則下貧之室不困於重煩，而在上貴者亦不純於僥倖。然田制之未均，可以均也，非今日之患也。迫於富家大室而恤之，甚者則自漢以來未有以處之，今日之患也。夫事稽之于古而不合，驗之于今而未見其利害，測之于人情未得其中，若是者，誠難行也。今占田之數，復除之法，稽之于古無不合，驗之于今已見其利害，測之于人情得其中，加之無丁、傅、董賢之用事，而今日之議過于何武、師丹，則無以富家大室爲難而行之，天下幸甚。徽宗崇寧三年，宰臣蔡京等言：自開阡陌，使民得以田私相貿易，富者恃其有餘，厚立價以規利，貧者迫於不足，薄移稅以速售，而天下之賦調不平久矣。神宗講究方田利害，作法而推行之，方爲之帳，而步畝高下丈尺不可隱；戶給之帖，而升合尺寸無所遺，以賣買，則民不能容其巧；以推收，則吏不能措其姦。今文籍具在，可舉而行。詔諸路提舉常平官選官習熟其法，諭州縣官吏各以豐稔日推行，自京西、北兩路始。政和中，品官限田，一品百頃，以差降殺，至九品爲十頃，限外之數並同編戶差科。三年，河北西路提舉常平司奏：所在地色極多，不下百數，及至均稅，不過十等。雖出十分之稅，地土肥沃，尙以爲輕；第十等只均一分，多是瘠鹵，出稅雖少，猶以爲重。若不入等，則積多而至一頃，止以柴蒿之値，爲錢自一百而至五百，比次十等，全不受稅；既收入等，但可耕之地便有一分之稅，其閒下色之地與柴蒿之地不相遠，乃一例每畝均稅一分，上輕下重。欲乞土色十等如故外，即十等之地再分上、中、下三等，折畝均數。謂如第十等地每十畝合折第一等一畝，折十等之上，受稅十一，不改元則；十等之中，數及十五畝，一等之下，數及二十畝，方比上等受一畝之稅，庶幾上下輕重皆均。詔諸路既行其法。五年，福建、利路茶戶山園，如鹽田例兌方量均稅。七年，詔內外宮觀捨置田，在京不得過五十頃，在外不得過三十頃，不免科差、徭役、支移。雖奉御筆許，執奏不行。宣和元年，臣僚言：方量官憚於跋履，並不躬親，行纏拍峰，驗定土色，一付之胥吏。至御史臺受訴，有二百餘畝方爲二十畝者，有二頃九十六畝方爲一十七畝者，虔之瑞金縣是也。有租稅十有三錢而增至二貫二百者，有租稅二十七錢則增至一貫四百五十者，虔之會昌縣是也。望詔常平使者檢察。二年，遂詔罷之。民因方量流徙者，守令招誘歸業；荒閒田土，召人請佃。自今諸司毋得起請方田。諸路已方量者，賦稅不以有無訴訟，悉如舊額輸納；民逃移歸業，已前逋欠稅租，並與除放。按：方田之制，自崇寧三年蔡京請開。五年詔罷。大觀二年復詔行之。四年罷其賦稅，依未方舊則。至是遂不復行。

北宋田制，自太祖開寶末天下墾田二百九十五萬三千三百二十頃，太宗至道二年墾田三百一十二萬五千二百五十一頃，景德中，丁謂著《會計録》云：總得一百八十六萬餘頃，以是歲七百二十三萬餘戶計之，是四戶耕田一頃，繇是而知天下隱田多矣。又川陝廣南之田，頃畝不備第，以五賦約之。至天聖中，《國史》則云：開寶末，墾田二百九十五萬三千三百二十頃，至道二年三百一十二萬五千二百五十一頃，天禧五年五百二十四萬七千五百八十四頃，而開寶之數乃倍于景德，則謂之所録固未得其實。皇祐、治平三司皆有《會計録》，而皇祐中墾田二百二十八萬餘頃，治平中四百四十萬餘頃，其閒相去不及二十年，而墾田之數增倍，以治平數視天禧，則猶不及。而敘《治平録》者以謂此特計其賦租以知頃畝之數，而賦租所不加者十居其七，率而計之，則天下墾田無慮三十餘萬頃。是時，累朝相承，重於擾民，未嘗窮按，故莫得其實。而廢田見於籍者，猶四十八萬頃。

《續通典》卷二《食貨·田制中》　南宋高宗時，中書舍人洪遵上言：限田之制本於抑兼并，恤編戶，寬力役，可謂盡善。然州縣猾吏因緣爲姦，至於墳地蔬圃例皆紐計，中下之家惟恐頃畝溢格，至有貨鬻墳山以避徭役者，甚非立法利民之本意。而奉行之官不能體國，漫弗加省。望聖慈命戶部行下，令品官之家止限見在田產，山林園圃墳塋地段，並行豁除。仍以逐縣爲率，依新制各計頃畝，不通一州之數。庶幾田制稍寬，不致重擾。建炎元年，命有司招誘農民歸業者振貸之，蠲欠租，免耕牛稅。三年，廣州州學教授林勳獻《本政書》十三篇，大略謂：國朝兵農之政，大抵因唐末之故。今農貧而多失職，兵驕而不可用，是以饑民竄卒，類爲盜賊。宜倣古井田之制，使民一夫占田五十畝，其羨田之家毋得市田；其無田與遊惰末作者，皆使爲農，以耕田之羨。雜紐錢穀，以爲什一之稅。本朝二稅之數，視唐增至七倍。今本政之制，每十六夫爲一井，提封百里，爲三千四百井，率稅米五萬一千斛，錢萬二千緡。每井賦二兵一馬，率爲兵六千八百人，馬三千四百匹。歲取五之一以爲五番之額，以給征役；無事則又分爲四番，以直官府，以給守衛。是民凡三十五年，而役始一偏也。悉上則歲食米萬九千餘斛，錢三千六百餘緡，無事則減四分之三，皆以一同之租稅供之。匹婦之貢，絹三尺，綿一兩，百里之縣，歲收絹四千餘匹，綿二千四百觔；非蠶鄉則布六尺，麻二兩，所收視綿絹倍之。行之十年，則民之口算，官之酒酤，與凡茶、鹽、香、礬之榷，皆可弛以予民。其說甚備。又詔，天下官田，令民依鄉例自陳輸租。紹興元年，以軍興用度不足，詔盡鬻諸路官田。初，閩以福建八郡之田分三等：膏腴者給僧寺、道院，中下者給土著、流寓。自劉夔爲福州，始貿易取貲。迨張守帥閩，上倚以拊循凋瘵，存上等四十餘剎以待高僧，餘悉令民請買，歲入七八萬緡以助軍衣，餘寬百姓雜科，民皆便之。是時，帝懼職田不均，詔諸路提刑司依法標撥，官多田少卽於鄰近州縣通融，須管數足。又詔，將空閒之田爲他司官屬所占者，撥以足之，仍先自簿、尉始。其有無職田，選人并親民小使(民)[臣]，每員月支茶湯錢一十貫文。內雖有職田，每月不及十貫者，皆與補足，所以厚其養廉之利。懼其病民，則委通判、縣令覈實，除其不可力耕之田，損其已定過多之額。若其頃畝多寡，具有成式：知藩府，二十頃。發運、轉運使及知節鎮一十五頃。知餘州及廣濟、永康諸軍，并路分鈐轄，十頃。發運，轉運，判官及通判，藩府，八頃。知餘軍及發運司幹辦公事，七頃。通判餘州及軍，滿萬戶縣令，六頃。藩府判官，録事參軍。及同巡檢，都大巡河，提點馬鹽，四頃。節度掌書記及軍、監都監三頃五十畝。軍、監判官及監堰，滿五千戶縣丞，滿萬戶簿、尉，并三頃。餘州及不滿五千戶縣丞，二頃五十畝。不滿五千戶縣簿、尉及監堰，二頃。三年，戶部言：人戶拋棄田產，已詔三年外許人請射，十年內雖已請射及撥充職田者，並聽理認歸業。官司占田不還，許越訴。如孤幼兒女及親屬依例合得財產之人，委守令面問來歷，取索契照，句勒耆保、鄰佐照證得實，卽時給付。或僞冒指占者，論如律。從之。五年，詔諸官田比鄰田租，召人請買，佃人願買者聽，佃及三十年以上者減價十之二。六年，詔諸路總領諭民投買戶絕、入官及江漲河田、海退泥田。七年，以賊徒田充官莊，其沒官田依舊出買。十二年，左司員外郎李椿年言經界不正十害：一、侵耕失稅；二、推割不行；三、衙門及坊場戶虛供抵當；四、鄉司走弄稅名；五、詭名寄產；六、兵火後稅籍不失，爭論日起；七、倚閣不實；八、州縣隱賦多，公私俱困；九、豪猾戶自陳詭籍不實；十、逃田稅偏重，人無肯售。經界正，則害可轉爲利。且言：平江歲入二十萬，不及昔之一半。望考按覈實，自平江始，然後施之天下，則經界正而仁政行矣。上謂宰執曰：椿年之論，頗有條理。秦檜曰：其說簡易可行。程克俊曰：比年百姓避役，止緣經界不正，行之，乃公私之利。翌日甲午，以椿年爲兩浙運副，專委措置經界。椿年條畫來上，請先往平江諸縣，俟其就緒卽往諸州，要在均平，爲民除害，更不增稅額。如水鄉秋收後妄稱廢田者，許人告；陂塘塍埂之壞於水者，官借錢以修之。縣令、丞之才短者聽易置，圖寫墟畝，選官按覆。令各戶各鄉造砧基簿，仍示民以賞罰，開諭禁防，靡不周盡，吏取財者，論如法。又詔人戶田產多有契書，而今來不上砧基簿者，皆沒官，用椿年請也。十四年，椿年權戶部侍郎，仍舊措置經界。十二月，椿年以母憂，罷兩浙運副，王鐵權戶部侍郎，措置經界。十五年，詔戶部及所遣官委曲措置，務使賦稅均而無擾。又因興國軍守臣宋時言，詔諸州縣違期歸業者，其田佃及官賣者，卽以官田之所耕者給還。十七年，李椿年再權戶部侍郎，專一措置經界。言已打量及用砧基簿計四十縣，乞結絕其餘未打量及不曾用砧基簿，止令給甲縣分，欲展期一月，許人戶首實，昨已起新稅，依額理納，俟打量寬剩畝角，卽行均減，更不增添稅額。仍令都內人各書實狀，遇有兩爭卽對換產稅，詔可。十九年冬十一月，經界之事始畢。初，朝廷以淮東西、京西、湖北四路被邊，姑仍其舊。又漳、汀、泉三州未畢行。二十年，詔凡沒官田、域空田、戶絕房廊及田，并撥隸常平司；轉運、提刑、茶鹽司沒入田亦如之。又詔瓊州、萬安、昌化、吉陽軍海外土產瘠薄，已免經界。又瀘南帥臣馮檝抗疏論不便，於是瀘、敘州，長寧軍並免。渠、果州，廣安軍既行，亦復罷。自餘諸路州縣皆次第有成。是年，詔敕令所刪定官鄭克行四川經界法。克頗峻責州縣，所謂有莊田者，雖蔬果、桑柘莫不有征，而邛、蜀民田至什稅其伍。二十年，詔：兩淮沃壤宜穀，置力田科，募民就耕，以廣官莊。知資州楊師錫言：有司奉行失當，田畝不分腴瘠，市居丈尺隙田，亦充稅產。於是降詔曰：椿年乞行經界，去民十害，今聞寢失本意。凡便民者依已行，害民者與追正。二十六年，王之望上書言：蜀中經界利害甚悉。明年，以之望提點刑獄，畢經界事。三月，戶部言：蜀地狹人夥，而京西、淮南膏沃官田尚多，許人承佃，官貸牛、種。時通判安豐軍王時升言：淮南土皆膏腴，然地未盡闢，民不加多者，緣豪強虛占良田，而無徧耕之力；流民襁負而至，而無開耕之地。凡荒閒田許人劃佃。戶部議：期以二年，未墾者卽如所請，京西路如之。湯鵬舉言：離軍添差之人，授以江、淮、湖南方田，人一頃，爲世業。二十一年，以大理寺主簿丁仲京言，凡學田爲勢家侵佃者，命提學官覺察；又命撥僧寺常住絕產以贍學。戶部議併撥無敕額庵院田，詔可。二十六年，以諸路賣官田錢七分上供，三分充常平司糴本。初盡鬻官田，議者恐佃人失業，未賣者失租。侍御史葉義問言：今盡鬻其田，立爲正稅，田既歸民，稅又歸官，不獨絕欺隱之弊，又可均力役之法。浙中刑獄使者邵大受亦乞承買官田者免物力二年至十年。於是詔所在常平役官、戶絕田，已佃未佃，添租未添租，並拘賣。二十八年，詔戶部員外郞莫濛同浙西、江東、淮南漕臣視諸路河田、蘆場。先是，言者謂：江淮閒河田蘆場爲人冒占，歲失官課至多，故有是命。已而言者極言累民未便，詔止。爲勢家詭名冒占。其三等以下戶勿例根括。詔浙西、江東河田蘆場官戶十頃、民戶二十頃以上，並增租，隸提領官田所，尋罷之。乾道閒，復梁俊彥等措置，括得河田蘆場二百八十餘萬畝。孝宗隆興元年，詔：凡百姓逃棄田宅，出二十年無人歸認者，依戶絕法。乾道四年，知鄂州李椿奏：江南荒田甚多，請佃者開墾未幾，便征稅，度田追呼，不任其擾，旋卽逃去。今欲召人請射，免稅三年；後爲世業。光宗時，知漳州朱熹條奏《經界狀》，略曰：臣自早年卽爲縣吏，實在泉、漳兩郡之閒。中歲爲農，又得備諳田畝之事。竊見經界一事，最爲民閒莫大之利。其紹興年中已推行處，至今圖籍尙存，獨泉、漳、汀州不曾推行，細民業去產存，苦不勝言。而州縣坐失常賦，勢將何底。然而豪家大姓、猾吏姦民皆所不便，向議輒爲浮言所沮，甚至以汀州盜賊藉口，不知往歲汀州累次盜賊正以不曾經界，貧民失業更被追擾，無所告訴，是以輕於從亂。今者議臣之請，且欲先行泉、漳，次及臨、汀，既免一州盜賊過計之憂，又慰兩郡貧民延頸之望，誠不易之良策也。一、推行經界在於推擇官吏。乞朝廷先令監司一員專主其事，使擇一郡守察其屬縣，或不能，則擇於其佐，又不能，則擇於他官。一州不足，則取於一路，見任不足，則取於得替待缺之中。果得其人，則事克濟而民無擾矣。一、經界之法，打量一事，最費功力。而紐折算計之法，又人所難曉者。紹興中，戶部行下打量攢算格式印本，乞特詔戶部根檢謄録，點對行事。一、圖帳之法始於一保，大則山川道路，小則人戶田宅。必要東西相連，南北相照，以至頃畝之闊狹，水土之高低亦須當衆共定，各得其實。其十保合爲一都，則其圖帳，但取山水之連接與逐保之大界總數而已，不必更開人戶田宅也。其諸都合爲一縣，則其圖帳亦如保之於都而已，不必更爲諸保之別也。如此則其圖帳之費亦當少減。若朝廷矜三郡之民，不忍使更煩費，則莫若令役戶只作草圖草帳，而官爲買紙雇工以造正圖正帳。費就兩司上供錢內截撥應副也。如此，則大利可成，而民亦不至於甚病矣。龍巖縣劉璧申經界之行，惟里之正長其役最爲煩重，疆理畎畝，分別土色，均攤稅賦，其在當時，動經歲役，出入阡陌，妨廢家務，固已不勝其勞。一有廣狹失度，肥磽失宜，輕重失當，則詞訴並興，而督責又隨至矣。然有產則有役，道當重難，使出心力以應役使，亦無可奈何。彼皆鄉民，安知經界書算，則必召募書人以代此役，而書人必嘗爲胥吏之桀黠者，莫不乘時要求高價，執役之人急於期限，不免隨索則酬，而又簿書圖帳所用紙札亦復不貲。竊謂經界之在今日，不可不行，行之亦不患無成，若里正里長書人紙札之費有以處之，則可舉行，若坐視其殫力耗財如囊日，恐非仁政之意也。竊詳此意與臣所奏大抵略同。一、紹興經界打量既畢，隨畝均產，而其產錢不許過鄉，此蓋以算數太廣，難以均數，而防其或有走弄失陷之弊也。若使諸鄉產錢租額素來均平，則此法善矣。或隨鄉已有輕重，人戶徒然攢算，不免有害多利少之歎。乞特許產錢過鄉通縣均紐，庶幾百里之內輕重齊同，實爲利便。一、本州民閒田有產田、有官田、有職田、有學田、有常平租課田，名色不一，而其所納租稅輕重亦各不同。年來產田之稅既已不均，而諸色之田散漫參錯，尤難檢計。姦民猾吏，並緣爲姦，實佃者或申逃閣，無田者反遭俵寄。至於職田俵寄不足，則或撥到諸色官錢以充之。其弊不可徧舉。今莫若將見在田土，打量步畝，一概均產，每田一畝，隨入等高下定計產錢幾文。而總合一州諸色租稅錢米之數，以產錢爲母，定等則。一例均數，每產一文，納米若干，錢若干，米只一倉受納，錢亦一庫交收。卻以到官之數，照元分數分隸。若干爲省計，若干爲職田，若干爲學糧，若干爲常平，逐旋撥入諸色倉庫。除逐年二稅造簿之外，每遇辰戌丑未之年，逐縣更令諸鄉各造一簿，開具本鄉所管田數四至、步畝、等第，各注某人管業。有典賣，則云某年典賣某人。又造合鄉都簿一扇，類聚諸簿。通結逐戶田若干畝，錢產若干文，其有田業散在諸鄉者，併就煙爨地分，開排總結，並隨秋科稅簿送州印押。下縣知佐通行收掌，人戶遇有交易，將契書及兩家砧基照鄉縣簿對行批鑿。則版圖一定，而民業有經矣。或者尚疑如此，則本州產田納稅本輕，而今當反重。官田納租本重，而今當反輕。施行之後，爭競必多，須俟打量了畢。灼見多寡實數，方可定議。說似有理，乞聖照并與行下。一、本州荒廢寺院田產頗多，目今並無僧行住持，田土爲人侵占，逐年失陷稅賦不少。乞特降指揮，許令本州出榜召人實封請買，不惟一時田業有歸，民益富實，亦免向後官司稅賦因循失陷，而又合於韓愈所謂人其人，廬其居之遺意。誠厚下足民攘斥異教，不可失之機會也。先是漳、泉二州被命相度，而泉州操兩可之說，朝廷疑焉。著作郎黃艾輪對，又言之，且云今日以天下之大，公卿百官之衆，商量一經界，累年不成，大於此者，若之何！上乃諭輔臣令先行於漳州。明年春，詔漕臣陳公亮同熹協力奉行，南方地暖，農務既興，非其時也。熹猶冀嗣歲可行，益加講究，條畫既備，徧榜郡縣，細民知其不擾，而利於己，莫不鼓舞。而貴家豪右，占田隱稅侵漁貧弱者，胥爲異論以搖之。至有進狀言不便者，前詔遂格。閱兩月，熹請去，尋命持湖南使者節，猶以經界不行自劾，議者惜之。寧宗開禧元年，夔路轉運判官范蓀言：本路施、黔等州荒遠，綿亘山谷，地曠人稀，其占田多者須人耕墾，富豪之家誘客戶舉室遷去。乞將皇祐官莊客戶逃移之法校定：凡爲客戶者，許役其身，毋及其家屬；凡典賣田宅，聽其離業，毋就租以充客戶；凡貸錢，止憑文約交還，毋抑勒以爲地客；凡客戶身故，其妻改嫁者，聽其自便，女聽其自嫁。庶使深山寂谷之民，得安生理。嘉定閒，知婺州趙㥧夫行經界於其州，整有倫序。後守魏文豹行之益力。於是向之上戶析爲貧下之戶，實田隱爲逃絕之田者，粲然可考。凡給甲冊、戶產簿、丁口簿、魚鱗圖、類姓簿二十三萬九千有奇，栁庫遷以藏之，歷三年而後上其事於朝。八年，詔：職田覼放如民田，違者坐之。理宗淳祐二年，敕：自今凡民有契券，界至分明，所在州縣屯官隨即歸還。六年，殿中侍御史謝方叔言：豪強兼并之患，至今而極，非限民名田有所不可，是亦救世道之微權也。今百姓膏腴皆歸貴勢之家，租米有及百萬石者；小民百畝之田，頻年差充保役，則獻其產於巨室，以規免役。小民田日減而保役不休，大官田日增而保役不及。可不嚴立經制以爲之防乎？去年，諫官嘗以限田爲說，朝廷付之悠悠。不知國用邊餉，皆仰和糴。然權勢多田之家，和糴不容以加之，保役不容以及之。乞諭臣僚論奏，使經制以定，兼并以塞。從之。景定四年，賈似道以國計困於造楮，富民困於和糴，思有以變法而未得其說。知臨安府劉良貴、浙西轉運使吳勢卿獻買公田之策，似道乃命殿中侍御史陳堯道、曹孝慶上疏，請將官戶田產逾限之數抽三分之一以充公田，帝從之，詔買公田，置買官田所，以劉良貴提領，臨安府通判陳訔爲檢閱副之。良貴請下都省嚴立賞罰，究歸併之弊，帝曰：求免和糴，無如買逾限之田爲良法。然東作方興，權俟秋成，續議施行，當始於浙西諸路，視之爲則。似道乃上疏條陳其制，帝悉從之。由是浙西六郡買田三百五十餘萬畝，每鄉置官莊一所，民爲官耕者曰官佃，爲官督者曰莊官，莊官以富饒者充應，兩歲一更，每租一石，明減二斗，不許多收。既而言者歷言其弊，甚至民本無田而以歸併抑買。自經分置莊官，催租騷擾。至度宗咸淳四年，始罷莊官，而令諸郡公租以三千石爲一莊，聽民於分司承佃，不許盜易。至德祐始盡除之，而宋祚訖矣。度宗咸淳元年，監察御史趙順孫言：經界將以便民，雖窮閻下戶之所深願，而未必豪家大姓之所甚樂。今之所謂推排，非昔之所謂自實。推排者，委之鄉都，則徑捷而易行；自實者，責之於人戶，則散漫而難集。嘉定以來之經界，時至近也，官有正籍，鄉都有副籍，爲鄉都者不過按成牘而更業主之姓名。若夫紹興之經界，其時既遠而籍之存者寡矣。因其鱗差櫛比而求焉，由一而至百，至千，至萬，稽其畝步，訂其主佃，亦莫如鄉都之便。朱熹所以主經界而闢自實者，正謂此也。州縣能守朝廷鄉都任責之令，又隨諸州之便宜而爲之區處，當必人情悉孚，不令而行矣。從之。三年，司農卿李鏞言：經界之法必多差官吏，悉集都保，偏走阡陌，盡量步畝，審定等色，紐折計等，姦弊轉生。若推排之法，不過以縣統都，以都統保，選任才富公平者，定田畝稅色，載之圖冊，凡民有定產，產有定稅，稅有定籍。吳門、紹興及湖南一路，俱已告成。竊惟東南諸郡，皆奉行惟謹。其或田畝未實則令鄉局釐正之；圖冊未備則令縣局程督之。監司、郡守遞相稽察，如《周官》日成、月要以綜核之。於是詔諸路施行。史臣論曰：南渡後水田之利，富於中原，故水利大興。而諸籍沒田募民耕者，皆仍私租舊額，每失之重，輸納之際，公私事例迥殊。私租額重而納輕，承佃猶可；公租額重而納重，則佃不堪命，州縣胥吏與倉庫百執事之人，皆得爲侵漁之道於耕者也。季世金人乍和乍戰，戰則軍需浩繁，和則歲幣重大，國用常苦不繼，於是因民苦官租之重，命有司括買官田以給用。其初弛其力役以誘之，其終不免於抑配，此官田之弊也。嘉定以後，又有所謂安邊所田，凡籍沒權倖而園田湖田之在官者皆隸焉。收其租以助歲幣。至其將亡，又限民名田，買其限外所有，謂之公田。初議欲省和糴以紓民力，而其弊極多，其租尤重；宋亡，遺患猶不息也。

遼太宗會同三年，詔：於諧里河、臚朐河之近地，給賜南院鄂津圖嚕、伊遜巴勒，北院烏納哈喇錫林爲農田。聖宗統和中，蕭達林爲西北路招討使，以準布都落伺隙而動，欲增戍兵，又恐餽餉不給，問於耶律昭，昭以書荅曰：竊聞治得其要，則仇敵爲一家；失其術，則部曲爲行路。夫西北諸部，每當農時，一夫爲偵候，一夫治公田，二夫給糺官之役，大率四丁無一室處。芻牧之事，仰給妻孥。一遭寇掠，貧窮立至。春夏賑恤，吏多雜以糠粃，重以掊克，不過數月，又復告困。且畜牧者，富國之本。有司防其隱沒，聚之一所，不得各就水草便地。兼以逋亡戍卒，隨時補調，不習風土，故日瘠月損，馴至耗竭。爲今之計，若賑窮薄賦，給以牛種，使遂耕穫。置游兵以防盜掠，頒俘獲以助伏臘，散畜牧以就便地。期以數年，富彊可望。然後練簡精兵，以備行伍，何守之不固，何動而不克哉？七年，詔括民田。又詔燕樂、密雲二縣荒地許民耕種，免賦役。十三年，詔昌平、懷柔等縣諸人請業荒地。十五年，詔諸道勸民種樹。又詔品部曠地令民耕種。又募民耕灤州荒地，免其租賦。

金之田制，量田以營造尺，五尺爲步，闊一步長二百四十步爲畝，百畝爲頃。民田業各從其便，賣質與人無禁，但令隨地輸租而已。凡桑棗，民戶以多植爲勤，少者必植其地十之三，明安穆昆戶少者必課種其地十之一，除枯補新，使之不缺。凡講射荒地者，以最下第五等減半定租，八年始徵之。作己業者，以第七等減半爲稅，七年始徵之。自首冒此鄰地者，輸官租三分之二。佃黃河退灘者，次年納租。海陵天德二年，定制：凡職田，畝取粟三斗、草一稱。倉場隨月俸支。正三品三十頃，從三品二十一頃，正四品十七頃，從四品十四頃，正五品十三頃，從五品七頃，正六品、從六品六頃，正七品、從七品五頃，正八品四頃，從八品三頃，正九品、從九品二頃。諸防刺以上，女眞、契丹司吏、譯史、通事，不問千里內外，公田三頃。諸親王受任朝官兼外官者，職田從職。金制二品而下無職田，三品而下在京者亦無職田。正隆元年，遣刑部尚書赫舍哩羅索等分行大興府、山東、眞定府，拘括荒閑牧地，及官民占射逃絕戶地，戍兵占佃官地，外路官本業外增置土田，及大興府、平州路僧尼、道士女冠等地，益以授所遷之明安穆昆戶，且令民請射，而官得其租也。世宗大定十一年正月，上謂宰臣曰：往歲，淸暑山西近路禾稼甚廣，殊無畜牧之地。因命五百里外乃得耕種。今聞民皆去之他所，甚可矜憫。其令依舊耕種。先是，十年禁侵耕圍場地。十七年，邢州男子趙迪簡言：隨路不附籍官田及河灘，皆爲豪強所占，而貧民土瘠稅重，乞遣官拘籍冒佃者，定立稅課，復量減人戶稅數，庶得輕重均平。詔付有司，將行而止。復以近都明安穆昆所給官地率皆薄瘠，豪民租佃官田歲久，往往冒爲己業，令拘籍之。又謂省臣曰：官地非民誰種，然女眞人戶自鄉土三四千里移來，盡得薄地，若不拘刷良田給之，久必貧乏，其遣官察之。時省臣言，官地所以人多蔽匿，由盜耕罪輕。乃更條約，立限令人自陳，過限則告者有賞。十九年，帝謂宰臣曰：亡遼時所撥與本朝地畝，民或指射爲無主地、租地及新開荒爲己業者可以拘括。其間播種歲久，若遽奪之，恐民失業。因詔括地官張九思戒之。復謂宰臣曰：朕聞括地事所行極不當，如皇后莊、太子務之類，止以名稱便爲官地，百姓所執憑驗一切不問。其相鄰冒占官地，復有幸免者。能使軍戶稍給，民不失業，乃朕之心也。二十年，以行幸道隘，詔沿路頓舍側近官地，勿租與民耕種。又詔山東路撥地一百四十頃，大定初又於中都路賜田百頃，命拘山東之地入官。又諭有司曰：白石門至野狐嶺，其間澱濼多爲民耕植者，而官民雜畜往來無牧放之所，可差官括元荒地及冒佃之數。二十一年，帝謂宰臣曰：山東、大名等路明安穆昆之民，往往驕縱，不親稼穡，盡令漢人蒔種取租。已禁買奴婢，委閱實戶數，計口給地，必令自耕，力不足者，方許佃於人。時言者謂：豪強之家多占奪田者。有一家一口至三十頃，以致小民無田可耕。因令占官地十頃以上者皆括籍入官，均賜貧民。又以山東路所括民田，已分給女眞屯田人戶，餘地還民。又尚書省奏山東所刷地數。上曰：此雖民地，然無明據，括爲官地亦無不可。黄河已移故道，梁山濼水退，民嘗恣意種之。後遣使安置屯田，民懼征租，逃者甚衆。因免征、赦罪，別以官地給之。二十二年，省臣張仲愈等謂：民初無得地之由，撫定後未嘗輸稅，妄通爲己業者，刷之。上謂太刻，但令明安穆昆人戶，隨宜分處，計其丁壯牛具，合得土田實數，給之。不足，則以前所刷地二萬餘頃補之。二十三年，奏明安穆昆戶墾田一百六十九萬三百八十頃有奇，牛具三萬四千七百七十一。在都宗室將軍司，墾田二千六百八十三頃七十六畝，牛具三百四。德呼勒、唐古二部，墾田萬六千二十四頃一十七畝，牛具五千六十六。二十七年，隨處官豪之家多侵占官地，轉與他人種佃，規取課利。命有司拘刷見數，以與貧難無地者，每丁授五十畝，庶不致失所，餘佃不盡者方許豪家驗丁租佃。二十九年，擬再立限，令貧民請佃官地，緣今已過期，計已數足，其占而有餘者，皆容告訴，恐滋姦弊。況續告漏遺地，敕旨已革，今限外告者宜卻之，止付元佃。兼平陽一路地狹人稠，官地當盡數拘籍，驗丁以給貧民。上曰：限外指告多佃官地者，卻之，當矣。如無主不願承佃，方許諸人告請。其平陽路宜計丁限田，如一家在丁己業止三十畝，則更許存所佃官地一頃二十畝，餘者拘籍給付貧民可也。又從言官請招他路流民，量給閒田，耕河南曠地。願作官地者，免稅八年，願爲己業者，免稅三年，並不許貿易。章宗明昌元年六月，以明安穆昆戶不務栽植桑果，令每十畝中栽一畝，仍下各路栽之。三年議行區種法。四年，敕令農田百畝以上，如瀕河易得水之地，須區種三十餘畝，多種者聽。無水之地則從民便。承安元年四月，初行區種法，男年十五以上六十以下有土田者丁種一畝，丁多者五畝止。二年二月，九路提刑馬百祿奏：地肥瘠不同，乞不限畝數。制可。泰和四年，令所在長官及按察司隨宜勸諭，亦竟不能行。是年定制，軍人所撥地止十里內自種，種數每丁四十畝，續進丁同此，餘者許令便宜租賃及兩和分種，違者錢業還主。時六路括地，其閒屯田軍戶多冒名增口，以請官地及包取民田，而民有空輸稅賦、虛抱物力者，應命於稅內每歲續核之。八年，戶部尚書高汝礪以舊制人戶請佃荒地者，納租之時，多巧避匿，由元限太遠，請佃之初無人保識。請自今請佃者可免三年，作己業者免一年，以鄰首保識，爲長制。宣宗貞祐三年，宰臣以既徙河北軍戶於河南，請以官田及牧地分界之，已爲民佃者處之。劉元規曰：括地之議，聞者無不駭愕。向者河北、山東已爲此舉，民之塋墓井竈悉爲軍有，若復行之，大失衆心。荒田不可耕，徒有得地之名，而無享利之實。縱得熟土，不能親耕，而復令民佃之，所得無幾，而使紛紛交病哉。遂罷之。時北方侵及河南，由是盡起諸路軍戶南來保守，軍糧無出。衆議益賦，或與軍田，二者不知所擇。汝礪言：河南官民地相半，又多全佃官地之家，一旦奪之，何以自活。如山東撥地時，腴地盡入勢家，瘠者乃付貧戶，無益於軍，而民有損。惟當倍益官租，以給軍食，復以係官荒田牧地量數與之，令其自耕爲便。從之。其後，軍戶日給不足，應授以荒官田及牧地可耕者，人三十畝。汝礪既總括荒田，旋又奏：頃畝之數甚少，軍戶復不能自耕，必以與人，取租數百里外，請罷給，但半給種半實直焉。四年，省院又議：軍戶願佃者計口給之。其餘僻遠不願者，宜准近制，係官荒地許軍民耕闢，亦未能遽減其種。遲以歲月，俟成倫次，漸可以省官廩耳。後及定擬，民有能開牧馬地及官荒地作熟田者，以半給之爲永業，半給軍戶。興定三年，尚書右丞侯摯言：河南軍民田總一百九十七萬頃，見耕種者九十六萬餘頃，合上中下，十一取之，歲得九百六十萬石，自可優給歲支，民不疲而軍用足。詔有司議行之。四年，伊喇布言：軍戶自徙於河南，尚未給田，移徙不常，貧者甚衆，請括諸屯處官田，人給三十畝，仍不移屯他所。宰臣議，先撥授之爲永業，俟有獲即罷其家種，從之。五年，京南行三司舒穆嚕斡魯言：京南、東、西三路，屯軍四十萬口，歲費種一百四十餘萬石，皆坐食民租。宜括逋戶舊耕田，南京一路舊墾田三十九萬八千餘頃，內官田民耕者九萬九千頃。饑民流離，猝難復業，不若分給軍戶人三十畝，使之自耕，或召人佃種，令省臣議，更不能行。

《續通典》卷三《食貨・田制下》 元世祖時，趙天麟上策曰：井田之法，六尺爲步，步百爲畝，畝百爲夫，夫三爲屋，屋三爲井。井方一里，凡九百畝，其中爲公田，八家皆私百畝，同養公田，井百爲成，成方十里，成百爲同，同方百里，同百爲畿，畿方千里。臣嘗計方千里之地，提封百萬井，山川城市等除百分提封之三十六外，定六十四萬井，爲私田五萬一千二百萬畝。其井中區，除宅居二十畝之餘，爲公田五千一百二十萬畝。又乘除粟稻等子粒之多寡，每畝歲只率一石五斗而計之，則私田子粒可得七萬六千八百萬石，公田子粒七千六百八十萬石。其鰥寡孤獨無告者，須先振惠焉。上下相睦，貧富相均，此隆周所以旁作穆穆迓衡，而孟子所以不憚區區告人也。自嬴秦變法之後，富者田連阡陌，而貧者無置錐之地。越至於今，迫於豪富官貴而不能復。聖朝東西南北，地境無窮，國家用費之資僅足，下民愁歎之聲未絕。且古者方千里之得公田，子粒七千六百八十萬石，今能得之乎。臣知其斷不能也。方今之務莫如興復井田，尚恐驟然騷動，宜限田以漸復之。望陛下一新田制，凡宗室王公之家，限田幾百頃；凡無族官民之家，限田幾十頃；凡限外退田者，賜其家長以空名告身。每田幾頃，官階一級，不使之居實職也。凡限田之外蔽欺田畝者，坐以重罪；凡限外之田有佃戶者，就令佃戶爲主；凡未嘗墾闢者，令無田之民占而闢之，且全免第一年租稅，次年減半，第三年依例科徵。凡占田不可過限，凡無田之民不欲占田者聽，凡以後有賣田者，買田亦不可過限也。私田既定，乃定公田，公田之法，凡九等：一品者二十頃，二品者十八頃，三品者十五頃，四品者十二頃，其以下俱以二頃爲差，至九品但二頃而已。庶乎民獲恆產，官足養廉，行之五十年之後，井田可以興復矣。至元三年，定隨路府州縣官員職田：上路達嚕噶齊一十六頃，總管同。同知八頃。治中六頃。府判五頃。下路達嚕噶齊一十四頃，總管同。同知七頃。府判五頃。散府達嚕噶齊一十頃，知府同。同知六頃。府判四頃。上州達嚕噶齊一十頃，州尹同。同知五頃。州判四頃。中州達嚕噶齊八頃，知州同。同知四頃。州判三頃。下州達嚕噶齊六頃，知州同。州判三頃。警巡院達嚕噶齊五頃，警使同。警副四頃。警判三頃。錄事司達嚕噶齊三頃，錄事同。錄判二頃。縣達嚕噶齊四頃，縣尹同。縣丞三頃。主簿二頃，縣尉、主簿兼尉並同。經歷四頃。又定按察司職田：各道按察使一十六頃。副使八頃。僉事六頃。七年，立司農司，頒農桑之制十四條，其最善者：縣邑所屬村疃，凡五十家立一社，擇高年曉農事者一人爲之長。增至百家者，別設長一員。不及五十家者，與近村合爲一社。地遠人稀，不能相合，各自爲社者聽。其合爲社者，仍擇數村之中，立社長官司長以教督農桑爲事。凡種田者，立牌橛於田側，書某社某人於其上，社長以時點視勸誡。不率教者，籍其姓名，以授提點官責之。其有不敬父兄及凶惡者，亦然。仍大書其所犯於門，俟其改過自新乃毀，如終歲不改，罰其代充本社夫役。社中有疾病凶喪之家不能耕種者，衆爲合力助之。一社之中災病多者，兩社助之。凡爲長者，復其身，郡縣官不得以社長與科差事。農桑之術，以旱暵爲先。凡河渠之利，委本處正官一員，以時濬治。或民力不足者，提舉河渠官相其輕重，官爲導之。地高水不能上者，命造水車。貧不能造者，官具材木給之。俟秋成之後，驗使水之家，俾均輸其直。田無水者鑿井，井深不能得水者，聽種區田。其有水田者，不必區種。仍以區田之法，散諸農民。種植之制，每丁歲種桑棗二十株。土性不宜者，聽種榆柳等，其數亦如之。種雜果者，每丁十株，皆以生成爲數，願多種者聽。其無地及有疾者不與。所在官司申報不實者，罪之。仍令各社布種苜蓿，以防饑年。凡荒閑之地，悉以付民，先給貧者，次及餘戶。每年十月，令州縣正官一員，巡視境內，設法除蝗。十二年，江陵行省廉希憲以宋引水扞敵，是以城闉之外，濟水彌望，因引還江流，遂得陸地數百萬畝，招諭富民，隨力耕種，約以三年後減半收租，貧民趨之，曾未期年，已成沃壤。二十一年，定江南行省及諸司職田比腹裏減半。上路達嚕噶齊八頃，總官同。同知四頃。治中三頃。府判二頃五十畝，下路達嚕噶齊七頃，總管同。同知三頃五十畝。府判二頃五十畝。經歷二頃。知事一頃，提控案牘同。散府達嚕噶齊六頃，知府同，同知三頃。府判二頃，提控案牘一頃。上州達嚕噶齊五頃，知州同。同知二頃，州判同。提控案牘一頃。中州達嚕噶齊四頃，知州同。同知二頃。州判一頃五十畝。上都目五十畝，下州達嚕噶齊三頃，知州同。同知二頃。州判一頃五十畝。上縣達嚕噶齊二頃，縣尹同。縣丞一頃五十畝。主簿一頃，縣尉同，中縣同上。無縣丞。下縣達嚕噶齊一頃五十畝，縣尹同。主簿兼尉一頃。錄事司達嚕噶齊一頃五十畝，錄事同。錄判一頃。司獄一頃，巡檢同。按察使八頃。副使四頃。僉事三頃。經歷二頃。知事一頃。運司官、運使八頃。同知四頃。運副三頃，運判同。經歷二頃。知事二頃，提控案牘同。鹽司官：鹽使二頃。鹽副二頃。鹽判一頃。各場正、同管勾各一頃。成宗大德二年，凡在官之地，許民佃種輸租。七年，浙省平章政事徹爾以松江塡淤，民不可稻，因導水入海，民得良田若干萬頃。武宗至大二年，苗好謙獻種蒔之法，其說分農民爲三等，上戶地一十畝，中戶五畝，下戶三畝或一畝，皆築垣牆圍之，以時收採桑椹，依法種植。武宗善而行之。三年，申命大司農總挈天下農政，修明勸課之令，除牧養之地，其餘聽民秋耕。秋耕者，掩陽氣於地中，蝗蝻遺種皆爲日所曝死。次年所種必盛於常禾也。仁宗延祐元年，平章章閭言：經理大事，世祖已嘗行之，但其間欺隱尚多，未能盡實。以熟田爲荒地者有之，懼差而析戶者有之，富民買貧民田而仍其舊名輸稅者亦有之。由是歲入不增，小民告病。若行經理之法，俾有田之家及各位下寺觀、學校、財賦等田，一切從實自首，庶幾稅人無隱，差徭亦均。於是遣官經理。然期限猝迫，富民黠吏，並緣爲奸，以無爲有，虛具於籍者，往往有之。明年，命河南自實田，自延祐五年爲始，每畝止科其半。按：河南省總計官民荒熟田一百一十八萬七百六十九頃。江浙省官民荒熟田九十九萬五千八十一頃。江西省官民荒熟田四十七萬四千六百九十三頃。英宗至治三年，張珪上疏曰：天下官田歲入，所以贍衛士，給戍卒。自至元三十一年以後，累朝以是田分賜諸王、公主、駙馬及百官、宦者、寺觀之屬，遂令中書酬直海漕，虛耗國儲。其受田之家，各任土著，姦吏贓官，催甲斗級，巧名多取；又且驅迫驛傳，徵求餼廩，折辱州縣，償補逋負，至倉之日，變鬻以歸。官司交忿，農民窘竄。臣等議：惟諸王、公主、駙馬、寺觀，如所與公主僧格勒及普安三寺之制，輸之公廩，計月直折支以鈔，令有司兼領輸之省部，給之大都；其所賜百官及宦者之田，悉拘還官，著爲令。時不能從。文宗天曆中，詔：諸路農民請佃荒田者，與免租賦三年，作已業者一年，自首冒佃，及諸佃黃河退灘地者，不在免例。順帝至正二年六月，命江浙撥賜僧道田還官，徵糧以備軍儲。四年六月，立松江等處稻田提領所。時賜托克托松江田故也。十三年正月，命烏蘭哈達、烏克遜良楨兼大司農卿，給司農分司印。西自西山，南至保定、河間，北至檀、順州，東至還民鎮，凡係官地及元管各處屯田，悉從司農分司立法佃種，合用工價、牛具、農器、穀種，召募農夫諸費，給鈔五百萬錠，以供其用。三月，以各衙門在官田地幷宗仁等衛屯田地土，並付司農分司播種。四月，以禮部所轄掌薪司幷地土給付司農分司。又詔取勘徐州、汝寧、南陽、鄧州等處荒田幷戶絕籍沒入官者。立司牧署，掌司農分司耕牛。又立玉田屯署。十四年二月，詔河南、淮南兩省並立義兵萬戶府，建清河大壽元忠國寺，以江浙廢寺田歸之。十六年三月，臺臣言：係官牧馬草地俱爲權豪所占，今後除規運總府見種外，餘盡取勘。令大司農召募耕墾，歲收租課，以資國用，從之。十九年三月，置大都督兵農司，仍置分司十道，專督屯糧，以博囉特穆爾領之。所在侵奪民田，不勝其擾。

明土田之制凡二等：曰官田，曰民田。初，官田皆宋、元時入官田地。厥後有還官田，沒官田，斷入官田，學田，皇莊，牧馬草場，城壖苜蓿地，牲地，園陵墳地，公占隙地，諸王、公主、勳戚、大臣、內監寺觀賜乞莊田，百官職田，邊臣養廉田，軍、民、商屯田，通謂之官田。其餘爲民田。太祖即位，遣使覈浙西田畝。又以中原田多荒蕪，命省臣議計民授田。令各處田土兵燹之後他人開墾成熟者，聽爲己業，業主已還，有司於附近荘田撥補。又令復業人民丁少而舊田多者，不得依前占獲，丁多而舊田少者，於附近荒田驗丁撥補。設司農司，開置河南、臨濠之田，驗其丁力，計畝給之，不得兼幷。北方近城，地多不治，召民耕，人給十五畝，蔬地二畝，免租三年，每年中書省奏天下墾田數。官給牛及農具者，乃收其租。凡民田五畝至十畝者，栽桑麻木緜各半畝，十畝以上倍之。民有犯法應籍沒者，田土令拘入官。洪武三年，徙蘇州、松江、嘉興、湖州、杭州民無業者田臨濠，給資糧牛種，復三年。五年，詔流民復業者，各就丁力耕種，毋以舊田爲限。十年，賜百官公田。勳臣、公侯、丞相以下莊田多者百頃。親王莊田千頃。又賜公侯暨武臣公田。又賜百官公田，以其租入充祿。指揮沒於陣者，皆賜公田。二十四年，給公侯歲祿，歸賜田於官。二十年，命國子生武淳等分行州縣，隨糧定區。區設糧長四人，量度田畝方圓，次以字號，悉書主名及田之丈尺，編類爲冊，狀如魚鱗，號曰魚鱗圖冊。先是詔天下編黃冊，以戶爲主，詳其舊管、新收、開除、實在之數爲四柱式。而魚鱗圖以土田爲主，諸原坂、墳衍、下隰、沃瘠、沙鹵之別畢具。魚鱗冊爲經，土田之訟質焉。黃冊爲緯，賦役之法定焉。凡質賣田土，備書稅糧科則，官爲籍記之，毋令產去稅存以爲民害。二十一年，徙澤潞民無業者墾河南北田，賜鈔，備農具。二十四年，令公侯大官以及民人，不問何處，惟犂到熟田，方許爲主。但是荒田俱係在官之數，若有餘力，聽其再開。其山場、水陸田地，亦照原撥賜則例爲主，不許過分占爲己有。又令山東概管農民務見丁著役、限定田畝，著令耕種，敢有荒蕪田地流移者，論如律。二十六年，覈天下土田，總八百五十萬七千六百二十三頃。凡田以近郭爲上地，迤遠爲中地、下地，五尺爲步，步二百四十爲畝，畝百爲頃。仍元里社之制，河北諸州縣土著者以社分里甲，遷民分屯之。地以屯分里甲，社民先占畝廣，屯民新占畝狹，故屯地謂之小畝，社地謂之廣畝。時又令開墾荒蕪官田，俱照民田起科。二十八年，詔河南山東桑棗及二十七年後新墾田毋徵稅。按：宣德間，墾荒田永不起科。及洿下斥鹵無糧者，皆覈入賦額，數溢於舊。有司乃以大畝當小畝以符舊額，有數畝當一畝者。步尺參差不一，人得以意贏縮，土地不均，未有如北方者，貴州田無頃畝尺籍，悉徵之土官。而諸處土田，日久頗淆亂，與黄册不符。成祖永樂元年，發流罪以下墾北京田。英宗正統三年，詔各處凡有人額納糧田地不堪耕種，另自開墾補數者，有司勘實，不許重復起科。五年，令北直隸府州縣將富豪軍民人等包耕田地，除原納糧田地外，其餘均撥貧民及衝塌田地人戶耕，照例起科。其貧民典當田宅年久，無錢取贖，及富豪軍民占種逃民田地，待復業之日，照舊斷還原主。十三年，令各處寺觀僧道，除洪武年間置買田土，其有續置者，悉令各州縣有司查照，散還於民。若廢弛寺觀遺下田莊，令各該府州縣踏勘，悉撥與招還無業及丁多田少之民。每戶男子二十畝，三丁以下者三十畝。若係官田，照依減輕則例，每畝改科正糧一斗。俱爲官田，如有戶絶，仍撥給貧民，不許私自典賣。英宗天順二年，敕：皇親、公、侯、伯、文武大臣不許強占官民田地，事發，坐以重罪。八年，時憲宗已即位。以順義縣安樂里板橋村太監曹吉祥抄沒田一處，撥爲宮中莊田。皇莊之田由此始。憲宗成化五年，彭韶疏言：奉命會勘眞定府土地。按：眞定在堯舜時爲冀州之域，其賦第一等，或雜出第二等。說者以爲如周官田一易再易之類。葢以其地，有間一歲一收者，有間二歲一收者，所以賦有不同，則是未嘗逐畝定賦，而一畝必兼數畝之地明矣。我太祖皇帝於洪武二十八年戶部官奉旨，百姓供給煩勞，已有年矣。山東、河南民人除額入田地照舊徵科，新開荒地不問多少，永不起科。有力者聽其自種。宣德六年，本部官又奏：北京八府供給尤多，欽蒙宣宗皇帝准令照例，是祖宗之心即堯舜之心也。以此，眞定所屬武強等縣新開地土向不起科，至天順二年，太監韓諒奏討武強縣踏勘，得無糧地五百一頃三十五畝，蒙英宗皇帝欽撥一百頃與韓諒外，有四百餘頃仍舊與民耕種，不曾科糧，是英宗皇帝之心即祖宗之心也。後因廣寧侯家人劉聰等累年攪擾，民閒方將前地并韓諒還官地減輕起科，誠出無奈。今指揮同知周彧等又奏：前地有司不能明白敷奏，再量出無糧地七十餘頃，葢其地間有多餘故也。然地雖間有，勢難盡量，臣等不敢欺蔽，請陳其實頃者，親詣本縣見其地。有高阜者，有低窪者，有平坦磽薄者，天時不同，地利亦異，且如亢旱，則低處得遇而高處全無，水潦則高處或可而低處不熟。沿河者流徙不常，鹹薄者數年一收，截長補短，取彼益此，必須數畝之地，僅得一畝之入，是以堯舜行錯法於前，我祖宗許開種於後，良爲此也。即今彼處人民追賠馬匹，起運糧草，砍柴人夫，京班皂隸等項，一年約有數班差役，以致丁丁皆授役之人，歲歲無空閒之日，所深賴者，顧戀地業，盡力耕種，以取給朝夕而已。今若一畝只量與一畝，餘皆奪爲閒地，則仰事俯育且無所資、其餘糧差何暇復計。臣知其非死則徙耳。自古立國，皆重根本，今眞定近在畿內，理宜加厚，此臣等所謂不可盡量者也。而戚里功臣之家，錦衣美食，與國咸休，但能存心忠厚，自然富貴兩全，奚待與民爭艱食之利哉，況聖朝卜世無疆，法當垂後，土地有限而求者務多，亦恐終不能有所應付也。伏望特憫其祖宗開墾艱難，其子孫衣食所托，量加寬恤，庶幾民間知有生生之樂。六年，從原傑奏。凡軍民有告訐不起科者不聽。又題准各王府及功臣之家賜田土，佃戶照原定則例，將該納子粒每畝徵銀三分，送赴本管州縣上納。令各該人員關領，不得自行收受。二十一年，令遼東地方軍人有開墾抛荒土地，不係屯田。分上、中、下三等起科。孝宗弘治二年，令順天等六府入官田地俱撥與附近無田小民耕種起科，每名不過三十畝。三年，禁宗室、勳戚奏請田土，及受人投獻實在田土總計四百二十三萬八千五十八頃，內官田五十九萬八千四百五十六頃，民田三百六十萬九千六百一頃。武宗正德十六年，差夏言：樊繼祖、張希尹等往順天等府查勘各頃莊田地土共二十萬九百一十九頃。又外係先年侵占民者，共二萬二百二十九頃，各給主。遂罷皇莊及官莊等。而宦戚輩復中撓之，帝命覈先年頃畝數以聞，改稱官地，不復名皇莊。又定，凡公主、國公莊田，世遠存什三。嘉靖三十九年遺御史奪隱冒莊田萬六千餘頃。穆宗復定世次遞減之限：勳臣五世限田二百頃，戚畹七百頃至七十頃有差。初世宗時，承天六莊二湖地八千三百餘頃，領以中官，又聽校舍兼并，增入百八十一頃，分爲十二莊。至是始領之有司，兼并者還民。宗室買田不輸役者沒官，皇親田俱令有司徵之。賜額有定，徵收有制，民害少衰。神宗賚予過侈。福王分封括河南、山東、湖廣田爲皇莊，至四萬頃。羣臣力爭，乃減半。王府官丈地徵稅，旁午於道。時復更定勳戚莊田世次遞減法，視舊制稍寬。其後應議減者，輒奉詔姑留，不能革也。是年，覈馬房地土頃畝，設立碓，開挑濠塹，呈部照驗。世宗嘉靖初，因給事中底蘊奏：正德以來，無籍之徒揑稱湖蕩等項無人之地，投獻勢要，奏建皇莊。命刑部尙書林俊查勘。俊疏言：竊查皇莊及皇親功臣各莊田所占各府州縣地，自正德十一年以前已有三百八十餘處，每處地土動計數千百頃。中間侵占混奪之弊，積襲已非一朝，爲厲之階，實起於姦人欲盡規地利以媚朝廷，究其流弊，則壞於勢家盡奪民產以肥私室。其在宮闈者，則中官禁卒，旁午肆出，而郡縣恣其騷擾。其在勳戚者,則豪奴悍僕,肆行威斷,而官府莫敢誰何。節經差官查勘,終於患害不除。蓋由私人貴戚,憑藉寵靈,猾少姦徒,盤據窟穴,是以積垢宿蠹,莫可爬梳,合勢朋計,動行沮撓,此實累朝弊政,至於先朝而極。畿輔軍民剝膚摧髓之害,莫有甚於此者也。茲者伏荷皇上至仁體物,軫念民窮,故因言官建議,亟蒙俞允之音。繼因該部執奏,特降諄切之旨,即將管莊人員盡數取回,復禁皇親功臣不許自行收受,厲階禍本一旦剗除,中外人心不勝歡慶。但先經該部具題,節行撫按衙門去後。續因差科道等官,止令前去會同本處巡按御史,而於巡撫衙門顧未之及。臣等愚昧,以爲鋤擊豪強,則於巡按之體爲切,至於檢覈田土,則於巡撫之職爲宜,必須彼此會同,方於事體穩便。且順天等八府,雖云近在畿甸,然地方遼闊,周延千里,故撫按付以四人分理。今皇莊並各項莊田所占之地幾遍八府,以正德十一年以前所有計之,無慮九萬餘頃。至於近年以來,歲增日益,踰鄉跨邑,無處無之。且先年祇因一二處奏辨告爭朝廷,差官亦不過一二處踏勘,尚有經年閱月,方得事竣。今舉列郡皇莊之多,百年積習之弊,一旦付臣等清理,是宜舉措之間,要必先有次第,訪得各該撫按官員見今巡歷,各在一方,相云隔遠,卒難期會。請查照該部原議先行,撫按衙門遵照先令即奉欽依事理,一面委官分頭親詣各處皇莊,逐一查出四至、段落,幷原額頃畝數目,及審有無侵占等弊,開具略節,聽候臣等領敕,親詣各該地方,備出告諭,嚴加督責,密行體訪。中間或權豪勢要,沮壞行事;或侵奪隱占,積久難明;或姦猾刁徒,乘機誆詐;或貪官枉法欺弊;或冗官玩法稽行,俱聽臣等會按施行。疏上,敕:順天等八府畿內重地,朝廷累有優恤禁例。近姦猾無稽之徒,妄以軍民田地指作空閑投獻,奏改皇莊,以致失業,朕深惻然。茲特命爾與山西道監察御史樊繼祖等會同撫按,親詣覈勘,給主召佃。凡有益國家,有利軍民者,悉聽會同議處施行。俊又疏曰:伏讀詔書內一款,京通二倉、水次倉,皇城各門、京城九門各房倉場、各皇莊,凡正德中額外增置者,內城司禮監照洪武初年例查奏取回。又禮科給事中底蘊奏:爲應詔查處皇莊事,奉旨該部查覆,本部依議,轉行查勘。既而兵部又稱:差管皇莊內臣官校數多移咨勘報,臣等益加駭愕。竊惟太祖以應天等處爲興王之地,特將夏稅不時全免。太宗建都北平,恪守成憲。列聖相承,益隆無替。正德以來,無籍之徒輒取畿內逋田投獻,近倖奏爲皇莊,況管莊內臣又憑城狐社鼠之勢而收租,官校即係設謀投獻之人,橫征巧取,莫敢誰何。而皇親、駙馬、功臣人等莊田,散布其間,乘機侵奪,往往有之。幸賴陛下聖明,入繼大統,即有前項裁革管莊內臣之詔,甚盛心矣。旬日之間,乃復許皇莊責令私人管理,不意惟新之初,有此厲民之漸,伏望陛下垂念畿輔根本,收回成命。又查勘事宜重大,必須差科道部屬假以事權,公同查勘,庶幾克濟。奉旨:姦猾之徒,侵奪民田,朕在藩邸,已知其弊。便寫敕遣官,查勘給主,管莊人員盡數撤回,務使積弊盡革。欽此。臣等遵敕,請以順天等府州縣,會同前巡撫順天等府地方都察院右副都御史李昆、今接管右副都御史孟春幷巡撫保定等府地方都察院右副都御史周季鳳、前巡撫直隸監察御史王琳、宋鉞、今接管監察御史郭楠,選官親詣各處,召集地隣里老等嚴加查勘。旋據順天等府經歷司以委官治中王槐等所查勘各州縣原額莊田,幷投獻侵占額外地土各頃畝數目,及取具業主召佃人戶,退認供給,領狀造冊,呈繳臣等,覆勘訖。竊臣等奉命以來,按行八府,閱歷三時,仰希明恩,俯詢民瘼,凡成化、弘治及正德年間皇莊及皇親、功臣莊田,凡屬姦民投獻勢要侵占者,盡數查出,給主召佃,還官歸民,一切遵旨施行。所據查勘,順天等府地方各項莊田地土計二十萬九百一十九頃二十八畝,退斷侵占過民地計二萬二百二十九頃二十八畝。閭閻歡忻,鼓舞歌頌。但臣等區區,尚有進於是者。臣聞古者四民,各有常職,而農者十居八九,故衣食足而民無困。洪惟我太祖立國之初,檢覈天下官、民田土,收種俱有定額,乃令山東、河南額外荒田,任民開墾,永不起科。至我宣宗皇帝,又令北直隸地方比聖祖山東、河南例,民間新開荒田,不問多寡,永不起科。至正統六年,則令北直隸開墾荒田,從輕起科,實於祖宗之法略有背戾。至景皇帝,尋亦追復洪武舊例,不許額外丈量起科。至今所當遵行。蓋緣北方地土,平夷廣衍,中間大半瀉鹵瘠薄之地,葭葦沮洳之場,且地形率多窪下,一遇驟雨即成渰沒,不必淫潦之久,輒有害稼之虞。祖宗有見於此,曲爲體恤,是以北人雖有水潦災傷,猶得隨處耕墾,不致坐窘衣食。夫何近年,權倖親暱之臣,妄聽姦民投獻,輒自違例奏討。由是公私莊田,踰鄉跨邑,小民恆產,歲剝月削,至於本等原額,徵糧養馬,產鹽入站之地,一例奪據,權勢橫行,何所控訴,產業既失,糧稅究存。徭役苦於並充,糧草困於重出,饑寒流轉,靡所底止,以致強者起爲盜賊,弱者轉死溝壑。其巧黠者,則或投充勢家莊頭、家人名目,資其勢力,轉擾良民;或匿入海戶、陵戶、勇士、校尉等籍，脫差徭以重困敦本之人。凡所以蹙民命竭民膏者，百孔千瘡，不能枚舉。臣等伏查各宮莊田，祖宗以來未之有也。惟天順八年，以順義縣安樂里板橋村太監吉祥抄沒地一處撥爲宮中莊田，其地原額一十頃一十三畝。初，吉祥占過軍地二十四頃八十七畝，共三十五頃立莊。今次查勘，又占過民田四十頃，見在共七十五頃。此則宮闈莊田之始。而數十年間，侵占之數過於原額已十倍也。舉此一處，其他可知。至成化年間，惟增寶坻縣王浦營莊田一處，原係會州衛草場，當時止增豐潤、新城、雄縣莊田三處。至弘治十八年十月，乃孝廟升遐之後，先帝踐阼之初，一月之間建立皇莊七處：曰大興縣十里鋪皇莊，曰大王莊皇莊，曰深溝兒皇莊，曰高密店皇莊，曰石婆營皇莊，曰六里屯皇莊，曰土城皇莊。自此之後，設立漸多，而皇莊之名始著。其在昌平州，則有蘇家口皇莊；在三河縣，則有白塔皇莊；在眞定府盜晉縣，則有鋪頭村皇莊、大劉村皇莊；在平陰縣，則有大灰窰皇莊；在新河縣，則有仙汪莊皇莊；在南宮縣，則有南莊村皇莊。此皆正德元年之新設也。又東安縣，則有南葛里皇莊；寶坻縣，則有李子沽皇莊；通州，則有神樹皇莊；武清縣，則有灰蝸口皇莊、王慶陀皇莊；靜海縣，則有四當口皇莊。此皆正德二年之所設也。至正德四年，則立大興縣、三里河皇莊二處。正德五年，則立六里屯皇莊一處。正德七年，則立武清縣尹兒灣、大直沽皇莊二處。正德八年則立昌平州樓子村皇莊，靜海縣衞河兩岸皇莊，青縣孫兒莊皇莊，保定府安州騸馬廟皇莊，淸苑縣閻莊社皇莊。正德九年，則又立安肅縣龍化社皇莊。數年之閒，設立皇莊如此之夥，共計占地三萬七千五百九十五頃四十六畝。皇莊既立，則有管理之太監，有奏帶之旗校，有跟隨之名下，每處動至三四十人。其初，管莊人員出入及裝運租稅並自備車輛夫馬，不干有司。正德以來，權姦用事，於是有符驗之請，關文之給，經過州縣有廩餼之供，有車輛之取，有夫馬之索。其分外生事，巧取財物。又有言不能盡者，及抵所轄莊田處所，擅作威福，肆行武斷，其甚不靖者，則起蓋房屋，駕控橋梁，擅立關隘，出給票帖，私刻關防。凡民閒撐駕舟車，放牧牛馬，採捕魚蝦螺蚌莞蒲之利，靡不括取。而相鄰地土，展轉移築封堆，包打界至，見畝徵銀。本土豪猾之民，投爲莊頭，撥置生事，幫助爲虐，多方括克，獲利不貲。輸宮闈者曾無十之一二，而私入囊槖者，蓋不啻什八九矣。以小民脂膏吮削無餘，丁壯逃竄，戶口消耗，里分減併，糧差愈難卒致。輦轂之下，生理寡遂；閭閻之間，貧苦刻骨。道路嗟怨，邑里蕭條，此弊不革，將見數十年後，人民離散，土地日蹙，盜賊蜂起，姦雄藉口，不知朝廷何以爲國，此可爲太息流涕者也。幸遇皇上，天縱仁智，入繼大統。曩在潛邸，已知其弊，即位之初，首下明詔，管莊人員盡數革回。乃者復採廷議，委臣等以查勘，前項地土草萊之人，始得披雲霧而覩靑天，脫水火而就袵席矣。臣等勘報文冊，將在京附郭大興縣地方各宮莊田，原不係占奪民田，不滿數十頃者，請一切改爲各宮新蠶廠、公桑園等項名額，以備宮中蠶事。其餘一應莊田，遠在各府州縣，動以千百頃計者，臣願陛下一切弛以利民。或勒歸戶部造入版籍，令民照舊輸納，以爲在官地土，不必更屬宮闈，如宮中常年供用不能頓缺，敢乞令戶部每歲進納上供銀兩若干，分進各宮以充支用，則光明正大，何必虛受莊田之名，而貽小民之害哉。至於皇親、功臣，欽賞莊田，查得洪武初年，公侯駙馬伯祿米皆給官田，令量原定官糧私租之數，依主佃分數收取。至洪武二十五年，皆給祿米，賜田還官。竊惟洪武初年，天下甫定，干戈之後，土地有餘，彼時受封者，又皆佐命元臣，比今之戚畹，恩澤封拜，萬萬不同。然而給祿之後，原賜土田急令還官，誠以土地乃農業所資，國家之本。夫古之有田祿者，各食其田之所出，以爲世祿。今既官給之祿，柰何又與之田，是重出且過制矣。然功臣之中，勛勞大者，至今仍有莊田不過數家，管業已定，侵占亦少。惟近年皇親侯伯，憑借寵暱，奏討無厭，害民奪業，甚失人心。今臣等仰遵敕旨退給，伏望陛下敕部，自功臣家外將累朝皇親侯伯受賜莊田，據臣等勘報文冊，通融數目多寡，定爲中制，量給養贍，其過多者，一切裁損，以還之官。臣等又查勘過各項田土數目，並是退給。侵牟開豁荒鹹覈實之數，比與先年妄報投獻奏討原數不同。乞敕部，一以新冊爲定，移出所給執照，以便徵收。其山東、河南奉例開墾之地，亦有姦猾之徒投獻王府，勢與畿甸之弊，大抵相類。請敕下：凡皇莊及各皇親莊田處分既訖，一併出榜，頒示天下，其有違例投獻奪至百頃以上者，處以極刑，則法重而民不敢犯，恩溥而民得安生矣。六年，令各處板荒、積荒、抛荒田地不拘本府、別府、軍民、匠竈，儘力耕墾，給與由帖，永遠管業。七年，題准今後應賞地土，隨品級定制。凡遠遺莊田，別其世之親疎，量爲裁革。至於戚畹開墾置買，不行報官納糧者，照功臣律例，一體追斷。八年，霍韜奉命修《會典》言：自洪武迄弘治百四十年，天下額田已減強半，而湖廣、河南、廣東失額尤多。非撥給於王府，則欺隱陷於猾民。廣東無藩府，非欺隱即委棄於寇賊矣。司國計者，可不究心。是時，桂萼、郭宏化、唐龍、簡霄先後疏請覈實田畝，而顧鼎臣請履畝丈量，丈量之議由此起。江西安福、河南裕州首行之，而法未詳具，人多疑憚。其後福建諸州縣，爲經、緯二冊，其法頗詳。然率以地爲主，田多者猶得上下其手。又令各撫按官查有荒廢土寺觀，無僧行住持及遺下田產無人管業者，照彼中時價召人承買，改名入冊，辦納糧差。又令陝西拋荒田土最多，州縣分爲三等：第一等，召募墾種，量免稅三年；第二等，許諸人承種，三年之後方納輕糧，每石照例減納五斗；第三等，召民自種，不徵稅糧。拋荒不及三分，有附近及本里、本甲、本戶人丁堪以均派帶種者，勸諭自相資借牛種，及貧無力者，官爲借給。責令開墾不必勘報。又令西安等府田土果係拋荒無人承種者，即召人耕種，官給牛具種子，不徵稅糧。若有水崩沙壓，不堪耕種者，即與除豁。九年，查順天六府所屬通州、大興等六十七州縣勳戚內臣寺觀莊田共四百一十九處，計地四萬四千一百二十五頃四畝。十一年，令薊州永平沿邊關營拋荒山場地畝係有糧原爲民業者，附近軍餘承佃，任納民糧，其冊籍不載。并原係附近官山、官地，撥給附近正軍耕種，量收輕稅，作爲屯田餘地。其建昌等營，裁革鎮守、守備、內臣遺下田土房屋，係占奪者，給還原主，當辦糧差。係官山、官地，分給貧軍耕種，量收稅價，以充各邊賞勞，修理公用。十三年，題准各處但有拋荒堪種之地，聽招流移小民或附近軍民耕種，照例免稅三年，官給牛具種子，不許科擾。如地主見其開種成熟，復業爭種者，許赴官告明，量撥三分之一給主，二分仍聽開荒之人承種，各照畝納糧。十年之上，方行均分。敢有恃強奪占者，官司問罪。又裁汰陝西鎮守太監其養廉地一百五十四頃，令原佃軍民承種，附入實徵冊。十四年，以通州曬米廠地四頃召佃，爲修理公廨之用。十五年，以陝西中護衛外地九頃，拋荒田二十五頃召佃，以備軍儲。二十一年，以總兵官東紅花等莊田三頃，革任太監所遺荒田二頃、副總兵遊擊將軍各一頃，皆軍餘開墾屯田，聽軍人佃種。至各邊將官能於邊外自開地者，任其開墾耕種，不在此例。二十二年，令陝西查勘朝邑縣地方，潼關以西，鳳翔以東。黃河退灘堪以耕種地二百九十一頃八十三畝，令居民照舊耕種，收入實徵冊，自本年爲始，每畝起科三升。二十四年，詔流民復業，與牛種。開墾閒田者，給復十年。二十九年，令凡公主、國公下莊田世遠者，以十分爲率，內儘一處，撥給三分，其餘七分，盡數追出還官，徵銀解部，以補官莊備邊之需。若爵級已革除，補足宮莊額數外，餘賸地畝照例徵銀解部濟邊。或量留五分給與的親承繼人員管業，以備護墳香火之用；其餘五分還官寺觀太監下自買營造。邱隴奏：免糧差地不及三頃者，容令照舊。若三頃之外，量免其養馬，均徭差役，每畝督辦，納子粒解部。穆宗隆慶元年，御史董堯封奏：查出蘇、松、常、鎮四府投詭田一百九十九萬五千四百七十畝，花分田三百三十一萬五千五百六十畝。因條上便宜事。一議丈量，二定糧冊，三均糧役，四明優免，五均平徭役，六裁供億，七申法守，八嚴責成。戶部覆丈量，均賦私兌，恐煩擾難行。優免雖有定例，但吳中起科甚重，若止論糧石，均爲不均，宜視田畝之數爲差，其餘悉如議。報可。二年，題准以後奏請莊田乞欽定數目撥給，其年遠勳戚行屯田御史，自封爵之日爲始，傳派五世，親服已盡者，止留莊田百頃，或支派已絕並爵級已革，盡數追奪還官。又題准元勳後裔傳派五世者，原議百頃之外，今再留一百頃，如係勳戚相半者，再留五十頃。神宗萬曆二年，召人墾種甘州荒地。俟六年，量徵。四年，詔鳳陽、淮安力舉營田。六年，張居正以田賦失額，小戶多存虛糧，致里甲賠累，從言官疏，詔令二直隸十三布政司府州縣通行丈量，限三年之內竣事。居正用開方法以徑圍乘除畸零截補，於是豪猾不得欺隱，里甲免賠累，而小民無虛糧。總計田七百一萬三千九百七十六頃，視弘治時贏三百萬頃。然居正尚綜核，頗以溢額爲功。有司爭改小弓以求田多，或掊克見田以充虛額。北直隸、湖廣、大同、宣府，遂先後按溢額田增賦。時詔江北諸府民年十五以上無田者，官給牛一頭，田五十畝，開墾三年後起科。又詔蘇州諸府開墾荒田。七年，覈兩畿、山東、陝西勳戚田。十一年，議陝西延寍二鎮丈出荒田不在屯田舊額內者，俱聽軍民隨便領種，永不起科。各邊但有屯餘荒地可墾者，視此。十九年，詔定戚臣莊田。二十六年正月，大學士沈一貫奏：山東一省六府，地廣民稀，宜令巡撫得自選廉幹官員，將該省荒蕪地土逐一查核頃畝的數，多方招致能耕之民。如江西、福建、浙江、山西及徽、寍等處，不問遠近，凡願入籍者，悉許報名，擇便官爲之正疆定界，置署安插，辨其衍沃原隰之宜，以生五穀六畜之利。其新籍之民，則爲之編戶排年，爲里爲甲，循阡履畝，勸耕勸織，禁絕苛暴，罷免追呼，止奢僭以養渲朴之性，興禮讓以厚親睦之俗。以錢穀爲市，使姦民無所覬覦，貪吏無所漁獵。或又聽其寄學應舉，量增解額，以作興之，聽其試武，私充吏役，納粟授官，以榮進之。毋籍爲兵，以駭其心；毋重其課，以竭其財。有恩造於新附，而無侵損於土著。務令相安相信，相生相養，既有餘力，又爲之淘濬溝渠。内接漕流以輕其軍馬負擔之力，使四方輻輳其閒，則商賈紛來，魚鹽四出，而其利益廣，不數年可稱天府。詔可。二十八年，詔查僧道廢絶山田，南直隸寺院，俱優免。

《清通典》卷一《食貨一》 定鼎之初，分遣御史循視土田，定正《賦役全書》，除前明之苛賦，禁墨吏之浮徵。履畝清量，徹田定賦。其有無主荒田，則募民墾種，視則升科，遺之錢鎛之資，授爲恆產之業，所以爲閭閻衣食計者，至詳且盡矣。至八旗王公、勛戚大臣，以至官員、兵丁均設立莊屯，俾羣策羣力之士，皆得世有田土，而奔走禦侮之材亦得保其家室，所以厚親親而酬勛庸者，又優且渥矣。若夫官田之名，見於《載師》，自漢唐至宋而其説始詳。明則又有皇莊，牧馬廠，地草場，牲地，園陵墳地，諸王、公主、勛戚、大臣、内監寺觀乞賜莊田，百官職田，邊臣養廉田，軍民商屯田，通爲官田。其時民田輸賦，官田輸租，官租浮於民賦，甚至買民田以爲官田，田不改舊而租加至數倍，此官田之爲民累也。我朝剷除故明宗室錄田，令與民田一例起科，其廢藩田產，號爲更名地者，皆給於民，而薄其徵斂。至於駐防官莊，悉新闢汙萊之地，游牧芻廠皆選擇閑曠之場。此外如藉田、聖賢後裔田、學田、文廟祠墓田、部寺公田，俱除其租息。一遇災荒，得與民田一例邀免。若屯田之政，原所以給兵餉而息轉輸也，今函夏寧謐，邊陲宴安，無事輓運之勞，故内地衞所屯田，止留爲漕運之用，其無運衞所，悉行裁革，併歸州縣，以益民田。至駐防官兵，雖授以屯地，然既列爲官莊，則不得專目爲屯政矣。惟是底定新疆版圖式廓二萬餘里，由巴里坤以至伊犁，前後墾闢無慮十餘萬頃，村堡臺站、城池倉廩以及溝渠水道佈種先後之宜，無不講求盡制。迄今駐劄官兵，招徠民衆，暨佃種回民之歌樂土而享盈寧者十餘萬戶，此屯政之善，誠從古所未聞者也。兹纂《通典》於田制列爲四等，首民田、次官莊、次駐防官莊及官田、次屯田，新疆屯田附。紀其始末，釐爲四卷，以彰昭代隆規，定典則而垂萬世焉。

清·鄂爾泰等《授時通考》卷一一《土宜》 田制上

《詩·小雅》信彼南山，維禹甸之。

箋： 禹治而丘甸之。六十四井爲甸，甸方八里，居一城之中。城方十里，出兵車一乘以爲賦法。《正義》曰： 禹甸之者，決除其災，使成平田，定貢賦於天子，是以治爲義也。

我疆我理，南東其畝。

大全長樂劉氏曰： 疆謂有夫、有畛、有塗、有道、有路以經界之也，理謂有遂、有溝、有洫、有澮、有川以疏導之也。又安成劉氏曰： 地之勢東南下，水勢皆趨之，故順其勢，以縱爲遂，以橫爲溝，而南其畝，東其畝也。

《詩·大雅》迺疆迺理，迺宣迺畝。

注： 疆謂畫其大界，理謂別其條理也。宣，布散而居也；畝，治其田疇也。

《穀梁傳》： 古者三百步爲里，名曰井田，井田者九百畝，公田居一。私田稼不善則非吏，公田稼不善則非民。

《禮記·王制》： 制農田百畝。

注： 農夫皆受田於公。疏： 王者制度，授農以田，是農夫受田於公也。

州二百一十國，其餘以爲附庸閒田；天子之縣内凡九十三國，其餘以祿士以爲閒。

疏： 畿外州建二百一十國之外，則閒田少，畿内立九十三國之外，閒田多者，以畿外諸侯有大功德，始有附庸，故閒田少，畿内每須頒賜，故閒田多。

田里不粥。

注： 皆受於公，民不得私也。

方一里者，爲田九百畝；方十里者，爲方一里者百，爲田九萬畝；方百里者，爲方十里者百，爲田九十億畝；方千里者，爲方百里者百，爲田九萬億畝。

方百里者，爲田九十億畝，山陵、林麓、川澤、溝瀆、城郭、宫室、塗巷，三分去一，其餘六十億畝。

諸侯之有功者，取於閒田以祿之；其有削地者，歸之閒田。

《周禮·地官·大司徒》： 不易之地家百晦，一易之地家二百晦，再易之地家三百晦。

注： 不易之地，歲種之地，美，故家百晦；一易之地，休一歲乃復種，地薄，故家二百畝；再易之地，休二歲乃復種，故家三百畝。

《小司徒》： 乃均土地以稽其人民，而周知其數。上地家七人，中地家六人，下地家五人。

注：　均，平也。周猶徧也。一家男女七人以上，則授之以上地，所養者衆也。男女五人以下，則授之以下地，所養者寡也。

又乃經土地，而井牧其田野。九夫爲井，四井爲邑，四邑爲丘，四丘爲甸，四甸爲縣，四縣爲都，以任地事。

疏：　匠人營溝洫於田，掌其經界，故云乃經土地。經謂爲之里數。在土地之中，立其里數，謂井方一里，邑方二里之等是也。而井牧其田野者，井方一里，兼言牧地，是次田，二牧當上地一井。授民田之時，上地不易，家百畝，中地一易，家二百畝，下地再易，家三百畝，通率三家受六夫之地，一家受二夫，與牧地同，故云井牧其田野也。删翼丘氏曰：　野外之田，不無美惡、肥磽之差，豈必盡如指掌之平、棊盤之畫哉。唯有井有牧，比析而行，乃是活法。易氏曰：　井則上地、中地、下地之殊，牧則不易、一易、再易之辨。王氏曰：　此法與《遂人》百夫洫、千夫澮、萬夫川相表裏。

又《載師》以宅田、士田、賈田任近郊之地，以官田、牛田、賞田、牧田任遠郊之地，以公邑之田任甸地，以家邑之田任稍地，以小都之田任縣地，以大都之田任畺地。

注：　鄭司農云民宅曰宅。宅田者，以備益多也。士田者，士大夫之子得而耕之田也。賈田者，吏爲縣官賣財與之田。官田者，公家之所耕田。牛田者，以養公家之牛。賞田者，賞賜之田。牧田者，牧六畜之田。《司馬法》曰：　王國百里爲郊，二百里爲州，三百里爲野，四百里爲縣，五百里爲都。杜子春云：　五十里爲近郊，百里爲遠郊。鄭玄謂：　宅田，致仕者所受田也。士讀爲仕，仕者亦受田，所謂圭田也。賈田，在市賈人其家所受之田也。官田，庶人在官者其家所受田也。牛田、牧田，畜牧者之家所受田也。公邑，謂六遂餘地，天子使大夫治之，自此以外皆然。二百里、三百里其上，大夫如州長，四百里、五百里其下，大夫如縣正，是以或謂二百里爲州，四百里爲縣云。家邑，大夫之采地，小都，卿之采地，大都，公之采地。畺五百里，王畿界也。然《圖書篇・載師》掌任地之法，有宅田、士田、賈田，有官田、牛田、賞田、牧田，有公邑之田，有小都、大都之田，且國有四民，農之受田無疑矣，惟工商之受田，初無明文，而二鄭之釋《周禮》則有異議，司農謂：　士田，士大夫之子得而耕之田也；　賈田，吏爲縣官賣財者與之田也。後鄭則引《漢・食貨志》之言，謂：　農民戶一人已受田，其家衆男爲餘夫，亦以口受田如比。士工商家受田，五口乃當農夫一人。據後鄭之意，則直謂賈田爲賈之家所受田也。予以爲不然。夫四民不相業，亦不相雜處，其來久矣。四民自農之外，惟士爲然，蓋使之耕且養也。果如後鄭之言，以賈爲商賈之賈，則工商一也，何《載師》獨載賈田而不言工田乎。夫先王之所重者農民也，所輕者末作也。不耕者出屋粟，宅不毛者出里布，莫非使農之爲優，而商賈不足事也。今使爲工者得以械器易粟，而復受田，則誰不爲工乎。使爲商者日中而市，交易而退，而復受田，則誰不爲商乎。然則《載師》無商田、工田之明文，而後鄭必爲之說，予以爲不知先王重本抑末之意。

又《遂人》：　辨野之土，上地、中地、下地，以頒田里。上地夫一廛，田百畮，萊五十畮，餘夫亦如之；　中地夫一廛，田百畮，萊百畮，餘夫亦如之；　下地夫一廛，田百畮，萊二百畮，餘夫亦如之。

注：　萊，謂休不耕者。六遂之民奇受一廛，雖上地猶有萊，皆所以饒遠也。《通考》馬端臨曰：　按周家授田之制，如《大司徒》、《遂人》之說，則是田肥者少授之，田瘠者多授之，如《小司徒》之說則口衆者授之肥田，口少者授之瘠田；　如《王制》、《孟子》之說，則一夫定以百畝爲率，而良農食多，惰農食少。三者不同。

又凡治野，夫間有遂，遂上有徑；　十夫有溝，溝上有畛；　百夫有洫，洫上有涂；　千夫有澮，澮上有道；　萬夫有川，川上有路，以達於畿。

注：　十夫二鄰之田，百夫一酇之田，千夫二鄙之田，萬夫四縣之田。遂、溝、洫、澮皆所以通水於川也。遂廣深各二尺，溝倍之，洫倍溝，澮廣二尋、深二仞。徑、畛、涂、道、路皆所以通車徒於國都也。徑容牛馬，畛容大車，涂容乘車一軌，道容二軌，路容三軌，都之野涂與環涂同可也。萬夫者，方三十三里少半里九而方一同，以南畝圖之，則遂從溝横，洫從澮横，九澮而川周其外焉。去山陵、林麓、川澤、溝瀆、城郭、宮室、涂巷三分之制，其餘如此，以至於畿，則中雖有都鄙，遂人盡主其地。《集說》葉氏曰：　《司徒》言井邑，《遂人》言溝洫，非鄉遂異制也，井邑定田畝多寡以出稅，故以四井、四邑言，溝洫定水道大小以興利，故以十夫、百夫言。《孟子》：　夏后氏五十而貢，殷人七十而助，周人百畝而徹。

注： 陳祥道曰： 夏商周之授田，其畝數不同。《禹貢》九州之地，或言土，或言作，或言乂，蓋禹平水土之後，有土見而未作，有作焉而未乂，是時人工未足以盡地力，故家五十畝而已。沿歷商周，則田浸闢，而法備矣，故商七十而助，周百畝而徹。《詩》曰： 信彼南山，維禹甸之。畇畇原隰，曾孫田之。我疆我理，南東其畝。則法略於夏，備於周，可知矣。

卿以下必有圭田，圭田五十畝，餘夫二十五畝。

注： 古者卿以下至於士，皆受圭田五十畝，所以供祭祀也。圭，潔也。井田之民，養公田者受百畝，圭田半之，故五十畝。餘夫者，一家一人受田，其餘老少尚有餘力者，受二十五畝，半於圭田也。

方里而井，井九百畝，其中爲公田，八家皆私百畝，同養公田。

注： 方里者，九百畝之地也。八家各私得百畝，公田八十畝，其餘二十畝以爲廬井、園圃，家二畝半也。【略】

《公羊傳注》： 聖人制井田之法，而口分之。一夫一婦受田百畝，以養父母妻子，五口爲一家，公田十畝，卽所謂什一而稅也，廬舍二畝半，凡爲田一頃十二畝半，八家而九頃，共爲一井，故曰井田。井田之義，一曰無泄地氣，二曰無費一家，三曰同風俗，四曰合巧拙，五曰通財貨。司空謹別田之高下、善惡分爲三品，上田一歲一墾，中田二歲一墾，下田三歲一墾，故三年一換主。選其耆老有高德者，名曰父老，其有辨護伉健者爲里正，皆受倍田。

《司馬法》： 六尺爲步，步百爲畝，畝百爲夫，夫三爲屋，屋三爲井，井十爲成，成十爲通，通十爲終，終十爲同。【略】

《管子》： 周岐山至於崢丘之西塞丘者，山邑之田也，周壽陵而東至少沙者，中田也。

《商子》： 地方百里者，山陵處什一，藪澤處什一，谿谷流水處什一，都邑谿道處什一，惡田處什一，良田處十四。

《呂氏春秋》： 上農后稷曰上田棄畝，下田棄甽，是以六尺之耜，所以成畝也，其墫八寸，所以成甽也。

《氾勝之書》： 湯有旱災，伊尹作爲區田，教民糞種。區田非必須良田也。諸山陵，近邑高危傾阪，及丘城上，皆可爲區田。區田不耕旁地，庶盡地力。凡區種，不先治地，便荒地爲之。以畝爲率，令一畝之地，長十八丈，廣四丈八尺。當橫分十八丈作十五町。町間分爲十四道，以通人行。道廣一尺五寸，町皆廣一尺五寸，長四丈八尺。尺直橫鑿，町作溝。溝一尺，深一尺，積穰於溝，間相去亦一尺。（嘗悉以一尺地積穰，不相受，今弘作二尺地以積穰。）上農夫： 區方深各六寸，間相去九寸。一畝三千七百區。一日作千區。區種粟二十粒，畝用種二升。秋收，區別三升粟，畝收百斛。中男夫： 區方九寸，深六寸，相去二尺。一畝千二十七區，用種一升，收粟五十一石。一日作三百區。下農夫： 區方九寸，深六寸，相去二尺，一畝五百六十七區。用種六升，收二十八石。一日作二百區。

《漢書・食貨志》： 武帝末年，以趙過爲搜粟都尉。過爲代田，一畝三甽，歲代處，故曰代田。古法也。后稷始甽田，以二耜爲耦，廣尺深尺曰甽，長終畝。一畝三甽，一夫三百甽，而播耕於三甽中。率十二夫爲田一井一屋，故畝五頃，用耦犂，二牛三人，一歲之收常過縵田畝一斛以上，善者倍之。過使教田太常、三輔，率多人者田日三十畝，少者十三畝，以故田多墾闢。過試以離宮卒田其宮壖地，課得穀皆多其旁田畝一斛以上。令命家田三輔公田。又教邊郡及居延城。是後邊城、河東、弘農、三輔、太常民皆便代田，用力少而得穀多。

《晉書・食貨志》： 武帝平吳之後，有司奏： 詔書王公以國爲家，京城當使有芻藁之田，今可限之。近郊田，大國十五頃，次國十頃，小國七頃。男子一人占田七十畝，女子三十畝。其外丁男課田五十畝，丁女二十畝，次丁男半之，女則不課。

《魏書・食貨志》： 太和九年，詔均給天下民田： 諸男夫十五以上，受露田四十畝，婦人二十畝，奴婢依良。丁牛一頭受田三十畝，限四牛。所受之田率倍之，三易之田再倍之，以供耕作及還受之盈縮。諸民年及課則受田，老免及身沒則還田，奴婢、牛隨有無以還受。諸桑田不在還受之限，但通入倍田分。於分雖盈，沒則還田，不得以充露田之數，不足者以露田充倍。諸初受田者，男夫一人給田二十畝，課蒔餘，種桑五十樹，棗五株，榆三根。非桑之土，夫給一畝，依法課蒔榆、棗，奴各依良。限三年種畢，不畢，奪其不畢之地。于桑、榆地分雜蒔餘果及多種桑榆者不禁。諸應還之田，不得種桑、榆、棗果，種者以違令論，地入還分。諸桑田皆爲世業，身終不還，恆從見口。有盈者，無受無還，不足者受種如法。盈者得賣其盈，不足者得買所不足。不得賣其分，亦不得買過所足。諸麻布之土，男夫及課，別給麻田十畝，婦人五畝，奴婢依良，皆從還受之法。諸有舉戶老小癃殘無受田者，年十一以上及癃者，各授以半夫田。年逾七十者，不還所受。寡婦守志者，雖免課亦授婦田。諸還受民田，恆以正月。若始受田而身亡及賣買奴婢、牛者，皆至明年正月乃得還受。諸土廣民稀之處，隨力所及，官借民種蒔。役有土居者，依法封授。諸地狹之處，有進丁受田而不樂遷者，則以其家桑田爲正田分，又不足不給倍田，又不足家內人別減分。無桑之鄉，准此爲法。樂遷者聽逐空荒，不限異州他郡，惟不聽避勞就逸。其地足之處，不得無故而移。諸民有新居者，三口給地一畝，以爲居室，奴婢五口給一畝。男女十五以上，因其地分，口課種菜五分畝之一。諸一人之分，正從正，倍從倍，不得隔越他畔。進丁受田者，恆從所近。若同時俱受，先貧後富。再倍之田，放此爲法。諸遠流配謫無子孫及戶絶者，墟宅、桑榆盡爲公田，以供授受。授受之次，給其所親，未給之間，亦借其所親。諸宰民之官，各隨地給公田：刺史十五頃，太守十頃，治中、別駕各八頃，縣令、郡丞六頃。更代相付。賣者坐如律。

《隋書・食貨志》：北齊武成帝河清三年，定令男率以十八受田，輸租調，二十充兵，六十免力役，六十六退田，免租調。京城四面諸坊之外，三十里內爲公田。受公田者，三縣代遷戶內執事官一品以下，逮於羽林、虎賁，各有差。其外畿郡，華人官第一品以下，羽林、虎賁以上，各有差。職事及百姓請墾田者，名爲永業田。奴婢受田者，親王止三百人，嗣王止二百人，第二品嗣王以下及庶姓王止一百五十人，正三品以上及皇宗止一百人，七品以上限止八十人，八品以下至庶人限止六十人。奴婢限外不給田者，皆不輸。其方百里外及州人，一夫受露田八十畝，婦四十畝，奴婢依良，人限數與在京百官同。丁牛一頭受田六十畝，限止四牛。又每丁給永業二十畝，爲桑田。其中種桑五十根，榆三根，棗五根，不在還受之限。非此田者，悉入還受之分。土不宜桑者，給麻田，如桑田法。

又開皇十二年，發使四出，均天下之田。狹鄉，每丁纔至二十畝，老少又少焉。

《唐書・食貨志》：度田以步，其濶一步，其長二百四十步爲畝，百畝爲頃。授田之制，丁及男年十八以上者，人一頃，其八十畝爲口分，二十畝爲永業，老及篤疾、廢疾者，人四十畝，寡妻妾三十畝，當戶者增二十畝，皆以二十畝爲永業，其餘爲口分。田多可以足其人者爲寬鄉，少者爲狹鄉。狹鄉授田，減寬鄉之半。其地有薄厚，歲一易者，倍授之。寬鄉三易者，不倍授。工商者，寬鄉減半，狹鄉不給。凡庶人徙鄉及貧無葬者，得賣世業田。自狹鄉而徙寬鄉者，得并賣口分田。已賣者，不復授。死者收之，以授無田者。凡收授皆以歲十月。授田先貧及有課役者。凡田，鄉有餘以給比鄉，縣有餘以給比縣，州有餘以給近州。

又永徽中，禁買賣口分、世業田。買者還地而罰之。

《宋史・食貨志》：農田之制，五代條章多闕，周世宗始遣使均括諸州民田。太祖卽位，循用其法，命官分詣諸道均田。課民種樹，定民籍爲五等，第一等種雜樹百，每等減二十爲差，梨棗半之；男女十歲以上種韭一畦，闊一步，長十步，乏井者，鄰伍爲鑿之。

又神宗患田賦不均，熙寧五年，重修定方田法，詔司農以《均稅條約并式》頒之天下。以東西南北各千步，當四十一頃六十六畝一百六十步，爲一方；歲以九月，縣委令、佐分地計量，隨陂原平澤而定其地，因赤淤黑壚而辨其色；方量畢，以地及色參定肥瘠而分五等，以定稅則；至明年三月畢，揭以示民，一季無訟，卽書戶帖，連莊帳付之，以爲地符。凡田方之角，立土爲峰，植其地之所宜木以封表之。有方帳，有莊帳，有甲帖，有戶帖，其分烟析產、典賣割移，官給契，縣置簿，皆以今所方之田爲正。先自京東路行之，諸路倣焉。每方差大甲頭二人，小甲頭三人，同集方戶，令各認步畝，方田官驗地色，更勒甲頭、方戶同定。元豐八年，帝知官吏擾民，詔罷之。天下之田，已方而見於籍者，至是二百四十八萬四千三百四十有九頃。【略】

《金史・食貨志》：量田以營造尺，五尺爲步，濶一步，長二百四十步爲畝，百畝爲頃。民田業各從其便，賣質與人無禁，但令隨地輸租而已。凡桑棗，民戶以多植爲勸，少者必植其地十之三，猛安謀克戶少者必課其地十之一，除枯補新，使之不闕。凡官地，猛安謀克及貧民請射者，寬鄉一丁百畝，狹鄉十畝，中男半之。請射荒地者，以最下第五等減半定租，八年始徵之。作己業者，以第七等減半爲稅，七年始徵之。自首冒比鄰地者，輸官租三分之二。佃黃河退灘者，次年納租。

又承安元年四月，初行區種法，男年十五以上、六十以下有土田者丁種一畝，丁多者五畝止。二年二月，九路提刑馬百祿奏：聖訓農民有地一頃者，區種一畝，五畝卽止。臣以爲地肥瘠不同，乞不限畝數。制可。

《元史・食貨志》： 田無水者鑿井，井深不能得水者，聽種區田，仍以區田之法，散諸農民。

《明史・食貨志》： 洪武二十年，命國子生武淳等分行州縣，量度田畝方圓，次以字號，悉書主名及田之丈尺，編類爲冊，狀如魚鱗，號曰魚鱗圖冊。以土田爲主，諸原坂、墳衍、下濕、沃瘠、沙鹵之別畢具。 凡質賣田土，則官爲籍記之，毋令產去稅存以爲民害。

又凡田，以近郭爲上地，迤遠爲中地、下地； 五尺爲步，步二百四十爲畝，畝百爲頃。

又神宗初，用大學士張居正議，天下田畝通行丈量，用開方法，以徑圍、乘除、畸零截補。

國朝《大清會典》： 本朝幅員廣遠，地利日興。 順治十八年，總計田土合五百四十九萬三千五百七十六頃有奇。 康熙二十四年，總計田土六百七萬八千四百三十頃有奇。 雍正二年，總計田土六百八十三萬七千九百一十四頃有奇。

國初，定低地種稻、高粱、稗子、穇穈，高阜種粟、穀。

國家任土作貢，以地畝之坍漲，定賦額之增減，或差員清理，或飭州縣官隨時丈量查報瀕江近海之區，定例十年一丈。

凡民地勘丈，概以二百四十步爲一畝。

國朝墾荒，助以牛種，寬其徵輸，或懸爵賞以勵招徠，或給投誠以資贍養，或遣部員以課耕穫，區畫周詳，務使野無曠土。

順治元年，題准： 圈撥地畝，按州縣大小定圈地多寡。 滿洲自聚一處，阡陌室廬，耕作牧放，互相友助，令旗民各安疆理。 查出無主地，與有主者對換，以期均便。 順治元年，議准： 州縣衛所荒地無主者，分給流民及官兵屯種，有主者官給牛、種，三年起科。

順治四年，又定嗣後民間田屋永停圈撥。

順治六年，定地方官廣加招徠各處逃民，不論原籍、別籍，編入保甲，開墾無主荒田，給以印信、執照，永准爲業。

順治十年，覆准： 直省州縣魚鱗老冊載有地畝坵段、坐落、田形、四至，其間有不清者，印官親自丈量。

順治十一年，覆准： 凡丈量州縣地用步弓，各旗莊屯地用繩。

順治十二年，定部鑄步尺分頒直省，使丈量時悉依新制。

康熙四十三年，天津附近荒棄地畝開墾一萬畝以爲水田，行令各省巡撫，將閩、粵、江南等處水耕之人出示招徠，計口授田，給與牛、種。

雍正元年，議准： 瀕江近海之區，定例十年清丈一次，恐未至十年有坍漲者，令該管官不時清查，坍者卽行豁免，漲者卽行陞科。

雍正二年，議准： 將內務府交出餘地及戶部所收官地制爲井田，挑選一百戶前往耕種，自十六歲以上、六十歲以下，各授田百畝。

雍正三年，於灤、薊、天津、文、霸、任、北、新、雄等處各設營田，專官管領。 有力之家率先遵奉者，以圩田多寡分別獎賞。 其官田數萬頃，分地遣官，會同地方官首先舉行，爲民倡率。 其浚疏圩岸以及瀦水、節水、引水、戽水之法，悉照成規，各因地畝形勢，次第興修。 或有民間廬舍有礙水道者，計畝均攤，通融撥抵，視本田畝數，加十之二三。 其河淀淤地已經成熟陞科，必須開挖者，將附近官田照數撥補。

清・鄂爾泰等《授時通考》卷一一《土宜》 田制下

董仲舒《乞限田章》： 秦用商鞅之法，改帝王之制，除井田，民得買賣，富者田連阡陌，貧者無立錐之地。 古井田法雖難卒行，宜少近古，限民名田，以贍不足，塞并兼之路。 李安世《請均田疏》： 臣聞量地畫野，經國大式，邑地相參，致治之本。 井稅之興，其來日久，田萊之數，制之以限。 蓋欲使土不曠功，民罔游力。 雄擅之家，不獨膏腴之美； 單陋之夫，亦有頃畝之分。 所以恤彼貧微，抑兹貪欲，同富約之不均，一齊民於編戶。 竊見州郡之民，或因年儉流移，棄賣田宅，漂居異鄉，事涉數世。 三長既立，始返舊墟，廬井荒毁，桑榆改植。 事已歷遠，易生假冒，強宗豪族，肆其侵凌，遠認魏晉之家，近引親舊之驗。 又年載稍久，鄉老所惑，羣証雖多，莫可取據。 各附親知，互有長短，兩證徒具，聽者猶疑，爭訟遷延，連紀不判。 良疇委而不開，柔桑枯而不採，僥倖之徒興，繁多之獄作。 欲令家豐儲積，人給資用，其可得乎。 愚謂今雖桑井難復，宜更均量，審其經術，令公藝有準，力業相稱。 細民獲資生之利，豪右靡餘地之盈。 則無私之澤，乃播均於兆庶，如阜如山，可有積於比戶矣。 又所爭之田，宜限年斷，事久難明，悉屬今主。 然後虛妄之民，絕望於覬覦，守分之士，永免於凌奪矣。

白居易《議井田阡陌》： 先王度土田之廣狹，畫爲夫井，量人戶之衆寡爲邑居，使地利足以食人，人力足以闢土，邑居足以處衆，人力足以安家，野無餘田以啓專利，邑無餘室以容游人，逃刑避役者往無所之，敗業遷居者來無所處，於是生業相因，食力相濟。三代之後，井田廢則游惰之路啓，阡陌作則兼并之門開，因循未遷，積習成弊。臣請斟酌時宜，參詳古制，大抵人稀土廣者，且修其阡陌，户繁鄉狹者，則復以井田，使都鄙漸有名家，夫漸有數夫。然則井邑兵田之地，衆寡相維，門閭族黨之居，有亡相保。相維則兼并者何所取，相保則游惰者何所容。如此，則財産豐足，賦役平均，市利歸於農，生業著於地矣。

蘇洵《論田制》：井田之制，九夫爲井，百井而方十里，萬井而方百里，百里之間爲澮者一，爲洫者百，爲溝者萬。既爲井田，又必兼爲溝洫。縱能盡得平原廣野而規畫於中，亦當驅天下之人，竭天下之糧，數百年專力於此，不治他事，而後可以天下之地盡爲井田，盡爲溝洫，亦已迂矣。夫井田不可爲，而其實便於今。誠有能爲近井田者而用之，亦可以蘇民矣。孔光、何武曰：吏民名田無過三十頃，期盡三年，而犯者没入官。夫三十頃，周民三十夫之田也。縱不能盡如周制，一人而兼三十夫之田，亦已過矣。期之三年，是又迫蹙平民使壞其業，非人情難用。吾欲少爲之限而不禁其田，已過吾限者，但使後之人不敢多占田以過吾限耳。要之數世，富者之子孫或不能保其地，而彼嘗已過吾限者散而入於他人矣。或者子孫出而分之，無幾矣。如此，則富民所占者少，而餘地多，餘地多，則貧民易取以爲業，不爲人所役屬，各食其地之全利。夫不用井田之制，而獲井田之利，雖周之井田，何以遠過於此。

畢仲游《議占田數》：有人則有田，有田則有分。田有瘠薄，人有衆寡。以人耕田，相其瘠薄、衆寡而分之，謂之分。分定而以名自占之，謂之名田。無甚難行者而至今不行，則其制未均，而恤之太甚故也。蓋周井田之法，一夫一婦受田百畝，餘二十五畝，以至工商士人受田亦各有等，而又分不易、一易、再易之差。以一夫一婦而受百畝，無主客之别，比今二百畝矣。以不易、一易、再易之相掩，而又有餘夫，則比今三百畝矣。什一而征，無他賦歛，而又歲用其力不過三日，則比今四百畝矣。而何武之制，自諸侯王及於吏民皆無過三十頃，以一諸侯王而財七八農夫，此所謂制未均者也。名田之議起於董仲舒，申於何武、師丹，至晉泰始限王公之田，以品爲差。而均田之制起於後魏，至唐開元亦嘗立法，而卒皆不行。夫名田之不行，非下之不行，乃上之不行也，非賤者不行，乃貴者不行也。在上而貴者，戴高位，食厚禄，官其子孫，賞賜狎至，雖田制未均，猶當行也。而何、師之議則革於丁、傅、董賢，晉魏則名存而實去，此所謂恤之太甚者也。今將議占田之數，則周官之書，漢魏、隋唐之制，有可行者，有不可行者。董仲舒以秦變井田，民得賣買，富者連阡陌，貧者無置錐之地，宜少近古，限民名田，以贍不足，塞兼并之路。其説雖正，而不聞其制度。何武之制太狹，今日之制太無限，宜約周官受田之數與唐世業、口分之法，叅其多少而用之，士大夫則因其品秩之高下與其族類之衆寡，無使貴者有餘，而貧者不足，要之仰足以事父母，俯足以畜妻子，旁可以及兄弟朋友，而不爲兼并則善矣。

林勳《本政書》：五尺爲步，而二百爲畝，畝二百爲頃，頃九爲井，井方一里，井十爲通，通十爲成，成方十里，成十爲終，終十爲同，同方百里。一同之地，提封萬井，實爲九萬頃，三分去二，爲城郭、市井、官府、道路、山林、川澤與夫磽角不毛之地，定其可耕與爲民居者三千四百井，實爲三萬六百頃。一頃之田，二夫耕之，夫田五十畝，餘夫亦如之。總二夫之田，則爲百畝，百畝之收，平歲爲米五十石，上熟之歲爲米百石，二夫以之養數口之家，蓋裕如矣。一頃之地百畝，十有六夫分之，夫宅五畝，總有十六夫之宅爲地八十畝，餘十畝以爲社學、場圃，一井之人共之，使之朝夕羣居，以教其子弟。然貧富不等，未易均齊，奪有餘以補不足，則貧駭矣。今宜立法，使一夫占田五十畝以上者爲良農，不足五十畝者爲次農，其無田而爲閑民與非工商在官而爲游惰末作者，皆驅之使隸農。良農一夫以五十畝爲正田，以其餘爲羡田，正田無敢廢業，必躬耕之，其有羡田之家，則無得買田，惟得賣田。至於次農，則無得賣田，而與隸農皆得買羡田，以足一夫之數而升爲良農。凡次農、隸農之未能買田者，皆使分耕良農之羡田，各如其夫之數，而歲入其租於良農。如其俗之故，非自能買田及業主自收其田，皆無得遷業。若良農之不願賣羡田者，宜悉俟其子孫之長而分之，官無苛奪以買其怨，稍須暇日，自合中制矣。

朱子《條奏經界狀》：竊見經界一事，最爲民間莫大之利。其紹興年中已推行處，至今圖籍尚存，田税可考，貧富得實，訴訟不繁。獨泉、漳、汀州不曾推行，小民業去産存，苦不勝言，而州縣坐失常賦，勢將何所底止。然而此法之行，其利在於官府、細民，而豪家大姓、猾吏奸民皆所不便，故向議輒爲浮言所阻，甚至以汀州盜賊藉口恐脅朝廷。不知往歲汀州屢次盜賊，正以不曾經界，貧民失業，更被追擾，無所告訴，是以輕於從亂。今者臣請且欲先行泉、漳二州，而次及於臨、汀，既免一州盜賊過計之憂，又慰兩郡貧民延頸之望，誠不可易之良策也。

一推行經界，最急之務在於推擇官吏。乞朝廷先令監司一員專主其事，使擇一郡守臣，汰其昏繆疲輭，力不任事者，而使察其屬。縣令或不能，則擇於其佐，又不能，則擇於他官，一州不足則取於一路，見任不足則取於得替待缺之中。皆委守臣踏逐申差，或權領縣事，或只以措置經界爲名，果得其人，則事克濟而民無擾矣。

一經界之法，打量一事最費功力，而紐折算計之法，又人所難曉。本州已差人於鄰近州縣已行經界去處，取會到紹興中施行事目，及募舊來曾經奉行諳曉算法之人，選擇官吏，將來可委者，日逐講究，聽候指揮。但紹興中戶部行下打量攢算格式印本，乞特詔戶部根檢謄録，點對行下。

一圖帳之法，始於一保，大則山川道路，小則人戶田宅，必要東西相連，南北相照，以至頃畝之濶狹，水土之高低，亦須當衆共定，各得其實。其十保合爲一都，則其圖帳但取山水之遞接與逐保之大界總數而已，不必更開人戶田宅也。其諸都合爲一縣，則其圖帳亦如保之於都而已，不必更爲諸保之別也。如此，則圖帳之費亦當少減。若朝廷矜三郡之民，不使更有煩費，莫若令役戶只作草圖、草帳，而官爲買紙、雇工以造正圖、正帳，實用若干錢物，許就本州所管兩司上供錢內截撥應副。如此，則大利可成，而民亦不至於甚病矣。又據龍巖縣尉劉璧申經界之行，惟里之正長，其役最爲煩重。疆理畎畝，分別土色，均攤賦稅，其在當時。動經再歲，出入阡陌，荒廢家務，固已不勝其勞，一有廣狹失度，肥磽失宜，輕重失當，則詞訟並興，而督責又隨至矣。彼皆鄉民，安知經界書算，必召募書人以代此役，而書人必胥吏之桀黠者，莫不乘時要求高價，執役之人急於期限，隨索則酬，而又簿書、圖帳所用紙張亦復不貲。竊謂經界之在今日不可不行，行之亦不患無成。若里正、里長、書人、紙札之費有以處之，則可舉行。若坐視其殫力耗財如囊日，恐非仁政之意也。竊詳此意與臣所奏略同，乞許施行。

一紹興經界打量既畢，隨畝均產，其產錢不許過鄉。此葢以算數太廣，難以均數，防其或有走弄失陷之弊也。若使諸鄉產錢租額素來均平，則此法善矣。若逐鄉已有輕重，人戶徒然攢算，不免有害多利少之歎。乞特許產錢過鄉，通縣均紐，庶幾百里之內輕重齊同，實爲利便。

一本州民間田有產田，有官田，有職田，有學田，有常平租課田，名色不一，而其所納稅租輕重亦各不同。年來產田之稅既已不均，而諸色之田散漫參錯，尤難檢計，奸民猾吏，並緣爲奸。今莫若將見在田土打量步畝，一概均產。每田一畝，隨九等高下定計產錢幾文，而總合一州諸色租稅錢米之數，以產錢爲母，別定等則，一例均敷。每產一文納米若干，銀若干，去州縣遠處遞減，令輕。卻以到官之數照元分數分隸，逐錢撥入諸色倉庫。除逐年二稅造簿之外，每遇辰、戌、丑、未之年，逐縣更令諸鄉各造一簿，今子、午、夘、酉年應辦大禮，寅、申、巳、亥年解發舉人，惟此四年州縣無事。開具本鄉所管田數、四至、步畝、等第，各注某人管業。有典賣，則云元係某人管業，某年典賣某人，現今管業卻於後項通結，逐一開具某人田若干畝，產錢若干，使其首尾照應。又造合縣都簿一扇，類聚諸簿通結，逐戶田若干畝，產錢若干文。其有田產散在諸鄉者，併就烟爨地分，開排總結，並隨秋科稅簿送州印押，下縣知佐通行收掌。人戶遇有交易，卽將契書及兩家砧基照鄉縣簿對行批鑿，則版圖一定，而民業有經矣。

一本州荒廢寺院田產頗多，目今並無僧行、住持，田土爲人侵占，將來打量之時無人騐對，亦恐別生姦弊。乞特降指揮，許令本州出榜召人實封請買，不惟一時田業有歸，民益有富，實亦免向後官司稅賦因循失陷，而又合於韓愈所謂人其人，廬其居之遺意。誠厚下足民，攘斥異教，不可失之機會也。

【略】

葉適《論田制》：先王之政，設田官以授天下之田，貧富強弱無以相過，使各有其田得以自耕，故天下無甚貧甚富之民。至成周時，其法極備。雖《周禮・地官》所載，其間不能無牽合牴牾處，要其大略，亦見周公授田之制，先治天下之田以爲井，井爲疆界，歲歲用人力修治之，溝、洫、畎、澮皆有定數。經界既定，人無緣得占田。後來井田不修，隄防浸失，至商鞅用秦，已不復有井田之舊。於是阡陌既開，天下之田卻簡直易見看耕得多少，惟恐人無力以耕之。故秦漢之際，有豪強兼幷之患，官不得治，而貧者不得不去而爲游手，轉而爲末業。終漢之世，以文景之恭儉愛民，武帝之修立法度，宣帝之勵精爲治，卻不知其本，但能下勸農之詔，輕減田租，以來天下之民； 如董仲舒、師丹雖建議欲限天下之田，其制度又與三代不合，當時但問墾田幾畝，全不知是誰田，又不知天下之民皆可以得田而耕之； 光武中興，亦只是問天下度田多少，當時以度田不實，長吏坐死者無數。至於漢亡，三國並立，未及富盛，而天下大亂。當時天下之田既不在官，然亦終不在民，以爲在官，則官無人收管，以爲在民，則又無簿籍券，但隨其力所能至而耕之。元魏稍立田制，北齊、後周皆相承授民田。其初亦未嘗無法度，但推行不到，其法度亦是空立。唐興，只因元魏、北齊制度而損益之，其度田之法，闊一步，長二百四十步爲畝，百畝爲頃，一夫受田一頃。周制乃是百步爲畝，唐卻二倍有餘，此制度與成周不合。八十畝爲口分，二十畝爲世業，是一家之田，口分須據下來人數，占田多少，周制八家皆私百畝。唐制，若子弟多，則占田愈多，此又與成周不合。所謂田多可以足其人者爲寬鄉，少者爲狹鄉。狹鄉之田減寬鄉之半，其地有厚薄，歲一易者倍授之寬鄉，三易者不倍授，工商者寬鄉減半，狹鄉不給，亦與周制不同。先王建國，只是有分土，無分民，但付人以百里之地，任其自治。唐既止用守令爲治，則分田之時，不當先論寬鄉、狹鄉，以土論，不當以人論。今卻寬鄉自得多，狹鄉自得少，自狹鄉徙寬鄉者，又得并賣永業、口分，而去成周之制，雖是授田與民，其間水旱凶荒，又賑貸救卹，可以不至匱乏。若唐但知受田而已，而既已自賣其田，便已無卹民之實矣。周制最不容民遷徙，惟有罪則徙之，唐卻容他遷徙，并得自賣所分之田。方授田之初，其制已不可久，又許之自賣，民始有契約、文書而得以私自賣易，故唐比前世，其法雖爲粗立，然先王之法，亦自此大壞矣。後世但知貞觀之治，執之以爲據，故公田始變爲私田，而田終不可改，蓋緣他立賣田之法，所以至此。田制既壞，至於今官私遂自各立境界，民有沒入官者則封固之，時或召賣，不容民自藉，所謂私田，官執其契券以各証其直。要知田制所以壞，乃自唐世使民得自賣其田始。前世雖不立法，其田不在官，亦不在民。唐世雖有公田之名，而有私田之實。其後兵革既起，征歛煩重，遂雜取於民，遠近異法，內外異制，民得自有其田而公賣之，天下紛紛相兼并，故不得不變而爲兩稅。要知其弊，實出於此。

《衛涇禁圍田奏》： 二浙地勢，高下相類，湖高於田，田又高於江海。水少則泄湖水以溉田，水多則泄田水，由江而入海。惟瀦泄兩得其便，故無水旱之憂，而皆膏腴之地。自紹興末年，因軍中侵奪瀕湖水蕩，工力易辦，創置堤埂，號爲壩田，民田已被其害。隆興、乾道之後，豪宗大姓相繼迭出，廣包強占，無歲無之。陂湖之利，日朘月削，三十年間，昔之曰江曰湖曰草蕩者，今皆田也。夫圍田者無非形勢之家，其語言氣力足以淩駕官府，而在位者重舉事而樂因循，上下相蒙，恬不知怪，而圍田之害深矣。議者又曰： 圍田既廣，則增租亦多，於邦計不爲無補。殊不思，緣江並湖民間良田何啻數千百頃，皆異時之無水旱者。圍田一興，修築塍岸，水所由出入之路頓至隔絕，稍覺旱乾則占據上游，獨擅溉灌之利，民田無從取水，水溢則順流疏缺，復以民田爲壑。圍田僥倖一稔，增租有幾？ 而當稅倍收之田，小有水旱，反爲荒土，常賦所損，可勝計哉。乞賜行下戶部，申嚴約束，斷自今以後，凡陂湖草蕩，並不許官民戶及寺觀請佃圍裹。

馬端臨《論井田》： 井田未易言也。古之帝王，分土而治，外而公、侯、伯、子、男，內而孤、卿、大夫，所至不過百里之地，皆世其土，子其人。於是取其田疇，而伍之經界，正井地，均穀祿，平貪夫，豪民不能肆力以違法制，污吏黠胥不能舞文以亂簿書。至春秋之世，列國不過數十，土地寖廣，然又爲世卿強大夫所裂，如魯則季氏之費，孟氏之成，晉則欒氏之曲沃、趙氏之晉陽，皆世有其地。又如邾、莒、滕、薛之類，小國寡民，法制易立。竊意當時有國者授其民以百畝之田，壯而畀，老而歸，不過如後世大富之家，以其祖父所世有之田授之佃客，程其勤惰以爲予奪，校其豐凶以爲收貸，其東阡西陌之利病，皆少壯所習聞，無俟考覈，而奸弊自無所容矣。降及戰國，大邦凡七，地廣人衆，考覈難施，故法制隳弛，而奸弊滋多也。秦人盡廢井田。漢既承秦，而卒不能復三代井田之制，何也。蓋守令之遷除，其歲月有限，而田土之還授，其奸弊無窮，雖慈祥如龔、黃、召、杜，精明如趙、張、三王，既不久於其政，豈能悉知其土地民俗之所宜，如周人授田之法乎。又論後魏行均田法。夾漈鄭氏言： 井田廢七百年，至後魏孝文始納李安世之言，行均田之法。然晉武帝時，男子一人止占田七十畝，女子三十畝，丁男課田五十畝，丁女二十畝，次丁男半之，女則不課，則亦非始於後魏也。但史不書其還授之法，無由考其詳耳。或謂井田之廢已久，驟行均田，奪有餘以予不足，必致煩擾以興怨讟，不知後魏何以能行。然觀其立法，所受者露田，諸桑田不在還授之限，意桑田必是人戶世業，是以栽植桑榆其上，而露田不栽樹。則似所授者皆荒閑無主之田，必諸遠流配讁無子孫及戶絶者，墟宅、桑榆盡爲公田，以相授受，則固非盡奪富者之田以予貧人也。又令有盈者不還，不足者受種如法；盈者得賣其盈，不足者得買所不足。不得賣其分，亦不得買過所不足。自令其從便買賣，以合均給之數，則又非强奪之以爲公田而授無田之人，與王莽所行異矣。

明胡翰《論井牧》：井田者，仁政之首也。井田不復，仁政不行，天下之民始敝之矣。其後二百三十有二年，而漢始有名田之議。又其後六百有三年，而元魏始有均田之法。名田者，占田也。占田有限，是富者不得過制也。其後師丹、孔光之徒因之，命民名田無過三十頃。議者因三十頃之田，周三十夫之地也，一夫占之過矣。故名田雖有古之遺意，不若均田之善。均其土田，審其經術，差露田，别世業，魏人賴之力業相稱，北齊、後周因而不變。隋又因之。唐有天下，遂定爲口分、永業之制。宋劉敞又以魏、齊、周、隋享國日淺，兵革不息，土曠人稀，其田足以給其衆，唐承平日久，丁口滋多，官無閒田給受，徒爲具文。不知隋唐之盛，丁口相若耳。開皇十二年，發使均天下之田，狹鄉一夫僅二十畝。隋之給受，何加於唐。唐雖承平日久，貞觀、開元之盛，其戶口猶不及隋，何至具文無實也。敞言過矣。但狹鄉民多而田不盈，永業田鬻而民不固，如陸贄所謂時敝者也。以余論之，古者步百爲畝，漢人益以二百四十爲畝，北齊又益之以三百六十爲畝。今所用者，漢畝步也，今之五十畝，古之百畝也。漢提封田萬萬頃，惟邑居、道路、山林、川澤不可墾，餘三千二百二十九萬頃皆可墾。元始初，遣司農勸課，定墾田八百二十七萬五百三十頃。是時，天下之民一千二百二十三萬三千戶，以田均之，計戶得田六十七畝，古之百四十畝也。家穫百四十畝，耕之未爲不給也。唐盛時，永徽民戶不過三百八十萬，至開元七百八十六萬，亦不漢過也。以天下之田給天下之民，徵之漢唐，則後世寧有不足之患乎。

崔銑《均田議》：田之不均，生自二豪。貴宦多賂，富室多財。近者有司立法均田，畫丘計畝，三品徵稅。惜其付之吏胥，高下任心，尤爲二豪扇搖而罷之。今宜倣古限田，先禁兼并，召集每丘田主，共辨肥瘠。高田宜潦，下田宜旱，互乘除之，然後定等分租。又出山澤，使貧者得業。如此十年，家可使給。

《大學衍義補》：按秦廢井田，開阡陌，已千餘年矣，決無可復之理。説者謂國初人寡之時可以爲之，然承平日久，生齒日繁，亦終歸於隳廢。不若隨時制宜，使合於人情，宜於土俗，而不失先王之意，政不必拘拘於古之遺制也。然則張載之言非歟，曰：載固言處之有術，其言隱而未發，不敢臆説也。

又按井田既廢之後，田不在官而在民，是以貧富不均。一時識治體者咸慨古法之善，而無可復之理，於是有限田之議、均田之制、口分世業之法。然皆議之而不果行，行之而不能久，何也。其爲法雖各有可取，然皆不免拂人情，而不宜於土俗，可暫而不可常也。必不得已創爲之制，必也因其已然之俗，而立爲未然之限。不追咎其既往，而限制其將來，可乎。臣請斷以一年爲限，如是今年正月以前，其民家所有之田雖多至百頃，官府亦不問，惟自今年正月以後，一丁惟許占田一頃，（餘數不許過五十畝。）於是以丁配田，因而定爲差役之法。丁多田少者，許買足其數；丁田相當者，不許再買，買者没入之；其丁少田多者，在未限之前不復追咎，自立限以後，惟許鬻賣，有增買者，并削其所有。（民家生子將成丁者，卽許豫買以俟其成。）以田一頃配人一丁，當一夫差役。其田多丁少之家，以田配丁，足數之外，以田二頃視人一丁，當一夫差役量，出雇役之錢；（富者出財。）田少丁多之家，以丁配田，足數之外，以人二丁視田一頃，當一夫差役量，應力役之征。（貧者出力。）若田多人少之處，每丁或餘三五十畝，或至一二頃，人多田少之處，每丁或至四五十畝、七八十畝，隨其多寡，盡其數以分配之。此外，又因而爲仕宦優免之法，因官品崇卑量爲優免，惟不配丁，納糧如故。其人已死，優及子孫，以寓世祿之意。（如京官三品以上免四頃，五品以上三頃，七品以上二頃，九品以上一頃，外官則遞減之，無田者准田免丁，惟不配丁，納糧如故。）名配丁田法，既不奪民所有，則有田，惟恐子孫不多，而無匿名不報者矣。不惟民有常產，無甚貧甚富之不均，而官之差役，亦有驗丁、驗糧之可據。行之數十年，官有限制，富者不復買田，興廢無常，富室不無鬻產，田直日賤，而民產日均。雖井田之制不可猝復，而兼并之患漸銷矣。

唐順之《答施武陵書》：方田一法，不難於量田，而最難於覈田，蓋田有肥瘠，難以一概論畝。須於未丈量之前，先覈一縣之田，定爲三等，必得其實，然後丈量，乃可用折算法。田畝如《周禮》一易之田家百畝，再易之田家二百畝，三易家三百畝，此爲定畝，起賦之準。嘗觀國初折畝定賦之法，腴鄉田必窄，瘠鄉田必寬，甚得古意。今兹不先核田便行丈量，則腴鄉之重則必減，瘠鄉之輕則必加，非均平之道也。量田之難，全在乎此。至於丈量法，其簡易者具之《九章算法》中，須自明此意，乃可使下人爲之，庶無弊也。

張楝《因事陳言疏》：丈量一事良法也，及其成也，不必以此而律彼，不必以一縣而律一省，不必以一省而律天下。或減尺丟弓，或斜量折算，此其弊在田畝，其罪在業戶；或以上作中，或以中作下，此其弊在田則，其罪在公正；或改畝除弓，或移三就五，或損此易彼，或那東補西，此其弊在田冊，其罪在書算。大約弊端，不外乎此三者。章潢《井田限田均田總論》：井田法至周始備，自李悝、商鞅出，而其法廢滅無存，誠爲萬世戎首。然秦漢迄今，英君誼辟與奇謀碩畫之臣莫之能變，卽有變者，或至紕戾無稽。豈秦法有加於三代聖人耶。議者謂戰國干戈之後，丘陵、城郭、墳壟、廬舍鞠爲茂草，卽有平原，亦半荆棘。漢去秦無幾，已不能比次而經紀之，顧處千載之下，而欲襲其業以授民，踵新莽之覆轍，亦迂矣。是井田之不能復也，勢也。無已又有限田、均田之說。董仲舒倡限田於元狩，而武帝不果行；師丹請限田於鴻嘉，而成帝不能用；乾興初，詔限公卿以下與衙前將吏田，而任事者以爲不便。夫井田既廢，富民業已肥殖，長子孫傳襲，擬於封國，而遽欲歲月間盡褫其所有，此亦非人情矣。是限田之不能行也，亦勢也。由周而來七百年，魏孝文納李安世之疏，均授民田，然不再傳而廢。又百二十年，而唐太宗定口分、世業之法，然行未久而報罷。又二百三十年，而周世宗詔行元稹均田圖法，然世族羣起而撓之。夫周制既遠，生齒錯出，民之遷徙靡定，田之給代無常，而履畝握算，官且不勝其蝨矣。是均田之不能久也，亦勢也。夫田不能井，又不能限，又不能均，均亦不能久，第建步立畝，括田均賦，此爲至策。其必量山澤之入，視莊屯之額，塞飛詭之竇，責無籍之戶，命所輸者與所入相當，取他羨，補崩決，償失額，無稼稅，匿逋者卽驗問。嘉與更始弛其罰無論，世世偏累疲癃之民歡然。若更生如此，則田不必井，而井之之法存；田不必均，而均之之法寓矣。【略】

董以寧《民屯議》：屯以兵，亦以民。明無所謂民屯也，徙無田之人耕曠土，則謂之屯，蓋兵戈旁午之地，曠土必多。丘濬又云：沿海閩地，築堤以攔鹹水之入，疏渠以通淡水之來，則田皆可成。何患無地哉。今降人雲集，既議置屋處之，又給以口糧，非長計也。固撥以地畝爲宜，但奪土著之田以給之，則病民，而理有所不可；或官買熟田以給，則官民皆病，而勢且有所不能；或以未墾之田計口授之，止供其衣食，恐將來成熟之後，欲其輸將無缺，等於民田，則必不給，而轉徙仍爲無定；若聽其不與輸將，等於賜田，則又姑息，而主客更覺偏枯。莫若因安插之時置屋，卽於有田之地，倣明初衛所舊制，多撥田若干畝，教人以耕之法，而又給以農具屯種，使次年以値還官，三年稅十之三，四年稅十之六，至五年而全徵其課額，則更爲酌量之全。拋荒之地原爲甌脫，而兹有墾闢之勞，當較里甲之輸稍減；以嘯聚之餘得頒田里，而又無城守之任，當較旗丁之納稍增；待及屯成，亦可於向時運糧派餉之地稍減。釐毫合龠，以甦其困矣。

清·福隆安等《八旗通志》卷六二《土田志》 昔者成周以穡事開基，自公劉徹田爲糧，著三單之美。古公疆理宣畝，自西徂東，以周於執事武王、周公本之爲體國經野之略。從古帝王之興，未有不敦崇本計者。欽惟我太祖高皇帝定八旗軍制，先令國人屯田曠土，設職官十有六，專司其事。太宗文皇帝嗣位之初，卽申嚴屯莊禁令，屢飭八旗備禦官劭農播穀，禁濫役妨農者。猗歟偉哉！創造之勤，與周家比烈。而規模宏遠，又遠過之。世祖章皇帝既大一統，籍近京州縣閒田，賜東來將士，遂畫定旗地。有民田錯互者，以官田易之，視所易近遠，免其稅有差。經界正矣，穀祿均矣。聖祖仁皇帝命展邊開墾，得膏腴地數百萬頃，由是八旗人士內有閒田可以資生，外有草地可以墾種，不假閭閻尺寸，而舊壤新畬咸得我所。世宗憲皇帝慮畿輔莊屯雜處，有司督察爲艱，特置八路官分司董率，導迎其善念，振作其怠心，睿慮益爲周摯。迨我皇上之御極也，念旗人生齒日繁，宜籌經遠，既給還入官之產，又查贖民典之田，且以公產租銀遞年普賞。其沙水荒鹻地畝，則必命大臣履勘，豁除賦租。凡所以爲旗人裕恆產、謀久長者，尤無微不至矣。臣竊惟周家世有哲王，而制作至元公而止。詎若我大清聖聖相繼，訏謨善政，次第舉行，卽土田爲萬幾之一端，迺經列祖之經營，宸衷之規畫，宏綱細目美備周詳如此！然則旗人食舊德，服先疇，含哺擊壤，其深思樂利所由來乎！謹博稽冊籍，採其有關地畝者，爲《土田志》。分八子目，曰《土田規制》，曰《給地數目》，曰《守陵人員地畝》，曰《直省駐防地畝》，曰《莹地》，曰《牧場》，曰《土田教令》，曰《土田蠲恤》。而各子目之下又有部分，以便尋檢焉。

清·劉錦藻《清朝續文獻通考》卷一《田賦一》 臣謹案：俞正燮曰：

步弓之數，著書者多不詳言。國朝順治十一年，定以二百四十步爲畝。《會典》云：丈量州縣地用步弓，旗莊屯田用繩。民間以二百四十步爲糧畝，其大制則縱黍營造尺，長五尺爲弓，方五尺爲步，畝積二百四十步，里長三百六十弓，頃爲百畝，頃積二萬四千步，畝爲十分，分積二十四步，此清丈田畝之略則也。第經理非人，黠者兔脫，愚者坐倍徵之苦矣。

馮桂芬《均賦稅議》曰：賦稅不均，由於經界不正，其來久矣。宋熙甯五年，重修定方田法，分五等定稅。明萬歷八年，度民田用開方法，以徑圍乘除截補。康熙十五年，命御史二員詣河南、山東，履畝清丈。山東明藩田以五百四十步爲畝，今照民地以二百四十步爲畝。乾隆十五年，申弓步盈縮之禁。部議：惟直隸、奉天遵部弓尺，並無參差；至山東、河南、山西、江西、福建、浙江、湖北、陝西等省，或以三尺二三寸、四尺五寸至七尺五寸爲一弓，或以二百六十弓、七百二十弓爲一畝；長蘆鹽場三尺八寸爲一弓，三百六十弓、六百弓、六百九十弓爲一畝；大名府以一千二百步爲一畝。若令各省均以部定之弓爲畝，倘大於各省舊用之弓，勢必田多缺額，小於舊用之弓，勢必須履畝加征，一時驟難更張，應毋庸議。嗣後有新漲、新墾之田，務遵部頒弓尺，不得仍用本處之弓，不特朝廷寬大之恩卓乎不可及，亦見當時部臣深明大體。有如此，惟是舊田新田截然爲二，終非同律度量衡之意也。惜當時不將各省田畝一切度以工部尺，而增減其賦以就之，不尤善之善者乎。今吳田一畝多不敷二百四十步，甚有七折、八折者。《林文忠公疏稿》所謂南方地畝狹於北方者此也。蓋自宋以來，所謂清丈者無非具文矣，皆由不知前議羅盤定向、四隅立柱之法，爲之範圍，有零數無部數，可分不可合，或盈或縮，甚或隱匿，百弊叢生，丈書泥於梯田闊狹折半之法，方田十畝，斜剖爲二，可成十一畝，餘可類推。又遇巉山，宜用圓錐求面術，亦丈書所未必知。《蘇州府志》載：吳縣辦清丈，久之以山多難丈中寢，可爲笑柄。故丈田亦必略知算術，不可專恃丈書。不能若網。在綱，必至治絲而棼。誠如前議繪圖之法而用之，然後明定畝數，北省有六畝爲一晌，四十二畝爲一繩等名目，亦應刪除。用顧氏炎武所議，以一縣之丈地，敷一縣之糧科，卽朱子通縣均紐，百里之內輕重齊同之法，按畝均收，仍遵康熙五十年永不加賦之諭旨，不得藉口田多，絲毫增額，如是則豪強無欺隱，良懦無賠累矣。

清・劉錦藻《清朝續文獻通考》卷二《田賦二》

道光二年，諭：帥承瀛奏《委員覆查南田封禁地方》一摺。浙江甯波、台州二府聯界之南田地方，自前明封禁至今四百餘年，無業游民藉採捕爲名，潛往私墾，見在十有八嶼，計墾戶二千四百有零，已墾田一萬六千七百餘畝。其始由豪強占踞，招人墾種，計畝收租，名曰老本，以致愈墾愈多。此等墾戶若概行驅逐，則實在無籍可歸之貧民必虞失所，恐致別滋事端，若任其占踞潛匿或更從，而影射招搖則紛至沓來，匪徒溷迹其中，無從辨別，人數愈衆，措置愈難。該撫見飭拏著名老本賴一富等二十名，嚴行究辦，並出示剴切曉諭，檄委甯波府督同該委員等前赴南田，復行逐嶼查勘該處戶口地畝，一俟得有確數，著即相機籌辦，務出萬全，會同趙慎畛妥議章程具奏，俾貧民不至流離失所，而匪徒亦不至匿迹其閒，方爲至善。【略】

三年，諭：孫玉庭等奏《清理宿遷縣駱馬湖官民灘地分別蓄草收租酌定章程》一摺。駱馬湖灘地畝，居民墾種，勢難復賦升科。該督等按現在承種業戶丈明頃畝，官給印照，分別地之高下，酌取租籽，計每年共可繳租錢二萬一千二百九十七千零。著照所議，卽自道光三年爲始，由該地方官造具花名畝數清冊，於麥熟後啓徵，勒限六箇月收清，繳貯河庫，撥充淮、徐兩府地方公用。該督等自此次奏定章程，務當覈實辦理，不准越占開墾，及私築圩岸有妨水道，違者坐罪。如該地方官有惰徵侵收，捏完作欠情弊察出，分別參處。其淮、徐兩府詳撥動用各項，尤當嚴加稽覈，毋許稍有浮冒，此外別不得援以爲例。該督等仍將動存實數，於年底奏報一次，免其逐案造銷。至另片奏稱，徐州鎮中、右兩營畜牧灘地，兵民雜處，易啓爭端，請於民草地內劃出七十頃，租價由縣徵解，該營覓租空地畜牧，毋庸劃給地畝。其占種駱馬官湖地畝之戶，分別上、中、下等差，從道光元年起，酌追花息充公。至河庫墊發勘丈員役銀兩及宿遷縣墊用銀兩，均於酌追花息內易銀歸補，俱著照所議行。【略】

又諭：趙慎畛等奏《請嚴禁民人私墾生番境內地畝》一摺。福建臺灣彰化縣所轄水裏、埔裏兩社，係在生番界內，向以堆築土牛爲限，民人樵採，例禁侵越，近年以來，該處生番因不諳耕作，將熟番招入開墾。據該督等查明，該熟番與漢民交契結姻者頗多，恐漢奸私入，混雜難稽，或因生番懦弱，逞強欺占，該生番野性未馴，必致爭鬭肇釁，釀成巨案，不可不嚴行飭禁。現在農事已畢，著卽飭令各社屯弁及通土等查明越入各熟番，概行召回，不准逗遛在内，以後亦不許再有潛往，如敢抗違，該廳縣等立卽會營拏究，並著於集集鋪、内木柵二處隘口設立專汛，卽飭北路協副將於彰化營内就近移撥弁兵，實力防堵，毋許番民擅自出入。鹿港同知彰化縣，每年分上下兩班，輪往巡查一次，仍按月取具。汛弁及屯弁、通土等切結，由廳縣加結通報，並責成臺灣鎮會同該道府嚴行查察，該弁兵如有疏懈徇縱情弊，卽行分別斥革治罪。倘該廳縣視爲具文，督查不力，亦卽據實參奏，交部議處。開墾一事，嗣後不必開端，永當禁止。【略】

二十四年，諭：戶部奏請將甘肅、新疆等處未墾地畝飭查試墾等語。西陲地面遼闊，隙地必多，果能將開墾事宜實心籌辦，當可以歲入之數供兵食之需，實爲經久有益。前據伊犂將軍布彥泰奏報，於塔什、圖畢等處開墾地畝疊著成效，洵屬忠誠爲國之舉，均經分別施恩。而烏嚕木齊於道光二十年間開墾地止二萬餘畝，其未墾之地，未據該都統奏明續辦。著布彥泰會同，惟勤體察情形，派員確勘，如有可墾之地，務須設法招徠，隨時奏明辦理。其伊犂已開地畝業經照例升科，此外及各城地方如有曠地可以招墾者，仍著該將軍等詳細飭查，一律奏辦。至甘省報明水衝沙壓案内尚有七千五百餘頃未經墾復，著富呢揚阿遴員確加履勘，遇有堪以墾復之處，卽將應復地畝隨時咨報，不得任聽該委員等畏難捏稟，阻隔不行。

又諭：前據戶部奏，各省未經報部各荒地，恐有私墾隱賦各情，當經降旨令該督撫等覈實查明具奏，並因甘肅水衝沙壓荒地未經墾復者七千五百餘頃之多，復令富呢揚阿委員確勘，將應復地畝隨時咨報辦理。茲據該督奏請，專辦招墾，立限升科等語。荒地既多，其開私種者或漏未升科，拋荒者或憚於墾復，若非特派大員親加周歷，廣爲勸諭，則委員捏飾，州縣遷延，種種弊端，終無實效。所有該省招墾事宜，著卽責成鄧廷楨專心妥辦；其藩司篆務，著楊以增暫行署理；甘肅臬司，著富呢揚阿派員接署。鄧廷楨曾經歷任封疆，此次又棄瑕録用，簡任藩司，必能激發天良，仰體朕意，實力講求。著於接奉諭旨後，親赴各屬，逐一勘明，將堪以墾復之處，設法招徠，一律報墾。其有未經報明，私行墾種者，均卽勒限照例升科。倘各州縣畏難苟安，藉詞阻撓，並著指名參奏。

又諭：布彥泰等奏《墾復荒地勘估興工》一摺。開墾地畝必先講求水利來源暢旺，則灌溉有資。見在惠遠城東阿齊烏蘇廢地，據該將軍親往周歷相度，可以墾復十萬餘畝，擬引哈什河之水以資貫注，將搭什鄂斯坦回莊舊有渠道展寬加深，卽接開新渠，引入阿齊烏蘇東界，並開段酌空支渠，俾新墾之田便於澆灌。所議均屬合宜，該將軍等卽飭承辦各員認眞妥辦。

又諭：前因阿克蘇、和闐等處辦理墾荒，酌給回戶承種，並據烏什辦事大臣奏請裁撤屯兵，節經諭令達洪阿親往查勘，會同布彥泰妥議具奏。茲據達洪阿奏，舊疾復發，驟難就痊，已明降諭旨，准其開缺，回籍調理矣。阿克蘇等城民回雜處，見在開墾荒地，若令回認種，究竟能否相安，及酌給回民承種，日後有無流弊之處，必須另行派員親歷，各該地體察情形，熟籌定議。伊犂前辦開墾事宜，經該將軍奏明，委林則徐查勘辦理尙爲妥協，著卽傳諭林則徐前赴阿克蘇、烏什、和闐周歷履勘，並著布彥泰選派明白曉事之協領一員隨同前往勘視，仍由該將軍察覈情形，斟酌議定，奏明辦理。再本日據常清奏，查出庫車可墾荒地，捐廉興工，請給無業回子承種等語，著一併交林則徐就近往勘，由該將軍覈明具奏，務期日久相安，毋啓爭占之弊。

二十五年，諭：前據布彥泰奏《勘明庫車開墾地畝》一摺，當交軍機大臣會同戶部議奏。茲據覈議具奏，著卽照所議辦理。因思回疆各城開墾荒地，朕意原以内地民人生齒日繁，每有前往各城營生謀食者，如能將此項荒地招致民戶承種，則地無曠土，境鮮游民，日久可成土著，俾得安所樂生，原非爲該處回戶另籌生計，所以初降旨時，有查明具奏之語，乃各城隨奏隨辦，皆係輯瑞作俑，以致共相效尤。現在庫車地畝，既據全慶等往勘，請給回子承種納糧，復經布彥泰覈奏，自係因地制宜。惟事當創始，不可不豫防流弊，著布彥泰等體察各處回情，如有勒派苦累情事，卽不可強以所難，稍存遷就。【略】

二十七年，諭：御史戴絅孫奏《直隸清查荒地請防擾累》一摺。荒田勸墾，本以下恤民艱，上籌國賦。其地界分錯之處，若專責之州縣申報，恐多不實不盡，不得不委員詳細履勘，惟恐該委員等於各縣鄉情向未身習，其地畝之熟荒難以臆斷，往往爭長見短，復濟以蠹役奸貪以無爲有，以熟代荒，既滋弊端，卽增擾累。直隸省現在辦理勸墾，亦不可不防其弊。著訥爾經額悉心籌度，倘該處牧令礙難憑信，不得已派委賢員前往分辦，斷不准令輕率喜事之員藉端擾害，至新墾之田應如何升科，亦著該督酌中定制，令輕重適宜，以杜流弊。

又諭：戶部奏《珠爾山閒荒地畝請照涼水泉舊案停止認種一律封禁》一摺。吉林一帶地方爲根本重地，官荒地畝不準開墾，例禁綦嚴。所有珠爾山閒荒地五萬三千餘晌，除見在招墾地二千六百二十六晌，既經查明各佃花費工本，姑准墾種交租外，實賸閒荒地五萬三千三百七十四晌，自應查照涼水泉地畝封禁原案，畫一辦理。著該將軍、副都統親往各該處通行查勘，此外尚有存賸閒荒地共若干萬晌，一律自本年爲始，各於扼要處所趕立封堆，永遠禁止，毋任彼此影射，稍涉含混，以致有名無實，並令各邊口嚴遏流民，毋許闌入。嗣後倘再有展越偷種情弊，除該地方官從嚴懲辦外，定將失察之將軍、副都統一併嚴行懲處。

三十年，諭：戶部奏吉林所轄伯都訥等處官荒地畝，申禁私墾等語。雙城堡、珠爾山、涼水泉、夾信溝四處閒荒地畝，前於道光二十七年，該部奏請封禁，奉旨責成該將軍、副都統及各協領等認眞查禁，並於年終查明有無私墾奏報一次，乃自奏定章程以後，惟二十八年曾經奏報，二十九年並未具奏，足見奉行不力，視爲具文。著吉林將軍固慶等欽遵前奉諭旨，實力查察，按年具奏，毋稍懈玩。至珠爾山荒地一萬九千七百九十二晌，見准撥給官兵承種，以資津貼。其餘存賸閒荒地畝，仍著該將軍等按照戶部所奏，明定畝數，隨時確查，毋令流民闌入，私行開墾，再滋流弊。

臣謹案：經典無晌字，始見於《篇海》。午也，北人以中午爲晌，以自晨至午爲一晌。今奉天等處田地不以畝計，而以晌計，一晌者，一人之力自晨至午所能耕者也，故又謂兩晌爲一天。每晌有當弓地六畝、十畝之不同，則又各地俗稱之别也。

咸豐二年，戶部議准：福建巡撫王懿德疏報，侯官、福安二縣開墾田二百畝有奇，噶瑪廳田園一千九百九十二甲，照例升科。從之。

又戶部議准：署雲南巡撫吳文鎔疏報安平同知所屬開墾民田三十四畝，照例升科。從之。

三年，諭：寄諭兩廣總督葉名琛、廣東巡撫柏貴，有人奏廣東濱海之區沙田數千萬頃多未升科，皆由辦理詳咨費用太多，人皆畏縮，若減價征收，計可得銀數百萬兩。該督撫等卽酌量妥速辦理，毋稍延緩。【略】

六年，諭：長庚奏《請試辦開墾海口淤灘》一摺。黃河海口兩岸淤灘均係曠土，可資耕種，該河督請設法招墾以裕經費，尚屬可行，著遴派妥員前往查勘所有該處附近民田蕩地，務須分清界址，毋許侵占，以杜流弊，俟試辦有效，再行酌議章程具奏。其豐北、蕭南二廳以下河灘隙地，亦著委員清查，一體酌辦。

又諭：御史錢以同奏《請嚴禁官吏賣荒》一摺。國家愛養黎元，凡值水旱偏災，無不立沛恩施蠲緩錢漕。地方官吏應如何秉公籌辦，以期實惠及民。若如該御史所奏，江蘇省蘇、松等屬州縣，每遇蠲緩之年，書吏輒向業戶索取錢文，始爲塡註荒歉，名爲賣荒，出錢者雖豐收，亦得緩徵，不出錢者雖荒歉，亦不獲查辦，甚至不肖州縣通同分肥，以致開徵時有抗欠鬧漕等事，玩法殃民，實堪痛恨。本年江蘇被擾地方，除業經降旨分別蠲緩外，其餘各屬尚在查勘。著怡良、趙德轍嚴禁前項情弊，如有書差人等仍敢賣荒舞弊，該州縣不加查禁，任令向應蠲應緩之戶需索註荒使費者，除將書差從重治罪外，並將該州縣嚴行參處。其業戶句通書吏，以熟作荒，蒙混射利者，一併嚴懲，以清漕弊而紓民困。【略】

又諭：御史吳焯奏黑龍江呼蘭城迤北、蒙古爾山地方有荒原百餘萬晌，平坦肥腴，毗連吉林境界，並非蓡貂禁地，亦與夷船經由之路無涉。咸豐四年，該處將軍曾派員查勘，出票招佃，嗣因俄夷下駛，事遂中止。並稱招佃時不收押租，按晌止收公用京錢數百文，開墾之初，山林木石聽民伐用，樵採漁獵一概不禁，以廣招徠，所得錢糧可充俸餉等語。呼蘭城地方僻遠，開墾事宜是否可行，如果有利可興，原應豫爲籌畫，以抵俸餉。

又諭：前因御史吳焯奏黑龍江呼蘭城迤北、蒙古爾山可以開墾，當降旨交奕山將有無窒礙情形，檢查從前原案，據實具奏。茲據該將軍派員前往踏勘，明確繪圖貼說，奏稱，自綽羅河起至通肯河止，覈計卡倫內外共有可墾地畝一百二十萬三千餘晌等語。蒙古爾山等處向係吉林採蓡捕珠之地，現據查明可開地畝既有一百二十萬餘晌之多，何以歷年經久並未查辦，從前或另有深意。該將軍請將吉林採蓡捕珠之地一併開墾，毋庸封禁，有無窒礙之處，著景淳會同奕山各派妥員，按照可墾地方再行詳晰查勘，悉心妥議，據實覆奏。

八年，諭：慶祺奏《請試墾棋槫廢林以充經費》一摺。盛京棋槫正林樹株繁盛，每年採取貢差足敷周轉，其廢林十二處，除已有樹株責令林頭、林丁照舊培養外，所有無樹閒荒三千六百餘畝，著照所請，分別等則，試墾三年，

自咸豐十一年起，按照等則一律徵租，作爲宮殿黏補之需，每年造冊咨報，總管內務府覈銷，其餘錢文作爲津貼丁力。【略】

又諭：景淳、麟瑞奏《請開荒濟用》一摺。據稱，吉林地方涼水泉南界、舒蘭迆北土門子一帶禁荒，約可墾地十萬晌，省西圍場邊約可墾地八萬餘晌，阿勒楚喀迆東蜚克圖站，約可墾地八萬餘晌，雙城堡賸存圈荒及恆產來界邊荒，可墾地四萬餘晌，均委員履勘，地屬平坦，別無違礙，見有佃民王永祥等認領，先交押租錢共二十餘萬串，於將來查辦邊界，一切船糧車駄經費可資備辦，請將前項各荒一律招墾，即以押租備給查界之費，餘則悉數解京，俟領種五年後，再將升科錢文接濟京餉等語。吉林荒地既可援案招墾，別無違礙，於經費不無裨益，即著按照所奏辦理，仍照舊章，先取押租，俟五年後升科。惟事屬經始，務須辦理妥協，並隨時嚴查以多報少情弊，其押租作爲查界經費外，餘賸錢文及以後升科錢文毋庸解京，即著據實奏報，抵充該省官兵俸餉，以省往來運解之煩。

馮桂芬《墾荒議》曰：凡墾三年以上荒田一畝，恆需百夫之力，夫價每日一二百文，計錢十數千。先大夫當乾隆中葉時，夫價每日不過錢數十文，國初祇三十五文，故其時開墾較易，厥後漸增，至今日幾及十倍矣。田貴之地畝值四五十千，荒田不足患也。吾吳田價畝數千，而出錢十數千以墾之，雖至愚者不爲，是永不能墾之道也。其患豈淺鮮哉。前閱西人書，有火輪機開墾之法，用力少而成功多。蕩平之後，務求而得之，更佐以龍尾車等器，而後荒田無不墾，熟田無不耕。居今日而論補救，殆非此不可矣。存吾說以待之。

清・劉錦藻《清朝續文獻通考》卷三《田賦三》 田賦之制

同治元年，諭：御史劉慶奏考覈州縣應以招集流亡，墾闢地畝爲要務，請飭該省督撫等，以此二事爲課績之本等語。軍興以來，被擾地方民多流徙，地半荒蕪，全賴牧民之吏加意撫綏，盡心招徠，庶幾田廬可復，戶口日增。嗣後，被擾省分於收復地方後，各州縣地方官有能招集流亡，開墾地畝，盡心民事者，即著該省督撫藩司隨時登之薦牘，以備擢用，務期有裨實政不得徒託空言以奠民生而飭吏治。

又允特普欽奏招墾黑龍江荒地。

又諭：寶鋆等奏遵查黑地升科，請旨辦理等語。前因太醫院醫生王慶連等在內務府呈稱，直隸各州縣、盛京等處無糧，黑地及八旗報效地十餘萬頃，請按額升科等語。當派寶鋆會同直隸總督、順天府府尹，督率各地方官詳查辦理。茲復據奏，王慶連帶同民人張達，呈報大興縣田家營等處民人吳自有等隱種黑地，經寶鋆等派令委員會同該縣查明，皆係有主之地，並非無糧地畝，質訊王慶連等，情詞閃爍，亦復不能指實，所遞查地章程內，如設立公所，頒發戳記等項，無非欲假以事權藉作威福，種種謬妄，斷難准行。王慶連於並不干己之事，輒敢擅收呈結，妄報黑地，實屬不安本分，著革去太醫院醫生，從九品職銜，繆特瑞隨同王慶連聯名呈報黑地，事多不實，著革去從九品職銜，均交該地方官嚴加管束，毋許出外招搖，以示懲儆。至黑地一項，直隸、奉天所在多有，或圈地旗產日久迷失，或山隅河洲新漲閒荒，愚民無知，相率耕種，若令紛紛查辦，轉恐擾累閭閻。戶部定例清查旗地章程，向有辦理升科明文，經此次奉旨之後，凡自種黑地業戶，旗人赴該管都統衙門呈報，民人赴該管州縣呈報，俱各查明段落四至，勘丈屬實，照例升科，由戶部頒給執照，准其永遠爲業，其從前盜種黑地之罪及地方官失察處分，均予寬免，從前花利並免追繳。若有挾嫌訛詐，妄報他人有糧之田，照律加等治罪。如一年以內不行自首，經他人告發到官審明，即治以盜種黑地之罪。各州縣黑地交課若干，按畝徵收，年清年款，不准絲毫拖欠，其勘辦升科地畝最多之州縣，准隨時奏請獎勵。【略】

二年，諭：御史陳嶲奏《直隸奉天未經報墾黑地請飭催查》一摺。據稱，直隸近畿一帶及奉天大小凌河等處呈報黑地者，俱有部文行查，至今除昌平州外，升科者甚屬寥寥，均由地方官吏徵收入己。且遇報地之人奉部行查，必多方勒索，令其認誣，甚或加以非刑等語。地方官徵收錢糧，絲毫皆應歸公，豈容任意隱匿。若如該御史所奏，竟有將呈報黑地私行徵收，延不具報升科，甚有將報地之人抑勒刑偪，令其認誣者，實屬可惡。著萬青藜、林壽圖、劉長佑，將順天、直隸所屬各州縣呈報之黑地確切查明，並著玉明、和潤、德春、恩合，於奉天、錦州所屬地方，一律清查其大小凌河等處已經報部之黑地，並著速行詳查，報明戶部存案，其漏未呈報者一併清查。

又諭：節據曾國藩、李鴻章等奏報克復松江府及太倉州地方，陳及該處百姓被賊殘虐，爲數百年來所未有，各廳州縣田畝拋荒，著名市鎮悉成焦土，雖窮鄉僻壤，亦復人煙寥落，連阡累陌，一片荆榛，居民間有孑遺顛連窮困之狀有不能殫述者。覽奏情形，曷勝憫惻，因思蘇、松、太三屬地方爲東南財賦之區，繁庶甲於天下，而賦額亦爲天下最重，比諸他省有多至一二十倍者，良田沿襲前代官田租額，且自宋明兩代籍沒諸田，皆據租籍收糧所致，嘉靖中又令各州縣盡括境內官田民田，分攤定額，蘇、松等屬田賦至比官田通額亦皆大有增加。我朝順治年閒，卽經明奉聖諭：以故明仇怨地方，加糧甚重，我朝何可踵行，飭由地方詳察具奏，嗣於雍正、乾隆年間，疊奉恩旨，以蘇、松浮糧施恩議減，將蘇州府額徵銀蠲免三十萬兩，松江府十五萬兩，又江省糧額浮多之處，加恩免徵銀二十萬兩，仰見我祖宗軫念民艱，至深且厚。國家承平百餘年來，海內殷富，江蘇自乾隆閒辦理全漕者數十年，固由民力之充，亦屬民心之厚。及道光年閒兩次大水以後，各州縣每歲荒歉，加恩蠲減遂成年例，嗣是每年徵收之數內，除官墊民欠，率得正額之七八成或四五六成不等，民力殆已難堪。及至粵逆竄陷該省，焚毀殺掠，民盡倒懸，幸自上年官軍克復太倉，見方飭令統兵大臣等進取蘇州，救吾民於水火。而各地方經賊荼毒，彫瘵至極，若不將各該府州屬數百年來浮糧積弊，仰體列聖深仁厚澤，大爲覈減，無論民力斷有不堪，卽使勉強減成輸納，何以慰如傷之隱，而施浩蕩之仁，且令官紳胥吏徒營中飽，尤爲弊之甚者，亟宜因此時會，痛加埽除。所有蘇州、松江、太倉三府州縣糧額，著兩江總督曾國藩、江蘇巡撫李鴻章，督飭司道設局，分別查明各州縣情形，折衷議減，總期與舊額本輕，毋庸議減之常州、鎭江二府，通融覈計，著爲定額。先自松、太創行，卽以此後開徵之年爲始，永遠遵行，不准再有墊完民欠名目，蘇州所屬，俟肅清後一體辦理。嗣後，非大水旱成災，實在荒歉者，並不准捏災請緩請蠲。至蘇、松漕弊，尤莫如大小戶等名目，紳戶把持州縣浮收，種種弊竇皆出其中，著卽永遠禁革。所有一切辦理章程及應行裁革之浮收陋規、包戶等積弊，均著該督撫悉心妥籌，詳細具奏，務期上紓國用，下恤民生，變通盡利，經久可行，用副朝廷恫瘝在抱，嘉惠斯民至意。

臣謹案：國初刊定《賦役全書》蘇州府田地九萬五千餘頃，科平米二百四十五萬，歲徵本色米、豆一百五萬餘石，折色銀一百二十七萬餘兩，松江府田地四萬一千餘頃，科平米一百二十一萬，歲徵本色米四十二萬餘石，折色銀六十三萬餘兩，視明已減，較之宋時尚多七倍，較之元時亦多三倍。幸賴列聖深仁厚澤，減賦額，蠲浮糧，東南之民鼓腹含哺，以至今日。然嘗聞蘇、松各屬其糧之重者，今尚畝徵一斗五六升不等，加以吏如蝗，紳如蠹，造列名目，恣意搜括，人人以爲財賦所出，而不計十室九空，偶遇偏災，恐民有不堪命者。天下大命繫於東南，至東南無可支拄，而大局危矣。

又諭：瑞麟奏《請開墾圍場閒地以資接濟並繪圖呈覽》一摺。熱河駐防旗兵所需俸餉，因庫款支絀，未能按月支放，衆兵時虞困乏，自係實在情形。所籌招佃展墾荒地以濟兵食，自屬可行，著照該都統所擬，將圍場四面邊界荒地八千餘頃展出開墾，其押荒升課章程，卽著妥議具奏。但事當創始，必須妥籌盡善，方可有利無弊，尤須不避嫌怨，認眞興辦。所有此項荒地，著招募家計殷實，素業稼穡之人具呈認墾，不准濫招無業游民，致滋流弊，尤須劃清界址，不准越墾，以息爭端，其與民地毗連者，並當禁止侵占，方可日久相安。紅椿以外，前墾兵租地畝，歷年較久，越墾成熟之地竟至數百頃之多，著勘定界限，安設卡倫，以杜侵越之弊。圖內所指伊親王地，係何項地畝，於此次開墾荒地有無妨礙，並著查明具奏。圖留覽，將此諭令知之。尋奏，遵查正黃旗西北邊界有怡親王荒地、草廠，與此次開墾並無妨礙，至所指伊親王，係前次傳聞之誤報聞。

又諭：恩合查奉天閒曠地畝，酌量開墾。

又諭：前因盛京東邊一帶曠閒山場，流民聚衆私墾，諭令玉明、恩合嚴密訪查，妥議具奏。茲據玉明奏稱，自東邊門外至渾江，東西寬百餘里至二三百里不等，南北斜長約一千餘里，多有墾田建房、栽蔘伐木等事，自混江至鬉江，東西寬數十里至三四百里不等，南北斜長約二千餘里，其閒各項營生與前略同，然人皆流徙，聚集甚衆，已有建廟演戲、立會團練、通傳轉牌等語。該處地方遼闊，山樹重深，匪民易於匿處，以致屯聚日多，且性情頑梗，罔知繩墨，其屯聚地方又多與朝鮮邊境毗連，所有防範事宜，均須詳愼妥協，不可稍涉大意，著該將軍隨時查看情形，總期於潛移默化之中，寓杜漸防微之意，以期周密而昭愼重。玉明身任將軍，於一切地方公事軍務，總當力求整頓，加意激勸。【略】

又諭：戶部奏《查辦黑地請嚴定章程申明賞罰》一摺。黑地一項，直隸、奉天所在多有。前於咸豐十一年閒，經寶鋆等會同直隸總督、順天府府尹查出昌平州地四百四十餘頃，試辦升科，並奏准飭令直隸總督、盛京將軍、順天、奉天各府尹一體辦理。乃兩載以來，各州縣具報寥寥，皆由該地方官畏難苟安，於旗圈迷失地畝及山隅河洲，不能詳稽檔案，親歷查勘，以致愚民觀望隱匿，奸吏從中訛索，扶同欺隱，弊竇滋多，甚至無賴棍徒在京外各處假充委員，查辦黑地，恐嚇得贓，地方官不加詳察，任其肆行無忌，擾累鄉愚，而於應查之地，轉多置之不辦，亟應嚴定章程，以除積弊。嗣後，直隸、盛京、順天、奉天等處，遇有查辦黑地之委員，著該將軍、總督、府尹等飭令地方官詳細盤查，如無戶部先期咨會及隨身劄付，卽屬棍徒詐冒，立卽按名嚴拏押解，奏明究辦。

馮桂芬：擬歸併科則片再蘇松各屬田畝科則繁猥，頭緒紛如，蘇州府崑山縣五十九則，元和縣五十三則，長洲縣五十二則，松江府雖不過四五則，卻於各則內又分每若干畝準一畝，多至數等，故華亭縣亦五十六則，其中有數畝、一畝或數分獨占一則者，萬無此田必應完此糧，不可增不可減之理，徒滋書吏影射飛灑之弊。乘此恩准減賦，整頓漕務之時，擬將各種積弊一概芟除，此亦積弊一大端，應請酌量歸併。查各縣惟崇明南匯止六則，吳江震澤止九則，可援照辦理，總以至多不得逾《禹貢》九等之數爲限，惟五六十則併爲九則，現與減賦並行，不能無小有窒礙之處，擬先將舊若干則相近者并爲一則，以舊若干則應徵米石通攤得數爲新一則，未減之數，然後以減分派入爲新一則，已減之數，其餘八則皆然，仍悉心核算，務令各田但有多減有少減，而無不減，使與減賦毫無窒礙，方足以溥皇仁而昭平允。【略】

又諭：戶部奏《吉林請開圍荒宜防流弊並歷年報墾尚未升科地畝及欠交租項請飭查追》一摺。吉林圍場，原爲長養牲畜，以備狩獵之用，設堆置卡，封禁甚嚴，乃該處游民借開荒之名，偷越禁地，私獵藏牲，斬伐樹木，迨林木牲畜旣盡，又復竄而之他，有招佃之虛名，無徵租之實效，數百年封禁之地利，遂至蕩然無存。卽如景綸前於咸豐十一年奏稱，尚有圍場二十一處，而此次富明阿奏稱，該處南北十七八里，東西八十餘里，皆無樹木藏牲。其爲游佃偷越，已可概見。此次該將軍辦理開墾事宜，自當嚴防流弊，卽著親往履勘，嚴定界限，毋任委員弊混，並將新墾各地，造具畝數四至、佃戶花名清冊，以及如何挪移卡倫，添設封堆，暨布置員弁，逐處巡查各事宜，詳細妥籌，迅行覆奏，以杜弊端。其前任將軍景綸奏請開墾夾信溝、涼水泉荒地二十五萬餘晌，見有佃認領徵租者十三萬晌零，未報升科地尚有十二萬晌，續墾之土門子並省西圍場阿勒楚喀等處地畝，共三十萬晌，應交押荒、地捐兩項錢文共一百二萬餘串，除交過錢六十二萬餘串，尚有未交錢四十萬串。其交過押租地畝旣有佃戶認領，何以僅將雙城堡佃戶認領地三萬三千一百六十晌零，造具花名清冊，而其餘十四萬八千二百餘晌遲延不報，至此外未交押租地十一萬餘晌，何以數年之久並不招人承領，著富明阿確切查明，將土門子等處已交押租之佃戶，造具清冊，迅速送部，並追出歷年地租錢文，以充兵餉。其餘土門子等處未交押租，並夾信溝、涼水泉未報升科地畝，卽著詳細履勘，予限一年，招佃認領，按晌升科，毋再延宕。倘查有已墾未報及認多報少情弊，著從嚴參辦，以昭覈實。

又蘇廷魁奏請開墾乾河灘地，諭李鶴年、丁寶楨會籌以聞。【略】

又諭：蘇廷魁奏《乾河灘地開墾升科請飭河南山東查明辦理》一摺。據稱，蘭儀以下乾河淤成平陸，兩岸灘地不少，經前任河督遵照戶部所議，劄飭該道會辦開墾，惟地畝旣多，勘查不易，非會同地方官經理，未免呼應不靈，請令河南、山東巡撫查辦等語。開墾地畝事關糧則，自應酌辦升科，第經招種之後，其業在民，異日河歸故道，則乾地復變爲河，小民有失業之虞，此時固不可任其荒廢，亦不可不曲體民情，應如何督飭地方官辦理之處，著李鶴年、丁寶楨彼此熟籌，日後如有窒礙情形，並著據實具奏，蘇廷魁亦當與該撫等悉心籌商，庶於國計民生兩有裨益。【略】

又諭：都興阿奏《查勘邊荒辦理情形》一摺。奉天靉陽門至鳳凰門一帶邊荒，經都興阿等派員分段查勘九十一處，因大雨時行路多阻隔，擬將未經查勘地方，俟秋後再行查勘。雖係實在情形，惟未查地畝尚多，若不趕緊辦理，任聽該委員等藉詞延宕，將來大雪封山，更難剋期辦竣，著都興阿、額勒、和布、恩錫嚴飭該委員等，屆時迅速出邊，將未查地畝一律勘竣造冊，報部覈辦，不准再事遷延。

又諭：都興阿等奏《查勘邊地情形》一摺。據稱，鳳、靉二門邊地，經該將軍等於本年十月間委員前往查勘，接連春季所丈地界，向東北一帶查辦，續查出坐落多處，已墾熟地十四萬餘畝，見值天寒雪凍，難以查丈，各委員暫行回省，請俟來歲春融，再行接辦等語。鳳、靉邊地亟應趕緊勘定，豈可年復一年，耽延時日，著都興阿、額勒、和布、德春於明春雪消時，飭催該委員等趕緊出邊，迅將鳳、靉二邊切實通查完竣，並將春間查丈後被水衝淹地畝，一併迅速查勘詳報，不准稍事延宕。

十一年，諭：戶部奏試辦昌平州黑地升科，請派員查辦，並涿州民人史長春等呈請補領執照，應一併查勘等語。著派陳孚恩、寶鋆會同張祥河、董醇認眞查辦，以昭覈實。其自咸豐四年以後，順天、直隸所屬州縣，辦過升科地畝一千數百頃，歷年課銀，是否該州縣按額徵收，並未專案報部，著直隸總督、順天府府尹立限半年，將前次欠解銀兩之各該州縣，詳細查明，嚴行追繳，掃數解部，如有侵蝕情弊，即據實參奏。

又諭：都興阿等奏《查勘邊地情形》一摺。據稱，查明鹼廠門外已墾熟地十二萬五千餘畝，俟北二邊地段查勘完畢，再行報部起科。邊外河岸山廠，關繫捕魚採蜜，地方游民耕種多年，未便封禁，若於河渠山、嚴溝甸閒荒處所，從權採辦，於貢物、山場兩無窒礙等語。邊外地方現當夏苗盛長，未能全行丈量，著都興阿等督飭委員，俟秋成後，續行勘丈，妥籌辦理。

又諭：都興阿等奏，旺清門外、渾江迤西地段，經都興阿等督飭協領崇善等前往查勘，西自邊柵，東至渾江，南接前查地段，北至哈爾敏河口、二密等處，共查出坐落六十九處，已墾熟地十萬三千一百餘畝，現已查勘完竣。至渾江迤東一帶，據奏地極寬廣，游民強悍，一時礙難查辦，自係實在情形，即著照所請，俟三五年後，再行查勘。

清·劉錦藻《清朝續文獻通考》卷四《田賦四》 田賦之制

二十二年，陝西巡撫張汝梅奏《清查荒田情形》略稱：兵後大祲，百姓流亡殆盡，地曠人稀，未能盡闢者一；通省土產雜糧居多，北山一帶夏寒霜早，穡事多不可靠，即平川地面，水土稍佳，然人少工貴，即使豐收，而穀賤得不償失，未能盡闢者二；農民擇地而耕，非有可靠之利，孰肯株守，墾荒工費不支，熟後穀價太廉，偶遇偏災，即棄而他往，不特客民多無室家，去留無定，即土屬亦旋墾旋廢，作輟靡常，未能盡闢者三。而州縣一經招墾，限滿升科，即應歸入額數並計，徵不足額，則處分綦嚴，田無人種，則追呼乏術，現雖不敢不認眞查報，而皆惴惴焉以將來之考成爲懼，此情實有可原，不得不加體恤。伏思催科政拙，州縣之責難寬，而因時制宜，經權所當並用，與其拘守例章，使懷疑懼，莫若寬以期限，俾得展舒。擬請將自首及新墾各戶分別於首報，及墾限屆滿之日起，應定升科錢糧予限三年，作爲另案徵解，不入額數考核，限內墾戶逃亡，熟地復荒，免其議處，一俟限滿即將升科，未荒之地照例歸入額數，則各牧令可以放手辦理，必能日起有功，從此額賦永增，似覺公私交益。

清·劉錦藻《清朝續文獻通考》卷五《田賦五》 田賦之制

宣統元年，東三省總督徐世昌等奏：【略】本年奏陳屯墾一摺，亦聲明沿邊招墾辦法，蓋捌辦兵屯，籌款維艱，開地有限，自應另行遣員招民，以爲兼營並進之舉。現在審量沿邊情勢，非改收經費以廣招徠，恐民戶無由遠致，非另定獎章以示鼓勵，恐員司不易激揚。此外，如減路費以利遄行，嚴限制以杜包攬，選良農以愼安插，速升科以促墾種，暨其餘亟宜變通各節，均經詳細酌核，務期切實可行。將來新設治地方，所有荒務即責成各該地方官兼辦，不另設局，以省糜費，謹擬《江省沿邊招民墾荒章程》五章共二十四條呈覽，懇飭各該省督撫遵照辦理，其派往各省招待員司一切經費，擬由本省各荒段賸存經費項下開支，如有不敷，飭司由正款動用，按年報部列銷，均下部議。又農工商部覆奏：招民墾荒各節，爲興利實邊起見，應准如擬辦理。興、璦、呼三屬地處極邊，轄境遼闊，非切實招徠，不足以招致內地居民。廣關沿邊墾務，應即一併照准。其荒價經費以及升科各節，度支部查墾荒應收押租，並隨收一五經費，東三省歷辦成案皆然，惟湯旺河荒地，以勘放久無成效，疊經變通辦理，每晌只收經費錢四百文，不收押租，曾據黑龍江將軍奏准有案。今興、璦、呼三城沿邊招墾，四千餘里，道遠費艱，未能先事勘丈，經費尚難預計。若無論瘠壤腴田，一概不收荒價，只收經費，似亦未爲平允，礙難率行照准。將來是否三城同時並舉，抑或分段次第開放，應隨時派員履勘，確得情形，示以區別。其每晌所收經費，能否足敷總分各局之用，亦當核實豫計，應令該督撫等通盤籌畫，奏咨辦理，臣部再行核覆。又招待處經費，准由該省各荒段賸存經費項下開支，如有不敷，即以新收經費彌補，不得另動正款。至升科限以三年，係爲勤求耕種起見，自應照准。其獎勵一節，吏部查該省荒價經費各節，度支部尚未照准，獎勵章程，臣部礙難遽行核議，應俟該督撫按照度支部所議，通盤籌畫，詳定辦法，由度支部核覆後，臣部再行分別異常、尋常，給予獎勵。【略】

又東三省總督錫良、奉天巡撫程德全奏《東流山荒援案折放》略稱：查辦理墾務，丈放荒熟，各地向應按畝交價升科，本無所謂折扣，惟山荒之地，土性磽薄，不能不酌量折扣，以示體恤，然亦祇可租予通融，斷不能折去過半，以致浮多過於正額。乃從前丈放東流圍荒，在事人員往往句串領戶，任意折扣，竟有折至一二扣者，未免漫無限制，此次奏明清丈，概不折扣，係爲力矯前弊起見，而各該墾戶等終以山荒與平荒不同，且前次所領丈照上有註明折扣字樣，凡遇丈出浮多山荒，率皆不肯交價，紛紛來省呈訴。臣等平情酌核，初次之折扣丈放，漫無限制，固屬無此辦法，而此次清丈不問是否山荒，一概不准折扣，亦究非體恤民艱之道，自應酌中辦理，以期上下交益。查從前清丈西流圍荒，以山荒撥補正段，係按三七折放，此次擬援照前案，將東流山荒亦按三七折扣，每十畝作七畝交價，如原領十畝折爲一扣者，再交六畝地價，原領二扣者，再交五畝地價，原領三、四、五、六扣者，以次遞推，原領七、八、九扣者，免再交價。其在此次重定章程以前，業經交價之浮多地畝，未曾折扣，不免向隅，擬請寬予期限，八年升科，以昭平允，未經交價之地，既按三七折扣，其升科年限，應仍照定章辦理。

又奏《援案變通招墾蒙荒酌擬試辦章程》略稱：奉省前放札薩克圖王旗蒙荒案內，賸有坐落靖安縣未放沙城餘荒一萬九千三百七十餘晌，按一五折扣計，實荒二千九百餘晌，經前將軍增祺飭交該管之靖安縣經理招放，截至本年，據報僅放出荒地一千三百餘晌，尚有實荒一千六百餘晌無人承領。前據該縣請將此項未放荒地免收地價，招墾升科，並擬送章程呈經臣等查核。此項餘荒係屬蒙地，奉省歷來丈放蒙荒定章，所收地價應以一半分歸蒙旗，茲遽照准免收地價，深慮蒙旗或生阻力，當卽批飭洮南府知府孫葆瑨，就近向該蒙旗磋商去後。茲據該府以移准，札薩克圖王旗移覆，允將蒙旗一半地價一併免繳等情，呈覆前來。臣等覆查，黑龍江省湯旺河荒地，前因收價丈放，久無成效，迭經變通辦理，每晌祇收經費錢四百文，不收押租，曾經奏准有案；本年因江省興東、愛琿、呼倫貝爾沿邊招墾，亦經奏請免收地價，每晌僅收經費銀四錢，奉旨允准，亦在案。茲奉省靖安縣餘荒地畝，原係前札薩克圖蒙荒墾局放賸餘荒，委因地多沙城，墾局招放，無人承領，是以交由該縣經理，迄今數年，而放出之地尚不及半，則其地之磽薄，不堪墾種，已可概見。若必照章收價，仍恐日久無人領墾，不特棄利於地，抑且居民寥落，難期生聚，於實邊之道亦有未宜。況現賸餘荒僅一千六百餘晌，照章應收地價銀三千餘兩，除蒙旗應分一半外，計公家應得之款，不過一千數百餘兩，爲數甚微。該縣請將此項餘荒招戶領墾，免繳荒價，限年升科，係爲殖民實邊，振興地利起見。現在該蒙旗應得一半地價，亦經洮南府商允免繳，所有前項未放餘荒，自應援照黑龍江省奏准成案，免價招墾，仍照成案，每晌收經費銀四錢以資辦公，俟墾齊後，飭令升科。如此變通辦理，實於裕課、便民兩有裨益。如果辦有成效，將來奉省未放蒙荒，凡招放不易，無人價領者，幷請援照辦理，以免日久荒廢。【略】

又吉林巡撫陳昭常奏《查明升科地畝由各衙門征租抵餉》略稱：此次清賦委員由吉林府新城府伊通州榆樹縣查出民買旗地，原無錢糧、應行升科地二萬三千六百四十六晌四畝四分，每晌應征大租銀一錢八分，每年共應征大租銀四千二百五十六兩三錢五分九釐二毫，又由延吉廳、綏芬廳、雙城廳查出原無錢糧、應行升科地五千三百六十六晌九畝九分，每晌應征大租錢六百文，每年共應征大租錢三千二百二十千零一百九十四文，均自宣統元年起，由各該衙門征抵租餉報聞。【略】

又東三省總督錫良、黑龍江巡撫周樹模奏《變通沿邊荒務辦法請仍照前議辦理》略稱：本省前因湯旺河一帶荒務疲滯多年，奏明不收地價，每晌僅收經費四百，始將十數年兩次招放無人承領之荒陸續放竣，然邊地寥遠，食貨奇艱，將來能否如限墾齊，尚難預必，況如興東、璦琿、呼倫貝爾各荒段更遠在興安嶺外，向只二三獵戶不時往來，居民望而裹足。雖地有高下，質有肥磽，大都極邊荒寒，每歲農時得氣最晚，早霜積雪，穀既難於成熟，人多不耐久居，每晌收費四錢，尚恐無人承領，若復量收地價，勢必畏阻莫前，欲開轉閉。審時度勢，似應仍如前議辦理，以速招徠，至所有地段既不再分等級，自毋庸偏事勘丈，轉致虛糜。又三城是否同時並舉，抑或分段次第開放，查興東一道前已派員經營，倫、璦兩城近亦推廣民治，是其關地聚民既有基礎，自宜同時並舉。又每晌所收經費能否足敷總分各局之用，亦當預計，查原奏聲明，設治地方，荒務卽責成地方官兼辦，不另設局，所以省糜費，是其開支各款爲費已輕，領戶果多，出入當可相抵，如入不敷出暨招待處經費不敷，屆時再奏明辦理。至獎勵一節，原奏所定差等，均以實在招戶墾地多少爲考成，既立鼓舞之方，兼寓綜核之意，應請一併照准，以便籌辦。【略】

又東三省總督錫良等奏《丈放釆哈新甸蒙荒完竣照章變通辦理》略稱：此次丈放達爾汗王旗釆哈新甸荒地，所有擬訂章程業由臣等奏咨在案，現屆報竣，查核辦理情形，按之原擬章程有不能盡合者，亟應陳明以昭核實。一原奏章程第二條內開，七成實荒，地價銀可收二十九萬二千七百餘兩，除還正款等項，尚餘地價銀二萬九千八百餘兩等語，查該局共收七成實荒地價銀二十九萬一千二百六十七兩九錢，除抵還欠債，現餘地價銀二萬八千四百一十九兩六錢三分八釐，計短收銀一千四百五十五兩三錢，係由上等荒地內扣出七方，踩放鎮基聲明，無庸再由該王旗撥補，計鎮基占用上荒七方，照章應合地價銀一千四百五十五兩三錢，加入現餘地價銀二萬八千四百餘兩，與原奏章程預算應餘銀數相符。一原奏章程第六條內開，除山林、廬墓等項不敷之地，均應提出，自聯段荒地補足等語，查該局丈放荒地內，凡有臺莊等項留界以及沙包不堪耕種之地，均行提出，照數補足，惟鎮基一項占去上荒七方，業經聲明不再撥補，以符該王旗出放八萬六千四百晌，不增寸土之議。一原奏章程第十二條內開，荒段地方空闊，應先在適中之地酌定鎮基兩處等語，查該局於荒段界內僅放鎮基一處，實因該荒段界內別無適中地址，是以少放鎮基一處，係屬查照該荒段實在情形，變通辦理。一原奏章程第十三條內開，此次放荒，應援蒙荒向章，發給各領戶漢蒙文合璧大照，所有按章酌收照費，儘數撥歸該王旗作爲津貼等語，查該局此次應用大照，該王旗堅不鈐印，各領戶守候日久，恐滋事端，當以從前開放蒙荒刊發大照兼用蒙文，係爲領戶內有蒙民起見，今領戶全係漢人，自可不用蒙文，因將所刊大照內之蒙文截去，一律註銷，並飭將所收照費統解度支司存儲，另作別項開支。

又熱河都統誠勳奏：巴林等旗報效蒙荒，偏居大漠，地瘠土寒，原定荒價錢糧既屬過重，升課期限亦覺過迫，以致領戶畏葸，裹足不前。謹擬變通舊章，將荒價錢糧分別酌減，設法招徠，並體察情形，將巴林三旗兩墾局歸併一局，另派專員總辦，其事勒限二年，一律竣事，以免縻費。

又署綏遠城將軍瑞良奏：殺虎口等處驛站，共十有二台，原派蒙兵五百五十戶，公家固不收站地之租，站兵亦不領公家之餉，弁兵人等全恃各台站牧地所入以自給，二百年來相安無異。自前將軍貽穀派員丈放，增收荒價，復未給回津貼，弁兵屢以賞還站地爲請。臣到任後詳加體察，站兵艱苦，自係實情，然在已經承墾各戶，遽令退還地畝，其未繳荒價者無地可耕，其已繳荒價者無款可領，揆厥情勢，窒礙殊多，唯有將已放之地改辦官租，不收荒價，給與原領之戶承墾，按地之肥瘠，定租之等差，所收租項除酌提經費外，悉數撥充豢養站兵、整頓驛務之用，庶兵得地租，則辦公有費，民得地利，則失業無虞，兩劑其平，計無有便於此者。

又東三省總督錫良等奏：派員查勘哈魯拉西北一帶山荒沙鹻，僅得可耕之地六百餘方，核計應收荒價不敷抵款甚鉅。大清銀行借款合同聲明十年歸還。札薩克郡王烏泰愿將該旗王府荒地二千餘方一律開放，以抵償借款，並懇按照原定條款，將向章所收地價以一半報效國家者，實予寬免，將地價銀兩全數賞給了債及台莊倍價領地永免租賦，其餘悉照向章辦理。

又東三省總督錫良等奏調查蒙旗情形籌議變通辦法略稱喀喇沁郡王貢桑諾爾布奏稱：東省所屬哲里木盟十旗歷年放荒，奏設地方官共三府、四廳、一州、十縣，管轄權限本無畫一規定，現飭蒙務總局悉心籌議。查哲里木盟十旗地多未闢，與喀喇旗情形不同，昌圖等府閒有蒙丁居住，其餘仍以游牧爲重，若按地畝分管，反形不便，似宜仍舊。又原奏所陳各旗台吉與箭丁出路，分撥軍隊，免其分屬各節，查各旗歷年放荒，各台吉均有應得地租，其應需人役可隨時傭僱，毋庸再受箭丁供給，應請將各旗箭丁後不得再屬台吉之下下會議政務處議奏。尋奏：蒙古地畝向例不准私墾及私自典賣，卽奏准開墾之地，並應報官記檔，不得重複招佃，自無契稅可收。至催收租糧，若係蒙旗奏墾，例准自行收租，亦未便遽行侵奪，如係蒙旗私放與人民私開，並無奏咨案件，應飭地方官會同蒙旗逐一清丈，照章覈辦，各蒙旗自行清丈之例，自應刪除。蒙民向以游牧爲生，不便以地段分管，轉形束縛。

又御史路士桓奏略稱：自日俄訂立協約，東三省疆域彼已視爲領土，著著進行，迨布置既定，一紙宣告，則數千里之疆土非復吾有。今日列強縱橫之局，一機會均等之局也，故日俄分得東三省之日，卽羣雄割據吾土之日。然其失敗之由有二，一則亙古窮荒，未經開闢，是不啻有大倉廣庫扃閉而漠置之，以致狐鼠穴居，盜賊攘據；一則中外通商以來，各國經濟力未嘗貫輸於腹內，讓俄人以單獨進行，進行不已，日本乃起而與之爭，爭定而後，訂立協約，以支配吾土。有此二因，遂成今日之危局。今欲救危圖安，惟有移腹省之人民以實空虛之地，引列強之勢力以爲牽掣之謀。質而言之，借款、移民而已。借款利害所關，出入甚鉅，今擬東三省之借款，卽以東三省之財產爲抵押，而尤當以東三省之名義借募，預計此項債額當以二萬萬兩爲限。考今東三省未墾荒田當有二萬萬餘畝，以每夫授田百畝計之，約應移民二十萬戶，迨墾地成熟，田賦一項，按中則每畝征銀四分，已可得銀八百餘萬兩，更以現在奉天田賦三千萬畝，共收契稅、煙酒、出產、牲畜四項稅銀三百餘萬爲比例，則墾地二萬萬畝應入各項稅銀二千萬有奇，是賦、稅兩項可歲收銀二千六七百餘萬，若每年以五成還債，並息計之，不出二十年當可清償，此皆預算有著之款，目前既可牽掣分割之危機，日後且無損失主權之貽患，救亡圖存，轉危爲安，無愈於此。下部議。尋，度支部奏：借抵之説，須從長計議，方可著手。現在借款過多，外人投資已不如從前踴躍，東省介處鄰邦，環球注目，似宜計出萬全，未易輕爲一擲，應俟籌有辦法，再行覈酌辦理。

臣謹案：移民開墾，誠爲東省之政要，然國帑奇絀，而借外債以圖之，利與害實參其半。夫日俄侵蝕，疆圉日非，不移民無以實邊，不開墾無以足食，此利之當興者也。但害亦有當慮者，牽制日俄，而向英美各國舉債，各國未必樂從，卽投資矣，以三省之土地充質品，以三省之財產供息金，不幸天災流行，收入鋭減，則債權索取，便爲主權喪失之造端，是向猶爲二國交征，可以訴諸公法，今變爲各國共管，亦將絶我生機，利有限，而害無窮。士桓所陳，殆爲孤注，正未可輕於一擲耳。

又閩浙總督松壽奏：福建里民張在惠等新墾田畝入額升科。

又農工商部會奏《核議直隸總督陳夔龍奏條陳墾種各省荒田》，略稱：查原奏内稱，各省曠土尚多，擬請飭度支部、農工商部會同籌畫，妥定章程，奏請通行各督撫，將所屬荒田概行招民墾種，一切稅斂之法十年内暫行優免，統俟成熟後，從寬議訂，以示體恤而廣招徠各等語。農工商部查振興農政，首重墾荒，而實行招墾，自從查荒入手。上年，臣部具奏籌議推廣農林章程，摺内曾聲明辦法，酌分三等，或官辦，或民辦，或官民合辦，各就地方情形，切實妥籌等語。原以各省地方遼闊，山隴荒曠，所在皆有，非及時墾闢，無以爲興利富國之謀。現在公私患貧，而地利反多荒棄，該督注意墾荒，奏請定章，通行各省，洵爲目前要圖。惟此項章程，臣部奏准通行在先，各省亦陸續舉辦，自未便另訂章程，致涉紛歧，擬再申明定章，按照籌辦限期申報，轉咨核奪，仍按年將所轄境内荒地總數暨籌辦開墾、商民領墾各事件，以及規模若何，成績若何，彙報該管上司列入考程，分別等差，報部備案，每屆三年，由部奏請獎勵，以符定章。至稅斂之法擬請優免一節，度支部查例載各省報墾田地，水田六年升科，旱田十年升科，屆期該督撫委員覆勘，有水沖沙壓及實在墾不成熟者，取結題請開除，若升科後，此坍彼漲，分別查明，或應以此抵彼，或應增減科則，核實題報，仍加具印結，送部備查等語。該督此奏係爲寬民力而興地利起見，惟現在各直省墾務，或由各督撫將軍奏請放墾，或經臣部咨行勘丈，均已次第興舉，如奉天，如吉林，如黑龍江，如綏遠城牧廠，如察哈爾左、右翼並各蒙旗，則已報完竣而未屆升科者也；如杭錦旗，如達拉特旗，如甯夏屯墾，如新疆皮山新墾，如青海試墾，則正當開辦而未觀厥成者也；如齊，如豫，如熱河各蒙荒，如廣西墾務，則雖經奏報而章程迄未送部者也；他如粤之沙田，浙之新漲，閩之壅溢荒蕪，以及通海墾牧，京江、陝西馬廠順直之旗荒、官荒、民荒，東省之興東、瑷琿、呼倫貝爾，四川之關外，則經臣部咨查而未聲覆者也。查各省奏咨稅斂科則均無一定，而升科年限則有生荒、熟荒，三年、四年、五年、六年之分別，蓋則壤成賦，勢難平均，限年升科，亦難畫一。若必概限十年，其方經開辦及甫經奏報而章程未定者，固不難改從新章，其已報竣事而未屆升科年限者，卽難免紛更，似不若因時因地，順勢引導之爲得也。應請飭下各督撫、將軍，就各該省墾務情形，審時度勢，盡心籌畫，除已報竣事、未屆升科年限者，照舊啓征外，其餘方經開辦而未觀厥成，及甫經奏報而章程未定，暨各省荒蕪田地有可開墾者，迅卽開墾，應照何則定賦，應限何年升科，斟酌盡善，奏明辦理。

三年，東三省總督錫良奏：派員丈放達爾汗王旗荒地及台莊各項留界分別畫清，酌擬辦法二十二條，均遵蒙荒向章，至有稍事變通之處，如升科地租均歸蒙旗，亦係援該旗借地殖民成案。此次放荒原爲開通洮、遼道路，籌設驛站起見，幾經勸導，始獲就範，不能以各處放荒辦法相繩。

又奏：此次開放站荒，籌設洮、遼驛路，係屬經蒙始基，攸關大局，擬懇准予以報效地價項下提撥銀三萬兩，津貼達爾汗王旗郡王台莊，以資體恤。

又諭：都察院代奏奉天旗務處總辦金梁《擬清地籌款還旗實邊呈》一件，著該衙門知道。

又吉林巡撫陳昭常奏：琿春勘撥貧苦旗丁荒地，請免交價，限年升科納租，以示體恤。從之。

又東三省總督趙爾巽等奏：自三省設立財政局後，所有征收蒙地大租以及田房、稅契，均由度支司於長春、農安等處設清賦放荒總、分局專理，並於長嶺縣設蒙荒招墾處辦理蒙旗墾荒，而省城蒙務處轉同虛設，應將吉省蒙務處裁撤，由旗務處附設蒙務一科，賡續辦理。

又綏遠城將軍堃岫奏：查察哈爾左翼墾務，截至光緒三十三年辦竣，因地隸直境，奏明將民戶尾欠押荒飭張獨多廳經征解，由直隸總督造銷；至右翼墾地，係山西豐、甯、興、陶四廳管轄，迄今民欠押荒尚有二十三萬餘兩。今秋可望豐收，催收押荒可期踴躍。惟西墾民貧地瘠，事尤艱鉅，如伊克昭盟七旗、準噶爾、鄂托克、札薩克郡王旗、烏審等旗地，雖先後放竣，而升科歲租均尚未造報；杭錦旗尚有未放之地，非開通渠道無人認領，奈公款支絀，且亟圖收束，故歷辦墾務者屢議改照旱地，減價招放，期於竣事；達拉特旗本係租地，與別旗報墾者不同，且地質盡屬膠泥，全恃渠水浸溉，在創辦之初，後套必恃客民租種，視地質定租價，故修渠悉歸公家，歲修需款實鉅，得不償失，於是有改辦之議，惟既覈減租價，僅將支、子各渠歸民戶承修，幹渠仍由官辦，似非得計。臣察從前短租之弊，任民擇地租種，一年一易，至渠道之淤塞，與地戶無關，故地畝愈種愈少，渠道愈修愈艱。若改辦永租，本爲收束起見，必須從長計議。核計近年墾地收租，約在二千頃左右，擬卽按此數試辦，分段選舉殷實地戶，酌定年限，彙總認租，使民視爲恆產，並擬將租價核減，幹支各渠悉歸各地戶自行修理。此後民辦有效，墾局卽可裁撤，交地方官修租佃賦減輕，責令地戶每年秋後計畝交租，是公家有常年進款，農民可樂業安心。他如烏蘭察布六旗、烏拉中、西兩公及茂明安旗，均有放而未盡之地，今已飭局趕放；烏拉東公並達爾罕旗地雖放竣，尚未奏結，四子王旗地夙稱荒瘠，雖曰放竣，實則押荒全數拖欠，地畝大半荒蕪，該處上年被旱成災，不得不緩征租賦，以順輿情。【略】

《錢塘吳承志問答》略稱：清弊有編查、丈勘兩式。編查以人戶爲綱，田園、廬宅、場蕩、地段、畝分爲目，丈勘則以田園、廬宅、場蕩爲綱，人戶爲目，各有所宜。以今度之，應以編查爲主，丈勘易於駭俗，將舊畝廣狹、今步短長，一律整齊，不必通丈。明編魚鱗冊，洪武二十六年，覈天下土田，總八百五十萬七千六百二十三頃，積二十餘年始定，三次編造。及兩按覈之法俱，止視民戶所報，勘合契帖，履畝推排，量度入準，不用步丈。是時畝制未改，故仍用之。丈量之議，創於顧鼎臣，續於張居正。後在嘉靖、萬歷之世，田額遞減過半，初行丈，無繩準，訴不平者相望。海瑞以意造法，令民以灰畫地，方六尺爲一眼，眼當一步，積二十四眼爲一分，十分爲畝，隨畫自算，不須弓丈，衆以爲便，後助本縣行之，竟受怨謗。許孚遠覆丈，定田則爲三，塘地各二弓尺，循舊，民亦稱便，惟南豐、新城等縣以民言糧，均迄置不行。兩事皆賢士大夫所爲，而此可彼否，無一完效，蓋編覈專查隱漏，有契帖戶籍者，止較其異同，不必更勘，無者責令首報。是以民無後言丈量，不論帖籍有無，概繩以弓，弓有短長，不能純與舊合，弓率限以二百四十海瑞步，用古度較，部弓已贏一尺，畝法不能增作三百，施之二百六十弓以上，地勢亦自在所窮。許孚遠不立步限，視海瑞法爲便，以九等田賦約而爲三，減重增輕，亦不能盡如衆願。史言張居正以溢額爲功，有司爭減小弓以求田多，或掊克見田以充虛額。北直隸、湖廣、大同宣府遂先後案溢額增賦，俱從小弓科括，今長蘆鹽場及湖北、山西各州縣，弓步尚有三尺二寸、三寸、八寸及四尺五寸者，小部弓十之四、三、二。又言：太祖仍元制，河北諸縣以社屯分里甲，社民先占畝廣，謂之廣畝，屯民新占畝狹，謂之小畝，至宣德閒，墾荒永不起科，及洿下無糧者，皆覈入額，數溢於舊，有司乃以大畝當小畝，以符原額，有數畝當一畝者。今湖北大地，亦尚有七八畝或十一畝爲一畝，皆經兩丈不改，所稱綜覈，仍是虛衍，計丈出頃數僅七百一萬三千九百七十有六，視宏治時贏二百七十八萬四千九百十九，視洪武時尚差一百四十九萬三千六百八十七，乃復懸溢額爲名，弊何可復言。明祖置丈不用，固自有見。國初，命御史分巡，從秦世楨言，令業主自相丈量，明註印冊，其坐落四至不明者，官自丈量，於明初編覈之式不異。後編《賦役全書》復令直省查明，與《萬歷賦役全書》符者不丈。康熙中限年墾荒，閒一行丈，以楊雍建言停罷。乾隆十五年，戶部議申弓尺盈縮之禁，上言各省將現行弓丈報部，惟直隸、奉天、江西、湖南、甘肅、四川、雲南、貴州俱遵部頒，並無參差，此外或以三尺二三寸、四尺五寸、六尺五寸、七尺五寸爲一弓，或二百六十三、百六十七、百二十弓爲一畝，長蘆三尺八寸爲一弓，三百六十弓、六百弓、六百九十弓爲一畝，大名府以一千二百步爲一畝，均未遵照部式。今若令各省均以部定五尺之弓、三百四十弓爲一畝，倘部頒弓尺大於各省舊用之弓，勢必田多缺額，正賦有虧；若小於舊用之弓，又須履畝加徵，於民生未便，毋庸再議，嗣後於新漲、新墾，務遵部頒弓、尺丈量，不得仍用大小不齊之弓。此議抉出明初制定步法，不令州縣勘量，及中葉施行，多害少益之故，且悉部弓小於宋、元舊步，明世已虛存制式，此時自不能行其州縣，六尺五寸、七尺五寸兩弓，皆出自漢晉。漢尺八寸，今匠尺用之，晉尺十寸，今沿爲市尺，兩尺差寸以二。六尺五寸、七尺五寸兩弓，俱用匠尺度製，七尺五寸折實，卽海瑞所定官步之六尺，推合古步，於晉相同，畝率減本數之三百爲二百四十，差縮五分之一，以八折較算，於漢合一，是爲三代以下最古之遺式。其二百六十弓之畝，本數係用八尺舊步折實爲六尺四寸之弓丈定後，用六尺弓覆校，故有此差，實則歧異在本弓，不在畝數。畝徑略廣於漢，視晉猶狹，大地以一畝半或三畝當一畝，當據壤則，差校入準。六尺五寸折實爲五尺二寸，較漢步折實尚贏二寸，減合畝數，其差又五分之一，此弓行用最廣，或通謂之六尺弓，或依部弓略減其零寸，謂之五尺弓，施於正額田，號爲官弓，用以勘民間契賣之底數，別假申算之法，以合官步，名爲民步弓，此弓入官步，又入民步，必當時所改，因寸徑大於部弓，不入小例，後習用忘其本初，此弓卽部弓之等倫，不必更繩，其贏縮三尺二三寸之弓，尺徑必足寸，更不差折，三尺八寸、四尺五寸之弓亦然。弓徑雖縮，步徑仍加，長蘆鹽場弓用三尺八寸，畝徑定爲三百六十，中下等折增作六百及六百九十、三百六十弓，每弓計三尺八寸，其積爲六尺弓之二百二十八弓，差短止十二弓，減較甚微。六百弓與六百九十弓，卽六尺弓之一畝五分八釐及一畝八分一釐五毫，等數亦相當。直隸州縣純用部弓，大名之一千二百弓爲一畝，爲大地之中率，其上田以一畝八分三釐七毫折一，實占六尺弓之一畝四分三釐七毫，下下田以十一畝折一，占至九畝五分三釐七毫，則贏出或至十之四三，或倍至九五，其廣數亦至無等。綜覈衆差，要亦在畝而不在弓。畝之廣徑載入《全書》不能改減，弓爲虛器，隨折數短長，改實無用。直隸大地最多，舊額田六十八萬二千三百四十三頃九十畝有奇，賦銀二百四十六萬三千七百八兩，糧九萬五千三百十九石，各有奇。江蘇大地差少，舊額田減二萬二千五百二十六頃七十畝有奇，賦銀增八十萬一千五百二十八兩，糧更增一百九十九萬二百三十二石，各有奇。直隸賦額以徵應雜徭及地產歉薄減輕，而江南糧倍至二十，視各省亦爲偏重。浙省與四川通爲中地，浙中舊額田四十六萬二千四百頃有奇，賦銀二百八十二萬一千四百八十三兩，糧一百三十八萬六千七百石有奇，四川舊額田減二千三百二十九頃，賦銀減至一百五十四萬二千九百十三兩，糧更減一百三十七萬三千三百六十石有奇。四川土壤與浙相若，銀差過半，糧復差至百倍以上，反重爲輕，由其地遭寇殘破，逐漸墾復，寬等起科，沿爲永例。他省亦多視浙省爲輕，如籌均浙省之糧，當分半入川，江蘇之糧亦當勻攤。各省銀數並按所差，一律更定，幷舊所謂上、中、下者，悉據歲收之數，衡較入準。江浙漕糧前於粵亂定後，曾酌減成數，近亦從權節減，而完戶終多疲困。編查自是通法，清釐賦役限五年一編審，所以校正戶名，覈定丁口。今差徭已革，丁口不必細查。戶有改移，舊憑推收入冊，今弊出自冊籍以外，應查各戶產契、驗契之法，令各戶一齊登冊事畢，清出所記之田畝、屋基、園場、陂蕩、坐落、地段，分入都莊，排合位點，配以線徑，編列字號，卽可別成魚鱗新冊，於民戶一無勞損，於官籍裨益實多。其關鍵在照契多寡，悉數錄入，以備戶籍之底，並須加註主名及現今住址，庶其戶有著，以正冊呈案，以別冊存縣，兩冊既具糧戶冊名之，存沒虛實可根校得之，再爲查實一編，存查一編，兩編完立，條畫分明，可卽由此根勘。若夫征收要綱在易戶收爲櫃收，櫃收便民完納，便官稽查，上下均宜，是爲可久之法。

清・閻鎮珩《六典通考》卷六三《民政考》 歷代田制

昔黃帝始經土設井，以塞諍端，立步制畝，以防不足。八家爲井，井開四道，而分八宅，鑿井於中。一不洩地氣，二無費一家，三同風俗，四齊巧拙，五通貨財，六存亡更守，七出入相司，八嫁取相媒，九有無相貸，十疾病相救，是以欺陵之路塞，鬩訟之患弭。又定井一爲鄰，鄰三爲朋，朋三爲里，里五爲邑，邑十爲都，都十爲師，師七爲州。始分於井則地著，計之於州則數詳。【略】自周衰，仁政不修，經界淆亂。至秦孝公用商鞅計，盡壞封內阡陌，而兼幷踰侈之害興焉。自是以來，人各私其所有，官惟覈以簿書，權獨歸於胥吏。簿書繁，則豪強得售其欺；賄賂行，則貧弱反受其累。又春秋之義，諸侯不得專封，大夫不得專地。若豪人占田過制，富等公侯，是專封也；買賣由己，是專地也。欲無流寓，不亦難乎。後之議者，以田不復井，宜稍用均田、限田之制。然自秦壞阡陌，至於今二千餘年，儒者坐談，動欲復古，世徒笑其迂而已。至若均田、限田，可行於大亂之後，而不可行於久安之世。凡爲豪強者，其氣力足以鼓動一方之人，無故而強奪其田，彼心不服，必且陰結黨與，互相抗拒。令下而不行，是玩令也；行之而民不安，是撓民也。愚嘗謂三代以後，君民相隔，勢若秦越，爲之上者，聽民自謀衣食，第無設法以撓之，則俗小康而天下安於無事矣。作田制考。

《大司徒》：凡造都鄙，制其地域而封溝之，以其室數制之。不易之地家百畮，一易之地家二百畮，再易之地家三百畮。不易之地，歲種之地，美，故家百畮。一易之地，休一歲乃復種，地薄，故家二百畝。再易之地，休二歲乃復種，故家三百畝。乃分地職，奠地守，制地貢，而頒職事焉。以爲地法，而待政令。地職，分其九職所宜也。制地貢，謂九職所税也。頒職事者，分命使各爲其所職之事。《小司徒》：乃經土地，而井牧其田野。九夫爲井，四井爲邑，四邑爲丘，四丘爲甸，四甸爲縣，四縣爲都，以任地事，而令貢賦，凡税斂之事。井牧者，春秋傳所謂井衍、沃牧、隰皋者也。隰皋之地，九夫爲牧，二牧而當一井。今造都鄙授民田，有不易，有一易，有再易，通率二而當一，是之謂井牧。昔夏少康在虞思，有田一成，有衆一旅，一旅之衆而田一成，則井牧之法，先古然矣。九夫爲井者，方一里，九夫所治之田也。此制《小司徒》經之，《匠人》爲之，溝洫相包乃成耳。邑丘之屬相連比以出田税，溝洫爲除水害。四井爲邑，方二里；四邑爲丘，方四里；四丘爲甸。甸之言乘也，讀如衷甸之甸。甸方八里，旁加一里，則方十里，爲一乘。積百井九百夫，其中六十四井五百七十六夫出田税，三十六井三百二十四夫治溝。四甸爲縣，方二十里，四縣爲都，方四十里；四都方八十里，旁加十里，乃得方百里，爲一同也。積萬井九萬夫，其四千九十六井三萬六千八百六十四夫出田税，二千三百四井二萬七百三十六夫治洫，三千六百井三萬二千四百夫治澮，井田之法，備於一同。今止於都者，采地食者，皆四之一。其制三等，百里之國凡四都，一都之地税入於王。五十里之國凡四縣，一縣之田税入於王。二十五里之國凡四甸，一甸之田税入於王。地事謂農牧衡虞也，貢謂九穀山澤之林也，賦謂出車徒給徭役也。上地家七人，中地家六人，下地家五人。一家男女七人已上，則授之以上地，所養者衆也。男女五人已下，則授之以下地，所養者寡也。《載師》以廛里任國中之地，以場圃任園地，以宅田、士田、賈田任近郊之地，以官田、牛田、賞田、牧田任遠郊之地，以公邑之田任甸地，以家邑之田任稍地，以小都之田任縣地，以大都之田任畺地。廛里者，若今云邑里居矣。廛，民居之區域。里，居也。圃，樹果蓏之屬，季秋於中爲場。樊圃謂之園。宅田者，致仕者之家所受田也。《士相見禮》曰宅者在邦，則曰市井之臣；在野，則曰草茅之臣。士讀爲仕，仕者亦受田，所謂圭田也。《孟子》曰：自卿以下，必有圭田，圭田五十畝。賈田，在市賈人其家所受田也。官田，庶人在官者其家所受田也。牛田、牧田，畜牧者之家所受田也。公邑謂六遂餘地，天子使大夫治之，自此以外皆然。二百里、三百里其上，大夫如州長，四百里、五百里其下，大夫如縣正，是以或謂二百里爲州，四百里爲縣云。遂人亦監焉。家邑，大夫之采地；小都，卿之采地；大都，公之采地，王子弟所食邑也。畺五百里，王畿界也。皆言任者，地之形實不方平如圖，受田邑者遠近不得盡如制，其所生育賦貢，取正於是爾，以廛里任國中，而遂人職授民田，夫一廛，田百畮，是廛里不謂民之邑居在都城者。與凡王畿內方千里，積百同九百萬夫之地也，有山陵、林麓、川澤、溝瀆、城郭、宮室、涂巷，三分去一，餘六百萬夫，又以田不易、一易、再易，上、中、下相通，定受田者三百萬家也。遠郊之內，地居四同三十六萬夫之地也，三分去一，其餘二十四萬夫，六鄉之民七萬五千家通不易、一易、再易，一家受二夫，則十五萬夫之地，其餘九萬夫，廛里也，場圃也，宅田也，士田也，賈田也，官田也，牛田也，賞田也，牧田也。九者亦通受一夫焉，則半農人也，定受田十二萬家也。公邑、甸、稍、縣、都合居九十六同八百六十四萬夫之地，城郭、宮室差少，涂巷又狹於三分所去，六而存一焉。以十八分之十三率之，則其餘六百二十四萬夫之地通上、中、下，六家而受十三夫，定受田二百八十八萬家也，其在甸七萬五千家爲六遂，餘則公邑。

《禮書》穀梁曰：古者公田爲居，井竈葱韭盡取焉。班固曰：井方一里，是爲九夫，八家共之，各受私田百畮，公田十畮，是爲八百八十畮，餘二十畮以爲廬舍。又環廬樹桑，菜茹各有畦，瓜瓠、果蓏殖於疆場。在野曰廬，在邑曰里。何休曰：一夫一婦受田百畮，公田十畮，廬舍二畮半，凡爲田一頃十二畮半。八家而九頃，共爲一井，故曰井田。夫一廛者國中之居，所謂在邑曰里是也；廬者田中之居，所謂廬舍二畮半是也。廬舍二畮半，廛亦二畮半，則五畝之宅合在野在邑言之耳。在邑則春出於野。《詩》曰：亟其乘屋，其始播百穀；同我婦子，饁彼南畮。在野則冬入於邑。《詩》曰：我稼既同，上入執宮功。嗟我婦子，曰爲改歲，入此室處。廛里所以奠居，而廬舍特其宿息之地。觀遺人言十里有廬。《詩》曰廬旅，莊周言蘧廬，則田之有廬，亦若此耳。然《詩》又曰：胡取禾三百廛兮。揚子曰：有田一廛。田亦謂之廛者，據一夫所受而統言之也。鄭氏以九者之地亦有不易、一易、再易相通，而各受一夫，九萬夫爲四萬五千加以六鄉七萬五千夫爲十二萬夫，此特言其大致然也。賞田無上中之壤，庸有不易、再易之辨乎。

遂人掌邦之野，此野爲甸、稍、縣、都。以土地之圖經田野，以歲時稽其人民，而授之田野，辨其野之土，上地、中地、下地，以頒田里。上地夫一廛，田百畮，萊五十畮，餘夫亦如之；中地夫一廛，田百畮，萊百畮，餘夫亦如之；下地夫一廛，田百畮，萊二百畮，餘夫亦如之。萊謂休不耕者。廛，城邑之居。孟子所謂五畮之宅樹之以桑麻者也。六遂之民奇受一廛，雖上地猶有萊，皆所以饒遠也。王莽時，城郭中宅不樹者爲不毛，出三夫之布。凡治野，夫閒有遂，遂上有徑，十夫有溝，溝上有畛；百夫有洫，洫上有涂；千夫有澮，澮上有道；萬夫有川，川上有路，以達於畿。十夫二鄰之田，百夫一酇之田，千夫二鄙之田，萬夫四縣之田。遂、溝、洫、澮皆所以通水於川也。遂廣深各二尺，溝倍之，洫倍溝，澮廣二尋，深二仞。徑、畛、涂、道、路皆所以通車徒於國都也。徑容牛馬，畛容大車，涂容乘車一軌，道容二軌，路容三軌，都之野涂與環涂同可也。萬夫者，方三十三里少半里九而方一同，以南畝圖之，則遂從溝橫，洫從澮橫，九澮而川周其外焉。去山陵、林麓、川澤、溝瀆、城郭、宮室、涂巷三分之制，其餘如此，以至於畿，則中雖有都鄙，遂人盡主其地。

《禮書・載芟》詩曰：侯彊侯以。箋：彊，有餘力者。孟子曰：餘夫二十五畝。賈公彥謂：此餘夫是年二十九以下未有妻，受口田，故二十五畝，若三十有妻，則受夫田百畮。故鄭注內則云三十受田，給征役，鄉大夫注亦云有夫有婦乃成家，何休亦云一夫一婦受井田百畮。先王之於民受地，雖均百畮，然其子弟之衆，或食不足而力有餘，則又以餘夫任之。詩所謂侯彊，《禮》所謂以彊予任甿者也，然餘夫田不過二十五畮，蓋四分農夫之一而已。《禮》言：上地田百畝萊半之；中地之萊，如田之數；下地之萊，倍田之數。以此推之，餘夫之田亦當上地二十五畝，萊十二畝半。所謂亦如之者，如田萊之多寡，非謂餘夫亦受百畮之田也。《大田》言曾孫萊止，而歌雨我公田；《噫嘻》言春夏祈穀於上帝，而歌駿發爾私，《周官・遂人》言興耡，旅師有耡粟。此鄉遂井田之事也。鄭氏以鄉遂無井田，而以遂人之法釋詩，以一井之法釋旅師，是自戾也。《孟子》：鄉田同井，請野九一而助。則鄉遂爲井田，可知載師所徵賦，非一夫受田之法，而甸、稍、縣、都，皆無過十二；則采地有不爲井田，可知八家皆私百畮，其中爲公田，而廬舍在焉。公田八十畮，家治十畮，廬舍二十畮，家二畮半，民年二十受田，六十歸田，強者有加予，罷者有罰辱，此民所以樂事勸功，而無憾於養生送死也。先王之時，上以仁撫下，故先民而後公，駿發爾私是也；下以義事上，故先公而後己，雨我公田，遂及我私是也。私田稼不善，則非吏；公田稼不善，則非民。庸有鄉遂、公邑之吏，促民以公，使不恤其私者乎。《小司徒》、《匠人》皆九夫爲井，井間有溝，自井地言之；《遂人》十夫有溝，兼溝涂言之。然《遂人》百夫有洫，而《匠人》十里爲成，成閒有洫，則九百夫之地；《遂人》千夫有澮，而《匠人》百里爲同，同閒有澮，則九萬夫之地。成與同，地之廣者；洫與澮，溝之大者。於成舉洫，於同舉澮，其大略云爾。春秋時楚蔿掩，井衍沃，牧隰皋，而小司徒井其田野，則取名於縣都而已。二百一十國謂之州，五黨亦謂之州，萬二千五百家謂之遂，一夫之閒亦謂之遂，王畿謂之縣，五鄙亦謂之縣，則鄉之井地謂之縣都可也。

稍人掌令邱乘之政令。邱乘，四邱爲甸，其訓曰乘，由是改云，是掌令都鄙修治井、邑、邱、甸、縣、都之溝涂。《大司馬》上地食者參之二，中地食者半，下地食者參之一。上地謂肥美田也。食者參之二，假令一家有三頃，歲種二頃，休其一頃；下地食者參之一，田薄惡者，所休多。

司勳唯加田，無國正。加田，既賞之，又加賜以田，所以厚恩也。正謂稅也。

《禮書》賞田二十而三則有國正，加田無國正，則正於鄉者有之。《王制》論秀士升於司徒者，不征於鄉。《周官》諸子：國有大事，則帥國子而致於太子，司馬，弗正。凡國征不及，則國子正，於太子者無國正。《均人》言：力政有公甸用之法，則役於鄉者，非公用之也。凡有田里者，正於鄉，又正於國，加田無國正，則正於鄉而已。【略】

制農田百畝，百畝之分上農夫食九人，其次食八人，其次食七人，其次食六人，下農夫食五人。農夫皆受田於公，田肥墽有五等，收入不同也。夫圭田無征，夫猶治也；征，稅也。此《周禮》之士田，以任近郊之地，稅什一。田里不粥。皆受於公，民不得私也。粥，賣也。《詩・小雅》信彼南山，維禹甸之。畇畇原隰，曾孫田之。甸，治也。畇畇，墾辟貌。曾孫，成王也。我疆我理，疆，畫經界也；理，分地理也。南東其畝。或南或東。《正義》曰：《論語》說禹盡力乎溝洫，與《匠人》井閒有洫同，《皋陶謨》畎澮距川，與《匠人》同閒有澮，專達於川同。《左傳》少康有田一成，有衆一旅，是則十里爲成，非周之賦法也。《左傳》云：芒芒禹跡，畫爲九州。九州尙畫其界，是田之經界，須畫之也。分地理者，分別地所宜之理，若《孝經》注云：高田宜黍稷，下田宜稻麥是也。晉人欲使齊之封內盡東其畝，對曰：先王疆理天下物土之宜，而布其利，故《詩》曰我疆我理，南東其畝。今吾子疆理諸侯，而曰盡東其畝而已，唯吾子戎車是利，無顧土宜，其無乃非先王之道也乎。

楚蔿掩，書土田，度山林，鳩藪澤，辨京陵，絕高曰京，大阜曰陵。表淳鹵，淳鹵，埆薄之地。數疆潦，疆界有流潦者，計數減其租入。規偃豬，偃豬，下偃之地。町原防，廣平曰原防，隄也。隄防閒地不得方正，如井田別爲小頃町。牧隰皋，隰皋，水涯下溼；爲芻牧之地。井衍沃。衍沃，平美之地。鄭子駟爲田洫，司氏、堵氏、侯氏、子師氏皆喪田焉；洫，田畔溝也。子駟爲田洫以正封疆。子產爲政，田有封洫，廬井有伍。《孟子》：滕文公使畢戰問井地。孟子曰：夫仁政必自經界始。經界不正，井地不均，穀祿不平，是故暴君、汙吏必慢其經界；經界既正，分田制祿，可坐而定也。請野九一而助，國中什一，使自賦。野，郊外都鄙之地也。九一而助，爲公田而行助法也。國中，郊門之內，鄉遂之地也，田不井授，但爲溝洫，使十而自賦一，是用貢法也。周徵法如此。卿以下必有圭田，圭田五十畝，圭，潔也，所以奉祭祀也。餘夫二十五畝。一夫上父母，下妻子，以五口、八口爲率，受田百畝，如有弟，是餘夫也，年十六別受田二十五畝，俟其壯而有室，然後更受百畝之田。死徙無出鄉，鄉田同井，出入相友，守望相助，疾病相扶持，則百姓親睦。方里而井，井九百畝，其中爲公田，八家皆私百畝，同養公田，公事畢，然後敢治私事，所以別野人也。耕者之所獲，一夫百畝，百畝之糞，上農夫食九人，上次食八人，中食五人，中次食六人，下食五人。一夫一婦，佃田百畝，加之以糞，糞多而力勤者爲上農，其所收可供九人，其次用力不齊，故有此五等。

秦孝公用商鞅制轅田，孟康曰：三年爰上易居，古制也，末世寖廢。商鞅相秦，復立爰田，上田不易，中田一易，下田再易。爰自在其田，不復易居也。《食貨志》曰：自爰其處而已，是也。轅，爰同。開阡陌，壞井田之法，急耕戰之賞，數年之閒，家給人足，國以富強，遂雄諸侯。呂祖謙曰：商君變井田爲阡陌，意果安在與？井田之制，自溝而爲洫，自洫而爲澮，自澮而爲川，經緯錯綜，若置棋局，雖有強者，百畝之外不容兼幷；雖有弱者，百畝之內不至侵奪。商鞅徒欲鼓舞姦猾以利吾國，故除溝洫之限，立買賣之法，工於耕戰。金多貲厚者，雖兼十夫、百夫、千夫之地，曾莫之禁，彼愚弱之民，不能趨事赴功以利吾國，雖殍屍中野，於我何加損哉。其設心如是，特盜賊之長雄耳，非可與論君道也。班固有言曰：秦孝公用商君，壞井田，開阡陌，急耕戰之賞，傾鄰國而雄諸侯，然王制遂滅，僭差亡度。庶人之富者累鉅萬，而貧者食糟糠，有國強者兼州域，而弱者喪社稷。蓋得之矣。【略】

漢興，懲秦之弊，減省田租，民歸業者各復其田宅，故秦苑囿、園池，令民得田之。惠帝即位，復減田租。四年，舉民孝弟力田者，復其身。孝文時，民多背本趨末。賈誼說上歐人歸農，皆著於本，使天下各食其力。詳《農政考》。帝感誼言，下詔曰：夫度田非益寡，而計民未加益，以口量地，其於古猶有餘，而食之甚不足者，其咎安在。毋乃百姓之從事於末以害農者蕃，爲酒醪以靡穀者多，靡讀曰糜。六畜之食焉者衆與。細大之義，吾未得其中。其與丞相列侯吏二千石博士議之，有可佐百姓者，率意遠思，無有所隱。十二年，復詔曰：力田爲生之本也，其以戶口率置孝弟力田常員，令各率其意，以道民焉。孝景元年，制：民有欲徙寬大地者，聽之。孝武外事四夷，內興功利，役費並興，而民去本。董仲舒說上曰：秦用商鞅之法，除井田，民得買賣，富者田連阡陌，貧者無立錐之地。漢興，循而未改。古井田法雖難卒行，宜少近古，限民名田，以贍不足，名，占田也，各爲立限不使過制。塞幷兼之路，然後可善治也。竟不能用。元鼎六年，上以左、右內史地名山川原甚衆，細民未知其利，而內史稻田租挈重，收田租之約令也。不與郡同，議減；令吏民勉盡地利，平繇行水，勿使失時。是後，祠后土，修封禪，所過縣邑，令無出田租。【略】

後漢建武十五年，帝以天下墾田多不實，詔下州郡檢覆。於是刺史、太守多爲詐巧，苟以度田爲名，聚民田中，幷度廬屋里落，民遮道嗁呼，或優饒豪右，侵刻羸弱。時諸郡各遣使奏事，帝見陳留吏牘上有書，視之云：潁川、弘農可問，河南、南陽不可問。帝詰吏由趣，吏不肯伏，抵於長壽街得之。帝怒。時東海公陽年十二，在幄後言曰：吏受郡敕，當欲以墾田相方耳。帝曰：既如此，何故言河南、南陽不可問。對曰：河南帝城多近臣，南陽帝鄉多近親，田宅踰制不可爲準。帝令虎賁將詰問吏，吏乃實首服。十六年，河南尹張汲及諸郡守十餘人，皆坐度田不實，下獄死。建初三年，秦彭爲山陽太守，興起稻田數千頃，每農月親度頃畝，分別肥瘠，差爲三品，各立文簿，藏之鄉縣。於是姦吏毋所容詐。彭乃上言，令天下齊同其制。詔書以其所立條式班下州郡。王景爲廬江太守，郡界有孫叔敖所起芍陂，稻田。景驅率吏民修起蕪廢，教用犂耕，由是墾闢倍多。永興元年，墾田七百三十二萬一百七十頃八十畝百四十步。延光四年，墾田六百九十四萬二千八百九十二頃三十三畝八十五步。建康元年，墾田六百八十九萬六千二百七十一頃五十六畝一百九十四步。永嘉元年，墾畝六百九十五萬七千六百七十六頃二十畝百單八步。本初元年，墾田六百九十三萬一百二十三頃三十八畝。崔寔《政論》曰：昔聖人分口耕耦地，各相副適，使人飢飽不變，勞逸齊均。富者不足僭差，貧者無所企慕。始暴秦隳壞法度，尊獎幷兼之人。烏氏以牧豎致財，寵比諸侯；寡婦清以攻丹殖業，禮以國賓。於是巧猾之萌，遂肆其意，上家累鉅億之貲，斥地侔封君之土，行苞苴以亂執政，養劍客以威黔首。生死之奉，多擬人主。故下戶踦嶇，無所跱足，乃父子低首，奴事富人，躬帥妻(妾)[孥]，爲之服役。歷代爲奴，猶不贍於衣食，生有終身之勤，死有暴骨之憂，歲小不登，流離溝墾，嫁妻賣子。古有移人通財，以贍蒸黎。今青、徐、兗、冀，人稠土狹，不足相供，而三輔左右及涼、幽州，內附近郡，皆土曠人稀，厥田宜稼，悉不肯墾。人之爲言瞑也，謂瞑瞑無所知。猶羣羊聚畜，須主者收養處置，置之茂草，則肥澤繁息，置之磽鹵，則零丁耗減。是以景帝六年，詔郡國，令人得去磽狹，就寬肥。至武帝，遂徙關東貧人於隴西、北地、西河、上郡、會稽，凡七十二萬五千口。後加徙猾吏於關內。今後復遵故事，徙貧人不能自業者於寬地，此亦開草闢土，振人之術也。仲長統《昌言》：今當限夫田以斷兼并，去末作以一本業，通肥磽之率，計稼穡之入，令畝收三斛，斛取一斗，未爲甚多。一歲之閒則有數年之儲。不循古法，規爲輕稅，及至一方有警，一面被災，未逮三年，校計騫短，坐視戰士之蔬食，立望餓殍之滿道，二十稅一，名之曰貊，況三十稅一乎。夫薄吏祿以豐軍用，緣於秦征諸侯，續以四夷，漢承其業，遂不改更。今田無常主，民無常居，吏食日稟，班祿未定，可爲法制；畫一定科，租稅十一，更賦如舊。今者，土曠民稀，中地未墾；雖然，猶當限以大家，勿令過制。其地有草者，盡曰官田，力堪農事，乃聽受之。若聽其自取，後必爲姦也。

魏黃初中，四方郡守墾田日加，國用不匱。時鄭渾爲沛郡太守，興陂堨，開稻田，躬帥百姓興功，一冬皆成。比年大收，頃畝歲增，民號曰鄭陂。明帝世，徐邈爲涼州修武威、酒泉鹽池以收虜穀，廣開水田，募貧民佃之。家家豐足，倉庫盈溢。

晉咸寧元年，詔以鄴奚官奴婢著新城，代田兵種稻。奴婢各五十人爲一屯，屯置司馬，使皆如屯田法。及吳既平，有司奏：王公以國爲家，京城得有宅一處。近郊田，大國十五頃，次國十頃，小國七頃。制男子一人占田七十畝，女子三十畝，丁男課田五十畝，丁女二十畝，次丁男半之，女不課。其官第一品五十頃，每品減五頃爲差，第九品十頃。各以品之高卑蔭其親屬，多者及九族，少者三代。東晉大興中，三吳大飢。後軍將軍應詹表曰：閒者流人奔入東吳，東吳今儉，皆以還反。江西良田，曠廢未久，火耕水耨，爲功差易。宜簡流人，興復農官，功勞報賞皆如魏氏故事。一年中與百姓，二年分稅，三年計賦稅。咸和五年，成帝始度百姓田，取十分之一。太元二年，除度田收租之制。

宋大明初，揚州刺史西陽王子尚上奏：舊官品第一、第二品，聽占山三頃。第三、第四品，二頃五十畝。第五、第六品，二頃。第七、第八品，一頃五十畝。第九品與百姓，一頃。皆依定格，條上貲簿。若先已占山，不得更占。先占足。若非前條舊業，亦不得禁。有犯者，水土一尺以上，並計贓，依常盜論。從之。時山陰縣人多田少，孔靈符表請徙無貲之家於餘姚、鄮、鄞三縣，開墾湖田。帝令公卿博議，咸曰：訓農修政，有國所同。土著之人，習翫日久，如京師無田，不聞徙居他縣。尋山陰豪族富室，頃畝不少，貧者肆力，非爲無處。又緣湖居人，魚鴨爲業，小人習始既難，勸之未易。遠廢之疇，方翦荆棘，率課窮乏，其事彌難，資徙粗立，徐行無晚。帝違衆議，徙人並成良業。

後魏天興元年，詔給內徙新民耕牛，計口受田。永興元年，置新民於大甯川，給農器，計口受田。恭宗監國，令曰：制有司課畿內之民，使無牛家以人牛力相貿，墾殖鋤耨。其有牛家與無牛家一人種田二十二畝，償以私鋤功七畝，如是爲差。至與小老無牛家種田七畝，小老者償以鋤功二畝，皆以五口下貧家爲率。各列家別口數、所勸種頃畝，明立簿目。所種於地首，標題姓名，以辨播種之功。又禁飲酒、雜戲、棄本沽販者。墾田大爲增闢。太和元年，詔曰：去年牛疫，死大半，今東作既興，人須肆業。有牛者加勤於常歲，無牛者倍傭於餘年。一夫制理四十畝，中男二十畝。無令人有餘力，地有遺利。時李安世上疏曰：井稅之興，其來日久，田萊之數，制之以限。蓋欲使土不曠功，人罔游力。竊見州郡之人，或因年儉流移，棄賣田宅，漂居異鄉，事涉數代。三長既立，始返舊墟，廬井荒涼，桑榆改植。事已歷遠，易生假冒，強宗豪族，肆其侵淩，遠認晉魏之家，近因親舊之驗。年載稍久，鄉老所惑，羣證雖多，莫可取據。各附親知，互有長短，兩證徒具，聽者猶疑，爭訟遷延，連紀不判。愚謂今雖桑井難復，宜更均量，審其經術，令分藝有準，力業相稱。細人獲資生之利，豪右靡餘地之盈。又所爭之田，宜限年斷，事久難明，悉屬今主。然後虛詐之人，絕於覬覦，守分之士，免於淩奪。帝深納之，均田之制起於此矣。胡翰曰：李安世在魏太和中，得君非華夏之主，得民非歸馬牧牛之時，以魏國之大，獨均其土地，審其經術，差露田，別世業，魏人賴之力業相稱。北齊、後周因而不變，隋又因之。唐有天下，遂定爲口分、永業之制，而取以租庸調之法。口分即露田也，永業即世業也。九年，詔曰：先王之典，經綸百氏，儲畜既積，黎民永安。爰暨季葉，斯道陵替，富強者并兼山澤，貧弱者望少一廛，致令地有遺利，民無餘財。今遣使者循行州郡，與牧守均給天下之田，還受以生死爲斷，勸課農桑，興富民之本。諸男夫十五以上，受露田四十畝，不栽樹者謂之露田。婦人二十畝，奴婢依良。丁牛一頭受田三十畝，限四牛。所受之田率倍之，三易之田再陪之，以供耕休及還受之盈縮。人年及課則受田，老免及身沒則還田，奴婢、牛隨有無還受。諸桑田不在還受之限，但通入倍田分。於分雖盈，不得以充露田之數，不足者以露田充倍。諸初受田者，男夫一人給田二十畝，課蒔餘，種桑五十樹，棗五株，榆三根。非桑之土，夫給一畝，依法課蒔。餘果及多種桑榆者不禁。諸還之田，不得種桑、榆、棗果，種者以違令論，地入還分。諸桑田皆爲代業，身終不還，恆從見口。有盈者，無受無還，不足者受種如法。盈者得賣其盈，不足者得買所不足。不得賣其分，亦不得買過所足。諸麻布之土，男夫及課，別給麻田十畝，婦人五畝，奴婢依良，皆從還受之法。諸有舉戶老小殘疾無受田者，年十一以上及廢疾者，各授以半夫田。年踰七十者不還所受。寡婦守志者，雖免課亦受婦田。諸還受人田，恆以正月。若始受田而身亡及賣買奴婢、牛者，皆至明年正月，乃得還受。諸土廣人稀之處，隨力所及，官借人種蒔。後有來居者，依法封授。諸地狹之處，有進丁授田而不樂遷者，則以其家桑田爲正田分，又不足不給倍田，又不足家內人別減分。無桑之鄉，準此爲法。樂遷者聽逐空荒，不限異州他郡，唯不聽避勞就逸。其地足之處，不得無故而移。諸人有新居者，三口給地一畝，以爲居室，奴婢五口給一畝。男女十五以上，因其地分，口課種菜五分畝之一。諸一人之分，正從正，倍從倍，不得隔越他畔。進丁授田者，恆從所近。若同時俱受，先貧後富。再倍之田，倣此爲法。諸遠流配謫，無子孫及戶絕者，墟宅、桑榆盡爲公田，以供授受。授受之次，給其所親，未受之間，亦借其所親。諸宰人之官，各隨匠給公田。更代相付。賣者坐如律。【略】

北齊給授田令，仍依魏朝。每年十月普令轉授，成丁而授，丁老而退，不聽賣易。天保八年，議徙冀、定、瀛無田之人，謂之樂遷，於幽州寬鄉以處之。

【略】

唐制五尺爲步，二百四十步爲畝，百畝爲頃。度其肥瘠、寬狹以居其人。凡給田，丁男、中男一頃，中男年十八已上者，亦依丁男給。老男、篤疾，廢疾四十畝，寡妻妾三十畝，若爲戶者，減丁之半。凡田二等，曰永業，曰口分。丁之田，二爲永業，八爲口分。凡道士給田三十畝，女冠二十畝，僧尼亦如之。凡官戶授田，減百姓口分之半。凡百姓給園宅地者，良口三人已上給一畝，三口加一畝，賤口五人給一畝，五口加一畝，其口分、永業不與焉。若京城及州縣郭下園宅，不在此例。凡給口分田，皆從便近。居城之人，本鄉無田者，則隔縣給受。凡應收授之田，皆起十月，畢十二月。凡授田，先課後不課，先貧後富，先無後少。凡州縣界內所部受田，悉足者爲寬鄉，不足者爲狹鄉，授田減寬鄉之半。其狹鄉地有薄厚，歲一易者，倍授之寬鄉，三易者不倍授。工商者寬鄉減半，狹鄉不給。林勳曰：周制步百爲畝，百畝僅得唐之四十餘畝耳。唐之口分，人八十畝，幾倍於古，蓋貞觀之盛，戶不及三百萬，永徽爲增十五萬。若周，則王畿千里已有三百萬家之田，列國不與焉。是以唐制受田倍於周，而地亦足以容之，狹鄉雖裁其半，猶可當成周之制。然按一時戶口，而不爲異日計，則後守法難矣。既無振貧之術，乃許之賣田，後魏以來敝法也，是以起兼幷之漸。凡田，鄉有餘，以給比鄉，縣有餘以給比縣，州有餘以給近州，授田者，丁歲輸粟二斛、稻三斛，謂之租。丁自王公以下皆有永業田，詳見《職田考》。其散官五品以上同職事給，兼有官爵及勛，俱應給者，唯從多，不並給。若當家口分之外先有地，非狹鄉者並即回受，有賸追收，不足者更給。諸永業田皆傳子孫，不在收授之限，即子孫犯法除名者，所承之地亦不追。每畝課種桑五十以上，榆、棗各十以上，三年種畢。鄉土不宜者，任以所宜樹充。五品以上，永業田皆不得狹鄉受任，於寬鄉隔越，射無主荒地充。即買蔭賜田充者，雖狹鄉亦聽。其六品以下，永業即聽本鄉取還公田充，願於寬鄉取者亦聽。應賜人田，非指的處所者，不得狹鄉給。其應給永業人，若官爵之內有解免者，從所解者追，即解免不盡者，隨所降品追。其除名者，依口分例給。自外及有賜田者，並追。若當家之內有官爵及少口分應受者，並聽迴給，有賸追收。其因官爵得永業，未請及未足而身亡者，子孫不追請。諸襲爵者，唯承父祖永業，不合別請。若父祖未請及未足而身亡者，減始受封之半。諸官職分田，詳《職田考》。諸驛封田，隨近給，馬一匹給地四十畝，若驛側有牧馬之處，匹各減五畝，其傳送馬每匹給田二十畝。諸庶人身死家貧，無以供葬者，聽賣永業田。流移者，亦如之。樂遷就寬鄉者，聽賣口分田。賣充住宅邸店碾磑者，雖非樂遷亦聽私賣。諸買地者，不得過本制，雖居狹鄉，亦聽依寬制。其賣者不得更請。凡賣買皆須經所部官司申牒，年終彼此除附。若無文牒，輒賣買財沒不追，地還本主。胡翰曰：均天下之田，而聽民鬻永業以葬，鬻口分以遷，是以小不足而大亂法也。何救於弊。鬻而加罰，永徽之禁抑末耳。議者以魏、齊、周、隋享國日淺，兵革不息，土曠人稀，其田足以給其衆，民獲其實。唐承平日久，丁口滋多，官無閑田給受，民不復獲其實，徒爲具文。不知隋唐之盛，丁口相若。至於貞觀、開元之盛，其人戶猶不及隋，何至其田具文無實也。但狹鄉民多，而田不盈，永業田鬻而民不固，如陸贄所謂時弊者，敎馴致也。時弊，則法亦弊，故均田雖有古之遺制，不若井田善。諸因王事沒落外藩，不還。有親屬同居其身分之地，六年乃追，身還之日，隨便先給。即身死王事者，其子孫雖未成丁，身分地勿追。其因戰傷及篤疾、廢疾者，亦不追減。諸田不得貼賃及質，違者財沒不追，地還本主。若從遠役外任，無人守業者，聽貼賃及質。其官人永業田及賜田，欲賣及貼賃者，皆不在禁限。【略】親王出藩者，出給地一頃作園。若城內無可開拓者，於近城便給，如無官田，取百姓地充。武德七年，定均田之制。開元中，天下戶版刓隱，人多去本籍。監察御史宇文融請校天下籍，收匿戶、羨田。玄宗以融爲覆田勸農使，遣御史分按州縣，括正頃畝。於是諸道收沒戶八十萬，田亦稱是。帝大悅。沙隨程氏曰：時天下戶八百萬，而浮客乃至八十萬，此融之論所立也。使融簡括賸田以授客戶，責成守令不收限外之賦，其振業小民，審修舊法，所得多矣。故杜佑作《理道要訣》稱融之功。唐人後亦思之。及天寶中，應受田一千四百三十萬三千八百六十二頃十三畝。十四年，有戶八百九十萬餘，每戶合一頃六十餘畝。自後安史亂起，人多流亡。大曆元年，詔流民還者給復三年，田園盡，則授以逃田。德宗建中初，分遣黜陟使按比墾田，田數得百十餘萬頃。貞元中，宰相陸贄上疏曰：古者一夫授田不過百畝，今富者萬畝，坐食租稅。京畿田畝稅五升，而私家收租畝一石。官取一，私取十，穡者安得足食。宜爲占田條，限裁租價，損有餘，優不足，此安富恤貧之善經也。贄言雖切，以讒逐，事無施行。其後李翺作《平賦書》，欲存古什一之法。其略曰：凡爲天下者視千里之都，千里之都視百里之州，百里之州起於一畝之田。六尺謂之步，古之尺小，爲今尺四尺八寸。二百有四十步謂之畝，一畝爲古之田三畝。三百有六十步謂之里，方里之田五百有四十畝，古方一里爲田九頃，今方一里爲田五頃四十畝，爲古田十六頃二十畝。十里之田五萬有四千畝，爲古之田一千六百二十頃。百里之州五千有四億畝，五萬四千頃。千里之都五十有四百億畝。五萬四十萬頃也。方里之內，以十畝爲之屋室、徑路，牛、豚之所息，葱、韭、蔬菜之所生植，里之家給焉。凡百里之州，爲方十里者百，州縣城郭之所建，通川大塗之所更，邱墓鄉井之所聚，畎遂溝瀆之所渠。大計不過方十里者三十有六，有田十九億四萬有四千畝，百里之家給焉。千里亦如之。高山大川，則椁其中。斬長綴短而量之，一畝之田，以強幷弱，水旱之不時，雖不能盡地利者，歲不下粟一石，公索其十之一。凡百里之州，有田五十有四億畝，以一千九億四萬有四千畝爲之州縣城郭、通川大塗、畎遂溝瀆、邱墓鄉井、屋室徑路，餘田三十四億五萬有六千畝。畝率十取粟一石，爲粟三十四萬五千有六百石。其田閒樹之以桑，凡樹桑，人一日之所休者，謂之功桑，是故十畝之田植五功。一功之蠶取，不宜歲度之。雖不能盡其功者，功不下一匹帛，公索其百之十。凡百里之州，有田五十四億畝，以一十九億四萬有四千畝爲之州縣城郭、通川大塗、畎遂溝瀆、丘墓鄉井、屋室徑路，餘田三十四億五萬有六千畝。麥田計三分，當其土卑，不可以植桑，餘田二十三億有四千畝樹桑。凡一百一十五萬有二千功，功率十取一匹帛，帛十一萬五千有二百匹。鰥、寡、孤、獨、有疾者，公與之粟帛；能自給者，弗征其田桑。凡十里之鄉爲公囷入於公者，歲十舍其一，十歲得粟三千四百五十有六石。饑歲人不足於食，量口多寡，出公囷與之，而勸之蠶，以須麥之升焉。及其大豐，鄉之正告鄉之人歸公所與之粟，當戒必精。窮人能歸者與之，勿徵，則歲雖大饑，百姓不困於食矣。會昌初，盡罷天下寺觀籍田數千萬頃，腴田鬻錢送戶部，中下田給寺家奴婢丁壯者爲兩稅戶，人十畝。以僧尼既盡，兩京悲田養病。坊給寺田十頃，諸州七頃，主以者壽。

馬端臨曰：自元魏行均田之法，齊、周、隋、唐因之，賦稅沿革不能詳知。唐初所謂租庸調者，皆受田一頃之人所出。中葉以後，法制隳弛，田畝在人者，不能禁賣易，官授田之法盡廢，則輸庸調者多無田之人矣。及安史之亂，丁口流離，其不可轉移失陷者，獨田畝耳。是以楊炎定兩稅之法，惟視大曆十四年墾田之數。論者多欲復租庸調之法，是必先復口分世業，均天下之田，使貧富等而後可。若不能均田，則兩稅乃不可易之法矣。蓋三代用貢、助、徹之法，各授以田，而未嘗別有戶賦。兩漢則不授人以田，而輕其戶賦。由後魏至唐中葉，因授田而重其戶賦，田之授否不常，而賦之重者不可復輕，遂至重爲民病。及兩稅法行，而此弊始革。

周顯德五年，頒均田圖。帝覽元稹《長慶集》，見在同州時所上《均田表》，較當時利病，曲盡其情，因令製素成圖，直書其事。《日知錄》：唐末，中原宿兵所在，皆置營田以耕曠土。其後又募高貲戶，使輸課佃之，戶部別置官司總領，不隸州縣。梁太祖擊淮南，掠得牛以千萬計，給東南諸州農民，使歲輸租。自是歷數十年，牛死而租不除，民甚苦之。周太祖素知其弊，用張凝、李穀之言，悉罷戶部營田，務以其民隸州縣，其田廬、牛、農器，竝賜見佃者爲永業，悉除租牛課。是歲，部增三萬餘戶。或言營田有肥饒者，不若鬻之，可得錢數十萬緡以資國。帝曰：利在於民，猶在國也，朕用此錢何爲。

清・閻鎮珩《六典通考》卷六四《民政考》 歷代田制

宋建隆二年，命官詣諸道均田，苛暴失實者，譴黜申明。周顯德三年之令，課民種樹，定民籍爲五等，第一等種雜樹百，每等減二十爲差，梨棗半之；男女十歲以上種韮一畦，闊一步，長十步，乏井者，鄰伍爲鑿之。令、佐春秋巡視，書其數，秩滿，第其課爲殿最。陳傅良曰：孔氏《闕里誌》云歷代以聖人之後不預庸調，至周顯德中均田，遂抑爲編戶，太平興國中，均福建田稅，歲蠲僞閩錢五千三百二十一貫，米七萬一千四百餘石。周朝均田，孔氏抑爲編戶，本朝至蠲僞閩之斂，以其政之寬猛，足以卜其受命之長短矣。湻化五年，宋、亳數州牛疫，官借錢，令就江南市牛。未至，屬時雨霑足。帝慮其耕稼失時。太子中允武允成獻踏犂，運以人力，分命依式製造給民。凡州縣曠土，許請佃爲永業，蠲三歲租。官吏勸民墾田，悉書於印紙，以俟旌賞。至道二年，直史館陳靖請制田爲三品，膏沃無患水旱者爲上；雖沃壤而患水旱，埆瘠而無水旱慮者爲中；既埆瘠，復患水旱爲下。上田人百畝，中田百五十畝，下田二百畝。詳見《居民考》。詔以靖爲京西勸農使，勸民墾田。未幾，罷其事。景德初，詔諸州不堪牧馬閑田，依職田例，招民種蒔，以沃瘠分三等輸課。大中祥符四年，詔曰：火田之禁，著在《禮經》。山林之閒，合順時令，其或昆蟲未蟄，草木猶蕃，輒縱燎原，則傷生類。諸州縣畬田，並如鄉土舊例，自餘焚燒野草，須十月後方得縱火。其行路野宿人，所在檢察，毋使延燔。仁宗即位，上書者言賦役未均，田制不立，因詔限田：公卿以下毋過三十頃，過者論如違制律，以田賞告者。既而三司言限田一州，而卜葬者牽於陰陽之說，至不敢舉事。又聽數分置墓田五頃，而任事者終以限田不便，未幾即廢。乾興元年，臣僚奏：諸命官所置莊田，定以三十頃爲限；衙前將吏合免戶役者，定以十五頃爲限。所典買田，只於一州內典買。如祖父遷葬，別無塋地者，許更置墳地五頃。若地有崖嶺不通步量刀耕火種之處所，定頃畝，許逐路轉運使爲條制申奏。時又禁近臣置別業，京師及寺觀毋得市田。初眞宗崩，內遣中人持金，賜玉泉山僧寺市田，由是寺觀稍益市田。明道二年，殿中御史段少連言：頃歲，中人至漣水軍，稱詔市民田給僧寺，非舊制，詔還民田，收其直入官。後承平寖久，勢官富姓占田無限，兼并冒僞習以成俗，重禁莫能止焉。景祐初，遣尙書職方員外郎沈厚載出懷、衛、磁、相、邢、洺、鎭、趙等州，教民種水田。京東轉運司亦言濟兗閒多閑田。而青州兵馬都監郝仁禹知田事，請命規度水利，募民耕墾。從之。京西唐、鄧閒多曠土，或請徙戶實之，或議置屯田，或欲廢唐州爲縣。嘉祐中，唐守趙尙寬言：土曠可闢，民稀可招。而州不可廢。得漢邵信臣故陂復修之，引水溉田幾數萬頃，變磽瘠爲膏腴。監司上其狀，留再任。天下墾田，景德中得一百八十六萬餘頃，以是歲七百二十二萬餘戶計之，田戶耕田一頃，知天下隱田多矣。天聖中，《國史》云開寶末，墾田二百九十五萬二千三百二十頃六十畝，至道二年，三百一十二萬五千二百五十一頃二十五畝，天禧五年，五百二十四萬七千五百八十四頃三十二畝，而開寶之數倍於景德，固未得其實。皇祐中，墾田二百二十八萬餘頃，治平中，四百四十餘萬頃，相去不二十年，而墾田之數增倍。率計天下墾田，無慮三千餘萬頃，而廢田猶四十八萬頃云。熙寧元年，襄州宜城令朱紘復修水渠，溉田六千頃，詔遷一官。權京西轉運使謝景溫言：汝州四縣乞置墾田務，差官專領，籍四縣荒田，召人請射。詔不置務，餘從所請。明年，分遣諸常平官，使專領農田水利，吏民能知土地種植之法，陂塘圩埠、隄堰溝洫利害者，皆得自言，行之有效，酬賞。已行新法縣分，田土頃畝，川港陂塘之類，令、佐受代，具墾闢開修之數，授諸代者。興修水利田，起熙寧三年至九年，凡一萬七百九十三處，爲田三十六萬一千一百七十八頃有奇。元豐元年，詔：開廢田水利，民力不能給役者，貸以常平錢穀。都水使者范三淵奏：自大名抵乾寧，跨十五州，河徙地凡七千頃，乞募人耕種。從之。《文獻通考》元豐閒，天下田四百六十一萬六千五百五十六頃，內民田四百五十五萬三千一百六十三頃六十一畝，官田六萬三千三百九十三頃。按：漢唐墾田之數，比宋或一倍，或三倍，或四倍有餘。按《食貨志》荒田未墾者多，京襄、唐、鄧尤甚，至治平、熙寧閒，相繼開墾。然凡百畝。之內，起稅止四畝，欲增至二十畝，則言者以民苦賦重，遂不增。則田之無賦稅者，不止十之七而已。哲宗初，興平縣抑民田爲牧地，民亦自言。詔悉還之。元祐四年，詔：瀕河州縣，積水冒田。在任官能爲民經畫，疏導溝畎，退出良田，自百頃至十頃第賞。崇寧中，廣南東路轉運判官王覺開闢荒田幾萬頃，詔遷一官。政和六年，京畿提點刑獄王本言：前根括諸縣荒瘠地一萬二千餘頃，入稻田務，已佃者五千三百餘頃，尙慮令、佐不肯究心。詔：比開墾𧂐地格推賞。平江府興圍田二千餘頃，令、佐而下，以差減磨勘年。八年，權淮南江浙荊湖制置發運使任諒奏：高郵軍有逃田四百四十六頃，楚州九百七十四頃，泰州五百七十二頃，平江府四百九十七頃，請專選官，按籍根括。從之。宣和五年，山東轉運司根括逃田百六十頃十六畝，兩浙四百五十六頃，召人出租。初，政和中，品官限田，一品百頃，以差降至九品爲十畝，限外之數，並差科。七年，詔：內外宫觀舍置田，在京不得過五十頃，在外不得過三十頃。建炎五年，廣州教授林勳獻《本政書》十三篇，謂：宜倣古井田之制，使民一夫占田五十畝，其羨田之家毋得市田，其無田與游惰末作者，皆使爲農，以耕田之羨，雜紐錢穀，以爲什一之稅。十六夫爲一井，提封百里爲三千四百井，率稅米五萬一千斛，錢萬二千緡，每井賦二兵一馬，率爲兵六千八百人，馬三千四百匹。歲取五之一，以爲上番之額，以給征役，歲食米萬九千餘斛，錢三千六百餘緡，無事則減四分之三，皆以一同之租稅供之。匹婦貢絹三尺，緜一兩。百里之縣，歲收絹四千餘匹，絲二千四百斤。非蠶鄉，則布六尺，痲二兩，所收視緜絹倍之。其說甚備。尋以勳爲桂州節度，掌書記。勳又獻《比校書》謂：桂州地東西六百里，南北五百里，以古尺計之，爲方百里之國四十，當墾田二百二十五萬二千八百頃，有田夫二百四萬八千，出米二十四萬八千斛。今州墾田約萬四十二頃，丁一十一萬六千六百一十五，稅錢萬五千餘，上地荒蕪，而游手末作之人衆，是以地利多移，財用不足，皆本政不修之故。紹興三年，募佃江東西閑田，三等定租，上田畝輸米一斗五升，中田一斗，下田七升。五年，立守令墾田殿最格。墾田增一分，郡守升三季名次，增九分，遷一官；虧一分，降三季名次，虧九分，鐫一官，縣令差減之增虧各及十分者，取旨賞罰。又令縣具歸業民數及墾田多寡，月上之州，州季上轉運，轉運歲上戶部，戶部置籍以考之。六年，知平江府章誼言：强宗巨室，阡陌相望，而多無稅之田，使下戶爲之破產，乞委通判均平賦役。十二年，左司員外郎李椿年言：經界不正十害，望考按覈實自平江始。上謂椿年論有條理，秦檜亦言其簡易可行。以椿年爲兩浙路轉運副使，措置經界，時量田不實者，罪至徒流。江山尉汪大猷白椿年：民田少而供多者，願許陳首追正。椿年爲之輕刑。十七年，椿年權戶部侍郎，措置經界。十八年，墾荒田至七萬餘畝。十九年，詔鄭克行四川經界法，州縣省莊田、蔬果、桑柘莫不有徵，而卭蜀民田至什稅其五。其後民有訴不均者。殿中侍御史曹筠劾椿年，罷之。二十年，詔：兩淮沃壤宜穀，置力田科，募民就耕，以廣官莊。知資州楊師錫言田畝不分腴瘠，市居丈尺隙田亦充稅產。於是降詔曰：椿年乞行經界，去民十害。今聞寖失本意，凡便民者依行，害民者追正。三十年初，令純州平江縣民實田，畝輸米二升四合。乾道六年，監進奏院李結獻《治田三議》：一曰務本，二曰協力，三曰因時。蘇、湖、常、秀諸州水田塘浦要處，乞官以錢米貸田主，乘農隙作堰，則隄成而水不爲患。戶部以三議切當，但工力浩瀚，欲曉有田之家，依畝步出錢米與租田之人修築。從之。七年，知揚州晁公武奏：晚唐民務稼穡則增其租，故播種少，吳越民墾荒田而不加稅，故無曠土。望詔兩淮，更不增賦。詔可。九年，王之奇奏：增定力田賞格，募開荒田。淳熙五年，詔：湖北佃戶開墾荒止輸舊稅，若包占頃畝，詔下二年不能偏耕者，拘作營田。九年，著作郎袁樞奏：兩淮民占田不知其數，二稅既免，止輸穀帛之課，力不能墾，則廢爲荒地，他人請佃，則以疆界爲詞，官無稽考。望詔州縣畫疆立券，占田多而輸課少者，隨畝增之，其餘閑田給與佃人。紹熙元年，朱熹知漳州，會臣僚請行閩中經界。詔監司條具事下郡。熹奏言：經界最爲民大利，紹興已推行處，公私兩利，獨泉、漳、汀未行。臣獨任其必可行，然必推擇官吏，委任責成，度量步畝，算計精確，書圖造帳，費從官給，隨產均稅，特許過鄉通縣均紐，庶幾輕重齊同。今欲每畝隨九等高下定計產錢，而合一州租稅錢米之數，以產錢爲母，每文輸米幾何，錢幾何，止於一倉一庫受納。既輸之後，卻視原額，分隸爲省計，爲職田，爲學糧，爲常平，各撥入諸倉庫。版圖一定，則民業有經矣。明年，詔漕臣陳公亮同熹協力奉行。貴家豪右占田隱稅，胥爲異論以搖之，前詔遂格，熹請祠去。羅大經曰：朱文公將行經界，王子合疑其擾。公答書曰：經界固不能無小擾，但不若此，則貧民受害，故忍而爲之，庶一勞永逸耳。紹興閒，正施行時，人人嗟怨，但訖事後，田稅均齊，田里安靜，公私皆享其利。凡事亦要其久遠如何耳。公此論可謂明確。蓋自商鞅有成大事者不和于衆之說，卒以滅宗，故後之爲政者，每畏拂人情。不知人情固不可拂，亦不可徇，唯當論理之是非，事之當否。事久論定，拂之者，乃所以愛之也。知婺州趙愨夫行經界，趙師嵒繼之，後二年，魏豹文代守，行之益力，於是向之上戶析爲貧下戶，實田隱爲逃絕之田者，粲然可考。凡結甲冊、戶產簿、丁口簿、魚鱗圖、類姓簿二十三萬九千有奇，剏庫櫃以藏之，三年而後，上其事於朝。淳祐六年，侍御史謝方叔言：豪强兼并，至今而極，非限民名田不可。今百姓膏腴皆歸貴勢之家，租米有及百萬石者。小民百畝之田，頻年差充保役，則獻其產於巨室，以規免役。小民田日減，而保役不休；大官田日增，而保役不及。今國用邊餉皆仰和糴，然權勢多田之家，和糴不容以加之，保役不容以及之。敵人睥睨於外，盜賊窺伺於內。居此之時，與其多田厚貲不可長保，曷若捐貲助國，共紓目前。乞論二三大臣，摭臣僚論奏而行之。十一年，敕曰：貪官暴吏，一例估籍，害及平民，或戶絶之家，不與命繼；或經陳訴，許以給還，輒假他名支破，竟成乾沒；或有典業，不聽收贖，遂使產主無辜。夫業違戾官吏，重寘典憲。初，仁宗時，大理寺丞郭諮以千步方田法括定名田，均其賦於民。既而諮言州縣多逃田，未可盡括，遂罷。熙寍五年，重定方田法，以東西南北各千步，當四十一頃六十六畝一百六十步，爲一方。歲以九月，縣委令、佐分地計量，隨陂原平澤而定其地，因赤淤黑壚而辨其色，參定肥瘠，分五等，以定稅則。凡田方之角，立土爲方，植其上之所宜木以封表之。有方帳，有莊帳，有甲帖，有戶帳，其分煙析產，典賣割移，官給契，縣置簿，皆以今所方之田爲正。六年，詔：土色分五等，疑未盡。下郡縣物其土宜，多爲等，勿拘以五。七年，京東十七州選官四員，各主其方，分行郡縣，三年爲任。方差大甲頭二人，小甲頭三人，同集方戶，令各認步畝，方田官驗地色，更勒甲頭、方戶同定。元豐八年，以擾民罷之。天下之田，已方而見籍，二百四十八萬四千三百四十有九頃云。崇寍三年，蔡京等云：自開阡陌，民得以田私相貿易，而天下賦調不平久矣。神宗講究方田利害，作法推行。方爲之帳，而步畝高下，丈尺不可隱；戶給之帳，而升合尺寸無所遺，以賣買，則民無所容其巧，以推收，則吏莫能措其姦。今文籍具在，可舉而行。詔諸路州縣官吏推行，自京西、北兩路始。大觀四年，詔：方田官吏妄增田稅，又兼不食之山方之，俾出芻草之直，民戶廢業失所。監司其悉改正。政和三年，河北西路提舉常平司奏：所在地色不下百數，至均稅不過十等。地土肥沃，十分之稅尚以爲輕。第十等，多是瘠鹵，稅雖少，猶以爲重。若不入等，則多至一頃，止以柴蒿之直爲錢。自一百至五百，比次十等，全不受稅。既收入等，便有一分之稅。其下色之地，與不蒿之地不相遠，乃一例均稅一分，上輕下重，欲乞十等之地再分上、中、下三等，折畝分數。謂如第十等地，十畝合折第一等一畝，受稅十一；中數十五畝，下數二十畝，方比上等一畝之稅。詔諸路槩行其法。宣和元年，臣僚言：御史臺受訴，有二百餘畝方爲二十畝者，有二頃九十六畝方爲一十七畝者，虔之瑞金縣是也；有租稅十有三錢而增至二貫二百者，有租稅二十七錢而增至一貫四百五十者，虔之會昌縣是也。望詔常平使者檢察。二年，遂詔罷之。南渡後，有圩田、圍田、沙田等名。紹興元年，詔宣州、太平州守臣修圩。五年，定州縣圩田租額充軍儲，建康府永豐圩，租米歲三萬石。圩至四相去皆五六十里，有田九百五十餘頃，元墾田不及三之一，至是始立額。《文獻通考》：江東水鄉，隄河兩涯，而田其中，謂之圩。農家云圩者，圍也。內以圍田，外以圍水，葢河高，而田在水下。沿隄通斗門，每門疏港以溉田，故有豐年，而無水患。乾道初，江東轉運司奏：永豐圩自政和五年圍湖成田，今五十餘載，橫截水勢，每遇泛漲，衝決民圩，爲害非細。雖營田千頃，自開修至今，可耕者止四百頃，而損害數州民田，失稅數倍。欲將永豐圩廢(決)[掘]瀦水，其在側民圩不礙水道者如舊。詔從之。其後，漕臣韓元吉言：此圩初是百姓請佃，後以賜蔡京，又以賜韓世忠，又以賜秦檜，繼撥隸行宮，又隸總所，五十年閒，皆權臣大將之家，又在御府，其管莊多武夫健卒，侵欺小民，甚者剽掠舟船，囊橐盜賊。鄉民病之，非圩田能病民也。於是開掘之命遂寢。乾道八年，戶部侍郎兼樞密都承旨葉衡言：寍國府惠民化城舊圩四十餘里，新築九里餘，太平州黃池鎮福定圩周四十餘里，庭福等五十四圩周一百五十餘里，包圍諸圩在內。蕪湖縣圩周二百九十餘里，通當塗圩，共四百八十餘里。竝高廣堅緻，瀕水種榆柳，足捍風濤，實爲永利。詔獎諭。盜湖爲田，始於慶曆、嘉祐閒。政和以來，創爲應奉，始廢湖爲田。紹興五年，江東帥臣李光言：明、越皆有湖田。餘姚、上虞每縣收租不過數千斛，而所失民田常賦萬計，莫若先罷兩邑湖田。其會稽之鑑湖、鄞之廣德湖、蕭山之湘湖等處尚多，望詔漕臣盡廢之。其江東西圩田，蘇、秀圍田，令監司守令條上。二十三年，諫議大夫史才言：浙西民田最廣，恃太湖之利。近年，瀕湖之地多爲軍卒侵據，累土增隄，名曰壩田，旱則據之以溉，水則遠近泛濫，民田盡沒。望詔有司究治，復太湖舊跡。從之。隆興二年，詔：江浙水利不講，勢家圍田堙塞流水，諸州守臣按視以聞。刑部侍郎吳芾言：昨守紹興，請開鑑湖廣田二百七十頃，民田九千餘頃，悉倍收。今尚有低田二萬餘畝，本亦湖也。百姓交佃，畝値纔兩三緡，欲官給其半，盡廢其田。從之。淳熙十年，大理寺丞張抑言：浙西豪宗占湖爲田，築長隄，植榆柳，外捍茭蘆，舊爲田者，始隔水之出入。蘇、湖、常、秀昔有水患，今多旱災，乞責縣令毋給據，尉警捕，監司覺察有圍裹者，以違制論。既而漕臣錢冲之請每圍立石識之，共一千四百八十九所，令諸郡遵守焉。慶元二年，戶部尚書袁說友等言：浙西圍田相望，陂塘溇瀆悉爲田疇，有水則無地可瀦，有旱則無水可戽。不嚴禁之，後將益甚。嘉泰元年，以大理司直留佑賢等措置，自淳熙十一年立石後，官民圍裹者盡罷之。開禧二年，詔：兩浙州縣已開圍田，許元主復圍，召淮農租種。嘉定三年，臣僚言：豪民巨室加倍圍裏，又影射包占水蕩，妨農民灌溉。於是復詔浙西提舉司，俟農隙開掘。寶祐元年，史館校勘黄國面對：圍田自淳熙十一年識石者當存之，復圍者，合權其利害輕重，爲之存毁。其租或歸總所，或隸安邊所，或分隸諸郡。上曰：安邊所田已撥歸本所。國又奏：自丁未已來，創圍之田始因殿司獻草蕩，任事者欲因以爲功，凡旱乾處悉圍之，利少害多，宜開掘以通水道。上然之。紹興二十八年，詔檢視逐路沙田、蘆場。先是言者謂江淮閒沙田、蘆場爲人冒占，歲失官課至多，故有是命。既而侍御史葉義問等言貧民受害，乃詔：沙田蘆場，止爲世家詭名冒占，其三等以下戶勿根括。尋詔官戶十頃、民戶二十頃以上並增租，餘如舊，置提領官田所領之。乾道八年，詔提領官田所所催三路沙田、蘆場租錢並歸戶部，又遣官實江淮沙田、蘆場頃畝，悉追正之。建炎初，籍蔡京、王黼等莊爲官田，詔見佃者就耕，歲減租二分。三年，凡天下官田，令民自陳輸租。紹興元年，以軍興用度不足，詔盡鬻諸郡官田。二十一年，以大理寺主簿丁仲京言：凡學田爲勢家侵佃者，命提學官覺察，又命撥僧寺常住絶產以贍學。戶部議併撥無勅額庵院田。詔可。初，閩以福建八郡田分三等，膏腴者給僧寺道院，中下者納土著流寓。自劉夔爲福州，始質易取貲。迨張守帥閩，存上等四十餘刹以待高僧，悉令民請買，歲入七八萬餘緡以助軍衣，餘寬百姓雜科，民皆便之。初，兩浙轉運司官莊田四萬二千餘畝，歲收稻、麥等四萬八千餘斛，營田九十二萬六千餘畝，歲收稻、麥、雜豆等十六萬七千餘斛，充行在馬料及糴錢。二十九年，詔出賣。乾道二年，戶部侍郎曾懷言：江西路營田四千餘頃，已佃一千九百餘頃，若出賣，可得六萬七千餘貫，及兩浙轉運司所括九十餘萬畝，爲數浩瀚。今欲遵元詔，見佃願買者減價二管分。詔懷等提領出賣，其錢輸左藏南庫。七年，提舉浙西常平李結乞以見管營田撥歸本司，同常平田，立官莊。梁克家亦奏：戶部賣營田，率爲有力者下價取之，不如置官莊，歲得五十萬斛。大理寺主簿薛季宣於黄岡廠城立官莊二十二所。淳熙元年，臣僚言：出賣官田，上下督責，始限一季，繼限一年，賣者纔十三，輸者纔十二。蓋賣產之家，無非大姓，估價之初，以上產輕立價貫，揭榜之後，率先投狀；若中下之產，無人屬意，立價輕重不均。莫若令元佃之家著業，輸租可得數十萬斛。從之。慶元元年，福建提舉宋之瑞乞免鬻建劍汀邵沒官田，收其租，助民舉子。詔從之。開禧四年，置安邊所，凡權倖沒入之田及圍田、湖田在官者皆隸焉，輸米七十二萬二千七百斛有奇，錢一百三十一萬五千緡有奇，藉以給行人金繒之費。景定四年，殿中侍御史陳堯道等乞依祖宗限田議，踰限之田，抽三分之一買充公田，得一千萬畝，則歲入六七百萬斛。從之。浙西安撫魏克愚言：取四路民田，立限回買，未見其利，適見其害。近給事中徐經孫奏：記丞相言江西買田之弊甚詳。若浙西弊尤甚。歷述其爲害者八事，疏奏不省。六郡回買公田，畝起租滿石，償二百貫，九斗償百八十貫，八斗償百六十貫，七斗償百(七)〔四〕十貫，六斗償百二十貫；五千畝以上，以銀六分，官告五分，度牒二分，會子二分半；五千畝以下，以銀半分，官告三分，度牒二分，會子三分半；千畝以下，度牒、會子各半；五百畝至三百畝，全以會子。是歲，田事成，每石官給止四十貫，而半是告、牒。民持之而不得售，六郡騷然。是歲，彗見東方，三學、六館皆上封章。前秘書監高斯得力陳買田之失人心，致天變。言者相繼被劾，斯得予郡。尋罷之。咸淳四年，以差置官莊弊甚，盡罷之。令諸郡公租以三千石爲一莊，盜易者，以盜賣官田論。其租先減二分，上更減一分。德祐元年，詔公田爲民害，稔怨召禍，竝給田主，令率其租戶爲兵。而宋祚訖矣。

【略】

遼統和中，沿邊置屯田，戍兵易田積穀，以給軍餉。太平七年，詔：諸屯田在官，斛粟不得擅代，在屯者，力耕公田，不輸稅賦。此公田制也。餘民應募，或治閒田，或治私田，則計畝出粟，以賦公上。十五年，募民耕灤河曠地，十年始租。此在官閑田制也。又詔山前後未納稅戶，並於密雲、燕樂兩縣占田，置業入稅。此私田制也。金步、畝、頃之數從唐制，民田業各從便，質賣無禁，但隨地輸租而已。凡桑棗，民戶以多植爲勤，少者植十之三，猛安謀克戶種十之一。凡官地，猛安謀克及貧民請射者，寬鄉一丁百畝，狹鄉十畝，中男半之。荒地以最下第五等減半定租，八年始徵。作己業者，以第七等減半爲稅，七年始徵。自首冒比鄰地者，輸官租三之二；佃黄河退灘者，次年納租。天(眷)〔會〕十四年，罷來流、混同間護邏地，予民耕牧。大定十年，禁侵耕圍場地。十七年，邢州男子趙迪簡言：隨路不附籍官田及河灘地，皆爲豪強所占，貧民土瘠稅重，乞遣官拘籍冒佃者，定租課。詔付有司，將行而止，復以近都猛安謀克所給官地皆薄瘠，豪民租佃官田歲久，冒爲己業，令拘籍之。省臣奏：官地人多蔽匿盜耕者，由罪輕故也。乃更條立限，令人自陳，過限，能告者有賞。二十一年，言者謂豪強之家多占田。上曰：前參政納合椿年占地八百頃，又山西田亦多爲權要所占，有一家至三十頃者。小民無田，徙居陰山惡地，何以自存。其令占官地十頃以上，皆括籍入官，均賜貧民。省臣又奏：椿年［子］猛安（三）［參謀］合，故太師耨盌溫敦思忠孫長壽等，親屬計七十餘家，占地三千餘頃。上命各十頃，餘皆拘入官。山後招討司所括同此。又謂宰臣曰：山東路所括民田，已分給女直屯田人戶。所有籍官閑地，依元數還民，仍免租稅。二十二年，以趙王永忠等四王府冒占官田，罪其各府長史、府掾及安次、新城、宛平、昌平、永清、懷柔六縣官，皆罰贖有差。先嘗令豐年括籍官地，至是，省臣復以爲奏。上曰：本爲新徙四猛安貧窮，須刷官田與之。若張仲愈等所擬條約太刻，但以民初無得地之由，自撫定後，未嘗輸稅，妄通爲己業者刷之。如此，恐民苦之。可爲酬直，且先令猛安謀克人戶計其丁壯牛具，合得土田，實數給之。不足，則以前所刷地二萬餘頃補之。時有落兀者，與婆薩等爭懿州地六萬頃，皆無據驗，遂沒入官。二十七年，隨處官豪之家多請占官地，轉與他人，命有司拘刷見數，以與貧難無地者，每丁授五十畝，餘佃不盡者，方許豪家驗丁租佃。章宗初，擬再立限令，又命平陽路計丁限田，如一家三丁，已業止三十畝，則更許存所佃官地一頃二十畝，餘者拘籍，給付貧民。尚書省奏：河東地狹，稍凶荒則流亡相繼。河南地廣人稀，今若招集他路流民，量給閑田，則河東飢民減少，河南且無曠地矣。上從所請。又佃官閑地者，舊免五年租課，今免八年，則或多墾。明昌六年，陝西提刑司言：本路戶民安水磨油栿所占步數，在私地有稅，官田則有租，若更輸水利錢銀，是重併也，乞除之。省臣奏：水利錢銀，輔本路之用，未可除，宜視實占地數，除稅租，命他路視此爲法。泰和四年，定制：所撥地止十里內自種之數，每丁四十畝，續進丁同此，餘許便宜租賃及兩和分種，違者錢業還主。初，六路括地，屯田軍戶冒名增口，以請官地及包取民田，應詔陳言，人多論之。八年，戶部尚書高汝礪言：人戶請佃者免三年，作已業者免一年，自首冒佃並請退灘地，令當年輸租，以鄰首保識，爲長制，貞祐三年，侍御史劉元規上書曰：朝廷有括地之議，聞者無不駭愕。荒田不可耕，有得地之名，無享利之實。縱得熟土，不能親耕，而令民佃之，所得無幾。上大悟，罷之。參政汝礪言：山東撥地時，腴地入富家，瘠者付貧戶，無益於軍，而民有損。惟當倍益官租以給軍食，復以係官荒田、牧地，量數與之，令其自耕。從之。三年，議括荒田及牧馬地給軍，命尚書右丞高汝礪總之。汝礪奏：今頃畝之數，較舊籍甚少，復瘠惡不可耕，可耕者無幾，又僻遠，必徙居就之，不能自耕，必以與人，又當取租數百里外。況今農田不能盡闢，豈有餘力以耕荒地。今諸軍戶皆曰得半糧猶足自養，得田不能耕，復罷其廩，將何所賴。遂詔罷給田。四年，省院議民有能開牧馬地及官荒地作熟田者，以半給爲永業，半給軍戶。奏可。興定三年，尚書右丞侯摯言：河南軍民田一百九十七萬頃有奇，見耕九十六萬餘頃。上田可收一石二斗，中田一石，下田八斗，十一取之，歲得九百六十萬石。臣在東平嘗試行二三年，民不疲而軍用足。詔有司議行之。移剌不言：軍戶徙河南數歲，尚未給田，請括諸屯處官田，人給三十畝。宰臣奏：河南水災，種麥不及五萬頃，歲入不能足。若授爲永業，有獲即罷其家糧，亦省費一端也。上從之。又命唐、鄧、裕、蔡、息、壽、潁、亳及歸德府水田，已燥者布種，未滲者種稻，復業戶免本州差發，能代耕者如之。五年，行三司石抹斡魯言：南京路舊墾田三十九萬八千五百餘頃，內官田民耕者九萬九千頃有奇。今飢民流離，東西南路計亦如之。若分給軍戶，人三十畝，使自耕，或召人佃種，畜積漸饒，官糧可罷。令省臣議之，不能行。區田之法，見嵇康《養生論》，歷代未有。明昌五年，勅諭農民使區種。先是武陟高翌上區種法，且請驗人丁地土多少，定數令種。勅令農田百畝以上，如瀕河易得水之地，區種三十餘畝，多種者聽，無水之地從便，仍委千戶謀克、縣官依法勸率。承安元年，初行區種法。男年十五以上、六十以下有土田者，丁種一畝，丁多者五畝。二年，九路提刑馬百祿奏：聖訓農民有地一頃者，區種一畝，五畝即止。臣以爲肥瘠不同，乞不限畝數。制可。泰和四年，尚書省奏：講議區田，本欲利民，或以天旱乃用之。倉卒施功，未必有益，且地肥瘠不同，使區種有利，民自當勉效之，不然，徒勞耳。勅所在長官及察按司隨宜勸諭，亦竟不行。

元世祖時，趙天麟上策言：今王公大人之家，或占民田千頃，不耕不稼，謂之草場，專放孳畜。江南豪家，廣占農地，驅役佃戶，恣縱妄爲，無所不至。貧家樂歲終身苦，凶年不免於死亡。荊楚之域，至有雇妻鬻子者，由豪富兼并故也。今欲復井田，恐騷動天下，宜限田以漸復之。凡宗室王公家限田幾百頃，凡巨族官民家限田幾十頃，限外退田者賜官，以空名告身田幾頃，官階一級。凡限田之外，蔽欺田畝者坐罪。限外之田，令佃戶爲主，未墾闢者，令無田之民占而闢之，且全免一年租稅，次年減半，三年依例科徵。凡占田不得過限，買田亦不可過限。私田既定，乃定公田。公田九等，一品二十頃，二品十六頃，三品十五頃，四品十二頃，以下以二頃爲差，九品但二頃而已。庶民獲恆產，官足養廉。行之五十年，井田可復興矣。延祐元年，平章章律請行經理之法，俾有田之家及寺觀、學校、財賦等田從實自首。其法先揭榜示民，限四十日，以所有田自實於官。或以熟爲荒、以田爲蕩，或隱占逃亡之產，或盜官田爲民田、指民田爲官田及僧道以田作弊者，並許人首告。十畝以下，田主及管幹佃戶皆杖七十；二十畝以下，加一等；百畝以下，一百七以上，流竄北邊，所隱田沒官。郡縣正官不查勘，有脫漏者，量事論罪，重者除名。富民黠吏並緣爲奸，以無爲有，虛具於籍，於是人不聊生，盜賊並起。至泰定、天歷之初，盡革虛增之數，民始獲安。河南省荒、熟田一百一十八萬七百六十九頃，江西省四十七萬四千六百九十三頃，江浙省九十九萬五千八十一頃。

明太祖即位，遣人覈浙西田畝，定賦稅；又以中原田多荒蕪，命省臣議，計民授田。設司農司，開治河南，掌其事。臨濠之田，驗其丁力，給畝計之，不得兼并。上諭中書省臣曰：蘇、松、嘉、湖、杭五郡地窄民衆，無田者逐末利，而食不給。臨濠，朕故鄉也，田多未闢，宜令五郡民無田者往臨濠開種爲己業，官給牛種舟糧資遣之，三年不徵其稅。於是徙者四千餘戶。

北方近城地多不治，召民耕，人給十五畝，蔬地二畝，免租三年。每歲中書省奏天下墾田數，小以千計，多者至二十餘萬。官給牛、農具者，乃收其稅。戶部郎中劉元臯言：河北諸處，兵後田荒民少。山東、西生齒日繁，宜令分丁，徙居寬閑之地，開墾田畝。上曰：山東地廣，民不必遷；山西民衆，宜如其言。於是遷澤、潞二州民無田者往諸閑曠之地。二十六年，覈天下土田，總八百五十萬七千六百二十三頃。田制二等，曰官田，詳《職田考》。曰民田。凡田，近郭爲上地，迤遠爲中地、下地。顧炎武曰：自金元之末，城邑坵墟，人民稀少。先耕者近郭，洪武之冊田也，後耕者遠郊，繼代之新科也，故輕重殊。五尺爲步，步二百四十爲畝，畝百爲頃。河北諸州縣以社分里甲，遷民分屯之地，以屯分里甲。社民先占畝廣，屯民新占畝狹，故屯地謂之小畝，社地謂之廣畝。至宣德間，墾荒田永不起科者及洿下鹻薄無糧者，皆覈入賦額，數溢於舊。有司乃以大畝當小畝以符舊額，有數畝當一畝者。步尺參差，大小不一，得以意贏縮。土田不均，未有如北方者。《日知錄》《廣平府志》曰：二百四十步爲畝，自古以來未之有改。國初，有開墾永不起科者，有洿下鹻薄而無糧者，今一槩量出作數，是以元額地少，而丈出之地反多。有司恐貽害於民，乃以大畝該小畝，取合元額之數，自是上行造報，則用大地以投黃冊，下行徵派，則用小畝以取均平，是以各縣大地有以小地一畝八分折一畝，遞增之至八畝以上折一畝；既因其地之高下而爲之差等，又皆合一縣之丈地。投一縣之元額，以敷一縣之糧科，而賦役由之以出，此後人一時之權宜爾。考之他郡，如河南八府，懷慶地獨小，而糧獨重，開封三十四州縣，而杞地獨小，糧獨重。蓋由天下初定，度田均丈之法有所不詳，而中原之地彌望荆榛，亦無從按畝而圖之也。貴州田無頃數、尺籍，悉徵之土官。洪武二十年，帝命戶部覈實天下土田，而兩浙富民畏避徭役，大率以田產寄他戶，謂之鐵腳詭寄，相沿成風，鄉里欺州縣，州縣欺府，姦弊百出，謂之通天詭寄。帝聞之，命國子生武淳等分行州縣，隨糧定區，區設糧長四人，度量田畝方圓，次以字號，悉書主名及田之丈尺、四至，編類爲冊，狀如魚鱗，號曰魚鱗圖冊。先是詔天下編黃冊，以戶爲主，詳具舊管、新收、開除實在之數，爲四柱式，而魚鱗圖冊以土田爲主，諸原阪、墳衍、下隰、沃瘠、沙鹵之別畢具。魚鱗冊以爲之經，土田之訟質焉；黃冊以爲之緯，賦役之法定焉。凡典賣田土，備書田土稅糧科則，官爲籍記之，毋令產去稅存以爲民害。弘治十五年，天下土田止四百二十八萬八千五十八頃，官田視民田得七之一。景泰六年，戶部尚書張鳳等奏：山東、河南北、直隸順天府無額田地，甲方開荒耕種，乙即告其不納稅。若不起科，爭競難塞，宜依本部所奏，減輕起科，每畝科米三升三合，糧一石，科草二束。從之。嘉靖八年，霍韜修《會典》言：自洪武迄弘治，天下額田已減強半，而湖廣、河南、廣東失額尤多，非撥給於藩府，則隱於猾民。廣東無藩府，非欺隱，即荒穢於寇賊矣。時桂蕚等疏請覈實，而顧鼎臣請履畝丈量。丈量之議由此起。江西安撫、河南裕州首行之，而法未詳具，人多疑憚。其後福建諸州縣爲經緯二冊，其法頗詳，然率以地爲主，田多者猶得上下其手。神宗初，建昌知府許孚遠爲歸戶冊，則以田從人，法簡而密矣。萬曆六年，閣臣張居正議天下田畝通行丈量，用開方法，以徑圍乘除，畸零截補。於是豪猾不得欺隱，里甲免賠累，而小戶無虛糧。總計田畝七百一萬三千九百七十六頃，視弘治時贏三百萬頃。然居正尚總覈，頗以溢額爲功。有司爭改小弓，以求田多，或掊克見田，以充虛額云。凡牧馬草場、城壖苜蓿地、牲地、園陵、墳地、公占隙地、軍民商屯田，通謂之官田，頗多占斂民業。中葉以後，官莊、軍屯日多，民田日被侵矣。嘉靖二十一年，給事中夏言疏：北方地土平夷廣衍，大半瀉鹵瘠薄之地，葭葦沮洳之場，且地形窪下，遇數日雨，即成湮沒，祖宗列聖所以有永不起科之例，有不許額外丈量之禁。近年以來，權倖親暱之臣妄聽姦民投獻，輒自違例奏(討)[請]，將畿甸州縣人民開墾永業指爲無糧地土，奪爲己有，由是公私莊田踰鄉跨邑，小民恆產歲朘月削，產業既入，展轉流亡，是豈祖宗列聖立國之法乎。其他先聖廟田、三氏學田、寺觀僧道田，虞謙爲杭州府知府，議僧道民之蠹。今江南寺院田多或數百頃，而徭役未嘗及之，貧民無田，爲徭役所困。請爲定制，僧道每人田無過十畝，餘田以均平民。不具著云。

顧炎武曰：吳中之民，有田者什一，爲人佃作者十九。其畝甚窄，而凡溝渠道路，皆併其稅於田之中。歲僅秋禾一熟，一畝之收不能至三石，少者不過一石有餘，而私租之重者至一石二三斗，小亦八九斗。佃人竭一歲之力，糞壅工作，一畝之費可一緡，而收成之日，所得不過數斗，至有今日完租，而明日乞貸者。故既減糧額，即當禁限私租，上田不得過八斗。如此，則貧者漸富，而富亦不至於貧。元至元三十一年，江西行省臣言：陛下詔蠲今歲田租十分之三，然江南與江北異，貧者佃富人之田，歲輸其租。今所蠲特及田主，其佃民輸租如故，則是恩及富室，而不及於貧民也。宜令佃民當輸於田主者，亦如所蠲之數。從之。明宣德十年，解科給事中年富亦有此請。大德八年，詔：江南佃戶私租太重，以十分爲率，普減二分，永爲定例。則厚下之政，前代已有行之者。

論曰：限田不如均田，均田不如井田，昔人已嘗言之矣。若夫唐李翺之《平賦》，宋林勳之《本政》，參酌古今之宜，變通周官之制，不可謂非有志於民生者。然而後世英君察相，卒莫能行其說。豈時勢相懸，未可執一槩而從事耶。抑二君之見，猶不免迂遠，而闊於事情耶。由宋南渡以來，官田始盛，大抵準私家之租以爲公賦，或三取其一，或十取其五，科額之重，非獨三代、兩漢所未有，即秦皇、隋煬之暴，未有及此者也。明震川歸氏言：蘇州田不及淮安半，而吳賦十倍；淮陰、松江兩縣糧與畿內八府百十七縣埒；江右南昌、新建兩縣亦多於他郡二十縣之糧。田賦之未均如此。異時，吳郡嘗均田，然破壞兩稅，陰有增羨，民以爲病。其後江陵當國，力主清丈之議。奉行之吏過於峻刻，往往增少爲多以僥功賞，而民之貧困，乃愈甚矣。夫自宋元以來，田制不立，經理無法，里閭逋懸之賦，累世而不絕，流庸失業，盜賊四起，皆此之由也，後之有意理天下者，三代授田之制，縱不能復行，要當使力耕奉稅之民無破産覆家之患，而其原必自均田賦始矣。

紀事

《禮記正義》卷一一《王制》 天子之田方千里，【略】公侯田方百里，伯七十里，子男五十里。不能五十里者，不合於天子，附於諸侯，曰附庸。天子之三公之田視公侯，天子之卿視伯，天子之大夫視子男，天子之元士視附庸。【略】制農田百畝。百畝之分，上農夫食九人，其次食八人，其次食七人，其次食六人，下農夫食五人。庶人在官者，其祿以是爲差也。【略】諸侯之下士視上農夫，祿足以代其耕也。中士倍下士，上士倍中士，下大夫倍上士。卿四大夫祿，君十卿祿。次國之卿三大夫祿，君十卿祿。小國之卿倍大夫祿，君十卿祿。【略】凡四海之內九州。州方千里，州建百里之國三十，七十里之國六十，五十里之國百有二十，凡二百一十國。名山大澤不以封，其餘以爲附庸間田。八州，州二百一十國。【略】天子之縣內，方百里之國九，七十里之國二十有一，五十里之國六十有三，凡九十三國。名山大澤不以朌，其餘以祿士，以爲間田。

明·張翰《松窗夢語》卷四 三農紀

古者之民，三十受田，六十歸田，公私一體。自李悝開阡陌，商鞅盡地力，幷田之井者而弁髦之。於是豪強者出，大者跨州邑，小者連閭里，而弱戶窶夫至無立錐之地，使民曾不得羹藜而飯糗。其弊生於不均，不均生於無制，其勢然也。

國朝名臣如王叔英，覽盈虧之理，欲行限田；邱文莊請以田相配，制爲一定之法；羅文莊又欲移江、浙間民以耕漢、沔曠土。夫即三言，參之古制，酌之今條，則田不可井也。而屯田寓兵，是亦兵農合一之意。內地不可井也，而經界秦隴，是亦制馭夷狄之機。至於均田、限田，行於創業之初甚易；行於今日甚難。移南耕北，免其征科之稅甚易；急於催科甚難。何也？自古足邊率先屯田，方今內地民力已疲，邊鎮軍儲日匱，蓋公私俱困矣！如陝西三邊延袤數千里，國初因田磽瘠，賦稅不給，拋荒者聽令開墾，永不起科，故塞下充實。已而計畝征糧，差賦繁重，加以虜酋之警，水旱之災，收獲既歉，徵輸愈急，所以民日轉徙，田日荒蕪也。及今不大布寬恤，盡免積逋，使人無畏忌，儘力開墾，則邊境之憂日甚一日，孰知底止哉！余以爲元係拋荒者，得永不起科，係近年拋荒者，待十年之後乃行起科，則邊境之兵可以轉弱爲強，豈非馭夷一大機也？

若夫內地之民，不特漢、沔多曠土。余嘗出守廬陽，巡行阡陌，勸民開墾，而流移還集。又嘗往來淮鳳，一望皆紅蓼白茅，大抵多不耕之地。間有耕者，又苦天澤不時，非旱即澇，蓋雨多則橫潦瀰漫，無處歸束，無雨則任其焦萎，救濟無資，饑饉頻仍，窘迫流徙，地廣人稀，坐此故也。且此地界達蕭、碭、汝、潁，自昔多盜，爲逋逃之藪，積久不無隱憂。世皇中葉，曾專設屯田都御史王璣，時值大水，功不及施，輒復報罷。余督漕時，亦奏薦州守姚篚持節潁上，專理開荒，議亦未行。至銓部始得奏請添設僉事一員，勸農淮鳳，然不久又議罷矣。夫得人以專任其事，而假之歲月，不責近功，則招來江北之流民，以闢江北之曠土，力耕可自足也，又奚必移江浙之閒民哉？惟得薄賦緩征，如《禹貢》之冀州，乃可行耳。

若欲以限田令富民惟營產於其縣，而越州跨邑者奪之，則豪強之兼併者勢難追奪。欲以均田令一丁無過百畝，而少踰者即加之税，則狡猾之欺隱者勢難清查，孰若開墾之不擾民而事易集也？夫以荒蕪萑葦之區而爲耕穫菑畬之地，以閒曠棄置之土而爲生人養命之場，此非有損於上以益下，害於國以利民也。而當事者不加之意，豈知公家之急，忘私家之恤；知國儲匱乏可憂，而閭閻懸罄爲無足憂耶？余以取盈於官，不若藏富於民，有若之言可思已。【略】

若夫田既闢矣，又宜立權時救弊之法，通行天下。昔聖王仁政，必以均貧富爲急。今田既不可井，而均田、限田又難行，若非均其田賦，何以蘇民困哉！但今田賦之弊，江南爲甚，里胥飛走，繁瑣難革。其間有重租官田，或因前代舊額，或繫國初籍沒，小民肆力耕種，不足辦糧。事窮勢迫，多作民田出賣，遺糧在戶，倍納不敷，多致逃竄，攤稅之苦，負累里甲，孰若均派有田之家分納爲便也？若江北近京之地，則富強之家開墾田土，多不認糧，惟小民原額舊田，始有糧稅。至於畝數，廣狹不均，以致貧者愈貧，漸至逃亡，富者愈富，日肆兼并。謂宜通行天下，田畝均以本州縣爲率而均一，其稅不必更分。多則其田數廣狹，亦宜各縣丈量而均一之，如北方土曠收薄之處。及南方邊江、沙磧、山岡易旱之鄉，則宜倣古人上田一夫百畝、中田二百畝、下田三百畝之意而量寬其畝，或令加半，或令倍折，亦不爲過。如此而田制庶乎其可興也。

綜論總部

職掌部

論說

《商君書》卷一《墾令》 無宿治，則邪官不及爲私利於民，而百官之情不相稽，則農有餘日。邪官不及爲私利於民，則農不敗。農不敗而有餘日，則草必墾矣。

訾粟而稅，則上壹而民平。上壹則信，信則臣不敢爲邪。民平則慎，慎則難變。上信而官不敢爲邪，民慎而難變，則下不非上，中不苦官。下不非上，中不苦官，則壯民疾農不變。壯民疾農不變，則少民學之不休。少民學之不休，則草必墾矣。

無以外權爵任與官，則民不貴學問，又不賤農。民不貴學則愚，愚則無外交。無外交，則國勉農而不偷。民不賤農，則國安不殆。國安不殆，勉農而不偷，則草必墾矣。

祿厚而稅多，食口衆者，敗農者也。則以其食口之數賤而重使之。則辟淫游惰之民無所於食。民無所於食則必農。農則草必墾矣。

使商無得糴，農無得糶。農無得糶，則窳惰之農勉疾。商無得糴，則多歲不加樂。多歲不加樂，則饑歲無裕利。無裕利則商怯，商怯則欲農。窳惰之農勉疾，商欲農，則草必墾矣。

聲服無通於百縣，則民行作不顧，休居不聽。休居不聽，則氣不淫；行作不顧，則意必壹。意壹而氣不淫，則草必墾矣。

無得取庸，則大夫家長不建繕，愛子不惰食，惰民不窳而庸。民無所於食，是必農。大夫家長不建繕，則農事不傷；愛子惰民不窳，則故田不荒。農事不傷，農民益農，則草必墾矣。

廢逆旅則姦僞、躁心、私交、疑農之民不行，逆旅之民無所於食，則必農，農則草必墾矣。

壹山澤，則惡農、慢惰、倍欲之民無所於食。無所於食則必農，農則草必墾矣。

貴酒肉之價，重其租，令十倍其樸。然則商賈少，農不能喜酣奭，大臣不爲荒飽。商賈少，則上不費粟。民不能喜酣奭，則農不慢。大臣不荒，則國事不稽，主無過舉。上不費粟，民不慢農，則草必墾矣。

重刑而連其罪，則褊急之民不鬬，很剛之民不訟，怠惰之民不游，費資之民不作，巧諛惡心之民無變也。五民者不生於境內，則草必墾矣。

使民無得擅徙，則誅愚亂農農民無所於食而必農；愚心躁欲之民壹意，則農民必靜。農靜，誅愚，則草必墾矣。

均出餘子之使令，以世使之，又高其解舍，令有甬官食賔，不可以辟役，而大官未可必得也，則餘子不游事人，則必農。農則草必墾矣。

國之大臣諸大夫，博聞、辯慧、游居之事皆無得爲，無得居游於百縣，則農民無所聞變見方。農民無所聞變見方，則知農無從離其故事，而愚農不知，不好學問。愚農不知，不好學問，則務疾農。知農不離其故事，則草必墾矣。

令軍市無有女子，而命其商令人自給甲兵，使視軍興。又使軍市無得私輸糧者，則姦謀無所於伏，盜輸糧者不私稽，輕惰之民不游軍市。盜糧者無所售，送糧者不私，輕惰之民不游軍市，則農民不淫，國粟不勞，則草必墾矣。

百縣之治一形，則從迂者不敢更其制，過而廢者不能匿其舉。過舉不匿，則官無邪人；迂者不飾，代者不更，則官屬少而民不勞。官無邪則民不敖，民不敖則業不敗，官屬少徵不煩，民不勞則農多日。農多日，徵不煩，業不敗，則草必墾矣。

重關市之賦，則農惡商，商有疑惰之心。農惡商，商疑惰，則草必墾矣。

以商之口數使商，令之廝輿徒重者必當名，則農逸而商勞。農逸則良田不荒，商勞則去來賣送之禮無通於百縣。則農民不饑，行不飾。農民不饑，行不飾，則公作必疾，而私作不荒，則農事必勝。農事必勝，則草必墾矣。

令送糧無取僦，無得返庸，車牛輿重設必當名，然則往速徠急，則業不敗農。業不敗農，則草必墾矣。

無得爲罪人請於吏而饟食之，則姦民無主。姦民無主，則爲姦不勉，農民不傷。姦民無樸。姦民無樸，則農民不敗。農民不敗，則草必墾矣。

唐・長孫無忌《唐律疏議》卷一三《户婚》 諸占田過限者，一畝笞十，十畝加一等；過杖六十，二十畝加一等，罪止徒一年。若於寬閑之處者，不坐。

【疏】議曰：王者制法，農田百畝，其官人永業準品，及老、小、寡妻受田各有等級，非寬閑之鄉不得限外更占。若占田過限者，一畝笞十，十畝加一等；過杖六十，二十畝加一等，一頃五十一畝罪止徒一年。又，依令：受田悉足者爲寬鄉，不足者爲狹鄉。若占於寬閑之處不坐，謂計口受足以外，仍有剩田，務從墾闢，庶盡地利，故所占雖多，律不與罪。仍須申牒立案，不早請而占者，從應言上不言上之罪。

諸盜耕種公私田者，一畝以下笞三十，五畝加一等；過杖一百，十畝加一等，罪止徒一年半。荒田，減一等。強者，各加一等。苗子歸官、主。下條苗子準此。

【疏】議曰：田地不可移徙，所以不同眞盜，故云盜耕種公私田者。一畝以下笞三十，五畝加一等，三十五畝有餘，杖一百。過杖一百，十畝加一等，五十五畝有餘，罪止徒一年半。荒田減一等，謂在帳籍之內，荒廢未耕種者，減熟田罪一等。若強耕者，各加一等；熟田，罪止徒二年；荒田，罪止徒一年半。苗子各歸官、主，稱苗子者，其子及草並徵還官、主。下條苗子準此，謂妄認及盜貿賣、侵奪私田、盜耕墓地，如此之類，所有苗子各還官、主。其盜耕人田，有荒有熟，或竊或強，一家之中罪名不等者，並依《例》以重法併滿輕法爲坐。若盜耕兩家以上之田，只從一家而斷，併滿不加重者，唯從一重科。若親屬相侵得罪，各依服紀，準親屬盜財物法，應減者節級減科。若已上籍，卽從下條盜貿賣之坐。

諸妄認公私田，若盜貿賣者，一畝以下笞五十，五畝加一等；過杖一百，十畝加一等，罪止徒二年。

【疏】議曰：妄認公私之田，稱爲己地，若私竊貿易，或盜賣與人者，一畝以下笞五十，五畝加一等，二十五畝有餘，杖一百。過杖一百，十畝加一等，五十五畝有餘，罪止徒二年。《賊盜律》云，闌圈之屬，須絶離常處；器物之屬，須移徙其地。雖有盜名，立法須爲定例。地既不離常處，理與財物有殊，故不計贓爲罪，亦無除、免、倍贓之例。妄認者，謂經理已得；若未得者，準妄認奴婢、財物之類未得法科之。盜貿易者，須易訖。盜賣者，須賣了。依令：田無文牒，輒賣買者，財沒不追，苗子及買地之財並入地主。

諸在官侵奪私田者，一畝以下杖六十，三畝加一等；過杖一百，五畝加一等，罪止徒二年半。園圃，加一等。

【疏】議曰：律稱在官，卽是居官挾勢。侵奪百姓私田者，一畝以下杖六十，三畝加一等，十二畝有餘，杖一百。過杖一百，五畝加一等，三十二畝有餘，罪止徒二年半。園圃，謂蒔果實、種菜蔬之所而有籬院者，以其沃瘠不類，故加一等。若侵奪地及園圃，罪名不等，亦準併滿之法。或將職分官田貿易私家之地，科斷之法，一準上條貿易爲罪，若得私家陪貼財物，自依監主詐欺。其官人兩相侵者，同百姓例。卽在官時侵奪、貿易等，去官事發，科罪並準初犯之時。

諸盜耕人墓田，杖一百；傷墳者，徒一年。卽盜葬他人田者，笞五十；墓田，加一等。仍令移葬。若不識盜葬者，告里正移埋，不告而移，笞三十。卽無處移埋者，聽於地主口分內埋之。

【疏】議曰：墓田廣袤，令有制限。盜耕不問多少，卽杖一百。傷墳者，謂窀穸之所，聚土爲墳，傷者合徒一年。卽將尸柩盜葬他人地中者，笞五十；若盜葬他人墓田中者，加一等，合杖六十。如盜葬傷他人墳者，亦同盜耕傷墳之罪。仍各令移葬。若不識盜葬之人，告所部里正移埋，不告而移，慮失屍柩，合笞三十。卽無處移埋者，謂無閑荒之地可埋，聽於地主口分內埋之。【略】

諸部內田疇荒蕪者，以十分論，一分笞三十，一分加一等，罪止徒一年。州縣各以長官爲首，佐職爲從。户主犯者，亦計所荒蕪五分論，一分笞三十，一分加一等。

【疏】議曰：部內，謂州縣及里正所管田。稱疇者，言田之疇類，或云：疇，地畔也。不耕謂之荒，不鋤謂之蕪。若部內總計，準口受田，十分之中，一分荒蕪者，笞三十。假若管田百頃，十頃荒蕪，笞三十。一分加一等，謂十頃加一等，九十頃荒蕪者，罪止徒一年。州縣各以長官爲首，佐職爲從，縣以令爲首，丞、尉爲從；州卽刺史爲首，長史、司馬、司户爲從；

里正一身得罪。無四等罪名者，止依首從爲坐。其檢、勾品官爲佐職。其主典，律無罪名。戶主犯者，亦計所荒蕪五分論：計戶內所受之田，假有受田五十畝，十畝荒蕪，戶主笞三十，故云一分笞三十。一分加一等，卽二十畝笞四十，三十畝笞五十，四十畝杖六十，五十畝杖七十。其受田多者，各準此法爲罪。

諸里正，依令：授人田，課農桑。若應受而不授，應還而不收，應課而不課，如此事類違法者，失一事，笞四十。一事，謂失一事於一人。若於一人失數事及一事失之於數人，皆累爲坐。

【疏】議曰：依《田令》：戶內永業田，每畝課植桑五十根以上，榆、棗各十根以上。土地不宜者，任依鄉法。又條：應收授之田，每年起十月一日，里正預校勘造簿，縣令總集應退應受之人，對共給授。又條：授田：先課役，後不課役；先無，後少；先貧，後富。其里正皆須依令造簿通送及課農桑。若應合受田而不授，應合還公田而不收，應合課田農而不課，應課植桑、棗而不植，如此事類違法者，每一事有失，合笞四十。注：一事，謂失一事於一人。若於一人失數事及一事失之於數人，皆累爲坐。

【疏】議曰：一事，謂失一事於一人者，假若於一戶之上，不課種桑、棗爲一事，合笞四十。若於一人失數事，謂於一人之身，應受不授，又不課桑、棗及田疇荒蕪；及一事失之於數人，謂應還不收之類，在於數人之上：皆累而爲坐。

三事，加一等。縣失十事，笞三十；二十事，加一等。州隨所管縣多少，通計爲罪。州、縣各以長官爲首，佐職爲從。

宋・宋敏求《唐大詔令集》卷一一一《政事》 勸農詔

有隋道喪，區宇分離；百姓凋殘，弊於兵革；田畝荒廢，饑饉荐臻；黎元無辜，墜於溝壑。朕膺圖馭極，廓淸四海，安輯遺民，期於寧濟。勸農務本，蠲其力役。然而邊鄙餘寇，尚或未除，頃年以來，戎車屢出。所以農功不至，倉廩未登。永言念此，無忘寤寐。今旣風雨順節，苗稼實繁，普天之下，咸同盛茂。五十年來，未嘗有比，萬箱之積，指日可期。時惟溽暑，方資耕耨，廢而不修，歲功將闕，宜從優縱，肆力千畝。其有公私債負，及追徵輸送，所至之處，宜勿施行，尋常營造工匠等，事非急要，亦宜停止。見在繫囚，事未決斷，傍引支證，未須追攝。百司常務，並宜且停。內外官人，行署以上，量事分番，皆盡九月三十日。軍機急速，及賊盜之事，不在停限。州縣牧宰，明加勸導，咸使戮力，無或失時。務從簡靜，以稱朕意。武德六年六月。

溫彥博等檢行諸州苗稼詔

蟲霜爲害，風雨不時。政道未康，咎徵斯在。朕祗奉明命，撫育黔黎，愛愍之至，實切懷抱。輕徭薄賦，務在勸農，必望民殷物阜，家給人足。而陰陽不和，氣候乖舛，永言罪己，撫心多愧。河北燕趙之際，山西并潞所管，及蒲虞之郊，豳延以北，或春逢亢旱，秋遇霖淫，或蟊賊成災，嚴凝早降，有致饑饉。憯惕無忘，特宜矜恤，救其疾苦，可令中書侍郎溫彥博、尚書右丞魏徵、治書侍御史孫伏伽、檢校中書舍人辛諝等，分往諸州，馳驛檢行。其苗稼不熟之處，使知損耗多少戶口，乏糧之家存問，若爲支濟，必須詳細勘當，速以奏聞。待使人還京，量加賑濟。貞觀元年九月

置勸農使安撫戶口詔

有國者必以人爲本，固本必以食爲天。先王於是務其三時，前聖所以分其五土，勸農之道，實在於斯。朕撫圖御曆，殆踰一紀，旰食宵衣，勤乎兆庶，故兢兢翼翼，不敢荒寧。頃歲已來，雖稍豐稔，猶恐地有遺利，人多廢業，游食之徒未盡歸，生穀之疇未均墾，以是軫念。臨遣使臣，恤編戶之流亡，閱大田之衆寡，至如百姓逃散，良有所由。當天冊神功之時，北狄西戎作梗，大軍之後，必有凶年。水旱相仍，逋亡滋甚，自此成弊，至今患之。且違親越鄉，蓋非獲已，暫因規避，旋被兼并，旣冒刑網，復捐產業。客且常懼，歸又無依。積此艱危，遂成流轉。或因人而止，或傭力自資，懷土之思空盈，返本之途莫遂。朕虔荷丕構，子育萬人，立德非宜，而茲弊未革。納隍馭朽，實切於心，旣深在予之責，思弘自新之令。其先是逋逃，並容自首，如能服勤壟畝，肆力耕耘，所在閑田，勸其開闢。任逐土宜收稅，勿令州縣差科。征役租庸，一皆蠲放，若登時不出，或因此更逃，習俗或然，以爲抵法，是阻我誠信，是紊我大綱，爰及所由，須加嚴憲。且天下風壞，多有不同，地旣異宜，俗亦殊習，固當因利興事，不可違人立法，宜令兵部員外郎兼侍御史宇文融兼充勸農事使，巡按郡邑，安撫戶口。所在與官寮及百姓商量，乃至賦役差科於人非便者，並量事處分，續狀聞奏，務令安輯，勿使勞煩，當行賞罰之科。各竭公忠之力，所到之處，宣示百姓達我勤人之心。開元十二年五月

宋《宋大詔令集》卷一八二《政事》 賜郡國長吏勸農詔建隆三年正月甲戌

生民在勤，所寶惟穀，先王之明訓也。朕以萬邦大定，漸屬於隆平，百姓爲心，欲臻於富庶。永念農桑之業，是爲衣食之源。今者陽和在辰，播種資始，慮彼鄉閭之內，或多游惰之民，苟春作之不勤，則歲功之何望。卿任居守土，職在頒條，一方之憂寄非輕，萬室之烝黎是賴。宜行勸誘，廣務耕耘，南畝東皋，俾無遺利，用天分地，各有餘糧，極其薦蓑之功，致我倉箱之詠。勉思共理，別竢陟明。

勸農詔乾德二年正月辛巳

朕以農爲政本，食乃民天，必務穡以勸分，庶家給而人足。今土膏將起，陽氣方升，苟播種之失時，則豐登之何有？卿任隆分土，化洽編氓，所宜趨東作之勤，副西成之望，使地無遺利，歲有餘糧，勉行敦勸之方，體我憂勤之意。

勸栽植開墾詔乾德四年八月

五代以來，兵亂相繼，國用不足，庸調繁興。圍桑柘以議蠶租，括田疇以足征賦。逋逃所失，均出里閭，致樹藝之不得勤，汙萊之不敢辟。虛遺地利，重困生民，朕歷試艱難，周知疾苦，四方甫定，七載於兹。節用愛人，敦本抑末，有經費未嘗加賦，聞災沴卽議蠲除，方致小康。固無重斂，爰頒詔旨，徧諭憂勤。庶幾畎畝之間，各務耕耘之業，宜令所在，明加告諭：自今百姓有能廣植桑棗開荒田者，並令只納舊租，永不通檢。其諸縣令佐，如能招復逋逃，勸課栽植，舊減一選者，更加一階。凡爾烝黎，當體朕意。

置農師詔太平興國七年閏十二月庚戌

民爲邦本，食乃民天。常念稼穡之艱難，每慮田園之荒廢，廣興山澤之利，大開衣食之源。既富庶之未臻，蓋勸課之猶闕，宜令諸道州府，應部民有乏種及耕具人丁。許衆共推擇一人，練土地之宜，明種樹之法，補爲農師。令相視田畝沃瘠，及五種所宜，指言某處土田，宜植某物。某家有種，某戶闕丁男，某人有耕牛，卽令鄉三老里胥，與農師共勸民。分於曠土種蒔，俟歲熟共取其利，爲農師者，常稅外免其他役。民家有嗜酒蒱博，怠於農務者，俾農師謹察之，聞於州縣，寘其罪，以警游惰焉。所墾新田，卽爲永業，官不取其租，詔到宜亟行之，無或稽緩。

遣營田使副詔端拱二年二月癸亥

農爲邦本，食乃民天。遐觀載籍之格言，此實帝王之急務。將令敦本，無出勸農。且思河朔之間，富有膏腴之地，法其井賦，令作方田，三農必致於豐穰，萬世可資其利濟。今遣左諫議大夫陳恕楚知古、鹽鐵判官魏羽索湘、河運使臧丙、副使孔蓋充逐路營田使副，往□興工。眷惟黎庶，各有耕桑，聞兹創置之言，諒□懽呼之意。

募民耕曠土詔至道元年六月丁酉

近年以來，天災相繼，民多轉徙。田卒汙萊，雖招誘之甚勤，而逋逃之未復。宜伸勸課之令，更示蠲復之恩。應諸道州府軍監，管內曠土，並許民請佃，便爲永業。仍與免三年租稅，三年外輸稅十之三，應州縣官吏，勸課居民墾田多少，並書於印紙，以俟旌賞。

令轉運使申飭令佐勸民栽種詔至道元年十一月辛丑

勸農種蓺，素有定規。如聞近年，多不率職。非所以副宰字之寄，厚衣食之源。宜令諸路轉運使，申飭令佐，勸民栽種，歲滿書麻，以爲課績。

禁約擲棄米穀食物詔景德四年九月己卯

所食惟穀，兆民之天。出於耕耘，是謂勞苦。今萬邦嘉靖，五稼大穰，是謂有秋，允符上瑞。如聞里巷，多所棄捐。宜令開封府告諭居民，無得棄擲米穀食物，犯者重寘其罪。

歲稔誡不得枉費詔乾德元年四月乙酉

今宿麥已登，秋種尚茂，所宜修稼，以厚生民。其謹蓋藏，毋或捐棄。宜令州縣告諭人戶，夏麥登熟，不得枉有糜費。

勸農詔

敕：朕惟德之不明，亦至於用武。久興師旅，重困黎元。有閔民愛物之心，誰能副予意者，信賞必罰之令，今將舉而行之。朕言有條，其聽毋忽。夫農天下之本也，凡爲國者，莫不務焉。要將節用則易充，勉其力使不匱。今夫食者甚衆，而輸者已殫，勸之不勤，而取之仰足。使民盡耕猶不給，而半爲游惰之手，使歲常熟猶恐乏食。而多罹水旱之凶，調斂不得已也。而吏之不仁者，緣以誅求，賦役自有法也。而政之不明者，重爲煩費，農者有幾，害者若兹。欲寬吾民，何可得也。既富而教，豈無術乎？體予兹懷，望爾良吏。自今在官，有能興水利、闢田荒、課農桑、增戶口，凡有利於農而不擾者，有司具賞格，當議旌酬。其或陂池不修，田野不闢，桑棗不植，戶口流亡，慢政隳官，亦行降黜。夫言而不信，法弛於寬，朕久患之。方思革弊，爾毋習舊態，慢我新書。此匪虛名，必期責寔。凡爲條約，告示既明，賞不吾欺，罰無爾悔。

屯田司修完塘堤御筆大觀二年十二月十七日

瀦水爲塘，以除水患。留屯營田，以實塞下。爰自祖宗，設官置吏。分職聯治，自可一司。專總其事，歲月浸久。州縣習玩，訪聞比來塘堤不修，水潦穿溢，出害民田，綿亘千里。雖有司存，上下苟簡，殆同虛設。可令屯田司，並循祖宗以來塘堤故迹，重加修完，務令堅固。卽別不得增益更改，引惹生事，本司可比本路提點刑獄，序官提刑之上，舉官按罪吏屬等務。可令相度條具來上，餘悉仍舊。

元《通制條格》卷一六《田令》　農桑

一、諸縣所屬村疃，凡伍拾家立爲壹社，不以是何諸色人等，並行入社，令社衆推舉年高、通曉農事、有兼丁者，立爲社長。如壹村伍拾家以上，只爲壹社，增至伯家者，另設社長壹員。如不及伍拾家者，與附近村分相併爲壹社。若地遠人稀，不能相併者，斟酌各處地面，各村自爲壹社者聽。或叁村或伍村，併爲壹社，仍於酌中村內選立社長。官司並不得將社長差占，別管餘事，專一照管教勸本社之人務勤農業，不致(隋)[惰]廢。如有不肯聽從教勸之人，籍記姓名，候提點官到彼，對社衆責罰。所立社長，與免本身雜役。年終考較，有成者優賞，怠廢者責罰。仍省會社長，卻不得因而搔擾，亦不得率領社衆，非理動作聚集，以防農時外，據其餘聚衆作社者，並行禁斷。若有違犯，從本處官司就便究治。

一、農民每歲種田，有勤謹趁時而作者，懶惰過時而廢者，若不明諭，民多苟且。今後仰社長教諭，各隨風土所宜，須管趁時農作。若宜先種者，儘力先行布種植田，以次各各隨宜布種，必不得已，然後補種晚田瓜菜。仍於地頭道邊各立牌橛，書寫某社某人地段，仰社長時時往來點覷，獎勸誡諭，不致荒蕪，仍仰隄備天旱。有地主戶量種區田，有水則近水種之，無水則鑿井。如井深不能種區田者，聽從民便。若有水田之家，不必區種，據區田法度另行發去。仰本路鏤板，多廣印散，諸民若農作動時，不得無故飲會，失悞生計。

一、每丁，週歲須要剏栽桑、棗貳拾株，或附宅栽種地桑貳拾株，早供蠶食用。其地不宜栽桑、棗，各隨地土所宜，栽種榆、柳等樹，亦及貳拾株。若欲栽種雜果者，每丁(衮)[限]種壹拾株。皆以生成爲定數。(目)[自]願多栽者聽。若本主地內栽種已滿，別無餘地可栽者，或有病喪丁數，不在此限。若有上年已栽桑果數目，另行具報，卻不得朦昧報充次年數目。或有死損，從實申說本處官司，申報不實者，並行責罰。仍仰隨社布種(首)[苜]蓿，初年不須割刈，次年收到種子，轉轉俵散，務要廣種，非止喂養頭足，亦可接濟饑年。

一、隨路皆有水利，有渠已開而水利未盡其地者，有全未曾開種並剏可挑撅者。委本處正官壹員，選知水利人員，一同相視，中間別無違礙，許民量力開引。如民力不能者，申覆上司，差提舉河渠官相驗過，官司添力開挑外，據安置水碾磨去處，如遇澆田時月，停住碾磨，澆溉田禾。若是水田澆畢，方許碾磨依舊引水用度，務要各得其用。雖有河渠泉脈，如是地形高阜，不能開引者，仰成造水車，官爲應副人匠，驗地里遠近，人戶多寡，分置使用。富家能自置材木者，令自置。如貧無材木，官爲買給，已後收成之日，驗使水之家，均補還官。若有不知造水車去處，仰申覆上司關樣成造。所據運鹽運糧河道，仰各路從長講究可否，申覆合干部分定奪，利國便民，兩不相妨。

一、近水之家，許鑿池養魚並鵝鴨之類，及栽種蓮藕、雞頭、菱角、蒲葦等，以助衣食。如本主無力栽種，召人依例種佃，無致閑歇無用。據所出物色，如遇貨賣，有合稅者，依例赴務投稅，難同自來(辨)[辦]課河泊剏立課程，以致人民不敢增修。

一、本社內遇有病患凶喪之家，不能種蒔者，仰令社衆，各備糧飯、器具，併力耕種，鋤治收刈，俱要依時(辨)[辦]集，無致荒廢。其養蠶者亦如之。壹社之中，災病多者，兩社併助外，據社衆使用牛隻，若有倒傷，亦仰照依鄉原例均助補買。比及補買以來，併牛助工。如有餘剩牛隻之家，令社衆兩和租賃。

一、應有荒地，除軍馬營盤草地已經上司撥定邊界者並公田外，其餘投下、探馬赤、官豪勢要之家，自行冒占年深荒閑地土，從本處官司勘當得實，打量見數，給付附近無地之家，耕種爲主。先給貧民，次及餘戶。如有爭差，申覆上司定奪外，據祖業或立契買到地土，近年銷乏時暫荒閑者，督勒本主，立限開耕、租佃，須要不致荒蕪。若係自來地薄輪番歇種去處，卽仰依例存留歇種地段，亦不得多餘冒占。若在熟地夾間本主未耕荒地，不及壹頃者，不在此限，仍督責早爲開耕。

一、每社立義倉，社長主之。如遇豐年收成去處，各家驗口數，每口留粟壹斗，若無粟抵斗，存留雜色物料，以備歉歲就給各人自行食用。官司並不得拘檢、借貸、動支，經過軍馬亦不得強行取要。社長明置文曆，如欲聚集收頓，或各家頓放，聽從民便。社長與社戶從長商議，如法收貯，須要不致損壞。如遇天災凶歲不收去處，或本社內有不收之家，不在存留之限。

一、本社內若有勤務農桑，增置家產，孝友之人，從社長保舉官司，體究得實，申覆上司，量加優恤。若社長與本處官司體究所保不實，亦行責罰。本處官司並不得將勤謹增置到物業添加差役。

一、若有不務本業，游手好閑，不遵父母兄長教令，凶徒惡黨之人，先從社長叮嚀教訓，如是不改，籍記姓名，候提點官到日，對社衆審問是實，於門首大字粉壁書寫不務本業、游惰凶惡等名稱。如本人知恥改過，從社長保明申官，毁去粉壁。如終是不改，但遇本社合着夫役，替民應當。候悔過自新，方許除籍。

一、今後每社設立學校壹所，擇通曉經書者爲學師，於農隙時月，各令子弟入學。先讀《孝經》、《小學》，次及《大學》、《論》、《孟》、經、史，務要各知孝悌忠信，敦本抑末。依鄉原例，出辦束脩。如自願立長學者，聽。若積久學問有成者，申覆上司照驗。

一、若有蟲蝗遺子去處，委各州縣正官壹員，於拾月內專一巡視本管地面。若在熟地，併力翻耕。如在荒陂大野，先行耕圍，籍記地段，禁約諸人不得燒燃荒草，以備來春蟲蝻生發時分，不分明夜，本處正官監視，就草燒除。若是荒地窄狹無草可燒去處，亦仰從長規劃，春首捕除。仍仰更爲多方用心，務要盡絕。若在煎鹽草地內蟲蝻遺子者，申部定奪。

一、若有該載不盡農桑水利於民有益或可預防蝗旱災咎者，各隨方土所宜，量力施行。仍申覆上司照驗。

一、前項農桑水利等事，專委府州司縣長官，不妨本職，提點勾當。若有事故差出，以次官提點。如但有違慢沮壞之人，取問是實，約量斷罪。若有恃勢不伏或事重者，申覆上司究治。其提點官不得勾集百姓，仍依時月，下村提點，止許將引當該司吏壹名，祗候人壹、貳名，毋得因而多將人力，搔擾取受。據每縣年終，比附到各社長農事成否等第，開申本管上司，通行考較。其本管上司，卻行開坐所屬州縣提點官勾當成否，編類等第，申覆司農司，及申戶部照驗。才候任滿，於解由內分(朗)〔明〕開寫排年考較到提點農事功勤廢惰事跡，赴部照勘呈省，欽依見降聖旨，比附以爲殿最。提刑按察司更爲體察。

至元二十八年十二月十五日，中書省奏：江南勸課農桑，那裏的路官每親身巡行呵，搔擾百姓有。不教行呵，怎生？麼道，奏呵，與理會的南人每，一處商量了說者。麼道，聖旨有來。俺衆人與南人每一處商量來，那的每也則這般說有：江南勸課農桑的不教官人提調着呵，百姓每也不怠慢向前有，不教官人每巡行，依時節行文書呵，中也者。麼道，說有。俺也那般商量來。麼道，奏呵，那般者。麼道，聖旨了也。欽此。

至元二十九年閏六月，欽奉聖旨：宣諭諸路府州司縣達魯花赤、管民官、提點農桑水利官員人等，據中書省奏：在前爲勸農的上頭，各處立着勸農司衙門來，後頭罷了，併入按察司時節，按察司名兒裏與了聖旨來。如今按察司改做肅政廉訪司也，依那體例裏，倒換與他每聖旨宣諭，似望各各盡心，早得成就。准奏。仰各道肅政廉訪司，照依已降聖旨，巡行勸課，舉察勤惰。隨路若有勤謹官員，仰各路具實跡牒報，巡行勸農官體覆得實，申大司農司呈省聞奏，於銓選時定奪。如文字遲慢，仰廉訪司官即將當該司吏，對提點官就便取招，申大司農司責罰。其各路並府州提點官違慢者，大司農司取招呈省定奪外，據社長委有公謹實效之人，行移巡行勸農官體察得實，申覆大司農司定奪。如有違慢者，仰就便依理責罰黜罷。這般省諭了呵，勸農官吏人等卻不得因而取受，看循面情，非理行事。本處官司，及不以是何人等，亦不得使氣力，搔擾社長，妨奪勸農事務。如違治罪。仍仰肅政廉訪司照依已降聖旨，更爲體察施行。

大德二年九月，中書省。御史臺呈：江南行臺咨：各道報到農桑文冊，俱係司縣排戶取勘栽種數目，自下而上申報文字，所費人力紙札，無非擾民。江南地窄人稠，與中原不同，農民世務本業。擬合欽依聖旨，依時節行文書勸課，免致取勘動搖。兵部議得：既是江南農事，行御史臺親行提調，明咨：地窄人稠，多爲山水所占，大與中原不同，土着農民，世務本業，不須加勸而自能勤力，以盡地利。合准御史臺所擬，依時行文字勸課相應。都省准呈。

大德三年二月初七日，中書省奏：　教百姓每謹愼種養栽接的，路府州縣官提調着，依時親身點覷者，廉訪司官也提調點覷者。麽道，司農司聖旨條畫裏這般該着有。這般挨次重併點覷呵，百姓每生受。親臨百姓州縣官點覷，除那的外，路府州官等則依體例提調呵，中也者。說有，似這般言語，在先壹箇人題說，與文書呵，他說的是有，教那般行者。麽道，行文書來。係聖旨條畫裏該載的言語。麽道，御史臺、司農司官人每俺根底回將文書來。他的言語是有，這般行呵，麽生？　商量來。奏呵，奉聖旨：　那般行者。欽此。

皇慶二年七月二十一日，大司農司奏：　奉聖旨節該：　大都路爲頭五路裏，種田的地壹半秋耕，其餘路分聽民儘力秋耕。依着這般行呵，也宜趁天氣未寒時月，將陽氣掩在地中，蝗蝻遺下種子也曝曬死，次年種來的苗稼，榮旺耐旱。依着這般行呵，秋成豐稔，農事有成效的一般。奏呵，奉聖旨：　那般者。依着薛禪皇帝行來的行者。您與省家文書，教遍行者。

大德九年二月，欽奉詔書内一款：　仲春已後，此農民盡力耕桑之時，其勑有司，非急速之務，愼毋生事煩擾，或有小罪，卽與疎決，勿禁繫妨其時。

皇慶二年七月二十一日，大司農司奏：　世祖皇帝時分，每年農民種田、剝桑時月，若有工役，合倩人夫、車牛，本管官司非奉省部明文，等候秋成農隙，方許均科，不妨悞了農種的一般。奏呵，奉聖旨：　那般者。您與省家文書教遍行者。

司農事例

至元二十九年八月，中書省。大司農司呈：　臨漳縣達魯花赤太不花解由內，農事、學校、樹株、義糧等數與賬冊爭差，取到判署官吏有失照略招伏，當該司吏合行的決。今後親民州縣並提調官，驗爭差數目斟酌到罰俸月日。刑部議得：　若依大司農司所擬相應。都省准擬。

一、親民州縣官並得替官

壹拾日

諸樹壹千株以下義糧壹伯碩以下

學校壹拾所以下

半箇月

諸樹壹萬株以下義糧壹千碩以下

學校壹伯所以下

壹箇月

諸樹壹萬株之上義糧壹千碩之上

學校壹伯所之上

一、總提調官、路府州官並首領官，比依給由並得替官所罰俸鈔，叁分中量罰壹分。

一、其餘該載不盡農事，若有爭差，比依上例斟酌責罰。

中統五年八月，欽奉聖旨條畫內一款：　諸軍馬營寨及達魯花赤、管民官、權豪勢要人等，不得恣縱頭疋，損壞桑棗，踏踐田禾，搔擾百姓。如有違犯之人，除軍馬營寨約會所管頭目斷遣，餘者卽仰本處官司就便治罪施行，並勒驗所損田禾、桑果分數陪償，及軍馬不得於村坊安下，取要飲食。

至元二十九年七月初五日，欽奉聖旨節該：　太祖成吉思皇帝聖旨裏，教頭口喫了田禾的每，教踏踐了田禾的每，專一禁治斷罪過有來。不拜戶的田禾根底教喫了的，踏踐了的，猶自斷罪過有來。在前聖旨莫不怠慢了也？麽道。御史臺官人每奏：　八忽歹管着的探馬赤每，不好生的整治，交頭口喫了、踏踐了田禾，損壞樹木有。麽道，奏來。從今已後，依在先聖旨體例裏，不揀是誰，休教喫了田禾，休教踏踐了田禾，休教損壞了樹木。他每刈下的田禾，休教奪要者，休教搔擾百姓者。道了也。這般宣諭了呵，卻有別了聖旨，教喫了田禾的每，教踏踐了田禾的每，教陪償了田禾呵，如有俺每認得的人每呵，咱每根底奏將來者。不認得的人每有呵，那裏有的廉訪司官人每，監察每，城子裏達魯花赤官人每，各投下的頭目每，一處打斷者。

大德二年三月，欽奉聖旨節該：　大司農司官人每奏：　過往的軍馬、富豪、做買賣人等，頭口不攔當，田禾喫了、踏踐了有，桑樹、果木樹啯咬折折了有，城子裏達魯花赤官人每，那般不在意禁約有。麽道，奏來。從今已後，田禾裏，但是頭口入去喫了，桑樹、果木樹斫伐了呵，折折了呵，城子裏達魯花赤每、總管每就便提調者，依着在先聖旨體例裏教陪償了，要罪過者。這聖旨這般宣諭了呵，城子裏達魯花赤每總管每、[不]好生用心禁約呵，覷面皮不教陪償呵，咱每根底奏者。雖這般道了呵，推着田禾無體例勾當休做者，休教人每生受者。

大德十一年五月二十二日，欽奉詔書内一款：　民者，國之根本，軍國用度，一切財賦，皆所自出，理宜常加存撫。其經過軍馬，牧養馬駝人等，毋得取要飲食錢物，非理搔擾，縱放頭疋踏踐田禾，嚙咬桑棗。所在官司，嚴加禁約，違者斷罪陪償。本管頭目有失鈐束，亦仰究治，重者申聞。

至大四年三月，欽奉詔書内一款節該：農桑，衣食之本。仰提調官司，申明累降條畫，諄切勸課，務要田疇開闢，桑果增盛，乃爲實效。諸官豪勢要、經過軍馬及昔寶赤、探馬赤餧養馬駝人等，索取飲食、草料，縱放頭疋，食踐田禾、桑果者，所在官司斷罪陪償。仍仰監察御史、肅政廉訪司常切糾察，考其殿最，以憑黜陟。

至大四年閏七月初五日，中書省。李平章奏：昔寶赤、帖滅赤每並怯薛人等，教先去呵，搔擾百姓每踏踐田禾有。百姓沒田禾呵，怎生過？咱每無百姓呵，怎生行？飛放的每，咱每根底得甚濟有？李道復，你提調着，休教先去搔擾百姓，踏踐田禾者。我的言語麼道，皇帝根底明白奏者。麼道，唐兀台對鄭尚書，阿禮海牙參議，我根底傳懿旨來，教奏有。奏呵，那般者。麼道，聖旨了也。欽此。

妄獻田土

大德八年正月，欽奉詔書内一款：國家財賦，自有常制。比者，諸人妄獻田土、戶計、山場、窰冶，增添課程，無非徼名貪利，生事害民。今後悉皆禁絕，違者治罪。

至大四年三月，欽奉詔書内一款節該：國家租賦有常，僥倖獻地之人，所當懲戒。其劉亦馬罕、小云失不花等，冒獻河南地土，已令各還元主，劉亦馬罕長流海南。今後諸陳獻地土並山場窰冶之人，並行治罪。

至元二十八年十二月，中書省。樞密院呈：保定路正軍崔忠，告貼戶孫元不曾告給公憑，將田土壹頃，典與張澤等種養，全家老小在逃。戶部議得：正軍、貼戶，既同戶當軍，破買地土，合相由問。據張澤等典訖孫元地土，别無告到官司公憑，亦不曾由問正軍。既崔忠替當孫元軍役，其元抛下事產，擬令正軍崔忠種養爲主，收到子粒等物，津貼軍錢。合該典價，候孫元還家，依理歸結。都省准擬。

至元七年正月，欽奉聖旨條畫内一款：和尚每根底，歹人每將無主荒閑田地，不經由官司，一面獻與和尚每做主有。高上和尚下次和尚每並怯里赤每那般做也者，那的每根的當呵，怎生？欽奉聖旨：那般者。拏者。欽此。

典賣田產事例

大德十年五月，中書省。御史臺呈：河南道廉訪司申：近年告爭典質田產，買囑牙見人等，通同將元典文據改作買契，昏賴。親隣、牙見證說爭差，致使詞訟壅滯。禮部議得：典質地產，卽係活業。若一面收執文約，或年深迷失，改作賣契，或昏昧條段間座，多致爭訟。以此參詳，今後質典交易，除依例給據外，須要寫立合同文契貳紙，各各畫字，赴務投稅。典主收執正契，業主收執合同，雖年深，憑契收贖，庶革僥倖爭訟之弊。都省准呈。

至大元年十月，中書省。樞密院呈：冠州貼軍戶張著，告正軍周元，於大德八年欺昧本家，將灤下桑棗地伍拾叁畝，暗地賣與伊另籍軍戶房親周二等爲主。禮部議擬：卽係違例成交，擬合改正，令張著依價收贖。周元姪周義卻告張著又將伯父周元節次賣與義等地土伍段，欲驗舊價收贖。本院看詳，正軍貼戶，驗各家氣力津助一同當軍，破賣田產許相由問，恐損同戶氣力。今周元與周義等雖是有服房親，卻係另戶。已後周元無力，累及張著。除例前已買地土擬合革撥，例後合無依禮部先擬，同戶張著驗價收贖。今後諸軍戶典賣田宅，先須於官給據，明立問帳，具寫用錢緣故，先儘同戶有服房親並正軍貼戶。如不願者，依限批退。然後方問隣人，典主成交，似不靠損軍力。都省准呈。

元貞元年十一月，中書省。陝西行省咨：安西路普淨寺僧人侁吉祥，告西鄰王文用，將門面並後院地基偷賣與宮伯成爲主。不見各處軍民典賣田宅，若與僧道寺觀相隣，合無由問。禮部照擬得：僧道寺觀常住田地，既係欽依聖旨不納稅糧，又僧俗不相干，百姓軍民戶計，雖與寺觀相隣住坐，凡遇典賣，難議爲隣。參詳合准王文用已賣西鄰宮伯(威)[成]爲主。都省准呈。

大德八年五月，中書省。江西行省咨：撫州路瑞山寺僧周凈師，用鈔買到本寺僧永仁田土文契壹紙，赴務投稅，並無官給公據。戶部議得：今後僧道自相買賣，並買民田納稅地土，依例於有司給據關防。如違，依例追斷。都省准擬。

大德七年五月，中書省。戶部呈：諸私相貿易田宅，卽與貨賣無異，擬合給據，令房親、隣人畫字估價，立契成交。都省准呈。

軍馬擾民

中統四年正月，欽奉聖旨：　道與阿(木)[朮]都元帥等，在先爲軍馬於百姓處取要諸物，或縱放頭疋，踏踐麥苗、田種，及嚙咬桑菓等樹，這般搔擾上，已曾禁約去來。今又體知得，隨處多有屯駐蒙古等軍馬，往往將請到糧料，私下糶賣，卻於百姓處強行取要糧料、人夫、一切物件。及有探馬赤人每，將自己養種收到物斛愛惜，卻行營於百姓處取要搔擾。這言語是實那是虛？如聖旨到日，仰省會萬戶、千戶、百戶每體究問當者。若端的有這般搔擾百姓的人每，管軍官與宣慰司一同問當了，是實呵，依着扎撒陪償斷遣者。若去宣慰司處遠呵，止與本處達魯花赤、管民官一處斷者。如千戶、百戶每不行用心禁約，及覷面皮不肯斷遣呵，他每不怕那甚麼？

異代地土

大德六年正月，中書省。陝西行省咨：　安西路僧人惠從，告李玉將本寺正隆二年建立石碑內常住地土(古)[占]種。照得見爭地土，即係異代碑文誌記畝數，似難憑准。若蒙照依定例革撥，將地憑契斷付李玉爲主相應。禮部照得：　李玉憑牙於賈玉處用價立契，收買上項地土，經今貳拾餘年，又經異代，合准陝西行省所擬。都省准呈。

田訟革限

至大四年四月二十六日，欽奉詔書內一款：　近年田宅增價，爭訟日繁。除已到官見有文案，並典質、借貸，私約分明，依例歸結，其餘在至大元年正月已前者，並仰革撥。

逃移財產

至元十年七月，中書省。戶部呈：　議得在逃人戶，抛下地土事產，擬合召諸色戶計種佃，依鄉原例，出納租課，毋令親民官吏、權豪之家射佃。都省准呈。

大德十一年五月二十二日，欽奉詔書內一款：　各處逃移戶計復業者，元抛事產，隨即給付，免差稅叁年。未復業者，有司具實申報，開除各該差稅，毋令見戶包納。

江南私租

大德八年正月，欽奉詔書內一款：　江南佃戶，承種諸人田土，私租太重，以致小民窮困。自大德八年，以拾分爲率，普減貳分，永爲定例。比及收成，佃戶不給，各主接濟，無致失所。借過貸糧，豐年逐旋歸還，田主毋以巧計多取租數。違者治罪。

撥賜田土

皇慶二年四月二十六日，中書省奏：　臺官人每與俺文書：　江南平江等處有的係官地內，撥賜與了諸王、駙馬並寺觀、諸官員每的地土，他每自委付着管莊的人每，比官司恣意多取要糧斛分例搔擾，教百姓每生受有。合追復還官，供給國家。麼道，說有。杭州行省也這般與文書來。俺與御史臺、集賢、翰林院老的每一同商量來，除與了諸王、公主、駙馬、寺觀的田地，依已了的聖旨，與他每佃戶合納的租糧，官倉裏收了，各枝兒卻於倉裏驗着納來的數目關支。這般呵，百姓每不被擾。其餘官員、諸人每根底與來的田地，都教還官呵，怎生？奏呵，那般者。麼道，聖旨了也。欽此。

皇慶二年十月二十三日，中書省奏：　江南地面裏，平江等處有的係官地內，諸王、公主、駙馬根底，各寺觀裏並官人每根底與來的，他每委着人，比官司納來的之上多取糧的上頭，百姓每生受。麼道，臺官每言着呵，今春衆人商量了：　諸王、駙馬根底並各寺觀裏與來的，將合納的租米官倉裏納了，似阿合探馬兒一般，各投下於官倉裏撥與。奏了，各處行了文書來。前者崇祥院官人每：　將普慶寺裏江南撥與來的田地內出產的子粒，不教其餘的指例，崇祥院管轄的提舉司收着。麼道，奏了，與俺文書來。俺商量來，將那糧他每收呵，止是那裏糶賣。依已了的聖旨，官倉裏收了，取勘了數目，驗本處開倉時(古)[估]撥與價錢呵，怎生？麼道，奏呵，那般者。麼道，聖旨了也。欽此。

撥賜田土還官

大德七年四月，中書省。江浙行省咨：　各路府州司縣所管官房地基，多係官豪勢要人等租賃住坐，故將元舊屋宇改拆間架，欲爲己業，計搆上下路府司縣官吏、主首、坊里正人等，通同捏合，推稱年深倒塌，不堪修理，低估價錢變賣；　或稱事故，以租就買，朦朧除豁官租，私相典兌，並不申明官司。今後係官房舍基地，毋得似前變賣典兌及以租就買。戶部照擬得：　合准本省所擬，遍行禁治。都省准呈。

皇慶二年六月初六日，中書省奏：　至元十三年收附江南時分，壹箇姓毛的，壹箇姓柴的人不伏歸附謀叛逃竄了的，上頭將他每的家私、物業斷沒入官來。曲律皇帝時分，將那斷沒了的地土、山場，都與了劉司徒的爺來。去年，又那地土內，教與劉參政地土，山場教與不魯罕丁者。麼道，聖旨有呵，行將文書去，依着聖旨體例與了來。前者俺與臺官並翰林、集賢院官一同商量定：諸王、公主、駙馬並各寺裏與來的田土，依舊交屬他每官倉裏收了子粒，似阿哈探馬兒一般與他每，官員人等根底與來的，都教還官者。麼道，奏了也。依着聖旨，已了的都教還官呵，怎生？麼道，奏將來有。那地土、山場內每年多出産錢物有。這幾年他每要了的勾也者，其餘都教還了官。他每根底與來的，不教還官呵，偏負有。教還官呵，怎生？奏呵，那般者。麼道，聖旨了也。欽此。

打量田土

大德四年十二月初二日，樞密院奏：歸德府趙知府文字裏題説將來：（推）[睢]陽縣官吏每，信着歹人每言語，打量軍戶地土行呵，踏踐了田禾，軍戶每根底使氣力，哏搔擾有。麼道，説將來有。上位有聖旨：軍的、民的田地，通行取數目時分打量呵，是也。民戶的地土不打量，軍戶底地土打量有。奏呵，奉聖旨：是有。不得咱每的聖旨，軍戶每的地土休打量者。欽此。

明·徐光啟《農政全書》卷八《農事》開墾上

諸葛昇選貢，壽昌人，定遠知縣。《墾田十議》曰：江淮偏瘠已久，流離觸目可虞。謹陳《開荒十議》，以盡地力，以厚民生事：兩淮，古昔與兩江兩浙等，何以至是？照得卑職受事此中，三閱歲於兹。熟計利弊，其有民生最利時事最急者，則無如墾田一議。墾田在西北爲利，而在鳳陽一屬，尤利之利者也。竊見鳳屬，頻年以來，旱澇爲祟，螟螣再罹，疫癘流行，道殣相繼。小民蕭條滿目，則微鄉土之思，生計無聊，則寡性命之樂。以故慓悍輕生，離鄉遠竄者，十之七。而迫窮爲盜，偷延喘息者，十之三。斯時也，彼已不自用其命，而督之以科條，威之以箠楚，又將安用之？則有操之以法度，莫如養之以膏澤。膏澤者，墾田是也。田墾則民自聚，民聚則財自豐。膏澤行，而法度有所恃矣。此無他，貨利者，此中之不足，而隴畝者，此中之有餘。因其有餘而開之，則於勢易，更從其有餘而收之，則爲功倍也。以此謹摭《墾田十議》以備採擇施行：

一、築塘壩以通水利

古者，畫井而田，甽達於溝，溝達於洫，洫達於澮。逆壅順泄，而皆取利於水。今淮以南，田無宿水，靠雨爲秋。而陂塘壩堰之利，修築不時，疏通無法。以致雨驟則狂瀾四溢，助河爲虐；稍乾則揚塵澗底，赤地如焚。而旱澇皆以爲民害，豈直地勢使然哉？卑職涖任三稔皆遇旱。預計水利，爲築陶家堰、楚漢泉等壩拾數處。凡近壩之田，得水灌溉，俱獲全熟。及秋後淫霖，支流就壑，而亦無衝決之虞，是築隄明驗也。爲其事無其功者，未嘗覩之也。第州縣有簿書之繁，脩築有工食之費。巡行阡陌，動經旬日，一處不督理，而小民之偷惰者如故矣。合無責治農一官，專司水利，遍歷郊圻，尋往昔舊跡。如池塘之閼塞者開濬之，溝澮之壅滯者疏導之，灣澗間視地之高下，爲堰之淺深，而隄之閘之。高則開渠，卑則築圍。急則激取，緩則疏引。水由地中行，無枯竭亦無泛濫，而荒土皆沃壤矣。鳳陽之水，無可激取者，不過用孺東兩成語耳。

一、設廬舍以復流移

江淮歲罹災祲，貧民餬口四方，逃竄境外，郊野幾爲一空。間有招集拊循，稍稍復業者。隴畝雖荒，故土猶在，惟是廬舍數椽，原係草土築成，初無棟宇完固，歲月既久，風雨摧淋，遂成圮壞。脩築限於無資，食息苦於無地，徬徨四顧，甯無轉徙之他哉？議量於荒田最多之處，或鄉落寥廓之場，量動無礙修理官銀，爲蓋草房，每處約百十餘間，使受廛之衆，襁褓而來者，咸得棲身而托足焉。則往來行旅，無戒於途，犬吠雞鳴，相聞於境。生齒漸至庶蕃，而草萊可以漸闢矣。

一、借籽種以時播插

炤得頻年蝗旱，二釜不登。民間擔石之儲，方罄出以供枵腹，豈復留餘爲播插計乎？及無種下田，始借貸於有力之家，倍其息，猶靳弗與者。貧民計所收不足償所貸，而且苦於無貨，則且舍己之田，代人耕作，及去而之他者，比比然矣。本縣每春夏之交，借種肆伍千石，至六月中，猶有借晚種而佈者。雖得升合，如獲珠璣，誠籽粒之艱也。合無預設種子一倉，大州縣約拾處，小州縣約五六處，每倉約稻一千石（歲祲賑濟不與焉）專以待開荒者。給借之法，則酌戶內人口之多寡，及所墾田畝之廣狹以爲差。實有田如干畝，始給種如干石。而收成之際，一視歲之荒歉，爲息之厚薄。大豐則叁息之，次豐則貳息之，僅豐則壹息之，不豐不歉，則收其本而蠲其息。如或大歉，則并其本而蠲之。至於杜冒濫，稽眞僞，則責成於鄉約保甲，長官唯爲綜核焉。借種之大略備是矣。

一、蕃樹畜以厚生殖

王者之政，不過制田里，教樹畜而已。況議樹畜於江北，較江南尤易。江南寸土無閑，一羊一牧，一豕一圈。喂牛馬之家，鬻芻豆而飼焉。江北則林多豐草，澤盡菹洳，縱馬放牛，可以無人牧圉。使倣養伍字之法，而牲畜不遍野乎？江南園地最貴，民間蒔葱薤於盆盎之中，植竹木於宅舍之側，在郊桑麻，在水菱藕，而利藪共爭，誰能餘隙地？江北則廢圃荒畦，鞠爲茂草，深陂廣澤，一望唯蓼蘋耳。使盡開百穀之利，而一蔬一菓，皆民食也。民有自然之利，相安於偷惰而不興。地有不盡之力，竟同於槁壤而莫取。比饑寒切身，流離遠去，始覓草根木實，以延旦夕之喘，何不早計乎？議於數口之家，必畜雞豚牛羊之利。開荒而外，每種蔬菓花麻各一畦。有隙地者，仍雜種梨棗桑柳等木。保甲長一一籍記，鄉約彙送州縣稽查。行之不十年，而江淮皆樂土矣。此吾太祖之令甲，有司之歲事也。後稍凌夷，當朝覲造冊，則虛捏報數。今都不省視，并紙上栽桑云云，人間亦不知爲何語。

一、總軍屯以覈規避

江北荒田，民荒者十之三，軍荒者十之七。民荒者，州縣督焉。軍荒者，有司過而不敢問。揆厥所繇，曰：此田係某伍下，積負徵糧而逃者也。領其田必且償其負，而民不敢佃。又曰：此攤荒已久，開墾必大費誅鋤之力。比方成熟，而本軍還奪焉，而民不敢佃。所以一望膏腴之地，坐視爲黃茅紅蓼之區則已耳。然亦有本軍召佃，而貽累更多。本軍餬口所急，先期執券收兌貳糧，以供枵腹。及旗甲徵收，屯官勒比，而上納不前，則又藉口爲某某百姓所占。本官不察，謬呈倉屯督儲等衙門批行所在官司，株連蔓引，罄產重輸。小民無收獲之利，而先受賠累之苦，不有視軍屯爲陷穽者乎？合無自今伊始，凡有佃屯認糧者，取其合同文券，陳告管屯衙門，准給印信執照，仍置印信文簿，登記查攷。民以所給印信文約，投本縣掛號，亦置文簿，登記參核。俾民得安心開墾，儘力耕種。收熟之時，照所佃糧額，竟赴管屯衙門，當官完納，請給印信實收，隨以實收赴縣掛號。額糧外，每畝量出錢若干文，以爲屯造幫操之費，亦於交納時交付本軍，附載印信實收之後。此外不得重科，以滋煩擾。開墾之後，須佃種十年，方許更易，不得因成熟有利，而遽奪之。庶公私兼足，軍民兩利矣。北方土地雖曠莽，然棄置不耕者，獨鳳陽爲多，皆軍屯也。此條良是。要其根本，尤在子粒額重。故在軍累軍，在民累民，天下軍皆然也。必廟堂主計者，知開墾勝於拋荒，大有更張，則屯政乃可問矣。

一、禁越告以專農業

江北田地拋荒，半繇訴越拖累。一詞入官，株累者必數人；一詞未結，守候者必數月，而三時已奪矣。況軍民雜處，詞訟交搆，凡遇關提，多占怯不發，而勢必批行於各屬，遠控於隔江。小民之畏赴各屬、赴隔江也，猶其畏赴湯火也，更必分控於上司以抵之。故有一人而數處行提者，一罪而數處發落者，貧民將安所奔命焉！自非雉經自盡，則有迷門而竄矣。一竄之後，前案照提，數年之內，永不敢歸，而所遺田地俱荒。而三徵四差，復貽賠累於本戶，而本戶亦竄矣。則繇各屬之自立藩籬，而不由一體關會也。本縣議詳：凡各軍民詞訟，自下而上，俱乞批原籍問理。如遇批發隔屬，容請改批。或情輕事小，已經本處斷結者，竟申註銷。則軍民不苦於拖累，而農業得專矣。

一、嚴保甲以專責成

今之保甲，卽古之井田也。井田之制久湮，而出入守望相友相助之意，不可倣而行乎？本縣議：每亘鎭大集，人煙湊集之處，則拆爲數井。人煙稀少，鄉村聯絡之處，則合爲一井。孤懸遠僻之處，則自爲一井。每井之內，推一有行者爲甲長，推一有力者爲保長，若處中宮然，而以八家翼之。非爲不法者，同井之人得以覺察糾舉，甲保長轉聞之官。或朋比容隱，爲他人所告發，或官府另有所咨訪，則一井與本犯同罪。又責令同井之人，或遇火盜，必互相救援。爭忿須爲解分，不得坐視。當耕種收穫之時，緩急相周，各相幫助，如古通力合作之意。一人荒業，則九人共督。如其不然，則荒業者坐罪，而同井之人，罪亦如之。如此，不但稽核之法有所責成，亦且保伍之中，各有聯絡，而少離竄之蹟矣。

一、籍客戶以蕃丁口

聞有分土，無分民。苟踐吾土，食吾毛，而受吾役，卽吾民也。安問土著客戶哉？鳳屬當勝國兵亂之後，生齒未繁，邑里消索。高皇帝嘗遷松、常、蘇、杭、嚴、紹、金、處之民以實之。占籍坊里，世爲編民。今外郡之人，貿易經營於邑中者踵相接，頗亦起家，欲遷居占籍焉。里人不許，得非以客之利，主之不利乎？不知若輩占籍此中，則彼翔世業，長子孫，輸賦均徭，與吾共其利，亦與我同其勞。今不許，則彼歲權子母，捆載而歸，以其家爲內帑，以吾邑爲泉府。所謂滔滔者如逝波不返也。彼受贏，我誠受其絀，土人殆未之思耳。但是荒蕪之處，人情盡然，凶年流徙，又仰給於他方，可謂不恕矣！況每奉憲檄，招拊流移，流移尚許占籍，乃有力墾種者，獨不之許乎？本縣議：令凡外郡商賈，有置業産而願受廛者，悉許其占籍坊里，入仕當差，則歸附既多，荒蕪自闢。十年生聚，十年教訓，生齒不鬼然與江以南埒乎？故當勝之。何者？賦役甚輕故也。

一、改折贖以資工作

凡擬罪，以懲不肖也。而律文不尤嚴造意故犯之條乎？今乃概爲收贖之例。彼豪悍之民，作奸犯科者，曾何愛於錙銖？且曰：吾儘捐橐中金無幾，而三尺之加於我者止如是。而不肖之心，豈有懲焉？至於貧窘之人，詿誤犯法者，必且質田廬，鬻妻子，以僅完一罪，金矢方入，而囊篋已罄矣。且也出之小民，追比不勝苦，剝膚入之官帑，主司不免恣冒濫。豈直謂贖鍰所入，遂與俸祿同養廉乎哉？今議：凡造意故犯徒配者，勿概擬有力。有力杖者，間令納賑稻，勿概折贖錢，或與無力者同準其工作，所限之期如所笞之數以爲差，以開無主荒田焉。則一州縣之中，計歲所徒杖者，不下數什伯，計歲所墾之田，不下數千萬矣。余嘗思：祖宗流罪之法不廢，而北土之田盡墾，則國富兵強久矣，亦此意也。

一、役徒夫以供開濬

古者城旦之役，原以備工作，亦以動其悔悟之心，而開其生全之路。今之徒配者則不然，其有力行賄者，則倩保代役。官吏染指其間，不以差委避，則以逃病申。其無力者，縲絏長羈，衣食缺乏，徒坐而斃耳。徒配非重辟，與其瘐死於獄中，孰若生全於隴畝之爲得耶？本縣看得近驛之處，每多荒田，責令有力農人，或殷實馬戶，帶領耕作。每人日給倉穀二升，爲飯食之費，供役一日，准算徒限一日。如有親識，願助供役者，亦准通算總計，三百六十工爲一年，滿卽釋放。有司核其所墾過田若干畝，一歲所入穀若干石，而籍記焉。除牛種工本，所餘量爲該驛廩糧之費，庶可免加派於小民也。如此，不但徒配得生全之路，而附驛一帶，無復蒿萊狐兔之區矣，亦開荒之一奇也。如是，必須驛丞吾輩人爲之。近錫山有夫頭倪某等，養徒夫以墾田甚多；如此人，以爲督郵可也。

總督漕運巡撫軍門戶部右侍郎兼都御史陳批：墾田一說，處處當行，而江北淮南尤急。本院數以語人，人鮮應者。得此十議，而知天下事任之在人，非其人不能任，卽非其人不能言也。亦有非其人而言者。知言者，乃能辨之。該縣有此識見，當遂力行，以奠一方之生，以爲各屬之望，本院將樂觀其成焉。當世甯有幾人？非無其人也，上無其人，所求不存焉故也。

玄扈先生曰：凡開墾，必當告明屯院，行文道府，出示禁約，庶無阻撓。北人不知墾田有利於彼，以我南人異鄉，不無嫌忌。南北初交，定生矛盾。四五年後，或親或友，可無爭鬭，涿州可驗矣。

凡買地，必得成段方員，庶可築圍打埂，隨高就低，耙平成田，畜水耕種。有狡獪之輩，不云侵占地畝，則云淹壞田禾，易起爭端。水溝必得買通，庶無阻塞。如墾新城地，原有徐尚寶開成溝瀆，但得府道明文，立碑爲記，可永無阻塞之病矣。招徠佃戶，量其財力撥田，少給牛種。近地卜居，搭橋建閘，使居民便於行走，此要務也。明年開田，今年先收買糧食，庶佃戶歸心，人衆則無餘地也。【略】

附：耿橘《開荒申》曰：常熟縣爲設法開墾荒田，以裕民生，以裨國計事。切炤本縣，坐濱江海，田地高下不齊，肥瘠參半，兼以賦役繁重，民生游惰，以故田多荒蕪，蕭條滿野，然非土性之荒也。水利未脩，旱澇無備，荒者且歲有益焉，則熟之難。流移未還，勞來未至，則熟之難。積逋未豁，原主告爭，民雖有欲墾之心，鮮不蛇豕視，則熟之難。風俗頹敗，邪行交作，民不務本，則熟之難。卷查萬曆二十八九兩年間，前任趙知縣，清勘坍荒，有二項焉：一曰板荒，一曰坍江。闔縣四百八十四里內，勘出舊板荒田地一萬二千四十三畝一分九釐八毫。於內，蘆葦荒田地七百一十九畝六釐四毫，茭草荒田地四千八百六十七畝六分九釐九毫。又新荒田地一萬九千二百五十二畝九分八毫。又勘出坍江田地並高明坍沙二萬三百五十八畝七分五釐。坍江沈淪，遂將概縣存留米抵補，板荒隰畛具存，復熟有待，第入未限緩徵。蘆葦，則每已米一石，祇徵銀二錢五分。茭草，每已米一石，祇徵銀一錢二分五釐，並不派其本色。已經詳允立石矣。卑縣自愧綿才，無能彷彿萬一。而民生國計攸關，不敢不盡其犬馬之愚。試以荒田言之：本縣錢糧太重，催徵屬第一難事，但有緩之一字，卽斷斷乎不可徵矣。自二十九年勘緩之後，及今又四閱禩矣，不聞有荒者之復熟，第見有熟者之告荒。何耶？一冒荒名，幸脫徵輸，視其田爲身外之物，頻年莽莽，而弗之恤。卽草澤之利，竊取私收，猶畏乎人知，而稼穡之事，東作西成，遂絕於南畝。年復一年，人效其人，將安所窮耶？卑縣查勘水利，遍詣各鄉，遂設爲方略，招民開墾。一如左列款，斷不少變毫芒。此令一申，未及半月，卽據二十五等都七等圖民陳福黃表等來告：共願墾田。俱發開荒，多者念畝，少者十畝，最少者五畝，俱註名荒田冊中。嗣今已往，將開墾之人日益衆，荒蕪之地日益開，民生國計，兩有裨乎？至於坍江一項，雖糧經豁免，而土之在水，原無喪失。有坍則有漲，此坍則彼漲，其常理也。合無淸查沿江自白茆一帶，凡有新漲之田，俱令計畝陞科。若荒田中果有沙瘠不堪耕種者，卽以此糧補之，而荒糧卽與豁除，期於不失原額而已。坍者熟田，漲者白塗，漸以成蕩，故抵補不盡。

一、招撫流移人戶

錢糧之重也，差役之繁也，水旱之無救也，民未有不逃徙他方者。田地拋荒，職此之繇。合無刊刻告示，遍揭各鄉，令其宗族親戚里排公正人等，轉相告布，招致歸耕。歸者必曲爲安全，務俾得所。

一、盡豁積逋

查得荒田一項，戶係逃絕，糧從緩徵。自二十九年勘緩以至於今，實未嘗有釐毫之輸納也。二十九年以上，又可知矣。積欠如是，民雖有告墾之心，實有所懼而不敢前；卽本縣諭以免追，亦有所疑而不敢信，是荒田無復熟之期矣。田無復熟之期，卽糧無可完之日矣。合無明給帖文：凡荒糧在二十九年勘緩之例者，今以往盡免追徵。今而後，炤開墾事例，三年半稅，五載全科。仍大張告示，俾百姓家喻戶曉，如是則疑懼釋而胼胝集矣。

一、酌給牛種

小民應詔來耕也，有有牛種者，亦有無牛種者。乃濟農倉穀，當此春仲，正出陳易新之會也。合無略倣古人補助之遺意，查開墾小民，委無工本及無大戶借給者，許赴縣告濟，量其墾田多寡，工力難易，酌給濟農倉穀，作牛種之資。仍令該區大戶保領，至秋成後，祇照原數還倉，不追耗利。

一、矜免雜差

告認告墾之民，悉蠢愚孱弱可矜之民也。其里排總甲塘圖等項雜役，本縣斷不差用。而里排總甲塘圖等役，奸民不無乘機索詐者，如解軍、巡邏、挑河、築岸諸名色是已。合無明給帖文爲炤：一切雜差，悉從矜免。如有前項人等，欺其愚弱，或勞其筋力，或科其毫釐者，許執帖赴縣口稟，卽將前項人等，從重究擬。

一、禁絕豪強兼幷

荒田之爲荒也久矣。原戶何在，而任其莽莽若是，積欠若是？夫荒而棄之，熟而收之，人任其勞，己享其利，此奸民故智，而告墾者之所以不來也。合無大張告示，令新舊板荒各原戶，赴縣告認。要將某區坵原田若干，自某年拋荒，今年認墾，某年半稅，某年全徵，一一認明。以後按所認年分催科。其無人告認者，許別戶告墾。要將某區某坵某業戶田若干，一向拋荒，今來告墾，某年半稅，某年全科，一一告明，給帖爲炤。發該區公正，督領開墾，以後炤所墾年分催科。如是，而成熟之後，復有原戶告爭、告絕、告贖者，卽豪強兼幷之徒也。此法立而崇本務實之人，將安心芟柞，草其有墾乎。

一、禁占蘆葦茭草微利

板荒，荒也。蘆葦、茭草，猶之乎荒也。乃有等惰民嬾戶，不爲久遠長慮，逐茭蘆之微利，棄稼穡之大寶。不惟自不力墾，抑又忌人之墾。究其心，不過借荒名以逭錢糧，挾小利而懷苟安。致令土田漸蹐於石版，閭閻日入於蕭條，國計歲虧乎正額，如之何其可者！合無大張告示，凡蘆葦茭草等地，悉令開墾復熟。卽有原戶私占者，並許別戶告墾。有原戶恃頑，不容別戶告墾者，許該區公正呈舉究治。

一、明定稅期

三年半稅，五載全科。凡開荒者類然。而吏書作弊，或未及應稅之期，而出帖勘查，良民受其擾。及其逾應稅之期，而沈匿不舉，奸民專其利。合無於帖文內，刊載五等年分，炤依原來斗則塡註：某年免稅，某年免稅，某年起稅若干，某年起稅若干，某年全科若干，一樣二紙，合同用印。一給業戶備炤，一落該房粘卷，仍挨順年月，編成字號，以備查考，使小民知稅科一定，奸者不得幸免，良者無他煩費，各各安心畢力也。更宜議寬，寬則勝於久荒萬萬矣。

一、分任各區公正

公正者，糧長之別名，一區之領戶也。前官查理坍荒及催徵錢糧，率用此輩。此輩亦稔熟土性民情，况且保惜身家。每規畫調度，小民視以爲從違。故開荒之事，非責成此輩不可。合無將各區荒田，以十分爲率，分別難易，著該管公正，分投督開，或以身先，或借工本，或多方招徠。每年限田若干，務在開完。三年之後，必於無荒。凡告認、告墾、告討牛種之眞贗，與夫開墾之虛實及秋後還倉等事，一一委之。有能盡心竭力，悉闢荒蕪者，本縣量行獎賞。若玩愒不忠及有虛冒情弊者，定按法究治。

一、驅打行惡少歸農

打行之風，本縣頗盛。凡愚民有報讐復怨之事，爭投其黨。查得此輩，皆係無家惡少，東奔西趁之徒。合無密拿渠魁及被人告發者，枷示之後，發於各區開荒，仍著該區公正收管。季終赴縣，遞《改行從善結狀》，仍隨鄉約會聽講。夫枷示以殺其飄揚跋扈之氣，開荒務使有恆產恆心之歸，此變易風俗之一道，而草亦有墾矣。但以重農之意，復祖宗流罪之法，則此數輩皆可歸農。否者，則空言也。

一、驅賭博遊手歸農

賭博之事，蕩敗之媒，盜之胚胎也。本縣此風頗盛。合無密拿開場者相客者枷示，及被人告發者，悉發各區開荒，仍著大戶收管。季終赴縣，遞《改行從善結狀》，仍隨鄉約會聽講。夫重懲開場相客，則勾引無人，而又幷驅歸農，以約其散漫之身，而抑其狂惑之志。庶此風可變，而草亦有墾矣。

一、驅販鹽無籍歸農

本縣地濱江海，兼以白茆、滸浦、福山、三丈諸港，與通泰、海門各鹽場徑對。風帆一指，俄頃可達。且於彼，每鹽一觔，價不過一釐幾毫，於此，則五六釐矣。且於彼，衣布米荳之屬，咸可相貿，於此，則銀錢始售矣。無耕耨穫刈之勞，而立享數倍之利，此販鹽者之所以紛紛也。卑縣除一面責令巡鹽主簿、巡檢司巡檢以至本縣練兵、福山把總等官，各嚴緝拿外，除拒捕者斬絞、列械者遣配，毫無姑息外，其小船無械與無船有鹽等小販，合無杖之以懲其過，發之開荒，以遂其生，仍令該區公正收管。季終赴縣，遞《改行從善結狀》，仍隨鄉約會聽講。夫大販必除，小販歸耕，日漸月化，草亦有墾矣。

一、驅訟師扛棍歸農

俗之敝也，訟師扛棍，互相爲市。此輩多係無家窮棍。合無懲創之後，發於各區開荒，著落公正收管。每季終赴縣遞《改行從善結狀》，仍隨鄉約會聽講。夫重之刑威以革其面，驅之耕種以物其身。刁狡無良之念，將銷豁於南畝，而草亦有墾矣。按耿橘，號藍陽。萬曆三十四年任常熟知縣。水利荒政，俱爲卓絕。

明·徐光啟《農政全書》卷九《農事》 開墾下

玄扈先生《墾田疏》曰：京東水田之議，始於元之虞集。萬曆間，尙寶卿徐貞明踵行之。今良涿水田，猶其遺澤也。職廣其說爲各直省概行墾荒之議。然以官爵招致狹鄉之人，自輸財力，不煩官帑，則集之策不可易也。集之言曰：京師之東，瀕海數千里，北極遼海，南濱青齊，萑葦之場也。海潮日至，淤爲沃壤。用浙人之法，築堤埠水爲田，聽富民欲得官者，合其衆，分授以地，官定其畔以爲限。能以萬夫耕者，授以萬夫之田，爲萬夫之長。千夫百夫亦如之。三年後，視其成，以地之高下定額，以次漸征之。五年有積蓄，命以官，就所儲，給以祿，十年不廢，得世襲，如軍官之法。職按：集所言海濱之地，今斥鹵難用，其可用者，或窒礙難行。而海內荒蕪之沃土至多，棄置不耕，坐受匱乏，殊非計也。職故祖述其說，稍覺未安者，別加裁酌，期於通行無滯。今並條議事宜，列款如左：

一、墾荒足食，萬世永利，而且不煩官帑。招徠之法，計非武功世職如虞集所言不可。或疑世職所以待軍功，今輸財力以墾田而得官，與事例何異？則職嘗辯之矣。唐虞之世，治水治農，禹、稷兩人耳，而能平九州之水土，粒天下之烝民。當時之經費，何自出乎？蓋皆用天下之巨室，使率衆而各效其力，事成之後，樹爲五等之爵以酬之。《禹貢》一篇，所以不言經費，第於則壤成賦之後，終之曰錫土姓而已，故曰建萬國以親諸侯。若必以軍功封，則生民之初，何所事而得萬諸侯乎？後來兼併之世，乃以武得官。則生人而封，比之殺人而封者，猶古也。況虞集尙言世襲如軍官之法，職所擬者，不管事，不陞轉，不出征，空名而已。田在爵在，去其田，去其爵矣，卽世襲，又空名也。名爲給之祿，祿其所自墾者，猶食力也。事例之官，爲天下之最大害者，爲其理民治事筦財耳。衛所之空銜，安得與事例比乎？今之事例，歲不過六十萬。此法行不數年，而公私並饒。卽事例可罷，欲重名器，尤宜出此。但恐空銜無實，人未樂趨，故必以空銜爲根著，而又使得入籍登進以示勸。凡狹鄉之人才必衆，進取無因，以此歆之，自然麇集。又疑土著之民不能相容，則另立屯額科舉鄉試，不與土人相參也。以此均民而實廣虛，甚易矣。或又疑舉額加增，則仕途壅滯。不知今之壅仕途者，非科貢也，事例也。今墾田入學，其中式以漸增加。若增至百名，則墾田已得千萬畝，歲入至輕亦得百餘萬石。而藏富於民者，更不可數計矣。此時漸革事例，以舉人入選，猶患其少耳，何壅滯之有！

一、或疑均民之說，以爲人各安其居，樂其業足矣，何事紛紛，率天下而路乎？不知徙遠方之民，以實廣虛，漢人有此法矣。自漢以來，永嘉之亂，靖康之亂，中原之民，傾國以去，所存無幾耳。南之人衆，北之人寡，南之土狹，北之土蕪，無怪其然也。司馬遷曰：本富爲上，末富次之，奸富爲下。北人居閑曠之地，衣食易足，不務畜積，一遇歲祲，流亡載道，猶不失爲務本也。南人太衆，耕墾無田，仕進無路，則去而爲末富奸富者多矣。末富，未害也。奸富者，目前爲我大蠹，而他日爲我隱憂。長此不已，尚忍言哉！今均民之法行，南人漸北，使末富奸富之民，皆爲本富之民。民力日紓，民俗日厚，生息日廣，財用日寬，唐虞三代，復還舊觀矣。若均浙、直之民於江、淮、齊、魯，均八閩之民於兩廣，此於人情爲最便，而於事理爲最急者也。

一、虞集言：三年之後，視其成，以地之高下，定其額，以次漸征之。職今言開墾之月，卽定歲入之米，何也？祖宗朝，有開荒永不起科之例，不行久矣。必於三年之後，卽目前無定則之田，人將恫疑而不就也。職今擬定：上田，每畝一斗。下田，照本地科則折算。名爲一斗，以半爲其俸入，實出五升而已。其止於五升者，板荒無糧之地，向來棄置，而盡力墾治，爲費已多。畝出五升，不爲薄也。其半荒者，原有本地糧額，決不可少，正額之外，加出五升，亦不輕矣。且今日之大利，在田墾而粟賤，和糴易而畜積多耳，不在多取也。況有歲入之米爲據，卽可以定其所墾之田，卽可以定其入籍之人。彼應募者，又何吝此兩年之入乎？

一、耕墾武功爵例：

二人，耕水田十畝，入米一石。二十人，耕百畝，入米十石，爲小旗。內以五石爲本名糧，餘半納官。小旗給帖，許立籍廣種。

五十人，耕二百五十畝，入米二十五石，爲總旗。內以十二石五斗爲名糧，餘半納官。總旗許嫡男一名考縣童生。

一百人，耕五百畝，入米五十石，爲試百戶。內以二十五石爲俸，餘半納官。試百戶許縣考童生二人。

一百五十人，耕七百五十畝，入米七十五石，爲百戶。內以三十七石五斗爲俸，餘半納官。百戶許縣考童生三人。

二百人耕一千畝，入米一百石，爲副千戶。內以五十石爲俸，餘半納官。副千戶許縣考童生四人。

二百五十人，耕一千二百五十畝，入米一百二十五石，爲正千戶。內以六十二石五斗爲俸，餘半納官。正千戶許縣考童生五人。

三百人，耕一千五百畝，入米一百五十石，爲指揮僉事。內以七十五石爲俸，餘半納官。指揮僉事許縣考童生六人。

三百五十人，耕一千七百五十畝，入米一百七十五石，爲指揮同知。內以八十七石五斗爲俸，餘半納官。指揮同知許縣考童生七人。

四百人，耕二千畝，入米二百石，爲指揮使。內以一百石爲俸，餘半納官。指揮使許縣考童生八人。

一、凡應募者，不論南北官民人等，但各自備工本，到閑曠地方，或認佃無主荒田，或自買半荒堪墾之田，卽於本處報官。府縣卽與查勘，丈量明白，編立步口號，開造魚鱗圖冊，類報本道，就令開墾。成田入米之後，該道仍親詣丈勘，申詳題請給劄，俱准世襲職銜，與衛所官一體行事。仍給劄文，令嫡親子弟孫姪考試。有司照驗帖文事理，仍准同官五員，連名保結，卽與收考。其以他人冒頂倖進者，依冒籍律，同保連坐。向後如闕田闕米，本身及倖進子弟，俱追劄革職除名。或雖納米而無實墾田畝者，罪同。其自副千戶以上，本身願改文官職銜者，或文官已經休致，而願進階及加銜加服色者，咨送吏部，酌量相應職級，奏請定奪。若勛戚大臣，雖不以衛所職銜爲重，而能爲國爲民，將自己莊田開墾成熟者，聽其推及族姓，或自願請給恩典者，該部代爲陳奏，取自上裁。

一、凡墾田者，若買到有主半荒之田，此田原有本地糧差，俱要於本等糧差之外，另自納米，爲水田歲入之數。其負欠本等糧差者，先將納米扣足，後算歲入。

一、所墾之田，若是板荒地土，未入糧額者，聽憑告官開墾，水旱耕種，止納餘米。官民軍竈人等，不許生端科索擾害。若是民田拋荒無主者，聽其告官佃種，止完承佃之後本地應出糧差，有司不得指以舊逋，勒令賠納。開墾成熟，原主復來爭業者，遵奉恩詔事例，斷給荒田價值。

一、凡墾田，必須水田種稻，方准作數。若以旱田作數者，必須貼近泉溪河沽淘泊，朝夕常流不竭之水，或從流水開入腹裏，溝渠通達，因而畦種區種旱稻二麥棉花黍稷之屬，仍備有水車器具，可以車水救旱；築有四圍堤岸，可以捍水救潦。成熟之後勘，果水旱無虞者，依後開法例，准折水田一體作數。若不近流水，無法可以通濬而能鑿井起水，區種畦種成熟者，用力爲艱，定以一畝准水田一畝。其以若干畝准一畝者，止納一畝餘米。旱田餘米，除旱稻小麥准作米數外，有以黍稷豆等上納，照依時價加添作數。

一、旱田通水灌溉者，卽古人井田之制。損地愈多，其田愈沃。今定准折之數，除有見成河沽泉溪洵泊之外，其以實地開作溝渠塍岸者，每百畝損田十畝，卽准水田百畝。損田五畝，准作五十畝。損田三畝，准作三十畝。損田二畝，准作二十畝。二畝以下，不准作數。

一、凡實地種水田，須多開溝澮，作徑畛，費田二十分之一以上，方爲成田。近大川者，減三之一，甯可過之，無不及焉。若平原漫衍，無徑涂溝洫，望幸天雨，水旱無備者，謂之不成田，不准作數。勘時，全要備細查明造冊。其成田入米授職考試之後，復有水旱災傷，以致抛荒不能遽復者，許告明於別處墾補。其抛荒不報，止以納米搪塞者，事發，本身子弟俱行削革，餘田沒官，另募墾種。有首告者，以半充賞。

一、凡水行地皆可灌，凡地得水皆可佃。故地須水灌，必委曲用其水，水須地行，必委曲用其地。凡應募人衆，或買或佃，或認開積荒，所承地土，倘去江河溪澗稍遠，中間開通溝洫，畜洩水道，須從鄰田經過，要從附近人戶買田開濬者，須憑地方人等，議同和買。比於時值，量加半倍多至一倍爲止。墾戶不得以應募爲辭，抑勒強買；田主亦不得以方圓爲辭，高求價值。違者，許各具情赴官，聽候裁斷。

一、墾田用水，其間開塞築治之事，有與地方官民相關者，或利害互相爭執，工費互相推調。院道宜選委賢能官員，親詣查勘，斟酌調停，務期兩利無害。一切興修工費，有應屬原係官民者，有應屬墾田官民者，有共利共害，應均攤出辦者，俱須從公裁處，無得曲徇一面之詞，致有偏累。亦無得因其互爭，槩從廢閣，以致有害不除，有利不舉。兩下亦宜平心聽處。如有偏執成心，理屈求伸者，合行盡法究罪。

一、墾田去處，有大工作，如開河渠、造牐壩等，有肯一力造辦者，有集合衆力造辦者，俱報官勘明興工。功成報勘，如費銀一千兩，准作水田一千畝。一體授職入籍，但無入米，亦無官俸。此外，本人別有開墾地畝，照數納米給俸。

一、邊方緊急去處，於耕種地所，造如式弔角空心敵臺一座，約用銀一千兩者，准水田一千畝。更高大多費者，勘實遞加准田之數。但造臺受職者，止許受職入籍，亦無入米，無官俸。此外，開墾田畝，照常入米給俸。其所造敵臺，平時卽與本官居住，仍令於臺上，各備大小火銃藥弩等件。遇有虜警，集戶下壯丁於臺上射打。若殺賊數多，獲有功級，照依邊方事例，一體給賞。其能自備馬匹盔甲軍火器械，本官率領戶下丁壯，遇有零犯大舉，與官軍犄角殺賊，獲有功級而願陞者，於屯衛職級之外，另陞職級，悉依軍政事例，給與世襲。此項職級，與耕墾無與，不在闕田闕米革除職名之限。願賞者聽。

一、衝邊要地，人人憚往。獨能築治臺堡，開墾地畝者，與內地難易迥絕。應照遼東諸生順天鄉試事例，特立邊字號，令其中式稍易，以示激勸。

一、今撫按司道職掌敕中，皆帶營田官，不須耑設。第人情各是所習，各安所近，須擇其耑意明農者，使居其任可矣。獨府州縣佐，宜歸併他務，選用一員專理，以便責成。

一、開墾去處，所選用司道府縣正佐，聽在京九卿科道，訪實保舉，通知農田水利，及有志富民足國者，從優選授。或未蒙保舉，而自願告就，查無規避情由者聽。果有成績，從優陞遷，或加銜管事。其任久功多者，破格超遷，以示優異。或就於本處超遷，以便責成。

一、議者言：荒地有司，多有隱匿私稅者，故以荒爲利，最忌開墾。此或未必盡充囊橐，卽以給官中公用，或抵補荒糧，亦屬非法。且境內之土盡辟，人必聚，何慮無財用。今後功令旣頒，就墾旣衆，若猶仍故習，生端藉口，或詭言境無荒蕪，或禁止和買，或抑勒承佃，如此沮人心、撓成議者，該撫按司道訪實參處。

一、新授指揮以下官員，俱用附近衛所名色，別稱屯田職銜。如附近某衛者，卽銜稱某衛屯田指揮使。位本官之下。如指揮使，卽序本衛指揮使之下，本衛指揮同知之上也。若此地官員旣多，願自於緊要去處，設立屯衛衙門及屯學者聽。其行移文案，若關職級等事，俱經由本衛印官申詳院道。若田土錢糧事宜，經由府州縣申詳。或有迫切及枉抑難明事情，徑自陳告院道，不關本衛所之事。

一、屯衛所官員，除有軍功世襲外，其餘俱以耕墾入米爲事。不在征調之限。其戶下丁夫，除自願應募充兵者聽。其餘不許邊方將官用強勒充家丁，以致人心不安，良法沮壞。如有故違者，許被害人輕則陳告，重則奏請處治。因而煽詐者，計贓論罪。

一、凡以墾田授職者，通不許私自頂名代職，違者以假官論。子弟考試者，以冒籍論。其田沒入官，另行召募耕種。首告者，以沒田一半充賞。

一、生員入學，俱於附近衛府州縣總計。與考童生二十名，進學一名；生員五名，科舉一名。科舉計二十五名，卽題准加額中式一名。俟本學生員滿二百名，別立屯學，設廩膳十名，增廣十名，四年一貢。滿三百名，各設十五名，三年一貢。滿四百名，各設二十名，二年一貢。廩生，止用名目捱貢，其廩膳銀，姑俟成功之日，財用充足，另與設處。貢生舉人進士牌坊銀兩，俱照京府事例，行文原籍支給。

一、鄉場中，另立屯字號，不論京省，每科舉二十五名，中式一名。會場不必遽加甲科之額。會場腳色，要開見在某處屯衛，原籍某處。硃墨卷，要照原籍地方開塡南北中字樣，不得用屯衛地方開寫，驟侵北土之額。後果鄉試中式數多，聽候臨期另行題請定奪。

一、若止願墾田，不願入籍登仕者，或於授官入籍額外多墾者，皆免其歲入餘米，止完本田上糧差。

一、開墾成熟之田，不許地方豪右用強奪占，用價勒買。違者，赴合於上司陳告處治。其墾田納米之外，穫有餘米，許依時價糶賣，各衙門不許指以官價爲名，減値勒買。違者亦聽被害人陳告處治。如衙門人役指官抑買者，告發計贓論罪。

一、各省直漕糧，江南民運白糧，耗費最爲煩苦。自今墾田以後，屯衛所官員人等，有於近京去處，收穫餘米，自出腳力搬運到來。白糧於戶部光祿寺等衙門，漕糧於戶部倉場總督等衙門告明，卽許將合式糧米，照例上納。給與印信倉收執照，類總移文彼處漕運巡撫等衙門，轉下所司，照數給與應解正耗貼役等米石車水腳等銀兩，免其解運。其民戶情願扣除本名及子壻族親名下應納銀米者，聽其盡數扣除，有司不得留難抑勒，重複徵收。違者許被害人徑赴合於上司陳告參處。在京各衙門，仍照軍民糧運見行規則，刊刷易知單冊，給與納戶，以便交納扣除。

一、律法有流罪三等，久廢不行。大率比附軍徒，引例擬斷。推原其故，當因杖流人犯，二三千里之外，了無拘管，亦無資藉，勢難存立。不若軍徒，既有衛所驛遞，官長鈐束，新軍亦有月糧三斗，徒犯亦有站銀二分，少資餬口。故流罪廢，而比附軍徒，勢不得已也。今既設立屯衛官員，皆在廣虛之地。若將流罪人犯，解赴收管，令作佃徒，以當差操擺站，卽得服田食力，務本營生。以此聚人辟土，正合古人徙民之意，亦不至牽合比擬，使罪不麗法，法不當罪矣。犯人本身，除有血戰功級，照例升賞外，其餘墾田雖多，終身不得除罪受職。其子弟以墾田頃畝入米，考試上進者聽。

一、既墾成熟而棄去者，如未授職名，另募人耕種。已授者，革職除名，遺下田畝，亦另募耕種。所在有司軍衛鹽司等衙門，不得指以義田貼役養廉草束產鹽條鞭等項名目，勒作官田，以致逆沮人心，棄置永利。其另募者，無開墾之勞，本身授職與子弟考試，准其半給。半給者，如耕二千畝，原該指揮使子弟八人與考，今止授副千戶四人與考也。若委係邊地危險，或兵荒倥傯，而能應募補缺者，仍准全給。

明・梁寅《新喻梁石門先生集》卷九　勸農

《周官・大宰》：以九職任萬民。一曰三農，生九穀。《遂人》：以土宜教甿，以時器勸甿。古曰：民年二十受田，六十歸田。在野曰廬，在邑曰里。春將出民，里胥登於右塾，入者必持薪樵。冬，民既入，女人同巷，相從夜績。魏文侯時，李悝有盡地力之敎。秦孝公用商鞅，以三晉地狹人貧，秦地廣人寡，於是誘三晉之人務本於內，使秦人應敵於外，任其所耕，不限多少。漢文帝二十餘詔，爲農而下者大半。賈誼勸上敺民歸農，始開籍田，躬耕以勸百姓。晁錯言：方今之務，莫若使民務農。欲務農在於貴粟，貴粟之道在於以粟爲賞罰。武帝末年，封田千秋爲富民侯。

成周八百年之天下，以重農爲家法。后稷躬稼穡，公劉務積倉，太王遷岐而勤於疆里，文王繼之而耕者九一，武王重民食，周公爲成王述《豳風》、作《無逸》，皆拳拳於農事，其有道之長也宜矣。自三代而下，最重農者無如西漢。雖武帝外事征伐，天下騷動，然末年深自悔過，復思富民。元、成以後，雖外戚專政，而民亦安業。至王莽，然後大亂。以二百餘年之治平而天下富庶，爲漢之民者何其幸歟。竊嘗論近世之弊，夫農不必勸也，唯在毋擾之而已。農不在敎也，唯在禁游惰而已。凡吏之出鄉，豈有非爲民者哉，豈有非奉行詔旨者哉。今日曰勸農也，明日曰勸農也，今日曰點(親)[視]義倉也，明日曰檢踏旱潦也。里胥奔走供給常恐有缺，吏有得則去，而詔旨未嘗行也，農事未嘗問也。及其既去，里胥又科斂下戶以償其所費。然則不勸農者，豈非去擾民之弊乎。夫治道之所出則由於朝廷，治道之所施則先於鄉里之吏。在周則族師里胥其職也，在漢則三老力田其職也，近世則社司其職也。論鄉里之治，宜重社司之職，里長督科徵，社司任民事，令社司置白直，民或游惰，或奸惡，或傷風敗俗，皆得詰而笞之，其職與里長並設均任。至於賞罰勉勵則又縣大夫之責也。

清・福隆安等《八旗通志》卷七六《土田志十五》 土田教令

崇德元年十月，太宗文皇帝命戶部承政英固爾岱、瑪福塔傳諭曰：朕惟穀甚賤傷農，甚貴傷民。有糧之家，輒自居奇，必待市價騰貴，方肯出糶。此何意耶？今當各計爾等家口足用外，有餘即以糶賣，毋得仍前壅積，致有穀貴之虞。先令八家各出糧一百石，交市糶賣，以充民食。至樹藝所宜，各因地利，卑濕者可種稗、稻、高粱，高阜可種雜糧。勤力培壅，乘地滋潤及時耕種，則秋成刈穫，戶慶充盈。如失地不耕，糧從何得耶。

二年二月，諭戶部曰：昨歲春寒，耕種失時，以致穀貴。今歲雖復春寒，然農時不可違也。宜早勤播種，而加耘治焉。夫耕耘及時，則稼無災傷，可望有秋。否則，或被蟲災，或逢水澇，穀何由登乎！凡播種，必相其土之燥濕而布其利。該管屯堡各員，有不勤加董率，致廢農務者罪之。

四月，諭群臣曰：今歲告饑。凡積粟之家，宜與各牛錄內困乏者。賣則取值，借則取息。如此，有無相通，則民氣自裕。若私埋藏以致朽爛，非我國之人也。至貧民無力耕種，坐使土地荒蕪，食何由賴。該管章京，宜時加體察，令有力者助之。

六年二月，先是命戶部清查各旗牛錄，分別貧富具奏。部臣覆奏：宗室拜音圖下四十八牛錄俱貧。太宗集衆於篤恭殿，諭之曰：此等貧窮各牛錄，豈行陣時獨禁其俘獲耶！豈嘗於衆人之外加派徭役耶！抑豈旱潦偏災之獨異於衆人耶！皆因該管各章京等嗜酒曠職，董率無方，戶口何從而殷富。著將各該管章京解任，另選才能者任之。

七年正月，諭戶部曰：凡有糧貸人及無糧求貸者，許家長互相稱貸。勿得私向奴僕稱貸及私貸與奴僕。

八年六月，先是盛京居民稠密，部臣議區別散處，以弭火災。至是都察院承政滿達海奏言：時屆秋禾成熟，改造廬舍恐妨收穫。俟禾稼登場，農功既畢，來歲春和，再行修造。得旨：所奏是。時方收穫，改建房屋著即停止。其有力之家，自能修葺者聽。無力者不必催督，俟來春農隙再行修造。

順治元年題准：盛京地方，令照舊織布，仍留養蠶屯十處。

又定：駐防錦州等城，漢軍每壯丁五名，撥給牛一隻，以備耕種。

又定：莊屯棉花發民間紡績，入八分宗室。各派匠役，令官員、領催督課官屯人織布。

二年二月，戶部傳諭：管莊撥什庫等，使曉諭各處莊頭：凡民間什物，不許攘掠。若采買芻糧，定於民間開市之日，著一人率領同往。餘日毋得私行。其貿易價值，毋致短少，務須兩得其平。倘有違令恣行者，即行處死。至各莊田土，尤須勤力耕種。

七年正月，諭戶部曰：年來八旗止憑踏看澇地給米，是以不勤農務。嗣後踏看澇地，永行停止。自王以下，官員以上，准給俸米一年。仍令勤修農務。秋則種麥耕地，春則運糞撥穀，務俾以時從事。

八年，諭諸王：必俟農隙時，方許放鷹。勿得玩違，以致蹂躪田禾。

康熙三十年二月，諭大學士伊桑阿、阿蘭泰，學士邁圖、西安、南塔海、傅繼祖：盛京官屯五十所，沿邊丁壯設爲屯二十五所，移遷於烏喇。念此莊屯有及沿邊丁壯，居住年久，已成聚落。今遽令遷移，如此衆多人戶，生業蕩然，必致苦累。仍留於盛京，與遷移於烏喇，皆公家之屯，其爲納賦則一也。朕意此莊屯應停其遷徙。於烏喇兵丁，每歲派三百名耕種，或一歲以烏喇之兵，一歲以捕牲之人，輪年耕種，亦可以積穀矣。此事所關綦重。著學士麻爾圖馳驛往盛京、烏喇，令將軍、副都統、各部堂官悉喻朕意。伊等之意若何，詳議回奏。

是年十二月，諭戶部曰：塞外聚穀，甚屬要務。故耕稼土田以廣積貯，爲至切也。達爾湖之地，其田以內府莊屯之人耕之。可令總管內務府，於各莊屯內遣其丁壯，其穀種、耒耜及諸田器、耕牛，皆令豫備。於三旗內府官員、新滿洲護軍、披甲之中，熟諳農事者，擇而遣之。呼爾湖之地，其田以八旗諸王莊屯之丁壯耕之。其穀種、耒耜及諸田器、耕牛，咸令豫備。熟諳農事人員，擇而遣之。墾闢耕種之時，稷與大麥、油麥、春麥四種穀，皆可藝植。稷宜多種，春麥宜少種。遣往耕田之人，田既耕種畢，則酌留耘田之人，其餘人遣還。穀既熟，則所留耘田之人可以收穫。此農人所食之米，於古北口所貯米石中計口而授之。西拉木倫之地，其耕田悉照原議。遣盛京人員前往，俟農畢收成之後，視豐收地方，其治田人員該部議叙。爾等其議以聞。又諭內閣曰：達爾湖、呼爾湖、西拉木倫地方，耕田所需之牛，著停其捐助。於每處遣戶部司官一員，帶庫銀照數購買，以給與之。

三十三年正月，諭內閣曰：黑龍江墨爾根、波爾得之地官員兵丁，與索倫、達呼爾之人，助其耕種，亦有年矣。若仍前相助力作，其官員兵丁及索倫、達呼爾之人皆致勞苦。此數年來所種之穀，倘足以備用，則集衆力以耕作，可以停止。著將軍薩布蘇詳議具奏。遣兵部筆帖式一人往。

乾隆元年四月，上諭：八旗爲國家根本，從前敦崇儉樸，習尚敦龐，風俗最爲近古。迨承平日久，漸即侈靡。且生齒日繁，不務本計，但知坐耗財賦，罔思節儉。如服官外省奉差收稅，即不守本分，恣意花消，虧竭國帑，及至干犯法紀，身罹罪戾，又復貽累親戚，波及朋儕，牽連困頓。而兵丁閑散人等，惟知鮮衣美食，蕩費貲財，相習成風，全不知悔。旗人之貧乏，率由於此。朕即位以來，軫念伊等生計艱難，頻頒賞賚，優卹備至。其虧空錢糧，已令該部查奏寬免。其入官之墳塋地畝，已令查明給還。其因獲罪革退之世職，亦令查明請旨。似此疊沛恩施者，無非欲令其家給人足，返樸還淳，共享升平之福也。現在日與王大臣等，籌畫久長生計，次第舉行。惟是曠典不可數邀，亦不可常恃。而旗人等蒙國家教養之厚澤，不可不深思猛省，自爲家室之謀。即如喜喪之事，原有恩賞銀兩，自應稱家有無，酌量經理。乃無知之人，止圖粉飾虛文，過爲靡費，或遇父母大故，其意以爲因父母之事，即過費，亦所不惜。不知蕩盡家產，子孫無以存活，伊等父母之心，其能安乎否乎？他如此等陋習，不可悉數。在己不知節省，但希冀朝廷格外之賞賚，以供其揮霍，濟其窮困，有是理乎？嗣後務期恪遵典制，謹身節用，勿事浮華，勿耽游(情)[惰]，交相戒勉，惟儉惟勤，庶幾人人得所，永遠充裕，可免窘乏之虞。況旗員內之老成謹慎者，可望擢用外任，上爲國家效力辦公，下亦可得俸祿養廉，以贍給家口。倘伊等不知痛改前非，仍蹈覆轍，驕奢侈靡，虧帑誤公，則是伊等下愚不移，自取罪戾，不惟恩所不施，且爲法所不貸。朕必仍前按律懲治，不少姑息。且朕今日所寬者，即向日虧空官帑，驕泰自恣之人也。若不痛自改省，謹遵法紀，則將來不於伊身，必於伊等之子孫，又復罹追比之苦矣。又何樂於目前數日之花費乎！凡朕之所以諄諄訓戒者，總爲伊等豫謀久遠生計。八旗大臣等，可通行曉諭官兵人等，其各敬聽朕言，熟思審計，以無負朕之期望。

三年三月，上諭：八旗之人，動輒望賞望借，以濟匱乏。不知國家經制有常，爲政有體，豈有無端賞借，以博衆人一時感悅之理。且國家之有恩施，亦如上天之有雨澤。若雨澤下降，而播種不豫，力作不勤，亦不能望收穫。況一時之賞借，猶如一時之驟雨，可暫而不可常，能給而不能足。加之伊等又不知撙節愛惜，隨手浪費，於生計絲毫無補。其裨益果安在耶！朕實不忍兵民等之癡愚不悟，特頒此旨，再行曉諭。

九年題准：直隸天津、河間各屬，土性宜棗，種植最多。深、冀亦產桃梨。至於榆、柳、楊樹之類，河窪、鹼地，各有所宜，令民間於村頭屋角、地畝四至隨宜廣植，始足以資利益。如有旗地可種樹木之處，應令該管各官勸諭旗人，亦可多爲栽種。

以上土田敎令。

綜述

明・朱健《古今治平畧》卷四《農政篇》　三代農政

自耒耨之敎，始于炎帝，井野之畫，肇自軒轅，而農事爲萬世永賴。堯舜繼之，敬天授時，命禹敷土，則壤經邦，暨稷播種，樹藝百穀，蒸民以粒。故五材並用，歸脩土穀，八政農用，爰寶稼穡。文王卑服，卽康功于田功，豳詩陳風，誠愛忠利，養老慈幼，食節而事時。蓋于耜、舉趾、築場、納稼之間，王化基焉。則知土田者，聖王所以奉順天德，阜育羣生，理財聚人，守邦之本也。至于《周官》，尤爲詳備：大司徒之掌建土地也，以土宜之法，辨十有二土之名物，以相民宅而知其利害，以阜人民，以毓草木，以任地事，辨十有二壤之物而知其種，以敎稼穡樹藝焉。于是經土地而井牧其田野，則九夫爲井，四井爲邑，四邑爲丘，四丘爲甸，四甸爲都。而以分地域，以辨地守，以任地事焉。其任土之法，則有載師以物地事，授地職，而施其政令，曰：以廛里任國中之地，以場圃任園地，以宅田、士田、賈田任近郊之地，以官田、牛田、賞田、牧田任遠郊之地，以公邑之田任甸地，以家邑之田任稍地，以小都之田任縣田，以大都之田任畺地。蓋自國中、場圃以及甸、稍、縣、畺，畢墾之爲田，而天下無不耕之地。其任民之法，則有閭師以掌其數，以任其力，而待其政令，曰：任農以耕事，任圃以樹事，任(功)[工]以飭材，任商以市事，任牧以畜事，任嬪以女事，任臣妾以疏材，任閑民以轉移執事，任虞衡以山澤。蓋自園圃、虞衡以及工、商、閑民畢有事于田，而天下無不耕之人。于是乎，遂人掌辨其野之土，上地、中地、下地，而頒田里焉，以聽于司徒。地肥美可歲耕種者，爲不易上地；休一歲乃可耕者，爲一易中地；地瘠鹵休二歲乃可耕者，爲再易下地。上地，夫一廛，田百畮，萊五十畮，餘夫亦如之；中地，夫一廛，田百畮，萊百畮，餘夫亦如之；下地，夫一廛，田百畮，萊二百畮，餘夫亦如之。于是以下劑致甿愛其力，以田里安甿厚其俗，以樂昏擾甿洽其恩，以土宜教稼穡阜其產，以興鋤利甿通其力，以時器勸甿趨其功，以疆予任甿防其惰。其治野也，則匠人制之。而夫間有遂，遂上有徑；十夫有溝，溝上有畛；百夫有洫，洫上有涂；千夫有澮，澮上有道；萬夫有川，川上有路，以達于畿。其脩稼澤也，則稻人掌之。而以瀦畜水，以防止水，以溝蕩水，以遂均水，以列舍水，以澮瀉水，以涉揚其芟而作田，夏則以水殄草而芟夷之。及其澤草所生，則種之芒種。其掌土化也，則草人相之。而騂剛用牛，赤緹用羊，墳壤用麋，渴澤用鹿，鹹潟用貆，勃壤用狐。埴壚用豕，彊檃用蕡，輕爂用犬，以物地相其宜而爲之糞種，凡周悉如此。于是，遂師則巡其稼穡，而移用其民以救其時事。遂大夫則正歲簡稼器、脩稼政，而以教稼穡，稽其功事。縣正則趨其稼事，而掌其賞罰。鄰長則趨其耕耨，而稽其女功。里宰則歲時合耦于鋤，以秩敘其耕耨。而司稼又爲之辨穜稑之種，周知其名，與其所宜地以爲法。而懸于邑閭，則衆著于土穀之宜矣。又爲之巡野觀稼，以年之上下出斂法，均萬民之食，以賙其給而平其興，則衆足于豐歉之常矣。當其時，民年二十受田，六十歸田，七十以上，上所養也；十歲以下，上所長也；十一以上，上所強也。種穀必雜五種，以備災害。田中不得有樹，用妨五穀。力耕數耘，收穫如寇盜之至。環廬樹桑，菜茹有畦。瓜瓠果蓏，殖于疆埸。雞豚狗彘，毋失其時。女脩蠶織，則五十可以衣帛，七十可以食肉。在野曰廬，在邑曰里。春令民畢在于野，冬則畢入于邑，所以順陰陽、備寇賊、習禮文也。春將出民，里胥平旦坐于右塾，鄰長坐于左塾，畢出然後歸，夕亦如之。入者必持薪樵，輕重相分，班白不提挈。冬，民既入，婦人同巷，相從夜績，女工一月得四十五日。必相從者，所以省費燎火，同巧拙而合習俗也。男女有不得其所者，因相與歌咏，各言其傷。若乃歲屆孟春，農祥晨正，日月底于天廟，土乃脉發。先時九日，太史告稷曰：自今至于初吉，陽氣俱蒸，土膏其動。弗震弗渝，脉其滿眚，穀乃不殖。稷以告王曰：史帥陽官以命我司事曰：距今九日，土其俱動，王其祗祓，監農不易。王乃使司徒咸戒公卿、百吏、庶民，司空除壇于籍，命農大夫咸戒農用。先時五日，瞽告有協風至，王卽齋宮，百官御事，各卽其齋三日。及期，鬱人薦鬯，犧人奉牲，酒人薦醴，王祈穀于上帝，祼鬯，享醴乃行。百吏、庶民畢從。及籍，后稷監之，膳夫、農正陳籍禮，太史贊王，王敬從之。王耕一墢，公卿、大夫、士以其班三之，庶人終於千畝，后稷省功，太史監之，司徒省民，太師監之，既畢功，宰夫陳饗膳，宰監之。膳夫贊王，王歆太牢，班嘗之，庶人終食。是日也，太師帥樂官吹律同以占風土。廩于籍東南，鐘而藏之，而時布之于農。稷乃徧戒，紀農協功，曰：陰陽分布，震雷出滯。土不備墾，辟在司寇。乃命其旅曰：徇，農師一之，農正再之，后稷三之，司空四之，司徒五之，太保六之，太師七之，太史八之，宗伯九之，王則大徇，耕穫亦如之。而肆師之職，則又嘗之日，涖卜來歲之芟。獮之日，涖卜來歲之戒。社之日，涖卜來歲之稼。故凡民之無職者出夫布，不畜者祭無牲，不耕者祭無盛，不蠶者不帛，不績者不衰。是時也，王事惟農是務，無有求利于其官，以干農功。民用莫不震動恪恭，修其疆畔，日服其鎛，不解于時，故財用不乏，而民用和同。胥此道也，自今觀之，其重農之意一何至哉。蓋太宰九職之任，一曰三農；司徒十二職之頒，首曰稼穡。而地有肥磽，則由百畞而差之至三百畞；功有勤惰，則由上農而辨之至下農。夫器不足，則有合耦之法；力不足，則有轉移執事之利。小司徒之井牧，立田制也；遂人之溝洫，典水利也；草人辨其地之剛潟墳壚，別壤糞也；稻人掌其畜止均瀉，防旱潦也。一稼穡之教，司徒既教之，遂人又教之；一耕耨之趨，鄰長既趨之，里宰又趨之；一穜稑之種，舍人既縣之，司稼又辨之；一墽惡之地，旅師既等之，土均又均之。用力不過三日，恐其奪民時也；起役無過一人，虞其防農業也。田不耕者出屋粟，懼其游惰而不勤也；民無職者出夫布，憂其舍本而從末也。甸師何與于農而師屬以耕王籍，所以勸天下之力田；內宰何關于農而率官以獻王種，所以示天下之重穀。嘗之日預卜來歲之芟，而爲田業荒蕪之慮；社之日預卜來歲之種，而爲旱乾水溢之備。其始也，祭田祖而祈年，以新農事；其終也，享百神而祭蜡，以報農功。凡有可以佐百姓力農者，無不設官而敎導之。蓋以農者天下之本，食者生民之天。農不耕則失業，食不給則傷生。旣思所以厚其生，又思所以利其用；旣思所以興其利，又思所以除其害。先王拳拳重農之意如此，百姓豈有不從事耒耜而服勤田畝哉。是故周詩有曰：雨我公田，遂及我私。在民則有先公後私之意。駿發爾私，終三十里。在君則有先私後公之心。君民上下，皆相勉以農力，不啻如父兄子弟，則其農蓋有不待勸矣。雖然周人雖曰：重農而實以士待農，不以農待農也。六鄉六遂之民，皆受田之農也。鄉大夫三年大比之賓興，遂大夫三歲大比之興甿，皆于鄉遂中得之。耕則爲井邑之農，學則游州黨之序，居則聯夫家之數，出則預閭族之書。故敎之以稼穡者，所以勸農也；敎之以游藝者，所以敎士也。向也民數穀數之登，必拜而受之，藏于天府，所以重農也；今也賢書能書之登，亦拜而受之，藏于天府，所以重士也。豈非士藏于農，則有待農亦待士乎。詩云：十月穫稻，爲此春酒。曰殺羔羊，躋彼公堂。又曰：或耘或耔，黍稷薿薿。攸戒攸止，烝我髦士。夫公堂之躋，即前日穫稻之夫。髦士之烝，即平日耘耔之子。以此見井田之行不惟兵農不分，而士農亦不分也。此所以爲王政歟。數傳至宣王，不籍千畝。虢文公諫曰：不可。夫民之大事在農，上帝之粢盛于是乎出，民之蕃庶于是乎生，事之共給于是乎在，和協輯睦于是乎興，財用蕃殖于是乎始，敦龐淳固于是乎成。是故先王三時務農而一時講武，則享祀時至而布施優裕也。今天子欲脩先王之緒而棄其大功，匱神之祀而困民之財，將何以來福用民。王弗聽。已而戰于千畝，王師敗績于姜氏之戎。至于幽王，寵嬖褒姒，荒棄厥政，羣小用事，奪人之土田。而詩人刺之曰：婦無公事，休其蠶織。周于是乎東遷。嗟乎，農桑係王業根本。觀周之所以盛衰，不益可見也哉。春秋時，齊桓公啚霸，與管仲謀所以富國足民之道，管仲對曰：昔者聖王之治其民也，參其國而伍其鄙。定民之居，成民之事，以爲民紀。謹用其六秉，則民情可得而御。公曰：爲之奈何。對曰：士、農、工、商四者，國之石民也。四民者勿使雜處，雜處則其言哤、其事易。是故聖王處士就使閒燕，處工就官府，處商就市井，處農就田野。今夫農羣萃而州處，審其四時，權節具，備其械器，用比耒耜穀芟。及寒擊槀除田，以待時乃耕，深耕、均種、疾耰。先雨芸耨，以待時雨。時雨旣至，挾其槍刈耨鎛，以旦暮從事于田野，脫衣就功，別苗莠，列疏遬。首戴茅蒲，身服襏襫，沾體塗足，暴其髮膚，盡其四支之力，以疾從事于田野。少而習焉，其心安焉，不見異物而遷焉。故農之子常爲農，樸野而不慝，其秀才之能爲士者，則足賴也，是以聖王敬畏戚農焉。至其著論有曰：牧民者務在四時，守在倉廩。國多財，則遠者來；地辟舉，則民留處；倉廩實，則知禮節；衣食足，則知榮辱。故積于不涸之倉者，務五穀也；藏于不竭之府者，養桑麻育六畜也。農事先，則野不積草，謂之野與市爭民；藏于民，則府不積貨，謂之家與府爭貨；家用足，則市不成肆，謂之金與粟爭貴；鄉分治，則朝不合衆，謂之鄉與朝爭治，此治之至也。苟有地不務本事，君國不能壹民，而求宗廟社稷之無危，不可得也。故脩火憲，禁山澤、林藪、積草，夫財之所出，以時禁發焉，虞師之事也；決水潦，通溝瀆，修障防，安水藏，使時水雖過度，無害于五穀，司空之事也；相高下，視肥墝，觀地宜，明詔期，前後農夫，以時均修焉，由田之事也；行鄉里，觀樹藝，簡六畜以勸勉百姓，使力作毋偷，鄉師之事也；論百工，審時事，辨功苦，上完利，使刻鏤文采，毋敢造于鄉，工師之事也。凡地十仞見水者，不大潦；五尺見水者，不大旱。距國門以外，窮四境之內，丈夫二犁，童五尺一犁，以爲三日之功。正月，令農始作，服於公田農耕。及雪釋，耕始焉，芸卒焉。故均地分力使民知時也。民乃知時日之早晏，日月之不足，饑寒之至于身也。是故夜寢早起，父子兄弟不忘其功。爲而不倦，地利不可竭，民力不可殫。不告之以時而民不知，不道之以事而民不爲。與之分貨，則民知得正矣；審其分，則民盡力矣，是故不使而父子兄弟不忘其功。桓公嘗問乘馬之數，對曰：國無儲在令。一農之量壤百畝也，春事二十五日之內。公曰：何謂也。對曰：日至六十日而陽凍釋，七十日而陰凍釋而秇稷。故春事二十五日之內耳。今君立扶臺、五衢之衆皆作。君過春而不止，民失其二十五日，則五衢之內阻棄之地也。起一人之繇，百畝不舉；起十人之繇，千畝不舉；起百人之繇，萬畝不舉；起千人之繇，十萬畝不舉。春已失二十五日，而尚有起夏作，是春失其地，夏失其苗，秋起繇而民無止，此之謂穀地數亡。穀失于時，君之衡籍而無止，民食什五之穀，則君以籍九矣，有衡求幣焉，此盜暴之所以起，刑罰之所以衆也。隨之以暴，謂之內戰。故曰：觀其耕耘，計其農事，而饑飽之國可以知也。其耕之不深，耘之不謹，地宜不任，草田多穢，耕者不必肥，荒者不必澆，以人猥計其野，草田多而辟田少者，雖不水旱，饑國之野也。若是而民寡，則不足以守其地；若是而民衆，則國貧民饑，以此遇水旱，則衆散而不收。故曰：有地君國而不務耕耘，寄生之君也。行其山澤，觀其桑麻，計其六畜之産，而貧富之國可知也。夫山澤廣大，則草木易多也；壤地肥饒，則桑麻易殖也；薦草多衍，則六畜易繁也。山澤雖廣，草木無禁；壤地雖肥，桑麻無數；薦草雖多，六畜有征，閉貨之門也。故曰：時貨不遂，金玉雖多，謂之貧國也。山林雖近，草木雖美，宮室必有度，禁發必有時，是何也？曰：大木不可獨舉也，大木不可獨運也，大木不可加之薄牆之上。故曰：山林雖廣，草木雖美，禁發必有時；國雖充盈，金石雖多，宮室必有度；江海雖廣，池澤雖博，魚鱉雖多，網罟必有正船。非私草木、愛魚鱉也，惡廢民于生穀也。故先王之禁山澤之作者，博民于生穀也。彼民非穀不食，穀非地不生，地非民不動，民非力無以致財。天下之所生，生于用力，用力之所生，生于勞身。是故主上用財毋已，是民用力無休也。故曰：臺榭相望者，其上下相怨也。民有餘積者，其禁不必止；衆有遺苞者，其戰不必勝；道有損瘠者，其守不必固。凡爲國之急者，必先禁末作文巧，末作文巧禁，則民無所游食，民無所游食，則必農。民事農則田墾，田墾則粟多，粟多則國富。是以先王知衆民、彊兵、廣地、富國之必生于粟也。故禁末作，止奇巧，而利農事。今爲末作奇巧者一日作而五日食，農夫終歲之作不足以自食也。然則民舍本事而事末作。民舍本事而事末作，則田荒而國貧矣。凡農者月不足而歲有餘者也，而上徵暴急無時，則民倍貸以給上之徵矣。耕耨者有時，而澤不必足，則民倍貸以取庸矣。秋糴以五，春糶以束，是又倍貸也。故以上之徵而倍取于民者四。關市之租，府庫之徵，粟什，廝輿之事，此四時亦當一倍貸矣。夫以一民養四主，故逃徙者有刑而上不能止者，粟少而民無積也。常山之東，河汝之間，蚤生而晚殺，五穀之所蕃熟也，四種五穫。中年畝二石，一夫爲粟二百石。今也倉廩虛而民無積，農夫以鬻子者，上無術以均之也。故先王使農、士、工、商四民交能易作，終歲之利，無道相過也。是以民作一而得均。民作一則田墾，姦巧不生。田墾則粟多，粟多則國富。姦巧不生則民治。富而治，此王之道也。不生粟之國亡，粟生而死者霸，粟生而不死者王。粟也者，民之所歸也；粟也者，財之所歸也；粟也者，地之所歸也。粟多則天下之物盡矣。其後魏文侯之時，李悝作盡地力之教，以爲地方百里，提封九萬頃，除山澤邑居參分去一，爲田六百萬畮。治田勤謹則畮益三升，不勤則損亦如之。地方百里之增減，輒爲粟一百八十萬石矣。及秦孝公，用商鞅益務耕戰。鞅以三晉地狹人貧，秦地廣人寡，故草不盡墾，地利不盡出。於是誘三晉之人，利其田宅，復三代無知兵事，務本于內，而使秦人應敵于外。故廢井田，開阡陌，任其所耕，不限多寡。數年之間，國富兵強，天下無敵。

其墾令曰：無宿治，則邪官不及爲私利于民。而百官之情不相稽，則農有餘日；邪官不及爲私利于民，則農不敗。農不敗而有餘日，則草必墾矣。訾粟而稅，則上一而民平。上一則信，信則官不敢爲邪。民平則慎，慎則難變。上信而官不敢爲邪，民慎而難變，則下不非上，中不苦官。下不非上，中不苦官，則壯民疾農不變。壯民疾農不變，則少民學之不休。少民學之不休，則草必墾矣。無以外權爵任與官，則民不貴學問，又不賤農。民不貴學問則愚，愚則無外交；無外交則勉農而不偷。民不賤農則國安不殆。國安而不殆，勉農而不偷，則草必墾矣。厚祿而稅多，食口衆者，敗農者也。則以其食口之數，賦而重使之，則辟淫游食之民無所于食。民無所以食則必農，農則草必墾矣。使商無得糴，農無得糶。農無得糶，則窳惰之農勉疾。商不得糴，則多歲不加樂。多歲不加樂，則饑歲無裕利。無裕利則商怯，商怯則欲農。窳惰之農勉疾，商欲農則草必墾矣。聲服無通于百縣，則民行作不顧，休居不聽。休居不聽，則氣不淫。行作不顧，則意必一。意一而氣不淫，則草必墾矣。無得取庸，則大夫家長不見繕，愛子不惰食，惰民不窳，而庸民無所于食，則必農。大夫家長不見繕，則農事不傷。愛子、惰民不窳，則故田不荒。農事不傷，農民益農，則草必墾矣。廢逆旅，則姦僞、躁心、私交、疑農之民不行，逆旅之民無以食，即必農。農則草必墾矣。一山澤，則惡農、惰慢、倍欲之民無所以食。無所於食，則必農。農則草必墾矣。貴酒欲之價，重其租，令十倍其樸，然則商賈少，農不能喜酣奭，大臣不爲荒飽。商賈少，則上不費粟。民不能喜酣奭，則農不慢。大臣不荒，則國事不稽，主無過舉。上不費粟，民不慢農，則草必墾矣。重刑而連其罪，則褊急之民不鬪，狠剛之民不訟，怠惰之民不游，費資之民不作，巧諛、惡心之民無變也。五民者不生於境內，則草必墾矣。使民無得擅徙，則誅愚亂農，農民無所于食而必農。愚心、躁欲之民一意，則農民必靜。農靜、誅愚，則草必墾矣。國之大臣諸大夫，博聞、辯慧、游居之事，皆無得爲，無得游居于百縣，則農民無所聞變見方。農民無所聞變見方，則智農無從離其故事，而愚農不知，不好學問。愚農不知，不好學問，則務疾農。智農不離其故事，則草必墾矣。百縣之治一形，則從迂者不敢更其制，過而廢者不能匿其舉。過舉不匿，則官無邪人。迂者不飾，代者不更，則官屬少而民不勞。官無邪則民不傲，民不傲則業不敗。官屬少則徵不煩。民不勞則農多日。農多日，徵不煩，業不敗，則草必墾矣。重關市之賦，則農惡商，商有疑惰之心。農惡商，商疑惰，則草必墾矣。無得爲罪人請于吏而饟食之，則姦民無主。姦民無主，則爲姦不勉。爲姦不勉，則姦民無樸。姦民無樸，則農民不敗。農民不敗，則草必墾矣。故曰：農戰之民千人，而有《詩》、《書》辯慧者一人焉，千人者皆怠于農戰矣。農戰之民百人，而有技藝一人焉，百人者皆怠于農戰矣。國待農戰而安，主待農戰而尊。夫民之不農戰也，上好言而官失之也。今上論材能知慧而任之，則知慧之人希主好惡，使官制物，以適主心。是以官無常，國亂而不一，辯說之人而無法也。如此則民務焉得無多，而地焉得無荒。詩、書、禮、樂、善、修、仁、廉、辯、慧，國有十者，上無使守戰。國以十者治，敵至必削，不至必貧。國去此十者，敵不敢至，雖至必却；興兵而伐，必取；按兵不伐，必富。國好力者以難攻，以難攻者必興；好辯者以易攻，以易攻者必危。今夫蛆、蟻、蚼、蠋，春生秋死，一出而民數年不食。今一人耕而百人食之，此其爲蛆、蟻、蚼、蠋亦大矣。雖有《詩》、《書》，鄉一束，家一員，獨無益于治也，非所以反之之術也。故先王反之于戰農。故曰：百人農、一人居者王，十人農、一人居者強，半農半居者危。故民避農戰，則必輕其居。輕其居，則必不爲上守戰也。是以聖人作壹博之也。國作一歲者十歲強，作十歲者百歲強，作百歲者千歲強。千歲強者王。夫刑生力，力生強，強生威，威生惠，惠生于力。粟生而金死，粟死而金生。金一兩生于境內，粟十二石死于境外；粟十二石生于境內，金一兩死于境外。國好生金于境內，則金粟兩死，倉府兩虛；國好生粟于境內，則金粟兩生，倉府兩實。故爲國任地者：山林居什一，藪澤居什一，谿谷流水居什一，都邑蹊道居什四，此先王之正律也。故爲國分田數：小畝五百，足待一役，此地不任也；方土百里，出戰卒萬人者，數小也。此其墾田足以食其民，都邑遂路足以處其民，山林、藪澤、谿谷足以供其利，藪澤提防足以畜。故兵出，糧給而財有餘；兵休，民作而蓄長足。此所謂任地待役之律也。今世主有地方數千里，食不足以待役實倉，而兵爲鄰敵。夫地大而不墾者，與無地者同；民衆而不用者，與無民者同。故爲國之數，務在墾草；用兵之道，務在一賞。私利塞于外，則民務屬于農；屬于農，則樸。私賞禁于下，則民力摶于敵；摶于敵，則勝。奚以知其然也。夫民之情，樸則生勞而易力，窮則生知而權利。易力則輕死而樂用，權利則畏罰而易苦。易苦則地力盡，樂用則兵力盡。夫治國者，能盡地力而致民死者，名與利並。聖人之爲國也，入令民以數農，出令民以計戰。夫農，民之所苦；而戰，民之所危也。犯其所苦、行其所危者，計與數也。故民生則計利，死則慮名。名利之所出，不可不審也。利出于地，則民盡力；名出于戰，則民必致死。入使民盡力，則草不荒；出使民致死，則勝敵。富強之功可坐而致也。故事《詩》、《書》談說之士，則民游而輕其君；事處士，則民遠而非其上；事勇士，則民競而輕其業；伎藝之民用，則民剽而易徙；商賈之事(佚)[佚]且利，則民緣而議其上。故五民者加于國，則田荒而兵弱。談說之士資在于口，處士資在于意，勇士資在于氣，伎藝之民資在于手，商賈之事資在于身。故天子一宅，而環身資。民資重于身，而偏托勢于外。挾重資，歸偏家，堯、舜之所難也。故湯、武禁之，則功立而名成。聖人非能以世之所易勝其所難也，必以其所難勝其所易。彼民愚，則易力而難巧；世巧，則易智而難力。故神農教耕而王天下，師其智也；湯、武致強而征諸侯，服其力也。今世巧而民淫，方傚湯、武之時而行神農之事。以隨世禁，故千乘式亂。此其所加務者過也。國之所以求民者少，而民之所以避求者多。聖人之治也，多禁以止能，任民以窮詐。故民資藏于地，而偏托危于外。資藏于地則樸，托危于外則惑。民入則樸，出則惑，是以農勉而戰戢也。行之數年，國以富強。至呂不韋爲相，作《呂覽》，言農事甚悉。其《上農篇》曰：古先聖王之所以道其民者，先務于農。民農非徒爲地利也，貴其志也。民農則樸，樸則易用，易用則邊境安，主位尊。民農則重，重則少私義，少私義則公法立，力專一。民農則其產復，其產復則重徙，重徙則死其處而無二慮。民舍本而事末則不令，不令則不可以守，不可以戰。民舍本而事末則其產約，其產約則輕遷徙，輕遷徙則國家有患，皆有遠志，無有居心。民舍本而事末則好智，好智則多詐，多詐則巧法令，以是爲非，以非爲是。后稷曰：所以務耕織者，以爲本敎也。是故天子親率諸侯耕帝籍田，大夫士皆有功業。是故當時之務，農不見于國，以敎民尊地產也。后妃率九嬪蠶于郊，桑于公田。是以春秋冬夏皆有麻枲絲繭之功，以力婦敎也。是故丈夫不織而衣，婦人不耕而食，男女貿功以長生，此聖人之制也。故敬時愛日，非老不休，非疾不息，非死不舍。上田，夫食九人。下田，夫食五人。可以益，不可以損。一人治之，十人食之，六畜皆在其中矣。此大任地之道也。故當時之務，不興土功，不作司徒，庶人不冠弁、娶妻、嫁女、享祀，不酒醴聚衆，農不上聞，不敢私籍于庸，爲害于時也。然後制野禁，苟非同姓，農不出御，女不外嫁，所以安農也。野禁有五：地未辟易，不操麻，不出糞。齒年未長，不敢爲園囿。量力不足，不敢渠地而耕。農不敢行賈，不敢爲異事。爲害於時也。然後制四時之禁：山不敢伐材下木，澤不敢灰僇，繯網罝罦不敢出于門，罛罟不敢入于淵澤，非虞命漁，不敢緣舟，爲害于時也。凡民自七尺以上，屬諸三官。農攻粟，工攻器，賈攻貨。時事不共，是謂大凶。奪之以土功，是謂稽，不絕憂惟，必喪其粃。奪之以水事，是謂籥，喪以繼樂，四鄰來虛。奪之以兵事，是謂厲，禍因胥歲，不舉銍艾。數奪民時，大饑乃來。野有寢耒，或談或歌，且則有昏，喪粟甚多。皆知其末，莫知其本眞。其《任地篇》曰：后稷曰：子能以窪爲突乎。子能藏其惡而揖之以陰乎。子能使吾土靖而甽浴土乎。子能保濕安地而處乎。子能使萑夷毋淫乎。子能使子之野盡爲冷風乎。子能使藁數節而莖堅乎。子能使穗大而堅均乎。子能使粟圜而薄糠乎。子能使米多沃而食之強乎。凡耕之大方：力者欲柔，柔者欲力。息者欲勞，勞者欲息。棘者欲肥，肥者欲棘。急者欲緩，緩者欲急。濕者欲燥，燥者欲濕。上田棄畝，下田棄甽。五耕五耨，必審以盡。其深殖之度，土貽必得，大草不生，又無螟蜮。今玆美禾，來玆美麥。是以六尺之耜，所以成畝也；其博八寸，所以成甽也；耨柄尺，此其度也；其耨六寸，所以間稼也。地可使肥，又可使棘。人肥必以澤，使苗堅而地隙；人耨必以旱，使地肥而土緩。冬至後五旬七日，菖始生，菖者百草之先生者也，于是始耕。孟夏之昔，殺葉三而穫大麥。日至，苦菜死蕡生，而樹麻與菽，此告民地寶也盡死。凡草稀首生而麥無葉，而從事于蓄藏，此告民究也。五時見生而樹生，見死而穫死。天生時，地生財，無失民時。下知貧富利器，皆時至而作，竭時而止。是以老弱之地可盡起，不知事者，時未至而逆之，時既往而慕之，當時而薄之，使其民而郄之。使從事之下也。是以粟少而失功。其《辨土篇》曰：凡耕之道，無與三盜任地。夫四序參發，大甽小畝爲青魚胠，苗若直獵，地竊之也；既種而無行，耕而不長，則苗相竊也；弗除則蕪，除之則虛，則草竊之也。故去三盜者，而後粟可多也。所謂今之耕也，營而無獲者：其早者先時，晚者不及時，寒暑不節，稼乃多菑。其爲晦也，高而危則澤奪，陂而埒，見風則蹶，高培則拔，寒則雕，熱則脩，虛稼先死，衆盜乃竊。望之似有餘，就之則虛。農夫知其田之易也，不知其稼之疏而不適也；知其田之際也，不知其稼居地之虛也。不除則蕪，除之則虛，此事之傷也。故晦欲廣以平，甽欲小以深。下得陰上得陽，然後咸生。稼欲生于塵，而殖于堅者。愼其種，勿使數，亦無使疏。于其施土，無使不足，亦無使有餘。熟有耰也，必務其培。其耰也植，植者其生也必先。其施土也均，均者其生也必堅。是以晦廣以平，則不喪本莖；生於地者，五分之以地。莖生有行，故遫長；弱不相害，故遫大。衡行必得，縱行必術。正其行，通其風，木心中央，帥爲冷風。苗，其弱也欲孤，長也欲相與居，其熟也欲相扶。是故三以爲族，禾乃多粟。凡禾之患，不俱生而俱死。是以先生者美米，後生者爲粃。是故其耨也，長其兄而去其弟。樹肥無使扶疏，樹墝不欲專生而族居。肥而扶疏則多粃，墝而專居則多死。不知稼者，其耨也，去其兄而養其弟，不收其粟而收其粃，土不安則禾多死，厚土則蘖不通，薄土則蕃轓而不發。壚埴冥色，剛土柔種，免耕殺匿，使農事得。其《審時篇》曰：凡農之道，厚之爲寶。斬木不時，不折必穗；稼就而不獲，必遇天菑。夫稼爲之者人也，生之者地也，養之者天也。是以人稼之容足，耨之容耨，據之容手。此之謂耕道。是故得時之稼興，失時之稼約。莖相若而稱之，得時者重，粟之多。量粟相若而舂之，得時者多米。量米相若而食之，得時者忍饑。是故得時之稼，其臭香，其味甘，其氣章，百日食之，耳目聰明，心意叡智，四衞變彊，殃氣不入，身無苛殃。黃帝曰：四時之正也，正五穀而已矣。

漢唐農政　晉魏六朝附

漢興接秦之弊，民失作業而大饑饉。高祖輕傜薄賦，與民休息。孝惠高后之間，衣食滋殖。文帝即位，躬脩節儉，乂安百姓。然民猶背本趨末者衆，賈誼說上以積貯。于是始開藉田躬耕以勸天下。六年詔曰：間者數年比不登，又有水旱疾疫之災，朕甚憂之。愚而不明，未達其咎，意者政有所失而行有過與。乃天道有不順，地利或不得，人事多失和，鬼神廢不享與。何以致此。將百官之奉養或廢，無用之事或多與。何其民食之寡乏也。夫度田非益寡，而計民未加益，以口量地，其于古猶有餘，而食之甚不足者，其咎安在。毋乃百姓之從事于末以害農者蕃，爲酒醪以靡穀者多，畜之食焉者衆與。晁錯復說上曰：聖王在上而民不凍饑者，非能耕而食之，織而衣之也，爲開其生財之道也。故堯禹有九年之水，湯有七年之旱，而國無捐瘠者，以蓄積多而備先具也。今海內爲一，土地人民之衆不避湯、禹，加以無天災數年之水旱，而蓄積未及者，何也。地有遺租，民有餘力，生穀之土未盡墾，山澤之利未盡出也，游食之民未盡歸農也。民貧，則姦邪生。貧生于不足，不足生于不農，不農則不地著，不地著則離鄉輕家，民如鳥獸。雖有高城深池、嚴法重刑，猶不能禁也。夫寒之于衣，不待輕煖；饑之于食，不待甘旨；饑寒至身，不顧廉耻。人情一日不再食則饑，終歲不製衣則寒。夫腹饑不得食，膚寒不得衣，雖慈母不能保其子，君安能以有其民哉。明主知其然也，故務民于農桑，薄賦斂，廣蓄積，以實倉廩，備水旱，故民可得而有也。民者，在上所以牧之，趨利如水走下，四方無擇也。夫珠玉金銀，饑不可食，寒不可衣，然而衆貴之者，以上用之故也。其爲物輕微易藏，在于把握，可以周海內而無饑寒之患。此令臣輕背其主，而民易去其鄉，盜賊有所勸，亡逃者得輕資也。粟米布帛生于地，長于時，聚于力，非可一日成也。數石之重，中人弗勝，不爲姦邪所利，一日弗得而饑寒至。是故明君貴五穀而賤金玉。今農夫五口之家，其服役者不下二人，其能耕者不過百晦，百晦之收不過百石。春耕，夏耘，秋穫，冬藏，伐薪樵，治官府，給繇役，春不得避風塵，夏不得避暑熱，秋不得避陰雨，冬不得避寒凍，四時之間，無日休息。又私自送往迎來，吊死問疾，養孤長幼在其中。勤苦如此，尚復被水旱之災，急政暴虐，賦斂不時，朝令而暮改。當其有者半賈而賣，亡者取倍稱之息。于是有賣田宅、鬻子孫以償債者矣。方今之務，莫若使民務農。欲民務農，在于貴粟，貴粟之道，在于以粟爲賞罰。至于粟有所渫，可時赦，勿收農民租。如此，德澤加于萬民，民愈勤農。上從其言，詔曰：道民之路，在于務本。朕親率天下農十年于今，而野不加闢，歲一不登，民有饑色，是從事焉尚寡而吏未加務也。吾詔書數下，歲勸民種樹，而功未興。是吏奉吾詔不勤，民不明也。且吾農民甚苦，而吏莫之省將何以勸焉。其賜農民今年租稅之半。明年又詔曰：農，天下之本，務莫大焉。今廑身從事而有租稅之賦，是謂本末者無以異也，其于勸農之道未備，其除田之租稅。賜天下孤寡布帛絮各有差。蓋漢興天下新去湯火，人民樂業。上因其欲，能不擾亂，故百姓無內外之繇，得息肩于田畝。天下殷富，粟斗至十餘錢。景帝二年，詔曰：雕文刻鏤，傷農事者也；錦繡纂組，害女紅者也。農事傷則饑之本也，女紅害則寒之原也。夫饑寒並至，而能無爲非者寡矣。朕親耕，后親桑，以奉宗廟粢盛、祭服，爲天下先；不受獻，減大官，省繇役，欲天下務農蠶，素有蓄積，以備災害。強毋凌弱，衆毋暴寡；老耆以壽終，幼孤得遂長。今歲或不登，民食頗寡，其咎安在。或詐僞爲吏，吏皆以貨賂爲市，漁奪百姓，侵牟萬民。縣丞，長吏也，奸法與盜，甚無異也。其令二千石各修厥職，不事官職、耗亂者，丞相以聞，請其罪。布告天下，使明知朕意。其後，上郡以西旱，復修賣爵除罪之令以廣用。然屢敕有司以農爲務，民遂樂業。武帝承之，外事四夷，內興功利，役費並興，而民失本。董仲舒言曰：春秋地穀不書，至于麥禾不成則書之，以此見聖人于五穀，最重麥與禾也。今關中俗不好種麥，是歲失春秋之所重而損生民之具也。願詔關中民益種宿麥，令毋後時。迨至末年，功費彌甚，天下虛耗，人復相食。帝乃悔征伐之事，封丞相爲富民侯。下詔曰：方今之務，在于力農。以趙過爲搜粟都尉。過能爲代田，一晦三甽，歲代其處，故曰代田。古法也。后稷甽田，以二耜爲耦，廣尺深尺曰甽，甽長終晦，一晦三甽，一夫三百甽，而播種于甽中。苗生葉以上，稍耨隴草，因隤其土以附苗根。故其詩曰：或耘或耔，黍稷儗儗。芸，除草也。耔，附根也。言苗稍壯，每耨輒附根，比盛暑，隴盡而根深，能風與旱，故儗儗而盛也。其耕耘下種田噐，皆有便巧。率十二夫爲田一井一屋，故晦五頃，用耦犁，二牛三人，一歲之收，常過縵田晦一斛以上。過使教田太常三輔，大農置工巧奴與從事，爲作田噐。二千石遣令長、三老、力田及里父老善田者從受田噐，學耕種養苗狀，民或苦少牛，無以趨澤，故平郡令光教過以人輓犁。過奏光以爲丞，教民相與庸輓犁。率多人者田日三十晦，少者十三晦，以故田多墾闢。于是，過以離宮卒試田其宮壖地，課得穀皆多其旁田晦一斛以上。令命家若公卒田三輔公田，又推之以教邊郡，是後邊城起居延至河東、弘農、三輔、太常，民皆便代田，用力少而得穀多矣。至昭帝，流民稍還，田野益闢，頗有蓄積。自此貧種假租之詔，間歲輒下。元帝建昭中詔曰：方春農桑興，百姓戮力自盡之時也。禮是月勞農勸民，無使後時。今不良之吏，覆案小罪，徵召證案，興不急之事，以妨百姓，使失一時之作，亡終歲之功，公卿其明察申敕之。

哀帝陽朔四年，詔二千石勉勸農桑，出入阡陌，致勞來勸農。而孝平元始中，置大司農部丞十三人，人部一州，勸課農桑。不二年內，墾田八百二十七萬五百餘頃，天下安樂，戶口蕃盛焉。世祖中興，更亂離之後，海內人民可得而數，裁十二三。帝生長民間，見百姓稼穡艱難，諳所疾苦。又數引公卿郎將廣求民瘼。建武六年，以郡國旱蝗穀價騰踊，特詔二千石勉加撫循，無令失職。久之以屯田糧儲有積，遂減田租如舊制。至十六年，以郡國盜戢，徙其渠帥他郡，皆使之賦田受廩。自是牛馬放牧，邑門不閉。明帝嗣之。躬耕籍田，嘗以穀麥登豐大赦天下。詔曰：方今盛夏，萬物長養，其蕩滌宿惡，以報農功。百姓勉務桑稼，以備災害。吏敬厥職，無令愆墮。章帝建初元年，即以方春東作，下弘致勞倈，勉務農桑之詔。又以人稍受廩，往來煩劇，或妨農耕，令州郡覈實尤貧者，計所貸與之。元和改元，詔曰：人政以食爲本，古者急耕節用，厚儲畜以備凶災。自牛疫以來，穀食連步，良由吏勸課未至，刺史二千石不以爲負也。其令郡國募名，欲徙他界就肥饒者恣聽。在所給公田，爲僱耕傭賃種餉貰與田器，勿收租五歲，除筭三年，後欲還本鄉者聽。二年東巡狩，耕于定陶。詔曰：三老尊年也，孝弟淑行也，力田勤勞也，國家甚休之。其賜帛人一匹，勉率農功。已北巡魏郡，詔肥田未墾者，悉賦貧民。給糧種，盡地利焉。迄孝和以後，如匱乏不能自農者，貸之糧種，貧民無以耕者，給雇牛直。猶屢申飭，故兩漢不失富庶。俗多近古，而一時循吏亦往往以勸課爲本。有足述者，龔遂守渤海，勸民農桑。令口種株榆百本，薤五十本，葱一畦，韭三畝，家二母彘，五母雞。民有帶持刀劍者，使賣劍買牛，賣刀買犢。曰：何如帶牛佩犢。春夏令趨田畝，秋冬課之收斂，益畜果實菱芡。使民皆富實。召信臣守南陽，好爲民興利，務在富之。躬勸耕農，出入阡陌，止舍鄉亭，希有安居。時視郡中水泉，開通溝瀆，起水門提閼凡數十處，以廣灌溉，民得其利，蓄積有餘。久之吏民親愛，號曰召父。黃霸爲潁川守，使郵亭、鄉官皆畜鷄豚，以贍鰥寡貧窮者。務于耕桑，節用，殖財，種樹，蓄養，諸爲令，淩雜米鹽皆具。民有孤獨死無以葬者，鄉部書言，霸具爲區處。某所木以爲棺，某亭豚以祭，其精詳若此。東漢之初，杜詩爲南陽守，善于計畧，愛省民役。作造水排，鑄爲農器，用力少而見功多，百姓便之。又脩治陂池，廣拓田畝，郡內比室殷足。時人以方召信臣，爲之語曰：前有召父，後有杜母。時九眞俗以射獵爲業，不知牛耕。民常告糴交阯，每致困乏。任延爲之守，乃令鑄作田器，教之墾闢田疇，歲歲開廣，百姓充給。而王景之守廬江，亦教其郡以牛耕，境內由是豐足焉。其後有王丹者，家居好施與，周人之急。每歲時，察其強力多收者，輒歷帶酒殽，從而勞之，便于田頭樹下，飲食勸勉，留其餘而去；其惰者，獨不見勞，各自耻不能致丹，後無不力耕者。聚落以致殷富。而時仲長統言：今遠州縣界至數千里，而諸夏有十畝共桑之迫。遠州有曠野不發之田，而代俗有安土即死無離去之心。宜令諸土廣人稀地未墾者，限大家勿過制，頗徙民力，農者往業之。亦可因徙罪人以守禦便。崔實著論言：聖人分耦耕口地，令各相副適，使人饑飽不懸，所以齊勞逸而均貧富也。（泰）〔秦〕隳法制，而尊獎幷兼之人。烏氏以牧豎致財，寵比諸侯，；寡婦清以攻丹穴殖業擅其利，禮以上賓。於是巧猾之氓，遂肆其意。家累鉅億，地侔封君，行苞苴以亂執政，養劍客以威黔首。專殺不辜，號無市死之子。死生之奉，擬于人主。故下戶崎嶇無所托足，乃父子低首而奴事之。猶不贍於衣食，生有終身之勤，死有暴骨之憂，歲小不登，流離溝壑。其所以傷心腐臟失生人之樂者，蓋不可勝陳也。古有移人通財以贍蒸黎。今青、徐、兖、冀之間，人稠土狹，不足相供。而三輔左右，及凉、幽州內附近郡，土曠人稀，田不墾發。小人之情，安土重遷，寧就饑餒，終無適樂土之慮。故人之爲言瞑也，謂瞑瞑無所知，猶群羊聚畜然，須牧者之所置之，置之茂草，則肥澤繁息，置之磽鹵，則零耗。宜徙貧人不能自業者於寬地，此亦闢土振人之術也，時不能用。漢自董卓之亂，天姓亂離，民失農業，穀石至五千餘萬，人多相食。魏武既破黃巾，欲經畧四方，而苦軍食不足。羽林監潁川棗祗建置屯田，募民田許下，教耕作。于是諸郡國列置田官。數年之中，所在積粟，倉廩皆滿。建安初，關中百姓流入荆州者十餘萬家。及聞本土安寧，皆企望思歸，而無以自業。于是衛覬議，爲鹽者國之大寶，自喪亂以來放散，今宜如舊，置使者監賣，以其直益市犁牛，百姓歸者以供給之。勤耕積粟，以豐殖關中，遠者聞之必多競還。于是魏武遣謁者僕射監鹽官，移司隸校尉居弘農，流人果還，關中豐實。黃初中，四方郡守墾田又加，以故國用不匱。時濟北顏斐爲京兆太守。京兆自馬超之亂，百姓不專農殖，乃無車牛。斐課百姓，令閑月取車材，轉相教匠。其無牛者令養豬，投貴賣以買牛。始者皆以爲煩，一二年中，編戶皆有車牛，於田役省贍，京兆遂以豐沃。其後皇甫隆爲燉煌太守。燉煌俗不作耬犁及不知用水，人牛功力即費，而收穀更少。隆到，乃教作耬犁，又教使溉灌。歲終率計，所省庸力過半，得穀加五，西方以豐。吳孫皓時，倉廩無儲。華覈上疏曰：先王治國，惟農是務。軍興以來，已向百載，農人廢南畝之務，女工停機杼之業。推此揆之，則蔬食而長饑，薄衣而履冰者，固不少矣。且饑者不待美饌，寒者不俟狐貉。今事多而役繁，民貧而俗奢，百工作無用之器，婦人爲綺靡之飾，不勤麻枲，並繡文黼黻，轉相倣效，恥獨無有。兵民之家，猶復逐俗，內無擔石之儲，而出有綾綺之服，至于富賈商販之家，重以金銀，奢恣尤甚。夫天下未平，百姓不贍，宜一生民之原，豐穀帛之業。而乃棄功于浮華之巧，妨日于侈靡之事，上無尊卑等級之差，下有耗財費力之損，豈所宜哉。臣聞主之所求于民者二，民之所望於主者三。二謂求其爲己勞也，求其爲己死也。三謂饑者能食之，勞者能息之，有功者能賞之。民以致其二事而主失其三望者，則怨心生而功不建，今帑藏不實，民勞役猥，主之二求已備，民之三望未報。何愛而不暫禁，以充府藏之急乎。此救乏之上務，富國之本業。漢之文景，承平繼統，天下已定，四方無虞，猶以彫文之傷農事，錦繡之害女工，開富國之利，杜饑寒之本。況今六合分爭，豺狼充路，兵不離疆，甲不解帶，而可不廣生財之原，充府藏之積哉。晉初江南未平，朝廷勵精于稼穡。躬耕籍田，以爲天下倡。詔郡縣長吏奉宣德意，競農勸功。又戒敕郡國，務盡地利，禁游食商販。已詔以司隸石鑒所上汲郡太守王宏，勤恤百姓，遵化有方，督勸開荒五千餘頃，遇年普饑，而郡界獨無匱乏。可謂能以勸教，時同功異者矣。其賜穀千斛，布告天下。八年，苞又奏：州郡農桑未有殿最之制，宜增掾屬令史，有所循行。帝從之。泰始時詔以倉廩不實，關右饑窮，欲大興田農，以蕃嘉穀。束晳上議曰：農穰可致，所由者三：一曰天時不愆，二曰地利無失，三曰人力咸用。若必春無霡霂之潤，秋繁滂沱之患，水旱失中，雩禳有請。雖使羲和平秩，后稷親農，理疆甽于原隰，勤藨蓘于中田，猶不足以致倉庾盈億之積也。然地利可以計生，人力可以課致，詔書之旨，亦將欲盡此理乎。今天下千城，人多游食，廢業占空，無田課之實。較計九州，數過萬計。可申嚴此防，令監司精察，一人失課，負及郡縣，此人力之可致也。又州司十郡，土狹人繁，三魏尤甚，而豬羊馬牧，布其境內，宜悉破廢，以供無業。業少之人，雖頗割徙，在者猶多，或謂北土不宜畜牧，此誠不然。案古今之語，以爲馬之所生，實在冀北，大賈牂羊，取之清渤，放豕之歌，起于鉅鹿，是其效也。可悉徙諸牧，以充其地，使馬牛豬羊齕草於空閑之田，游食之人受業於賦給之賜，此地利之可制者也。又如汲郡之吳澤，良田數千頃，濘水停洿，人不墾植。聞其國人，皆謂通泄之功不足爲難，瀉鹵成原，其利甚重。而豪強大族，惜其魚捕之饒，搆說官長，終於不破。此亦谷口之謠，載在史篇。謂宜復下郡縣，以詳當今之計。荆、(楊)[揚]、兗、豫，汙泥之土，渠塢之宜，必多此類，最是不待天時而豐年可獲者也。以其雲雨生于備插，多稌生于決泄，不必望朝隮而黃潦臻，榮山川而霖雨息。是故兩周爭東西之流，史起借漳渠之浸，明地利之重也。宜詔四州刺史，使謹按以聞。又昔魏氏徙三郡人在陽平頓丘界，今者繁盛，合五六千家。二郡田地逼狹，謂可徙遷西州，以充邊土，賜其十年之復，以慰重遷之情。一舉兩得，外實內寬，增廣窮人之業，以闢西郊之田，此又農事之大益也。元帝爲晉王，課督農功，詔二千石長吏以入穀多少爲殿最。其非宿衛要任，皆宜赴農，使軍各自佃作，即以爲廩。太興元年，詔曰：徐、揚二州土宜三麥，可督令熯地，投秋下種，至夏而熟，繼新故之交，于以周濟，所益甚大。昔漢遣輕車使者(氾)[氾]勝之督三輔種麥，而關中遂穰。勿令後晚。其後頻年麥雖有旱蝗，而爲益猶多。二年，三吳大饑，武帝時使黃門侍郎虞騤、桓彝開倉廩振給，并省衆役。百官各上封事，後軍將軍應詹表曰：夫一人不耕，天下必有受其饑者。而軍興以來，征戰運漕，朝廷宗廟，百官用度，既已殷廣，下及工商流寓僮僕不親農桑而遊食者，以十萬計。不思開立美利，而望國足人給，豈不難哉。古人言曰：饑寒並至，堯舜不能使野無寇盜；貧富并兼，雖臯陶不能使強不凌弱。故有國有家者，何嘗不務農重穀。近魏武皇帝用棗祗、韓浩之議，廣建屯田，又於征伐之中，分帶甲之士，隨宜開墾，故下不甚勞，而大功克舉也。間者流人奔東吳，東吳今儉，皆以還反。江西良田，曠廢來久，火耕水耨，爲功差易。宜簡流人，興復農官，功勞報賞，皆知魏氏故事。一年中與百姓，二年分稅，三年計賦稅，以使之公私兼濟，則倉盈庾億，可計日而待也。是時，周訪在襄陽，則務農訓卒；劉弘督荆州，則勸課農桑；而桓宣之鎮襄陽也，或載鋤耒于軺軒，或親芸穫于隴畝；王駿之鎮關中也，勸課與士卒分役，寮佐及兵將計畝；至咸康中荀羨鎮下邳，起田于東陽之石鼈，公私利之。此皆當時之著績勞徠者。史謂其太元之末，時和年豐，穀帛殷阜，幾乎家給人足，厥有由哉。義熙七年，劉毅建議代田。叅軍袁豹議曰：國因民以爲本，民資食以爲天，脩其業則教興，崇其本則末理，實爲治之要道，致化之所階也。不敦其本，則末業滋章；饑寒交湊，則廉耻不立。當今接篡僞之末，值凶荒之餘，爭源既開，彫薄彌啓，榮利蕩其正性，賦斂罄其所資，良疇無側趾之耦，比屋有困餒之患，中間多故，日不暇給。自卷甲郤馬，甫一二年，積畝之黎，難用克振，實仁懷之所矜恤，明教之所爰發也。然斯業不脩，有自來矣。司牧之官，莫或爲務，俗吏庸近，猶秉常科，依勸督之故典，迷民情之屢變。譬猶脩隄以防川，忘淵丘之改易；膠柱于昔弦，忽宮商之乖調。徒有考課之條，而無毫分之益。不悟清流在於澄源，止輪由乎高閾，患生于本，治之于末故也。夫設位以崇賢，疏爵以命士，上量能以審官，不取人于浮譽，則比周道息，游者言歸；游子既歸，則南畝闢矣。分職以任務，置吏以周役，職不以無任立，吏必以非用省，冗散者廢，則萊蕪墾矣。器以應用，商以通財，勦靡麗之巧，棄難得之貨，則雕僞者賤，而穀稼重矣。耕耨勤瘁，力殷收寡，工商逸豫，用淺利深，增賈販之稅，薄疇畝之賦，則末技抑而田畯喜矣。居位無義從之徒，在野靡幷兼之黨，給賜非可恩致，力役不及私門，則游食者反本，肆勤[者]自勸；游食省而肆勤衆，則東作繁矣。密勿者甄異，怠慢者顯罰，明勸課之令，峻糾違之官，則懶惰無所容，力田有所望；力者欣而惰者懼，則穡人勸矣。凡此數事，亦務田之端趣也。莅之以淸心，鎮之以無欲，勗之以弗倦，翼之以廉謹，舍日計之小成，期遠致于暮歲，則澆薄日淳，大化有漸矣。宋孝建中，周朗疏曰：重農之政宜以穀帛爲賞罰。凡自淮以北，萬匹爲市；從江以南，千斛爲貨。亦不患其難也。今且聽市至千錢以還者用錢，餘皆用絹布及米，其不中度者坐之。如此則墾田自廣，民資必繁。又田非膠水，皆播麥菽，地堪滋養，悉藝麻紵，蔭巷緣藩，必樹桑柘，列庭接宇，惟植竹栗。若此令既行，而善其事者，庶民則敘之以爵，有司亦從而加賞。又取稅之法，宜計人爲輸，不應以貲。云何使富者不盡，貧者不蠲。乃令桑長一尺，圍以爲價，田進一畝，度以爲錢，屋不得瓦，皆得貲實。民以此樹不敢種，土畏妄墾，棟焚榱露，不敢加泥。豈有剸善害民，禁衣惡食，若此苦者。凡爲國不患威之不至，患恩之不下；不患土之不廣，患民之不育。故饑寒一至，慈母不能保其子，欲其不爲寇盜豈可得耶。既御之使然，復止之以殺，彼于有司，何酷至是。且草樹既死，皮葉皆枯，是其梁肉盡矣。水霜已厚，苦蓋難資，是其衣裘敗矣。比至陽春，生其餘幾。今自江以南，在所皆穰，有食之處，須官興役，宜募遠近能食五十日一年者，賞罰一級。不過千家，故近食十萬口矣。使其受食者，悉令就佃淮南，多其長帥，給其糧種。凡公私游手，悉發佐農，令堤湖盡修，原陸並起。仍量家立社，計地設閭，檢其出入，督其游惰。須待大(熱)[熟]，可移之復舊。時皆不能用。北魏初定中原，接喪亂之弊，兵革並起，民廢農業。方事雖殷，然經略之先，以食爲本。使東平公儀墾闢河北，自五原至于梱陽塞外，爲屯田。既定中山，分徙吏民十萬餘家，以充京都。各給耕牛，計口授田。天興初，制定都邑，東至代郡，西及善無，南極陰館，北盡参合，爲畿內之田；其外四方四維置八部帥以監之，勸課農耕，量校收入，以爲殿最。又躬耕籍田，率先百姓。自後比歲大熟，匹中八十餘斛。太宗永興中，敕有司勸課留農者曰：前志有之，人生在勤，勤則不匱。自是民皆力勤，故歲數豐穰。太武帝常引高允與論刑政，言甚稱旨，因問允曰：萬機之務何者爲先。是時多禁封良田，又京師游食者衆。允因言曰：臣少也賤，所知惟田。請言農事。古人云：方一里則爲田三頃七十畝；百里則田三萬七千頃。若勤之則畝益三升，不勤則畝損三升。方百里損益之率，爲粟二百二十二萬斛，況以天下之廣乎。若公私有儲，雖遇饑年，復何憂哉。帝善之，遂除田禁，悉以授民。至恭宗，又下令脩農職之教。此後數年之中，軍國用足矣。文帝延興元年，詔牧守令長勤率百姓，無令失時。同部之內貧富相通，家有兼牛，通借無者。若不從詔，一門之內終身不仕。守宰不督察，免所居官。太和元年，詔曰：今牧民者，朕[與]共治天下也。宜簡以徭役，先之勸獎，相其水陸，務盡地利，使農夫外布，桑婦內勤。若輕有徵發，致奪民時，以侵擅論。民有不從長教，惰于農桑者，加以罪刑。此元魏所由成太和之治也與。逮于唐貞觀初，太宗方銳意于治。官吏課考以鰥寡少者進考。如增戶法，失勸導者以減戶論。而脫戶者有禁，漏口者有禁，浮浪者有禁，占田違限者有禁。官司應授田而不授，應課農桑而不課者有禁。而天子以至誠行之，故能民物蕃息，馬牛被野，號稱太平。高宗即位，耕籍東郊，有司進耒耜琱(餙)[飾]之，帝曰：耒耜農器也，今琱(餙)[飾]何以訓農。以他耒耜耕竟。九推乃止。玄宗開元十九年，躬耕於興慶宮側。後以種麥苑中，帥太子以下親往芟之，謂此所以薦宗廟不敢不親，且欲使汝曹知稼穡艱難爾。明年春，耕籍田，九推乃止。公卿以下皆終畝。德宗時，關東、淮南、浙江大水。權德輿建言：江淮田一善熟，則旁資數道，一不收亦旁爲數道憂，故天下大計，咸仰于東南。今淫雨二時，農田不闢。宜擇羣臣明識通方者，持節勞徠，問人所疾苦，蠲其租，與連帥守長講求所以佐民者。帝從之，乃遣奚陟等循行慰撫焉。貞元五年，宰相李泌請令百官進農書。司農獻穜稑之種，王公戚里上春服，士庶以刀尺相問，遺祭勾芒、祈年。從之。七年，以關輔牛疫，遣使以兩稅錢置牛散給耕者。大抵自安史之後，兵亂荐興，凶荒沓至，人民流徙，蕩其本業。又佛老盛行，爲游食逋逃之藪。當時議者，至謂計口而分之。絳衣淺帶以代農者，人十之一；縵胡之纓，短後之服，仰衣食縣官者，人十之二；髡頭壞衣，不耕不蠶，坐而供養者，人十之二；審曲面勢，以飭五材，鬻工而衣食者，人十之二；乘時射利，貿遷有無，取倍稱之息而衣食者，人十之二；游手倚市，以庇妻孥，以給衣食者，人十之一；其餘爲農桑之數焉。農夫糠覈不足，而十人者畜馬厭粱粟；蠶婦衣不蔽形，而十人者咸襲羅紈。是以性近儒則入仕，近武則從軍，善計則貿遷，避事則髡削，技巧則爲工師，拙姦則爲駔儈，非戇愚專一無他腸者，孰肯勤體效力，爲稼穡之苦乎。且時日趨于華侈。而上之人，工作無度，賦歛無藝，貴貨賤穀，輸納多以錢估。故宮室池臺之盛，則人務採伐，而輒趨斧斤之利，此耕夫十去其一也；後宮羅紈鉛紅者數十人，日費數千金，此耕夫十去其一也；尙食之饌，窮水陸之珍，以充上方，一飯之資，亦中人百家之產，此耕夫十去其一也；廐馬與鷹犬之多，皆使廝養之，其芻粟粱肉之供，一物之命，有甚於人，此耕夫十去其一也；車輿服玩，皆錯以兼金，鏤以美玉，或文犀瑇瑁，大貝明珠，齒革羽毛，窮異極奇，採之者或航溟海，梯崇山，力盡不回，繼之以死，此耕夫十去其一也；又崇信左道，建立寺宇，刻彫象形，度天下之多不下數十萬，此耕夫十去其一也；姦吏理人，苟以應辨爲先，急徵其租，厚剝其賦，以媚于左右，此耕夫十去其一也；上好珍奇，則商通無用之貨，上好伎巧，則工作無用之器，器與貨皆出于人力，乃委于無用之地，此耕夫十去其一也；此數者，皆困生人之力，而竭國用之甚者，故凡民之捨本業趨末作者，非惡本而愛末也，去無利而就有利耳。非上勸相之，欲其無爲游惰，豈可得乎。

宋代農政元附

宋初課民種樹，定民籍爲五等，第一等種雜樹百，每等減二十有差，梨棗半之；令、佐春秋巡視，書其數，秩滿，第其課殿最。又詔所在長吏諭民，有能廣植桑棗、墾闢荒田者，止輸舊租；縣令、佐能招徠勸課，致戶口增美、野無曠土者，議賞。諸州各隨風土所宜，量地廣狹，土壤瘠埆不宜種藝者，不須責課。遇雨不時，若水旱，藝祖輒躬祈禱，憂形于色，召學士咨訪。即田家卜歲豐凶雨暘有驗者，畢咨之。遇豐歲，則諭民謹葢藏，節費用，以備不虞。民伐桑棗爲薪者罪之。太宗太平興國中，兩京、諸路許民共推練土地之宜、明樹藝之法者一人，縣補爲農師。令相視田畝肥瘠及五種所宜，蠲稅免役。民有飲博怠于農務者，農師謹察之，白州縣論罪，以警游惰。所墾田即爲永業，官不取其租。其後以煩擾罷。初，農時，太宗嘗令取畿內青苗觀之，聽政之次，出示近臣。是歲，畿內菽粟苗皆長數尺。帝顧謂左右曰：朕每念耕稼之勤，苟非兵食所資，固當盡復其租稅。端拱初，親耕籍田，以勸農事。然比年多稼不登，富者操奇贏之資，貧者取倍稱之息，一或小稔，富家責償愈急，稅調未畢，資儲罄然。遂令州縣戒里胥、鄉老察視，有取富民穀麥貲財，出息不得踰倍，未輸稅毋得先償私逋，違者罪之。言者謂江北之民雜植諸穀，江南專種秔稻，雖土風各有所宜，至于參植以防水旱，亦古之制。於是詔江南諸州長吏，勸民亦種諸穀，民乏粟、麥、禾、豆種者，于淮北州郡給之。江北諸州，亦令就水廣種秔稻，並免其租。至道二年，太常博士直史舘陳靖條陳其利害，曰：國以民爲本，民以食爲天。食足則民天協和，民安則國本正固。是以國非民罔立，民非食罔生。夫先王之欲生其民、豐其食者，莫大于積穀而勸農也。農田之興，敎化攸重。謹按方今天下土田，除外郡邑各在遠處，或廢或開。敢請指以京畿之地，南北東西環遶二三十州，連接數千里，其田之耕稼者十纔二三，其耕稼之田所入租稅者十無五六。既有坐家破逃之戶，又有惰農廢業之夫。雖官中放其賦稅，限以歲時。然鄉縣之間行用非細，且每一戶歸業，即須申報所由。朝耕尺寸之田，暮入差科之籍，追呼責問，繼踵到村。其免稅之名已受朝廷之賜，而逐時之費踰于租賦之資，況民戶所致捕亡，始因貧困。或閃私下之債負，或避官中之征徭，葢不獲已而逃。固非樂爲其事，尋爲鄉里知覺，即便檢責貲財。或只元住室廬家事，兼之種木。計其所直，至甚微茫。鄉官即取以了納稅租債家，則爭以平折欠負，不計遺下之物，固是蕩然無餘。及至他日却來，乃稱復業，居止既失，動用亦無。雖欲歸耕，農具何取；雖欲久住，生計莫營。以此逃亡不還者，遂逐食于他鄉；歸復田里者，亦無門而力穡。且夫小人困患必思其姦，姦心一萌，何事不作。若非聖朝設法，良吏盡心遏流蕩于隄防，化災殃于福祐者，則蚩蚩之類擾擾何知。臣願就官中借逐處之閑田曠土，招逐處之末作游民。誘以開耕，未論租賦。官中亦譬如有來荒廢，且令不係省司。許臣別置版圖，便宜從事。酌人戶之等第，測田土之磽肥，分配必務其得中，課督必使其無倦。除却耕桑之外，復教植木種蔬，或養蓄牛羊，或孳蕃鷄彘，或給授田土之際潛擬井田，或營造室廬之時保立保伍。應是養生送死之物，追風立社之資。並令收積經營，防備支用。至纖至悉，必躬必親，使其黎庶樂生，官吏勤勸。待至三五年後，生計已成。有室家物産以可懷，有桑土園林而可戀。即量田收稅，計戶定征，以農司新附之人田，合計府舊存之戶稅，共成圖籍，置之司存，爲萬古之宏規，乃一勞而永逸。帝覽之稱善，令靖條奏以聞。詔鹽鐵使陳恕等共議。請如靖奏，乃以靖爲京西勸農使，按行。未幾，以費官錢數多，萬一水旱，恐致散失，事遂寢。眞宗景德初，詔諸州不堪牧馬閑田，依職田例，招主客戶多方種蒔，以沃瘠分三等輸課。河朔戎寇之後，耕具頗闕，牛多瘠沒。二年，內出踏犂式，詔河北轉運使詢于民間，如可用，則官造給之。且令有司議市牛送之河北。又以兵罷，民始務農刱什器，遂除生熟鐵渡河之禁。是歲，命權三司使丁謂取戶稅條敕及臣民所陳田農利害，刪定成《景德農田敕》五卷上之。已又取唐開元中宇文融請置勸農判田，檢戶口、田土僞濫；且慮別置官煩擾，而諸州長吏除當勸農。詔可。祥符四年，帝以江、淮、兩浙稍旱即水田不登，遣使就福建取占城稻三萬斛，分給三路爲種，擇民田高仰者蒔之，蓋旱稻也。內出種法，命轉運使揭榜示民。後又種于玉宸殿，帝與近臣同觀；畢刈，又遣內侍持于朝堂示百官。稻比中國者穗長而無芒，粒差小，不擇地而生。六年，免諸路農器之稅。天禧初，詔諸路自今候登熟方奏豐稔或已奏豐稔而非時災沴者，即須上聞，違者重寘其罪。初，朝議置勸農之名，然無職局。四年，始詔諸路提點刑獄朝臣爲勸農使，使臣爲副使，所至，取民籍視其差等，不如式者懲革之；勸恤農民，以時耕墾，招集逃散，檢括陷稅，凡農田事悉領焉。置局鑄印給之。凡奏舉親民之官，悉令條析勸農之績，以爲殿最。自景德以來，四方無事，百姓康樂，戶口蕃庶，田野日闢。仁宗繼之，益務約己愛人。即位之初，下詔曰：今宿麥既登，秋種向茂，其令州縣諭民，務謹蓋藏，無或妄費。時帝敦本務農，屢詔勸劭，觀稼于郊，歲一再出；又躬耕籍田，以先天下。景祐初，患百姓多去農爲兵，詔大臣條上兵農得失，議更其法。遣職方員外郎沈厚載出懷、衛等州，教民種水田。京東轉運司亦言：濟、兗間多閒田，而青州兵馬都監郝仁禹知田事，請命規度水利，募民耕墾。從之。是秋，詔曰：仍歲饑歉，民多失職。今秋稼甫登，方事斂穫，州縣毋或追擾，以妨農時。刑獄須證逮者速決之。帝每以水旱爲憂，寶元初，詔諸州旬上雨雪，著爲令。慶曆三年，詔民犯法可矜者別爲贖令，鄉民以穀麥，市人以錢帛。謂民重穀帛，免刑罰，則農桑自勸，然卒不果行。參知政事范仲淹言：古者三公兼六卿之職，唐命相判尚書六曹，或兼諸道鹽鐵、轉運使。請于職事中擇其要者，以輔臣兼領。于是以賈昌朝領農田，未及施爲而仲淹罷，事遂止。皇祐中，于苑中作寶岐殿，每歲召輔臣觀刈穀禾，自是罕復出郊矣。帝聞天下廢田尚多，民罕土著，或棄田流徙爲閑民。天聖初，詔民流積十年者，其田聽人耕，三年而後收，減舊額之半；後又詔流民能自復者，賦亦如之。既而又與流民限，百日復業，蠲賦役，五年減舊賦十之八；期盡不至，聽他人得耕。至是，每下赦令，輒以招輯流亡、聽人耕墾爲言。民被災而流者，優其蠲復，緩其期招之。又詔諸州長吏、令、佐能勸民修陂池、溝洫之久(費)[廢]者，及墾闢荒田、增稅二十萬以上者，議賞；監司能督責部吏經畫者，賞亦如之。久之，天下生齒益蕃，闢田益廣。獨京西唐、鄧間尚多曠土，入草莽者十八九，或請徙實之，或議置屯田，或欲遂廢唐州爲縣。嘉祐中，唐守趙尚寬言土曠可闢，民希可招，而州不可廢。得漢邵信臣故陂渠遺跡而修復之，假牛犁、種食以誘耕者，勸課勞來。歲餘，流民自歸，及淮南、湖北之民，至者二千餘戶；引水溉田，幾數萬頃，變磽瘠爲膏腴。監司上其狀，時患守令數易，詔察其有實課者增秩再任，而尚寬應詔爲天下倡。後太守高賦繼之，亦以能勸課被奬，留再任焉。時天下墾田：景德中，丁謂著《會計録》云：總得一百八十六萬田頃。以是歲七百二十二萬餘戶計之，是四戶耕田一頃，繇是而知天下隱田多矣。神宗熙寧初，分遣諸路常平官，使專領農田水利。吏民知土地種植之法，陂塘、圩埠、堤堰、溝洫利害者，皆得自言；行之有效，隨功利大小酬賞。民占逃田若歸業者，責相保任，逃稅者保任爲輸之。已行新法，縣分田土頃畝、川港陂塘之類，縣佐受代，具墾闢開修之數，授諸代者，令照籍有實，乃代。中書議勸民栽桑。帝曰：農桑，衣食之本。民不敢自力者，正以州縣約以爲貲，升其戶等耳。宜申條敕。於是司農寺請立法，先行之開封，視可行，頒於天下。民種桑柘，毋得增賦。元豐元年，詔開廢田、水利，民力不能給役者，貸以常平錢穀，京西南路，流民買耕牛者免征。哲宗即位，宣仁太后臨朝，首起司馬光爲侍郎，委之以政。詔天下臣民皆得以封事言民間疾苦。光抗疏曰：竊惟四民之中，唯農最苦，農夫，寒耕暑芸，沾體塗足，戴星而作，戴星而息；蠶婦治繭、績麻、紡緯，縷縷而積之，寸寸而成之，其勤極矣。而又水旱、霜雹、蝗蜮間爲之災，幸而收成，則公私之債，交爭互奪。穀未離場，帛未下機，已非己有，農夫蠶婦所食者糠粃而不足，所衣者綈褐而不完。直以世服田畝，不知舍此之外更有可生之路。故其子弟游市井者，食甘服美，日覩盛麗，則不復肯歸南畝。至使世俗俳諧，共以農爲嗤鄙，誠可哀也。又況聚斂之臣，於稅租之外，巧取百端，以邀功賞。青苗則強散重斂，給陳納新，免役則刻剝窮民，收養浮食，保甲則勞于非業之作，保馬則困于無益之費，可不念哉！夫農蠶者，天下衣食之原，人之所仰以生也，是以聖王重之。臣不敢遠前古，竊聞太宗皇帝嘗遊金明池，召田婦數十人於殿上，賜席使坐，問以民間疾苦。田婦愚戇，無所隱避，賜帛遣之。太宗興於側微，民間事固無不知，所以然者，恐富貴而忘之也。故每臨朝，無一日不言及稼穡。眞宗皇帝乳母秦國夫人劉氏，本農家也，喜言農家之事，眞宗皇帝自幼聞之，故爲開封尹以善政著聞。及踐大位，咸平、景德之治，爲有宋隆平之極。《景德農田勑》至今稱爲精當。昔周公相成王，作《無逸》曰：先知稼穡之艱難，乃逸，則知小人之依。蓋以一盂之飯，一尺之帛，莫不出于艱難者。人主既知之，則不肯用之於無益，散之於無功，驕侈之心無自而生矣。時范祖禹以經筵進疏曰：天下之人至勞苦而常困窮者，農民是也。周公作《無逸》，戒王以先知稼穡之艱難，又言商之逸。夫稼穡之艱難，與小人之勞，人君不可以不知。天生時而地生財，自一粒一縷以上，皆出于民力，然後人得而用。人臣之祿受之于君，故不可不報君；人君之奉取之于民，故不可不愛民。天子者合天下之力而共尊之，凡宮室車馬服食器用，無非取于天下，皆百姓之膏血也。其作之也甚勞，其成之也甚難。安而享之，不可不思其所從來；思其所從來，則愛之而有不忍費財之心，憂之而有不忍勞民之意。以此之心行此之政，而天下不安者未之有也。天下之大，生民之衆，唯係于一人之心。君心靜則天下靜，君心不靜則天下亦不靜。朝廷唯恭儉節用無所營爲，常恐煩百姓，則天下安息。先王豈能人人而食之，人人而衣之哉。推其仁心，脩其仁政，以及天下，則所被者廣矣。臣願陛下當食則思天下有饑而不得食者，當衣則思天下有寒而不得衣者，凡于每事莫不皆然。唯推至誠以召和氣，庶幾皇天報應，降豐年之祥，使百姓皆家給人足，則太平矣。昔漢昭帝耕鉤盾弄田，其事至微。史臣書之。蓋以昭帝欲知稼穡之艱難，與周公戒成王之意同也。周世宗留心農事，常刻木爲耕夫蠶婦置之殿庭，欲見之而不忘。國朝祖宗以來尤重農穡。太宗嘗謂近臣曰：耕耘之夫最可矜憫，春蠶既登，併功績紡，而繒帛不及其身；田禾大稔，充其腹者不過疏糲。若風雨乖候稼穡不登，將如之何。眞宗于內殿植稻麥，臨觀刈穫，欲知田畝之勞。至今遵之，惟陛下深留意于農政，而常以保惠小民爲先，則天下幸甚。初熙寧六年，立法勸民栽桑，有不趨令，則倣屋粟里布爲之罰。然長民之吏，不能究宣德意，民以爲病。至是，楚丘民胡昌言其不便，詔罷之，且蠲所負罰金。興平縣抑民田爲牧地，民亦自言，詔悉還之。元祐四年，詔瀕河州縣，積水冒田。在任官能爲民經畫，疏導溝畎，退出良田自百頃至千頃，第賞。崇寧中，廣南東路轉運判官王覺，以開闢荒田幾及萬頃，詔遷一官。其後，知州郡使者以能課民種桑棗者，率優其第秩焉。宣和二年，臣僚上言：監司、守令官帶勸農，莫副人意，欲立四證驗之；按田萊荒治之迹，較戶產登降之籍，驗米穀貴賤之價，考租賦盈虧之數。四證具，則其實著矣。南渡之初，急於招撫。命有司誘農民歸業，官賑貸之，而蠲其租欠，免耕牛稅，意至慇矣。紹興五年，立守令墾田殿最格。又令縣具歸業民數，及墾田多寡。月上之州，州季上轉運，轉運歲上戶部，戶部置籍以考之。七月，都督行府言：歸業之民，其田以佃者，以附近閑田與之，免三年租稅。無產願受閑田者亦與之。上諭輔臣曰：淮北之民繈負而至，亦可給田以廣招徠之意。六年，減江東諸路逃田稅額。二十年，詔兩淮沃壤宜穀，置力田科，募民就耕，以廣官莊。孝宗隆興六年，詔曰：朕深惟治不加進，思有以正其本者。今欲均役法，嚴限田，抑游手，務農桑，凡是數者，卿等二三大臣，爲朕任之。七年，知(楊)[揚]州晁公武奏朝廷以沿淮荒殘之久，未行租稅，民復業與創戶者，雖阡陌相望，然聞之官者十纔二三，咸懼後來稅重者。晚唐民務稼穡，則增其租，故播種少；吳越民墾荒田而不加稅，故無曠土，望詔兩淮更不加賦，庶民知勸。詔可。六年，提舉顏師魯奏設勸課之法，欲重農桑，廣種植也。今鄉民於己田，連接閑曠磽确之地，墾成田園，成力勤苦，或以未陳起稅爲人所訟，即以盜耕罪之，何以勸力田哉。止宜實田起稅，非特可戢告許之風，亦見盛世重農之意。詔可。九年，著作郎袁樞振兩淮還，奏：民占田不知其數，二稅既免，止輸穀帛之課。力不能墾，則廢爲荒地；他人請佃，則以疆界爲詞，官無務考。是以野不加闢，戶不加多，而郡縣之計益窘。望詔州縣畫疆立券，占田多而輸課少者，隨畝增之；其餘閑田，給與佃人，庶幾流民有可耕之地，而田萊不至多荒。時葉適論曰：爲國之要，在于得民。民多則田墾而稅增，役衆而兵強。田墾稅增，役衆兵強，則所爲而必從，所欲而必遂。是故昔者戰國相傾，莫急于致民。商鞅所以壞井田開阡陌者，誘三晉願耕之民以實秦地。漢末天下殫殘，而三國爭利。孫權搜取山越之衆以爲民，至于帆海絕徼，俘執島居之夷而用之。諸葛亮行師號爲秉義，不妄虜獲，亦拔隴上家屬以還漢中。蓋蜀之亡也，爲戶二十四萬；吳之亡也，爲戶五十餘萬；而魏不能百萬而已。舉天下之大，不當全漢數郡之衆。然則因民之衆寡爲國之強弱，自古而然矣。今天下之州縣，直以見入職貢者言之，除已募而爲兵者數百十萬人，其去而爲浮屠、老子及爲役而未受度者，又數十萬人，若此皆不論也。而戶口昌熾，生齒繁衍，幾及全盛之世，其衆強富大之形，宜無敵于天下。然而偏聚而不均，執屬而不親，是故無墾田之利，無增稅之入，役不衆，兵不強，反有貧弱之實見於外，民雖多而不知所以用之，直聽其自生自死而已。而州縣又有因其丁中而裁取其絹價者，此其意豈以爲民不當生于王之土地而征之者歟。夫前世之致民甚難，待其衆多而用之，有終不得者，今也欲有內外之事，因衆多已成之民，率以北向，夫孰敢爭者。而論者曾莫以爲意，此不知本之甚者也。蓋有民必使之闢地，闢地則增稅，故其居則可以爲役，出則可以爲兵。而今也不然，使之窮苦憔悴，無地以自業。其駑鈍不才者，且爲(俘)[浮]客，爲傭力，其懷利強力者，則爲商賈，爲竊盜，苟得旦暮之食，而不能爲家。豐年樂歲，市無貴糴，而民常患夫斗升之求無所從給。大抵得以稅與役自通於官者不能三之一，有田者不自墾，而能墾者非其田，此其所以雖蕃熾昌衍，而其上不得而用之者也。嗚呼，亦其勢之有必然者矣。且又有甚者。今俗吏不知治體，動欲抑兼幷，破富人以扶貧弱，不知此可隨時施之于其所治耳，非上之所恃以爲治也。夫州縣獄訟繁多，終日之力不能勝，大半爲富人役耳。是以吏不勝忿，常欲起而誅之。縣官不幸而失養民之權，轉歸於富人，其積非一世也。小民之無田者，假田於富人；得田而無以爲耕，借資于富人；歲時有急，求于富人；有甚者庸作奴婢，歸于富人；游手末作，俳優伎藝，傳食于富人；而又上當輸官，雜出無數；吏常有非時之責，無以應上命，常取具于富人。然則富人者，州縣之本，上下之賴也。富人爲天子養小民，又供上用，雖厚取贏以自封殖，計其勤勞，亦畧相當耳。乃其豪暴過甚，兼取無已者，吏當教戒之；不可教戒，隨事而治之，使之自改則止矣。不宜豫置嫉惡於其心，苟欲以立威取名也。夫人主既未能自養小民，而吏先以破壞富人爲事，徒使其客主相怨，有不安之心，此非善爲治者也。誠使制度立于上，十年之後無甚富甚貧之民，兼幷不抑而自已，使天下速得生養之利，此天子與其羣臣當汲汲爲之。不然，古井田終不可行，今之制度又不復立，虛談相眩，上下乖忤，俗吏以卑爲實，儒者以高爲名，天下何從而治哉？

元世祖即位之初，首詔天下：國以民爲本，民以衣食爲本，衣食以農桑爲本。于是頒《農桑輯要》之書，俾民崇本抑末。中統元年，命各路宣撫司擇通曉農事者，充隨處勸農官二十。立勸農司以陳邃、崔斌等八人爲使。至元七年，立司農司，專掌水利。仍分布勸農官及知水利者，巡行郡邑，察舉勤惰。所在牧民長官提點農事，歲終第其成否，轉申司農司及戶部，秩滿之日，注于解繇，戶部照之，以爲殿最。又命提刑按察司加體察焉。其法可謂至矣。是年，又頒農桑之制一十四條，其可法者：縣邑所屬村疃，凡五十家立一社，擇高年曉農事者一人爲之長。增至百家者，別設長一員，不及五十家者，與近村合爲一社。地遠人稀，不能相合，各爲社者聽。其合爲社者，仍擇數村之中，立社長官司長以教督農民爲事。凡荒閑之地，悉以付民，先給貧者，次及餘戶。每年十月，令州縣正官一員，巡視境內，有蟲蝗遺子之地，多方設法除之。九年，命勸農官舉察勤惰。自是每歲申明其制。故終世祖之世，家給人足。成宗大德元年，罷妨農之役。十一年，申擾農之禁，力田者有賞，游惰者有罰，縱畜牧損禾稼桑棗者，責其償而後罪之。由是大德之治，幾於至元。然旱暵霖雨之災迭見，饑毀荐臻，民之流移失業者亦已多矣。武宗至大二年，淮西廉訪僉事苗好謙獻種蒔之法。其說分農民爲三等，上戶地一十畝，中戶五畝，下戶二畝，或一畝皆築垣牆圍之，以時收採桑椹，依法種植。武宗善而行之。三年中，命大司農總挈天下農政，修明勸課之令，除牧養之地，其餘聽民秋耕。仁宗皇慶二年，復申秋耕之令。延祐三年，以好謙所至，植桑皆有成效，於是風示諸道，命以爲式。是年十月，令各社出地，共蒔桑苗，以社長領之，分給各社。四年，又以社桑分給不便，令民各畦種之。法雖屢變，而有司不能悉遵上意，大率視爲具文而已。五年，大司農司臣言：廉訪司所具栽植之數，書于冊者，類多不實。觀此，則惰於農課者，又不獨有司爲然也。文宗時，關中大饑。方數百里，民死徙無存者。帝問學士虞集救禦之術。集曰：方承平時，人情溺于宴安，故難動志。士急乎近效，故怨讟生。今適不幸二三千里之旱，二患俱無之，亦更新之會也。誠遣一二有仁術知民事之人，稍寬其禁令，使隨郡縣擇其人而使之。用相地宜，修城郭，制閭里，治溝洫畎畝，而薄其征斂。招流亡之民，以其力耕之。春秋爲興發補助。一二歲間，來者漸多，勿征，勿傜以勸其後。經界可正，守望相支，數年之間四封之內，蔚然治象，將三代之民復見于空虛之域矣。帝大稱善。集方有去志，因進曰：陛下誠善之，願假臣一郡以推行其法，數年之內必有以報國。侍臣曰：虞生欲以此去國爾，遂罷議。

國朝農政

太祖高皇帝起自田間，備嘗艱勤，故注意農事，獨爲肫摯。渡江之初，庶務未遑，即以康茂才爲營田使。諭曰：比因兵亂隄防頹圮，民廢耕作而軍用浩殷。理財莫先于務農，故設營田司。命爾此職，巡行隄防水利事，俾高無患乾，卑不病潦，務以時蓄洩，毋負委託惟汝功已。又下令田五畝至十畝者，栽桑、麻、木棉各半畝，十畝以上倍之。有司親臨督勸，惰不如令者罰。謂中書省臣曰：爲國以足食爲本。大亂未平，民多轉徙，荒失本業。而軍國煩費，悉自民出。今春和時，宜令有司勸農事，勿奪其時。仍觀其一歲中之收獲多寡，立爲勸懲。吳元年冬，祀圜丘，世子從。上命左右導之徧歷農家，觀其居處、飲食、器用，還謂之曰：汝一常知吾農民之勞苦抵此乎。夫農樹藝五穀，身不離泥塗，手不釋耒耜，而茅茨草榻，粗衣糲食，以供國家經費甚苦。故令汝一知之，欲汝常念農勞，取用有節，使不至于饑寒也。比登大寶。洪武元年，即詔遣周鑄等百六十四人，往浙西覈田畝，經理以實聞，毋妄有增損爲民病。二年二月，上躬享先農，以后稷氏配，遂耕籍田於南郊。又命皇后率內外命婦蠶北郊，供郊廟衣服如儀，自是歲以爲常。是歲五月，駕幸鍾山，繇獨龍岡步至淳化門，乃騎而入，謂侍臣曰：朕不歷農畝者久，適見田者冒烈暑而耘，心惻然憫之，不覺徒步至于此。農爲國本，百需皆所出，而苦辛若是，爲司牧者常憫念之乎。三年，以中原久被兵，田多荒蕪，命省臣議計民授田，設司農司掌其事。夏久不雨，乃擇六月朔，四鼓，帝素服草履徒步詣山川壇躬禱。設藁席露坐，晝暴於日，夜卧于地。皇太子捧榼進農家食。凡三日，已而大雨霑足。中書省臣奏言太原等衛屯田宜税，上曰：邊軍勞苦，能自給足矣，其勿徵。四年，興廣西水利。修治興安縣馬援故所築靈渠，三十六陡，水可溉田萬頃。已又命工部遣官往廣東買耕牛，給中原屯種之民。有司考課必書農桑學校之績，違者罰。先是，詔：兵興來，所在遷徙，凡所棄田，許諸人開墾業之。即田主來歸，有司于附近撥給之，無令其爭擾，以便耕作。惟墳墓、房舍悉還故主不聽占。又詔：陝西、河南、山東、北平等處，民間田土，聽所在民儘力開墾，爲永業，毋起科。二十一年，戶部郎中劉九皐言：古者令狹鄉之民得遷于寬鄉，蓋欲地不失利，民有恆產也。今河北諸處，自兵後田多荒蕪，居民鮮少，宜徙山東、西之民往就耕種。上曰：山東多曠土不必遷，遷山西澤潞民無田者往業之，蠲其科繇。仍戶給鈔二十錠，備農具已。又命湖、杭、溫、台、蘇、松諸郡無田之民，往耕淮河迤南、滁和等處閑田，仍蠲賦給鈔。諭戶部尚書楊靖曰：國家使百姓衣食足給，不過因其利而利之，要在處置得宜，毋使有司侵擾也。二十七年，令戶部移文天下，課百姓植桑棗，每里百戶種秧二畝，始同力運柴草燒地已，乃耕。比三燒三耕已，乃種秧，高三尺，分植之，五尺闊爲壠。每百戶初年課二百株，次年四百株，三年六百株，栽種訖，具如目報，違者謫戍邊。以湖、廣、辰、永、寶、衡等處宜桑，而種者少，命於淮、徐取桑種二十石給其處民種之。尋遣監生人材詣天下，督吏民修農田水利，具勑天下。諸陂塘湖堰可瀦蓄備旱熯，宣洩防霖潦者，各因地修治毋怠，亦毋得妄興工役疲吾民。二十八年，旨下戶部尚書，言：百戶爲里。春秋耕穫之時，一家無力，百家代之。又命天下鄉置一鼓。遇農月，晨鳴鼓，衆皆會，及時服田，其惰者里老督併之，不率者罰。里老惰不督勸者亦罰。蓋當是時，榛莽之地，在在禾麻，游散之民，人人錢鎛。月旦，召京師父老，諭以力田敦行。大哉高皇帝之爲烈也。體天地養萬物之心，師帝王經井牧之意，仁義既效，樂利無窮。而猶蠲租之詔無歲不下，遣賑之使有玩必誅。至今讀《嘉瓜》一贊，雖千萬世休忘勸農之句，而情見乎詞矣。則豈非世世率繇之盛軌哉。文皇帝入纘大統，乃命寶源局鑄農器給山東等諸被兵處。嘗謂戶部尚書曰：近因兵戈蝗旱，民流徙廢業者，多不及令勸相使盡力農畝。將不免有失所者，其早遣人督勸毋忽。聞柳州自正月至六月不雨，憂形于色。乃命戶部亟遣人往視之。下詔中外軍民子弟，自削髮冒爲僧者，幷其父兄發五臺山輸作。畢日，就北京爲民種田。車駕北征，有告軍士取民田穀飼馬者，面責之曰：農終歲胼胝以供國用，汝獨不念耶。斬以殉。文皇帝躬親戎馬者四五載，念民勞止。時加撫綏，已復三犁虜庭，司農拮据不遑，惟是留意邊計，所畫屯田法甚具，斯亦厚農裕國一長畧矣。昭皇帝當監國時，台州啓修復河道。諭工部以春秋愼用民力而譏不時，令農隙修築。常赴召，過鄒縣，道逢饑民，惻然下馬。入民舍，視民男女皆衣百結，竈釜傾仆。歎曰：民瘼不上聞至此乎。召父老問所苦，賜以尚食。責山東布政使石執中曰：民窮若此，動念否。執中以奏免田租，對曰：民饑且死，尚及徵租耶。速發官粟賑之，人六斗，毋懼擅發。吾見上自奏也。及登極，詔下，郡縣水旱缺食，有司即體勘賑濟。其民流徙田土拋荒者，爲覈實除豁，召別佃，中官田聽照民田例起科。諭戶部，令天下衛所屯田軍士，不許擅差，妨其農務，違者處重法。工科給事中郭永淸疏：令有司如舊制，嚴督百姓以時闢田園，修陂堰，種桑棗。從之。時四方奏報雨澤疏，舊皆貯通政司，司臣有欲迻貯科臣者。上曰：祖宗所以令天下奏雨澤者，蓋欲前知水旱以施恤民之政爾。今徒積貯于科中，是欲上之人終不知也。如此則徒勞州縣何益哉。自今四方所奏雨澤至即封進，朕親閱焉。又諭戶部曰：農者生民衣食之原，耕耘收穫不可失時，自今一切不急之役，有當用人力者，皆俟農隙。前代葢有不恤農事，而以徭役妨耕作，召亂亡者不可不謹。一日，召大興、宛平二縣官，諭曰：爾親民職，宜加意撫綏，使民先受其惠。近聞百姓猶有困徭役者，何也。昨特勑（詢）［詢］民瘼，羣臣固有知而不言，亦有欲言而不知者，爾切近民非不知也，而亦不言耶。今與爾約三日，凡民瘼悉具聞，若復坐視不理，必置于法。因顧侍臣嘆曰：朕憂憫百姓，早夜不忘，而一城之中，猶上下不通若此，況數千里外哉。古人所以戒無逸者也。章皇帝舊勞于外，知小民之依。元年，禮部進《籍田儀注》。上覽之謂侍臣曰：先王制籍田以奉粢盛，所以率天下務農，貴有實心耳。誠體祖宗之心，念創業艱難，憂恤蒼生，使明德致治，達于神明，則黍稷之薦不待親耕。誠輕徭薄賦，使之以時。而貴農重穀，禁止游食，則人咸趨稼，不待勸率，不然三推五推何益哉。嘗召戶部夏元吉，諭曰：自古國家未有不繇民之富庶以享太平；亦未有不繇民之困窮以致禍亂。朕夙夜勤㽞政理，所冀時和年豐耳。去冬多雪，今春益以雨澤，似覺秋來可望。然一歲之計在春，尙慮小民阽于饑寒，困于徭役，不能盡力南畝。其移文戒飭郡邑，省征徭勸農桑，貧不給者，發倉粟賑之。朝退，語侍臣曰：天日上炎，正農夫耕耘之時，因論聶夷中鋤禾日當午之詩。且曰：吾每誦此，未嘗不念農夫。又曰：幼時，皇考親寫是詩以示，且問曰：解否。對曰：稼穡艱難在此也。皇考笑而頷之。自是常敎以農事，銘于心不敢忘。今宮車不復還矣。言已淚下如注。後有建言，洪武申命天下栽桑棗，今砍伐殆盡。有司不督民更植，致民用無資。上曰：古宅不毛者罰里布。祖宗養民意甚重，其申令郡縣，督民以時栽植。仍遣官巡視。五年，同皇太后謁陵，陵旁居民老稚迎拜道左。太后顧謂上曰：古帝王保有天下，垂裕子孫，令聞長世者惟能安民耳。國家宜輕徭薄賦以存恤爲務，庶幾爲民父母之道。于是，皇太后過道旁農家，召其老婦問所業安否。其婦稚皆忻躍應對，質朴如家人然。皇太后喜，賜之鈔帛。民有進蔬食酒漿者，親嘗之舉以示。帝曰：此農家食也，當知之。既還自陵，道見耕者，以數騎往視之，從容詢其稼穡之事。因取所執耒三推，顧謂侍臣曰：朕三舉已不勝勞，況常事此耶。人恆言勞苦莫如農，信矣。耕者初不知爲帝也，既而中官語之，乃驚躍羅拜，呼萬歲。命隨至營，人賜鈔六十錠。因述其語，次日以示侍臣焉。又諭吏部以欲使農民得所，在擇賢守、令，出御製憫農詩一章示之。而喜雨則有詩，織婦則有詩，豳風㽞則又有詩。令揭便殿資儆勵。又令北直地方，照洪武二十八年山東、河南事例，凡民間新墾田地，無多寡不起科，有氣力者任其種作。當是時，天下方脫鋒鏑湯火之苦，守、令尙保舉久任，肅法字下，役簡賦薄，安堵蕃阜，號稱治平。比英宗冲齡嗣位，猶襲餘庥，不忘民瘼。正統中，詔農桑衣食本原。布政、按察司及巡按御史嚴督州縣官及時勸課。果有所惰，有荒棄田不治者，移所在田少丁多民往種之。成化九年，添設省直煩劇府州縣判丞官一員，專理勸農。時貴戚內臣，往往受姦民投獻，奏討莊田。而長寧伯周彧以皇太后弟與直定武強縣民爭田。詔刑部郎彭韶勘實。韶詣田所，環視訖歸。自劾言，眞定在堯舜爲冀州之域，賦第一等，或錯出第二等，說者謂如周官有田一易再易之類。葢以其地有歲一收，或間歲間二歲而一收者，所以賦有不同，則是未嘗逐畝定賦，而一畝必兼數畝之地明矣。國家簡覈天下土田，計畝定賦，已有成額。

而乃令山東、河南額外荒田，任力開墾，永不起科。後宣皇帝于北直隸地方亦照其例，是祖宗之心即堯舜之心也。天順二年，太監韓諒奏討武強縣苑糧地五百頃，而英皇帝不許，是英皇帝之心即祖宗之心也。後乃因廣長侯家人横放，民不堪擾，將前地幷韓諒還官地減輕起科，已出無奈。今周彧又奏求前地，有司不能明白敷奏，以爲地多有餘，請再量出無糧地七十餘頃，畀之。臣等親詣田所，見其地有高阜者有低窪者，有平坦苦墝薄者。天時不同，地利亦異，如亢旱則低者有秋，而高者赤地；水澇則高處稍(熱)〔熟〕，而低爲巨浸。沿河者流溢不常，鹻薄者樹藝不殖，截長畀短，彼此乘除，必須數畝之地，僅得一畝之入，是以堯舜行錯法于前，我祖宗任開種于後，良爲此也。即今彼處民人，追賠馬匹，起運糧草，砍柴人夫，京班皂隸等項賦役，已爲煩劇，而所深賴者，以顧戀地業，盡力耕種，取給旦夕耳。今若計畝丈量，餘盡豪奪，歸之外戚，彼安所復計哉。臣知其非死則徙所必致矣。且自古立國皆重根本。眞定近在畿內，理宜加厚，而戚里功臣之家，錦衣美食，與國同休，但能存心謹厚，自將富貴永保，奚待與民爭衣食之利哉。況卜世無疆，法當垂久，地土有限，而求者無窮，後將何以給之。疏上逮詔獄，以科道交章論救得釋。其後弘治中，壽寧侯張鶴齡有河間賜田數百頃，欲併其傍近民田千餘頃得之。而乞均其稅于民田之無稅者，所賜田乞畝稅銀二分。戶部尚書周經執不可，言：河間地多沮洳，比因連旱，民即退灘耕之，稍有收獲，然一遇大潦旋歸淤沒。倘頓令增科，貽害無窮。且王府賜田例，畝稅三分，而此獨二分，人將謂朝廷待外戚與宗藩異矣。又憲廟后妃家亦有私田，與今賜田比，一切奪之，彼無以爲業，又將謂待張氏與他國戚異矣。屢疏得允。後有以雄縣退灘地，獻爲東宮莊者，亦感經奏抵之罪。葢孝皇帝方銳意啚治，農桑不擾，蠲恤頻行。蒞政之初，戶部尚書李敏奏：今籍田具舉，而天下之勞苦莫如農民，若不親見其事，何繇知其艱難。請于耕籍中增上、中、下農夫各十人，服常服、執農器，令其終畝，或賜食賜布以慰其勞，明重農之意。上曰：朕正欲觀其艱苦。從之。事畢，人賜布一疋。既允撫臣言，疏治河南彰德等府州縣渠堰，凡王府屯官之兼幷，豪右碾磨之侵據，悉釐正之。尋又遣工部濬吳松白茅港以泄積潦，便農作，諸勤恤深厚類若此。至若皇莊田，國初所無，亦起于成化之初。葢倣宋季年公田課租，而典以中官。弘治中戶部郎中周軫言：天子藏富于民，而皇有莊，是示天下私也。宜盡賦以與民，即不然革管莊內臣，責有司課租粟解部，輸入，爲猶愈。時景州阜城獻縣民田萬頃，界連東宮莊。其內侍欲冒占之，民訴于朝。命戶部員外蔡廉偕御史錦衣官往勘，內侍遣人邀之，曰：田歸我，講讀官可得也。廉曰：以萬人之命易一官，吾不忍爲也。至其地，徧集居民，指陳故迹，卒以所占田盡歸于民。同事者難之，廉曰：我戶部也，有害吾獨當，公何憂。既命下，皆從所擬，然時不過數處而已。至正德間佞倖用事，皇莊始盛。至跨州連邑三百餘處，畿輔大困。嘉靖初，給事中底蘊言：正德年來，大猾捏稱湖蕩不耕之地，投納勢要，奏立皇莊。比近民田，多所影冒，宜嚴加查勘以豁民害。于是，詔科臣夏言、御史樊繼祖、主事張希尹會撫按查覈。還奏曰：皇莊之設，初不甚廣，正德增加，計爲田二十萬九百一十九頃有奇，占民地計二萬二百二十九頃有奇。厲階起于姦人，欲規纖利以媚朝廷；流弊溢于勢家，欲奪民產以肥私室。在宮闈則中宮禁卒，緣是肆出，而郡縣被其騷擾；在勳戚則豪奴悍僕，藉以勒併而官府莫敢誰何。實累朝積弊之政，至正德而極也。自今皇莊租稅，宜照原例，畝納銀三分，解部類進，而皇親功臣赴闕關領，禁中宦僕，毋得出收受。幸甚。于是前弊盡革。下詔言：農者衣食所出，王政之首務也。各該撫巡所屬官帶農田銜者，不許營別差委，務督令舉職循行勸課。其原未設官者，委佐貳主之，歲嚴課其殿最。其土田爲水沙衝塞，江海堋淤者，節有豁除。所司不能究宣，獨優富豪，不及貧弱，加之攤派包賠，細民滋困，其擇廉力官勘覈豁除之。國初畿甸民稀，原奉旨開種，永不起科。矧今生齒日繁，土畢墾發。寧有荒曠可復請佃，而諸勳戚之家，信奸徒作使，朦朧陳乞者，聽戶部核究焉。至九年，乃建先蠶壇于北郊。十年，行祈穀禮于大祀殿。召學士翟鑾等偕往四苑，視收穫。上御邠風亭，諭諸臣曰：農之勞苦，親見爲眞。聖祖常有訓曰：衣帛當思織婦之勞，食粟當念農夫之苦。以此觀之，委爲粒粒辛苦也。又持建無逸殿，書《周書・無逸篇》于其壁，題其旁亭曰省耕，曰省斂，倉曰恆裕，刻興獻考睿，製《農家忙》律于殿壁。御爲文以記之。十八年還自顯陵，途中爲賦《麥浪詩》。今年禱雨宮中有應，又明年禱雪有應，皆爲賦詩志喜。時葢玄脩未啓，南北兵戈未熾，而上所爲垂章光于蔀屋，灑露潤于窮簷，葢猶有恭儉之思焉。嗣是神宗初政勵精。至十三年，春久不雨，屢禱未應，命禮部具躳禱南郊儀以聞。上曰：天象災旱，朕爲黎庶祈禱，豈憚步勞，不乘輦可也。至期步詣郊壇。上于幄次，諭撫臣曰：亢旱爲災，雖朕不德，亦以天下有司多貪暴爲民害干天和耳。自今其愼選無忽，仍步還宮。浹旬乃大雨。是舉也，自宮殿至壇壝往返幾二十里，而上乾心露禱，趨赴畧無倦色。於都哉列聖相承，惟是休養生息，恪重農事。其所以垂億萬載無疆之庥，曷有既哉。顧說者謂燕趙古稱雄富，而今遠漕數千里之粟于東南，近棄可耕之地于三輔，使畿甸一望萑葦，海壖率成沮洳，是西北之地利未盡墾也。三吳昔號澤國，而今急期會之報于催科緩勸，相之法于撫字，致塘浦淤而不治，隄防缺而不修，是東南之水利未盡復也。且也戴茅服襏，道殣相望。而廢居鬻販之家，乘堅刺肥，連車列騎，雖蒼頭廬兒，莫不媮衣而美食，則農害也。四方剜肉醫瘡，鬻田質子。而貂璫戚畹之族，比櫛崇墉，履絲曳縞，彈丸蹵鞠，漿酒藿肉，若不知有下土之耗斁，則農害也。時食禮用，謹藏其餘，以待凶荒。而乃奢侈成俗，靡酒秣畜，競騖于錦繢奇巧之觀，竄竭于室廬輿馬之飾，而一簪之值，幾于百金，一席之饌，半乎中產，則農害也。細民手胼足胝，竭蹷上供。而管庫監當之屬，肆其侵琢，至胥吏舞刀筆之奸，貪墨恣谿壑之欲，賦則盜上匿下，役則漏富欺貧，一時之借辦，遂朦朧以爲例，已蠲之逋欠，猶搜索而訶完，則農害也。至若富者可耕而不屑于襏襫，貧者欲耕而多慽于牛種。稱貸課業，則勤在單弱，而利歸豪門，冐濫派科，則耒未釋手，而追呼踵至，遂使因佃災及其身遺逋累及乎鄰，則農害也。凡若此者，不有以開導而懷保之。欲其盡力于南畝豈可得乎。大誥有曰：凡州縣官，以戶口增、田野闢爲尚。所行事蹟，御史監司，覈報明實，以憑黜陟。蓋國初三尺新懸，有司奉行惟謹，未常恃爲農事設專官人，盡農官也。以農桑責之郡縣，以屯種責之衞所，非農事修舉，不得注上考。蓋設官分職原以爲民，舍此更何事哉。嗣後不察，而增設府州縣勸農佐貳，設屯田水利臬臣。又或特遣重臣以經理之，彼牧民之長，其賢者亦或體上愛養至意，不然者，且見以爲業有專官，而已可(持)[弛]擔也。古天子巡狩，入其境，田野闢，受上賞，荒蕪不治蒙顯罰。即憲綱一欵所云：農桑乃生民衣食之源。仰府州縣行移提調官，常勸諭農民，趂時種植，仍將種過桑麻、田畝、計料、絲棉等，分豁舊有新收具數開報。此乃巡按御史之急務，今則徒爲文具而已。其所旌舉，初何嘗稱某守、某令，興過若干水利，勸過若干農桑乎。如邇年都御史孫丕楊請以保民實政五事課有司，庶幾申明高皇帝要束，奈何率弁髦之也。且夫守令分符而治一方，儼然古封建侯伯之尊。士抱遺經釋褐，輒提千百里之封，不可謂不遇，乃民事不以關心。而一任蒿萊之彌望，謂法何。昔者趙邦清之爲滕縣也，均田治水，儲粟賑災，怨勞有所不避。夫豈異人任哉。試一思之，今之民非異于古也。古先王所爲治地分田，則壤成賦之區，今未始不可考而稽也。誠爲飭皇祖之法，愼守牧之選，因封疆之宜，修暵霪之備，以勞來安集奠流移，以寶農勸穡驅游惰，以鷄豚畜牧廣孕字，以開荒鑿渠普利賴。人治其山林川澤而接壤成可耕之地，人汰其飛詭、兼幷而通都無敗羣之奸，人開其禮樂、敎化而比屋倡任恤之風，人整其保伍、卒乘而合野壯無形之險。有司以此上監司，監司以此上巡按御史。部院一視以爲考成，務久其任而實行之。俾一如高皇帝之所以養育元元者，民獲再登春臺。若身遊洪武間，豈不亦濟時之鴻烈也哉。

紀事

《周禮注疏》卷三《地官・司徒下》 載師，掌任土之灋，以物地事、授地職，而待其政令。【略】以廛里任國中之地，以場圃任園地，以宅田、士田、賈田任近郊之地，以官田、牛田、賞田、牧田任遠郊之地，以公邑之田任甸地，以家邑之田任稍地，以小都之田任縣地，以大都之田任畺地。【略】凡任地，國宅無征，園廛二十而一，近郊十一，遠郊二十而三，甸稍縣都皆無過十二，唯其漆林之征二十而五。【略】凡宅不毛者，有里布；凡田不耕者，出屋粟；凡民無職事者，出夫家之征。【略】以時徵其賦。

《周禮注疏》卷一五《地官・司徒下》 遂人，掌邦之野。【略】以土地之圖經田野，造縣鄙形體之灋。五家爲鄰，五鄰爲里，四里爲酇，五酇爲鄙，五鄙爲縣，五縣爲遂，皆有地域，溝樹之。使各掌其政令刑禁，以歲時稽其人民，而授之田野，簡其兵器，敎之稼穡。【略】凡治野，以下劑致甿，以田里安甿，以樂昏擾甿，以土宜敎甿稼穡，以興耡利甿，以時器勸甿，以彊予任甿，以土均平政。【略】辨其野之土，上地、中地、下地，以頒田里。上地，夫一廛，田百畮，萊五十畮，餘夫亦如之；中地，夫一廛，田百畮，萊百畮，餘夫亦如之；下地，夫一廛，田百畮，萊二百畮，餘夫亦如之。【略】凡治野，夫間有遂，遂上有徑；十夫有溝，溝上有畛；百夫有洫，洫上有涂；千夫有澮，澮上有道；萬夫有川，川上有路，以達于畿。【略】以歲時登其夫家之衆寡及其六畜、車輦，辨其老幼、癈疾與其施舍者，以頒職作事，以令貢賦，以令師田，以起政役。【略】凡事，致野役，而師田作野民，帥而至，掌其政治禁令。治，直吏反，下治訟皆同。

《商君書》卷四《徠民》 地方百里者，山陵處什一，藪澤處什一，谿谷流水處什一，都邑蹊道處什一，惡田處什二，良田處什四。以此食作夫五萬，其山陵、藪澤、谿谷可以給其材，都邑、蹊道足以處其民，先王制土分民之律也。今秦之地，方千里者五，而穀土不能處二，田數不滿百萬，其藪澤、谿谷、名山、大川之財物貨寶又不盡爲用，此人不稱土也。秦之所與鄰者，三晉也；所欲用兵者，韓、魏也。彼土狹而民衆，其宅參居而并處。其寡萌賈息，民上無通名，下無田宅，而恃姦務末作以處。

《呂氏春秋》卷二六《上農》 古先聖王之所以導其民者，先務於農。民農非徒爲地利也，貴其志也。民農則樸，樸則易用，易用則邊境安，主位尊。民農則重，重則少私義，少私義則公法立，力專一。民農則其產復，其產復則重徙，重徙則死處而無二慮。舍本而事末則不令，不令則不可以守，不可以戰。民舍本而事末則其產約，其產約則輕遷徙，輕遷徙，則國家有患，皆有遠志，無有居心。民舍本而事末則好智，好智則多詐，多詐則巧法令，以是爲非，以非爲是。

后稷曰：所以務耕織者，以爲本教也。是故天子親率諸侯耕帝籍田，大夫士皆有功業。是故當時之務，農不見於國，以教民尊地產也。后妃率九嬪蠶於郊，桑於公田。是以春秋冬夏皆有麻枲絲繭之功，以力婦教也。是故丈夫不織而衣，婦人不耕而食，男女貿功，以長生，此聖人之制也。故敬時愛日，非老不休，非疾不息，非死不舍。

上田，夫食九人。下田，夫食五人。可以益，不可以損。一人治之，十人食之，六畜皆在其中矣。此大任地之道也。

故當時之務，不興土功，不作師徒，庶人不冠弁、娶妻、嫁女、享祀，不酒醴聚衆，農不上聞，不敢私籍於庸，爲害於時也。然後制野禁，苟非同姓，農不出御，女不外嫁，以安農也。

野禁有五：地未辟易，不操麻，不出糞。齒年未長，不敢爲園囿。量力不足，不敢渠地而耕。農不敢行賈，不敢爲異事。爲害於時也。然後制四時之禁：山不敢伐材下木，澤人不敢灰僇，繯網罝罦不敢出於門，罛罟不敢入於淵，澤非舟虞，不敢緣名，爲害其時也。

若民不力田，墨乃家畜，國家難治，三疑乃極，是謂背本反則，失毀其國。凡民自七尺以上，屬諸三官。農攻粟，工攻器，賈攻貨。時事不共，是謂大凶。奪之以土功，是謂稽，不絕憂唯，必喪其粃。奪之以水事，是謂籥，喪以繼樂，四鄰來虛。奪之以兵事，是謂厲，禍因胥歲，不舉銍艾。數奪民時，大饑乃來。野有寢耒，或談或歌，旦則有昏，喪粟甚多。皆知其末，莫知其本，眞。

《呂氏春秋》卷二六《任地》 后稷曰：子能以窐爲突乎？子能藏其惡而揖之以陰乎？子能使吾士靖而甽浴士乎？子能使保溼安地而處乎？子能使雚夷毋淫乎？子能使子野盡爲泠風乎？子能使藁數節而莖堅乎？子能使穗大而堅、均乎？子能使粟圜而薄糠乎？子能使米多沃而食之彊乎？無之若何？

凡耕之大方：力者欲柔，柔者欲力。息者欲勞，勞者欲息。棘者欲肥，肥者欲棘。急者欲緩，緩者欲急。溼者欲燥，燥者欲溼。

上田棄畝，下田棄甽。五耕五耨，必審以盡。其深殖之度，陰土必得，大草不生，又無螟蜮。今茲美禾，來茲美麥。是以六尺之耜，所以成畝也；其博八寸，所以成甽也；耨柄尺，此其度也；其耨六寸，所以間稼也。地可使肥，又可使棘。人肥必以澤，使苗堅而地隙；人耨必以旱，使地肥而土緩。

草諯大月。冬至後五旬七日，菖生，菖者百草之先生者也，於是始耕。孟夏之昔，殺三葉而穫大麥。日至，苦菜死而資生，而樹麻與菽，此告民地寶盡死。凡草生藏日中出，狶首生而麥無葉，而從事於蓄藏，此告民究也。五時見生而樹生，見死而穫死。天下時，地生財，不與民謀。

有年瘞土，無年瘞土。無失民時，無使之治下。知貧富利器，皆時至而作，渴時而止。是以老弱之力可盡起，其用日半，其功可使倍。不知事者，時未至而逆之，時既往而慕之，當時而薄之，使其民而郄之。民既郄，乃以良時慕，此從事之下也。操事則苦，不知高下，民乃逾處。種稑禾不爲稑，種重禾不爲重，是以粟少而失功。

《呂氏春秋》卷二六《辯土》 凡耕之道：必始於壚，爲其寡澤而後枯；

必厚其靹，爲其唯厚而及；　飴者莛之，堅者耕之，澤其靹而後之；　上田則被其處，下田則盡其汙。無與三盜任地：　夫四序參發，大甽小畝，爲青魚胠，苗若直獵，地竊之也；　既種而無行，耕而不長，則苗相竊也；　弗除則蕪，除之則虛，則草竊之也。故去此三盜者，而後粟可多也。

所謂今之耕也，營而無獲者：　其蚤者先時，晚者不及時，寒暑不節，稼乃多菑，實。其爲畝也，高而危則澤奪，陂則埒，見風則傶，高培則拔，寒則雕，熱則脩，一時而五六死，故不能爲來。不俱生而俱死，虛稼先死，衆盜乃竊。望之似有餘，就之則虛。農夫知其田之易也，不知其稼之疏而不適也；知其田之際也，不知其稼居地之虛也；　不除則蕪，除之則虛，此事之傷也。故晦欲廣以平，甽欲小以深；　下得陰，上得陽，然後咸生。

稼欲生於塵，而殖於堅者。愼其種，勿使數，亦無使疏。於其施土，無使不足，亦無使有餘。熟有耰也，必務其培。其耰也植，植者其生也必先。其施土也均，均者其生也必堅。是以晦廣以平，則不喪本莖；　生於地者，五分之以地。莖生有行，故遬長；　弱不相害，故遬大。衡行必得，縱行必術。正其行，通其風，夬心中央，帥爲泠風。苗，其弱也欲孤，其長也欲相與居，其熟也欲相扶。是故三以爲族，乃多粟。

凡禾之患，不俱生而俱死。是以先生者美米，後生者爲秕。是故其耨也，長其兄而去其弟。樹肥無使扶疏，樹墝不欲專生而族居。肥而扶疏則多秕，墝而專居則多死。不知稼者：　其耨也去其兄而養其弟，不收其粟而收其秕，上下不安，則禾多死，厚土則孽不通，薄土則蕃轓而不發。壚埴冥色，剛土柔種，免耕殺匿，使農事得。

宋・黄震《黄氏日抄》卷七八　咸淳七年中秋勸種麥文

二月十五日，勸農勸種稻也，此州縣自古之所同也。八月十五日，再勸農勸種麥也，此本州今日之所獨也。何天下州縣皆不勸種麥而本州獨勸，以天下百姓皆種麥而本州獨不種也。本州百姓何以不種麥，以不曾知種麥之利，不曾受不種麥之害也。去歲大旱，今歲米糴百錢一升，餓死者無數。其幸而不死者，亦曾呑飢忍餓，或典田賣地，或生錢做債，或乞歷告糴，皆是寒寒冷冷，拖兒帶子，奔走道路，立在稅家門口，含涙哀告，喫盡萬千苦惱，方纔救得殘命。當年若曾種大麥，望着四月便飽喫麥飯，何至受許多苦惱。是我本州百姓今年曾親受不種麥之害矣。既曾親受不種麥之害，便當急圖種麥之利。種麥之利爾民未知，今太守爲爾言之。每年春夏之間，舊穀既盡，新穀未種。天特生麥以濟缺乏，使爾人民喫此麥飯，種此禾稻，循環接續，常得飽足。故農爲國之本，麥又爲農之本，是麥之功甚大也。大凡種稻，須用凍耕熱耘，須用霑體塗足，惟麥則不然。及秋而種，天氣未寒；　初夏即收，天氣未熱。種於乾地，手腳不沾泥水，鋤塊而作孔亦可種，犂地而撒子亦可種，是麥之事甚易也。近世有田者不種，種田者無田，爾民終歲辛苦，田主坐享花利，惟是種麥不用還租，種得一石是一石，種得十石是十石，又有麥稈，當初夏無人入山樵採之時，可代柴薪。是麥之所收甚多也。其功既大，其事甚易，其所得又多。麥之利如此，不知爾民何故不種。或謂本州不宜種麥，太守竊謂不然。一般天時，一般地利，未說天下世界，且說江西其地十州皆種麥，何故撫州獨不可種。撫州外縣間亦種小麥，何故臨川界併小麥不可種。或謂撫州近城，多是沙地，故不可種，太守亦竊謂不然。麥宜高燥山地皆種，山地何嘗無沙，且沙地只是滲水，易得水乾，今繞城既已盛水種稻，何爲不可乘高種麥。太守爲爾再三思量，只是撫州田土好，出米多，常年喫白米飯慣了，厭賤麥飯以爲麁糲，既不肯喫，遂不肯種。祖父既不曾種，子孫遂不曾識。聞有碎米尚付豬狗，況麥飯乎。然此不可之大者也。天生二麥以爲農種之本，而爾農棄之乎。麥跨四時最得中和之氣，而爾農棄之乎。自古聖賢皆勸種麥，而爾農棄之乎。貴爲天子尚且嘗麥，而爾農棄之乎。尊如宗廟亦必薦麥，而爾農棄之乎。貧者尚飧糟糠，而爾農棄麥不食乎。荒歲尚食草根，而爾民棄麥不種乎。今夏艱食固是受不曾種麥之害，去年大荒亦未必非不肯種麥之報。常年享了快活故不肯種，今年新經苦惱何可不種。今告爾農連羣合本早糴麥種，及時多種，無力出境糴種者田主助之。既得稻熟又得麥熟，貧者可以飽足，富者可以免擾，田里相安即是太平。太守不勝苦切勸諭之至。

咸淳八年春勸農文

每歲二月，朝廷命郡太守勸農於郊，以民生性命在農，國家根本在農，天下事莫重於農。故切切然以此爲第一事，近來反因歲歲講行，上下習熟，視爲文具。今太守是浙間貧士人，生長田里，親曾種田，備知艱苦。見撫州農民與浙間多有不同，爲之驚怪。眞誠痛告，實非文具，願爾農今年亦莫作文具看也。浙間無寸土不耕，田壠之上又種桑種菜。今撫州多有荒野不耕，桑麻菜蔬之屬皆少，不知何故。浙間纔無雨便車水，全家大小日夜不歇。去年太守到郊外看水，見百姓有水處亦不車，各人在門前閒坐，甚至到九井祈雨。行大溪邊見溪水拍岸，岸上田皆焦枯坼裂，更無人車水，不知何故。浙間三遍耘田，次第轉摺不曾停歇，撫州勤力者耘得一兩遍，懶者全不耘。太守曾親行田間，見苗間野草反多於苗，不知何故。浙間終年備辦糞土，春間夏間常常澆壅。撫州勤力者斫得些少柴草在田，懶者全然不管，不知何故。浙間秋收後便耕田，春二月又再耕，名曰耕田。撫州收稻了田便荒版，去年見五月間方有人耕，荒田盡被荒草抽了地力，不知何故。雖曰千里不同風，撫州不可以浙間爲比，畢竟農種以勤爲本。古人有云：人生在勤，勤則不匱。又曰：農夫鹵莽而種之，天亦鹵莽而報之。此理安得不同。想爾撫州穀米價平，不知艱苦，不將爲事。去年春夏間，農種百姓也喫了些苦，今年若不省懼，何以契天。太守自知德薄言輕，勸人不行，去年特地勸種麥，爾農尚不肯聽，今春是常例勸農，爾農又何緣肯聽。但上下一體，休戚相關。爾農若欠飯喫，憂責盡在太守，是不容不痛告。幸爾農思量去年分外爭氣，自今勤謹上契天心，迓續豐年，大家安樂，不勝幸甚。

咸淳八年中秋勸種麥文

太守去歲特特勸爾農種麥，爾農何故尚多不種。或謂田主以種麥乃佃戶之利，恐遲了種禾。非主家之利所以不容爾種，不知主佃相依當養根本。佃戶夏間先收得麥，則秋間有本不至欠租，亦是主家之利。況收麥在四月，種禾在五月初，不因麥遲了種禾。縱使田主不欲多種，撫州無限山坡高地，又因何不種。今年本州禁盦紅麴，既無紅麴，須用麯麴。明年麥必直錢，此正是爾農種麥之一機。太守故不敢憚，煩特特再勸。明年太守官滿，不復在此勸爾種麥矣。若又不種，將來萬一天時不測，肚飢無可接濟，莫敎思量太守之言。太守勸爾至再，其情切矣。幸爾速種毋或失時。

咸淳九年春勸農文

朝廷第一重農，特令州縣長官親自出郊勸農。然農是百姓本業，初何待勸，若論撫州風俗，卻有不容不勸者。農以麥爲本，撫州獨不種麥，遂致中夏無力發本布種。昔潭州亦不種麥，自眞相公做安撫勸令種麥，百姓遂享其利。今太守甚媿德薄，勸爾農不行。近金谿知縣新到，嘗面議外州糴麥種發下，各都諸縣必能一體施行。爾農今後切須種麥，此不容不勸者也。農以桑爲助，撫州獨不種桑養蠶，遂致中夏無錢解債納官。昔襄城縣亦不種桑，自范丞相做知縣令犯罪者種桑聽贖，百姓無不競勸。今太守雖媿昏庸，勸爾農不早。近金谿知縣新到，亦嘗面言本州最多荒山野地，纔種便成。諸縣必能次第講行，爾農今後切須種桑，此不容不勸者也。田須秋耕，土脉虛鬆，免得閒草抽了地力。今撫州多是荒土，臨種方耕，地力減耗矣。爾農如何不秋耕田須熟耙，牛牽耙，索人立耙上一耙便平。今撫州牛牽空耙，耙輕無力，泥土不熟矣。爾農如何不立耙。田近溪水須逐段作堨，捺水田不近水須各自鑿井貯水。今撫州一切靠天，五月不雨立見狼狽，十日連雨亦無停留。爾農如何不自做箇意智，此皆不容不勸者也。太守兩年在此雖無力及民，然與爾農曾共荒年，今次勸農又當官滿將去，言語不覺苦切，爾農可自思量。

宋・方大琮《鐵菴集》卷三〇《文》　將邑丙戌勸農文

令歲前入境，所至聚落，父老出迎。度其意望令不淺。令亦有欲言者，今何幸與汝農相勞問于郊，共話心腹事。環邑皆山，層高而田，尺敷寸墾，耰鋤艱辛，竭地之力，僅足自食，輸官之餘，糶不出境。令念汝農用力勤而收效寡也。令亦幸以身家竊食其間，顧何以爲農謝，且爲農勸。趣耕巡稼，出入阡陌，不能如古長吏，亦少盡吾心爾。涉春多雨，獨甲子晴，乃驚蟄後，雷聲應期。令爲汝農喜有豐稔之兆也。種必時，培必厚，畝必修，泉必導，纖悉微細，令知之不若汝農之知之深也。是不待勸絶撓，戢追呼抑強梗，令不敢有一毫妨汝農。毋游惰，毋爭訟，毋屠販，毋冒禁，農其愼，勿自妨，顧有關人道之最大者。令事事之初，首以孝悌輯睦爲汝告，今再以朱文公註解《孝經・庶人章》併刻示汝。汝能服行，受用無窮。人事既盡，時和自應，倉箱盈止，室家寧止，然後知令言之不汝欺。

將邑丁亥勸農文

連歲以稔告，去歲不獨粒米狼戾，凡菽麥、蔬果之屬皆稔。令竊自喜，意吾邑爲然，已而聞他邑亦然，他郡莫不皆然，此蓋國家之洪福。抑上天勸相我民，令何力之有。亦願我民父老訓其子弟，必曰孝，曰友；與人之族黨鄰里言，必曰和，曰忍；與人之主佃言，必曰貧富相依，索者毋太亟，輸者毋失期；以至飲博、盜攘、爭訟、屠販妨業等事，必切切于言。朝夕之所施行者無非勸，不特去歲春秋出郊兩勸也。今臘前三白，立春即雨，天相我民未艾，令爲民喜亦未艾。父老來前，停杯審聽，更相告語，益勤乃事，有年屢書，必然之理。謂言不信，有如此酒。

將邑丙戌秋勸種麥

詔農于春，著令也。秋既半，吏以勸麥告，此古者斂時也。今何幸與汝農周旋阡陌間。汝知種麥之利乎。青黃未接，以麥爲秋，如行千里施擔得漿，故禾則主佃均之，而麥則農專其利。汝知令之喜乎。五風十雨，膏澤不禱而自應；粒米狼戾，市價不抑而自平。父老謂前未有。令將何德以得此。汝知令之心乎。令生長海濱，賦平鹽賤。今邑民輸納不甚輕，又官鹽之價不啻數十倍，下郡心實惻然。若月解僅足，稍可以寬民者無不爲。汝猶記令今春之言乎。飲博、鬭訟、屠販皆足妨業，方尚氣逐利時，笑俛首南畝者爲拙。及抵于禁，田荒財耗，視前日之所指笑爲拙者，倉箱實而室家樂，所獲爲孰多。今早禾既穫，晚禾又堅，可謂樂歲。父兄子弟胥聽令言，毋偷安，勤則不匱；毋耗蠹，儉則足用；毋乖爭，和則致祥。葢修人事以迓續天庥于無窮，笙鼓賽田神，雞豚燕同社，非獨田家作樂，令亦與有喜色。庶幾，吾邑不虛得樂郊樂土之名。

宋·高斯得《耻堂存稿》卷五 寧國府勸農文

太守下車兩月有餘，風俗猶未周知，然大略亦可見矣。此邦士譊民頑，奸謗喜訟。太守欲諭教之，以積習久未能也。兹歲二月，以令勸農，乃先進爾農而告之。太守蜀人也，起田中，知農事爲詳，試爲父老言蜀人治田之事。方春，耕作將興，父老集子弟而教之曰：田事起矣。一年之命繫於此時，其毋飲博，毋訟詐，毋嬉遊，毋爭鬭，一意于耕。父兄之教既先，子弟之聽復謹，莫不力布種，既畢。四月，草生，同阡共陌之人通力合作，耘而去之。置漏以定其期，擊鼓以爲之節。怠者有罰，趨者有賞。及至盛夏，烈日如火，田水如湯，蓐耨之苦尤甚，農之就功尤力。人事勤盡如此，故其熟也常倍。及來浙，間見浙人治田比蜀中尤精。土膏既發，地力有餘，深耕熟犂，壤細如麪，故其種入土堅緻而不疎，苗既茂矣。大暑之時，決去其水，使日曝之，固其根，名曰靠田，根既固矣，復車水入田，名曰還水。其勞如此。還水之後，苗日以盛，雖遇旱暵，可保無憂其熟也。上田一畝收五六石，故諺曰：蘇湖熟，天下足。雖其田之膏腴，亦由人力之盡也。太守始至，頗聞而農治田失之鹵莽。其始種也，耕之不熟，地力不盡，苗既殖矣，不薅不耕，稂莠並興，陂塘不修，圩埂不固，旱不知備，澇不知防，則又鬭狠嚚訟以聒有司，避役頑輸以取

追逮，心力既分，不得專一，是以雖號樂土，連歲不登，由此故也。父老其歸，以太守言諭告子弟。川浙與宣風土雖殊，勤則得熟，怠則薄收，其理一也。雖然，尚有以告父老。夫水旱雖係天數，而感召則在人心。若使田里之間父慈子孝，兄友弟恭，鄰里輯睦，風俗純厚，自然可以感召至和，風雨調節，災害不生。太守得與汝曹共享一飽爲太平民，豈不樂哉。父老其歸，丁寧子弟，明聽吾言，毋忽。

嚴州勸農文

太守奉詔書撫百姓，今一年矣。生於蜀土，不能詳知汝州利害，然汝州至急之務，公私所甚憂者，太守雖愚亦知之矣。豈非艱食之爲患乎。汝州山多田少，良田纔百二三，餘皆磽瘠。爾農雖盡力以耕，及冬斂藏，尚不足以餬口，常仰糴他郡，一遇閉遏，輒有溝壑之憂。太守雖大聲疾呼，告于臺閫，彼不顧也。爾農其可不力耕乎。去歲旱災，太守早夜焦勞，蠲租發廩，勸富人賑糶，白於朝，得米萬石以助糴濟，自謂心力粗竭，然小惠安能徧也。今幸陰陽調和，臘雪春雨率皆應候，天時既順，人事可不勉乎。太守用出遠郊，進父老而告之：古語云：人情一日不再食則飢。飢火所驅，不顧廉耻，奸邪盜賊皆由此起。欲其不飢，無他，勤於耕而已；欲耕之勤，去其害於耕者而已。汝州之人喜興詞訴，在官日多，在野日少，耕能不廢乎。汝州之人喜事鬼神，竭力費財，奔走道路，耕能不廢乎。好飲博則心志荒，好嬉遊則本業墮。若能去此四害，惟專惟勤，田之無收，吾不信也。父老皆深知田者，毋謂太守之言常談，歸語子孫，明聽力行，毋忽。

福建運司勸農文

舉天下之田皆不可不熟，而福建之田尤不可以不熟；舉天下之民皆不可使飢，而福建之民尤不可以使之飢。何則。歲歉生事，此方爲甚故也。古人有言：飢不得食，雖慈母不能保其子。然則歲歉生事，豈爾民之得已哉。然嗣近年以來，時和歲豐，上下粗給，部中無犬吠之警，使者之責亦少寬矣。然嗣歲之憂固未艾也。今幸陰陽順序，春雨沾足，太史所占又主豐登，爾農正當上順天心，力修人事，使穀之入歲多一歲，父母妻子免於飢凍，奸邪賊亂不得竊發，上下歡欣，相安於無事，豈不樂哉。使者又以耕之三害戒汝，其審聽之：捨本逐末，羣聚私販，犯法破家，此害耕之大者；喜興詞訴，伺候官府，奔走道路，次之；博奕飲酒，嬉遊無度，四體不勤，次之。苟能去此三

者，父率其子，兄勉其弟，沾體塗足，一以耕種爲事，天道神明報應不差，不以豐年賜汝，使者當任其咎。爾農毋謂常談忽之。

宋・方岳《秋崖集》卷三四　揚州勸農文

乃二月壬寅，守廣陵趙某誕進其州之父老而告之曰：淮海惟揚州，厥土惟塗泥，厥田惟下下。矧廣陵越在邊圉，曩則亦有繹騷，以患苦吾父老。荒而敷菑，用不遑於厥家，爾父兄子弟亦惟艱哉。今天其佑我宋，歲仍大熟，伊彼勍敵自速斃于襄州，有逋虔劉宵遁窮北。爾父老其修乃疆畆，濬乃澮洫，簡乃錢鎛，穀乃鋤耒，無敢不良，以敬迓天之大豐美。守閱再寒暑，罔不一念在爾民。東作俶興，用咨爾一二父老，惟田里熙熙，以董泰和，時則有豐年；毋訟，惟仰父俯子，勤勞于厥躬，時則有豐年；毋游，惟不淫于非，彝以慆乃心，時則有豐年；毋博，惟不狎于甲兵，以寧爾婦子，時則有豐年；毋狠，惟爾一二父兄念哉，其無斁。

又　捍邊所以衛農也。淮左東盡漣海，北控宋永，幸無一塵之驚，而北敵自西而東擾我疆圉，俾爾父兄子弟蕩析流離，竊爲爾農痛之，故凡安集勞來，無敢不盡其心，民徙則官賑廩焉，牛飢則官予芻焉，此爾農所知也。今茲敵以敗遁，而東作興矣。爾農其歸而田里，葺而室廬，簡而鋤耒，正而疆畝，以修稼事。有欲給種者給之，貸牛者貸之，爾毋憚以告我。

宋・陽枋《字溪集》卷九　紹慶府勸農文

勸課農桑，太守當務也。然黔中之俗，不憂細民之惰農，而患豪民之妨農。黔地幽深僻遠，民生其間，無兵革盜竊之虞，莫不知以剪荆棘，啓山林，側耕危穫爲務，獨其間豪強狡險之家，志務貪婪，計專刻剝，不求富於詩書，而並緣敷糴以傾農之粟菽，不用巧於文章，而工設機阱以罄農之貲財，繭絲竭而幷布縷，牛畜蕩則質妻孥，敲朴任情，役使無節，外馬出入臺府以張聲勢，交結公胥以固威權，百端誇耀以堅其畏信，千計圍繞以絶其辨明，是至執鋤秉耒，飲恨銜寃，不怠則逃，田野曠而種藝疎。職此之由，今太守丁寧告戒當職，決不爲非法之科，爾豪民斷毋肆暴横之斂；太守惟知有公，陸梁者勿恃爾力；太守惟知有法，狡險者勿矜爾智。主佃相資，患難相恤，疾病相扶，困乏相賙，孝悌、忠信相勉，則人民日聚，田野日闢，粟菽日多，貨財日富，風俗日美，此爾民之福而太守之願也。苟違斯言，罰及爾身，不可悔。

十一年二月勸農文

農而加以勸，爲惰農者設也，農而至於惰，由妨農者致也。太守始至，灼見此弊，抑豪強，戢貪暴，去狡獪，除横斂，省徭役，務使爾農無惰，而不待於勸也。整整三年，既有明效，爾民之所知也。今太守將去矣。天下事要在始終之如一，爾民其循循勉勉，強者毋復横，以失良心；貪者毋復肆，以喪善心；狡獪者毋復縱，而變爾遷善改過之心；勤農桑者毋懈惰廢弛，而棄爾服田力穡之心。而太守決不以將去而怠於擊強，怠於戢貪，怠於禁暴，決不以將去而妄有一毫科取需求，以煩爾民而隳前功也。太守之言，信如金石，爾民敬而聽之，毋忽。

大寧監勸農文

出入阡陌，劭民勸耕，二千石之先務也。今時既急於平時，而大寧尤切於他郡，請爲爾民詳言，不可不勉者四：他郡屢經殘破，容冀免賦蠲租，大寧築底，世號桃源，租賦不可寬假，汝民不可不勉者一也；常歲有下流之粟可補乏闕，今回易不通，無所仰哺，爾民不可不勉者二也；石田磽确，耕鑿無幾，而商旅雲集，流移輻輳，生者寡而食者衆，爾民不可不勉者三也；山深土寒，五穀晚熟，而密邇邊陲，秋風早驚，爾民不可不勉者四也。夫爾民徒知歲仰煎煮以爲衣食，而不知時異事殊，知地居險僻可保安寧，而不知長慮卻顧。此太守之所甚憂也。方茲春事正殷，土脉已動，宜同爾父子合鋤耦耕，土地之未闢者闢之，毋使地利之有遺也；田疇之未易者易之，毋使地力之不盡也；婦力於蠶，毋樵彼侯薪而弗烘于煁也；女勤於布，毋不績其麻而市也。婆娑也，斷斷然家以務本爲心，切切焉人以逐末爲戒。菽麥如水火，毋資之他所而自不飢；布帛如丘山，毋仰之他人而自不寒。穡事早登，武功載纘，鍛乃戈矛，礪乃鋒刃，穀乃甲胄，備乃弓矢，據險守阨，以護鄉井而保妻子，此太守望爾民之至心也。若夫順豐年，逆時雨，禁貪暴，戢寇攘，爾民之望於太守者，予亦知所自勉焉。

夔州勸農文

勸耕，舊典也。太守自令而倅，倅而州，七年於夔，扈農之辭亦既諄諄矣。今春當告民以新。去冬，烽烟四起，鉦鼓時聞。蜀西之民，以圖事不早，狼狽困窮，所賴玉帳密運奇謀，掃清大敵，保三蜀而護全夔，爾民得以安業者，拜擊天之賜也。今春事方殷，東作當秩，可不以早之一字爲爾民勸乎。火種者宜早燒，畬水種者宜早稼澤；磽田宜早墾闢，原田宜早服耒；深耕易耨，使五種早生，勤耨亟耘，使九穀早熟；　桑早蠶，麻早緝，事育之計早圖，禦冬之蓄早備；　早滌場，早納稼，早輸送，早蓋藏，早保聚，毋爭鬭、訟獄，博奕、荒耽，以害汝之早務。和順輯睦，相扶相助，以成汝之早，此太守深望於爾民者也。不横科需，不急追擾，不差黄皂下鄉，不容公吏生事，使爾生計早遂，此太守務安於爾民者也。人人早思，事事早辦，則一冬早早快活。太守視爾民如一家父子，故以早爲告。爾民敬而聽之，毋忽。

元・陸文圭《牆東類稿》卷一〇　勸農文二首

每歲仲春，勞農於東郊，此古之禮而朝廷之令典也。州縣長官以勸農事三字繫之職銜之下，於事爲重。詔書每下，率以農桑爲王政，先申明禁約，唯恐不至。句容一小邑，土瘠民貧。近行移坊鄉，凡有閒田隙地，廣殖桑棗，爾民亦既忻然趨令。二月始和，農出在野，縣官率其屬以延見父老，非爲文具，務敦實業。爾父老率鄉之子弟，惟勤惟謹，勿惰勿游，勿好勇鬬狠，勿飲博爭訟，惟耕蠶是務。耕蠶者衣食之本，不耕則饑，不蠶則寒，饑寒迫於身，則放僻邪蕩，無所不爲，伊爾父老之羞。爾其訓教之西成之後，農時有隙，子弟各入鄉學，習以孝弟忠信，所以崇鄉里之化也。若夫苛征、慢令、貪刻以厲爾民，縣官所不忍爲，益思檢身繩下，以無負于爾百姓。父老在此，吾不食言。

農，重事也。州縣官以勸農二字繫銜，每歲春月延見父老於東郊，誡之農事禮也。夫水旱之不時，此天數也。隄防必築以泄水患，陂塘必浚以通水利，修水旱之備也。人事不盡，諉之天時，爾農所以重困。一夫不耕，或受之饑，一婦不桑，或受之寒。衣食不足，而有饑寒之患，則不肖之心生，爾農戒之哉。古書有之。若農服田力穡，乃亦有秋。服字有用力之意，力字有勤勞之意，不用力，不勤勞，即是惰農。惰農安有秋成之望。繼自今父訓其子，兄詔其弟，妨農之事一切不爲，毋游手好閒，毋沈酗於酒，毋好勇犯上，毋不孝不友。有一於此，官有常刑。此又爾農所當勸者。其敬聽吾言，毋忽。

戊辰勸農文

暨陽一小州，土狹民貧，官府治從簡易，一毫不肯科擾。近者，口鹽徧敷，塘夫遠役，出不獲已，然且多方區畫，害不及細民，爾父老所親見也。去春，饑民在野，爲之貸糧接濟，僅免流散。夏秋，蝗蝻繼發，極力收捕，幸無害稼，歲小登。一冬，雨雪愆期，深爲爾農憂之。二月初吉，田事載興，長官親出東郊勸耕，雖循舊典，亦欲延見父老，巡省田里。爾等一鄉之老，當帥一鄉之子弟，胥訓告，胥教誨，浚乃溝洫，慎乃隄防，利乃耒耜，修乃疆畎，事事有備，有備無患；　又須孝養父母，弟遜兄長，毋淫于逸、于游。惰農自安，不勤不勞，越其罔有黍稷。爾農戒哉。其或好勇鬬狠，博奕飲酒，聚其淫祀，驅誘良民，邦有常刑，罪及爾身，弗可悔。

宋・朱熹《晦庵集》卷九九　勸農文

竊惟民生之本在食，足食之本在農，此自然之理也。若夫農之爲務，用力勤、趨事速者所得多，不用力不及時者所得少，此亦自然之理也。本軍田地磽埆，土肉厚處不及三五寸，設使人戶及時用力，以治農事，猶恐所收不及他處，而土風習俗大率懶惰，耕犂種蒔既不及時，耘耨培糞又不盡力，陂塘灌溉之利廢而不修，桑柘麻苧之功忽而不務，此所以營生足食之計大抵疏略，是以田疇愈見瘦瘠，收拾轉見稀少。加以官物重大，別無資助之術，一有水旱，必至流移，下失祖考傳付之業，上虧國家經常之賦。使民至此，則長民之吏、勸農之官亦安得不任其責哉。當職久在田園，習知農事，到官日久，自覩斯弊。恨以符印有守，不得朝夕出入阡陌，與諸父兄率其子弟，從事於耘鋤耒耜之間，使其婦子含哺鼓腹，無復飢凍流移之患，庶幾有以上副聖天子愛養元元、夙夜焦勞惻怛之意。昨去冬嘗印榜勸諭管内人戶，其於農畝桑蠶之業，孝弟忠信之方詳備悉至，諒已聞知。然近以春初出按外郊，道傍之田猶有未破土者。是父兄子弟猶未體當職之意而不能勤力以趨時也。念以教訓未明，未忍遽行笞責。今以中春舉行舊典，奉宣聖天子德意，仍以舊牓并星子知縣王文林種桑等法再行印給。凡我父兄及汝子弟其敬聽之哉。試以其說隨事推行於朝夕之間，必有功効。當職自今以往，更當時出郊野，巡行察視。有不如教，罰亦必行。先此勸諭，各宜知悉。

勸諭築埂岸

今曉示農民，火急趂此未耕種之際，遞相勸率，各將今秋田畞開濬陂塘，修築埂岸，毋至後時，追悔毋及。二月日榜。

勸諭救荒

契勘本軍管内久闕兩澤，祈禱未應，田禾已有乾損去處。皆由長吏不明，政刑乖錯，致此災殃。永念厥愆，實深悼懼。除已具申朝省及諸監司，乞行寬恤賑濟，及檢計軍倉兩縣常平米見管萬數不少，又已多方招邀米舡，日近出糶，仍兑借諸色錢往外州循環收糴，準備賑濟。況朝廷愛民如子，聞此災傷，非晚必有存恤指揮，將來決然不至大段狼狽。今有預行勸諭將來事件下項：

一、本軍日前災傷，人戶多致流移，一離鄉土，道路艱辛，往往失所。甚者橫有死亡，抛下墳墓、田園、屋宇，便無人爲主，一向狼藉，至今遺迹尚有存者。詢問來歷，令人痛心。况今淮南、湖北等路亦不甚熟，捨此往彼，等是飢餓，有何所益？今勸人戶各體州縣多方救恤之意，仰俟朝廷非常寬大之恩，各且安心著業。更切祈禱神明，車戽水漿，救取見存些少禾穀，依限陳訴所傷田段頃畝，聽候官司減放税租，賑濟米斛。不可容易流移，別致後悔。

一、今勸上戶有力之家，切須存恤接濟本家地客，務令足食，免致流移，將來田土抛荒，公私受弊。

一、今勸上戶接濟佃火之外，所有餘米，即須各發公平廣大仁愛之心，莫增價例，莫減升斗，日逐細民告糴，即與應副。則不惟貧民下戶獲免流移飢餓之患，而上戶之所保全，亦自不爲不多。其糴米數多之人，官司必當施行保明申奏推賞。其餘措借出放，亦許自依鄉例。將來塡還不足，官司當爲根究。如有故違不肯糶米之人，即仰下戶經縣陳訴，從官司究實。

一、今勸貧民下戶，既是平日仰給於上戶，今當此凶荒，又須賴其救接，亦仰各依本分，凡事循理。遇闕食時，只得上門告糴，或乞賒借生穀舉米。如妄行需索，鼓衆作鬧，至奪錢米，如有似此之人，定當追捉根勘，重行決配遠惡州軍。其尤重者，又當別作行遣。

一、早禾已多損旱，無可奈何。只得更將早田多種蕎麥及大小麥，接濟食用。

宋·朱熹《晦庵集》卷一〇〇　勸農文

契勘生民之本，足食爲先。是以國家務農重穀，使凡州縣守倅皆以勸農爲職，每歲二月，載酒出郊，延見父老，喻以課督子弟、竭力耕田之意。蓋欲吾民衣食足而知榮辱，倉廩實而知禮節，以共趍於富庶仁壽之域，德至渥也。當職幸此承攝，敢墜彝章。今有勸諭事件，開具如後：

一、今來春氣已中，土膏脉起，正是耕農時節，不可遲緩。仰諸父老教訓子弟，遞相勸率，浸種下秧，深耕淺種。趨時早者所得亦早，用力多者所收亦多，無致因循，自取飢餓。

一、陂塘水利，農事之本。今仰同用水人叶力興修，取令多蓄水泉，準備將來灌溉。如事干衆，即時聞官，糾率人功，借貸錢本，日下修築，不容誤事。

一、耘犂之功，全藉牛力，切須照管，及時餧飼，不得輙行宰殺，致妨農務。如有違戾，準敕科決脊杖二十，每頭追賞五十貫文，錮身監納，的無輕恕。今仰人戶遞相告戒，毋致違犯。

一、種田固是本業，然粟豆麻麥、菜蔬茄芋之屬，亦是可食之物。若能種植，青黄未交得以接濟，不爲無補。今仰人戶更以餘力廣行栽種。

一、蠶桑之務，亦是本業。而本州從來不宜桑柘，蓋緣民間種不得法。今仰人戶常於冬月多往外路買置桑栽，相地之宜，逐根相去一二丈間，深開窠窟，多用糞壤，試行栽種。待其稍長，即與削去細碎拳曲枝條，數年之後，必見其利。如未能然，更加多種吉貝麻苧，亦可供備衣著，免被寒凍。

一、鄉村小民，其間多是無田之家，須就田主討田耕作。每至耕種耘田時節，又就田主生借穀米。及至終冬成熟，方始一併塡還。佃戶既賴田主給佃生借以養活家口，田主亦藉佃客耕田納租以供贍家計，二者相須，方能存立。今仰人戶遞相告戒，佃戶不可侵犯田主，田主不可撓虐佃戶。如當耕牛車水之時，仰田主依常年例應副穀米；秋冬收成之後，仰佃戶各備所借本息塡還。其間若有負頑不還之人，仰田主經官陳論，當爲監納，以警頑慢。

一、本州管内荒田頗多，蓋緣官司有俵寄之擾，象獸有踏食之患，是致人戶不敢開墾。今來朝廷推行經界，向去產錢官米各有歸著，自無俵寄之擾。本州又已出榜勸諭人戶陷殺象獸，約束官司，不得追取牙齒蹄角。今更別立賞錢三十貫，如有人戶殺得象者，前來請賞，即時支給，庶幾去除災害，民樂耕耘。有欲陳請荒田之人，即仰前來陳狀，切待勘會給付，永爲己業。仍依條制，與免三年租税。

一、今來朝廷推行經界，本爲富家多置田業，不受租產，貧民業去產存，枉被追擾，所以打量步畝，從實均攤，即無增添分文升合。雖是應役人戶日下不免小勞，然實爲子孫永遠無窮之利。其打量紐算之法亦甚簡易，昨來已印行曉示。今日又躬親按試，要使民戶人人習熟。秋成之後，依此打量，不過一兩月間，即便了畢。想見貧民無不歡喜，只恐豪富作弊之家見其不利於己，必須撰造語言，妄有扇摇。今仰深思彼此一等，皆是王民，豈可自家買田收穀，却令他人空頭納税。非惟官法不容，亦恐別招陰譴，不須如此計較生事，沮撓良法。

一、本州節次行下諸縣，不得差人下鄉乞覓搔擾，科敷抑配，強買物色，及以補發經總制錢、發納上供銀、罷科茶等爲名，科罰人戶錢物。所以上體朝廷寬恤之意，欲使民得安居，不廢農業。今恐諸縣奉行違戾，仰被擾人指定實迹，前來陳訴。切待追究，重作行遣。

一、本州節次印給牓文，勸諭人戶，莫非孝弟忠信、禮義廉耻之意。今恐人戶未能遍知，別具節畧，連粘在前。請諸父老常爲解說，使後生子弟知所遵守，去惡從善，取是舍非，愛惜體膚，保守家業。子孫或有美質，即遣上學讀書，學道修身，興起門戶。

右今出牓散行曉諭外，更請父老各以此意勸率鄉閭，敎戒子弟，務令通曉，毋致違犯。紹熙三年二月日牓。

宋・朱熹《晦庵集・別集》卷九 申諭耕桑榜

當職二月十五日依準近降指揮，守令出郊勸農。已印給勸農文榜，并先來勸諭耕種田土、勸課農桑及星子知縣王文林種桑等法文榜，發下三縣貼掛，曉諭民間通知去訖。續據王文林申到勸諭種田方法，尤爲詳細。竊慮都、建昌縣人戶未能通知，今分下兩縣，曉示鄉村人戶，仰通相勸諭，依此方法及時耕種。用力既勤，必有豐年之報。再此勸諭，各宜知悉。淳熙七年二月。

宋・真德秀《真西山文集》卷四〇 福州勸農文

仲春望日，太守出郊勸農，延見父老，而告之曰：福之爲州，土狹人稠，稠，窖也。歲雖大熟，食且不足。田或兩收，號再有秋，其實甚薄，不如一穫。凡爲農人，豈可不勤。勤且多曠，惰復何望。勤於耕畬，土熟如酥，勤於耘耔，草根盡死，勤修溝塍，蓄水必盈，勤於糞壤，苗稼倍長，勤而不慵，是爲良農，良農雖苦，可養父母，父母怡怡，妻子熙熙，勤之爲功，到此方知。爲農而惰，不免飢餓，一時嬉遊，終歲之憂。我勸爾農，惟勤一字，若其害農，則有四事，一曰耽酒，二曰賭錢，三曰喜爭，四曰好閑，四者有一，妨時廢日，四者都有，即是游手，游手之民，必困以貧。何如勤力，家道豐殖，更能爲人，孝順二親，內敬尊長，外和鄉鄰。勤力之餘，勤行善事，天必佑之，何福不至。不善之人，是爲逆天，天必罰之，悔何及焉。我生田間，熟知田事，深念爾農，年苦不易，方圖多端，恤汝使安。凡今所言，盡見肺肝，咨汝父老，爲我開諭，興民善心，還俗淳古。故茲勸諭，各宜知悉。

泉州勸農文

仲春勸農耕，郡國有常制。越從近世來，往往具文視。前騶擁旌旄，後隊繁鼓吹。官民情不孚，感動何由致。勸諭雖有文，古語雜奇字。田夫莫能讀，况乃識其意。我來分州待，德薄徒自愧。唯存愛物心，端可質上帝。苛嬈必蠲除，疆梗必鋤治。常愛堯舜仁，一夫或不被。今當東作初，豈曰修故事。父老爾來前，聽我傾腑肺。嗟哉瀕海邦，半是墝埆地。三時勞耕耘，收穫尙無幾。四體或不勤，將何活老稚。頻年旱且潦，生理殊匪易。去秋幸中熟，我喜幾不寐。乃者驚蟄前，甘澤屢滂沛。霆聲應期發，人謂豐稔瑞。爾宜乘此時，汲汲操耒耜。五穀隨其宜，勿惜多種蒔。陂塘謹修築，預作灌溉備。先民嘗有言，惟勤則不匱。必須竭人力，乃可盡地利。旋看翠浪翻，忽作黃雲委。家家飽香粳，在在拾滯穗。雞豚享親賓，酒醴供祭祀。此時三農家，快樂誰與比。功效在目前，筋力非徒費。父老記我言，歸語爾子弟。及爾鄉黨間，各各脩禮義。事親與敬長，必也孝且悌。恩愛篤宗族，歡好洽鄰里。全此乃爲人，否則犬豕類。第一勿好飲，好飲多招累。顛冥觸罪罟，太半緣酣醉。二則勿好博，好博爲身祟。但觀盜竊徒，多起摴蒲戲。三則勿好鬭，遜順人所貴。忘身及其親，每每因忿恚。何如忍須臾，事過心如水。四則勿好訟，終凶聖所戒。小則糜貲財，大則遭縲繫。何如退跬步，終身免顛躓。我昔初下車，諄諄嘗揭示。今復重丁寧，爾民宜切記。諭農因諭俗，予心眞篤至。不言而化行，有愧古循吏。

勸農文

嘉定己卯二月之望，郡守眞某以勸農至東郊，召父老而告之曰：嗟我農人，既艱且勤。衝寒曉耕，觸熱晝耘。我生田間，習知稼穡。身居黃堂，心在阡陌。十日不雨，則憂旱乾。五日之雨，又虞水患。朝夕惶惶，眉顰弗舒。一夫傷嗟，如痛在膚。幸天憫民，歲以上熟。有黍有禾，有麥有菽。有粲斯粒，斗惟百錢。民食既飽，我顏乃歡。時不可常，天不可恃。必殫人爲，以迓厥施。爾耒爾耜，必舉以時。爾陂爾渠，必勤以治。惟根是培，惟莠是拔。毋惰毋偷，毋滅毋裂。爰有二事，爲農之殃。彊暴侵陵，姦欺奪攘。我既戢之，俾無爾苦。爾其安居，服爾田畝。亦有四事，爲農之寇。曰飲曰博，曰訟曰鬬。我嘗諄諄，戒爾勿爲。宜置坐右，永爲爾規。善不可違，惡不可長。天理昭然，其應如響。我愛泉人，人亦愛予。今將去矣，有懷畢攄。父老來前，勸汝杯酒。予禮雖微，而情則厚。歸語子弟，毋忘予言。來歲相望，邈乎山川。

隆興勸農文

太守被命來守此土，兩月于茲矣。閭閻之利病，田里之疾苦，朝夕訪問，不敢一日忘。今者春行視農，獲與爾父老周旋于郊外，敢竭誠意與父老言：夫勸農，故事也。然知勸農而不知去其害農者，則亦文具而已矣。蓋不時之科斂害農也，無故之追擾害農也，夏秋租稅已納重催害農也，近者約束十條亦既禁止丁寧之矣。目今以往，賊盗之殃汝，吾爲汝除之，豪猾之侵汝，吾爲汝戢之。一害尚存，太守斷不敢自安，使爾農有愁歎之苦。汝農亦宜盡力以務本，謹身以節用。與其怠惰而飢寒，何如勤苦而溫飽。與其奢侈而困窮，何如儉約而豐足。有子弟當教之以孝義，有婦女當課之以蠶織。兄弟宗族恩義至重，不可以小利致爭。鄰里鄉黨緩急相須，不可以小忿興訟。喜爭鬭者殺身之本，樂詞訟者破家之基。賭博乃偸盗之媒，耽酒是喪生之漸。凡此數事，爲害至深，有一于此，必致禍敗。父老其以此意遍諭，使更相勸勉。庶田畝闢，百穀豐，家給人足，風俗近厚，則爾農之利也，亦太守之願也。

勸農文

嗟爾湘人，爲生甚勤。土瘠而墝，俗窶且貧。太守之來，兢兢朝夕。惠利爲心，可質天日。雨暘少愆，終夕弗怡。是禱是求，猶己渴飢。穀價稍騰，當食顰蹙。唯恐斯民，弗飽饘粥。去臘之雪，元日之晴。豐年可占，予心載欣。爾於斯時，宜悉乃力。于耒于耜，于溝于洫。良農雖苦，可冀有秋。惰農雖逸，荒其田疇。孰飽孰飢，孰失孰得。我勸爾民，寧苦毋逸。右勸勤力。福生於儉，禍生於奢。影響相隨，毫釐弗差。惟樸惟素，富足之具。惟侈惟僭，困窮之漸。廣用多求，心勞且憂。寡求省用，其樂休休。以約失之，其亦鮮矣。我勸爾民，寧儉毋侈。右勸儉約。父慈子孝，和氣滿堂。雍雍愉愉，爲家之祥。子悖其親，父虐其子。傷恩敗教，皆由茲始。有嫗曰陳，百歲康强。若兒若女，鶴髮成行。問其所致，曰慈曰孝。夫豈偶然，天道之報。陳民長少縣明道鄉人，今年百有二歲，二男一女，皆近八十，緣其母慈子孝，所以天賜之高壽。我勸爾民，是則是傚。右勸慈孝。貧富相資，今古同之。富而無貧，誰耕誰耘。貧而無富，誰依誰怙。田連阡陌，禾滿囷倉。宜念細民，朝無夕糧。厚積深藏，乘時邀價。衆怨是叢，天豈汝赦。厚德長者，幽明所扶。一子克家，萬金弗如。爲富不仁，鬼神所瞰。累世之儲，蕩於一旦。我勸爾民，宜以爲鑒。右勸卹貧。天地之性，最貴者人。况爲父子，所主者恩。骨肉相殘，世之大惡。云何閭閻，有子不育。貧而爲之，已謂至愚。富亦效尤，情尤可誅。人之有生，衣食素定。何必過憂，乃絶其命。子多而賢，家道愈隆。若其不肖，一子覆宗。虎狼雖暴，弗食厥子。人爲物靈，胡忍爲此。戕賊天性，泯絶民彝。咨汝邦人，其戒于茲。右勸舉子。健訟求勝，鮮不招敗。帶刀自防，適以生害。我嘗諄諄，爾若不聞。由我德薄，敢咎爾民。歲終而儺，所以逐厲。未聞成群，爭耀凶器。凡曰有神，正直而聰。非道求福，豈神所容。巫覡興妖，本以自利。爾顧惑之，可謂不智。禁汝毉藥，以戕爾軀。誘汝祭賽，以空爾廬。甚至采牲，以人爲畜。陷汝于刑，殞身覆族。凡此數者，菑害之基。咨汝邦人，其重戒之。右勸省訟息爭，勿信師巫誑惑。我示爾民，休戚由己。期汝聽從，何惜詞費。父老來前，勸汝一觴。歸語于家，以及其鄉。守既愛民，民盍自愛。返樸還淳，遷善遠罪。家給人足，復見古風。豈予實能，父老之功。

再守泉州勸農文

太守前任三年而去，己卯勸農文有曰：來歲相望，邈乎山川。蓋睠睠泉民而不忍去之，十四年蒙恩復來，又因勸農，得舉杯酒以飲父老，喜當如何，爾民之喜當亦如太守之喜也。太守此來，精神氣力不及前時，惟有眞心愛民不減前時，今所望於父老者，勸化鄉閭後生子弟，各爲善人，各修本業而已。《孝經·庶人章》曰：用天之道，因地之利，謹身節用，以養父母，此庶人之孝。此經乃至聖文宣王所作，大聖語言，應不誤人。春宜深耕，夏宜數耘，禾稻成熟宜早收歛，豆麥黍粟麻羊菜蔬各宜及時用功布種，陂塘溝港潴蓄水利各宜及時用功浚治，此便是用天之道。高田種早，低田種晚。燥處宜麥，濕處宜禾。田硬宜豆，山畬宜粟。隨地所宜，無不栽種。此便是因地之利。既能如此，又須謹身節用。念我此身，父母所生，宜自愛惜，莫作罪過，莫犯刑責，得忍且忍，莫要鬭毆，得休且休，莫生詞訟，入孝出悌，上和下睦，此便是謹身。財物難得，常湏愛惜，食足充口，不湏貪味，衣足蔽體，不湏奢華，莫喜飲酒，飲多失事，莫喜賭博，好賭壞人，莫習魔敎，莫信邪師，莫貪浪遊，莫看百戲，凡人皆因妄費無節生出事端，既不妄費，即不妄求，自然安穩，無諸災難，便是節用。謹身則不憂惱父母，節用則能供給父母，能此二者即是謂孝。故曰以養父母，此庶人之孝也。父母雖亡，保守遺禮，勤修祭祀，亦與孝養一同。《孝經》此章凡二十一字，今鏤小本，頒爾父老散與鄉民，勸其朝朝誦念，字字奉行，如此則在鄉爲良民，在家爲孝子，明不犯王法，幽不遭天刑，比之游惰廢業，自取飢寒，放蕩不謹，自招危辱者，相去遠矣。爾民既喜太守之復來，則當信從太守之教令。其敬聽之毋忽。

宋・黄榦《勉齋集》卷三四　新淦勸農文

每月之望，本縣出郊，召父老諭之曰：爾爲農耕種，窮困勤苦，孰知之，孰逾之。暑而烈日汗背，寒而嚴霜侵膚，雖早晚不能避。其胼手胝足，越陌度阡，縱咫尺不可逃。四民惟農最勤，獨耕甚苦，爾農之害，又不一而足，使爾父子輕於相棄，夫婦輕於相離，兄弟輕於相訟，轉徙饑餓，不安其生，可哀也哉。縣令既不能爲爾興利除害，其可無以勉爾乎。爾既不能不衣食而生天地之間，又不能不桑耕而爲衣食之計，則莫若勤，勤則不匱。爾之求衣食之路甚狹，爾之享衣食之奉甚難，則莫若儉，儉則易足。人之視爾甚弱而易陵，爾之敵人甚拙而難勝，則莫若忍，忍則寡爭。能佩斯言，庶可以苟安於斯世矣。今之昏惰敢不自勉，田主債主與夫貪黠誅求，侵刻欺詐以害我農人者，盍亦深思，均氣同體之義，與吾衣食之所自來，相賙相給，使我農人亦得遂其生平之願，爭訟不興，里閭安靜，協氣感召，時和歲豐，顧不樂哉。幸相與勉之。

宋・葛勝仲《丹陽集》卷一一《文》　汝州勸農文

周以農事開國，公劉七月之詩，專言田萊之事，當時井牧經界之制大備，又設官分職以勸率之。有遂大夫教其稼穡，稽其功事，有里宰治其稼穡，趨其耕耨，又有田畯者出入阡陌，教民而聽，則至誠以喜之。於時風俗醇厚，財用蕃殖，黎民不飢不寒，治功實跨二代。今朝廷以郡守貳若令爲勸農之官，且命乘春出郊勸課民事，蓋倣古意也。刺史承天子休命不敢惰，則帥僚屬親莅原野祗率厥職，且籲告爾衆，傳曰：民生在勤，勤則不匱。以天子之尊，極四海九州之奉，猶且藉千畝之地，躬三推之勤，以先天下，况爲隸農者哉。《詩》不云乎：維莫之春，亦又何求。如何新畬，今節屆春，莫農事急矣。惟爾有衆念稼穡之艱難，深其耕，易其耨，毋鹵莽滅裂以自嗇其報，則年穀登熟，粒米狼戾，仰以供賦輿，次以養父母，俯以畜妻子無不足者，及收其贏餘以爲凶荒之備，生理足矣。與夫偷頃刻之安，以貽終歲餓莩溝壑之憂者，蓋相萬也。古者田不耕者出屋粟，垂綏五寸以罰惰游之士，境內有惰農不敏，刺史將酌古意而罰之。各聽吾言無忽。

宋・張綱《華陽集》卷三三　婺州勸農文

仰惟明天子念稼穡艱難，躬耕以先天下，而詔至郡國。又每以勸農爲首德至渥也。夫體上德意，奉行詔令，實太守之職。方時東作，田事既飭，是用率僚屬入阡陌，攜酒與肴，招父老而飲食之，且告之曰：力田爲生之本，汝所當知。惰媮自安，越其罔有黍稷。宜各率乃子弟，庤乃錢鎛，以朝夕從事毋忽。異時高廩萬億，於此乎取之，是豈獨富於家以不負其力，抑將使太守涉筆占位，書勸農之職爲無愧云。

宋・周必大《文忠集》卷三七　潭州勸農文紹熙三年

紹熙三祀，仲春既望。遵奉詔令，勸農於郊。重湖以南，地廣人衆。田畝高下，有肥有磽。欲致屢豐，在勤四體。東作鹵莽，西成亦然。告爾農民，深耕易耨。用天之道，隨其蚤晚。分地之利，成其膏腴。修爾陂塘，旱乾有備。畫以溝洫，水溢何憂。毋事惰游，以妨本業。毋興鬬訟，以致污萊。父勸其子，兄勸其弟。共期富庶，咸聽毋忽。

宋・仲并《浮山集》卷一〇　代平江守勸農文

阡陌連亘，土壤膏腴，歷觀數郡之間，未有此邦之盛。雨暘時若，禾黍歲登。今即郊坰，仰遵詔旨，田疇在望，父老具來，非曰務爲美觀，蓋將求乃實效。天時地利要須人力相扶，春耕夏耘然後秋成可望。其躬率於子弟，亦轉語於比鄰。仲春事於西疇，茲惟時矣。平旦坐於左塾，相與勉之。勿辭風塵雨露之勞，各爲父母妻兒之計，當分陰之是惜，庶數口之無飢。其或惰農，有罰勿悔。

宋・李石《方舟集》卷一八　黎州勸農文

父老等：沉黎爲州，控扼邊境，居民多爲客戶，土地盡是山田，挾蓄蠻以取資，交商賈以通貨，不務本業，專事末游，以致衣食仰給他州，鹽米困於日用。今國家累聖以勸農爲富足之本，太守等以勸農爲倡率之官，方茲春耕，舉行故事，宣布德意，具述詔條，父老不得視爲虛文，循習舊態，父兄勉力，子弟究心，男習耕耘，女親蠶織，上慈下順，內睦外親，共篤孝悌之風，同趨禮義之俗。太守專以清靜恭儉爲治，雖若寬恕拊存百姓，然國法不可犯也。宜自愛重，仰副明時勸課之意毋忽。

眉州勸農文

父老等：　眉爲衣冠禮義之鄉，士俗以詩書爲耕，以筆硯爲富，往往薄於農桑，窘索於衣食者非歲之罪也。頃來多事，征取無藝，又且雜以緇素，二氏之游民困以工賈兩塗之末作，隄防不葺，災沴相乘，民告病矣。雖衣冠禮義何恃。仰惟聖天子崇重本業，勸農爲務，俾守令奉行詔意，無曰此歲例也而忽之。父老各歸，敎訓子弟以勤儉爲本，以篤實爲用，無鬭於隣，無訟於庭，無悖爾父母師長，俾田與孝同力，稼與學並興，所謂勸農之官者，守令之責塞矣。若乃不穡，以收禾不菑，而欲穫王賦，不集家事，日朘饑凍切膚汨喪廉恥以自陷爲奸，則有司之法在。

宋・崔敦禮《宫教集》卷一二　平江勸農文

國家務農重穀，屢下明詔戒勑四方，毋傷民事。及春和時，又遣刺史親行阡陌，勸種藝于農民，爾農民其聽刺史言：　古之時，民年二十即受田，一夫而百畝。春將出耕於野，里胥平旦坐於右塾，鄰長坐於左塾，民畢出，然後歸。是以地無曠土，邑無敖民，衣食足，倉廩實，而民無飢寒流離之患。吳門土沃而泉甘，賦入之上于大司農者，素甲於江淛。歲大熟，揚珠擣玉，充牣盈溢。年來習尚侈靡，末作者勝，雕文刻鏤，以相誇耀。歲一不登，民有飢色，扶攜轉徙，纍纍然於道路，非從事焉者，寡食其力者，不至耶。刺史甚媿焉。今既節其調度，時其力役，皀衣白梃之隸不得擾於田野。爾農民其各安業，深爾耕，易爾耨，疾爾穫，毋或失時。及秋，百室既盈，歸子既寧，刺史將勞農休息，饗朋尊，烹羔羊，與爾共樂，豈不休哉。

宋・衛博《定庵類稿》卷四　鎭江府勸農文

歲二月，有司會耆老于郊，勸以農事，所以示國敦本，非以爲故事也。爾父兄子弟其勉之哉。去年夏，天作淫雨，害爾禾稼，有司奉明詔，發倉廩，問民疾苦，捐賦役，緩逋貸，罷軍須之不便於民者。冬又烽火日急，江淮騷動，天子益虛己從欲，繼好息兵以綏靖宇內，老弱流徙露居江介者，有司奉承德意，更議賑卹，撫之字之，勞之來之，安之集之，俾無以南北自別，無以爲戕敗爾。是以獲保生生，天監明德，瑞以三白，貽我麰麥，興我嗣歲之祥矣。爾等宜思所以順天心，稱上旨，無惰農自安，無失農時，惟服田力穡，深耕易耨，則克有秋。《傳》不云乎：　百畝之田，匹夫耕之，可以無饑矣。五母雞，二母彘，植牆下以桑，五十六十者，可以衣帛食肉矣。謹庠序之敎，申之以孝弟之義，斑白者不負戴於道路矣。夫民尊君親上，樂事勸功，未有不由於此。故曰：　農者，興德之本也。是以聖人務之重之，爾其可自忽哉。若夫省徭役，薄賦斂，無奪汝時，則勸農之政，爾宜責於爲有司者，我其敢不勉之哉。爾父兄子弟尚明識之。

宋・袁說友《東塘集》卷一六　池州庚子勸農文

歲二月，郡太守率耆老以勸耕於郊，故事也。太守奉上德意，諭凡父兄子弟，何敢以故事云。夫民以食爲天，而農爲食之原，父兄子弟知之悉矣。非有死亡疾痛，誰肯鹵莽滅裂，而欲化穰爲饑哉。太守雖無勸，可也。今太守不民之勸，而惟己之責，使太守有善政，無矯法，有寬禁，無苛刑，皆因其所利而相之，因其所欲而化之，不奪其時，不窮其力，輕征薄取，與民休息，而影響於古人，安輯之地，民曰不耕，太守弗信也。太守承天子命以綏柔父兄子弟，父兄子弟以身之衣食而責之太守焉。二者相依而行，固不欲上作而下不應也。太守敬以父兄子弟，故而以政自勸，父兄子弟其知太守意而以農自力，此天子所望於守臣，而守臣所期於民者如此。其尚勉之哉，其尚勉之哉。

池州辛丑勸農文

廼故歲既旱，民且艱食，太守之政弗善，召此一歉，今尚何顏而見吾父老，欲循勸耕故事哉。愧而不言可也。明天子寬郡國之誅，俾爾郡守猶得庀職焉，以與爾賑救而安輯之。今幸未罪逐，再與父老接話言於此，若終愧而不言，則太守不職滋甚矣。父老其知明天子所以惠爾者乎。蠲減田租十九者半，郡有請焉。詔曰可。發廩戶給期以累月，郡有請焉。詔曰可。蠲直賑糶爲米二萬，郡再請焉。詔曰可。太守恪承德意，凡可爲吾農地者，曰寬輸賦，曰倚征索，曰勸認糴，曰釋田訟。太守何敢持此自贖以求德於吾農哉，凡以奉天子命也。爾毋曰：　太守如前所陳，所以賑我而卹我，與今所以誨我而勸我者，亦無廼大寒而後索衣裘乎。嗟夫，太守今不復云云，而可以古人之言告汝否。良農者，不以水旱輟耕，信斯言也。爾父老其將使子弟親戚爲良農乎。抑亦因噎而廢食乎。利害較然，太守無勸可也。惟玆方春，雨雪時至，麰麥在地，秀實有期，上承天時，下盡人力，歲之豐凶，可預卜矣。吾農其念之哉。其勉之哉。

慶元己未成都府勸農文

太守勸耕於郊，集州父老廼訓廼告，今至於三矣。過此，太守遂歸老乎，三年，爾父老相從太守，情與政如一日，有惠心，心雖勦，而惠弗廣，有愛念，念雖切，而愛弗孚，愧此身，更愧爾民，殆無以自恕者，古人一日猶能用力於仁也，太守三年而有愧於州，父老如逭責何。今以故事三見爾父老，便將萬里以別，且先以繆政自訟，而後以勸爾農。夫農，爾民切身事也。不諭而知，不學而能，如飢必食，如寒必衣，固不待太守歲歲以勸。然切身之事，必先愛身，身安則耕可力，危則無此身，且無此耕，無此食，理也。孝父母則享善報，身自安，否則陰譴乘之，身危矣。息鬬則居鄉里，身自安，否則刑責隨之，身危矣。惜財物則足衣食，身自安，否則饑寒困之，身危矣。戒驕惰則有功績，身自安，否則破蕩因之，身危矣。四者爾知所擇，則身安，然後可以耕，可以穫，得以食，得以飽矣。爾不知所擇，則身危，然後不能耕，不能穫，無以食，無以飽矣。太守不以爾農勸而以爾身勸，蓋以農之本者，勸爾也。太守歸矣，爾父老毋忘此言，毋危此身，父戒子，兄告弟，曰：今袁太守且東去，可以與太守別，而不可以忘太守言。子與弟常能守太守言，則如常在太守側矣。嗟乎，爾父老果能以此諭子弟乎。《詩》不云乎：中心好之，曷飲食之。此昔人愛賢之語。太守之愛爾父老者亦如此。爾其念之。

宋・周孚《蠹齋鉛刀編》卷二九　勸農文

太守之於爾邦行將去矣。始至而旱，民不粒食。去歲僅得中熟，而追呼之擾，出納之吝，有愧於汝曹者亦多矣。其將何辭以勉汝，而汝亦何肯以其言爲信哉。然仲春之月，勸農于郊，著在令甲。太守雖不敏，其敢以己之慚于民而輒廢國家之典。是以強與汝言，汝亦當強聽之。恭惟聖天子，方卑服即，康功田功，凡稼穡之艱難與小人之依聖心未嘗忘也。向者振貸之恩，與今陂塘之令，汝曹悉蒙被而奉行之矣。當聖天子務農如此，其可曳裾拱手，自暇自逸，使鄉鄰之間自爲惰農罰，雖不汝及，而恥則大矣。春雨時至，土氣震發，柞芟襏襫，從事於畎畝之間，汝曹毋怠無忽。

宋・楊簡《慈湖遺書》卷五　永嘉勸農文

古者，舜大聖人也而耕，伊尹聖人也而耕，耕者常情之所賤，君子之所敬，尤爲本朝列聖之所敬，故守令皆以勸農繫銜，今爭田之訟累累，豈有田而不肯耕。然大患有二，其一風俗好奢，故雖耕而終貧。其二風俗好爭，以好爭，故雖耕而終於貧，人情豈惡富而喜貧哉。風俗之所習，尙舉一世，皆以奢侈爲美爲榮。父子兄弟意嚮，州閭隣里意嚮，無不趨於奢，無不羞於儉。今欲改奢而爲儉，其勢固難。但奢則坐見貧困，鄰里罕能救，雖至親亦罕能救。審思至此，則泛泛羞儉喜奢之浮毀譽，何足顧恤。顏子簞瓢，垂芳萬世。崔烈雖富，人謂銅臭。願父老訓諭子弟，勿循羞儉喜奢之浮毀譽，自取貧困。顏子有負郭之田六十畝，尙簞食瓢飲，今田家未必人人有田，豈可不計度。孔子曰：君子無所爭。老子曰：天道不爭而善。聖人情率喜爭，豈以爭爲美德，私意作于中，好己勝而恥於下人，故爭不思，爭則非君子，爭則爲小人，爭則違天道，上帝所不與，禍災隨之，故好爭者多敗家遭刑。願父老訓諭子弟，切勿爭，敗家遭刑，自取貧困，自陷於小人之域，戒之戒之。小人以求己勝爲榮，君子以求己勝爲辱，以求己勝者小人也。天道虧盈而益謙，人道惡盈而好謙，鬼神害盈而福謙，謙即不爭，謙反尊而光。今不與尊光而取虧害，利害甚明。願父老從容暇日，審思詳慮，與子弟共議，切勿以奢爲榮，當以顏子簞瓢爲榮，切勿以好爭爲榮，當以不爭退遜爲榮。勿以老太守諄諄爲虛文非眞情，此實老太守愛汝輩切至之實情。

宋・蔡勘《定齋集》卷一三　永嘉勸農文

國家聖聖相繼，政在養民，故於稼穡之間，尤急先務。仲春之月，申命守令躬即田疇，勉以農事，遵舊典也。聖天子猶慮空言不足以示勸，廼者詔減今年租稅之半，以寬民力，所以愛民之心，養民之實，過漢文景。爾等何修何營以答上賜。是宜更相率勸，樂善就功，無失天時，無違地利，無游手以趨末，無惰農以自安，人力既至，則稼穡必豐，租入既輕，則輸納必易，廩有餘粟，家有餘財，鬭訟寖稀，盜賊不足。駸駸乎趨禮義之間，庶幾助成文景之治，豈不美哉。爾等其以是言歸而告諸子弟，使人知聖天子愛養之意不爲虛文。爾等所以報効之誠可不自勉。故玆勸諭，各宜知悉。

又　太守來莅是邦于今年餘矣。雖無善政殊績爲他日邦人去思，然而明天子德意志慮，敢不奉承而宣布之，固未嘗橫賦斂以傷農力，興工役以妨農時，縱姦慝而害及良民，峻刑罰而濫及無罪。凡太守孜孜汲汲以爾百姓爲念者，蓋亦仰體聖天子愛養爾等之意唯恐不至也。去年二月，太守躬即田疇，延爾父老勉以農事。爾父老惟吾言是聽，胥訓告，胥勸誘，謹乃時，力乃事，故天報以豐年。爾等今日衣食粗足，輸納無欠，安居樂業，吏不及門者，皆前日勤勞之效也。今年太守復來，舉酒相慶，惟爾等雅知天子之意，稔聞太守之言，又見勤勞稼穡，其效如此，固無待於勸。太守二年終，更行且去矣。太守雖數遷易，而天子愛養爾等且且不忘，爾等服田力穡，所以答聖天子之賜者，故當歲歲如一。爾等其勉諸。故茲勸諭，各宜知悉。

隆興府勸農文

太守奉詔來牧是邦，幾一年矣。仲春之月，躬即近郊，延見父老，勉以農事，遵舊典也。爾等其聽吾言。豫章之田，瀕江依山，高下相半，常有旱乾水溢之憂，土瘠民貧，故雖豐年，僅能卒歲，一遇小歉，民以乏食告矣。蓋地利不可兼，天時不可必，所可恃者人事耳。今茲土膏脉起，農事方興，出入田疇，浚治溝洫，盡力耕耘，相與勉人事。順地利以應天時，此吾民之責也。吾聞病農者非一，莫甚於爲盜。每閱訟牒，未嘗不惻然，念爾民之拙於謀身而輕於犯法也。夫田各有禾，爭者已非義，况豪奪他人之禾乎。耕必用牛，屠者且有禁，况盜殺他人之牛乎。是皆游手偷惰之徒，不事農業，肆其強暴，縱其口腹，冒觸憲網，禍及乃身，恬不知悔，良可悲夫。爾等誨而子弟，勸而鄉閭，彼此相安，各食其力，無失天時，無遺地利，無游手以廢本業，人力至而田野闢，田野闢而衣食足，衣食足而盜賊消，盜賊消而訟獄息，訟獄息而風俗歸於醇厚。迨至秋成，禾黍登場，雞豚社酒以歌豐年，飽食煖衣以適終歲，爾乃自享其樂。雖若無預於太守，太守亦將坐嘯黃堂，以樂爾民之樂也。爾等其勉之。

宋・薛季宣《浪語集》卷一五　勸農文

洪惟我國家惇俗，重農時務本，發號施令，罔非民事之攸急。肆監司帥守越我邑之令佐，凡厥字民任舉，曰勸農司營田，小臣祗領縣條敎，敢不供天子之明詔，簡乃賦役，勿敢急於追須。圖惟爾之力田，成勸農之實務，乃中春幾望，東作方興，說於農郊相穡事。爾尙一乃心力，蒔乃稻粱，毋失天時，毋事末作，靖共爾職。遲厥有秋，歲之豐則於爾躬有穫，乃其或饉室家，胥免於流亡，於乎念哉。弗種胡穫，弗爲胡成，業荒於嬉，勤乃克降，年有稔有不稔，若其知此之云憂，律乃子孫，克勤克儉，節乃用，思惟永，爾思不永，時惟爾家有恤。

宋・陸游《渭南文集》卷二五　夔州勸農文

仰惟天子臨遣牧守，每以務農勸課之指丁寧訓敕，雖遐陬僻邑，如在畿甸。惟懼一穀之不登，一夫之失職也。硤中之郡夔爲大，其於奉明詔以倡屬郡慰齊民者，尤不敢不勉。繼自今不縱掊克，不長嚚訟，不傷爾力，不奪爾時。爾父兄子弟其亦恭承天地惠澤，毋爲惰遊，毋怠東作，毋失收斂，毋嫚蓋藏，勤以殖產，儉以足用，有司與民交致其愛，使公私之蓄，日以富饒無貽。朝廷宵旰之憂，豈不韙哉。

丁未嚴州勸農文

蓋聞農爲四民之本，食居八政之先。豐歉無常，當有儲蓄。吾民生逢聖世，百穀順成，仰事俯育，各遂其性。太守幸得以禮遜，相與從事於此，故延見高年，勞問勸課，致誠意以感衆心，非特應法令爲文具而已。今茲土膏方動，東作維時，汝其語子若孫，無事末作，無好終訟，深甽廣耜，力耕疾耘，安豐年而憂歉歲。太守亦當寬期會，簡追胥，戒興作，節燕遊，與吾民共享無事之樂，而爲後日之備，豈不美哉。

戊申嚴州勸農文

蓋聞爲政之術務農爲先，使衣食之粗充，則刑辟之自省。當職自蒙朝命來剖郡符，雖誠心未格於豐穰，然拙政每存於撫字。觴酒豆肉曷嘗妄蠹於邦財，銖漆寸絲不敢輒營於私利，所冀追胥弗擾，墾闢以時，春耕夏耘，仰事俯育，服勞南畝，各終薫蓑之功，無犯有司，共樂舒長之日。今者土膏既動，穡事將興，敢延見於耆年，用布宣於聖澤，清心省事，固守令之當爲。曠土游民，亦父兄之可耻。歸相告戒，恪務遵承。上以寬當寧之深憂，下以成提封之美俗。

宋・陳造《江湖長翁集》卷三〇　房陵勸農文

誘而諭之曰勸，國家寶農，歲勸以仲春，俾守令奉而行之，盛德意也。爾房民有待於勸者，吾不可不告。房之水地，山泉灌注，號爲良田，而車建之器，略不知具。今若壅者壅之，不可壅車建而溉，不惟凶荒當減十五，而平原陸地皆可爲秔秫之區。房之原陸，彌亘數百里，而桑柘絕少，蠶事滅裂，飼守繰織，皆未得法，端疋狹燥，絲綿席暗，無可取貴，與其植他木，不若多植桑柘。每歲春辦，爲四十日夙夜之勤，繰織飼守，求盡其技，精其事，將不止溫暖取給，亦可貨以自贍，二者汝房民之急務，宜取法江浙之人。夫淮漢之俗，大抵畧同權守。淮人也，亦以農起家，每不自以淮俗爲是。而農器之製，必訪諸浙，耕者蠶者，亦取法於浙，故農功日劭，親舊之見從者日以給足。吾今樂以身所履者語汝，而以待親舊之心望汝，汝其聽之。外此則賦稅，必務早輸，輸後期，一或追逮，費將十倍，受笞于官，何益。毋耽道釋，毋徇巫鬼，凡吾所見，耽道釋必貧，徇巫鬼必貧，或誤其命，非吉凶不得已。毋非時聚飲，非農隙毋遨嬉聚飲，多費遨嬉，則子弟浮惰。房民未免此，吾又舉以爲勸，汝其聽之，歸與婦子兄弟鄰里鄉黨即吾言思之，或相率從之，當漸享安富之利，而權守布宣勸課之責不愧于心。吾與汝交有益，豈不佳哉。汝其聽之毋忽。

定海勸農文

國家務農重穀，凡張官涖政，無非勸課之意。又命守令率歲二月，出郊延父老諭以此意，其望於爾甚切。爾居海瀕，服勞力田，頻享富歲之樂。今猶以勸農爲爾勸，不幾贅矣。抑勸之外，猶有可進者，兹不容默。夫常賦不可闕，爾寧有不知而率憚於輸送，致煩追逮，或鞭扑加焉。田業已所有而假它人戶籍，出沒遮覆，僥覬不敗露而卒不可掩。毆詈鬩訟以爭毫末，墮棄耕耨，縻耗裏囊，是皆積習已久，迷未反者，不可不痛自悛改。夫官租未輸，官吏勞擾于上，而里正長旁午于門，酒食酬謝，夫豈能免。或受杖而去，不免於輸，所損如何，託名寄產，已負刑憲，歲或出穀，而人各有心，終未必可保。不忍小忿，求伸其氣，而不免俛首下顏，胥吏之前捐金求售，恐其却之，所得幾何，所喪多矣。三者未去，雖勤於農，恐未能全享勤農之利也。爾今幸者，以吾爲非欺。盡更舊習，無撓官法，心閑無事，畢力於農，晏受豐登安富之樂，而令亦得少休憂勞，不兩利而俱優歟。爾父老訓誨子弟，告諭鄉里，無忽吾言。

又　言當由中，政貴不倦，人無貴賤，官無高卑，率不外此。令臨是邑，已再見春，蓋嘗遵用令典，奉天子之意，躬行阡陌，酌酒治具，以農事爲汝勸其所以爲農之利。與夫習俗已久，自貽其害者，諄複言之，未應遽忘。今嗣豐之後，復得延見父老，皆非姑應故事而已也。凡吾起于田間，身所更而見之審者悉以告汝，蓋欲其違害而就利，由中之言，冀汝聽從，指日以須跂足而望者，皆未甚副吾意。誨爾以常賦不可違，而不盡輸以煩追逮者自若也，誨爾以隱寄不可爲，而立僞戶以興訟訴者猶昔也，以至訟鬬好勝，費財妨時，招敵而結怨，最不可不忍，尤切切爲汝誨而亦漠然如不聞也。豈令德薄而政謬，不足以服人，而使之從。或者所言不切時，而不足聽歟。政與德，令當反求，謂言之不切，果非也。汝雖未盡從，令敢有倦于此。用是申告汝父老，蓋理約則易遵，意支則難從，令不欲多其說以滋汝惑，其歸率子弟鄉閭思吾言、副吾意，將見化成于下，官不勞于上。他日，言民淳而易治者首舉是邑，而推原其自亦知令嘗有以敎之，而然此所甚望也。汝當明吾心。

又　令到此三勞農矣，丁寧苦口，亦既一再，非高上語，汝輩孚信邈視，所未敢必，而今者比之初來，比屋之間，農業漸成，訟牒稍稀，誕謾粗減，輸送頗應期約，則是老令之言爾輩蓋亦樂從矣。用申言其勤切之意。去歲不雨數旬，於理宜旱，清泉無水利，始憂其必。且流離飢凍而稽事如願，民在樂土，清泉之民亦租充腹，初無流殍，天於汝甚厚，令亦竊其餘祐。盍思所以荅報天施，荅報之實，宜益勤於農，儉於家，敬養父兄，輯睦鄉里，訟牒誕謾，益悔其舊習，輸送奉公，益知謹畏，羞爲頑獷之俗，同趣仁壽之域，使凡觀風于上繼政于後者，知老令訓曉而然，爾父老惠我不既厚矣哉。毋忽。

又　代平江守王仲衡尚書

皇家分任守宰，專意勸課。歲二月，俾之出郊，延見父老，諭以農意。守也，敢不祗率汝父老前明聽守言。吳門之地，最爲膏腴，穀粟之出，全浙所賴。去年之旱，浙民苦之，而郡境獨豐，鄰壤嗸嗸，汝民嬉嬉，雖曰雨澤不愆之故，其亦汝民勤農所致。非歟。勤農之利既已享于昔，可不勉于今。其歸率汝鄰里，勉汝子弟，深其耕，精其耘，亟其收。昔歲之澇可戒也，不可不培乃隄防，去夏之旱可戒也，不可不浚乃渠陂，利乃灌具，知勤於農而是之不務，則害其所以爲勤。毋飲博，毋侈靡，毋鬬訟，輸官欲先，毋以身試官府，貸貸欲信，毋以詐累鄉評。苟反是，雖勤無益也。守到任以來，凡臨汝以鎭靜，撫汝以寬慈，不敢略有苛擾，則以身勸汝久矣。今復勸之以言，是皆聖天子愛汝之意，守不敢不遵奉者。果如吾言，汝等享溫飽安佚之利，守亦得以免曠瘝之譴，以仰副九重之懇惻，顧不懿哉。汝父老毋忘守言。

宋·衛涇《後樂集》卷一九　潭州勸農文

勸農必以歲二月，故事也。太守到郡，嘗勞父老於北郊矣。視事既久，益習知民俗利病，今復進父老而告之，豈特勸耕循故事而已，思求夫害農者，併以告焉。乃者兵事既息，民得安業，歲仍小熟，天實相民。今東作方興，靄霂霑足，深耕易耨，不勞爾力。夫之相民，又似可卜。然水旱之數無常，天時不可數恃，惟在勤苦，可望有秋。湖湘之俗，素號淳樸，非有游觀侈泰之欲以蕩其心，非有工械伎巧之蠹以分其力，民無末作，多事南畝，農田之利，宜自知之。太守所慮在於妨功害農之習陷溺其中，或不自知也。好訟終凶，大易所戒，出入州縣，遠投監司，拘繫囹圄，涉歷時月，豈無妨功害農者乎。父子兄弟，親戚隣里，根連株逮，動以十數，豈無妨功害農者乎。日閱訟牒，每每嘆息，偶涉絓誤，百無一二，率皆故違義理，明犯禁法，自抵罪辜而不知悔，如忿心所激，爭鬭所不免也。今或十金之未償，或一語之不順，便相殺害，不死不休，累及干連，蕩破家產，此爭鬭之害一也。貧而失業，典賣所不免也。今或已絕，而言典父賣而子贖，交易年深，尙訴準折，契要明白，堅執詐僞。富者呑併，則以倚當爲典賣，貧者昏賴，則以典賣爲倚當，交相論訴，不顧是非，此典賣之害二也。爭田者不明指所爭之因，但以強耕盜種，刼奪禾穀爲名。爭地者不明指所爭之界，但以發掘墳墓，暴露骸骨爲主。苟欲動官司之聽，不知蹈誣罔之刑，此詐妄之害三也。豪民放債，乘民之急，或取息數倍，積日累月，或託名典本，算至十年，奪其屋使不得居，奪其田使不得食，流離困餓，曾不之恤，此債負之害四也。至於強暴之男，略人之妻，以資嫁賣。富豪子弟誘人之女，以爲淫奔。大辟具獄，因姦者半。風俗不美，莫此爲甚，此誘畧之害五也。其他訟事，未能悉舉。守令永流宣化，敎民易俗，今其若此，責將誰歸。姦宄起於貧窮，禮義生於富足，故願父老轉相告語，率其子弟勤身從事，益務本業，凡此弊俗，宜痛革之。豪家大姓，存恤小民，客主相資，貧富相養，家給人足，各相親睦，忿戾不生，爭訟可息，還淳反樸，庶有期矣。若乃追呼之煩以奪農時，傜役之重以傷民力，則守與令責也，咎實在余，必不汝諉父老，幸聽毋忽。

又　勸農以文，不若除病農之實。太守去歲出郊，蓋嘗與爾父老言之。此邦接湖北諸邑昨以旱告太守，旣爲爾減租發粟矣。然田租可寬而難於盡捐，廩粟有限而難於徧及，所幸上流小稔，彼此通融，方春東作，穀米價踊，勤身從事，爾農顧不當力以此自勉歟。雖有饑饉，必有豐年，此天理也。良農不爲水旱輟耕，此人事也。人事旣盡，天理自還，太守去此有日矣，敢復以是爲爾農告。

隆興府勸農文

聖天子寬仁節儉，愛養基本，爰命牧守，共理爾民，而專領農事。方春之仲，太守祗奉國典，親行近郊，進父老而勸之，非特應故事而已。夫空言莫如實用，率下莫如正身，太守視事以來，宣布德意，勤恤民隱。一、工役不敢輒興，懼其奪民時也。一、獄訟不敢以淹，懼其妨民事也。均折變之額，懼下戶之重困也。嚴受賕之禁，懼姦吏之侵尅也。凡有可以寬吾民者，不遺餘力矣。爾民可不思所以自勉乎。去歲賴天之休，雨暘時若。他郡或憂旱，而此邦獨不事於桔槔，他郡或秋潦，而此邦獨不妨於銍艾。歲則大熟，粒米狼戾，雖天時之適，然亦力穡之明驗也。方春東作，以興嗣歲，可不益思，所以勉之乎。人皆曰穀賤傷農，以其價直廉而錢少。然古者百畝之田，匹夫耕之足以供一歲之食。環廬植桑，女修蠶織，足以供一歲之衣。瓜瓠果蓏，雞豚狗彘，毋失其時，足以供日用之費。而冠婚喪祭，務從儉約，鄉黨隣里，不起爭訟，故一歲之間，用錢極少。戰國之時，民多背本逐末，費用漸廣。李悝有言曰：一夫五口，一人率用錢三百，五人終歲用千五百。社閭嘗新，春秋之祠，用錢三百，然一家之內常費猶不滿二千。若以今時較之，儻能自蓄雞豚，足以供春秋之祠。自勤桑蠶，又可省千五百之費，此外惟有輸官一節耳。其餘省事省費，無所用錢。雖云穀賤，何傷於我。太守非敢虛辭以相勉，此古人已行之事，載在書冊，爾父老明聽太守之言，歸語爾子弟，相率勤農，出作入息，夫耕婦饁，不辭三時之勞，可享卒歲之逸。閨門之內，仰事俯育，含哺鼓腹，而有骨肉團欒之樂。鄉黨之間，出入相友，疾病相扶，而有隣里輯睦之歡。租賦早輸則無追呼之煩，詞訟絕息則無請囑之費。父訓其子，兄訓其弟，子子孫孫，克守其訓，再登三登，世爲太平之民，不亦善乎。古詩亦曰：自今以始歲其有，君子有穀貽孫子。于胥樂兮。貴賤不同，理則一也。父老尙聽之哉。

福州勸農文

八州之地，福爲最廣，而人亦最稠。農家之子去而從釋氏者，常半耕夫焉。邑十有二瀕海者，三之一負山者，過其半。負山之田歲一收，瀕海之稻歲兩穫，民無甚貧而亦無甚富，歲無甚稔而亦無甚儉，其俗不侈不陋，而率稱是。蓋瀕海則資水利，負山則仰泉脈。霖雨太溢則兩穫者微傷，而負山者倍熟。驕陽爲沴則一收者易損，而瀕海者倍收。二者雖異也，然爾農於此則不可以不勤。太守承乏是邦行一朞矣。去夏闕雨，有禱隨格，入冬雨濕，久閉忽開，已而歲得中熟。春前一夕，臘雪彌山，立春之日，朝陽散彩，仲春以來，土膏沾洽，此又今歲宜麥宜稻之應。爾曹可不知所勉，毋游于觀，毋憚于勤，毋舍本逐末，毋喜鬭好訟。是穮是蔉，不爲水旱輟耕。則東作而西成，負山瀕海何擇焉。父老其勿以太守之言爲忽。

再任隆興府勸農文

予與洪民，若有夙昔，去此六年，蒙恩再至，父老攜幼，迎予近境，予揖父老，問勞亡恙，涉春禱雨，食不下咽，夜聞簷溜，披衣起視，日冀霑足，慰我農人。二月既望，勸相于郊，予心汝知，予言汝聽，不尙嚴刑，不事苛斂，不興横役，不縱黠吏，有一妨農，必戒必戢，農之自妨，蓋亦反思。毋習游手，毋好珥筆，毋屠毋沽，毋博毋鬬。予之戒汝，非獨今日，人心本善，久而益信。土脈膏動，俶載南畝，庤乃錢鎛，深耕易耨，修廼陂塘，有備無患，人力既至，天時可必，乃亦有秋，百室盈止，適我願兮，年豐何憂，抑又有言，悉爲汝告，興祀有敎，力田有科，取士於農，以其志純。語而子弟，耕養之暇，俾習詩書，則知孝悌。忝我髦士，此其選也。予言非迂，諦聽毋忽。

宋・劉宰《漫塘集》卷一八　勸農文代外舅梁總權鎭江府作

勸農郡守職也。守未至，部使者適攝事，可以爲具文而不加之意乎。使者來是邦三年矣，爾地之瘠，爾賦之重，豈惟使者知之。聖天子蓋甚愍焉。故比年蠲丁賦百萬，實始此邦。兵興政煩，而是邦獨晏然無異於平時，顧不甚幸歟。然而力田尙寡，浮食尙衆，則有由矣。夫狃於私販之利而輕於冒法，倚臺省諸司之近而果於終訟，凡此皆害農之本，豈惟違天時失地利，且凶于而家，害于而身，是可不深長思歟。父老其敬聽斯言，歸而告諸子弟，相與專心致志，服田力穡，以無負聖天子優卹此邦之意。

泰興縣勸農文

勸農令之職不可一日廢。每歲仲春，出郊而勞勉之，蓋曰謹其初也。爾父老其敬聽令言，凡農之害有三，令實司之，一曰奪其心，二曰奪其力，三曰奪其財。豪民梗之而不能制，姦民擾之而不能戢，或侵其疆，或訐其私，或負其直，或攘其有。使吾民快快然有懷弗伸，而惴惴然畏禍之及。耕弗克深，耨弗克易，鹵莽滅裂以苟朝夕，此之謂奪其心。工役繁興，獄訟滋熾，事雖微而追逮者衆，理雖明而淹延弗決，一事未已而一事繼之。吾民赴期會之時多，而治稼穡之時少，或耕而弗種，或種而弗耘，此之謂奪其力。賦斂有常，漁取無度，或名爲公家興作，或並緣上司行移。官收其一，吏沒其十，重以兼幷之家，因債負而再倍準折。僧道巫覡游手之輩，托佛老鬼神而誑惑乞取。使一歲之入不足以供一歲之出。冬暖而號寒，年豐而啼饑，此之謂奪其財。奪其心則弗康，奪其力則弗專，奪其財則弗裕，有是三者，雖日登進父老而勉之耕督之殖，猶爲具文也。況一日之勸而欲責其終歲之勤耶。令起於白屋，凡父老蘊而弗言，言而弗盡者，令略知之。繼自今以往，凡害農之事，如前所云，令念茲在茲，敢不良圖，怨謗黜責，非令所憚。父老歸而語其子弟相與專心致志，服田力稼，雖休勿休，或猶有遺害，則相率而告於令，令弗敢辭。

宋・魏了翁《鶴山集》卷一〇〇《勸農文》　漢州勸農文

蜀地險隘，多磽少衍，側耕危穫，田事孔難。惟成都彭漢，平原沃壤，桑麻滿野，昔人所謂大旱不旱者，較之他郡，差易爲功，而民多游惰，不事本業，其所成往往視他郡無以相遠，非古今異時，地有肥磽也。太守以天子命來守漢，職在勸農，自冬涉春，常暘爲沴，震懼靡寧，既露宗祈，迄旋嘉澤。今以中春之望，率履官常，躬行阡陌，將進爾民，而勉之以服田力穡之要，爾之生於平沃，亦云幸矣。毋廣土，毋末作，各服爾耕，以勤乃事，則豐年之報將不爾遺。養爾父母，睦爾兄弟，樂爾妻孥，速爾朋友，禮義廉遜，將由是興焉。若舍是不爲，越其罔有黍稷，則因無常心以陷於辟，雖悔奚及，謹之重之，明聽我言。

權遂寧府勸農文

歲二月，勸農于郊，太守事也。今部使者攝郡，乃得與爾父老周旋於此，且吾聞之：造物能予人豐年，不能殖不耕之田，能遺人以安富，不能福不率之民。自比年來，江浙淮漢蝗旱相仍，流莩蔽野。惟我蜀土，歲比有秋，乃去年之冬，三白呈瑞，入春雨暘以時，爾之得斯於造物也，亦云幸矣。幸烏何恃也。挈率子弟，簡而稼器，修而穡事，若時和歲豐，錫而多稼，則仰事父母，俯育妻子，豈惟爾利，賦租以時，無闕我餉事。盜賊衰息，無罹我憲網，吾與爾父老咸職有利焉。若子若弟，乃有不率於敎，不服田畝，不孝養厥父母，以害於閭里者，其亦以告我，當與爾懲之。若郡若縣，乃有官吏不體此意，興不急之務，以廢而事，肆無名之求，以害而力，亦當爲爾去之，使者不妄語，敬聽毋忽。

潼川府勸農文

太守下車，厥既兩月，詣學官，倣鄉飮酒禮，以觀孝弟。會賓友，招諸生。講隷學業，以興文行。坏城郭，練軍實，除盜賊，以安民業。有不率敎于鄉者，有嚚訟以擾民者，有以不當與聞之事挾持上下者，有憑恃豪猾武斷鄉曲者，有妄告絕產與官吏爲市使民不得奠居者，太守既爲爾民繩以法令無所貸。又慮政事之爽中，官吏之剝下，工役之妨農，游觀之廢時，亦爲爾民圖，所以除蔽去客，雖未保其無過，亦庶幾盡心焉耳。爾民既知太守留意爾事，則亦當服勞稼穡，以副茲丁寧勸劭之意。雖然，又當推廣此義，崇孝弟以植善行之根，厲廉耻以除心術之莠，親善類以浸灌氣質，遠小人以隄防蟊賊，戒鬭狠飲博以毋害于爾生。夫然後可以上承天意，享豐登之報，而綿求永久休。其用我言，毋曰具文。

宋·吴泳《鶴林集》卷三九《雜著》 寧國府勸農文

國家重農務穡，應郡守授勑誥，必以其職繫銜，大者爲勸農使，小者兼觀農事，示崇本也。當使去年秋被命出守，入境問農，後三日，與父老約，曰：太守特識字一農夫耳，其所頒行條敎，不過《論語》、《孝經》，敬事而信，節用而愛人，使民以時。此太守職也。用天之道，因地之利，謹身節用，以養父母，此庶人事也。太守知民生孔艱，撙節財用，減省傜役，無妨穡事，無奪汝農時，每於先聖格言，罔敢失墜。汝獨不念天顯，不服田穡，不愛父母之身，逐末好訟，每閱詞牒，間有冒耕者，有爭役者，有斬墓木伐墻桑者，有借人耕牛不還者，則是前日所勸誦《孝經》本文元不恪意遵守，所以有此抵冒，豈皆長吏勸民不明，抑亦爾父老失於告戒耳。汝亦當思沿淮之田，敵馬蹂踐，麥不得播種，而爾四郊之內，則耕者澤澤而苗幪幪也。濵江之宅，赤地不毛，桑不及藝植，而爾十畝之間，則桑者閑閑而蠶僉僉也。並塞以北之民，壯者屠戮，老者凍餒，靡一日得安其居，而汝等不生邊界，同爾婦子饁彼南畝，室家各相保也。一㪷之米，向者百錢，今九倍其直矣。一疋之絹，向者三千，今五倍其價矣。年歲屢豐而蓋藏富，雨雪既渥而耕作易，不知修何福何行而受此快活也。耆老高年，固識理道，其間後生子弟見一日之飽遂忘後日之飢，見一歲之暖遂忘來歲之寒，飽暖則生逸樂，逸樂則生慢易，惰棄農桑崇縱飲博，入不能孝養父母，出不能順事長上，不信天道，不畏王法，將恐豐年不常逢，嘉穀不屢碩，大兵之後，繼以凶荒，長吏易如傳舍，後來者又不畀矜汝，則汝等安得長享今日之樂。雖若祖若父所授產業亦不能保有矣。今春氣向中，土脉漸起，正是東作之時，如穀之品，禾之譜，踏犁之式，戽水之車，辟蝗蟲法，醫牛疫法，江南秧稻書，星子知縣種桑等法，汝生長田間，耳聞目熟，固不待勸也。惟孝悌與力田同科，廉遜與農桑同條，太守懼爾未必能家孝廉而人遜悌也，故躬率僚吏申勸於郊，爾其修乃身，順乃親，睦乃隣，遜乃畔，既種既戒，自此月中氣至八月寒露，穀艾而草衰，西疇畢事則買羊豕酒醴以祀田祖，以報豐年，豈不爲汝農夫之慶。敬之哉勿懈。

溫州勸農文

勸農古也，勸農以文亦古也。三之日于耜，四之日舉趾，同我父子，饁彼南畝。此周公勸農文也。用天之道，因地之利，謹身節用，以養父母，此孔子勸農文也。五畝之宅，樹墻下以桑，匹婦蠶之，則老者足以衣帛矣。百畝之田，匹夫耕之，八口之家可以無飢矣。此孟子勸農文也。今太守勸農于效，亦只是豳詩、《孝經》、《孟子》等語詔諭父老，別無他文字也。然古之勸農者一，今之勸農者二，方春東作，土膏脉起，負耒而往于田，合耦而耘于野。向也東甌之俗，率趨漁鹽，少事農作。今則海濵廣斥，其耕澤澤，無不耕之田矣。向也塗泥之地，宜植粳稻，罕種麰麥。今則瀰川布壠，其苗幪幪，無不種之麥矣。因荒旱而墾闢勤，迫凍餒而耕作力，若非去歲一歉，則游手逐末，安肯轉而緣南畝哉。是惰農自安者，不容不勸也。然地有肥磽，農有上下。溪鄉與平原之壤不同，上戶與中人之產各異，積穀之家擡價而莫知發，儲鏹之室守錢而莫之貸。豐年樂歲，則資下農以自贍，一遇荒歉，則聽其老弱轉徙，阽於死亡而莫之救，豈天理也哉。夫損上益下曰益，裒多益寡曰平，貧富相依，自古常理，知積而不知散，亦豈大家之利。拋荒田土無人耕鋤，一不利。捨棄稼穡無人種藝，二不利。脫有鄉井不虞，無人保護救助，三不利。去其所以不利者，就其所以爲利者，均通其有無，賑貸其乏絕，使有穀以捄飢，而不至無錢以糴米，則如上農之既富者，又不容不勸。雖然豐凶穰毁皆原於心，一念之善，則油雲甘澤，嘉穀瑞禾，風災滅息，盜賊不起，無非休徵。一念之惡，則癡風猛雨，莠苗秕粟，田萊多蕪，疫癘並興，無非咎徵。今太守與汝約，不順父母，不友昆弟，不賙卹比閭族黨，不力田務本，越其罔有黍稷，則惟汝自生毒。其或政令之不平，刑罰之不中，邦財侯度之不式，奪爾時，害爾功，不卹不矜，天用降威薦飢我百姓，則茲惟有司之愆，此太守不但勸民，而又身自爲之勸也。雖有饑饉，必有豐年，太守與汝各勉之毋忽。

隆興府勸農文

按《隋書·地理志》載：豫章之俗頗同吳中，其男勤耕稼，其女勤紡績。意謂田野闢蠶桑富，民皆著於本，無凍餒之患矣。太守自吳中來，入境問俗則不然。吳中厥壤沃，厥田腴，稻一歲再熟，蠶一年八育，而豫章則襟江帶湖，湖田多，山田少，禾大小一收，蠶早晚二熟而已。吳中之民，開荒墾窪，種粳稻，又種菜麥、麻豆，耕無廢圩，刈無遺隴，而豫章所種，占米爲多，有八十占，有百占，有百二十占，率數日以待穫，而自餘三時則舍穡不務，皆曠土，皆游民也。所以吳中之農，專事人力，故諺曰：蘇湖熟，天下足。勤所致也。豫章之農，只靠天幸，故諺曰：十年九不收，一熟十倍秋。惰所基也。勤則民富，惰則民貧，耕而鹵莽之，則其實亦鹵莽而報。耘而滅裂之，則其實亦滅裂而報。此理的然，安可厚誣哉。汝等父老，莫謂太守黄金裝帶，朱衣引馬，與汝邈不相親，其實亦識字一耕夫耳。况職在勸農，朝夕思念，惟恐歲一不登，以病吾農，故爲汝占。丙午太歲則有麻麥加倍之謠。占正旦清明則有米賤蠶善之證。占月朔遇辛則有五穀皆熟之兆。占甲子不雨則無赤地千里之憂。又爲汝預占先分後社，則猶恐奪汝之食，俾汝不得撾田鼓賽社翁也。又爲汝占有閏之歲，則又恐節氣近後，田收晚而穀米虛也。太守心腹腎腸，無一日不念汝，汝等豈可不勤身從事，以體太守勸劭之意哉。太守與父老約：汝歸勸而鄰里率而子弟，不昏作勞，不服田畝而鬭很喜訟，不務本業，不營生産而尊巫事鬼，不顧父母之養，不念妻子之愛而好飲酒博奕，廢農時，違地利，輸王税不以期，汝則有罰。若夫刑法之不中以旱汝，政事之不平以澇汝，專聚斂以傷汝之財，事興作以困汝之力，飾廚傳稱過使客而不恤汝之飢寒，則太守當執其咎。爲此文者，不但勸民而又身自爲之勸也。其聽之毋忽。

神泉縣勸農文

古者里宰之職，常以歲時，合耦于耡，趣其耕耨，蓋無日而不在阡陌，與民親也。今則否矣。惟有仲春勸農，尚倣古意，令其敢視爲具文耶。於是若時祗率厥典，有事于郊，登進父老而告之曰：令來長邑，恰已朞年，於汝土風亦孰悉矣。地近山也，故其俗靜約，無有侈心。田多石也，故其民勤苦，不自暇逸。疆井狹於鄰封也，故其事簡少，亦無盤錯之訟。令豈有他繆巧，求異於人，率惟平易近民，視俗施敎而已。但自比歲以來，雨雪時降，年穀順成，物價之昂，視昔加倍，閭里末作者，或有食貴之憂。至於爾農，則戶有蓋藏以養父母，以饁妻子，以享南畝之樂，此豈令之凉德能致然耶。皆爾孝弟力田以臻于兹。令亦職有利哉。然令嘗聞天時靡常，民事難緩，爾以有幹有年，家食粗給也，則力易怠。有委有積，生計頗優也，則心易肆。易怠則不昏作，勞不服，田畝必荒，棄我穡事。易肆則弗祗，弗字，弗恭，弗友，或慆縱于非彝。服田不力而心念又差，安知不以是拂至和而召乖氣也。令今以誠告爾，爾歸而鄉，詔而子弟及而鄰里，其所以服爾田，或耘或耔，以自盡於功力。又思所以愛乃身，睦乃親，相友相助，以自盡厥心。既勤敷菑，又以暇日修其孝弟忠信，迓續乃命于天，則順氣所感，和樂興焉。民其永孚于休毋忽。

令尹出郊勸農，故事也。人皆指爲故事，而令尹獨以爲非故事也。一霤土之田，地之肥磽不同，年之豐凶不同，人事之勤惰不同，爲之令長者既不如古者，縣正里宰之職出入阡陌，與諸父兄率而子弟朝夕從事於耘鋤耒耜之間，而一年之内，惟仲春一月耳，又不丁寧告戒以趣其穡事，則農將怠於用勸，豈得陶陶然日新哉。汝農之爲生亦厚於他邦矣。家有糇糧，戶有蓋藏，田有雞豚狗彘之畜。向也物賤引貴，不免稱貸而爲之息，今則米斗千錢生計頗優裕也。向也僦屋賃田，不免以身傭於人，今則競相求問而世業可長有也。紫巖以西，飢民間有嘯聚，汝四境之内，耕者閒閒，桑者泄泄，而無一塵之擾也。萬安以東，雨澤不以時降，汝田里之間，既優既渥，既霑既足，而無一物之不遂其生也。閭里之人貧而四隣富，末作之民苦而三農逸，汝抑亦念天顯與民生之所以厚哉。汝等父老，或百年，或九十年，或七八十之年，既勤敷菑，以有今日，不待楙勸，汝家年少子弟不識耆舊典刑，僅見一日之飽而忘後日之飢，見一歲之煖而忘來歲之寒，好勇鬭很以拒捍公上，慆縱淫泆而大泯亂於民彝，此則長民者之所深憂也。今長吏與汝農二年相安，不啻如父兄之詔，其子弟或租賦愆期以訟麗於刑獄，則亦不過承之威之，未嘗加一箠於爾之遺體也。然令之吏易猶傳舍耳，三年之後，安知天時不變遷，地脈不流轉。上農之家不析而爲下農之産，長吏又不昇矜爾倚威爲化，則汝安靜之福豈可長保如今日耶。汝歸而告諸子弟，其楙乃功，敏乃事，禮義以閑其家而毋淩暴於其下，忠愛以奉其上而毋疾睎於其長，則民俗歸厚，髦士亦將出於農矣。謹識之毋忽。

宋・許應龍《東澗集》卷一三　初至潮州勸農文

來爾父老，聽太守言，閩浙之邦，土狹人稠，田無不耕，固不待勸。潮之爲郡，土曠人稀，地有遺利，不容不勸。被命此來，首諏風俗，竊知地多魚鹽，民易爲生，力穡服田，罕務蓄積，時和歲豐，固無乏絶，年或不登，仰給循海。比者隣封冦攘竊發，適值荒歉，穀價頓增，近雖順成，所積能幾。盍廣墾闢，使可耕之地悉爲畜畬，則粒米狼戾，如坻如京，雖有旱澇，自無匱乏。况禮義生於富足，衣食既充，盜賊自弭，爾其更相教詔，毋狠于鬭，毋嚚于訟，安居樂業，以成和順輯睦之風。乃若黠胥姦吏害爾民者，太守當痛懲之。良法美意利爾民者，太守當力行之。况戢科需省徭役，振困乏，此太守之夙心也。是究是圖，冀復斯語，其毋曰牆壁之虛文。

次年勸農文

一夫不耕，或受之饑，農固所當勤；　奪其民時，不得耕耨，農尤不當擾。此邦土曠人稀，地有遺利，勸相之方，貞不容緩。然勸之意雖勤，擾之害未革，則莫遑安處，欲耕得乎。廼者視事之初，穡事方興，鄰冦繹騷，輿論紛然，欲鳩保伍，爰咨爰謀，恐妨農務。第調禁卒，控扼要衝，迫近冦境，始令糾合，以助捍禦。復罷科需，蠲工役，戢追擾，懲誣訴，涓埃無撓，俾一意耕墾。迄用康年，家給人足，田里熙熙，揆厥根源，基於不擾。今春和時，重舉舊典，勸課有文，不復繁述。太守當行恤民之政，不替厥初。爾民當思力穡之效，圖惟厥終。上下相安，和氣召祥，時雨時暘，復如舊歲，則進業日登，其樂奚窮。尚恐利有未興，害有未除耳。目之所不暨者，毋憚來告，當爲審處，期於便民。今乖爭寖息，訟獄頓稀，豈敎化能遽轉移，蓋禮義生於富足。更冀父老胥告胥訓，申孝弟而修忠信，以成和順輯睦之風，豈不休哉。

代勸農文

閩嶠郡八，鄞江介在一隅，山叢水淺，舟楫不通。民所仰食，不出郡境。時和歲豐，僅以不乏。一或少歉，旁郡穀粟，釜鍾莫致，細民艱食，率多轉徙，竊發之虞，故此邦力田之務，尤所當急。比年薦登，粒米狼戾，稚耋按堵，冦攘屏跡，爾民亦既享力穡之利矣。矧今風雨時若，土膏脈起，爾父老其帥子弟于耜舉趾，是穮是蔉，人力既至，地利必倍。苟惰農自安，則滅裂之報雖悔何追。今太守出郊，躬行勸相，爾民勿以爲故事而聽之藐。况太守涖事以來，禁遏囂訟，蠲免宿逋，胥吏蔑追呼之擾，田里絕力役之勞，是農時不奪而農力不困矣。一意耕耨，迄用康年，使家給人足，以修孝悌而興禮義。顧不休哉。

宋・戴栩《浣川集》卷九　定海勸農文

歲二月，守令集父老于近郊，若國令典，以飭田事，厥維舊矣。相于兹時，雖我海邑罔有不穡之民，亦罔有不墾之土。耄倪丁壯餉饁耕耨，斸耰錢鎛如魚鱗而起，人力勤而地力且盡矣。然則農不待勸，而所當勸者去其害農而已。鄉閭里閈務相輯睦，一語不酬，動成睚眦，則鬬爭之俗宜革也。田壥宅區各保分界，彼此詐虞，自爲畦畛，則侵冒之習宜屏也。積居貯貨，懋遷有無，左右罔利，則人皆賤之，謹勿以壟斷爲也。廬室輿馬，服食器用，好奢無法，則釁或萃之，謹勿以掘閱爲也。田家作勞，斗酒自適，維沉維湎，盍防厥微。婚姻以時，男女有別，維滛維佚，盍杜厥漸。若其奕博斂攘，囂頑冥誖，我民其必不爾，盍亦謹之察之。凡兹數者，萬幾一焉，則麗于辟，閔于有司，恫瘝于厥身以及其家，而所以害農者，蕃矣。去是則仰而事，俯而育，春臺熙如，協氣孔洽，陰陽和，風雨若，螽螟之沴不作，維天其相之，於田功乎何有。父老其詔子弟焉毋忽。

元・王毅《木訥齋文集》卷二　勸農文

予心勸農，實難其文。農人不曉，徒爾云云。今作此文，四字爲句，淺近明白，庶可開喻。爾農父老，敬而聽之。誨爾子弟，各宜遵依。世無井田，貧富不均。天下之苦，莫如農人。春耕則雨，夏耘則暑，百般勤勞，不可枚舉。本業之外，閒事莫言。日勤一日，方充饑寒。自古以來，治本於農。循理爲善，敬義篤宗。先行孝道，奉養雙親，睦乃宗族，和彼鄉鄰。勸爾農人，莫學賭博，博奕之人，家必蕭索；　勸爾農人，莫去奸婬，他人之妻，莫起邪心；　勸爾農人，莫從賊侶，他人之物，一毫莫取；　勸爾農人，莫殺牛畜，耕田得力，莫食其肉；　勸爾農人，婦勤絲麻，貞潔節儉，助夫起家，莫好酒食，莫貪粧束，布衣菜粥，易於飽足。人不讀書，夢無所覺，日事於農，夜當向學。言溫氣和，恭敬田主，租稞早還，糧差官府，休學無藉，莫待催取。推己及人，事無妄語，莫強人佃，自然無事。能依此言，風移俗易。男務耕耘，女勤紡織，勿使斯文，徒掛牆壁。不遵勸諭，是謂愚痴，刑責及身，雖悔何追。

元・黃溍《金華黃先生文集》卷二〇　諸暨州勸農文

古之有民社者，未嘗不以農事爲先，拊循勸率，具有其法。我朝參稽故典，郡邑守令悉以勸農入銜，事莫重焉。比以受任之初，延登耆年，詢以風土，咸謂是州地產素薄，兼之襟山帶湖，旱潦相半，仍歲凶歉，民多阻饑。夫不知盡其在人，而一切聽其在天，可不可也。昔魏文侯使李悝作盡地力之敎，以方百里之地爲田六百畝，理田勤，則歲增粟百八十萬石，不勤，則歲減粟百八十萬石。勤與否之利害相遠如此。然則欲盡地力者，亦在乎盡人力而已。誠能率而子弟，竭其四肢之力，以從事於南畝，將見富歲之入，弗減益增。蓄積既多，縱有旱潦，可無乏食之慮。矧今聖仁在上，茂育羣品，至和之應，必有豐年。乃若獎厲而成就之，固長民者之責也。兹以東作方興，率遵故常，躬秉耒耜，爲爾農勸，其尚勉之，毋苟以爲具文，而藐藐其聽也。

明・徐一夔《始豐稿》卷九　勸農文歲戊午代杭州府官作

古者長民之職，凡以農事而已。其故何也。蓋國以民爲本，民以食爲天，非他事比也，故天子有親耕之典，而近代守令至以農事繫銜。我國家之興尤重茲事，自京師以達於郡縣，申嚴祀事曰社稷，曰山川，曰風雲雷雨，有祈焉，有報焉，所以致如斯其誠者，無非爲農事爾。杭領縣九，提封千數百里，地勢所及，東南控引江海，西北接連山谷，民生其間，雨暘稍愆，輒以旱澇來告。蓋嘗登進父老於庭，而問其所以。近江海，則其勢平下，憂恆在澇，地入山谷，則其勢高亢，憂恆在旱。此其大較也。夫旱澇者，天時也，而所以備旱澇者，人事也。人事之不盡，而委之於天，未見其可也。方春，東作始興，爲爾農者，耕犂之有日程，播種之有時候，爾農必爲之力，而慮之審矣。而所以爲旱澇計者，吾則爲爾言之。地而平下也，則宜高其圩岸以防澇，高亢也，則宜廣其陂池以防旱，是故言水利者，在於謹蓄泄。其法如是而已。爲農而能用力於此，將見歲入且倍，雖有旱澇，可無乏食之患矣。吾忝佐郡，值太守去官，恆慮催科頻繁而撫綏不至，賴方面重臣爲之綱維，二三僚友爲之匡贊，庶幾振其不逮。歲二月之吉，勉循故常，躬秉耒耜，以率爾農。爾尚告其隣里鄉黨，聖天子在上，和氣致祥，必有豐年，而有備無患，乃先哲之明戒，矧爾農乎。爾其勉之。其或不順于父，不敬于兄，不睦于婣黨，以賭博爲賢，以爭鬬爲強，以訟訐爲能，而不務農事，律有常條。

宋・吴泳《鶴林集》卷四　宣城勸農

一分東作五分春，相汝耕夫更在勤。七月詩成種田法，庶人章作勸農文。祈蠶必使蠶如甕，卜稼須觀稼似雲。老守别無新治行，只將豐歲答吾君。

永嘉勸農歸舟中

使君每愛讀豳詩，稼事艱難亦粗知。水凍未聞秧布野，年饑且喜麥生岐。坐間白叟眞堪貴，眼底朱衣揔是癡。趂刺畫船呼客語，春風已滿勸農旗。

宋・史彌寧《友林乙稿》　丁丑歲中秋日劭農於城南得五絶句

楚俗秋來也勸耕，西風招我出郊坰。此行不負尋詩眼，隊隊雲山擁畫屏。

說似田家好著忙，臘培宿麥接青黄。定知不落薰風後，萬壟晴催麴餅香。

人事當先莫靠天，蚤修陂堰貯清泉。來年未必晴明久，萬一晴明溉得田。

家家童穉笑迎門，接得翁歸酒半醺。鄰舍相呼來屋裏，聽翁解說勸農文。

箯輿幸自到山南，尙有清杯可共銜。何似更行三二里，大家相伴看雲嵒。

宋・眞德秀《眞西山文集》卷一　長沙勸耕

是州皆有勸農文，父老聽來似不聞。只爲空言難感動，須將實意寫殷勤。

使君元起自鋤犂，田野辛勤事總知。要爲爾民除十害，肯容苛政奪三時。

已看三白兆年豐，更喜春來雨澤通。從昔楚邦農事早，好將人力副天工。

田裏工夫著得勤，翻鋤須熟糞須均。插秧更要當時節，趂取陽和三月春。

聞說陂塘處處多，併工修築莫蹉跎。十分積取盈堤水，六月驕陽柰汝何。

田家擭取一春忙，男力菑畬女課桑。隴上黄雲機上雪，暫時辛苦樂時長。

鞠育當知父母恩，弟兄更合識卑尊。孝心盡處通天地，善行多時福子孫。

千金難買是鄉鄰，恩意相歡卽至親。年若少時宜敬老，家纔足後合憐貧。

健訟翻成產禍胎，帶刀卻是殺身媒。爭先好勝災偏速，退步饒人福自來。

不教言語太艱深，爲要人人可諷吟。把向田間歌幾遍，兒童亦識使君心。

宋・高斯得《耻堂存稿》卷八　勸農有感三首

井卦分明說勞農，周人田制寓其中。但令此念純無已，可使吾民養不窮。數豆荒餐延野老，一篇腐語誨村童。爾忱不屬知何補，謾道天公薪屢豐。

三代興甿法已精，田官衆建日諄勤。一年一度情何簡，於縣於州責孰分。愛禮存羊斯僅可，賣刀買犢匪攸聞。周官千載何曾試，我欲重拈靜楚氛。

衍漾春郊徧野疇，不堪回首劍南州。勸農官吏渾冠鶡，力穡丁夫總帶牛。苦欲如邛嗟未得，自憐適越竟何求。春風萬斛濃於酒，一與畸人盪許愁。

宋・陳起《江湖後集》卷八　勸農二絶

善端天賦本無殊，力穡之餘好讀書。莫訝勸農因勸學，須知公相起犂鋤。

長官誨汝亦諄諄，須信民生總在勤。試誦殷盤豳七月，詩書卽是勸農文。

宋・陳起《江湖小集》卷八二　稚子

雙雙稚子戲柴關，摶土爲人半印錢。更過十年那有此，短蓑篷笠種荒田。

田父怨

黃雲百畝割還空，垂老禾堂泣晚春。償卻公私能幾許，販山燒炭過殘冬。

野農謠

去年陽春二月中，守令出郊親勸農。紅雲一道擁歸騎，村村鏤榜粘春風。行行蛇蚓字相續，野農不識何由讀。唯聞是年秋，粒顆民不收。上堂對妻子，炊多羅少饑號啾。下堂見官吏，稅多輸少喧征求。呼官視田吏視釜，官去掉頭吏不顧。內煎外迫兩無計，更以饑軀受笞箠。古來坵壠幾多人，此日孱生豈難棄。今年二月春，重見勸農文。我勸自鍾惰自釜，何用官司勸我氓。農亦不必勸，文亦不必述。但願官民通有無，莫令租吏打門叫呼疾。或言州家一年三百六十日，念及我農惟此日。

元・馬臻《霞外詩集》卷八　田父詞二首

龍鍾田父住深村，桑柘岡頭石路分。猶領兒孫到城市，向人聽讀勸農文。

處處叢祠鼓篴喧，已占蠶麥十分添。醉騎牛背歸來晚，亂把山花插帽簷。

明・吴萊《淵穎集》卷七　庸田箴

惟林其生，亦夥斯植。凡厥庶民，我藝黍稷。祗命農父，飭是滔人。井田之畫，溝洫以均。均以其流，畫以其絡。仁施暵乾，利化磽埆。在山者激，過顙斯搏。寧順其行，勿私汝鑿。胡水之洚，微禹其魚。胡水之污，陸海以腴。曰漳曰涇，克釃汝渠。曰史曰白，史不絶書。胡可滅裂，胡可鹵莽。田畯之功，水庸與厚。厥有牆屋，汝謂撤之。厥有田畛，汝謂割之。愼毋輕民，民乃邦本。生養必遂，務在薦蓘。愼毋去食，食乃民天。儲蓄必贏，否則瘠捐。自利利民，豈止川瀆。非汝之苛，我民之足。我民不足，其何能穀。世無召父，誰踵其躅。

國有土地制度總部

主　　編：張國旺
副 主 編：曹志敏
編纂人員：史明文　張清涓　閻盛國　宋燕鵬　劉　豔

《國有土地制度(含集體所有土地制度)總部》提要

『國有土地制度(含集體所有土地制度)總部』是《中華大典·經濟典·土地制度分典》之一部。本總部分為井田部、屯田部、職田部、王田部、官莊部、學田部、寺觀田部、其他官田部、祭田部和義田部。根據資料性質的不同,部下設立題解、論說、綜述、傳記、紀事、藝文、雜録。

本總部收録一九一一年之前歷史文獻中有關國家所有土地制度和集體所有土地制度的資料。關於井田制度的資料以及後人對井田制的評價均歸入『井田部』; 記載歷代屯田和營田的源起、發展脈絡以及具體史實的資料歸入『屯田部』; 記載歷代圭田、祿田、職田和公廨田等制度的制定、制定者,分配方案、具體執行狀況、發展脈絡和後人對職田等的評價均歸入『職田部』; 官屬莊田和早期的旗地分別屬於國有和集體性質,故歸入『官莊部』; 新莽時期,統治者模仿井田制實行王田制,相關資料雖少,但仍單獨提出,歸入『王田部』; 學田、寺觀田性質較為複雜,有些既有國有土地的性質,也有集體所有土地的成分,故分別列入『學田部』和『寺觀田部』。除職田、官莊、學田和寺觀田之外,歷史文獻中有很多關於普通官田的史料,遂歸入『其他官田部』。祭田和義田均屬集體所有,故相關資料分別歸入『祭田部』和『義田部』。

有兩點需要説明。其一,『國有土地制度總部』資料的收集以歷代正史、典制體史書為主,兼及歷代文集,並在追求歷史資料原始性的同時,大量參閲了已經點校出版的文集、文章和集一代文章之大成的《全唐文》、《全宋文》、《全元文》等。此外,編者還注意吸收新的資料,如二〇〇七年在韓國出版的《至正條格》殘卷。部分相關碑刻也收入其中。其二，屯田部所收入的資料最為宏富，佔據了國有土地制度資料的一半以上，難免有些比例失調，但因資料所限，只能如此安排。

張國旺

二〇一〇年九月六日

國有土地制度總部

井田部

題解

《孟子・滕文公上》 孟子曰：【略】夏后氏五十而貢，殷人七十而助，周人百畝而徹，其實皆什一也。徹者，徹也。助者，藉也。龍子曰：治地莫善於助，莫不善於貢。貢者，校數歲之中以爲常。樂歲粒米狼戾，多取之而不爲虐，則寡取之，凶年糞其田而不足，則必取盈焉。爲民父母，使民盻盻然，將終歲勤動，不得以養其父母，又稱貸而益之，使老稚轉乎溝壑，惡在其爲民父母也。《詩》云：雨我公田，遂及我私，惟助爲有公田，由此觀之，雖周亦助也。設爲庠序學校以教之。庠者，養也。校者，教也。序者，射也。夏曰校，殷曰序，周曰庠，學則三代共之，皆所以明人倫也。人倫明於上，小民親於下，有王者起，必來取法，是爲王者師也。《詩》云：周雖舊邦，其命惟新。文王之謂也。子力行之，亦以新子之國。使畢戰問井地。孟子曰：子之君，將行仁政，選擇而使子，子必勉之。夫仁政，必自經界始。經界不正，井地不鈞，穀祿不平，是故暴君汙吏，必慢其經界。經界既正，分田制祿，可坐而定也。夫滕，壤地褊小，將爲君子焉，將爲野人焉。無君子莫治野人，無野人莫養君子。請野，九一而助，國中，什一使自賦。卿以下必有圭田，圭田五十畝，餘夫二十五畝。死徙無出鄉，鄉田同井，出入相友，守望相助，疾病相扶持，則百姓親睦。方里而井，井九百畝，其中爲公田，八家皆私百畝，同養公田。公事畢，然後敢治私事，所以別野人也。此其大略也。若夫潤澤之，則在君與子矣。

《穀梁傳・宣公十五年》 初稅畝。初者，始也。古者什一，藉而不稅。初稅畝，非正也。古者三百步爲里，名曰井田，井田者，九百畝，公田居一。私田稼不善，則非吏，公田稼不善，則非民。初稅畝者，非公之去公田而履畝，十取一也，以公之與民爲已悉矣。古者公田爲居，井竈葱韭盡取焉。

論說

《論語・泰伯》 卑宮室而盡力乎溝洫。禹，吾無間然矣。

《孟子・公孫丑上》 孟子曰：【略】耕者助而不稅，則天下之農皆悅，而願耕於其野矣。廛無夫里之布，則天下之民皆悅，而願爲之氓矣。信能行此五者，則鄰國之民，仰之若父母矣。率其子弟，攻其父母，自生民以來，未有能濟者也。如此，則無敵於天下，無敵於天下者，天吏也。然而不王者，未之有也。

《孟子・萬章上》 萬章問曰：舜往于田，號泣于旻天，何爲其號泣也。孟子曰：怨慕也。萬章曰：父母愛之，喜而不忘，父母惡之，勞而不怨，然則舜怨乎。曰：長息問於公明高曰：舜往于田，則吾既得聞命矣。號泣于旻天，于父母則吾不知也。公明高曰：是非爾所知也。夫公明高以孝子之心，爲不若是恝。我竭力耕田，共爲子職而已矣。父母之不我愛，於我何哉。帝使其子九男二女，百官牛羊倉廩備，以事舜於畎畝之中。

《孟子・萬章下》 北宮錡問曰：周室班爵祿也，如之何。孟子曰：其詳不可得聞也。諸侯惡其害己也，而皆去其籍，然而軻也。嘗聞其略也。天子一位，公一位，侯一位，伯一位，子男同一位，凡五等也。君一位，卿一位，大夫一位，上士一位，中士一位，下士一位，凡六等。天子之制，地方千里，公侯皆方百里，伯七十里，子男五十里，凡四等。不能五十里，不達於天子，附於諸侯，曰附庸。天子之卿受地視侯，大夫受地視伯，元士受地視子男。大國地方百里，君十卿祿，卿祿四大夫，大夫倍上士，上士倍中士，中士倍下士，下士與庶人在官者同祿，祿足以代其耕也。次國地方七十里，君十卿祿，卿祿三大夫，大夫倍上士，上士倍中士，中士倍下士，下士與庶人在官者同祿，祿足以代其耕也。小國地方五十里，君十卿祿，卿祿二大夫，大夫倍上士，上士倍中士，中士倍下士，下士與庶人在官者同祿，祿足以代其耕也。耕者之所獲，一夫百畝，百畝之糞，上農夫食九人，上次食八人，中食七人，中次食六人，下食五人，庶人在官者，其祿以是爲差。

《管子》卷一《乘馬第五》　右大數

地者，政之本也。政從地生。朝者，義之理也。義因朝起。市者，貨之準也。市所以準貨之輕重。黃金者，用之量也。諸侯之地，千乘之國者，器之制也。五者，其理可知也，爲之有道。

地者，政之本也，是故地可以正政也。地平可以正政。地不平均和調，則政不可正也。不均平和調，則地利或幾於息，故不可正政也。政不正，則事不可理也。

《管子》卷一《乘馬第五》　地之不可食者，山之無木者，百而當一。涸澤，百而當一。地之無草木者，百而當一。樊棘雜處，民不得入焉，百而當一。藪，鎌纆得入焉，九而當一。蔓山，其木可以爲材，可以爲軸，斤斧得入焉，九而當一。汎山，其木可以爲棺，可以爲車，斤斧得入焉，十而當一。流水，網罟得入焉，五而當一。林，其木可以爲棺，可以爲車，斤斧得入焉，五而當一。澤，網罟得入焉，五而當一。命之曰地均，以實數。方六里命之曰暴，五暴命之曰部，五部命之曰聚。聚者有市，無市則民乏。五聚命之曰某鄉，四鄉命之曰方，官制也。官成而立邑。五家而伍，十家而連，五連而暴，五暴而長，命之曰某鄉，四鄉命之曰都，邑制也。邑成而制事。四聚爲一離，五離爲一制，五制爲一田，二田爲一夫，三夫爲一家，事制也。事成而制器。方六里爲一乘之地也。一乘者，四馬也。一馬，其甲七，其蔽五。蔽所以捍車馬。四乘，其甲二十有八，其蔽二十，白徒三十人奉車兩，器制也。

方六里，一乘之地也。方一里，九夫之田也。黃金一鎰，百乘一宿之盡也。無金則用其絹，季絹三十三，三等，其下者曰季。制當一鎰。無絹則用其布，經暴布百兩當一鎰。一鎰之金，食百乘之一宿，則所市之地六步一斟，一本作一升。命之曰中歲，有市、無市則民不乏矣。方六里名之曰社，有邑焉，名之曰央，亦關市之賦。命出關市之賦。黃金百鎰爲一篋，其貨一穀籠爲十篋。其商苟在市者三十人，其正月、十二月黃金一鎰，命之曰正分。春曰書比，立夏曰月程，秋曰大稽，與民數得亡。三歲脩對，五歲脩界，十歲更制，經正也。

《管子》卷一《乘馬第五》　距國門以外，窮四竟之內，丈夫二犂，童五尺一犂，以爲三日之功。正月令農始作，服于公田，農耕。及雪釋，耕始焉，芸卒焉。士聞見博學意察，而不爲君臣者，與功而不與分焉。此人學以爲君之臣也，然以高尚其事而不爲。若此者，預食農收之功，而不受力作之分也。賈知賈之貴賤，日至於市，而不爲官賈者，與功而不與分焉。工治容貌功能，日至於市，而不爲官工者，與功而不與分焉。不可使而爲工，則視貸離之實而出夫粟。是故智者知之，愚者不知，不可以教民。教民必以有智者。巧者能之，拙者不能，不可以教民。教人爲工，必以巧者，欲令愚智之人盡曉知之，然後可以教人也。非一令而民服之也，不可以爲大善。非夫人能之也，不可以爲大功。是故非誠賈不得食于賈，非誠工不得食于工，非誠農不得食于農，非信士不得立于朝。是故官虛而其敢爲之請，君有珍車珍甲而莫之敢有。君舉事，臣不敢誣其所不能。君知臣，臣亦知君知己也，故臣莫敢不竭力，俱操其誠以來。

道曰：均地分力，使民知時也。民乃知時日之蚤晏，日月之不足，飢寒之至于身也。是故夜寢蚤起，父子兄弟不忘其功，爲而不倦，民不憚勞苦。故不均之爲惡也，地利不可竭，民力不可殫。不告之以時而民不知，不道之以事而民不爲。與之分貨則民知得正矣，審其分則民盡力矣，是故不使而父子兄弟不忘其功。

《管子》卷一《乘馬第五》　上地方八十里，萬室之國一，千室之都四。中地方百里，萬室之國一，千室之都四。下地方百二十里，萬室之國一，千室之都四。以上地方八十里，與下地方百二十里，通於中地方百里。

《管子》卷八《小匡第二十》　公曰：爲之奈何？管子對曰：昔者，聖王之治其民也，參其國而伍其鄙，定民之居，成民之事，以爲民紀，謹用其六秉，如是而民情可得，而百姓可御。桓公曰：六秉者何也？管子曰：殺、生、貴、賤、貧、富，此六秉也。桓公曰：參國奈何？管子對曰：制國以爲二十一鄉，商工之鄉六，士農之鄉十五。公帥十一鄉，高子帥五鄉，國子帥五鄉，參國故爲三軍。公立三官之臣，謂三軍之官也。市立三鄉，工立三族，澤立三虞，山立三衡。自三鄉已下，每皆置其官。制五家爲軌，軌有長。十軌爲里，里有司。四里爲連，連有長。十連爲鄉，鄉有良人。三鄉一帥。桓公曰：五鄙奈何？管子對曰：制五家爲軌，軌有長。六軌爲邑，邑有司。十邑爲率，率有長。十率爲鄉，鄉有良人。三鄉爲屬，屬有帥。五屬一大夫，武政聽屬，以武爲政者聽於屬。文政聽鄉，各保而聽，鄉屬之聽，各自保之。毋有淫泆者。桓公曰：定民之居，成民之事奈何？管子對曰：士農工商，四民者，國之石民也，四者國之本，猶柱之石也，故曰石也。不可使雜處。雜處則其言哤，其事亂。哤，亂也。是故聖王之處士必於閒燕，處士閑燕，則謀議審。處農必就田壄，處工必就官府，處商必就市井。立市必四方，若造井之制，故曰市井。今夫士，羣萃而州處，閒燕，每州之士，羣萃共處。閒燕，謂學校之處。則父與父言義，子與子言孝，其事君者言敬，長者言愛，幼者言弟，旦昔從事於此，旦昔，猶朝夕也。以教其子弟。少而習焉，其心安焉，不見異物而遷焉。異物，謂異事，非其所當習者。是故其父兄之教，不肅而成。其子弟之學，不勞而能。夫是，故士之子常爲士。今夫農，羣萃而州處，審其四時權節，於四時中，又權量其節之早晚。具備其械器，用械器皆謂田器。比耒耜穀芨。比偶其耒耜及穀芨。穀芨小於耒耜，一人執之，以隨耒耜之後，重治其闕遺。芨音捶。及寒，擊槀除田，以待時乃耕。冬寒之月，即擊去其草之槀者，修除其田，以待春之耕也。深耕均種疾耰，耰，謂復種。既已均種，當疾耰之。先雨芸耨，以待時雨。時雨既至，挾其槍刈耨鎛，在掖曰挾。槍，捧也。刈，鐮也。耨，鎡錤也。鎛，鉏也。以旦暮從事於田壄，稅衣就功，脫其常服，以就功役，便事而省費。別苗莠，列疏遬，遬，密也，謂苗之疏密當均列之。首戴苧蒲，苧，蔣也。編苧與蒲以爲笠。身服襏襫，襏襫，謂麤堅之衣，可以任苦著者也。沾體塗足，暴其髮膚，盡其四支之力，以疾從事於田野。少而習焉，其心安焉，不見異物而遷焉。是故其父兄之教，不肅而成。其子弟之學，不勞而能。是故農之子常爲農。樸野而不慝，農人之子，朴質而野，不爲姦慝。其秀才之能爲士者，則足賴也。農人之子，有秀異之材可爲士者，即所謂生而知之、不習而成者也，故其賢足可賴也。故以耕則多粟，以仕則多賢，是以聖王敬畏戚農。以農民能致粟，又秀材生焉，故聖王敬畏農而戚近之。有司見之而不以告，其罪五，有司已於事而竣。今夫工，羣萃而州處，相良材，審其四時，辨其功苦，功，謂堅美。苦，謂濫惡。權節其用，論比計制，斷器尚完利。裁斷爲器，貴於完利。相語以事，相示以功，相陳以巧，相高以知事。以其能知器用之事相高。旦昔從事於此，以教其子弟。少而習焉，其心安焉，不見異物而遷焉。是故其父兄之教，不肅而成。其子弟之學，不勞而能。夫是，故工之子常爲工。今夫商，羣萃而州處，觀凶飢，審國變，察其四時，而監其鄉之貨，監，視也。以知其市之賈。負任擔荷，服牛輅馬，以周四方，料多少，計貴賤，以其所有，易其所無，買賤鬻貴。是以羽旄不求而至，竹箭有餘於國，奇怪時來，珍異物聚。旦昔從事於此，以教其子弟。相語以利，相示以時，相陳以知賈。賈知物價，相與陳說。少而習焉，其心安焉，不見異物而遷焉。是故其父兄之教，不肅而成。其子弟之學，不勞而能。夫是，故商之子常爲商。相地而衰其政，則民不移矣。相地沃埆，以差其政，則人安其沃埆而不移。衰，差也，音楚危反。正旅舊，則民不惰。國之軍旅，正之以從舊貫，則稟令而不惰。山澤各以其時至，則民不苟。苟，謂非時入山澤也。陵陸丘井田疇均，則民不惑。無奪民時，則百姓富，犧牲不勞，則牛馬育。過用謂之勞。

《管子》卷一二《侈靡第三十五》

是故之時陳財之道，可以行令也。利散而民察，必放之身然後行。管氏言，此乃古之陳設致財之道，亦可行求於今。然利散於下，人則察而知之，置之於身，勿令下知，然後可以行放置之言也。公曰：謂何？問所以行之。長喪以黚其時，黚，黯也。居喪者毀厝之息，謂增長叛居喪之禮，使人皆黚黯之敗也。重送葬以起身財。重送葬，則費用廣，惰慢則不及事，由人習爲精厲，庶事不怠，故能起身之財。一親往，一親來，所以合親也，謂一親往死，一親來生，親無絕時，故曰合親。此謂衆約。人皆親教之，重葬可以起財，故曰衆要之也。問：用之若何？問用衆要。巨瘞培，所以使貧民也。瘞培，謂壙中埋藏處深暗也。貧人雖無財，力則己有焉，故教之巨瘞培以役其力也。美壟墓，所以文明也。壟墓高美，文明而不滅也。巨棺槨，所以起木工也。人習爲棺槨，則增長木之工也。多衣衾，所以起女工也。習爲衣衾，則增長女工也。猶不盡，故有次浮也。謂上之理猶有不盡也，次浮，謂棺槨壟墓之外遊飾也。有差樊，樊，蕃也。謂壟墓之外樹以蕃，其制尊卑之外，此壟之次浮也。有瘞藏，謂古之樊者，或藏以金玉，或以器物，此棺槨之次浮也。作此相食，然後民相利，守戰之備合矣。方喪之時，孝子荒迷，或不舉火，鄰里爲食以相飼。如此，則人遞相銜親，恩情結固。至於守戰之時，必誠力齊敵而不能當之矣。鄉殊俗，國異禮，則民不流矣。流，移也。俗禮殊異，則人各得其所安，故不流移也。不同法，則民不困。鄉丘老不通，覯誅流散，則人不眺。丘，大也。大老者，各足於其所，不相交通。流散於其鄉則誅之。今其覯見如此，則人安其本，不眺望他所而歸之。安鄉樂宅，享祭而謳吟，稱號者皆誅，所以留民俗也。皆令安樂鄉宅，享祭先祖。其有謳吟思於他所者，則誅之。或有稱舉號詠於他鄉者，皆誅之。凡此，皆欲留止人俗，不令轉移。斷方井田之數，謂分人之地，每斷定其方，而立之田數，屋三爲井也。乘馬田之衆，每一甸之衆，數賦長轂。一乘馬四疋，謂之乘馬。十六井曰丘。四丘爲甸。制之。陵谿立鬼神而謹祭，每大陵深谿，皆有靈焉，立鬼神之祠，使人祭之。皆以能別以爲食數，示重本也。人之大小，皆各有材，能多者食衆，能少者食寡，故曰以能別爲食數。凡此皆重人本之事也。故地廣千里者，祿重而祭尊。其君無餘。言不脩祭，以餘地與飼也。地與他若一者，從而艾之。從，謂次當受封者。艾，謂減削也。言脩祭之君，受地與他同，故曰若一者。則削減其地與次受封之君者也。君始者謂始爲君者也。艾，若一者從乎殺，與于殺若一者。言始受封之君，本既無地，故取先受君者。彼或不與，從而殺之。彼或自取，與受而殺之。彼自取與于始封者，令與先受封者地均若一也。從者艾艾，若一者從於殺，與於殺若一者。從無對始，王事者上。王者言從者先無封，令始王事，故艾取他國之地，與先者均齊若一則止也。上事，霸者生功，言重本。言諸侯既受地分，則上事霸主，隨政命以生立其功。凡此，皆爲重本也。是爲十禺，分免而不爭，言先人而自後也。禺，猶區也。十禺，謂十里之地。每里爲一禺，故曰十禺。若他國來分，明勸勉而與之，不敢交爭。如此者，所以先陳他人，自取其後。官禮之司，言國官禮各有司。昭穆之離，離，謂次位之別也。先後功器事之治，功有大小，器有精麤，各定其先後之差也。尊鬼而守尊鬼，謂謹其享祭之禮也。故，戰事之任，高功而下死本事，戰士雖有高下之殊，各令死其本事也。食功而省利勸臣。飼其有功，省其無功，則臣勸也。上義而不能與小利。上當操大義而主斷，不可顧小利而移也。五官者，人爭其職，然後君聞。官爭理職則國治，故君名聞於天下。祭之時，上賢者也，謂助祭之時，賢者居上爲儀而已，非能有所益。故君臣掌。祭者掌禮以行事，所用其智謀，或君有故，使臣攝之，事亦無曠，故曰君臣掌也。君臣掌，則上下均。臣能行君事。故曰上下均者也。此以知上賢無益也，其亡茲適。祭祀之時，非不上賢，但庸臣亦能行君之事，無損於令主。人雖云上賢，而不用其智謀，與祭時適，故曰無益。既不賢，則動皆違理，故茲適於危。上賢者亡，謂空上之而已，不能用之也。而役賢者昌。役賢則功成，故國昌。上義以禁暴，義者所以除去不宜，故禁暴也。尊祖以敬祖，祖，始也。尊立祖廟，所以敬始封之君也。聚宗以朝殺，示不輕爲主也。謂聚會也。小之封宗以朝於君，而有親疏之殺，凡此爲主之重者也。

《管子》卷一八《度地第五十七》　昔者桓公問管仲曰：寡人請問度地形而爲國者，其何如而可？管仲對曰：夷吾之所聞：能爲霸王者，蓋天子聖人也。故聖人之處國者，必於不傾之地。言其處深厚岡原復壯者，謂之不傾。而擇地形之肥饒者，鄉山，左右經水若澤，其國都或在山左，或向山右，及緣水澤然後建。內爲落渠之寫，因大川而注焉。謂於都內更爲落水之渠，以注於大川。乃以其天材，地之所生利，養其人以育六畜。天材，謂五穀之屬因天時而植者也。天下之人，皆歸其德而惠其義，惠，順。乃別制斷之。乃分別其地，制之斷之。州者謂之術，地數充爲州者，爲之術。不滿術者謂之里。不成術而餘者，謂之里。故百家爲里，里十爲術，術十爲州，州十爲都，都十爲霸國，不如霸國者國也，不成於霸國者，諸侯之國也。以奉天子。霸國率諸侯以奉天子也。天子有萬諸侯也，其中有公侯伯子男焉，天子中而處。此謂因天之固，所處之地，自然不傾，故曰因之。歸地之利，內爲之城，城外爲之郭，郭外爲之土閬，閬，謂隍。地高則溝之，下則堤之，命之曰金城。樹以荊棘，上相穡著者，所以爲固也。穡，鈎也。謂荊棘刺條相鈎連也。歲脩增而毋已，時脩增而無已，福及孫子。此謂人命萬世無窮之利，人君之葆守也。謹置國都，繕脩城郭，此人君所保全而守。臣服之以盡忠於君，君體有之，以臨天下。故能爲天下之民先也，此宰之任，則臣之義也。宰，謂執君之政者也。

《管子》卷二二《事語第七十一》　桓公問管子曰：事之至數可聞乎？管子對曰：何謂至數？桓公曰：秦奢敎我曰：帷蓋不脩，衣服不衆，則女事不泰。俎豆之禮不致牲，諸侯太牢，大夫少牢。不若此，則六畜不育。非高其臺榭，美其宮室，則羣材不散。此言何如？管子曰：非數也。桓公曰：何謂非數？管子對曰：此定壤之數也。彼天子之制，壤方千里，齊諸侯方百里，負海子七十里，男五十里，若胷臂之相使也，故准、徐疾贏不足，雖在下也，不爲君憂。彼壤狹而欲舉與大國爭者，農夫寒耕暑芸，力歸於上，女勤於緝績徽織，功歸於府者，非怨民心，傷民意也。非有積蓄，不可以用人；非有積財，無以勸下。泰奢之數，不可用於危隘之國。桓公曰：善。

《漢書》卷二四上《食貨志第四上》　哀帝卽位，師丹輔政，建言：古之聖王莫不設井田，然後治乃可平。孝文皇帝承亡周亂秦兵革之後，天下空虛，故務勸農桑，帥以節儉。民始充實，未有幷兼之害，故不爲民田及奴婢爲限。今累世承平，豪富吏民訾數鉅萬，而貧弱俞困。蓋君子爲政，貴因循而重改作，然所以有改者，將以救急也。亦未可詳，宜略爲限。天子下其議。丞相孔光、大司空何武奏請：諸侯王、列侯皆得名田國中。列侯在長安，公主名田縣道，及關內侯、吏民名田皆毋過三十頃。諸侯王奴婢二百人，列侯、公主百人，關內侯、吏民三十人。期盡三年，犯者沒入官。時田宅奴婢賈爲減賤，丁、傅用事，董賢隆貴，皆不便也。詔書且須後，遂寢不行。宮室苑囿府庫之臧已侈，百姓訾富雖不及文景，然天下戶口最盛矣。

同上　是後，外事四夷，內興功利，役費並興，而民去本。董仲舒說上曰：《春秋》它穀不書，至於麥禾不成則書之，以此見聖人於五穀最重麥與禾也。今關中俗不好種麥，是歲失《春秋》之所重，而損生民之具也。願陛下幸詔大司農，使關中民益種宿麥，令毋後時。又言：古者税民不過什一，其求易共；使民不過三日，其力易足。民財内足以養老盡孝，外足以事上共税，下足以畜妻子極愛，故民説從上。至秦則不然，用商鞅之法，改帝王之制，除井田，民得賣買，富者田連仟伯，貧者亡立錐之地。又顓川澤之利，管山林之饒，荒淫越制，踰侈以相高；邑有人君之尊，里有公侯之富，小民安得不困？又加月爲更卒，已復爲正，一歲屯戍，一歲力役，三十倍於古；田租口賦，鹽鐵之利，二十倍於古。或耕豪民之田，見税什五。故貧民常衣牛馬之衣，而食犬彘之食。重以貪暴之吏，刑戮妄加，民愁亡聊，亡逃山林，轉爲盜賊，赭衣半道，斷獄歲以千萬數。漢興，循而未改。古井田法雖難卒行，宜少近古，限民名田，以澹不足，塞幷兼之路。鹽鐵皆歸於民。去奴婢，除專殺之威。薄賦斂，省繇役，以寬民力。然後可善治也。仲舒死後，功費愈甚，天下虛耗，人復相食。

同上　理民之道，地著爲本。故必建步立晦，正其經界。六尺爲步，步百爲晦，晦百爲夫，夫三爲屋，屋三爲井，井方一里，是爲九夫。八家共之，各受私田百晦，公田十晦，是爲八百八十晦，餘二十晦以爲廬舍。出入相友，守望相助，疾病(則)[相]救，民是以和睦，而教化齊同，力役生產可得而平也。

《漢書》卷二三《刑法志第三》　自黄帝有涿鹿之戰以定火災，顓頊有共工之陳以定水害。唐虞之際，至治之極，猶流共工，放讙兜，竄三苗，殛鯀，然後天下服。夏有甘扈之誓，殷、周以兵定天下矣。天下既定，戢臧干戈，教以文德，而猶立司馬之官，設六軍之衆，因井田而制軍賦。地方一里爲井，井十爲通，通十爲成，成方十里；成十爲終，終十爲同，同方百里；同十爲封，封十爲畿，畿方千里。有税有(租)[賦]。税以足食，賦以足兵。故四井爲邑，四邑爲丘。丘，十六井也，有戎馬一匹，牛三頭。四丘爲甸。甸，六十四井也，有戎馬四匹，兵車一乘，牛十二頭，甲士三人，卒七十二人，干戈備具，是謂乘馬之法。一同百里，提封萬井，除山川沈斥，城池邑居，園囿術路，三千六百井，定出賦六千四百井，戎馬四百匹，兵車百乘，此卿大夫采地之大者也，是謂百乘之家。一封三百一十六里，提封十萬井，定出賦六萬四千井，戎馬四千匹，兵車千乘，此諸侯之大者也，是謂千乘之國。天子畿方千里，提封百萬井，定出賦六十四萬井，戎馬四萬匹，兵車萬乘，故稱萬乘之主。戎馬車徒干戈素具，春振旅以搜，夏拔舍以苗，秋治兵以獮，冬大閱以狩，皆於農隙以講事焉。五國爲屬，屬有長；十國爲連，連有帥；三十國爲卒，卒有正；二百一十國爲州，州有牧。連帥比年簡車，卒正三年簡徒，牧五載羣大簡車徒，此先王爲國立武足兵之大略也。

《漢紀》卷八《孝文皇帝紀下》　六月，詔除民田租。荀悦曰：古者什一而税，以爲天下之中正也。今漢民或百一而税，可謂鮮矣。然豪強富人占田逾侈，輸其賦太半。官收百一之税，民收太半之賦。官家之惠優於三代，豪強之暴酷於亡秦。是上惠不通，威福分於豪強也。今不正其本，而務除租税，適足以資富強。夫土地者，天下之本也。《春秋》之義，諸侯不得專封，大夫不得專地。今豪民占田，或至數百千頃，富過王侯，是自專封也；買賣由己，是自專地也。孝武時，董仲舒嘗言宜限民占田；至哀帝時，乃限民占田不得過三十頃。雖有其制，卒不得施行，然三十頃有不平矣。且夫井田之制，宜於民衆之時，地廣民稀勿爲可也。然欲廢之於寡，立之於衆，土地既富，列在豪強，卒而規之，並有怨心，則生紛亂，制度難行。由是觀之，若高帝初定天下，及光武中興之後，民人稀少，立之易矣。就未悉備井田之法，宜以口數占田，爲立科限，民得耕種，不得買賣，以贍[弱]民(弱)，以防兼幷，且爲制度張本，不亦宜乎！雖古今異制，損益隨時，然紀綱大略，其致一也。

《漢紀》卷一三《孝武皇帝紀四》　是時董仲舒説上曰：古税民不過什一，使民歲不過三日。民財用内足以養老盡孝，外足以事上供税，下足以畜妻子，故民税而從上。至秦則不然，用商鞅之法，改帝王之道，除井田之制，富者田連阡陌，貧者無立錐之地。(人)[又]專川澤之利，營山林之饒，荒淫越制；邑有人君之尊，里有王侯之富，小民安得不困！又加月(有吏)[爲更]卒，征衛屯戍，一歲力役，(四)[三]十倍於古；田税口賦，二十倍於古。或耕豪(傑)[民]之田，見税什五。故常衣馬牛之衣，食犬豕之食。又重以貪暴之吏，刑戮妄行，民無所聊生，逃亡山林，幷爲盜賊，斷獄一歲以(十)[千]萬數。漢興，遵而未改。古井田法雖難卒行，宜少近古，限民占田，塞兼幷之路。鹽鐵皆歸於民。去奴婢，除專殺之威。薄賦斂，省徭役，以寬民。然後可治也。其言未施行。

《後漢書》卷四九《仲長統傳》　獻帝遜位之歲，統卒，時年四十一。友人東海繆襲常稱統才章足繼西京董、賈、劉、楊。今簡撮其書有益政者，略載之云。**【略】**

《損益篇》曰：作有利於時，制有便於物者，可爲也。事有乖於數，法有翫於時者，可改也。故行於古有其迹，用於今無其功者，不可不變。變而不如前，易而多所敗者，亦不可不復也。漢之初興，分王子弟，委之以士民之命，假之以殺生之權。於是驕逸自恣，志意無厭。魚肉百姓，以盈其欲；報蒸骨血，以快其情。上有篡叛不軌之姦，下有暴亂殘賊之害。雖藉親屬之恩，蓋源流形埶使之然也。降爵削土，稍稍割奪，卒至於坐食奉祿而已。然其洿穢之行，淫昏之罪，猶尚多焉。故淺其根本，輕其恩義，猶尚假一日之尊，收士民之用。況專之於國，擅之於嗣，豈可鞭笞叱咤，而使唯我所爲者乎？時政彫敝，風俗移易，純樸已去，智惠已來。出於禮制之防，放於嗜欲之域久矣，固不可授之以柄，假之以資者也。是故收其奕世之權，校其從横之埶，善者早登，否者早去，故下土無壅滯之士，國朝無專貴之人。此變之善，可遂行者也。

井田之變，豪人貨殖，館舍布於州郡，田畝連於方國。身無半通青綸之命，而竊三辰龍章之服；不爲編戶一伍之長，而有千室名邑之役。榮樂過於封君，埶力侔於守令。財賂自營，犯法不坐。刺客死士，爲之投命。至使弱力少智之子，被穿帷敗，寄死不斂，冤枉窮困，不敢自理。雖亦由網禁疎闊，蓋分田無限使之然也。今欲張太平之紀綱，立至化之基趾，齊民財之豐寡，正風俗之奢儉，非井田實莫由也。此變有所敗，而宜復者也。

《晉書》卷四六《李重傳》　遷太子舍人，轉尚書郎。時太中大夫恬和表陳便宜，稱漢孔光、魏徐幹等議，使王公已下制奴婢限數，及禁百姓賣田宅。中書啓可，屬主者爲條制。重奏曰：先王之制，士農工商有分，不遷其業，所以利用厚生，各肆其力也。《周官》以土均之法，經其土地井田之制，而辨其五物九等貢賦之序，然後公私制定，率土均齊。自秦立阡陌，建郡縣，而斯制已沒。降及漢魏，因循舊跡，王法所峻者，唯服物車器有貴賤之差，令不僭擬以亂尊卑耳。至于奴婢私產，則實皆未嘗曲爲之立限也。八年《己巳詔書》申明律令，諸士卒百工以上，所服乘皆不得違制。若一縣一歲之中，有違犯者三家，洛陽縣十家已上，官長免。如詔書之旨，法制已嚴。今如和所陳而稱光、幹之議，此皆衰世踰侈，當時之患。然盛漢之初不議其制，光等作而不行，非漏而不及，能而不用也。蓋以諸侯之軌既滅，而井田之制未復，則王者之法不得制人之私也。人之田宅既無定限，則奴婢不宜偏制其數，懼徒爲之法，實碎而難檢。方今聖明垂制，每尚簡易，法禁已具，和表無施。

唐・白居易《白氏長慶集》卷六四　五十二議井田阡陌息游惰，止兼并，實版圖。

問：三代之牧人也，立井田之制，別都鄙之名。其爲名制，可得而知乎？其爲功利，可得而聞乎？

又問：自秦壞井田，漢修阡陌，兼并大啓，游惰實繁；雖歷代因循，誠恐弊深而害甚。如一朝改作，或慮失業而擾人。既廢之甚難，又復之非便。斟酌其道，何者得中？

臣聞：王者之貴，生於人焉；王者之富，生於地焉。故不知地之數，則生業無從而定，財征無從而計，軍役無從而平也。不知人之數，則食力無從而計，軍役無從而均也。不均不平，則地雖廣，人雖多，徒有貴之名，而無富之實。是以先王度土田之廣狹，畫爲夫井；量人戶之衆寡，分爲邑居。使地利足以食人，人力足以闢土；邑居足以處衆，人力足以安家。野無餘田，以啓專利；邑無餘室，以容游人。逃刑避役者，往無所之；敗業遷居者，來無所處。於是生業相固，食力相濟。其出財征也，不待徵書而已平矣。其起軍役也，不待料人而已均矣。然後天子可以稱萬乘之貴，四海之富也。洎三代之後，厥制崩壞：故井田廢，則游惰之路啓；阡陌作，則兼并之門開。至使貧苦者無容足立錐之居，富強者專籠山絡野之利。故自秦漢迄于聖朝，因循未遷，積習成弊。然臣以爲井田者廢之頗久，復之稍難，未可盡行，且宜漸制。何以言之？昔商鞅開秦之利也，蕩然廢之；故千載之間，豪奢者得其計。王莽革漢之弊也，卒然復之；故一時之間，農商者失其業。斯則不可久廢，不可速成之明驗也。故臣請斟酌時宜，參詳古制：大抵人稀土曠者，且修其阡陌；戶繁鄉狹者，則復以井田。使都鄙漸有名，家夫漸有數。夫然，則井邑兵田之地，衆寡相維；門閭族黨之居，有亡相保。相維則兼并者何所取？相保則游惰者何所容？如此，則庶乎人無浮心，地無遺力，財產豐足，賦役平均；市利歸於農，生業著於地者矣。

宋・李復《潏水集》卷五《答人問政書》　夫井田之法壞已久矣。今天下之田皆私田，民自養也。民之私田可盡奪而爲王田，以周制分授之乎。此養民之政無本也。

宋・高承《事物紀原》卷九《農業陶漁部四十五・田業》　三代之民皆受

田于公，則所田之田王田也。一夫一婦受地百畝。

宋・余靖《武溪集》卷一二　若給與見佃之人，佃人利其土田，恐生窺伺枉害人命，土均三壤，素號於王田。人謝九泉，豈私於民惠。況乎名編生齒，賦取食毛，全歸方歎於天窮，莫諧嗣續籍沒，式頒於戶令，用絕覬覦重爲典章。

宋・余靖《武溪集》卷一三《盡没官》　難者云：限以封疆，且患庶邦家之異制，共朝康國，咸竭危言，將研事機，當先治體。何則古者分其縣鄙，皆給受於王田，今也廢其井廬，悉割裂於民業，必若取足於逋播，豈不生姦於覬覦。矧雄望之有殊。

宋・王與之《周禮訂義》卷二一　黃氏曰：以家邑之田任稍地，謂天子大夫各受采地二十五里，在三百里之內也。以小都之田任縣地，謂天子之卿，各受五十里采地，在四百里縣地之內也。以大都之田任畺地，謂三公及親王子母弟，各受百里采地，在五百里畺地之中也。家邑大夫之食邑也。其在畿外則爲附庸之國，不能五十里者謂之食邑，非謂盡食其地，蓋亦使取公田之稅而食之。有大夫、士，有府史、胥徒，皆當有祿，盡取給於此，而歸其餘於王，故謂之稍專以廩祿爲義也。《司馬法》：三百里曰野，言其居民授田，悉與甸同也。甸爲公邑，稍爲家邑，公邑合而聽於遂人，家邑離而聽於家大夫。費、郈、武城、莒父，小都，大夫之都，鄭以爲卿之采地，非也。卿受地視伯謂之縣者，著野法也。必著野法者，見都鄙之猶有王田也。大都，公卿之都也。

宋・范浚《香溪集》卷五《罷獻箴》　配天立極，家是九圍。一絲一粟，王田王機。惟王畀民，什一是私。既私什一，餘則不有。臣何獻爲，作君貪醜。杯犀筯象，君庖不充。輕縑細罽，補袞無庸。焚裘卻蛤，堯禹齊風。

元・陳普《石堂先生遺集》卷一二《擬上皇帝乞行井田書》　臣聞天下有不可不爲之事，臣子有不可不言之忠。不可不爲而爲之，所以盡君道而立民命；不可不言而言之，所以成君德而承天心。聽其言，察其心，觀其事理，沛然而爲之，足以繼往開來，超唐絕漢，直與上古帝王同其德位名壽，豈不美哉！臣惟帝王經世之制莫要於井田。臣幼讀經史，竊見黃帝以來，歷少昊、高陽、高辛、唐虞、夏、商、周二千年中，俗厚風淳，上下同壽，五福流行，六極不作，其間亦有阪泉、涿鹿、鳴條、牧野之兵，伐韋征葛之師，戡黎伐崇之旅，大抵數百年而一見，其他則天下之民無非出作入息，不識不知之時，四海之內率皆戴白不見兵甲之人，雖有九年之水，七年之旱，而天下無飢瘠之人也。周衰，七國以來至于近代將二千年，其間如漢文、景、明、章，唐太宗、玄宗，宋太祖、仁宗，皆稱賢主，所行愛民之政亦多，而四海之內不能免於飢寒，凶年飢歲無得逃於饑莩。若夫干戈盜賊則有百年不息，桑麻烟火一二百年而不能復，天災地異則無歲無之，此無他故也，帝王經世之道行於古而不行於後世也。今陛下以堯舜之聖深子民之心，講行善政，戒飭官吏，凡有詔條無非恤民厚下之意，而下之俗終不得同於二帝三王之世。上倡而下不應，君有道而民俗不符，此亦無他故也，心與古聖人同而政未出於漢唐之上也。臣聞天生民而立之君，所以經綸天下之大經，理人道，盡人事，而成位乎三才之中也。何謂大經？一曰井田，二曰禮教，三曰封建。井田所以立民命，禮教所以叙人倫，封建所以維持二者以底於大定無窮者也。人生天地最重者倫，君臣、父子、夫婦、長幼、朋友之五典是也。人倫不正無以爲治，然而民食不足，民生不厚，則五典之敦不可得而行，故爲民父母者，其爲民計慮區畫未有先於食也。舜命九官以后稷次宰相咨十二州牧，則先之曰：食哉，惟時。食哉者，民食最急；惟時者，農時不可奪也。禹以善政告舜，五行之下加以穀爲六府，正德，利用結以厚生爲三事。其治水也，常與益稷同行，使之播奏艱食鮮食，於民以爲助。箕子陳九疇於武王，一天之五行，二人之五事，三則有國有天下之八政而食居其首，貨居其二。武王得其語，故於歸馬放牛之後，重民五教而以食爲先，喪祭爲次。喪祭五禮之最大而亦莫能先於食也。周家享國八百六七十年，文王齊家之化也，而推其本則皆后稷、公劉以來農桑之功。周公作《七月》，陳艱難於成王，凡八章八十八句，盡備后稷先公愛民務本之勤勞與夫農桑細民器具衣服寒暑時候之纖悉。其作《無逸》以戒成王，至要之言則先知稼穡之艱難一句也。臣嘗考周於三代爲最長者皆農桑之功。《小雅》《楚茨》、《信南山》、《甫田》、《大田》四篇，《大雅・生民》、《公劉》(三)[二]篇，《周頌》《思文》、《臣工》、《噫嘻》、《豐年》、《載芟》、《良耜》六篇，《魯頌》《閟宮》(二)[一]篇，皆《七月》之意也。《周南》、《召南》雖主齊家，而《葛覃》一篇亦農桑之意。無他，民爲邦本，食爲民命，足而後人倫之教可行，先王往聖其勞心於天下無一不在於此也。然此數者，方以生爲重，以食爲急，至其所以爲之盡其謀慮，詳其區畫，必使之食無不足，生無不厚者，則有其道。夫天下國家豈可無百年之安？民之生也豈可無百年之樂？其多動少靜，久勞暫逸，百憂一喜者，非養民之道，亦非守國保邦之深計遠謀也。秦漢以來之民，大抵皆多動少靜，久勞暫逸，百憂一喜，終無王者皞皞之風與終身不見兵革者。治世不能無飲食，凶年饑歲極力拯救，不過如大旱之小雨，而況於移民移粟待奏俟報，不能捄其朝夕垂死之命，孟子以移粟之政爲五十步笑百步，爲此故也。民不土著，人無餘財，身家妻子之念常如焦火。末技遊食東奔西跑，倚市門，登龍斷，疲勞道路，充斥市里。雖後元、貞觀、開元之盛，而安土之人常少，天地間和氣常爲之搖動傷害，三光常不全而雨暘寒暑常不平，皆爲此也。是故，古之王者之（之）於民也，不徒爲以生與食爲重，其所以足其食，厚其生，使之漸成皞皞之風，有日出而作，日入而息之熙熙，而無凶年饑歲之狼顧者，非疆理天下定爲八家同井之制不能也。何者？井田行則天下無飢人，不行則雖盡耕無曠土而民食常不足，民志常不定。自秦廢井田，容兼幷，富者華侈驕逸，廢其四支以自居，貧者救妻子之不暇。井田行則終歲勤動得十之八九，而三年之耕猶餘一年之食爲水旱之備。不行則無田而假於富者，終歲勤動不得十之四五，一歲之食百方補湊猶或不足，惰者抱膝以待，忍卑甘賤，爲豎爲役，效牛作馬以給其妻子，一遇水旱螟蝗則死者相枕矣。井田行則耕者入其十之一於君上，不行則耕者入其十之五六於富人。井田行則耕者寶爲己物，又復八家合而爲一以相率，而無東西想望馳逐之妨，其耕種、耘耔、糞灌、培壅皆得盡其心力，及其時節，惰者不能不力，而病弱鰥寡復相扶持，不惟天下無無田之人，而田之所穫且與後世耕者不同矣。不行而假之於富則不以爲己物，自多苟且滅裂，無八家之相率，自多怠惰廢棄，又有他心他事之妨，則其苟且怠惰自不可得而禁止。無同井之義則疾病菑患不相恤，鰥寡孤獨不相周，身家急則恩禮自輕，飢寒逼則非心不禁，孟子所謂救死不贍，奚暇禮義，賈誼所謂飢寒切於肌膚，欲其亡爲姦邪不可得也，其爲不順不利蓋有不可勝言者。猶有一事不可不思，何者？田不井則兼幷之害大也。井田行則天下無甚貧甚富之民，不行則兼幷之家一以踰制敗度而壞天下之風俗，二以作姦犯科而亂天子刑賞。貧者多而富者豪，富爲貧之歸依，貧爲富之奴役，故能以匹夫而竊天子諸侯之權，至於［闕］壞禮制，敗亂尊卑，未有甚於此也。若夫天子之后以緣其領，庶人孼妾以緣其履，天子自衣弋綈而富民牆屋被文繡，又其次也。財力既盛，窟穴自深，叛逆姦盜倚爲淵藪，用爲根本，此作姦犯科之甚也。若夫罪惡小大悉以賄免，肆行敢犯無所畏忌，又其次也。二帝三王之世二千年中，雖桀紂之世亦無大亂者，民無甚富甚貧故也。秦漢以來千五六百年中，兵一動則流血千里者，往往逆理亂常，犯上作亂之人，成於富豪兼幷之習，而出於富豪兼幷之家也。漢家制度多亂於郭鮮、劇孟之徒，晉代風俗亦壞於石崇、王愷之家，而秦末之亂亦楚大家齊強宗之所成。漢初爲此徙天下豪傑於關中，然井田不行，事事無綱紀，不足以革其踰制敗度之習，此其最不可不講，不可不思，而先王之於民必行井田，必正經界而後已者，亦慮及此而已。臣愚以爲此法無世不可行，無時不可舉。張載所謂兹法之行，悅之者衆，處之有術，期以數年，不刑一人而可復，誠有然者，特非在下者之所得爲也。惟陛下得以舉而行之。第溝封阡陌之制決裂已久，無復可按，然其制度具載《孟子》、《禮記》、《周禮》，又有程頤、張載、朱熹等名師大儒之講論，皆可按行。誠能鑒臣蒭蕘一得之愚，合朝野以議之，定力以主之，擇才能以付之，不疑於不行之久興復之難，不搖於淺近之言徇私之說，無撓於富人巨室之難奪，先之一縣一州一道以見其可行，期之三年、五年、七年以盡其制，不徐不疾，不驚不動，不勞不費以成之，臣敢以螻蟻之命輒預保十年之後頌聲之必作也。大槩議論之初，必有以久廢難復與富人巨室難奪爲辭，張載、朱熹皆嘗講此以爲必可行也。富人巨室亦有處之之術，使之甘心無怨。所謂期以數年，不刑一人而可復，非實有此理儘有其方何敢以爲言也。惟陛下行焉，則天下之民自今以始少動多靜，多逸少勞，常樂無憂，水旱螟蝗咸無所慮，盜賊姦宄無由而生，給足之人多，豪奪之家少，然後興學校，教人倫，按家塾黨庠遂序之制，舉五教六禮三物十二數之經，漸講寓兵於農之舊，不廢農隙講武之常，使四海之內，閭閻之間，協氣陶陶，禮俗漫漫，天地間太和之氣如康寧福壽之人，血脈流通，不傷不隔，日月光華，雨暘時若，百穀用成，休祥日至，所謂乾道變化，各正性命，保合太和，首出庶物，萬國咸寧者此也。夫天地之中，大小尊卑而已，以大臨小，以小承大，以尊治卑，以卑事尊，故天行七政先定北極紫微之居以總其綱，次列十二辰二十八舍及周天衆星之位以序其紀，然後七政行而萬化成。地之於天事事稟承，亦有五嶽四瀆，羣山百川，分布九州之內，以殊其疆而別其野。人位三才之中，君爲人極之主，禮樂之主，故古之帝王效天法地，立爲天子。諸侯王畿地方千里，公侯百里，伯七十里，子男五十里，附庸荒服之萬國，所謂天地之常經。王者，經邦體國之大規也。蓋君以治之，天子一人立乎天地之中，五等小大環繞以維乎其外，無非所以安民者也。自天子而下，土田、城郭、宗廟、宮室、衣服、器用，各隨位分等級，立爲大小隆殺大中至正毫髮不踰之定制，以定天下之耳目，父子祖孫相繼以爲安固之永圖，然後制爲朝覲、會同、巡守、聘問、貢賜之禮以通上下彼此之情，喪祭宗支嫡庶之經以教孝弟之俗，婚姻嫁娶以正男女之別，司徒、司空、司寇、賓師以舉治國治民之政，照臨考察，慶賞貶削，以爲善惡恭慢之賞罰，其制度則法天效地，其大意則安民永國者也。井田以本之，封建以維之。不井田不足以定封建土疆，不封建不足以維井田於永遠。不井田則強兼弱，大吞小，經世之政不可得而行。不封建則仕者無爵位子孫之謀，宗廟典籍之安，驟來倏去，則善者無以究其心，惡者有以容其苟，四海之大，九州之遠，雖以堯舜之仁不能固其心，封疆之守保障之事驟來倏去者亦不可得而盡也。故封建者，制度禮法之維，道德仁義之盡。古者，帝王治體之正，經世之周者也。周衰，始漸廢壞，至秦而盡廢。漢有天下，功臣宗室猶分國土，而其君臣皆無經理天下之心，井田不能行則封建自無制，封建無制則制度禮法自不能行。無事則諸侯王連城數十，地方千里，蕩無君臣上下之分。一有疑隙則倡爲叛亂，以魚肉其民。雖賈誼、主父偃各以爲言，主父偃推恩削弱之策亦見從於武帝，然終不足以治安久長者，漢之諸侯王皆一時之苟且，非經世之制也。井田，封建，禮法制度之先也。井田不能行而封建復無其制度，雖一日不可安也。五音六律不盡用，而其用者復不度無數而雜亂以陳之，而欲其樂之和，天地神人之應不可得也。有天下之慮者，亦當有以鑒乎此矣。或曰三代之盛，封建井田之所致也。周室平、桓以後，諸侯漸大，王室號令漸不能行。陵夷至於七國，而王室之微不敵一小諸侯，井田封建之末得無弊乎？曰此周末之事也，夏商二代無有也。二者之壞總在於五帝三王二千年之末，非獨壞於周之末也。行之可使二千年無大亂，是亦足爲善道矣，而况周亦用之，以享國八九百年乎！二者之行，其爲善世決矣，有天下者諗之。

元·王旭《蘭軒集》卷一五《井田説》　自秦人廢三代之井田，斯人不被先王之澤。千有餘年中，間有可復之機者三焉。漢之高、光，唐之太宗是也。皆承大亂之後，土廣民稀，有其時，又有其才，按古人已成之法，舉而措之耳。因循不革，貽恨千古。嗚呼，往者不可追，來者未可期，而復古之機，獨不在於今日乎？民極少而土極多，四海閑田，十居其七，舉而行之，易於反掌。復三代之仁政，澤天下之蒼生，開萬世之太平，豈非功之至大而士之至願歟？惜乎以身任天下之責者，未見其人也。機難得而易失，時難留而易往，玆非志士之所重嘆耶。

明·楊士奇《歷代名臣奏議》卷六八　元·鄭介夫《論井田狀元成宗年間》

隆古無豪霸之名。自秦廢井田而兼并起，於是強者日富，弱者日貧，豪霸日興，殆不可遏。蓋強必陵弱，富必欺貧，貧弱不能與競，遂歸心服命於富強之家，理勢然耳。聖朝開國以來，軫恤民憂，禁治豪霸，制令甚嚴，終莫能少戢其風。今上而府縣，下而鄉都，隨處有之，小大不侔，而蠹民則一，蜂起水湧，誅之不可勝誅，雖有智者，莫如之何。愚嘗日夜思之，不究其源，徒窒其流，未易以制也。制之之道，惟有井田一法，今不可得而行矣。蓋自古天下之田無不屬官，民不得而私有之，但強者力多，能兼衆人之利以爲富，而無力者不能自耕其所有之田，至於轉徙流蕩。先王授田，使貧富、強弱無以相過，各有其田，得以自耕，故天下無甚富、甚貧之民。至成周時，其法大備，晝地爲井。八鳩、五規、二牧、九夫以等其高下；溝洫、畎澮、川涂、畛徑以立其堤防。疆井既定，無得侵奪，雖欲貪并，不可得也。商鞅用秦，規則寖弛，已不復有井田之舊，於是開阡陌。阡陌既開，乃有豪強兼并之患，富者田連阡陌，而貧者無置錐之地。然猶不明説田在民也，官不得治而民得自占爲業耳。迄于漢亡，三國並立。兵火之餘，人稀土曠。當時天下之田既不在官，亦終不在民。以爲在官，則官無人收管；以爲在民，則又無薄籍、契券，但隨其力之所能至而耕之。元魏行均田，稍亦近古。唐因元魏而損益之，爲法雖善，然令民得賣其口分、永業，始有契約文券，日漸一日，公田盡變爲私田。先王之法，由是大壞，天下紛紛，互相吞併，而井田永不可復矣。民得自有其田而公賣之，官安得而禁制之？田既屬民，乃欲奪富者之田以與無田之民，禍亂羣興，必然之理也。董仲舒在武帝朝，此時去古未遠，井田之法尚可追也，乃曰：井田雖難卒行，宜少近古，限民名田，以贍不足。言甚善而未克行。至哀帝時，孔光、何武曰：吏民名田無過三十頃，期盡三年，而犯者沒入官。時丁傅用事，董賢隆貴，不便於己，遂寢其行。夫三十頃之田，周民三十夫之田也。以一人而兼三十夫之田，亦已過矣，而期之三年，似太迫蹙。

爲今之計，豪强卒難禁止，惟有限田之法可以制之。酌古准今，宜爲定制。每一家無論門閥貴賤，人口多寡，並以田十頃爲則。有十頃以上至于千頃者，聽令分析，或與兄弟、子姪、姻黨，或立契典賣外人，但存十頃而止。或敗亡而所存不及十頃者，亦聽。十頃以下至于一畝者，許令增買，亦至十頃而止。寬以五年爲限，如過限不依制而田富如故者，除十頃外，並没入官。然官不歸於公，仍將没官田召賣與貧民。所得田價，一半輸官，一半給主，彼富者亦甘心而無辭。不出十數年，而豪强不治而自無矣。此法不驚民，不動衆，不用井田之制，而獲井田之利，使周公復生，亦何以易此哉？然寺觀布滿天下，田業過於巨室，卒未能如會昌之併省廢毀。而僧道恃無差發，因而廣置田宅，侵奪民役，爲禍不小。亦宜立限，分爲三等：大寺觀不得過十頃，中止五頃，下存二頃。有過制者，依上沒官，亦足以少抑僧、道之僭踰也。良法美意，無加於此，以數千年未全之規，一旦復見於今日，豈非超古之事業、太平之盛觀歟？惟慮左右之臣如丁傅等，恐妨於己，百端阻當，有不得行焉。必須斷以決之，不間於讒，執而守之，克底于終，而後有所成也。惟聖朝其嘉納焉。

《明實録・太祖實録》卷六二　［洪武四年三月］，上以兵革之後中原民多流亡，臨濠地多閑棄，有力者遂得兼幷焉。乃諭中書省臣曰：古者井田之法計口而授，故民無不授田之家。今臨濠之田連疆接壤，耕者亦宜驗其丁力計畝給之，使貧者有所資，富者不得兼幷，若兼幷之徒多占田以爲己業，而轉令貧民佃種者罪之。

《明實録・太祖實録》卷二三四　［洪武二十七年八月］乙亥，遣國子監生及人材分詣天下郡縣督吏民修治水利。上諭之曰，耕稼，衣食之原，民生之所資。而時有旱澇，故不可已無備。成周之時，井田之制行，有瀦防溝，遂之遂法，雖遇旱澇，民不爲病。秦廢井田，溝洫之制盡壞，議者遂因川澤之勢引水以溉田，而水利之説興焉。朕嘗令天下脩治水利，有司不以時奉行，至令民受其患。今遣爾等往各郡縣集吏民乘農隙相度其宜，凡陂塘湖堰可瀦蓄以備旱暵，宣洩以防霖潦者皆宜因其地勢修治之，毋妄興工役，掊克吾民。衆皆頓首受命，給道里費而行。

《明實録・宣宗實録》卷七七　［宣德六年三月］，上朝退御武英殿問侍臣曰：古之井田最爲善政，後世何以終不能行。侍臣對曰：自秦開阡陌，富强者得以兼幷，因循積世，然三代之制亦不易復。上曰：然朕謂爲國養民在有實惠，何必拘于法古，誠能省徭役，薄徵斂，重本抑末，亦足養民。

《明史》卷二一四《葛守禮傳》　尋改守禮左都御史。奏言：畿内地勢窪下，河道堙塞，遇潦則千里爲壑。請倣古井田之制，濬治溝洫，使旱潦有備。章下有司。

《明史》卷二二六《海瑞傳》　瑞生平爲學，以剛爲主，因自號剛峰，天下稱剛峰先生。嘗言：欲天下治安，必行井田。不得已而限田，又不得已而均税，尚可存古人遺意。故自爲縣以至巡撫，所至力行清丈，頒一條鞭法。意主於利民，而行事不能無偏云。

《明史》一四三《王叔英傳》　叔英與孝孺友善，以道義相切劘。建文初，孝孺欲行井田。叔英貽書曰：凡人有才固難，能用其才尤難。子房於漢高，能用其才者也；賈誼於漢文，不能用其才者也。子房察高帝可行而言，故高帝用之，一時受其利，雖親如樊、酈，信如平、勃，任如蕭、曹，莫得間焉。賈生不察而易言，且言之太過，故絳、灌之屬得以短之。方今明良相值，千載一時。但事有行於古，亦可行於今者，夏時周冕之類是也。有行於古，不可行於今者，井田封建之類是也。可行者行，則人之從之也易，而民樂其利。難行而行，則從之也難，而民受其患。時井田雖不行，然孝孺卒用《周官》更易制度，無濟實事。爲燕王藉口。論者服叔英之識，而惜孝孺不能用其言也。

明・陳子龍《明經世文編》卷九方孝孺《方正學文集・與友人論井田》

僕向者僭不自量，竊傷三代聖人公天下之大典，墜地已久。見今國家法立令行，寔足以乘勢有爲，舉而措之，無所難者，故著論井田之事，可復不疑。僕雖不才，亦嘗三思之而熟究之，非偶爲是夸談也。然每患有志者寡，無與論講明之者，始見吾子行淳貌古，心獨慕焉，以爲可語斯事，故出而示之，意吾子異于流俗人。今吾子乃不察其道而横爲異辭以非之，謂不可行於今，此流俗人之常言。僕耳聽之而幾瞶者也。吾子安取而陳之哉。且人之言曰：古法有不可行于今者，若井田是也。斯言甚惑也。古之時，席地而食，手掬而飲，歃血而啗毛，衣皮而寢革，爲巢爲窟，以相居，拍手鼓腹以爲樂，此其不得已也。固不若後世宫室鐘鼓服食器用之美且適也。若此者非惟不可行，亦不必行，以其非中制也。若井田者更三四聖人而始大備，酌古今之中，盡裁成之理，生民之鉅方，禮義之所由立也。古者之世富庶勝于今，風俗美于今，上下親洽過于今，國之盛強且久過于今，曷爲而不可行哉。人又言曰：禹之洪水，桀紂之暴虐，人民稀少，故田可均。夫古之時，人民之衆，後世莫及，桀紂之暴，非若秦隋之糜爛其民也。湯武誅其君而已，非若戰國秦漢之際殺人盈城，野民何爲而少哉。今天下喪亂之餘，不及承平十分之一，故均田之行莫便於此時，而吾子乃援王莽嘗行證之，以爲不可，益謬矣。且王莽之亂非爲井田也。斯漢家之老母而奪其璽，稱制于海內，海內之人憤怒，思剖其心而食之，故因變奮起，使莽不行井田，海內亦亂，莽亦誅死，於井田何有哉。吾子又謂漢唐不行，今欲行之，難矣，尤非知本之論也。漢唐不行者，非不可行也，未嘗行也。漢高祖之世可行也，而時無其人導之。唐太宗有志於三代之盛而魏徵之流未知先後，不能輔之以成大業，孰謂不可行也。流俗之謂不可行之者以吳越言之，山溪險絶而人民稠也。夫山溪之地，雖成周之世，亦用貢法，而豈強欲堙卑夷高，以盡井哉。但使人人有田，田各有公田，通力趨事，相救相恤，不失先王之意則可矣。而江漢以北平壤千里，畫而井之，甚易爲力也。東海有魚曰鯤，身如丘山，動則雷霆，遊則濤湧，橋井之蛙，未嘗識也。伸其股而自託曰：東海寧大於井乎。鯤魚之大，孰若吾股乎。今未知天下之故，而曰井田不可行者，是橋井之蛙之類也。且僕鄙固之意，以爲不行井田，不足以行仁義者，非虛語也。仁義之行，貴人得其所。今富貴不同，富者之威，上足以持公府之柄，下足以鉗小民之財，公家有散于小民，小民未必得也。有取于富家者則小民已代之輸矣。富者益富，貧者益貧，二者皆亂之本也。或難僕以爲陳涉、韓信，非有陶朱之富，而豈富者爲亂哉。以此論井田踈矣。是殆不然，井田之行，則四海無閒民，而又有政令以申之，德禮以化之，鄉胥里師之敎不絶乎耳。苛取暴征之法不及乎身，何苦而亂乎。使陳涉韓信有廛之宅一區之田，不仰于人則且終身爲南畝之民，何假反乎。僕故曰：井田之廢，亂之所生也。欲行仁義者必自井田始。吾子欲舍井田而行仁義，猶無釜而炊也。決不得食矣。夫不以釜炊，雖愚婦知其不可，不以井田爲治，士大夫安之豈智顧不如愚婦哉。抑習俗之移人也。俗之降衰，日趨而日下，特立而不變者，惟豪傑之士能之。吾子儼然在縉紳之列，不務明聖人之道，以淑來者，而非先王之制，甚爲吾子不取也。僕訥不善爲辯，性頗質，又不喜爲媚，故直以故告吾子。孟子不云乎，不直則道不見。然而僕亦非過也，將以明道也。吾子倘有疑于心，當以見敎，僕尚能終其說不宣。

清・賀長齡《清經世文編》卷九劉鴻翮《井田論》　三代封建、井田之制，後世談治法者皆惜其廢。然自秦歷漢、唐、宋、元、明，非無英君懿辟有志復古之主，而卒不能復。夫封建之廢，人主有太阿獨運之便。柳宗元曰：私其一己之威也，私其盡臣畜於我也。井田下有利益於民，上無害於君，而亦不能復，蓋其勢有不行者矣。

論者曰：復井田，必奪富民之田以與貧民，富民不伏，以生亂。蘇眉山曰：使富民皆奉其田歸公，計爲川、爲澮、爲洫、爲溝、爲遂之繁多，必塞溪壑，平澗谷，夷丘陵，破墳墓，壞廬舍，徙城郭，易疆隴，窮天下之力，專力於此，不治他事，而後可成。井田成，民之死骨已朽矣。余謂民即不勞不死，其勢亦斷不可行，何也？

古者王畿方千里，公卿大夫元士采邑，畢在其中。公侯伯子男附庸，皆方百里、七十里、五十里、不能五十里不等。有卿，有大夫，有上士、中士、下士，其所食之田，不過如今之村堡。民之力穡以奉其上，略如今富民之佃；而又大半世祿，高曾祖父與民相依爲命。地狹則措理易周，情親則甘苦不忍以自私。又擇民之耆德，爲比長、閭師、里宰、黨正，歲時簡稼器、趨耕耨，無異父兄之督率子弟。故上以誠愛下，《噫嘻》之詩曰：駿發爾私，終三十里。下以誠戴上，《大田》之詩曰：雨我公田，遂及我私。上下樂而頌聲作，故可行也。

自秦幷天下，罷侯王，置郡守。州縣之大者，兼古方伯連帥之封，小者亦在五等之列。令之不常如傳舍，吏胥士人恥爲，民之狡滑嗜利者應役。是時而行井田，地既遼闊難周，令與民情又疏而不親。約一縣之衆，不下數十萬戶。民之二十受田、六十還田者，日可數百人。令之精神不足以給，必假手於吏胥。財多者得肥饒，財少者得磽薄，舞文弄法，訟獄繁興。從殷之助，則防民之自私其力；從周之徹，則遺秉稚穗皆干罪戾矣，豈不殆哉！且夫蚩蚩之氓，日盡力乎南畝，一聞官府之命，則駭汗不知所爲者，此後世之民情也。悍吏之催科，叫囂奔逐，而民猶有恃者，國家一定之賦，縱浮收倍取，民猶得食其所入之餘也。若井田行，則民之有田無田，皆懸諸令與胥吏之手，民不得而自主之矣，如之何其可行也？

張之欲買一方之田，畫爲數井，上不失公家之賦役，退以其私正經界，分宅里，重本抑末，以示可行。夫張子井一方之田則可，如合通邑大都之田而井之，欲保弊之不叢生，雖張子不能。何者？井田第可施於私土子民之世，封建廢，而井田斷不能復矣。如曰復封建以復井田，而國家之治亂又不在乎此。故君子勿取於泥古也。

清・賀長齡《清經世文續編》卷四一胡培翬《井田論》 生民之始，食果實，茹毛飲血，或居窟，或居巢，勢至散也。散而無統必亂，故先王思所以聚之，聚則貧富強弱相形，必至於爭，爭則聚者復散，故先王思所以保之，保其聚使不至於散且亂者，其惟井田之法乎。三代盛王所以治天下，恃有此而已矣。其制可述也。孟子曰：方里而井，井九百畝，此一井也。由是井十爲通，通十爲成，則百井；成十爲終，終十爲同，則萬井。《周禮・匠人職》曰：二耜爲耦，一耦之伐，廣尺深尺謂之甽，田首倍之。廣二尺深二尺謂之遂，九夫爲井，井間廣四尺深四尺，謂之溝。方十里爲成，爲方一里者百。成間廣八尺深八尺謂之洫，方百里爲同，爲方一里者萬。同間廣二尋深二仞，謂之澮，專達於川。此井田之制也。其有不可井者，則爲溝洫之制以通之。溝洫者，謂不畫井而但爲溝洫，故謂之溝洫，其舉二字爲名，以與井田配，始於周官疏。《遂人職》曰：夫間有遂，遂上有徑，十夫有溝，溝上有畛，百夫有洫，洫上有涂，千夫有澮，澮上有道，萬夫有川，川上有路，此溝洫之制也。井田一井九百畝，畫爲九區，象井之字，其中一區百畝爲公田，外八家各私百畝，同養公田。《詩》曰：雨我公田，遂及我私。是也。溝洫則不畫井，無公田，自一夫百畝，積而至於萬夫，爲方三十三里，少半里之地。《詩》曰：駿發爾私，終三十里。是也。井田以井計，溝洫以夫計，井田以九起數，溝洫以十起數，匠人井田之制，始于一同和九萬夫；遂人溝洫之制，始于萬夫。王畿方千里，中爲王城，從內嚮外，每面各五百里，一百里爲郊，其地置六鄉，二百里爲甸，置六遂，鄉遂用溝洫，行貢法，三百里爲稍，置家邑，四百里爲縣，置小都，五百里爲畺，置大都，家邑、小都、大都，通謂之都鄙。都鄙用井田，行助法。《孟子》曰：請野九一而助。野卽都鄙之地也。國中什一使自賦，國中卽鄉遂之地也。井田溝洫，非有異也。可井則井，不可井者則但爲溝洫而已，有溝洫以濟其窮，而井田之法遂以通行於天下。是故有數善焉。一曰可以養民。古者一夫受田百畝，上父母，下妻子，皆取給焉。二畝半爲廬舍，還廬樹桑楸，疆畔種瓜果，井竈葱韭，悉取於是。五母雞，二母彘，女工蠶績，老者得衣帛食肉焉。死者得葬焉。餘夫之能耕者亦受田二十五畝，斂以什一，民氣樂焉，頌聲作焉。一曰可以教民。古者家有塾，塾閭首之室也。春夏耕作之時，父老坐塾上，晏出後時者不得出，暮不持樵者不得入，五穀畢，入餘子皆入學。上老坐於右塾，庶老坐於左塾，八歲者學小學，十五者學大學，教之孝弟禮儀，其秀者又以升於國學而教焉。《詩》曰：攸介攸止，烝我髦士。此之謂也。一曰可以衛民身。古者寓兵於農，計地出車，通出匹馬，成出革車一乘，同出革車百乘，一車甲士三人，步卒七十二人，於農隙之時，習爲蒐狩之禮，教之坐作進退，而又大事致之追胥。比之伍兩卒旅之衆，卽比閭族黨之人，恩足相恤，義足相救，服容相別，音聲相識，故足恃而無患也。一曰可以厚民俗。古者授民田有三等，田美者少予之，田惡者多予之，上田一歲一墾，則家百畝，中田二歲一墾，則二百畝，下田三歲一墾，則三百畝，肥饒不得獨樂，墝埆不得獨苦。故其時出入更守，疾病相憂，患難相救，有無相貸，飲食相召，嫁娶相謀，漁獵分得。《詩》曰：彼有不穫穉，此有不斂穧，彼有遺秉，此有滯穗，伊寡婦之利。其效可睹矣。凡此皆井田之法之善也。夫外有以贍其身家，內有以淑其心性，常則安居而樂業，變則同仇而敵愾，古盛時上下和協，歷數百年而長治久安者，豈不以此也哉。今井田之廢久矣。當今日而欲復之，將奪富民之田以與貧民，勢必紛擾不可行，且阡陌已壞，而欲爲溝洫涂畛於其中，亦必曠日持久而難行。雖然善法，古者不襲其跡，惟其意今井田卽不可復而其法未嘗不可師而用之也。今當民之田，皆貧民耕之也。計其力之所能耕，一夫一家，亦不過百畝而止耳。誠能相其地利，時其蓄洩，令民廣種五穀蔬菜之屬，山木以時斬伐，以養生送死，於其農之勤者，又特賚以勸之，恤其身，簡其役，俾之寬然有餘，則民自知本業之可樂，知重本業，必不輕去其鄉矣。於是倣古者飲酒讀法之制，以時奉宣聖諭，行鄉飲之禮以習禮儀，令民廣設義學以牖其愚頑，倣古者會卒伍之法，立保甲以靖奸宄，禦盜賊，倣古者黨州相救相賙之法，令民廣建義倉，以救凶荒，多捐義田，以贍孤寡，則養民教民衛民厚民之政畢具於此，民自可聚不可散，可治不可亂矣。故曰戰國以來議井田者甚多，以其制爲必可復者，非也。以其法爲必不可行者，亦非也。嗚呼。古制之不存於今日，而其法未嘗不可師而用者，豈獨井田也哉。

清・賀長齡《清經世文續編》卷四一周濟《井田議》 或曰：井田不復，不能躋天下於三代之隆。或曰：井田斷不可復，復之且大亂。或曰：必因大亂之後，乃能復之。皆豎儒之說也。井田之法非聖人所能興，亦非庸人所能廢。聖人因而節制之，庸人者任其敝刓頹壞爾，今併莊之法存於北，而圩田之制存於南。併莊之法，非同井相友助之意乎。圩田之法，非甽澮溝洫旱潦蓄泄之備乎。能行併莊之法於南，而通溝洫之利於北，則井田之制故在，特異其名耳。然而併莊不能行於南，溝洫不能行於北，何也。南地狹而人稠，北地廣而人稀。人稠故多以仕宦商賈致富厚，老而倦，始委重於農，而地又狹，是故畸零交錯而不可理。地廣故不惜，人稀故不勞，以不惜之地，委不勞之人，故恆多種而少穫，廢人而任天爲治者，能度地以居民，使地之氣與民之氣足以相宜而相養，然後合南北而用其長，則凡保甲、社倉、義學、土練諸成法，皆可次第舉矣。辨埴壚墳壤塗泥，以知地之性，辨穀木蔬果糞種，以知地之宜，辨五施七施不易一易再易，以知地之力，是之謂司空之職。此之不講而以一切施之，故其說益繁，而其功益不立。奈之何，或且舍地利而空言水利也。

綜述

《周禮・地官・大司徒》 大司徒之職，掌建邦之土地之圖，與其人民之數，以佐王安擾邦國。以天下土地之圖，周知九州之地域廣輪之數，辨其山、林、川、澤、丘、陵、墳、衍、原、隰之名物，而辨其邦國都鄙之數，制其畿疆而溝封之，設其社稷之壝，而樹之田主，各以其野之所宜木，遂以名其社與其野，以土會之灋，辨五地之物生。

《周禮・地官・大司徒》 凡建邦國，以土圭土其地而制其域，諸公之地，封疆方五百里，其食者半；諸侯之地，封疆方四百里，其食者參之一；諸伯之地，封疆方三百里，其食者參之一；諸子之地，封疆方二百里，其食者四之一；諸男之地，封疆方百里，其食者四之一。凡造都鄙，制其地域，而封溝之，以其室數制之，不易之地，家百晦，一易之地，家二百晦，再易之地，家三百晦。乃分地職，奠地守，制地貢，而頒職事焉，以爲地灋，而待政令。

《周禮・地官・小司徒》 小司徒之職，掌建邦之教灋，以稽國中，及四郊都鄙之夫家，九比之數，以辨其貴賤老幼廢疾。【略】乃會萬民之卒伍而用之，五人爲伍，五伍爲兩，四兩爲卒，五卒爲旅，五旅爲師，五師爲軍，以起軍旅。以作田役，以比追胥，以令貢賦。乃均土地，以稽其人民，而周知其數，上地家七人，可任也者，家三人，中地家六人，可任也者，二家五人，下地家五人，可任也者，家二人。凡起徒役，毋過家一人，以其餘爲羨，唯田與追胥竭作。【略】乃經土地，而井牧其田野，九夫爲井，四井爲邑，四邑爲丘，四丘爲甸，四甸爲縣，四縣爲都。以任地事而令貢賦，凡稅斂之事，乃分地域而辨其守，施其職而平其政。

《周禮・地官・載師》 載師掌任土之灋，以物地事授地職，而待其政令。以廛里任國中之地，以場圃任園地，以宅田、士田、賈田，任近郊之地，以官田、牛田、賞田、牧田，任遠郊之地，以公邑之田任甸地，以家邑之田任稍地，以小都之田任縣地，以大都之田任畺地。凡任地，國宅無征，園廛二十而一，近郊十一，遠郊二十而三，甸稍縣都，皆無過十二，唯其漆林之征，二十而五。凡宅不毛者有里布，凡田不耕者出屋粟，凡民無職事者，出夫家之征。以時徵其賦。

《周禮・地官・遂人》 遂人掌邦之野。以土地之圖，經田野，造縣鄙形體之灋，五家爲鄰，五鄰爲里，四里爲酇，五酇爲鄙，五鄙爲縣，五縣爲遂，皆有地域溝樹之使，各掌其政令刑禁，以歲時稽其人民，而授之田野，簡其兵器，教之稼穡。凡治野以下劑，致甿以田里，安甿以樂昏，擾甿以土宜，教甿稼穡以興耡，利甿以時器，勸甿以彊予，任甿以土均平政。辨其野之土，上地，中地，下地，以頒田里。上地，夫一廛，田百晦，萊五十晦，餘夫亦如之。中地，夫一廛，田百晦，萊百晦，餘夫亦如之。下地夫一廛，田百晦，萊二百晦，餘夫亦如之。凡治野，夫間有遂，遂上有徑，十夫有溝，溝上有畛，百夫有洫，洫上有涂，千夫有澮，澮上有道，萬夫有川，川上有路，以達于畿。以歲時登其夫家之衆寡，及其六畜車輦，辨其老幼癈疾，與其施舍者，以頒職作事，以令貢賦，以令師田，以起政役。

《周禮・冬官考工記下・匠人》 匠人爲溝洫，耜廣五寸，二耜爲耦。一耦之伐，廣尺，深尺，謂之甽。田首倍之，廣二尺，深二尺，謂之遂。九夫爲井，井間廣四尺，深四尺，謂之溝。方十里爲成，成間廣八尺，深八尺，謂之洫。方百里爲同，同間廣二尋，深二仞，謂之澮。

紀事

《左傳・成公二年》 先王疆理天下，物土之宜，而布其利。故《詩》曰：我疆我理，南東其畝。今吾子疆理諸侯，而曰盡東其畝而已，唯吾子戎車是利，無顧土宜，其無乃非先王之命也乎。

《左傳・襄公十年》 初，子駟爲田洫，司氏、堵氏、侯氏、子師氏皆喪田焉。

《左傳・襄公二十五年》 甲午，蔿掩書土田，度山林，鳩藪澤，辨京陵，表淳鹵，數疆潦，規偃豬，町原防，牧隰皋，井衍沃，量入脩賦，賦車籍馬，賦車兵。徒卒甲楯之數。

《公羊傳・桓公元年》 此魯朝宿之邑也。則曷爲謂之許田，諱取周田也。諱取周田，則曷爲謂之許田，繫之許也。曷爲繫之許，近許也。此邑也，其稱田何，田多邑少稱田，邑多田少稱邑。

《公羊傳・宣公十五年》 初稅畝。初者何，始也。稅畝者何，履畝而稅也。初稅畝，何以書，譏，何譏爾。譏始履畝而稅也。何譏乎始履畝而稅。古者什一而藉。古者曷爲什一而藉，什一者，天下之中正也，多乎什一，大桀小桀。寡乎什一，大貉小貉。什一者，天下之中正也，什一行而頌聲作矣。

《穀梁傳・哀公十二年》 十有二年春，用田賦。古者公田什一，用田賦，非正也。

《漢書》卷二四上《食貨志》 及秦孝公用商君，壞井田，開仟伯，急耕戰之賞，雖非古道，猶以務本之故，傾鄰國而雄諸侯。然王制遂滅，僭差亡度。庶人之富者累鉅萬，而貧者食糟糠；有國彊者兼州域，而弱者喪社稷。至於始皇，遂并天下，內興功作，外攘夷狄，收泰半之賦，發閭左之戍。男子力耕不足糧饟，女子紡績不足衣服。竭天下之資財以奉其政，猶未足以澹其欲也。海內愁怨，遂用潰畔。

藝文

《詩・小雅・信南山》 信彼南山，維禹甸之。畇畇原隰，曾孫田之。我疆我理，南東其畝。

《詩・大雅・公劉》 篤公劉，匪居匪康。迺埸迺疆，迺積迺倉。迺裹餱糧，于橐于囊，思輯用光。弢斯張，干戈戚揚，爰方啓行。【略】

篤公劉，既溥既長，既景迺岡，相其陰陽，觀其流泉。其軍三單，度其隰原，徹田爲糧。度其夕陽，豳居允荒。

《詩・大雅・崧高》 王命召伯，徹申伯土田。王命傅御，遷其私人。【略】

王命召伯，徹申伯土疆。以峙其粻，式遄其行。

《詩・大雅・韓奕》 奕奕梁山，維禹甸之。有倬其道，韓侯受命。

《詩・大雅・江漢》 釐爾圭瓚，秬鬯一卣，告于文人。錫山土田，于周受命，自召祖命。虎拜稽首，天子萬年。

《詩・周頌・噫嘻》 噫嘻，春夏祈穀于上帝也。噫嘻成王，既昭假爾。率時農夫，播厥百穀。駿發爾私，終三十里。亦服爾耕，十千維耦。

雜録

《易・繫辭下》 包犧氏沒，神農氏作。斲木爲耜，揉木爲耒。耒耨之利，以教天下，蓋取諸益。

《易・井》 井，改邑不改井。無喪無得，往來井井。汔至亦未繘井，羸其瓶，凶。

《易・無妄》 六二：不耕，穫。不菑，畬，則利有攸往。不耕而穫，不菑而畬，代終已成而不造也。不擅其美，乃盡臣道，故利有攸往。〔疏〕象曰：至利有攸往。正義曰：不耕穫，不菑畬者，六二處中，得位盡於臣道，不敢創首，唯守其終，猶若田農不敢發首而耕，唯在後穫，刈而已不敢菑。發新田，唯治其菑，熟之地，皆是不爲其始而成其末，猶若爲臣之道不爲事始而代君有終也。則利有攸往者，爲臣如此，則利有攸往，若不如此，則往而無利也。象曰：不耕，穫。未富也。〔疏〕正義曰：釋不耕而穫之，義不敢前耕，但守後。穫者未敢以耕，耕之與穫俱爲己事，唯爲後穫，不敢先耕，事既闕初，不擅其美，故云未富也。

《尚書・虞夏書三・禹貢上》

疏：貢者，《廣雅・釋詁》云：上也，稅也。《釋言》云：獻也。《楚語》：觀射父曰：天子之田九畡，王取經入焉，以食萬官。注云：經，常也。常入，征稅也。《詩・甫田》傳云：彼太古之時，以丈夫稅田也。歲取十千，於井田之法則一成之數也。九夫爲井，井稅一夫，其田百畝。井十爲通，通稅十夫，其田千畝。通十爲成成方十里，成稅百夫，其田萬畝。欲見其數從井通起，故言十千。上地穀畝一鍾。據此，則黄帝制井田，當有稅夫之法，卽貢也。《史記・五帝本紀》云：軒轅乃習用干戈，以征不享。《索隱》云：謂征諸侯之不朝享者。本或作亭。案：《考工記》注：鄭司農云：奠讀爲亭。則亭卽奠，《顧命》所謂一二臣衛，敢執壤奠。鄭注以爲享禮亦貢也。古有稅民之法及諸侯貢法，堯時遭洪水，不能修其制，至禹始更作之。《夏本紀》云：禹乃行相地宜所有以貢，及山川之便利。《詩・韓奕》云：維禹甸之。箋云：禹甸之者，決除其災，使成平田，定貢賦於天子。《孟子・滕文公》篇云：夏后氏五十而貢，殷人七十而助，周人百畝而徹，其實皆什一也。注云：民耕五十畝者，貢上五畝。古以貢當稅，卽經所言賦，凡貢之物不在賦外，故孟子云夏貢什一也。

禹敷土，注：史遷敷作傅。馬融曰：敷，分也。鄭康成曰：敷，布也，布治九州之水土。敷一作溥。疏：史公敷作傅者，《夏本紀》云：禹乃遂與益、后稷奉帝命，命諸侯百姓興人徒以傅土。傅與敷音相近，蓋釋傅爲治也。《孟子・滕文公》篇云：舉舜而敷治焉。注引經，云：是言治其土也。《廣雅・釋言》云：傅，敷也。治水土非一人之力，故奉帝命興人徒。馬注見《史記集解》。云分者，言分爲九州。《漢書・地理志》注云：敷，分也。《書・序》云：禹別九州。馬義所本。鄭注見《周禮・大司樂》疏。云敷，布者，《山海經・海內經》云：帝乃令禹卒布土以定九州。布土卽敷土。《詩》傳云：敷，布也。《說文》云：尃，布也。敷，㪃也。《書傳》以敷爲尃，音相近，假借字。又鄭注《周禮・大司樂》云：禹治水傅土，言其德能大中國也。《商頌・長發》云：禹敷下土方。箋云：禹敷下土正四方，廣大其竟界之時，始有王天下之萌兆。鄭意又以敷爲大者，《詩》傳云：溥，大。《詩》《釋文》引《韓詩》敷敦淮濆云：敷，大也。《荀子・成相》篇作溥。隨山刊木，注：史遷隨作行，刊作表。鄭康成曰：必隨州中之山而登之，除木爲道，以望觀所當治者，則規其形，而度其功焉。刊一作栞，亦作栞。疏：史公說隨爲行者，《廣雅・釋詁》云：隨，行也。《淮南・修務訓》：隨山栞木。高誘注：隨，循也。循義近行。刊爲表者，《周語》云：道無列樹。注云：古者列樹以表道。刊蓋削而識之。鄭注見《書》疏。以刊爲除者，《春秋左氏・襄廿五年》傳云：井堙木刊。注云：刊，除也。刊，《說文》作栞，云：槎識也。引此文，讀若刊，篆又作栞。又云：槎，衺斫也。《魯語》云：山不槎蘖。注云：槎，斫也。槎識者，斫木爲識，卽表道也。《管子・形勢解》云：禹身決瀆，斬高橋下，以爲民利。蓋古說以刊木爲斬高木以橋下隰也。奠高山大川。注：史遷說奠爲定。《大傳》說：高山大川，五嶽、四瀆之屬。馬融曰：定其差秩，祀禮所視也。疏：史公說奠爲定者，《周禮・司市》云：平肆展成奠賈。注云：奠讀爲定。杜子春云：奠當爲定。是奠與定通也。《大傳》說高山大川爲五嶽四瀆者，見《史記集解》，今《大傳》脫文。《大傳》云：五嶽，謂岱山、霍山、華山、恆山、嵩山也。江、淮、河、濟爲四瀆。五嶽視三公，四瀆視諸侯，其餘山川視伯，小者視子男。見《白虎通・巡守》篇。五嶽以南嶽爲霍山，今文家說也，見《堯典》疏。馬氏注見《史記集解》。《書》疏及《王制》疏引鄭注《大傳》云所視者，謂其牲幣粢盛籩豆爵獻之數，非謂尊卑，足證馬義也。

冀州既載，注：史遷說爲禹行自冀州始。冀州既載。馬融曰：載，載于書也。鄭康成曰：兩河間曰冀州。不書其界者，時帝都之，使若廣大然。載之言事，事謂作徒役也。禹知所當治水，又知用徒之數，則書於策以告帝，徵役而治之。疏：《說文》云：冀，北方州也。《淮南子・地形訓》云：正中冀州曰中土。注云：冀，大也。四方之主，故曰中土也。《呂氏春秋・有始覽》云：兩河之間爲冀州，晉也。注云：東至清河，西至西河。《書》疏引李巡云：兩河間其氣清，厥性相近，故曰冀。冀，近也。《釋名》云：冀州，取地以爲名也。其地有險有易，帝王所都，亂則冀治，弱則冀彊，荒則冀豐也。案：鄭注舜肇十有二州云，舜於舊九州外，分青州爲營州，冀州爲幷州、幽州。至夏仍合爲九，則《禹貢》冀州兼幽、幷二州之地，故《說文》以爲北方州，字從北也。史公說爲自冀州始者，《詩》傳云：載，始也。則《史記》下云冀州既載，說爲冀州既始耳。馬注見《釋文》。云載於書者，《春秋左氏・僖六年》傳云：載在盟府。注云：載，載書也。鄭注見《史記集解》，又見《公羊傳》莊十年疏及《書》疏。云兩河間曰冀州者，用《釋地》文。云不書其界者，據下兖州有云濟、河惟兖州，海、岱惟青州已下諸州，皆書其界，則此亦當以山河爲界，而不書之，使若廣大也。云時帝都之者，《春秋左氏・哀六年》傳引《夏書》曰：惟彼陶唐，有此冀方。注云：唐虞及夏同都冀州。疏云：堯治平陽。在冀州也。《地理志》云：河東，本唐堯所居，《詩・風》唐、魏之國也。又平陽，應劭曰：堯都也，在平河之陽。《郡國志》：太原郡晉陽，本唐國。注云：《毛詩譜》曰堯始都於此，後遷河東平陽。平陽故城，在今山西臨汾縣西南。云使若廣大者，高誘注《淮南》云：冀，大也。義與鄭同。云載之言事者，《周書・謚法》云：載，事也。《漢書》載其清靜卽事其清靜。云作徒役者，因《夏本紀》有奉帝命，命諸侯百姓興徒以傅土，故云然也。壺口治梁及岐。注：馬融曰：壺口，山名。鄭康成曰：《地理志》壺口在河東北屈，梁山在左馮翊夏陽，岐山在右扶風美陽西北。於此言治梁及岐者，蓋治水從下起，以襄水害易也。疏：馬注見《釋文》。鄭注見《史記集解》，又見《詩・周南召南譜》疏及《書》疏。引《地理志》者，《漢志》云：河東郡北屈，《禹貢》壺口山在東南。鄭于北屈下脫東南，或省文。《水經・

禹貢山水澤地所在》同。案：北屈在今山西吉州西，山在州西南七十里。又《漢志》：馮翊夏陽，《禹貢》梁山在西北。鄭脫西北。《水經・禹貢山水澤地所在》云：在夏陽縣西北河上。案：夏陽縣在今陝西韓成縣西南，山在縣西北九十里。《漢志》：右扶風美陽，《禹貢》岐山在西北。中水鄉，周太王所邑。案：美陽在今陝西扶風縣北，山在陝西岐山縣東北十里。《水經・汾水注》云：汾水南與平水合。水出平陽西壺口山，《尚書》所謂壺口治梁及岐也。此山在今山西汾陽縣西南，與《地理志》說異。云治水從下起者，《書》疏云：壺口西至梁山，梁山西至岐山，從東向西言之也。案：梁岐是雍州山而見于冀州，故云從下起。既修太原，至于岳陽。注：鄭康成曰：岳陽縣，太岳之南。于《地理志》，太原今以爲郡名。太岳在河東故縣彘東，名霍太山。疏：修者，《廣雅・釋詁》云：治也。陽者，《說文》云：山南曰陽。鄭注見《詩・唐風譜》疏。云太原今以爲郡名者，《地理志》及《郡國志》云：太原郡，在晉陽，屬幷州。杜氏《春秋釋例》云：晉、大鹵、太原、大夏、參虛、晉陽，一地六名。案：今山西太原府太原縣也。云太岳在河東故縣彘者，《漢志》：河東郡彘，霍太山在東，冀州山。案：彘縣在今山西霍州西，山在州東南三十里。覃懷厎績，至于衡漳。注：史遷說厎績爲致功。馬融曰：衡漳，水名。鄭康成曰：懷縣屬河內。《地理志》云：漳水出上黨沾縣大要谷，東北至安平阜城入河，行千六百八十里。衡漳者，漳水橫流入河。疏：覃懷者，《地理志》河內郡有懷縣。經云覃懷者，《史記索隱》云：蓋覃懷二字，或當時共爲一地之名。案：懷縣故城在今河南武陟縣西，即覃懷也。史公說厎爲致者，《釋言》文。績爲功者，《釋詁》文也。馬注見《釋文》。鄭注見《史記集解》，又見《周禮職方氏》疏及《書》疏。引《地理志》云云者，《漢志》上黨長子鹿谷山，濁漳水所出，東至鄴入清漳。沾縣大要谷，清漳水所出，東北至阜城入大河，過郡五，行千六百八十里。與鄭所引略同，而鄭不引濁漳，以其入清漳，略之也。案：沾縣，今山西樂平縣。阜城，字或譌爲邑城，今屬直隸河間府。云衡漳，漳水橫流入河者，經典多衡與橫通。《水經》：濁漳水又東北過斥章縣南。注云：魏太祖鑿渠引漳水，東入清洹以通河漕，名曰利漕渠。漳津故瀆水，斷舊溪東北出，涓流瀸注而已，《尚書》所謂覃懷厎績，至於衡漳者也。又北逕平恩故城西。案：斥章故城在今直隸曲周縣東，平恩故城在今山東邱縣西。《史記正義》引《括地志》云：衡漳水在瀛州東北百二十里平舒縣界也。平舒，漢之東平舒，今直隸大城縣。清漳水過郡五者，上黨、魏郡、廣平、鉅鹿、信都也。厥土惟白壤，注：史遷厥皆作其。馬融曰：壤，天性和美也。疏：史公厥皆爲其，下不更出。馬注見《釋文》。以壤爲天性和美者，《說文》云：壤，柔也。鄭注《周禮》云：壤亦土也，變言耳。以萬物自生焉，則言土，土猶吐也。以人所耕而樹藝焉，則言壤，壤，和緩之貌。然則鄭於此雖缺注，義亦與馬同也。厥賦惟上上錯，注：馬融曰：地有上下相錯，通率第一。鄭康成曰：此州入穀不貢。賦之差，一井，上上出九夫稅，上中出八夫稅，上下出七夫稅，中上出六夫稅，中中出五夫稅，中下出四夫稅，下上出三夫稅，下中出二夫稅，下下出一夫稅。通率九州，一井稅五夫。疏：賦者，《廣雅・釋詁》云：稅也。錯者，《詩》傳云：雜也。馬注見《釋文》。云通率第一者，九州之中爲第一也。《僞傳》云雜出第二，非馬義。鄭注見《書》疏及《王制》疏。云此州入穀不貢者，《王制》云：天子百里之內以共官，千里之內以爲御。注云：謂此州之田稅所給也。官，謂其文書財用也。御，謂衣食。《周禮・閭師》疏引《鄭志》云：田稅如今租矣。《王制》又云：千里之內曰甸。注云：服治田出穀稅。千里之外曰采。注云：九州之內，地取其美物以當穀稅。據此，知冀州畿內惟入穀稅也。《詩・甫田》疏引《鄭志》云：凡所貢篚之物，皆以稅物市之，隨時物價以當邦賦。《周禮・太宰》：以九貢致邦國之用。疏云：諸侯國內得民稅，大國貢半，次國三之一，小國四之一。所貢者市取當國所出美物，則《禹貢》所云厥篚厥貢之類是也。據此，知餘州雖有厥貢之文，不入穀，準其賦之額，買土物以貢。此州不言厥貢，以帝都所需，令有司市買，不煩諸侯貢篚，故入穀不貢也。云賦之差，一井，上上出九夫稅者，江氏聲云：《孟子》云：夏后氏五十而貢，殷人七十而助，周人百畝而徹，其實皆什一也。又云：井九百畝，其中爲公田。又云：惟助爲有公田。是則夏制什一，稅夫，田不畫井。鄭注《周禮・匠人》備引《孟子》文而云：周制畿內用夏之貢法，稅夫，無公田。是鄭氏亦謂夏時無井田也。此以井計者，以九夫爲井，差爲九等甚便，故假以言之爾。《王制》疏云以《禹貢》九州有上中下三等，故以井田計之是也。云一井，上上出九夫稅者，一井之中，九夫各以所收之什一爲稅。上中出八夫稅者，謂通九夫共出八夫所收之什一爲稅。以下至出一夫稅，皆謂九夫通出其什一也。《詩・甫田》疏節引此注，而以爲鄭欲品其多少，無所比況，遂以九井擬之，以示稅之多少，非其實稅之也。是以其賦之輕重懸殊，而疑其非實稅。案：《左氏・襄二十五年》傳云：度山林，鳩藪澤，辨京陵，表淳鹵，數疆潦，規偃豬，町原防，牧隰皋，井衍沃。疏引賈逵注，以爲賦稅差品，云：山林之地，九夫爲度，九度而當一井也。藪澤之地，九夫爲鳩，八鳩而當一井也。京陵之地，九夫爲辨，七辨而當一井也。淳鹵之地，九夫爲表，六表而當一井也。疆潦之地，九夫爲數，五數而當一井也。偃豬之地，九夫爲規，四規而當一井也。原防之地，九夫爲町，三町而當一井也。隰皋之地，九夫爲牧，二牧而當一井也。衍沃之地，畝百爲夫，九夫爲井。夫曰九度而當一井，非卽一井出一夫稅乎？其九等之差，正與此九等之稅同，何見而疑此非實稅耶？雖此是田賦，與《左傳》通計山林等九者不同，然《周禮》授民田，有不易、一易、再易，則田之肥磽固有相懸數倍者。且如《左傳》所云九等之地，九州皆有。苟是州沃衍之地多，則統一州而計，通率一井可得八九夫稅。設是州山林藪澤之地多，則統一州而計，通率出一二夫稅。況其田有不易、一易、再易之殊，則九夫一夫之差，理勢固然，不足怪也。通率九州，一井稅五夫者，有九夫稅，有一夫稅，合之共十夫，均分之則各五夫。其八夫通二夫，七夫通三夫，六夫通四夫，均之則皆然。是率一井稅五夫也。《周禮》授民田，不易者百畝，一易者倍之，再易者三之，通率三家而受六夫，其野則六家而受十三夫。其賦則惟計見耕之田而稅之，通而計之，則一夫之地惟稅五十畝，故《管子・幼官》篇云田租百取五，卽此制也。地力肥磽，古今如一，推之夏制，田賦之法當亦一夫惟稅五十畝，故《孟子》曰夏后氏五十而貢，其實什一也。熊安生《禮》疏云夏政寬簡，一夫之地惟稅五十是也。厥田惟中中。注：馬融曰：土地有高下。鄭康成曰：地當陰陽之中。能吐生萬物者，曰土；據人功作力競得而田之，則爲之田。田著高下之等者，當爲水害備也。疏：田者，《說文》云：陳也，樹穀曰田。象四口。十，阡陌之制也。《爾雅・釋文》引李注云：田，陳也，謂陳列種穀之處。馬注見《釋文》。云土地有高下者，據地勢言之，不論肥瘠也。鄭注見《書》疏。云地著高下之等者，田之九等，以地形高下分之，不與賦同。《漢書・敘傳》云：《坤》作墜勢，高下九則。注引劉德曰：九則，九州土田上中下九等也。是鄭本舊說。且田之九等，上者非肥，下者非磽。《溝洫志》賈讓奏言：若有渠漑，則鹽鹵下濕，填淤加肥；故種禾麥，更爲秔稻，高田五倍，下田十倍。鄭云當爲水害備也。江氏聲云：崑崙高一千里，九州在崑崙東南，故西北高，東南下。雍州在西北，田上上。揚州在東南，田下下。推之餘州，知以高爲上、卑爲下也。王肅等云：土地各有肥瘠，不應冀州中中之田，反出上上之賦，雍州田上上，反出中下之賦。其說非是。云地當陰陽之中者，五行木火爲陽，王于春夏；金水爲陰，王于秋冬；土位中央，王于四者之間，是當陰陽之中也。云吐生萬物者，《白虎通・五行》篇云：土主吐含萬物，土之爲言吐也。云據人功作力競得而田之，則謂之田者，《釋名》云：田，填也，五稼填滿其中也。已耕者曰田。《周書・多方》云畋爾田是也。恆、衛既從，大陸既作。注：史遷恆作常，說既作曰既爲。鄭康成曰：《地理志》恆水出恆山，衛水在靈壽，大陸澤在鉅鹿北。《爾雅・釋地》：八藪，晉有大陸。疏：史公恆作常，《地理志》亦稱恆山爲常山郡。鄭注見《史記集解》及《通典》，又見《周禮・大司徒》疏。引《地理志》者，《漢志》：常山郡上曲陽，恆山北谷在西北。并州山。《禹貢》恆水所出，東入滱。靈壽縣，《禹貢》衛水出東北，東入虖池。《水經》云：滱水東過中山上曲陽縣北，恆水從西來，南注之。注云：自下滱水，兼納恆川之通稱焉，卽《禹貢》所謂恆衛既從也。案：上曲陽，今直隸曲陽縣，恆山在西北，恆水合滱水在縣東北。靈壽，今屬直隸眞定府，衛水在縣東北，又南流逕縣東入虖池。鄭以大陸爲鉅鹿者，《地理志》：鉅鹿，《禹貢》大陸澤在北。案：古澤在今直隸鉅鹿縣北，今則在新河、寧晉二縣之交。此班氏及鄭氏義也。《呂氏春秋・有始覽》云：晉之大陸。注云：魏獻子所居。又云：趙之鉅鹿。注云：廣阿澤也。是則秦時說大陸、鉅鹿爲二處。《春秋左氏・定元年》傳：魏獻子田于大陸，還，卒於甯。注云：疑此田在汲郡吳澤荒蕪之地。甯，今修武，近吳澤。《書》疏引杜氏《春秋說》云：嫌鉅鹿絕遠，以爲汲郡修武縣吳澤也。《淮南・地形訓》亦分大陸、鉅鹿爲二藪，然則《爾雅》既云晉有大陸，注以爲趙之鉅鹿廣河澤，非也。《禹貢》大陸，亦當以晉之吳澤爲是，在今河南修武縣。《水經・淇水注》引《晉書・地道記》曰朝歌城本沬邑也，紂都，在《禹貢》冀州大陸之野，卽此矣。《水經・濁漳水注》云自甯迄於鉅鹿，出於東北，皆爲大陸，則合大陸、鉅鹿爲一。酈氏爲調停之說，疑非也。古說當從修武之大陸。島夷皮服。注：史遷島作鳥。馬融曰：鳥夷，國。鄭氏曰：鳥夷，東北之民賦食鳥獸者。疏：史公島作鳥者，島當爲鳥。《集韻》三十二《晧》云：島，古作鳥。馬注見《釋文》，鄭注見《史記集解》及《書》疏，皆作鳥。《疏》引東北作東方，賦作搏。夾右碣石，入于河。注：史遷河作海。鄭康成曰：《戰國策》碣石在九門縣，今屬常山郡。蓋別有碣石，與此名同，今驗九門無此山也。禹由碣石山西北行，盡冀州之境，還從山東南行，入河。治水既畢，更復行之，觀地肥瘠，定貢賦高下。疏：《漢書・武帝紀》：詔曰：東巡海上，至碣石。注：文穎曰：在遼西絫縣。絫縣今罷，屬臨渝。此石著海旁。《水經・禹貢山水澤地所在》云：碣石山在遼西臨榆縣南水中。注云：大禹鑿其石，夾右而納河，秦始皇、漢武帝皆嘗登之。海水西侵，歲月逾甚而苞其山，故云海中矣。《水經・河水注》又云：河之入海，舊在碣石，今川流所導，非禹瀆也。周定王五年河徙故瀆，故班固曰商竭周移也。又云：漢武帝元光二年，河又徙東郡，更注勃海，是以漢司空王橫言曰往者，天嘗連雨，東北風，海水溢，西南出，侵數百里，故張揖云碣石在海中，蓋淪於海水也。案：臨渝，今奉天府西境地。史公河作海者，《集解》徐廣曰：海，一作河。酈道元既云夾右而納河，則入河亦是也。鄭注見《書》疏。云《戰國策》碣石在九門縣云云者，《地理志》常山九門無碣石山，《郡國志》常山國九門劉昭注有碣石山，引《戰國策》云在縣界。今《戰國策》無此文。案：九門，今直隸藁城縣，無山可指，故鄭云今驗九門無此山也。《地理志》：右北平驪成，大揭石山在縣西南。案：驪成，今直隸撫寧縣，屬永平府，蓋近臨渝。然則九門既無山，可證鄭云別有碣石，或以《禹貢》碣石在臨渝，今注脫文耳。

濟、河惟兗州。注：史遷兗作沇。鄭康成曰：言沇州之界在此兩水之間。濟一作泲，兗一作沿。疏：兗卽沇字，橫水在上，隸之變也。經文下作沇。濟，本字作泲，《說文》：泲，沇也，東入于海。經作濟，假音字。此濟出常山房子贊皇山，名石濟，今在直隸，《爾雅・釋地》云：濟、河間曰沇州。注云：自河東至濟。《公羊》疏引李巡云：濟、河間其氣專質，厥性信謹，故曰兗。兗，信也。《釋名》云：兗州，取兗水以爲名也。《晉書・地理志》引《春秋元命包》云：兗，端也，信也。《呂氏春秋・有始覽》云：河、濟之間爲兗州，衛也。注云：河出其北，濟經其南。沇作沿者，《說文》云：沇，九州之渥地也，故以沇名焉。古文作沿，又作容。鄭注見《史記集解》。云在此兩水之間者，亦如高誘注河出其北，濟經其南也。九河既道，注：馬融曰：九河名徒駭、太史、馬頰、覆釜、胡蘇、簡、潔、鉤盤、鬲津。鄭康成曰：河水自上至此，流盛而地平無岸，故能分爲九以衰其勢。壅塞，故通利之也。九河之名：徒駭、太史、馬頰、覆釜、胡蘇、簡、潔、鉤盤、鬲津。周時齊桓公塞之，同爲一，今河間弓高以東，至平原鬲津，往往有其遺處焉。疏：九河之名見《爾雅》，云：從《釋地》已下至九河，皆禹所名也。曰徒駭，《書》疏引李巡云：徒駭者，禹疏九河，以徒衆起，故曰徒駭。孫炎云：徒駭，禹疏九河，用功雖廣，衆懼不成，故曰徒駭。郭注云：今在成平縣。《漢・地理志》：勃海成平，虖池河，民曰徒駭河。《太平寰宇記》云：滄州清池縣，本漢浮陽縣。徒駭河，九河之一，與清池相接。案：成平在今直隸獻縣東南也。曰太史，《書》疏引李巡云：太史，禹大使徒衆通其水道，故曰太史。《詩》疏引孫炎云：太史者，徒衆，故依名云。《釋文》引或云：太史者，史官記事之處。元于欽《齊乘》云：太史在東光之北，成平之南。又云：當在清、滄二州之間。《明一統志》云：太史河在南皮縣北。曰馬頰，《爾雅·釋文》引李巡、孫炎云：河勢上高下狹，狀如馬頰也。《通典》云：馬頰在平原郡界。《元和郡縣志》云：德州安德縣，馬頰河在縣南五十里。又云：平昌縣，馬頰河在縣南十里。安德縣，今山東德州也。曰覆鬴，《詩》疏引李巡云：覆釜者，水多清，其渚往往而處，狀如覆釜。《釋文》引孫炎云：水中多渚，往往有可居之地，狀如覆釜之形。《通典》云：覆釜在平原郡界。《齊乘》云：在東光之北。《明一統志》云：舊志所載，有覆釜枯河，自慶雲經海豐縣南入海。曰胡蘇，《詩》疏引李巡云：胡蘇者，其水下流，故曰胡蘇。胡，下也。蘇，流也。孫炎云：胡蘇者，水流多散，胡蘇然。《地理志》：勃海東光，有胡蘇亭。《水經·淇水注》云：清河東至東光縣西南，逕胡蘇亭。《通典》：滄州東光縣，漢舊縣，古胡蘇河在此。《齊乘》云滄州之南有大連澱，西踰東光，東至海是也。今在直隸滄州。曰簡，《詩》疏引李巡云：簡，大也。河水深而大也。《書》疏引孫炎云：簡者，水通易也。《史記正義》云：簡在貝州歷亭縣界。歷亭，今山東恩縣，屬東昌府也。曰潔，《書》疏引李巡云：絜，言河水多山石，治之苦潔。潔，苦也。《釋文》引孫炎云：水多約潔。《輿地廣記》云：簡、潔在臨津。《金史·地理志》：滄州南皮，有潔河。南皮，今直隸縣。曰鉤盤，《書》疏引李巡云：鉤盤，言河水曲如鉤，屈折如盤也。《釋文》云：李本作股，云水曲如鉤，折如人股，故曰鉤股。《詩》疏引孫炎云：水曲如鉤，盤桓不前也。《釋文》引郭氏《音義》云：鬲、般今皆爲縣，屬平原郡。《後漢書·袁紹傳》云：公孫瓚還屯槃河。注云：故河道在今德州昌平縣界，入滄州樂陵縣，今名枯槃河。《通典》云：鉤盤在景城郡。《水經·河水注》云：大河故瀆東出，亦通謂之篤馬河，故渠川派東入般縣，爲般河，亦九河之一道也。《元和郡縣志》云：棣州陽信縣，鉤盤河經縣北四十里。《太平寰宇記》：滄州樂陵縣，鉤盤河在縣東南五十里。案：樂陵，今山東縣，屬武定府也。曰鬲津，《詩》疏引李巡云：鬲津者，河水狹小，可隔曰津，故曰鬲津。孫炎云：鬲津者，水多阨狹，可隔以爲津而橫渡也。《地理志》：平原鬲縣，平當以爲鬲津。《元和郡縣志》：德州安德縣，本漢舊縣，鬲津枯河在縣南七十里。案：鬲縣故城在今山東德州北。《詩》疏云：徒駭是九河之最北者，鬲津是九河之最南者，《爾雅》之文從北而說也。太史、馬頰、鉤盤，文在胡蘇之上，則三者在成平之南、東光之北也。簡、潔覆釜，文在胡蘇之下，則三者在東光之南、鬲縣之北也。邵氏晉涵云：案九河次第，《詩》疏以鉤盤列第四，覆釜列第八。陸氏《釋文》以覆鬴列第四，鉤盤列第八。所見本異也。《漢舊·溝洫志》云：許商以爲古說九河之名，有徒駭、胡蘇、鬲津，今見在成平、東光、鬲界中。自鬲以北至徒駭間，相去二百餘里，今河雖數移徙，不離此域。《水經·漳水注》云：九河既播，八枝代絕，遺迹故稱，往往時存。故鬲、盤列於東北，徒駭瀆聯漳絳。同逆之狀麤分，陂障之會猶存，是古說九河遺迹也。馬注見《史記集解》。鄭注見《詩·般》疏。云周時齊桓公塞之，同爲一河者，《公羊》疏引《尙書中候》云：齊桓之霸，遏八流以自廣。《書》疏引《春秋緯·寶乾圖》云：移河爲界在齊呂，塡遏八流以自廣。是鄭說所本也。雷夏既澤，灉、沮會同，注：鄭康成曰：雍水、沮水相觸而入此澤中。《地理志》曰：雷澤在濟陰城陽縣西北。疏：雷夏既澤，謂雷澤。《五帝本紀》云：舜耕歷山，漁雷澤。《集解》引鄭氏云：雷夏，兗州澤，今屬濟陰。《水經·禹貢山水澤地所在》云：雷澤在濟陰成陽縣西北。注云：瓠子河故瀆自句陽縣西又東逕雷澤北。澤在大成陽故城西北十餘里，其陂東西二十餘里，南北十五里，卽舜所漁也。案：句陽故城在今山東菏澤縣北。雍、沮，水名。《爾雅·釋水》云：水自河出爲灉。許氏《說文》云：河灉水在宋。濮州南則宋地也。《史記正義》引《括地志》云：雷夏澤在濮州雷澤縣郭外西北。灉、沮二水在雷澤西北平地也。案：其水故道在今山東濮州，河漫，變爲平陸矣。鄭注見《史記集解》，引《地理志》與《漢志》同。桑土既蠶，注：鄭康成曰：其地尤宜蠶桑，因以名名之。今濮水之上，地有桑間者。疏：蠶者，《說文》云：任絲也。任同妊。鄭注見《詩譜》疏。云：今濮水之上，地有桑間者，《樂記》：桑間濮上之音。注云：桑間在濮陽。《郡國志》東郡濮陽劉昭注引《博物記》曰：桑中在其中。是降丘宅土。注：史遷作於是民得下丘居土。鄭康成曰：此州寡於山，而夾川兩大流之間，遭洪水，其民尤困。水害既除，於是下丘居土。以其免於戹，尤喜，故記之。疏：史公降作下者，《爾雅·釋詁》降、下同訓落，降亦下也。宅作居者，《釋言》文也。《風俗通·山澤》篇引宅作度，說之云：堯遭洪水，萬民皆山棲巢居，以避其害。禹決江疏河，民乃下丘，營度爽塏之場而邑落之。故丘之字，二人立一上。一者地也。四方高，中央下，像形也。義與鄭同，而云丘從二人，與《說文》從北不合。鄭注見《書》疏。云夾川兩大流之間者，謂河、濟也。厥土黑墳，厥草惟繇，注：馬融曰：墳，有膏肥也。繇，抽也。草一作屮，繇一作蘨。疏：馬注見《釋文》。云墳，有膏肥者，鄭注《周禮·草人》云：墳壤，潤解。義相近。墳、肥聲之轉，故《漢·地理志》壤墳，應劭讀墳爲肥。《太平御覽》引《倉頡解詁》云：膹，臛多滓也。墳音近膹。云繇，抽也者，繇聲近甹，《說文》：甹，木生條也。《玉篇》作草木生條也，蓋後人因《說文》引《商書》顛木甹枿之詞，刪其草字。生條，卽抽也。草，《漢·地理志》作屮。《說文》云：屮，艸木初生也，讀若徹。《漢書》借爲艸字也。繇一作蘨，見《說文》引此經，云：草盛貌。厥木惟條。疏：條者，《詩》傳云：長也。《漢書集注》云：分也，暢也。厥田惟中下，厥賦貞作，十有三載乃同。注：史遷載作年。馬融曰：禹治水三年，八州平，故堯以爲功而禪舜。是十二年而八州平，十三年而兗州平。兗州平，在舜受終之年也。鄭康成曰：貞，正也。治此州正作不休，十三年乃有賦，與八州同，言功難也。其賦中下。』乃一作迺。疏：史公載爲年者，經文本作年，後人泥唐虞曰載之文，盡改爲載也。馬注見《書》疏。云十二年而八州平，十三年而兗州平者，《史記·河渠書》引《夏書》曰：禹抑鴻水十三年，過家不入門。今云治水三年，八州平，蓋幷鯀九年數之爲十二年，與鄭異也。鄭注見《史記集解》。云貞，正也者，《子夏易傳》云：貞，正也。云治此州正作不休者，讀厥賦貞作爲句，以作爲耕作也。應劭注《漢書》云：東作，耕也。蓋兗州被水害最深，故成賦最後，十三年乃有賦也。江氏聲改鄭注中下爲下下，云：九州之賦當有九等，參八州八等，獨無下下，此州當下下也。則《史記集解》所引，或誤作中下也，乃一作迺，見《漢書・地理志》。厥貢漆絲，厥篚織文。注： 鄭康成曰： 貢者百功之府，受而藏之，其實于篚者，入于女功，故以貢篚別之。《胤征》云： 篚厥玄黃，昭我周王。篚一作棐。疏： 漆，當爲桼，此假漆水字爲之。《說文》： 桼，木汁，可以髤物。《周禮・載師》： 漆林之征。注： 鄭司農云： 故書漆林爲桼林。杜子春云： 當爲桼林。絲者，《說文》云： 蠶所吐也。篚，當爲匪，《漢・地理志》引此作棐，假音字。《說文》： 匪，器似竹篋。篚，車笭也。鄭注《儀禮》云： 篚，竹器如笭者。織文者，《玉藻》云： 士不衣織。鄭注云： 織，染絲織之也。《說文》云： 錦，襄邑織文也。案： 襄邑，陳留縣。《水經・淮水注》引《陳留風俗傳》曰： 縣南有渙水，故傳曰： 睢、渙之間出文章，天子郊廟御服出焉，《尚書》所謂厥篚織文者也。《詩・甫田》疏引《鄭志》云： 凡所貢篚之物，皆以稅物市之，隨時物價以當邦賦。是夏時以賦爲貢，非貢外別有賦也。鄭注冀州，特言此州入穀不貢，明餘州有貢，皆無穀稅也。鄭注見《書》疏。云貢者百物之府云云者，《周禮》貨賄入于大府，王府、內府之等，嬪婦之功入典婦功、典絲、典枲之等。夏官雖少于周，當亦物各有司，所入異處，故云其實于篚者，入于女功也。引《胤征》者，《史記集解》引鄭注云： 胤，臣名。《詩・鹿鳴》傳引《書》曰： 篚厥玄黃。郭氏注《爾雅》引逸《書》曰： 釗我周王。釗音同昭，卽此文。蓋孔壁逸十六篇，鄭氏猶見之，非今僞傳《胤征》也。云周王者，鄭注《禮記》云： 忠信爲周。猶云平王、寧王，非三代之周也。浮于濟、漯，達于河。注： 史遷達作通。鄭康注成曰： 《地理志》云，漯水出東郡東武陽。濟一作泲，漯一作濕。疏： 濟字，當爲泲。《說文》： 泲，沇也。沇，水出河東東垣王屋山，東爲泲。漯當爲濕，《說文》： 水出東郡東武陽，入海。桑欽云，出平原高唐。《地理志》云： 平原郡高唐，桑欽言漯水所出。東郡東武陽，禹治漯水，東北至千乘入海，過郡三，行千二百里。濕作漯者，假音字。案： 東武陽，今爲山東朝城縣。高唐，今爲山東高唐州。《漢志》言禹所治者，《史記・河渠書》云： 禹斯二渠，以引其河。孟康云： 二渠，其出貝丘西南南折者卽河之經流也，其一則濕川也。河自王莽時空，惟用濕耳。故班氏以爲禹所治也。經云達于河者，河之通濟，在成皋。《水經》： 河水東過成皋縣北，濟水從北來，注之。注： 河水東經懷縣南，濟水故道之所入是也。案： 懷，今河南武陟縣。漯之通河，在高唐。《水經》： 河水過高唐縣東，注河水於縣，漯水注之。高唐故城在今山東禹城縣西，漯水通河故道也。今大清河卽故濕，小清河卽故泲。過郡三，當爲五。五者，東郡、清河、平原、濟陰、千乘也。史公達爲通者，與《廣雅・釋詁》同。鄭注見《史記集解》。鄭引《地理志》漯水出東武陽，不引平原高唐，桑欽言漯水所出者，《水經・河水注》云： 案《穆天子傳》，天子自五鹿東征，釣於濕水，尋其沿歷逕趣，不得近出高唐也。桑氏所言，蓋津流所出，次於是間也，故鄭略之。《水經注》又引《地理風俗記》曰： 濕水東北至千乘入海。河盛則通津委注，水耗則微涓絕流。《書》浮于濟、漯，亦是水者也。案： 千乘，今山東高苑縣地也。

海、岱惟青州。注： 鄭康成曰： 東自海，西至岱。東嶽曰岱山。疏： 海者，東海。《春秋左氏・僖四年》傳云： 管仲曰： 召康公賜我先君履，東至于海。岱者，《水經・禹貢山水澤地所在》云： 岱山爲東嶽，在泰山博縣東北。《詩》疏引《風俗通》云： 泰山尊曰岱宗。岱者，長也。萬物之始，陰陽交代。青州者，《呂氏春秋・有始覽》云： 東方爲青州，齊也。《釋地》云： 齊曰營州。《公羊》疏引李巡云： 齊，其氣清舒，受性平均，故曰營。營，平也。今爲青州。又引孫氏云： 自岱東至海。《詩》疏引孫炎云： 此蓋殷制。《釋文》云： 《爾雅》營州爲《禹貢》之青州矣。鄭注見《史記集解》。嵎夷既略，注： 馬融曰： 嵎夷，地名。用功少曰略。嵎一作禺，又作堣。夷一作鐵。疏： 嵎夷，《史記索隱》引今文《尚書》及《帝命驗》並作禺鐵，云： 在遼西。鐵，古夷字也。《說文》鐵古文從夷，蓋緩讀之，卽爲夷聲矣。《說文》又云： 堣夷在冀州陽谷。立春日，日值之而出。《尚書》曰： 宅堣夷。以嵎爲封嵎山字。則古文堣本從土。唐虞青州既兼營州，則當越海而至遼東，與冀州連界，故許氏云在冀州也。略者，《說文》云： 經略土地也。《廣雅・釋詁》云： 略，治也。經言略者，義當爲治。馬注見《史記集解》。以略爲云用功少者，《漢書集注》： 略，簡也。高誘注《淮南子》云： 略，約要也。簡約，是用功少之義。以在海外治之，不多用功也。濰、淄其道。注： 史遷其作既。鄭康成曰： 濰、淄，兩水名。《地理志》云，濰水出瑯邪箕屋山，淄水出泰出萊蕪縣原山。淄一作甾。疏： 淄，俗字，《漢志》作甾，《周禮》作菑，《說文》無淄字，俗加水也。史公其作既者，經典通字。鄭注見《史記集解》及《詩譜》疏。引《地理志》者，《漢志》： 琅邪郡箕縣，《禹貢》濰水北至都昌入海，過郡三，行五百二十里，兗州寖也。《說文》云： 濰，水出琅邪箕屋山，東入海，徐州浸。《夏書》曰： 濰、甾其道。案： 箕縣故城在今山東莒州東。屋山在州西北。過郡三者，琅邪、高密、北海也。都昌，今山東昌邑縣。云淄水出泰山萊蕪者，《地理志》： 泰山萊蕪原山，淄水所出，東至博昌入泲。萊蕪，今山東縣，屬泰安府。博昌，今山東博興縣。《地理志》言入泲，鄭不引者，《漢志》言入泲，《水經》云： 東過利縣東，又東北入于海。案： 《水經注》： 甾水經琅槐故城南，又東北逕馬井城北，與時繩之水互受通稱，又東北至皮丘沈入于海。是甾水下流異名，且非《禹貢》及漢時故道矣。厥土白墳，海濱廣斥。注： 史遷斥作潟，一作澤，下又云厥田斥鹵。鄭康成曰： 斥謂地鹹鹵。濱一作瀕。疏： 濱，俗字，當爲瀕，《漢書・地理志》作瀕。《說文》： 瀕，水厓也。史公斥作潟，徐廣曰： 一作澤，又作斥。《地理志》亦作潟，潟當爲舄。《史記・河渠書》云： 溉澤鹵之地。《索隱》曰： 澤，一作舄，本或作斥。《文選・海賦》云： 襄陵廣舄。注云： 斥爲舄，古今字也。《周禮・草人》： 鹹潟用貆。注云： 潟，鹵也。是澤、斥、舄三字通，俗加水作潟。鄭注見《史記集解》。云斥謂地鹹鹵者，《說文》云： 鹵，鹹地。東方謂之斥，西方謂之鹵。厥田惟上下，厥賦中上。厥貢鹽、絺，海物惟錯，注： 鄭康成曰： 海物，海魚也。魚種類尤雜。疏： 此州貢鹽者，《爾雅・釋地》云： 中有岱岳，與其五穀魚鹽生焉。《春秋左氏・昭廿年》傳云： 海之鹽蜃，祈望守之。《管子・地數篇》云： 齊有渠展之鹽。又云： 煮濟水爲鹽。《史記・貨殖傳》云： 太公望封于齊，其地潟鹵，通魚鹽，則人物歸之。絺者，

《詩·葛覃》傳云：精曰絺，麤曰綌。《說文》云絺，細葛也。鄭注見《史記集解》。以海物爲海魚者，《爾雅》：岱岳生魚、鹽。《周禮·職方》：兗州，其山鎮曰岱山，其利蒲、魚。故據以爲說也。岱畎絲、枲、鉛、松、怪石，注：畎一作甽。疏：《說文》畎作く，云：水小流也。古文作甽，篆文作畎。《釋文》引徐本作畎，谷，言畎作甽，甽卽谷也。蓋徐本作畎，釋之爲谷。《釋名》云：山下根之受霤處曰甽。甽，吮也，吮得山之肥潤也。枲者，《釋草》云：麻也。馬氏注《喪服傳》云：麻之有蕡者。鉛者，《說文》云：青金也。怪石，顏師古注《漢書》云：石之次玉美好者也。萊夷作牧，注：史遷云爲牧。疏：《地理志》：東萊黃縣，有萊山。《春秋·宣九年》：齊侯伐萊。服虔注：東萊黃縣是。《春秋左氏·定十年》傳：齊使萊人以兵劫魯侯。孔丘曰：裔夷之俘亂之。注云：萊人，齊所滅萊夷也。云東萊黃縣是者，案：黃縣，今屬山東萊州府。作牧者，當以鳥獸爲貢。《周禮·太宰職》：以九職任萬民。四曰藪牧，養蕃鳥獸。據徐州淮夷玭珠暨魚鄭注云獻珠與魚，知此亦當貢其所牧也。厥篚檿絲。注：史遷檿作酓。疏：檿者，《爾雅·釋木》云：檿桑，山桑。注云：似桑，材中作弓及車轅。《漢書》注：師古云：食檿之蠶絲，可以絃琴瑟。史公作酓者，與《地理志》同，假音字。浮于汶，達于濟。注：鄭康成曰：《地理志》汶水出泰山萊蕪原山，西南入濟。濟一作泲。疏：鄭注見《史記集解》。引《地理志》者，《漢志》：泰山萊蕪原山，《禹貢》汶水出，西南入泲。汶水，桑欽所言。萊蕪，今山東縣。云西南入濟者，《水經》：汶水出泰山萊蕪縣原山。又云：汶水出泰山萊蕪縣原山，過壽張縣北，又西南至安民亭入于濟。案：安民亭在今山東東平州安山鎮，汶達于濟，故道在此。

海、岱及淮惟徐州。注：鄭康成曰：徐州界又南至淮水。疏：《釋地》云：濟東曰徐州。《書》疏引李巡云：淮、海間其氣寬舒，稟性安徐，故曰徐。徐，舒也。《釋名》云：徐州：徐，舒也，土氣舒緩也。《釋文》引《太康地記》以爲取徐丘爲名。周合其地於青州。《呂氏春秋·有始覽》云：泗上爲徐州，魯也。鄭注見《公羊·莊十年》傳。云南至淮水，不言海、岱者，蒙上青州之注。徐州直青州之南，故云又南。淮、沂其乂，注：史遷乂作治。鄭康成曰：淮、沂，二水名。《地理志》沂水出今大山蓋縣。疏：史公乂爲治者，《說文》：𨐨，治也。乂，省文。鄭注見《周禮·職方氏》疏。《水經注》引鄭注云：出沂山。引《地理志》者，《漢志》：泰山蓋，沂水南至下邳入泗，過郡五，行六百里。今沂山及蓋故城，俱在山東沂水縣西北。過郡五，當爲四，泰山、成陽、琅邪、東海也。蒙、羽其藝。注：鄭康成曰：蒙、羽，二山名。藝一作蓺。疏：《地理志》：泰山蒙陰，《禹貢》蒙山在西南。東海祝其，《禹貢》羽山在南，鯀所殛。案：蒙陰，今山東縣，屬沂州府，故城在新泰縣東南。祝其，今江南海州。藝者，《廣雅·釋詁》云：治也。《僞傳》云種藝，非也。《漢·地理志》作蓺，此加云，俗字。鄭注見《史記集解》。大野既豬，注：史遷豬作都。鄭康成曰：大野在山陽鉅野北，名鉅野澤。野一作壄。疏：《地理志》：山陽鉅壄，大壄澤在北。《水經·禹貢山水澤地所在》云：在東北。野作壄，見《漢·地理志》。史公豬作都者，鄭注《檀弓》云：豬，都也，南方謂都爲豬。《周禮·稻人》：以豬畜水。鄭注見《史記集解》。鉅野，今山東縣，屬曹州府。東原厎平。注：鄭康成曰：東原，地名。今東平郡卽東原。疏：鄭注見《史記集解》。云東平郡卽東原者，《史記索隱》引張華《博物志》云：兗州東平郡卽《尚書》之東原也。《釋地》云：廣平曰原。《說文》云：邍，廣平之野，人所登。《史記正義》云：徐州在東，故曰東原。水已去，致平復，言可耕種也。厥土赤埴墳，注：鄭康成埴作戠，曰：戠，讀曰熾。熾，赤也。疏：埴者，《史記集解》徐廣云：黏土也。《考工記》注同。鄭注見《釋文》，云：徐、鄭、王皆讀曰熾。韋昭音試。云熾，赤也，見李善注《蜀都賦》。《廣韻》戠作𢧢，云：赤土也。加土，俗字。《釋言》云：熾，盛也。《說文》：熾，盛也。古文作戠。火盛色赤，故戠爲赤也。草木漸包。注：馬融曰：漸包，相包裹也。漸一作蔪，包一作苞。疏：漸者，《釋文》云：本作蔪。《說文》：蔪，草相蔪苞也。引此文，或作蘄。包者，《詩》傳云：裹也。《釋詁》云：苞，豐也。馬注見《釋文》。云相包裹者，《文選·蜀都賦》云：柯葉漸苞。劉淵林注云：漸苞，相苞裹而同長也。《玉篇》云：蔪，草相蔪包裹也。疑用《說文》，今《說文》蔪包也包下當脫裹字。厥田惟上中，厥賦中中。厥貢惟土五色，注：鄭康成曰：土五色者，所以爲大社之封。疏：鄭注見《史記集解》。云所以爲大社之封者，《周書·作雒》解云：諸受命于周，乃建大社于國中。其壝：東，青土；南，赤土；西，白土；北，驪土；中央，舋以黃土。將建諸侯，鑿取其方一面之土，以爲土封。又見《韓詩外傳》，云：天子社廣五丈。又云：將封諸侯，各取方土，苴以白茅，以爲社。《釋名》云：徐州貢土五色，青黃赤白黑也。《史記正義》引《太康地記》云：城陽姑幕有五色土，封諸侯，錫之茅土，用爲社。此土卽《禹貢》徐州土也。今屬密州莒縣也。案：姑幕，今山東莒州。羽畎夏翟，注：鄭康成曰：羽山之谷，貢夏翟之羽。畎一作甽，翟一作狄。疏：夏翟者，《周禮·天官》有夏采，注云：夏采，夏翟羽色。《禹貢》徐州貢夏翟之羽。又《染人》：秋染夏。注云：染夏者，染五色。謂之夏者，其色以夏狄爲飾。《禹貢》曰：羽甽夏狄。是其總名。其類有六：曰翬，曰搖，曰鸐，曰甾，曰希，曰蹲。其毛羽五色皆備成章。染者擬以爲深淺之度，是以放而取名焉。案：其注見《爾雅·釋鳥》，文字小異。畎、翟，《染人》注引作甽、狄。《詩·衛風》右手秉翟，《韓詩》作狄。《地理志》引此亦作狄。鄭注見《詩·節南山》疏及《周禮·天官》疏。嶧陽孤桐，注：鄭康成曰：《地理志》嶧山在下邳。今下邳西葛嶧山也。疏：鄭注見《史記集解》及《太平御覽》。引《地理志》者，《漢志》：東海下邳，葛嶧山在西，古文以爲嶧陽。班氏以嶧陽爲山名，與鄭異也。《說文》：嶧，葛嶧山，在東海下邳。引此文，不以嶧陽爲山名。鄭義本此。《史記正義》引《括地志》云：嶧山在兗州鄒縣南二十二里。引《鄒山記》今猶多桐樹。此是鄒縣嶧山，在兗州，非邳州之葛嶧山也。案：下邳，今江南邳州地。孤桐，桐特生者。《周禮·大司樂》云：孤竹之管。注云孤竹，竹特生者是也。泗濱浮磬，注：鄭康成曰：泗水出濟陰乘氏也。濱一作瀕。疏：鄭注見《史記集解》。云泗水出濟陰乘氏者，《地理志》：濟陰乘氏，泗水東至睢陵入淮，過郡六，行一千一百一十里。《水經注》：泗水東南過呂縣南。水上有石梁，故曰呂梁。《晉太康地記》曰：水出磬石，《書》所謂泗濱浮磬也。《史記正義》引《括地志》云：泗水至彭城呂梁，出石磬。案：乘氏，今山東鉅野縣地。泗水至此，分爲二，一入菏水，一入淮，其源實出泗水縣泉林，鄭據分流處言之也。過郡六者，濟陰、山陽、沛、楚、東海、臨淮也。呂梁洪，今在江南徐州東南也。濱作瀕，見《地理志》，卽《說文》瀕字異文。淮夷蠙珠暨魚，注：史遷暨作息。馬融曰：淮、夷二水，出蠙珠與魚。鄭康成曰：蠙珠，珠名。淮夷，淮水之上夷民，獻此蠙珠與美魚也。蠙一作玭。疏：淮夷，《詩》傳云：東國，在淮浦而夷行也。蠙，《說文》作玭，云：珠也。宋弘云：淮水中出玭珠。玭，珠之有聲。《史記索隱》云：蠙，一作玭。《地理志》顏注同。《大戴禮・保傅》篇云：玭珠以納其間。盧氏注云：玭，亦作蠙。《書》《釋文》玭引韋昭：薄迷反，蚌也。段氏玉裁云：《說文》玭，珠之有聲當作蚌之有聲者，脫蚌字。引《山海經》絮魮之魚，音如磬石之聲，是生珠玉以證之。史公暨作息者，《地理志》亦作息。《說文》云：息，與也。《詩・泮水》疏引此又作洎，皆古文也。《周禮・籩人》：朝事之籩有鮑魚、鱐。注云：鮑者，於楅室中糗乾之，出於江、淮也。鱐者，析乾之，出東海。王者備物，近者腥之，遠者乾之，因其宜也。馬注見《釋文》。云二水，未詳。鄭注見《史記集解》及《書》疏。云淮水上夷民者，《費誓》云淮夷徐戎，則徐州實有夷民在淮水之上，與《詩》傳異也。云美魚者，《禮器》云：三牲魚臘，四海九州之美味也。厥篚玄纖縞。注：鄭康成曰：纖，細也。祭服之材尚細。疏：玄者，《詩》傳云：黑而有赤也。縞者，《廣雅・釋器》云：練也。《說文》云：練，湅繒也。然則縞是湅繒，卽湅帛也。司馬彪注《子虛賦》云：縞，細繒。猶鄭氏云纖，細也。鄭注見《史記集解》。云纖，細者，《說文》訓也。云祭服之材者，《周禮》齋服有玄端，又有素端，是祭服有玄縞也。鄭注《間傳》云：黑經白緯曰纖。不注此者，禫之變服，非祭服之材也。浮于淮、泗，達于河。注：史遷達作通。河一作菏。疏：《說文》云：菏水，在山陽湖陸南。《禹貢》：浮于淮、泗，達于菏。《地理志》：山陽湖陵，《禹貢》浮于淮、泗，通于菏，水在南。注：應劭曰：《尚書》菏水，一名湖。《水經》：濟水又東至乘氏縣西，分爲二。其一水東南流。注云：南爲菏水，北爲濟瀆。《經》又云：其一水東南流者，過乘氏縣南。注云：菏水分濟于定陶東北，東南流，右合黃溝。枝流又東北于乘氏縣西而北注菏水。《水經》又云：濟水又東過湖陸縣南，東入於泗水。注云：澤，水所鍾也。《尚書》曰浮于淮、泗，達于菏是也。又《水經》：泗水南過方與縣東，菏水從西來注之。又屈東南流，過湖陸縣南。又云：泗水東南，過下邳縣西，又東南入淮。注云：泗水又東逕角城北，而東南流，注於淮。案：乘氏縣，今山東菏澤縣。湖陸縣，今山東魚臺縣。角城故城在今江南清河縣西。然則徐州之貢，浮淮入泗，故道在今清河縣。達于菏，故道在今魚臺縣也。菏字，今誤作河，《史記・夏本紀》亦誤作河，應從《說文》等書更正。

《尚書・虞夏書三・禹貢中》 淮、海惟揚州。注：鄭康成曰：揚州界，自淮而南至海以東也。疏：《釋地》云：江南曰揚州。《公羊》疏引李巡云：江南其氣慘勁，厥性輕揚，故曰揚州。又引孫氏曰：自江南至海也。《釋名》云：揚州州界多水，水波揚也。《釋文》引《太康地記》云：以揚州漸太陽位，天氣奮揚，履正含文明，故取名焉。《呂氏春秋・有始覽》云：東南爲揚州，越也。鄭注見《公羊・莊十年》傳疏。云自淮而南至海以東者，此經下云東漸于海，則青、徐、揚之海皆東海也，故云至海以東也。《僞傳》云南距海，則遠至閩、廣，非經義。彭蠡既豬，陽鳥攸居。注：史遷豬作都，攸作所。鄭康成曰：彭蠡澤在豫章彭澤西。南方謂都爲豬。陽鳥，鴻雁之屬，隨陽氣南北。攸一作逌。疏：史公豬爲都者，義見鄭注。攸爲所者，《爾雅・釋言》文。鄭注見《史記集解》及《索隱》，又見《詩・匏有苦葉》疏。云彭蠡澤在豫章彭澤西者，《地理志》云：豫章彭澤，《禹貢》彭蠡澤在西。《水經・禹貢山水澤地所在》云：在西北。案：彭澤故城在今江西都昌縣北，澤卽鄱陽湖，在縣西。云陽鳥，鴻雁之屬者，《論衡・書虛》篇云：會稽，衆鳥所居。引此文。王充言衆鳥，故鄭以鴻雁之屬統之。云隨陽氣南北者，《淮南・時則訓》：仲秋之月，候雁來。注云：是月，時候之雁從北漠中來，過周雒，南至彭蠡也。又：季秋之月，候雁來。注云：是月，時候之雁從北漠中來，南之彭蠡。蓋以爲八月者，其父母也。是月來者，蓋其子也，羽翼稚弱，故在後耳。又見高誘注《呂氏春秋》，則漢時有此說，鄭用之也。攸作逌，見《地理志》。三江既入，注：鄭康成曰：三江：左合漢爲北江；會彭蠡爲南江；岷江居其中，則爲中江。故《書》稱東爲中江者，明岷江至彭蠡，與南北合，始得稱中也。三江分于彭蠡爲三孔，東入海。疏：鄭注見《初學記・地部》及《書》疏。云左合漢爲北江者，《水經》：江水東北，至江夏沙羨縣西北，沔水從北來注之。注云：江水又東逕魯山南，古翼際山也。《地說》曰漢與江合於衡北翼際山旁者也。《地理志》曰：夏水過郡入江，故曰江夏也。又《水經》云：沔水又南，至江夏沙羨縣北，南入於江。沔水與江合流，又東過彭蠡澤，又東北出居巢縣南，又東過牛渚縣南，又東至石城縣，分爲二。其一東北流，其一又過毗陵縣北，爲北江。注云：丹徒縣北二百步，有故城，本毗陵郡治也。城北有揚州刺史劉繇墓，淪於江，卽北江也。《地理志》云：會稽毗陵，江在北，東入海。案：今江南丹徒鎭卽是也。云會彭蠡爲南江者，《地理志》：會稽吳縣，南江在南，東入海。《水經注》云：江水自石城東出，逕吳國南，爲南江。東逕石城縣北，又東與貴長池水合，又東逕宣城之臨城縣南，又東合涇水。南江又東與桐水合，又東逕安吳縣。江之北，卽宛陵縣界也。南江又東逕寧國縣南，又東北爲長瀆歷湖口。南江東注于具區，謂之五湖口。《尚書》謂之震澤，《爾雅》謂之具區。《地理志》：丹陽石城，分江水首受江，東至餘姚入海，過郡二，行千二百里。過郡二者，丹陽、會稽也。石城，今安徽池州府西境。餘姚，今浙江縣。吳國，今江南吳縣。此鄭所云南江也。云岷江居其中，則爲中江者，《地理志》：丹陽蕪湖，中江出西南，東至陽羡入海。揚州川。陽羡，今江南宜興縣。《建康志》云：中江舊逕溧陽縣，今永陽江卽其遺跡。景福三年，作五堰。是時中江置堰，江流亦既狹矣。其後東壩既成，中江遂不復東，惟永陽江水入荆溪。此鄭所云中江，今不復至陽羡也。震澤厎定。注：史遷厎作致。震一作振。疏：震澤，亦名具區。《地理志》：會稽吳縣，具區澤在西，古文以爲震澤。《水經·禹貢山水澤地所在》云：在吳縣南五十里。鄭注《周禮·職方氏》云：具區在吳南。則此注亦同也。震，《史記索隱》云：一作振。篠簜既敷，注：史遷篠簜作竹箭，敷作布。鄭康成曰：篠，箭。簜，大竹也。篠一作筱。疏：史公篠簜作竹箭，今文異字也。《說文》簬引《書》曰竹箭，如簬。言《夏書》竹箭讀箭如簬也。《周禮·職方氏》：揚州，其利金、錫、竹箭。注故書箭爲晉。杜子春云：晉當爲箭，《書》亦或爲箭。是簬與箭聲相近。敷爲布者，經典多通用。鄭注見《儀禮·大射》疏及《竹譜》注。云篠，箭者，《爾雅·釋草》云：篠，竹箭。《說文》作筱，云：箭屬，小竹也。引此文。云簜，大竹者，《爾雅·釋草》文。《書》疏引孫炎云：竹闊節者曰簜。又引李巡云：竹節相去一丈曰簜。厥草惟夭，注：馬融曰：夭，長也。疏：馬注見《釋文》。云夭，長者，《詩·桃夭》傳云：夭夭，其少壯也。鄭注《大學》云：夭夭，美盛貌壯、盛與長，義相近。厥木惟喬，疏：喬者，《詩》傳云：南方之木美。喬，上竦也。厥土惟塗泥。注：馬融曰：漸洳也。疏：塗，當爲涂，俗加土。《論語·陽貨》：遇諸塗。《釋文》：塗本作涂。《考工記》引《爾雅》堂涂謂之陳，今《爾雅》作塗。馬注見《史記集解》。云漸洳者，《詩·汾沮洳》傳云：其漸洳者。《說文》：洳，漸溼也。《漢書·東方朔傳》云：塗者，漸洳徑也。馬義所本。厥田惟下下，厥賦下上上錯。疏：江氏聲云：上錯，謂雜出上等，蓋時或出中下之賦也。九等之賦，下上爲第七，中下爲第六。厥貢惟金三品，注：鄭康成曰：金三品者，銅三色也。疏：鄭注見《書》疏及《詩·泮水》疏。云銅三色者，《詩》疏云：梁州貢鏐、鐵、銀、鏤。《釋器》云：黄金之美者謂之鏐，白金謂之銀。貢金銀者既以鏐銀爲名，則知金三品者，其中不得有金銀也。又檢《禹貢》之文，厥貢鏐、鐵、錫、鉛、銀，獨無銅，故知金卽銅也。《春秋左氏·僖十八年》傳曰：鄭伯始朝于楚，楚子賜之金，既而悔之，與之盟曰：無以鑄兵。故以鑄三鐘。《考工記》云：六齊：六分其金而錫居一，謂之鐘鼎之齊。是謂銅爲金也。三色者，蓋青白赤也。案：楚賜鄭伯金，是荆州之銅。揚州亦出銅，《史記·貨殖傳》吳有章山之銅是也。《禮器》疏云：荆、揚二州貢金三品者，《禹貢》文，鄭注以爲金銀銅。三品者，三色也。與《書》及《詩》疏所引鄭注不同，疑《禮器》疏誤。瑤、琨、篠簜，注：史遷篠簜作竹箭。琨一作瓀。疏：瑤者，《詩》傳云：美玉。《說文》云：瑤，玉之美者。琨作瓀者，《釋文》云：馬本作瓀。《說文》：琨，石之美者。《虞書》曰：揚州貢瑤、琨。或作瓀。《地理志》亦作瓀。史公篠簜作竹箭者，與上篠簜既布同，非詁字，蓋今文也。齒、革、羽、毛、惟木。疏：齒、革、羽、毛四者，《周禮·地官司徒·角人》掌以時徵齒，角，凡骨物於山澤之農，以當邦賦之政令，《羽人》掌以時徵羽、翮之政于山澤之農，以當邦賦之政令，《天官·冢宰·掌皮》掌秋斂皮，冬斂革，春獻之是也。《史記·夏本紀》及《漢志》全引此經，俱無惟木二字，江氏聲曰：衍文。島夷卉服，注：鄭康成曰：此州下濕，故衣草服。貢其服者，以給天子之官。島一作鳥。疏：島夷，《漢志》作鳥夷，顔師古注云：東南之夷善摶鳥者。《後漢書·度尚傳》云：深林遠藪推髻鳥語之人置於縣下。注云：鳥語，謂語聲似鳥也。《書》曰：鳥夷卉服。則唐時尚作鳥夷。鄭注見《書》疏。云下濕，衣草服者，《說文》：衰，草雨衣。秦謂之萆。《越語》云：譬如衰笠，時雨既至，必求之。云貢其服，給天子之官者，《郊特牲》云：黄衣黄冠而祭，息田夫也。野夫黄冠。黄冠，草服也。大羅氏，天子之掌鳥獸者也，諸侯貢屬焉。草笠而至，尊野服也。是卉服共給官用也。《爾雅·釋草》云：卉，草。厥篚織貝，注：鄭康成曰：貝，錦名也。《詩》云：成是貝錦。凡織者，先染其絲，織之卽成矣。《禮記》曰：士不衣織。疏：鄭注見《史記集解》及《詩》疏。以貝爲貝錦者，爲實篚之物，且與織連文，知非水貝。《詩·巷伯》傳云：貝錦，錦文也。箋云：錦文者，文如餘泉、餘蚳之貝文也。云士不衣織者，《玉藻》文。厥包橘、柚，疏：包者，《詩·木瓜》箋云：以果實相遺者，必苞苴之。引此文。橘者，《說文》云：果出江南。又云：柚，條也，似橙而酢。《夏書》曰：厥包橘柚。《釋木》云：柚，條。《列子·湯問》篇云：吳楚之國有大木焉，其名爲櫾。碧樹而冬生，實丹而味酸。食其皮汁，已憤厥之疾。櫾與柚同。錫貢。注：鄭康成曰：此州有錫則貢之，或時乏則不貢。錫，所以柔金也。疏：鄭注見《史記集解》及《書》疏。云有錫則貢之，或時乏則不貢者，江氏聲云：此既是貢而不于厥篚之上言之，退之在下，別出貢文，故知非常貢也。云錫，所以柔金者，《呂氏春秋·物類》篇云金柔錫柔，合而柔則爲剛，《考工記》云攻金之工，掌執金錫之齊，又云金有六齊，或錫居一，或金錫半是也。沿于江、海，達于淮、泗。注：史遷沿作均。馬融作均，曰：均，平。一作松。鄭康成曰：松，讀曰沿。沿，順水行也。疏：沿，《釋文》云：鄭本作松。蓋古文。又云：馬本作均。與史公同，蓋今文也。《地理志》亦作均。經云沿于江、海，達于淮、泗者，《水經》：淮水東北至下邳淮陰縣西，泗水從西北來注之。《注》云：淮、泗之會，卽角城也。《經》又云：淮水東至廣陵淮浦縣，入于海。案：角城故城在今江南清河縣西南，淮浦縣在今沭陽縣東南。蓋其故道，由江岸海濱入淮達泗，禹時尚未溝通江、淮也。又《地理志》：丹陽郡陵陽，桑欽言淮水出東南，入大江。此則今五溪河，逕安徽青陽縣西北，南入江者，疑非此淮水。史公沿作均者，均蓋㣧字，《一切經音義》三引《三倉》云：循，古文作㣧。則謂循于江、海也。馬注見《釋文》。云均，平者，未詳。顔師古注《漢志》云：均，平也。通淮、泗而入江、海，故云平。鄭注見《史記集解》，字誤爲均，據《釋文》當爲松。云松，讀爲沿者，以松字古文似沿，讀其字爲沿。云順水行者，《吳語》云：率師沿海泝淮。注云：沿，順也。《論語·先進》篇云：浴乎沂。唐人讀爲沿，蓋言傍水陸行，不謂順流而下，故經文變言沿，不言浮。自暴秦元季始有海運之事，古昔盛時所必無也。

荆及衡陽惟荆州。注：鄭康成曰：荆州界，自荆山南至衡山之南。疏：《釋地》云：漢南曰荆州。《書》疏引李巡云：荆州其氣燥剛，稟性彊梁，故曰荆。荆，彊也。《釋名》云：荆州取名於荆山也。必取荆爲名者，荆，警也。南蠻數爲寇逆，其民有道後服，無道先彊，常警備之也。《呂氏春秋·有始覽》云：南方爲荆州，楚也。荆卽荆山。《地理志》：

南郡臨沮，《禹貢》南條荆山在東北。案：臨沮，今湖北南漳縣，山在縣西。鄭注見《公羊・莊十年》傳疏。《說文》云：山南曰陽。經云衡陽，故云在衡山之南也。江、漢朝宗于海。注：鄭康成曰：江水、漢水，其流遄疾，又合爲一，共赴海也。猶諸侯之同心，尊天子而朝事之。荆楚之域，國有道則後服，國無道則先彊，故記其水之義，以著人臣之禮。疏：朝，《說文》作淖，云：水朝宗于海。《御覽》引《說文》淖，朝也，疑古文有作淖者。《說文》云：潨，小水入大水也。疑宗之本字。《論衡・書虛》篇云：夫地之有百川也，猶人之有血脈也。血脈流行，汎揚動靜，自有節度。百川亦然，其朝夕往來，猶人之呼吸出入也。經曰：江、漢朝宗于海。其發海之時，漾馳而已；入三江之中，殆小淺狹，水激沸起，故騰爲濤。虞翻注《易・習坎》有孚曰：水行往來，朝宗于海。不失其時，如月行天。則是謂朝宗爲潮水。此蓋今文家說。鄭注見《書》疏。云江水、漢水合爲一者，謂沔左合漢水，分三江俱入海也。云猶諸侯之同心尊天子者，《詩・沔水》云：沔彼流水，朝宗于海。傳云：沔，水流滿也。水猶有所朝宗。箋云：水流而入海，小就大也。喻諸侯朝天子，亦猶是也。諸侯春見天子曰朝，夏見曰宗。毛、鄭義同也。云荆楚之域，國有道則後服云云者，《呂氏春秋・召類》篇云：堯戰於丹水之浦，以服南蠻。《淮南子・兵略訓》云：舜伐有苗。《修務訓》云：舜南征三苗，道死蒼梧。《韓詩外傳》云：當舜之時，有苗不服。其不服者，衡山在南，岐山在北，左洞庭之陂，右彭澤之水，由此險也。以其不服，禹請伐之。故鄭以說此經也。《公羊・僖四年》傳云：楚有王者則後服，無王者則先叛。與鄭義同，蓋本古說。九江孔殷，注：史遷孔殷作甚中。鄭康成曰：《地理志》九江在尋陽南，皆東合爲大江。殷猶多也。九江從山谿所出，其孔衆多，言治之難也。疏：九江者，《地理志》：廬江郡尋陽，《禹貢》九江在南，皆東合爲大江。豫章郡鄱陽縣，鄱水西入湖漢。餘汗縣，餘水在北，至鄡陽入湖漢。艾縣，修水東北至彭澤入湖漢，行六百六十里。贛縣，豫章水出西南，北入大江。南城縣，盱水西北至南昌入湖漢。建成縣，蜀水東至南昌入湖漢。宜春縣，南水東至新淦入湖漢。雩都縣，湖漢水東至彭澤入江，行千九百八十里。南壄縣，彭水東入湖漢。《史記・河渠書》云：余南登廬山，觀禹疏九江。《書・釋文》引《地記》云：言九江，劉歆以爲湖漢九水入彭澤也。凡此八水，并湖漢水爲九，俱入江。史公說孔爲甚，殷爲中者，俱《釋言》文。言九江甚中者，九江之水在豫章郡，非荆州水，而《水經》云沔至江夏沙羡縣北，南入于江。沔水與江合流，又東過彭蠡澤，是九江入此澤而合大江，故云甚中。鄭注見《書》疏。引《地理志》，見前文。云殷猶多者，《詩》傳云：殷，衆也。衆多同義。云九江從山谿所出，其孔甚多者，卽謂《地理志》入湖漢諸水。《史記索隱》又引《尋陽記》烏江等九江，非古義也。沱、潛旣道，注：史遷潛作涔，旣作已。馬融曰：沱，湖也。其中泉出而不流者謂之潛。鄭康成曰：《爾雅・釋水》云：水自江出爲沱，漢別爲涔。今南郡枝江縣有沱水，其尾入江耳，首不于江出也。華容有夏水，首出江，尾入沔，蓋此所謂沱也。潛則未聞象類。潛一作灊。疏：史公潛爲涔者，《地理志》：漢中安陽，鬵谷水出西南，北入漢。《水經》作涔水，云：出南鄭縣東南旱山，北至安陽縣南，入于沔。《注》云：卽黄水也。案：卽今陝西西鄉縣洋河。鄭氏以其入漢，非出于漢，故云未聞象類。又見下疏。馬注見《釋文》。鄭注見《吳志》注及《書》疏。云枝江有沱水者，《地理志》：南郡枝江，江沱出西南，東入江。《水經・禹貢山水澤地所在》云：荆州沱水，在南郡枝江縣。今在湖北枝江縣。云首不於江出，謂與《釋水》義不合也。云華容有夏水，首出江，尾入沔者，《地理志》：南郡華容，夏水首受江，東入沔，行五百里。卽今湖北沔陽州南長夏水也。鄭又云蓋此所謂沱者，無實證，以其出江入沔，疑爲沱耳。云潛則未聞象類者，荆州境內，漢水爲潛，無首出漢之水以應之也。雲土夢作乂。注：史遷作雲夢土爲治。夢一作瞢。疏：雲夢作雲土夢者，《楚語》：王孫圉曰：有藪曰雲連徒洲。注云：楚有雲夢，徒其名也。案：徒、土音相近。《地理志》：南郡華容，雲夢澤在南，荆州藪。案：華容故城在今湖北荆州東。澤卽洞庭湖，在今岳州府西南。王逸注《楚辭》云：夢，澤中也。楚中名澤中謂夢中。是雲爲澤名，夢非二澤也。史公雲土夢作雲夢土者，亦見《地理志》。作曰爲、乂曰治者，見前疏。王氏引之云：作者，《詩》傳云：始也。古字爲乍，言乍治。較舊說爲長。夢一作瞢者，《史記索隱》文。厥土惟塗泥。厥田惟下中，厥賦上下。厥貢羽、毛、齒、革，注：史遷毛作旄。惟金三品，杶、幹、栝、柏，注：馬融曰：栝，白栝也。鄭康成曰：櫄、幹、栝、柏，四木名。幹，柘幹。柏葉松身曰栝。疏：杶者，《說文》云：木也。《夏書》曰：杶、榦、栝、柏。或作櫄。鄭注《考工記》引此亦作櫄。櫄者，郭璞注《中山經》云：櫄木似樗樹，材中車轅。吳人呼櫄音輴，車或曰輴車。郭注《爾雅》引俗語曰：櫄、樗、栲、漆，相似如一。《圖經本草》云：椿木、樗木，形幹大抵相類。但椿木實而葉香可噉，樗木疏而氣臭，北人呼樗爲山椿。是《本草》以櫄爲椿也。幹字，當依《說文》引經作榦。《釋文》本作榦。馬注見《釋文》。鄭注見《考工記》疏及《詩・竹竿》疏。云幹，柘幹者，《詩・皇矣》云：其檿其柘。《考工記》云：荆之幹，材之美者。《弓人》云：取幹之道七，柘爲上。云柏葉松身曰栝者，《釋木》云：檜，柏葉松身。柏者，《釋木》云：椈。《說文》字作鞠也。礪、砥、砮、丹，注：鄭康成曰：礪，磨刀石也。精者曰砥。礪一作厲。疏：礪，俗字，《地理志》作厲。《說文》：厲，旱石也。或作蠣。旱石當爲悍石。韋昭注語：悍，強也。《史記集解》引應劭注云：礪，砥石也。《說文》云：底，柔石也。或作砥。砮，石可以爲矢鏃。丹，巴、越之赤石也。鄭注見《書》疏。云磨刀石，精者曰砥者，《史記集解》引應劭注云：厲，砥石也。郭璞注《西山經》云：砥礪，磨石也。精爲砥，粗爲礪也。與鄭義同。厲有粗義者，《詩》傳云：厲，惡也。言粗惡之石。惟箘、簬、楛，三邦底貢厥名，注：史遷作三國致貢其名。馬融曰：言箘、簬、楛，三國所致貢，其名善也。楛，木名，可以爲箭。鄭康成曰：箘、簬，聆風也。楛，木類。竹有二名，或大小異也。箘、簬是兩種竹也。肅愼氏貢楛矢，卽楛中矢幹。三物皆出雲夢之澤，當時驗之猶然。經言三邦底貢，知近澤之國致此貢也。簬一作簵，楛一作枯。疏：箘、簬者，《說文》云：箘，箘簬也。古文作簵，引此文。又枯，《夏書》曰：唯箘輅、枯。木名也。箘者，《呂氏春秋・本味》篇云：越駱之箘。注云：箘，竹箭也。《中山經》：暴山，其木多䉋箘。注云：箘亦篠類，中箭。簬者，《廣雅·釋草》云：箭也。是與楛三者，皆箭材也。史公作三國致貢其名者，以厥名上屬爲句，與鄭說異也。《集解》徐廣曰：一作箭足杆。箭足以訓箘簬，杆當從干，杆音近楛也。馬注見《史記集解》及《釋文》。鄭注見《史記集解》，又見《考工記》疏及《書》疏。云聆風者，《史記集解》聆從竹，俗字，兹依《書》疏。馬融《長笛賦》有聆風，是竹別名。云肅慎氏貢楛矢者，《考工記》疏作周之始，肅慎氏貢枯矢、石砮。《魯語》云武王克商，通道于九夷、八蠻，使各以其方賄來貢，使無忘職業。于是肅慎氏貢枯矢、石砮，其長尺有咫是也。**包匭菁茅**，注：鄭康成曰：厥名包匭。匭，纏結也。菁茅，茅有毛刺者，給宗廟縮酒。重之，故包裹又纏結也。疏：《書》疏云：鄭玄以厥名下屬。與史公、馬氏義異也。鄭注見《史記集解》。云匭，纏結者，《說文》簋，古文作匭，黍稷方器也。江氏聲云：鄭讀匭爲糾，匭從九得聲，與糾音近。劉逵注《吳都賦》云：匭猶結也。引此文，云：生桂陽，可以縮酒，給宗廟異物也。重之，故既包裹而又纏結之。一曰：匭，柙也。蓋用鄭義。而云一曰柙也，又泥匭字之詁。云菁茅，茅有毛刺者，《管子·輕重丁》篇云：江、淮之間，一茢三脊，名曰菁茅。云給宗廟縮酒者，見《春秋左氏·僖四年》傳。《周禮·甸師》：祭祀，共蕭茅。注：鄭大夫云：蕭字或爲莤，莤讀爲縮。束茅立之祭前，沃酒其上，酒滲下去，若神飲之，故謂之縮。縮，浚也。杜子春讀爲蕭。蕭，香蒿也。玄謂茅以共祭之苴，亦以縮酒，苴以藉祭。縮酒，泲酒也。醴齊縮酌。《說文》：禮，祭束茅加于裸圭，而灌鬯酒，是爲莤，象神歆之也。一曰：莤，榼上塞也。先鄭與許說宗廟縮酒雖異，皆用茅也。劉逵注《吳都賦》云：茅生桂陽。《史記正義》引《括地志》云：辰州盧溪縣西南三百五十里有包茅山。《武陽記》云：山際出苞茅，有刺而三脊，因名苞茅山。《僞傳》以包爲包橘柚，菁爲菁菹，與《管子》名菁茅、《左傳》稱包茅之義不合，失之矣。**厥篚玄纁璣組**，注：馬融曰：組文也。疏：玄以爲衣，纁以爲裳，組以佩玉系冠。《周禮·染人》夏纁玄。注云：玄纁者，天地之色，以爲祭服。《詩》傳云：玄，黑而有赤色也。《說文》：纁，浅絳也。《廣雅·釋器》云：纁，赤也。鄭注《士冠禮》云：纁裳，浅絳裳。此注雖不具，鄭義當與注《禮》同也。璣組玄纁，同爲篚實，當非珠璣與組二物。證以徐州蠙珠、雍州琅玕皆不入篚，疑組文似璣，故曰璣組，猶織貝之爲錦文也。《少儀》：車不雕璣。注云：璣，附纏爲沂鄂也。璣聲近幾。璣或璂字。《周書·王會》云：王玄繚、璧、綦十二。孔晁注云：玄繚，謂以黑組紐之。綦，玉名，有十二也。《說文》：組，綬屬。其小者以爲冕纓。應劭注《漢書·本紀》云：組者，今綬紛絛是也。馬注見《釋文》。云組文者，當云璣，組文也，今本脫字耳。**九江納錫大龜**。注：史遷納錫爲入賜。馬融曰：納，入也。疏：史公納作入者，納、入經典通字。錫者，《釋詁》云：賜也。大龜者，元龜。《白虎通·蓍龜》篇引《禮三正記》曰：天子龜長一尺二寸，諸侯一尺，大夫八寸，士六寸。馬注見《釋文》。**浮于江、沱、潛、漢，逾于洛，至于南河**。注：史遷潛、漢作涔，于漢。潛一作灊，逾一作踰。疏：經以浮于江、沱、潛、漢爲九江納龜之道，則此江、沱、潛、漢當在九江已東，故鄭注不取蜀郡江沱及巴郡潛水之說。欲以夏水爲江沱，而云未聞潛水也。經云逾于洛者，江、漢與洛不通流，故云逾。《詩》傳云：踰，越也。逾與踰同。史公作涔，于漢者，讀浮于江、沱、涔爲句，又云于漢。《釋文》云：本或作潛于漢，非。是唐人不善讀《史記》文，反非之也。段氏玉裁云：《無逸》篇云：無淫于觀、于逸、于游、于田。以淫領四于字，此以浮領二于字，句法正同。陸氏誤絕其句，故非之。南河者，顔師古注《地理志》云：在冀州南。潛作灊，見《地理志》。

荆、河惟豫州。注：鄭康成曰：豫州界，自荆山而北至于河。疏：《釋地》云：河南曰豫州。《書》疏引李巡云：河南其氣著密，厥性安舒，故曰豫。豫，舒也。《公羊》疏引孫氏云：自東河至西河之南曰豫州。《釋文》引《春秋元命包》云：豫之言序也，言陽氣分布各得其處，故其氣平靜多序也。《呂氏春秋·有始覽》云：河、漢之間爲豫州，周也。注云：河在北，漢在南，故曰之間。鄭注見《詩·王風譜》及《公羊·莊十年》疏。云自荆山而北至于河者，荆山注在經文至于荆山下。云北至于河者，卽高誘所云河在北也。**伊、洛、瀍、澗既入于河**，注：洛一作雒。疏：《地理志》云：弘農郡盧氏，伊水出，東北入雒，行四百五十里。上雒，《禹貢》雒水出冢領山，東北至鞏入河，過郡二，行千七百里，豫州川。河南郡穀城，《禹貢》瀍水出朁亭北，東入雒。弘農郡新安，《禹貢》澗水在東，南入雒。案：瀍字當作廛。《淮南·本經訓》云導廛、澗，不從水，《水經》：河水過鞏縣北，洛水從縣西北注之。伊水東北至洛陽縣南，北入于洛。瀍水東過偃師縣，又東入於洛。澗水出新安縣南白石山，東南入于洛。鞏縣、洛陽、偃師、新安，皆今河南縣，蓋伊、澗、瀍會洛入河也。伊出盧氏，今河南縣。洛出上洛，今陝西商州。過郡二者，弘農、河南也。瀍出穀成，在今河南洛陽縣西北。洛一作雒，見《地理志》。**滎波既豬**，注：史遷波作播，一作潘。豬一作都。馬融曰：滎播，澤名。鄭康成曰：沇水溢出河爲澤也。今塞爲平地，滎陽民猶謂其處爲滎播，在其縣東。《春秋》魯閔公二年，衛侯及狄人戰于滎澤。此其地也。疏：史公波作播者，《書》疏云：馬、鄭皆作滎播。《史記索隱》曰：今文。是今文與馬、鄭書及《史記》合也。《說文》云：潘，水名，在河南滎陽。亦卽此水。豬作都者，《周禮·職方氏》：其浸波溠。注：波讀爲播。《禹貢》曰：滎播既都。《水經》云：濟水南當鞏縣北，南入於河。與河合流，又東過成皋縣北，又東過滎陽縣北，又東至礫谿南，東出過滎澤北。《注》引《晉地道志》曰：濟自大伾入河，與河水鬬，南泆出爲滎。《注》又云：濟水又東逕滎澤北，故滎水所都也。京相璠曰：滎澤在滎陽縣東南，與濟隧合。濟隧上承河水于卷縣北，南去新鄭百里。蓋滎播，河、濟往復逕通矣。滎陽，今爲河南滎澤、河陰二縣地。馬注見《釋文》。云滎播，澤名者，《水經注》引闞駰說同。又引呂忱曰：播水在滎陽。則滎播是一澤。《僞傳》以爲滎澤、波水，已成遏豬，似二水名，失之。鄭注見《詩·竹竿》疏。云沇水溢出河爲澤，卽下入于河，溢爲滎是也。云今塞爲平地者，《水經·濟水注》云：出河之濟，卽陰溝之上源也，濟隧絕焉，故世亦或謂其故道爲十字溝。自于岑造八激隄於河陰，水脈經斷，故瀆難尋，又南會于滎澤。然水既斷，民謂其處爲滎澤。《春秋》衛侯及翟人戰于滎澤而屠懿公，弘演報命納肝處也。與鄭義合。《春秋左氏・宣十二年》傳：楚潘黨逐晉魏錡，及滎澤。亦此地。導菏澤，被孟豬。注：史遷導作道。孟豬一作明都，一作盟豬。疏：《地理志》：濟陰郡，《禹貢》菏澤在定陶東。梁國睢陽，《禹貢》盟諸澤在東北。《水經・禹貢山水澤地所在》俱同。《水經・濟水注》云：《尚書》曰：導菏澤，被孟豬。孟豬在睢陽縣之東北。闞駰《十三州記》曰：不言入而言被者，明不常入也，水盛方乃覆被矣。《史記正義》引《括地志》云：菏澤在曹州濟陰縣東北九十里，定陶城東，今名龍池，亦名九卿陂。案：定陶，今山東縣，屬曹州府。睢陽，今河南商邱縣。自河決徙流，孟諸故迹不可考矣。史公導作道者，《周語》：爲川者，決之使導。注云：導，通也。《法言・聞道》篇云：道也者，通也。是導與道，俱爲通也。孟豬作明都者，經典豬、都通字。《周禮・職方》作望諸。《釋地》云：宋有孟諸。《地理志》作盟豬。孟、明、盟、望，豬、都、諸，俱聲相近，古假借用之。厥土惟壤，下土墳壚。注：馬融曰：豫州地有三等，下者墳壚也。豫州地青。鄭康成曰：壚，疏也。疏：馬注見《史記集解》及《太平御覽・地部》。云地青者，青卽黑也。鄭注《禮器》或素或青云：變白黑言素青者，秦二世時，趙高作亂，或以青爲黑，黑爲黃，民言從之，至今語猶存也。則言土青者，猶言壚也。鄭注見《禮書》卅四卷。云壚，疏者，《說文》：壚，黑剛土也。《釋名》云：土黑曰壚，壚然解散也。鄭注《周禮・草人》云：埴壚，黏疏者。以黏訓埴，疏訓壚也。疏者，《溝洫志》云：地形下而土疏惡。《詩》箋云：疏，麤也。厥田惟中上，厥賦錯上中。厥貢漆、枲、絺、紵，厥篚纖纊，注：史遷枲作絲，纊作絮。疏：紵者，《說文》云：𦃇屬，細者爲絟，粗者爲紵。纊者，《說文》云：絮也。《一切經音義》一引《說文》：纊，緜也。絮之細者曰纊。故此云纖纊也。史公枲作絲者，蓋今文異字。纊爲絮者，見《說文》，云：絮，敝緜也。似與纊微異，史公取以釋纊，但取義于緜耳。錫貢磬錯。疏：磬，玉磬。錯，爲厝借字，《說文》云：厝，厲石也。《詩・鶴鳴》云：他山之石，可以爲錯。傳云：錯，石也，可以琢玉。顏師古注《地理志》云：亦待錫命而貢。案：玉磬惟天子得用之。《郊特牲》云：擊玉磬，諸侯之僭禮也。《詩・那》箋云：玉磬尊，故異言之。則治磬之石，必待錫命而貢，示諸侯不敢有治玉磬之器也。浮于洛，達于河。疏：《唐石經》作浮于洛、河。

華陽、黑水惟梁州。注：鄭康成曰：梁州界，自華山之南至于黑水也。疏：《釋地》無梁州，《呂氏春秋・有始覽》九州亦無梁，蓋殷周雍州兼有梁州之地，與夏時異也。經云黑水者，《水經》：沔水東過南鄭縣南。注云：漢水又東，黑水注之。水出北山，南流入漢。庾仲雍曰：黑水去高橋三十里。諸葛亮牋云：朝發南鄭，暮宿黑水西五十里。卽是水也。《史記正義》引《括地志》云黑水源出梁州城固縣西北太山以注華陽、黑水，蓋本古說。案：城固，今陝西縣也。鄭注見《公羊・十年》傳疏。云至于黑水者，《地理志》：益州郡滇池，滇池澤在西北。有黑水祠。或以爲卽鄭氏所云黑水，然疑其太遠。夏時荒服之地，禹迹不至也。滇池，今雲南晉寧州地。岷、嶓既藝，注：史遷岷作汶。鄭康成曰：《地理志》岷山在蜀郡湔氐道，嶓冢山在漢陽西。藝一作蓺。疏：岷，史公作汶，《漢志》作崏。《史記索隱》云：汶，一作岷，又作岐。岐卽汶俗字。藝，《史記》、《漢志》皆作蓺。加云，俗字。藝者，《廣雅・釋詁》云：治也。或云種藝，失之。鄭注見《史記集解》。引《地理志》者，《漢志》：蜀郡湔氐道，《禹貢》崏山在西徼外。隴西郡西縣，有《禹貢》嶓冢山。《水經・禹貢山水澤地所在》云：嶓冢山在隴西氐道縣之南。《郡國志》：漢陽西，有嶓冢山。鄭說嶓冢山在漢陽西者，據後漢時天水郡縣名也。沱、潛既道，注：史遷潛作涔。一作灊。鄭康成曰：二水亦謂自江、漢出者。《地理志》在今蜀郡郫縣江沱及漢中、安陽皆有沱水、潛水，其尾入江、漢耳，首不於此出。江原有𨜶江。首出江，南至犍爲武陽又入江，豈沱之類與？潛蓋漢，西出嶓冢東南，至巴郡江州入江，行二千七百六十里。漢別爲潛，其穴本小，水積成澤，流與漢合。大禹自導漢疏通，卽爲西漢水也。故《書》曰：沱、潛既道。疏：潛者，《說文》云：一曰漢水爲潛。《史記》作涔，《漢志》作灊。《水經》沔水條言涔水注沔，正作涔水。《地理志》安陽灊水，又作灊。鄭注見《書》疏及《水經・潛水注》。云二水亦自江、漢出者，因荆州沱、潛注引《爾雅》言之。云蜀郡郫縣江沱者，《地理志》：蜀郡郫縣，《禹貢》江沱在西，東入大江。《水經・禹貢山水澤地所在》云：益州沱水在蜀郡汶江縣西南，其一在郫縣西南，皆還入江。案：郫縣之沱，今名郫江，自四川灌縣西南分江，至瀘州復合者，自李冰鑿離碓穿江以後，已變禹迹矣。《地理志》：蜀郡汶江，江沱在西南，東入海。《水經・江水注》云：江水逕汶江道，又有湔水入焉。江水又東別爲沱，開明之所鑿也。渡江有笮橋。鄭所云江沱，疑郫縣、汶江二縣之江沱，但汶江縣江沱今無水，或以爲四川保縣玉輪江也。云漢中、安陽皆有沱水、潛水者，《地理志》：漢中郡南鄭旱山，池水所出，東北入漢。安陽，鬵谷水出西南，北入漢。案：南鄭，今陝西縣，屬漢中府。《後漢書》注：故城在今縣東北。安陽，今陝西洋縣東北地。《太平寰宇記》洋州眞符縣，本安陽地是也。云其尾入江漢者，《水經》：沔水東過南鄭縣南。注云：漢水右合池水，水出旱山，俗謂之獠子水。又《水經》：沔水東過魏興安陽縣南，涔水出自旱山，北注之。是沱水、涔水尾俱入沔，沔卽漢也。入沔之處，當在今陝西洋縣。二水皆出旱山，首不從江出，與《爾雅》不合，故鄭云首不於此出也。云江原有𨜶江，首出江云云者，《地理志》：江原，𨜶水首受江，南至武陽入江。《太平寰宇記》云：𨜶江，一名皁里水，自青城縣南流，逕溫江縣入江原界，今曰南江也。案：《地理志》犍爲郡有武陽縣，故城在今四川眉州彭城縣東十里。鄭以其首受江，疑爲沱也。又云潛蓋漢，西出嶓冢東南，至巴郡江州入江者，漢水卽漾水，見下嶓冢道漾疏。《地理志》：巴郡宕渠，潛水西南入江。《水經》云：潛水出巴郡宕渠縣。注云：潛水蓋漢水枝分潛出，故受其稱。今爰有大穴，潛水入焉，通岡山下，西南潛出，謂之伏水，或以爲古之潛水。引鄭氏此注。劉逵注《蜀都賦》云：《禹貢》梁州云：沱、潛既道。有水從漢中沔陽縣南流，至梓潼漢壽縣入穴中，通岡山下，西南潛出，今名復水。舊說云《禹貢》潛水也。《書》疏引郭氏《音義》云：有水從漢中沔陽縣南流，至梓潼漢壽入大穴中，通岡山下，西南潛出，一名沔水，舊俗云卽《禹貢》潛也。《史記正義》引《括地志》云：潛水一名復水，源出利州緜谷縣東龍門山大石穴下。《元和郡縣志》云：緜谷縣，潛水出東北龍門山，《書》曰沱、潛既道是也。案：宕渠縣故城在今四川渠縣界，渠江在縣東，卽此水也。然則鄭注所云潛卽漢西出嶓冢者是也。蔡蒙旅平，注：鄭康成曰：《地理志》蔡蒙在漢嘉縣。疏：鄭注見《史記集解》。引《地理志》者，《漢志》：蜀郡青衣有《禹貢》蒙山。鄭云在漢嘉者，青衣，應劭注《漢志》云：順帝更名漢嘉也。案：青衣，今四川雅州府名山縣地。鄭以蔡蒙爲一山，《僞傳》誤云二山，疏云：蔡山不知所在。蓋本無此山也。旅，當讀如《論語》旅於泰山之旅。《漢書》班固述贊曰大夫臚岱，《史記・六國表》曰位在藩臣而臚于郊祀，故《釋文》引韋音盧也。和夷厎績。注：馬融曰：和夷，地名也。鄭康成曰：和夷，和上夷所居之地也。和讀曰桓，《地志》曰桓水出蜀郡蜀山西南，行羌中者也。疏馬注見《史記集解》。鄭注見《水經・桓水注》。云和讀爲桓者，如淳注《漢書》云陳留之俗言桓聲如和是也。引《地志》者，《漢・地理志》：蜀郡，《禹貢》桓水出蜀山西南，行羌中，入南海。或云桓水卽大金河江，入蕃地南海。厥土青黎。注：史遷黎爲驪。馬融曰：黎，小疏也。疏：史公黎爲驪者，《詩》傳云：純黑曰驪。馬注見《釋文》。云小疏者，蓋前釋豫州壚爲疏，故此云小疏，卽小驪也。《釋名》云：土青曰黎，似黎草色也。厥田惟下上，厥賦下中三錯。注：鄭康成曰：三錯者，此州之地有當出下下之賦者，少耳，又有當出下上、中下者，差復益少。疏：鄭注見《書》疏。江氏聲云：經言三錯，是正賦之外雜出三等。而正賦下中之下，止有下下一等，故知幷其上二等爲三錯。《僞傳》乃謂賦第八等，雜出第七第九，則是雜出二等，幷正賦爲三等。鄭以他州言錯者，皆是正賦之外別出一等，此言三錯，明是正賦之外別爲三等矣。若幷正賦爲三等，則當言再錯，不言三錯，《傳》說非也。云差復益少者，正賦下中，間有出下下者，但少耳，又或有出下上者，亦少差而上之。又有出中下者，復益少也。《書》疏作益小，當爲益少。古小、少通字。厥貢璆、鐵、銀、鏤、砮、磬，注：馬融璆作鏐。鄭康成曰：黃金之美者，謂之鏐。鏤，剛鐵，可以刻鏤也。疏：《釋文》璆一作鏐，馬同。《釋器》云：黃金謂之璗，其美者謂之鏐。注云：鏐卽紫磨金。鐵者，《說文》云：黑金也。銀者，《釋器》云：白金謂之銀。鏤者，《說文》云：剛鐵，可以刻鏤。《夏書》曰：梁州貢鏤。砮者，《說文》云：石可以爲矢鏃。《夏書》曰：梁州貢砮丹。丹，當爲磬也。《華陽國志》云：臺登縣山有砮石，火燒成鐵，剛利。《禹貢》厥賦砮是也。熊、羆、狐、貍，疏：熊者，《釋獸》云：虎醜。《說文》云：獸，似豕，山居，冬蟄。羆者，《釋獸》云：如熊，黃白文。《說文》同，古文作𥀿。狐、貍者，《釋獸》云：貍、狐、貒、貈，醜，其足蹯，其跡厹。《說文》云：狐，妖獸也，鬼所乘之。貍，伏獸，似貙。《周禮・司裘》云：王大射，則共熊侯。《詩》云：熊羆是裘。又云：取彼狐貍，爲公子裘。織皮。西傾因桓是來，注：馬融曰：治西傾山，因桓水是來，言無他道也。鄭康成曰：織皮，謂西戎之國也。西傾，雍州之山也。雍戎二野之間，人有事於京師者，道常由此州而來。桓是，隴阪名。其道盤桓旋曲而上，故名曰桓是。今其下民謂是阪，曲爲盤也。《地理志》：西傾山在隴西臨洮。來一作倈。疏：織皮者，罽之屬。《釋言》云：氂，罽也。《釋文》引李巡本氂作毳。《周書》：正西昆侖狗國等，請令以丹青、白旄、紕罽、龍角、神龜爲獻。《說文》：罽，西胡毳布也。紕，氐人罽也。鄭注《周禮・巾車》云：樊與纓，皆以五色罽飾之。《漢書・高帝紀》：八年，令賈人毋得衣錦繡綺縠絺紵罽。罽禁賈人衣，又飾樊纓，是以貢之。或以爲賤者之服，非也。經文是爲氏之假音字，見下疏。馬注見《史記集解》。云因桓水是來者，《地理志》：蜀郡，桓水出蜀山西南，行羌中，入南海。《水經》同。注引經文及馬注，云：余案據《書》，岷山、西傾，俱有桓水。桓水出西傾山，更無別流。所導者，惟斯水爾。浮於潛、漢，而達江、沔，故《晉書・地道記》曰：梁州南至桓水，西抵黑水，東限扞關。今漢中、巴郡、汶山、蜀郡、漢嘉、江陽、朱提、涪陵、陰平、廣漢、新都、梓潼、犍爲、武都、上庸、魏興、新城，皆古梁州之地。自桓水以南爲夷，《書》所謂和夷厎績也。然所可當者，惟斯水與江耳。桓水蓋二水之別名，爲兩川之通稱矣。則酈道元與班氏、馬氏以因桓爲桓水來無他道之說同也。鄭注見《水經・桓水注》及《史記集解》。酈氏既引其說，又駁之云：斯乃玄之別致，恐乖《尚書》因桓之義，非浮潛、入渭之文。案：鄭不從班氏說因桓爲桓水者，以桓水入南海，道不通漢也。云桓是，隴阪名者，讀是爲氏。《說文》云：氏，巴蜀名山岸脅之旁箸欲落墮者曰氏。揚雄賦：響若氏隤。段氏玉裁讀鄭注是阪以爲今其下民謂坂爲是，曲爲桓也。鄭引《地理志》者，《漢志》：隴西郡臨洮，《禹貢》西傾山在縣西。臨洮，今甘肅洮州衛，山在北。來作倈，見《地理志》。浮于潛，逾于沔，注：史遷逾作踰。鄭康成曰：或謂漢爲沔。疏：經云浮于潛，此潛水卽郭氏《音義》所云一名沔水者。《水經・漾水注》引劉澄之說同。又引庾仲雍言：漢水自武遂川南入蔓葛谷，越野牛，逕至關城，合西漢水，故諸言漢者，多言西漢水至葭萌入漢。注又云：漢水有二源，始源曰沔。又云：東西兩川俱受沔、漢之名。《沔水注》云：沔水一名沮水。庾仲雍云：是水南至關城，合西漢水，又東北合沮口，同爲漢水之源也。故如淳曰：此方人謂漢水爲沔水。案：《地理志》：武都郡武都，東漢水受氐道水，一名沔。《志》所云氐道水，卽漾水也。《志》于沮水云，至河南入江。不云沔，然江卽沔也。故《說文》以沮水爲沔水。葭萌，今四川昭化縣，郭氏、庾氏所云潛水通西漢者在是，卽經所謂浮潛入沔之水也。或以《水經》云漾水至葭萌縣東北，與羌水合，謂羌水出臨洮，一名白水，卽指爲桓水。水道則通，但與班氏所說桓水、鄭氏所說桓氏之義俱不合。鄭注見《史記集解》。《水經・桓水注》云：自西傾至葭萌入于西漢，卽鄭玄之所謂潛水者也。自西漢遡流而屈於晉壽界，阻漾枝津，南歷岡穴，迆邐而接漢，《書》所謂浮潛而逾沔矣。說見前疏。入于渭，亂于河。疏：沔不通渭，故經文言逾。《水經・桓水注》云：沔歷漢川至南鄭縣，屬於褒水，遡褒暨於衙嶺之南，谿水枝灌於斜川，屆於武功，而北達於渭水。此乃水陸之相關，川流之所經，復不乖《禹貢》入渭之字，實符《尚書》亂河之義也。是酈氏以斜水入渭，褒水入沔，謂沔、渭相通，恐未必是禹迹也。亂者，《釋水》云：正絶流也。《水經》：渭水又東，過華陰縣北，東入於河。注云：《春秋》之渭汭也。案：華陰今陝西縣。

黑水、西河惟雍州。注：鄭康成曰：雍州界，自黑水而東至于西河。疏：《釋地》云：河西曰雍州。《書》疏引李巡云：河西其氣蔽雍，受性急凶，故云雍。雍，壅也。《釋名》云：雍州在四山之內，雍翳也。《釋文》引《太康地記》云：雍州兼得梁州之地，西北之位，陽所不及，陰氣雍閼，故取名焉。《呂氏春秋・有始覽》云：西方爲雍州，秦也。黑水，或以爲瀘江，或以爲滇池，皆失之。《書》疏引《水經》云：黑水出張掖雞山，至敦煌，過三危山，南流入於南海。今《水經》缺此文。此云南海及海，皆卽居延海之屬，在張掖之南者。案：張掖郡治觻得縣，今甘肅甘州府城是也。鄭注見《公羊・莊十年》疏及《史記索隱》，引《地說》云三危山，黑水出其南者，似非張掖之黑水。弱水既西，注：鄭玄曰：衆水皆東，此獨西流，故記其西下也。弱一作溺。疏：《地理志》：張掖郡删丹，桑欽以爲弱水自此，西至酒泉合黎。《說文》作溺水，云：溺水自張掖删丹西至酒泉合黎，餘波入于流沙。桑欽所說。又云：屻山，溺水所出。此屻山，卽雞山。删丹，今甘肅山丹縣。涇屬渭汭。注：馬融曰：屬，入也。鄭康成曰：涇水、渭水發源皆幾二千里，然而涇小渭大，屬于渭而入于河。《地理志》云：涇水出今安定涇陽西开頭山，東南至京兆陽陵，行千六百里，入渭。疏：渭汭者，《說文》云：汭，水相入也。鄭注《召誥》云：汭，限曲中也。此渭汭，卽今陝西高陵縣地。馬注見《釋文》。云屬，入者，鄭注《士冠禮》云：屬，注也。注卽入也。鄭注見《詩・谷風》疏及《史記集解》。云涇水、渭水發源皆幾二千里者，《地理志》：隴西郡首陽，渭水所出，東至船司空入河，過郡四，行千八百七十里，雍州濅。過郡四者，隴西、天水、右扶風、左馮翊也。《地理志》：安定郡涇陽，开頭山在西，《禹貢》涇水所出，東南至陽陵入渭，過郡三，行千六百里，雍州川。過郡三者，安定、右扶風、左馮翊也。案：涇陽縣在今甘肅平涼府城西。陽陵故城在今陝西高陵縣西南，涇水在縣東入渭。鄭云屬于渭而入于河者，渭水至船司空入河，在今陝西華陰縣東北。漆沮既從，疏：漆沮卽瀘水也。《說文》：瀘水出北地直路西，東入洛。《水經》、《地理志》俱作沮。《水經》云：東過馮翊祋祤縣北，東入洛。《地理志》：北地郡直路，沮水出西，東入洛。左馮翊懷德，洛水東南入渭。案：漢直路縣在今陝西中部縣西北二百里。懷德縣在今陝西富平縣西。《水經》云：渭水又東過華陰縣北。注云：洛水入焉。闞駰以爲漆沮之水也。《水經・沮水注》云：沮水東注鄭渠。濁水與沮水合，俗謂之漆水，又謂之爲漆沮水。絶白渠，逕萬年縣故城北，其水又南屈，更名石川水。又西南，與白渠枝渠合。又南入於渭水也。案：今石川河至富平縣南入渭，卽此水。是漆沮、瀘水、洛水一也。《說文》又有：漆水出右扶風杜陵岐山，東入渭。一曰入洛。卽《地理志》在漆縣西之漆水，《詩・緜》所云自土沮、漆者。但經文于涇屬渭汭下云漆沮既從，似以瀘水從洛入渭爲是。若此漆入渭，又在上流。《水經》云：漆水出杜陽縣兪山東，北入于渭。《渭水注》云：渭水又東逕雍縣南，雍水注之。雍水東南流，與橫水合。水出杜陽山，其水南流，謂之杜陽川。東南流，左會漆水。水出杜陽縣之漆谿，謂之漆渠。徐廣曰：漆水出杜陽之岐山者也。《詩・潛》云：猗與漆、沮。傳云：漆、沮，岐周之二水也。案：此漆水在今陝西岐山縣。灃水攸同。注：灃一作酆，攸一作逌。疏：《地理志》右扶風鄠，酆水出東南，北過上林苑入渭，作酆。《水經》：渭水東過槐里縣東，豐水從南來注之。注云：豐水出豐谿，西北流，分爲二水。一水東北流，爲枝津。一水北，逕靈臺西，又北至石墩，注於渭。《地說》云：渭水又東與豐水會於短陰山內。水會無他高山異巒，惟有原阜石激而已。案：今豐水在陝西咸陽縣東南入渭。同者，《說文》云：合會也。攸作逌，見《地理志》。荆、岐既旅，疏：《地理志》：左馮翊褱德，《禹貢》北條荆山在南，下有彊梁原。右扶風美陽，《禹貢》岐山在西北。案：褱德縣，今陝西富平縣，美陽，今扶風縣也。終南、惇物，至于鳥鼠。注：鄭康成曰：《地理志》終南、惇物皆在右扶風武功也。疏：《地理志》：右扶風武功，太壹山，古文以爲終南；岳山，古文以爲敦物。案：武功，今陝西郿縣。太壹山，今名太白山，在縣東南。岳山，今名武功山，在縣東南，俗呼敖山。敖、岳聲之轉。今本《地理志》岳或誤作垂。鳥鼠，見後疏。鄭注見《史記集解》。原隰厎績，至于豬野。注：鄭康成曰：《詩》云度其隰原，卽此原隰是也。原隰，豳地。從此致功，西至豬野之澤也。《地理志》都野在武威，名曰休屠澤。野一作埜。疏：《釋地》云：下溼曰隰，廣平曰原。又曰：可食者曰原，下者曰溼。鄭注見《書》疏及《史記集解》。云《詩》云度其隰原，卽此原隰者，見《詩・公劉》篇，當是豳地，今陝西邠州及三水縣是其處也。鄭又引《地理志》者，《漢志》：武威縣，休屠澤在東北，古文以爲豬壄澤。野作埜，卽壄省文。武威縣，今甘肅鎭番縣地。三危既宅，注：史遷宅作度。鄭康成曰：《河圖》及《地說》云：三危山在鳥鼠西南，與岐山相連，當岷山，則在積石之東南。疏：三危者，《禹貢山水澤地所在》云：在燉煌縣南。《史記正義》引《括地志》云：在沙州燉煌縣西南四十里。《春秋左氏・昭九年》傳云：允姓之姦，居于瓜州。注云：允姓之祖，與三苗俱放于三危。《地理志》燉煌郡引杜林以爲古瓜州地，則是燉煌有三危山，據古說也。燉煌，今甘肅燉煌縣。鄭注見《史記集解》及《書》疏。引《地說》者，《書》疏作《地記書》。三危既不見于《地理志》，故鄭別引《地說》也。《太平御覽・地部》引《河圖括地象》曰三危山在鳥鼠之西南，與汶山相接，卽鄭所據也。《郡國志》隴西郡首陽縣注：《地道記》曰：有三危，三苗所處。案：首陽爲今甘肅渭源縣，則此三危與燉煌之三危非一山也。鄭又云當岷山，則在積石之東南，蓋班氏不記，後世失其名也。《水經》：江水又東，過江陽縣南，雒水從三危山東道廣魏雒縣南，東南注之。注云：《山海經》不言雒水所導，經曰三危山，所未詳。案：此卽《地說》所云與岷山相連者。雒縣，今四川漢州也。三危山疑在此近地。三苗丕敘。注：史遷丕作大。厥土惟黃壤。厥田惟上上，厥賦中下。厥貢惟球、琳、琅玕。注：史遷球作璆。琳一作玪。鄭康成曰：球，美玉也。琳，美石也。琅玕，珠也。疏：史遷球作璆者，《說文》：球，玉磬也。或作璆。

琳,《釋文》云: 字亦作玪。《說文》云: 玪塾,石之次玉者。故鄭以爲美石也。琅玕,《釋文》云: 似珠者。《禹貢》雝州球、琳、琅玕,古文作𤥐。鄭注見《詩·韓奕》疏。浮于積石,至于龍門西河,會于渭汭。疏: 《地理志》: 金城郡河關,積石山在西南羌中。《水經·禹貢山水澤地所在》同。《史記正義》引《括地志》云: 積石山今名小積石山,在河州枹罕縣西七里。案: 河關及枹罕,皆在今甘肅河州,山在河州西北七十里也。《地理志》: 馮翊夏陽,龍門山在北。《史記正義》引《括地志》云: 龍門山在同州韓城縣北五十里。李奇云: 禹鑿河水處,廣八十步。案: 夏陽,今陝西韓城縣,山在縣東北八十里。西河者,《史記正義》案: 河在冀州西,故云西河。織皮昆侖、析支、渠搜,西戎卽敘。注: 馬融曰: 崐侖在臨羌西,折支在河關西。鄭康成曰: 衣皮之民居此崑崙、析支、渠搜三山之野者,皆西戎也。別有昆侖之山,非河所出者也。搜一作叟。疏: 崑崙,俗字,當爲昆侖。析支,《史記索隱》引《大戴禮》鮮支,《後漢書·西南夷傳》作賜支,皆音相近。渠搜,《五帝本紀》云: 西戎、析支、渠廋、氐、羌。搜作廋,俗字。《地理志》作叟,是也。西戎卽序,《漢書·西域傳贊》引此云: 禹就而序之,非上威服致其貢物。就者,《詩》箋云: 卽也。馬注見《釋文》。云崐侖在臨羌西者,《戰國·趙策》蘇秦上書云: 此代馬、胡駒不東,而崑山之玉不出也。注: 《後志》金城臨羌有崑山。《地理志》: 金城郡臨羌,西北至塞外,有西王母石室、石釜。有弱水、昆侖山祠。案: 臨羌在今甘肅西寧府西。云析支在河關西者,應劭注《漢武紀》云: 《禹貢》析支、渠搜屬雍州,在金城河關之西,西戎也。馬義同此。鄭注見《書》疏。云衣皮之民,以其織皮爲衣。以崑崙、析支、渠搜爲三山者,《太平御覽·地部》引崔鴻《十六國春秋》云: 酒泉太守馬岌上言,酒泉南山卽昆侖之體也。周穆王見西王母,樂而忘歸,卽在此山也。山有石室王母堂,珠璣鏤飾,煥若神宮。是鄭意與馬說同。析支亦爲山者,《後漢書·西羌傳》云: 西羌之本,出自三苗,羌姓之別也。其國近南岳。及舜流四凶,徙之三危,河關之西南羌地是也。濱於賜支,至乎河首,緜地千里。賜支者,《禹貢》所謂析支者也。《水經》: 河水又東,入塞,過敦煌、酒泉、張掖郡南。《注》引司馬彪曰: 西羌者,自析支以西,濱於河首左右居也。河水屈而東北流,逕析支之地,是爲河曲矣。是言析支爲河曲之地,其地多山,亦爲山名也。渠搜爲山者,《水經》: 河水屈南過五原西安縣南。注云: 河水自朔方東轉,逕渠搜縣故城北。《地理志》朔方有渠搜縣。《禮三朝記》曰: 北發渠搜,南撫交趾。此舉北對南,《禹貢》之所云析支、渠搜矣。案: 渠搜縣在今陝西懷遠縣北番界中,或因山名縣也。云別有昆侖之山,非河所出者,《爾雅·釋水》云: 河出崑崙墟。《西山經》云: 東望泑澤,河水之所潛也,其源泡泡渾渾。又云: 敦薨之水注于泑澤,出于崑崙之西北隅,實惟河源。《水經》云: 崑崙墟在西北,河水出其東北陬。《說文》: 丘,從北從一。一,地也。人居在丘南,故從北。中邦之居,在昆侖東南。虛,大丘也。昆侖丘謂之昆侖虛。是則昆崙山,河所出者,在中國之西北。而此昆侖在正西,卽《周書·王會解》云: 正西昆侖等九國。孔氏晁注云: 九者,西戎之別名。故鄭不以爲河出之山。高誘注《淮南》云: 鍾山,昆崙也。是鍾山亦有崑崙之名,今陝西塞外陰山也。後人于河源所出,卽名曰崑崙,又不與河潛行南出之說合,故不引爲經證。

《尚書·虞夏書三·禹貢下》

導岍及岐,注: 史遷作道九山: 汧及岐。鄭康成曰: 《地理志》汧在右扶風也。疏: 史公導作道者,揚子《法言》: 道,治也。字與導通。岍及岐上有九山二字,蓋孔安國古文也,今文亦有之,故漢人有三條之說。馬、鄭本或無。岍,俗字,當從史公爲汧。《釋水》云: 汧,出不流。又云: 水決之澤爲汧。蓋山以水得名,後人譌作岍也。鄭注見《史記集解》。引《地理志》者,《漢志》: 右扶風汧縣,吳山古文以爲汧山,雍州山。案: 汧縣,今陝西隴州,山在州南七十里。至于荆山,注: 馬融曰: 三條: 導汧,北條;西傾,中條;嶓冢,南條。鄭康成曰: 四列: 導汧爲陰列,西傾爲次陰列,嶓冢爲次陽列,岷山爲正陽列。疏: 荆山卽前云荆、岐既旅之山,在漢懷德縣,故城在今陝西富平。馬、鄭注見《書》疏。《地理志》云: 懷德,《禹貢》北條荆山。馬義所本也。逾于河;注: 史遷逾作踰。壺口、雷首,疏: 《地理志》: 河東郡蒲反,雷首山在南。案: 蒲反卽今山西蒲州府,雷首山在府南。至于太岳;注: 史遷岳作嶽。疏: 河東彘縣霍太山稱太岳者,因帝都冀州,于此捔功德也。《白虎通》云: 嶽之言捔也,捔功德也。《詩》疏引《鄭志》集問云: 周都豐、鎬,故以吳岳爲西岳。據此,知西周以華岳爲中岳,不數嵩高也。《左氏·昭四年》傳司馬侯云四岳、三塗、陽城、太室,名嵩高爲太室,別於四岳之外,是周時不以嵩高爲中岳,知虞、夏時亦然,故當以霍太山爲太岳也。砥柱、析城,至于王屋;太行、桓山,至于碣石,入于海;疏: 砥柱,山名。《水經·禹貢山水澤地所在》云: 砥柱山在河東大陽縣東河中。《地理志》云: 河東郡濩澤,《禹貢》析城山在西南。垣縣,《禹貢》王屋山在東北。案: 濩澤縣在今山西陽城,山在縣西南。垣縣,今山西垣曲,山在今河南濟源縣西,連麓至山西垣曲也。太行,山名。《地理志》: 河內郡山陽,東太行山在西北。《水經·禹貢山水澤地所在》云: 在野王縣西北。案: 山陽,今河南修武縣,山在縣西北。野王,今河南懷慶府。《志》云東太行山者,錢氏坫云: 山陽縣在野王之東也。恆山,《地理志》: 常山郡上曲陽,恆山北谷在西北,有祠,并州山。《禹貢》恆水所出,東入滱。《水經·禹貢山水澤地所在》云: 恆山爲北岳,在常山上曲陽縣西北。案: 上曲陽,今直隸曲陽縣,山在縣西北,祠內多有漢碑也,古恆岳在此。碣石在今奉天臨渝絫縣,故城疑在今昌黎縣界,見前冀州疏。西傾、朱圉、鳥鼠,至于太華;注: 鄭康成曰: 《地理志》云: 朱圉在漢陽南。太華山在弘農華陰南。疏: 《地理志》: 天水郡冀縣,《禹貢》朱圉山在縣南梧中聚。隴西郡首陽,《禹貢》鳥鼠同穴山在西南。京兆郡華陰,太華山在南,有祠,豫州山。案: 冀縣,今甘肅伏羌縣,朱圉山在縣西南。首陽,今甘肅渭源縣,鳥鼠山在縣西。華陰縣,今屬陝西西安府,華山在縣南。鄭注見《史記集解》。云朱圉在漢陽者,天水郡,明帝改漢陽。云太華山在弘農華陰者,《續志》云: 弘農郡華陰,故屬京兆。鄭俱據《後漢志》言之。熊耳、外方、桐柏,至于陪尾;注: 史遷陪作負。鄭康成曰: 《地理志》熊耳在盧氏東。外方在潁川嵩高山。桐柏山在南陽平氏東南。陪尾在江夏安陸東北，若橫尾者。疏：《地理志》：弘農郡盧氏，熊耳山在東。潁川郡崈高縣，武帝置，以奉太室山，是爲中岳。有太室少室山廟。古文以爲外方山也。南陽郡平氏縣，《禹貢》桐柏太復山在東南，淮水出。江夏郡安陸，橫尾山在東北，古文以爲陪尾山。案：盧氏，今屬河南陝州，熊耳山在東南。崈高，今登封縣，中岳卽外方山，在縣北。平氏，今河南唐縣，桐柏山在桐柏縣西南。安陸，今湖北德安府，陪尾山在府治東北。史公陪作負者，《史記索隱》云：負音陪。鄭注見《史記集解》。導嶓冢，至于荆山；注：鄭康成曰：《地理志》荆山在南郡臨沮。疏：《地理志》：南郡臨沮，《禹貢》南條荆山在東北。案：臨沮，今湖北遠安縣，荆山在今南漳縣西。鄭注見《史記集解》。內方，至于大別；注：鄭康成曰：《地理志》內方在竟陵，名立章山。大別在盧江安豐縣。疏：《地理志》：江夏郡竟陵，章山在東，古文以爲內方山。六安國安豐，《禹貢》大別山在西南。案：竟陵故城在今湖北鍾祥縣南，章山在今湖北荆門州南。安豐故城在今安徽霍山縣，大別山在今霍邱縣西南。《元和郡縣志》云：魯山一名大別山，在漢陽縣東北一百步。此蓋《水經注》所云古翼際山也，唐人謂之大別，誤矣。鄭注見《史記集解》。以章山爲立章山者，《續志》：江夏郡竟陵，有立章山，本內方。鄭據當時山名也。又以大別在盧江安豐者，《續漢志》安豐改屬盧江。《書》疏云《地理志》無大別，撿之不密也。岷山之陽，至于衡山，注：史遷岷作汶。疏：《地理志》：長沙國湘南，《禹貢》衡山在東南，荆州山。案：湘南，今湖南湘鄉縣，衡山在今湖南衡山縣西北。《通典》引《三禮義宗》云：唐虞以衡山爲南岳，周氏以霍山爲南嶽。案：崔靈恩說未是也，蓋古文《尚書》以衡山爲南岳，今文以霍山爲南岳耳。唐虞、周氏，恐互誤，見《堯典》疏。過九江，至于敷淺原。注：敷一作傅，淺一作滅。疏：《地理志》：豫章郡歷陵，傅易山、傅易川在南，古文以爲傅淺原。案：歷陵，今江西德安縣，傅易山在今縣南。敷，一作傅，見《史記》及《漢志》。《史記集解》引徐廣曰：淺，一作滅。疑傅易當爲傅易，與滅聲相近。

導弱水，注：鄭康成曰：弱水出張掖。弱一作溺。至于合黎，注：馬融曰：合黎，地名。鄭康成曰：山名。《地說》云：合黎山在酒泉會水縣東北。疏：《說文》：屼，山也，或曰溺水之所出。案：卽張掖雞山。《地理志》：張掖郡刪丹，桑欽以爲道弱水自此，西至酒泉合黎。《水經・禹貢山水澤地所在》云：合離山在酒泉會水縣西北。案：刪丹，今甘肅山丹縣。弱水，今名山丹河，西北流，與張掖河合，亦曰羌谷水也。會水縣在今甘肅高臺縣西北。鄭注弱水云云，見《史記集解》，說本《地理志》及《說文》也。馬注合黎，地名，見《史記集解》。鄭注山名，見《書》疏。引《地說》，見《史記索隱》。《地理志》酒泉會水不載合黎山，故馬以爲地名，鄭別引《地說》也。《地說》者，卽下《地記》，桑氏欽、許氏愼之說所本。餘波入于流沙。注：馬融曰：流沙，地名。鄭康成曰：《地理志》流沙，居延縣西北，名居延澤。《地記》曰：弱水西流入合黎山，餘波入于流沙，通于南海。疏：馬注見《史記集解》。王逸注《楚辭》云：流沙，沙流如水也。故馬以爲地名。鄭注見《史記集解》。引《地理志》者，《漢志》：張掖郡居延縣，居延澤在東北，古文以爲流沙。案：居延縣在今甘肅甘州府治東北一千五百里。《史記正義》引《括地志》云：蘭門山，一名合黎，一名窮石山，在甘州刪丹縣西南七十里。《淮南子》云：弱水源出窮石山。又云：合黎，一名羌谷水，一名鮮水，一名覆表水，今名副投河，亦名張掖河，南自吐谷渾界流入甘州張掖縣。今案：合黎水出臨松縣臨松山東而北流，歷張掖故城下，又北流經張掖縣二十三里，又北流逕合黎山，折而北流，逕流砂磧之西，入居延海，行千五百里。合黎山在張掖縣西北二百里也。云通于南海者，《淮南・地形訓》云：弱水出自窮石，至于合黎，餘波入于流沙，南至南海。謂流沙迤南之澤，卽《括地志》之居延海也。導黑水，至于三危，入于南海。注：鄭康成曰：《地理志》益州滇池有黑水祠，而不記此山水所在。《地記》曰：三危山在鳥鼠之西南，而南當岷山。又在積石之西，南當黑水祠，黑水出其南脇。今中國無也。疏：黑水，《書》疏引酈道元《水經》：黑水出張掖雞山，南流至敦煌，過三危山，南流方于南海。《太平御覽・地部》引《張掖記》曰：黑水出縣界雞山，亦名玄圃，有娀氏女簡狄浴于玄丘之水，卽黑水也。《史記正義》引《括地志》云：黑水源出伊吳縣北百二十里，又南流二千里而絕。三危山在沙州燉煌縣東南四十里。案：《地理志》有張掖郡；又有張掖縣，屬武威。《水經》所云張掖及《張掖記》，皆指郡境也，卽今甘州府治。《說文》屼，山，溺水所出，卽雞山，黑水亦出于此。山丹縣西南窮石山，卽屼山也。三危山在燉煌，卽今甘肅敦煌縣，黑水經此入南海。經云南海者，卽居延海之屬。《史記・大宛傳》索隱引《太康地記》云河北得水爲河，塞外得水爲海也，故《地理志》羌谷水亦云北至武威入海，不謂大海也。孔氏《書》疏以爲越河入海；張守節以南海爲揚州東大海，謂黑水合從黃河而行，河得入于南海。俱失之矣。鄭氏亦謂中國無此河，泥《地說》三危在鳥鼠西南，不用燉煌有三危之說也。考《地理志》，張掖郡鱳得羌谷水出羌中，東北至居延入海。其水逕甘州府城東，北與山丹河合，又西北逕高臺縣東北，又東北流一千五百餘里，入流沙，匯爲二澤，東北爲居延澤。疑羌谷水卽《水經注》、《張掖記》之所稱黑水也。《括地志》所云伊吾縣，今爲哈密，出美瓜。《左傳》所謂瓜州，允姓之戎所居，正三苗所竄之三危，故《楚辭・天問》云黑水玄阯，三危安在，設詞以問天，非竟不知其處也。鄭注見《史記集解》，又見《通典・州郡》篇及《書》疏。云益州滇池有黑水祠者，《地理志》：益州滇池，有黑水祠。鄭求黑水之入南海，故及之。又以三危在鳥鼠之西南者，《漢書・司馬相如傳》注引張揖曰三危山在鳥鼠山之西，與岷山相近，黑水出其南陂，引此經，是與鄭說同也。云疑中國無此水者，甘肅之黑水亦在塞外，此黑水鄭亦知絕遠，不足當雍梁黑水矣。導河積石，注：馬融曰：北條行河，中條行渭、洛、濟、淮，南條行江、漢。疏：《釋水》云：河出崑崙虛。經言積石者，據禹所導言之。且河自蒲昌海潛行地下，至是始出。不溯其源，聖人闕所不見也。《漢書・西域傳》云：蒲昌海，一名鹽澤，去玉門、陽關三百餘里，廣袤三百里。其水停居，冬夏不增減，皆以爲潛行地下，南出於積石，爲中國河云。案：鹽澤在今鎮西府闢展巡檢司西南。《地理志》云：金城郡河關，積石山在西南羌中。河水行塞外，東北入塞內，至章武入海，過郡十六，行九千四百里。案：河關在今甘肅河州西北，山在州西北七十里。河水過郡十六者，金城、天水、武威、安定、北地、朔方、五原、雲中、定襄、雁門、西河、上郡、河東、馮翊、河南、河內、東郡、平原、千乘，共十九郡也。《後漢書・段熲傳》云：羌寇隴西、金城塞，熲追之，遂至河首積石山，出塞二千餘里。此積石之見于史者。《水經・禹貢山水澤地所在》云：積石山在隴西河關縣南。亦同史說。惟《水經・河水條》云：河水南至積石山下，有石門。又南入蔥嶺山。酈氏道元注云：河自蒲昌海潛行地下，南出積石，而經文在此似如不比積石，宜在蒲昌海下矣。唐人疑積石有二，以大積石在吐谷渾界，小積石在河州，謂卽《禹貢》浮于積石，至于龍門者，見《史記正義》引《括地志》，恐誤認《段熲傳》至河首積石山，出塞二千餘里之言，指一山以當積石，猶後人尋得河源，卽指一山以當昆侖，非古說也。《段熲傳》云出塞二千餘里，蓋言追羌至積石，又出塞二千餘里，非積石在塞外二千餘里也。馬氏注見黃庶《書說》二卷。道水亦如道山，分三條也。至于龍門，南至于華陰，東至于砥柱，注：鄭康成曰：《地說》河水東流，貫砥柱，觸閼流。今世所謂砥柱者，蓋乃閼流也。砥柱當在西河，未詳也。疏：《水經・禹貢山水澤地所在》云：砥柱在河東大陽縣東河中。薛綜注《東京賦》云：底柱，山名也，在河東縣東南，向居河中，猶柱然也。案：大陽縣在今山西平陸縣東北。砥柱，一名三門，在河南陝縣東北五十里。鄭注見《水經・河水注》。以《地說》貫砥柱當在西河者，《地理志》河東郡大陽不載砥柱，故疑其在西河也。《水經》：河水東過大陽縣南，又東過砥柱間。注引鄭氏說而云非是。酈氏以三門爲砥柱，五戶灘爲閼流，恐非西漢已前之說也。又東至于孟津，注：史遷孟作盟。疏：孟津亦作盟津者，孟、盟聲相近。《水經》云：河水東過平縣北。注云：河南有鈎陳壘。河水至斯，有盟津之目，又曰富平津，又謂之爲陶河。薛綜注《東都賦》云：孟津，四瀆之長。引《尚書》作盟津，云：地名，在洛北，都道所湊，古今以爲津。案：平縣在今河南孟津縣西北。東過洛汭，至于大伾，注：史遷伾作邳。一作坯。鄭康成曰：山一成曰伾。地喉也。沇出伾際矣。然則大伾在河內修武、武德之界，濟、沇之水與滎播水出入自此。疏：洛汭在今河南鞏縣。《水經》云：河水又東，過鞏縣北，洛水從縣西北流注之。注云：洛水於鞏縣東逕洛汭，北對琅邪渚，入于河，謂之洛口矣。案：鞏故城在今河南鞏縣西南三十里。伾，史公作邳。《書》《釋文》云一作岯，或作坯者，岯，俗字；坯卽邳之譌字也。《說文》作坯，云：丘再成。再，當作一。《水經》：河水又東，過成皋縣北。注云：河水又東，逕成皋大伾山下。《爾雅》曰山一成謂之伾。許愼、呂忱等並以爲丘一成也。孔安國以爲再成曰伾，亦或以爲地名，非也。又云：成皋縣之故城在伾上。案：成皋故城今在河南汜水縣西一里大伾山上，則虎牢連麓大伾也。《漢書集注》臣瓚云：今修武、武德無此山也，成皋縣山又不一成也，今黎陽縣山臨河，豈是與？案：大伾在河南，薛、瓚求之河北修武、武德之界，故無此山。一成之山最卑，瓚又疑爲高山，故以成皋山不一成，指黎陽大山當之，云豈是，尚是疑詞。《隋・地理志》：黎陽有大伾山。遂承薛氏之誤。案：卽今河南濬縣東南二里黎陽山，山甚高，不止一成，唐洪經綸刻石名爲大伾，俱不足據。鄭注見《溝洫志》注及《水經・河水注》。云山一成曰伾者，見前疏。云地喉者，後文引《地說》大陸爲地腹，此爲地喉，知亦本《地說》也。云沇出伾際者，《水經》云：濟水當鞏縣北，南入於河，與河合流，又東過成皋縣北，又東過滎陽縣北，又東至礫谿南，東出過滎澤北。注云：《晉地道志》曰：濟自大伾入河，與河水鬭，南泆爲滎澤。故鄭云沇出伾際，下又云濟、沇之水與滎播澤出入自此也。云大伾在河內修武、武德之界者，謂在修武之西、武德之東，以北岸山言之。云在成皋，南岸也。修武，河南縣，今屬懷慶府。武德縣故城在今河南武陟縣東。北過降水，至于大陸，注：史遷說爲北載之高地，過降水，至于大陸。鄭康成曰：《地說》云：大河東北流，過降水千里，至大陸爲地腹。《地理志》曰：大陸在鉅鹿。絳水在安平信都南。如《志》之言，鉅鹿與信都相去不容此數也。水土之名變易，世失其處，見降水則以爲絳水，故依而廢讀，或作絳字，非也。今河內共北山，淇水、共水出焉，東至魏郡黎陽入河，近所謂降水也。降，讀當如郕降於齊師之降，聲轉爲共。蓋周時國有地者，惡言降，故改云共耳。今河所從，去大陸遠矣，館陶北屯氏河其故道與？疏：降水，鄭以爲共水；大陸，班氏固以爲鉅鹿，疑俱非也。《呂氏春秋・有始覽》云：晉之大陸。注云：魏獻子所居。又云：趙之鉅鹿。注云：廣阿澤也。則周、秦已前人，皆不以大陸爲鉅鹿。《左氏・定元年》傳：魏獻子田于大陸，焚焉。還，卒於甯。注云：《禹貢》大陸在鉅鹿北，嫌絕遠，疑此田在汲郡吳澤荒蕪之地。《水經・淇水注》引《晉書・地道記》曰：朝歌城本沫邑也，殷王武丁始遷居之，爲殷都也。紂都在冀州大陸之野，卽此矣。則此大陸卽魏獻子所田之處。案：修武，今河南縣，與成皋接界，是大陸在河南懷慶府境內，去直隸之鉅鹿絕遠。《水經・濁漳水注》爲調停其說，云：自甯迄於鉅鹿，出於東北，皆爲大陸。案：《釋地》云：高平曰陸。大陸曰阜。尋大陸，當是高平之土，不合以鉅鹿澤當之。《河渠志》云：禹以爲河所從來者高，水湍悍，難以行平地，數爲敗，乃廝二渠以引其河。北載之高地，過降水，至于大陸。是史公以高地釋大陸，亦不得以爲鉅鹿澤也。且據鄭氏以屯氏河爲大河故道，屯氏河不經鉅鹿澤也。自大河屢徙，故道不可復考，姑存古說之在班氏前者，以爲經證。史公說見上疏。鄭注見《水經・濁漳水注》。鄭注云云者，據《地說》駁班氏以絳水爲《禹貢》降水之失也。云如《志》之言，大陸在鉅鹿者，《地理志》：鉅鹿郡鉅鹿，《禹貢》大鹿澤在北。信都國信都縣，故章河、故虖池皆在北，東入海。《禹貢》絳水亦入海。案：鉅鹿縣在今直隸平鄉境，信都縣在今直隸冀州東北，相去四百餘里，不得如《地說》之言有千里，故云不容此數也。云河內北共山，淇水出者，《地理志》：河內郡共縣北山，淇水所出，東至黎陽入河。《說文》：淇水出河內共北山，東入河。或曰出隆慮西。案：黎陽，今濬縣，淇水故道在此入河。《漢志》無共水，疑卽淇水，以出共山，亦名共水也。云館陶北屯氏河其故道者，《地理志》：魏郡鄴縣，故大河在東北入海。館陶縣，河水別出爲屯氏河，東北至章武入海，過郡四，行千五百里。《水經・河水注》云：河之故瀆，自沙丘堰南分，屯氏河出焉。又云：一水分大河故瀆北出爲屯氏河，逕館陶縣東，東北出。案：館陶，今山東縣，屬東昌府。衛河所經，卽隋之永濟渠，漢之屯氏河也。《溝洫志》云：道河北行二渠，復禹舊迹。又云：自塞宣房後，河復北決於館陶，分爲屯氏河，東北逕魏郡、清河、信都、勃海入海。是班氏以河故道在鄴東，謂屯氏以爲塞宣房後別出之河。鄭則以屯氏爲禹河故迹，與班說亦異也。河至天津入海，卽漢章武地。今濬縣、滑縣、開州、內黃、清豐、南樂、大名、元城、冠縣、館陶、堂邑、清平、清河、博平、高唐、平原、德州、青縣、靜海、天津，皆大河故瀆所經。蓋自周時河徙，至漢王莽時絶，則今山東海豐入海之河俗稱老黃河，衛河在其東北入海，故鄭氏以爲禹河故瀆。又北播爲九河，注：鄭康成曰：播，散也。同爲逆河，入于海。注：鄭康成曰：下尾合名曰逆河，言相逆受也。疏：又北者，《水經》：河水又東北，過黎陽縣南。注云：河水舊於白馬縣南泆，通濮、濟、黃溝。又云：故瀆東逕白馬縣之涼城北，又東南逕濮陽縣，散入濮水。又云：河水又東北，爲長壽津，河之故瀆出焉。《漢書·溝洫志》曰：河之爲中國害尤甚，故導河自積石，歷龍門，釃二渠以引。一則漯川，卽今所流。一則北瀆，王莽時空，故世俗名是瀆爲王莽河也。故瀆東北逕戚城西，又逕繁陽縣故城東，北逕陰安縣故城西，又東北逕昌樂縣故城東，又東北逕平邑郭西，又東北逕元城縣故城西北而至沙丘堰。堰者，障水也。《尚書·禹貢》曰：北過降水。不遵其道曰降，亦曰潰。至於大陸，北播爲九河。《風俗通》曰：河，播也。昔禹治洪水，播爲九河，自此始也。案：禹河最不可考在沙丘堰已南之地，故備載《水經注》以諗後人。涼城，今河南滑縣。戚城，今直隸開州。繁陽，今河南內黃。陰安，今直隸清豐。昌樂、平邑，皆今直隸南樂縣。元城，今直隸大名府。沙丘在府治北，舊說河自此分爲九河也。《水經注》引經北過絳水云不遵其道曰降，亦曰潰，則是古文《書》說亦有不以降水爲水名者，與班、鄭俱異也。逆一作迎者，《河渠書》、《溝洫志》皆作同爲迎河，入于勃海。《地理志》：勃海郡，莽曰迎河。南皮縣，莽曰迎河亭。《初學記》云：逆，迎也。言海口有朝夕潮以迎河。徐堅，初唐人，疑亦引鄭說也。以不明言鄭注，故不附于經。入海者，《地理志》金城郡，言河至章武入海；魏郡，屯氏河亦言章武入海。章武屬勃海郡，今直隸滄州。薛、瓚則云：《禹貢》夾右碣石，入于河，則河入海乃在碣石。元光三年，河徙從東郡，更注勃海。禹時不注勃海也。《水經注》云：河之入海，舊在碣石。今川流所導，非禹瀆也。鄭注見《詩·般》正義及《史記集解》。云播，散者，《淮南·要畧》篇云：禹劚河以道九岐。注云：九岐，河水播岐爲九，以入海也。《說文》云：播，布也。案：播聲相近布，猶布散也。云下尾合名曰逆河者，勃海郡及南皮，王莽皆有迎河之名，是本古說，則鄭以禹河入海在勃海，勃海距碣石五百餘里，鄭不以迎河在碣石也。嶓冢導漾，東流爲漢，注：史遷漾作瀁。鄭康成曰：《地理志》瀁水出隴西氐道，至武都爲漢，至江夏謂之夏水。漾一作養。疏：史公漾作瀁者，《地理志》作養，《說文》漾古文作瀁，養蓋省文。鄭注見《史記集解》。引《地理志》者，《漢志》：隴西氐道，《禹貢》養水所出，東至武都爲漢。西縣，《禹貢》嶓冢山在西，西漢水所出，南入廣漢白水。南郡華容，夏水首受江，東入沔，行五百里。常璩《漢中志》云：漢源有二，東源出武都氐道漾山。因名漾；西源出隴西嶓冢山，會白水，經葭萌入漢。始源曰沔，故曰漢沔。案：氐道在今甘肅上邽下辨北，西縣在今甘肅秦州西，華容在今湖北荆州府治東南。云至武都爲漢，過江夏謂之夏水者，《地理志》：武都郡武都縣，東漢水受氐道水，一名沔，過江夏謂之夏水。《水經》：沔水出武都沮縣東狼谷中。注云：沔水一名沮水。又云：沔水又東南，逕沮水戍而東南流注漢，曰沮口，所謂沔漢者也。引此文，又云：庾仲雍云：是水南至關城，合西漢水，又東北，合沮口，同爲漢水之源也。又云：漾水至漢中爲漢水。案：沮縣在今陜西畧陽縣東南。又《水經·夏水》云：夏水出江津於江陵縣東南，東過華容縣南，又東至江夏雲杜縣，入于沔。注云：應劭《十三州記》曰：江別入沔，爲夏水源。夫夏之爲名，始於分江，冬竭夏流，故納厥稱。今案：夏水是江流沔，非沔入夏。自堵口下沔水通兼夏目，而合于江，謂之夏汭也。案：雲杜縣，今在湖北天門縣西北。《水經注》云漾水至漢中爲漢水，則漾水至陜西畧陽爲漢，至湖北天門縣爲夏水也。又東爲滄浪之水，注鄭康成曰：滄浪之水言今謂夏水來同，故世變名焉，卽漢河之別流也。漁父謌曰滄浪之水清兮，可以濯吾纓，是此水也。疏：鄭注見《水經·夏水注》。《史記集解》引馬融說同。以滄浪爲夏水者，《水經·夏水注》引劉澄之《永初山川記》云：夏水，古文以爲滄浪水，漁父所歌也。《史記正義》引《括地志》云：均州武當縣有滄浪水。庾仲雍《漢水記》云：武當縣西四十里漢水中有洲，名滄浪洲也。《地記》云：水出荆山，東南流爲滄浪水。案：武當，今湖北縣。過三澨，至于大別，注：馬融曰：三澨，水名也。鄭康成同，曰：三澨在江夏竟陵之界。疏：《水經·禹貢山水澤地所在》云：三澨，地在南郡邔縣之北沱。《說文》：澨，埤增水邊土，人所止者，《夏書》曰：過三澨。《水經注》云：服虔或謂之邑，或又謂之地。京相璠、杜預亦云水際及邊地名也。惟鄭玄及劉澄之言在竟陵縣界。經云邔縣北沱，然沱流多矣，論者疑焉，而不能辨其所在。邔縣故城在今湖北宜城縣東北。竟陵，今天門縣。據《說文》爲水邊土，人所止也，非地名，不必求其所在也。馬注見《水經·山水澤地所在注》。鄭注見《史記集解》。《史記索隱》云：今竟陵有三參水，俗云是三澨水。參音去聲。大別，鄭于導山以爲在安豐，此不注者，亦必以在安豐。《漢志》、《續漢志》同。京相璠亦曰：大別，漢東名山，在安豐縣南。杜預、酈道元皆不信其說，又不能言其所在，然酈氏于《水經》決水出盧江雩婁縣南大別山注云：俗名爲檀山峴，蓋大別之異名也。案：雩婁在安豐縣南，不信漢所至之大別在安豐，何也？自《元和郡縣志》始以漢陽江側之魯山當之，唐已前無是說也。酈氏《沔水注》：按《地說》，言漢水東行，觸大別之阪，南與江合。則與《尚書》、杜預相符，但今不知所在矣。據此知酈氏亦不以魯山爲大別。或言漢水觸大別之阪，阪者山脈之靡迤不盡者耳，非直至山下也。南入于江，疏：《水經》：沔水南至江夏沙羨縣北，南入于江。沙羨縣在今湖北嘉魚縣東北。東滙澤爲彭蠡，東爲北江。入于海。注：鄭康成曰：匯，回也。漢與江鬭，轉東成其澤矣。疏：鄭注見《水經·沔水注》。云滙，回者，《一切經音義》三引《蒼頡》云：滙，水回也。《廣雅·釋詁》云：滙，大也。足以增足鄭義成澤之說。彭蠡，見前經。云東爲北江者，《水經》：沔水與江合流，又東過彭蠡澤，又東北出居巢縣南，又東過牛渚縣南，又東至石城縣，分爲二。其一東北流，其一又過毗陵縣北，爲北江。注云：經所謂石城縣者，卽宣城郡之石城縣也。牛渚在姑孰、烏江兩縣界中，於石城東北減五百許里，安得逕牛渚而方届石城也？蓋經之謬誤也。北江入海，見前三江疏。岷山導江，東別爲沱，注：史遷岷作汶。一作谿，一作嶓。疏：《地理志》：蜀郡湔氐道，《禹貢》嶓山在西徼外，江水所出，東南至江都入海，過郡七，行二千六百六十里。《說文》云：谿山在蜀湔氐西徼外。江水出蜀湔氐徼外嶓山入海，則嶓、岷卽谿省字也。《楚辭》作汶，《地理志》汶江縣亦作汶，借字也。案：湔氐道，今四川茂州東北地，山在今龍安府松潘同知城北邊外。江水出山之羊膊領，有二源。過郡七者，蜀郡、犍爲、巴郡、長沙、江夏、廣陵也。東別爲沱者，《地理志》：蜀郡郫縣，《禹貢》江沱在西，東入大江。汶江縣，江沱在西，東入海。《水經·禹貢山水澤地所在》云：益州沱水在蜀郡汶江縣西南，其一在郫縣西南，皆還入江。案：郫，今四川縣，屬成都府。沱卽郫江，自四川灌縣西南分江，至瀘州復合者。汶江縣，今爲茂州，驗無此水。保縣東南有玉輪江，疑是沱故瀆。《水經·江水注》云：江水歷氐道縣北，又逕汶江道，又東別爲沱，開明之所鑿也。開明，七國時人，當因禹迹鑿深之，酈氏以此爲江沱，然不自江出，故鄭欲以鄗水當之也，詳見前疏。又東至于澧，注：史遷澧作醴。馬融曰：澧，水名。鄭康成曰：醴，陵名也。大阜曰陵。長沙有醴陵縣，其以陵爲名乎？此經自導弱水已下，其過言會者，皆是水名；言至于者，或山或澤，皆非水名。疏：馬注見《史記集解》。云水名者，《水經》：澧水東至長沙下雋縣西北，東入于江。注云：澧水流注於洞庭湖。又《水經》云：江水又東至長沙下雋縣北，澧水、沅水、資水合東流注之。案：澧水注湘，由湘達江，在今洞庭湖北，故馬氏以爲水名也。鄭注見《史記集解》及《書》疏。云大阜曰陵者，《爾雅·釋地》文。云長沙有醴陵縣者，《郡國志》長沙郡有醴陵，蓋後漢分《地理志》臨湘縣之南境所置。臨湘，今湖南長沙府治。下雋，今在湖北通城縣西。過九江，至于東陵，疏：《地理志》：廬江金蘭西北有東陵鄉。《水經·禹貢山水澤地所在》云：東陵在廬江金蘭縣西北。《水經注》：江水又西北逕下雉縣。江水又東，右得蘭溪水口，又東，左得青林口。江水左傍青林湖，水出廬江郡之東陵鄉。江夏有西陵縣，故是言東矣。《尚書》云江水過九江，至於東陵者也。西南流，水積爲湖，湖上有青杜山。案：下雉在今湖北興國州東南。《水經·決水注》云：灌水導源廬江金蘭縣西北東陵鄉大蘇山。錢氏坫曰：大蘇山卽東陵，在今河南固始縣南。東迆北會于滙，注：馬融曰：迆，靡也。鄭康成曰：東迆者爲南江。迆一作池。疏：《說文》云：池，衺行也。引此文。馬注見《釋文》。云迆，靡者，鄭司農注《考工記》，迆，讀爲倚移從風之移。《文選·甘泉賦》注云：迆靡，相連貌也。鄭注見《史記集解》。云東迆者爲南江者，《地理志》：丹陽郡石城，分江水東至餘姚入海。會稽郡吳縣，南江在南，東入海。《水經》：沔水東至石城縣，分爲二，其一東北流。注云：《地理志》曰：江水自石城東出，逕吳國南，爲南江。江水自石城東入，爲貴口，東逕石城縣北，又東逕宣城之臨城縣南，又東逕安吳縣，又東逕寧國縣南，又東逕故鄣縣南、安吉縣北，又東北爲長瀆歷湖口，南江東注於具區，謂之五湖口。據此，則鄭以會于匯爲入于具區也。迆一作池，見《地理志》及《說文》。東爲中江，入于海。疏：中江水今絕流，已見前三江疏。導沇水，東流爲濟，入于河，溢爲滎，注：史遷溢爲泆。鄭康成曰：《地理志》沇水出河東東垣王屋山，東至河內武德入河，泆爲滎。濟一作泲，溢一作軼。疏：史公溢爲泆者，鄭注《周禮》引經亦作泆。《漢志》作軼。《說文》云：溢，器滿也。《廣雅·釋詁》云：出也。義相同。泆者，《說文》云：水所蕩泆也。《莊子》《釋文》：泆，本或作溢。是溢、泆本通。字作軼者，《文選·西都賦》注引《三蒼》云：從後出前也。亦滿出之義。鄭注見《史記集解》。引《地理志》者，《漢志》：河東東垣縣，王屋山在東北，沇水所出，東南至武德入河，軼出滎陽北地中，又東至琅槐入海，過郡九，行千八百四十里。《水經》云：濟水出河東垣縣東王屋山，爲沇水。又東至溫縣西北，爲濟水。又云：又南當鞏縣北，入於河，與河合流。又東過成臯縣北，又東過滎陽縣北，又東至礫谿南，東出過滎澤北。注云：《釋名》曰：濟，濟也。源出河北，濟河而南也。《晉地道志》曰：濟自伓入河，與河水鬭，南泆爲滎澤。見上疏。東出于陶丘北，注：鄭康成曰：《地理志》陶丘在濟陰定陶西北。出一作至。疏：《說文》云：陶，丘再成也，在濟陰。《夏書》曰：東至于陶丘。引出字作至。鄭注見《史記集解》。引《地理志》者，《漢志》：濟陰郡定陶，《禹貢》陶丘在西南。《水經》云：濟水過定陶縣南，又屈從縣北流。注云：南濟也。又東北合菏水，水上承濟水於濟陽縣東，世謂之五丈溝，又東逕陶丘北，《墨子》以爲釜丘也，《尚書》所謂道菏水自陶丘北，謂此也。案：陶丘在今山東定陶縣。又東至于菏，疏：《水經》：濟水東至乘氏縣西，分爲二。其一水東南流，一水從縣東北流，入鉅野澤。又云：其一水東南流者，過乘氏縣南，又東過方與縣北，爲菏水。案：乘氏縣，今山東曹州府治。方與縣，今山東魚臺縣。又東北會于汶，疏：《水經》：濟水至乘氏縣西，分爲二。其一水從縣東北流，入鉅野澤。又東北過壽張縣西界安民亭南，汶水從東來注之。注云：戴延之所謂清口也。郭緣生《述征記》曰：清河首受洪水，北注濟。或謂清卽濟也。《禹貢》：濟東北會於汶。今枯渠注鉅澤，北則清口，清水與汶會也。桑欽曰汶水出泰山萊蕪縣西南，入濟是也。案：壽張故城在今山東東平州西南，去縣五十里有安山鎮，卽安民亭。又北東入于海。注：史遷北東作東北。疏：合汶之濟入河。一水東南流，合菏之濟入淮。此云入海，謂入汶之濟也。《水經》云：濟水又東過甲下邑，入於河。注云：濟水東北至甲下邑南，東歷琅槐縣故城北，《山海經》曰濟水絕鉅野，注勃海，入齊琅槐東北者也。又東北，河水枝津注之，《水經》以爲入河，非也。斯乃河水注濟，非濟入河。又東北入海。郭景純曰：濟自滎陽至樂安、博昌入海。今河竭，濟水仍流不絕。經言入河，二說並失。然河水於濟、漯之北，別流注海，今所輟流者，惟漯水耳。郭或以爲濟注之，卽實非也。尋經脈水，不如《山經》之爲密矣。案：濟水卽今小清河也，北逕山東利津縣城東，又東北入于海。《地理志》過郡九者，濟水從武德已下，過河內、河南、陳留、濟陰、山陽、太山、濟南、齊、千乘也。其入淮之流，或在溝通江、淮之後，非禹迹與？導淮自桐柏，注：

鄭康成曰：凡言導者，發源于上，未成流。凡言自者，亦發源于上，未成流。疏：《地理志》：南陽郡平氏，《禹貢》桐柏大復山在東南，淮水所出，東南至淮浦入海，過郡四，行三千二百四十里。《水經》云：淮水出南陽平氏縣胎簪山，東北過桐柏山。注云：淮水與醴水同源，俱導西流爲醴，東流爲淮。潛流地下三十許里，東出桐柏大復山南，謂之陽口水。南卽復陽縣也，元帝元延二年置，在桐柏大復山之陽，故曰復陽也。案：平氏故城在今河南桐柏縣西北。鄭注見《書》疏。云言自者，發源於上，未成流，蓋以淮伏流地下，道而通之也。東會于泗、沂，疏：《水經》：淮水又東，至下邳淮陰縣西，泗水從西北來流注之。注云：淮、泗之會，卽角城也。左右兩川翼夾，二水決入之所，所謂泗口也。案：角城故城在今江南清河縣西南。《水經》：沂水又南，過下邳縣西，南入於泗。案：下邳，今江南邳州。沂水入泗而達河，在今清河縣也。東入于海。疏：《水經》：淮水又東，至廣陵淮浦縣入於海。《地理志》：臨淮郡淮浦，游水北入海。《水經・淮水注》云：淮水於縣分，北爲游水。游水東北逕紀、鄣故城南。杜預曰：紀、鄣，二地名。東海贛楡縣東北有故紀城，卽此城也。游水東北入海。案：贛楡，今江南縣，屬海州。淮浦故城在安東縣西也。導渭自鳥鼠同穴，注：鄭康成曰：鳥鼠之山有鳥焉，與鼠飛行而處之。又有止而同穴之山焉，是二山也。鳥名爲鵌，似鵽而黃黑色。鼠如家鼠而短尾。穿地而共處，鼠內而鳥外。疏：《地理志》：隴西郡首陽，《禹貢》鳥鼠同穴山在西南，渭水所出，東至船司空入河，過郡四，行千八百七十里，雍州浸。《水經》云：渭水出隴西首陽縣渭谷亭南鳥鼠山。注云：渭水出首陽縣首陽山渭首亭南谷，山在鳥鼠山西北。縣北有高城嶺，嶺上有城，號渭源城，渭水出焉。三源合注，東北流，逕首陽縣西，與別源合。水南出鳥鼠山渭水谷，《尚書》所謂渭出鳥鼠者也。《地說》曰：鳥鼠山，同穴之枝榦也，渭水出其中，東北過同穴枝間。既言其過，明非一山也。案：首陽，今甘肅渭源縣，山在縣西二十里。鄭注見《水經・禹貢山水澤地所在注》。鄭亦以鳥鼠之山與同穴之山爲二者，鄭信《地說》，見上疏。《說文》云：渭水出隴西首陽渭谷亭南谷，東入河。杜林說《夏書》，以爲出鳥鼠山。鄭氏《尚書》本于杜林，杜氏單名鳥鼠，是析同穴而別言之。云鳥名爲鵌者，《釋鳥》云：鳥鼠同穴，其鳥爲鵌，其鼠爲鼵。《書》疏引李巡云：鵌、鼵，鳥鼠之名，共處一穴，天性也。郭氏璞注與鄭畧同，云：穴入地三四尺。《宋書》云：沙州甘谷嶺有雀鼠同穴，或在山巓，或在平地，雀色白，鼠色黃。地生黃紫花草，便有雀鼠穴。皆足增足鄭義。鄭云似鵽者，《釋鳥》云：鵽鳩，寇雉。《一切經音義》引《爾雅》注云：今鵽大如鴿，亦言如鶉，似雌雉，鼠腳無後指，岐尾爲鳥，憨急羣飛，出北方沙漠地，肉美，俗名突厥雀，在蒿萊之間。較郭注文多，疑孫、李舊注也。東會于灃，又東會于涇，又東過漆沮，疏：經云東會于灃云云，見前雍州涇屬渭汭及漆沮既從，灃水攸同疏，不復出。入于河。疏：渭水在今陝西華陰縣北入河。《地理志》言過郡四者，隴西、天水、右扶風、左馮翊也。船司空在今陝西華陰縣東北。導洛自熊耳，注：洛一作雒。疏：《地理志》：弘農郡上雒，《禹貢》雒水出冢領山，東北至鞏入河，過郡二，行千七百里。豫州川。熊耳獲輿山在東北。《水經》云：洛水出京兆上洛縣讙舉山。注引《山海經》曰：出上洛西山，又曰讙舉之山，洛水出焉。案：上雒縣，今陝西商放，水出商州洛南縣西冢領山，東南流逕盧氏縣南。讙舉，卽獲輿之異名也。聲相近。上洛熊耳卽盧氏山也。東北會于澗、瀍，又東會于伊，疏：《水經》云：澗水出新安縣南白石山，東南入於洛。瀍水東過偃師縣，又東入于洛。案：《水經》洛水不言合于澗、瀍，惟云東過洛陽縣南，伊水從西來注之者，周時開渠，失禹故迹也。又東北入于河。疏：《水經》云：洛水過鞏縣東，又北入于河。案：鞏縣故城在今河南鞏縣西南二十里。《地理志》云過郡二者，弘農、河南也。

九州攸同，注：攸一作逌。疏：《禮運》云：是謂大同。注云：同猶和也，平也。攸作逌，見《地理志》。四隩既宅，注：史遷隩作奧。一作墺。疏：《說文》云：墺，四方土可居也。《文選・西都賦》注引《說文》居作定居。宅者，《釋言》云：居也。《周語》云：宅居九隩。注云：隩，內也。九州之內，皆可宅居也。九山刊旅，注：刊一作栞。疏：《周語》云：封崇九山。注云：言九者，皆謂九州之中山川藪澤。刊作栞，見《地理志》。九川滌源，疏：《河渠書》云：九川既疏滌。滌同條。《周禮》條狼氏注：杜子春云：條當爲滌。《漢書集注》云：條，達也。滌源者，謂疏達其水原也。史公云疏者，《說文》云滌，洒也。洒與灑，聲相近。《河渠書》云：乃廝二渠以引其河。《索隱》曰：廝，《漢書》作灑。《史記》舊本亦作灑。韋昭云：疏決爲灑。是灑與洒，皆疏決也。川者，鄭注《周禮》川衡云：流水也。引此文。源，俗字，《說文》作厵，經典或作原，《周語》云：汩越九原。九澤既陂，疏：九澤，謂九州之澤。《周語》：陂障九澤。注云：障，防也。《河渠書》云：九澤既灑。灑義見上疏。澤者，鄭注《周禮》澤虞云：水所鍾也。引此文。陂者，《說文》云：阪也。阪，一曰澤障。四海會同。疏：《周語》云：合通四海。注云：使之同軌也。六府孔修，注：史遷孔作甚。疏：《春秋左氏・文七年》傳云：水、火、金、木、土、穀，謂之六府。修者，高誘注《淮南子》云：治也。史公孔作甚者，《爾雅・釋言》文。庶土交正，厎慎財賦，注：史遷庶作衆，厎作致。鄭康成曰：衆土美惡及高下得其正矣。亦致其貢篚，愼奉其財物之稅，皆法定制而入之也。疏：鄭注見《史記集解》。咸則三壤成賦。注：鄭康成曰：三壤，上、中、下各三等也。疏：則者，《釋詁》云：法也。鄭注見《史記集解》。中邦錫土姓，祗台德先，不距朕行。注：史遷邦作國。鄭康成曰：中卽九州也。天子建其國，諸侯祚之土，賜之姓，命之氏，其敬悅天子之德既先，又不距違我天子政教所行。疏：史遷邦作國者，非避諱字。後人遇國字率改爲邦，誤矣。鄭注見《史記集解》。云中卽九州者，《周禮・大行人職》云：九州之外，謂之蕃服。是中邦在九州之內也。云天子建其國，諸侯胙之土云云者，《春秋左氏・隱八年》傳衆仲曰天子建國，因生以賜姓，胙之土而命之氏是也。《白虎通·姓名》篇引《刑德放》曰：堯知命，表稷、契賜姓子、姬，皋陶典刑，不表姓，言天任德遠刑。禹姓姒氏，祖昌意以薏苡生。殷姓子氏，祖以玄鳥子生。周姓姬氏，祖以履大人迹生也。以祇台爲敬悦者，《釋詁》云：祇，敬也。怡，樂也。台與怡，聲相近。悦卽樂也。云距違者，《廣雅·釋言》云：距，困也。《周語》注云：距，去也。故鄭以距爲距違也。

五百里甸服：注：史遷說爲令天子之國以外五百里甸服。疏：里者，《穀梁·宣十五年》傳云：古者三百步爲里。《韓詩外傳》云：廣三步長三百步爲一里。《王制》云：天子之甸方千里。注云：象日月之大，亦取晷同也。又云：千里之內曰甸服。注云：服治田出穀稅也。《周語》云：夫先王之制，五百里甸服。注云：甸，王田也。服，服其職業也。《白虎通·京師》篇云：法日月之徑千里。然則云五百里者，去王城外面各五百里也。故史公說爲令天子之國以外。國者，鄭注《曲禮》云：城中也。百里賦納總，二百里納銍，三百里納秸服，注：馬融曰：秸，去其穎。疏：馬注見《釋文》，詳後疏。四百里粟，五百里米。注：鄭康成曰：甸服者，堯制，賦其田使入穀。禹弼其外。百里者賦入總，謂入刈禾也。二百里銍。銍，斷去藁也。三百里秸。秸，又去穎也。四百里入粟，五百里入米者，遠彌輕也。甸服之制，本是納總。禹爲之差，使百里從之耳。疏：史公云令天子之國五百里甸服：百里賦納總者，是以百里爲去王城百里。下二百里至五百里，皆爲去王城之數也。《僞傳》以百里賦納總，爲甸服內之百里近王城者。《書》疏云：司馬遷與孔意同。是也。《王制》疏引《五經異義》云：令《尚書》歐陽、夏侯說中國方五千里，古《尚書》說五服旁五千里，相距萬里。《太平御覽》六百廿六引孫武曰：夫帝王處四海之內，居五千里之中，焉能盡專其利？是以分建諸侯，以其利而利之，使食其土之毛，實役其人民之力，故賦稅無轉徙之勞，徭役無怨曠之歎矣。歐陽及孫子說皆同史公，是用秦已前《書》古文說也。鄭注見《詩·甫田》疏。云禹弼其外者，鄭以禹廣輔堯之五服。百里，是甸服之外百里，去王城六百里。下二百里至五百里，皆去五百里甸服之數，與史公及古說異也。云賦入總，謂入刈禾者，《禮器》疏引作《謂所刈禾》。《說文》：總，聚束也。《史記索隱》引《說文》作聚束草，誤多一字。總，是聚禾束，則幷藁秸納之。云銍，斷去藁者，《禮器》疏引作謂刈穗也。《說文》：銍，穫禾短鎌也。藁，稈也。故知經言銍，是斷藁之名，去稈留穗，故云刈穗也。云秸，又去穎者，《禮器》疏引作禾去其實，惟藁秸也。《說文》云：秸，禾藁去其皮。《玉篇》作秸，云：秸，同上。則秸是稭俗字。云去穎者，《說文》云：穎，禾末也。案：禾去其穎，所輕無幾，鄭說蓋用《詩》傳云穎，垂穎也，言斷去其藁，惟留穎于穗，納之。許君以銍爲穫禾連藁者，稭爲禾藁去皮者。鄭氏以禾連藁則爲總，與納總無差；以銍爲去藁惟留其莖；又以秸爲去莖惟留其穗也。入粟入米，遠彌輕者，《論衡·量知》篇云：穀未舂烝曰粟。《說文》云：粟，嘉穀實也米，粟實也。米質比粟更輕也。云甸服之制，本是納總者，鄭以甸服之弼在五百里外，猶使百里納總，則甸服之內自皆納總矣。五百里侯服：注：史遷說爲甸服外五百里侯服。百里采，注：馬融曰：采，事也。各受王事者。二百里男邦，注：史遷男邦作任國。三百里諸侯。疏：馬注見《史記集解》。云采，事者，《釋詁》文。史公男作任者，《大戴禮·本命》篇云：男者，任也。男子者，任天地之道。案：男、任，聲相近，經典多通。五百里綏服：注：史遷說爲侯服外五百里綏服。三百里揆文教，二百里奮武衛。疏：綏者，《釋詁》云：安也。揆者，《釋言》云：度也。衛者，周之衛服，義取藩衛，鄭云綏服于周爲采服，其弼當衛服是也。五百里要服：注：史遷說爲綏服外五百里要服。疏：《周書·王會》云：方千里之內爲比服，方二千里之內爲要服，方三千里之內爲荒服。注云：此服名因於殷，非周制也。史公說要服去甸服一千五百里，荒服去要服五百里，要服在方三千里之內，荒服在方五千里之內也。三百里夷，注：馬融曰：夷，易也。二百里蔡。注：馬融曰：蔡，法也。受王者刑法而已。鄭康成曰：蔡之言殺，減殺其賦。疏馬注夷，易也，見《釋文》。《史記·五帝本紀》以《堯典》厥民夷作其民夷易，是夷卽易也。馬注蔡，法也云云，見《史記集解》。云蔡，法者，《漢書·宣帝紀》云：骨肉之親，粲而不殊。《北堂書鈔·親戚封部》引作粲然不殊。如淳曰：粲，或作散。殊，或作誅也。粲卽蔡，《左傳》所云蔡蔡叔也，言置之于法，不令殊死。顏氏師古以粲爲明，非也。馬義同此，謂在中國之外，但奉王法，不共賦役也。鄭注見《書》疏。以蔡爲殺者，《周禮·廩人》：詔王殺邦用。注云：殺，猶減也。《廣雅·釋詁》云：殺，減也。蔡聲近殺。《春秋左氏·昭元年》傳：蔡蔡叔。《釋文》引《說文》作𣦼，故爲減殺也。《周禮·大行人職》侯服以至要服，各有朝貢之歲，是夷服之貢，減殺于中國。貢所以當賦，故云減殺其賦也。五百里荒服：注：史遷說爲要服外五百里荒服。馬融曰：政教荒忽，因其故俗而治之。疏：馬注見《史記集解》。韋昭注《周語》戎、狄荒服云：與戎、狄同俗，故謂之荒。荒，荒忽無常之言也。義與馬同。三百里蠻，二百里流。注：今《尚書》歐陽、夏侯說，中國方五千里。古《尚書》說，五服旁五千里，相距萬里。馬融曰：蠻，慢也。禮簡怠慢，來不距，去不禁，流行無城郭常居。甸服之外，每百里爲差。所納總、銍、秸、粟、米者，是甸服之外特爲此數。其侯服之外，每言三百、二百里者，還就其服之內別爲名耳，非是服外更有其地也。甸服之外五百里，至城千里。其侯、綏、要、荒服，各五百里。是面三千里。相距爲方六千里。鄭康成曰：蠻者，聽從其俗，羈縻其人耳，故云蠻，蠻之言緡也。每言五百里一服，是堯舊服。每服之外，更言三百里、二百里者，是禹所弼之殘數也。堯之五服，服五百里耳。禹平水土之後，每服更以五百里輔之，是五服服別千里，故一面而爲差至於五千也。堯之時，土廣五千里；禹弼成五服，土廣萬里。甸服比周爲王畿，其弼當侯服，在千里之內。侯服爲甸服，其弼當男服，在二千里之內。綏服於周爲采服，其弼當衛服，在三千里之內。要服於周爲蠻服，其弼當夷服，在四千里之內。荒服於周爲鎭服，其弼當蕃服，在五千里之內。疏：今《尚書》歐陽、夏侯說，及古《尚書》說，見《王制》疏引《五經異義》。《御覽》六百廿六引孫武曰：夫帝王處四海之內，居五千里之中，焉能盡專其利？是以分建諸侯，以其利而利之，使食其土之毛，實役其人民之力，故賦稅無轉徙之勞，徭役無怨曠之歎矣。此與今文《書》說同也。《漢書・王莽傳》注：服虔曰：唐、虞及周要服之內方七千里，夏、殷方三千里，漢地南北萬三千里也。馬注見《史記集解》，又見《詩・殷武》疏及《書》疏。云蠻，慢者，《王制》疏引《風俗通》云：君臣同川而浴，極爲簡慢。蠻者，慢也。義與馬同。云流行無城郭常居者，《王制》云：千里之外曰采，曰流。鄭注云：流謂夷狄流移，或貢或不。引此經爲證。云甸服之外，每百里爲差者，馬氏以百里納總至二百里、三百里，俱在甸服之外，與史公說又異。史公則以爲在王城之外、甸服之內。餘服又與史公說同，故馬以爲面三千里，相距爲方六千里也。云其侯服之外，每言三百、二百里者，還就其服之內別爲名耳，非是服外更有其地者，馬義皆同史公，《書》疏云賈逵、馬融以爲甸服之外百里至五百里米，特有此數是也。賈、馬、鄭說以甸服之內自皆納總，不當有納銍、納秸之差，故不從史公之說，亦或本之歐陽、夏侯也。鄭注見《書》疏，又見《詩・殷武》及《天作》疏、《齊譜》疏。云蠻之言緡者，鄭注《周禮・大司馬職》云：蠻者，縻也。縻、緡，皆聲近蠻也。云每服之外，更言三百里、二百里，是禹所弼之殘數者，謂此百里納總至五百里米之殘數，不在甸服正數之內，是禹所輔廣堯封五服皆然，則堯之五千里至禹廣爲萬里矣。鄭云土廣萬里者，同古《尚書》說。《詩・殷武》疏辨王肅之非鄭云：傳稱禹會諸侯于塗山，執玉帛者萬國。執玉帛者，惟中國耳。若要服之內唯止四千，率以下等計之，正容六千餘國。況諸侯之大，地方百里，三等分土，纔容數千，安得有萬國之言乎？其辨甚當。案：《禹貢》山川，皆在漢時郡縣之內。漢地廣萬里，則知禹時五服亦然，不得謂鄭說異于今文之非也。云甸服比周爲王畿，其弼當侯服云云者，文見《周禮・夏官・職方氏》，詳載《皋陶謨》弼成五服疏，此不復出。

東漸于海，西被于流沙，朔、南暨聲教，訖于四海。注：鄭康成曰：朔，北方也。南北不言所至，容踰之。暨一作臮。疏：漸者，《漢書集注》云：入也。被者，《廣雅・釋詁》云：加也。暨者，《說文》作臮，云：與也。《漢・地理志》作臮。《爾雅・釋詁》云：暨，與也。訖者，《說文》云：止也。《爾雅・釋詁》云：迄，止也。《藝文志》引經作迄。迄，俗字。《漢書・賈捐之傳》云：以三聖之德，地方不過千里，西被流沙，東漸于海，朔南暨聲教，迄于四海，欲與聲都則治之，不欲與者不彊治也。《漢紀》引作北盡朔裔，南暨聲教，欲豫聲教者則治之，不欲豫者不彊治也，是亦訓暨爲與也。與，讀爲豫。四海者，《爾雅・釋地》云：九夷、八狄、七戎、六蠻，謂之四海。鄭注見《史記集解》及《書》疏。云朔，北方者，《釋訓》文。禹錫玄圭，告厥成功。注：史遷說爲帝乃錫禹玄圭，告成功于天下。疏：禹錫，言禹受賜。圭者，《說文》云：瑞玉也，上圜下方。公執桓圭，九寸；侯執信圭，伯執躬圭，皆七寸；子執穀璧，男執蒲璧，皆五寸；以封諸侯。從重土。古文作珪。《雜記》又云：博三寸，厚半寸，剡上左右各寸半，玉也。藻三采六等。史公以爲帝錫禹者，言舜賜禹玄圭，以酬庸也。《太平御覽・皇王部》引《尚書旋璣鈐》曰：禹開龍門，道積石山，玄圭出，刻曰：延喜玉，受德天錫佩。漢武梁祠堂石刻《祥瑞圖》云：玄圭，水泉疏通，四海會同，則至。則以玄圭爲天錫瑞應，此今文說也。

《尚書・商書一・湯誓第五》 夏王率遏衆力，率割夏邑。有衆率怠弗協。注：史遷遏作止，割作奪，協作和。馬融曰：遏，止也。衆民相率怠惰，不和同。

《尚書・商書二・盤庚第六》 若網在綱，有條而不紊；若農服田力嗇，乃亦有秋。疏：綱者，《說文》云：維紘繩也。《詩・棫樸》云：綱紀四方。箋云：以網罟喻爲政，張之爲綱，理之爲紀。疏引《說文》云：網，網紘也。約詞。紊者，《說文》云：亂也。引此經。《說文》云：農，耕也。𠬝，治也。服與𠬝通。嗇者，《詩》傳云：斂之曰嗇。言汝當從我教令，若網之有綱，綱舉而紀不亂。若農之治田，用力嗇事，乃有秋收。《漢書・成帝紀》詔云：《書》不云乎？服田力嗇，乃亦有秋。注：應劭曰：農夫服田，厲其膂力，乃有秋收也。汝克黜乃心，施實德于民，至于婚友，丕乃敢大言，汝有積德。疏：克者，《釋言》云：能也。言汝能去其傲慢從康之心，施實惠于衆民，至于婚姻、僚友，乃可大言，汝有積德，時諸臣之不欲遷居者，方自謂有積德于民、于婚友，皆虛言也。乃不畏，戎毒于遠邇，疏：戎者，《釋言》云：相也。毒者，《廣雅・釋詁》云：惡也。言其不畏虛言，取相惡于遠近。惰農自安，不昏作勞，不服田畝，越其罔有黍稷。

《尚書・周書七・酒誥第十六》 王曰：封！我聞惟曰：在昔殷先哲王迪畏天顯小民，經德秉哲，自成湯咸至于帝乙，成王畏相。注：《易》說：《書》之帝乙，六世王。先儒皆以爲紂父。疏：在者，《釋詁》云：察也。哲者，《說文》云：知也。迪同攸，見上疏。顯者，《廣雅・釋詁》云：明也。經德者，《孟子・盡心》云：經德不回。注云：經，行也。秉者，《釋詁》云：執也。哲者，《說文》作悊，云：敬也。咸者，《釋詁》云：皆也。王告康叔以察昔殷先賢知王所畏天明命，下及小民，惟行其德、執其敬，自成湯至於帝乙，咸成就王道，敬畏輔相也。《周語》叔向曰：《詩》曰：成王不敢康。注云：謂修己自勤，以成其王功。亦以成王爲成王功。《易》說見《乾鑿度》。鄭注《檀弓》云：《易》說帝乙，曰：《易》之帝乙，爲成湯；《書》之帝乙，六世王。考《殷本紀》，湯子太丁，太丁子太甲，太甲子沃丁，沃丁弟子小甲，小甲弟子仲丁，仲丁弟子帝祖乙。帝祖乙立，殷復興。不數兄弟相及，則祖乙爲湯已後六世孫也。先儒注見《檀弓》疏。云先儒皆以《酒誥》帝乙紂父者，此先儒卽是賈、馬、鄭，與《易》說異。《殷本紀》湯至帝乙十六世，帝乙無道，爲偶人，謂之天神。與之博，令人爲行。天神不勝，乃僇辱之。爲革囊，盛血，仰而射之，命曰射天。武乙獵於河、渭之閒，暴雷，武乙震死。則帝乙非令主，故《易》說以爲祖乙也。惟御事，厥棐有恭，不敢自暇自逸，矧曰其敢崇飲？疏：暇者，《釋詁》云：偟，暇也。逸者，《詩》箋云：豫也。矧者，《釋詁》云：況也。《說文》正作矤。崇者，薛綜注《東京賦》云：興也。言殷先王時，於治事之臣，其輔臣皆有恭敬，不敢寬暇逸豫，況復興飲酒之事？越在外服，侯、甸、男、衛、邦伯；疏：《周語》云：先王之制：邦內甸服，邦外侯服，侯衛賓服。注云：甸，王田也。服，服其職業也。自商以前，幷畿內爲五服。邦外，邦畿之外也。方五百里之地，謂之侯服。侯服，侯圻也。衛，衛圻也。言自侯圻至衛圻，其閒凡五圻，圻五百里，五五二千五百里，中國之界也。五圻者，侯圻之外曰甸圻，甸圻之外曰男圻，男圻之外曰采圻，采圻之外曰衛圻。據此是衛上有采。《康誥》曰：侯、甸、男、采、衛。經文蓋省采字。邦伯者，《王制》云：千里之外設方伯，五國以爲屬，百一十國以爲州，州有伯，八州八伯。注云：伯，帥。殷之州長曰伯，虞、夏及周皆曰牧。又云：八伯各以其屬，屬於天子之老二人，分天下以爲左右二伯。此邦伯未必是二伯，蓋卽方伯也。《白虎通・爵》篇云：《尚書》曰：侯、甸、任、衛作國伯。今文《尚書》男作任，邦作國，又多作字。越在內服，百僚、庶尹、惟亞、惟服、宗工，越百姓里居；疏：《釋詁》云：僚，官也。庶，衆也。《釋言》云：尹，正也。亞，次也。服，事也。惟亞，謂正官之倅，惟服，謂任事者，其士與？宗工，謂宗人。百姓里居，謂百官致仕家居者。罔敢湎于酒。注：鄭康成曰：飲酒齊色曰湎。不惟不敢，亦不暇。惟助成王德顯，越尹人祇辟。疏：湎者，《說文》：沈於酒也。引此文。沈與酖聲相近。《說文》：酖，樂酒也。《釋詁》云：祇，敬也。辟，法也。言內外諸侯臣工，皆無敢媅樂于酒，不惟不敢，亦有正事，無暇及飲，惟助君成就王德，使之顯著，至於正人敬法，無敢慢者。鄭注見《詩・蕩》疏。云飲酒齊色者，《詩・蕩》云天下湎爾以酒。箋云：天不同汝顏色以酒。齊，同，義相近。我聞亦惟曰：在今後嗣王酣身，厥命罔顯于民祇，保越怨，不易。疏：後嗣王，謂紂也。酣者，《說文》云：酒樂也。《太平御覽》四百九十七引作樂酒也。厥命罔顯于民祇，保越怨，不易。疏：保者，《釋詁》云：安也。不易，不改也。言紂之命令無可顯著爲民所敬，如先王之德顯使尹人祇辟，徒安於怨，不改其所爲。祇字屬上句讀。《僞傳》云所敬所安，不詞也。《論衡・譴告》篇云：紂爲長夜之飲，文王朝夕曰：祀茲酒。非疾之者，宜有以改易之。是說此經不易之意也。誕惟厥縱淫泆于非彝，用燕喪威儀，民罔不衋傷心。疏：淫者，王逸注《楚辭》云：游也。泆者，同佚，《廣雅・釋詁》云：樂也。燕者，《詩》傳云：安也。威者，《釋言》云：則也。衋者，《說文》云：傷痛也。引此文。《殷本紀》云：紂大最樂戲於沙丘，以酒爲池，縣肉爲林，使男女裸相逐其間，爲長夜之飲。故言大惟其縱遊佚於非法，用安樂喪其威儀，民無不痛傷心者。惟荒腆于酒，不惟自息乃逸，厥心疾很，不克畏死。辜在商邑，越殷國滅，無罹。疏：荒者，《詩》傳云：大也。腆者，《廣雅・釋詁》云：美也。息者，《詩》傳云：止也。逸者，《釋言》云：過也。疾者，《詩》箋云：疾，害。很者，《說文》云：很，盭也。罹，卽離俗字，《易》九家注云：離，附也。鄭注《月令》云：離，讀如儷偶之儷。言紂惟大美於酒，不思自止其過，其心疾害乖戾，恃有命在天，不能畏死。罪在商邑，於殷邦喪滅，無附麗之者。《白虎通・京師》篇云：京，大；師，衆也。天子所居，故大衆言之。夏曰夏邑，殷曰商邑，周曰京師。《尚書》曰在商邑，謂殷也。是說此經之義。弗惟德馨香，祀登聞于天。誕惟民怨，庶羣自酒，腥聞在上，故天降喪于殷，罔愛於殷，惟逸。天非虐，惟民自速辜。疏：馨者，《說文》云：香之遠聞者。庶者，《釋詁》云：衆也。逸者，《釋言》云：過也。速者，《詩》傳云：召也。《周語》云：國之將興，其德足以昭其馨香；國之將亡，其政腥臊，馨香不登。注云：馨香，芳馨之升聞者也。腥臊，臭惡也。登，上也。芳馨不上聞於天，神不饗也。傳曰：黍稷非馨，明德惟馨。正同此義也。言無德馨升聞於天，大惟民怨及衆羣臣用酒臭達於上。故天下喪亡之禍於殷而勿愛之，惟紂之過。天非暴虐，惟人自召罪耳。

《尚書・周書八・梓材第十七》

惟曰：若稽田，既勤敷菑，惟其陳修爲厥疆畎。疏：惟者，《釋詁》云：思也。稽者，鄭注《周禮》云：計也。菑者，《說文》云：才耕田也。或作甾。《釋地》云：田一歲曰菑。注云：今江東呼初耕地反草爲菑。陳者，《詩・信南山》維禹甸之，《周禮・稍人》注引作敶。云：甸，治。是陳亦治也。疆者，《說文》云：界也。畎，《說文》作く，以此爲篆文，云：六畎爲一畝。く，水小流也。《周禮》：匠人爲溝洫，梠廣五寸，二梠爲耦，一耦之伐，廣尺深尺，謂之く，倍く謂之遂，倍遂曰溝，倍溝曰洫，倍洫曰巜。又云：方百里爲巜，廣二尋，深二仞。巜讀若澮同，蓋用《考工記》文。言爲國如計田，既勤力以布耕其土，當思修治其疆界畎澮。若作室家，既勤垣墉，惟其塗塈茨。注：馬融曰：卑曰垣，高曰墉。塈，堊色。疏：塗，俗字，當爲涂。塈者，《說文》云：仰涂也。《漢書・揚雄傳》云：獿人亡，則匠石輟斤而不敢妄斲。注：服虔曰：獿，古之善塗塈者也。施廣領大袖以仰塗，而領袖不污。茨者，《說文》云：以茅葦蓋屋也。言如作室家，既勤力爲牆，當思涂塞孔穴，又蓋之以茅葦也。喻政事修舉，乃有成。馬注見《釋文》。云卑曰垣者，《吳語》云：君有短垣，而自踰之。短卽卑也。《詩・良耜》云：其崇如墉。崇卽高也。《說文》云：垣，牆也。《釋宮》云：牆謂之墉。是皆牆也。塈爲堊色者，《說文》云：堊，白涂也。《釋宮》云：牆謂之堊。《考工記》：匠人爲世室，用白盛。注：盛之言成，以蜃灰堊牆，所以飾宮室。然則古涂牆以蜃灰，今以石灰也。若作梓材，既勤樸斲，惟其塗丹雘。注：馬融曰：梓，古作杍字。治木器曰梓，治土器曰陶，治金器曰冶。樸，未成器也。雘，善丹也。鄭康成曰：《山海經》云：青丘之山，多有青雘。塗一作斁。疏：梓者，《釋木》云：椅，梓。韋昭注《楚語》云杞、梓，良材也。《說文》云：樸，木素也。斲，斫也。塗作斁，見雘字解，云：善丹也。引《周書》曰：惟其斁丹雘。讀若隺。斁，閉也。《集韻》云：斁，同都切；塗也。《周書》曰：斁丹雘。《羣經音辨》云：斁音徒。《書》：惟其斁塈茨。則古文本又作斁也。斁亦斁之假音字。言如作梓材，既勤力治其素質，當思加以采色。喻國既治理，更須修明制度典章，使粲然可觀也。馬注見《釋文》。云：梓，古作杍字者，《說文》以杍爲李字之古文，馬以爲梓字，蓋本《大傳》古字，以子爲聲。云治木器曰梓者，《考工記》有梓人，爲筍虡、爲飲器、爲侯，因梓材美以名工也。陶人、冶氏，俱見《考工記》。云樸，未成器者，《釋木》云：樸，枹者。樸亦同朴，《說文》：木皮也。云蘵，善丹者，《說文》：丹，巴、越之赤石也。蘵解與馬同。鄭注見《書》疏，引《山海經》者，《南山經》云青丘之山，其陰多青蘵是也。古者，犧尊以木爲之，飾以青黃。

《尚書・周書十五・立政第廿四》 王曰：嗚呼！猷告爾有方多士，暨殷多士：今爾奔走臣我監五祀，越惟有胥伯小大多正，注：《大傳》說：古者十稅一。多于十稅一，謂之大桀、小桀；少于十稅一，謂之大貊、小貊。王者十一而稅，而頌聲作矣。故《書》曰：越維有胥賦小大多政。疏：猷與繇同，《釋言》云：道也。猷告，猶言告道。監謂三監。五祀，五年也。《釋天》云：商曰祀，周曰年。告殷民故稱祀。江氏聲云：武王命三叔監殷，殷民皆臣服，于茲十年矣。言五祀者，本其未叛時言也。鄭注《大射禮》云：胥，宰官之胥；伯者，州伯。《內則》云：州史獻諸州伯，州伯命藏諸州府。《詩・伯兮》疏云：彼州伯對閭史、閭府，亦謂州里之伯。是伯爲州里之伯也。鄭注《周禮・地官・序官》云：正、師、胥，皆長也。越惟有胥伯小大多正，言于惟有宰官之吏及州伯、小大多正長，俱謂監已下官長。言告道汝有方多士，與殷多士：今計汝奔走臣服我三監，曾歷五祀，于惟有史胥、州伯、小大多正長，汝無不能奉法也。《大傳》惟作維、伯作賦、正作政者，今文也。胥者，《周禮・天官・序官》云：胥十有二人，徒百有二十人。注云：此民給繇役者。是給繇役者有胥名。賦者，《周禮・大司馬》云：凡令賦，以地與民制之：上地食者三之二，其民可用者家三人；中地食者半，其民可用者二家五人；下地食者三之一，其民可用者家二人。是繇役亦賦也。故《漢書・景帝紀》詔曰省繇賦，《後漢書・第五倫傳》云倫後爲鄉嗇夫，平繇賦，皆繇賦連言，卽此胥賦也。今文言于惟有繇賦之事，小大多得中之政令也。云什一而稅者，《公羊・宣十五年》傳云：古者什一而稅藉。古者曷爲什一而藉？什一者，天下之中正也。多乎什一，大桀、小桀；寡乎什一，大貊、小貊。什一者，天下之中正也。什一行而頌聲作矣。與《大傳》說同。爾罔不克臬。注：馬本臬作劓。疏：臬者，《廣雅・釋詁》云：法也。言汝無不能奉法，謂奉正長供繇賦也。馬作劓，見《釋文》。劓亦臬之借字。自作不和，爾惟和哉。爾室不睦，爾惟和哉。爾邑克明，爾惟克勤乃事，爾尚不忌于凶德。注：尚一作上，忌一作諅。疏：睦者，《說文》云：敬和也。明與孟聲相近，《釋詁》云：勉也。尚與上通。言汝自作不和，今惟和哉。汝室有不和者，亦惟和之。汝邑中有能勉者，汝惟能勤勸乃事，則汝長上不忌嫉汝昔時之惡行矣。《說文》云：諅，忌也。《周書》曰：上不諅于凶德。今本上作爾尚。案《玉篇》、《廣韻》、《集韻》引《說文》皆止作上字，上與尚雖通，當從古文。《說文》忌作諅，孔壁古文也。亦則以穆穆在乃位，克閱于乃邑，謀介爾乃自時洛邑，尚永力畋爾田。天惟畀矜爾，我有周惟其大介賚爾，迪簡在王廷，尚爾事，有服在大僚。疏：穆穆者，《釋詁》云：敬也。閱與說通，《詩》傳云：服也。《釋詁》云：介，善也。畀、賚，予也。迪，進也。柬，擇也。服，事也。寮，官也。簡與柬通。僚卽寮俗字。言上既不汝忌，汝亦則以敬在位，能服于乃邑，謀善汝從遷之洛邑，汝庶幾能永遠用力治汝田。天惟予汝矜汝，我周惟其大善錫予汝，進擇汝在王之廷，加汝所事，有事在大官也。

《尚書・商書二・盤庚第六》 曰：我王來，既爰宅于茲。重我民，無盡劉。不能胥匡以生，卜稽曰：其如台？疏：我王，謂祖乙。爰者，《釋詁》云：於也。宅于茲，謂居于耿。重我民者，言以重違民情。劉者，《釋詁》云：殺也。言我民若爲水所害，是我殺之。所謂思天下有溺，由己溺之，毋令其盡戹于水也。胥者，《釋詁》云：相也。匡者，杜氏注《左傳》匡救其災云：匡亦救也。稽者，《廣雅・釋言》云：考也。考卜者，《周禮・大卜》：國大遷，則貞龜。先王有服，恪謹天命，茲猶不常寧，不常厥邑，于今五邦。注：馬融曰五邦，謂商丘、亳、囂、相、耿也。鄭康成曰：湯自商徙亳，數商、亳、囂、相、耿爲五。疏：《釋詁》云：服，事也。恪，敬也。寧，安也。邑、邦者，《說文》皆云：國也。言先王有事，敬謹順天，此猶不敢常安其邑，往來遷居，凡有五國。《殷本紀》云：湯始居亳，從先王居。《正義》引《括地志》云：亳邑故城在洛州偃師縣西十四里，本帝嚳之墟，商湯之都也。又云：帝仲丁遷于隞。《索隱》云：隞，亦作囂，並音敖字。《正義》曰：《括地志》云：滎陽故城在鄭州滎澤縣西南十七里，殷時敖地也。《書》疏引李顒云：囂在陳留浚儀縣。則在今開封府西北。《殷本紀》又云：河亶甲居相。《正義》曰：《括地志》云：故殷城在相州內黃縣東南十三里，卽河亶甲所築都之，故名殷城也。又云：祖乙遷于邢。《正義》曰：《括地志》云：絳州龍門縣東南十二里耿城，故耿國也。亳在今河南偃師縣，隞在今河南滎陽縣，相在今河南內黃縣，耿在今山西河津縣，幷湯前所都商丘，今河南商丘縣，共爲五邦也。馬注見《釋文》。鄭注見《書》疏。今不承于古，罔知天之斷命，疏：承者，《詩》傳云：繼也。天之斷命，言天命絕于此邑，將永其命于新邑，當繼古人遷都之事。矧曰其克從先王之烈。疏：矧，俗字，當爲矤。《釋言》云：矧，況也。克，能也。《釋詁》云：烈，業也。若顚木之有由蘖，注：馬融曰：顚木而肄生曰枿。天其永我命于茲新邑，紹復先王之大業，厎綏四方。

《尚書・虞夏書二・皋陶謨第二中》 帝曰：來，禹，汝亦昌言。禹拜曰：都，帝，予何言！予思日孜孜。注：史遷都作於，孜孜作孳孳。疏：思，猶斯也。《詩・泮水》思樂泮水，《禮器》疏作斯。又《我行其野》言歸思復，《唐石經》作斯復，知思，語詞也。孜孜，古文；孳孳，今文也。《說文》云：孜，汲汲也。引《周書》曰：孜孜無怠。又云：孳，汲汲生也。是與孜同。彼《泰誓》文，《史記》亦作孳孳，與《說文》異。《說文》所載，壁經也。《廣雅・釋訓》云：孜孜，劇也。劇蓋勮字，言勞劇，古文說也。禹言予此日汲汲不遑耳。皋陶曰：吁，如何？注：史遷說爲皋陶難禹曰何謂孳孳。禹曰：洪水滔天，浩浩懷山襄陵，注：史遷洪作鴻。下民昏墊。注：史遷說爲下民皆服於水。鄭康成曰：昏，沒也。墊，陷也。禹言洪水之時，人有沒溺之害。疏：懷山襄陵，說見《堯典》疏。昏字，依《史記》疑當爲皆，形相近。史公所據本，蓋亦今文也。以墊爲服於水者，《廣雅・釋詁》云：墊，伏藏也。李善注《文選》陸士衡詩伏事，云：伏與服，古字通。是伏於水謂陷於水也。鄭注見《書》疏。以昬爲沒者，《釋詁》云：泯，盡也。《詩》疏引巡云：沒之盡也。昬與湣，聲相近。墊爲陷者，《方言》云：墊，下也。《論語集解》引孔安國注云：墊，陷下也。是墊、陷俱爲下濕之義。《說文》有淊字，泥水淊淊也，義同。禹言所以汲汲者，以洪水漫天，包駕山谷，下民有泯陷之患。**予乘四載**，注：史遷說爲予陸行乘車，水行乘舟，泥行乘橇，山行乘檋。又以舟爲船，乘橇爲蹈毳，乘檋爲卽橋。疏：四載者，一車、二舟、三欙、四輴。據《說文》本字考之，欙者，《說文》云：山行所乘者。《夏本紀》作檋，《河渠書》作橋，《溝洫志》作梮。《史記集解》徐廣曰：檋，直轅車也。《漢書》注：如淳曰：梮，謂以鐵如椎頭，長半寸，施之履下，以上山不蹉跌也。韋昭曰：梮，木器，如今輿牀，人舉以行也。《書》疏又引應劭云：梮，或作欙，爲人所牽引也。《說文》欙，未說其義，而有暈，云：直轅車轒也。又注䡅字云：車衡三束也，直轅暈縛。是檋卽暈假音，以革縛輈，行以上山。合之徐廣說爲直轅車，應劭說以爲人牽引者是也。如淳因《志》云則梮，《史記》云卽橋，故說爲履，疑望文生義。橋則檋假音字。輴音，《說文》云：澤行乘輴。《夏本紀》作泥行乘橇，又作毳，《溝洫志》同。泥卽澤也。《史記集解》徐廣曰：他書亦作蕝。《漢書》注：孟康曰：毳形如箕，擿行泥上。如淳曰：毳音茅蕝之蕝，謂以板置泥上，以通行路也。《書》疏又引《愼子》云：爲毳者，患塗之泥也。是與《說文》車約輴之義不同，豈毳實爲行泥之板，《說文》假輴字者，出自古文與？《史記集解》引《尸子》山行乘欙，行塗以楯，行險以撮，行沙以軌，《書》疏又引《尸子》山行乘欙，泥行乘蕝，《呂覽・愼勢》篇云水用舟，陸用車，塗用楯，沙用鳩，山用欙，皆異字，可依聲近推詳其義。此四載之文，《河渠書》、《溝洫志》俱引爲《夏書》，《說文》引爲《虞書》，今經文所無，或今文本有之。史遷說兩見《夏本紀》。乘作蹈，又作卽，見《河渠書》者。既云蹈、云卽，疑是所履之物，故如淳注《漢書》以爲履也。**隨山刊木**。注：史遷隨作行，刊作栞，亦作桼。疏：刊者，《說文》云：桼，槎識也。《夏書》曰：隨山桼木。讀若刊。篆文作栞。是經作刊，爲後人省改也。《春秋左氏・襄五年》傳云：井堙木刊。服虔注云：刊，削也。《管子・形勢解》：禹斬高橋下，以致民利。斬高，卽刊木也。《文選・東京賦》：山無槎枿。薛綜注云：斜斫曰槎。邪斫者，表記之。《史記》說《禹貢》爲表木。史公隨爲行者，《廣雅・釋詁》云：隨，行也。許氏引篆文者，以古文別于今文，卽云篆文，蓋孔壁書也。**暨益奏庶鮮食**。注：史遷說爲與益予衆庶稻鮮食，又說令益予衆庶稻，可種卑濕。馬融曰：鮮，生也。鄭康成曰：授以水之衆鱻食，謂魚鼈也。疏：《史記・夏本紀》兩說此經，俱有稻字。馬、鄭用孔壁古文說，無之。疑史公據今文說也。或古文稱鮮少之食卽謂稻與？未決川距海之前，地卑濕，故種稻。稻，北方所少，謂之鮮食。或說鮮者，《釋詁》云：善也。《曲禮》云稻曰嘉蔬，嘉猶善也。史公說暨爲與者，《釋詁》文。奏爲予者，鄭注云：奏爲授，授卽予也。稻者，《說文》云：稌也。沛國謂稻曰稬。稴，稻不黏者。秔，稻屬。是稻有此諸種也。云稻鮮食，一云稻可種卑濕，無鮮食字，下又以鮮食爲食少也。馬注見《釋文》。說鮮爲生者，《周禮・庖人》：凡其死生鱻薧之物。注：鄭司農云：鮮，謂生肉。蓋兼六畜、六獸、六禽言之。馬意以益焚山澤，禽獸逃匿，可以爲民食也。鄭注見《詩・思文》疏。以鱻爲魚鼈者，《說文》：鱻，新魚精也。從三魚不變。與鮮音相近，故爲魚之屬也。**予決九川，距四海**，注：史遷予作以，距作致。疏：決者，《說文》云：行水也。九川者，《五帝本紀》云通九澤，決九河，《夏本紀》及《溝洫志》云通九道，陂九澤。既有九澤，又有九河，知此九川謂九州之川也，通九道亦謂通九州水道。距四海，謂至于海。《漢書・食貨志》注：孟康云：距，至也。《廣雅・釋詁》同。四海者，《禹貢》青州：濰、淄其道，海濱廣斥，此爲東海，在今登州。《禹貢》云導河，北播爲九河，入于海，此卽北海，漢爲勃海郡，爲今滄州、天津之境。《禹貢》云北江入于海，中江入于海，此爲揚州之海，疑亦可爲南海。《左傳》：楚子云：君處北海，寡人處南海。《孟子》云：孫叔敖舉于海。似楚之南海卽謂揚州之海也。《史記正義》云：按南海卽揚州東大海。岷江下至揚州，東入海也。《禹貢》不言西海。《史記張儀傳》：司馬錯曰：利盡西海。《索隱》曰：西海，謂蜀川也。又《大荒西經》云：西海之南，流沙之濱，有大山，名曰崑崙之丘。《海內西經》云：河水出東北隅，以行其北，西南又入勃海，又出海外，卽西而北，入禹所導積石山。是《山海經》有西海，亦名渤海，漢時謂之蒲昌海。《說文》云泑澤，在昆侖虛下，卽蒲昌海也，亦謂之西海。弱水餘波入于流沙，通于南海，此是也。漢于此設西海郡，今爲甘肅塞外之地。《坤鑿度》注引《萬形經》云：坎，北方，無海。謂其地但有瀚海也。此云決九州至于海，當言水道所歸，故不得以海，晦之義解之。史公說距爲致者，至、致聲相近，與孟康、張揖同義。**濬畎澮距川**。注：史遷濬作浚，說距川爲致之川。鄭康成曰：畎澮，田間溝也。澮所以通水於川也。濬一作容，畎澮一作く巜。疏：濬者，《釋言》云：深也。《說文》作容，云：深通川也。《虞書》曰：容畎澮距川。古文作溶，又作濬。又云：く，水小流也。《周禮》：一耦之伐，廣尺深尺謂之く。く，古文作甽，篆文作畎。又云：巜，水流澮澮也。方百里爲巜，廣二尋，深二仞。』又云：川，貫穿通流水也。《虞書》曰：濬く巜距川。言深く巜之水，會爲川也。許氏兩引經文，作濬く巜者，孔壁古文也；作濬畎澮者，孔安國以今文讀之也。《管子・桓公問》篇云：水之出于他水，溝流于大水及海者，命曰川水。史遷作浚者，假音字。《公羊・莊九年》傳云：浚之者何？深之也。亦以浚爲濬。鄭注見《史記集解》及《文選・長笛賦》注。以畎澮爲田間溝者，《考工記》云：匠人爲溝洫，耜廣五寸，二耜爲耦。一耦之伐，廣尺深尺謂之甽。田首倍之。廣二尺深二尺謂之遂。九夫爲井，井間廣四尺深四尺謂之溝。方十里爲成，成間廣八尺深八尺謂之洫。方百里爲同，同間廣二尋深二仞謂之澮。專達于水，各載其名。俱是在田間，通水於川也。**暨稷播奏庶艱食**。注：史遷說爲與稷予衆庶難得之食。馬融艱作根，曰：根生之食謂百穀。鄭康成曰：禹復與稷敎民種澤物、菜蔬、艱戹之食。疏：播者，《鄭語》：周棄能播殖百穀。注云：播，布也。《史記》不言布，疑今文無此字。決水致之川，則有平土，可以布穀。不耕之土，得食爲難，故曰艱食也。史公云難得之食者，《說文》云：艱，土難治也。難得之食，即謂百穀。馬注見《釋文》。艱作根者，《釋名》：艱，根也，如物根也。艱、根聲形俱相近。鄭注見《詩・思文》疏。云復與者，以上已與益奏鮮食，此復奏艱食，云澤物者，《周禮・司徒》：川澤，其植物宜膏物。注云膏，當爲櫜，蓮芡之屬有櫜韜。是澤物爲蓮芡之屬也。云菜蔬者，《魯語》云：柱能播殖百穀百蔬，周棄繼之。注云：草實曰蔬。是蔬與穀，俱稷所植。《爾雅・釋天》：疏不熟爲饉。郭氏云：凡草菜爲食者，通名爲疏。是菜疏亦兼草也。云艱戹之食者，《周禮・遺人》：賙萬民之艱戹。注云：艱戹即饑乏也。《說文》作⿰飠尼，云：飢也。鮮食，懋遷有無化居。注：史遷說爲食少，調有餘補不足，徙居。懋一作貿，又作楙。疏：鮮者，與寡轉訓，見《釋言》。《說文》又有尟字，云：是少也。據史公說，此鮮食與上不同。懋遷者，貿易遷徙。《漢書・食貨志》作楙，注：應劭曰：楙，勉也。蓋非。《漢書・敘傳》作茂。懋、茂、楙俱貿假音字。《文選・永明策秀才文》注引此作貿，疑今文也。《釋言》云：貿，買也。《說文》云：貿，易財也。遷者，《孟子・離婁》篇遷於負夏，《史記》說遷爲就時，是此遷亦就時也。化即古貨字，古布以化爲貨。居者，積貯之名。《晉語》叔向曰：假貸居賄。韋昭注云：居，蓄也。《史記・呂不韋傳》云：此奇貨可居。《漢書・食貨志》：廢居居邑。注：如淳曰：居賤物于邑中，以待貴也。史公說懋爲調者，《廣雅・釋詁》云：調，賣也。調爲鬻，義同貿也。云有餘不足者，據經文，有爲有餘，無爲不足也。遷爲徙者，《釋詁》文。居，史公讀爲著。《貨殖傳》：子贛廢著鬻財於曹、魯之間。《集解》：徐廣曰：著，讀如貯。著字，《漢書》作居，知此亦當讀爲著也。烝民乃粒，萬邦作乂。

《尚書・書序第卅上》 禹別九州，隨山濬川，任土作貢。注：鄭康成曰：任土謂定其肥磽之所生。疏：《釋文》云：貢字或作贛。鄭注見《書》疏。云任土謂定其肥磽之所生者，鄭以經厥田上上等爲地形高下，下即肥，高即磽也。肥磽者，《孟子・告子》篇云：則地有肥磽。趙注云：磽，薄也。鄭注《周禮・載師》云：任土者，任其力勢所能生育，且以制貢賦。段氏玉裁云：疑當有作《禹貢》三字。

《逸周書・允文解第七》 公貨少多，賑賜窮士。救瘠補病，賦均田布。

彙校：少多，陳、唐二家作多少。〇朱駿聲云：布當作市。〇孫詒讓云：朱說是也。市與上下文韻亦正協。

集注：孔晁云：主施赦，布政也。〇潘振云：公家之貨，新國之所有者。少多，猶言若干。瘠，瘦也。病，疾甚也。救補，指拯民而言。賦均，九賦平也。田布，言無田者當班之以田也。〇陳逢衡云：此即《周禮》泉府國服之法。公貨，贓罰之貨，猶後世所謂沒入官者是也。振賜窮士，養賢也。救瘠補病，養民也。《周官》九布，在國曰邦布，在市曰征布，總謂之田布。賦均田布，則不病民，不傷財，而上下交獲其贏矣。李兆洛曰：公貨多少，謂不論貨之多少，皆公之以振賜。〇唐大沛云：公貨多少賑賜窮士，府庫之財量其多少分恤窮士。救瘠補病，散財以恤民。〇朱右曾云：公貨，在公之貨，如鹿臺之錢、鉅橋之粟是也。賦，謂出車徒給繇役。〇朱駿聲云：賦，即《周禮・大宰》之九賦。均田，即《均人》之均地也。均市，即《司市》之均市也。

《逸周書・大聚解第三十九》 教芧與樹藝比長，立職與田疇皆通。

彙校：茅，元刊本、程本、趙本、鍾本、王本作芧，盧校從，云：芧，本或作茅，今從宋元本。〇俞樾云：教芧與樹蓺，此當作教與樹蓺。與，猶以也。說見王氏引之《經傳釋詞》。教與樹蓺，即教以樹蓺也。古與、予通用，疑古本假予爲與，作教予樹蓺，後人據別本作與者訂正，遂並存予、與二字，因又誤予爲芧耳。《管子・地員》篇其草宜芧茅，今本作其草宜黍秫與茅，蓋誤芧爲與，而因加黍、秫二字，不知黍秫已見上文，且非草也。辨見《諸子平議》。彼誤芧作與，此誤與作芧正可互證。

集注：孔晁云：根衍田茅，比長之職。通，連比也。［衍，程本、趙本、王本作行。田，盧校作曰。茅，吳本作芧。通，元刊本同，餘諸本作也，盧校刪。］〇盧文弨云：謝云：根衍曰茅不知所出，《說文》、《玉篇》釋芧字皆謂草之可以爲繩者，字亦通苧。〇陳逢衡云：芧與苧通。芧布，一名越。《尚書》島夷卉服孔傳：南海諸島夷草葛越。張守節《夏本紀正義》：東南草服葛越，蕉竹之屬。是也。衡云：古者衣食並重，故教芧與樹藝比長。教芧者，織布以爲衣。樹藝者，種穀以爲食。比長，謂漸其生植也。立職，職，田畯，農大夫也。田疇，疆以之屬疇類也。通，謂歲時合耦，遂師、遂大夫移用其民以救時事也。戴清曰：《月令》孔疏：麻田曰疇。似此處疇字。〇朱右曾云：茅，草名，可爲布。言芧則桑麻可知。比長，伍長也。麻田曰疇。教芧與樹藝比長之職，使一比之民田疇連比也。

《逸周書・作雒解第四十八》 制郊甸方六百里，國西土爲方千里。

《國語・周語上》 穆王將征犬戎，穆王，周康王之孫、昭王之子穆王滿也。征，正也，上討之稱。犬戎，西戎之別名也，在荒服之中。〇《漢書・匈奴傳》顏注引《山海經・大荒北經》曰：黃帝生苗龍，苗龍生融吾，融吾生弄明，弄明生白犬。白犬有二牝牡，是爲犬戎。吳曾祺曰：犬戎即畎夷，《史記》周西伯昌伐畎夷是也。又作昆夷。元誥按：在今陝西鳳翔縣西北。祭公謀父諫曰：不可。祭，畿內之國，周公之後也，爲王卿士。謀父，字也。《傳》曰：凡、蔣、邢、茅、胙、祭，周公之胤矣。○汪遠孫曰：《逸周書·祭公解》孔晁注：謀父，祭公名。案：韋以爲字，非也。元誥按：祭，在今河南開封縣東北十五里，有祭伯城。《穆天子傳》作鄒。郭注：鄒，正字；祭，假借字。宋庠曰：父音甫，男子之美稱。先王耀德不觀兵。耀，明也。觀，示也。明德，尙道化也。不示兵者，有大罪惡然後致誅，不以小小示威武也。夫兵戢而時動，動則威，戢，聚也。威，畏也。時動，謂三時務農，一時講武，守則有財，征則有威。○《文選·歎逝賦》李注引賈逵曰：戢，藏也。吳曾祺曰：戢，斂也，訓聚非。觀則玩，玩則無震。玩，黷也。震，懼也。○王念孫曰：震，亦威也。上言威，下言無震，互文耳。文六年《左傳》其子何震之有。賈逵注亦曰：震，威也。[見《史記·晉世家》集解。]汪遠孫曰：《說苑·指武》篇：兵不可玩，玩則無威。正用《外傳》。是故周文公之《頌》曰：文公，周公旦之謚也。《頌》，《時邁》之詩也。武王既伐紂，周公爲作此詩。巡守告祭之樂歌也。載戢干戈，載櫜弓矢。載，則也。干，楯也。戈，戟也。櫜，韜也。言天下已定，聚斂其干戈，韜藏其弓矢，示不復用也。○宋庠曰：櫜，古刀反。我求懿德，肆于時夏，允王保之。懿，美也。肆，陳也。于，於也。時，是也。夏，大也。言武王常求美德，故陳其功，於是夏而歌之。樂章之大者曰夏。允，信也。信哉武王能保此時夏之美。○陳奐曰：下文傳云：故能保世以滋大。保世釋允王保之句，滋大釋肆于時夏句。《內傳》宣十二年引此《詩》釋之云：夫武，禁暴、戢兵、保大。又云：暴而不戢，安能保大。訓夏爲大，內、外傳皆同。韋解既本毛傳，而又從鄭箋，以夏爲《九夏》之夏，失之。吳曾祺曰：夏，中國也。謂武王能以功德施於中國，而遠人自至。訓樂名，非。先王之於民也，懋正其德而厚其性，懋，勉也。性，情性也。○汪中曰：性與生通。王念孫曰：性之言生也。[《樂記》：方以類聚，物以羣分，則性命不同矣。鄭注：性之言生也，命，生之長短也。昭八年《左傳》：今宮室崇侈，民力彫盡，怨讟竝作，莫保其性。謂莫保其生也。十九年《傳》：吾聞撫民者，節用於內而樹德於外，民樂其性而無寇讎。謂樂其生也。《荀子·禮論》篇：天地者，生之本也。《大戴禮·禮三本》篇生作性。《秦策》生命壽長，《史記·范睢傳》生作性。]文七年《左傳》：正德、利用、厚生，謂之三事。杜解厚生曰厚生民之命。此云懋正其德，即正德也，云厚其性，即厚生也。下云阜其財求而利其器用，即利用也。成十六年《傳》曰：民生厚而德正，用利而事節。襄二十八年《傳》曰：夫民生厚而用利，於是正德以幅之。文六年《傳》曰：時以作事，事以厚生。皆其證也。阜其財求而利其器用，阜，大也。大其財求，不障壅也。器，兵甲也。用，耒耜之屬也。○汪遠孫曰：求，古賕字。賕亦財也。馬融本《呂刑》惟求云：有求，請賕也。此古求、賕相通之證。《漢書·薛宣傳》：賕客楊明。蕭該《音義》引韋昭注云：行貨財以有求於人曰賕。是賕有用財之義。財賕與下器用對文，韋不解求字，器爲兵甲，用爲耒耜之屬，皆失之。明利害之鄉，示之以好惡也。鄉，方也。○宋庠曰：鄉，許亮反。以文修之，文，禮法也。使務時而避害，懷德而畏威，故能保世以滋大。保，守也。滋，益也。昔我先王世后稷，后，君也。稷，官也。父子相繼曰世。謂棄與不窋也。○汪遠孫曰：不窋非棄之子。譙周《史記索隱》、孔穎達《詩疏》已規其謬。元誥按：《史記·周本紀》索隱引譙周云：言世稷官，是失其代數也。以服事虞、夏。謂棄爲舜后稷，不窋繼之於夏啓也。及夏之衰也，棄稷弗務，棄，廢也。衰，謂啓子大康廢稷之官，不復務農也。《夏書序》曰：大康失邦，昆弟五人須于洛汭。○汪遠孫曰：棄與不窋，遠孫既斷其非父子矣，夏之衰亦不當是大康，蓋謂孔甲時也。《史記·夏本紀》：帝孔甲立，夏后氏德衰，諸侯畔之。《國語》亦言：孔甲亂夏，四世而隕。劉敬言：公劉避桀。公劉是不窋之孫，桀是孔甲曾孫，時代正合。元誥按：戴說同。我先王不窋用失其官，失稷官也。不窋，棄之子也。周之禘祫文、武，不先不窋，故通謂之王。《商頌》亦以契爲玄王也。○《路史·周世攷》：稷生台璽，台璽生叔均，叔均爲田祖。后稷封台，故後有台璽，有叔均。既有台璽、叔均，則知稷之後世多矣，不窋不得爲稷子明矣。而自竄於戎狄之間，竄，匿也。堯封棄於邰，至不窋失官，去夏而遷於豳，西接戎，北近狄也。○陳奐曰：韋說誤也。《傳》言失官，非遷國。官，王官也。夏政衰，不務稷，故不窋失王官而歸處於邰。邰在今陝西乾州武功縣南，古戎狄地，故云竄於戎狄之間。《詩·公劉》傳：公劉居於邰，遭夏人亂，迫逐公劉，公劉乃避中國之難，遂平西戎而遷其民，邑於豳。《白虎通義·京師》篇：后稷封於邰，公劉去邰之邠。是自邰遷邠者乃公劉，非不窋也。《公劉》六章，章章可攷矣。戴震曰：周自公劉始居豳，書傳闕佚，莫能詳其時世。考《國語》、《史記》所録祭公謀父諫穆王曰：昔我先王世后稷，以服事虞、夏。乃夏之衰也，棄稷弗務，我先王不窋用失其官，而自竄於戎狄之閒。蓋不窋已上，世爲后稷之官，不知凡幾，傳至不窋，然後失其官也。夏之衰，疑值孔甲時。《史記》稱孔甲淫亂，夏后氏德衰，諸侯畔之。殆后稷之官及有邰之封，乃相因而失。諸侯侵奪，天子不正之，是以遠竄。禹至孔甲三百餘年，《史記》十一世十四君，則有邰始封至不窋亦且十餘世。《周本紀》曰：封棄於邰，號曰后稷，別姓姬氏。后稷之興，在陶唐、虞、夏之際，皆有令德。后稷卒，子不窋立。不窋末季，夏后氏政衰，去稷不務，不窋以失其官而奔戎狄之閒。不窋卒，子鞠立，鞠卒，子公劉立。《史記》不曰棄卒而曰后稷卒，且上承后稷之興，在陶唐、虞、夏之際，皆有令德。此書法也。世次中闕，莫知其名，繼棄而爲后稷，謹修其官守，以至於不窋，是不一人，故曰皆有令德。及最後爲后稷者卒，其子不窋立，末季而失其世世守官。微竄之際，殆不絶如縷，典文牒記，一切蕩然，雖公劉復立國於豳後，已無舊人能追先世之代系，故《國語》稱十五王，不數其皆有令德而世后稷者。漢劉敬對高帝曰：周之先自后稷，堯封之邰，積德累善十有餘世。公劉避桀居豳。所謂積德累善十有餘世及《本紀》皆有令德之文，是漢初相傳，咸知不窋已上代系中隔矣。《國語》曰：孔甲亂夏，四世而殞。則周人言夏之衰，指孔甲不指大康甚明。以地考之，豳在邰北百餘里，邰今西安府武功縣，豳今邠州，不窋所竄，又在豳北二百餘里。今慶陽府安化縣有不窋城。元誥按：不窋非棄之子，已上汪、吳說已言之，得戴說益詳矣。不敢怠業，時序其德，纂修其緒，纂，繼也。緒，事也。修其訓典，訓，教也。典，法也。朝夕恪勤，○曝書亭鈔本《北堂書鈔・政術部》十引賈逵曰：恪，敬也。勤，勞也。守以敦篤，奉以忠信，亦世載德，○各本亦作弈。吳曾祺曰：弈世，猶累世也。汪遠孫曰：弈當作亦。漢碑中常侍樊安碑、綏民校尉熊君碑、執金吾丞榮碑亦世載德，正用《國語》之文。元誥按：汪說是，今據改。不忝前人。亦，亦前人也。載，成也。忝，辱也。○注亦、亦二字，明道本作弈、弈，宋庠本又作弈、亦。汪遠孫曰：當作亦、亦。《詩・有客》亦白其馬，傳：亦，亦周也。《書・大誥》矧亦惟卜用，傳：亦，亦文王。注例正同。元誥按：汪說是，今據改。至於文王、武王，○各本作至於武王。汪遠孫曰：疑本作文武，涉下武王而誤。王念孫曰：至于下當有文王二字。周人敘述祖德，未有稱武王而不及文王者。此文自莫弗欣喜已上，皆兼文、武言之，自商王帝辛以下，乃專言武王耳。《史記・周本紀》載此文，正作至於文王、武王。《文選・齊景皇后哀策文》注引至於文、武，事神保民，莫不欣喜，所引從略，而亦兼文、武。則原有文王二字可知。元誥按：王說是，今據補。昭前之光明，而加之以慈和，事神保民，莫弗欣喜。保，養也。商王帝辛大惡於民，商，殷之本號也。辛，紂名。大惡，大爲民所惡也。○俞樾曰：下句庶民弗忍，始以民言，若此句已言大爲民所惡，則不必更言庶民弗忍矣。大惡於民，猶云大虐於民也。《廣雅・釋詁》曰：虐，惡也。是惡與虐同義。庶民不忍，欣戴武王，以致戎於商牧。戴，奉也。戎，兵也。牧，商郊牧野。○汪遠孫曰：《續漢書・郡國志》：朝歌南有牧野，去縣十七里。疑十七當作七十。紂都朝歌，牧，南郊地名也，郊外曰野。《說文》：坶，朝歌南七十里。牧、坶古通用。元誥按：牧，今河南汲縣。是先王非務武也，勤恤民隱而除其害也。恤，憂也。隱，痛也。夫先王之制：邦內甸服，邦內，謂天子畿內千里之地。《商頌》曰：邦畿千里，維民所止。《王制》曰：千里之內曰甸。京邑在其中央，故《夏書》曰：五百里甸服。則古今同矣。甸，王田也。服，服其職業也。自商以前，幷畿內爲五服。武王克殷，周公致太平，因禹所弼除畿內，更制天下爲九服。千里之內謂之王畿，王畿之外曰侯服，侯服之外曰甸服。今謀父諫穆王，稱先王之制，猶以王畿爲甸服者，甸，古名，世俗所習也。故周襄王謂晉文公曰昔我先王之有天下也，規方千里，以爲甸服是也。《周禮》亦以蠻服爲要服，足以相況也。○吳曾祺曰：《禮・職方氏》方千里曰王畿，而《史記・夏本紀》有五百里甸服之說，是夏之甸服即周之王畿。祭公蓋引夏制爲言。邦外侯服。邦外，邦畿之外也。方五百里之地謂之侯服。侯服，侯圻也。言諸侯之近者歲一來見也。○《書・禹貢》某氏《傳》曰：侯，候也，斥候而服事圻。侯、衛賓服，此總言之也。侯，侯圻也。衛，衛圻也。言自侯圻至衛圻，其閒凡五圻，圻五百里，五五二千五百里，中國之界也。謂之賓服，常以服貢賓見於王也。五圻者，侯圻之外曰甸圻，甸圻之外曰男圻，男圻之外曰采圻，采圻之外曰衛圻。《周書・康誥》曰侯、甸、男、采、衛也。凡此服數，諸家之說皆紛錯不同，唯賈君近之。○汪遠孫曰：賓服，《禹貢》作綏服。孔疏云：綏者，據諸侯安王爲名；賓者，據王敬諸侯爲名。又引韋昭云：以文武教衛爲安，王賓之，因以名服。與今本《國語》不同。吳曾祺曰：內舉侯，外舉衛，以見包五圻在內。宋庠曰：注圻通作畿。蠻夷要服，蠻，蠻圻也。夷，夷圻也。《周禮》，衛圻之外曰蠻圻，去王城三千五百里，九州之界也。夷圻去王城四千里。《周禮・行人職》，衛圻之外謂之要服。此言蠻夷要服，則夷圻朝貢或與蠻圻同也。要者，要結好信而服從之也。○元誥按：蠻夷，依宋庠本。戎狄荒服。戎狄，去王城四千五百里至五千里也。四千五百里爲鎭圻，五千里爲蕃圻，在九州之外荒裔之地，與戎狄同俗，故謂之荒，荒忽無常之言也。○《史記・夏本紀》集解引馬融云：政教荒忽，因其故俗而治之。甸服者祭，供日祭也。此采地之君，其見無數。侯服者祀，供月祀也。堯舜及周，侯服皆歲見也。賓服者享，供時享也。享，獻也。《周禮》，甸圻二歲而見，男圻三歲而見，采圻四歲而見，衛圻五歲而見。其見也，必以所貢助祭於廟，《孝經》所謂四海之內，各以其職來祭者也。要服者貢，供歲貢也。要服六歲一見也。荒服者王。王，王事天子也。《周禮》，九州之外謂之蕃國，世一見，各以其所貴寶爲贄，《詩》云：自彼氐羌，莫敢不來王。日祭，日祭，祭於祖、考，謂上食也。近漢亦然。月祀，月祀於曾、高也。時享，時享於二祧也。歲貢，歲貢於壇、墠也。○《禮記・祭法》：王立七廟、一壇、一墠。終王。終，謂世終也。朝嗣王及即位而來見。○汪遠孫曰：《漢書・韋玄成傳》，劉歆引《外傳》而釋之云：祖、禰則日祭，曾、高則月祀，二祧則時享，壇、墠則歲貢，大禘則終王。韋不言大禘，稍失之疏。又：許愼稱舊說云：終者，謂孝子三年喪終，則禘於大廟，以致其新死者也。先王之訓也，有不祭則修意，意，志意也。謂邦甸之內有違闕不供日祭者，先修志意以自責也。圻內近，知王意。有不祀則修言，言，號令也。有不享則修文，文，典法也。有不貢則修名，名，謂尊卑職貢之名號也。《晉語》曰：信於名則上下不干也。有不王則修德。遠人不服，則修文德以來之。序成而有不至則修刑，序成，謂上五者次序已成，而有不至，則有刑誅。○俞樾曰：序，次也。成，亦次也。謂依此次第有不至也。於是乎有刑不祭，伐不祀，征不享，讓不貢，讓，譴責也。告不王。謂以文辭告曉之。地遠者罪輕。於是乎有刑罰之辟，刑不祭也。有攻伐之兵，伐不祀也。有征討之備，征不享也。有威讓之令，讓不貢也。有文告之辭。告不王也。布令陳辭而又不至，則增修於德，而無勤民於遠。勤，勞也。是以近無不聽，遠無不服。今自大畢、伯士之終也，大畢、伯士，犬戎氏之二君也。終，卒也。犬戎氏以其職來王，以其職，謂其嗣子以其貴寶來見王。○《史記・周本紀》正義引賈逵曰：白狼白鹿，犬戎之職貢也。天子曰：予必以不享征之，且觀之兵。享，賓服之禮。以責犬戎而示之兵法也。其無乃廢先王之訓，而王幾頓乎！幾，危也。頓，敗也。○俞樾曰：幾乃語詞。《易·小畜·上九》：月幾望。虞注曰：幾，其也。王幾頓乎，猶言王其頓乎。頓者，勞罷之意。《戰國策·秦策》：吾甲兵頓。高誘《注》曰：頓，罷也。穆王廢先王之典，而勤兵以遠，故言王其頓乎。下云得四白狼、四白鹿以歸，是穆王此行，未嘗危敗，若從韋解，則祭公所言爲已甚矣。吳曾祺曰：《內傳》甲兵不頓，注：頓，壞也。此謂王之師不將頓壞乎。元誥按：俞說爲長。吾聞夫犬戎樹，○韋以樹惇絕句，注曰：樹，立也。言犬戎立性惇樸。《舊音》曰：鄯州界外羌中見有樹惇，蓋是犬戎主名。宋庠曰：《舊音》輒建此說，雖似有理，然傳疑失實，未足以誚先儒。且蠻夷姓名，隨世變易，殊音詭韻，未始有極，矧千歲之外尚襲舊名者邪？或戎人姓名偶與舊文相會，安可執而爲據！汪遠孫曰：韋氏訓樹爲立，立惇二字，文不成義，復增性字以解之。《舊音》之說是矣，而亦不了，故宋公序詆爲臆說。《北史·史寧傳》，寧謂突厥木汗曰：樹惇、賀眞二城是吐谷渾巢穴。《新唐書·王難得傳》：從哥舒翰擊吐蕃，拔樹惇城。樹惇城，吐谷渾舊都，蓋周時犬戎樹惇所居，因以爲名。今在甘肅西寧府西曼頭山北。王引之曰：上文大畢、伯士，注以爲犬戎君，蓋犬戎之先君也，其曰自大畢、伯士之終也，辭意顯然。此句蓋指犬戎今君而言，則《舊音》之說是矣，而未盡也，樹者其主名，惇字當屬下讀。犬戎樹者，先國而後名，猶曰邾婁顏耳。惇帥舊德者，惇，《史記·周本紀》作敦。《爾雅》：敦，勉也。言勉循舊德也。《晉語》曰知籍偃之惇帥舊職而共給也，是其證。下文單襄公曰：懋帥其德。韋注：言勉循其德。文義亦與此同。吳曾祺曰：《舊音》樹惇，犬戎主名是也，如韋注，下已言純固，此又言惇樸，近複。元誥按：王說於上下文較合，今從之。史雖有樹惇城，殆如宋氏所謂戎人姓名偶與舊文相會者耳。惇帥舊德，而守終純固，帥，循也。純，專也。固，一也。言犬戎循先王之舊德，奉其常職，天性專一，終身不移，不聽穆王責其不享也。○元誥按：宋庠本帥上有能字，蓋因惇屬上讀，加以足句。其有以禦我矣。禦，猶應也，距也。王不聽，遂征之，得四白狼四白鹿以歸。白狼白鹿，犬戎所貢。自是荒服者不至。

同上 宣王即位，不籍千畝。籍，借也，借民力以爲之。天子田千畝，諸侯百畝，自厲王之流，籍田禮廢，宣王即位，不復遵古也。○《北堂書鈔·禮儀部》十二引賈逵曰：天子躬耕籍田，助民力也。籍田，千畝也。汪遠孫曰：籍，《補音》作藉。籍、藉錯出，《說文》作耤，當以耤爲正字。虢文公諫曰：賈侍中云：文公，文王母弟虢仲之後，爲王卿士。昭謂：虢叔之後，西虢也。及宣王都鎬，在畿內也。○吳曾祺曰：西虢，在今河南陝縣東南。不可。夫民之大事在農，穀，民之命，故農爲大事也。上帝之粢盛於是乎出，出於農也。器實曰粢，在器曰盛。○宋庠曰：盛，尙征反。粢，後又有作齍者，音同字異，義則一。汪遠孫曰：經典多作齍盛，或作粢盛，粢字誤。民之蕃庶於是乎生，蕃，息也。庶，衆也。事之供給於是乎在，供，具也。給，足也。和協輯睦於是乎興，協，合也。輯，聚也。睦，親也。財用蕃殖於是乎始，殖，長也。敦庬純固於是乎成，敦，厚也。庬，大也。是故稷爲天官。○各本作大官。韋解曰：民之大事在農，故稷之職爲大官也。汪遠孫曰：大官當爲天官，涉注文大事而誤。賈公彥《周禮》疏序：天官，稷也。又引《堯典》鄭注：稷，棄也。初堯天官爲稷。《太平御覽·百穀部》四引鄭氏《婚禮謁文讚》曰：稷爲天官。《書·舜典》疏引《國語》作稷爲天官，《北堂書鈔·禮儀部》十二引惟一處作天官。元誥：汪說是，今據改。非涉注大事而誤，韋所見本已誤也。古者，太史順時覛土，○《舊音》：覛音脈。陽癉憤盈，土氣震發，覛，視也。癉，厚也。憤，積也。盈，滿也。震，動也。發，起也。○《舊音》：癉，丁佐反。《方言》：楚謂怒爲癉。孔晁云：癉，起。憤，盛也。盈，滿。震，動也。言陽氣起而盛滿，則震動發也。宋庠曰，癉，又音得案反。吳曾祺曰：憤與僨通，動也。元誥按：孔說是。農祥晨正，農祥，房星也。晨正，謂立春之日，晨中於午也。農事之候，故曰農祥也。○汪遠孫曰：《周語》下注云：祥，猶象也。房星晨正而農事起，故謂之農祥。義同。《漢書·郊祀志》：高祖詔天下立靈星祠。張晏注云：龍星左角曰天田，則農祥也，晨見而祭之。與此農祥異。日月底於天廟，底，至也。天廟，營室也。孟春之月，日月皆在營室也。○《史記·天官書》：營室爲清廟。《索隱》引《玄命苞》云：營室十星，《淮南·天文訓》篇：正月建寅，日月俱入營室五度。《占經》五引許注云：日月如連璧，五星若貫珠，皆右行。土乃脈發。脈，理也。《農書》曰：孟春土冒橛，陳根可拔，耕者急發。先時九日，先，先立春日也。太史告稷曰：自今至於初吉，初吉，二月朔日也。《詩》云：二月初吉。○王引之曰：今，謂先立春之九日，初吉則謂立春之日，多在正月上旬，故謂之初吉。韋解非是。下文距今九日，土其俱動，正謂九日後土乃脈發耳，何待至二月乎？陽氣俱蒸，土膏其動。蒸，升也。膏，潤也。其動，潤澤欲行也。弗震弗渝，脈其滿眚，穀乃不殖。震，動也。渝，變也。眚，災也。言陽氣俱升，土膏欲動，當即發動變寫其氣。不然，則脈滿氣結，更爲災病，穀乃不殖也。○王引之曰：渝讀爲輸。輸，寫也，謂輸寫其氣，使達於外也。《左氏春秋·隱六年》：鄭人來渝平。《公羊》、《穀梁》竝作輸平，是渝、輸古字通。此言當土脈盛發之時，不即震動之，輸寫之，則其氣鬱而不出，必滿塞而爲災也。韋訓渝爲變，於上下文義稍遠矣。稷以告王曰：以太史之言告王。史帥陽官以命我司事曰：史，太史。陽官，春官。司事，主農事官也。距今九日，土其俱動，距，去也。王其祗祓，監農不易。祗，敬也。祓，齋戒祓除也。不易，不易物土之宜也。○王引之曰：讀易爲變易之易，而增物土之宜以足之，非本義也。易當讀慢易之易，易者輕也。《樂記》：外貌斯須不莊不敬，而易慢之心入之矣。鄭注曰：易，輕易也。不易猶言勿易。《史記·禮書》曰：能慮勿易，謂之能固。張守節《正義》訓易爲輕，是也。監農不易者，民之大事在農，監之不敢輕慢也。王乃使司徒咸戒公卿、百吏、庶民，百吏，百官。庶民，甸師氏所掌之民也，主耕耨王之籍田者。司空除壇於籍，司空，掌地也。命農大夫咸戒農用。農大夫，田畯也。農用，田器也。○《詩》疏引孫炎云：畯是官名，大夫是爵號。周人尤重農事，故特爵爲大夫也。先時五日，先耕時也。瞽告有協風至。瞽，樂大師，知風聲者也。協，和也。風氣和，時候至也。立春曰融風也。○惠棟曰：許叔重云：劦，同力也。引《山海經》：惟號之山，其風若劦。郭本《山海經》作颱，即此。和風爲劦，同力爲和。陳瑑曰：協風即條風也。條之言調也，調即融，融即和，和即協。王即齋宮，所齋之宮也。百官御事各即其齋三百，御，治也。王乃淳濯饗醴。淳，沃也。濯，溉也。饗，飲也。謂王沐浴飲醴酒也。○《舊音》：淳，之純反。及期，期，耕日也。鬱人薦鬯，鬱，鬱金香，宜以和鬯酒也。《周禮》：鬱人掌祼器，凡祭祀、賓客，和鬱鬯以實彝而陳之。共王之齋鬯也。○陳奐曰：鬯爲和鬱之酒，故《江漢》毛傳及《鬯人》先鄭注皆以鬯爲香草。康成泥周人鬯、鬱分官，和香草者爲鬱鬯，不和者爲《秬鬯》，非是。犧人薦醴，犧人司尊，掌共酒醴。○汪遠孫曰：犧音素荷反，《補音》許宜反，非也。王祼鬯，饗醴乃行，祼，灌也。灌鬯，飲醴，皆所以自香潔也。百吏、庶民畢從。及籍，后稷監之，監，察也。膳夫、農正陳籍禮，膳夫，上士也。掌王之飲食膳羞之饋。農正，田大夫也。主敷陳籍禮而祭其神，爲農祈也。太史贊王，贊，導也。王敬從之。王耕一墢，一墢，一耜之墢也。○宋庠本注云：一墢，一耜之墢也。王無耦，以一耜耕。明道本注入班三之句下，有王耕一墢，一耦之發也。耜廣五寸，二耜爲耦，一耦之發，廣尺深尺二十五字。《補音》載賈逵云：耜廣五寸，二耜爲耦，一墢深尺。汪遠孫曰：公序本是。［按公序即宋庠字。］《舊音》及《北堂書鈔》引賈逵云：一發，一耜之發也。耜廣五寸，二耜爲耦，一發深尺。賈意一耜所發之土謂之發，廣五寸深尺，二耜爲耦四字連文引之，非謂一發爲一耦之發也。《說文》耦下云：耒廣五寸爲伐。坺下云：一臿土謂之坺。臿即耜也。坺正字，發、伐假借字，墢俗字，字異而義同。此本後人取賈注羼入韋注，復據《攷工記》改注文，又以文義牴牾，改一耜爲一耦，刪去王無耦以一耜耕七字耳。黃丕烈曰：此一墢者，對下三之而言也，非言耜數。《月令》天子三推，高誘注《呂覽》云：謂一發也。引此王耕一發，是以王耕爲廣尺深尺耳。《補音》載賈注亦然，正韋所本。無耦、一耜之說，於公三發，卿九發，大夫二十七發不可通矣。元誥按：兩本注疑均非。韋解原文就高注《呂覽》云：天子三推，謂一發也。轉可得此文之義。即三推謂一發，斯一發乃謂三推也。發、墢同字。一墢對下三之而言，一墢謂三墢，三墢即所謂卿大夫九推矣。班三之，班，次也。三之，下各三其上也。王一墢，公三，卿九，大夫二十七也。○元誥按：高注《呂覽》曰：禮以三爲文，故天子三推。又引此文注云：班，班次也。謂公、卿、大夫各三其上：公三發，卿九發，大夫二十七發也。據此，可證明道本《國語》注班，次也下有王耕一墢至在深尺二十五字爲後人所加。庶人終於千畝。終，盡耕之也。○《周禮·甸師》鄭注：庶人，謂徒三百人。元誥按：韋解上文庶民爲甸師氏所掌之民，主耕耨王之籍田者。此庶人與上庶民同。人字依宋庠本。其后稷省功，○《舊音》：省，小井反。下同。太史監之。司徒省民，大師監之。○《北堂書鈔·禮儀部》十二引賈逵曰：大師，三公官也。畢，宰夫陳饗，膳宰監之。宰夫，下大夫。膳宰，膳夫也。膳夫贊王，王歆太牢，歆，饗也。班嘗之，公、卿、大夫也。庶人終食。終，畢也。是日也，瞽帥音官以省風土，音官，樂官。風土，以音律省土風，風氣和則土氣養也。○宋庠本如此，明道本無省字。王引之曰：明道本是也，今本省字蓋因注而衍。韋注曰風土，以音律省土風，則正文無省字明矣。《晉語》：風德以廣之，風山川以遠之，風物以聽之。文義與風土相似，無煩加省字也。鈔本《北堂書鈔·禮儀部》十二引賈逵本正作瞽帥音官以風土，無省字。［陳禹謨增省字。］《舊音》於上文省功音小井反，且云下省民、省風同。則唐本已有衍省者矣。吳曾祺曰：風字作動字用。元誥按：王、吳說均不必然，韋注亦有誤，疑當作音官，樂官也。謂以音律省風土云云。此文省風土與上文省官、省民對文，《補音》所據本不誤也。今存省字。帥，段玉裁曰：帥，俗帥字，見《干祿字書》。稷則徧誡百姓，○元誥按：各本此句上有廩於籍東南，鍾而藏之，而時布之於農十六字，今依俞說移下。紀農協功，紀，謂綜理也。協，同也。○《文選》潘安仁《悼亡詩》李注，陸士衡《吳趨行》李注引賈逵曰：紀，猶録也。元誥按：紀，理也。《詩·棫樸》鄭箋云：理之爲紀。是紀、理義通之證。理，治也。此文謂同功而治農事也。曰：陰陽分布，震雷出滯。陰陽分布，日夜同也。滯，蟄蟲也。《明堂月令》曰：日夜分，雷乃發聲。始震雷，蟄蟲咸動，啓戶而出也。土不備墾，辟在司寇。墾，發也。辟，罪也。在司寇，司寇行其罪也。乃命其旅曰：徇。旅，衆也。徇，行也。○《廣雅·釋言》：徇，巡也。《說文》：巡，視行貌。農師一之，一之，先往也。農師，上士也。農正再之，農正，后稷之佐，田畯也，故次農師。后稷三之，后稷，農官之君也，故次農正。司空四之，司空主道路溝洫，故次后稷也。○元誥按：司空，本作司工，故主道路諸事。司徒五之，司徒省民，故次司空也。太保六之，大師七之，太保、大師，天子三公，佐王論道，汎監衆官，不特掌事，故次司徒也。太史八之，太史，掌達官府之治，故次大師也。宗伯九之，宗伯，卿官，掌相王之大禮，若王不與祭則攝位，故次太史也。王則大徇。大徇，帥公、卿、大夫親行農也。耨穫亦如之。如之，如耕時也。廩於籍東南，鍾而藏之，而時布之。廩，御廩也，一名神倉。東南，生長之處。鍾，聚也。謂爲廩以藏王所籍田，以奉齋盛也。布，賦也。○各本已上三句在上文是日也，瞽帥音官以省風土［明道本無省字］下，稷則徧誡百姓上。又而時布之下有於農二字。俞樾曰：上文是日也，瞽帥音官以省風土，是日即耕耤之日也，此承上文而言，則亦與同日，可知是時甫耕，未及收也。何遽及此？且王所籍田，以奉齋盛，何以布之於農乎？竊疑廩於籍東南，鍾而藏之，而時布之十三字爲錯簡，當在耨穫亦如之之下。於農二字爲衍文，涉下句民用莫不震動，恪恭於農而衍也。當云耨穫亦如之。廩於籍東南，鍾而藏之，而時布之。民用莫不震動，恪恭於農。如此，則文義自順矣。簡策錯亂，誤入上文，幸衍於農二字，轉可因以訂正耳。元誥按：俞説極碻，今據以移刪。然猶疑廩於籍東南當作廩籍於東南，籍、於二字互倒。注云謂爲廩以藏王所籍田，語意從略，然可知蓋云謂爲廩以藏王所籍田於東南也，則於籍二字當乙正可知矣。民用莫不震動，恪恭於農，用，謂田器也。○汪中曰：用，猶用是也。注非。修其疆畔，日服其鎛，不解於時，疆，境也。畔，界也。鎛，鋤屬。○元誥按：解，古懈字。財用不乏，民用和同。是時也，王事惟農是務，無有求利於其官，以干農功。求利，謂變易役使，干亂農功。三時務農，而一時講武，三時，春、夏、秋。一時，冬也。講，習也。○汪遠孫曰：疑而字衍。故征則有威，守則有財。若是，乃能媚於神。媚，説也。而和於民矣，則享祀時至而布施優裕也。優，饒也。裕，緩也。今天子欲修先王之緒，而棄其大功，匱神之祀而困民之財，匱神之祀，不耕籍也。困民之財，取於民也。○明道本之祀作乏祀。《補音》出之祀，云讀者以之爲乏，然匱是乏義，無宜重也，是宋庠本作之矣。汪遠孫曰：《內傳》襄十四年：困民之主，匱神乏祀。本或作之祀，句正與此同。元誥按：作之祀是，上句與下句相對爲文也。黄丕烈駁《補音》以乏爲之，并引《魯語》大懼乏周公之命祀，《楚語》乏臣之祀也爲證，不知此二句與本文匱神之祀句法正同，駁之適以從之也。將何以求福用民？王不聽。

《國語·周語中》 定王使單襄公聘於宋，單襄公，王卿士單朝也。聘，問也。問者，王之所以撫萬國，存省之也。○宋庠曰：單，常衍反。遂假道於陳以聘於楚。假道，自宋適楚，經陳也。是時天子微弱，故以諸侯相聘之禮假道也。聘禮，若過邦至於境，使次介假道，束帛將命於廟也。火朝覿矣，火，心星也。覿，見也。朝見，謂夏正十月，晨見於辰也。○項名達曰：日後十八度之星恆朝見東方，日前十八度之星恆夕見西方。依《大衍術》攷歲差，周定王時，冬至，日在牛一度；立冬後八日，日在箕初度。則心星朝見，夏正十月也。道茀不可行，草穢塞路爲茀。候不在疆，候，候人，掌送迎賓客者。疆，境也。司空不視塗，司空，掌道路者。澤不陂，陂，障也。古不竇澤，故障之也。川不梁，流曰川。梁，渠梁也。古不防川，故渠之也。野有庾積，唐尚書云：十六斗曰庾。昭謂：此庾露積穀也。《詩》云，曾孫之庾，如坻如京是也。場功未畢，治場未畢。《詩》曰：九月築場圃。道無列樹，古者列樹以表道，且爲城守之用也。墾田若蓻，○各本蓻作蓺。韋解曰：發田曰墾。蓺猶蒔，言其稀少猶若蓺物也。王引之曰：蓺當爲蓻。[姊入反]《説文》：蓻，艸木生也，[俗本生上衍不字，今依《玉篇》刪。]從艸，執聲。《廣韻》云：蓻，草生多貌。墾田若蓻者，若，乃也，[見《小爾雅》]言已墾之田，宜不蕪穢，而乃蓻然多草，蓋由君奪農時，使不得耕耨也。下文曰今陳田在草閒，是其明證。蓻與樹蓺之蓺相似，學者多聞蓺，少聞蓻，蓻字遂譌而爲蓺。韋氏不察，而訓蓺爲蒔，誤矣，稀少猶若蓺物，雖曲爲之説，而終不可通也。元誥按：王説是，今據以訂正。膳宰不致餼，膳宰，膳夫也，掌賓客之牢。《禮》，生曰餼。司里不授館，司里，里宰也，掌授客館。○汪遠孫曰：《周禮》：里宰，每里下士一人。下文司里授館注：司里授客所當館，次於卿。則司里以大夫爲之，非里宰明矣，韋此注誤。國無寄寓，寓，亦寄也。無寄寓，不爲廬舍以寄羈旅之客也。縣無施舍，四甸爲縣，縣方十六里。施舍，賓客負任之處也。○王引之曰：古聲舍、予相近，施舍，謂賜予。若《遺人》郊里之委積以待賓客，及廬有飲食、路室有委、候館有積是也。韋解誤。又聖人之施舍也議之、布憲施舍於百姓皆同，韋解並失之。宋庠曰：施，當爲弛，傳寫之誤也。弛，廢也。舍，居止也。弛舍，猶言停止也。縣六十里，中當有休息居止之處，以庇賓客負擔之勞。《內傳》云：弛於負擔。施字若從平聲，不獨與本注相違，兼亦意義難了。元誥按：王説似較長。民將築臺於夏氏。民，陳國之人也。臺，觀臺也。夏氏，陳大夫夏徵舒家也。○元誥按：因有此事，所以陳國政務廢弛如上云云也。及陳，陳靈公與孔寧、儀行父南冠如夏氏，留賓不見。及，至也。陳靈公，舜後，恭公之子靈公平國也。孔寧、儀行父，陳之二卿。南冠，楚冠也。如，往也，往徵舒之家淫夏姬也。賓，單襄公也。○《呂氏春秋·圜道》篇高注：留，滯也。單子歸，告王曰：陳侯不有大咎，國必亡。單子，襄公也。卿大夫稱子，於其私土稱公也。王曰：何故？對曰：夫辰，角見而雨畢，○韋讀辰不絶句，《解》曰：辰角，大辰蒼龍之角。角，星名也。見者，朝見東方，建戌之初，寒露節也。雨畢者，殺氣日至，而雨氣盡也。《太平御覽·居處部》二十三引賈逵曰：辰角，大辰蒼龍也。龍角，星名也。王引之曰：大辰，房、心、尾也。壽星，角、亢也。角非大辰，不得謂之辰角。當以夫辰二字絶句，辰者星也。桓二年《左傳》：三辰旂旗。杜注曰：三辰，日、月、星也。是星亦得謂之辰。下文之角、天根、本、駟、火，皆辰也，夫辰統下之詞。項名達曰：下文《夏令》，解以爲夏后氏之令，周人因之。如是，則星見度當準夏初歲差推之，今推周定王時，距夏初千四百餘年，歲差約十八度。夏初秋分後五日，日至氐十度，角星全見。若定王時，角見當在寒露後八日，解云寒露節，似亦相合。不知《傳》文合於夏，不合於周。解中各星見日先後參差，未足爲據。元誥按：王、項説是。天根見而水涸，天根，亢、氐之閒。涸，竭也。謂寒露雨畢之後五日，天根朝見，水潦盡竭也。《月令》：仲秋，水始涸。天根見，乃盡竭也。○王引之曰：《爾雅》云天根，氐也，無以天根爲亢、氐之閒者。項名達曰：夏初寒露前三日，日在房三度，亢末氐初均見，所謂天根也。若定王時，天根見當在霜降節。而後文隕霜，須俟駟見。固知天根見尚在前，宜準夏初推算也。涸，始涸也。《月令》：仲秋，水始涸。涸不遽盡，歷季秋至冬初而後竭盡。《解》以竭盡屬之天根見時，亦未是。元誥按：王説再合下觀之。本見而草木節解，本，氐也。謂寒露之後十日，陽氣盡，草木之枝節皆理解也。○王引之曰：氐之爲本，偏考書傳皆無之，竊疑本當作亢。亢見在天根見之前，隸書亢作亢，又作亢，竝與本字相似而譌爲本，又與天根上下互易耳。依星之前後弟之，當云：亢見而水涸，天根見而草木節解。蓋寒露之後五日亢星朝見，又五日天根見也。項名達曰：夏初寒露後十日，日在尾六度，氐星朝見十三度，氐即本也，解所誌合。若定王時，本見當在立冬前二日，已交初冬，草木乃始節解，未免過遲。元誥按：王說乃星名之爭，謂隸書亢與本相似，亦不盡然。當以項說爲允。駟見而隕霜，駟，天駟，房星也。隕，落也。謂建戌之中，霜始降也。○項名達曰：夏初霜降日在尾十二度，房星朝見四度，即天駟也，解所誌合。若定王時，駟見當在立冬後三日，霜降節已過，豈得纔稱隕霜？火見而清風戒寒。謂霜降之後，清風先至，所以戒人爲寒備也。○《北堂書鈔・歲時部》四引鄭注曰：火，心星。清風，寒風也。項名達曰：夏初霜降後六日，日在箕初度，心星全見。若定王時，火見在立冬後八日。解於前文火朝覿，謂夏正十月，此文火見，疑其後駟見不應遲至半月有餘，故渾之曰霜降之後。不知前文就周定王時所見而言，此文宜遵《夏令》，以歲差故，見日自有遲早也。又解中各星見日，大約隔五日遞見一星。夫星度相距有遠近，日行，一日一度，星見，亦當一日一度。相距既有遠近，豈得勻派五日耶？故先王之教曰：雨畢而除道，水涸而成梁，教，謂《月令》之屬。九月雨畢，十月水涸也。○項名達曰：雨畢、水涸俱非一時事。辰角見，雨始畢，既畢後則已九月，非辰角見於九月。天根見，水始涸，迨涸盡則已十月，非天根見於十月也。元誥按：辰角，辰爲星統稱，角爲星之一，見上王說辨正。項亦誤而爲一。下同。草木節解而備藏，備，收藏也。《月令》：季秋，農事畢收。○項名達曰：本見時，草木節始解，即應備藏。駟見時，霜始隕，即應具裘。此是一時事。隕霜而冬裘具，孟冬，天子始裘，故九月可以具。清風至而修城郭。謂火見之後，建亥之初也。○項名達曰：火見之後九日入亥月。故《夏令》曰：九月除道，十月成梁。《夏令》，夏后氏之令，周所因也。除道，所以便行旅。成梁，所以便民，使不涉也。○汪遠孫曰：《夏書》之存者，有《小正》、《大正》。《小正》皆夏記時之書，《夏令》即夏正。此數語，蓋《大正》之廑存者。項名達曰：此九月、十月之文，與辰角、天根見日不合，故解若後其期以就之。然考夏初兩星皆見於八月，即定王時，辰角雖遲至九月，天根終不能遲至十月，固知兩星之見自在八月，除道、成梁自在九月、十月，而雨之畢，水之涸非一時事也。元誥按：梁即橋也。《孟子》云：十二月輿梁成。周之十二月即夏之十月也。其《時儆》曰：○宋庠曰：儆，戒也。收而場功，待而畚梮，《時儆》，時以儆告其民也。收而場功，使人修囷倉也。待，具也。畚，器名，土籠也。梮，舁土之器。具爾畚梮，將以築作也。○元誥按：兩而字與汝同。《魯語》上將易而次爲寬利，韋注曰：而，女也。營室之中，土功其始。定，謂之營室也。建亥小雪中，定星昏正於午，土功可以始也。《詩》云：定之方中，作於楚宮是也。○項名達曰：夏初，營室昏中在霜降後六日，與火見同時，非小雪中。若定王時，亦當在立冬後八日，未至小雪。元誥按：《詩》疏引孫炎云：定，正也。天下作宮室者，皆以營室中爲正。火之初見，期於司里。期，會也。致其築作之具，會於司里之官也。○項名達曰：星當朝見，昏中時日應在地平下十八度，則昏中星與朝見星必應相距一百二十六度。今營室距大火祇一百十度，何以一昏中一朝見同在一時？蓋所言十八度者，舉大略言。其實春分後秋分前，昏遲晨早，十八度應有加差；春分前秋分後，晨遲昏早，十八度應有減差。火見及營室中已近初冬，各應減八度，合計之，應減十六度，故祇一百十度也。此先王所以不用財賄而廣施德於天下者也。施德，謂因時警戒，謀蓋藏，成築功也。今陳國，火朝覿矣，而道路若塞，野場若棄，澤不陂障，川無舟梁，舟梁，以舟爲梁也。○王引之曰：韋注非也。上文川不梁，單言無梁。此川無舟梁，則兼言無舟。舟、梁是二事，非謂以舟爲梁也。上文曰十月成梁，則川自有梁，不須以舟爲之。且造舟爲梁，天子之禮，他人所不敢用，不得以此責陳也。是廢先王之教也。周制有之曰：列樹以表道，立鄙食以守路。制，法也。表，識也。鄙，四鄙也。十里有廬，廬有飲食也。國有郊牧，國外曰郊。牧，放牧之地也。○李治曰：制字之義，與邑交曰郊。疆有寓望，疆，境也。境界之上，有寄寓之舍，候望之人也。○宋庠本疆作畺。《太平御覽・居處部》二十二引《風俗通義》曰：《春秋》《國語》：畺有寓望。謂今亭也，民所安定也。藪有圃草，澤無水曰藪。圃，大也。必有茂大之草以備財用也。○吳曾祺曰：圃與甫通，圃草即《詩》之甫草，仍訓園圃，不得從甫訓大。囿有林池，囿，苑也。林，積木也。池，積水也。所以禦災也。禦，備也。災，饑、兵也。其餘無非穀土。民無懸耜，言常用也。入土曰耜，耜柄曰耒。○吳曾祺曰：穀土，宜穀之土也。野無奧草。皆墾闢也。奧，深也。○《舊音》：奧音郁。賈本作冥。汪遠孫曰：《說文》：冥，幽也。《詩・何草不黃》篇：率彼幽草。冥草即幽草也。不奪民時，不蔑民功，蔑，弃也。有優無匱，有逸無罷。○宋庠曰：罷音皮。下民罷同。國有班事，國，城邑也。班，次也。執事者有次也。縣有序民。縣鄙之民，從事有序也。今陳國，道路不可知，田在草間，不墾者多。功成而不收，野場若棄也。民罷於逸樂，罷於爲國君作逸樂之事也。是棄先王之法制也。周之《秩官》有之曰：《秩官》，周常官，篇名。敵國賓至，關尹以告，敵國，位敵也。關尹，司關，掌四方之賓客，叩關則爲之告。《聘禮》曰：及境，謁關人，關人問從者幾人。遂以入告也。○元誥按：敵國謂相等之國，對下貴國言。行理以節逆之，理，吏也。逆，迎也。執瑞節爲信而迎之。行理，小行人也。○元誥按：《周禮・司關》疏引此注云：理，吏也。行理，小行人，掌國賓客禮以待四方，使逆賓客。行理，孔晁本作行李，注曰：行李，行人之官也。候人爲導，導賓至於朝，出送之於境也。卿出郊勞，《聘禮》曰：賓至於近郊，使卿朝服，用束帛勞之。門尹除門，門尹，司門也。除門，掃除門庭也。宗祝執禮，○各本禮作祀。韋注曰：宗，宗伯。祝，大祝也。執祀，賓將有事於廟，則宗祝執祭祀之禮也。俞樾曰：賓雖有事於廟，然非祭祀也，何以執祭祀之禮乎？執祀疑當作執禮。《禮記·文王世子》篇：秋學禮，執禮者詔之。《襍記》篇：女雖未許嫁，年二十而笄，禮如婦人執其禮。《論語·述而》篇：子所雅言：《詩》、《書》、執禮，皆雅言也。竝執禮二字之證。宗祝執禮，言賓至則宗祝執其禮也。古文禮字作礼，與祀字相似，因誤爲執祀矣。元誥按：俞說是，今據以訂正。汪遠孫曰：宗，宗人也，非宗伯。辨見《魯語》。司里授館，司里授客所當館，次於卿也。《聘禮》：卿致館。司徒具徒，具徒役，修道路之委積也。司空視塗，視塗險易也。○元誥按：視，猶察也。司寇詰姦，禁詰姦盜。虞人入材，虞人，掌山澤之官。祭祀、賓客，供其材也。甸人積薪，甸人，掌薪蒸之事也。火師監燎，火師司火。燎，庭燎也。○胡匡衷曰：先儒云，火師即司爟。《周禮·司爟》，下士二人。水師監濯，水師，掌水，監滌濯之事也。膳宰致饔，孰食曰饔，○宋庠本饔作餐。《補音》云：音孫。按此字亦有飧音，但注云熟食曰飧，則當音孫矣。汪遠孫曰：音孫者，其字當作飧。《詩·魏風》傳：孰食曰飧。《小雅》傳：孰食曰饔。渾言饔、飧，皆謂孰食。今攷《周禮·掌客》：上公飧五牢，饔餼九牢；侯伯飧四牢，饔餼七牢；子男飧三牢，饔餼五牢。《司儀》注云：小禮曰飧，大禮曰饔餼。《傳》下文獻餼，此致饔，則其字作饔矣。饔誤作餐，作音者又誤讀餐爲飧，陸德明《釋文》餐、飧不分，宋公序亦仍其誤矣。廩人獻餼，生曰餼，禾米也。司馬陳芻，司馬掌師圉人養馬，故陳芻。圉人職屬司馬也。工人展車，展省客車，補傷敗也。百官以物至，物，事也。○宋庠本重官字。賓入如歸，是故小大莫不懷愛。小大，謂賓介也。其貴國之賓至，則以班加一等，益虔。貴國，大國也。班，次也。至於王吏，則皆官正蒞事，正，長也。蒞，臨也。上卿監之。監，視也。若王巡守，則君親監之。《周禮》，王十二歲一巡守也。今雖朝也不才，有分族於周，朝，單子之名也。有分族，王之親族也。承王命以爲過賓於陳，假道爲過賓也。而司事莫至，是蔑先王之官也。蔑，欺也。先王之令有之，文武之教也。曰：天道賞善而罰淫，故凡我造國，無從非彝，造，爲也。彝，常也。○吳曾祺曰：彝，法也。謂非法也。無即慆淫，即，就也。慆，慢也。各守爾典，以承天休。典，常也。休，慶也。今陳侯不念胤續之常，棄其伉儷妃嬪，伉，對也。儷，偶也。○《華嚴經音義》下引賈逵曰：妾御曰嬪。而帥其卿佐以淫於夏氏，不亦嬻姓矣乎？卿佐，孔、儀也。賈、唐二君云：姓，命也。一曰：夏氏，姬姓，鄭女亦姬姓，故謂之嬻姓。昭謂：夏徵舒之父御叔，即陳公子夏之子、靈公之從祖父，嬀姓也，而靈公淫其妻，是爲媟嬻其姓也。陳，我大姬之後也。大姬，周武王之女，虞胡公之妃，陳之祖妣也。棄袞冕而南冠以出，不亦簡彝乎？袞，袞龍之衣也。冕，大冠也。公之盛服也。簡，略也。彝，常也。言棄其禮，簡略常服。○俞樾曰：注以簡彝爲簡略常服，文義未安。《爾雅·釋詁》曰：夷，易也。彝與夷古通用，簡彝即簡易，棄袞冕而南冠以出，是簡易也，故曰不亦簡彝乎？是又犯先王之令也。先王之令，無從非彝。昔先王之教，懋帥其德也，猶恐隕越。言勉帥其德，猶恐落墜也。若廢其教而棄其制，蔑其官而犯其令，將何以守國？無禮則危也。居大國之閒，而無此四者，其能久乎？四者，謂教、制、官、令也。六年，單子如楚。定王六年，魯宣之八年也。八年，陳侯殺於夏氏。八年，魯宣之十年也。陳靈公與孔寧、儀行父飲酒於夏氏，公謂行父曰：徵舒似女。對曰：亦似君。徵舒病之，公出，自其廄射而殺之。

《國語·魯語下》 季康子欲以田賦，田賦，以田出賦也。賈侍中云：田，一井也。周制：十六井賦戎馬一匹、牛三頭。一井之田，而欲出十六井之賦也。昭謂：此數甚多，似非也。下雖云收田一井，凡數從夫井起，故云井耳。○吳曾祺曰：舊制，田之所收及家內資財共爲一賦，今又別賦其田，故曰田賦。使冉有訪諸仲尼。冉有，孔子弟子冉求也，爲季氏宰。康子欲加賦，使訪之。仲尼不對，以其非制也。私於冉有曰：求來！女不聞乎？先王制土，籍田以力，而砥其遠邇；制土，制其肥墝以爲差也。籍田，謂稅也。以力，謂三十者受田百畝，二十者受田五十畝，六十還田也。砥，平也。平遠邇，遠邇有差也。《周禮》：近郊十一，遠郊二十而三，甸、稍、縣、都，皆無過十二也。賦里以入，而量其有無；里，廛也，謂商賈所居之區域也。以入，計其利入多少而量其財業有無以爲差也。《周禮》：國宅無征，園廛二十而一，漆林二十而五。○《華嚴經音義》上引賈逵曰：量，分劑也。任力以夫，而議其老幼。力，謂徭役。以夫，以夫家爲數也。議其老幼，老幼則有復除也。於是乎有鰥、寡、孤、疾，又議其鰥、寡、孤、疾而不役也。疾，廢疾也。有軍旅之出則徵之，無則已。徵，徵鰥、寡、孤、疾之賦也。已，止也。無軍旅之出，則止不賦也。其歲收，田一井出稯禾、秉芻、缶米，不是過也。其歲，有軍旅之歲也。缶，庾也。《聘禮》曰：六斗曰庾，十庾曰秉。秉，二百四十斤也。四秉曰筥，十筥曰稯。稯，二百四十斛也。○元誥按：原注多誤，今依《發正》改正。先王以爲足。足，供用也。若子季孫欲其法也，則有周公之籍矣。籍田之法，周公所制也。若欲犯法，則苟而賦，又何訪焉！苟，苟且也。時康子不聽，魯哀十二年春，卒用田賦。

《國語·齊語》 桓公曰：成民之事若何？管子對曰：四民者勿使雜處，四民，謂士、農、工、商。雜處則其言哤，其事易。哤，亂貌。易，易變也。公曰：處士、農、工、商若何？管子對曰：昔聖王之處士也，使就閒燕；士，講學道藝者。閒燕，猶清淨也。○元誥按：《管子·小匡》篇尹注曰：處士閒燕則謀議審。又曰：閒燕，謂學校也。處工，就官府；處商，就市井；○《管子·小匡》篇尹注曰：立市必四方，若造井之制，故曰市井。處農，就田野。令夫士，羣萃而州處。

萃，集也。州，聚也。【略】閒燕則父與父言義，子與子言孝，其事君者言敬，其幼者言悌，少而習焉，其心安焉，不見異物而遷焉。物，事也。遷，移也。○《管子・小匡》篇尹注曰：異物，謂異事，非其所當習者。是故其父兄之敎不肅而成，肅，疾也。○吳曾祺曰：肅，勵也。其子弟之學不勞而能。夫是故士之子恆爲士。令夫工，羣萃而州處，審其四時，言四時各有其宜，謂死、生、凝、釋之時也。○《考工記》：草木有時以生，有時以死；水有時以凝，有時以澤。［李軌《音釋》。］鄭注云：言百工之事，當審其時也。辨其功苦，辨，別也。功，牢也，苦，脃也。○《管子・小匡》篇尹注曰：功，謂堅美。苦，謂濫惡。權節其用，權，平也，視其平沈之均也。節，節其大小輕重。○《考工記・輪人》鄭注曰：平沈，謂浮之水上無輕重。論比協材，論，擇也。比，比其善惡也。協，和民，和其剛柔也。○元誥按：《說文》：掄，擇也。論與掄同。旦暮從事，施於四方，施其所用於四方也。以飭其子弟，飭，敎也。相語以事，相示以巧，相陳以功。陳，亦示也。功，成功也。功善則有賞。少而習焉，其心安焉，不見異物而遷焉。是故其父兄之敎不肅而成，其子弟之學不勞而能，夫是故工之子恆爲工。令夫商，羣聚而州處，察其四時，四時所用者，預資之也。而監其鄉之資，監，視也。資，財也。視其貴賤、有無。以知其市之賈，負、任、擔、荷，背曰負。肩曰擔。任，抱也。荷，揭也。服牛軺馬，服，牛車也。軺，馬車也。《詩》云：睆彼牽牛，不以服箱。以周四方，周，徧也。以其所有，易其所無，市賤鬻貴，市，取也。鬻，賣也。旦暮從事於此，以飭其子弟，相語以利，相示以賴，賴，贏也。相陳以知賈。○《管子・小匡》篇尹注曰：知賈，知物價，相與陳說。《舊音》曰：賈音稼。少而習焉，其心安焉，不見異物而遷焉。是故其父兄之敎不肅而成，其子弟之學不勞而能。夫是故商之子恆爲商。令夫農，羣聚而州處，察其四時，四時樹藝，各有宜也。權節其用，耒、耜、枷、芟，權，平也，平節其器用小大倨句之宜也。枷，拂也，所以擊禾也。芟，大鎌，所以芟草也。○《方言》郭注云：枷，今連枷，所以打穀者。《說文》：柫，擊禾連枷也。元誥按：明道本枷作耞，非。及寒，擊菒除田，寒，謂季冬大寒之時也。菒，枯草也。○元誥按：菒即槀，《管子・小匡》篇正作槀。今本《國語》誤作菓。以待時耕，時耕，謂立春之後。及耕，深耕而疾耰之，以待時雨，疾，速也。耰，摩平也。時雨至，當種也。○元誥按：各本耰作櫌，櫌即耰而不輟之櫌，與覆種之耰異，今正。時雨既至，挾其槍、刈、耨、鎛，在腋曰挾。槍，椿也。刈，鎌也。耨，鎡錤也。鎛，鉏也。以旦暮從事於田野，脫衣就功，首戴茅蒲，身衣襏襫，脫，解也。茅蒲，簦笠也。襏襫，蓑薜衣也。茅，或作萌。萌，竹萌之皮，所以爲笠也。○元誥按：茅蒲，《管子・小匡》篇作苧蒲，《六韜・農器》篇謂之簦笠。襏襫，《農器》篇作蓑薜，《說文》作萆，云：雨衣，一曰蓑衣。霑體塗足，霑，濡也。暴其髮膚，盡其四支之敏，敏，猶材也。○《舊音》曰：暴，步木反。元誥按：支與肢同。以從事於田野。○元誥按：此句疑衍。少而習焉，其心安焉，不見異物而遷焉，是故其父兄之敎不肅而成，其子弟之學不勞而能。夫是故農之子恆爲農，野處而不暱。暱，近也。○王念孫曰：暱，當爲匿。匿，古慝字。不慝，不爲姦慝也。上文曰旦暮從事於田野，少而習焉，其心安焉，不見異物而遷焉，即所謂野處而不慝也。《管子・小匡》篇作樸野而不慝，是其明證矣。其秀民之能爲士者，必足賴也。秀民，民之秀出者也。賴，恃也。有司見而不以告，其罪五。有司，掌民之官也。五罪，在五刑也。有司已於事而竣。已，畢也。竣，退伏也。

《國語・齊語》 桓公曰：伍鄙若何？管子上言參其國而伍其鄙，內政既備，故復問伍鄙之事。管子對曰：相地而衰征，則民不移；相，視也。衰，差也。視土地之美惡及所生出，以差征賦之輕重也。移，徙也。政不旅舊，則民不偸；舊，君之故舊也。偸，苟且也。不以故人爲師旅，則民之相與不苟且也。孔子曰：故舊不遺，則民不偸。○俞樾曰：韋訓此句，其義迂曲，殆非也。旅之言拒也。《御覽》二十七引《風俗通》曰：旅，拒也，言陽氣欲出，陰不許也。字亦通作呂。《白虎通・五行》篇：呂者，拒也，言陽氣欲出，陰不許也。又曰：呂之言拒者，旅抑拒難之也。蓋旅與拒本疊韻字，故聲近而義通。又或連言之曰旅距。《後漢書・馬援傳》：黠羌欲旅距。注曰：旅距，不從之貌。距即拒也。政不旅舊者，言爲政不拒絕故舊之人也。韋以師旅解之，失其義矣。山澤各致其時，則民不苟；時，謂虞衡之官禁令各順其時，則民之心不苟得也。陵、阜、陸、墐，井田疇均，則民不憾；高平曰陸，大陸曰阜，大阜曰陵。墐，溝上之道也。九夫爲井，井閒有溝。穀地曰田，麻地曰疇。均，平也。憾，恨也。○王念孫曰：憾當爲惑。《月令》：皆修封疆，審端徑遂。田事既飭，先定準直，農乃不惑。即此所謂井田疇均，則民不惑也。古憾字或作感，與惑相似，惑誤爲感，後人又加心旁耳。《管子・小匡》篇正作則民不惑。元誥按：作憾義亦通。無奪民時，則百姓富；犧牲不略，則牛羊遂。

《國語・晉語三》 公在秦三月，《內傳》：惠公以九月獲，十一月歸。聞秦將成，乃使郤乞告呂甥。郤乞，晉大夫。呂甥，瑕呂飴甥也。○僖十五年《左傳》杜注曰：姓瑕呂名飴甥。呂甥敎之言，令國人於朝曰：君使乞告二三子曰：秦將歸寡人，寡人不足以辱社稷，二三子其改置以代圉也。欲令更命立他公子以代子圉，言父子避位以感動羣下。且賞以悅衆，衆皆哭，○僖十五年《左傳》杜注曰：恐國人不從，故先賞之於朝。焉作轅田。賈侍中云：轅，易也。爲易田之法，賞衆以田，易疆界也。或云轅，車也。以田出車賦。昭謂：此欲賞以悅衆，而言以田出車賦，非也。唐曰：

讓肥取墝也。○汪遠孫曰：《內傳》僖十五年：晉於是乎作爰田。焉，猶於也。於，即於是也。案：賈前説以轅爲易，與服注《內傳》同。惠氏《補注》云：爰田者，猶哀公之用田賦也。《外傳》作轅，左氏多古字，故以爰爲轅。易田之法，本是周制，何云作也！《漢書・地理志》：孝公用商君，制轅田。豈亦賞衆以田耶？《外傳》所云賞衆是一時之事，爰田是當日田制，改易之始，故特書之。此用賈氏後説。元誥按：僖《內傳》晉於是乎作爰田，杜注曰：分公田之税應入公者，爰之於所賞之衆。是與賈、唐、韋諸説又不同。疑杜注是。

《國語・晉語四》 元年春，公及夫人嬴氏至自王城。文公元年，魯僖二十四年。賈侍中云：是月閏，以三月爲四月，故曰春，而不言其月。明四月爲春分之月也。嬴氏，秦穆公女文嬴也。或云：夫人，辰嬴。《傳》曰：辰嬴賤，班在九人，非夫人也。賈得之也。○項名達曰：賈説欠明。公宮火既在二月晦，至自王城自應在三月。軍於廬柳既以閏正月爲二月，或其後仍未置閏，而以三月爲四月，容亦有然，但四月之説，內、外傳竝無明文，未知賈何所據？且閏法無連年竝閏之理，賈氏既以二十三年魯閏正月，晉閏十月矣，業經置閏，次年便不應再閏，何復疑其應閏不閏，而以三月爲四月耶？ 秦伯納衛三千人，實紀綱之僕。所以設國紀綱，爲之備衛。僕，使也。○吳曾祺曰：謂僕之有力，能經紀庶事者。公屬百官，賦職任功。屬，會也。賦，授也。授職事，任有功。棄責薄斂，施舍分寡。棄責，除宿責也。施，施德。舍，舍禁。分寡，分少財也。○汪遠孫曰：《周禮・小司徒》：凡征役之施舍。注云：施，當爲弛。《鄉師》：辨其可任者，與其施舍者。注：施舍，謂應復免，不給繇役。《疏》謂即上云廢疾老幼者是也。如韋解，不但分爲二事，與上下文義不協，且棄責以下，皆施德之事，輕關、通商，皆舍禁之事，此句不已贅乎？王氏引之以施舍爲賜予，似不可從。元誥按：責，古債字。救乏振滯，匡困資無。救乏，救乏絶。振，拯也，拯淹滯之士。匡，正也，正窮困之人也。資無，予無財者。○王念孫曰：匡與救同。僖二十六年《左傳》曰：彌縫其闕，而匡救其災。成十八年《傳》曰：匡乏困，救災患。杜注：匡，亦救也。輕關易道，通商寬農。輕關，輕其税。易道，除盜賊。通商，利商旅。寬農，寬其政，不奪其時。○元誥按：易，治也，即《孟子》易其田疇之易。易道，謂除治道路也。懋穡勸分，省用足財。懋，勉也，勉稼穡也。勸分，勸有分無。省，減國用。足財，備凶年。利器明德，以厚民性。利器，利器用。明德，明德教。厚民性，厚其情性。○汪遠孫曰：性，讀爲生。舉善援能，官方定物，方，常也。物，事也。立其常官，以定百事。正名育類。正名，正上下服位之名。育，長也。類，善也。昭舊族，昭，明也。舊族，舊臣有功者之族。愛親戚，明賢良，明，顯也。尊貴寵，國之貴臣尊禮之。賞功勞，事耇老，禮賓旅，旅，客也。友故舊。故舊，爲公子時。胥、籍、狐、箕、欒、郤、柏、先、羊舌、董、韓，實掌近官。十一族，晉之舊姓，近官朝廷者。○全祖望曰：柏與伯通，蓋伯宗之先也。元誥按：羊舌，複姓。諸姬之良，掌其中官。諸姬，同姓。中官，內官。異姓之能，掌其遠官。遠官，縣鄙。公食貢，大夫食邑，士食田，受公田也。庶人食力，各由其力。工商食官，工，百工。商，官賈也。《周禮》，府藏皆有賈人，以知物價。食官，官廩之。皁隸食職，士臣皁，皁臣輿，輿臣隸。食職，各以其職大小食禄。官宰食加。官宰，家宰也。加，大夫之加田。《論語》曰，原憲爲家邑宰。○《周禮・司勳》：惟加田，無國正。鄭注云：加田，既賞之，又加賜以田，所以厚恩也。吳曾祺曰：加田在賞田之上，大夫不能人人有之。食加之加，當作家，謂家田也，於義爲近。元誥按：《禮記・曲禮》：問大夫之富，曰：有宰，食力。惠棟謂，力爲加之壞字。是古本作加，不作家矣。而宋庠本作家。政平民阜，財用不匱。阜，安也。

同上 公請隧，弗許。三君云：隧，王之葬禮。昭謂：隧，六隧之地，事見《周語》。曰：王章也，章，表也，所以表明天子與諸侯異物。不可以二王，國無二王。無若政何。無以爲政於下。賜公南陽陽樊、溫、原、州、陘、絺、鉏、欑茅之田。八邑，周之南陽地。○元誥按：南陽城在今河南修武縣北。陽樊、溫均已見前。原在濟源縣西北十五里。州在沁陽縣東五十里。陘在沁陽縣西北三十里，一名丹陘。絺在沁陽縣西南三十二里。鉏在滑縣東十五里。欑茅，今修武縣西北二十里，有大陸村，或云即欑茅也。陽人不服，不肯屬晉。○元誥按：陽邑因樊仲山之所居，故曰陽樊。公圍之，將殘其民。○《周禮・大司馬》：放殺其君則殘之。鄭注云：殘，殺也。《王霸記》曰：殘滅其爲惡。《説苑・權謀》篇：荆伐蔡而殘之。又云：湯乃興師伐而殘之，遷桀南巢氏焉。《方言》：惏，殺也。晉、魏河內之北謂惏曰殘。倉葛呼曰：倉葛，陽樊人。君補王闕，以順禮也。補王失位之闕，以順爲臣之禮。陽人未狎君德，狎，習也。而未敢承命。君將殘之，無乃非禮乎！陽有夏、商之嗣典，○明道本陽下有人字。有周室之師旅，典，法也。旅，衆也。言有夏、商之後嗣及其遺法，與周室之師衆。○王引之曰：周室之師旅，即官守也。蓋樊仲之官守，所守者嗣典也，其官則師旅也。三句一貫，故下文但曰其非官守也。韋注誤以爲人衆之名。又見《楚語》上。俞樾曰：嗣典與師旅對文，若以嗣爲後嗣，典爲遺法，則分爲二義，與師旅不對矣。且因文公將殘其民，故倉葛爲此言，則言有夏、商之後嗣可也，何必言有夏、商之遺法乎？韋説非也。嗣，當讀爲司，古字通用。《書・高宗肜日》篇：王司敬民。《史記・殷本紀》作王嗣敬民，是其證也。《詩・鄭風・羔裘》篇：邦之司直。《禮記・文王世子》篇：樂正司業。毛傳、鄭注竝曰：司，主也。《周禮・天官》典婦功，鄭注曰：典，主也。是司與典同義。故《禮記・曲禮》篇曰典司六典，典司五衆，典司六職，莊十四年《左傳》曰：典司宗祏。竝以典司連文。司典即典司，語有到順耳。有夏、商之司典，猶云有夏、商之典司。古者官有世職，雖易代而不廢，故夏、商之典司至周猶存也。《周官・宰夫》：掌百官府之徵令，辨其八職。二曰師，掌官成以治凡。三曰司，掌官法以治目。四曰旅，掌官常以治數。此文有夏、商之司典，即所謂司也。有周室之師旅，即所謂師也，旅也。韋氏所說胥失之矣。元誥按：嗣典即司典，俞說是。師旅即官守，王說是。樊仲之官守焉，樊仲，宣王臣仲山甫，食采於樊。其非官守，則皆王之父兄甥舅也。君定王室而殘其姻族，民將焉放？放，依也。敢私布之於吏，布，陳也。吏，軍吏。唯君圖之。公曰：君子也。

《國語·晉語六》 鄢之役，晉伐鄭，荆救之。欒武子將上軍，范文子將下軍。上下，中軍之上下也。《傳》曰：欒書將中軍，士燮佐之。又曰：欒、范以其族夾公行。欒武子欲戰，范文子不欲，曰：吾聞之，唯厚德者能受多福，無德而服者衆，必自傷也。不義而彊，其弊必速。稱晉之德，諸侯皆叛，國可以少安。稱，副也，副晉之德而爲之宜。諸侯皆叛，不復征伐，還自整修，則國可以少安。唯有諸侯，故擾擾焉，凡諸侯，難之本也。○《攷正》云：凡諸侯三字疑衍。且唯聖人能無外患，又無内憂，詎非聖人，不有外患，必有内憂，盍姑釋荆與鄭以爲外患乎！諸臣之内相與，必將輯睦。不復征伐，無所爭也。今我戰又勝荆與鄭，吾君將伐智而多力，力，功也。將自伐其智，自多其功。怠教而重斂，大其私暱而益婦人田，暱，近也。私近，謂嬖臣。大，謂增其祿。婦人，愛妾也。不奪諸大夫田，則焉取以益此？諸臣之委室而徒退者，將與幾人？徒，空也。與，詞也。幾人，言不多。○汪遠孫曰：言委室徒退而不作亂者能有幾人？《内傳》僖二十三年：夫有大功而無貴仕，其人能靖者與有幾？語意亦與此同。元誥按：將與幾人，猶言將有幾人歟。與即歟字。戰若不勝，則晉國之福也，戰若勝，亂地之秩者也，亂地，亂故地也。秩，常也。其産將害大，盍姑無戰乎！産，生也。言其生變，將害大臣。○吳曾祺曰：謂禍之所生，將害於大事，不指大臣。

《國語·晉語八》 秦后子來仕，避景公，仕於晉。其車千乘。從車千乘。楚公子干來仕，其車五乘。子干，恭王之庶子公子比。魯昭元年，楚公子圍弒郟敖，子干奔晉。叔向爲大傅，實賦祿，韓宣子問二公子之祿焉，宣子，韓起，代趙文子爲政。對曰：大國之卿，一旅之田，公之孤四命，五百人爲旅，爲田五百頃。上大夫，一卒之田。上大夫一命，百人爲卒，爲田百頃。夫二公子者，上大夫也，皆一卒可也。宣子曰：秦公子富，若之何其鈞之？鈞，同也。對曰：夫爵以建事，事，職事也。祿以食爵，隨爵尊卑。德以賦之，功庸以稱之，稱，副也。若之何以富賦祿也。夫絳之富商，韋藩木揵以過於朝，韋藩，蔽前後。木揵，木擔也。○各本揵作楗，注同。王引之曰：書、傳無訓楗爲擔者，楗當作揵。《淮南·人閒》篇：負輂粟而至。《衆經音義》卷十一引作揵載粟米而至。又引許叔重曰：揵，擔之也。《廣韻》曰：揵，擔運物也，力展切。木揵者，蓋繫物於橫木之兩端，而中荷之，若今之扁擔是也。揵與楗字形相似而譌。宋庠《補音》作其偃反，失之。元誥按：王說是，今據以訂正。韋藩，謂以熟皮蔽前後，如黑車也。唯其功庸少也，言無功庸，雖富不得服其尊服以過於朝，無位爵故也。而能金玉其車，文錯其服，文，文織。錯，錯鏤。言富商之財，足以金玉其車，文錯其服，以其無爵位，故不得爲耳。則上爲韋藩木揵是也。［元誥按：揵，原作楗。］○王引之曰：服不可以鏤，韋訓錯爲鏤，非也。文錯，猶文繡也。《漢書·地理志》注引《世本》曰：錯叔繡，文王子。叔繡字錯，蓋取繡文交錯之義。《秦策》曰：秦、韓之地形相錯如繡。《淮南·齊俗》篇曰：富人帷幕茵席，綺繡條組，青黄相錯。皆其證也。《爾雅·釋器》名云：錯革鳥曰旟。謂交錯其文畫，爲疾急之鳥。畫文謂之錯，繡文亦謂之錯，其義同也。能行諸侯之賄，言其財賄足以交於諸侯。而無尋尺之祿，無大績於民故也。績，功也。八尺曰尋。○元誥按：古者賦祿以田，田以丈尺計，故此云無祿曰無尋尺之祿。且秦、楚匹也，若之何其回於富也。回，曲也。乃均其祿。

《國語·鄭語》 公曰：周其弊乎？弊，敗也。對曰：殆於必弊者也。殆，近也。《泰誓》曰：民之所欲，天必從之。《泰誓》，《周書》。言民惡幽王猶惡紂，欲令之亡，天必從之。今王棄高明昭顯，而好讒慝暗昧，王，幽王。高明昭顯，謂明德之臣。暗昧，幽冥不見光明之德也。惡角犀豐盈，而近頑童窮固，角犀，謂顏角有伏犀。豐盈，謂頰輔豐滿。皆賢明之相。頑童，童昏。固，陋。謂皆闇昧窮陋，不識德義者。○《後漢書·李固傳》：固狀貌有奇表，鼎角匿犀。章懷注曰：匿犀，伏犀也，謂骨當頟上入髮際隱起也。僖二十四年《左傳》：心不則德義之經爲頑。《賈子·道術》篇：反慧爲童。《周書·常訓》解孔注：窮，謂不肖之人。《論語·學而》篇孔傳：固，蔽也。元誥按：童蒙之童，當作僮。去和而取同。和，謂可否以相濟。同，同欲也。君子和而不同。夫和實生物，同則不繼。陰陽和而萬物生。同，同氣。以他平他謂之和，謂陰陽相生，異味相和。故能豐長而物歸之，土氣和而物生之，國家和而民附之。若以同裨同，盡乃棄矣。裨，益也。同者，謂若以水益水，水盡乃棄之，無所成也。故先王以土與金木水火雜，以成百物。雜，合也。成百物，謂若鑄冶煎烹之屬。是以和五味以調口，剛四支以衛體，剛，彊也。和六律以聰耳，聽和則聰。正七體以役心，役，營也。七體，七竅也。謂目爲心視，耳爲心聽，口爲心談，鼻爲心芳。平八索以成人，平，正也。八索，謂八體，以應八卦也。謂乾爲首，坤爲腹，震爲足，巽爲股，離爲目，兌爲口，坎爲耳，艮爲手。○孔安國《尚書·序》云：八卦之說，謂之八索，求其義也。建九紀以立純德，建，立也。純，純一不駁也。九紀，九藏也：正藏五，又有胃、旁胱、腸、膽也。紀，所以經紀性命，立純德也。《周禮》曰：九藏之動。賈、唐云：九紀，九功也。合十數以訓百體。此所謂近取諸身，遠取諸物。賈、唐云：十數，自王以下，位有十等：王臣公，公臣大夫，大夫臣士，士臣皁，皁臣輿，輿臣隸，隸臣僚，僚臣僕，僕臣臺。百體，百官各有體屬也。合此十數之位，以訓導百官之體。出千品，具萬方，百官，官有徹品，十於王位，謂之千品。五物之官，陪屬萬位，謂之萬方。方，道也。計億事，材兆物，收經入，行姟極。計，算也。材，裁也。賈、唐說皆以萬萬爲億。鄭後司農云：十萬曰億，十億曰兆，[「十億」，十字從宋庠本及《古今黈》訂。]從古數也。經，常也。姟，備也。數極於姟也。萬萬兆曰姟。[宋庠本無兆字。]自十等至千品萬方，轉相生，故有億事、兆物。王收其常入，舉九姟之數。○李治曰：韋意實用賈、唐說耳。史伯論數，云十、百、千、萬、億、兆、經、姟，姟亦作畡、垓、陔，皆同。經亦數也，今算術大數曰億、兆、經、垓。邵堯夫《皇極數》於億兆之後即繼之爲京，求之音義，經正爲京耳。而韋注云：經，常也。經固訓常，而非史伯之意也。詳《國語》本旨，自十百而上，皆進一位以命數，韋不及此而遺經，誤解已爲背戾，乃復云萬萬兆曰姟，則是於古今之數，兩俱不得其說也。宜云萬萬兆曰經，萬萬經曰姟，則得其正矣。段玉裁曰：十萬曰億者，古數；萬萬曰億者，漢時今數。故鄭《詩箋·王制》注皆用古數，而《內則》注、《呂刑》、《孝經》注皆云萬億曰兆，此亦是古數。古數億以下以十相乘，億以上則以萬相乘，故韋云萬萬兆曰姟。謂萬億曰兆，萬兆曰京，萬京曰姟，亦古數也，若漢時今數，則如甄鸞所謂中數，萬萬億曰兆；上數，億億曰兆，大於古數遠矣。別本刪改非是。李治所駁亦非。汪遠孫曰：《算經》：黃帝爲法，數有十等，謂億、兆、京、姟、秭、壤、溝、澗、正、載。及其用也有三，謂上、中、下。下數，十萬曰億；中數，百萬曰億；上數，萬萬曰億。漢人以下數爲古數：十萬曰億，十億曰兆，十兆曰京，十京曰姟，十京則萬萬也，此以十起數也。十萬曰億，萬億曰兆，萬萬兆曰垓，此以萬起數也。段說蓋從明道本，不從宋公序本也。俞樾曰：《太平御覽》七百五十引《風俗通》曰：十十謂之百，十百謂之千，十千謂之萬，十萬謂之億，十億謂之兆，十兆謂之經，十經謂之垓。正與《國語》文合。元誥按：疑宋庠本是，李說爲長。故王者居九畡之田，收經入以食兆民，九畡，九州之極數。《楚語》曰：天子之田九畡，以食兆民，王取經入焉，以食萬官。○俞樾曰：此文有闕誤，當云故王者居九畡之田以食兆民，收經入以食萬官，故韋氏引《楚語》以解之。若如今本，則與《楚語》不合，韋不當無說矣。且民之數曰兆，而田之數曰畡，正一夫百畝之制；田之數曰畡，而王所取之數曰經，正什而取一之制。可知此文之誤矣。周訓而能用之，和樂如一。忠信爲周。訓，教也。言以忠信教導之，其民和樂如一室。夫如是，和之至也。至，極也。

《國語·楚語上》靈王虐，白公子張驟諫，子張，楚大夫白公也。○元誥按：子張，楚邑之大夫也。《內傳》杜注：汝陰褒信縣西南有白亭。今地在河南息縣東，後又有白公勝。王患之，謂史老曰：吾欲已子張之諫，若何？史老，子亹。已，止也。對曰：用之實難，已之易矣。若諫，君則曰：余左執鬼中，右執殤宮，中，身也。禮曰，其中退然。夭死曰殤。殤宮，殤之居也。執，謂把持其録籍，制服其身，知其居處，若今世云能使殤矣。○王念孫曰：韋以殤宮爲殤之居，非也。殤之居則不可言執，故又爲之說曰謂把持其録籍，制服其身，知其居處，殆失之迂矣。宮，讀爲躬。中、躬，皆身也。執殤躬，猶言執鬼中。作宮者，假借字耳。沈鎔曰：此言能役使鬼神，物之情狀無不知，蓋自以爲聖而拒言者。凡百箴諫，吾盡聞之矣，寧聞他言？不欲聞諫也。白公又諫，王如史老之言。對曰：昔殷武丁能聳其德，至於神明，武丁，高宗也。聳，敬也。至，通也。通於神明，謂夢見傳說。○元誥按：武丁，高宗也。以入於河，遷於河內。自河徂亳，從河內往都亳也。○吳曾祺曰：《汲郡古文》云：小乙六年，命世子武丁居於河，學於甘盤。自河徂亳，蓋謂小乙崩，武丁歸而即大位也。元誥按：亳，在今河南偃師縣西十四里。於是乎三年默以思道。默，諒闇也。思道，思君人之道也。卿士患之，患其不言。曰：王言以出令也，若不言，是無所稟令也。稟，受也。令，命也。武丁於是作書，以書解卿士也。賈、唐云：《書·說命》也。昭曰：非也，其時未得傳說。○吳曾祺曰：《尚書》此數語正在《說命》篇，韋駁唐說非是。曰：以余正四方，○《爾雅·釋詁》：正，長也。《廣雅·釋詁》：正，君也。余恐德之不類，茲故不言。類，善也。茲，此也。如是而又使以夢象旁求四方之賢，思賢而夢見之，識其容狀，故作其象，而使求之。○各本夢象二字互倒。王念孫曰：當爲夢象謂以所夢見之人作象，而使求之也。韋注甚明。《潛夫論·五德志》篇載其事云：乃使以夢像求之四方側陋，得傳說，升以爲大公。即用《國語》之文。元誥按：王說是，今據以乙正。得傳說以來，升以爲公，公，上公也。《書序》曰：高宗夢得說，使百工營求諸野，得之傳巖，作《說命》。而使朝夕規諫，曰：若金，用女作礪；使磨礪己也。若津水，用女作舟；喻遭津水。若天旱，用女作霖雨。天旱，自比苗稼也。雨三日已上爲霖。啓乃心，沃朕心。啓，開也。以賢者之心比霖雨也。若藥不瞑眩，厥疾不瘳。以藥喻忠言也。瞑眩頓瞀，攻己之急也。瘳，愈也。○《孟子·滕文公》篇趙岐注曰：藥攻人疾，先使瞑眩憒亂，乃得瘳愈。宋庠曰：瞑眩，困極也。若跣不視地，厥足用傷。以失道比徒跣而不視地，必傷也。○《說文》：跣，足親地也。段注：古者坐必脫屨，燕坐必褫襪。皆謂之跣。若武丁之神明也，通於神明。其聖之睿廣也，其智之不疚也，猶自謂未乂，乂，治也。○各本疚作疾，董增齡曰：當作疚。疚，病也，謂無庸闇之病。元誥按：董說是，今訂正。故三年默以思道。既得道，猶不敢專制，使以象旁求聖人。既得以爲輔，又恐其荒失遺忘，故使朝夕規誨箴諫，曰必交修余，無余棄也。○元誥按：修，勉也。今君或者未及武丁，而惡規諫者，不亦難乎！難以保國。齊桓、晉文，皆非嗣也，非嫡嗣也。還軫諸侯，不敢淫逸，還軫，謂出奔也。○元誥按：還軫，猶言往反也。心類德音，以德有國。類，善也。○王引之曰：類之言率也。率，循也，言其心常循乎德音也。下文觀射父曰：使心率舊典者爲之宗。語意與此同。率與類古同聲同義，而字亦通用。《漢書·尹翁歸傳》：類常如翁歸言。顔師古注：類，猶率也。《外戚傳》：事率衆多。顔注：率，猶類也。《考工記·梓人》注：是取象率焉。率音類，本又作類，又音律。《祭義》：古之獻繭者，其率用此與。率音類，又音律，又所律反。凡《釋文》內率字之音多如此。吳曾祺曰：類，比也。不訓善。《禮·學記》：知類通達。《注》：知事義之比也。心類德音，謂心與德音相比。元誥按：王說爲長。有國，爲國也。有猶爲也，見《經傳釋詞》。近臣諫，遠臣謗，輿人誦，以自誥也。輿，衆也。誦，誦善敗也。誥，告也。○元誥按：《爾雅·釋言》：誥，謹也。郭注：所以約勤謹戒衆。此文誥訓謹爲是。自誥者，自戒勅也。是以其入也，四封不備一同，備，滿也。地方百里曰同。方欲美之，故尤小焉。○《周禮·小司徒》鄭注引《司馬法》曰：井十爲通，通十爲成，十成爲終，十終爲同，同方百里。吳曾祺曰：謂初入國之時，國中聽其敎令者甚狹小。而至於有畿田，方千里曰畿。○《漢書·刑法志》：同十爲封，封十爲畿。元誥按：明道本於下衍是字。以屬諸侯，屬，會也。至於今爲令君。桓、文皆然，君不度憂於二令君，而欲自逸也，無乃不可乎？《周詩》有之曰：弗躬弗親，庶民弗信。言爲政不躬親之，則衆民不信。臣懼民之不信君也，故不敢不言。不然，何急其以言取罪也？○元誥按：也與耶通。王病之，曰：子復語。病不能然，故復使語。不穀雖不能用，吾慭寘之於耳。慭，猶願也。寘，置也。對曰：賴君用之也，故言。賴，恃也。不然，巴浦之犀、犛、兕、象，其可盡乎，其又以規爲瑱也？犛，犛牛也。規，諫也。

《國語·楚語下》 子期祀平王，子期，楚平王之子結。平王，恭王之子，昭王之父。祭以牛俎於王，致牛俎於昭王。王問於觀射父曰：祀牲何及？王惑俎肉，而問牲用所及。對曰：祀加於舉。加，增也。舉，人君朔望之盛饌。天子舉以大牢，祀以會。大牢，牛羊豕也。會，會三大牢。舉，四方之貢也。諸侯舉以特牛，祀以大牢。特，一也。○元誥按：特牛，牛父也。卿舉以少牢，祀以特牛。少牢，羊豕。大夫舉以特牲，祀以少牢。特牲，豕也。士食魚炙，祀以特牲。庶人食菜，祀以魚。上下有序，則民不慢。王曰：其小大若何？對曰：郊禘不過繭栗，角如繭栗。郊禘，祭天也。○《漢書·郊祀志》顔注：牛角之形或如繭，或如栗，言其小。烝嘗不過把握。把握，長不出把。王曰：何其小也？對曰：夫神以精明臨民者也，故求備物，不求豐大。備物，體具而精絜者。是以先王之祀也，以一純、二精、一純，心純一而絜。二精，玉帛也。三牲、四時、五色、六律、○《太平御覽·禮儀部》四引孔晁曰：三牲，牛羊豕也。四時，春秋冬夏也。五色，五采服也。六律，黃鍾、大簇、姑洗、蕤賓、夷則、無射也。七事、八種、七事，天、地、民、四時之務。八種，八音也。九祭、十日、十二辰以致之，九祭，九州助祭。十日，甲至癸。十二辰，子至亥。擇其吉日令辰以致神。百姓、千品、萬官、億醜、兆民經入畡數以奉之，百姓，百官受氏姓也。千品，姓有徹品，十爲千品。五物之官，陪屬萬爲萬官。官有十醜，爲億醜。天子之田九畡，以養兆民，王取經入，以食萬官。○元誥按：醜，類也。見後韋注。經，亦數名，即京也。詳見《鄭語》解。明德以昭之，昭，昭孝敬也。和聲以聽之，中和之聲，使神聽之。以告徧至，則無不受休。至，神至也。休，慶也。○《太平御覽·禮儀部》四引孔晁曰：徧至，光被四表，格於上下也。毛以示物，物，色也。血以告殺，明不因故也。接誠拔取以獻具，爲齊敬也。接誠於神也。拔毛取血，獻其備物也。齊，絜也。《詩》云：執其鸞刀，以啓其毛，取其血膋。○俞樾曰：接誠上有闕文。接誠與獻具相對，疑當作□□以接誠。注曰接誠於神也，與獻其備物也相對，句上亦有闕文。其闕幾字，不可知矣。《舊音》曰：齊，阻皆反。敬不可久，民力不堪，故齊肅以承之。肅，疾也。承，奉也。

同上 王曰：所謂百姓、千品、萬官、億醜、兆民經入畡數者，何也？對曰：民之徹官百，徹，達也。自以名達於上者，有百官也。王公之子弟之質能言能聽徹其官者，質，有賢質。能言，能言其官職也。而物賜之姓，以監其官，是爲百姓。物，事也，以功事賜之姓。官有世功，則有官族，若司馬、大史之屬是也。姓有徹品，十於王謂之千品。謂一官之職，其僚屬徹於王者有十品，百官，故有千品。五物之官陪屬萬，爲萬官。五物，謂天、地、神、民、類物之官也。臣之臣爲陪屬，謂有僚屬轉陪貳相佐助，復有十等，千品，故萬官也。官有十醜，爲億醜。醜，類也。以十醜承萬爲十萬，十萬曰億，古數也。今人乃以萬萬爲億。○汪遠孫曰：《書·洛誥》孔傳：十萬爲億。《詩·伐檀》傳：萬萬曰億。《箋》云：十萬曰億。《正義》云：萬萬曰億，今數然也。《傳》以時事言之，故今《九章算術》皆以萬萬爲億。《箋》以《詩》、《書》古人之言，故合古數言之。知古億十萬者，以田方百里，於今數爲九百萬畝，而《王制》云：方百里，爲田九十億畝。是億爲十萬也，故彼注云：億，今十萬。是以今曉古也。徐岳《數術紀遺》曰：黃帝爲法，數有十等，及其用也，乃有三焉。十等者，億、兆、京、垓、秭、壤、溝、澗、正、載。三等者，上、中、下也。其下數者，十十變之，若言十萬曰億，十億曰兆，十兆曰京也。中數者，萬萬變之，若言萬萬曰億，萬億曰兆，萬兆曰京也。上數者，數窮則變，若言萬萬曰億，億億曰兆，兆兆曰京也。元誥按：李治則主今數，段玉裁則主古數，詳見《鄭語》解。天子之田九畡，以食兆民，九畡，九州之內有畡數也。食兆民，民稱耕而食其中也。天子曰兆民。王取經入焉，以食萬官。經，常也。常入，征稅也。○元誥按：經，即京，數名，韋注非。詳見《鄭語》解。

《戰國策》卷四《秦策二》 楚王大説，宣言之於朝廷曰： 不穀得商於之田[地]方六百里。羣臣聞見者畢賀，陳軫後見獨不賀。楚王曰： 不穀不煩一兵，不傷一人，而得商於之地六百里，寡人自以爲智矣。諸士大夫皆賀，子獨不賀，何也？ 陳軫對曰： 臣見商於之地不可得，而患必至也。故不敢妄賀。王曰： 何也？ 對曰： 夫秦所以重王者，以王有齊也。今地未可得而齊先絶，是楚孤也。秦又何重孤國？ 且先出地絶齊，秦計必弗爲也。先絶齊，後責地，且必受欺於張儀。受欺於張儀，王必惋之，是西生秦患，北絶齊交，則兩國兵必至矣。楚王不聽，曰： 吾事善矣，子其弭口無言，以待吾事。

《戰國策》卷五《秦策三》 蔡澤曰：【略】夫商君爲孝公平權衡，正度量，調輕重，決裂阡陌，教民耕戰。是以兵動而地廣，兵休而國富，故秦無敵於天下，立威諸侯。功已成[矣]，遂以車裂。

《戰國策》卷一四《楚策一》 威王問於莫敖子華

威王問於莫敖子華曰： 自從先君文王以至不穀之身，亦有不爲爵勸，不爲祿勉，以憂社稷者乎？ 莫敖子華對曰： 如華不足知之矣。王曰： 不於大夫，無所聞之。莫敖子華對曰： 君王將何問者也？ 彼有廉其爵，貧其身，以憂社稷者； 有崇其爵，豐其祿，以憂社稷者； 有斷脰決腹，壹(瞑)[瞑]而萬世不視，不如所益，以憂社稷者； 有勞其身，愁其志，以憂社稷者； 亦有不爲爵勸，不爲祿勉，以憂社稷者。王曰： 大夫此言，將何謂也？

莫敖子華對曰： 昔令尹子文，緇帛之衣以朝，鹿裘以處，未明而立於朝，日晦而歸食，朝不謀夕，無一月之積。故彼廉其爵，貧其身，以憂社稷者，令尹子文是也。

昔者葉公子高身獲於表薄，而財於柱國，定白公之禍，寧楚國之事，恢先君以揜方城之外，四封不侵，名不挫於諸侯。當此之時也，天下莫敢以兵南鄉。葉公子高食田六百畛。故彼崇其爵，豐其祿，以憂社稷者，葉公子高是也。

吳與楚戰於柏舉，三戰入郢，君王身出，大夫悉屬，百姓離散。蒙穀(給)[結]鬭於宮唐之上，舍鬭奔郢，曰： 若有孤，楚國社稷其庶幾乎？ 遂入大宮，負雞次之典，以浮於江，逃於雲夢之中。昭王反郢，五官失法，百姓昏亂。蒙穀獻典，五官得法，則百姓大治。此蒙穀之功多，與存國相若。封之執圭，田六百畛。蒙穀怒曰： 穀非人臣，社稷之臣。苟社稷血食，(餘)[余]豈悉[患]無君乎？ 遂自棄於(磨)[磿]山之中，至今無冒。故不爲爵勸，不爲祿勉，以憂社稷者，蒙穀是也。

《戰國策》卷二二《魏策一》 魏公叔痤爲魏將

魏公叔痤爲魏將，而與韓、趙戰澮北，禽樂祚。魏王説，迎郊，以賞田百萬祿之。公叔痤反走，再拜辭曰： 夫使士卒不崩，直而不倚，撓揀而不辟者，此吳起餘教也，巨不能爲也。前脈形埊之險阻，決利害之備，使三軍之士不迷惑者，巴寧、爨襄之力也。縣賞罰於前，使民昭然信之於後者，王之明法也。見敵之可也，鼓之不敢怠倦者，臣也。王特爲臣之右手不倦賞臣，何也？ 若以臣之有功，臣何力之有乎！ 王曰： 善。於是索吳起之後，賜之田二十萬，巴寧、爨襄田各十萬。

王曰： 公叔豈非長者哉？ 既爲寡人勝強敵矣，又不遺賢者之後，不揜能士之跡。公叔何可無益乎？ 故又與田四十萬，加之百萬之上，使百四十萬。

北魏・酈道元《水經注》卷一一《滱水》 其水又東逕上曲陽縣故城北，本岳牧朝宿之邑也。古者，天子巡狩，常以歲十一月至于北岳，侯、伯皆有湯沐邑以自齋潔。周昭王南征不還，巡狩禮廢，邑郭仍存。秦罷井田，因以立縣，城在山曲之陽，是曰曲陽，有下，故此爲上矣。

國有土地制度總部

屯田部

題解

明・焦竑《焦氏筆乘續集》卷三　屯田、營田不同名，則其制必有異。《通典》載宇文融括天下隱田之法曰：浮戶十，共作一坊，官立閭舍。每丁給田五十畝，爲私田，任其自營種。每十丁於近坊更共給一頃，以爲公田，共令營種。十丁歲營田一頃，一丁一年役功三十六日外，官收共爲百石，此外更無租稅。既是營田戶，且免征行，必不流散。營田戶是融本語。如此棄地即爲公田矣。案此名營田者，是給公田令浮戶爲官營種，十丁一年共種公田一頃，不與編戶給田納租同，故云營田也。若屯田，則咸屯兵爲之，趙充國、鄧艾、羊祜皆是也，故云屯田。今江南民租官田者，皆名屯田。蓋國初時本以屯兵爲之，今入民戶，猶仍故名也。山東巡撫都御史，多帶營田，則是營種官田也。恐此名始於宇文融，而其制已具《晁錯傳》矣，其異者，錯行諸邊存上，融行之民間也。

清・賀長齡《清經世文編》卷三四《屯田考》　屯田之設，即古寓兵於農之義。唐以前，只沿邊有之。漢趙充國因轉運維艱，始於北邊立屯，兵民無擾，當世便之。東漢則置農部都尉，主屯田殖穀，而大河以南尚無有也。唐開軍府，因隙地置營田，天下屯總九百九十二，每屯五十頃。自此各郡有屯田矣。漢之屯田，兵耕之。唐之營田，募民耕之。雖有屯之名，而田之所出不盡爲兵用。宋則撥令弓箭手種之，而收其租，於是營田有徭役科配。元時各郡皆立屯守御，耕營田以爲戍，分兵屯、民屯爲二。贛州之屯亦仍唐、宋之營田，不募民耕，發寨兵及宋舊役弓手與抄數漏籍人戶，分給之，使耕種。戶有可稽，田有可計，其來實始於此。明仍元制，設指揮、千戶各一人，俾世其職。復分設信豐所千戶，會昌所千戶。無事爲農，有事爲兵，隱然有充國之遺意焉。至成化間，各省漕糧改民運爲軍運，守御之丁僉爲造運之丁。其初立法綦嚴，及乎末流，丁多逃亡，田半蕪萊。不得已清丈之，分爲活、絕二種。絕田召民開墾，活田仍屬軍產。然先世受田者習知田之所在，地方無事，租石所入，坐享其成。歷年久遠，子孫生長城市，主佃生疏，以致互相欺詐，百弊叢生而屯政日淆矣。

國朝兵由召募，守御無藉於屯。順治間，部議凡無衛所屯丁悉行裁汰。贛撫劉武元題准，將漕船三十隻，令贛衛及信、會二所均運。當興革之後，田有爲民占者；有售之於民，民復售於軍者；有祖父已棄其田，經民開墾成熟，其子孫起而爭之者；有屯田與民田相錯，久而民占爲己業者。蔓引愈長，案積如山，有司遂無從剖斷。

先是軍丁運船，係衛官經理。康熙九年，調衛官押運屯糧，僉運改歸縣管。衛官嫉之，未將鱗冊移送，以致屯田無從查考。按屯田之名不一，康熙三年，每船每丁各給三戶，每戶或百石，或百四五十石不等。一戶只完屯糧銀三兩一錢。輸運之丁，臨田收租，自辦漕運，官不征收解給，名曰活戶屯田。自田地拋荒，各丁自備牛工開墾，或召佃開墾。成熟之後，報明升科，均曰自墾屯田。有隨運公田，則係各戶於額田之外，置爲領運之丁辦運者。而其中又剔出一戶之田，以爲辦軍屯公事者酬勞之費，則曰酬勞屯田也。若額丁逃亡，本戶無人，派歸別戶濟運者，則曰缺丁屯田。其世職屯田，則以本丁祖父於明季著有軍功，順治六年命其子孫世襲千總之職，撥給田畝者也。抑或從前原屬荒土，各丁私費工本墾熟，隱報升科，爲尖丁夾掌。康熙四十年，巡撫謝詳查尖丁之家，有夾掌四五戶、七八戶不等。令其每戶還租二十石，與墾熟之家，謂之工本屯田。外有優恤屯田，係查出之田，撥給各船，存爲優恤軍戶孤寡之用。凡此八者皆屯田也。故辦公優然有餘，贍養無虞不足。雖訐訟繁興，而贛州夙稱富衛。

乾隆二十四年，巡撫阿思哈奏請清查，委員勘丈，田有溢於額之外者，照畝加賦；有缺於額之中者，不減其征。又於加賦之外，每畝分則加一錢六分八分不等，謂之餘租。而活戶自墾之田皆官征其租，入屯糧餘租內解司，除給本衛造費外，餘皆撥充江省各幫公費。自是田之所入皆在於官，向所謂酬勞、缺丁、世職、工本、優恤、隨運屯田皆去矣。及後以租賦加重，遇有年歲不調，拖欠累官賠墊。乾隆三十五年，巡撫吳紹詩又題請徹底清查。贛令衛謀悉心擘畫，請之於上，得以除去缺田，而餘田分則遞減，上則征七分六釐，中則、下則皆四分八釐。有水沖沙壓者，仍准報豁，屯丁雖藉以少舒，然而軍戶丁口日繁，入不敷出，貧窘之狀，久益難支。以故每屆僉運，輸將殊費擘畫。則先事圖維，俾得國課常盈，窮檐獲濟，豈非在上者之責任哉？

論説

《南齊書》卷四四《徐孝嗣沈文孝傳論》 史臣曰：爲邦之訓，食惟民天，足食足兵，民信之矣。屯田之略，實重戰守。若夫充國耕殖，用殄羌戎，韓浩、棗祗，亦建華夏置典農之官，興大佃之議。金城布險，峻壘綿壃，飛芻輓粒，事難支繼。一夫不耕，或鍾飢餒，緣邊戍卒，坐甲千羣。故宜盡收地利，因兵務食。緩則躬耕，急則從戰。歲有餘糧，則紅食可待。前世達治，言之已詳。江左以來，不暇遠策，王旅外出，未嘗宿飽，四郊嬰守，懼等松芻。縣兵所救，經歲引日，淩風泙水，轉漕艱長。傾窖底之儲，盡倉敖之粟，流馬木牛，尚深前弊，田積之要，唯在江淮。郡國同興，遠不周急。故吳氏列戍南濱，屯農水右，魏世淮北大佃，而石橫開漕，皆輔車相資，易以待敵。孝嗣當蹙境之晨，薦希行之計，王無外略，民困首領，觀機而動，斯議殆爲空陳，惜矣！

唐・白居易《白氏長慶集》卷六四《四十五、復府兵，置屯田分兵權，存戎備，助軍食》 夫欲分兵權，存戎備，助軍食，則在乎復府兵，置屯田而已。昔高祖始受隋禪，太宗既定天下，以爲兵不可去，農不可廢：於是當要衝以開府，因隙地以營田。府有常官，田有常業。俾乎時而講武，歲以勸農。分上下之番，遞勞逸之序。故有虞則起爲戰卒，無事則散爲農夫。不待徵發，而封域有備矣；不勞饋餉，而軍食自充矣。此亦古者尉候之制，兵賦之義也。況今關畿之內，鎮壘相望，皆仰給於縣官，且無用於戰伐。若使反兵於舊府，興利於廢田，張以簿書，頒其廩積：因其卒也，安之以田宅；因其將也，命之以府官。始復於關中，稍置於天下，則兵權漸分，而屯聚之弊日銷矣；戎備漸修，而訓習之利日興矣；軍食漸給，而飛輓之費日省矣。一事作而三利立，唯陛下裁之。

唐・劉禹錫《劉禹錫集》卷一二《論廢楚州營田表》 臣某言：中使曹進玉至，奉宣聖旨存問，兼賜臣墨詔，以楚州營田廢置事令臣商量奏來者。跪奉天書，恭承叡旨。道存致用，義在隨時。云云。伏以本置營田，是求足食。今則徒有糜費，鮮逢順成。刈穫所收，無裨於國用；種糧每闕，常假於供司。較其利害，宜廢已久。比來循守舊制，不敢輕有上陳。皇明鑒微，特革斯弊。取其田蓄，授彼黎蒸。仍俾薄租，誠爲至當。但以田數雖廣，地力各殊。須量沃堉，用立程度。臣已追里正臣與商量利便，謹具別狀奏聞。伏惟聖慮，俯賜詳擇。無任震越屏營之至。

宋・薛季宣《浪語集》卷一九《論營田》 一伏見諸路營田官莊皆以縣尉兼掌，本縣官兵營田若罷，尤宜置尉南鄉分掌官莊，轄其佃戶，它縣視地廣狹措置，大略放此。非惟可銷盜賊，兼免失陷官租。

元・王惲《秋澗先生大全文集》卷三五《上世祖皇帝論政事書》 臣近蒙禮部符，承中書省劄該，憲臺欽奉聖旨，召臣惲馳傳赴闕庭者。臣惲伏自欽承明命，夙夜祗懼，不知所爲。意者憲臺過舉，俾備顧問，庶有所發明。因自忖量，國家之事日有萬幾，非愚下所能識，然臣自中元迄於今日，久叨仕進，區區管窺，不無一見，輒敢以時務所宜先者數事，昧死上聞。

臣聞自古創業垂統之君，必定制畫法，傳之子孫，俾遵而守之，以爲長世不拔之本。欽惟皇帝陛下聖文神武，以有爲之資，膺大一統之運，長策撫馭，區宇民數，遠邁漢、唐，其所渴者，特治道而已。然三十年間，勵精爲治，因時制宜，良法美意，固已周悉。今也有更張振勵，講明畫一，若懸象而昭布之，使臣民曉然知其法之所以，豈不便哉。故臣以立法定制爲論治之始。【略】

十一曰廣屯田以息遠餉。臣聞邊儲遠餉，自古未有良法。如飛輓負載，賣爵贖罪，引種和糴，未免弊困，多不能行，俱未若留兵屯田爲古今之長策也。臣試以唐振武事言之，憲宗元和七年，李絳言：天德、振武今豐州等處。左右良田約四千八百頃，收粟四十萬斛，歲省度支錢二十餘萬緡。茲非明驗歟？今振武豐州界河兩傍，除營帳百姓耕占外，其餘荒閑尚多。若大治屯田，自非水旱，田功稍集，國儲必有所濟。唐陸贄所謂緣邊土沃而久荒，所收必厚。又近歲山後流移戶多，將見拋地土，時暫借令營屯，亦是一法。富弼曾言此事。及撿括冒占，仍招募願戶者聽外，邊屯已置營屯去處，亦宜差強果爲國盡心有爲能臣重與檢勘，其間一切可行未舉，已行不盡者，極人爲而盡地力，仍將迤南一切置屯見閑戶數併徙邊防，以救一時，此急於治外之意也。

元・王惲《秋澗先生大全文集》卷八四《論河南行省屯田子粒不實收分與民事狀》　會驗河南行中書省咨該，去歲屯田子粒一百萬石內，明該屯戶收分語句，今體訪得：　止收到稻穀又馬料粟通計約四十餘萬石，其收分與民數目，至今不曾給付，使失業之民二萬三千餘戶往返千里，卻於住貫般易餱糧以供朝夕，貧者至嚙食草木，陳告無所，以致往往逃竄，至有舉屯全空者。竊惟屯田大計，當草創之際，所宜務遠圖，固根本，開布恩信，撫養新集，遵固宇之道，植久駐之基。不務出此，將上項子粒公文明該除數實惠曾不及民，使官食前言，民有飢色，張虛數以邀上知，顧小利而斂衆怨，既非國家之便，又非計久成大功之遠略也。其昧上虐下，是屬奸欺，據此合行糾呈。

論河南分作四路事狀

竊見河南係邊防重地，耕戰之大本所在。今國家用兵江漢，開置屯田，示其久駐，非特取襄陽而已。爲今之計，宜分治撫養，以實河南根本爲急。照得河南地方寬闊，東西二千、南北一千餘里，跨州連郡，大小七十餘城，軍民一十八萬戶，雖不及往時，實亡金一國也。今止設總府一道使都轄於上，府治又處北偏，東南州郡半與南界犬牙交入，如唐、鄧、徐、邳、亳、潁等州，去京近者五六百里，少有緩急，其簿書期會，往返交錯，首尾相應，動輒月餘，不惟辦集生受，其實難以控制。兼平時與多故事勢不同，自攻守襄陽以來，轉輸調度百色所須，取辦有司，急於星火。今而亦同止轄三兩州者張官置吏一體勾當，縱彼人才，固難負荷，此特官府之難易耳。所可慮者，迤南屯田大復壞散，往往避役至有舉屯全空者，其患在不隸州府，衆人躭誤，無有專任責者故也。又值蝗旱連年，軍民困苦，譬猶群羊數萬，被擾不安，雖居牧地，且乏水草，又令一人看管放牧，未見其安且便也。以惲愚見，合無將河南地面分作四路：　以歸德爲一路，而徐、邳、宿、亳隸之；　以蔡州爲一路，而陳、潁、睢、息隸之；　以鄧州爲一路，而申、裕、唐隸之；　以南京爲一路，而鈞、許、嵩、汝、鄭、延隸之。其選任官吏，比之常調增加品秩，庶勉勸事功，人爭效用。外據所該屯田地面，其府官令兼帶營田使職名於上提點勾當外，三路所有屯田戶主，常加存恤，將彼此事情互相照料，撫養其生業，休息其困乏，使一方軍民及居者、屯者兩不失所，方爲稱職。然後限以歲年，責其成效，以憑考較，別議陞降。如此庶得軍民兩安，政成化理，事無曠慢。邊防之重地既安，耕戰之大本又立，以攻以守，投之所向，無不如意。若貪外虛內，置已有而不恤，圖必爭之要害，是猶荒膏腴之土不爲耕稼，而求不可治之石田，（恐切）［竊恐］爲鄰人之輕且笑也。外據眞定、平陽兩路，亦宜標撥州縣，另立散府，使直隸省部管領，其於官民亦爲兩便，且免夫尾大不掉之虞，得强幹弱枝之道矣。據此合行具呈。

元・王惲《秋澗先生大全文集》卷八六《論屯田五利事狀》　南北之勢，我可以取彼，此必然理也。然餽餉轉輸，古無良法，正有屯田，待以歲月，爲古今上策耳。朝廷往年已曾施行，不數年積穀幾至百萬，若行至於今，其利有不勝計者。蓋兵足食，民無轉輸之勞；　邊有備，官無和糴之弊。兼自古議征不庭，莫不留兵在田，而後收必勝之道。今者，宋人出沒不時，止恃山林阻隘，雖云深入，如涉虛境。今者如復令邊民分地雜耕，上自鈞、化，下至蔡、息，不數年翦去荒惡，蕩爲耕野，一利也。民則什什伍伍相望，三時種藝，甲兵在旁。彼欲內寇，野戰實非所長；　復欲伺便鼠竊，又無潛伏出入之便。而復嚴烽燧，謹斥堠，少有警急，我則收合餘力，據守要害，而似前日之寇盜不可得矣。彼縱來寇，如獸處平野，獵者蹙而殺之，獲之無不利矣，二利也。至於我軍征進，適當農隙，丁力有餘者，許隨大軍入討，所獲悉付本人，是民因私利勇於公鬥。三利也。又令向裏一切蒙古奧魯，亦編間民屯，使之雜耕，不惟調習水土，可使久居，且免每歲疲於奔命之役，四利也。不數年，根勢深固，使奧魯軍人倒營南下，近則雜兩淮之間，遠則抵大江之北，所謂長江之險，我與共之矣，五利也。合無將河南舊有屯田戶計及一切沿邊之民，盡折絲銀，使之輸穀。其屯事於山川出沒要害去處，首爲耕墾，官給牛畜，自辦農具。其條法且一依經略司元行。然後選近侍爲大司農官，及內設屯田郎中、員外，專領其事，使通其奏請，趣其應副。歲時令按察司或督軍御史按行屯所，察其成否而賞罰之。不數年，田事可成，坐收必勝之道矣。

元・王惲《秋澗先生大全文集》卷八七《爲除豁河南屯田戶差發事》　竊見河北路分新簽軍戶，省、部將元當盡數除豁了當。今體知得，南京路屯田戶計相近二萬，方其絲銀止除訖正額，餘上垛下數目，卻令見在民戶包納。即目本處軍馬調度，百色所須，民力已是生受，更將額外絲銀敷納，竊恐靠損不安。合無依見起新軍差發一體除豁，以望百姓蘇息，不致因而重困。

元・王惲《秋澗先生大全文集》卷八九《彈阿海萬户屯田軍人侵占民田事狀》 欽奉聖旨條畫内一款該： 兼并縱暴，及貧窮冤苦不能自伸者，委監察幷行糾察。欽此。今察到： 武清縣北鄉等處，有阿海萬户下屯田軍人，於至元二年倚賴形勢，於上司元撥屯田地段四至外，強將諸人莊子及開耕作熟桑棗地土侵奪訖二十餘頃，俱是各家係税地數。往年雖經陳告，總管府行下本縣歸着，本縣累次約會本官不到，至今不曾吐退。就責得各地主狀供，與所察相同。卑職看詳，本鄉兩面河占，中間地土窄狹，今者強爲軍人奪占，使農民至有失業者。所謂兼并縱暴，貧弱冤苦不能自伸者，莫此爲甚。據此合行糾彈，伏乞御史臺照詳施行。今將侵占訖諸人地段數目，開具如後。

元・王惲《秋澗先生大全文集》卷九〇《便民三十五事自此係監司時建白・節費用》 振武屯田

竊見每歲北邊於新城、沙井、靖州三倉和糴糧儲，不下五七萬石； 如遇軍馬調遣，又豈特十萬石而已。近年穀價湧貴，且以十萬石爲率，所費不貲，用度終不寬廣。兼自古饋餉，雖有智者，終無良法，惟邊地屯營最爲長算。契勘唐憲宗元和七年，李絳言天德，今豐州是也。振武左右良田約萬餘頃，擇能吏可開置營田以省費足食，從之； 四年間開田四千八百頃，收粟四十萬斛，歲省度支錢二十餘萬緡。今體訪得，振武幷豐州界河兩傍，地廣民稀，除營帳牧放、百姓耕墾外，其餘荒閑地尚多。若差公幹官僚踏視其宜留兵營田，一切取武清屯例，假以歲月，自非水旱不熟，田功稍集，國儲必有所濟。故陸宣公云： 緣邊土沃而久荒，所收必厚。如此費省食足，官無規措和糴之勞，民免輸納虚耗之費，恐亦安固邊防之一策也。

元・王惲《秋澗先生大全文集》卷九一《事狀・罷南陽屯田户》 南陽府屯田三千戸，往年亦曾言其當罷，其後省差官與河南宣慰司一同前往屯所勘當定奪，其本管官見戸齊斂鈔四兩打發來官，以此卻言不罷，便至今依前屯種。理合罷散。兼南陽縣民該驛程在城見管當差戸止十餘戸，遇有一切遞轉差役，委不能當。若將上項屯田戸放還爲民，甚爲便當。

元・蘇天爵《元文類》姚燧《中書左丞姚文獻公神道碑》 論治道八目三十條

上在潛邸，遣故平章趙璧來徵。既至，上大喜，日客遇之，俾居衛從後列，惟不直宿，時召與語，隨問而言。久之，詢及治道。公見上聰明神聖，才不世出，虚己受言，可大有爲，感以一介見信之深，見問之切，乃許捐身軀馳宣力，盡其平生所學，敷心瀝膽，爲書數千百言。首以二帝三王爲學之本，爲治之叙，與治國平天下之大經，彙爲八目，曰修身、力學、尊賢、親親、畏天、愛民、好善、遠佞。次及救時之弊，爲條三十，曰： 立省部，則庶政出一，綱舉紀張，令不行於朝而變於夕。辟才行，舉逸遺，慎銓選，汰職員，則不專世爵而人才出。班俸祿，則贓穢塞而公道開。定法律，審刑獄，則收生殺之權於朝，諸侯不得而專，丘山之罪不致苟免，毫髮之過免罹極法，而冤抑有伸。設監司，明黜陟，則善良姦窳可得而舉刺。閣徵斂，則部族不橫於誅求。簡驛傳，則州郡不困於需索。修學校，崇經術，旌節孝，以爲育人才，厚風俗，美教化之基，使士不媮於文華。重農桑，寬賦税，省傜役，禁游惰，則民力紓，不趨於浮僞，且免習工技者歲加富溢，勤耕織者日就飢寒。肅軍政，使田里不知行營往復之擾攘。賙匱乏，恤鰥寡，使顛連無告者有養。布屯田以實邊戍，通漕運以廩京都。倚債負，則賈胡不得以子爲母，如牸生牸牛，十年千頭之法，破稱貸之家。廣儲蓄，復常平以待凶荒，立平準以權物估，卻利便以塞倖塗，杜告訐以絶訟源。各疏施張之方其下，本末兼該，細大不遺，文不具述。上奇其才，由是動必見詢。

同上 屯田以備攻宋策

公策： 太祖承天大命，兵取天下，功未及竟而遂陟遐。太宗平金，遣二太子總大軍南伐，降唐、鄧、均、德安四城，拔棗陽、光化，留軍戍邊，襄、樊、壽、泗繼亦來歸。而壽、泗之民盡於軍官分有，由是降附路絶。雖歲加兵淮、蜀，軍將惟利剽殺，子女玉帛悉歸其家，城無居民，野皆榛莽。何若以是秋去春來之兵，分屯要地，寇至則戰，寇去則耕，積穀高廩。邊備既實，俟時大舉，則宋可平。上善之，始置屯田經略司於汴。

元・胡祗遹《紫山大全集》卷二二《軍政》 又八，合併偏重之弊

古人兵農不分，一夫受田百畝，方里而井，井九百畝，八家同力公田之百畝，而官入其租。一井之賦，兵車甲士卒均有定數，三時務農，一時講武，無事則爲農，有事則爲兵。自井田廢，阡陌開，受田無法，取民無制矣。受田無法則貧富不均，取民無制則文案爲姦，強益強，弱益弱矣。漢魏而下，猶立限田。近世以來，限田亦廢，兼併削弱自不能已，然而猶推物力以定賦役，無物力者無賦役。國制： 兵自兵而農自農，肥瘠不相救助。每次簽軍，貧富強

弱自已不同。自壬子至至元十一年，前後五次簽軍，例取上戶富強丁多有力之家。且如某村計一十戶，從上簽軍，鼠尾至第五次五戶，與第一戶一例當軍，強弱分撥，相懸奚啻數倍。密院知其偏重，近年分揀軍戶遂爲貼併。官吏因法受賄，富與富併則氣力有餘，貧與貧併主客皆弱，以致破家壞產，舉家逃竄。請以各年簽訖軍人籍帳推排考校，丁產強弱自見。地數十頃，親驅數十丁，又有門面營運，當軍一名； 單丁、寡婦、無產業，當軍一名； 如此不均，實爲冤枉。

前件愚見： 兵貴精而不貴多，在強而不在衆。果能如虎如貔如熊如羆，力扛鼎，射命中，古人已有以五千之卒戰敵三十萬，以三萬之衆禦百萬之師者。方今四方底平，鰥寡孤獨、疲癃殘疾、無產業、單丁者皆宜放罷爲民，除去軍籍。此數者在仁政之所當養濟，雖合併十戶爲一戶，二三十戶爲一戶，亦不爲用，徒費文墨。今年勾追，明年刷勘，後年起遣，保結勘當，止與吏人供酒食之貲、苞苴之費而已。其次年壯有妻室子孫，田畝及頃者，四丁併爲一戶，輪番周歲。當年或身故而子孫未成丁，或凶年食不足，官爲賑濟，不得貨賣土田孳畜，消折氣力。

元・胡祇遹《紫山大全集》卷二二《時政》 襄陽軍可減半屯田，以省餽餉之費。

元・趙天麟《太平金鏡策》卷四《廣屯田》 臣聞神農之教曰： 有石城十仞，湯池百步，帶甲百萬，而亡粟，弗能守也。由是觀之，兵者城之守也，食者兵之給也。非兵無以守城，非食無以給兵。兵足而城安，食足而兵壯。兵食二者，強國之計也。謹案古者井田之法，地方千里，出兵車萬乘，甲士三萬人，步卒七十二萬人，馬四萬匹，牛十二萬頭。且耕且守，人無阻飢之厄； 有室有家，下獲樂業之慶。三代以後，去古既遠，阡陌制起，舊法遂絕。歷代常患兵食不足，至有令人入粟鬻爵而濫官者矣，又有令人入粟免罪而敗法者矣，亦有賦斂煩劇而失民心者矣，亦有重刑極罰而徵民物者矣。是皆見目前而忘後患，得其一而失其百者也。乃有卓然英乂，思革其弊，屯田之事，由此而興。若充國之於先零，鄧艾之於壽春。以至魏武屯於所在，而倉廩靡不皆滿； 羊祜屯於襄陽，而積粟可支十年。其餘獲利者，不可勝數，然猶未達之於天下也。唐置六百三十四府，府各有兵。無事之時，乃耕於野。永徽年間斗米三錢，盜賊遂息。旅行千里，不持寸兵，盛之至也。今國家大業已定，不忘武備。江湖嶺海、閩廣川蜀、西北東北、邊塞之地，皆有軍兵以戍之，坐食糧粟。雖南北等處有屯田官府，而屯田實未之廣也。爲今之計，宜廣屯田。況屬承平之秋，非同征伐之日。須立久長之妙法，庶幾威德之並行。使先偏後伍之流，務南畝東皋之事。一朝有警，則厲戈丱甲而奮其戰勝攻取之能； 群寇消聲，則力穡服田而求其千倉萬箱之積。畋於農隙以講大事，完其營壘以防不虞，亦既免飛芻輓粟之勞，而又有用寡生多之益也。義歸一致，功可雙成。伏望陛下，念茲在茲。凡戍兵之處，命戍卒爲農，開墾曠田，每百人限幾頃。凡所用之牛，官爲出直於南方西方市買而分給之。凡所用之田器，官爲於諸冶鑄造而分給之。凡所用麥粟之種，官爲出直於民間照市價平糴而分給之。凡力田及不力者，明立賞罰以勸懲之可也。雖一時勞費，而寔惟永逸之基。借衆軍餘力，而建此富強之業，庶乎軍民皆以自贍，而各得其所矣。

明・陳子壯《昭代經濟言》卷一四李廷機《九邊屯政考》 高皇帝閔海內之艱，詔群臣議屯田法。用宋訥所言守邊策，立法分屯，布列邊徼； 遠近相望，首尾相應，創制如此其周也。邊境既寧，撤守關士卒，僅僅備譏察外，悉令屯田，致力如此其一也。山西泌州民若干戶，願應募受屯，賞以鈔錠，公田給之，仍令募本州民，召募如此其廣也。令屯士并樹桑、棗、柿、栗矣，地利如此其盡也。文皇帝納黃福之請，官爲市牛鑄器，至欲廣屯於遼陽，而遣人征牛於朝鮮，耕具如此其給也。詔各荒屯空土，不拘士客軍民官舍，盡力開墾，永不起科，恩澤如此其厚也。謂將領能時時勞問屯士所苦，誰不感奮勤力，軫恤如此其殷也。以寧夏積穀獨多，降敕獎諭總兵何福，激勸如此其明也。仁宗念所司以征傜役擾之，令毋擅役妨農，愛養如此其至也。宣宗初，大同總兵鄭亨，上屯田子粒數多，遣人勘實，賞之，論功如此其核也。提督必選老成，更命風憲官以時巡察，任使如此其慎也。屯入歲豐，邊士一切用度，多以粟易，於是令戶部灌輸貿雜，多至二三十萬石； 少亦不下十萬，積貯如此其豫也。天順中，都御史葉盛，巡撫宣府，修復官牛、官田法，墾田益廣，積穀益多，以其餘易戰馬千八百匹，修築城堡七百餘所，興利如此其巨也。蓋其立法也周，故人便； 其任人也當，故法舉； 其與士也優，故士奮； 其取利也緩，故利集。即所稱湟中、渭濱、涼州、振武之事，不啻過之，胡不及焉。乃其弊也，則有膏腴之地，多爲莊田； 空閑之區，咸歸邊帥，士卒無近田可耕，如啇輅所論者矣。有墩堡不修，夷虜輕犯； 有可耕之田，而不敢耕，士卒疲僡，家無耒耜，有可耕之田，而不能耕，如梁材所陳者矣。有耕種之際，鹵莽滅裂，收貯之後，侵欺侈用，以管屯爲職者，優逸城市，而不見阡陌之巡；以典屯而來者，憑信簿書，而不較倉庫之實，如劉定之所議者矣，則有擾之以弗靖，持之以太急，今日核地，明日征逋，輒起正德中寧夏之變，卒令荒地儲竭，邊民凋瘵，且叛漢而入胡，如王燁所陳者矣。恬熙既久，因循弛廢，日復一日，邊境蕭條，沃壤盡棄。菽粟不繼，士馬不肥，挽運例銀，所費不貲，而度支亦告匱矣。【略】

夫欲令農狎其野，穡人成功，積豐於坦，士饜於伍。內有亡費之需，外有守禦之備，以振威生氣，制戎撻虜，其惟屯政哉。

明・徐光啓《徐光啓集》卷五《屯田疏稿・欽奉明旨條畫屯田疏崇禎三年六月初九日》　太子賓客禮部左侍郎兼翰林院侍讀學士臣徐光啓謹奏：爲欽奉明旨，條畫管見，以備聖明採擇事。五月十六日臣具疏上言屯鹽事宜，二十一日奉聖旨：力作墾荒，禁私踈壅，最得屯鹽要領。部科正在集議，這所奏着一併參酌，務期必行。還詳加條畫來看，該部知道，欽此。欽遵：竊惟臣所言墾田一事有用水除蝗二法；鹽筴一事有曬鹽一法。此爲綱領五端，謹將各端細分條目，開坐進呈，上塵御覽。伏希聖明裁擇施行。臣無任感激悚惶待命之至。

計開

墾田第一凡二十八條

京東水田之議，始於元之虞集，萬曆間尚寶卿徐貞明踵成之，今良涿水田，猶其遺澤也。臣廣其說，爲各省直概行墾荒之議；又通其說，爲旱田用水之議。然以官爵招致狹鄉之人，自輸財力，不煩官帑，則集之策不可易也。集之言曰：京師之東瀕海數千里，北極遼海，南濱青齊，萑葦之場也。海潮日至，淤爲沃壤。用浙人之法，築堤捍水爲田，聽富民欲得官者，合其衆分授以地，官定其畔以爲限。能以萬夫耕者，授以萬夫之田，爲萬夫之長，千夫、百夫亦如之。三年後視其成，以地之高下定額，以次漸征之。五年有積蓄，命以官，就所儲給以祿。十年不廢得世襲，如軍官之法。臣按：集所言海濱之地，今斥鹵難用；其可用者或窒礙難行。而海內荒蕪之沃土至多，棄置不耕，坐受匱乏，殊非計也。臣故祖述其說，稍覺未安者別加裁酌，期於通行無滯。今幷條議事宜，列款如左。

一、墾荒足食，萬世永利，而且不煩官帑。招徠之法，計非武功世襲，如虞集所言不可。或疑世職所以待軍功，令輸財以墾田而得官，與事例何異？則職嘗辯之矣。唐虞之世，治水治農，禹稷兩人耳，而能平九州之水土，粒天下之烝民，當時之經費何自出乎？蓋皆用天下之巨室，使率衆而各效其力，事成之後，樹爲五等之爵以酬之。《禹貢》一篇所以不言經費，第於則壤成賦之後，終之曰錫土姓而已，故曰建萬國以親諸侯。若必以軍功封，則生民之初，何所事而得萬諸侯乎？後來兼併之世，乃以武得官，則生人而封、比之殺人而封者猶古也。況虞集尚言世襲如軍官之法；臣所擬者：不管事，不陞轉，不出征，空名而已。田在爵在，去其田，去其爵矣。卽世襲又空名也。名爲給之祿，祿其所自墾者，猶食力也。事例之官爲天下之最大害者，爲其理民、治事，管財耳；衛所之空銜，安得與事例比乎？今之事例歲不過六十萬，此法行不數年，而公私並饒，卽事例可罷。欲重名器，尤宜出此。但恐空銜無實，人未樂趨，故必以空銜爲根着，而又使得入籍登進以示勸。凡狹鄉之人才必衆，進取無因，以此歆之，自然麕集。又疑土著之民不能相容，則另立屯額，科舉鄉試不與土人相參也。以此均民而實廣虛，甚易矣。或又疑舉額加增，則仕途壅滯；不知今之壅仕途者，非科貢也，事例也。今墾田入學，其中式以漸增加，若增至百名，則墾田已得千萬畝，歲入至輕亦得百餘萬石，而藏富於民者更不可數計矣。此時漸革事例，以舉人入選，猶患其少耳，何壅滯之有？

一、或疑均民之說，以爲人各安其居、樂其業，足矣；何事紛紛，率天下而路乎？不知徙遠方之民以實廣虛，漢人有此法矣。自漢以來，永嘉之亂，靖康之亂，中原之民傾國以去，所存無幾耳。南之人衆，北之人寡；南之土狹，北之土蕪，無怪其然也。司馬遷曰：本富爲上，末富次之，姦富爲下。北人居閑曠之地，衣食易足，不務蓄積，一遇歲侵，流亡載道，猶不失爲務本也。南人太衆，耕墾無田，仕進無路，則去而爲末富、姦富者多矣。末富未害也，姦富者目前爲我大蠹，而他日爲我隱憂，長此不已，尚忍言哉！今均民之法行，南人漸北，使末富姦富之民皆爲本富之民。民力日紓，民俗日厚，生息日廣，財用日寬，唐虞三代復還舊觀矣。若均浙直之民於江淮齊魯，均八閩之民於兩廣，此於人情爲最便，而於事理爲最急者也。

一、虞集言：三年之後視其成，以地之高下定其額，以次漸征之，臣今言開墾之日，卽定歲入米，何也？祖宗朝有開荒永不起科之例，不行久矣，必於三年之後，卽目前無定則之田，人將恫疑而不就也。臣今擬定上田每畝一斗，下田照本地科則折算，名爲一斗，以半爲其俸入，實出五升而已。其止於五升者，板荒無糧之地，向來棄置，而盡力墾治，爲費已多，畝出五升，不爲薄也。其半荒者，原有本地糧額，決不可少，正額之外，加出五升，亦不輕矣。且今日之大利在田墾而粟賤，和糴易而積蓄多耳，不在多取也。況有歲入之米爲據，卽可以定其所墾之田，卽可以定其入籍之人，彼應募者，又何吝此兩年之入乎？

一、耕墾武功爵例。二人耕水田十畝，入米一石。二十人耕百畝，入米十石，爲小旗。內以五石爲本名糧，餘半納官。小旗給帖，許立籍廣種。五十人耕二百五十畝，入米二十五石，爲總旗。內以十二石斗爲名糧，餘半納官。總旗許嫡男一名考縣童生。一百人耕五百畝，入米五十石，爲試百戶。內以二十五石爲俸，餘半納官。試百戶許縣考童生二人。一百五十人耕七百五十畝，入米七十五石，爲百戶。內以三十七石五斗爲俸，餘半納官。百戶許縣考童生三人。二百人耕一千畝，入米一百石，爲副千戶。內以五十石爲俸，餘半納官。副千戶許縣考童生四人。二百五十人耕一千二百五十畝，入米一百二十五石，爲正千戶。內以六十二石五斗爲俸，餘半納官。正千戶許縣考童生五人。三百人耕一千五百畝，入米一百五十石，爲指揮僉事。內以七十五石爲俸，餘半納官。指揮僉事許縣考童生六人。三百五十人耕一千七百五十畝，入米一百七十五石，爲指揮同知。內以八十七石五斗爲俸，餘半納官。指揮同知許縣考童生七人。四百人耕二千畝，入米二百石，爲指揮使。內以一百石爲俸，餘半納官。指揮使許縣考童生八人。

一、凡應募者，不論南北官民人等，但各自備工本，到閑曠地方。或認佃無主荒田，或自買半荒堪墾之田，卽於本處報官，府縣卽與查勘丈量明白，編立步口號數，開造魚鱗圖冊，類報本道，就令開墾成田。入米之後，該道仍親詣丈勘申詳，題請給劄，俱准世襲職銜，與衛所官一體行事。仍給帖文，令嫡親子孫弟姪考試，有司照驗帖文事理，仍准同官五員連名保結，卽與收考。其以他人冒頂倖進者，依冒籍律，同保連坐。向後如闕田闕米，本身及倖進子弟俱追劄、革職、除名。或雖納米而無實墾田畝者，罪同。其自副千戶以上，本身願改文官職銜者，或文官已經休致而願進階及加銜加服色者，咨送吏部，酌量相應職級，奏請定奪。若勛戚大臣，雖不以衛所職銜爲重，而能爲國爲民，將自己莊田開墾成熟者，聽其推及族姓；或自願請給恩典者，該部代爲陳奏，取自上裁。

一、凡墾田者，若買到有主半荒之田，此田原有本地糧差，俱要於本等糧差之外，另自納米，爲水田歲入之數。其負欠本等糧差者，先將納米扣足，後算歲入。

一、所墾之田，若是板荒地土，未入糧額者，聽憑告官開墾。水旱耕種，止納餘米，官民軍竈人等，不許生端科索擾害。若是民田抛荒無主者，聽其告官佃種，止完承佃之後本地應出糧差，有司不得指以舊逋，勒令賠納。開墾成熟，原主復來爭業者，遵奉恩詔事例，斷給荒田價值。

一、凡墾田必須水田種稻，方准作數；若以旱田作數者，必須貼近泉溪、河沽、淘泊，朝夕常流不竭之水。或從流水開入腹裏，溝渠通達，因而畦種區種旱稻二麥棉花黍稷之屬，仍備有水車器具，可以車水救旱，築有四圍堤岸，可以捍水救潦，成熟之後，勘果水旱無虞者，依後開法例，准折水田，一體作數。若不近流水，無法可以通濬，而能鑿井起水，區種畦種成熟者，用力爲艱，定以一畝準水田一畝。其以若干畝准一畝者，止納一畝餘米。旱田餘米，除旱稻小麥准作米數外，有以黍稷豆等上納者，照依時價加添作數。

一、旱田通水灌溉者，卽古人井田之制，損地愈多，其田愈沃。今定准折之數：除有見成河沽、泉溪、淘泊之外，其以實地開作渠溝塍岸者，每百畝損田十畝。卽准水田百畝，損田五畝准作五十畝；損田三畝准作三十畝；損田二畝准作二十畝；二畝以下，不准作數。

一、凡實地種水田，須多開溝澮，作徑畛。費田二十分之一以上，方爲成田。近大川者減三之一，寧可過之，無不及焉。若平原漫衍，無徑涂溝洫，望幸天雨，水旱無備者謂之不成田，不准作數。勘時全要備細查明造冊。其成田入米，授職，考試之後，復有水旱災傷，以致抛荒不能遽復者，許告明於別處墾補。其開荒不報止以納米搪塞者，事發，本身子弟俱行剏革，餘田沒官，另募墾種。有首告者，以沒田一半充賞。

一、凡水行地皆可灌，凡地得水皆可田。故地須水灌，必委曲用其水；水須地行，必委曲用其地。凡應募人衆，或買或佃，或認開積荒，所承地土，倘去江湖溪澗稍遠，中間開通溝洫，蓄洩水道，須從鄰田經過，要從附近人戶買田開濬者，須憑地方人等議同和買，比於時值量加半倍，多致一倍爲止。墾戶不得以應募爲辭，抑勒強買；田主亦不得以方圓爲辭，高求價值。違者許各具情赴官，聽候裁斷。

一、墾田用水，其間開塞築治之事有與地方官民相關者，或利害互相爭執，工費互相推調，院道宜選委賢能官員，親詣查勘，斟酌調停，務期兩利無害。一切興修工費，有應屬原係官民者，有應屬墾田官民者，有共利共害應均攤出辦者，俱須從公裁處，無得曲從一面之詞，致有偏累；亦無得因其互爭，槩從廢閣，以致有害不除，有利不舉。兩下亦宜平心聽處，如有偏執成心，理屈求伸者，合行盡法究罪。

一、墾田去處有大工作，如開河渠、造閘壩等，有肯一力造辦者，有集合衆力造辦者，俱報官勘明興工，功成報勘。如費銀一千兩，准作水田一千畝，一體授職入籍，但無入米，亦無官俸。此外本人別有開墾地畝，照數納米給俸。

一、邊方緊急去處，於耕種地所造如式弔角空心敵臺一座，約用銀一千兩者，准水田一千畝。更高大多費者，勘實遞加准田之數。但造臺受職者，止許受職入籍，亦無入米、無官俸。此外開墾田畝，照常入米給俸。其所造敵臺，平時卽與本官居住，仍令於臺上各備大小火銃藥弩等件，遇有虜警，集戶下壯丁，於臺上射打。若殺賊數多，獲有功級，照依邊方事例，一體給賞。其能自備馬匹盔甲軍火器械，本官率領戶下丁壯，遇有零犯大舉，與官將犄角殺賊，獲有功級而願陞者，於屯衛職級之外，另陞職級，悉依軍政事例，給黃世襲。此項職級與耕墾無與，不在闕田闕米革除職名之限，願賞者聽。

一、衝邊要地，人人憚住，獨能築治臺堡，開墾地畝者，與內地難易迥絕，應照遼東諸生、順天鄉試事例，特立邊字號。令其中式稍易，以示激勸。

一、今撫按司道職掌，敕中皆帶營田官，不須耑設。第人情各自所習，各安所近，須擇其耑意明農者，使居各任可矣；獨府州縣佐官，宜歸併他務，選用一員專理，以便責成。

一、開墾去處所選用司道府縣正佐，聽在京九卿科道訪實保舉。通知農田水利及有志富民足國者，從優選授。或未蒙保舉而自願告就，查無規避情繇者，聽。果有成績，從優陞遷。或加銜管事，其任久功多者，破格超遷，以示優異。或就於本處超遷，以便責成。

一、議者言：荒地有司多有隱匿私稅者，故以荒爲利，最忌開墾。此或未必盡充囊橐，卽以給官中公用，或抵補荒糧，亦屬非法。且境內之土盡辟，人必聚，何患無財用？今後功令旣頒，就墾旣衆，若猶仍故習，生端藉口，或詭言境無荒蕪，或禁止和買，或抑勒承佃，如此沮人心、撓成議者，該撫按司道訪實參處。

一、新授指揮以下官員，俱用附近衛所名色，別稱屯田職銜。如附近某衛者，卽衛稱某衛屯田指揮使，位本官之下；如指揮使，卽序本衛指揮使之下，本衛指揮同知之上也。若此地官員旣多，願自於緊要去處，設立屯衛衙門及屯學者，聽。其行移文案，若關係職級等事，俱經繇本衛印官申詳縣道；若田土錢糧事宜，經繇府州縣申詳。或有迫切及枉抑難明事情，徑自陳告縣道，不關本衛所之事。

一、屯衛所官員除有軍功世襲外，其餘俱以耕墾入米爲事，不在征調之限。其戶下丁夫除自願應募充兵者聽，其餘不許邊方將官用強勒充家丁，以致人心不安，自法沮壞。如有故違者，許被害人輕則陳告，重則奏請治罪。因而煽詐者計贓論罪。

一、凡以墾田授職者通不許私自頂名代職，違者以假官論，子弟考試者以冒籍論。其田沒入官，另行招募耕種。首告者以沒田一半充賞。

一、生員入學，俱於附近衛所州縣。總計與考童生一十名，進學一名；生員五名，科舉一名；科舉滿二十五名，卽題准加額中式一名。俟本學生員滿二百名，別立屯學，設廩膳十名，增廣十名，四年一貢。滿三百名，各設十五名，三年一貢。滿四百名，各設二十名，二年一貢。廩生止用名目捱貢。其廩膳銀，姑俟成功之日，財用充足，另與設處。貢生、舉人、進士牌坊銀兩，俱照京府例，行文原籍支給。

一、鄉場中另立屯字號。不論京省，每科舉二十五名，中式一名，會場不必遽加甲科之額。會場腳色要開現在某處屯衛，原籍某處。硃墨卷要照原籍地方開塡南北中字樣，不得用屯衛地方開寫，驟侵北土之額。後果鄉試中式數多，聽候臨期另行題請定奪。

一、若止願墾田不願入籍登仕者，或於授官入籍額外多墾者，皆免其歲入餘米，止完本田上糧差。

一、開墾成熟之田，不許地方豪右用強奪占，用價勒買，違者赴合於上司陳告處治。其墾田納米之外，獲有餘米，許依時價糶賣，各衙門不許指以官價爲名，減値勒買，違者亦聽被害人陳告處治。如衙門人役指官抑買者，告發之日，計贓論罪。

一、各省直漕糧、江南民運白糧，耗費最爲煩苦。自今墾田以後，屯衛所官員人等有於近京去處，收獲餘米，自出脚力，搬運到來：白米於戶部光祿寺等衙門、漕糧於戶部倉場總督等衙門告明，卽許將合式糧米，照例上納。給與印信倉收執照，類總移文彼處漕運巡撫等衙門，轉下所司，照數給與應解正耗貼役等米石、車水脚等銀兩，免其解運。其民戶情願扣除本名及子婿親族名下應納銀米者，聽其盡數扣除，有司不得留難抑勒，重復徵收。違者許被害人徑赴合於上司陳告參處。在京各衙門仍照軍民糧見行規則，刊刷易知單冊，給與納戶，以便交納扣除。

一、律法有流罪三等，久廢不行；大率比附軍徒，引例擬斷。推原其故，當因杖流人犯，二三千里之外，了無拘管，亦無資藉，勢難存立；不若軍徒既有衛所驛遞官長鈐束，新軍亦有月糧三斗，徒犯亦有站銀二分，少資餬口。故流罪廢而比附軍徒，勢不得已也。今既設立屯衛官員，皆在廣虛之地，若將流罪人犯解赴收管，令作佃徒，以當差操擺站，卽得服田食力，務本營生。以此聚人辟土，正合古人徙人民之意，亦不至牽合比擬，使罪不麗法，法不當罪矣。犯人本身除有血戰功級照例陞賞外，其餘墾田雖多，終身不得除罪受職。其子弟以墾田頃畝入米，考試上進者聽。

一、既墾成熟而棄去者，如未授職名，另募人耕種，已授者革職除名，遺下田畝，亦另募耕種。所在有司軍衛鹽司等衙門，不得指以義田，貼役、養廉、草束、產鹽、條鞭等項名目，勒作官田，以致逆沮人心，棄置永利。其另募者無開墾之勞，本身授職與子弟考試，准其半給。半給者如耕二千畝，原該指揮使，子弟八人與考，今止授副千戶，四人與考也。若委係邊地危險，或兵荒倥傯，而能應募補缺者，仍准全給。

用水第二凡六條

臣竊謂欲論財，計先當論何者爲財？唐宋之所謂財者，緡錢耳；今世之所謂財者，銀耳。是皆財之權也，非財也。古聖王所謂財者：食人之粟，衣人之帛。故曰生財有大道，生之者衆也。若以銀錢爲財，則銀錢多將遂富乎？是在一家則可，通天下而論，甚未然也。銀錢愈多，粟帛將愈貴，困乏將愈甚矣。故前代數世之後，每患財乏者，非乏銀錢也；承平久，生聚多，人多而又不能多生穀也。其不能多生穀者，土力不盡也；土力不盡者，水利不修也。能用水，不獨救旱，亦可弭旱。灌溉有法，瀸潤無方，此救旱也。均水田間，水土相得，興雲歊露，致雨甚易，此弭旱也。能用水，不獨救潦，亦可弭潦。疎理節宣，可畜可洩，此救潦也。地氣發越，不致鬱積，既有時雨，必有時暘，此弭潦也。不獨此也，三夏之月，大雨時行，正農田用水之候，若偏地耕墾，溝洫縱橫，播水於中，資其灌溉，必減大川之水。先臣周用曰：使天下人人治田，則人人治河也，是可損決溢之患也。故用水一利，能違數害，調燮陰陽，此其大者。不然神禹之功，僅僅抑洪水而已；抑洪水之事，則決九川距海，濬畎澮距川而已，何以遽曰：水火木金土穀惟修，正德利用厚生惟和，一舉而萬事畢乎？用水之術，不越五法。盡此五法，加以智者神而明之，變而通之，田之不得水者寡矣，水之不爲田用者亦寡矣。用水而生穀多，穀多而以銀錢爲之權。當今之世，銀方日增而不減，錢可日出而不窮。又以宋臣李綱所言：節用救弊，覈實開闔貿遷諸法，設誠而致行之，不加賦而國用足，豈虛言也哉！謹條例如左：

一、用水之源。源者水之本也，泉也。泉之別爲山下出泉，爲平地仰泉，用泉之法有七：其一，源來處高於田，則溝引之。溝引者，於上源開溝，引水平行，令自入於田。諺曰：水行百丈過牆頭，源高之謂也。但須測量有法，卽數里之外，當知其高下尺寸之數，不然溝成而水不至，爲虛費矣。其二，溪澗傍田而卑於田，急則激之，緩則車升之。激者，因水流之湍急，用龍骨翻車、龍尾車、筒車之屬，以水力轉器，以器轉水，升入於田也。車升者，水流既緩，不能轉器，則以人力、畜力、風力運轉其器，以器轉水，入於田也。其三，有源之水，行於漫地，易涸也，則爲陂、爲壩以留之。其四，源之來甚高於田，則爲梯田以遞受之。梯田者，泉在山上山腰之間，有土尋丈以上，卽治爲田，節級受水，自上而下，入於江河也。其五，溪澗遠田而卑於田，緩則開河導水而車升之，急者或激水而導引之。開河者，從溪澗開河，引水至其田側，用前車升之法入於田也。激水者，用前激法起水於岸，開溝入田也。其六，泉在於此，用在於彼，中有溪澗隔焉，則跨澗爲槽而引之。爲槽者，自此岸達於彼岸，令不入溪澗之中也。其七，平地仰泉，盛則疎引而用之，微則爲池塘於其側，積而用之。爲池塘而復易竭者，築土椎泥以實之，甚則爲水庫而畜之。平地仰泉，泉之瀵湧上出者也。築土者，杵築其底；　椎泥者，以椎椎底作孔，膠泥實之，皆令勿漏也。水庫者，以石沙瓦屑和石灰爲劑，塗池塘之底及四旁，而築之平之，如是者三，令涓滴不漏也。此畜水之第一法也。

一、用水之流。流者水之枝也，川也。川之別：　大者爲江爲河，小者爲塘浦涇浜港汊沽瀝之屬也。用流之法有七：　其一，江河傍田則車升之，遠則疎導而車升之。疎導者，江南之法，十里一縱浦，五里一橫塘，縱橫脈散，勤勤疏濬，無地無水，此井田之遺意。宋人有言：　塘浦欲深闊，謂此也。其二，江河之流，自非盈涸無常者，爲之牐與壩，釃而分之爲渠，疎而引之，以入於田。田高則車升之。其下流復爲之牐壩，以合於江河，欲盈則上開下閉而受之，欲減則上閉下開而洩之。臣所見寧夏之南、靈州之北，因黃河之水，鑿爲唐來、漢延諸渠，依此法用之，數百里間，灌溉之利，瀸潤無方。寧城絕塞，城中之人，家臨流水，前賢之遺澤遠矣。因此推之，海內大川，倣此爲之，當享其利者亦孔多也。其三，塘浦涇浜之屬，近則車升之，遠則疎導而車升之。其四，江河塘浦之水，溢入於田，則隄岸以衛之；　隄岸之田而積水其中，則車升出之。堤岸者，以禦水，使不入也。大則爲黃河之帚，小則爲江南之圩，宋人有言：　隄岸欲高厚，謂此也。車升出之者，去水而蓺稻，或已蓺而去其水，使不沒也。其五，江河塘浦，源高而流卑，易涸也，則於下流之處，多爲牐以節宣之。旱則盡閉以留之，潦則盡開以洩之，小旱潦則斟酌開闔之。爲水則以準之。水則者，爲水平之碑，置之水中，刻識其上，知田間深淺之數，因知牐門啓閉之宜也。浙之寧波、紹興，此法爲詳，他山鄉所宜則效也。其六，江河之中，洲渚而可田者，隄以固之，渠以引之，牐壩以節宣之。其七，流水之入於海而迎得潮汐者，得淡水迎而用之，得鹹水牐壩遏之，以留上源之淡水。臣所見迎淡水而用之者，江南盡然；　遏鹹而留淡者，獨寧紹有之也。

一、用水之豬。豬者，水之積也，其名爲湖、爲蕩、爲澤、爲洵、爲海、爲陂、爲泊也。用豬之法有六：　其一，湖蕩之傍田者，田高則車升之，田低則隄岸以固之，有水車升而出之，欲得水決隄引之。湖蕩而遠於田者，疎導而車升之。此數者與用流之法略相似也。其二，湖蕩有源而易盈易涸，可爲害可爲利者，疎導以洩之，牐壩以節宣之。疎導者，懼盈而溢也；　節宣者，損益隨時，資灌溉也。宋人有言：　牐竇欲多廣，謂此也。其三，湖塘之上不能來者，疎而來之；　下不能去者，疎而去之。來之者免上流之害，去之者免下流之害，且資其利也。吳之震澤受宣歙之水，又從三江百瀆注之於海，故曰：　三江既入，震澤底定，是也。其四，湖蕩之洲渚可田者，隄以固之。其五，湖蕩之豬太廣而害於下流者，從其上源分之。江南五壩分震澤以入江，是也。其六，湖蕩之易盈易涸者，當其涸時，際水而藝之麥。藝麥以秋，秋必涸也。不涸於秋，必涸於冬，則藝之春麥。春旱則引水灌之。所以然者，麥秋已前無大水，無大蝗，但苦旱耳，故用水者必稔也。

一、用水之委。委者，水之末也，海也。海之用，爲潮汐，爲島嶼，爲沙洲也。用委之法有四：　其一，海潮之淡可灌者，迎而車升之；　易涸則池塘以畜之，閘壩隄堰以留之。海潮不淡也，入海之水，迎而返之則淡，《禹貢》所謂逆河也。其二，海潮入而泥沙淤墊、屢煩濬治者，則爲牐、爲壩、爲竇，以遏渾潮而節宣之。此江南舊法，宋元人治水所用，百年來盡廢矣！近并濬治亦廢矣！　乃田賦則十倍宋元，民貧財盡，以此故也。其濬治之法，則宋人之言曰：　包流搔乘，緩流撈翦，淤泥盤吊，平陸開挑。今之治水者宜兼用之也。其三，島嶼而可田，有泉者疎引之，無泉者爲池塘井庫之屬以灌之。其四，海中之洲渚多可田，又多近於江河而迎得淡水也，則爲渠以引之，爲池塘以畜之。

一、作原作豬以用水。作原者井也，作豬者池塘水庫也。高山平原，與水違行，澤所不至，開濬無施其力，故以人力作之。鑿井及泉，猶夫泉也；爲池塘水庫受雨雪之水而豬焉，猶夫豬也。高山平原，水利之所窮也，惟井可以救之。池塘水庫皆井之屬，故《易・井》之《彖》，稱井養而不窮也。作之法有五：　其一，實地高無水，掘深數尺而得水者，爲池塘以畜雨雪之水而車升之，此山原所通用。江南海壖數十畝，一環池深丈以上，圩小而水多者，爲良田也。其二，池塘無水脈而易乾者，築底椎泥以實之。其三，掘土深丈以上而得水者，爲井以汲之，此法北土甚多，特以灌畦種菜。近河南及眞定諸府，大作井以灌田，旱年甚獲其利，宜廣推行之也。井有石井、磚井、木井、柳井、葦井、竹井、土井，則視土脈之虛實縱橫及地產所有也。其起法有桔槔、有轆轤、有龍骨木斗、有恆升筒，用人用畜，高山曠野或用風輪也。其四，井深數丈以上，難汲而易竭者，爲水庫以畜雨雪之水。他方之井深不過一二丈，秦晉厥田上上則有深數十丈者，亦有掘深而得鹹水者，其爲池塘、爲淺井，亦築土椎泥，而水留不久，不若水庫之涓滴不漏，千百年不漏也。其五，實地之曠者，與其力不能多爲井爲水庫者，望幸於雨，則歉多而稔少，宜令其人多種木。種木者用水不多，灌溉爲易，水旱蝗不能全傷之。既成之後，或取菓，或取葉，或取材，或取藥，不得已而擇取其落葉根皮，聊可延旦夕之命，雖復荒歲，民猶戀此不忍遽去也。語曰：木奴千，無凶年。高皇帝令民每戶種桑二百株，種柿二百株，種棗一百株，用防饑歲；仍命有司時加提督，務求成效，不在起科之數，栽種過數目，造冊周知。洋洋聖謨，垂訓遠矣！

明・瞿式耜《瞿式耜集》卷一《佐邊儲疏》 題敬因處餉之艱難，聊竭千慮之一得，仰祈聖明採擇施行，以裕國計，以佐邊儲事。

臣惟天下所最急者，無如兵與民二事。而生財之道不講，則有兵而不得兵之用，有民而不安民之生，雖聖王無以成內順外威之治也。伏見我皇上初登大位，卽孜孜以兵弱民困宣諭羣臣。邇因邊警告急，請帑紛紛，召對平臺，屢廑聖慮。臣忝列戶垣，財用盈詘，實關職掌。臣卽愚昧無知，敢不勉效涓埃，以佐計臣之萬一？

臣考祖宗朝，軍旅四出，而無糧餉不足之患，大端惟屯田、鹽法、徵解芻糧本色諸政。今事事壞盡，糧餉何由而足？高皇帝屯田之制，每軍種田五十畝，多至一百畝，少至二十畝。大約以少壯者守城，老弱者耕種，以故沿邊軍士，皆自爲身家妻子之謀，不待趣之死敵，而自然肯戰。卽少壯之人，其操演之餘，又得以其筋力用盡於農畝。所以地之出者既多，而軍之居於邊者，亦爲久長之計，而無所怨苦。今之饑軍，皆嗷嗷焉聚烏合之衆，曾無朝夕之謀，豈能臨敵而戰乎？臣謂屯事雖壞，祖宗之遺制未嘗不在。但行之須以其人，既得其人，又須久任，或責以十年、二十年，使其行之而效，卽終身經理屯事，未爲不可。臣子以身許國，何事不可爲？果能爲國家幹辦一事，一生精神透露，卽可不朽，豈必擇其逸者、榮者而爲之乎？今沿邊關外空地最多，亟宜訪實心任事，暢曉農事之大臣，招集遼東無食無家之百姓，開闢荒田。計本年之工本，其收成約略可以相當。而二年、三年之後，粒粒皆子息矣。夫以本地之糧，餉本地之軍，而不必借糧於千里之外；以本地之兵，守本地之土，而不必調兵於萬里之外；直以關門兵食付託於經理之臣，而天子不與其憂，計無便於此者。但無從中格之，俾得盡展其所長，何憂屯政之不行也？然屯政之行，須俟之二年、三年，乃徐有成效，而目前未可以濟急。

已上數款，生者三，節者亦三，而生與節之人居其一，大約皆復舊而非創新。若循此而行，歲亦可得數百萬，而邊餉缺額何難立補哉？日來在廷諸臣，凜凜焉懼司農無點丹之術，外解又不至。夫外解之不至，亦有故焉。凡錢糧徵解如期，大抵皆正印官身在地方，又迫於考成之功令，自不得不着意於催科也。自去年九、十月間，各官以覲事離任，考選者既題留京師，而回任者又遷延故里。代庖府佐，其自愛者意在潔身，徵收之事，不欲嚴比。既間有徵收，而起解或不如法，仍無濟事。一或心存不肖，便爲吏胥所蒙，竟有東京邊於高閣，祇發不急之工食，以逐其鼠飲之計，而全不顧公家之急者，此司農之所以益仰屋也。伏乞敕下吏部，凡今年新選甲科正官，早給文憑，刻期勒令赴任，其有晝錦逍遙，以違限參治。新發之硎，未有不爲地方計長久，無論民困稍甦，而正供亦得以速解，此亦近日安民足食之要着也。臣蒿目時艱，愧無長策，輒據狂瞽之一得，以備當事採擇如此。惟皇上留神省覽，立敕該部具覆施行。臣無任激切悚仄待命之至。

崇禎元年六月二十九日上。七月初九日奉聖旨：屯政、鹽政、事例三款，前朕召對時已有面諭，該部詳定條例，具奏施行。增支、冗員、濫賞三項如議申飭。新舊餉司應否歸併，從長計議。各省、直工、遼生銀未解到的，移文撫、按官徹底清查，限三月內完解。新選州縣正官，部科嚴立憑限，作速赴任。該衙門知道。

《明經世文編・林俊〈林貞肅公集一・務政本以足國用疏〉》 臣幼叨士籍，長廁鄉書，荷卒成於壁水，愧乏報於涓埃，常慮生有忝於明時，而死無聞於後世，深以爲懼，念昔漢文帝之時，海內富庶，幾致刑措，徒以戎狄不臣，藩屬不職，賈誼以病瘇且痱爲之涕泣。況今民貧財竭，師弱刑繁，腹心內病，風邪外侵，失此不理，恐成錮疾，使誼生其時，當何如哉。臣無誼之才，有誼之心，懷此耿耿，十年於茲矣。每以踪跡流賤，無階上達，頃以會試來京，伏聞邊塵不淸，餉運告病，上勞宵旰之憂，下費廟堂之議，勢甚急而事至要，於此有懷而不吐焉，則生有愧色，死有餘辜矣。故寧言之而取譏妄僭冒之愆，毋寧不言而坐緘默玩視之罪也。伏惟陛下大天地之量，廓日月之明，萬分一有可以補裨者，死且不朽矣。臣聞議者欲發內帑之藏，外郡之積以濟之者，臣竊以爲過矣。夫內外之藏，所以防倉卒之需，城守之具，水旱之備，故常見其不足，未見其有餘。且天下之事，每每出於意料之外，設有不虞，曷以備之。況州郡之吏，間有乘此以射利者，人士喧騰，街巷聚議，耳聞目擊，所不敢言，是何異剜心頭之肉以醫眼下之瘡。竊爲陛下不取也。至於內帑之藏數亦有限，鹽鐵之議蓋亦末務，他如權宜措置，間可施行，要亦巧取於民，終非久安長治之策也。且財之生於天地者無窮，而出於人力者有限。先王之政，亦惟用天之道，因地之利，裁成輔相以左右民耳。今之地卽古之地，今之民卽古之民也。昔也軍國之需，仰於西北而有餘，今也軍國之需，益以東南而不足，其必有故矣。臣愚以爲地有餘利，應墾而不墾，民有餘力，宜務而不務，此其本之失也。夫濟兗之地，非古井田之區，三代所倚以給軍國者乎。臣嘗榜舟過之，荒沙漠漠，彌望丘墟，間有樹蓺，亦多鹵莽而不精，緩怠而不時，至於京畿之間，亦復如是。往往爲之傷心飮泣，撫掌深嘆，計此度之，雖邊郡應屯之地目所不擊，足所不到之處，夫亦是耳。大抵官非其人，理非其要，膏腴之區，貪併於巨室，磽确之地，荒失於小民，而屯田壞矣。務貪多者失於鹵莽，困賦稅者一切抛荒，而農業隳矣。所謂地有遺利，民有餘力，此之謂也。臣聞國猶家也，理家猶理國也，理家之道，力農者安，專商者危，入不逮所出者貧，剝人以肥己者亾。有人於此，千金之產置棄不理，顧乃逐商賈之微贏，漁閭閻以取息，日出其筐篋以禦外侮，不待知者亦決知其不可矣。是故政本之說，力農之謂也。鹽鐵之說，專商之謂也。發帑藏之說，入不足而日出之之謂也。巧取之說，剝人以肥己之謂也，即此論之得失利害，固有不較而自明者。今日之事，臣愚以爲莫若取一於農，務力其本，大爲一勞永逸之圖，沿邊諸郡，則倣趙充國屯田故事，兼以晁錯募民耕塞下之議，參酌損益，選大臣通兵農之務，兼軍民之情者，摠專其事，選京官之識見明達，幹理精密者，分督其事。叚界圻畫，區析畆分，閱其強壯，優其食給，隨地所宜，務力於農，乘所餘閒，課以騎射，而又教以禮義忠信之道，兼之坐作擊刺之法，視攻農之勤怠，校蓺習之工拙，會歲收之贏縮，以爲刑賞，仍於要害之處，列屯之外，高築墉牆，負墉爲廬，往來之所，狹通甬道，夾道植樹。夫負墉爲廬，則內得以安居，而外難於卒攻；夾道植樹，則人便於往來，而騎難於馳突。又於墉外廣植榆棘，稍有烽警，列營以俟，隨方禦之，虜亦無自而入矣。借曰失利而入，則合各屯之卒守於外，發邊郡之卒攻於內，內外受擊，彼亦安得而善其出哉。臣嘗攷之韓重華之在唐，釋罪吏耕邊田，歲償官逋四十萬斛，又募人爲屯田，歲省度支千三百萬，軍不病飢，寇不爲害。韓愈稱之以爲兵農兼事，務一而兩得。厥後大臣持其議，中國遂坐耗，俄頃之間，暫作暫止，灼有明驗，夫亦在乎人耳。至於腹內西北諸路所係甚大，井田之法雖難卒行，宜以東南之法權宜治之，必得如漢之趙過，召信臣，國初之陳脩其人者，分方經理，相原隰之宜，立旱澇之備，定肥瘠之區，實稅賦之額，居止而作者使循其舊，流亡而復者，各歸之田，湖蕩之間，可以水耕者，則引水鑿渠，募水耕者耕之。高衍之地，可以陸種者，則分疆定界，募陸種者種之。貧民則給以食力之値，田成之後，依官田以起科。富民則計以庸食之費，田成之後，依民田以出稅，務使人各歸農，農各力田地各樹蓺，蓺各得利，如是，則東南之賦如故而西北之利當日興矣。至於京畿之地，尤在當急，白茅黃葦，悉皆沃壤，昔者虞集嘗議瀕海之地，築堤募耕，十年之後可省海運數百萬，此則直沽一帶瀕海之地悉可耕也。脫脫嘗於近畿之地募人耕蓺，一歲之收，可得芻糧百餘萬，此則西山四面近畿之地悉可耕也。是宜依倣井田之制，畿甸之法，經緯區畫，精密整齊，計畆爲區爲屯，度之以里，繚之以垣，環屯星列，周廬棊布，使天下曉然知皇都之尊，根本之固，守之以恭儉，明之以賞罰，十年之後，國用漸贏，於是寬賦稅以舒民困，厚祿秩以禮賢士，興學校以明禮義，如此而國勢不尊，天下不治，未之有也。若夫措置之方，規爲之密，則必寔求其人，親履其地，酌古準今，隨宜而變通之，乃爲可耳。夫食者民之天也。一日不再食強者亦憊矣。是以聖賢論政，每以理財足食爲首，又況天下之事，未有積久而不變者。倚之重者，禍或伏焉。利之大者，害亦如之。然則今日之事，固未可專委之東南也。甚者必解而更張之。此亦其時矣。伏望陛下博參群議，獨斷宸衷，請舉一隅之地，小小試之。或要而邊關之地，或近而京畿之外，如臣所陳者，經畫區分，而又益求衆議以潤澤之，數年之內，所得若何，所失若何，則其是非利害，居然可見矣。如曰：常言冗熟難於信用，巨室兼并，難於清復，因循苟且，難於振作，雌黃疑似，難於折衷，則非臣所敢知也。艸昧疎賤干瀆天威，不勝驚戰怖慄之至。

《明經世文編·林俊〈林貞肅公集三·送范應禎按察福建序屯政〉》古者兵出於農，井田志而兵寓焉。要之七家一兵，七征始一遍。藏於田畝，簡於暇日，而調發於臨時，故無召募之勞，無養兵之費，均以便也。漢南北軍，唐府兵亦倣於此。我太祖遠稽近紹，屯守之兵，居然古意。內地則屯八人，守二人，邊地則屯七人，守三人。衛五千人，輸歲六石，守人食月一石，以歲輸充，歲食二人則歲贏一萬二千石也。三七則歲贏三千石也。廩官之費，民賦商征，有餘辦矣。夫何歲久弊滋。今之兵額率耗其半，田則故存也。於是有贏丁之補種，細民之租佃，食之愈寡，糧不贏以告乏，何歟。予嘗數發問而執事者不能告也。釐正之方，宜若可驗者，圖籍鮮存，畦畛數易故疆，今鄙漫不省識，考之甚難也。呑隱者寧死不自實，私市者物故，冒民版者歲以深，一家仰賴焉。以法復之，則私値罔償，公租無所豁，一家之生事去矣。此一怨也。欲求其端，必開告訐之門。予嘗見督屯之使，惟利得田希己功，奸軍乘氣勢奪民產,無控愬。此一怨也。豪右私屯連頃畝,無敢發其奸,官治之,則搆煽謗讟。此一怨也。下官承上意爲出入亡可否，彼售其私，我賈其責。此一怨也。則是亦怨，非亦怨我者，若罔安於位，況望之濟哉。溧水范君應禎，潔瑩愼縝有幹局，其在南京戶部有名，今年以員外郞擢按察僉事，璽書督屯吾閩，是固所熟試而驗矣。因熟試晉新銜，收有來效，孰禦哉。春官陳洪載述君論屯之政曰：吾惟無適莫其間耳。職屯必利屯，若職民復利民耶。世豈有是，亦示之以狹矣。吾奚有倚哉。屯是屯可也。民是民可也。屯是而詭之民，則正而曲處之，是故誤而軒輊焉。除其租以上下其直，毋泛淸也，必額以爲定，毋遙度也。必簿以爲憑，毋偏任也。必師以爲聽，毋疏核也。必差以爲察，毋譟決也。必詳以須之，盡兵與民均也。吾奚有倚哉。吾仁存而義施焉。額幸而足恥，言功不足，寧任其咎，直之吾不知爲德，繩之吾又惡辭爲怨哉。予驚喜曰：名之下無虛士哉。是可惠吾閩矣。抑宣力之任也。國家永無兵食之憂，則有兵農故事，然豈易言哉，亦經世深念也。

《明經世文編・王驥〈王清遠忠毅侯奏疏・貴州軍糧疏貴州屯田〉》 貴州官軍月糧皆於四川関支，相去甚遠，舟車不通，各衛差一二人摠領其糧，動以千數，皆賤糶之，而軍士不過得鹽一斤半斤而已。況四川之糧，皆百姓肩挑背負，積之甚艱，而出之甚賤，以致軍士妻子，衣食不給，皆剜蕨根度日。而親管官員又不矜恤，剝削萬端，按察司及御史以地方廣闊，巡歷不周，俾被害軍士，飲恨呑聲，無可控訴。亦見貴州二十衛所屯田池塘共九十五萬七千六百餘畞，所收子粒足給官軍，而屯田之法久廢，徒存虛名，良田爲官豪所占，子粒所收，百不及一，貧窮軍士無寸地可耕，妻子凍餒，人不聊生，誠爲可慮。乞選堂上官一人及推能幹按察司副使或僉事一員，照陝西例於行在錦衣衛管事官選調一員署貴州都司事，使其提督衛所，鎭撫蠻夷，經理屯田，詢察賢否，庶幾奸弊可革，邊境寧謐。

《明經世文編・朱鑑〈朱簡齋先生奏議・請減屯軍子粒禁革奸弊疏屯軍子粒〉》 據廣東都指揮僉事張玉咨呈稱：節據淸遠、碣石、雷州、海南、神電、廣海等衛，南雄、韶州、捷勝、靖海、甲子門等所管屯指揮千百戶楊璟等呈，據各該屯田旗軍劉良受等連名狀告，俱充各衛所旗軍蒙撥屯種，辦納子粒，遞年本軍例納細糧六石，切思原撥荒田，每軍多者二十畞，少者十數畞，多係深山窵遠及濱海去處，其間有水源灌注者少，山坡者多，望雨成熟，旱涸不收，且如民田每畝起科，多者四五升，少者一二升，尙且辦納不前。今屯軍田土每畞納糧三斗，二十畞者納糧六石，又有不及畞數者，一般辦納，委實艱難，與民爭種，互相告訐，連年不絕。永樂宣德年間，惟納稻穀，俱係各衛所自行收納，虛多實少，亦可拖延。今納細糧撥與有司見數收納，俱要實米到倉，誠革奸獘。但軍士有新舊不同，丁力有多寡不等，致有典賣兒女者，有貧乏逃亡者，甚至不得已糾合爲非，苟圖衣食者，況兼遞年雨水不均，禾稼不熟，誠恐追徵細糧，逼迫逃竄，告乞優恤，減分辦納等因備呈。據此案照先爲戒諭事，節該欽奉勅諭內一欵，凡軍民一切利病及今可以濟時卹患，除奸去弊之事，許指實直言無隱，體得廣東、福建俱係濱海去處，瘴癘之地，山多田少，地瘠人貧，附近好田，多被頭目占種，所撥旗軍屯田俱係深山窵遠處所，山嵐瘴氣所侵，軍民亡故不少，以此懼怕前去，名雖下屯，實在衛所。有田者少，無田者多，及至比較之時，又將徵收銀兩送與官旗攬納，一遇追併，有力者照例納足，無力者典賣妻孥。益之管屯等官，遞年春種之時，指以查點靑苗等項科歛打發，秋成之際指以比較子粒等因，索要使用，計其一年所種不勾一年所需，以有數之軍士，恣無窮之漁獵，所以逃亡數多，屯守無備。深負皇上卹軍之盛意，經國之遠圖，如蒙乞勅該部計議，暫將此等地方子粒減分徵納，以舒軍士，及行各按察司專委廉幹僉事一員往來提督，除革奸弊，實爲便益。正統五年上時，爲監察御史。

《明經世文編・馬文升〈馬端肅公奏疏二・清屯田以復舊制疏清屯田〉》

洪惟我太祖高皇帝平定天下之初，法古爲治，首定民田，驗畞起科，以備軍國之用，次定屯田，上納子粒，以給軍士之食，此我朝一代緊要制度，行之萬世而不可廢者也。故工部設屯田一司，專掌屯軍牛具犁鏵耜齒等項，彼時天下衛所軍士，邊方去處，七分下屯，三分守城；腹裏去處，八分下屯，二分守城。雖王府護衛軍人，亦照例下屯，每屯軍一名，有撥屯地一百畝者，五十畝者，或三二十畝者，所收子粒內除一十二石，准作本軍月糧，仍納餘糧子粒六石上倉，所以各衛所倉廩充實，紅腐相因，而軍士無乏糧之虞。迨我太宗文皇帝，其於屯田尤爲注意，創置紅牌事例，示以激勸良法，冊籍明白，無敢欺隱者。不知始自何年，屯田政廢，冊籍無存，上下因循，無官查考，以致衛所官旗勢豪軍民侵占盜賣，十去其五六，屯田有名無實，所以各該衛所軍士月糧，有一二年不得關支者。近該廷臣會議奏准，差給事中御史并戶部官一員請敕前去清查各衛所屯田，隨該戶部郎中等，官王勤等將清查過在京并在外保定等衛所屯田頃畝及該子粒數目奏行戶部，會官計議定奪。臣因看得本官所奏，清出在京在外衛所屯田，被人侵占等項，共四萬一千餘頃，該徵子粒四十萬八千餘石，中間尚有未能清出者，以其未知某衛所係洪武年間舊設，某衛所係南京并口外調來，一例清查。又多委有司官員踏勘，下人作弊，以此未得其詳，不能清足原額。其南京并南直隸江西等處衛所屯田，清出者尤少。況今軍士月糧累歲不得關支，而歸怨於朝廷，勢官豪軍，侵占屯田，而久享厚利，軍士嗟怨，人心未平。若不再行查冊，設法清理，則占地之家，終爲己業，而屯田之制，終未得復，將來無所憑據，軍士月糧何從仰給。事之所重，莫先於此。乞敕該部一面咨行南京戶部，於後湖冊庫內檢查洪武永樂洪熙年間屯田黃冊，一面行查兩京衛所某係舊衛，某係新設，某係各處調來，某衛所幾分下屯，該地若干頃，但係屯田一應事例，通查明白，仍查先差官員已行回報，未足原額數多者，并未經清查去處，各再差官請勑前去設法清查。若清出七八分去處，不必差官，止請勅巡撫都御史督令管屯官員清查，務足原額，方許造冊回京。戶部候各處清查完日，通行計算停當，仍仰各該衛所備造文冊，戶部及都布按三司并該衛所各收一本，仍造黃冊一本，齎送南京戶部轉發後湖官庫，如法收貯，每十年一次，照民冊事例造繳，庶使冊籍明白，將來有所持循，而祖宗舊制不致廢墜矣。

《明經世文編・丘濬〈丘文莊公集二・屯田淮南水田潁壽陸田〉》 今承平日久，生齒日繁，天下田價，比諸國初加數十倍，水田惟揚州最賤，陸田惟潁壽爲輕，且地在兩京之間，相距畧等。今天下一家，雖無魏人南征之役，然用其法以行於今日，亦可賴以少寬民力，省歲漕其於國用，不爲無助。臣請於淮南一帶湖蕩之間，沮洳之地，蘆葦之場，盡數以爲屯田，遣官循行其地，度地勢高下，測泥塗淺深，召江南無田之民，先度地勢，因宜制便。先開爲大河，闊二三丈者，以通於海。又各開中河八九尺者，以達於大河，又隨處各開小河四五尺者，以達於中河，使水有所洩，然後於其低窪不可耕作之處，浚深以爲湖蕩，及於原近舊河之處疏通其水，使有所瀦，或爲隄以限水，或爲堰以蓄水，或爲斗門以放水，俱如江南之制。民之無力者給以食，田成之後依官田以起科。民之有力者計其庸，田成之後，依民田以出稅，六七年間其所得者恐不減於魏人也。夫魏人以偏安之國，有外敵之患，猶能兼淮潁而盡田之，其後果賴其用，而有以成其功。矧今盡四海以爲疆，而此地介兩京間，而又爲運道經行之路，有魚鹽之利，有莞蒲之用，古人所謂揚一之地者也。且去大江僅百里許，大江之南民多而田少，居者佃富家之田，爲之奴隸，出者逐什一之利，輕去田里。夫若此者，豈其所欲哉。無可以爲仰事俯育之資，不得已也。然民性愚而安故常，心多而無定見。倘朝廷頒方尺之詔，遣一介之臣，鼓舞而招徠之，無不成者。既成之後，又於潁壽之間，召民開墾陸田，亦隨地勢以分田，因民力而定稅，其功又易於水田者。考之唐史，上元中於楚州今淮安古射陽湖置洪澤屯，於壽州置芍陂屯，厥田沃壤，大獲其利，俱在此地，遺跡可考也。

《明經世文編・丘濬〈丘文莊公集・屯田荊襄唐鄧之田〉》 按羊杜二人所墾之田，其遺跡在今湖廣之荊襄，河南之唐鄧，古稱雒陽爲天下之中。臣以今日疆域觀之，則此三郡實爲我朝天下之中也。天下之田，南方多水，北方多陸，今此三郡蓋兼水陸而有之也。南人利於水耕，北人利於陸種，而南北流民僑寓於此者比他郡爲多。臣請於兩藩交界之中，立一官司，遴擇廷臣知稼穡者，循行其地，可水耕之地則引水立堰，募南人耕之。可陸種之地則分疆定界，募北人種之。成熟之後，按畝分租，隨地儲積，遇有急用，由漢入江，由江而達於金陵，稍省歲漕之數，多留郡縣之儲，或遇河雒關陝荒歉，亦可用以救濟，又於暇日講求武關入秦之路，啇于陸輓之故，萬一三邊有缺，亦或賴以濟焉。

《明經世文編・劉大夏〈劉忠宣集・論宣府屯田疏屯田〉》 宣府地險積寡，已於東城置倉數十間，未有以實之而神明川地肥饒，屯田團種之外，尚多私占，請令巡撫巡按等官清查歸官，其軍餘原額屯田團種者每分額外，量與餘田，勿令過二十畝。清出歸官者，或原人領種，或別召承佃，每畝起科納糧三升，草一斤，與東西二城并蔚州衛屯田糧料，俱令運赴新修東倉，及附近草場上納，倘宣府不足，於農隙時運去備預。其他地方及西城蔚州二處不足，宜發銀就彼糴買，不得那借。至若懷來城，尤爲要害，亦須增置倉厫，糴蓄糧料，以備倉卒之用。

《明經世文編・楊一清〈楊石淙編扉奏略・論甘肅事宜修舉屯政〉》 臣出入中外幾四十年，而在陝西最久。初見甘肅一鎮，自蘭州渡河所轄諸衛，綿亘二千餘里，番虜夾於南北一線之路，其中肅州嘉峪關外，夷羌雜處，寇盜無時，自昔號爲難守，而今日事勢又有異者。亦卜刺、阿爾禿斯二賊竊伏西海，始而殘害諸番，今則與番聯合，窺我莊涼，又犯我河洮之境矣。西域土魯番踵惡數世，先年獨殘破哈密，後則沿邊王子莊等處、赤斤罕東等番衛俱被蹂踐，遂敢稱兵叩關，犯我肅州，困我甘州鎮城矣。爲今之計，既未能奉辭遠討，則先事預防之慮。胡可且夕忘也。臣聞禦戎之策，自治爲上。自治之道，兵食爲急。今各衛所行伍空虛，士卒疲憊，戰守之具，徒支目前。若不于逃亡者設法勾補，見存者加意撫卹，脫有邊警，何以待之。河西糧儲匱乏，士有飢色，馬多瘦損，内地所派既不足外供。朝廷間發内帑給之，亦不過即糴所在之粟入所在倉廩而已。而境内佈種不廣，別無輦致，雖有官銀，無從糴入，以故穀價騰踴，日異月殊，所司往往以銀散之衛所軍餘，令市買納官，責限督併，衆口嗷嗷，怨聲載道。夫處積邊儲不過糴買召商二事。今糴買既有弊，惟召商爲最便之法，宜自今定制，凡開中鹽引，務令商人上納本色。邊儲銀兩除量留以備豐歲折放，亦當召商糴粟，稍優其直，而不苛其收，則應者自衆矣。然欲以本土之所出，供本土之所需，非廣興屯種不可。今者遣官清查塞田，授軍耕作，此誠探本之策而其故亦不可不講也。何則正軍充伍，餘丁撥屯，例也。但其中有有軍無餘者，有有軍餘而無力不能播種者，故屯地多侵沒於將領豪右之家，以致屯軍終歲陪糧，有貧丁以田假佃於人者，有田隔遠磽瘠，無人願假，不得已終歲傭身以輸糧而不足者。管屯之官，至計十歲以下幼男報充屯丁，叅兩朋合，謂之擡糧。屯事至此，邊人之困尚忍言哉。故欲廣興屯種，非先補助屯丁，不可按軍十三守城，七屯田例也。今各衛征操之外，有乘墩、守堡、伏塘等役，即守城且苦之矣，其何有於屯。宜令清軍查理各衛軍戶，應繼者俱選解健丁，仍加帶軍餘一人，戶大族衆者二人，與俱請邊以補屯卒，使其來則有親屬以爲侶，至則有田業以爲家。庶乎生理相依，而逃亡者鮮矣。不然，亦可倣古募民實塞之意，召募隴右關西之民以屯塞下，授地之外，任其開墾，俟三稔，乃徵其租，一切徭役皆復之。如此則利可資身，人爭向募矣。又考先年屯政修舉之時，牛具種子皆爲官物，凡屯軍以年老或選伍代去者，例以牛具種子若干，隨田還官。今盡廢矣。宜倣其法，以萬金買牛及田器，審屯丁係貧窶者及清解召募初至者，人給牛牝牡各一隻，犂鏵各一具，種子五石，每年所獲自輸租外，即償原價種子，以備春作更給，至於屯地之埋沒者則聽人首告，占種於官豪者，諭令吐退而不追其往可也。或有以虜警爲慮者，臣謂春種秋穫，各不過一二旬耳。設令各該守臣，先期曉諭，約日並作大發卒爲之守望，寇至舉烽，即可收保，且虜入冠亦有時，壠畝連雲，禾稼蔽野，虜馬亦安能盡殘之乎。管屯之官，尤必委任得人，貪婪侵尅者罰無赦，三年以上屯糧無負及有贏積者，薦舉擢用。今日修舉屯政，大要不過如此。若徒以清查催納爲名，而鮮實心經理之方。臣恐於邊備終無益也。

《明經世文編・劉天和〈劉莊襄公奏疏・肅州事宜疏〉》 肅州原設堡寨稀薄，虜易攻剽，以致屯田日就荒廢。今查本衛丁壯及山陝流民括之可得四千五百，其中多驕健善戰者。請於近邊密築墩臺，增其垣埤樓堞，使居其中，平時耕牧，遇警保塞。庶幾古人寓兵於農之意，則賊至無所掠，而屯種得以漸廣，即甘涼、山永、莊浪等處皆可行也。

《明經世文編・林希元〈林次崖文集・應詔陳言屯田疏屯田〉》 臣按屯田之法，始於漢氏，蓋取空閒之地，課人以耕，而因以戰守，於以足糧餉而省轉輸，養兵實塞之要，足國安民之計，莫先於是。三代既降，兵不出農，猶可以兼農而省坐食之費者，屯田之法是也。然古今之用，其途有二，因兵興而屯田者，若充國之金城，孔明之渭下，棗祗之許下是也。此屯田之本意也。有不因兵而屯田者，若東晉之簡流人屯田於江西，後魏籍州郡戶十之一以爲屯田是也，則無謂矣。我朝屯田又異於是。我太祖既籍民爲兵，衛所遍天下，爲養兵之費太廣也。乃引兵出野屯種，有二八、三七、四六之等，軍人受田京衛猶可，其在諸州或二十畝，或三十畝，隨地腴瘠，多寡不同，然皆歲輸正糧十二石，餘糧如之正糧輸之屯所，以給本軍月糧。餘糧輸之衛所，以給守城軍士。一軍出種，則省二人之食，四百軍出種，則省八百人之食，此其爲謀，可謂周且密，爲法可謂簡且易矣。然行之未久而大壞，軍士逃亡且盡，田土遺失過半，其故何也。科稅太重，又撥田之初，不問腴瘠窪亢，虛實隔涉，但欲足數，牽紐補搭，配抑軍人而使之耕，加之軍士多游惰，督耕無良將，此其法所以速壞也。今夫受田一畝，税五升，二十畝而税一石，加以徭差亦不出二石，然猶多逋負。軍人受田如廣東二十畝，乃使輸二十四石之税，其能堪乎。況有腴瘠窪亢虚實隔涉諸弊，則軍士安得不逃亡也。軍既逃亡，則田或爲豪民之所隱，或爲官旗之所據，田土安得而不失。田土既失，則税糧安得而全徵。屯田之壞，其故如此。後來深知其弊，乃正糧不徵，聽本軍自食，餘糧復與減半，軍士或頗蘇息。然其法已壞，不可復收矣。況以二十畝之田而輸六石之税，比之民田，終然過重，故有以一分而輸二石者，有五分而輸十石者，法亦隨時更變，卒不能守其舊也。夫軍亡田失，官府但責税于衛所，見在之官旗。見在之官旗不得已，乃派之同營之軍舍，官旗軍舍有白手而輸税者。自夫軍亡田在，而頂種朋種佃種之名立，豪强官舍有虚名冒頂，一人而兼數分二十分，負租税以覬幸免於官者，又有軍户尚存，田爲官旗占據，或沙水坍壓，情弊多端，若夫腴瘠窪亢虚實隔涉諸弊，又不在此數也。屯田之弊，大率如此。弘治年間，雖嘗遣官查理，何嘗得其要領乎。見行條例，嘉靖詔書，雖有强占多占之禁，奸雄曾有所憚乎。朝廷雖遣憲臣督理其事，何嘗加之意乎。或曰：如子之言，則屯田之弊終不可清與。臣曰：何不可清，在得人耳。苟得其人，則志識俱到，操縱不偏，又何不可清也。夫屯田之失可究者必當究，其不可究者且當已之也。屯田之失者或不可究，屯田之未失者，不可不理也。可究而不究者惰，不可究而究者固，可理而不理者舛。弘治年間福建清查，不量可否，但欲勾額，乃至一分之田折爲二三以塞責，卒至徵租不起，幾成激變。巡按御史毁其籍，此失之固也。若今各處管屯官則失之惰與舛耳。或曰：然則今屯田之法可復乎。臣曰法尚通變，必因其時，時變可通，何必舊也。今衛所之兵逃亡過半，守城且不足，況可復屯種乎。古者屯田固以兵畊，亦有以民者，若韓重華之屯振武是也。屯田之設本在足食，糧苟不虧，斯已矣，何必軍乎。今或營丁頂種、朋種、庶民佃種，皆不必易也，但清其弊，斯已矣。是故軍亡既失之田，可究者究，不可究者姑已之而除其税可也。軍亡未失之田，聽軍頂種朋種，或民佃種，俱依改元之詔，一人一分或二分，不許多占可也。軍在侵占之田，則依條例追究，不以累屯丁可也。沙水坍壓之田，腴瘠窪亢虚實隔涉諸弊則與審實，有荒田處則撥補，否則與減税，或除税可也。然今之屯田，有在天下諸州者，有在西北諸邊者，緩急難易，亦各不同，諸州之屯田猶可緩，沿邊之屯田不可緩，諸州之屯田修之也易，沿邊之屯田修之也難。何謂有緩急。諸州屯田，本爲省兵費而設，今兵既逃亡，費亦不廣，民間賦税亦足以供之，不至上廑九重之憂，損國家之府庫，所以猶可緩也。沿邊屯田，本爲邊備而設，今備邊之兵無一日可缺，各處輸邊之糧既不至，而屯糧猶失，朝廷輒歲出户部數十萬銀以足之，一有不至，則軍士磨刃以挺，前日之戕撫臣，縛主帥，皆以是也。且户部之糧有限，又農穀不登，倘遇緩急將從何糴買。此所以不可緩也。何謂有難易。州縣屯田弊病雖多，然無掣肘不可行者，苟得人以理之，則其弊清矣。此所以易也。緣邊屯田則有掣肘不可行者，雖得其人，未易舉手，此所以難也。何謂掣肘不可行。國初兵威遠振，備警甚密，胡馬不敢近邊，故屯田可行。今邊備廢弛，胡馬時出沒出於邊境，禾黍未登場而踐躁隨之矣。其可耕乎。國初威令素行，軍士無敢逆命，可使耕種。今威令既失，非邊之兵拱手仰給於太倉，如索負然，一有不至則出惡言，官府愴惶以應之，惟恐一後而變，尚可使之耕乎。各處軍士的雖荒曠，附近之民猶可召種，沿邊之民稀少，非若州縣可召種也，將使誰畊乎。故曰掣肘不可行者此也。然則終不可行與。臣曰：天下何嘗有不可爲之事，但當費心與力耳。夫欲修備邊之屯田，當先飭治邊之兵備，兵備既飭，然後立室廬以居耕人，立堡壘以爲捍蔽，所畊之田，可畧倣經界法，建阡陌，浚溝洫，而外築長隄，樹雜木以閑之，使胡馬不得馳驅。當耕耘收護之時，可用唐人之法，常以兵護之，則屯田之政可施矣。耕種之人，可倣漢晁錯、唐李絳法，發京師及近邊各處徒流充軍罪人，免其工役納贖，及民之願田者，皆復其家，不足則出京軍以充之。每人與田五十畝，無牛種田器者官爲具，又畧從唐人之法選民之善農者爲田正、田副，俾掌其事，待有成效，則與以官。科税之法亦不必緣舊。初畊之年且不徵税，三年後可也。宋人用助法，公田以處之，如一夫受田五十畝，則以十畝爲公田，四十畝爲私田，使并力以助畊公田，不復税其私田，則人有趨利之心，而樂耕種矣。俟事有成效，歲有收穫，徒流罪人役滿願留者聽。不留者則遣罪人或募人以補之。邊軍願田者亦聽。如此將見不惟足糧餉而省轉輸，兵之患亦可漸消除矣。何也。田既有穫，邊兵必有聽募而願耕種，兵願畊種，必有所顧惜而不敢爲亂，且耕種之民雜處其間，亦可爲密策，使與相制而不能爲亂。故曰可以消邊兵之患者此也。然臣之所陳者亦大略耳。其間規制曲折之詳，又在乎臨時經理，非臣筆舌所能盡也。雖然有治人無治法，苟非其人，道不虛行，有魏相主之於內，趙充國經之於外，無患金城之屯田不可舉。有李絳主之於內，韓重華經之於外，何患振武之屯田不可集。是故其要在於得人也。

《明經世文編・林希元〈林次崖文集三・欽州復屯田疏欽州屯田〉》 照得本州官民糧米原額二千九百二十八石六斗零，除無徵停徵，實在只有二千四百九十九石，每年除解京解司，發常平永豐倉以給本州，官吏師生及千戶所官軍俸糧，只得二千八十石，僅彀半年之食，尚欠糧一千八百石，例撥在外州縣以足之，當其遠處，尚必踰年，然後至，官軍欠糧，每四月以為常。臣始入州境，陸行三日，始抵州城，見平原曠野，一目望洋，高可種黍，下可種稻，皆為荒陂，成田者十僅一二，所種之田只水稻一種，黍稷麻麥俱無。其地又半沒荒草，禾稻十不七八。詢之耕民皆不糞不耘，撒種於地，仰成於天。然猶畝收三四石，蓋其地極膏腴也。數歲力薄則易其處，又數歲而復之，故熟田常少，荒田常多，要皆土廣人稀之故也。臣即差官各處踏勘閑荒田土，附近城郭去處則自為勘量，已得田一百頃，但本州僻處一方，生意微薄，少有流民，其土居無糧人戶，又怕差役，甘於佃耕人田，不肯承種官田，以此無可招種。照得本州洪武年間設立屯田六十二頃，坐落城東廂新立鄉，靈山縣下東鄉等處，撥欽州千戶所百戶二員領軍出種。宣德年間，始罷田歸有司，給民耕種，辦納糧差。今查前項屯田，民間耕者固有，廢為荒地者尚多，況各處拋荒田土無數，又不必原田之拘也。但承種之人當議處耳。臣按本朝屯田之法令已廢壞，軍士逃亡過半，耕種之人多非本軍，皆民承佃。臣欲因今之法，參用之古，將勘過荒閑田地及原廢未墾屯田招人耕種，不拘軍餘客居，及無糧人戶，但願承田者悉與之，人給田三十畝，依欽州下則官田則例，畝科米一斗七升，一人該米五石一斗。仍撥田十畝與為宅舍，不科其稅，十人為一甲，甲有頭，五甲為一屯，屯有總。一屯種田一十五頃，共田二十頃，該米二百五十五石，一屯設屯老一名，專理其事，給田四十畝，用酬其勞，不任其稅。五屯之田計一百頃八十畝，督責耕種，徵收稅糧，則屯老責之屯總，屯總責之甲頭，甲頭責之屯丁，以本州判官掌之而總督於知州。無牛種者給與牛種。今查荒田一百頃八十畝可作五屯，歲可得糧一千二百七十五石，只招得軍餘朱鏞、馮寧等六十人，客居及無糧人戶廖逵、章料記等六十人，尚欠八十人，方足四屯之田。查得本州額設民快一百八十名，除守庫、守監、守城追捕、巡捕一百名，可撥八十名於附近新立二鄉屯種，以足四屯之數，令春夏在屯耕種，秋成之後赴州操練，尚田一屯，缺人耕種。臣查得欽州千戶所歲撥軍一百名，分上下班出海巡哨，常在孟涌海口駐劄，下班之軍，月辦銀三錢，以備該所公用。臣欲於附近孟涌茶山木隆等處撥田二十頃，令二軍朋種田一分，隨班上下，更迭耕作。軍一百名可種田五十分，以足一屯。督耕徵糧，俱如民屯之法。主之備倭官，本州亦得督責之。一軍月減米五斗，軍一百名，月減米五十石，歲減米六百石。屯糧減米，二者通計一年可得糧一千八百七十五石。如此則不待取撥於外，官軍之食可足矣。以軍餘客居無糧人戶屯田，即東晉簡流民屯田於江西，後魏籍州郡人戶十之一，屯田之遺意也。以民快屯田，即唐府兵無事則耕，有事則戰之遺意也。以哨軍屯田，即漢人屯田墩煌之中，且耕且戰之遺意也。愚臣之法，似若可行，然此法也，軍餘客戶則利，軍官糧戶則不利，民快則利，官軍則不利，何也。各處軍田數多，軍餘客戶欲種而不得，一與之田，人皆樂受，故利。官軍弗得餘丁差使，糧戶弗得多占荒田，更易耕種，故不利。民快苦於雜差，種田可以自逸，而租易輸，故利。哨軍習於安佚，今使耕田而又減糧，故不利。知其利害不為所搖則法行矣。

循乎道，恩欲其普，政欲其平，兵欲不試，刑寓好生。下察民情，上祗天戒，咸省諸躬，無時怠懈。敬怠之徵，古有訓辭，怠則患生，敬為福基，身心既謹，復省於事，届於盛時，可保長治。帝心乾乾，如日在天，不息於行，照臨八埏，華搆有嚴，寔資聖敬，育德綏民，永受天慶。

《明經世文編・霍韜〈霍文敏公文集四・與東瀛書計處遼變〉》 廣東遼陽軍士之變雖曰撫臣乖方也，細審事由，只云工役驟興也。然已停止矣；又差徭幫丁不免也，亦已改正矣；查馬軍田也，亦已給軍矣。雖云每軍栽樹二株，所費亦復幾何。每軍斂銀一分，所取亦復幾何。所云呂都御史具本奏各軍罪狀，則遼陽人懼罪可也。廣寧何罪，乃亦懼耶。若曰奏減軍糧一半，則訛言虛誕激愚軍者也。必有奸人鼓扇搖惑，致士卒紛起而怨而怒，舉鎮軍皆變，然後彼奸可逞，而大得志也。實考遼東屯田原額糧六十萬，近年僅存二十五萬，則三十五萬之糧之田，皆入勢家奸人之橐可知也。今又僅存十九萬有奇，餘五萬皆捏稱無田虛糧，逼軍士代賠，則五萬之糧之田，又入勢家奸人之橐可知也。今將查究前田，則奸人必懼；不查前田，則額糧日耗，軍士於何仰給焉。且勢家侵隱屯田之利，乃逼貧軍賠糧，為政失平，孰大於是。呂都御史行事雖不可逆知，必其涖任之始，即案行合屬，稽查屯田，左右用事之人，承望風旨，或發欺隱之跡，或陳清查之策。奸人承機扇動，曰：養馬軍田，舊例給軍永業者也。今亦勘丈，隨屯田納糧矣。由是馬軍皆懼，乞免勘丈，乞請不得，遂羣呼爲變，奸人懼發露屯田奸弊也。故片詞不及屯田勘丈，只云馬軍業田，亦隨屯田納糧，則事所由起，決爲清查屯田可知也。弊端灼灼可見者也。今差大臣勘究，奸人如懼罪狀發露，則巧爲欺蔽，承勘官吏，皆彼中人也，奸人羽翼也。孰與證曰，誰實首謀，不過摭拾虛文，陷愚民丐卒數人於罪而止耳。首惡罪魁，隱處靜觀而竊笑曰：朝中眞無人也。如將究彼奸狀，使不蔽覆，奸人懼罪，將又鼓扇愚卒，嘯呼稱變，是雖朝命大臣，亦且任其旅拒，爲其脅刼，無可如何矣。善後之策，不可不深思也。大臣此去，如又辱命，則綱維解紐，列鎮效尤，變故所伏，有不勝其可虞者也。國勢重輕，天下安危，在此一舉，不可不深思也。竊謂請差大臣即宜覆兵科奏疏，開列鎮兵六罪，皆宜究治。奸人扇搆之情，必在勢家。惟勢家巨惡，巧於用術，致愚軍交扇，變自下起，雖都御史亦陷其術中，不及先覺耳。今宜請聖旨榜文，通諭各軍曰：呂經行事乖方，已拏問矣。所興工役皆停止矣。撥軍養馬之田亦照舊給撥矣。幫軍人丁亦照舊豁免矣。凡可以厚恤爾貧軍者皆無所吝惜矣。惟欺隱屯田，致勢家得利，逼貽虛糧，致貧軍受害，則屯田之弊不可不查。奸人鼓扇浮言，恐誘愚軍，相率嘯呼，窘辱大臣，擅閉城門。大奸首惡不可不治。凡清屯田，將以利益爾貧軍，治首惡以別白良善，無俾爾貧軍枉陷於罪，亦所以利益爾貧軍也。爾良善軍士，各安心無恐，奸人大家，欺隱屯田，聽爾貧軍，互相舉首，如不肯首，自有別策稽查，只要清出勢家奸人欺隱之弊，於爾貧軍不得擾害。爾軍士愼無恐，勘問首惡，只求情眞罪重數人奏請議處，不許牽扯駕誣平人，不許枉誣貧軍。凡軍士惷愚，一時不知事由，隨衆嘯聚，乃無知誤犯，俱不究問。爾貧軍各無恐，勘問明白，朝廷自有處置，勿聽奸人扇惑，各安心守法，保全身家，如奸人懼罪，鼓搆愚軍，旅拒大臣，不伏勘問，是怙終稔惡，宜誅討而不赦者也。特命戶部將遼東官軍糧銀歲八十萬，俱不給發，貧軍無食，自相仇怨，自相攻擊，自相攘奪，勢家巨猾，平日雖有巧術，鼓煽愚軍，抗拒朝廷，至是亦徒自斃，無以自保全矣。然後命一大將出師數萬，聲罪致討，移文朝鮮，出兵攻其東，朵顏三衛之夷，出兵攻其北，我以大兵扼山海關制其南，彼之粟布金銀妻妾子女，不爲貧軍所攘，則爲夷虜所掠，無以自保全矣。貧軍如虜曰：戶部不給糧銀，遂將無食，暫可攘奪，終亦餓死而已矣。貧軍即不聽奸人扇惑，以旅拒朝廷矣。勢家奸人如慮曰：朝廷如遂聲罪致討，貧軍攻我於內，夷虜攻我於外，妻子首領俱不保全，自悔禍不鼓扇愚軍，旅拒朝廷矣。蓋夷虜固不可使之攻我邊境，惟彼既敢旅拒朝命，則亦將謀通夷虜以抗官軍，如大同之謀者有矣。是故先令夷虜攻之所以奪其所恃也。先以此意明白喻曉之，彼雖有智者，亦不知所以自爲謀也。奸人計沮，差去大臣，乃可申其威令，彼中罪狀，可覈其實。聖上操縱之威柄，可與時舒卷也。草草布此，惟高明采焉，一得之愚也，不盡不盡。

《明經世文編·潘潢〈潘簡肅公文集二·請復軍屯疏復軍屯〉》戶部會同兵部尚書彭澤等議得近年以來，各該將領一遇小警，輒便動調兵馬按伏，及至賊人入境，卻乃束手無措，攻堡殺人，莫敢誰何，糧餉虛糜，兵威不振。況所費糧艸俱係每年額外之數，若賊大舉，將何以支，臣等議得地方一應地土徵收，此天地無窮之利，邊疆不費之惠也。際此窘迫匱乏之秋，正宜多方區畫，共濟艱難，而鎭巡等官漫不加省，是徒知奏討有限之國儲爲便，而不以計處無窮之地利爲先。題奉聖旨，是邊方供給糧艸都是小民膏脂，寬一分，民受一分之賜，積一分，官有一分之用，各巡邊鎭等官，徒知奏討爲便，不以計處爲先，似非體國之義。今後都着撙節愛惜酌量，時雖豐凶，折放招買務處置得宜，不許浪費。境內有堪種地土，上緊遵照原擬，盡數查出，召人佃種，但有便利事宜，奏來取置。欽此。已經通行欽遵訖，今戶部奏發內帑歲已八倍於前，而各邊請給，猶無虛月，蓋由近年召募太多，食之者衆，留屯太少，生之者寡，按伏太早，用之者疾，奏掣太遲，爲之者舒。以此年年奏討，在在稱乏，此不知計處爲先，不念百姓艱難之明驗也。合候命下，戶部奉揚聖訓，申諭各邊總督撫鎭等官各務盡誠體國，撙節愛養，隨機動調，酌時招買，如法屯種，及期採靑，簡練車徒，俯恤貧弱，謹節制度懋通有無。境內但有便利事宜，奏聞處置。如此計處，事必精明，邊儲既克，奏討自少，士氣軍威，亦各丕振，而日大有功矣。

一查邊屯子粒。伏覩洪武二十六年節該戶部奏奉太祖皇帝聖旨，是那北邊衛分都一般教他屯種，守城軍的月糧，就屯種子粒內支，欽此。永樂三年節奉成祖皇帝勅諭，嘗想着太祖皇帝時，軍士都着他耕種，又積儹起餘糧，防備水旱，百姓免得轉輸，軍士并無飢窘，這箇甚是兩便。若只教那窮乏的百姓供給安生的軍士，百姓轉見艱難，軍士轉見驕惰了，倘或百姓供給不全，軍士也只得坐受飢餓，兩下都不便當。因此上着恁每官軍依着定的分數下屯，專委官管領，定立賞罰則例，年終赴京比較。欽此。顧承平寖久，屯政頃隳，子粒所收，十常去七。雖稱邊事日棘，究其弊源，大率各該勢豪侵占剝削，使無立錐，以致於此。查得問刑條例內一欵：凡在強占種屯田者問罪，官調邊衛帶俸差操，旗軍軍丁人等發邊衛充軍，民發口外爲民，管屯等官不行用心清查者，糾奏治罪。又一欵屯軍人等將屯田轉賣與典主，買主俱照用強例，問罪調發管屯指揮等官；知情不舉，或受賄容隱，一體參問。成化十六年，又該戶部題准，屯田子粒年終不完者，都司、管屯、各衛所掌印管屯并管屯種官員之家俱各住俸，若一年不完，都司掌印衛所僉書及首領官并按察司管屯官一體住俸。弘治十年，又該巡撫山西戶部左侍郎劉大夏奏：戶部題准屯糧不完，二年三年以上，衛所管屯官不必參奏，聽管屯僉事提問，住俸比較，若有侵欺情弊，此照私役軍人事例，每糧一分，準軍一名，五名以下，降一級，以上二級。嘉靖七年，又該戶部尚書胡世寧奏：戶部題准本管官員如有指以公用差使爲由科取錢財，逼令逃竄，以致屯田荒蕪，事發，聽撫按等官奏拏究治。今照前例，相應申明，合候命下，戶部行移撫按官員嚴督各管屯官，刻期清理屯種，敢有用強霸占，典賣及知情不舉，違限不完，侵欺科逼、逃竄等項，各參問住俸調發，降級糾奏施行。額外空閑地土，仍聽土客官舍軍餘儘力開墾，永不起科，但使自種自給，必能足食足兵矣。既復祖宗久大之規，尤得天地自然之利，伏乞聖裁。

《明經世文編·潘潢〈潘簡肅公集二·計開修屯政〉》 一修屯政。照得軍馬各有定額，總其盈縮，大略相當。近年各邊募軍，既係額內，卻又額外槩請加給太倉見在銀兩。伏奉明旨，中外曉然，固已洞識。今日京庫缺乏，所從來矣。臣等司計，責亦奚辭，但查各邊錢糧，原止二項，民糧出自各省起運。此固萬民惟正之供，而屯種出自衛軍。國初三分守城，四分屯種，歲入之厚，利尤無窮，至如馬芻，亦止取給採青牧放，所以其時，隨在各足，邊糧常勾防秋數年支用，直至正德末年，通計各邊年例，亦止銀四十三萬兩。內宣府十萬兩，大同五萬兩，遼東十五萬，延綏三萬兩，寧夏四萬兩，甘肅六萬兩。今戶部歲派山西等布政司，直隸河間等府，起運宣府糧料五十四萬七千五百二十五石，布一十八萬九千六百一十八疋，綿花羢三萬七千五百斤，馬艸七十萬束；大同糧料三十八萬七千四百五石，布一十八萬二千五百疋，綿花絨八萬斤，馬艸二百四十四萬四千八百五十束二分八厘；山西寧武関料九萬七千石，馬艸一百一十萬束；遼東麥米折布三十二萬疋，綿花絨鈔一百九十三萬二千三百四十五斤錠，馬艸三十二萬三千五百六十三束，銀一萬七千三百九十三兩四錢二分一厘；固原糧料二十二萬五千四百四十九石九斗，馬艸二十八萬三千二百三十六束；延綏糧料三十二萬一千二百八十五石九斗九升，馬艸五十五萬二千八百八十六束，布四萬疋；寧夏糧料一十四萬三千八百五十四斗，馬艸一十六萬一千二百四十束；甘肅糧料三十一萬七千八百八十一石四斗；薊州糧料三萬五千一百八十石，麥折布一萬二千二百七十一疋，馬艸一百萬束；昌平糧料布花准米麥一十三萬一千五百七十五石二斗，馬艸八十五萬六千一百束；密雲糧料一十三萬八千六百二十石；易州糧料三十萬六千三百八十八石，綿布五萬一千六百八十八□，花綿二萬四千九百七十斤八兩，馬艸一十一萬七百束，雖有積欠每年猶止十之二三。而屯田原額，宣府屯軍八千六百七名，屯地四千三百三頃五十畝，各色子粒二十五萬四千三百四十四石四斗一升；大同屯軍一萬六千七百名，屯地一萬五千八百三十頃，各色子粒五十一萬三千九百四石五斗，山西屯軍九千四百九十名，屯地六千一百一十二項一十畝，各色子粒二十五萬七千七百四十六石五斗六升；遼東屯軍四萬五千四百五名，屯地二萬五千三百七十八頃二十八畝，額糧七十一萬六千一百七十石，以後歲派四十五萬四千石；固原延綏二鎮屯軍舍人二萬六千七百三十八名，屯地二萬六千一百一十八頃二十一畝，各色子粒三十六萬五千二百四十石五斗四升六合；寧夏屯軍一萬一千一名，屯地五千五百二十七頃九十二畝五分，各色子粒三十二萬二千七百二十二石二斗七升九合四勺；甘肅屯軍二萬三千三百八十三名，屯地一萬一千六百九十一頃五十畝，各色子粒六十萬三千一百八十八石四斗二升五合；薊州屯軍五千八百七十五名，屯地三千八百二十八頃五十一畝，細糧六萬八千五百六十七石五斗九升，則十數年并無一處通関奏繳。宣大延綏屯廢尤甚，以致邊儲急缺。只今嘉靖二十八年一年，延綏一鎮已發銀至二十九萬五千四百七十七兩，加以宣府銀八萬兩，大同二十二萬四千二百五十三兩，山西廣武等站一十六萬八千九百七十四兩，遼東一十五萬兩，薊州三萬兩，固原五萬八千八百二十兩，寧夏四萬兩，甘肅六萬兩，謂之年例。宣府一十一萬五千六百四十四兩，大同五萬四千五百兩，山西五萬八千七百四十三兩，遼東四萬一千一百五十四兩，固原三萬兩，寧夏八萬七千九百九十兩，甘肅一十萬三千一百五十兩，謂之補不敷。大同六萬三千二百六十九兩，遼東三萬一千二百兩，甘肅二萬兩，謂之募兵糧。宣府四萬兩，大同七萬兩，謂之預備。宣府三十四萬四千五百八十四兩，大同二十六萬兩，山西七萬兩，密雲易州昌平一十八萬四千兩，寧夏二萬兩，謂之防秋。宣大四十萬八千四百四十六兩，謂之修邊。京營宣大等處七萬二千五百二十一兩，謂之賞賜。通前三百二十萬三千三百二十五兩，比之正德年間實多八倍。蓋盡長蘆、山東、兩淮、兩浙常股存積塩引，太倉年來括取富人之財，司府之積，皆已竭發，猶請不已，則亦不可不亟反其本矣。千里餽糧，士有飢色，因糧於敵，兵法所善，况軍屯畝角見存，祖宗良法故在，而又奉勑有官，新牆有備，如此而猶不稼不穡，徒然坐待太倉，太倉不足，取之州縣，州縣不足，取之百姓，百姓不足，將焉取之。合從給事中葉鏜等議，候命下日，戶部移咨督撫都御史及都察院轉行巡按御史，先查該鎮先年起運錢糧掛欠之數，分別州縣糸奏追徵，仍嚴查都司按察司各管屯官屯田子粒，一年之上不完者，照例通行停俸，清理屯田，屯田既明，又清屯軍，必若缺人，許照《大明會典》洪武三十年事例及正統年間侍郎葉盛宣府團種舊規，將各衛軍內存精壯城操，摘撥老弱屯種，仍加撫恤，買給種牛，嚴謹烽堠，使得肆力農畝，鼓舞盡利，其原額軍馬錢糧務查當初實見着伍作數，其徵有支若干，見在差操正餘馬騎驢騾月支一石二石三斗五斗，本色折色若干，先年何以足用，近年緣何請給過多，今應作何計處，方得上下各足。可以盡復祖宗之舊，將存撥過屯卒，補過名糧，計處過事宜，及各京運年例，募軍不敷等銀，應存應減應革之類，以今十一月內奏下戶部，會官覈議，猶有不明不盡，再請差科道覈勘的確。圖惟經久，請自上裁。以後會計歲用，先儘民屯二糧，開中塩引，連各雜稅課等項，通融計筭，損多益寡，取相足給，或有非常蠲減，方許具實奏發內帑湊支，每月終巡按御史行令奉勑理屯官員，備開屯軍田畝子粒實數造冊奏繳，靑冊送部，一次比較則兵既食其力，而農亦足以兵。所謂內有無費之利，外有守禦之備者，庶皆得之，而芻糧人騎，各有歸着，不失舊額奏討之煩，非所慮矣。

《明經世文編・潘潢〈潘簡肅公文集三・議處全陜屯田以足兵食事〉》全陜屯田 臣昔任陜西糧儲副使，職司錢穀，講求屯田，頗得梗概。及任提學副使，巡歷郡三邊周爰咨詢，弔取屯田地畝實徵諸冊，磨筭會計，著爲屯田議。亦嘗呼召諸軍面與商確，又得悉其衣食之資，數年以來，頗得其情，諸軍亦日夜引領，巢此法之行。邇來虜賊屢行大舉入寇延慶，備禦之計，必先兵食，而內帑所積連年爲宣大山西請發已多，恐難支給，獨有興舉屯田乃當今急務。矧全陜地方袤廣田多膏沃，昔人所謂沃野千里者，正今屯田之區而漢沔金完諸處尤爲腴厚，若委任得人，查照興舉，使屯田之利皆歸於軍，一舉而兵食足矣。臣嘗稽屯田紅牌事例，因窺我祖宗法意，大都各衛軍人七分屯種，三分城操，屯種者除月糧十二石外，餘米上倉以及城操者是十人之田，養十五人也。其後邊事漸興，軍多備邊，屯種遂廢，乃因地徵糧，百畝乃給於軍，則人十二石，是二十人之田，始養十人也。於是田始不足，乃借支民糧，又不足也，乃爲折色。各雖折支，實乾沒之耳。故折色行而軍始貧，糧借而民始困祖宗屯田之法，至此弊矣。夫國初餘米上倉，倉在各屯，名曰屯頭倉，屯軍收穫輸納，無搬運守候之費，操軍支糧亦近便簡易，無有侵牟欺隱之弊。及徵糧於官倉，乃在府州，會城去屯遂遠有至數百里者，又立催糧旗甲，知數人役軍人赴倉支糧，往返益遠，於是搬運守候之費，侵牟欺隱之弊百出。雖二十人之田不能養六七人，乃始仰給內帑。頃者邊事逾多，請乞頻仍，雖內帑亦不能給，則其弊極矣。今臣所議屯田法，因軍人以支納爲害，即其百畝之業，立爲簡易之條，軍既不納糧於官，官亦不給糧於軍，可復祖宗屯種之制，合唐府兵之法，而在官之省什三，在軍之利十七，雖不能十人之田，養十五人，亦庶幾十人之田養十人矣。比今二十人之田養六七人者，其利蓋倍蓰也。臣嘗呼老按面察其疾苦，咨其衣食，皆曰軍之納糧於官，大率十五六斗，始納一石。其支糧於官，則一石止得二三斗。今得此百畝之田，無追呼逼勒之擾，稱貸附益之費，自種一二十畝，可得花利六七石，餘八十餘畝，佃人分糧可得二十餘石，少亦不下十七八石，是常有二十餘石之利，衣食有賴，俯仰無慮矣。故曰在軍之利十七。又嘗取支糧文冊計之八斗者歲支九石六斗，六斗者歲支七石二斗。今議一軍止免納糧六石，合八斗。六斗計之，二軍共省四石八斗，二萬軍可省四萬八千石，故曰在官之省十三，此皆於支納之間，節其搬運守候之費，革其侵牟欺隱之弊，奪諸豪猾奸宄之手，而埽之官與軍者也。議自西安左等四衛始，計四衛見在屯田二萬七千餘頃，見在軍一萬八千餘名，每人該田一頃，常餘田九千餘頃，除指揮千百戶及儀衛司旗挍，無地軍人并馬料支給外，尚可剩田五千餘頃，以陝西見行地圖頂軍法募之，可得軍五千餘人，計全陝屯田不下百萬餘石。以此法推之，再因地制宜，可增軍數萬，少不下二萬，此皆不煩帑資，不借民糧而得之者。然軍復家給人足，可使之樂於赴邊而無逃亡之患，故曰：一舉而兵食可足也。臣竊見屯田僉事職銜曰提督屯種，又伏覩屯田勅旨曰督率官軍餘丁及時耕種，勿令遊惰，致有荒蕪。是此官之設原以耕種爲職，不以催科爲急。今乃追併逋負，敲朴竝施，害及妻子，禍至雞豚，如徵租稅，然不知糧將以養軍，先以病軍，使之騷然，喪失樂生之心，亦將安用屯田哉。故臣所議之法，除去其害，而其詳開具如左。然此因陝西地方袤廣，故爲此規，至於山西地土狹隘，東西不過數百里，而山石居半，通計一省之田不足當陝西一衛。有難用此議者，若夫宣大之邊田土久荒，則宜用營田法。臣已於偏頭老營之間得荒田東西百里，南北二十五里，除山石外大抵可得田五六千頃，已經案行鴈門、岢嵐兵備副使劉璽、張鎬會同議勘，及委保德河曲知州知縣等官王朝珍、齊恩等丈量撥給，候丈撥完日另行請給牛具種子，給與偏頭老營二所官軍耕種，并另上營田議外。伏望皇上軫念全陝地方重遭虜患，急缺兵糧。臣愚講求此法，先後七十年於茲。勅下戶部再加查議，如果可行，乞行陝西總督巡撫官勘酌舉行，庶兵食可足，邊圉可固。

《明經世文編・夏言〈夏文愍公文集一・請處置青羊山脅從居民疏區處亂民〉》 自古盜賊稱亂，常恃地險，以爲巢穴，譬之山居豺虎，澤萃蛇龍，理之常也。惟是官府得人，制御有道，小有萌動，既禁捕之，不使蔓延，庶免大患。今青羊山賊首惡兇黨既已成擒，必須械送京師，獻俘闕下，明正典刑，以昭國家大法。但招收脅從男婦，約計不下二千餘人，勢難羈縻，速宜區處。爲今之計，欲遷置平地，則慮無養贍之資，而官給之糧，殊非久長之策。欲處之故地則仍有險阻可恃，而根株不拔，難免將來之虞。臣愚欲望特降綸音，令差去給事中會同新任巡撫都御史王應鵬親歷茲山，遍覽形勢，凡舊日盜賊盤結，巖谷嶄巀去處可以刊木通道，削險爲夷，即便選委強幹官貟，起集丁夫，赭山斬木，務使道路縱橫，人馬可以通逹，則將收降之人仍令依山便業居住，編爲甲伍，照舊納糧當差，庶幾易於安定，斯爲得策。若果山險難闢，前項脅從黨與不可復令入山，恐貽它日之患，則當審量地方廣狹，踏勘田畆多寡，相擇高平原阜，建置官府，以爲防禦。大則設一千戶所，小則立二三巡撿司，控扼要害，長年戍守，以爲百年無事之計。若可設千戶所，則將山間徵糧田地，計畆從寬起科，給與該所官軍依山屯種，卻將附近衛所屯田抵兌酌量數目，略如井田之制，分授收降人戶，每人田若干，隨處安插耕種，俾爲永遠世業。官司仍量行賑貸，以爲廬舍牛種之資。若立巡檢司，則將附近州縣民間抛業地土分給耕種，不許徵糧起科，若一處不給，則散置各縣地方，造冊編管，仍以山間田地召募有力無田之人，僉充該司弓兵。兩項區處，似有可行，然因時制宜，可否裁度。又在敕使撫臣從長擘畫，爲國善計，非臣之愚所能懸斷也。

《明經世文編・方日乾〈方侍御奏疏・撫恤屯田官軍疏南畿屯政〉》 一曰召佃。看得各衛屯種軍餘，近年以來，苦於賠補，相繼逃亡，抛下田畝荒蕪，間有暫荒之田，易於開墾，非無人領佃也。但以我朝屯法，每軍一各，給田五十畝，其田四散，一軍之名，或跨數圩，一圩之田，又分數處。屯官旗甲不知事體，或有鋤種一二畝者，便率全糧，彼欲兼領，又患窵遠，孰肯貪一二畝之便，而任數十畝之勞，圖數畝之地，而賠五十畝之稅哉。人視荒田畏如蛇蝎，以致荒者日荒，賠者愈賠，患不得息，自非朝廷寬恩停稅，設法召佃，則此荒田迄無可耕之期矣。今將抛荒屯田不拘軍民僧道之家，聽其各擇所便開耕，具告本衙門，計畝定稅，給帖承耕，免其二年租稅，不許屯田官分外科擾，候三年成熟方許徵納，深爲有見。蒙本院備劄，到職切惟前項荒田零坵，隔遠則不便於全領，荒蕪則不望其收成，非聽令擇便，則人苦於四散而不肯佃，非量停租稅，則人憚於賠糧而不敢佃。卽今勘得南京和陽鎮南等衛近年抛荒田畆共計三百三十頃九十七畆，儘堪耕闢，乞聽本衙門多方招人佃種，不拘全分，隨其所便開坐畆段，告領戶由，開墾耕種，佃五畆者納五畆之稅，十畆者納十畆之稅，非見佃之田，一毫不許妄徵，量寬二年稅糧，以爲牛犋種子之費，候三年成效，一體徵納。成熟之後若有新軍補役逃戶復業，亦不許告爭，待十年之後，另爲區處。如無補役復業之軍，則永爲己業。如是則承佃之人，既不苦於全領，又不患於賠糧，雖一二年間未必有收，亦肯捨力向前以圖長遠之利。

一曰蠲逋。查得南京和陽等衛拖欠嘉靖四年分屯糧共一萬五百石，各衛掌印官幷管屯官員俱各住俸，至今參照前項屯糧，不係災傷應免之數，各官徵收不完，合應住俸。但見今勘得各衛抛荒田地，動經數百餘頃，訪得前項無徵糧稅，每年俱係各戶包補，如豐成之際猶隱忍代賠，至薄收之年，僅可自完本戶錢糧。誰肯鬻妻典子，爲人賠納。此蓋拖欠之由也。今各官俸糧住支已久，彼拖欠數少者猶望豐成處置賠足，如南京和陽一衛欠下五千餘石，縱得豐年，亦無賠納之計。若各官俸糧，再無關支之望矣。今南京戶科等衙門給事中林士元等官奏要將各官住過俸糧通行扣算，抵補嘉靖六年以前拖欠屯糧之數，其有未足，待二年之後財力稍舒補完。蒙本院備劄到職，竊惟各官所住之俸已係在官，今復以之准抵逋糧，揆諸事體，恐亦未安。合無照各年分豁災傷事例，查各衛見今勘實堋荒田地若干，所欠屯糧悉爲蠲免。此外若有未完，的係拖欠，俱照原欠多寡數目分作三分，嚴立程限，先完一分，暫准開俸，其餘二分續徵，取通關繳報，如二年之後不完，仍舊住俸。庶幾人心有所遵循，漸次補完，否則各官之俸可住，所欠之糧終不得完，且祿以養廉，士人尚資於此。軍職之中，求其甘貧守職者，不多得也。今俸糧久住，日用無措，未免侵尅屯軍，屯軍既窮，未免復欠子粒，計所虧損，仍在正額，不若寬以處之之爲愈也。如蒙乞賜施行，非惟屯官有資生之慶，而屯軍亦無侵擾之虞矣。

一曰薄徵。照得屯田之則有三，曰比較，曰改科，曰新增。比較之田，每畝納糧一斗二升，改科則減其半，每畝五升三合五勺，新增每畝納銀一分六厘，蓋又輕矣。看得比較之田，屯軍一名，佃五十畝，每歲納糧一十八石，內準十二石准作月糧，實納糧六石，豈得爲重。但先朝末年頻歲凶歉，嘉靖三年加以時疫流行，人死過半，以致前項屯田無人耕種。如南京鎭南等衛，坐落江浦等屯，行數十里，俱是曠地，葭莽極目，不勝凄涼。此項無徵糧稅，所司因循不與區豁，逐年俱係衆戶賠補。賠補愈重，逃亡愈多，逃亡賠補，反覆相因，勢不能已。屯政之獘至今極矣。今南京戶科等衙門給事中林士元等官奏將三則之內一項停免，候年豐人衆，方議並復。又欲通查三項田地見種若干頃畝，照常輸納，見荒田頃畝若干，姑且停免，以待召佃成効，一體徵收。無非憫時救獘之意也。蒙本院備劄到職，看得田有常額，額有常稅。前三項屯田俱係在冊正額，遂欲除額一項，恐亦有礙。如云將見荒田畝姑且停徵，待召佃成効，一體徵收，切恐法亦未備，蓋停徵而不召佃，則徵之停者，何時可復。召佃而不設法，則召之佃者，何人敢承。查得嘉靖六等年曾經總督南京糧儲右副都御史杭淮，巡視屯田監察御史唐勳、王世爵等累次題請欲通查各衛堋荒田若干頃畝，坍江者悉與除豁，抛荒者俱作改科，所缺額糧，將各衛新增田內，每畝加銀分厘，通融處補，以足原額虧欠之數。酌量事體，似爲永久可行之規。詢訪輿情，俱各稱便。今大約計算勘實各衛坍江田地四十五頃二十一畝一分，委實崩坍，合應除豁抛荒，比較田地四百七十畞的係久荒，難於開墾，若非薄稅改科，必無願佃之人矣。合無照依都御史杭淮等官所議，將前項坍江田畝，悉爲除豁，比較荒田俱減作改科，計缺額糧共三千五百餘石，通衛新增田地三千四十八頃，每畝加銀五厘，共加出一千五百二十四兩，每糧一石折銀五錢准備欠額糧米三千四十石。又查三則之外有三升二合等項之田，此項田地俱係成熟年久，俱當陞作五升三合五勺，共陞出糧四百七十五石，足以抵補原額，而無虧欠，然後出給曉諭，不拘軍民僧道之家，聽其擇便開坐畝段，俱赴本衙門告領戶由，開墾耕種，永爲己業，量寬二年租稅，待三年之後田已成熟，一體徵收。如此則有力之家貪圖輕稅，庶幾出力承佃矣。再照中間有等田地，坐落和州等屯，荒廢久遠，措力極難，則雖薄徵改科，人未必願佃者，又不可不預爲之計。查得紅牌事例，承佃故軍田地戶由，每戶不過二分。近年以來，各衛故軍好田槩被軍官戶內舍餘侵領，每戶領戶由十紙二十紙者有之。磽瘠不堪之田，俱著貪軍領佃賠補稅糧，最爲作獘。合無通查衛所戶由，每戶多領二紙以上，每三紙者著領久荒田一分，務要立限開完回報。如不願開者，卽將戶由退出，另召有力之人承佃，每三分戶由帶領荒田一分，將見得三分熟田而領一分荒田，未有不願承佃者矣。如此，則前項久荒之田俱可耕闢，待十年之後成熟已久，仍當復作比較，國稅可增，人心亦願。如蒙採擇施行，則屯無曠土，軍有餘糧，屯獘庶幾可清矣。

《明經世文編·方日乾〈方侍御癸疏·興利救獘以裨屯政疏南畿屯政〉》

欽命巡按南京、應天、鳳陽、滁和等府州縣清理錦衣等四十二衛屯田照依清軍事例，三年滿日，差官更替。自揣微才，莫勝重寄，奉命以來，已經三年，計日雖多，全無寸補，用心徒切，寔有餘慚，但巡歷久而風土浸達，咨詢遍而利病頗知，得於目擊耳聞，未敢條分縷析，姑以至切要者言之。夫興利莫先於賑濟，補獘莫急於坍江，賑濟預則饑年不至於逃竄，坍江補則窮軍不苦於包賠。屯務最切要者，宜無有過於此也。謹以便宜二事具本奏陳，如蒙采納，實軍民之福也。一曰備賑濟。臣惟南京各衛操備、駕船、運糧各項軍役固皆貧苦，然未有如屯軍貧苦爲最甚者。蓋各項軍役俱有月糧可資，屯軍則自食其力，輸糧於公，牛具種子備不及時，收成鮮薄，僅足爲納糧贍家之用。一遭荒歉，輒至流移。宣德成化年間，屯所饑荒，陸續借過應天府常平倉糧四萬餘石，賑濟軍士，賴以存活。自此以後，歷弘治正德至今五十餘年，饑荒累見，不復聞有賑恤之舉。蓋由本衙門自無蓄積，饑荒之際，欲頻借貸，勢固難爲。奉職之臣坐視軍士離散，再無別處。至於弘治年間，巡屯御史亦曾建議欲於各屯設立倉廒，將本衙門一應問過詞訟、贓罰、紙價銀兩買穀上倉，以備賑濟，亦一策也。但各衛三十六屯地方四散，若蓋草廒約有數十餘所，土木工力先難措辦，且無均徭斗級看守人役，謀議疏濶，事寢不行。臣看得各衛屯所俱雜處應天等府州縣地面，臣奉命以來，問過贓罰、紙米、贖罪等項價銀紙價以十分爲率，八分除解南京都察院作正支銷，二分本衙門公用外，查得罰銀尚有一千七百餘兩，贖罪稻穀三千二百餘石，見貯各府州縣倉庫，趂今豐成之際動支前項銀兩，差委廉能官員照依時價收買好穀，并原贖罪穀石俱仍貯各倉。自此以後，但問過贓罰紙價逐年查考，收買穀石貯積，各收倉廒，若遇有大荒之年，審實極貧軍餘，各就該地方倉廒支領造冊奏繳。庶倉廒無創立之煩，關支有附近之便，深爲便益。再照南京總督衙門總理屯務，各年批發各司詞狀，贓罰、紙劄、贖罪穀石數多，亦俱貯各府州縣庫倉。如蒙一并存留，以備屯田賑濟，如此則稻穀益多，賑貸有賴，屯軍不致失所矣。

一曰處坍江。臣惟南京各衛所屯田大半附江，原無高堤禦江流，只靠沿堤栽插柳樹，潮水一漲，漫不可支，年復一年，江形漸移，附近田土漸次坍沒。其未沒者，江潮往來，亦成廢地。近年子粒俱係各軍包賠，甚可憐憫。臣於嘉靖八年已經遵命處補坍法田三十九頃餘畝，由是以來，又經三年，近歲江湖尤爲橫暴，濱江處所復多坍沒。本年正月內據和陽等衛陸續呈報坍江田畝數目，并各軍賠糧情狀到臣，最爲困苦。查得臣先年處補荒田剩有餘糧七百一十餘石，及陸科過營房等地餘糧約有二百餘石，皆係額外聽補坍江之數。今據該衛呈報前情，除一面委官踏勘外，竊惟田去糧存，實係弊政。屯種貧軍，難以包賠。極貧之戶，未免賣房鬻子，償納前銀。若不極爲分豁，誠恐賠納稅糧不堪，逃亡相繼，成熟田土，亦轉拋荒。如蒙乞敕戶部轉行南京戶部，委官一員會同踏勘，果係坍沒，量與分豁，額糧虧缺，卽將前項積出餘糧，補足原數，如此則國課不缺，窮軍亦裕矣。

《明經世文編・王邦瑞〈王襄毅公文集・送東崖崔先生陟山東大叅序〉關中屯政》 自夫兵農岐二，農始饟兵而徵輓繹騷，閭閻坐困。至漢始元初，屯田張掖郡而趙充國之在金城，最有成效。古今言屯田者咸稱之。我國家兵制與屯政並立，內開衛府，外設邊戍，咸授以田，戰則荷戈，休則秉耜，使農不厭兵，兵不坐食，法至善也。百六十年以來，浸浸廢壞，無論中原，卽河西數千里之地，古張掖金城之故塞也。羌胡雜處，戍守爲急。屯田之務，大不如昔，豈其地力異邪。蓋充國以方隆之漢，制垂盡之先零。國初兵力強盛，羌胡遠徙，其爲之也暇而無敵害其成者。故耕卒相保，迄於有秋。今之時能若彼哉。田作方出，殺掠四至，禾黍未登場而馳突蹂踐，得不償費，如之何其可耕也。矧夫疆圉不守，阡陌淪陷，兵籍日虛，屯田寡額，膏腴勢據，版策莫稽，叢奸積弊，又紛紛然出矣。故今議屯田者視昔時爲最難，實天下之大計，而謀國者之先憂也。嘉靖初朝廷議欲修復之，乃遣專臣遴才望而崔子自重慶守遷陝西憲副以行。命下之日，君子曰：是人也，廉而明，毅而有執，惠而和，屯政其興乎。蓋皆徵之平生矣。崔子至西，咸如其言，首以屯之廢，惟戎馬是害，而害之莫遏，惟備之弛也。爲之築城堡，增戍卒，剪荊棘，通道路，繕宮室，具田器，俾耕者有居。居者有備，又爲之正經界以息爭，浚溝洫以備旱，抑貪併以伸法，定賦額以贍用，興利剔蠹，靡有遺策。於是土地闢，田野治，耕者成聚，嘉禾繁碩，沙磧之區，兵食攸賴，觀風者上其績。天子嘉之，慶以金帛，爰擢山東大叅，行之日，憲長方山劉子以別言見屬，某也不佞，亦復何言。竊聞君子之論矣。夫山東齊魯之鉅藩，大叅甸宣之重寄也。是故百司望風，庶民瞻德，激頑警懦，爲世之則廉克田賦之計。錢穀之司，訟獄蝟興，出納川至，細入秋毫，紛如繭絲，百弊藏於吏胥，萬端集於簿牒，明克豪強兼并，姦巧撓法，狥時者不返，屯膏者不流，毅而有執克，上賦日苛，民隱日急，徭役不均，寇賊不息，禮教闇而不修，風俗漓而不化，惠而和克，山東之民，其庶幾乎。夫以崔子才，歇歷之久，行且入秉樞要，坐論治理，執是四者，可以經綸天下而奚有於一方也。君子之論，又將徵之於他日云。

《明經世文編・楊博〈楊襄毅公奏疏一・查處屯田疏屯田〉》 臣以庸劣，誤蒙聖明付以邊撫重寄。任事以來，其於地方利弊，靡不悉心講求。大要河西事體重且大者，莫過於屯田一事。遂卽案行守巡兵備四道，各將境內荒蕪田地通行查出，或上下水利不通，應該挑濬，或人力牛種不敷，應該處給，或從來抛荒未種，應該開墾，逐一議處明白，每處畫一小圖，貼說其上，陸續送閲。果有父子兄弟相率力田者，卽以姓名開呈，動支官錢買辦羊酒花紅犒賞。惰農自安者，各舉數人，量加懲治以警其餘。去後，節據分巡西寧道副使鍾鑑先將鎮城迤南荒田開報到臣，如黑河水龍灞則有荒田二十餘頃，洞子渠則有荒田一十三頃，馬子渠則有荒田一頃，大湍渠則有荒田四頃，卽鎮城一面荒蕪之田，至於如此，其他十五衛所可槩知矣。臣卽督同鍾鑑前去各該地方逐一踏勘，召人承種，不見有響應者。會集父老問之，咸以爲往年興復屯田，或種未入土，各已入冊，或人已在逃，糧猶如故，不知虜至則不得耕牧，水淤則不能灌溉，其從來抛荒之地雖節奉事例，永不起科，官司一槩追徵，更無分别。未受富饒之利，先罹剝膚之害，以故寧甘貧窶，不敢承認。臣惟甘肅地方與延綏事體大略相同，先年河東民運皆係本色，後因輸納不便，改本爲折，遂致二鎮漸次蕭索。延綏守臣無歲不討内帑者，以其計無所出，不得不仰給也。甘肅苟且支持，未嘗率意陳乞者，非守臣之才，過於延綏，以其土地肥饒，猶可耕牧故也。臣自入境以來見所至荒田不下萬頃，遂極力經理，期於少效，乃今備咨輿情，始知其受病源委全在於催科之不清，而法令廢閣，實由於勸懲之未至。若不急爲處分，河西生計日就窮蹙。臣恐萬不得已，又將如延綏之奏討矣。以内帑有限之財，應諸鎮無厭之請，匪惟該部難於區畫，亦非臣等邊臣體國之忠也。昔漢趙充國，唐郭元振在河西，咸卓然著聲。考其所爲，充國則上屯田便益，以逸待勞，元振則脩通河渠，盡水陸之利。今時雖云異，勢不甚殊，倣二臣之意而不泥於其跡，固亦存乎其人焉耳。如蒙乞勑該部將原奏各邊抛荒地土，聽其儘力開墾，永不起科，其舊曾起科荒蕪年久，仍要用力開耕，應納子粒，一體蠲免，事例再加申明，行臣遵守，仍聽臣將在城甘州左等五衛并山丹衛高臺所行分巡副使鍾鑑，涼州、鎮番、永昌、莊浪、古浪五衛所行分守參政張璽，肅州衛鎮夷所行兵備副使趙得祐，西寧衛行兵備副使王繼芳，各會同副參遊守等官督同衛所掌印管屯官員及茲邊警少緩之時，將一應荒田查議停當，候明年春暖刻期舉行。合用錢糧人工等項并未盡事宜，臣當來調度，次第整理。各官果能加意區畫，有益地方，事完查上勞勣，該部一併録叙，怠惰誤事者具實論劾。其衛所官吏知數人等若仍敢將荒田作弊，朦朧起科，嚴行拿問，從重治罪，中間如有應免子粒亦許從實查免，不得徒事虚文。庶政有條理，人自樂從。臣猶恐議者必以爲永不起科大便小民爲疑，不知損上益下，藏富於民，實自古經略之長策。若使民果富饒，臣欲鹽糧，則鹽糧有餘，臣欲銀糧，則銀糧有餘，臣欲淸補節年屯糧，則屯糧有餘，所謂投之所向無不知意。不然則民方餬口不給，遑恤其他。萬一虜騎充斥，倉廩匱竭，河西不幾於坐困乎。此臣之所以蚤夜圖維，不能已於有言也。臣不任懇切覬望之至。

《明經世文編・楊博〈楊襄毅公奏疏四・議發馬價銀兩買給宣大薊鎮軍民牛種疏三鎮牛種**〉》**　臣等仰惟皇上誠感上玄，惠流下土，茲者履端伊始，雪澤屢降，眞爲盈尺之祥，行見千箱之慶，但宣府、大同、薊鎮三處逼鄰虜境，十室九空，卽目春融，正當佈種之時，而或有牛無種，或有種無牛，遷延過時，自絶秋成之望。臣博向在右衛，固嘗目擊其苦。若使因天之時，順地之利，稍爲處給，計種一石，可得子粒數石，富民以裕國，足食以強兵。比之歲荒召買之費，月糧折支之難，曷啻倍蓰。戶部帑銀，見稱缺乏，本部馬價，數雖不多，尚可措置。係干邊計，不敢自分彼此，相應通行議擬，合候命下，劄行太僕寺，於馬價銀内動支三萬兩，宣府、大同、薊鎮各發一萬兩，差官分解巡撫都御史趙孔昭、陳　其學、徐紳處，責委各該守巡兵備等官收買各樣種子，沿邊軍民中審其十分貧乏者分等查給，合用牛隻官爲勸借，令其趂時佈種，秋成之日，抵斗還官。另立小倉收貯，專備來年給種支用。巡撫衙門仍置循環文部二扇，年終赴部倒換查考。

《明經世文編・江東〈江總督奏疏・優卹大同軍士疏除屯田害**〉》**　大同與宣府鄰近，而軍士之苦特甚者，其故有三。夫充屯者爲其身自屯種，不欲輸官，以其月糧抵補，官免催科之勞，而軍省加耗之費也。然軍士之領屯者無幾，而屯丁之逃故者日多，逃故者之所逋，何與於軍而管糧郎中期於足額。凡每月軍糧槩從半給，不論有屯無屯而以一切之法行之，是削軍士衣食而償屯丁之流亡。一矣。今内郡之田，有司往往以荒蕪請蠲租賦，而沿邊土林、雲川、威遠、平虜各鎮屯田之處，比歲苦虜，或變爲鹵廝，或沒爲沙磧，或蕩爲溝壑，乃其額糧獨不得視内郡末減。二矣。原額屯田，抛荒既多，官軍扣補，力已不勝，而屯田御史又於額外新增本色糧六千七百石有奇，折色糧一千四百石有奇，草四萬八千束有奇，牛具之銀不與焉。邊民聞之，往往棄產亡去。今新開之地復成汙萊，而新增之糧遂爲常課。是使國家冒重歛之虐名，而遺邊郡無窮之實禍。三矣。今欲足兵足食，先除此三害乃可。

《明經世文編・龐尚鵬〈龐中丞摘稿二・清理薊鎮屯田疏薊鎮屯田〉》

竊照薊昌爲肘腋近地，北護陵寢，東翼神京，視各邊爲持重焉。兵馬錢糧動關諸省，犬羊窺伺，切近門庭。仰廑宵旰至懷，非一日矣。臣行役東來，查每年供億之費不下百餘萬，而屯糧亦在數內。今舉其糧額計本折猶不及拾萬，而屯田之荒蕪者凡一千一百頃有奇，除不堪耕種力無所施者難以責成外，其餘設法開墾，以漸圖之，數本不多，爲力似易。顧所以督責而考其成功，何如耳，臣反覆詢謀，各盡所見，復會同督撫巡按巡屯諸臣就事參酌，規畫僉同，似亦屯政之一助也。一立號紙以清隱蔽。照得衛所屯田不許典賣，禁例甚嚴，但沿邊軍丁日漸消耗，其間私相典賣者無地無之，每田一分，蓋不啻十易姓矣。若必盡法清查，給還原主，則告擾紛紛，迄無寧歲，而主無見在，或一時召佃乏人，相繼拋荒，額糧虧缺，此其勢所必至也。今議設立號紙，界爲三方，督令衛所掌印管屯官，查明塡造，上一方書本軍姓名及原祖何人，或見存，或故絕；中一方書屯田坐落土名界至及原額畝數，或新增若干；下一方書本軍自種或某人承佃，或見今拋荒，或係侵占埋沒。除本軍自種者無容別議外，其餘承佃者，各人照常辦納屯糧，幫貼軍裝，不必抽軍騷擾以滋他弊，而拋荒之當開墾，隱占之當查勘，亦據此常行矣。立號紙塡完，攢成文冊二本，一留該衛，一送兵備道存照。一撥軍士以廣開墾。查得拋荒屯田無慮千頃，召種者日勤播告，承佃者百無二三，已非一朝夕矣。臣反覆深思，惟有分撥軍丁，隨地耕種，最爲今日盲務。荒蕪之田，遠近不一，關營墩寨，各就其所便利者而給之。兵備道委官督同衛所各官逐一淸查，某土名荒地若干，堪以耕種若干，各隨方隅，明白開報，仍計量工力之難易如何，畝數之多寡如何，因地撥軍，從宜區處，通呈督撫衙門詳奪，就委所部將領等官以時監督，待三年成熟後，方許徵收子粒，卽支作官軍月糧，其田給爲永業，公(利)[私]兼利，本非強其所難。巡撫都御史劉應節與臣計議謂邊軍操守，寒苦萬狀，日以枵腹爲憂，邇來修邊頗有餘閒，若撥給荒田儘力耕種，歲得收其子粒以自利，此優恤之政也。但各軍㷀然一身，誠不憚勞，若牛種皆稱貸於人，卽束手無策。今查見存犒賞之牛不下數百頭，卽令給散各軍，及查處種子與之，三年之內牛種還官，所得田租聽其自贍，當爭先爲之，不待驅使矣。兵備道任督察之勞，各將官司分理之責，給過田畝，撥過軍士，支(逞)[過]牛種，開墾過數目，各類造一冊，按季覈實，呈臣及督撫衙門，以憑分別勸懲，務期實效。該道綜理之能否，悉於此考見。今查永平府見停牛種銀一千餘兩，各州縣亦多有之，不待別行厝處，自可隨時查給，及照各路関營。原有邊儲地就近耕種，歲納本色原不在屯田額數之內，今以拋荒田畝照此施行，卽兩利俱全矣。一寬差役以廣召種。查得各邊屯田堪耕者多，而往往拋荒，其故何也。或憚包賠之苦，或慮抽軍之害，或本管官旗科尅，或沿邊將領誅求，利未得而害已隨之。此召種之所以難也。除撥軍就近耕種外，其或地里僻遠軍士力不能及者，當明立召種之令。凡開墾荒田，通免抽軍，及僉充糧頭，併雜泛差役，各該管衛所，或附近有司衙門給與執照，永爲己業。應徵錢糧，各考其用工難易，或量免三年，或全免五年，俱待成熟得利之日，酌量分數，沃土如何，瘠土如何，務從寬假，不必屑屑拘定原額。若得斗納斗，種尺納尺，夫誰爲之。成業後若有原主告爭，另查空閒田土給還。其各衛所掌印管屯官通查拋荒屯田以十分爲率，能召種七分以上者通行優奬，其不及四分，或因而需索開墾人戶一錢一物者，定行戒飭住俸，甚則叅提革任。庶幾人無畏疑之心，官有招徠之法，而荒田不至汙萊矣。一嚴督責以淸欺隱。查得各衛所屯田或本軍在逃，地歸衛官，而隱占之弊生，或兩圖便益，私相典賣，而埋沒之弊生，或勢豪利其膏腴，逼勒抵換，或官舍因其隣近，徑自侵漁而兼併之弊生，或承佃年深，攘爲己業，或指稱隙地，投獻權門而雄據之弊生。是以糧多虛賠，爲害滋甚，除行各衛所照號造冊，另行淸查外，合無通行示諭，凡有侵占埋沒等弊，許自首免罪，歷年所得花利姑免追，其田退出給軍領種，他人指實首告者卽將原田給爲己業。其衛所掌印管屯官，通查侵占埋沒屯田，亦以十分爲率，能淸出七分以上者定行奬勸，其不及四分以上者嚴行戒飭，或叅提住俸降級，不容輕貸。若自行侵占埋沒者，各從重究治，使彼此互相覺察，而屯額庶乎其不虧矣。一免包賠以便徵解。查得沿邊屯田，有原係膏腴可耕之田，一遇山水泛濫，輒漂沒成河者，或有沙石及鹻薄不堪耕種者，或有虜騎出沒無常，不得收穫者，或爲兵馬通衢，多被蹂踐者，地雖荒蕪，其糧仍在，額徵之數，連年杖併，督責包賠，逼促流移，皆坐於此。合無通令塡入號紙內，按其土名，委官丈勘，果無欺弊，卽與豁除。或查有別處新增，量行給補，其應納糧草，通塡定實徵冊，及以由帖給屯戶，明開本年或全徵，或減免幾分，或本色或折色，使人人曉然，不得仍其舊弊，而糧頭亦有所憑藉，以便收解。庶幾得免包賠之苦，永無逃流之患。一審糧頭以杜偏累。查得衛所屯糧侵欺拖欠，姦弊固非一端。然審編糧頭，最多規避，而屯丁之偏累，甚或挈家逃流，無地控訴。此侵漁之弊所以不能革也。自今宜擇委廉明有司，督同各衛所掌印官，每三年一清，審將本衛屯戶，分爲等則，或輪流應役，或協濟朋充，酌擬成規，不得遷就，其有納充吏承等項名色，希圖優免者，除本身外，其餘戶丁不許一槩濫免，事完造冊二本，一留該衛，一送兵備道覆覈備照。庶乎貧軍無獨累之苦，而錢糧得徵解之宜矣。一明區別以墾荒田。查得沿邊曠地何下百萬頃，原不在屯田民田額數之內，往年密雲兵備副使張守中分撥軍士開墾成業，永不起科，至今連年享其利。但於通力合作，計畝均分，猶有未盡事宜，漸覺紛爭，較長競短，恐將來有廢弛之患。蓋地之肥瘠，有難例論，人之勤惰，彼此懸殊。至於每歲收成，皆一槩取必，而無所區別於其間，是導之以爭也。合無行兵備道，督同將領酌量名數，派以坵段，仍攢造田畝冊以備查考，各令盡力勸相，均其勞則亦均其利，毋使退有後言，或相魚肉，所部將官，有漁奪於其間者，許指實具告以憑究治。庶乎裁制有法，永久可行，其餘荒地不能盡墾者，所至有之凡諸色人等有能儘力耕種，悉免起科，一遵祖宗詔令，則古之所謂募民實塞下，當自此再見矣。邊境富饒則轉輸不勞而自足，利在民者，未始不在官也。又何必責其供軍，乃爲國家之利耶。邊人日夜望此舉久矣。一寬斗頭以廣開中。夫商人捐貲中引，視召商糴買卽給見銀者，大不相同。若非寬卹招狹，恐本重而利輕，各商解散，卽強之不能至矣。查得薊鎮自嘉靖三十七八年始開鹽引，中納邊糧，兩淮水鄉鹽九千一百四十九引，每引定價銀五錢，長蘆折布鹽四萬五千三十三引，每引定銀二錢，開額數年，而報中甚少，此其故不待智者而知也。先年淮鹽一引納糧二斗五升，蘆鹽一斗。後因米價稍平，覆議淮鹽三斗，蘆鹽一斗三升，其後陸續議增，淮鹽五斗，蘆鹽二斗一升七合，尋以米價騰湧，各商具告部堂，轉行查估，淮鹽酌減三升，蘆鹽減一升三合二勺，各商觀望，日月遷延，在官司取盈於錙銖，以足原額，在商人較量於升斗，以規厚利。彼此牽制，多顧避嫌疑，以致官與商人非惟不相濟而反相病矣。合無自今淮鹽五錢，蘆鹽二錢，原有定價，不容增損，惟以時估之外，量從寬假。若果豐年卽淮鹽五斗之上，量議增益，亦不爲過。如遇荒歉卽十減三四，亦不爲少。但令商人稍有盈餘，乃爲通商足邊之長策。其所定時估，不可拘爲一例。如薊州糧一石，時估若干，運至某處近倉該增若干，某處遠倉又該增若干，其他州縣各邊堡倉口，莫不皆然。務要反覆酌量市斗倉斗，較若畫一，各無異詞，明揭告示，聽商人認納，刻期完報。查得時估一節，先從州縣起，而後達於兵備道，以及管糧衙門，至部堂而後定，原有遞減之例，故州縣與該道不得不少寬其數以備再減，事皆沿襲似爲俗套，而商人觀望於其間，不免益增他費。合無今後州縣各照的確時估，聽兵備道與管糧郎中等官會同訂議，免關白於部堂，庶不致低昂互騎，商人得以有詞，及訪得本鎮有賣窩姦徒，抑勒各商，阻壞鹽法。除臣另行拏究外，自今承認之後，若兩月以上糧不到倉，卽係光棍包攬許別商另投甘限認狀，依期完納，仍查原報姓名，訪拏重治，及照鹽商之糧，專備客兵支用，往往稱難。若改給主兵月糧，及米豆兼納，或四分主兵，六分客兵，則諸商皆欣然就之矣。

《明經世文編·龐尚鵬〈龐中丞摘稿二·清理宣府屯田疏宣府屯田〉》

照得各邊或有可耕之地而無其人，或有可耕之人而無其時。凡以屯軍消耗，虜患頻仍，故原額屯糧日就虧損，皆其勢所必至也。惟宣府邇年來，休養生息，家有餘丁，不患無其人矣。隄防警備，歲鮮虜塵，不患無其時矣。乃邊人獨若於屯田，利一而害百，皆徵歛煩苛，虛糧不均之弊也。歲額懸空名而屯軍蒙實禍，豈一朝一夕之故哉。臣博訪羣言，曲加參酌，謹敷陳末議，似亦一時救弊之權。一辨等則以清糧額。查得該鎮延袤不及五百里，山川棼錯，地多不毛，求其可施鋤犁者，僅十之三四，而沙礫半之。先年差官首清欺隱之弊，督察甚嚴，以致承委各官妄增虛數，其初額糧一十八萬石，遂積至二十萬六千有奇，多係懸空攤派，非必丈量皆有餘地也。每地一分計二十五畝，歲徵正糧三石三斗七升五合，糧額之重視蘓松尤特甚焉。夫蘓松東南沃區也，人人操奇贏之利，故取給不以爲難。若宣府孤懸塞外，生計蕭條，旱潦無常，虜騎充斥，卽使其廣收而薄歛，猶患不能自存，況地一畝額糧一斗三升，且不問肥瘠，一槩取盈，其何以堪命乎。若夫貪墨之侵漁，豪強之兼併，富者有田而無稅，貧者有稅而無田，其爲累有不可勝言者。先是巡按御史周詠題奉欽依丈量，其建議可謂詳矣。臣於此復有裒多益寡之說焉。合無驗視地力，分爲三等九則，酌擬徵科，雖號稱膏腴者，每畝不得過一斗，其餘等則，各以是爲差。庶乎輕重適均，永無偏累之弊。夫改重爲輕，則原額不免虧損，非正法也。今議該鎮糧額，名目多端，除地畝起科墾種等項原屬民間私相買賣，爲子孫世業，通與丈明，除照等納糧外，其原額屯田團種及邇來查出功臣香火及養廉牧種附餘等地，通革去紛紛名色，併入屯田項下，將額糧照則均攤，盡作實徵之數。其往年新增虛糧通行除豁，不得虛實混淆，以滋紛擾。至於公務驛傳地，其間盈縮，有難一槩取齊，而歲用紛紜，原無定數，亦非所以一徵科而革姦弊也。合無督責委官悉心查筭，除驛傳銀先年已經裁革外，其公用每歲若干，隨事劑量，著爲成案。不足者從宜樽節，有餘者作屯糧放支。畝數若多，改入屯田額內，務令事皆考實，而弊蠹悉淸。丈量之實政既行，則原額之屯田盡復，人有定業，疑畏不生。若撫御得宜，催徵有法，屯政不患其不修矣。一革養廉以補屯種。宣鎭地方狹小，糧額繁重，復加以將官之養廉，相繼呈請，蠶食漸多，横借私牛，濫役官軍，以耕稼而滋荼毒，使人人疲於奔命，葢日益月甚矣。利歸於己，害將誰歸。除各路將官閫守中等已將原種養廉田具數還官外，合通行禁約，自今以後不得指養廉名色侵奪屯田，凡係以前隱占者，俱要盡數退回，給軍耕種。如違，聽臣參論處治。若果先年原奉欽依撥給，及地懸絶境，土人不敢遠耕，聽各該將官申呈明白，率家丁管種，通免起科。今查養廉之田有數百頃者，有數十頃者，有全無尺寸者，卽不盡革，亦當行督撫衙門量爲差等，使多寡適宜，以示大公一體之義。一酌權宜以實邊儲。查得該鎭每年開派淮蘆鹽共二十三萬四千二百六十三引。先是報中利微，積引數多。近來鹽法通行，除當年引目盡數報中外，復先期報納，各路米豆不下十萬石，已經輸運到倉，隨據商人徐岳、范臣等四十餘人具狀赴臣告理，乞增開鹽額，及查各邊未中殘鹽轉發本鎭，塡給勘合，以補預納之數。夫商人報中爭先，固當從權區處，但淮鹽壅滯，以數百萬計。臣前題奉欽依，將存積三分，暫行停中，正欲堆鹽疏通，恤內商亦所以濟邊商也。今復行開額，其勢決不可能矣。合無通查各邊殘引，及臣去歲題准長蘆竈丁殘鹽三十餘萬，已經豁免，聽商人於運司納折色報中。合無改發宣鎭塡給各商，若引少糧多，數猶不足，先將預納之糧嚴查覈實，一面出給倉收，付以執照。戶部查先年郎中褚寶預開鹽引之議，於今年秋成之期，預發來年引目，先將給過倉收，商人儘數塡發，庶各商見積之糧，得以乗時見售。自今以後，申明曉諭，使知引目既減，皆計引以輸糧，則資本不虧，而於停中三分之成命，亦不至背馳矣。夫以先期積糧數至十萬，設法區處，當爲早圖，乗此人心踴躍之初，不有以大慰其望，則聞風解散，勢難復集，是往歲招之而不來。今乃拒之而使去矣。改給殘鹽，預開引目，皆一時權宜之法，公私兼利者也。

《明經世文編・龐尚鵬〈龐中丞摘稿二・清理遼東屯田疏遼東屯田〉》

竊惟遼東京師左臂也。一面瀕海，三面與虜隣，惟山海關通一線之路，與內地相接，舟車商賈之利，歲不能十一焉。故上之所以給軍需，下之所以供歲事，舍耕稼之外，無他策矣。地多沃壤，鮮賦税，常薄種而廣收，獨其人不習葢藏，一遇荒年，無路乞糴，輒相繼塡溝壑。且先年既改屯軍爲操軍，兵荒相尋，尺籍消耗，耕作之業，率歸舍餘，屯軍已盡廢矣。舉千里曠土，皆欲同時興耒耜，其勢能乎。近賴撫臣勞來安集，寬召種之令，人皆翕然就之，始知有生民之樂，但遼河以東，人多輻湊，漸可招狹。惟河西地方，屯堡蕭然，十室九空，其間附城而居者復有操備送迎之苦，勸相開墾，當爲漸圖。若不因地制宜，曲加存恤，恐歲月遷延，汙萊猶舊雖有良法，亦徒託諸空言而已。臣親歷邊陲，從宜計畫，及會同撫按衙門更相考訂，共要其成，乞勑該部叅酌施行。一設圈臺以便收保。遼東沃野千里，凡附近城堡者無尺寸不耕。惟曠遠之地，滿目蒿萊，無慮千百頃，葢零賊出沒，恐無從遮蔽也。今行該寺道，查各處荒田，凡甚耕穫者，督行將領各就其便利，撥軍管種，耕則通力合作，收則計畝均分，處給牛種，隨便還官，仍相度地宜，督令修築圈臺遠近聯絡，如零騎入境，卽收斂人牛，先爲防避計。其同田軍士或專耕獲，或爲哨望，彼此更番，利害同情，耕於此，守於此，食足兵強，而戰亦可恃矣。此與營田之法，跡雖近似，而其實大異。一寬糧額以勸開墾。查得該鎭最多可耕之地而無其人，或有可耕之人而無其具，且歲事荒歉，虜患頻仍，開墾曾未踰年，而徵歛誅求迄無寧日，往往苦於包賠，雖三尺之童亦知所趨避矣。孰能強之。今既撥軍耕種，凡一應圈臺，皆責其併工修築，以爲耕牧之地，用力用勞，非旦夕可以坐享其成也。若仍照額徵糧，卽慮始之難，已疑信相半，又安保其不終廢耶。今議開墾六年後，如果成業，然後酌量分數，定立差等，隨其遠近肥瘠，從宜起科，使人人皆知其爲永久之利，則荒田無不盡墾矣。一開溝洫以備旱潦。遼東地方多平原易野，而岡阜之高低起伏，亦曲折相尋，其間接連河海者千百十一耳。故旱魃爲殃，則赤地千里；霖雨彌月，則泛溢成湖，天災流行，秋成失望。凡以其備之無策耳。今行各寺道，選委有心計文武職官相度地形，定溝洫之制，河流可導也，則因其勢而利導之，其或彼此相隔，疏濬爲難則審視下流，開鑿渠堰，遠近大小，順其方隅，使原隰高下水有所歸，潦則疏之，以爲容納之區，旱則引之以資灌溉之利，而何凶年之足慮乎。劑量既定，揆日程工，舉千百人而相率爲之，卽塹山堙谷當不勞餘力，况興此役於原野，而督責以考其成直在舉手投足間耳。又何難焉。此不惟可以興水利而亦足以禦胡馬。一別功罪以專責成。遼東地廣人稀，歲多零賊，鈔掠無常，非以耕種之事屬將校任之，則觀望畏難，欲士卒各安其業，決不可得也。今行各寺道督同將官隨地分布，多者千人以上，少亦不下數百人，聲援相應，合耦而耕，卽千百頃可旬日迄工。其地閒曠已久，土膏甚潤，菽麥既播，生意勃然，二月而耕，東作在息兵之後七月而穫，西成在防秋之前，併力舉之，亦不過浹旬耳。然此必將官親爲提督，察其勤惰而勸懲之，每年以收成之多寡，課將領之殿最，督率有功者特加奬勵，勸相無方者嚴行戒飭，分別具題而賞罰行焉。則彼此責成，各以哨隊相統率，不令而自行矣。一廣召種以闢荒蕪。查得國初設屯田，歲徵糧草以給操軍，實兵農相濟之利也。遼東自成化以後盡將屯軍改爲操軍，而屯田之廢墜非一日矣。故有其地而無其人，雖在上者日窮其智力，將安施乎。邇年來惟操軍之幫丁，及各該舍餘耕種者猶納糧不缺，其他丁力單寡者調操且無寧日，豈暇從事畎畝耶。以臣愚見揣之，撥軍耕種固爲良策，然東戰西守，或無常期，春作秋收，恐無常業，其成效猶難必也。合無示諭各該衞所等衙門，除屯田見種納糧者不許紛更外，其餘荒蕪者無分官旗舍餘，寄籍客戶，聽其自行認種，各照頃畝告給牛種，待五年之後，若有收成，仍分別上中下辦納屯糧，其有逼臨虜穴及工力繁難者永不起科。若原主告爭，不得追奪，另查荒田給還。此亦多方招徠之法。臣巡歷所至，紛紛具告，開墾者已經批行各寺道衙門，查撥耕種，蓋耒耜偏野，則蓄積富饒，軍士以折色而糴買供家，商人以鹽糧而報中規利，皆隨在各足，不待遠求。其爲塞上之利亦博矣。一清逃丁以便招集。查得該鎮行伍空虛，屯田蕪穢，多由數年來或殺虜於強寇，或凍餒於荒年，戶口消沉，日益月甚，其間亦有乘時逃竄，所至爲家，避差科之勞，懼戰鬭之苦，相率走匿於窮鄉，東南山乃其淵藪也。一二年來或相繼投軍，然一姓報名，數姓影射，一丁在冊，數丁安閑，若盡法搜查，恐追求太激，或失撫字之宜。今須議行保甲，議察面生可疑之人，凡見在人丁，戶分主客，俱令登報，不許扶同隱漏，待清查既畢，然後下令曰：凡流寓此地者，原日逋負及各色罪名，通行蠲免，聽其各相朋合，每五丁抽一強壯者守禦地方，餘四人卽爲幫丁，給以屯田，儘力開墾，一如撥軍耕種事例，五年之後果有收成，方量徵子粒，或永不起科，則彼得墾田互相存活而官得壯丁堪備戰守，一舉而數利具焉。先年撫臣招兵東南山，有願備鞍馬投充報效，不終朝而應募者數千人。彼謂生聚既廣，終不能免役於官，故以報效爲詞，告取壯丁，占據名下，雖曰用命於官，實所以爲自全計也。今優以幫丁，給以屯田，惟其情之所欲，而曲遂其私，彼將聞風來歸之，恐後矣。此不惟可以墾屯田，而亦可以實軍伍也。一議營田以廣儲蓄。查得該鎮屯田拋荒數多，往往缺人佃種，故先年改爲營田，撥軍耕作，牛具種子給領於官，終歲以農爲專責，而戰守不與焉。故人皆爭爲營田之軍，爲其有利而無害也。况月糧之外，復給口糧，而歲斂所入原無常數，百計侵漁，曲事蒙蔽者所至有之，故就其月之所給，計其歲之所收，多寡較量，或有大相懸絕者。田雖不至荒蕪，而權其損益，所得幾何。今遽行停罷，則其田拋荒，尤爲失策。合無令其照舊耕種，先將應納額糧，抵其歲支本折之數，仍查羨餘若干，盡入官倉，以備支用。如遇警報，雖免其身親赴敵，而防守城池，皆一體編派，使不得規避苟全。庶無苦樂不均矣。凡此皆爲一時權宜之法。若有可耕之人，卽改復屯田，盡革營田名色，軍回原伍，照常操備，此上策也。

《明經世文編・龐尚鵬〈龐中丞摘稿三・清理大同屯田疏大同屯田〉》

照得各邊皆與虜爲鄰而盤據門庭，惟大同爲近，故邊人失業，屯政不脩，至今日極矣。前後建議興復者無慮千萬言，其間時異勢殊，有難槩論。自今觀之，惟清查隱占，均平糧額，開墾拋荒，最爲目前急務，三者既行，則其餘皆不勞而治矣。但憂時慷慨者，或病於勢力之難，厭事苟安者，常溺於因循之弊，此所以日就廢弛而不能振也。臣督同各官隨事劑量，參以一得之見，非敢浪爲迂談。其間立行事宜，或有與宣府相同者，彼此互載，不嫌同詞。一嚴督責以塞弊源。查得該鎮屯田糧額之輕重不均，豪強之欺隱滋甚，丈量誠不可已也。必須委官沿坵履畝，隨地處分，已經巡按周御史題奉欽依，業有成算，無容議矣。但恐委官難得其人，或聽屬於勢豪，或受欺於左右，綜理無術，百弊叢生，以致伸縮那移，飛詭隱占，其爲害可勝言哉。且軍民雜處，地畝相連，加以王府牧馬草場，將官養廉田地及隨侍官校免買民屯，互相參錯，若犬牙然。苟非一體丈量，則指甲爲乙，各相影射，而軍民之弊，不可窮詰矣。合通行各衞所州縣督同各該人戶，不論軍民隨侍養廉草場等地，每五頃爲一大坵，上插牌橛，明開四至，孰爲民田，何人管業，孰爲屯田，何人見種，孰爲養廉，何人撥給，孰爲隨侍，何人承買，各依畝數塡註姓名，坵內四至各滲石灰，以防移易增減，仍令分別屯田若干，見種成熟若干，拋荒堪種若干，水衝沙壓若干，各該種草若干。其地畝洪洲寄莊等項亦皆倣此，委官查照開款，從實丈勘，成熟者照舊承耕，拋荒者設法開墾，水衝沙壓者明白開除，仍令置立坵單，每坵二幅，前半面圖畫地形，後半面照前牌橛，塡寫姓氏及軍民田地，各項名色，併成熟拋荒數目，一送各該掌印官印鈐收照，一送見委丈量官臨時磨對，有無異同，每坵擇地多而謹畏老成者，一爲坵長，二爲坵副，責令先將坵內地數丈算明白，互相覺察，塡單立橛，聽候委官親臨公同丈量，仍將地力分別上中下三等九則，以便派徵錢糧。一明賞罰以勸開墾。查得各路荒田何啻萬頃，承佃者疑畏相尋，豈獨困於工力哉。歲事之豐歉無常也，虜騎之出沒不測也，差役之徵科難禁也。利不能十一，而害已七八矣。召種雖勤，誰其就之，今惟責成將官，撥軍開墾，務令通力合作，牛具種子取給於官，每歲秋收，除將子粒補還牛種外，其餘悉計畝均分，直待五年之後，果有成業，然後酌議從輕則徵糧。蓋大同地方切近邊境，耕稼之業利鈍難齊，故寧損上益下，以示存恤勸導之意，然此非責成將官，其勢必不能也。一議新增以蘇疲困。照得該鎮屯田除原額已足外，復浪加新增名色，或據冊有數而納糧無人，或地本荒蕪而糧多賠累，人甚苦之。今查各衛每屯田一分，其間畝數多寡不同，甚有彼此較量，大相懸絕者則於正額之外，復有新增，此亦未爲無據也。但地本接壤，糧有定額，而水衝沙壓鹹薄不堪者亦多有之，合無今次丈量明白，即以新增之地，均攤舊管之糧，疆界既明則欺隱盡革，稅歛既薄則輸納易完，寬一分則民受一分之賜，況連年逋負督責煩苛，徒有新增之名，全無徵收之實，何必駕虛名而滋勞擾哉。至於屯田之外，有所謂地畝洪洲等項名色，皆屯田餘地，糧額甚輕，當爲裒多益寡之法。今據分巡道呈稱審得地畝等，戶韓玉、吳春等各願帶種拋荒屯田，辦納折色，此亦官民兩利也。

《明經世文編·龐尚鵬〈龐中丞摘稿三·清理山西三關屯田疏〉》 照得各路嚴關隘以固邊防，廣屯田以足兵食，務農講武，坐制強胡，此兵家之勝算也。除保定各關原屬內地，其屯務聽該鎮撫臣自行經理外，若山西三關逼近犬羊，爲門庭之寇，視諸路特稱要害焉。設軍屯田，其來已久，歷年申飭，具有成規，似無容紛更矣。但人情偏泥於故常，未免因仍之弊，部卒苟安於游惰，不親稼穡之勞，所以督察而利導之，蓋不獨致詳於禁令之間而已。臣巡歷西來，詢謀僉同，雖摘舉其大端，而一時興革事宜，或不外此。一廣耕牧以資戰守。照得三關平原沃野，悉爲良田，若問拋荒，惟孤懸之地間有之，亦千百十一耳。其餘山上可耕者無慮百萬頃。臣嶺南人，世本農家子，常嘆北方不知稼穡之利。頃入寧武關見有鋤山爲田，麥苗滿目，心竊喜之。及西渡黃河，歷永寧，入延綏，即山之懸崖峭壁無盡寸不耕，彼皆長子老孫之人，豈浪用其力，無所利而爲之耶。查得三關軍士除防秋外，凡調操按伏之事歲能幾何，餘皆游惰苟安，掉臂閒步，竟不思爲終歲計，欲其飽歌騰槽，投石超距得乎。今宜督責副叅遊守等官，分率部伍，躬耕境上，凡山麓肥饒之地，聽其自行採擇，定爲經界，議立章程，各伍以隊長主之，務要彼此相聯，耕則通力合作，收則計畝均分，牛種取給於官，聽一二年後照數償還，所耕之地永不起科。其將領等官每年將開墾過地畝若干，收過子粒若干，具報巡撫衙門，及兵備屯田道，以憑酌量等第，從重嘉獎。其有坐視因循，迄無成效，定行切責，以示不職之戒，則兵農相須，俯仰有賴。耕於此，守於此。古稱屯田金城，坐困西羌者用此策也。一議減折以杜偏。累照得宣德七年以保德州據河爲險，獨當虜衝，撥三護衛軍八百名調守，隨將忻州抄沒地一百四頃七十二畝一分，該糧九百五十一石二斗二升給軍耕種，每石徵折色銀五錢，至嘉靖三十二年奉例加至八錢。今查山西通省屯糧，每畝起科不過三升二合，忻州民地每畝最重者亦止伍升有奇，惟該所屯田實徵糧九升八合三抄，彼此較量，大相懸絕，且軍隸保德，地坐忻州，相去五百餘里，多係土人佃種，利不能十一，而徵科之苦，岌岌乎力不能勝，以致軍餘范海等相率控告，紛然有詞，復查得永寧州有孝文水峪、馬房二屯，原額地六十六頃四畝九分一厘，該糧二百五石三斗四升七合，每石折銀八錢。嘉靖三十九年丈出新增地一十五頃六十畝，起科糧四十六石八斗，每石徵折銀五錢。四十五年復丈出一十一頃八十五畝一分，起科糧三十八石五斗六升，每石亦徵銀五錢，通將原額新增彼此牽算，每畝該糧三升五合有奇。查該州民田在山崖者，每畝止徵糧一升一二合，在平原者，每畝一升五六合。今前項屯田俱錯列萬山之中，岡阜相連，並無水利可資蓄洩，間有平地亦多山凋相參，不成坵段，節年委官查勘增報地糧，恐難盡據。近於隆慶元年被大虜搶刼，人丁消耗，拋荒更多，合無將保德所屯糧照依先年舊規，每石徵銀五錢，永寧州馬房等處屯田係原額者照舊徵銀八錢，係新增者改五錢爲三錢，庶乎寬一分卽受一分之賜，錢糧歲鮮逋負，屯丁得免流移，而防禦亦有所資矣。

《明經世文編·龐尚鵬〈龐中丞摘稿三·清理延綏屯田疏延綏屯田〉》

照得榆林一鎮，孤懸塞外，東西皆爲虜衝，兵荒頻年，士不宿飽，日與胡人角逐於平原易野之間，往往枵腹荷戈，人馬骨立，孰不爲之寒心乎。今查其屯田蕪穢者強半，其間可耕之地，先是已著爲成法，勸課有常期，斂散有常額，三令而申飭之，固宜文武兼職，更相責成，而實效可具見也。乃有憑陵漁奪者，有影射雄據者，有科斂誅求者，有乾沒侵欺者，有相視胡越者，竟使耒耜之夫強者規避，弱者流移，其能屹然自存者或寡矣。臣驅馳入境，隨地訪求，聊爲目前計，豈能集衆思之益，廣萬全之圖，以少助富強之業哉。一繩侵奪以糾姦弊。查得該鎮屯田之拋荒，其害有四，屯丁之消耗，一也；虜患之頻仍，二也，征科之繁苦，三也；豪強之兼并，四也。除屯丁欲其生聚，虜患期於戢寧，別有督責舉行外，今以征科言之，額糧之外，有均徭馬價木蓆採辦供軍買馬等項門類不同。名色甚多，以致言屯各官及屯頭等役，頭會箕斂，曲法侵漁，或賠荒糧，或逼徵逋負，或取協濟夫馬，以資送迎，或令抽辦柴薪，以供朝夕，誅求日甚，力不能支，且招撫復業之人，相率指爲奇貨，門攤之稅，照常派徵，遂令懷土心灰，朝蒙袂而來，夕掩泣而去，欲求屯田之日闢，何可得乎。以兼并言之，各所屯軍視武弁皆世受統轄之人，自非破裂身家，死生在俄頃，孰肯危言正色，訐發其奸，以取反噬之禍乎。若其同爲僚屬，則更相遮護，所至皆然，故侵奪屯田，隱占爲業，祖孫相繼，盤踞自如，凡應納屯糧悉置諸度外，其餘官舍彼此效尤，用強覇耕，不納子粒，往往均攤於槩衛，或捐月糧扣補，或變家產包賠，年復一年，皮盡而骨立矣。富豪者種無糧之地，貧弱者輸無地之糧，埋沒爲奸，積逋萬狀，豈獨荒年之作沴，胡馬之內侵，能爲患乎。今欲革科征之擾，須行該道清查，除力差如看堂看庫看倉應捕獄卒之類，每年嚴行該衛掌印官督同管屯官，從公面審，酌定上中下三則人戶，劑量編派，其餘銀差，逐項訂正，應留者照舊存留，應革者卽時裁革，分析明白，逐欵開塡若干，仍結算總該若干，然後類爲全數，歸併一條鞭追徵，或論丁，或論糧，各照地方舊規，每丁若干，每石若干，刊刻小票，塡定數目，用印鈐葢，給與屯丁收執，照此納完，其屯糧或米豆，或草束，該數若干，或本色，或折色，或全徵，或減免，共該分數若干，悉照前票刊行。其糧頭則總給長單以示遵守，若流移復業五年外，方許量派輕差。敢有故違，從重究革，若豪強兼并，蔓引株連，未易悉撥，臣嘗建議清查或許自首免罪，其田還官，或聽他人首告，給爲己業，或責田隣自相糾舉，扶同者連坐，或委老家旗甲，搜查簿籍，究其根柢，已經部覆奉欽依通行各鎮，着實查行，竟不聞有一二舉發者，此固未得其樞要也。臣閱歷各邊，細加訪求，乃知各衛屯田原有額數，若果水衝陷沒，考證無由，誠難查驗。其餘拋荒棄置坵段具存，未有飄流別方，失其疆界者，況見在耕種者乎。至於私相兌賣，日異月殊，而冊籍相沿，凡四至與土名，班班可考，誰得而磨滅也。各所千百戶等父祖相傳，悉有底冊，凡軍丁之消長，屯田之存沒，卽數百年，皆在耳目中。今惟責成各衛管屯官。除踏勘拋荒衆証明實，就於各所項下開注明白外，其餘埋沒欺隱者，嚴令管屯千百戶據實淸查，申呈勘處。若能追出屯田，以十分爲率，六分給軍領種，四分給本官，永爲己業，仍以賢能奬勵。其或隱忍縱容，巧爲掩飾，不徒住俸降級，仍革去冠帶差操以示懲創。間有勢孤力弱，不敢明言撿舉，恐有後禍，許開具來歷揭帖，不註衙門職名，不用印信，隨便送該道查行，亦不必開稱某衙門舉發，以廣納言之路，及該道巡歷所至，通取各該管屯官，屏去左右，隔別面審，令其得以盡言。夫既重賞使知所勸，重罰使知所懲，復虛懷以導之使言，必求盡得其情而後已，兼并欺隱之弊，庶幾少有廓淸之效乎。一申禁令以防騷擾。查得西路鎮靜等堡一帶地方，近因脩築邊牆內，有庾地萬頃，該道動支官銀置買牛種，分委千百戶等官撥與步軍督率耕種，歲收子粒將及五千石，官之勤惰分別勸懲，循其法而果斷行之，自此以往，卽萬石亦可必也。但查近來承委官員假公營私，有強指他人熟地，冒報拋荒以圖省力者，有將官牛別耕私地而強奪他人之牛以耕官田者，有散種子於所部軍人而照數追收子粒者，有將原撥步軍賣放散遣而別行拘擾出力代耕者，有強借軍人車驢馱載糧草而倚官爲車者，有既支名下廩糧復科索步軍輸流供應者，若不嚴加禁諭，恐積弊日深，而軍民不勝其擾矣。合無查照前例，逐一淸查，凡有拋荒之地，堪以開墾，卽便撥軍耕種，復分委各官隨地責成，甄別勤勞，重加奬勸。其有因仍歲月實效無聞，及利己損人，指官營私者，各叅提治罪。夫屯軍逃散，而撥操軍以屯田，大堡四十名，小堡三十名，寓兵於農，深得古人屯田之遺意。但委官督率甲乙更番，如遇調操，終非長便。臣隨地所至，質諸將領，及採之輿論，咸謂各軍名下，多有餘丁，其力足以開墾，但給領牛種，歲利盡入官倉，且開創工程，爲力百倍。而其田終非己業，徒勞無補，至於快伍抽軍脩邊守隘，亦皆從此差撥。得失利害，分數甚明，雖嚴父不能强人子，况可以招致乎。合無通行曉諭，凡軍餘有自願出力墾田者，照常給與牛種，暫免徵糧，直待三年成熟之後，歲計所入，辦納屯糧，其田不拘畝數若干，盡行給爲己業。若原主告爭，另查別地給還。凡有抽軍及一切雜泛差役並不許槩行科擾。庶人人皆有所利而爲之，爭相効力而荒蕪可盡闢矣。一給牛種以資開墾。臣自永寧州渡河西入延綏，所至皆高山峭壁，橫亘數百里，土人耕牧鋤山爲田，雖懸崖偏陂，天地不廢。及至沿邊諸處，地多荒蕪。臣召父老面語之，皆云地力薄而虜患不可測，且每年牛種，無從稱貸於人，是以力無所施。臣復查各該官庫，初無牛種官銀，非如薊遼宣大原有本項名色可以動支也。乞於餘鹽銀內查一萬兩預發該鎮收貯，明示開墾人戶，凡缺牛種卽具狀操守等官申明驗給，候秋成照數抵還，年復一年，照常給發，待數年成熟之後，不復取給於官，通查原銀未常耗損，或改作年例備用可也。既名牛種，卽存留該鎮，不時查盤，以備散給亦可也。一查拋荒以豁包賠。照得該鎮東西延袤一千五百里，其間築有邊牆，堪護耕作者，僅十之三四。虜騎鈔掠，出沒無時，邊人不敢遠耕。其鎮城一望黃沙，瀰漫無際，寸草不生，猝遇大風，卽有一二可耕之地，會不終朝，盡爲沙磧，疆界茫然。至於河水橫流，東西衝陷者，亦往往有之。地雖失業，糧額猶存。臣巡歷所至，不獨軍士呼號，仰天飲泣，而管屯官疾首蹙額，凜然如蹈湯火中，眞有使人惻然不忍聞者。合無通行各該守巡兵備道將臣前日題具准立號紙以清隱蔽一事，着實舉行，其間果係拋荒，明開土名四至，造報該道，弔取先年魚鱗冊分彼此磨對，果否相同，仍令沿坵履畝，踏勘明白。若果拋荒，卽豁免額糧，另行召人開墾，庶虛糧不累包賠，而邊人各安其業矣。近查得榆林衛新增糧二千四百八十石，西路靖邊營等堡新增五千石，借此補彼，輳足原額，復相率開墾以漸圖之，其數或亦相當也。今查二項新增之地，未經丈量，其間有用私智而侵占過多，或恃官豪而蒙蔽滋甚，若以此爲實徵之數，寧免掛一而漏萬乎。必須委官親行丈勘，但求覈實，不得過求，與其較量於丈尺之間。孰若權衡於等則之辨，隨地而量定賦稅，因糧而量派均徭，或擬全徵，或行減免，悉與從宜區畫，務求允合輿情，則廣種薄收之餘，自有累絲成尺之效，而屯糧充裕，庶乎可期矣。一築塞垣以護耕作。照得該鎮地方，高仰者岡阜相連，卑下者沙石相半，其間稱爲腴田，歲堪耕牧者，十之二三耳。且天時難必，水利不興，雨暘或致愆期，則束手無從効力，此米價之騰湧，邊儲之缺乏，職此故也。查得沿邊東起黃甫川，西至定邊營，千有餘里，膏腴之地，無慮數萬頃。往年西路如安邊、靖邊等處皆虜人出入之區，邇來脩築邊牆，耕者得以安其業，而歲獲之利，輒以萬石計，惟東路絕無藩垣限隔，胡馬一鳴，即長驅突內地，寧有耕作之日乎。今若查照西路築牆爲守，當有不貲之費，然於保障之功，耕稼之利，實百世永賴焉。或曰塞垣之築可以扼零騎而不足以禦大舉，况工費浩煩不下十餘萬，若其可爲，不待今日矣。夫事每難於創始，功莫要於漸圖，往聞建議諸臣皆欲一時猝舉，故內帑之發遽難取盈，版鍤之夫，亦虞坐困，何怪乎計畫之不行也。今須酌量緩急，以五年爲期，在錢糧則逐年查給，而不病其擾，在夫役則計日更番，而不以爲勞，即不必如往年會計之數，亦可訖工矣。一酌輸納以清鹽糧。照得該鎮窮荒絕徼，遠商鮮至，每年俱係坐派本地有力之家，中納鹽糧，塡給勘合，竟不到淮浙地方，俱聽別省奸商中途接買，即以所得倉鈔，賤售於人，在己任其勞，他人享其利。故開派引目常執詞控告，或稱時估不定，或怨僉報不公，輾轉遷延，盤桓歲月，遂致原估價値，彼此懸殊，卽以爲傾蕩家貲，力不能舉。間有山西遠商前來鎮城，將鉅資交與土商，朋合營利，各私立契券，捐資本者計利若干，躬輸納者分息若干，有無相資，勞逸共濟，宜其不相負也。乃有侵匿費用，訐告紛然，糧草不入倉場，身家盡爲煨燼，其不可嘆恨者幾希矣。通商無路，將何以實粟塞下乎。凡此皆催徵不以其時，監督不得其法，且取盈於錙銖升斗之間，惟恐小民盡享其利，而徘徊隱忍不屑與之。如之何。其不引避而侵盜也。爲今之計，必寬其斗頭，增其脚價，一遇報中之日，卽招各商面計某倉如何，某倉如何，立限督催，刻期完報，痛絕會頭之分例，嚴革虛出之侵漁，主管者不得留難，監收者不許抑勒。若有違期，定行治罪，則凡經年累月，耗費相尋者，皆不得復售其奸矣。至於本商勘合，俱私相販賣，從來不赴運司。故本重利輕，人無固志。臣雖歷舉兩淮引價，委曲諭之，彼皆以萬里畏途，不樂遠離鄉井。夫孰能强之。今惟酌量寬減，無泥常格，令遠商風動雲從，翕然而至，仍設法監督，使飛輓無後期，所可用力者如斯而已。一審權宜以通鹽利。查得延安一府原行河東鹽，但山路崎嶇，舟車難達，計程凡二千餘里，卽輸運及此，脚價視鹽價豈但十倍哉。故百餘年來，不聞河東商人有運鹽至延安投引發賣者。夫解鹽既不入境，然則延安一府之人，豈皆淡食耶。蓋花馬池鹽場每年課程多溢於正額之外，商人貿易東入延安，所至皆坦途，即私販者晝夜公行，有司置不問。誠以官鹽不到，而欲禁捕私鹽，其勢必不能也。況官民之所仰給，皆取足於此。豈容一日缺哉。故花馬池鹽改行延安府萬口稱便，不謀同符。臣獨念河東鹽課原有定額，今延安一府，既改花馬池，則每歲鹽課若干，義應處補，庶無後詞，已經督行分巡河西道會同定邊兵備道。查延安府每年派河東鹽課原數若干，今花馬鹽利改行延安，歲課應若干，以此補彼，有無相當。或額外增益若干，隨該各道會呈，河東之課每年一千四百六十一引，今以花馬池鹽利照數抵補，似當有餘，但未經派行，有難懸斷，姑以一年試之，即大數可槩見矣。榆林糧草，最稱缺乏。九邊貧苦，莫此爲甚。合無將花馬池所增鹽利盡發榆林，以補屯糧之缺。其應補河東之數，待劑量明白，即於延鎮年例銀內每歲扣除類發宣府，以補河東原額，則彼此省徵解之勞，而延綏增轉輸之利，其所仰藉多矣。或曰行鹽地方具載銅板，一旦改易，恐非所宜。夫河東之鹽，若果能達於延安，即百世通行，何敢中變。今名鑄銅板，而水陸無可通之商，是徒有其名而全無其實也。又惡用此空文爲哉。況兩淮行鹽之地如江西之南贛、吉安，湖廣之寶慶、衡州，道路艱虞，各從其便。豈謂銅板不可移易耶。與其膠固以病法，孰若變通以宜民，若謂河東之鹽，今可行於延安，則是該道扶同於有司，敢爲異說誤臣以欺陛下也。

清理固原屯田事固原屯田

照得固原一鎮，自各邊視之，本爲內地，其屯田與民相等，耕穫之利多享其成。但於各王府功臣牧地及苑馬寺草場，阡陌參差，疆界混雜，蠶食兼併之患，其來已久。況先年提督馬政衙門廣招牧軍，寬其賦役，以致屯丁暗將屯田投入監苑，避重就輕，蔓引株連，日益月甚。近該總督右都御史王崇古洞察奸弊，委官清查，遡流窮源悉有成緒，惟靖河、洮岷等處地方番虜交侵，迄無寧歲，而糧額之不均，科差之日煩，猶有不忍言者。臣就事採訪，倍覺惻然，隨督同該道及軍衛有司等官悉心講畫，究其始終，參諸百慮之詳，附以一得之見，謹條列上請一酌新增以求實用。查得固原衛先年查出拋荒地五百三十九頃，每地一頃，招軍一名，共軍五百三十九名。靖虜衛拋荒地八百四十頃，每地二頃招軍一名，共軍四百二十名。當明例初行，聽募者紛然響應，各謂地多而軍少，任意採擇，當亦有餘。各衛摘其姓名，倉卒開報，業已題請矣。及着實清查，有名已入冊而無尺寸之地，或雖有地多不足頃畝，其間磽薄不堪耕種者，又十之四五，甚或牽連別軍屯地，用強告奪，互起紛爭，此虛實混淆，皆所司空文相應之過也。合行委官從實丈勘，凡地之有無多寡，及肥瘠堪否耕種，盡數查出，定爲差等，或彼此搭配，或酌量開除，毋懸虛名，致滋實害。此非樂爲紛更之勞，乃所以示均平之法也。再照給地招軍，以資戰守之用，最爲救時之良策。但查應募者多係豪猾之人，每遇調操，頂名應役，弓馬器械，點視全無，欲令其徒手格鬪，豈不難哉。況時值秋防，正農事西成之日，即家有強壯，悉從事南畝，顧此失彼，勢難兼全。若量從寬減，徵糧入倉，免其征調，惟警急坐派守城，似爲官民兼利也。一處拋荒以免流移。查得靖虜衛屯地多係沙磧，肥瘠難齊，槩以一頃派糧六石，草九束，地畝銀一錢。其間完納者十一，包賠者十四，力不能支逃流者已十之五六。查先年屯軍二千三百名，今已逃亡一千五百一十六名矣。該衛孤懸河上，與套虜爲比隣，屯地荒蕪，尺籍消耗，每念及此，可爲寒心，合行委官丈量，除係腴地，及頃畝俱足照常外，其餘通行清理，照地派糧，先定三等九則，以爲額數，或應搭配，或應處補，或應開豁，或應免科，務令因人而派地，因地而徵糧，毋強責包賠，逼其逃竄。仍塡造魚鱗冊，以備查考，此不特清查屯地，亦所以聯屬人心，爲守禦地方計也。一寬差役以恤屯丁。查得臨洮蘭河等衛每軍給地一分，計所入多不過十石，自每年屯糧外，舊有局料草價蓆墊地畝椿朋等銀，此外並無別項差役，而地畝椿朋亦不過解貯太僕寺，以備各軍買補之費，猶可勉強支持。近年來邊境多事，差役日繁，以均徭則有上中下門則諸銀差矣。而所吏屯頭旗甲庫禁水夫兵牌城夫諸力差皆不能免也。若指揮，千百戶，既查餘丁跟用，復編派伴當，索見面月錢，是亦不可以已乎。以茶法則每地一分寄養一馬，每一月未解則供草料一月，力已難勝矣。及解各邊，并苑太二寺，一有倒死，即責追賠。夫道路之遠近不一，番馬之強弱難齊，其倒死亦非解軍之所能必也。此豈可不曲爲之處乎。屯丁人數有限，而前後召募新軍，搜括無寧時，每一戶多至六七名，少亦不下二三名，甚則戶無空丁，盡編行伍，每年調操防守衣甲弓馬之費，誠不忍言。況兼管屯官溪壑之慾無窮，科斂之弊百出，如地畝每畆銀一錢，有收至二三錢者。屯糧每斗先取樣糧一升，仍要尖斛加耗，甚或官旗攬納加倍徵收，復以違限問罪爲名，指稱名色，酷意誅求，雖經嚴禁，視爲虛談。凡此皆屯軍之深累，在各邊間有之，皆未至若此其甚也。查國初紅牌事例，內開一錢不許擅科，一夫不許擅役，故屯政具舉。豈如今日之浚削無已乎。合通行各該守巡兵備道，着實查議，凡軍衛屯田除辦額糧草及地畝銀外，其餘各色科差，某項應存，某項應革，盡將屯地內應徵本色折色，及均徭合辦數目，刊刻由帖，逐項開填，該衛用印鈐蓋，送道掛號，給屯丁遵照完納。凡一項報完，卽監收官於帖內明註完訖二字，給還執照。如有額外多科一錢一物，許指實陳告，以憑參提。一定規畫以典鹽利。照得西漳二縣鹽額計每年課銀不下二千兩，除漳縣成法具存，無容別議外，惟西和縣鹽井，去該縣九十里，原無巡視專官，以致兼併侵漁，無從禁捕。此監守之官不可以曠遠而廢也。原額竈丁逃亡，強半包攬煎辦，私販盛行，此僉補之法不可以格例拘也。往年鹽井深濬一十二丈。近來坍塞，僅六丈有奇，井淺其半，則水勢漸減，而鹽亦因之。此開壑之功不可緩也。井泉凝密，則鹽味滋深。今甜水相侵，眞味漸散，此防遏之功不可少也。貧難竈戶私賣課鹽，商人守支，動多缺乏，遂使搭配之額徒有虛名，竟無實數。況鹽易消折，勢難持久，此支領之規不可不定也。今宜委該縣首領官往來巡察，每月將查理事情開報分守道查考，凡商竈利病責成處分，不許營私襲弊，苟且因循，則兼併侵漁當自此釐革矣。清審竈丁調停斟酌，正身者照舊應役，包攬者卽時革退，逃絕者另行僉補。如果正戶消耗，間擇民戶殷實者酌量頂充，則課程不患其不舉矣。鹽井漸淤，亟行濬治，凡應用木石人夫，查估明實，動支官銀，及時脩舉，則井復其舊，水當有餘，而鹽利可以取盈矣。甜水之患，首當隔絕，或近穿一井，而曲防以遏其源，或徑鑿一渠，而疏導以分其勢，則甜水之來路卽斷，而井泉不失其常矣。商人鹽課先於舊冬報納，卽於新春守支，鹽方出井，諸商環視於其間，非惟竈丁不得侵費，而消折包陪之害，亦於是可免矣。再照漳縣塩井，去縣治三里許，指顧所及，百弊易清，惟逃絕竈丁，隨時僉補，應與西和並行，其往年解納課銀，事屬該府。近議改委商人多以險遠爲累。今查蘭靖地方歲有防秋之役，動調客兵糧料多缺，其鹽井課銀卽存留該府，以備支用，似爲得策。

《明經世文編・龐尚鵬〈龐中丞摘稿四・清理甘肅屯田疏甘肅屯田〉》

昔聞趙充國屯田湟中，而西羌坐困，傳諸靑史，至今稱爲異事。臣卽其地而考之，彼以步卒萬餘人墾田二千頃，其爲力本易，先零西羌盤踞一偶，非匈奴埒功成振旅，非流連歲月，老師費財，故其陳便宜十二策，皆不勞餘力，今甘肅固湟中地也，自金城而達嘉峪關，屯田幾萬頃。南番北虜，警報頻仍，海賊回夷，事變難測，舉全鎭步騎之兵猶不及六萬，而迎送調遣終歲無寧，時較充國坐控湟中，強弱之勢懸殊，主客之形互異，必欲盡使戰卒解甲胄而事屯田亦難矣。臣巡歷所至，見萬山環合，諸水迴流，自謂可以蔽羌胡，高阜原隰，此邊人百世之利也。顧山口甚多，有昔稱天險而今爲虜衝者，水渠雖衆，有昔名天泉而今爲沙磧者，霜早春遲，雪多雨少，故豐歉難期，然則屯政之寖廢，豈獨人力未至哉。該鎭撫臣悉心經畫，具有成規。臣本迂庸，何能有毫髮增益，惟隨地延訪，就其利害之切，近者而籌之，集衆思之益，謬陳一得之愚，備聖明採擇。一清撥補以釐姦弊。照得該鎭屯田其便利者爭相墾種，不遺餘力，若道路險遠，及地方磽薄，或水利艱阻，遂多棄置拋荒。此屯丁相繼逃亡，雖禁之不能止也。各衛所每年清查實徵，輒倡爲撥補之說，將各城堡空閒人丁，不問力之強弱，家之貧富，照名攤派，計畝催徵，或今年坐趙甲，明年以錢乙代之，或趙甲頂一分，錢乙頂一分，已而移之張丙李丁，則以一分而彼此朋名矣。操縱伸縮，莫知端倪，皆由旗吏識，播弄於指掌之間，雖別郡流民，糊口於地方皆沿門均派，襲爲常規，或以上丁而貪緣倖免，或以傭夫代累年牽累，甚有不知原田土名，一苦於追逼，稱貸無路。豪強者種無糧之地，貧懦者納無地之糧，此河西屯田之通弊也。臣嘗面詰管屯官，皆曰本鎭田多而丁少，若不用此法，則額糧虧損，誰執其咎。惟務自寬己責，不暇更察民隱，如之何，其不窮且逃也。合行撫臣將臣原題立號紙以清隱弊之法盡將原額屯田查理明白，除成熟見在耕種納糧外，其餘逃去者應撥補要見地力之厚薄如何，水利之遠近如何，道途之險易如何，逐一區別，註爲差等，以足實徵之數。不得懸空妄派，使茹苦包陪，更須審其家資，量其丁力，或以一人而獨頂全分不爲多，或以數人而朋頂一分亦不爲少，務令彼此搭配，多寡適均，因人而授地，據地而徵糧，開坐姓名給以由帖，使不得那移任情派撥。牛具子種有不能自給者，量力周之，當計期還官，惠而不費也。或曰流寓之人絕無差役，非派屯糧，卽居王土爲王民，而不供賦稅，豈斯民之義乎。夫給地以贍流民，而徵糧以供兵費，此固上下相濟之利也。但苛於督責，使辦無地之糧借名色而漁奪之，其何以勝此尅剝之害乎。況不查等則，一槩取盈，此卽頭會箕斂之法，其有不饜額而愁怨者幾希矣。查節年開墾田地，多係原額內正項之數不加覈實，輒便指爲新增，以致舊額正糧，重復撥補，地本一段，糧係重科，沿襲至今，流害不已。今須通查各該渠壩之地，果屬原額，抑係新增，然後酌量定立撥補之法，其開墾成業田地，必如瀚澍等渠創立渠壩，水利疏通，始可謂之新增，名實相符，庶無係累。一修邊牆以全腴地。該鎮自金城關而西，通一線之路，南番北虜，出沒無常，掠我人牛，擾我耕牧，往年欲避其患，多順路挑濠，咫尺通衢，棄置境外，遂使可耕之地爲虜人分據水頭，不得嘯聚，然此皆零騎耳。初非歲時擁衆大舉也。使得邊牆限隔，則動有牽制，豈能長驅突入内地乎。卽欲潰牆而逞其勢，亦非一蹴之所能及也，烽堠之先傳，耕牧之收保，將士之邀擊，皆可以早見而豫待之矣。臣巡歷所至，親得諸見聞，如莊浪之岔口，甘肅之古長城等處。近經修築，功已垂成，土人爭引水利，墾田其間，早出暮歸，不聞有驅掠之擾。此其明驗也。合行撫臣通查邊牆之當修者，分别險夷，酌量緩急，計畫丈尺，以定其難易。先後之序，一切工程皆坐派操守軍士及輪借驛遞夫而分用之。此該鎮歷年修邊之成規也。每名日給鹽菜各有差等，悉於庫貯官銀内計處周詳，隨宜處給，各預定歲月以漸圖之，庶乎人力之更番迭作，不敢言勞，官庫之搜括借支，未嘗告匱，不出一二年，百堵皆興，自可要其成功矣。一給牛種以資開墾。查得該鎮屯田其拋荒者嘗十之三四，或道路險遠，或水利微細，或人力困乏，或徵斂煩急。其患固非一端，然牛種之資無從處給，遂攢眉卒歲愁歎饑寒，所至有之，此誠仁人之所宜動心也。今查河西一鎮惟肅州衛原有牛種銀一千兩，近據指揮陳端召屯軍一百二十名，開墾荒田一百餘頃，所給牛種業已還官，見在起科納糧，其餘各衛通無本項名色，若求仰給内帑，恐勢難徧及，終徒托之空言。合通行各道查照該鎮舊規，凡給散牛種，俱動支糧草折銀，卽民運也。按肅州事例每牛一隻，給銀二兩，種糧隨宜，俱以三年内聽便還官，息糧每年一石加一斗，合照例通行。略倣社倉之法，另廒收貯，置立循環查考，以後願領牛種者卽於息糧内支給，免再支年例折銀，年復一年，積貯日裕。墾田之中卽寓備賑之意，其給散之時或五人十人連名保領，如有逋負，一體責償。此在官司雖免出納之煩，在小民實曲蒙周恤之惠，彼食於其土者，亦何憚舉手投足之勞，而不思爲貧民計耶。况開墾成業，歲賦日增，其於公家亦何嘗不利也。一廣種以給兵食。該鎮小民類皆憚科差而厭農業，惟欲頂缺軍名伍，坐支月糧，此屯地荒蕪，倉廩空虚，有由然矣。今查各部官軍除係畨虜之衝及當往來要路調操迎送，無解甲息肩之時，遽難責以力農外，其餘僻遠城堡，率多暇日，各行就近撥地開耕，卽以所部將官督之，爲之導引水利，處給牛種，限三年後量地力而區别徵科，所入軍租，就令抵充月糧，免坐食之費。此卽趙充國屯田湟中之遺意。其將官監督，果有成效，特加獎勸。若因循玩愒，必戒飭而繩之。悉聽該道綜核，而因地以考其成，寓兵於農，且耕且守，非惟無冗食之患，而荒地亦可盡闢矣。近查各堡缺伍甚多，每遇防秋撥軍按伏，往往疲於奔命，且縻費行糧，日不暇給，各行各堡人户，不拘流寓土著校尉土夷，通免起科，聽其儘力耕種，止令防守，名爲土軍，一切離差不得擾害，牛具種糧照常查給，而出息一如例行，是亦足兵一策也。再照往年修邊挑濠，多以腴田隔絶境外，領軍官原有禁約，不許擅自出邊，以致不能耕種。合無將邊濠附近之地，或資渠水，或資山水，隨便脩築暗門，聽近邊居民開墾耕種，通行各該將領查撥軍丁架梁哨探，遇警收斂，農隙掣回其地，應否起科，候成熟之後裁處。近行給示召人開墾，隨有甘州左等各衛所餘丁張鋭等數百名願承種荒地二百餘頃，每地一畝，當年卽納糧一升，草三分，徵科從減，則人情樂趍，因地招徠，各聽便宜區處，固不必屑屑拘常格也。况開墾卽衆，則納糧數多，孰謂非官民兼利乎。顧諸司所以振率而勸導之者，何如耳。一明綜核以興水利。照得該鎮屯田全資水利，大渠凡數百，而支流不下千計，百世賴之。往因綜理非其人，以致修築不時，疏通無法，而啓閉澆灌之間，甚有納賄行私，用强侵盗，彼此不得均霑者。合行該道各分委廉幹官親詣各渠，逐一踏勘，凡淤者疏濬，塌者補築，斷渠則架以木槽，高地則創爲水車，溝口則限以尺寸，放水則定以日時，其合用工程就於各渠内有田之家酌議均派，定爲規則。每年督責該衛所印屯官督同各壩總小甲查照遵行。一酌權宜以廣接濟。照得甘肅一鎮惟西寧號稱沃土，薄種而廣收，視莊浪、米珠、草桂之地，蓋大相懸絶矣。往遇豐年，銀一錢可易粟五斗，故西寧給軍之月糧皆願得折色。蓋糧一石止易商人布一疋，直銀一錢三四分，若折色定例銀五錢，則所得多矣。莊浪銀一錢僅易粟一斗四五升，各軍月糧皆願得本色，而倉庾常苦於困乏，蓋地多瘠薄，農家無擔石之儲，故其價騰湧也。近與該道籌之，每年莊浪將年例折色銀，解西寧道，酌量本折，從宜給軍。西寧將歲收本色存貯倉塲，聽莊浪道差官轉運回衛放支。在西寧喜得折色，在莊浪喜得本色，一舉而兩利俱全，此計之得也。查得莊浪地西寧不下三百里，轉輓之勞，其費誠不貲，然較諸招商糴買，不但豐年受數倍之利，卽荒年所得亦不爲不多。但莊浪固稱長便，而西寧或不免憚煩，分疆域而持二心，則彼此相資，勉圖共濟，亦難矣。合行巡撫衙門嚴加督責，每年莊浪解銀若干，照西寧時估應得糧若干，彼此關會，明開數目，各依期呈報查考，若莊浪必於取盈而自將矛盾，西寧過於退托而先後依違，此必有任其咎者。

一免起科以廣召種。據肅州兵備道呈稱嘉峪關守備汪深，將清出安遠寨荒地十頃分撥軍人一百名，給與牛種，照年限還官，及稱本寨孤懸絶境，乞免起科。除已批行外，查得先年欽奉祖宗詔令，凡極邊空閒田土，聽諸色人等儘力耕種，永不起科。今甘肅苦寒之地，惟附近城堡者人無遺力，地無遺利，其餘畏避艱險，不敢遠耕。雖以番虜爲憂，實懼徵科之擾，故寧強顔朝夕，苟全殘喘，民間蓋藏十室九空，一遭凶荒，乞羅無路，竟俛首塡溝壑，其不可爲痛哭流涕者幾希矣。合行刊刻板榜，懸示通衢，九極邊抛荒田土不拘軍民僧道流寓土著人等，悉聽儘力開耕，給與執照，世爲己業，永不起科，亦不許豪強妄稱己地輒行告奪，使外郡之民望風來歸，生聚日廣，漸爲富庶之地，亦募民實塞下之一策也。查得莊浪最多曠土，先年曾題准給示，永不起科。今有一二開耕漸次成業者，衛所各官輒欲報冊徵糧，是官司食其言，不足以布大信於邊人矣。再照國初鹽法，每引只納糧二斗五升，蓋以鹽商戮力墾田，充實邊塞，故特從寬假以廣招徠，若商人有能捐貲開墾荒田者，待成熟之後，量徵其租十之一二，聽就近堡報納鹽糧，官軍有漁獵侵擾者，悉從重懲究。此又鹽法屯田相爲表裏之意也。

一勦零騎以保耕穫。該鎮重山複嶺，遮蔽羌胡，若大舉或間歲有之，惟遊騎鈔掠，無時不然，屯丁不敢遠耕，患多坐此。昔唐哥舒翰爲大斗軍副使，每歲磧石軍麥熟，吐蕃輒蹂而奪之，莫有能禦之者。翰先伏兵於其側，虜至斷其後，張兩翼夾擊之，殲其黨殆盡，自是不敢犯塞者數十年。今各路將官坐擁重兵，往往失於遠哨，賊至而墩軍方舉火，兵發而虜騎已出境矣。零賊且不能勦，惡用增兵選將坐糜倉廩之積哉。合行撫臣督同該道等官各勘所屬地方添築方墩，田地廣遠者三四座，少者一二座，一以備軍馬之按伏，一以便耕農之趨避，預哨探，明烽堠，或據險邀擊，或望塵窮追，務令雷奮風馳，悉行撲滅，以大示懲創，庶耕穫之民不至驚擾，而人畜得以保全。

一處番賊以禁騷擾。照得該鎮北控胡虜，自古稱難，若南山一帶多番夷種落，剽奪無寧時，甚或占據良田，耕種爲業，枝連蔓引，愈覺暴横，不及今圖之，恐蠶食之漸，非獨爲屯田之害而已。合行撫臣督同各道及沿邊將領嚴行撫夷官，驅回巢穴，諭以朝廷之威德，示以向背之利害，各就族屬中擇其爲衆所信服者假以頭目名色，授以旗號，令其自相約束，遵奉禁令。一以分其連結之黨，一以銷其獷悍之心，使不得仍前嘯聚，剽掠横行，凡各處山口通立戒諭牌，嚴行禁戢，除開馬市照例聽其交易外，其餘不許擅入內地，驚擾居民。每歲中查無入犯，卽將各頭目特加賞犒。用羈縻之法，以廣安集之仁。若負固執迷，仍舊猖獗，卽按伏截殺，破其黨而禽薙之。庶幾稼穡之夫得安其業，而無剝膚之患矣。臣過莊浪，見番人聽撫者迎送於道路，俛伏慄息，告領紅旗，鈐束族衆。臣慰諭而遣之，皆唯唯受命，及查肅州有近山聚族者，相率墾田，告領牛種，與吾民雜居，並耕而食，照歲例納糧。以是觀之，則其畏威慕義未常無人心也。今查山口盤據多係屬番，各有頭目，顧吾所以駕馭而馴服之者何如耳。

一議解發以省部差。照得甘肅鎮錢糧戶部原設管糧郎中一員於蘭州駐劄，凡催徵收放，皆屬職掌，其責成不爲不專矣。且念河東各府錢糧轉解甘肅，往迴數千里，跋涉畏途，動經時月，甚或横罹鋒鏑，遭刼奪之禍，故改議解蘭州戶部衙門交收貯庫，隨便轉發，不得復令原解人員備嘗諸苦。此設官之初意也。近查州縣之徵科，事有成法，司府之類解，歲有常期，管糧郎中惟坐待呈報，於催科督責，無所容其力焉。往年收文解銀，猶拆封秤兌，近則避嫌遠怨，候甘肅委官至日與原解彼此交收，然後給發批迴，是戶部監督衙門特爲委官證佐而已。以郎署之通才，而置諸簡曠無事之地，獨不爲人才惜乎。其他供億諸費又不待言矣。查得先年累經□題革，後復仍前建置，重鎮錢糧，原無別官兼攝，故終難改廢。今新設臨鞏兵備道專駐蘭州，職務甚簡，驗解之責兼理有餘，往聞該部郎中以陞遷離任，原不候交代，卽委蘭州管糧同知照常驗發，近則數月，遠或彌年，卒未聞廢事。今屬之該道，呼吸受成，無足疑者。臣入蘭州常與管糧郎中及兵備副使反覆論之，同然一詞，莫不稱便，獨以臨鞏兵備道與甘肅撫臣不相統攝，恐事體窒礙，勢難必行，或不免逡巡違誤。臣至金城關，親歷程途，乃知蘭州之於莊浪，河州之於寧西，諸路軍聲相爲犄角，蓋脣齒之地也。今臨鞏兵備，正當戎馬之衝，如果羽檄交馳，必須互相策應，非惟聯絡甘肅亦所以保障河東也。合無行令該道，聽甘肅撫臣節制，凡應解該鎮錢糧，查照戶部郎中原行事例，一體驗發，仍行布政司凡起解河西官銀，預於一月之前，行該道知會，以憑關白該鎮，如期差官交領，庶免留滯蘭州，致有別虞，若兵馬應援，悉聽甘肅巡撫一體調度，不得依違，該道路隔黃河，專制一面，毋以節制爲詞遠事叅諉，致妨職守。

《明經世文編·魏時亮〈魏敬吾文集一·乞開召田之法疏西北召田〉》

臣等伏見國家財賦，取辦東南，然東南民力竭矣。民之聚居者衆，不足以自供，官之誅求者急，將起而爲盜，一遇水旱，減稅蠲租，而國計將不足焉。況邇來運道多艱，河患告急，舉六軍萬姓之命，日盼盼焉，惟東南之轉輸是望，萬有不繼，則憂將在宗社矣。臣等伏謂爲今之計，除治河責餉，計取東南外，其在西北田賦亦最不可不加之意焉。夫西北地近畿甸，東南遠隔江淮，近則可備卒然之虞，遠則當防意外之患，今者西北之賦，不足以備卒然者，豈其地之不逮東南哉。自古帝王井田仰給，六軍萬姓，皆西北地，誠非地之不逮東南也，惟東南多可耕之民，而西北虛可耕之地。今欲使民日加多，土地盡闢，誠不可不開召田之法耳。伏乞勅下部院嚴咨北直隸、山東、河南等處撫按，通行所屬凡有水利可通之處，治以江南水田之法，一切厚募江南之民敎之，仍各備查田土，丈量均賦，通計無主之田及力不能種之田若干，責令該處有力流寓商賈一一量種，各該畝數悉免賦役二年。又多方招撫流移，蠲其逋負，給與牛種，一切免租二年。若更有多餘田地，移文江南各省民衆處所，有貧窮荒歉，願徙某處者，官府給引給費，責徙安插賑恤，一切免租三年；有卑微職官願住宦所者聽其受田，有南方軍衛無田屯種者許調北衛營田，凡此五者，無非欲召多餘之民，以實西北空虛之地。苟可計處，仍望當事者及大小各官俱各議擬奏聞。但西北守令務安撫見在之民，卽可招未歸之衆，此又所謂不召之召者。夫民苟召至，則北地漸實，財賦漸充，惟乞著爲實政，不作空談，則西北東南國計民瘼，咸有所賴矣。

《明經世文編·申時行〈申文定公集二·雜記〉》臣議屯田養兵之策，騰越逼三宣近緬地，皆肥饒而多閒曠，可以列屯課種，儲蓄以待軍興，而遠方守令，多闒茸不任事，嘗語按臣督察之，卒無成效，可嘆也。尋邊人有持緬地二番錦入見撫鎭，詭云緬酋欲求入貢，撫臣書來欲奏聞。余答曰：近時暹羅入貢特遣人用金葉表文奏御，今第以一人持二錦來，眞僞未可必。宜審寔而善遣之，非得金葉表文，不當爲代奏也。撫臣乃止。已卒無驗，求其人，則亡去矣。邊事夷情安可輕信而漫爲之哉。

《明經世文編·王家屏〈王文端公文集·答部文川論屯田屯田〉》諸老每談邊事，輒言兵當練，田當墾也。安邊長策誠無踰此。顧練兵墾田，亦非可以旦夕見效，餉不足則兵不可得練，費不具則田不可得墾。今司農廩廩爲國守財，不敢加錙銖於額外，兵多餉少，地曠租微，欲以興事，良亦難矣。近雖稍有給發，不知可少紓待哺之急否，誠及翁在事，藉資乘會，酌定規條，練士開屯，次第修舉，卽不敢望邊庾盡滿，行伍皆充，而所謂完一分抵一分之餉，有一人得一人之用，固當立見成功耳。惟翁毅然圖之，至祝至祝。

《明經世文編·王家屏〈王文端公文集·答張弘軒撫臺論屯田屯〉》田兵事偶爾議及，輒以謬見請裁，非謂其可行也。承敎議復輜重舊營，則兵有所歸，餉有所出，爲計更善。顧生竊疑之，本議墾田，爲興水利也。本募南農，爲訓北農也。乃今募兵爲農，以一訓十，以十訓百，農尚憚習，墾田之利，尚未可必興，而議者已有聚兵難散之慮，況於籍兵歸伍，彼已爲兵，誰復訓農。若曰派以田畝科其子粒，則此乃屯田也，非水田也，水田之興，不論軍屯民地成熟開荒，凡可通河渠，作溝洫者，皆得墾治。若屯田則止撥軍人領種而已。民田成熟者孰肯與之並耕而食乎。若是則千六百人，墾田有限，安在興水利也。墾田有限，則收穫亦有限，公帑何時可償也。幸臺下更策之，雖業有成議，慮始不得不詳耳。狂瞽之言，惟高明裁敎。

《明經世文編·王家屏〈王文端公文集·答賈西池撫臺屯田〉》各邊屯田廢壞已久，淸查甚難。間有開報，止具虛文，原非實數。所以按籍則歲增一歲，徵比則年累一年，葢徒查糧而不查地，徒增糧而不知均糧之過也。誠如貴鎭設法總查頃畝，細查荒熟，熟地有餘則通融攤糧，本堡不足則照舊以俟開種，如此則舊田糧均而易輸，新田科輕而樂墾，屯政安有不舉者乎。推此行之各邊，可也。至軍馬芻餉之數，悉爲淸查，鹽糧工程之議，曲爲酌處，無一事不當於實用者，幸力行之。

《明經世文編·王家屏〈王文端公文集·答蹇理菴論水利屯田水利屯田〉》凡舉事最不可有功利之心。除卻功利，無事可爲。一有此心，便復害事。卽如古人治水墾田，豈不是要興水利，成田功，然必勤胼胝者八年，而後水道始通，較豐凶於數歲，而後田賦始定，則知旦夕之功，目前之利，雖聖人不能圖也。畿輔水田，非盡可開墾，亦非盡不可開墾者。朝廷用言官議，委其事於尙寶君。尙寶君於水田身親涉歷，精意講求，決以爲可成者數年矣。一旦受事，不患不任，正患其任事之過，求功之速，或拂民情，招物議耳。乃尙寶君亦自言始事，寧少勿多，寧緩勿急，寧相順勿相強也。何圖尙寶未出而豐玉之工已興矣。當其興工，固且恐尚寶一至，煩擾地方，而不知倉卒經營，亦自有一種措辦。於是農不足而募南兵以充矣，餉不足而貸庫金爲費矣，其後費不能供，兵不可散，而議復輜重營以處餉矣。法誠善，意誠良，然去水田之議，則已漸遠，不佞向固疑之而有書以質於前督撫公，謂募兵爲農，以田授兵，乃屯田非水田，而農可散，兵不可散，兵且無餉，農何時有粟乎。會有成議，兵車營竟復，而尚寶君見豐玉間田已成，其志意滋廣，遂去而之河間眞定，談治河決渠之役矣。役未興而議起，以有今日，不佞因有感於國家之事。其爲而無成，非獨怠事者之過，而任事者不能從容計慮，次第舉行，稍有急功利之念，亦必決裂破綻而不可久，則此水田之工是也。向使豐玉不募治田之兵，眞定不徵治河之卒，以開墾屬之百姓，以勸相付之有司，而行田使者，歲不過一出省視，但以勸相勤者爲盡職，勿以墾田多者爲賢能。如此行之數年，當令荒蕪漸闢，水利漸興，而官不知勞，民不稱擾。豈至急目前之功，而阻累世之計哉。嗟乎已矣，事已至此，無可爲矣。獨今水田雖罷，而營兵固存，帑庫之金既無所償，輜重之餉，將何所給，誠不能不廑臺下之籌畫也。顧此輩向已失之遽招，今不可驅之遽散，惟分已開之田，以抵額餉，抵者有數則餉當半省，而易供散。無用之卒，以補別伍，補者漸多則卒當益少而易散，是在一運量之間而已。不佞何足與計，第大敎下及僭有區區之愚，因敢就正左右幸賜裁擇。

《明經世文編・王家屏〈王文端公文集・答顧冲菴撫臺撫遼〉》 塞下之民無所託以爲生，則不可使久居危難之地，故古人議備邊，必先募民以實之，議募民必有所以安頓生養，經常可久之法，然後民樂其處而無轉徙之心也。遼外乏邊圉之阻，內無墩堡之固，每當賊入輒便收保，賊入既頻，收保亦數，是民之衣糧貲畜，不待被虜而奔走轉搬，失亡耗費，可立盡也。況暇治南畆之業乎。遼所以蒼莽荒蕪，人煙寥落，正坐此耳。門下計安重鎮，恤收保之艱，則築室儲糧，積薪浚井，飭扞禦之備，則督鑄火器，倣造飛車，乃復周閱川原，規溝洫之廣深，相阡陌之條貫，將以畫汙萊爲井牧，奠舄鹵爲金湯，限胡馬之驅馳，便農人之耕作。此誠撫遼之長策，經國之遠猷也。幸門下毅然圖之。某邊人也，夙夜籌度疆事，以興屯田爲第一義，敢贊於下執事，庶幾觀厥成焉。

《明經世文編卷四百六十・李廷機〈李文節公文集・九邊屯政考九邊屯政〉》 夫邊計最重且亟者，莫之屯政矣。國家九邊之地，肥沃可種者悉爲屯田，甲楯之所棲，耒耜之所刺，綿亘數千里，於焉耕耨，於焉捍禦，葢卽古寓兵於農之遺。而漢趙充國、諸葛亮、晉羊祜、唐郭元振、韓重華諸臣之所嘗收其利者。二百年來聖明憂勤於上，耆碩擘畫於下，將臣經畧於外，謀士講求於內，則惟屯政爲孜孜，顧其間或舉或廢，或利或否，非壤地不同，則政之得失異也，何也。高皇帝憫海運之艱，詔羣臣議屯田法，用宋訥所獻守邊策，立法分屯，布列邊徼，遠近相望，首尾相應，刱制如此，其周也。邊境苟既寧，撤守關士卒，僅僅備譏察外，悉令屯田，致力如此其壹也。山西沁州民若干戶，願應募受屯，賞以鈔錠，分田給之，仍令募本州民，召募如此其廣也。令屯士幷樹桑棗柿栗，隨地所宜，士雖不足而足於桑棗柿栗矣。地利如此其盡也。文皇帝納黃福之請，官爲市牛鑄器，至欲廣屯於遼陽，而遣人徵牛於朝鮮，耕具如此，其給也。詔各荒屯空土，毋問土客軍民官舍，盡力開墾，永不起科，恩澤如此其厚也。謂將領能時時勞問屯士所苦，誰不感奮勤力，軫恤如此其殷也。以寧夏積穀獨多，降勅諭總兵何福，激勸如此其明也。仁宗念所司以征徭擾之，令毋擅役妨農，愛養如此其至也。宣宗初大同總兵鄭亨上屯田子粒數多，則遣人勘實賞之，論功如此其核也。提督必選老成，更命風憲官以時巡察，任使如此其愼也。屯久歲豐，邊士一切用度多以粟易，於是令戶部灌輸貿糴，多至二三十萬石，少亦不下十萬，積貯如此其豫也。天順中都御史葉盛巡撫宣府修復官牛官田法，墾田益廣，積穀益多，以其餘易戰馬千八百匹，修築屯堡七百餘所，興利如此其鉅也。葢其立法也周，故人便。其任人也當，故法舉。其與士也優，故士奮。其取利也緩，故利集。即所稱湟中湄濵涼州振武之事，不啻過之，乃其弊也，則有膏腴之地，多爲莊田，空閒之區咸歸邊帥，士卒無近田可耕，如商輅所論者矣。有墩堡不修，夷虜輕犯，有可耕之田而不敢耕；士卒疲憊，家無耒耜，有可耕之田而不敢耕；如梁材所疏者矣。有耕種之際鹵莽滅裂，收貯之後侵欺移用，以管屯爲職者優游城市而不見阡陌之巡，以典屯而來者憑信簿書而不較倉庫之實，如劉定之所議者矣。則有擾之以弗靖，持之以太急，今日覈地，明日徵逋，輒起正德寧夏之變，令地荒儲竭，邊民凋瘵，且叛漢而入胡，如王㙉所陳者矣。恬嬉既久，因循弛廢，日復一日，邊境蕭條，沃壤既棄，芻粟不繼，士馬不飽，挖運例銀所費不貲，而度支亦告匱，已議者或欲令各邊撫臣選廉幹吏闢荒蕪，革豪慾，覈乾沒，修亭障，遠斥堠，每歲終以聞，部臣分別上請，明示勸戒。或欲召募開墾及令軍民自種，量徵其稅。或以爲利歸於下，則人樂趨。往時爲邊帥豪戶墾種，田不荒蕪而公糴亦便，紛紛清勘，適生厲階，夫與膏土沃田鞠爲茂草，孰若捐以予人，請明詔有能墾種者悉與爲業，毋有所問。或以爲鹽法折納，商不赴邊而屯政遂與俱壞，欲復屯政，盍令商輸粟於邊，耕者有所資，積者有所散，而塞下自實。蓋諸議者之指大都任人廣募，薄征緩取，而鹽法與屯田相爲維持，鹽法之復尤不可不亟也。夫欲令農狎其野，稽人成功，積豐於垣，士饜於伍，內有亡費之利，而外有守圉之備，以裨威生氣，制戎撻虜，其惟屯政哉。作《屯政考》。

《明經世文編·葉向高〈蒼霞正續集·屯政考〉》 屯政者，自高皇帝元年令諸軍屯種龍江始也。其行於九邊，自宋訥獻守邊策，立法屯布始也。當其時，邊境既寧，撤守關士卒，僅僅備譏察外，悉令屯田，人受田五十畝，賦糧二十四石半，贍其人，半給官俸，幷城操之軍。其區畫何甚詳也。文皇帝納黃福之請，至欲廣屯於遼陽，而遣人徵牛於朝鮮，且令各荒屯曠土，能自開墾，悉蠲其賦，而寧夏總兵何福以積穀獨多，下璽書褒諭。其激揚何甚至也。列聖相承，遵而不廢，宣德中，屯法大行，頻歲豐登，邊士一切用度多以粟易，於是令戶部灌輸貿糴，多至二三十萬石，少亦不下十萬，而天順中都御史葉盛巡撫宣府，脩復官牛官田法，墾田益廣，積穀益多，以其餘易戰馬千八百匹，脩築屯堡七百餘所，其收利何甚愽也。蓋國家所以強本實邊，禦虜安民，酌成周寓農之規，鑒近代養兵之弊。管仲讓其籌，晁錯屈其筭，而趙充國、諸葛亮、羊祜、郭元振、韓重華諸人遜其功，效法至善也。其後奉行不善，屯種軍餘苦於賠補，相繼逃亡，田畝日荒，而九邊供輸之費遂以大困。惟時心計之士，碩畫之臣，相與持籌布策，講求脩復，爲國家建無疆之利而竟因循廢格，日以滋壞，及嘉隆以來累清屯田，雖時盈時耗而較其見存之數，大約損故額十之六七矣。蓋在洪永間，遼東屯糧以石計者七十萬，今十七萬，甘肅六十萬，今十三萬，寧夏十八萬，今十四萬九千，延綏六萬，今五萬，薊州十一萬，今僅視延綏，山西計其初當亦不下十萬，今得二萬八千有奇，是何盈縮相去若此甚也。愚嘗考求其廢弊之由，可爲振舉者四，而其可以徐議，未可卒圖者一。祖宗時，屯田諸軍給與牛具種子，優恤甚至，且不許他役，妨其農務，其後邊事漸興，多抽屯軍補伍，於是屯種之人失其本業，而田遂就蕪。此可爲振舉者一也。祖宗時，沿邊曠土，盡以給軍，間有肥瘠不同則令視其歲收之數而考較之，謂之樣田，其後貪漁將領多私其腴區，而移磽瘠於軍士，低昂竄易，糧益不均，重以豪右侵奪，而農事益馳矣。此可爲振舉者二也。祖宗時，武備修飭，各邊多築城堡，且耕且守，得以爲備，故人皆自完，而不虞虜。其後邊險稍失，城堡多湮，胡騎縱橫出沒，擾我禾稼，即欲力耕厚積，徒爲虜外府耳。此可爲振舉者三也。祖宗時，賞罰嚴明，政不媮窳，管屯之官皆覈所積之多寡而定其殿最，故人人自勵。其後玩愒成風，上下相承，以管屯爲職者優游城市而不見阡陌之巡，以督屯而來者，憑信簿書而不按倉庫之實，踵弊襲偷，恬不知恠，屯政之廢，又何惑乎。此可爲振舉者四也。若其利病得失之原則又有大於是者，蓋國初塩政脩明，輸粟給引，賈人子以積粟爲利，各自設保伍，募衆督耕，畚鍤盛於戈矛，墩堠啓於亭障，軍民錯居，守望相助，屯田之興於斯爲盛。其後納銀例開，無所事粟，商既散歸，屯亦大廢，不數年間，邊事坐困矣。故今議者咸謂鹽政不修則屯政難復，本本原原，其說當矣。顧愚以爲守法易，復法難，法在而復之易，法亡而復之難。今鹽引納銀從來已久，一旦督粟於邊，吾恐度支之令未下而輸輓之怨先興也。兼之軍國經費半倚商緡，必欲以粟易金，弊且捉衿見肘。吾恐邊士之腹未充，而司農之計先窘也。所謂可以徐議而未可卒圖者，蓋謂此也。嗟夫。九邊重鎮，國家根本，強胡跳梁，日睥睨其間，而空虛若此，至竭天下之脂膏，猶不能給，主計者徒仰屋而嘆，是不亦可爲寒心哉。今塩法之舊，雖未能盡復，亦宜講求屯田之意，專委大臣督以修舉，令沿邊之人隨宜占墾，毋問所從來，但使荒蕪日闢，穀價不騰，不必紛紛清勘以滋厲階，俟人心樂趨，邊境稍戢，然後廣徵吏士搜理舊章，需之歲月，遠收其利，此皆今日之所當亟議者也。夫欲內省民力，外裕邊儲，積豐於垣，士饜於伍，不煩輸輓之勞，無乏軍興之備，以撻虜制戎，伸威固國，非屯政曷繇哉。愚故略著其顛末，令憂國者得以考覽焉。

《明經世文編·熊廷弼〈熊經略集二·答瀋陽王遊戎修屯〉》 承示圖冊一覽，如身親區畫，快甚快甚。井田之法，溝塗封植，左右縱橫。周制寓兵於農，伏至險於至順，原所以限戎馬也。行之於廣寧以東，及海遼瀋開一帶，深於邊防有裨，但以此爲名。竊恐愚民驚惑而世人無見識者，復笑爲迂濶，反爲不便。前日井田之式，不過欲照此筭，非謂照此行也。且地段可以井收者井收之，不可井收者畝分之。惟將軍能心計，他人則不可與於此。恐此法一版定而不能井收者，悉置之不復報也。今第照民間見行步笑事例笑報，至墾種已定，然後下令沿邊軍民所墾田地各就自己分下地段不拘多寡，俱於四至掘溝，曲直其徑，以就車塗。庶幾其行易而人始不驚耳。然此乃修屯以後事也。今且不多及。

《明經世文編・熊廷弼〈熊經略集三・答李孟白督餉論屯田〉》 來教謂今人以用夷屯田爲策者，西夷統兵殺東夷，必無之事，屯田先尋空地，彼尋閑人而議定亦無期，不知聽其用者自用，屯者自屯，此誠委曲以調人情之說。弟非不惟策是聽也。夷果用，我可藉其兵。屯果屯，我可因其食。當邊鎮徵調中原轉輸一空之時，得此一助，以爲朝廷保殘疆，經略救危命，尤其所欣然樂聽者，而無奈其行之不效，何也。夫不效可也。不自惟事體之本難，而惟咎協同之不力，一似經略把持於其間，而不肯用肯屯者，夫非有胸有心人也，而肯如是耶。自四千金之一委於塞外而虜無感念，且多侮詞，各邊市之報帖且在此既前事矣。河東開原一道所轄無論已，遼陽平爲虜場，大路以西，在遼陽隣虜，在蓋道隣海，橫亘不過四五十里，一網巾邊熟地耳。大路以東，皆崇山峻嶺，東西橫四百餘，南北長六七百里，無長太平坦處也。自東北長白山發脈抵西南旅順海口而止，一路分枝開障，每障爲一峪，每峪有一河，水淙淙然，石齒齒然，而不可屯也。民皆依山居住，穵山耕種，今年究此塊，種瘦又穵彼塊，顧安所得空地。昨東巡自奉集過淸河，歷寬奠至鎮江，從鳳凰城甜水站中道而歸，徑行千有餘里，何處不見，每馬上歎替畫以鄉人，且疏言親往寬奠屯田，候旨，而策屯田者，揣摩於二千里之外，又何惑耶。若三岔河以西，委有空地，但高平一帶，先須開河數道以洩水，在寧錦一帶，先須增兵一二萬以防虜，而其事恐亦未易辦也。金人語宋人曰，待汝家議論定時，我已過河矣，今者寔類於是。此時正經事，尚不暇給，何暇爭執此事。惟恐當事者恃此一段議論，謂必可行而遂緩措餉之意。亦須早催部覆，差官查勘，或專責督撫進止，以免於乏興之誤。事留則議多，此不可不亟留意者也。敢因同心之教而併瑣及之。

《明經世文編・朱燮元〈朱司馬督蜀黔疏草二・回奏新舊田賦疏清屯田〉》 準安平道副使楊先芳查議得黔省自遭大難，軍民殺戮之餘，或竄虜庭，或避別境，不可謂非流民也。迨撫定以後，有自水內迸出者，有自他省旋里者，似已強半復業，惟是十年音信雖杳，而當日生齒甚衆，或仍有未出旋者。懸以望其指歸之日，則預講所以待流民者，誠急務也。查沿河新屯一帶，地土廣衍，蕪蔓最多，或有官兵不能盡墾者，量留少許，以俟歸鴻，許其開穵成畝，寬以十年，方議起科，異日即爲科田，豈惟孑遺有資，即屯制亦相倣矣。至於黔省額軍承平不如國初，叛後不如承平。近查缺額官軍，數可槩見，乃議者曰：議勾補而隔省遼絕，綏不濟事。矧勾一軍，多一事之擾，而黔省且不勝勾也。惟是加意招徠，似爲實際，而上焉者不勝其撫摩，下焉者又不勝其薄削，正額不已，繼之雜派，耕耨未畢，呼之扛擡，甚且清屯一番，徒委瘠薄，而膏腴無恙。故不曰清糧，而曰加糧。蓋田則猶是，而糧併之，就其常譚，可知夙弊矣。夫衛所各官方斧方刀以樹驅軍之幟，則聚者難保其不散，而散者可令其復聚乎。欲令舊軍歸伍，請自慎選衛官，而正己率屬，鉏奸釐弊，即本道亦有不能辭其責者等因。又准總鎮王國禎手本，前事該本鎮查得黔省夷多漢少，緣通一線之路，置衛設軍。雖以漢制夷，則始有軍而未始有民也。漸次開闢，類皆楚蜀江右商旅流寓之人。墾土爲業，未嘗輸賦，與土司苗夷雜處，叛亂之後，殞命於干戈者，十去其七，故謂之絕田。而餘燼孑遺之民，尚霸之以爲己物，其無流民復業可知也。其所謂軍者類皆揚粵、楚豫之人。抽調戍守，屯有常額。與苗寨相錯，或單丁故絕，或兵火逃亡，十存三四，故屯多拋荒。勾之則隔省遼絕，竟不能補伍，即有招復，難敷舊額。其無屯軍歸伍可知也。故絕田則應給兵以耕而抵餉，荒屯則應招徠開墾以贍兵，以土地自有之利，養守土衛民之人，漸成土著，兵農合一，是在文武將吏，設誠力行。如本部院所謂清屯田、練壯軍與之題陞加級，查賊絕併科田，以備遷陞行取者等因，各回覆前來，該本司覆勘相同，前因呈詳到臣。該臣查得黔省自撫西酋之後，軍民漸次復業。臣與文武諸臣勉求綏輯，分出新屯舊屯科田三項，蒙皇上就臣疏穆然深念，仍恐流民之未歸，各軍之失伍，覆載弘仁，洞徹萬里。臣雖衰庸，敢不效末議以佐德意。該臣等看得原疏所開絕田者必其一戶盡被屠戮，始謂之絕，若戶丁尚存，與在逃新歸者即入科田之列。其有士紳在外，即未歸而先求田者，查府縣有冊案，亦即給之，若其來歸而原無業者，則如道臣楊先芳所議，將沿河曠土隨便給耕，但恐其不就招徠，斷不忍絕其生計也。至於各軍在承平時，已失祖額十之五六，亂後更不可問，若拘清勾之例，止益追呼之擾，不勝擾且不勝勾也。計惟有清查屯額爲喫緊第一義，蓋軍雖缺而屯固在。按籍而清其原屯，按屯而查其畝數，不問是軍、是兵、是民，果精壯願耕者，即聽註冊服業。兵耕之，則除其月餉，民耕之，則輸糧贍操，兵與民即軍也，軍歸而耕之，有一軍可省一兵，軍即兵也。以屯爲招局課耕而不拘其籍，以耕爲實着與業而不世其伍，只求人人精壯，處處墾闢。人壯則耕戰守，呼應自靈。田墾則軍兵民於陬皆裕。處此荒敗之區，不得不爲通變之計。二三年來，如龍里、貴州、貴前、威清、平壩、普定、安莊、安南、普安等衛俱被殘破，共集軍九千六百九十七名，都勻、平越、新添清平、興隆等衛，黄平一所雖未殘破，止存軍三千五百八十一名，迤西永寧、畢節、赤水、烏撒四衛普市一所殘破更甚，已招回軍三千四百六十名，業經不次申飭，先將各荒土查清在案，責令各官設法招徠，務令七分在屯，三分入操，每歲年終以開墾之多寡爲官評之殿最，仍應需之歲月，漸漸生聚。非可以旦夕計功也。

《明經世文編・左光斗〈左宮保奏疏・題爲足餉無過屯田屯田無過水利疏屯田水利〉》 題爲足餉無過屯田，屯田無過水利，懇乞聖明申飭當事，着實舉行，以濟急需，以圖永賴事。臣幼聞父老言東南有可耕之人，而無其田，西北有可耕之田，而無其人。既候命闕下，間取農書水利，及古人已試陳迹，略一講求，頗得大意。適承乏屯牧，耕當問奴，此其職已。方今東事正興，籌邊無策，十八萬枵腹之兵，待八百萬畫餅之餉，催外解之檄如火而不可得來，求內解之涕如雨而不能得去，止有漕運一脈，而民力已竭，加以旱乾水溢，接濟不前，河竭海漂，種種難測，其他意外之事，中梗之患，且未忍言。若不汲汲講三年九年之儲，而局局爲不終朝、不終夕之計。臣愚不知其可，蚤夜以思，只有屯田可以救急，而今之屯田者，不過按籍徵糧，期於及額而已。間有隱占多不可問，然亦不必問也。惟是西北不患無地而患不能墾。以臣所聞，京以東，畿以南，山以東，兩河南以北，荒原一望，率數十里，高者爲茂草，窪者爲沮洳，豈盡其地哉。不墾耳。其不墾者，苦旱兼苦澇也。其苦旱與澇者，唯知聽命於天，而不知有水利也。一年而地荒，二年而民徙，三年而地與民盡矣。今有道於此，使上之不爲魃，而下之不爲魚，相反而相爲用，去全害而得全利，何憚而久不爲此。謹循陳上屯田水利三因十四議，惟皇上採擇焉。

其一曰：因天之時，五行之用，誰能去水，三江震澤，《禹貢》所稱，厥土塗泥，厥田下下，昔之汙萊，今之沃壤，何常之有。過見莞蒲魚鱉蜃蛤之屬到處有之，自南而北，風氣固然，而謂水偏利在南，偏害在北，火耕水耨，缺五行之二。名曰誣天。其一曰：因地之利，引漳溉鄴，渠鄭富秦，龍首渠漢世尤盛，民之歌曰：涇水一石，其泥數斗，且溉且糞，長我禾黍。河源如昨，地脈未改，而謂水偏利在古，偏害在今，使瓠子之歎長興，宣房之績不顯。名曰誣地。其一曰因人之情，南人惜水如惜血，北人畏水如探湯，習固使然，亦未見其利耳。翟方進壞陂而黄鵠之怨興，召杜開陂而父母之歌作，有之以爲利，死且不避。近日京東一帶多所開濬，浸浸已見其利，所在州縣，亦知有爭水者矣。臣私喜之而謂水不宜北，北不慣水，拂耕鑿之情，而失田民之利。名曰誣人。禹功明德，惟是平水土，濬溝洫而已。未有不治河而治田者，支流既分，而全流自殺，下流既洩而上流自安，無昏墊之害，而有灌溉之利，此濬川之當議也。沿河地方，唯運河不敢開洩外，其餘源流瀦委是不一水，陂塘堤堰是不一用，或故跡之可尋，或方便之可設，工力多者官爲量給，費少者聽民自舉，惟無水之處不必鑿空尋訪，以蹈卽鹿無虞之戒，則疏渠之當議也。秦漢之世，鑿地爲港，掘地爲井，汲而得灌，以畝一鍾，卽東南地高水下，車而溉之，上農不能十畝，北方水與地平，數十頃直移時耳。事半功倍，難易懸殊，則引流之當議也。河流漸下，地形轉高，遠引不能，平引不可，將若之何。其法闌河設壩以壅之，大約如囊沙之意。或壅二三尺，或壅四五尺，然後平而引之，水與壩平，流從上度，遞流而下，節節壅之，亦復如是，蓋不能俯地以就水而惟升水以就地支河淺流，最宜用此，卽如滏陽一河發源以至出口，約七八百里，得其利者僅一二縣，餘皆以低下棄去，不曉此法故也。則設壩之當議也。蓄洩不時，泛溢爲害，加以秋水時至，百川灌河，壞民禾稼，蕩民廬舍，往往有之。惟於入水之處，設斗門以時啓閉，旱則開之，澇則塞之，出水之處反是，此建閘之當議也。沿山帶溪，最易導引，山水暴漲，沙石壓衝，再行挑洗，勞費不償，其法順水設陂以障之。用支河不用河身，支以上溉身聽其下行，此設陂之當議也。而必槩種秔稻，恐不素習，得利轉微，隨其高下，聽其物宜，宜粱宜菽，宜薏宜芋，宜蔬，惟意所適。總之水源一開灌，旱地之利勝水田之利一倍，每畝之值，亦增價三倍，漸漸由而不知，通而不倦，而焦原盡澤國矣。則相地之當議也。春夏澆灌，常苦水少，秋冬無所用之，常苦水多，儲有餘以待不足，法用池塘瀆淀以積之，既可儲水待旱，兼可種魚蒔蓮，每見南方百畝之家率以五畝爲塘，水不勝用，利亦如其畝之所入。何不做而行之，或五家一塘，或十餘家一塘，居然同井遺意。而築塘尤易於浚井，但期築做如法，可以注水不漏，惟原窪下之處不必另設，則池塘之當議也。以一教十，以十教百，必用南人，而南人寧爲農夫，不欲爲農師。北地傜輕，江南役重，以走利如騖之情，乘避傜如虎之勢。吾土雖美，樂郊可適，但著爲律令，永爲世業，不得一二年後即行告奪，將負耒而來，爭先恐後，舉鍤爲雲，決渠爲雨，此之謂也，則招來之當議也。四民之業，迭相爲用，南方士子，不得志有司則棄爲胥吏，舞文犯科，往往此輩。若倣漢世力田之科，令墾田若干畝，許令占籍而又不礙地方本額，且令官司與之講明水學，如胡瑗之教授門人，不猶愈於白鏹而鬻青衿者乎。蓋先師與后稷並位，勝與倚頓爭坐也，則力田之科當議也。虞文靖公建議於宋泰定之時聽富民欲得官者能以萬夫耕，則爲萬夫長，千夫、百夫亦如之，今其意可師也，若令各屯衛所軍官及經歷，俱以墾田多寡加級，雖格外之勞來，實本等之職業，於計甚便。今議者動抑豪強防其兼併，不知富者樂耕，則貧者轉貸，但得地無曠土，土無遺稅。何妨勳戚貴近，大賈富商駢集而來，徙豪實塞，實用此意。則募富開爵之當議也。宋巡行使者分道四出，民苦不便，蘇軾力非之，而治杭之日，修治西湖，欲天下盡興水學，毋亦行之，介甫則不善，行之文忠則善耳。今水利之銜猶設，而勸農之義無聞，至於有司，多所不解，但得撫道而下，個個得人，又皆講求之熟路，已試之成事。如懷隆、靖虜、河內、磁州、海島先後諸賢，分滿布列，彼此呼應，官無添設之煩，民無追呼之擾，穡人成功，田畯至喜。則擇人之當議也。天津一處舊撫汪應蛟墾水田八千畝，設兵二千，用充額餉。今援遼千名卽八千畝多蕪，且有申言種穀不如取葦者，廢興由人，良可浩歎。誠得練習明作一將官，領兵數千屯之，而天津一帶不足墾也。永平負山瀕海，擇官而墾，亦如之。附近關外得穀一石足抵漕之五石，且屯且練，用備不虞，則擇將之當議也。或者曰：游惰之軍不任耰鉏，是不然。近見出關觳觫之狀，視關內如春臺壽域，若揀其老弱，使盡力南畝，死且不憾，而又計田行賞，比於得級。如宋給事廖剛之策。其言曰：執耒之勞，較之操戈之危，豈不特易。夫驅之戰與驅之耕，臣固知其必悅也。則兵屯之當議也。臣所言者止於臣屬耳。由畿輔而九邊，由關內而關外，豈乏充國其人，又豈乏武侯子儀其人，而坐令金城祁山河中之績，爲千古絕盛哉。此數議者不煩公帑，不勞民力，而又皆田里樹畜，老農常談，無甚高論，舉朝皆言其可行，而不肯行，當事亦見爲當行而不肯力行，國家無事，既以因循而不行，有事又以張皇而不及行，農既疲於養兵而不耕，兵又恥於爲農而不耕，謂見效遲在三年之後，而三年後復然，謂大利遲在十年之後，而十年後復然，譬之富人衣珠而餓死，豈不惜哉。元末年東南有梗，始思虞文靖之言，倣其意，設海口萬戶，業已無及，乞張士誠貸米數百斛，反覆告急，僅乃得之而無救於亡矣，可不寒心。先臣徐貞明曾以尚寶專理此役，而事出創議，難與慮始，且欲以一身兼禹稷之任，大開河工，復井田之遺，省東南之運，語近迂濶，會忌者而止，乃其意不可磨也。今《潞水客談》及《治田存稿》具在，任事之難，令人追恨無已。今時勢迫矣，過此不行，更無行時。復乞明天子照臨於上，賢公卿百執事主持於下，各舉所知，知人善任，更祈勅下戶部酌議委妥，轉行所司着實舉行，勿狃故事，勿急速效，勿憚事始，勿撓事終，載入考成，一切有司首課農政，田野不治，卽異能高等亦註考下下，其有不習者，孳孳講求，務期曉暢，躬自勸相，單騎巡行阡陌，問民疾苦，不得勞民煩費，無益民功，小有嫌怨。臣等力爲主張，迨試有成效，破格超遷，永著爲令。庶幾小墾小利，大墾大利，小利在地闢而民聚，民聚則墾者愈多。大利在粟賤而民饒，民饒則墾者愈易，生聚漸煩，和糴轉便，卽不必省東南之漕，而亦不專靠東南之運矣。

《明經世文編・左光斗〈左宮保奏疏・題爲議開屯學疏開屯學〉》

謹題爲地方興化有機，人情鼓動已漸，墾乞議開屯學，儲材積粟，以廣文教，以訓武備事。臣待罪屯牧，因改學差，在屯言屯，曾一試之，而稍見其效。在學言學，則有興學而兼可以佐屯者。臣終不敢忘，敝梁敝笱之思而使國家不得收可大可久之積。頃者皇上特允閣臣，請專設寺院董應舉經營屯插，慨發帑金十萬兩，聽其便宜。仰見我皇上畱心稼穡，《邠風・七月》之咏，無時少輟於懷，事苟可行，且不惜發帑爲之，況乎不必發帑，而有可以佐屯者乎。據天津兵備副使王弘祖詳前事，內稱天啓元年十二月十九日蒙提督學政監察御史左光斗，批據河間府屯田水利通判盧觀象呈前事，內稱國家之至不美者，鬻爵納粟之途也，而人爭爲之不諱；國家之至美者，力田文學之科也，而人率迂而不爲。有道於此，無鬻爵納粟之名而可兼力田文學之實，則今日之屯學是也。屯學之法，先授以田百畝給以武生衣巾，使之且耕且讀且射，寄學之後文藝有長，力田有加，收之庠，業益進而不已，土益闢而功多。卽就田之入餼之庠，從此而開貢，從此而登科，總以耕讀之令名，成教養之實事，使業傳之無窮，而利收於未艾，作法日廣，教訓歲深，卽不盡爲操弧射策之名儒，久之必多馳驅禦侮之材士矣。謹列條規開陳如左，等因具呈，蒙批本院習射以勸武，開屯以勸農，兩利並存，無如設屯學便。查永平薊密諸道，皆每歲有武生數十名，况借之以開屯乎。聞地方生儒接踵於耜，因天因地因人，似亦不容已者。目前區畫經久規模及已盡未盡事宜，天津道一一確議以便具題行繳。隨該本道看得該廳爲屯田而議開屯學，其意甚善。其論可行惟有視衛學運學一體舉行而已。按雅詩有曰：攸介攸止，蒸我髦士。朱紫陽曰士出於農而工賈不與焉。管仲曰農人之子恆爲農野處而不暱其秀，民之能爲士者，不足賴也。所從來矣。我國家衛有學，是軍之子得爲士，運司有學，是商之子得爲士，今不使火耕水耨者，與荷戈負販之子，同沾圜橋觀聽之榮，可乎。本道以爲屯學之設，斷當視諸衛學運學，署其名曰瀛海屯田儒學，請欽頒學記一顆，則事有歸着，而人知向往。若夫作半眞半假之事，處若信若疑之間，體輕而不尊，恐法立而難久，有負本院作養之美意多矣。況乎美利之源，既開於農人，庠序之設，何靳於髦士。今將該廳條議各欵逐一備細叅酌覆議外，伏候具題明文至日施行。一願入屯學者試其文理稍通，更加騎射，申本院收録，給以武生衣巾，授之水田一百畝，使自耕之，每畝收租稻一石，惟本地人或不慣水田，暫令耕水田五十畝，收租五十石，仍種白田五十畝，隨年之豐儉官生兩分之，歲以爲常。前件本道覆議得收録之始，一試其文，再試其射，果堪作養，該廳呈院，以屯田寄學生名色，準免本身雜泛差役，有司以禮相待，耕田之數，與納租之數俱如廳議。該歲入租百石，而博一衣巾名色之榮，亦未爲濫也。一屯學武生文藝優長，遇考試之年，欲送文試者，免府縣二試，逕送本院，卷面明書屯字號，文理一視文童，資質可進者，準與入學。前件，本道覆議得屯生願赴文試者，該廳造冊逕送，相應免其二試，中有文理可進者，與充附學。一屯學生員遇考試之期補廩補增，一如衛學，其廩卽以所種田收之入，照文學例廩之。前件，本道覆議得各生已充附者，考居一等補廩，考居二等補增，廩增之額，應照衛學。立學之初，廩數難盈，出貢以食廩二十年爲期，俟其人文漸盛，挨次出序，月糧給以本色，每月稻穀二石，卽以田所入給之。一屯學諸生每生員十名，准作科舉一名，以勵其進，其應定中額，是在上裁，非職所敢議也。前件，本道覆議得科舉應試，斷應取其一二，以示鼓舞，數之多寡，未可懸定，以至中額，尤未可輕議。一屯學武生，遇武科之年，俱俟職廳逕送本道，免其府試，既中之後，如再加墾水田，聽屯院咨部給劄聽用。前件，本道覆議得武舉之年，願就武試者，免其府中類試，該廳造冊逕送本道，亦與文試相倣，相應准從，中式後加墾水田另議。一南北遠方，有非河間人，而願入屯學占籍，准令收試入學附籍，屯莊比照本地人，或加種數畝，以免地方占籍之爭。前件，本道覆議得爲屯田而開學人之南北，非所拘也。加種以苦遠人。斷斷不可。人既種田，卽爲土著，河間之人，萬不以冒籍啓爭也。一立屯學，設官舍，置人役，一切經費，俱屯官措辦，不必動官糈尺寸。天津文學，原有兩教官，卽令一官攝理，亦不必更添教職。前件，本道覆議得一切經費，不借動於公帑，則事無不舉，目前剏立廟學，所貲不資，恐難時詘而舉盈，既借官師，亦暫暫借衛學，俟十年後建宮設官，未爲晚耳。以上七款，俱簡要可見諸施行者。倘諸生借此梯榮，意氣漸驕，逋負租額，荒蕪田土者，除黜名外仍加究治，勿謂今日不道及也，等因到臣。臣惟寓教於養者，帝王之所以易世。寓兵於農者，地水之所以爲師。今國家日日養士而不得士之報，則教非而養亦非；日日養兵而不得兵之用，則兵非而農亦非。臣以爲救目前之急，而猶存古人之遺者，莫如屯學便。臣逡巡兩年，未敢具題。蓋一試於天津而得其地矣。委之於盧觀象而得其人矣。又今春出示曉諭入籍屯童俱赴天津開墾，其各州縣舊墾者俱不准算，而人爭趨如流水。時方春莫，樂往者十數家。而臣又得其人情矣。臣又恐其未的，復親行天津踏看，我疆我理，瞭如指掌，而諸屯童之且耕且射者，實有其地，有其數，有其人矣。昨歲六百畝，今爲四千畝。向之一望青草，今爲滿目黃雲，雞犬相聞，魚蠏舉網，風景依稀，絕似江南。雖秋水灌河之後，而穰穰猶自可觀。此皆前屯臣張慎言，新屯臣馬鳴起苦心實績。臣於是始信屯事之可興，而屯學之可舉也。信能舉之，有七便焉。臣去歲科試，各州縣告開荒入籍者所至遮訴，且本道俱已考送，而臣不敢收，一恐以客雜主，起目前土著之爭。二恐有人無田開他日冒濫之路，屯學設而地方無爭矣。且田必在天津，每田百畝，入籍一名，人孰肯捐重貲闢草萊，而爲他人入籍者。田既爲淸楚之田，人亦爲實在之人，其便一。海防營田，每畝收租二石，士與兵宜有異，恐其多而難繼也。每田一畝入租一石，每試百人，得穀萬石，試千人則十萬石矣。日計不足，歲計有餘。其便二。且既以屯占籍矣。世其學不得不世其田，田蕪者黜，負租者黜，告改學者黜。顧名思義，何說之辭。是士世世守其業，國家亦世世收其利也。其視鬻爵納粟，如日中之市，交易而退，各不相顧者，何如。而況乎詐僞公行，半鏹顆粒，未入太倉者哉。其便三。去年天津初立官莊六百畝，秋穫三千石，以示民榜樣耳。然牛力子種車梁廬舍工作雇覔爲費不貲，有其人則田存，無其人則田廢，安得常如盧觀象其人者而任之哉。屯學行而聽人自耕，不見金錢之出，但見籽粒之入，所謂少少許，亦勝多多許也。其便四。平居無事，天津一鍾，足敵五鍾。今庚癸之呼，既迫山海，而咽喉之斷，又虞東南以附近之田養附近之兵，一鍾足敵十鍾矣。其便五。頃妖賊爲梗白糧不時至，百官常祿，至不能支，業已見端矣。若歲益米數萬斛，卽不敢作尙方之供，亦可望果朝官之腹。其便六。且此力田者，大率殷實而俊秀者也。行之而三年後，耰鋤之衆，卽爲干城，橫槊之儒，卽爲露布，通人於所已倦，而轉人於所不知。則其便七。臣且未敢深言耳。臣常過窮鄉小邑，文學黯淺，徒循故事，不得不如額收之。其實舉筆欲下，未免違心。今此遠來入籍者，同以搦管儲王國之楨，又獨以舉趾佐縣官之急，誰非吾人，而乃有靳焉。坐者肉而跣者鹿，亦大不平矣。善乎道臣之言曰：衛有學，軍之子得爲士，運司有學，商之子得爲士，而火耕水耨者不得與荷戈負販之子同沾圜橋觀聽之榮，蓋有激乎其言之哉。故今日屯學之議，斷當照衛學運學一體舉行者也。然而所收一憑文藝也，黜亦憑文藝也。學宮不必另建也，學官不必另設也，廩餼不必出之官也。有立學之名，無添學之實，不過增博士弟子員數名而已。惟科舉漸多，則中式名數亦漸加，此尙在數年之後，然而增舉一名則增穀已數十萬石矣。國家又何惜遼東事額而不爲屯士開功名之路哉。臣三年血心，兩畨目擊，實見有此七便，合之道廳七議，而又皆已試之事，將成之績，故敢會同屯田御史馬鳴起據實上聞，然非臣與屯臣之言也。臣在津門，晤寺院董應舉，見其汲汲皇皇，備極勞辛，而事屬剏始，卒難就緒。若使屯學興而屯田按畝，微臣收籍，庶幾事半功倍，相與有成。不然功名之路不開，既添設十寺院，歲發帑十數萬，豈能以一手一足奏績哉。伏乞皇上俯鑒愚誠，非泛泛懸空條陳者比，卽賜俞允，結今秋滌場之局，而開來春於耜之端，屯政幸甚，士子幸甚。

清《户部抄檔・地丁題本・直隸三》 爲遵旨條陳以定屯政、以恤殘黎、以實沛皇仁事：【略】本年十三年五月二十四日，準户部咨：爲詳陳屯墾利弊事：【略】墾屯一事，河南、山東士民稱苦，屯租數倍民糧，應除屯田名色，照民糧起科。應如所議，敕下督撫按轉行司道州縣，將已前屯道所墾地畝交與守巡各道；行令各州縣將未開荒地，仍竭力招來，通照民地征糧，編入賦役，解部充餉，年終造冊奏報，以開墾多寡分別殿最可也。順治十三年五月初十奉旨：依議行。欽此。

清《户部抄檔・地丁題本・山東四》 爲清查欺隱地畝以裕國課事：順治十二年三月初四日據分理濟東興屯道以知府職銜管屯道事遲日豫呈：濟陽縣續墾地畝緣由前事呈稱：查得濟陽續墾地二百一十頃五十畝，係管屯同知胡有成親詣該縣招墾之地，且有本里願墾手本存縣，而知縣戢民服造有花名條段，及不致虛冒印結可據，業經報院咨部具題；十一年收租。及至徵租之際，而該縣借口署印照磨吳惺所報稱無着落，造完赤歷不肯印核，該同知胡有成恐悞徵收，據實呈詳，此不得已之勢耳。伏請總臺速賜嚴飭，庶荒屯可興，國課不致躭懸等情到職，即批該道同布、按二司會查間，三月初七日隨據先委清查丁地濟南府同知楊桂英呈報：查得濟陽縣原額地六千六百九頃九十三畝零，舊成熟地二千六百五十一頃九十六畝零，二項共開墾屯地六百三十一頃五十六畝。今丈量闔縣共熟地四千九百八十一頃六十二畝，除原舊成熟幷二項開墾地數外，今次丈量清出熟地一千六百九十八頃十畝等因申報到職，復行該縣查造花名地段清冊間，五月初八日又據濟陽縣以步弓大小折畝等則糧多地少詳請，職思事關地畝，難容輕忽，又委濟巡道僉事王登聯再行細勘，去後，續於七月初五日據該道詳稱：查得田地起科以二百四十步爲畝，此亘古不易之規，本道親詣該縣傳集四民，再稽縣誌則例所載，以三百六十步爲畝，但更易之情亦不識起自何年，欲照楊同知所報之數計算，畝大糧重非他邑可比，本道再四思維，如若減地，而賦稅必更，合無照依縣例，以三百六十步爲畝計算，止多地一千八十頃三十七畝，除前墾屯地二百一十頃，實多丈出地八百七十頃三十七畝，以征糧計之，照十一年由單該派銀六千一百兩零，照十二年除荒則例該派銀四千七百九十八兩零。今據該縣備造地畝花名坐落四至清冊印結前來，相應轉報等因，呈詳到職，復核無異。該職看得欺隱地糧，載在爰書，今濟陽一縣查出欺隱地八百七十頃有奇，自當按律究懲，以爲欺隱之戒，但念東省災黎，屢蒙皇恩蠲恤，且齊魯禮儀，更知王化優隆，姑寬一面，用廣皇仁，據稱十一、十二兩年共該徵銀一萬八百九十八兩零，或自十一年找追，稍示薄罰；或於十二年起科，以沛寬恩，統惟睿鑒裁奪可也。除通省地畝見奉部文著令州縣各自爲丈量外，相應具題，伏乞皇上勅下該部議復施行。

清《户部抄檔・地丁題本・山西三》 爲邊腹肥瘠不同，屯租萬難一例，酌議因土定則，以勵廣種，以濟屯務事：據宣、大興屯道僉事邢以忠呈稱：興屯事宜，原議量給屯本者，分收籽粒三分之一，此爲腹裏屯地而言也。今宣、大二鎮朔漠之區，地多沙磧，即成熟之地，所穫無幾，況新開荒地與成熟者不同，較之腹裏之地更大相懸絶矣。如一例分收，不惟入屯者咸苦租重而有悔志，即未入屯者，俱各畏難而多觀望。此事非可以刑驅，又非可以勢迫，將何術以使其樂趨也？本道再四思維，莫若因地制宜，相土定賦，其量給工本者，照邊地分上中下，酌定收十分之二；其不領工本自爲開墾者，照定上中下收十分之一，俱以三年後準爲永業，庶百姓欣然樂趨，不用朝廷多金，官地自可廣辟矣。查當日奉内三院所議，惟云領本屯種者，分收籽粒三分之一，并無議及自備工本開種之例。今各屯民以租重爲難，且屯本無多，本道不得已而籌度領工本與不領工本者分别徵收，以便多召廣墾。【略】伏乞俯從題請。等因，到臣馬鳴珮自稱。該臣看得宣、雲地土素稱沙磧，廣種薄收，【略】今興屯道臣邢以忠目擊民畏租重，開墾者不前，因而酌議領工本者收十分之二，不領工本者收十分之一，俱以三年後準爲永業，俾得荒蕪漸辟，無難國賦漸充，似亦鼓勵招徠之一法也。【略】伏乞皇上敕部議復施行。

清《户部抄檔・地丁題本・河南四》 遵奉部文：興屯一事，實爲足國要務，近見各督撫條議不一，其最當預杜者，或巧取熟地以當開荒，或強派各里以包屯課。臣等酌議，似應責令興屯各省督撫通行各州縣衛所，確察所管地土，分爲二項：凡係現在上納錢糧者爲民地，仍照舊定則例徵收；凡係抛荒不納錢糧，及名爲有主荒田實未納糧者，俱爲官地，盡數交與屯田道收管。備造二項清册，送臣部及督撫布政司查確，永遠存案。仍造簡明册，内開某州縣官地共若干頃畝，民地共若干頃畝，進呈御覽。以後凡屬民地，州縣衛所官盡心勸課耕種，不許再有抛荒。凡屬官地，興屯道廳官漸次開墾起科，不許侵取民地，違者聽督撫科道參奏治罪。其或有司向來不及覺察民間有以熟作荒者，許改正免罪，仍於民地數内納糧。或屯官一時不及遍墾，有司能招民開墾耕種者，聽報明叙録。【略】兹據開封等八府，并汝州所屬各州縣衛所分造官地民地各數目清册到司，復核明白，彙造清册呈送到臣。該臣復核，查得河南通省開封等八府并汝州原額地九十六萬二百八十八頃四十一畝零，内除廢府籽粒并學田等地三千六十七頃三十二畝零，又洧川、陽武、封丘、新鄭四縣原舊折除下薄地八千六百一十三頃九十九畝零，民地二十七萬八千三百四十六頃六十二畝，官地六十七萬二百六十頃四十八畝零。宣武等二十二衛所原額屯地十萬一千四百八十六頃九十一畝零，内除宣武衛前朝歸并開歸二府新增籽粒地六百五十八頃五十畝，實在原額地十萬八百二十八頃四十二畝，民地三萬六千七十六頃八畝，官地六萬四千七百五十二頃三十四畝，磨對無異。

同上 南汝鎮臣張應詳部兵因家口乏養，隨於南陽附近荒田勸諭各兵餘丁開種田四百餘頃，一應差糧隨縣輸納。今科臣恐兵民相混，地糧未清，有礙輸納，誠爲詳慎。臣部備察駐防兵丁，有事防御，無事開墾，似合兵屯之義。第各兵開種，應墾無主荒地，不得侵占有主民田，且各兵應納錢糧，但恐州縣有司不便追呼，應聽該撫確察清數。【略】計清數共墾過地四百一十九頃零，皆廢藩地土，俱是無主之地，内有舊種地三百餘頃，已於順治九年隨縣納糧，照民田則例起科矣。其十一、十二兩年新墾地九十餘頃，既設官屯，應如司議隨屯地則例輸納。

同上 户部題：竊維興屯一事，似應責令興屯各省督撫通行各州縣衛所確察所管地土分爲二項：凡係現在上納錢糧者爲民地，仍照舊定則例徵收，凡係抛荒不納錢糧及名爲有主荒田實未納糧者，俱爲官地，盡數交與屯田道收管。【略】以後凡屬民地，州縣衛所官盡心勸課耕種，不許再有抛荒。凡屬官地，興屯道廳官漸次開墾起科，不許侵取民地，違者聽督撫科道參奏治罪。【略】若有主荒地自不能開墾，又不納糧，乃至行查不報者，其地方官并地主一并治罪。

清《户部抄檔・地丁題本・陜西四》 爲軍屯未得實際，月餉糜費孔多，請酌裁屯餉以佐國用事：【略】今據陜西提督漢兵總兵官王一正奏稱：固鎮兵丁撥赴環縣、平鳳、臨鞏等處屯種者共一千名，一年所穫雜糧，不及月餉之半，各兵遠撥屯田，又與營伍無涉，兵不借其半力，餉歲費其過萬，欲裁則又恐熟田因而又荒，莫若即將屯兵改爲屯民，仍在原地耕種，量地起科，借給牛、種、雜糧等項陸續還官。【略】

[户部]臣等看得固鎮兵丁撥赴環縣等處地方屯種共一千名，經復準改

爲屯民，其牛隻農具等項并每畝起科數目，應即確查造報。【略】仍令三年內陸續還官，并每畝起科數目俱於十三年爲始，其所裁屯兵月餉亦應自十三年正月初一日截支。

清《户部抄檔・地丁題本・甘肅三》 爲遵旨會議具奏事： 烏魯木齊都統平瑞奏統籌全局以計久遠擬開地利以濟餉需一折，同治二年二月二十六日奉上諭： 平瑞奏統籌全局請於烏魯木齊廠地開墾屯田一折，另片奏巴里坤兵多糧少請酌量遷移等語，著議政王軍機大臣會同該部妥議具奏，欽此。欽遵，由內閣抄出。 查原奏內稱： 竊維烏魯木齊所轄之境，綿亘二千餘里，地土寬廣，稽諸各廳州縣商戶民人所種之地升科額數共祇一萬三千九百餘頃，屯兵二千八百餘名，每名給地二十畝，約共計地祇五百餘頃； 遣犯八百餘名，每名給地十二畝，約計地祇在百頃上下。 其各營牧馬之廠，及孳生取駒之廠，必擇水草茂盛土脈肥饒之區牧放，乃能蕃庶，其地亦屬不少，若能一律開墾，地利之溥可知。 惟牧馬孳生，當初具有深意，此時辦理開墾，自應將馬匹妥爲安頓，不使稍有窒礙。 查孳生馬匹於巴里坤、古城、濟木薩、瑪納斯分設四處，巴里坤孳生馬廠地亦甚寬，惟天時較寒，有水草而不能種植二麥，擬將應存之馬寬爲挑選留備，即歸并於巴里坤孳生廠內牧放取駒，以備各營差操臺卡之用，務使有盈無絀，并責成該營員弁專司經理，馬歸一廠，稽查易周，是馬匹得有實在牧放，并無關礙也。 廠地土脈既沃，開墾播種易穫豐收，中有缺水之區，亦不難設法開渠引灌； 而莊農耕耨，無不資牲畜之力，馬亦在所必需，擬令領地之戶，按戶分散承領，變價爲數無多，自必易從，是馬價可歸實在，戶民亦不至苦累也。 若提標中左右三營及巴里坤、木壘、古城、庫屯、精河等處，俱有屯田額設屯兵，專事耕種不與差操，由派委屯員經管，每年種獲糧石，由屯員交收入倉，以備撥放綠營兵食，核計給發屯兵牛具、籽種、口糧等項，即應交糧石掃數全完，尚且入不敷出，是屯糧比糴價增昂數倍。 若經開墾升科，則滿營兵糧便有所出，擬即以屯田之地分給屯兵，以糧抵餉，令即歸伍差操，而每年牛犁籽種口糧等費，俱可節省矣。 又若綠營兵額，原有定制，但兵貴精而不在多，當此餉絀時艱，似可量爲裁減，屯兵既議歸伍，營兵數且增多，除滿營駐防綠營眷兵無庸置議外，其綠營招募之兵，擬於遇有缺出，即便扣留，庶糜費可節。 其留營兵丁，擬視所開地畝之多寡，酌量分給以抵餉銀，則在營兵糈更無虞其不足矣。 以上各項，均係奴才訪察地勢人情，參酌時宜舊制籌議所及，飭委文武兩屬令傳諭殷商富戶人等，現在擬開孳生馬廠籌濟糧餉，如有情願領地開墾，準各據實呈報。 旋據該員等稟稱： 商戶人等因素知廠地肥厚，均願承領，其農具牛犁等需，本各務農爲生，家家俱有，無須再行請領； 至於馬匹種地，亦必需用，情願領馬照例交價。 又諭知現在急籌兵糈，不能倣照舊例試種數年再行升科，據稱廠地土脈較潤，但係有水之區，今春可以播種者，情願當年升科。 此外尚有滿漢各營之營馬廠，亦甚寬廣，除留牧馬地面，餘亦可勻出開墾。 其各處閑荒地土，凡有堪以耕種者，并令該委員等一體查明報墾。 至古城草湖雖經開墾，其營馬廠地除牧放馬匹之外，如有空閑地面，亦可開墾，即行知古城領隊大臣文祥，令其一律查明辦理，除俟委員普律查復至日將開墾事宜、挑變馬價、改牧勝地、招戶升科、給兵抵餉裁屯歸伍、酌減兵額諸大端，逐一斟酌妥善，挨次立定章程，再行隨時具奏，等語。【略】以上籌備各節，臣等公同核議，意見相同，所有未盡事宜，仍請敕下烏魯木齊都統及各城領隊大臣等，體察情形，悉心籌劃，妥定章程，隨時奏辦，以仰副皇上裕餉安邊之至意。 謹將臣等會議緣由，合詞恭折復奏，伏乞聖鑒訓示遵行。

清《户部抄檔・地丁題本・甘肅四》 查乾隆五十二年三月內據前任烏魯木齊都統永鐸具奏： 烏魯木齊所屬瑪納斯裁撤屯兵遺地共二萬七千三百畝，據綏來、阜康、宜禾等縣查出戶民子弟攜眷商民人等情願認種者共五百五十七戶，共撥給地六萬一千七百一十畝，均於乾隆五十三年按畝升科； 所餘地一萬五百九十畝，趕緊招戶安插，經臣部復準在案。 又乾隆五十六年八月內，據陝甘總督咨報烏魯木齊所屬綏來縣招募本處戶民劉學有等一百二十一戶，在於前項撤屯餘地內每戶撥給地三十畝及三十二畝不等，共地三千六百四十畝，照依熟地之例即於乾隆五十六年升科等因，經臣部復準亦在案。 今據陝甘總督勒保疏稱： 綏來縣撥給前項戶民劉學有等一百二十一戶，共地三千六百四十畝，每畝應納京斗小麥九升六合三勺，共應納京斗小麥三百五十一石，於乾隆五十六年入額升科等語。 臣部核與應征糧數及該督咨報原案均各相符，應令該督轉飭照數徵收造入該處地糧冊內題報查核，臣等未敢擅便，謹題請旨。

同上 爲恭陳及時興屯事宜仰請聖裁事： 順治十年正月初八日準總督臣孟喬芳咨： 準戶部咨： 【略】該臣等於順治九年十一月初五日會同議

事諸王大臣會議，【略】其開墾需要錢糧，查照新設屯道所報某處荒地若干頃，今議招人開墾若干頃，應用錢糧若干，各該督撫按照其報數，於起運存留錢糧內酌量均勻動支，年終將招人墾過地畝，用過錢糧數目，并所獲利息奏報，以開墾多寡分別懲勸。至於積貯賞罰等事，責成督、撫、按從長酌行，相應勅下各該督、撫、按星速奉行可也。移咨到職。【略】爲照甘肅鎮雖係陝西一省，然在黄河極西之地，一綫孤懸，距有三千里，其所荒之田約有十分之一。【略】職屬河西地方，亦係熟多荒少，凡有堪墾之地，職責成道廳招民開墾，尤恐道廳料理衆務，不能分身專任；再查行都司劉承蔭、屯操都司李朝儒，俱係專管屯地之官，責令二都司督率各衛所守備等官，躬親履畝，加意勸墾，其勤惰不一，成效懸殊者，容職分別薦劾，以示懲勸。職思先曾屢行開荒，墾辟無多者，因窮民欲耕無力，未奉借給牛種。今查有欲耕無力之民，或容職酌量借給牛種，春借秋還，俟次年起科；其力能自墾者，俟二年後起科；見年雖無籽粒之利，一二年後亦漸增國賦矣。至借給牛種銀兩，職查前題報過站價銀，見有各道留貯，原備驛運陸續供應支銷者，似可暫動，亦不過春借濟急，秋仍還庫也。此就遐邊民情土俗，比照熟多荒少招墾原議具陳，非敢執臆瀆請，伏乞敕部議復施行。

清《户部抄檔・地丁題本・安徽四》 户部尚書臣車克等謹題：爲剔弊蘇民，設法墾荒，以裕賦源事：江南清吏司案呈：奉本部送户科抄出總漕沈文奎題前事，十年正月十二日奉聖旨：該部指户部核議具奏。

該本部看得鳳陽府屬荒田共六萬六千五百三十頃零，應照湖廣、江西等五省例，設屯道一員，同知二員，該督撫按速遴見任廉幹官，指名保奏，聽吏部酌用。其應用屯本，即動該省九年冬季分贓罰內銀三萬五千兩，給買牛種。【略】十年四月十六日奉聖旨：依議行，欽此。欽遵，備咨到臣沈文奎自稱。該臣隨即檄行江南布政司及江北潁州等五道廉訪屬員堪任屯職去後，續據揭開各職名前來。該臣案查鳳屬荒地頃畝，業已部臣廒童、督臣馬國柱、按臣上官鉝節次題明，應與開屯，無庸再議。臣因念廬屬荒地，除有主者不開外，尚有無主荒地一萬一千九百二十六頃八十三畝零，此經前部臣廒童勘報者。淮屬荒地，先經臣前任時同部臣庫禮勘報，內除有主者不開外，無主荒地係一萬三千百四十五頃八十八畝。續經按臣秦世禎題報，則無主荒地多至四萬九千二百五十八頃四十四畝六分矣。內如海州一州已荒至一萬八千八百頃零矣。徐屬荒地先經臣同部臣庫禮勘報，內除有主者不開外，無主荒地係二萬一千八百四十頃九十二畝。續據該道冊報，止蕭縣墾過一千四八十七頃四十三畝零，尚有積荒地二萬三百五十三頃四十九畝。【略】蓋各屬田地勘報，已經七年，無奈旱潦頻仍，災眚叠見，以故荒蕪之數日增，賦稅之額日減。臣拮据催科，憂虞莫措，幸奉興屯之命，則廬、淮、徐三屬荒地莫非王土，所當同鳳屬荒地一例及時興屯者。但查鳳、廬幅員已廣，再加淮徐地益遼闊，若僅以二同知奔馳趨事，恐鞭長不及，似應於部議二員外，量添一員，以便分督，仍以一道爲之綜核。道臣須加兵巡字樣，以重彈壓，其官銜當用督墾鳳、廬、淮、徐等處荒地興屯裕餉兵巡道，應駐扎泗州，以泗州四屬適中地方，便於提調。而三同知爲其分理：一同知駐壽州，專墾廬屬及壽州、潁州、霍丘、定遠、潁上、亳州、蒙城、懷遠、鳳陽、臨淮等處荒地，既議駐壽而廉墾廬，宜名廬壽興屯同知。一同知駐靈壁縣，專墾鳳屬太和、宿州、靈壁、虹縣、五河、泗州及蕭、碭等處荒地，既議駐靈而廉墾蕭碭，宜名鳳蕭興屯同知。一同知駐海州，專墾淮屬及徐州、沛縣等處荒地，既議駐海而廉墾徐，宜名淮徐興屯同知。今據司道舉報堪任各官，內廉得江寧府江防同知趙廷臣，潔守練才，防江久著敉寧，督造尤征精敏，遍遴列郡，實無出其右者。應以參議職銜升授屯道之任。又廉得蕭縣知縣祖永勛、沛縣知縣趙世禎、潁上縣知縣鮑弘仁，俱經揚歷荒疲，饒有幹濟，均堪同知之選。應俱候銓部分擬授任，一并照給關防。其墾荒款要事宜，俟責成道廳，因時隨地參酌力行，條列另奏。

至原議動支贓罰銀三萬五千兩給買牛種，特從鳳荒六萬六千五百三十七頃零起見，今又加以廬、淮、徐之荒，計八萬三千二十六頃零，數更過於鳳屬，則前項銀兩勢必不能分濟，臣又不得不請益屯本以收屯利者也。其廬、淮、徐荒地應否一體開屯？同知應否增添？屯本應否再給？準於何項開支？臣未敢擅專，【略】伏乞聖鑒，敕下該部議復施行，等因。順治十年閏六月二十五日題，七月二十一日奉聖旨：該部指户部酌議具奏。

該臣等看得江南省荒無田地，除鳳陽府屬無主荒田六萬六千五百三十七頃，先經臣部議復設立屯道一員，同知二員，撥給屯本銀三萬五千兩，興屯開墾，奉有諭旨欽遵在案。今據總漕臣沈文奎題報廬、淮、徐三府州屬荒地共計八萬三千二十六頃零，地方遼闊，恐二同知料理不及，議請添設一員，似應如議。至請益屯本一款，查廬、淮、徐三處荒田，數更過於鳳屬，前銀委不敷用，合應於江南省十年春季分贓罰銀內，再撥四萬兩，先後共七萬五千兩，以爲屯本之需。墾荒款要，道廳隨時參酌條奏，務收實效。其該撫保奏道廳各官，幷照給關防，事隸銓部，應聽該部議奏者也。

同上 今據安廬道僉事陳襄冊開：六、合、舒、廬四州縣順治十一年春夏屯民趙士忠等領本銀五百七十五兩五錢，墾過荒地三十二頃十六畝零。許維知等自備工本墾過荒地七百一十頃九十四畝零。共獲過屯息籽粒銀一千七百五十九兩零。秋冬，屯民李正芳等領本銀七百八十兩，墾過荒地三十三頃三十四畝零。順治十二年春夏，屯民周朝相等自備工本墾過荒地一百頃，又十一年趙士忠等舊墾地六十五畝五十畝零，許維知等舊墾地七百一十頃九十四畝零，幷周朝相等新墾，共獲過屯息籽粒銀一千九百八十六兩五錢四分，繳還屯本銀五百一十八兩七錢五分。【略】

總計三年十一、十二、十三年共給屯本銀三萬七千四百四十兩三錢七分，領本、自備二項共開墾荒地二萬五千五百八頃八十二畝，應分租息七萬四千一百六十六兩四錢七分，已完屯本銀二萬三千五百一十七兩七錢六分，未完屯本銀一萬三千九百二十二兩六錢一分；已完屯息銀六萬六千七百九十三兩六錢四分，未完屯息銀七千三百七十二兩八錢三分。

清《户部抄檔·地丁題本·江西二》 奉旨事理，即將屯道所報屯民自備牛種開過地畝，曾否專力設法勸墾？有無冒混？其給發屯本開過荒地是否民間熟地以當開荒，糜費冒破？幷節年所收籽粒將何收貯？已動價本若干？舊存新收共貯若干？作何酌妥？星速具詳，以憑咨題。【略】奉此，就經備移二屯道，去後，今准興屯道翟參議咨移內開：本道開墾荒蕪，前據各屬造報，分別官地民土文冊，總計入官荒蕪田地山塘共一萬七千五百一十五頃四十四畝零，已經收管，先該本道廳設法召墾。順治十年領過屯本一萬四千九百八十三兩零，招集江北徽州等處民人蔣明戌、李鳴鴻等二千餘人，動本置辦牛隻農器等項，搭蓋房屋安插，給散農工口糧，議設屯長田長，董率屯丁開過安仁、貴溪等縣荒蕪田地二萬一千四百三畝零，收過租穀幷折草穀一萬二百四十八石一斗零；十一年領過屯本四千兩，續召閩人陳建邦王廷旭等，加設屯長田長董率屯丁開過進賢、玉山等縣荒田五千二百五十一畝，收過租穀二千六百七十八石零，具經造冊奏銷訖。【略】至兩年收存租穀幷當收十年舊墾支存租穀共二萬一百四十七石零。

又准興屯道許參議咨移：竊照湖西六郡荒蕪有主者，遵奉部文歸州縣召民開墾；其無主荒蕪一萬五千四十七頃二十七畝零，內除前巡撫江西西蔡左副都御史題報九、十兩年開墾外，本道廳受事以來，【略】百計撫綏。前此未奉十二年起科之文，共經招集流移，自備牛種開墾過五千五百五十七頃七十六畝零。【略】至於所報有無主入官田地山塘道廳收管者共一萬二千八百五十頃零。招到屯民，亦有自備牛種願墾者。但江右民間通例：窮民佃開富民之荒，三年不納田主之租，以償其血汗之勞，工本之費；至第四年方赴田主完租。若以本年開墾即以本年起租，小民惟利是趨，計其工本勞力，責令本年完租，了無利益，誰肯向認！【略】

其工本之費，已奉前院題有定數：每畝領銀五錢，穀五斗。本道同兩屯廳十年、十一年共領過屯本銀一萬五千五百兩，招募屯民買備牛隻、置造農具、搭蓋房屋及口糧工價種子等項，功令所墾者皆無主及荒多成段近水之處，其開墾萍鄉等縣荒田二萬四千四百六十三畝零，共收過租穀一萬六千七百六十五石零，內經動支過二千二百五十九石九斗，照依民間時值每兩三石共折銀七百五十三兩零，作道廳十年分官役俸食各一半，實收過租穀一萬四千五百六石四斗零，俱經奏銷在案。

又據駐翟屯道移稱：共收過荒蕪入官田地山塘一萬七千五百一十五頃四十四畝零，先準奏銷冊開於十年、十一年共動用過屯本銀一萬八千九百八十三兩零，共收過租穀幷豆租二萬三千一百八十石一斗零，共支過租穀三千石作各員役心紅、工食外，共存穀豆二萬一百七十四石二斗零。

清《户部抄檔·地丁題本·江西三》 順治十三年六月十二日奉都察院勘劄：準户部咨：順治九年會議奉旨興屯，該臣部共撥過屯本銀五十一萬五百三兩，原係開荒裕課，用足兵餉。節據大小衙門條奏：各道廳有強民認墾者，有勒民包租者，有侵扣屯本幷縱役詐擾者，累累見告。已經各督撫酌議：興屯道廳歸幷守巡各道幷州縣各官，臣部題復，奉有著照議歸幷之旨，通行在案，節年領過屯本幷獲過籽粒，自應徹底一清。

清《户部抄檔·地丁題本·湖南三》 爲修舉邊地屯田事宜，以拯民生，以佐兵食，恭報上聞事：臣自奉命經略，於順治十年十一月內抵湖廣武昌府，即會湖廣總督臣祖澤遠面商湖南賊情地理兵事民事，期得當以報皇恩，但審時度勢，惟有剿、撫、守、屯四事。蓋以逆賊久踞滇黔，非大剿未可以言滇撫，而山川峻險，非力守未可以言大剿，故必先分任屯田，明張我有進無退之勢，嚴防固守，實沮彼以逸待勞之心，果能多方運用其間，方可爲實圖滅賊之計。且湖南寇亂多年，田地荒蕪已極，人民逃徙殆盡，雖設有興屯道廳料理開墾，而臨邊衝要之區，值賊氛未靖之際，孰能履畝踏勘，躬親招來。是以逃者照舊未歸，荒者仍然未墾，一望荆莽，觸目傷心，流移孑遺，棲倚何所，辦課輸將，責成何人，以生民自然之利，置之無何有之鄉，甚爲可惜。滿州大兵與臣軍前官兵，俱奉旨駐劄長沙及常德衡州等處，所用軍需不貲，雖餉銀撥自外省，而米糧料草必資給於本地，計有民而後可以開田，開田而後糧草充裕，軍需得實，戰守有賴，即臣所調邊腹各營，兵有定數，餉有定額，越外分毫難動。今楚粵正當用兵，實非他省可比。如操練兵馬，必須重加賞賚； 蓄養將士，必須銀米厚給； 臨陣破敵，更宜出格懸賞； 用其死力，招來官民，尤得多方優養； 鼓其歸誠，購死士而行間諜，勞土司以布招懷，此皆目前見行之事，必用之需，况仍有幫助窮兵糧米，添補官兵衣甲弓矢，及加給打造匠役人夫錢糧，又修築城垣敵臺，挑浚注水深濠，凡各無名之費，動至盈百盈千，臣前蒙皇恩發給操練招撫銀八萬兩，若俱逐一從中取用，計一歲即可通完，今司農告匱，錢糧艱難，一發豈能再發，臣一請曷敢再請。惟有屯田一事，可以儲國課，可以招流移，可以佐兵食，又可以資軍前經費之所不繼。但湖南荒蕪田地無主者固無人墾辟，即有主者亦不敢耕種，逃散之家，久不復業，以其一苦於賊，耕種在地未收，而賊寇突來，徒費工本； 再苦於兵糧米，在家未食，而官兵一到，搜掠無存； 三苦於差徭，田地方耕未熟而差徭催逼，鷄犬弗寧。以故見在者思逃，已逃者不回，先荒者愈荒，即見熟者亦轉而爲荒，今必力除此三苦，破其從前疑畏之心，而後可收盡力農畝之效。臣思首在整練兵馬，剿撫并用，禦寇乃可安農，次在約束將兵，恪守紀律，護耕不以擾耕； 三在減省差徭，農時不違，身安而屯乃安。臣不敢自謂一時能辦，惟有身先設誠力行，不敢徒託空言，仍即以此刊刻告示書冊，遍行曉諭。又考慮湖南殘苦缺乏耕牛，隨酌動軍前操練招撫銀兩，委軍前效用各官，分往湖北應山、雲夢、孝感、通城、咸寧、蒲圻、嘉魚、漢川、黄陂等縣買辦牛隻赴湖南給散； 又會委前任江南漕運道今任偏沅撫臣袁廓宇，於十年十二月内自武昌先赴長沙勸諭招來，分令管屯各官，會同州縣印官，眞心實意，親到鄉村，委曲開導，不論土著流移，但有親戚戶族認識之人，互相保結，即就其鄉居去處，準投赴認，必於州縣民人見種納糧熟地之外，兩相隔遠，決不許相連以致混雜滋擾，各鄉界限已定，聽其自行量力認種，與湖南興屯道廳所理屯務毫不相干涉，惟爲湖北各處所買牛隻趕至湖南，水土不服，易於倒斃，撫臣又議民人有願領湖北見牛者，給以見牛，有願領銀自買牛者每水牛一隻發銀十三四兩，黄牛一隻發銀七八兩，及九十兩，不等，聽其自買，送屯官查驗，給發耕種； 并有無農器籽種及食米者，官借給農器銀及籽種食米，至收穫之時，全不加以利息，酌量年歲豐歉，從薄量收，不肯多取，此外一概解運糧草雜差盡行豁免，俟田地耕種成熟，永爲己業，遵例於三年之後仍歸州縣以作民田照例起科，不許原主爭告，不致官員人役科派使費，所領牛隻偶病倒斃，決不用民人包賠。偏沅撫臣，於十一年春耕之時，督同長沙道府州縣官及管屯官上緊料理，計長沙府屬長沙、善化、湘潭、湘陰、寧鄉、瀏陽、醴陵、益陽、湘鄉、攸縣、茶陵十一州縣，發過買到水牛黄牛及銀折水黄牛共二千百八十九隻共用價銀三萬九百八十七兩零，各開田不等，共開過屯田七萬七千六百六十三畝零。但初年開荒最爲苦力，既難定其畝數，而收穫之利又薄，上年秋成，臣惟量收其借過籽種租穀，稍償前買湖北倒斃牛隻銀兩，俾其獲利在民，民始樂從。今十二年三月初旬，雨暘及時，冀望有收，若秋成之時，酌量交收米穀，臣用以補濟軍前，不獨原領操練招撫銀兩可圖節省，爲後來預備支費，凡前所需練兵養士剿賊撫民、幫助窮兵添補器甲、修城浚濠等項，俱有資藉，臣不敢濫用，致費民力。

清《户部抄檔・地丁題本・湖北三》 巡按湖北監察御史臣張朝瑞謹題爲詳陳屯政利弊事：【略】據左布政使臣張鳳儀看得：興屯道廳原爲招流移、辟荒蕪而裕國賦也。吾楚自奉文以來，道廳各官亦莫不殫竭心血以希奏效，雖皆報有開過荒田、收過籽粒數目，然此中尚有不便於民者，又不得不備悉陳也。夫招集流移一事，但其流離播遷之民，原係窮人無歸，必擇樂土而後居之，庶於身安魂定。今三楚衡、永、常、岳、長、寶、荆、襄、鄖、郢諸郡，皆稱多事之秋，征師雲集，供億輸挽，寥寥孑遺，僅存皮骨，其異地流民，安肯投此風鶴煩苦之區哉！故無流移之可招者一也。其給發屯本一事，楚地既無流民，必即散於見在之土著，内有無力無田之赤窮，一時欣然領本開屯，但春初領本，正屬饑荒，必將見領之資，苟濟目前之急，開荒無幾，本已罄費，一至秋成，安望其能本利之全辦乎！更有一種奸詭棍頭，掣費屯本，竟爾脱逃，本利益不可問。此屯本之不便於民者二也。再者，窮赤之名不可給本，勢必散於殷實之里甲，殊不知有力之家，俱皆早已開墾，又奚待興屯給本而後耕乎？縱里甲内有一二無主荒田，着令該里甲領本，然不過勉强應官，必不肯舍己之熟而耘人之荒；至於秋成經追籽粒，而里甲又無所辭，間亦有少墾其荒以償納此籽粒者有之，然有荒如故，而出於熟田之包納者亦有之矣。即如屯道亦有非人所願領，實强行無益之謂者，非歟？此屯本不便於里甲者三也。

今内外陳言縷縷，皆有屯道屯官歸并之議，莫不從興屯不便於民、糜費俸餼中起。見楚之屯道二員，屯廳四員，歲計經費三千餘金；况以後再無願領本者，不過株守已屯之田，徒食俸餼，相應仰遵廷議，屯道歸并各該守巡道，令其兼理屯務，屯廳歸并各州縣印官，令其將已墾熟屯，俱入正額完糧。其荒蕪未開者，必須多方設法勸諭開墾，按其開墾之多寡，稽其考績之優劣，官無冗員之費，民免重派之條，國民兩便，不亦善乎？緣係裁并官員事理，本司冒昧管見，伏候憲裁，等因，具詳到臣。

該臣看得設官興屯，以爲裕國便民計，誠一時之良法美意，初不謂流弊一至此也。今内外諸臣洞悉其事而條議及之，臣猶謂一代之法豈可驟更，必親詢輿情，然後入告。今據該司詳列諸弊，力陳可并；及臣巡歷所至，博詢興屯利病，則環泣擁馬之民，中多爲屯之累，以是知屯道歸并守巡，屯廳歸并州縣，責成招墾，以省俸餼，其以裕民力而足國賦，實甚便之道也。

清《户部抄檔・地丁題本・湖北四》 據安陸府清軍水利同知林文學呈：據沔陽衛報稱，奉職牌確查班操運原額屯田共十萬四千九百二十四畝零，原糧共一萬一千六百六十石，外新收桑棗果園牧馬草場黑白二窰官田一千八百四十四畝，載糧一百八十五石零，二項實共田十萬六千七百六十八畝零，共糧一萬一千八百四十五石零。今奉院憲加意清查，責令屯民引丈，遂於原額之外清丈出屯田一萬七百二十五畝零，上中下水鄉四則共派荒熟糧九百六十一石，官軍折銀不等共應征銀五百四十二兩，既經該衛清出，應令升科，稍充國賦，係十五年分清出熟田，應於十六年分刊入由單開徵。荒田招墾，照例起科，理合轉報。據此。又據安陸衛報稱原額屯田八萬五千一百二十二畝零，原額屯糧一萬六百四十石零，原額屯銀五千三百二十兩零，此額載之數。今奉行清丈出荒山塝地開挖出下則屯地一千五百七十二畝零，該新增屯糧六十三石，新增銀三十一兩零。

清《户部抄檔・地丁題本・江蘇四》 伏查江南地方，自粵逆竄擾後，田地類多荒廢，江寧、鎮江、常州三府暨揚州府之儀徵縣，被兵最重，荒田最多。其江都、甘泉二縣與蘇州所屬次之，松、太二屬又次之。同治三年，軍務平定，隨時設局招墾。數年來，原業主陸續歸里開墾者雖不乏人，而未墾荒田尚復不少。推原其故，實因兵燹後户口零落，佃農稀少所致。各該縣荒熟田地，雖多寡不一，統而計之，荒田尚居原額十之五六；即現在成熟之田，大抵皆同治五年江北水災飢民逃荒而來經業主給以牛種開墾者居多。此等災民，原籍本有田可種，而江南熟田均經開徵；即科則無考之處，亦經權辦抵徵。賦出於租，租出於佃，該災民等因業主責令完租，利息無多，往往棄田而歸，業主莫可如何，以致已熟田地復又拋荒者，不一而足。彭少卿所陳荒田墾熟後緩以啓徵年限，誠爲審時度勢之論。但拋荒田地，本有科則，一經耕種，原可復舊，與開辟曠土情形迥别。若照升科之例，水田六年，旱田十年，未免過寬。總之，民生固宜軫恤，而國計亦當兼籌。【略】謹擬招墾章程八則，相應聯銜注復，是否有當，伏候憲臺鑒核。

招墾章程：

一、招墾荒田啓徵宜寬予年限也。【略】除同治七年以前墾熟田地照常徵收外，凡未墾荒田有人墾種，從墾熟之年起，以三年爲斷，任聽墾户收取花息，三年之後再照該田原定科則完納錢糧。如三年中或遇荒歉，準其報明再展一年，庶墾户無所畏累，認墾可期踴躍。

一、未墾荒田宜先勒限原主認業也。查江寧、常州、鎮江三府已墾成熟田地，通扯不及十分之五，此外拋荒尚多，不盡無主。大約無力墾種者有之，招佃無人者有之，且恐一經具認，即須完糧派捐。今應出示曉諭，勒限今年六月起至明年十二月止，原業主將田地坐落村莊區圖，詳細開列具報認業。無契據者，只須保鄰出具不致冒認切結存案，統俟墾熟三年後再行完糧；如售賣與人，亦聽其便。【略】江蘇肅清五載，原業主避亂在外，當陸續歸來，否則本籍必有人經理，斷無聽其荒蕪不問者也。自此次出示後，如不呈明認業，即作無主論，聽官招人認墾；如已報墾成熟，原主始出告争，雖有契據亦不準理。

一、荒田有主無主均宜清釐也。【略】某都某圖某村某莊荒田若干，原業主某某管業若干，責令里、圖、村、莊地保各歸各圖，細細查明，開冊呈送。

一、無主荒田方可由官招墾也。墾荒報費工本，牛、種、農具，一一均須置備，更須自蓋草屋棲止。成熟之後，忽爲原業認去，縱使賠還墾本，或寬予年限，或田不追還，酌給原業田價，均非所欲。蓋墾種荒田，類皆窮苦農民圖爲己產，如有原主，則明知此田不爲己有，安肯賠貼心力代人墾荒！故必以無主之田招人認墾，官給印照，永爲世業；仍自墾熟之年起，三年後再令完糧。

一、墾戶不論土著異籍皆準認墾也。【略】地方官應隨縣勸導：本鄉不得欺侮異籍，異籍不得凌轢本鄉，務使主客相安，毋許生釁。其異籍農民認墾荒田，須令田鄰地保出具互保，俾知根柢。至若異籍佃戶則有業主可問，不在此例。

一、墾荒之戶宜曲爲體恤也。近來江南荒田，因墾種乏人，類皆賤賣。上等者每畝值錢三四千文，中等一二千文；山圩田地，水旱可虞，僅止數百文。有力之家，必不欲墾。間有願墾者，不過賤價買業，雇人開墾，且必選擇膏腴之產。凡應招而來者，大率無業小民爲多，而田地又係山圩，繳租繳價既有所難，況加以捐輸苛派乎！仍責令鄉保人等不準苛派，加意保護，俾有賓至如歸之樂。

一、認田認墾宜令鄉董地保轉報也。田主認田，墾戶認墾，必令赴縣具報，難免書差需索之弊；且恐鄉愚小民具報認墾，無門可達，趦趄不前。每一都圖村莊，應各舉殷實公正董事一人，督同地保經辦，不必設局。凡業主認田，令其開明坐落、畝分、完糧戶名，交與董事；每月由董事開冊交地保赴縣呈報一次。墾戶認墾荒田，亦令赴坐落都圖村莊董事家中具認，并取具地鄰保結，地保查實無訛，即將認保各結轉稟縣官，請給執照，俾墾戶便可收田開墾。凡新墾田地，每年秋成以後，由董事督同地保，看明某戶墾熟田若干畝，彙造一冊送縣，俟年終縣官親赴各鄉，將新墾田地周歷履勘，以防隱匿及以多報少之弊。惟董事地保造冊奔走，紙筆飯食在所必需，應無論業主自種，墾戶開荒，俟秋收之後，每畝給錢十文交與董事，以五文爲紙筆之費，以五文爲地保工食，此外不準多取分文，亦不必書差下鄉。如敢挾持刁難，許即喊控，縣官立予嚴懲。

一、外來兵勇不宜墾荒地。游兵散勇，大抵皆無籍之徒，久在軍營，桀驁難馴，雖已撤散爲民，性情不能遽改，人皆望之生畏；且素不務農，耕耨非其所長。若令與民雜處，氣類不同，安望浹洽，難保不激成事端。兵勇墾荒之議，斷不可行。倘兵勇係屬土著，性情自能相投，有欲墾荒者，自可準行。或係異籍而買荒田爲業，或自種，或招佃承種，彼既置產則與客民無異，必非多事之人，亦毋庸拒絕。

清《户部抄檔・地丁題本・一般三》 一、屯田之法制宜講也。南方正在用兵，需用糧草不貲，必得廣開地畝，多有收穫，然後可以供兵養馬。今我國家新興屯利，法非不善，而未盡收屯田之利者，良由官府之耳目有限，而窮民之支飾多端，納税則有其名，開地則無其實，終鮮成效。誠能仿時下遼東招民之法，及直隸捐賑之方，令有司官著落本地紳衿之有身家者分領其事。蓋以紳衿久居本土，與窮民甚相親，竊窮民必爲信從，即可量力以認田地開墾，不虞差派等項；而紳衿又知窮民來歷，放心借給屯本，不虞拐逃他弊，此正以民引民，則民自廣，而田自辟。仰祈朝廷預頒規例，凡招民開田若干，即作何分別賞賚鼓勸，則好義急公者必自爭先效力，此又足食足兵，開拓地方根本矣。

案呈到部，該臣等戴明説自稱看得【略】其屯田一款，先經各省督撫奏請屯道歸并守巡道，屯廳歸并各州縣，已奉諭旨遵行在案。今經略標前營副將王永祚疏稱：招墾屯田，應仿時下遼東招民之法及直隸捐賑之方，令有司官著落本地紳衿分領其事，具題前來。臣部查楚省地方，與遼東不同，若以開墾之事，責令本地紳衿分領，恐致多事。應請敕該督撫遵照前旨，仍責令守巡各道并各州縣官，多方設法招墾，務使地辟糧增，以濟國用可也。相應具覆，恭候命下。

清《户部抄檔・地丁題本・一般六》 臣等看得興屯墾荒，係順治九年十一月初六日諸王等及大臣會議具奏。今諸臣因遵諭陳言，各抒所見，雖奏議不一，總期省官利民，有資實效爲言，但事關國計民生，臣部未便遙議，該督撫身在彼處地方，見知必確，合請勅下各該督撫斟酌各省情形，從長確議，興屯道廳應否裁存，屯道歸併守巡道，屯廳歸併州縣，是否妥確，務期裕國安民，經久不易，具疏奏請定奪可也。【略】蒙此，看得興屯之設，原以辟曠土、撫流遺，實足國裕民至計。迨奉行之不善，將見國未受益，而民反滋病者，蓋緣地分民屯，官分考成，屯官欲墾之多，以優殿最，有司欲民地之廣，以實縣治，勢之所極不但屯丁與民相水火，而有司與屯官且成藩籬。因之諸弊滋生，悉如各條議所見，致良法美意，壞於急功之一念。廟謨諸臣之議裁議并，誠有當於國計民瘼者也。今蒙確議，本司就諸條議而詳籌之：若單留屯道，裁去屯廳，猶未裁也。若以屯道歸并守巡，職掌既分，責成不力，彼稽我核，未免爲奉行之故事，又非我朝專官重屯之至意也。本司管見，無論官地民地，惟以招墾爲主，民屯歸之州縣，衛屯歸之衛所，嚴令多方招來，量民力之厚薄，照例起科，仍以屯廳之任歸各府糧廳，屯道之任專歸守道，糧廳管一府之屯田，守道董各屬之勤惰。如是則以親臨地方者攝屬僚，其奉令也如一身之指臂，必無上行下背之矛盾；以司牧本土者理民屯，其調劑也，如一家之亞旅，必無東畬西蕪之畛域。

同上 ［兵部］臣等看得撥兵屯田，必使兵無虛伍，屯有餘糧，方收實效。今據提督漢兵王一正疏稱：固鎮營兵丁撥赴環縣、平鳳、臨鞏等處屯種者，共一千名，一年所穫雜糧不及月餉之半，各兵遠撥屯田，又與營伍無涉，兵不借其半力，餉歲費其過萬，欲裁則又恐熟田因而又蕪。莫若即將屯兵改爲屯民，仍在原地耕種，量地起科。借給牛種雜糧等項，陸續還官，不廢屯，并不糜餉。應如所請。但量地起科，并借給牛種等項，事屬戶部，請敕戶部議復。再查各鎮營堡調赴屯田者，不止固鎮一處，仍行各督撫確查，應否酌裁糧餉，明白具奏可也。【略】爲照興屯以資國計，并以裕兵儲，從古戰守兩全之良法也，在核其成效之虛實耳。如四川廣昭之興屯也，經前督臣孟喬芳於秦省各鎮調撥題設，實爲秦蜀咽喉，重設關鍵，所領屯本七千餘，十一年分肇之初，止得獲租三千五百餘石，咨部在案，蓋亦所得不償所費者。及十二年分則獲租收麥豆稻共計一萬八千五百餘石，倍增於前，計所費爲實效。況三川未恢，此屯爲戰守兩全之謀，而所獲屯租，入官貯倉以儲兵糈，則各兵月支糧餉，仍應照支，以慰遠戍，新屯之衆，未可與平鳳等屯同日而語者。【略】案呈到部，該臣看得四川廣昭興屯，先該兵部復提督總兵王一正疏稱，平鳳等處屯種，一年所穫雜糧不及月餉之半，莫若將屯兵改爲屯民，仍在原地耕種，量地起科，其各鎮營堡調發屯田者，行各督撫確查，應否酌裁糧餉，奉有依議行之旨。今據撫臣李國英疏稱，廣昭興屯十一年止穫租三千五百餘石，十二年獲租共一萬八千五百餘石，俱入官貯倉以儲兵糈，各兵月支糧餉仍應照支，未可與平鳳等屯同例議裁，惟切責該道將督同官兵，期有實效，前來，查廣昭屯兵，戰守兼資，未可遽裁！各兵糧餉，仍應照舊支給，且十二年屯種所穫，漸有實效，相應請敕該撫責成屯兵，極力耕種，其所獲屯租，每年終造冊報部，以抵兵餉可也。

清《孟喬芳題薦舉賈還真管理四川屯政道事本》［順治十年五月二十四日］，欽命總督陝西叄邊等處軍務兼理糧餉太子太保兵部尙書兼都察院右副都御史臣孟喬芳謹題，爲酌用四川屯政道官，以資綜核，以專責成事。

照得廣元、昭化一帶，奉旨著平西王與臣遴選能將，撥發步兵伍千名，商酌安插屯種。臣謹面會平西王，將應用將官伍員，遴選得人，另疏具題外。惟是應撥之兵，除廣元爲保寧後勁，應用馬步戰兵貳千，同平西王下甲兵貳千屯駐外，其餘叄千屯種之兵，必得土著及有家口者，方可以責實效。若徒調各邊之兵，恐係烏合，既不嫻於耕耨，且未必人人俱有妻孥，樂趨苦事也。臣與平西王會議，就近撥漢中、寧羌貳衛并沔縣所屯丁共伍百名。再撥鞏昌、秦州貳衛并禮店所屯丁共伍百名，其餘貳千調撥各鎮緩地步兵，聽管屯各官選其有家口慣於農業者留用，其餘汰去。將遺糧另募土著足額，庶人地相宜，兵將同心，有裨屯務也。然馬步戰兵，并屯種之兵，數至伍千，分列伍營，各有將官統領矣。其每年月餉之需，牛種之費，籽粒之入，非用道官壹員，綜核銷算，未易清楚，須得材猷出衆，忠誠諳練者任之，方克仔肩而愉快也。

查有原署甘肅道事知府賈還真，陝西階州人，於順治貳年內投誠，稱係明季功陞知府，闖逆逼授四川巡北道未任，臣固未知其詳。然投誠之後，旋有剿殺賊黨武廷鳳等之功，又隨臣征剿叛回，圍攻甘州。值地方殘破，人民離散，因委本官署理巡道事務，招集殘黎，辦運糧草，官兵不至缺乏。及馬寧等圍功肅州，又委本官署理肅州道事，招民運糧，事事敏辦，兩地至今感誦。況本籍階州，接壤四川，習知地理風俗，且可以就近召募土著之人，以充屯種之兵，尤爲人地相宜。臣從屯務起見，必求其人，能做其事，非敢爲人求官也。誠以本官材可任用，特效所知之舉，伏乞聖鑒，敕部復議。如果臣言不謬，將賈還真以僉事職銜管理四川屯政道事，駐扎廣元，綜核錢糧，必能以勝厥任也。應有敕書關防，照例撰發頒給，庶責任專而屯務修舉矣。爲此具本，專差承差郗彥眞賫捧，謹題請旨。

批紅：　奏內從屯務起見，必求其人，能做其事，非爲人求官。這所舉，必有確見，著即議復。該部知道。

清《車克等題開墾鳳陽等處荒田請增屯本設官事本》［順治十年八月十六日］，戶部尚書臣車克等謹題，爲剔弊蘇民，設法墾荒，以裕賦源事。江南清吏司案呈，奉本部送，戶科抄出，總漕沈文奎題前事內開：　順治拾年伍月初陸日，準戶部咨，該江寧巡按御史上官鉝題前事等因。拾年正月拾貳日奉聖旨：　該部核議具奏。欽此。又準吏部咨，該江寧巡按上官鉝題，爲直陳淮西情形等事。拾年貳月初肆日奉聖旨：　是。吏部知道。欽此。因興屯事宜，戶部爲政，亦備咨到部。

該本部看得鳳陽府屬荒田，共陸萬陸千伍百叁拾頃零，應照湖廣、江西等伍省例，設屯道壹員，同知貳員，該督撫按速遴見任廉幹官，指名保奏，聽吏部酌用。其應用屯本，即動該省玖年冬季分贓罰內銀叁萬伍千兩，給買牛種。至從前未完錢糧，有無徵完及應蠲荒糧數目，開造清冊報部查核。等因。拾年肆月拾陸日奉聖旨：　依議行。欽此。欽遵。備咨到臣。

該臣隨即檄行江南布政司及江北潁州等伍道廉訪屬員堪任屯職去後，續據揭開各職名前來。該臣案查鳳屬荒地頃畝，業已部臣廒童、督臣馬國柱、按臣上官鉝節次題明，應與開屯，無庸再議。臣因念廬屬荒地，除有主者不開外，尚有無主荒地壹萬壹千玖百貳拾陸頃捌拾叁畝玖釐玖毫，此經前部臣廒童勘報者。淮屬荒地，先經臣前任時同部臣庫禮勘報，內除有主者不開外，無主荒地係壹萬叁千叁百肆拾伍頃捌拾捌畝。續經按臣秦世禎題報，則無主荒地多至肆萬玖千貳百伍拾捌頃肆拾肆畝陸分矣。內如海州壹州已荒至壹萬捌千捌百頃零矣。徐屬荒地先經臣同部臣庫禮勘報，內除有主者不開外，無主荒地係貳萬壹千捌百肆拾頃玖拾貳畝。續據該道冊報，止蕭縣墾過壹千肆百捌拾柒頃肆拾叁畝壹分陸釐，尚有積荒地貳萬零叁百伍拾叁頃肆拾捌畝捌分肆釐。除造清冊咨送戶部查核責成外，蓋各屬田地勘報，已經柒年，無奈旱潦頻仍，災眚疊見，以故荒蕪之數日增，賦稅之額日減。臣拮据催科，戛虞莫措，幸奉興屯之命，則廬、淮、徐叁屬荒地，莫非王土，所當同鳳屬荒地一例及時興屯者。但查鳳廬幅員已廣，再加淮徐地益遼闊，若僅以貳同知奔馳趨事，恐鞭長不及，似應於部議貳員外，量添壹員，以便分督，仍以壹道爲之綜核。道臣須加兵巡字樣，以重彈壓，其官銜當用督墾鳳、廬、淮、徐等處荒地興屯裕餉兵巡道，應駐扎泗州，以泗係肆屬適中地方，便於提調。而叁同知爲其分理，一同知駐壽州，專墾廬屬及壽州、潁州、霍丘、定遠、潁上、亳州、蒙城、懷遠、鳳陽、臨淮等處荒地，既議駐壽而謙［兼］墾廬，宜名廬壽興屯同知。一同知駐靈壁縣，專墾鳳屬太和、宿州、靈壁、虹縣、五河、泗州及蕭碭等處荒地，既議駐靈，而兼墾蕭碭，宜名鳳蕭興屯同知。一同知駐海州，專墾淮屬及徐州、沛縣等處荒地，既議駐海，而兼墾徐，宜名淮徐興屯同知。今據司道舉報堪任各官，內廉得江寧府江防同知趙廷臣，潔守練才，防江久著敉寧，督造尤徵精敏，遍遴列郡，實無出其右者。雖委攝江寧縣，止以貳拾陸兩批收未獲，遂致議處，然久已全完。原係府胥捐捺，既經督臣保奏，應以參議職銜升授屯道之任。又廉得蕭縣知縣祖永勛、沛縣知縣趙世禎、潁上縣知縣鮑弘仁，俱經歇歷荒疲，饒有幹濟，均堪同知之選。應俱候銓部分擬授任，一并照給關防。其墾荒款要事宜，俟責成道廳，因時隨地參酌力行，條列另奏。

至原議動支贓罰銀叁萬伍千兩給買牛種，特從鳳荒陸萬陸千伍百叁拾柒頃零起見，今又加以廬、淮、徐之荒，計捌萬叁千貳拾陸頃零，數更過於鳳屬，則前項銀兩勢必不能分濟，臣又不得不請益屯本，以收屯利者也。其廬、淮、徐荒地，應否一體開屯？同時應否增添？屯本應否再給？準於何項撥支？臣未敢擅專。除將未完錢糧及應蠲荒糧數目，并廬、淮、徐未完應蠲荒糧數目，一并查明，另咨送部外。臣謹會同總督江南江西等處兵部尚書右都御史臣馬國柱、巡按江寧等處監察御史臣林起宗、巡按蘇松等處監察御史臣李成紀，合詞具題，伏乞聖鑒，敕下該部議復施行。等因。順治拾年閏陸月貳拾伍日題，柒月貳拾壹日奉聖旨：　該部酌議具奏。內趙廷臣已有旨了。欽此。欽遵。抄出到部送司。奉此，相應議復，案呈到部。

該臣等看得江南省荒蕪田地，除鳳陽府屬無主荒田陸萬陸千伍百叁拾柒頃，先經臣部議復設立屯道壹員，同知貳員，撥給屯本銀叁萬伍千兩，興屯開墾，奉有諭旨欽遵在案。今據總漕臣沈文奎題報廬、淮、徐叁府州屬荒地共計捌萬叁千貳拾陸頃零，地方遼闊，恐貳同知料理不及，議請添設壹員，似應如議。至請益屯本一款，查廬、淮、徐叁處荒田，數更過於鳳屬，前銀委不敷用，合應於江南省拾年春季分贓罰銀內，再撥肆萬兩，先後共柒萬伍千兩，以爲屯本之需。墾荒款要，道廳隨時參酌條奏，務收實效。其該撫保奏道廳各官，并照給關防，事隸銓部，應聽該部議奏者也。

清《張朝瑞題請裁屯官并守巡道及州縣官招墾事本》［順治十三年二月二十七日］，巡按湖北監察御史臣張朝瑞謹題，爲詳陳屯政利弊事。

順治拾貳年拾貳月初五日，奉都察院勘札，準戶部咨復陝西總督金礪題前事等因。順治拾貳年捌月貳拾玖日題，玖月拾肆日奉旨：該部確議具奏。欽此。欽遵。抄出到部送司。奉此，案呈到部。該臣等看得本年陸月內諸臣遵諭陳言，各抒所見，條奏屯田道廳歸并守巡道及州縣官管理。臣部未便遙議，業經請敕各該督撫斟酌各省情形，從長確議興屯道廳應否裁存，務期裕國安民，經久不易，具疏奏請定奪，奉旨通行去後。兹據陝西督臣金礪會同撫按奏稱：屯道屯廳，均應裁革，民屯歸之州縣，衛屯歸之衛所，以屯廳之任歸各府廳，以屯道之任專歸守道。等因。具疏前來。臣部察興屯事務，關係重大，應俟嚴催各省督撫按奏報至日，一并彙復，請旨定奪可也。相應具復。恭候命下，臣部轉行遵奉施行等因。順治拾貳年拾月拾肆日題，本月拾伍日奉旨：依議。欽此。欽遵。抄部咨院，備札到臣。

當經案行布政司妥議去後，催據左布政使臣張鳳儀看得，興屯道廳原爲招流移、辟荒蕪而裕國賦也。吾楚自奉文以來，道廳各官亦莫不殫竭心血，以希奏效，雖皆報有開過荒田，收過籽粒數目，然此中尚有不便於民者，又不得不備悉陳也。夫招集流移一事，但其流離播遷之民，原系窮人無歸，必擇樂土而後居之，庶於身安魂定。今三楚衡、永、常、岳、長、寶、荆、襄、鄖、郢諸郡，皆稱多事之秋，征師雲集，供億輸挽，寥寥孑遺，僅存皮骨，其異地流民，安肯投此風鶴煩苦之區哉，故無流移之可招者一也。其給發屯本一事，楚地既無流民，必即散於見在之土著，內有無力無田之赤窮，一時欣然領本開屯。但春初領本，正屬饑荒，必將見領之資，苟濟目前之急，開荒無幾，本已罄費，一至秋成，安望其能本利之全辦乎。更有一種奸詭棍徒，掣費屯本，竟爾脫逃，本利益不可問，此屯本之不便於窮民者二也。再者窮赤之民不可給本，勢必散於殷實之里甲。殊不知有力之家，俱皆早已開墾，又奚待興屯給本而後耕乎。縱里甲內有一二無主荒田，着令該里甲領本，然不過勉強應官，必不肯舍己之熟，而耘人之荒。至於秋成經追籽粒，而里甲又無所辭，間亦有少墾其荒，以償納此籽粒者有之。然有荒如故，而出於熟田之包納者亦有之矣。即如屯道亦有非人所願領，實強行無益之謂者，非歟。此屯本不便於里甲者三也。

今內外陳言縷縷，皆有屯道廳官歸并之議，莫不從興屯不便於民，糜費俸餼中起。見楚之屯道貳員，屯廳肆員，歲計經費叁千餘金，况以後再無願領本者，不過株守已屯之田。與其徒食俸餼，相應仰遵廷議，屯道歸并各該守巡道，令其兼理屯務，屯廳歸并各州縣印官，令其將已墾熟屯，俱入正額完糧。其荒蕪未開者，必須多方設法勸諭開墾，按其開墾之多寡，稽其考績之優劣。官無冗員之費，民免重派之條，國民兩便，不亦善乎。緣係裁并官員事理，本司冒昧管見，伏候憲裁等因。具詳到臣。

該臣看得設官興屯，以爲裕國便民計，誠一時之良法美意，初不謂流弊一至此也。今內外諸臣洞悉其事，而條議及之，臣猶謂一代之法，豈可驟更，必親詢輿情，然後入告。今據該司詳列諸弊，力陳可并，及臣巡歷所至，博詢興屯利病，則環泣擁馬之民，中多爲屯之累。以是知屯道歸并守巡，屯廳歸并州縣，責成招墾，以省俸餼，其以裕民力而足國賦，實甚便之道也。今據詳復前來，臣謹會同督臣祖澤遠、撫臣林天擎、治臣胡全才、沅撫臣袁廓宇合詞具題，伏乞敕部議復施行。

清《李蔭祖題爲屯田既歸民田徒罪犯人應發何處事本》［順治十三年八月二十四日］，欽差總督直隸山東河南等處軍務兼理糧餉兵部尚書兼都察院右副都御史臣李蔭祖謹題，爲遵旨條陳，以定屯政，以恤殘黎，以實沛皇仁事。

順治拾叁年柒月貳拾玖日，準刑部咨，雲南司案呈，奉本部送、準臣咨，案照順治拾叁年叁月初拾日，準刑部咨，雲南司案呈，奉本部送、刑科抄出，該本部題復江西興屯道翟鳳翥條議緣由內開：徒罪應發屯田，罪有叁年、伍年之不等，以後凡有徒罪者，俱發屯田，酌其年分，定開荒田多寡，至開完釋放，願留者永爲己業。應如議行。察各省俱有屯田，不獨江省爲然，相應通行各督撫遵行可也。順治拾貳年拾貳月初伍日奉旨：是。依議通行。欽此。欽遵。備咨到臣。

準此，隨通行所屬一體欽奉外，至本年伍月貳拾肆日，準戶部咨，爲詳陳屯政利弊事。山東清吏司案呈，奉本部送、戶科抄出，該本部復臣題墾屯一事，河南、山東士民稱苦，屯租數倍民糧，應除屯田名色，照民糧起科。應如所議。敕下督撫按轉行司道州縣，將已前屯道所墾地畝交與守巡各道。行令各州縣將未開荒地，仍竭力招徠，通照民地征糧，編入賦役，解部充餉，年終造冊奏報，以開墾多寡，分別殿最可也。順治拾叁年伍月初拾日奉旨：依議行。欽此。欽遵。備咨到臣。

準此，通行欽遵去後。本年閏伍月拾伍日準戶部咨，爲遵諭敬陳職掌，詳察墾荒事内條議歸并應行事宜陸款。等因。題奉諭旨，備咨到臣。除通行外，爲照興屯道廳，既經奉裁，墾荒田地歸之州縣，而前議徒罪人犯，似無可發之屯田也。每據各屬呈請，難以奉行，擬合咨請，爲此合咨貴部，煩請察照，或爲題明，仍發驛遞，或別賜定奪，希文回示，以便轉行所屬遵奉施行等因。到部。奉此：該省題明，本部具復，司咨行，送司。奉此，相應咨復，案呈到部，擬合就行。爲此合咨貴部院，煩爲察照，具題施行。等因。備咨到臣。

該臣看得徒罪人犯，俱發屯田，酌其年份，開墾荒田多寡，完日釋放，誠辟田裕國之良法也。只緣屯租數倍民糧，士民稱苦，臣已具疏題請將興屯道廳議裁，所墾地畝，俱歸州縣照民地徵糧，部復諭允遵行在案。切思屯地既已歸并州縣，而徒罪犯人，或仍發驛遞，照年擺站。臣咨部請示，今準部咨，令臣具題前來，相應具題，伏乞睿鑒，敕部議復，行臣遵奉施行。

緣係遵旨條陳，以定屯政，以恤殘黎，以實沛皇仁事理。未敢擅便，謹題請旨。

清《竇蔚題查出六合豪紳等占種屯田事本》〔順治六年六月二十一日〕，差回巡按江寧監察御史臣竇蔚謹題，爲查出隱種屯田銀兩，謹據解到報明事。

臣於去歲捌月間，奉有兼管屯田之明綸，隨經遴委江寧府同知傅覲光等，履畝踏勘，務期逐一清釐。續據各官呈報清出屯田數目，及應起科輸納糧銀，已經題報在案。惟是江南屯政廢弛已久，不無隱占侵種之弊。内據有太平府通判傅自成申報六合縣勢豪汪國昌、汪國策、汪凜祖等，占種屯田三塘緣由到臣，臣隨批發太平府推官劉之琦確審去後。該本官審國昌等，明季原係借修城名色，因將三塘占踞爲業。自順治元年以至於今，擅收花利入己，合依律擬杖。但其事在赦前，遵奉恩詔各令納贖，三塘仍歸屯田。至節年所得花利，俱應照數追出解部，共計銀叁千壹百零貳兩。等因。呈詳到臣。

臣確查無異，隨牌行六合縣，將汪國昌等贖杖，及花利銀兩於叁月拾貳日批差承舍王良才、徐國瑞解赴戶部交納，今已解到。理合題明，伏乞皇父攝政王敕部查照施行。爲此具本，謹題請旨。

清《噶達洪題復興宣大屯牧道事本》〔順治十年一月四日〕，戶部尚書固山額真臣噶達洪等謹題，爲請興邊屯，以爲地方興利事。

山西清吏司案呈，奉本部送戶科抄出，宣大巡按薛陳偉題前事内科：臣考自古屯田之設，每在於邊地者獨多，開於邊地者尤重。今日宣大之屯政，在文職自道廳之裁汰，武職自衛所之歸并，以至兵將之減去，廖廖無幾。臣每到壹城堡，見地土雖多，成田者絶少，茅廬尚在，人居者最稀。人丁賦稅，比視往昔，拾不及壹。詢之父老，僉云：從前闖變，地土蹂躪，人畜傷毁，拾去其叁，待至姜逆再亂，百無壹存。不獨兵民稀少，臣守官員，俱經裁并。且宣府壹鎮，猶存叁道；大同伍道，僅留其貳。苦於鞭長不及，更苦於專理無人，忍令城市盡成丘墟，村寨化作獸穴，地方安得有人，荒蕪安能開墾？臣聞之不禁泫然流涕也。

除檄行道府廳路衙門多方招墾外，方欲圖畫經久之法，及時整頓間。接閱邸報，見内三院輔臣奏爲恭陳及時興屯事宜，仰請聖裁事内稱：湖廣等伍省，應設屯道，專開屯田，所有俸薪工食等項，即於興屯籽粒内動支等因。奉有諭旨會議，部復請行矣。臣即查宣、大兩鎮，原裁分守冀北道，駐扎朔州，乃山西、陝西兩界之扼要者；原裁分巡冀北道，駐扎大同城，乃人地衝繁政事叢集者；原裁屯牧道，駐扎蔚州，係屬兩鎮中界，管轄兩鎮屯牧，便於往來稽查者。雖邊塞貳鎮，難較腹裏伍省，然監司裁去較多，人民屠戮較甚，新舊荒蕪之地較廣，既不別煩公費俸薪等項，請復兩鎮舊有之屯牧監司壹員，似非創議也。況舊設衙門具在，或駐扎荒多之地，或居攝適中之所，使之仍舊兼轄兩鎮土地人民，不惟荒田賴以開墾，亦且流遺藉以招徠矣。庶有土有人，廣收見有之利，歸爲國用，更邊餉有資，軍賴以食，民賴以生也。此實興利之事宜，臣從地方起見，想亦聖恩所不靳者矣。臣謹會同督臣佟養量合詞具題，伏乞聖裁敕部酌議施行等因。順治玖年拾壹月貳拾玖日題，拾貳月初陸日奉聖旨：該部議奏。欽此。欽遵。抄出到部，送司。奉此，相應議復，案呈到部。

該臣等看得宣、大兩鎮，自會議之後，奉旨裁汰屯牧監司。今按臣薛陳偉因見地方遼闊，興屯無人，會同督臣佟養量合詞題復。但興屯事宜，湖廣等伍省，已經奉有諭旨。今宣大荒田，該督按議當開墾，并藉招徠，亦是根本之計。至於屯牧道應否復設，請敕下吏部查議具復可也。

清《夏玉題陳屯墾事本》［順治十年十月二十二日］，欽差巡撫山東等處地方、督理營田、提督軍務、兵部左侍郎兼都察院右副都御史臣夏玉謹題，爲屯務關係匪輕，任事萬難緘默，謹披瀝再陳，伏懇亟賜疏題，畫定劃一以濟屯務事。

順治拾年拾月拾捌日，據兗青興屯道右參議白秉貞、濟東興屯道右參議戴聖聰呈稱：蒙巡撫夏部院案驗，準戶部咨，山東清吏司案呈，奉本部送準山東巡撫夏玉咨稱，據濟兗興屯道白秉貞等，呈前事緣由。據此。爲照前據司道條議肆款，特疏請命，雖目下暫益於民，實日後大利於國，非敢毫有所私，而冒爲謬陳。今據貳屯道詳稱，遐邇愚民，見前疏未蒙諭允，不惟未來者，而陰行止息，即已入屯者，俱瓦解毀志。該道慮恐有誤屯政，不避瑣瀆之愆，復詳請咨，本部院何敢緘默，而不再爲吁懇也。仰祈貴部軫念興屯盛舉，希將前題肆款，俯賜復允，或別有良籌，民可樂從。等因。到部。奉批：前題已經具復奉旨，如有未盡事宜，撫院自應具題，非本部所敢專決也。送司。奉此，相應咨復，案呈到部。合咨前去，煩爲查照施行等因。到院。案行到道。

蒙此，該兗青濟東興屯道右參議白秉貞、戴聖聰看得興屯初創，百務維艱，前因分收籽粒叁分之壹，未經剖明，發收屯本，亦無數目年限，事無劃一，無可適從。是以濟兗兩道，遵照敕書內云各省民情土俗不同，有開載未盡事宜，應聽該道廳臨時酌議條奏之行。隨具條議肆款，皆係職等斟酌籌劃，嘔盡心血，惟求上裨國計，下利民生，外此肆款，屯務實難舉行。當蒙本部院具題，職等即遍行曉諭，百姓歡聲雷動，遐邇人民樂從。今一聞前題肆款未定，往往皆毀前行，不惟未來者，陰謀止息，即已入屯者，俱思瓦解。雖道廳履畝勸課，大聲疾呼，而百姓疑畏觀望之心，終難回釋。但此機一失，萬難招徠，倘一有誤，孰任其咎？竊思今日之條奏，而瑣瀆之罪似覺猶小。今日若不條奏，而悞屯政之興，其罪更大。合無仰請憲臺軫念重務，再賜疏題？果蒙聖恩俯允肆款，即遵行勸墾，不惟民有樂利之休，而國計亦可稍足矣。等因。呈詳到臣。

該臣看得興屯一事，原係創舉，俾民有便益，而始樂趨，是以前據司道條議肆款，特疏具題，未蒙諭允，何敢再瀆。但人民一聞肆款未定，不惟未入屯者率多觀望，即已入屯者俱退志悔心，雖道廳竭力招勸，其如愚民疑畏不前何？今據兩屯道詳稱，外此肆款，實難舉行，臣見此情詞迫切，恐悞屯政，不得不再爲呼吁，謹臚列原款，一一爲我皇上陳之。

計開：

一、初年開墾，百事維難，屯種之租宜寬也。東土凶荒頻仍，兼之兵寇躪蹂，土地荒蕪拾有餘載。其間沙薄者，開雖稍易而所收無幾。素稱沃壤者，非荆棘叢生即盤根草萊，驟行開墾，勢必先用鐵钁剖除凈盡，方可施犁。必春耕壹犁，當暑壹犁，秋間種麥時復耕壹犁，有此耕三耙六之功，始能布種，是望穫已在隔年矣。若即行收租，小民未獲開荒之利，先受開荒之累，必且觀望不前。既難刑驅，又難勢迫，雖有善者亦末如之何矣。今議爲小民鼓樂墾之心，應於初年行權宜之法。合無將新墾荒田，初年免租，次年取課，挨年開墾者如之。若是，則小民樂從，蓁蕪漸成膏壤，名雖利民，實以利國。夫利民不過一時，而利國乃在萬年矣。伏候聖裁。

一、稍有工本量給牛種者，徵收籽粒之數宜晰也。敕書內不拘土著及流來人民，量助牛種，收籽粒叁分之壹，叁年之後，準爲世業，廟堂籌劃法盡善矣。然叁分之壹，似有不可一概取必者。濟兗東青肆府，地闊道遠，尺殊寸異，勢難以一身周知。倘限定額數，收租既恐地方肥磽不齊，若隨其所穫收租，而奸民猾戶，難免以多報寡，及欲差人查驗，又恐紛生擾害，即躬履阡陌，固不憚勞瘁，而鞭長不及，隱弊叢生矣。今議行令該有司於秋成之後，除借本多寡，限定叁年償還外，查大糧規則，每畝熟地，分則納銀多不過肆伍分，應仿照叁等則壤，上地每畝議徵糧壹倉斗，草壹束，中地徵糧柒升，草壹束，下地徵糧伍升，草壹束，雜役俱免。萬一有尚義之百姓，不用官本，自行開種者，如前納糧，皆叁年之後，準爲世業，照舊納租。若是，則賦有經而差，不擾百姓或欣然開墾矣。伏候聖裁。

一、給散屯本償還之期宜定也。百姓物力不齊，其間稍有工本者，所缺參差不一，若買牛散種，固難一一適用。且每地壹頃，需牛肆隻，每隻不下拾餘兩，倘彼以官牛視之，則倒斃之患所不無也。今酌人工地力而劑量之，或有用工本多者，或用工本少者，裒多益寡，止照計部叁拾餘兩之議，斟酌給銀，每頃即不能加於叁拾兩之外，大略亦不能減於叁拾兩之數。量力分散，俟秋成後，其借少者，即以本年秋糧作時價準還，多者本年先還一半，次年再還一半。萬一歲有豐欠，限定叁年全完，仍照例收租，是小民借力而得業，公家無所損而賦增矣。伏候聖裁。

一、安插雇佃，勢之難行宜計也。濟兗東青肆府，屢經災寇，村疃丘墟，廬舍頹廢。土著者固慮官雇有軍屯之累，必不應募，即有他鄉窮民，攜妻襁子，願爲官傭者，必得居室以蔽風雨，斯栖身有地。若卒議修葺，必先有一番使費，當此屯本維艱之時，安得有餘錢糧先此不急之務乎？況流移之輩，問之州縣既無籍貫之可憑，責之保甲又無鄰佑之識認，道廳憑何爲據，而敢以朝廷錢糧付之路人耶？則雇覓一端，實在難行。不若招徠自願開種之人，其願在某地方居住者，即令某屯長於附近鄉村，就便安插，報名入冊，仍照稍有工本量給牛種者，一例官爲給地，照地給銀，置牛置種，任伊自便。至還本納租，準爲世業，俱照前例。若是既無拐逃之虞，彼亦樂得恆產，無不盡力南畝矣。此無煩雇覓，而利益有愈於雇覓者。伏候聖裁。

以上肆款，雖屬芻蕘鄙見，然權宜變通，於屯務大有攸賴矣。既經兩道復詳前來，臣謹會同督臣馬光輝，合詞具題，伏乞皇上敕下該部，速爲議覆施行。事關屯務，字逾限格，統祈聖宥。

緣係屯務關係匪輕，任事萬難緘默，謹披瀝再陳，伏懇亟賜疏題，蚤定劃一，以濟屯務事理，未敢擅便，爲此具本，專差官張應龍賫捧，謹題請旨。

清《馬鳴珮題宣大地多砂磧屯租萬難一律事本》［順治十一年五月二十八日］，欽命總督宣大山西等處軍務兼理糧餉兵部左侍郎兼都察院右副都御史臣馬鳴珮謹題，爲邊腹肥瘠不同，屯租萬難一例，酌議因土定則，以勵廣種，以濟屯務事。

據宣大興屯道僉事邢以忠呈稱：興屯事宜，原議量給屯本者，分收籽粒叁分之壹，此爲腹鼇屯地而言也。今宣大貳鎮朔漠之區，地多砂磧，即成熟之地，所穫無幾，況新開荒地，與成熟者不同，較之腹裏之地更大相懸絶矣。如一例分收，不惟入屯者咸苦租重而有悔志，即未入屯者，俱各畏難而多觀望。此事非可以刑驅，又非可以勢迫，將何術以使其樂趨也？本道再四思維，莫若因地制宜，相土定賦，其量給工本者，照邊地分上中下，酌定收拾分之貳。其不領工本自爲開墾者，照定上中下收拾分之壹，俱以叁年後準爲永業，庶百姓歡然樂趨，不用朝廷多金，官地自可廣辟矣。查當日奉內三院所議，惟云領本屯種者，分收籽粒叁分之壹，并無議及自備工本開種之例。今各屯民以租重爲難，且屯本無多，本道不得已而籌度領工本與不領工本者，分別徵收，以便多召廣墾。即原題亦云有未盡事宜，各省民情土俗不同者，道廳計議，不時申請條奏，故本道敢於謬陳，伏乞俯從題請。等因到臣。

該臣看得宣雲地土素稱砂磧，廣種薄收，而地土難與腹裏并論也。屯本設處爲艱，召種每苦不足，而屯本又不可與腹裏并語也。今興屯道臣邢以忠目擊民畏租重，開墾者不前，然而酌議領工本者，收拾分之貳，不領工本者，收拾分之壹，俱以叁年後準爲永業，俾得荒蕪漸辟，無難國賦漸充，似亦鼓勵招徠之一法也。惟在聖明之裁奪，而非臣所敢專也。既經該道具呈前來，相應題請，伏乞皇上敕部議覆施行。

緣係邊腹肥瘠不同，屯租萬難一例，酌議因土定則，以勵廣種，以濟屯務事理，臣未敢擅便，爲此具本，專差提塘官陳素緼親賫，謹題請旨。

清《林天擎題兩湖荒殘已極屯墾難以開展事本》［順治十一年六月十一日］，欽差巡撫湖廣等處地方兼提督軍務都察院右僉都御史臣林天擎謹題，爲清查屯政事。

案照順治拾年拾壹月，前撫臣準戶部咨開：湖廣清吏司案呈，案查湖南湖北各設屯道壹員，專理屯政，業已咨報遵行。所有貳道開墾屯田各若干？每畝各給屯本若干？通共發過貳道工本銀若干？咨催未報。今秋收已畢，貳道各報收米若干？事干錢糧，相應咨查，案呈到部，備咨前來，煩爲轉檄貳道，速將墾過地畝，領過工本，每畝需用若干細數，并秋成收過米石若干，逐一詳造清冊，亟爲奏報，以便核銷，萬勿容緩等因。隨經檄行南北興屯道在案。至拾貳月貳拾玖日，又準戶部咨，爲亟催奏銷屯政錢糧事內開：亟檄貳屯道將本年開過地畝，用過工本，收過糧石草束，并價值屯息等項，星速逐一造報，定限年終奏銷。事關屯政創始，萬勿容緩，致干功令等因。又經檄行南北興屯兩道去後。

今臣接管催據湖南興屯臣宮家璧詳稱：本道於拾年伍月內受事，時已仲夏，春耕逾期，兼以辰、常、永、寶、衡、郴、靖等府州地方未寧，未敢輕發屯本。惟武、岳、長叁府，就近招墾。所有上年伍月內，領過藩司屯本銀壹萬兩，比時未分民衛，據各縣冊報楚稞衛屯荒數到道。本道仰體及時興屯，前行隨動用屯本銀柒千伍百肆拾貳兩柒錢零，給發佃民汪惟敬等，共墾過民衛田地貳萬叁千玖百柒拾陸畝捌分零。至閏陸月拾壹日，始接奉部文，衛屯仍歸布政司、都司綜理，但本發田墾，不便追回。共收過籽粒穀肆千貳百叁拾石肆斗伍升，又勸民自備工本墾過楚租衛屯荒田地壹萬壹千陸百捌拾柒畝捌分陸釐零，收過稻穀秫蕎共柒百柒拾石零玖斗肆合玖抄，通共伍千零壹石叁斗伍升零。遵奉部文出陳易新，照時變價，共獲屯息貳千肆百零陸兩捌錢玖釐，尚存屯本銀貳千肆百伍拾柒兩貳錢，又領司發本銀叁百捌拾陸兩伍錢零，共貳千捌百肆拾肆兩零。於拾年陸月內，給發衛屯佃民，荒雖已墾，尚未播種，應入拾壹年分同續領藩司屯本銀壹萬兩內開銷。至草束一項，拾年所穫無幾，僅可喂養屯牛，俟來年酌量收積等因。

又據湖北興屯道臣郭鳴鳳詳稱：本道於拾年陸月受事，已知布種愆期，晝夜焦思，惟恐有誤。所轄柒府屬，如鄖陽一府，寇逼門庭，無從語以興屯，荆州之歸州、興山、巴東、長陽賊踞，未便過問。襄陽逆賊出沒不常，雖有開墾，尚無籽粒，惟漢、黄、安、德領給屯本，時已夏暮，分收籽粒爲數不多。通共領過司庫屯本銀貳萬零叁百捌拾兩貳錢柒分零，見支發過屯本銀柒千零壹拾兩玖錢。墾過民賦王莊、官莊田地貳萬叁千伍百捌拾伍畝捌分零。收過籽粒肆千肆百肆拾柒石陸斗玖升零。又勸課有力佃民，自備工本開墾過荒田壹拾壹萬陸千肆百零柒畝貳分零，照民糧則稅收過各色籽粒叁千玖百叁拾貳石叁斗陸升零，通共捌千叁百捌拾石零陸升有奇。遵奉部文，出陳易新，照時變價，共獲屯息肆千捌百零壹兩柒錢伍分零，又於拾年秋後給散屯本銀捌千伍百捌拾貳兩，預辦春耕，尚存屯本銀肆千柒百捌拾柒兩叁錢柒分零，俟給發完日，另冊報銷。其草束一項，僅可給養屯牛。等因。造冊各報到臣。

該臣看得楚省荒殘已極，諸事難與別省概論，湖南辰、靖貳府州，見爲賊踞，其常、寶、永、衡、郴伍府州與湖北鄖、襄、荆叁府屬，逆賊出沒不常，官兵援剿雲集，熟田尚難保其不荒，安能遽問屯事。查南屯道所轄惟武、岳、長叁府，北屯道所轄漢、黄、安、德四府，雖勉可興屯，但墾種原在仲春，兩道任事在拾年伍陸月間，已逾東作之期。據報拾年分，共發過屯本銀壹萬肆千伍百伍拾叁兩陸錢零，招墾過田地肆萬柒千伍百陸拾貳畝陸分，共收過籽粒捌千陸百柒拾捌石壹斗肆升零。又未領屯本勸墾過田地壹拾貳萬捌千零玖拾伍畝零，共收過籽粒肆千柒百零叁石貳斗陸升肆合玖抄。

以上貳道通共獲過變價屯息銀柒千貳百零捌兩伍錢伍分零，爲數似覺無幾。緣兵連禍結多年，土滿人稀，既無游惰可驅，又無流移可集。見在納賦之孑遺，工力有限，何能舍己之熟，以耘人之荒也。仰祈聖明，俯念楚地荒殘實甚，不以他省考成之例嚴繩屯官，俾得從容招墾，而國計民生兩有攸賴矣。除將南北兩道造報細冊，移送戶部外，謹恭繕黄冊貳套，進呈御覽，會同督臣祖澤遠合詞具題，伏乞敕部核銷施行。備述詳文，字多逾格，統希鑒宥。

清《高民瞻題四川屯地屯兵未可與其他省同議事本》〔順治十三年二月二十八日〕，巡按四川兼管鹽法屯田監察御史臣高民瞻謹題，爲詳陳屯政利弊事。

順治拾貳年拾貳月貳拾捌日，奉都察院都字戶行拾號勘札：准戶部咨，陝西司案呈，奉本部送、戶科抄出，該本部題復本司案呈，奉本部送、戶科抄出，陝西總督金礪題前事等因。順治拾貳年捌月貳拾玖日題，玖月拾肆日奉旨：該部確議具奏。欽此。欽遵。抄出到部送司。奉此，案呈到部。該臣等看得本年陸月内諸臣遵諭陳言，各抒所見，條奏屯田道廳歸并守巡道及州縣官管理。臣部未便遙議，業經請敕各該督撫斟酌各省情形，從長確議興屯道廳應否裁存？務期裕國安民，經久不易，具疏奏請定奪，奉旨通行去後。茲據陝西督臣金礪會同撫按奏稱：屯道屯廳，均應裁革，民屯歸之州縣，衛屯歸之衛所，以屯廳之任歸各府廳，以屯道之任專歸守道等因。具疏前來。臣部查興屯事務，關係重大，應候嚴催各省督撫按奏報至日，一并彙復，請旨定奪可也。相應具復，恭候命下，臣部轉行遵奉施行等因。順治拾貳年拾月拾肆日題，本月拾伍日奉旨：依議。欽此。欽遵。抄出到部送司。奉此，相應移咨，案呈到部，擬合就行。爲此合咨貴院，煩爲遵照本部復奉旨内事理，轉行各直省巡按御史欽遵施行等因。到院。備札到臣。

臣隨抄案備行四川布政司，轉移守巡川北、松龍、威茂各道查議去後。今於順治拾叁年貳月拾伍日據該司回稱：移准守北道移稱，看得四川之屯，設在廣昭一帶，距順保數百里，且猶有遠在秦省之寧羌者，府廳似難分身料理，而本道更覺鞭長不及，相應於全川大定之日，再照別省事例議行可也。又准巡北道移稱，看得全蜀未恢，各營兵馬鱗集，保寧駐征不常，難以拘定屯地，止有廣昭加兵屯田。原因川中未靖，乃未雨之綢繆，其意深遠，非特爲屯田計也。如屯歸州縣衛所，任歸守道府廳，在承平省會可也。若川中用兵之地，非屯道不能以東兵，非屯廳不能以經理，就今日而言，似不可輕議裁幷，姑俟三川恢復之後，比照別省事例而行之也。又準松龍、威茂貳道回稱無異等因。各移到司。

準此，該本司左布政使莊應會，復看得殘蜀屯田之設，原以資戰守也。查廣元爲全蜀咽喉重地，當西南劍閣之衝，界接東通巴鄰渠達之吭。議兵伍千名於寧羌、廣昭一帶屯田，復立興屯道廳董理督率者，蓋爲事有專責，遇警則執戈防禦，無事則幷力農畝，期其功有實濟，難比他省腹裏無事之地同日而語。若議歸幷守道府廳，兼民社而膺戎務，值此山川險要之區，當時勢孔亟之際，實難分身以應。且查前準據該屯道廳移報收穫籽種之數，業已漸有成效矣。今之所計，宜照舊屯守，必俟三川底定，方敢劑量裁幷。伏乞本院垂察嚴邊情形，俯爲據實復題，庶疆土有攸賴矣。等因。呈報到臣。

該臣看得歸幷屯田一議，蓋爲招墾之屯而言也。其招徠之人，原係各州縣衛所之人，開墾之地亦即各州縣衛所之地，還其固有者而分理之，其爲至便，不待再計而決矣。如蜀疆土滿人稀，無可招屯，前督臣孟喬芳具題請設兵屯於廣昭、寧羌等處，營制統於協守副將，專理歸之興屯道廳，是將士以持戟而兼荷鍤之役，道廳以勸農而任備兵之職也。屯也，而非止爲屯，適逢議屯之會以行，其爲秦蜀設險扼要之策耳。推其初意，興屯固需此兵，即不興屯，亦未必可少此兵，不可與他省之屯政一例而語，幷不可與無事之兵屯一例而語也。若議裁幷，則現在守巡兩道各有地方之責，兼之山川險阻，難以分身董率，府廳亦有應理事務，攜其簿書之煩，更親歷乎戎畆行畝之間，又勢之所不能者也。地雖可歸於州縣衛所，而經制營伍，亦可分隸於州縣衛所乎？倘必欲如地歸州縣衛所，兵歸原伍訓練之議，此地之兵，俱係秦中抽調而來者，兵若議歸，則必歸之於秦矣。但蜀當多事之秋，方圖收復三川，詎可減兵示弱，以長寇氛？況蜀屯以無民而設兵，今民未有加也，一旦舉貳千餘人所經營之業，付之寥寥孑遺，使其幷力佃作不至廢事，乃必不得之數也。即以功令迫之，必將舍己之田而耘人之田，恐照例輸課之令一行，而包荒賠累之苦，雜然滋起矣。求之於國計民生，究竟何所裨益？若聽其自便苟復，鞠爲茂草，不又將兵屯之利，委而棄之乎？再以兵屯之利弊論之，謂其在屯徒糜月餉，入不償出，是未常有利矣。獨不思其歸伍之後，能枵腹以荷戈乎？抑更有別所以爲朝廷興利之地乎？在屯歸伍，均爲糜餉，與其歸伍空費軍需，何如屯田而猶有收穫籽粒之爲愈也。或者曰原伍空虛，歸此兵以實之，其說亦爲有見。但其初既可抽撥而去者，必其可以稍緩之兵也，若棄至要之屯，防塡不急之營伍，亦非至當不易之論。總之今日之殘蜀，其屯地屯兵，未可與他省同議歸幷，則屯道屯廳之不可裁革，又事理之必然者也。此乃臣細察情形，從長商酌，非敢膠柱鼓瑟，以徇己見耳。今據該司呈報前來，臣謹會同督臣金礪、撫臣李國英合詞具題，伏乞皇上敕部議復施行。

清《戴明說題復王永祚條陳招墾屯田事本》〔順治十三年三月二十五日〕，湖廣清吏司案呈，奉本部送，戶科抄出，經略標前營火器副將王永祚題前事內開：臣奉經略輔臣頒發上諭，跪讀嚴綸，皇上英敏天授，勵精圖治，即古帝王懸鞀設鐸，不過於斯也。臣一介武弁，幸逢皇恩浩蕩，咨詢下及，謹以管見列款，爲我皇上陳之。

一、營官之濫收兵丁宜嚴也。蓋以時下賊逆未靖，大小各營在在招兵，惟見有精銳，即行收伍，原欲用資剿禦。但不知中間有等奴僕或背主私逃，或拐騙主人銀物，恐致拘拏，混行投營，反勾兵丁以謀害原主。又有等衙蠹被訪盜賊懼犯，混行投營，以希圖遮免，仍怙惡不悛，肆虐害民，以致人難申理。此等爲害最深，今必令各營將領，凡於招兵之時，即先嚴查來歷，不許有蹈前弊，俾奸徒無退步之所，不惟知所斂迹，且營伍肅清，民生安堵矣。

一、土司之招徠當計也。湖廣、廣西、廣東與別省不同，內有傜、苗、土、壯，種類不一，大約性多悍忌，逆賊倚爲羽翼，而借資糧草。然賊衆盤踞，日深年久，不無騷擾之苦，但因地僻人遐，不知我大清朝德化高深，儻蒙皇上敕部將各省土司按制查明，預請頒給印信札付，仍特賜敕諭，大彰朝廷威德。凡見在已服地方歸順土司，即行給領，用昭信守。未服地方土司，俟將來進兵收復一處，則給發一處，以柔遠人。庶土司有所遵從，即進剿大兵，亦可少資糧草接濟，其取道滇黔，實一助矣。

一、屯田之法制宜講也。南方正在用兵，需用糧草不貲，必得廣開地畝，多有收穫，然後可以供兵養馬。今我國家新興屯利，法非不善，而未盡收屯田之利者，良由官府之耳目有限，而窮民之支飾多端，納稅則有其名，開地則無其實，終鮮成效。誠能仿時下遼東招民之法，及直隸捐賑之方，令有司官著落本地紳衿之有身家者，分領其事。蓋以紳衿久居本土，與窮民甚相親，竊窮民必爲信從，即可量力以認田地開墾，不虞差派等項，而紳衿又知窮民來歷，放心借給屯本，不虞拐逃他弊，此正以民引民，則民自廣，而田自辟。仰祈朝廷預頒規例，凡招民開田若干，即作何分別賞賚鼓勸，則好義急公者，必自爭先效力，此又足食足兵，開拓地方根本矣。

以上叁款，皆臣愚見所用，不揣狂瞽，冒昧直陳，實出一片丹衷，伏祈上裁施行。臣永祚無任惶悚待令之至。爲此具本，專差官趙自友賫捧，謹具奏聞。順治拾叁年貳月貳拾日奏，叁月拾柒日奉旨：該部議奏。欽此。欽遵。於叁月貳拾日抄出到部送司。奉此，相應議復，案呈到部。

該臣等看得營官濫收兵丁，土司招徠當計貳款，應聽兵部議復外，其屯田壹款，先經各省督撫奏請屯道歸并守巡道，屯廳歸并各州縣，已奉諭旨遵行在案。今經略標前營副將王永祚疏稱，招墾屯田，應仿時下遼東招民之法，及直隸捐賑之方，令有司官著落本地紳衿，分領其事，具題前來。臣部查楚省地方，與遼東不同，若以開墾之事，責令本地紳衿分領，恐致多事。應請敕該督撫遵照前旨，仍責令守巡各道，并各州縣官，多方設法招墾，務使地辟糧增，以濟國用可也。相應具復，恭候命下，臣部轉行遵奉施行。臣等未敢擅便，謹題請旨。

清《車克題復李蔭祖條陳屯墾事本》［順治十三年六月二十五日］少傅兼太子太傅、內翰林秘書院大學士、管戶部尚書事臣車克等謹題，爲詳陳屯政利弊事。

山東清吏司案呈，奉本部送、戶科抄出，欽差總督直隸山東河南等處軍務兼理糧餉、兵部尚書兼都察院右副都御史臣李蔭祖題前事內開：順治拾叁年閏伍月拾玖日，據山東分巡東昌道兵備副使劉達呈前事呈稱，順治拾叁年閏伍月初陸日，準分理濟東興屯道關前事，移送拾年叁月起至拾叁年肆月終止，各屯本屯糧屯草本折完欠冊及文卷前來。除本道收察外，夫既更化以善治，自難膠柱而鼓瑟，其中有應陳事宜，條列肆款，仰請憲裁等因。到臣。據此，案察先於本年伍月貳拾肆日準戶部咨同前事內，復臣題屯田改爲民田緣由。準此，已經備行各司道遵依在案。復於閏伍月拾伍日，準戶部咨，爲遵諭敬陳職掌詳察墾荒事內，條議興屯之本息宜清等陸款，區畫周詳，已無遺議，已經通行遵照外。該臣看得事貴善始，法不厭詳。今復據該道條陳屯地歸并大糧，起編則例，應令布政司總其大綱等肆款，實與部議相爲發明。臣復加察核，皆有俾於時務，相應詳述原議，仰請皇上鑒裁。

一、先經奉旨裁興屯道歸并守巡各道，續經部復，奉旨屯糧準歸大糧，一同起科，并將未墾荒地，交付守巡各道，督令有司力行開墾。夫屯田歸并大糧，則起編則例，自應布政司爲政，如赤歷、易知由單之類，酌量存留起解，總其大綱，分其條目，有非各道所可分攝者。即前此完欠款項，亦應總交布政司綜理，亦省轉催轉解各款另項之煩。夫止裁屯道，而尚留屯田，此前旨之所以令交各道也。今屯道裁，而屯田亦歸大糧編派，則宜遵後奉之旨，止將未墾荒地，各道收察，督令墾辟者也。前後兩次奉旨遵行。伏候睿裁。

一、前項屯田未完穀草數目，雖可竟問之該州該縣，然中間互相維擊，互相覺察者，必得一廳官相與共核。如前此之有屯道，即設屯廳也。今道廳專官既裁，其屯廳一應文卷冊籍，相應交各府管糧通判經理承行，庶便互爲綜核。伏候睿裁。

一、今奉文歸并，尚在伍月，夏秋俱未經收，即應以今年屯田編入大糧徵收，雖則例已核，難以更換，不妨添注此項，以補除荒之額，分作起解存留，均照大糧例按徵，庶小民速占皇恩。伏候睿裁。

一、屯穀屯草有已完而變價解司者，亦有報完而未經變價者，亦有未據報完者。夫今日裁去道廳，歸并大糧，以屯穀屯草重於大糧，苦累百姓故耳。如拾年所徵，按時值而變價，是重累之中，猶覺稍爲蘇息。拾壹、拾貳年之已完未完，若仍徵貯本色，百姓聞已改歸大糧，視前此拖欠，必且遷延觀望，催徵不齊。且以穀言之，倉貯過一年則陳，過貳年則紅，過叁年則朽。以草言之，場貯過一年則浥，過貳年則爛，過叁年則灰燼。倘用本色，中間必多轉搬運送之勞費，是重累之中愈加煩苦。合無令已報完者，盡與變價，未報完者，按時值改徵折色，作速了此前局，與百姓立爲更始。倘各道開墾，再需屯本，不妨動解司屯折銀兩給之，庶一了百當，將前此累民之事，一但豁去。向後百姓輸納正項，開墾荒餘，無不爽然自奮矣。伏候睿裁。

以上各款，如果有當於時宜，伏乞敕部速核，復請行臣等遵奉施行等因。順治拾叁年閏伍月貳拾玖日題，陸月拾壹日奉旨：戶部議奏。欽此。欽遵。本月拾貳日抄出到部送司。奉此，相應議復，案呈到部。

該臣等看得直省督臣李蔭祖疏，據山東東昌道劉達詳請條奏肆款內，一謂屯糧準歸正糧，起編則例應布政司綜理，未墾荒地，各道收察，督令墾辟；

一謂未完穀草交各府管糧判官經理； 一謂屯糧之已報完者，盡與變價，未報完者，按時值改徵折色。以上叁款，屯糧各有經管，拖欠易於結局，俱應如議。至於屯田編入正糧，補除荒之額，分作起解存留一款。查見今兵餉缺乏，新墾錢糧，先補兵餉起解，候荒地多墾之後，再補存留，於賦役冊後注明，仍應請敕下該督撫轉行各屬，將節年屯糧報完者速行變價。未報完者，即按時值改徵折色，作速一并解部。仍令各道將督墾荒地，并已未完銀兩數目，每年終冊報臣部，以憑查核可也。相應具復，恭候命下。臣部轉行遵奉施行。臣等未敢擅便，謹題請旨。

清《車克等題清查江西各衛所屯丁之法事本》［順治十三年十一月十三日］，少傅兼太子太傅內翰林秘書院大學士管戶部尚書事臣車克等謹題，爲再陳清理屯丁之法，以杜擾害事。

雲南清吏司案呈，奉本部送、戶科抄出，巡按江西監察御史臣笪重光題前事內開： 順治拾叁年玖月拾肆日，據江西布政司左布政使范登仕呈詳內稱，蒙巡按江西笪御史憲牌前事內開，奉都察院戶行拾柒號勘札，準戶部咨，雲南司案呈，奉本部送、戶科抄出，本部題復巡視京通監察御史王綱題前事內稱，臣前具漕運有必窮之勢一疏，奉旨： 造船違限的，詳察職名重處，餘著確議具奏。該部知道。欽此。欽遵。內清理屯丁一款，在部臣自能悉心商酌，仰副明綸。臣所切慮者，外省軍民雜處，連姻共并，爲時已久，且數拾載未經稽查，年齡老幼，家室遷移，俱難憑信。往者廢弁魚肉運丁，有如奴僕，僉貧賣富，爲所欲爲。若法立而奉行不善，勢必奸猾之軍，希冒民籍，而孱弱之民與軍衛親鄰者，牽引勾攝，詰告紛爭。查會典舊例，設有清軍御史壹員。今不敢輙議舉行，應敕各督撫按責成廉明道臣，專督其事。逃亡者家戶盡絕，姑與開除；見在者子姓殷繁，俱應增補。務使伍籍充盈，軍民分別。毋令衛弁有司受賄賣放，使軍混爲民；奸胥猾吏，挾仇報怨，使民混爲軍。立法既善。定以伍年一舉，則領運自不乏人。至各道職掌，其詳明不擾者，即注上考，含糊隱漏及久稽不完者，以溺職題參，庶勸懲明而奉行力矣。等因。順治拾貳年捌月初伍日題，本月初拾日奉旨： 該部議奏。欽此。欽遵。抄出到部送司。奉此，相應議復，案呈到部。

該臣等看得領運惟籍屯丁，軍民原有分別。但外省屯丁殷實之家，或有竄入民籍，希圖免運者，或有運弁不肖，賣富差貧者，或有孱弱之民與軍衛親鄰，運弁借勾攝之名以擾良民者。諸如此弊，誠當嚴禁，先經總漕題請清理屯丁，臣部復準通行在案。今據倉臣王綱復題前來，應再請敕各該督撫按責成廉明道臣，務要悉心清理，分別軍民。應開除者開除，應補足者補足，編爲冊籍。務使伍籍充盈，勿令軍民相混，伍年一編審。倘有朦混不清及受賄擾民者，各該督撫按即指名題參可也。相應具復，恭候命下，臣部轉行遵奉施行。等因。順治拾貳年拾月初柒日題，初捌日奉旨： 依議行。欽此。欽遵。抄出到部送司。奉此，相應移咨遵照，案呈到部，咨院備札前來。

奉此，該本院會同總督江南馬右副都御史、巡撫江西郎右副都御史合行清查。爲此仰司呈堂，照牌并部復奉旨事理，除已檄行各道，就近清查冊報外。清軍乃該司專職，各衛所興衰，屯丁繁絕，必所素知，務會同各道吊取原著伍軍籍，嚴加察核。并有應行禁飭者，速爲禁飭，不使借端擾害平民。分別增補開除等項，壹月內各道編審事竣，造冊移司。該司再加復核，彙冊通詳三院，以憑會疏上聞。毋得稽延，致干功令未便。等因。并奉總督江南馬右副都御史、巡撫江西郎右副都御史各憲牌，行同前事各等因。到司。

奉此，該布政司左布政使范登仕看得，清理屯丁，原以分別軍民，使軍丁無竄籍之弊，百姓杜牽擾之害，誠良法也。奉文責成各道，就近清編，事竣造冊移司，彙冊通詳，迭催難勝僕數。今已準巡南道移到南昌衛前左貳屯，守西道移到袁州衛，巡九道移到九江衛，巡北道移到贛州衛并信豐、會昌貳所，巡西道移到吉安、永新、安福、龍泉肆所，守北道移到南安所，守東道移到廣信、鉛山貳所，守九道移到饒州所，巡東道移到建昌所。共壹拾伍衛所，通計原額軍丁壹萬陸千陸百伍拾貳丁。新收戶丁餘幼壯健等丁壹萬玖百玖拾陸丁，婦女壹千叁百肆拾貳口，開除逃亡故絕官軍壹萬壹千壹百壹拾伍丁。實在官軍壯健餘幼等丁壹萬陸千伍百叁拾叁丁，內除已經編入廢弁冊內官丁并逃回原籍不著伍軍丁壹百肆拾丁外，實編丁壹萬陸千叁百玖拾叁丁。婦女壹千叁百肆拾貳口，內除叁口已經編入廢弁冊外，實編婦女壹千叁百叁拾玖口。彙冊見在。其巡東道所轄撫州所，迭催未準造移，復稱屯所窵隔江南，尚俟寬期等因。誠恐久稽欽件，合無呈請俯將前冊先賜咨題，俟催準該道移復撫所丁冊至日，另外補詳達部，統祈定奪施行。等因。呈詳到臣。

據此，該臣查看得江省屯丁，久未清理，今首事編審，宜加詳慎。臣仰遵明綸，隨經會同督撫臣廉委各道，就近清查編審，并檄令該司核明彙報去後。

迭經嚴催勒限速竣。臣巡歷所至，復諄諭各道務將各該衛所向來之弊害悉清，後此之軍民各別，以副清查編審之實效。今催據該司造報，轉據各道清編過南昌等肆衛，吉安等壹拾壹所各屯丁數目文冊前來，臣恐久稽欽件，合先題復。其撫州所，據詳竄隔江南，尚俟寬期，臣現在嚴催該司道上緊清造，俟到日另行題報。既經該司呈詳前來，除將屯丁文冊徑送戶部查核外，臣謹會同江南督臣馬鳴佩、江西撫臣郎廷佐，合詞具題，伏乞敕部查考施行。爲此具本，謹題請旨。順治拾叁年玖月拾伍日題，拾月貳拾柒日奉旨：戶部知道。欽此。欽遵。拾月貳拾捌日抄出到部送司。奉此，相應議復，案呈到部。

該臣等看得清理屯丁，先經巡倉御史王綱條奏，臣部復請敕各該督撫按責成各道，悉心編查去後。今據江西按臣笪重光題稱，臣會督撫轉委各道，就近編查過南昌等肆衛、壹拾壹所，實在屯丁壹萬陸千叁百玖拾叁丁，悉已入冊。其撫州所竄隔江南，尚俟寬期，幷送造編過清冊前來。爲照清丁頒運，最屬急務，仍應敕下該督撫按，伍年一編審，不得聽其竄籍，致誤領運。至撫州所未經編定，應勒限清查，如再遲誤，即據實指名題參重處可也。相應具復，恭候命下，臣部轉行遵奉施行。臣等未敢擅便，謹題請旨。

清《劉允謙題陳安插流民屯地穀草改折事本》［順治十三年］，巡按山東帶管屯田監察御史臣劉允謙謹題，爲仰遵敕諭，竭愚誠以抒末議，用備採擇事。

據布政司呈稱：順治拾貳年拾壹月拾壹日，蒙巡按劉御史批，據本司呈屯戶免派雜差緣由前事。順治拾貳年玖月初壹日，蒙巡撫耿都御史案驗，準戶部咨，山東清吏司案呈，奉本部送，戶科抄出，山東分理濟東興屯道遲日豫奏前事內稱：竊臣世列旗下，父子兄弟俱叨國恩，每思捐此頂踵，尚難仰答，豈當皇上懸貂之日，甘自類於寒蟬耶？雖嘉謀嘉猷，在廷諸臣固已詳切入告，然臣亦有悃誠，土壤細流，何莫非高深之助。且臣之職掌，事事皆切兵民，故不敢以管見肆高談，謹就屯政之內，心所未安四事，臚列爲我皇上陳之。

一、流民安插宜爲長計也。撫恤流遺，屢承明綸，臣已欽遵，幷在安插，業有成效。流民所需居食幷重，凡招墾附近村莊者，或可僦屋而居；荒地遼遠，村舍丘墟，露宿無栖，聚散終不能定，安敢輕給屯本。合行該管有司，查原耕民地者，各於贖鍰內量給苫蓋茅屋之資，每伍口給銀肆兩，會合數拾名口，共力結廬。有願認屯地者，即於墾地之旁，使貳叁拾家，聯絡成村，亦於屯本內照前例支給房資，總照屯本叁年扣還。如此則栖身有基，飛鴻漸集，不數年間曠野皆成村落矣。

一、屯地穀草宜改折也。屯額上地徵穀壹斗，中地穀柒升，下地穀伍升，各草壹束，業有成議。然年時豐欠不同，樂歲粟米狼戾，所值無幾，輸將自易，一值凶欠，穀價騰涌，較之民糧上地每畝不過伍陸分，中下之地不過叁肆分，未免重累。新墾石田，費如許工力，所收幾何，是以屯戶畏難也。且屯戶住居遠村，輸運交倉，腳力守候，俱妨農業，胥役收受，易滋弊竇。加以倉廒未備，風(兩)[雨]浥爛可慮。雖出陳易新，原議已詳，而時值不齊，即嚴行稽核，仍恐漏卮。若謂穀草可備軍需，然穀難支兵，易米固屬勞費，而山僻遠縣，轉運更艱。再四籌思，總無如改折之爲甚便也。合無查照各縣則例，稍爲加益，上地每畝折銀捌分，中下之地，折銀陸分與肆分，輸納入官，兩皆時易，則屯戶樂墾，蓁蕪日辟矣。

一、屯戶之雜差宜禁也。屯戶初行招徠，喘息未定，即土著認墾者，荒蓁初辟，筋力已竭，均當賜之優恤，不宜重困。除屯糧自當照數上納，如漕糧小麥大戶馬頭等項差徭，有司一概僉派，屯地視熟地之生息饒乏懸殊，而一例僉派，則屯民之疑畏風生，趑趄不前，荒地何日盡辟乎？合無敕令有司查係繫屯戶，除種有民糧者，照例當差外，凡係屯地雜徭，一概蠲除，則屯戶無擾，而開辟自多矣。

一、待墾之荒額宜清也。屯地原係明季萬曆年間徵糧之地，只緣兵燹之後，繼以災祲，遂致荒蕪，非額外從未起科之地也。查州縣有近山谷者，則有山坡，在平壤與濱河海者，則有溝塘水窪沙灘鹽場等項，率皆不毛，例不起科。自我朝廷定鼎，生聚漸繁，額荒每爲豪右侵隱私種，版籍湮沒，無所稽查。凡係熟地，臣復不敢過問，以故州縣積書，每指前項不毛之地充數。目前可耕者，臣尚能竭力招墾，若復數年，額荒盡辟，寧宜置金錢，費民力，開此不毛之地乎？考成所關，不得不言之早也。伏乞敕部，嚴飭有司速行清勘，務照原額徵糧地數，分別荒熟，使額荒實有著落，則地畝清而勸墾易矣。

以上四款，簡易無奇，然皆臣躬履阡陌時，心目所經，委出悃誠，非敢泛陳也。如有可採，伏乞皇上敕下該部議覆施行等因。順治拾貳年伍月貳拾柒日奏，陸月貳拾貳日奉旨：　該部議奏。欽此。欽遵。抄出到部送司。奉此，相應議復。

該臣等看得山東濟東興屯道遲日豫條奏屯政肆事，穀草宜折一款。查內院原題徵收籽粒，出陳易新，轉運草糧，永不動用屯民。原題甚詳，改折不便議行。荒額宜清一款。先經臣部題分別官民地土疏內，或有不及覺察，民間以熟作荒者，許改正免罪。至行查不報者，其地方官并地主一體治罪，則熟地絶隱糧之弊等因。奉有諭旨在案，相應再行申飭。至安插流民，請於贖鍰內，量給房資。查贖鍰解部備賑，各有支銷，應責地方官捐資勸輸，多方安插，撫按年終分別題叙。其禁免屯戶雜差，可否除免？相應敕下按臣查明具題可也。等因。順治拾貳年捌月初拾日題，拾壹日奉旨：　依議行。欽此。欽遵。抄出到部送司。奉此，相應移咨，案呈到部，擬合就行。爲此，合咨前去，煩爲查照本部復奉旨內事理，轉行所屬一體欽遵施行。等因。到院。準此，擬合就行。爲此，案仰本司官吏查照戶部復奉旨內事理，轉行所屬一體欽遵施行。蒙此，抄蒙本院案驗，奉都察院勘扎，準戶部咨同前事等因。俱行到司。

蒙此，遵即移文濟東、兗青貳屯道查議去後，續蒙本院批據兗青興屯道呈稱：　凜遵憲行將該道條奏荒額宜清一款，先經部題分別疏內，或有司不及覺察，民間以熟作荒，查明改正免罪。至行查不報者，地方官并地主一體治罪。仍令各地方官捐資勸輸，多方安插流民，年終彙冊報院，分別題叙，逐一轉行道屬遵依外。至於屯戶雜差，卷查內三院原疏開載：　一、凡轉運糧草等項差役，永不動用屯民，已經奉旨依議。但屯差已杜，猶恐民差溷擾，本道暨前任濟東興屯道戴聖聰，復陳屯務關係匪輕，任事萬難緘默等事。於條議四款內有請豁屯民雜役俱免之議，通詳去後，於順治拾年拾月貳日，蒙巡撫夏都御史具題。嗣蒙部復於拾貳月初捌日奉旨：　是。依議行。久已欽遵在案。今該道目擊屯民艱苦，恐有各屬遵奉不一，復題請免，似應遵照兩奉諭允之旨，俯賜復請豁免，以蘇屯困可也。等因。具呈照詳。蒙批：　布政司查原旨確議報。又蒙本院批：　據濟東興屯道呈稱，遵蒙隨查穀草議折與荒額宜清二款，凜遵諭旨，欽依奉行在案。其安插流民一款，通行各屬，令地方官捐資勸諭，多方安插，俟年終有捐俸安插者，彙冊呈報憲臺分別題叙外，至禁免屯戶雜差，查屯政初創，招徠屯戶，竭盡筋力，開辟荒蕪，是爲無恆產者而有恆產矣。但其除荆棘斬草艾，耕叁耙陸，費盡拾分工力，始得伍柒分租糧，則壹年所穫，尚不足償壹年牛力籽糧之費。若非與以優恤，漕糧小麥大戶馬頭等項差徭，仍概僉派，則屯戶視墾荒爲畏途，各裹足不前，恐已辟之地，又成蓁莽矣。除屯戶種有民糧者，照例當民差，凡係屯地雜徭，似應蠲免，以廣招徠。然可否出自憲裁？合無伏請憲臺俯賜具題施行等因。呈詳。蒙批：　布政司復議報。等因。俱批到司。

蒙此，該本司左布政使謝道、右布政使于之士，看得屯務肇興，百事維艱，墾開草萊，洵非易易，招徠之衆，自宜優恤，以寬其力。使流離望風認投，廣與開墾，誠屬要著。但恐土著之民，稍有餘力，開耕屯地無幾，則曰屯戶，一概優免，慮恐奸民效尤，則民差無人肩承矣。合將以招徠屯種者，雜差悉與豁免。其土著者，有民地兼種屯地，似難一例。從此民屯各分，庶無滋弊。今各道呈詳批行前來，合無呈祈本院俯賜咨題施行等因。具呈照詳。蒙批：　據詳屯地免派雜差，使民樂於開墾，若土民屯地之外，另有民田，恐其借題溷免，此尤清別源流之計也。但令民屯地畝分晰明白，自無冒免之弊，該司會同屯道，悉心清核確實，仍候撫院詳示會題。繳。蒙此，遵即移文濟東、兗青兩屯道，悉心清核去後，於順治拾叁年貳月貳拾日。

清・賀長齡《清經世文編》卷三四劉餘謨《墾荒興屯疏》　竊查錢糧每歲入數一千四百八十五萬九千餘兩，出數一千五百七十三萬四千餘兩，現在不敷銀八十七萬五千餘兩。其中各省兵餉，一年該銀一千三百餘萬，各項經費不過二百餘萬。是國家財賦大半盡於用兵。即使天時無警，正供不虧，而軍食已急，民力已竭。況今年直隸、山東、河南、江南、湖廣水旱異常，各請蠲賑。大兵南取滇、黔，遠則萬里，動必經年。雖可旦晚削平，亦須留兵鎮守。未有轉餉於數千里外，而能接濟不匱者。兵有枵腹之憂，民有挽運之苦。臣蒿目憂心，晝夜籌畫，以爲舍屯田而外，別無奇策也。

夫屯田之法，與滿洲圈地無異。但圈有主之熟地，則爲民害，而屯無主之荒田，則於民不擾，而於國甚益。如腹裏久定地方，不便軍屯，宜聽督撫按有司招徠開墾，業經會議，毋容瀆陳。若湖南、四川、兩廣新定地方，彌望千里，絶無人烟。據撫按疏稱，湖南衡、永等處衛所，數年并未開墾，成都、重慶、叙州、馬湖各屬人民僅存十百，粵東拋荒已甚，粵西人少賦輕。章奏具在，歷歷可考。是幅員雖廣，空地甚多。且國家費數年兵力、數百萬金錢，若不及時耕種，亦安用竭萬姓之脂膏，收空虛之城郭乎？伏乞敕諭統兵諸將及督撫按等官，凡大兵所過，降寇流民，務在實心安插，擇其強壯者收歸營伍，其餘老弱悉令屯田。必明開籍貫，編立保甲，計口授畝，使之屯牧有地，耕種有資。其湖南、四川、兩廣駐防經制官兵，亦宜擇其膂力強壯、弓馬嫻熟者操練講武。其老弱餘丁，擇拋荒空閑地方，照陝西鳳翔、隴西徽州之例，耕牧屯田，爲久駐計。但不得於圈地之外，混占民間有主熟田。寓彌盜之法於屯田之中，而即寓裁餉之意於練兵之內，進可以戰，退可以守。計無逾於此者。

至於川、廣部選各官，向來或因地方未定，或地方初定，而無人民衙舍者，皆暫住他郡。既無益於殘疆，又虛費朝廷之廩祿。臣前伏讀明旨，蜀省凋殘，成都等府州縣僅存百十人民，似難以照例設官。誠明見萬里。臣請敕部酌議裁幷。俟地熟人稠之後，再復舊制。庶凋敝餘生不病於官多民少，兼可裁其俸祿、工食等項，以爲牛力、種子諸費。即有不足，再於他省協濟。民知息肩有日，亦當勉力輸將，三年以後，必有成效，則軍馬飽騰，而荒殘可望富庶。舍此不爲，束手無策，是坐視民窮財盡，永無休息之期矣。

清・賀長齡《清經世文編》卷三四顧炎武《田功論》 天下之大富有二，上曰耕，次曰牧。國亦然。秦楊以田農而甲一州，烏氏橋姚以畜牧而比封君。此以家富也。棄穎栗而邰封，非子蕃息而秦胙。此以國富也。事有策之甚迂，爲之甚難，而卒可以幷天下之國，臣天下之人者，莫耕若。嘗讀宋魏了翁疏，以爲古人守邊備塞，可以紓民力而老敵情，唯務農積穀爲要道。又言：有屯田，有墾田，大兵之後，田多荒萊，諸路閑田當廣行招誘，令人開墾，因可復業。則耕穫之實效往往多於屯田。蓋幷邊之地，久荒不耕則穀貴，貴則民散，散則兵弱。必地辟耕廣則穀賤，賤則人聚，聚則兵強。請無事屯田之虛名，而先計墾田之實利。募土豪之忠義者，官爲給助，隨便開墾。略計所耕，可數千頃。明年此時便收地利，可食賤粟。況耕田之氓，又皆可用之兵。萬一有警，家自爲守，人自爲戰，比於倉卒遣戍，亦萬不侔。無屯田之名，而有屯田之實，無養兵之費，而又可潛制驕悍之兵，不惟可以制虜，而又以防他盜之出入。不數年間，邊備隱然，以戰則勝，以守則固。

愚以爲此策行之今日爲尤易。夫承平之勢，田各有主，今之中土彌漫蒿萊，誠田主也，疾力耕，不者，籍而予新氓，不可使吾國有曠土。若是人必服，一易。屢豐之日，視粟爲輕。今干戈相承，連年大饑，人多艱食，必勤於耕，二易。古之邊屯多於沙磧。今則大河以南，厥土塗泥。水田揚州，陸田潁、壽。修羊杜之遺迹，復上元之舊屯，三易。久荒之後，地力未泄，粟必倍收，四易。然而有三難。大農告絀，出數十萬金錢，求利於三四年之後，一難。朝不能久任，人不甘獨勞，蘄以數年之力，專任一人，二難。天有旱潦，歲有豐凶，若何承矩之初年種稻，霜早不成，幾於阻格，三難。愚請捐數十萬金錢，予勸農之官，毋問其出入，而三年之後，以邊粟之盈虛貴賤爲殿最。此一人者，欲邊粟之盈，必疾耕，必通商，必還定安集。邊粟而盈，則物力豐，兵丁足，城圉堅。天子收不言利之利，而天下之大富積此矣。

清・賀長齡《清經世文編》卷三四沈珩《屯田議》 今日興屯之難，其害有三。一在軍卒驕惰。夫督兵以屯，而且耕且戍，至勤勞也。今皆媮衣而美食，平時鞭撻民夫，供其役使。一旦令之秋執干戈，春服耒耜，其能安乎？宋陳恕嘗言之，而今更什百倍也。一在清查生事。明時屯衛久廢，民間視同永業。若欲追收必大煩擾，此蘇軾所以論水利之害也。而清屯殆亦類是。一在牛種擾民。屯地牛種安能盡給？於是有差借耨夫、州郡括牛之擾，此宋弓箭手諸法之難行也。而今又何能無慮？然今日興屯之易，其利亦有三。一在耕穫可恃。明代沿邊屯種，每至禾黍登場，輒虞蹂踐。今則萬里奠若金甌，而何勿盈倉之有？一在侵占不行。明時屯地膏腴，每折而入於戚畹豪右之手。今孰不凜凜三尺哉？而何官莊之侵不可問也？一在掣肘無虞。明時閫帥事權，每憂中制，故興廢不能自由，功罪或以賄取。今文武各行專制，而何慮乎十羊之牧，一瓢之輿也？雖然，利者固誠利，而所謂害者亦非誠足害者也。今支放耗克，餉糗單微。若給之以地，酌明制授田輸粟之例，以優裕之，其誰不爭勸者？是驕惰不足慮也。舊屯誠難盡復，然正不必皆清追也。今邊腹多不耕之地、無主之田，以莽曠之棄餘，爲墾荒之官土，庸非利乎？是清查不足煩也。牛種誠難盡給，然正不必皆公帑也。或修鹽政以勸商賈，或懸爵賞以勸富民，或標異格以勸將領，則種糧之備，寧必盡費大農乎？是牛種不足擾也。明乎此，則利害較然而興屯可決矣。

至若因時興利，大抵古今異宜，而不可以成法膠者。一則邊屯之法有異。明之屯邊多在西北。今諸邊固宜修復，然天下大勢扼吭拊背，而修戰守之備者當在楚、豫之間。晉羊祜、杜預墾田之地，即今之荊、襄、唐、鄧也。若於此地建屯，可以坐制滇、蜀，控馭淮南，而吳、楚省饋餉之艱，禁旅息奔命之勞矣。二則民屯之法有異。宋之營田置務，如何承矩、歐陽修、陳恕、范仲淹多在河東、河北、陝西，而成績罕優者，止於因邊興制，非相地審宜也。今兵民交困，莫若東南。如揚州水田多荒，潁、壽陸田多棄。晉鄧艾有淮南北之屯，唐史射陽湖之洪澤屯、壽州之芍陂屯，遺迹俱可考也。宜召江南無田之民，開渠設堤，可以化萑苻爲粳稻，變斥鹵爲膏腴，而東南之民力可蘇矣。三則京屯之法有異。元用虞集之策，於京東瀕海數千里，北極遼海，南濱青齊，萑葦沮洳之場，設海口萬戶，勸民辟土，得穀數十萬斛，以資國計。今畿輔東西民田，圈授滿旗，農民失職，何不仿元遺制，開水田給旗，而以圈田還民，則萬姓再蘇，而國儲亦充盈矣。四則商屯之法有異。明初召商入粟，止在西邊，以西餉最重也。今則凡有閑田可屯之處，宜聽商擇便興屯於中。以所召募之民爲耕，而酌量出鹽多寡之地，通融支給，則諸鎮之餉廩并充，而鹽政之良規復飭矣。凡若此者，屯政之切當於今，而救時豐國之至計。若其間之節目條貫，次第施焉可也。

清・賀長齡《清經世文編》卷三四盧紘《屯田議》　屯田之制，即仿井田遺意，而通變行之，即寓兵於農之意。然當時民但知有農，不知有兵，器械自具，糧糗自備，無調發訓練之煩，無輸挽追呼之苦。《易》曰：改邑不改井。井者，聚也，亦相聚爲守之義也。至阡陌既興，古法不可復行。朝廷專立兵制，或驅農以爲兵，經數十年之役而不得罷。或斂農以養兵，竭千萬衆之力而不能供。於是漢、唐以來善爲持久之計者，始有屯田之議。趙充國行之塞下，棗祗行之許下，諸葛武侯行之渭南。此皆爲軍興而設，縱不勞民以養兵，然耕於兹土者，朝而服耒，暮而荷戈，彼莫不曰：我兵也而非農也。我暫耕此而代兵者也，非久駐此而爲農者也。以此觀之，則兵農之勢形合而情不得不分，暫合而終不得不分也。明制分立衛所而兼分屯田，其實衛所之軍未必即屯田之民。然民自爲民，軍自爲軍。是又不獨民之與軍分而爲二，乃民田與屯田又分而爲二，且并食屯之人與養軍之屯又分爲二。此所以雖具軍與屯之名，而終不獲其用者，弊正坐此也。

本朝繼變亂之餘，戶口虛耗，地畝荒蕪。憂國者因正供日缺而倡興屯之議。招集流移，貸之牛種，蠲其額糧，督以專曹，理以屯長。且又告以興屯之意，原以開荒，非以備餉；原以聚民，非以供兵。始初雖有屯名，其後永爲民業。此在立法者不啻三五申令，爲民家諭而戶曉焉。然民卒多惶懼不安，有司力驅迫就，始有強而應命者。民非有畏其土之荒，而力不能開也，正慮其兵之擾而害不可支也。上則曰：屯以聚民，非聚兵。名與古同而實不與古同也。民則曰：屯原養兵，非養民。實既不爲兵而設，則名何不并屯而亦去也？矧立法之初，乘傳而過者，騷然煩費。至於牛種之支還，籽粒之銷算，田畝之稽查，冊籍之呈核，乘除於胥吏之手。即不必其養兵，而害亦有所必至，豈盡出於浮言之搖惑哉？

愚謂招流民以開荒地可也，立監司以理荒田可也。其事但當責成於有司。一歲之中，流民之歸復者幾何人？荒蕪之開墾者幾何畝？勸民牛種，相貸相周者幾何家？蠲其雜稅，量輸畝穀，一歲儲而積者幾何石？春作秋成，每一造報，一切胥吏禁勿騷擾，專責有司，歲終定爲考成。其民之歸，地之墾，而粟之積，分數多者定上考而優異之。否則，列下考而懲罰之。如此，則有司知其關係之重而務盡心，小民無復煩苦之憂而務盡力，當事者并省其經營督責之煩而坐收其成，則不數年之間，流移漸復，荒蕪漸墾，國課漸裕，益上益下，莫便於斯也。且患尤有最甚而當事未慮及者。郡縣人丁之逃亡，土地之荒蕪，雖申報已久，而蠲免卒未徼恩，則逃亡之人已無，而名未去籍也；荒蕪之地全虛，而課仍入則也。彼死者無論矣，如逃者欲歸，而數年之逋并責，族黨之負并累。如荒者欲開，而前此之荒糧未除，後此之屯租重納，彼小民其能支此數困哉？此愚議必除荒而後荒可開，必免逃而後逃可復。此尤招撫開墾之一大機權。至於察其眞逃亡，無以現在而當招撫；察其眞荒蕪，無以欺隱而當開墾，則有司不得辭其責矣。

清・賀長齡《清經世文編》卷三四張宸《商屯議》　竊惟《大學》理財之道，第言生之爲之，而不言取之。凡以取之之道已寓於九賦九式之中，自有井區之田，有什一之賦。使外此而言取，則必出於掊克聚斂之所爲，此《大學》之所深戒也。是故有財必始於有土有人。所謂有土有人者，非必開疆廣衆之謂，但使無不耕之田，無不盡之力，而人土乃眞有矣。夫使家給人足，而必欲逋上供之賦，受催科之擾，愚未之信也。今天下幅員既廣，生齒日繁，有土有人莫盛於今日。而司農懷仰屋之嗟，度支有坐困之嘆，議者輒歸咎於逋賦。夫逋賦誠足病，然總計出入之數，即使賦額全完，入數猶不抵出數，則何可不思所以變計也？

愚以爲今天下之計莫大乎開墾荒田。而開墾荒田，則必使富人爲之。何以言之？國家亦嘗設官置吏議屯田矣。然民屯，則恆產殷足之人必不赴令，而其應募者必貧民浮戶。欲自備牛種，則無其力；欲官爲之備，則無此財。且朝令而夕課效，田未就墾，而考成已迫。於是董其事者，必於鄰近熟田指爲隱占，爲漏税，強取籽粒，以塞期會。由是荒者未熟，而熟者先累。國未利而民已困，屯之無效，蓋以此也。言兵屯，則今之滿兵皆禁旅也，勢無久暴原野、胼手胝足之理。而漢兵則汰之又汰。方隅未靖，以之守汛瞭望，尚且不給，而又課之耕屯，無牛種之備，有籽粒之迫。與其勤苦力作，貽後日之追呼，何如坐食縣官，享目前之宴安乎？即使復衛所屯操之設，而現在屯糧尚煩敲撲，又何力以辦此乎？故議屯於今日，兵與民俱有所不可，而莫善於使富民爲之。夫所謂富民者，制田里，供賦税，給徭役者也。使其舍現有之業，耘不耕之田，誰則爲之？且責富戶則必議僉報，議遷徙，奸徒猾吏因而作奸求賄。人雖輕去其故鄉，此戀彼割，必致騷然多故。屯未成而害見，又何利之能爲？則有説以處此盛王之制，抑逐末以驅之於農，實畿內以固其本。《周(制)[禮]》廛人、萍人皆有賦斂，民無職事者出夫家之征。《閭師》：凡無職者出夫布。漢承秦弊，募富民實關中，實塞下。又凡有市籍者禁不得衣絲乘馬，子孫不得爲吏。而唐、宋之君，往往較讎鹽鐵，征榷商賈，以當大半之賦。其制雖非盡善，然抑末作以息農民，猶有近古遺意。其最善者莫如明初開中之制。明永樂時，下鹽商輸粟於邊之令，每納米二斗五升，給鹽一引，小米每引四斗。復令近邊荒閑田地，得自開墾，使爲永業。商人憚轉粟之勞，無不自出財力，招致游民，以事耕作。既有田產之利，遂爲家室之謀。由是守望相助，墩臺保伍，不令而具。田日就熟，年穀屢登。至天順、成化間，甘肅、寧夏粟石値銀二錢，軍國大裕。蓋其時國家之府庫倉廩，僅以給都中，而其餘盡委之商人。無修邊之資，無遠輸之勞。國富而強，職此故也。自成化六年，戶部尚書葉淇請更其法，課輸銀於運司，類解戶部。雖鹽銀驟增百萬，而輸粟於邊之令既廢，西北商亦徙家於淮以便鹽。千里沃壤委於草莽，米石直銀五兩。淇故淮人，意獨爲淮商地，且徒見粟石二錢，則以爲二斗五升之米所値五分，不如納銀二錢五分，有四倍之入也。迨其後而米石五兩，則二錢五分之銀，僅易米五升矣。且有轉運之勞，修邊之費。鹽課雖日增，漕米雖日益，既不能呼應於臨時，勢必至鹽漕之幷弊，因緣積漸，以至於貧弱而不可振。明之已事得失不較著哉！

且夫國用之不足者，以逋賦也；賦之所以日逋者，以民貧也；民之所以日貧者，以漕耗日重也。明萬曆年間，漕規每正耗米百石，加民耗米八石四斗，銀二三兩不等。今則每百石加二三十石矣。外之踢斛淋尖，層層有贈，則不啻三四十石矣。綱司話會有錢，通關小票、篩簸會籌有錢，酒飯有錢，約計銀七八錢，米一石三四斗，然後可完一石之兑。是官比一石，而民費二石餘也。查《會典》開載，凡運京交倉米一石，給官耗米七八斗或五六斗不等。又有輕賫銀兩、造船銀兩、夫腳銀兩、短運腳價、行月二糧，而旗丁之侵欠者又歲數十萬。是官徵米二石有餘，方有一石輸京也。州縣徵收耗米，與正米一概編額催比，一體出兑，而私耗又復加倍。是民間有四石之費，國家始有一石之用也。方秋成既畢，官民拮据完漕，春二三月間，漕完甫竣，顧其室中已無所有。繼而徵比條銀，完納自不能前。完納不前，則箠楚日甚，勢不得不暫救目前之死，買求寬限，賫發差役。胥役知其無策，需索愈甚。雖復嚴懲衙蠹，嚴追侵欠，猶鑽既朽之木，木盡而火不出，亦何益哉？是故漕不減則民不富，民不富則賦必逋，賦必逋則國用必不足。假使民有餘力可以完納正供，何苦而供吏胥之需索？吏胥見民之完納及額，又何釁而事誅求？且民既完矣，無逋額矣，貪官污吏雖欲那移侵蝕，又何自而借民欠之名爲影射之地？數者如環無端，而總由於漕事之壞。故救本澄原，先自漕始。然則爲省漕之計奈何？曰莫善於復開中之令，令商人輸納鹽課，易銀而粟。向者鹽課，每引二一錢五分，今且增至八九錢矣，則大米二斗五升，不可增至四五斗，小米四斗，不可增至七八斗乎？向者開中於邊，今令納粟於京。京與邊不較近乎？既出於輸粟之途，則必爲墾田之計。向者令耕邊遠荒地，今則大江以北，山東、河南、畿輔近地，在在而有。內地之坦而近，不猶愈於邊北之險而遠乎？由是而商既輸粟，則即以所輸之數量減東南漕兑之額，即以東南所減之額代商盡輸其銀。於是而在官則耗米之費、夫船之費、輕賫之費、行月糧之費、短運腳價之費、侵欠之費，盡可易銀而歸之於公。是商輸一石之粟，國家即有二三金之贏也。若使運粟百萬石，國家即有二三百萬之羨也。在民則私耗之費、綱司話會之費、通關小票之費、篩簸會算之費、酒飯之費，盡可歸民。計石米民費四倍，是商輸一石之粟，民間即有三四金之省也，商輸粟百萬石，民間即有三四百萬之餘也。國家歲益三四百萬，民間歲省三四百萬，而猶謂逋賦不清，國用不足，必無之事也。

然而變法之始則亦有道。行鹽之所，如河東險遠，閩、廣奥區，地非產米，運涉爲艱，宜令仍舊納銀。若長蘆則近畿之地，於墾田最便。兩淮、兩浙產米之地，初年令其買運，繼年便可開荒，無甚苦難也。惟是引課之納，多寡不同。查萬曆年間《會典》，有七八錢一引者，有四五錢一引者，亦宜以現課銀數折而爲米，約銀二錢以內爲大米一斗，若小米則一斗五升。商人舟船具備，即使年年買納，二錢之價，腳耗已裕。況開墾之後，取之田間，輸之近畿乎？是輸銀與輸粟不大懸殊也。漕運以三四金致石粟，今以二金易石粟，損益不徑庭乎？或曰商既輸應納之粟，又令墾未熟之田，資本將何自出？曰是又不難。如初年應納米一石，止納九斗，留此一斗以事田工。計辦課萬金之商，歲應餘銀一千兩，十萬金之商，歲應餘銀一萬兩。以千金萬金而召募游民，葺理房舍，疏通水利，以至牛種耕具，其力易辦。如是而行之三四年或六七年，田之辟者不知其凡幾矣。田既墾足，方收全課，則資本自裕也。然額什而輸九，漕額不既虧乎？曰無虧也。商輸百萬之粟，即折百萬之漕，商輸九十萬之粟，即折九十萬之漕。準此度彼，無虧折也。不虧商，不損國，愚故曰：欲省漕富民，莫大乎復開中之制，而開墾荒地，必使富人爲之也。

抑又有說，民間荒田與熟田，畝畛相接。今富商大賈令自占種，保無有凌土著而掩其所有乎？曰是在乎責成地方之官，先令清丈荒熟地畝，明開四址，明立標準，上書某地荒田若干頃畝，造冊送部，召商開種。其不入荒田數中者，一概徵糧。小民懼於商民之奪其田，雖向未升科之熟田，亦應報稅，則隱漏不又清乎？商既開墾，然後三年升半科，五年升全科，十年之後，賦額盡增。在國則既饒鹽課，復益正供，在商則既獲鹽利，復得恆產，不兩利乎？畿輔近地，在在成熟，百萬人之食，可咄嗟而具。根本強壯，大命以立，至便也。三代食粟，取之王畿五百里之內。堯都冀州，《禹貢》所載，百里納總，二百里（還）［銍］，三百里秸，四百里粟，五百里米，無不令近者致重者、遠者致輕者。故四方諸侯僅貢其土物所宜，而不以米粟累之。凡以惜道里費，重勞民也。今商輸近京之粟，而漕事量省。合古宜今，至當也。京師根本之地，富室大家，百無一二。使商人就北耕種，共立家計，無遷徙之擾，而都內以實，居重馭輕，屹然改觀，至盛也。歷代創始必有大因大革，以成一代之規。今明之所以盛，與明之所以衰，瞭然在目。不返其盛而惟弊政之是循，何以垂後乎？惟是行之宜斷，任之須人。前代之用鹽用漕，故事宜晰。今時之孰利孰害，心計宜周，以至水利當與，施行有序。鹽場之積困宜蘇，通倉之交納宜肅。酌所餘以補不足，留寬剩以裕張弛。權衡措置，在在宜周。皇上如與心膂大臣熟計其可，毅然以爲當行，則請縷析言之。

清・賀長齡《清經世文編》卷四七趙青藜《請停查屯田滋擾疏》　奏爲請停查屯［田］，照舊辦理，以免滋擾事。

竊查屯田一項，沿自前明，以至於今，其各衛所年代久遠，多有冊籍散失，無從稽查者；亦有冊籍僅存，而陵谷變易，坐落界址，無可徵實者；有軍逃地荒，係民自開墾者；亦有運丁貧乏，將田典佃於民，而展轉相售，屢易其主者；更有典佃之久，民從而建造廬舍，營治墳墓者。是以順治十三年漕臣即請清田歸運而究未辦結，非奉行之不力，勢不能也。

今部臣議令清田歸運，意不過恤丁以濟漕耳。臣竊以爲現行津貼之例，民出費以贍丁，丁得項以承運，其於漕非不濟也，法無容更議者。就使清田歸運，果有益於丁，猶將病其累民，謂朝廷赤子，不應歧視也。況丁雖得田，不能自耕，南北挽運，曠日持久，勢必召佃布種，收其租息，與未贖之津貼，同一得項承運，不見其益也。且該丁等素封有幾，贖田之費，勢必貸之富人，朝得田而暮轉售，數年以後，又循故轍，徒令丁之狡黠者，藉以行其挾制詐騙，而民失其業，含冤赴訴，訟庭將無虛日，誠不如現在津貼之無礙於漕，而軍民得以相安也。

乃部議之尤難行者，謂船已減運，不當仍給屯田，是必取減運之田，以予現運之丁。而不知此日之減丁，即當年之現運，目下之現運，又即他年之減丁。效力於前，備簽於後，各有減歇，各有現運，輪流既周，無不均平者，安用官吏之勞勞於忽取忽與爲也？取與之間，冊必更造，案愈煩而緒愈難理，恐軍與軍亦不得相安也。近蒙特恩截漕，覺此項減運，不在輪流之內，未免稍優。然以國家深恩，人被其澤，而運軍適逢其會，稍沾優渥，似不爲過。且每年減運丁數不少，奪其屯，將必致流離失所，殊非矜恤之道。仰荷皇上如天之仁，各丁經費俱屬有餘，現在條例已爲周詳。但飭各督、撫諭令縣、衛等官清津貼之冊，嚴典賣之禁，而軍民固已相安，漕運可永無誤。故臣愚以爲不若照舊辦理便。

清・賀長齡《清經世文編》卷四九董以寧《商屯議》　今天下有其名甚美而實難行者，商屯之說是也。蓋商屯之善，在不令商屯而商自不得不屯，又在商不必自屯而邊卒自爲之屯。入粟於邊，給之鹽引，使往產鹽處支受，初欲商自任其轉運耳，而商欲遠載於產米之地，費既不支，欲就糴於少米之鄉，則價將益踴。於是乎即邊募種，而商屯以興。屯卒在邊，始資商利以爲牛、種之需，復與商貿易於秋收，粟得以售。而商之於邊卒，又如召佃收息，稍得取贏，兩利而均便之。故永樂時，遂仿宋之雍熙，而以邊中海支著爲令。自葉淇與揚商媾，請改折銀，商人納於鹺使，鹺使解於司農，司農發於邊地。邊地之向爲商屯者，耕種無所資，收穫又無所售，便於商不便於屯，而屯以廢矣。然其商之所以便者，不過以就近納銀，可省往還勞費。乃廷議因粟價之賤，石止二錢，計納二斗五升，即支二百斤之引，爲銀不過五分，減於洪武八分之額，遂增至四錢有奇。其後又屢增以至一金之外，是且不便於商，而商亦受病矣。至商病而中鹽漸減，則入納之銀必減，而解邊之數不敷。於是乎折漕折白以充之。內地之民，爭欲以米易銀，米皆涌賤，而農受困。邊地之卒，又爭欲以銀易米，米皆涌貴，而兵復難支。勝國商屯之廢，其弊乃至此哉！

然欲復之於今時，則斷乎不可。蓋商之屯，屯於邊者也。宋之邊，界於西夏、北遼，故有雍熙之制。明之邊，在宣、大、薊、遼諸處，故有永樂之制。今則率土皆臣，向之邊皆屬內地，而重兵已經裁減，其該省稅糧撥派本處，尚有餘剩，不必輸納自商，計惟親王重藩駐扎之地，如滇中、粵中，乃謂之邊而可以屯，特其地相去給鹽之地太遠，策商屯者，將就近而給之鹽乎？抑仍給之於淮，而搭配以浙乎？就近而給之鹽，則苦於鹽之少，廣鹽歲辦，止四萬餘引，滇鹽歲辦，止數百餘萬斤，轉販之利無多，則入中之商無幾，就使行屯，亦爲有限之屯。若仍給之以淮、浙之鹽，而奔走於數千里之遥，又復守支坐困，日月不遑，一歲之入中，既無幾何，則竈丁之鹽與屯卒之糧，必至兩無所售，徒使行鹽之地艱於得鹽，而價日高，不且屯未行而鹽先壅哉！

或曰：滇、粵邊餉，固不必議矣。以商屯置西北畿輔之地，使自召游民，給牛種而相貿易，粟則於京、通改納，鹽則仍於淮、浙受支，略仿宋端拱中之制，不亦可乎？

不知畿輔自圈地以來，幾幾乎無復餘地。即有之，而遼左招民之役，又幾幾乎無復餘民。商而欲屯，商固不能自爲屯也，空言無裨，不如專議兵屯。

清・賀長齡《清經世文編》卷四九邱嘉穗《廣鹽屯》　窮民之所以販鹽而冒死不顧者，非徒以供滋味之需而已。彼實以家無宿儲，專恃營運，荷擔而往，易米而歸，而一家之婦子所資以爲命者也。

蓋自三代而後，田不可以復井。民之有田者什之一，而無田者什之九。彼有田者猶往往困於誅求，其無田者不取給於百貨，勢且無以爲生。而百貨之所出，又實操其權於富商巨賈之手，而非販夫販婦所得而與者。獨鹽之爲產，乃天地自然之利，窮民能肩荷背負者，猶可藉之以少延殘喘，而卒不免於犯上之厲禁。由是無所得食之民，非轉死於溝壑，亦終去而爲盜焉已矣。

顧今天下國用浩繁，九重宵旰，雖四方日開捐例，猶且不給，而必欲如西漢文學、北魏甄琛之論，盡弛海內之鹽禁，而歸之百姓，以言乎仁民則得矣，其如經費之無措何！此所謂書生之論，可言而不可用者也。

然則居今之世，而欲其恤民之仁，經國之義，并行而不悖，其將何道之從而後可耶？曰：是莫若先舉現在之鹽田，選近地強壯之兵與民間之膂力絕人者，而仿二十受田、六十歸田之制，各授以百畝，而使之更番屯戍其中，以抵軍餉。其自遼左、山東以迄淮、浙、閩、粵，沿海數千里之地，率多限於私煮之禁，而不得盡辟者，計亦不下數百萬畝，則當用元虞集墾荒之策，募民以千夫百夫開治，即授之軍職而裁入其稅。仍禁屯兵及將領等不得擅離鹽屯，遠售專利，止聽四方商民轉販流通，而不復限以行鹽地界。如是，則私鹽之禁可罷，官既增利，而於窮民亦甚便矣。今夫田畝之稅，米粟之徵，自古及今，皆遵大禹遺法，則三壤以成賦，雖以商鞅開阡陌，楊炎變兩稅，亦必隨田之在民與民之有田者而取之，未聞不聽民分地輸租於官，而反欲所在設官，給本督耕，自爲收糴者也。何獨至於鹽田而乃大不然耶？愚請得權其利弊而較論之。

國家歲解田稅以充軍餉，而於兩淮、兩浙等鹽場，地廣人稠，又不免集兵團練以備不虞，今既立鹽屯，而正稅可省，鹽兵可撤，不用海防，而黃巢、王仙芝之亂不作。利弊一也。竈丁淋煮，自宋、元以來照引酌給工本，而錢入貧手，不免妄用，及督以鹽課，每至積負，甚或逃亡無辦。若立鹽屯，除額免科，軍自爲利，誰肯聽其荒廢？而工本之費又可盡除。利弊二也。行鹽必須分地，近地價常賤，遠地價常貴，地廣則撥引不足而亦貴，地狹則銷引有限而亦賤。而官商逞其貪心，復賄道府以制其低昂，使之有貴而無賤，則青苗抑配之弊必生，而公私爭界，越境興販之害猶不與焉。惟其鹽屯所產，許商轉販，有無相易，遠近廣狹，無不流通，而後其價可平。利弊三也。自立鹽禁而亡命棍徒資身無策，借名查鹽，投充官商，輔以巡攔牙儈，捕私販，搜私煎，因而窟穴其中，藉威生事，嚇詐財物，陷害善良，所至騷然，人不堪命。甚至權奸下走，交通販鬻，亦皆怒馬鮮服，抗禮公庭，綱紀凌遲，至此已極。而鹽屯豈有是哉？利弊四也。朝廷遣官行鹽，有巡鹽御史，有鹽運司，有鹽法道，有管鹽同知、通判、知事、經歷、主簿等官，而其下人役，更難悉數，無不月費俸廩，科索船夫。又聞其海濱頗多餘蕩及村落土鹽，皆可供煎，而畏官吏私鑿之禁，莫敢開耕，以致人有遺力，地有遺利，計其所得，不償所失。誠使以鹽利散之屯軍，復除私鑿之令，則冗官冗役冗費十去八九，而朝廷可以坐收軍實無窮之利。利弊五也。

由此論之，廣鹽屯與立鹽場，孰盈孰虛，孰便孰不便，其大略亦可睹矣。舍是不圖，而欲擅煮海之富，必曰不禁私鹽不可，吾恐窮民易米而炊，并日而食，少奪其數文之錢，已扼其八口之吭，而較其國用之利弊，卒又相去倍蓰，而徒為九重斂怨也。悲夫！

清・賀長齡《清經世文編》卷七二雷鋐《屯田說》 今日言撥兵屯田，此書生紙上之談也。然則趙充國、諸葛公非與？曰：漢時近古，文帝開孝弟力田之科，率農以禮義，無事則驅之為農，有事則調之為兵，唐府兵之法猶然。自府兵之法壞，兵農分為二，至宋而驕養益甚。宋太宗端拱中，以陳恕為河北東路營田使，恕密奏戍卒皆惰游，仰食縣官，一旦使冬被甲兵，復春執耒耜，恐變生不測。儒生議者往往援漢唐故事以責恕，嗚呼！是何其不識時務也。自宋、元而明以迄今，兵農之分益久，各習其力而不相通，縱無恕之慮，胼胝不力，田卒污萊，功亦難成。

然則田終不可屯矣乎？曰：自古屯法，或用兵，或用民。今惟募民力勝耕者屯之，給以牛種、農器、廬舍，而寬其租稅。成田十年乃定賦。農隙時教之鳥槍弓箭之法，練為步兵。能兵者即以其田為糧餉，俾足贍數口之家。年五十及有廢疾不勝任，準其丁壯力耕者繼之。其餘丁有能者，另撥地給之。老而無子者另召募，鰥寡孤獨有養。編以隊伍，聯以保甲，平時籍隸地方文官，農隙操練，則會同武弁董其事。古之屯田兵兼農，今之屯田農兼兵。至於邊塞之地，仍用兵不兼農者守禦防衛之，久則人人能耕，亦人人能兵矣。

清・賀長齡《清經世文編》卷七二孫廷銓《請興屯政疏》 竊觀古帝王混一區夏之後，無歲不蠲租薄賦，與民休息，故其時百姓和樂，國運靈長，良以其湛恩濊澤，入人者深也。今皇上威加四海，尺土一民，悉遵王路，正當輕徭薄賦，愛養休息之時也。而按時審勢，似有所深願而未遑者，則以兵食至重，府無餘藏，不能不需之於民耳。然以目前計之，一歲之賦，曾不敷一歲之餉，況後此者民力日疲而有限，兵食日增而未窮，更何以給之？以皇上神略開天，佐命之臣老成尚在，不於此時計其通久，尚何待耶？

考明初有軍屯之制，養兵百萬，不費民間一錢。及其有事調發，方措給行糧。兵休事已，旋即停給，歲費不過數百萬。自此而外，則皆天府之藏也。安得不左藏充溢，紅朽相因，坐享殷富之利耶？皇上親政以來，廷議亦及兵屯矣。及經部覆，事下督撫，往往以外議搖阻，輒罷不行，不過以兵力無多，調征分防之外，固無閑力可耕耳。今四方大定，征調用稀，至於分防之說，尤非將略所宜。蓋古人有言：山有猛虎，藜藿不採。言其威神在己，無遠弗震也。若必畫地分土，尺寸而守之，將狎而無威，兵分而愈弱，人將易之，何變之足防也？

臣謂宜勅下各督、撫、鎮、道，凡有零兵散布，皆宜收還本營，以時訓練。汎地有事，則星弛電發，卷甲而趨之，雖遠必赴。即有小醜妄肆，當必有震於先聲而不敢動者。兵力不分，然後徐令講求屯政。於其屯營近處，或有荒田可墾，或因明季舊屯，作何方略，可以有成，悉心實力，確議具題。該部即措給牛種，俾其刻日興事。俟二三年後，籽粒收熟，軍食可賴，則此一鎮錢糧，即可永停不撥。然後再將其已試之效，遍發諸處，照例舉行。而其首事著績之官，亦應破格優叙。

夫古人一言悟主，尚可爵拜通侯。似此兵食大計，若果有人能為國家興萬年之利，著先事之勤，此其為效，當不在攻城略地、開疆展土之下。即酬以封侯世賞，誰曰不宜？而其以次修舉者，亦優叙世蔭之。如此則前事可師，施行有漸，即不能一時盡收其利，但使一二先有成勞，即歲減司農數十萬之金錢。國計可以日盈，民力亦可漸息，此聖子神孫萬世之計也。

清・賀長齡《清經世文編》卷七二魏裔介《軍屯疏》 今天下治平之效未奏，山陬海隅，警報屢聞。幸天意降康，大有頻書，故兵食之計，稍得贍給。

設使有方一二千里饑饉之憂，不知司國計者，何以待之！

夫搜括裁省之計，可暫而不可久也。俸祿裁而室人交謫，則官困；優免裁而廩給缺，則士困；船隻封而腳價莫償，則商困；敲撲急而瘡肉俱盡，則民困；征戍頻興，馬匹、衣甲之需日煩，霜露寒暑之憂不免，則兵亦困：是今天下之大患也。然官士商民皆困於兵，而兵亦未嘗不困，則其隱憂將在於國，尚可不知所變計乎？如欲變計，莫如取古人良法而施之。

三代兵農合一，其後兵民分，而兵出死力以衛民，民出供給以養兵，然民力往往重困。是以宇文周行府兵之法，而唐與明皆法之以立制。當明之初，養兵百萬，不費一錢，則衛所之屯政修也。

今舊衛所既廢壞難以復用，而天下兵餉費至一千餘萬。若不議屯田之法，數年之後，必不可支。往歲亦曾議屯政矣，而所招者民。既謂之民，各有籍貫，各有有司管轄，何事於屯？是以貽譏畫餅，而且大爲民害。今所議者軍屯，每兵一千，擇堪戰者教習訓練外，其老弱者，每於內揀四五百名，以爲耕種之兵。凡係屯兵府鎮，及扼要關塞地方，不拘民衛，查有荒蕪田地，不論有主無主，及各王府未變價舊地、閑廢官田，俱撥與守兵耕種。况山東、河南、川陝、湖廣等處，地曠人稀，可耕之田尤多。每兵撥一區，大約不過二三十畝。其牛具種粒，官爲給與，免其糧稅，使自食其穀。比照各地方民糧銀數，算作兵餉，仍令該管將領官，盡力督催。該鎮道總提轄之，歲課籽粒，以爲殿最。如此，則一歲之中，各直省屯兵之所，可添糧數百萬石，可省餉銀數百萬兩。

然自明季以來，兵驕將惰，以耕耨爲耻，坐食耗糧，其弊久矣。昔郭子儀功在唐室，封王汾陽。郭耕百畝，以勵軍士。諸葛屯於渭濱，羊祜屯於襄陽。古之經濟名臣，未有不留心於此者。是在督、撫、提、鎮，以身倡率，斯法制可行耳。然屯政所費資本，必先得數十萬金，議者或難設處。臣以爲屯政，當今天下第一大務，此政不行，財用終無足法。或將鹽課撥給，或將正項借用，贖鍰、贖穀、操省等項，俱可措支。至於所在富民，願納監者，憚於道路跋涉，未能至京。今聽其於各布政司及各督、撫、道、府處上納銀穀，轉交京師，即準入監，則援納者必多，而可藉以集事。

總之，朝廷先費數十萬金錢，亦當捐帑爲之，况所費資本，可作正餉抵算，而獲利無窮，實爲兵食久遠之計，未有可行於古，而不可行於今者。伏祈皇上考之舊典，詢之衆論，敕下該部速行打算，詳議妥確，務及明春肇舉其事，天下且拭目以觀善政。兵之困蘇，則官民士商積困俱蘇，一代久安長治之業，必權輿於是矣。

清・賀長齡《清經世文編》卷七二艾元徵《軍屯省餉疏》 臣竊惟各地方之財，原無不足供各地方之用，所恃者廟堂之經理，有以使之各給，固無所用其裒多益寡，權宜那借之計。矧我國家方當全盛之時，尺土莫非王土，一民莫非王民，則即以天下之地生天下之財，以天下之財充天下之用，何患不給！顧不免坐耗於協撥。雲南則需協銀歲常一百七十餘萬，貴州則需協銀歲常五十餘萬，四川則需協銀歲常八十餘萬，福建則需協銀歲常一百六十餘萬，廣東則需協銀歲常一百二十餘萬，廣西則需協銀歲常十七八萬，以致內地近邊各省，則有兼協兩省，甚至三四省者。內地近京各省，則又有遠協至數千里外者，甚至萬餘里外者。凡此協撥銀兩，一皆克期完解，時刻不容寬假。臣誠不知雲、貴、閩、廣、四川等省，三十年來，如何全無經理。既時時以餉銀不足，耗公家無數之金錢，又時時以協解不前，罄民間有限之膏脂。此實民窮財盡之所以日甚一日，而莫知所底也。臣得以一語斷之曰：總由於屯政實實未嘗舉行，而荒田猶多未墾故也。

夫有可耕之田而不使之耕，則與無田同；有可屯之人而不使之屯，則與無人同。天下之地，何一處不應使爲朝廷生財之地？天下之人，何一人不應使爲朝廷生財之人？乃需協各省，則實有其地而若無地，實有其人而若無人。此正如惰農治家，不親耒耜，終年溫飽，惟倚鄰里爲活，不止鄰里效之，勢必幷困，即鄰里壺飧歲歲可繼，亦豈長策？臣實爲此反側靡寧。

細稽前代盈虧强弱之由，備察近今多寡難易之勢，斷然以屯田爲古人屢行屢效之良法，確可爲功於今日，請歷爲述其事。在漢則有趙充國，以興屯可以息徭役，罷騎兵，廣積蓄，省大費，因疏陳便宜十二事，詔許之，遂敝先零。魏則有棗祗及韓浩請建置屯田，操從之，屯許下，得穀百萬斛，因之州郡皆置田官，所在積穀，遂幷中夏。後漢諸葛亮出斜穀伐魏，以前者數出，皆以運糧不繼，使己志不伸，乃分兵屯田爲久駐之計，耕者雜於渭濱居民之間，軍食因以不匱。晉羊祜鎮荆襄，始至時，軍曾無百日之糧，祜因減戍邏以墾田，至季年，遂有十年之積。後魏文帝時，値歲凶，以李彪請立農官，取州郡戶十分之一爲屯田，人以贓贖雜物市牛科給，令其肆力，一夫之田，歲責六十斛，甄其正科幷徵。此後即公私豐贍，雖水旱不爲害。唐憲宗時，振武軍飢，以李絳請，命韓重華起代北墾田三百頃，出贓罪吏九百餘人，給以耒耜耕牛，假糧種，使償所負粟。一歲大熟，因募民爲十五屯，墾田三千八百餘里，歲因省度支錢二千餘萬緡。太和末，值党項大擾河西，節度使畢誠亦募士開營田，歲因省度支錢數百萬緡。又元初當征討時，每遇堅城大敵，則屯田以守之。後各衛行省，又皆立屯，或因古人之舊，如甘肅、瓜沙等處，其地利亦不減於舊；或相地勢之宜，如陝西、四川等處，皆其所肇爲，亦未嘗遺其利。明初則命諸衛分屯於龍江等處，及邊境荒田，撥軍屯糧爲官軍俸糧。其法則每軍種田五十一畝爲一分，大率以三分守城，七分屯種，即洪武所謂，養軍百萬，不費民間一文者也。又宋、遼、金如歐陽修、范仲淹、吳充、耶律昭、田琢，亦各建此議，前後皆互相發明。至明邱濬之《大學衍義補》，言此事又獨詳。蓋未有不以此爲扈邊實塞、足國裕民要務者。

兵法有云：取敵一鍾，可當吾二十鍾；屯田一石，可當轉輸二十石。誠有味乎其言之也。然臣尤以爲天下有必不可不屯之地，則邊城之荒棄者是也；有必不可不屯之人，則士卒之游惰者是也。載觀唐、漢之興屯於邊地者，行之莫不有功；而宋之興屯於腹裏者，行之莫不有弊。又魏、晉至宋之凡以民屯者，則時聞其擾民；而漢之兵屯者，則未聞其苦民，固昭然可知也。然猶慮各邊士馬，棋置星羅，既難議減，恐興屯已爲不易，去協餉終亦大難。況國計之盈虧，與戍卒之多寡，皆關生計，何可不幷爲熟籌？殊未思今日之兵，固幷不多於古，無論周初之封建，多至千八百國，凡幅員百里者，皆可有調發之兵七千五百，守土者尚未可以數計。即五霸兼幷之餘，其大國亦不過止得如今日一省，而兵車一出，動以數萬計，且有稱帶甲百萬者。再如漢季當三分未定時，袁術、袁紹、馬騰、張魯輩兵常至十餘萬、二三十萬不等。晉末東遷以後，劉淵、石勒、李壽等兵亦各數十萬不等。延及梁、陳，蓋二百八十餘年，無一日非割據世界，若兵餉一有匱乏，計必無取資於敵國之理，故地方之需協與不需協，誠不在守兵之多與不多也。

臣則謂今日之可以耗國家之物力者，經理之，即無一不可益國家之豫大。如四川一省，通計需餉，歲不過百萬而止。其地則素所稱沃野千里，民殷國富，一大都會，今猶然荆榛蔽野。若使之開墾，豈難復成膏腴？粵西需餉又不過止得蜀省之半，其荒蕪非盡石田。若使之開墾，當亦可資飽騰。是四川、廣西之協銀可盡省也。若廣東、福建，則需餉較多，而閑田較少。然沿海固皆可屯，況屯政一舉行，且見邊要所在，無地非屯，無地非兵，則海禁可開，食用益饒，再減額兵，即廣東、福建之協銀，亦可盡省也。惟滇、黔以平定獨後，戍兵視前代不啻加倍，雖尙有故明沐英世守田產，誠不足供今日多兵之贍養。又僞永歷以養兵最多，致民重困，其陋例亦無足法。但我兵則固不更多於僞永歷時，且藩下丁壯，已照八旗圈給田土，其食用自應即於田土中取足。今止是備查邊荒，分兵墾種，務期足用，當亦無難。其各營汛綠旗官兵，亦各查其附近荒田，諭令墾種，則不但可使地無遺利，固亦古人善守門戶者守藩籬之意。然要在藩鎮大小，手足齊而心力一，庶滇、黔兩省之協銀，亦可盡省也。

從來所最難得者，承平無事之時，臣實以時不可失，備陳管見。惟冀皇上垂察，特勑該部確酌詳議。勿以爲目前可支，而畏言遠算；勿以爲成效難期，而只事因循，即從此億萬斯年，國與民皆實享其利矣。

清・賀長齡《清經世文編》卷七二趙青藜《請停查屯田疏》 查屯田一項，沿自前明，以至於今。其各衛所多有以年代久遠，冊籍散失，無從稽查者；亦有冊籍僅存，而陵谷變易，坐落界址無可徵實者；有軍逃地荒，係民自開墾者；亦有運丁貧乏，將田典佃於民，而展轉相售，屢易其主者；更有典佃之久，民從而建造廬舍，營治墳墓者。是以順治十三年，漕臣即請清田歸運，而究未辦結，非奉行之不力，勢不能也。

今部臣議令清田歸運，意不過恤丁以濟漕耳。臣竊以爲現行津貼之例，民出費以贍丁，丁得項以承運，其於漕非不濟也，法無容更議者。就使清田歸運，果有益於丁，猶得病其累民，謂朝廷赤子，不應歧視。況丁雖得田，不能自耕，南北挽運，曠日持久，勢必召佃布種，收其租息，與未贖之津貼同一，得項承運，不見其益也。且該丁等素封有幾？贖田之費，勢必貸之富人，朝得田而暮轉售，數年以後，又循故轍，徒令丁之狡黠者，藉以行其挾制詐騙，而民失其業，含冤赴訴訟庭，將無虛日。誠不如現在津貼之無礙於漕，而軍民得以相安也。乃部議之尤難行者，謂船已減運，不當仍給屯田。是必取減運之田，以予現運之丁，而不知此日之減丁，即當年之現運，目下之現運，又即他年之減丁。效力於前，備簽於後，各有減歇，各有現運，輪流既周，無不均平者，安用官之勞勞於忽取忽與爲也？取與之間，冊必更造，案愈煩而緒愈難理，恐軍與軍亦不得相安也。

近蒙特恩截漕，覺此項減運，不在輪流之内，未免稍優。然以國家深恩，人被其澤，而運軍適逢其會，稍沾優渥，似不爲過。且每年減運，丁數不少，奪其屯，將必致流離失所，殊非矜恤之道。

仰荷皇上如天之仁，各丁經費俱屬有餘，現在條例已爲周詳，但飭各督、撫諭令縣、衛等官清津貼之冊，嚴典賣之禁，而軍民固已相安，漕軍可永無誤矣。利不十不變法，故臣愚以爲不若照舊辦理爲便。

清・賀長齡《清經世文編》卷七二孫嘉淦《汛兵授田疏》 竊惟天下大勢，在兵與農。三代以上，兵民合一，故無養兵之費，而收富強之實；三代而下，賦民養兵，而以兵衛民，兵少則不足衛，兵多則民不勝其養。其始每苦於相妨，而其終乃至於交困，史冊具在，可考而知也。唐之府兵，頗爲近古，但撫綏無法，而戰守不分。罷戰從農，則耕耘未習；釋耒荷戈，則技藝未嫻。兼顧而兩有所不能精，所以難於久行也。

我朝兵制，較古精詳，八旗禁旅，各省駐防；綠旗之營，星羅雲布。兵威有加於前，而賦額無增於舊，故正供所入，大半用以養兵。欲減賦以裕民，而兵額難裁；欲增餉以裕兵，而民力重困。兵民尚有相妨之勢，不可不思所以變通之也。

伏查各省兵制，督、撫、提、鎮之標兵備援剿而不防汛，其副、參、游、守之營兵，則在營者少而在路者多。通計天下守路、防汛之兵，不下二十餘萬。身離本營，自不能以時操演；往返輪流，又不能專工守望。且小營之内，馬兵無多，不出則有誤巡查，盡出則有誤騎射，此操演之所以多曠，而道路之所以有疏防也。

夫善爲政者，貴因其勢而利導之。若欲責標兵之在城者，使離營而種田，其勢誠有所不可。至守汛之兵，則固日在田間也。所居即場圃之地，所行即隴畝之中。現今墩臺之下，汛兵多爲圃而種茶，若授田而使之耕，亦其心之所樂從也。

臣嘗行歷各省，見北直、山東、河南、陝西等處道路甚爲寬闊，兩旁餘田清理區畫皆堪種藝。據臣愚見，守汛之兵似皆可以授田，計每兵餉銀若干，每畝租銀若干，使租銀所得，符其餉銀而止，則每兵所需不過一二百畝也。每一墩臺，例有五兵，兩墩相去約有五里。道旁餘田，分給五家不足，則買民田以補之。計其田價所需，不過二三年之餉銀也。地制已定，給與一年之餉，使其制田器，買籽粒，或雇人承種，或子弟代耕。夫使人耕種而已率之，則不誤騎射巡緝之務也。而且謀生之計，日在道旁，督人種田，即是守路；防人竊禾，即是查匪，其於守望，不令而自嚴矣。種田有粟，兼能有草，收穫之後，再給一年之餉，使買馬而自養之。人皆有馬，聲援自壯。朝夕芻牧，絡繹往來，其於巡緝，不督而自勤矣。汛兵既有常業，不需營中抽換，則在營之兵，自可勤習騎射，專工操演，將技藝精熟，而營伍亦皆振飭矣。

夫在城者習戰，在野者習耕，其勢甚便，非難行之事也。習耕者居守，習戰者出征，各專其業，無曠誤之虞也。買田買馬之需，皆支歲給之餉，非分外之費也。各省督撫，果能明於大計而善爲經營，勿張大以驚衆，勿欲速以滋擾，擇人任事，因地制宜，非難成之功也。以三年之餉買田，一年樹藝，一年買馬，五年之後，各省守汛之兵皆可自食其力，而停給餉銀，則是并未裁減兵額，而歲省庫帑數百萬兩，無庸折給草乾，而驟增營馬數十萬匹，而且道路之巡防日密，營伍之操演日勤，無屯田之名，而有屯田之實，收府兵之利，而不滋府兵之弊。一舉而數善備焉者，此之謂也。

清・賀長齡《清經世文編》卷七二文綬《請實邊屯疏》 竊見烏魯木齊内倚天山，外撫遠人，延袤廣闊，營制星羅，洵諸路之中權，實重門之保障。其所屬吉木薩、特納格爾、昌吉、瑪那斯等處，屯田甚多，商民輳集。又迤東之巴里坤，南踞崇山峻嶺，東峙德勝雄關，地勢崢嶸，屹然重鎮。其所屬奇臺、木壘等處，水土肥美，營屯相望。又東南爲哈密，泉甘水肥，宜於稼穡。年來田園廣辟，商民日以衆多。且地處衝途，爲諸路之要津，新疆之鎖鑰。臣查以上各處，俱經設有重兵，而幅員遼闊，正應添營增壘以壯聲威。近蒙我皇上睿慮周詳，於烏魯木齊、巴里坤二處，分駐滿兵五千名。從此西接伊犁，外控遐方，南俯回部，東拱甘、涼，聲勢聯絡，軍威遠震，洵萬年久遠之鴻規也。

伏查重兵久駐之區，自宜多設天庾，以廣儲蓄，乃皆未立常平，似應急爲籌備。又安西府、肅州二屬毗連哈密，田多渠廣，向藉山雪消融引灌，連年屢穫豐收。該屬地勢平衍，爲四通八達之區，轉輸甚易，亦宜積貯充盈，以便隨時撥運，則東可供内地之缺乏，西可備邊屯之接濟，於民食兵糈均爲有益。

臣查新疆各處，仰蒙聖澤涵濡，天和地潤，物產豐美，已成樂土。惟每當豐收之歲，未免有穀賤傷農之慮。今各該處商賈雲集，輪蹄絡繹。若準令各省商賈士民報捐監糧，洵足以實邊屯而足兵食，裕商賈而濟農民。合無仰懇皇上天恩俯準，於烏魯木齊、巴里坤、哈密三處，各額收監糧十萬石；吉木薩、奇臺、木壘、昌吉等處，各額收監糧五萬石；安西、肅州二府州，及所屬各縣，各額收監糧二十萬石以上。安西、肅州二處，每生俊輸納糧數色樣，悉照乾隆二十二年七月前督臣吳達善奏定安西、肅州糧數色樣報捐。其哈密及迤西各處，悉照安西之例報捐。至糧色，悉隨本地所產交納。如此，則自肅州以至昌吉，沿邊萬有餘里，重兵駐扎之區，倉儲處處充盈，遠近皆爲有備，不特支食有資，兼得轉輸便易。且商賈人等爭相購糴，農民咸知粟貴，益皆盡力耕耘。誠如上諭：新疆屯政日豐，既可以實邊儲，而貧民亦得生養繁息。聖主籌慮邊屯民食，實爲一舉兩得。將見阡陌廣開，地無遺利，產粟日多，邊儲愈足；兵民商賈共沐皇仁於億萬斯年矣。

清・賀長齡《清經世文編》卷七二《論營兵屯田不便疏》 查前任四川總督臣苗澄，奏請於各鎮抽兵七千名開墾，歲得屯米四萬二千石，即支來歲秋冬兵食，可歲省餉銀五萬六千兩等語。

竊思抽兵屯田，利賴軍國，謬叨蜀帥，敢不殫心！及奉部文今歲播種逾期，并兵丁實未開墾，不給錢糧，何所依賴，以免生事，宜咨行各鎮營確查去後。兹據各回稱：前督苗部院，於康熙七年二月內準到部文，通行各鎮營，承領牛種、農器；因四川地方遼闊，奉行在三月，及差人赴重慶承領，回日往返耽延，又在五六月不等，不但時已逾春，而且夏季將盡，康熙七年分，是以實未開墾也。至於兵丁既未開墾，錢糧仍舊支給，誠有如皇上體恤之至意。乃各鎮營嚴責將領督率屯兵，芟草開荒，預爲康熙八年分興屯之計。不料各兵身親南畝，以荷戈之夫荷鋤，非其所長，欲耕不能，即強耕無益，勢必兵農兩誤，紛紛泣訴，處處皆然。且謂全川四面環夷，其中百里無烟，彈壓防禦，差使護餉，民鋪未設，安塘遞送，盡係兵丁，兵農勢難兼顧，恐致貽誤地方。各鎮營身任封疆，目擊各兵不能開屯之狀，不得不據實陳請，代爲控吁者也。

臣再四思維，前督臣苗澄抽兵七千名開屯，原取其銷兵省餉。今以素不耕穫之人，而欲求以耕穫之利，恐兵徒銷而餉不可省，何如就事變通，從長酌議之爲得也。以臣管見計之，與其抽兵七千人，日後兵農兩誤，不若於防禦稍緩之地，量爲裁汰。其可裁汰者，共計缺額并實在官兵一千七百餘員名，馬八百八十餘匹，俸餉、乾米、操賞等項，每歲共減出銀五萬六千三百有奇。是上可有裨於國計，下亦無誤於地方，似於銷兵省餉之廟謨，庶可少佐其萬一云爾。倘荷俞允，仍行各鎮營將原領牛種、農具如數變價還官，似爲兩便。

清・盛康《清經世文編續編》卷三九吴鋌《前因時論十五・屯田營田》

吾嘗謂西北溝洫之制，不可不復，然非經數十年之開墾，漸以致之，不足以成非常之功。若承平無事，則難爲力，夫欲盡地之利，莫如溝洫之制，溝洫不可得而驟復，則必思所以濟其窮，使地利不致盡棄於草萊，則賦不盡仰給於東南，庶乎其可也。唐宋之時，有營田、屯田，屯田以兵，營田以民，蓋因地之利，課以耕耘，乃富國裕民之計。咸平中，襄州營田，既調夫矣，又取鄰州之兵，是營田不獨以民也；熙豐間，邊州屯田，不限兵民，皆取給用，是屯田不獨以兵也。前世往往以屯田、營田，開墾荒地，使爲己業，以耒耜耕牛假糧種，俟歲入然後償。陳堯叟請開公田，以通水利，鄭民憲請行助田法，一夫受田百畝，別以十畝爲公田，張浚請以官田逃田并拘籍，以五頃爲一莊，明初令民開墾，永不起科，其制各不同。案：田不起科，適以起爭競之端。若以十畝爲公田，則開墾時即行稅法，恐民不樂於從事，莫若召募之時，不行起科，俟數年之後，歲入漸增，然後量輸租，永無後患。至以五頃爲一莊，未免太廣，若仿其制而減其數十之四，則田有定限，不至開兼并之漸。蓋溝洫之制，非舉西北之地盡開之不能行，均田之法則屯田、營田之制，僅召民耕種，使各自爲治，則近水之地尤易爲力，故唐宋以來，皆議行之，而溝洫終不可得而復矣。行屯田之法，則三邊可從事也，行營田之法，則山東諸省可從事也。或以侵占民田爲疑，或以諸郡括牛爲擾，或以兵民雜耕爲擾，皆非知權宜之計者也。

清・盛康《清經世文編續編》卷三九湯成烈《屯田篇上》 夫屯田之議，始於漢後將軍趙充國，詔書往來詰問，卒從其議，罷遣調發戰士，置吏卒督率耕作，經畫年餘，兵彊食足，羌酋授首，隴右以平，何策之善也。建武初，天下粗定，光武度兵不可卒罷，食不能常足，乃遣諸將耿弇、劉隆、馬成、馬武、祭彤等，將吏卒詣郡國及邊塞屯田，馬援亦求將賓客屯田上林苑中。當王莽之末，黃金一斤，易粟一斛，建武中元，米斛二十，戶不夜閉，此蓋屯田之效也。丞相諸葛亮經畧中原，屯田渭濱，軍民雜居不擾，司馬懿閉壘不出，誠不戰屈人之謀也。至於曹操從棗祗之議，屯田許昌，司馬懿從鄧艾之請，屯田淮南，積穀養士，卒以破除羣雄，降服孫氏，蓋芟夷大難，非可以年月計也。而喪亂之餘，民不耕，兵不得食，賊何自而平哉？ 今粵逆之擾亂十餘年矣，禍延十數省，疆宇日蹙，生民日困，財用日匱，亦將何以善其後耶？ 揆度時勢，大功不可以猝就，兵防不可以遽撤，若不講求足食之方，以爲久遠之計，而猶斂金以爲饟，吾見其必有土崩之患矣。 故爲今計，平賊要策，莫如屯田，今試以古耦耕之法行之，二人爲耦，治田十畝，五耦爲伍，倍伍爲兩，四兩爲卒，倍卒爲乘，凡百六十人，治田八百畝，置田畯一人以勸導之；從此而十之，凡一千六百人，治田八千畝，置嗇夫一人以董敎之。 令殘破州縣，經理荒廢之地，招徠難民，給予籽種、農具、口糧，使之墾種，闢爲官田，田畯嗇夫，時察勤惰，分別勸懲，選其壯健，給予器械，使之守望，以禦外侮，閒暇之日，使之修築碉堡，櫛比鱗次，互相援應。 老幼婦女，器用財賄，咸聚於內，留戍兵弁，爲之保衛，朞年之後，一樹百穫，收其贏餘，州縣官府，爲之廩積，調發兵勇，過境往來，戍守士卒，計口授米，毋給銀兩，行有餱糧，居有委積，自無枵腹呼庚之患矣。 於其農隙，練習技勇，矛弩爲先，火器爲輔，一遇寇警，人悉歸堡，左右前後，一乃心力，相助爲守，賊雖衆至，見我備嚴，節節聯絡，首尾呼應，必不大肆。 野無所掠，意氣自沮，俟其惰歸，選衆出擊，各堡掩襲，處處牽纏，必且退走，切勿遠追，斂兵保險，益修我備。 鄰邦效之，增我之助，樹賊之敵，衆志堅定，乃可成師。 方今之弊，將不練兵，招募游惰，饟皆給銀，囊有餘資，米運不至，人不宿飽，無籍可稽，儻遇強敵，非潰即囂，公然焚掠，爲賊前驅。 譬金腰橐，官莫過問，此以銀爲饟之流毒也。 今雖處積重難返之勢，豈無撥亂反正之方？ 夫曰屯田非僅從事畊耘也，戰守之法亦寓焉，然要在得人而任之耳。 唐末張全義入洛陽，數百里無烟火，全義選裨將十八人，人予大旗一，使赴各邑鄉鎮樹旗於瓦礫中，招集流亡，俾令墾藝，緜負相屬，期年有積聚，三年成巨鎮，全義之人才，在唐末不過中下，今豈并若人而無之哉？ 在用與不用耳。 故愚以爲屯田之法，實爲平賊之要策，蓋民保聚則其志定，能自爲戰守則其心固，是以行之於一縣，而縣可以保；行之於一府，而府可以安，行之於一省，而省可以強。 誠使江皖豫浙，合而行之，數年之後，殘疆悉完，野無曠土，民盡知兵，式遏寇虐，無往不克，於是賊無地可容，不降則死耳。 古法可師，曷不取而行之乎？

清・盛康《清經世文編續編》卷三九湯成烈《屯田篇下》

然此非可計日月而待也？ 必寬假之以年歲，誠使遴選守令，重其職守，寬其銜轡，勸課農桑，春耕夏耘，秋收已畢，家有餘廩，人有餘暇，選其子弟十六以上，敎之擊刺，耕耰鋤棘矜，皆可爲兵；擊刺嫻熟，敎以步伍，雁行魚貫，無相紊亂；步伍止齊，敎以束隊，百人成列，動中規矩；束隊整嚴，敎以行陣，目辨旗幟之方色，耳習金鼓之節奏，進退疾徐，咸稟指揮，外習於事，內定於志，如是有年，乃可待敵。 耕農樸魯，既異浮僞，四體夙勤，學習亦易，又復訓以尊君親上之義，同仇敵愾之誠，守望相助，臨難相救，心一力齊，戰陳必勇，民知信我，亦既有年。 昔吳玠禦金人於和尚原，敗挫之後，以注隊矢，復與金戰，遂大敗之。 其法首隊飽食，當先出戰，兵刃既接，次隊飽食，飯畢出陣，首隊收還，三隊飽食，食畢出陣，次隊收還，分番迭休，我逸賊疲，三隊戰酣，首次兩隊，左右齊奮，衝其中堅，嚴鼓雨射，摧敵必也，應敵妙算，莫良於茲。 戰勝威著，我武維揚，四鄰告警，宜急赴之，救民水火，焉可怠緩？ 得鎮守鎮，得縣守縣，賊卻我前，豫選賢能，假署令長。 一經焚掠，荒地實多，招集流亡，督勸墾闢，量給牛種，并假器糧，爰設兵戍，轉我積粟，資其飽騰，有秋既穫，乃停轉運。 籍彼農夫，辨其勇怯，苟能勝兵，授之刀矛，爰令戍卒，集而敎之，隸我疆宇，農即爲兵。 以田以守，閱有年所，爰課樹桑，柿桼棗栗，松竹榆柳，瓜果菜茹，各視土宜，必盡地力。 加以牧畜，馬牛羊豕，咸致蕃息，俯仰事畜，資生咸備，民既樂生，乃可效死。 爰選精悍，籍爲常兵，授之恒產，田五十畝，中丁老弱，代爲之耕，調發征行，期無內顧，苟非征行，人不給廩，田畝入厚，衣甲自備，以代賦稅，不隸兵籍，悉令務農，力穡之暇，亦令肄武，必有守者，閭里自保；必有行者，豺狼是驅。 內隙既弭，外侮不乘，安其生理，同其患難，熙熙皞皞，豈曰小康？ 遵斯道也，計必十年，故官必久任，政敎乃行，官民相習，令如流水，時有水旱，歲不屢豐，惟勤不匱，古訓昭著，宜集嗇夫，頒令於鄉，申明告戒，無怠無荒，耕耨以時，無或蕪穢，不率敎者，罰有常刑。 時或巡行，省其耕斂，懲其游手，黍稷茂好，獎賚其勤，技藝精練，優加賜與，人知勸懲，黽勉服勞，不患饑寒，無畏疆虣，民安其敎，吏稱其職，而一縣治矣。 自縣推之，上而州府，表率屬僚，班春勸農，盡心民事，稼穡艱難，先知其則，巡察荒地，咸使種藝，督令游民，悉歸隴畝，力出於身，心無作慝，放僻邪侈，莫敢或爲。 有勇知方，庶幾奏績，尨吠鴻嗷，息於四境，而州府治矣。 使州府咸治，田野闢而倉廩實，資賊息而兵革偃，屯田之效奏，而天下平矣。 故曰：

民爲邦本，食爲民天，足食足兵，莫如屯田。

清・盛康《清經世文編續編》卷三九曾協均《請開皖北屯田疏》 奏爲皖北被兵日久，請先開屯田以資戰守，仰祈聖鑒事。竊皖北一帶，羣盜如毛，粵捻交乘，又有苗練之横行，非旦夕所能蕆事，必須頓兵久戍。而臨淮一軍，偪處其間，勢最微，餉最乏，兵勇求一飽而不得，夏摘南瓜，冬挖野菜，形同乞丐，以飢疲之兵，禦強悍之寇，其不得決策制勝，從可知也。夫自古兵革屢興，每苦乏食，則屯田以興，趙充國之屯田浩亹，魏武帝之大屯許下，鄧艾屯芍陂，羊祜墾襄陽，史冊具存，成效可考。今者寇盜横發，征調頻仍，天下十室九空，荷戈之士，不得宿飽，潰亡諜掠，軍法不敢施。司計者不知開財之源，惟知搜括横征，釐金房税，月有捐，歲有課，雖窮民一椽之費，小販鷄鴨之資，無不榷算，追呼鞭撻，甚於追比錢糧，一闤之市，三家之村，商民受害情形，有鄭俠所不能圖者。以此籌餉，何異因飢而食己之肉？腹飽則身僵矣。然其所得之財，果悉供軍需，人亦無怨，乃官侵之，吏蝕之，行戶鄉長朋分之，層層折耗，得報解軍營者，不得十之二三耳，可不急籌開財之源哉？夫開財之源而不爲病民者，莫善於屯田。應先於皖省鳳潁等處，有兵戍而附近有廢田者，令兵勇大興開墾鳳潁等處，即古芍陂也。有淮水、渦河貫其中，夙稱膏腴，宜種稻，近年屢遭兵燹，千里蓬蒿，一望無際，今闢草萊以田之，久荒之地，必獲倍收。沃土則易於就功，飢軍則樂於從事，揆其地勢，約可屯田二千頃，中稔之歲，畝穫稻米一石五斗，共可得三十萬石。以三十萬之糧，贍萬人之衆，何患士馬不飽騰？其法人每二十畝，積至百畝，官給牛一頭，一伍共之，籽種亦由酌給。五百人立一屯，就附近有形勢廢村爲屯所，築壘挖濠，屯有長，以帶隊都守兼之，積至十屯，設一屯官，遴派熟悉農務府縣，爲之專司，督課農功，稽察勤惰。統兵大員，移駐各屯適中之地，以便調度，有警則屯兵分番戰守，東作方興，則荷戈以耕，秋成收穫，則抽調若干爲游兵，以防劫掠，所得糧食，即作應領口糧，惟次年須歸還牛價種籽，此兵屯也。如有歸附匪衆，亦散處兵屯，一體農戰，其次招流亡人民復業，除老弱婦女不計外，必得丁壯千人，方立一屯，選熟悉農務佐雜一員爲屯長，教之播種，又爲之行團練，編門牌以資詰奸禦暴，有田之家，每畝納糧五升，秋收後由屯長運大營，不準圭撮浮收，違者誅無赦，此民屯也。又其次召募遠近商賈，佃無主之田，其法悉如民屯，惟報明願佃某處田若干，不限多寡，具賃狀往耕，納糧則以每畝二斗爲率，此商屯也。其屯長、屯官殿最，悉視軍功，如兵屯商屯成熟之後，有稱産業願撥還者，必須有近年印契糧串，與地方官冊籍相符，方準退還，歸入民屯，如僅有契串，而官司失守時文卷遺失，無冊籍可查，則令出半價贖回，其價兵屯給兵，商屯則僅償本年工本，有餘歸官，此其大畧也。至一切條縷章程，由屯官隨時酌定，惟初行之歲，屯田經費，必須先爲酌給。方今庫款支絀，勢難籌此巨款，請於天津運蘆鹽二萬包，往河南汝甯光州銷售，汝光鹽務，類皆歇業，鹽價甚昂，每斤非制錢六七十文不可，運鹽以往，必能暢銷，除運腳外，約計十萬金，有盈無絀。近日淮鹽已行至三河尖，若運銷汝甯等處，運腳更輕，所得鹽價，即就近解臨淮軍營，先辦理鳳潁屯田事宜，鳳潁既行有成效，可推之安慶諸郡，及軍務省分，兵燹地方但有閒田廢田者，無不皆宜。如江北地方，令戍兵圈沿江灘地田之，內省軍需，外限賊騎，尤爲久遠，或謂前代餉軍，以粟米茭稾故曰糧草，今則例折白金，令其自買，若興屯田，驟改本色，恐兵勇不從，不知今昔情形不同。乾隆、嘉慶間，用兵苗疆，川楚糜餉如泥沙，當時行閒兵勇，類皆鮮衣美食，故利得銀以便寄家，近來孤遠軍營，兵餉積欠，經年累月，今使之屯田飽食，復得賣餘糧爲資，有不樂從者乎？況康熙、雍正間，塞外用兵，因沙漠無食物可買，亦運本色接濟，人所共知。伏乞敕諭該處統兵大臣督撫妥議施行，毋以事屬創始，畏難推諉，屯田之利行，將見戰必勝，守必固，誠安攘強富之大計也。

清・盛康《清經世文編續編》卷三九喬松年《覆奏皖北無須辦理屯田疏》

竊臣前奉議政王軍機大臣字寄恭奉諭旨：光禄寺少卿鄭錫瀛奏請設屯田養兵以節經費一摺，國家歲出各款，以兵餉爲最鉅，現在江皖蘇浙陝甘各省，被擾較重，各區戶口稀少，多有無主閒田，果能開設屯田，所節兵餉爲數甚鉅，於經費不無裨益，著兩江、浙閩、陝甘各總督并江蘇、安徽、浙江、陝西各巡撫，各就地方情形，分别酌議章程，妥議具奏，并將業經克復地方先行辦理，如實係無主荒田，即可募民屯種，并須選派廉明委員，認眞清查，毋任朦混騷擾等因，欽此。又奉上諭：富明阿奏，軍務竣後，請安插散勇、解散賊黨一摺，自來軍務將竣，遣撤勇丁不得其宜，每滋後患，若於屯田之中妥籌安插，自可一舉兩得。惟是有治法尤貴有治人，著曾國藩、左宗棠、李鴻章、喬松年、吳棠嚴飭所屬地方文武各官，悉心酌核，妥議章程，派委賢能地方官，實心經理，不可意存畏難，亦不得草率敷衍，務令招集窮民，安置散勇，有條有理，經久可行，盡地之利以消患之萌，方爲妥善等因，欽此。又前奉諭旨：交議袁保恆、洪貞謙條議，均有屯田一條，袁保恆謂淮南北可得田二十餘萬頃，可養兵二十餘萬人，洪貞謙謂勘明絶產若干，逆產若干，查明降衆若干，難民若干，簽其民以爲屯丁，拔其豪俊署爲屯官，大致相同。皖北自遭兵燹，井里蕭條，蓬蒿蔽野，諸臣遂以爲當行古人屯田之法，授田以抵餉，化兵以爲農，意亦甚善。然臣之愚見，以爲古今異宜，中外異勢，以今日皖北言之，但須以開墾招民，期復承平之舊制，不須以屯田法古，別爲改創之新規。夫爲授田抵餉化兵爲農之言者，甚美而實在難行，蓋農之爲業，全賴精勤，非可鹵莽滅裂之爲，冀有千倉萬箱之獲。承平之世，兵皆籍隸本鄉，既有子弟之助，又無征調之煩，而一入戎行，尚不能復事南畝，今日招募之勇，往往取之遠方，其應募而來，既係游手，而駐扎所在，又屬孤身，加以東西調撥，且夕異形，若欲授之以田，非特性所不習，實亦勢有不能，此以兵爲農之未可易言者也。至於以田爲餉，則今之衙田，即是此意，戶部方奏裁衛衙弁，并其事於州縣，固知衛田之制，徒屬空名，而又別辦屯田，是舍舊而圖新，名異而實同也。且既授以田，即須令其多備餘丁，方可兼責以耕，藉資其餉，若此時各省之勇，皆有家屬，皆有餘丁，則或自入伍，而以餘丁耕田，或自耕田，而以餘丁入伍，通力合作，或可歲有所收，而游手不羈之徒，安得有主伯亞旅之助？且治兵之法，訓練則有黜革，戰陣則有傷亡，黜革傷亡之後，若以田轉畀他人，則不勝其擾，若復求本戶之人補之，則既有世業之田，即永有簽丁之累，是無過而淪爲軍籍，勉強抑勒之餘，必無力田豐年之報，此以田抵餉之未可易言者也。夫兵農之不能相合，亦已久矣，以招募成軍，以租調作餉，此亦累朝積漸因勢而成，猶之徵辟用人，改爲考試八比，輸絹充賦，改爲折納條銀，若必規復古制，寓兵於農，臣恐其徒事紛更，難期實效。臣又考古人屯田，有沿邊之屯，有對敵之屯。沿邊之屯，塞下艱於饋饟，以戰士分半戍守，分半耕田，更互迭代，如趙充國之制羌人是也，今新疆墾田，猶是此意，而不必行之於郡縣。對敵之屯，與敵相持，民散田蕪，以兵衛農，且耕且戰，如棗祗任峻之佐曹魏是也。昔年捻逆髮逆交乘之際，正宜仿用此策，而竟亦未暇，今皖境略定，則亦無取此議。惟張全義之尹河南，招懷流散，勸之樹藝，數年之後，漸復舊制，桑麻蔚然，野無曠土，唐史美之，近似屯田，實即招墾，此則爲今之所宜取法者。臣已刊定簡明章程，曉諭招徠通行各屬，春麥既獲收成，有遺民來歸者，亦有流民占籍者，如秋成有慶，則田功將日起矣。所惜官無餘蓄，不能發帑而補助之，若勸捐積成數，再多發牛種、器具以資之，則其效更可速覩。但使循序力行，數年之後，以追張全義之桑麻蔚然，野無曠土，殆亦不難。是目前但以開墾爲急務，田疇闢則賦稅登，賦稅登則財用足，財用足則軍餉自出其中，固不必鰓鰓然以田抵餉，以農爲兵，多周折而轉窒礙。況州縣爲治理之源，但以田功課其殿最，必自奮而有成，且無所擾，若不責之州縣，別爲張官置吏，以奪州縣之權，小者自謀衣食，徒使侵欺，大則強占膏腴，且以召變。即如團練一事，豈非良法美意，特因事不領於牧令，流弊遂深。若度田而改舊章，亦必有損無益，臣就皖北地方情形而論，實無須辦理屯田。除設有駐防各省暨邊省，情形容有不同，應由各該督撫具奏，又袁保恆、洪貞謙條議，應會同督臣曾國藩另行具奏外，所有臣體察皖北情形，重在招民開墾，不必另辦屯田之處，理合先行恭摺覆陳，伏乞聖鑒訓示。

再諸臣之所以言屯田者，大抵慮成功偃武之後，勇丁無所歸耳，以臣愚見論之，我朝外省綠營兵額，實爲太少，安徽一省，設兵不過萬人，分布於八府五州之間，而其中又隔一江，儻有急變，實形寡弱。昔賊破安慶，其時城中守兵祇千餘人，宜其不能當大寇也。臣以爲寇平之後，既可以勇爲兵，且略增其額，所餘者逐漸裁撤，可無後患。現在皖省兵額，皆缺而未補，竊揣督臣曾國藩之意，亦必欲俟辦理善後時，改勇爲兵。即如臣所部勇一萬三千餘人，而皖北數郡兵額，當用六千人，若成平之後，先汰去其年力就衰者一二成，以六千人補舊額，再以二三千人增新額，其餘一二千人，不必遽行全裁，仍準留作餘丁，惟疾病死亡，有缺不補，數年之後，便可消歸無有矣。且農功瑣屑，耕作艱辛，視凡力作者爲最苦，凡爲勇者，可以爲食力傭趁之夫，而不能爲農夫。但使閭閻富庶，商賈流通，即傭趁之中，亦可消納數萬人而不覺。今日李世忠之勇，全行散遣，曾國藩挑留二千餘人，調防皖南，亦即臣所謂不必遽行全裁之意。而所遣散者，餬口他方，并不至散漫爲患，固不必定須計口授田，方可無事也。愚昧之見，謹以附陳，伏候聖裁。

清・盛康《清經世文編續編》卷三九高延弟《廣李安溪屯田議》　秦漢以來，天下幅員日廣，民人日衆，事變日多，所與爲鄰者，非強大之敵，即頑悍險阻之蠻夷，人不即虎，虎必即人，征鎮防戍之地，交錯於天下，兵少則威絀不足以相制，兵多則財絀不足以經久。自唐宋以來，當國之人，莫不仰屋咨嗟，以爲天下之大患，此安溪相國屯田之議所爲作也。然治平日久，安常習故，重於刱作，稍有興革，議論紛紜，利害轇轕，亦遷延疑畏而不能決行，求其毅然爲之而不撓，盡埽千百年之積弊痼習，而收其實利，是未可旦暮遇之也。雖然，屯田之議，不行於今，必行於後。古人建非常之策，絀於當時，信於後世者多矣。輒爲推廣其義而爲之說曰，屯田之法，載諸史籍者備矣，其取而損益之不難，而難在於得地。明初天下喪亂甫定，其屯田大抵取諸絶産及籍沒之家，其設立多在沿海邊關，而長征之軍，亦未常廢，非充屯軍之人少，由充屯軍之田少也。故每遇大徵發，屯兵不足，兼用長征，長征不足，益以招募。於是閭閻府藏之財，一耗於長征，再耗於招募，及其末年，屯政廢弛，軍多空籍，乃專以長征召募從事，國與民大困，卒至於亡。然則欲天下之固且強，則兵數不可以不增，兵數增則屯田不可以不廣。今世民人衆多，開墾已徧，安溪所謂躧閒曠以給之者，非山場之磽确，即河湖之灘窪，畸零散布，肥瘠不齊，收穫之數，不能畫一，殊非厚養戰士之道。然則屯田一項，何所取給耶？按今天下除衛田本當給屯外，一切淫祠、寺觀、書院、義學、善堂，莫不有田，徒供游民奸人耗蠹，其爲存亡有無，初不關於國家之興衰治亂，舉而籍之，以爲屯田，益以所在衛田。及兵荒後絶戶之田，以中縣計之，田多者一縣可得千頃，少者亦不下數百頃，分爲上中二則，上田每戶給五六十畝，中田則七八十畝，騎卒每戶別給田十畝，或二十畝，以爲牧地，以中歲衡之，稻麥雜糧薪蒸蔬果之所入，足養十人有餘。除牧地無征外，上則屯田畝出糧一斗，中田畝出糧五升，歉歲核減，儲之倉庾，以爲征調軍資上番口糧之用。夫每畝出糧，自一斗至五升，加於正賦數倍，而較佃戶納租，則亦減十倍，不爲苛也。每縣以五六百頃爲率，歲入可得四五千石，除上番口糧所費，其存可至千石，二十年無征調，穀不可勝用矣。分撥已定，除其常賦雜役，使爲永業，戶出一丁以爲兵，上番則入城而役於官，下番則率家人而耕於野，有隙則習騎射雜技，凡沿邊衝要之地，每縣屯兵千二百人、八百人爲率；腹裏次衝繁盛之區，以八百人、六百人爲率，簡僻少事，以五百人爲率。并天下州廳於各郡，增行省之數，裁監司之冗者，以崇郡守之權，郡之治所，增置屯兵千人或八百人，省會之地，田與人復增其數，以嚴守衛而壯控制，田不足，則取簡僻縣之軍少田多者以益之。京師田與軍之數，又倍增於省會，兼調輔郡之軍以益之，而均其番值之期，除京師宿衛之軍，統於親近爪牙外，凡郡縣之兵，轄於軍校，率以將領，統於令長，制於郡守，總於督撫。大郡萬人以上，腹裏遞減，每郡至四五千人而止，上縣千人，五分之，四時番上，出屯田所納之穀以食之，歲用穀無慮三千石，下縣每番百人，歲用穀無慮千五百石，凡田役追胥筦鑰討捕之事皆屬焉，而盡革糧捕差役之屬。夫以二百人、百人，日供令長之驅使，不爲少也；以土著之軍，徵召土著之人，不爲難也。討捕爲屯軍專責，即有來自他方，遁之別邑，營伍聲氣相通，傳檄會逮，亦屬易易，不病其遠也。家有恆產，名隸尺籍，不慮其叫囂隳突，羊亡兔脫也。以官馬供郵傳，以屯軍供驛使，優其廩給，盡裁天下之驛夫站馬，時其點驗，禁其私役，則大費省而馳驟閑也。有事徵調，取屯糧之儲於官者，酌給道路口糧，又折變輕齎銀兩，資其日用，足至征戍之地而止。以後則仰給於地主，則供張省而轉輸輕也，一縣有事，調一郡之兵與糧以應之，機速事辦，不患乎千里待援、三月聚糧也。一郡有事，調一省之兵與食以應之，不足則取給鄰省，更番休息，互爲掎注，雖十道出師，三軍遣戍，不患其勞且久也。無事之時，教練於軍校，考驗於令長，大閱於郡守，而誅賞其士卒軍校，三年，督撫歷各郡而都肄之，營陣無異式，伎藝無異習，器械無異制，必出於一，而嚴其誅賞於軍校將領。夫所謂軍校將領者，即識拔於屯兵之中，差擇充之，而倍授以田，將領則又倍之，仍依民田納賦，而私其贏餘，官有遷除，田入交代，許其招佃代耕，能率傭力耕者，優異之，則侵剋之弊去，私役之患絶，而服勞力穡，不至驕逸無賴，譁伍而作奸也。騎軍利平原，以馬二步八爲制，山林險阻，以馬一步九爲制，江湖沮洳，則步騎舟師，參錯分置，而統於守令如故也。凡有徵發，地近而罷速者，可調六成，地遠而時稽者，調五成，地又遠役又久者，不過三四成，下縣徵調，無過百人，過此則不足供役，而屯墾荒矣。總計天下之郡縣，以中縣八百人爲率，益以郡治省會京輔之所增，爲兵無慮百五六十萬人，不可謂不多矣。以養長征兵之費較之，馬戰守兵多寡，通計一人歲需銀十餘兩至二十兩，軍校將領軍裝器械之費不與焉，是歲費銀二萬數千兩，始得千人之用。今以屯田所除丁稅比核，田則有上下，官賦有輕重，酌以中制，每畝輸銀一分數釐至二分數釐而止，每畝輸糧四五合至一二升而止，沿邊省分，則無糧而賦益輕，計屯田千人，需田六七百頃，酌以中制，其蠲除於官者，歲爲銀不及千兩，爲糧不過五六十石而已，而屯田所納五升一斗之儲於官倉者，已有四五千石之多，除上番口糧及牧田無征外，尚有千石之餘，以佐公家之急，則千人之屯，歲耗於國者，實不過數百金而已。是長征兵一人之費，可以得屯兵二十人，孰損孰益，孰利孰害，可屈指而計矣。夫從來當國之人，所愁嘆窘急，而又不可裁省者，餉需也，驛站也，今一舉而去之，此一快也。自經制之兵，分爲戰守防汛，小縣不過數十人十數人而已，以禦盜賊且不足，況流寇教匪乎？屯軍置，而小郡數千，大郡數萬，即大敵可抗也，況零盜乎？此一快也。昔人痛心疾首，謂縱百萬虎狼於天下，搏噬良民，無可奈何者，差役也，今一朝而罷之，又一快也。異教祆祠，古昔帝王賢人屢欲埽除而終不能去，今一旦而祛之無遺迹，又一快也。若夫申軍法，勤肄習，嚴比校，信賞罰，審強弱，察便利，參酌古今，時其緩亟，盡屏虛文，務求實效，一切法令制度，務求簡明而易遵，平易而可久。是在剏制成務之人，愼取而善用之。固非區區楮墨揣摩所能盡爾。

清・陳忠倚《清經世文三編》卷三八殷之輅《黑龍江通肯河一帶請開民屯議》 竊維古者寓兵於農，即於農隙講武，兵與農固相濟而相需者也，後世兵農各判，蓋不欲分用其力，俾可各致專精之意，庸詎知驕兵惰農，因此專多且也。兵仰食於農，而或有邊遠難行之區，農藉衛於兵，而更有鞭長莫及之勢，是兩不相及也。今既不能使農盡爲兵，又不能使兵復爲農，而欲求兩相及之善法，則莫如屯田。屯田肇於漢代，凡爲邊備莫不賴之，今中國所疆及東三省，固已有屯墾處，早經開辦，特未知其章程若何。而三省中之黑龍江，地處上流，尤宜擇要開屯，何以開肯河下亩，尙未聞有繼起而行者與。爰議其略，備採擇焉。查俄人早越外興安嶺，直抵黑龍江爲界迤邐而東，宛轉而南，更與吉林、朝鮮接壤，邇年催工趕造西比利亞鐵路，狡謀久著，故東三省防務，無在不關緊要，而肯河一帶又坿近黑龍江省城之上，尤爲當衝，且北迄達老河，南迄坤河，內距興安嶺，地段遼闊，雖有防營，勢難周密，是宜仿古徙民實邊之意，亟開民屯，俾成重鎭，庶可遏強鄰之覬覦。況一舉而兵食兩足，亦何憚而不爲哉？因不揣謭陋，謹擬辦法數則，條次如左，聊當獻曝云爾。一宜別土募也。屯既以民名，不能驅土著而讓之，縱有老弱無可遺也，民而係之屯，則必選壯丁以充之，凡屬老弱必不募也。是宜分別編冊，土歸土募歸募，雖概以營制，而課程則須酌定輕重，并開導土著，明白曉以利害，庶無取我田疇而伍之之怨，而土與募亦可兩泯猜嫌，和衷共濟矣。一、宜規久遠也。漢法屯田因征撫而設，且多就敵地，故每旋屯旋罷，茲圖永守且在境內，故必規畫盡善，以期久遠，內當開溝渠以通水利，并建橋梁，外以須防效營制周築土壘，并安砲座，更將興安嶺山徑曲折高低，查探熟悉，庶幾可戰可守，足爲省城障蔽而應變於無窮。或曰屯田本以省兵費，如是辦法經費必巨，未見其益，先多所損，豈計之得耶？然此非必先造全備而後乃可用開屯也，大可徐徐佈置，以屯之利修屯之防，三五年後，自必煥然一新矣，雖創始不無小費用，何足計哉。一、先宜定課程也。課農以耕稼，課兵以操練，各有程限不可紊也。民屯策斯二者，則課程尤當預爲核定，按趙充國屯田法，人賦二十晦何太多歟。大都漢晦尺小，且暫屯，故今擬土著人八晦，募丁人五晦，庶有餘力，以便操練。操練則募丁月三次，庶不誤田事，一切工作如前條開堡築壘等事。皆於農隙爲之，亦寬用其力，無閒操期，如是則民既習勤，人不甚苦，惟督課必須認眞，切戒虛應，可明定賞罰以資鼓勵，務使耕則倍其穫，操則精其技，夫然後兵農合一之寔效可覩矣。一、宜兼蓄牧也。北地苦寒，耕穫究不及南方，而蓄牧最宜，除耕地外，凡山僻塽境之區，可興兼牧務，獲利必豐，足補操費之不足。且馬牛駝羊等之糞性煖，以之糞北方寒土，合宜之至，而馬牛又爲共農所必須，是當廣爲孳有，所裨非淺。餘如野獸之皮，山草木之材，取不竭而用不窮，以之助屯，有不固於金湯者哉。一、宜限者辦也。天下事有成法而無成效者，大抵用非其人也。無論何項工役，一切公事莫不視爲利藪，即有實心辦事者，反爲以上下所掣肘，勢不得不仍循故轍，此公事所以多敷衍也。今此屯田，職兼兵農，若仍舊章，派員督辦，則恐積習難除，幫辦終爲畫餅。蓋此事非才識兼優且忘私又耐勞者不辦，設在上者果有深知可倚之人，又肯出此數年心力，自不妨舉用。如其不然，莫若招募，能認辦，俾可各認地段，原始要終，自立程限，初時需費若干，將來成效若何，一一陳明以爲後驗，成則重其賞，不成則重其罰，如是則責有攸歸，私心悉泯矣。私心泯而事不成者，未之有也。右略舉民屯事宜，雖指肯河一帶而言，凡爲屯者，亦莫不然，設肯河辦有成效，則東三省已屯及宜屯而未屯之處，皆可次第仿行，將見兵足而食亦足，富強之本已立，彼俄人雖有覬覦之心，必且潛消於無形，豈非天下之幸乎？當秉國均者所樂聞也。

清・陳忠倚《清經世文三編》卷三八李經邦《黑龍江旗民屯田議》 三代以上行井田之法，寓兵於農，無所謂屯田，自兵與農分，兵出力以衛民，民出粟以養兵，轉輸千里，勞費過半，如秦人起負海之粟以饟河北，三十鍾僅得一鍾，卒至貧民士餒，公私交困而後已，任事者有鑑於此，不得不議屯。屯田之法始於炎漢趙充國，因轉運維艱，遂於北邊立屯，兵民無擾，當時便之。自是厥後諸葛武侯行於渭，晉羊祜行於襄陽，郭子儀鎮河中，亦行屯田以滅賊，宋岳武穆、吳玠等皆兼屯田大使，無代不屯，無屯不富，所謂內有無費之利，外有守禦之備者，信莫善於屯田也。聖清龍興，兵由召募，守禦似無藉於屯，外順治、康熙閒有活戶屯田、自墾屯田、劬勞屯田、缺丁屯田、世職屯田、失丁屯田、上本屯田、優卹屯田諸名目，乾隆以降一概革除，但此等屯田本非爲邊防而設，有無原不關輕重。自泰西互市，北自析律，南至瓊廉，泝江而上，直抵重慶，險隘之區，盡爲我共，故當軸者每以海防、江防爲急，不知歐州各國志在貨財，不在土地，恫唱要挾，未嘗甘爲戎首。惟俄羅斯土壤於我東北毗連，處處可以入犯，倘從水路由混同江越黑龍江口，以入松花江，可直抵三姓伯都納等（等）處，則黑龍江非復我有，今欲保黑龍江而兼顧朝鮮，不外多招勇丁以厚其防。然兵多則餉亦多，與其轉輸以養兵，不若屯田以養兵，與其使兵屯田而給牛給種，所費不貲，不若令該處旂民屯田，可以省費。查通肯河爲呼蘭河分支，其地在呼蘭城西北，東南爲混同江，西南爲松花江、嫩江，瑚拉庫河在東北，額伊渾江在正東一帶，地勢平衍，土木沃厚，雖有尼瑪拉、巴爾集瑪、烏雲和爾冬吉等山，而大河少，畧不加疏濬，水利易興，屯田可成。或疑東北邊省，地多沙漠，素稱磽瘠，倘開屯田，適足耗內地之財，經邦以爲此非邇論也。伊犁之地本非膏腴，自左文襄創立屯田，不數年間金將軍有屯田豐收之摺，屯田之利原不難，計日而待，然則磽瘠之地非地之瘠，寔人之自瘠耳。今苟令通肯河一帶旂民量地授田，寔其責於佐領而總其綱於司農，每三人各一屯，每屯定二十畝，每十屯立一長爲勸農官，無器具、牛種者暫撥官帑，俟有秋之後如數補還。果其勤勞胼胝，二年而後，即以所墾之田畀之，否則墾與他人，必使地無曠土而後已。五年以後照畝升科，升科則例雖上下之田，視民田之中，中視其下，以次遞推，爲招徠之計，授室家以保其身，編保甲以清其戶。一屯既成，造冊報部，以便稽核總數，對冊起徵，每冊須三本，一留屯長，由屯長申佐領，佐領仍留一，而以一申部以防冒名隱占。除屯長督勸，佐領不時巡察，凡何處可開河渠，何地宜於井讙，何處宜設隄障瀦畜，一一著録施行，補小民耕力之不及，其他瑣瑣佐領不遑及，則責成屯長，俾有指臂聯絡之勢。一年而總稽，三年而考績，五年而酬庸，佐領之殿最，視屯田之興廢，屯長之賞罰，視屯衆之勤惰，佐領溺職，司農得而彈之，屯長廢事，佐領得而效之。如是則賞罰明而事無不舉，糧餉既裕，然後可徐議練兵，練兵之法，宜仿古時寓兵於農而略參泰西藏兵之制。西國之兵平時額數有限，皆寓於農工商之內，一朝有事，可以抽調，專設調兵局以管所寓之兵，男子無論貴賤年屆二十一歲皆須出而爲兵。英國以十二年爲限，前七年爲戰兵，五年爲守兵，既爲戰兵之後，期滿散歸，各復本業，或值國家有事，仍可將戰兵之散歸者，徵之使出，俾有登陴守禦，此等兵士名曰藏兵，亦曰守兵，十二年後願再爲兵者，以九年爲限，連前共二十一年，既爲藏兵，每年仍須赴營中隨同操演。藏兵又有頭等、二等、三等之別，初爲戰兵，即須學習各種技藝，演放槍砲，務求精熟，戰兵限滿退歸復業，爲頭等藏兵，三年限滿，爲二等藏兵，三年爲三等藏兵，其三等藏兵須敵人在境，方可抽調，即調亦不遠。故英國平時各陸水師，統計不過十六萬，一遇戰即增至二百萬，且軍令朝行，兵丁夕至，極爲神速，故能雄視天下。今通肯一帶，既開民屯，即不妨仿照此法，責成各佐領，編定版籍，稽核民數，凡男子自二十歲以後，即須編入兵籍，學習各種技藝，三年期滿退歸復業，每當農隙之時，仍令隨營演練，俾知兵事。若遇戰爭則按籍征調，無分貴賤，均須隨征。並設立武備學堂，俾幼時早爲訓練，誠如是也，不獨可省養兵之費，而且可收用兵之效。武略雄才即由此出，至急之時以民衛民，更爲盡力，豈非一舉而數善備哉。假令旂丁不足，地尚有餘，則當招募站丁以補之。攷東三省本有臺站，臺有臺丁，站有站丁，今臺丁雖有名無實，而站丁則大站多至六千人，小站亦數百人，此等站丁皆係三藩子孫，及其部落當時三藩討平以後叛逆子姓。暨從逆部落咸發往該處，貶作站丁，不得赴試，不能捐官，子孫相繼，永爲奴隸，以供官府奔走。之後二百餘年來，生齒日繁，約計總數在十萬以上，而生計維艱，難保不伏戎於莽。夫髮逆捻匪其擾亂蹂躪，不減於三藩，而一經蕩平，初無爲奴僕之罰，有反正者，且有以官之。三藩罪大惡極，而子孫復役已二百餘年，似可從減免之律。東省將軍苟據情入告，赦其既往，勉其將來，使之開墾荒地，列入民籍，功賞罪罰，以壯軍威，以實邊備，如此而不勤奮圖報者，吾不信也。至地之不能耕種者，則不妨大興牧務，酥酪爲西人飲食所必需，羊毛、駝毛爲織呢、織毯之所不可少，美國牛之大者，日出乳八百四十兩，即牛乳一項販運出口，每年值洋五萬萬元，足見美國之整頓牧務。黑龍江一帶或本有牧場，或不乏曠地野草，宜以蓄牧爲名修補爲實，以限戎馬之足，且馬湩駱漿氈覦［毹］嗶嘰，皆可釀製行銷中外，收以利權，與屯田相輔而行，則邊陲有備，俄夷亦不敢從而生心矣。以上數端，皆坐而言者即可起而行，初非紙上空談者比，苟得人而理，寔力奉行不辭勞苦，則四五年後，通肯河一帶阡陌宏開，溝渠横縱，昔所謂磽瘠之區者，一變而爲沃壤。俄人雖稱强悍，而見我有恃無恐，又何敢横生釁隙，遽起異端哉？至於開鐵路，則不妨屯田既成，人煙稠密，逐漸推廣，以爲邊備，而永保我億萬萬年磐石之基也。豈不懿歟。

清·何良棟《清經世文四編·屯墾·西域屯田議論》 今西域已平，誠國之福也，而善後之策有難焉者，班師則地虚，留駐則餉鉅，散勇則盜滋，汰兵則變伏，幾年善策如何，而可曰有策焉，莫若屯田。夫屯田有兵屯，有民屯，鼂錯之募民屯塞下，此民屯也，武帝之屯軍田渠犂，此兵屯也。古人屯田行之有效者，若漢之傅介子、趙充國、馬援、王霸、虞詡、諸葛亮，魏之棗祗、韓浩、傅燮、鄧艾，晉之羊祜、杜預、應詹、荀羡，北齊之蘇（玲）［珍］芝、嵇華，後魏之李彪，隋之趙仲卿，唐之郭子儀、李泌、李絳、韓重華、杜佑、殷侑、王起、畢誠，宋之何承矩、劉綜、歐陽修、范仲淹、耿望、張浚、吳玠、虞允文，明之太祖、成祖、何福諸人是也。而虞詡之省費一億萬，傅燮之屯田四千營，棗祗之得穀百萬斛，鄧艾之溉田二萬頃，羊祜之粟積十餘年，杜預之墾田萬餘頃，蘇（玲）［珍］芝之歲積數十萬，韓重華之墾田三萬頃，吳玠之歲收十五萬，明太祖之養兵百萬不費民一錢，尤效之大者也。古人言屯田之多益者，漢趙充國言十二利，宋汪徹著十說言之最詳，又如歐陽修、范仲淹、吳充、鄭民憲、陳俊卿、戴弁，遼之耶律昭，金之田琢，明之楊士奇、李秉、葉盛、楊一清、邱濬諸人亦言之備矣。而國朝魏文毅之軍屯疏，孫文定之屯政疏，劉餘謨之興屯疏，艾元徵之軍屯疏，雷鋐之屯田説，言之尤爲詳盡，蓋誠多矣。況以今時勢言之，東南賦重，民力竭矣，重以兵燹，抑又甚焉，況西北則數省旱災，東南又數省水災，兵荒之後能更長供西域之戍餉乎？再以西域之情形言之，地廣而多曠土，則可屯田；寇殲而少居民，則可屯田；勇聚而難遽散，則宜屯田；兵戍而省轉輸，則宜屯田，既屯而戀世業，則防守必力，此尤西域之利也。開財源，弭亂萌，省遠餉，固絶塞，屯田之利大矣，屯田之益多矣。或謂西域多戈壁、少水利，沙漠之地恐不盡可田，固也，然西域雖不盡可田，而可田者正多也，請以古今之屯田西域言之。考之古漢武帝通西域，屯田渠犂，此一證也；昭帝又使鄭吉屯田車師，此二證也；又使常惠屯田烏孫，此三證也；又甘陳、傅介子俱屯塞下有功，此四證也；又宣帝時趙充國屯田金城以制西羌，此五證也；又明帝時屯田伊吾，此六證也；又順帝時韓浩復屯西域湟中，此七證也。此考之古西域可屯田之證也。再考之今，《大清會典》已言西域之烏魯木齊、伊犂屯田矣，又乾隆中御史范咸屯種疏請於西域之安西行屯田，又陝西總督文綬請實邊屯疏言，烏魯木齊所屬之吉木薩特、納結格爾、昌吉、瑪那斯諸處屯田甚多，巴里坤所屬之奇台木壘諸處，水土肥美，營屯相望，哈密泉甘田闢，此可證今之西域，亦宜屯田也，又況近時田疇之闢，更甚於前哉。或謂烏魯木齊、伊犂、巴里坤、安西、哈密諸處有水可田，若今戡定之喀什噶爾諸地，恐沙漠不盡可田也，不知西域之田與内地異，灌田可仰雪水，《西域聞見録》言天山積雪冬夏湧流，散於各城，以資灌溉可證也。又文綬疏亦言安西、哈密之田，藉雪消引灌豐收，又可證也。蓋天山萬里，又名雪山，積雪消時，山南山北皆西域地，皆可引以灌田矣，在屯田時，多開渠以引雪水，無地不開渠，卽無地不可引雪水，何患無水哉。且夫綜西域之全境以論屯田，豈但烏魯木齊、伊犂、巴里坤、安西、哈密可屯田哉，可屯之地多矣，卽哈什噶爾何嘗不可屯田哉？請分西域全境，天山以北、天山以南兩路之地，以論屯田，論天山北路西域地，昔人謂嘉峪關外西域地沙磧千里，乏草絶人烟，而今之西域地則不然，如今之安西州卽古疏勒國也，而已設州縣，引雪水灌田慶豐收矣。再西九百里爲哈密，已産穀麥矣；再西三百里爲巴里坤，昔時苦寒，六月飛雪，今兵屯聚，天時漸煖，亦産穀麥矣；又設宜禾縣，以地宜禾也，若烏魯木齊則以流犯墾荒，而田疇日闢矣；伊犂之他爾奇烏、哈爾里克則以緑旗兵二千有奇、流犯千有奇、屯田回民六千户，又墾田而田疇愈闢矣；又如塔爾巴哈臺亦設漢兵千有奇屯田矣，此天山以北已屯田諸地也，而山北他地可類推矣。進論天山以南之西域諸地，闢展則田肥沃而多穀麥矣；哈喇沙拉則水甘田肥，亦宜稼穡矣；庫爾勒則亦産稻米二麥矣，庫車雖無井泉，天常終歲不雨，而民已開渠引雪水灌田，常豐收矣；沙雅爾則地宜粳稻矣；烏什則已有漢兵千人屯田矣；阿克蘇則土田廣沃，穀麥麻荳繁滋矣；葉爾羌則産粫穀，甲於西域矣；和闐則土田平曠，沃野千里矣；至於喀什噶爾地極膏腴，常屢豐收，則亦極宜屯田之地矣；此天山以北西域地，皆可屯田也，非臆説也，《西域聞見録》可覆按也。夫西域自乾隆欽定以來，雖已屯田，然滿兵不屯田而漢兵屯田，故戍兵多而屯田少，歲費內地銀五十萬，迄今百餘年，已費至數千萬矣，漏卮之出伊於胡底。況今初平喀什噶爾，慮荒田既多，耕民愈少，則將有錢無從易食，使遠勞轉運，則道遠費繁，故屯田一石可當轉輸二十石，此方今之急務也，惟酌地與屯，則地皆生穀，人盡歸農，不煩內地之轉輸，可固遐荒之防守，增立衛所以將統之，更設郡縣以官治之，誠富之而更教之，使恆產而有恆心，此億萬年長治久安之至計也。或謂唐宋以後，兵農之分久矣，屯田雖寓兵於農，而宋之陳恕嘗言不可行。康熙中蜀督更嘗疏言其不便，沈玠《屯田議》，盧紘《屯田議》並言得失參半，則恐屯田未必盡利也，不知內地不可行而西域自可行。內地太平時行之不便，西域戡定後行之甚便也。蓋內地少閒田，西域多曠土，故可行，內地太平時地皆有主，西域戡定後地多無人，故行甚便也。至於得失，在立法良、用人當，又因時因勢而行之，則卽有得無失。今西域初平，而興屯田正因時因勢而乘機行之，誠更法良人當，可決有得無失也，如慮兵不知耕，則有募民之法，考之《會典》，西域有兵屯亦有民屯，《會典》第八十卷言烏魯木齊、伊犂屯田，用綠旗兵，官給地畝、籽糧、口糧，歲穫悉以輸官，留充兵餉，此兵屯也；又言移駐伊犂之回民，設伯克掌其耕種畜牧之政，此民屯也。今似宜兵屯、民屯兼行，而兵不知耕者，聽其募民代耕，且夫今議西域屯田，宜兼用兵屯民屯，而更宜兼用勇屯，凡練勇募易散難，募則爲勇，散之卽盜，以游手而無業，習戰而好殺，一散則年產無食，飢寒迫之，党羽助之，小則盜，而大則變，必然之勢也。惟屯田卽是予以恆產，將顧身家而不輕犯法矣，是爲勇屯。至於民經亂後，室家蕩然，授田使耕卽是生路，又如降回歸正，亦令墾荒，分散羈(糜)[縻]，自食其力，上體天地好生之德，俾永感朝廷豢養之恩，而又惠而不變，可永消也，是爲民屯。兵更有功，倍與之地，將弁則什百焉，予爲世業，皆有恆產，疇不樂從？或將弁仰體上意，識大體，仿郭汾陽躬耕百畝，以爲之倡，則錫銜進秩以風勵之，兵則或自耕，或募民耕，悉聽其便，墾荒多者受上賞，是爲兵屯。昔明太祖命沐國公平(愼)[滇]黔，卽留其弁兵，設衛所，立屯田，故戍不須餉，最爲善策，所以養兵百萬不費民一錢也。今如兵屯、勇屯、民屯三者兼行，如是則西域無曠土，無坐食，財源開，亂萌弭，遠餉省，絕塞固，利大益多。而或乃終泥陳恕之說，課兵久仰食，忽使冬披甲而春執耒，恐變生不測，不知無慮者也。我朝屯田，有兵受田而轉募民耕者，無慮兵不知耕，激而生變也，況官爲予籽種、假農具、貸資本、籌耕牛、授恆產，則感之深矣，又何變乎？又寬以數歲起科，輕以定賦額數，則趨者衆矣，不出十年，西域之田同於內地者十八九矣，且烏魯木齊、伊犂國朝已興屯田，兵何嘗變乎？未可執陳恕之言而因噎廢食也，惟興屯須費，而帑藏未充，恐籌費爲難，然爲一勞永逸之計，則似費而實省也，方今時勢，西域情形，屯田似緩而實急。

清・何良棟《清經世文四編・屯墾・苗疆屯田議論》 屯田之議，始於漢之鼂錯，詳於趙充國，漢名臣如馬援、王霸、諸葛亮皆嘗屯田，魏之棗祗、鄧艾，晉之羊祜、杜預，北魏之李彪，北齊之蘇珍芝，隋之趙仲卿，唐之郭子儀、李泌、李絳、王起，宋之歐陽修、范仲淹、張浚、吳玠諸賢，皆嘗仿行。考漢及魏晉屯田，皆軍屯軍耕，唐之屯田，軍屯而募民耕之，易其名曰營田，宋屯田仍軍屯軍耕，元則分軍屯民屯爲二，此歷代屯田之大畧也，而非所論於苗疆之屯田貴州苗疆也。伏讀《大清會典》第十卷言各省屯田而獨不及貴州之屯田，是《會典》未言苗疆屯田也。又考之他書，如魏文毅《兼濟堂集》中之《軍屯疏》，孫文定之《請興屯政疏》，盧紘《四照堂集》中之《屯田議》，沈玠《秋巖文選》中之《屯田議》，雷紘《經笥堂文鈔》中之《屯田說》，《皇朝奏議》中劉餘謨之《墾荒興屯議》，《贛州府志》中之《屯田考》，亦皆未及貴州屯田，是諸書亦未及苗疆屯田也。惟康熙中刑部尚書艾元徵《軍屯省餉疏》曾論及雲貴屯田，疏見於《皇朝奏議》，其畧云滇黔以平定獨後，戍兵視前代不啻加倍，雖尚有故明沐英世守田產，不足供今多兵之贍養，又爲永歷以養兵多致民重困，我兵不多於永歷時，且藩下壯丁已照分旗圈給田土，其食用自應卽於田土中取足。今止是備查邊荒，分兵墾種，務期足用，當亦無難。其各營綠旗官兵，查附近荒田，令其墾種，則不但地無遺利，亦古人善守門戶者守藩籬之意。然要在藩鎭心力一，庶滇黔之協銀可盡省也。按艾司寇此疏上於康熙十一年，其時吳三桂開藩滇黔，想事不果行，故乾隆中之《會典》，於貴州猶未列屯州也。今請以身歷者言之，余遊黔十餘年，詢其土著之久者，僉曰祖籍江南，或曰鳳陽，或曰南京，如是者十有八九，異之，及覽其族譜，則其祖皆明初洪武時之衛所官衛所兵也，以沐國公平黔而著籍焉。蓋明太祖以沐國公既平黔盧班師，而將與兵之難於安置也，乃卽黔設立衛所，駐軍屯田，授田爲世業，措置善而消患於無形焉，此英主之至計也。迨我大清平黔，衛所多改爲郡縣，屯田漸變爲民田，復以荒田多而墾田少也，緣黔地跬步皆山，山田盡是石田，土薄地瘠，無水利無水庫，山田仰於天雨，不雨卽田荒，故新墾絶少。雍正中乃有新墾永不起科之恩旨，以之勸農，著爲定例，於是民苗鼓舞，墾者漸多，今則絶少曠土矣，今大抵苗田半而民田亦半，此屯田變爲民田、苗田之大略也。　今乃議苗疆屯田，事恐難行，蓋在艾司寇上疏之時，爲康熙初年，其時國初版圖之定未久。　兵燹之後，田多荒蕪，無主事原易行，卽平定逆（璠）［藩］之時，亦尚易行，今則難行矣，承平日久，田皆有主，地少荒蕪。　當初或軍逃田荒而墾爲民田，或軍貧田售而變爲民田，今忽欲奪民田爲屯田，民既不甘，如欲購民田爲屯田，兵亦不肯，強兵學農，兵心既不願，募民代耕，兵力又不能，買民牛以耕，兵力復不能，借民牛以耕，民心又不願。　非若明初定黔田皆無主，授兵以耕，卽爲世業，官與兵無不樂從也。　今則情勢既殊，不可以前明例今矣，今田有主無從籌田屯田矣，故苗疆屯田似今已難行矣。　況屯田之利，固歷代名臣多行之，而行之不善，亦有流弊。　宋之陳恕、虞奕、耿望、范雍皆已歷言其弊，張浚亦覺其弊，而我皇朝康熙十一年四川提督更嘗上《營兵屯田不便疏》，況苗疆屯田既難奪民田，且恐開苗釁，似屬未可遽行耳。

《清奏議》卷六五福康安《議新疆屯田説》　查新疆底定以來，【略】屯田一事實爲邊防善政，自當妥協奉行，冀垂久遠。　乃臣莅任後，留心訪察口外事件，聞各處屯田，因頻年分數加增，致兵力頗形竭蹶。　但事出傳聞，殊難憑信。　適於七月間新任鎮迪道翰圖赴任，臣知其人誠實可靠，隨面諭抵任後確查情形據實稟復；　嗣於十月內原任鎮迪道德爾炳阿丁憂回旗、過省謁見，臣詳加訊問，據稱：　新疆屯田收成分數，烏魯木齊等處較伊犁不同，原以地有肥磽，難以一律。　檢查道署案卷，歷年瑪納斯、濟木薩等處兵民爭水之案紛紛，皆由地多水少，水足之處每得豐收；　水乏之處，不免歉薄。　向來管屯田員具報分數，俱係裒多益寡，通盤核計詳報，其實兵丁內每有終歲勤劬，不能足額設法彌補者；　近復加增分數，官則恐懼處分，兵則畏受鞭撲，以不可逆料之收成，先定以必不可少之分數，彌形竭蹶。　聞上年具報收成十七分有零，兵丁內尚有賠累等語。　嗣於十一月初間，翰圖稟到，據稱：　每兵一名，原額止種地二十一畝，因分數加增，遂暗加種至三十畝；　近經復行加增，每名加種四五十畝之多。　一名耕二兵之田，勢難照料，聞有扣餉雇人幫種者。　倘收成仍不及額，即以應關食米扣抵，或令設法賠補，遂不能贍給妻孥。　是加增分數，徒滋兵累等語。　適前署烏魯木齊都統圖思義回京過省，臣復於接見之時，詳加詢問，所言與該道等所稟無異。　以此互相參考，似屬實在情形。臣伏查新疆各處屯田分數賞罰章程，原議伊犁每兵收穫細糧至十八石，烏魯木齊每兵收穫細糧至十五石者，官員議叙，兵丁加賞；　伊犁收至二十八石，烏魯木齊收至二十五石，叙賞倍之。　其伊犁收穫十五石以上，烏魯木齊收穫十二石以上，準其功過相抵；　不及者，官員議處，兵丁責懲。　其塔爾巴哈台、烏什、古城、吉布庫、蔡把什湖、牛尾湖各屯，照伊犁之例，哈喇沙、巴里坤照烏魯木齊之例辦理。　嗣於本年三月內，復經原任都統海祿奏準古城、吉布庫二處收成分數報至二十四分，濟木薩報至二十分，如再能加增，照依犁二十八石之例從優叙賞。　其提標中左右營，瑪納斯、庫爾喀喇烏蘇、精阿等處交至十五石以上者，僅準功過相抵；　交二十石者方準議叙得賞；　交至二十六石者，方準從優叙賞。　即巴里坤、吐魯番、塔爾納沁等屯，雖不能一律照辦，亦不便相沿舊日分數，均須比較上年分數加增至三四分以上者，再爲請旨議叙給賞。　此向來定例及以後加增之原委也。

　臣查伊勒圖原定賞罰章程及海祿續請加增分數，其意原爲裨益倉儲、多收糧石起見。　惟是土地有肥磽，水泉有盈絀，均非人力所能爭。　一兵承種地二十畝，期以二十八石、二十六石之豐收，在內地大有之年，收成尚罕至十分，今口外地畝轉報至二十分、二十四分，此必非二十畝地力之所能，勢不得不暗爲加種。　以一兵種二兵之地，又非一人力作之所能，其勢不得不加夫幫種。　於是扣餉雇人，在所不免。　迨耕種之後，在地肥水足之處或可及額豐收；　而地瘠水少之區，仍自收成歉薄，屯員顧惜處分，自必虛報分數；　兵丁懼干責處，又必多方彌補，既將加賞鹽菜銀兩貼補賠賞，又將應關月餉，存倉扣抵，甚至終歲勤劬，無以養贍家口，殊非所以仰體我皇上軫念邊疆、惠養士卒之至意，只因各處辦事大臣每年積習相沿，止報收成加稔，并未將兵力拮拘情形縷陳聖聽，竟至下情壅於上聞。　況原定分數章程已虞竭蹶，今乃復議加增；　向之準叙賞者改爲功過僅堪相抵；　向之功過準抵者，改爲議處議責，似此年復一年，殊屬不成事體。　且設兵原爲操防，如果兵力從容，則稼穡之暇，仍可隨時訓練。　若以一歲之力，尚不足收成之數，更何能復有餘力以事操演！　行之日久，將使兵盡成農，所設營伍亦屬有名無實，更非聖主整飭邊防之遠計也。

再濟木薩等處廣招內地民人開墾，期於膏腴日辟，歲穫豐登，【略】今地有餘而水不足，非但兵民爭水，訟牘紛煩，抑且兵丁加占之地愈多，即民人承墾之地日少，此等戶民，原爲種地而來，并非土著，如地畝不敷墾種，即現在戶民尚恐其或散，更安望將來再有加增。倘數年之後，烟戶漸稀，人民漸少，更與新疆無益。至口外地方，如果有每年必須廣收糧石以備官兵口食情形，則又不得不另籌辦理。今即以烏魯木齊、瑪納斯、濟木薩三處而論，每歲屯兵口糧需三萬餘石，就去歲屯田收穫九萬石有餘，是一年所收，已有屯兵三年之食。況烏魯木齊所屬現存倉貯截至四十八年年底，共有京斗糧八十餘萬石；而伊犁四十八年奏銷冊報，亦存貯各色糧五十四萬餘擔，均可無虞缺乏，似不必強兵丁所不能，屢增分數。況每年加報收成，鮮能及額，究與邊屯實政仍無裨補，殊非核實辦公之道。請旨敕交伊犁將軍、烏什參贊大臣、烏魯木齊都統，將各處屯田分數據實查明，酌量情形妥協議奏。

《清奏議·富俊〈盛京屯政章程疏〉》 盛京將軍臣富俊等跪奏：爲大凌河馬廠曠地四年試墾完竣酌擬章程恭摺奏聞仰祈聖鑒事。竊查大凌河西廠，東界曠地，前經臣富俊與前任將軍和瑛遵旨劃定界址，乞立封堆。招集附近居住之錦州旗丁，自備牛糧籽種布種，每年每畝徵穀一升，交錦州旗倉收貯。於嘉慶十八年起，分作四年加墾，得熟地一千頃。俟開墾全完，丈量頃畝實數，照直隸旗租之例升科。奏奉諭旨：遵照辦理。嗣後於嘉慶二十年欽奉上諭：內開，慶惠奏稱，大凌河西廠東岸一帶原定試墾十萬畝，界址之外尚有東南一隅，堪墾之田約可得一萬餘畝。其地向係牧放不到之區，請令一律試墾。即分定界址，撥給錦州所屬兵丁、牧丁、閑散等領種。應交倉穀等事，俱照前定章程辦理。著勘議。具奏。等因。欽此。當經前任將軍晉昌派員查明，共有堪墾閑荒一百頃三十畝，分定界址，撥給錦屬旗人、牧丁分領試種。自嘉慶二十一年起，分作二年開墾成熟。所有徵穀各事，俱照前定章程畫一辦理。具奏。奉旨。依議。欽此。欽遵。各在案。查大凌河原定試墾地十萬畝，已於嘉慶二十一年秋後試墾全完，四年期滿。前因地畝被雪朦漫，壠迹不辨，未行查丈。其續墾之田，今秋亦屆期滿。隨經扎據錦州協[領]愛明阿報稱，勘得大凌河廠荒東至莊頭官地，西至大凌河，南至海濱，北至孫家山，照冊按段履畝查丈，除原約墾十萬畝之外，仍浮多地三千八百三十八畝一分。又，勘得續墾原額地一萬三十畝外，仍有浮多地一百八十畝八分。復在試墾原定四至內，坐落大窪、小榆樹、滿井子等處，共查出堪墾夾荒一千八百七畝二分，連原墾續墾地內，滋開浮多共地五千八百二十六畝一分，一并招佃領種輸租。惟是此頃地畝磽薄沙(減)[鹹]者多，且係久曠。馬廠濱臨大海，雖已墾熟，產糧無多。若照直隸旗租升科，恐旗丁力形拮据，轉致苦累與生計無益等情造冊呈報。臣等恐有不實不盡，隨選派廣寧防守尉吉勒占會同錦州協領復加詳查，與協領愛明阿前報地數并地畝情形，均屬相符。臣等覆核無異。伏思大凌河此項試墾地畝與養息牧試墾地畝事同一體，既已查明地脈多係沙(減)[鹹]磽薄，并非膏腴之田，若照直隸旗租之例升科，則所獲餘資不敷交租之用，丁力勢必拮据，實於生計有礙。合無仰懇天恩，請將大凌河試墾地畝照依奏準養息牧試墾荒地，每畝租銀四分，以舒丁力。以仰副皇上惠愛旗僕之至意。再，自試墾之年起，其原墾續墾各地畝，除未完穀石外，現已徵收穀一千七百八十餘石，并無用項。在倉存貯年久，潮濕薰蒸，難免不無霉變，應請責令錦州協領照依奉天出糶倉穀之例，按時價酌減十分之三出糶。此項銀兩解交盛京戶部銀庫，另款存貯，以備應用。至歷年應徵穀石，均係旗丁之各該管官催徵交納，造報考成，今屆年滿，改徵租銀。其原墾之地應於二十二年起科，續墾之地應於二十三年起科，續行查出浮多滋生并堪墾夾荒各地，應請勿庸徵穀，即於二十三年起科，一律徵銀，以歸畫一。所有徵收租銀，仍請責令各該管官作爲承催，錦州協領擬爲督催，分別完欠，議叙議處，彙總造報。考成所收租銀，應由該協領解送盛京戶部銀庫收貯，以昭愼重。再，此項試墾地畝遇有水旱等災，即照養息牧試墾地畝之例，查明分數，分別蠲緩不賑。如有水冲沙壓不能墾復者，或翻起沙石不堪耕種者，令該佃戶呈明，該管官親往查驗據實結報，覆查銷租，將地畝封禁，以杜影射重開之弊。成熟地畝，儻有奸滑旗佃希圖微利私自典兌出賣者，照盜賣官田例治罪撤地，另佃追價入官。臣等除將委員所呈地冊分送戶部、盛京戶部備查外，理合將試墾地畝完竣酌擬章程各緣由，恭摺奏聞，伏祈皇上睿鑒。訓示遵行。

清·唐訓方《唐中丞遺集·條教》 爲招徠墾荒以拯民生而濟軍食事：照得皖北被賊蹂躪，已逾十載，小民非死即徙，十去七八，凋敝情形，不堪言狀。【略】本署部院總統師干，剿賊是其專責，而尤以撫民爲第一要務。【略】現在勉籌經費，購買牛種，先於大營附近二十里內，查出無主之業，派撥親兵，試辦屯墾。另設善後屯墾總局，爲爾民淸丈田畝，籌備籽種，以期漸爲開墾。【略】所有屯墾條款臚列於下：

一、在臨淮設屯墾總局，鳳陽、定遠各設分局，由委員會同地方官認眞經理，即以開墾之多寡、收成之歉盈爲考課之殿最，庶責有專成而無推諉。

一、事當經始，委曲繁重，每局須由地方官保出公正紳耆數人幫同料理，凡佃戶領田、領牛、領種，均由局紳承保； 有將田地抛荒及私行典借者，惟局紳是問。

一、開墾荒田，由地方官先行踏勘，從某處起，至某處止，丈量四至，共計田若干畝，須牛若干頭，種若干石，其來領者開具領狀，注明年歲，由分局驗明，送入總局，察其人力之多寡，予以荒田、牛種各若干外，每領牛一頭，折付農具錢三千文，給照收執，仍逐細登入底冊。

一、穀種收存總局，惟耕牛另設棚塲派夫牧養，務令一律肥壯，牛價毛齒須逐細編號，號登一簿，并將某人領某號牛注明，以備稽查。

一、開墾原係荒田，不準以熟田蒙混請領，尤不準借勢侵占已熟之田，違者并究。

一、凡領牛種時，將原買牛價若干，穀種若干，於領狀内分晰塡明，分限三年，帶繳牛價本，扣還原種。如逾限不繳，責原保人賠還，仍將所領之田收還，另佃耕種。

一、牛歸各佃自行牧養，三年繳價之後，聽其自便； 三年内如私行出賣，從嚴究辦。如因病倒斃，必須報明請驗，若不呈報，即令賠補。

一、初行開墾，需工必多，即使播種有收，亦較熟田有間，自應酌量收糧，以紓民力。當秋成日，即委各員偕同紳耆履畝估計，以中熟爲率，歲收一定，各畝皆同。第一年官收田租十分之三； 第二年十分之四； 第三年田已成熟，即行平分。倘遇水旱偏災，隨報局勘辦酌量減收。

一、有力之家不領牛種情願領田開墾者，亦準領田一百畝，總局另立一簿，納糧時第一年官收十分之三，第二年平分。

一、難民還鄉認田者，或有印契可憑，或有鄰右可據，即將附近荒田如數撥給，一體借給牛種，分年繳還，應令完納正賦。

一、田畝遼闊，往來耕種維艱，宜相度地勢，令佃戶自立小堡，每堡以五十家爲限，不準增多，寓屯於墾，即以墾爲屯，其間相距或五里，或八里，以期聯絡聲勢，互相保衛。

一、本地連年兵荒，逃亡病故十去七八。今擧行開墾，若專用土著之民，則地廣人稀，抛荒仍多； 如有外來客民情願領田耕種，取具的保，由總局察驗實係安分農民，一體借與牛力籽種，準其開墾，其繳價收租，較土著之民一律辦理。

一、凡耕種收穫，各有節候，印官各委隨時督課，察有怠惰失時者，立予責懲； 其勤力不倦者，亦時予嘉獎。

一、各局共收租穀若干，均報明總局詳報，存儲局内，以憑接濟軍餉，并變價添買牛隻； 如殘冬稍須賑濟，由地方官另行籌辦，不準動用此項。

一、領田各戶耕種三年後，原領牛種業經繳淸，果能勤樸力耕無他過犯者，應準給爲永業，升科納糧，以符舊制。

一、勇丁開墾荒田，準一律發給牛種，由營官具領。如本年蒔插後有的實田主認田者，俟秋收後將田交地方官歸還原主，其牛亦交地方官責令承領，按年繳價。如勇丁移營他處，其牛仍交總局； 或願留耕種，亦準作爲永業，升科納糧。

清・王延熙《道咸同光奏議》卷二九銘安《派員查丈荒地緣由片》 吉林地方遼闊，管轄難周，各處隙地均經流民私墾。奴才銘安於前議奏四條内，擬請查放荒地。嗣復奏明，俟馬賊稍平，次第興辦，均已仰蒙兪允在案。查阿勒楚喀所屬馬延川地方，兩面大山橫寬數十里，自北面山口直達南山，亘長二三百里。其中土地沃饒，開墾幾遍。從前以險峻難通，在官兵役，從未查禁驅逐，致民人愈聚愈多。近年公擧頭目，名宋士信，議立條款，衆民受其約束，均以墾地捕牲爲業，無敢爲匪，各處逃賊亦無能入其邊境。但該民目等，雖未擾害地方，而聲教不通，竟同化外，若不妥籌安撫，養癰成患，甚屬可虞。自奴才等派兵搜山，該民目恐干查究，頗有畏心。曾赴統帶吉勝營勇隊副將哈廣和軍前，呈請丈地升科。彼時奴才以該處民人獷野性成，必須示以兵威，方能服其心志。諭令隨同剿匪，贖罪自效。前據署阿勒楚喀副都統富和咨，該民目屢立戰功，復請委員查丈地畝，按則升科等情。前來。查馬延川民目宋士信等，既無擾害地方情事，亦無爲匪案據，自應一視同仁，乘機化導。又阿克敦城一帶，亦有私墾地畝，前經派員履查，據該旗民各戶呈墾領業升科并願補交荒價等情。現在賊氛漸息，亦應將私墾地畝查丈升科，妥籌善後事宜。奴才等現派候選知州書瑞，總辦馬延川地畝軍務，督同各員將荒熟各地逐段勘丈，熟地給原墾認領，荒地招民承墾。均即編造戶口清冊，以憑查核。并派副將哈廣和，督率吉勝營練勇前赴該處，會同書瑞相機撫馭，妥爲辦理。如有抗違不遵者，立即嚴拿懲辦。另派分省補用知縣趙敦誠等，前往阿克敦城一帶，亦將旗民私墾地畝查明造冊，均令分別荒熟，限年升科。領地之戶，自赴各委員按人名給照，不準攬頭包領，以杜把持而免爭競。先於各該地方張示曉諭，俾令各安生業，聽候委員設局查丈。其應收荒價，俟該委員等察看情形，稟明酌定，再行奏明，出示遵辦。至蘊梨廠展拓之地，前已奏奉諭旨，準民認領。現在委員不敷分遣，應俟查辦號荒之候選通判王紹元，將號荒換照收損各事辦竣，即飭就近帶同各員，前赴蘊梨廠，會旗勘立封堆，再將所展之地，勘丈給照。一切章程亦按此次定章辦理，以期畫一。再，奴才銘安另摺請設廳縣各官，以資治理，如蒙聖裁允準，將來創葺城池、建立衙署及一切未盡事宜，應設善後局。所有各項經費并查地委員薪水、車價、地局費用，需項浩繁，尚須另籌巨款。此次放地所收押荒，請專歸善後局動用，統俟善後辦竣，由奴才等專案奏銷，以免轇轕。

清・王延熙《道咸同光奏議》卷二九恩澤《請開訥漢爾河閑荒疏》 竊準布特哈副都統業普春咨，據八旗協佐等官呈稱，城地皆山場，所屬旗丁向以牧獵爲生，歲有貢貂之役。近因各城開荒開礦，接界之山多有居人。人衆則牲稀，牲稀則所獲漸薄，糊口無計。東西百餘里，南北八十餘里，其間山獸已少，荒曠無益。除去溝窪，約可墾地四十萬晌，若能相繼推廣，日後尚可加多。應即分段丈量，畫并分區，放給本屬旗人承領。惟時值邊防緊急，旗人差務殷繁，領地自墾，力殊未逮。擬請援照通肯克音章程，招民代佃。民納課糧，旗供正賦，仍由官爲立契，永不增租奪佃，使旗民互有恆產。又丁戶失業，已甚貧苦不堪，若須交納押租，亦恐未逮。并請參仿光緒二十年間，前護將軍增祺勘丈山荒，撥安巴彥蘇蘇、北團林子兩營旗屯章程，免交押租，但繳經費，以期輕而易舉。放竣之後，編定保甲，即歸本處官兵分界管轄，并無庸另設衙署等情，繪具圖說，咨轉前來。伏查該城生計之艱，近已日甚一日，加以歷年災歉，糧價奇昂，困迫情形，殆難言狀。奴才等叠次設法調劑，告以坐食之不可，勸以地利之宜興，顧習俗狃於便安，未遽悟也。茲竟翻然變計，自請開荒，實屬窮變通久之會。至請招民代墾，核與通肯克音成案相符。其僅納經費，免交押租，亦與巴彥蘇蘇、北團林子兩營所辦無異。朝廷體恤旗僕，似不妨優予恩施。而該處屯墾一興，民有定居，保甲團練之法，自可以次舉辦。五年以後，能如一律開墾成熟，計此毛荒四十萬晌，折合七成，實地二十八萬晌，即應歲徵入租中錢十六萬八千吊。是邊防與餉糈兩者均有裨益，尤爲因時制宜之道。如蒙俞允，當即飭局將出放通肯各荒章程暨光緒二十年間撥安巴彥蘇蘇等營旗屯章程，抄行該副都統衙門，酌擬辦法咨由奴才等覆核妥協，再行咨部辦理。除照該城寄到原圖摹繪，進呈御覽外，所有據情請開布特哈屬訥漢爾河閑荒緣由，謹具摺恭陳。

清・王延熙《道咸同光奏議》卷二九延茂《琿春三岔口招墾總分各局擬難遽議裁并疏》 竊準戶部咨開該部奏請將吉林招墾各局委員人等酌量裁留及生熟地畝速行招墾一片，光緒二十三年十一月初二日奉旨：依議。欽此。欽遵。查原奏內稱吉林三岔口、琿春等處招墾各總局，穆(棱)[棱]河、五道溝、南岡招墾各分局委員、司事、書役、獵戶、聽差等，歲支銀七千六百餘兩，用款多而成效少，請旨飭(卜)[下]該將軍趕緊切實整頓，酌量裁并，分別去留。一面速行勘丈招墾，其如何辦理情形，專案奏咨，以憑查核。等因。咨行遵照。前來。伏查吉林招墾各局創設二年有餘，原實邊之中，兼寓籌餉之意。奴才於二十二年六月到任後，因設局處所均在沿邊一帶，距省窵遠，稽察難周。當經於是年十月因奏請開辦蘊犁廠、方正泡等處荒場，於省城設立墾辦總局。案內聲明，體察情形，酌量歸并去留在案。嗣將該局總理各員陸續撤回，另委妥實可靠之員分往接辦，諭令清查已墾之地，續丈未放之荒。俟經理一年後，察看辦理情形如何再行核奪。茲於二十三年一年之中，叠據該員等稟報各情，詳加查核，辦理尚屬認眞，額設員司書役，僅敷驅策，并無冗閑。奴才仍恐有不實不盡，復於年終飭令該員等來省面加詢問，詳晰討論，通盤籌畫。并就現在情形兼權熟計，所有招墾各局實有毋庸裁撤及萬難裁撤者，請爲我皇上切實陳之。琿春地方在吉林東南一千二百餘里，地當邊徼。原設總局一處，南岡、五道溝分局各一處，均相距或數十里或二三百里不等。蓋地面防屬遼闊，稽察私墾，催收租賦，專恃總局一處，精力實難周密。每歲薪工各項，共需銀二千餘兩，例由邊餉項下開支。所增租賦，自光緒十二年，由敦化縣撥歸原熟地三千餘晌，每歲徵銀七百餘兩。迨十六七八九等年，計招墾地畝及由敦化縣撥已放荒地陸續升科，已徵至二千及五千兩不等，至二十、二十一兩年，如徵至七千餘兩，均經列抵俸餉，報部有案。該部謂二十年以後，始報琿春南岡歲徵七百餘兩，係專指(敎)[敦]化所撥而言，似未彙總計算。查該經徵大租遂漸加增至七千餘兩，扣抵應支薪餉，尚餘五千餘兩，已於公家大有裨益。且現在續放地畝將次完竣，一俟屆年升科，租款當更起色，未便責爲毫無成效。若必強爲裁撤，恐徒博節費虛名，轉受廢弛實害。此琿春招墾各局毋庸裁撤之實在情形也。三岔口原設招墾總局一處，穆(梭)[棱]河分局一處，向來每年額徵大租銀一千餘兩，歷經列抵俸餉，報部有案，該處員應酌量裁幷。惟該處孤懸東邊，距寧古塔城六百里，至省一千四百里。不但墾民租賦必須設有專局經徵，即尋常詞訟亦須由該局就近收理轉報(搭)[塔]城核辦。現在鐵路興工，經由該處入吉林東境，占用民地，雇用民夫，亦兼資該處屯丁獵戶之力。倘將該局裁撤，勢必另設交涉分局，派委專員，籌添兵勇，以資保護。修工事宜未免所費更多，實不如仍歸該局兼理較爲協妥。幷可將所有(間)[閑]荒勘丈招墾，以期補經費之不足。此三岔口招墾各局萬難裁撤之實在情形也。奴才再四籌思，惟有仰懇天恩，準免裁撤，實於實邊籌餉兩有裨益。至該兩處續丈餘荒，業由奴才飭令趕緊勘放完竣，即將招墾數目、升科年限，造冊呈報，咨部立案。幷飭隨時體察該各分局，如有可以裁撤之處，仍當稟請酌量裁幷，以節虛縻。

清・王延熙《道咸同光奏議》卷二九剛毅《籌議套外躔金等處屯田事宜疏》　竊臣承準軍機大臣字寄光緒二十年三月二十一日奉上諭：巴燕岱領隊大臣長庚奏稱，西北阿勒泰山宜早防守，躔金等處宜開屯田等語，該大臣於邊隘地勢，向稱熟悉，所稱各節，不無可採，着劉錦棠、譚鍾麟、鹿傳霖、剛毅按照該大臣所奏，體察地勢情形，詳細規畫，妥議具奏等因，欽此。寄諭到臣，伏查躔金係屬晉邊，所有議興屯田事宜，自應由臣察度籌辦，當經行知藩臬兩司，暨歸綏道，遵照一面委令薩拉齊同知徐秋馳往履勘，茲據稟稱，躔金即台吉地，屬河北外套，係伊克昭盟所屬之達拉特、杭錦兩旗牧界，西至烏拉河東二百五十餘里，東至烏拉特地界二百八十九里，北至黃河舊道，南至現行黃河，自二百餘里至一百四五十里不等，坐落西北，斜向東南，袤長五百餘里，平川廣漠，一望無垠。正北狼山，池西紅山即黃河舊道，由南北行折而池南、池東之處，則東大佘太什拉干烏拉前山後山，峰巒溱接，氣勢迴合，續而不斷，由西而東漸收就離，此躔金一帶山勢地向之大略也。套外地勢西南高而東北低，溯查康熙以前，河行北道，並無水利，自改行南道，蒙古始令素與交易之商租種分佃，即就黃水衝刷低窪處所，因利乘便，修成渠道，西則躔金計共五渠，東則土人名爲後套，計共三渠，紆迴約二百里，中間支渠曲折蜿蜒，不可啓數。而餘水仍可退至河之舊道，由東北折向西南，繞過烏拉前山之西山嘴，歸入南河，土本膏腴，渠又順利，麥穀粱秫種無不宜，以故山、陝、直隸無業之民，從前承佃到此，均能自立生業，此套外一帶水利土宜之大略也。達拉旗牧界內台吉波羅搭拉地方，道光八年曾奉諭旨，準其租給商種，五年抵還債項等因，欽此。欽遵在案，嗣後續接相沿，奉部文而承種者有之，由台吉而私放者有之，由各廟喇嘛而公放者有之，開墾甚多。至同治初年，甘回逼擾甯夏，躔金附近各商，分立仁義禮智信五社，辦理團練，以資安輯。迨後防勦各軍駐紮防堵，或設臺轉輸，各商分辦運糧，致荒本業，渠道旋壞，不復疏濬，輾轉陵夷，止存一二老名巨商不忍拋棄基業，力耕自給。而土人所稱後套地方，商人其時尚復不少，迨光緒二年遭馬賊蹂躪，不特躔金之僻東西陸者牛壩商號不過數家，即後套左右亦不過二百餘家，頽垣廢堵，觸處皆然。該處土本紅壚，利於澆灌，現今失所既久，土質堅硬，紅柳及織機草枸杞樹等，茂然成林，幾無蹊徑。聞咸豐年間，達旗歲收租銀不下十萬，近歲所收租錢不及三千串文，其空乏已可概見，此拉特旗套外地界，今昔衰旺懸殊之大略也。今若於茲處議設屯政，則險要藉以扼，地利藉以復，蒙旗藉以贍。誠如原奏所云，於時局不無裨益等情，稟請察核，前來臣伏查，躔金一帶地近塞城，遠拱京畿，形勢所關，不獨爲晉省緊要邊防，實亦中外喫重關鍵，誠能及時籌議屯政，無事則固吾邊圉，免爲逋逃淵藪，有事則防敵伺隙，便於控制事機，策誠至善。第該旗牧地，歷經奉旨，準其租種抵債，以及養育閑散備辦公費等項，與他處蒙古無著閑田不同。臣閱伍至薩拉齊之包頭，伊克昭正盟，長固山貝子札那吉爾迪來見，面與籌商，據稱該盟達拉特等旗，聞有是議，率皆懽忻鼓舞，無非私冀開屯後，上可以急上者，報答朝廷之深恩，下可以沾利者，稍裕身家之生計。惟是辦理之初，仍當明示各旗，俾曉然於此舉，固爲彈壓地方，亦爲體恤蒙古，無論如何辦理，必因其俗，不易其宜，斷不使該旗牧界日久歸於民人，蒙無可疑，且有所利，庶一切不致窒礙。且目前議屯先務其要，約有三端：一曰分段。套外西則躔金和永牛壩上下，東則後套、沙忽廟左右，均屬適中之地，於此分爲三段，撥兵一千，躔金正紮三百二道，壩渠以西分紮二百，湖爾廟正紮三百，西山嘴、南哈木爾台、少北分紮二百，且耕且練，西可以聯絡甘涼隴秦之聲氣，東可以聯絡佘太現紮之馬營。每兵一名給田五十畝，計需田五百頃，並給牛種，先就易開之渠，督兵挑修通暢，以後兵農兩便。兵則耕種自食，由營官經理其餘，地畝悉由蒙古商人按照向規辦理，以仍其舊。惟兵屯地段，如西山嘴、哈木爾台、少北等，須就近借撥烏拉特地，其餘各就近借撥杭錦、達拉特地，以資分撥。一曰修渠。套外渠道達拉特、杭錦二旗爲最多，此外則烏拉特中旗界內大佘太昭有山水一道，向來引水澆地，寬窄不過二十里，兩旗界內西山嘴南有珊瑚灣河道，無庸另開大渠，止須於灣之東北建築一壩，多開支渠，則烏拉前山之前全可澆灌。西口界內有烏拉河渠一道，係藉黄河北流舊道之口，引水澆地，係商人自開，各旗領租，若開商屯，應將躔金、後套各渠，官爲修濬通利，其各處舊商界內，支渠仍責成各商修理，務臻一律順暢，以利引澆。如此則商既易於招徠，蒙又多獲租價，將來或再於尋常租價外，酌加商人二成交官，名曰地糧，以資公費，其租價多寡仍由蒙商自行定價，不準抑勒。一曰設官。套外地方，連烏拉特三旗牧界，合算東西袤延七八百里，南北斜寬二百里至三百六七十里不等，蒙地界址，商民不能深悉，向年租種者，往往此招彼逐，致啓爭端。今既議開屯墾，則事務日繁，該處距薩廳甚遠，勢難兼顧，俟辦有端倪，擬另設文武官各一員，駐紮躔金，專理兵屯商屯事務。其設官經費，即取於給地糧二成，免耗公帑，遇有屯兵滋事，即會同營員辦理，如商欠租暨蒙人逐佃，官爲分别訊理，免致構釁。以上三端，不過將見聞所及撮其大綱，至屯墾詳細事宜，必俟奉準開辦時，再行條議具奏。但其間尚有爲難情形，亦不能不先時預計者，是舉也，事屬創始，需用浩繁，庫乏積儲，經費無出，則籌款難，開辦必自兵屯始，口外地方遼闊，現有之練軍均駐要隘，無可抽調，則撥兵難。該處係達拉特、杭錦、烏拉特等旗牧地，必須籌商畫一，方可通融屯墾，則借地難。臣愚以爲欲於此數難中，勉籌辦法，計惟有裁撤樹軍，另行挑練屯軍，以所節之餉，爲開屯之資，庶期兩得。查樹軍歲需餉銀八萬四千餘兩，臣現查照，大同鎮總兵張樹屏查照遣撤湘軍章程，厚給資糧，分起護送回籍，計歲省銀八萬四千餘兩，擬仿練章於大同鎮屬額兵內，挑兵千名，作爲屯軍，歲需薪糧及加練軍餉乾銀二萬八千餘兩，尚餘銀五萬六千餘兩，即作屯費，尚可無庸別籌。如將來屯務得手，屯餉等項均有所出，即將節省樹軍全餉，報部備撥。若夫應借蒙部地段，及招商納租辦法，應請旨飭下伊克昭正盟長並烏蘭察布盟長，轉行達拉特、杭錦二旗，暨烏拉特等三旗，遵照妥議，果無窒礙，或先試辦三年，如有明效可證，即行相地審宜，斟酌損益，著爲定章，無失寓兵於農之意。

清・王延熙《道咸同光奏議》卷二九《請興辦新疆屯田疏》 竊維天下之患，常苦於兵多而餉不足，兵愈多則國愈弱，餉愈多則國愈貧，史冊具在，可考而知。自軍務平定以來，俸祿未復，官已困矣；釐金未裁，商已困矣。京協各餉定有考成，追呼急則農亦困，各處欠餉累千百萬，積欠多則兵亦無不困。夫盡搜括裁省之術，而猶不足以養兵，此臣等所謂夙夜憂惶，靡知所措也。以現在兵餉論之，惟新疆一隅較各省養兵爲多，餉需亦較各省爲重，每年軍餉不下七百餘萬，各省關頻年協濟，竭蹷不遑，偶有不敷，動請部墊，部庫關係根本，且全倚外省解款，支用繁多，時虞不給，萬難將巨款屢行墊出，致誤要需。以現在營勇論之，新疆尚有四萬餘人，不裁則終年並無戰事，遽裁則又恐疏虞，長此不已，坐耗資糧，其患安所底止。況目下各省水患頻仍，海防喫緊，假令協餉提解不前，軍心搖動，在臣部既無可指撥之區，各路統兵大巨又將何以爲善後之計乎？當此時事艱難，臣等彌深焦灼，勉圖補救，實乏良謀，惟有於新疆南北兩路急爲大興屯田，爲當今緊要切務。藉人以盡地利，即藉地利以養人，是有五利焉。新疆軍糧，向由內地運至，哈密分運各城，或於各城設採運軍局分運各處，山谷阻深，道路遼遠，覈計運腳，所費不貲。若興屯政就地收耕穫之利，內地無轉輸之勞，其利一；各路請餉太多，墊款難按期撥解，若興屯政，口糧無憂缺乏，且該處所收糧食，即可劃抵該處餉需，每年當節省銀數十萬兩，足以紓餉力，固軍心，其利二；新疆現收民糧，每年約有三千餘萬石，皆以供支各營，扣抵兵餉，若興屯政，寓農於兵，所收民糧即可改徵折色，用備度支，其利三；兵燹之後戶鮮蓋藏，若興屯政，數年之內必有餘資，糧價因之而平，邊儲亦因之而實，其利四；凡兵以勞而強，以逸而弱，各軍無事坐食，筋骨懈弛，竊恐師老財殫，緩急俱不足恃，若興屯政勞其筋骨，將來趨赴戰場必更勇健，其利五。臣等反覆思維，雖富強之效不能期諸旦夕，而屯墾之事殊難緩於須臾，且修屯政以寔邊陲，非自今始也，古人嘗行之矣。新疆開辦屯田，亦非自今始也，乾隆、嘉慶年間已行之矣。歷代屯政難以繼述，我朝自開闢新疆以來，舊有旗屯、兵屯、戶屯、回屯，成效昭然，遺規具在，可仿而行，豈空言哉。查臣部於上年十月會議新疆善後事宜摺內曾請將屯田事宜，由該大臣等明定章程，奏請諭旨，行知遵照在案，迄今一年有餘，仍未據該大臣等聲覆，臣等懸揣其故，必有三難。一則慮邊地苦寒，西成難必，一則慮軍卒驕惰不習鋤犂，一則慮心力不齊，難歸一致。臣等以爲無足慮也。新疆地廣，間有戈壁，然北地自木壘河起，西抵伊犂，地皆肥潤，種一石可穫數十石，南路八域素稱饒沃，各營駐紮處所，即不能一律，大抵可耕之地居多，不難擇地開墾。前聞俄國山諾爾地方，產糧甚多，曾代楚軍採運，夫以山諾爾偏隅之地，尚有餘糧售買，新疆地大物博，果能勤事耕作，儲積自必豐盈，是邊地苦寒不足慮。昔唐臣郭子儀封汾陽王，自耕百畝以勵軍士，於是穀麥充贍，軍有餘糧，該大臣等若嚴加督課，以身先之，該營弁勇何敢告勞，是軍卒驕惰，亦無足慮，所可慮者，心力不齊耳。心力不齊，坐食者任意優游，力耕者轉扣底餉，人情既有所不甘，各營或因而觀望，相應請旨飭下新疆各路統兵大臣，速議章程，刻期一律，興辦屯政，並須明定賞罰，以示勸懲。嗣後該管營官，以本營收穫之多寡爲殿最，各統兵大臣即以各營收穫之多寡爲殿最，庶幾士皆用命，餉不虛糜，一俟開辦稍有端倪，臣部即爲籌撥款項，續行奏明辦理，所有屯田事宜，謹繕清單，恭呈御覽。

一、各處屯田地方宜豫行籌畫也。查新疆於三年冬收復，前督臣左宗棠即有就地取資之論，遴派委員分投清丈地畝，迄今六年之久，當已丈竣，比次開辦屯田，或因昔時舊屯，或逆回叛產以及零星荒地，皆可耕種。該大臣等應將某境內可墾田地若干畝，迅速查明，報部備覈。一、各營承種地畝，宜分任責成也。查新疆從前開辦屯田之時，每兵一名種地二十畝至二十餘畝不等，現在各營承種必須分任責成，該大臣應將某營認種某境內某處地畝若干，每勇一名承種地畝若干，分晰報部查覈。一、興修水利以資灌溉也。查南北兩路河流甚多，百餘年來水利迭興，尤以故督臣林則徐所修伊拉里克水利爲最著，前伊犂將軍曾奏請加新賦二十萬兩，今查其地在吐魯番、托克遜之間，水田甚廣，故屯田尤以得人爲要。應由該大臣等揀派熟諳水利之員，徧勘地勢，或引河水或濬山泉，若著有成效，準其擇尤保獎，並令久於其任，以資熟手而竟全功。一、農具等項應分別購買修補也。查開辦屯田所有農具，以及籽糧牛隻，皆需經費，或招工匠製造，或由他處購買，或就倉存籽糧撥給，由該大臣等查明某營種地若干，應用各項若干，報部查覈，嗣後添購修補，或動存餘經費，或將收穫餘糧變價津貼，屆時酌度情形辦理。一、收穫糧石應分別扣底存儲也。查光緒八年，烏魯木齊都統咨稱，巴里坤屯地初年耕種除口糧及籽種外，尚餘各色糧數十石，二三年即餘二百餘石，巴里坤係著名寒苦之區，必須歇年耕種，收穫尚能如此，況各處腴區甚多。若每營以一半應操差，一半事耕作，約計每人種地儘可供數人口糧，一俟收穫之時，該大臣等將某營某處實收某色糧若干，除籽糧外，扣抵各營兵餉若干，餘存若干，按年造報查覈，其餘賸糧石，擇揀高燥之地，建倉存儲以免霉爛。一、分別賞罰以示勸懲也。查光緒四五等年，伊犂將軍派官兵在塔爾巴哈台等處屯田，將出力官兵奏請獎勵，其實所種之地無多，且有賞無罰，何以示懲，屯田各營耕作不無勤惰之分，勸懲宜有賞罰之別。嗣後各營中如有收穫最多者，準將將該營官保奬升階，以示優異，收穫較少，查係耕作不力者，即將該營官嚴行參辦，以警效尤，該大臣等均視各營收穫多寡，分別議叙議處。若總辦督辦大臣果能盡心盡力，每年寔能以糧放兵，抵省餉銀數十萬兩者，仰懇天恩，特予格外優賞，其爲數實多者，由特恩錫以世職，以爲廣籌兵食者勸，非臣下所敢妄請，均俟該處開辦定章，再由臣部奏明，會同吏、兵二部遵照辦理。

清·王延熙《道咸同光奏議》卷三一 經額布《籌議調劉雙城堡京旗章程疏》［道光二十四年］，本年五月初七日準戶部咨。以會旗議奏欽差侍郎斌良上年會同臣經額布、署副都統倭什訥具奏調劑雙城堡京旗一摺。於道光二十四年三月初七日奉上諭：前據斌良等奏籌調劑雙城堡移駐京旗一摺，當交該部會同各該旗妥議具奏。茲據將籌議章程分晰核議，該處大封堆外圈存荒地，該侍郎等請撥三萬晌，令附近納丁陳民來春開種。惟念此項地畝雇民代墾，或私行租佃，將來必致悉爲流民所據，移駐旗人轉致無地可耕。見在該處附近納丁陳民，有無外來流民錯雜其間，應如何設法布置之處，亦未據切實聲明。著經額布悉心體察，再行妥議，勿使膏腴沃壤任民佃稍有侵欺，尤不可敷衍一時，致京旗仍虞貧窮。所有抽撥甲兵，添設義學，及一切未盡事宜，著俟奏到時另行核議。欽此。欽遵。咨行前來。臣經額布、薩炳阿恭讀上諭，仰見聖謨廣遠，至慮周詳，實深欽服之至。當即遴派協領亮德烏永額、佐領保慶、驍騎校普徵額、筆貼式全安岱琳等前往雙城堡，逐細確查，訪採輿論。一面咨行阿勒楚喀副都統臣果升阿，就近體察情形，各抒所見，以憑參酌辦理。旋據該委員等查訪稟復，并經臣果陞阿親往查勘酌議數條，咨報到省。臣經額布等悉心籌畫，詳晰計議，謹將上諭指示并部議各條，及原奏闕略暨應變通各款，逐細酌擬，臚列於左，敬爲皇上陳之：

一、奉上諭內，此項地畝雇民代墾，或私行租佃，將來必致悉爲流民所據，移駐旗人轉致無地可耕等諭。查議立雙城堡，撥丁三千名，開地九萬晌。次設新城局，招民三千六百戶，開地十萬八千晌。均按每佃墾荒三十晌奏明，俟移駐京旗時撤出二十晌，留給十晌。此次該堡大封堆外之荒，亦宜照每戶三十晌飭墾，將來亦撤地二十晌，留給十晌，即於認佃執照內載明。是旗得三分之二，佃得三分之一，不致悉爲民占。如該堡續到京旗，自有原留徵租之熟地給領。且請墾三萬晌之外，尚有三萬餘晌之荒封禁。若雙城堡移足一千戶之後，另有新城局之地可以移駐，并有八里荒地二萬八千餘晌毗連新城局，亦資安置京旗。通盤籌畫，似不致京旗無地可耕。至私行租佃，或所不免。第一經查出，照例追地入官，民亦不能占據。臣等以現在情形而論，惟患京旗之不肯種地，不患無地可耕，并無慮流民之占地也。

一、奉上諭內，勿使膏腴沃壤任民佃稍有侵欺，尤不可敷衍一時，致京旗仍虞貧窮等諭。謹查招佃開荒，地有定數，民佃官地，勢難侵欺。如或侵欺鄰地，自有地主不容。若或盜典偷賣，亦有入官之例。是侵欺之弊，似無足慮。至開地收租，接濟京旗，原救一時之急。若論經久之道，則在京旗種地，自食其力，別無他法。該處本係沃壤，一晌之地豐年穫糧八九市石，即以八石而論，每石至賤亦值銀三錢，計三十五晌，得銀八九十兩，八口之家用度綽有餘裕。臣上年會奏後，日夜思維，總以京旗力田務本爲至要。當即擬立告示，勸諭京旗，務習農業。今年正月，繕寫多張，送交副都統會印張貼。并嚴飭該管各官，逐戶勤加勸導，謹録示稿，恭呈御覽。京旗能聽從力田，數年之後，不但可無貧窮，且宜歲有盈餘。若仍溺於怠逸，是自素生成，惟有繩之以法而已。

一、如部議，開地三萬晌，即設一丁可種十餘畝，附近陳民安得二三萬人通力合作，實難保無流民影射，久而占據一節。查雙城堡、新城局屯田，每佃墾地三十晌，此次照辦，不過用佃千戶，一戶四五丁，不過四五千人，無須二三萬人之多。如八里荒共地三萬三千餘晌，查止民佃五百九十八戶，是爲明證。且佃不議多者，爲將來撤地故也。見查大封堆外納丁陳民，雖止五百六十五戶，壯丁一千五百餘名，以男婦大小而論，不下三四千人。且拉林、阿勒楚喀附近陳民生齒日繁，皆少地種，一經招佃，不患無人。佃須的保，又須資本，外來流民，無保無資，并無房井器具，不能未能領地。且本處陳民，亦勢不能相讓影射，占據之漸，實亦無自而開。即有聞風而至者，亦唯傭工而已。故定例不準流民攜眷潛往，實良法也。

一、如部議，近屯荒地八千餘晌，前年據該將軍咨稱，若概令官兵子弟承種，實恐不能開辟，必致無力輸租。今復將此地給三屯屯丁及官兵子弟願種，既與前咨不符，又未將如何設法布置，可令分種輸租之處，切實陳明一節。查此八千餘晌之地，前因該副都統議租參差，且非急須調劑，何必輕開此地？蓋時有不同，非官兵屯丁子弟不能承種也。今則既議調劑京旗，必須京旗自行種地。其無力者之農具資本急宜濟助，以鼓作其氣。應將此荒作爲官租地，不作恆產，聽堡內官兵子弟、屯丁子弟量力認墾，不必拘以戶數晌數。見據該管協領查報，願領此地認種者，已有餘丁并官兵屯丁各子弟四百二十五名，盡可飭令開墾，其租照隨缺地每晌徵京錢五百文，不必加增。此係從前開種禁拋之地，較生荒之工力稍省，起租年分請照原奏，初年交京錢一百文，次年三百文，第三年交全租五百文，共全租京錢四千三百餘吊，由雙城堡協領徵收儲庫。如有京旗能自種地而無農具工本者，即以此項租錢按種地之多寡酌價賞給。以後農具有殘破者，隨時驗補，不必作爲年例。俟種地二三年，不致竭蹶，即行停止。

一、如部議，徵租科則及支銷款項，更應詳察例案，逐一整頓，毋僅據該管官以收支章程稟報，遽準照辦一節。查奏開屯田，原爲京旗不諳農務，故借佃力開墾，俾京旗得種熟地，工力較輕。該佃開荒工本實重，是以從前每晌議徵大租京錢六百文，小租京錢六十文，係爲體恤佃戶起見。此次開荒需用房屋、井眼、牛條、器具，悉令佃戶自備，一概不動官項，佃戶工本較前更重。若議加租，佃力不堪，必將畏縮。體察情形，應請仍照舊章，按每晌京錢六百六十文徵租，毋庸更張，免致辦理掣肘。至支銷各款，惟有嚴飭承辦各員力加撙節，并令該管副都統隨時嚴查，實用實銷，不準稍有浮冒，此時殊難豫議定數。

一、京旗未種地畝宜官爲招佃徵租也。查上年原奏，京旗未種熟荒地畝，議令京旗自行補種，或與餘丁屯丁伙種分糧。茲據該管協領查報，京旗未種熟地，除見已自種外，其有老弱孤寡未能自種者，亦已勸令屯丁認佃代種齊全。其原分荒地，實共未開二千九百一十晌，今已招令屯丁認墾二千二百一十三晌，有未認墾荒地六百九十七晌，仍招令屯丁秋後開齊，來春一律承種等情。應令將此官爲招佃之熟荒地畝造冊存查，熟地次年起租，荒地第三年起租，均按每晌五斗交糧，官爲催收，按戶給領。仍俟地主能以自種，呈明撤回。

一、到屯京旗應一體調劑也。上年查明該堡京旗五百九十八戶，其中衣食可兼顧者三百七十戶，然僅可敷衍，並非一概寬裕。若僅調劑貧窮之二百二十八戶，彼三百七十戶者同一京旗，同一到屯，年久若不與調劑之列，彼必謂伊等勤儉力田，反不如遊手好閑者之坐受其福，可否將此三百七十戶同貧窮之二百二十八戶一律全行調劑，以昭一視同仁之意，或分減半給予之，恭候欽定。

一、開荒起租，年份應變通改議也。查原奏因京旗待濟孔急，故議令開荒佃戶初年每晌交租錢二百二十文，次年加倍，第三年徵全租六百六十文。第查舊章，開荒均至第六年始行起租，且一戶三十晌，丁少之家須二三年方得開全，是當年起租恐阻人佃之心。此次開地，察理揆情，雖不能照舊章曠遠，亦未便如初議之急遽。茲改議來春開地，初二兩年每晌僅收小租京錢六十文，以爲查地、催租飯食紙張之費，至第三年起始並徵大小租錢六百六十文。

一、調劑之項宜先籌備也。查三萬晌荒地大租京錢一萬八千吊，上條既議第三年起租，應候道光二十七年始收租錢。京旗待濟孔殷，今歲即應調劑，自應先行籌款散給。查自本年起，有應徵八里荒大租錢一萬六千餘吊，應勒限新城局於十月內收齊，陸續運送雙城堡協領衙門交收，報明該副都統親臨按戶放給，藉可勸諭京旗安分種地。不敷，若干應舊五萬兩生息備用。調劑京旗項下不足，仍候三萬晌地起租再將八里荒租錢易銀報撥兵餉。其近屯八千餘晌未起租。以前如有京旗肯自種地，應行資給農具工本者，亦先於備用息銀內支給。候八千餘晌地起租起徵，再勸租項如此轉移支放，庶無遲誤窒礙。

一、調劑京旗應以年限也。查此次調劑京旗係因不盡力田，衣食有缺之故。此後責成協領、佐領等官，實力勸導，資以農具工本，京旗自當感發務農，將來習慣，自然可期寬裕。此項調劑請以五年爲止，以示限制，而昭激勸。

一、調劑之錢應分兩次給領也。查京旗習氣未必全能儉約，錢一到手，不免妄費。今議將每戶京錢三十吊，本年十月內放給一半，俾及時添補衣履。其餘一半來年三月再行放給，使種地之戶，可資種地之用。即不種地之戶，亦備青黃不接之需。如此錢歸實用，不致妄費。以後四年，亦宜照辦。

一、佃戶離家遠者，應準搭蓋窩棚居住也。查大封堆外，本處陳民均有房屋。其拉林、阿勒楚喀陳民，有至彼墾地者，應令自蓋窩棚栖止，可省官給房價。

一、彈壓稽查宜專責成也。查該處大封堆外六萬餘晌之荒，由拉林協領專派佐領逐年往查有無流民，年終奏報。今請開三萬晌荒地，彈壓稽查更宜周密。該處原有鄉約三名，應再添設鄉約數名，責令分段稽查，不準外來流民攜眷潛往。仍責成拉林各佐領按月輪流親往確查，藉資彈壓。該佐領往查後，按季結報，將軍衙門查核，歸入年終彙奏一次。該處尋常斗毆詞訟案件，即由拉林協領就近審理完結。命盜等案，仍由阿勒楚喀都統核轉辦理。如此彈壓稽查，斷不致地爲流民占據，且查案亦較周密。

清・王履泰《雙城堡屯田紀略》卷一《上諭》 嘉慶十七年九月十七日奉上諭：賽沖阿、松寧籌辦移駐閑散旗人一事。查得寧古塔東南五百餘里綏芬訶、范家老營等處周圍六百餘里，其中花爾哈等處水木較便，可開地五六萬晌。但離城窵遠，艱於約束，未便移駐，松寧現擬先往拉林踏勘等語。旗人移駐之處，必須有將軍、副都統等就近管束，方可安靜謀生。今花爾哈等處在寧古塔東南五百餘里，旗人移駐到彼難以彈壓稽查。賽沖阿等以該處未便移駐，尚屬曉事。此事熟籌妥辦，總須在三五年之後，該將軍等盡可從容踏勘。如勘有閑荒地畝相距吉林、寧古塔二處不過十里遠近，最爲妥協，即繪圖奏明請旨。若近處無可墾之田，亦即據實奏明，無庸辦理可也。

嘉慶十九年十一月二十六日奉上諭：據富俊等奏預擬試墾章程，請先於吉林等處閑散旗人內挑選屯丁一千名，每丁給銀二十五兩，籽種穀二石，於拉林東西夾信溝地方，每名撥給荒地三十晌，墾種二十晌，留荒十晌。試墾三年後，自第四起交糧貯倉。十餘年後移駐京旗蘇拉時，將熟地分給京旗人十五晌、荒五晌，所餘熟地五晌、荒五晌即給原種屯丁，免其交糧，作爲恆產。并將屯田出入各數，屯丁用款及設官管理章程開單呈覽。此項試墾地畝需帑無多，將來開墾成熟後移駐京旗閑散，與本處旗屯衆丁錯處，易於學耕伙種，不致雇覓流民代耕，啓田爲民占之弊，所議似屬可行，由其單合計十年用銀四萬零五百兩。其試墾之第一年只須銀二萬八千餘兩，即可與辦。著即照富俊等所議，挑選屯丁一千名，由該處備用銀兩撥給牛價等項，公倉內撥給穀種，如法試墾。

嘉慶二十年五月十四日奉上諭：富俊等奏詣勘分荒試墾事竣一摺。拉林西北雙城子一帶地土沃衍，經富俊親往查勘，派員履丈。現擬每屯設立五屯，共屯丁一千名。一切農具耕牛等項已分別採買，於本年備齊，明春一律開墾。并據繪圖進呈，朕詳加披覽，所擬辟屯試墾章程尚爲周妥，著照所奏辦理。該將軍等惟當隨時督察，認眞經理，以期漸有成效。至摺內稱，現在勘之地可備移駐京城閑散旗人二三千戶之用。該將軍等前奏稱，自試墾之第四年交糧起，七年交穀十四萬石，每石約價銀五錢，可得銀七萬兩，除十年用項外，餘銀二萬九千餘兩，十餘年後即可以移駐京旗閑散等語。著該將軍等於試墾收糧辦有成效後，察看可以移駐京旗之時，毋庸奏請，同時幷往，當酌定起數，如移駐一千戶，分爲數年，陸續前往，庶辦理較有次第，貲遣亦易爲力也。

嘉慶二十三年十一月初六日奉上諭：前據富俊奏籌議開墾屯田，幷請查明伯都訥圍場荒地備墾，當降旨及松寧詳查妥議，俟定議後，再行會同富俊辦理。茲據松寧將議開雙城堡屯田章程開單具奏，幷以試墾伯都訥圍場地畝經費不敷，請俟雙城堡屯地陸續升科後接辦。富俊現已調任吉林將軍，着將松寧所議章程再交富俊復加核擬，松寧所定銀數是否豐儉合宜，屯丁得此是否即可養贍家口，盡心開墾，務期國帑可以按限歸補，不致多糜，而於旗民生計亦實有裨益，方爲經久良策。其伯都訥地畝應否酌分緩急次第辦理，該將軍議定，即行復奏候旨飭遵。松寧摺幷清單俱着發給閱看，將此諭令知之。

嘉慶二十四年八月十八日內閣奉上諭：富俊奏請以廢員勸課屯田等語。吉林雙城堡屯田勸課需人，準其以已革知縣竇心傳飭赴吉林勸課屯丁，如三年期滿，著有成效，照直隸辦理營田之例奏明，送部引見。

嘉慶二十五年五月十七日內閣奉上諭：富俊奏雙城堡三屯應增各條款。雙城堡中、左、右三屯移駐屯丁三千戶，兼有眷口幫丁，已成繁庶，所有前議未備之處，自應增定章程，以利耕屯而安生聚。著照所請，每屯添設井一口，仍按前估銀一千八百兩，準其在參餘項下動用支給。其三屯屯丁所有戶婚錢債及爭斗訟事，即著各該佐領呈報協領訊辦。如有人命盜案，報解阿勒楚喀副都統衙門驗訊，轉咨該將軍核辦。雙城堡協領處準其添設無品級筆帖式二員，委官二員，三屯佐領每處各添設無品級筆帖式一員、委官一員，以資辦公差委。即各於甲兵內挑選補放，仍食本身錢糧，筆帖式於錢糧外照例支給米石。其五屯所設之總屯達差務較繁，着各賞戴金項，每人月給工食銀一兩，遇閏增給，亦於參餘項下動支報銷。至三屯領催、甲兵紅白賞銀，各由將軍衙門給發。文移來往，未免稽遲，著準其預支銀三百兩存貯協領公所，隨時呈報給發，年終造冊彙銷，每年俱補足三百兩之數備貯。該協領仍每季將實存之數結報，以憑查核。

道光元年八月初六日奉上諭：富俊等奏雙城堡隨缺地畝請加展生息銀兩以資佃墾一摺。雙城堡三屯協領以下官兵，雖經撥有隨缺地畝，因無力開墾，不能得益。富俊等請添給牛具等項銀兩，著照所請。三屯官兵隨缺地二分，共六千五百六十晌。每地十晌，賞給牛犁等項銀十兩，先於抵補費用參餘項下動支。其前經奏準發商生息銀二萬兩，準其加展生息，三年所得息銀七千二百兩，除歸補參餘銀六千五百六十兩外，其餘銀六百四十兩即準其添補中屯農器。富俊等即責令該員弁等趕緊佃墾，勒限三年，一律開齊。如有推延，分別參辦。其另片所奏，連蓋房屋之砍木兵亦着照所請，將原派之阿勒楚喀、拉林兵二百名內減派百名，於吉林、伯都訥、烏拉共派兵百名，寧古塔、三姓共派兵百名，遞年與原派兵百名合一，百名輪流赴山砍伐，以均勞逸。其所議移駐在京閑散給車借餉事宜，俟屆時該將軍等再行具奏，另降諭旨。將此諭令知之。

道光二年六月十六日奉上諭：據松箖奏遵旨查勘雙城堡屯田情形摺內稱，雙城堡此次開墾屯田，中屯一千丁，多係旗丁自行耕種，其雇覓民人幫工及分種者二十一戶，雖無私行租典之事，惟間有在封堆內攜帶家眷者，請旨飭禁等語。著富俊即行出示嚴禁，以杜民占旗產之漸。至另片所奏，查勘伯都訥圍場現在封禁，立封堆四百一十個，委無民人在內私行開墾之處，幷著富俊隨時查察，嚴禁私墾，無得日久疏懈，致滋流弊。將此諭令知之。

清・王履泰《雙城堡屯田紀略》卷二《奏略》　奴才富俊、松寧跪奏爲遵旨預議試墾章程，以備京旗閑散移駐種地奏請聖鑒事。竊照在京閑散滿洲移駐吉林耕種事宜，經前任將軍賽沖阿、奴才松寧奏，勘得拉林東北閑荒可墾五千餘晌，東南夾信溝可墾二萬餘晌。近年吉林收成不豐，請俟三五年後從容籌辦等因。奉旨：該處收成不豐，此時原不能即將旗人移駐，其一切墾荒計畝章程，則須預爲籌辦，不必延至三五年後，推諉時日。著該將軍等即檢查乾隆年間移駐舊案，將先期試墾備辦各事，宜詳細酌核，先行籌議章程具奏。候旨遵行。欽此。欽遵。前任將軍賽沖阿、喜明俱未及辦竣奉旨調任。奴才富俊莅任後，會同奴才松寧細心商辦，檢查從前舊卷，移駐京旗蘇拉蓋房墾地，均藉吉林各城兵力趕辦，其地但墾而不種，雖酌留數人教耕，一年裁撤，新移京旗蘇拉往往不能耕作，始而雇覓流民代爲力田，久之多爲民有，殊失我皇上愛育旗人之至意。此時預籌試墾，莫若先計屯田，通盤核算。應請先於吉林所屬無業閑散旗人內，令各旗共揀丁一千名，出結保送，作爲屯丁。每丁由備用項下給銀二十五兩，官爲置買牛具自行搭蓋窩棚，由阿勒楚喀公倉內賞給籽種穀二石，每年給補倒斃牛價銀一千三百三十六兩，於前勘定拉林東南夾信溝地方，每年撥給荒地三十晌，墾種二十晌，留荒十晌，試種三年後，每晌交穀糧一石，計自第四年起交糧貯倉。十餘年後移駐京旗蘇拉時，將熟地分給京旗人十五晌、荒五晌，所餘熟地五晌、荒五晌即給原種之屯丁作爲恆產，免其交糧，亦不補給倒斃牛價。如此因利而利，并不多糜國帑，吉林窮苦旗丁獲沭殊恩，即將來京旗蘇拉移駐到吉得種熟地，與本處旗屯衆丁犬牙相錯，易於學耕伙種，殊與移駐有益。所有屯田出入各數，及設官管理章程并屯丁用款，謹繕清單恭呈御覽外，理合據實覆奏，如蒙俞允。現在吉林十旗協、參領等已將各旗蘇拉內情願往屯勘種者保出七百二十名，尚短二百八十名，請於阿勒楚喀、伯都訥各旗蘇拉內各派出百名，打牲烏拉八旗蘇拉內出派八十名，共合屯丁一千名，計合牛二百五十具，合并聲明。伏祈皇上睿覽。謹奏。嘉慶十九年十一月十四日。

同上　奴才富俊、松寧跪奏爲詣勘分荒試墾事竣回城恭摺復奏事。竊奴才等請將拉林夾信溝閑荒揀丁屯種試墾各事宜，仰荷恩允。四月初六日，奴才富俊帶同委員前往詳勘緣由，奏蒙聖鑒。茲查原勘之荒地雖沃衍，大勢窪下，前勘時詢係秋深草茂，未能辨別。試墾創始，必須詳慎。隨復往阿勒楚喀、拉林之西北八十里之雙城子一帶，東西約有一百三十餘里，南北約有七十餘里，地土平坦，洵屬沃衍，可備移駐京城閑散旗人二三千戶之用。檢查舊檔，乾隆四十三年，前任將軍富康安具奏繪圖進呈。奉旨：知道了。此事交軍機處存記緩辦。欽此。奴才當即在此地適中之處暫行駐紮，派令各委員周圍履丈分撥。通計四丁四牛之數，俾得同力合作，核算成屯，每旗設立五屯。鑲黃、正黃二旗每旗住屯丁一百二十八戶，計住二十四戶者三屯，住二十八戶者二屯。其正白、正紅、鑲白、鑲紅、正藍、鑲藍六旗每旗住二十四戶者四屯，二十八戶者一屯。共滿洲屯丁一千名。每戶房基東西寬二十丈，南北長二十丈，屯丁寬用九丈，留十一丈，以備將來移駐京旗蓋房之用。每屯房分三路，住二十八戶屯東西寬計用二百丈，住二十四戶屯東西寬計用一百六十丈。南北長俱六十丈。每屯街一道，寬五丈。巷一條，寬三丈。共占用六十八丈。除房基街巷外，每屯丁核給荒地三十大晌，各按左、右翼附屯分撥。至東、西、左、右翼之界中建蓋公所及協領住房、左右翼官住房、各領催、兵房，悉照奏款留基之外，分給官兵隨缺荒地，仍在公所附近留建倉地基，計共用見方三十四里。所用一切農具，先已飭交同知採買成造。現於勘定處所開井，相度水道。應用耕牛一千隻，派員前往邊外採買，分起趕赴墾所，總須本年備齊給丁。先爲運木割草，搭蓋窩棚使用。採取木植，即由莫勒拉林河上游砍運。請於明春一律間段開墾。飭令該管官督察勤惰催耕，該屯丁等自必感激天恩，漸有成效。所有現勘試墾之拉林西北雙城子一帶界址，咨行阿勒楚喀副都統色爾袞，派委協領各官設立封堆，繪圖呈報存案。其在官荒界內，零星間有旗人招來墾種數屯人丁，係嘉慶十五年清查案內奏準入丁陳民，奴才富俊當即出示曉諭，令伊在本屯周圍墾種數餉，以養身家。不許藉詞影射，多占官荒。如有違禁，平毀究治。辦理事畢，於四月十九日回城。謹將雙城子官荒地圖暨分撥八旗屯丁試墾地圖貼說，恭呈御覽，理合恭摺復奏。伏祈皇上睿鑒。謹奏。嘉慶二十年四月二十九日。

同上　奴才富俊跪奏爲籌議開墾屯田移駐京旗蘇拉章程仰祈聖鑒事。伏查八旗生齒日繁，久勤聖念。迭奉恩旨，增添步甲養育兵額，凡爲旗人生計者，無不體恤周備，恩至渥也。第國家經費有常，名糧有額，而八旗數千萬衆聚積京師，不農不賈，皆束手待養於官，勢有不能。奴才再四籌劃，惟有量爲移駐屯田，因天地自然之利，使自耕種爲養，方資久遠之計。奴才前任吉林將軍時，曾勘得阿勒楚喀、雙城堡地方，奏請挑選吉林等處閑散丁一千名，酌給牛具、籽種，荒地三萬數百晌，設立屯田一分，試墾三年徵糧，後因歉收遞緩一年，定於二十五年升科，每年計納穀二萬石，將來以糶穀價銀蓋房安家，可期不費帑項，移駐京旗蘇拉一千名。奏準遵行在案。今已墾種三年，查其情形，一丁一牛竭力耕作一年，止能墾種十晌，必須丁力稍裕，加雇牛條長工幫作，始能開足二十晌。請於二十五年先徵十晌糧石，其餘十晌懇恩再緩二年，以二十七年升科徵糧。俾窮丁從容，輸納踴躍。至移駐京旗蘇拉，若必計穀籌費，有需時日。奴才因查雙城堡尚有荒地二分未墾，與其蕪棄，莫若即行開墾，俾早得穀價，可成善舉。擬於盛京、吉林八旗無論滿洲、蒙古、漢軍各項旗人內，情願前往屯種旗丁，挑選二千名，於嘉慶二十四年置買牛條、器具，挖立井眼，搭蓋窩棚，於二十五年春正前往墾種，名爲雙城堡左屯、右屯，將前墾處所名爲中屯。新墾之地二十八年升科，先徵十晌糧石，其餘十晌請於三十年起一律納糧。除建蓋官兵房間外，其餘一切事宜均照初次設立中屯章程劃一辦理。其續墾荒地二分，共用屯丁二千名，每丁搭蓋窩棚一間，應用牛隻器具等物，每丁合需銀三十兩，核計共需銀六萬兩。其屯田官兵住房及辦事公所，共計房三百二十間，應需銀一萬一千二百兩。每年支給二處買補倒斃牛價銀二千六百七十二兩外，用倉糧四千石，只此一年，次年停止，毋庸再給，以省糜費。以上統計需銀七萬三千八百七十二兩，倉穀四千石，所需銀兩即在吉林庫儲備用銀內暫行借支應用。此項銀兩若俟糶穀之價歸款，需時較久，請在吉林及奉省參餘銀兩項下先行陸續歸款。至移駐京旗蘇拉，奴才通盤籌計，不必盡待糶穀價銀辦理。擬請於嘉慶二十八年起，每年移駐二百戶，每一旗，滿洲擬派二十名、蒙古五名，共合二十五名。八旗合二百戶爲一起，每戶蓋房銀一百二十兩，賞給治裝、盤費銀三十兩，雙城堡置買牛糧器具安家銀五十兩，每起共用銀四萬兩。由京起程時，二百戶賞給治裝、盤費銀六千兩，其餘三萬四千兩，暫由吉林備用銀內動支，每年由雙城堡糶穀價銀及吉林、奉省兩處參餘銀兩內歸款，足可敷用。至奉省參餘銀兩，應請除已奏定動用款項外，以後再不得動支，留爲移駐京旗蘇拉之用。屆期每戶給車一輛，由順天府官雇送至奉省，由盛京照數備辦，送至吉林雙城堡，車價均照例價報銷。每起派佐領等官二員、領催四名押送，事畢，額缺即留該處管理屯務，額外仍令旋京。擬於正月望間由京起程，二月內到屯，以便耕種。所用房間，應請於嘉慶二十六年備料，二十七年興修。嗣後照此，每年建蓋二百所，以備按年移駐，俾有棲止。其協領辦事公所及官兵等住房，於移駐之前一年建蓋，可期無誤。統計自二十八年起，每年由京派撥二百戶，計十五年即能陸續移駐三千戶。

同上　謹將移駐京旗章程清單恭呈御覽：

一、移駐京旗閑散前往吉林雙城堡種地度日，所給房地一切器具，預爲傳知滿洲、蒙古各旗，有願去者令其自行呈明本旗注册，俟年終各旗咨報戶部彙總，足二百戶奏明。分爲四起，每起五十戶，均須有妻室家眷，不準隻身算戶。於道光四年正月起程時，每戶官給治裝、盤費銀三十兩，禁止私債勒扣。給官車一輛，由順天府官雇長車短價，沿途各廳州縣按程發給，照例報銷。送至吉林雙城堡，指給房地、器具安業。每戶給熟地十五晌、荒地五晌，合計兩項各有原種地畝旗丁一人，初到或自耕種，或與伙種，聽便。但不準租典與人，如有違例私行租典轉賣者，查出兩造治罪撤地，仍給原人。每戶給房一所計四間，每間寬一丈，進深二丈。牆壁上截外磚內坯成造，草苫房頂。院牆十一丈寬，二十丈長，泥垛砌造。耕牛二條、牛樣二個、籽種穀一石、木輪車一輛〔繩套全〕、犁杖一副、犁碗子一個、千斤一副、懷爬信子一個、鏵子一條、鋤頭一把、鐮刀一把、钁頭一把、大斧一把、鐵鍬一把、順鋸一把、錛子一把、鍘刀一把〔二人合使〕、石磙子一個〔二人合使〕、碾子一盤〔四人合使〕、石磨一盤〔四人合使〕、喂牛木槽一個、喂牛黑豆二市石、喂牛草五百束、大小鐵鍋二口、水桶一副〔扁擔全〕、木鍁一把、大缸一口、水瓢一塊、盆子一套、碗四個、盤子二個、鐵勺一把、木勺一把、菜刀一把、案板一塊、笊籬一把、席子三領、大簸箕一個、笤帚一把、口袋二個、竹箸一把、油燈一盞、水櫃一頂、條桌一張、杌凳二個、木炭二百斤、火爐一個、小米二十石〔合倉石五石〕、家鷄四隻、小豬二口、食鹽十斤、蘇油十斤、盤費錢十千、鐵火箸一副、咸菜十斤〔按此內亦無價值花數〕。此外，各本旗篤念桑梓，由各項兵丁公捐每戶幫銀十兩，俾路費從容，仍禁私債勒扣。每起定於正月初五日以後起程，隔五日一起，二月內到雙城堡，以便料理耕作，可期無誤。以後每年移駐二百戶，共三千戶爲止。此中或有戀土難移，骨肉離別亦係人情所有。第查昨由奉天撥去之丁，多有闔家全去，甚至有闔族及告退披甲前去者。緣聞雙城堡土地肥美，柴草便宜，米糧價賤。惟是一丁得房一間，牛條、器具一分，如何能養許多人口。奴才籌計，遂擇其父子兄弟年二十歲以上五十歲以下有妻室者均作爲正丁，俾一家有充二、三丁及三、四丁者，房地、牛條、器具即得數分，用度從容，骨肉團聚，歡欣踴躍，視爲樂土。其無妻室及年老年幼之人，均作爲幫丁，協力耕作，相安樂業。都中各旗，應一律出示曉諭，惟聽閑散人等之便，不必拘定數目勒派，自無骨肉離別之難，庶順人情，頂感皇仁，諒願去者不乏人也。到後，紅白賞項，以及挑差居官考試，均與吉林八旗一體辦理，合并聲明。

一、道光四年移駐京旗閑散二百戶，請派佐領一員、驍騎校一員、辦事應役領催二名、甲兵十五名，暫令雙城堡協領兼管。俟移駐足六百戶之年，再添設協領一員，同協領辦事領催四名、甲兵三十名，添佐領一員、驍騎校一員，領催一名、甲兵十五名。移駐一千二百戶之年，再添佐領一員、驍騎校一員，領催二名、甲兵十五名。移駐一千六百戶及二千二百戶、二千六百戶之年，照前添設佐領、驍騎校各三員，領催六名、甲兵四十五名。移駐三千戶爲止。以上協領一員，總轄三屯。佐領、驍騎校各六員，京旗閑散三千戶。每佐領一員，驍騎校一員，各管一翼閑散五百戶。查應設協領一員，佐領、驍騎校各六員，領催十六名，奉天、吉林額設官員領催內再無可裁之缺，請由京中補放。吉林領催每年食餉銀三十六兩，即請由願去閑散內擇其能識清漢字者挑補，以便押帶閑散，前去當差，入於吉林各旗，一體升轉。照例鑄給關防圖記，以昭信守。

一、協領、佐領辦公心紅、紙張以及隨缺官地，應照前奏定： 協領給地八十晌，佐領各給地五十晌，驍騎校各給地三十晌，領催各給地二十晌，甲兵各給地十六晌，以爲心紅、鹽菜、口米之資，以省動項，均作爲隨缺官地，不許典賣。如違，查出治罪撤地，仍給原人。以上應設甲兵一百二十名，請由奉天、吉林兩省各處均勻裁撥。至新設官員領催陸續添足，每年共應需俸銀一千六百九十六兩，請由吉林備用銀內動支。其倒斃牛價銀兩及應徵糧石，按年照數裁減。

一、管京旗協領，管理三屯閑散，教導有方，旗丁安靜，三年滿後，即以盛京滿洲協領缺出調補。管理屯丁協領，每年徵納糧石足額，屯丁安業，三年滿後，即以吉林省城協領缺出調補。其所出協領之缺，即以十二員佐領內揀選升補。所出佐領之缺，即以十二員驍騎校內揀補。無論滿洲、蒙古、漢軍，惟在得人。其驍騎校缺由各筆帖式、委官、領催內揀補。甲兵補放領催，其甲兵之缺，即以閑散之子弟充補。

一、協領處遵照設立吉林雙城堡三屯奏定，設無品級筆帖式二員、委官二員。六翼佐領處各設無品級筆帖式一員、委官一員，以資辦理一切案件、差委稽查各屯事件。均於協領、佐領到後，由領催、甲兵內擇其通曉清漢文者補放。筆帖式照例準支米石，食本身錢糧，委官不支米石，仍食本身錢糧。

一、建蓋移駐京旗閑散人等官房，每戶房四間，柵欄門一道，周圍泥垛院牆一道，合計共需銀一百二十兩。就近由阿勒楚喀、拉林各派兵一百名，砍採修蓋八百間房木。自道光二年春季起，每年砍小房木一萬四千六百件、椽木二萬八千根，以便夏令雨水由拉林河運至雙城堡金錢屯，交吉林派出修工協領等官查收，運至建蓋處所修造。計接連修蓋十五年。每年砍木之兵每名請照前例，賞給鹽菜銀八兩，二百名兵合銀一千六百兩，請於吉林參餘項下動支。以後如採木砍遠運難，將賞兵丁鹽菜銀兩交給承修工員，令其籌酌採買應用，核實報銷。

一、由京補放協領、佐領、驍騎校、領催，及由奉天、吉林撥到甲兵住房并辦事公所，請照吉林雙城堡三屯于移駐之前一年建蓋。查公所前係七間，協領、佐領共一公所堆儲檔案，各佐領辦公實不敷用。應請加添三間，共蓋房十間。協領住房十間，佐領各八間，驍騎校各六間，領催各四間，甲兵各三間，每間木植、磚灰、草束、運腳工價、圍牆三十五兩，以吉林備用銀內動支，仍於參餘項下歸款，照例報銷。

同上　奴才松筠跪奏爲遵旨查勘雙城堡屯田地畝及屯丁現在情形，據實復奏仰祈聖鑒事。竊奴才遵奉諭旨赴任，路過吉林之便，五月初七日到雙城堡查勘開墾屯田地畝及屯丁現在情形。在彼住十二日。先於奉天途次，適遇緣事發往黑龍江當差之原任工部員外郎馬瑞辰，派令隨同前往，并就近調派水師營四品官舒凌阿、呼蘭副總管瑪勒洪阿分途密查，令將中屯墾種熟地若干晌，旗丁到屯後報逃另補者若干丁、殘廢病故另補者若干丁、有幫工者若干戶，并恐屯丁有將未墾地畝私自租給民人墾種者，俱各按屯按戶逐一詳查，據實冊報。據該員等冊開： 中屯開墾地畝現種者五千五百五十二晌一畝，新墾未種者一千晌，共六千五百五十二晌一畝。屯丁報逃另補者二百九丁，殘廢病故另補者二百四十一丁，家有幫丁者九十六戶，雇工幫作者二十一戶。奴才復親赴各屯查詢種地實數及屯丁各情形，與冊報均屬相符。奴才伏查中屯地畝，自嘉慶二十一年撥丁一千名前往開墾，原奏三年之內應墾地二萬晌。迨嘉慶二十三年，曾經查明，報墾地九千三百八十餘晌，何以今屆七年之久，開墾地僅六千五百餘晌，較前報之數轉少。詢之督辦屯田之協領等，據稱前報開墾地畝多有已墾未種者在內。嗣於嘉慶二十五年，經將軍富俊等清查已種熟地，只有四千二百餘晌，比將前任協領、佐領等奏明參處。嗣經該員等稟明，與其多墾而復荒，不若少墾而全種。自道光元年以來，續開地二千餘晌，是以現在墾種地共六千五百餘晌，較原議尚未及半。推原其故，中屯一千丁，悉從吉林各城撥來，素以披甲當差及打獵砍木爲生，於農業多未諳習，故到屯後屢有潛逃。兼以殘廢病故，均由該佐領另行挑補足額，甚至一丁之缺挑補數次，不免有需時日，致多荒廢。故種地最少者，半係屢經更換之丁。至同係原來之丁，種地亦有多寡。緣丁力有強弱勤惰之分，兼有貧富衆寡之別。蓋以每晌十畝計之，竭一丁一牛之力，不過種地五六晌而止。凡家有餘丁及力能雇人幫作、添買牛馬者，自可多種十餘晌，其餘人力牛力每有不足，故種地無多。此中屯開墾地畝不能足額之實在情形也。左、右二屯，嘉慶二十三年議給窩棚牛具等項，每丁合銀四十七兩，而二十一年初立中屯，每丁僅合銀二十五兩，後雖酌給遷費，添蓋房屋，每丁仍少得銀十餘兩，故中屯丁力最爲竭蹶。雖經吉林各城該管佐領隨時幫帖，或給布一匹，或幫錢數千文，又或因逃丁另補賠給遷費器具，在該旗已形賠累，而於屯丁仍屬無濟。現值青黃不接之時，屯丁多有口糧不足，籽種無出者。先雖設立義倉一所，本年僅存穀七百餘石，早經支放無餘。現在協領舒精額稟請買穀三百石，督辦屯田之原任知府王履泰、知縣竇心傳稟請添建義倉，買蕎麥二千石，借給三屯旗丁作爲口糧、籽種，以資接濟。又屯丁勤業者少，兼多不諳農務，不知蠶織，現經將軍富俊派令王履泰督率勸課，并令屯丁於隙地種植柘樹，教以蓄蠶織繭。此又現在該將軍經理屯田教養兼施之實在情形也。此次開墾屯田，原專爲旗人生計而設，不得假手民人，致滋流弊。現在查明中屯一千丁，多係旗丁自行耕種，其雇覓民人幫工及分種者二十一戶，雖無私行租典之事，惟間有在封堆內攜眷住者。應請旨飭交該將軍出示，嚴禁幫工民人攜帶家眷，以杜民占旗產之漸。至左右二屯，於嘉慶二十五年始行開墾，現在二屯共報開墾地七千三百餘晌，均較勝於先立之中屯，而左屯較右屯尤爲踴躍。

同上　奴才松筠跪奏爲遵前奉諭旨，將奴才原議雙城堡屯務章程六條另行詳議，以歸核實，恭摺奏聞仰祈聖鑒事。竊奴才於上年五月查勘雙城堡情形，酌擬章程八條具奏。奉上諭：松筠查勘雙城堡屯田情形，酌擬調劑各款一摺。雙城堡開墾屯田原爲移駐京旗而設，現既查明開墾地畝及屯丁耕種情形未能悉符原議，自應量加調劑，期收實效。松筠已調任吉林將軍，該處屯田事宜即係伊一人專責。著於到任後，將此次陳奏八條再行體察情形，逐一詳核。如有另行酌改之處，奏明辦理，不可因此摺具奏在前，稍涉回護，總期籌酌妥善，使開墾屯丁樂於趨事，移駐京旗踴躍爭先，方爲不負委任。將此諭令知之。欽此。續將所擬八條內核實徵糧、停蓋住房二條奏奉俞允，咨交前任將軍富俊遵照在案。奴才上年在黑龍江任內，曾迭派員弁前赴雙城堡密查該屯情形。茲於本年四月初二日到任後，將雙城堡各項卷宗詳細稽核。中屯自嘉慶二十一年起至道光元年止，已開成熟地五千五百五十二晌一畝，內已滿六年應納糧者三千六百三十一晌，上年已收糧三千六百三十一倉石。上年已開成熟地一千晌，本年新開地四百五十四晌四畝。左屯自嘉慶二十五年起至道光元年止，已開成熟地二千九百三十一晌九畝，上年已開成熟地一千五百四十六晌五畝，本年新開地二千零四十晌七畝有餘。右屯自嘉慶二十五年起至道光元年止，已開成熟地三千七百九十六晌五畝，上年已開成熟地一千二百三十一晌五畝，本年新開地一千一百二十二晌。核計左、右兩屯所開地畝多於中屯，緣中屯丁一千名較左右兩屯更爲拮据。屯田以多開荒地爲首務，閑荒必丁力有餘，方能踴躍。

同上　再，謹查伯都訥現有圍場一處，四至平川，約有一百數十里。名曰圍場，并無山樹，亦無牲畜，界外多係民田熟地。應請敕下吉林將軍，詳查堪可耕種荒地得若干萬晌，以備開墾屯種，移駐京旗。合并附片奏聞。謹奏。

同上　竊奴才查勘雙城堡屯田，業將開墾地畝實數及屯丁現在情形恭摺據實奏聞。茲復檢查歷年原議章程，與現在查勘情形悉心詳核，凡有可以照舊者固未便輕議更章，內有尚需酌擬之處亦未敢以成議在先，稍存回護。伏思雙城堡開墾屯田，原爲移駐京旗閑散而設。而欲京旗閑散之樂於遷居，必使奉天、吉林所撥之開荒旗丁先皆竭力耕田，安居樂業，有糧可以自給，有租可以交官，有地可以歸公，而後京中閑散旗丁聞風鼓舞，莫不知爲樂土，爭先恐後。今查中屯已屆升科納糧之期，而開墾地畝實數較爲議尚未及半。現值布種芸田之際，雖間有殷實之家力能自給，而無力屯丁或口糧無餘，或籽種不足，或難覓幫工，或兼乏牛食，又以時屆青黃不接，易致潛逃，而各旗賠費送丁不無苦累。此非酌量調劑，恐難望其多開田畝，事克有成。再移駐京旗房屋，本奏明先期修蓋，現在情願移住者尚無多人，自應酌分緩急。而新蓋住房地勢應行展寬，舊房損壞亦應酌量修整。謹就奴才愚見所及，詳細酌擬，敬繕清單，恭呈御覽：

一、徵糧應查明已種地畝實數，按年徵收也。查雙城堡中屯地畝，原奏三年升科，每地一晌納穀一石，嗣因霜災，奏緩一年。又於嘉慶二十三年經奴才奏請，查照六年升科之例，將先後應開荒地均按六年升科。所有先開中屯荒地一分，扣除奏明展緩一年，算至本年秋間，已屆六年之限。惟中屯地畝現在已經墾種者僅止六千五百五十餘晌，查定例六年升科，原指實在墾種六年者而言。不特地未墾種不便先令納糧，即已經墾種之地，或因原來之丁殘廢病故及報逃另補，其續挑之丁到屯未滿六年，所得花利無多，亦未能與原來之丁一律令其納糧。奴才愚昧之見，除查明未墾地畝例不納糧外，其已種地畝應先查已屆六年者實數若干晌，令其按晌納糧。至續挑之丁，挑補月日皆有冊籍可查，應請暫行展緩，俟查明實屆六年再令納糧，以昭核實。

一、種地必需幫工，應酌加津貼也。查原議奉天、吉林所撥屯丁，每丁三年應先開地二十晌。今中屯已屆七年，開墾多未及半。推原其故，開新荒倍難於種熟地，若多開新地，恐熟地轉致抛荒，故竭一正丁之力，種地不過六七晌而止，其多至十二三晌者，乃係各有幫丁。其僅止六七晌者，類皆有正丁無幫丁。現查中屯一千丁內，家有幫丁者僅九十六戶，外雇幫工者僅二十一戶，其種地不能足額，實由幫工甚少，已有明證。此時欲多墾新地，非令丁有餘力足以添雇幫工，不能濟事。惟外雇幫工，必需庸值，勢不得不酌加津貼，今擬三屯旗丁每幫工一名，每年酌幫制錢三千。本年春耕夏耘均已過期，應請自道光三年爲始，以兩年爲止，凡查係種地在八晌以上者，即準給幫工一人。如家有幫工多人者亦止準給一人幫項。蓋幫工多則素有餘資，爲時久則力能漸裕。惟左右二屯均值開墾之初，中屯雖屆七年而丁力正在疲敝之際，酌加津貼，則正丁得資幫助，而幫工益加踴躍矣。再查中屯向無幫丁，自嘉慶二十五年以後，因奉天撥來左、右屯屯丁每家各有攜來親丁一、二、三名不等，是以中屯仿照辦理。查詢家有餘丁者，即撥爲幫丁。惟一家雖有數丁，或家有老親不能遠離，或本有舊產不便抛棄，又或希圖挑甲食餉不願幫工，勢不能責令兄弟數人全來種地，即不得不暫雇民人幫作。查民人向在雙城堡私自種地，因立屯田，致被驅逐移居封堆外者正復不少，亦不患無可雇覓之人，但恐開民占旗產之漸。惟有嚴禁民人攜帶家眷私自租典，以免藉端侵占，致滋流弊。至添撥幫工，不願幫作者應令其仍回本旗，其情願幫作者，俟有正丁缺出，即令頂補。

一、設立義倉，應令多貯穀石，兼貯黑豆也。查每年青黃不接之時，屯丁恆因口糧不足易致潛逃。欲其安居樂業，不得不量予補助。先經吉林將軍富俊等於屯田節省項下，在中屯建設義倉一所，貯穀市斛二千石，分別或賞或借。本年僅存穀七百五十餘石，不敷支放。現據協領舒精額稟請，添買穀三百石，又經督辦屯田之原任知府王履泰、知縣銜竇心傳稟請，於左右二屯各建義倉一所，添買蕎麥二千石，借給屯丁，作爲籽種口糧，以資接濟。奴才竊思義倉之設，原爲補助所需，兼備荒歉之用，總宜先於豐收之年多貯穀石。應請旨飭交該將軍，俟秋成時，於應收穀石外每倉各多貯市斛穀一千石，以備支借。再翻犁駕具全恃牛力，春夏之交，人已乏食，更不能多貯黑豆以養牛之用。雖間有該管佐領買豆均攤，私自接濟，而缺乏牛食之家甚多，其勢不能遍及。應請每倉於貯穀外各兼儲市斛黑豆五百石，以備出借。

一、另行挑補屯丁應補給農器、衣履等項，以免各旗賠累也。查吉林各城僉送屯丁，均由各旗佐領出結保送，間有逃匿，自係該旗僉送不慎所致，是以向來補給新丁遷費、農器等項，均由該旗賠補，惟補丁賠費每一次約需銀十餘兩，該旗不免苦累。如全係官爲補給，并不責令分賠，又恐該旗毫無懲警，始則隨意僉送，繼則任令潛逃，均所不免。奴才酌中核議，嗣後如間有報逃屯丁，惟將遷費銀四兩責令該旗佐領自行賠補。其餘應添農器、布匹、靰鞡等項，查中屯現有奏明發商生息添買農器銀兩，應請即於前項銀內動支。則於罰賠之中仍寓體恤之意，該旗不至無所懲儆，亦不至過於賠累矣。

一、移住京旗閑散宜分屯安置也。查移住京旗，原議先盡中屯安置，係以每丁墾地二十晌交出十五晌計算。今查開墾熟地每丁多者十餘晌，少者三四晌，安能有十五晌熟地先交京都旗丁。即再遲數年，仍恐不能足額。如合數丁所種之熟地湊付一人，恐地畝零碎即難合具耕種，而多寡參差，撥交時亦難一律。惟有每屯移住二戶，每次於移住之前一年合一屯二十餘人之力，於京旗應得地段內墾種三十晌熟地，以備次年分給二戶，每丁每年開地一晌有零，人力既無不足，牛力亦屬有餘。通盤核計，每一大屯分爲四十屯，即可移居八十戶。現報情願移居之二十八戶，先盡中屯安置，尚屬有餘。俟續報有移居戶數，再於三屯輪流攤派，以昭平允。則京都旗丁到屯，不患無可耕之熟地矣。

一、京都八旗移住房屋應俟報明戶數再行修蓋也。查京旗頭起移居住房，先經吉林將軍富俊奏準，於道光二年砍木，三年修蓋，原以每次移居二百戶，其住房八百間，爲數較多，必需早爲建蓋。現在咨報願移居者僅二十八戶，若仍先期蓋房八百間，恐彼時移居戶數無多，將已蓋房間聽其日久閑曠，易致損壞。且詢之承辦工員，據稱木植尚未交齊。其已交木植，甫經水運，多未曬干，難以應用。即灰草磚瓦多已發價，亦不妨將物料暫行存貯備用。應請先按現報移居戶數修蓋住房二十八所，共計一百一十二間，其餘暫緩興修。俟續有願移居者，再行照數修蓋。惟咨報戶數過遲，又恐趕辦不及。嗣後凡有願移住者，應請旨敕下京都八旗，均於本年年終咨報戶部，戶部即行知照該將軍，於第二年照數修蓋房間，以備第三年移住。庶帑項不至多糜，而辦理亦無遲誤。再查原奏移住京旗閑散二百戶派佐領一員、驍騎校一員，俟足六百戶添設協領一員，佐領、驍騎校各一員。原以人數衆多，議請特派京員管轄。若現在移住戶數無多，止需由京派員護送到屯後，即可令雙城堡協領、佐領兼管，毋庸專派京員。其應蓋京員之公所住房，除業經動工者照舊修蓋外，其餘亦可暫緩。

一、中屯建蓋房基應酌量展寬也。查原議章程內載：中屯一千丁，每戶房基東西寬二十丈，南北長二十丈，屯丁寬用九丈，留十一丈以備移駐京旗蓋房之用。每屯房分三路，住二十八戶。屯東西寬計二百丈，住二十四戶。屯東西寬計一百六十丈。南北長六十丈。每屯街寬五丈，巷寬三丈，共六十八丈等語。奴才赴屯查看，按照原定房基丈尺，現值移駐之初，尚可足敷居住，日後人丁繁衍，即欲自行添蓋房屋，亦無隙地。且莊農人家必於房基附近設立場院，以便收割禾稼，堆貯柴草。隨令該協領等商酌稟報。據稱京旗及屯丁各一戶共種地三十晌，其房基連場院東西約寬二十八丈，南北約長三十丈。每屯房分三路。如一屯住二十八戶，連街巷在內計東西寬共需二百八十八丈。一屯住二十四戶，連街巷在內計東西寬共需二百三十二丈。其南北連街巷均長九十八丈，即可稍爲寬裕等語。今查每屯四面挖有溝壕，南北各長一百餘丈，已足敷用。東西各寬二百丈，尚覺過窄。據該協領等稟稱，溝壕外現有閑荒可以加展，應請照現擬丈尺分別加寬，以資容納。至左、右二屯地勢東西較窄，據該管協領等稟報，南北閑荒尚多，應將南北加長，或以京旗與屯丁各分三路居住，或前後安置京旗而中住屯丁，均各因地制宜，以期彼此相安而不相擾。

一、中屯屯丁住房應酌加修整也。查左、右二屯修蓋屯丁住房，嘉慶二十三年議給每房一間修費銀四兩外，撥兵赴山砍木，另給砍工銀二兩，是以木植較好。而十九年議立中屯時，每房一間僅給修費銀四兩，令屯丁自行砍木，并不另給砍木工價，是以木植大半細小。現屆七年，住房多將傾圮，急需修整，木植尤宜更換。因查現蓋京旗住房，官砍木植較多，內有存剩料件及寸尺不合式者，應請陸續賞給中屯屯丁作爲修整住房之用。每房一間，酌給銀三兩，屯丁既有木植，再加揀用舊料，即足以資修理。統計新蓋及修整，每房一間，前後共給銀七兩，較之左、右二屯新蓋住房，每間連砍工合銀六兩，僅多給銀一兩，而統計初立中屯議給牛具、窩棚等項每丁合銀二十五兩，較之左、右二屯每丁合銀四十七兩，仍屬有減無增。至此項修房銀兩，應請連津貼幫工錢文、添買穀豆價值一并在於參餘項下動支，再將存剩參餘銀兩歸還屯田動支庫項原款。

以上八條，奴才係爲仰體聖慈，調劑屯丁，核實課功起見，是否有當，伏乞皇上聖鑒訓示遵行。謹奏。道光二年七月二十日。

同上　謹將擬設官兵屯種章程恭呈御覽：

一、種地屯丁千名，應設官彈壓及辦理一切事件。擬設委協領一員，總司其事，由十旗佐領內揀選調補。其佐領缺即令無兼佐領之協領署理。由防御內揀選二員作爲委佐領，每員各管一翼。由委官及世職七品監生內揀選二員作爲驍騎校，隨佐領辦理一翼。屯丁事件呈委協領，由委協領核轉，詳報阿勒楚喀副都統衙門辦理，咨報將軍衙門。防禦并無專司之事，毋庸補設。如挑委官所出之缺，係食原餉，仍由領催、前鋒內挑補。至委協領、佐領、驍騎校管理屯丁千名，應請照委吏換頂帶以資彈壓，食原俸餉。

一、委協領、佐領處應設辦事應役之人。委協領處擬給領催二名、甲兵二十名。委佐領處每翼領催二名，甲兵十五名。領催、甲兵共五十六名，即在吉林五十六佐領下每佐領各出一人充補。以上均作爲該處額缺。

一、委協領管理有方，除墾荒外，初次三年屯丁全交糧石，即補吉林協領。以後定以五年全交糧石即補吉林協領。所出之缺，由委佐領內揀補，委佐領出缺，由委驍騎校內揀補，所出之缺由六名領催內挑補，以示鼓勵，幷資熟手。其領催之缺，由五十名甲兵內挑補。以上各項如不得人，仍由吉林各旗佐領、防禦、監生、委官內揀選補放。

一、馬甲挑補，領催事故出缺，以該兵之子弟幷八旗屯達內揀選充補。

一、屯丁出缺，由伊弟兄子侄內挑補。俾所種地畝可作恆產，不致視爲傳舍，潦草從事。四丁合一具，應令四人互相結保，如有逃懶等事，同具互保人應即報明。仍逃，伊子侄兄弟充補，不得藉詞，有廢耕作，致誤交糧。

一、委協領等官初到無所栖止，委協領擬給房十間，佐領各給房八間，驍騎校各給房六間，領催六名各給房四間，甲兵五十名各給房三間。以上共房二百一十二間。每間給價銀十兩，聽其自行建蓋居住。官爲建蓋辦事公所草正房三間，草廂房三間，大門一座，土院圍牆一道，共估需銀二百二十兩。

以上共用銀二千三百四十兩，只給一次。

一、委協領等官初到，口糧、新紅、紙張不無需費，協領一員，擬給荒地四十晌。佐領二員，擬各給地三十晌。驍騎校二員，擬各給地二十晌。領催六名，擬各給地十晌。甲兵五十名，各給地八晌。以上共合地六百晌，以省動項，均作爲隨缺官地，永遠不準典當滋弊。

一、種地八旗，應按左右翼分方立屯。鑲黃、正黃每旗屯丁一百二十八人，合牛三十二具。其餘六旗，每旗屯丁一百二十四人，合牛三十一具。每旗設立五屯，每屯設十家長二人、屯達一人。五屯設總屯達一名，副屯達一名，俱由屯丁內揀選充補，以資約束，有事稟官辦理。

一、委協領、佐領有呈報一切事件，請給委協領關防一顆，及左右翼佐領圖記二顆，以昭信守。

一、第四年開徵，每年收穀二萬石，應修蓋倉廒，合貯二萬石穀數。來春即照市價，每石減銀一錢出糶，價銀即解吉林銀庫另款存貯，以備將來移駐旗人蓋房等項使用。俟開徵之頭年，另籌建蓋。合幷聲明。

同上 謹將開墾屯田移駐京旗章程清單恭呈御覽：

一、新設雙城堡左、右二屯，不必仍前復設委協領，請照拉林協領一員管數佐領之例，將原設雙城堡作爲中屯，將委協領明保改爲實缺三品協領，總理三屯。協領處原設有領催二名、甲兵二十名，今總理三屯事務較多，應請增添領催二名、甲兵十名，以資辦公。前設之委佐領二員、委驍騎校二員，各管旗丁五百戶，婚喪事件，戶口滋生，催徵糧石，事務不少，均請改爲實缺，以資彈壓，照品食俸。新設二屯旗丁二千名內，盛京各處結保願往旗丁一千七百三十九名，所短旗丁二百六十一名，在於吉林各城願往丁內挑取足數。應添設佐領四員、驍騎校四員，各管旗丁五百名。每佐領下應設領催二名，甲兵十五名辦公應役。以上所需官兵若另請增設，未免有糜經費。擬由奉省義州佐領十七員內裁撥佐領二缺，復州、熊岳各九員驍騎校內各裁撥驍騎校一缺，熊岳七十八名領催內裁撥領催二缺、金州八十名領催內裁撥領催三缺，共領催五缺。由金州、復州裁撥兵三十五名，由吉林滿洲正紅、正白二旗裁防禦二員改爲佐領二員，計添俸銀五十兩。烏拉布特哈驍騎校八員內裁驍騎校一員。吉林滿洲各旗內兵三百三十名以外之旗下裁撥領催五名、甲兵三十五名，給新添協領及四佐領下當差應役。所有該官兵俸餉，歸入吉林俸餉內一體關領。

一、查前設委協領擬給隨缺荒地四十晌，作爲口糧、心紅、紙張，未給鹽菜。若又改爲實缺，總理三屯，事務較繁，擬仿照養息牧奏定章程，再撥給荒地四十晌，以爲鹽菜、添補心紅之用。各佐領前給地三十晌，擬再給荒地二十晌。驍騎校每員前給地二十晌，擬再給荒地十晌。領催前各給地十晌，擬再給荒地十晌。甲兵前各給地八晌，擬再給荒地八晌。以爲鹽菜口米之資，以省動項。均作隨缺官地，不許典賣，查出治罪，撤地給主。以後新設佐領以及甲兵，均照此辦理。

一、嘉慶二十八年，移駐京旗蘇拉二百戶，請添佐領一員、驍騎校一員、辦事應役領催二名、甲兵十五名，暫令雙城堡中屯協領總理。俟駐足六百戶之年，再添設三品協領一員，隨協領辦事應役領催二名，甲兵二十名，添佐領一員，驍騎校一員。移駐一千二百戶之年，再添佐領一員，驍騎校一員。移駐二千二百戶之年，再添佐領一員，驍騎校一員，協領處請添領催二名，甲兵十名。移駐二千六百戶之年，再添佐領一員，驍騎校一員。至三千戶止。所用辦事公所、官兵住房仍照前例，先一年建蓋。以協領一員，總司六員佐領、京旗蘇拉三千戶。佐領一員，驍騎校一員，各管理京旗蘇拉五百戶。協領處共設領催四名，甲兵三十名。每佐領下各設領催二名，甲兵十五名，以資辦公差委。查應設協領一員、佐領六員、驍騎校六員，奉天、吉林額設官員內再無應裁之缺，請由京中補放，入於吉林各旗，一體升轉。照例鑄給關防圖記、心紅鹽菜，隨缺荒地，仍與雙城堡中屯協領、佐領等一體撥給。所有領催十六名，甲兵一百二十名，仍於奉天、吉林兩省各處均勻裁撥。移來京中八旗蘇拉入於吉林各旗，其子弟與本旗一體考試挑差。至新設官員陸續添足缺後，每年共應需俸銀一千一百二十兩，請由吉林參餘項下動支。其倒斃牛價銀兩，按年照數裁減。

一、雙城堡中屯協領管理旗丁，教導有方，三年全交，糧石足額，即以吉林協領缺出調補。管理移駐京旗協領約束安靜，蘇拉得所，三年滿後，遇有盛京滿洲協領缺出，即行調補。其所出協領之缺，即以十二佐領內揀選補放。所出佐領之缺，即以驍騎校揀補。均無論滿洲、蒙古、漢軍，惟在得人。其驍騎校之缺，即以領催內揀補。甲兵補選領催，其甲兵即以蘇拉之子弟充補。

一、建蓋移駐京旗蘇拉居住官房，每戶四間，大門一間，周圍土院牆一道，合計銀一百二十兩。就近由阿勒楚喀、拉林二處各派兵一百名砍採房木。自嘉慶二十五年春正起，每年砍大小房木一萬四千六百件、椽木二萬八千根，以便夏雨水旺，由拉林河運至雙城堡金錢屯，交吉林將軍專派承修協領、佐領等官工員查收，工員自運工所建蓋。計連修造十五年，每年砍木之兵，每名請賞給鹽菜銀八兩，共合銀一千六百兩，請於吉林參餘項下動支。以後如採木砍運漸遠，將賞兵丁鹽菜銀兩交給承修工員，再行籌酌採買應用，核實報銷。

一、移駐京旗蘇拉由京補放協領、佐領、驍騎校，及現開墾屯田二分，由盛京、吉林撥去官兵所住房間，應請於移駐之前一年交承修官預爲興修備用。查前次奏明，協領給房十間，辦事公所七間，佐領給房各八間，驍騎校給房各六間，領催給房各四間，甲兵給房各三間。今擬照此數建蓋，計每間木植、磚灰、草束、運腳工價，圍牆合銀三十五兩，以吉林備用銀兩動支，仍於參餘項下歸款，照例報銷。

同上　謹將籌議雙城堡三屯應增條款恭呈御覽：

一、每屯應添井一眼，以裕食用也。奴才原奏試墾雙城堡屯田，每三十丁井一眼，每四丁合銀二兩四錢。嗣因每旗設立五屯，每屯二十四丁、二十八丁不等，挖井一眼，牽合二十五戶一眼，仍以每四丁二兩四錢之數合算。每井一眼工料銀十五兩，三屯挖井一百二十眼，共作銀一千八百兩。惟中屯撥往旗人僅止一丁，帶領本身妻子，井水尚敷食用。今設左、右兩屯，盛京撥來屯丁，每戶父子兄弟男婦多者十五六口，少亦七八口不等。詢係聞知此處地甚肥美，多願跟來充作幫丁。現在該丁等自行添蓋窩棚居住，每屯多至一二百人，加以官給耕牛幷飲自畜驢馬，往往不敷日用。嗣後生齒漸繁，移駐京旗，亦須添挖。現在中屯間有井身一時損壞無處汲水者，殊多未便。相應仰懇皇上天恩，每屯添挖井一眼，仍照前估共給銀一千八百兩，即在參餘項下動支，毋庸開銷正項錢糧。

一、詞訟案件應歸協領訊辦，以專責成也。奴才原奏設立雙城堡三屯，係在拉林界內圈出荒場，四面挖立封堆，封堆內係雙城堡界址，一切事件呈報阿勒楚喀副都統衙門，轉咨奴才衙門核辦。現在三屯屯丁三千戶，不無戶婚錢債及與附近民人爭鬬情事，應着各佐領呈報協領訊辦。如有人命盜案，雙城堡幷未設有番捕、仵作、監獄，應報解阿勒楚喀副都統衙門驗訊核轉。

一、三屯公所應添無品級筆帖式委官，以資辦公鼓勵也。奴才原奏，雙城堡協領處給領催四名，甲兵三十名。各佐領處每翼給領催二名，甲兵十五名。原止管理屯田。茲既管理屯丁三千戶，詞訟案牘紛繁，兼隨關防。請照琿春之例，協領處添設無品級筆帖式二員，中、左、右三屯佐領處各添設無品級筆帖式一員，辦理一切案件。協領處幷請添設委官二員，中、左、右三屯佐領處各添設委官一員，以資差委稽查各屯事件。均於領催、甲兵內擇其通識清漢文字者補放。筆帖式照例準支米石，各食本身錢糧，無庸另行增給。其委官幷不支領米石，仍食本身錢糧。

一、總屯達應給虛銜工食，以資彈壓也。奴才原奏，每旗設立五屯，每屯設立十家長二人、屯達一人。五屯設立總屯達一人，原令其約束屯丁，查報滋生戶口及倒斃耕牛，幷年滿催納糧石。戶衆人繁，彈壓非易，且遇事應赴公所呈報，均須盤費，毫無鼓勵，徒多差使，人皆視爲畏途。請照拉林之例，總屯達各賞戴金頂外，每人月給工食銀一兩，共二十四人，一年共用銀一百八十八兩，遇閏增給銀二十四兩，亦在參餘項下動支報銷。

一、賞銀應由管理三屯協領處支存，以示體恤也。奴才原奏三屯設立領催十六名、兵一百二十名，遇有婚喪事件，例得恩賞銀兩，向係臨時本佐領呈報該協領申詳副都統，咨報奴才衙門給發，未免稽遲，不能濟急。應準其支領銀三百兩，存儲中屯協領公所，由協領就近照例給領，仍隨時呈報查核，統於年終造送冊結彙辦。每年除去用項，仍補足三百兩之數。令該協領每季將實存之數出具印結，以杜挪用侵蝕之弊。以上五款是否有當，伏祈皇上睿鑒訓示施行。謹奏。

清・王履泰《雙城堡屯田紀略》卷三《咨會》　試墾事宜：

一、原奏試墾千名屯丁所有一切應用農器，出派協領等官會同額設各官，并責成吉林同知傳同行匠照原價值，分別定式尺寸分兩，每件先令造具一分較準作爲式樣貯庫，分給試墾旗丁農器即照此一例造成，較比庶無輕重長短、偷工減料之弊，以期器具堅固，經久適用。將來移駐京旗蘇拉滿洲時，應給農器即照此樣一律造給，得有遵循。現將吉林千名屯丁農器二百五十分，均照原奏價值，飭令吉林同知置買齊全，呈送本衙門收存，以備運往雙城堡，屯丁到彼，一律發給，以資開地之用。

一、原奏擬合四丁四牛需用牛千條，夏令派委妥員照原奏價值發給，赴蒙古產牛處所置買，分起趕赴試墾地方。維時青草正茂，藉以牧養，俾收割蓋房草束、採運木植得用。今將需用牛千條內在吉林先買牛一百六十條，其餘八百四十條牛現今本衙門委派妥員即照原奏發給價銀，飭交該員等赴蒙古產牛處所置買，分起趕赴試墾地方，飭交委協領等官分給屯丁牧養，以備拉運草木搭蓋窩棚，明年一律開墾之用。

一、原奏應建蓋辦事公所草正房三間、草廂房三間、大門一座、土院圍牆一道，共估需銀二百二十兩。并委協領住房十間，佐領各住房八間，驍騎校各住房六間，領催六名各住房四間，披甲五十名各住房三間，共房二百一十二間，每間原合銀十兩，需用銀二千一百二十兩。此二項共銀二千三百四十兩，即在吉林庫貯備用銀內動支，發交委協領等帶往該處。住房自行建蓋外，其辦事公所派委協領明保監修，遵照奏定價值間數購料，堅固妥實興修，不得草率，仍取保固結呈備查。

一、原奏每丁分荒較多，原以備移駐京旗蘇拉之預計，其間有因墾地較多，帶同各丁子弟親族相幫，自屬情事之常，并不干禁。誠恐旗丁內有不遵禁例，私與民人説通私典，旗人希圖稍濟燃眉，民人恃有資財，藉之謀爲己有，將來京旗移駐之時，分荒窒礙，咎將誰歸。此等情弊，該委協領等官不時督率糾察，一經查出，將旗丁照例治罪，偷典偷種之民除私自所給典價銀錢追出入官外，仍治以應得之罪，官員議處。

清・王履泰《雙城堡屯田紀略》卷四《札檄》　諭雙城堡屯種各官知悉。照得各屯丁試墾荒地，以裕生計而重國課，所關甚巨。本將軍奉命重來，首以此事爲要。昨詢協領明保墾種情形，知該屯丁等并不實力開墾，即該管之佐領、驍騎校以及領催、屯達人等，亦不實心董率，認眞經理稽查，以致該屯丁等不知重農務本，乘間脱逃，有負聖主愛育旗人教養厚意。查原奏章程，屯種八旗按左、右翼分方立屯。鑲黃、正黃每旗屯丁各一百二十八人，其餘六旗每旗屯丁各一百二十四人，每旗設立五屯，每屯設十家長二名、屯達一名，五屯設總屯達一名、副屯達一名。所設之協領、佐領、驍騎校、領催，分別總理經管，各有專責。自試墾以來，各官果能督率領催、屯達各按應管旗分丁數往來梭織，課其勤惰，嚴加管束，何至有脱逃之事。皆由漫不經心所致，殊屬藐玩。除剴切曉諭屯丁外，合亟諭飭，諭到各該官即遵照悉心妥爲經理，查有屯丁怠惰偷安，不事耕耘，隨時訓導，交相勸勉，使之各盡其力，庶幾一片閑荒不數年間盡爲熟地，方不負諄諄委任。倘該屯丁等終始不悛，勢必將所領器具錢文蕩費一空，以致畏罪逃避。該十家長、屯達等豈竟毫無聞見。尤應責令就近嚴查，於其未逃之先即先稟報拿究，以示懲儆。本將軍於秋收後查勘收成以及耕種情形，總以各丁墾種之多寡定各官辦理之能否，必將不善約束之員立予參革，以爲玩誤者戒，決不寬貸。

每旗設立五屯。鑲黃旗、正黃旗二旗各住屯丁一百二十八戶，計住二十四戶者三屯、住二十八戶者二屯。其餘六旗住二十四戶者四屯、二十八戶者一屯。即住中屯每戶房東西面寬二十丈，南北長二十丈。屯丁應住用面寬九丈，留十一丈以備將來移駐京旗蓋房之用。房分三層，兩層正房，一層倒坐。住二十八戶屯，前層倒坐，均十戶，後一層八戶。前層東西寬計用二百丈。住二十四戶屯每層均八戶，東西寬計用一百六十丈。南北均用六十丈。胡同一道，計三丈寬。街一道，計五丈寬。南北共占用六十八丈。除此占用房基外，每人核給地三十大晌。

雙城堡分中南至大封堆十七里，北至小封堆十八里。小封堆至大封堆二十里、三十里、四十里不等。東至小封堆十八里，小封堆至大封堆五十里。西至小封堆十八里，小封堆至大封堆四十里。每旗分地長八里半，寬十二里。每人應分地三十晌，計一段長二百四十步，寬三百步，核計三百畝。此一旗地自東至西十二段，核計寬十里，餘二里。南至北計十四段，核計長九里三分，缺八分，以寬補長，足敷應用。再現今奏定設立中屯，委協領改爲實缺，總理三屯事務。前計荒地四十晌，再擬給荒地四十晌。共給荒地八十晌。

前設中屯委佐領二員，改爲實缺。前給地三十晌，再擬給荒地二十晌，各給地五十晌。共地一百晌。

前設中屯委驍騎校二員，改爲實缺。前給地二十晌，再擬給荒地十晌，各給地三十晌。共地六十晌。

前設中屯領催六名，兹又奏添二名。前給地各十晌，再擬各給荒地十晌，每名二十晌。共地一百六十晌。

前設中屯甲兵五十名，兹又奏添十名。前各給地八晌，再擬各給地八晌，每名十六晌。共地九百六十晌。

新設佐領四員，每員各給荒地五十晌，共地二百晌。

新設驍騎校四員，每員各給荒地三十晌，共地一百二十晌。

新設領催八名，每名各給荒地二十晌，共地一百六十晌。

新設甲兵六十名，每名各給荒地十六晌，共地九百六十晌。

撥給左、右二屯屯丁二千名，每名各給荒地三十大晌，共地六萬晌。

共地六萬二千八百晌。

新設佐領四員，每員給房各八間。

新設驍騎校四員，每員給房各六間。

新設領催十名，每名給房各四間。

新設甲兵七十名，每名給房各三間。

辦事公所二處，每處給房各七間。

共建蓋房三百二十間，内有中屯添蓋領催二名、甲兵十名住房三十八間。以上每間合銀三十五兩，共銀一萬一千二百兩。

辦事公所二分十四間［各七間］。

佐領四員，三十二間。

驍騎校四員，二十四間。

領催八名，三十二間。協領處添領催二名。

甲兵六十名，一百八十間。協領處添甲兵十名。

共三百二十間。

奉省義州佐領十七員，内裁撥佐領二員。復州、熊岳驍騎校各九員，内裁撥驍騎校各一員。

熊岳領催七十八名，内裁撥領催二名。金州領催八十名，内裁撥領催三名。

金州、復州裁撥兵三十五名。吉林滿洲正白、正紅二旗裁防禦二缺，改爲佐領。烏拉布特哈裁撥驍騎校一員。

三姓裁撥驍騎校一員。

吉林滿洲八旗，每旗内兵三百三十名以外之旗裁撥領催五名、甲兵三十五名。

協領隨缺地八十晌，前四十晌，後加四十晌。

佐領隨缺地五十晌，前三十晌，後加二十晌。

驍騎校隨缺地三十晌，前二十晌，後加十晌。

領催隨缺地二十晌，前十晌，後加十晌。

甲兵隨缺地十六晌，前八晌，後加八晌。

每屯應得隨缺地七百二十晌，中屯應得隨缺地一千三百六十晌。

清・徐世昌《東三省政略》卷一《琿春篇・紀墾務》　琿春，濱海之地也。氣候平和，而又有江河流域縱横而灌注之，故原隰豐沃，五穀之植，隨在皆宜。自光緒七年吉省既廢禁山圍場之制，於是琿城、南岡、東溝、黑頂子等處均設墾局。琿城設春和、春雲、春華、春明、春融、春陽等社，計墾成熟地五千六百二十垧零一畝六分。南岡設志仁、尚義、崇禮、勇知、守信、明新等社，計墾成熟地一萬八千九百三十九垧九畝三分。東溝設春仁、春義、春禮、春智、春信等社，計墾成熟地二千零七十三垧九畝六分。均經奏報有案，是爲琿春籌辦墾務之始。光緒二十年，復收還朝鮮流民越墾地畝，并將墾民立社編甲，照則升科，設撫墾局以管理之。丈報熟地一萬五千四百餘垧，歲徵大租銀二千七百七十九兩。自兹以後，放荒招墾，逐漸經營，漸著成效。惟是琿民素耽游惰，往往有地之家不自耕種，而多佃於韓民以坐享其利，否則聽其蕪廢，竟有熟地復變爲荒疇者。雖或由地曠人稀未能兼顧，而其不事生業，已可概見。然自弛禁以來，雖墾熟之地無多，而小麥、大麥、米糧、豆穀之類，歲輸出俄韓各屬者已不可數計。況未開各處如汪清哈瑪塘、綏芬甸子以及二道溝、三道溝等處，尚有數十萬垧之多，若能悉力墾辟，必可大浚利源。比者，日人屢遣農業專家潛往調查，以爲殖民之計。利棄於地，致滋覬覦，深可慮也。琿城東北一帶至老黑山綏芬廳分界止，正北至大墊子、寧古塔界止，綿延數百里。除森林外多係沃壤，尚未開墾，人稀地曠，致匪徒據爲窟穴。即本城之南以至與俄韓交界一帶，熟地亦復無多。本地旗戶每欲據有荒地，而無開墾之資，異方流寓者欲集貲領墾，而又未敢陳請。此時欲內清匪患，外固國維，均以放荒爲第一要義。陳昭常抵琿，爰議將所有荒地悉行放墾，即以所得荒價爲興辦要政之用。經世昌電覆照準，即令派員切實查勘，妥定章程辦理，并囑以開放荒地，當以實能墾地爲主，其有情殷報領而無力出資者，或酌減其價，或稍寬其期，均可量爲變通，以收地辟民聚之效。誠以專重收價，雖一時不無小補，而往往大戶承攬，領而不耕，是雖放猶之不放也。惟城北一帶距城稍遠，地勢荒僻，向稱盜藪，又無軍隊長駐其間，恐領荒之民未敢冒險，擬從城南、城東等處先行試辦，由近及遠，逐漸推廣。其時適值春蘇，亟待播種，若待逐段丈明然後清放，則輾轉尚需時日，勢必又荒廢一年。於是特定一簡便之法，於碾子山、前火龍溝、二道河子、石灰窨等處標定放荒地界，凡農民有願領地開墾者，於所立放荒標識之區，指定地段，垧數，每垧先繳錢八吊，即可領種。一俟派員勘丈分別等第，以地質之肥磽，定荒價之多寡，照吉省定章，分上、中、下三等。上等荒價每垧收錢十九吊八百文，中等荒價每垧收錢十三吊二百文，下等荒價每垧收錢八吊二百五十文。每收荒價一串，并隨收經費錢二百文。丈明之後，應令領荒農民於已交小費之外補繳完足，然後換給憑照。其未能繳足荒價者，所領之地，仍行歸公另放。交價承領後，予限五年，年限既滿，無論開齊與否，一律升科納租。所擬變通辦法，輕而易舉，民間領墾頗爲踴躍，已放出一千五百餘垧，多係附郭之地，本年即可開種者。至無業旗民，原議以前此丈出荒地三千八百餘垧，計口分授。經陳昭常調查琿境貧戶，并清丈旗地畝有無浮匿之弊，嗣查出極貧之戶共四百八十餘戶，計二千八百餘口。旗地除升科外，又丈出浮多熟地五千八百七十餘垧，律以匿賦不報，本應歸公另放，特爲體恤旗民起見，將所有浮多地畝，提出五分之一歸入學堂。以八旗之田畝培養八旗之子弟，學費既免支絀，衡義亦臻公允。又以無業旗戶能力田者甚少，即令計口授田，仍屬於事無濟。議令該管旗員并戶長出具，實係貧戶，願領地墾種，不敢荒蕪切結，無論何段荒地，令該戶自認承領，概可免繳荒價。每口以兩垧爲限，願領者給之，不願者聽之。限三個月一律分給，以其餘散放平民。此外如東北之琿春河俗名沙金溝荒地，距城二百餘里，萑苻盤踞，民皆裹足，城北百餘里之荒溝、檳榔溝二處，森林茂密，地盡膏腴，亦屬匪巢，絕少居戶。初擬招募屯田一營分給地畝，適以財力未逮，乃一面調巡防營前往分扎，一面放荒招墾，以期兵民相衛，漸行開辟。於是領墾之戶紛至沓來。在琿市，則有江浙華商設立務本公司，籌資領地，期於己酉歲春間，實行開墾。其他各處零戶，聞風興起者，亦復不少。惟是琿春林巒環繞，本少平原，而所有平闊之區，開放又將完竣。所餘山溝荒地，道途險阻，需費較多，且山深林密，盜氛未除，行者方視爲畏途，耕者何敢居爲樂土。故欲辟土之宜，盡地之利，非募兵屯田無所著手。郭宗熙之籌琿也，亦極主屯墾之議，而擬就琿屬之東溝、北山及兩炮臺至碾子山、長嶺子一帶先行開辦。但三處地面遼遠，若同時開辦，斷非二、三營所能集事。因又擬先從東溝創辦，東溝地凡二百餘里，又多極大森林，木葉之萎落者，皆層積腐爛於附近山溝之中，水土之性最稱饒沃。是以私墾韓民輒思盤踞，倘劃地配畝分給屯兵耕之，必可收事半功倍之效。迨成效既著，然後推行於北山、兩炮臺等處，則實邊之基礎立矣。所擬辦法，大抵謂日本北海道屯兵之制，每兵須帶五人以內家族方爲合格，蓋使其安居樂業，不念室家，深合於屯田古制。而當此帑藏奇絀，若一兵數口，皆仰給於公家，且須爲籌一切耕耘器械之用，則所費甚巨，萬難規行。茲擬仿兵餉例，按年略分等差，一年給全餉，二年給半餉，三年免給，以其一年耕，二年熟，三年既可大熟也。授地之法，則當察其能力，每兵給地三垧。每棚額兵十四人，共給地四十二垧。劃四十二垧適中之地築一兵棚，合三棚適中之地設一排長管理所，合三排適中之地設一隊長事務所。斬東溝之材木以營造兵房，復酌給以牛馬、車輛、農器等費，使之守望相助，作息以時，期年之後萑苻之藪可變爲樹藝之場。由是爲之操練，以覘良楛，爲之年限，以定服役、退伍之日。各按地畝均分，既能自給，即可成家。固圉之謀，莫便於此。請就延吉所募屯營令其酌量推廣，以一營分駐琿春。當經轉商吉省，時陳昭(當)[常]署吉撫，覆琿函稱，延吉屯田，雖經試辦，尚(末)[未]卓有成效，若分撥一營駐琿，恐權不專屬，款亦難籌。琿屬既已放荒，似東溝一帶亦可招民承領，如慮荒價稍昂，或斟酌減價，或另議變通辦法。即使琿民游惰，不勤耕作，俟籌琿請有專款後，再照所擬屯田辦法酌量施行。事權既一，庶易奏效等語。竊維琿春自國初以來，封禁綦嚴，致土曠人稀，榛蕪滿目。比年以來，亦既稍稍放墾矣，然而荒僻窵遠之區，需費既繁，民多畏阻，苟非講求屯墾，實難期普及之效。矧韓民生計日蹙，方且駸駸越境以逞其拓殖政策，不爲抵制，滋蔓堪虞。居今日而策琿春，所以完邊備鞏國維者，亦隱係夫墾荒一舉。財政困難，萬方同揆，移緩就急，悉力籌維，則琿春前途庶有豸乎。

清・徐世昌《東三省政略》卷三嗣冲《請移陸軍第三鎮退伍兵分撥江省屯田說帖》 竊查自古備邊之策，惟屯田爲最善。江省土地曠衍，人民稀少，近雖改建行省，開放各荒，無論墾者無多，一時難言富庶，即使次第墾成，其勢散情渙，亦於備邊毫無實濟。招練屯兵，目前又無此經費，時奉憲諭，籌與陸軍第三鎮退伍之兵，次第移撥江省屯田，變通辦理，誠爲要圖。謹將酌擬辦法，分條繕呈：

一、開辦之初，一切須詳爲籌計，移撥過多，既恐退伍各兵多所瞻顧，又恐經費維艱。擬請於應期退伍各兵，明白曉諭，俾知屯田之利益，詢其情願來江者，第一年酌撥一千名以爲之倡，第二年仍以一千名爲額，第三年稍見成效，已來各兵獲有實益，後者聞風，自無不趨前恐後，擬請酌撥二千名，第四年即請加撥三千名，第五年仍撥三千名，共計五年屯兵萬人。

一、每兵一名，擬請給開成之地一頃，第一年收穫後，令其每畝繳租費洋一元，第二年繳洋一元五角，第三年繳洋二元，第四年繳洋二元，五年歸其執業，照章與升科之地，一律自行交租，給契準其世守。前數年雖繳租費，以中年收穫核計，尚有所餘，房地終歸爲己產，量易樂從，有所係戀，自不虞逃亡之弊。

一、各兵遠來，未必能有餘資。擬請每兵一名給洋一百元，作爲耕種牛力籽種各費。撥兵千名，共需洋十萬元，以七錢合算，共計銀七萬兩正。

一、耕作必先謀栖止，若令各兵自營廬舍，恐無此力。擬請每兵給住房一間，廠棚二間，籌款預爲建造。地段擬就省西嫩江沿一帶建屋，百戶爲一屯，每屯先建十戶，次第銜接，出入既便，耕作始可相安，聲氣易通，守望乃能相助。約計每房一所需銀五十兩，共計銀五萬兩正。

一、江省之地，荒廢已久，人力、馬力皆不足以辟之。擬請購火犁，一律開成，再行分給。火犁每架約價銀二萬兩，千頃荒地，火犁三架，始足敷用。每架薪工木柴之資及一切雜項費，約需銀一萬兩正，計共銀九萬兩正。

以上第一年共需銀二十一萬兩正，即可開辦屯田千頃，當年仍收回租費銀十萬元，合銀七萬兩。次年經費即可減半。逐年推廣，第五年以租費支用，即可有餘，屯兵已至萬人，開地已至萬頃。如遇歉歲，展限一年，收屯兵應繳之費，此其大略。抑或按地分糧，分四年定額歸其執業，亦可應俟開辦後，詳細察奪，酌定稟報。至備軍械以資防衛，選頭目以資官束。農隙操練，設立學堂，按丁抽伍。一切善後之法，并請以租費項下動用，年終冊報。仍將逐年屯兵人數用款租項數目，分年開列於下：

計開

第一年，第一次撥退伍兵一千名，每名給資本洋一百圓，共十萬圓，七錢合算，計銀七萬兩。建住房一千所，每所估銀五十兩，共計銀五萬兩，購火犁三架，每架估銀二萬兩，共計銀六萬兩。管駕火犁薪工木柴一切經費，約計銀三萬兩。

以上共需銀二十一萬兩，當年秋後，每兵每地一畝繳洋一圓。第一次屯兵一千人共收繳回租費洋十萬圓。以七錢合算，計銀七萬兩，存備第二年動用。

第二年，第二次撥退伍兵一千名，共給資本洋十萬圓，計合銀七萬兩。建住房一千所，計銀五萬兩，薪工木柴經費約計銀三萬兩。

以上共需銀十五萬兩，除動用第一年繳回租費銀七萬兩，實需銀八萬兩。當年秋後，收回第二次屯兵一千人繳租費十萬圓，仍接收第一次屯兵續交第二年租費每畝一圓五角，共洋十五萬圓。以七錢合算二共銀十七萬五千兩，存備第三年動用。

第三年，第三次撥退伍兵二千名，共給資本洋二十萬圓，計銀十四萬兩。建住房二千所，計銀十萬兩。添購火犁一架，計銀二萬兩。薪工木柴經費約需銀四萬兩。

以上共需銀三十萬兩，除動用第二年繳回租費十七萬五千兩，實需銀十二萬五千兩。當年秋後收回第三次屯兵二千人繳租費二十萬圓，接收第二次屯兵續交第二年租費十五萬圓，第一次屯兵續交第三年租費每畝二圓，共洋二十萬圓。以七錢合算，三共合銀三十八萬五千兩，存備第四年動用。

第四年，第四次撥退伍兵三千名，共給資本洋三十萬圓，計銀二十一萬兩。建住房三千所，計銀十五萬兩。添購火犁二架，計銀四萬兩。薪工木柴經費，約需銀六萬兩。

以上共需銀四十六萬兩，除動用第三年租費銀三十八萬五千兩，實需銀八萬五千兩。當年秋後收回第四次屯兵三千人，繳回租費三十萬圓，接收第三次屯兵續交第二年租費三十萬圓，第二次屯兵續交第三年租費二十萬圓，第一次屯兵續交第四年租費二十萬圓。七錢合算，四共銀七十萬兩，存備第五年動用。

第五年，第五次撥退伍兵三千名，共給資本洋三十萬圓，計銀二十一萬兩。建住房三千所，計銀十五萬兩。薪工木柴經費，約需銀六萬兩。

以上共需銀四十二萬兩，即由第四年租費銀七十萬兩項下動用，當年秋後收回第五次屯兵三千人繳租費三十萬圓，接收第四次屯兵續交第二年租費四十五萬圓，第三次屯兵續交第三年租費四十萬圓，第二次屯兵續交第四年租費二十萬圓。七錢合算，四共合銀九十四萬五千兩。第一次屯兵於是年停交租費，地即歸其管業，以後按年自交大租。五次移撥共及萬人之數。

第六年，收回第五次屯兵續交第二年租費四十五萬圓，第四次屯兵續交第三年租費六十萬圓，第三次屯兵續交第四年租費四十萬圓。七錢合算，三共合銀一百零一萬五千兩。第二次屯兵於是年停交租費，地即歸其管業，以後按年自交大租。

第七年，收回第五次屯兵續交第三年租費六十萬圓，第四次屯兵續交第四年租費六十萬圓。七錢合算，二共銀八十四萬兩。第三次屯兵於是年停交租費，地即歸其管業，以後按年自交大租。

第八年，收回第五次屯兵續交第四年租費六十萬圓，七錢合算。計銀四十(三)[二]萬兩。第五次屯兵於本年停交租費，地即歸其管業，以後按年自交大租。

以上五年分五次屯兵萬人，共需銀一百五十四萬兩。至第八年共收回租費四百五十五萬兩，除支實餘銀三百零一萬兩，然支銀雖及一百五十四萬兩，惟第一年全數實支銀二十一萬兩，第二年除支用已收租費，實需銀八萬兩，第三年實需銀十二萬五千兩，第四年實需銀八萬五千兩，四年統共合計，實需本銀五十萬兩，即可開辦。第五年租費即有所餘，八年通計，即以子母相權，亦有盈而無絀，矧屯兵已及萬人，大租永以爲利，尙不至虛擲本金也。

再開辦之始，人數無多，擬派巡警彈壓，并由經管火犁員司照料，以後人數漸增，應否添員經理，萬頃開齊，人數尤衆，火犁已停，或派員經理，酌定經費，八年後一律停繳租費，執業升科，或仍定專員經理，或設屯官管理，屆時再行察看情形詳細籌計，呈請鑒核。

清・王延熙《道咸同光奏議》卷二九恭鏜《籌辦開墾呼蘭所屬封禁荒田疏》 竊查黑龍江省，邊漠之區，初無民墾。咸豐七年，將軍奕山查勘呼蘭所屬蒙古爾山等處荒地一百二十萬晌，堪以試墾，惟恐外人慕膻潛越，不能預操把握，當經奏請封禁。十年，將軍特普欽因俸餉不繼，防範維艱，奏請招民試墾，藉裕度支。奉旨允準。在案。此爲呼蘭鄉民墾開辦之始。同治七年已放毛荒二十餘萬晌。將軍德英以新荒續領未能踴躍，擬請暫行停放。厥後屢停屢放，叠經御史英俊、光熙、內閣學士尙賢等條奏開墾，俱經歷任將軍定安、文緒等籌議，呼蘭所屬克普通肯地方荒場有礙邊圍，仍請照舊封禁。各在案。臣等伏查，黑龍江精華全在呼蘭一隅，地氣和暖，土脈膏腴，爲關外所艷稱。然詳稽所以封禁之故，略有五端。論地脈則恐礙參山珠河，論牧場則恐妨旗民生計，而且墾民雜則盜賊潛入，攬頭出則販賣架空。更恐奸民易集勾結堪虞。臣等反覆推求，知其中情節，萬無一可慮者。溯查原案，呼蘭參山自乾隆時試採一次，稍見參苗，久經停採。布雅淖羅等河自嘉慶二十二年試採一次，亦未得珠，具見奕山奏中。况稼穡之與珠寶孰輕孰重，聖朝取舍自有權衡，不待預計。通肯地段，介居莽鼐布特哈、墨爾根、呼蘭、北團林子之間，縱橫量核計約有三十餘萬晌，較之前吉林將軍奏開伊通圍場十餘萬晌，廣狹大有不同。計將通肯應開地畝之內，酌留圍場、牧地，寬然有餘。即使生齒日繁，斷不至稍有窒礙。若慮民攬轉售，應仿照吉林章程，革去攬頭名目，每民止準放一二十晌至六七十晌爲止，不患不均。至於盜賊有無，則視守令勤惰、官兵勇怯，不在田畝之墾與不墾，此又理勢無待深辨者也。且吉林興凱湖等處最美沃區，徒以土曠人稀不能自守，向使人民繁庶，村堡相連，彼固不能無故覬覦，此亦不能甘心退讓。歷代備邊以開屯爲上策者，職此之由。即使雙城堡、伯都訥經松筠、富俊條奏開墾，當時或議其難。奉天東邊開墾，崇實亦力排衆議而行。不二十年，鴨綠江、鳳凰城等處廛櫛田連，蔚爲沃壤，此尤近今之明效大驗矣。臣恭鏜在都竊嘗考論，東省根本大計首在興農。莅任之初，曾於瀝陳本省積困情形摺內聲明地曠而利不能興各節，微陳其端。近更博訪周咨，并查考梁詩正、舒赫德、福明安等條奏及特普欽所籌與臣祿彭詳細參酌開墾之舉，實黑龍江第一大利，敬爲我聖主備細陳之。本省額餉三十七萬，呼蘭租賦已抵至十餘萬。若再擴充，餉可漸節，此利國帑者一也。齊齊哈爾、墨爾根、黑龍江各城皆恃呼蘭轉運接濟，收穫愈廣，儲積愈豐，此利民食者二也。盜賊之恣，皆由守備之疏，若於放荒時酌定村戶修築堡寨，嚴行保甲緝捕之法，盜賊自難容足，此利保衛者三也。關內外失業閑民，麇聚東省或之他邦，一定土著庶免流移，富者力田，貧者傭工，各安其業，此利綏輯者四也。押租繳價，或仿舊章，或仿吉林章程，酌量增加，以補公項，此利經費者五也。開墾既廣，俟升科後查照奉天章程，每畝酌定徵銀額賦，以濟俸餉，此利徵收者六也。呼蘭糧食除接濟本省，廣行東南，將來收穫豐盈，轉輸益衆，此利商賈者七也。斗稅、燒鍋稅捐亦資小補，積穀日多，收捐必有起色，此利稅務者八也。通肯地段與齊齊哈爾等城相連，戶口漸增，人烟日盛，貧瘠荒漠之區可變殷實，此利生聚者（八）〔九〕也。人有恆產，地有村砦，內守既固，外患不生，此利邊備者十也。惟是十利之說，人所共知，而臣等切念封禁五端內，旗民生計一條關係最重，尚須詳查細考。因先飭派委協領常德等馳赴通肯，查勘地方圍牧情形。頃據常德等繪圖貼說并稟稱，通肯荒田南北約長一百四十餘里，東西約寬七八十里，距北團林子五十餘里，呼蘭、巴彥蘇蘇二百餘里，且隔呼蘭一河，於旗人原有牧場毫無關礙，將來墾成立埠，應留牧場餘地亦多等情。前來。并據總辦呼蘭稅務道員陳寶善就近訪查，開墾一切利弊，大致相同。事關黑龍江省兵民大計，臣等職分所在，不敢拘泥成案，坐視膏腴之產久棄荒蕪。而前準戶部咨稱，奏準黑龍江省籌辦事宜摺內，亦有開放荒地、體察時勢舉行等語，用敢據實上陳，仰求聖明俯加採納。如蒙俞允，臣當慎簡能員，妥定規條，務期利興弊絕，以仰副聖主富民足邊之至意。

清・徐世昌《東三省政略》卷四《軍政篇・奏江省創辦屯墾以興地利而固邊圉摺》 奏爲江省創辦屯墾以興地利而固邊圉，恭摺仰祈聖鑒事。竊維實邊之方，必以辟地聚民爲先務。自來策邊事者，或主徙民，或主屯兵。顧徙民則患其費多，屯兵則患其食少。求其兵農合一，防守兼資，舍屯墾無他道矣。江省頻年招民墾荒，迤東如綏化、呼蘭、海倫、巴彥、餘慶一帶，薦臻繁庶。然統計全省面積開放之荒尚不及十分之二，放而已墾者亦不過十分之三。其富商巨戶，攬荒漁利，久已習爲固然。荒一入手，高價居奇，零星小戶，無力分領，積年累月，終成蕪曠，大段不能轉售，因而拖欠官款。以故放荒速而收價遲，領地多而開地少，阻礙墾務，損害邊防。職此之由，臣等再四籌維，非將墾荒辦法及時變通，無以爲久大之計。前據試署民政司使倪嗣冲呈請，在本省創辦屯墾，當令選定地段，妥籌辦法。嗣據覆稱，省城西南、嫩江西岸、札賚特蒙旗所屬哈拉火燒地方，爲江省蒙旗與奉天洮南各屬往來衝要。本年春間，曾經奏明會同該旗勘定出放。擬請即在該處指撥荒段，招工開墾成熟，并建置廬舍，以各鎮陸軍退伍兵丁自願就農者，分年撥令到段，每兵一丁授予熟地百畝。其該段照章應劈蒙旗一半地價及墾地建房等費，均由官家籌墊，并每丁給予牛糧籽種費六十二兩。自授地之年起，每兵一人當年繳回租費銀三十一兩，第二年繳回租費三十一兩，第三年繳回租費銀六十二兩，第四年繳回租費銀九十三兩，即由該處屯墾局塡給大照，作爲該丁永業。於第五年照章升科。先擬屯兵萬人，於試辦之第二年起，分年到段，至五年爲止。其分起到段之前一年，即由試辦之第一年至第五年，逐年招工墾地建房，并至撤局之日止，九年間經理屯墾局用之費，共計需銀一百五十一萬九千二百八十八兩。除自試辦之第二年至第九年止，逐年收回五次到段退伍兵分年繳納租費二百一十七萬兩，抵補各項用款外，共計贏餘銀六十（六）〔五〕萬（八）〔七〕百一十二兩。其蒙旗應得一半地價，即由官家在贏餘銀兩項下提出，算明撥付。等情前來。臣等詳核該署司使所擬辦法，採用屯田之策，兼寓殖民之方，於江省現在情形最爲適宜。退伍兵丁，既有尺籍可稽，分班到段，整齊劃一，以視客民傭人輾轉領荒延不到段者不同，利一。以兵務農，守望保衛之事是其所長。自不必另駐防營，萑苻可期日靖，利二。授給熟地，即時耕種，無匱乏之虞，且既定爲恆產，即可變作土民。生齒日繁，富庶可卜，利三。以官力爲開墾，按丁授地，按地配丁，包攬大段之弊可免，利四。資費出自公家，數年之間，其利自倍，既裨國帑，亦厚民生，利五。有此五利而無一害，自應飭令該署司使先行試辦，寬以年歲，責其成功，行之有效，再於沿邊一帶推廣舉行。所有應需款項，即由臣等暫向商家息借，以備按期支用。至此外沿邊招徠民墾辦法，現正詳酌變通，一俟議定，再行奏明辦理。除將逐年屯墾經費豫算表咨部查照外，所有江省試辦屯墾緣由，理合恭摺具陳。伏乞皇太后、皇上聖鑒訓示。

清・徐世昌《東三省政略》卷一張道柢《調查蜂蜜山墾務呈文并批》 蜂

蜜山地方遼闊，戶口太稀，欲使數百里之荒蕪立臻繁庶，非統官墾、商墾、兵墾、民墾四項合辦，不能速收實效。其由地方提倡，先備資斧，遷移內地人民計口授田，將來屆限升科，按晌納糧，是爲官墾。招集商股設立公司，俾購機器開荒，以熟地三成報效，是爲商墾。移北洋退伍之兵，分駐沿邊，以固吾圉，如此者曰兵墾。有力之戶備價領荒，責令自領自開，不準攬頭販賣，如此者曰民墾。合官、商、兵、民之力開辟洪荒，幅員雖長，自可克期告竣。查該邊邊防緊要，無論何項開墾，皆應寓兵於農，挑選壯丁於農隙（請）〔講〕求武事，就團練之中用兵法部勒，強鄰不得而責言也。就官墾、商墾、民墾而言，歲入錢穀尚可以千萬計，雖經營之始所費不貲，然體察今日情形，竊以各項新政皆可稍緩，惟此舉迫不及待。蓋操辦他事只有耗財，不能生財，即或加稅加捐亦無非損下益上。若力行墾政，官中租賦日廣，民間糧米日多，能使國計民生兩有裨益。至報竣之遲速，視乎經費之多寡，若能籌銀二百萬，則擴充其事，三五年可告成功。若只籌銀百萬，則逐漸推行，期以三年設治，十年蕆事，亦可操券而課其成。現今財政維艱，而此次擬請之款，原係分項支領，或多或少均可有爲。蓋既定方針必取效果，爲東三省開財之源，或亦千慮之一得也。

批：所擬官商兵民合墾辦法，尚屬切實可行，惟各章程內頗多疏漏之處。經費預算照原表內開，總辦全年薪水至一萬三千二百兩之多，未免過侈，其他各項亦應逐一核減。仰即按照簽出各條，妥爲更正。至所請經費全發實銀，礙難照準。查吉省習用羌帖，若以我之現銀兌換折合，所虧甚巨，應以實銀折合大小洋元，并須以洋元、紙幣兩項相轉而行，庶便於周轉，并可藉以抵制羌帖內灌之力。此項經費，應候由吉林度支司核定後預爲籌撥，分作三年六次發給。再查官墾、商墾、兵墾、民墾四項應先從何項入手，該道所開預備各事清單，未據聲明。商墾必俟公司組織成立，乃能發起，兵墾尚須招集北洋退伍之兵，亦非目前所能立辦。通盤籌劃，應先從官墾、民墾兩項入手，妥籌試辦。至用大舉辦法，抑用減半辦法，須視所籌經費多寡以爲規定。仰稟候吉林公署核奪示遵。

清·徐世昌《東三省政略》卷一陳令玠《陳蜂蜜山招墾設治事宜呈文并批》 一曰定宗旨。蜂蜜山沿邊千餘里，土地膏腴，物產豐富，而數百年來荒廢不治者，則以無一定宗旨。故今不復追論荒廢之時代，即以近數年政策論之。設局招墾而不爲計出入之途，保安之具，但曰招之使來。放荒收價而不爲謀開辟之方，生殖之道，但曰例收荒價。夫如是，是非實邊也，是公家以荒地售錢，誠使公家果得巨貲何嘗不可，然未聞歷年荒價集有成數，但見千里膏腴等於甌脫，是可慨也。爲今之計，宜以實邊爲宗旨，三年以內勿惜費，五年以內勿計利，公家但經營地方，勿患墾戶之不來，勿患荒地之不治。宗旨既定，則由左列辦法行之。

二曰籌辦法。今辦法有七，次第言之如下：

一曰資遣軍隊，分駐沿邊以資保衛也。今籌辦伊始，荒山千里，曠無居人。無論墾戶裹足不前，即公家之土地人民亦復虛懸而無着。查東清鐵道之東南，自五站至哈爾濱，層巒叠嶂，林密山深，久爲胡匪巢穴。九站之東，有青溝嶺者爲墾戶入山孔道，胡匪狙伺，屢被綁掠。自九站迄青溝嶺東麓二百餘里，宜以巡防兩營分哨常川駐扎，護送行人兼通文報，別以防軍一營梭巡山中，專意剿匪。自清溝嶺之東麓，逾興凱湖至呢嗎口，下抵饒力溝，計長一千一百餘里，悉連俄疆，宜以陸軍步隊一標分排駐扎。每三十里扎一排爲四十二人，每一標計三十六排，以之分駐，千有餘里無慮不足。凡行人入山，文報過境，皆責成沿途軍隊接送。宜以特別之命令規定之。呢嗎口之東岸爲俄之驛馬口，西伯利亞鐵路大站在焉，商務繁盛，俄置重兵，設民官收關稅。胡匪橫聚於此。三十一年匪首文伯川率悍黨即由此口入山，肆行燒掠，全境糜爛。宜以陸軍馬隊一營駐扎呢嗎口，以資捍衛。依下開設治辦法，墾務總局宜駐於此，將來即爲道缺，非馬隊一營不可。以上防陸馬步共七營，應請飭下駐吉軍隊中挑選。入山各營，仍領底餉概不另支。惟陸軍章程出差之時，每月加一兩。此款應否由局開支，尚待查考。

二曰測定設治地方先設局，所以集遠人也。今沿邊鄰俄，苟使土地漸辟，民戶繁滋，則不能不設治。設治雖非今日事，然測定地點預備建設則今日爲尤急。往者聞山中恆言，此山好地土，惜無官保護，故百姓不敢進山。委員等入山調查，遠人聞山中已有官吏，今春赴墾者千有餘家。洎乎夏間，墾局委員領地各戶，被綁十數人，不獨相戒不往，并有已來而逃走者，蓋以官吏且不自保，遑問保民。今如前議，沿邊既設軍隊以招之使來，仍必於各地方設治以撫之。惟設治一舉造端匪易，法宜於開辦第一年內，派員測繪全境輿圖，劃出道、府、州、縣各治地方，以道員駐所設墾務總局，以府、州、縣駐所設分局，第一年擇要先設，至次年一律設焉。俟總分局一體成立，即將擬設道、府、州、縣各缺專摺出奏，暫以總分局各局長等充地方官，五年以内仍依局所經費專辦墾務。并籌備設治事宜，兼理民事。俟該管地方墾地過半，戶口較多，已有租稅可收，將賴政刑爲治。屆時暫將局所名義取消，一以地方官廳之制行之，其得力人員即請補該管地方實缺，以資治理。

三曰注重民墾，官爲獎勵，以紓財力也。近世言實邊者，大都謂退伍以墾邊，否則立墾務公司，其深謀者則曰移内地之民以實邊土，之三策者，似可兼採而并行。以愚度之，退伍屯邊，歷無良法，以退伍爲普通之墾民則可。以其退伍也而優異之，供不給求則未可。公司招墾性質固佳，然際此時勢，股票競爭，招集不易。若移民實邊本正當主義，然資遣有費，車船有費，代備牛種、農具、井竈、(鍋)[窩]棚及初年食糧更有費。繁費正多，將焉取此。況又持以數年之久，始能次第收租。收租以後之利益，不能償收租以前之耗費，如以其耗也而姑約之，移置少數之民，何足以裨大計。爲今之計，只有獎勵民墾之一法，擇山内墾地較多之戶若干人，獎以五品以下之功牌，給以札文，資以旅費，使各回原籍廣招墾戶。凡墾戶之來者官爲撫之，招募最多者再獎以匾額。但使公家有保衛地方之具，更以獎勵撫綏之道，繼之又能使其起居食用之所必需者咸備，辦法具詳另摺。無慮邊疆之不實，亦無慮專注民墾有單獨之嫌也。

四曰任民領墾，緩收荒價，以廣招徠也。今民領墾者例收荒價，每垧約一元有零，所收無多，實沮民氣。今擬酌中定價，任民領墾，俟成熟後再與清丈，然後升科，由升科第一年起分作三年隨利繳清。民間以暫不收價，領戶必多，寬之於先，仍償之於後，於公家無損也。或謂任民領墾不即收價，誠恐領者貪多而戶口轉形減少。豈知從前辦法注重荒價，及被奸民包攬大段，占盡膏腴，居奇待售，以故墾民難給重資，終於荒廢。誠使緩收荒價，不問所領多寡，但責以一年内開墾完竣，逾年不報竣者，公家立收其地轉交他戶墾種。不特新領之戶爲然，即從前包攬大段者，亦於第一年起，限令一年内，墾戶齊來，荒地完竣。其未墾若干，設其地如前法。荒價既暫不收，則商民之占街基者，城市劃出街基地段報名領用。居民之占房屋基者，城鄉(材)[村]屯劃出修造房屋地段，報名領用。應酌定常年租價，一律緩至地方設治後，再行復丈，按年徵收。

五曰預算開辦經費額數，以便按時籌撥也。今變移民實邊爲招民自墾，則經費大省，一切不即收價，則經費或又稍多。依預算法以五年内所辦各事分年核算，前三年約需銀二百萬兩。依辦事次第計之，約第一年由今年十月起至明年九月截止造冊報銷爲第一年度。需銀九十萬兩，第二年七十萬兩，以上各分兩次請領第三年四十萬兩，一次領訖。第四年、第五年更不領款。即以前三年内挪出餘款支用，第六年則地方自有租稅可收，或且上供國課。所領之款，以一百萬實銀，分作實銀三成，銀元四成，銅元四成照發，以百萬實銀折作銀元鈔票照發。名曰領款二百萬，公家實籌現銀百萬而已。惟蜂蜜山爲吉省轄境，吉省錢法久壞，銀元鈔票尚未萌芽，而山内居民習慣羌帖使用，銀元鈔票定可通行，若仍以中錢官帖折合羌帖，利權外溢，其累何堪。現值吉林撫憲履任之初，必有一番整頓。若能剴切曉諭銀元鈔票全省通行，庶墾局請領之一百萬兩鈔票，皆能抵作實銀一一信用也。

六曰預籌辦事方法暨其次第，以便考核也。依照前開辦事經費需銀二百萬兩，則辦事之方法暨其次第必須條分縷晰，使人人知領款以後欲歸何用，效果安在，以便逐年考核，俾底於成。謹開列逐年應辦各事清單，另摺具呈。

七曰預定辦事人員名稱，俾專責成，以便考核也。今果整頓墾務，宜將辦事人員名稱釐定，然後區分責任，酌定員數，量給薪水。大約責任重要之員，選派之權操之自上，而考核優劣，其權又分寄於就近之該管官。謹開列總分各局辦公人員額數薪水暨責任職權清單，另摺具呈。

三曰計功效。辦法畢具，功效可期，其實邊固圉安插人民無論也，論公家對於該地方所獲之利如下：

一曰自然之利有四：

甲、荒價　該處可墾之地約六百萬垧，以每垧收荒價銀元一元五角，與向例收中錢三千三百文相等。當收九百萬元，分作三年隨糧繳清，每年當收三百萬元。

乙、大小租　有地六百萬垧，以每垧年收大小租銀元三角計，與向例收中錢六百六十文相等。每年當收一百八十萬元。

丙、街基、村基租　今擬設道、府、廳、州、縣凡六，將來置村屯必以數十或百餘計，皆由公家撥出地段，令民報領。所領之基每年應納租金　即地方稅之一，現雖不能確定其數，計之當復不少。

丁、公家資本利金。如辦事清單內開所辦百貨店、錢店、糧食店、農具家具店、牛馬廠、火犁代耕暨發租市房等項，皆公家資本事業。一日不停辦，即有一日相當之利益。如屆停辦時，仍可抽出資本籌辦其他實業。

二曰籌辦之利有六：

甲、酒稅　該處釀酒售於俄人，價値奇貴，獲利不貲。宜稅。

乙、烟葉稅　烟葉爲出產大宗，遠銷東洋，爲利獨厚。宜稅。

丙、魚稅　境內支河數十，魚產極富，土人捆售俄商，輒數百斤以去。宜稅。

丁、牲畜稅　牲畜爲該處天然出產，爾後牧畜日繁，交易必廣。宜稅。

戊、煤稅　荒地既辟，戶口益繁，開採煤竈，以濟民用。宜稅。

己、木植稅　開辟三年以內，新來墾戶需用材料，由鄉會首人指以相當之樹，不可濫伐。三年以後，各處森林皆有管理，人民間修造房屋，由鄉會首人驗明需用若干，開列憑單，交管理人先納租金，以相當之材木給用。

三曰待辟之利有五：

甲、種稻　境內凡兩坡之間必有草甸。草甸者，地勢卑下，瀦水時多，可作水稻田，歲必一穫，宜種稻。

乙、飼山蠶　該處山多柞木，即菠蘿樹。葉可飼蠶，絲質較粗，以之代布，較布爲優。

丙、牧畜　該處除平岡高原放墾外，凡松阿察河暨烏蘇里江之岸，地半沙礫，樹藝不宜，而水草肥美，最宜牧畜。

丁、柳條　凡烏蘇里江暨穆棱河之水邊數百里，適生柳條，不成材木。若招匠學編柳筐，不亞東洋之貨，獲利亦多。

戊、其他水利　該處山河縈繞，土性無所不宜，如葡萄可作酒料，蓮藕可充食品，復有鵝鴨鷄豚諸物，與內地相同，而野獸、野禽種類俱備，則視內地爲尤勝。

批：　原呈理論甚富，於就地情形亦頗明瞭，核與張道所擬辦法，用款較費，收回利益亦較遲。蓋一則爲貨貲，責償以傭代農之計。一則主縱民墾殖，官不計利之說也。夫移民實邊，官爲資遣，自古無良策，漢時輸粟實塞，獎以功爵，至徙民三輔，則直驅迫之，非資遣之也。若資遣，國家於蒙古、新疆暨東三省嘗行之矣。廬舍籽種費亦不貲，乃百餘年來荒廢如故，此近事之可證者也。今如以資遣之費爲之練兵，以保治安，修道以利交通。築室屯糧，備農事之必要，行鈔發帑，通商業之有無。內治機關一切完備，商民且不招而自至。然後爲獎勵之法，以鼓動之，獎以官，獎以地，獎以免稅，獎以專利，勸未來之商民，以招其至，安已至之商民不使之去。故實邊之計，當實財於境內，不宜散財於境外，以財治境內，財去而境亦辟，以財招客民，民亡而財已散。蓋民之來不來，決於境內之治不治，內治均未著手，而貿然糜數十萬之帑，人爲之給，家爲之養，微獨公家力不能供。且能招之不能安之，則既招之民可以復去，而已散之財不可復收。故資遣之法，用以雇傭則可，用以殖民則不可。始既資遣，終必責償，官與民互相爲市，官與民乃交相爲病。夫民之趨利猶水就下，聞治河以導水，不聞挹海以注河。資遣之法，則挹海注河之智也，從而責償，則壅河歸海之功也。

清・方苞《方望溪全集・集外文》卷三《塞外屯田議》　自古控抱關塞，制馭戎狄，莫善於屯田。蓋省運餉之費，則國用易充，而民力不至於疲，且以農夫爲戰士，則習飢勞，耐寒暑，筋骨堅強，緩急足恃。今準噶爾外雖歸順，其心尚不可知，必廟謨早定，戰守有備，將材士武，然後精神可以折衝，不敢妄動。臣聞塞外開墾之地已經注籍者自□□以西至歸化城東西將及五萬頃。臣請卽籍其現在耕農爲衛卒，無論兄弟親戚奴僕，必家有餘丁三人，然後許其受田，以正身爲衛卒，而餘丁力耕，盡免其租賦，未墾之地，則召募山、陝邊民，官予牛種，立房舍，歲給銀糧，期以三年地熟，然後使自食其力。環歸化城三百里內，凡有可開之田，漸次召募開墾，務可養衛卒二萬家。伏乞我皇上先遣滿、漢大臣，宅心公平，材識出衆者二人，巡視規度，以地之肥瘠爲差，凡正卒一人，所授之地，必可給十二三口衣食，農功畢，則帥餘丁開濠築堡，二三月農功未興亦然，十一月至正月，則聽其結伴，不拘人數，入山步圍，則數年之後，塞外正卒，得二萬人，並羨卒得勝兵八萬。口內之兵，可以有缺不補，漸次減半，部署既定，然後擇大臣一員，爲屯田經略，歸化城以東，設屯田兵道三員，其西其北，各設兵道一員，武弁至參遊而止，聽兵前節制。鄂勒昆戍守處，設都統一員，聽經略節制，環歸化城三百里內，衛卒必半有妻子，每年七月，登萬人赴鄂勒昆，更番戍守。其有險可依之地，爲造立土城，水草甘美，則隨處築堡建墩以通烽火。凡田連二三十頃，必於西北畔開濠種樹。當要路者，至兩三重，則居者有蔽而寇不能測，永爲金湯之固矣。至於歸化城以東已墾之田，有係諸王大臣，及各旗官弁產業者，環歸化城可開之地，有蒙古駐牧者，以皇上之命，量其所值，賜以金帛，自無所難。爲國家建萬世之業，不可以惜官費用也。

清·包世臣《齊民四術》卷一〇《兵二·郡縣戎政》 今屯田虛名官田，實皆民間賣買，過業過糧，不可追詰。藩司當飭各縣，查荒蕪平田地場，無主無糧山場，沿河可堤平塌，其二千畝以下，即屬該縣酌輸墾以裕公費；三千畝以上歸屯，仍留近城一千畝畀縣。知縣將現在充役差壯快三班人校，挑擇其年四十五以下、二十以上，或力能舉二百斤及有手技者署役，餘發歸業。其無業可歸及願遷屯田者，妥酌安置。挑不及額者，虛其缺以俟選補。知府將現撥歸標兵丁，照縣役挑例處分。司標如之。

凡江河新漲洲瀨皆歸公，毋許奸民指報水影，致滋爭鬬。其傍水田地有沖塌者，該長吏即時撿明申報除科，歲終咨部。

凡請遷與無業安置屯田者，計口給荒田四畝，其單丁則給八畝。鋤種牛糧，官給有差。以收成一熟爲度，督令樹藝畜牧，成熟以爲世業。惟不聽典賣。絕者歸於官，丁耗者歸於官。共竹樹仍半給之。歲收其租十之三，以一分修兵械，二分充公。皆田二十畝而徵兵一人，其單丁給八畝者，則三年一輪上值。該轄輪上時，聽雇借與人耕種。其以罪遷者，一屯一值，任撥調不爲世業。其子入屯受田者，除爲良，用常人例。

清·馮桂芬《校邠廬抗議·裁屯田議》 竊於漕運弁丁支款，以及屯田租息而不能無疑也。衛所之制，創自前明，今之運丁，即前明之軍。始以有罪遣戍，著籍防守，月給軍糧，非爲漕運設也。厥後各軍撥墾荒田，令輸籽粒，於月糧內扣抵，遂編爲屯軍，與營軍爲二。無事則資挽運，有事則資調遣，亦非專辦漕運。國朝屯軍，次第裁汰，屯田歸并州縣，承佃辦賦，惟有漕運之地，隸衛所如故，謂之贍運屯田。於是乎衛弁運丁屯田，始專爲漕運而設。當時國用充盈，體大物博，但資其飛挽之力，即亦不苛細微，迨後日久弊生，習焉不覺，至今日而害斯衆著。約而言之，可疑者殆非一端。

運丁於田租養贍之外，每屆兌運行月耗贈銀米，列入正款者，每船幾及米二百石，銀二百兩之多，而猶以爲未足，輒向州縣勒索幫費，遠過於商賈陸運貨物之值。州縣借口浮收勒折以給之，司倉人等復利其厚獲，還相魚肉，悖入悖出，皆運丁爲之關鍵。坐令漕務敗壞決裂，此可疑者一也。守備、千總亦武職，不令之操演，不令之管帶漕標各兵，乃令守備徵糧理訟，參錯州縣之間，以分其權；又令千總押運，而運事轉以丁爲主。王氏芑孫有云：「其強者與丁爲狼狽，其弱者受丁之指揮。屬之漕督，而漕督相懸數千里；屬之糧道，而糧道相懸數百里；屬之所在知府，而知府又以武職外之。既無考核，又無鼓勵，此可疑者二也。運丁之始，即水手也。康熙三十五年，定僉軍之法，特以爲水手之長耳。何以既有運丁，又別雇桀黠無賴教習之徒，充當頭柁水手，擾害民間。嘉慶道光中，迭釀巨案，猶幸江浙停運在先，金陵失守在後，不與賊合，然資遣未盡者，猶以千計。吳民苦之，數年始息，此可疑者三也。糧艘所容，不過數百石，與中號江船等，而船身之重滯，行走之艱澀，無出其右，此可疑者四也。

因思舊制以衛領軍，以屯養軍，而以軍挽運，法非不善。今則漕事專責之運丁，安用衛爲？費用盡取之州縣，安用屯爲？挽運別付之水手，安用丁爲？名實全乖，舉非其舊。以不文不武之官，領不農不賈之民，別樹一幟，天下冗員游手，莫甚於是。蓋不待今日，而論者莫不謂欲清漕務，首革衛弁運丁矣。

蘇省自道光二十七年停運以來，不特衛弁薪俸按年支領，即苫蓋月糧初亦照例半發給，屯租更如常徵收。在有司，例與之而不以爲嫌；在若輩，例取之而不以爲感，馴至粵匪難作而後已。竊計數年中，弁丁安坐無事，糜費國帑，殆不止千萬之數。即以上下兩江屯田租息一項言之，江淮衛等，凡二十三衛，額定六十餘幫，船三千八百餘隻，惟江淮、興武二幫，坐資津貼，幷無屯田，著名瘠苦。此外，江蘇之蘇州衛等，安徽之新宣衛等，(供)[共]二十一衛，計屯田二百三十餘萬畝。此項田畝，康熙八年，湖廣有清釐之案，二十三年，江西有清釐之案，皆輾轉典賣，或贖回，或助費，分別辦理，似已有彌縫補苴之意。迄今年代更遠，弊必益甚。嘉慶間《松江府志》稱裁幷典田，頭緒繁多，而坐落鄉圖具在，足爲運丁身家之一助。即現在蘇省各屬，多有屯田散布境內各衛，時因催租之案，與州縣交涉，是屯田非盡無着之據。湖廣江西，情形想亦無異，但將已無者概免究追，現有者盡數交納，或召變，或徵租，十得三四，尚不失爲巨款，於度支不無小補。

現在海運行之十餘年，尚爲利濟，自難亟議更張。即使肅清之後，謂海運非久長之策，重議河運，或招商，或採辦，或轉駁，或改造駁船，或雇用民船，以所省漕項銀兩給丁各米，益以屯租，何事不可辦？斷不議重造前此笨滯船隻，重招前此獷頑水手，重任前此不諳轉輸、專爲奸利之弁丁，此可以理決者。既已不可復用，似宜早爲之所。蘇省被難以來，弁丁輾轉流離，無復生計，一經克復，勢且環求調劑，安得閑款給此閑人，若不及今裁汰，直國家一大累矣。

夫使經費足支，存之無損於毫末，不裁可也，而經費如此其絀；又使爲數無幾，去之無關於重輕，不裁可也，而爲數如此其巨；又使弁丁於漕運雖不能無弊，尚有不可無之一說，不裁可也，而弁丁於漕運非但可無，直不可有。然則爲今日計，惟有請將江南湖廣江西各衛裁撤，其守備千總各官，調營序補。銷除屯丁冊籍，查明現有之屯田，盡數歸官，俾帑藏不致虚糜，綜核名實之道實在於是。至漕督亦在可省之數。惟考漕營始於明隆慶間，漕撫方廉爲備倭患而設。今情事正同，淮安一帶，距省會率一二千里，自須督撫大員坐鎮，俟南北肅清，再議歸幷督撫爲便。

綜述

唐・杜佑《通典》卷二《食貨二》

屯田 漢、魏、晉、東晉、齊、後魏、北齊、隋、大唐。

漢昭帝始元二年，詔發習戰射士詣朔方，調徒釣反。故吏將子亮反。屯田張掖郡。調，發選之也。故吏，前爲官職者。令其部率習戰射士於張掖爲屯田。

孝宣帝神爵元年，遣後將軍趙充國將兵擊先零羌。充國以擊虜殄滅爲期，乃欲罷騎兵屯田，以待其弊。奏曰：臣所將吏士馬牛食，月用糧穀十九萬九千六百三十斛，鹽千六百九十三斛，茭藁二十五萬二百八十六石。石，百二十斤。難久不解，徭役不息。又恐他夷卒有不虞之變。且羌虜易以計破，難用兵碎也，故臣愚心以爲擊之不便。計度臨羌東至浩音告。亹，音門。即金城郡廣武縣地。臨羌在今西平郡也。羌虜故田及公田，民所未墾，可二千頃以上。願罷騎兵，留弛刑應募，及淮陽、汝南步兵與吏私從者，合凡萬二百八十一人，用穀月二萬七千三百六十三斛，鹽三百八斛，分屯要害處。冰解漕下，繕鄉亭，浚溝渠，漕下，以水運木而下也。繕，補也。理湟音皇。陿音陜。以西道橋七十所，令可至鮮水左右。田事出，賦人二十畝。田事出，謂至春人出營田也。賦謂班與之。至四月草生，發郡騎及屬國胡騎伉健各千，倅馬什二，就草，倅，副也。什二者，千騎則與副馬二百匹也。爲田者遊兵。以充入金城郡，益積蓄，省大費。今大司農所轉穀至者，足支萬人一歲食。謹上田處及器用簿，唯陛下裁許之。上報曰：如將軍之計。充國又奏曰：今留步士萬人屯田，地勢平易，臣愚以爲屯田內有亡費之利，外有守禦之備。騎兵雖罷，虜見萬人留田爲必禽之具，其土崩歸德，宜不久矣。詔罷兵，獨充國留屯田，大獲地利。明年遂破先零。

魏武既破黄巾，欲經略四方，而苦軍食不足。羽林監潁川棗祗建置屯田，於是以任峻爲典農中郎將，募百姓屯田於許下，今潁川郡許昌縣也。得穀百萬斛。郡國例置田官，數年之中，所在積粟，倉廩皆滿。

廢帝齊王芳正始四年，司馬宣王督諸軍伐吴，時欲廣田畜穀，爲滅賊資。乃使鄧艾行陳、項以東至壽春。自今淮陽郡項城縣以東至壽春郡。艾以爲田良水少，不足以盡地利，宜開河渠，可以大積軍糧，又通漕運之道，乃著《濟河論》以喻其指。又以爲：昔破黄巾，因爲屯田，積穀於許都以制四方。今三隅已定，事在淮南，每大軍征舉，運兵過半，功費巨億，以爲大役。陳、蔡之閒，土下田良，可省許昌左右諸稻田，幷水東下。令淮北屯二萬人，淮南三萬人，十二分休，常有四萬人且田且守。水豐，常收三倍於西，計除衆費，歲完五百萬斛以爲軍資。六七年閒，可積三千萬斛於淮上，此則十萬之衆五年之食也。以此乘吴，無往而不克矣。宣王善之，皆如艾計。遂北臨淮水，自鍾離而南，横石以西，盡沘旁脂反。水四百餘里，五里置一營，營六十人，且田且守。兼循廣淮陽、百尺二渠，上引河流，下通淮、潁。大理諸陂於潁南北，穿渠三百餘里，溉田二萬頃，淮南、淮北皆相連接。自壽春到京師，農官兵田，雞犬之聲，阡陌相屬。每東南有事，大軍興衆，汎舟而下，達於江淮，資食有儲，而無水害，艾所建也。

晉羊祜爲征南大將軍，鎮襄陽。吴石城守去襄陽七百餘里，每爲邊害，祜患之，竟以詭計令吴罷守。於是戍邏減半，分以墾田八百餘頃，大獲其利。祜之始至也，軍無百日之糧，及至季年，有十年之積。

太康元年平吴之後，當陽侯杜元凱在荆州，今襄陽郡。修邵信臣遺蹟，邵信臣所作鉗盧陂、六門堰，並今南陽郡穰縣界，時爲荆州所統。激用滍音蚩。淯音育。諸水以浸原田萬餘頃，分疆刊石，使有定分，公私同利。衆庶賴之，號曰：杜父。舊水道唯沔、漢達江陵千數百里，北無通路。又巴丘湖，沅湘之會，表裏山川，寔爲險固，荆蠻之所恃也。預乃開楊口，起夏水達巴陵千餘里，夏水、楊口在今江陵縣界。巴陵即今郡。內瀉長江之險，外通零、桂之漕。零陵、桂陽並郡。南土歌之曰：後世無叛由杜翁，孰識智名與勇功。

東晉元帝督課農功，二千石長吏以入穀多少爲殿最。其非宿衛要任，皆令赴農，使軍各自佃作，即以爲廩。大興中，三吳大饑，後軍將軍應詹上表曰：魏武帝用棗祗、韓浩之議，廣建屯田，又於征伐之中，分帶甲之士，隨宜開墾，故下不甚勞，大功剋舉。閒者流人奔東吳，東吳今儉，皆已還返。江西良田，曠廢來久，火耕水耨，爲功差易。宜簡流人，興復農官，功勞報賞，皆如魏氏故事。一年中與百姓，二年分稅，三年計賦稅以使之。公私兼濟，則倉庾盈億，可計日而待之。

穆帝升平初，荀羡爲北部都尉，鎮下邳，今臨淮郡縣。屯田於東陽之石鼈，亦在今臨淮郡界。公私利之。

齊高帝敕桓崇祖修理芍陂田，曰：卿但努力營田，自然平殄虜寇。昔魏置典農，而中都足食；晉開汝潁，而河汴委儲。卿宜勉之。

後魏孝文帝太和十一年大旱，十二年，秘書丞李彪上表：請別立農官，取州郡戶十分之一爲屯田人。相水陸之宜，料頃畝之數，以贓贖雜物市牛科給，令其肆力。一夫之田，歲責六十斛，甄其正課并征戍雜役。行此二事，數年之中則穀積而人足矣。帝覽而善之，尋施行焉。自此公私豐贍，雖有水旱，不爲害也。

北齊廢帝乾明中，尚書左丞蘇珍芝又議修石鼈等屯，歲收數十萬石，自是淮南軍防糧足。

孝昭帝皇建中平州刺史嵇曄建議，開幽州督亢舊陂，今范陽郡范陽縣界。長城左右營屯，歲收稻粟數十萬石，北境得以周贍。又於河內置懷義等屯，以給河南之費。自是稍止轉輸之勞。

武成帝河清三年詔：緣邊城守堪墾食者營屯田，置都子使以統之。一子使當田五十頃，歲終課其所入，以論褒貶。

隋文帝開皇三年，突厥犯塞，吐谷渾寇邊，轉輸勞弊，乃令朔方總管趙仲卿於長城以北大興屯田。

大唐開元二十五年令：諸屯隸司農寺者，每三十頃以下、二十頃以上爲一屯。隸州鎮諸軍者，每五十頃爲一屯。應置者，皆從尚書省處分。其舊屯重置者，一依承前封疆爲定。新置者，並取荒閑無籍廣占之地。其屯雖料五十頃，易田之處各依鄉原量事如數。其屯官取勳官五品以上及武散官并前資邊州縣府鎮戍八品以上文武官內，簡堪者充。據所收斛斗等級爲功優。諸屯田應用牛之處，山原川澤，土有硬軟，至於耕墾用力不同。土軟處每一頃五十畝配牛一頭，彊硬處一頃二十畝配牛一頭。即當屯之內有硬有軟，亦準此法。其稻田每八十畝配牛一頭。諸營田若五十頃外更有地剩配丁牛者，所收斛斗皆準頃畝折除。其大麥、蕎麥、乾蘿蔔等，準粟計折斛斗，以定等級。

天寶八年，天下屯收百九十一萬三千九百六十石，關內五十六萬三千八百一十石，河北四十萬三千二百八十石，河東二十四萬五千八百八十石，河西二十六萬八千八十八石，隴右四十四萬九百二石。

唐·杜佑《通典》卷二三《職官五》 屯田郎中一人。漢成帝置尚書郎四人，其一人掌戶口、墾田，蓋尚書屯田郎之始也。至魏，尚書有農部郎，又其職也。至晉始有屯田尚書。及太康中，謂之田曹，後復爲屯田。江左及宋、齊則左民郎中兼知屯田事，梁、陳則曰侍郎，後魏、北齊並爲屯田郎。隋初爲屯田侍郎，兼以掌儀武之事，故《隋書》曰：柳彧爲屯田侍郎。時制三品以上，門皆列戟，左僕射高熲子弘德，封應國公，申牒請戟。彧判曰：僕射之子，更不異居。父之戟架，已列門外。尊有厭卑之義，子有避父之禮，豈有外門既設，內閤又施。事竟不行。熲聞而歎服。煬帝除侍字。武德三年，加中字。龍朔二年，改爲司田大夫，咸亨元年復舊。掌屯田、官田、諸司公廨、官人職分、賜田及官園宅等事。員外郎一人。改置與戶部員外郎同。

唐·杜佑《通典》卷二六《職官八》 諸屯監：隋置諸屯監及副監，畿內者隸司農，自外者隸諸州。大唐因之，置監及丞，掌營種屯田、句當功課畜産等事。

宋·鄭樵《通志》卷六一《食貨略第一》 屯田

漢昭帝始元二年，詔，發習戰射士詣朔方，調故吏將屯田張掖郡。孝宣帝神爵元年，遣後將軍趙充國將兵擊先零羌，充國以擊虜殄滅爲期，乃欲罷騎兵，屯田以待其弊。上從之。於是留步士萬人屯田，大獲其利。明年，遂破先零。屯田之詳，見《充國傳》。

魏武帝破黃巾，欲經略四方，而苦軍食不足。羽林監潁川棗祗建置屯田，於是以任峻爲典農中郎將，募百姓屯田於許下，得穀百萬斛。郡國例置田官，數年之中，所在積粟，倉廩皆滿。廢帝齊王芳正始四年，司馬懿督諸軍伐吳，時欲廣田蓄穀，爲滅賊資，乃使鄧艾行陳、項以東至壽春。艾以爲：田良水少，不足以盡地利。宜開河渠，可以大積軍糧，又通運漕之道。乃著《濟河論》以喻其指。又以爲：昔破黃巾，因爲屯田積穀於許都，以制四方。今三隅已定，事在淮南，每大軍征舉，運兵過半，功費巨億，以爲大役。陳、蔡之間，土下田良，可省許昌左右諸稻田，并水東下。令淮北屯二萬人，淮南三萬人，十二分休，常有四萬人，且田且守，水豐常收三倍於西。計除衆費，歲得五百萬斛，以爲軍資。六七年間，可積三千萬斛於淮上，此則十萬之衆五年食也。以此乘吳，無往而不克。懿善之，如艾計。遂北臨淮水，自鍾離西南横石以西，盡沘水四百餘里，五里置一營，營六十人，且佃且守。兼脩廣淮陽、百尺二渠，上引河流，下通淮、潁。大治諸陂於潁南北，穿渠三百餘里，溉田二萬頃。淮南、淮北皆相連接。自壽春到京師，農官兵田，鷄犬之聲，阡陌相屬。每東南有事，大軍興衆，汎舟而下，達於江淮，資食有儲，而無水害，艾所建也。

晉羊祜爲征南大將軍，鎮襄陽，吳石城守去襄陽七百餘里，每爲邊害。祜患之，以詭計令吳罷守，於是戍邏減半，分以墾田八百餘頃，大獲其利。祜之始至也，軍無百日之糧，及至季年，有十年之積。太康元年平吳之後，杜預在荆州脩邵信臣遺跡，激用滍、淯諸水，以浸原田萬餘頃。分疆刊石，使有定分，公私同利，衆庶賴之，號曰杜父。舊水道唯沔漢達江陵，千數百里，北無通路，又巴邱湖，沅、湘之會，表裏山川，實爲險固，荆蠻之所恃。預乃開楊口，起夏水，達巴陵，千餘里，內瀉長江之險，外通零桂之漕。南土歌之曰：後世無叛由杜翁，孰識智名與勇功。

東晉元帝督課農功，二千石長吏以入穀多少爲殿最，其非宿衛要任，皆令赴農，使軍各自佃作，即以爲廩。穆帝升平初，荀羨爲北部都尉，鎮下邳，屯田于東陽之石鼈，臨淮郡界。公私利之。

後魏孝文帝太和十一年，大旱。十二年，祕書丞李彪上表：請別立農官，取州郡戶十分之一爲屯田人。相水陸之宜，料頃畝之數，以贓贖雜物市牛科給，令其肆力。一夫之田，歲責六十斛，蠲其正課并征戍雜役。行此二事，數年之中則穀積人足矣。帝覽而善之，尋施行焉。自此公私豐贍，雖有水旱，不爲之害也。

北齊廢帝乾明中，尚書左丞蘇珍芝又議修石鼈等屯，歲收數十萬石，自是淮南軍防糧足。

孝昭帝皇建中，平州刺史嵇曄建議，開幽州督亢舊陂、長城左右營屯，歲收稻粟數十萬石，北境得以周贍。又於河內置懷義等屯，以給河南之費，自是稍止轉輸之勞。武成帝河清三年，詔，沿邊城守堪墾食者，營屯田。置都子使以統之，一子使當田五十頃，歲終課其所入，以論褒貶。

隋文帝開皇三年，突厥犯塞，吐谷渾寇邊，轉輸勞弊，乃令朔方總管趙仲卿於長城以北大興屯田。

唐開元二十五年，令諸屯隸司農寺者，每三十頃以下二十頃以上爲一屯；隸州鎮諸軍者，每五十頃爲一屯，應置者皆從尚書省處分。其舊屯重置者，一依承前封疆爲定，新置者並取荒閑無籍廣占之地。天寶八年，天下屯收百九十一萬三千九百六十石，關內五十六萬三千八百一十石，河北四十萬三千二百八十石，河東二十四萬五千八百八十石，河西二十六萬八十八石，隴右四十四萬九百二石。後上元中，於楚州置洪澤屯，壽州置芍陂屯，厥田沃壤，大獲其利。

《史記・河渠書第七》 是時鄭當時爲大農，言曰：異時關東漕粟從渭中上，度六月而罷，而漕水道九百餘里，時有難處。引渭穿渠起長安，並南山下，至河三百餘里，徑，易漕，度可令三月罷；而渠下民田萬餘頃，又可得以溉田：此損漕省卒，而益肥關中之地，得穀。天子以爲然，令齊人水工徐伯表，悉發卒數萬人穿漕渠，三歲而通。通，以漕，大便利。其後漕稍多，而渠下之民頗得以溉田矣。

其後河東守番係言：漕從山東西，歲百餘萬石，更砥柱之限，敗亡甚多，而亦煩費。穿渠引汾溉皮氏、汾陰下，引河溉汾陰、蒲坂下，度可得五千頃。五千頃故盡河壖弃地，民茭牧其中耳，今溉田之，度可得穀二百萬石以上。穀從渭上，與關中無異，而砥柱之東可無復漕。天子以爲然，發卒數萬人作渠田。數歲，河移徙，渠不利，則田者不能償種。久之，河東渠田廢，予越人，令少府以爲稍入。

《史記・平準書第八》 其明年，南越反，西羌侵邊爲桀。於是天子爲山東不贍，赦天下[囚]，因南方樓船卒二十餘萬人擊南越，數萬人發三河以西騎擊西羌，又數萬人度河築令居。初置張掖、酒泉郡，而上郡、朔方、西河、河西開田官，斥塞卒六十萬人戍田之。中國繕道餽糧，遠者三千，近者千餘里，皆仰給大農。邊兵不足，乃發武庫工官兵器以贍之。車騎馬乏絶，縣官錢少，買馬難得，乃著令，令封君以下至三百石以上吏，以差出牝馬天下亭，亭有畜牸馬，歲課息。

《後漢書》卷一七《祭祀志上》 建武三十年二月，羣臣上言，即位三十年，宜封禪泰山。詔書曰：即位三十年，百姓怨氣滿腹，吾誰欺，欺天乎？曾謂泰山不如林放，何事汙七十二代之編録！桓公欲封，管仲非之。若郡縣遠遣吏上壽，盛稱虛美，必髡，兼令屯田。從此羣臣不敢復言。

《後漢書》卷三八《百官志五》 武帝又置三輔都尉各一人，譏出入。邊郡置農都尉，主屯田殖穀。

《晉書》卷二四《職官志》 列曹尚書，案尚書本漢承秦置，及武帝遊宴後庭，始用宦者主中書，以司馬遷爲之，中間遂罷其官，以爲中書之職。至成帝建始四年，罷中書宦者，又置尚書五人，一人爲僕射，而四人分爲四曹，通掌圖書祕記章奏之事，各有其任。其一曰常侍曹，主丞相御史公卿事。其二曰二千石曹，主刺史郡國事。其三曰民曹，主吏民上書事。其四曰主客曹，主外國夷狄事。後成帝又置三公曹，主斷獄，是爲五曹。後漢光武以三公曹主歲盡考課諸州郡事，改常侍曹爲吏部曹，主選舉祠祀事，民曹主繕修功作鹽池園苑事，客曹主護駕羌胡朝賀事，二千石曹主辭訟事，中都官曹主水火盜賊事，合爲六曹。并令僕二人，謂之八座。尚書雖有曹名，不以爲號。靈帝以侍中梁鵠爲選部尚書，於此始見曹名。及魏改選部爲吏部，主選部事，又有左民、客曹、五兵、度支，凡五曹尚書，二僕射、一令爲八座。及晉置吏部、三公、客曹、駕部、屯田、度支六曹，而無五兵。咸寧二年，省駕部尚書。四年，省一僕射，又置駕部尚書。太康中，有吏部、殿中及五兵、田曹、度支、左民爲六曹尚書，又無駕部、三公、客曹。惠帝世又有右民尚書，止於六曹，不知此時省何曹也。及渡江，有吏部、祠部、五兵、左民、度支五尚書。祠部尚書常與右僕射通職，不恆置，以右僕射攝之，若右僕射闕，則以祠部尚書攝知右事。【略】

尚書郎，西漢舊置四人，以分掌尚書。其一人主匈奴單于營部，一人主羌夷吏民，一人主戶口墾田，一人主財帛委輸。及光武分尚書爲六曹之後，合置三十四人，秩四百石，并左右丞爲三十六人。郎主作文書起草，更直五日於建禮門內。尚書郎初從三署詣臺試，守尚書郎，中歲滿稱尚書郎，三年稱侍郎，選有吏能者爲之。至魏，尚書郎有殿中、吏部、駕部、金部、虞曹、比部、南主客、祠部、度支、庫部、農部、水部、儀曹、三公、倉部、民曹、二千石、中兵、外兵、都兵、別兵、考功、定課，凡二十三郎。青龍二年，尚書陳矯奏置都官、騎兵，合凡二十五郎。每一郎缺，白試諸孝廉能結文案者五人，謹封奏其姓名以補之。及晉受命，武帝罷農部、定課，置直事、殿中、祠部、儀曹、吏部、三公、比部、金部、倉部、度支、都官、二千石、左民、右民、虞曹、屯田、起部、水部、左右主客、駕部、車部、庫部、左右中兵、左右外兵、別兵、都兵、騎兵、左右士、北主客、南主客，爲三十四曹郎。後又置運曹，凡三十五曹，置郎二十三人，更相統攝。及江左，無直事、右民、屯田、車部、別兵、都兵、騎兵、左右士、運曹十曹郎。康穆以後，又無虞曹、二千石二郎，但有殿中、祠部、吏部、儀曹、三公、比部、金部、倉部、度支、都官、左民、起部、水部、主客、駕部、庫部、中兵、外兵十八曹郎。後又省主客、起部、水部，餘十五曹云。

《晉書》卷二六《食貨志》 魏武之初，九州雲擾，攻城掠地，保此懷民，軍旅之資，權時調給。于時袁紹軍人皆資椹棗，袁術戰士取給蠃蒲。魏武于是乃募良民屯田許下，又於州郡列置田官，歲有數千萬斛，以充兵戎之用。及初平袁氏，以定鄴都，令收田租畝粟四升，戶絹二匹而綿二斤，餘皆不得擅興，藏強賦弱。文帝黄初二年，以穀貴，始罷五銖錢。于時天下未并，戎車歲動，孔子曰，加之以師旅，因之以饑饉，此言兵凶之謀而沴氣應之也。于時三方之人，志相吞滅，戰勝攻取，耕夫釋耒，江淮之鄉，尤缺儲峙。吳上大將軍陸遜抗疏請令諸將各廣其田。權報曰：甚善。今孤父子親自受田，車中八牛，以爲四耦。雖未及古人，亦欲與衆均其勞也。有吳之務農重穀，始於此焉。魏明帝不恭，淫於宮籞，百僚編於手役，天下失其躬稼。此後關東遇水，民亡產業，而興師遼陽，坐甲江甸，皆以國乏經用，胡可勝言。

《晉書》卷二六《食貨志》 漢自董卓之亂，百姓流離，穀石至五十餘萬，人多相食。魏武既破黄巾，欲經略四方，而苦軍食不足，羽林監潁川棗祗建置屯田議。魏武乃令曰：夫定國之術在於強兵足食，秦人以急農兼天下，孝武以屯田定西域，此先世之良式也。於是以任峻爲典農中郎將，募百姓屯田許下，得穀百萬斛。郡國列置田官，數年之中，所在積粟，倉廩皆滿。祗死，魏武後追思其功，封爵其子。建安初，關中百姓流入荆州者十餘萬家，及聞本土安寧，皆企望思歸，而無以自業。於是衛覬議爲鹽者國之大寶，自喪亂以來放散，今宜如舊置使者監賣，以其直益市犁牛，百姓歸者以供給之。勤耕積粟，以豐殖關中，遠者聞之，必多競還。於是魏武遣謁者僕射監鹽官，移司隸校尉居弘農。流人果還，關中豐實。既而又以沛國劉馥爲揚州刺史，鎮合肥，廣屯田，修芍陂、茹陂、七門、吳塘諸堨，以溉稻田，公私有蓄，歷代爲利。賈逵之爲豫州，南與吳接，修守戰之具，堨汝水，造新陂，又通運渠二百餘里，所謂賈侯渠者也。當黄初中，四方郡守墾田又加，以故國用不匱。時濟北顔斐爲京兆太守，京兆自馬超之亂，百姓不專農殖，乃無車牛。斐又課百姓，令閑月取車材，轉相教匠。其無牛者令養豬，投貴賣以買牛。始者皆以爲煩，一二年中編戶皆有車牛，於田役省贍，京北遂以豐沃。鄭渾爲沛郡太守，郡居下溼，水潦爲患，百姓飢乏。渾於蕭、相二縣興陂堨，開稻田，郡人皆不以爲便。渾以爲終有經久之利，遂躬率百姓興功，一冬皆成。比年大收，頃畝歲增，租入倍常，郡中賴其利，刻石頌之，號曰鄭陂。魏明帝世徐邈爲涼州，土地少雨，常苦乏穀。邈上修武威、酒泉鹽池，以收虜穀。又廣開水田，募貧民佃之，家家豐足，倉庫盈溢。及度支州界軍用之餘，以市金錦犬馬，通供中國之費。西域人入貢，財貨流通，皆邈之功也。其後皇甫隆爲敦煌太守，敦煌俗不作耬犂，及不知用水，人牛功力既費，而收穀更少。隆到，乃教作耬犂，又教使灌溉。歲終率計，所省庸力過半，得穀加五，西方以豐。

嘉平四年，關中饑，宣帝表徙冀州農夫五千人佃上邽，興京兆、天水、南安鹽池，以益軍實。青龍元年，開成國渠，自陳倉至槐里築臨晉陂，引汧洛溉舄鹵之地三千餘頃，國以充實焉。正始四年，宣帝又督諸軍伐吳將諸葛恪，焚其積聚，恪棄城遁走。帝因欲廣田積穀，爲兼幷之計，乃使鄧艾行陳、項以東，至壽春地。艾以爲田良水少，不足以盡地利，宜開河渠，可以大積軍糧，又通運漕之道。乃著《濟河論》以喻其指。又以爲昔破黄巾，因爲屯田，積穀許都，以制四方。今三隅已定，事在淮南。每大軍征舉，運兵過半，功費巨億，以爲大役。陳、蔡之間，土下田良，可省許昌左右諸稻田，幷水東下。今淮北二萬人、淮南三萬人分休，且佃且守。水豐，常收三倍於西，計除衆費，歲完五百萬斛以爲軍資。六七年間，可積三千萬餘斛於淮土，此則十萬之衆五年食也。以此乘敵，無不克矣。宣帝善之，皆如艾計施行。遂北臨淮水，自鍾離而南横石以西，盡沘水四百餘里，五里置一營，營六十人，且佃且守。兼修廣淮陽、百尺二渠，上引河流，下通淮潁，大治諸陂於潁南、潁北，穿渠三百餘里，溉田二萬頃，淮南、淮北皆相連接。自壽春到京師，農官兵田，雞犬之聲，阡陌相屬。每東南有事，大軍出征，汎舟而下，達於江淮，資食有儲，而無水害，艾所建也。

《晉書》卷二六《食貨志》　咸寧元年十二月，詔曰：出戰入耕，雖自古之常，然事力未息，未嘗不以戰士爲念也。今以鄴奚官奴婢著新城，代田兵種稻，奴婢各五十人爲一屯，屯置司馬，使皆如屯田法。

《晉書》卷二六《食貨志》　元帝時使黄門侍郎虞𩦎、桓彝開倉廩振給，并省衆役。百官各上封事，後軍將軍應詹表曰：夫一人不耕，天下必有受其饑者。而軍興以來，征戰運漕，朝廷宗廟，百官用度，既已殷廣，下及工商流寓僮僕不親農桑而遊食者，以十萬計。不思開立美利，而望國足人給，豈不難哉！古人言曰，飢寒並至，堯舜不能使野無寇盜；貧富幷兼，雖皐陶不能使强不陵弱。故有國有家者，何嘗不務農重穀。近魏武皇帝用棗祗、韓浩之議，廣建屯田，又於征伐之中，分帶甲之士，隨宜開墾，故下不甚勞，而大功克舉也。間者流人奔東吳，東吳今儉，皆已還反。江西良田，曠廢未久，火耕水耨，爲功差易。宜簡流人，興復農官，功勞報賞，皆如魏氏故事，一年中與百姓，二年分稅，三年計賦稅以使之，公私兼濟，則倉盈庾億，可計日而待也。又曰：昔高祖使蕭何鎮關中，光武令寇恂守河内，魏武委鍾繇以西事，故能使八表夷蕩，區内輯寧。今中州蕭條，未蒙疆理，此兆庶所以企望。壽春一方之會，去此不遠，宜選都督有文武經略者，遠以振河洛之形勢，近以爲徐豫之藩鎮，綏集流散，使人有攸依，專委農功，令事有所局。趙充國農於金城，以平西零；諸葛亮耕於渭濱，規抗上國。今諸軍自不對敵，皆宜齊課。

《南齊書》卷一五《州郡下》　荆州，漢靈帝中平末刺史王睿始治江陵，吳時西陵督鎮之。晉太康元年平吳，以爲刺史治。愍帝建興元年，刺史周顗避杜弢賊奔建康，陶侃爲刺史，治沌口。王敦治武昌。其後或還江陵，或在夏口。桓溫平蜀，治江陵。以臨沮西界，水陸紆險，行逕裁通，南通巴、巫，東南出州治，道帶蠻、蜑，田土肥美，立爲汶陽郡，以處流民。屬氐陷襄陽，桓沖避居上明，幀陸遜樂鄉城上四十餘里，以田地肥良，可以爲軍民資實，又接近三峽，無西疆之虞，故重戍江南，輕戍江北。苻堅敗後，復得襄陽。太元十四年，王忱還江陵。

《魏書》卷一一〇《食貨》 太祖定中原，接喪亂之弊，兵革並起，民廢農業。方事雖殷，然經略之先，以食爲本，使東平公儀墾闢河北，自五原至于棝陽塞外爲屯田。初，登國六年破衛辰，收其珍寶，畜產，名馬三千餘萬，牛羊四百餘萬，漸增國用。【略】自徐揚内附之後，仍世經略江淮，於是轉運中州，以實邊鎮，百姓疲於道路。乃令番戍之兵，營起屯田，又收内郡兵資與民和糴，積爲邊備。有司又請於水運之次，隨便置倉，乃於小平、石門、白馬津、漳涯、黑水、濟州、陳郡、大梁凡八所，各立邸閣，每軍國有須，應機漕引。自此費役微省。

《隋書》卷二四《食貨志》 是時突厥犯塞，吐谷渾寇邊，軍旅數起，轉輸勞敝。帝乃令朔州總管趙仲卿，於長城以北，大興屯田，以實塞下。又於河西，勒百姓立堡，營田積穀。京師置常平監。

《隋書》卷二八《百官志下》 行臺省，則有尚書令，僕射，左、右任置。兵部、兼吏部、禮部。度支兼都官、工部。尚書及丞左、右任置。各一人，都事四人。有考功、兼吏部、爵部、司勳。禮部、兼祠部、主客。膳部、兵部、兼職方。駕部、庫部、刑部、兼都官、司門。度支、兼倉部。戶部、兼比部。金部、工部、屯田兼水部、虞部。侍郎，各一人。每行臺置食貨，農圃，武器，百工監，副監，各一人。各置丞、食貨四人、農圃六人，武器二人，百工四人。録事食貨、農圃、百工各二人，武器一人。等員。

宋·王溥《唐會要》卷五九《尚書省諸司下》 屯田郎中

隋爲屯田郎。武德三年，加中字。龍朔二年，改爲屯田大夫。咸亨元年，復爲屯田郎中。屯田員外郎。改復與郎中同。

《舊唐書》卷四二《職官一》 龍朔二年二月甲子，改百司及官名。改尚書省爲中臺，僕射爲匡政，左右丞爲肅機，左右司郎中爲丞務，吏部爲司列，主爵爲司封，考功爲司績，禮部爲司禮，祠部爲司禋，膳部爲司膳，主客爲司蕃，戶部爲司元，度支爲司度，倉部爲司倉，金部爲司珍，兵部爲司戎，職方爲司域，駕部爲司輿，庫部爲司庫，刑部爲司刑，都官爲司僕，比部爲司計，工部爲司平，屯田爲司田，虞部爲司虞，水部爲司川，餘司依舊。

《舊唐書》卷四二《職官一》 武德初，以諸道軍務事繁，分置行臺尚書省。其陝東道大行臺尚書省，令一人，正第二品。掌管內軍人，總判省事。僕射一人，從第二品，三品任置。掌貳令事。左丞一人，正第四品下。右丞一人，正第四品下。掌分司糾正省內。都事一人，從第七品上。主事四人，從第九品上，諸司主事並同。並掌同京省。兵部尚書一人，正第四品，諸尚書並同。兼掌吏部事。司勳郎中一人，正第五品上，諸郎中並同。主事一人。考功郎中一人，主事一人。兵部郎中一人，主事二人。駕部郎中一人，主事二人。民部尚書一人，兼掌禮部事。禮部郎中一人，主事一人。膳部郎中一人，主事一人。度支郎中一人，主事二人。倉部郎中一人，主事二人。工部尚書一人，兼掌刑部事。刑部郎中一人，主事一人。都官郎中一人，主事一人。工部郎中一人，主事一人。屯田郎中一人，主事一人。每郎中兼京省二司。各有令史、書令史及掌固，並流外。食貨監一人，正第八品下，諸監同。掌膳羞、財物、賓客、鋪設、音樂、醫藥事。丞二人。正第九品下，諸監丞同。農圃監一人，掌倉廩、園圃、柴炭、芻藁、運漕之事。丞四人。武器監一人，掌兵仗、廐牧之事。丞二人。百工監一人，掌舟車及營造雜作之事。丞四人。各有録事及府史、典事、掌固等，並流外。諸道行臺尚書者，益州道、襄州道、東南道、河東道、河北道。令一人，從第二品。掌同陝東道大行臺。僕射一人，正第三品，左右任置。丞一人，左右任置。左丞從四品上，右丞從四品下。都事二人，正第八品上。主事二人。兵部尚書一人，從第三品，諸尚書同。兼掌吏部、禮部事。考功郎中一人，從第五品上，諸郎中並同。主事二人。從第九品下，諸主事同。膳部郎中一人，主事二人。兵部郎中二人，主事二人。民部尚書一人，兼掌刑部、工部。倉部郎中二人，主事二人。刑部郎中一人，主事二人。屯田郎中一人，主事二人。每郎中兼掌京省三司，各有令史、書令史、掌固，並流外也。食貨監一人，從八品上，武器監同。兼掌農圃監事，丞一人。兼掌百工監事，丞二人。兩監各有録事、府史、典事、掌固等，並流外。

《舊唐書》卷四三《職官二》 天下節度使有八，若諸州在節度內者，皆受節度焉。其福州經略使，登州平海軍，則不在節度之內。節度名與所管軍鎮名，並見《地理志》也。凡親王總戎，曰元帥，文武官總統者，則曰總管。以奉使言之，則曰節度使，有大使、副使、判官。若大使加旌節以統軍，置木契以行。凡將帥出行，兵滿一萬人已上，置長史、司馬、倉曹兵曹胄曹等參軍各一人。五千人已上，減司馬。諸軍各置使一人，五千人已上置副使一人，一萬人已上置營田副使一人。

《舊唐書》卷四三《職官二》 工部尚書一員，正三品。南朝謂之起部。有所營造，則置起部尚書，畢則省之。隋初改置工部尚書。龍朔爲司平太常伯，光宅改爲冬官尚書，神龍復舊也。侍郎一員。正四品下。龍朔爲司平少常伯。尚書、侍郎之職，掌天下百工、屯田、山澤之政令。其屬有四：一曰工部，二曰屯田，三曰虞部，四曰水部。總其職務，而行其制命。凡中外百司之事，由於所屬，咸質正焉。

郎中一員，從五品上。龍朔爲司平大夫也。員外郎一員，從六品上。主事二人，從九品上。令史十二人，書令史二十一人，亭長六人，掌固八人。郎中、員外郎之職，掌經營興造之衆務。凡城池之修濬，土木之繕葺，工匠之程式，咸經度之。凡京師、東都有營繕，則下少府、將作，以供其事。

屯田郎中一員，從五品上。龍朔爲司田大夫也。員外郎一員，從六品上。主事二人，從九品上。令史七人，書令史十二人，計史一人，掌固四人。郎中、員外郎之職，掌天下屯田之政令。凡邊防鎮守，轉運不給，則設屯田，以益軍儲。其水陸腴瘠，播種地宜，功庸煩省，收率等級，咸取決焉。諸屯田役力，各有程數。凡天下諸軍州管屯，總九百九十有二。大者五十頃，小者二十頃。凡當屯之中，地有良薄，歲有豐儉，各定爲三等。凡屯皆有屯官、屯副。凡京文武職事官，有職分田。京兆、河南府及京縣官，亦準此。凡在京諸司，有公廨田，皆視其品命而審其分給。

《舊唐書》卷四四《職官三》 監察御史十員。正八品上。貞觀初，馬周以布衣進用，太宗令於監察御史裏行。自此因置裏行之名。龍朔元年，以王本立爲監察裏行也。監察掌分察巡按郡縣、屯田、鑄錢、嶺南選補、知太府、司農出納，監決囚徒。監察祀則閲牲牢，省器服，不敬則劾祭官。尚書省有會議，亦監其過謬。凡百官宴會、習射，亦如之。

《新唐書》卷四一《地理五》 楚州淮陰郡，緊。本江都郡之山陽、安宜縣地，臧君相據之，號東楚州。武德四年，君相降，因之，八年更名。土貢：貲布、紵布。戶二萬六千六十二，口十五萬三千。縣四：山陽，上。有常豐堰，大曆中，黜陟使李承置以溉田。鹽城，上。本故漢鹽瀆縣地。隋末，盜韋徹據其地，置射州及射陽、安樂、新安三縣。武德四年來歸，因之。七年州廢，省射陽、安樂、新安，置鹽城縣。有鹽亭百二十三，有監。寶應，望。本安宜。武德四年以縣置倉州，七年州廢，來屬。上元三年以獲定國寶更名。西南八十里有白水塘、羡塘，證聖中開，置屯田。西南四十里有徐州涇、青州涇，西南五十里有大府涇，長慶中興白水塘屯田，發青、徐、揚州之民以鑿之，大府卽揚州。北四里有竹子涇，亦長慶中開。淮陰。中。武德七年省，乾封二年析山陽復置。南九十五里有棠梨涇，長慶二年開。

《新唐書》卷四六《百官一》 工部

尚書一人，正三品；侍郎一人，正四品下。掌山澤、屯田、工匠、諸司公廨紙筆墨之事。其屬有四：一曰工部，二曰屯田，三曰虞部，四曰水部。

工部郎中、員外郎，各一人，掌城池土木之工役程式，爲尚書、侍郎之貳。凡京都營繕，皆下少府、將作共其用，役千功者先奏。凡工匠，以州縣爲團，五人爲火，五火置長一人。四月至七月爲長功，二月、三月、八月、九月爲中功，十月至正月爲短功。雇者，日爲絹三尺，内中尚巧匠，無作則納資。凡津梁道路，治以九月。

工部主事三人，屯田主事二人，虞部主事二人，水部主事二人。

武德三年，改起部曰工部，龍朔二年，曰司平，屯田曰司田，虞部曰司虞，水部曰司川。光宅元年，改工部曰冬官。天寶十一載，改虞部曰司虞，水部曰司水。工部有令史十二人，書令史二十一人，計史一人，亭長六人，掌固八人；屯田令史七人，書令史十二人，計史一人，掌固四人；虞部令史四人，書令史九人，掌固四人；水部令史四人，書令史九人，掌固四人。

屯田郎中、員外郎，各一人，掌天下屯田及京文武職田、諸司公廨田，以品給焉。

《新唐書》卷四八《百官三》 監察御史十五人，正八品下。掌分察百寮，巡按州縣，獄訟、軍戎、祭祀、營作、太府出納皆莅焉；知朝堂左右廂及百司綱目。

凡十道巡按，以判官二人爲佐，務繁則有支使。其一，察官人善惡；其二，察戶口流散，籍帳隱沒，賦役不均；其三，察農桑不勤，倉庫減耗；其四，察妖猾盜賊，不事生業，爲私蠹害；其五，察德行孝悌，茂才異等，藏器晦跡，應時用者；其六，察黠吏豪宗兼幷縱暴，貧弱冤苦不能自申者。

凡戰伐大克獲，則數俘馘、審功賞，然後奏之。屯田、鑄錢，嶺南、黔府選補，亦視功過糾察。

同上 諸屯：監一人，從七品下；丞一人，從八品下。掌營種屯田，句會功課及畜產簿帳，以水旱蝝蝗定課。屯主勸率營農，督斂地課。

有録事一人，府一人，史二人，典事二人，掌固四人。每屯主一人，屯副一人，主簿一人，録事一人，府三人，史五人。

同上 諸治監：令各一人，正七品下；丞各一人，從八品上。掌鑄兵農之器，給軍士、屯田居民，唯興農治顓供隴右監牧。監作四人。

有録事一人，府一人，史二人，典事二人，掌固四人。太原冶，減監作二人。

《新唐書》卷五一《食貨一》 至於鹽鐵、轉運、屯田、和糴、鑄錢、括苗、榷利、借商、進奉、獻助，無所不爲矣。蓋愈煩而愈弊，以至於亡焉。

《新唐書》卷五三《食貨三》 唐開軍府以扞要衝，因隙地置營田，天下屯總九百九十二。司農寺每屯三十頃，州、鎮諸軍每屯五十頃。水陸腴瘠、播殖地宜與其功庸煩省、收率之多少，皆決於尚書省。苑內屯以善農者爲屯官、屯副，御史巡行莅輸。上地五十畝，瘠地二十畝，稻田八十畝，則給牛一。諸屯以地良薄與歲之豐凶爲三等，具民田歲穫多少，取中熟爲率。有警，則以兵若夫千人助收。隸司農者，歲三月，卿、少卿循行，治不法者。凡屯田收多者，褒進之。歲以仲春籍來歲頃畝、州府軍鎮之遠近，上兵部，度便宜遣之。開元二十五年，詔屯官敘功以歲豐凶爲上下。鎮戍地可耕者，人給十畝以供糧。方春，屯官巡行，謫作不時者。天下屯田收穀百九十餘萬斛。

初，度支歲市糧於北都，以贍振武、天德、靈武、鹽、夏之軍，費錢五六十萬緡，泝河舟溺甚衆。建中初，宰相楊炎請置屯田於豐州，發關輔民鑿陵陽渠以增溉。京兆尹嚴郢嘗從事朔方，知其利害，以爲不便，疏奏不報。郢又奏：五城舊屯，其數至廣，以開渠之糧貸諸城，約以冬輸；又以開渠功直布帛先給田者，據估轉穀。如此則關輔免調發，五城田闢，比之浚渠利十倍也。時楊炎方用事，郢議不用，而陵陽渠亦不成。然振武、天德良田，廣袤千里。

元和中，振武軍饑，宰相李絳請開營田，可省度支漕運及絶和糴欺隱。憲宗稱善，乃以韓重華爲振武、京西營田、和糴、水運使，起代北，墾田三百頃，出贓罪吏九百餘人，給以耒耜、耕牛，假種糧，使償所負粟，二歲大熟。因募人爲十五屯，每屯百三十人，人耕百畝，就高爲堡，東起振武，西逾雲州，極於中受降城，凡六百餘里，列柵二十，墾田三千八百餘頃，歲收粟二十萬石，省度支錢二千餘萬緡。重華入朝，奏請益開田五千頃，法用人七千，可以盡給五城。會李絳已罷，後宰相持其議而止。憲宗末，天下營田皆雇民或借庸以耕，又以瘠地易上地，民間苦之。穆宗即位，詔還所易地，而耕以官兵。耕官地者，給三之一以終身。

靈武、邠寧，土廣肥而民不知耕。大和末，王起奏立營田。後党項大擾河西，邠寧節度使畢諴亦募士開營田，歲收三十萬斛，省度支錢數百萬緡。

貞觀、開元後，邊土西舉高昌、龜茲、焉耆、小勃律，北抵薛延陀故地，緣邊數十州戍重兵，營田及地租不足以供軍，於是初有和糴。牛仙客爲相，有彭果者獻策廣關輔之糴，京師糧稟益羡，自是玄宗不復幸東都。

《唐六典》卷七《尚書工部》 屯田郎中一人，從五品上。

漢尚書郎四人，其一人主戶口墾田，蓋兼屯田之任也。故氾勝之爲侍郎。《漢書・藝文志》作議郎。敎田三輔是也。魏有農部郎曹，晉始置屯田郎中，東晉及宋、齊並左民郎中兼知屯田事，後魏、北齊並置屯田郎中，梁、陳、隋並爲侍郎，亦郎中之任也。煬帝曰：屯田郎，後魏、北齊祠部尚書領屯田，陳左戶部尚書領屯田，隋則工部尚書領之，皇朝回稱郎中，龍朔二年改爲司田大夫，咸亨元年故復。當作復故。

員外郎一人，從六品上。

隋開皇六年置，煬帝改曰承務郎，武德三年改曰員外郎，龍朔咸亨，隨曹改復。

主事二人，從九品上。

屯田郎中員外郎，掌天下屯田之政令，凡軍州邊防鎮守，轉運不給則設屯田以益軍儲，其水陸腴瘠，播植地宜，功庸煩省，收率等級咸取決焉，諸屯分。《太平御覽》引《六典》無分字，《舊唐志》亦同。田役力，各有程數。

凡營稻一頃，將單功九百四十八日，禾二百八十三日，大豆一百九十二日，小豆一百九十六日，烏麻一百九十一日，麻四百八十九日，床黍一百八十日，麥一百七十七日，喬麥一百六十日，藍五百七十日，蒜七百二十日，葱一千一百五十六日，瓜八百一十八日，蔓菁七百一十八日，苜蓿二百二十八日。

凡天下諸此以下有脱文，今本文以《舊唐志》補之，注文依《通典》補入。軍州管屯摠九百九十有二，大者五十頃，小者二十頃，凡當屯之中地有良薄，歲有豐儉，各定爲三等，凡屯皆有屯官、屯副。

唐・元稹《元稹集・外集》卷三《屯田官考績判》 戊爲營田，使申屯田，官考課違常限，省司不收，辭云：待農事畢，方知殿最。對：要會有期，誠宜獻狀。籍斂未入，何以稽功。戊也將俟農收，方明績用。三時罔害，然有別於耗登；五稼未終，安可議其誅賞。當從責實，寧俾課虛。苟欲考於歲成，姑合畢其田事。雖賢能是獻，比要宜及於計偕；而稼穡其難，收功當俟於協入。詳徵著令，固有常規。農扈之政不乖，蘭省之非斯在。

《唐大詔令集》卷一一一《常衮・廢華州屯田制》　敕問者戎旅未息，徵求煩重，四郊之賦，乃至五稅其一，居人蕩析，邦廩空虛，遂命宰臣大修農政。天下郡國，散置諸屯，轉漕入關，以資均濟，兼詔中尉、左右內史、表屬州縣開田，分署農官，俾其耕鑿，南至於華，瀕渭而東，林麓州渚之間，榛莽窊邪之處，非吾人所占者，悉舉籍勸分，載芟載柞，稼多豐碩，畝獲數鍾，歲既少殷，軍儲差贍。郡縣之稅，於是十而減七，數從其舊，殆復厥常。今宿麥頗登，秋苗益茂，私田加闢，公用漸充，華州人戶，土地非廣，其屯田並宜給與貧下百姓，自頃關中，□乏牛力，封圻千里，半是丘荒，置屯田已來，皆變良沃，惠散其利，以及困窮，藏之於人，孰與不足。宣示郡邑，宜悉朕懷。

《全唐文》卷八一宣宗皇帝李忱《答屯田奏交替職田合計閏月勑》　五歲再閏，固在不刊。二稔職田，須有定制。自此已後，宜依屯田所奏，永爲常式。

《全唐文》卷二五一蘇頲《授游子騫屯田員外郎制》　勑通直郎行殿中侍御史河北道度支營田使游子騫在公必慎，臨事克誠，言用身謀，智爲心計，頃持憲簡，嘗鶩使車，往則甄明，動惟宏益，宜登仙署之列，佇總公田之事。可尚書屯田員外郎，散官如故。

《宋會要輯稿・食貨二・營田雜録》　凡諸路，惟襄、定、唐三州有營田使，或營田事通判，亦同領其事。而河北轉運使兼西路招置營田使，河東轉運使兼東路招置營田使。

太宗端拱二年二月一日，以左諫議大夫陳恕爲河北東路招置營田使，鹽鐵判官、膳部郎中魏羽爲副使；　右諫議大夫樊知古爲河北西路招置營田使，鹽鐵判官、駕部員外郎索湘爲副使，欲大興營田也。

十二日，詔曰：　農爲邦本，食乃民天，遐觀載籍之格言，此實帝王之急務，將令敦本，無出勸農。且思河朔之間，富有膏腴之地，法其井賦，令作方田。三農必致於豐穰，萬世可知於利濟。今遣陳恕、樊知古等河東轉運使藏丙，副使孔憲充逐路招置營田副使往彼興功，眷惟黎庶，各有耕桑。聞玆創置之言，諒積歡呼之意。先是，雍熙三年，岐溝關君子館敗衄之後，河朔之地，農桑失業者衆，屯戍兵又倍於往日，故遣恕等爲方田積粟以實邊。

至道二年七月，太常博士、直史館陳靖上言，願募民墾田，官給耕具、種糧，五年外輸租稅。帝覽之，喜，謂宰臣曰：　前後上書言農田利害者多矣，或知其末而暗其本，有其說而無其用，陳靖此奏甚詣理，可舉而行之。因召對獎諭，賜食而遣之。呂端奏曰：　望令三司詳議其可否。從之。時皇甫選等相度宿、亳、陳、蔡、鄧、許、隸等七州荒田，共二十餘萬頃，及靖建議興置京東、西諸州荒田，招[召]人戶耕種。選等乃上言：　請將所相度到七州荒田付靖一處興置，臣等乞別賜差遣。從之。

眞宗咸平二年四月二十四日，以左正言耿望爲右司諫、直史館、京西轉運使，與副使朱台符并兼本路制置營田事。

五年正月，順安軍兵馬都監馬濟建議：　自靜戎軍東擁鮑河開渠入順安、威虜二軍，置水陸營田於其側。詔可其請。差內侍副都知閻承翰往彼勾當興置，仍令冀州總管石普護其役，踰年而畢。

三月三日，京西轉運使張選言：　廢襄州蠻河營田務，已召民請佃，量出租調，公私便之。此務前轉運使耿望奏置，於荆湖市牛聚兵耕作，所得稻利，不償其費。復遣部民春變，甚有勞擾，至是，選奏罷之。

六年九月十三日，莫州總管石普等言，（淮）[準]詔浚靜戎、順安軍界營田河道畢功。詔獎普等，賜將士緡帛有差。

景德元年四月六日，遣閤門祗候郭盛等乘傳詣靜戎、順安軍按視河渠，與長吏等同經度以聞。先是，周懷正齎順安、靜戎軍《營田河道圖》進呈，帝參驗前後所奏異同，自順安軍築堰聚水至靜戎軍，而靜戎地勢高阜，慮勞而無功。知靜戎軍王能又言：　此河之北有古河道，自靜戎至順安軍通流，歲或雨水，亦通舟楫，可以經度開導。故遣盛往視之。

二年，詔：　緣邊州軍有屯田處，長吏并兼制置營田屯田事，兼舊使者如故。

仁宗天聖四年九月，詔廢襄、唐二州營田務，令召無田產人戶請射，充爲永業，每頃輸稅五分。諸州所差耕兵、牛畜并放還，本處廨宇、營房、囷倉悉毀折入官，其請佃之人願要者，即估價給之。先是，二州營田皆無稅，荒地，襄州凡四百八頃餘八十畝，唐州百七十頃，自咸平二年轉運使耿望奏置，每歲於屬縣差借人戶、牛具，至夏，又差耨耘人夫六百人，秋又差刈獲人夫千五百人，歲獲利倍多。及望解職，轉運使張選改其法，召水戶四十一戶分種出課。未幾，水戶許免其役，遂罷之。景德二年，轉運使許遜復奏興是務，而所獲課利甚薄，至是，轉運使言其非便，詔屯田員外郎劉漢傑與本路轉運使、二州知州、通判同共規度。漢傑上言：比較襄州務自興置已來至天聖三年，所得課利，都計三十三萬五千九百六石九二升，依每年市價，紐計錢九萬二千三百六十五貫，將每年所支監官、耕兵、軍員請受及死損官牛、諸色費用凡十三萬三千七百四貫十三文，計侵用官錢四萬一千三百四十二貫四十六文。唐州務自興置至天聖三年，所得課利計六萬四千九百三十一石四斗六升，依每年市價，紐計錢共二萬五千九百六十八貫五百三十四文，將每年所支本務軍員、監官請受及死損官牛、諸色費用計侵用官錢萬四千三百六十八貫一百一十四文，故有是詔。

寶元二年九月，詔河北轉運使自今并兼都大制置營田屯田事。

慶曆元年十月十八日，詔陝西轉運司，令空閑地置營田務，（侯）［候］見次第，當議酬奬。

是月，詔：陝西用兵以來，本路所入稅賦及内庫所出留兩川上供金帛，不可勝計，而猶軍儲未備。宜令逐路都總管司經置營田，以助邊計。

二年正月十四日，詔以同州沙苑監放牧田爲營田。

五年二月，詔并代路經略司，其岢嵐軍、火山軍禁地有閑田在邊壕十里外者，欲請佃，聽之。

十二月，詔：陝西西路總管及轉運并兼營田使，轉運判官兼管營田事。

神宗熙寧三年六月七日，知秦州李師中言：王韶申欲於甘谷城等處未招到弓箭手空閑地一千五百頃，乞差官從三五頃至一二十頃以上，逐段標立界至，委無侵犯蕃、漢地土，然後欲憑出牓，依奉朝旨召人耕種。緣本司先准中書省劄子，王韶募人耕種，止標撥荒閑地，不得侵擾蕃部。今韶迺欲指占極邊見招置弓箭手地，有違詔旨，臣恐自此秦州益多事，所得不補所失。蓋韶初獻議，而朝廷即依所奏，初未嘗令臣相度，欲乞再委轉運司一員重行審定。詔遣權開封府判官王克臣、内侍省押班李若愚按實以聞。

七月十一日，詔提舉秦州西路蕃部及市易司王韶，具析本所欲耕地千頃所在以聞。先是，韶召對言邊事，以爲自成紀縣至渭源城荒土不耕者，何啻萬頃，可撥千頃治之，至是許之，故有是命。

十月二十二日，詔前知秦州、尚書右司郎中、天章閣待制李師中落天章閣待制，降授度支郎中、知舒州，秦鳳路都鈐轄、皇城使、帶御器械向寶落帶御器械，爲本路鈐轄，秘書省著作佐郎王韶降授保平軍節度推官，依舊提舉秦州西路蕃部及市易司。初，遣王克臣、李若愚按師中及韶所論市易利害及閑田頃畝，克臣等奏與師中不叶而朝廷疑其不然，復下沈起，起奏：韶所説荒地，不是的實處，雖實有之，然今來未可檢踏召人耕種，恐西蕃諸族見如此興置，以爲是朝廷招安首領，各授以官職、科錢，後令獻納地土，人情驚疑，則於招安之計，大有所害。欲乞權罷墾田之議，俟招安諸蕃各已信服，人情通順，然後爲之未晚。於是侍御史知雜事謝景溫言：近聞起體量甘谷城弓箭手地稍多，乞候邊事稍寧日根括施行。緣韶元奏，自渭源城至成紀縣沿河良田不耕者萬頃，乞擇膏腴者千頃，歲取三十萬石濟邊儲。今甘谷城去渭水遠，非韶昔日所指之處，乃以此爲名，避當日欺妄之罪。昨克臣、若愚嘗奏無此閑田，竇舜卿亦稱但打量得田一頃四十三畝，與起所奏，各有異同。而起亦徇韶之情，妄以他田爲解，附下罔上。乞降韶元狀，遣推直官一人往體量，就推劾，如有矯僞，重行譴責。御史薛昌朝亦言：韶妄進狂謀，邀功生事，今起體量，多與克臣等不同，兼起妄指甘谷城地附會韶言，乞以韶、師中前後所上文字及克臣、起等節次體量事狀，付有司推劾，各正其罪。時中書謂起未嘗指甘谷城地通作韶所言地之數，而師中、寶前在秦州，稽留朝旨，奏報反覆。寶與韶更相論奏，各有曲直。韶又以妄指閑田，特有是責。其後知秦州韓縝按視，乃言實有古渭寨弓箭手未請空地四千餘頃，乃復韶官如故。

五年四月十日，權發遣延州趙卨，乞差通判范子儀及機宜官魏璋、左文通等根括閑田，及提舉招置弓箭手，從之。

先是，卨管勾本路機宜文字，上《營田議》曰：昔趙充國興屯田以破先零，唐宰相婁師德嘗爲檢校營田使，而河西、隴右三百六十屯，歲入六十餘萬石。今陝西雖有曠土，而未嘗耕墾，朝廷屯戍不可撤，而遠方有輸納之勤。願以閑田募民耕種，以紓西顧之憂。詔以其事下經略安撫使郭逵，逵言：今懷寧寨新得地百里，已募漢蕃戶使爲弓箭手，實無閑田以募耕者。故至是卨復乞根括焉。

七年三月二十五日，［知］熙州王韶言：乞以河州作過蕃部近城川地招弓箭手外，其山坡地招蕃弓箭兵手，每寨五指揮，以二百五十八人爲額，每人給地一頃，蕃官兩頃，大蕃官三頃，仍召募漢人弓箭手等充甲頭。候招及人數，補節級人員與蕃官同管勾。自來出軍，多爲漢兵盜殺蕃兵以爲首功，今蕃官各情願依正兵例黥面，或手背爲弓箭手字號，訖更於左耳前刺蕃兵字。詔止刺耳前字。元祐元年三月十八日，詔罷。

十一月七日，權提點秦鳳路刑獄公事鄭民憲以熙河營田圖籍來對，乃詔民憲兼都大提舉熙河路營田弓箭手，令辟官屬以集事。其法，給田募民。熙河多美田，朝廷委興營田，奏辟官屬，共集其事。至是，始以其圖籍入對。

九年正月十三日，提舉熙河路營田弓箭手鄭民憲言：本路創置弓箭手深在羌境，以歲薦飢，未甚著業。若令自備功力種子耕佃公田，卽恐人心不能無搖動，乞候將來稍稔推行。從之。

先是，吳充言：熙河經略雖定，然軍食一切猶仰東州，輓運則人力不給，和糴則猾民乘時要價，二者之弊，在於未有土地之人按漢、唐實邊之策，惟屯田爲利。近聞鮮于師中建請朝廷，以旣置弓箭手重於改作，故裁令試治百頃而已。然屯田行之於今誠未易，惟有因今弓箭手以爲助法，公田似有可爲。且以熙河四州較之，無慮一萬五千頃，十分取一，以爲公田，大約中歲畝收一石，則公田所得十五萬。水旱肥瘠，三分除一，亦可得十萬。詔差太常寺主簿王君兪赴熙河路與鄭民憲同商議推行次第，故有是奏。

十九日，熙河路經略安(無)[撫]使言：奉詔相度本路弓箭手田土，令提舉營田司將洮西弓箭手單丁耕種不及空閑田土，卽具逐州軍權差廂軍耕種，官置牛具、農器，每人一頃，令所屬堡寨使臣、道路巡檢、主管趁時耕種收成入官。於每年終，將弓箭手幷今來官中所種過田土比較優劣，賞罰如弓箭手。可以耕種，卽令依舊將名下田土耕種，仍不管空閑，看詳委實經久可行。仍乞差主管河州農田水利、兵馬鈐轄李浩均度地土措置聞奏。從之。

六月十九日，權提點秦鳳等路刑獄公事、兼都大提舉熙河路營田弓箭手公事鄭民憲言：逃走弓箭手幷營田地土，昨多方設法召人請佃，今來認租課，乞許就近於本城寨送納，仍特與蠲免支移、折變。從之。

十年二月六日，中書門下言：熙河路相度官莊霍翔，乞先將熙州城下營田見今租課地一百一十頃七十一畝，可以興置官莊，及乞於見任京官、選人、使臣、諸色人據合用員數差請勾當。今欲令且將熙州地差弓箭手分擘共治，其所差官破與當直兵士、京官、士人、選人、使臣五人，效用三人，如更有續發到土地，依此施行。從之。

元豐元年二月九日，都大提舉淤田司言：京東、西官私瘠地五千八百餘頃，乞依例差使臣等主管。從之。

六月一日，京東體量安撫黃廉言：澶州及京東、河北淤官地皆土腴，乞募客戶，依其土俗私出牛力、官出種子分收，選曉田利官兩員詣京東、河北計會，轉運、提舉二司及逐縣令佐相度，招募客戶，自今秋營種，幷下司農寺詳定條約。從之，令轉運司選官，如係收地，卽令提點刑獄司選差。

七月一日，詔尙書主客郎中鄭民憲，前任經畫熙河路營田等有勞，特陞兩任。

十月二十七日，經制熙河邊防財用司言：四州軍依朝旨標撥官莊田外，乞於近城各更擇沃土二千頃爲營田，專差使臣等主管。從之。

二年二月二十九日，總制熙河路邊防財用司言：岷州、床川、荔川、閭川寨、通遠軍熟羊寨營田，乞依官莊例募永濟卒二百人，其永濟卒通以千人爲額，以給十六官莊。四營田工役，其請給幷從本司自辦。從之。

六月十五日，都大提舉淤田司請以雍邱縣黃酉等十棚牧地爲官莊田，從之。

十二月十八日，詔開封府界收地可耕者爲官莊，從都大提舉淤田司請也。

三年二月八日，提點永興軍等路刑獄、駕部員外郎王孝先知邠州，孝先言：淤田營田司自熙寧七年至十年，費錢十五萬五千四百餘緡。

六月十五日，都大提舉淤田司請以雍丘縣黃酉等十棚牧地爲官莊田，從之。

五年二月十五日，詔提舉熙河等路弓箭手營田蕃部共爲一司，隸(經)[涇]原路制置司，許奏舉幹當公事官一員、準備差使使臣三員，給公使錢千緡。

六月四日，熙河經略安撫司言：蘭州內外官屬，法當撥地爲圭田。今新造之區，居民未集，耕墾人牛之具皆彊役之。乞計數給以錢鈔，而留其地以爲營田，或募弓箭手。從之。

七月七日，提舉熙河等路弓箭手營田蕃部司康識言：與兼提舉營田張太寧同議立法，乞應新收復地，差官以《千字文》分畫經界，選知農事廂軍耕佃，每頃一人。其部轄人員、節級及雇助人功、歲入賞罰，幷用熙河官莊法。餘幷召弓箭手，人給二頃，有馬者加五十畝。營田每五十頃爲一營，差諳農事官一員幹當，許本司不拘常制舉選人，使臣請給依陝西路營田司法。不滿五十頃，委附近城寨官兼管，月給食錢三千。從之。

六年十二月一日，提舉熙河等路弓箭手營田蕃部司言：新復境土堡寨漸修築畢，可興置營田。內定西寨、龕谷寨、輸木岔堡四處營田，見闕農作廂軍二百人、部轄人員軍典十九人。乞依熙河路修城、鳳翔府簡中保寧指揮簡塡闕額法，許本司於秦鳳、涇原、熙河三路廂軍及馬遞鋪卒選募，人給裝錢二幹。從之。

七年七月十日，知太原府呂惠卿言：兵事未息，人兵未可全減，莫若廣勸公私耕種爲急。今若使邊地益墾，則邊戍可益，邊民稍蘇，無貴糴遠輸之患。麟、府、豐三州兩不耕地，可以時出兵開墾。伏詳横山一帶兩不耕地無不膏腴，過此即沙磧不毛。今乘羌虜未賓，出兵防拓，廣耕疾種，因其蹂踐，從而掩擊，漸移堡鋪，向外把截，則不須深入而拓地日廣，并可以招置漢、蕃弓箭手承佃，或營田軍以抵戍兵，則邊費省矣。願推之陝西路。詔陝西諸路經略司詳酌施行。

哲宗元祐元年十月十八日，熙河蘭會路經略司言：乞將新復啞𡁜川一帶地土，依舊令定西城招置弓箭手耕種。從之，仍許於從來已耕占地土內耕種，不得更有侵展，別生邊事。

元符二年十月九日，河東路經略事幹當公事陳敦復言：本路進築堡寨，自麟石、鄜延南北僅三百里，田土膏腴，若以廂軍及配軍營田一千頃，歲可入穀二十萬石。可下諸路，將犯罪合配人揀選少壯堪田作之人，配營田司耕作。從之。

二十五日，樞密院言：涇原路、環慶、鄜延、熙河、蘭會、河東路新復城寨地土例皆闕人耕種，諸路廂軍若召募前去，與免諸雜役使，必有應募之人。從之。

三年九月二十七日，提舉河東路營田司言：準樞密院劄子：本路新復城寨闕人耕種，令京西、淮浙等路應管廂軍赴經略司分擘耕種赴。今來諸廂軍不會耕種陸田，兼杭州等處廂軍尤更不耐本路田野寒凍，已有疾病。欲將京西等路并本路州軍發來耕種，廂軍內委是不堪田作之人，送本路州軍充廂軍。京西等路廂軍或乞計口給券，發遣元差州軍。從之。

徽宗大觀三年二月二十一日，臣僚言：自復西寧州，招置之術失講，勸制之法未興，不取地利，惟仰轉輸，併力飛輓，增價買糴，僅濟目下之急，潛滋久遠之弊，內外牽制莫不窮已。望速委帥臣監司講求弓箭手數足蕃部著業之術，或誘或拘責以耕耘。田既墾則穀自盈，募既充而兵益振矣。詔：熙河、洮、岷前後收復，歲月深久，得其地而未得其利，有其民而未得其用，地利不闢，兵籍不敷，歲仰朝廷供億，非持久之道。覽所奏陳，頗究利害之原，可令詳究本末條畫來上。其後政和五年，知西寧州趙隆請引宗河水，灌溉本州城東至青石峽一帶川地數百頃。從之。

高宗紹興元年五月二十三日，沅州言：本州熙寧七年創置爲郡，自後拘籍地土撥充屯田作營田，其餘召人請佃，租米約有萬計。遂措畫括係官田，摽給分數，招置弓弩手共十三指揮計四千二百八十一人。自靖康調發，往往不還，自建炎四年至今，并無顆粒應副支遣。今將闕額(刀)[弓]弩手荒閑田，權召承佃，濟助歲計。乞許本州揀選招塡補及二千人，教習武藝，防遏邊疆，候將來承佃，安居樂業，別具條陳。從之。

二十六日，荆南府歸峽州荆門公安軍鎮撫使兼知荆南府解潛言：本鎮所管五州軍一十六縣絕戶甚多，見拘收通舊管諸色官田不可勝計，今盡荒廢可惜。見一面措置屯田，召人耕墾，分收子利，已恭依分鎮便宜。望詔旨移牒直秘閣宗綱權屯田使樊賓權屯田副使措置，就緒日相度減罷。伏望詳酌施行。已降指揮，許置荆南府歸峽州荆門公安軍鎮撫使司同措置營田官各一員，令解潛奏辟。詔：宗綱差充荆南府歸峽州荆門公安軍鎮撫使司措置營田官，樊賓差充荆南府歸峽州荆門公安軍鎮撫使司同措置營田官，餘依。

八月二十三日，臣僚言：應變權宜，莫如屯田之利，今師徒所聚，多緣糧餉乏絕，輒致逃亡，寖成鈔掠。然而願耕者衆，要須朝廷有以處之。唐李泌當肅宗時，關中新遭安、史之亂，關東戍卒多欲遁歸，泌建屯田之策，市耕牛，鑄農器，給田以耕，歲終則官糴其餘，戍卒乃定，邊備益修。其後德宗奉天之難，陸贄亦獻此謀，粗如泌策，依倣趙充國舊制，趨時便事，雖有不同，要其成功，均於兵食兼足。東南之地，雖非關中之比，今沿江兩岸，沙田、圩田頃畝不可勝計，例多荒閑。近者張琪占據蕪湖圩田，兵食遂足。繼緣迫逐，決水灌田，舊圩盡壞，曩時官得歲課數萬石，一旦失之，旁侵民田，爲害更甚。及聞趙霖於河州境內屯集耕墾，頗亦有方。屯田之利，無可疑者。臣欲望朝廷委能臣，先於沿江南岸與州縣官司同共相視，檢察元係官田見無佃戶耕墾委是荒閑去處，計度頃畝，條畫利害，團甲多寡之數，營屯向背之宜，參酌古今，務令簡便。朝廷更加詳酌決可施行，然後置營田使以統之，與安撫大使參酌其事，募兵若民以耕。權撥一年折帛錢以爲本錢，市耕牛、農器、種糧之屬，及爲歲終收糴之資。使募之人出則戰，入則耕，食足兵彊，指日可冀。勘會兩浙、淮南州縣昨因兵火之後，民間荒廢田土甚多，雖合倣古屯田之制，募人耕墾。緣難以遙度措置，欲委官躬親前去相度措置，條具利害以聞。從之。

九月二十七日，臣僚言：嘗被旨令條畫屯田利害。臣退而考閱，自井田廢而阡陌開，至漢昭帝始元二年，詔發習戰射士，詣朔方，調故吏將屯田，張掖郡始有屯田之令。其後宣帝時，趙充國擊先令羌，乞留屯田以困羌。條上十二便宜，果足以克羌。自後更三國六朝，若曹操屯於許下，諸葛亮屯於渭濱，鄧艾屯於淮南，羊祜、杜預屯於荆湘，應詹屯於江西，荀羨屯於石鼈，皆有見效，其遺迹可考也。隋、唐以來，頗採舊聞行之，至今沿江諸郡尚有屯田租種之名，則江浙亦嘗屯田矣。本朝自淳化以來，始用何承矩措置北邊屯田，開塘濼之利以限北虜，相繼西北二邊益廣屯田，至淮南、京西、夔路等處率常行之。天聖二年，有上封事乞賣福建路屯田，監察御史朱諫上言，以爲此田耕墾已四十餘年，雖有屯田之名，父子相承以爲己業。乞罷估賣，則知屯田嘗行之福建矣。今唯陛下將議興復之圖暫駐清蹕，經營四方，欲因沿江荒閑之田募人耕屯，用爲籬落，兼實儲餉，此誠計之得也。今將古今屯田利便可施於江浙者，纂其大略，附著於篇，號曰《屯田集議》，謹録上聞。今開列如左：臣前件條畫，蓋考之國史之所載，參之土俗之所宜，不咈於令，不悖於人。伏乞聖慈，時因萬機之暇，特賜省覽。儻或一介[芻]蕘之見有足以備採擇，欲乞付外參酌諸臣之議而行之。庶幾輯寧失業之民，休養更戍之卒，壯兵威，資國計，一舉而兩得之，豈曰小補！詔令戶部限兩日勘當，申尚書省。

二十八日，臣僚言：契勘翟興軍中百[比]年以來，依倣屯田之法，開闢隴畝，勸督耕耘，將欲就緒。欲望督責諸鎮，各從方俗之便，速舉屯田之法，務農重穀，以爲儲積，則糧食皆足，軍聲益張。詔令工部與今年九月二十七日已降臣僚上言屯田利害指揮一處參酌以聞。

十月十三日，臣僚言：屯田之利，宜先招集流散之民，使之復業，民力既豐，則可以爲用。其民力不足之處，及官田、逃田方可募兵以耕。近見王寔措置，詳於兵而略於民，恐有侵奪，遂失本意。望付之大臣，令寔等子細商量，勿於經理之初，先失民心，以妨大計。從之。

十五日，河南府孟汝唐州鎮撫使措置營田官任直清言：伏見河南殘破，民之歸業者未衆，其所營田全籍軍兵。如創置營田官恐力微，難以號令，欲乞特令翟興帶領營田使，庶易於措置。仍乞將措置到事先次施行，續具已施行畫一申奏。又，營田官未審與本鎮官如何序位。詔並依其序位，依帥臣下屬官例施行。

同日，江南西路安撫大使李回言：江州、南康、興國軍界赤地千里，無人耕種。乞依淮南、兩浙路專委監官措置營田。詔依，仍令帥臣同共措置。

十一月十四日，荆南府歸峽州荆門公安軍鎮撫使解潛言：辟差公安知縣、承議[孫]倚措置營田。倚任內布種率先辦集，於民不擾，比之一路，頃畝最多。既效忠勤，宜加褒賞。詔孫倚可特轉兩官。

二年二月七日，三省言：傅崧卿乞淮南營田減租課文字，因奏其説可行，便使未收租課，但得人人耕種，家家積粟，即是人主之富。緣人主與人臣不同，人臣有東家、西家之異，人主以天下爲家，何有彼此？上曰：百姓足，君孰與不足？卿言極是。

三月十日，淮南東路提刑兼營田副使王寔言：被旨措置營田，勸誘人戶，或召募軍兵請射布種。今相度先將根括到江都天長縣未種水田一萬六千九百六十九頃、陸田一萬三千五百六十六頃，分撥諸軍，趁時耕種。詔權許，候有人戶歸業識認日，申取朝廷指揮。

四月二十四日，臣僚言：竊見朝廷講屯田之策久矣，略未見有所施設。願詔劉光世軍中將校有能部卒伍就耕者，優加爵賞，歲入悉分其衆。自餘曠土，益募民墾闢。每能率三五百人，或千人乃至數千人，遞補以官，三歲勿賦，則所在土豪及懷歸之人自當有應募者。事成皆許優與遷轉。利之所在，人所樂趨，雖使之自戰自守可也。今歲閏四月，稻田或尚可種，唯早圖之。詔劉光世措置施行。

七月九日，德安府復州漢陽軍鎮撫使陳規言：屯田、營田、人戶荒田及逃戶官田被人指射及軍兵耕種者，限二年識認，已種者候收畢給之；過限者，官司並不受理。工部言：人戶自軍興後來流移遠方，道路梗澀，竊慮於限內未能歸業。欲下本鎮立限三年。從之。

二十四日，左司諫吳表臣言：鎮撫使陳規措置屯田事件甚有條理，委是究心。乞下本鎮，將府縣兼行官吏措置勸諭最先宣力之人，具名來上，特與推賞，其陳規仍降敕書獎諭。詔曰：敕陳規：卿體國盡忠，守蕃稱治。當中原之未定，念南畝之多荒，兵食弗充，農收蓋寡。乃別營屯之制，用興稼穡之功。軍民不雜而無爭畔之詞，官吏不增而無加稟之費。得魯侯之重穀，同漢將之留田。東作西成，居有要生之利；緩耕急戰，人懷赴敵之心。條理不煩，施設可法。載觀績效，深用歎嘉。故茲獎諭，想宜悉知。

八月十二日，樞密院言：(准)[淮]南州軍見屯軍馬措置防秋，難以行營田。竊慮糧食未濟，理宜資助。詔(傳)[傅]崧卿斟量逐州人兵多寡，量行應副錢糧，接濟軍用。

十一月四日，中書門下省言：直徽猷閣、充和州無爲軍鎮撫使趙霖近措置營田等事，已降指揮與轉一官，依條止合減四年磨勘。詔霖久在江北，委有勞效，與轉行一官。

十八日，中書門下省言：建康府江南北岸荒田甚廣。詔令孟(庚)[庾]、韓世忠措置，將兵馬爲屯田之計，體倣陝西弓箭手法。所貴耕植漸廣，以省國用，以寬民力。

十二月二十八日，臣僚言：伏覩德安府復州漢陽軍鎮撫使陳規措置屯田事，頗有條理，深得古寓兵於農之意。欲望將陳規所(由)[申]畫一，令(準)[淮]南諸鎮撫使依倣而行之。其府縣勸諭宣力官吏，令逐鎮保明推賞。詔委都司檢詳官參照陳規申請畫一并前降指揮，限十日條具以聞。

同日，中書門下省言：湖北、江西、浙西路對岸荒田尤多，理合隨所隸一就措置。詔湖北委劉洪道、江西委李回、江東委韓世忠、浙西委劉光世措置，仍令都督府總治。

三年二月七日，左司員外郎張綱等言：被旨，委都司檢詳官參照陳規申請營田並臣僚獻議。今條具下項：一、看詳應屯田官掌營種屯田管勾會功課，其諸鎮亦兼營田使。今來陳規所陳，屯田、營田分爲二事，未合古制。欲乞應諸路安撫使、鎮撫使各兼營田使，今將陳規畫一，參酌逐鎮風土所便，一面措置施行。一、陳規畫一內稱：將逃亡戶絕官田推行屯田之法，其有屯兵耕墾不盡之田，若輕其租賦召人耕種，可以助軍儲，資國用，招集散亡無歸之民，惟軍與民不可使并耕作，庶不致交爭。今看詳諸鎮地多曠土，宜先務招集失業之民，輕立課租，使就耕作，其餘地分撥軍兵勸誘耕墾。仍相度地形險隘遠近，酌中處置，立堡寨，遇有寇盜，則保聚在寨禦捍；無事則乘時田作。其兵與民各處一方，不得交雜，庶得相安，民漸歸業。一、陳規措置，將人戶荒田令軍兵及召百姓耕種，若人戶歸業，縱寇盜未熄，亦合給還。今看詳諸鎮全在招集流移，早使歸業，所亡田產自今即時給還。若有已撥在兵屯田內，難使雜耕。仰歸業人戶詣官司投陳，官爲照驗。已有民戶耕鑿多處，依數撥還，仍不得以瘠薄田充數。如是，民戶歸業漸衆，亦令依軍兵法，於地形險隘、遠近酌中處，置堡寨屯聚以備盜賊。一、陳規措置，先將近城官田、荒田倣古屯田之制，令官吏、弓兵、民兵等各自耕種，漸見次序。今看詳，欲遍下諸路安撫使，各隨本處風俗所便，依倣陳規畫一事件，各務多方隨誘官吏軍民等乘時耕墾；或有流寓寄居，及形勢戶自來於法不許承(但)[佃]官田之人，亦許出租耕佃，務要田土廣墾，不致荒廢。一、陳規措置，將弓兵等留一半守禦，餘一半少增錢糧，令耕種荒田，其牛具、種子以官錢支用。所得物斛並以入官，如遇田事忙時，則將所留軍併就田作。若有軍事警急，則權罷田作，併充軍用。今看詳，欲下諸路安撫、鎮撫使依倣陳規事理，更合參酌本鎮臨時事宜，勸誘軍兵耕作。如遇農忙時，一半守禦人併就田作，時亦合增支錢糧。如至秋成，所得物斛，於內依倣鋤田客戶則例，亦合分給斛㪷以充犒賞外，餘並入官，庶如激勸樂就田畝。一、陳規措置，見出榜召人投狀，經官指射耕種閑田，內水田每畝秋納粳米一[㪷]，陸田每畝夏納小麥五升，秋納豆五升。今看詳，欲下諸路安撫、鎮撫使依倣陳規立到租課數目，更切參詳本鎮地土瘠肥、官司曾無借給牛具種糧，及歲事豐荒、土俗所便，隨所收種斛[㪷]臨時增減著中數目，拘收租課，務要便民。一、陳規措置人戶指射官田、荒田耕種，滿二年，不拖欠租稅者，并充己業，聽行典賣，經官印契割移。昨紹興二年七月九日已得者，展作二年。今看詳，欲下諸路安撫使、鎮撫使遵依已得聖旨指揮，多出文榜勸誘人戶施行。一、陳規措置人戶荒田及逃戶官田，被人指射耕種者及軍兵耕種者，立限二年歸業識認；已種者，候收畢給之；過限者，官司并不受理。昨紹興二年七月九日已得旨展作三年。今看詳，欲下諸路安撫使、鎮撫使遵依已得聖旨指揮，多出文榜，召人歸業，仍逐旋具已招誘到歸業人戶數目，供申朝廷。一、陳規措置，依所得朝廷指揮置營田司，所有屯田事務，營田司兼行；營田事務，府縣官兼行，更不別置官吏。今看詳，欲下諸路安撫使、鎮撫使依此遵稟施行。一、臣僚上言：考之周制，一夫受田百畝，李悝謂一夫挾五口以耕百畝，趙充國人授二十畝，蓋不計其家之食也。本朝於京西、淮南屯田，則人授百畝則太多，裁爲中制可人授二十畝，如充國之議，一家五人同授田亦足以得百畝。今看詳諸鎮荒田甚多，惟患人力不足，兼地有肥瘠不同，難以一槩立定畝數。欲下諸路安撫使、鎮撫使參酌本鎮地名高下，量度人力數，授以田畝，務要力耕，不使鹵莽。所是召人承佃荒田，亦不須限定頃畝，聽人戶量力投狀請射。一、臣僚上言：屯田合用耕牛。今看詳，近緣盜賊屠殺，例皆闕少，江北諸鎮殘破日久，絕無販賣牛畜。合隨宜措置，令諸鎮勸誘兵民倣傚古制，用人耕之法，每二人拽一犁，初時雖稍費力，及其成熟，工用相等。欲下諸路安撫使、鎮撫使詳酌勸諭施行。一、臣僚上言：凡授田五人爲一甲，別給菜田五畝，爲廬舍稻場。今看詳，欲下諸路安撫使、鎮撫使，照應今來臣僚上言，參酌本鎮土俗事宜措置施行。一、臣僚上言：募民以耕，免其身役及折變，及民耕應出官租，初一年免其半，次年依本法。今看詳，募民請佃之初，理宜寬恤，委是利便，欲下諸路安撫使、鎮撫使參酌施行。一、臣僚上言：兵屯置屯主一員，以大使臣爲之；民屯縣令主之，以歲課多寡爲殿最。今看詳，欲下諸路安撫使、鎮撫使開具推行月日，每至歲終，仍具所委官職位、姓名、招誘墾闢到田畝實數，供申朝廷。如招集到歸業人戶數目，及兵屯、民屯稍見就緒去處，乞優與陞擢，庶使有以激勸。一、欲乞諸路安撫使、鎮撫使除依陳規畫一幷今來看詳事理施行外，逐處如別有利便，即仰各隨土俗所宜，具事因以聞。幷從之。

紹興三年二月八日，詔：通直郎德安府節度推官韓之美、右修職郎德安府司法參軍胡槩、秉義郎閤門祗候就差知德安府孝感縣事韓遹、進義校尉王植、下班祗應袁式，詔各與轉一官資，內選人比類施行。以陳規保明措置田事，最先宣力故也。

四月四日，太尉、武成感德軍節度使、充江南東西路宣撫使韓世忠言：契勘陝西因創建州軍城寨之後，應四至境內田土盡得係官，即無民戶稅業交雜其間。其田荒隙，遂招置土人充弓箭、長行，每名給地二頃，有馬者別給額外地五十畝，率空地八百頃，即招集四百人立爲一指揮。一境之中，均是弓箭手，自相服從。今內地州縣田土皆係民戶稅業，雖有戶絕逃棄，往往畸零散漫，若便依倣陝西法摽給，須合零就整湊數分撥。其田遠近不同，既不接連，難相照管。又如去城百餘里外，給地付之軍兵，使混雜莊農養種，切慮生事。今相度，欲先將建康府管下根括到近城荒田，除戶絕、逃田一面措置耕種外，其有主而無力開墾者，散出文牓，限六十日許人戶自陳頃畝著實四止，如情願將地段權與官中合種，所用人戶牛具、種糧，幷從官給。候收成日，據地段頃畝，先次依本色供納二稅，及除豁牛具種糧，其餘據見在斛斗量給地主外，盡給種田人。候至地主有力耕時，赴官自陳，即時給還元業。若限滿不自陳，即依逃田例直行摽撥，庶幾不致荒閑田畝，軍民兩有所濟。並契勘人戶願與官中合種地段，若伺候將來收成，除豁二稅種糧外，據見在臨時量給，竊慮地主妄稱鄉原舊例，過數邀求。今欲於人戶自陳日，即便議定，據將來實收到斛斗，除上件出豁外，以十分爲率內二分給地主。若稱所給數少、不願官種者，即具村保姓名開排地段，送本縣置籍收係。田雖荒閑，須管依條限催理二稅，無令少欠，庶幾地主不敢僥倖，妄有希求。都督府言：勘會今已二月，伺候朝廷指揮，方立限許人戶投狀與官中合種，深恐已過布種時月，轉致荒蕪，已將昨因兵火逃亡未曾歸業見今荒田，令世忠先次措置召人承佃耕種。其合納稅租，第一年全免，第二、第三年以下分爲率，各與免納五分，三年外依舊全納。田主歸業自種在五年內者，聽依已布種法，見佃人收畢交割；五年外不歸業者，聽見佃人爲主，庶幾不致荒閑，失陷二稅。已行下世忠照會施行。如蒙俞允依，湖北、江西、浙西未歸業逃田，並乞依此施行。戶部勘當，欲依都督府奏請事理施行，如有人戶歸業，即依去年四月十八日已降指揮年限理認，即時給還。內已布種者，收畢交割，並下江南東路轉運照會。仍乞令湖北、江西路疾速措置，具利便申取朝廷指揮。從之。

五月二十五日，新權發遣承州劉宧言：竊見朝廷屬意營田，今乞本州自行措置牛具、種糧，將管下民間請射不盡田土開耕種蒔。所收地利，專用贍軍，並依民間請射體例，仍自紹興四年夏料爲始，若淮南諸郡依此措置。乞付有司行下，其諸州當職官能究心措置，功効年歲之間，便見儲瀉豐積。顯著者，優加激賞。詔依奏，即不得侵占有主民戶田土。

十月十日，臣僚言：營田召募民耕，乞免徭役及科配。詔：人戶如自己田業，自合依法，其屯田、營田幷行蠲免。

四年四月十五日，知廬州兼淮南西路安撫使陳規言：乞令本州措置招募效用人，各令種田，并軍兵情願者，聽不限人數。從之。

八月五日，侍御史魏矼論淮東、西屯田利害事，上謂輔臣曰：招集流離，使各安田畝，最爲今日急務。遂舉《鴻鴈》美宣王之詩，謂中興基業，實在乎此。胡松年對曰：古人圖必成之功，爲必取之計，於是有屯田，若趙充國破先零、羊祜守襄陽是也。朝廷用屯田累年，除荆南解潛略措置，其餘皆成虚文，無實效。上曰：卿論實效極是。松年復對曰：漢宣之治，總核名實，信賞必罰而已矣。天下事若因名以責實，無有不治者。屯田一事，猶不可欺，一歲耕墾田畝若干，收穫幾何，使足以稽考也。上曰：卿等可商議，條畫來上，當力行之。

六日，後殿進呈朱勝非《條具屯田利害劄子》言：今日之兵，既令執兵，又令服田，終歲勤勞，所得如故，有未可者。時上曰：古者三時務農，一時講武，農即兵也。兵農之制一分，恐不可復合。勝非所陳甚善，可便施行。孟庾等對曰：淮南收復，今已數年，守令豈不欲招徠流離，使但復業者未甚多，恐自此兵日以衆，食日以廣，不易供給。更容臣等與勝非熟議之。上曰：不可，既行下光世、世忠軍中，卻使之以難行爲數，復議改更，則朝廷命令自爲反覆。庾等曰：謹稟聖訓。

九月二十六日，主管江州太平觀朱震言：荆襄之間，沔漢上下，膏腴之田七百餘里，襄陽之北，土宜穈麥，古謂之租中。若選用良將民所信服者，領部曲駐漢上，招集流亡，務農重穀，寇至禦之，寇退則耕稼，不過三年，兵食自足，觀釁而動，復陵寢，淸宗廟，以濁河爲限，傳檄兩河，則中興之業定，以逸待勞之道。詔關與都督府。

五年閏二月二十八日，諸路軍事都督行府言：淮南東路宣撫使韓世忠言：見措置屯田，乞收買耕牛，趁時耕種。今措置下項：一、浙東、福建係出產耕牛去處，欲令兩路各收買水牛一千頭，并依市價委稅務官一員置場和買，限三箇月數足。一、逐路買到耕牛，每一百頭作一綱起發，日行三十里，選差兵士二十人，將校、節級各一名，管押赴淮東宣撫使司交納，仍每頭用牌子標號齒口格尺，別用申狀依此開具，令宣撫司照會交割，以防换易。一、牛綱所至去處，并仰依數應副草料，不得違滯。一、合干人並仰如法餵養，不管痩損，每綱交納了畢，如倒死不及五釐，將校、節級并與轉一資，管押人支賜銀絹各一兩匹；如死損過分，從杖一百科罪，仍依元買價(倍)[賠]償。詔令章傑措置收買一千頭。餘依三月二十八日，諸路軍事都督行府言：光州收復之初，方奉行營田之法，合量行接濟布種。欲望朝廷依壽春府例，支降江南東路空名度牒二百道，付本州收買耕牛。從之。

同日，權發遣泰州邵彪言：淮南人戶逃竄，良田沃土悉爲茂草。今欲將營田司應有人請射荒田，並許即時給付，每畝依元降指揮納課子五升，田土瘠薄者量與裁減。耕種五年，仍不欠官司課子，許認爲己業；限外元主識認，或照驗明白，即許自踏逐荒田指射，以爲己業。如是五年內歸業，即許佃人畫時交還，不得執占；已種者，候收成了給還，已施行者謂耕墾熟成、起屋、種桑之類量出工力錢還佃人。今來措置如可施行，即乞明(坐)[降]指揮，鏤板榜示，庶得民間通知，著業者衆。從之。

四月二十一日，臣僚言：荆南鎮撫司百姓自有耕牛者，除輸納賦稅外，不得抑勒耕種營田，其營田許募民間情願種者，官爲給借種糧，每一耕牛納課一十碩。納課稍輕，民自應募，庶使百姓歸業，公私兩便。詔依，劄與諸路帥司。

八月二十四日，內降德音：應潭、郴、鼎、澧、岳、復州、荆南、龍陽軍、循、梅、潮、惠、英、廣、韶、南、雄、虔、吉、撫州、南安、臨安軍、汀州管內已降指揮，人戶阡種營田，並主戶下客丁官中科種，收課數多，緣此流移，未肯歸業。應人戶已請官種種苗在地，比每年減半送納。自來年並免附種，並諸軍預先抑勒，俵散和雇栽種人工錢，奪其工力，益見困乏。已令諸軍，不許預俵雇夫錢，尚慮不切遵稟，仰荆湖北路安撫、轉運司依所降指揮施行，毋致違戾，仍仰帥臣、監司常切遵守，戒諭諸軍不得抑勒，預俵工錢。如違，仰憲司取勘聞奏。荆湖人戶耕牛已降指揮，與免拘籍，並已請官種種苗在地者，減半送納官課，自來年更不科種營田，仰安撫司檢察州縣，不得科敷。

十一月二十八日，知荆南府、充荆南府歸峽州荆門軍安撫使王彥言：被旨：荆南營田一司並罷，令安撫司措置耕種，今計置到黃水牛一千七百餘隻，及修置應干合用農具足備，盡已踏逐摽撥定。合種水陸田頃畝，並係膏腴，止緣創行開鑿，倍費工力，兼已令下手破荒冬耕，及修築隄塘開決陂堰，以待來春依時布種。詔令王彥更切多方措置，務要耕種日廣，補助國計。

十二月一日，詔：臣僚陳請乞淮南東西、川陝、荆襄等路行屯田之制，令學士院降詔，曉諭諸帥。詔曰：敕襄陽府路帥臣：朕考觀古昔，斟酌時宜，欲豐軍食之儲，必講屯田之制。故充國經畫於金城，而兼得十二便之利；曹操始用於許下，而遂收百萬計之饒。先積粟以爲資，乃厲兵而必戰。况今寇戎未靖，征戍方興，賴將師之同寅，致士卒之樂附。顧尺籍所隸之數日以增多，而經賦所入之常歲有定限。既不可剝下以取給，固莫若興田而力耕。卿等叶志合謀，悉忠體國，率勵衆士，和協一心。勿憚朝夕之勞，共建久長之策。故茲詔示，想宜知悉。

八(月)[日]，詔：吳玠於梁、洋及關外成、鳳、岷州措置官莊屯田，今已就緒，漸省饋運，以寬民力。亮茲忠勤，深可嘉尚。可令學士院降勑獎諭。

十五日，中書門下省言：淮南東西、川陝、荆襄等路已降詔旨，曉諭諸帥行屯田之制，其諸帥下屯田事務，未曾轉委官措置。詔：淮南西路宣撫使司差李健、淮南東路宣撫使司差陳桷、江南東路宣撫使司差郄漸、川陝宣撫使司差陳遠猷、湖北襄陽府路招討使司差李若虛、荆南府路歸峽州荆門軍安撫使司差李侁，并兼提點本司屯田公事。

二十六日，諸路軍事都督行府言：江淮等路分撥措置屯田。詔差屯田郎官樊賓量帶人吏，俟都督行府出使日，隨逐前去措置。其合施行事，一面條具供申。

紹興六年正月二十一日，尚書右僕射、都督諸路軍馬張浚言：被旨往川陝視師，及因就沿江措置軍事。所有屯田事務，已蒙朝廷差屯田郎官樊賓隨逐前去。緣措置之初，申審省部，竊恐留滯。欲望應屯田事務，并申行府，候就緒日，歸省部施行。從之。

同日，上宣諭輔臣曰：前日三大帥屬官陳桷等引對，朕諭以朝廷贍養大兵之久，國用既竭，民力以困，竊須專意措置屯田，此亦自古已成之效。况軍事亦須先立家計，若有機會，方圖進取。臣[趙]鼎等曰：如此措置，社稷幸甚。

同日，都督行府言：已差屯田郎官樊賓措置屯田，緣經畫之初，事務繁多。詔令王弗同共措置。

二十八日，都督行府言：江淮州縣自兵火之後，田多荒廢，朝廷昨降指揮，令縣官兼管營田事務，蓋欲勸誘廣行耕墾。緣諸處措置不一，至今未見就緒，今改爲屯田，依民間自來體例，召莊客承佃，其合行事件，務在簡便。今條具下項：一、將州縣係官空閑田土并無主逃田，并行拘籍見數，每縣以十莊爲則，每五頃爲一莊，召客戶五家相保爲一甲共種。甲內推一人充甲頭，仍以甲頭姓名爲莊名。每莊官給耕牛五頭，并合用種子農器，如未有穀，即計價支錢。每戶別給菜田十畝，先次借支錢七十貫。仍令所委官分兩次支給，春耕月支五十貫，田月支二十貫。分作二年兩料還納，更不出息。若收成日，願以斛㪷折還者聽。仍比街市增二分。課如街市一貫，即官中折一貫二百。其客戶仍免諸般差役、科配。一、應有官莊州縣，守倅、縣令并於勸農字下添帶屯田二字，縣尉專一主管官莊四字，仍差手分、貼司各一名，於本縣人吏內輪差，一年一替，依常平法支破請給。一、每莊蓋草屋一十五間，每間破錢三貫。每一家給兩間，餘五間準備頓放斛斗。其合用農具，委州縣先次置造，仍具合用耕牛數目申行府節次支降。一、每莊摽撥定田土，從本縣依地段彩畫圖冊，開具四至，以《千字文》爲號，申措置屯田官類聚，繳申行府置籍抄録。一、收成日，將所收課子除椿出次年種子外，不論多寡厚薄，官中與客戶中停均分。一、今來屯田所招客戶，比之鄉原大段優潤，係取人戶情願，即不可強行差抑，致有搔擾。其諸軍下不入隊使臣及不披帶揀退軍兵有願請佃者，并依百姓例，仍別置籍開具。一、州縣公人等如敢因事搔擾官莊官戶，及乞取錢物，依法從重斷罪外，勒令罷役。仰當職官嚴行禁止，如有容縱，當議重作施行。一、逐縣種及五十頃已上，候歲終比較，以附近十縣爲率，取最多三縣令、尉各減二年磨勘；其最少并有閑田不爲措置召人承佃者，并申取朝廷指揮；知、通計管下比較賞罰。一、收成日於官中收到課子內，以十分爲率，支三釐充縣令、尉添支職田，仍均給。一、今來招召承佃官莊，如有願就之人，仰諸有官莊縣分陳狀，以憑摽撥地分支給。其縣令尉能廣行勸誘，致請佃之人漸多，當議推賞。一、今來措置官莊，除[荆]湖南北、襄陽府路見別行措置外，止係爲淮南、江東西路曾經殘破州縣有空閑田土去處，依今來措置行下。一、諸處土宜不同，如有未盡未便事件，仰當職官條具申行府。詔從之，劄下樊賓、王弗疾速施行，仍散榜付諸路曉示。

同日，屯田郎中樊賓等言：被旨措置江淮等路屯田。今乞以諸路軍事都督行府措置屯田爲名，欲於階御內帶行，仍令行府劄下諸路安撫司并諸路監司，遇有承受文字，并限一日回報。如違，當職官吏乞重賜施行，若奉行滅裂，乞行取勘。從之。

二月三日，詔：淮南西路兼太平州宣撫使劉光世、淮南東路兼鎮江府宣撫使韓世忠、江南東路宣撫使張俊并兼營田大使，荆湖北路襄陽府路招討使岳飛、川陝宣撫副使吳玠并兼營田使。

四日，中書門下省言：江西湖南安撫制置大使已降指揮，並兼本路營田大使。詔令逐司於參謀、參議官內各選差一員，具名以聞，令兼提點本司營田公事。

同日，中書門下省言：知鄂州主管湖北安撫司劉子羽、荆南安撫使王彦、淮東安撫使（棐）［葉］煥、知廬州主管淮西安撫使趙康直並已兼營田使。詔知鎮江府主管沿江安撫司李謨、知建康府主管江東安撫司葉宗諤、利州路安撫使郭浩、襄陽府路安撫使張旦、金均房州安撫使柴斌，并兼營田使。

七月七日，措置營田樊賓等言：若有元地主歸業，令州縣驗實，許歸業人別行指射鄰近荒閑田土，依數撥還充已業。佃客五家相保爲一莊，若未及五家，許先次相保，於本莊內據佃戶撥田耕種。俟佃戶數足，依已降指揮。從之。

十六日，通判揚州兼管內勸農屯田事劉時言：今將州縣係官空閑田土並無主逃田並行拘籍，切見常平司所營田產自有專法，不許他司取撥，今未審許與不許撥充官莊。詔常平司空閑田土，亦合撥充官莊。

二十四日，殿中侍御史周裕劄子言：兵者民之所恃以安，民者兵之所恃以養，故兵當處於外，民當處於內。今欲使民兵並耕，則不能無侵擾之患。臣以謂宜先使民，後使兵，必無願耕之民，然後用揀退之兵，如此，則民兵各得其所，而他日無督索之勞，此設施之序也。望令付屯田官一就施行。詔劄與措置屯田官，並關都督行府。

二十五日，江南東路安撫使司言：本司今於屬官內選差左朝請大夫、直顯謨閣、添差本司參議官馬觀國兼主管本司營田公事。從之。

三月一日，江南西路安撫制置大使兼知洪州李綱言：乞於淮南、襄漢宣撫招討使各置招納司，以招納京東、西、河北之民，明出文榜，厚加撫循。有來歸者，撥田土，給牛具，貸種糧，使之耕鑿。許江湖諸路於地狹人稠路分自行招誘，而軍中人兵願耕者聽。詔令都督行府措置。

十七日，都督行府言：諸路宣撫安撫大使各令帶營田大使，諸路安撫並帶營田使。緣行府措置屯田官及江淮等路知、通、縣令見帶屯田二字，切慮稱呼不一，欲並以營田爲名。從之。

四月十五日，詔：泉州簽判曹紳、福州節推龔濤各與減二年磨勘，漳州知州馬隲、通判趙不棄、興化軍判官趙不疑各與減一年磨勘，內選人比類施行。以措置依限買發耕牛故也。

二十八日，都督行府言：營田莊并已支給耕牛、借貸糧種屋宇農具之類，將來收成，合計五頃所得子利，官中與客戶中半均分。緣今歲法行之初，佃戶耕種未遍，欲將所收子利，不計頃畝，止以今歲實收，類除樁出次年種子外，官中與客戶中半均分。謂如寔收一碩，官中客戶各五斗。從之。

同日，都督行府言：江淮州軍並鎮江府閑田、逃田，依累降指揮，即不得強科抑勒保正長，及一槩占充營田，如有均科大戶耕佃官莊去處，日下改正。如違，許人戶詣本路監司陳訴，具當職官吏姓名重作行遣，及有標已耕已業熟田去處，許人戶陳訴，依實改正。今日已後人戶踏逐到田，令量力開耕，隨時布種。切慮州縣奉行違戾，卻成民害，今欲乞下營田州軍將畸零田土，如人戶情願承佃，即依官莊法；若大段不成片段，令別項樁管。仍申嚴行下，常切遵守，許人戶陳訴。從之。

五月二十日，尚書右僕射、都督諸路軍馬張浚言：湖南累經殘破，田多荒蕪，近本路安撫制置大使呂頤浩乞錢一十萬貫措置營田，望許行府郡縣應副。從之。

六月九日，荆湖南路安撫制置大使兼知潭州呂頤浩言：湖南一路流移甚多，曠土不少，欲望令本路諸縣令佐同管營田職事踏逐拋荒田土，權暫耕種，及令本路營田官與轉運司同共相度條具耕鑿事務敷奏，趁來年春作種植。如將來有人戶歸業，及戶絶田有人識認請佃，即時給還。從之。

二十一日，管田官王弗候對，上望見之，因謂輔臣曰：少間當子細面諭王弗，令竭力久任，若一二年間營田就緒，庶幾可以少寬民力。朕知此已久，昨在會稽，嘗書《趙充國傳》以賜諸將。但上下不能奉承，由是且已。若早做得數年，即今已獲其利。臣鼎曰：爲國根本之計，莫大於此。上曰：極是。

七月六日，都省言：營田事務，元係都督行府將帶官屬兼行措置，今來雖已就緒，或恐行府還闕，別無官司專一主掌，理宜專置一司，以行在職事官兼領。詔就建康府置司，以提領營田公事爲名。

十二日，殿中侍御史石公揆言：　訪聞營田之人假官勢力，因緣爲弊，如奪民農具，伐民桑柘，占據蓄水之利，彊耕百姓之田。民若爭理，則營田之人群起攻之，反以爲盜。今來秋成收刈，竊恐營田之人耕芸鹵莽，欲償其費，奪民之稼，以爲己功。乞下營田使司預行戒約，無使侵優，害吾良農。詔令營田司常切覺察。

二十八日，都督行府言：　訪聞開耕荒閑田土，頗費工力，欲望將初年收成課子且令官收四分，客戶收六分；　次年已後，即中停均分。今後請佃官莊，並依此。從之。

八月十日，司農少卿、提領營田公事樊賓等言：　被旨條具營田，欲乞以提領江淮等路營田司爲名，仍於建康府置司，官莊除已置十莊外，每縣如能添置，每十莊耕種就緒，令、尉各與減二年磨勘；　每莊召募第三等以上土人一名充監莊，先次借補守闕進義副尉，與免身丁，依軍中例支破券錢。候秋成日，比較所收斛斗多寡，如合推賞，申乞補正。營田所收，未至浩瀚，欲乞候收成了日，具數聞奏，乞盡行樁留，準備將來增置官莊、招客借貸使用。州縣當職官内有不職，乞從本司送所屬取勘申奏，乞行罷黜。從之。

九月二十一日，都督行府言：　諸路州縣將寄養牛權那一半，許闕牛人戶租賃，依本處鄉原例，合納牛租以十分爲率，量減二分，除一半寄養牛具、準備節次增置官莊使用，所賃牛具、田土不致荒閑。詔依，仍逐旋具租賃過牛並添給與官莊牛、及見在牛數以聞。

二十三日，尚書屯田員外郎、同提領江淮等路營田公事王弗言：　本司欲乞差右迪功郎、池州貴池縣丞榮著充添差幹辦公事。從之。

十月七日，知澧州呂延嗣言：　本州先因賊馬殘破，附郭良田往往廢棄。本州舊管廂軍一十三指揮，今止有三百餘人，節次分遣營田外，委是人數稀少。乞於湖南鄰路全、道州、桂陽監無事空閑處量撥軍兵三五百人戍本州，因令營田。詔以五百人爲額，令本州招填。

十日，司農少卿提領江淮等路營田公事樊賓等言：　今相度，欲乞將江南東、西路州並鎮江府管下縣分除可以摽撥充官莊田土外，有不成片段閑田，委官逐縣自行根括見數，比民間體例只立租課，上等立租二斗，中等一斗八升，下等一斗五升。開具村鄉田段著實四至，召人耕種。其後如有欠租課，不許人劃佃，仍先理充本戶家產。所貴優潤人戶，不致久荒田土。其侵耕冒種之數，許見冒佃人戶自首免罪；　願依課承佃者聽，仍自當年送納租課；　其請佃荒田人戶合納租課，與免一年。從之。

十一日，詔鍾時聘與減四年磨勘，以押漳州收買營田司牛三綱，並無失陷故也。

十二日，江南西路安撫制置大使司言：　本司欲選差朝散大夫、本司參議官、權參謀林玘兼提舉營田公事。從之。

二十日，都督行府言：　提舉營田諸路州縣將寄養牛租賃闕牛人戶，以二年爲約，未滿五年，不得輒取。從之。

二十二日，都督行府言：　乞令提領江淮等路營田司於見寄養牛内，就近支撥三百頭付壽春府，一百頭付濠州定遠縣。仰疾速計置，節次起發前去，委孫暉及定遠知縣借給歸業人戶耕種，免納租課。候收成日，與作五年還納，每牛一頭，止令納錢一百貫省。從之。

七年正月十六日，提領江淮等路營田司言：　如無主逃田撥充官莊，官中已行耕種，後有元地主歸業識認，如願別指射鄰近荒閑田土，依已降指揮依數撥還；　如止要元地，即據官莊所占水陸頃畝，令本縣依占數別踏逐官莊，卻令地主耕種，候亦作熟田收成了日，兩相對換交割。工部看詳：　諸路帥臣措置開耕荒閑田土累年，並不見就緒，後來令都督行府措置作營田官莊，官給耕牛，借貸錢本，優借課子。其佃客初年開荒，所費方浩大，今來已是熟田。今欲將官莊已耕種田土，除内有拘占歸業人戶祖先墳塋，合先次依式給還墳地外，餘並許元地主於未開耕官莊及應空閑田土内，依數指射撥還；　如止要元地，即依營田司所申事理施行。今後別有元地主歸業識認，亦乞依此。若歸業人戶委是貧乏，許召第四等已上人戶二名委保，令營田司量給借貸錢，候收成日，分作二年還納，更不收息。從之。

二月十九日，司農少卿提領江淮等路營田公事樊賓等言：　營田州縣耕種田土，所收斛斗最多及最少，並有閑田不爲措置召人耕種去處，候歲終，依已降指揮比較，申朝廷賞罰。詔依，如將來歲終耕種最少，及不切用心措置去處，令提領司開具姓名以聞。

三月三日，詔：　淮南等處失業流移之人，可令營田司措置勸募，營田[司]無得抑勒搔擾。其餘州縣更有似此去處依此。

四月九日，右司諫王縉言：　江淮州縣地有肥磽，田有水陸，用力有多寡，收成有厚薄，若以總數均之逐鄉，或人力少而不能耕，或去家遠而不能耕，或瘠薄甚而不勘耕，或不曾摽撥而不可耕，而出租課人有受其害者。又況輸納之際，專㪷多端邀乞，水旱之變，官司艱於檢放，寄養之牛，來自廣西，乍遇寒凍，多有死損。其有置莊去處，人耕百畝，給牛一具，耕作既勞，猶多困斃。慮官吏之不虔，立賞罰以勸懲之。又遣省寺官以提領之，又命樞密院諫議官躬詣州縣鄉村詢究利害。欲望申敕所差官，所至詢審的確利害，無或苟簡，無或觀望，必去其所害，成其所利。詔劄與李宲及營田司照會。

六月五日，中書門下省言：江淮等路措置營田，數年之間，皆無成效，朝廷改置官莊，招召軍民耕佃，給與牛具，借貸種糧，誠爲良法。其營田司係提領江淮等路，委是闊遠，難以周遍。今來淮甸復置監司，若不專委諸路漕帥就近督責，深慮因循，廢弛成法。詔：淮東委蔣璨、淮西韓璡、江東俞俟、浙西汪思溫，湖南、北、京西南路帥臣幷帶提領營田，內有見帶營田大使、營田使，即依舊各將本路州縣。應營田官莊並租佃田土州縣官勤惰，幷依營田司前後已得指揮施行，仍各嚴切督責州縣當職官疾速趁時接續措置，召客耕佃，毋致荒廢田土，候措置增廣，取旨推恩。其提領營田司限一月結局。

九月二十八日，中書門下省言：川陝宣撫使司於興元府、洋州等處勸誘軍民營田耕種，今夏二麥並秋成所收近二十萬碩，補助軍儲，以省饋餉。詔降詔獎諭。

十月二十五日，詔：諸路營田官莊收到課子，除椿留次年種子外，今後且以十分爲率，官收四分，客戶六分。

八年三月八日，左宣教郎、監西京中嶽廟李宲言：江淮置立官莊，莊貸以錢糧，給以牛種，可謂備矣。然奉行峻速，或抑配豪力，或驅迫平民，或彊科保正，或誘奪佃客。給以牛者未必付以田，付以田者或瘠薄難耕，虛增田畝，攘佃戶合分課子以充其數，多鬻己牛以養官牛，耕己田以償官租，反害於民。蓋營田之策，宜行軍中，乃古人已試之効，移之於民，閑田多，閑民少，以閑田付之，閑民公私俱獲其利；以閑田付之有常職之民，種種爲害。欲望申敕有司，嚴示懲戒，以閑田付之閑民，無閑民，則闕而不置。詔令諸路提領營田官嚴切約束所屬州縣，常加遵守前後約束指揮，如有違戾去處，仰具名按劾，當重寘典憲。

十九日，臣僚言：蜀漢之師，難於糧運，然頃年吳玠講營田於漢中，願降璽書，問以大意，謂兵不可不養，糧不可不足，今日糧運，在趙開時其數幾何，在李迨時幾何，自降營田以來積穀幾何，減損餽運之數復幾何。俾制司、都轉運司同宣撫司條具以聞，仍乞以法頒示諸軍，使爲矜式。詔劄付吳玠，仍令馮康國同共條畫以聞。

九年七月十四日，時上諭輔臣曰：陝西土疆已復，兵食最爲急務，首當經理營田，以爲積穀養兵之計。可令樓炤便宜措置。

《宋會要輯稿・食貨三・營田雜録》 紹興十年二月十八日，臣僚言：天下之費，莫甚於養兵，以其大利，所支甚費，非屯田則不可也。竊以荆州之賦仰給於營田者，歲省縣官之半，願詔諸大將取荆州已試之效，各於軍中籍不堪擐甲者，分撥屯駐於所屬州郡有曠土可耕之處，每五百人，用一部將元係良家子通曉稼穡者爲之統率，官給耕牛，薄收租稅，假以歲月，責其成效。詔令諸帥措置。

五月十四日，臣僚言：淮甸、襄漢曠土彌望，儻擇膏腴，肆行開墾，獲無費之大利，實經遠之良策。欲望詔諭大臣廣爲營田。詔令逐路帥、漕司措置，將荒閑不係民田摽撥付逐軍充營田耕墾。

九月十日，明堂赦：勘會諸路州縣營田、官莊所給耕牛，若實緣病患倒死，官司勒令陪還元價，仰提領官取見詣實，除放施行。今後常切覺察，如依前違戾，按劾以聞。

十一月二十六日，臣僚言：諸路州縣兵火殘蹂，遺民十無七八，比年雖有復歸，視平日己田不能墾闢。又州縣迫於吏責，官莊附種，兼而行之，一縣之內，應籍者皆赴莊耕耨，己業荒廢多不能舉。其間因緣爲弊，以官佃附種爲名，冒占膏腴，動至數千百石，州縣不敢究治。如官莊有己田相遠不能兼治者，附種戶無所撥官田、歲止虛納者，並令除放，所除數按視上戶冒占之家均配與之，則每歲所入，不致虧失，而下戶貧民得以少蘇。臣愚欲望令逐路選委彊明監司一人遍行郡縣，應有營田去處，覈實均放。其帥臣、州縣尚敢循前隱蔽，不肯公共商榷、力去民病者，幷許按劾以聞。詔：人口附種田土並改正，如敢依前違戾，當議重寘典憲，餘令本路營田官措置訖以聞。

十二年五月十四日，江西安撫司言：乞依指揮，選差右宣教郎、本司參議官閻彥純兼提點營田公事。從之。

八月十七日，詔：舒州知州張瑗特與減一年磨勘，通判袁益之減二年磨勘，令、尉紹興十年分在任及半年以上之人，與依本等賞格減半，内選人比類施行。黄州知州童邦直、通判章材、麻城縣令趙善汶各展二年磨勘。並以淮西運判兼提領營田。吴序賓言，舒、黄州營田所收物斛殿最，合該賞罰，故有是命。

九月十三日，赦：勘會淮南等路營田本欲招集流亡，墾闢曠土，州縣間有希賞，務爲欺弊，雖以招誘爲名，其實抑配民戶耕種，循襲爲例。仰監司督責所部州縣悉遵成法，專集流亡，以究實利。不得科抑土著人戶。如敢違戾，按劾以聞。

十三年閏四月六日，淮西運判兼提領營田吴序賓言：重別比較到本路州縣紹興八年營田所收物斛。詔：在任及半年以上之人與依本等賞格減半，餘並依元降指揮推賞，内選人比類施行。

八月三日，工部言：淮東路官莊止係鎮江府駐劄御前軍馬都統制提領，今欲令本路總領官同共提領，内官莊不許侵占民田，及以種營田爲名私役人牛耕種己田。依律，監臨之官私役使，所監臨法施行。各立賞錢五十貫，許人告。如添置耕牛、器具，許於諸軍糞土等錢内支，不足，申明支降。從之。

十一月八日，南郊赦：勘會諸路州縣營田官莊所給耕牛，若實緣病患倒死，累有約束，止令將肉臟等出賣價錢椿管，不得抑令佃戶陪償。訪聞官司間有勒令陪還去處，事屬違戾，仰提領官取見詣實，除放施行。今後常切覺察，如依前違戾，按劾聞奏。

十五年閏十一月十二日，知池州魏良臣言：諸軍營田須與本州守臣同共措置，相與協力，窮究利害。從之。

十六年三月三十日，工部言：今參酌立定淮東、西、江東、兩浙、湖北路每歲合比較營田賞罰，以紹興七年至十三年終所收夏秋兩料子利數内，取三年最多數，更於三年最多數内取一年酌中者爲額，以本路所管縣分十分爲率，内取二分，奉行有方，民無論訴抑勒搔擾去處，分爲三等，增及三分以上者爲上等，依元格減磨勘二年；增及二分以上爲中等，依元格減磨勘一年半；增及一分以上者爲下等，依格減磨勘一年；若虧及元額最少一處者爲罰。從本路提領營田官、宣撫營田使開具保明以聞。從之。

五月二十一日，鄂州駐劄御前諸軍都統制田師中言：乞將紹興十三年至十五年營田收到錢斛，於内取酌中年分立爲定額。於是戶、工部言：昨降指揮，軍中措置營田，係將本路空閑田土廣行布種，緣今來尚有閑田甚多，所收錢斛未至增廣，難以便行立額。又緣未曾立定賞罰，竊慮無以懲勸。今欲將本軍所屬營田，逐轄使臣歲收錢斛數目，令總領司以遞年所收比較，將增剩及虧損最多去處職位、姓名，申取朝廷參酌賞罰施行。從之。

十八年八月二十五日，知郢州趙叔涔言：願詔三省，委諸路總領官及都統制括責閑田曠土，公共措置將合分屯軍兵，於所在州軍多給牛種，廣令開墾，苟能自足所用，則今之所支上供糧斛，盡歸朝廷矣，歲復一歲，其利可勝！勘會紹興六年已降指揮，令諸軍下不入隊使臣、軍兵及不能披帶并揀退軍兵等，有願請佃之人，並依百姓體例，以五頃爲一莊，官給耕牛五具並種糧等。其所收物斛，以十分爲率，四分給力耕之人，六分官收。詔令戶、工部立法賞罰。

十一月九日，戶、工部言：今立定諸軍營田，主管官各以所管已耕種熟田外，將均撥到荒田措置增種過田頃，候至收成，從總領所保明，依格推賞。增五頃已上，減一年磨勘；十頃已上，減一年半磨勘；二十頃已上，減二年磨勘；三十頃已上，減三年磨勘。若不爲措置增種者，並(領)[令]總領官、本軍都統制開具職位、姓名申朝廷，特與展二年磨勘。從之。

十九年六月二十四日，兩浙提領營田官曹泳言：爲根括得鎮江府未有人承佃天荒等田二十二萬三千八百一十六畝三角五十二步，欲將上件經界所量出田并後來因水旱逃戶所拋下田，並作營田拘收，隨宜於轉運司支撥錢物借種，召人耕作。所有本路應管天荒逃絶等田未有承佃去處，乞先自秀州、鎮江府措置作營田耕種，仍乞逐州從泳踏逐有心力官一員，依經界措置官已得指揮，與諸縣知縣同共措置。工部看詳：除乞差官一員與諸縣知縣同共措置一節，緣諸路營田並係守倅令尉兼行主管，難以施行外，今欲令曹泳更切契勘上件田土，委是荒閑，未有人承佃，即依今來所乞事理，仰遵依前項節次累降指揮措置，招召情願佃客耕種施行，不得因而搔擾抑勒，枉費官中錢本。如見有人戶承佃去處，不得卻致科抑，侵占人戶見佃田土。仍具如何措置開耕、係置立若干莊分、耕種若干田段、措置若干牛隻、召到佃客若干數目，具文狀供申。戶部言：所有戶絶、坊場抵當，合關提舉常平司同共措置耕種，依條施行。從之。

十月十四日，南郊赦：契勘諸路營田官給錢糧牛具，招募佃戶耕種，不得抑勒搔擾，其所收子利依例分給。累行約束州縣，不得減尅佃戶所得子利，並侵占民田。仰諸路提領營田官常切檢察，如有違戾，並行按劾。

二十年二月一日，工部言：乞將諸路紹興十三年至十九年，知、通、令、尉具依紹興十六年三月二十日指揮立定分數，並近申擬定法比較賞罰外，其十九年以後，欲將當年所收物斛，若元額五千碩至一萬碩已上，比遞年增及二分已上，與減一年磨勘；虧及二分已上，與展一年磨勘；增及四分已上，與減二年磨勘，虧及四分已上，與展二年磨勘。若元額不及五千碩，增虧不及二分，並不在賞罰之例。每歲仰本路營田官具無民詞訴抑勒去處，方許保明。其已降指揮立定一分至三分賞罰，自紹興十九年已後，更不施行。從之。

七月二十三日，知廬州吳逵言：土豪大姓、諸色人就耕淮南，開墾荒閑田地歸官莊者，歲收穀、麥兩熟，欲只理一熟，如稻田又種麥仍只理稻，其麥佃戶得收。椿留次年種子外，作十分，以五分給佃戶，五分歸官。初開墾，以九分給佃戶，一分歸官；三年後，歲加一分，至五分止，即不得將成熟田作初開墾荒田一例施行。所有產稅、役錢，並令倚閣，仍將開耕官田每頃別給菜田二十畝，所收課子，不在均分入官之限。其管官莊戶於本道都比聯附保，並免差役及諸般科借。佃戶穀就近便處用省斛交量，更不收耗，及不得輒加斛面。歲終，安撫司勘當，以多寡爲優劣。從之。

二十二年十一月十八日，南郊赦：勘會諸路營田之法，止係許令招召情願佃客耕種，昨緣州縣違法，勒令人戶附種及虛認租課去處，已降指揮，並行改正。尚慮守令奉行不虔，依前抑勒，仰提領營田官常切檢察，若有違戾去處，並按劾以聞。勘會租佃營田並寄養諸色官牛，每歲兩料收納課子，其間有災傷田，元租官牛倒死，官司勒令陪填，往往並不與除放；及老弱牛隻不堪耕使，抑令依舊虛納租課，甚爲民害。仰諸路漕司及提領營田官體究，特與除放；老弱不堪牛隻，並行拘收出賣，其堪使耕牛，亦仰相度可與不可出賣，務從民便，具利害以聞。

二十三年三月十八日，鎮江府駐劄都統劉寶等言：相度到人戶識認軍莊營田，欲令償納自開耕以後三年每畝用過工本錢五貫五百文足，給還元田。從之。

十九日，知襄陽府榮薿等言：乞廢罷均州武當營田，從百姓耕種。從之。

九月十二日，詔：諸路州軍營田遇有人戶識認營田與依劉寶軍莊例，償工本錢給還。先是，戶部言：建炎兵火之後，人戶拋棄己業逃移，並各荒廢自置作營田，經今年歲深遠，人戶爲見營田所耕田土並各成熟，往往用情計囑州縣前來識認歸業，因生詐冒，漸壞成法。故有是命。

十六日，詔：淮南西路安撫司置主管機宜文字一員，營田司置幹辦公事、准備差使各二員。從知廬州曾慥請也。

二十一日，三省言：廬州曾慥乞與建康府都統制王權同商議營田。上曰：須是令熟議可行與不可行，如與之中分其利便，軍人樂然從之，方可行也。

二十五年八月十四日，詔：都督府所置官莊並牛租，可日下放免，今後不得起理。

十一月十九日，赦文：都督府所置官莊并牛租，近降指揮，日下放免。尚慮州縣守令別作名色，依舊抑勒人戶送納，有失朝廷寬恤本意，仰諸路監司常切覺察。

十二月十三日，戶部言：都督府昨來所置官莊，將州縣係官空閑田土拘集，所收課子，官中與客戶中半均分。近降指揮放免牛租，所有撥田土、莊屋、牛具，今欲委轉運司拘集見數，依舊令見佃人承佃，據元認納租課輸納，除合應副大軍馬料外，將其餘數目令所屬並行變糶價錢，起發前來左藏庫送納。從之。

同日，戶部言：都督府所置官莊，召客戶共種，官給牛具，所收課子，官中與客戶中半均分。近請降詔旨，都督府所置官莊並有牛租，可日下放免，今後不得起理，元降指揮更不施行。本部除已行下諸路轉運司，契勘本路有管都督府所置官莊元撥田土，委轉運司拘籍見數，依舊令見佃人承佃，據元認租課輸納，除合應副大軍馬料外，將其餘數目，令所屬變糶價錢，起發行在送納。若見佃人不願承佃，即開具田段坐落去處、所納租課數目，別行召人承佃，其元撥莊屋、菜田、牛具，亦並權行給付見佃人，免行收租。從之。

二十八年九月二十七日，文林郎鄧昂言：竊見關外營田，行之有叙，若不繼此增修，將見弛廢。兼紹興十三年創始之初，祗十分收五分，所餘五分當盡舉而行之。耕種人力不給，方且欲假借以辨事，欲望再行體量，於寬田處更與添人力。漢中陸田少，濕田多，種禾麻、菽麥則爲浸濕所害，因其卑濕，修爲水田；種稻則所收可無虛歲矣。耕種田多是鹵莽，聞之老農，耕不再則苗不盛，耘不再則穗不實，苟不能革日前之弊，而望多稼之田，其可得乎！內田段多有未曾開墾，宜委官躬親體量畝數，行下諸莊，徧令開墾。如內有費牛力多處，令莊官具實以聞。今諸莊耕牛少，又純養牡牛，當收買牝牛二分散養，以資蕃庶。多以茅屋收頓租色在卑濕處，乞命有司擇高燥地別行建立。詔令王剛中同李澗措置，申尚書省。其後四川安撫制置使王剛中等言：乞依紹興十五年四月二十二日已降指揮，欲自紹興三十一年爲始，每歲候夏、秋收成了畢，從兩都統開具諸頭項所種管田頃畝、土色高下、元下種子，所收斛斗數目並主管或提振營田官職位，關報四川安撫制置司並總領所，同共參照，通行比較賞罰。於是戶部言：欲下安撫制置司總領所，候將來每歲夏、秋兩料收成了畢，從兩都統開坐諸頭項所種營田頃畝、收到斛斗數目，關報逐處，同共參照，將提振營田官通行比較賞罰施行，並劄下吳璘、姚仲照會。從之。

閏六月三日，時上諭輔臣曰：昨降指揮，諸軍揀汰使臣，官給閑田，假以牛種、農具，使之養老，似爲得策。有司失職，奉行弗虔，至今未見申到次第。大抵營田寔是良法，自古富國強兵，未有不先於此者，豈苟可行於古，而不可行於今者乎！卿等宜令措置條具以聞。湯思退曰：向來兩淮營田非不講究利害，委官專領而卒不能成者，豈惟有司弛慢之過，亦是一時經畫未得其要。今於召募之際，儻能稍加勸賞，不吝水費，則亦何患其不成。

二十九年九月一日，戶、工部言：諸路諸州軍營田官莊夏、秋二料所收斛㪷，內除年例科撥應副馬料外，其餘並系變糶價錢，起赴行在送納。緣諸軍歲用數多，理合就兌撥支使。乞下提領營田官，將合出糶稻麥并起赴本路總領所交納支用，仍令總領官拘催，具椿到數目紐計合支價錢，申部照會。從之。

二月二十七日，知蘄州宋曉言：兩淮營田募民而耕之，官給其種，民輸其租，始非不善。應募者多是四方貧乏無一定之人，而有司拘種斛之數，每遇逃移，必均責鄰里，謂之附種。近年以來，逋亡者衆，有司以舊數歲督其子利，致子孫鄰里，俱受其害。牛十年之後，則不堪耕，今給於民者，二十有三載矣，一牛之斃則償於官，况連歲牛疫，而不免輸租，收牛之家逋亡，而責鄰里代輸。望詔本路漕臣與守倅務從其實，一切蠲除之。詔令逐路帥臣、漕臣取見數目，開具以聞。其後漕司龔濤等言：舒、蘄州一十縣，多將虛數抑勒人戶，給散官牛，分租種子，(今)[令]於自己田內種蒔，認納子利，課之附種。年數既深，牛已死損，而虛數不除。又縣官希賞，虛陞開墾數目，卻於人戶自行科納，以致積年拖欠，因而科擾，實如宋曉所奏。乞特與蠲除。於是戶部言：今據淮南轉運、安撫司取見前項違戾，乞依所降指揮，特與蠲除。所有人戶附種及虛認稻麥數目，欲下本路並下總領所照會。從之。

九月七日，戶部言：淮西管營田軍莊官請受，若有料曆，方合批勘；如無，自不合批勘。所有合得劵食錢，自合隨官序支破劵錢並食錢。今欲下總領所，將分差糧審院勘旁報江東轉運司應副，不許於大軍錢內支，其主管官、監轄使臣並蒔田軍兵依元降指揮，於諸軍所管人內差營田。詔令戶部行下淮西總領所，將本路營田軍莊所差官等，並依淮東已得指揮差撥施行。

三十年十一月二十三日，李顯忠言：乞令諸軍屯田。時上諭宰執曰：朕思之甚詳，蓋先當根刷諸將留屯州分荒閑係官賣不盡田，兼取見沿江所在頃畝，初年支給牛耕，三兩年間，具盡與地利，使之歲入有得，則不勸而自耕矣。湯思退奏：當先令取會根刷，別具奏聞也。上曰：此事在今日誠可議，但行之當有先後之序。應沿江屯駐所在，自江以南恐無閑田，如淮甸近江處，若令諸軍不釁鎧仗，往就耕種，亦自無害。但今當先取見閑田頃畝多寡之數，然後均撥，給以耕牛糧種，每歲所收，優以分數與之，使其樂然願耕，數年之後，方可計其所入，以充軍食，斯爲盡善。

三十一年二月二十四日，時上諭輔臣曰：食者民之天，百姓豈可闕食！若屯田就緒，不惟可以裕民，亦復助國家之經費。朕觀漢文無歲不爲農田下詔，則屯田可後乎？宰相陳康伯奏曰：臣等見措置，別具奏聞。

五月七日，中書、門下省言：兩淮諸郡營田官莊，佃戶數少，因多荒廢，州縣遂將營田稻子分給與民，秋成，則計所給種子而收其實，謂之附種。歲月既久，民業有陞降，而其數不減。詔令淮南轉運司行下州縣相度營田官莊，將措置成就去處依舊存留，仍不得依前抑勒附種，如違，許人戶越訴。

三十二年三月四日，臣僚言：乞於淮甸立屯田之法以修兵備，兵備修，則兵可以彊，二者最今日大務。從之。既而工部言：欲下淮甸轉運司、淮南東西路安撫司、總領所、建康府鎮江府御前都統，參照前後已降指揮未盡未便事件，即仰條具以聞，以憑看詳立法。從之。

十六日，尚書兵部侍郎陳俊卿言：被旨措置淮東堡塞屯田等事。乞以措置淮東堡塞屯田所爲名，仍乞下禮部關借。即一面如有措置，令與本路監司、帥臣、守臣及州縣當職官商議。及合用壕寨知鄉道人，欲乞就逐處差撥，如有諳知淮東堡寨屯田等事等人，乞於見任官内許徑行差委，幹集事務。今來往回所至州縣，乞免赴朝拜並出謁，如有未盡未便，續具申明。詔并依，内陳俊卿除給券外，月給錢一百貫。其後工部侍郎許尹淮西措置，申明同此。

四月八日，上諭輔臣曰：士大夫言屯田事甚多，然須先有定論，用諸軍乎，用民乎。若論既定，當先爲治城壘廬舍，使老少有歸蓄積有藏，然後可爲。宰臣陳康伯奏曰：今淮西歸正人願就耕者甚多，已降牛種本錢。又趙子瀟所納抽解木植，亦分送淮上治屯田人廬舍矣。上曰：如此甚好。

五月八日，權兵部侍郎陳俊卿言：堡寨見別作措置，今條畫屯田利害：耕熟田戶未歸業者，限自四月十一日爲始，滿一周年，如無田主識認，許諸色人經官投狀，指占承佃。印榜民間使之通知，庶得來年趂時耕種。其荒田二三十年無人耕種，皆爲棄地，今乞便與稍加優異，若諸色人不論土著流寓，指占舊荒田耕種，與免七年租税並諸般差役、科配等事。見今歸業之民，朝廷憐其凋殘之後，少缺耕牛，已令江浙常平司支錢買牛，不若以江浙買牛價錢發付淮南常平司，令州縣出榜，招人販賣，沿路與免商税。仍令州縣預先根刷下戶缺牛之人，先次五家立爲一保，籍定姓名，候官買到牛，依名次支給。戶、工部看詳：欲依所乞事理施行，並下兩浙東西路常平司並淮南東路堡寨屯田所、轉運常平司提領營田官照會。從之。

紹興三十二年九月□日，孝宗已即位，未改元。江淮東、西路宣撫使司言：兩淮自經兵火，田萊多荒，今歸正忠義之人，往往願於淮上請射田土。本司已行下兩浙帥臣、提領屯田官，將願請田耕種者結甲置籍，據合摽撥頃畝，借貸錢米、牛具、種糧，仍逐一體訪，利便條陳，務要簡便可行，不至徒爲文具。將來就緒，所委官合行推賞。從之。

十一月二十九日，參知政事、督視湖北京西路軍馬汪澈言：荆、鄂兩軍屯守襄漢，糧斛浩瀚，悉泝漢江，霜降水落舟膠不進，所遣綱船，來自江西、湖南，率經年不得還，舟人逃遁，官物耗散，而軍食又不繼。竊謂虜未退聽調度尚煩，或和或戰，襄漢要必宿師，而饋運乃如此，可不深慮！臣今相視得襄陽古有二渠，長渠溉田七千頃，木渠溉田三千頃，自兵火之後，悉已堙廢。臣今先築堰開渠，並合用牛具、種糧，就委湖北、京西兩運司措置。渠既成，或募民之在邊者，或取軍中之老弱者，雜耕其中。來秋穀熟，量度收租，以充軍儲，既省餽運，又可安集流亡。臣今乞以措置京西營田司爲名，令姚岳兼領，合用錢物，臣已令湖北、京西運司通融計置。候事畢日，具數申朝廷。所有幹辦官正不可闕，臣約度一面選差與理爲資任，支破請給。從之。

孝宗隆興元年二月二日，殿中侍御史胡沂言：竊謂爲今之計，求守禦之利，圖經遠之謀，莫若令沿邊之郡行屯田之策。況前歲淮上逃移之民散處阡陌，未復舊業，而頻年中原歸附之衆仰食庾廩，未知所處，因其曠土，俾之就耕，豈惟可以贍其室家，抑亦足以寬吾餉餽。然而行之，亦有二説：今土膏脈動，東作方興，宜及此時，即爲措置，一也；又慮敵人乘吾農時，輒加驚擾，宜於險隘之地聚兵以守，防其侵軼，二也。去年朝廷指揮諸路收買耕牛、農具州縣起發錢踵於道，今耕牛、農具，當已不乏，欲望亟賜下行沿邊諸路帥司疾速施行。從之。

十三日，御史中丞辛次膺言：去年淮南州縣例皆清野，以防虜人之侵軼，民多離徙，寄泊異鄉，失其常産，類無生意。今戎馬漸息，種藝是時，豈可使昔日膏腴，鞠爲草莽？雖公上二時之賦，或貫於征求；而良民數口之家，何從而養贍？安得不亟行經畫，招集流亡，官爲借給牛具、種糧，趂時耕布。或令見屯軍伍將荒閑之地，從便營田，俱免税租，實惠育元元，足食足兵之良策也！昔唐張全義爲河南尹，時東都經黄巢之亂，戶不滿百，野無耕者，全義選麾下十八人詣十八縣故墟落中，植旗張榜，招懷流散，勸之耕殖，寬刑薄斂，民歸如市。時人謂張公見聲妓未嘗笑，獨見佳麥良蠶則笑，由是凶年不飢，遂成富庶。至昭宗時，郭禹爲荆南留後，止存十有七家，禹撫集凋殘，晚年及萬戶。華州刺史韓建亦招撫流散，勸課農桑，民富軍贍，時號北韓南郭。臣謂宜嚴責兩路守令以勸農營田繫銜者，毋爲虚名，力圖實效，出入阡陌，勸相勞來，務廣墾闢。或將淮上控扼州郡改差循良武臣，俾之綏輯，且耕且戰，曠日持久，爲善後之圖。從之。

十八日，戶部員外郎、奉使兩淮馮方言：臣至楚州犒設山東忠義軍，據本軍將：雖蒙按旬支給錢糧，緣各家老小累重，食用不前。今與衆議，除軍身教習武藝外，其餘乞於三家或四家同共關借官錢，收買耕牛，關借子種，踏逐堪耕土地，趁時布種。今若因其所欲給借牛、種、糧食，剏立規摹，它日可以逐旋增廣屯田之利。檢准紹興三十一年十二月赦書，内一項委浙江常平司官於本路支撥常平錢，收買耕牛、農具，交付淮南常平司，給借人戶耕種，免納租課。候及三年，分限送納價錢。（令）[今]淮東提舉司從去年俵散種牛之後，尚有兩浙等路發到應副牛本錢五千貫，乞專委本司就用見在錢及通融本司錢及江浙等路合發未到錢，添湊應副收買。選擇清強知縣，委付措置，於江浙常平及義倉米内取撥借貸種糧，多方存恤，將來就緒，優與推賞。其忠義軍老小軍身非願佃之人，乞自都督行府劄下本路提舉司分撥施行。從之。

五月十七日，臣僚言：今日之急務，莫若且休兵營田，州郡官以營田爲名，而無營田之實，欲究其寔，有十説焉：一曰擇官必審。昔魏武欲經略四方，苦食不足，置屯田，以任峻爲典農中郎將。司馬懿伐吳，乃使鄧艾廣田蓄穀是也。二曰募人必廣。趙充國留弛刑，應募及吏，私從者合萬二百八十一人。後魏文帝時，李彪請別立農官，取州郡戶十分之一充屯田人是也。三曰穿渠必深。趙充國圖擊先零，屯田於金城，先浚溝渠。鄧艾屯田於壽春，遂開河渠之利是也。四曰鄉亭必修。趙充國繕鄉亭，理隍陿是也。五曰器用必備。趙充國上器用簿是也。六曰田處必利。漢昭屯田於張掖，魏武屯田於許昌是也。七曰食用必充。趙充國屯田萬二百八十一人，用穀月二萬七千三百六十三斛是也。八曰耕具必足。後魏文帝大統十一年，李彪請以贓贖雜物市牛科給；唐開元二十五年，請屯田，用耕牛墾土軟處，每一頃五十畝配一牛，強硬處一頃二十畝一牛，稻田每八十畝配一牛，諸營田若五十頃外，更有地剩配耕牛者，所收斛斗皆准頃畝揁除是也。九曰定税必輕。東晉元帝太興中，後將軍應詹上表屯田，一年與百姓，二年分税，三年計税賦以使之公私兼濟。李彪上表，一夫之田，歲貢六十斛，蠲其正課並征税、雜役是也。十曰賞罰必行。晉元帝督課農功，二千碩長吏以入穀多少爲殿最；北齊武成帝河清中，詔緣邊城守營屯田，歲終課其所入，以論褒貶是也。凡此十者，營田之制盡矣。就其中莫難於募人，猶莫難於耕具。募人之要，臣請如李彪之策，取州郡十分之一，又加廣焉。人戶能募三千人於淮南要害處營田二年，有官人與轉兩官，無官人與免二十年差役，願補官資者聽，選人與改合入官，恩科人與免權入官；能募二千人或千人者，比例施行，仍令州郡敦遣。如此，則人樂從矣。不然，徙猾吏及貧人不能自業者於寬地，如崔寔之《政論》；或因罪徙於沿邊，如仲長統之《昌言》，斯亦可矣。其耕具，則請權住廣西馬綱三年，專令市牛，蓋廣西雷、化等州牛多且賤，臣項在廣西，知之詳矣。工部勘當：昨降指揮，江淮州縣營田官莊，將州縣係官空閑田土並無主逃田並行拘籍見數，每縣以十莊爲率，每五頃爲一莊，召客戶結甲耕種，官給牛具，借貸錢本，其客戶仍免諸般差役科配。每莊召募第三等以上土人一名充監莊，先次借補守闕進義副尉，與免身丁，依軍中則例支破劵錢，候秋成日，比較所收斛㪷多寡，如合推賞，許申乞朝廷補正。及將初年收成課子除椿管次年種子外，十分爲率，官收四分，客戶六分；次年以後，即均分。竊詳諸路營田，雖承指揮措置召募耕種，兼立定許補名目推賞則例，非不詳備，緣逐路自來召到監莊之人，往往並不申到種過田土頃畝、比較所收物斛多寡乞與補正，以致佃戶視爲虛文，不肯勸誘開耕。今勘當欲下淮南路轉運司、兩浙江東京西提領營田官、江西湖南北安撫營田使，依已降指揮，將見管係官空閑田土，督責所部州縣多方召募可充監莊之人，勸誘客戶廣行開墾；先次借補名目，如果能用心協力措置耕種，候秋成日，比較所收物斛多寡，開具合推賞人姓名，保明申朝廷補正名目。從之。

六月十八日，宰執進呈軍人蕭德訴襄陽屯田。上曰：此可罷。陳康伯奏曰：汪澈措置屯田頗就緒，但不當役戰士。洪遵奏曰：止合募人願耕者。上曰：指揮更添入，不得抑勒，候秋成，所得依舊與之。

七月四日，樞密使、江淮東西路安撫使、魏國公張浚言：總領所諸軍營田官莊，見占官兵人數稍多，每歲所得，不償所費。欲乞下有司取會立限措置，將見管頃畝、牛具、種糧，依官中客戶所得子利分數召人耕種，抵替官兵歸軍使喚。詔工部行下逐路總領措置。

十月十二日，工部尚書張闡言：制置司已將營田諸屯見耕種人丁放令逐便，仍罷營田，令工部看詳。臣聞自古兩國相持，勝負未決，必有師老財匱之患。善制勝者欲省饋運之費，莫不以屯營田爲急，如趙充國屯於金城，羊祜屯於襄陽，任峻屯於許下，諸葛亮屯於渭南，皆能籍以成功。何古人行之爲得策，今日行之爲有害耶？抑嘗久復思之，蓋荊襄之地，自靖康以來，屢經兵火，地廣人稀，不患無田之可耕，常患耕民之不足。居無事時，勸之使耕，積以歲月之久，僅能墾闢一二。況舉事之始曾未期月，欲使盡無曠土，可乎？臣謂今日荆襄之地屯田、營田爲有害者，非田之不可耕也，無耕田之民也。欲治田而無田夫，任事之人慮其功之不就，不免課之於游民；游民不足，不免抑勒於百姓；百姓受抑，妄稱情願，舍己熟田，耕官生田。私田既荒，賦稅猶在，或遠數百里追集以來，或名爲雙丁，役其強壯者，占百姓之田以爲官田，奪民種之穀以爲官穀，老稚無養，一方騷然。有司知其不便，申言於朝廷罷之，誠是也。然臣竊謂自去歲舉事以至今日，買耕牛，置農器，修長、木二渠，費已十餘萬，其間豈無已墾之地乎？豈無廬舍場圃，尚可就以卒業乎？一旦舉而棄之，不爲勢力之家所占，則是損十萬緡於無用之地，而荆襄之田，終不可耕也。臣比見兩淮歸正之民源源不絕，動以萬計，官給之食以半歲爲期，今已踰期矣，官既不能給，斯民無所依，老弱踣於飢餓，強者轉而之他，殊失斯民向化之心，兼亦有傷國體。臣愚以謂，荆襄之田，尚有可承之規模，與其無民耕而棄之，孰若使歸正之民盡遣而使之耕，非惟可以免流離困苦之患，庶使中原之民知朝廷有以處我，不至失所，率皆襁負而至。異日墾闢既廣，田疇既成，然後取其餘者而輸之官，實爲兩便。詔除見有人耕種依舊外，餘令虞允文同王珏疾速措置。

二年正月二十五日，江淮都督府參贊軍事陳俊卿言：兩淮兵火之後，前後議屯田，其說紛然，卒不能有立。蓋欲募民屯，則非良守令出入阡陌，遲以數年，何以見效？事既悠悠，無肯任責者。若使軍人營田，事或易集。前此兵將官多難之，近與鎮江都統制劉寶熟論，欣然有欲爲國家出力率先諸將之意。其說似有理：欲只用不披帶人分數十頭項，擇見今係官荒田摽旗立寨，多買牛犂縱耕。其中田熟之日，官不收課，人有所得，自然樂從。數年之後，墾田必多，米穀必賤，所在有屯，則村落可無盜賊之憂。軍食既足，則饋餉可無運漕之勞。此誠永久守兩淮之上策，第須久任其人，責以成効。若欲取効目前，又或憚其小擾，則無時而成。此說或可行，乞下劉寶條具施行。詔令陳俊卿、劉寶疾速同議，條具聞奏。其後劉寶具到見管營田官莊四十二所，田四百七十五頃八十八畝，官兵五百五人，客戶二百六十五戶。臣契勘得營田軍兵係元不入隊人内差撥，即無堪充披帶出戰之人。歸正人已承都督府取問，皆係情願請佃，所稱軍兵費用錢米，係是逐人身分合得請給，即不是因營田別有支破。今看詳，欲乞將本軍見管營田頃畝且令依舊耕種。寶又言：淮東自經兵火凋殘之後，荒田甚多，若令且耕且守，醜虜聞之，必不敢輕犯。乞於揚、楚、高郵、盱眙、天長諸處，檢踏係官不係官、應干荒田可以耕種者，於内雖有主未曾歸業，亦許時暫種蒔，候將來事定日撥還。其檢踏到頃畝，悉置簿拘籍，以憑斟酌分撥人兵前去。欲乞於入隊官兵内，揀選請受低小元係莊農使臣五人例、三人例，及効用長行軍兵口累重大情願屯田者，及忠義歸正人舊曾力田耕墾之人，盡數集定數目，以備分撥種蒔。合用農具，本軍自行置辦外，其耕牛、種糧、蓋屋竹木，並乞官中給降。每十人爲一甲，斟量田畝多寡，共成一寨，於内差使臣一員；管幹人數稍多，即差部隊將一員監轄。每一旬，差將官一員詣逐寨看視，時復差統制官檢點，及不測前去提領。一於種蒔之暇，令官兵時復閱習元來執色武藝，免致廢墮。至收成畢、農隙時，卻行抽回軍前，以備防捍。委淮東提領營田官王弗同共措置。今來揚州見椿管廢罷孳生馬監錢銀共四萬三千九百六十一貫文，欲撥副總領所拘收，專充措置營田種糧、牛具等使用。並從之。

三月十四日，司農少卿、總領淮東軍馬錢糧兼措置江淮等路營田王弗言：自古屯田之制，止用軍兵，唯魏武於許下募民屯田，積穀至數百萬，然則軍民雖異，而屯田期於積穀則一也。國家軍興以來，屢降詔旨，太上皇帝親書《趙充國傳》賜諸大帥，所以激勵諸將，然終莫能有奉承德意以塞詔命者。紹興五、六年間，置營田司，講究利害，而施行之臣，嘗同領江淮等路營田公事。經營二年，初年官收四分，莊戶六分，次年官與莊戶各收五分。省記紹興六年官中所收約七十四萬碩，莊戶所分一同。繼被旨結局，分隸諸路漕司權領，遂致人情觀望，田政日削，牛死不補，客去不追。耕熟之田，認者輒與迤邐不振，日就廢壞。今雖有存者，所得無幾，若再行招召，愈更艱難。兼遊民今日著業，往往不肯開墾荒田。欲乞先於側近軍分與主帥商議，揀次等不堪出戰及知農務之人，每軍以十分爲率，差撥一二分列屯耕作。其置莊買牛，造農器，分課子，並依昨差提領營田司已降指揮施行外，有當時募民官莊，各乞下逐路取見已廢見存數目，且據舊來所管莊數目所闕客戶，招召情願人戶補填，所貴軍民各有課程，假之歲月，以漸增廣。從之。

七月二十八日，知復州張沂言：本州景陵縣管下舊有營田官莊，自紹興六、七年間宣撫司營置，今三十年矣，名存而實亡，歲久而害深。當時耕牛曆年既多，十無七八，歲課盡成之租盡成科折，逮於裝發人戶名下，復有水脚之誅。今以所給牛租一千七百斛之穀，仰視國計之大，如太山之一芒，而一郡之民，歲受其弊。乞於揀汰使臣內差一二人，董率揀汰之卒而營治之，候三二年間耕種成熟，別議增減，委是公私兩濟。詔令措置營田官王弗相度。弗照得景陵縣營田經今二三十年耕種已就緒，如有廢壞，耕牛倒死少闕，客戶自合依已降指揮補填。若將揀汰之卒耕種，竊緣揀汰軍兵皆係癃老病患，不堪征役。今相度欲乞下荆湖北路營田使行下本州，取見當來興置營田幾莊若干頃畝，耕牛、農具、客戶數目並見今所管之數，如內有委實科抑去處，即行放散，其退下田土，郤別召情願人戶承佃。若官莊廢壞，耕牛少闕，自合營田司那融計置，收買應副；其所闕客戶，亦抑照應已降指揮，招召情願人戶補填見闕之數。從之。

十一月十五日，詔：襄陽府營田官吏並罷，止令京西轉運司官吏兼管，更不添請給。

乾道元年二月二十四日，詔：兩淮合行屯田，以便軍食，昨來郭振於六合措置，已見就緒，今來已除鎮江府駐劄御前諸軍都統制。所有淮南東路屯田，理合委官，令郭振同王弗、周淙疾速措置，其合用種糧、農具、牛畜等，一就條具聞奏。其後王弗等條具下項：一、檢准紹興六年十二月十九日指揮，措置屯田，乞以五十頃爲一屯，作一莊，差主管將領一員、監轄使臣五員、軍兵二百五十人。如次年地熟人力有餘，願添田土，聽從其便。一、近取會到揚、楚州、高郵、盱眙軍天長縣見管係官荒田共五萬八千餘頃，所用種本收買耕牛，置辦農器，修蓋廬舍寨屋，差撥軍兵列屯耕作，使臣、管幹監轄，雖蒙朝廷降到銀絹，止紐計錢五萬餘貫，若下手措置收買牛畜、蓋屋之類，大段數少。欲望廣行支降錢本應副使用。詔令淮東總領所將寄收屯田錢五萬貫，並見樁管都督府度牒一百三十二道價錢，撥充屯田使用。

三月十一日，詔：已降指揮，兩淮合行屯田。昨來郭振於六合措置，已見就緒，所有淮西、湖北、荆襄令沈介、張松、王炎、楊倓、王彥、趙樽、王宣、張師顔疾速措置。

五月十八日，詔：淮東西湖廣總領、淮南東西湖北京西帥漕臣，並兼提領措置屯田；兩淮湖北、京西諸州軍守臣，並兼管內屯田。

七月五日，權發遣滁州楊由義言：被詔措置屯田，以便軍食。除已將鎮江府都統制郭振撥到不入隊軍兵五百人，摽撥荒廢田一百餘頃，蓋造莊屋，收買牛具，近已分撥軍兵前去逐莊居住，趁時開耕布種二麥外，契勘本州元管營田七十頃，緣營田與屯田不同，屯田係使軍兵耕種，營田係召募百姓耕種，逐年將收到子利依營田司元降指揮，除種子外，官中與佃客作四六分分，官得四分，客得六分。本州近緣兩遭北軍侵犯，牛畜、農具不存，營田莊客衣食不繼，星散逃移，致所管營田多成荒廢。今來本州元管營田七十頃，目今共有耕牛二頭，佃客二十七戶。臣近申朝廷，乞將今年營田二十七戶名下分到係官子利盡給付本州，接濟營田，未蒙回降。竊緣今來措置屯田一百餘頃，已見次第，欲下淮東提領營田司覈實，將今年營田子利盡與本州，容臣措置牛具，招集莊客，更就官莊側近踏逐良田三十頃，湊成營田一百頃，葺理耕種。從之。

八月三日，敷文閣待制張子顔言：朝廷見今措置兩淮營田官莊，臣於眞州及盱眙軍境內有水陸田、山地等共一萬五千二百六十七畝，謹以陳獻。詔價直令戶部紐計，支降度牒給還。繼而張(完)[宗]元以眞州己產二萬一千八百一十三畝、楊存中以楚州寶應縣田三萬九千六百四十畝並牛具船屋莊客等獻納，並從所請。

十二月三日，知襄陽府路彬言：乞將轉運司營田一屯見有五十餘戶耕種，歲收物斛不多，乞委本府宜城縣令尉兼行管幹，其收到物斛依舊轉運司拘管。所有營田司元置官屬効用，並省罷。從之。

十五日，詔：兩淮、湖北、京西諸軍今年新開耕到屯田，與免來年夏秋兩料。應干租課，本軍不得別作名色妄行科取。

二十二日，宰執進呈張之綱繳奏蘇磻論屯田之兵，與農民雜處，民間悉不安居，多有移徙者。上曰：令郭振、劉源將總領所支到屯田軍兵寨屋錢，各於田畝相近處如法修成營寨，不得與居民相雜。

乾道二年正月十六日，宰執進呈周淙、龍大淵相度到郭振乞於揚子橋置屯田，侵占民間田土，不便也。上曰：郭振如何妄有奏陳，可並畫到圖子，劄令具析。先是，郭振言：揚州南十五里地名揚子橋南岸一帶，乞置屯田一所，並牧馬官莊，不與民間交雜。遂詔周淙、龍大淵同共相度。至是，周淙等相度來上，故有是命。

二十四日，詔鄂州駐劄御前都統司副將、武經郎侯汶特降兩官，勒罷，令本軍自効，以本司都統制趙樽言：本司措置屯田，差發官兵二千人前去德安、郢、隨州摽撥荒閑田土措置開墾，其部轄官踏白軍第二十六副將、武經郎侯汶自到德安府，將屯田官兵並不存恤，至今年十一月終，共逃竄過七十三人，并耕牛亦不如法養餵，致倒死二百五十餘頭。又所耕田土大段數少，顯是故不用心措置。若不懲戒，深恐屯田卒難就緒。故有是命。

二月十三日，總領淮東軍馬錢糧所奏：已降指揮：兩淮、湖北、京西路諸軍今年新開耕到屯田，與免來年夏、秋兩料應干租課，本軍不得別作名目妄行科取。本所除已牒鎮江府提舉措置屯田郭振遵依施行外，所有淮東路諸州軍亦有鎮江府諸軍新開耕屯田，并楊存中等獻納田土，即未審合與不合遵用上件指揮。詔：新開耕屯田自合照應已降指揮施行，其逐處獻納官莊，即非新開田，不合放免租課。

三月六日，宰執進呈荆南駐劄御前諸軍都統制兼提舉措置屯田王宣劄子：近得湖北運判程逖書報，陛辭之日，面奉聖訓：令本軍屯田且據目下，不得增葺，仍具已墾數目及施行事體聞奏。竊緣當時制置司被備奉指揮行下日，臣曾具利害申聞，謂從軍之人，率皆游手，不樂耕稼，若不誘之以利，未易即工。遂條具分收事宜：初開荒年所收全給，次年依鄉例，主、客減半輸官，是十分止收二分半；第三年方依主、客例分收，務要從寬，期於集事。悉蒙俯從所陳。今來屯田官兵室廬皆已就緒，耕鑿亦已安業，麥種已下千五百碩，但自冬及春，牛疫爲災。今漕臣既有建白，謹當遵稟。洪适等曰：荆襄屯田，行之多年，已成次第，深恐因程逖宣旨，卻致荒廢。上曰：朕意本不如此，可明以諭之。适等奏曰：且令王宣將見屯田官兵依時耕種。上曰：然！

六月五日，詔淮東屯田令鎮江府駐劄御前都統制戚方提舉。六月，新除淮南路轉運判官王之奇朝辭奏事，上宣諭曰：淮上屯田，已令有司將今年所收盡數給種人，卿到彼點檢，如有奉行滅裂去處，便與理會，務要實惠及人。

二十五日，建康府駐劄御前諸軍都統制兼提舉措置屯田劉源言：伏覩指揮，將永豐圩開掘，見管租戶數多，若一旦放散，無所歸著，便見失所。今來本軍差軍兵在和州巢縣屯田，竊恐於內卻有不諳田土之人，今相度，欲候開掘永豐圩，將放散租戶內取問情願屯田之人撥換所差屯田軍兵歸軍，所有合用糧食，乞令總領所支借應副，委是兩利。詔令江東轉運司先次取問租戶，如有願耕屯田之人，候至十一月發遣前去，仍關報總領所支借糧食。

八月三日，詔：武鋒軍已撥隸步軍司，可就令錢卓將帶所部人前去六合縣措置屯田，須管限一季了畢。

十八日，詔錢卓罷知高郵軍，依舊武鋒軍統制、六合縣駐劄，措置屯田。

九月十五日，湖北轉運司言：已降指揮，湖北、京西路帥漕臣并兼提領措置屯田，諸州軍守臣兼管內屯田事，照得德安府、隨州、郢州三處即目各有鄂州都統司軍馬屯戍，乞於逐處措置屯田外，其餘州軍無屯戍軍馬，難以措置屯田。竊慮難以虛帶屯田職事。詔湖北轉運司，既止有德安府一處屯田，免行干預，其餘州軍別無屯田去處，自合免帶。

三年二月八日，武鋒軍正將、總轄楚州寶應縣屯田事務賈懷恩言：本莊除隸本軍所管外，有高郵軍及淮東安撫司總領所、淮南轉運司、鎮江府都統制司并帶屯田職事，逐處不時行移取索，委是文字繁冗，供報不前。詔寶應等縣屯田莊除隸屬步軍司并淮東總領所外，其餘官司，并免管轄。

十三日，總領淮東軍馬錢糧所言：淮東州軍措置新開耕屯田，乾道二年收到夏、秋兩料物斛，除樁留次年種子外，其餘依當年正月內御筆處分，盡給耕種軍兵了當，所有乾道三年分夏、秋兩料并已後年分收到物斛數目，即未審合赴是何去處送納。詔將本路州軍屯田今年并以後年分所收物斛，除樁出次年種子、客戶等分給外，依營田例，大麥、稻穀充馬料，令戶部除豁合支降馬料數目；小麥、雜豆等本所拘收，出糶價錢，起赴行在左藏南庫送納。其淮西、荆湖北屯田，准此措置。

三月二十七日，知隨州周冲翼朝見進對，上宣諭曰：隨州極邊，應營田、屯田，卿可躬親提檢。應所種多少，所得多少，先次奏來，要知其數。

六月十三日，太府寺丞、總領淮西江東軍馬錢糧、兼提領措置營田葉衡言：本所有營田五軍莊，計田二百七頃六十五畝，歲收夏料：大麥四千一碩，小麥一千三百餘碩；秋租：禾稻一萬八千一百餘碩，充馬料，以時價估計，共可直錢二萬貫省。而所差使臣、軍人各五百八十四人，掌管歲請錢四萬七千七百餘貫，米六千五百碩，絹二千二百餘匹，綿三千四百餘兩，紐約用錢七萬五千餘貫，所得不能償所費之半。兼差去使臣、軍人，皆是癃老及官職稍高之人，占破身役。若依近降指揮揀汰，又緣諸州軍揀汰人數至多，竊恐諸州難以應辦。詔：都統制劉源將諸軍莊監莊、使臣并軍客，揀選委實癃老之人依舊存留營田所看管，減半支破請給，內若有堪充披帶人數，即行拘收，歸軍教閱。所有逐人名下耕種田土，從本所召募農人耕種。

七月十四日，鎮江府駐劄御前諸軍都統制兼提舉措置屯田戚方言：面奉聖訓，令措置招召百姓客戶，抵替淮東營田、屯田官兵歸軍教閱。契勘淮東營田并揚州、滁州屯田三項，共占官兵一千五百一十二人，今以去年所收物斛紐計價錢九萬一百餘貫，將官兵一年合請錢米、衣賜共約計錢二十萬六千八百餘貫，比之收到物斛錢，大請過官中錢一十一萬六千七百餘貫。臣今於前項官兵，只乞存留主管監轄官并曹司等一百二十二人依舊在莊部轄使喚外，有力耕軍兵一千三百九十人，委是虛占枉費，今若從臣所請，拘收歸軍，不獨減省財賦，於官中課利，亦無虧損，又得逐時教閱。乞下逐處守臣，不得將前項屯田官兵巧作緣故占吝。所有營田，臣乞依舊與淮東總領所同共提領措置。詔令戚方將少壯堪披帶人拘收歸軍，其老弱人且令依舊，免行揀汰。

十二月六日，權發遣知州胡昉奏事，繳納屯田軍兵圖冊劄子。上曰：屯田子弟已兩次御筆行下，今發歸本莊，可籍訖，仍不得刺手面。

四年六月二十四日，鄂州都統制、提舉措置屯田趙樽等言：昨恭依指揮，差發官兵前去安、郢屯田，以便軍食。去歲夏秋兩料收五萬餘碩，其黑豆餵牛，大麥、稻穀充馬料，所有小麥、粟、穀、雜豆糴發價錢，赴左藏南庫送納。所有逐處屯戍軍馬合用糧料，係總領所逐時移運，應副支遣，今來安、郢兩城修築堅固，欲乞將已後屯田所收大麥、粟、稻置倉樁頓，五年之間，可積數十萬斛，以備邊陲有警，應期支遣。從之。

十一月八日，詔差知無爲軍徐子寅前去淮南措置官田利害，仍以措置官田所爲名。徐子寅每月添支，特給錢七十貫，於所在批支。

五年正月十七日，徐子寅言：今往楚州界內相視到空閑水陸官田，敦請到歸正頭目人傅昌等，勸諭歸正人王琮等四百二名，情願結甲，從官中給借耕牛、農具、屋宇、種糧，請田耕種。今措置條具下項：據楚州具到寶應、山陽、鹽城、淮陰四縣空閑水陸官田，共計七千二百七十八頃一十四畝一角三十四步。內淮陰縣係沿淮極邊，鹽城縣係沿海，難以令歸正官於逐處種田外，所有寶應縣孝義村、艾塘村、白馬村、侯村共有空閑水陸官田二萬餘頃，係南近高郵軍界。山陽縣大溪村有空閑水陸官田三百餘頃，係在楚州之南。臣同傅昌等相視其田，各堪耕種。今措置，欲每名給田一頃，五家結爲一甲，內一名爲甲頭，并就種田去處隨其頃畝人數多寡，置爲一莊，每種田人二名，給借耕牛一頭，犁、耙各一副，鋤、鍬、钁、鐮刀各一件。每牛三頭，用開荒鋫刀一副；每一甲用踏水車一部，石轆軸二條，木勒澤一具；每一家用草屋二間，兩牛用草屋一間；每種田人一名，借種糧錢十貫文省，趂二月初一日開墾使用。仍委知縣置籍，每一季親詣勸諭耕種，其田給爲己業，通計滿十年日起納稅賦。仍令寶應、山陽知縣紐計元置造農具、屋宇，及元買耕牛價直并所借種糧錢，均作五年拘還，其所收錢，每年從楚州類聚，解納行在左藏南庫樁管。仍令差元勸諭頭目人進武校尉，添差淮東安撫司緝捕盜賊，不釐務；傅昌守闕，進義副尉，添差常州聽候使喚，不釐務；韓禮并許帶見任差遣前來部轄，進義校尉王貞守闕，進勇副將謝彪永免文解，顧知古借補成忠郎，叢汝爲借補承信郎，徐悅借補承信郎，王榮并充部轄。乞下淮東安撫司，將頭目人八名各先次加借轉一官資，內顧知古係永免文解，與借補進勇副尉，候耕種及二年，令楚州保明，繳納元借轉官文帖申三省、樞密院。如係眞命人，與換給轉一官資；若係借補人，乞斟酌補正。日後更有歸正願請田人，欲乞并依今來措置到事理施行。詔令徐子寅措置。

十九日，徐子寅言：被旨措置兩淮官田，乞先往楚州，催督守令置造農具、屋宇，給散耕牛、種糧錢，趂二月內開墾。候措置一州畢日，即往以次諸州軍。所有諸州軍合具空閑官田數目，乞從本所先次行下，依所立日限開具供申。所有置買牛具等合用錢物，乞每料支降會子二萬貫，俟支用一料將盡，乞給降一料接續支用。如有官吏違慢去處，其人吏乞從本所杖一百斷罷；當職官取旨，乞重賜施行。從之。

三月二十七日，知樞密院事、四川宣撫使虞允文言：利州路諸州營田向緣兵火之後，土田荒閑，無人耕佃。前宣撫使鄭剛中措置，差撥官軍耕種，將每歲收到租米斛㪷更相兌易對減，成都府路對糴米一十二萬碩，應副贍軍。臣昨入蜀境，體訪得積年既久，弊倖不一。軍兵與齊民雜處於村疃之間，恃強侵漁，百端搔擾。又於數百里外差科百姓保甲，指教耕佃，間有二三年不得替者，民甚苦之。其租米斛㪷，歲豐則利歸莊官，水旱則保甲均認。兼所收之租，不償請給之數，謂如興元府歲收租九千六百七十三碩，一年卻支種田官兵請受計一萬一千四百四十五碩之類。知興元府晁公武措置，以三年內所收租課，取最高一年爲額，等第均敷，召人請佃。發遣官兵歸將，擇少壯者教閲，老弱者揀汰。已據興元府、鳳州召人承佃，自去年秋料爲頭，理納所承之租，幷階、利、興州已係人戶租佃外，有西和、成、洋州打量到見管田畝，臣已行下總領查籥，差屬官一員前去逐州同知、通措置，召人請佃，發遣軍兵歸將，放散保甲，依舊歸元來去處防托邊面。從之。

八月十七日，詔：鎮江都統司及武鋒軍見管三處屯田官兵，幷拘收入隊教閲，其屯田幷耕牛、農具等，令逐州軍交收，日下出榜召人請佃，只認軍中所認租額。

九月六日，知揚州莫濛言：准指揮：鎮江都統司及武鋒軍見管屯田官兵，並拘收入隊教閲，其屯田耕牛、農具等，令逐州軍交收，日下召人請佃，只認軍中租額。濛照應上件屯田，今來已是開成熟田，若依所降指揮召人請佃，只認納租額，若租額稍輕，往往盡爲有力之家所佃；若或租額稍重，未必有人請佃，一年之後，復爲荒田。今來淮甸民戶復業者衆，皆謀生計，如揚州逐時人戶交易田地，投買契書，交爭訟界，至無日無之。今乞令逐州軍將所管屯田先次估定價錢，開坐田段，出榜召人，實封投狀，增價承買，給付價高之人，理充己業，耕牛、農具亦令逐州軍各行變賣。所有自今田土青苗，亦乞委縣官措置收刈變轉，同賣田等價錢(令)[令]項樁管，以備朝廷取撥支用。詔逐州軍將所管屯田目今已成苗稼，且令官兵收刈，候收成了日，以租額輕重比近品格均一，依已降指揮召人請佃。

十一月十日，大理正兼權駕部郎中、措置兩淮官田徐子寅言：近降指揮：武鋒軍見管三處屯田官兵拘收入隊教閲，其屯田幷耕牛、農具等，令逐州軍交收，召人請佃。今竊見所罷屯田莊數，內楚州寶應縣一莊有田一百三十二頃，一莊有田五百頃，乞將二莊所管耕牛、農具、屋宇、種糧等盡數撥發官田所，勸諭歸正人耕種，仍乞就差賈懷恩、王知彰管轄。所有課子，乞依官田所例蠲免，候至十年納稅賦。詔依，所收課子與免五年。

六年正月二十五日，建康府駐劄御前諸軍都統制郭振言：已降指揮，令振同淮西總領所相度，揀選屯田堪披帶人充入披帶，不堪披帶人且令依舊屯田，於新得子利內量度支給養贍，卻召募少壯人補塡軍籍。契勘屯田官兵共約三千餘人，其每年所收物斛大段數少，若將不堪披帶官兵止於所得子利內支給養贍，委是不給。乞將屯田諸莊內除巢縣界柘皐莊依已降指揮，召歸正人耕作外，其和州界屯田，並行廢罷，將見占官兵拘收歸軍。詔：其田令和州召人租佃，如無人，即估價召人承買。

二月十一日，建康府駐劄御前諸軍都統制兼知廬州郭振言：承務郎薛亶申增置廬州屯田事件，令振相度。今條具下項：一、耕田合用莊丁四千人、軍兵一千人，建康諸軍所管屯田，依近降指揮，幷行廢罷，其見占官兵拘收歸軍。今來若行差撥，有礙前項指揮，且廬州見管戶口人丁，累經兵火蹂踐凋零，今欲乞召募情願人戶耕蒔，或無歸貧乏之人與免科役，官給牛具，借貸種糧，付與耕作。其所收子利，除樁出借貸種糧外，以十分爲率，官與力耕人中分。一、乞先次蓋造住屋二千間，收買耕牛五百頭，幷令淮西轉運司應副，候將來耕蒔稍成次第，一面關報本司，接續蓋屋買牛。一、稻種借糧，乞據合用數目關報淮西總領所借撥應副使用，候收成日，卻行樁收。所有薛康中乞差充提領屯田所幹辦官。從之。

二十八日，詔建康府都統司退下淮西屯田，專委淮南轉運判官呂企中措置，召人耕種。企中條具下項：一、今來建康府都統司退下知州管下幷無爲軍柘皐鎮屯田數，內柘皐鎮莊依已降指揮，委郭振招召沿淮歸正人耕作外，有和州屯田，元係五百頃，諸軍耕種，今召人耕種，欲多出文榜，勸諭召募。一、屯田元是軍人開墾，官給種子等，所收花利，主、客中半分受。今召人耕種，即與向來軍人耕種不同，竊緣當來營田，係是四六分，官收四分，客戶六分，蓋欲優異人戶。今來欲乞除種子外，依營田例，四六分數，官私分受。欲乞令知縣、縣尉依營田法，階御上各帶主管屯田，每遇支種子，委自知縣躬親到地頭當面支散；知、通、令、尉仍乞依營田例添支職田。一、今來屯田雖是成熟，竊緣剏事之初，合行優恤，將來收成，欲合免事免第一年花利，次年爲頭，方行分數，官私收受。一、遇有人戶前來承認耕種，乞就逐縣寔封投狀請佃，晝時出給公據。一、今來屯田不許見任官及僧寺道觀、公吏等人詭名冒占，許諸色人告論。如有違犯，申取朝廷指揮外，自餘不拘西北流寓及兩淮居民，以至江浙等處客戶，幷許不以多少，量力踏逐承佃，仍令實封齎狀赴逐縣投陳，別置簿籍，立定字號，晝時給據，付人戶收執耕作。一、見樁管元係屯田牛具、犂耙、莊屋，遇有人戶前來耕種，欲乞一面給散。一、所召到人戶，幷不得州縣差使搔擾，仍乞令逐州軍守臣常加覺察。一、給田之後，若遇水旱，委是令尉躬親到地頭依實檢覆。一、據許子中先踏逐差到進義副尉袁亨、忠翊郎李彥忠，說諭到歸正林本等一行八十二人，各情願受田種蒔，乞依許子中申獲指揮，每種佃人一名，借種糧錢一十貫文省。一、許子中已申差李彥忠、袁亨充措置兩淮官田所聽候差使，今欲乞存留逐人措置屯田，使復仍以措置屯田所准備差遣人爲名。從之。

四月十二日，詔揚州、滁州屯田，依和州已降指揮。

七年九月十一日，戶部郎中、總領湖北京西軍馬錢糧兼提領措置屯田呂游問言：本所所收管營田屯田内官兵闕人耕種之處，乞依元舊頃畝，出榜召百姓依元額承佃。從之，租課令本所拘收。

八年三月九日，宰執進呈知楚州陳敏奏：城東有古壽河四十餘里，自兵火以來，壅塞不通，欲開撅取水，灌溉田疇。先措置一莊已成倫理，後於壽河一帶增置十莊，開墾土田。官兵力田之暇，不妨敎習武藝，爲且耕且戰之計。上曰：與趙充國時屯田不同，漢以強制弱，兵有餘力。今日士卒欲臨大敵，不可責以農事。

七月十四日，知廬州趙善俊言：朝廷分兵屯田，誠爲至計，然屯駐諸軍願耕者不得遣，所遣者不願耕，軍司並緣爲奸，當遣者僥倖苟免，得遣者驕惰不率，此不可一也。且以廬州合肥一縣言之，五軍七莊共一千五百餘人，正軍歲支錢一十四萬五千四百餘貫，米一萬三千九百餘碩，歲下稻麥種僅千碩，所收才得五千碩之數。若計其支遣，所收只可充兩月請給之費，又未免取辦於州縣，此不可二也。朝廷以兵數不足，召募新民，今乃令屯田蓄三二千習熟之兵，驕惰於田野之間，緩急將安用之？此不可三也。臣謂罷屯田則有三利：習熟戰鬭之兵得歸行伍，從事於敎閱，一利也；無長官置吏坐糜廩稍，無買牛散種以費官物，二利也；屯田之田，悉皆膏腴，牛犁屋廬，無一不具，以歸正人使之安居，三利也。取其三利，而去其三不可，在今日誠不宜緩。詔：廬州見差遣建康官兵屯田幷行廢罷，其田畝牛具等，令趙善俊盡數拘收，請歸正人請佃，摽撥給付。如歸正人數少，即一面募人租種。仍委善俊將屯田官兵親行揀點，具堪入隊不入隊及老弱病患姓名人數申樞密院，並先次發遣歸軍。既而善俊言：屯田並係膏腴之地，既許人請佃，竊慮官員、秀才、公吏冒名前來承佃，不得專一應副歸正流移等人，乞下廬州禁止。從之。

九月三日，湖廣總領所言：比准指揮：令相度荆鄂兩軍營、屯田利害。近據鄂、隨、郢州申，乞依舊令官兵耕種。本所照得逐州退下營田、屯田，其間往往皆是瘠薄田畝，又多與本軍見耕田土參雜，若且令營、屯田官兵相兼耕作，委是經久利便。所有荆南軍元退下屯田二百二頃五十五畝半，並係官兵累年開墾熟田，除耕種過一百二十一頃五十八畝，計用種一千一百一十五碩七㪷五升。一切了畢，務得歲計，稻穀增羨。今來荆、鄂兩軍見退下空閑熟田，乞依荆南軍屯田，依舊令官兵耕種。詔李安國疾速措置，差官主管招募客戶耕種，毋令荒閑田土，仍盡拘數收莊屋、農具，給付客戶居住使用。將收藝到子利，照年例分隸。

同日，詔：淮南運判高禹將屯田官兵退下田畝，幷今來寬剩之數，疾速盡行招召客戶耕種，毋令少有荒閑。仍令蔡洸依已降指揮，差官主管拘收莊屋、農具，應副客戶居住。收到子利，照應年例分隸施行，旬具招到客戶耕種頃畝以聞。先是，高禹言：鎮江諸軍屯田爲民之害，積年已久，專委屬官夏孝閔同高郵、江都兩縣主簿，密切遍詣諸莊，貌約頃畝肥瘠荒熟之數，除戶部圖籍四百七十餘頃之外，約計寬剩尚近千頃，内除瘠薄之田三百餘頃，猶有膏腴七百餘頃。欲自今歲爲始，本司抱認上供諸司課子，幷分給客戶種糧，正行撥隸淮東運司。故有是命。

九年五月七日，建康府駐劄御前諸軍都統制郭綱言：太平州營田官莊客戶一百餘家，所占官兵二百四十餘人，一歲所收，除種子分給力耕人外，共得稻三千餘碩，麥二百餘碩，共准錢三千四百餘貫。官兵歲約請給計錢二萬八千餘貫，校之，不及官中所支官兵兩月請給，委是大段虧損官課。乞將太平州營田官兵依趙善俊措置廬州屯田事理，委總領所逐一點揀強壯人充收入隊，帶甲使喚；其老弱病患人，依揀汰人吏發遣。所有成熟田畝、牛具、屋宇等，令太平州盡行撥付見管客戶耕作；如尚少闕，招召無歸之人請佃種蒔，輸納租課。且本莊官兵積習舊弊，多有承佃之人以其不係本司兵額，無緣根括，亦乞下總領所乘此點揀，一就取見詣寔改正。内有職名人承代官資，依已降指揮，敦減一半支破合得分數請給施行。從之。

《宋會要輯稿・食貨四・屯田雜録》 太宗淳化四年三月六日甲午，知雄州何承矩言：近年水潦頻降，河流泛溢，壞州城民舍，蓄聚爲陂塘，妨種藝。欲因水利大興屯田以便民。詔從之，命高陽關副總管皇甫繼明提舉，仍令河北諸郡水潦所積處，發卒墾田，州長吏按行催督。

二十四日壬子，以六宅使潘州刺史何承矩、內供奉閣承翰、殿直張從古同提點制置河北沿邊屯田事，大理寺丞黃懋充判官。懋泉州人，任滄州臨津令，上言：本鄉風土惟種水田，沿山導泉，倍費工力。(令)[今]河北州郡陂塘甚多，引水溉田，省工易就。乞興水田，三五年內必公私大獲其利。(眞)[太]宗嘉之，以承矩曾言屯田事，因遣按視。復奏，咸如懋言，即令承矩領護之，以懋爲佐，發諸州戍兵萬八千人給其役也。

眞宗咸平二年五月，京西轉運使耿望言：襄州襄陽縣有淳河，舊作堤，截水入官渠，溉民田三千頃。宜城縣有蠻河，溉田七百頃，又有屯田三百餘頃。請以農隙調夫五百築堤堰，仍於荆湖市牛七百頭。從之。望前知襄州與通判何臨常同規度，故有是奏也。眞宗曰：屯田之廢久矣，苟成，此足爲勸農之始。遂令躬[親]按視焉。至是，可其奏。望又請大理寺丞武程總其事，程炬上章，以爲不便。詔移程於他郡，別選職官領其事。俟稻田務成，有無利害。其耿望、武程別取進止，當行賞罰。

四年十二月，陝西轉運使劉綜言：鎭戎軍本古原州之地，本有四縣，餘址尚存。自唐至德之後，羌寇[薦]臻，邊防失守。吐番尚結贊乘隙引兵攻陷關內及隴右百餘城，原州亦廢。其後宰相元載備知要害，決欲守其地，或沮其(識)[議]而罷。今來陛下斷自聖略，復置此軍，乃元載之謀，有俟於我聖朝也。然元載所議控扼之狀，尚未閒采而行之，今城壁既就，不脩外援屯聚戍兵，多費糧饋，則不如不置。臣昨閱視鎭戎軍，川原廣衍，地土饒沃，若置屯田，其利(搶)[猶]博。今鎭戎軍歲須芻糧約四十五萬餘石束，破茶鹽交引錢五十餘萬，況更令民遠倉輸送，其所費耗，即又倍常。見今鎭戎軍四面已有人戶耕種，欲於此處置屯田務，且取田五百頃，差下軍二千人，置牛八百頭，立屯耕種，於軍城近北至木峽口及軍城前後各置一堡寨，約地土分種田，兵士將牛具就寨居泊，更充鎭戍，固不失且戰之理。兼彼處皆居要害，常切防備，若不分布置寨，屯兵爲援，即鎭戎軍久必難守。望令知軍、洛苑使李繼和充屯田制置使，令繼和自舉有心力使臣四員充四寨監押，每員管轄五百人，便充屯戍。如此，久遠必大爲邊鄙之利。今安國鎭有《古制置城壕戍鎭記》一本，謹寫録上進，[所]貴知邊陲可以耕種之也。眞宗曰：覽《古記》，信可以興作。從之。

五年六月，知雄州何承矩兼制置屯田使。先是，承矩兼屯田事，及以侍禁、閤門祗候馬濟知順安軍，亦兼營田事。承矩言與濟品秩有異，所兼之名則同，故特加使額焉。

六年十月二十四日，知保州趙彬決鷄距泉，自州西至滿城縣，又分徐河水南流以注運渠，置水陸屯田，以其事聞奏。帝乃詔保州駐泊都監王昭遜與彬同領其事，仍賜彬詔論，令協力成其事。

景德元年四月十八日，詔保州置屯田兵籍，自今轉運司擅移易者，以違制論。

十月，詔：相州管內不堪牧馬草地一段，宜令官置牛具，選習耕農兵士，置屯田莊。

二年正月，詔定、保、雄、莫、霸等州，順安、平戎、信安等軍知州軍，並兼制置本州屯田事，舊兼使者仍舊。先是，北面緣邊屯田水陸兼種，甚獲其利，自來雄州長吏兼領使名，其諸州即別命官主領，至是戎虜通好，帝慮平寧之後，漸成弛慢，故有是詔。

三月，詔：保州所作屯田，舊有積塘水以備溉灌，頗聞隄防隳壞，致失水利。宜令官吏專切按視，勿廢前効。先是，知州趙彬興是田，開鑿漸廣。未幾，彬移他任，帝慮因而毁廢，即遣使視。果言隄防隳壞無備，故詔戒之。

九月，夔州路轉運使薛顔言：施、黔等州墾荒地爲屯田，今歲獲粟萬餘石。

三年十二月十一日，知保州趙彬請於郡城東北更廣屯田，以圖來獻之。帝曰：北虜既和，邊材徹警，當勸農民，咸使樂業，不必侵占畎畝，妨其墾殖也。

四年八月，知雄州李允則言：應係屯田，皆在緣邊州軍，自來止移牒制置，不獲躬按。其安撫都監二員常巡邊郡，望令兼屯田事，因便撿校。從之。

大中祥符二年六月，知和州趙彬請增屯田務兵五百人，從之。

五年正月，令保安軍稻田務旬具墾殖功狀以聞。是軍地接蕃境，屢詔修廣屯田，自高尹涖軍，事罕以聞奏，故督責之。

七月六日，河北緣邊安撫副使賈宗言：緣邊開塞塘泊水勢，修疊堤道深淺，月日定式圖請。乞付緣邊州軍收管，仍下屯田司提舉遵守。從之。

九年三月，改定、保州順安軍營田務爲屯田務。

天禧四年四月，內殿崇班、閤門祗候盧鑑言：保州屯田務自來逐年耕種水陸田八十頃，臣在任三年，開展至百餘頃，歲收粳糯稻萬八千或二萬石。本務見管兵士三百七十餘人，以河北沿邊順安、乾寧等州軍屯田務，比保州十分中止及二三分已來。其保州屯田務兵士不暫休息，尤甚辛苦，欲望下軍頭司，自今所配河北屯田務兵士，十人中將四人配保州，六人配餘處。從之。

仁宗天聖三年十一月，右巡使、監察御史朱諫言：近聞上封者請估賣福州屯田，此田人戶耕佃四十餘年，雖有屯田之名，父子相承以爲己田。況聞屯田租課，均稅之時，已均在人戶私產二稅上輸納。伏望量定租課，罷行估賣。詔見佃戶內有單貧戶承買者，別立寬限送納價錢。

寶元二年九月十四日，臣僚上言：乞令河北都轉運司同共管勾屯田司公事，亦帶都大制置使名目。從之。

慶曆五年七月，臣僚上言：近定奪開卻七汲口以南，劉宗言擘畫閉斷五門幞頭港、下赤大渦柳林等口，並卻依舊開放通沿邊吳淀水入白羊等淀，添灌向下州軍塘泊。乞下河北屯田司永爲定制，如後更有臣僚上言更改此一帶水口及諸州軍塘泊，並乞重行責降。從之。

六年五月，命三司戶部副使夏安期往陝西，與本路提點刑獄曹穎叔相度興置緣邊屯田。

嘉祐四年二月十一日，三司鹽鐵判官、管勾河渠公事楊佐等言：准宣：躬親往保州等處相度到屯田塘泊合行開決水勢，并增修堤道去處，委實利便，及以畫圖進呈。詔內開牙家港十洪橋，并順安軍北門外界河、北岸水口子兩節，將定州路安撫使司先差安肅軍通判王袞相度到事理，并今來楊佐等所陳，再委河北提刑薛向、都水監丞孫琳計會，張茂則親往相度，具合如何擘畫透泄水勢即得經久穩便，同共以聞外，餘並從之。仍令逐州軍長吏據本地合修去處，那容人功物料，漸次興修訖奏。

六年三月一日，河南屯田使曹偕言：乞權罷逐年赴闕進呈屯田司地圖，從之。

神宗熙寧元年六月二十二日，差西京左藏庫副使、內侍押班李若愚充河北同提點制置屯田使事。

四年二月十一日，詔雄州知府及安撫都監，並帶兼制置屯田使事。塘堤興役，今後知州依舊不出外，其安撫都監與管勾內臣分頭提轄。

二十三日，詔：河北緣邊屯田務水陸田，並令民租佃，本務兵士令逐州軍收充廂軍，監官悉減罷。初，屯田司每歲以豐熟所入不償所費，屢以爲言，至是乃從之。

八年正月十七日，詔：河北同提點制置屯田使事閻士良與復五路都鈐轄資序，令久任。朝廷重屯田之任，故久其任，以責成也。

十三日，詔給祠部五百道貨易錢買農具、牛畜、舟車，興治保州以東次邊陸地爲水田，從安撫副使沈披所請也。披復以爲請充屯田興工支費，又給二百道。

九年三月二十三日，河北屯田司言：詳定州薛向奏：安肅軍界閘板口鋪以東，舊係屯田務地，並是稻田，其南則邊吳、宜子二淀，東灌百濟河身。兩淀久來瀦畜塘水爲險固，自熙寧七年夏中，其邊吳、宜子二淀積水並已乾涸，即今通行人馬，不比安肅、廣信軍西北猶有山勢關隔。舊來滹沱等九河灌注邊吳、宜子等淀，水勢漲滿，乃入石塚等諸口及百濟河迤邐入次東灌注向下塘泊。訪聞自去年屯田司擘畫，卻於邊吳淀南敗灘套水泊近接滹沱河水勢，下流入順安界趙口，通流入康淀灌注近下塘泊，其邊吳、宜子等淀爲趙口南邊走泄水勢，以此致兩淀乾竭。自去年秋，滹沱河道卻於敗灘套上邊淤斷河道，水勢復入沙河西股，卻得灌注兩淀，猶有三二分積水。若將來經夏水發，卻衝開敗灘套河道，卻入趙口透泄水勢，則兩淀依前乾涸，實爲非便。今欲乞將趙口田先口依舊閉斷，令水勢盡入邊吳、宜子兩淀，常令水勢漲滿，可以準備臨時疏道使用，實爲利便。本司即差巡覷塘水堤道李祐之詣逐處，相其利害。祐之勘會：自來滹沱等河水盡下入邊吳、宜子等淀，如水勢漲滿，乃入石塚等口灌注向下塘泊，如水勢不至漲滿，即只由百濟河出泄。昨於熙寧六年內，爲以東塘泊乾淺，遂於保州地分尖簷帽莊開引滹沱河，由敗灘套下入趙口，灌注以東塘泊，至熙寧七年六月，內滹沱河自永寧軍界荆丘村已上淤斷河身，其水西北流入仇淀等一帶泊入邊吳、宜子淀。祐之檢視淤澱處，開撥引水入趙口，遂於今年三月內於東路臺村劉家莊北有舊河一道淤斷處，開引滹沱河，由敗灘套下入趙口灌注以東塘泊，至熙寧七年六月內，滹沱河自永寧軍界荆丘村已上淤斷河身，其水由北流入仇淀等一帶泊入邊吳、宜子淀。佑之檢視淤澱處開撥引水入趙口，遂於今年三月內於東路臺村劉家莊北有舊河一道淤斷處，開撥分引入趙口。依舊入九流等淀及邊吳、宜子淀。即今山雨水漲滿邊吳、宜子兩淀，見有水勢，欲乞如邊吳、宜子淀少即行閉趙口、田先口。從之。

五月十二日，河北同提點制置屯田使事閻士良言：竊聞保州界自景祐中楊懷敏勾當屯田司日，厚以才利召募人指抉西山被民填塞泉眼去處。臣常以諭保州曹偃，今偃訪得雲翼卒康進畫到地圖，仍充保塞縣小郎村劉第六地內有泉源盈畝有餘，號叫呼泉，匿在土中。當州南約二里，有積年候河一道，上自本縣界，下至運糧河及邊吳淀內，東西約及百里。每遇旱歲，河內微有流水，或至斷絶。今欲開導此泉，令入候河及運糧河，四時常流，增注塘泊。及本村別有泉數十道，臣常尋訪二河上源，未得其處。今乞委保州曹偃相度，收買泉源地，量興兵役，疏導舊泉，增助邊防，誠爲永利。送河北沿邊安撫司，本司尋委權通判保州辛公佑相度。公佑言：親詣保塞縣大靜鄉龐村，沿候河向上約三十里已來，沿北岸有泉眼，大小不等。尋令略行開撥，各見泉水湧出，相去遠近不等，約計在一里牢地內，計有泉三十餘處，其水通流，闊狹深淺有三五寸至一尺，其舊河堤岸闊處有五七尺至一二丈已來。其河自本州南門外西南至郎村泉源出處，共計約三十五里，若行開撥，只依舊來垠岸開出河身，其水通流下接運糧河，可以增注塘泊。所有侵占民田，欲乞比視側近田土，優給其直收買，委爲利便。其叫呼泉只是古老相傳，未見其源所在，又未敢徑追地主開掘。若作河道，上下所誤人戶地土不少。乞下本縣勘會詣實，指定有泉去處，亦行收買。當今已見泉眼去處劉第六地內，未見泉源處約四里以來，若先行開撥上件三十餘泉，使河道通流，別無妨礙，本司未敢行下。詔河北沿邊安撫司關河北屯田司及合屬去處施行。

元豐元年六月二十五日，荆湖北路轉運司言：沅州屯田務自初興至今，所收未嘗敷額，若募人租種納課，不費官本，利害甚明。乞自朝廷詳酌施行，及令本州通判主管月量給食錢。從之，委轉運判官馬城提舉之。

八月十二日，上批：河北屯田都監謝禹珪爲性誕率，建畫職事多無規繩，前日與禹珪不協者，今已替去。聯事之人，了無嫌礙。宜令自今並與河北屯田司官通銜行遣，毋得獨申奏；其權發遣河北東路提點刑獄汪輔之，更不得同主管。

二年七月二十一日，罷沅州屯田務，募人租佃，役兵還所隸，從轉運使徐禧請也。

十二月二十二日，知定州韓絳言：乞借安撫司封椿錢五千緡，市水地爲屯田。從之。

二十七日，詔定州路屯[田]司以水利司爲名。時保州、廣信、安肅、順安軍興水利爲屯田，詔以屯田司爲(民)[名]，而安撫使韓絳言：恐虜疑增塘濼，故改之。

四年六月二十九日，詔定州路安撫使既帶都大制置屯田使，其轉運使副兼領虛名，並罷，令知雄、保州並帶屯田使，通判並帶屯田判官。河北緣邊安撫副使、都監仍通管兩路。從定州路安撫使韓絳請也。

六年二月二十六日，詔：河北屯田司相度尺寸丘塘濼水則，季比增減以聞。令李琮齋詔往同商議，毋得張皇漏泄。

八年正月二十七日，樞密院言：河東經略司去歲差借民牛耕種葭蘆諸寨田，及差發防護軍馬保甲，糜耗極邊貴價糧草錢物，以奪農時，令民失業。比至收成，不償所費。詔劄與呂惠卿，宜審較利害，無蹈前失。以河東路轉運司言：經略司去年三出兵耕種木瓜源等兩不耕地，凡用將兵萬八千五百四十五，馬二千三十六，其費錢七千三百六十五緡，穀八千八十一石，糗糒四萬七千斤，草萬四千八百束。又番保甲等禦，凡二千六百三十七人，其費錢千三百緡，米三千二百石，役耕民千五百，雇牛千具，皆非民之願。所收禾粟蕎麥萬八千石，草十萬二千，不償所費。又預借本司錢穀以爲子種，至今未償，增人馬防托之費，仍在年計之外。慮經略司來年再欲耕種，望早賜約束故也。

哲宗元祐元年閏二月八日，京西北路提舉司言：朝旨相度蔡州西平、上蔡兩縣人戶佃屯田支移等事。欲止令人戶畝出租課外，更不支移折變。詔尚書戶部相度以聞。

元符三年徽宗即位未改元三月九日，皇城使、河北措置屯田石璘奏乞添招塘堤役兵千人。從之。

徽宗大觀二年十二月十六日，詔：瀦水爲塘，以除水患；留屯田營，以實塞下。爰自我祖宗設官置吏，分職聯治，自爲一司，專總其事。歲月寖久，州縣習玩。訪聞比來隄齧不修，水潦穿溢，出害民田。綿亘千里，雖有司存，上下苟簡。自祖宗以來，塘堤故迹，重加修整，務令堅固，即別不得增益更改，引惹生事。本司可比本路提點刑獄，序官提刑之上，舉官按罪吏屬等職務。可令相度條具來上，餘悉仍舊。

政和元年正月二十四日，詔：河北制置屯田並依元豐法，別爲一司指揮勿行。

六年八月一日，臣僚言：高陽、中山兩帥並沿邊安撫司，舊並係提舉屯田使副，今屯田司職事各系盤一都監典領，近年因其失職，或非本職得罪，相繫而去。一司職事，有所妨廢。望自今屯田都監非因本職得罪，只乞就任責罰，所貴盡心。從之。

《宋史》卷一六三《職官三》 屯田郎中、員外郎，掌屯田、營田、職田、學田、官莊之政令，及其租入、種刈、興修、給納之事。凡塘濼以時增減，堤堰以時修葺，幷有司修葺種植之事，以賞罰詔其長貳而行之。分案三，置吏八。

宋・宋敏求《宋大詔令集》卷一八二《田農・遣營田使副詔端拱二年二月癸亥》 農爲邦本，食乃民天。遐觀載籍之格言，此實帝王之急務。將令敦本，無出勸農，且思河朔之間，富有膏腴之地，法其井賦，令作方田，三農必致於豐穰，萬世可資其利濟。今遣左諫議大夫陳恕、樊知古、鹽鐵判官魏羽、索湘、河運使臧丙、副使孔憲，充逐路營田使副，往囗興工，眷惟黎庶，各有耕桑。聞茲創置之言，諒囗懽呼之意。

宋・宋敏求《宋大詔令集》卷一八二《田農・屯田司修完塘堤御筆大觀二年十二月十七日》 瀦水爲塘，以除水患。留屯營田，以實塞下。爰自祖宗設官置吏，分職聯治，自可一司，專總其事。歲月浸久，州縣習玩。訪聞比來塘堤不修，水潦穿溢，出害民田，綿亘千里，雖有司存，上下苟簡，殆同虛設。可令屯田司並循祖宗以來塘堤故迹，重加修完，務令堅固，卽別不得增益更改，引惹生事。本司可比本路提點刑獄，序官提刑之上，舉官按罪吏屬等務，可令相度條具來上，餘悉仍舊。

《天聖令》卷二一《田令》 諸屯田應用牛之處，山原川澤，土有硬軟，至於耕墾，用力不同者。其土軟之處，每地一頃五十畝配牛一頭；彊硬之處，一頃二十畝配牛一頭。卽當屯之內，有硬有軟者，亦準此法。其地皆仰屯官明爲圖狀，所管長官親自問檢，以爲定薄[簿]，依此支配。其營稻田之所，每地八十畝配牛一頭。若芆[芟]草種稻者不在此限。

諸屯應役丁之處，每年所管官司與屯官司，準來年所種色目及頃畝多少，依式料功，申所司支配。其上役之日，所司仍準役月閑要，量事配遣。

諸屯每年所收雜子，雜用之外，皆卽隨便貯納。去京近者，送納司農。三百里外者，納隨近州縣。若行水路之處，亦納司農。其送輸斛斗及倉司領納之數，並依限各申所司。

諸屯隸司農寺者，卿及少卿每至三月以後，分道巡歷。有不如法者，監官、屯將，隨事推罪。

諸屯每年所收槀草，飼牛、供屯雜用之外，別處依式貯積，具言去州、鎮及驛路遠近，附計帳申所司處分。

同上 諸屯收雜種須以車運納者，將當處官物勘量市付。其扶車子力，於營田及飼牛丁內均融取充。

諸屯納雜子無槀之處，應須籧蒢[篨]及供窖調度，並於營田丁內，隨近有處，採取造充。

諸屯之處，每收刈時，若有警急者，所管官司與州、鎮及軍府相知，量差管內軍人及夫。一千人以下，各役五日功，防授[援]助收。

諸管屯處，百姓田有水陸上、次及上熟、次熟，畝別收穫多少，仰當界長官勘問，每年具狀申上。考校屯官之日，量其虛實，據狀褒貶。

諸屯官欠負，皆依本色本處理[徵]塡。

諸屯課帳，每年與計帳同限申尙書省。

右令不行。

宋・宇文懋昭《金國志》卷三六《屯田》 屯田之制出自上古，金國(之)行[之]，比上古之制尤簡。廢劉豫後，慮中(國)[州]懷二三之意，姑[始]置屯田軍，非止女眞，契丹、奚家亦有之。自本部族徙居中土，與百姓雜處，計其戶口給以官田，使自播種，以充口食。春秋量給衣服。若遇出軍之際，始[月]給錢米，米不過十㪷，錢不過數千。老幼在家依舊耕耨，亦無不足之歎。今屯田(出)[之]處，大名府、山東、河北、關西諸路皆有之，約一百三十餘千戶，每千戶止三[四]百人。所居止處皆不在州縣，築寨處村落閒，千戶百戶雖設官府，亦在其內。

宋・徐夢莘《三朝北盟會編》卷二四四《金虜圖經・屯田》 屯田之制本出上古，虜人非能遵而行之，偶爾符合，比上古之制猶簡。僞齊豫後，慮中州懷二三之意，始置田軍按田上疑有脫文。屯田。軍非止女眞，契丹、奚家亦有之。自本部族徙居中土，與百姓雜處，計其戶口給賜官田，使自播種，以充口食。春秋量給衣、馬，殊下多餘，並無支給。若遇出軍之際，始月給錢米不過數千，老幼在家，依舊耕耨，亦無不足之歎。

今日屯田之處，大名府路、山東東西路、河北東西路、南京路、河南路、關西路四路皆有之，約一百三十餘千戶，每千戶止三四百人，多不過五百。所居止處，皆不在州縣，築寨處村落間。千戶、百戶，雖設官府亦在其內。

《金志·屯田》 屯田之制本出上古，金國行之，比上古之制尤簡。廢齊國後，慮中州有懷王三戶之意，始置屯田軍，非止女眞，契丹亦有之。自本部族徙居中土，與百姓雜處，計其戶口，給賜官田，使自播種，以充口食。春秋量給衣服。若遇出軍之始，月給錢米，米不過十斗，錢不過數千，老幼在家依舊耕耨，亦無不足之歎。今屯田去處，大名府、山東、河北、兩關諸路皆有之，約一百三十餘千戶，每千戶止三四百人。所居止處，皆不在州縣，築寨處村落間，千戶百戶，雖設官府亦在其內。

《金史》卷四七《食貨二·田制》 [明昌元年]三月，勅： 軍人所受田，止令自種，力不足者方許人承佃，亦止隨地所產納租，其自欲折錢輸納者從民所欲，不願承佃者毋強。

六月，尚書省奏： 近制以猛安謀克戶不務栽植桑果，已令每十畝須栽一畝，今乞再下各路提刑及所屬州縣，勸諭民戶，如有不栽及栽之不及十之三者，並以事怠慢輕重罪科之。詔可。

八月，勅： 隨處係官閑地，百姓已請佃者仍舊，未佃者以付屯田猛安謀克。

三年六月，尚書省奏： 南京、陝西路提刑司言，舊牧馬地久不分撥，以致軍民起訟，比差官往各路定之。凡民戶有憑驗己業，及宅井墳園，已改正給付，而其中復有官地者，亦驗數對易之矣。兩路牧地，南京路六萬三千五百二十餘頃，陝西路三萬五千六百八十餘頃。

五年，諭旨尚書省： 遼東等路女直、漢兒百姓，可並令量力爲蠶桑。二月，陳言人乞以長吏勸農立殿最，遂定制： 能勸農田者，每年謀克賞銀絹十兩疋，猛安倍之，縣官於本等陞五人。三年不怠者猛安謀克遷一官，縣官陞一等。田荒及十之一者笞三十，分數加至徒一年。三年皆荒者，猛安謀克追一官，縣官以陞等法降之。爲永格。

六年二月，詔罷括陝西之地。又陝西提刑司言： 本路戶民安水磨、油栿，所占步數在私地有稅，官田則有租，若更輸水利錢銀，是重併也，乞除之。省臣奏： 水利錢銀以輔本路之用，未可除也，宜視實占地數，除稅租。命他路視此爲法。

承安二年，遣戶部郎中上官瑜往西京幷沿邊，勸舉軍民耕種。又差戶部郎中李敬義往臨潢等路規畫農事。舊令，軍人所授之地不得租賃與人，違者苗付地主。泰和四年九月定制，所撥地土十里內自種之數，每丁四十畝，續進丁同此，餘者許令便宜租賃及兩和分種，違者錢業還主。上聞六路括地時，其間屯田軍戶多冒名增口，以請官地，及包取民田，而民有空輸稅賦、虛抱物力者，應詔陳言人多論之。五年二月，尚書省奏： 若復遣官分往，追照案憑，訟言紛紛何時已乎。遂令虛抱稅石已輸送入官者，命於稅內每歲續剋之。

泰和七年，募民種佃清河等處地，以其租分爲諸春水處餌鵝鴨之食。

八年八月，戶部尚書高汝礪言： 舊制，人戶請佃荒地者，以各路最下第五等減半定租，仍免八年輸納。若作己業，並依第七等稅錢減半，亦免三年輸納。自首冒佃比隣田，定租三分納二。其請佃黃河退灘地者，次年納租。向者小民不爲久計，比至納租之時多巧避匿，或復告退，蓋由元限太遠，請佃之初無人保識故爾。今請佃者可免三年，作己業者免一年，自首冒佃幷請退灘地，並令當年輸租，以隣首保識，爲長制。

宣宗貞祐三年七月，以既徙河北軍戶於河南，議所以處之者，宰臣曰： 當指官田及牧地分界之，已爲民佃者則俟秋穫後，仍日給米一升，折以分鈔。太常丞石抹世勣曰： 荒田牧地耕闢費力，奪民素墾則民失所。況軍戶率無牛，宜令軍戶分人歸守本業，至春復還，爲固守計。上卒從宰臣議，將括之，侍御史劉元規上書曰： 伏見朝廷有括地之議，聞者無不駭愕。向者河北、山東已爲此舉，民之塋墓井竈悉爲軍有，怨嗟爭訟至今未絕，若復行之，則將大失衆心。荒田不可耕，徒有得地之名，而無享利之實。縱得熟土，不能親耕，而復令民佃之，所得無幾，而使紛紛交病哉。上大悟，罷之。

八月，先以括地事未有定論，北方侵及河南，由是盡起諸路軍戶南來，共圖保守，而不能知所以得軍糧之術。衆議謂可分遣官聚耆老問之，其將益賦，或與軍田，二者孰便。參政汝礪言： 河南官民地相半，又多全佃官地之家，一旦奪之，何以自活。小民易動難安，一時避賦遂有捨田之言，及與人能勿悔乎，悔則忿心生矣。知山東撥地時，腴地盡入富家，瘠者乃付貧戶，無益於軍，而民有損。惟當倍益官租，以給軍食，復以係官荒田牧地量數與之，令其自耕，則民不失業，官不厲民矣。從之。

三年十月，高汝礪言：河北軍戶徙居河南者幾百萬口，人日給米一升，歲費三百六十萬石，半以給直，猶支粟三百萬石。河南租地計二十四萬頃，歲租纔一百五十六萬，乞於經費之外倍徵以給之。遂命右司諫馮開等五人分詣諸郡，就授以荒官田及牧地可耕者，人三十畝。

十一月，又議以括荒田及牧馬地給軍，命尚書右丞高汝礪總之。汝礪還奏：今頃畝之數較之舊籍甚少，復瘠惡不可耕，均以可耕者與之，人得無幾。又僻遠之處必徙居以就之，彼皆不能自耕，必以與人，又當取租於數百里之外。況今農田且不能盡闢，豈有餘力以耕叢薄交固、草根糾結之荒地哉。軍不可仰此得食也，審矣。今詢諸軍戶，皆曰：得半糧猶足自養，得田不能耕，復罷其廩，將何所賴。臣知初籍地之時，未嘗按閱其實，所以不如其數，不得其處也。若復考計州縣，必各妄承風旨，追呼究結以應命。不足其數，則妄指民田以充之，則所在騷然矣。今民之賦役三倍平時，飛輓轉輸，日不暇給，而復爲此舉，何以堪之。且軍戶暫遷，行有還期，何爲以此病民哉。病民而軍獲利，猶不可爲，況無所利乎。惟陛下加察。遂詔罷給田，但半給糧、半給實直焉。

四年，復遣官括河南牧馬地，既籍其數，上命省院議所以給軍者，宰臣曰：今軍戶當給糧者四十四萬八千餘口，計當口占六畝有奇，繼來者不與焉。但相去數百里者，豈能以六畝之故而遠來哉。兼月支口糧不可遽罷，臣等竊謂軍戶願佃者卽當計口給之。自餘僻遠不願者，宜準近制，係官荒地許軍民耕闢例，令軍民得占蒔之。院官曰：牧馬地少，且久荒難耕，軍戶復乏農器，然不給之，則彼自支糧外，更無從得食，非蓄鋭待敵之計。給之則亦未能遽減其糧，若得遲以歲月，俟頗成倫次，漸可以省官廩耳。今奪於有力者，即以授其無力者，恐無以耕。乞令司縣官勸率民戶，借牛破荒，至來春然後給之。司縣官能率民戶以助耕而無騷動者，量加官賞，庶幾有所激勸。宰臣復曰：若如所言，則司縣官貪慕官賞，必將抑配，以至擾民。今民家之牛，量地而畜之。況比年以來，農功甫畢則併力轉輸猶恐不及，豈有暇耕它人之田也。惟如臣等前奏爲便。詔再議之。乃擬民有能開牧馬地及官荒地作熟田者，以半給之爲永業，半給軍戶。奏可。

四年，省奏：自古用兵，且耕且戰，是以兵食交足。今諸帥分兵不啻百萬，一充軍伍咸仰於官，至於婦子居家安坐待哺，蓋不知屯田爲經久之計也。願下明詔，令諸帥府各以其軍耕耨，亦以逸待勞之策也。詔從之。

［興定］四年十月，移剌不言：軍戶自徙於河南，數歲尚未給田，兼以移徙不常，莫得安居，故貧者甚衆。請括諸屯處官田，人給三十畝，仍不移屯它所，如此則軍戶可以得所，官糧可以漸省。宰臣奏：前此亦有言授地者，樞密院以謂俟事緩而行之。今河南罹水災，流亡者衆，所種麥不及五萬頃，殆減往年太半，歲所入殆不能足。若撥授之爲永業，俟有穫卽罷其家糧，亦省費之一端也。上從之。又河南水災，逋戶太半，田野荒蕪，恐賦入少而國用乏，遂命唐、鄧、裕、蔡、息、壽、潁、亳及歸德府被水田，已燥者布種，未滲者種稻，復業之戶免本租及一切差發，能代耕者如之，有司擅科者以違制論，闕牛及食者率富者就貸。

五年正月，京南行三司石抹斡魯言：京南、東、西三路，屯軍老幼四十萬口，歲費糧百四十餘萬石，皆坐食民租，甚非善計。宜括逋戶舊耕田，南京一路舊墾田三十九萬八千五百餘頃，內官田民耕者九萬九千頃有奇。今飢民流離者太半，東、西、南路計亦如之，朝廷雖招使復業，民恐既復之後生計未定而賦斂隨之，往往匿而不出。若分給軍戶人三十畝，使之自耕，或召人佃種，可數歲之後畜積漸饒，官糧可罷。令省臣議之，更不能行。

《金史》卷五五《百官一》 工部

尚書一員，正三品。

侍郎一員，正四品。

郎中一員，從五品。

掌修造營建法式、諸作工匠、屯田、山林川澤之禁、江河隄岸、道路橋梁之事。

《金史》卷四四《兵》 正隆二年，命兵部尚書蕭恭等，與舊軍皆分隸諸總管府、節度使，授田牛使之耕食，以蕃衛京國。

同上 ［大定］十七年，又以西南、西北招討司契丹餘黨心素狠戾，復恐生事，它時或有邊隙，不爲我用，令遷之於烏古里石壘部及上京之地。上謂宰臣曰：北邊番戍之人，歲冒寒暑往來千里，甚爲勞苦。縱有一二馬牛，一往則無還理，且奪其農時不得耕種。故嘗命卿等議，以何術得罷其役，使安于田里，不知卿議何如也？ 左丞相良弼對曰： 北邊之地，不堪耕種，不能長戍，故須番戍耳。 上曰： 朕一日萬幾，安能徧及，卿等既爲宰相，以此急務反以爲末事，竟無一言，甚勞朕慮。 往者參政宗敍屢爲朕言，若以貧戶永屯邊境，使之耕種，官給糧廩，則貧者得濟，富戶免於更代之勞，使之得勤農務。若宗敍者可謂盡心爲國矣。 朕嘗思之，宜以兩路招討司及烏古里石壘部族、臨潢府、泰州等路分定保戍，具數以聞，朕親覽焉。

同上 ［大定］二十二年，以山東屯田戶鄰之於邊鄙，命聚之一處，俾協力蠶種。右丞相烏古論元忠曰： 彼方之人以所得之地爲家，雖兄弟不同處，故貧者衆。

同上 諸屯田被差及緣邊駐扎捉殺軍，猛安月給錢六貫、米一石八斗、五馬芻粟，謀克錢四貫、米一石二斗，三馬芻粟，蒲輦錢二貫、米六斗，二馬芻粟，正軍錢一貫五百文、米四斗，一馬芻粟，阿里喜隨色人錢一貫、米四斗，一馬芻粟。德順軍指揮使錢六貫、米二石八斗、絹六疋，三馬芻粟，軍使什將錢四貫、米一石七斗、絹五疋，給兩馬料，長行錢二貫、米一石五斗、絹四疋、綿十五兩，給一馬料，奚軍謀克錢一貫五百文、米一石五斗，紬絹春秋各一疋，給三馬料，蒲輦錢一貫、米二石七斗，紬絹同上，給二馬料，長行錢一貫、米一石八斗，紬絹同上，飼一馬。

北邊臨潢等處永屯駐軍，千戶錢八貫、米五石二斗、絹八疋，飼馬六疋，步軍飼兩馬，地五頃，謀克錢六貫、米二石八斗、絹六疋，飼五馬，地四頃，蒲輦錢四貫、米一石七斗、絹五疋，飼四馬，地三頃，正軍錢二貫、米一石四斗五升、絹四疋、綿十五兩，飼兩馬，地二頃，阿里喜錢一貫五百文、米七斗、絹三疋、綿十兩，地一頃，旗鼓司人與阿里喜同，交替軍錢二貫、米四斗，阿里喜錢一貫五百文、米四斗。 上番漢軍，千戶月給錢三貫、糧四石、絹八疋，飼四馬，謀克錢二貫五百文，糧一石、絹六疋，飼二馬，正軍錢二貫、米九斗五升、絹四疋。

上京路永屯駐軍所除授，千戶月給錢粟十五貫石、絹十疋、綿二十兩，飼三馬，謀克錢六貫、米二石八斗、絹六疋，飼二馬，正軍月支錢二貫五百文、米一石二斗、絹四疋、綿十五兩，飼一馬，阿里喜隨色人錢二貫、米一石二斗、絹四疋、綿十五兩。

諸北邊永駐軍，月給補買馬錢四百文，隨色人三百文。

貞祐三年，軍前委差及掌軍官，規圖糧料，冒占職役，皆無實員，又見職及遙授者，已有俸給，又與無職事者同支券糧，故時議欲省員減所給之數，俟征行則全給之。及興定二年，彰化軍節度使張行信言： 一軍充役，舉家廩給，蓋欲感悅士心，使爲國盡力耳。至於無軍之家，復無丁男，而其妻女猶受給何謂耶。 五年，京南行三司官石抹斡魯言： 京南、東、西三路見屯軍戶，老幼四十萬口，歲費糧百四十餘萬石，皆坐食民租，甚非善計。 語在《田制》。

諸屯田軍人，如差防送，日給錢一百五十文。

《金史》卷四六《食貨一》 二十三年八月，奏猛安謀克戶口、墾地、牛具之數。 猛安二百二，謀克千八百七十八，戶六十一萬五千六百二十四，口六百一十五萬八千六百三十六，內正口四百八十一萬二千六百六十九，奴婢口一百三十四萬五千九百六十七。墾田一百六十九萬三百八十頃有奇，牛具三十八萬四千七百七十一。 在都宗室將軍司，戶一百七十，口二萬八千七百九十，內正口九百八十二，奴婢口二萬七千八百八。墾田三千六百八十三頃七十五畝，牛具三百四。 迭剌、唐古二部五糺，戶五千五百八十五，口十三萬七千五百四十四，內正口十一萬九千四百六十三，奴婢口一萬八千八十一。墾田萬六千二十四頃一十七畝，牛具五千六十六。

《元史》卷五八《地理一》 寶坻，下。 至元十六年，於縣立屯田所。收子粒赴太倉及醴源倉輸納。【略】

豐閏，下。【略】［至元］二十二年，立豐閏署，領屯田八百三十七戶。【略】

兗州，下。【略】［至元］二十三年，立尚珍署，領屯田四百五十六戶，收子粒赴濟州官倉輸納，餘糧糶賣，所入鈔納于光祿寺。【略】

河東山西道宣慰使司。 大同路，上。【略】大德四年，於西京黄華嶺立屯田。六年，立萬戶府，所屬山陰、雁門、馬邑、鄯陽、洪濟、金城、寧武凡七屯。【略】

嶺北等處行中書省【略】和寧路。 至元二十年，令西京宣慰司送牛一千，赴和林屯田。二十二年，併和林屯田入五條河。三十年，命戍和林漢軍四百，留百人，餘令耕屯杭海。元貞元年，於六衛漢軍內撥一千人赴稱海屯田，北方立站帖里干、木憐、納憐等一百一十九處。

《元史》卷五九《地理二》 肇州。【略】又《成宗紀》： 元貞元年，立肇州屯田萬戶府，以遼陽行省左丞阿散領其事。【略】

瑞州。下。 至元二十三年，伯顏奏准以唆都、哈䚟等拘收戶計，種田立屯於瑞州之西，

撥瀕海荒閒地及時開耕，設打捕屯田總管府，仍以唆都、哈䚟等爲屯田官。【略】

安豐，下。至元二十一年，江淮行省言：安豐之芍陂可溉田萬頃，若立屯開耕，實爲便益。從之。於安豐縣立萬戶府，屯戶一萬四千八百有奇。【略】

淮安路，上。【略】至元二十三年，於本路之白水塘、黃家疃等處立洪澤屯田萬戶府。

《元史》卷六〇《地理三》 臨潼，下。屯田一千二十頃有奇。涇陽，下。【略】屯田一千二十頃有奇。【略】盩厔，下。屯田九百四十三頃有奇。【略】

華州，下。【略】領三縣：渭南。下。屯田一千二百二十二頃有奇。

同上 延安路，下。【略】本路屯田四百八十餘頃。

鳳翔府，【略】領縣五：鳳翔，下。屯田九十頃有奇。【略】

平涼府，【略】領縣三：平涼，下。屯田一百一十五頃。【略】

定西州，下。【略】屯田四百六十七頃。鎮原州，下。【略】屯田四百二十六頃有奇。【略】

灌州，下。【略】青城陶壩立屯田萬戶府。

同上 崇慶州，下。【略】本州有屯田萬戶府。【略】

廣元路，下。【略】本路屯田九頃有奇。【略】

保寧府，下。【略】本府屯田一百一十八頃有奇。【略】

重慶路，上。【略】本路三堆、中嶆、趙市等處屯田四百二十頃。

夔路，下。【略】本路屯田五十六頃。

同上 敘南等處蠻夷宣撫司。

敘州路。【略】領縣四【略】。宣化。下。元貞二年，於本縣置萬戶府，領軍屯田四十餘頃。

甘州路，上。【略】本路黑山、滿峪、泉水渠、鴨子翅等處屯田，計一千一百六十餘頃。

亦集乃路，下。【略】[至元]二十三年，亦集乃總管忽都魯言：所部有田可以耕作，乞以新軍二百人鑿合卽渠於亦集乃地，并以傍近民西僧餘戶助其力。從之。計屯田九十餘頃。

寧夏府路，下。【略】本路棗園、納憐站等處屯田一千八百頃。【略】

沙州。屯田四百四十餘頃。

《元史》卷六一《地理四》 中慶路【略】本路軍民屯田二萬二千四百雙有奇。

武定路軍民府，下。【略】本路屯田七百四十八雙。

劍川。下。【略】軍民屯田共一千餘雙。

曲靖等路宣慰司軍民萬戶府，【略】本路屯田四千四百八十雙，歲輸金三千五百五十兩，馬一百八十四。

澂江路，下。治在滇池東南。【略】本路屯田四千一百雙。

同上 仁德府，【略】本府屯田五百六十雙。【略】

羅羅蒙慶等處宣慰司都元帥府。

建昌路，下。【略】本路立軍民屯田。

德昌路軍民府，下。【略】本路軍民屯田。

會川路，下。【略】本路立軍民屯田。

臨安廣西元江等處宣慰司兼管軍萬戶府。

臨安路，下。【略】宣慰司所領屯田六百雙，本路有司所管三千四百雙，爨僰軍千戶所管一千一百五十雙有奇。

騰衝府，在永昌之西，卽越賧地。【略】永昌、騰衝二府軍民屯田共二萬二千一百五雙。

《元史》卷六二《地理五》 汀州路，下。【略】本路屯田二百二十五頃。【略】

漳州路，下。【略】本路屯田二百五十頃。

吉安路，上。【略】大德二年，吉、贛立屯田。

贛州路，上。【略】本路屯田五百二十餘頃。

《元史》卷六三《地理六》 衡州路，上。【略】本路屯田一百二十頃。

永州路，下。【略】本路屯田一百三頃。

武岡路，下。【略】本路屯田八十六頃。

同上 廣西兩江道宣慰使司都元帥府。大德二年，廣西兩江道宣慰司都元帥府言：比者黃聖許叛亂，逃竄交趾，遺棄水田五百四十五頃，請募溪洞猺、獞民丁，於上浪、忠州諸處開屯耕種，緩急則令擊賊，深爲便益。從之。

同上 雷州路，下。【略】本路屯田一百六十五頃有奇。【略】

化州路，下。【略】本路屯田五十五頃有奇。【略】

高州路，下。【略】本路屯田四十五頃。【略】

同上 廉州路，下。【略】本路屯田四頃有奇。【略】

乾寧軍民安撫司，【略】本路屯田二百九十餘頃。

同上 別失八里。【略】[至元]二十三年，遣侍衛新附兵千人屯田別十八里，置元帥府，卽其地以總之。

《元史》卷八二《選舉二》　宣徽院。皇慶二年，省臣奏：「其所轄倉庫、屯田官員，半由都省，半由本院用之。」奉旨，宜俱從省臣用之。

《元史》卷八三《選舉三》　凡提控案牘、都目：【略】各衛翼都目，延祐六年，請俸兩考者，院劄提控案牘內銓注，歷三考，陞千戶所知事，月日不及者，各衛翼都目內貼補。如各衛典吏轉充者，六十月直隸本院萬戶府提控案牘，弩軍屯田千戶所、鎮撫司提控案牘內銓注。無俸人轉充者，九十月依上陞轉。鎮撫司、屯田弩軍千戶所都目，依中州例，改設案牘，止請都目俸，三十月爲滿，依例注代。

《元史》卷八四《選舉四》　樞密院所轄都元帥府、萬戶府各衛并屯田等司官吏，俱從本院定奪，遷調，見役令史，自用者考滿，合從本院定奪。

《元史》卷八五《百官一》　右司，郎中二員，正五品；員外郎二員，正六品；都事二員，正七品。中統元年，置左右司。至元十五年，分置兩司。右司所掌：兵房之科有五，一曰邊關，二曰站赤，三曰鋪馬，四曰屯田，五曰牧地。刑房之科有六，一曰法令，二曰弭盜，三曰功賞，四曰禁治，五曰枉勘，六曰闕訟。工房之科有六，一曰横造軍器，二曰常課段匹，三曰歲賜，四曰營造，五曰應辦，六曰河道。令史二人，蒙古書寫三人，回回書寫人一人，漢人書寫一人，典吏五人。

同上　兵部，尚書三員，正三品；侍郎二員，正四品；郎中二員，從五品；員外郎二員，從六品。掌天下郡邑郵驛屯牧之政令。凡城池廢置之故，山川險易之圖，兵站屯田之籍，遠方歸化之人，官私芻牧之地，駝馬、牛羊、鷹隼、羽毛、皮革之徵，驛乘、郵運、祗應、公廨、皂隸之制，悉以任之。世祖中統元年，以兵、刑、工爲右三部，置尚書二員，侍郎二員，郎中五員，員外郎五員，總領三部之事。至元元年，別置工部，以兵刑自爲一部。尚書四員，侍郎三員，郎中如舊，員外郎五員。三年，併爲右三部。五年，復爲兵刑部。尚書二員，省侍郎二員，郎中如故，員外郎一員。七年，始列六部。尚書一員，侍郎仍舊，郎中一員，員外郎仍一員。明年，又合爲兵刑部。十三年，復析兵部。二十三年，定尚書、侍郎、郎中、員外郎以二員爲額。至治三年，增尚書一員。主事二員，蒙古必闍赤二人，令史十四人，回回令史一人，怯里馬赤一人，知印二人，奏差八人，典吏三人。

《元史》卷八六《百官二》　右衛，秩正三品。中統三年，初置武衛。至元元年，改爲侍衛。八年，改爲左、右、中三衛。掌宿衛扈從，兼屯田。國有大事，則調度之。二十年，增都指揮使一員，副都指揮使一員。二十一年，置僉事二員。大德十一年，增都指揮使二員，副都指揮使一員。至大元年，增都指揮使三員，副都指揮使一員。四年，省都指揮使五員，副都指揮使二員。

同上　後定置都指揮使三員，正三品；副都指揮使二員，從三品；僉事二員，正四品；經歷二員，從七品；知事二員，照磨一員，俱從八品；令史七人，譯史、通事、知印各一人。又其屬十有五：【略】屯田左右千戶所二，秩正五品。達魯花赤二員，千戶二員，彈壓二員，百戶四十員。

左衛，秩正三品。至元八年，以侍衛改置。掌宿衛扈從，兼屯田。國有大事，則調度之。是年，增副指揮使一員。十六年，增副都指揮使一員。二十年，置僉事一員。二十二年，增僉事一員。二十四年，省都指揮使、副都指揮使一員。大德十一年，增都指揮使五員，副都指揮使二員，僉事二員。至大四年，省都指揮使六員、副都指揮使二員。其後定制，衛官：都指揮使三員，正三品；副都指揮使二員，從三品；僉事二員，正四品；經歷二員，從七品；知事二員，照磨一員，俱從八品；令史七人，譯史、通事、知印各一人。其屬十有五：【略】屯田左右千戶所二，秩正五品。達魯花赤一員，千戶二員，彈壓二員，百戶四十員。【略】

中衛，秩正三品。至元八年，以侍衛改置。掌宿衛扈從，兼營屯田。國有大事，則調度之。是年，置都指揮使一員。副都指揮使一員。二十年，增副都指揮使二員。二十一年，置僉事二員。二十三年，增都指揮使一員。大德十一年，增都指揮使二員，副使三員。至大元年，增都指揮使一員。四年，省都指揮使三員，副都指揮使三員。其後定置都指揮使三員，正三品；副都指揮使二員，從三品；僉事二員，正四品；經歷二員，從七品；知事二員，承發架閣照磨一員，俱從八品；令史七人，譯史、通事、知印各一人。其屬十有五：【略】屯田左右千戶所二，秩正五品。達魯花赤二員，千戶二員，彈壓二員，百戶四十員。【略】

前衛，秩正三品。至元十六年，以侍衛親軍創置前、後二衛。掌宿衛扈從，兼營屯田。國有大事，則調度之。是年，置都指揮使一員，副都指揮使二員。十八年，增都指揮使二員。二十年，置僉事一員。大德十一年，增都指揮使五員、副都指揮使一員、僉事三員。至大四年，省都指揮使五員、副都指揮使一員、僉事三員。後定置衛官，都指揮使三員，正三品；　副都指揮使二員，從三品；　僉事二員，正四品；　經歷二員，從七品；　知事二員，承發架閣照磨一員，俱從八品；　令史七人，譯史、通事、知印各一人。又其屬十有七：【略】屯田千戶所二，秩正五品。　達魯花赤二員，千戶二員，彈壓二員，百戶四十員。【略】

後衛，秩正三品。至元十六年，以侍衛親軍創置。掌宿衛扈從，兼營屯田。國有大事，則調度之。是年，置都指揮使二員，副都指揮使二員，後增設副都指揮使一員。十八年，增都指揮使二員。二十年，置僉事二員。大德十一年，增都指揮使五員，副都指揮使一員、僉事二員。至大四年，省都指揮使五員，副［都］指揮使二員、僉事二員。後定置都指揮使三員，正三品；　副都指揮使二員，從三品；　僉事二員，正四品；　經歷二員，從七品；　知事二員，照磨一員，俱從八品；　令史七人，譯史二人，知印一人，通事二人。其屬十有四：【略】屯田千戶所一，秩正五品。　達魯花赤一員，千戶二員，彈壓二員，百戶四十員。【略】

武衛親軍都指揮使司，秩正三品。掌修治城隍及京師內外工役，兼大都屯田等事。至元二十六年，樞密院以六衛六千人，大都屯田三千人，近路迤南萬戶府一千人，總一萬人，立武衛，設官五員。元貞、大德年間，累增都指揮使四員。至大三年，省都指揮使四員，副都指揮使一員。後定置衛官，達魯花赤一員，正三品；　都指揮使三員，正三品；　副都指揮使二員，從三品；　僉事二員，正四品；　經歷二員，從七品；　知事二員，照磨一員，俱從八品；　令史七人，譯史、通事、知印各一人。其屬十有五：【略】屯田千戶所六，秩正五品。　達魯花赤各一員，千戶六員，百戶六十員，彈壓六員。

同上　左右翼屯田萬戶府二，秩從三品。分掌斡端、別十八里迴還漢軍，及大名、衛輝新附之軍，并迤東迴軍，合爲屯田。至元二十六年置。延祐五年，隸詹事院，併入衛率府。復改隸樞密院。定置兩府達魯花赤各一員，萬戶各一員，副萬戶各一員，經歷各一員，知事各一員，提控案牘各一員，令(使)［史］各五人。屬官鎮撫各二員。

千戶八所，達魯花赤八員，千戶八員，副千戶八員，百戶五十九員，彈壓一十六員。

千戶四所，達魯花赤四員，千戶四員，副千戶四員，百戶五十二員，彈壓八員。

左衛率府，秩正三品。至大元年，撥江南行省萬戶府精鋭漢軍爲東宮衛軍，立衛率府，設官十一員。延祐四年，始改爲中翊府，又改爲御臨親軍指揮司，又以御臨非古典，改爲羽林。六年，復隸東宮，仍爲左衛率府。定置率使三員，正三品；　副使二員，從三品；　僉事二員，正四品；　經歷一員，從七品；　知事一員，照磨一員，俱從八品；　令史七人，譯史、通事、知印各二人。其屬十有八：【略】屯田千戶所三，秩正五品。　達魯花赤三員，千戶三員，百戶六十員，彈壓三員。【略】

右衛率府，秩正三品。延祐五年，以速怯那兒萬戶府、迤東女直兩萬戶府、右翼屯田萬戶府兵，合爲右衛率府，置官十二員。後定置率使二員，正三品；　副使二員，從三品；　僉事二員，正四品；　經歷二員，從七品；　知事二員，照磨一員，俱從八品；　令史七人，譯史、通事、知印各二人。

同上　右阿速衛親軍都指揮使司，秩正三品。掌宿衛城禁，兼營潮河、蘇沽兩川屯田，供給軍儲。至元九年，初立阿速拔都達魯花赤，置屬官。二十三年，遂名爲阿速之軍。至大二年，改立右阿速衛親軍都指揮使司，置達魯花赤三員、都指揮使三員，副都指揮使二員、僉事二員。四年，省達魯花赤三員。後定置達魯花赤一員，正三品；　都指揮使三員，正三品；　副都指揮使二員，從三品；　僉事二員，正四品；　經歷二員，從七品；　知事二員，承發架閣照磨一員，從八品；　令史七人，譯史、通事、知印各一人。鎮撫二員。

延安屯田打捕總管府，秩從三品。管析居放良人戶，并兀里吉思田地北來蒙古人戶。至元十八年始設，定置達魯花赤一員，總管一員，同知一員，經歷、知事各一員。屬官打捕屯田官一十二員。

大寧、海陽等處屯田打捕所，秩從七品。掌北京、平灤等路析居放良不蘭奚等戶。至元二十二年，置總管府。元貞元年，罷總管府，置打捕所。定置達魯花赤一員，長官一員。教官［二］，蒙古字教授一員，儒學教授一員。

忠翊侍衛親軍都指揮使司，秩正三品。至元二十九年，始立屯田府。大德十一年，增軍數，立爲大同等處指揮使司。至大四年，屬徽政院。延祐元年，改中都威衛使司，仍隸徽政院，尋復改屬樞密院。至治元年，改爲忠翊侍衛。後定置都指揮使三員，正三品；　副都指揮使二員，從三品；　僉事二員，正四品；　經歷二員，從七品；　知事二員，照磨一員，俱從八品；　令史七人，譯史、通事、知印各一人。鎮撫二員。【略】屯田左右手千戶所二翼，達魯花赤二員，千戶二員，百戶四十員，彈壓四員。

同上 宗仁蒙古侍衛親軍都指揮使司，秩正三品。至治二年，以亦乞列思人氏一百戶，與所收蒙古子女通三千戶，及清州匠二千戶，屯田漢軍二千戶，立宗仁衛以統之。定置都指揮使三員，正三品；副都指揮使二員，從三品；僉事二員，正四品；經歷二員，從七品；知事二員，照磨一員，俱從八品；令史七人，知印二人，怯里馬赤二人，譯史二人。鎮撫二員。屯田千戶所，千戶四員，百戶四十員，彈壓四員。

玘都哥萬戶府，初隸都府七千戶翼，延祐三年樞密院奏，改立萬戶府。達魯花赤一員，萬戶一員，副萬戶一員，經歷、知事、提控案牘各一員。鎮撫二員。【略】洪澤屯田千戶趙國宏翼，達魯花赤一員，千戶一員，副千戶一員，百戶一十四員，彈壓二員。直隸大都督府。

右欽察衛，秩正三品。至元二十三年，依河西等衛例，立欽察衛，設官十員。至治二年，分爲左右衛。天曆二年，撥隸大都督府。定置達魯花赤一員，正三品；都指揮二員，正三品；副使二員，從三品；僉事二員，正四品；經歷二員，從七品；知事二員，照磨二員，並從八品；令史七人，譯史、通事、知印各二人。鎮撫一員。【略】

屯田千戶所二，達魯花赤二員，千戶二員，百戶二十員，彈壓二員。

同上 左欽察衛，秩正三品。至治二年，依阿速衛例，分爲兩衛，設官十員。天曆二年，撥隸大都督府。定置衛官，都指揮使三員，正三品；副都指揮二員，從三品；僉事二員，正四品；經歷二員，從七品；知事二員，照磨一員，從八品；令史七人，譯史、通事、知印各一人。屬官鎮撫二員。【略】

屯田千戶所一翼，達魯花赤一員，千戶一員，百戶十員，彈壓一員。【略】

龍翊侍衛親軍都指揮使司，秩正三品。天曆元年始立，設官十四員。二年，又置愛馬知事一員，又以左欽察衛唐吉失九千戶隸本衛。定置官，都指揮使三員，正三品；副都指揮使二員，從三品；僉事二員，正四品；經歷一員，從七品；知事二員，照磨一員，並從八品；令史七人，譯史二人，怯里馬赤二人，知印二人。鎮撫二員。【略】

屯田一翼欽察千戶所，達魯花赤一員，千戶一員，百戶二十二員，彈莊二員。

《元史》卷八七《百官三》 永平屯田總管府，秩從三品。達魯花赤一員，總管一員，同知一員，知事一員，司吏四人。至元二十四年，始立於永平路南馬城縣，以北京採木三千人隸之。所轄昌國、濟民、豐贍三署，各置署令一員、署丞一員、直長一人、吏目二人、吏二人。

同上 淮東淮西屯田打捕總管府，秩正三品。掌獻田歲入，以供內府，及湖泊山場漁獵，以供內膳。至元十四年，始立總管府，幷管(連)〔漣〕海高郵湖泊提舉司、沂州等處提舉司事。十六年，置揚州鷹房打捕達魯花赤總管府。二十二年，省併爲淮東淮西屯田打捕總管府。二十五年，以兩淮新附手號軍千戶所隸本府，及分置提舉司一十處。定置達魯花赤一員，正三品；總管一員，正三品；同知一員，正五品；府判一員，正六品；經歷一員，從七品；知事一員，從八品；提控案牘一員，從九品；司吏六人。

淮安州屯田打捕提舉司，高郵屯田打捕提舉司，招泗屯田打捕提舉司，安東海州屯田打捕提舉司，揚州通泰屯田打捕提舉司，安豐廬州等處打捕提舉司，鎮巢等處打捕提舉司，塔山、徐、邳、沂州等處山場屯田提舉司，凡九處，秩俱從五品。每司各設達魯花赤一員，提舉一員，並從五品；同提舉一員，從六品；副提舉一員，從七品；吏目二人。

同上 襄陽營田提舉司，秩從五品。初置襄陽等處水陸地土人戶提領所，設官四員。大德元年，改提舉司。天曆二年，仍爲襄陽營田提舉司。定置達魯花赤一員、提舉一員、同提舉一員、副提舉一員。

江淮等處營田提舉司，秩從五品。至元二十七年始置。達魯花赤一員，提舉一員，同提舉一員，副提舉一員。

大都等路民佃提領所，至元二十九年，以武清等一十處，併立大都水陸地土種田人民提領所。十五年，又設隨路管民都提領所。天曆元年，併爲大都等路民佃提領所。定置提領一員，大使、副使各一員。

《元史》卷八九《百官五》 左都威衛使司，秩正三品。【略】

屯田左右千戶二所，千戶二員，都目一員，彈壓一員，百戶每所二十員。

【略】

右都威衛使司，秩正三品。【略】

屯田千戶所，秩正五品。千戶二員，彈壓一員，百戶七員，都目一人。

同上 汴梁等路管民總管府，秩正三品。達魯花赤、總管、同知、府判各一員，經歷、知事、提控案牘各一員。國初，立息州總管府，領歸附六千三百餘戶。元貞元年，又併壽潁歸附民戶二千四百餘戶，改汴梁等路管民總管府，掌各屯佃戶差發子粒，隸徽政院。泰定元年，改隸詹事院，後隸儲政院。其屬庫一，提領所八，管佃提領十二。

常盈庫，大使、副使各一員。

提領所：

新降戶，眞陽，新蔡，息州，汝寧，陳州，汴梁，鄭州，眞定。

以上八所，每所提領各一員，副提領、相副官有差。

管佃提領：

汝陽五里岡，許州（堰）〔郾〕城縣，青龍宋岡，陳州（須）〔項〕城商水等屯，分山曲堰，許州臨潁屯，許州襄城屯，汝陽金鄉屯，潁豐堰，遂平橫山屯，上蔡浮召屯，汝陽縣烟亭屯。

以上十有二處，各設提領二員。

《元史》卷九二《百官八》 行樞密院。【略】〔至正〕十八年，以參政崔敬爲山東等處行樞密院副使，分院於滁州，兼領屯田事。【略】

同上 都水庸田使司。至元二年正月，置都水庸田使司於平江，既而罷之。至五年，復立。至正十二年，因海運不通，京師闕食，詔河南窪下水泊之地，置屯田八處，於汴梁添立都水庸田使司，正三品，掌種植稻田之事。庸田使二員，副使二員，僉事二員。首領官：經歷、知事、照磨各一員，司吏十二人，譯史二人。

都總制庸田使司。至正十年，置河南江北等處都總制庸田使司。定置都總制庸田使二員，從二品；副使二員，從三品；僉司六員，從四品。首領官：經歷二員，從六品；都事二員，從七品；照磨兼管勾承發架閣一員，從八品；蒙古必闍赤、回回令史、怯里馬赤、知印各一人，令史十八人，宣使十八人，壕寨十八人，典吏四人。其屬官，則有軍民屯田總管府，凡五處，置達魯花赤各一員，從三品；總管各一員，正五品；同知各一員，正六品；府判各一員，從七品。首領官：經歷各一員，從八品；知事各一員，從九品；提控案牘兼管勾承發架閣各一員，蒙古譯史各一人，司吏各六人，典吏各二人。又有農政司，置農政一員，正五品；農丞一員，正六品；提控一員，司吏二人。又有豐盈庫，置提領一員，正八品；大使、副使各一員，正九品。

分司農司。至正十三年正月，命中書右丞悟良哈台、左丞烏古孫良楨兼大司農卿，給分司農司印。西自西山，南至保定、河間，北至檀、順州，東至遷民鎮，凡係官地，及元管各處屯田，悉從分司農司立法募民佃種之。

大兵農司。至正十五年，詔有水田去處，置大兵農司，招誘夫丁，有事則乘機招討，無事則栽植播種。所置司之處，曰保定等處大兵農使司、河間等處大兵農使司、武清等處大兵農使司、景薊等處大兵農使司。其屬，有兵農千戶所，共二十四處；百戶所，共四十八處；鎮撫司各一。

大都督兵農司。至正十九年二月，置大都督兵農司于西京，以孛羅帖木兒領之，從其所請也。仍置分司十道，專掌屯種之事。

同上 山東東西道宣慰使司都元帥府，至正六年十二月改立，掌開設屯田、屯駐軍馬之事。

同上 屯田使司。至正十五年十二月，置軍民屯田使司于沛縣，正三品。

屯田打捕總管府。至元四年五月，升兩淮屯田打捕總管府爲正三品。

黎兵萬戶府。元統二年十月，湖廣行省咨：海南僻在極邊，南接占城，西隣交趾，環海四千餘里，中盤百洞，黎、獠雜居，宜立萬戶府以鎮之。中書省奏准，依廣西屯田萬戶府例，置黎兵萬戶府。萬戶三員，正三品。千戶所一十三處，正五品。每所領百戶所八處，正七品。

《元史》卷九〇《食貨四》 右手屯田千戶所：千戶，俸二十六貫六錢六分六釐。百戶，俸一十六貫六錢六分六釐。左手屯田千戶所同。

同上 弩軍官：千戶，俸二十貫六錢六分六釐，米一石五斗。百戶，俸一十二貫六錢六分六釐，米一石。彈壓，俸一十一貫三錢三分三釐，米五斗。都目，俸一十貫，米五斗。屯田千戶所同弩軍官例。

同上 至順元年，以改元免諸路差稅有差，減方物之貢，免河南府、懷慶路門攤、海北鹽課，存恤紅城兒屯田軍三年。

同上 〔大德〕二年，賑龍興、臨江兩路饑民，又賑金復州屯田軍糧二月。

同上 〔至元〕二十六年，京兆旱，以糧三萬石賑之。是年，又賑左右翼屯田蠻軍及月兒魯部貧民糧，各三月。

《元史》卷九八《兵一》 〔中統〕三年十月，以鳳翔府屯田軍人準充平陽軍數，仍於鳳翔屯田，勿遣從軍。【略】

同上 〔至元〕五年【略】十一月，簽山東、河南沿邊州城民户爲軍，遇征進，則選有力之家同元守邊城漢軍一體出征，其無力之家代守邊城及屯田勾當。

同上 〔至元〕十一年【略】六月，潁州屯田總管李珣言：近爲簽軍事，乞依徐、邳州屯田例，每三丁内，一丁防城，二丁納糧，可簽丁壯七百餘人，并元撥保甲丁壯，令珣通領，鎮守潁州，代見屯納合監戰軍馬别用。從之。

同上 〔至元〕十四年【略】十二月，樞密院臣言：收附亡宋州城，新附請糧官軍，并通事馬軍人等，軍官不肯存恤，多逃散者，乞招誘之。命左丞陳巖等，分揀堪當軍役者，收係充軍，依舊例月支錢糧。其生券不堪當軍者，官給牛具糧食，屯田種養。

同上 〔至元〕二十二年【略】十一月，御史臺臣言：昔宋以無室家壯士爲鹽軍，内附之初，有五千人，除征占城運糧死亡者，今存一千一百二十二人。此徒皆性習凶暴，民患苦之，宜給以衣糧，使屯田自贍，庶絶其擾。從之。

《元史》卷九九《兵二》 右衛：中統三年，以侍衛親軍都指揮使董文炳兼山東東路經略使，共領武衛軍事。命益都行省大都督撒吉思驗壬子年已定民籍，及照李璮總籍軍數，每千户内選練習軍士二人充侍衛軍，并海州、東海、漣州三處之軍屬焉。至元元年，改武衛爲侍衛親軍，分左右翼，置都指揮使。八年，改立左、右、中三衛，掌宿衛扈從，兼屯田，國有大事，則調度之。

左衛、中衛：並至元八年侍衛親軍改立。

前衛：至元十六年，以侍衛親軍創置前、後二衛，掌宿衛扈從，兼營屯田，國有大事，則調度之，置都指揮使。

後衛：亦至元十六年置。

武衛：至元二十五年，尚書省奏，那海那的以漢軍一萬人，如上都所立虎賁司，營屯田，修城隍。二十六年，樞密院官暗伯奏，以六衛六千人，塔剌海孛可所掌大都屯田三千人，及近路迤南萬户府一千人，總一萬人，立武衛親軍都指揮使司，掌修治城隍及京師内外工役之事。

左都威衛：至元十六年，世祖以新取到侍衛親軍一萬户，屬之東宮，立侍衛親軍都指揮使司。三十一年，復以屬皇太后，改隆福宮左都威衛使司。【略】皇慶元年，以王平章舊所領軍一千人，立屯田。【略】

右阿速衛：至元九年，初立阿速拔都達魯花赤，後招集阿速正軍三千餘名，復選阿速揭只揭了溫怯薛丹軍七百人，扈從車駕，掌宿衛城禁，兼營潮河、蘇沽兩川屯田，并供給軍儲。二十三年，爲阿速軍南攻鎮巢，殘傷者衆，遂以鎮巢七百户屬之，并前軍總爲一萬户，隸前後二衛。至大二年，始改立右衛阿速親軍都指揮使司。

忠翊侍衛：至元二十九年，始立屯田府。大德十一年，增軍數，立爲大同等處侍衛親軍都指揮使司。至大四年四月，皇太后修五臺寺，遂移屬徽政院，并以京兆軍三千人增入。延祐元年，改中都威衛使司，仍隸徽政院。至治元年，始改爲忠翊侍衛親軍都指揮使司。

左欽察衛：亦至治二年立。始至元中立衛時，設行軍千户十有九所，屯田三所。大德中，置只兒哈郎、鐵哥納兩千户所。至大元年，復設四千户所。至是始分爲左右二衛，亦屬大都督府。

同上 〔大德〕二年正月，樞密院臣言：阿剌䚟、脱忽思所領漢人、女直、高麗等軍二千一百三十六名内，有稱海對陣者，有久戍四五年者，物力消乏，乞於六衛軍内分一千二百人，大同屯田軍八百人，徹里台軍二百人，總二千二百人往代之。制可。三月，詔各省合併鎮守軍，福建所置者合爲五十三所，江浙所置者合爲二百二十七所，江西元立屯軍鎮守二百二十六所，減去一百六十二所，存六十四所。

同上 〔大德〕五年三月，詔河南省占役江浙省軍一萬一千四百七十二名，除洪澤、芍陂屯田外，餘令發還元翼。

《元史》卷一〇〇《兵三・馬政》 大斡耳朵位下：怯魯連火你赤塔剌海。

一，甘州等處御位下：【略】只哈禿屯田地安童一所。

《元史》卷一〇〇《兵三・屯田》 樞密院所轄

左衛屯田：世祖中統三年三月，調樞密院二千人，於東安州南、永清縣東荒土，及本衛元占牧地，立屯開耕，分置左右手屯田千户所，爲軍二千名，爲田一千三百一十頃六十五畝。

右衛屯田：世祖中統三年三月，調本衛軍二千人，於永清、益津等處立屯開耕，分置左右手屯田千戶所。其屯軍田畝之數，與左衛同。

中衛屯田： 世祖至元四年，於武清、香河等縣置立。十一年，以各屯地界，相去百餘里，往來耕作不便，遷於河西務、荒莊、楊家口、青臺、楊家白等處。其屯軍之數，與左衛同，爲田一千三十七頃八十二畝。

前衛屯田： 世祖至元十五年九月，以各省軍入備侍衛者，於霸州、保定、涿州荒閑地土屯種，分置左右手屯田千戶所。屯軍與左衛同，爲田一千頃。

後衛屯田： 置立歲月，與前衛同。後以永清等處田畝低下，遷昌平縣之太平莊。泰定三年五月，以太平莊乃世祖經行之地，營盤所在，春秋往來，牧放衛士頭匹，不宜與漢軍立屯，遂罷之，止於舊立屯所，耕作如故。屯軍與左衛同，爲田一千四百二十八頃一十四畝。

武衛屯田： 世祖至元十八年，發迤南軍人三千名，於涿州、霸州、保定、定興等處置立屯田，分設廣備、萬益等六屯，別立農政院以領之。二十二年，罷農政院爲司農寺，自後與民相參屯種。二十五年，別立屯田萬戶府，分管屯種軍人。二十六年，以屯軍屬武衛親軍都指揮使司，兼領屯田事。仁宗皇慶元年，改屬衛率府，後復歸之武衛。英宗至治元年，命以廣備、利民二千戶軍人所耕地土，與左衛率府忙古䚟屯田千戶所互相更易。屯軍三千名，爲田一千八百四頃四十五畝。

左翼屯田萬戶府： 世祖至元二十六年二月，罷蒙古侍衛軍從人之屯田者，別以斡端、別十八里回還漢軍，及大名、衛輝兩翼新附軍，與前、後二衛迤東還戍士卒合併屯田，設左、右翼屯田萬戶府以領之。遂於大都路霸州及河間等處立屯開耕，置漢軍左右手二千戶、新附軍六千戶所，爲軍二千五十一名，爲田一千三百九十九頃五十二畝。

右翼屯田萬戶府： 其置立歲月，與左翼同。成宗大德元年十一月，發眞定軍人三百名，於武清縣崔黃口增置屯田。仁宗延祐五年四月，立衛率府，以本府屯田併屬詹事院，後復歸之樞密，分置漢軍千戶所三，別置新附軍千戶所一，爲軍一千五百四十人，爲田六百九十九頃五十畝。

忠翊侍衛屯田： 世祖至元二十九年十一月，命各萬戶府，摘大同、隆興、太原、平陽等處軍人四千名，於燕只哥赤斤地面及紅城周迴，置立屯田，開耕荒田二千頃，仍命西京宣慰司領其事，後改立大同等處屯儲萬戶府以領之。成宗大德十一年，改侍衛親軍都指揮使司，仍領屯田。武宗至大四年，以黃華(領)[嶺]新附屯田軍一千人，併歸本衛，別立屯署。是年，改大同侍衛爲中都威衛，屬之徽政院，分屯軍二千置弩軍翼，止以二千人分置左右手屯田千戶所，黃華(領)[嶺]新附軍屯如故。仁宗延祐二年，遷紅城屯軍於古北口、太平莊屯種。五年，復簽中都威衛軍八百人，於左都威衛所轄地內，別立屯署。七年十二月，罷左都威衛及太平莊、白草營等處屯田，復於紅城周迴立屯，仍屬中都威衛。英宗至治元年，始改爲忠翊侍衛，屯田如故，爲田二千頃。後移置屯所，不知其數。

左、右欽察衛屯田： 世祖至元二十四年，發本衛軍一千五百一十二名，分置左右手屯田千戶所，及欽察屯田千戶所，於清州等處屯田。英宗至治二年，始分左、右欽察衛，以左右手屯田千戶所分屬之。文宗天曆二年，創立龍翊侍衛，復以隸焉。爲軍左手千戶所七百五名，右手千戶所四百三十七名，欽察千戶所八百名。爲田左手千戶所一百三十七頃五十畝，右手千戶所二百一十八頃五十畝，欽察千戶所三百頃。

左衛率府屯田： 武宗至大元年六月，命於大都路漷州武清縣及保定路新城縣置立屯田。英宗至治元年，以武衛與左衛率府屯田地界，相離隔絕，不便耕作，命以兩衛屯地互更易之，分置三翼屯田千戶所，爲軍三千人，爲田一千五百頃。

宗仁衛屯田： 英宗至治二年八月，發五衛漢軍二千人，於大寧等處創立屯田，分置兩翼屯田千戶所，爲田二千頃。

宣忠扈衛屯田： 文宗至順元年十二月，命收聚訖一萬斡羅斯，給地一百頃，立宣忠扈衛親軍萬戶府屯田，依宗仁衛例。

大[司]農司所轄

永平屯田總管府： 世祖至元二十四年八月，以北京採取材木百姓三千餘戶，於灤州立屯，設官署以領其事，爲戶三千二百九十，爲田一萬一千六百一十四頃四十九畝。

營田提舉司： 不詳其建置之始，其設立處所在大都漷州之武清縣，爲戶軍二百五十三，民一千二百三十五，析居放良四百八十，不蘭奚二百三十二，火者一百七十口，獨居不蘭奚一十二口，黑瓦木丁八十二名，爲田三千五百二頃九十三畝。

廣濟署屯田：　世祖至元二十二年正月，以崔黄口空城屯田，歲澇不收，遷於清、滄等處。後大司農寺以尚珍署舊領屯夫二百三十戶歸之，既又遷濟南、河間五百五十戶，平灤、真定、保定三路屯夫四百五十戶，併入本屯，爲戶共一千二百三十，爲田一萬二千六百頃三十八畝。

宣徽院所轄

淮東淮西屯田打捕總管府：　世祖至元十六年，募民開耕(連)〔漣〕、海州荒地，官給禾種，自備牛具，所得子粒官得十之四，民得十之六，仍免屯戶徭役，屢欲中廢不果。二十七年，所轄提舉司一十九處，併爲十二。其後再併，止設八處，爲戶一萬一千七百四十三，爲田一萬五千一百九十三頃三十九畝。

豐閏署：　世祖至元二十二年，創立於大都路薊州之豐閏縣，爲戶八百三十七，爲田三百四十九頃。

寶坻屯：　世祖至元十六年，簽大都屬邑編民三百戶，立屯於大都之寶坻縣，爲田四百五十頃。

尚珍署：　世祖至元二十三年，置立於濟寧路之兗州，爲戶四百五十六，爲田九千七百一十九頃七十二畝。

腹裏所轄軍民屯田

大同等處屯儲總管屯田：　成宗大德四年，以西京黄華嶺等處田土頗廣，發軍民九千餘人，立屯開耕。六年，始設屯儲軍民總管萬戶府。十一年，放罷漢軍還紅城屯所，止存民夫在屯。仁宗時，改萬戶府爲總管府，爲戶軍四千二十，民五千九百四十五，爲田五千頃。

虎賁親軍都指揮使司屯田：　世祖至元十七年十二月，月兒魯官人言：近於滅捏怯土、赤納赤、高州、忽蘭若班等處，改置驛傳，臣等議，可於舊置驛所設立屯田。從之。二十八年，發虎賁親軍二千人入屯。二十九年，增軍一千，凡立三十四屯，於上都置司，爲軍三千人，佃戶七十九，爲田四千二百二頃七十九畝。

嶺北行省屯田

世祖至元二十一年，併和林阿剌觮元領軍一千人入五條河。成宗元貞元年，摘六衞漢軍一千名，赴稱海屯田。大德三年，以五條河漢軍悉併入稱海。仁宗延祐三年，罷稱海屯田，復立屯於五條河。六年，分揀蒙古軍五千人，復屯田稱海。七年，命依世祖舊制，稱海、五條河俱設屯田，發軍一千人於五條河立屯。英宗時，立屯田萬戶府，爲戶四千六百四十八，爲田六千四百餘頃。

遼陽等處行中書省所轄屯田

大寧路海陽等處打捕屯田所：　世祖至元二十三年，以大寧、遼陽、平灤諸路拘刷漏籍、放良、孛蘭奚人戶，及僧道之還俗者，立屯於瑞州之西瀕海荒地開耕，設打捕屯田總管府。成宗大德四年，罷之，止立打捕屯田所，爲戶元撥并召募共一百二十二，爲田二百三十頃五十畝。

浦峪路屯田萬戶府：　世祖至元二十九年十月，以蠻軍三百戶、女直一百九十戶，於咸平府屯種。三十年，命本府萬戶和魯古觮領其事，仍於茶剌罕、剌憐等處立屯。三十一年，罷萬戶府屯田。仁宗大德二年，撥蠻軍三百戶屬肇州蒙古萬戶府，止存女直一百九十戶，依舊立屯，爲田四百頃。

金復州萬戶府屯田：　世祖至元二十一年五月，發新附軍一千二百八十一戶，於忻都察置立屯田。二十六年，分京師應役新附軍一千人，屯田哈思罕關東荒地。三十年，以玉龍帖木兒、塔失海牙兩萬戶新附軍一千三百六十戶，併入金復州，立屯耕作，爲戶三千六百四十一，爲田二千五百二十三頃。

肇州蒙古屯田萬戶府：　成宗元貞元年七月，以乃顏不魯古赤及打魚水達達、女直等戶，於肇州旁近地開耕，爲戶不魯古赤二百二十戶，水達達八十戶，歸附軍三百戶，續增漸丁五十二戶。

河南行省所轄軍民屯田

南陽府民屯：　世祖至元二年正月，詔孟州之東，黄河之北，南至八柳樹、枯河、徐州等處，凡荒閑地土，可令阿朮、阿剌罕等所領士卒，立屯耕種，并摘各萬戶所管漢軍屯田。六年，以攻襄樊軍餉不足，發南京、河南、歸德諸路編民二萬餘戶，於唐、鄧、申、裕等處立屯。八年，散還元屯戶，別簽南陽諸色戶計，立營田使司領之，尋罷，改立南陽屯田總管府。後復罷，止隸有司，爲戶六千四十一，爲田一萬六百六十二頃七畝。

洪澤萬戶府屯田：　世祖至元二十三年，立洪澤南北三屯，設萬戶府以統之。先是，江淮行省言：　國家經費，糧儲爲急，今屯田之利，無過兩淮、況(勺)〔芍〕陂、洪澤皆漢、唐舊嘗立屯之地，若令江淮新附漢軍屯田，可歲得糧百五十餘萬石。至是從之。三十一年，罷三屯萬戶，止立洪澤屯田萬戶府以統之。其置立處所，在淮安路之白水塘、黄家疃等處，爲戸一萬五千九百九十四名，爲田三萬五千三百一十二頃二十一畝。

芍陂屯田萬戸府：世祖至元二十一年二月，江淮行省言：安豐之芍陂，可溉田萬餘頃，乞置三萬人立屯。中書省議：發軍士二千人，姑試行之。後屯戸至一萬四千八百八名。

德安等處軍民屯田總管府：世祖至元十八年，以各翼取到漢軍，及各路拘收手號新附軍，分置十屯，立屯田萬戸府。三十一年，改立總管府，爲民九千三百七十五名，軍五千九百六十五名，爲田八千八百七十九頃九十六畝。

陝西等處行中書省所轄軍民屯田

陝西屯田總管府：世祖至元十一年正月，以安西王府所管編民二千戸，立櫟(楊)〔陽〕、涇陽、終南、渭南屯田。十八年，立屯田所。十九年，以軍站屯戸拘收爲怯憐口戸計，放還而無所歸者，籍爲屯戸，立安西、平凉屯田，設提領所以領之。二十九年，立鳳翔、鎭原、彭原屯田，放罷至元十年所簽接應成都、延安軍人，置立民屯，設立屯田所，尋改爲軍屯，令千戸所管領。三十年，復更爲民屯，爲戸鳳翔一千一百二十七戸；鎭原九百一十三戸；櫟(楊)〔陽〕七百八十六戸，後存六百五十戸；涇陽六百九十六戸，後存六百五十八戸；彭原一千二百三十八戸；安西七百二十四戸，後存二百六十二戸；平凉二百八十八戸；終南七百七十一戸，後存七百一十三戸；渭南八百一十一戸，後存七百六十六戸。爲田鳳翔九十頃一十二畝，鎭原四百二十六頃八十五畝，櫟陽一千二十頃九十九畝，涇陽一千二十頃九十九畝，彭原五百四十五頃六十八畝，安西四百六十七頃七十八畝，平凉一百一十五頃二十畝，終南九百四十三頃七十六畝，渭南一千二百二十二頃三十一畝。

陝西等處萬戸府屯田：世祖至元十九年二月，以盩厔南係官荒地，發歸附軍，立孝子林、張馬村軍屯。二十年，以南山把口子巡哨軍人八百戸，於盩厔縣之杏園莊、寧州之大昌原屯田。二十一年，發文州鎭戍新附軍九百人，立亞柏鎭軍屯，復以燕京戍守新附軍四百六十三戸，於德順州之威戎立屯開耕。爲戸孝子林屯三百一戸，張馬村屯三百一十三戸，杏園莊屯二百三十三戸，大昌原屯四百七十四戸，亞柏鎭屯九百戸，威戎屯四百六十三戸。爲田孝子林二十三頃八十畝，張馬村七十三頃八十畝，杏園莊一百一十八頃三十畝，大昌原一百五十八頃七十九畝，亞柏鎭二百六十八頃五十九畝，威戎一百六十四頃八十畝。

貴赤延安總管府屯：世祖至元十九年，以拘收贖身、放良、不蘭奚及漏籍戸計，於延安路探馬赤草地屯田，爲戸二千二十七，爲田四百八十六頃。

甘肅等處行中書省所轄軍民屯田

寧夏等處新附軍萬戸府屯田：世祖至元十九年三月，發迤南新附軍一千三百八十二戸，往寧夏等處屯田。二十一年，遣塔塔裏千戸所管軍人九百五十八戸屯田，爲田一千四百九十八頃三十三畝。

管軍萬戸府屯田：世祖至元十八年正月，命肅州、沙州、瓜州置立屯田。先是，遣都元帥劉恩往肅州諸郡，視地之所宜，恩還言宜立屯田，遂從之。發軍於甘州黑山子、滿峪、泉水渠、鴨子翅等處立屯，爲戸二千二百九十，爲田一千一百六十六頃六十四畝。

寧夏營田司屯田：世祖至元八年正月，簽發已未年隨州、鄂州投降人民一千一百七戸，往中興居住。十一年，編爲屯田戸，凡二千四百丁。二十三年，續簽漸丁，得三百人，爲田一千八百頃。

寧夏路放良官屯田：世祖至元十一年，從安撫司請，以招收放良人民九百四戸，編聚屯田，爲田四百四十六頃五十畝。

亦集乃屯田：世祖至元十六年，調歸附軍人於甘州，十八年，以充屯田軍。二十二年，遷甘州新附軍二百人，往屯亦集乃合即渠開種，爲田九十一頃五十畝。

江西等處行中書省所轄屯田

贛州路南安寨兵萬戸府屯田：成宗大德二年正月，以贛州路所轄信豐、會昌、龍南、安遠等處，賊人出沒，發寨兵及宋舊役弓手，與抄數漏籍人戸，立屯耕守，以鎭遏之，爲戸三千二百六十五，爲田五百二十四頃六十八畝。

江浙等處行中書省所轄屯田

汀、漳屯田：世祖至元十八年，以福建調軍糧儲費用，依腹裏例，置立屯田，命管軍總管鄭楚等，發鎭守士卒年老不堪備征戰者，得百有十四人，又募南安等縣居民一千八百二十五戸，立屯耕作。成宗元貞三年，命於南詔、黎、畲各立屯田，摘撥見戍軍人，每屯置一千五百名，及將所招陳弔眼等餘黨入屯，與軍人相參耕種。爲戶汀州屯一千五百二十五名，漳州屯一千五百一十三名。爲田汀州屯二百二十五頃，漳州屯二百五十頃。

高麗國立屯

高麗屯田：　世祖至元七年創立，是時東征日本，欲積糧餉，爲進取之計，遂以王綧、洪茶丘等所管高麗戶二千人，及發中衛軍二千人，合婆娑府、咸平府軍各一千人，於王京東寧府、鳳州等一十處，置立屯田，設經略司以領其事，每屯用軍五百人。

四川行省所轄軍民屯田二十九處

廣元路民屯：　世祖至元十三年，從利[州]路元帥言，廣元實東西兩川要衝，支給浩繁，經理係官田畝，得九頃六十畝，遂以褒州刷到無主人口，偶配爲十戶，立屯開種。十八年，發新得州編民七十七戶屯田，爲戶共八十七。

敍州宣撫司民屯：　世祖至元十一年，命西蜀四川經略使起立屯田。十五年，簽長寧軍、富順州等處編民四百七十五戶，立屯耕種。十九年，續簽一百六十戶。二十年，敍州簽民一千九百戶。二十五年，富順州復簽民六百八戶，增入舊屯。二十七年，取勘析出屯戶，得二百八十四。成宗元貞二年，復放罷站戶一千一十七戶，依舊屯田。總之爲戶四千四百四十四。

紹慶路民屯：　世祖至元十九年，於本路未當差民戶內，簽二十三(名)[戶]，置立屯田。二十年，於彭水縣籍管萬州寄戶內，簽撥二十戶。二十一年，簽彭水縣未當差民戶三十二戶增入。二十六年，屯戶貧乏者多負逋，復簽彭水縣編民一十六戶補之。爲戶九十一。

嘉定路民屯：　世祖至元十九年，簽亡宋編民四戶，置立屯田。成宗元貞元年，撥成都義士軍八戶增入。爲戶一十二。

順慶路民屯：　世祖至元十二年，簽順慶民三千四百六十八戶，置立屯田。十九年，復於民戶內，差撥一千三百三十六戶置民屯。二十年，復簽二百一十二戶增入。總之五千一十六戶。

潼川府民屯：　世祖至元十一年，簽本府編民及義士軍二千二百二十四戶，立屯。十三年，復簽民一百四十二戶。二十一年，行省遣使於遂寧府擇監夫之老弱廢疾者，得四十六戶，簽充屯戶。總之二千四百一十二戶。

夔路總管府民屯：　世祖至元十一年置，累簽本路編民至五千二十七戶，續於新附軍內簽老弱五十六戶增入。

重慶路民屯：　世祖至元十一年置，累於江津、巴縣、瀘州、忠州等處，簽撥編民二千三百八十七戶，并召募，共三千五百六十六戶。

成都路民屯：　世祖至元十三年，簽陰陽人四十戶，辦納屯糧。二十二年，續簽瀘州編民九(千)[十]七戶，充屯田戶。三十一年，續簽千戶高德所管民一十四戶。

保寧萬戶府軍屯：　世祖至元二十六年，保寧府言：　本管軍人，一戶或二丁三丁，父兄子弟應役，實爲重併，若又遷於成都屯種，去家隔遠，逃匿必多。乞令本府在營士卒，及夔路守鎮軍人，止於保寧沿江屯種。從之。簽軍一千二百名。二十七年，發屯軍一百二十九人，從萬戶也速迭兒西征，別簽漸丁軍人入屯，爲戶一千三百二十九名，爲田一百一十八頃二十七畝。

敍州等處萬戶府軍屯：　成宗元貞二年，改立敍州軍屯，遷遂寧屯軍二百三十九人，於敍州宣化縣喁口上下荒地開耕，爲田四十一頃八十三畝。

重慶五路守鎮萬戶府軍屯：　仁宗延祐七年，發軍一千二百人，於重慶路三堆、中嶆、趙市等處屯耕，爲田四百二十頃。

夔路萬戶府軍屯：　世祖至元二十一年，從四川行省議，除沿邊重地，分軍鎮守，餘軍一萬人，命官於成都諸處擇膏腴地，立屯開耕，爲戶三百五十一人，爲田五十六頃七十畝，凡創立十四屯。

成都等路萬戶府軍屯：　於本路崇慶州義興鄉楠木園置立，爲戶二百九十九人，爲田四十二頃七十畝。

河東陝西等路萬戶府軍屯：　置立於灌州之青城、陶壩及崇慶州之大(冊)[柵]頭等處，爲戶一千三百二十八名，爲田二百八頃七畝。

廣安等處萬戶府軍屯：　置立於成都路崇慶州之七寶壩，爲戶一百五十名，爲田二十六頃二十五畝。

保寧萬戶府軍屯：　置立於(重)[崇]慶州晉(源)[原]縣之金馬，爲戶五百六十四名，爲田七十五頃九十五畝。

敍州萬戶府軍屯：　置立於灌州之青城，爲戶二百二十一名，爲田三十八頃六十七畝。

五路萬戶府軍屯：　置立於成都路崇慶州之大柵鎮孝感鄉及灌州青城縣之懷仁鄉，爲戶一千一百六十一名，爲田二百三頃一十七畝。

興元金州等處萬戶府軍屯：　置立於崇慶州晉(源)[原]縣孝感鄉，爲戶三百四十四名，爲田五十六頃。

隨路八都萬戶府軍屯：置立於灌州青城、溫江縣，爲戶八百三十二名，爲田一百六十二頃五十七畝。

舊附等軍萬戶府軍屯：置立於灌州青城縣、崇慶州等處，爲戶一千二名，爲田一百二十九頃五十畝。

砲手萬戶府軍屯：置立於灌州青城縣龍池鄉，爲戶九十六名，爲田一十六頃八十畝。

順慶軍屯：置立於晉(源)[原]縣義興鄉、江源縣將軍橋，爲戶五百六十五名，爲田九十八頃八十七畝。

平(楊)[陽]軍屯：置立於灌州青城、崇慶州大柵頭，爲戶三百九十八名，爲田六十九頃六十五畝。

遂寧州軍屯：爲戶二千名，爲田三百五十頃。

嘉定萬戶府軍屯：世祖至元二十一年，摘蒙古、漢軍及嘉定新附軍三百六十人，於崇慶州、青城等處屯田。二十八年，還之元翼，止餘屯軍一十三名，爲田二頃二十七畝。

順慶等處萬戶府軍屯：世祖至元二十六年，發軍於沿江下流漢初等處屯種，爲戶六百五十六名，爲田一百一十四頃八十畝。

廣安等處萬戶府軍屯：世祖至元二十七年，撥廣安舊附漢軍一百一十八名，於新明等處立屯開耕，爲田二十頃六十五畝。

雲南行省所轄軍民屯田一十二處

威楚提舉司屯田：世祖至元十五年，於威楚提舉鹽使司拘刷漏籍人戶充民屯，本司就領其事，與中原之制不同，爲戶三十三，爲田一百六十五雙。

大理金齒等處宣慰司都元帥府軍民屯：世祖至元十二年，命於所轄州縣，拘刷漏籍人戶，得(六)[二]千六十有六戶，置立屯田。十四年，簽本府編民四百戶益之。十八年，續簽永昌府編民一千二百七十五戶增入。二十六年，立大理軍屯，於爨僰軍內撥二百戶。二十七年，復簽爨僰軍人二百八十一戶增入。二十八年，續增一百一十九戶。總之民屯三千七百四十一戶，軍屯六百戶，爲田軍民已業二萬二千一百五雙。

鶴慶路軍民屯田：世祖至元十二年，簽鶴慶路編民一百戶立民屯。二十七年，簽爨僰軍一百五十二戶立軍屯，爲田軍屯六百八雙，民屯四百雙，俱己業。

武定路總管府軍屯：世祖至元二十七年，以雲南戍軍糧餉不足，於和曲、祿勸二州爨僰軍內，簽一百八十七戶，立屯耕種，爲田七百四十八雙。

威楚路軍民屯田：世祖至元十二年，立威楚民屯，拘刷本路漏籍人戶，得一千一百一戶，內八百六十六戶官給無主荒田四千三百三十雙，餘戶自備己業田一千一百七十五雙。二十七年，始立屯軍，於本路爨僰軍內簽三百九十九戶，內一十五戶官給荒田六十雙，餘戶自備己業田一千五百三十六雙。

中慶路軍民屯田：世祖至元十二年，置立中慶民屯，於所屬州縣內拘刷漏籍人戶，得四千一百九十七戶，官給田一萬七千二十二雙，自備己業田二千六百二雙。二十七年，始立軍屯，用爨僰軍人七百有九戶，官給田二百三十四雙，自備己業田二千六百一雙。

曲靖等處宣慰司兼管軍萬戶府軍民屯田：世祖至元十二年，立曲靖路民屯，拘刷所轄州郡諸色漏籍人戶七百四十戶立屯。十八年，續簽民一千五百戶增入，其所耕之田，官給一千四百八十雙，自備己業田三千雙。十二年，立澂江民屯，所簽屯戶，與曲靖同，凡一千二百六十戶。二十六年，始立軍屯，於爨僰軍內簽一百六十九戶。二十七年，復簽二百二十六戶增入。十二年，立仁德府民屯，所簽屯戶，與澂江同，凡八十戶，官給田一百六十雙。二十六年，始立軍屯，簽爨僰軍四十四戶。二十七年，續簽五十六戶增入，所耕田畝四百雙，俱係軍人己業。

烏撒宣慰司軍民屯田：世祖至元二十七年，立烏撒路軍屯，以爨僰軍一百一十四戶屯田。又立東川路民屯，屯戶亦係爨僰軍人，八十六戶，皆自備己業。

臨安宣慰司兼管軍萬戶府軍民屯田：世祖至元十二年，立臨安民屯二處，皆於所屬州縣拘刷漏籍人戶開耕。宣慰司所管民屯三百戶，田六百雙。本路所管民屯二千戶，田三千四百雙。二十七年，續立爨僰軍屯，爲戶二百八十八，爲田一千一百五十二雙。

梁千戶翼軍屯：世祖至元三十年，梁王遣使詣雲南行省言，以漢軍一千人置立屯田。三十一年，發三百人備鎮戍巡邏，止存七百人，於烏蒙屯田，後遷於新興州，爲田三千七百八十九雙。

羅羅斯宣慰司兼管軍萬戶府軍民屯田：世祖至元二十七年，立會通民屯，屯戶係爨僰土軍二戶。十六年，立建昌民屯，撥編民一百四戶。二十三年，發爨僰軍一百八十戶，立軍屯。是年，又立會川路民屯，發本路所轄州邑編民四十戶。十六年，立德昌路民屯，發編民二十一戶。二十年，始立軍屯，發爨僰軍人一百二十戶。

烏蒙等處屯田總管府軍屯：仁宗延祐三年，立烏蒙軍屯。先是雲南行省言：烏蒙乃雲南咽喉之地，別無屯戍軍馬，其地廣闊，土脈膏腴，皆有古昔屯田之蹟，乞發畏吾兒及新附漢軍屯田鎮遏。至是從之。爲戶軍五千人，爲田一千二百五十頃。

湖廣等處行中書省所轄屯田三處

海北海南道宣慰司都元帥府民屯：世祖至元三十年，召募民戶幷發新附士卒，於海南、海北等處置立屯田。成宗元貞元年，以其地多瘴癘，縱屯田軍二千人還各翼，留二千人與召募民之屯種。大德三年，罷屯田萬戶府，屯軍悉令還役，止令民戶八千四百二十八戶屯田，瓊州路五千一十一戶，雷州路一千五百六十六戶，高州路九百四十八戶，化州路八百四十三戶，廉州路六十戶。爲田瓊州路二百九十二頃九十八畝，雷州路一百六十五頃五十一畝，高州路四十五頃，化州路五十五頃二十四畝，廉州路四頃八十八畝。

廣西兩江道宣慰司都元帥撞兵屯田：成宗大德二年，黃聖許叛，逃之交趾，遺棄水田五百四十五頃七畝。部民有吕瑛者，言募牧蘭等處及融慶溪洞徭、撞民丁，於上浪、忠州諸處開屯耕種。十年，平大任洞賊黃德寧等，以其地所遺田土，續置藤州屯田。爲戶上浪屯一千二百八十二戶，忠州屯六百一十四戶，那扶屯一千九戶，雷留屯一百八十七戶，水口屯一千五百九十九戶。續增藤州屯，二百八頃一十九畝。

湖南道宣慰司衡州等處屯田：世祖至元二十五年，調德安屯田萬戶府軍士一千四百六十七名，分置衡州之清化、永州之烏符、武岡之白倉，置立屯田。二十七年，募衡陽縣無土產居民，得九戶，增入清化屯。爲戶清化屯軍民五百九戶；烏符屯軍民五百戶，白倉屯同。爲田清化屯一百二十頃一十九畝，烏符屯一百三頃五十畝，白倉屯八十六頃九十二畝。

《元史》卷一〇四《刑法三・盜賊》 應配役人，隨有金銀銅鐵洞冶、屯田、隄岸、橋道一切等處就作，令人監視，日計工程，滿日放還，充(景)[警]跡人。

《元典章》卷一九《戶部五・荒閑田土無主的作屯田》 至元十四年三月，欽奉聖旨，道與行中書省、行御史臺、宣慰司、按察司、管軍官、管民官、管匠官、管打捕鷹房，不以是何但管公事官吏、軍官、諸色人等：據淮西道宣慰使昂吉兒奏：淮西廬州地面，爲咱每軍馬多年征進，百姓每撇下的空閑田地多有。若自願種田的人教種呵，煞便當。教種時分與了限次，教他田地主人來者。主人每限次裏不來，願種田的人每教種者。種了之後主人每來，道是俺的田地來麼道，休爭占者。更軍每合請的糧食搬運呵，百姓生受，更費了官糧。教軍每做屯田呵，於官有益，糧食也容易。麼道，爲這般奏的上頭，與聖旨去也。聖旨到日，田地的主人限半年出來，經由官司，若委實是他田地，無爭差呵，分付主人，教依舊種者。若限次裏頭不來呵，不揀甚麼人，自願種的教種者。更軍民根底，斟酌與牛具、農器、種子，教做屯田者。種了的後頭，主人出來，道是俺的田地來麼道，休爭要者。欽此。

元《通制條格》卷七《軍防・禁治擾害》 至元二十九年三月初十日，御史臺奏節該：姓張底管軍百戶，去年夏裏，上都俺根底文書裏告：樞密院家五衞萬戶、千戶、百戶官人每，十年其間裏，軍人每根底貳拾一萬定鈔齊斂要來也者。說有。俺省得的奏：雖是大四至說呵，這裏頭實的也有也者，虛的也有也者，交打算不交打算，上位識者。麼道，奏呵，月魯那演奏：這言語比及我入院已前，伴當每我根前說了幾遍來，舊底雖是不交打算呵，上位奏了，軍官每這箇那箇官人每根底，與茶飯。麼道，軍每根底，休交齊斂要者，軍人每根底，休交生受者，後頭底禁治。麼道，說來。麼道，奏呵，那般者。禁治者。舊底後頭交打算不交打算，咱每尋思了說。麼道，聖旨了也。崔中丞奏：月魯那演、也先帖木兒兩箇院裏恰纔入去了也，這般不整治呵，後底這兩箇官人根底也來去也。麼道，奏呵，恰纔不言語了也那？整理者。麼道，聖旨了也。欽此。本臺議到下項合禁事理：【略】一、不得差倩屯田軍人幷牛隻、車輛，耕種私己田禾，般載己物。【略】一、各衞屯田官地，多與軍官自己地土相靠，儻遇災傷，軍官人等將被災者(買)[冒]作官田，收成者妄爲己地。今後並不得似前如此作弊。

元《通制條格》卷七《軍防・屯田》 至元二十六年八月，樞密院。議擬到禁約諸軍例內一款：內外諸軍所役屯田軍人，自來且耕且戰，恐本管官吏不以王事爲念，止於農夫一例濫收老幼或軀丁應當。如遇調遣，點覷得但有不堪執役之人，定將當該官吏治罪施行。

元《至正條格》卷七《斷例・户婚》　屯田賞罰

至治二年九月十一日樞密院奏：在前院官內提調屯田有來，這幾年屯田的勾當怠慢了的一般有，麽道。奏呵，教提調者，麽道。聖旨有來，在前提調屯田的院官每并衛官萬戶、千戶、百戶每好生用心的上頭，收到肆拾餘萬石子粒有來。這幾年衛官萬戶、千戶、百戶不用心的上頭，收的不及所費有。如今謹慎的官人每根底與賞，怠慢了的將提調衛官、萬戶、千戶、百戶每根底合要罪過的要罪過，合削降散官的削降散官。每年壹頃地滚收玖拾石之上呵，本屯裏賞兩箇千戶呵，提調衛官每根底賞金段子貳匹，帶裏兒白米貳石。千戶本屯裏賞叁個，百戶呵，千戶每根底賞與段子貳匹，帶裏兒白米貳石。百戶每員常段子叁匹，帶裏兒白米叁石。牌子頭散軍每名白米叁石，若收到陸拾石至伍拾石的衛官每根底，若本屯兩個千戶該罰者決壹拾柒下，千戶若本屯叁箇百戶該罰者千戶決貳拾柒下，百戶叁拾柒下，牌子頭散軍從提調衛官就便斷決。收到肆拾石之下，提調衛官不爲用心，決貳拾柒下，削降散官壹等，千戶決叁拾柒下，削降散官壹等，百戶決肆拾柒下，削降散官壹等，牌子頭散軍教提調官就便斷罪。若收到陸拾石之上呵，雖以賞罰，又這提調衛官每年壹次交換呵，屯田的勾當便當的一般，麽道。奏呵，奉聖旨，說的是有，各衛官既提調着勾當，他每根底不要罪過呵，那裏肯用心向前。如今他每根底依着恁定來的賞罰者。

至元四年四月十四日樞密院奏：馬札兒台知院俺根底說各衛，設立屯田衛所管一二十屯，軍人百十名，所種地土不下千百頃，至於春夏耕耘之際，秋冬收成之時，軍人併工擾攘紛紜。其提調屯田衛官以一人之身不能往來徧歷，軍人所種田土荒惰，是以所收子粒不及元額。今後農忙之際令各衛提調官於本衛所管行軍千戶、百戶內除差占外，遴選廉能千戶肆員，百戶陸員，一同監督軍人種佃，屯田，庶易辦集。其千戶、百戶等官或有尅落官給種子及侵用所收子粒，驗數多寡科罪。壹石之上解任，拾石之上不叙。其餘搔擾軍人一切不便事理臨事定擬，仍量事輕重斷罪。及元差官吏若西成之後，驗其分數依例賞罰外，據軍人例該給賞者比及十月軍人放散，從本衛提調屯官隨即依例給付，不敷者亦令斷罪追陪，庶使屯官軍人有所畏，向盡於農矣。的說有。俺衆人商量來，依着馬札兒台知院說的定擬着行呵，怎生。奏呵，奉聖旨那般者。

同上　失誤屯種

至順元年七月大司農司呈：永平屯田事。兵部與刑部議得永平屯田總管府戶計元係大寧路採木人夫，其民無知，溺於懷工，私領官牛還家，違失農時，妨誤播種。今後若有似前衷私還家者笞肆拾柒下，因而失誤屯種者伍拾柒下，頭目失於約束各減貳等斷決。其故縱者與犯人同罪，仍令提調正官常加撫綏，依時勸課，勿令廢弛。親管頭目不得非理搔擾，違者約量斷罪。都省準擬。

元《至正條格》卷二六《條格・田令》　新附軍地土

至順元年十月戶部議得御史臺呈：河東廉訪司言黃花嶺忠翊侍衛新附軍人六百二十七名，家屬一千五百九十七名，每年冬夏衣裝擬支中統鈔八百餘定，軍人每名元撥屯田一頃，納官子粒一千餘石，所費甚大，所得至微。若於附近革罷大同屯儲府山陰等屯荒閑地內每軍一名量擬添撥地一頃，計共六百二十七頃，令各軍自耕自食，卻將冬夏衣裝住支。先撥地土依舊辦納子粒，誠爲便益。參詳合准所言，宜令樞密院差官與拘該有司官一同照依四至地畝從實標撥各軍屯種，住支衣裝，外，拋餘剩地土依上召人種佃納租。都省准擬。

探馬赤地土

延祐七年七月十五日中書省奏：御史臺備着監察每文書說將來，軍人每年差調置軍需什物的上頭，將根元分撥與來的草地典與了的不教回付元價，將地分撥與軍人每者，麽道。在前塔失帖木兒等樞密院官人每一面上位根底奏了來，若教這般行呵，動搖有。探馬赤軍人典質與了人的地土驗元價收贖，將地歸還元主。外，貨賣地土依至元二十五年至大四年行來的聖旨體例革撥，令買地人爲主。這般與將文書來，俺商量來，根元百姓典買地時分明白立着文契，買了起蓋房舍，栽植種養，當各處差發，又兼在先地價賤來，如今貴了也，若不教回付元價，追奪地土呵，百姓偏負依着他每定擬來的除立文契買的，外典來的，質當來的錢業各歸本主呵，怎生。奏呵，奉聖旨那得這般體例來，依着恁商量來的錢業各歸本主者。

元《至正條格》卷二六《條格・賦役》　屯田災傷

至治元年正月兵部議得各衛屯田官撥田牛種子軍人專一屯種，每遇水旱災傷，止令本管千戶、百戶檢踏，切禁虛冒。今後關牒鄰近州縣摘委正官與千戶、百戶署官一同踏驗實損分數、頃畝，備細連御申覆衛官，復檢相同隨即牒報廉訪同依例體覆。准除樞密院等衙門所轄各處屯田諸色田禾旱澇等災傷節次奏准即與民間百姓田禾災傷一體除免差稅，有司摘委正官踏驗，庶革冒濫之弊。都省准擬。

元·趙承禧《憲臺通紀·行臺體察等例》 至元十四年七月，欽奉聖旨：今南宋平定，委相威爲頭行御史臺［事］，所有合行條畫，逐一區處於後：【略】

一，管屯田營田官司不爲用心措置，以致無成者，糾察。

元·趙承禧《憲臺通紀·照刷營田提舉司文卷》 延祐三年十一月十六日，本臺官奏過事内一件：省家與俺文書，河南江北道奉使宣撫文書裏說有：襄陽路立着營田提舉司，五品衙門，屬會福院所管有。那裏官吏每爲不刷他每文卷的上頭，恣意做無體例勾當，要肚皮，好生害百姓有。教俺就便聞奏麼道有。俺商量來：依着省部擬定來的，與諸處運司，太后位下財賦、辦錢糧的衙門一體聖旨、懿旨裏，年終錢糧成就了畢呵，似這營田提舉司一般衙門的文卷，依例教廉訪司照刷呵，怎生？奏呵，那般者。麼道聖旨了也。欽此。

元·劉孟琛《南臺備要》 立行御史臺條畫

至元十四年七月，欽奉聖旨：今南宋平定，委相威爲頭行御史臺事。所有合行條畫，逐一區處如後：【略】

一，管屯田營田官司不爲用心措置，以致無成者，糾察。

元·許有壬《至正集》卷三七《兩淮屯田打捕都總管府記》 後至元丙子歲十月，制以兩淮屯田打捕總管府昉世祖時闢漣海田，募民耕以出膳材，而總其治。比歲疲瘵逃徙，武斷隱地，常賦用逋。其令中書擇人，洎同僉宣徽院事賽因不華徵括爲籍，以拯其弊。於是中書檄斷事官韓庭院俊偕行。至則得隱地爲頃三千五百三十四，逃亡爲戶六千七百八十四，逋鈔爲錠六千五百八十。賽因不花躬歷其地，洞其弊，既竣事，復條上利病，凡建設原委，供輸息耗，吏姦民瘼，靡不周悉。大較謂事夥員少，任重秩輕，宜增其員，精選廉慎常流以列府職，用江淮財賦都府例，登正三品以重其職。府控提舉司吏卒，無慮數百，皆繭絲吾民，戶爲所弊蓋三之一，宜汰其半。事分鄰司府吏屬，若所治吏不齒，常職祿且不逮，貪肆宜也，宜用路州秩，吏食以俸，人必自惜。戶役已重，有司復科，貧逃富困，宜籍爲三等九甲，則賦役可均。承平久，田野皆闢，歲貢鹿麞，率遠地買輸，四五月至京師，車駕幸上京，膳庫貯儲，坐視蠹敗，中原歲輸給用，宜聽折收，中書紀之。四年八月，奏可。於是府之事率作而興起矣。蓋升秩以重其體，精選以重其職，綱既舉而目自張矣。汰冗司，去苛暴，吏有常秩，戶有定籍，人無重困，物無暴殄，民力蘇矣。其綱雖五，其要使民力得蘇，專耕種漁獵，供輸之餘，有以仰事俯育，則人何由而亡，賦何由而逋哉！世爲使奉一事，行能盡事，斯賢已。懦者縮忍，悍者豗突，貪者攫攘，蠹事一也。能盡事而又原抵，其弊刮劘而振起，出於使事之外者，不才而能之乎？中書知其才，奏除爲府達魯花赤。同時選奎章閣供奉學士扎撒孫爲總管，均其任。和林倉提舉唆難爲同知，僉山東廉訪司事金礪爲副總管，民匠都總管府經歷哈的迷失爲判官，枝江縣達魯花赤溥理翰笏禮爲經歷，湖北廉訪司蒙古必闍赤長壽爲知事，蓋楨爲照磨，行其言也。十二月改頒銀印。國制，二品印始用銀，三品惟内上寺監始用，外則江淮財賦府用之，以其隸興聖宮，列聖所以示崇極孝養之意，而非他治所敢擬也。淮府乃優給之，待之可謂隆矣。闔府走書，徵記有壬。求其故，至元十四年姚演獻漣海荒田一萬一千八百十七頃，既定封畛，種者有牛，官給種，稅十四；牛種皆官，稅其半。皆復其家，水陸取禽魚以供玉食。立府以率其屬，屬分其治，視歲豐歉而登降其入焉。二十二年，併揚州打捕總管府入兩淮府。二十六年，增徐、邳屯地八百頃，府隸宣徽院。歲入粳米，有白粲精鑿，若雜麩珠粉，餅材麻菽，薑濡槁脣，蕘腒臘脯，服修皮革之屬，屬鉅萬計，它錢又不下五萬定，其任亦重矣哉！國家立法，未始不欲其百世無弊，而不能不弊者，勢使然也。法一弊，人則救之，猶舟之不能不或滯於淺，車之不能不或柅於塗也，善操御者亦使之行而已。至於人病已革，必求明醫付之，苟非其人，祇速其斃。古人所以愼改作也。明者知病所在，投以良劑，未有不愈者也，淮府其明驗歟！昔有進不由道而蠹其政者，朝廷懲之。精選而得諸君，諸君之膺是選，其亦益愼其守哉！昔之法弊矣，從而變之，奉盈執玉，則在諸君焉，勿使後之人又有所變。而凡後之人一守此誠，俾永無墜，此府之有待於記也。於是乎書。

清《廣西通志》卷二三二元・羅咸《静江路屯田千户所記》 上以嶺南寇掠不常，選將校屯田，乘山列隊，絶諸仇塞，遏其逗渡。静江西南曰茶峝，當寇之衝，朝發而夕至，郡爲連絡數百里，設千夫長二人，視五品，副一人；百夫長十七人，視七品，副如之。兵二千八十六人，人授田六畝，計田萬二千四百八十有奇。前桂平縣達魯花赤泰巖、鄧忠翊校尉茶峝正千户守其地，務農訓兵，芟蕪薙梗，連營樹柵，息楗江流，作堋圳以溉瀉鹵，事以就緒，歲克有秋。乃建候樓以伺烽警，中搆莅事之廳若干楹。賓僚有舍，庖湢有次，繚之以垣。農隙則飭材閲武，蒐以示禮，使民知戰，故皆有勇而知方。居之七年，猺獠屏迹，耕樂其業。予既嘉君之績用有成，屯之士兵請紀其事而勒之石，俾後人知所效法，遂摭其概而爲之記。

《明會典》卷一九《户部四》 計各處屯田總數

在京錦衣等衛屯田共六千三百三十八頃五十一畝八分二釐七毫八絲。

南京錦衣等衛屯田共九千三百六十八頃七十九畝三分七釐五毫六忽。

中都留守司幷所屬衛所及皇陵衛屯田共七千九百五十三頃七十八畝九分三釐六毫。

北直隸衛所屯田共七千九百三十七頃四十九畝四分五釐。

南直隸衛所屯田共一萬九千八十七頃二十五畝八分七釐八毫。

大寧都司幷所屬衛所屯田共二千一百二十六頃七十六畝二分三釐。

萬全都司幷所屬衛所屯田共一萬九千六十五頃七十二畝六分一絲一忽。

浙江都司幷所屬衛所屯田共二千二百七十四頃一十九畝六分六絲六忽。

湖廣都司行都司幷所屬衛所屯田共一萬一千三百一十五頃二十五。

河南都司幷所屬衛所屯田共三萬六千三百九十頃一十七畝三分二釐。

江西都司幷所屬衛所屯田共五千六百二十三頃四十一畝二分五釐。

陝西都司幷所屬衛所屯田共二萬九千四百四十四頃二十二畝三分五釐三毫。

陝西行都司幷所屬衛所屯田共一萬三千一十二頃五十畝。

廣西都司幷所屬衛所屯田共五百一十三頃四十畝。

山東都司幷所屬衛所屯田共二千六十頃。

遼東都司幷所屬衛所屯田共一萬一千三百八十六頃。

山西都司幷所屬衛所屯田共一萬二千九百六十三頃八畝五分五釐。

山西行都司幷所屬衛所屯田共一萬一(百)[千]一百一十八頃二十畝五分五釐。

廣東都司幷所屬衛所屯田共七千二頃三十三畝七分六毫。

四川都司幷所屬衛所屯田共六十五萬八千三百四十四頃七十一畝四分。

四川行都司幷所屬衛所屯田共一千二百頃五十五畝三分三釐五毫。

福建都司幷所屬衛所屯田共三千七百七十四頃。

福建行都司幷所屬衛所屯田共一千六百七頃三十七畝。

雲南都司幷所屬衛所屯田共一萬八百七十七頃四十三畝三分。

貴州都司幷所屬衛所屯田共九千三百三十九頃二十九畝三分一釐八毫。

事例

洪武四年詔河南、山東、陝西、山西、淮安等府屯田三年後每畝收租一斗。二十年令陝西屯軍五丁抽一稅糧照民田例。又令屯軍種田五百畝者歲納糧五十石。又令四川建昌衛附近田土先儘軍人次與小旗、總旗、百户、千户、指揮屯種自給，其新立蘇州、栢興、會川、涪州等衛一體摽撥。又令陝西臨洮、岷州，寧夏洮州、西寧、甘州、莊浪、河州，甘肅山丹、永昌、涼州等衛軍士屯田每歲所收穀種外餘糧以十分之二上倉給守城軍士。三十年詔廣西遷仁屯田所土兵免納屯糧。令凡屯軍內少壯者守城老弱者屯種，若有餘丁多亦許屯種。三十五年令各處衛所每衛委指揮一員，每所委千户一員提督屯種，年終以上倉幷給軍子粒數目造冊，赴京比較，各該都司每歲仍委指揮一員督察，年終同赴京復奏。又令各處屯田衛所每軍歲徵正糧一十二石，直隸差御史比較各都司，所屬巡按御史同按察司掌印官比較，年終造冊，奏繳户部，不及數者具奏降罰，所收子粒行御史等官盤查。永樂二年令各處衛所凡屯軍一百名以上委百户一員，三百名以上委千户一員，五百名以上委指揮一員提督，若屯軍不及一百名者亦委百户一員提督，若官員軍餘家人自願耕種者不拘頃畝，任其開墾，子粒自收，官府不許比較。又奏准屯田所受每粟、穀、穈、黍、大麥、蕎穄各二石，稻穀、薥秫各二石五斗，穇、稗各三石，並各准米一石，小麥，芝麻與米同。三年更定屯田則例，令各屯置紅牌一面，寫刊於上，每百戶所管旗軍一百一十二名，或一百名七八十名，千戶所管十百戶，或七百戶，五百戶，三四百戶，指揮所管五千戶，或三千戶，二千戶，提調屯田都指揮所收子粒多寡不等除下年種子外，俱照每軍歲用十二石正糧爲法比較，將剩餘幷不敷子粒數目通行計筭，定爲賞罰，令按察司都司幷本衞隔別委官點閘是實，然後准行。直隸衞所從巡按御史幷各府委官及本衞隔別委官點閘歲收子粒，如有稻穀、粟、薥秫、大麥、蕎麥等項粗糧俱依數折筭，細糧如各軍名下除存種子幷正糧及餘糧外，又有餘剩數，不分多寡，聽各該旗軍自收，不許管屯官員人等巧立名色，因而分用。

五年浙江、江西、湖廣、廣西、廣東、河南、雲南、四川按察司增置僉事一員，陝西、福建、山東、山西按察司增置僉事二員，盤量屯糧。宣德五年令各處屯田都布按三司各委官提督，在京幷直隸衞所從巡按御史提督，若有總兵官鎮守去處亦令提督。十年令巡按陝西監察御史兼理屯田。正統元年奏准各處屯種每軍止徵餘糧六石。令陝西旗軍餘丁所種屯田五十畝之外每畝納糧五升。二年令各處軍職舍人除應襲外，及家人女婿無差使者每五丁朋作一名，委官管領，撥與閒地四十二畝耕種，照屯田例辦納子粒。添設浙江、福建、陝西等處按察司僉事各一員，提督屯田。三年令各都司衞所管屯官三年滿日造冊，二千里以裏者赴京比較，二千里以外者從按察司幷巡按御史比較。令四川都司衞所屯種水田者納米，陸地者納豆，無豆者抵斗折米。四年令大同、宣府、遼東、陝西沿邊空閑之處許官軍戶下人丁儘力耕種，免納子粒。六年添設貴州按察司副使一員，提督屯田。七年添設湖廣布政司參政一員，按察司副使一員，提督屯田。

八年令各處按察司原無提督屯田官者各添設僉事一員。又令屯田有自開墾荒地每畝歲納糧五升三合五勺。減延綏等處屯田軍子粒每百畝歲納六石者止納四石。減陝西行都司屯田子粒每百畝歲納一十石。減延綏等處屯田子粒每百畝歲納八石。

九年令浙江等處屯軍遺下田地撥與官旗軍士戶下人丁佃種，照官田納糧，餘剩及積荒田地撥與民間佃種，照民田納糧，其積荒田地待耕三年成熟，亦照例徵納，候有軍之日撥軍屯種。十年令南京各衞正軍選操餘丁屯種，其正糧一十二石，餘糧六石俱免，上倉供給操軍其月糧住支，如本軍人丁數少，屯田撥付他軍者仍支月糧。減陝西行都司等處屯田子粒歲納八石。十年添設陝西按察司副使一員，專一提督水利及屯田。十一年令各處衞所類造屯田坐落地方、四至、頃畝、子粒數目文冊一本，繳合干上司一本，發該管州縣以備查考。添設山東按察司僉事一員，提督北直隸屯田十二年令開平衞屯軍餘糧六石減免二石。景泰三年，令提督南京倉場幷巡撫南直隸、蘇、松等府及順天、北直隸各府都御史兼提督屯種。四年添設山東按察司副使一員，監督永平等處收支，兼理屯田。天順元年，令京城附近直隸八府及山東、河南等處荒閒田地及有人佃種無糧差者，撥與所在衞所軍餘屯種納糧。又令本部差郎中四員於宣府、大同、薊州、永平、山海等處提督糧儲兼理屯田。成化六年令陝西延綏等處屯田每軍百畝徵草二束。九年令榆林以南招募軍民屯田，每一百畝於隣堡上納子粒六石。十一年，令雲南按察司總督銀場僉事兼理屯田。十三年，添設雲南按察司副使一員，專管屯田。二十一年，添設山東按察司僉事一員，專管屯種。二十三年，裁革山東按察司管屯僉事，仍令巡察海道副使兼理。弘治十三年，奏准凡用強占種屯田者問罪，官調邊衞帶俸差操旗軍軍丁人等發邊衞充軍，民發口外爲民，管屯等官不行用心清查者糾奏治罪。

國初，農桑之政勸課耕植，具有成法，初皆責成有司，歲久政弛，乃稍添官專理，其政令具列於後。

《明史》卷七七《食貨一》 屯田之制：曰軍屯，曰民屯。太祖初，立民兵萬戶府，寓兵於農，其法最善。又令諸將屯兵龍江諸處，惟康茂才績最，乃下令褒之，因以申飭將士。洪武三年，中書省請稅太原、朔州屯卒，命勿徵。明年，中書省言：河南、山東、北平、陝西、山西及直隸淮安諸府屯田，凡官給牛種者十稅五，自備者十稅三。詔且勿徵，三年後畝收租一斗。六年，太僕丞梁埜僊帖木爾言：寧夏境內及四川西南至船城，東北至塔灘，相去八百里，土膏沃，宜招集流亡屯田。從之。是時，遣鄧愈、湯和諸將屯陝西、彰德、汝寧、北平、永平，徙山西眞定民屯鳳陽。又因海運餉遼有溺死者，遂益講屯政，天下衞所州縣軍民皆事墾闢矣。

其制，移民就寬鄉，或召募或罪徙者爲民屯，皆領之有司。而軍屯則領之衞所。邊地，三分守城，七分屯種。內地，二分守城，八分屯種。每軍受田五十畝爲一分，給耕牛、農具，教樹植，復租賦，遣官勸輸，誅侵暴之吏。初畝稅一斗。三十五年定科則：軍田一分，正糧十二石，貯屯倉，聽本軍自支，餘糧爲本衛所官軍俸糧。永樂初，定屯田官軍賞罰例：歲食米十二石外餘六石爲率，多者賞鈔，缺者罰俸。又以田肥瘠不同，法宜有別，命官軍各種樣田，以其歲收之數相考較。太原左衛千戶陳淮所種樣田，每軍餘糧二十三石。帝命重賞之。寧夏總兵何福積穀尤多，賜敕褒美。戶部尚書郁新言：湖廣諸衛收糧不一種，請以米爲準。凡粟、穀、糜、黍、大麥、蕎穄二石，稻穀、薥秫二石五斗，穇稗三石，皆準米一石。小麥、芝麻、豆與米等。從之，著爲令。

又更定屯守之數。臨邊險要，守多於屯。地僻處及輸糧艱者，屯多於守。屯兵百名委百戶，三百名委千戶，五百名以上指揮提督之。屯設紅牌，列則例於上。年六十與殘疾及幼者，耕以自食，不限於例。屯軍以公事妨農務者，免徵子粒，且禁衛所差撥。於時，東自遼左，北抵宣、大，西至甘肅，南盡滇、蜀，極於交阯，中原則大河南北，在在興屯矣。宣宗之世，屢覈各屯，以征戍罷耕及官豪勢要占匿者，減餘糧之半。迤北來歸就屯之人，給車牛農器。分遼東各衛屯軍爲三等，丁牛兼者爲上，丁牛有一爲中，俱無者爲下。英宗免軍田正糧歸倉，止徵餘糧六石。後又免沿邊開田官軍子粒，減各邊屯田子粒有差。景帝時，邊方多事，令兵分爲兩番，六日操守，六日耕種。成化初，宣府巡撫葉盛買官牛千八百，并置農具，遣軍屯田，收種易銀，以補官馬耗損。邊人稱便。

自正統後，屯政稍弛，而屯糧猶存三之二。其後屯田多爲內監、軍官占奪，法盡壞。憲宗之世頗議釐復，而視舊所入，不能什一矣。弘治間，屯糧愈輕，有畝止三升者。沿及正德，遼東屯田較永樂間田贏萬八千餘頃，而糧乃縮四萬六千餘石。初，永樂時，屯田米常溢三之一，常操軍十九萬，以屯軍四萬供之。而受拱者又得自耕。邊外軍無月糧，以是邊餉恆足。及是，屯軍多逃死，常操軍止八萬，皆仰給於倉。而邊外數擾，棄不耕。劉瑾擅政，遣官分出丈田責逋。希瑾意者，僞增田數，搜括慘毒。戶部侍郎韓福尤急刻。遼卒不堪，脅衆爲亂，撫之乃定。

明初，募鹽商於各邊開中，謂之商屯。迨弘治中，葉淇變法，而開中始壞。諸淮商悉撤業歸，西北商亦多徙家於淮，邊地爲墟，米石直銀五兩，而邊儲枵然矣。世宗時，楊一清復請召商開中，又請倣古募民實塞下之意，招徠隴右、關西民以屯邊。其後周澤、王崇古、林富、陳世輔、王畿、王朝用、唐順之、吳桂芳等爭言屯政。而龐尚鵬總理江北鹽屯，尋移九邊，與總督王崇古，先後區畫屯政甚詳。然是時，因循日久，卒鮮實效。給事中管懷理言：屯田不興，其弊有四。疆埸戒嚴，一也。牛種不給，二也。丁壯亡徙，三也。田在敵外，四也。如是而管屯者猶欲按籍增賦，非扣月糧，即按丁賠補耳。

屯糧之輕，至弘、正而極，嘉靖中漸增，隆慶間復畝收一斗。然屯丁逃亡者益多。管糧郎中不問屯田有無，月糧止半給。沿邊屯地，或變爲斥鹵、沙磧，糧額不得減。屯田御史又於額外增本折，屯軍益不堪命。萬曆時，計屯田之數六十四萬四千餘頃，視洪武時虧二十四萬九千餘頃，田日減而糧日增，其弊如此。時則山東巡撫鄭汝璧請開登州海北長山諸島田。福建巡撫許孚遠墾閩海壇山田成，復請開南日山、澎湖。又言浙江濱海諸山，若陳錢、金塘、補陀、玉環、南麂，皆可經理。天津巡撫汪應蛟則請於天津興屯。或留中不下，或不久輒廢。熹宗之世，巡按張慎言復議天津屯田。而御史左光斗命管河通判盧觀象大興水田之利，太僕寺卿董應舉踵而行之。光斗更於河間、天津設屯學，試騎射，爲武生給田百畝，李繼貞巡撫天津，亦力於屯務，然仍歲旱蝗，弗克底成效也。

《明史》卷七二《職官一》 ［兵部］職方掌輿圖、軍制、城隍、鎮戍、簡練、征討之事。凡天下地里險易遠近，邊腹疆界，俱有圖本，三歲一報，與官軍車騎之數偕上。凡軍制內外相維，武官不得輒下符徵發。自都督府，都指揮司，留守司，內外衛守禦、屯田，羣牧千戶所，儀衛司，土司，諸番都司衛所，各統其官軍及其部落，以聽征調、守衛、朝貢、保塞之令。

同上 工部。尚書一人，正二品。左、右侍郎各一人，正三品。其屬，司務廳，司務二人，從九品。營繕、虞衡、都水、屯田四淸吏司，各郎中一人，正五品，後增設都水司郎中四人。員外郎一人，從五品，後增設營膳司員外郎二人，虞衡司員外郎一人。主事二人，正六品，後增設都水司主事五人，營膳司主事三人，虞衡司主事二人，屯田司主事一人。所轄，營繕所，所正一人，正七品。所副二人，正八品。所丞二人，正九品。文思院，大使一人，正九品。副使二人，從九品。皮作局，大使一人，正九品。副使二人，從九品，後革。鞍轡局，大使一人，正九品。副使一人，從九品。隆慶元年，大使、副使俱革。寶源局，大使一人，正九品。副使一人，從九品，嘉靖間革。顏料局，大使一人，正九品，後革。【略】

屯田典屯種、抽分、薪炭、夫役、墳塋之事。凡軍馬守鎮之處，其有轉運不給，則設屯以益軍儲。其規辦營造、木植、城磚、軍營、官屋及戰衣、器械、耕牛、農具之屬。凡抽分征諸商，視其財物各有差。凡薪炭，南取洲汀，北取山麓，或徵諸民，有本、折色，酌其多寡而撙節之。夫役伐薪、轉薪，皆僱役。凡墳塋及堂碑、碣獸之制，第宗室、勳戚、文武官之等而定其差。墳塋制度，詳《禮志》。

洪武初，置工部及官屬，以將作司隸焉。吴元年置將作司，卿，正三品，少卿，正四品，丞，正五品。左、右提舉司提舉，正六品，同提舉，從六品，司程、典簿、副提舉，正七品。軍需庫大使，從八品，副使，正九品。洪武元年以將作司隸工部。六年增尚書、侍郎各一人，設總部、虞部、水部并屯田爲四屬部。總部設郎中、員外郎各二人，餘各一人。總部主事八人，餘各四人。又置營造提舉司。洪武六年改將作司爲正六品，所屬提舉司，改正七品。尋更置營造提舉司及營造提舉分司，每司設正提舉一人，副提舉二人，隸將作司。八年增立四科，科設尚書、侍郎、郎中各一人，員外郎二人，主事五人，照磨二人。十年罷將作司。十三年定官制，設尚書一人，侍郎一人，四屬部以屯田部爲屯部。各郎中、員外郎一人，主事二人。十五年增侍郎一人。二十二年改總部爲營部。二十五年置營繕所。改將作司爲營繕所，秩正七品，設所正、所副、所丞各二人，以諸匠之精藝者爲之。二十九年又改四屬部爲營繕、虞衡、都水、屯田四清吏司。嘉靖後添設尚書一人，專督大工。

《明史》卷七三《職官二》 都御史職專糾劾百司，辦明冤枉，提督各道，爲天子耳目風紀之司。凡大臣姦邪、小人搆黨、作威福亂政者，劾。凡百官猥茸貪冒壞官紀者，劾。凡學術不正、上書陳言變亂成憲、希進用者，劾。遇進覲、考察，同吏部司賢否陟黜。大獄重囚會鞫於外朝，偕刑部、大理讞平之。其奉敕内地，拊循外地，各專其敕行事。

十三道監察御史，主察糾内外百司之官邪，或露章奏劾，或封章奏劾。在内兩京刷卷，巡視京營，監臨鄉、會試及武舉，巡視光祿，巡視倉場，巡視内庫、皇城五城，輪值登聞鼓。後改科員。在外巡按，北直隸二人，南直隸三人，宣大一人，遼東一人，甘肅一人，十三省各一人。清軍，提督學校，兩京各一人，萬曆末，南京增設一人。巡鹽，兩淮一人，兩浙一人，長蘆一人，河東一人。茶馬，陝西。巡漕，巡關，宣德四年設立鈔關御史，至正統十年始遣主事。儹運，印馬，屯田。

同上 巡撫山東等處地方督理營田兼管河道提督軍務一員。正統五年始設巡撫。十三年定遣都御史。嘉靖四十二年加督理營田。萬曆七年兼管河道。八年加提督軍務。

《明史》卷七五《職官四》 工部。尚書一人，右侍郎一人，司務一人。營繕、虞衡、都水、屯田四司，郎中四人，員外郎二人，營繕司一人，都水司一人，嘉靖三十七年革都水員外郎。主事八人，營繕司三人，屯田司一人，餘各二人。所轄，營繕所，所正、所副、所丞各一人。龍江、清江二提舉司，各提舉一人，副提舉後革。文思院、寶源局、軍器局、織染所、龍江抽分竹木局、瓦屑壩抽分竹木局，各大使一人。嘉靖三十七年革文思院大使。

同上 都察院。右都御史一人，右副都御史一人，右僉都御史一人，司務、經歷、都事、照磨各一人，司獄二人。嘉靖三十七年革司獄一人。隆慶四年革都事。浙江、江西、河南、山東、山西、陝西、四川、雲南、貴州九道，各御史二人。福建、湖廣、廣東、廣西四道，各御史三人。嘉靖後不全設，恆以一人兼數道。凡刷卷，巡倉，巡江，巡城，屯田，印馬，巡視糧儲，監收糧斛，點閘軍士，管理京營，比驗軍器，皆敍而差之。清軍，則偕兵部、兵科。覈後湖黄冊，則偕户部、户科。

同上 承宣布政使司。左、右布政使各一人，從二品。左、右參政，從三品。左、右參議，無定員，從四品。參政、參議因事添設，各省不等，詳諸道。經歷司，經歷一人，從六品。都事一人，從七品。照磨所，照磨一人，從八品。檢校一人，正九品。理問所，理問一人，從六品。副理問一人，從七品。提控案牘一人。司獄司，司獄一人，從九品。庫大使一人，從九品。副使一人。倉大使一人，從九品。副使一人。雜造局、軍器局、寶泉局、織染局，各大使一人，從九品。副使一人。所轄衙門各省不同，詳見雜職。

布政使掌一省之政，朝廷有德澤、禁令，承流宣播，以下於有司。凡僚屬滿秩，廉其稱職、不稱職，上下其考，報撫、按以達於吏部、都察院。三年，率其府州縣正官，朝覲京師，以聽察典。十年，會户版以登民數、田數。賓興貢，合省之士而提調之。宗室、官吏、師生、軍伍，以時班其祿俸、廩糧。祀典神祇，謹其時祀。民鰥寡孤獨者養之，孝弟貞烈者表揚之，水旱疾疫災祲，則請於上蠲振之。凡貢賦役，視府州縣土地人民豐瘠多寡，而均其數。凡有大興革及諸政務，會都、按議，經畫定而請於撫、按若總督。其國慶國哀，遣僚貳朝賀弔祭於京師。天子即位，則左布政使親至。參政、參議分守各道，及派管糧儲、屯田、清軍、驛傳、水利、撫民等事，併分司協管京畿。兩京不設布、按，無參政、參議、副使、僉事，故於旁近布、按分司帶管，詳見各道。經歷、都事，典受發文移，其詳巡按、巡鹽御史文書，用經歷印。照磨、檢校典勘理卷宗。理問典刑名。

同上 提刑按察使司。按察使一人，正三品。副使，正四品。僉事無定員，正五品。詳見諸道。經歷司，經歷一人。正七品。知事一人，正八品。照磨所，照磨一人，正九品。檢校一人，從九品。司獄司，司獄一人。從九品。

按察使掌一省刑名按劾之事。糾官邪，戢奸暴，平獄訟，雪冤抑，以振揚風紀，而澄清其吏治。大者暨都、布二司會議，告撫、按，以聽於部、院。凡朝覲慶弔之禮，具如布政司。副使、僉事，分道巡察，其兵備、提學、撫民、巡海、清軍、驛傳、水利、屯田、招練、監軍，各專事置，併分員巡備京畿。

明初，置提刑按察司。吳元年置各道按察司，設按察使，正三品，副使，正四品，僉事，正五品。十三年改使秩正四品，尋罷。十四年復置，並置各道按察分司。十五年又置天下府州縣按察分司。以儒士王存中等五百三十一人爲試僉事，人按二縣。凡官吏賢否、軍民利病，皆得廉問糾舉。十六年盡罷試僉事，改按察使爲從三品，副使二人，從四品，僉事，從五品，多寡從其分道之數。二十二年復定按察使爲正三品。二十九年改置按察分司爲四十一道。直隸六：曰淮西道，曰淮東道，曰蘇松道，曰建安徽寧道，曰常鎮道，曰京畿道。浙江二：曰浙東道，曰浙西道。四川三：曰川東道，曰川西道，曰黔南道。山東三：曰濟南道，曰海右道，曰遼海東寧道。河南二：曰河南道，曰河北道。北平二：曰燕南道，曰燕北道。陝西五：曰關內道，曰關南道，曰河西道，曰隴右道，曰西寧道。山西三：曰冀寧道，曰冀北道，曰河東道。江西三：曰嶺北道，曰兩江道，曰湖東道。廣東三：曰嶺南道，曰海南道，曰海北道。廣西三：曰桂林蒼梧道，曰左江道，曰右江道。福建二：曰建寧道，曰福寧道。湖廣四：曰武昌道，曰荆南道，曰湖南道，曰湖北道。三十年始置雲南按察司。先是，命布政司兼理。建文時，改爲十三道肅政按察司。成祖初，復舊。永樂五年置交阯按察司，又增設各按察司僉事。因督軍衛屯糧，增浙江、江西、廣東、廣西、湖廣、河南、雲南、四川各一人，陝西、福建、山東、山西各二人。此增設監司之始。十二年置貴州按察司。宣德五年革交阯按察司。除兩京不設，共十三按察司。正統三年增設理倉副使、僉事，又設僉事與布政司參議各一員於甘肅，監收倉糧。八年增設僉事，專理屯田。景泰二年增巡河僉事。自後，各省因事添設，或置或罷，不可勝紀。今總布、按二司所分諸道詳左。

同上 知府掌一府之政，宣風化，平獄訟，均賦役，以教養百姓。每三歲，察屬吏之賢否，上下其考，以達於省，上吏部。凡朝賀、弔祭，視布政使司，直隸府得專達。凡詔赦、例令、勘劄至，謹受之，下所屬奉行。所屬之政，皆受約束於府，劑量輕重而令之，大者白於撫、按、布、按，議允乃行。凡賓興科貢，提調學校，修明祀典之事，咸掌之。若籍帳、軍匠、驛遞、馬牧、盜賊、倉庫、河渠、溝防、道路之事，雖有專官，皆總領而稽覈之。同知、通判分掌清軍、巡捕、管糧、治農、水利、屯田、牧馬等事。無常職，各府所掌不同，如延安、延綏同知又兼牧民，餘不盡載。無定員。邊府同知有增至六、七員者。推官理刑名，贊計典。各府推官，洪武三年始設。經歷、照磨、檢校受發上下文移，磨勘六房宗卷。

《明史》卷七六《職官五》 鎮守寧夏總兵官一人，舊設，駐鎮城。協守副總兵一人，亦舊設，同駐鎮城。分守參將四人，曰東路右參將，曰西路左參將，曰靈州左參將，曰北路平虜城參將。遊擊將軍三人，入衛遊擊一人，萬曆八年革。守備三人，備禦領班二人，萬曆九年革。坐營中軍官二人，管理鎮城都司一人，領班都司二人，萬曆九年革。管理水利屯田都司一人。

同上 都指揮使司。都指揮使一人，正二品。都指揮同知二人，從二品。都指揮僉事四人，正三品。其屬，經歷司，經歷，正六品。都事，正七品。斷事司，斷事，正六品。副斷事，正七品。吏目各一人。司獄司，司獄，從九品。倉庫、草場，大使、副使各一人。行都指揮使司，設官與都指揮使司同。

都司掌一方之軍政，各率其衛所以隸於五府，而聽於兵部。凡都司並流官，或得世官，歲撫、按察其賢否，五歲考選軍政而廢置之。都指揮使及同知僉事，常以一人統司事，曰掌印，一人練兵，一人屯田，曰僉書。巡捕、軍器、漕運、京操、備禦諸雜務，並選充之，否則曰帶俸。凡備倭守備行都指揮事者，不得建牙、陞公座。凡朝廷吉凶表箋，序銜布、按二司上。經歷、都事，典文移。斷事，理刑獄。

衛指揮使司，設官如京衛。品秩並同。外衛各統於都司、行都司或留守司。率世官，或有流官。凡襲替、陞授、優給、優養及屬所軍政，掌印、僉書報都指揮使司，達所隸都督府，移兵部。每歲，撫、按察其賢否，五歲一考選軍政，廢置之。凡管理衛事，惟屬掌印、僉書。不論指揮使、同知、僉事，考選其才者充之。分理屯田、驗軍、營操、巡捕、漕運、備禦、出哨、入衛、戍守、軍器諸雜務，曰見任管事；不任事入隊，曰帶俸差操。征行，則率其屬，聽所命主帥調度。

《明史》卷七七《食貨一》 《記》曰：取財於地，而取法於天。富國之本，在於農桑。明初，沿元之舊，錢法不通而用鈔，又禁民間以銀交易，宜若不便於民。而洪、永、熙、宣之際，百姓充實，府藏衍溢。蓋是時，劭農務墾闢，土無萊蕪，人敦本業，又開屯田、中鹽以給邊軍，餫餉不仰藉於縣官，故上下交足，軍民胥裕。其後，屯田壞於豪強之兼并，計臣變鹽法。於是邊兵悉仰食太倉，轉輸往往不給。世宗以後，耗財之道廣，府庫匱竭。神宗乃加賦重征，礦稅四出，移正供以實左藏。中涓羣小，横斂侵漁。民多逐末，田卒汙萊。吏不能拊循，而覆侵刻之。海内困敝，而儲積益以空乏。昧者多言復通鈔法可以富國，不知國初之充裕在勤農桑，而不在行鈔法也。夫彊本節用，爲理財之要。明一代理財之道，始所以得，終所以失，條其本末，著於篇。

同上 其移徙者，明初，嘗徙蘇、松、嘉、湖、杭民之無田者四千餘戶，往耕臨濠，給牛、種、車、糧，以資遣之，三年不征其稅。徐達平沙漠，徙北平山後民三萬五千八百餘戶，散處諸府衛，籍爲軍者給衣糧，民給田。又以沙漠遺民三萬二千八百餘戶屯田北平，置屯二百五十四，開地千三百四十三頃。復徙江南民十四萬於鳳陽。戶部郎中劉九皋言：古狹鄉之民，聽遷之寬鄉，欲地無遺利，人無失業也。太祖採其議，遷山西澤、潞民於河北。後屢徙浙西及山西民於滁、和、北平、山東、河南。又徙登、萊、青民於東昌、兗州。又徙直隸、浙江民二萬戶於京師，充倉腳夫。太祖時徙民最多，其間有以罪徙者。建文帝命武康伯徐理往北平度地處之。成祖覈太原、平陽、澤、潞、遼、沁、汾丁多田少及無田之家，分其丁口以實北平。自是以後，移徙者鮮矣。

《明史》卷八二《食貨六》 天下衛所軍士月糧，洪武中，令京外衛馬軍月支米二石，步軍總旗一石五斗，小旗一石二斗，軍一石。城守者如數給，屯田者半之。

同上 凡各鎮兵餉，有屯糧，有民運，有鹽引，有京運，有主兵年例，有客兵年例。屯糧者，明初，各鎮皆有屯田，一軍之田，足贍一軍之用，衛所官吏俸糧皆取給焉。民運者，屯糧不足，加以民種。麥、米、豆、草、布、鈔、花絨運給戍卒，故謂之民運，後多議折銀。鹽引者，召商入粟開中，商屯出糧，與軍屯相表裏。其後納銀運司，名存而實亡。京運，始自正統中。後屯糧、鹽糧多廢，而京運日益矣。主兵有常數，客兵無常數。初，各鎮主兵足守其地，後漸不足，增以募兵，募兵不足，增以客兵。兵愈多，坐食愈衆，而年例亦日增云。

同上 諸邊及近京鎮兵餉。

宣府：主兵，屯糧十三萬二千餘石，折色銀二萬二千餘兩，民運折色銀七十八萬七千餘兩，兩淮、長蘆、河東鹽引銀十三萬五千餘兩，京運年例銀十二萬五千兩；客兵，淮、蘆鹽引銀二萬六千餘兩，京運年例銀十七萬一千兩。

大同：主兵，屯糧本色七萬餘石，折色銀一萬六千餘兩，牛具銀八千餘兩，鹽鈔銀一千餘兩，民運本色米七千餘石，折色銀四十五萬六千餘兩，屯田及民運本色草二百六十八萬餘束，折草銀二萬八千餘兩，淮、蘆鹽四萬三千餘引，京運年例銀二十六萬九千餘兩；客兵，京運銀十八萬一千兩，淮、蘆鹽七萬引。

山西：主兵，屯糧二萬八千餘石，折色銀一千餘兩，草九萬五千餘束，民運本色米豆二萬一千餘石，折色銀三十二萬二千餘兩，淮、浙、山東鹽引銀五萬七千餘兩，河東鹽課銀六萬四千餘兩，京運銀十三萬三千餘兩；客兵，京運銀七萬三千兩。

延綏：主兵，屯糧五萬六千餘石，地畝銀一千餘兩，民運糧料九萬七千餘石，折色銀十九萬七千餘兩，屯田及民運草六萬九千餘束，淮、浙鹽引銀六萬七千餘兩，京運年例銀三十五萬七千餘兩；客兵，淮、浙鹽引銀二萬九千餘兩，京運年例銀二萬餘兩。

寧夏：主兵，屯糧料十四萬八千餘石，折色銀一千餘兩，地畝銀一千餘兩，民運本色糧千餘石，折色銀十萬八千餘兩，屯田及民運草一百八十三萬餘束，淮、浙鹽引銀八萬一千餘兩，京運年例銀二萬五千兩；客兵，京運年例銀萬兩。

甘肅：屯糧料二十三萬二千餘石，草四百三十餘萬束，折草銀二千餘兩，民運糧布折銀二十九萬四千餘兩，京運銀五萬一千餘兩，淮、浙鹽引銀十萬二千餘兩。

固原：屯糧料三十一萬九千餘石，折色糧料草銀四萬一千餘兩，地畝牛具銀七千一百餘兩，民運本色糧料四萬五千餘石，折色糧料草布花銀二十七萬九千餘兩，屯田及民運草二十萬八千餘束，淮、浙鹽引銀二萬五千餘兩，京運銀六萬三千餘兩，犒賞銀一百九十餘兩。

遼東：　主兵，屯糧二十七萬九千餘石，荒田糧四百餘兩，民運銀十五萬九千餘兩，兩淮、山東鹽引銀三萬九千餘兩，京運年例銀三十萬七千餘兩；　客兵，京運年例銀十萬二千餘兩。

薊州：　主兵，民運銀九千餘兩，漕糧五萬石，京運年例銀二十萬六千餘兩；　客兵，屯糧料五萬三千餘石，地畝馬草折色銀萬六千餘兩，民運銀萬八千餘兩，山東民兵工食銀五萬六千兩，遵化營民壯工食銀四千餘兩，鹽引銀萬三千餘兩，京運年例銀二十萬八千餘兩，撫賞銀一萬五千兩，犒軍銀一萬三千餘兩。

永平：　主兵，屯糧料三萬三千餘石，民運糧料二萬七千餘石，折色銀二萬八千餘兩，民壯工食銀萬二千餘兩，京運年例銀十二萬二千餘兩；　客兵，屯草折銀三千餘兩，民運草三十一萬一千餘束，京運銀十一萬九千餘兩。

密雲：　主兵，屯糧六千餘石，地畝銀二百九十兩，民運銀萬兩有奇，漕糧十萬四千餘石，京運銀十六萬兩有奇；　客兵，民運銀萬六千餘兩，民壯工食銀九百餘兩，漕糧五萬石，京運銀二十三萬三千餘兩。

昌平：　主兵，屯糧折色銀二千四百餘兩，地畝銀五百餘兩，折草銀一百餘兩，民運銀二萬兩有奇，漕糧十八萬九千餘石，京運年例銀九萬六千餘兩；　客兵，京運年例銀四萬七千餘兩。

易州：　主兵，屯糧二萬三千餘石，地畝銀六百餘兩，民運銀三十萬六千餘兩；　客兵，京運銀五萬九千兩。

井陘：　主兵，屯糧萬四千餘石，地畝銀八千餘兩，民運本色米麥一萬七千餘石，折色銀四萬八千餘兩；　客兵，京運年例銀三千餘兩。

他雜費不具載。

《明史》卷九〇《兵二》　後定天下都司衛所，共計都司二十一，留守司二，内外衛四百九十三，守禦屯田羣牧千戶所三百五十九，儀衛司三十三，自儀衛司以下，舊無，後以次漸添設。宣慰使司二，招討使司二，宣撫司六，安撫司十六，長官司七十，原五十九。番邊都司衛所等四百七。後作四百六十三。

《明史》卷九一《兵三》　嘉靖初，御史丘養浩請復小河等關於外地，以扼其要。又請多鑄火器，給沿邊州縣，募商糴粟，實各邊衛所。詔皆行之。初，太祖時，以邊軍屯田不足，召商輸邊粟而與之鹽。富商大賈悉自出財力，募民墾田塞下，故邊儲不匱。弘治時，戶部尚書葉淇始變法，令商納銀太倉，分給各邊。

《明史》卷九二《兵四》　明太祖起布衣，策羣力，取天下。卽位後，屢命元勳宿將分道練兵，而其制未定。洪武六年命中書省、大都督府、御史臺、六部議教練軍士律：　騎卒必善馳射槍刀，步兵必善弓弩槍。射以十二矢之半，遠可到，近可中爲程。遠可到，將弁百六十步、軍士百二十步；　近可中，五十步。彀弩以十二矢之五，遠可到，蹶張八十步，划車一百五十步；　近可中，蹶張四十步，划車六十步。槍必進退熟習。在京衛所，以五千人爲率，取五之一，指揮以下官領赴御前驗試，餘以次番試。在外都司衛所，每衛五千人，取五之一，千戶以下官領赴京驗試，餘以次番試。軍士步騎皆善，將領各以其能受賞，否則罰。軍士給錢六百爲道里費。將領自指揮使以下，所統軍士三分至六分不中者，次第奪俸；　七分以上，次第降官至爲軍止。都指揮軍士四分以上不中，奪俸一年；　六分以上罷職。後十六年，令天下衛所善射者，十選一，於農隙分番赴京較閱，以優劣爲千百戶賞罰，邊軍本衛較射。二十年命衛士習射於午門丹墀。明年復令：　天下衛所馬步軍士，各分十班，將弁以臁敍久次陞者統之，冬月至京閱試。指揮、千百戶，年深慣戰及屯田者免。仍先下操練法，俾遵行。不如法及不嫻習者，罰。

《清會典事例》卷一〇〇《吏部八四・處分例則》　入官田產

康熙十四年議准：　官員凡入官田產，隱匿不舉者革職。未經查出之知府，降一級調用，司道罰俸一年，巡撫罰俸六月。其令人居住耕種，不納租銀者，州縣官降一級調用，該管官罰俸一年。如估價短少，或不候估價部文卽賣者，皆罰俸一年，該管官罰俸六月。

雍正七年題准：　田房產業，一經入官，卽令本犯家屬，立將契券呈官出業，該管官眼同原主，秉公估定價值，出示速售。有願買者，卽給予印照，照内開明不許原主勒索找價，仍令買主出具並無假冒影射甘結存案。如該管官仍有縱容原主踞占影射者，或被旁人首出，將踞占之家屬，並影射之親友，皆照隱瞞入官財物房產律坐贓論罪，該管官照徇隱例治罪，該管各上司照徇庇例，降三級調用。儻並無影射情弊，而首告之人故行捏辭陷害，按律反坐。

至所典房地及質當物件，應責令原主勒限取贖，歸還原本，如逾限不贖，即開明原本價值，出示招售。又虧空貪贓官吏，一應追賠銀，各該督撫委清查官產之員，會同該地方官，令本犯家屬呈明時價，當堂將田房什物，分別低昂，公同確估，詳登冊籍，申報上司，仍令本犯家屬，眼同售買完項。如有侵漁需索等弊，許該犯家屬並買主首告，將侵漁需索之官吏，照侵盜錢糧及受枉法贓律，從重治罪，該管上司不行嚴查，故爲徇庇，照徇庇例，降三級調用。

又題准：凡應變價之田房產業，價估千兩以上者，僻小州縣，或無有力之家，及雖係通都大邑，而價值至數千兩，一時不能即售，令該督撫酌量分作年限完解。限內不完，罰俸六月，二年以後不完，罰俸一年。如有售主先交價銀一半，或三分之一，即令其管業，其餘銀各於年限清交，給予印照。該管官先將分年完解之處，詳明上司，咨部存案，至所收銀逐年解交藩庫，出具庫收，送部查覈。如一年限內，完解不及該年分數者，將該地方官查參，罰俸六月；二年不完者，罰俸一年；三年以後不完每年罰俸一年；若一年限內全完千兩一案者，准其紀録一次，以次遞加。

十三年覆准：入官產業，如經管胥役占住侵租，該管官毫無覺察，或別經發覺，或被上司訪出題參，照縱役婪贓例革職。

乾隆十五年奏准：承辦千兩以下者，限半年變完，千兩以上至數千兩者，該督撫酌量，分作一年或二年變完。

三十年奏准：地方官吏有將入官田房，私自租人，侵蝕租銀者，除照數追賠外，仍照侵盜錢糧例治罪。至入官一應什物，勒限六箇月變價，如逾限未變者，罰俸六月，二限以後不完，每限罰俸一年。若有竄換等弊查實，加倍追賠，仍照侵盜錢糧例治罪。

《清會典事例》卷一五五《户口》［道光］九年奏准：由京旗移居盛京、雙城堡屯居閒散，逃走後自行投回，交與該管等官，轉飭該閒散父兄，自行管束，毋庸銷除旗檔。如係逃走被獲者，該將軍按其情節輕重酌擬報部辦理。

《清會典事例》卷一六一《户部一〇・田賦》井田改屯地

雍正二年覆准：內務府餘地共一千六百餘頃，挖欠錢糧人等所交地共二千六百餘頃，內以二百餘頃作爲井田，將無產業之滿洲、蒙古、漢軍，共選一百戶，前往耕種，每戶授田百畝，凡八百畝爲私田，百畝爲公田，共力同養公田，委本部司官察勘，設立村莊，蓋土房四百間，給予種地人口糧、耕牛、籽種、農具，以便耕種，並於八旗廢員內，揀選前往管理。

五年諭：旗人枷責治罪革退官兵，並無恆業，在京閒住，倚靠親戚爲生，以致良善之人，被累維艱。而伊等無事閒游，不能不生事爲非，將此等人查出，令於京城附近直隸地方耕種井田。

又諭：井田地方，止有一人管理，著於彼處再設驍騎校四人，領催八名，料理事務，俸餉升轉照在京驍騎校、領催之例。若升轉後仍在彼處效力者，即令其帶銜在彼居住，此二年在彼勤慎可用，應補驍騎校之人，著保送到部，引見補授。

乾隆元年奏准：設立井田，試行十年已來，所有承種之一百八十戶緣事咨回者，已有九十餘戶，循環頂補。而八旗咨往種地者，大都游手無藝不能當差之人，到井田後，仍不能服田力穡，行之未見成效。行令確查實力耕種安插得所者，改爲屯戶，按照地畝完納屯糧，於附近州縣倉內收儲備用。原設之領催改爲屯長，約束屯戶，聽該處防禦管轄；原設之驍騎校，撤回該旗補用。不能力穡之戶，咨回本旗，停其撥補。原領田房，交州縣賃耕，取租解部。

又議准：井田每戶原給田百二十五畝，以十二畝五分爲公田，十二畝五分爲室廬場圃，以百畝爲私田，公田之糧，向係儘收儘報，今既經改爲屯莊，自應按畝完納屯糧，應覈定科則，遵照徵收。改屯人戶故後有子孫者，自應頂補，儻無子寡婦情願守節，並無親屬可倚者，留地四十畝養贍，即令本屯人代種完糧，俟伊身後，仍將地畝入官招種。原撥霸州、固安、永清、新城四州縣之地，今將附近霸州者，令霸州防禦管轄；附近固安者，令固安防禦管轄。各村向設鄉長一名，專供督責井戶農務交糧，並稽察逃盜賭博等事，仍留供役，如果能勤慎，屯長有缺，准其撥補。

又定：井田改屯地共百五十四頃九十八畝有奇，徵租解部奏報。

又議准：井田驍騎校，在外耕種多年，一旦撤回，未有可補之缺，准暫留種地，俟該旗有缺撥補之日，即令該驍騎校回京，將地畝交還該州縣。

《清會典事例》卷一六五《户部一四・田賦》屯田

嘉慶二十五年九月諭：興修營田水利，雍正年間於近京設局經理，曾著有成效。農田爲足食之本，而溝洫之利尤大，使灌溉有資，宣洩有備，即閒值水旱，可資救禦。若能於北省多闢水田，兼收南方秔稻之利，實與民生有裨，所有直隸境內，著方受疇飭委妥員，相度各河淀水勢，仿照雍正年間成規，設法經理，並多方勸導，能使水田歲有增墾，收穫漸多，則小民必樂於從事。其山東、山西、河南並著該督撫各就境內，一體籌畫，其可以經理水田之處，各勸諭農民，次第興舉，需之歲月以觀其成，不可視爲具文，用副朕惠民重食至意。

道光二年諭：顔檢覆奏籌興水利一摺，據稱寶坻、豐潤、天津三縣，及舊有稻田各州縣，現已飭屬訪查情形，如可設法引水開種稻田，再行委員經理等語。營田水利，爲裨益民生之舉，有可設法興修之處，卽應官爲勸導，使小民樂於從事。著顔檢卽飭該地方官，確訪情形，如一州一縣試有成效，再行廣爲增墾，並嚴飭所屬務須妥爲查辦，不可任聽吏胥藉端騷擾，轉失爲民興利之意也。

同治四年奏准：陝西西安、同州、鳳翔、延安、乾州、邠州、鄜州清查叛絶荒產，興辦營田，以資軍食，土著取親族保結，客民取同鄉商結，發給執照，按地段次序授田，分別水田旱田上中下三等，寬立租糧年限。水田：初年納正糧免交租，次年每畝上則輸租二斗，中則一斗五升，下則一斗；三四等年每畝上則輸租二斗五升，中則二斗，下則一斗五升；五六等年每畝上則輸租三斗五升，中則二斗五升，下則二斗，正糧均照定例輸納；六年以後，上則每畝交足五石，中則四石，下則三石，准爲己業，不能交足仍照五六等年輸納，俟交足石數，正糧無虧，方准換契管業。旱田：初年租糧俱免，次年每畝上則輸租一斗，中則七升，下則五升；三四等年每畝上則輸租一斗三升，中則一斗，下則七升；五六等年每畝上則輸租二斗，中則一斗五升，下則一斗，正糧均照定例輸納；六年以後每畝上則交足三石，中則二石，下則一石五斗，准爲己業，不能交足，照水田辦理。北路山多地寒，上地照中則輸租，中下地均照下則輸租，正糧仍照定例輸納。

光緒十年議覆：陝西省營田，自同治四年設局清查召墾，共計荒地四千一百二十七畝，至光緒六年夏季止，共墾荒地三千四百頃零四十餘畝。茲更定新章，凡召募開墾催收折租等事，概歸地方官承辦。本省營田，向設專局，現裁撤該局，改爲營田所，歸入善後局派員分辦。嗣後將實有營田各屬，分別某州某縣，造具田畝數目，收銀科則清冊，於文到一月內送部。卽在冊內田數下，註明某縣現有若干頃畝，係已照年限發照管業之田，或尚未滿年限應分年交租聽候給照之田，並將如何起科及科則銀若干，自十一年起照一條鞭法，編入各州縣地丁起運項下辦理。其尚未發照者，將業戶應完租數，詳晰分開，聲明至某年限滿發照，以便隨時編入正賦，未編入正賦之前，地方官徵收勤惰，俱分別功過，以專責成。

《清會典事例》卷一六五《户部一四・田賦》 屯田

國初差御史巡視屯田，後裁巡屯御史，歸巡按兼管，尋裁巡按，令各省巡撫布政使司管理，每歲造冊報銷。

順治七年題准：衛所屯田，分給軍丁承種，其科徵較民地稍輕。今既裁汰歸併州縣，凡有運糧之衛所屯田，仍舊徵收，其無運糧之衛所屯田，均照坐落州縣民田例起徵。

九年覆准：運軍已經改民，其軍衛田地照民地例輸納，各按坐落地方，使有歸著，以杜混淆。

又覆准：廣東屯糧全徵本色，屯丁苦累，令本折各半徵收。十年覆准：江南秣陵、廣武、英武三衛，路隔長江，輸糧不便，照例折銀徵解。

十三年覆准：屯衛錢糧考成，照依州縣正項錢糧定例。

十四年覆准：軍民冊籍不分，賦役易於紊亂。嗣後民冊當差者，衛所不得告攀；軍冊有役者，州縣不得重派；民佃軍田者，照地納租，毋得再派軍役；軍佃民田者，止完正賦，毋得派及民役。

十五年覆准：四川利州等衛，皆係軍籍，未徵丁徭，令改入民籍，一同當差。

十八年題准：雲南衛弁職田，向係收租準俸，嗣後各歸衛所，以本七折三輸納。

康熙六年覆准：江南石城等衛屯田，改折太重，仍舊徵收本色。

十年覆准：廣東屯糧十倍民田，減照民地重則起科。

十五年覆准：各衛所荒田，坐落州縣境內，縣勘則詭稱軍地，衛勘則詭爲民田。令督撫嚴檄州縣衛所各官，逐一清釐，不得推諉以滋隱射。

三十四年諭：雲南屯田錢糧，較民田額重數倍，民甚苦累，嗣後照河陽縣民田上則徵收。

三十五年覆准：雲南屯地，亦照屯田例徵收。

又覆准：江南漕運按糧用丁，屯田仍徵糧，免其徵租。

三十六年覆准： 湖南辰州衛，歸併瀘谿縣，該衛屯則，糧重賦輕，該縣民則，糧輕賦重，改照民田科則徵收。

四十年題准： 湖南沅州、龍陽、黔陽、靖州各屯田，《賦役全書》內譌刊之浮糧，概行豁免。

雍正八年覆准： 陝西、甘肅所屬歸德所之保安堡額徵糧米，令保安堡守備徵收，如有未完，照依分數議處。

九年題准： 廣東屯戶丁口，向係按名輸納，自雍正十年爲始，將額徵丁銀，按額徵屯糧均攤徵輸。

又題准： 運丁將田私典，以致有田無租，查明確是原丁及原丁的屬子孫，力能贖回者，照契取贖，如非原丁及原丁的屬無人者，不得混贖。

又題准： 屯衛田畝，准典與軍戶，不得私典與民，違者將田歸衛，典價入官，仍照例治罪。

乾隆元年諭： 朕聞廣東有屯糧羨餘一項，原係衛所官弁徵收，每正糧一石，收穀三四石不等，除正米撥支兵餉外，餘穀悉係衛所官弁侵蝕入己，嗣後該督撫查出題報，留備賑糶之用。但屯田額糧本重於民田，今以一石之糧，徵收至三四石，屯民其何以堪？ 又聞各省軍田額糧，較之民地亦重。從前軍田畝數原多，嗣後漸次清釐，田主亦屢經更易，而糧米仍輸舊額，自屬苦累。可傳諭各該督撫詳加查覈，將如何定額徵收並革除額外加徵之處議奏，欽此。各省遵旨覈奏，由部覆准裁減豁免。

又覆准： 從前陝省公務浩繁，應役需人，於州縣屯丁內，暫留爲看守城樓、倉庫及各衙門之用，每名給旱地一頃，將額徵銀糧，應給役之用。 嗣後差務漸稀，酌留裁減，其存留各丁，於每年原給銀糧外，再動支存公銀二兩，議裁屯丁所給地畝，應徵銀糧，照數徵收。

又諭： 浙省屯糧，向來每石徵銀一兩，康熙年間特恩減免，改徵銀五錢五釐。 計算每畝徵銀八分有零。 惟嚴州一所遺漏，未經減免，每畝仍徵銀二錢一分五釐，查杭州前右二衛屯田，與嚴州相距咫尺，每畝止徵銀一錢二分八釐零。 著將嚴州屯糧，照杭州前右二衛科則徵收，以紓軍力，永著爲例。

又諭： 粵西軍屯田畝，惟武緣一縣糧額，較之下則民田，每畝多銀二錢二分，未免過重。 著將舊額酌減，每畝定以一錢徵收，永著爲例。

二年諭： 各省屯糧，科則輕重不等，州縣屯糧，有較之民田過重者，有同一屯地，而徵糧之本折多寡不同者，有同一科則，而額糧之重輕相去懸殊者。 念此屯民，皆吾赤子，若地瘠糧重，未免輸納維艱。 著該督撫秉公確覈，各就原額糧則之重者，酌量裁減，具題請旨。

又覆准： 甘肅所屬柳林湖等處屯田，地方遼闊，屯戶衆多，通判等官僅止數員，耳目難周，酌留熟諳屯務之生監農民，並設立屯長、總長、渠長分理，所需口糧盤費，在於存公項內動撥。

又諭： 浙江溫州衛屯田三百一十二頃，每畝徵銀一錢七分零，台州衛屯田二百二十頃，每畝徵銀一錢四分零，比本地民田較重。 著照杭州前右二衛科則，畫一徵收，永著爲例。

四年覆准： 陝西安西鎮屬口外屯田，盡行開墾，儘可藉民田營田以供兵食。 嗣後陸續召募農民商賈及兵之有餘丁者承種，所穫糧穀，民得六分，官收四分，委安西道與通判管理督率，餘地聽百姓報墾納糧。

五年題准： 出運漕船額設屯田，止許得當年租銀，不得層累疊加，立券豫支。至已經加租之田，如力能回贖者，即退還價值別租； 力不能回贖者，俟租價滿日別租。 如指稱加租名色立券私交者，將該丁革退，與出銀租田之人，皆依私典軍田例治罪。 其田追給新丁，仍追取租價入官。

六年覆准： 各省屯田，定限一年，無論在軍在民，一併清出歸軍贍運。

八年題准： 湖廣、湖南所屬軍屯田地，典賣與民，相沿年久，嗣後民賣軍田，情願應差者，准其管業，如軍置軍產，隨田應差者，亦准仍舊管業，其田均不准取贖。 至民買軍田，不願應差，及軍買軍產，田去差存者，均准原丁取贖。 若原丁貧不能贖，令典買者每歲別助租費，以濟漕運。

又覆準： 湖廣、湖北衛所屯田，各清出原額，除納賦之外，按量多寡，分別助費，官徵官給，均分各船濟運。 其故絶逃亡之戶，民人頂種者，現在納糧貼運，實與屯丁無異，若此項田有出售者，仍令額軍歸買。

十二年覆准： 各衛屯田，果係典賣與民，許備價取贖，由衛所移明州縣，飭令民人收價退田。 儻地方官不即飭退，照承查遲延例，扣限分別察議。如不即備價，混控退田，以及一時草率不行詳查，誤以民田行移州縣取贖，旋即更正者，將衛所官弁，比照丈量地畝不明白詳報例議處。 若實係民田，與軍無涉，故作軍田捏報，希圖混冒者，比照荒熟田畝不分析明白混報州縣官例議處。

三十七年議准：屯田典賣年久，免其撤回歸公，概令本丁取贖歸運。有不能贖回者，酌量加增津費貼運，此次清查之後，凡旗丁自執之田，永禁典賣。儻私相授受，查出治罪，追價入官。

又議准：湖南省別戶軍丁頂買者，承買此船之田，即當此船之差。活契仍聽回贖，絶契概免回贖，典賣在民之田，准別戶軍丁代贖。承運歷年久遠，造有墳墓及出資開墾者，免贖，仍貼費當差。本軍出典之田，有力隨時贖田，不許另置民產，如無應贖屯產，聽其置買民田。

四十八年議准：黔省自乾隆二年，於古州、八寨、台拱、丹江、清江等五廳，分設一百二十堡，屯軍八千九百三十九戶。每戶給上田六畝，或中田八畝，或下田十畝，附近山地儘其墾種，官給印照，永執爲業。嗣後令承佃屯軍該管小旗、總旗、百戶，於年終出具並無私相出售甘結，該管廳弁巡道加結申送督撫查覈，儻不實力辦理，或互相徇隱，別經發覺，分別叅究。

五十三年議准：臺灣東界内山番地，游民越界佃耕，漸成熟業，以致爭奪。現令丈出已墾生熟番埔地一萬一千二百甲，每甲合内地民田十一畝三分一釐。内民人租賃之地，同番社田畝，免其升科，其賣斷與民者，照同安縣下沙科則，按甲計畝徵銀。此外未墾荒埔地五千四百四十甲，及入官荒廢埔地三千三百八十餘甲。各社熟番新挑屯丁四千名，每名撥給埔地二甲，千總每員十甲，把總每員五甲，外委每員三甲，令其自行耕種，免其納賦，不給月餉。屯丁缺出，即挑其子弟充補，承受田畝，如有私行典賣者，按例治罪，追價充公，其地仍歸番社。集集埔、虎仔坑、三貂、琅嶠等處民人開墾田畝，與生番日久相安，照民買番地之例，一體升科。清查之後，再有越界私墾，從重治罪，失察地方官一併議處。

又諭：金川屯番，遇有勦捕之事，屢經檄調，最爲出力。該處地畝在在皆山，土地磽瘠，自應儘番民墾種，自食其力，俾生計有資。乃從前地方官限定額數，既屬太少，而轉另招内地民人占墾，以致番民口食不敷。此項番地，即著詳悉確查開墾地畝，酌定章程，按照撥給降番，嗣後不許地方官藉端擾累。遇有徵調出兵之家，即應酌量免差，俟一二年後，該降番等地畝較多，差徭又少，庶生計敷裕，元氣可復。

六十年覆准：四川、新疆、懋功等五屯，安插降番，每戶例給地三十畝，每年納糧二斗一升有零。此内挑選精壯一千名，以五百名爲新屯練，給餉；以五百名爲餘丁，不給月餉。今丈出荒地九千五百餘畝，賞給降番，食餉者五百名，每名加給六畝；不食餉餘丁五百名，每名加給十畝，毋庸交納錢糧。章谷一屯，荒地不敷撥給，每戶舊有地三十畝，撥出十畝，不令升科。再雜谷等五寨，撥出鈐制降番屯兵内，驗看得精壯屯兵一百六十名，每人給地十畝，亦不令交糧，所加地畝，作爲公產，一併隨缺管業。其四屯餘荒地一千餘畝，作爲官荒，不得另招占墾。

嘉慶七年議准：貴州銅仁府屬石峴苗地，建立碉卡，安設屯軍四百名。每軍百名，設百戶一名，總旗二名。每軍一名，分授水田四畝，百戶六畝，總旗五畝，免納租糧，均歸石峴衛千總督課耕作。其餘低窪田地以及山頭地角，作爲公產，招佃耕種，以爲屯堡碉卡歲修之用。

同治十三年奏准：江甯府上元、江甯、句容、江浦、六合五縣，均有屯田夾入民田之内，科則與民田各別，大率米多銀少，除屯田最多之六合縣，並最少之句容縣，民屯尚能區分，堪以各歸各縣徵收，其餘上元、江甯等縣，被擾之後，《賦役全書》均已毁失，現在民屯錯雜，莫可辨認，應請仿照民地銀米一則科徵，以歸畫一。

光緒十二年奏准：上年查辦山西各屬丁糧歸地案内，襄陵縣平陽衛額徵屯丁糧銀，漏未歸併。現若仍照額設屯丁，按年徵收丁銀，設遇有丁倒缺額，恐不免徒事追呼。應請將該衛每年額徵屯丁正銀三十六兩九錢七分二釐，耗銀四兩八錢六釐，自本年爲始，併於該縣屯地，按等則均勻攤徵。以昭畫一。

《清會典事例》卷一七八《户部二七・屯田》 新疆屯田

乾隆二十一年奏准，巴里坤至濟爾瑪台、濟木薩、烏魯木齊、羅克倫、瑪納斯、安濟哈雅、精河等處，俱有地畝可資耕種，伊犂附近地方，約有萬人耕種地畝，空格斯、珠勒都斯等處，可耕之地亦多。現在伊犂有回人三千餘名，令巴里坤辦事大臣及甘肅撫臣，派出綠旗兵一百名，委員酌帶籽種、農具、耕牛，於明年正月内前來，分別按地酌給耕種，俟試看一年，再行辦理。

又諭：回人與額魯特等，素如敵讎，若令回人屯種伊犂，或受額魯特等欺陵，轉恐滋事，不若仍令回人各歸原處，令其輸納貢賦，似較妥協。伊犂等處可種之地既多，酌量遣派内地兵民前往屯種，照安西地方之例辦理，既可支給屯兵糧餉，而於鎮守地方更屬有益。

乾隆二十二年奏准：吐魯番地方直通伊犂，兼與各處回城聲息相通，卽於吐魯番派民屯種，現在額敏和卓已駐扎此處。尙有闢展地方，地勢寬展，可資屯種，卽將所帶綠旗兵丁派令屯田，交與副將督率管轄，並令額敏和卓父子嚴密防範管束，協同辦理。

又奏准：雍正年間，巴里坤駐扎大臣時，奎素、石人子以至尖山子一帶地方，俱經開墾。茲復勘得尖山子起至奎素一帶百餘里內，從前地畝舊迹俱存，係取用南山之水，共有正渠九道。自山口以外，多滲入沙磧，必須木槽接引，方可暢流。其三道河以北，自鏡兒泉三墩起，至奎素止，亦有開墾地畝、正渠三道及支渠形迹，荒蕪日久，渠身湮塞。現在工多人少，且工料必須撥運。應於甘、涼、肅三處，先派種地官兵一千名，於來年正月前往疏浚水泉，開引渠道。需用工匠物料、田器、牛隻等項，均由內地辦運。至二三月間，土膏萌動，卽分布巴里坤駐扎滿兵三千名，綠旗屯田兵一千五百名，於可墾之地翻犁試種。巴里坤一帶，氣寒霜早，惟宜青稞。令各兵於青稞外，如糜穀之類，少爲試種，倘或有收，再行加增。其官兵整裝銀兩，照例給發。

同上　新疆屯田

[二十二年]諭：烏魯木齊等處，亦須漸次屯種，接濟兵食。其如何相度水利，測驗土脈，及派兵前往一切口糧、牛具、籽種等項預爲料理之處，著黃廷桂詳悉具奏。

又奏准：吐魯番現在耕種屯田之綠旗兵八百名，移往哈喇沙爾、伊拉里克等處耕種。一面查明吐魯番現種熟地若干頃，此外有無可墾之土，共需兵若干，酌定數目，派出兵丁，辦給籽種器具，遣往吐魯番接種。

二十三年奏准：闢展、魯克察克、吐魯番，除官兵及回人屯種外，因水乏無可開墾。吐魯番西百餘里，通哈喇沙爾、托克遜城，水頗充足。再哈喇沙爾通庫車、阿克蘇大路，舊係額魯特回人墾種，海都河水甚足，烏魯木齊水亦足用。現於哈喇沙爾派兵二千四百名；烏魯木齊原派兵五百名，增派五百名；托克遜與闢展、魯克察克相近，量增兵五百名；闢展仍派兵四百名；共需兵四千三百名。除現在兵丁外，已移咨黃廷桂於奏添八千名內，先派三千兵攜帶牛具口糧，前赴魯克察克，於三月前趲到。計需籽種一千六百石有奇。除動用闢展存儲外，移文巴里坤大臣速爲運送。

又諭：昨因軍需羊隻，道遠多致倒斃。諭永貴等於屯田處所，廣爲墾種，以裕軍食。今據永貴、定長等奏稱，本年在烏魯木齊、闢展、托克遜、哈喇沙爾等處，共派屯田兵三千六百名，墾地二萬九千二百畝，計布種一千四百餘石，可收穀三萬六百石，較去年吐魯番、闢展之數加增三倍等語。多種地畝，於軍食有益，現派兵數尙覺其少，或伊等計抽調留候成熟，僅得此數耶？抑或難於多得耶？但添派綠旗兵丁，其後隊尙未起程者，多係閒住，不妨暫令乘時布種，再陸續前往。至永貴等辦理屯田，當親往察看，董勸兵丁，其勤於力作，多種地畝，著卽量加賞賚，以示鼓勵。

又諭：屯田爲軍食所關，凡墾種地畝，收支穀石，俱宜豫行籌畫。可傳諭永貴等，將現在墾種若干，收糧若干，較去年多增幾倍，足敷兵丁若干人幾日之食，來年亦照此加增，覈計具奏。至平定回部後，屯田兵丁若同征兵撤回，則將來又煩跋涉，自應留住彼處。來年墾種地畝應添兵丁，或於征兵內酌量存留。伊等口糧卽在現收穀石內支給，但足敷幾月之食，能及收穫之期否，俱著籌酌奏聞。

又奏准：巴里坤至伊犂，分駐官兵屯田，由近及遠，漸以舉行，凡阨塞諸處，一切修建城堡，分別營站，仍聽將軍兆惠辦理。至屯田需用牲隻，現由太僕寺解羊萬頭，極爲充裕，其鑄造農具，秋冬酌量運送。計由巴里坤至烏魯木齊南路一帶，如闢展、托克遜、哈喇沙爾等處，今歲俱已種植。自烏魯木齊以內，察罕、烏蘇、穆壘北路一帶，未設臺站，舊係噶爾藏多爾濟部落，地多砂磧，難於開墾。由穆壘至烏魯木齊一帶，則可墾之地最多，近因哈薩克貿易派員承辦，並遵旨揀選副將一員，帶兵二百名，管押貨物，乘便遴委道員，同往彈壓，卽於經過之處，將曾否開墾地畝，及氣候寒暄，土脈肥瘠，水泉多寡，繪圖貼說，再加酌議。

又諭：永貴等奏稱，前與雅爾哈善會商，無分進勦屯田，兵丁隨到，卽令開墾地畝，續因耕牛農器不能全到，先就闢展等處所有畚鍤，令其開溝築隄。又哈喇沙爾之海都河，水勢湍急，必須渠深岸固，方免衝齧等語。看來今年播種之期，似稍遲誤，但將進勦兵丁後隊截留，人力有餘，或可將烏魯木齊等處俱行墾種。可傳諭永貴等，現在籌議屯田處所，交秋以後成熟穀石若干，來年伊犂等處屯田，能以次興作否？並將伊等奏摺，錄寄黃廷桂閱看，俾得酌量豫備。

又奏准：昌吉距烏魯木齊六十餘里，羅克倫距昌吉四十里，舊係噶爾藏多爾濟之一千六百餘戶游牧，地平水足，有河渠舊址，修理亦易。丈量得昌吉可墾田八萬餘畝，羅克倫可墾田七萬餘畝，應於昌吉、羅克倫各駐兵一千五百名，更番開墾種植，以休地力。

又諭：努三前奏請查勘烏魯木齊屯田時，朕即謂雖爲期尚早，亦當先事籌備。隨諭黄廷桂，來年穆壘、烏魯木齊屯田，派兵七千名，及辦給農工器具。今昌吉等處既又可駐兵三千，可傳諭黄廷桂照數添派兵丁，合之前派七千，即得萬人，爲數雖多，但屯田兵惟取其習於耕作，不必盡皆精壯，黄廷桂宜酌量辦理。如有不便，即停其添派亦可，仍與努三、永貴等會商定議具奏。

又諭：據永貴奏稱，將軍兆惠所議屯田收成分數，每人墾田二十五畝，所收穀石可給八九人之食。詢問官兵等，俱稱必係成熟之地，一家有四五人助力，方如前數，若一人墾田，即盡力不過十四五畝，可食三四人等語。此特據綠旗官兵之飾詞，遂以爲實，不但與兆惠所奏不符，即以內地情形而論，四民之中，農居其一，尚能積貯有餘，流通出糶，永貴等豈未聞知？或因初墾之地，收成歉薄，若將來由近及遠，以漸增加，仍執此定數，安足以給軍食？可傳諭永貴等，加意勸課兵丁，務如農民治田，不留餘力，視其所收分數，再行定議具奏。

又奏：本年闢展等五處屯田兵三千六百名，今屆收穫之期，看得地有肥磽，穀分豐歉，米麥合算，通計實屯田二萬二千三百三十五畝，每畝收穫一石九斗至一石四斗不等，共收穀三萬七千三百四十餘石，以去年每畝一石四斗計之，增出五斗至三斗六升不等，共多收六千七十餘石。所收穀石，次年自闢展至哈喇沙爾、烏魯木齊新舊兵丁，又烏魯木齊附近額林哈畢爾噶、羅克倫、昌吉至西托摩楚克等處新兵，共需籽種一千五百二十石，餘穀三萬五千八百二十六石，碾米一萬七千九百十三石，共敷官兵、跟役九千一百九十人口糧七箇月有奇。其不足之數，次年所種小麥、青稞，六月內即可收穫，以資接濟。奉旨：永貴等所奏闢展等處屯田收穫分數，看來止敷屯兵口糧，其伊犂駐防官兵，仍需籌畫，可傳諭兆惠，遵照節次諭旨辦理。至從前屢諭永貴等，確查收成分數，除新舊屯田兵丁外，尚足敷幾千人之食，伊等遲久方奏，微覺難於籌辦。不思內地農民，何以畝有餘糧？蓋由家長善於勸課，且食用撙節，毫無欺隱耳。兵民雖異，其理則同，永貴其悉心經畫，於軍需自有裨益。

二十四年諭：屯田糧石，關繫軍需。定長等所報碾出數目，有較上年加增者，皆承辦之員實心經理所致，著加恩將都司瑪呼等交部議敘。嗣後各處屯田，除收穫較多者，准其奏請議敘外，如較原報之數虧缺無多，著暫行登記，准以下次贏餘抵補，儻再有虧缺，即照所缺之數分別議處。庶承辦各員知所勸懲，可傳諭令其遵照辦理。

又奏准：烏魯木齊增墾屯田，擬於凱旋綠旗官兵內截留五千名，以四千分墾地畝，以一千豫備差遣，明年收穫，即可供伊犂糧餉，俟伊犂屯田又可接續。其巴里坤有屯兵八百名，應將西安提督移往駐紮。此時農具籽種，最爲緊要，上年冬月，辦過籽種二萬八千石，運到闢展一萬一千餘石，農具一萬三千副。現存哈密農具六千餘副。今於肅州雇得商駝四百餘隻，將應送烏魯木齊等處農具、籽種、口糧，按程給值，源源轉運。至耕田牲隻，亦屬要需，甘省各提鎮，原有孳生兒騍馬匹，即於此內挑選一二千匹，七八月閒送往巴里坤牧放，以備調用。

又奏：烏魯木齊新舊屯田兵一千名，舊兵除差遣外，實屯田兵六百七十四名，種地一萬五千一百餘畝，收麥黍一萬二千二百四十餘石；新兵二百名，種地一千五百餘畝，收麥黍二千二百四十餘石。舊兵所種，較上年加倍，其收穫亦如之。

又諭：定長等將本年闢展、托克遜、烏魯木齊、哈喇沙爾、喀喇和卓等處屯田收穫分數具奏，又稱除烏魯木齊外，其他地畝，較之初種時，漸覺歉薄等語。此等田畝，雖不能如內地人工糞治，可以常年耕種，但地頗寬敞，彼此遞年互調耕作，自有餘力，著楊應琚會同舒赫德、定長，悉心講求，酌議具奏。

又奏准：烏魯木齊屯地兵丁，墾種在二十畝以上而收數多者，官弁議敘。如差繁墾地及數，因被災收數中平，或差繁墾地不及數，又被災傷，以致收數減少，與事故耽延墾地不多，而每畝收數不減者，均予免議。其墾地不及數，收數不大減，及差調以致地畝收數俱少者，將墾收數目註冊，留給下年積算扣抵。

二十五年諭：安泰奏稱奉巴里坤綠旗兵可否調往烏魯木齊。諭旨：現在烏魯木齊糧石，頗屬饒裕，內地所辦農器，多在巴里坤，所有兵丁九百名與其在彼守候，即可調來烏魯木齊屯田等語。烏魯木齊增兵開墾，既有益屯田，而哈薩克貿易往來，昨尚諭派索倫兵數百名駐紮防範，今增調此項兵丁，更足以壯聲威，卽照所奏辦理。

又諭：阿桂奏稱，伊犂河以南有地名海努克，與固勒扎相隔一日程途，水土沃衍，請於此處先行屯種，相其形勢，分立邨莊等語，所辦甚是，俱依議行。果能實心奮勉，次第辦理，則屯田一事，當録伊經始之功也。至邨莊居住回人，需兵防護，非尋常屯田處所可比，必固其堡寨，勤其瞭望，庶藏匿之瑪哈沁及哈薩克等不敢滋事。至所奏起程以前，派回人修理穆索爾嶺道路，及將來安設臺站，行文舒赫德酌辦等語。從前準噶爾與回人往來，俱由穆索爾嶺一路，今既屯田伊犂，自應時加修理，其酌派回人，及安設臺站，俱傳諭舒赫德知之。

又諭：安泰等奏，屯田以漸開拓，直通伊犂，自烏魯木齊至羅克倫，擇水土饒裕之地，立四邨莊，每莊屯兵八百餘名，委遊擊一員，都司一員，分派雜職等督課耕種等語。所見甚是，可卽勉力善爲經理。至設立邨莊，尤宜防範盜賊，不可輕忽，所奏官兵四五千人，閒有疾病，乞賞給醫士及藥材等語。著傳諭吳達善於甘肅選良醫二名，並各種藥材，送至烏魯木齊備用。

又諭：伊柱奏稱，屯田兵丁已抵伊犂之海努克，現在安設邨堡，修理溝渠等語。看來伊犂屯田，俱有舊蹟，將來漸次開拓，更於軍食有裨。著傳諭伊柱，於一切應辦事宜，先時相度，加意奮勉，督策回人盡力耕耘，毋爲偷惰，其地畝數目，收穫情形，可遇便陸續奏聞。

又諭：據阿桂奏稱，本年伊犂屯田，以播種計之，上地所穫二十倍，中地所穫十倍，足敷千餘人來年麥熟前之食，將來增墾益多，則需人益衆，並請於闢展廢員內遣原任副都統圖克善、劉揚前來效力等語。今年數百回人甫經耕墾，卽收穫豐裕，覽奏殊爲欣悅。伊犂地廣，屯田以多爲善，其圖克善等俱照所請發往，若仍需人承辦，則烏魯木齊效力官員頗多，著一面具奏，一面調遣，亦傳諭烏魯木齊大臣等知之。

又議准：前因進勦回部，闢展等處俱係衝要之地，故屯田以接續口糧，供備調遣。今軍務告竣，所有屯田兵丁，或發往伊犂，或遣歸營伍，應酌議闢展等處，某處係屬要地，仍應存留官兵外，其年久老疾之人，遣歸原營，餘俱陸續發往伊犂屯田。至從前所墾地畝，酌量留給兵丁耕種，餘俱賞給本處回人，所有現收糧石，既敷臺站屯田兵丁數年之食，亦卽照各處所需之數儲備，每年出陳易新，毋使黴變。

二十六年諭：據定長等奏，烏魯木齊屯田兵丁，較常人所食頗多，照例支給，尙覺不敷等語。已諭於常數之外，每人日加米麪五合，至伊犂屯田回人，亦與綠旗兵丁同事耕作，自當一體加恩。著傳諭阿桂，將伊等應否加給，或一二年後，視其效力如何，再行辦理之處，酌議具奏。

又諭：阿桂奏稱，葉爾羌、喀什噶爾、阿克蘇、烏什等城，有舊在伊犂耕種回人二三千名，今聞開設屯田，願來效力者甚多，若添駐回人，卽可裁減綠旗兵丁，但該伯克等或以錢糧缺額爲詞，惟停止協助之費，並照派出回人戶口，減其糧額則衆皆樂從等語，所奏甚是。伊犂再增回人千餘，生齒更覺繁盛，亦於伊等生計有益，且裁減綠旗兵丁，既省內地之力，而回人田作，亦較勝綠旗兵。可將阿桂奏摺，録寄舒赫德等閱看，定議具奏。

又奏准：瑪納斯、庫爾喀喇烏蘇、精河等處，在伊犂、烏魯木齊之閒，地可屯田，應設立邨堡三處，以次經理。來春先派兵五百名往瑪納斯，以一百名起蓋倉廒房舍，四百名屯田，續派兵五百名往庫爾喀喇烏蘇，卽以瑪納斯餘糧辦給，其精河亦照此續辦。再由烏魯木齊至伊犂，道遠地廣，若安設臺站，以馬兵五百名往來巡查，則外藩貿易人等，觀瞻既肅，於牲隻亦有裨益。今烏魯木齊有索倫兵三百名，來春辦理瑪納斯屯田時，卽先派索倫兵五十名同往，分卡巡查。

又奏准：瑪納斯、庫爾喀喇烏蘇、精河三處安設邨莊，駐兵屯田，原以省額林哈畢爾噶一路臺站輓運口糧之力，續因一時難以盡舉，暫停安設臺站。瑪納斯距昌吉、羅克倫不遠，酌派屯田兵二百名，庫爾喀喇烏蘇、精河距伊犂、烏魯木齊俱遠，每邨派兵三百名，每人各墾地十五畝，所需籽種、農具、駝隻由烏魯木齊、巴里坤取用。

又奏准：巴里坤有屯田綠旗兵一千名，雖經墾種，而地寒霜早，僅收青稞一種，故屯田兵亦照駐防例支領鹽菜銀兩，兼以粟麥，共需銀五萬二千三百兩有奇。安西兵丁三千餘名，計日遷移，俱係折給糧價，更不需支食青稞。所有屯田兵丁，概行撤回，卽將安西兵派出屯田，以節冗食。

又題准：烏魯木齊等屯，每兵收穫糧十一石以上至十四石，官弁議敘，署把總、外委、兵丁，俱賞給一月鹽菜。

二十七年諭：楊應琚奏請，將闢展屯田收穫之芝麻、菜子，分借回人種植，俟收穫後扣還籽種，其餘量爲交官，以抵應輸額賦等語。闢展所種芝麻、菜子，上年已試有成效，自應借給回人種植，以省運油之費。但回地向未有此，若令其分種，恐非所素習，著傳諭德爾格酌量辦理，或伊等不願承種，卽毋庸拘泥該督來咨，勉強從事。再烏魯木齊地畝廣遠，現在開墾三屯，或卽於該處播種，以濟日用，亦無不可，並傳諭楊應琚知之。

又諭：　達桑阿奏稱，玉古爾、庫爾勒回人等，今歲屆升科之期，派員查勘收成分數，據報玉古爾大小麥俱已成熟，共收穫八千一百餘石，庫爾勒所種，因蝗蝻傷損，僅收三百餘石等語。回人所種地畝，俱資灌溉之利，雖不虞旱澇，而蟲鼠爲耗，致成偏災，亦所不免，雖不必盡照內地蠲賑之例辦理，而視其被災分數酌量減免，伊等自感出望外，且實與生計有裨。此次庫爾勒回人等升科伊始，既被偏災，其作何蠲免之處，著速議具奏。將來各城回人所種地畝有成災者，著各該駐紥大臣，詳悉查勘收成分數，定議辦理，俾回衆咸知朕軫念新附之意。卽其中有揑報災傷，希圖免賦者，因此履畝確勘，亦得杜其僥幸之端，著傳諭永貴等知之。

二十九年諭：　伊犂田土肥潤，如敷多人耕作，莫若令滿洲官兵分種，既得勤於力農，而於養贍家口，餧養馬匹，均屬有益。著交明瑞查明地畝，俟滿兵到齊住後，酌量分給耕種，欽此。遵旨議奏：　附近伊犂二百里以內，可種田地甚多，俟官兵到齊，再行妥議辦理。

三十一年議准：　嗣後新疆種地兵丁，每名收穫細糧十一石者，停其議敘；十八石者，照例議敘；二十八石者，加倍議敘。

三十二年議准：　新疆塔爾納沁額地六千畝，開墾餘地一千三十畝，按秋收分數，確計所收糧石，儘數報官。種地遣犯，應支籽種、農具各項，一併覈實，官爲給發。所有地畝正餘名目，概行删除，力薄之地，准其暫行休歇，另開貼近地畝，輪番樹藝，以息地脈。至屯糧所需籽種、農具，隨時體察，照例撥給。

四十年議准：　嗣後伊犂每兵收穫細糧至十八石，烏魯木齊收至十五石者，官員議敘，兵丁賞給一月鹽菜銀兩。伊犂收穫細糧至二十八石，烏魯木齊收穫至二十五石者，官員加倍議敘，兵丁賞給兩月鹽菜銀兩。伊犂屯田收穫十五石以上，烏魯木齊收穫十二石以上者，均准功過相抵。如不及者，官員議處，兵丁量加責處，仍留屯督種，次年收穫足數議敘，准其開復，不准敘賞。其收穫之數，例應加倍議敘者，照尋常收穫之例議敘。若次年收穫糧石，仍不及分數，官員分別議處，兵丁責處。至伊犂屯田兵丁，如收穫不及十三石，烏魯木齊收穫不及十石者，官員分別降革，兵丁重加責處。伊犂屯田遣犯，每名收穫細糧九石，烏魯木齊遣犯，收穫細糧六石六斗者，遣犯每名日給白麪半斤，該管各官照該處屯田兵丁收穫細糧十八石、十五石之例，減半分別議敘。伊犂屯田遣犯收穫十二石，烏魯木齊遣犯收穫十石者，遣犯每名日給白麪一斤，該管各官照該處屯田兵丁收穫細糧十八石、十五石之例，分別議敘。如伊犂遣犯收穫六石以上，烏魯木齊遣犯收穫四石以上者，准其功過相抵。如不及數，遣犯重責，該管官降一級留任，兼管官罰俸一年，其次年收穫成數，分別多寡黜陟之處，悉照屯田兵丁之例辦理。又塔爾巴哈台、烏什、古城、吉布庫察、把什湖、牛毛湖各屯種地兵丁賞罰，官員功過，均照伊犂議定分數一例辦理。其哈喇沙爾、巴里坤，照烏魯木齊分數分別勸懲。塔爾納沁一屯，地勢磽薄，每兵收細糧十四石以上，照伊犂收至十八石之例敘賞；收糧二十四石者，照伊犂收至二十八石之例加倍敘賞；如收至十二石者，功過相抵。不及十二石者，照伊犂不及十五石之例，官員議處，兵丁量責；收穫不及十石者，悉照伊犂議定之例，官員降革，兵丁重責。該處兵丁，向無鹽菜，應賞鹽菜一月者，卽給一月口糧。再巴里坤、哈密二處，雖派有遣犯耕種地畝，其收成分數，皆與該處兵丁一例交糧，所有勸懲之處，俱照現定該處兵丁分數，一例辦理。

四十三年奏准：　伊犂屯田兵丁三千名，俱係陝甘兩省各綠營兵丁內戍守，五年一次更換，給予收使銀兩，每月復給鹽菜銀，甚屬煩費。哈密、巴爾庫勒、烏魯木齊至瑪納斯，各處屯田綠營兵丁，已俱改爲攜眷駐防，甚爲妥便，今伊犂屯田綠營兵丁，亦應仿照哈密等處攜眷兵丁之例辦理，以期一勞永逸。其該管總兵各員，亦照伊犂現有官員數目出派，伊等既得攜眷永居，不但有裨屯田實效，將來子弟繁多，添設土戶，亦復有益邊疆，而各項費用可歸節省，應卽移咨陝甘總督，酌量分別移紥。再庫爾喀喇烏蘇屯田綠營兵丁，現在亦係五年一次更換，俟伊犂駐防兵丁辦竣後，再行酌照新定章程一併辦理。

四十五年奏准：　伊犂頭起綠營攜眷兵一千五百戶內，伊等有情願分戶認地墾種者九十一戶，擬於所居之綏定城東北，並察漢烏蘇東南地方，查勘水泉充足之地，每戶撥地三十畝，令其墾種，照例六年升科。並將分戶人丁編入民籍，其每戶應賞種地農具一分，庫中現存者即爲撥給，無者飭令伊犂同知，照依官價採辦分給，所需籽種，一併賞給。至每戶應借房價銀二兩，耕田牛一隻，作價銀八兩，在於官廠內共撥給牛九十一隻，並將麥收以前所需口糧，亦按戶分別大小口數借給，所借各項俟六年升科時，分作三年交庫還項。

四十七年奏准：伊犂屯田兵丁，原由三千兵內派出五百名，充當雜差，每年令二千五百名耕田納糧。前曾將綠營兵裁汰，由內地更換三千攜眷兵居住，仍照前以五百名充當雜差，以二千五百名耕田。但伊犂亦屬要疆，兵丁自應演習技藝，此數年間俱屬豐收，現存糧五十餘萬石，足敷支放三年。每年綠營兵民、回子等交納糧米，大約十八萬餘石，除每年支放外，尚餘二萬餘石，應將二千五百名內裁撤一千名操演，以習武備而重邊防。

四十九年議准：烏魯木齊鎮迪道屬各府州縣每年民借籽種口糧，於本年秋收後徵收全完，報部銷案。如有未完，飭催徵不力之地方官如數賠補，並照例分別議處。

五十四年奏准：伊犂綠營兵丁三千名內，派出五百名，應付各工及看守庫倉、碾磨等差，每年將二千五百名，分爲二十五屯，耕田交糧。前曾撤回一千，裁汰十屯，以一千五百名耕田，一千五百名操演。現統計每年所收，以二十四分爲常，可收四萬二千餘石，再撥在綠營屯田爲民罪犯，應交糧米二千餘石，以至回民應交糧九萬六千石，並各倉斛面羨餘三千餘石，一年共得十四萬三千餘石。伊犂一年支放，共需十六萬六千餘石，所有不敷二萬三千餘石，於倉存五十萬餘石糧米內，照數補放外，止存三十萬餘石。應將現在充當各差之一千五百兵丁內，留八百名習技當差，撤出七百名，添設七屯，自次年爲始，令其耕田，照一年二十四分覈算，可得一萬九千餘石，並回民情願增輸之四千石，足敷每年支放糧餉，並將現在所餘倉儲，按年出陳易新，庶無匱乏。

五十七年諭：向來哈密地方所屬屯田，俱於發往伊犂、烏魯木齊兩處遣犯內截留種地，年滿後再行分別送往原定配所爲民，及當差爲奴。但該遣犯等原犯情罪輕重不同，若不定以區別，則情罪較重之犯，俱可就近截留，一經種地年滿，即可儌幸安插爲民，未免啓避重就輕之弊，不足以示懲儆。嗣後該處應留種地遣犯，如原犯情罪本輕者，方准截留；其情罪較重者，概不得截留。

又奏准：北路科布多，西路伊犂、烏魯木齊，吐魯番、巴里坤、烏什、塔爾巴哈台、喀喇沙爾等處布種地畝，每年收糧分數，或有十分以上，亦有僅三四分者，向例均攤合算，如收在八分以上者，將官兵議敘，若在四分以下者，將官兵議處。嗣後將收糧分數，均照各分內收糧分數，分析獎罰。凡十分以上者，官兵奏請議敘；九分者，該處自行酌量獎勵；如在五分以下者重責；四分以下者，具奏交部議處。其總管官仍按所管一切地畝總算，如在八分以上者，交部議敘，四分以下者議處。

嘉慶四年奏准：伊犂屯田綠營兵丁三千名內，以八百名操練當差，以二千二百名耕田交糧。數年以來，均屬豐收，除每年放給官員兵丁外，仍餘一萬餘石，並現在各倉所存，共有三十六萬餘石，足敷二年支放。應將現在耕地之二千二百名內，暫撤出四百名，專練技勇，以一千八百名耕田，輪換演習，俾得各歸實效。

又覆准：烏什種地屯兵四百名，裁撤一百五十名歸操，其餘二百五十名，仍留屯糧。所裁屯兵熟地三千畝，撥給回民耕種，免其交糧，俾回民生計益臻寬裕。

七年奏准：錫伯部落官兵人等，專意務農，生計充裕，而伊犂滿洲兵丁六千名，駐防年久，戶口孳生，家計窮乏，不若令伊等照錫伯之例耕種。其食餉兵丁內，有革去馬甲及前鋒之閒散，或身體孱弱未能當差者，交領隊大臣等，酌選可種地畝，派出三百六十名閒散佃種，俟次年添人耕種之時，再行酌量數目，更換辦理。

又奏：伊犂居住之八旗人等，生齒日繁，曾酌量近水可耕之田，由惠遠、惠甯兩滿城酌派閒散三百六十名，分地試種，秋收通計尚穫十分有餘。本年兩城秋麥，業已播種一千餘石，因即酌派委員，於惠遠城東相度地勢，自伊犂河北岸濬開大渠一道，逶迤數十餘里，儘可引用河水。又於城之西北草湖中，覓得泉水甚旺，設法另開渠道，益資灌溉。新春修築隄岸，廣開支渠，一俟工程完竣，春水暢流，計可澆灌地畝甚廣，即於渠畔揀擇好地，分給惠遠城八旗耕種。其惠甯城八旗，係於該地就近從前綠營裁屯地耕種，原有渠水足資灌溉。兩城種地所需器具等項，酌交各協領，於伊等公設官鋪息銀內動用，三五年內即可全行歸還。惟種地必須牛力，即於官廠內借給惠遠城八旗，每旗牛八十隻，惠甯城八旗，每旗牛四十隻，俾得藉資耕作，所借牛隻儻有倒斃，毋庸撥補，均著落各該旗自行買補，以示限制。奉旨：伊犁駐防滿兵耕種所需器具等項，准其於公設官鋪息銀內動用製備，按限歸款。其應用牛隻，卽照所請於官廠內賞借，並責成各該協領督率盡心耕作，以收兵農並習屯守兼資之效。

九年奏準：伊犁綠營兵丁所耕十八屯地畝，又須輪流歇種，覈計倉儲餘糧，共有四十餘萬石，足敷支放。現裁撤三屯，照原定十五屯地畝之數辦理，其歇種年限，俟五年期滿照舊添種，所有撤出三屯兵丁，照例操演，修築垣牆，俾歸實用。

又奏：伊犁錢局設立採銅廠夫，向派遣犯等於哈什河南屯田，以給各夫口食，總須收穫小麥二千石，方足一年之需。惟遣犯不習耕作，大半有名無實。向來伊犁種地回子六千戶，每戶交糧十六石，通共每年交糧九萬六千石，迨後添墾地畝，又共續增交糧四千石。是六千回戶四十餘年，生齒倍加，遣屯地畝極多，莫若撥給回子耕作，俾應納官糧，贏餘卽可養贍家口。又春稽地方有田二千餘畝，亦准回子耕種，每年所交納小麥二千石，足供銅鉛廠夫口食，所有種地遣犯數十名，歸廠充當苦差，以期便於管束，其內稍有不法，立予嚴懲。奉旨：著照所請，將哈什河南遣屯地畝，改撥伊犁種地之六千回戶耕種，仍將本年回子借種額魯特之地一併撥給，其春稽地方有田二千餘畝，亦准回子耕種。每年交納小麥二千石，以供銅鉛廠夫口食，所有撥往之遣犯數十名，卽著撤回歸廠當差。

十年具奏：伊犁塔爾奇地方，向設水磨一座，係綠營各屯攤撥弁兵，輪流應役，該弁兵等由倉領麥，每年磨麪十餘萬斤，以爲出差官兵及各項當差遣犯口食應用。惟新陳相接，不無發變，今官兵等情願各領小麥，自行易麪食用，應裁撤水磨，支放小麥，俾得均霑實惠。此項糧石，本係伊犁回戶每年交糧十萬石，每石加納三升斛面餘糧，至嘉慶八年舊存餘糧，儘數支放，所有步甲月支口糧，自九年後皆於正項糧內支給，年復一年，必致存倉正項虧短。自明年秋收爲始，將裁撤綠營磨麪運麪弁兵，分撥各屯，加給籽種耕種，每年共可增交小麥六百石。所有回戶交糧，每石既有斛面三升，並令屯工每石加交斛面三升，每年又可增交小麥九百餘石，合之每年回戶所交餘糧，計共得四千五百餘石。通計足敷支放惠遠城滿營鳥槍步甲，及出差官兵各項差役應領口食一年之需，飭糧餉處按年查明，報部備案。再回戶交納，不獨每石加交斛面三升，其每斛足敷七十斤外，尙有鼠耗，至綠營各屯交糧，從前止交鼠耗，並無斛面。而其每斛斤秤，竟至不如回糧斤秤足敷支放，今雖增交斛面，其所有不敷斤秤，仍令補交，以足兵食而歸實儲。奉旨：據松筠奏稱，所裁撤水磨，將綠營磨麪運麪兵丁分撥各屯種地納糧，於官兵等較有裨益，所奏似尙可行。惟令綠營屯工於納糧時一體加交斛面，並補足鼠耗斤秤之處，雖係比照回戶一律辦理，但亦需體察綠營各屯，是否力能加納，並恐開藉端勒索浮收之弊。堡甯在伊犁有年，於該處情形素爲熟悉，著悉心詳覈妥議具奏，欽此。遵旨議定：伊犁塔爾奇地方水磨，准予裁撤，該官兵等情願領麥易麪，暨撤出此項兵丁，分撥各屯耕種，每年又可增交小麥六百石，於倉儲更有裨益，均如所奏辦理。至加交斛面餘糧，屯兵等力量未必充裕，不若卽於原撤屯兵四百名內，量爲派撥分屯耕種，每年所收糧石，自可逐漸加增，不惟官兵口食足敷支給，而倉儲亦日臻饒裕。嗣後屯兵交糧斤重，照原定每斛七十斤之數交足外，其每石加增斛面三升之處，應毋庸議。

又奉旨：伊犁駐防滿洲兵丁，生齒日繁，松筠相度屯地，疏濬泉源，設法制備器具，借給牛隻耕種，兩年以來試有成效。茲該將軍猶恐滿洲兵丁公同夥種，久而生懈，請照伊犁錫伯營屯種之例，按名分給地畝，各令自耕，永爲世業，係爲旗人生計起見，其事本屬可行。惟是新疆重地，設兵駐防，武備最爲緊要，此項田畝分給官兵，若令其親身力作，有妨操練，轉致技藝日就生疏，至閒散餘丁內老弱殘病者，豈能令其耕作？勢必仍須壯丁幫助，其強健者一概驅之南畝，自必不能專心練習武藝，卽充數入伍，亦難資得力，殊非慎重邊防之道。此事惟在該將軍妥協經理，既使旗人有田可耕，永資養贍，而於新疆重鎭設兵防守事宜，無少窒礙，始爲盡善。至該官兵等將來生計寬裕，家有儲蓄，卽不便照錫伯之例停止口糧，亦當將借支款項，量爲撙節。

又奏准：伊犁旗屯地畝，陸續分給官兵，止交閒散餘丁，代爲耕種，斷不令妨武備。至惠遠城需地八萬畝，惠甯城需地四萬畝，惟期兩城駐防滿洲官兵，漸次立有世產，如耕作閒散不敷，仍可雇人佃種。現在渠水既足，飭屯鎭總兵等，業將地畝如數辦就，酌量每名放給倉存小麥三石，按限歸款。至於耕種稻田，及傭雇回子一切工本，該協領等以所穫糧石變價辦理，其將來復有贏餘。如何養贍貧乏，設立公倉交糧之處，應視收成多寡，隨年酌辦，俟耕種數年之後，照錫伯立倉儲糧成法辦理。至口糧及借支款項之處，一併再俟察看情形具奏。

二十五年定：伊犂滿營屯田種植雜糧，已分田二萬四千畝，續分田二萬餘畝，分授八旗閒散餘丁自行耕種。如有違禁租佃，以及私行典賣情弊，將該旗人及典買之民人，一併治罪。

又定：伊犂商民，墾種地三萬九千六百一十八畝六分，每年額徵銀一千九百八十兩九錢三分。又戶民共種地三千三十畝，額徵銀一百五十一兩五錢。又綠營眷兵分戶子弟，種地三千四百二十畝，每畝收小麥八升八合九勺，共額徵小麥三百四石。又安插種地編入民籍戶民，種地八十四畝，每畝徵糧八升，共額徵糧六石七斗二升。

又定：塔爾巴哈台屯兵，共種地一萬四千畝，每年收糧約一萬五千餘石。商民開墾地三千三百九十三畝三分四釐，每畝每年交租銀一錢。

又定：阿克蘇兵丁，屯種地一百五十畝，每年共收稻穀五百三十餘石。

又定：烏什屯兵，共種地五千畝，收糧五千七十餘石零。

又定：烏魯木齊商戶民人，墾種地九千五百二十五頃八畝五分，每年共徵糧七萬四千九十四石零。

又定：吐魯番屯兵，種地一萬四千七百畝，每年收糧一萬一千六百餘石。

又定：哈密所屬沁城屯所，每年約交糧二千餘石；蔡把什屯所，每年約交穀麥二千餘石。

道光八年諭：喀什噶爾大河拐一帶空地，前據長齡等奏撥回兵先行試墾，俟有成效，再行添設屯兵，當經降旨，交那彥成詳勘籌辦。茲據查明該處濱臨大河，水源甚遠，本年春間派撥回兵等，播種雜糧，均已一律成熟，交納糧石，著俟明年麥熟，再定歲賦科則。惟防兵專事操練，未便仍派屯田，所有該處空地，著即責成伊薩克，廣募無業窮回及情願試墾之人，陸續認種，逐年加增，照額納糧，以期經久。

十二年奏准：屯田招民必須得人而理，現已委員在喀拉赫伊地方興辦，倡率商戶捐借窮戶牛具籽種，俟試種一年後，自道光十四年起，輕定科則，再令按畝納糧。

又諭：玉麟等奏，籌辦伊犂旗地佃種收租，作爲養贍公用，並嚴禁弊端一摺。伊犂土宇寬廣，惠遠城可種地約計六萬畝，巴燕岱可種地約計一萬三千餘畝，該將軍等所請惠遠城分析地畝，租給回民耕種，歲收地租，抵放兵丁口食，節省銀兩，添補孤寡養贍，壯丁差操，俱著照所議辦理。其巴燕岱地畝得水較難，著該將軍等督同該領隊西朗阿分投履勘，開穵水道，俟招佃得租，亦照惠遠城貼補養贍差操，以收實用。並著責成各協領隨時稽查，取具各佐領並無典賣侵肥切結，如有前項情弊，即將該佐領叅革治罪，並將該協領嚴叅懲辦。

十四年諭：長清等奏，屯田試種有效，請定則升科一摺。巴爾楚克之毛拉巴什賽克三一帶荒地，前經奏准開墾，茲據長清等奏，查明該處統計開田二萬四千餘畝，共招種地民人三百六十餘名，水暢土肥，夏秋二禾收成均在九分以上，請自十四年起按畝升科，所辦甚好。著照所請，所有巴爾楚克新墾地畝，準其仿照北路升科則例及民屯認墾各成案，酌中輕定科則，同喀什噶爾屯田，均自道光十四年起徵，以供兵糈。並著造具新招屯民年歲、籍貫、認種地畝總數清冊，咨部備查。

又諭：長清等奏，查明巴爾楚克、喀什噶爾屯田應升科則，酌定章程辦理。據稱巴爾楚克、喀什噶爾兩處屯田，自開辦以來，設法招徠認墾之民，源源踵至，試種屯民急公嚮義，請自十四年起納糧升科。惟回疆距口內較遠，茲當創辦之始，止有民人到屯認墾，尚無攜眷而來者，若仿照北路招民開墾成案辦理，每畝糧額輸納八升，科則稍重，未免無所區別，非所以廣招徠而示體恤。所有該處屯田應升科則，著照所請，每畝徵收小麥三升，俾屯民易於輸將，倍加踴躍，該參贊等督飭委辦各員，認眞經理，不得於額外浮收，如查有弊端，即行嚴叅懲辦。並出示曉諭認墾屯民，廣爲招集，如有內地無業貧民攜眷踵至者，撥給地畝，令其開墾，妥爲安撫。其喀什噶爾屯田，即著該城大臣一體照辦。

又諭：蘇清阿等奏，覆查巴爾楚克等處屯田實在情形，請分別辦理一摺。前因巴爾楚克、喀什噶爾兩處屯田，爲籌邊要務，疊經降旨，令該大臣等體察情形，務須計及久遠，斟酌妥辦。茲據覆查具奏，巴爾楚克屯田原屬荒地，距回莊較遠，與回民毫無妨礙，現於毛拉巴什賽克三引用玉河之水，墾種二萬餘畝，已於本年升科納糧。如於馬尾巴、沙虎爾引用渾河之水，則開地益多，招墾愈衆，不惟屯糧可供兵糈，且於邊防有裨。所有該處屯田，著即照舊辦理，毋庸裁撤。

十五年諭：興德等奏，覆查喀什噶爾屯田情形，請照舊興辦一摺。喀什噶爾屯田地畝，據興德等通盤籌畫，悉心體察，無礙回民生計，於邊防實有裨益，著卽照舊辦理，毋庸更張。其原招屯民未回籍者，尚有二百三十餘名，俱准照常耕種，其餘屯地陸續招民認墾。口外地方率多游民，良莠不一，著興德等督率辦理各員，稽查約束，務俾各安本業，經久無弊，以收屯田實效。其原換入官叛產地畝，著准其撥給回民耕種，以昭體恤。

二十二年諭：布彥泰奏，籌辦開墾地畝一摺。惠遠城東三顆樹地方，經該將軍親往覆勘，派委各員辦理開墾事宜，計可得地三萬餘畝，就本地民戶選擇種地輸糧。又阿勒卜斯地方，亦經勘明，計可得地十七萬餘畝，卽責成阿奇木伯克等，籌計戶口之數，酌量勻撥。

二十四年諭：布彥泰等奏，墾復荒地勘估興工一摺。開墾地畝必先講求水利，來源暢旺，則灌溉有資。現在惠遠城東阿齊烏蘇廢地，據該將軍親往周歷相度，可以墾復十萬餘畝，擬引哈什河之水，以資貫注，將塔什鄂斯坦回莊舊有渠道，展寬加深，卽接開新渠，引入阿齊烏蘇東界，並開段酌空支渠，俾新墾之田便於澆灌。所議均屬合宜，該將軍等卽飭承辦各員，認眞妥辦，務在因地制宜，順流利導，以期經久有益，仍著該將軍等，隨時前往查驗督催，毋任稍有怠玩。

光緒九年奏准：新疆一隅每年兵餉不下七百餘萬，各省關頻年協濟，竭蹶不遑。嗣後應於南北兩路大興屯田，方於餉項有裨，請飭新疆各路統兵大臣，剋期興辦。該管營官以本營收穫之多寡爲殿最，各統兵大臣卽以各營收穫之多寡定考成，庶幾餉不虛糜，可資補救。如開辦稍有端倪，卽爲籌撥款項，續行奏明辦理。

又定興辦屯田章程：一屯田地方，宜豫爲籌畫。一各營承種地畝，宜分任責成。一農具等項，宜分別購買修補。一收穫糧石，宜分別扣抵存儲。一分別賞罰，以示勸懲。十年奏准：乾隆、嘉慶年閒，新疆開辦屯田，久著成效，現在各統兵大臣，務當不畏其難，督率將弁，令兵勇於駐營之所，揀擇地畝，操完之暇盡力耕種，以習勤勞。一二年後，收穫豐盈，自可佐餉需之不足。

十六年奏准：伊犁塔勒奇上游屯田八千餘畝，阿齊烏蘇屯五萬四千餘畝，闢里沁、水磨渠池南，阿齊烏蘇池北，屯地五千餘畝，均交綏定、甯遠兩縣，招戶屯墾。又綏定城池東，牛綠灣、紅山觜、新舊惠遠城、紅柳灣並城東北一帶及通惠渠地一萬七千餘畝稻地，通惠渠、中渠、南渠地九千餘畝，惠甯城引用闢里沁、英霍圖、阿里太圖河水灌溉地三萬五千餘畝，均撥歸旗屯耕種。

又奏准：塔城協標漢隊，分隸新疆巡撫管轄，該營屯田事宜，嗣後由該撫辦理。

《清會典事例》卷一七九《戶部二八·屯田》 北路屯田

康熙五十四年，命於額德爾齊老圖近推河處所，屯田駐兵，令將軍費揚古等與喀爾喀汗王等會議。

又議准：蘇勒圖、喀喇烏蘇、拜達里克河、明愛、察罕、格爾庫爾奇勒、扎卜罕河、察罕廋爾、布拉罕口、烏蘭古木等處，俱可耕種。現在駐兵察罕托輝、扎卜罕河、特斯河一帶地方，應撥土默特兵善種地者一千，每旗令台吉塔布囊一人率往屯種，遣大臣一人監管。

又奏准：烏蘭古木在新設汛界之外，地並山坡山溝，不便耕種。其科布多、布延圖郭勒等處耕種，收穫甚多。應豫備籽粒田器，給予公傅爾丹，率土默特人一千，及出兵歸化城之土默特兵一千，令往耕種。

五十五年議准：土默特人一千往烏蘭古木等處耕種，所需牛種田器，應令都統穆寨等支帑購買發往。軍前贖罪人等有願耕種者，許其耕種，俟收成後以米數具奏，酌加議敘。

六十年奏准：遣官兵在烏蘭古木之特里河邊耕種，每麥種一斗，收麥二石有餘，烏蘭古木地暖土肥，來年可以多墾。

六十一年奏准：於烏蘭古木等處平治田畝，開墾溝渠，乘時播種，復派屯種五百官兵於烏蘭古木等處設立營伍，謹汛防守，乘農事畢，引水入地，來春凍開，及時播種，可以增闢田畝。

又奉旨：據祁里德所奏，在科布多、烏蘭古木等處開墾耕種，因土沃水裕，今年所得麥子，一倍收有六倍，爰請明年添種麥石，及詢問齎呈麥麫之阿禮等。據云科布多、烏蘭古木地方廣闊，開墾之處頗多，原係額魯特等耕種好地，今應將歉收之茂岱、察罕廋爾等處耕種人力，移至科布多、烏蘭古木耕種，可以多收。再種地所用犁鋤、鏵子、鍬钁等器，每年給發不少，何以一年之閒卽俱損壞？鏵、鋤、鍬钁俱係鐵器，軍前或難於備辦，犁係木器，何地蔑有？若隨伊所請，概行給發，路途遙遠，著人送往，頗費錢糧。再軍前種地人員稟報所收糧數，一倍有數倍等語，甚不明晰，應照內地或一畝一晌，收得米石若干，如此稟報方得明晰。其科布多、烏蘭古木地方，添種田畝所給犁、鋤、鍬钁等物之處，著議政大臣詳加議奏，欽此。遵旨議定：今年種麥多收，來年於科布多、烏蘭古木及坤都倫河諸處可耕之地，以今年所收，用爲籽粒增種，儻不足用，更以鄂勒哲、依圖郭勒等處所收糧，給予增種。至茂岱、察罕庾爾種地歉收，卽以所用人力器具，悉移爲科布多、烏蘭古木耕種之用。茂岱、察罕庾爾地，分與發配罪人開墾，鏵、鋤、鍬钁諸器，皆須用鐵，行文山西巡撫令卽行製造，購駝付侍讀學士阿禮等攜往。秋收後以時收儲，所用之犁軍前有木可造，令伊等自製。更行文將軍傅爾丹等，將開墾地丈量頃畝，計算籽粒，及秋收糧數詳報。今科布多、烏蘭古木有種地兵及駐紮兵五百，值農隙時，令多伐林木，爲修築大城及室廬倉廩之地。

雍正二年諭：喀爾喀地方駐兵年久，每年由京城運送軍糧，路途遙遠，一時不及，恐兵丁至於乏食。鄂爾坤圖拉一帶，甚爲寬闊，若開墾屯田，實爲永遠之計。著確議具奏，欽此。遵旨議定：鄂爾坤一帶，尚有昔人耕種處及故渠灌田蹤迹，圖拉等處現有大麥小麥，非不可墾之地。但霜降早晚不一，樹穀宜否不齊，俟擇屯長中十餘人，於明年三月遣往耕種，屆秋收後具奏。

四年諭：前議於鄂爾坤圖拉地方種地時，曾有人奏稱，喀爾喀人等未必情願。朕思喀爾喀地方，原被噶爾丹抄掠，窮困已極，我皇考聖祖施恩收養，各按伊等品級封爲汗王、貝勒、貝子、公札、薩克，加以重恩，令食俸祿，數年閒遂至充裕安居。原游牧地方，今復安插戍兵，令其種地，亦係特爲喀爾喀護庇久遠之計，伊等聞之，定各欣喜，有何不願之處？朕曾降此諭旨，今土謝圖汗旺札爾多爾濟、副將軍王丹津多爾濟等，感戴爲伊等安插兵丁之恩。復因先於額爾得尼招地方開種地畝，穀不甚長，遣人從俄羅斯處尋得與伊地方相宜之穀實，請令按時耕種，又情願幫助耕種之人口糧等因具奏，與朕前旨相符。喀爾喀汗旺札爾多爾濟、王丹津多爾濟等，實係感激深恩，爲國家竭誠效力之人，殊屬可嘉，著交與理藩院議奏。

十年諭：從前應行發遣黑龍江等處罪犯，曾改發扎克拜達里克，彼時所有罪人，跟隨官兵守護城垣，竭力捍禦，甚屬可憫。朕已加恩除其罪名，令充綠旗兵丁，入伍效力。續據順承郡王等奏稱，伊等深知感戴朕恩，共思黽勉，可見有罪之人，予以自新之路，仍可望其改惡從善。若發黑龍江三姓諸處，不過終身爲人奴僕而已，朕意嗣後將黑龍江等處人犯，遣往北路軍營附近可耕之地，令其開墾效力，在伊身可以努力自新，而於屯種亦甚有益。

十三年奏准：鄂爾坤地雖寬平，然近山高下不一，雖二河環繞，其去水遠者，亦不能偏溉，必須引水試看，方可定議。方今積雪偏地，河冰盡堅，其水土之肥瘠，與沙石所在，難以立驗。且穀種收穫所宜，必俟明年試種後始知，又募民耕種，不能一時遽集，暫於此閒撥綠旗兵一百，守營綠旗步兵二百，家選兵二百，自湖克新至齊爾瑪臺，擇水土佳處開墾，試種小麥豌豆等。又都統銜董相緯現在察罕托輝開渠，此處引水灌田，及督率兵丁耕種一切，卽令董相緯辦理，所需耕牛，給喀爾喀副將軍等銀，令其採買，鋤犁農具等物，察罕庾爾有收存者，卽令領取應用，未備者令戶部辦理。其所解送各種籽粒，除所在已有者取用外，餘悉行令歸化城都統由臺遞送，試種一年有效，再據實以土宜何穀，收穫之數若干，堪種田畝可得若干，種地人日用所需若干，器械牛種所需若干，並當於何處築堡以居種地人等，動支何項，一一合計收穫之數。果於國計有益，可行久遠，俟將來詳細確議具奏。

乾隆元年諭：現軍營貯米甚多，足供數年食用，又經通智等運致數萬石，將來彼處駐戍兵丁，爲數無多，不必需用如許米石，若收貯日久，恐有黴爛之虞。軍興以來，喀爾喀等頗爲出力，近又習慣粒食，若將軍營所貯之米搭放支給，則米石既不致黴爛，於喀爾喀亦屬有益。再綠旗兵每年種穫新糧入倉收貯，更可留新出陳，其如何通融辦理之處，著詳細籌議具奏，欽此。遵旨議定：鄂爾坤等處，現存米二十萬餘石，中有青稞、麥子、大麥、小黃米二萬餘石。軍營所有將軍大臣、官員兵丁以至僕從等，凡五萬餘人，每月需米七千餘石，至五月青草出時，令所撤兵丁起程，又需辦給行糧，自五月至八月共需五萬餘石，開除前項，仍存米十四萬餘石。前議撤兵事宜，應留兵一千五百名，喀爾喀兵及守卡倫兵，並酌支米石。近又議每年夏秋時，用喀爾喀兵三千名，於鄂爾坤附近屯駐，亦每月賞給羊價米糧，自將軍以下至僕從等凡一萬六七千人，一年需米約五萬石。計軍營存米十四萬餘石，再益以通智、范毓馪運致米石，足供四年食用。至每年收穫新糧入倉存儲，出其陳者，務令不致黴爛。

又奏准：鄂爾坤地界寬廣，大可耕種，若撥兵三千人，人各種二十五畝，計可墾田七百五十頃，以畝收五六斗計算，多可得數萬餘石，少亦二三萬石。現在軍營所存，尚足支數年之用，至數年後所需，令軍營將軍、參贊大臣等，按可墾之田詳細定議，更用專官辦理屯務。

二年奏准：鄂爾坤可耕地畝，實可給三千人耕種，令軍營綠旗兵六百，並罪人計一千有餘，惟現在遵旨議運軍糧，不必另議添撥兵丁種地。

二十六年諭：額魯特回部蕩平，烏里雅蘇台事務較前甚簡，雖有供應哈薩克來使及照管續貯糧餉，止須酌留官兵，不必多爲駐紮，以省浮費。現在該處所貯糧石雖多，但不豫籌接濟，必又煩內地之力。烏里雅蘇台雖不便屯田，而科布多向屬可耕之地，若令成衮扎布仍駐紮烏里雅蘇台，另派參贊大臣在科布多屯田，數年後將官兵移駐，將來塔爾巴哈台、額爾齊斯等處駐兵便成犄角之勢。著將烏里雅蘇台現在糧石若干，足敷官兵若干人之食，或裁兵，或折價，又可省出若干，及科布多駐兵屯田之處，詳議具奏，欽此。遵旨議定：派參贊大臣一員，領綠旗兵一百名，前往科布多屯田，領喀爾喀兵一百名，以備差遣。本年收穫後，再將喀爾喀等揀選派往，將來積儲日豐，則烏里雅蘇台官兵俱可漸次移紮，以展喀爾喀游牧，與塔爾巴哈台、額爾齊斯互爲犄角。

二十七年議准：上年奏派綠旗兵一百名，往科布多屯田，試有成效，再酌量派兵增墾。札薩克圖汗部落、公品級札薩克、阿喇卜坦屬人，曾於扎卜堪耕種，現在閒散居住，派出二百名，於科布多附近卡倫內耕牧，以裨生計，遇有差務，輪班行走。其月支鹽菜口糧，照屯田綠旗兵例，從烏里雅蘇台月支鹽菜銀九錢，米二斗四升九合。至上年所派一百人，農具多係舊時存儲，殘缺者多，酌爲換給，並青稞籽粒，於播種前送往。

又諭：科布多新開屯田，特派扎拉豐阿前往，伊至彼處，卽應將一切情形，一面報知將軍，一面具奏。迄今數月，雖將墾田二十頃之處呈報一次，此時地土肥磽，雨澤應時與否，及禾苗若何滋長，並未奏及。伊係參贊大臣副都統，又專辦軍屯事，自應入告。著成衮扎布等傳諭扎拉豐阿，令將前項情形，明白具奏。

又諭：據扎拉豐阿奏稱，科布多屯田，約計大小麥收穫在七分以上，惟所種之粟，因氣寒霜早，秀而不實等語。杜爾伯特人等，在烏蘭古木耕種，烏梁海人等，在布拉罕察罕托輝耕種，俱穫豐收。科布多相距不遠，從前扎哈沁等亦曾開墾，收成尚好，看來此次或播種稍遲，或霜雪早降，又或土性不宜種粟。著傳諭扎拉豐阿，詳詢該處舊日居人，酌量辦理，其青稞一種，既係蒙古地方所宜，來年自當廣爲播種，毋致失時。

二十八年議准：科布多屯田，已派喀爾喀兵一百名，綠旗兵一百名，試有成效，再於烏里雅蘇台綠旗兵二百名內派撥一百名，其缺額卽以喀爾喀兵丁充補。至所需木石鐵匠人數，修補農具，亦在該處酌派。

五十七年諭：科布多每年種地收糧分數，如攙算獎罰，於勤勉出力之人不能獎勵，而嬾猾之徒更加嬾猾，不肯出力，反仗此又可免罰。嗣後科布多所收分數，照各分內種地收糧分數，分析獎罰，其總管官議敍查議，仍攙算辦理。新疆各處種地收糧分數，俱照此辦理。

又奏准：嗣後科布多種地兵丁收糧分數，不必總算，十分以上者，官兵議敍，九分者獎勵，五分以下重責，四分以下議處。總管官總算所管地畝，八分以上議敍，四分以下議處。

嘉慶二十五年定：科布多共種屯田十分，每年約收糧四千餘石。

道光十年諭：科布多每歲應放兵糧，向於屯田所獲糧石內支放，該處蒙古兵人數雖多，不諳耕耘，全賴綠營兵丁教引播種，該大臣因值弁兵換班之期，恐全行更換，有誤屯田，自係實在情形。著照所請，准其將應換弁兵一百六十九員名內，酌留管屯官弁三員，屯兵六十名，以資熟手。俟下屆換防時，將此次所留弁兵全行更換，該大臣卽將新到換防官兵，挑撥屯田學習農務。

十四年諭：孝順岱奏，科布多屯田緊要，請寬留弁兵，以資熟手一摺。科布多承種屯田弁兵，該大臣因值弁兵換班之期，恐全行更換，該處情形難以遽易生手，有誤屯田。自應豫爲籌畫，著照所請，准其將此次應換弁兵一百六十六員名內，將上屆留駐兩班弁兵六十三員名全行更換，將現駐一班兵一百名內，酌留六十名，應換官弁六員內，擇其熟悉農務者，暫留三員，教引新換官弁耕種。俟一二年閒教引熟悉，卽將該弁等全行撤回，所留兵丁仍不得過兩班，以符定制。該大臣卽將新到換防官兵挑撥學習，嗣後不得藉詞再留。

同上　西路屯田

康熙五十四年議准：哈密地方可以耕種，令將軍席柱、尚書富甯安，將西吉木、布隆吉爾等處勘明具奏。

五十五年議准：勘明哈密所屬布魯爾圖、古里克接壤之處，並巴里坤、都爾博勒金、喀喇烏蘇及西吉木、達里圖、布隆吉爾附近之上浦、下浦等處，俱可耕種。應各令人耕種，給予口糧牛種，再兵丁有願耕種者，亦令耕種，俟收成後，以米數奏請議敘。現在富甯安駐紮肅州，所有肅州附近之西吉木、達里圖、布隆吉爾等處，即令富甯安酌量耕種。圖古里克、都爾博勒金、喀喇烏蘇等處耕種之事，令大臣一人管理。

又命：副都統蘇爾德前往都爾博勒金、圖古里克、喀喇烏蘇屯田。

又奏准：布隆吉爾等處所種田禾，俱可豐收，應造倉廒及收存農器房屋，遣官豫爲修理。

又議准：自嘉峪關至達里圖，可耕之地尚多，肅州之北口外金塔寺地方，亦可耕種。應偏行踏勘，募民耕種，並令甘肅、陝西文武大臣及地方官捐輸耕種，無論官民，有願以己力耕種者，令前往耕種。俟收穫之後，人民漸集，酌立衞所。

又奏准：肅州迤北，可以開墾之處甚多，度量河水所溉田，金塔寺可種三百石；自嘉峪關至西吉木，可種一百三十石；達里圖可種一千一百餘石；方城子等處可種五百餘石。今歲西吉木、達里圖、布隆吉爾三處耕種，已收糧一萬四千餘石，明年諸處應動用正帑，遣官募民耕種。

五十七年議准：侍郎海壽、將軍富甯安，新舊所墾都爾博勒金、圖古里克及回子札薩克額敏所種塔勒納沁地，所餘青稞，悉令備倉收存，令巡撫噶爾圖綽奇充給軍糧。

五十八年奏准：西吉木等三處定設疆界，現經傳集額魯特貝子阿喇卜坦等，會同西吉木等三處官，示以設立疆界情狀。據貝子阿喇卜坦等云，青海人等荷聖主恩甚厚，何惜隙地，地可耕者聽兵民悉耕之，但留我等游牧處所足矣。按西吉木等三處，故爲西喇郭勒蒙古部人游牧所在，兵民先已耕種，其隙地令蒙古人等游牧如故。達里圖地有車臣貝勒屬人，與兵民依水道相雜耕種，以西吉木水源並淖泥草墩，地不可耕。蒙古人等游牧其閒，循水而下，則兵民與貝勒額爾德尼額爾克及貝子阿喇卜坦等屬人，悉在兩岸交錯種地，現於交錯耕種處立界，令不得逾越。

六十年諭：吐魯番現駐官兵，其可種之地甚多，總督鄂海、按察司永泰，著往吐魯番地方種地效力。

雍正元年議准：布隆吉爾駐紮官兵，俸餉由内地轉輸，多費不便，前者赤金衞、柳溝所等處，常募人種地。今於每營撥餘丁二百，每丁官給牛二頭，籽種四石，口糧三石，次年給半，三年但給籽種之半，嗣後毋給，其田即爲耕者恆產。無論米、麥、青稞，計收三石，以爲兵丁月餉。布隆吉爾增設一衞守備，沙州增設一千總，令專管種地事務。布隆吉爾、沙州故蒙古地，赤金衞、柳溝所，常爲蒙古部人游牧所出入。若官兵撤後，仍聽諸蒙古游牧往來，恐致爭競生事，布隆吉爾南山中隙地頗多，若遣大臣一人，率賢能章京往山中分地居之，庶令内外地界明晰。

二年諭：策妄阿喇布坦來求吐魯番之地，曾諭從前内附諸酋長，令其遷入内地。今將軍穆克登奏言，吐魯番處共有一萬餘人，若但遷首領數人，而不遷其所屬之人，則伊等生計，必致艱難，且伊所屬内願移入内者，不下四五千人等語。朕思瓜州、沙州，地方甚寬，亦必用人耕種，若有願移者，即在此居住，給予一二年養贍，令其耕種。羅布諾爾地方，亦照吐魯番例，有願移來者，亦隨所部酋長一並移來，不願者仍留本處。

四年議准：甯夏阿拉善山前，勘得自察罕托輝至石嘴子一百里，土脈肥潤，籽種易生，其地性較暖，可引之水如西河、六洋河，並古渠大溝黑龍口倒流河、新河、黄泥河、董家河，悉前人引水、分水故道，今若更修建渠壩及放水牐，其兩岸可以墾田萬頃。又甯夏東北五十里曰察罕托輝，其地南北延袤百餘里，東西廣四五十里，或二三十里，東界黄河，西至西河，其地平衍，可以開墾。自鄂爾多斯遷後十餘年，民閒有私墾者，若令開渠通水，築隄建牐，以時啓閉，用資灌溉，則曠土可盡爲沃壤。今相度地勢，自雙廟墩至六洋河可百餘里，仿漢唐諸渠法，開渠一道，建正牐一，攩水牐、稍牐各一，迎水湃一。又六洋河口近黄河處，亦建正牐、攩水牐、稍牐一，以資蓄洩。又自上泗墩至六洋河岸，東距黄河五里許，築堤一道，約長百里，可以永禦黄水，墾田六十餘萬畝。現今總督岳鍾琪赴布隆吉爾相視地勢，令大理寺卿通智同岳鍾琪至察罕托輝等處，照圖驗實，覈議具奏。

七年奉旨：安西屯墾地畝，今年人力既勤，天時復稔，各種糧穀，俱獲豐收，朕心深爲慰慶。今查郎阿禁止姦徒興販射利，辦理甚是，惟是飭令民戶多餘之穀，止許在本處糶賣，尚未妥協。朕思民戶贏餘之穀，原期糶價以爲日用之資，若本地糴穀者少，則糶賣未免艱難，不可不爲計及。著該地方官酌量本地情形，不必相強，若有將贏餘之穀情願出糶者，著動支官銀，照時價糴買，存貯公所。明年儻有需用之處，聽辦理軍餉之大臣及該督撫行文支撥。安西現有備用銀兩即可動用採買，再於西安藩庫撥補還項。此朕體恤民戶，俾糶穀得價，用度豐裕之至意，著地方官善於奉行，不可勒令糶賣生事滋擾。

八年諭：安西沙州等處招民屯墾，原爲惠養邊民之計，是以累年以來，備極籌畫經營，期其得所。今從雍正六年民戶到齊之日，計算至辛亥年，例當輸賦之期。但念小民甫經安插，公私兼顧爲難，著寬期二年，於癸丑年升科，俾民力寬裕，俯仰有資，以副朕格外加恩之至意。

又諭：據寧遠大將軍岳鍾琪奏稱，吐魯番回目額敏和卓屯田種地，恭順效力，甚屬可嘉，朕聞之深爲喜悅，額敏和卓賞緞二十匹，其種地效力之回民，賞銀二千兩。著提督紀成斌差遣弁兵，前往吐魯番，會同額敏和卓秉公賞給，以示朕加恩外番之至意。

九年諭：西路兵丁口糧，從前議定，每名日支粟米八合三勺，或炒麪一斤。駐紮之時，本無不足，惟有事行走及對敵之際，晝則追奔攻擊，夜則防範巡查，非駐紮之時可比，恐舊數稍有不敷。嗣後凡遇此等日期，著每名日支粟米一升，其應支炒麪之日，每名日支一斤四兩，俾兵丁等口糧寬裕，以昭朕格外加恩之至意。至分派屯種各兵耕耘播耨，胼胝爲勞，其耕種之一月內所支口糧，亦照行走攻戰之兵，米麪一體增給，著即傳諭大將軍岳鍾琪等知之。

十年諭：從前署大將軍查郎阿摺奏，請將吐魯番回衆在肅州所屬王子莊安插，經廷議令署總督劉於義等確勘詳查，妥協辦理。朕思回民等輸誠嚮化，自應選給水土饒衍氣候和煦之地，俾得樂業安居。肅州之王子莊，水泉甚少，可墾之地不敷回民耕種。查瓜州地土肥饒，水泉滋潤，氣候亦和，與回民原住地方風景相似，且現在開墾，所種之地甚爲寬闊，足資回民耕收，由塔勒納沁遷至瓜州，路不甚遠，可免跋涉之勞。著署總督劉於義、巡撫許容，將吐魯番回衆即於瓜州安插，其築堡造房，給予口糧牛種等項，亦即行估辦，交原任潼商道王全臣料理。再令查郎阿即於軍營派一武職大員，先赴瓜州，會同王全臣悉心妥辦。回衆自塔勒納沁遷移之時，著提督顏清如沿途照看，至瓜州安插事畢，顏清如仍回軍營辦事。

十二年諭：據哈密貝子額敏奏稱，所屬回民等有可種四百石穀之地，現在軍營屯田界內，願將此作爲官地等語。哈密地方悉皆朕土，無俟伊等獻納，且大兵既撤之後，皆可留與哈密，亦斷無因其獻地，另行安置民人之理。但此地現與官地交錯，若不允其所請，照舊令回民耕種，難免互相爭角，儻收爲官地，又係回民生計所資。朕意或另賞伊等地項及牛具籽種，或每歲將應得穀石折給銀兩之處，著署大將軍查郎阿就近察議。

乾隆元年議准：哈密回人，每年官給籽種五百石，收穫時納米四千石，每石賞銀一兩。現今大兵既撤，哈密止駐兵五千，從前運到米尚存二十萬石有零，自今年爲始，免令回人納糧。

十二年諭：肅州金塔寺安插吐魯番回子，內有不服水土，至於生計艱窘者一百餘戶，經大臣等議奏，請移於哈密種地居住。此項回衆向被準夷陵虐，情願移入內地，迄今二十餘載，因水土不宜，積蓄者少，窮迫者多，若將伊等移於他處，究不能於生計有益。哈密、吐魯番雖部落各異，其教則一，情性相宜，且哈密貝子玉素富，自伊曾祖額貝都拉塔爾罕伯克以來，數世受國家恩澤，竭誠報效，奮勉急公，教養所屬之人亦屬妥協。現在哈密地方，尚有可種餘地，著將安插金塔寺回衆，交貝子玉素富，併入伊所屬旗分佐領，加意撫恤，令新舊回衆和好如一，撥給餘田，令其耕種，俾永遠不致失所，將此傳諭貝子玉素富知之。

二十一年諭：黄廷桂奏，據哈密貝子玉素富呈稱，從前哈密回人所種德都摩垓、圖古里克等處地方，仍請賞給耕種等語。哈密回人生齒日繁，現在準噶爾全部底定，毋庸於此等地方更設卡倫，著施恩將德都摩垓、圖古里克地方，仍賞給回人耕種。

又奏准：瓜州回人遷移魯克察克，所遺地畝共計成熟地二萬四百五十畝，就近招民承種，借給籽種，照例於收成後扣除。其糧石仍按官四民六徵收，存儲廳倉，以備供支駐防兵丁口糧。

二十二年奏准：前派兵二百名，赴塔勒納沁開墾屯種，從前約有地三千餘畝，自乾隆七年停種之後，歷今十五六載，渠道淤塞，開穵修築，諸費人工。現在上緊開闢，止可種地一千五百畝，布種青稞一百五十石，餘地俟一二年內漸次修復。

二十六年奏准：肅州威魯堡安插吐魯番回人，現有二百五十戶，一千五十餘名口，承種熟地一萬五千三百六十餘畝，戶口日增，地畝有限，伊等聞瓜州回人遷回故土，俱各思歸。應准其遷回吐魯番故里，交與該督等酌量附近闢展之吐魯番可以耕牧之地，於今年秋收後遷往。並即於千戶珈如拉、百戶伊明和卓二人內，揀選一員，授爲伯克，以一員副之，其將來賦税，即由闢展大臣徵收，並沿途照料，毋令失所。

又奏准：威魯堡回人，於八月內遷居吐魯番附近闢展之連木齊木，現有裁屯熟地六千畝，闢展、洋赫兩處，俱有熟地一千餘畝。應令千戶珈如拉，領前往魯克察克之回衆住連木齊木，百戶伊明和卓，領前往闢展之回衆，仍居舊地，按戶撥給地畝，如尚不敷，仍有近水之地可以開墾。請將珈如拉、伊明和卓，俱授爲五品伯克，將回衆公舉之瑪瑪古爾班、呼岱巴爾氏，授爲六品副伯克，各居分地，管轄回衆。其應輸租税，俟成熟後酌定升科。

又諭：楊應琚奏，遷居吐魯番回人，現已自肅州起程出關，沿途料理護送等語。前據該督奏，將來回人起程後，所遺熟地，肅州民人俱願認墾升科，經軍機大臣議覆，令於回人起程後，丈明確數，按則升科。該督此時自應遵照前奏，確勘妥辦，其從前瓜州回人所遺熟地，現在作何辦理之處，着一併查明具奏。

二十七年議准：闢展屯田兵五百名，裁汰二百四十名，遣回本營。所遺地畝，原派吐魯番伊明和卓所屬六十戶住闢展，九十三戶住連木齊木，威魯堡珈如拉所屬六十戶住連木齊木，二十七戶住洋赫，每戶給田五十畝。今酌將伊明和卓人戶全歸闢展，珈如拉人戶全歸連木齊木，以便約束。仍有餘田三千畝，令素賚璊派給莽噶里克沙呼里回人墾種。至裁汰兵丁所餘牲隻，量估價值，給予威魯堡回人使用，其各項農具，亦俱作價分給回人，於二年內交納糧石抵銷。

嘉慶十三年諭：塔爾巴哈台屯兵，每年收穫糧石，既不敷支放，而烏魯木齊一帶官兵，爲數尚多，且距該處較近，自應量爲調撥。著於烏魯木齊提屬各營撤屯歸操兵內，調撥二百名，赴塔爾巴哈台屯種。

道光二年奏准：吐魯番滿營每年徵收地租內，環城陸續開墾地一千五百六十八畝，計收租銀六百二十餘兩。牙木什陸續開墾地七千三百七十六畝，計收租銀七百三十餘兩。

十七年諭：中福奏稱，宜禾縣歲需供支滿洲營官兵並過往官兵、遣犯等項口糧，及戶民春借籽種，共計京石小麥三萬二千九百八十石零，除舊存新收小麥全數備抵外，尚不敷小麥一萬四千九百三十石零，請按時價採買，以備支發等語。因思該處地方寬廣，可耕田畝諒自不少，果能勤於開墾，則該處一歲所入，自可供一歲之用。著該都統體察情形，通盤籌畫，該處地方業經開墾已報升科者若干頃，歲收糧石若干，此外未經開墾尚堪耕種者，確切查勘奏明。飭屬招來，勤加勸課，使地無曠土，田不汙萊，庶歲入之數自增，兵糈之供自足，較之頻年採買，更足以節經費而垂久遠。

二十年諭：烏魯木齊所屬各州縣報墾地畝，經該都統查丈，共計地三萬五千六百九十餘畝，現已招集戶民認種。所有宜禾縣從前墾成熟地九千三百三十餘畝，即於本年按則升科。其餘新墾各地，准照例試種三年，自道光二十年起，扣至二十二年，再行升科。

二十四年奏准：甘肅省荒地較多，現各屬履勘完竣，共查出荒熟地一萬九千四百餘頃；又番貢地以段折畝，一千五百餘頃；又甯夏鎮馬廠歸公地一百餘頃，俱分別差等，酌量升科。奉諭：甘肅省各項成熟地畝，甫經查獲，未便遽予徵收，著加恩統於道光二十五年，再行一律升科。

光緒十二年奏准：躔金一帶地方，不獨爲晉省緊要邊防，實亦中外喫重關鍵，自宜及時籌議屯政，以裕兵食。擬於大同鎮屬額兵內挑兵千名，作爲屯軍，歲需薪費及加練餉乾銀二萬八千餘兩，即由遣撤樹軍餉項八萬四千餘兩內撥用，下餘銀五萬六千餘兩，即作爲屯費，毋庸另籌。如將來屯務得手，屯餉等項均有所出，即將節省樹軍全餉報部備撥。

十三年奏准：烏魯木齊、吉布庫地畝，現歸綠營承種，其頭二三等屯，向爲綠營屯地，自遭兵燹，地畝盡荒。光緒三年始招集流亡，給資承墾，迄今陸續增添，已安插百數十戶。若以此項地畝撥歸滿營，遷移改撥，徒滋勞費。查古城、東灣、中渠地屬上中，接引山水澆灌，得地一萬餘畝，如歸各滿營耕種，不敷地畝可由附近之大板河、西岔撥給。大板河約有地三四千畝，西岔約有地四五千畝，該二處曾有戶民墾種，爲數尚少，遷移較易，毋庸將頭二三屯地撥歸滿營，如此辦理，兵民似屬兩便。惟東灣、中渠等處地畝，修理各渠，非急切所能蕆事，應請展緩三年，再行屯墾，以紓兵力。

同上　東三省屯田

嘉慶十九年諭：　富俊等奏，豫議試墾章程，請先於吉林等處閒散旗人內，揀選屯丁一千名，每丁給銀二十五兩，籽種穀二石，於拉林東南夾信溝地方，每名撥給荒地三十晌，墾種二十晌，留荒十晌。試種三年後，自第四年起交糧貯倉，十餘年後移駐京旗蘇拉時，將熟地分給京旗人十五晌，荒五晌。所餘熟地五晌，荒五晌，卽給原種屯丁，免其交糧，作爲恆產。並將屯田出入各數，屯丁用款，及設官管理章程，開單呈覽。此項試墾地畝，需帑無多，將來開墾成熟後，移駐京旗閒散，與本處旗屯衆丁錯處，易於學耕夥種，不致雇覓流民代耕，啓田爲民占之弊，所議似屬可行。其單內合計十年用銀四萬零五百兩，其試墾之第一年，止需銀二萬八千餘兩，卽可興辦。著卽照富俊等所議，挑選屯丁一千名，由該處備用銀兩內撥給牛價等項，公倉內撥給穀種，如法試墾。

二十年諭：　富俊等奏詣勘分荒試墾事竣一摺。拉林西北雙城子一帶，地土沃衍，經富俊親往查勘，派員履丈，現擬每旗設立五屯，共屯丁一千名。一切農具耕牛等項，已分別採買，於本年備齊，明春一律開墾，並據繪圖進呈。朕詳加披覽，所擬闢屯試墾章程，尙爲周妥，著照所奏辦理，該將軍等惟當隨時督察，以期漸有成效。

二十三年諭：　富俊等奏大凌河馬廠曠地試墾期竣酌擬章程一摺。大凌河牧廠餘地，試墾期竣，勘丈於原墾續墾十一萬餘畝外，尙浮多地五千八百餘畝，均地近海濱，其中磽薄沙鹼者多，不能按原議照直隸旗租之例升科。著加恩卽照養息牧試墾地畝之例，每畝徵租銀四分，作爲定額，現存已徵穀一千七百八十餘石，准其減價十分之三出糶，價銀解交盛京戶部存庫備用。

又諭：　富俊奏覈議吉林站丁地畝章程一摺。吉林站丁私將地畝典賣，若將該丁等自墾地畝，普行勘丈，每名僅留給十晌，餘俱入官徵租，丁力必驟形竭蹶，著仍照松甯原議，循舊辦理。至查出典賣與民地一萬三千五百六十三晌五畝，著照富俊所議，均勻賞給額設站丁八百五十名，每名十五晌九畝零，卽作爲隨缺工食養贍津貼。其當差窮苦站丁，各按典賣之民種滿十年，照該邮屯租地寬減二成，給該丁納租，不准該丁奪地另佃，如民抗不交租，照例撤地交站丁自種。嗣後如再有越界私墾及私相典賣者，丁民俱一體治罪，地價全行入官，以示懲儆。

道光十七年諭：　向例雙城堡三屯官兵，由盛京、吉林兩省額缺內裁撥派往，定於大封堆外展圈荒地一段，遇有退差兵丁，每名擬給荒地八晌，作爲恆產。其大封堆外圈禁閒荒，係留備將來接濟京旗及本地屯丁之用，相沿已久，何以歷年經手各員，少圈多報？私墾之弊顯然。玆據祥康等查明實在情形，並將派查含混具報之員，據實叅奏，所有原任協領現以佐領告休之圖薩，並歷任失察之協領、佐領、驍騎校等，均著交部查取職名，分別議處。至私墾地畝之官兵民人等，本應計晌找追花利，惟念該處甫經成熟，尙未收穫，著加恩止將地畝追出拋棄，其花利一概免追，以示體恤。

二十四年諭：　前據斌良等奏，籌議調劑雙城堡移駐京旗一摺，當交該部會同各該旗妥議具奏，玆據將籌議章程，分析覈議。該處大封堆外圈存荒地，該侍郎等請撥三萬晌，令附近納丁陳民來春開種。惟念此項地畝，雇民代墾，或私行租佃，將來必至悉爲流民所據，移駐旗人轉至無地可耕。現在該處附近納丁陳民切實陳明，著經額布悉心訪察，再行妥議。毋使膏腴沃壤，任民佃稍有侵欺，尤不可敷衍一時，致京旗仍虞貧窘。所有抽撥甲兵、添設義學，及一切未盡事宜，著俟奏到時，另行覈議，欽此。遵旨議定章程：一近屯荒地八千餘晌，准給三屯屯丁及官兵子弟領種，每晌交京錢五百文，每年共收京錢四千三百餘串，爲賞給工本農具之用。一未種之地，令屯丁認佃代種。一到屯京旗無論貧富，一律調劑，分三月、十月分給，五年停止。一封堆外除本處陳民均有房屋外，其拉林阿勒楚喀陳民，有至彼墾地者，令自蓋窩棚栖止。一調劑京旗，准於八里荒租錢撥給，無需另議籌款。一准於阿勒楚喀等處伐木額兵內抽撥四十缺，歸雙城堡中屯挑選，以資調劑。一滿漢義學，照舊添設。

同治二年諭：　恩合奏稱，錦州牧馬之區名爲西廠，水草豐茂，足敷牧放。此外則廣甯所屬之閭陽驛、小黑山等界，名爲東廠，地勢平坦，內有窪陷，於牧放不甚相宜。若將東廠裁撤，一律開墾，可得田一百萬畝。惟東邊一帶，近有流民在彼私墾，聚集日衆，查辦甚難，請派封疆大員詳酌籌辦等語。閭陽驛、小黑山等界，舊設牧廠，既據恩合奏稱地勢低濕，於牧馬不甚相宜，而大凌河西岸地勢寬廣，卽官馬多至一萬餘匹，亦足敷用。卽著照該副都統所議，將東廠裁撤，歸併西廠牧放，遵照領下甲兵，按名分領，招佃取租，除交升科租銀外，餘資津貼當差。其按年應徵租銀，卽責成各該佐領雇交造報，以收裕餉便民之效。

七年諭：戶部奏吉林請開圍荒宜防流弊，並歷年報墾尚未升科地畝及欠交租項，請飭查追一摺。吉林圍場原爲長養牲畜，以備狩獵之用，設堆置卡，封禁甚嚴。乃該處游民借開荒之名，偷越禁地，私獵藏牲，斬伐樹木，迨林木牲畜卽盡，又復竄而之他，有招佃之虛名，無徵租之實效，數百年封禁之地利，遂至蕩然無存。卽如景綸前於咸豐十一年奏稱尚有圍場二十一處，而此次富明阿奏稱該處南北十七八里，東西八十餘里，皆無樹藏牲，其爲游佃偷越已可概見。此次該將軍辦理開墾事宜，自當嚴防流弊，卽著親往履勘，嚴定界限，毋任委員弊混。並將新墾各地，造具畝數、四至、佃戶花名清冊，以及如何挪移卡倫，添設封堆，暨布置員弁逐處巡查各事宜，詳細妥籌，迅行覆奏，以杜弊端。其前任將軍景綸奏請開墾夾信溝、涼水泉荒地二十五萬餘晌，現有佃認領徵租者十三萬晌零，未報升科地尚有十二萬晌。續墾之土門子並省西圍場、阿勒楚喀等處地畝共三十萬晌，應交押荒地捐兩項錢文，共一百二十萬餘吊，除交過錢六十二萬餘吊，尚有未交錢四十萬吊。其交過押租地畝，既有佃戶認領，何以僅將雙城堡佃戶認領地三萬三千一百六十晌，遲延不報？至此外未交押租地十一萬餘晌，何處已交押租之佃戶，造具清冊，迅速送部。並追出歷年地租錢文以充兵餉，其餘土門子等處未交押租，並夾信溝、涼水泉未報升科地畝，卽著詳細履勘，予限一年，招佃認領，按晌升科，毋再延宕。儻查有已墾未報及認多報少情弊，並著從嚴參辦，以昭覈實。

十一年諭：都興阿等奏，旺清門外渾江迤西地段，經都興阿等督飭協領崇善等前往查勘，西自邊柵，東至渾江，南接前查地段，北至哈爾敏河口二蜜等處，共查出坐落六十九處，已墾熟地十萬三千一百餘畝，現已查勘完竣。卽著照鳳蹔二邊門外奏定章程，於同治十三年起科，以昭畫一。

《清會典》卷六二〇《兵部・綠營處分例》 衛田

順治初年定：衛所各官，一年之內，勸民開墾荒地五十頃以上者，紀録一次；一百頃以上者，加一級；一百五十頃以上者，加一級、紀録一次；二百頃以上者，加二級。統俟水田六年、旱田十年起科時，該督撫取具印結，題請議敘。

又定：衛所官有將未經開墾之地捏報開墾者，革職；若開墾後有復荒者，將開墾議敘之加級、紀録銷去。其開墾荒地，如有不照水田六年、旱田十年起科之例，或先期勒徵，或過期不徵，或私減地畝定額錢糧者，均革職。或不照起科定限豫詳請徵，或勒令民人開墾地畝，或將新墾地畝以多報少以少報多，或將已報開墾之地重復捏報開墾，均各降一級調用。或將荒熟地畝不分析明白，混行造報，及將應徵在屯錢糧不行查出者，亦降一級調用。至丈量地畝遲延逾期，並派委監丈互相推諉不往，或將丈量地畝詳報不淸，及不送文冊，檄催又不申詳者，皆罰俸一年。

又定：衛所開墾地畝錢糧，徵收全完，取具印結題報，應隨奏銷錢糧，一同具題。若有遲誤，照違限例議處，逾限一月者，罰俸三月；二月者罰俸六月；三月者罰俸九月；四五月者罰俸一年；半年以上者，降一級留任；一年以上者，降二級留任；二年以上者，降三級調用。

又定：衛所被災田畝，該管官隨時詳報，夏災不逾六月，秋災不逾九月。如報災遲延，半月以內者，罰俸六月；一月以內，罰俸一年；一月以外，降一級調用；二月以外，降二級調用；三月以外者革職。其被災分數，於題報情形之後，衛所官限四十日內查明造冊詳報，如不依限詳報，亦照報災逾限例議處。至妄報被災，及有災不報者，皆罰俸一年。報災之時不送印結，及冊內不分析詳明，或止報巡撫不報總督者，皆罰俸六月。

康熙十五年議准：衛所及武職各官，有隱匿熟地，及新墾地一畝至九畝，降四級調用；十畝以上革職；一頃以上革職，杖一百折贖，永不敘用。武進士、武舉、武生，隱匿一畝至九畝黜革；十畝以上黜革，杖一百折贖；一頃以上黜革，杖一百折贖，永不敘用。隱匿地畝入官，錢糧按年追徵。至各官失察隱匿熟地及新墾地至五十畝者，降一級調用；一頃降二級調用；一頃五十畝，降三級調用；二頃降四級調用；二頃以上者革職。如先因清釐隱匿及開墾荒蕪，有加級、紀録者，均准抵銷，此內有升遷降調休致告病已經離任者，經接任官查出，皆照現任官議處。已經革職者，如實係欺隱，仍行治罪，係失察者免議。

二十七年奉旨：出首開墾地畝，不必拘定年限，均自出首之年徵收錢糧，該管官免其議處。

乾隆二年議准：衛所地方被災，若距省窵遠，詳報被災情形分數，均扣算程途日期。如詳報到省在限外，而扣算程途日期尚未逾限者，免其揭參，扣算已至逾限者，各按遲延月日議處。

三年議准：貴州省苗疆屯軍人等，將官給屯田私自典賣與人，該衛千總不行查出者，罰俸一年。至越界侵占苗人土田山場，並砍伐竹木，該衛千總失於覺察者，降一級留任，徇情隱匿不報者，降三級調用。

又議准：衛所倉廒，該管官於滲漏處不行修補，及應蓋造倉廒，不詳請蓋造，以致米穀黴爛者革職。動帑代買，限一年照數追賠，限内不完，照損壞倉庫財物律治罪。如侵盜入己，捏稱黴爛虧欠者，照侵蝕例治罪。

嘉慶六年奏准：貴州省苗疆屯軍人等，將官給屯田私自典賣與人，該衛千總不行查出者，每一畝罰俸一年。

又奏准：軍丁回贖屯田，一年限内贖不及十分之二者，衛所官員罰俸二年；回贖二分以上者免議；回贖三分以上，衛所官員紀録一次；捏報回贖不行查出者，降一級調用。各該同知有清軍之責，一併照例議處議敘。

十二年議定：凡遇災荒之年，衛所官員並不詳報，及將成災報作不成災者，均革職，永不敘用。如不實心確勘，少報分數者，革職。

道光三年奏定：衛所田地被災奉蠲錢糧，有已徵在官不留抵次年錢糧，有未徵在官不與扣除蠲免，一概混徵，以圖侵蝕，或於督撫具題之時，先行停徵十分之三，及部覆之後，題定蠲免分數，故將告示遲延，不卽通行曉諭者，或稱止蠲起運不蠲存留，使小民僅霑其半，或將賑濟災民及蠲免錢糧藉名肥己者，衛所官俱革職提問。若將蠲免銀兩，增多減少，造入冊内者，衛所官降二級調用。

同上　屯田

乾隆十七年諭：違例私將地畝典與民人之卡倫侍衛，係犯罪之員，非尋常派出軍營者可比。著留軍營，俟三年期滿後，再留三年，效力贖罪。嗣後有似此者，俱照此辦理。

三十七年奏准：伊犁等處屯兵，每人收穫細糧十八石者，將管屯官加一級，督催官紀録二次；二十八石者，管屯官加二級，督催官加一級。

三十九年奏准：管理新疆等處刨穵銅斤，及經管鐵局官員，除定數外多交銅至三千斤，並得鐵甚多者，均照屯田官員例議敘。

四十九年奏准：伊犁、塔爾巴哈台、烏什等處，並古城、吉布庫、蔡把什湖、牛毛湖屯兵，每名收穫細糧至十八石，烏魯木齊、庫爾喀喇烏蘇、精河等處屯兵，每名收穫細糧至二十石，喀喇沙爾、巴里坤等處屯兵，每名收穫細糧至十五石，哈密所屬塔爾納沁一屯，每兵收穫細糧至十四石以上者，專管之千總、把總、外委加一級，兼管官紀録二次，統轄官紀録一次，兵丁賞給一月鹽菜銀兩。如伊犁等處屯兵，收穫細糧至二十八石，烏魯木齊等處屯兵，收穫細糧至二十六石，並濟木薩收成分數，報至二十分，再能加增，喀喇沙爾等處屯兵，收穫細糧至二十五石，塔爾納沁收穫細糧至二十四石者，加倍議敘。伊犁、塔爾巴哈台、烏什、古城、吉布庫、蔡把什湖、牛毛湖、烏魯木齊、庫爾喀喇烏蘇、精河等處屯田，僅收穫十五石以上，喀喇沙爾、巴里坤等處，僅收穫十二石以上，塔爾納沁收穫至十二石者，均功過相抵，毋庸再議。如不及十五石、十二石者，專管官降一級留任，外委官革去頂戴，兵丁量加責處仍留屯所，督催兼管官罰俸一年，統轄官罰俸六月，視其次年收穫分數，如足敷議敘者，准其開復，不准敘賞，其收穫之數，例應加倍議敘者，准照尋常收穫之例議敘。若次年收穫糧石，仍不及數，專管官卽照所降之級調用，外委官責革，兵丁重責，兼管官降一級留任，統轄官罰俸一年。至伊犁等處屯兵，如收穫不及十三石，烏魯木齊等處並塔爾納沁收穫不及十石者，專管之千總、把總、外委立行責革，兵丁重加責處，兼管官降一級調用，統轄官降一級留任。

又奏准：新疆屯田遣犯，除巴里坤、哈密二處，俱與該處兵丁一例交糧，其勸懲之處，應照屯兵之例辦理外，至伊犁屯田遣犯，每名收穫細糧九石，烏魯木齊遣犯，每名收穫細糧六石六斗者，每名日給白麪半斤，該管各官照屯兵收穫糧石之例，減半分別議敘。伊犁屯田遣犯，每名收穫十二石，烏魯木齊遣犯，每名收穫十石者，每名日給白麪半斤，該管各官照屯兵收穫之例，分別議敘。若伊犁遣犯，每名收穫六石以上，烏魯木齊遣犯，每名收穫四石以上者，准其功過相抵。如不及數，遣犯重責，該管官降一級留任，兼管官罰俸一年，其次年收穫多寡分別黜陟之處，悉照屯兵開復議處之例辦理。

又奏准：管理新疆等處經管鐵局官員，除定數外，多交鐵三萬六千斤者，照屯田官員例加一級，多交鐵至五萬斤者，將穵鐵人等酌量賞賚，官員照屯田官員加倍例議敘。

又奏准：烏魯木齊種地爲民人犯，應交糧石，如於每年十月内能催完者，該管千總、把總，照文職管理種地民人完糧之例議敘。如至年底催完，毋庸置議。若年内不能催完，照例議處。

嘉慶六年奏准：科布多屯田官兵收穫糧石，在八分以上者，專管官加一級，兼轄官紀録二次，統轄官紀録一次。如收穫糧石不及五分者，專管官降二級留任，兼轄官罰俸一年，統轄官罰俸六月。

道光三年奏定：屯糧初叅經徵衛所等官，欠不及一分者停升；欠一分者，罰俸六月；欠二分者，罰俸一年；欠三分者，降俸一級；欠四分者，降俸二級；欠五分者，降職一級；欠六分者，降職二級；欠七分者，降職三級；欠八分者，降職四級。俱留任戴罪徵收，完日開復。欠九分、十分者，俱革職。署印官欠一分、二分者，罰俸三月；欠三分、四分者，罰俸六月；欠五分、六分者，罰俸九月；欠七分、八分者，罰俸一年；欠九分、十分者，降一級調用；署印不及一月，並欠不及一分者免議。

又奏定：屯糧未完，衛所官叅後，俱限一年全完，如限内不完，照原叅分數處分。欠八分、七分，年限内不能全完者，革職；欠六分、五分，年限内不能全完者，降五級調用；欠四分、三分，年限内不能全完者，降四級調用；欠二分以上，年限内不能全完者，降三級調用；欠一分以上，年限内完至八九釐者，降三級留任，再限一年催徵，如不全完者，降三級調用；限滿未完不及一分者，停升，罰俸一年。

十八年諭：前據金和奏，巴爾楚克屯田眷戶，因委員等辦理不善，以致紛紛逃回，當有旨令恩特亨額查明叅奏，並令將在屯商戶、眷戶妥爲安集。兹據恩特亨額奏稱，接據糧員禀報，當卽繕具安撫屯民告示，委員前往確查，並經面爲曉諭，仍令回歸屯所，各安本業，屯民欣然樂從等語。巴爾楚克興辦屯田，該屯地土廣沃，歷年開墾，著有成效，卽間有生鹻之處，原可另覓佳壤，儘力墾種，何以紛紛呈訴，均欲散去？現據恩特亨額查明，由於委員王傳書經理不善，屯民迫於飢寒，先有逃散之事，復因遊擊福珠凌阿等，未能妥爲安撫，以致闔屯戶民，年年所借委員牛具、籽種、口糧等項，貧窮者無力歸還，豐稔之家亦復抗欠，希圖一鬨而散，於屯務大有關礙。著恩特亨額卽將辦理不善各員，據實叅奏，毋稍徇隱。署參贊大臣金和於屯戶逃散，並不妥爲安撫，任令該遊擊等，傳集屯民，願留者出具甘結，願去者聽其自便，以致全屯紛紛欲散，有無偏聽妄爲之處，並著查明叅奏。該大臣仍傳集屯民，剴切曉諭，其有因地生鹻，以及無力耕種之戶，卽責成承辦委員，或另撥善地，或酌給籽種，並將逃散各戶，趕緊招回，分別安插妥善，毋致流離失所，以副委任。

咸豐六年奏准：派往出兵及新疆等處屯種駐紮之把總、外委等徵弁，因案降革者，暫停開缺，於事竣之日，由軍營大臣暨該管各督撫將軍，詳加驗看，出具考語，咨部查覈。如該弁弓馬可觀，著有勞績，准將降革暫停開缺之案，改爲降革留任，若人本平庸不能得力，卽行開缺。

清《户部則例》卷五《旗地上・田賦》 井田改屯

一旗人承種霸州、固安、永清、新城四州縣井田，改屯莊田。每戶給田一百二十五畝，歲輸屯穀一十二石五斗，責成霸州、固安二防禦管轄，毋任各屯戶私典長租。屯戶身故有子者，准予頂補。其無子及緣事告退歸旗者，原領田房設井田時原給之房交州縣官召租。若守節之婦，仍留給養贍地四十畝，令本屯各戶代種完糧，節婦身故，其地交官。凡屯糧責防守尉經徵，交貯州縣倉，地租責州縣官經徵，彙解部庫，統由該管理事、同知督催。歲有未完，照地糧未完例，按分數議處。一八旗另戶正身於乾隆十六年未裁下屯種地以前，所領房地，准其照舊居住承種。原定上地給與百畝，中地給與一百五十畝，下地給與二百畝，各給土房四間。屯戶身故無子，房地交官，其婦願回旗守節者，官於地租銀内給銀二十兩，資送回旗。若仍願屯居，於應撤原領地内，上地酌撥四十畝，中地六十畝，下地八十畝，土房四間。並聽居住以終其身。

清《户部則例》卷七《田賦二上・分賞田地》 一衛所各官，一年内勸民開墾荒地成熟五十頃以上至二百頃以上者，統俟按年起科時，衛所開明數目申報該督撫，取具該管官印結，題請分別議敘。如有未經開墾，捏報開墾者，衛所官嚴參。若開墾後有復荒者，將開墾議敘查銷。其開墾荒地，不照水田六年起科、旱田十年起科，或先期勒徵，或過期不徵，或私減地畝定額錢糧者，衛所各官嚴參。若勒民開墾或將新墾地畝以多報少，或將他人所墾地畝重復捏報開墾，以致應徵錢糧不能確查，或丈量逾限，或造報遲延，或委令監丈互相推諉者，將衛所各官查參議處。【略】一巴爾楚克、喀什噶爾新墾屯田，三年升科，每畝按年額徵小麥三升，其内地貧民踵至者，撥給地畝令其認種，取造年貌籍貫及認種地畝冊結，散給田單串票，秋收歸倉報部查覈。

《清通典》卷四《食貨四・田制》 屯田

國初，創制屯堡，凡衛弁各所給軍分佃，剔除差徭。後以直省各設經制官兵，而屯衛之軍次第裁汰，惟有漕運之地仍隸衛所，其駐防之軍亦給屯田，餘皆歸併州縣，蓋稽其籍雖有軍民之殊，而承佃輸賦則屯戶與民無異，隸之州縣，體制詳明，誠昭代之鴻規，萬世之良法也。此外，墾荒及圈地、給糧地，凡所以實軍儲而裕民力者，悉隨時裁定，俾軍屯安耕鑿之常，兵民亨盈寧之利，典制精詳。【略】

順治元年，定荒地屯種例。先是，國初定每佐領給壯丁十、牛四，於曠土田。至是，准州縣衛所無主荒田分給民兵屯種。二年，遣御史巡視屯田。尋裁巡屯御史，歸巡按兼管。三年，更定屯田官制，每衛設守備一員，兼管屯田，量設千總、百總，分理衛事。裁原設指揮、副指揮，改衛軍爲屯丁，其衛所錢糧職掌及漕運、造船并都司、行都司之制皆仍舊。四年，給江寧、西安駐防園地，江寧六十畝至百八十畝不等；西安二百四十畝或二百十五畝不等。惟浙江駐防官兵仍照京制支領俸餉，不給田地。五年，准雲鎮屯田，令軍民墾種，官給牛、種，量收租銀。十五年歸併山西驛糧道管理。定各省駐防官兵家口半攜去者在京園地半撤，全攜去者全撤例。六年，定直隸屯地輸租例。天津、葛沽等處屯地，舊例上地每畝六升，中地四升五合，下地三升，今定果樹、菜畦、水田、葦地每畝科一斗，麥地六升，雜糧地四升五合。定外省駐防初任官員未給園地者准撥給，其加級升任者不准添給例。給地六十畝以下者，戶部撥給，六十畝以上者，奏請撥給。七年，裁汰衛軍，凡衛所屯田，從前分給軍丁承種者，歸併州縣，其有運糧衛所，屯糧仍舊派徵，其無運糧衛所，屯田俱照民田起科。九年，令廣東屯田本、折各半徵收，免其全徵本色。謹按：十年又定江南秣陵、廣武、英武三衛屯糧准其折銀。康熙六年，又以江南石城等衛屯糧改折太重，令仍收本色。十年，復以廣東屯糧十倍民賦，令減額照民田重則每畝八升八合起徵。又減廣東衛所及河南等省屯糧，均照民田徵收。十三年，定屯田貼運之例。向例漕船一艘派屯田百五十一畝，今議定有屯帶運衛所照數分派。杭、寧、溫、台各衛，嘉、湖、嚴、衢各所有屯帶運。餘田徵租銀撥貼無屯衛所。金華等所，紹、處等衛無屯有運。至有屯無運衛所金鄉等衛有屯無運。有願運者給田僉運，餘田亦徵租撥貼無屯衛所運丁。康熙十年，以屯田缺額，每船給田百十三畝。招墾廣西衛所荒屯。十四年，清查民田賦役冊籍，凡民冊當差者，衛所不得告攀；軍冊有役者，州縣不得重派；民佃軍田者，照地納租，不派軍役；軍佃民田者，只完正賦，不派民役。先是湖廣有運軍、班軍、操軍三項，各設屯田，後裁汰班軍，操軍歸農，只留運軍，以致軍民冊籍混淆，至是釐正，永著爲例。十六年，除四川衛所屯糧，歸併州縣，照民田起科。十七年，更定雲南衛弁職田收租准賦例。其田各歸衛所，編入戶口，以本七折三徵收。按：雲南向有衛弁職田，收租准俸，不納稅糧。

康熙二年，復以江南屯糧歸都司管轄。四年，歸還德州圈地，其駐防兵均如陝西例給糧。五年，以陝西衛所屯糧與民糧一體輸納，無僉運領運之事，不必改歸都司，仍令布政使總理。六年，議令投誠兵屯田。湖廣道御史蕭震上投誠兵丁屯田四便疏：一以投誠之衆，所攜家口數倍正兵，予以荒地牛種，可爲招徠之勸；一以綠旗兵有防禦之任，屯田難，投誠兵無汛地之責，屯田易；一以投誠兵隨標月給餉糧，歲費八十餘萬，使開墾荒蕪，三年起科，既有兵餉，又增屯賦；一以各省荒地四百餘萬頃，分給籽種，軍儲日實，戶口漸繁。故有是令。又令廣東、雲南屯田道稽察衛所各官及徵收屯糧。十八年定江南屯田道考成視都司例。二十六年復裁雲南都司。十五年，嚴荒田影射之禁。時衛所荒田坐落州縣境內，縣勘則指爲軍地，衛勘則詭爲民田，故令督撫覈州縣衛所互覈，影射者罪。二十三年，令湖南偏橋、鎮遠二衛地畝錢糧歸併貴州徵收。嗣後湖南屯糧則例屢更。二十五年，以銅鼓衛屯糧歸併新寧縣徵收。三十六年，辰州衛屯田歸併瀘溪縣照民田徵收，又步城縣有經徵靖州衛屯糧，改歸靖州綏寧縣徵收。四十年，以沅州、龍陽、黔陽、靖州四州縣屯糧偏重，將《賦役全書》訛刊之數改正減免。四十五年，以清浪、平溪二衛屯糧徵米輸運維艱，准其徵銀。三十一年，以山西太原、陽曲二縣屯地給駐防官兵耕種。三十四年，上以雲南屯衛錢糧較民田額重數倍，改屯賦，令照河陽縣民田上則徵收。三十五年，復議雲南屯地錢糧亦照屯田則例。五十七年，減湖北沔陽衛屯田額糧。謹按：沔陽衛屯田五百七十二頃八十畝有奇，向係水淹窪地，故令照湖南清浪衛減則之例，每畝徵五升四合五勺。又丈量山西右衛荒地，給駐防官兵耕種。

雍正二年，定內地無運衛所悉併州縣例，凡錢糧皆歸布政司管轄。裁山西、江南、浙江、江西、湖廣、山東、廣東屯田都司，浙江杭州徵屯千總。是年總計：直省屯田三十九萬四千五百二十七頃九十九畝，屯賦銀四十三萬六千四百四十六兩四錢，屯糧百六萬四千五百九十二石，草四百八十七萬一千三百四十五束各有奇。三年，定安西屯墾事宜，凡駐防兵之不願久住者，召募民人更換，擇宜稼之處分屯，其應募兵丁未習農業者，就沿邊州縣雇農人爲邦夫，每兵三名給一，使敎農事，俟資糧充裕，再令攜家永遠駐防。五年，定軍田照民田給契上稅例。每畝照貴州軍田例納稅五錢，給契。改江南建德、東流二縣屯糧歸池州府經管。向例解歸南昌、撫州、饒州三衛所。九年，定屯衛田仍典與軍戶例，凡私典與民者，田歸衛，價入官，仍治以罪。

乾隆元年，除廣東屯糧羨餘，減各省屯賦重額。至十一年，合計歲減銀一萬二千兩有奇。詔減浙江嚴州衛遺漏減免銀兩。浙江屯糧，向例每石徵銀一兩，康熙年間特減，改徵銀五錢五釐，惟嚴州一所遺漏，至是改照杭州前、右二衛科則徵收。減廣西武緣縣屯賦。減浙江溫州衛田賦。均照杭州前、右二衛科則。停止貴州新設苗疆屯軍，時貴州總督張廣泗請將逆苗絕產安設屯軍，上諭：數年以來，經理苗疆，原期寧輯地方、化導頑梗，并非利其一絲一粟。是以彼處應輸之正供，朕皆仰體皇考聖心，永遠革除，豈肯收其田畝以給內地之民乎？從前屯田之意，原因該督等奏係無主之絕產，今看來此等苗田未必盡係無主之產，或經理之人以爲逆苗罪本當誅，今既宥其身命，卽收其田產，亦法所宜然。殊不知苗衆自有之業一旦歸官，目前雖慴於兵威，勉強遵奉，而非出於中心之願，安能保其久遠寧帖耶？至於撥換之舉，在田地有肥瘠之不同，而畝數又有多寡之各異，豈能銖兩悉合，饜服其心，使苗衆無絲毫較量之念乎？總之，頑苗叛逆之罪本屬重大，國家既施寬大之恩，貸以不死，予以安全，而此區區之產業，反欲收之於官，則輕重失宜，非皇考與朕經理苗疆之意矣。奉敕令張廣泗卽行停止，其實在絕產，令查明疏請。尋議：以惟逆苗絕戶田產賞給屯兵墾種，擇形勝之地建築堡牆，以資捍禦。又諭：各省屯糧有原額糧則較重者，悉行酌減。三年，又減安徽懷遠衛軍銀，減武平衛軍田加徵銀。裁汰涼州府鎮番縣柳林湖屯戶，設立屯長、總甲分理。謹按：鎮番招民屯墾在雍正十三年，至是以地方遼闊，屯戶衆多，酌留熟諳農事者，餘皆裁汰。四年，招民承種安西鎮口外屯田。五年，嚴屯田私租之禁，凡運軍額設屯田，止許得本年之租，不得加租及立券預支，其已經加租之田，令其回贖，違者例以私典軍田罪。六年，令限一年清出，歸軍贍運。八年，清釐湖廣軍屯田，凡典賣者，如民買願應差或軍買隨田應差者，均免贖；若民買不願應差及軍買而田去差存者，均令原丁取贖，力不贍者，令典買之人每歲助費以濟漕運；至故絕、逃亡之戶，民人頂種，現在納糧貼運者，田有出售，仍令軍戶承買。湖北衛所屯田亦如之。十二年，陝西提督拉布敦疏請口外八溝、塔子溝等處設兵屯田。從之。十八年，總計各省屯田二十五萬九千四百十有六頃四十八畝，屯賦銀五十萬三千五百五十七兩，屯糧三百七十三石各有奇。其歸併各州縣者不入。二十一年，陝西總督黃廷桂疏請招民屯種移歸魯克沁回民所遺瓜州熟地二萬四千五百畝。從之。吐魯番回人歸附在雍正三年。二十二年，清查陝西屯地銀糧。二十三年，清查江西屯地田畝。二十四年，准瓜州屯戶加墾地畝改屯升科。二十七年，甘肅柳林湖屯田亦如瓜州例改屯升科，初墾者照民田中則例，續墾者照民田下則例納賦。二十八年，安西府淵泉縣之柳溝、布隆吉爾，玉門縣之靖遠、赤金等處均准屯戶加墾餘地改屯升科，以爲世業。三十一年，總計各省屯田三十九萬二千七百九十五頃六十七畝，屯賦銀七十八萬四千九百二兩，糧百九萬七千六十四石，草五百五萬六百二十束各有奇。三十六年，豁除江西袁州、贛州、饒州、建昌四衛所坍沒屯田糧賦。三十八年，諭：斐宗錫覆奏查辦軍屯，請將上江、下江、無爲等州十七州縣向不歸運之裁衛屯田加徵津費，所辦非是。而加徵之名，更屬不能深體朕意。朕惠愛百姓，普蠲恩免，不下數千百萬，惟期家給人足，樂利永徵，何獨因清釐屯糧欲舉，百餘年相沿之民產，一旦忽議加賦，朕豈肯爲之？且定以官爲加徵之名，則斷乎不可。尋敕高晉查辦續結。其江蘇省并諭照此辦理。浙江巡撫陳輝祖疏請民屯新墾丁銀隨年攤徵。上諭：國家承平休養百有餘年，閭閻生齒日繁，向來編審人丁，按丁科則。自康熙五十二年，我皇祖聖祖仁皇帝特頒恩詔，盛世之民，永不加賦，卽以是年丁糧之數作爲定額。仰見皇祖惠愛黎元，法良意美，實我萬世子孫臣庶所當遵守不易者。朕臨御以來，仰承天祐祖德，累洽重熙，無時不以愛養斯民爲念，豈肯於丁糧區區毫末之賦稍存計較乎？況人數既多，自地無遺利。若求可墾之地，則惟新疆烏魯木齊等處尚可招徠屯墾，至於內地，卽間有東坍西漲，其數甚微，只須地方官照例妥辦。若以新墾民屯地畝復將丁銀隨年攤納，是與小民較及錙銖，尤非惠下恤民之道。所有各省辦理丁糧，俱著悉仍其舊。三十九年，除江蘇省坍沒屯田額賦。四十年，停民戶典賣屯田編入軍籍之例，但令從重津貼，免其撤田。定軍戶自置民田另納糧賦，毋許攙入軍田例。除湖北監利縣築堤挖壓軍屯額徵。四十一年，准甘肅九家窰屯田八千八百三十三畝改歸民田升科。

《清通典》卷八《田賦二下·升科定限》 一湖南鳳凰、乾州、永綏、古丈坪四廳，保靖、麻陽、瀘溪三縣苗疆屯田，額設總屯長四十名，每名授田十五畝；散屯長一百六十名，每名授田七畝五分；共給田一千八百畝。令其協同屯弁辦理屯倉租穀等項事務，遇有事故及年老辭退者，另行揀補，年終造冊報部查覈。

一、湖南鳳凰、乾州、永綏、古丈坪、保靖等廳縣苗疆汛堡、屯卡、碉樓、哨臺、炮關，共設屯丁七千名。內百總七十名，每名給田七畝五分；總旗一百四十名，每名給田六畝五分；小旗七百名，每名給田五畝五分；散丁六千九十名，每名給田四畝五分，共撥給田三萬二千六百九十畝，作爲世業。若本戶無可補之人，撤佃另行招募，不許私行典賣。仍將頂充姓名詳注檔冊，以備稽查。

一、湖南鳳凰、乾州、永綏、古丈坪、保靖等廳縣屯丁、練勇、老幼丁二千名，每名授田一畝五分，共給田三千畝，以資養贍。如有病故並及歲挑補名糧者，隨時裁撤報部備查。

一、臺灣近山埔地八千八百餘甲十一畝三分爲一甲撥給各社熟番新挑屯丁、屯弁，令其自行耕種，免其納賦，亦毋庸給與月餉。屯丁每名給埔地二甲，千總每員十甲，把總每員五甲，外委每員三甲。如遇屯丁出缺，卽挑其子弟充補承受。如有私行典賣者，按律治罪，追賠契價充公，將地畝移給另挑屯丁承受。

《清會典》卷二〇《户部四·土地一》 開墾

國初，令每佐領撥壯丁十名，牛四頭，於曠土屯田，積貯倉廩，設官員筆帖式，會計出入。順治元年議准，州縣衛所荒地無主者分給流民及官兵屯種，有主者官給牛種，三年起科。二年題准，新墾荒地，免租稅一年。又覆准，河南拋荒地畝，令鎮協官兵開墾，查係向來熟糧，令一年後供賦。九年題准，八旗壯丁退出晌地并首告清出地及各省駐防遺下地，照墾荒例招墾，三年起科。【略】十二年【略】又議准，直省興屯，官助牛種者，所收籽粒，三分取一；民自備牛種者，本年十分取一，二年、三年三分取一，三年後，永准爲業。又議准，令犯徒罪者，發遣屯田，酌定年分，開荒田多寡，墾完釋放，其願留者，永爲己業。【略】十三年【略】又覆准，山東無主荒地，每五里設一官莊，借給屯本，三年償還後，照熟地例起科。【略】十七年覆准，八旗撤出壯丁地畝，向交各佐領收存，以致荒蕪，令地方官招民墾種，照例三年後起科。【略】二十三年覆准，黑龍江官兵，墾地一千五百晌。二十四年，特遣大臣督領盛京官兵，至黑龍江分給牛種，墾地一千五百餘晌。二十五年題准，錦州鳳凰城等八處荒地，分撥旗丁、民丁，給牛屯墾，每十六丁內二丁承種，餘十四丁助給口糧農器，共墾地二萬四千六十五晌。又題准，黑龍江墨爾根地方，戶部各差官一員，監看耕種，墨爾根令索倫達固爾官兵耕種，共田一千六百六十晌，黑龍江令盛京官兵耕種，共田一千七百八十九晌。又題准，鳳凰城等八處，差大臣三員，司官八員，前往會同盛京將軍、戶部侍郎酌量屯墾。

《清通典》卷四《食貨四·田制》 康熙五十四年，上以額德爾齊老圖地近推河，應屯田駐兵，令將軍費揚古等與喀爾喀汗會議。尋以費揚古疏稱蘇勒圖、喀喇烏蘇、烏蘭固木、科布多等處，土田肥美，均可耕種，請撥土默特善種地兵丁千人，每旗令台吉塔布囊一人督率屯種，遣大臣一員監管。又請於哈密地方屯種，均從之。後又准都統穆賽等疏言，科布多等處收穫逾常，請撥土默特千人，出兵歸化城之土默特兵千人，令往耕種。五十五年，開巴里坤、哈密等處屯田，凡發往軍前效力人等，有願種地者，許其耕種。又議准，尚書富寧請哈密所屬博羅爾、圖古哩克接壤之處，并巴里坤、都爾博勒津、哈喇烏蘇及錫濟木、達哩圖、布隆吉爾附近之上浦、下浦等處，兵丁有願往者，亦令耕種。是年冬蘇爾德奏稱，都爾博勒津、(國)[圖]古哩克、哈喇烏蘇所種地畝有秋，尋議令備明歲籽種。五十六年增墾阿爾袞固楚、實伯哩烏蘇、鼐瑪爾、塔呼垮克、察罕郭勒等處荒地。

命戶部侍郎梁世勳等督理巴里坤屯田。五十七年，令新舊開墾都爾博勒津、圖古哩克及回子扎薩克敏所種塔哩雅沁地所餘青稞貯倉，充裕軍糧，郎中蘇赫等議敘有差。六十年，增墾烏蘭固木地。六十一年，覈丈科布多、烏蘭固木等處地畝穀數。

雍正三年諭：振武將軍穆克登開鄂爾坤、圖拉等處屯田。穆克登疏言，鄂爾坤尚有昔人耕種處所及故渠灌田踪跡，圖拉現有大麥小麥，非不可種之土，第霜降早晚不一，樹穀宜否不同，請於屯長中擇十餘人，於明春三月遣往耕種，俟秋收後具奏，從之。七年，振武將軍順承郡王錫保疏言，鄂爾坤、濟爾瑪台、圖拉三處屯田，收大小麥、穈子共七千五百五十石有奇。九年，奏報萬六千三十石有奇。十年，西安巡撫瑪爾泰請撤額塞勒津城駐防兵并西安馬步兵二千人，開墾哈拉該圖地，從之。

乾隆元年，增墾鄂爾坤屯田兵額。雍正十三年，撥綠營兵五百，至是增撥三千。二年復撥綠營兵六百，并負罪人千餘。二十年，準噶爾部落勢日窮蹙，議遣大兵征勦。二月，上諭軍機大臣曰：從前因未深知達瓦齊情形，原議四月進兵，故令於額爾齊斯派喀爾喀兵、綠旗兵并策凌所屬人等，留駐屯田，今進兵甚早，而達瓦齊之力已窮，兵到卽可成功，其額爾齊斯仍需屯田與否，應另行酌辦。如需屯田，卽於策凌等游牧所留人內派往，或凱旋後并將策凌等人衆派往，著班第等詳議具奏。班第等尋奏，平定準噶爾後，額爾齊斯地方仍需屯田。

上諭：照所請行其耕種，所得穀石令備往來兵丁口糧。謹按：屯田地定於伊蘇圖、堅格爾等處，又移布勒罕兵千人，於鄂倫淖爾地方駐劄照管。二十一年，開墾巴里坤至濟爾瑪台、濟木薩、烏(嚕)[魯]木齊、羅克倫、瑪納斯、安濟海、雅爾晶、崆吉斯、珠勒都斯等處荒地。設回人百名、綠旗兵百名，試種一年。又酌派內地兵民前往耕種，照安西地方之例。二十二年，復設塔哩雅沁屯田。乾隆七年停種，至是修復。又派兵吐魯番屯田，時以吐魯番地方直通伊犁，并與各處回城聲息相通，故遣兵屯田。是年五月，分種小米二千三百四十餘畝，接種大米。其新附回人卽令留種。

又諭：選綠旗兵丁善於耕種之人，往烏(嚕)[魯]木齊試種。總督黃廷桂疏請派兵千名，於巴里坤、尖山子起至奎蘇地百餘里內，先期疏濬水泉，設木槽接引渠道，俟春間翻犁試種，從之。巴里坤、尖山子等處於雍正年間曾經開墾，嗣以正渠九道，水多滲入砂磧，難周灌溉，停止。至是始建木槽之制。

上諭軍機大臣曰：黃廷桂奏，派兵千名，於來春往巴里坤等處屯田等語，自應及時籌辦。但此尚在近地，其烏(嚕)[魯]木齊等處，亦須漸次屯種，其如何相度水利、測驗土脈及派兵前往預爲料理之處，著傳諭黃廷桂詳奏。二十三年，遣兵二千名赴哈喇沙爾等處屯田，取海都河水灌溉，增派烏(嚕)[魯]木齊屯兵。原派兵五百，復增五百。增派闢展、魯克沁、吐魯番、托克三屯兵。托克三在吐魯番西百餘里，通哈喇沙爾，設屯兵五百名。五月又議：增哈喇沙爾、托克三屯兵。前屯兵三千六百名，至是增二千四百名，合計六千名。

上諭黃廷桂等曰：現在辦理回部未竣屯田，伊犁可以暫緩，惟於烏(嚕)[魯]木齊一帶及噶爾藏多爾濟游牧之羅克倫等處，急宜相度地畝，廣爲屯種，俟將來酌量情形，由近及遠，卽一二年後，亦無不可。六月，侍郎永貴等奏報，烏(嚕)[魯]木齊附近等處屯田開墾畝數，哈喇和卓墾地八千七百畝，托克三墾地五千三百畝，哈喇沙爾墾地四千餘畝，合闢展所種萬畝，計新舊共五萬二千七百九十一畝。又議：墾穆壘至烏(嚕)[魯]木齊、噶爾藏多爾濟游牧之昌吉、羅克倫等處屯田。昌吉距烏(嚕)[魯]木齊六十餘里，羅克倫距昌吉四十餘里，昌吉可墾田八萬餘畝，羅克倫可墾田七萬餘畝，與穆壘等處均係噶爾藏多爾濟游牧之地，駐兵三千名，合穆壘等處屯兵，共萬人。

上諭：據黃廷桂疏稱，塔哩雅沁試種豌豆，已有成效。闢展、吐魯番、托克三、烏(嚕)[魯]木齊等處，想皆可試種，著於明春佈種。

又諭：從前因辦理回部，將伊犁屯田暫時停止，今回部迎降，相繼大功計日可成，則屯田自不可緩。軍營綠旗兵丁駐防各城，所用無幾，應行派往伊犁，并酌派回人，令納穆扎爾等辦理屯務。或將魯克沁、哈喇沙爾、烏(嚕)[魯]木齊等處屯田兵移至伊犁，再於內地派兵補缺，令兆惠等將應辦之事，先時預備。二十四年，增特訥格爾、昌吉、羅克倫等處屯田兵四千名。前撥千名，共五千名。

又諭：定長等疏稱，除烏(嚕)[魯]木齊外，其他處地畝較之初種時，漸覺歉薄。此等地畝，雖不能如內地人工糞治，可以常年耕種，但地頗寬展，彼此遞年互調耕作，自有餘力，令楊應琚、舒赫德悉心講求具奏。二十五年，命調巴里坤綠旗兵九百名，赴烏(嚕)[魯]木齊屯田。

諭：阿桂等奏稱，伊犁河以南海努克，地與固勒扎相隔一日程途，水土沃衍，請先行屯種，相其形勢，分立村莊，所辦甚是。又奏准，於伊犁自烏(嚕)[魯]木齊至羅克倫，擇水土饒裕之處，設村莊四，每莊屯兵八百餘名，興舉伊犁海努克屯田。副都統伊柱疏言，官兵駐劄，與屯田回人距二三里，伊犁河南安臺五處，其屯田回人三百餘名，約每距半里立一村，共村十五，均立牆垣基址，俟農隙俾立室宇。又駐劄處有廟宇百餘間，加以修葺，可駐兵六七百名。續經參贊大臣舒赫德請添派回人五百戶，攜眷耕種，築伊犁、海努克及察罕烏蘇城，又築固勒扎大城。凡大臣駐劄，公署、倉庫咸在，以爲總匯之地。調喀什噶爾綠旗兵九百十名，赴伊犁屯田。二十六年，募回人承種闢展、喀喇和卓、托克三餘地，設瑪納斯、庫爾喀喇烏蘇、晶河等處屯田，立村堡三，每村兵三百名，各墾地十五畝。議准烏(嚕)[魯]木齊駐防兵丁挈家立業。向例議駐防兵三年更替，至是以烏(嚕)[魯]木齊收穫盈寍，堪立室家，故有是議。又招徠遊民於烏(嚕)[魯]木齊立業，戶給地畝、牛具，照水田六年陞科例。肅州、安西二處招貧民二百戶，高臺縣招民五十六戶，又肅州招民四十四戶。山西臨晉縣民盧文忠一戶，願自備資斧前往，賞給監生頂帶。參贊大臣阿桂奏報，二麥有秋。兵一名，種大小麥十畝，回人一戶給麥種一石，豐收在二十分以上。

諭：　成衮扎布籌辦科布多屯田。先派綠營兵百名給牛種，俟收穫後，再將喀爾喀、杜爾伯特、扎哈沁兵丁派往。二十八年，成衮扎布疏言，科布多地土腴沃，蒙古等未諳墾種，請(泒)〔派〕綠旗兵二百名開屯。旋議撥烏里雅蘇台兵百名，喀爾喀兵百名。募民開墾巴里坤餘地。十二月招徠民人王玉美等六十七名，二十七年招民人三十九戶。二十八年招吴臣等三十名。二十九年招商民三十名。又敦煌等縣願往種地民人百八十餘戶，共墾地三千六百九十餘畝，俱照水田六年陞科例。定伊犂屯田納糧則例。阿桂等疏稱，伊犂屯田八千畝，收穫大小麥、糜、青稞等穀二萬七千百石有奇，約計在二十分以上；回人八百戶，收穫大小麥約二十分以上，糜、粟、青稞約四十分以上。合計每人收穀四十石，請交糧二十石，定爲成額，嗣後改定。人給籽種一石五升，交糧十六石，又議敘屯田各官兵丁，賚賞銀有差。二十九年，明瑞疏稱，伊犂種地綠旗兵千名，新舊回人三千二十戶，所收麥穀青稞等，視去歲多至二千石以上，得糧四萬四千六百餘石，請議敘賞賚官兵各有差，從之。二十七年，定烏(嚕)〔魯〕木齊遣犯屯田地畝。每名給屯田二十畝，挈眷者加給五畝，與民兵一例納糧。定安插添駐伊犂屯田回人地。葉爾羌回人續請移居伊犂二百十四戶。霍濟格爾巴克編設一屯，安插八十戶，海努克編設一屯，安插七十戶，共老弱七十四戶，給該伯克養贍。霍濟格爾巴克等處，地均在伊犂河南，其河北之固勒扎等處，先於二十五年分五村莊，至是兩岸俱有莊屯。定各城回民納賦之制：凡回民自種地畝，視歲收糧數交納十之一，承種官地者，平分入官。總計各城回民自種地畝，歲納糧石闢展四千五百六十五石，哈喇沙爾千四百石，庫車九百六十石，又納地租糧二十五石，沙雅爾五百六十石，阿克蘇六千八百三十五石，賽哩木九百七十五石，拜城五百二十石，又納地租糧三十石，葉爾羌二千八百帕特瑪。每帕特瑪一得官斛五石三斗。納普爾錢四萬八千騰格。每普爾五十爲一騰格，二騰格合銀一兩。所屬巴爾楚克納錢千二百騰格，扣爾巴九帕特瑪，和闐二千帕特瑪，納錢二萬四千騰格，又納官借籽種、另冊糧六百九十二帕特瑪，所屬伯德爾格納錢四百騰格，英阿雜爾五百帕特瑪。承種官地，庫車歲收額糧千二百五十石，沙雅爾三百七十五石，阿克蘇五十石，葉爾羌千二百二十一帕特瑪，和闐六百四十帕特瑪，喀什噶爾三十二帕特瑪。侍郎旌額理疏言，烏(嚕)〔魯〕木齊安插民戶，每戶給地十五畝外，尚有餘力復墾地十餘畝，悉行播種，可必有秋。二十八年定續派伊犂屯田回人額數。永貴疏言，於各城選派約以千五百名爲率，阿克蘇等處十二城，分派足額。設呼圖拜屯田，將羅克倫換班兵丁六百名移往。呼圖拜地在羅克倫西，東至盜邊城七十里，西至瑪納斯百三十里，田畝廣闊，河水充裕。將軍明瑞疏言，伊犂駐劄涼州、莊浪，滿洲兵建造城署、營房，糧餉預須籌備，請以明年爲始，先增屯兵五百名，俟城工竣事，再增內地調赴綠旗兵千人，歸屯播種，以足軍食，從之。

二十九年上諭：　官兵錢糧，毋拘內地成例，並量給地畝，學習耕種。又議，築巴爾托輝城，安插伊犂屯田回人，以巴爾托輝泉甘土肥，將軍明瑞疏請，將回人所種之地稍遷迤西，空出摩垓圖、阿里瑪二處水泉，爲滿洲兵丁屯田灌溉。將伊犂河南霍濟格爾之三百戶，河北固勒扎之千一百戶，並巴爾托輝之七百二十戶，俱駐劄巴爾托輝城，從之。令安插多倫回人三十戶於伊犂屯田。多倫回人勒哈子伯克阿瑞等，因慕塔哩雅沁回人遷居伊犂樂業，自請遷往，故有是令。三十年，招肅州、張掖、敦煌、高臺等縣貧民千九百戶，於呼圖拜、盜邊城、昌吉、羅克倫等處安插屯種，築伊犂、雅爾城屯田。二十六年，阿桂疏言，塔爾巴哈台地居厄魯特西北，與俄羅斯、哈薩克相近，應駐兵屯田。至是舉行，築城二，一在玉勒，一即雅爾，撥兵千五百名駐劄。總督楊應琚疏言，巴里坤向止種青稞，近歲小麥、豌豆俱穫有秋。夏日炎熱，漸與內地相似，交秋仍暖，霜霣較遲，官民田地尚可開墾，請撥馬廠餘兵百名加墾，從之。募安西、肅州民屯田於穆壘。穆壘距巴里坤六百餘里，接壤烏(嚕)〔魯〕木齊新屯之特騰格爾地，土肥泉暢，可墾地二十餘萬畝。三十年，總計綠旗兵屯田伊犂四屯，地三萬六千畝，塔爾巴哈台萬八千畝，烏(嚕)〔魯〕木齊三營五萬千三百二十畝，景化城萬一千三百四十畝，庫爾喀喇烏蘇四千畝，晶河四千畝，瑪納斯四千畝，烏什萬二千畝，哈喇沙爾七千三十五畝，巴里坤萬六千五百畝，穆壘四千畝，哈密所屬之材巴什呼四千六十五畝，塔哩雅沁七千三十畝。招民承種地：　巴里坤四萬四千七百二十畝，烏(嚕)〔魯〕木齊十萬三千八十八畝。伊犂種地回民六千戶，歲納九萬六千石。三十七年，陝甘總督文綬上屯田五事：　一招新疆商賈備工之人，就近承墾，以省資送。

清・席裕福《清政典類纂》卷一三《官莊》

〔道光元年〕又諭軍機大臣等：　伯麟等會議開墾伯都訥屯田一摺。伯都訥圍場，經富俊親勘，可墾地二十餘萬晌。該處旗人經雙城堡屯田挑派之後，一時難以續派，則兼用民人與附近旗人一同認墾，自屬成功較易。惟此項屯田，原爲移駐在京閒散旗人而設。將來移駐之後，各分經界，必須早爲規劃，使旗民彼此相安。其未經移駐以前，墾荒、升科、改佃各事宜，皆當妥爲籌計，俾目前便於集事，日久具有成規，方足以共享樂利。伯麟等所議應酌四條，皆爲事理之所有。富俊於此事身親目擊，自當稔悉利弊，著再行確查，審思熟計，妥議章程具奏。

二年諭軍機大臣等：前據富俊等覆奏伯都訥屯田各款一摺，當令曹振鏞等會議具奏。茲據奏稱，開墾屯田，專爲移駐京旗閒散而設。上年富俊奏定雙城堡章程，經各都統等曉諭八旗，迄今已逾一年，願移者僅二十八戶。恐十五年内移駐三千戶，必有屆期展限之事。所蓋住房即不免先有閒曠。伯都訥移駐閒散又在道光十八年以後，計日尚遙，其所需經費，不能不預籌墊借。是否亟應籌辦，應請欽派大臣前往查勘等語。雙城堡屯田，計可移駐京旗閒散三千戶，今願移者僅二十八戶，人情不甚踴躍。若同時開墾伯都訥屯田，爲計太早，且經費亦恐不敷。所有伯都訥屯田一事，毋庸派員查勘，著富俊即行停止籌辦。並飭令文武員弁，嚴禁民人私墾。現在只須專將雙城堡屯田妥爲經理，以期經久無弊。至該將軍原議現在砍木備料，自道光三年爲始，修蓋住房八百間，以後每年蓋房八百間。今旗人既觀望不前，其多蓋房屋，誠恐徒滋糜費。著俟道光四年移駐時計若干戶，著有成效，再行酌量情形，覈實辦理。

又諭軍機大臣等：據富俊等明白回奏開墾伯都訥屯田情形一摺。吉林乃我朝根本之地，若因伯都訥開墾屯田，招集流民耕種，日久流弊不可勝言。今該將軍等覆奏，原議係由吉林現有納丁、納糧民人認墾，並非招集流民，將來不必另籌安置，於事尚無窒礙。現在雙城堡屯田尚未墾竣，且移駐京旗甚少，何必亟亟籌辦。俟將雙城堡辦竣，獲有成效，再行議及開墾，亦未爲遲。至另片奏請於閒散旗人中二十歲以上，五十歲以下，果有父母兄弟叔侄等三口以上者，均可算戶，不必拘定娶有妻室之人，或願來者多等語，亦恐窒礙難行。現距移駐之期尚有二年，將來呈報願往者或不乏人，無庸預爲籌及也。

[道光]四年諭内閣：富俊等奏，籌議開墾伯都訥屯田，以備移駐京旗一摺。伯都訥開墾屯田，屢經該將軍等籌議具奏，曾降旨俟雙城堡辦竣，獲有成效，再行議墾。茲據奏稱，雙城堡三屯辦理完竣，屯種戶口及本年移駐京旗，無不耕作相安，視爲樂土。嗣後，按年移駐，已有奏定章程可循。至伯都訥空閒圍場，約計二十餘萬晌，荒蕪既久，地甚肥饒，且可敏於成功，儉於經費，較之雙城堡事半功倍，自應及時籌辦，俾旗人生計益裕。吉林、伯都訥、阿勒楚喀等處，現在納丁、納糧民戶生齒日繁，均願認荒開墾，無須另招流民。該將軍即出示招墾，並派員丈地分屯，申劃經界，以道光五年爲始，令其承種。所有認墾牛具、籽種、農器，著照所議，令其自備。每人准領地三十大晌。其互保章程，升科年限，租錢數目，均著照所議行。俟移駐京旗閒散到日，交京旗地二十晌，其餘十晌作爲己產，按數納租。仍明白宣示認領之人，並劃給地畝，統於發給執照内注明。至認墾之初，鑿井、蓋房，著照雙城堡章程，按丁按屯給與銀兩，准於雙城堡中屯升科穀價暨備用項下支領。屆起租之年，仍先行歸款。所徵小租錢文，即作爲各項弁兵書役工食紙張之用。其有附近旗丁認墾者，俟移駐京旗交地二十晌，餘十晌作爲己業，免其納租，餘具照民人一律辦理。此項地晌甚廣，陸續招認，一時人數尚不甚多，所有詞訟及升科徵租各事宜，即交伯都訥副都統督率理事同知妥爲經理。仍設立保甲、屯長，互相稽查彈壓。至將來招集人衆，應否添設官員及京旗移駐時設官蓋房，著臨時妥議具奏。其每年招有佃戶名數，領地若干，及動用銀兩若干，統於秋成後按年匯奏。

薩英額曰：道光四年將軍富俊遵旨籌議復奏開墾伯都訥屯田，奉旨著照所議行。遵即咨行伯都訥副都統等衙門，出示曉諭，名其地爲新成屯，分八旗兩翼，每旗立二十五屯，每屯各設三十戶，以治本於農務滋稼穡八個字爲號，每一字各編爲二十五號，共計二百屯。初報之戶積至三十戶，爲治第一號，即令歸入鑲黄旗頭屯，撥給地段墾種。續報再積至三十戶，爲本字第一號，歸入正黄旗頭屯。以後依號按旗挨撥，周而復始。八旗地界可以同時并墾。五年已認佃一千一百二十七戶，按八旗分撥四十三屯。嗣據伯都訥委員勘丈，新成屯閒荒僅敷一百二十屯，即將五年所招佃戶分撥字號，均改每旗十五號。六年認佃九百十七戶，分撥三十一屯。七年認佃一千五百五十六戶，分撥四十六屯。前後綜計一百二十屯。星羅棋布，與雙城堡爲表裏。旗無徵糧，民有恆産。將軍富俊爲生民計，爲京師旗人萬世計也。後之踵議屯田者，得此卷以爲率由，則事不難矣。

清・席裕福《清政典類纂》卷一九《屯田》　同治元年諭内閣：前因蔣琦齡奏請開屯田以恤旗僕等語，當交八旗都統會同該部妥議具奏。茲據戶部會同八旗都統籌議復奏，並請飭令吉林等處將軍、都統、府尹等，將指查各件，迅速復奏一摺。國家定鼎燕都，八旗兵丁生齒日繁，丁雖增而兵額有定，不能因之加廣，自應開墾閒田，預籌移屯，以資生計。道光元年，吉林將軍富俊奏辦雙城堡屯田，移居京旗閒散。除陸續移居三百七十六戶給田屯種外，餘田尚多。上年惇親王奏請籌議八旗開墾生理，經戶部奏請，飭令吉林將軍查明前項餘地可否推廣耕種，及房屋、牛具等項有無經費，據實奏明，曾經允行在案。迄今未據該將軍復奏，實屬任意顢頇。著景綸即行查明，迅速具奏。并著特普欽、玉明、和潤、景霖，將該部議復惇親王原奏，并蔣琦齡此次所稱東三省沃壤數千里，可否移居八旗散丁，關東口外等處有無閒田，可否移屯，及旗民之贖產入官之籍產可否授田各條，詳細查勘，認眞籌畫，速行復奏。務使事在可行，以期經久。至蔣琦齡所稱，獨石口外之紅城子、開平，張家口外之興和、新平等四城，及熱河等處之閒田，與旗民贖產入官籍產可否開墾若干頃，足資安插若干戶，及房屋、籽種、牛具等項應如何籌畫經費，并酌定章程之處，均著春佑、慶昀并總管內務府大臣逐細詳查，據實具奏，毋許草率了事。

傳記

《漢書》卷六九《辛慶忌傳》　辛慶忌字子眞，少以父任爲右校丞，隨長羅侯常惠屯田烏孫赤谷城，與歙侯戰，陷陳卻敵。惠奏其功，拜爲侍郎，遷校尉，將吏士屯焉耆國。還爲謁者，尚未知名。

《漢書》卷七〇《鄭吉傳》　鄭吉，會稽人也，以卒伍從軍，數出西域，由是爲郎。吉爲人彊執，習外國事。自張騫通西域，李廣利征伐之後，初置校尉，屯田渠黎。至宣帝時，吉以侍郎田渠黎，積穀，因發諸國兵攻破車師，遷衛司馬，使護鄯善以西南道。

《漢書》卷七〇《陳湯傳》　建昭三年，湯與延壽出西域。湯爲人沈勇有大慮，多策謀，喜奇功，每過城邑山川，常登望。既領外國，與延壽謀曰：夷狄畏服大種，其天性也。西域本屬匈奴，今郅支單于威名遠聞，侵陵烏孫、大宛，常爲康居畫計，欲降服之。如得此二國，北擊伊列，西取安息，南排月氏、山離烏弋，數年之間，城郭諸國危矣。且其人剽悍，好戰伐，數取勝，久畜之，必爲西域患。郅支單于雖所在絕遠，蠻夷無金城強弩之守，如發屯田吏士，敺從烏孫衆兵，直指其城下，彼亡則無所之，守則不足自保，千載之功可一朝而成也。延壽亦以爲然，欲奏請之，湯曰：國家與公卿議，大策非凡所見，事必不從。延壽猶與不聽。會其久病，湯獨矯制發城郭諸國兵、車師戊己校尉屯田吏士。延壽聞之，驚起，欲止焉。湯怒，按劍叱延壽曰：大衆已集會，豎子欲沮衆邪？延壽遂從之，部勒行陳，益置揚威、白虎、合騎之校，漢兵胡兵合四萬餘人，延壽、湯上疏自劾奏矯制，陳言兵狀。

《漢書》卷七四《魏相傳》　元康中，匈奴遣兵擊漢屯田車師者，不能下。上與後將軍趙充國等議，欲因匈奴衰弱，出兵擊其右地，使不敢復擾西域。相上書諫曰：臣聞之，救亂誅暴，謂之義兵，兵義者王；敵加於己，不得已而起者，謂之應兵，兵應者勝；爭恨小故，不忍憤怒者，謂之忿兵，兵忿者敗；利人土地貨寶者，謂之貪兵，兵貪者破；恃國家之大，矜民人之衆，欲見威於敵者，謂之驕兵，兵驕者滅：此五者，非但人事，乃天道也。間者匈奴嘗有善意，所得漢民輒奉歸之，未有犯於邊境，雖爭屯田車師，不足致意中。今聞諸將軍欲興兵入其地，臣愚不知此兵何名者也。今邊郡困乏，父子共犬羊之裘，食草萊之實，常恐不能自存，難於動兵。軍旅之後，必有凶年，言民以其愁苦之氣，傷陰陽之和也。出兵雖勝，猶有後憂，恐災害之變因此以生。今郡國守相多不實選，風俗尤薄，水旱不時。案今年計，子弟殺父兄、妻殺夫者，凡二百二十二人，臣愚以爲此非小變也。今左右不憂此，乃欲發兵報纖介之忿於遠夷，殆孔子所謂吾恐季孫之憂不在顓臾而在蕭牆之內也。願陛下與平昌侯、樂昌侯、平恩侯及有識者詳議乃可。上從〔相〕言而止。

《漢書》卷七九《馮奉世傳》　永光二年秋，隴西羌彡姐旁種反，詔召丞相韋玄成、御史大夫鄭弘、大司馬車騎將軍王接、左將軍許嘉、右將軍奉世入議。是〔時，歲〕比不登，京師穀石二百餘，邊郡四百，關東五百。四方饑饉，朝廷方以爲憂，而遭羌變。玄成等漠然莫有對者。奉世曰：羌虜近在竟內背畔，不以時誅，亡以威制遠蠻。臣願帥師討之。上問用兵之數，對曰：臣聞善用兵者，役不再興，糧不三載，故師不久暴而天誅亟決。往者數不料敵，而師至於折傷；再三發軔，則曠日煩費，威武虧矣。今反虜無慮三萬人，法當倍用六萬人。然羌戎弓矛之兵耳，器不犀利，可用四萬人，一月足以決。

丞相、御史、兩將軍皆以爲民方收斂時，未可多發；萬人屯守之，且足。奉世曰：不可。天下被饑饉，士馬羸秏，守戰之備久廢不簡，夷狄皆有輕邊吏之心，而羌首難。今以萬人分屯數處，虜見兵少，必不畏懼，戰則挫兵病師，守則百姓不救。如此，怯弱之形見，羌人乘利，諸種並和，相扇而起，臣恐中國之役不得止於四萬，非財幣所能解也。故少發師而曠日，與一舉而疾決，利害相萬也。固爭之，不能得。有詔益二千人。

於是遣奉世將萬二千人騎，以將屯爲名。典屬國任立、護軍都尉韓昌爲偏裨，到隴西，分屯三處。典屬國爲右軍，屯白石；護軍都尉爲前軍，屯臨洮；奉世爲中軍，屯首陽西極上。前軍到降同阪，先遣校尉在前與羌爭地利，又別遣校尉救民於廣陽谷。羌虜盛多，皆爲所破，殺兩校尉。奉世具上地形部衆多少之計，願益三萬六千人乃足以決事。書奏，天子大爲發兵六萬餘人，拜太常弋陽侯任千秋爲奮武將軍以助焉。奉世上言：願得其衆，不須[復]煩大將。因陳轉輸之費。

上於是以璽書勞奉世，且讓之，曰：皇帝問將兵右將軍，甚苦暴露。羌虜侵邊境，殺吏民，甚逆天道，故遣將軍帥士大夫行天誅。以將軍材質之美，奮精兵，誅不軌，百下百全之道也。今乃有畔敵之名，大爲中國羞。以昔不閑習之故邪？以恩厚未洽，信約不明也？朕甚怪之。上書言羌虜依深山，多徑道，不得不多分部遮要害，須得後發營士，足以決事，部署已定，勢不可復置大將，聞之。前爲將軍兵少，不足自守，故發近所騎，日夜詣，非爲擊也。今發三輔、河東、弘農越騎、迹射、佽飛、彀者、羽林孤兒及呼速絫、嗕種，方急遣。且兵，凶器也，必有成敗者，患策不豫定，料敵不審也，故復遣奮武將軍。兵法曰大將軍出必有偏裨，所以揚威武，參計策，將軍又何疑焉？夫愛吏士，得衆心，舉而無悔，禽敵必全，將軍之職也。若乃轉輸之費，則有司存，將軍勿憂。須奮武將軍兵到，合擊羌虜。

十月，兵畢至隴西。十一月，並進。羌虜大破，斬首數千級，餘皆走出塞。兵未決間，漢復發募士萬人，拜定襄太守韓安國爲建威將軍。未進，聞羌破，還。上曰：羌虜破散創艾，亡[逃]出塞，其罷吏士，頗留屯田，備要害處。

奉世死後二年，西域都護甘延壽以誅郅支單于封爲列侯。時丞相匡衡亦用延壽矯制生事，據蕭望之前議，以爲不當封，而議者咸美其功，上從衆而侯之。於是杜欽上疏，追訟奉世前功曰：前莎車王殺漢使者，約諸國背畔。左將軍奉世以衛候便宜發兵誅莎車王，策定城郭，功施邊境。議者以奉世奉使有指，《春秋》之義亡遂事，漢家之法有矯制，故不得侯。今匈奴郅支單于殺漢使者，亡保康居，都護延壽發城郭兵屯田吏士四萬餘人以誅斬之，封爲列侯。臣愚以爲比罪則郅支薄，量敵則莎車衆，用師則奉世寡，計勝則奉世爲功於邊境安，慮敗則延壽爲禍於國家深。其違命而擅生事同，延壽割地封，而奉世獨不錄。臣聞功同賞異則勞臣疑，罪鈞刑殊則百姓惑；疑生無常，惑生不知所從；亡常則節趨不立，不知所從則百姓無所(措)[錯]手足。奉世圖難忘死，信命殊俗，威功白著，爲世使表，獨抑厭而不揚，非聖主所以塞疑厲節之意也。願下有司議。上以先帝時事，不復録。

《漢書》卷六四下《賈捐之傳》 對奏，上以問丞相御史。御史大夫陳萬年以爲當擊；丞相于定國以爲前日興兵擊之連年，護軍都尉、校尉及丞凡十一人，還者二人，卒士及轉輸死者萬人以上，費用三萬萬餘，尚未能盡降。今關東困乏，民難搖動，捐之議是。上乃從之。遂下詔曰：珠厓虜殺吏民，背畔爲逆，今廷議者或言可擊，或言可守，或欲棄之，其指各殊。朕日夜惟思議者之言，羞威不行，則欲誅之；狐疑辟難，則守屯田；通於時變，則憂萬民。夫萬民之饑餓，與遠蠻之不討，危孰大焉？且宗廟之祭，凶年不備，況乎辟不嫌之辱哉！今關東大困，倉庫空虛，無以相贍，又以動兵，非特勞民，凶年隨之。其罷珠厓郡。民有慕義欲內屬，便處之；不欲，勿彊。珠厓由是罷。

《漢書》卷六九《趙充國傳》 其秋，充國病，上賜書曰：制詔後將軍：聞苦腳脛、寒泄，將軍年老加疾，一朝之變不可諱，朕甚憂之。今詔破羌將軍詣屯所，爲將軍副，急因天時大利，吏士鋭氣，以十二月擊先零羌。卽疾劇，留屯毋行，獨遣破羌、彊弩將軍。時羌降者萬餘人矣。充國度其必壞，欲罷騎兵屯田，以待其敝。作奏未上，會得進兵璽書，中郎將卬懼，使客諫充國曰：誠令兵出，破軍殺將以傾國家，將軍守之可也。卽利與病，又何足爭？一旦不合上意，遣繡衣來責將軍，將軍之身不能自保，何國家之安？充國歎曰：是何言之不忠也！本用吾言，羌虜得至是邪？往者舉可先行羌者，吾舉辛武賢，丞相御史復白遣義渠安國，竟沮敗羌。金城、湟中穀斛八錢，吾謂耿中丞，糴二百萬斛穀，羌人不敢動矣。耿中丞請糴百萬斛，乃得四十萬斛耳。義渠再使，且費其半。失此二冊，羌人故敢爲逆。失之毫釐，差(之)[以]千里，是旣然矣。今兵久不決，四夷卒有動搖，相因而起，雖有知者不能善其後，羌獨足憂邪！吾固以死守之，明主可爲忠言。遂上屯田奏曰：

臣聞兵者，所以明德除害也，故舉得於外，則福生於內，不可不慎。臣所將吏士馬牛食，月用糧穀十九萬九千六百三十斛，鹽千六百九十三斛，茭藁二十五萬二百八十六石。難久不解，繇役不息。又恐它夷卒有不虞之變，相因並起，爲明主憂，誠非素定廟勝之冊。且羌虜易以計破，難用兵碎也，故臣愚以爲擊之不便。

計度臨羌東至浩亹，羌虜故田及公田，民所未墾，可二千頃以上，其間郵亭多壞敗者。臣前部士入山，伐材木大小六萬餘枚，皆在水次。願罷騎兵，留弛刑應募，及淮陽、汝南步兵與吏士私從者，合凡萬二百八十一人，用穀月二萬七千三百六十三斛，鹽三百八斛，分屯要害處。冰解漕下，繕鄉亭，浚溝渠，治湟陿以西道橋七十所，令可至鮮水左右。田事出，賦人二十晦。至四月草生，發郡騎及屬國胡騎伉健各千，倅馬什二，就草，爲田者遊兵。以充入金城郡，益積畜，省大費。今大司農所轉穀至者，足支萬人一歲食。謹上田處及器用簿，唯陛下裁許。

上報曰：皇帝問後將軍，言欲罷騎兵萬人留田，卽如將軍之計，虜當何時伏誅，兵當何時得決？孰計其便，復奏。充國上狀曰：臣聞帝王之兵，以全取勝，是以貴謀而賤戰。戰而百勝，非善之善者也，故先爲不可勝以待敵之可勝。蠻夷習俗雖殊於禮義之國，然其欲避害就利，愛親戚，畏死亡，一也。今虜亡其美地薦草，愁於寄託遠遯，骨肉離心，人有畔志，而明主般師罷兵，萬人留田，順天時，因地利，以待可勝之虜，雖未卽伏辜，兵決可期月而望。羌虜瓦解，前後降者萬七百餘人，及受言去者凡七十輩，此坐支解羌虜之具也。

臣謹條不出兵留田便宜十二事。步兵九校，吏士萬人，留屯以爲武備，因田致穀，威德並行，一也。又因排折羌虜，令不得歸肥饒之墜，貧破其衆，以成羌虜相畔之漸，二也。居民得並田作，不失農業，三也。軍馬一月之食，度支田士一歲，罷騎兵以省大費，四也。至春省甲士卒，循河湟漕穀至臨羌，以眎羌虜，揚威武，傳世折衝之具，五也。以閒暇時下所伐材，繕治郵亭，充入金城，六也。兵出，乘危徼幸，不出，令反畔之虜竄於風寒之地，離霜露疾疫瘃墮之患，坐得必勝之道，七也。亡經阻遠追死傷之害，八也。內不損威武之重，外不令虜得乘間之勢，九也。又亡驚動河南大开、小开使生它變之憂，十也。治湟陿中道橋，令可至鮮水，以制西域，信威千里，從枕席上過師，十一也。大費既省，繇役豫息，以戒不虞，十二也。留屯田得十二便，出兵失十二利。臣充國材下，犬馬齒衰，不識長冊，唯明詔博詳公卿議臣採擇。

上復賜報曰：皇帝問後將軍，言十二便，聞之。虜雖未伏誅，兵決可期月而望，期月而望者，謂今冬邪，謂何時也？將軍獨不計虜聞兵頗罷，且丁壯相聚，攻擾田者及道上屯兵，復殺略人民，將何以止之？又大开、小开前言曰：我告漢軍先零所在，兵不往擊，久留，得亡效五年時不分別人而并擊我？其意常恐。今兵不出，得亡變生，與先零爲一？將軍孰計復奏。充國奏曰：臣聞兵以計爲本，故多算勝少算。先零羌精兵今餘不過七八千人，失地遠客，分散飢凍。罕、开、莫須又頗暴略其羸弱畜產，畔還者不絕，皆聞天子明令相捕斬之賞。臣愚以爲虜破壞可日月冀，遠在來春，故曰兵決可期月而望。竊見北邊自敦煌至遼東萬一千五百餘里，乘塞列隧有吏卒數千人，虜數大衆攻之而不能害。今留步士萬人屯田，地勢平易，多高山遠望之便，部曲相保，爲塹壘木樵，校聯不絕，便兵弩，飭鬭具。湲火幸通，勢及并力，以逸待勞，兵之利者也。臣愚以爲屯田內有亡費之利，外有守禦之備。騎兵雖罷，虜見萬人留田爲必禽之具，其土崩歸德，宜不久矣。從今盡三月，虜馬羸瘦，必不敢捐其妻子於他種中，遠涉河山而來爲寇。又見屯田之士精兵萬人，終不敢復將其累重還歸故地。是臣之愚計，所以度虜且必瓦解其處，不戰而自破之冊也。至於虜小寇盜，時殺人民，其原未可卒禁。臣聞戰不必勝，不苟接刃；攻不必取，不苟勞衆。誠令兵出，雖不能滅先零，亶能令虜絕不爲小寇，則出兵可也。卽今同是而釋坐勝之道，從乘危之勢，往終不見利，空內自罷敝，貶重而自損，非所以視蠻夷也。又大兵一出，還不可復留，湟中亦未可空，如是，繇役復發也。且匈奴不可不備，烏桓不可不憂。今久轉運煩費，傾我不虞之用以澹一隅，臣愚以爲不便。校尉臨衆幸得承威德，奉厚幣，拊循衆羌，諭以明詔，宜皆鄉風。雖其前辭嘗曰得亡效五年，宜亡它心，不足以故出兵。臣竊自惟念，奉詔出塞，引軍遠擊，窮天子之精兵，散車甲於山野，雖亡尺寸之功，媮得避慊之便，而亡後咎餘責，此人臣不忠之利，非明主社稷之福也。臣幸得奮精兵，討不義，久留天誅，罪當萬死。陛下寬仁，未忍加誅，(今)[令]臣數得孰計。愚臣伏計孰甚，不敢避斧鉞之誅，昧死陳愚，唯陛下省察。

充國奏每上，輒下公卿議臣。初是充國計者什三，中什五，最後什八。有詔詰前言不便者，皆頓首服。丞相魏相曰：臣愚不習兵事利害，後將軍數畫軍冊，其言常是，臣任其計可必用也。上於是報充國曰：皇帝問後將軍，上書言羌虜可勝之道，今聽將軍，將軍計善。其上留屯田及當罷者人馬數。將軍強食，慎兵事，自愛！上以破羌、強弩將軍數言當擊，又用充國屯田處離散，恐虜犯之，於是兩從其計，詔兩將軍與中郎將卬出擊。強弩出，降四千餘人，破羌斬首二千級，中郎將卬斬首降者亦二千餘級，而充國所降復得五千餘人。詔罷兵，獨充國留屯田。

《後漢書》卷一五《李通傳》 光武卽位，徵通爲衛尉。建武二年，封固始侯，拜大司農。帝每征討四方，常令通居守京師，鎮撫百姓，修宮室，起學官。五年春，代王梁爲前將軍。六年夏，領破姦將軍侯進、捕虜將軍王霸等十營擊漢中賊。公孫述遣兵赴救，通等與戰於西城，破之，還屯田順陽。

《後漢書》卷一六《鄧禹傳》 章和二年，護羌校尉張紆誘誅燒當種羌迷吾等，由是諸羌大怒，謀欲報怨，朝廷憂之。公卿舉訓代紆爲校尉。諸羌激忿，遂相與解仇結婚，交質盟詛，衆四萬餘人，期冰合度河攻訓。先是小月氏胡分居塞內，勝兵者二三千騎，皆勇健富彊，每與羌戰，常以少制多。雖首施兩端，漢亦時收其用。時迷吾子迷唐，別與武威種羌合兵萬騎，來至塞下，未敢攻訓，先欲脅月氏胡。訓擁衛稽故，令不得戰。議者咸以羌胡相攻，縣官之利，以夷伐夷，不宜禁護。訓曰：不然。今張紆失信，衆羌大動，經常屯兵，不下二萬，轉運之費，空竭府帑，涼州吏人，命縣絲髮。原諸胡所以難得意者，皆恩信不厚耳。今因其迫急，以德懷之，庶能有用。遂令開城及所居園門，悉驅羣胡妻子內之，嚴兵守衛。羌掠無所得，又不敢逼諸胡，因卽解去。由是湟中諸胡皆言漢家常欲鬬我曹，今鄧使君待我以恩信，開門內我妻子，乃得父母。咸歡喜叩頭曰：唯使君所命。訓遂撫養其中少年勇者數百人，以爲義從。

羌胡俗恥病死，每病臨困，輒以刃自刺。訓聞有困疾者，輒拘持縛束，不與兵刃，使醫藥療之，愈者非一，小大莫不感悅。於是賞賂諸羌種，使相招誘。迷唐伯父號吾乃將其母及種人八百戶，自塞外來降。訓因發湟中秦、胡、羌兵四千人，出塞掩擊迷唐於寫谷，斬首虜六百餘人，得馬牛羊萬餘頭。迷唐乃去大、小榆，居頗巖谷，衆悉破散。其春，復欲歸故地就田業，訓乃發湟中六千人，令長史任尚將之，縫革爲船，置於箄上以度河，掩擊迷唐廬落大豪，多所斬獲。復追逐奔北，會尚等夜爲羌所攻，於是義從羌胡并力破之，斬首前後一千八百餘級，獲生口二千人，馬牛羊三萬餘頭，一種殆盡。迷唐遂收其餘部，遠徙廬落，西行千餘里，諸附落小種皆背畔之。燒當豪帥東號稽顙歸死，餘皆款塞納質。於是綏接歸附，威信大行。遂罷屯兵，各令歸郡。唯置弛刑徒二千餘人，分以屯田，爲貧人耕種，修理城郭塢壁而已。

《后漢書》卷一八《臧宮傳》 [建武]二十七年，宮乃與楊虛侯馬武上書曰：匈奴貪利，無有禮信，窮則稽首，安則侵盜，緣邊被其毒痛，中國憂其抵突。虜今人畜疫死，旱蝗赤地，疫困之力，不當中國一郡。萬里死命，縣在陛下。福不再來，時或易失，豈宜固守文德而墮武事乎？今命將臨塞，厚縣購賞，喻告高句驪、烏桓、鮮卑攻其左，發河西四郡、天水、隴西羌胡擊其右。如此，北虜之滅，不過數年。臣恐陛下仁恩不忍，謀臣狐疑，令萬世刻石之功不立於聖世。詔報曰：《黃石公記》曰，柔能制剛，弱能制彊。柔者德也，剛者賊也，弱者仁之助也，彊者怨之歸也。故曰有德之君，以所樂樂人；無德之君，以所樂樂身。樂人者其樂長，樂身者不久而亡。舍近謀遠者，勞而無功；舍遠謀近者，逸而有終。逸政多忠臣，勞政多亂人。故曰務廣地者荒，務廣德者彊。有其有者安，貪人有者殘。殘滅之政，雖成必敗。今國無善政，災變不息，百姓驚惶，人不自保，而復欲遠事邊外乎？孔子曰：吾恐季孫之憂，不在顓臾。且北狄尚彊，而屯田警備傳聞之事，恆多失實。誠能舉天下之半以滅大寇，豈非至願；苟非其時，不如息人。自是諸將莫敢復言兵事者。

《後漢書》卷二〇《王霸傳》 [建武]五年春，帝使太中大夫持節拜霸爲討虜將軍。六年，屯田新安。八年，屯[田]函谷關。

《後漢書》卷二一《杜茂傳》 東方旣平，[建武]七年，詔茂引兵北屯田晉陽、廣武，以備胡寇。九年，與鴈門太守郭涼擊盧芳將尹由於繁時，芳將賈覽率胡騎萬餘救之，茂戰，軍敗，引入樓煩城。時盧芳據高柳，與匈奴連兵，數寇邊民，帝患之。十二年，遣謁者段忠將衆郡弛刑配茂，鎮守北邊，因發邊卒築亭候，修烽火，又發委輸金帛繒絮供給軍士，并賜邊民，冠蓋相望。茂亦建屯田，驢車轉運。先是，鴈門人賈丹、霍匡、解勝等爲尹由所略，由以爲將帥，與共守平城。丹等聞芳敗，遂共殺由詣郭涼。涼上狀，皆封爲列侯，詔送委輸金帛賜茂、涼軍吏及平城降民。自是盧芳城邑稍稍來降，涼誅其豪右郇氏之屬，鎮撫羸弱，旬月閒鴈門且平，芳遂亡入匈奴。帝擢涼子爲中郎，宿衛左右。

《後漢書》卷二二《劉隆傳》 劉隆字元伯，南陽安衆侯宗室也。【略】建武二年，封亢父侯。四年，拜誅虜將軍，討李憲。憲平，遣隆屯田武當。

《後漢書》二四《馬援傳》 援因將家屬隨恂歸洛陽。居數月而無它職任。援以三輔地曠土沃，而所將賓客猥多，乃上書求屯田上林苑中，帝許之。

《後漢書》卷二八上《馮衍傳》 更始二年，遣尚書僕射鮑永行大將軍事，安集北方。衍因以計說永曰：【略】

且衍聞之，兵久則力屈，人愁則變生。今邯鄲之賊未滅，眞定之際復擾，而大將軍所部不過百里，守城不休，戰軍不息，兵革雲翔，百姓震駭，柰何自怠，不爲深憂？夫并州之地，東帶名關，北逼彊胡，年穀獨孰，人庶多資，斯四戰之地，攻守之場也。如其不虞，何以待之？故曰德不素積，人不爲用。備不豫具，難以應卒。今生人之命，縣於將軍，將軍所杖，必須良才，宜改易非任，更選賢能。夫十室之邑，必有忠信。審得其人以承大將軍之明，雖則山澤之人，無不感德，思樂爲用矣。然後簡精銳之卒，發屯守之士，三軍既整，甲兵已具，相其土地之饒，觀其水泉之利，制屯田之術，習戰射之教，則威風遠暢，人安其業矣。若鎮太原，撫上黨，收百姓之歡心，樹名賢之良佐，天下無變，則足以顯聲譽，一朝有事，則可以建大功。惟大將軍開日月之明，發深淵之慮，監《六經》之論，觀孫吳之策，省羣議之是非，詳衆士之白黑，以超《周南》之迹，垂《甘棠》之風，令夫功烈施於千載，富貴傳於無窮。伊、望之策，何以加茲！

《後漢書》卷三五《張純傳》 建武初，先來詣闕，故得復國。五年，拜太中大夫，使將潁川突騎安集荊、徐、楊部，督委輸，監諸將營。後又將兵屯田南陽，遷五官中郎將。有司奏，列侯非宗室不宜復國。光武曰：張純宿衛十有餘年，其勿廢，更封武始侯，食富平之半。

《後漢書》卷四七《班勇傳》 延光二年夏，復以勇爲西域長史，將兵五百人出屯柳中。明年正月，勇至樓蘭，以鄯善歸附，特加三綬。而龜茲王白英猶自疑未下，勇開以恩信，白英乃率姑墨、溫宿自縛詣勇降。勇因發其兵步騎萬餘人到車師前王庭，擊走匈奴伊蠡王於伊和谷，收得前部五千餘人，於是前部始復開通。還，屯田柳中。

《後漢書》卷四七《梁慬傳》 慬有勇氣，常慷慨好功名。初爲車騎將軍鄧鴻司馬，再遷，延平元年拜西域副校尉。慬行至河西，會西域諸國反叛，攻都護任尚於疏勒。尚上書求救，詔慬將河西四郡羌胡五千騎馳赴之，慬未至而尚已得解。會徵尚還，以騎都尉段禧爲都護，西域長史趙博爲騎都尉。禧、博守它乾城。它乾城小，慬以爲不可固，乃譎說龜茲王白霸，欲入共保其城，白霸許之。吏人固諫，白霸不聽。慬既入，遣將急迎禧、博，合軍八九千人。龜茲吏人並叛其王，而與溫宿、姑墨數萬兵反，共圍城。慬等出戰，大破之。連兵數月，胡衆敗走，乘勝追擊，凡斬首萬餘級，獲生口數千人，駱駝畜產數萬頭，龜茲乃定。而道路尚隔，檄書不通。歲餘，朝廷憂之。公卿議者以爲西域阻遠，數有背叛，吏士屯田，其費無已。永初元年，遂罷都護，遣騎都尉王弘發關中兵迎慬、禧、博及伊吾盧、柳中屯田吏士。

《後漢書》卷五一《李恂傳》 李恂字叔英，安定臨涇人也。【略】辟司徒桓虞府。後拜侍御史，持節使幽州，宣布恩澤，慰撫北狄，所過皆圖寫山川、屯田、聚落百餘卷，悉封奏上，肅宗嘉之。

《後漢書》卷五八《傅燮傳》 初，郡將范津明知人，舉燮孝廉。及津爲漢陽，與燮交代，合符而去，鄉邦榮之。津字文淵，南陽人。燮善卹人，叛羌懷其恩化，並來降附，乃廣開屯田，列置四十餘營。

《後漢書》卷七三《劉虞傳》 劉虞從事漁陽鮮於輔等，合率州兵，欲共報瓚。輔以燕國閻柔素有恩信，推爲烏桓司馬。柔招誘胡漢數萬人，與瓚所置漁陽太守鄒丹戰于潞北，斬丹等四千餘級。烏桓峭王感虞恩德，率種人及鮮卑七千餘騎，共輔南迎虞子和，與袁紹將麴義合兵十萬，共攻瓚。興平二年，破瓚於鮑丘，斬首二萬餘級。瓚遂保易京，開置屯田，稍得自支。相持歲餘，麴義軍糧盡，士卒飢困，餘衆數千人退走。瓚徼破之，盡得其車重。

《後漢書》卷八四《列女傳·董祀妻蔡琰》 ［董］祀爲屯田都尉，犯法當死，文姬詣曹操請之。時公卿名士及遠方使驛坐者滿堂，操謂賓客曰：蔡伯喈女在外，今爲諸君見之。及文姬進，蓬首徒行，叩頭請罪，音辭清辯，旨甚酸哀，衆皆爲改容。操曰：誠實相矜，然文狀已去，柰何？文姬曰：明公廐馬萬匹，虎士成林，何惜疾足一騎，而不濟垂死之命乎！操感其言，乃追原祀罪。

《三國志》卷一一《魏書・袁涣傳》是時新募民開屯田，民不樂，多逃亡。涣白太祖曰：夫民安土重遷，不可卒變，易以順行，難以逆動，宜順其意，樂之者乃取，不欲者勿彊。太祖從之，百姓大悦。遷爲梁相。

《三國志》卷一一《魏志・袁國淵傳》國淵字子尼，樂安蓋人也。【略】既還舊土，太祖辟爲司空掾屬，每於公朝論議，常直言正色，退無私焉。太祖欲廣置屯田，使淵典其事。淵屢陳損益，相土處民，計民置吏，明功課之法，五年中倉廩豐實，百姓競勸樂業。

《三國志》卷一二《魏書・司馬芝傳》後爲大司農。先是諸典農各部吏民，末作治生，以要利入。芝奏曰：王者之治，崇本抑末，務農重穀。《王制》：無三年之儲，國非其國也。《管子區言》以積穀爲急。方今二虜未滅，師旅不息，國家之要，惟在穀帛。武皇帝特開屯田之官，專以農桑爲業。建安中，天下倉廩充實，百姓殷足。自黄初以來，聽諸典農治生，各爲部下之計，誠非國家大體所宜也。夫王者以海内爲家，故《傳》曰：百姓不足，君誰與足！富足之由，在於不失天時而盡地力。今商旅所求，雖有加倍之顯利，然於一統之計，已有不貲之損，不如墾田益一畝之收也。夫農民之事田，自正月耕種，耘鋤條桑，耕熯種麥，穫刈築場，十月乃畢。治廩繫橋，運輸租賦，除道理梁，墐塗室屋，以是終歲，無日不爲農事也。今諸典農，各言留者爲行者宗田計，課其力，勢不得不爾。不有所廢，則當素有餘力。臣愚以爲不宜復以商事雜亂，專以農桑爲務，於國計爲便。明帝從之。

《三國志》卷一三《魏書・王朗傳》孫權欲遣子登入侍，不至。是時車駕徙許昌，大興屯田，欲舉軍東征。朗上疏曰：昔南越守善，嬰齊入侍，遂爲冢嗣，還君其國。康居驕黠，情不副辭，都護奏議以爲宜遣侍子，以黜無禮。且吳濞之禍，萌於子入，隗囂之叛，亦不顧子。往者聞權有遺子之言而未至，今六軍戒嚴，臣恐輿人未暢聖旨，當謂國家愠於登之逋留，是以爲之興師。設師行而登乃至，則爲所動者至大，所致者至細，猶未足以爲慶。設其傲狠，殊無入志，懼彼輿論之未暢者，並懷伊邑。臣愚以爲宜敕別征諸將，各明奉禁令，以慎守所部。外曜烈威，内廣耕稼，使泊然若山，澹然若淵，勢不可動，計不可測。是時，帝以成軍遂行，權子不至，車駕臨江而還。

《三國志》卷一五《魏書・劉馥傳》劉馥字元穎，沛國相人也。【略】太祖方有袁紹之難，謂馥可任以東南之事，遂表爲揚州刺史。

馥既受命，單馬造合肥空城，建立州治，南懷緒等，皆安集之，貢獻相繼。數年中恩化大行，百姓樂其政，流民越江山而歸者以萬數。於是聚諸生，立學校，廣屯田，興治芍陂及（茹）〔茄〕陂、七門、吴塘諸堨以溉稻田，官民有畜。又高爲城壘，多積木石，編作草苫數千萬枚，益貯魚膏數千斛，爲戰守備。

《三國志》卷一五《魏書・梁習傳》建安十八年，州幷屬冀州，更拜議郎、西部都督從事，統屬冀州，總故部曲。又使於上黨取大材供鄴宫室。習表置屯田都尉二人，領客六百夫，於道次耕種菽粟，以給人牛之費。後單于入侍，西北無虞，習之績也。

《三國志》卷一五《魏書・賈逵傳》太祖征馬超，至弘農，曰此西道之要，以逵領弘農太守。召見計事，大悦之，謂左右曰：使天下二千石悉如賈逵，吾何憂？其後發兵，逵疑屯田都尉藏亡民。都尉自以不屬郡，言語不順。逵怒，收之，數以罪，撾折脚，坐免。

《三國志》卷一六《魏書・任峻傳》任峻字伯達，河南中牟人也。【略】會太祖起關東，入中牟界，衆不知所從，峻獨與同郡張奮議，舉郡以歸太祖。峻又别收宗族及賓客家兵數百人，願從太祖。太祖大悦，表峻爲騎都尉，妻以從妹，甚見親信。太祖每征伐，峻常居守以給軍。是時歲飢旱，軍食不足，羽林監潁川棗祗建置屯田，太祖以峻爲典農中郎將，〔募百姓屯田於許下，得穀百萬斛，郡國列置田官〕，數年中所在積粟，倉廩皆滿。官渡之戰，太祖使峻典軍器糧運。賊數寇鈔絶糧道，乃使千乘爲一部，十道方行，爲複陳以營衛之，賊不敢近。軍國之饒，起於棗祗而成於峻。

《三國志》卷一六《魏書・倉慈傳》倉慈字孝仁，淮南人也。始爲郡吏。建安中，太祖開募屯田於淮南，以慈爲綏集都尉。

《三國志》卷二二《魏書・盧毓傳》魏國既建，爲吏部郎。文帝踐阼，徙黄門侍郎，出爲濟陰相，梁、譙二郡太守。帝以譙舊鄉，故大徙民充之，以爲屯田。而譙土地墝瘠，百姓窮困，毓愍之，上表徙民於梁國就沃衍，失帝意。雖聽毓所表，心猶恨之，遂左遷毓，使將徙民爲睢陽典農校尉。毓心在利民，躬自臨視，擇居美田，百姓賴之。

《三國志》卷二三《魏書・趙儼傳》入爲司空掾屬主簿。時于禁屯潁陰，樂進屯陽翟，張遼屯長社，諸將任氣，多共不協； 使儼并參三軍，每事訓喻，遂相親睦。 太祖征荆州，以儼領章陵太守，徙都督護軍，護于禁、張遼、張郃、朱靈、李典、路招、馮楷七軍。 復爲丞相主簿，遷扶風太守。 太祖徙出故韓遂、馬超等兵五千餘人，使平難將軍殷署等督領，以儼爲關中護軍，盡統諸軍。 羌虜數來寇害，儼率署等追到新平，大破之。 屯田客呂並自稱將軍，聚黨據陳倉，儼復率署等攻之，賊即破滅。

《三國志》卷二五《魏書・辛毗傳》 上軍大將軍曹眞征朱然於江陵，毗行軍師。 還，封廣平亭侯。 帝欲大興軍征吳，毗諫曰： 吳、楚之民，險而難禦，道隆後服，道洿先叛，自古患之，非徒今也。 今陛下祚有海內，夫不賓者，其能久乎？ 昔尉佗稱帝，子陽僭號，歷年未幾，或臣或誅。 何則？ 違逆之道不久全，而大德無所不服也。 方今天下新定，土廣民稀。 夫廟算而後出軍，猶臨事而懼，況今廟算有闕而欲用之，臣誠未見其利也。 先帝屢起鋭師，臨江而旋。 今六軍不增於故，而復循之，此未易也。 今日之計，莫若脩范蠡之養民，法管仲之寄政，則充國之屯田，明仲尼之懷遠； 十年之中，彊壯未老，童齓勝戰，兆民知義，將士思奮，然後用之，則役不再舉矣。 帝曰： 如卿意，更當以虜遺子孫邪？ 毗對曰： 昔周文王以紂遺武王，唯知時也。 苟時未可，容得已乎！ 帝竟伐吳，至江而還。

《三國志》卷二六《魏書・牽招傳》 太和二年，護烏丸校尉田豫出塞，爲軻比能所圍於故馬邑城，移招求救。 招即整勒兵馬，欲赴救豫。 并州以常憲禁招，招以爲節將見圍，不可拘於吏議，自表輒行。 又並馳布羽檄，稱陳形勢，云當西北掩取虜家，然後東行，會誅虜身。 檄到，豫軍踴躍。 又遺一通於虜蹊要，虜即恐怖，種類離散。 軍到故平城，便皆潰走。 比能復大合騎來，到故平州塞北。 招潛行撲討，大斬首級。 招以蜀虜諸葛亮數出，而比能狡猾，能相交通，表爲防備，議者以爲縣遠，未之信也。 會亮時在祁山，果遣使連結比能。 比能至故北地石城，與相首尾。 帝乃詔招，使從便宜討之。 時比能已還漠南，招與刺史畢軌議曰： 胡虜遷徙無常。 若勞師遠追，則遲速不相及。 若欲潛襲，則山溪艱險，資糧轉運，難以密辦。 可使守新興、雁門二牙門，出屯陘北，外以鎭撫，內令兵田，儲畜資糧，秋冬馬肥，州郡兵合，乘釁征討，計必全克。 未及施行，會病卒。

《三國志》卷二八《魏書・諸葛誕傳》 甘露元年冬，吳賊欲向徐堨，計誕所督兵馬足以待之，而復請十萬衆守壽春，又求臨淮築城以備寇，內欲保有淮南。 朝廷微知誕有自疑心，以誕舊臣，欲入度之。 二年五月，徵爲司空。 誕被詔書，愈恐，遂反。 召會諸將，自出攻揚州刺史樂綝，殺之。 斂淮南及淮北郡縣屯田口十餘萬官兵，揚州新附勝兵者四五萬人，聚穀足一年食，閉城自守。

《三國志》卷二八《魏書・鄧艾傳》 時欲廣田畜穀，爲滅賊資，使艾行陳、項已東至壽春。 艾以爲田良水少，不足以盡地利，宜開河渠，可以引水澆溉，大積軍糧，又通運漕之道。 乃著《濟河論》以喻其指。 又以爲昔破黃巾，因爲屯田，積穀於許都以制四方。 今三隅已定，事在淮南，每大軍征舉，運兵過半，功費巨億，以爲大役。 陳、蔡之間，土下田良，可省許昌左右諸稻田，并水東下。 令淮北屯二萬人，淮南三萬人，十二分休，常有四萬人，且田且守。 水豐常收三倍於西，計除衆費，歲完五百萬斛以爲軍資。 六七年間，可積三千萬斛於淮上，此則十萬之衆五年食也。 以此乘吳，無往而不克矣。 宣王善之，事皆施行。 正始二年，乃開廣漕渠，每東南有事，大軍興衆，汎舟而下，達於江、淮，資食有儲而無水害，艾所建也。

《三國志》卷三五《蜀書・諸葛亮傳》 〔建興〕十二年春，亮悉大衆由斜谷出，以流馬運，據武功五丈原，與司馬宣王對於渭南。 亮每患糧不繼，使己志不申，是以分兵屯田，爲久駐之基。 耕者雜於渭濱居民之間，而百姓安堵，軍無私焉。 相持百餘日。

同上 青龍二年春，亮帥衆出武功，分兵屯田，爲久駐之基。 其秋病卒，黎庶追思，以爲口實。 至今梁、益之民，咨述亮者，言猶在耳，雖《甘棠》之詠召公，鄭人之歌子產，無以遠譬也。 孟軻有云： 以逸道使民，雖勞不怨； 以生道殺人，雖死不忿。 信矣！

《三國志》卷五四《吴書・吕蒙傳》 魏使廬江謝奇爲蘄春典農，屯皖田鄉，數爲邊寇。 蒙使人誘之，不從，則伺隙襲擊，奇遂縮退，其部伍孫子才、宋豪等，皆擕負老弱，詣蒙降。

同上 曹公遣朱光爲廬江太守，屯皖，大開稻田，又令閒人招誘鄱陽賊帥，使作內應。 蒙曰： 皖田肥美，若一收孰，彼衆必增，如是數歲，操態見矣，宜早除之。 乃具陳其狀。 於是權親征皖，引見諸將，問以計策。 蒙乃薦甘寧爲升城督，督攻在前，蒙以精鋭繼之。 侵晨進攻，蒙手執枹鼓，士卒皆騰踴自升，食時破之。既而張遼至夾石，聞城已拔，乃退。權嘉其功，卽拜廬江太守，所得人馬皆分與之，别賜尋陽屯田六百人，官屬三十人。蒙還尋陽，未期而廬陵賊起，諸將討擊不能禽，權曰：鷙鳥累百，不如一鶚。復令蒙討之。蒙至，誅其首惡，餘皆釋放，復爲平民。

《三國志》卷五七《吴書·駱統傳》 是時徵役繁數，重以疫癘，民戶損耗，統上疏曰：臣聞君國者，以據疆土爲彊富，制威福爲尊貴，曜德義爲榮顯，永世胤爲豐祚。然財須民生，彊賴民力，威恃民勢，福由民殖，德俟民茂，義以民行，六者既備，然後應天受祚，保族宜邦。《書》曰：衆非后無能胥以寧，后非衆無以辟四方。推是言之，則民以君安，君以民濟，不易之道也。今彊敵未殄，海内未乂，三軍有無已之役，江境有不釋之備，徵賦調數，由來積紀，加以殃疫死喪之災，郡縣荒虚，田疇蕪曠，聽聞屬城，民戶浸寡，又多殘老，少有丁夫，聞此之日，心若焚燎。思尋所由，小民無知，既有安土重遷之性，且又前後出爲兵者，生則困苦無有溫飽，死則委棄骸骨不反，是以尤用戀本畏遠，同之於死。每有徵發，羸謹居家重累者先見輸送。小有財貨，傾居行賂，不顧窮盡。輕剽者則迸入險阻，黨就羣惡。百姓虚竭，嗷然愁擾，愁擾則不營業，不營業則致窮困，致窮困則不樂生，故口腹急，則姦心動而攜叛多也。又聞民閒，非居處小能自供，生產兒子，多不起養；屯田貧兵，亦多棄子。天則生之，而父母殺之，既懼干逆和氣，感動陰陽。且惟殿下開基建國，乃無窮之業也，彊鄰大敵非造次所滅，疆場常守非期月之戍，而兵民減耗，後生不育，非所以歷遠年，致成功也。夫國之有民，猶水之有舟，停則以安，擾則以危，愚而不可欺，弱而不可勝，是以聖王重焉，禍福由之，故與民消息，觀時制政。方今長吏親民之職，惟以辨具爲能，取過目前之急，少復以恩惠爲治，副稱殿下天覆之仁，勤恤之德者。官民政俗，日以彫弊，漸以陵遲，勢不可久。夫治疾及其未篤，除患貴其未深，願殿下少以萬機餘閒，留神思省，補復荒虚，深圖遠計，育殘餘之民，阜人財之用，參曜三光，等崇天地。臣統之大願，足以死而不朽矣。權感統言，深加意焉。

《三國志》卷五八《吴書·陸遜傳》 孫權爲將軍，遜年二十一，始仕幕府，歷東西曹令史，出爲海昌屯田都尉，並領縣事。縣連年亢旱，遜開倉穀以振貧民，勸督農桑，百姓蒙賴。

《三國志》卷四一《蜀書·霍弋傳》 ［霍峻］子弋，字紹先，先主末年爲太子舍人。【略】後主立太子璿，以弋爲中庶子。璿好騎射，出入無度，弋援引古義，盡言規諫，甚得切磋之體。後爲參軍庲降屯副貳都督。

《晉書》卷三四《羊祜傳》 帝將有滅吴之志，以祜爲都督荆州諸軍事、假節，散騎常侍、衞將軍如故。祜率營兵出鎮南夏，開設庠序，綏懷遠近，甚得江漢之心。與吴人開布大信，降者欲去皆聽之。時長吏喪官，後人惡之，多毁壞舊府，祜以死生有命，非由居室，書下征鎮，普加禁斷。吴石城守去襄陽七百餘里，每爲邊害，祜患之，竟以詭計令吴罷守。於是戍邏減半，分以墾田八百餘頃，大獲其利。祜之始至也，軍無百日之糧，及至季年，有十年之積。

《晉書》卷三七《安平獻王司馬孚傳》 及明帝嗣位，欲用孚，問左右曰：有兄風不？答云：似兄。天子曰：吾得司馬懿二人，復何憂哉！轉爲度支尚書。孚以爲擒敵制勝，宜有備預。每諸葛亮入寇關中，邊兵不能制敵，中軍奔赴，輒不及事機，宜預選步騎二萬，以爲二部，爲討賊之備。又以關中連遭賊寇，穀帛不足，遣冀州農丁五千屯於上邽，秋冬習戰陣，春夏修田桑。由是關中軍國有餘，待賊有備矣。

《晉書》卷四八《段灼傳》 段灼字休然，敦煌人也。世爲西土著姓，果直有才辯。少仕州郡，稍遷鄧艾鎮西司馬，從艾破蜀有功，封關內侯，累遷議郎。武帝卽位，灼上疏追理艾曰：

故征西將軍鄧艾，心懷至忠，而荷反逆之名；平定巴蜀，而受三族之誅，臣竊悼之。惜哉，言艾之反也！以艾性剛急，矜功伐善，而不能協同朋類，輕犯雅俗，失君子之心，故莫肯理之。臣敢昧死言艾所以不反之狀。

艾本屯田掌犢人，宣皇帝拔之於農吏之中，顯之於宰府之職。處内外之官，據文武之任，所在輒有名績，固足以明宣皇帝之知人矣。會值洮西之役，官兵失利，刺史王經困於圍城之中。當爾之時，二州危懼，隴右懍懍，幾非國家之有也。先帝以爲深憂重慮，思惟可以安邊殺敵莫賢於艾，故授之以兵馬，解狄道之圍。圍解，留屯上邽。承官軍大敗之後，士卒破膽，將吏無氣，倉庫空虚，器械殫盡。艾欲積穀強兵，以待有事。是歲少雨，又爲區種之法，手執耒耜，率先將士，所統萬數，而身不離僕虜之勞，親執士卒之役。故落門、段谷之戰，能以少擊多，摧破強賊，斬首萬計。遂委艾以廟勝成圖，指授長策。艾受命忘身，龍驤麟振，前無堅敵。蜀地阻險，山高谷深，而艾步乘不滿二萬，束馬懸車，自投死地，勇氣陵雲，將士乘勢，故能使劉禪震怖，君臣面縛。軍不踰時，而巴蜀蕩定，此又固足以彰先帝之善任矣。【略】帝省表，甚嘉其意。

《晉書》卷六三《邵續傳》 匹磾既殺劉琨，夷晉多怨叛，遂率其徒依續。勒南和令趙領等率廣川、渤海千餘家背勒歸續。而帝以續爲平原樂安太守、右將軍、冀州刺史，進平北將軍、假節，封祝阿子。續遣兄子武邑內史存與文鴦率匹磾衆就食平原，爲石季龍所破。續先與曹嶷亟相侵掠，嶷因存等敗，乃破續屯田，又抄其戶口。續首尾相救，疲於奔命。太興初，續遣存及文鴦屯濟南黃巾固，因以逼嶷，嶷懼，求和。俄而匹磾率衆攻段末杯，石勒知續孤危，遣季龍乘虛圍續。季龍騎至城下，掠其居人，續率衆出救，季龍伏騎斷其後，遂爲季龍所得，使續降其城。續呼其兄子竺等曰：吾志雪國難，以報所受，不幸至此。汝等努力自勉，便奉匹磾爲主，勿有二心。

《晉書》卷六七《溫嶠傳》 是時天下凋弊，國用不足，詔公卿以下詣都坐論時政之所先，嶠因奏軍國要務。其一曰：祖約退舍壽陽，有將來之難。今二方守禦，爲功尚易。淮泗都督，宜竭力以資之。選名重之士，配征兵五千人，又擇一偏將，將二千兵，以益壽陽，可以保固徐豫，援助司士。其二曰：一夫不耕，必有受其饑者。今不耕之夫，動有萬計。春廢勸課之制，冬峻出租之令，下未見施，惟賦是聞。賦不可以已，當思令百姓有以殷實。司徒置田曹掾，州一人，勸課農桑，察吏能否，今宜依舊置之。必得清恪奉公，足以宣示惠化者，則所益實弘矣。其三曰：諸外州郡將兵者及都督府非臨敵之軍，且田且守。又先朝使五校出田，今四軍五校有兵者，及護軍所統外軍，可分遣二軍出，并屯要處。緣江上下，皆有良田，開荒須一年之後卽易。且軍人累重者在外，有樵採蔬食之人，於事爲便。其四曰：建官以理世，不以私人也。如此則官寡而材精。周制六卿莅事，春秋之時，入作卿輔，出將三軍。後代建官漸多，誠由事有煩簡耳。然今江南六州之土，尚又荒殘，方之平日，數十分之一耳。三省軍校無兵者，九府寺署可有并相領者，可有省半者，粗計閑劇，隨事減之。荒殘之縣，或同在一城，可并合之。如此選既可精，祿俸可優，令足代耕，然後可責以清公耳。其五曰：古者親耕藉田以供粢盛，舊置藉田、廩犧之官。今臨時市求，既上黷至敬，下費生靈，非所以虔奉宗廟蒸嘗之旨。宜如舊制，立此二官。其六曰：使命愈遠，益宜得才，宣揚王化，延譽四方。人情不樂，遂取卑品之人，虧辱國命，生長患害。故宜重其選，不可減二千石見居二品者。其七曰：罪不相及，古之制也。近者大逆，誠由凶戾。凶戾之甚，一時權用。今遂施行，非聖朝之令典，宜如先朝除三族之制。議奏，多納之。

《晉書》卷七五《荀崧傳》 除北中郎將、徐州刺史、監徐兗二州揚州之晉陵諸軍事、假節。殷浩以羨在事有能名，故居以重任。時年二十八，中興方伯，未有如羨之少者。羨至鎮，發二州兵，使參軍鄭襲戍淮陰，屯田於東陽之石鼈。尋加監青州諸軍事，又領兗州刺史，鎮下邳。

《晉書》卷七七《殷浩傳》 及石季龍死，胡中大亂，朝廷欲遂蕩平關河，於是以浩爲中軍將軍、假節、都督揚、豫、徐、兗、青五州軍事。浩既受命，以中原爲己任，上疏北征許洛。將發，墜馬，時咸惡之。既而以淮南太守陳逵、兗州刺史蔡裔爲前鋒，安西將軍謝尚、北中郎將荀羨爲督統，開江西疁田千餘頃，以爲軍儲。

同上 浩後將改葬，其故吏顧悅之上疏訟浩曰：伏見故中軍將軍、揚州刺史殷浩體德沈粹，識理淹長，風流雅勝，聲蓋當時。再臨神州，萬里肅清，勳績茂著，聖朝欽嘉，遂授分陝推轂之任。戎旗既建，出鎮壽陽，驅其豺狼，翦其荆棘，收羅向義，廣開屯田，沐雨櫛風，等勤臺僕。仰憑皇威，羣醜革面，進軍河洛，修復園陵。不虞之變，中路猖蹶，遂令爲山之功崩於垂成，忠款之志於是而廢。既受削黜，自擯山海，杜門終身，與世兩絕，可謂克己復禮，窮而無怨者也。

尋浩所犯，蓋負敗之常科，非卽情之永責。論其名德深誠則如彼，察其補過罪己則如此，豈可棄而不卹，使法有餘冤！方今宅兆已成，埏隧已開，懸棺而窆，禮同庶人，存亡有非命之分，九泉無自訴之期，仰感三良，昊天罔極。若使明詔爰發，旌我善人，崇復本官，遠彰幽昧，斯則國家威恩有兼濟之美，死而可作，無負心之恨。

疏奏，詔追復浩本官。

《晉書》卷八七《涼武昭王李玄盛傳》 隆安四年，晉昌太守唐瑤移檄六郡，推玄盛爲大都督、大將軍、涼公、領秦涼二州牧、護羌校尉。玄盛乃赦其境內，建年爲庚子，追尊祖弇曰涼景公，父昶涼簡公。以唐瑤爲征東將軍，郭謙爲軍諮祭酒，索仙爲左長史，張邈爲右長史，尹建興爲左司馬，張體順爲右司馬，張條爲牧府左長史，令狐溢爲右長史，張林爲太府主簿，宋繇、張謖爲從事中郎，繇加折衝將軍，謏加揚武將軍，索承明爲牧府右司馬，令狐遷爲武衛將軍、晉興太守，氾德瑜爲寧遠將軍、西郡太守，張靖爲折衝將軍、河湟太守，索訓爲威遠將軍、西平太守，趙開爲騂馬護軍、大夏太守，索慈爲廣武太守，陰亮爲西安太守，令狐赫爲武威太守，索術爲武興太守，以招懷東夏。又遣宋繇東伐涼興，幷擊玉門已西諸城，皆下之，遂屯玉門、陽關，廣田積穀，爲東伐之資。

《晉書》卷一〇六《載記・石季龍上》 季龍謀伐昌黎，遣渡遼曹伏將青州之衆渡海，戍蹋頓城，無水而還，因戍於海島，運穀三百萬斛以給之。又以船三百艘運穀三十萬斛詣高句麗，使典農中郎將王典率衆萬餘屯田於海濱。

【略】

以石韜爲太尉，與太子宣迭日省可尚書奏事。自幽州東至白狼，大興屯田。

《晉書》卷一一四《載記・苻堅下》 晉將軍朱綽焚踐沔北屯田，掠六百餘戶而還。

《南齊書》卷四四《徐孝嗣傳》 是時連年虜動，軍國虛乏。孝嗣表立屯田曰：有國急務，兵食是同，一夫輟耕，於事彌切。故井陌壃里，長轂盛於周朝，屯田廣置，勝戈富於漢室。降此以還，詳略可見。但求之自古，爲論則賒；即以當今，宜有要術。竊尋緣淮諸鎮，皆取給京師，費引既殷，漕運艱澀。聚糧待敵，每(若)[苦]不周，利害之基，莫此爲急。臣比訪之故老及經彼宰守，淮南舊田，觸處極目，陂遏不脩，咸成茂草。平原陸地，彌望尤多。今邊備既嚴，戍卒增衆，遠資餽運，近廢良疇，士多飢色，可爲嗟歎。愚欲使刺史二千石躬自履行，隨地墾闢。精尋灌溉之源，善商肥确之異。州郡縣戍主帥以下，悉分番附農。今水田雖晚，方事菽麥，菽麥二種，益是北土所宜，彼人便之，不減粳稻。開創之利，宜在及時。所啓允合，請即使至徐、兗、司、豫，爰及荆、雍，各當境未見度，勿有所遺。別立之曹，專司其事。田器耕牛，臺詳所給。歲終言殿最，明其刑賞。此功克舉，庶有弘益。若緣邊足食，則江南自豐，權其所饒，略不可計。事御允系內。時帝已寢疾，兵事未已，竟不施行。

《南齊書》卷五二《文學傳・祖沖之》 文惠太子[在]東宮，見沖之曆法，啓世祖施行，文惠尋薨，事又寢。轉長水校尉，領本職。沖之造《安邊論》，欲開屯田，廣農殖。

《梁書》卷二二《始興忠武王蕭憺傳》 天監元年，加安西將軍，都督、刺史如故。封始興郡王，食邑二千戶。時軍旅之後，公私空乏，憺厲精爲治，廣闢屯田，減省力役，存問兵死之家，供其窮困，民甚安之。

《梁書》卷二八《裴邃傳》 出爲竟陵太守，開置屯田，公私便之。遷爲游擊將軍、朱衣直閤，直殿省。尋遷假節、明威將軍、西戎校尉、北梁秦二州刺史。復開創屯田數千頃，倉廩盈實，省息邊運，民吏獲安。

《南史》卷一五《徐孝嗣傳》 時連年魏軍動，國用虛乏，孝嗣表立屯田。帝已寢疾，兵事未已，竟不行。及崩，受遺託重申開府之命，加中書監。

《南史》卷三六《江秉之傳》 元嘉十二年，轉在臨海，並以簡約見稱，卒於官所。得秩悉散之親故，妻子常飢寒。人有勸其營田，秉之正色答曰：食祿之家，豈可與農人競利。

《南史》卷三七《沈慶之傳》 泰豫元年，明帝崩，攸之與蔡興宗並在外蕃，同預顧命。會巴西人李承明反，蜀土搔擾。時荆州刺史建平王景素被徵，新除荆州刺史蔡興宗未之鎮，乃遣攸之權行荆州事。會承明已平，乃以攸之爲鎮西將軍、荆州刺史，加都督。聚斂兵力，養馬至二千餘匹，皆分賦邏將士，使耕田而食。廩財悉充倉儲。

《南史》卷五二《梁始興忠武王蕭憺傳》 天監元年，加安西將軍，封始興郡王。時軍旅之後，公私匱乏，憺厲精爲政，廣闢屯田，減省力役，存問兵死之家，供其窮困，人甚安之。

《南史》卷五八《裴邃傳》 後爲竟陵太守，開置屯田，公私便之。再遷西戎校尉、北梁秦二州刺史，復開創屯田數千頃，倉廩盈實，省息邊運，人吏獲安。乃相率餉絹千餘匹，邃從容曰：汝等不應爾，吾又不可逆。納其二匹而已。入爲大匠卿。

《南史》卷六一《陳慶之傳》 中大通二年，除南北司二州刺史，加都督。慶之至鎮，遂圍縣瓠，破魏潁州刺史婁起、揚州刺史是云寶於溱水。又破行臺孫騰、豫州刺史堯雄、梁州刺史司馬恭於楚城。罷義陽鎮兵，停水陸轉運，江湘諸州並得休息。開田六千頃，二年之後，倉廩充實。

《南史》卷七〇《循吏傳・郭祖深》 郭祖深，襄陽人也。梁武帝初起，以客從。後隨蔡道恭在司州。陷北還，上書言境上事，不見用。選爲長兼南梁郡丞，徙後軍行參軍。帝溺情内教，朝政縱弛，祖深輿櫬詣闕上封事，其略曰：

大梁應運，功高百王，慈悲既弘，憲律如替。愚輩罔識，褫慢斯作。各競奢侈，貪穢遂生。頗由陛下寵勳太過，馭下太寬，故廉潔者自進無途，貪苛者取入多徑，直弦者淪溺溝壑，曲鉤者升進重沓。飾口利辭，競相推薦，訥直守信，坐見埋沒。勞深勳厚，禄賞未均，無功側入，反加寵擢。昔宋人賣酒，犬惡致酸，陛下之犬，其甚矣哉。

臣聞人爲國本，食爲人命，故《禮》曰國無六年之儲，謂非其國也。推此而言，農爲急務。而郡縣苛暴，不加勸獎，今年豐歲稔，猶人有飢色，設遇水旱，何以救之？陛下昔歲尚學，置立五館，行吟坐詠，誦聲溢境。比來慕法，普天信向，家家齋戒，人人懺禮，不務農桑，空談彼岸。夫農桑者今日濟育，功德者將來勝因，豈可墮本勤末，置邇效賒也。今商旅轉繁，游食轉衆，耕夫日少，杼軸日空。陛下若廣興屯田，賤金貴粟，勤農桑者擢以階級，惰耕織者告以明刑。如此數年，則家給人足，廉讓可生。

《南史》卷七二《文學傳・祖沖之》 轉長水校尉，領本職。沖之造《安邊論》，欲開屯田，廣農殖。

《魏書》卷三一《于栗磾傳》 長子烈，善射，少言，有不可犯之色。少拜羽林中郎，遷羽林中郎將。延興初，敕領寧光宫宿衛事。遷屯田給納。

《魏書》卷四四《苟虎子傳》 時州鎮戍兵，資絹自隨，不入公庫，任其私用，常苦飢寒。虎子上表曰： 臣聞金湯之固，非粟不守；韓白之勇，非糧不戰。故自用兵以來，莫不先積聚，然後圖兼幷者也。今江左未賓，鯨鯢待戮，自不委粟彭城，以強豐沛，將何以拓定江關，掃一衡霍？竊惟在鎮之兵，不減數萬，資糧之絹，人十二匹，卽自隨身，用度無準，未及代下，不免飢寒。論之於公，無毫釐之潤；語其利私，則橫費不足。非所謂納民軌度，公私相益也。徐州左右，水陸壤沃，清、汴通流，足盈激灌。其中良田十萬餘頃。若以兵絹市牛，分減戍卒，計其牛數，足得萬頭。興力公田，必當大獲粟稻。一歲之中，且給官食，半兵耘植，餘兵尚衆，且耕且守，不妨捍邊。一年之收，過於十倍之絹；暫時之耕，足充數載之食。於後兵資，唯須内庫，五稔之後，穀帛俱溢。匪直戍士有豐飽之資，於國有吞敵之勢。昔杜預田宛葉以平吳，充國耕西零以強漢。臣雖識謝古人，任當邊守，庶竭塵露，有增山海。高祖納之。

《魏書》卷六二《李彪傳》 彪又表曰： 臣聞昔之哲王，莫不亹亹孜孜，思納讜言，以康黎庶。是以訪童問師，不避淵澤；詢謀諮善，不棄芻蕘。用能光茂實於竹素，播徽聲於金石。臣屬生有道，遇無諱之朝，敢修往式，竊撰時宜，謹冒死上封事七條。狂瞽之言，伏待刑戮。【略】

其三曰： 臣聞國本黎元，人資粒食，是以昔之哲王莫不勤勸稼穡，盈畜倉廩。故堯湯水旱，人無菜色者，蓋由備之有漸，積之有素。暨於漢家，以人食少，乃設常平以給之；魏氏以兵糧乏，制屯田以供之。用能不匱當時，軍國取濟。又《記》云： 國無三年之儲，謂國非其國。光武以一畝不實，罪及牧守。聖人之憂世重穀，殷勤如彼；明君之恤人勸農，相切若此。頃年山東饑，去歲京師儉，内外人庶出入就豐，既廢營產，疲而乃達，又於國體實有虛損。若先多積穀，安而給之，豈有驅督老弱餬口千里之外？以今況古，誠可懼也。臣以爲宜析州郡常調九分之二，京都度支歲用之餘，各立官司，年豐糴積於倉，時儉則加私之二，糶之於人。如此，民必力田以買官絹，又務貯財以取官粟，年登則常積，歲凶則直給。又別立農官，取州郡戶十分之一以爲屯民，相水陸之宜，料頃畝之數，以贓贖雜物餘財市牛科給，令其肆力。一夫之田，歲責六十斛，蠲其正課幷征戍雜役。行此二事，數年之中，則穀積而人足，雖災不爲害。臣又聞前代明主，皆務懷遠人，禮賢引滯。故漢高過趙，求樂毅之胄；晉武廓定，旌吳蜀之彥。臣謂宜於河表七州人中，擢其門才，引令赴闕，依中州官比，隨能序之。一可以廣聖朝均新舊之義，二可以懷江漢歸有道之情。

《魏書》卷七九《范紹傳》 丁母憂去職。值義陽初復，起紹除寧遠將軍、郢州龍驤府長史，帶義陽太守。其年冬，使還都，值朝廷有南討之計，發河北數州田兵二萬五千人，通緣淮戍兵合五萬餘人，廣開屯田。八座奏紹爲西道六州營田大使，加步兵校尉。

《周書》卷一九《豆盧寧傳》 魏廢帝初，出爲岐州刺史。二年，授大都督、興、西蓋等六州諸軍事、興州刺史。先是興州氐反，自貴至州，人情稍定。貴表請於梁州置屯田，數州豐足。

《周書》卷二三《蘇綽傳》 太祖方欲革易時政，務弘彊國富民之道，故綽得盡其智能，贊成其事。減官員，置二長，幷置屯田以資軍國。又爲六條詔書，奏施行之。

《周書》卷二五《李賢傳》〔魏恭帝〕四年，王師東討，朝議以西道空虛，慮羌、渾侵擾，乃授賢使持節、河州總管、三州七防諸軍事、河州刺史。河州舊非總管，至是創置焉。賢乃大營屯田，以省運漕；多設斥候，以備寇戎。於是羌、渾斂迹，不敢向東。

《周書》卷三一《韋孝寬傳》建德之後，武帝志在平齊。孝寬乃上疏陳三策。其第一策曰：臣在邊積年，頗見間隙，不因際會，難以成功。是以往歲出軍，徒有勞費，功績不立，由失機會。何者？長淮之南，舊爲沃土，陳氏以破亡餘燼，猶能一舉平之。齊人歷年赴救，喪敗而反，內離外叛，計盡力窮。《傳》不云乎：讎有釁焉，不可失也。今大軍若出軹關，方軌而進，兼與陳氏共爲掎角；幷令廣州義旅，出自三鵶；又募山南驍銳，沿河而下；復遣北山稽胡絕其幷、晉之路。凡此諸軍，仍令各募關、河之外勁勇之士，厚其爵賞，使爲前驅。岳動川移，雷駭電激，百道俱進，竝趨虜庭。必當望旗奔潰，所向摧殄。一戎大定，實在此機。

其第二策曰：若國家更爲後圖，未即大舉，宜與陳人分其兵勢。三鵶以北，萬春以南，廣事屯田，預爲貯積。募其驍悍，立爲部伍。彼既東南有敵，戎馬相持，我出奇兵，破其疆埸。彼若興師赴援，我則堅壁清野，待其去遠，還復出師。常以邊外之軍，引其腹心之衆。我無宿舂之費，彼有奔命之勞。一二年中，必自離叛。且齊氏昏暴，政出多門，鬻獄賣官，唯利是視，荒淫酒色，忌害忠良。闔境熬然，不勝其弊。以此而觀，覆亡可待。然後乘間電掃，事等摧枯。

《周書》卷三五《薛善傳》尋徵爲行臺郎中。時欲廣置屯田以供軍費，乃除司農少卿，領同州夏陽縣二十屯監。又於夏陽諸山置鐵冶，復令善爲冶監，每月役八千人，營造軍器。善親自督課，兼加慰撫，甲兵精利，而皆忘其勞苦焉。加通直散騎常侍，遷大丞相府從事中郎。追論屯田功，賜爵龍門縣子，遷黄門侍郎，加車騎大將軍、儀同三司。

《北史》卷二六《刁雍傳》又奉詔以高平、安定、統萬及薄骨律等四鎮，出車牛五千乘運屯穀五十萬斛付沃野，以供軍糧。道多深沙，車牛艱阻，求於牽屯山河水之次造船水運。又以所綰邊表，常懼不虞，造城儲穀，置兵備守。詔皆從之。

《北史》卷三二《崔昂傳》武定中，文襄普令內外極言得失。昂上書曰：屯田之設，其來尚矣。曹魏破蜀，業以興師；馬晉平吳，兵因取給。朝廷頃以懷、洛兩邑，隣接邊境，薄屯豐稔，糧儲已贍。準此而論，龜鏡非遠。其幽、安二州，控帶奚賊、蠕蠕；徐、揚、兗、豫，連接吳越強隣。實藉轉輸之資，常勞私糴之費。諸道別遣使營之，每考其勤惰，則人加勸勵，倉廩充實，供軍濟國，實謂在茲。其次，法獄之重，人命所懸。頃者官司糾察，多不審練，乃聞緣淺入深，未有雪大爲小，咸以畏避嫌疑，共相殘刻。至如錢絹粟麥，其狀難分，徑指爲贓，罪從此定。乞勒羣司，務存獲實。如此則有息將來，必無枉濫。文襄納之。

《北史》卷三六《薛善傳》時欲廣置屯田以供軍費，乃除司農少卿，領同州夏陽縣二十屯監。又於夏陽諸山置鐵冶，復令善爲監，每月役八千人，營造軍器。善自督課，兼加慰撫，甲兵精利而皆忘其苦焉。遷大丞相府從事中郎。追論屯田功，賜爵龍門縣子。

《北史》卷三八《裴讓之傳》讓之少好學，有文情，清明俊辯，早得聲譽。魏天平中，舉秀才，對策高第。累遷屯田、主客郎中，省中語曰能賦詩，裴讓之。

《北史》卷四三《刑巒傳》子恕，涉學有識悟。齊武平末，尚書屯田郎。

《北史》卷四六《范紹傳》後朝廷有南討計，發河北數州田兵，通緣淮戍兵合五萬餘人，廣開屯田，八座奏紹爲西道六州營田大使，加步兵校尉。紹勤於勸課，頻歲大獲。

《北史》卷五〇《山偉傳》尒朱榮之害朝士，偉時守直，故免禍。及孝莊入宮，仍除偉給事黄門侍郎。先是偉與儀曹郎袁昇、屯田郎李延考、外兵郎李奐、三公郎王延業方駕而行，偉少居後，路逢一尼，望之歎曰：此輩緣業，同日而死。謂偉曰：君方近天子，當作好官。而昇等四人皆於河陰遇害，果如其言。

《北史》卷五九《李賢傳》〔保定〕四年，王師東討，西道空虛，慮羌、渾侵擾，乃授賢河州總管。河州舊非總管，至是創置。賢乃大營屯田，以省運漕，多設斥候，以備寇戎，於是羌、渾斂迹。

《北史》卷六二《王思政傳》高仲密以北豫州來附，周文親接援之，乃驛召思政，將鎮成皋。未至而班師，復命思政鎮弘農。思政入弘農，令開城門，解衣而卧，慰勉將士，示不足畏。數日後，東魏將劉豐生率數千騎至城下，憚之，不敢進，乃引軍還。於是修城郭，起樓櫓，營田農，積芻秣，凡可以守禦者皆具焉。弘農之有備，自思政始也。

《北史》卷六三《蘇綽傳》　周文方欲革易時政，務弘強國富人之道，故綽得盡其智能，贊成其事。減官員，置二長，并置屯田以資軍國。又爲六條詔書，奏施行之。

《北史》卷六四《韋孝寬傳》　建德之後，武帝志在平齊。孝寬乃上疏陳三策。

其第一策曰：臣在邊積年，頗見間隙，不因際會，難以成功。是以往歲出軍，徒有勞費，功績不立，由失機會。何者？長淮之南，舊爲沃土，陳氏以破亡餘燼，猶能一舉平之。齊人歷年赴救，喪敗而反。內離外叛，計盡力窮。《傳》不云乎：讎有釁焉，不可失也。今大軍若出軹關，方轉而進，兼與陳氏共爲掎角，并令廣州義旅出自三鵶；又募山南驍鋭，沿河而下；復遣北山稽胡絶其并、晉之路。凡此諸軍，仍令各募關、河之外勁勇之士，厚其爵賞，使爲前驅。岳動川移，雷駭電激，百道俱進，並趨虜庭。必當望旗奔潰，所向摧殄。一戎大定，實在此機。

其第二策曰：若國家更爲後圖，未卽大舉，宜與陳人分其兵勢。三鵶以北，萬春以南，廣事屯田，預爲貯積。募其驍悍，立爲部伍。彼既東南有敵，戎馬相持，我出奇兵，破其疆埸。彼若興師赴援，我則堅壁清野，待其去遠，還復出師。常以邊外之軍，引其腹心之衆。我無宿舂之費，彼有奔命之勞。一二年中，必自離叛。且齊氏昏暴，政出多門，鬻獄賣官，唯利是視，荒淫酒色，忌害忠良。闔境熬然，不勝其弊。以此而觀，覆亡可待。然後乘間電掃，事等摧枯。

《北史》卷六九《趙仲卿傳》　遷朔州總管。時塞北盛興屯田，仲卿總統之。微有不理者，仲卿輒召主掌撻其胸背，或解衣倒曳於荆棘中，時人謂之於菟。事多克濟，由是收穫歲廣，邊戍無餽運之憂。

《北史》卷七三《賀婁子幹傳》　文帝以隴西頻被寇掠，甚患之。又彼俗不設村塢，敕子幹勒人爲堡，營田積穀，以備不虞。子幹上書曰：比見屯田之所，獲少費多。但隴右之人，以畜牧爲事，若更屯聚，彌不獲安。但使鎮戍連接，烽候相望，人雖散居，必無所慮。帝從之。

《北史》卷七四《郭衍傳》　上大善之，遷授朔州總管。所部有恆安鎮，北接蕃境，常勞轉運。衍乃選沃饒地，置屯田，歲贏粟萬餘石，人免轉輸之勞。

《北史》卷七六《劉權傳》　大業五年，從征吐谷渾，權出伊吾道，逐賊至青海，乘勝至伏俟城。帝復令權過曼頭、赤水，置河源郡、積石鎮，大開屯田，留鎮西境。在邊五年，諸羌懷附，貢賦歲入，吐谷渾餘燼遠遁，道路無壅。徵拜司農卿，加金紫光祿大夫。

《北史》卷七七《柳彧傳》　隋文帝受禪，歷尚書虞部、屯田二侍郎。時制三品已上，門皆列戟。左僕射高熲子弘德封應國公，申牒請戟。彧判曰：僕射之子更不異居，父之戟槊已列門外，尊有厭卑之義，子有避父之禮，豈容外門既設，內閤又施？事竟不行。熲聞而歎伏。

《隋書》卷五二《賀婁子幹傳》　開皇元年，進爵鉅鹿郡公。其年，吐谷渾寇涼州，子幹以行軍總管從上柱國元諧擊之，功最優，詔褒美。高祖慮邊塞未安，卽令子幹鎮涼州。明年，突厥寇蘭州，子幹率衆拒之，至可洛峐山，與賊相遇。賊衆甚盛，子幹阻川爲營，賊軍不得水數日，人馬甚敝，縱擊，大破之。於是冊授子幹爲上大將軍曰：於戲！敬聽朕命。唯爾器量閑明，志情強果，任經武將，勤績有聞。往歲凶醜未寧，屢驚疆埸，拓土靜亂，殊有厥勞。是用崇茲賞典，加此車服，往欽哉！祗承榮冊，可不慎歟！徵授營新都副監，尋拜工部尚書。其年，突厥復犯塞，以行軍總管從竇榮定擊之。子幹別路破賊，斬首千餘級，高祖嘉之，遣通事舍人曹威齎優詔勞勉之。子幹請入朝，詔令馳驛奉見。吐谷渾復寇邊，西方多被其害，命子幹討之。馳驛至河西，發五州兵，入掠其國，殺男女萬餘口，二旬而還。高祖以隴西頻被寇掠，甚患之。彼俗不設村塢，勅子幹勒民爲堡，營田積穀，以備不虞。子幹上書曰：比者兇寇侵擾，蕩滅之期，匪朝伊夕。伏願聖慮，勿以爲懷。今臣在此，觀機而作，不得準詔行事。且隴西、河右，土曠民稀，邊境未寧，不可廣爲田種。比見屯田之所，獲少費多，虛役人功，卒逢踐暴。屯田疎遠者，請皆廢省。但隴右之民以畜牧爲事，若更屯聚，彌不獲安。只可嚴謹斥候，豈容集人聚畜。請要路之所，加其防守。但使鎮戍連接，烽候相望，民雖散居，必謂無慮。高祖從之。俄而虜寇岷、洮二州，子幹勒兵赴之，賊聞而遁去。

《隋書》卷六三《劉權傳》　煬帝嗣位，拜衛尉卿，進位銀青光祿大夫。大業五年，從征吐谷渾，權率衆出伊吾道，與賊相遇，擊走之。逐北至青海，虜獲千餘口，乘勝至伏俟城。帝復令權過曼頭、赤水，置河源郡、積石鎮，大開屯田，留鎮西境。在邊五載，諸羌懷附，貢賦歲入，吐谷渾餘燼遠遁，道路無壅。徵拜司農卿，加位金紫光祿大夫。

《隋書》卷七四《酷吏傳・趙仲卿》 遷兗州刺史，未之官，拜朔州總官。於時塞北盛興屯田，仲卿總統之。微有不理者，仲卿輒召主掌，撻其胸背，或解衣倒曳於荆棘中。時人謂之猛獸。事多克濟，由是收穫歲廣，邊戍無餽運之憂。

《舊唐書》卷六八《張公謹傳》 貞觀元年，拜代州都督，上表請置屯田以省轉運，又前後言時政得失十餘事，並見納用。

《舊唐書》卷六〇《河間王李恭傳》 既內外阻絕，銑於是出降。高祖大悅，拜孝恭荆州大總管，使畫工貌而視之。於是開置屯田，創立銅冶，百姓利焉。

《舊唐書》卷八三《張儉傳》 張儉，雍州新豐人，隋相州刺史、皖城公威之孫也。父植，車騎將軍、連城縣公。儉卽高祖之從甥也。貞觀初，以軍功累遷朔州敕史。時頡利可汗自恃強盛，每有所求，輒遣書稱敕，緣邊諸州，遞相承稟。及儉至，遂拒不受，太宗聞而嘉之。儉又廣營屯田，歲致穀十萬斛，邊糧益饒。及遭霜旱，勸百姓相贍，遂免飢餒，州境獨安。

後檢校勝州都督，以母憂去職。儉前在朔州，屬李靖平突厥之後，有思結部落，貧窮離散，儉招慰安集之。其不來者，或居磧北，既親屬分住，私相往還，儉並不拘責，但存綱紀，羈縻而已。及儉移任，州司謂其將叛，遽以奏聞。朝廷議發兵進討，仍起儉為使，就觀動靜。儉單馬推誠，入其部落，召諸首領，布以腹心，咸匍匐啓顙而至，便移就代州。卽令檢校代州都督。儉遂勸其營田，每年豐熟。慮其私蓄富實，易生驕侈，表請和糴，擬充貯備，蕃人喜悅，邊軍大收其利。遷營州都督，兼護東夷校尉。

《舊唐書》卷八四《劉仁軌傳》 初，百濟經福信之亂，合境凋殘，殭屍相屬。仁軌始令收斂骸骨，瘞埋弔祭之。修録戶口，署置官長，開通塗路，整理村落，建立橋梁，補葺堤堰，修復陂塘，勸課耕種，賑貸貧乏，存問孤老。頒宗廟忌諱，立皇家社稷。百濟餘衆，各安其業。於是漸營屯田，積糧撫士，以經略高麗。仁願既至京師，上謂曰：卿在海東，前後奏請，皆合事宜，而雅有文理。卿本武將，何得然也？對曰：劉仁軌之詞，非臣所及也。上深歎賞之，因超加仁軌六階，正授帶方州刺史，并賜京城宅一區，厚賚其妻子，遣使降璽書勞勉之。仁軌又上表曰：

臣蒙陛下曲垂天獎，棄瑕録用，授之刺舉，又加連率。材輕職重，憂責更深，常思報効，冀酬萬一，智力淺短，淹滯無成。久在海外，每從征役，軍旅之事，實有所聞。具狀封奏，伏願詳察。

臣看見在兵募，手腳沉重者多，勇健奮發者少，兼有老弱，衣服單寒，唯望西歸，無心展効。臣聞：往在海西，見百姓人人投募，爭欲征行，乃有不用官物，請自辦衣糧，投名義征。何因今日募兵，如此儜弱？皆報臣云：今日官府，與往日不同，人心又別。貞觀、永徽年中，東西征役，身死王事者，並蒙敕使弔祭，追贈官職，亦有迴亡者官爵與其子弟。從顯慶五年以後，征役身死，更不借問。往前渡遼海者，卽得一轉勳官；從顯慶五年以後，頻經渡海，不被記録。州縣發遣兵募，人身少壯，家有錢財，參逐官府者，東西藏避，並卽得脫。無錢參逐者，雖是老弱，推背卽來。顯慶五年，破百濟勳，及向平壤苦戰勳，當時軍將號令，並言與高官重賞，百方購募，無種不道。洎到西岸，唯聞枷鎖推禁，奪賜破勳，州縣追呼，求住不得，公私困弊，不可言盡。發海西之日，已有自害逃走，非獨海外始逃。又為征役，蒙授勳級，將為榮寵；頻年征役，唯取勳官，牽挽辛苦，與白丁無別。百姓不願征行，特由於此。陛下再興兵馬，平定百濟，留兵鎮守，經略高麗。百姓有如此議論，若為成就功業？臣聞琴瑟不調，改而更張，布政施化，隨時取適。自非重賞明罰，何以成功？

臣又問：見在兵募，舊留鎮五年，尚得支濟；爾等始經一年，何因如此單露？並報臣道：發家來日，唯遣作一年裝束，自從離家，已經二年。在朝陽甕津，又遣來去運糧，涉海遭風，多有漂失。臣勘責見在兵募，衣裳單露，不堪度冬者，給大軍還日所留衣裳，且得一冬充事。來年秋後，更無準擬。陛下若欲殄滅高麗，不可棄百濟土地。餘豐在北，餘勇在南，百濟、高麗，舊相黨援，倭人雖遠，亦相影響，若無兵馬，還成一國。既須鎮壓，又置屯田，事藉兵士，同心同德。兵士既有此議，不可膠柱因循，須還其渡海官勳及平百濟向平壤功效。除此之外，更相褒賞，明敕慰勞，以起兵募之心。若依今日以前布置，臣恐師老且疲，無所成就。

《舊唐書》卷九三《婁師德傳》 長壽元年，召拜夏官侍郎、判尚書事。明年，同鳳閣鸞臺平章事。則天謂師德曰：王師外鎮，必藉邊境營田，卿須不憚劬勞，更充使檢校。又以爲河源、積石、懷遠等軍及河、蘭、鄯、廓等州檢校營田大使。稍遷秋官尚書。

同上 上元初，累補監察御史。屬吐蕃犯塞，募猛士以討之，師德抗表請爲猛士。高宗大悅，特假朝散大夫，從軍西討，頻有戰功，遷殿中侍御史，兼河源軍司馬，并知營田事。天授初，累授左金吾將軍，兼檢校豐州都督，仍依舊知營田事。則天降書勞曰：卿素積忠勤，兼懷武略，朕所以寄之襟要，授以甲兵。自卿受委北陲，總司軍任，往還靈、夏，檢校屯田，收率既多，京坻遽積。不煩和糴之費，無復轉輸之艱，兩軍及北鎮兵數年咸得支給。勤勞之誠，久而彌著，覽以嘉尚，欣悅良深。

《舊唐書》卷九三《王晙傳》 景龍末，累轉爲桂州都督。桂州舊有屯兵，常運衡、永等州糧以饋之，晙始改築羅郭，奏罷屯兵及轉運。又堰江水，開屯田數千頃，百姓賴之。尋上疏請歸鄉拜墓，州人詣闕請留晙，乃下敕曰：彼州往緣寇盜，戶口凋殘，委任失材，乃令至此。卿處事強濟，遠邇寧靜，築城務農，利益已廣，隱括綏緝，復業者多。宜須政成，安此黎庶，百姓又有表請，不須來也。晙在州又一年，州人立碑以頌其政。再轉鴻臚大卿，充朔方軍副大總管，兼安北大都護，豐安、定遠、三城及側近軍並受晙節度。後轉太僕少卿、隴右羣牧使。

《舊唐書》卷九七《郭元振傳》 大足元年，遷涼州都督、隴右諸軍州大使。先是，涼州封界南北不過四百餘里，既逼突厥、吐蕃，二寇頻歲奄至城下，百姓苦之。元振始於南境硤口置和戎城，北界磧中置白亭軍，控其要路，乃拓州境一千五百里，自是寇虜不復更至城下。元振又令甘州刺史李漢通開置屯田，盡其水陸之利。舊涼州粟麥斛至數千，及漢通收率之後，數年豐稔，乃至一匹絹糴數十斛，積軍糧支數十年。元振風神偉壯，而善於撫御，在涼州五年，夷夏畏慕，令行禁止，牛羊被野，路不拾遺。

《舊唐書》卷九八《李元紘傳》 元紘性清儉，既知政事，稍抑奔競之路，務進者頗憚之。時初廢京司職田，議者請於關輔置屯，以實倉廩。元紘建議曰：軍國不同，中外異制。若人閑無役，地棄不墾，發閑人以耕棄地，省餽運以實軍糧，於是乎有屯田，其爲益多矣。今百官所退職田，散在諸縣，不可聚也；百姓所有私田，皆力自耕墾，不可取也。若置屯田，即須公私相換，徵發丁夫，徵役則業廢於家，免庸則賦闕於國。內地置屯，古所未有，得不補失，或恐未可。其議遂止。

《舊唐書》卷九九《張九齡傳》 九齡在相位時，建議復置十道採訪使，又敎河南數州水種稻，以廣屯田。議置屯田，費功無利，竟不能就，罷之。性頗躁急，動輒忿詈，議者以此少之。

《舊唐書》卷一〇四《封常清傳》 天寶六年，從仙芝破小勃律。十二月，仙芝代夫蒙靈詧爲安西節度使，便奏常清爲慶王府録事參軍，充節度判官，賜紫金魚袋。尋加朝散大夫，專知四鎮倉庫、屯田、甲仗、支度、營田事。

《舊唐書》卷一〇六《王毛仲傳》 及先天二年七月，毛仲預誅蕭、岑等功，授輔國大將軍、左武衛大將軍、檢校內外閑廄兼知監牧使，進封霍國公，實封五百戶。毛仲奉公正直，不避權貴，兩營萬騎功臣、閑廄官吏皆懼其威，人不敢犯。苑中營田草萊常收，率皆豐溢，玄宗以爲能。

《舊唐書》卷一〇九《黑齒常之傳》 高宗歎其才略，擢授左武衛將軍，兼檢校左羽林軍，賜金五百兩、絹五百匹，仍充河源軍副使。時吐蕃贊婆及素和貴等賊徒三萬餘屯於良非川。常之率精騎三千夜襲賊營，殺獲二千級，獲羊馬數萬，贊婆等單騎而遁。擢常之爲大使，又賞物四百匹。常之以河源軍正當賊衝，欲加兵鎮守，恐有運轉之費，遂遠置烽戍七十餘所，度開營田五千餘頃，歲收百餘萬石。

《舊唐書》卷一一二《李復傳》 貞元十年，鄭滑節度使李融卒，軍中潰亂，以復檢校兵部尚書，兼滑州刺史、義成軍節度、鄭滑觀察營田等使兼御史大夫。復到任，置營田數百頃，以資軍食，不率於民，衆皆悅之。

《舊唐書》卷一一五《李承傳》 遷檢校考功郎中兼江州刺史，徵拜吏部郎中。尋爲淮南西道黜陟使，奏於楚州置常豐堰以禦海潮，屯田瘠鹵，歲收十倍，至今受其利。

《舊唐書》卷一二六《裴諝傳》 裴諝字士明，河南洛陽人。【略】是時，安祿山盜陷二京，東都收復，遷太子司議郎。無幾，虢王巨奏署侍御史、襄鄧營田判官，丁母憂。

《舊唐書》卷一二九《韓滉傳》 時兩河罷兵，中土寧乂，滉上言：吐蕃盜有河湟，爲日已久。大曆已前，中國多難，所以肆其侵軼。臣聞其近歲已來，兵衆寖弱，西迫大食之強，北病迴紇之衆，東有南詔之防，計其分鎮之外，戰兵在河、隴五六萬而已。國家第令三數良將，長驅十萬衆，於涼、鄯、洮、渭並修堅城，各置二萬人，足當守禦之要。臣請以當道所貯蓄財賦爲饋運之資，以充二年之費。然後營田積粟，且耕且戰，收復河、隴二十餘州，可翹足而待也。上甚納其言。

《舊唐書》卷一三三《李晟傳》 元和十四年五月，以功授檢校左散騎常侍、夏州刺史、夏綏銀宥節度使。十五年六月，改靈州大都督府長史、靈鹽節度使。境内有光祿渠，廢塞歲久，欲起屯田以代轉輸，聽復開決舊渠，溉田千餘頃，至今賴之。就加檢校工部尚書。

《舊唐書》卷一三九《陸贄傳》 臣愚謂宜罷諸道將士番替防秋之制，率因舊數而三分之：其一分委本道節度使募少壯願住邊城者以徙焉；其一分則本道但供衣糧，委關内、河東諸軍州募蕃、漢子弟願傅邊軍者以給焉；又一分亦令本道但出衣糧，加給應募之人，以資新徒之業。又令度支散於諸道和市耕牛，兼雇召工人，就諸軍城繕造器具。募人至者，每家給耕牛一頭，又給田農水火之器，皆令充備。初到之歲，與家口二人糧，并賜種子，勸之播植，待經一稔，俾自給家。若有餘糧，官爲收糴，各酬倍價，務獎營田。既息踐更徵發之煩，且無幸災苟免之弊。寇至則人自爲戰，時至則家自力農。是乃兵不得不強，食不得不足，與夫倏來忽往，豈可同等而論哉！

《舊唐書》卷一四一《田弘正傳》 季安字夔。母微賤，嘉誠公主蓄爲己子，故寵異諸兄。年數歲，授左衛胄曹參軍，改著作佐郎，兼侍御史，充魏博節度副大使；累加至試光祿少卿、兼御史大夫。緒卒時，季安年纔十五，軍人推爲留後，朝廷因授起復左金吾衛將軍，兼魏州大都督府長史、魏博節度營田觀察處置等使。

《舊唐書》卷一四三《劉怦傳》 劉怦，幽州昌平人也。父貢，嘗爲廣邊大斗軍使。怦即朱滔姑之子，積軍功爲雄武軍使，廣屯田，節用，以辦理稱。稍遷涿州刺史。

《舊唐書》卷一四六《于頎傳》 頎因奏移轉運汴州院於河陰，以汴州累遇兵亂，散失錢帛故也。元載爲諸道營田使，又署爲郎官，令於東都、汝州開置屯田。

《舊唐書》卷一四六《杜亞傳》 貞元五年，以戶部侍郎竇覦爲淮南節度代亞。亞猶以舊望，竇覦甚畏之。改檢校吏部尚書，判東都尚書省事，充東都留守、都防禦使。既病風，尚建利以固寵，奏請開苑内地爲營田，以資軍糧，減度支每年所給，從之。亞不躬親部署，但委判官張薦、楊暎。初，奏請取荒地營田，其苑内地堪耕食者，先爲留司中官及軍人等開墾已盡。亞計急，乃取軍中雜錢舉息與畿内百姓，每至田收之際，多令軍人車牛散入村鄉，收斂百姓所得菽粟將還軍。民家略盡，無可輸稅，人多艱食，由是大致流散。乃厚賂中官，令奏河南尹無政，亞自此亦規求兼領河南尹，事不果。帝漸知虛誕，乃以禮部尚書董晉代爲東都留守，召亞還京師。

《舊唐書》卷一四六《王緯傳》 王緯字文卿，太原人也。【略】緯舉明經，又書判入等，歷長安尉，出佐使府，授御史郎官，入朝爲金部員外郎、劍南租庸使、檢校司封郎中、彭州刺史、檢校庶子，兼御史中丞、西川節度營田副使。

《舊唐書》卷一五一《朱忠亮傳》 朱忠亮本名士明，汴州浚儀人。初事薛嵩爲將。大曆中，詔鎮普潤縣，掌屯田。

《舊唐書》卷一六一《楊元卿傳》 長慶初，易置鎮、魏守臣，元卿詣宰相深陳利害，并具表其事。後穆宗感悟，賜白玉帶，旋授檢校左散騎常侍、涇州刺史、涇原渭節度觀察等使，兼充四鎮北庭行軍。元卿乃奏置屯田五千頃，每屯築牆高數仞，鍵閉牢密，卒然寇至，盡可保守。加檢校工部尚書。營田成，復加使號。居六年，涇人論奏，爲立德政碑，移授懷州刺史，充河陽三城節度觀察等使。大和五年，就加檢校司空，進階光祿大夫，以其營田納粟二十萬石，以裨經費故也。

《舊唐書》卷一六二《潘孟陽傳》 三年，出爲華州刺史，遷梓州刺史、劍南東川節度使。與武元衡有舊，元衡作相，復召爲戶部侍郎，判度支，兼京北五城營田使，以和糴使韓重華爲副。太府卿王遂與孟陽不協，議以營田非便，持之不下，孟陽忿憾形於言。二人俱請對，上怒不許，乃罷孟陽爲左散騎常侍。明年，復拜戶部侍郎。

《舊唐書》卷一六二《王遂傳》 王遂，宰相方慶之孫也。【略】遂爲西北供軍使，言營田非便，與孟陽會議相非，各求請對。上怒，俱不見，出遂爲柳州刺史。

《舊唐書》卷一六四《王起傳》 文宗即位，加集賢學士，判院事。以兄播爲僕射輔政，不欲典選部，改兵部侍郎。大和二年，出爲陝虢觀察使、兼御史大夫。四年，入拜尚書左丞。居播之喪，號毀過禮，友悌尤至。遷戶部尚書、判度支。以西北邊備，歲有和市以給軍，勞人饋輓，奏於靈武、邠寧起營田。

《舊唐書》卷一六六《白行簡傳》　行簡字知退。貞元末，登進士第，授祕書省校書郎。元和中，盧坦鎮東蜀，辟爲掌書記。府罷，歸潯陽。居易授江州司馬，從兄之郡。十五年，居易入朝爲尚書郎，行簡亦授左拾遺，累遷司門員外郎、主客郎中。長慶末，振武奏水運營田使賀拔志言營田數過實，詔令行簡按覆之，不實，志懼，自刺死。

《舊唐書》卷一二七《畢諴傳》　自大中末，党項羌叛，屢擾河西。宣宗召學士對邊事，諴卽援引古今，論列破羌之狀，上悅曰：吾方擇能帥，安集河西，不期頗、牧在吾禁署，卿爲朕行乎？諴忻然從命，卽用諴爲邠寧節度、河西供軍安撫等使。諴至軍，遣使告喻叛徒，諸羌率化。又以邊境禦戎，以兵多積穀爲上策。乃召募軍士，開置屯田，歲收穀三十萬石，省度支錢數百萬。詔書嘉之，就加檢校工部尚書，移鎮澤潞，充昭義節度使。

《舊唐書》卷一八五下《良吏傳下・宋慶禮》　開元中，累遷貝州刺史，仍爲河北支度營田使。初，營州都督府置在柳城，控帶奚、契丹。則天時，都督趙文翽政理乖方，兩蕃反叛，攻陷州城，其後移於幽州東二百里漁陽城安置。開元五年，奚、契丹各款塞歸附，玄宗欲復營州於舊城，侍中宋璟固爭以爲不可，獨慶禮甚陳其利。乃詔慶禮及太子詹事姜師度、左驍衛將軍邵宏等充使，更於柳城築營州城，興役三旬而畢。俄拜慶禮御史中丞，兼檢校營州都督。開屯田八十餘所，追拔幽州及漁陽、淄青等戶，并招輯商胡，爲立店肆，數年間，營州倉廩頗實，居人漸殷。

《舊唐書》卷二〇〇下《黃巢傳》　克用由光泰門入，收京師。巢賊出藍田、七盤路，東走關東。天下兵馬都監押楊復光露布獻捷於行在，陳破賊事狀曰：

頃者妖興霧市，盜嘯叢祠，而岳牧藩侯，備盜不謹。謂大同之運，常可容姦；謂無事之秋，縱其長惡。賊首黃巢，因得充盈窟穴，蔓延萑蒲，驅我蒸黎，徇其兇逆。展鉏鶴以成鋒刃，殺耕牛以恣燔炮，魑魅晝行，虺蜴夜噬。自南海失守，湖外喪師，養虎災深，馴梟逆大，物無不害，惡靡不爲，豺狼貽朝市之憂，瘡痏及腹心之痛。遂至毒流萬姓，盜汙兩京，衣冠銜塗炭之悲，郡邑起丘墟之嘆。萬方共怒，十道齊攻，仗九廟之威靈，殄積年之兇醜。

河中節度使王重榮神資壯烈，天付機謀，誓立功名，志安家國。至於屯田待敵，率士當衝，收百姓十萬餘家，降賊黨三萬餘衆。法當持重，功遂晚成，久稽原野之刑，未快雷霆之怒。自收同、華，逼近京師，夕烽高照於國門，遊騎俯臨於灞岸。既知四隅斷絕，百計奔衝，如窮鳥觸籠，似飛蛾赴燭。

《新唐書》卷七八《河間王李恭傳》　孝恭治荆，爲置屯田，立銅冶，百姓利之。

《新唐書》卷八五《王世充傳》　〔武德〕三年，下書大赦，築練兵臺於伊闕。守將羅士信、豆盧達稍稍歸國，世充顧下多背己，乃峻誅暴禁以威之。戶一人逃，家無少長皆坐，父子、兄弟、夫婦許相告免。令伍伍相保，一家叛，舉伍誅。樵牧出入皆爲限，公私不聊生。遣臺省官督十二郡營田，行者自謂仙去。

《新唐書卷八九《張公謹傳》　貞觀初，爲代州都督，置屯田以省餽運。

《新唐書》卷九五《竇軌傳》　稽胡賊五萬掠宜春，詔軌討之。次黃欽山，遇賊乘高叢射，衆爲卻。軌斬部將十四人，更拔其次代之，身擁數百騎殿，令曰：聞鼓不進者斬。既鼓，士爭赴賊，賊射不勝，大破之，斬首千級，獲男女二萬。擢太子詹事。赤排羌與薛舉叛將鍾俱仇寇漢中，拜秦州總管，討賊連戰有功，餘黨悉降。復酇國舊封，遷益州道行臺左僕射。党項引吐谷渾寇松州，詔軌與扶州刺史蔣善合援之。善合先期至，敗之鉗川。軌進軍臨洮，擊左封，走其衆。度羌必爲患，始屯田松州。詔率所部兵從秦王討王世充。明年，還蜀。

《新唐書》卷九五《竇靜傳》　靜字元休，在隋佐親衛，以父得罪煬帝，久不之進。高祖入京師，擢并州大總管府長史。時突厥數爲邊患，糧道不屬，靜表請屯田太原，以省餽運。議者以流亡未復，不宜重困，於是召入與裴寂、蕭瑀、封倫廷議，寂等不能屈，帝從之，歲收粟十萬斛。詔檢校并州大總管。又請斷石嶺以爲鄣塞，制突厥之入。

《新唐書》卷一〇七《陳子昂傳》　〔陳子昂〕又謂：河西諸州，軍興以來，公私儲蓄，尤可嗟痛。涼州歲食六萬斛，屯田所收不能償墾。陛下欲制河西，定亂戎，此州空虛，未可動也。甘州所積四十萬斛，觀其山川，誠河西喉咽地，北當九姓，南逼吐蕃，姦回不測，伺我邊鏄。故甘州地廣粟多，左右受敵，但戶止三千，勝兵者少，屯田廣夷，倉庾豐衍，瓜、肅以西，皆仰其餫，一旬不往，士已枵飢。是河西之命係於甘州矣。且其四十餘屯，水泉良沃，不待天時，歲取二十萬斛，但人力寡乏，未盡墾發。異時吐蕃不敢東侵者，繇甘、涼士馬彊盛，以振其入。今甘州積粟萬計，兵少不足以制賊，若吐蕃敢大入，燔蓄穀，蹂諸屯，則河西諸州，我何以守？宜益屯兵，外得以防盜，內得以營農，取數年之收，可飽士百萬，則天兵所臨，何求不得哉？

《新唐書》卷一〇八《劉仁軌傳》 百濟再被亂，殭屍如莽，仁軌始命瘞埋弔祭焉。葺復戶版，署官吏，開道路，營聚落，復防堰，賑貧貸乏，勸課耕種，爲立官社，民皆安其所。遂營屯田，以經略高麗。

《新唐書》卷一〇八《婁師德傳》 婁師德字宗仁，鄭州原武人。第進士，調江都尉。揚州長史盧承業異之，曰：子，台輔器也，當以子孫相諉，詎論僚吏哉？

上元初，爲監察御史。會吐蕃盜邊，劉審禮戰沒，師德奉使收敗亡於洮河，因使吐蕃。其首領論贊婆等自赤嶺操牛酒迎勞，師德喻國威信，開陳利害，虜爲畏悅。後募猛士討吐蕃，乃自奮，戴紅抹額來應詔，高宗假朝散大夫，使從軍。有功，遷殿中侍御史，兼河源軍司馬，幷知營田事。與虜戰白水澗，八遇八克。

天授初，爲左金吾將軍，檢校豐州都督。衣皮袴，率士屯田，積穀數百萬，兵以饒給，無轉饟和糴之費。武后降書勞之。長壽元年，召授夏官侍郎，判尚書事，進同鳳閣鸞臺平章事。后嘗謂師德：師在邊，必待營田，公不可以劬勞憚也。乃復以爲河源、積石、懷遠軍及河、蘭、鄯、廓州檢校勞田大使。入遷秋官尚書、原武縣男，改左肅政御史大夫、並知政事。證聖中，與王孝傑拒吐蕃於洮州，戰素羅汗山，敗績，貶原州員外司馬。萬歲通天二年，入爲鳳閣侍郎、同鳳閣鸞臺平章事。後與武懿宗、狄仁傑分道撫定河北，進納言，更封譙縣子、隴右諸軍大使，復領營田。

《新唐書》卷一一一《張儉傳》 張儉字師約，京兆新豐人。隋相州刺史、皖城郡公威孫。父植，車騎將軍、連城縣公。儉，高祖從外孫也。高祖起，儉以功除右衛郎將，遷朔州刺史。時頡利可汗方彊，每有求取，所遣書輒稱詔敕，邊吏奉承不敢卻。及儉，獨拒不受。大敎民營田，歲收穀數十萬斛。雖霜旱，勸百姓相振贍，免飢殍，州以完安。李靖既平突厥，有思結部者，窮歸於儉，儉受而安輯之。其在磧北者，親戚私相過省，儉不禁，示羈縻而已。儉徙勝州，後將不察其然，遽奏思結叛，朝廷議進討，時儉以母喪，奪服爲使者撫納之。儉單騎入其部，召酋帥慰諭，推腹心，咸匍匐歸命，因舉徙代州，遂檢校代州都督。儉勸墾田力耕，歲數稔，私蓄富實。儉恐虜易驕，乃建平糴法，入之官，虜悅喜，由是儲斛流贏。

《新唐書》卷一一一《王晙傳》 景龍末，授桂州都督。州有兵，舊常仰餉衡、永。晙始築羅郛，罷戍卒，堧江，開屯田數千頃，以息轉漕，百姓賴之。後求歸上冢，州人詣闕留。有詔：桂往罹寇暴，戶口彫瘠，宜卽留，以須政成。在桂踰期年，人丐刻石頌德。

《新唐書》卷一一六《王遂傳》 遂好興利，操下以嚴。累遷鄧州刺史、太府卿、西北供軍使。與度支潘孟陽爭營田事，憲宗怒，出遂爲柳州刺史。

《新唐書》卷一二二《郭元振傳》 久之，突厥、吐蕃聯兵寇涼州，后方御洛城門宴，邊遽至，因輟樂，拜元振爲涼州都督，卽遣之。初，州境輪廣纔四百里，虜來必傳城下。元振始於南硤口置和戎城，北磧置白亭軍，制束要路，遂拓境千五百里，自是州無虜憂。又遣甘州刺史李漢通闢屯田，盡水陸之利，稻收豐衍。舊涼州粟斛售數千，至是歲數登，至匹縑易數十斛，支廥十年，牛羊被野。治涼五歲，善撫御，夷夏畏慕，令行禁止，道不舉遺。河西諸郡置生祠，揭碑頌德。

《新唐書》卷一二六《李元紘傳》 元紘當國，務峻涯檢，抑奔競，夸進者憚之。五月五日，宴武成殿，賜羣臣襲衣，特以紫服、金魚錫元紘及蕭嵩，羣臣無與比。是時，廢京司職田，議者欲置屯田。元紘曰：軍國不同，中外異制，若人閑無役，地棄不墾，以閑手耕棄地，省饋運，實軍糧，於是有屯田，其爲益尚矣。今百官所廢職田不一縣，弗可聚也；百姓私田皆力自耕，不可取也。若置屯，卽當公私相易，調發丁夫。調役則業廢於家，免庸則賦闕於國，內地爲屯，古未有也。恐得不補失，徒爲煩費。遂止。

《新唐書》卷一二六《韓滉傳》 時兩河罷兵，滉上言：吐蕃盜河、湟久，近歲寖弱，而西迫大食，北扞回鶻，東抗南詔，分軍外戰，兵在河、隴者不過五六萬，若朝廷命將，以十萬衆城涼、鄯、洮、渭，各置兵二萬爲守禦，臣請以本道財賦饋軍，給三年費，然後營田積粟，且耕且戰，則河、隴之地可翹足而復。帝善其言，因訪玄佐，玄佐請行。會滉病甚，張延賞奏減州縣冗官，收祿俸，募戰士西討。玄佐慮延賞靳削資儲，辭犬戎未釁，不可輕進，因稱疾。帝遣中人勞問，卧受命。延賞知不可用，乃止。滉尋卒，年六十五，贈太傅，謚曰忠肅。

《新唐書》卷一三〇《宋慶禮傳》 以習識邊事，拜河東、河北營田使。善騎，日能馳數百里。性甘於勞苦，然好興作，濱塞掘穽植兵，以邀虜徑，議者蚩其不切事。稍遷貝州刺史，復爲河北支度營田使。

初，營州都督府治柳城，扼制奚、契丹。武后時，趙文翽失兩蕃情，攻殘其府，更治東漁陽城。玄宗時，奚、契丹款附，帝欲復治故城，宋璟固爭不可，獨慶禮執處其利，乃詔與太子詹事姜師度、左驍衛將軍邵宏等爲使，築裁三旬畢。俄兼營州都督，開屯田八十餘所，追拔漁陽、淄青沒戶還舊田宅，又集商胡立邸肆。不數年，倉廥充，居人蕃輯。

《新唐書》卷一三五《哥舒翰傳》 踰年，築神威軍青海上，吐蕃攻破之。更築於龍駒島，有白龍見，因號應龍城。翰相其川原宜畜牧，謫罪人二千戍之，由是吐蕃不敢近青海。天寶八載，詔翰以朔方、河東羣牧兵十萬攻吐蕃石堡城。數日未克，翰怒，捽其將高秀巖、張守瑜，將斬之。秀巖請三日期，如期而下。遂以赤嶺爲西塞，開屯田，備軍實。加特進，賜賚彌渥。十一載，加開府儀同三司。

《新唐書》卷一四三《李承傳》 尋擢監察御史，累遷吏部郎中，淮南西道黜陟使。奏置常豐堰於楚州，以禦海潮，漑屯田瘠鹵，收常十倍它歲。

《新唐書》卷一四三《薛珏傳》 薛珏字溫如，河中寶鼎人。以蔭爲懿德太子廟令，累遷乾陵臺令。歲中以清白聞，課第一，改昭應令，人請立石紀德，珏固讓。遷楚州刺史。初，州有營田，宰相遙領使，而刺史得專達，俸及它給百餘萬，田官數百，歲以優得遷，別戶三千，備刺史廝役。珏至，悉條去之，租入贏異時。觀察使惡其絜，誣以罪，左授峽州刺史。

《新唐書》卷一四五《嚴郢傳》 宰相楊炎請屯田豐州，發關輔民鑿陵陽渠，郢習朔邊病利，卽奏：舊屯肥饒地，今十不墾一，水田甚廣，力不及而廢。若發二京關輔民浚豐渠營田，擾而無利。請以內苑蒔稻驗之，秦地膏腴，田上上，耕者皆畿人，月一代，功甚易，又人給錢月八千，糧不在，然有司常募不能足。合府縣共之，計一農歲錢九萬六千，米月七斛二斗，大抵歲僦丁三百，錢二千八百八十萬，米二千一百六十斛，臣恐終歲穫不酬費。況二千里發人出塞，而歲一代乎？又自太原轉糧以哺，私出資費倍之，是虛畿甸，事空徭也。郢又言：五城舊屯地至廣，請以鑿渠糧俾諸城，夏貸冬輸，取渠工布帛給田者，令據直轉穀，則關輔免調發，而諸城闢田。炎不許，渠卒不成，棄之。

《新唐書》卷一五四《李聽傳》 帝討李師道，出聽楚州刺史。淮南兵繇弱，鄆人素易之。聽日整勒，士皆奮，卽掩賊不虞，趨漣水，破沭陽，絕龍沮堰，遂取海州，攻朐山，降之，懷仁、東海兩城望風送款。以功兼御史大夫，夏綏銀宥節度使。又徙靈鹽。部有光祿渠，久廞廢，聽始復屯田以省轉餉，卽引渠漑塞下地千頃，後賴其饒。進檢校工部尚書。

《新唐書》卷一六〇《潘孟陽傳》 元和三年，出爲華州刺史，遷劍南東川節度使。宰相武元衡與孟陽舊，復以戶部侍郎召判度支，又兼京北五城營田使。太府王遂爲西北供軍使，持營田不可，至私忿恨，更請問論列，帝怒，罷孟陽左散騎常侍。

《新唐書》卷一六四《殷侑傳》 同捷平，以侑嘗爲滄州行軍司馬，遂拜義昌軍節度使。於時痍荒之餘，骸骨蔽野，墟里生荆棘，侑單身之官，安足粗淡，與下共勞苦，以仁惠爲治。歲中，流戶襁屬而還，遂爲營田，丐耕牛三萬，詔度支賜帛四萬匹佐其市。初，州兵三萬，仰稟度支，侑始至一歲，自以賦入贍其半，二歲則周用，乃奏罷度支所賜。戶口滋饒，倉儲盈腐，上下便安，請立石紀政。以勞加檢校吏部尚書。

《新唐書》卷一六七《王起傳》 入拜尚書左丞，以戶部尚書判度支。靈武、邠寧多曠土，奏爲營田，以省餽輓。

《新唐書》卷一七〇《承簡傳》 裴度征蔡，奏署牙將。蔡平，詔析上蔡、郾城、遂平、西平四縣爲溵州，拜承簡刺史，治郾城。始開屯田，列防庸，瀕溵綿地二百里無復水敗，皆爲腴田。先是，賊築武宮以夸戰勞，承簡夷其丘，庀家財以葬。葺儒宮，備俎豆，歲時行禮。野有莪實，民得以食。將吏立石頌功。遷邢州刺史，觀察府責賦尤急，承簡代下戶數百輸租。

《新唐書》卷一七一《楊元卿傳》 長慶初，鎭、魏易帥，元卿具道所以成敗事，穆宗久乃悟，賜白玉帶，擢涇原渭節度使。元卿墾發屯田五千頃，屯築高垣，牢鍵閉，寇至，耕者保垣以守。居六年，涇人德之。

《新唐書》卷一七二《杜亞傳》 貞元中，罷歸。宰相竇參憚其宿望，以檢校吏部尚書留守東都。病風痹且廢，猶欲固寵，奏墾苑中爲營田，可減度支歲稟。詔許之。先是，苑地可耕者，皆留司中人及屯士占假。亞計窘，更舉軍帑錢與甸人，至秋取菽粟償息輸軍中，貧不能償者發囷窖略盡，流亡過半。又賂中人求兼河南尹。帝審其妄，使禮部尚書董晉代之，賜亞還。

《新唐書》卷一七三《裴識傳》 時蕃酋尚恐熱上三州七關，列屯分守。宣宗擇名臣，以識帥涇原，畢諴帥邠寧，李福帥夏州，帝親臨遣。識至，治堡障，整戎器，開屯田。初，將士守邊，或積歲不得還。識與立戍限，滿者代；親七十，近戍。由是人感悅。加檢校刑部尚書，徙鳳翔、忠武、天平、邠寧、靈武等軍。

《新唐書》卷一八二《盧簡方傳》 盧簡方，失其系世，不知所以進。盧鈞鎮太原，表爲節度府判官。會党項羌叛，鈞使簡方督兵乘邊，旁河相險，集樹堡鄣，自神山至鹿泉縣三百里，扆遏其衝，賊不得騁，候邏便之。累遷江州刺史。徙大同軍防禦使，大開屯田，練兵侈鬭，沙陀畏附。擢義昌節度使，入拜太僕卿，領大同節度。久之。徙振武軍，道病卒。

《新唐書》卷一八三《畢諴傳》 党項擾河西，宣宗嘗召訪邊事，諴援質古今，條破羌狀甚悉，帝悅曰：吾將擇能帥者，孰謂頗、牧在吾禁署，卿爲朕行乎？諴唯唯。卽拜刑部侍郎，出爲邠寧節度、河西供軍安撫使。諴到軍，遣吏懷諭，羌人皆順向。時戍兵常苦調饟乏，諴募士置屯田，歲收穀三十萬斛，以省度支經費，詔書嘉美。俄徙昭義，又遷河東。河東尤近胡，復脩杷頭七十烽，謹候虜，寇不敢入。

《新唐書》卷一八四《楊收傳》 宰相馬植表爲渭南尉、集賢校理，議補監察御史。收又以假方外遷，誼不可先，固辭。植嗟美爲止。復爲悰節度府判官。蜀有可縣，直巂州西南，地寬平多水泉，可灌秔稻。或謂悰計興屯田，省轉饋以飽邊士，悰將從之，收曰：田可致，兵不可得。且地當蠻衝，本非中國。今輟西南屯士往耕，則姚、巂兵少，賊得乘間。若調兵捍賊，則民疲士怨。假令大穰，蠻得長驅，是資賊糧，豈國計耶？乃止。

《新唐書》卷一九七《循吏傳·李素立》 初，突厥鐵勒部內附，卽其地爲瀚海都護府，詔素立領之。於是，闕泥熟別部數梗邊，素立以不足用兵，遣使諭降，夷人感其惠，率馬牛以獻，素立止受酒一杯，歸其餘。乃開屯田，立署次，虜益畏威。

《新唐書》卷一九七《循吏傳·薛大鼎》 出爲山南道副大使，開屯田以實倉廩。趙郡王孝恭討輔公祏，以大鼎爲饒州道軍師，引兵度彭蠡湖，以功遷浩州刺史。

《新唐書》卷一九七《循吏傳·韋丹》 順宗爲太子，以殿中侍御史召爲舍人。新羅國君死，詔拜司封郎中往弔。故事，使外國，賜州縣十官，賣以取貲，號私覿官。丹曰：使外國，不足於資，宜上請，安有貿官受錢？卽具疏所宜費，帝命有司與之，因著令。未行，而新羅立君死，還爲容州刺史。教民耕織，止惰游，興學校，民貧自鬻者，贖歸之，禁吏不得掠爲隸。始城州，周十三里，屯田二十四所，教種茶、麥，仁化大行。遷河南少尹，未至，徙義成軍司馬。

《新唐書》卷二〇三《文藝傳下·韓愈》 昔僕之師裴道明嘗言：唐家二百載有中興主，當其時，佷傲者盡滅，河、湟之地復矣。今天子英武任賢，同符太宗，寬仁厚物，有玄宗之度，罰無貸罪，賞無遺功。諸侯豢齊，趙以稔其釁，羣帥築室礪兵，進窺房、蔡，屯田繼漕，前鋒扼喉，後陣撫背，左排右掖，其幾何而不踣邪？

《舊五代史》卷八八《晉書·張希崇傳》 希崇既之任，遣人迎母赴郡，母及境，希崇親肩板輿行三十里，觀者無不稱歎。歷二年，遷靈州兩使留後。先是，靈州戍兵歲運糧經五百里，有剽攘之患。希崇乃告諭邊士，廣務屯田，歲餘，軍食大濟。璽書褒之，因正授旄節。

《新五代史》卷四七《張希崇傳》 明宗嘉之，拜汝州防禦使。遷靈武節度使。靈州地接戎狄，戍兵餉道，常苦抄掠，希崇乃開屯田，敎士耕種，軍以足食，而省轉饋，明宗下詔褒美。希崇撫養士卒，招輯夷落，自回鶻、瓜、沙皆遣使入貢。居四歲，上書求還內地，徙鎮邠寧。

《新五代史》卷四九《馮暉傳》 天福中，范延光反魏州，遣暉襲滑州，不克，遂入於魏，爲延光守。已而出降，拜義成軍節度使，徙鎮靈武。靈武自唐明宗已後，市馬糴粟，招來部族，給賜軍士，歲用度支錢六千萬，自關以西，轉輸供給，民不堪役，而流亡甚衆。青岡、土橋之間，氐、羌剽掠道路，商旅行必以兵。暉始至，則推以恩信，部族懷惠，止息侵奪，然後廣屯田以省轉餉，治倉庫、亭館千餘區，多出俸錢，民不加賦，管內大治，晉高祖下詔書褒美。

《宋史》卷一七三《食貨上一》 乾道二年，戶部侍郎曾懷言：江西路營田四千餘頃，已佃一千九百餘頃，租錢五萬五百餘貫，若出賣，可得六萬五千餘貫；及兩浙轉運司所括已佃九十餘萬畝，合而言之，爲數浩瀚。今欲遵元詔，見佃願買者減價二分。詔曾懷等提領出賣，其錢輸左藏南庫別貯之。四年四月，江東路營田亦令見佃者減價承買，期以三月賣絕，八月住賣；諸路未賣營田，轉運司收租。七年，提舉浙西常平李結乞以見管營田撥歸本司，同常平田立官莊。梁克家亦奏：戶部賣營田，率爲有力者下價取之，稅入甚微，不如置官莊，歲可得五十萬斛。八年，以大理寺主簿薛季宣於黄岡、麻城立官莊二十二所。九年，以司農寺丞葉翥等出賣浙東、西路諸官田，以監登聞檢院張孝貢等出賣江東、西路諸官田，以郎官薛元鼎拘催江、浙、閩、廣賣官田錢四百餘萬緡。

《宋史》卷二七二《何承矩傳》　時契丹撓邊，承矩上疏曰：臣幼侍先臣關南征行，熟知北邊道路、川源之勢。若於順安砦西開易河蒲口，導水東注於海，東西三百餘里，南北五七十里，資其陂澤，築隄貯水爲屯田，可以遏敵騎之奔軼。俟期歲間，關南諸泊悉壅闐，卽播爲稻田。其緣邊州軍臨塘水者，止留城守軍士，不煩發兵廣戍。收地利以實邊，設險固以防塞，春夏課農，秋冬習武，休息民力，以助國經。如此數年，將見彼弱我強，彼勞我逸，此禦邊之要策也。其順安軍以西，抵西山百里許，無水田處，亦望選兵戍之，簡其精鋭，去其冗繆。夫兵不患寡，患驕慢而不精；將不患怯，患偏見而無謀。若兵精將賢，則四境可以高枕而無憂。太宗嘉納之。

《宋史》卷三七四《廖剛傳》　剛言：國不可一日無兵，兵不可一日無食。今諸將之兵備江、淮，不知幾萬，初無儲蓄，日待哺於東南之轉餉，浙民已困，欲救此患莫若屯田。因獻三説，將校有能射耕，當加優賞，每耕田一頃，與轉一資；百姓願耕，假以糧種，復以租賦。上令都督府措置。

《宋史》卷三七七《陳規傳》　初，規守德安時，嘗條上營屯田事宜，欲倣古屯田之制，合射士民兵，分地耕墾。軍士所屯之田，皆相險隘立堡砦，寇至則堡聚捍禦，無事則乘時田作，射士皆分半以耕屯田。民戶所營之田，水田畝賦粳米一斗，陸田賦麥豆各五升。滿三年無逋輸，給爲永業。流民自歸者以田還之。凡屯田事，營田司兼行，營田事，府縣官兼行，綿不更置官吏，條列以聞，詔嘉獎之，仍下其法於諸鎮。自紹興以來，文臣鎮撫使有威聲者，惟規而已。

《宋史》卷三七九《韓肖胄傳》　又奏：江之南岸，曠土甚多，沿江大將各分地而屯，軍士舊爲農者十之五六，擇其非甚精鋭者，使之力耕，農隙則試所習之技藝，秋成則均以所種之禾麥，或募江北流徙及江南無業願遷之人分給之，創爲營屯。止則固守，出則攻討。

《宋史》卷四二六《陳靖傳》　太宗務興農事，詔有司議均田法，靖議曰：法未易遽行也。宜先命大臣或三司使爲租庸使，或兼屯田制置，仍擇三司判官選通知民事者二人爲之貳。兩京東西千里，檢責荒地及逃民產籍之，募耕作，賜耕者室廬、牛犂、種食，不足則給以庫錢。別其課爲十分，責州縣勸課，給印紙書之。分殿最爲三等：凡縣管墾田，一歲得課三分，二歲六分，三歲九分，爲下最；一歲四分，二歲七分，三歲至十分，爲中最；一歲五分，未及三歲盈十分者，爲上最。其最者，令佐免選或超資；殿者，卽增選降資。每州通以諸縣田爲十分，視殿最行賞罰。候數歲，盡罷官屯田，悉用賦民，然後量人授田，度地均稅，約井田之制，爲定以法，頒行四方，不過如此矣。太宗謂呂端曰：朕欲復井田，顧未能也，靖此策合朕意。乃召見，賜食遣之。

宋·葉隆禮《契丹國志》卷一六《韓延徽》　延徽始教太祖建牙開府，築城郭，立市里，以處漢人，使各有配偶，墾藝荒田。由是漢人各安生業，逃亡者益少。契丹威服諸國，延徽有助焉。

宋·葉隆禮《契丹國志》卷一九《大實》　女眞遺故遼將余覩帥兵經略，屯田於合董城。

《遼史》卷八六《耶律合里只傳》　合里只明達勤恪，懷柔有道。置諸賓館及西邊營田，皆自合里只發之。

《遼史》卷九一《耶律唐古傳》　朝議欲廣西南封域，黑山之西，綿亘數千里，唐古言：戍壘太遠，卒有警急，赴援不及，非良策也。從之。西蕃來侵，詔議守禦計，命唐古勸督耕稼以給西軍，田於臚朐河側，是歲大熟。明年，移屯鎮州，凡十四稔，積粟數十萬斛，斗米數錢。

《遼史》卷八二《蕭陽阿傳》　乾統元年，由烏古敵烈部屯田太保爲易州刺史。

《金史》卷六五《完顏勖孫傳》　〔蒲家奴〕後與宗雄視泰州地土，太祖因徙萬家屯田於其地。

《金史》卷七〇《思敬傳》　初，猛安謀克屯田山東，各隨所受地土，散處州縣。世宗不欲猛安謀克與民戶雜處，欲使相聚居之，遣戶部郎中完顏讓往元帥府議之。思敬與山東路總管徒單克寧議曰：大軍方進伐宋，宜以家屬權寓州縣，量留軍衆以爲備禦。俟邊事寧息，猛安謀克各使聚居，則軍民俱便。還奏，上從之。其後遂以猛安謀克自爲保聚，其田土與民田犬牙相入者，互易之。

《金史》卷七一《婆盧火傳》　天輔五年，摘取諸路猛安中萬餘家，屯田於泰州，婆盧火爲都統，賜耕牛五十。婆盧火舊居按出虎水，自是徙居泰州，而遺拾得、查端、阿里徒歡、奚撻罕等俱徙焉。唯族子撒刺喝嘗爲世祖養子，獨得不徙。

《金史》卷七一《宗敍傳》　初，宗敍嘗請募貧民戍邊屯田，給以廩粟，既貧者無艱食之患，而富家免更代之勞，得專農業。上善其言，而未行也。十七年，上謂宰臣曰：戍邊之卒，歲冒寒暑，往來番休，以馬牛往戍，往往皆死。且奪其農時，敗其生業，朕甚閔之。朕欲使百姓安於田里，而邊圉強固，卿等何術可以致此。左丞相良弼曰：邊地不堪耕種，不能久戍，所以番代耳。上曰：卿等以此急務爲末事耶。往歲，參政宗敍嘗爲朕言此事。若宗敍，可謂盡心於國者矣。今以兩路招討司、烏古里石壘部族、臨潢、泰州等路，分置堡戍，詳定以聞，朕將親覽。

《金史》卷七三《宗雄傳》　既而與蒲家奴按視泰州地土，宗雄包其土來奏曰：其土如此，可種植也。上從之。由是徙萬餘家屯田泰州，以宗雄等言其地可種藝也。

《金史》卷八九《蘇保衡傳》　［大定時］還除刑部尚書。與工部尚書宗永、兵部侍郎完顏余里也，往河南、山東、陝西宣問屯田軍人，有曾破大敵及攻城野戰立功者，具姓名以聞。或以寡敵衆，或與敵相當能先登敗敵者，正軍及擐甲阿里喜補官一階，猛安謀克以功狀上尚書省，曾隨海陵軍至淮上破敵者亦准上遷賞。

《金史》卷九〇《張九思傳》　轉御史中丞。九思言屯田猛安人爲盜徵償，家貧輒賣所種屯地。凡家貧不能徵償者，止令事主以其地招佃，收其租入，估賈與徵償相當，卽以其地還之。臨洮尹完顏讓亦論屯田貧人徵償賣田，乞用九思議，詔從之。

《金史》卷九二《盧庸傳》　大安三年，徵陝西屯田軍衞中都，以庸簽三司事，主兵食。至潞州，放還屯田軍，庸改乾州刺史，入爲吏部郎中。

《金史》卷九五《張萬公傳》　主兵者又言：比歲征伐，軍多敗衄，蓋屯田地寡，無以養贍，至有不免飢寒者，故無鬭志。願括民田之冒稅者分給之，則戰士氣自倍矣。朝臣議已定，萬公獨上書，言其不可者五，大略以爲：軍旅之後，瘡痍未復，百姓拊摩之不暇，何可重擾，一也。通檢未久，田有定籍，括之必不能盡，適足以增猾吏之敝，長告訐之風，二也。浮費侈用，不可勝計，推之以養軍，可斂不及民而足，無待於奪民之田，三也。兵士失於選擇，強弱不別，而使同田共食，振厲者無以盡其力，疲劣者得以容其姦，四也。奪民而與軍，得軍心而失天下心，其禍有不可勝言者，五也。必不得已，乞以冒地之已括者，召民蒔之，以所入贍軍，則軍有坐獲之利，而民無被奪之怨矣。皆不報。

《金史》卷一一六《石盞女魯歡傳》　［興定］三年十一月，女魯歡上言：鎭戎赤溝川，東西四十里，地無險阻，當夏人往來之衝，比屢侵突，金兵常不得利。明年春，當城鎭戎，彼必出兵來撓。乞於二三月間，徵傍郡兵聲言防護，且令鄜、鞏各屯兵境上示進伐之勢，以掣其肘。臣領平涼之衆由鎭戎而入，攻其心腹。彼自救之不暇，安能及我，如此則鎭戎可城，而彼亦不敢來犯。又所在官軍多河北、山西失業之人，其家屬仰給縣官，每患不足。鎭戎土壤肥沃，又且平衍，臣裨將所統幾八千人，每以遷徙不常爲病。若授以荒田，使耕且戰，則可以禦備一方，縣官省費而食亦足矣。其餘邊郡亦宜一體措置。上嘉納焉。遷昌武軍節度使。

元光二年九月，又言：商洛重地，西控秦陜，東接河南，軍務繁密，宜選才幹之士爲防禦使，攝帥職以鎭之。又舊來諸隘守禦之官，並從帥府辟置，其所辟者多其親暱，殖產營私，專事漁獵，及當代去，又復保留，此最害之甚者。宜令樞府選舉，以革其弊。又州之戍兵艱於魄運，亦合依上屯田，以免轉輸之費。朝廷略施行之。

《金史》卷一一九《完顏仲德傳》　［正大］六年，移知鞏昌府，兼行總帥府事。時陝西諸郡已殘，仲德招集散亡，得軍數萬，依山爲柵，屯田積穀，人多歸焉。一方獨得小康，號令明肅，至路不拾遺。

《金史》卷一二八《循吏傳・傅愼微》　傅愼微字幾先。其先秦州沙溪人，後徙建昌。愼微遷居長安。宋末登進士，累官河東路經制使。宗翰已克汴京，使婁室定陝西，愼微率衆迎戰，兵敗被獲，送至元帥府。元師宗翰愛其才學，弗殺，羈置歸化州，希尹收置門下。宗弼復取河南地，起爲陝西經略使，尋權同州節度使事。明年，陝西大旱，饑死者十七八，以愼微爲京兆、鄜延、環慶三路經濟使，許以便宜。愼微募民入粟，得二十餘萬石，立養濟院飼餓者，全活甚衆。改同知京兆尹，權陝西諸路轉運使。復修三白、龍首等渠以溉田，募民屯種，貸牛及種子以濟之，民賴其利。

《元史》卷一一七《寬徹普化傳》　[至正]二十五年，侯伯顏答失奉寬徹普化自雲南經蜀轉戰而去，至成州，欲之京師，李思齊以取蜀爲名，扼不令行，俾屯田於成州以沒。

《元史》卷一二〇《鎮海傳》　壬申，從攻曲出諸國，賜珍珠旗，佩金虎符，爲闍里必。從攻塔塔兒、欽察、唐兀、只溫、契丹、女直、河西諸國，所俘生口萬計，悉以上獻，賜御用服器白金等物。命屯田於阿魯歡，立鎮海城戍守之。

《元史》卷一二二《別的因傳》　癸亥正月，召赴行在所。冬十一月，謁見世祖於行在所，世祖賜金符，以別的因爲壽穎二州屯田府達魯花赤。

《元史》卷一二二《愛魯傳》　[至元]十年，平章賽典赤行省雲南，令愛魯疆理永昌，增田爲多。十一年，閱中慶版籍，得隱戶萬餘，以四千戶即其地屯田。

《元史》卷一二三《哈八兒禿傳》　[至元]二十四年，賜金符，授承信校尉，蒙古衛軍屯田千戶。二十五年，進武義將軍，本所達魯花赤。二十七年，陞左翼屯田萬戶府副萬戶。

《元史》卷一二五《賽典赤贍思丁傳》　至元元年，置陝西五路西蜀四川行中書省，出爲平章政事。蒞官三年，增戶九千五百六十五，軍一萬二千二百五十五，鈔六千二百二十五錠，屯田糧九萬七千二十一石，撙節和買鈔三百三十一錠。中書以聞，詔賞銀五千兩，仍命陝西五路四川行院大小官屬并聽節制。

十一年，帝謂賽典赤曰：雲南朕嘗親臨，比因委任失宜，使遠人不安，欲選謹厚者撫治之，無如卿者。賽典赤拜受命，退朝，卽訪求知雲南地理者，畫其山川城郭、驛舍軍屯、夷險遠近爲圖以進，帝大悅，遂拜平章政事，行省雲南，賜鈔五十萬緡、金寶無算。

《元史》卷一二五《納速剌丁傳》　[至元]二十一年，進榮祿大夫、平章政事。奏減合剌章冗官，歲省俸金九百餘兩；屯田課程專人掌之，歲得五千兩。

《元史》卷一二五《鐵哥傳》　[至元]二十二年，進正奉大夫，奏：司農寺宜陞爲大司農司，秩二品，使天下知朝廷重農之意。制可。進資善大夫、司農。時司農供膳，有司多擾民，鐵哥奏曰：屯田則備諸物，立供膳司甚便。從之。

《元史》卷一二六《廉希憲傳》　希憲奏：【略】又罷解鹽戶所摘軍及京兆諸處無籍戶之戍靈州屯田者，以寬民力。

《元史》卷一二八《土土哈傳》　[至元]二十年，改同知衛尉院事，兼領羣牧司。請以所部哈剌赤屯田畿內，詔給霸州文安縣田四百頃，益以宋新附軍人八百，俾領其事。二十一年，賜金虎符，幷賜金貂、裘帽、玉帶各一，海東青鶻一，水磑壹區，近郊田二千畝，籍河東諸路蒙古軍子弟四千六百人隸其麾下。

《元史》卷一三一《忙兀台傳》　[至元二十三年]復言：淮東近地，宜置屯田，歲入糧以給軍，所餘餉京師。帝悉從其言。

忙兀台之在江浙專愎自用，又易置戍兵，平章不憐吉台言其變更伯顏、阿朮成法，帝每戒敕之。既死，臺臣劾郎中張斯立罪狀，而忙兀台迫死劉宣及其屯田無成事，始聞於帝云。

《元史》卷一三二《昂吉兒傳》　時兩淮兵革之餘，荆榛蔽野，昂吉兒請立屯田，以給軍餉，帝從之。既而阿塔海言：屯田所用人牛農具甚衆，今方有事日本，若復調發民兵，將不勝動搖矣。議遂寢。未幾，宣慰使燕[公]楠復以爲言，帝乃遣數千人，卽芍陂、洪澤試之，果如昂吉兒所言，乃以二萬兵屯之，歲得米數十萬斛。加輔國上將軍、河南行省參知政事，淮西宣慰使都元帥，進驃騎衛上將軍、行中書省左丞，加龍虎衛上將軍、行尙書省右丞，兩官皆兼淮西使、帥。

《元史》卷一三二《沙全傳》　時民心未定，有未附鹽徒聚衆數萬掠華亭，全擊破之，籍其名得六千人，請於行省，遣屯田於淮之芍陂。行省以邑人新附，時有叛側，委萬戶忽都忽等體察，欲屠其城，全言：鹽卒多非其土人，若屠之，枉死者衆。以死保其不叛，遂止。

《元史》卷一三四《朶兒赤傳》　因問欲何仕，朶兒赤對曰：西夏營田，實占正軍，儻有調用，則又妨耕作。土瘠野壙，十未墾一。南軍屯聚以來，子弟蕃息稍衆，若以其成丁者，別編入籍，以實屯力，則地利多而兵有餘矣。請爲其總管，以盡措畫。帝可之，乃授中興路新民總管。至官，録其子弟之壯者墾田，塞黄河九口，開其三流。凡三載，賦額增倍，就轉營田使。秩滿入覲，帝大悦，陞潼川府尹。時公府無祿田，朶兒赤乃以官曠地給民，視秩分畝，而薄其税。潼川仕者有祿，自此始。

《元史》卷一三四《千奴傳》 成宗崩，迎仁宗於潛邸，奉武宗即位，危疑之際，彌綸補益之功爲多。拜榮祿大夫、平章政事、商議樞密院事、左翼萬戶府達魯花赤，提調屯田事。

子壽童，洪澤屯萬戶，早卒；**【略】**觀音保，襲洪澤屯萬戶。

《元史》卷一三四《斡羅思傳》 武宗立，召還，授資善大夫、中書左丞，領武衛親軍都指揮使，大都屯田府事。尋進榮祿大夫、中書右丞，兼翰林國史承旨，仍領武衛屯田。

《元史》卷一三四《朶羅台傳》 朶羅台從萬戶也速䚟兒、玉哇赤等累戰有功，授前衛親軍百戶。積官昭信校尉，芍陂屯田千戶所達魯花赤，後以疾退。

《元史》卷一三六《哈剌哈孫傳》 〔至元〕三十年，平章劉國傑將兵征交趾，哈剌哈孫戒將吏無擾民。會有奪民魚菜者，杖其千戶，軍中肅然。俄有旨發湖湘富民萬家，屯田廣西，以圖交趾。哈剌哈孫密遣使奏曰：往年遠征無功，瘡痍未復，今又徙民瘴鄉，必將怨叛。吏莫知其奏，抱卷請署，弗答。吏再請，則曰：姑緩之。未幾，使還報罷，民皆感悦。及廣西元帥府請募南丹五千戶屯田，事上行省，哈剌哈孫曰：此土著之民，誠爲便之，内足以實空地，外足以制交趾之寇，可不煩士卒而饋餉有餘。即命度地立爲五屯，統以屯長，給牛種農具與之。湖南宣慰張國紀建言，欲按唐、宋末徵民間夏税。哈剌哈孫曰：亡國弊政，失寬大之意，聖朝其可行耶？奏止其議。

同上 初仁宗詔曰：和林爲北邊重鎮，今諸部降者又百餘萬，非重臣不足以鎮之，念無以易哈剌哈孫者。賜黄金三百兩、白銀三千五百兩、鈔十五萬貫，帛四萬端，乳馬六十匹，以太傅(右)〔左〕丞相行和林省事。

至鎮，**【略】**浚古渠，溉田數千頃。治稱海屯田，教部落雜耕其間，歲得米二十餘萬。北邊大治。

《元史》卷一三七《阿禮海牙傳》 〔天曆〕元年十月一日，阿禮海牙集省憲官屬，問以長策，無有言者。阿禮海牙曰：汴在南北之交，使西人得至此，則江南三省之道不通於畿甸，軍旅應接何日息乎。夫事有緩急輕重，今重莫如足兵，急莫如足食。吾徵湖廣之平陽、保定兩翼軍，與吾省之鄧新翼、廬州、沂、郯砲弩手諸軍，以備虎牢；裕州哈剌魯、鄧州孫萬戶兩軍，以備武關、荆子口。以屬郡之兵及蒙古兩都萬戶、左右兩衛、諸部丁壯之可入軍者，給馬乘貲裝，立行伍，以次備諸隘。芍陂等屯兵本自襄、鄧諸軍來田者，還其軍，益以民之丁壯，使守襄陽、白土、峽州諸隘。别遣塔海以備自蜀至者，以汴、汝、荆、襄、兩淮之馬以給之，府庫不足，則命郡縣假諸殷富之家。安豐等郡之粟，遡黄河運至於陝，羅諸汴、汝，近郡者，則運諸滎陽以達於虎牢。吾與諸軍各奮忠義以從王事，宜無不濟者。衆曰：唯。命即日部分行事。

《元史》卷一三八《脱脱傳》 〔至正〕十三年三月，脱脱用左丞烏古孫良楨、右丞悟良哈台議，屯田京畿，以二人兼大司農卿，而脱脱領大司農事。西至西山，東至遷民鎮，南至保定、河間，北至檀、順州，皆引水利，立法佃種，歲乃大稔。

《元史》卷一四三《泰不華傳》 至正元年，陞禮部尚書，兼會同館事。黄河決，奉詔以珪玉白馬致祭河神，竣事上言：淮安以東，河入海處，宜倣宋置撩清夫，用輥江龍鐵掃，撼蕩沙泥，隨潮入海。朝廷從其言，會用夫屯田，其事中廢。

《元史》卷一四三《余闕傳》 至正十(三)〔二〕年，行中書於淮東，改宣慰司爲都元帥府，治淮西，起闕副使、僉都元帥府事，分兵守安慶。於時南北音問隔絶，兵食俱乏，抵官十日而寇至，拒卻之。乃集有司與諸將議屯田戰守計，環境築堡寨，選精甲外扞，而耕稼於中。屬縣灊山八社，土壤沃饒，悉以爲屯。**【略】**陞同知、副元帥。**【略】**十五年夏，大雨，江漲，屯田禾半沒，城下水湧，有物吼聲如雷，闕祠以少牢，水輒縮。秋稼登，得糧三萬斛。

《元史》卷一四六《楊惟中傳》 憲宗即位，世祖以太弟鎮金蓮川，得開府專封拜。乃立河南道經略司於汴梁，奏惟中等爲使，俾屯田唐、鄧、申、裕、嵩、汝、蔡、息、亳、潁諸州。

《元史》卷一四七《張柔傳》 辛丑，升保州爲順天府，賜御衣數襲、名馬二，尚廄馬百。柔率師自五河口濟淮，略和州諸城，師還，分遣部下將千人屯田於襄城。

《元史》卷一四七《史權傳》 權字伯衡，勇而有謀。**【略】**中統元年，降詔獎諭，賜金虎符，授眞定河間濱棣邢洺衛輝等州路并木烈紇軍兼屯田州城民戶沿邊鎮守諸軍總管萬戶； 其所屬千戶、萬戶，悉聽號令。【略】

七年，制授河南等路宣撫使，未上，賜金虎符，充江漢大都督，總制軍馬，總管屯田萬戶。

《元史》卷一四九《郭侃傳》 西域平。侃以捷告至釣魚山，會憲宗崩，乃還鄧，開屯田，立保障。

至元二年，有言當解史天澤兵權者，天澤遂遷他官，侃亦調同知滕州。三年，侃上言： 宋人羈留我使，宜興師問罪。淮北可立屯田三百六十所，每屯置牛三百六十具，計一屯所出，足供軍旅一日之需。

《元史》卷一四九《石天應傳》 子安琬，襲職，佩金符，從征大理，討李壇，皆有功。【略】後授大同等處萬戶，領江左新附卒萬人，屯田紅城。

《元史》卷一五〇《何瑋傳》 至大元年，遷太子詹事，兼衛率使。俄拜中書左丞，仍平章政事，商議中書省事。未幾，擢河南行省平章政事，佩金虎符，提調屯田事，帝召至榻前，面諭曰： 汴省事重，屯田久廢，卿當爲國竭力。

《元史》卷一五一《石抹孛迭兒傳》 辛巳，木華黎承制陞孛迭兒爲龍虎衛上將軍、霸州等路元帥，佩金虎符，以黑軍鎮守固安水寨。既至，令兵士屯田，且耕且戰，披荆棘，立廬舍，數年之間，城市悉完，爲燕京外蔽。

《元史》卷一五二《張晉亨傳》 中統四年，授金虎符，分將本道兵充萬戶，戍宿州。首言： 汴堤南北，沃壤閒曠，宜屯田以資軍食。乃分兵列營，以時種藝，選千夫長督勸之，事成，期年皆獲其利。

《元史》卷一五二《劉通傳》 淵，至元十一年，佩金符，授進義副尉，爲徐、邳屯田總管下丁莊千戶。

《元史》卷一五四《洪福源傳》至元六年十二月，帝命茶丘率兵往鳳州等處，立屯田總管府。

《元史》卷一五四《鄭制宜傳》 [元貞元年]俄入朝，特授大都留守，領少府監，兼武衛親軍都指揮使，知屯田事。

《元史》卷一五四《李進傳》 十三年，領軍二千，屯田河西中興府。十四年，加武略將軍，陞千戶。十五年，移屯六盤山，加武毅將軍，賜金符。十七年，陞明威將軍、管軍總管。十九年，賜虎符，復進懷遠大將軍，命屯田西域別石八里。【略】

二十五年，授蒙古侍衛親軍都指揮使司僉事。明年，改授左翼屯田萬戶。【略】子雯，襲授武德將軍、左翼屯田萬戶，佩虎符。

《元史》一五四《鄭溫傳》 [至元]二十三年，陞江浙左丞，命以新附漢軍萬五千，於淮安雲山[白水]塘立屯田。

《元史》卷一五五《汪德臣傳》 世祖以皇弟有事西南，德臣入見，乞免益昌賦稅及徭役，漕糧、屯田爲長久計，並從之。【略】

[甲寅春]既而魚關、金牛水陸運偕至，屯田麥亦登，食用遂給。

《元史》卷一五五《汪良臣傳》 癸丑歲，以德臣薦，爲鞏昌帥，領所部兵屯田白水，蜀邊寨不敢復出鈔略。【略】

子七人： 【略】惟某，同知屯田總管府事。

《元史》卷一五八《姚樞傳》 次及救時之弊，爲條三十，曰： 【略】布屯田以實邊戍，通漕運以廩京都。【略】

憲宗卽位，詔凡軍民在赤老溫山南者，聽世祖總之。【略】樞又請置屯田經略司於汴以圖宋； 置都運司於衛，轉粟於河。

《元史》卷一五九《商挺傳》 [至元]八年，陞[樞密院]副使。【略】使四千人屯田，開墾三萬畝，收其穫以餉親軍。

《元史》卷一五九《商琥傳》 琥字禮符。仕爲右衛屯田千戶。歲餘，謝病侍親，時年纔三十二。

《元史》卷一五九《趙良弼傳》 至元七年，以良弼爲經略使，領高麗屯田。良弼言屯田不便，固辭，遂以良弼奉使日本。

《元史》卷一六一《楊文安傳》 [至元]九年秋，領軍出小寧，措置屯田，遣韓福攻達州九君山，擒宋將張俊。【略】九月，築金湯城，以積屯田之糧，且以逼宋龍爪城。

《元史》卷一六二《李忽蘭吉傳》 至元六年，賜虎符，授昭勇大將軍、夔東路招討使，以軍三千，立章廣平山寨，置屯田，出兵以絕大梁平山兩道。【略】

[至元]十年正月，成都失利，帝遣人問所以失之故，及今措置之方，忽蘭吉附奏曰： 初立成都，惟建子城，軍民止於外城，別無城壁。宋軍乘虛來攻，失於不備，軍官皆年少不經事之人，以此失利。西川地曠人稀，宜修置城

寨，以備不虞；選任材智，廣畜軍儲，最爲急務。今蒙古、漢軍多非正身，半以驅奴代，宜嚴禁之。所謂修築城寨、練習軍馬、措畫屯田、規運糧餉、創造舟楫、完繕軍器，六者不可缺一；又當任賢遠讒，信賞必罰，修內治外，戰勝攻取，選用良將，隨機應變，則邊陲無虞矣。

《元史》卷一六二《李庭傳》〔至元〕二十五年，拜榮祿大夫、平章政事，商議樞密院事，提調諸衛屯田事。

初，武宗出鎮北邊，庭請從行，成宗憫其老，不許，賜鈔五萬貫，依前榮祿大夫，平章政事，商議樞密院事，提調諸衛屯田，兼後衛親軍都指揮使。奉旨北征懷都，至野馬川而還。

《元史》卷一六二《劉國傑傳》〔至元〕二十五年，湖南盜詹一仔，誘衡、永、寶慶、武岡人，嘯聚四望山，官軍久不能討。國傑破之，斬首盜，餘衆悉降。將校請曰：此輩久亂，急則降，降而有釁，復反矣，不如盡阬之。國傑曰：多殺不可，況殺降耶！吾有以處之矣。乃相要地爲三屯：在衡曰清化，在永曰烏符，在武岡曰白倉，遷其衆守之，每屯五百人，以備賊，且墾廢田榛棘，使賊不得爲巢穴。降者有故田宅，盡還之，無者，使雜耕屯中，後皆爲良民。

二十八年，置湖廣等處行樞密院，遷副使，還軍武昌。秋，廣東盜再起，國傑復出道州。時知上思州黃勝許恃其險遠，與交趾爲表裏，寇邊。二十九年，詔國傑討之。賊衆勁悍，出入巖洞篁竹中如飛鳥，發毒矢，中人無愈者。國傑身率士奮戰，賊不能敵，走象山，山近交趾，皆深林，不可入，乃度其出入，列柵圍之，徐伐山通道，且戰且進，二年，拔其寨。勝許挺身走交趾，擒其妻子殺之。國傑三以書責交趾索勝許，交趾竟匿不與。夏，師還，盡取賊巢地爲屯田，募〔慶〕遠諸獞人耕之，以爲兩江蔽障。後蠻人謂屯爲省地，莫敢犯者。

《元史》卷一六三《李德輝傳》皇子安西王鎮關中，奏以德輝爲輔，遂改安西王相。至則視瀕涇營牧故地，可得數千頃，起廬舍，疏溝澮，假牛、種、田具與貧民二千家，屯田其中，歲得粟麥芻藁萬計。

《元史》卷一六三《張德輝傳》世祖卽位，起德輝爲河東南北路宣撫使，下車，擊豪強，黜贓吏，均賦役。【略】西川帥紐鄰重取兵千餘人，守吏畏其威，莫敢申理，隸鳳翔屯田者八百餘人，屯罷，兵不歸籍；會簽防戍兵，河中浮梁故有守卒，不以充數。悉條奏之，帝可其請。

《元史》卷一六三《烏古孫澤傳》〔至元二十九年〕秋七月，併左右兩〔江〕道歸廣西宣慰司，置〔都〕元帥府，澤爲廣西兩江道宣慰副使、僉都元帥府事。【略】邕管徼外蠻數爲寇，澤循行並徼，得阸塞處，布畫遠邇，募民伉健者四千六百餘戶，置雷留那扶十屯，列營堡以守之。陂水墾田，築八堨以節瀦洩，得稻田若干畝，歲收穀若干石爲軍儲，邊民賴之。

《元史》卷一六三《趙炳傳》〔至元〕十六年秋，改中奉大夫、安西王相，兼陝西五路西蜀四川課程屯田事，餘職如故，卽今乘傳偕敕使數人往按琮等。

《元史》卷一六五《鮮卑仲吉傳》〔子準〕至元十年，授侍衛親軍千戶、昭武大將軍、大都屯田萬戶，佩虎符，卒。

《元史》卷一六六《羅璧傳》大德三年，除饒州路總管，改廣東道宣慰使都元帥。【略】奉命括兩淮屯田，得疾，歸鎮江而卒，年六十六。

《元史》卷一六六《劉恩傳》〔至元〕十六年，入朝，賞賚有加，授四川西道宣慰使，改副都元帥。率蒙古、漢軍萬人征斡端，進都元帥，宣慰使如故，賜宿烈孫皮衣一、錦衣一，及弓刀諸物。師次甘州，奉詔留屯田，得粟二萬餘石。

《元史》卷一六六《石高山傳》〔至元〕十六年，命同忽都魯領三衛軍戍和林，因屯田以給軍儲，歲不乏用。

《元史》卷一六六《石抹狗狗傳》子常山，襲爲千戶。癸丑，陞總管，領興元諸軍奧魯屯田，并寶鷄驛軍，權都總管萬戶，歲餘卒。

《元史》卷一六六《張均傳》成宗卽位，命屯田和林，規畫備悉有法，諸王藥木忽兒北征，給餉賴之，未嘗乏絶，帝嘉其能，賜予有加。

《元史》卷一六六《趙宏偉傳》十七年，改衡州路總管府治中。羣盜出沒其境，宏偉計其地，興屯田，民既足食，盜亦爲農，郡遂寧謐。

《元史》卷一六六《張立道傳》皇子忽哥赤封雲南王，往鎮其地，詔以立道爲王府文學。立道勸王務農以厚民，卽署立道大理等處勸農官，兼領屯田事，佩銀符。

《元史》卷一六七《張庭瑞傳》政過於猛，上官弗便，陷以罪，徙四川屯田經略副使。東西川行樞密院發兵圍重慶，朝廷知庭瑞練習軍事，換成都總管，佩虎符，舟楫兵仗糧儲皆倚以辦。【略】先時，運糧由楊山泝江，往往覆陷，庭瑞始立屯田，人得免患。

《元史》卷一六七《王通傳》　通，【略】十四年，改侍衛親軍千戶。明年，通上書，言今南方已定，而北陲未安，請屯田於和林，率所部自效，帝慰勞遣之。【略】從討叛王乃顔，遷副都指揮使。明年，屯田瓜、沙諸州，進階明威將軍。

武宗即位，命總京城衛兵。樞密院復奏通攝左丞，領諸衛屯田兵。尋遷屯儲衛親軍都指揮使，鎮海口。

《元史》卷一六八《陳祐傳》　子夔，芍陂屯田萬戶。【略】孫思魯，襲芍陂屯田萬戶。

《元史》卷一六八《陳天祥傳》　［大德］九年五月，拜中書右丞，議樞密院事，提調諸衛屯田，使者五致詔，以年老不能辭。

《元史》卷一六九《王伯勝傳》　至治二年，賜金虎符，授武衛親軍都指揮使，兼大都屯田事，仍大都留守。

《元史》卷一七〇《郝彬傳》　御史薦彬同知淮西道宣慰司事，覈戶版，理屯田，諸廢修舉。

《元史》卷一七三《崔斌傳》　襄樊之役，命斌僉河南行省事。方議攻鹿門山，斌曰自峴山西抵萬山，北抵漢江，築城浚塹，以絶餉援，則襄陽可坐制矣。時調曹、濮民丁，屯田南陽。斌議罷曹、濮屯民，以近地兵多者補之，民以爲便。

《元史》卷一七三《燕公楠傳》　至元二十二年夏，召至上都，奏對稱旨，世祖賜名賽因囊加帶，命參大政，辭，乞補外。除僉江浙行中書省事，俄移江淮。尚書省立，就僉江淮行尚書省事。江淮在宋爲邊陲，故多閑田，公楠請置兩淮屯田，勸導有方，田日以墾。二十五年，除大司農，領八道勸農營田司事。按行郡縣，興利舉弊，績用大著。劾江西營田使沙不丁貪橫，罷之。

《元史》卷一七七《吳元珪傳》　初，江南既定，樞密奏裁定官屬，京師五衛，行省，萬戶府設官有差，均俸祿，給醫藥，設學校，置屯田，多元珪所論建。

《元史》卷一七九《來阿八赤傳》　子寄僧，爲水達達屯田總管府達魯花赤。

《元史》卷一八〇《趙世延傳》　延祐五年，進光祿大夫、昭文館學士，守大都留守，乞補外，拜四川行省平章政事。世延議卽重慶路立屯田，物色江津、巴縣閑田七百八十三頃，摘軍千二百人墾之，歲得粟萬一千七百石。

《元史》卷一八一《虞集傳》　［泰定時］拜翰林直學士，俄兼國子祭酒，嘗因講罷，論京師恃東南運糧爲實，竭民力以航不測，非所以寬遠人而因地利也。與同列進曰：京師之東，瀕海數千里，北極遼海，南濱青、齊，萑葦之場也，海潮日至，淤爲沃壤，用浙人之法，築堤捍水爲田，聽富民欲得官者，合其衆分授以地，官定其畔以爲限，能以萬夫耕者，授以萬夫之田，爲萬夫之長，千夫、百夫亦如之，察其惰者而易之。一年，勿征也；二年，勿征也；三年，視其成，以地之高下，定額於朝廷，以次漸征之；五年，有積蓄，命以官，就所儲給以祿；十年，佩之符印，得以傳子孫，如軍官之法。則東面民兵數萬，可以近衛京師，外禦島夷；遠寬東南海運，以紓疲民；遂富民得官之志，而獲其用；江海游食盜賊之類，皆有所歸。議定於中，說者以爲一有此制，則執事者必以賄成，而不可爲矣。事遂寢。其後海口萬戶之設，大略宗之。

《元史》卷一八四《崔敬傳》　［至正］十五年，復爲樞密院判官，尋拜參知政事，行省河南，復爲兵部尚書，兼濟寧軍民屯田使，朝廷給以鈔十萬錠，散於有司，招致居民、軍士，立營屯種，歲收得百萬斛，以給邊防，居歲餘，其法井井。

《元史》卷一八七《烏古孫良楨傳》　［至正］十三年，陞左丞，兼大司農卿，仍同知經筵事。【略】會軍餉不給，請與右丞悟良哈台主屯田，歲入二十萬石。

《元史》卷一八八《董摶霄傳》　至正十一年，除濟寧路總管，奉旨從江浙平章教化征進安豐，兵至合肥定林站，遇賊大破之。時朱皐、固始賊復猖獗，軍少不足以分討。有大山民寨及芍陂屯田軍，摶霄皆獎勞而約束之，遂得障蔽朱皐。

《元史》卷一九一《良吏傳一·許楫》　未幾，立大司農司，以楫爲勸農副使。時商挺爲安西王相，遇於途，楫因言：京兆之西，荒野數千頃，宋、金皆嘗置屯，如募民立屯田，歲可得穀，給王府之需。挺以其言入奏，從之。三年，屯成，果獲其利。尋佩金符，爲陝西道勸農使。

《元史》卷一九三《忠義傳一·劉天孚》　時檢核屯田，臨潁、鄧艾口民稻田三百頃，有欲害之者，指爲古屯，陳於中書，請復築之。中書下天孚按實，天孚爲辨其非，章數上，乃止。

《元史》卷二〇三《阿老瓦丁傳》　十八年，命屯田於南京。二十二年，樞密院奉旨，改元帥府爲回回砲手軍匠上萬戶府，以阿老瓦丁爲副萬戶。

《元史》卷二〇五《姦臣傳・盧世榮》　世榮既驟被顯用，卽日奉旨中書整治鈔法，遍行中外，官吏奉法不虔者，加以罪。翌日，同右丞相安童奏【略】又奏懷孟竹園、江湖魚課，及襄淮屯田事。

《元史》卷二〇五《姦臣傳・搠思監》　至正十五年，遷陝西行省平章，復召還，拜知樞密院事。俄復拜中書平章，兼大司農分司，提調大都留守司，及屯田事。

《元史》卷二〇七《逆臣傳・鐵失》　［至正］二十一年九月，命孛羅帖木兒於保定以東、河間以南屯田。【略】

先是，朝廷立衛屯田，嘗命中書右丞也先不花提督，與秃堅帖木兒分院之地相近，因擾及其親里，搆成嫌隙，也先不花乃譖秃堅帖木兒詆毁朝政，孛羅帖木兒與秃堅帖木兒相友善，且知其誣，遣人白其非罪。皇太子以孛羅帖木兒握兵跋扈，今乃與秃堅帖木兒交通，又匿不軌之臣，遂與丞相搠思監議，請詔削其官，分其兵援四川省丞相察罕不花領之。孛羅帖木兒謂非帝意，故不聽命，舉兵助秃堅帖木兒。

《元史》卷二〇八《外夷一・高麗》　［至元］十五年，東征元帥府上言：以高麗侍中金方慶與其子愃、恒、恂，婿趙（卞）［抃］等，陰養死士四百人，匿鎧仗器械，造戰艦，積糧餉，欲謀作亂，捕方慶等按驗得實，已流諸海島。然高麗初附，民心未安，可發征日本還卒二千七百人，置長吏，屯忠淸、全羅諸處，鎮撫外夷，以安其民；復令士卒備牛畜耒耜，爲來歲屯田之計。

同上　［至元七年］十一月，中書省臣言於高麗設置屯田經略司。以忻都、史樞爲鳳州等處經略使，佩虎符，領軍五千屯田於金州；又令洪茶丘以舊領民二千屯田，阿剌帖木兒爲副經略司，總轄之，而罷阿海軍。【略】

［閏十一月］又詔禃曰：嚮嘗遣信使通問日本，不謂執迷固難以善言開諭，此卿所知。將經略於彼，敕有司發卒屯田，爲進取之計，庶免爾國他日轉輸之勞。仍遣使持書，先示招懷。卿其悉心盡慮，俾贊方略，期於有成，以稱朕意。初，林衍之變，百姓驚擾，至是下詔撫慰之。

元・王惲《秋澗集》卷五八《大元故廣威將軍屯田萬戶聶公神道碑銘》

皇元以神武戡定區宇，剪金取宋，保塞一軍，號稱雄勝，帥闔堂堂，節制於上，亦由部曲宣力得其人故也。況聶氏與蔡國張公奮迹布衣，義同里閈，依乘風雲，奕世竭節者哉。公諱禎，字正卿，世爲定興沈陶井里人。曾祖洎大父，皆在野不仕。父福堅，資豪偉，善騎射，國初張公團結鄉義，柵西山之東流堝，選推爲百夫長，從定河朔，取汴蔡，有殊績，終襄縣屯田總管。母夫人段氏，同里大家。生四子。公其長也，幼沈鷙寡笑言，不作群兒嬉，及長，聰敏好學，有謀略，慷慨尚氣節。年十七嗣襲父職，張公察其才武，試以攻守之方爲問，條對灑灑有成算，公愕然，不復以鄉之吳下阿蒙爲睞。歲丁未，率本部分功立杞城亳，阨宋人出沒，以絶侵軼之患。繼攻泗州，前後以功受賞有差。己未，扈世祖皇帝渡江攻鄂渚，拔蝥弧先登，陷東南城堞，帝督戰親覩，壯其勇，酌酒飲賚，以紀其功。其年冬，命領千兵，迎援大帥兀良合歹於長沙，水陸轉戰，備嘗艱苦，竟達漢陽，由是陞總轄，仍佩銀符。中統三年，賊璮叛，公攝千夫長分圍歷城，接戰嘗先諸道兵，蒙賜鏐馬，俾激士氣，璮平，遂南城荆山。至元六年，眞授千戶，易以金符。是年，朝廷進軍襄樊，公屯守鹿門甚力。至元七年，行臺命公將番漢馬步三千人取新興寨，公曰：彼衆而恃險，我客而力不一，惟當神速，掩其不備，可成功爾。遂一戰而克，斬馘不勝計，生擒者七十人，賞楮幣四千緡。至元十二年，分隸元帥孛魯歡，收連海、淮安等州，宋守將許安撫者，陳艨艟五百艘以俟，公帥麾下直擣之，許少卻，水陸乘之，彼軍大壞，殺死溺水者十七八，盡獲其戰艦器仗。帥府上功，奉旨陞武節將軍。繼攻下招信泗州，階進宣武。時孽宋已亡，江西、湖南皆内附，獨靜江恃其險遠，旅拒不下，上以亳軍素精鋭，戰必勝，攻必取，命摘全軍進擊。至則賊勢披猖，公率猛士深入，殊死鬥，首奪西南城堞，衆隨之以進，城陷。捷聞，加授顯武將軍、行軍總管。桂境雖平，大兵後，所在草寇竊發，充斥山谷間，爲良民梗，衡山、茶陵尤稱搶攘。帥府稔公威名烜赫，摘諸翼兵千人往平之。公窮竟窟穴，夷抉根株，其脅從汙染者諭歸田畝，井邑按堵，軍無私焉。所在老幼擁馬首泣拜曰：非公活我，吾四縣遺民二十餘萬，無噍類矣！其戢禍亂，威愛兼濟，有古良將風。既而蒙古漢軍都帥張侯，以公部曲故家，屢立駿功，請於朝，復備將佐。十七年，從張侯入覲，進拜明威將軍、亳軍副萬戶，仍賜錦袍一襲，旌宿勞也，俾鎮建康，尋移維揚。十九年，選充江淮都漕運使。二十五年，改任廣威將軍、大都屯田萬户，一載間，區畫營屯耕稼有法，比前政收獲爲倍蓰。二十六年，更授右翼萬户，田旌閃閃，有萬屯曉唱之樂。至元廿六年三月十六日，以疾卒於官，享年六十有二，葬祖塋。公資外嚴毅，内廓如也，孝於事親，忠於爲國，出天秉固然。治軍旅，號令嚴明，部伍整肅，臨陣抗敵，挺身決戰，略無顧惜，故每戰有功，聲名烜赫。暇則讀書不輟，《左氏傳》、《通鑑》、《戰國策》皆通大義，古人良法美意、奇計偉畫，涉獵融會，多見諸行事。方經略南服，母夫人陳氏尚在堂，公迺心王事不遑暇，然遺親之念，未嘗置頃刻也，一旦心神内動，泚流被面曰：豈吾親有故，動於彼而應於此邪？即請歸覲。比至，太夫人喪尚未斂，公攀號屢絶，痛其終之無所存活，克襄大事，鄉里感嘆，爲平昔孝誠所致。夫人郭氏，同縣南王里人，溫純恭謹，奉事老姑，怡順進退不敢自專，年逾四十，夫貴子長，應對門内事，尚以名稱。姑病，早暮侍養不少懈倦，湯劑必嘗而後進，及亡，朝夕廬祭者三周歲，宗黨號曰孝婦。待妾媵有恩禮，略無嫉妒。子一十一人：長曰惟義，承父爵，右翼屯田萬户；次曰惟謙，峽州夷陵尹；曰惟明，閤門宣贊舍人；曰惟孝、惟爵，未仕，皆郭出也；餘幼，未名。女四人，俱適望族。元貞建號之二載冬十一月，惟義踵門來請曰：自惟無所肖似，尚賴先世遺澤，嗣守緒業，朝夕惴惴，愧無光揚，惟是鑽石紀銘，表諸神門，圖報萬一。稔聞翰學先生學古詞達，當代將相家皆有頌於下執事，儻得銘，則爲不朽矣！中統建元，余應召中省，獲識蔡國父子，及提憲河朔，郎山鷄水之間亦嘗巡歷，載惟疇昔，輒次其件右而擊之以辭。銘曰：

丈夫挺志，無先外事，况乎戰陣，聖所慎毖。不有諸内，孰形於外？擴我秉彝，克作其氣。惟燕南陲，聶宗所系，奮從雲雷，以功名憙。侯不封萬，志焉罔遂，報之後人，福祿何既？桓桓廣威，克昌再世，曉暢戎機，蔡國首器。發蹤指獸，俾展其翼。横戈長江，斬鱷蒼海。萬竈同心，雅歌奏凱，長驅靜江，指顧摧敗。草切蟲如，肆爲民害，玉石既分，善良攸賴。笳鼓歸來，旌旆揚彩，酬功進爵，大蒙天賚。高大門閎，鄉閭歎嘅，不知其中，大本有在。子曾有言：質而弗礙，篤孝惟移，化而忠義。公於臣子，存沒無愧。巨川騰波，郎峰聳翠。片石干霄，千古光配。

元・魏初《青崖集》卷五《故四路屯田達魯花赤王公墓銘》 至元二十一年，初自河東提刑副使承命赴臺。將戒車，醫藥教授呂某賫府教官王弘嗣狀，爲太原治中王居敬請銘其先人墓。初謂：余來太原未再期月，又按部別郡三之二，於居敬未審其行業，遽叵撰述？某曰：今風俗中處富貴者例以聲色狗馬爲意，其愬於光揚先烈者有幾？君自下車，雖以擊姦慝爲職，茍於孝思有良心發見者，抑豈不可勸獎之乎？不然，是絶人於善，使無由以自拔於流俗也。度不可辭，乃考所具狀。公諱蒙固岱，秀巖人。少習軍旅，事烈祖皇帝，以戰功授西京、太原、眞安、延安四路屯田達嚕噶齊。辛卯，治忻州，課農有法。明年，大饑。公言於上，咸逋租，以所屯糧給民，無私焉。時簡車徒頗憂，公抗論得止。又請於朝，發倉粟以賑饑荒。聖天子即位，詔領屯如故。至元五年，告老。十三年正月二十八日，以疾卒，享年七十有七，葬於定襄王村之西北。娶程氏。子男三人：長天澤，以謹願稱。仲天祐，先公一年卒。季居敬，嘗侍春官，以勞遷今職。七女。八孫。祖，忘其諱，金鎭國將軍，始居東京。父益魯，襲封千夫長。母青氏。銘曰：

於惟王公，此爲幽藏。永千萬年，考茲銘章。

元・劉壎《水雲村泯稿》卷七《屯田員外郎劉公勅黄後跋大德七年一月》

七世族祖屯田員外郎廿四府君諱，江樓居士八府君次子也。景祐五年三月，仁皇御殿親試舉人，賜呂溱等及第出身，公在其中。宋制，士人登科即授勅牒，以厚黄紙書之，名曰勅黄，然後赴部銓注，給誥授官，自是脱韋布而列簪紳矣。昭陵以乾興元年壬戌歲二月即位，明年改元天聖，至是年戊寅，距登極甫十有六年，宋極治時也。公於是時擢科入仕，榮慶可知。范蜀公鎭，是歲爲禮部第一人，殿廷賜第在七十九名，實第二甲，尤爲一榜之重。是月也，王、陳二相隨、堯佐罷政，押勅者首相張鄧公士遜、章郇公得象也。三參政不可考，程疑諱琳。是年十一月庚戌，帝郊見天地，改元寶元，而元昊僭號，西事蝟興。自此爲康定，爲慶曆、皇祐，爲至和、嘉祐，雖韓、范、杜、富進用，而擾擾多故，不得如景祐太平時矣。中渠宗人七一兄，世藏此牒踰二百年，雖敝弗失，此家寶也。出以示壎，輒加補完而歸之。追想盛時，宛轉淒斷。大德癸卯孟春謹跋。

元・趙孟頫《松雪齋文集》卷九《元故將仕郎淮安路屯田打捕同提舉濮君墓誌銘》 皇元以仁治天下，列聖相承，視民如傷。一夫或飢，由己飢之，有能出粟以賑者，輒予之以官，其資之崇卑，視粟之多寡，著爲令。故雖有水旱之災，而無損瘠之民，此堯湯之用心也。大德丁未歲大侵，濮君明之損米千餘石以食餓者，全活無數。府上其事，遂以應格登仕版焉。君諱鑑，字明之，世居嘉興崇德之語溪，即《春秋》所謂禦兒也。曾祖考諱敏。祖考諱世昌，宋承信郎。考諱振，宋承節郎、兩浙東路兵馬副都監、婺州駐劄。君性明達，而處己以謙，待士以禮，鄉鄰有爭，常合和之。爲義塾，以淑學徒；爲井幹，以便行汲；爲津梁，以濟不通；爲櫂櫝，以給死喪。其樂爲善，蓋天性然也。初調富陽稅務官，繼授將仕郎、淮安路屯田打捕同提舉。皇慶壬子春，沿檄歸家上冢，指祖塋之西大樹謂庵僧曰：我死，可化於此。衆訝其語不祥，皆愕眙相視。是夏，復還官次，連日樂飲，瘍發於項。初以其小而忽之，樂飲如故。屬方隆暑，疾日以劇，遂不可爲，其卒六月二十有八日也。得年五十有一。喪之歸，官吏遮道以祭，市民無不嗟惜。渡江而南，風日恬美，波濤不驚，抵家，僧俗弔者系道，梵唄之音，不絶於耳，其爲人所鄉慕如此。孤允中不敢違先意，以是年十二月九日火化於所指之地，奉函骨於堂，迨今八年。允中曰：吾非不能葬也，顧函存則親存，葬則亡矣，是以弗忍也！然豈容終不歸於土乎？乃卜以延祐七年十一月二十七日，祔葬祖塋之旁。娶沈氏，嫡子一人，允中也，庶子三人，俱幼。孫男二人，女五人。允中來請銘，予惟君輕財重義，蓋積而能散者，是宜銘。銘曰：邦本惟民，民不可飢，發廩以贍，固邦之基。錫以一官，禮亦宜之，盍躋上壽，胡止於斯。有子承家，報其在兹。

元・袁桷《清容居士集》卷二八《奉訓大夫昌平等處屯田總管贈亞中大夫永平路總管輕車都尉宣寧郡侯劉公墓誌銘》　太祖皇帝沉幾整武，蹙金踰南，乃肇定中原。物土萌蘖，橫出迭變，莫能稱上意，將草芟而獸薙之。久而曰：噫！吾赤子也。始料其民，俾執藝不作。故家大姓，爭占籍自詭，遂得脱鋒鏑，野處以居，飭材辨器，咸精其能，而人益效用，國以富強。猗歟盛哉！故昌平屯田總管劉侯之祖仁，時爲金軍器局副使，治於汴。至是，率其屬徙北以行。副使之考秉文，家河南，世儒族，讀書通大義。審金將亡，兩河大饑，家故饒，傾所積以食餓者。或曰：歲薦饑，宜善蓄以俟。府君曰：國迫民流，旦夕當走，守穀可乎？守子孫可乎？後副使由燕居宣德，奉府君以養，終，葬於宣德，爲祖域首焉。副使隨軍而北也，諸匠官所領，道亡過半，獨副使整部伍，工作皆完繕。帥大人奇，勉之曰：吾當入白上，擢以美官。卒俾見太宗皇帝，授諸路人匠提舉。後陞總管以終。其配馬氏，故涿郡馬令公之女。孫男三人：長伯英，雲州判官；季伯豪，安平縣尹；仲即昌平君，諱伯傑，字臣卿。習土俗騎射，尤善諸部語言。初從其父至大興，見尹郭汝梅。郭以能理劇知名，善鑒識，一見即命佐麾下，使候賓館。使者鞭帽騈集，指畫不可辨，能悉其語意，周折省約，使各慰謝以去，尹益取自近。壬子春，憲宗獵灤州柳林，尹日扈從，治供頓。一日，上問尹近郊歲入州戶籍多寡，尹愕謝莫對，輒從旁具對甚習。上喜，顧侍臣曰：是人宜爲官，官寧有不能。會供應官忤旨受誅，乃授警巡院判官。即不避署事，先白所司，言：京師號賈區，奇貨善物可立致。官減其直，歲盡且不與，雖百置市令無益。卒如所白，而官取需始輯。秩滿，府咸曰：捨劉君孰使。遷本院副使，再遷院使。歷院四，曰大興、宛平、易縣、樂陵。循撫慰煦，倉卒泛索，不假氣色，卒不使煩擾，事益以理。古言京師號難治。若內縣，得一善滿，輒蹈足以去。君所爲官凡七遷，皆畿赤繁職。使忤貴近，一斥不復上，驅民迎合，將促數苛擾，曷得更取迭用以自顯。若是，則其治狀可無愧矣。其治樂陵也，鷹房數百人從旁縣來，糗肉滿馬尾，意樂陵可稱意。讀令諭之，召其首曰：使果犯，誠不貰汝。卒避去。推樂陵所爲政，其治它縣與府院，蓋可知也。後爲昌平路屯田總管，積官至奉訓大夫。卒以至元二十三年四月某日，年六十有五。其葬在大興縣招賢鄉烽臺村之原。男六：安，易縣尉，蚤世；弼，監太倉支納；致，事裕宗皇帝，年勞補官，積遷中大夫、建康路總管府事；佐，承務郎、同知深州事；敏，從仕郎、深州判官；敬，承事郎、藏珍庫使。女三，長適幽州賀進；次適承務郎、尚舍監丞蕭某；次適嵩州判官田從義。孫男九：可大，將仕郎、同知馬籠州事；可久，蚤世；可浩，崇祥院尚印；可任，幼事東宮，進義校尉、行篋司藥局副使；可復、可貞，國子生。餘尚幼。孫女五，長適安平王某；次適幽州郭炫、保定于傑、幽州朱棟、蔚州宋某。延祐中，贈典行，致官三品，得贈二代，始追封亞中大夫、永平路總管、輕車都尉、宣寧郡侯。夫人宋氏，宣寧郡夫人。而祖、父亦贈中順大夫、宣德府知府，驍騎尉、宣寧郡伯。配某氏，宣寧郡君。桷往與太常博士楊君宗瑞游，過其塾，見劉氏諸孫齊襟受經，雍穆有度。而建康公禮法自持，未老倦游，肅然以門戶訓勉。今觀博士行述，儒素之積，實由河南來。禮不忘其本，遭時熙明，將於是乎振。遂不讓而爲銘。銘曰：

巍巍元后成玄功，鋋戈誕指中州從，譽驚鼠竄耄與童。土金石木獸草工,各飭攸職程作供,徙彼儒族漸勁雄。勑甲奉貢朝紫宮,語言清琅纘耳聰,指掌代對剖臆胸。天府赤縣更選庸,貴瘖獷伏氓顒顒,游刃不缺至理通。大椿靈根壤墳豐,美蔭蔽芾宏閟崇,鑱銘堅珉德彌隆。

元・袁桷《清容居士集》卷三二《資德大夫大都留守領少府監事兼武衛親軍都指揮使知大都屯田事贈推忠贊治功臣銀青榮祿大夫平章政事澤國公謚忠宣鄭公行狀》 本貫澤州陽城縣澤陽鄉屯城里,年四十七。

曾祖珪,不仕。

祖皇,故忠昌軍節度使。

父鼎,故鎮國上將軍、湖北道宣慰使,贈銀青榮祿大夫、中書右丞,諡忠毅。

公諱制宜,字扶威,澤州陽城縣人。大父節度,當金危亡時,以智略慷慨衛拯里社,興屯田陂池之利。年不展用,是生忠毅公。提天師,勦羌蜀,絕襄漢,奇勳冠勇,功次表焯,官譜始著。公,忠毅公之嫡子也。方勝衣時,忠毅攜見於世祖皇帝,特視偉之,命從大臣習給事儀。忠毅遇寇死難,世祖震悼,迺卽授金符,襲平陽太原之軍而戍鄂焉。公盛年受殊數,益矜謹自重。控伏將士,怗首無撓犯。湖廣行中書治鄂,戎帥策馬進退承教令,縮蹙不自給,獨公爭器重傾下。鄂守缺長,執政俾攝治。日坐決文武兩府,郡益以理。凡數歲,訖不除鄂長官。十九年,詔治樓船,有事於島夷。江滸地不足居船。官城南有何家洲,洲爽廣,多居民。中書行令遷洲屋,僕徹墉瓦,聲洶撼,白日交走,驚泣道上。公行相旁近地,與洲無異,卽趣還其居。洲民爭持牢醴拱謝,公揮手曰:安民,吾職也,何謝焉?鄂多火災,連晝夜交作。或言:城中隱姦利,羅疑似者,急治,火可止。公言:咎在火政不明。火未絕,而復誣構,彼何生爲?遂率軍士申令,約立渠巷,俟火所未至,通徹其道,火是日迺止。有盜私立部號,伏近郊,日暮剽劫負擔者,訛言將入城。索之不得。見數男子從城外來促,數異顧,命縛之省。貴人曰:得無以疑詿誤?將出之。明日,過城東門,見一少年乘白馬,行且色動。公呼曰:汝賊也。汝貌良人也,何作賊?不速言,當訊汝。少年叩首吐實,復信宿日所捕亦同款,一郡大驚。二十三年,徵入侍中。明年,從駕北征。顧前敵效擊,上曰:鄭制宜死,唯一子在,宜勿使擊。復請戰,乃命從太師以行。師還,詔侍膳殿中,加懷遠大將軍、樞密院判官。春,駕如上京,院留母行。公曰:年少,宜服勞,願以偕行。上愛而勿許。二十八年,超拜湖廣省叅知政事。是時,鄂大臣集括斂爲奇功,上怒録其家。公入辭,上曰:而父死賊難,賞不及於汝。今有盜臣貲財僮孥留貯於鄂者,宜擇精善自取。公對言:某臣家入皆贓,穢不可詰,受之雖無汙,然跡其由來,寧無汙乎?上益奇之。鄂爲舊治,土俗厚薄,悉周知其隱,蘇枯翦強,翕然至和。上知其能,賜中金五千兩。間歲具口奏:臣向留鄂治兵,臣母知臣年未更事,乞臣侍陛下宿衛。今不以卑鄙,預外政府,朝夕思念,不勝任。敢昧死以請。復徵爲內臺侍御史。安西地歲牧馬,牧人利曠遠,率併入旁近世業,民數訴理求地,持軋不下。命公乘急傳。治其事。覈地,得三十萬頃,考籍於官,餘悉歸於民。三十一年,拜行樞密院副使。院治衡州,公統軍入衡,下令不得入廬舍,營部擇便地,定井竈,食罷畢發,至暮,整列就次。道遇雨,卒言宜止頓舍休憩,公立雨指畫,訖一卒無敢宿民居。道旁市井人雜語,不知爲官軍也。湖南地介江廣,賊負險,煽昭賀聯絡廬陵諸屬邑。大軍至,卽守固不復出。歲一捕寇,率害善地。寇伺去,復嘯集如故。公至,相陒塞,雜耕守戍,據其出沒,明語歸降者釋弗殺,逐殲其酋長。茶賊譚計龍,匿兵器,有異志,立捕得之。其弟昇貨以緩事,公趣輸於軍,卒正其罪。成宗皇帝改元,復別置副使一人,與公同治。公謂:官溢常員,先置者當罷。入授大都留守,領少府監。未幾,兼武衛親軍都指揮使,知大都屯田,始進階資德大夫。公幼熟內府,營繕工巧供給祠祭之屬,能通達緩急,終歲事集,無曠敗。至大宴席,刀匕樽斝,必命公董領,以重其事。大德七年,地震太原、平陽。公承命往視,且言:河東罹鉅創,聖天子出粟幣以賑活之。設一不及,是負明詔,死罪萬萬,何可逭?廼躬入里巷,傷殘羸餧,悉疏録以給。有市官,利征商,詭言:某地少災,不宜費官廩。征法宜如昔,無所損。公怒曰:幸災困民,民何罪?且汝計征入,何補縣官?入言於上,復其地三年。公天性慤厚,上宴大明殿,獨侍立不惰,命之飲,再拜辭。上察其意,賜酒二壺,使歸飲於家。事母蘇氏至孝,特封潞國太夫人以寵之,錫賚無虛歲。復加賜海青,俾入禁囿,尤號爲異數。大德十年二月五日,以疾薨,年四十有七。其葬在某縣某鄉。自公少時,已知自貴,乞名於王文忠公。王見而器之,遂定其名字。忠毅以死事顯,故公彌欲以忠孝勉獎。通敏有持守,其居鄂十年,善政藹著,至今父老言:鄭公貞清士,非他人比。至守官靖正,不以喜怒害事,謙抑自晦,中朝士大夫則曰:

鄭公眞吉士也。配可烈眞氏，丞相孛羅公之女。子鈞，今爲懷遠大將軍、武衛親軍都指揮使。至大更元，特贈推忠贊治功臣、銀青榮祿大夫、平章政事、澤國公，復下太常，定謚曰忠宣。謹具歷官行事，鴻筆碩彥，得以取擇。謹狀。

元・蘇天爵《滋溪文稿》卷八《元故中奉大夫江浙行中書省參知政事追封南陽郡公謚文靖孛术魯公神道碑銘并序》 南陽設六屯田，各樹官屬，朘削其民。民不能堪，故多流亡。公請罷去官屬，俾有司董其佃作。

元・蘇天爵《滋溪文稿》卷一一《故少中大夫同僉樞密院事郭敬簡侯神道碑銘并序》 昔者世祖皇帝臨御天下，封殖賢才，興崇治功，一時文武小大之臣，歷乎成宗、武宗之朝，猶克有用於世。若樞密敬簡郭公，亦其人哉。公諱明德，字德新。少長儀貌偉然，力能兼人。至元初，天兵圍襄，有詔募民爲兵，公出應募中選。其父曰：兒雖長大，年未成童，恐不堪用。縣尹馮岵試以弓矢，公蹶張挽強，尹曰：可矣。樞密張公易聞其才勇，留之樞密。會立屯田總管府，因署爲史，轉前衛史。諸王乃顏叛東土，帝親征之，樞密大臣扈行。公被選分掌幕府文書，間亦執兵禦敵，有勞獲賜鞍馬。及還，擢樞密院架閣庫管勾，改斷事官知事、前衛經歷，遷樞密院都事。同列坐事辭誣逮公，人共寃之。公曰：吾寧忍自解以重人之罪乎。未幾，或告樞臣及其募官貪墨獨無公名。臺臣疑之，告者曰：郭君實無所私。臺臣始知公前時爲衆所誣也。大德初，擢拜中書省檢校官遷工部員外郎。五年，京師大水，盧溝泛溢，決牙梳堰，壞民田若干頃。廟堂檄公治之，公命伐荆爲巨囷實石其中以殺水勢，使復故道，而堤遂完。自京城至涿道塗輿梁爲。雨水所壞者，公相地所宜皆改爲之，或涉民田則原價以買之，故事集而民不擾。六年，海都犯邊，邊民大驚，宣慰司悉焚倉稟，獨輦金帛南徙，久之方定。選官撫治，公拜宣慰副使僉都元帥府事，賜金虎符佩之。時方隆冬，冰雪載道，或止公緩其行。公曰：某起寒族，誤蒙拔擢至此，敢稽天子之命乎！明日遂行。至則撫綏完復，邊鄙肅然。乃陳備邊數事，其說曰：安邊之策，務在屯田積穀，且耕且戰，自古如此。今兵屯北邊有年，所須錢穀不少，然歲歲而輸之，運米一石，其直中統鈔百餘貫，貴則倍之。使山北每歲有秋，輸米者其家富完，委輸官不敢爲姦，加以路無盜賊之虞，僅可供一歲之用。苟或不然，利害非細。今和林之北，地宜麥禾，昔時田器在在有之。夫京師六衛每軍抽步士二人屯田，以供兵士八人之食。和林寒苦，漢軍不能冬。若於蒙古諸軍揀其富庶強壯者戍邊，貧弱者教之稼穡，俟其有成，如漢軍法，以相資養。置田官，起倉廩，嚴賞罰，以課其殿最。或天有霜旱之災，募民入粟塞下，厚直酬之。和林之錢或不足償，以江淮、長蘆鹽引償之，則數萬之粟可坐而致。此外別立轉道，買牛二萬頭，車二萬輛，用軍士四千人，人月給米三斗。自大同達和林止四千里，百里置一驛，用軍士百人，車五百輛，配牛五百頭，可運米二千五百石。三日一返，一月運二萬五千石，十月二十五萬石，何患軍儲之不足歟！

元・蘇天爵《滋溪文稿》卷一二《元故榮祿大夫御史中丞贈推誠佐治濟美功臣河南行省平章政事冀國董忠肅公墓誌銘并序》 遷樞密院判官，奉命董治屯田。舊時院官治屯田者絕無所擾，故禾麥屢登，倉庾充實。比年董治者侵漁百端，至公始復其舊，軍大和會。詔賜幣四端，以旌其勞。

元・蘇天爵《滋溪文稿》卷一六《元故贈亞中大夫東平路總管李府君神道碑》 按府君諱註，字才卿。少奇偉有志節，甫冠，游京師。適裕皇正位儲宮，世廟命選故家子以備宿衛，府君以才敏在選中。出入蒐畋，無不從行。至元十年，裕皇始授冊寶，而左右之人多以年勞得官。久之，大司農臣請於京畿之南新城、定興之境建立屯田，分命中原及江、淮軍士樹藝五穀，以實軍儲。制可，於是置總管府以涖之，分立諸署以治其事。比及三年，墾田若干萬頃，而倉庾委積如坻如京矣。府君由宿衛爲萬盈署令，在官數年，治效居多。會留守叚貞奏立虎賁衛以掌屯田，而總管府諸署皆罷，府君於時方強仕也，以母年高，輒家居不出，躬奉事之，甘旨滫瀡，克盡孝養。

元・蘇天爵《滋溪文稿》卷一七《元故奉議大夫河南行省員外郎致仕贈嘉議大夫眞定路總管和公墓碑銘》 按，公諱治，字伯川。至元十年，起家試西夏中興路勸農司掾，久之，擢屯田丞，遷濟州判官。大德初，轉益都高苑縣尹，歷尹濟之沛、單之單父二縣。延祐元年，以河南行中書省左右司員外郎致仕。又三年，卒。我國家既定中土，務先民急，而版籍、刑章、食貨、工作、樞機、品式之制，必得精敏通變之才，始周其用，故一時豪傑羣起而爭趨之。當中統初，故相張忠宣公行省中興，邊防既寧，乃疏唐來、漢延二渠溉田，以利其民，及立勸農之官，辟公爲掾。其後又立屯田長官，擢公爲丞。故於灌溉之方，播植之利，深有力焉。會西鄙有警，公集強壯者守城堡，老幼護堤防，而轉輸供餽不絕。

元・蘇天爵《滋溪文稿》卷二二《榮祿大夫樞密院副使吳公行狀》 至元十四年冬，近臣以公入見，帝視其貌，非常人也，命侍左右。以年勞授後衛經歷官，擢樞密院都事，就遷經歷。初諸將之平宋也，攻城野戰，悉有爵賞。江南既定，樞府奏裁其人。京師五衛各置指揮使二人，副使二人，僉事二人，千戶以下官有差。行省萬戶府各置萬戶二人，副萬戶一人，鎮撫以下官有差。父死子繼，兄終弟及，均俸祿以優其家，給醫藥以起其疾，設庠序以訓其子弟，置屯田以廩其士卒。上下相維，大小相制，多公所論建也。

元・蘇天爵《滋溪文稿》卷二三《故嘉議大夫江西湖東肅政廉訪使董公行狀》 公平生論事甚衆，如黃華嶺屯田當罷，江南括地擾民，朝議多是其說。

明・宋濂《潛溪集後集》卷四《跋何道夫所著宣撫鄭公墓銘》 右宋資政殿學士《鄭忠愍公墓誌銘》一通，秘監何耕道夫之所撰也。道夫，廣漢人，故知公治蜀之事爲悉。而公之行能勞烈，亦獨於蜀爲最著。紹興中，公爲川陝宣撫副使，患蜀之困於漕運也，乃於關外四州及興州大安軍，行營田之法。所營至二千六百十二頃，除糧種分給外，實入官十四萬一千四十九斛，而金州墾田五百六十七頃，歲入萬八千六十餘斛不與焉。誌中所謂移司益昌，以便餽運，繼修營田之政是也。蜀雖罷兵，而財用不足，歲計猶闕錢七百七十八萬緡。公奏增印錢引四百萬，復患無錢以權之，卽利州鑄錢歲十萬緡以救錢引之弊，率費二千，而得千錢。置官六人，兵匠五百人，歲用監官錢七萬緡。四路稱提錢十四萬緡爲鑄本，其後增至十五萬。蜀中因此優裕，宣總所椿積錢五千餘萬緡。其餘苛賦，一切裁削。誌中所謂減科斂至七百萬緡是也。公在閫時，吳武順璘以右護軍都統制駐武興，郭恭毅浩以樞密院都統制駐漢陰，楊襄毅政以宣司都統制居漢中，皆擁強兵自衛，勢與大帥抗，莫敢吐一語相可否。公恩威並立，獨能帖服之如犬羊。每入謁，必先庭揖，然後就坐，誌中所謂三大將拱手側足，奉命惟謹是也。嗚呼，公治蜀六年，而能俾財用足，橫斂減，悍將服，其效乃章章如此，使久於其職，又將何如也。奈何天未厭亂，姦檜得秉鈞軸，忌公不附己，而竄逐以死，悲夫！

明・宋濂《潛溪集後集》卷六《余左丞傳》 至正壬辰，天下兵動，平章政事晃忽兒不花方統戎淮南，承制起闕權淮西宣慰副使，分治安慶。安慶距城皆盜柵，人爭謂不可往，闕毅然請行。從間道入，推赤心待人，罷其苛賦，轉粟以哺餓夫，八社民翕然歸。闕知民可用，乃帥之破雙港砦。砦甚固，小路若髮，闕被甲荷戟直前。賊空砦出鬭，殺傷相當。至日昃，賊殊死戰鬭，不勝。退，復收散卒，誓曰：死則死此爾，何生爲？一鼓而進，大破之。諸砦畏威，次第降。闕益繕城、浚濠、礪矛戈，分屯耕郊外田。民懼不能者，遣軍士護之耕。賊來，輒與戰。一日，賊四合，旌旗蔽野，鼓譟之聲震天地，闕縱梟騎數十，大喊而出。賊勢披靡，遣兵乘之，斬首數千級。當是時，淮東西皆陷，獨安慶巋然存。賊來戰，又數敗。賊銜之，僞作尺牘通城中諸大姓，約期日反，冀闕捕戮之。闕曰：我民安有是！命悉焚去。賊計窮，復令闕故人衛鼎、許大明以甘言說降。闕命牽出以鐵椎擊碎齒頰，懸其皮。東門灊山，有虎傷人，闕造文檄山神使驅虎。虎出境。功上，朝廷俾爲眞陞同知淮西宣慰副都元帥，賜以上尊及黃金束帶。江西諸官軍，動號數萬，掠玉帛，殺嬰兒寘戟上以戲。沿江州郡患苦之，獨不敢近城下，卽近，出師搗退之。或服其義，至有來歸充將校者。溪洞兵屯潯陽，命使者帥壯士百輩，腰刀直入，賫主供億。闕叱左右收縛付獄且上疏，言貓獠素不被王化，其人與禽獸等，不宜使入中國，他日爲禍，將不細。後竟如闕言。轉淮南行省參知政事，尋改右丞，賜二品服。闕益自奮，誓以死報國，立旌忠祠以厲將佐。時集祠下，大聲謂曰：男兒生則爲韋孝寬，死則爲張巡、許遠，不可爲不義屈。意氣慷慨甚。丁酉冬，賊大集諸部圍城，戰艦蔽江而下。樵餉路絕，兵出數失利。戊戌正月七日，城陷。闕猶帥衆血戰，身中三矢。賊呼曰：余將軍何在？吾將官之。有生致者，予百金！闕戟手罵曰：余恨不得嚼碎汝肉，吐餧烏鳶，寧復受汝官耶？賊怒，舉長鎗欲刺闕，闕遂自刭，不殊，沈水死。年五十六。其妻耶卜氏聞之，亦率其子得臣、女福童赴水死。諸將卒慟曰：余將軍不負國，我等可負余將軍耶！從而死者千餘人。

明・宋濂《宋學士文集・鑾坡前集》卷二《大明敕賜榮祿大夫同知大都督府事兼太子右率府使，贈推忠翊運宣力懷遠功臣光祿大夫湖廣等處行中書省平章政事柱國追封蘄國公謚武義康公神道碑銘有序》 歲戊戌，從廖楚公永安攻池州，取趙雙刀之樅陽，遷都水屯田使兼帳前總制親兵左副指揮使。

明・宋濂《宋學士文集・鑾坡前集》卷二《大明故資善大夫御史中丞兼太子贊善大夫章公神道碑銘》 今上皇帝遣使以束帛召公，公乃皤然而起，與青田劉君基、麗水葉君琛、金華宋濂同赴召至建業。入見，上問勞曰：我爲天下屈四先生耳，然四海紛紛何時定乎？對曰：天道無常，惟德是輔，惟不嗜殺人者能一之耳。上曰：卿等其留輔予矣。亡何，擢僉營田司事，巡行江東、兩淮之境田，荒蕪及耕墾者皆分籍之，差税賴之以便。

明·宋濂《宋學士文集·鑾坡前集》卷三《故江南等處行中書省左司郎中贈奉直大夫浙東等處行中書省左右司郎中飛騎尉、追封當塗縣子王公墓誌銘》 公諱愷，字用和，姓王氏，太平當塗人。幼有大志，沉酣六經諸史間，必欲見之於用。起應府公之辟爲府史，疏讞獄訟，人服其平。歲乙未，上取江南，兵臨當塗，卽召公至幕府。上方爲元帥，命爲掾，以參决戎事。丙申春，從王師下建業，又下京口。京口民新附，杌隉不安，公慰撫之，始定。上爲中書平章政事，建江南行中書省於建業，陞公左右司都事。公遇事善於彌綸，日以薦賢爲先。元戎宿將，咸器倚之，唯公言是信。戊戌秋，貓獠兵數萬自杭來降，待命嚴陵境上。上遣公馳入其軍，喻以禍福，偕其渠帥來朝。是年冬，上將征浙東，時婺之蘭溪已下，僉樞密院事胡公大海戍之。上命公與胡公定議取婺，親帥師圍其城，守將出降。公審察民情而奠綏之，歷言上前，無有不聽者。己亥春，王師攻越，久不下。夏六月，師還，上留胡公鎮婺，而民賦軍器之務，咸以屬公。冬，王師克三衢，擢公左司郎中，總制衢州軍民事。公增城浚濠，置游擊軍，募保甲翼餘丁及舊民兵得六百人以益戍守。兵食不足，則斥並城廢田五萬七千畝，使之耕以自給。民有田力弗能藝者，聽軍士貸耕，而爲輸糧縣官。

明·宋濂《宋學士文集·鑾坡前集》卷九《劉彬卿傳》 劉彬卿，名文質，彬卿，其字也，姓劉氏。其遠祖仁贍仕南唐以忠節著，子孫居袁者遷於豫章，今爲豫章人。彬卿讀書不泥章句，務在躬行。年逾三十，擔簦走燕都，燕都貴人一見爭相引重，薦爲太師國王府儒學正，陞教授，皆不赴。除承懿寺照磨，曾未幾何，改繕工司照磨。貢新麵上京，彬卿旦夕視惟謹，諸司同行者以入雨紅腐，絓於吏議，惟彬卿獨否，帝與后妃太子皆賜之衣，衣凡五襲，人爲彬卿榮。彬卿曰：吾敬君之道當爾也。轉詹事院管勾府正司典簿，壽福都總管府經歷。

中書左丞史克新戍遼陽，時江南餉道絕，各屯田以食軍士，食且不給，廷議欲徵其米五萬石，人難之不敢往，彬卿毅然請行。初至軍，有欲害之者，彬卿色不變，亹亹爲陳利害，衆咸感動，卒致三千四百斛以歸。

明·宋濂《宋學士文集·鑾坡後集》卷二《承事郎彰州府彰浦縣知縣張府君新墓碣銘有序》 辛丑歲八月，天兵取九江，九江與盱江連，府君知天命有所屬，往贊其守臣王公溥以全城内附。皇上召府君至南京，擢知徽州黟縣事。黟在萬山中，自近代來，高陵鉅壑皆有賦，民不堪命。會部使者至，府君力陳之，言與淚俱。使者以其事聞，下營田司核實，惟田輸糧，餘皆置不問，黟民得以少舒。秩滿，改知漳州漳浦縣。及行，民爭擁馬，垂泣而送之。漳浦接連溪洞，民善亂。舊於其地置汀漳屯田萬戶府，及入職方，詔徵屯田軍赴京，萬戶吳世榮遂叛。府君集民兵攻世榮，戮之。具上奏中朝，免其徵。

清·沈濤《常山貞石志》卷二三虞集《元故懷遠大將軍洪澤屯田萬户贈昭勇大將軍前衛親軍都指揮使上輕車都尉追封隴西郡侯謚昭懿董公神道碑銘》 前奎章閣侍書學士、翰林侍講學士、通奉大夫、知制誥同修國史虞集撰，前中奉大夫、河南江北行中書省參知政事王守誠書，嘉議大夫、禮部尚書趙氣頤篆。惟董氏，世爲眞定之藁城人。國朝興朔方，金人不能有其土，董氏三世隱田間，未有以自拔也。至四世，以勇冠其鄉邑，鄉之豪傑畢起而從之。遂率其衆歸國朝，而藁城爲根本之地，歸爲之令，謹守以保生民，揀才勇以待時用。時官制未定，歸國者增户口田賦之數，以誇大爲勝，軍興輒受其弊。藁令獨以小邑受事，力紓而役減，邑境以寧。數年□□□□有事於金，奉命戰金主於河南，死之。而董氏之宗自此始，是爲龍虎衛上將軍、左副元帥，諱俊。累贈推忠翊運效節功臣、太傅、開府儀同三司、上柱國、趙國公，謚忠烈者也。忠烈□九子：次六文振，次九文義，先卒；其長，以中書左丞將兵滅金取宋，贈宣忠佐運開濟功臣、太尉、開府儀同三司、上柱國、趙國公，謚忠獻，諱文炳；次二侍衛千戶，諱文蔚；次三以文，□立朝爲御史中丞，贈宣猷佐理功臣、翰林學士承旨、銀青光祿大夫、知制誥兼修國史、少保、趙國公，謚忠穆，諱文用；次五以副使宣慰荆湖，諱文毅；次七順德路判官，諱文進；次八事禁衛典瑞内廷、僉樞密院，贈體仁保德佐運功臣、太師、開府儀同三司、上柱國、趙國公，謚正獻，諱文忠；其次四則繼忠獻令藁城，諱文直者也。忠獻上其贈光祿大夫、司徒、趙國公、謚宣懿，諱昕，是爲董氏不遷之宗。身爲禰而子孫宗之者，則次四府君爲洪澤之宗矣。其令藁時，昆弟有王事，皆仰給於家，得以廉節成其功，皆□令之力，而其民之生聚敎養，尤裕如也。及藁有新令，卽斂裳乘梓，而兄弟皆貴顯，忻然無所動其心，而終身焉。及忠獻督大軍臨江，宋將張世傑悉衆致死，於我藁令之子士表，□甲請先卒，忠獻知其勇，而念藁令之無他子，止之，固請，迺聽行。俄大捷，奏功，立除鄧州新軍萬戶。宋之既平，詔諸部萬戶各以其兵分□列郡。議者以爲東南鎮兵各有分地，而淮甸之間，環數千里，久苦戰爭，民散而土曠，宜考古屯田之地，置萬戶府，得才略可信任者主之，敎以農務，部以軍法，足食足兵，制要衝之長策也。朝廷乃置屯田於洪澤，自新鄧萬戶以定遠大將軍佩金虎符來帥之，幾年而功成。及卒，贈昭勇大將軍、後衛親軍都指揮使，上輕車都尉，追封隴西郡侯，謚武獻云。公諱守義，字子宜，則藁令之孫，而武獻之子也。母劉氏，追封隴西郡夫人，以庚午年十月十四日生公。公弱冠嗣其世官，以懷遠大將軍佩金虎符爲洪澤屯田萬戶府萬戶。凡所以勸士卒、省耕斂，均力役，嚴約束，愼堤防，以成歲功者，寬而有制，明而不苛，一以武獻爲師，是以容民畜聚，上下信而安之也。初，屯之陂塘多仍其舊，隘不足以容水，公漸開之，廣袤四十五里，作木岸二百五十丈於塘口，禦風浪之衝，而水利無復遺患。然地勢卑下，行潦時至，廬舍歲憂漂流，公乃循堤置臿，臿有驛以容守者，凡廿二所，皆有名。汴省用其言，稱事以祿其人，□爲恆制。初置屯時，耕者不足，募私鹽之徒以充役，欲因而生之。然久玩過失，民以爲患，命部伍之長識其所爲，以待懲勸，後皆知恥爲良民。公歎曰：化民莫善於敎，敎莫先□□□官屬之子弟。延名師以敎之，旣而請於朝，設夫子廟學，置敎授如諸衛列營之法，親與爲禮，以講肄之，而文史有足用者矣。蓋公之爲治，皆當平世，是以先志之所存者，以叙成焉。公性孝謹，歲時家祀，哀慕不勝，嘗以母老請歸養，不許。敎子有法，身儉約以率先之，有餘不妄廢，至於供養親戚，長者推所有，不厭不倦。部曲有疾病，每親爲醫藥，故樂爲之用。使生用兵之時，足以立勳業，爲文儒不失傳循吏守職分，以行其家，無所矜伐，可識者僅如此，豈足以盡其人哉？延祐七年十二月初一日卒。贈昭勇大將軍都指揮使、前衛親軍都指揮使、上輕車都尉，追封隴西郡侯，謚昭懿。娶趙氏，元帥煒之女，有賢德，先公二年卒，追封隴西郡夫人，合葬九門之先塋。子四人：長鈞，□宿衛除典瑞經歷；□□，奎章閣祭□參書，置宣忠扈衛軍，遷官爲副都指揮使，佩金虎符，讓公爵於母弟；釗，襲武德將軍、洪澤屯田萬戶府萬戶，佩金虎符；次三鋘，宿衛；次四鏄。女五，適淮安□□□□□，適溧水縣尉劉兟；次適趙裕；次繼室於趙；次適武衛指揮王善果。孫男十人，孫女五人。銘曰：□□世家，與國並興。久於治平，名以德稱。董氏之先，功在社稷。干鉞於征，帷幄淵密。孝忠質廉，祖孫一心。各究其誠，爲國荷任。昔在□□，□□而服。楚地伏討，思置心腹。裼其戎衣，穡事是程。萬夫蕓蕓，隱如長城。旻旻良耜，皇祖所使。旆旌悠悠，四世□此。坻京歲登，轉實國都。□□先安，□澮□廬。乃設庠序，於其閒暇。敎以知方，不怒而化。昔在至元，善保勳門。罔俾一家，並帥兩軍。忠烈忠獻，各建其旅。獨以園疑，□□仲□。公子禁林，瑞節圖書。新作宣忠，顯服金菟。天錫有時，均被先澤。歸視甫田，有允斯赫。別塋九門，松柏西東。豐碑刻辭，來瞻來崇。

《明史》卷一一七《湘王朱柏傳》 代簡王桂，太祖第十三子。洪武十一年封豫王，二十五年改封代。是年就藩大同。糧餉艱遠，令立衛屯田以省轉運。

《明史》卷一一七《慶王朱栴傳》 正德五年，帝遣大理少卿周東度寧夏屯田。

《明史》卷一二五《徐達傳》 明年帥盛熙等赴北平練軍馬，修城池，徙山後軍民實諸衛府，置二百五十四屯，墾田一千三百餘頃。其冬，召還。

《明史》卷一二六《鄧愈傳》 已而遇春克襄陽，以愈爲湖廣行省平章鎮其地，賜以書曰：爾戍襄陽，宜謹守法度。山寨來歸者，兵民悉仍故籍，小校以下悉令屯種，且耕且戰。爾所戍地鄰擴廓，若爾愛加於民，法行於軍，則彼所部皆將慕義來歸，如脫虎口就慈母。我賴爾如長城，爾其勉之。愈披荆棘，立軍府營屯，拊循招徠，威惠甚著。

《明史》卷一二六《沐英傳》 〔洪武〕十七年，曲靖亦佐酋作亂，討降之。因定普定、廣南諸蠻，通田州糧道。二十年平浪穹蠻，奉詔自永寧至大理，六十里設一堡，留軍屯田。【略】

英沉毅寡言笑，好賢禮士，撫卒伍有恩，未嘗妄殺。在滇，百務具舉簡守令，課農桑，歲較屯田增損以爲賞罰，墾田至百萬餘畝。滇池隘，浚而廣之，無復水患。

同上 春在鎮七年，大修屯政，闢田三十餘萬畝，鑿鐵池河，灌宜良涸田數萬畝，民復業者五千餘戶，爲立祠祀之。

《明史》卷一二八《章溢傳》　太祖偉其言，授僉營田司事。巡行江東、兩淮田，分籍定稅，民甚便之。以病久在告，太祖知其念母也，厚賜遣歸省，而留其子存厚於京師。浙東設提刑按察使，命溢爲僉事。胡深出師溫州，令溢守處州，饋餉供億，民不知勞。山賊來寇，敗走之。遷湖廣按察僉事。時荆、襄初平，多廢地，議分兵屯田，且以控制北方。從之。

《明史》卷一二九《馮勝傳》　[洪武]二十五年命籍太原、平陽民爲軍，立衛屯田。

《明史》卷一二九《傅友德傳》　再出，練兵山、陝，總屯田事。加太子太師，尋遣還鄉。【略】

[洪武]二十五年，友德請懷遠田千畝。帝不悦曰：祿賜不薄矣，復侵民利何居？爾不聞公儀休事耶？尋副宋國公勝分行山西，屯田於大同、東勝，立十六衛。

《明史》卷一三〇《張龍傳》　[洪武]二十三年春，同延安侯唐勝宗督屯田於平越、鎮遠、貴州，議置龍里衛。都勻亂，佐藍玉討平之。

《明史》卷一三〇《薛顯傳》　洪武三年冬大封功臣。以顯擅殺胥吏、獸醫、火者、馬軍及千戶吳富，面數其罪。封永城侯，勿予券，謫居海南。分其祿爲三，一以贍所殺吳富及馬軍之家，一以給其母妻，令功過無相掩。顯居海南踰年，帝念之，召還，予世券，食祿一千五百石。復從大將軍征漠北。數奉命巡視河南，屯田北平，練軍山西，從魏國公巡北邊，從宋國公出金山。二十年冬召還，次山海衛，卒。

《明史》卷一三一《唐勝宗傳》　[洪武]十五年，巡視陝西，督屯田，簡軍士。

《明史》卷一三一《費聚傳》　洪武二年會大軍取西安，改西安衛指揮使，進都督府僉事，鎮守平涼。三年封平涼侯，歲祿千五百石，予世券。時諸將在邊屯田募伍，歲有常課。

《明史》卷一三一《陸聚傳》　洪武八年同衛國公愈屯田陝西，置衛戍守。

《明史》卷一三一《葉昇傳》　[洪武]二十年命同普定侯陳桓總制諸軍於雲南定邊、姚安，立營屯田，經理畢節衛。

《明史》卷一三二《朱亮祖傳》　[洪武]四年伐蜀。帝以諸將久無功，命亮祖爲征虜右副將軍。濟師至蜀，而明昇已降。徇下未附州縣。師還，以擅殺軍校不預賞。八年同傅友德鎮北平。還，又同李善長督理屯田，巡海道。

《明史》卷一三二《曹震傳》　先是行人許穆言：松州地磽瘠，不宜屯種，戍卒三千，糧運不給，請移戍茂州，俾就近屯田。帝以松州控制西番，不可動。

《明史》卷一三二《陳桓傳》　[洪武]二十年，同靖寧侯葉昇征東川，俘獲甚衆。就令總制雲南諸軍。再平九溪洞蠻，立營堡，屯田。

《明史》卷一三三《通源傳》　[洪武]四年，從廖永忠伐蜀，又從徐達出塞，撫甘肅，有功。徙江南豪民十四萬田鳳陽。

《明史》卷一三四《甯正傳》　洪武三年授河州衛指揮使。上言：西民轉粟餉軍甚勞，而茶布可易粟。請以茶布給軍，令自相貿易，省輓運之苦。詔從之。正初至衛，城邑空虛，勤於勞徠。不數年，河州遂爲樂土。璽書嘉勞，始復甯姓。兼領寧夏衛事，修築漢、唐舊渠，引河水溉田，開屯數萬頃，兵食饒足。

《明史》卷一三五《葉兑傳》　葉兑，字良仲，寧海人。以經濟自負，尤精天文、地理、卜筮之書。元末知天運有歸，以布衣獻書太祖，列一綱三目，言天下大計。時太祖已定寧越，規取張士誠、方國珍，而察罕兵勢甚盛，遣使至金陵招太祖，故兑書於三者籌之爲詳。其略曰：

愚聞取天下者，必有一定之規模。韓信初見高祖，畫楚、漢成敗，孔明卧草廬，與先主論三分形勢者是也。今之規模，宜北絶李察罕，南併張九四，撫溫、台，取閩、越，定都建康，拓地江、廣，進則越兩淮以北征，退則畫長江而自守。夫金陵古稱龍蟠虎踞，帝王之都，藉其兵力資財，以攻則克，以守則固，百察罕能如吾何哉。江之所備，莫急上流。今義師已克江州，足蔽全吳。況自滁、和至廣陵，皆吾所有，非直守江，兼可守淮矣。張氏傾覆可坐而待，淮東諸郡亦將來歸。北略中原，李氏可併也。今聞察罕妄自尊大，致書明公，如曹操之招孫權。竊以元運將終，人心不屬，而察罕欲效操所爲，事勢不侔。宜如魯肅計，鼎足江東，以觀天下之釁，此其大綱也。

至其目有三。張九四之地，南包杭、紹，北跨通、泰，而以平江爲巢穴。今欲攻之，莫若聲言掩取杭、紹、湖、秀，而大兵直擣平江。城固難以驟拔，則以鎖城法困之。於城外矢石不到之地別築長圍，分命將卒四面立營，屯田固守，斷其出入之路，分兵略定屬邑，收其稅糧以贍軍中。彼坐守空城，安得不困？平江既下，巢穴已傾，杭、越必歸，餘郡解體，此上計也。

張氏重鎮在紹興。紹興懸隔江海，所以數攻而不克者，以彼糧道在三江斗門也。若一軍攻平江，斷其糧道，一軍攻杭州，絕其援兵，紹興必拔。所攻在蘇、杭，所取在紹興，所謂多方以誤之者也。紹興既拔，杭城勢孤，湖、秀風靡，然後進攻平江，犁其心腹，江北餘孽隨而瓦解，此次計也。

方國珍狼子野心，不可馴狎。往年大兵取婺州，彼即奉書納欵。後遣夏煜、陳顯道招諭，彼復狐疑不從。顧遣使從海道報元，謂江東委之納欵，誘令張昶齎詔而來，且遣韓叔義爲説客，欲説明公奉詔。彼既降我，而反欲招我降元，其反覆狡獪如是。宜興師問罪。然彼以水爲命，一聞兵至，挈家航海，中原步騎無如之何。夫上兵攻心，彼言杭、越一平，即當納土，不過欲欵我師耳。攻之之術，宜限以日期，責其歸順。彼自方國璋之沒，自知兵不可用，又叔義還稱義師之盛，氣已先挫。今因陳顯道以自通，正可脅之而從也。事宜速不宜緩。宣諭之後，更置官吏，拘集舟艦，潛收其兵權，以消未然之變，三郡可不勞而定。

福建本浙江一道，兵脆城陋。兩浙既平，必圖歸附，下之一辯士力耳。如復稽遲，則大兵自溫、處入，奇兵自海道入，福州必不支，福州下，旁郡迎刃解矣。威聲已震，然後進取兩廣，猶反掌也。

太祖奇其言。欲留用之，力辭去。賜銀幣襲衣。後數歲，削平天下，規模次第略如兌言。

《明史》卷一三五《郭景祥傳》 太祖以爲能，授和州總制。景祥益治城隍樓櫓，廣屯田，練士卒，威望肅然。和遂爲重鎮，璽書褒勞。

《明史》卷一三七《宋訥傳》 訥嘗應詔陳邊事，言：海内乂安，惟沙漠尚煩聖慮。若窮追遠擊，未免勞費。陛下爲聖子神孫計，不過謹邊備而已。備邊在乎實兵，實兵在乎屯田。漢趙充國將四萬騎，分屯緣邊九郡，而單于引卻。陛下宜於諸將中選謀勇數人，以東西五百里爲制，立法分屯，布列要害，遠近相應，遇敵則戰，寇去則耕，此長策也。帝頗採用其言。

《明史》卷一三九《葉伯巨傳》 葉伯巨，字居升，寧海人。通經術。以國子生授平遥訓導。洪武九年星變，詔求直言。伯巨上書，略曰：

臣觀當今之事，太過者三：分封太侈也，用刑太繁也，求治太速也。

先王之制，大都不過三國之一，上下等差，各有定分，所以強幹弱枝，遏亂源而崇治本耳。今裂土分封，使諸王各有分地，蓋懲宋、元孤立，宗室不競之弊。而秦、晉、燕、齊、梁、楚、吳、蜀諸國，無不連邑數十，城郭宮室亞於天子之都，優之以甲兵衛士之盛。臣恐數世之後，尾大不掉，然後削其地而奪之權，則必生觖望，甚者緣間而起，防之無及矣。議者曰，諸王皆天子骨肉，分地雖廣，立法雖侈，豈有抗衡之理？臣竊以爲不然。何不觀於漢、晉之事乎？孝景，高帝之孫也，七國諸王，皆景帝之同祖父兄弟子孫也，一削其地，則遽構兵西向。晉之諸王，皆武帝親子孫也，易世之後，迭相攻伐，遂成劉、石之患。由此言之，分封踰制，禍患立生，援古証今，昭昭然矣。此臣所以爲太過者也。昔賈誼勸漢文帝，盡分諸國之地，空置之以待諸王子孫。向使文帝早從誼言，則必無七國之禍。願及諸王未之國之先，節其都邑之制，減其衛兵，限其疆理，亦以待封諸王之子孫。此制一定，然後諸王有賢且才者入爲輔相。其餘世爲藩屏，與國同休。割一時之恩，制萬世之利，消天變而安社稷，莫先於此。

臣又觀歷代開國之君，未有不以任德結民心，以任刑失民心者。國祚長短，悉由於此。古者之斷死刑也，天子撤樂減膳，誠以天生斯民，立之司牧，固欲其並生，非欲其即死。不幸有不率教者入於其中，則不得已而授之以刑耳。議者曰，宋、元中葉，專事姑息，賞罰無章，以致亡滅。主上痛懲其弊，故制不宥之刑，權神變之法，使人知懼而莫測其端也。臣又以爲不然。開基之主垂範百世，一動一靜，必使子孫有所持守。況刑者，民之司命，可不慎歟！夫笞、杖、徒、流、死，今之五刑也。用此五刑，既無假貸，一出乎大公至正可也。而用刑之際，多裁自聖衷，遂使治獄之吏務趨求意旨，深刻者多功，平反者得罪，欲求治獄之平，豈易得哉！近者特旨，雜犯死罪免死充軍，又删定舊律諸則，減宥有差矣。然未聞有戒敕治獄者務從平恕之條，是以法司猶循故例。雖聞寬宥之名，未見寬宥之實。所謂實者，誠在主上，不在臣下也。故必有罪疑惟輕之意，而後好生之德洽於民心，此非可以淺淺期也。

何以明其然也。古之爲士者，以登仕爲榮，以罷職爲辱。今之爲士者，以溷跡無聞爲福，以受玷不録爲幸，以屯田工役爲必獲之罪，以鞭笞捶楚爲尋常之辱。其始也，朝廷取天下之士，網羅捃摭，務無餘逸，有司敦迫上道，如捕重囚。比到京師，而除官多以貌選，所學或非其所用，所用或非其所學。洎乎居官，一有差跌，苟免誅戮，則必在屯田工役之科。率是爲常，不少顧惜，此豈陛下所樂爲哉？誠欲人之懼而不敢犯也。竊見數年以來，誅殺亦可謂不少矣，而犯者相踵。良由激勸不明，善惡無別，議賢議能之法既廢，人不自勵，而爲善者怠也。有人於此，廉如夷、齊，智如良、平，少戾於法，上將録長棄短而用之乎？將舍其所長、苛其所短而置之法乎？苟取其長而舍其短，則中庸之材爭自奮於廉智。倘苛其短而棄其長，則爲善之人皆曰某廉若是，某智若是，朝廷不少貸之，吾屬何所容其身乎！致使朝不謀夕，棄其廉恥，或事掊克，以備屯田工役之資者，率皆是也。若是非用刑之煩者乎？漢嘗徙大族於山陵矣，未聞實之以罪人也。今鳳陽皇陵所在，龍興之地，而率以罪人居之，怨嗟愁苦之聲充斥園邑，殆非所以恭承宗廟意也。

且夫強敵在前，則揚精鼓鋭，攻之必克，擒之必獲，可也。今賊突竄山谷，以計求之，庶或可得。顧勞重兵，彼方驚散，入不可蹤跡之地。捕之數年，既無其方，而乃歸咎於新附戶籍之細民，而遷徙之。騷動數千里之地，室家不得休居，雞犬不得寧息。況新附之衆，向者流移他所，朝廷許其復業。今附籍矣，而又復遷徙，是法不信於民也。夫戶口盛而後田野闢，賦稅增。今責守令年增戶口，正爲是也。近者已納稅糧之家，雖承旨分釋還家，而其心猶不自安。已起戶口，雖蒙憐恤，而猶見留開封祗候，訛言驚動，不知所出。況太原諸郡，外界邊境，民心如此，甚非安邊之計也。臣願自今朝廷宜存大體，赦小過，明詔天下，修舉八議之法，嚴禁深刻之吏。斷獄平允者超遷之，殘酷裒斂者罷黜之。鳳陽屯田之制，見在居屯者，聽其耕種起科。已起戶口、見留開封者，悉放復業。如此則足以隆好生之德，樹國祚長久之福，而兆民自安，天變自消矣。

《明史》卷一四八《楊榮傳》 明年復與廣、幼孜從北巡。又明年征瓦剌，太孫侍行。帝命榮以間陳說經史，兼領尚寶事。凡宣詔出令，及旗志符驗，必得榮奏乃發。帝嘗晚坐行幄，召榮計兵食。榮對曰：擇將屯田，訓練有方，耕耨有時，卽兵食足矣。

《明史》卷一五〇《郁新傳》 成祖皀位，召掌戶部事，以古朴爲侍郎佐之。永樂元年，河南蝗，有司不以聞，新劾治之。初，轉漕北京，新言：自淮抵河，多淺灘跌坡，運舟艱阻。請別用淺船載三百石者，自淮河、沙河運至陳州潁溪口跌坡下，復用淺船載二百石者運至跌坡上，別用大船運入黃河。至八柳樹諸處，令河南車夫陸運入衛河，轉輸北京。從之。又言：湖廣屯田所產不一，請皆得輸官。粟穀、穈黍、大麥、蕎穄二石，准米一石。稻穀、薥秫二石五斗，穇稗三石，各准米一石。豆、麥、芝蔴與米等。著爲令。二年議公、侯、伯、駙馬、儀賓祿，二百石以上者，請如文武官例，米鈔兼給。三年以士卒勞困，議減屯田歲收不如額者十之四五，又議改納米北京贖罪者於南京倉。皆允行。是年八月卒於官。帝歎曰：新理邦賦十三年，量計出入，今誰可代者？輟朝一日，賜葬祭，而召夏原吉還理部事。

《明史》卷一五三《宋禮傳》 宋禮，字大本，河南永寧人。洪武中，以國子生擢山西按察司僉事，左遷戶部主事。建文初，薦授陝西按察僉事，復坐事左遷刑部員外郎。成祖卽位，命署禮部事，以敏練擢禮部侍郎。永樂二年拜工部尚書。嘗請給山東屯田牛種，又請犯罪無力准工者徙北京爲民，幷報可。七年丁母憂，詔留視事。

《明史》卷一五三《宋藺芳傳》 以宋禮薦，擢工部右侍郎。亡何，行太僕卿楊砥言：吳橋、東光、興濟、交河及天津屯田，雨水決隄傷稼。乞開德州良店東南黃河故道，以分水勢。復命芳往治之。所經郡邑，有不便民者輒疏以聞。

《明史》卷一五四《黃福傳》 〔宣德〕四年與平江伯董漕事，議令江西、湖廣、浙江及江南北諸郡民，量地遠近，轉粟於淮、徐、臨清，而令軍士接運至北京，民大稱便。五年陳足兵食省役之要。其言足食，謂：永樂間雖營建北京，南討交阯，北征沙漠，資用未嘗乏。比國無大費，而歲用僅給。卽不幸有水旱，征調將何以濟？請役操備營繕軍士十萬人，於濟寧以北，衛輝、眞定以東，緣河屯種。初年自食，次年人收五石，三年收倍之。既省京倉口糧六十萬石，又省本衛月糧百二十萬石，歲可得二百八十萬石。帝善之，下行在戶、兵二部議。郭資、張本言：緣河屯田實便，請先以五萬頃爲率，發附近居民五萬人墾之。但山東近年旱饑，流徙初復，衛卒多力役，宜先遣官行視田以俟開墾。帝從之。命吏部郎中趙新等經理屯田，福總其事。既而有言軍民各有常業，若復分田，役益勞擾，事竟不行。改戶部尚書。

《明史》卷一五五《費瓛傳》 〔永樂〕十二年，充總兵官，鎮甘肅。瓛以肅州兵多糧少，脫有調發，猝難措置，請以臨鞏稅糧付近邊軍丁轉運。又以涼州多閒田，請給軍屯墾。從之。

《明史》卷一五五《譚廣傳》 仁宗嗣位，擢左都督，佩鎮朔將軍印，鎮宣府。宣德三年請軍衛如郡縣例，立風雲雷雨山川社稷壇。六年以宣府糧少，請如開平、獨石召商中鹽納粟，以足兵食。俱從之。明年，帝從戶部議，令他衛軍戍宣府者，悉遣還屯種。廣上言：臣所守邊一千四百餘里，敵人窺伺，竊發無時。脫有警，徵兵數百里外，勢豈能及。屯種之議，臣愚未見其可。帝以邊卒戍守有餘，但命永樂中調戍者勿遣。

《明史》卷一五七《柴車傳》 宣德五年擢兵部侍郎。明年，山西巡按御史張勖言大同屯田多爲豪右占據，命車往按。得田幾二千頃，還之軍。

英宗初，西鄙不靖。以車廉幹，命協贊甘肅軍務。調軍給餉，悉得事宜。初，朵兒只伯寇涼州，副總兵劉廣喪師，不以實聞，顧飾功要賞。車劾其罪。械廣至京，賜車金幣，旌其直。岷州土官后能冒功得陞賞，車奏請加罪。能復請，命宥之。車反覆論其不可，曰：詐冒如能者，實繁有徒，臣方次第按覈。今宥能，何以戢衆？若無功得官，則捐軀死敵者，何以待之？朝廷雖從能請，然嘉車賢，遣使勞賜之。

正統三年，以破朵兒只伯功，增俸一級。在邊，章數十上，悉中時病。同事多不悦，車持益堅。嘗建言：漠北降人，朝廷留之京師，雖厚爵賞，其心終異。如長脫脫木兒者，昔隨其長來歸，未幾叛去。今乃復來，安知他日不再叛，宜徙江南，離其黨類。事下兵部，請處之河間、德州。帝報可。後降者悉以此令從事。稽覈屯田豪占者，悉清出之，得六百餘頃。

四年進兵部尚書，參贊如故。尋命兼理陝西屯田。

《明史》卷一六四《范濟傳》 范濟，元進士。洪武中，以文學舉爲廣信知府，坐累謫戍興州。宣宗卽位，濟年八十餘矣，詣闕言八事。【略】

其二曰，備邊之道，守險爲要。若朔州、大同、開平、宣府、大寧，乃京師之藩垣，邊徼之門戶。土可耕，城可守。宜盛兵防禦，廣開屯田，修治城堡，謹烽火，明斥堠。毋貪小利，毋輕遠求，堅壁清野，使無所得。俟其懈而擊之，得利則止，毋窮追深入。此守邊大要也。【略】

其五曰，洪武中令軍士七分屯田，三分守城，最爲善策。比者調度日繁，興造日廣，虛有屯種之名，田多荒蕪。兼養馬、採草、伐薪、燒炭，雜役旁午，兵力焉得不疲，農業焉得不廢。願敕邊將課卒墾荒，限以頃畝，官給牛種，稽其勤惰，明賞罰以示勸懲。則塞下田可盡墾，轉餉益紓，諸邊富實，計無便於此者。【略】

其七曰，兵者凶器，聖人不得已而用之。漢高祖解平城之圍，未聞蕭、曹勸以復讎；唐太宗禦突厥於便橋，未聞房、杜勸以報怨。古英君良相不欲疲民力以誇武功，計慮遠矣。洪武初年嘗赫然命將，欲清沙漠。既以餽運不繼，旋卽班師。遂撤東勝衛於大同，塞山西陽武谷口，選將練兵，扼險以待。內修政教，外嚴邊備，廣屯田，興學校，罪貪吏，徙頑民。不數年間，朵兒只巴獻女，伯顏帖木兒、乃兒不花等相繼擒獲，納哈出亦降，此專務內治，不勤遠略之明效也。伏望遠鑒漢、唐，近法太祖，毋以窮兵黷武爲快，毋以犁庭掃穴爲功。棄捐不毛之地，休養冠帶之民，俾竭力於田桑，盡心於庠序。邊塞絶傷痍之苦，閭里絶呻吟之聲，將無倖功，士無夭閼，遠人自服，荒外自歸，國祚靈長於萬年矣。【略】

奏上，命廷臣議之。尚書呂震以爲文辭冗長，且事多已行，不足采。帝曰：所言甚有學識，多契朕心，當察其素履以聞。震乃言：濟故元進士，曾守郡，坐事戍邊。帝曰：惜哉斯人，令久淹行伍，今猶足用。震曰：年老矣。帝曰：國家用人，正須老成，但不宜任以繁劇。乃以濟爲儒學訓導。

《明史》卷一六七《王佐傳》 宣德二年超拜戶部右侍郎。以太倉、臨清、德州、淮、徐諸倉多積弊，敕佐巡視。平江伯陳瑄言，漕卒十二萬人，歲漕艱苦，乞僉南方民如軍數，更番轉運。詔佐就瑄及黃福議之。佐還奏，東南民力已困，議遂寢。受命治通州至直沽河道。已，赴宣府議屯田事宜。

《明史》卷一七〇《于謙傳》 正統六年疏言：今河南、山西積穀各數百萬。請以每歲三月，令府州縣報缺食下戶，隨分支給。先菽秫，次黍麥，次稻。俟秋成償官，而免其老疾及貧不能償者。州縣吏秩滿當遷，預備糧有未足，不聽離任。仍令風憲官以時稽察。詔行之。河南近河處，時有衝決。謙令厚築隄障，計里置亭，亭有長，責以督率修繕。並令種樹鑿井，榆柳夾路，道無渴者。大同孤懸塞外，按山西者不及至，奏別設御史治之。盡奪鎮將私墾田爲官屯，以資邊用。威惠流行，太行伏盜皆避匿。在官九年，遷左侍郎，食二品俸。

同上 初，永樂中，降人安置近畿者甚衆。也先入寇，多爲內應。謙謀散遣之。因西南用兵，每有征行，輒選其精騎，厚資以往，已更遣其妻子，內患以息。楊洪自獨石入衛，八城悉以委寇。謙使都督孫安以輕騎出龍門關據之，募民屯田，且戰且守，八城遂復。

《明史》卷一七二《羅亨信傳》 ［正統］十年進右副都御史，巡撫如故。時遣官度二鎮軍田，一軍八十畝外，悉徵稅五升。亨信言：文皇帝時，詔邊軍盡力墾田，毋徵稅，陛下復申命之，今奈何忽爲此舉？塞上諸軍，防邊勞苦，無他生業，惟事田作。每歲自冬徂春，迎送瓦剌使臣，三月始得就田，七月又復刈草，八月以後，修治關塞，計一歲中曾無休暇。況邊地磽瘠，霜早收薄，若更徵稅，則民不復畊，必致竄逸。計臣但務積粟，不知人心不固，雖有粟，將誰與守？帝納其言而止。

《明史》卷一七二《孫原貞傳》 ［景泰］五年冬，疏言：四方屯軍，率以營繕、轉輸諸役妨耕作。宜簡精鋭實伍，餘悉歸之農。苟增萬人屯，即歲省支倉糧十二萬石，且積餘糧六萬石，兵食豈有不足哉。

今歲漕數百萬石，道路費不貲。如浙江糧軍兑運米，石加耗米七斗，民自運米，石加八斗，其餘計水程遠近加耗。是田不加多，而賦斂實倍，欲民無困，不可得也。況今太倉無十數年之積，脱遇水旱，其何以濟！宜量入爲出，汰冗食浮費。俟倉儲既裕，漸減歲漕數，而民困可蘇也。

臣昔官河南，稽諸逃民籍凡二十餘萬户，悉轉徙南陽、唐、鄧、襄、樊間。羣聚謀生，安保其不爲盜。宜及今年豐，遣近臣循行，督有司籍爲編户，給田業，課農桑，立社學、鄉約、義倉，使敦本務業。生計既定，徐議賦役，庶無他日患。

時不能盡用。後劉千斤之亂，果如原貞所料。

《明史》卷一七二《朱鑑傳》 正統五年復按廣東。奏設欽州守備都指揮。奉命錄囚，多所平反，招撫逋叛甚衆。還朝，請天下按察司增僉事一人，專理屯田，遂爲定制。

《明史》卷一七四《史昭傳》仁宗立，進都督僉事。上言西寧風俗鄙悍，請設學校如中土。報可。宣德初，昭以衛軍守禦，不暇屯種，其家屬願力田者七百七十餘人，請俾耕藝，收其賦以足軍食。從之。

《明史》卷一七四《周賢傳》 子玉，字廷璧，當嗣指揮使。以父死事，超二官爲萬全都司都指揮同知，督理屯田。

《明史》卷一七七《年富傳》 遷陝西左參政，尋命總理糧儲。陝西歲織綾絹氊毼九百餘匹。永樂中，加織駞毼五十匹，富請罷之。官吏諸生衛卒祿廩，率以邊餉減削，富請復其舊。諸邊將校占墾腴田有至三四十頃者，富奏每頃輸賦十二石。都督王禎以爲過重，疏爭之。廷議減三之二，遂爲定額。又會計歲用，以籌軍餉，言：臣所部歲收二税百八十九萬石，屯糧七十餘萬石。其間水旱流移，蠲逋負，大率三分減一，而歲用乃至百八十餘萬，入少出多。今鎮守諸臣不量國計，競請益兵，餉何由給。請減冗卒，汰駑馬，杜侵耗之弊。帝可其奏。三邊士馬，供億浩繁。軍民疲遠輸，豪猾因緣爲奸利。富量遠近，定徵科，出入慎鉤考，宿弊以革，民困大蘇。富遇事，果敢有爲，權勢莫能撓，聲震關中。然執法過嚴，僥倖者多不悦，以是屢遭誣謗。陝西文武將吏恐失富，咸上章陳其勞，乃得停俸留任。

《明史》卷一七七《李秉傳》 景帝立，進郎中。景泰二年命佐侍郎劉璉督餉宣府，發璉侵牟狀。即擢右僉都御史代璉，兼參贊軍務。宣府軍民數遭寇，牛具悉被掠。朝廷遣官市牛萬五千給屯卒。人予直，市穀種。璉盡以畀京軍之出守者，一不及屯卒，更停其月餉，而徵屯糧甚急。秉盡反璉政，厚恤之。軍卒自城守外，悉得屯作。凡使者往來及宦官鎮守供億科斂者，皆奏罷，以官錢給費。尋上邊備六事，言：軍以有妻者爲有家，月餉一石，無者減其四。即有父母兄弟而無妻，概以無家論，非義。當一體增給。從之。時宣府億萬庫頗充裕，秉益召商中鹽納糧，料飭戎裝，市耕牛給軍，軍愈感悦。

《明史》卷一七七《王復傳》 其經略甘肅，則言：永昌、西寧、鎮番、莊浪俱有險可守。惟涼州四際平曠，敵最易入。又水草便利，輒經年宿留。遠調援軍，兵疲鋭挫，急何能濟。請於甘州五衛內，各分一千户所，置涼州中衛，給之印信。其五所軍伍，則於五衛內餘丁選補。且耕且練，斯戰守有資，兵威自振。又言：洪武間建東勝衛，其西路直達寧夏，皆列烽堠。自永樂初，北寇遠遁，因移軍延綏，棄河不守。誠使兵強糧足，仍準祖制，據守黄河，萬全計也。今河套未靖，豈能遽復，然亦宜因時損益。延綏將校視他鎮爲少，調遣不足，請增置參將二人，統軍九千，使駐要地，互相援接，實今日急務。奏上，皆從之。

《明史》卷一七七《葉盛傳》 憲宗立，議事入都，給事中張寧等欲薦之入閣。以御史呂洪言遂止，而以韓雍代撫廣東。初，編修丘濬與盛不相能。大學士李賢入濬言，及是草雍敕曰：無若葉盛之殺降也。盛不置辨。稍遷左僉都御史，代李秉巡撫宣府。請量減中鹽米價，以勸商裕邊。復舉官牛官田之法，墾田四千餘頃。以其餘積市戰馬千八百匹，修堡七百餘所，邊塞益寧。

《明史》瓶子一八〇《李舜民傳》　弘治初，遷知東莞，未上，擢江西僉事。善讞獄，剖析如流。其清軍法，後人遵守之。改雲南屯田副使。田爲勢要奪者，釐而歸之官。

《明史》卷一八二《馬文升傳》　文升爲兵部十三年，盡心戎務，於屯田、馬政、邊備、守禦，數條上便宜。

《明史》卷一八五《張悦傳》　成化三年以右副都御史巡撫寧夏。寧夏城，土築，鍪始甃以甎。道河流，溉靈州屯田七百餘頃。

《明史》卷一八五《叢蘭傳》　正德三年進左通政。明年冬出理延綏屯田。安化王寘鐇反，蘭奏陳十事，中言：文武官罰米者，鬻產不能償。朝臣謫戍，刑官妄引新例鍛鍊成獄，沒其家貲。校尉偏行邊塞，勢焰薰灼，人不自保。劉瑾大惡之，矯旨嚴責。給事中張瓚、御史汪賜等遂希旨劾蘭。瑾方憂邊事，置不問。數月，瑾誅，進通政使。俄擢戶部右侍郎，督理三邊軍餉。

六年，陝西巡撫都御史藍章以四月寇亂，移駐漢中。會河套有警，乃命蘭兼管固、靖等處軍務。蘭上言：陝西起運糧草，數爲大戶侵牟，請委官押送。每鎮請發內帑銀數萬，預買糧草。御史張彧清出田畝，請蠲免子粒，如弘治十八年以前科則。靈州鹽課，請照例開中，召商糴糧。軍士折色，主者多剋減，乞選委鄰近有司散給。從之。

《明史》卷一八五《吴世忠傳》　正德四年閏九月召爲光祿少卿，旋改尚寶司卿。其年冬，與通政叢蘭等出理邊屯，世忠往薊州。明年奏言：占種盜賣，積弊已久。若一一究問，恐人情不安，請量爲處分。從之。劉瑾敗，言官劾其嘗請清核屯田，助瑾爲虐。世忠故方鯁，朝議寬之，得免。再遷大理少卿。八年擢右僉都御史巡撫延綏。寇在河套，逐之失利，乃引疾歸。

《明史》卷一八七《陸完傳》　時宸濠已萌異志。聞完爲兵部，致書盛陳舊好，欲復護衛及屯田。完答書，令以祖制爲詞。宸濠遂遣人輦金帛鉅萬，寓所善教坊臧賢家，徧遺用事貴人，屬錢寧爲內主。比奏下，完遂爲覆請，而以屯田屬戶部，請付廷議。內閣擬旨上，並予之。舉朝譁然。六科給事中高淓、十三道御史汪賜等力爭，章並下部，久不覆。南京給事中徐文溥繼言之，完乃請納諫官言，帝竟不許。十年改吏部尚書。

《明史》卷一九〇《楊廷和傳》　御史蕭淮發寧王宸濠反謀，錢寧輩猶庇之，詆淮離間。廷和請如宣宗諭趙王故事，遣貴戚大臣齎敕往諭，收其護衛屯田。於是命中官賴義、駙馬都尉崔元等往，未至而宸濠反。

《明史》卷一九三《費宏傳》　倖臣錢寧陰黨宸濠，欲交歡宏，餽綵幣及他珍玩。拒卻之，寧慚且恚。宸濠謀復護衛、屯田，輦白金鉅萬，徧賂朝貴，寧及兵部尚書陸完主之。宏從弟編修寀，其妻與濠妻，兄弟也，知之以告宏。宏入朝，完迎問曰：寧王求護衛，可復乎？宏曰：不知當日革之者何故。完曰：今恐不能不予。宏峻卻之。及中官持奏至閣，宏極言不當予，詔卒予之。

《明史》卷一九四《梁材傳》　〔嘉靖〕六年拜右副都御史，巡撫江西。甫兩月，召爲刑部左侍郎。尋改戶部，遂代鄒文盛爲尚書。自外僚登六卿，不滿二載。自以受恩深，益盡職。上言：臣考去年所入止百三十萬兩，而所出至二百四十萬。加催徵不前，邊費無節，凶荒又多奏免，國計安所辦？詳求弊端：一宗藩，二武職，三冗食，四冗費，五逋負。乞集廷臣計畫條請。於是宗藩、武職各議上三事，其他皆嚴爲節，帝悉報可。惟武職閒住者議停半俸，帝不納。經費大省，國用亦充。中官麥福請盡徵牧馬草場租，材不可。侍郎王軏清勳戚莊田，言宜量等級爲限。材奏：成周班祿有土田，祿由田出，非常祿外復有土田。今勳戚祿已踰分，而陳乞動千萬，請申禁之。自特賜外，量存三之一，以供祀事。帝命並清已賜者，額外侵據悉還之民，勢豪家乃不敢妄請乞。畿輔屯田，御史督理，正統間易以僉事，權輕，屯政日弛。材請仍用御史。御史郭弘化言天下土田視國初減半，宜通行清丈。材恐紛擾，請但敕所司清釐，籍難稽者始履畝而丈。帝悉可之。

《明史》卷一九四《劉麟傳》　嘉靖初，召拜太僕卿。進右副都御史，巡撫保定六府。中官耿忠守備紫荊多縱，麟劾奏之。請捐天津三衛屯田課，及出庫儲給河間三衛軍月餉，徵逋課以償，皆報可。

《明史》卷一九八《楊一清傳》　〔武宗初立〕，尋進右都御史。一清遂建議修邊，其略曰：陝西各邊，延綏據險，寧夏、甘肅扼河山，惟花馬池至靈州地寬延，城堡復疎。寇毀牆入，則固原、慶陽、平凉、鞏昌皆受患。成化初，寧夏巡撫徐廷璋築邊牆綿亘二百餘里。在延綏者，余子俊修之甚固。由是，寇不入套二十餘年。後邊備疎，牆塹日夷。弘治末至今，寇連歲侵略。都御史史琳請於花馬池、韋州設營衛，總制尚書秦紘僅修四五小堡及靖虜至環慶治塹七百里，謂可無患。不一二年，寇復深入。是紘所修不足捍敵。臣久官陝西，頗諳形勢。寇動稱數萬，往來倏忽。未至徵兵多擾費，既至召援輒後時。欲戰則彼不來，持久則我師坐老。臣以爲防邊之策，大要有四：修濬牆塹，以固邊防；增設衛所，以壯邊兵；經理靈、夏，以安內附；整飭韋州，以遏外侵。

今河套即周朔方，漢定襄，赫連勃勃統萬城也。唐張仁愿築三受降城，置烽堠千八百所，突厥不敢踰山牧馬。古之舉大事者，未嘗不勞於先，逸於後。夫受降據三面險，當千里之蔽。國初舍受降而衛東勝，已失一面之險。其後又輟東勝以就延綏，則以一面而遮千餘里之衝，遂使河套沃壤爲寇巢穴。深山大河，勢乃在彼，而寧夏外險反南備河。此邊患所以相尋而不可解也。誠宜復守東勝，因河爲固，東接大同，西屬寧夏，使河套方千里之地，歸我耕牧，屯田數百萬畝，省內地轉輸，策之上也。如或不能，及今增築防邊，敵來有以待之，猶愈無策。

《明史》卷一九九《王憲傳》 王憲，字維綱，東平人。弘治三年進士。歷知阜平、滑二縣。召拜御史。正德初，擢大理寺丞。遷右僉都御史，清理甘肅屯田。

《明史》卷一九九《李承勛傳》 舉治行卓異，超遷浙江按察使。歷陝西、河南左、右布政使，以右副都御史巡撫遼東。邊備久弛，開原尤甚。士馬纔十二，牆堡墩臺圮殆盡。將士依城塹自守，城外數百里悉爲諸部射獵地，承勛疏請修築。會世宗立，發帑銀四十餘萬兩。承勛命步將四人各一軍守要害，身負畚锸先士卒。凡爲城塹各九萬一千四百餘丈，墩堡百八十有一。招逋逃三千二百人，開屯田千五百頃。

《明史》卷一九九《范鏓傳》 ［嘉靖］二十年擢右副都御史，巡撫寧夏。鏓爲人持重，有方略。既涖重鎮，不上首功。一意練步騎，廣儲蓄，繕治關隘亭障，寇爲遠徙，俘歸者五百人。上疏言：邊將各有常祿，無給田之制。自武定侯郭勛奏以軍餘開墾田園給將領，委奸軍爲莊頭，害殊大。宜給還軍民，任耕種便。帝從其請。

《明史》卷二〇〇《詹榮傳》 嘉靖二十二年，以右僉都御史巡撫甘肅。**【略】**

踰年，以大同巡撫趙錦與總兵官周尚文不相能，詔榮與錦易任。俺答數萬騎入掠，榮與尚文破之黑山陽，進右副都御史。寇復大舉犯中路，參將張鳳等陣歿。榮與尚文及總督翁萬達嚴兵備陽和，而遣騎邀擊，多所殺傷，寇乃引去。代府奉國將軍充灼行剽，榮奏奪其祿。充灼等結小王子入寇，謀據大同。榮告尚文捕得，皆伏辜。榮以大同無險，乃築東路邊牆百三十八里，堡七，墩臺百五十四。又以守邊當積粟，而近邊弘賜諸堡三十一所，延亘五百餘里，闢治之皆膏腴田，可數十萬頃，乃奏請召軍佃作，復其租徭，移大同一歲市馬費市牛賦之，秋冬則聚而遏寇。帝立從焉。寇入犯，與尚文破之彌陀山，斬一部長。

《明史》卷二〇一《王縝傳》 王縝，字文哲，東莞人。父恪，寶慶知府。縝登弘治六年進士，選庶吉士，授兵科給事中。劾三邊總制王越附汪直、李廣，不可復玷節鉞。出理南畿屯田。有司徵松江白紵六千疋，縝言紵非正供，且請停上清宮役。詔皆罷之。

《明史》卷二〇二《賈應春傳》 嘉靖三十二年進兵部右侍郎，總督三邊軍務。**【略】**

明年罷宣、大總督蘇祐，以應春代。時秋防將届，代應春者江東未至，令仍舊任。套寇數萬人屯寧夏山後，先遣騎五百餘入掠。總兵官姜應熊守紅井以綴敵，而密遣精兵薄其營，斬首百四十餘級，進應春右都御史。踰月，寇別部入永昌、西寧，爲守將所破。番人入鎮羌，總兵官王繼祖擊敗之，并賜應春銀幣。久之，寇五千騎犯環慶，爲都督袁正所破，掠莊浪，守將邀斬百二十人，再予應春一子官。在鎮數載，築邊垣萬一千八百餘丈，以花馬池閒田二萬頃給軍屯墾，邊人賴之。

《明史》卷二〇四《楊守謙傳》 守謙登嘉靖八年進士，授屯田主事。改職方，歷郎中，練習兵計。出爲陝西副使，改督學政，有聲，就拜參政。未任，擢右僉都御史，巡撫山西。上言偏頭、老營堡二所，餘地千九百餘頃，請興舉營田。因薦副使張鎬爲提調，牛種取給本土。帝稱爲忠，即報可。俄移撫延綏。請久任鎬，終其事。其後二年，營田大興。計秋穫可當帑銀十萬，邊關穀價減十五。守謙薦鎬可大用，且言延綏安定諸邊可如例。戶部請推行之九邊。帝悅，命亟行之，錄守謙、鎬功。守謙未去延綏，而鎬已巡撫寧夏矣。

《明史》卷二一一《周尚文傳》 總督翁萬達議築邊牆，自宣府西陽和至大同開山口，延袤二百餘里，以屬尚文。乃益築陽和以西至山西丫角山，凡四百餘里，敵臺千餘。斥屯田四萬餘頃，益軍萬三千有奇。帝嘉其功，進左都督，加太子太保，永除屯稅。叛人充灼召小王子寇邊，尙文偵得其使者，加太保，廕子錦衣世千戶。終明之世，總兵官加三公者，尙文一人而已。

《明史》卷二一四《馬森傳》 ［隆慶］是時，登極詔書蠲天下田租半。太倉歲入少，不能副經費，而京、通二倉積貯無幾。森鉤校搜剔，條行十餘事。又列上錢穀出入之數，勸帝節儉。帝手詔責令措置，森奏：祖宗舊制，河、淮以南以四百萬供京師，河、淮以北以八百萬供邊。一歲之入，足供一歲之用。後邊陲多事，支費漸繁，一變而有客兵之年例，再變而有主兵之年例。其初止三五十萬耳，後漸增至二百三十餘萬。屯田十虧七八，鹽法十折四五，民運十逋二三，悉以年例補之。在邊則士馬不多於昔，在太倉則輸入不益於前，而所費數倍。重以詔書蠲除，故今日告匱，視往歲有加。臣前所區畫，算及錙銖，不過紓目前急，而於國之大體，民之元氣，未暇深慮。願廣集衆思，令廷臣各陳所見。又奏河東、四川、雲南、福建、廣東、靈州鹽課事宜。詔皆如所請。

《明史》卷二一五《周弘祖傳》 周弘祖，麻城人。嘉靖三十八年進士。除吉安推官。徵授御史，出督屯田、馬政。

《明史》卷二二〇《王之誥傳》 王之誥，字告若，石首人。嘉靖二十三年進士。授吉水知縣。遷戶部主事，改兵部員外郎，出爲河南僉事。討師尙詔有功，轉參議。調大同兵備副使。以搗板升功，增俸一級，進山西右參政。擢右僉都御史，巡撫遼東。大興屯田，每營墾田百五十頃，役軍四百人。列上便宜八事，行之。

《明史》卷二二〇《王遴傳》 ［嘉靖］四十五年擢右僉都御史，巡撫延綏。寇大入定邊，固原，總兵官郭江戰歿。總督陳其學、陝西巡撫戴才坐免，遴貶俸一秩。隆慶改元，寇六入塞，皆失利去。而御史溫如玉論遴不已，解官候勘。後御史楊鈞勘上其功，遂以故官巡撫宣府。總兵官馬芳驍勇，寇不敢深入。遴乃大興屯田，邊儲賴之。

《明史》卷二二一《袁洪愈傳》 洪愈尋上疏請禁干謁，又極諫屯田廢壞之害，乞令商人中鹽，免內地飛輓。皆議行。

《明史》卷二二一《王廷瞻傳》 穆宗在裕邸，欲易莊田，廷瞻不可。隆慶元年，所部久雨。請自三宮以下及裕府莊田改入乾清宮者，悉蠲其租。詔減十之五。已，言勳戚莊田太濫，請於初給時裁量田數，限其世次，爵絕歸官。制可。高拱再輔政，廷瞻常論拱，遂引疾歸。

《明史》卷二二四《宋纁傳》 ［萬曆］十四年遷戶部尙書。民壯工食已減半，復有請盡蠲者，纁因并曆日諸費奏裁之。有司徵賦懼缺額，鞭撻取盈，纁請有司考成，視災傷爲上下。山西連歲荒，賴社倉獲濟，纁請推行天下，以紙贖爲糴本，不足則勸富人，或令民輸粟給冠帶。又言：邊儲大計，最重屯田、鹽筴。近諸邊年例銀增至三百六十一萬，視弘治初八倍，宜修屯政，商人墾荒中鹽。帝皆稱善。

《明史》卷二二七《賈三近傳》 神宗嗣位，起戶科給事中。【略】三近請地凋敝者減一分，詔從之。中官溫泰請盡輸關稅、鹽課於內庫，三近言課稅本餉邊，今屯田半蕪，開中法壞，塞下所資惟此，苟歸內帑，必誤邊計。議乃寢。

《明史》卷二二八《魏學曾傳》 魏學曾，字惟貫，涇陽人。嘉靖三十二年進士。除戶部主事，遷郎中。中官爲商人請支芻糧銀鉅萬，學曾持不可，乃已。尋擢光祿少卿，進右僉都御史，巡撫遼東。隆慶初，土蠻大入永平。學曾入駐山海，檄諸將王治道等追擊至義院口，大捷。進右副都御史。學會乃易置將吏，招納降附，釐屯田二千餘頃，數破敵，被賞賚。

《明史》卷二三二《王國傳》 王國，字之楨，耀州人。萬曆五年進士。選庶吉士，改御史。出視畿輔屯田，清成國公朱允禎等所侵地九千六百餘頃。

《明史》卷二四一《汪應蛟傳》 應蛟在天津，見葛沽、白塘諸田盡爲汙萊，詢之土人，咸言斥鹵不可耕。應蛟念地無水則鹻，得水則潤，若營作水田，當必有利。乃募民墾田五千畝，爲水田者十之四，畝收至四五石，田利大興。及移保定，乃上疏曰：天津屯兵四千，費餉六萬，俱斂諸民間。留兵則民告病，恤民則軍不給，計惟屯田可以足食。今荒土連封，蒿萊彌望，若開渠置堰，規以爲田，可七千頃，頃得穀三百石。近鎭年例，可以兼資，非獨天津之餉足取給也。因條畫墾田丁夫及稅額多寡以請，得旨允行。

《明史》卷二四二《董應舉傳》 ［天啓初］已，上言保衛神京在設險營屯。遂擢應舉太僕卿兼河南道御史，經理天津至山海屯務。應舉以責太重，陳十難十利，帝悉敕所司從之。乃分處遼人萬三千餘戶於順天、永平、河間、保定，詔書褒美。遂用公帑六千買民田十二萬餘畝，合閒田凡十八萬畝，廣募耕者，畀工廩、田器、牛種，濬渠築防，教之藝稻，農舍、倉廨、場圃、舟車畢具，費二萬六千，而所收黍麥穀五萬五千餘石。廷臣多論其功，就進右副都御史。天津葛沽故有水陸兵二千，應舉奏令屯田，以所入充歲餉，屯利益興。

《明史》卷二四四《左光斗傳》 左光斗，字遺直，桐城人。萬曆三十五年進士。除中書舍人。選授御史，巡視中城。捕治吏部豪惡吏，獲假印七十餘，假官一百餘人，輦下震悚。

出理屯田，言：北人不知水利，一年而地荒，二年而民徙，三年而地與民盡矣。今欲使旱不爲災，澇不爲害，惟有興水利一法。因條上三因十四議：曰因天之時，因地之利，因人之情；曰議濬川，議疏渠，議引流，議設壩，議建閘，議設陂，議相地，議築塘，議招徠，議擇人，議擇將，議兵屯，議力田設科，議富民拜爵。其法犂然具備，詔悉允行。水利大興，北人始知藝稻。鄒元標嘗曰：三十年前，都人不知稻草何物，今所在皆稻，種水田利也。閹人劉朝稱東宮令旨，索戚畹廢莊。光斗不啓封還之，曰：尺土皆殿下有，今日安敢私受。閹人憤而去。

《明史》卷二四八《李繼貞傳》 〔萬曆〕十一年，用薦起，歷兩京尚寶卿。明年春召對，陳水利屯田甚悉，遷順天府丞。尋超拜兵部右侍郎兼右僉都御史，巡撫天津，督薊、遼軍餉。乃大興屯田，列上經地、招佃、用水、任人、薄賦五議。白塘、葛沽數十里間，田大熟。

《明史》卷二四九《朱燮元傳》 時蜀中兵十六萬，土、漢各半。漢兵不任戰，而土兵驕淫不肯盡力。成都圍解，不即取重慶；重慶復，不即擣永寧；及永寧、藺州並下，賊失巢穴，又縱使遠竄。大抵土官利養寇，官軍效之，賊得展轉爲計。崇明父子方窘甚，燮元以蜀已無賊，遂不窮追。永寧既拔，拓地千里。燮元割膏腴地歸永寧衛，以其餘地爲四十八屯，給諸降賊有功者，令歲輸賦於官，曰屯將，隸於敍州府，增設同知一人領之。且移敍州兵備道於衛城，與貴州參將同駐，蜀中遂靖。而邦彦張甚。【略】

位請如約，率四十八目出降。燮元受之，貴州亦靖。遂上善後疏曰：

水西自河以外，悉入版圖。沿河要害，臣築城三十六所，近控蠻苗，遠聯滇、蜀，皆立邸舍，繕郵亭，建倉廩，賊必不敢猝入爲寇。鴨池、安莊傍河可屯之土，不下二千頃，人賦土使自贍，鹽酪芻茭出其中。諸將士身經數百戰，咸願得尺寸地長子孫，請割新疆以授之，使知所激勸。帝報可。

龍場壩者，隣大方，邦彦以假崇明。崇明既滅，總兵侯良柱欲設官屯守以自廣。而安位謂己故地，數舉兵爭，燮元不之禁。會燮元劾良柱不職；良柱亦訐燮元曲庇安氏，納其重賄。章下四川巡按御史劉宗祥。宗祥亦劾燮元受賄，且以龍場、永寧不置邑衛爲欺罔。帝以責燮元。燮元乃上言：禦夷之法，來則安之，不專在攻取也。今水西已納款，惟明定疆界，俾自耕牧，以輸國賦。若設官屯兵，此地四面孤懸，中限河水，不利應援，築城守渡，轉運煩費。且內激藺州必死之鬬，外挑水西扼吭之嫌，兵端一開，未易猝止，非國家久遠計。帝猶未許。後勘其地，果如所議。論桃紅壩功，進少師，世廕錦衣指揮使。一品六年滿，加左柱國。再議平賊功，世廕錦衣指揮僉事。

十年，安位死，無嗣，族屬爭立。朝議又欲郡縣其地，燮元力爭。遂傳檄土目，布上威德。諸蠻爭納土，獻重器。燮元乃裂疆域，衆建諸蠻。復上疏曰：

水西有宣慰之土，有各目之土。宣慰公土，宜還朝廷。各目私土，宜畀分守，籍其戶口，徵其賦稅，殊俗內嚮，等之編氓。大方、西溪、谷里、北那要害之地，築城戍兵，足銷反側。夫西南之境，皆荒服也，楊氏反播，奢氏反藺，安氏反水西。滇之定番，小州耳，爲長官司者十有七，數百年來未有反者。非他苗好叛逆，而定番性忠順也，地大者跋扈之資，勢弱者保世之策。今臣分水西地，授之酋長及有功漢人，咸俾世守。虐政苛斂，一切蠲除，參用漢法，可爲長久計。

因言其便有九：

不設郡縣置軍衛，因其故俗，土漢相安，便一。地益墾闢，聚落日繁，經界既正，土酋不得侵軼民地，便二。黔地荒确，仰給外邦，今自食其地，省轉輸勞，便三。有功將士，酬以金則國帑方匱，酬以爵則名器將輕，錫以土田，於國無損，便四。既世其土，各圖久遠，爲子孫計，反側不生，便五。大小相維，輕重相制，無事易以安，有事易以制，便六。訓農治兵，耀武河上，俾賊遺孽不敢窺伺，便七。軍民願耕者給田，且耕且守，衛所自實，無勾軍之累，便八。軍耕抵餉，民耕輸糧，以屯課耕，不拘其籍，以耕聚人，不世其伍，便九。

帝咸報可。

《明史》卷二五六《畢自嚴傳》 崇禎元年召拜戶部尚書。自嚴以度支大絀，請覈逋賦，督屯田，嚴考成，汰冗卒，停薊、密、昌、永四鎮新增鹽菜銀二十二萬，俱報可。

同上　給事中汪始亨極論盜屯損餉之弊。自嚴言：　相沿已久，難於覈實。請無論軍種民種，一照民田起科。帝是其議。

《明史》卷二五七《王洽傳》　崇禎元年召拜工部右侍郎，攝部事。兵部尚書王在晉罷，帝召見羣臣，奇洽狀貌，卽擢任之。上疏陳軍政十事，曰嚴債帥，修武備，核實兵，衡將材，覈欺蔽，懲朘削，勤訓練，釐積蠹，舉異才，弭盜賊，帝幷褒納。宣、大總督王象乾與大同巡撫張宗衡爭插漢款戰事，帝召諸大臣平臺，詰問良久。洽及諸執政並主象乾策，定款議。詳見象乾、宗衡傳。

尋上言：　祖宗養兵百萬，不費朝廷一錢，屯田是也。今遼東、永平、天津、登、萊沿海荒地，及寶坻、香河、豐潤、玉田、三河、順義諸縣閒田百萬頃。元虞集有京東水田之議，本朝萬曆初，總督張佳胤、巡撫張國彥行之薊鎮，爲豪右所阻。其後，巡撫汪應蛟復行之河間。今已墾者荒，未墾者置不問，遺天施地生之利，而日講生財之術，爲養軍資，不大失策乎！乞敕諸道監司，遵先朝七分防操，三分屯墾之制，實心力行，庶國計有裨，軍食無缺。帝稱善，卽命行之。嘗奏汰年深武弁無薦者四十八人，以邊才舉監司楊嗣昌、梁廷棟，後皆大用。

《明史》卷二五七《梁廷棟傳》　［崇禎三年］其秋，廷棟以兵食不足，將加賦，因言：　今日閭左雖窮，然不窮於遼餉也。一歲中，陰爲加派者，不知其數。如朝覲、考滿、行取、推陞，少者費五六千金。合海內計之，國家選一番守令，天下加派數百萬。巡按查盤、訪緝、餽遺、謝薦，多者至二三萬金，合天下計之，國家遣一番巡方，天下加派百餘萬。而曰民窮於遼餉何也？臣考九邊額設兵餉，兵不過五十萬，餉不過千五百三十餘萬，何憂不足。故今日民窮之故，惟在官貪。使貪風不除，卽不加派，民愁苦自若。使貪風一息，卽再加派，民歡忻亦自若。疏入，帝俞其言，下戶部協議。戶部尚書畢自嚴阿廷棟意，卽言今日之策，無踰加賦，請畝加九釐之外，再增三釐。於是增賦百六十五萬有奇，海內並咨怨。已，陳釐弊五事：　曰屯田，曰鹽法，曰錢法，曰茶馬，曰積粟。又極陳陝西致寇之由，請重懲將吏貪汙者以紓軍民之憤，塞叛亂之源。帝皆褒納。

《明史》卷二五七《張鳳翼傳》　［天啓三年］時趙率教駐前屯，墾田、練卒有成效。

《明史》卷二五八《魏呈潤傳》　魏呈潤，字中嚴，龍溪人。崇禎元年進士。由庶吉士改兵科給事中。

三年冬，疏陳兵屯之策：　請敕順天、保定兩巡撫簡所部壯士，大邑五百人，小邑二三百人，分營訓練。而天津翟鳳翀、通州范景文、昌平侯恂幷建節鉞，宜令練兵之外兼營屯田。又陳閩海勦撫機宜六事。並議行。

《明史》卷二五九《楊鎬傳》　楊鎬，商丘人。萬曆八年進士。歷知南昌、蠡二縣。入爲御史，坐事調大理評事。再遷山東參議，分守遼海道。嘗偕大帥董一元雪夜度墨山，襲蒙古炒花帳，大獲。進副使。墾荒田百三十餘頃，歲積粟萬八千餘石。進參政。

《明史》卷二五九《袁崇煥傳》　崇禎既解圍，志漸驕，與桂不協，請移之他鎭，乃召桂還。崇煥以之臣奏留桂，又與不協。中朝慮僨事，命之臣專督關內，以關外屬崇煥畫關守。崇煥慮廷臣忌己，上言：　陛下以關內外分責二臣，用遼人守遼土，且守且戰，且築且屯。屯種所入，可漸減海運。大要堅壁清野以爲體，乘間擊瑕以爲用。戰雖不足，守則有餘；守既有餘，戰無不足。顧勇猛圖敵，敵必讐；奮迅立功，衆必忌。任勞則必召怨，蒙罪始可有功。怨不深則勞不著，罪不大則功不成。謗書盈篋，毀言日至，從古已然，惟聖明與廷臣始終之。帝優旨褒答。

其冬，崇煥偕應坤、用、率教巡歷錦州、大、小凌河，議大興屯田，漸復第所棄舊土。忠賢與應坤等並因是廕錦衣，崇煥進所廕爲指揮僉事。崇煥遂言：　遼左之壞，雖人心不固，亦緣失有形之險，無以固人心。兵不利野戰，祇有憑堅城用大礮一策。今山海四城既新，當更修松山諸城，班軍四萬人，缺一不可。帝報從之。

先是，八月中，我太祖高皇帝晏駕，崇煥遣使弔，且以覘虛實。我太宗文皇帝遣使報之，崇煥欲議和，以書附使者還報。我大清兵將討朝鮮，欲因此阻其兵，得一意南下。七年正月再遣使答之，遂大興兵渡鴨綠江南討。朝議以崇煥、之臣不相能，召之臣還，罷經略不設，以關內外盡屬崇煥，與鎭守中官應坤、用並便宜從事。崇煥銳意恢復，乃乘大軍之出，遣將繕錦州、中左、大凌三城，而再使使持書議和。會朝鮮及毛文龍同告急，朝命崇煥發兵援。崇煥以水師援文龍，又遣左輔、趙率教、朱梅等九將將精卒九千先後逼三岔河，爲牽制之勢，而朝鮮已爲大清所服，諸將乃還。

崇煥初議和，中朝不知。乃奏報，優旨許之，後以爲非計，頻旨戒諭。崇煥欲藉是修故疆，持愈力。而朝鮮及文龍被兵，言官因謂和議所致。四月，崇煥上言：關外四城雖延袤二百里，北負山，南阻海，廣四十里爾。今屯兵六萬，商民數十萬，地隘人稠，安所得食？錦州、中左、大淩三城，修築必不可已。業移商民，廣開屯種。倘城不完而敵至，勢必撤還，是棄垂成功也。故乘敵有事江東，姑以和之說緩之。敵知，則三城已完，戰守又在關門四百里外，金湯益固矣。帝優旨報聞。

《明史》卷二六〇《方孔炤傳》 方孔炤，字潛夫，桐城人。萬曆四十四年進士。天啓初，爲職方員外郎。忤崔呈秀，削籍。

崇禎元年，起故官。憂歸。定桐城民變，還朝。十一年以右僉都御史巡撫湖廣，擊賊李萬慶、馬光玉、羅汝才於承天，八戰八捷。時文燦納獻忠降，處之穀城。孔炤條上八議，言主撫之誤，不聽，而陰厲士馬備戰守。已而賊果叛，如孔炤言。賊故畏孔炤，不敢東，文燦乃檄孔炤防荆門、當陽，鰲永防江陵、遠安，秦、蜀各嚴兵。崇儉主合擊，孔炤乃請專斷德、黃，守承天，護獻陵；而江、漢以南責鰲永。會嗣昌代文燦，令孔炤仍駐當陽。惠王常潤言：孔炤遏獻忠，有來家河、神通堡之捷，射中賊魁馬光玉，陵寢得無虞。請增秩久任。章下部，未奏，而部將楊世恩、羅安邦奉調，會川、沅兵剿竹山寇。兩將深入，至香油坪而敗。嗣昌既以孔炤撫議異己也，又忮其言中，遂因事獨劾孔炤，逮下詔獄。子檢討以智，國變後棄家爲僧，號無可者也，伏闕訟父冤，膝行沙堰者兩年。帝爲心動，下議，孔炤護陵寢功多，減死戍紹興。久之，用薦復官，以右僉都御史屯田山東、河北。馳至濟南，復命兼理軍務，督大名、廣平二監司禦賊。命甫下而京師陷，孔炤南奔。馬、阮亂政，歸隱十餘年而終。

《明史》卷二六二《孫傳庭傳》 西安四衛，舊有屯軍二萬四千，田二萬餘頃，其後田歸豪右，軍盡虛籍。傳庭釐得軍萬一千有奇，歲收屯課銀十四萬五千餘兩，米麥萬三千五百餘石。帝大喜，增秩，賚銀幣。

《明史》卷二六二《傅宗龍傳》 ［天啓五年］復一、宗龍謀，討破烏粟、螺螄、長田諸叛苗，大破平越賊，毀其砦百七十，賊黨漸孤。宗龍乃條上屯守策，言：

蜀以屯爲守，黔則當以守爲屯。蓋安酋土地半在水外，仡佬、龍仲、蔡苗諸雜種，緩急與相助。賊有外藩，我無邊蔽，黔兵所以分力愈詘。臣謂以守爲屯者，先發兵據河，奪賊所恃。然後撫剿諸種，隨渡口大小，置大小寨，深溝高壘，置烽墩礮臺。小渡則塞以木石，使一粟不入水內，一賊不出水外，賊無如我何。又令沿河兵習水戰，當賊耕耨時，頻出奇兵，渡河擾之。賊不敢附河而居，而後我可以議屯也。

屯之策有二：一曰清衛所原田，一曰割逆賊故壤，而以衛所之法行之。蓋黔不患無田，患無人。客兵聚散無常，不能久駐。莫若倣祖制，盡舉屯田以授有功。因功大小，爲官高下，自指揮至總、小旗，畀以應得田爲世業，而禁其私賣買。不待招徠，戶口自實。臣所謂以守爲屯者如此。然兵當用四萬八千人，餉當歲八十餘萬，時當閲三年，如此而後賊可盡滅也。

部議從之。

復一卒，王瑊代，事悉倚辦。宗龍乃漸剪水外逆黨，將大興屯田。邦彥懼，謀沮之。六年三月大舉渡河入寇。宗龍擊破邦彥趙官屯，斬老蟲添，威名大著。

《明史》卷二六五《李邦華傳》 ［崇禎二年］京營歲領太僕銀萬六千兩，屯田籽粒銀千六十兩，犒軍製器胥徒工食取給焉。各官取之無度，歲用不敷。邦華建議，先協理歲取千四百，總督巡視遞節減，自是營帑遂裕。

同上 ［崇禎］十二年四月，起南京兵部尚書，定營制，汰不急之將，幷分設之營。謂守江南不若守江北，防下流不若防上流。乃由浦口歷滁、全椒、和，相形勢，繪圖以獻。於浦口置沿江敵臺，於滁設戍卒，於池河建城垣，於滁、椒咽喉則築堡於藕塘。和遭屠戮，請以隸之太平。又請開府采石之山，置哨太平之港，大犂當塗閒田數萬頃資軍儲。徐州，南北要害，水陸交會，請宿重兵，設總督，片檄徵調，奠陵京萬全之勢。皆下所司，未及行，以父憂去。

《明史》卷二六七《王漢傳》 至潼關，有詔漢巡按河南。時賊灌開封，漢聞，趣諸將自柳園夜半渡河，伏兵西岸，檄卜從善等夾攻之，斬首九十餘級，遂入汴。大張旗鼓爲疑兵，追賊至朱仙鎮，連戰皆捷。巡撫高名衡謝病，即擢漢右僉都御史代之。漢乃廣間諜，收土豪，議屯田，謀所以圖賊。

《明史》卷二七一《趙率教傳》 天啓元年，遼陽破，率教潛逃，罪當死，倖免。明年，王化貞棄廣寧，關外諸城盡空。率教請於經略王在晉，願收復前屯衛城，率家丁三十八人以往。蒙古據其地，不敢進，抵中前所而止。其年，遊擊魯之甲以樞輔孫承宗令，救難民六千口，至前屯，盡驅蒙古於郊外。率教乃得入，編次難民爲兵，繕雉堞，謹斥堠，軍府由是粗立。既而承宗令裨將陳練以川、湖土兵來助，前屯守始固。而率教所招流亡至五六萬。擇其壯者從軍，悉加訓練。餘給牛種，大興屯田，身自督課，至手足胼胝。承宗出關閱視，大喜，以己所乘輿贈之。

《明史》卷二七四《史可法傳》 十月，傑帥師北征。可法赴清江浦，遣官屯田開封，爲經略中原計。

《明史》卷二七五《張慎言傳》 天啓初，出督畿輔屯田，言：天津、靜海、興濟間，沃野萬頃，可墾爲田。近同知盧觀象墾田三千餘畝，其溝洫廬舍之制，種植疏濬之方，犁然具備，可倣而行。因列上官種、佃種、民種、軍種、屯種五法。又言：廣寧失守，遼人轉徙入關者不下百萬。宜招集津門，以無家之衆，墾不耕之田便。詔從之。嘗疏薦趙南星，劾馮銓，銓大恨。五年三月，慎言假歸，銓屬曹欽程論劾，誣盜曹縣庫銀三千，遂下撫按徵贓，編戍肅州。

莊烈帝即位，赦免。崇禎元年起故官。會當京察，請先治媚璫者附逆之罪，其他始付考功，報可。旋擢太僕少卿，歷太常卿、刑部右侍郎。讞耿如杞獄，不稱旨，并尚書韓繼思下吏，尋落職歸。久之，召爲工部右侍郎。國用不支，廷議開採、鼓鑄、屯田、鹽法諸事。慎言屢疏陳奏，悉根本計。

《明史》卷二七九《文安之傳》 李赤心、高必正等久竄廣西賓、橫、南寧間。赤心死，養子來亨代領其衆，推必正爲主。必正又死，其衆食盡，且畏大兵逼，率衆走川東，分據川、湖間，耕田自給。川中舊將王光興、譚弘等附之，衆猶數十萬。

《明史》卷二八七《文苑傳三・王世貞》 萬曆二年九月以右副都御史撫治鄖陽，數條奏屯田、戍守、兵食事宜，咸切大計。

紀　事

《漢書》卷七《昭帝紀》 二年冬，發習戰射士詣朔方，調故吏將屯田張掖郡。

《漢書》卷八《宣帝紀》 秋，賜故大司農朱邑子黃金百斤，以奉祭祀。後將軍充國言屯田之計，語在《充國傳》。

《漢書》卷九《元帝紀》 秋，使護西域騎都尉甘延壽、副校尉陳湯撟發戊己校尉屯田吏士及西域胡兵攻郅支單于。冬，斬其首，傳詣京師，縣蠻夷邸門。

漢・荀悅《漢紀》卷一六《孝昭皇帝紀》 ［始元二年］冬，發習戰射士詣朔方，調故吏將屯田張掖郡。

漢・荀悅《漢紀》卷一八《孝宣皇帝紀二》 ［元康二年］車師王烏貴（靡）初和於匈奴，後降漢，又恐匈奴攻之，懼而奔烏孫。漢使者鄭吉田於渠黎，乃迎車師妻子傳送長安，賞賜甚厚，四夷朝會，常尊顯而示之。乃立車師太子軍宿爲車師王，徙居渠黎。而吉等田車師故地，匈奴爭之，而攻漢屯田者。趙充國等議，欲因匈奴衰弱，出兵擊之。丞相諫曰：臣聞救亂誅暴，謂之義兵，兵義者王；敵加於己，不得已而應之者，謂之應兵，兵應者勝；爭恨小故，不勝憤怒者，謂之忿兵，兵忿者敗；利人土地寶貨者，謂之貪兵，兵貪者破；恃國家之大，矜人民之衆，欲見威於敵者，謂之驕兵，兵驕者滅：此非但人事，乃天道也。自頃匈奴常有善意，所得漢民輒奉歸之，未有犯於邊境，雖爭田車師故地，不足以置意中國。今諸將軍欲興兵入奪其地，臣愚不知此兵欲何名也。今邊境困乏，難以動兵。軍旅之後，必有凶年，言民以愁苦之氣，傷陰陽之和也。兵出雖勝，必有後憂。今郡國守相率多不精選，風俗尤薄，水旱不時，郡國盜賊繁多。今左右不憂，乃欲發兵報纖微之忿於遠夷，此乃所謂季孫之憂不在顓臾，而在蕭牆之內也。上乃棄車師之地。

漢・荀悅《漢紀》卷一九《孝宣皇帝紀三》 ［神爵元年］夏四月，後將軍趙充國討西羌。充國字翁孫，隴西人也，時年七十六。初，出兵，上問誰可將者，充國曰：無逾老臣。願陛下以兵屬老臣，勿以爲憂。上笑曰：諾。充國既行，常以遠斥候爲務，行必有戰備，止必堅營壁，尤能持重，愛士卒，先計而後戰。遂至西部都尉府，日饗軍士。虜數挑戰，充國堅守。於是酒泉太守辛武賢奏言：郡兵皆屯備南山，北邊空虛，勢不能久。或曰至秋冬乃進兵，此虜在境外之策也。今虜朝夕爲寇，胡地苦寒，漢馬不能冬，屯兵在武威、張掖、酒泉萬騎已上，可以悉發，以七月上旬齎三十日糧，分兵并出張掖、酒泉，合擊罕、开在鮮水之上者。虜以畜産爲命，今皆離散，兵出，雖不盡誅，且奪其畜産，虜其妻子，復引軍還。冬復擊之，大兵仍出，虜必（振）［震］壞。上下其書於充國，充國以爲武賢欲輕引萬騎爲兩道出張掖、酒泉，回遠千里。以一馬自馱負三十日食，爲米二(斗)[斛]四(升)[斗]，麥八斛，又有衣裝兵器，難以追逐。勤勞而至，虜必商軍進退，稍稍引去，逐水草，入山林。隨而深入，虜必據前險，守後阨，以絕糧道，必有傷危之憂。而武賢以爲可奪[其]畜產，虜[其]妻子，此殆空言，非至計也。又武威、張掖皆當北塞，有通谷水草。臣恐匈奴與羌有謀，且欲大入，其郡兵尤不可悉發。先零首爲叛逆，他種劫略。故臣欲捐罕、开闇昧之過，隱而勿彰，先行先零之誅以振動之，宜悔過反善，因捨其罪，選良吏撫循和輯，此全師保勝安邊之長策也。上下其書。公卿議者咸以爲先零兵盛，而負罕、开之助，不先破罕、开，則先零亦未可圖也。上乃拜侍中許延壽爲強弩將軍，即拜酒泉太守武賢爲破羌將軍，賜璽書嘉納其奏。因以書勑切讓充國曰：將軍不早及秋共水草之利爭其畜食，欲至冬，虜皆畜食，多藏匿山林中依險阻，將軍士卒寒，手足皸瘃，寧有利乎？將軍不念中國之費，而欲以歲數而勝微，將軍誰不樂此者！今詔破羌將軍武賢等擊罕、开，將軍其自引兵便道西幷進，雖不相及，使虜聞東方北方兵幷來，分散其心意，離其黨與，雖不能殄滅，當有瓦解者。勿復有疑。夏六月，有星孛於東方。秋七月，大旱。充國上書曰：臣前奉詔告諭罕、开，宣天子至德以解其謀，罕、开之屬皆知明詔。今先零已爲寇日久，而罕、开未有所犯。今先擊罕、开，釋先零，赦有罪，誅無辜，(去)[起]一難，就兩害，誠非陛下本計也。先零欲爲背叛，故與罕、开解仇結約，其心恐漢兵至而罕、开背之。先擊罕、开，而先零必救之，以堅其交，迫脅諸小國種，附者稍集。虜兵浸多，[誅之]用力數倍，恐國家憂累(四)[由]十年數，不一二歲而已。臣之愚計，先誅先零，則罕、开之屬不煩兵而服之矣。以今進兵，誠未見其利。上乃璽書報，從充國計擊先零。充國引兵至先零，虜久屯(娶)[聚]，解弛，望見大軍，(乘)[棄]車重，欲渡湟水，水道阨狹。充國曰：此窮寇，不可迫也。緩之則走不顧，急之則還致死。乃徐行驅之，虜赴水溺死數百人，(乃)降[及]斬首五百餘(級)[人]。虜遂敗走，獲牛馬羊十萬餘頭，車四(十)[千]餘兩。兵至罕、开地，令軍無燔燒聚落芻牧田中。罕、开羌聞之，喜曰：漢兵果不擊我！豪靡忘使人來言：願得故地。充國以聞，未報。靡忘自來歸充國，充國(以聞)賜飲食，遣還諭種人。罕、开竟不煩兵而降。上賜充國書，令破羌將軍爲充國副，進兵擊先零。時先零降者萬餘人。充國度其必壞，欲罷騎兵，留屯田。或諫曰：將軍數不奉詔，一旦繡衣來責，將軍身且不能保，何國家之能安？今此利病之間，又何足爭？充國曰：是何言之不忠也！今漢兵久不決，四夷卒有動搖，相因而起，雖有智者不能善其後事也。諸君徒欲自營，不為國計也。吾固以死爭之，明主可以忠言。遂上屯田罷兵狀，奏曰：虜易以計破，難以用兵，臣愚以爲擊之不便。今吏士馬牛穀糧芻藁之費甚衆，轉輸不能給。願罷騎兵，留屯田兵士，屯要害處，益畜積，省大費。謹上屯田處器用簿。上報曰：如將軍計，虜何時伏誅，兵當何時得決？其熟計，復奏。充國上狀曰：帝王之兵，以全取勝。今虜亡其美地茂草，寄託遠遁，骨肉離心，人有叛志，(散)[般]師屯田，以待其變，此坐支解羌虜之具也。臣謹條屯田便宜十二事：分步兵九校，吏士(各)萬人，留屯田以爲武備，因田致穀，威德幷行，一也。排抑羌虜，使不得肥饒之地，(分)[貧]破其衆，成相叛之漸，二也。居民得幷田作，不失農業，(二)[三]也。軍馬一月之食，度支田(土)[士]一歲，罷騎兵以省大費，四也。至春省甲士卒，漕運穀至臨羌，以示胡虜，揚威武折衝之具，五也。以閑暇時伐材木，繕治郵亭，充入金城，六也。兵出，(不)乘危徼倖，不出，使虜因竄於風寒之地，罹於疾疫霜露之患，坐得必勝之道，七也。亡經險阻遠追死傷之患，八也。內無損威武之重，外不令虜得乘間之勢，九也。(日)[又]無驚動河南大小罕、开，使生他變之憂，十也。治湟陿中道橋，令可至鮮水，以制西域，申威西極，使師從枕席上過，十一也。既省大費，徭役豫息，以戒不虞，十二也。詔復報曰：將軍獨不計虜兵將攻擾屯田者，及殺略人民，將何以止之？大小罕、开前言：我告漢軍先零所在，兵久不往，得無不分別人而幷擊我耶？其意常恐。今兵不出，得無變生，(於)[與]先零爲一？熟計復奏。充國奏曰：虜失地遠客，分散飢寒，皆聞天子明詔令相捕斬之賞。臣愚以爲其勢自壞。今留屯田，地勢平易，多高山遠望之便，部曲相保，塹壘木樵，便兵飭弩，烽火相連，勢足幷力，以逸待勞，兵之大利。騎兵雖罷，虜見屯田爲必擒之具，必有土崩以歸[德]之意，宜不久矣。今虜馬羸瘦，必不敢捐其妻子於他種中，遠來爲寇。又見屯田兵精，必不敢將其累重還歸故地。若爲小寇，勢不足患。臣聞戰不必勝，不苟接刃；攻不必取，不苟勞衆。釋坐勝之道，乘從危之勢，兵不見其利，而內自疲弊，貶重自損，非所以示蠻夷也。又大兵一出，還不可復留，湟中亦不可空，如是，徭役自復發也。且匈奴不可不備，烏桓不可不憂。今見轉運煩費，傾國家不虞之用以贍一隅，臣愚以爲不便。且校尉臨衆宣明威德，奉厚幣，撫循罕、开羌衆，喻以明詔，必無異心，不足以疑故出兵。臣今奏詔出人臣不忠之利，非明主社稷之福也。臣不敢避斧鉞之誅，謹昧死以聞。充國初奏事，議臣非難充國十七人，中十五人，最在後十三人。有詔詰前言不便者，皆頓首服。於是詔報聽之。

《後漢書》卷一下《光武帝紀》 ［建武六年十二月］癸巳，詔曰：頃者師旅未解，用度不足，故行什一之稅。今軍士屯田，糧儲差積。其令郡國收見田租三十稅一，如舊制。

晉·袁宏《後漢紀》卷五《光武皇帝紀》 ［建武六年］冬十二月癸巳，詔曰：間者以軍旅未解，用度不足，故行十一之稅。今往往屯田，其令郡國田租三十稅一，如舊制焉。

《後漢書》卷六《孝順帝紀》 ［永建六年］三月辛亥，復伊吾屯田，復置伊吾司馬一人。

同上 ［陽嘉元年十二月］庚戌，復置玄菟郡屯田六（郡）［部］。

晉·袁宏《後漢紀》卷一五《孝殤皇帝紀》 宣帝神爵中，漢置西域都護，王莽時數遣五威（德）［將］軍出西域。（覃）［車］師諸國貧困，由是故叛。而諸都護李宗抄暴南道，（攻）［改］其國號，以疏勒爲世善，姑墨爲積善，或易置王侯，於是西域與中國遂絶。和帝永元中，西域都護班超遣掾甘英臨大海而還，具言葱嶺西諸國地形風俗，而班勇亦見記其事，或與前史［異］，然近以審矣。自燉煌西出玉門、陽關，涉鄯善，通伊吾五千里，自伊吾通車師前部高昌壁，北通後部五百里，是匈奴、西域之門也。伊吾地宜五穀、桑麻、蒲萄。其北有柳中，皆膏腴之地。故與匈奴爭車師、伊吾（虚）之地，以制西域。故自鄯善國治驢泥城，去洛陽七千一百里。北通車師前、後王及（車）［東］且彌、（早）［卑］陸、蒲類、（條）［移］支是爲車師六國，北與匈奴接。前部西通［焉］耆北道，後部西通烏孫。漢欲隔絶西域、匈奴，必得車師，屯田伊吾。

《三國志》卷一《魏書·武帝紀一》 ［興平元年］秋九月，太祖還鄄城。布到乘氏，爲其縣人李進所破，東屯山陽。於是紹使人說太祖，欲連和。太祖新失兗州，軍食盡，將許之。程昱止太祖，太祖從之。冬十月，太祖至東阿。

是歲穀一斛五十餘萬錢，人相食，乃罷吏兵新募者。陶謙死，劉備代之。

二年春，襲定陶。濟陰太守吳資保南城，未拔。會呂布至，又擊破之。夏，布將薛蘭、李封屯鉅野，太祖攻之，布救蘭，蘭敗，布走，遂斬蘭等。布復從東緡與陳宮將萬餘人來戰，時太祖兵少，設伏，縱奇兵擊，大破之。布夜走，太祖復攻，拔定陶，分兵平諸縣。布東奔劉備，張邈從布，使其弟超將家屬保雍丘。秋八月，圍雍丘。冬十月，天子拜太祖兗州牧。十二月，雍丘潰，超自殺。夷邈三族。邈詣袁術請救，爲其衆所殺，兗州平，遂東略陳地。

同上 ［建安元年］天子之東也，奉自梁欲要之，不及。冬十月，公征奉，奉南奔袁術，遂攻其梁屯，拔之。於是以袁紹爲太尉，紹恥班在公下，不肯受。公乃固辭，以大將軍讓紹。天子拜公司空，行車騎將軍。是歲用棗祗、韓浩等議，始興屯田。

呂布襲劉備，取下邳。備來奔。程昱說公曰：觀劉備有雄才而甚得衆心，終不爲人下，不如早圖之。公曰：方今收英雄時也，殺一人而失天下之心，不可。

張濟自關中走南陽。濟死，從子繡領其衆。二年春正月，公到宛。張繡降，既而悔之，復反。公與戰，軍敗，爲流矢所中，長子昂、弟子安民遇害。公乃引兵還舞陰，繡將騎來鈔，公擊破之。繡奔穰，與劉表合。公謂諸將曰：吾降張繡等，失不便取其質，以至於此。吾知所以敗。諸卿觀之，自今已後不復敗矣。遂還許。

袁術欲稱帝於淮南，使人告呂布。布收其使，上其書。術怒，攻布，爲布所破。秋九月，術侵陳，公東征之。術聞公自來，棄軍走，留其將橋蕤、李豐、梁綱、樂就；公到，擊破蕤等，皆斬之。術走渡淮。公還許。

公之自舞陰還也，南陽、章陵諸縣復叛爲繡，公遣曹洪擊之，不利，還屯葉，數爲繡、表所侵。冬十一月，公自南征，至宛。表將鄧濟據湖陽。攻拔之，生擒濟，湖陽降。攻舞陰，下之。

同上 ［建安］八年春三月，攻其郭，乃出戰，擊，大破之，譚、尚夜遁。夏四月，進軍鄴。五月還許，留賈信屯黎陽。

十四年春三月，軍至譙，作輕舟，治水軍。秋七月，自渦入淮，出肥水，軍合肥。辛未，令曰：自頃已來，軍數征行，或遇疫氣，吏士死亡不歸，家室怨曠，百姓流離，而仁者豈樂之哉？不得已也。其令死者家無基業不能自存者，縣官勿絶廩，長吏存恤撫循，以稱吾意。置揚州郡縣長吏，開芍陂屯田。

十二月，軍還譙。

《三國志》卷四《魏書・陳留王曹奐傳》 〔咸熙元年〕是歲，罷屯田官以均政役，諸典農皆爲太守，都尉皆爲令長。勸募蜀人能内移者，給廩二年，復除二十歲。

《三國志》卷三三《蜀書・後主傳》 〔建興〕五年春，丞相亮出屯漢中，營沔北陽平石馬。

同上 〔延熙元年〕冬十一月，大將軍蔣琬出屯漢中。【略】

五年春正月，監軍姜維督偏軍，自漢中還屯涪縣。

十一年夏五月，大將軍費禕出屯漢中。

《三國志》卷四七《吴書・吴主傳第二》 〔赤烏八年〕八月，大赦。遣校尉陳勳將屯田及作士三萬人鑿句容中道，自小其至雲陽西城，通會市，作邸閣。

《三國志》卷四八《吴書・孫休傳》 〔永安六年十月〕甲申，使大將軍丁奉督諸軍向魏壽春，將軍留平別詣施績於南郡，議兵所向，將軍丁封、孫異如沔中，皆救蜀。蜀主劉禪降魏問至，然後罷。呂興既殺孫諝，使使如魏，請太守及兵。丞相興建取屯田萬人以爲兵。分武陵爲天門郡。

《晋書》卷一《宣帝紀》 魏武以荆州遺黎及屯田在潁川者逼近南寇，皆欲徙之。帝曰：荆楚輕脱，易動難安。關羽新破，諸爲惡者藏竄觀望。今徙其善者，既傷其意，將令去者不敢復還。從之。其後諸亡者悉復業。

《南齊書》卷一《高帝紀上》 初，荆州刺史沈攸之與太祖於景和世同直殿省，申以歡好，以長女義興公主妻攸之第三子元和。攸之爲郢州，值明帝晚運，陰有異圖。自郢州遷爲荆州，聚斂兵力，將吏逃亡，輒討質隣伍。養馬至二千餘匹，皆分賦戍邏將士，使耕田而食，廩財悉充倉儲。

《梁書》卷五《元帝紀》 〔承聖元年〕三月庚午，詔曰：食乃民天，農爲治本，垂之千載，貽諸百王，莫不敬授民時，躬耕帝籍。是以稼穡爲寶，《周頌》嘉其樂章；禾麥不成，魯史書其方冊。秦人有農力之科，漢氏開屯田之利。頃歲屯否，多難薦臻，干戈不戢，我則未暇。廣田之令，無聞於郡國；載師之職，有陋於官方。今元惡殄殲，海内方一，其大庇黔首，庶拯横流。一廛曠務，勞心日仄；一夫廢業，鳥鹵無遺。國富刑清，家給民足。其力田之身，在所蠲免。外即宣勒，稱朕意焉。

《陳書》卷五《宣帝紀》 〔太建六年〕夏四月庚子，彗星見。辛丑，詔曰：戢情懷善，有國之令圖，拯弊救危，聖範之通訓。近命師薄伐，義在濟民，青、齊舊隸，膠、光部落，久患凶戎，爭歸有道，棄彼農桑，忘其衣食。而大軍未接，中途止憩，朐山、黄郭，車營布滿，扶老攜幼，蓬流草跋，既喪其本業，咸事遊手，饑饉疾疫，不免流離。可遣大使精加慰撫，仍出陽平倉穀，拯其懸磬，并充糧種。勸課士女，隨近耕種。石鼈等屯，適意脩墾。

《南史》卷七《梁本紀中・武帝下》 〔中大通八年〕三月，於江州新蔡高塘立頌平屯，墾作蠻田。

《魏書》卷二《太祖紀》 〔登國九年春三月〕使東平公元儀屯田於河北五原，至於棝楊塞外。

《魏書》卷一五《元儀傳》 太祖征衛辰，儀出別道，獲衛辰尸，傳首行宫。太祖大喜，徙封東平公。命督屯田於河北，自五原至棝楊塞外，分農稼，大得人心。

《魏書》卷二七《穆子琳傳》 子子琳，舉秀才，爲安戎令，頗有吏幹。隨長孫稚征蜀有功，除尚書屯田郎中。

《北史》卷一《魏本紀第一》 〔登國〕九年春三月，北巡。使東平公元儀屯田於河北五原，至於棝陽塞外。

《北史》卷一二《隋本紀下第十二》 〔大業四年三月〕丙寅，遣屯田主事常駿使赤土，致羅罽。

同上 自高祖大漸暨諒闇之中，蒸淫無度。山陵始就，即事巡游。以天下承平日久，士馬全盛，慨然慕秦皇、漢武之事。乃盛理宫室，窮極侈靡。召募行人，分使絶域，諸蕃至者，厚加禮賜；有不恭命，以兵擊之。盛興屯田於玉門、柳城之外。

《舊唐書》卷一七上《敬宗紀》 〔寶曆元年〕秋七月戊申朔。【略】辛酉，疏靈州特進渠，置營田六百頃。

《舊唐書》卷一七下《文宗紀下》 〔大和六年二月〕庚辰，戶部尚書、判度支王起請於邠寧、靈武置營田務，從之。

同上 〔大和六年〕八月壬辰朔。【略】振武奏突厥入寇營田。

《舊唐書》卷一八下《宣宗紀》 〔大中三年〕八月，鳳翔節度使李玭奏收復秦州，制曰：

自昔皇王之有國也，曷嘗不文以守成，武以集事，參諸二柄，歸乎大寧。朕猥荷丕圖，思弘景運，憂勤庶政，四載於茲。每念河、湟土疆，緜亙遐闊。自天寶末，犬戎乘我多難，無力禦姦，遂縱腥羶，不遠京邑。事更十葉，時近百年。進士試能，靡不竭其長策；朝廷下議，皆亦聽其直詞。盡以不生邊事爲永圖，且守舊地爲明理，荏苒於是，收復無由。今者天地儲祥，祖宗垂佑，左衽輸款，邊壘連降，刷恥建功，所謀必克。實樞衡妙筭，將帥雄稜，副玄元不爭之文，絶漢武遠征之悔。甌脱頓空於內地，斥堠全據於新封，莫大之休，指期而就。

況將士等櫛沐風雨，暴露郊原，披荆棘而刁斗夜嚴，逐豺狼而穹廬曉破。動皆如意，古無與京，念此誠勤，宜加寵賞。涇原宜賜絹六萬疋，靈武五萬疋，鳳翔、邠寧各四萬疋，幷以戶部產業物色充，仍待季榮、叔明、李玭、君緒各迴戈到鎮，度支差腳支送。四道立功將士，各具名銜聞奏，當議甄酬。其秦、威、原三州及七關側近，訪聞田土肥沃，水草豐美，如百姓能耕墾種蒔，五年內不加稅賦。五年已後重定戶籍，便任爲永業。溫池鹽利，可贍邊陲，委度支制置聞奏。鳳翔、邠寧、靈武、涇原守鎮將士，如能於本戍處耕墾營田，即度支給賜牛糧子種，每年量得斛斗，便充軍糧，亦不限約定數。三州七關鎮守官健，每人給衣糧兩分，一分依常年例支給，一分度支加給，仍二年一替換。其家口委長吏切加安存。官健有莊田戶籍者，仰州縣放免差役。

《舊唐書》卷一九下《僖宗紀》 七月，草賊王仙芝寇掠河南十五州，其衆數萬。是月，賊逼潁、許，攻汝州，下之，虜刺史王鐐。刑部侍郎劉承雍在郡，爲賊所害。賊遂南攻唐、鄧、安、黃等州。時關東諸州府兵不能討賊，但守城而已。以戶部郎中李節爲駕部郎中，金部郎中王慥爲戶部郎中，主客郎中鄭誠爲金部郎中，金部員外郎張譙爲主客郎中，屯田員外郎竇玥爲金部員外郎，京兆司録趙曄爲屯田員外郎。

《新唐書》卷四《則天皇后紀》 〔聖曆元年四月〕辛丑，婁師德爲隴右諸軍大使，檢校河西營田事。

《新唐書》卷六《代宗紀》 〔廣德元年〕八月己未，吐蕃寇靈州，郭子儀敗之於七級渠。甲子，廢華州屯田給貧民。

《舊五代史》卷一〇《梁書・末帝紀下》 〔貞明六年〕夏四月己亥，制曰：王者愛育萬方，慈養百姓，恨不驅之仁壽，撫以淳和。而炎、黃有戰伐之師，堯、舜有干戈之用，諒不獲已，其猶病諸。然則去害除妖，興兵動衆，殺黑龍而濟中土，刑白馬而誓諸侯。終能永逸暫勞，以至同文共軌，古今無異，方冊具存。朕以眇末之身，託億兆之上，四海未乂，八年於茲，業業兢兢，日愼一日。雖踰山越海，肅愼方來；而召雨徵風，蚩尤尚在。顧茲殘孽，勞我大邦，將士久於戰征，黎庶疲於力役。木牛暫息，則師人有乏爨之憂；流馬盡行，則丁壯有無聊之苦。況青春告謝，朱夏已臨，妨我農時，迫我戎事。永言大計，思致小康，宜覃在宥之恩，稍示殷憂之旨。用兵之地，賦役實煩，不有蠲除，何使存濟。除兩京已放免外，應宋、亳、輝、潁、鄆、齊、魏、滑、鄭、濮、沂、密、青、登、萊、淄、陳、許、均、房、襄、鄧、泌、隨、陝、華、雍、晉、絳、懷、汝、商等三十二州，應欠貞明四年終已前夏秋兩稅，幷鄆、齊、滑、濮、襄、晉、輝等七州，兼欠貞明四年已前營田課利物色等，幷委租庸使逐州據其名額數目矜放。所在官吏，不得淹停制命，徵督下民，致恩澤不及於鄉閭，租稅虛捐於賬籍。其有私放遠年債負，生利過倍，自違格條，所在州縣，不在更與徵理之限。兗州城內，自張守進違背朝廷，結連蕃寇，久勞攻討，頗困生靈，言念傷殘，尋加給復。應天下見禁罪人，如犯大辟合抵極刑者，宜示好生，特令減死。除準格律常赦不原外，徒流已下，遞減一等。除降官未經量移者與量移，已量移者便與復資云。

《舊五代史》卷四四《唐書・明宗紀》 詔除放京兆、秦、岐、邠、涇、延、慶、同、華、興元十州長興元年二年係欠夏秋稅物，及營田莊宅務課利，以其曾輦運供軍糧料也。

《舊五代史》卷一一二《周書・太祖紀》 〔廣順三年正月〕乙丑，詔：諸道州府繫屬戶部營田及租稅課利等，除京兆府莊宅務、贍國軍榷鹽務、兩京行從莊外，其餘幷割屬州縣，所徵租稅課利，官中只管舊額，其職員節級一切停廢。應有客戶元佃繫省莊田、桑土、舍宇，便賜逐戶，充爲永業，仍仰縣司給與憑由。應諸處元屬營田戶部院及繫縣人戶所納租中課利，起今年後幷與除放。所有見牛犢幷賜本戶，官中永不收繫云。帝在民間，素知營田之弊，至是以天下繫官莊田僅萬計，悉以分賜見佃戶充永業。是歲出戶三萬餘，百姓既得爲己業，比戶欣然，於是葺屋植樹，敢致功力。又，東南郡邑各有租牛課戶，往因梁太祖渡淮，軍士掠民牛以千萬計，梁太祖盡給與諸州民，輸租課。自是六十餘載，時移代改，牛租猶在，百姓苦之，至是特與除放。未幾，京兆府莊宅務及榷鹽務亦歸州縣，依例處分。或有上言，以天下繫官莊田，甚有可惜者，若遣貨之，當得三十萬緡，亦可資國用。帝曰：苟利於民，與資國何異。

宋・司馬光《資治通鑑》卷六二漢獻帝建安元年　中平以來，天下亂離，民棄農業，諸軍并起，率乏糧穀，無終歲之計，飢則寇掠，飽則棄餘，瓦解流離，無敵自破者，不可勝數。勝，音升。袁紹在河北，軍人仰食桑椹，仰，牛向翻。椹，桑實也；其始生也，色青，熟則色黑，可食。椹，音甚。袁術在江淮，取給蒲蠃，蠃，蚌屬，盧戈翻。民多相食，州里蕭條。羽林監棗祗請建置屯田，《潁川文士傳》：棗氏，本姓棘，避難改焉。《漢官》：羽林有左右監，秩六百石，屬光祿勳。曹操從之，以祗為屯田都尉，以騎都尉任峻為典農中郎將。《魏志》曰：曹公置典農中郎將，秩二千石；典農都尉，秩六百石或四百石。典農校尉，秩比二千石，所主如中郎；所主部分別而少為校尉。募民屯田許下，得穀百萬斛。於是州郡例置田官，所在積穀，倉廩皆滿。故操征伐四方，無運糧之勞，遂能兼并羣雄。軍國之饒，起於祗而成於峻。

宋・司馬光《資治通鑑》卷七四邵陵厲公正始二年　朝廷欲廣田畜穀於揚、豫之間，使尚書郎汝南鄧艾行陳、項以東至壽春。陳縣，漢屬陳國。項縣，漢屬汝南郡。《晉志》，二縣并屬梁國。行，下孟翻。艾以為：昔太祖破黃巾，因為屯田，積穀許都以制四方。事見六十二卷漢獻帝建安元年。今三隅已定，事在淮南，每大軍出征，運兵過半，功費巨億。陳、蔡之間，土下田良，可省許昌左右諸稻田，并水東下，汝水、潁水、蒗蕩渠水、渦水皆經陳、蔡之間而東入淮。令淮北二萬人，淮南三萬人，什二分休，常有四萬人且田且守；五萬人分一萬，番休迭戍，周而復始，是常有四萬人屯田。益開河渠以增溉灌，通漕運。計除衆費，歲完五百萬斛以為軍資，六七年間，可積二千萬斛於淮上，此則十萬之衆五年食也。以此乘吳，無不克矣。太傅懿善之。是歲，始開廣漕渠，每東南有事，大興軍衆，汎舟而下，達於江、淮，資食有餘而無水害。史究言鄧艾興屯田之利。

宋・司馬光《資治通鑑》卷二二三唐代宗廣德元年　開元中，置朔方、隴右、河西、安西、北庭諸節度使以統之，歲發山東丁壯為戍卒，繒帛為軍資，開屯田，供糗糧，繒，慈陵翻。糗，去久翻。設監牧，畜馬牛，軍城戍邏，萬里相望。畜，吁玉翻。邏，郎佐翻。

宋・司馬光《資治通鑑》卷二三四唐德宗貞元九年　臣愚謂宜罷諸道將士防秋之制，令本道但供衣糧，募戍卒願留及蕃、漢子弟以給之。又多開屯田，官為收糴，為，于僞翻。寇至則人自為戰，時至則家自力農，與夫倏來忽往者，豈可同等而論哉！

宋・司馬光《資治通鑑》卷二九一後周太祖廣順二年—三年　前世屯田皆在邊地，使戍兵佃之。佃，亭年翻。唐末，中原宿兵，所在皆置營田以耕曠土；其後又募高貲戶使輸課佃之，輸，舂遇翻；下歲輸同。戶部別置官司總領，不隸州縣，或丁多無役，或容庇奸盜，州縣不能詰。詰，去吉翻。梁太祖擊淮南，掠得牛以千萬計，朱全忠大掠淮南見二百六十五卷唐昭宗天祐元年。給東南諸州農民，使歲輸租。自是歷數十年，牛死而租不除，民甚苦之。帝素知其弊，會閤門使、知青州張凝上便宜，請罷營田務，李穀亦以為言，乙丑，敕：悉罷戶部營田務，以其民隸州縣；其田、廬、牛、農器，並賜見佃者為永業，見，賢遍翻。悉除租牛課。是歲，戶部增三萬餘戶。民既得為永業，始敢葺屋植木，獲地利數倍。或言：營田有肥饒者，不若鬻之，可得錢數十萬緡以資國。帝曰：利在於民，猶在國也，朕用此錢何為！

《宋史》卷一〇《仁宗紀二》　［寶元二年］九月壬寅，詔河北轉運使兼都大制置營田屯田事。

《宋史》卷二八《高宗紀五》　［紹興六年］二月庚子，以諸路宣撫制置大使并兼營田大使，宣撫副使、招討安撫使并兼營田使。壬寅，雨雪。改江、淮屯田為營田。

宋・李燾《續資治通鑑長編》卷二太祖建隆二年　罷諸道屯田務歸本州縣。先是，唐主用尚書員外郎李德明議，興復曠土，為屯田以廣兵食，水部員外郎賈彬嗣成之。所使典掌者皆非其人，侵擾州縣，豪奪民利，大為時患。及用兵淮南，罷其尤劇者，尚處處有之。至是，悉罷使職，委所屬縣令佐與常賦俱徵，隨所租入，十分賜一以為祿廩，民稍休息焉。

宋・李燾《續資治通鑑長編》卷三四太宗淳化四年　壬子，以何承矩為制置河北緣邊屯田使，內供奉官閻承翰、殿直段從古同掌其事，以黃懋為大理寺丞，充判官。發諸州鎮兵萬八千人給其役，凡雄、莫、霸州、平戎、破虜、順安軍興堰六百里，置斗門，引淀水灌溉。初年，稻值霜不成。懋以江東霜晚，稻常九月熟；河北霜早，又地氣遲一月，不能成實。江東早稻以七月熟；即取其種課令種之，是年八月，稻熟。始承矩建水田之議，沮之者頗衆，又武臣亦恥於營葺佃作。既而種稻又不熟，羣議益甚，幾罷其事。及是，承矩載稻穗數車，遣吏部送闕下，議者乃息。自是葦蒲、蠃蛤之饒，民賴其利。《實録》於是月甲午先載承矩上言，即命大作水田，及壬子，乃以承矩爲制置使，懋爲判官。按上得懋書，又令承矩按視，承矩復奏，然後施行，恐甲午日未有大作水田之命也。今幷從本志。甲午，初六日；壬子，二十四日。

宋・李燾《續資治通鑑長編》卷四四真宗咸平二年 先是，左正言耿望知襄州，建議：襄陽縣有淳河，舊作堤截水入官渠，溉民田三千頃。宜城縣有蠻河，溉田七百頃。又有屯田三百餘頃。請於舊地兼括荒田，置營田上、中、下三務，調夫五百築堤，仍集鄰州兵，每務二百，荆湖市牛七百頭分給之。上曰：屯田之廢久矣，苟如此，亦足爲勸農之始。令望躬按視，即以望爲右司諫、直史館，京西轉運使，與副使朱台符幷兼本路制置營田事。是歲，種稻三百餘頃。

宋・李燾《續資治通鑑長編》卷五九真宗景德二年 詔定、保、雄、莫、霸州，順安、平戎、信安軍長吏，並兼制置屯田事，舊兼使者仍舊。先是，雄州長吏獨兼領使名，其諸州即別命官掌之，上慮通好之後，或漸成弛慢，故申勑焉。

宋・李燾《續資治通鑑長編》卷六六真宗景德四年 知雄州李允則言：應係屯田皆在緣邊州軍，臣自來只移牒制置，不獲躬按。其安撫、都監二員常巡邊郡，望令兼屯田事，因便檢校。從之。

宋・李燾《續資治通鑑長編》卷六七真宗景德四年 辛亥，羣牧司言：諸監以草地充屯田，遣卒種藝，所入不充其費。今馬數益多而牧人少，請廢屯田，仍爲草地，委所屬州縣標其疆界，免公私侵占。從之。

宋・李燾《續資治通鑑長編》卷一二九仁宗康定元年 太子中允館閣校勘歐陽修上言曰：【略】今天下之土，不耕者多矣，臣未能悉言，請舉其近者：自京以西，土之不闢者不知其數，非土之瘠而棄也，蓋人不勤農與夫役重而逃爾。久廢之地，其利數倍於營田。今若督之使勤，以免其役，則願耕者衆矣。臣聞鄉兵之不便於民，議者方論之。充兵之人，遂棄農業，託云教習而飲博，取資其家，不顧有無，官吏不加禁，父兄不敢詰，家家自以爲患也。河東、河北、關西之鄉兵，此猶有用；若京東、西者，平居不足以備盜，而水旱適足以爲盜。其尤可患者，京西素貧之地，非有山澤之饒，民惟力農是仰。而今三夫之家一人、五夫之家二人爲游手。凡十八九州，以少言之，尚可四五萬人不耕而食，是自相糜耗而重困也。今誠能盡驅之使耕於棄地，官貸其種，歲田之入，與中分之如民之法，募吏之習田者爲田官，優其課最而誘之，則民願田者衆矣。太宗皇帝時，常貸陳、蔡民錢，使市牛而耕。眞宗皇帝時，亦用耿望之言，買牛湖南而治屯田。今湖南之牛歲賈於北者，皆出京西，若官爲買之，不難得也。且鄉兵本農也，籍而爲兵，遂棄其業。今幸其去農未久，尚可復驅還之田畝，使不得羣游而飲博，以爲父兄之患，此民所願也。一夫之力不逸，而每歲任耕廢田一頃，使四五萬人皆耕，而久廢之田利又數倍，則歲穀不可勝數矣。京西之田，北有大河，南至漢而西接關，若又通其水陸之運，所在積穀，惟陛下詔有司移用之爾。

宋・李燾《續資治通鑑長編》卷一七三仁宗皇祐四年 兵部員外郎、直史館田京爲工部郎中。京前知滄州，轉運使言京能招輯流民，給田除稅租，增戶萬七千，特遷之。然傳者謂流民之數多不實，又強予人田非所樂，侵民稅地，放古屯田法，其後法不成，所給種錢牛價，民多不償，後守鞭笞督責，至累改不能平，爲公私患。此據京本傳。《實録》云招戶八千二百九十一，與本傳亦不同。至和元年，九月甲戌，詔滄州田稅復如舊式，與此相關，當考。

宋・李燾《續資治通鑑長編》卷二七〇神宗熙寧八年 庚辰，樞密使吳充言：熙河展置，今且四年，經略雖定，然軍食一切猶仰東州。轉車輓運，則人力不給；置場和糴，則猾民得以乘時要價，以困公上。二者之患，其弊在於未有土地之入。謹按漢、唐實邊之策，屯田爲利。近聞鮮于師中建請，朝廷以既置弓箭手，重改作，故令試治百頃而已。然屯田行之於今誠未易，臣以爲莫若因令弓箭手以爲助田。古者一夫百畝，又田十畝以爲公田。且以熙河四州較之，無慮萬五千頃，十分取一以爲公田。大約中歲畝收一石，則公田所得十五萬石，水旱肥瘠，三分除一，可得十萬石。其便有六：官無營屯、牛具、廩給之費，一也；借於衆力，民不爲勞，二也；大荒不收，官無損焉，三也；省轉輸，四也；平糴價，使猾民不能持輕重之權，五也；減和糴之數，得其錢以移他用，六也。詔如充奏，詳具條畫以聞。於是充建請受田大約十頃，置公田一頃，令受田衆戶共力耕穫。夏田種麥，秋田種粟豆。委城寨使臣兼管勾。詔遣太常寺主簿黃君俞與熙河路提點刑獄鄭民憲商議推行次第以聞。後民憲等言：弓箭手幷新招置，深在羌境，連歲災傷，未甚安。若令自備功力種子耕佃公田，慮人心動搖，不能安處。乞候稍稔推行。從之。朱本刪。墨本此年十一月二十二日所書，卻於明年正月十二日略載。新本乃兩存之，殊爲錯誤。今但依墨本載於此，仍取朱本明年正月十二日所書稍增入之。

宋・李燾《續資治通鑑長編》卷二九〇神宗元豐元年　丁卯，荊湖北路轉運司言：沅州屯田務自初興至今，所收未嘗敷額。若募人租種納課，不費官本，利害甚明。乞朝廷詳酌施行，及令本州通判管勾，月糧給食錢。從之，委轉運判官馬瑊提舉。熙寧七年四月十九日，初置沅州，元豐二年七月二十一日罷屯田務。

宋・李心傳《建炎以來繫年要録》卷七九　［紹興四年］辛巳，執政進呈侍御史魏矼論淮東西屯田利害。上顧孟庾等曰：招集流離，使各安田畝，最爲今日急務。遂舉《鴻雁》美宣王詩，謂中興基業，實在乎此。孟庾曰：誠如聖諭。胡松年對曰：古人圖必成之功，爲必取之計，於是有屯田。若趙充國破先零，羊祐守襄陽是也。朝廷行屯田累年，除荊南解潛略措置，其餘皆成虛文，無實效。上曰：卿論實效極是。松年復對曰：漢宣之治，總核名實，信賞必罰而已。天下事若因名以責實，無有不治者，如屯田一事，尤不可欺，一歲耕墾田畝若干，收穫幾何，便足以稽考。上曰：卿等可商議條畫來上，當力行之。後二日，朱勝非言：今日之兵，既令執兵又令服田，終歲勤勞，所得如故，有未可者。上曰：古者三時務農，一時講武。農即兵也，兵農之制一分，恐不可復合。勝非所陳甚善，可便施。

宋・李心傳《建炎以來繫年要録》卷八七　［紹興五年］起復祕閣修撰淮東宣撫使司參謀官陳桷言：瀕淮之地，久經兵火，官私廢田，一目千里，連年既失耕耨，草莽覆蓋，地皆肥饒。臣願敕分屯諸帥占射無主荒田，度輕重之力，斟酌多寡，給所部官兵，趁時布種。或體倣陝西弓箭手法，從長區處，因地所宜，種麻粟稻麥，一切聽之，無問租稅，力耕之人添破糧米，朝廷逐旋應副，耕牛委之諸帥計置，種子將來盡還其價。不特人糧，可以足辦，如飼馬芻秣之用，亦皆沛然矣。仍乞委自都督府選官兼總其事，令親到逐司與主帥熟議，俟上下情通，然後行之，每軍就令統制，統制領官管認監督，近上謀議官領之，收成受納之日，同認所得之數，并隨時價直，具申都督府籍記，支還價錢，以金銀見錢品搭給降，將逐司所得，除一歲合支數外，餘就令封樁爲儲積之計。詔關都督行府。

宋・李心傳《建炎以來繫年要録》卷八九　［紹興五年］給事中廖剛言：臣嘗謂國不可一日無兵，而兵不可一日無食。今諸將之兵被於江淮，不知幾萬數。初無儲蓄之備，日待哺於東南之轉餉，東南之民已不勝其困矣。可爲之救此患者，莫若屯田，朝廷亦嘗行之於淮南，及今閱數秋，曾未聞其有補。豈措畫之方，勸相之誠有未至乎。何其效之遲也。臣願有說於此，昔郭子儀以河中軍嘗乏食，乃自耕一畝，將校以是爲差。於是士卒皆不勸而耕，是歲河中野無曠土，軍有餘糧，史傳所載，不可誣也。以此知在主將加意而已。夫子儀之事，固不可以彊大將，然自偏裨而降，獨不可勉之以身率乎。陛下誠詔之曰：將校有如郭子儀之躬耕者，朝廷當加旌賞，彼亦必以爲榮而胥勸矣。此一說也。昔漢之盛時，力田者與孝悌同科。臣觀比年行兵之賞，以功遷資者動以萬計。誠詔之曰：每耕田一頃與轉一資，彼以執耒之安，方之操戈之危，豈不特易。此賞誠行，萬頃且不難得，將無不耕之田矣。此二說也。臣又聞諸葛亮據武功，分兵屯田，耕者雜於渭濱居民之閒，而百姓安堵，軍無私焉。今江淮之民流離失業者甚衆，顧未有以安集之耳。誠詔之曰：假爾種糧，復爾賦租，雖有士卒，不汝侵擾。凡諸將之可恃如此，則彼有轉相勸率，負耒耜而來者矣。此三說也。若夫貪尺寸之功，爲僥倖之舉，與大覘彼之所爲，而輒務勝之抑末也。臣恐或爲所欺，反自取困敝耳。非計之得也。願陛下虛心而加擇焉。詔都督行府相度措置。

宋・李心傳《建炎以來繫年要録》卷一一一　［紹興六年］，提領江淮營田樊賓等言：淮南自兵火之後，肥饒之地，今多荒蕪，蓋因民戶稀少，艱於廣行召募，深恐所闕田土不至大段增廣。今諸大帥屯戍淮上，而瀕淮之地曠土千里，賊馬遠遁，邊境肅清，欲望特降睿旨，令諸大帥摽撥係官空閑無主荒田，倣古屯田之制，斟酌多寡，於所部軍兵內以十分爲率，摘取下等一分或二分，置立屯堡，使就田作，仍差諳曉農事將領主管，使臣監轄，依已降指揮，官給牛具借貸之類。其所收斛㪷，除樁出次年種子，官與力耕之人中停均分。請給衣糧，并不裁減，其官中所得分數內，支四釐充主管官，六釐充監轄使臣職田。如遇軍事警急，則權住作田併充軍用。候至歲終比較，以所收斛㪷從本司保明申奏，優異推賞。如蒙俞允，乞以田五十頃爲一屯，作十莊，差主管將領一員，監轄使臣五員，軍兵二百五十人，如次年地熟，人力有餘，願添田聽從其便。詔二大帥相度可否行之。

宋·李心傳《建炎以來繫年要録》卷一一九　〔紹興七年〕，命樞密院計議官李寀往江淮詢究營田利害。先是，司農少卿樊賓等措置營田才朞歲，議者以爲奉行峻急，抑配豪戶，或强科保正，田瘠難耕，多收子利，民閒類有鬻己牛以養官牛，耕己田以償官租者。而爲營田者之言，則謂去歲所用本錢二十三萬緡，歲中收雜色斛斗，共三十一萬石，除客戶六分，并知通令尉職田五釐外，官實收十一萬餘石，已粗償所費矣。惟是州縣殘破，戶口凋零，募民開荒，最爲難事。非歲月閒可望成功，而州縣奉行之初，不無違戾，又形勢之家，詭請冒佃，見官莊不利於己，遂百端鼓唱，意在沮壞良法美意。欲望朝廷假以數歲之期，勿責近效，庶幾有補。仍乞選忠厚彊明官一二員，分詣諸處詢究利害，檢察官吏，其措置有方、奉行違戾，即乞依元旨賞罰。或有不便於民，即與本處官吏商量，宜措置疏奏，遂命寀行。如有未便於民者，令寀與樊賓、王弗商量，先次改正。

宋·李心傳《建炎以來繫年要録》卷一八五　〔紹興三十年四月〕丁丑，左朝散郎江南西路提點刑獄公事黃應南言：奉詔覆視吉州，應賣官田三千六百五十餘頃，計直一百三十八萬餘緡，內已有人承佃一千三百七十頃，計直三十一萬緡。乞減價直三分，無人承佃荒田山林陂澤一千三百四十一頃，計直六十萬餘緡，乞別行估定。從之。議者謂魏安行虛張其數，實非可售之田，應南懲王傳之罷，而不敢斥言之也。事初已見二十九年十月己卯。今年十一月辛巳，王傳知建州，明年四月丁丑魏安行罷江東漕。

宋·熊克《中興小紀》卷一三　〔紹興二年十一月〕自中原失守，諸重鎮多失，惟德安府獨存，鎭撫使陳規與羣盜屢戰皆勝。至是，規奏屯田事，請以兵爲農，因農爲兵，其策甚可行。諫官乞推賞官吏，遂降詔奬規。甲寅，言者又謂：規深得古者寓兵於農之意，望頒其法於諸鎭，使倣而行之。

宋·熊克《中興小紀》卷一九　〔紹興五年十一月〕初，宣撫副使兼營田大使吳玠苦軍餉不繼，遂於洋川及關外，或鳳岷三州治屯田，歲收十萬斛。又調戍兵治褒城廢堰，民知灌漑可恃，皆願歸業，至是就緒。甲戌降詔奬之。

《遼史》卷一九《興宗紀二》　丙辰，西南面招討都監羅漢奴、詳穩斡魯母等奏，山西部族節度使屈烈以五部叛入西夏，乞南、北府兵援送實威塞州戶。詔富者遣行，餘留屯田天德軍。

宋·宇文懋昭《金國志》卷一《太祖武元皇帝上》　〔阿骨打之十五年〕女眞克遼渤海軍。先是渤海人高永昌殺其東京留守蕭保先，自稱大渤海國皇帝，據遼東五十餘州。遼主遣其宰相張琳討之，至瀋州，女眞遣兵來援渤海，琳敗績，乃以燕王淳爲都元帥，仍募遼東人號怨軍者二萬以行。淳至乾州，武朝彥等謀殺淳，不克，復召淳還，遣蕭德恭、耶律余覩等屯田爲備。

宋·宇文懋昭《金國志》卷八《太宗文烈皇帝六》　〔天會十二年兀朮〕既不得志，遂還鳳翔，授甲士田，爲久留計，自是不復輕動矣。

宋·宇文懋昭《金國志》卷一〇《熙宗孝成皇帝二》　〔天眷二年〕撻懶久居濰州，回易屯田，遍於諸郡，每認山東以爲己有。

宋·宇文懋昭《金國志》卷一二《熙宗孝成皇帝四》　〔皇統五年〕創屯田軍，凡女眞、契丹之人皆自本部徙居中州，與百姓雜處，計其戶〔口〕授以官田，使其播種，春秋量給衣馬。若遇出軍，始給其錢米。凡屯田之所，自燕山之南，淮隴之北，皆有之，多至六萬人，皆築壘於村落間。

宋·宇文懋昭《金國志》卷一二《熙宗孝成皇帝四》　〔皇統六年〕，用兵糧道有三：一者屯戍，二者出疆，三者臨敵，金國俱失之。一者屯戍，則各人自營田以供歲計，無田者每人一月給粟七㪷，或折米四㪷五升，餘無分毫所得，此屯戍之失計也。

宋·宇文懋昭《金國志》卷一四《海陵煬王中》　正隆元年二月，令婆盧郭爲左都監，帥(令)〔兵〕經畧〔屯〕田於曷董城。

同上　〔正隆元年〕。大金遣余覩至其地，不能平，令爲屯田之策以困之。

宋·宇文懋昭《金國志》卷二三《東海郡侯下》　〔崇慶元年〕時京師市井蕭條，草莽蔥茂，大興尹烏陵用章親課大興宰及千戶屯等耕墾廢田。

《金史》卷二《太祖紀》　〔天輔五年〕二月，遣昱及宗雄分諸路猛安謀克之民萬戶屯泰州，以婆盧火統之，賜耕牛五十。

同上　〔天輔六年二月〕，詔曰：汝等提兵於外，克副所任，攻下城邑，撫安人民，朕甚嘉之。所言分遣將士招降山前諸部，計悉已撫定，續遣來報。山後若未可往，即營田牧馬，俟及秋成，乃圖大舉。更當熟議，見可則行。如欲益兵，具數來上，不可恃一戰之勝，輒有弛慢。新降附者當善撫存。宣諭將士，使知朕意。

《金史》卷三《太宗紀》　天會九年四月己卯，詔新徙戍邊戶，匱於衣食，有典質其親屬奴婢者，官爲贖之。戶計其口而有二三者，以官奴婢益之，使戶爲四口。又乏耕牛者，給以官牛，別委官勸督田作。戍戶及邊軍資糧不繼，糴粟於民而與賑卹。其續遷戍戶在中路者，姑止之，即其地種藝，俟畢穫而行，及來春農時，以至戍所。

《金史》卷六《世宗紀上》〔大定十一年正月〕丙申，命賑南京屯田猛安被水災者。

《金史》卷九《章宗紀一》〔大定二十九年六月〕乙未，初置提刑司，分按九路，并兼勸農採訪事，屯田、鎮防諸軍皆屬焉。

《金史》卷九《章宗紀一》〔明昌二年〕四月戊寅朔，尚書省言：齊民與屯田戶往往不睦，若令遞相婚姻，實國家長久安寧之計。從之。

《金史》卷一一《章宗紀三》〔泰和元年六月〕己亥，用尚書省言，申明舊制，猛安謀克戶每田四十畝樹桑一畝，毀樹木者有禁，鬻地土者有刑。其田多汙萊，人戶闕乏，并坐所臨長吏。

《金史》卷一二《章宗紀四》〔泰和四年九月〕壬申，定屯田戶自種及租佃法。

《金史》卷一二《章宗紀四》〔泰和六年十一月〕乙酉，詔屯田軍戶與所居民爲婚姻者聽。

《金史》卷一四《宣宗紀上》〔貞祐三年十一月〕庚午，上與尚書右丞汝礪商略遣官括田賜軍之利害，汝礪言不便者數端。乃詔有司罷其令，仍給軍糧之半，其半給詣實之價。【略】庚辰，上謂宰臣曰：朕恐括地擾民，罷其令矣。官荒牧馬地軍戶願耕者聽，已爲民承種者勿敓。

《金史》卷一五《宣宗紀中》〔興定二年二月〕乙丑，諭樞密曰：中京商、虢諸州軍人願耕屯田，比括地授之。聞徐、宿軍獨不願受，意謂予田必絕其廩給也。朕肯爾耶。其以朕意曉之。

《金史》卷一六《宣宗紀下》〔元光元年〕二月壬午，詔徙中京、唐、鄧、商、虢、許、陝等州屯軍及諸軍家屬赴京兆、同、華就糧屯。

同上〔元光二年十一月〕戊午，以上黨公完顏開之請，諭開及郭文振、史詠、王遇、張道、盧芝等各與所鄰帥府相視可耕土田，及瀕河北岸之地，分界而種之，以給軍餉。

《遼史》卷一七《聖宗紀八》六月，禁諸屯田不得擅貨官粟。

《金史》卷一九《世紀補》〔天會六年正月〕聞宋主在揚州，時東作方興，留大軍夾河屯田而還，軍山西。

《元史》卷二《定宗紀》癸卯年春正月，張柔分兵屯田於襄城。

《元史》卷三《憲宗紀》〔憲宗〕三年癸丑春正月，汪田哥修治利州，且屯田，蜀人莫敢侵軼。

《元史》卷四《世祖紀一》〔歲壬子〕宋遣兵攻虢之盧氏、河南之永寧、衛之八柳渡，帝言之憲宗，立經略司於汴，以忙哥、史天澤、楊惟中、趙璧爲使，陳紀、楊果爲參議，俾屯田唐、鄧等州，授之兵、牛，敵至則禦，敵去則耕，仍置屯田萬戶於鄧，完城以備之。

歲癸丑，受京兆分地。【略】又奏割河東解州鹽池以供軍食，立從宜府於京兆，屯田鳳翔，募民受鹽入粟，轉漕嘉陵。

同上〔中統二年七月〕，諭河南管軍官於近城地量存牧場，餘聽民耕。丁丑，渡江新附民留屯蔡州者，徙居懷孟，貸其種食。【略】敕懷孟牧地聽民耕墾。

同上〔中統二年〕冬十月庚寅朔，詔鳳翔府種田戶隸平陽兵籍，毋令出征，務耕屯以給軍餉。【略】以河南屯田萬戶史權爲江漢大都督，依舊戍守。

同上〔中統二年十二月〕，命陝蜀行中書省給綏德州等處屯田牛、種、農具。

《元史》卷五《世祖紀二》〔中統三年春正月〕命銀冶戶七百、河南屯田戶百四十，賦稅輸之州縣。

同上〔中統三年六月〕命婆娑府屯田軍移駐鴨綠江之西，以防海道。

同上〔中統三年十月〕丁卯，詔鳳翔府屯田軍隸兵籍，仍屯田鳳翔。【略】庚午，敕鞏昌總帥汪惟正將戍靑居軍還，屯田利州。

同上〔中統四年秋七月〕，河南統軍司言：屯田民爲保甲丁壯射生軍，凡三千四百人，分戍沿邊州郡，乞蠲他徭。從之。

同上〔中統四年八月〕，給鈔付劉整市牛屯田。

同上〔至元元年春正月〕癸巳，以益都武衛軍千人屯田燕京，官給牛具。

同上〔至元元年〕八月壬寅朔，陝西行省臣上言：川蜀戍兵軍需，請令奧魯官徵入官庫，移文於近戍官司，依數取之。宋新附民宜撥地土衣糧，給其牛種，仍禁邊將分匿人口。商州險要，乞增戍兵。陝西獵戶移獵商州。河西、鳳翔屯田軍遷戍興元。四川各翼軍，有地者徵其稅，給無田者糧。皆從之。

同上　〔至元元年八月〕，發萬戶石抹糺札剌所部千人赴商州屯田，亳州軍六百八人及河南府軍六十人助欽察戍青居。

《元史》卷六《世祖紀三》　〔至元二年春正月〕乙酉，以河南北荒田分給蒙古軍耕種。

同上　〔至元二年三月〕丁亥，敕邊軍習水戰、屯田。【略】詔西川、山東、南京等路戍邊軍屯田。【略】〔閏五月〕丙寅，命四川行院分兵屯田。

同上　〔至元三年六月〕辛未，徙歸化民於清州興濟縣屯田，官給牛具。

同上　〔至元五年〕閏正月戊午，以陳、亳、潁、蔡等處屯田戶充軍。

同上　〔至元五年九月〕己丑，立河南屯田。

《元史》卷七《世祖紀四》　〔至元七年十一月〕丁巳，敕益兵二千，合前所發軍爲六千，屯田高麗，以忻都及前左壁總帥史樞，並爲高麗金州等處經略使，佩虎符，領屯田事。

同上　〔至元八年春正月〕，中書省臣言：前有旨令臣與樞密院、御史臺議河南行省阿里伯等所置南陽等處屯田，臣等以爲凡屯田人戶，皆內地中產之民，遠徙失業，宜還之本籍。其南京、南陽、歸德等民賦，自今悉折輸米糧，貯於便近地，以給襄陽軍食。前所屯田，阿里伯自以無效引伏，宜令州郡募民耕佃。從之。

同上　〔至元九年正月〕辛巳，移鳳州屯田於鹽、白二州。【略】〔六月〕減乞里吉思屯田所入租，仍遣南人百名，給牛具以往。

同上　〔至元九年〕秋七月丁巳朔，河南省臣言：往歲徙民實邊屯耕，以貧苦悉散還家。今唐、鄧、蔡、息、徐、邳之民，愛其田廬，仍守故屯，願以絲銀準折輸糧，而內地州縣轉粟餉軍者，反厭苦之。臣議今歲沿邊州郡，宜仍其舊輸糧，內地州郡，驗其戶數，俾折鈔就沿邊和糴，庶幾彼此交便。制曰可。

《元史》卷八《世祖紀五》　〔至元十年三月〕，熟券軍幷城居之民仍居襄陽，給其田牛；生券軍分隸各萬戶翼。

同上　〔至元十二年五月〕丙戌，以三衛新附生券軍赴八達山屯田。

《元史》卷九《世祖紀六》　〔至元十三年正月〕戊子，中書省臣言：王孝忠等以罪命往八答山採寶玉自效，道經沙州，值火忽叛，孝忠等自拔來歸，令於瓜、沙等處屯田。從之。

同上　〔至元十三年九月〕辛丑，遣瀘州屯田軍四千，轉漕重慶。

《元史》卷一〇《世祖紀七》　〔至元十五年三月〕，詔中書左丞呂文煥遣官招宋生、熟券軍，堪爲軍者，月給錢糧，不堪者，給牛屯田。

同上　〔至元十五年六月〕，罷茶運司及營田司，以其事隸本道宣慰司。

同上　〔至元十五年十二月〕，鴨池等處招討使欽察所領南征新軍，不能自贍者千人，命屯田於京兆。【略】開(城)〔成〕路置屯田總管府，廣安縣隸之。

同上　〔至元十六年正月〕戊辰，立河西屯田，給畊具，遣官領之。

同上　〔至元十六年二月〕癸卯，發嘉定新附軍千人屯田脫里北之地。【略】〔三月〕庚申，給千戶馬乃部下拔突軍及土渾川軍屯田牛具。

同上　〔至元十六年五月〕，詔漣、海等州募民屯田，置總管府及提舉司領之。【略】徙丁子峪所駐侍衛軍萬人，屯田昌平。〔六月〕丙戌，左右衛屯田蝗蝻生。【略】癸巳，以新附軍二萬分隸六衛屯田。【略】西川既平，復立屯田。

《元史》卷一一《世祖紀八》　〔至元十七年二月〕，畏吾戶居河西界者，令其屯田。【略】〔三月〕給月脫古思八部屯田牛具。

同上　〔至元十七年五月〕癸丑，括沙州戶丁，定常賦，其富戶餘田令所戍漢軍耕種。

六月辛未朔，以忽都帶兒收籍闌遺人民牛畜，撥荒地令屯田。〔秋七月〕，用姚演言，開膠東河及收集逃民屯田漣、海。

同上　〔至元十七年十月〕辛巳，立營田提舉司，從五品，俾置司柳林，割諸色戶千三百五十五隸之，官給牛種農具。

同上　〔至元十七年十月〕辛卯，以漢軍屯田沙、甘。

同上　〔至元十七年十二月〕辛未，以熟券軍還襄陽屯田。【略】淮西宣慰使昂吉兒請以軍士屯田。

同上　〔至元十八年六月〕，以太原新附軍五千屯田甘州。【略】增陝西營田糧十萬石，以充常費。壬午，命耽羅戍力田以自給。【略】癸未，命中書省會計姚演所領漣、海屯田官給之資與歲入之數，便則行之，否則罷去。

同上　〔至元十八年秋七月〕庚子，括回回砲手散居他郡者，悉令赴南京屯田。【略】〔八月〕，給怯薛丹糧，拘其所占田爲屯田。

同上　〔至元十八年九月〕辛巳，大都立蒙古站屯田，編戶歲輸包銀者及眞定等路闌遺戶，並令屯田，其在眞定者與免皮貨。

〔冬十月〕丙申，募民淮西屯田。【略】乙巳，命安西王府協濟戶及南山隘口軍，於安西、延安、鳳翔、六盤等處屯田。【略】改大都南陽眞定等處屯田孛蘭奚總管府爲農政院。

同上　〔至元十八年十二月〕乙卯，以諸王札忽兒所占文安縣地給付屯田。丙辰，調新附軍屯田。

《元史》卷一二《世祖紀九》　〔至元十九年四月〕甲辰，以甘州、中興屯田兵逃還太原，誅其拒命者四人，而賞不逃者。

同上　〔至元十九年六月〕乙未，發六盤山屯田軍七百七十人，以補劉恩之軍。

同上　〔至元十九年秋七月〕戊辰，征鴨池回軍屯田安西，以鈔給之。

〔九月〕，以阿合馬沒官田產充屯田。籍阿里家。【略】游顯乞罷漣、海州屯田，以其事隸管民官，從其請，仍以顯平章政事，行省揚州。

同上　〔至元十九年十月〕，罷屯田總管府，以其事隸樞密院，令管軍萬戶兼之。

同上　〔至元十九年十一月〕甲子，給欠州屯田軍衣服。

〔十二月〕罷南京屯田總管府，以其事隸南陽府。

同上　〔至元二十年二月〕丁酉，給別十八里屯田軍戰襖。庚子，敕權貴所占田土，量給各戶之外，餘者悉以與怯薛帶等耕之。

同上　〔至元二十年夏四月〕辛卯，樞密院臣言：　蒙古侍衛軍於新城等處屯田，砂礫不可種，乞改撥良田。從之。

同上　〔至元二十年八月〕甲午，敕大名、眞定、北京、衛輝四路屯駐新附軍，於東京屯田。

〔九月〕戊寅，史弼陳弭盜之策，爲首及同謀者死，餘屯田淮上，帝然其言。詔以其事付弼，賊黨耕種內地，其妻孥送京師以給鷹坊人等。

同上　〔至元二十年十一月〕乙丑，罷開（城）〔成〕路屯田總管府入開（城）〔成〕路，隸京兆宣慰司。

《元史》卷一三《世祖紀十》　〔至元二十一年正月〕丙寅，闊闊你敦言：　屯田芍陂兵二千，布種二千石，得粳糯二萬五千石有奇，乞增新附軍二千。從之。【略】

〔二月〕，以別速帶逃軍七百餘人付安西王屯田，給以牛具。

夏四月壬午，令軍民同築堤堰，以利五衛屯田。

〔六月〕，從憨答孫請，移阿剌帶和林屯田軍與其所部相合，屯田五河。乙丑，中衛屯田蝗。

同上　〔至元二十一年冬十月〕壬子，定漣、海等處屯田法。

〔十一月〕以江淮間自襄陽至於東海多荒田，命司農司立屯田法，募人開耕，免其六年租稅并一切雜役。

同上　〔至元二十二年正月〕戊子，闊闊你敦言：　先有旨遣軍二千屯田芍陂，試土之肥磽，去秋已收米二萬餘石，請增屯士二千人。從之。【略】移五條河屯田軍五百於兀失蠻、扎失蠻。【略】詔括京師荒地，令宿衛士耕種。【略】

〔七月〕分甘州屯田新附軍三百人，田於亦集乃之地。

〔八月〕戊申，分四川鎭守軍萬人屯田成都。丙寅，遣蒙古軍三千人屯田淸、滄、靖海。

同上　〔至元二十二年十一月〕，御史臺臣奏：　昔宋以無室家壯士爲鹽軍，數凡五千，今存者一千一百二十二人，性習凶暴，民患苦之，宜給以衣糧，使屯田自贍。詔議行之。

《元史》卷一四《世祖紀十一》　〔至元二十三年正月〕丙申，以新附軍千人屯田合思罕關東曠地，官給農具牛種。

〔二月〕戊申，樞密院奏：　前遣蒙古軍萬人屯田，所獲除歲費之外可糶鈔三千錠，乞分廩諸翼軍士之貧者。帝悅，令從便行之。調京師新附軍二千立營屯田。

同上　〔至元二十三年夏四月〕，敕免雲南從征交趾蒙古軍屯田租。【略】辛丑，陝西行省言：　延安置屯田鷹坊總管府，其火失不花軍逃散者，皆入屯田，今復供秦王阿難答所部阿黑答思飼馬及輸他賦。有旨皆罷之，其不悛者罪當死。

［七月］，立淮南洪澤、芍陂兩處屯田。

同上 ［至元二十三年十月］，遣侍衛新附兵千人屯田別十八里，置元帥府即其地總之。【略】徙戍甘州新附軍千人屯田中興，千人屯田亦里黑。

［十一月］，遣蒙古千戶曲出等總新附軍四百人，屯田別十八里。

同上 ［至元二十三年十二月］，以阿里海牙所芘逃民無主者千人屯田。【略】丙辰，遣蒲昌赤貧民墾甘肅閑田，官給牛、種、農具。

同上 ［至元二十四年六月］，以陝西涇、邠、乾及安西屬縣閑田立屯田總管府，置官屬，秩三品。

［七月］，以河西(管)［愛］牙赤所部屯田軍同沙州居民修城河西瓜、沙等處。立闍鄽屯田。

同上 ［至元二十四年八月］，亦集乃路屯田總管忽都魯請疏浚管內河渠，從之。【略】以北京伐木三千戶屯田平灤。

［十月］，從總帥汪惟和言，分所部戍四川軍五千人屯田六盤。

［十一月］戊戌，以別十八里漢軍及新附軍五百人屯田合迷玉速曲之地。

［十二月］，發河西、甘肅等處富民千人往闍鄽地，與漢軍、新附軍雜居耕植。

《元史》卷一五《世祖紀十二》 ［至元二十五年正月］，以平江鹽兵屯田於淮東、西。【略】癸丑，詔：行大司農司、各道勸農營田司，巡行勸課，舉察勤惰，歲具府、州、縣勸農官實迹，以爲殿最。路經歷官、縣尹以下幷聽裁決。或怙勢作威侵官害農者，從提刑按察司究治。募民能耕江南曠土及公田者，免其差役三年，其輸租免三分之一。江淮行省言：兩淮土曠民寡，兼幷之家皆不輸稅。又，管內七十餘城，止屯田兩所，宜增置淮東、西兩道勸農營田司，督使耕之。制曰可。

同上 ［至元二十五年四月］，命甘肅行省發新附軍三百人屯田亦集乃，陝西省督鞏昌兵五千人屯田六盤山。

［六月］，以延安屯田總管府復隸安西省。

同上 ［至元二十五年十一月］，以忽撒馬丁爲管領甘肅陝西等處屯田等戶達魯花赤，督斡端、可失合兒工匠千五十戶屯田。【略】壬辰，罷建昌路屯田總管府。

同上 ［至元二十六年二月癸丑］，愛牙合赤請以所部軍屯田咸平、懿州，以省糧餉。【略】己巳，立左右翼屯田萬戶府，秩從三品。【略】乙亥，省屯田六署爲營田提舉司。

［三月］，立雲南屯田，以借軍儲。【略】己丑，賜陝西屯田總管府農器種粒。

夏四月己酉［朔］，復立營田司於寧夏府。【略】省江淮屯田打捕提舉司七所，存者徐邳、海州、揚州、兩淮、淮安、高郵、昭信、安豐、鎮巢、蘄黃、魚網、石湫，猶十二所。

同上 ［至元二十六年秋七月］，尚珍署屯田大水，從征者給其家。辛巳，兩淮屯田雨雹害稼，蠲今歲田租。【略】癸巳，平灤屯田霖雨損稼。

［九月］平灤、昌國等屯田霖雨害稼。甲辰，以保定、新城、定興屯田糧賑其戶饑貧者。

冬十月癸丑，營田提舉司水害稼。

同上 ［至元二十六年閏十月］，左、右衛屯田新附軍以大水傷稼乏食，發米萬四百石賑之。【略】丙申，寶坻屯田大水害稼。【略】賑保定等屯田戶饑，給九十日糧。【略】湖廣省臣言：近招降贛州賊胡海等，令將其衆屯田自給，今過耕時，不恤之，恐生變。

［十一月］丁巳，平灤、昌國屯戶饑，賑米千六百五十六石。【略】陝西鳳翔屯田大水。

《元史》卷一六《世祖紀十三》 ［至元二十七年三月］，放壽、潁屯田軍千九百五十九戶爲民，撤江南戍兵代之。

同上 ［至元二十七年夏四月］，芍陂屯田以霖雨河溢，害稼二萬二千四百八十畝有奇，免其租。【略】太傅玉呂魯言：招集斡者所屬亦乞烈，今已得六百二十一人，令與高麗民屯田，宜給其食。敕遼陽行省驗實給之。

同上 ［至元二十七年十一月］，遣使鈎考延安屯田。

［十二月］，京兆省上屯田所出羊價鈔六百九錠，敕以賜札散、暗伯民貧乏者。

同上 ［至元二十八年二月］，以上都虎賁士二千人屯田，官給牛具農器，用鈔二萬錠。

同上 ［至元二十八年五月］，發兵塞晃火兒月連地河渠，修城堡，令蒙古戍兵屯田川中以禦寇。

[六月]丙戌，敕：屯田官以三歲爲滿，互於各屯內調用。

[九月]己酉，設安西、延安、鳳翔三路屯田總管府。【略】乙卯，以歲荒，免平灤屯田二十七年田租三萬六千石有奇。

《元史》卷一七《世祖紀十四》 [至元二十九年]三月甲午，詔遣脫忽思、農獨赤昔列門至合敦奴孫界，與駙馬闊里吉思議行屯田。【略】壬子，樞密院臣奏：延安、鳳翔、京兆三路籍軍三千人，桑哥皆罷爲民，今復其軍籍，屯田六盤。從之。

[八月]辛丑，寧夏府屯田成功，升其官脫兒赤。【略】以廣濟署屯田既蝗復水，免今年田租九千二百十八石。

[九月]壬午，水達達、女直民戶由反地驅出者，押回本地，分置萬夫、千夫、百夫內屯田。

[十一月]戊寅，樞密院奏：一衛萬人，嘗調二千屯田，木八剌沙上都屯田二年有成，擬增軍千人。從之。

同上 [至元三十年正月]，詔邊境無事，令本軍屯耕以食。

同上 [至元三十年春正月]戊戌，和林漢軍四百，留百人，餘令耕屯杭海。【略】戊辰，樞密院臣奏：兀渾察部兀末魯罕軍，每歲運米六千四百二十六石以給之，計傭直爲鈔萬二千八百五十二錠。詔邊境無事，令本軍屯耕以食。

同上 [至元三十年正月]甲戌，河南江北行省平章伯顏言：揚州忙兀臺所立屯田，爲田四萬餘頃，官種外，宜聽民耕墾。【略】詔皆從其議。【略】戊寅，詔舊隸乃顏、勝納(答)[合]兒女直戶四百，虛糜廩食，令屯田揚州。

同上 [至元三十年二月]，益上都屯田軍千人，給農具、牛價鈔五千錠，以木八剌沙董之。【略】給新附軍三百人，人鈔十錠，屯田眞定。

同上 [至元三十年三月]己巳，立行大司農司。洪澤、芍陂屯田舊委四處萬戶，詔存其二，立民屯二十。

[七月]，壬申，以只兒合忽所汰乞兒吉思戶七百，屯田合思合之地。

八月丙戌，括所在荒田無主名者，令放良、漏籍等戶屯田。

同上 [至元三十年八月]丁未，湖廣行省臣言海南、海北多曠土，可立屯田，詔設鎮守黎蠻海北海南屯田萬戶府以董之。【略】營田提舉司所轄屯田百七十七頃爲水所沒，免其租四千七百七十二石。

《元史》卷一八《成宗紀一》 [至元三十一年十一月]，罷貴赤屯田總管府。

同上 [至元三十一年秋七月]，給瓜、沙之民徙甘州屯田者牛價鈔二千六百錠。

同上 [元貞元年春正月]，罷瓜、沙等州屯田。

同上 [元貞元年]，減海南屯田軍之半，還其元翼。詔增給諸軍藥餌價直。壬午，立肇州屯田萬戶府，以遼陽行省左丞阿散領其事。

同上 [元貞元年七月]，大都、遼東、東平、常德、湖州武衛屯田大水。

[八月]，金、復州屯田有蟲食禾。

同上 [元貞元年十二月]，也速帶而之軍因李璮亂去山東，其元駐之地爲人所墾，歲久成業，爭訟不已。命別以境內荒田給之，正軍五頃，餘丁二頃，已滿數者不給。【略】徙縉山所居乞里乞思等民於山東，以田與牛、種給之。

《元史》卷一九《成宗紀二》 [元貞二年二月]，給稱海屯田軍農具。【略】給禿禿合所部屯田農器。【略】自六盤山至黃河立屯田，置軍萬人。秋七月庚午，肇州萬戶府立屯田，給以農具、種、食。

同上 [大德元年春正月]己丑，以藥木忽而等所部貧乏，摘和林漢軍置屯田於五條河，以歲入之租資之。【略】給晉王所部屯田農器千具。【略】給可溫種田戶耕牛。

[二月]，以新附軍三千屯田漳州。

同上 [大德元年四月]，給岳木忽而所部和林屯田種。

[秋七月]癸未，增晉王所部屯田戶。

[十一月]，總帥汪惟和以所部軍屯田沙州、瓜州，給中統鈔二萬三千二百餘錠置種、牛、田具。

[十二月]丙申，徙襄陽屯田合剌魯軍於南陽，戶受田百五十畝，給種、牛、田具。【略】復立芍陂、洪澤屯田。

同上 [大德元年十二月]，瓜州屯田軍萬人貧乏，命減一千，以張萬戶所領兵補之。甲申，增兩淮屯田軍爲二萬人。

[二年春正月]丁酉，置汀州屯田。

以兩淮閑田給蒙古軍。

五月辛卯，罷海南黎兵萬戶府及黎蠻屯田萬戶府，以其事入瓊州路軍民安撫司。

［九月］庚戌，吉、贛立屯田。

《元史》卷二〇《成宗紀三》 ［大德三年十二月］，淮安、揚州饑，甘肅亦集乃路屯田旱，并賑以糧。

同上 ［大德四年二月］，罷稱海屯田，改置於呵札之地，以農具、種實給之。置西京大和嶺屯田。

［夏四月］丙辰，置五條河屯田。

同上 ［大德五年八月］庚午，禿剌鐵木而等自和林犒軍還，言：和林屯田宜令軍官廣其墾闢，量給農具，倉官宜任選人，可革侵盗之弊。從之。

［十月］，撥南陽府屯田地給新籍畏吾而戶，俾耕以自贍，仍給糧三月。

《元史》卷二一《成宗紀三》 ［大德六年正月］乙卯，築渾河堤長八十里，仍禁豪家毋侵舊河，令屯田軍及民耕種。

［十二月］甲子，衡州袁舜一等誘集二千餘人侵掠郴州，湖南宣慰司發兵討之，獲舜一及其餘黨，命誅其首謀者三人，餘者配洪澤、芍陂屯田，其脅從者招諭復業。

《元史》卷二一《成宗紀四》 ［大德七年正月］丁巳，令樞密院選軍士習農業者十人教軍前屯田。

［五月］丙戌，罷營田提舉司。

六月己丑，御史臺臣言：瓜、沙二州，自昔爲邊鎮重地，今大軍屯駐甘州，使官民反居邊外，非宜。乞以蒙古軍萬人分鎮險隘，立屯田以供軍實，爲便。從之。

同上 ［大德八年二月］辛卯，命諸王出伯所部軍屯田於薛出合出谷。

［三月］，命凡爲衙兵者，皆半隸屯田，仍諭各衛屯官及屯田者，視其勤惰，以爲賞罰。

［夏四月］庚子，以永平、清、滄、柳林屯田被水，其逋租及民貸食者皆勿徵。

九月乙未，遣阿牙赤、撒罕禿會計稱海屯田歲入之數，仍自今令宣慰司官與阿剌台共掌之。丁未，中書省臣言：羅里等擾民，宜依例決遣置屯田所。從之。

［冬十月］，置大同路黃花嶺屯田。罷軍儲所，立屯儲軍民總管萬戶府，設官六員，仍以軍儲所宣慰使法忽魯丁掌之。

同上 ［大德九年五月］，復立洪澤、芍陂屯田，令河(西)［南］行省平章阿散領其事。

［八月］丁丑，給曲阜林廟洒掃戶，以尚珍署田五十頃供歲祀。

同上 ［大德九年冬十月］戊戌，詔芍陂、洪澤等屯田爲豪右占據者，悉令輸租。

［十一月］，復立雲南屯田，命伯顏察而董其事。

同上 ［大德十年夏四月］甲辰，樞密院臣言：太和嶺屯田，舊置屯儲總管府，專督其程。人給地五十畝，歲輸糧三十石，或佗役不及耕作者，悉如數徵之，人致重困。乞令軍官統治，以宣慰使玉龍失不花總其事，視軍民所收多寡以爲賞罰。從之。

《元史》卷二二《武宗紀一》 ［大德十一年］秋七月癸亥朔，封諸王禿剌爲越王。諸王出伯言：瓜州、沙州屯田逋戶漸成丁者，乞拘隸所部。中書省臣言：瓜州雖諸王分地，其民役於驛傳，出伯言宜勿從。

同上 ［大德十一年八月］癸卯，改也里合牙營田司爲屯田運糧萬戶府。

同上 ［大德十一年十二月］癸卯，以漢軍萬人屯田和林。

同上 ［至大元年二月］甲寅，和林貧民北來者衆，以鈔十萬錠濟之，仍於大同、隆興等處糴糧以賑，就令屯田。

同上 ［至大元年十一月］，中書省臣言：【略】又，天下屯田百二十餘所，由所用者多非其人，以致廢弛，除四川、甘州、應昌府、雲南爲地絕遠，餘當選習農務者往，與行省、宣慰司親履其地，可興者興，可廢者廢，各具籍以聞。並從之。

《元史》卷二三《武宗紀二》 ［至大二年二月］乙丑，以和林屯田去秋收九萬餘石，其宣慰司官吏、部校、軍士，給賞有差。【略】壬申，令各衛董屯田官三年一易。

同上 ［至大二年四月］癸亥，摘漢軍五千，給田十萬頃，於直沽沿海口屯種，又益以康里軍二千，立鎮守海口屯儲親軍都指揮使司。

同上 ［至大二年八月］壬子，中書省臣言：甘肅省僻在邊垂，城中蓄金穀以給諸王軍馬，世祖成宗常修其城池。近撒的迷失擅興兵甲，掠豳王出伯輜重，民大驚擾。今撒的迷失已伏誅，其城若不修，慮啓寇心。又，沙、瓜州摘軍屯田，歲入糧二萬五千石，撒的迷失叛，不令其軍入屯，遂廢。今乞仍舊遣軍屯種，選知屯田地利色目、漢人各一員領之。皆從之。

同上　[至大三年三月]辛卯，發康里軍屯田永平，官給之牛。

[夏四月]庚戌，以鈔九千一百五十八錠有奇市耕牛農具，給直沽酸棗林屯田軍。

同上　[至大四年十一月]辛丑，命延安、鳳翔、安西軍屯田紅城者，還陝西屯田。

《元史》卷二四《仁宗紀一》　[至大四年六月]壬子，敕甘肅省給過川軍牛種農器，令屯田。【略】命和林行省右丞孛里、馬速忽經理稱海屯田。

同上　[至大四年十二月]，復以陝西屯田軍三千隸紅城萬戶府。

同上　[皇慶元年二月]，敕稱海屯內漢軍存恤二年。【略】壬申，以霸州文安縣屯田水患，遣官疏決之。【略】丙子，給稱海屯田牛二千。

[四月]，遣戶部尚書馬兒經理河南屯田。

同上　[皇慶元年十一月]戊戌，調汀、漳畬軍代亳州等翼漢軍於本處屯田。

《元史》卷二五《仁宗紀二》　[延祐元年六月]，諸王察八兒屬戶匱乏，給糧一歲，仍俾屯田以自贍。發軍增墾河南、芍陂等處屯田。

同上　[延祐元年十月]丙申，復甘肅屯田，置沙、瓜等處屯儲總管萬戶府，秩正三品。

[十二月]乙巳，敕經界諸衛屯田。

同上　[延祐二年秋七月]，省兩淮屯田總管府官四員。【略】敕阿(宿)[速]衛戶貧乏者，給牛、種、耕具，於連怯烈地屯田。

同上　[延祐三年七月]庚午，發高麗、女直、漢軍千五百人，於濱州、遼河、慶雲、趙州屯田。

九月辛丑，復五條河屯田。

同上　[冬十月]調四川軍二千人、雲南軍三千人烏蒙等處屯田，置總管萬戶府，秩正三品，設官四員，隸雲南省。

《元史》卷二六《仁宗紀三》　[延祐五年三月]己丑，敕以紅城屯田米賑淨州、平地等處流民。【略】

[夏四月]，給中翊府闊臺、順州屯田鈔萬錠，置牛種農具。

同上　[延祐五年秋七月]丙寅，調軍五千，烏蒙等處屯田，置總管萬戶府，秩正三品，給銀印。

同上　[延祐五年十一月]壬戌，改黃花嶺屯儲軍民總管府爲屯儲總管府，設官四員。

同上　[延祐六年六月]庚戌，大同縣雨雹，大如鷄卵。詔以駝馬牛羊分給朔方蒙古民戍守邊徼者，俾牧養蕃息以自贍，仍命議興屯田。壬子，賜大乾元寺鈔萬錠，俾營子錢，供繕修之費，仍陞其提點所爲總管府，給銀印，秩正三品。

同上　[延祐六年秋七月]，命分簡奴兒干流囚罪稍輕者，屯田肇州。

同上　[延祐六年十一月]辛卯，熒惑犯進賢。木邦路帶邦爲寇，敕雲南省招捕之。乙巳，以祕書卿苫思丁爲大司徒。庚子，敕晉王部貧民二千居稱海屯田。增京畿漕運司同知、副使各一員，給分司印。中書省臣言：曩賜諸王阿只吉鈔三萬錠，使營子錢以給畋獵廪膳，毋取諸民。今其部阿勒呼木等出獵，恣索於民，且爲奸事，宜令宗正府、刑部訊鞫之，以正典刑。制曰可。【略】

[十二月]，河西塔塔剌地置屯田，立軍民萬戶府。

《元史》卷二七《英宗紀一》　[延祐七年正月]，以遼陽、大同、上都、甘肅官牧羊馬牛駝給朔方民戶，仍給曠地屯種。

同上　[延祐七年四月]左衛屯田旱、蝗，左翊屯田蟲食麥苗，亳州水。

[五月]，復置稱海、五條河屯田。

同上　[延祐七年秋七月]壬午，立普定路屯田，分烏撒、烏蒙屯田卒二千赴之。

《元史》卷二八《英宗紀二》　[至治二年夏四月]甲寅，南陽府西穰等屯風，雹，洪澤、芍陂屯田去年旱、蝗，並免其租。

同上　[至治二年五月]，調各衛漢軍二千，充宗仁衛屯田卒。

同上　[至治三年二月]，罷稱海宣慰司及萬戶府，改立屯田總管府。

[三月]戊戌，安豐芍陂屯田女直戶饑，賑糧一月。

同上　[至治二年十二月]，徽州、廬州、濟南、眞定、河間、大名、歸德、汝寧、鞏昌諸處及河南芍陂屯田水，大同、衛輝、江陵屬縣及豐贍署大惠屯風，河南及雲南烏蒙等處屯田旱，汴梁、順德、河間、保定、慶元、濟寧、濮州、益都諸屬縣及諸衛屯田蝗。

同上 ［至治三年五月］，大同路雁門屯田旱損麥。諸衛屯田及永清縣水。

［六月］乙酉，易、安、滄、莫、霸、祁諸州及諸衛屯田水，壞田六千餘頃。

［秋七月］賜刺禿屯田貧民鈔四十六萬八千貫市牛具。【略】澧州雨，水害屯田稼。

《元史》卷二九《泰定帝紀一》 ［至治三年十一月］，詔：凡有罪自首者，原其罪。袁州路宜春縣、鎮江路丹徒縣饑，賑糶米四萬九千石。沅州黔陽縣饑，芍陂屯田旱，並賑之。

是歲，夏，諸衛屯田及大都、河間、保定、濟南、濟寧五路屬縣，霖雨傷稼。秋，沂州定襄縣及忠翊侍衛屯田所營田、象食屯田所隕霜殺禾。土番岷州春疫，夏旱。西番寇鞏昌府。

同上 ［泰定元年三月］，罷大同路黃華嶺及崇慶屯田。

同上 ［泰定元年四月］，雲南中慶、昆明屯田水。

同上 ［泰定元年六月］，庚午，置海剌禿屯田總管府。

同上 ［泰定元年六月］，大都、眞定晉州、深州，奉元諸路及甘肅河渠營田等處，雨傷稼，賑糧二月。大司農屯田、諸衛屯田、彰德、汴梁等路雨傷稼，順德、大名、河間、東平等二十一郡蝗，晉寧、鞏昌、常德、龍興等處饑，皆發粟賑之。【略】河間、晉寧、涇州、揚州、壽春等路，湖廣、河南諸屯田皆旱。【略】

［九月］，奉元路長安縣大雨，灃水溢，延安路洛水溢，濮州館陶縣及諸衛屯田水，建昌、紹興二路饑，賑糧有差。

同上 ［泰定二年閏正月］乙丑，命整治屯田。河南行省左丞姚煒請禁屯田吏蠶食屯戶，及勿務羨增以廢裕民之意，不報。

同上 ［泰定二年五月］，新州路旱，濟南、河間、東昌等九郡蝗，奉元、衛輝路及永平屯田豐贍、昌國、濟民等署雨傷稼，蠲其租。【略】

［七月］，延安、鄜州、綏德、鞏昌等處雨雹，般陽新城縣蝗，宗仁衛屯田隕霜殺禾，睢州河決，順德、汴梁、德安、汝寧諸路旱，免其租。

《元史》卷三〇《泰定帝紀二》 ［泰定三年秋七月］，遼王脫脫請復太母月也倫宮守兵及女直屯戶，不允。【略】乙巳，怯憐口屯田霜，賑糧二月。【略】庚申，廣西宣慰副使王瑞請益戍兵，及以土民屯田備蠻，仍置南寧安撫司。

同上 ［泰定四年二月］，以馬（忽思）［思忽］爲雲南行省平章政事，提調烏蒙屯田。

同上 ［泰定四年八月］，眞定、晉寧、延安、河南等路屯田旱。

《元史》卷三二《文宗紀一》 ［致和元年九月］，徵五衛屯田兵赴京師。

《元史》卷三三《文宗紀二》 ［天曆二年六月］丙午，永平屯田府所隸昌國諸屯大風驟雨，平地出水。

同上 ［天曆二年十月］，免永平屯田總管府田租。

《元史》卷三四《文宗紀三》 ［至順元年五月］，右衛左右手屯田大水，害禾稼八百餘頃。廣平、河南、大名、般陽、南陽、濟寧、東平、汴梁等路，高唐、開、濮、輝、德、冠、滑等州，及大有、千斯等屯田蝗。

［六月］，高唐、曹州及前後武衛屯田水災。大都、益都、眞定、河間諸路，獻、景、泰安諸州，及左都威衛屯田蝗。

［七月］，開元、大同、眞定、冀寧、廣平諸路及忠翊侍衛左右屯田，自夏至於是月不雨。奉元、晉寧、興國、揚州、淮安、懷慶、衛輝、益都、般陽、濟南、濟寧、河南、河中、保定、河間等路及武衛、宗仁衛、左衛率府諸屯田蝗。

［閏七月］丙戌，忠翊衛左右屯田隕霜殺稼。

同上 ［至順元年十一月］，命陝西行省賑河州蒙古屯田衛士糧兩月。

［十二月］，宣忠扈衛斡羅思屯田，給牛、種、農具。

《元史》卷三五《文宗紀四》 ［至順二年二月］，命龍翊衛以屯田歲入粟贍衛卒孤貧者。

同上 ［至順二年三月］，敕河南行省右丞那海提督境內屯田。

同上 ［至順二年四月］甲子，陝西行省言終南屯田去年大水，損禾稼四十餘頃，詔蠲其租。

《元史》卷三八《順帝紀一》 ［元統二年冬十月］丁卯，立湖廣黎兵屯田萬戶府，統千戶一十三所，每所兵千人，屯戶五百，皆土人爲之，官給田土、牛、種、農器，免其差徭。

《元史》卷三九《順帝紀二》 ［至元元年八月］壬辰，立屯衛於馬札罕之地。

〔是歲〕，以甘肅行省白城子屯田之地賜宗王喃忽里。

同上　〔至元三年〕癸丑，立宣鎭侍衛屯田萬戸府於寧夏。

同上　〔十二月〕丙戌，命阿速衛探馬赤軍屯田。

〔至元四年五月〕庚戌，升兩淮屯田打捕總管府爲正三品。

《元史》卷四〇《順帝紀三》　〔至正元年〕三月庚戌，罷兩淮屯田手號打捕軍役，令屬本所領之。癸丑，命屯儲禦軍於河南芍陂、洪澤、德安三處屯種。【略】丙子，以行省平章政事燕帖木兒就佩虎符，提調屯田。

《元史》卷四一《順帝紀四》　〔至正六年十二月〕己卯，改立山東東西道宣慰使司都元帥府，開設屯田，駐軍馬。【略】甲午，設立海剌禿屯田二處。

同上　〔至正八年二月〕乙亥，以北邊沙土苦寒，罷海剌禿屯田。【略】壬辰，太平言：孛答、乃禿、忙兀三處屯田，世祖朝以行營舊站撥屬虎賁司，後爲豪有力者所奪，遂失其利。今宜仍前撥還。從之。

同上　〔至正八年秋七月〕辛丑，復立五道河屯田。

《元史》卷四二《順帝紀六》　〔至正十三年春正月〕辛未，命悟良哈台、烏古孫良楨兼大司農卿，給分司農司印。西自西山，南至保定、河間，北至檀、順州，東至遷民鎭，凡係官地及元管各處屯田，悉從分司農司立法佃種，合用工價、牛具、農器、穀種、召募農夫諸費，給鈔五百萬錠，以供其用。【略】庚辰，中書省臣言：近立分司農司，宜於江浙、淮東等處召募能種水田及修築圍堰之人各一千名爲農師，教民播種。宜降空名添設職事敕牒一十二道，遣使賫往其地，有能募農民一百名者授正九品，二百名者正八品，三百名者從七品，即書塡流官職名給之，就令管領所募農夫，不出四月十五日，俱至田所，期年爲滿，即放還家。其所募農夫，每名給鈔十錠。從之。【略】丙戌，以武衛所管鹽臺屯田八百頃，除軍見種外，荒閑之地，盡付分司農司。

三月己卯，命脱脱領大司農司。【略】己丑，以各衙門係官田地并宗仁等衛屯田地土，并付司農分司播種。

同上　〔至正十三年四月〕，又立玉田屯署。

《元史》卷四四《順帝紀七》　〔至正十五年〕閏月壬寅，以各衛軍人屯田京畿，人給鈔五錠，以是日入役，日支鈔二兩五錢，仍給牛、種、農器，命司農司令本管萬戸督其勤惰。

同上　〔至正十五年〕，詔：凡有水田之處，設大兵農司，招集人夫，有警乘機進討，無事栽植播種。

同上　〔至正十六年〕，命大司農司屯種雄、霸二州以給京師，號京糧。

《元史》卷四五《順帝紀八》　〔至正十七年〕十一月辛丑〔朔〕，山東道宣慰使董摶霄建言：請令江淮等處各枝官軍，分布連珠營寨於隘口，屯駐守禦，宜廣屯田，以足軍食。從之。

同上　〔至正十八年二月〕癸酉，毛貴陷濟南路，守將愛的戰死。毛貴立賓興院，選用故官，以姬宗周等分守諸路；又於萊州立三百六十屯田，每屯相去三十里，造大車百輛，以挽運糧儲，官民田十止收二分，冬則陸運，夏則水運。

同上　〔至正十九年二月〕，詔孛羅帖木兒移兵鎭大同，以爲京師捍蔽。置大都督兵農司，仍置分司十道，專督屯種，以孛羅帖木兒領之。所在侵奪民田，不勝其擾。太不花潰散之兵數萬鈔掠山西，察罕帖木兒遣陳秉直分兵駐榆次招撫之，其首領悉送河南屯種。

同上　〔至正〕二十年春正月己丑朔，察罕帖木兒請以鞏縣改立軍州萬戸府，招民屯種，從之。

《元史》卷四六《順帝紀九》　〔至正二十一年九月〕壬申，命孛羅帖木兒於保定以東，河間以南，從便屯種。

同上　〔至正二十一年〕，京師大饑，屯田成，收糧四十萬石。賜司農丞胡秉彝尙尊、金幣，以旌其功。

〔二十二年春正月〕，仍命察罕帖木兒屯種於陝西。

同上　〔至正二十二年〕，樞密副使李士瞻上疏極言時政，凡二十條：一曰悔己過，以詔天下；二曰罷造作，以快人心；三曰御經筵，以講聖學；四曰延老成，以詢治道；五曰去姑息，以振乾剛；六曰開言路，以求得失；七曰明賞罰，以厲百司；八曰公選舉，以息奔競；九曰察近倖，以杜奸弊；十曰嚴宿衛，以備非常；十一曰省佛事，以節浮費；十二曰絕濫賞，以足國用；十三曰罷各宮屯種，俾有司經理；十四曰減常歲計置，爲諸宮用度；十五曰招集散亡，以實八衛之兵；十六曰廣給牛具，以備屯田之用；十七曰獎勵守令，以勸農務本；十八曰開誠布公，以禮待藩鎭；

十九曰分遣大將，急保山東；二十曰依唐廣寧故事，分道進取。先是薊國公脫火赤上言乞罷三宮造作，帝爲減軍匠之半，還隸宿衛，而造作如故，故士瞻疏首及之。

同上　〔至正二十三年二月〕，擴廓帖木兒自益都領兵還河南，留鎖住以兵守益都，以山東州縣立屯田萬戶府。

同上　〔至正二十五年五月〕，侯卜延答失奉威順王自雲南經蜀轉戰而出，至成州，欲之京師，李思齊俾屯田於成州。

《元史》卷四七《順帝紀十》　〔至正二十六年〕，監察御史玉倫普建言八事：一曰用賢，二曰申嚴宿衛，三曰保全臣子，四曰八衛屯田，五曰禁止奏請，六曰培養人才，七曰罪人不孥，八曰重惜名爵。帝嘉納之。

《明史》卷一《太祖紀一》　〔至正〕十八年春二月乙亥，以康茂才爲營田使。

同上　二十三年春正月丙寅，遣汪河報之。二月壬申，命將士屯田積穀。

《明史》卷二《太祖紀二》　〔洪武三年六月〕辛巳，徙蘇州、松江、嘉興、湖州、杭州民無業者田臨濠，給資糧牛種，復三年。

同上　〔洪武四年三月〕乙巳，徙山後民萬七千戶屯北平。

〔洪武四年六月〕，徙山後民三萬五千戶於內地，又徙沙漠遺民三萬二千戶屯田北平。

同上　〔洪武〕七年春正月甲戌，都督僉事王簡、王誠，平章李伯昇，屯田河南、山東、北平。

同上　〔洪武八年〕二月甲午，宥雜犯死罪以下及官犯私罪者，謫鳳陽輸作屯種贖罪。

〔十一月〕戊子，徙山西及眞定民無產者田鳳陽。

同上　〔洪武十三年五月〕丙申，釋在京及臨濠屯田輸作者。

九月辛卯，景川侯曹震、營陽侯楊璟、永城侯薛顯屯田北平。【略】是月，詔陝西衛軍以三分之二屯田。

《明史》卷三《太祖紀三》　〔洪武十五年八月〕己丑，延安侯唐勝宗、長興侯耿炳文屯田陝西。

〔洪武十九年〕九月庚申，屯田雲南。

〔洪武二十年〕十一月壬午，普定侯陳桓、靖寧侯葉昇屯田定邊、姚安、畢節諸衛。

同上　〔洪武二十一年〕八月癸丑，徙澤、潞民無業者墾河南、北田，賜鈔備農具，復三年。

〔洪武二十三年〕夏四月己亥，徙江南民田淮南，賜鈔備農具，復三年。

同上　〔洪武二十三年正月〕，唐勝宗督貴州各衛屯田。

〔洪武二十五年〕庚辰，詔天下衛所軍以十之七屯田。三月癸未，馮勝等十四人分理陝西、山西、河南諸衛軍務。

〔洪武二十五八月〕丁卯，馮勝、傅友德帥開國公常昇等分行山西，籍民爲軍，屯田於大同、東勝，立十六衛。

同上　〔洪武二十八年正月〕，周王橚、晉王棡率河南、山西諸衛軍出塞，築城屯田。

同上　〔洪武三十年正月〕己巳，左都督楊文屯田遼東。

《明史》卷六《成祖紀二》　〔永樂九年九月〕壬午，命屯田軍以公事妨農務者，免徵子粒，著爲令。

《明史》卷七《成祖紀三》　〔永樂十九年五月〕庚寅，令交阯屯田。

《明史》卷八《仁宗紀》　〔永樂二十二年十一月〕辛卯，禁所司擅役屯田軍士。

《明史》卷九《宣宗紀》　〔宣德六年〕二月丁酉，侍郎羅汝敬督陝西屯田。夏四月己酉，侍郎柴車經理山西屯田。

〔十二月〕庚戌，遣御史巡視寧夏甘州屯田水利。

《明史》卷一〇《英宗前紀》　正統元年春正月【略】。庚寅，發禁軍三萬人屯田畿輔。

《明史》卷一一《景帝紀》　〔景泰二年六月〕己卯，詔貴州各衛修舉屯田。

《明史》卷一三《憲宗紀》　〔成化六年三月〕壬寅，詔延綏屯田。

《明史》卷一五《孝宗紀》　〔弘治十四年秋七月〕庚午，分遣給事中、御史清理屯田。

《明史卷》卷一六《武宗紀》　〔正德四年〕秋八月辛酉，遣使覈各邊屯田。

〔正德九年〕夏四月丁酉，復寧王護衛，予屯田。

《明實録・太祖實録》卷四　〔丙申年七月〕，置營田司。

《明實録・太祖實録》卷六　［戊戌年二月］乙亥，以吴禎爲天興翼副元帥，使與其兄良守江陰。時江陰守兵不滿五千而其地與張士誠接境，良兄弟訓練士卒，嚴爲警備，屯田以給軍餉，敵不敢犯，民甚賴之。【略】陞領軍舍人朱文忠爲帳前總制親軍都指揮使司左副都指揮兼領元帥府事，遷元帥康茂才爲營田使兼帳前總制親軍左副都指揮。上諭茂才曰：比因兵亂，隄防頹圮，民廢耕耨，故設營田司，以修築隄防，專掌水利。今軍務實殷，用度爲急，理財之道莫先於農。春作方興，慮旱潦不時，有妨農事，故命爾此職，分巡各處，俾高無患乾，卑不病澇，務在蓄洩得宜。大抵設官爲民非以病民，若但使有司增飾館舍，迎送奔走，所至紛擾，無益於民而反害之，非付任之意。

《明實録・太祖實録》卷一二　［癸卯年］二月壬申朔，申明將士屯田之令。初上命諸將分軍於龍江等處屯田，至是康茂才屯積充牣，他將皆不及，乃下令申諭將士曰：興國之本在於强兵足食。昔漢武以屯田定西戎，魏武以務農足軍食，定伯興王，莫不由此。自兵興以來，民無寧居，連年饑饉，田地荒蕪，若兵食盡資于民則民力重困，故令爾將士屯田，且耕且戰，今各處大小將帥已有分定城鎮，然隨處地利未能盡墾，數年以來未見功緒。惟康茂才所屯得穀一萬五千餘石，以給軍餉，尚餘七千石，以此較彼，地力均而入有多寡。其故何哉。蓋人力有勤惰故耳，自今諸將宜督軍士及時開墾，以收地利，庶幾兵食充足，國有所賴。

《明實録・太祖實録》卷一七　［乙巳年］秋七月丁巳朔，命降將元僉院張德山歸襄陽招徠未附山寨。諭之曰：自古豪傑識察於未形，故夏將亡而終古先奔於商，殷將亡而向藝先歸於周，不待其迹之着見，待其迹之着見而後來歸者，此常人，非豪傑也。汝能審存亡之幾，推誠歸我，實有可嘉。汝之才如美箭利鏃，必求善射者用之，庶不枉其才，若付之於不善射者，豈不重可惜哉。今令爾歸襄陽招徠未附，當曉以大義，告以成敗之由。若彼不審其幾，而恃險以爲固，終非自全之計。爾往諭之，俾知所以圖存，能全衆而來，功亦不細矣。因厚賜而遣之。又賜鄧愈書曰：予命爾戍守襄陽，法度既定，切宜謹守。已遣張德山招徠山寨，若其嘗爲兵者仍俾爲兵，舊爲民者宜歸之有司，俾安農業，軍人小校亦令屯種，且耕且戰，古有成規，可以取法。且爾所守之地隣於王保保，若汝之惠愛加於民，法度行於軍，則彼之部曲脅從者望風來歸，如脱虎口以就慈母。我之賴汝猶長城，而汝之自視當亦不輕，稍有不如敵人，不惟邊境不寧，予亦勞心矣。予之與汝，義雖君臣，恩同骨肉，所以諄諄告語者，以成事甚難，而僨事甚易。故欲汝謹法度，施惠愛，勿妄殺無罪，若有罪者亦宜詳審。古之良將以仁義爲先，勇略次之，汝能自勉，則邊境可寧，而予無外顧之憂矣。

《明實録・太祖實録》卷三二　［洪武元年六月］戊辰，征南將軍廖永忠進師至南寧，元上浪屯田千戶，宋眞執其守將平章咬住，參政那海遣使詣降，永忠悉收諸司印章，命眞守其城，送咬住等赴京師。

《明實録・太祖實録》卷四二　［洪武二年五月］，御史中丞章溢卒。溢字三益，處州龍泉人。【略】甲辰，［胡］深出師溫州，命溢守處州，供饋餉。是冬遷湖廣提刑按察司僉事，溢以荊襄多廢地，建議分兵屯田以控制北方，未及施行而胡深兵入閩，陷沒，處境復驚擾，乃陞溢爲浙東按察副使。

《明實録・太祖實録》卷五〇　［洪武三年三月］丁酉，鄭州知州蘇琦言時宜三事：其一國家肇造區宇，西北餘孽未平，關輔、平涼、北平、遼右與夷虜相接，一有警急，調兵轉粟，事難卒辦，請議屯田積粟以示久長之規。其二宜選股肱重臣，才兼文武，練達邊事，分鎮要害以統制諸番，若其來歸也，待之以誠，懷之以德；其叛也，喩之以義，示之以威，專明恩信，遠示綏懷，勿啓邊釁以疑遠人，勿連兵禍以勞中國。其沙漠非要害之處，當毁其城郭，徙其人戶於内地。其三墾田以實中原，自辛卯河南兵起，天下騷然，兼以元政衰微，將帥凌暴，十年之間耕桑之地變爲草莽，方今命將出師，廓清天下，若不設法招徠耕種以實中原，慮恐日久國用虚竭。爲今之計莫若計復業之民墾田外，其餘荒蕪土田宜責之守令召誘流移未入籍之民，官給牛種，及時播種，除官種外與之置倉，中分收受，若遇水旱災傷，踏驗優免。其守令正官召誘戶口有增，開田有成，從巡歷御史按察司申舉。若田不加闢，民不加多，則覈其罪，如此則中原漸致殷實，少蘇轉運之勞，流移之民亦得以永安田野矣。書奏。上謂中書省臣曰：屯田以守要害，此馭夷狄之長策。李牧、趙充國常用此道，故能有功。至於墾田實地亦王政之本，但喪亂以來中原之民久失其業，誠得良守令勸誘耕桑休養生息，數年之後可望其成。琦言有可採者，其參酌行之。

《明實録・太祖實録》卷五三　［洪武三年六月］，濟南府知府陳修及司農官上言：北方郡縣近城之地多荒蕪，宜召鄉民無田者墾闢，戶率十五畝，又給地二畝與之種蔬，有餘力者不限頃畝，皆免三年租稅。其馬驛巡檢司急遞鋪應役者，名於本處開墾，無牛者官給之，守禦軍屯遠者亦移近城，若王國所在近城存留五里以備練兵牧馬，餘處悉令開耕。從之。

《明實録·太祖實録》卷五三 〔洪武三年六月〕，中書省臣言：臨濠府自吳元年至洪武二年稅糧皆已蠲免，計其府夏稅麥一千二百八十三石。及安豐千戶所濠梁衛屯田當稅麥者，自今年爲始徵收如舊。上仍令勿徵，以蘇民力。

《明實録·太祖實録》卷五六 〔洪武三年九月〕，中書省臣奏太原、朔州諸處屯田宜徵其歲租，以備邊用。弗許。先是嘗命內外將校量留軍士城守，餘悉屯田。其城守兵月給米一石，屯田者減半，在邊地者月減三斗，官給農器牛種。至是省臣言太原、朔州等衛所屯田士卒官給牛種者請十稅其五，自具牛種者稅其四。上曰：邊軍勞苦，能自給足矣，猶欲取其稅乎。勿徵。

《明實録·太祖實録》卷六一 〔洪武四年二月辛未〕，命工部遣官往廣東買耕牛以給中原屯種之民。

《明實録·太祖實録》卷六六 〔洪武四年六月〕，魏國公徐達駐師北平，以沙漠既平，徙北平山後之民三萬五千八百戶，一十九萬七千二十七口散處衛府，籍爲軍者給以糧，籍爲民者給田以耕，凡已降而內徙者戶三萬四千五百六十，口一十八萬五千一百三十二，招降及捕獲者戶二千二百四十，口一萬一千八百九十五，宜興州樓子、塔厓、獅厓松垛、窨子峪、水峪、臺莊七寨戶一千三十八，口五千八百九十五，永平府夢洞山、雕窩厓、高家峪、大斧厓、石虎、青礦洞、莊家洞、楊馬山、買驢、獨厓、判官峪十一寨戶一千二百二，口六千。達又以沙漠遺民三萬二千八百六十戶屯田北平府管內之地，凡置屯二百五十四，開田一千三百四十三頃，大興縣四十九屯，五千七百四十五戶，宛平縣四十一屯，六千一百六十六戶，良鄉縣二十三屯，二千八百八十一戶，固安縣三十七屯，四千八百五十一戶，通州八屯，九百一十六戶，三河縣二十六屯，二千八百三十一戶，漷州九屯，一千一百五十五戶，武清縣一十五屯，二千三十一戶，薊州一十屯，一千九十三戶，昌平縣二十六屯，三千八百一十一戶，順義縣一十屯，一千三百七十戶。

《明實録·太祖實録》卷六九 〔洪武四年十一月〕壬申，中書省奏：河南、山東、北平、陝西、山西及直隸淮安等府屯田，凡官給牛種者請十稅五，自備者十稅三。詔且勿徵，三年後畝收租一斗。

《明實録·太祖實録》卷七四 〔洪武五年六月〕癸巳，定六部職掌，歲終考績以行黜陟。【略】工部掌天下百工屯田山澤之政，其屬有四：一曰總部，掌城垣工匠；二曰虞部，掌捕獵、窰冶、爐冶、軍需、造紙、鼓鑄；三曰水部，掌水利、水害、壩閘、橋梁、舟車；四曰屯田部，掌屯田、墾田、圩岸、廨舍、竹木、薪炭。各部設郎中、貟外郎主事分掌其事，而以尚書侍郎總其政務。

《明實録·太祖實録》卷七四 〔洪武五年六月〕，作鐵榜申誡公侯，其詞曰：【略】其六，凡功臣之家屯田佃戶、管莊幹辦、火者、奴僕及其親屬人等倚勢凌民，奪侵田產財物者，並依倚勢欺毆人民律處斷。【略】

《明實録·太祖實録》卷七五 〔洪武五年七月〕戊辰，革嫣川、宜興、興、雲四州，徙其民於北平附近州縣屯田。

《明實録·太祖實録》卷八一 〔洪武六年四月〕，太僕寺丞梁埜僊帖木兒言：黃河迤北寧夏所轄境內及四川西南至船城，東北至塔灘，相去八百里，土田膏沃，舟楫通行，宜命重將鎮之，俾招集流亡，務農屯田，什一取稅，兼行中鹽之法，可使軍民足食。從之。

《明實録·太祖實録》卷八三 〔洪武六年六月〕，定六部及諸司設官之數。部設尚書二人，侍郎二人。吏部設總部、司勳、考功三部，每部設郎中員外郎各一人，主事各二人，通十六人。戶部設一科、二科、三科、四科并總科爲五科，每科設郎中員外郎各一人，主事各四人，惟總科郎中員外郎各二人，主事五人，通三十七人。禮部設總部、祠部、膳部并主客四部，每部設郎中員外郎各一人，主事各三人，通二十人。兵部設總部、駕部并職方三部，每部設官如吏部之數。刑部設總部、比部、都官、司門四部，每部設郎中員外郎各二人，惟都官各一人，主事總部、比部各六人，都官、司門各四人，通三十四人。工部設總部、虞部、水部并屯田四部，總部郎中貟外郎各二人，餘各一人，主事總部八人，餘各四人，通三十人。

《明實録·太祖實録》卷八四 〔洪武六年八月〕辛巳，四川按察司僉事鄭思先言：重慶夔州漕運糧儲至成都水路峻險，民力甚艱，宜令衛兵於近城屯種及減鹽價令商人納米以代餽運之勞，且貴州之糧令重慶人負運，尤爲勞苦，若減鹽價則趨利者衆，軍餉自給，其開、達、巴三州之茶自漢中運至秦州，道遠難致，人力多困，若令就漢中收貯，漸次運至秦州，尤便。皆從之。

《明實録・太祖實録》卷八七 〔洪武七年正月〕，上以河南、山東、北平雖建置兵衛，偃武連年，士卒懈怠而兵餉日勞民供。顧謂都督僉事王簡、王誠、平章李伯昇曰：國家治兵以備不虞，自古賢君皆安不忘危，治不忘亂。今重兵之鎮惟在北邊，然皆坐食民之租稅，將不知教，兵不知習，猝欲用之，豈能濟事。且兵食一出於民，所謂農夫百養戰士一，若徒疲民力以供閒卒，非長策也。古人有以兵屯田者，無事則耕，有事則戰，兵得所養而民力不勞，此長治久安之道。然必委任得人，庶不廢事。今命爾簡往彰德，誠往濟寧，伯昇往眞定，統理軍政，凡鎭守、屯田、訓練之務爾皆專之。

《明實録・太祖實録》卷八七 〔洪武七年正月〕，戶部言：定遼諸衛初設屯種，兵食未遂。詔命水軍右衛指揮同知吳邁、廣洋衛指揮僉事陳權率舟師出海轉運糧儲，以備定遼邊餉。

《明實録・太祖實録》卷九四 〔洪武七年十一月〕壬午，復用鳳陽屯田官吏。先是官吏有罪者發鳳陽屯田，至是上念其已歷艱苦，必能改過，詔中書省御史臺選其年及四十之上，材堪任用者復用之。年未及者仍留屯田，若年四十以下原犯公罪及已經宥免者亦復錄用。於是取至京師者凡一百四十九人，各授職有差。

《明實録・太祖實録》卷九六 〔洪武八年正月〕，遣衛國公鄧愈、河南侯陸聚往陝西，中山侯湯和、平章李伯昇往彰德，眞定指揮馮俊、孫通、賴鎭往汝寧，李謐、耿孝、黃寧、李青、陳方庸、武興往北平、永平董兵屯田，開衛戍守。

《明實録・太祖實録》卷九六 〔洪武八年正月〕丁丑，中書省臣奏：山西大同都衛屯田二千六百四十九頃，歲收粟豆九萬九千二百四十餘石，其屯軍月糧請依陝西屯田之例月減三斗。上曰：大同苦寒，士卒艱苦，宜優之，月糧且勿減，待次年豐熟則依例減之。

《明實録・太祖實録》卷九七 〔洪武八年二月〕，勑刑官自今凡雜犯死罪者免死，輸作終身，徒流罪限年輸作，官吏受贓及雜犯私罪當罷職役者謫鳳陽屯種，民犯流罪者鳳陽輸作一年，然後屯種。上復諭刑官曰：天道好生，人情好生惡死。朕御天下夙夜靡寧，常懼刑罰失中，以乖天道，所以特降寬宥之典。凡雜犯死罪皆令輸作屯種，以全其生且冀其悔罪改過，復爲善人，爾等宜體朕此意，務求公平，使刑罰得中，下無寃抑，則不負朕委任矣。

《明實録・太祖實録》卷一〇〇 〔洪武八年八月〕夕月巳亥，勑太師韓國公李善長、永嘉侯朱亮祖、南安侯俞通源撫諭諸屯，勸督農事。

《明實録・太祖實録》卷一〇一 〔洪武八年九月〕甲申，召中山侯湯和、吉安侯陸亨還京。先是和承制往河南彰德督士卒屯田，亨往山西大同蔚、朔諸州脩飭邊備，至是俱召還。

《明實録・太祖實録》卷一〇三 〔洪武九年正月〕，起鳳陽屯田官吏梅珪等五百十八人赴京。先是官吏獲罪者上恐法司推讞未精，或其人因公詿誤，法雖難宥，情有可矜者，悉謫鳳陽渠象屯屯田，俾歷艱難，省躬悔過。至是特取珪等至京，命中書省量才用之。

《明實録・太祖實録》卷一一〇 〔洪武九年十一月〕戊子，徙山西及眞定民無產業者於鳳陽屯田，遣人賫冬衣給之。

《明實録・太祖實録》卷一一五 〔洪武十年九月〕，陝西都指揮使司言：莊浪衛舊軍四千，後復增新軍四千，地狹人衆，難於屯駐，乞將新軍一千人往碾北守禦，一千人於西寧脩城，暇則俱令屯種，止以舊軍守禦莊浪。詔從之。

《明實録・太祖實録》卷一一八 〔洪武十一年四月〕，籍鳳陽屯田夫爲軍。先是徙浙西民戶無田糧者屯田鳳陽，至是籍爲軍，發補黃州衛。【略】慶陽靈州屯田百戶山舟等叛，陝西都指揮使葉昇領兵討捕之，斬山舟等，俘其衆二千六百五十人，獲馬百匹，牛駝四百餘頭。

《明實録・太祖實録》卷一一九 〔洪武十一年七月〕丁酉，命禁謫戍人不得上封事。時官吏軍民犯法謫戍邊及輸作屯種者多上封事，以希進用，考其言皆虛誕無實，故命禁止，俱不得上封事，陳情建言及借用有司印信。違者皆坐重罪。

《明實録・太祖實録》卷一二六 〔洪武十二年八月〕，改蘄州守禦千戶所爲蘄州衛指揮使司，以無糧民丁屯田鳳陽者爲軍以實之。

《明實録・太祖實録》卷一三〇 〔洪武十三年三月〕戊申，定六部官制。凡設官吏五百四十八人，官一百五人，【略】工部尚書侍郎各一人，總掌天下百工、屯田、虞衡、川澤之政令。其屬有四部焉，曰總部，掌天下經營興造之衆務，凡城池之脩濬、土木之繕葺、工匠之多寡，程式之經度及工匠口給賞勞之屬。郎中、員外郎各一人，主事二人，都吏一人，令史五人，典吏十人。曰屯部，掌天下屯田之事，凡軍馬守鎮之處，其有轉運不給，則設屯以益軍儲，其規辦營造、木植、城磚石灰、戰衣、耕牛及軍營、官屋之屬。郎中、員外郎各一人，主事二人，都吏一人，令史六人，典吏十二人。

同上 ［洪武十三年三月］，命湖廣崇山衛指揮僉事楊仲名督將士屯田。

《明實録·太祖實録》卷一三一 ［洪武十三年五月］，都督僉事王簡卒。賜葬鍾山，追封霍山侯，仍命子虎爲昭武將軍，留守右衛指揮使。誥曰：人臣能宣忠效力，佐興洪業者，生膺職任之重，歿有褒贈之榮，所以示報功之典也。咨爾奉國將軍大都督府都督僉事王簡，當朕起義之初勤事左右，從渡大江，招降決戰，不憚勞苦。及進陞帥職，屢立奇勳，繼隨大將征討四方，勇略兼人，功績尤著。天下既定，遂命僉職都府，調鳳陽，往彰德練兵屯田，咸稱厥任。朕念開拓之功，以爾年邁，俾食全祿，優老於家，何期嬰疾，遽然長逝。朕甚憫焉。今加贈開國輔運推誠宣力武臣，榮祿大夫，中軍都督府同知，追封霍山侯，謚忠毅，以報爾於冥冥。於戲。盡忠爲國，臣職之當爲，崇德報功，朝廷之令典。爾雖永逝，威烈猶聞，且爵正侯封，子襲衛職，存歿有榮，可無憾矣。爾其有知，服兹寵命。簡，壽州人也。

同上 ［洪武十三年五月］丙申，詔釋在京及臨濠屯田輸作者。

同上 ［洪武十三年五月］乙巳，監察御史章良等言：近者詔告天下，十惡之外罪無大小咸赦除之，而屯田役作者未蒙赦宥。是仁恩有所未徧也。願釋令還鄉，使均霑聖澤，則天下幸甚。上曰：此奉行者之失也，自十惡外罪無大小皆赦之，何獨屯田役作者不釋，亟命放遣之。

《明實録·太祖實録》卷一三三 ［洪武十三年八月］戊寅，詔罷松州衛指揮使司。時上以松州衛遠在山谷，軍士屯種不足以給，而勞民餽餉，故命罷之。未幾指揮耿忠經畧其地，奏言松州爲番蜀要害之處，軍衛不可罷。命仍復置衛。

同上 ［洪武十三年九月］辛卯，詔景川侯曹震、管陽侯楊璟、永城侯薛顯赴北平督兵屯田。

同上 ［洪武十三年九月］，詔陝西諸衛軍士留三分之一守禦城池，餘皆屯田給食，以省轉輸。

《明實録·太祖實録》卷一四〇 ［洪武十四年十二月乙卯］，置莊浪、西寧馬驛四。莊浪衛二，曰在城、曰大通河；西寧衛二，曰在城、曰老鴉城。每驛給以河州茶馬司所市馬十匹，以兵士十一人牧之，就屯田焉。

《明實録·太祖實録》卷一四五 ［洪武十五年五月］，士卒饋運渡海有溺死者。上聞之，命羣臣議屯田之法。諭之曰：昔遼左之地在元爲富庶，至朕即位之二年元臣來歸，因時任之，其時有勸復立遼陽行省者，朕以其地早寒，土曠人稀，不欲建置勞民，但立衛以兵戍之，其糧餉歲輸海上。每聞一夫有航海之行，家人懷訣別之意，然事非獲已，憂在朕心，至其復命，士卒無虞，心乃釋然。近聞有溺死者，朕終夕不寐。爾等其議屯田之法以圖長久之利。

《明實録·太祖實録》卷一四七 ［洪武十五年八月］，詔遣延安侯唐勝宗、長興侯耿炳文巡視陝西城池，督軍屯田。

同上 ［洪武十五年八月］，故元遺民一百四十八人自黄城即該來歸，詔給以衣糧，俾屯田於析木城。

《明實録·太祖實録》卷一四八 ［洪武十五年九月］，遷廣東番禺、東莞、增城降民二萬四千四百餘人於泗州屯田。

《明實録·太祖實録》卷一五〇 ［洪武十五年十二月］辛卯，上諭都督府臣曰：北平大水傷稼，屯田士卒不能自養，宜即命都指揮使司月給米賑之，勿令士卒有飢色也。

《明實録·太祖實録》卷一五六 ［洪武十六年九月己未］，廣東清遠縣猺賊作亂，都指揮使王臻率兵討之，降賊衆一千三百七人，送京師。命給衣糧，發泗州屯田。惟賊首麥至清遁入矮嶺大羅山，臻復以兵捕之。

《明實録·太祖實録》卷一六三 ［洪武十七年七月］，命北平降卒已編入京衛者悉放爲民屯田。

《明實録·太祖實録》卷一七一 ［洪武十八年二月］甲辰，上以當春久雨，陰晦不解，間雪雹而雷，雖時氣不和，亦人事有以致之，乃諭中外百司，凡軍民利病，政事得失，條陳以進，下至編民卒伍，苟有所見皆得盡言無諱。國子監祭酒宋訥獻守邊策曰：今海内既安，蠻夷奉貢，惟沙漠胡虜未遵聲教，若置之不治則恐歲久醜類爲患邊圉，若欲窮追遠擊又恐六師往返萬里，餽運艱難，士馬疲勞。陛下欲爲聖子神孫萬世之計，要不過謹備邊之策耳。備邊固在乎屯兵，實兵又在乎屯田，屯田之制必當法漢。本始中匈奴帥十餘萬騎而南欲爲冦，漢將趙充國乃將四萬騎分屯緣邊九郡，單于聞之引去。夫以四萬騎分屯九郡而充國統制其間，則當時之籌畫區分槩可想見。我朝諸將中勇智謀畧豈無如充國者哉。陛下宜選其有智謀勇畧者數人，每將以東西五百里爲制，隨其高下立法分屯，所領衛兵以充國兵數斟酌損益，率五百里屯一將，布列緣邊之地，遠近相望，首尾相應，耕作以時，訓練有法，遇敵則戰，冦去則耕。此長久安邊之策也。又何必勞師萬里，求僥倖之功，以取無用之地哉。

同上 〔洪武十八年二月〕，行人許穆言：松州土地磽瘠，不宜屯種，戍卒三千糧餉不給，雖嘗以鹽糧益之，而棧道險遠，軍之甚艱，請移戍茂州，俾屯田於附近之地，則不勞餽運而自可以制羌人。上覽奏曰：松州衛吾嘗欲罷之，以其控制西番要地不可動也。軍士糧餉，其令旁近州縣運給之。

《明實録·太祖實録》卷一七三 〔洪武十八年三月〕，思州諸洞蠻作亂，命信國公湯和爲征虜將軍，江夏侯周德興爲之副，帥師從楚王楨討之。時蠻冦出沒不常，聞王師至輒竄匿山谷，退則復出剽掠。和等師抵其地，恐蠻人驚潰，乃於諸洞分屯立栅，與蠻民雜耕，使不復疑，久之，以計擒其渠魁，餘黨悉潰。師遠，留兵鎮之。

同上 〔洪武十八年五月〕，以沔陽衛指揮僉事潘進爲雲南右衛指揮同知。進和州人，有勇力，頗知讀書。初從元將陳埜先爲勇士，及上渡江來附，用爲花鎗先鋒，累功至廣西衛千戶。十一年擢沔陽衛指揮僉事。傅友德征雲南，進領兵屯七星關。未幾命署雲南後衛，復改右衛，至是陞同知。雲南夷人叛服不常，軍儲不給，進能謹屯田，繕甲兵，嚴守備，由是軍不乏食，事無廢弛焉。

《明實録·太祖實録》卷一七六 〔洪武十八年十一月〕乙巳，以給事中秦昇爲戶部試侍郎，進士徐諒試戶部度支員外郎，高起試工部屯部員外郎，彭慶試工部總部郎中，聶震試戶部總部員外郎，姚復試工部屯部郎中。

《明實録·太祖實録》卷一七九 〔洪武十九年九月〕庚申，西平侯沐英奏：雲南土地甚廣，而荒蕪居多，宜置屯令軍士開耕以備儲偫。上諭戶部臣曰：屯田之政可以紓民力，足兵食，邊防之計莫善於此。趙充國始屯金城而儲蓄充實，漢享其利，後之有天下者亦莫能廢。英之是謀可謂盡心，有志古人，宜如所言。然邊地久荒，榛莽蔽翳，用力實難，宜緩其歲輸之粟，使

彼樂於耕作，數年之後徵之可也。遂召征南將軍潁國公傅友德還京。

同上 〔洪武十九年十一月〕乙巳，湖廣都指揮使司奏請運施州崇山、大庸、五開、黄平、平越等衛軍食。上覽奏，顧謂戶部臣曰：崇山、大庸屯種歲久，何得乏食。數年來軍中無尺寸之功，但知需食有司，而不恤吾民供給之困。惟施州從其請。五開等衛亦令軍士屯田自食。

《明實録·太祖實録》卷一八二 〔洪武二十年六月〕甲辰，徙福建海洋孤山斷嶼之民居沿海新城，官給田耕種，從左參議王鈍請也。

《明實録·太祖實録》卷一八三 〔洪武二十年七月〕命左軍都督府自山海衛至遼東置馬驛一十四，驛各給官馬三十匹，以贖罪囚徒爲驛夫，驛百二十人，仍令田其旁近地以自給。

《明實録·太祖實録》卷一八四 〔洪武二十年八月〕，詔景川侯曹震及四川都指揮使司選精兵二萬五千人，給軍器農具，即雲南品甸之地屯種，以俟征討。復命雲南楚雄府開種鹽糧。先是商人輸米雲南，楚雄、曲靖諸府給以淮浙川鹽，未久而罷，令戍卒屯田以自給，至是仍畜於用。戶部請復行中鹽法。從之。

《明實録·太祖實録》卷一八五 〔洪武二十年九月〕乙酉，陝西都司言：西安府臨潼等縣屯卒所輸稅糧多於民賦，而又與民均科雜役，未免煩困。上是其言，命自今屯卒率五丁選一編成隊伍，以時屯種，稅糧與民田等雜徭復之，冬月則練習武藝。

同上 〔洪武二十年九月〕，詔定屯卒種田五百畝者歲納糧五十石。

《明實録·太祖實録》卷一八七 〔洪武二十年十一月〕壬午，命普定侯陳桓、靖寧侯葉昇往雲南總制諸軍，於定邊、姚安等處立營屯種，以俟農隙征進，既而又命桓等領兵屯田於畢節等衛。

同上 〔洪武二十年十二月〕丁巳，遣前城門郎石璧往雲南諭西平侯沐英等自永寧至大理每六十里設一堡，置軍屯田，兼令往來遞送，以代驛傳。於是自曲靖火忽都至雲南前衛易龍設堡五，自易龍至雲南右衛黑林子設堡三，自黑林子至楚雄祿豊設堡四，自祿豊至洱海衛普淜設堡七，自普淜至大理趙州設堡二，自趙州至德勝関設堡二，人稱便焉。

《明實録·太祖實録》卷一八八 〔洪武二十一年二月〕，詔五軍都督府都督蕭用、王庸等令天下各都司衛所馬步軍士各分爲十班，自今年八月爲

始，輪次赴京校試武藝，指揮、千百戶年深慣戰及屯田者免試。

同上 〔洪武二十一年一月〕，普定侯陳桓、靖寧侯葉昇等奏報祿肇堡成。先是上勅桓、昇曰： 往者命李煥、李隆帥畢節等衛戍卒扼芒部道路，悉聽卿等調遣，務屯戍得宜，相機而動，若糧餉不繼，可於祿肇芒部取給，仍防烏撒、霑益出沒之地。當時遣人偵候之後，又遣人諭桓等曰： 初命卿等往雲南，爲彼芻粟不繼，故俾於祿肇權駐。近得報知，已於麻哈之地屯軍，彼處糧餉艱難尤甚，然種已入土不可輕動，若有警急即遣人馳報雲南西平侯沐英。候秋收畢乃徙，至是桓等奏報去年冬已率師至祿肇堡。

《明實録・太祖實録》卷一九○ 〔洪武二十一年四月〕丁巳，湖廣五開至靖州置驛十二，驛夫以刑(徒)〔徒〕充之，仍令屯田自給。

同上 〔洪武二十一年四月〕癸亥，遣使諭西平侯沐英曰： 近得報知，已破百夷，思倫發遁去，可移軍漸逼景東，然夷性頑獷，苟未引咎乞降，必再入寇。定邊去滇池，遲行則用旬月，速行又難與戰，欲圖萬全，須隨地屯田，堅壁固壘，與之相持，以俟大軍四集，然後進伐。前此之勝徵指揮吴良堅守小寨，亦幾受侮，汝慎勿輕之，務在持重，相機決勝，覆其巢穴，乃爲善爾。若其納欵請罷兵，可諭以大義，令償我所費金幷進馬萬五千匹，景東累喪軍士，令貢象五百，牛三萬，象奴三百人。彼果順命，如數入貢，即許之。

同上 〔洪武二十一年四月癸酉〕，普定侯陳桓率師駐畢節。初詔桓等自永寧抵畢節，度地里遠近夾道樹柵爲營，每營軍二萬，刊其道傍林莽有水田處分布耕種，爲久遠之計，且與西平侯沐英相爲聲援。至是桓等師至畢節。

《明實録・太祖實録》卷一九一 〔洪武二十一年六月〕乙巳，西平侯沐英上雲南前衛指揮張因功狀，因言便宜事。先是上遣舍人潘旺諭西平侯沐英曰： 近命普定侯陳桓領步騎二十餘萬爲爾聲援，如欲增兵當遣後繼，桓未及至，英恐後時失机，乃令其子春先往赤水河觀軍實，而遣人來奏曰： 百夷負固恃險，亦由雲南内地之人互相扇誘，今欲大舉殲滅之，若於數十萬兵中精選十萬，往取景東及遠幹、威遠等地，賊聞之必率衆來援，因逆擊之，其勢必克，但巢穴未傾，須用再舉。今東川、越州、羅雄、把哲諸夷悍驁未服，必須併力勦捕，一以資給糧餉，一以警懾餘衆，使賊聞之，姦計自沮，仍於寬衍之地爲來歲屯田之計，内地既定，續議大舉可也。東川一部稍爲強盛，今罪狀已露，尚恃姦勇，必用進兵，庶可宣揚威德。上然之，仍命賞張因之功。

同上 〔洪武二十一年七月〕丙子，勅廣西都指揮使司凡百夷戰象之夫悉放還，其馴象衛軍士令於南寧屯種，見獲之象則令占城象奴送至京。先是置馴象衛使專捕象，及西平侯沐英破百夷，獲其人亦送本衛役之。至是始罷遣。

《明實録・太祖實録》卷一九三 〔洪武二十一年八月戊申〕，置遼東義州衛指揮使司。初大軍討納哈出，詔指揮同知何浩等統金、復、蓋三衛軍馬往遼河西十三山屯種守禦，至是始置衛及五千戶所。

同上 〔洪武二十一年九月〕丁丑，勅五軍都督府臣曰： 養兵而不病於農者莫若屯田。今海宇寧謐，邊境無虞，若但使兵坐食於農，農必受弊，非長治久安之術。其令天下衛所督兵屯種，庶幾兵農兼務，國用以舒。古之良將若趙充國輩皆以此策勛當時，垂名後世。其藩鎮諸將務在程督，使之盡力於耕作，以足軍儲，則可以繼美於古人矣。爾都督府其申諭之。

《明實録・太祖實録》卷一九四 〔洪武二十一年十月〕，命五軍都督府更定屯田法。凡衛所係衝要都會及王府護衛軍士以十之五屯田，餘衛所以五之四。

《明實録・太祖實録》卷一九五 〔洪武二十二年正月〕戊戌，故元國公老撒率其部屬入朝，言知院捏怯來等願於大寧等處居住屯種。上遣使安慰之，命於口溫、全寧、應昌隨便居止，且諭以立衛以捏怯來爲指揮使，其餘部屬將校命捏怯來具數來聞，悉授以職。

同上 〔洪武二十二年二月〕癸卯，陞刑部右侍郎趙勉試兵部左侍郎，沈溍俱爲本部尚書，署吏部事，給事中侯庸爲吏部右侍郎，試禮部右侍郎張衡、刑部右侍郎邵永善俱爲本部左侍郎。勉，荆之夷陵人，由國子監生與溍、庸、衡俱登乙丑進士第。勉歷事工部，除審刑司試左詳議，十九年試大理寺左寺丞，陞大理寺卿，二十一年陞刑部右侍郎。溍字尚賢，杭之錢塘人。初授工部屯田主事，勤於庶務，以明敏稱。擢兵部左侍郎。庸，山東平度州人，衡，江西吉安人，俱有材幹，至是皆擢用之。

同上 〔洪武二十二年二月〕己未，詔涼國公藍玉往四川修理城池，整練軍馬，都司以下屬衛官軍悉聽節制。又詔起信國公湯和與夏江侯周德興節制鳳陽留守司幷屬衛軍士，每月三次訓練之，唯屯田者不與。

同上　［洪武二十二年三月］丁丑，故元知院捏怯來遣人奏請糧食。先是上已詔今上於松亭關或大寧擇順便處撥糧給之，及答兒麻失里使還，言運糧四千石已至黄扉站，於是命戶部檄報捏怯來，令備車輛至大寧運去，俟明年屯種秋成則止。其將校軍士家屬有缺衣者具數來聞，以布帛給之。

《明實録・太祖實録》卷一九六　洪武二十二年夏四月己亥朔，命杭、湖、溫、台、蘇、松諸郡民無田者，許令往淮河迤南滁、和等處就耕，官給鈔戶三十錠，使備農具，免其賦役三年。上諭戶部尚書楊靖曰：朕思兩浙民衆地狹，故務本者少而事末者多，苟遇歲歉，民即不給。其移無田者於有田處就耕，庶田不荒蕪，民無遊食。靖對曰：去年陛下念澤潞百姓衣食不足，令往彰德、眞定就耕，今歲豐足，民受其利。上曰：國家欲使百姓衣食足給，不過因其利而利之，然在處置得宜，毋使有司侵擾之也。

《明實録・太祖實録》卷一九七　［洪武二十二年九月］甲戌，山西沁州民張從整等一百一十六戶告願應募屯田，戶部以聞，命賞從整等鈔錠，送後軍都督僉事徐禮分田給之，仍令回沁州召募居民。時上以山西地狹民稠，下令許其民分丁於北平、山東、河南曠土耕種，故從整等來應募也。

《明實録・太祖實録》卷一九八　［洪武二十二年十一月乙亥］，命通政使司經歷楊大用使百夷。初百夷思倫發寇摩沙勒及定邊，西平侯沐英率兵討之，思倫發凡再拒戰皆敗，乃遣其把事招綱等至雲南，言往者叛逆之謀實非己出，由其下刀廝郎、刀廝養所爲，乞貸其罪，願輸貢賦。雲南守臣以聞。上乃遣大用賫勑往諭思倫發曰：麓川僻居西南，遠在萬里，非中國所圖也。豈特麓川爲然，若雲南之地道路險遠，其民仰巢顚崖，俯飲川澗，獸形夷面，俗無倫理。曩因故元遺孽梁王不順天道，擅生釁隙，誘我邊郵，藏匿有罪，誑惑愚民以倡亂，延及良民，故地雖荒遐，人雖化外，不可以不征。遂命征南將軍傅友德等帥甲士三十萬往問其罪。於是雲南悉平，獨爾思倫發復效尤梁王，納我逋逃，又數年矣。金齒、景東之役皆爾所致。朕謂爾欲圖人民，廣土地，與中國較勝負，故敢數生釁隙，繼命諸驍將率師屯營，且耕且守。今爾來訴往者犯邊之罪，不由於己，皆刀廝郎等所爲，未審其果然否。爾雖聲言歸誠，於心實懷不軌，果若此，何以釋我諸將之憤乎。如欲釋憤，當躬修臣禮，悉償前日用兵之費，則麓川無問罪之師，土酋各保世祿。不然則旌麾所向，醜類爲空。大用既至麓州，思倫發聽命，遂以象、馬、白金、方物入貢謝罪。大用復令思倫發追獲雲南逃去叛賊自處等二人，把事刀廝郎等一百三十七人，百夷遂平。

《明實録・太祖實録》卷一九八　［洪武二十二年十二月］，詔免四川重慶府瀘州民夫所運軍糧。初以畢節衛糧餉不足，命四川趲運以給之。繼令本衛開屯耕種，足以自給，故有是命。

《明實録・太祖實録》卷一九九　［洪武二十三年正月］辛未，命長興侯耿炳文往陝西訓練軍馬，調遣征戍，仍令布政使司預備西涼、甘肅農具種子，以給軍士屯種。

《明實録・太祖實録》卷二〇一　［洪武二十三年四月］辛酉，置木蜜關守禦千戶所於尋甸。軍民府之甸頭易龍驛，又設置屯所於甸頭里、果馬里，聯落耕種，以爲邊備。

《明實録・太祖實録》卷二〇二　［洪武二十三年五月］戊申，置宜良千戶所。宜良去雲南布政司百里。西平侯沐英遣千戶許文、吳善等領兵鎮守，文等乃築城堡，控制諸蠻，屯田以給軍餉，民皆悅服輸賦。

同上　［洪武二十三年六月］，給雲南諸衛屯牛。先是延安侯唐勝宗等往雲南訓練軍士，置平溪、淸浪、鎭遠、偏橋、興龍、淸平、新添、隆里、威淸、平壩、安莊、安南、平夷十三衛屯守，而耕牛不給。勝宗請以沅州及思州宣慰司鎭遠、平越等衛官牛六千八百七十餘頭分給屯田諸軍。至是詔給與之。

同上　［洪武二十三年六月］，詔禮部製公侯伯屯戍百戶印及勑賜鐵冊。先是上以公侯伯於國有大勳勞，人賜卒百十有二人，爲從者曰奴軍。至是以公侯年老，賜其還鄉，設百戶一人統率其軍，以衛護之，給屯戍之印，俾其自耕食。復賜鐵冊曰：曩者朕與羣雄並驅，於諸將中拔其出羣者爲帥首，以統諸軍。當是時發號施令，所至摧堅撫順，敢有以五十步咲百步者斬。是令既行，三軍莫敢逡巡，間有違者法必不貸。自渡江以來平定天下，今三十有餘年，念諸將老矣。令其衣錦還鄉，特命爾等爲百夫長，各率兵百十有二人以衛護其家，俟其壽考，子孫承襲則兵皆入衛，罷其屯戍。爾尚欽哉。於是魏國、開國、曹國、宋國、信國、潁國、涼國諸公，西平、江夏、長興、江陰、東平、宣寧、安慶、安陸、鳳翔、靖寧、會寧、懷遠、景川、崇山、普定、鶴慶、東川、武定、瀋陽、航海、全寧、西涼、定遠、永平諸侯皆給以兵，時號鐵冊軍。

《明實録・太祖實録》卷二〇三　［洪武二十三年七月］甲午，以指揮僉事藏卜所領故元時部屬荅失里伯帖木兒、阿力從等爲千戶鎭撫，俾居沙州，與漢軍相參屯田，賜藏卜白金二佰兩，鈔九十錠，文綺帛各六匹，綺羅衣各一襲，其荅失里伯帖木兒以下二十五人各賜金幣衣服有差。

《明實録・太祖實録》卷二〇七 ［洪武二十四年二月］己未，遣陝西西安右衛及華陽諸衛官軍八千餘人往甘肅屯田，官給農器、穀種。

《明實録・太祖實録》卷二〇八 ［洪武二十四年三月］辛丑，置錦衣衛所，屬馴象屯田馬軍左右千戶所。

同上 ［洪武二十四年三月］己未，上謂後軍都督僉事沐春曰：曩者胡虜近塞，兵衛未立，所以設兵守關。今虜人遠遁，塞外清寧，已置大寧都司及廣寧諸衛足以守邊。其守關士卒上命撤之，而山海等處猶循故事，其七站軍士雖名守關，實廢屯田養馬，自今一片石等關每處止存軍士十餘人，譏察逋逃，餘悉令屯田。

《明實録・太祖實録》卷二一〇 ［洪武二十四年七月］，調雲南白崖軍士屯守景東。上以景東爲雲南要害，且多腴田，故有是命。

《明實録・太祖實録》卷二一二 ［洪武二十四年九月］癸卯，置廣寧左屯、中屯二衛。先是舳艫侯朱壽督餉遼東，領新編士卒至牛莊馬頭屯守。至是於遼河西置左屯衛，錦州置中屯衛，命鐵嶺衛指揮僉事任典、俞機往左屯衛，海州衛指揮僉事陳鍾往中屯衛，分統士卒戍守。

《明實録・太祖實録》卷二一五 ［洪武二十五年正月］戊子，【略】上諭五軍都督府臣曰：天下衛所分兵屯種者咸獲稼穡之利，其令在屯軍士人樹桑棗百株，柿栗胡桃之類隨地所宜植之，亦足以備歲歉之不給，爾五府其徧行程督之。

《明實録・太祖實録》卷二一六 ［洪武二十五年二月］，四川都指揮同知徐凱言：成都六衛西蜀重鎭。其軍士宜以十之六屯田，餘皆守城，惟漢州地廣民稀，宜全發二衛軍士往彼屯種自食。從之。

同上 ［洪武二十五年二月］庚辰，戶部奏：蘇州府崇明縣濱海之田爲海潮淹沒，民無田耕種者凡二千七百戶。上命徙其民於江北屯種，官給牛糧資之。戶部尚書趙勉言：陝西臨洮、岷州、寧夏、洮州、西寧、蘭州、莊浪、河州、甘肅、山丹、永昌、涼州等衛軍士屯田每歲所收穀種外餘糧請以十之二上倉，以給士卒之城守者。上從之，因命天下衛所軍卒自今以十之七屯種，十之三城守，務盡力開墾，以足軍食。【略】兗州府曹縣主簿劉郁因事逮繫，耆民楊德等詣闕，言其廉勤愛民。上喜曰：爲政不難，得民心爲難。主簿有善政及民，故民愛之，即命復其官。因謂廷臣曰：自古人君所患者惟憂澤不下流，情不上達。今民以主簿之賢來言於朕，朕宥之仍與治其民。上下之情，無所壅蔽矣。若使治民者皆得其人，天下何憂不治乎。上以松州、茂州山路崎嶇，民間輸運艱苦，逋逃者多，命本衛軍士三分守禦，七分屯種，其王府護衛以三之二屯種，三之一扈從，以息其民轉運之勞。仍令布政司別設法儹運，且招諭逃亡，使其復業，無重擾之。

《明實録・太祖實録》卷二一八 ［洪武二十五年六月］癸丑，置建昌、蘇州二軍民指揮使司及會川軍民千戶所，調京衛及陝西兵萬五千餘人往戍之。時上以月魯帖木兒叛，故置衛鎭守，仍諭將士曰：今僰人、百夷、囉囉、摩些、西番諸部皆背棄月魯帖木兒散還鄉里，宜閲實戶數，戶以一丁編伍爲軍，令舊軍領之，與民雜居，惟有警則赴調，無事則聽其耕牧，從其爲亂者悉捕送京師，匿隱者罪之。若大軍至境，月魯帖木兒必深遁山谷，爾守禦將校能互相應援，設伏出奇生擒來獻者，賞白金千兩，以馘獻者二百五十兩。

《明實録・太祖實録》卷二一九 ［洪武二十五年七月］癸巳，巫山縣民言：南木隘驛道險隘，艱於送迎，驛馬相繼走斃，惟奉節有仙女驛古道坦夷，由仙女驛至施州地皆寬平，若加開鑿，實永久之利。上遣行人李靖往治驛道，仍相度屯田之所。於是立屯五處，曰新村中壩、曰馬口、曰石家曹、曰石軒泙、曰枝隴壩，命刑部以罪囚當罰充軍者往屯之。

《明實録・太祖實録》卷二二〇 ［洪武二十五年八月］丁卯，上以山西大同等處宜立軍衛屯田守禦，乃諭宋國公馮勝，潁國公傅友德等曰：屯田守邊，今之良法，而寓兵於農，亦古之令制。與其養兵以困民，曷若使民力耕而自衛。爾等宜往山西布政司集有司、耆老諭以朕意。乃分命開國公常昇、定遠侯王弼、全寧侯孫恪、鳳翔侯張龍、永平侯謝成、江陰侯吳高、會寧侯張溫、宣寧侯曹泰、徽先伯桑敬、都督陳俊、蔣義、李勝、馬鑑往平陽府，安慶侯仇正、懷遠侯曹興、安陸侯吳傑、西涼侯濮璵、都督孫彥、謝熊、袁洪、商暠、徐禮、劉德，指揮李茂之往太原等府，閲民戶四丁以上者籍其一爲軍，蠲其徭役，分隸各衛，赴大同等處開耕屯田。東勝立五衛，大同在城立五衛，大同迤東立六衛，衛五千六百人，仍戒其各慎乃事，毋擾於民。【略】給山西民兵十萬人鈔各三十錠令置牛屯田。

《明實録·太祖實録》卷二二一 〔洪武二十五年九月甲辰〕，置廣西遷江縣屯田千戸所。

《明實録·太祖實録》卷二二三 〔洪武二十五年十二月〕，勅宋國公馮勝、穎國公傅友德等曰：昔漢唐之禦胡虜，每秌高馬肥，知其入寇，乃設謀定策，伏兵以待之，否則必爲邊患。古今時勢雖異而禦侮防患則同。今以十萬之衆捕獵塞上，手無尺寸之兵而耕耘田畝可乎。故必伏兵甲以自防，立斥候以知警，則有備無患矣。期明年三月發京師壯勇及河南、山西鋭卒鼓行塞上。爾等立屯，既成，率數十萬衆飆馳雷擊，蒐獵虜庭，耀張威武，不亦壯哉。勅至毋違朕命。

同上 〔洪武二十五年十二月〕壬申，宋國公馮勝等籍民兵還。先是上遣勝等往太原、平陽選民丁立部伍，置衛屯田。至是還以所籍之數奏之，鳳翔侯張龍，徽先伯桑敬，籍平陸、夏縣、芮城三縣民丁爲一衛，定遠侯王弼籍臨汾、襄陵、蒲縣民丁爲一衛，宣寧侯曹泰、都督馬鑑籍洪峒、浮山二縣民丁爲一衛，會寧侯張溫，都督李勝籍曲沃、翼城、絳縣三縣民丁爲一衛，都督徐禮籍聞喜、安邑、猗氏三縣民丁爲一衛，開國公常昇籍霍州、靈石、趙城、汾西四州縣民丁爲一衛，東平侯韓勳、東莞伯何榮籍絳州及太平縣民丁爲一衛，江陰侯吳高、都督蔣義籍蒲州及稷山、萬泉、臨晉、榮河四縣民丁爲一衛，全寧侯孫恪籍隰、吉二州及石樓、永和、太寧、河津四縣民丁爲一衛，安陸侯吳傑，致仕指揮李茂之籍平遙、太谷、祈縣三縣民丁爲一衛，永平侯謝成籍汾州及汾水、孝義二縣民丁爲一衛，西涼侯濮璵籍遼、沁、平定三州及樂平、和順、榆社、武鄉、沁源五縣民丁爲一衛，安慶侯仇正、都督孫彥籍石州、岢嵐、保德三州及寧鄉、臨縣、興縣、靜樂、嵐縣、河曲、河津七縣民丁爲一衛，都督商暠、袁洪籍忻、代二州及崞縣、繁峙、五臺三縣民丁爲一衛，懷遠侯曹興籍太原、清源、徐溝、交城、介休五縣民丁爲一衛，都督劉德籍陽曲、榆次、壽陽、盂縣、定襄五縣民丁爲一衛。

同上 〔洪武二十五年閏十二月〕己卯，命戸部遣官於湖廣、江西諸郡縣買牛二萬二千三百餘頭，分給山東屯種貧民。

《明實録·太祖實録》卷二二五 〔洪武二十六年二月〕壬辰，置營州前屯衛於興州，右屯衛於建州，中屯衛於龍山縣，左屯衛於塔山北。

同上 〔洪武二十六年二月〕乙巳，命洱海衛指揮同知賴鎮守景東。時西平侯沐春奏：鎮在洱海以恩信撫下，夷民服從。而景東之地尤爲險要，乞調鎮往守之，遂命指揮程達守洱海，代鎮往景東。鎮至，廣城郭，建樓堞，置廨舍、郵驛、倉庫，又立屯堡以厚儲偫。自是軍民相安，遠夷懾服。鎮初名正孫，後賜今名。

《明實録·太祖實録》卷二二九 〔洪武二十六年七月〕己丑，罷新置湖廣古州衛，令將士屯田五開。

《明實録·太祖實録》卷二三〇 〔洪武二十六年十一月〕丁未，遣使至山西大同、蔚、朔及北平密雲、永、薊諸州郡收糴黍、麥、蕎、粟各九千石，俟明年發兵出塞，給種屯田。

《明實録·太祖實録》卷二三一 〔洪武二十七年正月〕戊申，遣官往光州等處市耕牛，給洛陽護衛屯田軍士。

同上 〔洪武二十七年正月〕，上以山西大同、蔚、朔、鴈門諸衛軍士月給糧餉，有司役民轉輸，難苦不勝，遂命各衛止留軍士千人戍守，餘悉令屯田，以息轉輸之勞。

《明實録·太祖實録》卷二三一 〔洪武二十七年二月〕丁酉，遷蘇州府崇明縣無田民五百餘戸於崑山開種荒田。時崑山縣民上言其邑田多荒蕪而賦額不蠲，故有是命。

《明實録·太祖實録》卷二三三 〔洪武二十七年六月〕戊寅，命遼東定遼等二十一衛軍士自明年俱令屯田自食，以紓海運之勞。

《明實録·太祖實録》卷二三五 〔洪武二十七年十月〕庚寅，勑天下衛所屯田將士以時耕作，毋怠其事，每歲秋後遣人上數京師。【略】賜致仕指揮姚德等四十餘人，麥三千餘石，以其督視山東屯田有成，故賜之。

《明實録·太祖實録》卷二三六 〔洪武二十八年正月〕庚戌，命戸部以耕牛一萬頭給東昌府屯田貧民。先是命遷登萊之民屯田東昌。至是又慮小民貧窶，無資市牛，故有是命。

同上 〔洪武二十八年正月〕辛亥，遣使勅周王橚發河南都指揮使司屬衛馬步官軍三萬四千餘人往塞北築城屯田。【略】甲寅，遣使勅晉王棡發山西都指揮使司屬衛馬步官軍二萬六千六百人往塞北築城屯田。

同上 〔洪武二十八年二月〕，山東布政使司言：青、兗、濟南、登、萊五府民稠地狹，東昌則地廣民稀，雖嘗遷閑民以實之，而地之荒閑者尚多，乞令五府之民五丁以上田不及一頃，十丁以上田不及二頃，十五丁田不及三頃，幷小民無田耕者皆令分丁就東昌開墾閑田，庶國無遊民，地無曠土，而民食可足也。上可其奏，命户部行之。

同上 〔洪武二十八年二月〕庚午，陝西行都司言：山丹、永昌、涼州、西寧四衛軍士之馬係臨邊征調之數，宜以官倉所儲料豆支與飼養，庶可調用。其屯田軍士之馬則於各軍歲輸數内免其十之二，以給飼之。又言：甘州五衛軍士分耕塞上，一伍之中有遠至二百里者，軍不成伍，將吏不能朝夕督視，以致軍士怠惰，所獲不足自食。繼今宜令一百户爲一屯，以便耕種。從之。西平侯沐春言：霑益、烏撒地境相鄰，連年争地不決，宜以所争地給烏撒衛官軍屯種。可之。

《明實録·太祖實録》卷二三七 〔洪武二十八年三月〕東勝左衛百户吳信坐侵暴屯卒，誅。上遣使諭守邊將士曰：昔漢將趙充國征討西羌，所用芻糧未嘗仰給朝廷，皆由其勸課撫綏有道，遂成大功，垂美千載。近緣邊列衛因中原之民艱於供給，故立屯田之法，以代民力。柰何將校不能撫綏，又重困擾之。如東勝左衛百户吳信不恤士卒，侵尅其賞賜，貪濫無厭，是致受害者稱訟。夫邊衛士卒居則望烽燧，出則禦寇盜，天氣早寒，田穀少穫，比之内地士卒勞苦加倍，而信又侵暴如此，使守邊者皆如吳信，田土何得而治，糧食何得而充，疆埸何以禦侮哉。今遣人往諭爾等，其恪遵朕言，毋如吳信爲也。

同上 〔洪武二十八年三月〕己酉，詔中軍都督府左都督劉謙、右軍都督府都督僉事陳春、後軍都督府都督僉事朱榮往彰德、衛輝、大名、廣平、順德、眞定、東昌、兖州等府勸督遷民屯田。

《明實録·太祖實録》卷二三八 〔洪武二十八年四月〕丁丑，詔增給福建新軍月糧。先是廣東諸衛新舊軍士其在内郡者，守城屯種各居其半。其沿海屯種者十之三，守城者十之七。既而福建新軍有訴月糧不給者。乃命有司增其數，俾屯種守城例如廣東。

《明實録·太祖實録》卷二三九 〔洪武二十八年六月〕丁亥，勑曹國公李景隆整飭陝西屬衛士馬。惟陝西行都司、甘州五衛及肅州、山甘、永昌、西寧、涼州諸衛從肅王理之，慶陽、寧夏、延安、綏德諸衛從慶王理之，其餘衛所除屯種外，馬步軍士悉令訓練，以俟征調。

同上 〔洪武二十八年七月〕乙未，山東布政使楊鏞奏：青、兖、登、萊、濟南五府民五丁以上及小民無田可耕者起赴東昌編籍屯種，凡一千五十一户，四千六百六十六口。

《明實録·太祖實録》卷二四〇 〔洪武二十八年八月〕辛未，遣官分詣河南、山東、湖廣諸府州縣買牛，分給山東屯種之民。

同上 〔洪武二十八年八月〕壬申，新添衛指揮使司奏軍士缺糧。詔貴州都指揮使程暹整飭附近各衛軍馬以征，方命蠻夷寨柵俾之因糧於敵，以給軍餉，候至春作方興，班師屯種。

《明實録·太祖實録》卷二四一 〔洪武二十八年九月丁巳〕置大同中左右前後五屯衛。時上以代王之國大同糧餉艱遠，復命立衛屯種，以紓轉運之勞。

《明實録·太祖實録》卷二四三 〔洪武二十八年十一月〕戊寅，後軍都督僉事朱榮言：東昌等三府屯田遷民五萬八千一百二十四户，租三百二十二萬五千九百八十餘石，綿花二百四十八萬斤。右軍都督僉事陳春言：彰德等四府屯田凡三百八十一屯，租二百三十三萬三千三百一十九石，綿花五百二萬五千五百餘斤。【略】癸未，北平都指揮使司言：燕山等十七衛，屯田凡一萬四千三百六十二人，租十萬三千四百四十餘石。

《明實録·太祖實録》卷二四四 〔洪武二十九年二月〕癸巳，岳州衛言：臨湘等縣民多荒田，請撥官軍屯種。從之。

同上 〔洪武二十九年二月〕陝西行都指揮使司都指揮僉事張豫言：今迤西所統邊衛人稠地狹，供給糧儲惟藉内地轉運。況各衛軍士多由罪謫，既有壯丁代役而老幼尚同在營蠶食。如將此輩聽於黄河以南直抵陝州以北地曠州縣寄籍屯種，每歲供給正軍，俟三年後與土著軍户一體輸租應役。若軍伍有缺，就於幼丁内選壯者補役爲便。又言：各衛軍士年七十以上幷老疾無丁可代者，若留在伍，虛費糧賞，宜令回鄉依親。其因罪謫戍守者則令罷役在營自給。所缺之伍別調補之。上並從其言，惟老疾無親可依者令送至京養贍。

《明實録·太祖實録》卷二四五 〔洪武二十九年三月〕癸酉，征虜前將軍指揮僉事胡冕等言：郴桂二州數被猺賊剽掠，其藍山等縣芭籬召募等處山谷深邃，乃賊出入之地，宜設二千戶所分兵屯守，庶田無荒閑，民獲安業。從之。遂詔冕等還師。【略】癸未，大寧衛言屯田軍士多乏農具，紅螺山舊有鐵場，宜開爐冶造具以給。上曰：遠戍勤苦，不可重勞。其令有司運農器給之。

同上 ［洪武二十九年夏四月戊子朔］，詔以姚安府境內屯田軍士撥隸雲南護衛。初雲南唯姚安多荒田，調岷府護衛軍士屯種，立爲中屯千戶所。至是仍撥隸雲南護衛。【略】［己丑］廣西布政使司言新設南丹、奉議、慶遠三衛及富川千戶所歲用軍餉二十餘萬石，有司所徵不足以給。上命俱屯田，既而奉議衛奏本衛地控蠻峒，若俱出屯種，設有緩急，卒難調用，宜以三分守城，七分屯田爲便。上不許。

同上 ［洪武二十九年四月］乙未，嘗北平都指揮使司事都督趙清言：先奉勑撥軍守禦興河懷來，彼無見儲之糧。其原操軍士今皆屯種，乏人轉輸。莫若於秋成之時，就以雲州、宣德二屯所收之粟轉運給之。況口內屯軍秋後農隙，亦可運糧，庶利邊圉。上可其奏。

同上 ［洪武］十二年，［甯正］兼領寧夏衛事。至則修築漢唐舊渠，令軍士屯田，引河水灌田數萬餘頃，兵食以足。

《明實錄·太祖實錄》卷二四六 ［洪武二十九年五月］壬戌，後軍都督府言：開平宜立五屯衛，命先置中屯衛調官軍屯守。

同上 ［洪武二十九年七月］，遣中使至桂林等府市牛給南丹、奉議等衛屯田軍士。【略】辰州麻陽縣言：荒田四十四頃六十餘畝，歲租五百七十餘石無徵。上命蠲之，以其田與沅州、平溪二衛軍士屯種。

《明實錄·太祖實錄》卷二四七 ［洪武二十九年十月］，金吾前衛軍錢伯奴言：京衛士卒有老疾無丁壯代役者。其江西、淮西諸處屯田軍士多壯勇之人，乃委置農畝不能振拔。今宜選拔更代，庶兵不缺伍，農無廢業。從之。

《明實錄·太祖實錄》卷二四九 ［洪武三十年正月］戊辰，陝西行都指揮使司都指揮使陳暉言：涼州等衛十有一屯，軍三萬三千五百餘人，屯田萬六千三百餘頃，涼州、西寧、永昌、肅州、莊浪累歲豐熟，以十之二輸官，八分給與士卒。其甘州、山丹等六衛地寒，四月雪消方可耕種，比苗始秀而霜已降，軍伍每以缺食爲病。請以涼州等衛輸官糧儲濟其不足。從之。

同上 ［洪武三十年正月］，以寧遼諸王各據沿邊草場牧放孳畜，乃圖西北沿邊地里示之。勑之曰：自東勝以西至寧夏河西、察罕腦兒，東勝以東至大同、宣府、開平，又東南至大寧，又東至遼東，又東至鴨綠江，又北去不止幾千里，而南至各衛分守地，又自鴈門關外西抵黃河，渡河至察罕腦兒，又東至紫荊關，又東至居庸關及古北口北，又東至山海衛外，凡軍民屯種田地不許牧放孳畜，其荒閑平地及山場，腹內諸王、駙馬及極邊軍民聽其牧放樵採。其在邊所封之王不許占爲己場而妨軍民。其腹內諸王、駙馬聽其東西往來，自在營駐，因而練習防胡，或有稱爲自己山場草場者論之。特示此圖吾子孫其世守之。頒爲《政要錄》。其書載文武官屬體統及僉書案牘次第，軍士月給廩餼，與宿衛之禁，屯田之政，凡十有三條。

《明實錄·太祖實錄》卷二五〇 ［洪武三十年二月］，常德府武陵縣民言：武陵等十縣自丙申兵興，人民逃散，雖或復業而土曠人稀，耕種者少，荒蕪者多，隣近江西州縣多有無田失業之人，乞勑江西量遷貧民開種，庶農盡其力，地盡其利。上悅其言，命戶部遣官於江西分丁多人民及無產業者於其地耕種。

《明實錄·太祖實錄》卷二五二 ［洪武三十年四月］乙酉，勑晉王今上備邊十事。【略】其六曰：今年屯種自東勝至開平，開平至大寧、廣寧須於五月一報禾苗長養何如，七月再報結實何如，十月又報所收子粒若干，一歲三報，不惟使朕知邊儲虛實，而屯軍亦不至懈力矣。

《明實錄·太祖實錄》卷二五三 ［洪武三十年五月］丙寅，戶部尚書郁新言：山西狹鄉無田之民募至山東東昌、高唐境內屯種給食已及三年，請從本府民地則例驗畝起科，自今年爲始徵其租稅。上曰：民貧則國不能獨富，民富則國不至獨貧。其再復一年，然後徵之。

《明實錄·太祖實錄》卷二五五 ［洪武三十年十月］戊子，上諭戶部臣曰：遼東海運連歲不絕。近聞彼處軍餉頗有贏餘，今後不須轉運，止令本處軍人屯田自給。其三十一年海運糧米可於太倉、鎮海、蘇州三衛倉收貯，仍令左軍都督府移文遼東都司知之。其沙嶺糧儲發軍護守，次第運至遼東城中海州衛倉儲之。

《明實錄·太祖實錄》卷二五七 ［洪武三十一年五月］，戶部尚書郁新言：往者山西狹鄉無田之民募至山東東昌、高唐境內屯種給食，今已三年，請如民田例徵租。上命再復其租一年。

《明實録・太宗實録》卷一二上 ［洪武三十五年九月］，命五軍都督府移文各都司，令衛所屯田如舊制，衛指揮一人，所千戶一人專提調，都指揮督察之，歲終上其所入之數，以課勤怠。

《明實録・太宗實録》卷一二下 ［洪武三十五年九月］，定武官軍士贖罪例。凡武官犯死罪情輕者奪俸三年，流罪二年，徒罪一年。杖罪當罷職者奪俸六月。當降等者三月。軍士及其戶丁雜犯死罪發北平衛所屯田。【略】命都督陳用、孫岳、陳賢移山西行都司所屬諸衛官軍於北平之地設衛移屯種，雲川衛於雄縣，玉林衛於定州，高山衛於保定府，東勝左衛於永平府，東勝右衛於遵化縣，鎮朔衛於薊州，鎮虜衛於涿州，定邊衛於通州，其天城、陽和、宣府前三衛仍復原處。

《明實録・太宗實録》卷一三 ［洪武三十五年十月］，寧夏總兵官左都督何福奏請所調馬步官軍在邊者五月一更，以息之，屯田韃軍內選驍勇者免徵其租，令操習聽調；河州多產馬，購其良者以廣邊防；把隘軍士宜給皮裘狐帽禦寒。悉從之。勑福曰：所籌邊務悉當朕意。今冬寒，正虜寇出沒之時，尤宜嚴謹邊備。回回有來市馬者聽，須立官市於城外，定其價，官與收買，爲長久之法，仍嚴出境之禁。凡諸事務悉宜愼察。【略】命兵部復設大寧、營州、典州三衛。凡各衛官軍先調遼東等處，及在京并有坐事謫戍邊者，皆令復原衛屯田。命戶部尚書王鈍馳驛往北平與新昌伯唐雲經度屯種。

《明實録・太宗實録》卷一四 ［洪武三十五年十一月］，上謂掌後軍都督府事雲陽伯陳旭等曰：東北胡虜數入邊境窺瞰虛實，或徑至剽掠。其令武安侯於千戶寨、灰嶺、慶州、神樹、西馬山、七渡河皆設烟墩候望，有警即放砲，使屯守知備。仍令新昌伯以所領軍自小興州至大興州，東接牛嶺、會州塔山、龍山諸處屯種，北勿出會州，西勿過千戶寨。【略】己丑，勑鎮守遼東左都督劉貞曰：開原騎士一千，止留三百守備，餘七百令還遼東，與金、復、海、蓋四衛騎士同操，養威畜鋭以俟，若虜輕剽深入，有可乘之機，即出奇突戰。非欲僥利，蓋欲出彼不測而摧沮之，使不敢復入，然後邊境可寧，屯田軍士得安於耕作。若無機可乘則嚴固守備，毋開邊隙。

《明實録・太宗實録》卷一五 ［洪武三十五年十二月］，戶部尚書掌北平布政司事郭資奏：北平、保定、永平三府之民初以垜集充軍隨征，有功者已在爵賞中矣。其力弱守城者病亡相繼，輒取戶丁補役，故民人衰耗，甚至戶絶，田土荒蕪。今宜令在伍者籍記其名放還耕種，俟有警急，仍復徵用，其幼小紀録者，乞削其軍籍，俾應民差。從之。時掌北平都司儀賓袁容、泰寧侯陳珪亦奏：北平軍士屯種差遣者多，守城者少，若從資言放還，實闕守備。上曰：守備不可闕，田土亦不可荒棄，然此皆良民，初以義募，於今遣還田宜也。竟從資言。

《明實録・太宗實録》卷一七 ［永樂元年二月］丙子，戶部言彰德、衛輝民牧養寧山等衛屯牛多死未償，今屯軍缺牛耕種，請督之償。上曰：民勞之蘇，宜令緩償，明年歲豐納米，屯軍缺牛者，有司市給之。

《明實録・太宗實録》卷一八 ［永樂元年三月］壬午，行都指揮使司爲大寧都指揮使司，隸後軍都督府。設保定左右中前後五衛，俱隸大寧都司。調營州左屯衛於順義，右屯衛於蘇州，中屯衛於平峪，前屯衛於香河，後屯衛於三河。衛設左、右、中、前、後五所，仍隸大寧都司。復設東勝中、前、後三千戶所於懷仁等處守禦。寧夏總兵官左都督何福奏請調河南都指揮高山領騎千五百赴寧夏聽用，陝西都指揮李智來領馬李庸提督也，屯種守寧夏，都指揮吳傑往守綏德。從之。山西行都指揮使司都指揮使房昭言大同諸衛軍士屯田者衆，守城者小，慮寇猝至無一備禦，宜各存守城軍八百。從之。賜昭鈔百錠。

同上 ［永樂元年三月］，河南裕州言本州地廣民稀，山西澤潞等州縣地狹民稠，乞於彼無田之家分丁來耕。上命戶部如所言行之。

《明實録・太宗實録》卷一九 ［永樂元年四月］乙丑，賜書楚王楨曰：別來恆用，思念世子，至知安好，良以爲慰。所奏府中欲修造，兄於賢弟豈有吝惜意。但天下初定，衆心未安，勞困未甦，兼旱蝗相仍，民苦寒餒，安養休息，方在此時。故即位之初，首詔天下不急之務悉停罷。今後宮爲建文所焚，東宮亦皆折毁而未敢興造。賢弟幸體斯意，府中宮室損壞者姑用護衛之人隨時修葺，俟民安歲豐，然後量撥軍民爲之。如此公私兩利矣，賢弟又云欲令左護衛軍屯種以贍歲用，正合成法，且見慮遠之意，宜早圖之。【略】福建都司都指揮同知楚瑛以稽緩邊儲發興州充總旗管民種田。【略】六安衛言：故事，本衛存留守城軍士不及九分之一，餘皆屯田，今存守城者十之八九，然六安地非邊塞，若守者衆，屯者少，則糧餉不給，請如舊例。從之。

《明實録·太宗實録》卷二一　永樂元年六月丁未朔，戶部致仕尚書王鈍言：軍士年六十之上老疾者既不能征操，又不能耕種，宜遣還鄉，令壯者代之，不徒以實隊伍，亦不虛費糧餉。從之，仍命還鄉者人銀鈔五錠，其自願隨營不支月糧者聽。【略】庚戌，戶部致仕尚書王鈍言三事：一，種田囚人若照籍貫分定地方則有多寡不同，難於編甲，今宜不分籍貫，於保定、眞定、順天等府所屬州縣挨程安置，先近後遠，庶幾聚樂易成，屯種有效。【略】是月，免追鳳陽五衛被擄屯牛八百八十九頭。

《明實録·太宗實録》卷二四　［永樂元年十月］壬申，命靖安侯王忠往北京安插屯田軍民整理屯種。

《明實録·太宗實録》卷二五　［永樂元年十一月］戊戌，書諭世子曰：朕念北京兵燹以來人民流亡，田地荒蕪，故法司所論有罪之人曲垂寬宥，悉發北京境內屯種，意望數年之後可以助給邊儲，省餽運之勞，且使有罪者亦得保全。今聞此輩畧不留心農事，十五爲羣，日聚城市，遊蕩逐末，爾可諭有司嚴督之，就蓁畝，毋令復蹈前過。【略】

刑科都給事中馬禎山、東道監察御史康郁等劾奏都督袁宇昔鎮雲南占據官軍屯田一千餘畝，私役軍人耕種，侵支官屯子粒，擅用軍器顏料，不法之事非止一端，已爲御史所劾，特蒙寬宥，今袁宇來朝又不謝恩，乞正其罪。上命宥之，但追其所侵物入官。

《明實録·太宗實録》卷二六　［永樂元年十二月］丁丑，詔免邊衛管屯官赴京考較。【略】工部尚書黃福奏陝西行都司所屬屯田多缺耕牛耕具，令准北京例官市牛給之，耕具於陝西布政司所屬鑄造。悉從之。

同上　［永樂元年］，天下【略】屯田子粒二千三百四十五萬七百九十九石。

《明實録·太宗實録》卷二七　［永樂二年正月］，定屯田賞罰例。凡管屯都指揮及千百戶所管軍旗各以其歲所入之數通計以爲賞罰，一歲軍士食米人十二石之外人均餘十二石者百戶賞鈔百錠，(百)千戶百一十錠，指揮百二十錠，都指揮百三十錠；　均餘十一石以下至七石之五等，每等視前各遞減賞十錠；　均餘六石者都指揮、指揮、千百戶俱無賞罰；　均餘五石者百戶罰俸一月，千戶二十日，指揮十五日，都指揮十日；　均餘四石者百戶罰俸二月，千戶一月，指揮二十日，都指揮十五日；　均餘三石者百戶罰俸三月，千戶二月，指揮一月，都指揮二十日；　均餘二石者百戶罰俸四月，千戶三月，指揮二月，都指揮一月；　均餘一石者百戶罰俸五月，千戶四月，指揮三月，都指揮二月；　均餘無者百戶罰俸六月，千戶五月，指揮四月，都指揮三月。軍士食米人十二石之內人均缺一石者百戶罰俸七月，千戶六月，指揮五月，都指揮四月；　均缺二石以上至六石之五等，每等視前各遞增罰一月。其總旗則與之管軍旗通計，均有餘糧十二石、十一石者其月糧並全支米；　均餘十石者總旗月糧支米者一石二斗，小旗一石，軍九斗；　均餘九石者總旗月糧支米者一石，小旗九斗，軍八斗；　均餘八石者總旗月糧支米九斗者小旗八斗，軍七斗；　均餘七石，總旗月糧支米者八斗，小旗七斗，軍六斗；　餘並准支以鈔，自總旗以下餘糧不及前數及食糧十二石之內有缺者其月糧則並米鈔均支如故。其軍除餘糧至十二石入倉而復有餘者聽其自用。所定賞罰直隸從巡按監察御史，在外從按察司官覈實，然後行之。上諭群臣曰：凡合衆作事必不懲勸之道，然後人皆思奮，人人皆奮，何功不成。此法行之數年必有成效，但在任之得人爾。

同上　［永樂二年正月］己未，戶部尚書郁新奏湖廣諸衛上去年屯田所入租數例當考較，然所收物不一，今宜以米爲度準之每粟、穀、糜、黍、大麥、蕎、穄各二石，稻、穀、蜀秫各二石五斗，穇、稗三石，並各準米一石，小麥、芝麻、荳並與米等。從之，令著爲令。

同上　［永樂二年正月］，戶部尚書郁新言：河南等處管屯都指揮劉英等上屯田歲收之數，臣等計之一人所耕不足自供半歲之食，皆英等怠惰，不嚴督所致，宜罪之以警衆。上以法令初行，姑宥之，遂召英等諭曰：屯田，軍國之大務，已驗之良法。爾等不留心如此，徒坐享厚祿何爲？用兵數年，今始得休閒而民已疲弊，若復役疲弊之民以贍休閒之卒，爲民者愈困，爲兵者將惰矣。蓋畜兵以衛民，豈以兵困民。汝等宜深思之，用心勤力以督下人，若今歲仍復怠惰耕獲不及，論罪如法，悔無及矣。

《明實録·太宗實録》卷二八　［永樂二年二月癸巳］，下令天都司衛所屯軍百人以上者止以百戶一人督耕，三百人以上者千戶一人，五百人以上者指揮一人，毋多曠軍職，其舍人餘丁願耕者聽。

《明實録·太宗實録》卷二九　［永樂二年三月］丙寅，撫安江西給事中朱肇言：比者工部遣人於江西買牛，令有司遞送淮安轉送北京給軍屯種，未免勞民，今江西、浙江、湖廣所屬郡縣積歲沒官牛共計五千餘頭俱在民間牧養，若停收買，以民間見養之牛轉送給軍，則官民皆便。上命工部勘寔，先以牛給本處屯軍，有餘者送北京給軍屯種。

《明實録・太宗實録》卷三〇 ［永樂二年四月甲午］，更定天下衛所屯田、守城軍士，視其地之夷險要僻以量人之屯守爲多寡，臨邊而險要者則守多於屯，在内而夷僻者則屯多於守，地雖險要而運輸難至者屯亦多於守。

《明實録・太宗實録》卷三一 ［永樂二年五月丙辰］，甘肅總兵官左都督宋晟言：甘肅鎭番衛與胡寇接境，原調莊浪千戶所軍九百備禦，今屯田之外止存五百八十，不足調用。命以鞏昌衛所帶管中左所軍益之。

《明實録・太宗實録》卷三二 ［永樂二年六月］辛卯，朝鮮國王李芳遠遣使送耕牛萬頭至遼東。先是上欲廣屯田於遼東，命禮部遣人徵牛於朝鮮，至是送至，命戶部每一牛酬絹一疋，布四疋，仍賜其王文綺表裏各百六十，勑遼東都司以牛分給屯戍。

《明實録・太宗實録》卷三三 ［永樂二年八月］，廣西慶遠府荔波縣民單眞保言縣自洪武初至今三十餘年人民安業，惟八十二洞猺民編籍，今聞朝廷加恩撫綏，咸願爲民，而無由自達，乞遣使招撫。上從之，命右軍都督府移文總兵官都督韓觀遣人撫諭，其願爲民者官量給賜賚，仍復其傜役三年。兵部臣言：屯軍年六十之上及殘疾年幼者宜令耕種自食，不拘比較賞罰之例。從之。

同上 ［永樂二年八月丙申］，勑宣府副總兵武城侯王聰、同安侯火眞及寧夏總兵官左都督何福等曰：使臣自哈密還，言鬼力赤率衆各賚三月糧，擠乳馬二匹，騸馬二匹，持斧鋸爲開山伐木之用，言與瓦剌戰罷，即旋兵南來，朕意斧鋸或爲破寨之用，又賚糧頗多，南來之言或然。其嚴兵備之，來則擊之，虜或先以數騎來誘，切勿窮追，恐墮其計。既又勑福曰：寧夏多屯所，虜卒至恐各屯先受掠，可於四五屯内擇一屯有水草者四圍浚濠廣丈五尺，深如廣之半，築土城約高二丈，開八門以便出入，旁近四五屯輜重糧草皆集於此，無警則各居本屯耕牧，有警則驅牛羊從八門入土城固守，以待援兵，則寇無所掠，此特守屯一事。朕遙計如此，其攻取戰守之策在爾深籌之。

《明實録・太宗實録》卷三六 ［永樂二年十一月］壬寅，上以各處屯田肥瘠不同，所獲亦異，(可)［考］較之法宜有差等，嘗命各都司摘差官軍給與牛具種子耕種閒田，視其歲收之數爲例考較，謂之樣田。既而山西太原左衛千戶陳淮率軍士來奏：所種樣田除足各軍歲外之用，每軍俱有餘糧二三十石。於是上命戶部詳定賞例，餘糧三十石之上者賞鈔六錠，二十五石者五錠，二十石者四錠，十五石者三錠，十四石以下不賞。其太原左衛種樣田者每軍准二十石之上例賞之，及淮等陛辭，加賜鈔六十錠，衣一襲，綵幣表裏各一，軍賜鈔五錠，絹二疋，布有二疋，衣鞋各一，仍各賜鈔二十錠爲道里費，除官收正糧及種子外餘糧悉與自用。【略】己未，設天津衛。上以直沽海運商舶往來之衝，宜設軍衛，且海口田土膏腴，命調緣海諸衛軍士屯守。

《明實録・太宗實録》卷三七 ［永樂二年］，天下【略】屯田子粒千二百七十六萬三百石有奇。

《明實録・太宗實録》卷三八 ［永樂三年正月］乙巳，享太廟。上以天下屯田積穀寧夏最多，蓋總兵官都督何福勤於用心，又以福請更定屯田賞罰爲經久之計，降勑獎諭之。

同上 ［永樂三年正月］壬子，諭天下武臣曰：國家置武禦以衛侮衛民，不以治而亡備，爾等或鎭藩方，或禦邊徼，當竭忠效力，守法奉公，用修厥職，士卒者捍禦攻戰所資也，必得其死力乃可成功；其用心撫綏屯田者儲蓄之本也，必耕種以時而後(攻)［公］私克足，其(家)［加］意督勸，若完成堡，修器械，勤訓練，謹斥候，愼哨備皆軍政所急，不可廢弛。況爾等爵祿富貴，或由父祖之功，或出於己身之勞，當夙夜體念保全永遠，苟忘其所自不循禮分，掊刻貪虐於下，朝廷之法至公不私，後雖追悔不可德矣。敬之念之，無忽朕訓。

同上 ［永樂三年正月］壬戌，命天下衛所以去所定屯田賞罰例用紅牌刊識，永爲遵守。

《明實録・太宗實録》卷三九 ［永樂三年二月］丁亥，寧夏總兵官左都督何福言：寧夏旱田再藝，水田惟一藝，且種水田則費力多而獲利少，乞屯種罷水田，惟耕旱田。從之。【略】［庚寅］，工部尚書宋禮言：山東衛所屯田缺牛耕種，請於太僕寺給之。從之。

《明實録・太宗實録》卷四〇 ［永樂三年三月］壬寅，設陝西延安府子午嶺巡檢司及寧州屯田營寨。

同上 ［永樂三年三月］甲寅，頒減輕屯田罰例。初上命戶部定屯田賞罰條例刊著紅牌，俾之遵守，後以士卒勞困未甦，又新墾荒田歲收不能如數。復命户部同五軍議於罰例減輕，俟三年後依紅牌考較，至是尙書郁新等上所議，減輕例，大率十減四五。命頒行之。【略】丙辰，工部尙書宋禮言：陝西、蘭州、慶陽、鳳翔諸衛新撥屯軍缺耕牛，請以百人共牛四十隻官買給之。從之，命著爲令。戊午，【略】修廣東南海衛蓮塘上下坡屯田隄岸。

《明實録・太宗實録》卷四三 ［永樂三年六月乙丑朔］，宣城等縣言霖潦沒屯倉漂子粒三千二百餘石，命户部遣人驗視。

《明實録・太宗實録》卷四九 ［永樂三年］，屯田子粒二千二百四十六萬七千七百石。

《明實録・太宗實録》卷五一 ［永樂四年二月］丙子，書諭趙王高燧曰：小旗孫成自虜中逸歸，見鬼力、赤阿魯台、也孫台向東南行，其來寇掠邊境亦未可知，爾連遣人馳報武安侯鄭亨等，令堅壁清野以待，自黑峪、車坊至魚臺，領隘口可塞者塞之，不可塞則鑿深壕以斷其路，仍督兵屯田且守且耕，寇來則相機用事，爾居守北京，一切邊務皆當究心。

同上 ［永樂四年二月］丁亥，勑山西等都［指］揮使司，方春時和，邊民皆務耕種，虜或乘時侵掠，民不得盡力（畝）［畝］畆，宜嚴兵以備（扣）［寇］，至則捕擊，無事則歸屯，愼守疆埸，訓練軍士，且耕且戰，爾其愼之。

《明實録・太宗實録》卷五二 ［永樂四年三月］壬寅，上御奉天殿試禮部選中舉人朱瑨等二百一十九人，制策曰：朕承皇考太祖高皇帝鴻業，輿圖之廣，生齒之繁，從古莫比，故窮髮之地咸爲編户，雕題椎髻悉化冠裳，來雖如歸而治慮未浹。朕夙夜惟念期在雍熙，然十室之邑人人敎之，且有弗及，矧天下之大兆民之衆。夫存神過化不見其迹，欲臻其極，諒必有要，不明諸心，曷由遠效唐虞三代之治，其來尙矣。而漢唐宋之治猶可指而言之，自夔典樂敎冑子而學校興，而漢唐宋之學校有固革，其敎化可得而聞；自大司徒以鄉三物敎萬民而科目舉，而漢唐宋之科目有異同其名實可得而議；自小司徒經土地而田制定，而漢唐宋之制田有屯營，其計畫可得而言；自校人掌王馬之政而馬政立，而漢唐宋之畜牧有耗息，其詳悉可得而致之。數者有宜於古而合於今，若何施而可以幾治。夫政不稽古則不足以驗今，事不究迹則無以見寔，諸生博古以知今，明體以適用，陳其當否以著於篇，毋從毋隱，朕將親覽焉。

《明實録・太宗實録》卷五三 ［永樂四年夏四月壬戌］，户部引奏種樣田官軍言：於令，種樣田者每歲終赴京較其所收多寡而賞罰之，是數人者更兩歲始至京，雖較其所收當賞而違令過期，官軍皆當治罪。上曰：收多者當賞其勤，違令者當責其慢，可通計兩歲所收之數，官軍並賞之，若慢令不至，非軍所得，專惟坐其官。

同上 ［永樂四年四月］，刑部右侍郎金純言：西平侯沐晟不稟命於朝，擅以籍沒罪人婦女給配軍士男子，安置廣西馬牛給軍屯操，大臣專擅如此，漸不可長，宜正國典。上曰：爾言故是，然邊遠之事朕嘗一以付晟，可勿問。

《明實録・太宗實録》卷五四 永樂四年五月庚寅朔，上召三法司官諭之曰：朕屢命爾等決獄貴在明而無滯，明則有罪不與無罪者同免，滯則無罪將與有罪者同困。前日見刑部引奏遼東衛官縱軍士往高麗者，一指揮專理屯田未嘗與知，而一概逮繫久不疏決，至於病危，假令病竟不治，此人何罪，即是爾等枉殺之。司理之職重民命爲本，輔君之道施行政爲務，爾等任大臣掌邦憲而怠忽若此乎。今天氣已熱，除犯斬絞罪繫之，其徒流以下皆令所在發遣，庶幾疲死無及於輕罪。

《明實録・太宗實録》卷六二 ［永樂四年］，天下【略】屯田子粒一千九百七十九萬二千五十石。

《明實録・太宗實録》卷六三 ［永樂五年正月］壬午，上以方春軍民伐木未息，有妨農務，命工部覈實，凡户內丁少及屯田軍士悉罷歸。

《明實録・太宗實録》卷六六 ［永樂五年四月甲午］，陝西按察司僉事王嘉言軍衛屯糧歲遣風憲官盤量，本司官有定員，差遣不一，况陝西四十餘衛，每衛不一二三百屯，道里遙遠，非一人所能遍歷，往往差委屬官，所至欺公作弊，乞勅該部徵收之時衛差監生一名盤量。又言陝西緣邊驛站經過使客一概應付廩給草料，不無虛費，乞勅該部勘定事例，頒示所司。命下禮部議，禮部議奏皆便。上以盤量屯糧遣監生非便，命吏部增置按察司官專任之，於是浙江、江西、廣西、廣東、湖廣、河南、雲南、四川按察司增置僉事一員，陝西、福建、山東、山西按察司增置僉事二員。

《明實録・太宗實録》卷六八 ［永樂五年六月］癸巳，設交阯交州左右等衛指揮使司。勑總兵官新城侯張輔等及兵部尙書劉儁曰：交阯城中立交州左右中三衛，富良江北立交州前衛，昌江、丘溫各立衛，市橋隘留關各立守禦千戶所，市橋以兩所守之糧儲已令都督韓觀等督廣西士兵饋運，足半年之食則止，即將鎮守軍士分布耕種及於已附土人內收稅供給驛傳，緊要處亦令韓觀於軍衛有司土官衙門摘撥紅馬人夫相兼遞送，存留守城軍士廣西二千五百，廣東四千七百五十，湖廣六千七百五十，浙江二千五百，江西福建各一千五百，雲南四千，餘就本處收集土軍相參守禦，其合用官聽自選留。

《明實録・太宗實録》卷七二 〔永樂五年十月〕己丑，上謂刑部尚書呂震等曰： 前所奏死囚服已赦之，從南北風土所宜發戍邊衛，近聞戍南邊者多冒瘴癘死，其改發北京郡縣種田，庶全活之，已發遣者追還。

《明實録・太宗實録》卷七三 〔永樂五年十一月〕丙子，勅甘肅總兵官左都督何福曰： 近得降虜朶兒只言，北虜備擠馬乾糧期冰凍時南寇東勝，亦欲寇甘肅、哈密，爾須堅壁清野以待，若來愼毋輕出兵擊之，慮有詐也，戒愼戒愼。 又勅福曰： 前命西寧侯宋晟選都指揮領騎士一千同賣馬回回由甘肅取道出哈密之北，覘虜動靜，晟任用非人，致謀泄露，卒無成功，所遣都指揮劉廣猶在沙漠逡巡，視命可令即還，毋致爲虜所得。 時福奏邊地田多，請令軍士下餘丁屯種，及請運涼州舊糧至甘肅俟下年運莊浪，鞏昌新糧至涼州，又請甘肅鹽場聽商人於黃河迤南糴糧中納，悉從所言。

《明實録・太宗實録》卷七四 〔永樂五年〕，天下【略】屯田子粒一千四百三十七萬四千二百四十石。

《明實録・太宗實録》卷七九 〔永樂六年五月〕戊午，上以潘、安、唐、郢、伊、魯六王將之國，命戶部歲給祿米各一千石，免其護衛軍屯田三年，仍勅王府文武官屬曰： 朕惟封建宗親，所以藩屏國家必在得人，以爲輔導，今諸王年長皆應就國，爾等宜竭誠匡贊，惟德惟義，一遵祖訓，惟孝惟忠，用固藩屏，王有無窮之福，爾等亦有無窮之譽。 欽哉，仍各賜鈔有差。

《明實録・太宗實録》卷八二 〔永樂六年八月〕壬午，戶〔部〕言： 舊定屯田賞罰例已刊著紅牌，繼蒙聖諭以田新開墾所收不能及數，於罰例減輕，期三年後依紅牌例考較，今以及期當舉行之。 上曰： 屯田固重務，若徵收過重，人亦不能堪，仍從輕例。

《明實録・太宗實録》卷八六 〔永樂六年十二月〕，通政司奏北京種田民告運木軍民有怨謗語。 上曰： 軍民出力運木，未免勞苦興歎，人情之常也，此人有罪謫彼屯田，必造誣以規僥倖脫已罪，告訐之風不可長。 命法司治之。

同上 〔永樂六年〕，天下【略】屯田子粒一千三百七十一萬八千四百石。

《明實録・太宗實録》卷九一 〔永樂七年閏四月〕庚午，設茂山衛，隸大寧都司，建治所於保定府清苑，以有罪僧(走)〔徒〕五千六百充軍屯種。

《明實録・太宗實録》卷九六 〔永樂七年九月乙亥〕，命刑部都察院曰： 天下武職官前坐事發，遣充軍種田、立功等項，及今監問未決者，皆令詳具所犯，期十月內赴北京自陳。

《明實録・太宗實録》卷九九 〔永樂七年〕，屯田子粒一千二百二十二萬九千六百石。

《明實録・太宗實録》卷一〇〇 〔永樂八年正月〕己酉，勅遼東都指揮儲欽巫凱於原調官軍內選步軍五千，令能幹指揮領還備寇及防護屯田，其餘官軍令赴北京隨征，朝鮮所進馬令次第前來。

《明實録・太祖實録》卷一〇二 〔永樂八年三月〕癸巳，皇太子諭後軍都督府臣曰： 頗聞山西寇盜出沒，其衛所守城官軍不足者聽暫於屯田官軍內撥補，所撥軍士除今年屯種子粒。

《明實録・太宗實録》卷一〇三 〔永樂八年四月〕是日禮部啓交阯布政司掌司事。 工部尚書黃福建言五事。【略】其二曰： 交阯新入職方，盜賊不時出沒，軍以征役不得屯種，民多逃亡，不獲徵收，連年海運軍用不足，乞詔雲南等處定例開中鹽糧，庶使商賈通行，糧食不乏。【略】其五曰： 本處所設大小軍民衙門官員有隨軍征進立功辦事後定授職名者，有自願出仕遠方除授者，有調除陞用者，內有將及一考，欲循內服官員三年考績事例，起送赴京給由。 湖廣郴州桂陽縣知縣梁善言二事曰： 郴州屬縣邊臨廣東，原定廣東海北提舉司行鹽計程二千餘里，今令往兩淮関支食鹽，水陸六千七百餘里，往復艱難，乞仍舊廣東鹽場関支爲便。 又本縣人民充軍數多，戶有一丁者發遣補役，則田地拋荒，稅糧無徵，累及里甲，乞將軍戶一丁者存留當差納糧，或發遣當軍則以所遺田地與軍屯種，開除糧額，庶軍兩便，有旨禮部會議，臣等議福所言皆當，獨官員考滿一事，交阯初平，且極邊遠，循例給由赴京，往復曠職，宜令府州縣正佐官三年滿日具事蹟赴布政司、按察司考覈，不稱職者送吏部，稱職平常者復職，布政司以事蹟冊差人類進，六年考如前例，九年給由送部以憑黜陟，惟倉官巡檢依例給由。其軍衛首領官及所屬大小衙門官員，布政司、按察司堂上官亦循此例，善所言倉鹽冝如舊制，軍戶一丁應合承繼者仍令補役，田土付丁多之家佃種，如果無人承種，准開糧額。皇太子皆從之。

同上〔永樂八年四月癸亥〕，都督費瓛等敗叛賊虎保等於雙城，瓛至涼州，陝西都指揮陳懷、李智各以兵會，時虎保等屯種畨城東，相距百五十里，瓛進軍勦之，賊來搏戰且詐言欲降，既而引退，復相遇於雙城，瓛以兵擊其左，陳懷等擊其右，賊大敗，走。所殺傷甚衆，斬首三百餘級，追奔至黑魚海，獲賊屬千餘，馬駝牛羊十二萬有奇，虎保亦令真巴等遠遁，瓛等遂還。

《明實錄・太宗實錄》卷一〇四〔永樂八年五月〕丙戌，車駕次飲馬河，上謂兵部尚書方賓、翰林學士胡廣等曰：朕爲宗社生民不得已遠征逆虜，冀一勞永逸，今首惡已遁，其衆敗散，朕當旋師且休兵息民，申嚴守備，更務屯田，使兵堅邊實，虜不足慮矣。賓對曰：此宗社生民之福也。遂遣都指揮李文中、官海壽齎捷書諭皇太子，遂下詔班師。

《明實錄・太宗實錄》卷一〇六〔永樂八年七月乙亥〕交阯按察司僉事劉有年言：交阯各衛宜倣雲南例三分守城，七分屯田，屯各立堡，有警則入堡以待調發，既不妨農，亦不失用，而邊有蓄積，民免轉輸。皇太子命兵部議行之。

《明實錄・太宗實錄》卷一〇八〔永樂八年九月〕甲申，魯王肇煇奏：初之國護衛給月糧，三年免屯田，今已三年，當罷給糧屯種，自食，乞以六分屯田，四分守城，就給使令。從之，仍免其屯田考較一年。

《明實錄・太宗實錄》卷一一一〔永樂八年〕，天下【略】屯田子粒一千三十六萬八千五百五十石。

《明實錄・太宗實錄》卷一一四〔永樂九年三月〕癸酉，先是通政司言有指揮首天城衛千戶犯罪，繫刑部獄。其母致貨託己爲賂部官求免，己不敢從，併以其貨來首。上問：千戶與指揮有舊乎。對曰：無。上曰：非故舊而輒以違法干之，獨不慮事敗哉。此非人情，命法司訊之。至是法司奏：指揮所居近刑部，而千戶之母寓其隣家，朝夕饋子食。指揮察其有賫槖，給言己與部官厚，可以賂免。母遂致貨。旁有欲發其奸者，指揮懼，遂自首而隱其實情。論法千戶之母當准與贓律，指揮當罷職，謫屯種。上曰：愛其子以賂求免，人之常情，且婦人烏知法律，其宥之。指揮始則欺人取貨，終則隱情罔上，又汙衊朝臣，此不可恕。但罷職屯田何以示懲。即械送交阯充軍。

同上〔永樂九年三月〕乙酉，鎮守大同江陰侯吳高言：山西行都司屬衛軍士今或全衛，或十之七八屯種，故操練者少，請留其半操練，以備不虞。上諭兵部臣曰：守備固不可單弱，若兵食不足，亦難與守，宜視其地險夷制多寡之數，陽和留什之四，天城、朔州留什之三，蔚州留什之二，餘悉令屯種，且耕且守，以爲定制。

《明實錄・太宗實錄》卷一一五〔永樂九年四月己巳〕，工部右侍郎劉仲廉言：遼東都司三萬衛地臨邊境，成造兵器，用鐵數多，卒難應辦，宜依定遼左衛例設置鐵場，定撥畸零軍百二十名以其半炒鐵備用，半屯田以給。從之。

《明實錄・太宗實錄》卷一一六〔永樂九年六月〕甲辰，撫安山東給事中王鐸言：青、登、萊三府地臨山海，土瘠民貧，一遇水旱，衣食不給，多逃移於東昌兗州等府，受雇苟活，今東昌等府多閒田，新開河兩岸亦有空地，若籍青州等三府逃民官給牛具種子命就彼耕種，俟三年後科徵稅糧，其原籍田地聽從有力之家耕種，如此則田無荒蕪，民得安業。又言：山東各衛所補伍民丁不習武藝，管軍頭目亦不操練，方今天下太平，固非用武之時，然亦不可忘備，若令天下衛所專委官一員率守城軍士及官下舍人時常操練，其屯田軍士收成之後亦如之，庶幾武藝精通，警急可用。上覽之，諭禮部臣曰：此言皆當，其即行之。

同上〔永樂九年六月〕，寧夏總兵官安遠侯柳升言：欲於近邊每千戶所築一總堡，聚人畜芻糧以備不虞。上報之，曰：一所之軍四散屯種，相去遼遠，豈能相及，朕嘗命守將於五六屯或四五屯內擇取一屯利便之處聚守，正欲使屯堡相近，得以相援，不必分別衛所，可只循此法行之。

同上〔永樂九年六月壬子〕，北京刑部尚書朱濬等奏：順天、保定、永平等府初置各衛官軍屯種，人給地五十畝，後有陞調改撥等項事故去者，其地悉爲見在官軍占據，或自種，或借賃人種，分收子粒，今發至種田民及上林苑監遷民俱無地給種，宜令所司勘覈陞調事故官軍所遺田地，給與耕種，如例起科爲便。從之。

《明實録・太宗實録》卷一一九 ［永樂九年九月］壬午，先有屯種軍擊登聞鼓訴云：踰年在京操練至秋始還，而本衛責徵子粒實以公事妨耕，告訴不聽。上召衛官責問之曰：得何不體人情而刻薄至此。衛官言：初白之都督府，府必欲追納，遂呈上府所下檄。上召都督府經歷詰之曰：五穀必種而後有獲，豈若汀蕪溪荇不藉人力自生自成乎，且人一人豈當有兩役。皆不能對。上命刑部臣曰：此輩不恤軍士，爲朝廷斂怨，其治之如律。遂命戶部凡屯田軍以公事妨農務悉免徵子粒，著爲令。

《明實録・太宗實録》卷一二〇 ［永樂九年十月乙未］，寬北京遷謫軍民賦役。初勑戶部曰：謫徙北京爲民及充軍屯種之人，初至即責其賦役，必不能堪，其議寬之。至是戶部議：自願北京爲民及免杖而徙者五年勿事，免徒流而徙者三年勿事，充軍屯田者一年後徵其租。從之。惟充軍屯田者命二年後徵租，仍命戶部戒飭郡縣務崇寬卹，毋事虛文。

同上 ［永樂九年十月乙巳］，增置北京刑部戶曹清吏司郎中一員，永平、保定、河間三府同知、通判各一員，涿、通、覇、薊、灤、安、景、滄八州同知、判官各一員，專理屯田之務。

《明實録・太宗實録》卷一二三 ［永樂九年］，天下【略】屯田子粒一千二百六十六萬九百七十石。

《明實録・太宗實録》卷一三五 ［永樂十年］，天下【略】屯田籽粒一千一百七十八萬一千三十石。

《明實録・太宗實録》卷一三七 ［永樂十一年二月己未］，勑鎮守遼東都督劉江等曰：前嘗令邊將於諸屯擇一屯多有水草處深作壕塹，開井積水，凡鄰近各屯行李、芻糧、孳畜皆置於內，有警則諸屯相與協力拒守，爾獨不遵，爾別有良策否？即有緩急不致悞事否？宜深計之，毋貽後悔。

《明實録・太宗實録》卷一四二 ［永樂十一年八月］己巳，巡按直隸監察御史况文言：壽州舊有安豐塘，可七十餘里，旁近屯田資其灌溉，近因潦水決壞堤岸，宜修築以便民。命俟農隙修之。

《明實録・太宗實録》卷一四六 ［永樂十二年］，屯田籽粒九百一十萬九千一百一十石。

《明實録・太宗實録》卷一四八 ［永樂十二年二月］戊辰，勑鎮守寧夏都指揮使張霖麟、孫霖曰：前慮胡寇侵邊，勑爾移馬畜南向，今悉令還屯務農，但謹備之耳。

《明實録・太宗實録》卷一五三 ［永樂十二年秋七月］丙子，駐蹕禽胡山，勑山西、陝西、遼東臨邊諸城增築烽堠，謹備禦。命遼東都指揮巫凱等先率所部還。凱因奏開原、三萬、遼海三衛歲收屯糧僅給本衛官軍及給安樂、自在二州之人，近奉命運給各衛，調兵行糧，幷接濟毛憐、建州諸衛。韃靼道路既遠，供給不敷，宜將所給建州、毛憐者就瀋陽各衛與之，庶開原、三萬、遼海有二三年之積而緩急有備。又言：遼東諸衛兵宜以二分守城，一分屯種，開原所市馬宜悉給各衛軍士乘操。皆從之。

《明實録・太宗實録》卷一五七 ［永樂十二年十月］壬午，設甘州等衛屯堡四十六所。

同上 ［永樂十二年十月］戊戌，勑甘肅總兵官都督費瓛曰：甘肅、涼州緣邊諸衛所騎士常令操備，於步卒中選其半精壯者守禦，餘皆下屯。

《明實録・太宗實録》卷一五九 ［永樂十二年］，屯田子粒九百七十三萬八千六百九十石。

《明實録・太宗實録》卷一六一 ［永樂十三年春二月］癸酉，上以山西、山東、大同、陝西、甘肅、遼東軍士操練屯種者率怠惰不力，分遣指揮劉斌、給事中張磐等十二人督視。諭之曰：朕即位之初於操習屯種已有定法，然久而玩，玩而廢，數年以來徒爲虛文。爾等往考其實，操習者必覩其騎射、擊刺之能，屯種者必視其儲積多寡之實，悉具來聞，以行懲勸，庶幾振起頹弊。爾等亦務廉公，乃稱任使。

《明實録・太宗實録》卷一七〇 ［永樂十三年十一月］癸丑，修羽林右衛刁家圩屯田堤岸，圩在上元縣大江中洲，屢爲風潮衝圮故也。

《明實録・太宗實録》卷一七一 ［永樂十三年］，天下【略】屯田子粒千三十五萬八千二百五十石。

《明實録・太宗實録》卷一八〇 ［永樂十四年九月己亥］，北京行太僕寺卿楊砥言：近年馬蕃息而少牧養之人，請令民五丁養種馬一，每十馬立群頭一人，五十馬立群長一人，養馬之家歲蠲芻糧之半，而薊州以東至山海諸衛土地寬廣，水草豐美，其屯糧軍士亦宜人養種馬一匹，歲子粒亦免其半。上曰：既責軍士孳牧，則不可復徵子粒，其悉蠲之，餘從所言。

《明實録・太宗實録》卷一八三 ［永樂十四年］，天下【略】屯田子粒九百三萬一千九百七十石。

《明實録·太宗實録》卷一九一　〔永樂十五年七月辛巳〕，隆慶衛指揮使袁納言：澁石嶺外白河左右黑峪口川有荒地五百六十餘頃，宜分撥永寧衛軍士屯種。從之，仍令開澁石嶺、苗鄉嶺二山口以通往來。

《明實録·太宗實録》卷一九五　〔永樂十五年〕，天下【略】屯田子粒九百二十八萬二千一百八十石。

《明實録·太宗實録》卷二一九　〔永樂十七年〕，屯田子粒七百九十三萬九百二十石。

《明實録·太宗實録》卷二二一　〔永樂十八年閏正月〕戊寅，甘肅總兵官都督費瓛奏：涼州有遺棄閑田，宜令軍士耕種，以備儲積。從之。

《明實録·太宗實録》卷二三二　〔永樂十八年〕，屯田子粒五百一十五萬八千四十石。

《明實録·太宗實録》卷二三七　〔永樂十九年五月〕庚寅，交阯總兵官豐城侯李彬言：交阯新附，其地荒遠，不以通餽運，乞依各都司衛所例分軍屯田，以供糧餉。約一分爲率，度地險易，量事緩急，以爲屯守征調之多寡。其各衛土軍雖隸兵籍，然攻戰之際心持兩端，往往不得其死力。今議屯田分數土軍居多，官軍居少，其交州左、右、中、前及鎮夷、昌江、清化七衛官軍以一分屯田，九分備征守。土軍七分屯田，三分備征調。交州後衛三江衛市橋千戶所官軍二分屯田，八分備征守。土軍八分屯田，二分備征調，屯田每人歲徵稻穀三十五石。乂安、新平、順化三衛官軍三分屯田，七分備征守，土軍六分屯田，四分備征調。演州、南靖、新安三千戶所官軍全不屯田，土軍三分屯田，七分備征調，屯軍每人歲徵稻穀十八石。從之。

《明實録·太宗實録》卷二四四　〔永樂十九年〕，屯田子粒五百一十六萬九千一百二十石。

《明實録·太宗實録》卷二四七　〔永樂二十年三月〕癸亥，直隸永平衛言：本衛大小關口二十四所守關軍士不敷，軍器缺少，乞於撫寧、興州右屯、開平中屯三衛軍士中摘撥守把，給與軍器。從之。

《明實録·太宗實録》卷二五四下　〔永樂二十年〕，天下【略】屯田子粒五百一十七萬五千三百四十五石。

《明實録·太宗實録》卷二六六　〔永樂二十一年〕，天下【略】屯田子粒五百一十七萬一千二百一十八石。

《明實録·仁宗實録》卷四上　〔永樂二十二年十一月〕辛巳，命刑部都察院，凡吏犯杖罪應罷者令就北京爲種田。

《明實録·仁宗實録》卷六下　〔洪熙元年正月〕，頒詔中外曰：【略】一、各都司衛所屯田官軍今後務依原定分數下屯，不許一概差占，占失悞農業。年終從監察御史按察司比較，其間多有艱難，辦納子粒不敷，今後除自用十二石之外，餘糧免其一半，上納六石。

《明實録·仁宗實録》卷九下　〔洪熙元年四月〕，魯王肇煇奏本府居室損漏，欲令護衛官軍修理，請停今歲護衛屯田，免其子粒。賜書答曰：屯田國之大政，皇祖、皇考制爲萬世不易之法。兄初即位，豈可遽違以狥賢弟之情。且詔書已定，獨於賢弟更之，衆其謂何？况子粒充本衛軍糧，於王府固自有益也。居室損漏者可俟農隙修之。

《明實録·仁宗實録》卷九下　〔洪熙元年四月〕，大同總兵官武安侯鄭亨等奏請促遣高山等四衛官軍詣大同屯守。賜勑答曰：去冬爾奏此事已勑該府兵部准行，但以嚴寒，姑待開春調遣。卿等因循，不及時催督，延至於今，方以爲言。今屯者種已入土，若督使動移，則所種盡棄。况各衛相距大同亦遠，縱貸之，急行到彼亦及夏中，農時已過，何以措力，徒使軍士彼此失業。審若可緩即姑緩之。此蓋卿等忽畧之過。然爾職務軍旅，此治文書者之忽畧也。今於文職內簡有才識者一人遣來專理軍機文書，凡有文移與之計議可行即行，有稽緩錯繆則罪在彼，非卿等之過。若軍機調遣則卿等專之，彼不得預，庶幾各任其責。

《明實録·宣宗實録》卷二　〔洪熙元年六月〕，鎮守大同總兵官武安侯上去年屯田子粒數。上諭尚書夏原吉曰：邊軍屯田可省轉輸之勞，卿等宜遣人覈實，所積果多當如例賞之。

《明實録·宣宗實録》卷三　〔洪熙元年七月〕，浙江按察司副使許銘言：備邊禦戎，國家重事。理兵足食，備禦大經。近來邊軍困於雜役，多致逃亡，防守既疎，屯種亦鮮。若悉矜免，專令備邊，如舊給與俸糧，其有餘力各遣屯田，則食足兵強，守固勝戰矣。【略】上嘉納之。

《明實録·宣宗實録》卷六　〔洪熙元年閏七月〕，興州左屯衛軍士范濟詣闕言八事。【略】其二屯兵要地。夫要地者若朔州、大同、開平、宣府、大寧諸處，皆關領之外，實中國之藩籬，邊塞之要地。其土或可耕可耨，宜令將率兵廣屯種，修城堡，治器械，謹烽火，勤訓練以備胡虜。萬一入寇，毋貪其小利，毋利其遠來，必以飽待飢，以逸待勞，俟其懈而擊之，必有所獲。矧夫我屋居火食，寇乃草行露宿，所恃者馬耳。彼人馬飢疲，豈能持久，退則追之，追則當防其詐，或更出迭走，以勞我師。此一用兵之一端也。今邊境將士精鋭訓練，守備俱有其法。胡虜遠遯不敢南向。臣愚尤慮及此。伏乞陛下更留意焉。【略】其五勸課農桑。夫農桑，衣食之本。嘗聞神農之教有云，雖石城十仞，湯池百步，帶甲百萬而無粟，弗能守也。由是言之，兵者，城之守也。食者，兵之給也。非兵無以守城，非食無以給兵，兵足而城安，食足而兵勇，兵食二者有國之先務也。洪武間每衛七分屯田，三分守城，且耕且守，軍無阻飢。近年調度頗繁，營造日久，虛有屯種之名而田多荒蕪，軍仰倉粟，而兼養馬採草，伐薪燒炭諸役，兵之力疲，農之業廢矣。竊嘗思趙充國之屯先零，鄧艾之屯壽春，魏武之屯許下，倉廩靡不盈溢。唐置府兵無事則兵寓於農，有事則農歸於伍，行之日久，斗米三錢，外戶不閉。今國家輿圖之廣，南極交廣，北至窮荒，東接朝鮮，西暨戎番，邊城萬里，烽堠無警。伏望陛下勅戍守之將，令戍卒開墾曠土，每百人限以幾頃，耕牛田器五穀之種皆官給之，守將督勵，凡力田勤惰，明立賞罰，以示勸懲，則農業不廢，軍民皆有所贍矣。【略】上覽之，下行在禮部議。

同上 〔洪熙元年閏七月〕，湖廣岳州府華容縣儒士尹崧言三事。其一正洪基。昔太祖高皇帝龍飛淮右，肇基江左，建極三十餘年，寵綏四方，和輯萬民，制度文爲，比隆上古。繼以太宗、仁宗嗣承大統，悉遵舊章，建立兩京，用倣周制，震威胡虜，華夷清寧，長策遠慮，固當世守。然南京則江山雄固，水陸兼通，國用所需，民力易辦，供輸漕運，與夫四方朝貢，道理適均，天下咸以爲便。乞命勳舊將臣於北京訓練精鋭，繕修城池，堅利甲兵，廣開屯田，聚積糧儲，以備邊防。皇上回鑾南京，則深慰軍民之望。【略】上命行在禮部議行之。

《明實録・宣宗實録》卷七 〔洪熙元年八月〕，寧化王濟焕奏：本府官軍止有一千戶所，今以八分屯田，惟留二分供使，今乞如太原三護衛例，存留一半。從之。

同上 〔洪熙元年八月〕，巡按山西監察御史耿文奏：巡視各衛所，盤點屯種子粒，興州、鎮虜、高山、雲州、大同諸衛皆以征戍罷屯，倉無儲偫。上諭行在戶部尚書夏原吉曰：屯田一事，國有成法。而御史言諸衛以征戍罷屯，何也。宜究其實以懲戒之。

《明實録・宣宗實録》卷一〇 〔洪熙元年十月〕癸酉，通政司奏：河州軍民指揮司言永樂中官買乳牛造酥油上進，後奉詔書罷造，所買牛猶存，請送京師。上謂行在戶部臣曰：停進酥油，此皇考仁恩，不欲勞人也。河州地遠，多屯軍，且土寒人貧，其悉以牛給之。

同上 〔洪熙元年十月〕，行在監察御史李笥奏：山西天城衛鎮守都指揮僉事魏清私占官軍屯田二頃及役軍士五十餘人於家，罪應杖，當罰役。從之。江西都司奏：所治南昌府城垣樓鋪頽敝，南昌衛軍士多調運糧屯種，脩(寔)治〔寔〕難，請以袁州衛軍助脩。從之。

《明實録・宣宗實録》卷一二 〔洪熙元年十二月〕庚辰，鎮守甘肅總督兵官都督費瓛奏：涼州土達官軍已遣送赴部，所遺田地令河南、山西諸衛備禦士卒耕種，今亦俱回原衛。其田地宜與本處官軍之家有丁力者耕種，庶不荒蕪。從之。

同上 〔洪熙元年〕，屯田子粒六百一十三萬六百九十九石有奇。

《明實録・宣宗實録》卷一五 〔宣德元年三月〕壬戌，陝西按察僉事饒安奏：寧夏、甘肅重兵鎮戍，供給糧餉民力甚難。其地皆極肥饒，官軍且耕且守，最爲良法。太宗皇帝嘗命勘覈其田，十不得一，雖已屯種，不足於用。若令廉幹大臣往同二處總兵官勘覈，分給諸軍更蕃下屯，課其實効，仍禁官豪勢要之家不許侵占隱匿。如此則地無遺利，軍有餘糧，可省轉輸之勞。上嘉納之。

《明實録・宣宗實録》卷一六 〔宣德元年四月〕，伊王顒炔奏：父厲王墳園享堂未建及本府宮殿年深損壞，請免護衛軍士屯種，俾之用工，工畢下屯。從之。

《明實録・宣宗實録》卷一七 〔宣德元年五月〕，陝西都指揮使司奏：所屬近地凡十四衛所軍士三之一屯田，其餘守禦。比來守禦軍多有差遣，乞以屯田軍士之半復還守城。上諭行在兵部尚書張本曰：屯軍春種已畢，又令守城，則前功盡棄，勿聽。但守城者毋擅差使，得專守可矣。

同上 〔宣德元年五月〕，交阯爲事官陳智言：賊首黎利聚衆據茶籠州，官軍討捕未獲，乂安、演州、清化諸處亦用官軍哨備而各衛兵不足。已會議盡撤交阯左等十四衛屯田官旗軍二千六百餘人征守，今九眞州典史海口有賊船刼虜吾民，又本州有賊聚集鄉社，招納叛逆，又宣化、太原等府州縣數被紅衣等賊爲害，請以交州左右中前後及昌江、鎭夷、三江、市橋九衛屯田土軍八千九百餘人中摘五千人征哨，免其歲徵子粒，賊平之後，如舊屯田。從之。

《明實録·宣宗實録》卷二二　［宣德元年十一月］辛丑，行在戶部奏請差官盤量屯田子粒。上曰：屯田積穀以助國用，省轉輸，蓋軍國之要務。然水旱災傷有非人力能禦者，若不察此而概徵之，則人受其弊。況農隙之時屯種軍士又或別有差遣，而災傷之處妻子在屯者衣食猶恐不給，復有徵求，何以聊生。凡今屯田子粒有收者照舊例盤量，果災傷無收之處即與蠲免。

《明實録·宣宗實録》卷二三　［宣德元年十二月］，行在戶部奏：各處軍衛去年屯種子粒皆已盤糧，有餘當賞，不足當罰，請悉如舊例。上曰：卿等宜嚴加比較，必得其實，庶幾賞罰足以懲勸。

同上　［宣德元年］，屯田子粒七百二十二萬一千八百五十八石。

《明實録·宣宗實録》卷二四　［宣德二年正月］丙申，上命行在戶部申明屯田之法，因謂侍臣曰：今海內無事，軍士量留守備，餘悉屯種，所收足以給衣食則國家可省養兵之費。且軍士平日不習勞苦，遇有征調，畏懼艱難，即思逃避，使之屯種服勞，農隙習武，亦無驕惰之患。我皇祖臨御深用意於此，勸懲考較皆有成法，所以食足兵強。然朕以爲立法固善，尤在任用得人，其令兵部移文所司選老成軍官提督屯田，仍命風憲官以時巡察。

《明實録·宣宗實録》卷二五　［宣德二年二月］，遼東都司奏：今調至青州中護衛官軍分撥定遼等衛例應屯種，請撥與定遼調衛軍士遺下官田除其舊徵糧額，止收屯糧。又奏：廣寧諸衛調至官軍所開荒田請三年後起科。命行在戶部移文鎭守遼東都督巫凱計議，果無違礙，悉准所言。

《明實録·宣宗實録》卷二八　［宣德二年六月］，開平備禦都指揮唐銘等奏：孤城荒遠，薪芻並難，猝遇寇至，別無應援，請添撥官軍神銃守備。下其事太師英國公張輔及文武大臣議，皆以爲欲添官軍，愈難餽給，宜准陽武侯薛祿初奏，於獨石築城立開平衛，以開平備禦家屬移於新城，且耕且守，而以開平衛及所調他衛備禦官軍選其精壯分作二班，每班壹千餘人，更代於開平舊城哨備，新城守禦官軍不足者，暫於宣府及附近衛分酌量添撥，候發罪囚充軍代還原伍，仍勑陽武侯薛祿防護糧餉之餘就彼相宜區畫，築城安恤，畢事而歸奏。上命俟秋成後爲。

《明實録·宣宗實録》卷三四　［宣德二年］，屯田子粒四百六十萬九十二石。

《明實録·宣宗實録》卷三六　［宣德三年二月］，慶王栴奏欲移居韋州，其屯田養馬軍士請仍留寧夏，遇有聲息聽總兵官調用。又奏有告護衛指揮千百戶鎭撫軍校九十五人占種田土，今總兵官及御史追問，皆是永樂中佃種。上以韋州王舊所居，復書令居韋州，仍勑寧陽侯陳懋及巡按御史釋所問之人，土田悉如永樂故事，從護衛官軍耕種，自今不得輒聽下人妄告，以失朝廷親親之意。

《明實録·宣宗實録》卷四一　［宣德三年四月］，行在兵部尚書張本言：伏覩聖訓戒諭五軍，嚴飭武備，完固城池，繕修器械，精訓練，務屯種，此數事於兵政最爲切要。於今行之必有專任其事，然後可責成功。若城池器械則委都司掌印，都指揮督所屬衛所正官以時巡視，務在修飭堅完；其訓練軍士選委智勇都指揮量屬衛士馬衆寡摘選精鋭者，多至一二千人，少則八九百人，或五七百人，令能幹指揮千百戶管領，就於原衛所專一操備聽調，仍屬所委都指揮往來提督；其屯種，則委老疾堪任都指揮專管，常加勸戒，所屬軍餘及時興作，勿致怠惰。凡此三事，如有總兵鎭守官之處就令考較，如無，從巡按、監察御史、按察司考較，勤謹廉能者旌之，怠弛貪鄙者罪之，如是則兵政嚴明，不負皇上拳切之意。上可之。

《明實録·宣宗實録》卷四二　［宣德三年閏四月］，鎭守西寧都督僉事史昭奏：西寧地臨極邊，當嚴守禦，在衛軍士三千五百六十人各有差遣，不暇屯種，切慮缺食。今征進屯軍家屬自願力田者七百七十餘人，乞令如舊耕種，依例收其子粒，俟征進軍回內選精鋭者五百人專操練，以備調遣，餘丁復其雜役，悉俾耕種，庶軍食不缺，亦不妨操備。從之。

《明實録·宣宗實録》卷四三　［宣德三年五月］戊辰，伊王顒炔奏：今建父厲王享堂及修葺宮宇止有洛陽中護衛左右二所軍旗供役，嘗奏暫免下屯，工完仍舊。今都司虧屯種子粒，坐取軍旗下屯，乞仍留以畢工。上謂行在工部曰：伊府軍士，朕已免其下屯，虧子粒與虧宗親之恩孰重，軍官不識大體，將使朝廷失信於王，其速移文止之。

《明實録·宣宗實録》卷四六　［宣德三年八月］，總督香河等縣屯種指揮同知李三等奏：　今年五月以來天雨連旬，河水泛漲，渰沒屯地二百六十八頃，禾稼無收，命行在户部蠲其子粒。

《明實録·宣宗實録》卷四九　［宣德三年］，屯田子粒五百五十五萬二千五十七石。

《明實録·宣宗實録》卷五一　［宣德四年正月］，行在户部尚書郭敦奏：　洪武永樂年間屯田之例邊境衛所旗軍三分、四分守城，六分、七分下屯，腹裏衛所一分、二分守城，八分、九分下屯，亦有中半屯守者，都司、布政司、按察司提督秋成比較，依例賞罰，倉有餘糧。近年各衛所不遵舊例，下屯者或十人，或四五人，雖有屯田之名而無屯田之實，且以一衛計之，官軍一年所支俸糧動以萬計，而屯收子粒止有六七十石，或百餘石，軍糧缺少，實由於此。今擬在京在外衛所下屯之數不問正軍老幼餘丁必依舊額補數，令其屯種，在外屬衛令三司委堂上官，在内并直隸衛所從都察院委御史提督巡視，至秋成依例比較賞罰，庶倉有糧儲，軍無缺食。從之。

《明實録·宣宗實録》卷五四　［宣德四年五月］丙辰，行在兵科給事中戴弁奏：　自山海至薊州守關軍萬人列營二十二所操練之外，無他差遣，若稍屯種，亦可實邊，請取勘各營附近荒田，斟酌分給，且屯且守，實爲兩便。上嘉納之，命行在户部同兵部各遣官與都督陳景先經理。

《明實録·宣宗實録》卷五七　［宣德四年八月］，陝西按察司奏：　鞏昌衛指揮李斌以軍屯牛易馬給軍，而乾沒十八匹，請罪之。上謂行在都察院臣曰：　馬雖軍中所用，牛亦耕屯所急，無牛則農事廢，軍食缺，可假此爲名以自利乎。命逮治之。

《明實録·宣宗實録》卷五八　［宣德四年九月］，初巡按山東監察御史包德懷言四事。【略】其三遼東自洪武中設立馬驛及遞運所，各置旗軍一百人，百户一員領之，屯田自給，備馬驢車輛供具以待使臣往來，視地險易，間劇制其多寡之數。今歷年久，旗軍逃亡者十率八九，供具之物日漸減損以至於無，邊境有報，豈不誤事。請令兵部取勘各處旗軍，有不及八十人者就令都司於附近衛所多餘軍補之，如舊供辦遞送，則道路往來無有稽滯。【略】從之。

《明實録·宣宗實録》卷五九　［宣德四年十月］，巡按監察御史李叙奏：　户部員外郎樂斌盤點淮安衛屯田子粒，受官軍白金等物，當治其罪。上諭右都御史顧佐等曰：　屯種以備國用，最爲切要。命之盤點者，蓋欲知其多寡之實而賞罰之，以勸農功。今既受賂，豈復有公道，其罪之勿貸。

《明實録·宣宗實録》卷六〇　［宣德四年十二月］，甘肅總兵官都督僉事劉廣奏：　甘肅操備軍士陝西都司調至者一萬人，行都司續調至者五千人，又外夷來朝及奉使命者俱給糧餉，請以續調軍士五千人下屯耕種，外夷及奉使命者甘肅止關糧一月，其餘就陝西布政司折與布絹，庶使邊儲可積。從之。

同上　［宣德四年］，屯田子粒六百八十二萬六千八百四十七石。

《明實録·宣宗實録》卷六一　［宣德五年正月］庚戌，以大祀南郊。上御正朝，文武群臣受誓戒。宣府總兵官都督譚廣奏：　赤城屯堡垣墉卑狹，北賊屢入劫掠，今屯守官軍慮其復至，欲暫徙長安嶺南，候春暖擇利便地修築城堡，增兵守備，半年一更爲便。時開平衛餘丁唐子英等亦告欲移入長安嶺南耕種，每歲候大軍運糧之時，隨往開平供送正軍，爲守禦之計。遂勑廣等曰：　朕以邊務付爾，事有便宜，從爾斟酌，但宜審度，務保十全。

《明實録·宣宗實録》卷六一　［宣德五年正月］，韓王冲烕奏：　初之國，護衛軍士逃逸者多，屯種者少，且牛具種子措辦甚艱，請限三年後依例屯種。從之。

《明實録·宣宗實録》卷六三　［宣德五年二月］，宥武定侯郭玹罪。時巡按直隸監察御史白圭劾奏玹令家人強奪滄州南皮縣民十七家田土，拆毀民居，置立莊屋，天津右衛指揮呂昇阿附玹勢，奪官軍屯田一千九十餘畝與玹，軍民失業，嗸嗸怨嗟。玹等所爲非法，請治其罪。上曰：　勳戚之家正當謹守禮法，庶幾長享富貴，乃敢縱恣貪暴如此，此非朝廷少恩，玹姑宥之，令其改過，呂昇及玹家人皆執而治之。

《明實録·宣宗實録》卷六三　［宣德五年二月］乙酉，韓王冲烕奏：　本府一護衛軍當以什七下屯，今家廟未創，宫宇未修，請免屯田之半。上命行在户部免屯田三年。

《明實録·宣宗實録》卷六六　［宣德五年五月］，行在後軍都督府奏：　寧山衛指揮使李昭毀城樓以造私居，私役旗軍，歲劄漆二千斤，辦料豆八百石，科各所銅錢六千三百斤，占耕官軍屯田百餘頃，收糧虛賣實收一萬餘石，斂各屯子粒二萬餘石，減尅軍糧五百石，皆入己，軍吏二人欲奏之，遣人追回，皆杖殺之。請治其罪。上諭都御史顧佐曰：爲治之道，賞善罰惡而已，其惡如此，不可不治，即擒治如律。

《明實録・宣宗實録》卷六七 〔宣德五年六月〕，初築獨石、雲州、赤城、鵰鶚城堡完。上命兵部尚書張本往獨石與陽武侯薛祿議守備之方。勑祿曰：一切邊事，卿與本共熟籌之，必有益於國，有便於人，可以經久。至是本還，上所議：請以兵護送開平衛所印信及軍士家屬置於獨石等城堡，且屯且守，專以馬步精兵二千分爲二班，令都督馮興総之，都指揮唐銘、卞福各領一班，自帶糧料，更番往來開封故城哨備，其各城堡守備軍數則獨石二千，雲州、赤城各五百，鵰鶚三百，俱於隆慶左右二衛調發，如不足則以保安衛足之，其山海、懷來各衛留守開平官軍悉令還衛。本復奏自今犯罪充軍者悉遣往實新立城堡。皆從之。

同上 〔宣德五年六月〕癸未，命都指揮使唐銘、都指揮同知李信、都指揮僉事張義、卞福、黄眞任萬全都司兼督屯守。

《明實録・宣宗實録》卷六八 〔宣德五年七月〕，行在兵部奏：南北二京直隸衛所屯田無官総督。上命都指揮同知崔忠、都指揮僉事趙榮督北京直隸衛所。都指揮僉事宋斌、黄恭督南京直隸衛所。又奏：都指揮僉事韓鎮言，陽武侯薛祿調隆慶左右二衛官軍八百二十九人之在永寧備禦者悉往獨石等處守備，緣永寧路通外境，今調去二衛官軍，守備寡弱，請留之。事下兵部議。今議得獨石等處充爲要地，所調官軍當以半往，仍留半於永寧，庶兩無所失。從之。

《明實録・宣宗實録》卷六九 〔宣德五年八月〕，山東布政使石執中奏：按察使虞信不迎勑書，不赴京朝覲。信亦奏執中朝覲枉道回家，提督屯種不委叅政叅議，止委都事行在都察院。請皆提問。上曰：方面官互摭拾相訐，如小人諠爭，亡大臣體，不可不治。

同上 〔宣德五年八月〕，陞廣東布政司右叅政吾紳爲行在禮部右侍郎，實授叅政段民爲南京戶部右侍郎，按察副使成均爲南京刑部右侍郎，調工部尚書黄福爲行在戶部尚書，同尚書郭資、張本計議屯田事，湖廣布政司右叅議沈定親終，服闋，調山東布政司。

同上 〔宣德五年八月〕庚寅，遣行在吏部郎中趙新，刑部郎中劉澤、榮華，工部郎中張琰，禮部員外郎吳政等經理屯田。先是尚書黄福言：請於濟寧以北，衛輝、眞定以南近河之地役軍民十萬人屯種，積糧以充國用。上命行在戶部、兵部議。至是太子太師郭資、尚書張本等言：於緣河屯田實便宜，自鳳陽淮安以北及山東、河南、北直隸近河二百里內通舟揖處擇荒閑田地以五萬頃爲率，發附近軍民五萬人耕之，民則驗丁朋合官給以牛，仍支官錢收買農器，如此則軍民樂於用力，但山東近年旱饑，流民初復故業，官軍亦多有差役，宜先遣官往同有司按視田地，以俟開墾。上從之，遂遣新等經理，仍命福總其事。既而本等惑於人言：今軍民各有常業，若復分撥點差，未免勞擾。本以聞於上，事竟不行。

《明實録・宣宗實録》卷七一 〔宣德五年十月〕，初行在戶部言：山西歲納大同宣府秋糧負欠者多，請令布政司官量徵土物，赴邊糴米輸納，至是山西布政司上轉輸事宜六條。【略】一大同、宣府官軍除操備守邊之外，餘丁尚多，宜從各衛勘實，督令屯種，歲收子粒儲待備用。【略】上從之。

同上 〔宣德五年十月〕，巡按山東監察御史陳穀言：遼東新設寧遠衛軍士初至，未經屯種，倉無糧儲，衣食不足。都督巫凱奏請以定遼諸衛諸所軍士冬布分借與寧遠之軍，糴糧食用，然所借有限，終非常法，莫若將遼東都司官吏軍餘犯罪者除重罪解京外，其徒流杖笞定納米等第運於寧遠贖罪，則軍士可以少濟，俟下年屯種秋收則止。上然其言，仍命行在戶部、兵部、都察院議定以聞。

《明實録・宣宗實録》卷七二 〔宣德五年十一月〕，行在兵部奏山西按察司言：各衛所軍士赴京備操備，往來多無馬驢，屯軍多缺耕牛，今山西三司及有司軍衛罪囚所輸贓罰有牛馬驢騾，請以給軍，每歲終具數達行在兵部及山西太僕寺，庶幾官民兩便。從之。

《明實録・宣宗實録》卷七三 〔宣德五年十二月〕，復山東布政司左叅政郭良、右叅政陳士啓、左叅議李寅職。先是上命山東三司各委堂上官如永樂中例提督屯種，良等避事不行，委知事陳忠往，事覺應杖，俱罰役，復之。

同上 〔宣德五年十二月〕，行在兵部右侍郎王驥言：自湖廣還，道經九江、安慶，其衛所官俱以屯種事被繫，缺官理事。上曰：軍官守城爲重，可以一事而盡執之乎。命巡按御史止究管屯者，餘責罪狀令復職，他衛有犯亦准此例。

《明實録·宣宗實録》卷七四　［宣德五年］，屯田子粒八百四十三萬二百一十七石有奇。

《明實録·宣宗實録》卷七五　［宣德六年正月］，叅議原固言：臣比奉命於總兵官都督劉廣所治文書，謹上便宜五事。【略】其二今各衛所腴田皆爲官豪之家所據，雖已報官，仍有不盡，屯軍所種多是沙地，以致子粒多欠。乞遣大臣會三司堂上官踏勘，除報官納糧外，有多據者悉與屯軍。【略】其五甘州左等衛管屯官怠多勤少，不肯用心督軍以時耕種，致子粒無收，乞勑巡按監察御史及陝西按察司嚴督，有怠惰者罪之，庶屯種有收，軍食充羨。上嘉納其言，命所司行之。

《明實録·宣宗實録》卷七六　［宣德六年二月］，遣行在工部右侍郎羅汝敬往陝西經理屯田之務。持陝西叅政陳琰言：寧夏、甘肅田地可引水灌溉，雖旱亦收，然貳處膏腴之地皆爲鎮守官及各衛豪横官旗所占，俱不報官輸糧，間有報者十僅得一，其卑下瘠地則分與屯軍，致屯糧虧欠，兵士饑困，而官員豪強之家日以恣横。又陝西諸衛所軍有二分、三分守城，七分、八分下屯者，以七八人耕作供給二三人之食，宜無不足，而各衛往往缺糧，有司疲於餽運，蓋由衛官及管屯者各圖己利，不顧公家，凡屯軍有所差遣不復撥補，即除其名，而據其地。乞遣官行視，按其侵欺之罪。上是其言，遂遣汝敬與琰往同三司官經理。

《明實録·宣宗實録》卷七七　［宣德六年三月］丁丑，楚王孟烷奏：舊例護衛軍士八分下屯，二分守城。今止存一衛，除老疾、亡故、女戶及諸郡王使用外，止存一千二百人供給本府。乞免屯田。行在戶部言：楚王雖一護衛，見有官軍五千二百人，况有餘丁下屯，宜仍舊。上曰：軍士豈應坐食，令使用外，仍以一半下屯。

《明實録·宣宗實録》卷七八　［宣德六年四月］，遣行在兵部右侍郎柴車等往山西經理屯田。時巡按御史張勗言：大同之地雖寒，原野平曠，所種粟麥有收而其地多爲軍官以勢據占，小民無地可種，日以貧困，乞遣官同三司官按視占耕多者分與軍民爲便。上是其言，命車及御史一人往同理之。

《明實録·宣宗實録》卷七九　［宣德六年五月］丁丑，浙江布政司右參議彭璟奏：浙江嘉、杭等府税糧浩繁，乞增除參議四員，一專管屯田，一管浙西嘉、湖、杭三府，其二員分於溫台諸府專理農務。上謂行在吏部臣曰：古人云公私不足，由設官太多，其言不可聽。

同上　［宣德六年五月］，行在兵部尚書許廓奏：神策、應天、和陽三衛原分調扈從旗軍二千七百人，多有逃故，存者不足於用。有總小旗往各處勾軍違限有五年之上者，以致缺伍，請行各處巡按御史幷按察司執之解京，應勾軍士令有司勾解補伍。又應天、和陽二衛原分調官軍内四百二十七人，洪熙元年奏回原衛屯田，請取至調用，缺人屯田，別選餘丁補之。上曰：屯田軍豈可動，勾軍違限者俟其回日論罪。

《明實録·宣宗實録》卷八〇　［宣德六年六月］，陝西按察司奏都指揮苟旺掌蘭州衛，占種官屯田二頃致軍餓死者十六人，請治其罪。上命巡按御史覆勘，如果實即是(旺)［枉］殺此十六人，執而罪之，勿貸。

《明實録·宣宗實録》卷八一　［宣德六年七月］辛未，行在兵部尚書許廓及御史給事中劾奏會寧伯李英不守法律，招致逋逃軍民周買兒、郭三三等七百六十餘戶，分置莊所，令其屯田，立家人爲總管名號以帥之，邊人皆畏英不敢言，當正英罪。上曰：英受重爵當守法，豈應爲此，或其家人假英名爲之，其勿罪英，但令都督史招追所招逃軍逃民悉還官。

《明實録·宣宗實録》卷八三　［宣德六年九月］，行在工部侍郎羅汝敬還自陝西，言：寧夏、甘州等處官豪之家占種田土計一萬四百九十餘畝，依屯田起科，增收子粒一十九萬五千五百七十餘石，開除沙鹻等田歲無子粒者四千六百九十一頃有奇。【略】從之。

同上　［宣德六年九月］，行在工部侍郎羅汝敬言：寧夏等衛屯軍舊種田一頃納屯糧一十八石，然一頃之中地多沙鹻，有名無實。今請開豁，所種田皆肥饒每五十畝仍令納糧一十八石，甘州一十三衛所亦准此例，内除一十二石充本軍月糧，止以六石上倉，餘丁官下家人、寄住人等例無關支月糧，宜照屯軍例以細糧六石輸官。又各衛屯軍雖嘗給牛，歲久不存，貧者無資可買。其西安等府寄養官牛九千二百餘頭，請給屯軍之貧無牛者，不足則於寧夏、慶陽等府官庫支贓罰布絹鈔買補。又寧夏、甘州田土資水灌溉，有勢力者占據水道，軍民莫敢與爭，多誤耕種。請增除六部或都察院堂上官二員往來巡視，寧夏、甘州皆請置提舉司，寧夏正提舉一員，副提舉二員，吏目一員，司吏二名，典吏四名。甘州正提舉一員，副提舉四員，吏目一員，司吏四名，典吏八名，專掌水利兼收屯糧，俱屬部院官提督，則屯田不廢，邊儲有積。又寧夏、甘州馬驛遞鋪夫俱洪武中囚軍，月支口糧三斗，既不能贍，其所種民地近年俱依屯田例納糧，愈加貧困，宜依餘丁種田之例令存月糧自食，少甦其苦。上命行在戶部會官議，於是太子太師郭資、尚書胡濙等議屯糧，屯牛，減驛夫，種田糧皆可准。置提舉司及添除六部都察院堂上官巡視，請自上裁。上曰：提舉司可置，巡視官不必除，只令御史二人往理其事。

同上［宣德六年九月］，行在兵部侍郎柴車言：奉命往山西大同等處按視田地，爲官民占種及空閒者計一千八百九十餘頃，與軍耕種，請依屯田起科。戶部言：屯田之例，每軍種五十畝，除月糧外以糧六石上倉。今召軍種田每五十畝亦令歲納子粒六石於附近倉。上曰：邊地軍民當優之，可更減一石。

《明實録·宣宗實録》卷八四［宣德六年十月］，濟州衛奏六月苦雨，河水泛溢，溺死屯田軍十七人，渰沒苗稼一十六頃。

同上［宣德六年十月］，總兵官黔國公沐晟奏：雲南都司二十四衛所去歲收屯軍子粒米四十九萬二千一百石有奇，會計可足各衛旗軍十一月糧。命行在戶部更覆實。總兵官都督陳懷奏：松潘衛屯軍耕牛比因番寇侵奪，存者無幾，乞於四川布政司所屬見養官牛内給之，不足則支官價買給。從之。

同上［宣德六年十一月］，湖廣石首縣典史劉英奏：本縣舊有三隄長一千九百四十餘丈，比因江水泛漲，風浪衝激，頽圮其半。近隄之內連歲被澇，禾稼無收，其隄內民田與荆州衛軍士屯田利害適均，命軍民並力築之。

《明實録·宣宗實録》卷八五［宣德六年十二月］，遣監察御史往寧夏、甘州巡視屯田水利。初行在工部侍郎羅汝敬言：寧夏、甘州諸衛屯種全資水利，多爲官豪侵占，農家不得灌溉，兼屯軍及餘丁嘗有公私差遣，妨其農功，子粒無徵，請增除六部都察院堂上官二員專一往來巡視，庶革其弊。至是上命都御史顧佐選御史二員往理其事。上進而諭之曰：邊軍屯田最爲切要，爾往必潔己奉公，毋爲勢要所脅。

同上［宣德六年］，屯田子粒九百三十六萬六千四百二十石。

《明實録·宣宗實録》卷八七［宣德七年二月］庚戌，復命工部右侍郎羅汝敬往陝西總督稅糧屯種及芻粟出納、河渠等事，勑諭之曰：凡此衆務必須區畫得宜，人不勞困，尤在敷宣德意，撫恤軍民，扶植良善，遇有訴訟重則付三司或巡按御史究治，輕則量情責罰，或付郡縣治之，若有包攬侵欺、盜賣糧草及沮撓屯種、占據水利者，不問内外官及權豪勢要具以上聞，其有便民之事亦具奏來。爾須秉公正，勵廉潔，勤謹詳明，夙夜無懈，無暴無刻，庶副朕委任之重，如或不謹，於爾有罰。欽此。

《明實録·宣宗實録》卷八八［宣德七年三月］，副總兵都督方政奏：獨石等處惟西貓兒峪未有城堡，而當寇賊之衝，已遣千戶楊洪領騎士屯駐，且耕且守。上從之。因諭兵部尚書許廓等曰：屯守有方足以制敵，朕以邊事委政，凡所調度聽其自擇，朕不中制也。遼東都司言：諸衛屯種耕牛初皆買於朝鮮，今牛多死缺用，遂遣内官昌盛等齎勑諭朝鮮國王李祹，賜以紵絲紗羅錦帛，令如永樂故事選牛一萬送遼東都司給軍，仍遣員外郎李顯運絹布五萬匹償其直。

《明實録·宣宗實録》卷九〇［宣德七年五月］，成國公朱勇奏：永樂間運糧口外，止供開平官軍及備大軍支用。近來不依舊例樽節，一概放支，以致連年儹運不息。若遼東衛所亦係極邊，且耕且守，其供不出於民。今諸邊衛皆請倣此，遂上便宜八事。【略】其五宣府未調左右二衛官軍之時，調蔚州美峪等衛所官軍操備，今宣府既有左右二衛在城，原有宣府前衛幷興和所官軍守備，其蔚州等衛所調者合令回衛，馬隊俟開平輪哨，步隊俟來春屯田，除食用之外每人歲納細糧六石，蔚州、保安二衛美峪、廣昌二所俱令送宣府倉收，其餘衛分就本處倉收，宣府前等衛守城等項旗軍亦宜照例摘撥屯田，如有警急悉聽調用。其六隆慶州乃是腹裏，已有永寧等四衛幷神機營在外保障，今調懷來官軍二百餘名備禦，且無盔甲器械，閒逸費糧，令回衛屯種爲便。【略】上令行在戶部會官議，皆以爲宜，惟宣府調赴遼東官軍不動，餘悉從之，令郎中王良、都督毛翔專理屯種，務臻成效。

同上［宣德七年五月］癸亥，勑遼東總兵官都督巫凱，廣寧開原馬市所買牝馬可送遼東苑馬寺孳牧，牛以給寧遠諸衛所屯種，其餘馬駝皆送京師。

《明實録·宣宗實録》卷九一［宣德七年六月］壬子，宣府總兵官都督譚廣奏：近行在戶部以邊儲轉運爲難，令臣止將宣府前衛及興和千戶所官軍守備，凡諸衛官軍調戍宣府者皆遣還，來春屯種，輸納子粒，若宣府前等衛士卒亦須摘撥屯田。緣臣所守邊地一千四百餘里，皆與虜隣，雖有城堡，相去或五六里，或二三十里。往時虜寇常依險藏伏，遇雲霧風雪之際，輒入爲寇，因再委都指揮黄眞嚴切巡邏，始有畏忌之心。然諸處瞭望常見有虜寇往來，彼蓋窺伺欲乘間竊發，是以書夜不敢怠遑。況諸軍皆自永樂中調來，今若惜費稍稍減撤，或有警報，各固封守，所將逐捕能有幾人，急欲徵兵遠者七八百里，近者二三百里，及其來赴，賊已引退，人困馬乏，何能成功。今大同遼東皆置重兵而宣府密邇北京，尤爲要切。誠如戶部所言，臣愚未見其可，若不盡言，恐負陛下委託之重。上命行在戶部移文諭廣自永樂中調者如舊，今戍守有餘亦須屯種，長久之策也。

《明實録・宣宗實録》卷九三 ［宣德七年七月］癸亥，直隸忠義中衛、遵化衛、東勝右衛、興州後屯衛、大寧都司營州右屯衛各奏今年五六月間天雨連日，山水驟發，渰沒軍屯低田黍穀。

《明實録・宣宗實録》卷九四 ［宣德七年八月］，廣東按察僉事曾鼎言：雷州、廉州、神電等衛所歲儲止足一年，海南衛幷所屬不及一年，軍士往往乏食。今廣州府積糧雖多，阻山隔海，艱於餽運。切見洪武、永樂間衛所軍士守城屯種，各有定額，食皆給足而備禦不失。其後都司奏罷屯種，嚴城守，故田皆荒蕪，倉無儲積，乞仍屯種以廣邊儲，遇有警報不妨調發，庶倉廩有備，邊衛無虞。命行在戶部禮部議行之。

同上 ［宣德七年八月］，巡撫侍郎羅汝敬奏：西嶽神祠年深傾圮，請令西安左三衛屯田軍餘及近廟州縣量起民夫伐材脩葺。命俟農隙之時興工。【略】奏至，命所司議行之。

《明實録・宣宗實録》卷九五 ［宣德七年九月］壬戌，參政沈固上言四事。【略】其三，比來侍郎柴車等取勘官軍所種地土每頃令納細米一十石，種田納糧，理所當然。臣觀大同邊境地土𦤎薄，若雨暘順時，人工修治，僅得十之三四；人工不修，加以旱澇霜雹，計其所收不能償種。而況軍士月糧有妻室者月止七斗，無妻室者月止五斗，家口多者不令自耕，豈能足食。況先奉太宗皇帝勅諭軍官及軍下舍人家人餘丁自願耕種者不拘頃畝，隨其開墾，子粒自收，官府不許比較。今田一畝徵糧一斗，比之民糧尤重，若逼迫取之，必致逃逸。乞勅戶部凡各衛官軍有力耕種者計其田畝，歲納糧數，准作應支俸給，有多餘者仍舊納官，不及本等俸者如數補給。其旗軍餘丁所種地土應納之糧給與自食，或三分中減納二分，庶使軍士得遂所養。【略】上曰：所言皆有理，命六部議行。時固奉勅在武安侯幕府治軍機文書，故上此奏。

同上 ［宣德七年九月］壬午，鄭王瞻埈擅取鳳翔、寶鷄二縣官軍退閒屯田六十五頃令人耕種，至是慮事覺乃奏。上復書曰：雖是閒田，非無主者。賢弟此後宜謹禮法，不得踰分，若宗室諸王皆倣傚來求，朝廷何以應之。不應則失親親，應之則失公道，處之甚難。吾弟宜體兄心，毋蹈前過。

《明實録・宣宗實録》卷九七 ［宣德七年十二月］，置遼東都司寧遠衛、貴州都司烏撒衛、陝西都司寧夏羣牧千戶所、中都留守司洪塘湖屯田千戶所倉副使各一員，山西太原府保德州倉大使、副使各一員。

同上 ［宣德七年］，屯田子粒八百五十七萬五百四十二石有奇。

《明實録・宣宗實録》卷九八 ［宣德八年正月］甲戌，上初以各處人民有未安，德澤有未浹，軍民利病有未上聞，稅糧、屯田、水利有慢令後時者，遂勅巡撫侍郎趙新等曰：兹命爾等巡撫郡縣，務宣德意，撫下人，扶植良善，一切稅糧皆從爾設法區畫，必使人不勞困，輸不後期；衛所屯種從爾比較，水田圩岸亦從提督，使耕耘以時，水旱無患，應有便民之事悉具奏聞，宜秉公正，勵廉潔，無暴無刻以副朕心。

同上 ［宣德八年正月］，巡撫侍郎羅汝敬奏：甘肅臨邊極地素宿重兵守備之要，糧餉爲急，請令行在刑部都察院移文陝西三司及行都司幷臨鞏等衛府所問罪囚，一循寧夏納米例，莊浪衛迤北者於肅州衛上倉，臨鞏等衛於甘州左衛上倉。又奏：甘州左等一十三衛軍餘屯田地高土冷，霜雹不時，連年子粒少收，宜寬減之，令五十畝止納餘糧五石。悉從之。【略】庚辰，勅南京守備襄城伯李隆同巡撫侍郎周忱總督南京各衛所屯田，較其所入之數以充軍食，必使耕種以時，毋令下人侵擾。

同上 ［宣德八年正月］辛巳，甘肅總兵官都督僉事劉廣奏：陝西、甘州諸衛所俱臨極邊，通置烟墪四百三十餘處，先嘗發兵哨備，比因調遣及屯田見在軍士不足，請取甘州左等十一衛屯軍三千六百人還衛，更番守備。從之。

《明實録・宣宗實録》卷一〇〇 ［宣德八年三月］，山東按察使虞信言：聖朝屯田之政，蓋欲軍有餘糧，民免供餽，誠良法也。比見山東都司衛所管屯官不體上意，私役軍丁，怠廢農務。如濟南衛軍旗總五千六百人，隨營餘丁老幼亦不下千餘人，宣德五年下屯止百九十人，六年四百七十人，七年四百八十人，似此屯田，糧何由積。切恐諸衛皆然。乞勑兵部遣官通行點視，務究其實，征操運糧備倭凡若干，見在旗軍餘丁老幼凡若干，盡令下屯，仍具名籍，在外送按察司，直隸送巡按御史，歲終如例比較賞罰，如此則糧可有積，軍無私役。又言：洪武間都司、布政司、按察司視事繁簡，置承差催辦，已有成規。今山東都司既有承差而又擅取衛所舍人差遣，往往凌辱官員，貪圖賄賂，致令所屬官吏乘此侵削軍糧，市物饋送。乞勑行在都察院轉行各處按察司及巡按御史禁止聽差，舍人應襲者如例送儒學讀書，非應襲者令依親閑住。凡諸大小事務止遣承差，如此則舊制不違，軍不被害。上悉從之。

《明實録·宣宗實録》卷一〇一　［宣德八年四月］戊戌，以南北直隸、河南、山東、山西旱，下詔寬恤。詔曰：朕以菲德恭嗣天位，統御兆民，夙夜惓惓，圖惟安利。今畿内及河南、山東、山西幷奏自春及夏雨澤不降，人民飢窘，朕甚惻焉。夫上天降災厥有攸自，其政事之有闕歟，刑罰之失中歟，徵歛之頻繁歟，撫字不得人歟。永念其咎，内疚於心，思爲感通之道，必廣寬恤之仁，庶天鑒之，旋災爲福。所有各行事宜逐一條例：一南北直隸、府州縣幷河南、山東、山西三布政司凡災傷去處人戶自宣德七年十二月以前拖欠夏秋稅糧、戶口塩糧及官軍屯種子粒悉皆停徵，其拖欠各色課程、塩課幷各衙門見坐派買辦採辦諸色物料及虧欠孳牧馬驢牛羊牲口悉皆蠲免，仍免其今年夏稅，軍民乏食者所在官司驗口給糧賑濟，如官無見糧，勸率有糧大戶借貸接濟，待豐熟時抵斗償之。

《明實録·宣宗實録》卷一〇四　［宣德八年八月］，行在兵部右侍郎柴車奏：遼東各衛屯田軍士貧富壯弱不均，請分作三等，有丁力牛具者爲一等，有丁無牛有牛無丁者爲二等，貧難力單者爲三等，以三等附一等之家，借其牛具種子，秋收付還，縱獲豐稔，不許侵索所收。若此則三四年間人有贏餘，可以立產業，成家室，免逃竄之患。命行在戶部如所言行之，仍遣鴻臚寺少卿張隆常加提督。

《明實録·宣宗實録》卷一〇七　［宣德八年］，屯田子粒七百二十萬九千四百六十一石。

《明實録·宣宗實録》卷一〇八　［宣德九年正月］丁酉，行在戶部同各處巡撫侍郎趙新等議奏今年運糧、屯糧及贖罪納米事例。【略】一各都司衛所屯田旗軍除正糧外餘糧六石納於附近官倉，仍照舊比較。【略】上皆從之。

同上　［宣德九年二月］甲子，魯王肇煇奏：今造墳及享堂，請免護衛軍士運糧屯田者以助役。從之。

《明實録·宣宗實録》卷一〇九　［宣德九年三月］，宥遼東都指揮同知裴俊罪。舊任三萬衛指揮，軍士告其減官軍月糧以補屯田子粒之數，同犯者俱已坐罪，俊以土人奉命招諭外夷，至是還，自陳有罪。命宥之。

《明實録·宣宗實録》卷一一〇　［宣德九年四月］，行在工部右侍郎羅汝敬坐受賕免死，充爲事官，仍提督陝西屯田。先是汝敬承命往陝西提督諸衛屯種，私令家人乘驛驢及擅提問平涼衛指揮哈剌苦出，又受指揮傅敏等金銀器及貂鼠皮。事覺，都察院逮問，擬受財枉法當絞，贓物入官。上曰：爲大臣而不潔如此，追所受贓，姑繫於獄。至是蒙恩宥充爲事官往陝西，杖其家人，發隆慶州屯種。

同上　［宣德九年五月］，行在戶部奏：比者皇陵衛老軍王福言洪武間旗軍什八守城，什二屯種。永樂中什八屯種，什二守城，歲收子粒足給軍士月糧。比來都司衛所不守成法，每衛止令一二百人或三五十人屯種，所收子粒不足給軍，補給於大倉，不惟偷安自便，抑且虛費廩粟。又本處軍民比因缺食，多以子女質鬻與人，如是不已，必致軍缺其伍，民失其戶。今議得旗軍屯田宜令各衛見在旗軍及今清出老幼俱如洪武、永樂間例，邊境衛所什三守城，什七屯種，内地衛所什二守城，什八屯種，或分一九屯守，或俱下屯，仍令巡按監察御史都司、按察司委官督較，務責實效，及行鳳陽、揚州、徐、滁等府州衛所查勘，有因飢荒以女子質鬻與人者，官爲給價贖還。從之。

《明實録·宣宗實録》卷一一二　［宣德九年八月］庚戌，巡撫侍郎吳政奏：湖廣黃州等府，麻城等縣去年荒歉，稅糧逋負。又武昌、漢陽、黃州、德安、岳州、襄陽等府，沔陽、安陸等州今年春夏不雨，田苗盡枯，民饑窘尤甚，有司雖已賑濟而州縣所積糧少，支給不周。請以湖廣今年秋糧之當兌運者四十四萬餘石及當赴南京等倉輸納者，准令折收豆粟小麥存留本處，以備賑濟，其有收之處該徵糧米幷屯軍子粒如舊運納，仍令湖廣都司運糧軍士暫於他府州兌運。從之。

同上　［宣德九年八月］壬戌，遼東都司奏：定遼左、右、中、前、後五衛，大寧都司奏營州左屯衛，保定左、右、前、後、中五衛，茂山衛寬河守禦千戶所并直隸興州前屯衛、涿鹿中衛、徐州衛各奏六七月大雨水潦，渰沒田苗。命行在戶部遣人覆視，蠲其子粒。

《明實録·宣宗實録》卷一一三　［宣德九年十月］己酉，直隸應天府之溧水、六合、江寧、上元、句容五縣，太平府之當塗縣皆奏今年自春至秋不雨，溪澗絶流，全妨種植，間有種者亦盡焦槁，土地乾坼，寸草不生，民皆飢餓。乞寬減買辦物料。廣洋等三十五衛亦奏屯軍所種六合等屯旱乾無收，乞免子粒。上悉從所言，命戶部及巡撫侍郎周忱設法賑濟。

同上　［宣德九年十月］己巳，唐王瓊炟奏：本府修理家廟及居室，欲輟屯田軍一千五百餘人供役，請暫免明年屯種，畢日仍舊。從之。

《明實録·宣宗實録》卷一一五　［宣德九年十二月］丙午，韓王冲𤇼奏：比蒙優免護衛旗軍一千八十五人屯種三年，今已滿限，陝西都司俾與羣牧所旗軍皆如例，二八屯守。緣羣牧所軍士四百六十六人，乃恩賜畜牧之數，乞循永樂間各王府事例，免其下屯，專令供給柴炭。護衛屯軍亦乞循安府舊例三分守城，七分下屯。從之。

同上　［宣德九年十二月］，行在戶部右侍郎王佐奏：昨戶部員外郎羅通言，萬全都司所轄德勝口守備官軍四千六百九十餘人，緣山築長城，濬壕塹，設烽置堡，屯守兼備，其宣府乃内地，在城三衛一所，又調蔚州諸衛官軍八千餘人操備，士馬衆多，坐費餽餉，未嘗出境巡邏。若長安嶺迤北至獨石新立四堡皆臨極邊，備禦官軍通計三千三百人，有故者三百五十餘人，不足於用而糧料供給皆出山西大同等府，山路崎嶇，轉運實難，比乏餽餉，又勞京軍儹運，切惟雲州至鵰鶚皆可田之地，官軍私種獲利，請分調宣府見操官軍三千三百餘人於雲州、赤城、鵰鶚諸堡與原調官軍通六千六百人，半以巡哨，半以屯田，軍與田一頃，官給牛具種子，令對名供給，一歲之後，住其月糧。開平龍門衛所官軍亦用是法，倘遇緩急則下屯之士亦可調用，庶官府省轉輸之勞，而士卒無勞逸不均之患。臣佐奉命往與都督譚廣等議之，廣以爲赤城諸堡地臨極邊，宜增守備，宣府皆是衝要，士卒亦不可少，其屯守對給猶恐歲有豐歉，亦難預擬，今欲分調宣府官軍，請仍留一千操備而以一千人於雲州諸堡與舊軍相兼屯守，千三百人於宣府各衛屯種，輸納子粒。乞勑兵部，後有法當充軍者皆發雲州諸堡屯守。上諭行在兵部尚書王驥曰：赤城諸堡既是極邊，宜以蔚州諸衛軍士之在宣府者千五百人益之，留千三百人宣府屯種，雲州諸堡增軍一如所言。

同上　［宣德九年十二月］，遼東總兵官都督僉事巫凱奏：奉勑欲以定遼左等衛官軍見在廣寧操備者皆還原衛屯種，及各官家屬人等所種田地皆納糧如例，命臣等議可否。臣等竊思廣寧操備官軍不時調用，難以遣歸屯種，其各官家屬所種之田可如例起科，每畝納米一斗以備邊餉，計田八百八十一頃六十九畝，應納糧八千八百一十六石九斗。上從凱言。

同上　［宣德九年］，屯田子粒二百三十萬七千八百七石。

《明實録·英宗實録》卷二　［宣德十年二月］，行在五軍都督府言：在京七十七衛官軍士校尉總旗二十五萬三千八百，除屯田守城外，其十一萬六千四百，俱内府各監局及在外差用，今各營操練僅五萬六千，選用不敷，况今工部人匠數多足任役使，乞將各監局役占官軍退回各營操練。從之。

《明實録·英宗實録》卷三　［宣德十年三月］己卯，賜永和王交城、祁二縣地八十八頃有奇。時永和王濟烺奏：原賜隨侍官軍一所受有屯地，今官軍改調，屯地空閒，請爲畜牧之所。上從之。

《明實録·英宗實録》卷五　［宣德十年五月］，行在兵部奏：遼東總兵官都督巫凱欲將廣平、開原二處所市馬匹上等者送京師，中等、下等者給軍士充戰馬，其不中者給屯種軍，餘牧養種馬，送遼東苑馬寺。乞如其請。上從之。

同上　［宣德十年五月］戊寅，命巡按陝西監察御史兼理屯田，以巡撫侍郎羅汝敬奏甘州等衛指揮仇勝等沮撓屯田，占據水利，逋負餘糧故也。

同上　［宣德十年五月］，行在戶部奏：巡撫陝西侍郎羅汝敬坐法，邊儲屯田缺人總理，請令鎮守陝西右副都御史陳鎰兼之。上以數事甚重，豈一人所能兼，命別擇人以往。

《明實録·英宗實録》卷七　［宣德十年七月］，湖廣銅鼓衛百戶陳復奏：本衛并五開等衛自永樂年間至今於辰州、宣慶、武岡等處立堡屯種，餘糧就彼收貯，所積稻穀歲久陳腐，支銷不盡，乞勑該部移文湖廣軍衛有司，但有災傷之處各就近將屯倉所儲不分軍民驗口支借，秋成還官。上命行在戶部議行之。

同上　［宣德十年七月］，免山西今年夏税并屯種夏糧之半。

《明實録·英宗實録》卷八　［宣德十年八月］辛亥，命巡撫陝西行在戶部右侍郎李新兼理屯田。

同上　［宣德十年八月］壬戌，免赤城等堡新撥屯軍子粒。時調蔚州等衛操備官軍一千五百人往赤城屯田，比至後時，故免其年之税。

同上　［宣德十年八月］，給宣府等處屯牛。時調操軍二千八百人於宣府赤城、雲州、鵰鶚屯田，俱言無牛耕種，乃以河間、保定諸府衛官牛五千餘隻給之。

《明實録·英宗實録》卷一二　［宣德十年十二月］丙午，廣西都指揮僉事田眞言：洪武間各衛軍士屯田十分之七，近年征差逃故者多，遂將餘丁老幼足之，且餘丁遞年供應正軍，復令屯田，實爲重困，乞將老幼如例屯田，餘丁優免。事下行在户部覆奏。從之。

同上　［宣德十年］，屯田子粒二百七十七萬六千一百四十一石。

《明實録·英宗實録》卷一三　［正統元年正月］甲戌，遼東操備都指揮孫安奏：各衛糧料俱本處屯種自給，今屯軍艱難，所欠官糧宜俟秋收補納，又欲量減廣寧以東屯田分數。事下行在户部覆奏，行總兵官都督巫凱定奪以聞。

同上　［正統元年正月］，湖廣五開衛奏：本衛旗軍因撙節事例月支糧米五斗，食用不足，今屯糧數多，乞准每月全支一石，庶免匱乏。事下行在户部覆奏，從之。【略】庚寅，少傅兵部尚書兼華蓋殿大學士楊士奇等言：國家歲用糧儲浩大，皆仰給江南，軍民轉運，不勝勞苦。况河道難通，少有阻隔，則糧餉不足，實非長久之計。今在京官軍數多，除操練造作應用外，餘者悉令於北京八府空閑田地屯種，倘遇豐年，必有蓄積，可省南方轉運之費，此實國家經久長策。上命行在户部兵部議行。於是撥京軍三萬就近地下屯。又言：先因巡邊調選大寧都司并南北直隸衛所官軍更番赴京操備，今天下安靖，請不必赴京，俱令下屯，命巡撫巡按官巡視比較，務求實效，既省轉輸之勞，又養軍士精鋭之氣。上謂亦良策也。俟從容行之。

《明實録·英宗實録》卷一四　［正統元年二月］，陝西岷州衛千户蘇玘奏：本所舊額旗軍一千一百二十名，先調甘州操備七十二名，繼調凉州聽征二百五十名，屯田四百八十八名，而守城之數十存其二，且岷州西去四百餘里，烽堠關隘五十餘所，外薄西番，番寇不時出沒，乞照洪武間事例，一分屯田，九分守城，庶緩急有備，邊境無虞。事下行在兵部覆奏。從之。

《明實録·英宗實録》卷一五　［正統元年三月］，巡按陝西監察御史曹翼奏：太監王貴占種官田一百餘頃，侵奪軍屯水利，私役軍餘九百餘名，又信用都指揮馬亮老軍顧肆郎，亮强娶指揮妻爲妾，肆郎受賂，冒報軍功，乞勑該部定奪，以除邊患。上以鎮守官已有廩給，何得又奪邊軍水利，私役軍人種田，命行在户部移文悉以田地水利撥與屯軍耕種，亮姑記其罪，肆郎令翼鞫治。

《明實録·英宗實録》卷一六　［正統元年四月］，行在兵部右侍郎徐晞奏：陝西行都司屬衛開種地畝賦税額重，徵納不完，會同行在左侍郎王佐等議，宜將軍餘地畝如民田五升起科，月糧仍舊関給，其屯田正軍該納餘糧六石，餘丁地畝亦科如民田，及大同宣府邊衛亦宜如例。事下行在户部覆奏，從之。

同上　［正統元年四月］，勑都察院右僉都御史李儀：今命爾巡撫宣府大同，提督屯糧，及各倉場糧草等項，撫恤軍士，扶直善良，若内外官員及權豪勢要之人有侵欺盗賣糧草及沮撓屯種等項者，具實奏聞，務俾糧廩充實，軍不失所。爾尤須公正廉潔，勤謹詳明，無暴無刻，庶副委任之重，苟或不謹，罰及爾身，悔將無及。欽哉。

同上　［正統元年四月］，左軍都督同知吳也兒克台奏：臣無草場牧放馬匹，聞涿縣路村官地無人管業，乞賜牧放。奏下行在户部覆奏，於三河縣空閑草場撥與二百五十畝，從之。

《明實録·英宗實録》卷一七　［正統元年五月］，山東參政劉璉言二事：萬全都司屯田糧舊有定數，今管屯都指揮或於軍餘名下科徵，或扣月糧，皆無定數，以致軍士不得食用，逃亡者多，乞令今後務要以時耕種，實徵子粒。一萬全都司屬衛官員食米一石，於宣府官庫折関，青紅等布經歲不得，致使千百户因而剋減軍糧，乞就本處倉分関米便益。奏下行在户部覆奏，乃行巡撫右僉都御史李儀提督，從之。

《明實録·英宗實録》卷一八　［正統元年六月］，行在户部奏：切見各處屯種衛所下屯軍人百不遺一，生之者少，食之者衆，是致歲用不敷，宜移文各衛遵洪武、永樂間定制，在邊者三分守城，七分屯種，在内者二分守城，八分屯種，屯軍每名如新，止徵餘糧六石，交納附近官倉，仍命各處總兵鎮守巡撫官并都、按二司、巡按御史、提督比較，庶幾邊有實儲，軍無匱乏，從之。廣西按察司僉事鄧義奏：所屬府州縣秋糧俱在本處收納，積貯年久，腐爛不堪食用，乞令該部酌量本處官員人等俸廩足用外，其餘折鈔運赴南京該庫交納，以資國用。上命行在戶部議行。

《明實録・英宗實録》卷一九　［正統元年六月］，巡撫河南山西行在兵部右侍郎于謙言十事。一曰接濟邊儲。近年邊方多事，而民田無收，乞將各處文武官犯贓運磚贖罪者定其糧數多寡，運赴大同、宣府、甘肅、寧夏上納贖罪，庶民力稍甦，邊餉有備。二曰優養軍士，山西、山東、河南、直隸衛所官軍每歲輪流兩班赴京操備，以致守城乏人，屯田荒蕪，乞分作三班，一赴京，一守城，一屯種，庶軍得寬力，民省供費。**【略】**上是其議，仍命尚書胡濙等曰：軍旅事重，謙欲操備軍士分爲三班，還與總兵官詳議以聞。

同上　［正統元年閏六月］，遼東定遠等衛奏：往年旱潦所負屯田子粒上納艱難。事下行在戶部覆奏，移文巡撫僉都御史李濬覈實除之。

《明實録・英宗實録》卷二〇　［正統元年七月］，直隸蘇州衛奏：本衛軍士原闢屯田一十四頃，比因他役未及耕種，而常熟縣民人據之以爲己有，請仍給軍屯種爲便。事下行在戶部覆奏，以爲軍既他役，不當復給以田，請仍令民佃而租稅如屯田例徵收。從之。

同上　［正統元年七月］，右僉都御史曹翼奏：甘州諸衛所新闢田畝每畝歲征租五升，固已輕矣。而近時言者欲再輕之，致蒙詔旨，今臣等覆視闢地，不及五十畝者悉蠲其租，且歲用之數有增無損，既蠲軍士之租，必將重民之稅。然關中之民，歲輸邊儲，疲弊已極。朝廷何忍損彼以益此哉。請仍徵之。又言：祖宗恢拓疆宇，得尺則守尺，得寸則守寸，蓋欲傳之萬世者也。今言者欲棄肅州、鎭番、鎭夷諸處，雖未蒙俞允，然此妄言之人恐言之不已，未免惑亂聖聰，如有再以此言進者，乞置之法，則讒邪之口杜矣。上嘉納之。

《明實録・英宗實録》卷二一　［正統元年八月］，四川布政司奏：先因總兵官都督蔣貴言：令本司於歲運松潘等五衛所稅糧以十分爲率，加運二分，且本司去諸衛山路險阻，民之運糧者皆背負攀援，往返一月，人致四斗而已。常年運糧不下七萬，苟增二分，民益不堪。今歲運之數足給官軍，其各衛所屯田子粒及中鹽糧、囚犯贖罪糧宜立倉別貯，令都指揮一員監支，不得擅散，俟有緩急，方許支給，則民不重困，而邊境有備矣。事下行在戶部覆奏，從之。

同上　［正統元年八月］，巡撫陝西爲事官羅汝敬奏：陝西西安諸府倉糧腐壞者七萬四千石有奇，典守者當論以法，緣在赦前，其米宜令有軍衛者給與屯軍糞田，無軍衛者易鈔入官。從之。

《明實録・英宗實録》卷二二　［正統元年九月］，勅南京守備襄城伯李隆、參贊機務少保兼戶部尚書黃福曰：今命巡撫侍郎周忱兼提督所在各衛所屯田，其南京各衛所屯田爾等就與周忱一同提督比較，務使正餘米及數就作官軍月糧支用，不敷之數，會計定撥，須用區處公平，俾耕種以時，毋致下人託此生事，爾等其欽承朕命毋忽。

同上　［正統元年九月］，福建都司奏福州等衛逋負屯種糧一千八百五十餘石有奇，皆管屯指揮千百戶趙銘等怠緩之故，請治以罪。事下行在戶部覆奏，上命本處按察司督之，不完不宥。

同上　［正統元年九月］，命廣洋衛指揮同知陳暹提督南京各衛屯種。先是南京各衛屯所散在廬州、鳳陽等府縣，巡撫侍郎周忱會南京守備襄城伯李隆、少保戶部尚書黃福議委暹提督，至是以暹於各衛名位相等，難於比較，移文行在兵部選用都指揮一員代暹，兵部請就以暹署都指揮事。上命暹仍舊職，提督各衛官，有抗拒者許奏聞罪之。

同上　［正統元年九月］，大同總兵官都督方政言：臣等比奉勅計議邊事，切惟大同境外溝多山少，三面受敵，設立爲營，難爲經久，惟牛嶺及紅寺兒之地舊有廢營可以修築，就遣原選官軍都指揮孫智等分領馬隊往來巡備，哨探賊情，振耀兵威，有警併力追剿，無事閉營耕種，如此則士馬休息，而能以逸待勞矣。從之。

《明實録・英宗實録》卷二五　［正統元年十二月］，大同總兵官都督同知方政奏：軍餘新闢之地，已蒙恩例蠲其租稅，而司錢穀催徵不已。又言：今歲官軍該納屯糧亦以霜旱薄收，請量蠲除。上命軍餘闢地，悉免其稅，該納屯糧亦蠲其半。

同上　［正統元年十二月］壬申，遼東廣寧等五屯衛言：洪武初以供給遼府全伍屯田，今王徙國荊州，乞以二分守城，八分屯田爲便。從之。

同上　［正統元年十二月］，命山東靖海、成山、威海、百尺、寧津、潯山六衛所軍餘俱寄籍文登縣佃耕民田，從知縣祝協請也。

同上　［正統元年］，屯田子粒二百七十七萬二千六百二十七石有奇。

《明實録・英宗實録》卷二六　〔正統二年正月〕，直隸保定府蠡縣奏：去歲水決鐵埽、王家等口，傷民田稼，請及今農暇令茂山等衛軍餘屯種縣境內者與民協力修築，以防水患。從之。

《明實録・英宗實録》卷二七　〔正統二年二月〕，行在兵部右侍郎徐晞奏：臣奉命鎮守邊方，兼督屯田，緣莊浪、鎮番諸衛相去甚遠，一時不能周歷。今諸衛各有行在戶部主事收受糧儲，請令與臣相兼提督屯田爲便。從之。甘肅右副總兵官都督同知趙安等奏：鎮番衛屯地多在境外，比因虜寇犯邊，不得耕種，人多餓殍，除令富室借貸賑給，尚有不敷，請發官廪賑濟。從之。

《明實録・英宗實録》卷二八　〔正統二年三月〕，遼東都司定遼前衛指揮僉事畢恭言五事：一自海州衛至瀋陽中衛宜於其間分作四處，量地遠近，築置堡墩，調發官軍，往來巡哨，於要路布撒釘板、鐵蒺藜，絶賊歸路，會合追擊，庶得以防護屯種。一瀋陽蒲河、鋪鐵嶺汎河鋪二處中空，宜設二千戶所，將逐年發去新軍編立旗甲管領，暫於都司城內衛分帶管屯操，候數足於所設二千戶所修築城堡屯守。一屯田官軍止知屯種，卒遇賊人，略無隄備，欲編成隊伍，關領盔甲兵器，晝則摘人瞭望，夜則伏路巡更，倘遇賊人，相機勦殺。【略】上命兵部及總兵等官議行。

《明實録・英宗實録》卷二九　〔正統二年四月〕辛未，初上以南京權貴怙勢占據官私田地房屋，勑御史李彛等往按之。彛等廉得中官外戚所占田地六萬二千三百五十畝，房屋一千二百二十八間。上以田地給新調旗軍之貧者，房屋召軍民賃居，原係官者還官。至是襄城伯李隆等奏：奉勑將占據田地，分撥新調旗軍，每人五十畝，俱自正統三年徵納子粒，請於太僕寺見在牛內每人撥與一牛耕種爲便。從之。

《明實録・英宗實録》卷三〇　正統二年五月庚寅朔，命行在兵部尚書王驥理甘肅邊務。先是陝西都指揮劉永言：甘肅兵冗餉匱。詔下廷臣議，僉以爲今之計，在簡精鋭，汰冗懦，嚴訓練，明號令，公賞罰，廣屯田，謹斥候，且耕且守，以養威蓄鋭，宜令總兵官計之。上以此事非大臣不足與計，乃命驥往。

同上　〔正統二年五月〕，初鎮守甘肅總兵、太監等官占據田畝，侵奪水利。事聞，上勑兵部侍郎柴車等官覈實，斟酌田地肥瘠，各官家口多寡，量存與之，餘悉發屯兵耕種。至是奏報西寧侯駙馬都尉宋琥、太監王安、王瑾、崇信伯費瓛、都督劉廣、史昭共占田六百餘頃，內以八十六頃存留各家官屬自種食用，餘田五百一十六頃，撥與無地軍餘耕種。從之。

《明實録・英宗實録》卷三五　〔正統二年十月〕，廣西總兵官都督山雲奏：潯州府平南等縣耆民赴臣處言：潯州切近大藤峽等山，猺寇不時出沒，劫掠居民，阻截行旅。近山多荒田爲賊占耕，而左右兩江土官地方人多田少，其狼兵素勇爲賊所憚，若選委頭目起領前來屯種，帶近山荒田，斷賊出沒之路，不過數年，賊徒坐困，地方寧靖矣。臣已會巡按御史三司等官計議，誠爲長便。乞如所言，量撥田州等府族目土兵分界耕守，就委土官都指揮黄竑部領，遇賊出沒，協同官軍併力勦殺。從之。

《明實録・英宗實録》卷三七　〔正統二年十二月〕戊申，停徵陝西布政司所屬民今年田糧十之五，屯糧十之二，以其地歲歉，從巡撫侍郎羅汝敬奏請也。

同上　〔正統二年〕，屯田子粒二百七十九萬一千七石。

《明實録・英宗實録》卷三九　〔正統三年二月〕，山東按察司副使王憲言：舊例旗軍軍餘雜犯死罪調極邊衛分充軍守瞭。近者遼東屯田旗軍軍餘利在推免屯種，假罪調衛得給守瞭糧廪，又不納所遺子粒，宜令今後有犯前罪旗軍照例納米贖罪，不能納者革役充軍，軍餘俱決杖一百，不必他調。事下法司，議以憲言爲是。從之。

《明實録・英宗實録》卷四〇　〔正統三年三月〕，直隸歸德衛奏：本衛去歲春夏亢旱，子粒無收，軍士饑饉，乞暫於附近徐州有糧倉所關支。

同上　〔正統三年三月〕四川成都府綿州知州黄誠奏：本州衛所屯種餘糧例應納豆，而所種水田無豆，每歲貿易納官，深爲不便。乞今後四川都司衛所屯種餘糧原種水田者納米，陸地者納豆，無豆則抵半折米。從之。

《明實録・英宗實録》卷四一　〔正統三年四月〕，免甘州中護衛及儀衛司群牧所餘丁屯種納糧，從肅王瞻焰奏請也。

同上　〔正統三年四月〕，通州等衛荒無屯田軍民占種三百四頃九十八畝，不納稅糧，行在戶部請移文所司照例起科。從之。

《明實録・英宗實録》卷四二　〔正統三年五月〕丁酉，鎮守陝西右副都御史陳鎰奏：延安、綏德二府稅糧既遠饋寧夏，又分撥本處邊堡，供給不敷。乞令巡撫官於二處取勘各官軍莊田，驗數納糧，以備軍餉。奏下行在戶部請如其言。上以邊地多荒有能自耕自用者，不可徵其税，若有侵種屯軍舊地者，須勘實，令其辦納子粒。

《明實録・英宗實録》卷四三　[正統三年六月]，以河南耕牛給陝西平凉府民。初陝西、甘肅邊軍屯田耕牛皆取給於河南。有言其勞擾不便者。詔止之，而牛已解抵陝西境矣。會平凉府言民間無牛耕種，請周給之，遂從其請。

《明實録・英宗實録》卷四四　[正統三年七月]甲午，行在兵部尚書兼大理寺卿王驥同總兵官寧遠伯任禮等言邊務五事。一近令邊衛菜果園俱依内地納鈔，然甘肅十三衛所僻居極邊，寒旱暖遲，雖有山桃野杏，俱酸澀不堪食，又商旅少通，鈔甚難得，請悉蠲之。一近制屯田種子令於在城官倉上納，來春復於官倉關領播種，然諸屯去城遠者二三百里，往返不便，請遵舊制，於各屯設倉收貯，及時遣官給散。【略】上悉從之。

《明實録・英宗實録》卷四七　[正統三年十月]，鎮守陝西都督同知鄭銘奏：西安三衛路當衝要，外夷使客絡繹往來，日逐供贍，取給於軍，乞將城下空閑地二十頃令三衛軍餘耕種，子粒置倉收貯，以備支待。事下行在戶部覆奏，從之。

《明實録・英宗實録》卷四八　[正統三年十一月]，書諭慶世子秩煃，得奏光王薨，欲率人相地安厝，此世子之孝敬也。又欲免護衛屯軍明年子粒同寧夏四衛軍，徐往造已悉如世子言，世子其知之。

《明實録・英宗實録》卷四九　[正統三年十二月]甲寅，山東布政司右參政劉璉言：守邊在練兵，貴精而不貴多，養兵在屯田，貴實而不貴虚，邊兵精則守固而糧不徒費，屯田實則蓄廣而人不徒勞。臣請條陳其事。一宣府大小白陽二堡相去止二十里，各駐軍馬坐耗糧餉，乞歸併大白陽一處，止存留馬隊官軍，其步隊退還各衛。一龍門衛歲調官軍三百人，往戍龍門千戶所，而調宣府等衛三百人，來戍龍門衛，往來絡繹徒費行糧，乞將宣府等衛徑調龍門千戶所而龍門衛官軍不動。一河南都司馬步官軍四千調來宣府操備，半年一更，甫能馬肥，輒復代去，乞精選二千分爲兩班，一年一更，萬全都司宣府等衛所屯種軍餘八千四百有奇，正軍人種地五十畝，徵子粒一十二石，餘丁宜二人通種地五十畝，共徵一十二石，無地者給與空閒官地，庶子粒無負。上命行在戶部、兵部計議行之。

同上　[正統三年]，屯田子粒二百七十八萬六千四十六石有奇。

《明實録・英宗實録》卷五〇　[正統四年正月]，廣東布政使司右參政張琰等奏：沿海諸衛所添撥官軍屯田，緣荒閒地少，請以洪熙、宣德間軍士遺下屯田召民承佃者仍還軍屯種。從之。

《明實録・英宗實録》卷五一　[正統四年二月]，山西按察司僉事劉翀言二事：一振業貧民。山西府州縣逃徙之人遺下田地少者千百餘畝，多者一二萬頃，見在人民類多貧難，若令布種，歲計可充，但畏懼徵租，不敢開墾，請通行諸處將荒田取勘條段，先儘丁少糧多之家自備牛具，任其耕種，應輸税糧停徵五年，使人無不耕，田無拋荒，此惠而不費之道也。一加惠邊軍。大同、宣府、遼東、陝西諸處號爲極邊，官軍衣食止凭月糧，雖有屯種之利，未廣衣食之源。况朔漠之墟，田地曠遠，彌望動數百頃，若令耕種，歲計不貲，但邊軍畏懼禁例，不敢額外擅耕，請移文諸處鎮守等官，但有沿邊空閒之處即許官軍戶下人丁儘力耕種，免其子粒，因地利以厚民生，此足食養兵之道也。上從其言，命行在戶部行之。

《明實録・英宗實録》卷五三　[正統四年三月]，行在戶部奏：大同總兵官武進伯朱冕等言：大同操哨備邊餘丁出息借辦牛具開荒布種，所收子粒津貼正軍，馬死得以陪償，軍裝賴其營辦。近制田地悉令起科，徵納糧税，即今儹運邊儲，餘丁又摘撥擺堡接運，其税糧何從措備。况朝廷富庶，邊儲積峙，動以萬計，餘丁見種田畝歲收不過九千四百五十餘石，乞憫卹邊兵量爲減免。本部先因邊將言會官議奏，已令大同屯軍免其運糧，存留耕種。今所奏餘丁亦合如例。上命屯軍若免運糧，則徵其子粒，餘丁既撥儹運則蠲其田賦，悉遵太祖勑諭行之。

同上　[正統四年三月]，萬全都司奏：近奉勑旨於宣府、大同畜積糧料二百萬石，摘撥旗軍擺堡儹運。竊惟守邊軍士正當養其鋭氣，不可以他事勞其力，且大同運糧軍餘共一萬六千人，以儹運之故，添支口糧月計四千八百石，所得不償所費。况沿邊軍士全仰餘丁屯種養贍，近又輳補儹運，設有乘虛窺伺，一時無以制馭。乞停止運糧，仍舊屯守。上以所言誠是，命馳報豐城侯李賢等令四月初即停儹運，以休軍士，俟秋成再議。

《明實録・英宗實録》卷五四　[正統四年四月]戊戌，宜川王志垶奏：

本府隨侍旗校一百四名歲納屯田子粒六百四十八石，而按月支糧歲費廩米一千一百九十七石，所入不償所費，請蠲其子粒，令自供給，則官無廩米之費，軍免上納之勞。從之。

《明實録・英宗實録》卷五七　[正統四年七月]丙寅，韓王冲烒奏：近蒙優免本府軍屯種，同本府守城旗軍修蓋殿宇，緣各軍在前屯種，自辦正糧食用，今令做工，不暇耕種取給。乞賜月糧。奏下行在戶部，請令各屯軍原種田地有餘丁者令自種自食，不與月糧，無餘丁者將田付與人種代納子粒，照守城旗軍例關與月糧。從之。

同上　[正統四年七月]癸酉，書復慶世子秩煃曰：得奏欲摘中護衛屯軍一百九十三名守護先王墳塋，已勅該部悉允所言，但邊儲艱難，既往守墳，免納子粒，令其自種自食，不關月糧，仍令官旗嚴加約束，毋縱生事擾人，世子其知之。

《明實録・英宗實録》卷六〇　[正統四年十月]辛丑，勅大同宣府總兵官曰：卿等可具裨將所領馬隊步隊官軍之數若干，見在何處操備及巡哨守城屯種者若干，及各軍月糧每人見關本色若干，折色若干，一一奏報，庶見爾區畫備禦之實。

《明實録・英宗實録》卷六一　[正統四年十一月]，直隸山海衛指揮同知周俊奏：本衛官軍月糧，右參議張隆俱定於林南東店等倉関支，相離五百餘里，來往艱難，多致缺食。今本衛見有塩糧及屯種子粒米豆一十二萬餘石在倉，乞按月關支贍養。事下行在戶部，請移文覈實，挨陳關支，畢日仍於林南東店等倉關給。從之。

同上　[正統四年十一月]，武驤左右、騰驤左右、忠義後、蔚州左、神武後、大興左、直隸、河間等衛各奏今年五月以來天雨連綿，河水泛漲，渰沒屯田，子粒無收。上命行在戶部遣官覆視。

《明實録・英宗實録》卷六二　[正統四年十二月]，巡撫大同、宣府右僉都御史盧睿奏：萬全都司保安衛今年旱澇相仍，屯田一十四頃。禾苗盡損無收，該徵子粒乞與全免，餘田三百七十五頃薄收，乞免十分之四。從之。

同上　[正統四年十二月]，行在金吾左、寬河二衛各奏五月以來陰雨連綿，河水泛漲，屯田無收，子粒辦納艱難。上命行在戶部覆實除之。

同上　[正統四年十二月]，直隸天津衛奏：本衛屯田皆在河間地方，比因夏秋雨多，衛決河岸百有餘里，屯田渰沒，請築塞以免後患。上命行在工部移文有司，俟明年春暖築之。

同上　[正統四年]，屯田子粒二百七十九萬二千一百四十六石有奇。

《明實録・英宗實録》卷六三　[正統五年正月]，給宣府廣儲倉浥爛米豆三千一百五十七石，與附近衛所屯軍糞田，從山東布政司右參政劉璉奏請也。

《明實録・英宗實録》卷六五　[正統五年三月]庚戌，書復慶王秩煃曰：所喻欲於護衛選其不堪操練代役正軍五百五十人內撥治田者二百二十三人補種屯田，其餘仍留府中聽用，已令兵部悉從所言，惟叔祖亮之。

同上　[正統五年三月]壬戌，寧夏總兵官都督史昭奏：慶陽衛定邊營署都指揮僉事張通因追屯田穀草肆爲貪虐，致軍士五百餘人逃竄，乞治其罪。上命巡按御史執問如律。

《明實録・英宗實録》卷六六　[正統五年四月]，南京守備襄城伯李隆奏：會同右副都御史周銓議得南京各衛所屯田餘糧若於在外官倉交納，令在京官取給，隔遠不便，宜令運赴南京利便，水災聽各衛委官見數充給，其應納屯所糧亦令委官就彼見數准給，屯所官軍江北衛分屯田亦依此例爲便。行在戶部請准其言，不爲通例。從之。

《明實録・英宗實録》卷六八　[正統五年六月]壬申，勅諭行在都察院右僉都御史丁璿曰：今命爾往雲南同左布政使戴新及按察司廉幹堂上官一員自雲南至金齒一路預備糧料，爾等同志協力，從長設法，務使官有儲蓄，人不疲困，大抵雲南頻歲供給煩勞，人情厭苦，朕甚念之，故茲遣爾必推撫恤之誠，惇獎勸之道。金齒除軍官準俸職田外，或有空閑田地，即勘撥附近衛所旗軍屯種，如例徵收子粒，但有豪強占據，治之如律，其餘官民訴訟悉付巡按御史理之，軍機邊務爾有所見便於事者，宜與總兵及三司官議協而行，凡事關大體及利害之當建革者，悉奏來處置，用副朕委任之重。欽哉。

同上　[正統五年六月]庚子，雲南總兵官左都督沐昂奏：南甸騰衝等州頭目刀貢罕等率衆歸順，移置雲南等衛宜良縣等處，撥與空閑屯田耕種，及灣甸、潞江等州土官知州景辦法等移於金齒司住，一體給與口糧，俟秋成後住支。從之。

《明實録・英宗實録》卷六九　[正統五年七月]己未，命各處按察司見任僉事一員專理屯田，從巡按廣東監察御史朱鑑奏請也。

《明實録・英宗實録》卷七一 ［正統五年九月］，四川行都司鹽井衛中左千戶所副千戶歐遵奏：本所與本衛相隔二程，屯田子粒每歲運赴衛上倉，又復每月關回所給軍，往返不便，請於本所城置倉收受，按月給軍。又言：本所官軍歲用米一千六百九十石，而屯糧止三百六十石有奇，請令有司於歲運本衛糧餉之中量撥本所收受，則運者減二程之勞，而關者有就食之便。從之。

同上 ［正統五年九月甲辰］，永興王志墡奏：先蒙撥屯田旗軍五十名改作從人跟隨臣弟鎮國將軍志埒，然各軍歲納子粒，又復月給糧餉，請勅該部除其子粒糧餉，令自種食爲便。從之。

《明實録・英宗實録》卷七三 ［正統五年十一月］癸亥，行在戶部奏：南京各衛屯軍無他差占專一屯種，比因荒歉，既嘗蠲其餘糧，今守備官又請官糧接濟，宜移文勘其缺食，是實，令與貧民一體賑給，秋成還官，若將有收屯軍冒支者，罪其該管官。從之。

同上 正統五年十二月己巳朔，【略】勅行在都察院右僉都御史丁璿：昨命爾兼提督雲南各衛所官軍操練，今以爾所理糧儲事重，特命監察御史嚴恭專督選軍操練，爾仍總督其事。近聞雲南軍士精壯富實者俱投託大官，或充伴當跟隨，或私耕種田土，並不曾操練，須子細查究，革其舊弊。其與土官衙門勅書一通，爾與總兵官沐昂等量度而行，若其所管土軍土民除原調見操外，其餘果有精壯可用者，再選一萬名或二萬名就令土官頭目管領，於其本處操練聽調。其儹運糧儲一事今得總兵官都督沐昂及三司巡按御史計議，欲令雲南軍民相兼，量派儹運及於屯田糧內十分借撥二分，爾與布政使戴新、按察使賴巽協同整理，務要相度人情事勢，從長區畫。或於官庫支銀收糴，務要足用，仍將已運到金齒等倉及起運在途并見在未起運之數具實奏來。爾爲重臣，當以國事爲心，但彼中合行事宜及蠻夷事情所見聞者皆須奏來，用副委任，毋怠毋忽。

《明實録・英宗實録》卷七四 ［正統五年十二月］，陞雲南左衛指揮僉事張麟署本都司都指揮僉事，提督屯田。

同上 ［正統五年十二月己丑］，陝西都司奏：都指揮僉事王永所督屯田糧儲其數不盈，復不循例報數，以行賞罰。下巡按御史鞫治，當贖杖復職。詔免贖，第罰俸兩月。

同上 ［正統五年］，屯田子粒二百六十九萬三千七百七十六石有奇。

《明實録・英宗實録》卷七五 ［正統六年正月］，免行在金吾左等十一衛直隸、眞定、淮安等二十六衛被災屯田米二萬五百餘石，草四千八百餘束。

《明實録・英宗實録》卷七七 ［正統六年三月］，增大同、宣府屯田旗軍。先是上諭總兵官朱冕、譚廣等曰：大同、宣府歲用甚夥，而屯田所入不及十一，餘皆仰給於民。今邊境寧謐，軍士優閒，宜廣屯田以紓民力。至是二邊增屯田者六千七百餘人，歲增子粒四萬二千有奇，其省歲費又二十萬有奇。

同上 ［正統六年三月］，巡按陝西監察御史馮誠奏：延慶等衛軍士選調數多，乏人操禦，請以舊募各衛軍餘一千三百有奇給糧收操，命下鎮守等官議，僉謂宜從誠言，第今春深恐妨農作，候秋成河凍赴操，遇春仍令屯種爲便。從之。

同上 ［正統六年三月］，宥陝西右參議柴重罪。初重監收莊浪邊儲，右僉都御史曹翼勘其屯種子粒數，重不報，翼議增夜不收月糧，重復不即給。至是重不俟代者至輒還原任，會有勅令見收官提督預備之務，而重已在道。翼書勅詞追與之，重竟去不顧，翼遂奏重姦惰不供職諸狀。詔重自陳，重具伏罪。上宥之，第住俸半年。

《明實録・英宗實録》卷七九 ［正統六年五月］，免中都留守司所屬諸衛所旱傷屯種子粒八千七百四十五石。

《明實録・英宗實録》卷八〇 ［正統六年六月］壬午，陞大寧都司都指揮僉事張鋭爲貴州都指揮同知，貴州布政使司右參議李睿爲按察司副使。先是尚書王驥奏：貴州官軍月糧皆於四川關支，相去甚遠，舟車不通，各衛差一二人總領其糧，動以千數，皆賤糶之，而軍士不過得鹽一斤半斤而已。況四川之糧皆百姓肩挑背負，積之甚艱，而出之甚賤，以致軍士妻子衣食不給，皆劄蕨根度日，而親管官員，又不矜恤，剝削萬端，按察司及御史以地方廣闊巡歷不周，俾被害軍士飲恨吞聲，無可控訴。切見貴州等二十衛所屯田池塘共九十五萬七千六百餘畝，所收子粒足給軍食，而屯田之法久廢，徒存虛名，良田爲官豪所占，子粒所收百不及一，貧窮軍士無寸地可耕，妻子凍餒，人不聊生，誠爲可慮。乞選堂上官一人及推能幹按察司副使或僉事一員，照陝西例於行在錦衣衛管事官選調一員署貴州都司事，使其提督衛所，鎮撫蠻夷，經理屯田，詢察賢否，庶幾姦弊可革，邊境寧謐。上曰：驤所言甚善，吏部即會官保舉廉能公正官一人爲按察司副使，兵部於都指揮、指揮内推保廉幹善撫卹軍士者一人管都司事。至是吏部、兵部以鋭、睿舉，故命之。

同上　[正統六年六月]，蠲義勇左、神武後、會州、路州、瀋陽中護、燕山等衛水災屯種子粒一千一百六十四石。

《明實録・英宗實録》卷八一　[正統六年七月]，巡撫大同、宣府右僉都御史羅亨信言：大同今歲春夏少雨，人皆艱食，新撥屯田旗軍二千九百名，該徵子粒一萬七千四百石，乞減半徵收。從之。

同上　[正統六年七月]，大同參將都指揮同知石亨言：西路操備人馬數多，費用浩大，民間轉輸不勝勞苦，又軍士家口及置買軍裝俱仰給月糧，一遇歲歉不無失所。見得行屯院浄水坪迤西土地廣沃，洪武、永樂間，嘗在彼屯耕，乞將大同左、右、玉林、雲川四衛軍士除巡邊守城外，通選三千名，每名月減糧三斗，止支五斗，往彼屯耕，各立營堡，隨帶軍器，且耕且守，仍選管隊官員提督，種子牛具，官爲措置，秋成每軍暫納麄糧六石，後果成效，量加細糧，歲計其費減一萬八千石，利增一萬八千石，庶使民免輸轉之勞，軍無饑窘之患。奏下行在户部，請令鎮守總兵及巡撫都御史勘議而行。從之。

《明實録・英宗實録》卷八二　[正統六年八月]，行在户部主事張清奏：朝廷以山西之民流移已多，命大理寺少卿于謙撫之。臣以爲向世未有撫民之官，而民各安業，今撫民之官累設而流亡愈多，蓋由任守令者不得其人，督邊儲者日益以急，民不堪生以致。然非一朝一夕之故也。官多則民擾。爲今之計莫若革撫民之官，擇守令以安民心，脩屯田以寬民力。上曰：仍命謙往撫安其府縣，官有貪墨害民者械赴京師罪之。

《明實録・英宗實録》卷八三　[正統六年九月]，陝西秦州衛階州右千户所百户徐政奏：本所軍士原係七分屯田，三分守城，番賊探知軍少，不時出沒，乞以六分屯田，四分守城，其遺下原屯田地撥餘丁補數屯種。從之。

《明實録・英宗實録》卷八四　[正統六年十月]，行在户部員外郎高佑奏：四川重慶府巴縣及播州宣慰使司每歲定撥稅糧一萬餘石，運赴貴州供給軍士，路遠艱難，乞將應撥糧米折收銀布運去給軍爲便，又貴州思南府土民接連湖廣鎮遠等衛，屯軍相參居住，屯田舊無丈量文冊，致土民得以昏占，乞勅風憲官一員躬親畝畝，逐一丈量，明白其數於官，庶使田無欺隱，邊衛有儲。又貴州、雲南二都司并各衛所軍職官員不思保障軍民，科歛土官土民財物，以致逼迫非爲，乞加禁約。事下行在户部議，悉從之。

同上　正統六年十一月甲午朔，上御奉天殿，頒詔大赦天下。詔曰：朕以菲德，祗膺天命，嗣祖宗大統，主宰天下，夙夜思念，開創惟艱，繼承匪易，誠以疆宇之廣，億兆之衆，一人失所過實自予。肆臨御以來，志存安利，寢食弗忘。比者敬循祖宗之舊，建奉天華蓋，謹身三殿乾清、坤寧二宫，禮典宜備，尚慮煩民，迺材因素有，費悉公出，人悦趨事，聿告成功，已於今年十一月初一日御正朝，臨群臣朓言：居正而安，宜有及民之澤，其諸事宜條示於後。【略】一各處軍旗餘丁邊衛屯糧及各衛所屯種餘糧自正統五年十二月以前拖欠未納者盡行蠲免。

《明實録・英宗實録》卷八五　[正統六年十一月]，免順天府、直隷、保定等五府所屬州縣并大寧都司諸衛災傷糧草子粒，凡免糧一萬七千一百六十餘石，草六十一萬四千四百四十餘束，夏稅并屯田小麥六千五百三十餘石。

同上　[正統六年十一月]，陝西按察司僉事許資言：洪武間置延安、綏德二衛，比因胡寇出沒，增置各寨堡守備，軍馬既衆，糧芻益費。臣見龍州寨平地約千餘頃及各寨俱有荒地可耕，乞令守備軍餘以時播種，食其所入，庶兵有芻糧之儲，民無轉輸之苦。上命僉都御史王翺及都司布政司覆實，從之。

同上　[正統六年十一月]，寧王權以子女俱長，欲令護衛屯田軍士造房居住，乞優免子粒。上命户部撥屯軍三之二與王用工，免徵子粒，完日如舊屯種。

《明實録・英宗實録》卷八六　[正統六年閏十一月]，初鎮守陝西右副都御史陳鎰奏：令延、綏各邊堡採刈秋青草而各堡執稱沙漠無草，鎰令管糧參政李寅、僉事許資等覆勘，資奏鎮守官都督僉事王禎意在勒要民供，宜治其罪。禎抗奏不服，云鎰使資害己，并摭鎰奏移神木縣、楊家城寨不便，革去保安、安定二縣官軍非舊制，各寨堡歲用草一百萬束，鎰止撥延安府草十萬束供給，瘦損馬疋。上命鎮守僉督御史王翺等勘實以聞，至是翺等奏：

縣寨移居山頂，實不便，宜移置神木縣於平川，楊家城寨於縣西五十里，守備二縣官軍亦宜仍舊，然鎰所言草實茂盛有餘，宜令用心採刈，并取延安、綏德二衛屯田餘丁及本處守備軍餘於寨堡附近給田耕種，量納草束，以備補助，俱聽協賛軍務副使陳斌提督比較，仍令延安府撥民草二十萬給之，如復馬瘦悞事，則禎罪不可逃矣。上從之，命該部移文陝西都司布政司及王禎、陳斌，俱令用心董理，毋復偏執誤事，違者不宥。

《明實録・英宗實録》卷八七 ［正統六年十二月］，巡撫遼東左副都御史李濬奏：今歲遼東廣寧、寧遠等十衛屯田俱被飛蝗食傷禾稼，屯軍缺食幷乏下年種糧，願於官廩借給，俱候秋成抵數還官。從之。

同上 ［正統六年十二月］。免直隸泗州等九衛一所災傷屯田子粒二萬二千二百四十餘石。

同上 ［正統六年十二月］癸丑，戶部言：陝西屯軍有起赴沿邊操備者，乞家屬關給月糧，宜準寧夏中護衛例，屯地令餘丁耕種，正糧給軍，餘糧上倉，月糧不給。如無餘丁耕種者許給月糧，屯地改撥丁多之家耕種，其有不即改撥，以致抛荒田地虧欠子粒者，從都司按察司治經該官吏之罪。從之。

同上 ［正統六年］，屯田子粒二百七十九萬六千四十六石。

《明實録・英宗實録》卷八八 ［正統七年正月］，勅總督雲南軍務兵部尙書兼大理寺卿王驥、總兵官定西伯蔣貴等曰：得奏麓川已平，具見爾等竭忠效勞，奬勵將士，以致成功，深用嘉悅。其遣還各都司官軍分委頭目守備邊境，處置皆善，然雲南頻年用兵軍民勞困，必加意撫綏。凡事與都督同知沐昂等及雲南三司公同計議，其守備邊境官必須選有謀畧善撫軍士者，令都操備，以防餘孽鼠竊之患。糧儲幷屯田仍與昂及僉都御史丁璿等區處，務使邊儲足用，其璿所管屯田區畫已定，侍郎徐晞運糧已畢，皆令還京。爾等受朕重託，須盡心盡力，處國事如家事。凡雲南軍務邊備合行事宜，須一一從長處置，具實以聞。爾等即皆還京，務在任用得人，軍民得所，邊境寧靖，經久無虞，庶副委任之重。

《明實録・英宗實録》卷八九 ［正統七年二月］，大同總兵官武進伯朱冕、巡撫右僉都御史羅亨信、參將都指揮石亨奏：臣等奉命會議陳言事宜，今議如左。一管屯軍官數更則廉幹者不能久職，貪婪闒茸者得以肆志偷安，宜慎選其人，專一提督，不許更易，則屯田得實效矣。一迤西操備軍士衆多，供億艱難，今大同右衛有地廣闊肥饒，可以開種，欲於大同左、右、玉林、雲川四衛存操守城步軍內量撥千百名屯種，減支月糧三斗，收成畢如舊團操。【略】上悉從之。

同上 ［正統七年二月］，大同參將都指揮石亨奏：臣奉勅分守西路，兼督屯種，然大同右衛屯堡皆臨極邊，耕穫之時，軍士散處，莫爲保障。看得忙牛嶺外有玉林故城相去右衛五十里，與東勝軍於城相接，其地有險可據，又水草便利，乞撥官軍築立烽墩哨瞭，仍於故城擇取一隅修爲營壘，以駐往來哨馬，既得以保障邊方，亦可以防護屯種。從之。

《明實録・英宗實録》卷九五 ［正統七年八月］，掌兵科事給事中薛謙言：乞命巡按監察御史將各都司衛所原定掌管軍政官每年稽其事蹟，三年一次造冊，分註廉勤、能幹、貪酷、柔懦於其名下，暨所管軍士逃故多少，軍器利鈍，城池修廢，屯種虧贏，馬匹肥瘠，一一備書，以憑稽考，黜降別選能幹官補管，庶使軍官知儆，兵政修舉。從之。

《明實録・英宗實録》卷九七 ［正統七年十月］辛卯，湖廣右布政使蹇賢言：湖廣歲費繁夥，軍用不足，請興舉屯田，三司各設堂上佐貳官專理其務，正軍征操餽運之外，分爲三七或二八分守城屯種，軍少地廣則以隨營餘丁補之，補又不足則以與丁多田少農民耕種，俟有軍仍撥與軍，凡興利革弊事悉令管屯官從宜處置。從之。

《明實録・英宗實録》卷九八 ［正統七年十一月］，錦衣衛指揮僉事王瑛言八事。一禦虜莫善於燒荒。蓋虜之所恃者，馬；馬之所資者，草。近年燒荒，遠者不過百里，近者纔五六十里，胡馬來侵半日可至。向者甘肅，今者義州，屢被擾害，良以近地水草有餘故也。乞勅邊將遇秋深率兵約日同出數百里外，縱火焚燒，使胡馬無水草可恃，如此則在我雖有一行之勞，而一冬坐卧可安矣。一積糧莫先於屯田。近年屯田皆取衛所老弱之人，是以糧無所積，乞將馬隊守瞭夜不收，并精選奇兵遇警調用外，其餘悉令屯田責其成效，俟秋成之後，歸伍操備，如此則民力不勞，而邊儲有積矣。【略】一沿海衛所軍士有摘撥運糧者，亦有離遠屯田百里之外者，又有本城倉廒無糧撥往他所關給者，遇有警急，調用不及。乞自今沿海軍士免令運糧，離遠屯田者令附近城郭屯種，倉廒無糧者令有司於秋糧內撥補，如此則屯田不悞，倭寇有防矣。【略】上命所司計議以聞，頗採用之。

《明實録・英宗實録》卷九九　［正統七年］，屯田子粒二百七十九萬一千一百五十二石有奇。

《明實録・英宗實録》卷一〇〇　［正統八年正月］，復除主事張穆於工部屯田司，以剩員待次故也。

同上　［正統八年正月］，命宣府操備署都指揮僉事王良提督萬全都司屯種。先是萬全都司署都指揮僉事李徽提督，後往紫溝堡領軍哨備，至是參政劉璉以闕官聞，故有是命。

《明實録・英宗實録》卷一〇二　［正統八年三月］，勅雲南總督軍務兵部尚書靖遠伯王驥、總兵官都督沐昂、參贊軍務右侍郎侯璡曰：得右布政使戴新奏雲南在倉糧少，請查雲南左等衛所去年所收屯種子粒，除軍士足用外，有餘則挨次儧運於衝要倉分備用。此軍儲重務，未審曾無與爾等計議，及於彼事情當否，勅至爾等即會同左少監蕭保及雲南三司提督屯種署都指揮僉事張麟公同計議，察勘前項餘糧數多及今必須起調軍馬合用糧餉不敷，即著落所在軍衛有司量起軍夫以近就近撥運，約量勾用即止，仍須嚴飭管運官員人等加意撫恤軍民，不許尅害，逼迫逃竄，違者爾等即執罪之。比聞雲南軍民艱難，未得休息，或賊徒就擒，或地方處置停當，緣途糧不急缺，務在相度事情，隨宜處置。庶幾人不徒勞，事得其當。爾等爲國大臣，受朕重託，必須同心協謀，從長而行，不許偏執己見，妨廢公論，貽累軍民。

《明實録・英宗實録》卷一〇三　［正統八年四月］，廣東都指揮僉事姚麟奏：沿海東莞等二十四千戶所兵少，禦備不敷，請撤原撥二分屯軍就糧守城，以固邊圉。事下戶部，言：屯田誠安邊長策，是以我朝列聖深所注意，若徇麟言坐食供餉，民困兵驕，非經國至計。請移文廣東，果缺防守，止宜如陝西例於屯軍丁多之家摘撥正軍守城，以二人供給之，餘丁頂補下屯，務在不失原定分數，違者從管屯官究治。從之。

同上　［正統八年四月］，減陝西延、綏等處屯糧。先是屯軍一名納子粒六石。鎮守右僉都御史王翺奏減一石，近因命都督王禎、巡按監察御史王通選強壯屯軍備冬，又令酌量減免，禎等擬通前減三石五斗，止納二石五斗。戶部以減免既多，必勞民遠運，非足邊計，請通減二石，止納四石。從之。戶部言：陝西行都司幷所屬衛所官下家人子先以管糧右參政年富言定擬每頃納子粒一十二石，今總兵官寧遠伯任禮又奏各官守邊俸給不足，全資所種田養贍，請減其額，宜令每頃止納十石。從之。

《明實録・英宗實録》卷一〇四　［正統八年五月］，以雲南屬衛軍多從征役，免其負欠屯糧五十九萬四百石有奇。

《明實録・英宗實録》卷一〇六　［正統八年七月］，鎮守延安、綏德都督僉事王禎言：陝西左參政年富奏稱陝西衛所官占種肥饒田土多至三四十頃，欲令每頃加徵子粒十二石，緣延安、綏德二衛所官家人在城操練，不暇耕種，甚至以俸糧准子粒，況屯田子粒舊例止納六石，今富俱不遵守，任意變亂。又二衛所沙漠地方，今概作肥饒田土加徵，乞爲減額。事下戶部會官議，宜如甘肅例止納八石。上謂戶部臣曰：邊儲，國家重務，百姓遠輸，實爲艱難，各官所種田土，今又減輕，每頃止納八石，其令王禎用心提督，再不許徇私掯拾妄奏。

同上　［正統八年七月］，慶王秩煃奏：護衛屯田內生兩岐麥十莖，同蒂瓜八實。直隸永平府奏盧龍縣粟穀一莖五穗，龍瓜穀一莖有至十三十四穗者，差人呈進。命俱免賀。

《明實録・英宗實録》卷一〇七　［正統八年八月］，命大同宣府修理屯堡。時巡撫右僉都御史羅亨信奏：各屯堡廢弛，屯軍星散居住，儻遇警急，不無疏失，宜於農隙量加修葺，或人多堡少，及舊堡不便之處，俱聽隨宜增築，以固邊防，故有是命。

《明實録・英宗實録》卷一〇八　［正統八年九月］癸丑，陝西右參政年富奏：本布政司歲收夏秋二稅一百八十九萬六千八百石，衛所屯糧七十餘萬石，其間水旱逃移，停徵欠負大率三分減一，今會計陝西都司行都司每歲所用糧料一百八十五萬一千四百餘石，供軍之外，所餘無幾，而總兵鎮守等官不爲國計，往往競奏添兵增糧，歲無虛月，何以支持。乞量減冗兵，沙汰駑馬，制糧賞一定之規，杜小人增加之議。從之。

同上　［正統八年九月］丁丑，直隸壽州衛千戶陳鏞言五事。【略】一墩堡壕塹年久未修，乞從宜修葺摘撥軍士分地屯糧，且耕且守，以逸待勞。【略】事下禮部議行之。

《明實録・英宗實録》卷一一〇　［正統八年十一月］，鎮守陝西都督同知鄭銘等奏：新置鎮虜衛軍士開荒屯種田地，今年收成者夏秋稅糧以十分爲率，乞減徵二分，其餘旱鼠災傷無收者，乞全免徵。上命戶部覆視以聞。

同上　［正統八年十一月］丁卯，致書慶王秩煃曰：比聞鳴沙州當寧夏之衝，舊有城可屯戍，其附近田地內府中軍校柳安大等種二百十四頃，餘止將八十頃子粒供給府中，餘皆柳安大等及各衛所官下幷旗軍人等占種，有已徵糧草，有未徵者，蓋其積弊已久，致守邊官軍闕田耕種。今令贊參軍務右僉都御史盧睿往彼踏勘，叔祖宜令長史與睿同行，從公處置，果係供給府中子粒田地，仍留與原種軍校耕種，其餘多占者悉撥與護衛備禦官軍屯種，庶使豪強不致侵欺，官食亦得給足，惟叔祖亮之。

同上　［正統八年十一月］己巳，命巡撫山西右僉都御史羅亨信巡撫遼東，監察御史李純仍兼理屯種。

同上　［正統八年十一月］戊寅，寧夏總兵官都督史昭奏：手把銅銃，兵器中最能制虜者，寧夏各衛雖有之，然多損壞，欲如都督鄭銘奏准式樣改造，而庫貯之銅不足。臣見寧夏等衛屯田子粒除上倉外，其種樣子粒歲有九百餘石，皆爲衛所公用，請以易銅鑄造。上以子粒邊儲所需，不允，止命以見在庫銅造之。己卯，陞禮科給事中李詢，湖廣等道監察御史韋廣、徐朝宗、王俊，南京河南等道監察御史張彥、王受、葉清、成功、吳名、張哲，戶部主事張請，刑部主事彭貫爲按察司僉事，專督屯田。詢，山東；　廣，廣東；　清，山西；　受，廣西；　張清，雲南；　功，四川；　名，福建；　哲，江西；　貫，浙江；　彥、俊、朝宗三人俱河南。其一分理南北直隸。先是朝宗巡按廣西，言廣西衛所屯田廢弛，蓋由無董治之人。戶部尚書王佐言：近者湖廣已嘗增置參政副使，專理屯種，於事甚便。今朝宗又以爲言，宜於各按察司增設僉事一員，專理屯種，庶積弊可革。上從其議，故有是命。

《明實録·英宗實録》卷一一一　［正統八年］，屯田子粒二百七十六萬二千七百七十石有奇。

《明實録·英宗實録》卷一一二　［正統九年正月］，巡撫遼東監察御史李純奏：遼東各衛隊伍幷帶管驛遞鋪鹽鐵場旗軍下餘丁除老疾幼小不成丁外，其少壯者五萬四千八十六名，中間有六七丁八九丁者耕種自食，多不納糧。乞行遼東都司從實勘數，每軍除與一丁幫助，其餘每三丁摘撥一丁與田五十畝屯種，年終照例比較子粒，於該倉交納備用。事下戶部，請勑提督遼東軍務都察院左副都御史王翺如純所擬而行。從之。

《明實録·英宗實録》卷一一三　［正統九年二月］，增置松江府蔡廟港、胡家港二堡摘金山衛屯田官軍六百人分守，以備倭寇。從知府趙豫等奏請也。

《明實録·英宗實録》卷一一六　［正統九年五月］，大同總兵官武進伯朱冕等奏：大同地方廣遠，密邇敵境。近年胡虜驕矜，往來之間多縱兇橫，雖云通好，其實懷姦，所宜預加兵備。今本處軍馬止有二萬四千六百餘人，內分天城等六處守備，外左參將石亨等領四千人守備東西二路，餘存大同。若居常無事則可，倘賊勢奔突分寇，恐策應不給。況馬隊尤少，師旅之興，步軍持重守營，而馳驟追勦克敵制勝，惟馬是賴。請以大同原調步軍二千四百人往山西行都司屯田者仍舊遣回，選其半爲馬隊。更於山西、河南操備步軍內選一千五百人爲馬隊，赴京領馬，分中、東、西三路操練，庶軍威大振，戰守無虞。從之。【略】鎮守陝西都督鄭銘等奏：陝西屯軍選操在城者先已准給糧賞，今戶部以屯軍戶有人丁代種田者欲止不給。緣陝西連年亢旱，餘丁子粒尚且負欠，正軍供給復何所需。乞仍舊給賞爲便。上曰：陝西天旱，軍士艱難，應得糧賞，仍與之。

《明實録·英宗實録》卷一一八　［正統九年七月］，敕刑部右侍郎楊寧曰：今命爾往雲南代侍郎侯璡參贊軍務幷提督雲南都司各衛所操練軍馬及預備糧儲屯田等事。凡軍機事務，爾須與總兵鎮守官商確處置，事干三司者亦須會議，務在同心合謀，從長而行，勿偏執己見，有妨事機。爾須廉勤公正，以身率人，毋惑於小人之言，毋懾於權要之勢，毋安於怠肆而廢弛兵備，毋狃於近利而貽患生靈，必使一方軍民得所，夷人畏服，以副委任，爾其欽哉。

同上　［正統九年七月］，刑科右給事中侯臣封王陝西還，疏陳沿途見聞：一寧夏硝池迤南十里一鋪，鋪十一軍，積十鋪隸以百戶一人甚便。自硝池迤北有三十里四十里甚至五十里始一鋪者，其道路陡險，渺無人煙，遞運及商旅輩卒遇雨雪，無所於寓。宜增創鋪舍如迤南例，其軍充以陝西幷山西諸處宥死之囚。一遞運囚夫多貧不能自具牛車，且無田宅，往往逃竄，宜亦以宥死囚充遞運軍，但主以百戶，不必設大使官，仍許各軍得耕荒田以食，車牛則給以在官之贏餘者。一寧夏故城圍十八里，今僅九里，城中人稠，宜仍其故址築之。上命所司議行。

《明實録・英宗實録》卷一二〇　[正統九年八月]，巡按山西監察御史苑恪奏：近制民間歲輸邊餉皆酌量地里遠近，惟大同府所屬蔚、渾州、廣昌、靈丘、廣靈縣去宣府不遠，而租税有於大同上納者，應、朔等州縣去大同不遠，而租税有於宣府上納者，民甚不便，請以蔚、渾等州縣租税悉輸宣府，應、朔等州縣租税悉輸大同，則道路均而民便。又言：瓦剌等處朝貢使臣過大同者歲以數千，供億之費，上下苦之，請以操軍遺下屯田給與有力之家耕種，歲徵其税三分別貯，委官典守，以資供給爲便。從之。

同上　[正統九年八月]，命武定侯郭玹佩鎮朔將軍印充總兵官，鎮守宣府。勅之曰：宣府密邇京師，逼臨胡虜，最爲要地。今特以付爾，宜體朕心，持廉秉公，正身率下，選拔智勇，兼用羣策，撫軍士，廣屯田，務俾軍威振舉，邊鄙肅清，庶不負委任之重。

同上　[正統九年八月]，浙江按察司僉事彭貫奏：舊例，屯田授之軍者每畝輸粟五斗。田有餘授之軍餘及民者，輸亦然。衆多不便，田以荒閒。臣以餘丁非正軍比，民有雜差，又非餘丁比。請通減之。餘丁畝輸二斗，民畝一斗，其荒田待耕三年後如例徵之，庶軍民兩利，田不荒閒。從之。

《明實録・英宗實録》卷一二一　[正統九年九月]丁丑，免南京錦衣等衛被災屯田子粒五萬六千七百九十餘石。

《明實録・英宗實録》卷一二三　[正統九年十月]，調湖廣都指揮使何貴，都指揮僉事王瓚，四川都指揮同知李昇俱任廣東都司，分督備倭屯田。

同上　[正統九年十月]，河南按察司僉事徐朝宗奏：大寧都司官軍都指揮僉事田禮等八千二百九十五員名侵占屯地四千一百二十七頃有奇，通年不輸子粒。會赦，不即改正，管屯官匿不以聞，俱合逮治，所收過地利合追還官。上俱宥其罪，止令今後如例徵輸子粒。

《明實録・英宗實録》卷一二四　[正統九年十二月]丁卯，免南京各衛差操屯軍餘糧。先是屯軍差操餘丁代種者徵餘糧六石，至是豐城侯李賢以爲言，命免其徵。若地畝撥與別軍者，仍徵之。

《明實録・英宗實録》卷一二四　[正統九年]，屯田子粒二百七十八萬九千八百四十五(萬)[石]有奇。

《明實録・英宗實録》卷一二六　[正統十年二月]癸亥，靖遠伯王驥奏：黄河迤南地名遠罕秃正係衝要去處，達賊不時出沒，宜修整城堡，於靖虜衛摘撥官軍屯守，其附近田地撥與耕種，子粒量爲輕減，官軍該追馬匹乞爲寛免。從之。

《明實録・英宗實録》卷一二九　[正統十年五月]辛卯，免雲南六涼等衛所去年被災子粒七萬七千九百四十二石有奇。

同上　[正統十年五月]己亥，命刑部右侍郎薛希璉巡撫直隸，大理寺右寺丞張驥巡撫山東，勅之曰：國家以民爲本。朕即位以來，屢詔蠲逋負，輕徭役。但有司奉行弗至，撫字乖方，甚至通同豪猾恣意侵漁，以致小民産業蕩然，逃於外境，或投托豪富官員軍民之家生理，或屯住田野虚曠去處，官兵不敢盤詰，及遇招撫，乃糾合窩家在途邀劫。朕拳拳在念，特命爾希璉巡撫直隸眞定、保定、河間、大名、順德、廣平及南直隸鳳陽、淮安、揚州、廬州、滁州、徐州地方，爾驥巡撫山東地方，所至各委廉能正佐官往來提督撫恤。凡艱難之處，官府不急之務悉與停止，干係朝廷者從實具奏，缺食者給糧賑恤，無田者量撥閒田耕種。敢有恃頑誘衆逃移者即將爲首之人擒治，罪重者解京。仍取勘外境逃來人户，聽其生理，待秋成後願回原籍者聽，願寓住者編管收籍，優免差糧。或有逃民聚衆至二三百家以上者，爾須親帶附近府縣官諭以朝廷撫恤之意，令安居耕種，或可令附近州縣帶管，或可別設官司撫治，奏來處治，爾須體朕心，博採衆論，盡心區畫，其有合行事務悉聽爾量宜處置，尤須以廉勤公謹，表率下人，不得徇私苟且，推托利害以取罪愆。

同上　[正統十年五月]庚子，直隸鳳陽府宿州知州甄謙奏：所轄地名龍山湖玻等處俱係湖水退灘，土膏地饒，易爲耕種。山東、山西諸處逃來之人動以萬計，往往於彼團住，已招撫男婦四千一百餘口，計七百八十餘户，分撥田地，省令生理相繼，來者絡繹於道。民數既多，若不嚴加防制，恐聚集爲非，乞添設官安撫，秋成後相宜處置。上令巡撫侍郎薛希璉於所轄或隣近郡邑官內推選廉能有聲、素善撫綏者設法理治之。撫民官果有政跡可紀，隨即陞用。逃民中有囚犯軍匠産業自定，自願附籍者聽，仍不拘例，量免差徭。

《明實録・英宗實録》卷一三〇　[正統十年六月]，免山西平陽、太原、直隸河間、眞定諸府存留并起運保定、密雲夏税小麥，仍免諸處屯軍子粒之半，以有司言歲旱無徵也。

同上　[正統十年六月]，參贊雲南軍務刑部右侍郎楊寧奏：雲南大理、洱海、瀾滄等衛官員俸糧洪武中俱照品級一半米麥鈔貫兼支，一半於屯田內撥種子粒。通歲屯田俱撥與軍餘，以此官員俸給止得一半，又於臨安諸處倉分關支，路途僻遠，易價回還，十得二三，衣食不給，難以養廉。況諸衛屯軍餘布種之外，空閑甚多，乞如洪武中例給田與官員養贍。上命戶部議行之。

《明實録·英宗實録》卷一三二 〔正統十年八月〕，先是靖遠伯王驥言，陝西黄河迤北連罕禿地面要害，宜析靖虜衛中所官軍於彼建立千戶所。其靖虜衛地非要害，乞將全衛移立於扒沙以扼虜衝。勅命參贊軍務副都御史曹翼督治之。至是翼奏扒沙在涼州東南二百五十里，莊浪西北二百里，應理州西南四百餘里，於此屯兵實足以控御外夷，屏蔽內地，所昔者屯種之地頗狹，不足以供贍軍士，而連罕禿地面狹隘尤甚，宜將原調靖虜衛中所於扒沙築城建置，而罷連罕禿之役。又言：甘肅衛分惟涼州土地最廣，洪武中舊設九所及帶管土民七里，其後次第遷調，今止餘四所，城內實多隙地，郭外廣有閒田，若移靖虜衛於涼州城，每歲調涼州官軍八百人於扒沙操備，而靖虜衛官軍代之城守，實爲兩便。上曰：備邊之策莫良於屯守。翼議良是，但不知彼處人情事勢如何。兵部其移文陳鎰，俾躬詣涼州會劉廣等熟計以聞。

同上 〔正統十年八月〕，擢浙江道監察御史陳巍爲陝西按察司副使，專巡水利及提督行都司所屬軍衛屯種。陛辭。勅諭之曰：甘肅爲西陲要地。舊制：軍士屯種足以給用。近年以來官豪勢要及各管頭目貪圖厚利，將膏腴屯田侵奪私耕，又挾勢專占水利，以致軍士虚包子粒，負累逃徙者多。今特命爾往彼整理。爾須盡心區畫，務要屯種有法，水利均平，果有仍復侵奪屯〔田〕、專占水利者，除軍職及應奏官員具實奏來，其餘即拏問明白。爾以朝廷耳目官簡擢委托，宜廉勤公正以身率人，必使事有成績，人無冤濫，庶不負所任，或有空閒草場等地土堪以屯種及爲豪强占據者，皆體實以聞，爾其欽承之。

《明實録·英宗實録》卷一三四 〔正統十年十月〕癸卯，勅諭戶部右侍郎焦宏曰：邊備以糧儲爲重。陝西之糧足以供甘肅，河南之糧可以濟陝西。今特命爾前往河南、陝西直抵甘肅等邊，會同各管糧官開視倉儲糧料，約量多寡，具實開奏。今所司於糧料積久者挨陳放支，毋致腐爛；倉廒損壞者及時修理，毋致傾圮；邊境倉糧數少者將原發去銀兩糴用，仍同甘肅等處參贊軍務及提督屯種都、按二司官將屯田被侵者從公撥還，空地堪種者設法屯種，其有侵欺官糧、强占屯田者，文職府同知以下、軍職千戶以下當究問者執付按察司官整理，餘應奏請者具奏處治。爾須與各總兵鎮守等官擇善而行，務使充積，足供軍餉，庶副朕委任之重。

同上 〔正統十年十月〕，免雲南各衛征進軍士屯糧。其軍職占種屯田者，按察司撥還軍士，如無軍領佃，於各職徵糧上倉。

同上 〔正統十年十月〕，鎮守陝西興安侯徐亨等奏：西安等府所屬州縣五月以來旱蝗災傷，乞將今年秋糧草束并屯軍子粒查勘，無收及收一二分者悉與蠲免，其收六七分者每糧一石折鈔五十貫，每草一束折鈔五貫，四五分者每糧一石折鈔三十貫，每草一束折鈔三貫，仍聽納布匹等物備用。事下戶部覆奏。從之。

同上 〔正統十年十月〕，廣東潮州衛奏：五月雨水壞城樓鋪舍，所屬五千戶所屯田俱被渰傷，而右、前二千戶所屯田有被沙土壅塞不堪耕種者，乞令潮州府改撥荒田，庶子粒有所出。上命戶部遣人驗視以聞。

《明實録·英宗實録》一三五 〔正統十年十一月〕，免山西平陽府被災州縣積歲負欠糧草并今年該徵鹽糧米鈔，減平陽衛及汾州守禦千戶所秋糧子粒十分之三。

同上 〔正統十年十一月〕，陞陝西按察司僉事張楷爲副使。楷提督屯田，適本司缺督理糧儲副使，軍民千餘人合保楷，鎮守陝西興安侯徐亨具以言，故有是命。

同上 〔正統十年十一月〕，戶部言：燕山左衛指揮家人賈英等於東安縣史家屯開墾田地二十餘頃，保定衛指揮家人袁眞等於清苑縣開墾荒蕪官地二十五頃，初例每畝納鈔三十貫，今告艱難，乞如民田起科，每畝納糧五升三合五勺。從之。

同上 〔正統十年十一月〕，巡按陝西監察御史張文昌奏：陝西西安前後并右護衛屯糧負欠，各管屯官妄報納完，延安綏、德二衛雖已納完，查無通關，俱當究治。上命三衛朦朧妄報官俱罰俸一月，糧聽補納，延、綏二衛糧既完，俱宥之。

《明實録·英宗實録》卷一三六 〔正統十年〕，屯田子粒二百八十萬四千二十石。

《明實録・英宗實録》卷一三七　［正統十一年正月］，山東按察司副使王憲言：　遼東屬衛刁卒多懼操遣，故興訟以求脱免，其誣訟者宜令修沿邊護屯種溝墉，毋但杖遣遂其計。事下提督遼東左副都御史王翺議，以爲遼東諸處溝墉已備無庸修理。且曰：　此輩寧肯盡力事事，不若仍故例便。上曰：　翺議是也。

《明實録・英宗實録》卷一三九　［正統十一年三月］，命南北二京各都司衛所屯軍差占者仍舊給與月糧，其該納子粒正糧免徵，餘糧依例比較，仍命按察司同都司官覆實，果軍丁差占者其屯田撥與有丁之家耕種。

《明實録・英宗實録》卷一四一　［正統十一年五月］，提督遼東軍務左副都御史王翺等奏：　右京羽林等衛官軍九百餘人遞年赴廣寧備禦，過期不至，乞量留在此，其餘退回，將遼東屯田軍選補，如再不足，乞將囚犯該充軍者來補。兵部覆奏：　屯軍備禦恐妨屯種，乞將在京幷山東北直隸衛所官旗軍舍犯徒流死罪者免罰贖，俱發廣寧。上曰：　京衛官軍選留勇健者一百五十名於廣寧，餘令回衛休養訓練，遇警仍聽調。用王翺等仍從公摘撥附近衛分軍補役，務俾屯守兩便，法司囚該充軍者調廣寧等衛，在京幷山東北直隸官軍犯該罰贖者不必調。翺又奏：　比者鐵嶺、義州、三萬、廣寧等衛指揮千百戶坐失機俱降爲事官，停俸仍舊捍禦，緣各官貧窘者多，乞給半俸以資銳氣。從之。

同上　［正統十一年五月］丁亥，命給湖廣衡州府桂陽州豐裕倉年久浥爛米麥三千三百八十四石與附近衛所屯軍糞田，從戶部覈實奏請也。

同上　［正統十一年五月］甲午，貴州永寧州知州鄧裕等奏：　本處所屬諸種蠻夷強梗難化，近賴按察司副使李睿撫綏有方，人皆樂業，今睿專理屯田，衆情失望，乞仍令按治民事。從之。【略】山東都司奏：　兗州護衛屯田軍士多王府占用修造房屋，燒運柴炭，不能屯種備納子粒，乞與除豁。戶部言王府工程如果未完，就令各軍餘丁屯種。從之。

《明實録・英宗實録》卷一四三　［正統十一年七月］，停徵雲南各衛拖欠正統九年分被災屯地子粒，從總兵官黔國公沐斌等奏請也。

《明實録・英宗實録》卷一四四　［正統十一年八月］，免湖廣所屬衛所州縣被災田地秋糧子粒四十二萬八千二百七十餘石。

同上　［正統十一年八月］，先是，雲南廣南衛千戶鄧鏞奏：　本衛去騰衝二千餘里，兵部尚書王驥等奏將本衛全伍調去騰衝，委是遷徙艱難，况彼處修造未完，難於守備，田地狹少，難於屯種，乞照廣西例輪流前去屯守。事下兵部，行雲南總兵等官會審，至是覆奏，依違莫決。上命兵部移文侯璡等將本衛強壯軍編成兩班，選廉幹指揮提督輪流往騰衝操備，就同本所見在軍及各衛所撥去軍匠相兼包砌城垣，務要盡心撫恤軍士，以漸用工，不許私役剝削，致令艱苦逃竄。犯者重罪不恕。待包砌完日，進同都司按察司管屯官去騰衝踏看附近堪屯種田地，畫圖貼説，仍與沐斌、蕭保等通議起調屯守方略，奏來處置，務在事可經久，人不失所。

《明實録・英宗實録》卷一四七　［正統十一年十一月］，戶部奏各處屯糧年終通類造冊比較已有定例，今湖廣五開、永定、施州、九溪四衛遷延遲誤，經該幷管屯官俱宜逮治。從之。

同上　［正統十一年十一月］，免直隸通州左衛被災屯糧三百餘石。【略】陞雲南洱海衛指揮僉事司詔署都指揮僉事事，提督屯田。

同上　［正統十一年十一月］，庚辰，勅雲南都司署都指揮僉事司詔曰：　先因雲南地方膏腴之田多爲權豪占據耕種及將殷富軍餘隱占私役，命都指揮僉事張麟等取勘，頗有成效。今麟已故，特陞爾職同按察司，提督屯種徵納子粒，麟處置已停當者不許紛更，有廢弛不便於軍民者須與總兵等官計議處置，或有占據田地、私役軍餘、沮壞屯種者，依法究問，事重者奏聞區處。爾須持廉秉公，愛恤軍士，務使倉廩充實，斯稱任使。如爾不稱，治罪不宥。爾其欽承之。

《明實録・英宗實録》卷一四八　［正統十一年十二月甲午朔］，鎮守薊州永平山海等處總兵等官應城伯孫傑等奏：　近命臣等給散操守官軍銀外有民舍六十六名熟知口外路徑，充夜不收，日夜哨瞭，走報軍情，宜一體賞。上從之。宣府總兵等官武定侯郭玹等又以所充新選屯田官軍舍餘人等爲請。上俱命如例給賞。

同上　［正統十一年十二月］，參贊雲南軍務刑部右侍郎楊寧奏：　訪得雲南諸衛所因修造軍器及供給往復夷人，軍餘不勝煩擾，各衛所俱有餘地，請照事煩簡量畝數撥大理衛五百六十畝，瀾滄衛二百畝，洱海衛三百畝，楚雄衛四百畝，金齒軍民指揮司七百畝，騰衝衛指揮司幷守禦千戶所三百畝，摘撥守城鋪土軍餘丁耕種，收獲子粒官爲收貯支銷應用，庶軍餘得免科擾。

從之。

同上 〔正統十一年十二月〕，戶部言大寧都司保定左後二衛官地每畝輸鈔三十貫不便，請依民田輕稅則例每畝納糧五升三合五勺、草一束。從之。

同上 〔正統十一年〕屯田子粒二百七十七萬六千四百三十九石有奇。

《明實録・英宗實録》卷一四九 〔正統十二年正月〕，大同總兵官武進伯朱冕奏：去冬奉勅揀選屯軍教習征戰，今東作將興不能屯種，請蠲其屯糧，專務戰守。事下戶部，以爲且耕且守，古今通制，宜令春屯田，冬守邊。上曰：既資其力，當寬其稅，宜從冕請，屯田別授有力之家俾足邊餉。時都督楊洪亦以爲請。從之。

《明實録・英宗實録》卷一五〇 〔正統十二年二月〕，免四川重慶衛被災屯田子粒一萬三千二百餘石。

《明實録・英宗實録》卷一五一 〔正統十二年三月〕，減萬全都司開平、龍門二衛屯軍餘糧。先是每軍田五十畝納餘糧六石，至是各軍以地土瀉瘠，種納不敷爲言。都督楊洪爲上其事。遂命開平衛每軍減免四石，龍門衛每軍減免二石。

《明實録・英宗實録》卷一五二 〔正統十二年四月〕戊戌，總督獨石等處守備左參將左都督楊洪奏：臣於附近獨石虎山墩諸處舊壕外增築墩臺瞭望，舊壕內地可耕者令官軍耕種蕎麥穈黍，貼飼戰馬，甚爲便利。內臣韓正插定牌橛，不容耕種，即今農事方興，設或過時，又難效力，乞如舊令其耕種爲便。上令戶部議速行之。

同上 〔正統十二四月〕，廣東備倭署都指揮僉事杜信言：缺軍守城恐倭寇登岸，難於防制，請以海南衛南山守禦千戶所屯軍取回守城，以屯田牛具撥民承種。事下戶部言：倭寇出沒，防備有時。屯田法廢，使民經涉海洋以給軍餉，恐非經久至計。本處如果缺軍防守，止宜摘撥正軍守城操備，仍令餘丁如舊屯種，務俾不失原定分數。如故違不遵，從提督屯田風憲官逮治。從之。

同上 〔正統十二年四月〕，免直隸保定、河間府、大同中屯衛、大寧都司保定等衛被災秋糧子粒一萬七千二十五石，草五萬四千八百餘束。

《明實録・英宗實録》卷一五三 〔正統十二年閏四月〕庚寅，免應天、太平、寧國、池州、安慶四府并南京錦衣等十六衛水災田地糧九萬二千二百一十餘石，草一十七萬八千六百六十餘包。

《明實録・英宗實録》卷一五九 〔正統十二年十月〕，襄城伯李隆卒。隆，直隸和州人。永樂四年襲父濬爵，累扈從迤北征進，二十二年，充總兵官鎮守山海永平，尋奉勅守備南京，兼掌中後二軍都督府事及督操江船、提督屯田。正統六年召還，掌行在中軍督府事，兼督操圍子手官軍，尋充總兵官管三千營軍馬。十年，奉勅率兵往大同等處巡邊，至是卒，訃聞，賜祭，命有司營葬。隆爲人器量弘偉，讀書知大義，臨事侃侃，不苟爲異同。制軍有紀律，人莫敢犯。謙己下人，務循大體，尤敬禮縉紳，於少保黃福、祭酒陳敬宗以師禮事之，始終不怠。祿賜之外，未嘗妄有所取。在南京十八年，威行惠施，遠近悅服，聲譽赫然。其召還也，泣相送者屬於路，至今人猶思之。

《明實録・英宗實録》卷一六〇 〔正統十二年十一月〕，山東按察司僉事陳仲華，都指揮僉事張英坐勘濟寧左衛屯種地不實，都察院請下巡按御史究治。從之。

同上 〔正統十二年十一月〕庚戌，南京府軍等十四衛各奏所種屯田因亢旱無收，該徵子粒三萬六千餘石辦納艱難。上命戶部覆實除之。

《明實録・英宗實録》卷一六一 〔正統十二年〕，屯田子粒二百七十六萬五千三百三十六石有奇。

《明實録・英宗實録》卷一六二 〔正統十三年正月〕庚子，勅通政司右參議鄒來學曰：曩聞薊州林南等倉，山海等衛所，永平府等州縣，喜峰等關口收支糧草作弊，侵欺者多，屯田亦被豪勢侵占欺隱，有名無實，遵化、薊州、隣山之地産榛實，豪勢者亦據之，而與小民爭利。今特命爾往莅其事，如有姦頑怙終不改者拘問懲治。爾宜廉潔公勤，凡事從宜區畫，務使軍民利便，糧餉充盈，庶副委托之重。

《明實録・英宗實録》卷一六三 〔正統十三年二月〕，雲南鄧川州奏：民田與大理衛屯田相連，俱沿湖澤，每歲雨水流徙，沙土將湖尾溝渠淤塞以致水不洩，禾苗渰沒，乞命州衛軍民相兼疏濬。從之。

《明實録・英宗實録》卷一六四 〔正統十三年三月〕辛卯，參贊雲南軍務侍郎侯璡奏：奉命選廣南衛官軍操備騰衝，已得精鋭士卒二千，分爲二班。請於金齒、大理二衛各選六百人益之，亦分爲二班，共三千二百人，四分屯田，六分守城，與騰衛土漢旗軍相兼屯守，俱隸守備指揮李昇提督。

《明實録・英宗實録》卷一六五 〔正統十三年四月〕，免浙江、江西南昌等府屬縣去年災傷無徵秋糧六十萬五(年)[千]餘石，馬草二萬八千餘包，杭州、南昌等衛所并直隸九江衛屯糧三十萬五千餘石，馬草二萬八千餘包。

同上 〔正統十三年四月〕，命魯府護衛原撥運糧旗軍併工修造王府房屋城垣，候明年仍舊儹運糧儲，其屯田軍餘仍舊屯種，辦納子粒。

同上 〔正統十三年四月〕，巡按廣東監察御史楊綱等奏：猺賊復攻瀧水縣，指揮張玉等率軍擒捕斬首一百三十餘級，百戶閻廣等五人戰死。賊退，糺廣西蠻賊又聚猺山。我軍數少，敵捕不敷，已調廣州及肇、高、雷、廉各衛屯田官軍二千益之。

《明實録・英宗實録》卷一六六 〔正統十三年五月〕丙戌，貴州按察司副使李睿丁憂，命起復赴任經理屯田。

《明實録・英宗實録》卷一六八 〔正統十三年七月〕丁亥，免陝西西安、平涼二府夏稅屯田餘糧二分之一。時鎮守右都御史王文奏二府去冬無雪，今春不雨，夏麥無收故也。

同上 〔正統十三年七月〕，免山東青州等府逃民抛荒地畝糧二萬一百餘石，草三萬二千九百餘束，絲綿一百一十七斤有奇，萊州等府衛被災地畝夏稅子粒十萬二百五十餘石。

《明實録・英宗實録》卷一六九 〔正統十三年八月〕，免應天、蘇州等五府，南京錦衣等三十四衛去年被災秋糧子粒五十五萬四千七百餘石，草二十三萬五百餘包。

同上 〔正統十三年八月〕，巡撫大同、宣府右副都御史羅亨信奏：太宗皇帝臨御之際詔邊士盡力開地，不徵其稅。皇上嗣位之初亦有是命。今戶部遣官於大同、宣府經量新闢之地，每人除八十畝外，餘地每畝徵稅五升。臣竊以爲塞北軍士守邊效勞，歲無寧日，其餘丁無他生業，惟事田作，每歲自正月伺候接送北虜使臣，至二月出境，三月始得就田，七月又復採草，八月以後修関備邊，十月又將迎接使臣，計其一歲之中不得盡力於南畝者十常六七。況邊境之地砂鹻磽瘠，霜早雨遲，收獲甚薄，聽其自食，庶幾僅足。若徵其稅則人畏難，不敢耕種，衣食不足必致逃竄。彼爲戶部者但知邊境以積粟爲務，而不知守邊以得人爲本，人心不固雖有粟誰與共守。矧今邊報頻至，正宜布恩信以結人心，豈可生事以擾之耶。乞罷經量。上嘉納之。

《明實録・英宗實録》卷一七一 〔正統十三年十月〕，戶部主事沈翼奏：奉命踏勘廬州府及廬州、六安二衛田地未起科者五千六百八十九頃有奇，從輕起科得糧一萬一千九百九十九石九斗有奇，乞下所司每歲如數徵納。從之。

《明實録・英宗實録》卷一七二 〔正統十三年十一月〕，逮廣東按察使黄翰、左參議楊信民下獄。初信民劾僉事韋廣赴京，考滿，奏其職專屯田而營求監試，作姦弊己，下廣獄。已而廣奏信民擅作威福，放遣獄囚，偷安玩寇，失陷城池。信民又奏翰奪人妻妾，受賄賂無算，使酒杖人至死。上曰：翰等爲方面而敢爾玷辱朝廷，其速逮治之。

《明實録・英宗實録》卷一七三 〔正統十三年十二月〕丁卯，宣府左等衛所屯軍先是以戶有餘丁選於宣府并汾邊營堡操備，不支口糧，至是總兵官楊洪爲之援例請給。從之。

同上 〔正統十三年十二月〕，戶部奏：山西文水等縣有被水衝成河道不堪耕種地三十五頃九十六畝，請蠲其稅糧。有舊河退出可耕地二十三頃七十餘畝，宜令如例徵納。從之。

同上 〔正統十三年十二月〕，羽林前衛指揮忽禿沙等奏家人所種屯地先因鈔法不通，履畝輸鈔，今請依民田例起科納米。從之。

同上 〔正統十三年〕，屯田子粒二百七十二萬三千六百三十石有奇。

《明實録・英宗實録》卷一七五 〔正統十四年二月〕，湖廣都指揮僉事陳震奏：妖賊蔡妙光糾合賊徒攻破江西龍南縣治，燒毀房屋，劫掠財物，緣湖廣與江西接境，乞將屯田官軍量選精壯分撥缺軍衛所相兼操守，遇有賊寇相機勦殺。從之。

同上 〔正統十四年二月〕，直隸興州左屯衛指揮僉事唐武奏：見操軍有係各關營退回輭弱及紀録出幼之人，亦有逃故不及原數，宜勑巡按監察御史等官公同於屯田雜差內簡選精壯者操練，退出輭弱者屯差。從之。

同上 〔正統十四年二月〕，先是鴻臚寺通事署丞祁全奏：四川松、茂、威、疊、小河等五衛所老幼餘丁違棄軍伍，投入民籍，乞選簡精壯者每戶編副軍一名與正軍協同守備。上命巡撫右僉都御史寇深同都、布二司查審以聞，至是深等言五衛俱係極邊，山僻地窄，無可耕種，各軍所支月糧養贍不敷，以故丁多之家先於洪武、永樂間分房於成都等府州縣附籍種田納糧，既當民差，又貼軍役。今發回各衛，無田可耕，供給不敷，愈見凋敝。宜令各衛正軍在營有餘丁者，其民籍戶丁如舊，應當民差；若在營無餘丁者，其民籍戶丁專一貼備軍裝。從之。

《明實録・英宗實録》卷一七六　［正統十四年三月］，免陝西行都司甘州等衛被災屯田子粒，仍命官倉支給種糧，從巡撫副都御史馬昂奏請也。

《明實録・英宗實録》卷一七七　［正統十四年四月］，直隸和州奏：本州有姥鎮河上通廡、澧二湖，下接牛屯大河，長約七十餘里，廣八丈，深丈餘，又有張家溝連銅城閘通大江，長減姥鎮之半而深廣如之，灌溉降福等七十餘圩及南京、瀋陽等衛屯田皆賴其利。近年姥鎮河岸坍決，張家溝閘傾圮，致令水皆淤塞，旱不能藉其利，雨或至傷民田，請督附境民夫通其淤塞，修其坍決傾圮，仍於姥鎮豊山嘴、葉公渡各建一閘，視水盈縮而啓閉之，以防旱潦。上可其請，仍命相度其宜爲之。

《明實録・英宗實録》卷一七八　［正統十四年五月］，戶部奏：守嘉峪山關官軍近獲男子劉全係鎮夷千戶所小旗，因運糧被虜逃回，合給原所完住亦巴戶。兔列二戶係投降達官都督喃哥部下人，合隨喃哥於東昌、平山二衛安插，撥田，支給月糧優養。從之。免山東濮州預備倉、儒學倉千戶所屯田糧共一萬五千一百六十餘石，以被水渰沒也。

《明實録・英宗實録》卷一七九　［正統十四年六月］，免四川重慶衛黔江守禦千戶所被災子粒七千二百一十餘石。

同上　［正統十四年六月］己巳，詔曰：朕以涼德祗承祖宗洪業，顧惟艱大，罔敢怠遑。乃正統十四年六月初八日南京謹身等殿災，此誠上天垂戒國家。朕深思咎省躬，夙夜警懼，允惟敬天之實，必以敷仁爲先。其大赦天下，咸與維新，所有寬恤事宜條示於後。【略】一各處被災缺食人民，所司即酌量發廪賑濟，毋令失所。所種田地，巡撫官及巡按御史同該管官司即踏勘明白，從實具奏，該徵糧草屯種子粒，戶部即與除豁，不許刁蹬。【略】惟辟奉天誕布生成之德，惟民歸極溥承曠蕩之恩。詔告人民咸使知悉。

《明實録・英宗實録》卷一八四　［正統十四年十月］，山東等處總督備倭永康侯徐安等奏：比見倭寇往來海中，慮其登岸搶掠，即墨縣陰島社請遷其民於陳馬莊居住，驗戶丁多寡撥與空閒屯地耕種。事下戶部覆奏。

從之。

《明實録・英宗實録》卷一八五　［正統十四年十一月］，福建左布政使宋彰，右布政使孫昂，左叅政彭森，左叅議金敬，右叅議徐傑，按察使方冊，副使邵宏譽、高敏，僉事董應軫、王迪、況貞坐匿賊不即奏，當斬。巡督海道右叅政周禮、提督屯種僉事馬嵩、巡視銀場僉事王驥坐守備不設，當充軍，至是遇赦，降彰、昂、森、敬、禮、傑、冊、敏俱爲驛丞，宏譽、應軫、迪、貞、嵩、驥俱鹽課司大使。

同上　［正統十四年十一月］，先是降戰車式様，每車用馬七匹，軍士十數人，縵輪籠轂，兵仗之制甚備。但可於平原曠野列營遏敵，至寧夏等地方多屯田町畦，溝渠不利駕使。總兵官張泰等奏言，宜易小車。其制用馬一匹，駕轅中藏兵器，遇險阻以人力擡挽，外足以抗敵鋒，內足以聚奇兵。臣每試用，衆輒稱利。從之。

《明實録・英宗實録》卷一八六　［正統十四年十二月］，山東左叅議黎璉言四事：【略】一本朝屯田之法實足國安邊長策，但下屯旗軍中間有事故者原種田地悉爲軍官影射規利，請通行天下衛所，查炤事故旗軍原種田地若干取勘明白，撥與見在軍餘承佃納課便益。事下戶部，言裁革鹽場官吏宜移文所司覆視以聞，致仕官員去原籍一千里之外者許令所在附籍，其餘宜准所言。從之。

同上　［正統十四年十二月］，詔天下曰：朕以眇躬託於億兆臣民之上，罔攸致理，夙夜靡寧，顧惟德理有未惇庸，將無以道家國天下。蓋德必先於隆孝，而禮惟重乎正名，帝王所同，彝倫斯在。況恩施於己者有莫大宜，尊歸於親者無以加，義所當然，事豈爲過。謹上尊聖母皇太后曰上聖皇太后，生母曰皇太后，勉遵辭讓之旨，遷皇后居仁壽宮以俟大兄鑾輿之復，進皇太子母周氏爲貴妃，示重天下之本。冊朕妃汪氏爲皇后以厚大倫之原。夫帥天下以仁，固本於親親，然由親親而推又在於仁民，所有合行事宜條列於後。【略】一各處屯軍果因征進守城失耕種者，該徵子粒餘糧悉與蠲免。【略】於戲。愛敬盡於事親而德教加於百姓，非朕所及。然切於中，雖勉力協和之弗周，期同德於變之靡間，布告中外，咸體朕懷。

同上　［正統十四年］，屯田子粒二百七十九萬二千二百五十四石有奇。

《明實録・英宗實録》卷一八八　［景泰元年閏正月］，陸光祿寺寺丞蔚能爲本寺少卿，命工部屯田司署郎中事主事李昉實授本司郎中。

同上 ［景泰元年閏正月］，陞山東道監察御史任寧爲都察院右僉都御史，賜之勅曰：今命爾往大同宣府代副都御史羅亨信巡撫地方，總督屯種，比較子粒，提調倉場，收支糧草。爾須用心區畫得宜，扶植良善，修舉廢墜，凡有不公不法等事，除內外權豪督要及軍職具奏，其餘爾就擒治。其有功於邊備，便益於軍民者亦須具奏定奪。爾尤須秉心公正，持身廉潔以稱爾職。但有纖毫怠忽，不以公道行事，罰及爾身，悔將無及。

同上 ［景泰元年閏正月］癸亥，陞陝西右布政使劉廣衡爲都察院左副都御史鎮守陝西，賜之勅曰：朕以陝西重地况虜寇猖獗，邊務尤爲至重。今都御史王文患病，特陞爾憲職同興安侯徐亨鎮守，條治城池，操練兵馬，撫安軍民，整理邊務，如遇寇發，即便勦捕。凡事與亨等計議停當而行。一應兵備、邊儲、屯田及預備倉糧并安撫流移等事，爾悉依王文等所奉勅旨事理提督整理。非朝廷明文，一軍一民，不許擅差，一毫不許擅科，官員人等果有不遵法度，擅事科斂及酷害軍民者，武職及文職五品以上具奏處治，文職六品以下就行拿問。務使官得其人，奸頑屏息，其有司官果有昏耄老疾或罷軟不勝任者具奏黜退。

《明實録・英宗實録》卷一八九 ［景泰元年二月］，廣義伯吴玘等奏：臣等係定州、保定、河間等衛安插達官帶領官軍舍人、餘丁赴京聽調，經今日久，所有田土缺人耕種，乞將臣等放回本衛操練屯種，聽候調用。從之。

《明實録・英宗實録》卷一九〇 ［景泰元年三月］，給賞守備廣昌神機營官軍銀人各一兩，築直隸婺源縣城。縣有磚城，永樂間以新安衛中所官軍屯守，正統二年革去，城皆夷爲田，至是復築之。

同上 ［景泰元年三月］，免順天河間等府遠年稅糧馬草屯種子粒鹽糧課鈔。凡起運未納虛申在官者乃今年夏稅，順天、保定二府全免，河間、眞定、順德、廣平四府免六分，大名、永平二府免四分，從巡撫僉都御史陸矩等奏請也。

《明實録・英宗實録》卷一九一 ［景泰元年四月］甲申，蠲山西都司鎮西衛屯田子粒馬草，以被達賊侵擾故也。

《明實録・英宗實録》卷一九二 ［景泰元年五月乙巳］，命山西絳州、沁州，汾州文水、平遙、潞城、黎城、高平等縣并瀋陽等衛今年夏稅減免十分之七，秋糧子粒減免十分之四，俱存附近備用，以歲旱薄收，從巡撫右都御史朱鑑奏請也。

《明實録・英宗實録》卷一九四 ［景泰元年七月］戊辰，禁邊城無得徵私負。時宣府等處屯堡田稼牛畜等物爲虜蹂踐劫掠殆盡，而富室徵索私負甚至逼其市鬻子女，致軍士竄避，守備失人，宣府右衛官以爲言。都察院請通行宣府、大同等處及順天等八府經虜地方禁約，俱俟兵息，歲稔乃償，違者罪如律。從之。

同上 ［景泰元年七月］，巡撫廣西刑部右侍郎李棠奏：廣西慶遠、柳州等府，鬱林、天河、柳城、洛容、馬平、宜山等州縣良民數少，猺獞數多，其獞民屯耕田地，欲乞俯就夷情俱與減半徵收，屢年拖欠稅糧亦暫停免，缺食人民令所司設法賑濟。戶部覆奏。從之。

同上 ［景泰元年七月］，巡按山西監察御史凃謙奏：看得山西僉事葉清陞授左參議，見在偏頭關守備請復推舉僉事一員代清專管山西所屬衛所屯種，仍令左都御史沈固兼督之。事下戶部覆奏，從之。

《明實録・英宗實録》卷一九五 ［景泰元年八月］，貴州都指揮同知張銳等奏：普定、興隆等衛去年被苗賊將各處屯堡倉廒種子房屋官牛錢糧焚劫一空，乞除免屯種餘糧。事下戶部，請移文勘實蠲免，從之。

同上 ［景泰元年八月］，先是廷臣以操備軍大集京師，請撙節糧儲以足軍餉，并移文南京戶部會官計議一體減省以紓民力，至是南京戶部具應減事宜以聞。【略】南京各衛屯田之設本欲種納子粒供給軍士，凡因征操運糧差占數多，屯田廢弛，今議每年自十月至明年三月赴操月支糧五斗，四月至九月仍舊屯種，不支月糧，比較子粒其運糧者既支行糧，月糧亦住支。【略】悉從之。

《明實録・英宗實録》卷一九七 ［景泰元年十月］，禮科都給事中金達言二事：一國之有邊猶家之有牆壁也，必守備得人，然後無外侮之患。比者逆虜犯邊，都指揮楊俊捐棄連城金帛錢穀，動踰萬計，墩臺不守，烽堠邈絕，致賊乘虛，邀留聖駕，臣民荼毒，原其情犯死有餘辜，臣嘗以散賞到邊，見長安嶺直抵獨石一帶田連阡陌，種藝禾稼收穫之豐甚於內地，從而詢之，則皆總兵等官之私產耳。夫爲邊將而乃驅役軍士以營己私，其能盡心於守備之策乎。乞舉武將處心正大，謀勇兼資，文臣忠讜鯁亮，清望素著者各一人統兵往長安嶺等處修葺城堡，烽堠墩臺皆令復舊，以後總兵等官俱不許勞役官軍置產耕種，每年專差風厲御史察訪究問，其若楊俊輩者皆黜之勿用，則守備得人而邊鄙固矣。一古者寓兵於農，無事則執耒以耕，有警則荷戈以戰，今之民壯亦猶是已，近因逆虜入寇，今河南等布政司順天等府選集民壯，中間一家有選一丁二丁者，有三丁四丁者，朝暮在官，隨軍操練，冬夏不息，戶內田土乏人耕植，該納糧芻徵收如舊，號寒啼饑有不能免，乞令春夏之時各回生理，秋冬之日團集練閱，則民生得濟而兵事集矣。詔該部議行之。

《明實録・英宗實録》卷一九九 〔景泰元年十二月〕，給戶部折糧銀三萬兩，遣官齎往河南山東依時價買牛分送大同宣府給軍屯耕。

同上 〔景泰元年十二月〕，給宣府等處屯軍牛六百頭。時遣官於山東河南買牛未至，恐妨春作故也。

同上 〔景泰元年〕，屯田子粒二百六十六萬六百七十三石有奇。

《明實録・英宗實録》卷二〇〇 〔景泰二年正月〕，勑右僉都御史祝暹曰：眞定、保定二府與倒馬關相去不遠，今特命爾不妨本關事務，往來提督鎮守二府操練軍馬，修理城池，招撫流移，管理屯種，禁革官吏姦弊，軍職文職五品以上具奏拿問，其餘悉聽究治，遇邊關及腹裏有警，爾即會各鎮守守備等官計議調軍剿捕，毋或因循怠忽。

《明實録・英宗實録》卷二〇一 〔景泰二年二月〕，詔以邊境稍寧，大同等處選操等項舍人餘丁民壯暫且放回屯種生理。

同上 〔景泰二年二月〕，給宣府等衛屯種軍餘耕牛二百三十九隻。

同上 〔景泰二年二月〕，巡按直隸監察御史李周等奏：直隸寧山衛屯田被河溢衝決六十七頃不堪耕種，已會河南按察司僉事張瑄等勘實。事下戶部，議蠲除之。

同上 〔景泰二年二月〕，命出內帑白金五千兩於大同宣府分給屯軍置買牛具種子。先是虜入寇，二邊蕩然，羣臣屢請修復屯田，官已給牛二萬五千頭幷種子給軍耕布，至是猶不足，故有是命。

同上 〔景泰二年二月〕，免直隸寧山衛所被水屯田六十七頃子粒，仍令踏勘附近屯所空閒田地，如數撥補耕種。

《明實録・英宗實録》卷二〇二 〔景泰二年三月〕，鎮守臨清平江侯陳豫奏臨清衛開設衙門，改調濟寧衛所，官軍俱至，但地窄人稠，屯田數少，切見臨清與濟寧一水之便，欲令仍舊於濟寧屯種，辦收子粒。從之。

《明實録・英宗實録》卷二〇四 〔景泰二年五月〕，南京各衛屯田在江北者去歲旱災，其該納子粒命暫停徵。

《明實録・英宗實録》卷二〇五 〔景泰二年六月〕，免陝西肅州衛去歲旱災屯糧一萬三千四百餘石。

同上 〔景泰二年六月〕，詔貴州各衛修舉屯田有乏牛種者官爲措置，從巡撫貴州大理寺右寺丞王恂奏請也。

《明實録・英宗實録》卷二〇七 〔景泰二年八月〕，河南開封、山東濟南、東昌諸府、直隸興州、左屯、遼東廣寧、鐵嶺、三萬諸衛各奏今夏淫雨，河隄衝決，傷害禾稼，租稅無徵。事下戶部，覆視以聞。

《明實録・英宗實録》卷二〇八 〔景泰二年九月〕，先是山西按察司提調屯田副使王亮言：口外順聖川沃野數百里，實有可墾田地三萬五千六百六十頃，洪武間爲各衛屯種之數，永樂間以本川水草便利起盖馬房，牧養官馬，近者官馬移入關南，前地仍令各衛屯種，亦有人民種占者，近因達賊入寇，原住軍民被其関散，即今蕩然一空，乞勑廷臣計議分本川爲三段各立城堡，或令各衛軍士照舊屯種，或召募山西平陽、太原二府，澤潞等五州丁多人民前來住種，以實邊隅。事下戶部，請勑宣府大同總兵巡撫官紀廣等會勘，至是廣等奏本川路通陽和後口等處，俱係達賊出沒要路，而大同宣府諸衛軍士缺伍尚多，無力屯種，山西平陽等府州人民住居已定，猝難動移，但曉諭口外有力軍民之家聽其入川各自耕種，免徵子粒。從之。

《明實録・英宗實録》卷二一〇 〔景泰二年十一月〕戊申，命提督軍務左副都御史年富兼督大同屯田。

同上 〔景泰二年十一月〕，免陝西寧夏中護衛去年屯田子粒，先是本衛屯田軍餘三百七十四名被達賊截殺驚散，子粒無徵，覆勘得實，至是蠲之，仍令以地給無田軍餘。

同上 〔景泰二年十一月〕丙寅，免陝西甘州左等六衛屯糧四千一百一十餘石，以達賊蹂踐幷蟲鼠食傷也。

《明實録・英宗實録》卷二一一 〔景泰二年十二月〕，戶部奏貴州苗賊各息各衛屯田例應種納，今清平等衛言拋荒日久，凋獘未甦，無力種辦，請暫免其子粒，宜移文三司體覆除免之。

同上〔景泰二年十二月〕，命叅贊宣府軍務右僉都御史李秉兼督屯種。先是因邊警軍民牛具搶掠殆盡，朝廷命官買牛一萬五千給宣府等處貧難軍民耕種，又人給銀六錢，令買種子，秋成收其價銀子粒，侍郎劉璉以牛幷銀給馬步給神機等軍而屯軍住支。

同上〔景泰二年〕，屯田子粒二百五十八萬四百五十五石有奇。

《明實録・英宗實録》卷二一二〔景泰三年正月〕，總督邊務參贊軍務右僉都御史李秉奏：比年大同宣府因醜虜入寇，屯田廢弛，官給牛具種子令軍民耕植，然較之正統年間十乏四五，乞勅各邊總兵官除軍士精鋭者操練守城，其餘悉令於附近城廓之處屯田，其屯田之數務令不失正統年間原額，則兵農相賀，而邊儲不乏矣。從之。

同上〔景泰三年正月〕，蠲廣東廣州前等衛景泰元年屯田子粒五萬一千七百二十石有奇，以是歲被賊攻刼也。

《明實録・英宗實録》卷二一六〔景泰三年五月〕，貴州按察司撫鎮蠻夷副使張海奏：烏撒、畢節等儒學先選官軍子弟入學讀書，多鄙猥魯鈍，不堪教養，况近年各處被蠻賊燒刼而精壯者冒名在學，缺人備禦屯種，教官全設虛靡廩禄，乞將各衛儒學止留教官一員，軍生俊秀者三十五名，如有成效與民生一例科貢，餘皆發回原衛所備禦屯種。從之。

同上〔景泰三年五月〕，戶部奏：寧夏総兵官都督同知張泰等言寧夏軍士貧乏，各屯種田五十畝歲輸城倉糧六石，屯倉種糧六石，自食糧一十二石，欲將餘糧量減優恤，緣陝西邊餉浩大，若從泰等所請，未免多發邊民餽運，恐各邊倣效，屯種之成規日廢，糧儲之遠運日艱，請移文鎮守侍郎等官遵守舊例爲便。從之。

同上〔景泰三年五月〕，免山西太原左右前三衛屯軍子粒三千八百六十石。

《明實録・英宗實録》卷二一七〔景泰三年六月〕庚寅，除豁直隸密雲中衛不堪耕種屯地一百一十五頃五十一畝有奇，免收子粒。

《明實録・英宗實録》卷二一八〔景泰三年七月〕壬子，陞工部屯田司主事劉彧爲本司郎中，以九載考稱故也。

同上〔景泰三年七月〕，命各處管屯風憲官勘實官豪所占屯田地，俱令盡數納糧，仍限年終，不完者一體住俸，從陝西右叅政孫毓奏請也。

《明實録・英宗實録》卷二一九〔景泰三年八月〕，戶部言先差郎中薛遠盤覈大同應州偏頭關等處倉糧，今已盤出麤糙不堪之數，除屯田子粒免究，其餘銀糴幷鹽糧宜准例於原納客商名下追陪。從之。

同上〔景泰三年八月〕辛巳，戶部言近例各處屯糧俱赴有司官倉交納，然有無軍衛者未免置糧於無用之地，恐致陳腐，乞令今後俱運赴附近有軍衛有司官倉收貯，以備給用。從之。

《明實録・英宗實録》卷二二〇〔景泰三年九月〕甲辰，戶部奏南京錦衣等衛屯田旗軍多在應天幷直隸廬州、滁州等處地方屯種，邇年奪占民田不納子粒，及直隸蘇州、建陽等衛所屯軍亦如之，乞勅南京提督倉場都察院右副都御史軒輗兼管南京各衛屯種，巡撫蘇州等處本部右侍郎李敏兼管蘇州等衛屯種，如例催徵比較，如有奪占者就行懲治。從之。

同上〔景泰三年九月〕，免龍門開平衛所今年屯糧十之五，以被霜災故也。

《明實録・英宗實録》卷二二一〔景泰三年閏九月〕，浙江按察司僉事上官受奏：各衛所屯軍多因公差失誤屯種，今後遇有公差於守城跟官軍餘内差撥。戶部覆奏宜從所言，敢有擅調屯軍者聽巡撫巡按管屯僉事奏聞區處。從之。

同上〔景泰三年閏九月〕，裁省浙江布按二司幷所屬府縣督屯、管糧、撫民、僉事、副理問、通判、縣丞等官二十一員。先是以戶科給事中何陞言官冗，下各處巡撫等官覈報，至是巡撫浙江尚書孫原貞等具以聞，故省之。

同上〔景泰三年閏九月〕，免宣府前等十六衛所屯糧三分之一，以其旱蝗霜雹荐災也。

同上〔景泰三年閏九月〕，命大同宣府收糧叅政葉盛等兼比較山西行都司所屬衛所屯糧，從戶部奏：請也。

《明實録・英宗實録》卷二二二〔景泰三年十月〕，命龍門衛今年屯糧全免，開平衛龍門千戶所免十分之八，以其被霜也。

同上〔景泰三年十月〕，戶部奏：大同宣府邊餉浩大，請勅總督邊儲左副都御史年富等將大同宣府各衛所空閑軍餘官舍人等速爲取勘見數，候來年東作之時令其耕種，秋成徵收子粒，敢有官豪勢要人等私役軍餘及占種屯地者亦聽富等具奏執問。從之。

同上 〔景泰三年十月〕，命叅賛易州等處軍務右僉都御史陳泰兼巡撫保定等六府地方及提督各衛屯操，巡撫永平山海等處右僉都御史鄒來學兼提督所轄各衛所屯種，俱賜勅諭之。

《明實録・英宗實録》卷二二三 〔景泰三年十一月〕，山西按察司副使章繪奏邊務四事。一近例各都司衛所管屯官屯糧不完者住俸催徵，切恐各官畏此正當徵收，夤緣別差攙托誤事，乞令各都司衛所每年將管屯官職名造冊送部，屯糧未完不許別差。一宣府獨石馬營用糧浩大，雖已召鹽商上納米豆，然以路遠久無完者，切見懷來城内原有空倉七十餘間，乞增盖一二十間，可積糧十萬，更定則例，令鹽商於此上納，道路近便，納者必多。一宣府長安嶺、鵰鶚堡、赤城、雲州、獨石、馬營、龍門八衛所每歲有旗軍一萬六千餘名採草，各衛自委官收放，數目無考，作弊滋甚，乞令八處各立草場總銓官攢屬隆慶州管轄收草，則姦弊可革。一邊城馬匹月給料豆，軍士多尅減糶銀私用，不顧馬匹瘦弱，乞令戶部出榜禁約，仍移文總兵鎮守提督叅賛等官捕獲懲治。疏下戶部，覆奏以総設官攢管草，恐誤支給，宜於各城堡官倉添除副使一員管草爲便，餘皆可行。從之。

同上 〔景泰三年十一月〕，兵部左侍郎翰林院學士兼左春坊大學士商輅奏：各邊操守官軍寡弱艱難，夫寡弱則不能戰，艱難則不能守，切聞口外田地廣饒，多被勢要之家占耕，收利入己，其軍士非但無力耕種，亦無近便田地可耕，衣食既不給則壯氣沮喪，安望其能守也。乞命戶部選能幹官分往大同宣府、懷來、永寧等處會同都御史等官將田地盡數撥與軍士，令其分爲兩番，六日操守，六日耕種，收成之後併力備禦，如此則轉輸之費可省，又豈有寡弱艱難之足慮哉。奏下戶部覆奏云：此事之便本部亦屢言之，後因沮抑不行，今輅又奏請，勑左副都御史年富、右僉都御史李秉、提督管糧管民叅政副使王庚、章繪一如所奏，覈實行之，敢有沮壞邊事者聽各官奏聞區處。從之。免山東布政司都司所屬并直隸淮安徐州等處。今年水災田地稅糧子粒八十四萬三千六百餘石。

同上 〔景泰三年十一月〕，提督宣府軍務右僉都御史李秉言：萬全所屬衛所歲造軍器，先以物料乏，軍士艱，詔暫止之，今所乏如舊而艱難愈甚，請如先詔。又言：宣府沿邊屯種皆有土堡，遇警軍士可保其身，比遭虜寇侵掠，遂皆廢弛，請勅萬全都司率各衛所軍士仍前修築，用便屯種。從之。

《明實録・英宗實録》卷二二四 〔景泰三年十二月〕，免順天府所屬并直隸興州前屯衛災傷田畝秋糧子粒七千四百八十餘石，穀草二十五萬一千四百餘束。

同上 〔景泰三年十二月〕，免直隸永平府并撫寧衛災傷民地屯田秋糧子粒六千七百五十石，草十一萬七千二百束。

同上 〔景泰三年〕，屯田子粒二百八十七萬八千二百一十四石。

《明實録・英宗實録》卷二二五 〔景泰四年正月〕，守備周家堡都指揮僉事胡璽奏：本堡乃倒馬關所轄切要隘口，乞於眞定等衛守城屯田官軍内量撥二百人各帶衣甲軍器前來備禦，仍於倒馬關馬軍内摘撥二十人前來巡哨，俟春暖凍開，恊同修理城垣。從之。

《明實録・英宗實録》卷二二六 〔景泰四年二月〕，築白廟兒堡於隆門關西二十里，徙堡外居人於堡内編立旗甲，耕種附近田地，委能幹官一員守之，從宣府副總兵後府都督同知孫安奏請也。

同上 〔景泰四年二月〕戊申，提督大同軍務左副都御史年富以襄垣王誣奏其貪淫等情既白，具訴乞罷歸。事下戶部議謂：富整飭邊備，會計糧草，除積年之宿弊，舉既廢之屯田，貪徒不得騁其奸，豪猾不得肆其志，宜仍留整飭邊儲。從之。

同上 〔景泰四年二月〕，提督宣府軍務右僉都御史李秉奏：宣府土地肥饒，軍士素諳耕作，乞將見在輭弱步操軍餘并清解自首空閑軍士選官管領，定撥耕種，今年子粒聽其自收食用，遇有警急就令管屯官員提督於附近城堡相兼守城，候來年秋成子粒如例上納，若有逃故等項於空閒軍士内撥補，仍令楊能等量帶官軍往來提督防護，務俾事有成效。事下戶部，覆奏，從之。

《明實録・英宗實録》卷二二八 〔景泰四年四月〕，廣西柳城縣奏：縣嘗被賊，民多逃亡，連年旱甚，田畝無收，人戶所負夏秋稅糧屯田子粒均乞蠲免，命戶部遣人覆視之。

《明實録・英宗實録》卷二二九 〔景泰四年五月〕，巡按山西監察御史白良輔劾奏：署都指揮使朱忠、都指揮僉事宮端占種屯地，管屯僉事蔡汝忠失不舉。奏下清軍御史項璁覆之，皆驗，請治其罪。詔俱宥之。

《明實録・英宗實録》卷二三〇 〔景泰四年六月〕癸卯，廣西總兵等官陳旺等奏：思恩軍民府土兵調赴桂林哨守者相離本府遼遠，農田不得耕種，該納稅糧宜暫免徵。從之。

同上［景泰四年六月］，復河南按察司僉事劉懷仍撫民，王俊仍理屯種。懷、俊先是俱以剩員裁省，赴吏部，尋以戶部請留，故有是命。

《明實録・英宗實録》卷二三一［景泰四年七月］，蠲湖廣、衡州、寶慶、永州、茶陵、長沙、沅州諸衛，浙江杭州、台州、寧波諸府，去年被災田地子粒稅糧二萬三千三百石有奇。

《明實録・英宗實録》卷二三四［景泰四年十月］，命提督遼東軍務左副都御史寇深兼巡撫及總督屯糧倉塲糧儲，賜勑諭之。

同上［景泰四年十月］，都察院鞫四川按察司僉事成功職專管屯，故縱廢弛以致子粒不完，當贖杖，還職。從之。

同上［景泰四年十月］庚戌，命湖廣按察司副使徐仲麟督理屯田。先是仲麟奉勑整理廣西總兵官處軍機文書，至是自陳邊務稍寧，不無冗曠，故有是命。

《明實録・英宗實録》卷二三五［景泰四年十一月］，停徵山西平陽等府景泰四年被災糧五十七萬六千八十餘石，草一百一十萬三千五百餘束，山西都司衛所被災屯田糧六千七百六十八石有奇。

《明實録・英宗實録》卷二三六［景泰四年］，屯田子粒二百八十七萬九千五百六十九石。

《明實録・英宗實録》卷二三七［景泰五年正月］丙寅，蠲直隸廣平、眞定、保定、淮安諸府，湖廣黃州衛去年被災田地稅糧子粒米麥二十四萬九千三百四十石有奇，草四十五萬四千一百八十束。

同上［景泰五年正月］，宣府總兵官右都督過興等奏：新河口堡係虜使出入之處，守備軍士數少，其新開口堡地勢偏僻，旁無屯種田地，本堡西北角内舊有墩臺，宜加脩高大，量撥軍守瞭，傳報聲息，多餘官軍掣回併守新河口堡爲便。從之。

《明實録・英宗實録》卷二三八［景泰五年二月］乙未，省寧夏河渠提舉司副提舉二員，司典三名。先是以寧夏屯田水利豪強兼幷，置提舉司以理之，至是言者謂自有管屯官當理，其提舉司官皆袖手高坐，虛縻廩祿，故省之。

同上［景泰五年二月］，提督宣府軍務右僉都御史李秉奏：宣府沿邊復設城堡，分撥官軍專一保障屯田，然所撥官軍該支行糧、口糧動以萬計，今各邊空閑之地尚多，請除報砲守糧工匠及夜不收外，其餘俱人給白金一兩五錢，令買牛具相兼屯田，待秋成，其行糧口糧俱可住支。從之。

《明實録・英宗實録》卷二三九［景泰五年三月］丁卯，陞刑科右給事中曹凱爲浙江布政司右叅政提督海道，復除廣東按察司副使雷復於廣西按察司，調貴州按察司僉事譚琬於河南按察司官屯種，復以丁憂服闋，琬以剩員取回也。

《明實録・英宗實録》卷二四一［景泰五年五月］，提督宣府軍務右僉都御史李秉言：萬全都司宣府前等衛所軍餘去年屯種子粒被災無收。戶部奏准，將應徵賑濟幷買牛銀價等項令臣斟酌徵收，如果不能辦納，停候次年。今各處屯軍艱難日甚，請秋成之日有牛具者則令辦納子粒，住支月糧；貧難者所收子粒聽其食用，置買牛具，止住月糧，再候下年成熟方循屯種事例辦納子粒，住支月糧。從之。

《明實録・英宗實録》卷二四二［景泰五年六月］甲午，命總督南京糧儲工部右侍郎李浩兼理屯種，賜勑諭之。

同上［景泰五年六月］乙巳，復除郎中潘諒於南京禮部祠祭司主事，周旋於南京吏部考功司主事，黃霖於南京工部，擢進士唐泰爲吏部稽勳司主事，呂晟爲工部屯田司主事。

《明實録・英宗實録》卷二四三［景泰五年七月］，南京戶部奏：南京各衛屯軍有選運糧及操備者，雖令奏準取回屯種，令撥守城軍餘更補，然守備總兵及管漕運官不即（奏）［奉］行，未免荒廢屯田，耗支糧餉。又屯田自右副都御史軒輗陞賞本院事亦無官專理，乞勑各官退出屯軍務農，幷除都御史一員或復令輗兼管爲便。詔曰：屯田重務，豈可廢弛。所奏良是。戶部其速議行之。

同上［景泰五年七月］，免口外捕探官軍屯種者雜差，不給月糧，子粒亦免納。從右僉都御史李秉奏請也。

《明實録・英宗實録》卷二四六［景泰五年十月］，鎮守懷來等處左參軍都指揮使夏忠奏：萬全都司屬衛地方廣闊，乞從公踏勘丈量，除山岡磽薄地聽官舍軍民開耕，其附郭高腴地派與屯田軍餘耕種，上納子粒。事下戶部，覆奏，宜移文右僉都御史李秉督同山西布按二司等官公同丈量，若有仍前占種聽秉等糾察指實，奏請執問。從之。

《明實録·英宗實録》卷二四七　〔景泰五年十一月〕，鎮守福建兵部尚書孫原貞奏：　自去冬至今春積雪連旬，窮陰彌月，謹按《洪範》，玆謂咎徵。臣以爲今屯田未開耕，轉漕未足給，流民未復業，公私耗竭，軍民咨嗟。災變之時致亦或在斯，謹條上，以裨聖慮之萬一。其一，論屯種曰：　太宗皇帝置立紅牌，備開軍士屯種定例，頒行天下都司衛所，種田糧以驗其收成，計子粒以較其多寡，行賞罰以勵其勤怠，此誠良法，萬世攸賴者也。今屯軍因繕工、餽運等差占，妨誤屯種者多，乞勅戶部於各衛所官軍內簡精鋭以操備，撥冗襍以屯種，如添萬人下屯，歲省支倉糧十二萬石，又積餘糧六萬石。若天下衛所照舊屯種，則糧儲不可勝計，兵食豈有足者哉。

《明實録·英宗實録》卷二四八　〔景泰五年〕，屯田子粒二百七十六萬五百六十三石有奇。

《明實録·英宗實録》卷二四九　〔景泰六年正月〕，免應天并直隸、太平、寧國、池州、安慶、和州等府州，建陽、宣州二衛去年災傷田畝秋糧子粒共一十五萬三千二百餘石，穀草三十三萬六千六百餘包。

《明實録·英宗實録》卷二五〇　〔景泰六年二月〕，浙江布政司右參政曹凱言四事：　一近海備倭民夫乞行鎮守等官體勘，若係衝要之處，宜給與盔甲鎗刀，就隣近巡司時嘗操備。其不係衝要者革罷。一沿海備倭船乞於沈家門等處仍立水寨，委廉能都指揮分定地方，往來巡哨。一都指揮并各衛所指揮、千百戶等官，徐鑑等共八百六十七人役使辦納月錢、種田等項，軍餘共四千五百八十人乞行該部禁約。一盤石等衛蒲岐等千戶所逃故軍人一百七十人，原籍府縣不行依例清勾，卻以異姓軍人補役紀録冒名支糧，乞行清理，庶免紊亂軍政。帝命鎮守浙江兵部尚書孫原貞等斟酌可否行之。

同上　〔景泰六年二月〕，命南昌衛帶俸都指揮僉事張英掌江西都司事兼理屯種。

《明實録·英宗實録》卷二五一　〔景泰六年三月〕，勅提督山海等關右副都御史李賓曰：　今命爾不妨原勅事務，仍兼提督永平、山海，順天府、薊州、遵化、密雲等處一應倉場糧草，客商中納鹽米及山海、涿州中、營州左屯等衛所屯田子粒，官軍俸糧本色折色及喜峰等口官軍糧草等項，務令收放明白，儲積不誤，毋容勢要之家并刁潑軍民人等通同作弊，虧損錢糧，有誤供給。違者聽爾究問。其順天府所屬民間催徵稅糧并巡撫等事，爾不必預。爾其如勅奉行。

《明實録·英宗實録》卷二五一　〔景泰六年三月〕，巡撫雲南右僉都御史鄭顒奏：　騰衝司官豪占種附城屯田，被人訐發。今已撥與各旗軍分種，其官豪指揮使陳昇等五十四人，宜治其罪。詔姑宥之，仍戒再犯不恕。庚申，【略】戶部奏彭城等衛屯田糧草逋年不完，其僉書及首領官宜如掌印及管屯官例住俸，候催完日支給，仍令天下都司衛所俱准此例，從之。

《明實録·英宗實録》卷二五一　〔景泰六年三月〕，戶部奏彭城等衛屯田糧草逋年不完，其僉書及首領官宜如掌印及管屯官例住俸，候催完日支給，仍令天下都司衛所俱准此例，從之。

同上　〔景泰六年三月〕，提督宣府軍務右僉都御史李秉奏：　臣才識粗庸，叨膺邊寄，偶有所見不敢緘默。謹條具以聞。【略】一古云：　無三年之積，不可以爲國。今口外倉庾多無三年之積，而東自永寧，西抵蔚州，多有荒閑田地可以耕種，宜令宣府等處見操步隊及空閑軍餘以十之五使其營田，遣官提督，務臻實效，庶軍無饑饉之憂，民免轉輸之苦。一保安新城距懷來僅六十餘里，柴溝堡距懷安城僅四十餘里，鎮守內官在懷安城則有童保、陳士在懷來城則有田震、韋原，每歲令此四人者輪流守備，更代不一，士卒苦其往來艱難，官吏厭其迎送頻數。況所在各起房屋，勞費軍民。宜令前四人者二人分守保安、新城、柴溝堡，二人分守懷安、懷來，則官事簡而人無所擾，委任專而責有攸歸。一直隸隆慶州民原有十四里，永寧縣原有八里，自變亂以來，死亡逃竄者衆。今見在民隆慶不過四百餘戶，永寧不過一百四十餘戶，合之不過五里有餘。而兩處州縣相去僅四十里，爾夫張官置吏，所以爲民。今官吏多而民少，民其能安富乎。宜將永寧縣併之隆慶州，則民不受害，官無冗員而糧有蓄積。帝謂：　秉言甚善，所司其議行。所司言：　陣亡官軍家小若給濟，恐錢糧不敷，宜省其貧無依者量給口糧送回，依親居住。永寧縣係裁減衙門宜仍存，以撫安編發及招回復業之人。武學、營田及鎮守內官之事宜悉如其請。從之。

《明實録·英宗實録》卷二五六　〔景泰六年七月〕，免浙江杭州、嘉興、湖州三府拖欠藥味等料，以水旱相仍，生民飢窘也。給事中徐正言：　今各處所收夏麥及商賈販糯米、黄米，皆爲造酒之費。淮濟間歲造麥麴百十萬。臨清、通州及都城造酒之家不下千萬家，一家日費米一石，萬家萬日費米萬石，積而論之，爲費實多。今一切禁之，恐不能及。可重榷其稅，令少自止息，則米麥不耗矣。又言：都城附郭荒田不下千萬餘頃，而操備官軍皆坐食，可分屯以省轉運。又言：錢爲國家利柄，多則物貴，可收斂之。少則物賤，可增鑄之。如此則物價常平，而朝廷享其利。奏入，命諸司議行之。

《明實録・英宗實録》卷二五七　［景泰六年八月］，提督山海等關軍務右副督御史李賓奏：永平、山海一帶關隘相連，軍馬數多，見貯糧料數多，其附近空閑地土約有七八千頃。臣欲趁今無警時月令見在營關營及守城軍內精壯者留備操守，輭弱者量揀屯種，仍令帶隨身衣、甲、器械，遇警各守信地以聽調用，月糧俱暫支給。俟屯田既成上納，免支月糧。其有大量不盡地土，官軍舍餘有力開墾者儘力耕種，一體辦納子粒，庶可節省餽運。事下戶部，言：賓所奏誠守邊長久之良法，宜准其言。從之。

《明實録・英宗實録》卷二五九　［景泰六年十月］戊午，免陝西西安等七府去年夏稅三十八萬九千九百三十餘石，西安左等一十六衛所屯糧六萬四千三百四十餘石，以奏被災傷故也。

《明實録・英宗實録》卷二六〇　［景泰六年十一月］丁丑，免直隸永平府所屬州縣幷開平中屯衛今年被災地畝秋糧子粒三千五百六十八石，草五萬一千五百四十六束。

同上　［景泰六年十一月］，巡按雲南監察御史牟俸等奏：雲南左衛諸處幷尋甸諸府今年四月至七月雨水連綿，所種禾苗凍秕青空，無收秋糧，屯糧無存辦納，南京龍江左、浙江海寧衛，蘇州、嘉興諸府奏三月至六月亢旱無雨，不能布種，秋成無望，稅糧無徵。俱命戶部勘實以聞。

同上　［景泰六年十一月］，免南北直隸揚州淮安等府，大名府元城縣，揚州、高郵、淮安、大河等衛，興化守禦千戶所今年被災田畝秋糧子粒二十九萬三千石，草五十九萬四千二百二十餘包。

《明實録・英宗實録》卷二六一　［景泰六年十二月］，命停徵四川烏撒等衛今年子粒二千六百七石，俟下年成熟陸續徵納，以屯田被災故也。

同上　［景泰六年十二月］己巳，免應天府七天州縣留守左衛幷直隸寧州興州中屯等三十五衛今年秋糧子粒共二萬三千九百九十三石，草九萬三千一百六十九束，直隸廬州府、和州、滁州、廬州、邳州、六安、滁州、儀眞、壽州等衛今年秋糧子粒七萬一千九百一十八石，草一十一萬一千八百四十八包，直隸蘇州諸府，太倉諸衛今年秋糧子粒一百四十五萬三千五百五十八石有奇，草五十七萬三千三百九十包，山東濟南、兗州、青州、東昌等府，武定、信陽等三十八州縣今年夏稅麥二十四萬二千五百八石有奇，俱以被災故也。

同上　［景泰六年］，屯田子粒二百七十七萬九千三百四十一石有奇。

《明實録・英宗實録》卷二六二　［景泰七年正月辛卯］，監察御史張鎣奏：臨清新設衛所調來官軍逃匿數多，宜通行查勘，除屯田者不動外，其餘京操運糧幷調來未到者，嚴立禁例，發遣前來，及將在臨清隱住舍人餘丁查冊，揀選丁多精壯者給與口糧，俾充守城之數，庶得城池充實，戰守有備。從之。

《明實録・英宗實録》卷二六三　［景泰七年二月］，應天幷直隸寧國、太平、池州、安慶、徽州、保定、河間、廣平諸府衛及廣德州、山東濟南、兗州、東昌、山西平陽、河南開封、懷慶、衛揮諸府衛去年被災田地稅糧子粒二十四萬五千六百九十石有奇，馬草七十九萬一千五百餘束。

同上　［景泰七年二月］，提督甘肅軍務左副都御史宋傑等官奏陝西高臺堡路當衝要，水草便利，地土肥饒，可立一所幷倉以便屯守。從之。

《明實録・英宗實録》卷二六四　［景泰七年三月］癸酉，停免直隸鳳陽府所屬及中都留守司、長淮等衛所去年災傷田地秋糧子粒一十四萬七千八百五十餘石，馬草二十一萬一千九百一十餘包。

同上　［景泰七年三月］，免雲南都司所屬雲南左等衛及雲南布政司所屬雲南等府司州縣被災田地稅糧子粒六萬五千六百餘石。

《明實録・英宗實録》卷二六五　［景泰七年四月癸丑］，添設雲南按察司管屯副使一員。

同上　［景泰七年四月庚申］，免南京錦衣等三十四衛去年災傷屯糧四萬六千二百三十餘石。

《明實録・英宗實録》卷二六六　［景泰七年五月］辛未，陞福建布政司左參議趙兼爲廣東布政司右參政，山西道監察御史吳端爲貴州按察司副使，專理屯田。

同上　［景泰七年五月］，免南京鎮守等二十二衛所屬去年被災無徵屯糧六萬四千四百二十三石有奇。

《明實録・英宗實録》卷二六八 ［景泰七年七月］，命福建爲事立功都指揮僉事王勝復職，專督屯種事。

《明實録・英宗實録》卷二六九 ［景泰七年八月］，巡撫永平等處右副都御史李賓奏：薊州永平倉收貯海運糧多，各關營去彼路遠，官軍支運不便，乞令永平等府衛所屬官吏軍民有願借糧者借與食用，秋成赴各倉還官，並勘出腹裏空地，宜令永平府所屬並薊州等州縣原選民壯屯田。事下戶部，言：借給邊糧，恐後不能完納，宜令附近官軍於無警時月輪赴薊州關用，存留永平倉糧以給各邊，民壯屯田，宜如其請。從之。

《明實録・英宗實録》卷二七二 ［景泰七年十一月］，減提督中都留守司所屬並直隸淮安等衛所屯種按察司僉事一員，就令河南按察司副使僉事內每年輪流一員提督，年終比較，子粒完納方許更替，從戶部議請也。

《明實録・英宗實録》卷二七三 ［景泰七年十二月］，免山東濟南等六府，武定、商河等六十四州縣今年水災田畝秋糧六十九萬四千七十餘石，馬草一百一十一萬二千一百餘束，濟南等十一衛所今年被災屯田子粒一萬八千五百二十餘石。從巡撫尚書薛希璉等奏請也。

同上 ［景泰七年］，屯田子粒二百七十九萬五千三百五十九石有奇。

《明實録・英宗實録》卷二七四 ［天順元年正月］，陞工部左侍郎趙榮爲本部尚書，戶部浙江司員外郎劉本道爲本部右侍郎，工部屯田司主事吳復爲通政司右通政，專管柴炭，調戶部右侍郎陳汝言爲兵部右侍郎，俱太監吉祥等薦之也。

《明實録・英宗實録》卷二七五 ［天順元年二月］，命萬全都司署都指揮使周全仍理本都司事，都指揮同知李延管理屯種。

同上 ［天順元年二月］己酉，勑南京戶部尚書張鳳兼提督糧儲屯種。

同上 ［天順元年二月］，命戶部郎中徐敬、楊益往宣府大同提督糧儲兼理屯種，時取回都御史李秉等口外糧儲無人提督，戶部以聞，故有是命。

同上 ［天順元年二月］，命戶部郎中楊禮和提督永平、山海等處糧儲兼管屯種，以巡撫右副都御史李賓召還故也。

《明實録・英宗實録》卷二七六 ［天順元年三月］辛未，勑沿邊諸將：近得邊報，達賊自相讎殺，部落散漫沿邊，此虜雖曰衰殘，然狼子野心乘間竊發，不可不爲之慮，爾等即整搠軍馬嚴加守備，況時耕作方興，其各屯尤宜戒嚴，毋妨田務。

《明實録・英宗實録》卷二七八 ［天順元年五月］，提督大同等處糧草兼理屯種戶部郎中楊益奏：大同等處官屯軍民遞年以缺乏牛具種子，預借官銀，至秋上納糧料。景泰七年春，左副都御史年富放與官銀七萬餘兩，至今收納未完。臣見各處倉廒盈滿，欲停預借，而鎮守大同總兵官堅執要同上年事例。臣因量減借與三萬餘兩。竊思如此則事出多門，錢糧虛耗，不便。上謂戶部臣曰：邊陲以糧儲爲急，當嚴出納，自今官庫銀兩只從戶部委官及布按二司管糧官斟酌區畫，不許總兵官干預，違者罪之。

同上 ［天順元年五月］己丑，免南京旗手等三十衛去年被災屯田子粒二萬七千餘石。

同上 ［天順元年五月］壬辰，免河南所屬府衛去年災傷田秋糧子粒十萬三千八百三十餘石，馬草十二萬八千六百餘束。

《明實録・英宗實録》卷二八四 ［天順元年十一月］，蠲萬全都司萬全左等七衛今年被災屯糧四千一百一十六石，穀草九千四百六十六束。

《明實録・英宗實録》卷二八五 ［天順元年十二月］，致仕都察院左副都御史羅亨信卒。亨信，字用實，廣東東莞縣人。永樂甲申進士，授工科給事中，陞吏科右給事中。坐累謫爲吏於交阯。起爲監察御史，丁母憂，詔奪情就任。時近臣有薦其堪任方面者，賜食五品祿，仍舊職。宣德乙卯，陞右僉都御史，同武臣練兵陝西、平涼諸邊。正統己未奏殄虜功，陞俸一級，賜綵幣白金。父喪，詔馳驛歸葬。即起視事，既至改命督理大同宣府軍衛屯種。自是在邊幾二十年，邊事靡不周知而所行多允當。土木之變，虜寇猖獗，宣府武臣欲棄城南奔。亨信守南門，令於衆曰：敢言棄城者斬。於是諸武臣不敢動，人始有固志，因請嚴失守之律，犯者必誅。詔是其言，賜以金幣，陞右副都御史。景泰庚午，以老疾致仕。至是卒。亨信明敏負才，遇事敢爲，然時頗議其廉謹不足云。

同上 ［天順元年］，屯田子粒二百八十五萬二千九百二十石有奇。

《明實録・英宗實録》卷二八六 ［天順二年正月］丙子，南京掌右軍都督府事武安侯鄭宏奏：新江口乃往來總要，宜操習水戰以備不虞，乞勑兵部將原調去浦子口操備舍餘并選去漕運放回屯種官軍其四千五百五十人仍回新江口操練，就於各衛空閑官軍內選補運糧，舍餘內撥補屯種，如無丁者召人承佃，通校子粒，庶兩無違悞。從之。

《明實録·英宗實録》卷二八七　［天順二年二月］，蠲順天府通州寶坻縣并直隸、淮安、鳳陽、徐州等府州衛去年被災田秋糧子粒一萬八千石有奇，草三十三萬九千餘束。

同上　［天順二年二月］，免通州左等衛去歲災傷屯田子粒三萬八百餘石，草二萬七千餘束。

《明實録·英宗實録》卷二八八　［天順二年閏二月］丁卯，襄王瞻墡奏：昨蒙聖恩撥襄陽安陸衛二千戶所賜臣爲護衛所，但中間有屯田子粒三千四十餘石，仍在有司收受，乞照例賜臣府中用度。上曰：王至親，二所屯糧即與王府中用之。

《明實録·英宗實録》卷二八九　［天順二年三月］，陞廣東肇慶衛指揮使田積爲署都指揮僉事，分督屯田，從副總兵都督翁信奏也。

《明實録·英宗實録》卷二九〇　［天順二年四月］，郃陽王公鐙奏本府旗校歲支糧九百一十二石，而所種屯地徵納子粒四百五十五石，乞免其子粒以准歲支之數。從之。

《明實録·英宗實録》卷二九一　［天順二年五月］，勑諭貴州都指揮同知陳原曰：今仍命爾分守都勻地方，提督操練軍馬，修理城堡，置辦軍器，整治屯田，撫安軍民，控制蠻夷，遇有賊寇出沒即調各衛所地方官軍民兵相機勦捕，或有平昔恃頑不服差調，官旗軍餘人等必須設法清理，量加懲治，非奉朝廷明文，一軍不許擅役，一毫不許擅科。爾尤須秉公持廉，運謀奮勇，嚴切守備，毋得畏縮怯懦及擾害軍民，自取罪愆，朕不爾宥。

同上　［天順二年五月］，陞陝西布政司左布政使芮釗、山西布政司右布政使陳翌、山東布政司右布政使王宇俱爲都察院右副都御史，仍支從二品俸。釗巡撫甘肅，翌巡撫寧夏，宇巡撫宣府。賜之勑曰：今特命爾等巡撫各邊地方，訓練軍馬，整飭邊務，撫恤士卒，防禦賊寇，務令衣甲齊備，器械鋒利，城堡墩臺修治堅完，屯田糧草督理充足，禁約管軍頭目不許貪圖財物科尅下人及役軍餘，私營家產，違者輕則量情發落，重則奏聞區處。凡一應邊務事情軍馬詞訟及利有當興，弊有當革者，悉聽從宜處置。該與鎮守總兵等官會同者，須從長計議而行，朝廷以爾等才堪委託，茲特簡用，爾等宜勞心殫慮，輸誠效忠，嚴明賞罰，振舉兵威，遇有警急爾與各官同心協力，相機行事，俾醜虜讋伏地方寧靜，庶稱任使，毋得乖方誤事，自取罪愆。

《明實録·英宗實録》卷二九二　［天順二年六月］，鎮守岷州都指揮同知后能奏，岷州衛屯田官軍近承總兵官宣城伯衛潁調撥操守城池，今歲應徵子粒乞與蠲免。奏下戶部，議今各邊將屯軍調撥深爲不便，請移文各處遵永樂中紅牌例，令屯軍專一耕種，不許調撥，庶邊糧有積，不惟軍得以養其銳氣而民亦得以省其轉輸，庶爲備邊悠久之計，其岷州衛今歲屯田子粒覈實除豁。上從之。

《明實録·英宗實録》卷二九四　［天順二年八月］癸酉，免陝西涼州等衛軍丁今年被虜踐食屯田子粒，且命發倉驗口賑濟之。

《明實録·英宗實録》卷二九八　［天順二年十二月］，免宣府前左右保安等衛并興和守禦千戶所今歲雹傷屯田子粒二千七百二十石，草六千九十束有奇。

同上　［天順二年］，屯田子粒二百八十五萬二千九百二十石。

《明實録·英宗實録》卷二九九　［天順三年正月］，南京戶部尚書張鳳奏：南京錦衣等四十二衛屯軍先因選留操備運糧等項有妨屯種，已經奏准放回屯種，今管操武安侯鄭宏又奏將屯軍操備，乞勑南京守備魏國公徐承宗等行令南京各衛原屯旗軍仍舊屯種，辦納子粒，不許別差。從之。

《明實録·英宗實録》卷三〇〇　［天順三年二月］，監察御史陳典庸奏陝西涼州等衛所俱被達賊搶掠耕牛，恐悞屯田。上命戶部移文陝西布按二司量出官銀伍千兩於腹裏買牛給之。

《明實録·英宗實録》卷三〇三　［天順三年五月］乙亥，巡撫甘肅都察院右副都御史芮釗奏鎮番、涼州、莊浪、永昌、古浪等衛所屢被韃賊抄掠，食踐田禾，軍士饑窘，已移文管糧布政司右參議柳榮驗口發倉賑濟及預支原備糴糧官銀六百餘兩給備屯田軍士，俟秋成依時價納米麥償官。從之。

《明實録·英宗實録》卷三〇五　［天順五年七月］，命陝西甘涼等衛官軍屯田均納草束，仍命陝西行都司管屯都指揮趙斌總督軍餘并各驛遞趁時採積。從巡撫右副都御史芮釗奏請也。

《明實録·英宗實録》卷三一〇　［天順三年］，屯田子粒二百九十六萬六千一百三十九石有奇。

《明實録・英宗實録》卷三一五　［天順四年五月］甲辰，戶部奏：各處管屯副使、僉事職專管屯，別無問囚、催辦事務，及至三年、六年、九年考滿到部，不將該管屯糧已未完結數目開報本部查理，止憑牌冊虛文考作稱職復任陞除，以致屯糧負欠。欲移文吏部都察院：今後遇有管屯副使、僉事考滿到部，務要將任內該管屯田數目移文該部查理。如果完結，考作稱職。不，則考作平常。如此則各勤職業，屯糧不致連年負欠矣。從之。

《明實録・英宗實録》卷三一六　［天順四年六月］，提督永平等處糧草屯種戶部郎中施紳奏：本月初八日辰時大雷火，燒燬薊州倉厫四座，共粟米六萬七千八百餘石，數內堪用粟米已委本州官盤量見數，付與守支官攢看守。上命戶部勘實以聞。

同上　［天順四年六月］，免湖廣常德等府所屬州縣去年被災稅糧一百三十七萬餘石，常德等衛所屯糧八萬餘石。

《明實録・英宗實録》卷三一八　［天順四年八月］，蠲直隸、安慶、池州、寧國、廣德諸府州衛去年被災田地秋糧子粒七萬三千石有奇，馬草三十萬六千包有奇。

《明實録・英宗實録》卷三二二　［天順四年閏十一月］，免福建興化鎮東二衛去年災傷屯田子粒五千四百八十餘石。

《明實録・英宗實録》卷三二三　［天順四年］，屯田子粒二百八十五萬六千五百八十五石有奇。

《明實録・英宗實録》卷三二四　［天順五年正月］，陞刑部河南司主事鄧順爲廣東按察司僉事，專管屯種。

《明實録・英宗實録》卷三二六　［天順五年三月］癸亥，陞大理寺右評事李華、葉祿俱爲陝西按察司僉事，華專理屯種。

《明實録・英宗實録》卷三二八　［天順五年五月］，巡撫寧夏右副都御史陳翼言：寧夏花馬池、興武二營地方止生蒿草，遞年採積，不堪養馬，宜令寧夏并慶陽等衛所官吏、軍民、雜犯死罪、笞杖、徒流者俱發二營納穀草以贖。巡撫延綏右僉都御史徐瑄言：西安并延綏、慶陽等衛領馬備邊，餘丁常年與正軍一體征戰，至於賞賜布花，餘丁獨比正軍減少，非所以齊其心志，更宜更定每丁賞布二匹，綿花一斤。又河南各衛調來守邊官軍歷十七月始放回，至家未久輒復起程，不勝疲困，其中多有累次陪補官馬，艱難萬狀。且放班之時忽遇邊警則又缺人調用，宜令各衛如數再選一班軍士與之更番，庶勞逸均平，操備無誤。巡撫大同宣府右僉都御史韓雍言：宣府屯聚軍馬衆多，積草缺少，宜令戶部派撥山西、直隸等處民草一百萬束及將天順五年應徵屯糧每五升折納草一束俱收積宣府，以備不虞。陽和、天城、雲川、玉林、威遠、朔州、應州、蔚州等草塲收支草束，多臨期差委軍職，作弊百端，宜各設官攢專一典之，庶無虧耗。廷臣會議，翼、瑄、雍所言皆便。上悉從之。

同上　［天順五年五月］，免河南布政司開封、汝寧、懷慶、彰德、河南、南陽六府所屬五十州縣去年被災田地秋糧二十六萬七千九百一十三石有奇，草三十四萬四千三百餘束，河南都司所屬衛所屯田子粒一萬一百八十餘石。

《明實録・英宗實録》卷三三五　［天順五年］，屯田子粒二百九十五萬七千四百七十五石。

《明實録・英宗實録》卷三三九　［天順六年四月］壬申，停免河南開封府等五府所屬四十州縣去年被災田地秋糧二十八萬四千一百六十餘石，馬草三十六萬一千三百四十餘束，宣武等五衛屯田子粒二千六百八十餘石。

《明實録・英宗實録》卷三四一　［天順六年六月］，免陝西莊浪、古浪、涼州、永昌、鎮番五衛被寇踐傷屯地糧五萬二千四百五十五石有奇。

《明實録・英宗實録》卷三四三　［天順六年八月］，宣府總兵官都督同知陳友奏：初順聖川牧馬官軍占據蔚州衛屯地，割人田禾，拆人房屋，屯軍不勝其害，赴訴於臣。臣已委官勘實，移文府部定奪訖。今覆勘官御史朱紳等劾臣所勘不實，不宜爲之申理。皇上令臣陳實。臣切思受命鎮守一方，惟欲邊人得所，彼時見牧馬官軍逼害屯軍，恐致生變，不敢不憑實中報。緣臣智識疎庸，致煩聖問，合當有罪。事下兵部，覆奏：紳劾友不禁下人，致有毀罵內臣者，友不輸罪，及此而泛爲飾詞，宜執罪之。上曰：友固宜執問，緣職在守邊，姑宥之。

《明實録・英宗實録》卷三四六　［天順六年十一月］甲寅，勑諭河南按察司僉事趙京曰：曩因各處流民多在開封、南陽、汝寧等府州縣潛住，中間或有竊掠財畜，強占田地，攪害居民，抗拒官府者，已嘗命人撫治。今特命爾往同都司、布政司、撫民官往來巡視，提督所在軍衛有司，撫治一應附籍并陸續逃移人民，令其各守法度，本分生理。敢有恃頑不聽禁約，仍前生事爲非者，聽爾執問懲戒。情輕者依律發落，罪重者解京處治。其嵩縣內鄉境內俱產有銀砂，不許人民聚衆偸採。且河南爲中州重地，其西南山川之險與陝西、湖廣相接，逃移潛住者最衆，尤宜巡視禁約。或有寇賊生發，即調所在官軍擒捕，務令盡絕。仍命爾兼管河南都司所屬衛所屯種，照例依期比較子粒，禁姦弊。爾須公廉勤慎，竭慮盡心，正己率下，撫恤軍民，務俾事安人安，地方寧靖，斯稱委任。

《明實録·英宗實録》卷三四七　［天順六年］，屯田子粒二百九十七萬四千九百九十石有奇。

《明實録·英宗實録》卷三四九　［天順七年二月］，陞刑部廣西司郎中王琳爲山西按察司副使，廣西道監察御史郭紀爲陝西按察司副使，戶科給事中胡榮爲廣東按察司僉事，刑科給事中羅晟爲河南按察司僉事，榮提調學校，晟撫民管屯。

同上　［天順七年二月］壬午，陞兵科給事中楊瓚爲陝西布政司右叅議，南京刑科給事中謝琚爲浙江布政司左叅議，河南道監察御史宋榮爲河南按察司僉事，南京刑部員外郎華顯爲陝西按察司僉事，管屯。

同上　［天順七年二月］，復除福建按察司僉事陳全於湖廣按察司。以丁憂，服闋也。陞刑部主事劉玨爲山西按察司僉事，管屯田。

《明實録·英宗實録》卷三五〇　［天順七年三月］，陞南京戶科給事中丁本爲福建布政司左叅議，唐濾爲廣東布政司左參議，山西澤州知州孫康爲四川布政司左參議，戶部廣西司主事李璵爲本部四川司員外郎，南京工部屯田司主事章格爲南京刑部湖廣司郎中。

同上　［天順七年三月］，命戶部署郎中事主事龐勝往宣府等處管理糧草，兼理屯種。

《明實録·英宗實録》卷三五一　［天順七年四月］乙酉，擢進士黃孔昭、沈熊俱爲工部屯田司主事。

《明實録·英宗實録》卷三五三　［天順七年六月］丙寅，陞工部營繕司主事林贇爲南京禮部精膳司郎中，屯田司主事呂晟爲南京刑部山西司郎中，戶部廣東司主事朱志爲南京工部都水司員外郎。

《明實録·英宗實録》卷三五三　［天順七年六月］，命各按察司管屯副使、僉事并南北直隸巡按、監察御史專理預備倉糧。以巡按江西監察御史呂洪言預備之政，司府州縣官差委不常，無人專理，不能因時斂散故也。

《明實録·英宗實録》卷三六〇　［天順七年］，屯田子粒三百五萬六千九百一十九石有奇。

《明實録·憲宗實録》卷五　［天順八年五月］，以順聖川牧馬地爲屯田，從戶部郎中龐勝請也。

《明實録·憲宗實録》卷一四　［成化元年二月］，巡撫湖廣左僉都御史王儉上言八事。【略】一清理屯種。舊例屯田腹裏衛所二分操守，八分下屯；邊境衛所三分操守，七分下屯。近年以來各都司衛所原行文卷多有朽爛，間有存者旋復改洗，以至無籍戍人等乘機作弊，屯田之制日就消削。乞勅所司委明正官親詣屯所查理，其權豪勢要霸種者悉令退出，撥給新軍并空閑舍餘。如軍少田多，撥所在有力無田軍民照例起科，精會計之數，嚴侵漁之法，則豪強斂手而倉廩充矣。疏奏，下所司議之。

同上　［成化元年二月］，巡撫寧夏右副都御史陳价上備邊方畧二事。一寧夏一城遠居河外，東西千里，俱是敵場。初添設五衛以爲耕守之計，復選京軍及河南、山西、陝西三都司軍馬益弘備禦之規。後諸軍調遣北征，今尚存臨鞏、秦平等衛官軍萬人并五衛軍餘土兵約可三萬之衆，但冬春雖全，夏秋僅半，其備禦官軍累世在邊幾五十年，雖云一年一班輪番更替，然在邊日多，還家日少，奔馳道路，離曠室家，情苦萬端，莫致死力，乞將邊備諸軍就於寧夏等處設衛占籍，移家就營，使之計口給田，且耕且守，庶國無養兵之費，人懷死守之心。一寧夏指揮千百戶等官不啻百數，求其智勇可任者實鮮，蓋邊事艱危，人多規避，衛所軍政例得安閒。今欲訪舉其人責以邊守，需量加祿秩，少示褒嘉，庶幾才幹之人樂爲時用。事下兵部，謂選材擢用事方舉行，設衛遷丁須經鎮守總兵等官會勘可否裁處。從之。

《明實録·憲宗實録》卷一五　［成化元年三月］庚午，命覈天下屯田舊額，因巡撫湖廣左僉都御史王儉言兵部請通行天下稽覈也。

《明實録·憲宗實録》卷一六　［成化元年四月］，免山西大同各衛屯田子粒，以歲旱故也。

《明實録·憲宗實録》卷一七　［成化元年七月］，免天下軍衛屯糧子粒十之三，以各衛所官援詔免民糧三分例奏請也。

《明實録·憲宗實録》卷二三　［成化元年十一月］，免直隸鳳陽、廬州、揚州三府糧草，宿州等七衛子粒，從巡視僉都御史吳琛奏也。

《明實録・憲宗實録》卷二四 「成化元年」，屯田子粒三百八十一萬二千一百八十八石。

《明實録・憲宗實録》卷二七 「成化二年三月」，給湖廣操守屯田舍餘并民壯食米日一升，以賊黨石和尚伺隙寇盜嚴加防遏故也。

《明實録・憲宗實録》卷二八 「成化二年閏三月」庚辰，陞大同後衛指揮使馬欽、孫鉞、陳志，大同前衛指揮使王昇，俱山西行都司署都指揮僉事，昇、欽佐軍政，志理屯田，鉞總操軍。

《明實録・憲宗實録》卷三〇 「成化二年五月」，陞岳池縣知縣陳琳爲四川按察司僉事，專理屯種。

《明實録・憲宗實録》卷三一 「成化二年六月」乙巳，免天下今歲屯田子粒十分之三。

《明實録・憲宗實隸》卷三二 「成化二年七月」戊戌，巡撫山西右僉都御史李侃奏：臣前奉勅具陳邊務六條，其築槖蓮臺城堡，查揑故民壯，蒙賜准行矣。自餘事宜未蒙俞允。臣竊思山西爲京師之右臂，而槖蓮臺黄河七堡皆山西之要衝。此兩地者既已宿兵，而又各得一良將，則山西無外寇之患，京師無西顧之憂矣。臣前所舉都指揮田春、指揮王璽皆習知邊事，可用統兵，徒以其見管屯種，恐誤邊儲。夫屯田之與禦寇，固有輕重緩急之殊，誠不可以彼而防此也。【略】上命田春提督槖蓮臺操守，陞王璽署都指揮僉事，統領七堡兵。

《明實録・憲宗實録》卷三七 「成化二年」，屯田子粒三百八十八萬八千九百三十一石有奇。

《明實録・憲宗實録》卷四〇 「成化三年三月」，鎮撫掌管印信、操練軍馬、承種遺下土地、辦納子粒，則彼此得人而戰守有備、屯田增廣而邊儲自充矣。

《明實録・憲宗實録》卷四三 成化三年六月丙申，巡撫甘肅右僉都御史徐廷章奏上邊議三事。【略】一量才質以資任使。臣先奏乞將守紅城子堡都指揮使魯鑑掣回莊浪守備，而以原守莊浪都指揮僉事趙英與鑑協同操練，遇警鑑出戰而英守城，庶戰守有人，内外無患。已蒙准擬。未幾兵部議英原鎮守而使之協同，恐與鑑相頡頏，難以行事。調英守備紅城子堡，緣此堡乃一小站，城内所有不過驛遞衙門而已，以英頗有可用之才，置之閑靜無用之地，似非隨才任使之道。且陝西行都司所屬一十五衛所屯種亦係重務，見今缺官提督，暫令掌印都指揮同知柳春帶管，乞將趙英調註行都司管理屯種，而以莊浪隨操都指揮陳晟帶領馬步官軍三百員名，不必請勅，只行令守備紅城子堡，如此庶用人適宜而邊務不廢矣。上命兵部斟酌行之。

《明實録・憲宗實録》卷四六 「成化三年九月」，戶部會六部等衙門官議漕運總兵及各處巡撫等官所言事宜條奏：【略】一南京各衛應納屯田子粒已有定制。近多拖欠不完者，蓋徵收之數少，管屯之官多，各假公營私，屯軍應差不能存業，請自今有屯衛所但選老成廉幹者一人總理。徵糧之時不許差人及詣攪擾各衛，仍照紅牌例，無得擅科差，違者聽巡倉御史舉劾。一南京英武、飛雄、廣武衛初撥江北下屯該納原額子粒一萬四千三百六十九石八斗有奇，除起運外，存留者具各衛收，然既無監收之官，又無收貯之倉，故每月雖有俸糧文冊而無扣支之數，宜令本衛量修倉廒付經歷收支，歲遣主事一人監督。一南京翰林院官吏及翰林院官員該支南京三分四分本色俸糧九百六十餘石，每歲俱於禮部關支，不便，請以本院空地修理倉廒，每年會計數定撥收支，庶事體歸一。一河南舊添注僉事一員，提督中都留守司并安慶等二十八衛屯種。近革，於額内副使、僉事歲輪一人提督，事冗官少，不便，宜如舊添注僉事。

同上 「成化三年九月」，增置河南按察司僉事一員提督屯糧，以戶部主事尹進爲之。辛巳免萬全都司衛所屯田子粒五千八百四十一石有奇，草一萬三千八束，以冰雹水旱之災也。

《明實録・憲宗實録》卷四八 「成化三年十一月」，免萬全都司保安右等衛屯田子粒一千七十四石有奇，馬草二千一百五十一束有奇，以夏秋冰雹之災也。

《明實録・憲宗實録》卷四九 「成化三年」，屯田子粒三百八十七萬六千一百九十三石有奇。

《明實録・憲宗實録》卷五〇 「成化四年正月」，朝鮮國王李瑈遣陪臣高台弼來獻建州俘。先使朝臣遣將征建州，瑈因以其所獲賊屬遣台弼來獻，上嘉之，特勅瑈出兵以助征勦。瑈遣其中樞府知事康純等統兵萬餘度鴨綠、潑豬二江攻破九獮府諸寨，斬賊酋李滿住及其子古納哈等三百八十六級，生擒二十三人，獲牛馬等畜二百餘，焚其積聚二百一十七所，至是仍遣台弼來獻俘，命禮部從厚賞賚，詔加賜錦四段，西洋布十匹并賜領兵有功官白金綵段有差。遣内臣金輔賫與之。勑琛曰：嚮者朕命將率師致討建州逆虜，俾王協助天兵，王遣中樞府官康純統萬衆入虜地，斬虜酋李滿住、古納哈父子，獲其部屬頭畜，焚其廬舍積聚，得其所掠我東寧衛人口，遣吏曹參判高台弼來獻，已將王所獻賊屬依例處置，人口給親完聚，牛畜給軍屯種，良由王世篤忠貞故。朕以尺札命王而王國之衆響應於海東。朕之將士雷厲風驅，内外合勢，逆虜瓦解，王可謂能副朕所命矣。朕與王君臣同心，豈不美哉。今遣内官金輔至王國，賜王綵段白金錦綺，其康純、高台弼等亦各有宴賜，以旌其勞，王其欽承之。

《明實録·憲宗實録》卷五二　［成化四年三月］戊寅，免應天、安慶二府并安慶衛旱災無徵田糧子粒共六萬六千四百三十餘石，草六萬三千六百一十八包有奇。

同上　［成化四年三月］，免湖廣荆州等一十四府七十五州縣并武昌等二十三衛所無徵田糧子粒一百七萬三千二十餘石，以去年夏旱故也。

同上　［成化四年三月］，免直隸淮安府一州三縣，邳州、高郵二衛災傷無徵秋糧子粒共二萬七千六百五十餘石。

《明實録·憲宗實録》卷五四　［成化四年五月］辛酉，陞四川按察司僉事顔正爲本司副使，整飭瀘、叙邊備。時山都掌初平，提督軍務兵部尚書程信等建議設衛所，增營堡及長官司衙門，故令正統領瀘州等衛并戎、珙等縣官軍民快，往來調度，修護城池，清理河道，整理屯種諸事。

《明實録·憲宗實録》卷六一　［成化四年］，屯田子粒三百八十九萬九千八十四石有奇。

《明實録·憲宗實録》卷六二　［成化五年正月］，南京守備成國公朱儀等奏：南京英武等衛屯田旱災無收，其地與鳳陽府相連，今鳳陽飢民皆獲賑濟，軍民同體，亦乞給糧拯救。從之。

《明實録·憲宗實録》卷六六　成化五年夏四月甲寅朔，【略】勑巡撫永平等處贊理軍務右僉都御史閻本兼巡撫眞定、保定等府，仍提督倉糧屯種。時大寧都司奏：保定等府外邇邊境，内輔京師，軍民降虜混處，漫無統攝，卒有非法，勢難禁戢。乞設官巡撫。事下戸部，會廷臣議，宜命本自永平、山海、涿州抵眞定、保定關隘營堡并河間、天津等處俱屬統理。從之。

同上　［成化五年四月］壬戌，詔給還代王要家莊地三十一頃有奇。先是代王言：曾祖代簡王開墾城東要家莊荒地三十一頃二十畝，趙坡莊地二十頃五十畝，永樂十四年俱併入牧馬草場。今馬不復出牧，乞仍給還。事下戸部，言：牧地已改置屯田，趙坡莊有東西二處，王已占種西莊地，其頃畝與東莊相等，不須別給，所請要家莊地，可於屯田隙地内如數給還，故有是命。

《明實録·憲宗實録》卷六七　［成化五年五月］庚戌，復除福建按察司僉事朱毅於山西管理屯田。

《明實録·憲宗實録》卷六九　［成化五年七月］，鎮守雲南太監錢能奏：雲南所屬衛所軍馬錢糧屯田之屬自來任官分理，必由總兵官會議而行，比年掌印、管屯、管馬、管操官員，獨令巡按御史推選，及邊夷土官襲職，布政司徑爲處置，總兵全不得與，深爲不便。奏下吏部，尚書姚夔等覆奏謂：先有詔雲南、貴州、廣西、湖廣、四川土官襲職者，本部移文三司覈實定名，會奏方許襲職，如有徇私不公聽巡按御史糾舉，罪坐原覈官。遵奉詔旨行之已久，今能又以爲言，請進止。上曰仍如詔例行。

《明實録·憲宗實録》卷七一　［成化五年九月］，開靈州黄河東岸屯田七百餘頃，從巡撫寧夏右副都御史張鎣言也。鎣言：寧夏等處屯田多鹻薄收，及濱黄河者又被水衝沙壅，田廢税存，軍士受累。惟靈州黄河東岸花果園、沙井等處有隙地六七百頃，肥饒可耕，如得濬渠以通水利，開墾成田，給與無田軍士耕種，以補陪納之數，庶公私兩便。從之。

《明實録·憲宗實録》卷七四　［成化五年］，屯田子粒三百九十四萬八千六百一十石有奇。

《明實録·憲宗實録》卷七五　［成化六年正月］，巡按陝西監察御史鄭己奏：臨鞏、甘涼一帶人民艱苦，兵士單弱，今日急務莫先於裕民而強兵。蓋今州縣之民大率去者踰半，其所遺税糧累及見在代納，加以催科轉輸之煩，卒有不給則去者，未及還而在者又將去矣。宜覈實佃田人戸，俾見在者出本等之糧，逃徙者豁所遺之税，庶幾居民日將康裕，流民必自來歸。又今日邊鎮之兵大率弱者居半，而其所支之衣糧多與強壯之卒同，夫以強弱均施，人心已自不平，加之屯田則步卒在野，牧放則騎兵在場，卒遇有警，臣知弱者無足用，而強者亦不及用矣。宜辨其年力，俾壯者一於操守，而優以衣食，弱者一於耕牧，而供其糧草，庶幾壯者備緩急之用，弱者免浮浪之費，雖然裕民之責在守令，而擇守令在吏部，强兵之責在將帥而舉將帥在兵部，誠使二部之長皆賢則所選皆得其人矣。此今日之急務也。然其本則陛下一身爲耳，尤願親儒臣以講學，延大臣以勤政，集正臣以來諫。疏入。上曰：臨鞏、甘凉軍民艱難既甚，就令鄭己用心處置，務使得所具實以聞，餘令所司知之。

《明實録·憲宗實録》卷七七 ［成化六年三月］，免直隸蘇、松、常、鎮四府，蘇州、太倉、鎮江三衛去年秋糧二十四萬八千一百餘石，屯糧七千一百餘石，以水旱災傷也。詔陝西延綏開屯田。先是巡撫延綏都御史王鋭言：榆林一帶營堡原無額設田地，一應糧草俱係腹裏人民供給，輸運甚艱。請待邊牆築完之後，砦堡已立，行令陝西三司督令營堡委官通將沿邊田地丈量分撥官軍耕種，每歲秋收之後，量徵穀草入官，人田百畝徵草二束，以萬人計之，可得草二百萬數，遇有豐收，官司量其多寡依時價和糴，行令腹裏州縣依此分數徵收價銀解邊收貯，以備支用。上以其言有理，命户部計議以聞，至是户部覆奏，從之。

《明實録·憲宗實録》卷七八 ［成化六年四月］己巳，巡撫寧夏右副都御史張鎣言：寧夏屯守之資全賴黄河水利，前人創立唐漢二壩，引黄河之水分爲二渠以資灌溉，啓閉蓄洩專人掌之。先以邊警展築唐壩関堡，獨漢壩城堡未立，累被搶掠，欲得如例修築，且請易二壩之木，以石環以周垣，庶便屯守。事下工部，以爲須待覆實乃報，從之。

《明實録·憲宗實録》卷八一 ［成化六年七月］乙未，命户部郎中李寛提督永平、山海、蘇州等處糧儲，兼理屯糧。

《明實録·憲宗實録》卷八二 ［成化六年八月］，巡撫貴州右副都御史奏：敬奏備邊在乎養兵，養兵在乎足食。貴州舊設二十衛所，軍十四萬五千四百有奇，今除屯田之外，守城支糧者僅萬五千人，後因減其月糧，逃亡愈多，鎮守等官交章累奏，止加米八升，既而總兵官毛榮具奏，行臣等覆議明白，而該部復行查勘，展轉歲月，失邊士心。乞視舊例一概関支月糧，糧或不足乃折以布，仍行各邊守臣撫恤士卒，整飭邊備，如糧餉不足聽其便宜處置。及勅兵部查原額單數嚴加清解衛所，歲終申報稽考，如此則食足兵充，而邊境又寧矣。疏入，上命兵部參酌之。

同上 ［成化六年八月］，南京監察御史沈源言十事。曰勤聖學以正大本，慎守成以隆大業，躬修省以謹天戒，敷德澤以恤民隱，優諫諍以來直言，慎用人以總庶務，去冗濫以通選法，慎刑獄以全民命，節財力以充國用，請屯田以給軍餉。奏入，上以所言事多人所常言，及今見行者，付所司知之。

《明實録·憲宗實録》卷八四 ［成化六年十月］，以水災免保定等衛子粒二萬三百一十九石有奇。以旱災免河南民田夏税三十七萬七千七百三十九石有奇，軍屯子粒八萬六百四十五石有奇。

《明實録·憲宗實録》卷八五 ［成化六年十一月］，巡撫宣府僉都御史鄭寧等議：萬全一城臨邊要地，近調士馬征西及防邊，見兵不過九百，而屯田者三千餘人，欲於内選勇鋭一千別爲行伍，選將馭之，而以老弱及軍餘屯田，庶軍儲邊務兩無所失。從之。

《明實録·憲宗實録》卷八六 ［成化六年十二月］，大理寺左少卿宋旻奏賑荒八事：一大名、順德、廣平三府人民稍遇水旱輒稱飢窘，蓋由民無遠慮，畧收即用，不思積蓄，雖豐年，田禾甫刈，室家已空，况於凶歲？臣今設法措置，每里輳足糧米，多者五百石，少者三百石，倘有不足，或支官銀糴買，或令囚犯上納，務足前數。委能幹官職掌，明立簿籍，於各里中選揀殷實大户、仗義鄉官，量與多寡，責令舉貸。歲收其利，三分於預備倉上納，或隨民便收貯，年終具數申報以憑稽考。待後數及千石，拘收本米入官，不再舉放。如此則儲積可廣而荒歲少濟矣。一大名、順德、廣平三府，流民雖已復業，然先遺下房産已被人拆毁，田地被人占種，財畜蕩然一空。而又官錢拖欠，私債未還，常時逼取，無以安生，必至復逃。乞敕有司加意撫恤，免其錢糧及一應雜役。凡官錢、私債不許追逼，待三年後然後當差，則人有固志，不輕流徙。一大名、順德、廣平三府境内有寧山、潞州、彰德等衛官軍在中，近年以來守城官軍多去屯所隱住，四散立營，占奪民地，或置立莊田不納子粒，或窩藏逃民朋助作惡，及事發，行提又庇又出。官乞勅能幹官親臨屯所拘集軍衛，有司逐一清理，驗其丁口田地，審其所納子粒，歸併一營，不許四散居住，仍沿門置立粉壁編成火甲，十家爲伍，互相覺察，不許窩藏逃民。仍令所在官司掌印并巡捕官時常提督點視，倘有盜賊及與民爭訟，就率領火甲人等擒拏究問。敢有似前曲爲回護不出官者，不分徒杖罪名俱調發邊。衛官帶俸差操軍，常川守哨餘丁編發充軍。一瀋陽中護衛官舍軍餘人等俱在廣平府威縣等處屯種，而子粒及軍人月糧俱往潞州官倉上納關支，緣屯所距潞州六七百里，又兼路不通車，上納子粒則以米易銀，赴州倍價買納，及關支月糧每軍止得八斗。若老幼婦女止得五六斗，不勾往回路費，以此軍人多不往支，而在衛官旗軍吏人等得以恣意侵欺盜賣。乞敕該部將本衛該納屯糧改撥廣平府威縣官倉上納，在屯軍人月糧亦就彼關支，庶糧不虛費，軍得實用。一廣平府清河縣先年德府奏討地土共七百餘頃，中間多係民人開墾成熟并辦納糧差地畝，被姦民妄作河灘空地投獻。本府奏准管業夏地每畝折收銀七分四釐，秋地每畝折銀五分，查算該納人戶止有三百五十家，每歲出銀四千餘兩。況其縣止有八里，地多沙鹻，民極貧難，又納糧養馬，差役浩繁。臣始至其境，老幼悲啼塞路，告乞減免。乞降敕旨令本府照官糧則例每畝不得過五升，折銀不得過三分，著爲令。有司依期送納，不許差人下鄉催擾，實足以紓民困。一順德府鉅鹿縣先年都督錢雄祖母陳氏奏討地一千三十餘頃，緣其間多民人祖遺田產，被姦民妄作退灘荒地獻與陳氏，奏准管業，人民累年奏告不已。況其家人招集流民佃種，日益衆多，俱無籍貫稽考，亦恐別生他患。乞降敕旨量存一二百頃，或三四百頃，令雄家人管業耕種，不許招集逃亡，餘地行令本府掌印官逐一丈量，撥與無地貧民耕種，照例起科，辦納糧差，仍明立封堆，不許再相侵奪爭擾。疏入，下戶部議，多從之。

同上［成化六年］，屯田子粒三百九十五萬三千七百四十石有奇。

《明實録·憲宗實録》卷九三［成化七年七月］甲午，荊襄總督軍務右都御史項忠、鎮守湖廣總兵官右都督李震以撫捕荊襄流民事竟，遣百戶李昇等以聞，且言：荊襄地連河南、川、陝，延蔓數千里，山深地廣，易爲屯聚。自洪武初命申國公鄧愈誅夷之後，禁革山場，無人敢入。永樂、宣德迨今流移之衆歲集月聚，巢穴其中，無慮百萬。今臣奉勅撫捕，其有貫址姓氏者謹依詔旨省諭遣散出山復業，陸續共九十三萬八千餘人，混處賊巢，無籍檢查。四數奔走出山者又莫知其數。其賊首小王洪有衆五百，屯於鈞州龍潭溝，李鬍子有衆六百，屯於竹山官渡。官軍分道首擒二賊，餘多散亡，及諸軍前後共斬首千級，并入山俘獲脇附之黨與族屬老幼共二萬八千七百餘人，欲併誅戮，恐傷至仁。議欲戶選壯丁一人充戍湖廣邊衛，計可得軍五千，并其族屬附籍收管給田屯糧，庶恩威并濟，反側可安。奏上，命降勅獎諭之，并進奏事百戶李昇所鎮撫項綬秩各一級。昇，震子。綬，忠子也。

《明實録·憲宗實録》卷九四［成化七年八月］，巡撫陝西左副都御史馬文升等以吏部侍郎葉盛建議欲諸邊將佐各陳馬政利便，於是上言：今日邊軍之苦莫甚於陪補馬匹。是以馬不及償，人已逃伍，雖嘗給錢貼助，惠不能周。惟今屯田軍士有田多丁少而不領馬者，有田少丁多而反領馬者，欲概均其田，事體未易。但每人見所給田百畝，約獲五十餘石，以六石輸官之外，所存尚多，可令每歲納銀一錢，一衛計田三千五百頃，可得銀三百五十兩，足以貼助買補欠馬。軍士雖有消長而屯田則無增減，事可常行，若屯軍積銀既足其用又可分諸邊城貼買如例，然復恐專恃買補，不肯用心飼養，虧損反多。宜按領馬軍丁名冊豫爲審勘，分上中下三等，凡買馬一匹，上等出銀三兩，中等二兩，下等一兩，餘價不足方以田銀給之。是亦古者以田賦馬之意也。事下兵部，議以爲宜從之。

《明實録·憲宗實録》卷九六［成化七年十一月］辛酉，總督軍務右都御史項忠、鎮守湖廣右都督李震等陳荊襄便宜十事：【略】一襄陽府南漳縣之石門、穀城縣之高頭山、鄖縣之南門、竹山縣之上官渡、四莊坪、荊州府遠安縣之南襄城、南陽府內鄉縣之順陽堡、浙川縣之荊子口、黃鎖裏、河南府嵩縣之陽下堡、馬槽洞、漢中府洵陽縣之白石河，凡十有二處俱通行要路。臣等已築立營堡，分兵守之，堡二百人，而黃鎖裏尤要，守以三百人，馬槽洞則守以二百人，每堡二委指揮一員提督堡屬，河南及內鄉、浙川、魯山則俱令署都指揮僉事李瑾統之，屬湖廣荊襄者則暫委湖廣都指揮同知柴政同二司撫民巡守官統之，又南漳縣之金廂坪、方家堰、均州之黑虎廟、光化縣之左旗營、歸州之興山、遠安之金竹坪、浙川之花園頭、嵩縣之沒大嶺，凡八處亦爲要口，臣等已築立巡檢司。乞勅所司銓官鑄印，各於荊襄諸府僉弓兵往來巡詰，襄陽府竹山縣城孤民少，與洵商大寧諸縣接境，正流賊往來之喉襟，屯聚之巢穴，宜於其地設立千戶所。乞勅兵部分調襄陽衛全伍軍二百戶，遠安所全伍正軍三百戶，選調都司所屬正副千戶三員，百戶五員創立公署，俾以時操練，其官軍家屬量授以無稅田畝，俾耕墾之，三年之後例辦子粒。【略】一賊衆就擒，舊調漕屯防守官軍俱已罷遣，所留惟襄陽衛備禦清浪、廣西二班戍卒及荊州三衛，襄陽一衛漕卒凡四千九百餘員名，自分調守堡外，餘三千員名，并在城操練，舍餘六百，委指揮謝王等領之。荊州三衛城操舍餘一千五百，委本衛指揮僉事王勇領，各於本衛操練，與新設各堡聲威相助，以禁遏進山流民。王勇等分統於都司官柴署、都指揮李瑾各聽巡守撫民官點閲，有怠忽者聽巡鎮等官處治，其已遣官兵仍乞勅督運管屯官幷湖廣鎮守官如舊提督。【略】一乞勅戶部行令湖廣、河南巡守撫民官各督郡縣吏，自鄉都老戶原種土田之外，凡流民所棄山外平川田地務履故檢覈。查洪武間原額稅糧分授主戶丁多及田少之家承佃補納，若山谷新墾田稅舊爲應禁山場者俱與開豁，仍禁官舍軍校不得妄以前田爲拋荒，因占爲屯田及王府官莊，違者聽如律究問。奏入，上命悉如所處行之。

《明實録・憲宗實録》卷一〇四 ［成化八年五月］，南京守備成國公朱儀會兵部尚書程信等以星變奉詔上言時政：一內官等監於龍江瓦屑壩抽分局取竹木等料二十三萬八千有奇，經今五載，所運未及三分之一，又需紅土五百萬斤於和州及江浦六合二縣，河涸民艱，起運爲難。南京光祿寺歲收湖廣等處天鵝鶖鴰，歲歉民貧，買辦不及，宜悉停止以蘇軍民之困。一南京瀕江屯田爲潮水所淹沒，屯軍無以供稅而逃，乃責於見在之卒，宜爲蠲除。近例屯糧歲終不完，罰衛所僉書官俸有二三年者，今罰宜止一年，掌印者則罰其半，庶責任有歸，輕重不爽。奏入。上批荅曰：儀等所言有可行者，所司詳議行之。

《明實録・憲宗實録》卷一一〇 ［成化八年十一月］丁未，巡撫山西右副都御史雷復奏：比奉勅選調山西屬衛守城屯田軍士協守偏頭關，但墩堡數多，分守不給，乞令三關下班官軍俱暫赴偏頭幷力防守。守備偏頭關都指揮使戴廣亦奏：近獲虜中人言虜酋小石有衆二萬，欲入邊剽掠，事宜預防。章俱下兵部言：此虜今居東勝，逼邇偏頭入寇之計恐不虛傳，本關馬軍三千，先因趙輔等以大同步軍五千易去，今步軍之數雖存，但便於守城而不便出戰，宜令輔等即以所調馬軍三千遣回守關，其三關下班官軍則令協守。從之。

《明實録・憲宗實録》卷一一一 ［成化八年］，屯田子粒三百九十五萬七千三百九十石有奇。

《明實録・憲宗實録》卷一一二 ［成化九年正月］，免山西太原、大同二府所屬州縣稅糧二十八萬四千餘石，大同等十三衛屯田子粒六萬二千餘石，宣府等二十衛所屯田子粒五萬九千三百餘石，以災傷故也。

《明實録・憲宗實録》卷一一三 ［成化九年二月］庚午，巡撫陝西右副都御史馬文升等以災異奉勅，議上禦寇安民事宜。一河套虜寇犯邊將及四載，今欲禦之，方畧有三：其一，遠爲哨探，遇虜將近花馬池等邊，我則通調各路軍馬捍禦，但彼初來其鋒甚鋭，况去邊不遠，彼兵方集，勝負難必，此下策也。其二，縱彼深入示之以弱，待其還時分布奮擊，縱無大捷，亦無大失，此中策也。其三，及今虜馬瘦弱之時掣還各處客兵駐於寧州、鎮遠、合水等處以隱其形，俟彼入寇則移往平涼、固原、靜寧一帶潛住，量留軍馬防守各堡，若虜至鞏昌離邊已千餘里，分掠則會兵擊之，退走則縱兵邀之，又令寧夏軍馬於萌城一帶，楡林等處軍馬於花馬池定邊營一帶，截其歸路，此上策也。萬一虜知有備，不肯深入，則分守守備之策亦須講求，蓋我宿兵於邊，供費日廣，而虜常伺隙搶掠，反爲以逸待勞，今宜倣有宋緣邊次邊之制，省百姓轉輸之勞，以楡林等一帶城堡爲緣邊，令見在重兵就糧防守，若虜來近邊則勿輕出，必其深入乃合擊之，以米脂、綏德、安定、保安、金湯、鐵邊、柔遠、槐安、環縣、慶陽、平涼、固原一帶爲次邊，分布客兵以時截殺，各處該運糧草止於次邊，使彼在邊既無所掠，深入又多失利，必將渡河而去，縱不渡河，陝西軍民亦可少息矣。一環慶係虜賊數犯之地，今乃以陝西屯田餘丁分守而器械又不精利，乞以內府神鎗三百給之。一陝西八府人民連年困於轉運，去歲又添額外預徵，近又因造戰車鹿角等項罷敝益甚，發倉賑濟尚恐逃移，若再征求必致激變。乞以成化九年鹽鈔及各衛軍器料物俱暫蠲免，仍以延安府所屬逃移人戶今年稅糧再爲減免三分，其季造軍器物料價直聽臣等區畫支用。一鳳翔府守禦千戶所官軍俱調寧夏操備，止存屯田餘丁二三百名，千戶一員署印，事無總統，難責成功。乞依甘肅事例推舉廉能指揮一員署掌所事，以備不虞。【略】奏至，上以其言多切事宜，命該部參酌以聞。

同上 ［成化九年二月］辛未，以水旱災免順天、河間、保定三府所屬州縣秋糧六萬八千七百餘石，草二百萬餘束，及在京幷大寧都司直隸等處凡三十五衛所屯田子粒六萬六百餘石，草二萬七千五百餘束。

同上 ［成化九年二月］戊寅，以旱災免山西平陽府幷澤潞遼沁等州縣稅糧三十萬二千五百餘石，草三十一萬五千六百餘束，及太原寧化等九衛所屯田子粒一萬八千六百餘石。

同上 ［成化九年二月］辛巳，免湖廣荊襄等十三衛所屯田子粒五萬八千餘石，以旱災故也。

同上　［成化九年二月］癸未，以旱災免直隷眞定、定州、神武三衛所屯田子粒一萬四千五百餘石。

《明實録・憲宗實録》卷一一六　［成化九年五月］丁酉，免湖廣辰、沅、岳、安陸、長寧、夷陵六衛所屯田子粒一萬七千四百七十餘石，以旱災故也。

同上　［成化九年五月］癸丑，以災傷免南京豹韜等衛去年屯田子粒一萬一百三十餘石。

同上　［成化九年五月］己酉，免貴州等一十三衛糧二萬一千九百餘石，貴州宣慰司幷金筑、安撫、普安等司州及新添衛新添等長官司糧一萬二千六十餘石，以旱傷故也。

《明實録・憲宗實録》卷一二〇　［成化九年九月］乙巳，戶部覆奏漕運巡撫等官會議事宜。一遞年民運赴淮安、徐州、臨清、德州倉糧，官軍領運原無加耗，然民苦遠運之勞，軍乏盤剝之助，今宜免民遠運就同本處兑軍糧運赴水次，與官軍領運，仍作支運之數，其糧每石加耗湖廣、浙江、江西四斗，應天幷江南直隷諸府三斗，江北直隷諸府二斗五升，山東、河南一斗五升。如兑支不盡，仍令民運赴各倉上納，其各該官軍原兑糧每石仍加七升，不爲例。一成化十年南京運糧官軍行糧二萬五千餘石，宜就於直隷蘇、松、常及浙江嘉興等府該兑糧縣分抵支，每石再增二斗，而以九年起運南京倉糧照數准除，省民運納，原在濟寧等處寄收幷補支及應帶補者俱與暫免。一湖廣荆州左、右，荆州、襄陽四衛運糧旗軍三千八百，如米已精而官軍生事擾害者，聽漕運官懲治。一徐州左衛及鳳陽、鳳陽中、右、留守左中、懷遠六衛運糧旗軍逃亡者多，該運遺累於人，今宜以曾經運糧且密邇徐鳳地方，歸德、武平、沂州、宿州四衛除京操不動，餘於守城屯田等項内選補。一漕運京糧自張家灣起車赴倉，或陰雨泥濘，車價頓增，累軍陪補。宜暫借京操旗軍及火甲人等自朝陽門抵張家灣修築道路，約寬四丈，務在高坦堅實，道傍植柳，每五里置鋪鑿井，令人守之，仍勑工部於兎兒山將舊餘石板可用者，令在京爲事官吏運以甃砌，不足則於沿河安山、泗州、徐州、龍潭、蘇州產石處所采運，庶爲久計。一南京四十二衛屯田俱在江北，地廣人雜，爭訟不已，雖有總督糧儲都御史問理，然屯所地遠，久不歸結，或其人於南京通政司訐告，法司提對，殊爲不便，宜差御史一員巡視各屯，遇有詞訟，即與准理，一切招狀及應參奏官俱呈總督都御史區處。一南京國子監錢糧繁夥，典簿楊傑廉名未著，宜依例黜罷，且令御史巡察。一浙江處州府松陽等縣原有銀場四十一處，歲額課銀二萬一千二百五十兩，年久礦絕，坑首人等，累經陪納，用是遇有別山新礦輒糾外郡流移，弄兵竊取，因肆強劫，甚至殺害官軍，今新礦堪采者，宜從鎭守巡撫等官勘實，以新課補斷絕之數。一屯軍或有選補戍邊，挈家以往，所遺田地撥人補種，荒蕪之後復無牛種，以致額課虧乏，自後邊軍有缺，須別選補，庶屯軍得以安業耕種，子粒不虧。一軍夜不收與民夜不收俱在軍中，今軍月米八斗，冬給布三疋，綿花一斤，而民月支米三斗，亦宜添米二斗，布一疋，綿花半斤，庶幾稍均而彼亦樂於從事也。疏上。詔以爲荆襄四衛官軍以其半仍舊漕運，南京國子監倉糧其令御史巡察。餘俱如議。

同上　［成化九年九月］癸丑，暫免漢中寧羌、金州、階州、文縣、西固城六衛所冬衣布花之給。先是陝西布政司奏榆林、寧夏、甘肅三邊幷腹裏、西安等衛所地既極冷，征調不常，而漢中等六衛隣近四川利瀘二州，湖廣荆襄諸衛天氣溫暖，軍士安閒屯種，又俱膏腴之地，今四川湖廣別無冬衣布花之給，而前此六衛乃與三邊諸衛幷受厚賜，實爲不均，乞以每年該給布花折糧一萬四千六十一石有奇暫且停止，以足邊儲，俟邊事稍寧，糧草有積，別議進止。事下戶部，議以爲宜。從之。

《明實録・憲宗實録》卷一二二　［成化九年十一月］，巡撫陝西左副都御史馬文升奏上足食養民事宜。【略】一守邊之法屯田爲上。榆林以南俱有肥饒地土。近年坐保官員招集鄰近軍民耕種，每牛一具辦送雜糧二十五石，及官爲查撥，輒稱引寇，宜以其地令軍民耕種，照例每一百畝就於鄰堡上納子粒六石。一陝西數遭荒歉，倉廩空虛，所有納粟之例頗爲便宜。蓋納粟官帶之人不食俸治事，而有司得粟賑民。乞仍行之以紓目前之急。一陝西慶陽衛所管清平山城驛遞幷寧夏衛帶管萌城驛遞運甲軍，歲久富庶，應役之外，止令承種空閒地五十畝於本處上納子粒三石，然各軍每月卻於環縣倉關糧六斗，往回二百餘里，每年又關冬衣布花，比之邊軍操備勞逸不同。乞以鄰近驛所空閒肥饒地土每戶撥與一百三十畝，每年子粒就准月糧之數。一西安府供給秦府庶人尚炌等男、婦四十五口，歲支糧計一百六十二石，廚料銀四百八十六兩，因無官錢坐派所屬人戶出辦，近輸運疲弊，供給愈難。乞以廚料銀總折米數與口糧按月於永豐倉支送尤便。事下戶部，議其言皆可行。詔從之。

《明實録・憲宗實録》卷一一三 ［成化九年］，屯田子粒三百九十五萬八千一百八十石有奇。

《明實録・憲宗實録》卷一二六 ［成化十年三月］，以水災免直隸壽、泗、和三州霍丘等八縣成化九年秋糧三萬七千三百五十餘石，鳳陽留守左等七衛并洪塘湖千户子粒七千五百餘石。

《明實録・憲宗實録》卷一二七 ［成化十年四月］甲寅，免湖廣武昌、漢陽、黄州、常德、辰州、衡州、長沙七府成化九年秋糧五十三萬五百餘石，武昌、衡州、常德、靖州、沅州、五開、茶陵、黄州、長沙、銅鼓、辰州十一衛子粒二萬九千六百餘石，以旱災故也。

同上 ［成化十年四月］，免陝西入伍土兵四千八百六十餘人税糧，户二十石以下者全免，以上者免其半，丁差亦量減免，以助供給，每兵無事時月支糧米三斗，有警添支布花，三年以後量給邊境空地召軍民舍餘承種，三年軍納子粒，餘照民田輕例起科，以充邊用，從巡撫左副都御史馬文升請也。

《明實録・憲宗實録》卷一二八 ［成化十年五月］戊戌，兵部尚書白圭會文武大臣議給事中郭鏜等陳言弭盗安民事宜。【略】一 山西瀋陽中護衛并潞州寧山等衛所軍屯在北直隸境，隔遠山西，官不相統，軍多爲盗，宜令直隸巡撫等官督察屯軍，令務田作，其爲盗者即捕之，有縱之者亦治以罪。【略】奏上，詔皆如議，惟銀場不必勘。

《明實録・憲宗實録》卷一三〇 ［成化十年閏六月］戊子，巡撫甘肅右副都御史朱英奏上預計安邊十事：嚴賞罰以修武藝，預徵發以備軍餉，補官長以統衆心，寬禁例以革避難，均水利以興屯種，專委任以革姦弊，申禁例以警姦貪，嚴禁約以柔遠人，定名數以革占濫，謹防閑以弭邊患。事下所司知之。

同上 ［成化十年閏六月］癸巳，免在京濟州神武後、義勇左、永清右、燕山前及直隸涿州、涿鹿左、東務右、興州後屯、營州後屯、保定中、右、前、後十四衛直隸保定府所屬高陽、新安二縣秋糧子粒共一萬二千一百七十七石有奇，馬草二萬三千一百三十五束，以去年水災故也。

同上 ［成化十年閏六月］，巡撫延綏都御史余子俊奏：修築邊牆之數東自清水營紫城砦，西至寧夏花馬池營界，俾止剷削山崖及築垣掘塹，定邊營平地仍築小墩，其餘二三里之上修築對角敵臺崖砦，接連巡警，險如墩臺及於崖砦空内適中險處築牆三堵，横一，斜二，如箕狀，以爲瞭空避箭及有警擊賊之所，及三山、石澇池、把都河俱添築一堡，凡事計能經久者始爲之，役兵四萬餘人，不三月功成八九，而榆林、孤山、平夷、安遠、新興等營堡尤爲壯麗，又移鎮靖堡，出白塔澗口，絶快灘河之流，環鎮靖堡之城，阻塞要害，其界石迤北直抵新修邊牆。内地俱已履畝起科，令軍民屯種，計田税六萬石有餘，凡修城堡一十二座。榆林城南一截，舊有北一截，創修安邊營及建安、常樂、把都河、永濟、安邊、新興、石澇池、三山、馬跑泉八堡俱創置，嚮水、鎮靖二堡俱移置。凡修邊牆東西長一千七百七十里，一百二十三步，守護壕牆崖砦八百一十九座，守護壕牆小墩七十八座，邊墩一十五座。奏上，令所司知之。

《明實録・憲宗實録》卷一三一 ［成化十年七月］，鎮守陝西蘭縣署都指揮僉事劉瑛奏：并州中護衛并儀衛司羣牧所原操旗軍三千一百人以邊警不得回衛，而肅府追徵子粒物料如舊，不勝疲敝，乞行本府俾軍餘之不操者供應。肅王祿埤亦奏：臣封國在邊方，以輸運艱遠止得祿米一千石，若非護衛軍餘屯種樵採以相資助，何以給吉凶日用之費。事下兵部。行巡撫陝西都御史馬文升等議謂：蘭縣要害之地，兵備固不可少，肅府宗室之親，供應亦不可缺。宜令劉瑛等簡閲護衛儀衛司等兵分爲三等，上等者聽調殺賊，二等、三等者守護城池，冬月赴城操練，不許辦納供應等物，凍開之日放回屯種，仍聽肅府差役供給，若遇有警，不拘時月赴操聽調，并行肅府長史司於在操軍校加意存恤，不宜過於科擾，以賈怨生事。議上，允之。

同上 ［成化十年七月］己未，命榜諭延綏等處所司嚴飭邊備。時巡撫都御史余子俊等奏：近奉勅旨令臣等修繕塞垣及區畫屯田等事，俱已完備，宜降聖旨榜文諭戒延綏一路營堡及近邊有司，每年四月八月令守備官軍修葺垣牆墩堡，增築草場界至，時加巡察，敢有越出塞垣耕種及移徙草場界至者俱治以法，軍職降調甘肅衛分，差操軍民係他處者謫戍榆林衛分，本處者謫戍甘肅衛分，庶人知警懼，邊備不隳。事下兵部，覆奏請悉從之，故有是命。

《明實録・憲宗實録》卷一三二 ［成化十年八月］，户部會官議覆漕運巡撫等官所言事宜。【略】一 江浦縣地方北城圩舊有古溝河一道，北通滁河，其浦子口城東亦有黑水泉古溝一道，南入大江，兩溝之間中有岡壠截斷，若因其舊蹟去其岡壠，開成河道，旱則可引江潮以資灌溉，潦則可殺水勢，宜行令巡視屯田御史督同應天府及浦子口横海等五衛軍民開通，務責成效。一南京錦衣等四十二衛屯田多在江北，久不清查，宜移文南京都察院會同南京戶部各委廉幹屬官，悉照先年御史張紳、郎中丁震清理文冊，計丁撥與，其積年作弊、不納税糧者，改正起科，原係民者給民，管業多餘者召人承種，通候清審，事完造冊奏聞。【略】一南京及各都司衛所屯種子粒年終不完，及經一年之上，都司衛所僉書首領官及按察司管屯官俱有住俸事例，然行之既久，不能無弊，今後管屯并掌印官年粒終不完者於次年正月住俸，若年終或次年新委及新到任未經手者免之。一南京各衛屯種子粒一十三萬四千九百二十餘石，先年奏准委都指揮僉事錢貴提督，又專差南京御史一員巡視，今宜將錢貴取回別用，其各衛所屯田悉依舊制，各推選指揮千百戶管理，聽巡視屯田御史提督總督糧儲都御史總制。一各處倉糧近年因有災傷，借用賑濟，即今秋田有收民食稍給，宜照數催完，督令原委官運赴原借倉還納。一直隸永平府并薊州等處軍民詞訟繁多，宜行巡按巡關御史就近提問，審有力者照例納米以助邊儲。一薊州倉糧頗多，宜添設判官一員監督收放，不許上司他委。疏入，悉從其議。

《明實録・憲宗實録》卷一三四　［成化十年十月］甲午，巡撫薊州等處左僉都御史張綱等奏：　初以警報寧息，權摘關營軍二千餘人屯田，今邊務方殷，乞返其精壯者令其操守而以隨軍舍餘補之。事下兵部，議可，從之。

《明實録・憲宗實録》卷一三五　［成化十年十一月］，免浙江杭州衛嚴湖二所城化九年屯田子粒共九千一百五十石有奇，嘉興府嘉善縣秋糧一萬六千三百石有奇，馬草六千四百餘包，俱以水旱故也。

《明實録・憲宗實録》卷一三六　［成化十年十二月］，巡撫湖廣左副都御史劉敷奏劾分守靖州左參將都指揮高端私役軍人，奪種屯田等罪，都察院請下巡按御史逮治如律。從之。

同上　［成化十年十二月］，註武城中衛帶俸都指揮同知高貴、金吾右衛帶俸都指揮同知寳傑、羽林前衛帶俸都指揮僉事朱昇於福建都司，金吾左衛帶俸都指揮同知闞文、龍驤衛帶俸署都指揮僉事王皞於福建行都司，貴管都司事，昇提督城守操練，傑巡視銀場，文掌行都司印，皞守備汀、漳二府地方，尋復命故管屯都指揮僉事劉源巡視銀場，貴兼督屯田，而改傑總督備倭。

同上　［成化十年十二月］，免直隸各衛分成化九年屯田子粒，東勝左衛三千九百石，永平衛一千九百石，盧龍衛一千九百石，興州右屯衛六千三百石各有奇，以是年水災故也。

同上　［成化十年］，屯田子粒三百九十五萬八千二百九十石有奇。

《明實録・憲宗實録》卷一三八　［成化十一年二月］丙戌，免陝西延安、綏德、慶陽三衛成化九年屯田子粒三萬一千一百餘石，以旱災故也。

《明實録・憲宗實録》卷一三九　［成化十一年三月］己巳，免順天、保定、眞定三府所屬秋糧一萬四千餘石，穀草五十餘萬束，并在京、濟州、直隸、營州等衛屯田子粒二萬三千六百餘石，以水災故也。

《明實録・憲宗實録》卷一四一　成化十一年五月己酉朔，【略】免直隸鎭江府秋糧五萬四千八百餘石，鎭江衛屯田子粒五千二百餘石，以水災故也。

同上　［成化十一年五月］壬子，免福建漳州府龍溪、南靖、漳浦、長泰四縣秋糧二萬三百餘石，漳州衛屯田子粒一千三百餘石，以水災故也。

同上　［成化十一年五月］，免蒲州千戶所去年屯田子粒七百四十石有奇，以旱災故也。

同上　［成化十一年五月］，免應天府之上元、江寧、句容、江浦、六合縣，安慶府之懷寧、桐城、潛山、太湖、宿松、望江縣，池州府之貴池、銅陵、建德、東流縣去歲秋糧六萬三千七百餘石，安慶、建陽、九江衛去歲屯田子粒一萬四千一百石有奇，以水災故也。【略】癸酉，免武昌、漢陽、黄州、岳州、德安、常德、荆州、沔陽八府州，武昌、武昌左、長沙、常德、荆州、荆州左、右、沔陽、蘄州、辰州、岳州、黄州十二衛秋糧子粒二十萬九千七百石有奇，以水災故也。

《明實録・憲宗實録》卷一四二　［成化十一年六月］，免廬州府之六安州、舒城、合肥縣，鳳陽府之五河、太和縣，揚州府之通州、高郵州、如皋、興化、泰興、儀眞、江都縣及和州秋糧豆共十一萬四千七百餘石，高郵、揚州、儀眞、鳳陽中、右、留守中、左、懷遠、鳳陽、長淮、皇陵等衛屯田子粒共二萬九千一百石，以水災故也。

同上　［成化十一年六月］辛丑，【略】勑雲南按察司僉事翁遂兼理屯田。先是監察御史董韜以雲南屯糧各隨屯堡，惟軍職出納故，或指荒歉折銀私家，或在倉虛出通關，及事覺畏法則託故襲替，請專設按察司副使一員理之，便。戶部議，行諸守臣覆勘。上曰：不必覆勘，增官太冗，宜勑見任風憲官兼理之。遂有是命。

《明實録·憲宗實録》卷一四三［成化十一年七月］辛未，免南京錦衣等十三衛屯田子粒四萬二千五百七十餘石，以去年水旱故也。

《明實録·憲宗實録》卷一四八［成化十一年］，屯田子粒三百九十五萬八千三百一十九石有奇。

《明實録·憲宗實録》卷一五一［成化十二年三月］，巡按陝西監察御史許進奏：河西十五衛地方東起莊浪，西至肅州，綿亘幾二千里，所種田苗全資灌溉。近年水利多爲勢豪所奪，所司不能禁，乞炤各處屯田事例專設僉事一員理之。事下工部，以爲官多民擾，宜勑屯田僉事兼理。上是其議。

《明實録·憲宗實録》卷一五六［成化十二年八月］，定西侯蔣琬言：太祖皇帝肇建南京，京城之外復築土城，以護居民，誠萬世不拔之基也。今北京止有內城而無外城，正統己巳之變胡虜長驅直至城下，衆庶奔竄，內無所容，前事可鑒也。且承平日久，聚處益繁，思爲憂患之防，須及豐亨之日。況西北一帶前代舊址猶存，若行勸募之令加以工罰之徒，計其成功不日可待。又言：養兵之制莫善於屯田。今竭東南民力漕運以實京庾，又勞八府民力飛輓以供邊餉，兵民俱弊，費出無經。屯田之利則未偏舉，且大同宣府等處膏腴土田無慮數十萬頃，悉爲豪強占種，租稅不供，稍遇兵荒，全仰內郡。其八府良田又多爲勢要之家妄以抛荒奏乞，日漸侵剝，失業之民控訴無所，脫使邊關有警，內郡何由接濟，運河有阻，京師何所仰給。居安思危，不可不慮。乞令戶部會議，遣剛正給事中御史二員視往年甘肅增糧事例檢勘丈量，定著科額，八府民田亦乞嚴立禁條，不許豪奪，庶使兵民足食，內外有備。事下兵部。會廷臣議謂：築城之役頃因陝州判官葉培之言，議令俟年豐之日區處。今琬復計及此，但諸路水旱頻仍，京師米價翔貴，且濬河修城工役未止，稍俟軍民息肩之日，即如初議。舉行其屯田之制，陝西寧夏等處宣德間因參政陳琰之言已遣官檢量定額，而八府土田成化四年亦以給事中丘弘之言禁約勢豪之人不得妄乞，口外大同宣府之地宜如琬言勑遣給事中御史各一員會同巡按及三司等官檢覈施行。報可。

《明實録·憲宗實録》卷一五七［成化十二年九月］，戶部會議各處巡撫漕運都御史等官所陳事宜。【略】一九江、鎮江、安慶等衛自永樂年來屯軍皆自耕自食，後以選征麓川逃亡者多，乃以運糧旗軍撥補每田三十畝，納子粒六石。身既運糧，又納子粒，每月又赴各倉支糧，誠爲不便，請各軍月糧一石，止關本色二斗，折色二斗，其六斗存積至一年則有七石二斗，以六石抵納子粒，餘爲加耗，各都司倣此。【略】一固原衛迤北葫蘆峽口并魏王城俱有古城一座，通寧夏韋州，計周圍數百餘里內爲土達居住之巢穴，外爲虜寇出沒之喉咽，今陝西該解福建、廣東、廣西、雲南軍一萬一千餘名，而各處該解陝西衛分軍亦六千四百餘名，請以南北軍頂充，順其水土之性，免其跋涉之勞，仍修理魏王城，設平虜守禦千戶所，其葫蘆峽口設鎮戎守禦千戶所，俱隸固原衛，其閑地則爲屯田，且耕且守，五年後方令納糧，軍虜千戶所仍聽寧夏總兵官節制。一褒城縣鷄頭關，沔縣白馬關，舊於漢中寧羌二衛月差百戶率旗軍守之，而各軍惟刻剝商賈，縱放軍囚，有害無益，請各設巡檢司置官吏署之。【略】疏入。上曰：漕風失火船令依舊例，軍民兼造，增添耗米，准加五升，新議千戶所准開設，南北軍人准頂充，其南京在城各衛倉耗米仍如周瑄奏例，餘皆準議。

《明實録·憲宗實録》卷一六〇［成化十二年］，屯田子粒三百九十五萬八千三百二十石有奇。

《明實録·憲宗實録》卷一六一［成化十三年正月］，戶部議覆整飭邊備兵部左侍郎馬文昇所奏事宜。【略】一均屯田以蘇困弊，謂遼東各衛近城膏腴田地多被衛所官員占種，卻將累年放免充軍名下未蠲之糧，分派貧乏餘丁老幼，其富實餘丁官豪仍舊私役，以致人無控訴，欲得巡撫督令分巡等官明白丈量，分撥屯種。其言俱可從，議入悉命所司行之。

《明實録·憲宗實録》卷一六五［成化十三年四月］，增設陝西延安府同知一員專撫土軍、理屯田。

《明實録·憲宗實録》卷一六六［成化十三年五月］庚午，戶部尚書楊鼎等會吏部尚書尹旻等議巡撫寧夏延綏都御史張鵬、丁川所言邊方事宜。【略】一延慶邊糧坐派陝西、山西、河南，歲委老人大戶運納，往往乘機作弊，次年方到，宜歲委陝西布按二司堂上官一員督運，限以年終完報，過期住俸。一榆林一帶營堡在邊牆外者地多磽薄，間有膏腴，又禁不許耕種。乞行本邊監督副使等官於新修壕塹內地每軍量撥數畝，俾種菜供食，仍不許越出壕外。一沿邊預備倉在城郭者積糧數多，乞行管糧官員量般各處城堡收積，遇歉則發濟民饑，有警則供給軍餉。一延慶等處邊倉糧草鈔貫，姦弊日生，乞定立常法，每三周歲一次差官查盤，其有作弊者罪之。一延、慶、綏三衛原有屯地一萬一百餘頃，每軍一名該地一頃，共納子粒五萬六千餘石，穀草七萬九千餘束，以供邊用，年久多弊，乞行陝西都布按三司各委堂上官親詣其地勘量明白，編成圖本，送官備照，每屯軍給與印信由帖收執。【略】議上，俱從之。

同上 ［成化十三年五月］，巡撫雲南左副都御史王恕奏：近聞安南國時遣人潛入臨安等處窺覘事情，更於蒙自縣蓮花灘市我生銅鑄造兵器，又於交界之地設僞總兵等官往來巡視，關防甚嚴，聞江西有王姓者昔曾冒籍雲南應舉不得，隨奔安南受彼僞御史之職，凡所爲僭越矯妄多出其謀，間有軍丁回自安南言交人并吞占城時遂欲乘勝入寇雲南，其姦謀詭計前後非一，明者覩未萌，况已著耶。今臨安密邇安南，雖設一衛，見在城守官軍僅二百餘人，通計雲南二十五衛不過萬三千人，地雜諸夷，賦稅甚薄，官軍糧餉取給屯田，計所在倉糧僅足一年之食，且比歲荒災，今年尤甚，盜賊生發，殆無寧日，各處土官連年讐殺，加以閘辦銀課，索取進貢，騷擾於民，而臨安迤東曲靖、六涼，迤西洱海、大理等(等)［處］俱各缺人任用，乞於雲南所轄二十二衛見操官軍內量調四千分爲二班，更番於臨安戍守，復增設按察司副使一員於此專飭兵備，又開中安寧黑白鹽井鹽課以足軍餉，暫止閘辦銀課進貢寶石以蘇民困。臣材職凡庸，年力衰憊，更乞簡命年力精強，才兼文武大臣一員代臣巡撫，放歸田里以終餘年。章下兵部議，以爲交人入境探事市銅，鎮守等官故爲故縱而不以聞，其言王姓者受其僞官，提兵巡邊，僞設總兵等官，若遽調兵輪守，恐彼生釁得以爲詞，如不加隄備，又恐變起不測。必須計慮周密，外示優恤，內實嚴備，宜行鎮守巡撫等官勘議。臨安等處地方宜設副使及撥軍戍守與否皆令奏聞。又言：恕精力未衰，且近陞右都御史，難遽更代。詔可其奏，命恕用心巡撫地方。禮部亦議閘辦銀課并進貢寶石宜暫停止，詔除歲辦并常貢，其餘務須禁革，毋令妄取擾人。

《明實録·憲宗實録》卷一七〇 ［成化十三年九月丙寅］，陞監察御史魏秉爲山東按察司副使，復除福建副使劉珂於舊任，浙江僉事周正方於河南提督南直隸安慶等衛屯種。【略】戶部奏遼東開中淮浙塩課兩淮存積塩五萬引，引米一石二斗，常股塩十萬引，引米八斗，兩浙存積塩五萬引，引米八斗，時鎮守官言遼東軍需惟取給於屯種，及戶部歲運糧銀更無州縣輸納之助，請開中以實邊儲。從之。

同上 ［成化十三年九月］甲戌，巡撫陝西右都御史余子俊等奉勑言備邊事：一延慶境外密邇河套，地名深井，正統初築安邊營迨虜入套，時出虜掠邊，臣閉門不敢與敵，有詔移安邊營於中山坡就險守備，而邊人狃於久安，至今未徙，宜趣令徙之。一延慶一帶舊立界石爲限，不許越地屯種，近年貪利之徒占田出界石至有七八十里者，招釁納寇，實此之由，乞加禁約。一今邊將有過終身不錄，况其間或有被誣者，今邊方用人之際有能改過，許明日奏舉，如再犯贓罪終身不錄。兵部具擬其便。從之。

《明實録·憲宗實録》卷一七一 ［成化十三年十月］，復立哈密衛於苦峪谷。時苦峪旁近赤斤罕東二衛屢相仇殺，都督罕慎等孤窮無援，朝廷恐其不能自立，乃勑甘肅都督僉事王璽等於苦峪谷築城，復立哈密衛令罕慎等居之，且賜之以布帛米糧，分給土田及牛具穀種。

同上 ［成化十三年十月］庚子，增設雲南按察司副使一員管屯田，從巡撫都御史王恕奏請也。

《明實録·憲宗實録》卷一七二 ［成化十三年十一月］，詔稽覈遼東屯田。時巡撫都御史陳鉞奏：洪武永樂中，軍士二分守城，八分屯田，人亡糧除。景泰以後乃以餘丁補數抵納，遂爲例。今遼東極邊，百需俱出軍餘，又以遺下屯糧負累抵納，實爲無名，臣近於各處設計措置以抵此數，請悉爲除豁。戶部議，遼東屯糧景泰時僅一十八萬，至是加二萬有餘，此必田以丁授，稅以田增，其間屯軍縱有逃竄而其田故在，况措置之糧亦非久計，請移文巡按御史并本部郎中督同布按二司管糧官會都司丈量廣寧等二十一衛見種成熟田畝，仍稽每衛下屯軍餘各種田畝若干，歲納子粒若干頂補納糧，無田餘丁老幼若干，衛所官員豪富軍餘占種及富實不屯種者若干，以其餘田分撥無田軍餘，每名各種一分輸納子粒，若所徵之數視舊有餘，然後以無名者具奏分豁。制可。

《明實録·憲宗實録》卷一七三 ［成化十三年］，屯田子粒三百九十五萬八千三百五十九石。

《明實録·憲宗實録》卷一七四 ［成化十四年正月］丙戌，陞戶部員外郎劉寅爲山東按察司僉事管北直隸屯田。

《明實録·憲宗實録》卷一七七 〔成化十四年四月〕丁酉，以水災蠲山東所屬府州縣衛所鹽課司并遼東都司定遼左等衛及直隸揚州府衛所去年夏麥四萬四千一百餘石，秋糧一百四十六萬五百五十餘石，草二百五十一萬九千四百三十餘束，綿花一萬六千七百二十餘斤，鹽五萬四千六百餘引。

同上 〔成化十四年四月〕庚戌，免直隸廬州、淮安二府所屬十四州縣并六安、淮安等七衛所成化十三年夏麥二十五萬七百七十餘石，秋糧一十四萬九千四百三十餘石，草三十萬六千六百七十餘包，以水災故也。

同上 〔成化十四年四月〕戊午，陞戶部主事傅希説爲河南按察司僉事，管南直隸江北衛分屯田。

《明實録·憲宗實録》卷一八〇 〔成化十四年七月〕，給哈密馬馬平章布帛牛種。初馬馬爲速檀阿力所脅服，後率衆奔還苦峪，與都督罕慎協力屯守，巡撫都御史王朝遠等已給口糧賑之，至是復請賜以布帛及牛具種子等物。從之。

《明實録·憲宗實録》卷一八二 〔成化十四年九月〕，免南京横海等十六衛屯田子粒四千三百六十石有奇，以大水故也。

《明實録·憲宗實録》卷一八三 〔成化十四年十月〕乙未，【略】陞戶部主事董齡爲河南按察司僉事專理屯田。

《明實録·憲宗實録》卷一八五 〔成化十四年〕，屯田子粒三百九十五萬八千一百八十石。

《明實録·憲宗實録》卷一八六 〔成化十五年正月〕，以水災免直隸鳳陽府潁州潁上、太和二縣去年麥四千二百石有奇，歸德衛屯田麥八千四百石。

《明實録·憲宗實録》卷一八七 〔成化十五年二月〕，免瀋陽中護衛及寧山衛沁州、平定州千戶所屯田子粒一萬六千四百石有奇，以去歲水災也。

《明實録·憲宗實録》卷一九〇 〔成化十五年五月〕，免陝西甘州左等五衛無徵屯糧九百三十二石有奇，以十三年六月冰雹災也。

同上 〔成化十五年五月〕，戶部尚書楊鼎等會官議巡撫寧夏都御史賈俊、山西都御史秦紘所建言内二事。俊言寧夏在城四衛近已設立學校，惟鄉飲酒禮未舉，宜行四衛每年輸支官錢舉行，以優老正俗，使人皆知禮讓。紘言山西軍民人等多以互爭田地，假稱王府官店草塲及護衛屯田朦朧投獻勢要之家。乞備榜申明，奏准見行事例，投獻者悉發邊衛永充軍役。二事皆可行，命如議。

同上 〔成化十五年五月〕，免湖廣常德、辰州、衡州三府，郴、靖二州無徵米豆十二萬二百二十三石，常德、辰州、靖州、九溪、永定、銅鼓、茶陵、沅州八衛，澧州、長寧、夷陵、枝江四所及永順等處軍民宣慰使司子粒四萬一千一百一十餘石，并免河南開封、南陽、汝寧、衛輝、彰德五府及汝州夏麥一十一萬二千二百一十五石，稅絲六萬五千二百六十六兩，秋糧四十一萬三千二百三十二石，草五十五萬二千八百五十束，宣武、南陽、陳州、睢陽、潁川、彰德、洛陽、南陽中護衛并懷慶、潁上、鄧州三所子粒八萬四千五百六十九石有奇，以去年水旱也。

《明實録·憲宗實録》卷一九三 〔成化十五年八月〕辛卯，增設貴州按察司副使一員整飭威清等處兵備，兼理糧儲屯種，以監察御史何淳爲之，從巡撫都御史陳儼等議也。

《明實録·憲宗實録》卷一九五 〔成化十五年十月〕，命直隸管屯僉事兼審刑獄。巡按直隸監察御史王億奏，南北直隸止有巡按御史事務繁冗，刑獄不清，乞專差每年審録一次或二次，否則如管屯事例增設按察司官一員職專審録爲便。至是都察院議，以直隸見有管屯僉事可以兼審刑獄，不必增設。從之。

《明實録·憲宗實録》卷一九八 〔成化十五年〕，屯田子粒三百九十五萬七千三百九十石有奇。

《明實録·憲宗實録》卷二〇二 〔成化十六年四月〕，以水災免直隸宿州等五衛屯田米麥七千七百餘石。

《明實録·憲宗實録》卷二〇六 〔成化十六年八月〕，免陝西甘州等一十四衛去歲屯糧七萬五千五百五十餘石，以是歲冰雹及蟲災也。

同上 〔成化十六年八月〕命湖廣行都司署都指揮僉事呂鐘、臧廉還理司事，都指揮僉事王壽代鐘守備漢江，鄖、襄、安、德、均、房等處，許瑛代廉守備川江、三峽、瞿塘、荆州等處，許瑾專理屯田以實軍儲。

《明實録·憲宗實録》卷二〇七 〔成化十六九月〕，戶部會官議漕運及巡撫等官所陳事宜。【略】一 池州府建德縣上鄉四里僻居深山，與江西衛所屯種軍舍雜居，距縣既遠，其軍民恃險藏寇，今其地永豐鄉路當衝要，宜設巡檢司盤詰爲便。【略】一乾鹽池東近西安府，西近打剌赤，山高水深，道路險阻，虜賊侵犯多出入於此，有原修空城足可防禦，乞於靖虜衛官軍撥一所，或於本衛撥二三百名操守，原納屯糧仍撥與空閒荒地，免稅三年。一慶陽府安化縣至平涼府鎮原縣相去二百餘里，其中地曰驛馬關，宜增置城堡，設立館驛，屬驛馬關巡檢司帶管，以便往來傳報聲息，仍於沿途修築墩臺，令所在軍民幷撥慶陽衛官軍二百員名戍守。一陝西各處有犯罪充軍已編衛分而病故者例終本身，其各衛因原問官司移交，故軍雖沒一概按名淸勾，有司亦不查理，率以戶丁抵補，實爲無辜，宜通行各處，似此者俱令分豁。一寧山衛在山西澤州而屯田則隸河南衛輝幷直隸大名府地，歲徵子粒二萬八千餘石，就納於所在縣分官倉，請每石改收銀三錢，令管屯僉事督完轉送山西以備邊儲。奏入。上命南京刑部差官一員隨王恕問刑。原關馬殘疾，許民變賣補俵，餘如議。

《明實録・憲宗實録》卷二〇九 〔成化十六年十一月〕，戶部臣奏：中都留守司副留守芮昂言鳳陽等八衛一所屯田子粒六萬八千一百餘石，近因軍餘逃亡事故無從徵輸，往往舉貸及剋減軍糧陪納爲常。今管屯指揮董文、張輔、馬英所領軍餘初無缺乏而所逋多至三千餘石，凡歷二年不完，顯有侵欺，宜究問示警。臣等議以屯糧年終不完及踰年者，自管屯僉事以下例皆停俸，近因山東災窘仍復支給，宜行巡按御史逮文等問擬如律，自餘衛所僉書首領幷管屯官一體停俸，其逃亡事故各項軍餘查照撥補，仍行南北直隸各府幷浙江等都布按三司自成化十七年爲始逋負糧草者，軍衛停俸，有司於停俸外，戴罪枷項催徵，則積弊自淸，糧運不逋矣。疏上。從之。

《明實録・憲宗實録》卷二一〇 〔成化十六年〕，屯田子粒三百八十二萬八千三百九十三石。

《明實録・憲宗實録》卷二一一 〔成化十七年正月〕甲午，以水災免順天等府所屬州縣幷鎭朔等衛成化十六年秋糧子粒一萬二千八百五十石有奇，穀草二十一萬五千八百三十束有奇。免遼東遼海、三萬二衛成化十六年子粒三千餘石，以旱雹災傷故也。

《明實録・憲宗實録》卷二一二 〔成化十七年二月〕甲寅，以水災免順天府蘇州玉田縣幷大寧都司營州中屯等十一衛所成化十五十六年秋糧子粒共七千四百三十餘石，草六千四百四十餘束。

《明實録・憲宗實録》卷二一三 〔成化十七年三月〕，陞山西按察司僉事汪寬爲本司副使，專理屯田。時寬已九年考滿，巡撫都御史何喬新奏留之，故有此命。

《明實録・憲宗實録》卷二一四 〔成化十七年四月〕，六科都給事中成實等亦言十一事。一山東等處幷順天等府連年水旱，民間力殫財盡，乞將惜薪司擡柴人夫及各山廠該徵夫價量爲減免。一各處有司遇有荒歉，多將倉廩所積賑濟之糧冒支，民不蒙惠，乞令布按二司管糧屯田官、南北直隸各府堂上正官兼督其事，務使斂散有方凶荒有備。【略】上以其所言事皆已行及已處置者，下其章於所司。

《明實録・憲宗實録》卷二一五 〔成化十七年五月〕，詔南京復設都指揮一員專捕盜。南京各衛屯田在近畿者舊設武臣一員董其事，後都御史黃鎬奏遣御史督察之而罷武臣，至是南京守備等官請復設武臣管屯田兼捕盜。兵部議屯糧每歲先期輸納，若復設官董之，徒多煩擾，惟宜選都指揮一員職專捕盜。從之。

《明實録・憲宗實録》卷二一七 〔成化十七年秋七月甲戌朔〕，免蘇州府去年秋糧米十四萬九千九百五十餘石，草三萬三千七百包，松江府秋糧米八萬五千三百餘石，草一萬四千餘包，鎭江府夏稅麥三萬二千九百七十餘石，蘇州衛屯田子粒一千七百九十石，鎭江衛一千四百三十餘石，以水旱故也。

《明實録・憲宗實録》卷二二二 〔成化十七年〕，屯田子粒三八百十三萬七千六百一石。

《明實録・憲宗實録》卷二二三 〔成化十八年正月〕，免遼東定遼等二十五衛去歲屯田子粒九萬一千一百石有奇，以災傷也。

《明實録・憲宗實録》卷二二四 〔成化十八年二月〕，陞陝西延安府同知張承宗爲陝西按察司僉事，專理榆林等處邊儲兼督屯田。

《明實録・憲宗實録》卷二二五 〔成化十八年三月〕，以水災免順天永平府秋糧三萬六千三百餘石，草一百五萬三千四百餘束，武淸、大寧、義勇前、營州後、金吾右、營州右屯、獻陵、天津等衛子粒五千八百餘石。

《明實録・憲宗實録》卷二二七 〔成化十八年五月〕，以旱災免應天府江寧等七縣并直隸當塗縣秋糧七萬四千三十餘石，馬草八萬六千一百七十餘包，甘州等五衛，山丹、永昌、涼州、鎮番、莊浪、西寧、古浪十二衛所屯糧八萬五百二十餘石，馬草二百五萬三千九百九十束。

《明實録·憲宗實録》卷二三一 成化十八年閏八月丁卯朔，南京留守前衛百戶高洪、趙顒、唐愷已用薦管事，後謀管屯田事覺，兵部言近例軍政管事官不得輙行調遣，請治洪等罪，仍請通行南京各衛申明管屯官數，惟全伍下屯諸所如舊，其屯軍百人以上者用百戶一人，三百人以上者用千戶一人，五百人以上用指揮一人領之，官多無用者令悉還本衛所。上曰：國家倣古屯田之法，用戍卒耕守，蓋寓兵於農之意也。地之給其人者各有定業，官之治其事者亦有定員，行之既久，其法漸廢，戍卒多侵於私家，子粒不歸於公廪，管屯者有積蓄之利而無差操之苦，所以啓後來者之謀也。洪等宜加究治，自後當如爾兵部言，官有濫設者悉退出差操。

同上 〔成化十八年閏八月〕甲戌，免雲南左等十衛所去年米穀三千八百七十石有奇，以水災故也。

《明實録·憲宗實録》卷二三五 〔成化十八年十二月〕，陞美峪千戶所帶俸指揮楊榮爲萬全署都指揮僉事，管理屯田，巡捕盜賊。

同上 〔成化十八年〕，屯田子粒三百四十六萬三千六百一十一石。

《明實録·憲宗實録》卷二三六 〔成化十九年正月〕，以水災免營州中屯等五十六衛所去年屯種子粒共七萬三千八百餘石，穀草七千六百七十餘束。

《明實録·憲宗實録》卷二三七 〔成化十九年二月〕，以水災免直隸盧龍衛成化十七年屯種子粒二千六百三十餘石。

《明實録·憲宗實録》卷二三八 〔成化十九年三月甲寅〕，錦衣衛千戶姚福員奏乞霸州武清縣空閑田地。事下戶部，委員勘報，俱係撥賜公主及軍民屯種徵糧者，覆奏福員妄請，霸州民李玉等妄報，俱應究治。上命法司罪玉等如律，而釋福員不問。福員，安妃姚氏兄也。

《明實録·憲宗實録》卷二四二 〔成化十九年七月〕己亥，復除雲南按察司僉事翁遂、廣西僉事李元於廣東，福建僉事張鸞於舊任，浙江僉事錢山於江西。遂、鸞理屯田。

《明實録·憲宗實録》卷二四三 〔成化十九年八月〕，總理遼東糧儲戶部郎中毛泰參奏遼東管屯都指揮同知劉震擅減廣寧等二十五衛自成化十六年至十九年屯糧一十一萬餘石，虧損邊儲，都司掌印官朋比誤事，皆合逮治。戶部奏先是都御史陳鉞、王宗彝以原額田地因賊寇水患不足原數乞除豁無名屯糧五萬餘石，今震之所減又非是數，宜移文巡按御史逮問，并停其俸，令追徵所減糧，仍行山東督糧官同本部員外郎主事以鉞、宗彝奏免屯田并震擅免屯田責原屯軍領種，自明年徵收爲始，如不足則覆勘空閑戶口并私充佃戶補之。奏入，詔如議。

《明實録·憲宗實録》卷二四四 〔成化十九年九月〕，南京監察御史羅鵾等奏，勘和陽等三十九衛屯田去年災傷該免子粒麥米五萬八千五百六十餘石。戶部覆奏宜以十分爲率各減三分，餘皆徵納。詔如議。

同上 〔成化十九年九月〕，總理糧儲戶部郎中毛泰奏：遼東近年兵食殫乏，而迤北虜賊又逼脅朶顔三衛部落住牧於邊，其心叵測，不預爲經遠之圖，則兵食凋耗日甚而利害安危之機，有不可勝言者。臣謹按洪武初遼東糧料俱從太倉海運，其後罷海運，置屯田，八分屯種，二分戍邏，每軍限田五十畝，租十五石，以指揮千百戶爲田官，都指揮爲總督，歲夏秋二徵以資官軍俸糧，自洪武至永樂爲田二萬五千三百餘畝，糧七十一萬六千石有奇。當時邊有儲積之饒，國無運餉之費，誠足食足兵之要道也。至於宣德以後屯田之法雖曰寖廢，軍士猶餘四萬五千四百，而糧亦視舊不減三分之一。近被邊方多事，屯田之法盡壞，巡撫官相繼興復，其數少增，又歲運銀十萬兼開中淮浙塩，所用尚乏，都御史滕昭乃於操練馬軍內遴選弓馬生疏者三千餘名退歸屯田，歲省各軍所支糧豆六萬餘石，而得屯糧三萬餘石，至成化十二年都御史陳鉞仍以昭所選屯軍勒歸操練，遂罷徵糧，又減除無名屯軍六萬餘名，以五年計之共減糧三十萬石，故今所存正軍惟一萬六千七百餘名而歲徵糧止一十六萬七千九百石，又以荒歉蠲免歲不足七八萬之數，較於舊制屯田之法十不及一，故遼東三十二倉通無兩月之儲。臣愚過計以爲今日欲足邊用，莫若揀選冗兵使歸屯田。蓋兵不貴多，惟在將得其人，昔趙充國請減騎兵以省大費，屯浩亹以益積蓄，時從其言，果致全勝。乞勑該部講求充國遺法，申明屯田舊制，及凡一切可行長策斟酌行之，仍於每衛置屯田循環簿籍，悉具地方頃畝及軍士姓名子粒之數，按季稽考，如有不遵舊制者罪之，則邊餉日充矣。又遼東各衛歲用糧一百萬石，近以米價騰踊，倉儲不足，軍士每給銀二錢五分折糧一石，衆口不平，及召募糴糧則利歸富室，害及貧軍，請定爲則例以一年計之，秋冬收成米賤則與折色，春夏米貴則給本色，則軍士均蒙實惠矣。泰又言惜冗費，清宿弊，皆剴切。章下戶部知之。

《明實録・憲宗實録》卷二四七　〔成化十九年〕，屯田子粒三百六十九萬九千三百二十五石。

《明實録・憲宗實録》卷二四九　〔成化二十年二月〕，以雹災免山西大同後衛及大同縣潞州并長子襄垣縣去年夏税一千八百二十餘石。

同上　〔成化二十年二月〕，戶部議總理遼東糧儲屯田戶部署郎中毛泰所奏事宜。一請於遼東每衛置立屯田簿籍二本，每季一易以備查考。一遼東官軍俸糧請以秋冬收成之時給與折色，春夏米少之時給與本色，以濟其急。一遼東諸倉米豆查盤不堪者法當折罰追陪，請令所司趣督償納。一衛所軍吏出納作弊者，請監追完日發戍極邊，後俱如例。一請令順天、永平二府及廬龍等衛官吏軍民犯罪者，發運山海衛倉米於廣寧，遼東有犯者發運遼陽城米於東五堡，以備支給。一金、復、盖州三衛所運料豆於遼陽廣寧城者，請依折糧事例每豆四石收銀一兩。詔如議行之。

《明實録・憲宗實録》卷二五二　〔成化二十年五月丁亥朔〕，都察院經歷李晟言邊務五事：一，尊強中國謂祖宗起東南一隅，能盡掃腥羶於四海。今舉天下之全力而不能制虜於一方，是豈虜眞不可制哉？盖兵精將謀，食省馬肥皆制虜之急務，缺一不可者。今宜募土兵，選軍餘，詢智臣，拔驍將，嚴鹽課，廣屯田，擇牧養以爲內修外攘之本，以絶四夷窺覘之心，國家千萬年承平之基端在是矣。

同上　〔成化二十年五月〕，以水災免營州中屯、右屯二衛糧一千一百六十餘石，草三百五十餘束。

《明實録・憲宗實録》卷二五四　〔成化二十年七月〕，巡按山東監察御史張西銘參奏四川右〔布〕政司左參議王宗彝先任戶部郎中，總理遼東糧，同管糧僉事石渠給散官軍折俸銀爲下人作弊盜耴，及參都指揮僉事郭洪清理屯田，推姦避事。都察院請移巡按御史依律究治。從之。

《明實録・憲宗實録》卷二五五　〔成化二十年八月〕庚辰，禁遼東武官役占屯田軍士總理糧儲。戶部郎中毛泰奏遼東軍士舊以二分守城，八分屯糧，而今乃反是。其都司衛所官員又調以修築邊牆，致悞農事。乞申永樂三年勑諭屯田官軍紅牌事例一面永爲遵守，今後凡有修牆等務止以見在一十八萬舍人餘丁輪番調撥，其屯田軍士不許擅科擅役。戶部覆議。上曰：遼東軍餉誠資屯田，近悉廢弛，其以紅牌條例付鎭守巡撫等官令即舉行，若有差占屯軍者照私操役軍例降謫不宥。

《明實録・憲宗實録》卷二五六　〔成化二十年九月〕，致仕南京戶部尚書黄鎬卒。鎬字叔高，福建候官縣人。正統乙丑進士，授監察御史，巡按貴州。時苗叛道梗，將至平越，値軍敗幾死，夜脱身入城，賊圍之，鎬與諸將固守，密疏置竹筒中，募土人間道以聞并劾大帥覆軍狀，朝廷以改命將合黔、貴、楚、蜀兵破賊，城被圍者凡閲月始觧，一城僅完，鎬有力焉。既復留按一年。景泰癸酉陞廣東按察司僉事，改浙江，持憲頗得體。成化丙戌陞廣東布政司右參政，進浙江按察使，陞廣西左布政使，召爲都察院右副都御史，總督南京糧儲兼理屯田。陞吏部右侍郎，轉左侍郎。庚子陞南京戶部尚書。數年，乞致仕，賜勑給驛還鄉，仍令有司月給米二石，歲撥人夫四名，行至崇安道卒。

同上　〔成化二十年九月〕辛卯，免河間府及瀋陽中屯等衛税糧小麥一萬四千九百餘石，以旱災故也。

《明實録・憲宗實録》卷二五七　〔成化二十年十月〕，總督大同宣府軍務戶部尚書余子俊等言：虜酋小王子今已遠遁，調發兵馬所費不貲，且米價踴貴，其京營參將楊玉及遊擊將軍馬俊所部精強，宜各留騎兵一千五百於大同備冬，而所餘騎步兵三千及都督白全、李俊、王義、白瑜等兵俱回京，明春有警仍令白全領兵往代楊玉，李俊代馬俊。延綏參將郭鏞，都指揮李杲、劉清所獲軍馬各以時罷遣。又分守萬全、懷來等處右參將孫素、宋澄俱老不任事，宜擇人代之。又順聖川等處山川空曠，田土沃饒，兼有鹽利，遊民無算，舊用正軍三千三百九十餘人屯種公田，給以種食，得不償費，頃已選壯丁易之，數滿千人，宜添設參將一員。給太僕寺寄養馬四千匹，就以罷遣京軍之甲冑弓矢給其用，更乞命都察院榜諭大同宣府偏頭關等處守臣盡心防虜，凡遊民潛至境內，交通外夷，扇惑軍民，盜耕田地，強據鹽場者覺，謫戍廣西邊衛，遇赦不原。又行戶部檢覈正軍舊屯田地，即令編戶代耕，如例徵税，而鹽場亦勘處竈籍，令之煎煮，量取其税，其或所司故縱，俱以枉法論罪，武職亦調發外衛，如此庶邊儲可省，姦冗可銷。上悉是之。報曰：官軍留遣者已勅令處分矣，劉清、李杲所領兵馬各罷遣之。

《明實録・憲宗實録》卷二五九 〔成化二十年〕，屯田子粒三百六十九萬九千九百四十石有奇。

《明實録・憲宗實録》卷二六二 〔成化二十一年二月〕壬申，巡撫遼東左副都御史馬文升應詔言十事。【略】一遼東歲用糧料九十餘萬石，止以本地屯田所入及戶部折銀所糴給之，歲支常少三十餘萬。欲按河南屯田舊額究有侵匿不税者計畝税銀，或於各處市集之所量增商税及九江揚州、淮安、臨清船料俱收折銀，或府州縣有給引多處折鈔收銀，或於江南田税除蘇、松、常、鎮四府糧多外，餘皆量增折銀分數，或於前代曾有銅場之所差官鑄錢，或於天下戶口食鹽鈔俱收折銀通計一年，亦可得銀百萬餘兩，觧京給還，遼東歲支可無缺乏。

《明實録・憲宗實録》卷二六三 〔成化二十一年三月〕丙午，眞定府知府余瓚奏：順天府所屬湯山等處舊設二十四馬房，御馬、民馬各有草場，以時牧放，以備征操，甚利。比來馬多倒損而草場荒棄，民納豆草加倍於昔，困於轉輸，請簡命內外大臣詣各場并天津等處稽其界限，并實有御馬若干，每馬一匹於附近馬房存留地五十畝，責養馬者耕種牧放，其餘荒閑熟地若干，則以在京十二營各分草場二處，每營二百隊，每五十人則人與宅地二畝，官田四十畝，分班耕操，宅則廬舍相連，守望相助，田則通力而作，計畝而分。如每畝歲收糧五斗，草十束，官但取其十一，通計十二營所徵則糧可得二十四萬石，草可得四百八十萬束矣。每隊豆一百石，草二千束，約可餧養御馬五匹，通計可養一萬二千匹，其各處俵馬并順天府屬寄養馬皆每隊量撥十匹令官軍朋養，應支豆草則折支以爲田器軍裝，如有倒失，公共陪償，則通計可養民馬二萬四千匹矣，由是以所省山東、河南、北直隸豆草皆折徵爲存留預備之用，則公私有積而軍民得所。又陝西、山西大同、宣府、遼東等處虜賊出沒無常，而供餉無限，設法轉運亦不能濟，訪得邊牆內地土肥饒，近皆爲鎮守內外等官私役軍士盡力開耕，所獲糧草甚富，凡遇官民買納，加倍取息。以此觀之，則各邊所出皆足各邊之用矣。請勅遣科道部屬官剛正有爲、深達大體者數員往會巡撫、巡按、鎮守內外等官勘視，凡堪種熟地係軍民并千百戶以下者聽如舊管業，其在指揮以上者請定則例，量撥多寡以資其用，餘皆計常操官軍若干隊，分撥每人宅地二畝，田地二十畝，每隊分爲班耕守以備征操，亦但徵取十一，則民可免轉輸之勞，軍可無饑寒之苦矣。詔下其章於所司。

《明實録・憲宗實録》卷二六九 〔成化二十一年八月〕，賜錦衣衛帶俸指揮同知萬祥武清縣地四十一頃五十畝。初祥奏求是地，命官往勘，屯軍以耕種歲久，乃糾衆毆傷祥家人。下巡按御史勘實，俱治以罪。遂以其地賜祥。

《明實録・憲宗實録》卷二七〇 〔成化二十一年九月〕辛未，戶部會官議總督漕運右都御史馬文升等所奏事宜。【略】一直隸寧山衛雖設於山西澤州，其軍餘俱在河南屯住，請仍隸河南管屯官帶管，歲納子粒於獲嘉滑縣以便放支。【略】一直隸興州右屯等二十二衛所十九年以前逋欠子粒宜折納雜糧，或折收銀，兑支與各衛軍士月支糧料，免其上倉腳價以蘇困窮。議入，命漕運軍餘月糧本色通與八斗，其餘俱如議行。

《明實録・憲宗實録》卷二七一 〔成化二十一年十月〕，以水災免陝西西安等五府并西安左等十衛所夏税子粒共六十四萬三千六百九十餘石。【略】以旱災免四川成都等七府，漢州等六十州縣，并重慶等三衛二所，酉陽等五宣撫司十九年分夏税屯糧共五十一萬五千三百餘石，綿花九十餘斤。

《明實録・憲宗實録》卷二七二 〔成化二十一年十一月〕，致仕都察院右副都御史婁良卒。良字至善，河南通許縣人。正統乙丑進士。初授主事，累陞至郎中。景泰間陞廣西右參政，專理邊務。天順間轉督涼州饋餉，兼管屯田。成化初擢陝西右布政使，進副都御史巡撫甘肅地方，尋乞致仕，至是卒。年七十五，訃聞，賜祭葬如例。良謹約自守，居官不爲己甚，歸日行李瀟然。

《明實録・憲宗實録》卷二七三 〔成化二十一年〕，屯田子粒三百六十九萬九千九百五十六石。

《明實録・憲宗實録》卷二七四 〔成化二十二年正月〕壬戌，南京守備成國公朱儀、兵部尚書王恕等奏：應天府及錦衣等衛屯種地方去年久旱，至十月以後方得雨雪，然已過期，即今江北諸處流民四集，南京米價愈增。臣等議得南京常平倉見有糧五萬六千餘石及各處每年起運其數亦不下數百萬石，若暫行平糶預支亦可以平米價，乞照先年事例先將常平見儲并各衛倉糧共十萬石減價糶賣，俟各處起運到日臨船兑支各衛官軍俸糧三月，仍於運到新米内每月撥一百五十石分送各處以濟乞食之人，麥熟而止。奏上，下所司知之。

同上 ［成化二十二年正月］，以水災免大寧營州右屯衛子粒一千八百餘石。

同上 ［成化二十二年二月］，減免直隸永平府去年秋糧米六千九百餘石，草九萬一千五百餘束，民壯屯地子粒豆四千三百餘石，及永平、盧龍、東勝、開平、興州、撫寧等六衛屯糧共一萬二千二百餘石，草一千九百餘束，以水災故也。

《明實録·憲宗實録》卷二七五 ［成化二十二年二月］，減免通州、興州、定遠、遵化、武成、府軍、永清等衛，梁城、寬河二千戶所，去年屯田子粒共四千三百七十石有奇，以雨多傷稼也。免直隸潼関衛去年秋糧子粒七千一百餘石，蒲州守禦千戶所去年秋糧子粒一千六百八十餘石，俱以災旱故也。

《明實録·憲宗實録》卷二七六 ［成化二十二年三月］庚申，免永平府撫寧縣今年秋糧八百餘石，草九十餘束及民壯屯種子粒豆三百四十石有奇，以（蟲）［蟲］蝗故也。

《明實録·憲宗實録》卷二七九 ［成化二十二年六月］，調山西按察司僉事周學於陝西，李蕚於福建，俱管屯種。【略】以旱災免直隸太平府并建陽衛秋糧一萬四千四百餘石。

《明實録·憲宗實録》卷二八一 ［成化二十二年八月］，巡撫山西右僉都御史葉淇奏平虜衛井坪所并大同城北地先因都御史余子俊建議召募軍士屯種，如例徵輸，蓋欲充足邊儲。但其地乃新設衛所，而大同城北沙鹻苦寒必須安養撫綏，方能固其屯戍。今議大同城北畝可歲徵黄米一石折銀三錢，平虜等處畝可歲徵糧一石折銀二錢，其大同等衛所欲買補馬四千六十餘匹，得銀八萬餘兩，俱責令軍士償納，人情可矜，宜以前所折銀買補爲便。戶部覆奏，從之。

《明實録·憲宗實録》卷二八三 ［成化二十二年十月］，戶部會官議覆漕運巡撫等官所陳事宜。【略】一南京水軍右等一十二衛掌印僉書首領管屯官因逋欠屯種停俸年久，宜自文書至日爲始，將所停俸通計若干用抵屯糧逋數，候催徵扣抵完日照舊支俸。【略】議入。上曰：卿等言是，利州守備廣元，亳縣陸州，官多民擾，姑置之。四川茶鹽但令巡守官嚴加禁治，僉事不必設，縄律盛忠，准更調分守，召納賑濟再行一年，永平鷄兔仍舊支官價收買，餘悉如議。

《明實録·憲宗實録》卷二八五 ［成化二十二年十二月］，命雲南左衛指揮同知馬鉉提督屯田，以都指揮體統行事，從兵部奏請也。

同上 ［成化二十二年］，屯田子粒三百七十九萬九千九百六十石有奇。

《明實録·憲宗實録》卷二八六 ［成化二十三年正月］，以旱災免直隸眞定府所屬州縣并河間衛屯軍去年麥一萬三千八百六十餘石，絹六千二百餘匹。

同上 ［成化二十三年正月］，以旱災免陝西西安等八府西安左等衛所去年夏税子粒五十六萬三千一百五十石有奇。【略】以旱災免湖廣所屬長沙等府州縣，岳州等衛所去年秋糧九十一萬九千三百餘石。

《明實録·憲宗實録》卷二八七 ［成化二十三年二月］庚寅，陞監察御史宋德，戶部主事雷士梅、羅安、陳謨，刑部員外郎馮鎬、董榮，大理寺左寺副潘盛，右評事戚昂，兵部司務張善昭，行人司副王佐，南京監察御史普暉、蹇霆，南京刑部員外郎林玭、周鵬，南京大理寺左寺副胡富，直隸廣平府同知王經，冀州知州李德美，海州知州陸遠，高郵州知州郝文傑，湖廣荆門州知州陰子淑，隨州知州伍希閔，陝西華州知州伍性俱爲按察司僉事，玭、士梅、性浙江，玭管銀場。鎬、鵬、昂湖廣，暉、安、經山東，安管北直隸屯田。榮、遠廣東，德、善昭四川，善昭管屯田。霆、子淑江西，富、希閔福建，文傑、盛陝西，謨河南撫民管屯田。德美廣西。佐雲南。

《明實録·憲宗實録》卷二九一 ［成化二十三年六月］，以旱災免南京留守左等三十二衛屯糧共五萬二千八百三十餘石。

《明實録·憲宗實録》卷二九二 ［成化二十三年七月］，以旱災免陝西綏德衛去年屯糧一萬三千一百餘石，草一萬七千一百餘束。

《明實録·孝宗實録》卷三 ［成化二十三年九月］，江西守臣請築廣昌縣城及仍舊設白水鎭巡檢司，又乞量撥建昌千戶所官軍屯糧，歲於本縣官倉交納，以便給官軍之操備者。從之。

《明實録·孝宗實録》卷四 ［成化二十三年十月］，遂頒詔於天下。詔曰：孝莫大於尊親，政必先於正名，禮典具存，古今攸重。朕恭承丕緒，統御華夷，務惇叙於大倫，式恢弘於化理。仰惟皇祖母聖慈仁壽太皇太后懿德配天，慶鍾先帝茂隆國祚，保育眇躬。聖母皇后貞靜柔慈，含弘光大賢，踰樛木愛，軼螽斯肆。予克底有成，寔賴二聖撫迪擁佑所致也。厚德深仁，罔極莫報。允惟兼養以天下則必各極其尊稱。纘紹云初，舉行敢後，謹於今月初九日率籲文武臣工寅奉金寶尊上顯號，皇祖母曰聖慈仁壽太皇太后，母后曰皇太后。乃若相禮助養，必資內德之賢，爰冊妃張氏爲皇后，用襄內治，表正中宮。大禮既成，湛恩斯溥。【略】一各邊空閒田地曾經踏勘丈量，造冊在部，爲屯田徵納子粒者。後又改將子粒爲買補官馬花費。戶部行令改正，照舊徵納。其有釋放軍伍遺下屯糧負累官旗陪納者，巡撫巡按官查勘除豁。一農務至重，有司時加課督，所在陂塘宜預修築以備旱澇，其田畝有因大水衝決，虛賠稅糧，許具告勘實，照例除豁。其有泥沙壅積，荒閒田地開墾成熟，許自首起科，不許隱占，違者罪之。【略】詔書寬恤恩典，及合行政務有司當即遵行，不許視爲故常。於戲。立愛惟親，德教弘敷於四海；正家有道，皇祚茂衍於萬年。誕告多方，咸知朕意。

《明實録·孝宗實録》卷八 ［成化二十三年十二月］，增設陝西臨洮、鞏昌二府通判各一員，專督屯田水利，以巡撫甘肅都御史羅明言勢豪侵占，武臣不能禁治故也。

同上 ［成化二十三年十二月］，銓注大寧前衛帶俸都指揮同知楊義、燕山右衛帶俸署都指揮同知劉俊於山西都司。義管軍政，俊管屯田。

同上 ［成化二十三年十二月］，戶部覆奏南京禮部郎中李諒所陳二事：其曰理財用者，謂成化末年嘗差太監宋玉支長蘆運司鹽十萬引賣之兩淮等處，以所得價銀織買上供段匹於南京，近已奉詔停止織造，其前後所支引鹽、所賣銀兩、所織段匹俱無的數，請差官稽考。其曰清屯田者，謂各處衛所屯田多被勢要官軍占爲己業，軍丁開作逃亡，子粒不行上納，請行各巡撫巡按等官覈治。得旨：織造內官已取回，不必差官查勘，餘准議。

同上 ［成化二十三年十二月］，以旱災免湖廣黃州、武昌等府秋糧及衛所屯糧十之六，其原會該解京庫折銀米六萬石，貴州折銀米十萬二千四百石，廣西折銀米三萬石，山西折銀米七萬七千石，悉存留本處充王府幷官軍人等俸糧之用，而以四川布政司庫銀二萬五千兩借解貴州，廣東布政司庫銀七千五百兩借解廣西以備邊用。

同上 ［成化二十三年］，屯田二十八萬五千四百八十一頃九畝，子粒二百九十三萬二千七百石。

《明實録·孝宗實録》卷九 ［弘治元年正月］，太子太保兵部尚書余子俊言四事：【略】一廣儲積，謂民田屯田南北科徵皆有定制。今皆廢弛，以致國用不足，所在缺乏，預備倉糧斂散之法及漕運利弊宜命所司議處。【略】詔所司議處以聞。

《明實録·孝宗實録》卷一五 ［弘治元年六月癸巳朔］，兵部集廷臣議都御史馬文升所奏甘涼軍務，以爲自遼東西北至延綏一帶軍餉不給，倘目前再有邊患，計將安出。【略】其邊庾少積又在戶部酌量常賦外加屯田鹽法之類，痛革宿弊，以行庶克有濟。議入。上從之，命各邊太監、總兵、巡撫、副總兵務將切實事宜會議，速奏巡按御史各自具奏，參將分守官在各路者的有所見亦許具奏。

《明實録·孝宗實録》卷一七 ［弘治元年八月］，兵部覆大理寺右寺丞楊澄所奏閱邊備一事，謂皇上即位以來各邊將官有自陳去者，考察去者，劾奏去者，所留者頗皆得人，今欲再遣大臣巡視考察，不無煩擾，宜姑置之。餘所奏如廣屯田、召義勇、蓄糧草、興革利弊之類，乞下各巡撫官及時處置。從之。

《明實録·孝宗實録》卷一九 ［弘治元年十月］，初洪武中設黃冊庫於玄武湖中，戶部委官同給事中一員管理，五日一曬晾籍冊，及有事查理，移文內府請鑰，方許過湖。近歲守備人員於邊湖灘岸開墾作田，致湖面淤塞，人得往來，南京御史余濬言於朝，行南京戶部委主事盧錦會勘，錦時與給事中方向同管庫亦嘗於庫傍洲上墾田種植蔬瓜，又於湖灘放牧牲畜及擅伐蘆葦易銀爲修理費，太監陳祖生等命巡捕百戶崔昇、執庫夫姜信等鞫之，具奏其事，刑部尚書何喬新以爲守備官與御史更相奏訐，必有欺弊，請行南京三法司逮錦等覆實，其御史所奏守備官事令南京戶部亟勘以聞。從之。是後太監郭鏞因勘田過湖，王智剛等因湖田而告蘆洲事，御史以囑託而劾蔣琮，郭鏞以被劾而訐御史，更奏、迭詆、獄訟連年，紛紛不止云。

《明實録·孝宗實録》卷二一 ［弘治元年十二月］，命管蘇松等處水利浙江按察司僉事兼提督太倉等衛所屯種幷監放太倉、鎮海二衛官軍俸糧，從兵部郎中陸容請也。

同上 ［弘治元年］，屯田二十八萬九千四百八十一頃九畝，子粒二百九十三萬六千七十石。

《明實録・孝宗實録》卷二二　［弘治二年正月］，命萬全都司萬全左等衛屯田被災四分以上者蠲其租。

《明實録・孝宗實録》卷二三　［弘治二年二月］乙未，以水災免直隸營州、天津、密雲等十四衛所弘治元年屯田一萬二百二十一石，草五千九百六十七束，順天府覇、薊等九州縣秋糧三千四百一十石，草一十萬四百三十一束。【略】辛亥，太子太保兵部尚書余子俊卒。子俊字士英，四川青神縣人。景泰二年進士，授戶部主事，進員外郎，知西安府。西安水鹵不可食，子俊鑿渠引滈河水貫城中，以達於渭，公私便之。成化初陞陝西右布政使，滿四之捷，在軍中贊畫爲多。轉浙江左布政使，擢右副都御史，巡撫延綏，東自清水營之紫城砦，西至寧夏之花馬池，剗崖窒隙爲敵臺崖砦，聯比二千里不絶，徙定邊、安邊二營於近地，請立榆林衛，墾緣邊棄地爲屯田，凡戰守之具畧備，自是虜過城下必咋指相顧，不敢近。

《明實録・孝宗實録》卷二四　［弘治二年三月］，先是各邊閑地嘗募軍餘團種，收其所入折銀補買官馬，已而奉詔書例作屯田，徵納子粒，至是大同鎮巡等官言折銀買馬便。戶部因兩具以請，命依詔例行之。

《明實録・孝宗實録》卷二六　［弘治二年五月］，陝西巡撫巡按等官以西延、平慶、臨鞏等府州縣并西安等二十衛所連歲荒旱，軍民逃亡者衆，請下戶部議措備糧草之策。戶部言：陝西民前逃亡者至八萬七千餘戶，軍逃亡者至一萬九千餘名，自朝廷多方賑濟，逃民復業者已五萬九百餘戶，軍復伍者已一萬三千餘名，今荒田不耕者尚多，詣暫給有力之人耕種，原糧一石歲暫收銀一錢，草一束收銀五釐，以備官吏師生及旗軍人等俸糧之用，俟本主復業仍舊給還。從之。山東巡撫等官奏上濟南等府衛、武定等州縣屯所弘治元年秋田災傷分數，戶部覆奏：災至二分以上者各邊減一分免之，有收自八分以下者各邊加一分徵之。上從其議。

同上　［弘治二年五月］，鎮守宣府太監孫振等奏：成化初都御史葉盛巡撫宣府買官牛千八百餘具，并置農具種子撥軍士於順聖川及各路團種閒田，令收糧易銀買馬，以補官馬損耗，邊人稱便。後總督軍務尚書余子俊改其田爲屯田，掣團種軍士於他所操守，馬價既無從資補，屯糧復重爲軍累，請如舊撥軍團種。從之。

同上　［弘治二年五月］，巡按直隸監察御史許鋭奏：鎮守守備官多役占屯田正軍，以餘丁屯種，極爲費擾，請令巡按御史閲糧冊以正軍屯種，餘丁雜差，有役占者聽御史糾舉。又紫荆等關有土人反爲逃軍鄉導者，請明立禁例，民發邊衛充軍，軍發極邊。從之。

《明實録・孝宗實録》卷二七　［弘治二年六月］，先是戶部因直隸興州右屯衛千戶彭山之奏，請通行各邊巡撫都御史同管糧郎中等官清查内外守臣見占種莊田，并空閒地土頃畝數目隨宜酌處，每鎮守分守監鎗守備内臣名下仍存留地土若干，總兵、副參、遊擊、分守、守備、武臣名下存留若干，其餘撥與屯軍種納子粒，或召人承種，減輕納糧，至是又因巡按監察御史許鋭之奏復請通行催查，俟回報至日奏請定奪。從之。

同上　［弘治二年六月］丙午，以旱災免應天府及直隸徽州、太平、寧國、安慶、池州五府并廣德州弘治元年分秋糧米一十六萬五千一百三十四石，草四十八萬四千二百六十八包，直隸建陽、新安、安慶、宣州四衛屯糧五千九百二十六石有奇。

《明實録・孝宗實録》卷二九　［弘治二年八月］，以旱災免南京横海等四十二衛弘治元年屯糧之半。

《明實録・孝宗實録》卷三一　［弘治二年十月］庚戌，戶部上會議事宜。一大同平虜衛團種軍士原給近城及沿邊地各五十畝，歲徵其糧三石，至成化末年以地方有警，沿邊地不許耕種，而徵糧如故，乞免其半。【略】一大同軍士以邊城守禦爲急，若一概屯種，恐誤邊事，今擬免令屯田，仍舊支糧爲便。【略】上曰：雲南官員犯輕罪者許罰俸罰米，其餘俱准議。

《明實録・孝宗實録》卷三三　［弘治二年十二月］乙未，以水災免直隸保定等五府今年秋糧十一萬九千四百餘石，草二百二十八萬九千五百七十束，綿花三萬四千三十四斤，保定左等十二衛屯糧二萬二千三百餘石。

同上　［弘治二年十二月］丁未，以水旱災免河南開封等六府并汝州麥二十一萬三千三百四十餘石，絲一十一萬九千九百六十餘兩，宣武、彰德等八衛所麥二萬九百石有奇。【略】以水災免天津等八衛秋青草九十八萬束，其軍士採草行糧並停支。以水災免騰驤右衛屯糧二百七十石。

同上　［弘治二年］屯田二十八萬九千四百八十一頃九畝，子粒二百九十三萬六千七十石。

《明實録・孝宗實録》卷三四　［弘治三年正月］，以水災免直隸永平府所屬州縣弘治二年秋糧十之五，草束十之六，及直隸永平衛屯糧十之四，盧龍衛十之七，東勝左衛幷興州右屯衛俱十之五，開平中屯衛十之八，山海、撫寧二衛俱十之六。

《明實録・孝宗實録》卷三五　［弘治三年二月］壬辰，以水災免河南開封等六府幷汝州弘治二年分秋糧三十七萬五千八石，草四十八萬二千二百七十餘束，及懷慶等八衛屯糧六千三十餘石。

《明實録・孝宗實録》卷三七　［弘治三年四月］，以水災免直隸涿鹿衛左、中二衛弘治二年屯糧二千八百石有奇。

《明實録・孝宗實録》卷三八　［弘治三年五月］，山西潞州衛幷沁州守禦千戶所屯田被水災不及三分，例不免糧。上以其民饑困，方發倉賑濟，不可復徵，特免之。

《明實録・孝宗實録》卷四〇　［弘治三年七月］，以蟲旱災免貴州永寧衛弘治二年分屯糧二千三百四十石有奇。

同上　［弘治三年七月］，以災旱免南京廣洋等二十七衛屯糧之半。

《明實録・孝宗實録》卷四二　［弘治三年九月］戊寅，戶部會議漕運各處巡撫都御史所陳事宜。一山西逃移人戶拋荒田土近例許所在人民佃種，如江南減徵事例每糧一石折銀二錢五分，草一束折銀二分，三年後照額徵納，今乞令三年後仍從減輕例，如逃戶復業者事如額徵收。【略】一安慶衛屯田止從南直隸巡撫巡按官總督徵催，免屬河南屯田僉事管轄。

《明實録・孝宗實録》卷四四　［弘治三年十月］，陝西布政司舊有管糧參政一員，按察司管屯僉事一員，後又增設參議僉事各一員，至是巡撫都御史蕭禎請裁革增設者。從之。

同上　［弘治三年十月］丁丑，山東按察司僉事羅安理北直隸屯田，以事責河間府吏，知府謝文恕，訐奏安，安亦奏文不法。事下法司鞫治，俱贖杖還職。

《明實録・孝宗實録》卷四六　［弘治三年］，屯田二十八萬九千四百八十一頃九畝，子粒二百九十三萬六千七十石。

《明實録・孝宗實録》卷四七　［弘治四年正月］丙申，以水災免遼東三萬等衛弘治三年屯糧有差。

《明實録・孝宗實録》卷四八　［弘治四年二月］，命雲南都司都指揮僉事方璽提督屯田，雲南左衛指揮使馬鉉分守迤西地方，從鎮守太監覃平等請也。

《明實録・孝宗實録》卷四九　［弘治四年三月］戊戌，先是陝西榆林衛有土兵以助軍，有戶丁屯種以養兵，其後戶丁有逃回原籍者，苦官司勾攝之累，建議者欲聽從其便，勿令勾擾。下鎮巡等官議，謂土兵戶丁耕守兩便，彼此相資，若逃者不究，恐邊務漸廢。宜將逃歸者免原籍本戶糧差一年，在屯逋租亦暫蠲之，待秋成後有司仍遣還衛屯種，其衛所亦但令移文原籍查取，勿輒遣人勾擾。戶部覆奏，從之。

同上　［弘治四年三月］，以旱災免直隸鳳陽等府並武平等衛，直隸真定等府，神武、保定等衛，直隸潼關衛並蒲州守禦千戶所弘治三年秋糧子粒有差。

《明實録・孝宗實録》卷五〇　［弘治四年四月］丙寅，以旱災免大寧都司茂山衛弘治三年屯糧九百一十石有奇。

《明實録・孝宗實録》卷五二　［弘治四年六月］癸丑，以旱災免陝西甘州左等十一衛所弘治三年屯田子粒有差。

《明實録・孝宗實録》卷五四　［弘治四年八月］，以旱災免直隸揚州衛及通州、泰州、鹽城三守禦千戶所弘治三年屯田糧有差。

《明實録・孝宗實録》卷五八　［弘治四年十二月］，以旱災免陝西洮州衛及三十族番軍弘治三年屯糧五千四百七十三石，草八千七十五束有奇。

同上　［弘治四年］，屯田二十八萬九千四百八十一頃九畝，子粒二百九十三萬六千七十石。

《明實録・孝宗實録》卷五九　［弘治五年正月］，以水災免遼東廣寧前屯等六衛弘治四年屯田子粒有差。

《明實録・孝宗實録》卷六〇　［弘治五年二月］壬子，陝西按察司僉事潘盛丁憂，服闋，復除原任，管理榆林糧儲屯種。

同上　［弘治五年二月］壬戌，巡撫雲南都御史張誥清查各衛司所屯田盜報有司田二萬八千餘畝，仍給還各衛屯種，以復原額。其民田冊內照數開豁，仍請令二年一次行委管屯官員清理，盜報者罪以盜賣官田，過者收者仍各罰米一百石入官。戶部覆奏，從之。

《明實録・孝宗實録》卷六六　〔弘治五年八月〕丁卯，命發應天府預備倉糧二萬三千九百餘石給南京應天等三十九衛屯種軍餘之缺食者。

《明實録・孝宗實録》卷七〇　〔弘治五年〕，屯田二十八萬九千八百九十五頃九畝，子粒二百九十三萬九千四百七十石。

《明實録・孝宗實録》卷七二　〔弘治六年二月〕丙辰，以水災免南京、瀋陽右等三十九衛弘治四年屯糧六萬四千三百四十石有奇。

《明實録・孝宗實録》卷七四　〔弘治六年四月〕，調浙江按察司僉事陳嘉謨於山東，管北直隸屯田，以管銀場裁革也。

同上　〔弘治六年四月〕，以(蟲)〔蝗〕旱災免遼東廣寧前屯等二十四衛弘治五年屯糧有差。

同上　〔弘治六年四月〕癸亥，兵部主事歐鉦奏：臣近奉勅查選各處京操官軍馬匹，其興州中屯等衛官軍重名者甚多，皆因該班不到，懼罰班及追補馬匹，故朦朧自首復役，得以兩相影射，有春班投入秋班者，有頭撥投入次撥者，該衛照名連年勾擾，不得清切，乞將臣冊勘報相同軍士各還原伍，後有逃軍復役，不許妄投各營領操管隊官旗，亦不許妄收。妄首者查扣脱操日期，照例罰班，其倒死馬匹多係災傷地方，雖有屯田，無人耕種，又有遠年未補之數無從追究，宜與除豁，以蘇困敝。兵部覆奏謂鉦所言可行，但各營官旗妄收者止坐以罪，免其罰班。從之。

《明實録・孝宗實録》卷七五　兵部尚書馬文升等應詔言九事：一清屯田以足兵食。謂軍士月糧出於屯田。洪武時每軍有分屯田百畝者，有三五十畝者，屯軍既不支糧，又納餘糧六石，所以公廪皆有餘積。後軍士數少，征戍日增，屯軍俱各摘出應役屯地多爲勢家侵占，或被軍士盜賣，徵糧之數多不過三分。又如親王初封俱有三護衛，中間有改調二衛者，有三衛全調者，所遺屯田當時失於查考，俱被王府并勢家占種，乞差官於南北直隸并浙江等布政司會本處三司屯田官逐一清查，果衛所無軍聽舍餘或民人承種，照例納糧，以給軍士，不許他費。災傷地方暫且不遣，庶軍士困苦得以少蘇。【略】奏入。上曰：所言是，清屯田等八事皆准行，金水河岸及昌國公墳工役令督趨早完，其餘所司查勘以聞。

同上　〔弘治六年五月〕，以水旱災免湖廣黄州等府州縣及荆州等衛所弘治五年糧草子粒有差。

同上　〔弘治六年五月〕乙未，以水災免應天、蘇州等府并鎮海等衛弘治五年秋糧子粒共一百八十二萬六千六百八十四石，草八十萬六千八百五十一包有奇。

《明實録・孝宗實録》卷七六　〔弘治六年閏五月〕戊午，平江伯陳鋭陳五事。【略】一謂大同、宣府、遼東諸鎮及各邊關地方俱有内外官員受托重寄，操練軍馬，控禦夷虜。比來兵備廢弛，旗軍精壯富實者役占於私門，老弱貧難者疲困於征役，勞佚不均，人情嗟怨。乞命兵部查照舊例，選差給事中會同巡按御史親詣衛所查取户口冊籍，逐一點視，精壯者編爲征操出哨，貧弱者屯田守城，老疾者令其替役，仍造冊送部，候三年差官盤糧之時，將原冊逐一查究，有仍前役占者參奏，庶邊軍勞佚得以適均。【略】下兵部覆奏，從之。

《明實録・孝宗實録》卷七八　〔弘治六年七月〕，户部覆議：兵部尚書馬文升所言清理屯田事，請移文天下巡撫巡按督同管屯官檢覈各該衛所屯田，凡原額頃畝若干，中間被勢要占種，或頑軍盜賣，及今清出還官者若干，其王府已調護衛，遺下屯田被占種者亦俱覈實聞奏。上曰：屯田國家重事，積弊年深，即行各官逐一清查，奏來處置，毋得仍前扶同怠忽。

《明實録・孝宗實録》卷七九　〔弘治六年八月〕己巳，命户部分遣屬官二員覈實直隸保定等四府及真定等三衛秋田水災分數，其各府原奏夏田旱災者各免夏税有差。

《明實録・孝宗實録》卷八〇　〔弘治六年九月〕己酉，以旱災免陝西、西安左等二十五衛所弘治六年屯糧有差。

《明實録・孝宗實録》卷八一　〔弘治六年十月〕戊辰，户部會議漕運及巡撫官所奏事宜。【略】一延綏二衛馬軍雖有原額屯田一頃而不徵屯糧，惟步軍歲徵屯糧六石，後步軍亦領馬騎操，而徵糧如故，請令前領馬者分納。【略】得旨俱從所議。

同上　〔弘治六年十月〕丁丑，以水災免南京留守等三十四衛弘治五年屯糧五千三百石有奇。

《明實録・孝宗實録》卷八三　〔弘治六年十二月〕癸酉，以旱災免山西太原等府并平陽等衛所弘治六年夏税屯糧有次。

同上　〔弘治六年〕，屯田二十八萬九千八百九十五頃九畝，子粒二百九十三萬九千四百七十石。

《明實録・孝宗實録》卷八四　[弘治七年正月]庚子，以水災免直隸保定、河間二府弘治六年秋糧四萬二千二百六十餘石，草六十七萬七千九百八十餘束，并免河間保定等十八衛所屯糧一萬八千九百餘石，草七千一百六十餘束。

同上　[弘治七年正月]庚戌，初以河南水旱災免弘治六年夏稅麥二十五萬二千七百石，絲十四萬六千六百餘兩。至是鎮巡等官復謂災重而免輕，户部請原免五分者今免七分，原免四分半者今免六分，四分以下遞減。其都司樣田并各衛所屯田減免之數亦以是爲差，而開封等府六十七州縣并宣武等十三衛所去年秋田亦被災，今覈實分數已至，請如前例量免。俱從之。

同上　[弘治七年正月]，以水災免直隸懷寧縣秋糧三萬三千八百六十三石有奇，草五萬七千五百九十二包，安慶衛屯糧一千五百四十八石有奇。

《明實録・孝宗實録》卷八五　[弘治七年二月]，裁革浙江管理水利按察司僉事一員，併其事於管屯僉事，從巡按御史胡諒奏也。

《明實録・孝宗實録》卷八六　[弘治七年三月]，以水災免直隸懷寧等縣秋糧三萬三千八百六十三石有奇，草五萬七千五百九十二包，安慶衛屯糧一千五百四十八石有奇。

《明實録・孝宗實録》卷八七　[弘治七年四月]庚辰，南京守備魏國公徐俌等言：　軍政管屯各有司存，今天下都司衛所屯糧年終不完者，都司管屯及衛所掌印管屯并有屯種官家停俸，經一歲不完者，都司掌印衛所僉事及首領官按察司管屯官並停俸，是因屯糧罰及軍政，似爲未平，户部覆議謂掌印官亦難辭責，請自今年終不完者，先將管屯及有屯種官家停俸，經一歲不完者，乃及掌印并按察司管屯官，其僉書軍政首領官勿論。從之。

同上　[弘治七年四月]，濬南京天、潮二河以備水軍左等衛屯田水利，從南京户部尚書秦紘奏也。

《明實録・孝宗實録》卷九五　[弘治七年十二月]，兵部奏：　比來各邊虜數入寇，每得厚利，皆由墩臺踈闊、烽火不接，及守墩軍士困憊所致，乞諭各邊鎮巡等官相視地形修理墩堠，沿邊每十里或七八里爲一大墩，五里四里爲一小臺，大墩守軍十人，小臺五人，自邊至城每十里或八里止用大墩，築牆圍之環以壕塹，留一小門，撥夜不收，五人戍守，遇警接遞傳報。凡遇寇近邊，天晴則舉砲，天陰晝則舉煙，夜則舉火，總兵等官仍爲預定烽砲之數，著爲號令，使各城將官以此爲驗，領軍截殺。其守墩軍必簡精壯者分爲二班，每月一更，若無水之處則修水窖一所，冬蓄冰，夏藏水，每墩預採半月柴薪於内給用，免致汲水採薪爲賊所掠。本城將官每半月一次行邊點閲，巡哨提調墩臺官仍不時往來巡視，若近邊軍士屯種之處則修築小堡一座，量貯糧芻，令按伏馬軍三五百於其中，庶有警可以防禦。從之。

同上　[弘治八年]，屯田二十八萬九千八百九十五頃九畝，子粒二百九十三萬九千四百七十石。

《明實録・孝宗實録》卷九六　[弘治八年正月]丙午，以水災免南京錦衣等衛弘治七年屯糧之半。

《明實録・孝宗實録》卷九七　[弘治八年二月]庚申，以旱災免直隸潼關衛蒲州守禦千户所弘治七年屯田子粒一百八十七石有奇。

《明實録・孝宗實録》卷九九　[弘治八年四月]，以水災免遼東廣寧左屯等十七衛弘治七年屯糧有差。

《明實録・孝宗實録》卷一〇〇　[弘治八年五月]，巡按陝西監察御史張泰奏：　甘州屯田肥饒者多爲太監總兵等官占據，而官軍則含怨陪糧，衣食不足，何以責其禦敵，又有甘州城北湖可以牧馬，亦爲各官所據，請遣官會鎮巡等官清出給軍，庶可以養其鋭氣，其寧夏、榆林等邊請一體清查。户部覆奏，得旨，令巡按監察御史會同查勘撥給，不許仍前占據。

《明實録・孝宗實録》卷一〇二　[弘治八年七月]，兵部主事歐鉦勘驗密雲等處邊備事竣，因奏密雲逼近京師，東西綿亘千有餘里，戍軍不過五千餘，而潮河一川直衝境外，川口横闊一百七十餘丈，使虜騎長驅而來亦可慮之大者。宜預爲之圖，以遏虜衝，爲京師屏蔽，請摘馬蘭、燕河二邊官軍各一千五百助密雲備禦，仍增設兵備、副使以守之。兵部會議謂事難懸度，請勅大臣一員往潮河相度，議作石城，且割密雲東路隸馬蘭谷戍守，其東路兵則退守密雲，并增設副使，整飭兵備，兼理永平諸衛屯田，山東按察司帶俸。從之。

《明實録・孝宗實録》卷一〇三　[弘治八年八月]，初甘肅遊擊將軍魯麟奏：　永昌之敗責在副總兵陶禎、給事中楊瑛等，因劾甘肅鎮巡官廢弛邊備之罪。上命巡按御史張泰按之。總兵官都督同知劉寧復奏：　甘肅賊勢猖獗，皆由守臣不和、長姦玩冦，不恤軍士所致，仍勑張泰併勘，泰具得其罪狀，兵部因劾奏鎮守太監傅悳、巡撫都御史馮續、故總兵都督周玉不職，屢被北虜西番寇抄喪人畜器械無算，傅悳、周玉盜種屯田三百餘頃，馮續減削官軍糧餉之半，甘涼軍士銜此三人入骨，如因循數年則河西之地非國家有也。分守涼州右少監紀能、協副都指揮趙承文、協守甘州都指揮張懷失守，地方被冦殺虜人口五百餘名，孳畜二萬餘，甘肅遊擊將軍魯麟輕率損軍，分守左參將顔玉等遲誤軍務，分守參議李澈衛鎮撫季諒、巡按御史王表勘報稽遲亦不能無罪。得旨，傅悳、馮續廢弛邊備，啓釁誤事，情罪既重，幷紀能、趙承文、張懷逮送錦衣衛獄鞫之。周玉待其子襲職時降二級，魯麟等待邊方寧日巡按御史逮問，李澈、季諒、王表各罰俸三月。

同上 [弘治八年八月]，命於甘肅涼州開中兩淮弘治五年鹽課二十萬八百三十引，河東弘治二等年鹽十五萬二千八百七十引，雲南弘治五年見在鹽十四萬六千三百引及各茶馬司茶四百萬斤，募人入粟以實邊儲，其甘涼一帶屯田弘治六年以前積欠糧草悉蠲之，仍責令所司召人耕種荒田，從巡撫都御史許進及戶部郎中楊奇請也。

《明實録·孝宗實録》卷一〇六 [弘治八年十一月]乙酉，戶部會各部都察院議處明年漕運幷各處合行事宜。【略】上曰：各處屯田積弊已久，仍行管屯方面等官從實清查，果有勢豪占種，累人陪納子粒等弊奏來究問，陝西等處行太僕寺苑馬寺官所繫甚重，近來多不得人，以致馬政廢弛，今後正佐官員務要選除有才幹者，不許視爲閒散，甘肅站軍口糧增與三斗，其餘准議。

同上 [弘治八年十一月]己酉，以旱災免直隸順德、眞定、大名、廣平、河間五府所屬州縣秋糧六萬九千石，草一百二十五萬七千三百六十束，綿花絨一萬六千三百八十斤，幷免德州等五衛屯田子粒共六千七百四十石有(寄)[奇]。

《明實録·孝宗實録》卷一〇七 [弘治八年十二月]，陞戶部員外郎中磐、禮部員外郎宋端儀、刑部員外郎胡積學俱爲按察司僉事，端儀廣東，積學雲南，俱提調學校，磐河南，提督直隸安慶等衛屯種，兼整飭兵備。

同上 [弘治八年十二月]丙子，南京監察御史萬祥上兩廣事宜。一兩廣副叅將官因聽總鎮等官節制，凡有賊情必待申報，及行賊已先覺，坐失事機，宜令副叅將官於所守地方先期偵察各村善惡及賊所常劫之地，密畫地圖，預申上司，賊發即酌量事勢追剿，不必待報。一兩廣地方賊巢固多，中間有被賊脅從可撫諭者，有屢惡不悛可征剿者，有山小峒淺可攻者，有山大峒深不可攻而可困者，有地廣人稠足供賦稅可設爲縣治者，有地險田少可設爲屯所者，有應創立土官衙門者，有應撥附近土官帶管者，有應編排成甲保舉土民管束者，請勑總鎮等官酌處成功。一梧州總府有總鎮總兵官，柳慶、潯州各有分守叅將等官，廣西在城又有鎮守及副總兵官，官多民擾，除分守官外請暫各取回一員，若以廣西接連諸番，宜將梧州總鎮、總督、總兵官俱移廣西城中，廣西鎮守及副總兵官悉取回，或以廣西鎮守等官即充兩廣總鎮，將總鎮等官取回。一廣西府江自平樂以下昭平以上俱有官軍守堡，但府江每秋後水落河窄，舟行近岸多爲猺賊所劫，軍堡隔遠不能趨救，而守堡幷守備柳州地方，湖廣官軍各因不服水土死亡數多，宜罷府江守堡者，內分一半在於昭平，半在平樂，遇水漲則分駐地方，水落則更番巡哨，其守備柳州者則存留廣西城，柳州缺人調用別爲區處。一廣西大藤峽口近設五屯千戶所於口外，又設永安州於五屯之內切近峽口，每歲調撥官軍戍守，而千戶所在無用之地柳城縣近設永寧堡，僻在深山，不當要衝，其撥來州堡戍守軍多致死亡，而五屯千戶所接連永安州，旗軍皆本地獞人，服習水土，宜將五屯千戶所幷永寧堡革去，將本所官軍撥守永安州，其原撥戍守州堡官軍俱取回，而五屯城池宜改設土官衙門，仍將其地屬永安州。一桂林中、右二衛軍士定撥哨守各地方，因數少不得輪班，未免逃亡，又懼罪不敢出首，宜行廣西巡守等官寬限一月，許自首免罪。一廣西設遷江屯田千戶所，專爲遷江縣八寨獞賊生發，欲得各土官督目兵入屯伴土獞住種，以安地方，令各官將各屯田悉與土獞佃種，縱目兵敬住潯、梧等處，其子粒令總甲人等收納，各獞困被科擾，未免爲盜，而高、周二屯至今不聽管束，賓州舊有南丹衛官軍足以守備，續增柳州衛所虛糜錢糧，宜令守巡等官將高、周二屯仍屬遷江所，令各土官督目兵入屯，其遷江城池宜調撥柳州衛所官軍守備，其目兵願爲民者附籍該縣，給與土田，願充軍者收集該所入伍食糧，將各屯撥與附近土官衙門管理。一廣西柳慶、南寧及廣東增城等處河道近被獞人掠過舟財物，遂致阻塞，宜令守巡等官於柳慶至永福沿河灘分量設軍堡，編集獞民防守，其副叅等官須協同巡哨行事，遇有盜賊量調土兵追捕，仍禁約緝事幷出哨官軍勿得騷擾。一廣東河源縣黃峒流民來居，盡將峒田強占及逃民入峒，盜住爲盜，官軍阻險不能進征，而河源地方設有水源屯與黃峒接，地多大族，人有謀勇，信宜等縣衛所官亦有謀勇爲土獞所服者，宜令各帥所部兵款設計擒獲，仍將本峒立爲屯田，或設千戶所，或立縣治。章下兵部，覆奏以祥所言皆宜，請移文兩廣守臣次第議行之。惟蘇疲困一事，難於更張，蓋兩廣罷二巡撫，建總府於梧州中制之處，以制兩廣，始得兵糧易於處置，而廣西三面接連夷境，特設鎮守副叅等官以臨之，經畫已詳，宜仍其舊。議上，從之。

同上　［弘治八年］，屯田二十八萬九千八百九十五頃九畝，子粒二百九十三萬九千四百七十石。

《明實録・孝宗實録》卷一〇八　［弘治九年正月］丁未，巡按江西監察御史張縉言六事。一省財力。江西建昌府修蓋王府，乞止留內臣幷郎中在彼督工。一應官匠悉取回京，仍查洪武永樂中事例斟酌計處，今後修造府第在京止差內臣部官各一員幷行所在鎮巡等官督趣。一切事務，責成三司委官專理。一嚴考察。天下諸司官乞勑吏部都察院公同訪察，叅以各處巡按御史所報賢否，以爲黜陟。一寬徵收。乞勑該部察上年拖欠幷今年災傷稅糧或於南京起運內撥湊減免，或於存留糧內斟酌處置，屯田子粒乞量爲分豁。

《明實録・孝宗實録》卷一〇九　［弘治九年二月］庚午，以水災免河南開封、彰德、衛輝、懷慶、汝寧等府及彰德等衛所弘治八年稅糧子粒有差。

《明實録・孝宗實録》卷一一一　［弘治九年閏三月］丙辰，以旱災免陝西西安等七府及西安左等二十一衛所夏稅子粒有差。

《明實録・孝宗實録》卷一一三　［弘治九年五月］，陞直隸冀州知州錢承德爲山東按察司僉事，管理北直隸屯田。

《明實録・孝宗實録》卷一一六　［弘治九年八月］，以旱災免湖廣漢陽等七府，岳州等四衛弘治八年秋糧有差。

《明實録・孝宗實録》卷一一七　［弘治九年九月］，鎮守雲南總兵官征南將軍黔國公沐琮卒。琮字廷芳，昭靖王英之曾孫，榮康公斌之子。琮幼失父，從兄璘襲公爵，璘卒，璘弟瓚繼之。成化元年琮始入朝襲爵，三年命還鎮雲南，仍俾瓚賛理，琮性勤愼，公退不入私室，冠帶終日，苞苴無敢及門，每朔望謁孔子廟必使諸生執經講觧，有舉鄉試者必設宴以示優奬。留意屯田、水利。馬隆、麗江、劒川、順寧、羅雄諸處蠻夷弗率，累討平定之。又以平蕎甸賊功加授太子太傅，至是卒。訃聞，輟朝一日，贈特進榮祿大夫，右柱國，太師，謚武僖，賜祭葬。琮無子，以故右叅將錦衣衛誠之子崑爲後，琮於武經陰符、奇門諸書，陰陽卜筮、星命之術多所涉獵，善草書，詩歌、樂府皆可觀。在鎮三十餘年爲政務持大體，御下寬而有制，夷人安之。

《明實録・孝宗實録》卷一一九　［弘治九年十一月］丁巳，命山西按察司管屯僉事兼提督河渠水利，從巡撫都御史奏也。

《明實録・孝宗實録》卷一二〇　［弘治九年］，屯田二十八萬九千八百九十五頃九畝，子粒二百九十三萬九千四百七十石。

《明實録・孝宗實録》卷一二一　［弘治十年正月］，以旱災免宣府前衛幷萬全左等衛所弘治九年屯糧草束有差。

《明實録・孝宗實録》卷一二五　［弘治十年五月］，令薊州沿途東西關營貼守舍人軍餘三千七百餘人各歸原衛屯種，從巡撫都御史屠勳請也。

《明實録・孝宗實録》卷一二八　［弘治十年八月］，命以寧化王府退出屯種地三百一十餘頃給民耕種，其水地畝收稅一斗七合，平地畝五升八合，坡灘等地畝三升，願上折色者依時價徵銀，以舊擬稅糧太重也。

《明實録・孝宗實録》卷一二九　［弘治十年九月］庚申，以旱災免陝西延安、慶陽二府弘治十年夏糧六萬二百餘石，幷延安慶陽二衛屯糧四千二百六十餘石。

《明實録・孝宗實録》卷一三〇　［弘治十年十月］辛未，以旱災免江西九江衛弘治八年屯種萬五千一百五十餘石。

同上　［弘治十年十月］丙子，戶部會官議處總督漕運幷各巡撫都御史等官所奏事宜。一弘治十一年漕運京通倉糧四百萬石內請以五十萬石暫折銀，每石六錢五分，其兌運加耗米每石折銀四錢。一湖廣水旱幷有修建王府，請以布政司原派運貴州弘治十一年折糧銀三萬七百餘兩，暫留本處應用。一陝西苑馬寺養馬軍人月糧嘗扣除買馬，請自九月至十二月仍舊關支。一請於山西開中兩淮等運司存積鹽二十萬引，以備各王府及官軍俸糧幷邊儲賑濟之用。一順天府三河、懷柔二縣在永樂間嘗領養官牛二百五十餘隻，歲取乳供用，今牛已不存而光祿寺索供乳如舊，請悉除之。一順天、永平二府所屬官俸米舊止月給本色一石，請增給一石。一請令貴州赴任官員沿途應付腳力如雲南例，又有清屯田以寬民壯，并處置邊儲，給賞土軍等事。上命漕運折徵米每石折銀六錢，其清屯田，處邊儲，賞土軍事宜所司再查處來奏，餘從所擬。

《明實録・孝宗實録》卷一三二 〔弘治十年十二月〕甲戌，戶部左侍郎劉大夏奉命整理邊儲，還奏：宣府地險積寡，已於東城置倉數十間，未有以實之，而順聖川地肥饒，屯田團種之外尚多私占，請令巡撫、巡按等官清查歸官，其軍餘原領屯田團種者，每分額外量與餘田勿令過二十畝，清出歸官者，或原人領種，或別召承佃，每畝起科納糧三升，草一斤，與東西二城并蔚州衛屯田糧料俱令運赴新修東倉及附近草場上納。倘宣府不足，於農隙時運去備豫，其他地方及西城、蔚州二處不足，宜發銀就彼糴買，不得那借，至若懷來城尤爲要害，亦須增置倉廒，糴蓄糧料，以備倉卒之用。戶部覆奏，從之。

同上 〔弘治十年十二月〕，以水災免順天府所屬州縣及直隸遵化等衛所糧草子粒之半。

同上 〔弘治十年〕，屯田二十八萬九千八百九十五頃九畝，子粒二百九十三萬九千四百七十石。

《明實録・孝宗實録》卷一三四 〔弘治十一年二月〕，以旱災免山西太原、平陽二府，澤、潞、汾三州及平陽、汾州二衛弘治十年夏稅子粒有差。

《明實録・孝宗實録》卷一三五 〔弘治十一年三月〕辛亥，以水災免永平、開平二衛所屯糧二千五百九十一石，草一千一十一束有奇。

《明實録・孝宗實録》卷一三六 〔弘治十一年四月〕，兵部覆奏南京吏部尚書倪岳等所陳修省事宜。其曰罷工作者請令復團營，官軍再不差撥，令專一操練以備不虞。其曰選武將者請於在京公侯伯都督等官中推選素有勳望者守備南京并五府管事。其曰防要害者請於九江及揚州、儀真二處慎擇人以任守備，并添造輕捷巡船而嚴私役之禁。其曰減添設者請下本部及吏戶二部通查天下，但係添設官員除正統以前不動外，其景泰以後悉與裁減增添，鎮守、守備、協守、分守，并管糧、兵備、水利、屯田等項事少官多者悉與裁減，其添設州縣衙門除成化以前不動者，其係弘治間新建置未完者，悉與改正仍舊，務求簡靜以安地方。議上，俱從之。

《明實録・孝宗實録》卷一四二 〔弘治十一年十月〕，六科十三道官劾大同總兵官都督僉事神英、副總兵都指揮僉事趙泉與虜交通，以鐵器易馬，寧夏總兵官都督同知李俊占種屯田，延綏總兵官都督僉事陳輝老疾無謀，宣府總兵官署都督僉事阮興素無威望，兩廣總兵官伏羌伯毛鋭廣營邸舍以處番旅，私造船舶以通裔夷，分守錦義二城右叅將都指揮僉事史賢怯弱寡謀，損軍債事，請各加罷黜。下兵部覆奏，上曰：毛鋭既年力精壯，其留辦事，李俊、陳輝、阮興俱行取回京，神英、趙泉、史賢待勘報至日議處。

《明實録・孝宗實録》卷一四三 〔弘治十一年十一月〕，以水旱免南京水軍左驍騎、右瀋陽、右應天、和陽等衛屯糧二千四百石有奇。以旱災免廣西潯、梧、柳慶、南寧等府及南寧等衛所弘治十一年分秋糧子粒有差。

《明實録・孝宗實録》卷一四五 〔弘治十一年十二月〕，命萬全都司所屬玉林等六衛屯田自今年以後屯糧一石止折徵銀三錢，草一束徵銀一分，以蘇軍困。

同上 〔弘治十一年〕，屯田二十八萬九千八百九十五頃九畝，子粒二百九十三萬九千四百七十石。

《明實録・孝宗實録》卷一四七 〔弘治十二年二月〕，以旱災免山東濟南、東昌、青州等府所屬三十四州縣并濟南、東昌等五衛所弘治十一年夏稅子粒有差。

《明實録・孝宗實録》卷一四八 〔弘治十二年三月〕，大理寺左寺丞劉憲因勘宣府失誤事還，言各邊被冦殺擄人畜，屯守官多匿不報，或報不盡實，請定議治罪，以爲後戒。兵部議謂自今各邊及腹裏地方遇賊搶掠人畜，分守、守備、備禦、管屯、坐堡等官凡隱匿殺擄人口十名以上，頭畜三十以上，軍民職官問罪畢日俱降一級，隱匿數加一倍者，降二級，加二倍者降三級，甚者罷職，罪坐原隱匿官，其鎮總等官知情不舉者連坐。從之。

同上 〔弘治十二年三月〕，戶部覆奏總理遼東糧儲郎中史學所言四事。一謂遼左屯田爲弊最多，請行移巡撫巡按官會同本官逐一清查，其屯田官軍不許別衙門更調差遣。一謂遼東歲徵屯糧數減於前，而昔年征東耗費已極，請自弘治十三年以後歲加銀三萬兩，其前此數年預運送銀兩，許令用補昔時征東費用之數，自後運去者就准本年歲例。一謂各邊糧草多有虛出、盜賣、燒燬，浥爛之弊，請通行遼東巡撫、巡按等官，凡故意燒燬及盜賣者照成化間欽定事例梟首示衆，其餘照常例發落，經收職官叅究問罪，糧草照數追陪，遇赦不宥，其委官及商人領官銀糴買糧草而上納不精、拖欠不完者追治之。今後如開納糧草先令納完，然後給價，不許如前預給，致令逋負。一謂遼東金復蓋三衛，官軍多調各邊操備，見在者歲支糧止三百餘石，各倉原收積米豆可足十餘年之給，而遼陽、廣寧、開原三城及靉陽鎮東等邊堡俱宜蓄積糧料，欲擬運此三衛有餘之積，至彼三城諸邊堡以備軍餉，請行令巡撫都御史會同本官議定犯罪贖米多少之例，用爲轉般腳價之費，又三衛歲收屯豆舊擬每豆四石折收銀一兩，今豆價減賤，請每豆五石折收銀一兩，或以布易銀，亦聽其便。從之。

《明實録·孝宗實録》卷一四九　［弘治十二年四月］，以雹災免陝西莊浪衛弘治十一年屯糧二千八百七石，草二萬八千七十束有奇。

《明實録·孝宗實録》卷一五一　［弘治十二年六月］，致仕都督同知魯鑑陳四事。一甘肅孤懸河外，三面皆番夷戎虜之地，雖設衛所無險可據，比來邊圉多事，各衛軍士消耗過半，有警未能捍禦，或調延綏各邊人馬策應，比至賊已遯矣。募軍之令雖下，緣差役繁重，人不樂從，至以本衛投報之人遷撥別衛應役，尤拂人情，切見各衛步操軍士止應雜差，有警不令出戰，西寧一衛田土肥饒，人力頗盛，芻粟無轉輸之難，加以各處流民久住，成業多爲勢家影射，在官不得其用，乞命官勾考各衛原額軍數，有缺俱視近例募人補之，衛所惟其所便或選步操軍士領馬，或借空閒人丁防守，其影射流民或編管守城，或塡補步操應募及借助之人止在本城與近地守備，卻以舊操習熟者從近調撥缺兵之處，庶免徵發之勞。一甘肅自洪武初止設行都司衛所，屯聚重兵且耕且守，後因戎虜侵掠始設鎮守巡撫叅將等官，於時共在一城，事權不分。後涼州增設副總兵一員，協副二員，甘州又增左副總兵，肅州、莊浪俱改任叅將，今永昌又增遊擊，鎮番亦增叅將，兼有分守分巡兵備等官，政出多門，各不相下，有警亦不傳報，將愈多而邊事愈廢。乞量爲裁減，以一事權一邊方。軍士征哨正役外有朋合馬價，自備椿頭，採辦秋青草，修置軍器及各衛所首領官皂隸柴價之需，其他無名之征，不急之役不可勝計，盡以歲給衣糧償補。雖有餘丁貼軍之例，所司各急其私，謾不省恤，尺籍之家，財力俱屈，正軍死亡，餘丁避匿，軍伍消耗，職此之由。乞罷無名之征，申貼軍之例，仍量給茶銀以助買馬之用。一陝西自近年災旱相仍，民多缺食，甘肅邊患未紓，歲計之外支費萬餘，猶爲不足，比調集延綏等處兵馬應援，所費無算，未嘗成功，今永昌遊兵及甘涼備禦洮、岷、河三衛客兵，西寧調補莊浪官軍，本鎮與戍所皆重支糧草，似爲浪費，乞以永昌等處遊兵退回各衛所操守，卻以甘涼備禦客兵及西寧調補官軍俱徑調永昌相兼主兵防禦，庶可以節邊儲而蘇民困。兵部覆奏謂所言多可行，其流民影射者請令三丁選一丁編管守城，有願補步操軍役者亦聽其便，衛所首領官柴價命布政司以收貯去任官柴薪銀及西安等府餘糧價給之，其裁省將官，罷遊擊兵二事請下鎮巡等官議處以聞。從之。

《明實録·孝宗實録》卷一五二　［弘治十二年七月］，遼東守臣請以先後招集軍丁編入缺軍衛所，及東山一帶土人幷流寓人等戶內丁多者分爲二等，上等守城，次等屯種，又於安樂、自在二州無差見丁數內選精壯者編成隊伍，聽調殺賊。兵部覆奏，從之。

《明實録·孝宗實録》卷一五三　［弘治十二年八月］，以旱災免河南彰德等四府及弘農等六衛所弘治十二年夏稅二萬七百五十石有奇。

《明實録·孝宗實録》卷一五四　［弘治十二年九月］，福建右布政使李韶以前任雲南右叅政頗知土俗事宜，上疏言四事。【略】一謂廣西府舊有土官知府，後改建流官所屬皆僰人羅羅，此類野人難化而易制，本府前有乾海，後有平壤一帶有水利可開屯田，請於會城廣南衛量撥二所赴彼守禦屯田以制之。一謂雲南曲靖衛軍多路僻，平夷衛當貴州要衝，軍少事繁，請以曲靖衛屯田附近平夷者調撥二所以屬之。兵部覆奏請設兵備副使一員駐瀾滄城內統制姚安等處，其餘事宜移文鎮巡官會議相機區處以聞，從之。

同上　［弘治十二年九月］，以旱災免直隸淮安府及徐州及高郵衛幷海州中前千戶所夏稅子粒有差。

《明實録·孝宗實録》卷一五七　［弘治十二年十二月］，以旱災免南京水軍左等三十二衛弘治九年屯田子粒有差。

同上　［弘治十二年十二月］，以旱災免浙江太平縣秋糧八千三百七十四石，松門等衛屯糧七百六十九石各有奇。

同上　［弘治十二年］，屯田二十八萬九千八百九十五頃九畝，子粒二百九十三萬九千四百七十石。

《明實録·孝宗實録》卷一六一　［弘治十三年四月］，福建布政司左布政使李琮等陳三事。【略】一管屯官淸查原額田糧不能遍歷，惟逼令旗軍人等妄報，新增每石折銀二錢五分逐年包賠，害軍殊甚，乞令各官從實淸查，不必增糧。【略】下戶部議其清查屯田及鬻運司餘鹽官糴者，俱便。其欲支戶口食鹽，緩不及事，且鹽課所以預積邊儲未可輕費，惟以本省各庫存積銀兩及災輕處所倉糧給散爲宜，仍令福建浙江等處陰陽醫僧道官補缺者納米八十石，或銀五十兩，即令入選，納銀七十、六十、四十兩者，授七、八、九品散官，二十兩者冠帶，福建軍民雜犯死罪及徒杖笞者准贖，至十四年終停止。從之。

同上［弘治十三年四月］，監察御史劉芳等以災異言十事。【略】一汰冗員。謂在外各省各邊添設水利、屯田、分守、守備等官，在京倉場庫局幷各廠九門添設總督、提督、監督等官，又乞恩傳陞各官，比之祖宗時俸給糜費數倍，乞勅各該衙門通查內外添設幷傳奉等官除事體重大者量與存留，其餘一遵舊制革去。【略】上命所司詳議以聞。

《明實録・孝宗實録》卷一六三［弘治十三年六月］，兵部右侍郎楊謐卒。謐字文寧，河南儀封縣人。成化五年進士。授直隸崑山知縣，以治行卓異，擢浙江道監察御史。本院以謐練習憲體，委掌諸道章奏。九年秩滿，陞太僕寺少卿。未幾轉大理寺右少卿，復進都察院右僉都御史，奉勅巡撫宣府，召回理院事。會工部缺侍郎，廷臣以謐請而諸御史奏留之，不果。遷左副都御史，尋陞兵部右侍郎，以疾乞休，不允。時北虜寇邊，命謐選京營軍馬，竟以疾卒。賜祭葬如例。謐爲人端慎，平易臨事，未常近名而名亦隨之，嘗監臨湖廣鄉試，號稱得人。繼巡按浙江，尤爲士大夫所重。宣府屯田多爲勢豪吞占，謐悉以法清出之，得地千餘頃，撥軍佃種，歲收米數萬斛。嘗署掌院事憲度肅然，及爲侍郎，每悉心賛佐，不激不隨，甚爲士論所推重云。

《明實録・孝宗實録》卷一六九［弘治十三年］，屯田二十八萬九千八百九十五頃九畝，子粒二百九十三萬九千九百七十石。

《明實録・孝宗實録》卷一七三［弘治十四年四月］，鎭守大同太監陸誾上防邊七事。一大同小邊外無險阻，賊易馳突，宜挑品字窖坑深闊各四五尺，有山岡處則築牆三四道，使虜騎不得長驅。一大小邊牆年久隳圮且墩堠稀踈，難於防禦，又地氣多寒，軍士瞭望尤苦，乞稍增高厚築一丈有餘，上爲垛口，晝夜傳籌巡驗，墩臺空處增築之，各置銅鑼木牌木梆，遇有賊至晝則擊梆，夜則擊鑼，將數書之於牌，急相傳遞，則易爲應援。一小邊以裏地勢平漫，未常設立城堡，宜東自宣府、陽和，西抵偏頭關、老營，每三十里築一堡，設衙門倉場，起營房，令官軍千人久駐屯種，命都指揮一人爲把總，其防禦叅將仍移於新設要害之地。一大同舊無營壘，臨時挑治率多危迫，宜度水漿便利之地每十里增築一壘，高深一丈，使互相聯絡，易爲戰守。一大同軍民住種鄉村有遠至百里者，往來遇賊，人畜常被殺掠，宜擇其地便或三五村分別軍民築一砦堡，務令高堅，給以兵器，有警各令軍衛有司收遂入堡，如失守者分軍民坐所司之罪。一西路僻遠，止一路墩臺，倉卒難達，宜於平虜、井坪、朔州三城烽火分接，往南至朔州古城，北至馬邑、山陰諸衛，直抵大同城南，量墩臺相去遠近，於中增設瞭，見虜數多少宜先定傳報之則，晝舉號旗，夜舉燈籠，使相次飛報。一大同亦有險山峻嶺，虜騎多伏於下，令輕騎據高岡窺我虛實，宜於岡領之上築墩臺，無事以近地屯種之人守之，有警則增軍瞭望，以破虜之陰計。事下兵部議，謂小邊增設城堡令官軍久駐，則兵分勢寡，可如遼東例，每四十里擇地增築一城，可容千人，仍分番守之爲便，其餘皆可行。從之。

《明實録・孝宗實録》卷一七四［弘治十四年五月］乙卯，初四川鹽井衛、黑鹽井鹽課例折納馬匹，成化中令折納米麥，歲四百石，而夷地山多田少，納者苦之，累奏分豁未有定處，至是巡撫都御史劉纓請依屯田子粒例每米麥一石折徵銀三錢爲官軍俸糧。戶部覆奏，從之。

《明實録・孝宗實録》卷一七五［弘治十四年六月］丙午，府部等衙門以災異陳言三十一事。【略】一汰冗官。欲將景泰以後添設內外官員，如鎭守、守備、協守、分守幷兵備、屯田等項悉與裁革，及弘治間添設州縣衙門悉與改正，又各衙門屬官出外公幹久不還任，今後宜以辦事官代之。【略】一清屯田。欲行兩京都察六科戶部各差官一員前往南北直隸、浙江等布政司會同彼處管屯官各將所屬衛所屯田清查，撥派屯軍耕種，如無軍，聽舍餘或民人承種，照例上納子粒。【略】上曰：卿等所言皆切時務，崇聖德，朝廷自有處置。攬群策，汰冗官，定事例，停織造，清傳奉，重名器，愼駕帖，節冗食，省門官，減價直，助邊儲，軫連坐，停起取，謹地方所司各具奏定奪，其餘俱准行。

《明實録・孝宗實録》卷一七六［弘治十四年七月］丁卯，戶部奉旨議府部等衙門所奏清理屯田事，謂遼東、山西、陝西、湖廣、廣西、雲南、貴州俱有兵荒，恐差官勞擾，宜暫停免，其餘諸處請量差本部郎中及科道官悉依原擬行事，南京官不必差，江南及各屯田數少之處請止差給事中往會清軍監察御史理之。上曰：兵荒暫免差官，屯田數少處選差戶部官一員會同清軍御史用心清查，不許虛應故事，如有不稱任使者參究以聞。

同上 〔弘治十四年七月〕庚午，命工科右給事中李祿、監察御史季春、戶部郎中王勤於北直隸，禮科右給事中王纘、御史羅列、郎中夏暹於南直隸，戶科左給事中蔚春、御史杜啓、員外郎趙履祥於浙江，江西工科給事中張元良、御史馬繼祖、主事程杲於福建，廣東兵科給事中王承裕、御史呂鏜、員外郎夏從壽於山東，河南郎中相樞同先差御史俞諫於四川清理屯田。

《明實録・孝宗實録》卷一七八 〔弘治十四年八月〕癸丑，命太嶽、太和山諸宮觀提點照神樂觀提點事例月支粳米三斗三升，以水災免直隸鳳陽、淮安二府及徐州幷高郵等五衛所夏稅子粒有差。

同上 〔弘治十四年八月〕，鎮守甘肅都督僉事彭清引疾，乞解兵柄，兵部覆奏請留之。上曰：彭清鎮守邊方練達戎務，有疾令善加調理，以副委托，不必再辭。兵部都給事中屈伸等奏：右副都御史洪鍾本以小才謬膺重寄，惟事巧詐，全無朴忠，頃因整飭薊州邊備，奏改潮河川水道，預誇後功，上希天聽，且曰半年之後事不能成，事成之後不爲經久大利，則治臣之罪，今據其先後奏幷工部侍郎張達勘報，反復觀之，鍾欺罔之罪有三，前稱鑿山改水，建立重關，勝秦人之百二，後稱二道分流用泄水勢，比閘壩之月，河今勘報云鑿開石洞上寬下窄，壘石沮水不流，仍循故道，月河不可得，其欺罔一也；其稱水既改去，得地數百頃撥軍承種，今勘報云地裸山崗沙石，且近邊牆，用軍屯種恐致踈虞，烏在其可耕耶，其欺罔二也；牽易告成而勘報云徒費工力無益於事，所謂上可以紓九重之慮，次可以解朝士之憂，下可以紓邊人之患者，茫無徵焉，其欺罔三也。加之壓死人命其數不少，濫費名器所費無經，傷天地之和，賈軍民之怨，請逮治其罪。詔所司知之。

同上 〔弘治十四年八月〕壬申，巡撫大同都御史劉宇奏備邊四事。【略】三處置操民。大同西路威遠衛天順間以山西民壯三千人兩班赴操防冬，人免戶糧七石，丁一人供貼，月支行糧四斗五升，至是歲久逃亡，過年而官吏冒支其糧如故，計其歲免田糧丁力幷行糧之費，無慮數萬，且威遠本城幷附近平虜諸衛有屯種軍丁，歲納雜糧六石，草十束，及有辦納舍餘每丁歲納銀壹兩，中九錢，下六錢，免其差操。夫其人生長邊陲，閑習戰陣，顧棄置在閑，而民壯越境遠來防冬，非計也，請行山西布政司悉民壯仍僉其家丁役，其所免糧石徵銀八錢類解大同行都司補前所納糧草雜辦，而以屯種軍丁雜辦，舍餘用補民壯防冬。四除禁便民。大同十一州縣軍民鐵器耕具皆仰商人從潞州販至，邇因禁鐵出邊，所司關隘不分內外一切禁阻，商販皆絶，軍器不備，乞止禁不以與虜外，自餘軍民日用不可缺者不得幷禁。兵部覆奏，謂所言可從，命有例見行者俱照舊販賣，缺器內有違禁者仍嚴加禁約，但不許一概阻截，需索財物，餘准議。

《明實録・孝宗實録》卷一八一 〔弘治十四年十一月〕，以旱雹災免陝西河州、北州二衛屯田子粒有差。【略】以水旱災免山東濟南等府州衛所幷都轉運鹽使司稅糧子粒馬草鹽課有差。

《明實録・孝宗實録》卷一八二 〔弘治十四年十二月〕癸丑，以水災免順天府所屬二十六州縣及直隸興州、後屯等六十三衛所稅糧子粒有差。

同上 〔弘治十四年〕屯田二十八萬九千九百九十八頃九畝，子粒二百九十三萬九千五百八十五石。

《明實録・孝宗實録》卷一八五 弘治十五年三月癸酉，先是遣科道等官清理各處屯田，而陝西、遼東邊方以兵荒未及，至是直隸嘉定縣學教諭周成上疏極言屯田之善。下戶部議，因命移文各邊鎮巡等官清理。從之。

《明實録・孝宗實録》卷一八六 〔弘治十五年四月〕，戶科右給事中胡世忠言：近日差官閱實大同邊牆，其長凡百餘里，堅厚完固，足爲經久之計，然其中尚有一簣之欠，故臣又敢有言。臣先因勘事大同，嘗言形勢不便，欲增設墩臺以接烽火，增築屯堡以便策應，而有司視爲虛文，致有前日之禍，及今不圖，夷患未已，蓋邊牆僅能禦虜賊一時之來，而遼望傳報則不在邊牆而在墩軍，墩軍僅能遼望傳報，而拒戰追逐則不在墩軍而在鎮兵，今墩臺若是其踈，鎮兵若是其遠，邊牆雖築能保虜賊不時掘拆哉。伏乞皇上勑令該部通將臣所陳事件再爲查奏，仍差一官或大同邊臣凡墩臺踈處量爲添築，其宣寧、黑水、水口三處踏勘道里果均形勢果便，即於三處築大墩堡，如唐張仁原築三授降城之比，堅爲樓櫓，列爲營房，掣大同都司與腹裏諸衛之軍馬，每處二千或三四千名，一年一更，或二三年一更，妙選素有智勇參將三人分地守之，其近牆久荒肥饒之地應不下幾千萬頃，即令各軍儘力耕種，其餘召民雜居並耕，止令量修軍裝，不復徵其租稅，使其衣食豐饒，勵兵秣馬，以戰爲守，虜小至則墩軍隨方拒守，而各屯堡之兵繼之，大至則大屯堡隨方戰守而大同之鎮兵繼之，相時而動，機會不失，不惟邊牆可以永保，而國家亦可永安。此臣謂一簣之欠，而今日所當急圖者也。事下兵部覆奏，謂世忠所陳議論處置各有根據，其言宜行。上納之，令鎮巡等官計議以聞。

《明實録・孝宗實録》卷一九二　［弘治十五年十月］，戶部會官議各巡撫都御史并漕運事宜。【略】一豐潤縣倉分收薊州海運糧米十萬石，歲久革去，併廢其官，所遺倉厰坐收各衛屯種及民壯子粒諸糧率三四萬石，今增至四萬三千有奇，乞仍增副使一員，攢典一名以司其事。上曰：船糧每隻准增銀十兩，歲辦紅花，改造段造，所司查奏定奪，餘如所議。

同上　［弘治十五年十月］，以旱災免遼東定遼左右等十衛屯糧有差。

《明實録・孝宗實録》卷一九四　［弘治十五年十二月］，以水災免直隸保定、河間二府及保定右衛秋糧子粒有差。

同上　［弘治十五年］，屯田二十九萬六千七百八十三頃九畝，子粒二百九十四萬四千一百五十九石。

《明實録・孝宗實録》卷一九五　［弘治十六年正月］，移置江西安福縣蘿塘巡檢司於時村坪，并設官署倉厰歲存留屯糧以備官軍支給，又增設鳳凰山巡檢司於廣東饒平縣境，從巡撫江西都御史韓邦問請也。

《明實録・孝宗實録》卷一九六　［弘治十六年二月］，巡撫遼東都御史張鼐陳八事。【略】一清屯糧。遼東屯地俱在北邊，近年邊牆外盡爲賊巢，屯軍不敢屯種糧草，每歲包陪，又有馬軍無力者告爲屯軍充役，豪官勢家乘機侵占，屯軍迫於陪糧，往往逃竄，乞令有地者照例納糧，無地者暫准停免，待修牆完日興舉屯田，則屯糧不失原額，而軍士不致逃竄矣。

同上　［弘治十六年二月］辛酉，以水旱災免湖廣黄州、漢陽、荆州等六府，沔陽州及武昌等八衛所弘治十五年税糧子粒有差。

同上　［弘治十六年二月］，增設直隸永平府通判一員，專在遼東義州城分理管寧左右等七衛屯田糧草，三萬等七衛及定遼左右等七衛屯糧，令分屬安樂、自在二州，知州帶糧俱聽管糧郎中總理，其管寧在城四衛屯糧仍郎中自理，從巡撫都御史奏也。

《明實録・孝宗實録》卷一九七　［弘治十六年三月］，戶部覆奏巡撫遼東都御史張鼐所言清屯糧事，謂屯田子粒未可暫免，請下鼐督所屬查理撥佃，如邊屯懼虜侵掠不可耕，宜設法耕種。其曰停冠帶、曰嚴引限者皆可行，命如議。

《明實録・孝宗實録》卷一九八　［弘治十六年四月］，以水旱蝗蟲災免山東濟、兗、青、登四府及青州、左等二衛所弘治十五年糧草子粒有差。

同上　［弘治十六年四月］乙巳，工科給事中陶諧等奏：奉旨請出在京并直隸各衛所屯田，請每頃止起科三石或二石五斗，以蘇軍困。戶部會官議，謂京畿屯田舊額每軍一人種田五十畝徵租六石，今難擅改，請如舊徵糧而每石止折收銀二錢貯附近，有司從之。屯田徵租六石已非祖制，至改而折銀，屯政大壞矣。

同上　［弘治十六年四月］，以水災免大寧都司茂山衛及左右千戶所屯田糧草有差。

《明實録・孝宗實録》卷二〇〇　［弘治十六年六月］，印綬監太監宋達奏本監見收巡按直隸監察御史印四十顆，而各項公差踏勘草場會問事情印馬巡關捕盜等御史官領數多，存留數少，乞勅都察院查照永樂、宣德舊規著爲定例。於是左都御史戴珊等奏在京在外凡與給事中等官同事者如查盤倉糧、清理屯田、印馬捕盜、踏勘草場、查點收馬、巡光禄寺、巡庫、巡城、點閘京營、抽分等差俱免給印，其各處巡按刷卷、清軍提學、巡關巡鹽、巡河巡倉、監軍紀功、巡江等差官俱各照舊関領。從之。

同上　［弘治十六年六月］，以水旱災免直隸寧山衛屯田子粒三萬（伍）［五］千四百石有奇。

同上　［弘治十六年六月］，禮科給事中倪議等以所請福建屯田皆離官倉路遠，難運本色，欲如例每糧一石折徵銀二錢五分，總類解京。戶部覆奏，從之。

《明實録・孝宗實録》卷二〇五　［弘治十六年十一月］，戶部議覆南京監察御史王良臣所奏，謂今各處災傷而淮、揚、廬、鳳等處尤甚，良臣所言欲暫借鈔關銀兩，贓罰財物，收貯糧價水兑及積餘米以爲賑濟之資。欲停徵馬價，馬匹及夏秋税糧并歲辦軍需，屯種子粒，凡百夫役，鹽竈積逋，以蘇民困。饑民有流離他所者恐嘯聚爲非，請通行所在官司存恤，明年東作之時貧民有不能自備牛種者，請令所司量與賑給，其言俱可施行。從之。

《明實録・孝宗實録》卷二〇六　［弘治十六年十二月］，清理屯田。兵科給事中王承裕言山東各衛屯田瘠薄而登萊沿海一帶尤甚，欲將子粒除見徵糧者如舊，餘凡事故旗軍所遺并京操運糧戶丁佃種地分別肥瘠，肥地畝徵米五升三合五勺，瘠地及登萊沿海衛所畝徵三升三合。戶部覆奏，從之。

同上 ［弘治十六年十二月］，屯田二十九萬六千七百八十三頃九畝，子粒二百九十四萬四千一百五十九石。

《明實録・孝宗實録》卷二〇七 ［弘治十七年正月］，以水災免順天、保定、河間三府及河間大同中屯二衛弘治十六年糧草子粒有差。

同上 ［弘治十七年正月］戊子，調山西按察司副使李惟聰於山東按察司專理遼東屯田。

《明實録・孝宗實録》卷二一一 ［弘治十七年閏四月］辛巳，命南京罪囚應枷號者至暑月照例暫免枷號，强占屯田至五十畝以上者，依新例軍改發邊衛，民遷發口外爲民，其侵種不及數者照常律，從給事中楊褫奏也。

《明實録・孝宗實録》卷二一六 ［弘治十七年九月］乙卯，陞刑部員外郎陳鳳梧、戶部員外郎馮夔俱爲按察司僉事，鳳梧湖廣提調學校，夔廣東清理鹽法，兼管屯田。

《明實録・孝宗實録》卷二一七 ［弘治十七年十月］辛未，兵科給事中王承裕等奉勅清理山東河南屯田，還奏河南彰德衛額內地二百八十七頃，山東青州左衛額內外地六十八頃，先年俱因王府陳乞因而賜之，宜令退還給軍領種。戶部覆議，從之。

《明實録・孝宗實録》卷二一八 ［弘治十七年十一月］，總督南京糧儲都御史鄭庠奏，巡視南京各衛屯田監察御史王欽不遵條約，所委詞訟不肯勘斷，屯田文冊亦不類繳，今一年已滿，乞下南京刑部逮問。從之。

《明實録・孝宗實録》卷二一九 ［弘治十七年十二月］庚申，督理陝西馬政都御史楊一清奏，陝西苑馬寺牧馬草場近已清查，漸復其舊，但恐豪强之家仍復墾種，私相買賣，請照衛所屯田營堡草塲事例，故違情重者官調邊衛帶俸差操，旗舍軍民發邊衛充軍，情輕者枷號一月，監苑官不糾舉者亦罪之，仍著爲例，并給榜曉諭。從之。

同上 ［弘治十七年］，屯田三十萬八千一百八十一頃九畝，子粒二百九十七萬四千七十八石。

《明實録・孝宗實録》卷二二〇 ［弘治十八年正月］己亥，命福建各衛所清出屯田暫免徵子粒一年。

《明實録・孝宗實録》卷二二一 ［弘治十八年二月］，戶部以總理糧儲郎中王藎奏請預送太倉弘治二十年歲例銀十五萬兩於遼東，以給邊儲，且請令藎及遼東巡撫兵備等官通將清出空閑田地撥人佃種，照例徵科。上曰：近來清理屯田多虛應故事者，今遼東清出田地及佃種徵科數目宜令開具奏報，戶部仍稽考明白以聞。

《明實録・孝宗實録》卷二二二 ［弘治十八年三月］，禮科給事中倪義等言十三事。【略】一各邊屯田皆爲權勢所奪，乞遣官清查。

同上 ［弘治十八年三月］，復設陝西靈武監之武安苑。武安等苑舊在平涼府隆德等縣，後馬政廢弛，并其地失之，至是都御史楊一清用牧軍之言督委所司審核其地在草子山等處者凡二千九百六十餘頃，募流民投充，募軍者一百六十三戶，請如舊置苑專管理水泉灣等四營堡牧軍牧馬之事，其餘存留屯地并附近地土一體給軍屯種，征芻豆以備牧馬之需。兵部覆奏，從之。

同上 ［弘治十八年三月］庚戌，戶部議覆通政司參議熊偉所奏處置邊儲事，謂沿關營費多儲少，請如偉所奏行令管糧郎中稽查斟酌，或將官軍月糧改擬折銀，以爲存省之計，或將餘銀召商上納以爲博益之圖。又薊州等衛積逋屯田糧草，自弘治十六年以前者請令每米一石折銀四錢，以從輕省。又薊州倉歲收漕運糧米十萬石，近因各邊關營多以銀支折，以致倉滿粟陳，請自今以後三年將漕運米每年折收銀五萬石，俾邊軍運軍兩得其便。從之。

《明實録・孝宗實録》卷二二三 ［弘治十八年四月］，吏部尚書馬文升上汰冗員、育人材、恤百姓、清屯田、重鹽法、廣儲蓄、撫流移、革大弊、修武備、慎刑獄十事。上曰：卿所言深切時弊，所司其各查處以聞。

《明實録・武宗實録》卷一 ［弘治十八年五月］壬寅，上即皇帝位。是日早遣英國公張懋告天地，新寧伯譚祐告宗廟，惠安伯張偉告社稷，上親告大行皇帝。几筵謁見皇太后、母后畢，出御奉天殿即位，命文武百官免賀，免宣表，止行五拜三叩頭禮，遂頒詔大赦天下，詔曰：惟我皇明誕受天命，爲天下民物主，祖宗列聖鴻規大訓，傳在子孫，皇考嗣統十有八年，深仁至德，覃被海內，治化之盛，在古罕聞，間復憫念民窮，勵精新政，訪求利弊，方將大有興革，綸音未布，遽至彌留，叩天籲地，無所逮及。天下之慟，矧予一人。比者親承遺命，謂主器不可久虛而宗親文武群臣軍民耆老累箋勸進，拒之至再，情益懇切，永惟宗社重寄不敢固辭，謹以是月十八日祗告天地、宗廟、社稷，即皇帝位，顧國家創造之難，眇躬負荷之重，惟正道是遵，惟古訓成憲是守，率皇考未終之志，擴而行之，康我兆民，登於至治，其以明年爲正德元年，大赦天下，與民更始，所有合行事宜條列於後。【略】一弘治十六年十二月以前各處拖欠稅糧、馬草、秋青草束、屯種子粒、農桑絲絹、門攤商稅，戶口、食鹽、米鈔、銀課、魚課、茶課、差發金銀供應、黃白蠟、馬牙速香、黃速香、廚料、果品、牲口、藥材等項及一應歲辦買辦、採辦物料，除已徵在官者照舊送納，中間有被水火、盜賊，所在官司告有堪信文憑到部者悉與除豁，未徵之數盡行蠲免，敢有將已徵捏作未徵者治以重罪，其正德元年該徵戶口食鹽錢鈔不拘存留起運，盡行蠲免。【略】於戲。天位至重，民事至艱，尚賴中外臣僚協心匡輔，以禆朕之不逮，用克紹先業，共保億萬年無疆之休，誕告萬方，咸使知悉。

《明實録・武宗實録》卷二 ［弘治十八年六月］，開設豫旺城平虜守禦千戶所既成，設正千戶一員，副千戶二員，鎮撫一員，百戶十員，吏目一員及新安倉大使、副使各一員。豫旺城去韋州嬴山僅百里，河套駐牧之虜入寇固原、平涼勢必由此。其地土衍沃，可屯而守。成化間屢遭虜患，都御史余子俊議立所，既有成命，因循不舉者垂二十年。弘治末虜復由此深入，總制尙書秦紘再申其請，尋亦召還，不果行，至是都御史楊一清奉命經畧，乃委官創立廨宇，編原擬存留淸解南方軍及新募軍入伍操練，授田屯種以爲防禦之計。又請查調邊衛近陞千百戶剩員以補新設之缺，若套賊有警則擬調備冬官軍二千人，擇驍勇將領統之，至此按伏。蓋豫旺爲喉襟要地，於此城守東可遏大小打狼山侵掠萬安、淸平二苑之賊，西可援葫蘆峽口半箇城，深入固原安會之路矣。

同上 ［弘治十八年六月］，工部右侍郎張達卒。達字時達，江西泰和人。天順八年進士。授工部都水司主事，調管繕司，遷屯田司郎中，擢應天府丞。丁憂，起復改南京鴻臚寺卿，遷南京光祿寺卿。弘治十三年九月擢今官，至是卒。賜祭葬如例。達純樸不事表飾，待人周密有禮，平生罔有失色者。居官勤愼守法，鮮玷缺可議。晚年言官有論其禮儀麄率者，達官對客聞之，笑曰：我固麄率人，言者之論諒哉。其性度渾厚類如此。

《明實録・武宗實録》卷三 ［弘治十八年七月］，戶部議覆郎中趙鶴所言七事。【略】一便徵納。各衛所屯田糧草收價爲易，宜令內地糧多倉分黑豆石折銀三錢，粟米石五錢，待後儲畜缺少仍徵本色。其古北口等處見缺糧草，有願將中半粟豆俱折豆納并穀草秋青草運納本色者亦聽從宜坐撥。一防冒濫。各衛所并邊關營堡月糧多冒支科擾侵剋等弊，請令守備把總并掌印官每月預開軍馬之數送管糧衙門，以憑坐放。議上，從之。

同上 ［弘治十八年七月］，改武平衛屯田諸務隸南直隸管屯副使，衛在亳州，舊隸河南僉事，不便，故改之。

《明實録・武宗實録》卷四 ［弘治十八年八月］丙辰，以上兩宮尊號禮成，上御奉天殿，遣行人等官頒詔於天下。詔曰：朕承皇考遺德，誕嗣丕基，夙夜兢兢，懋圖化理，顧治本於孝，雖至貴必有所尊；粤稽古昔，聖帝明王，曁我祖宗列聖罔不率而行之，予何敢後。恭惟聖祖母皇太后深仁厚德，母儀天下，徽音令聞，亘古罕比，予冲人獲底成立，實維慈訓是賴。聖母皇后德由天賦，道合坤元，內治允修，克儷皇考，用集無疆之慶鍾於眇躬，非各極尊稱何以申罔極之報。玆卜以八月初二日率籲文武臣工謹奉冊寶，恭上聖祖母尊號曰太皇太后，聖母尊號曰皇太后，庶情文兼至，孝恩維則，以成隆古之治，以紹我祖宗列聖之鴻休，所有推恩事宜條列於後。【略】一各處衛所新增屯田子粒弘治十七年分除已徵收外，其未徵者悉與除豁。一弘治十七年以前各處莊田子粒曾經勘係災傷小民拖欠者悉與除豁。

《明實録・武宗實録》卷六 ［弘治十八年十月］庚辰，以旱災減免南京錦衣等四十二衛屯糧有差。

《明實録・武宗實録》卷七 ［弘治十八年十一月］，陞浙江金華府同知潘珏爲福建按察司僉事，管理屯田。

《明實録・武宗實録》卷八 ［弘治十八年十二月］，戶部覆議漕運巡撫等官所言事宜。一京通二倉曬米場基欲甃以甎，庶雨後不以淖妨，可免運卒久候之苦，今宜令運卒自明年爲始帶運張家灣諸廠敝甎，隨糧轉送，聽總督官傭匠甃砌，其費於折收蘆蓆方版銀內給之，不必限年，以漸繕完乃止。一涿鹿等衛屯田之在順天、保定等府，涿州、固安等縣者多低下沙鹻之地，正統中差官踏勘，畝十折一，徵子粒一斗二升，近年差官淸查額外新增地土，畝徵銀二分四釐，雖視本色爲輕，然多非可耕之地，宜如都御史周季麟所奏止徵銀一分五釐，在京者納太倉銀庫，在外者納所在有司官庫，遇放官軍月糧，依時直間月支給。他衛準此。從之。

《明實録・武宗實録》卷八　［弘治十八年］，屯田一十六萬一千三百二十七頃一十八畝四分四釐四毫七絲一忽，糧一百四萬一百五十八石三斗九升一合五勺八抄九撮。

《明實録・武宗實録》卷一一　［正德元年三月］，改山東按察司副使李惟聰爲宣府兵備，聰巡撫都御史張鼐委用，惟聰時專理遼東屯田，以鼐薦其勇略可分濟邊務，故有是命。

《明實録・武宗實録》卷一二　［正德元年四月］，戶部言：山西大同府所屬州縣并各衛所弘治十七年十八年夏秋起存糧聽每石徵銀六錢，馬草每束銀四分，以備官軍間月折放及王府祿糧之價。蓋巡撫都御史周南言境內旱雹爲災，近穫遭虜騎蹂躪之害故也。免陝西、葭涇、靜寧等州，三水、平涼、華亭、蔣浪、眞寧、西鄉、隴西等縣，靖虜衛左右前後四所，固原衛左右中三所，榆林衛府谷、神木、甘泉、延川等屯，甘州中護衛中左右前後五所稅糧共五萬九千九百餘石，馬草五萬七千餘束，以雨雹爲災故也。

《明實録・武宗實録》卷一三　［正德元年五月］，戶部議覆本部左侍郎王儼言邊務四事：一淸邊地。謂宣府平衍土地故屯田也。景泰中被在京僧寺奄緣陳乞，霸佔爲莊者不下十餘處，以致屯種失業，邊餉匱乏，宜行撫按等官覈實分給無屯軍人及新招土兵承種，驗畝定賦，徵收子粒，庶屯額不失而邊儲有賴矣。【略】詔如議。

同上　［正德元年五月］，吏科給事中吉時劾鎭守遼東太監朱秀於山海關外八里鋪奏立官店以駐往來車兩。初欲取其稅以備犒夷之費耳，而乃私之，凡一車必銀一兩，過者皆不免焉，實未嘗用之於公。又強占廣寧右屯一衛軍田至七十頃餘，蓋莫知其數也，往往役軍佃種而時遣私人督之，貽邊方之害甚矣。乞正其罪而擇人代之。下其章於所司，未幾秀罷歸，兵部請如時言停官店之稅以屯田給主，而秀奏辯謂先朝有旨聽鎭守官管業非占役者，兵部請治秀強辯之罪。詔宥之，店田付鎭守管業如故。

《明實録・武宗實録》卷一四　［正德元年六月］辛酉，以旱災免西安、慶陽所屬十九州縣并西安、延安、慶陽、甘州等七衛弘治十八年稅糧二十一萬八千六百七十石有奇。

同上　［正德元年六月］，銓補都指揮僉事劉英、呂鎭於山西行都司僉書管事，都指揮同知潘浩管理本都司衛所屯田。

《明實録・武宗實録》卷一五　［正德元年七月］，戶部議覆吏部主事楊子器所奏理財六事。一謂各處司府州縣審派均徭率多寬剩之銀，上司不行查筭，往往致侵匿，宜行撫巡稽覈弘治改元以來原編底簿，取其銀解部應用，有侵匿者追完行遣本部。仍行各處審編差役，量其丁田如例均派，不許濫設多徵以爲民病。一謂各處解戶多侵匿已徵銀米，遇赦輒歸咎小民以爲積欠，行賂請屬，聽其分豁，宜行巡按通查各年文卷除實係小民所欠以赦例免之，凡稱解戶侵欠者必逮繫完，方許疎放。一謂實邊在積糧，糧不足而輸銀，法之最弊者也。近歲榆林都指揮鄭胤、商人張輗等領糴本銀三十萬兩，延久不完，多所侵匿，宜行都御史督同守巡管糧管屯等官逮問查勘，果有侵匿之弊必監追問擬，且叅奏連及之人，其餘諸邊恐亦有此弊，宜通行查究。一謂邊境東盡遼陽，西抵甘肅，中連宣、大、延、寧長安諸鎭，延袤七八千里，多衍沃可屯之地，或奪於勢豪，或棄爲草莽，深爲可惜。宜行巡撫都御史躬行相度，募人開墾耕種，取其租以給邊餉，權豪敢沮撓者治如律。一謂倉庫錢糧監守自盜者論斬，徵收違限一年不完者論絞，此律法也。今有司皆玩視之，故積欠數多，必備查所欠之數，違限之期如律究問，仍住俸責限完解。其法近已申請而行矣，宜行撫巡官遵詔查催。一謂民間逋負諸稅未徵未完者，弘治十八年五月十八日之詔固應蠲免，其已徵而完或已解者今不議處淸查，久則漸難稽考進究，宜行撫巡官淸查，詔不應免者如數解納。詔如議。

《明實録・武宗實録》卷一五　［正德元年七月］，陞大理寺署右寺副姜周輔爲陝西按察司僉事，管屯種。

《明實録・武宗實録》卷一六　［正德元年八月］己酉，巡撫大同右副都御史歐信奏：大同各路十六城堡每歲倉儲通夏稅秋糧及屯田子粒共四十二萬六千三百石，軍馬歲用糧料乃至八十五萬一千三百七十餘石，而客兵不與焉。是歲用倍於歲入，雖有年例京運銀五萬兩，除放支折俸，所餘亦不足以補災傷減免之數，近者都御史閻仲宇、左侍郎王儼一再召商，共用銀一百六十七萬六千五百五十兩有奇，未及半年仍舊缺乏，今銀億庫所存僅有三萬三千二百餘兩矣。乞預處四十餘萬兩以備糴買之用。戶部議，如信言請以山東、河南二布政司收貯大同麥價及各處上納陰陽、醫學等官之銀。初議轉送陝西者及弘治十七年起運臨德二倉秋糧折銀之未解者俱送大同備糴。

從之。

同上　〔正德元年八月〕，以清源縣水屯營，定襄縣長安屯莊田二十八頃有奇給寧化王府鎮國將軍鍾鉅、鍾鉌，其田乃鉅、鉌之兄寧化王鍾鈵舊業，炳革爵，已入官爲太原左衛屯田，至是鉅、鉌陳乞爲業，乃除其歲徵屯糧。

《明實録・武宗實録》卷一七　〔正德元年九月〕，致仕南京都察院左副都御史陳璚卒。璚字玉汝，蘇州長洲人。成化戊戌進士。改翰林庶吉士，授兵科給事中，歷左給事中、都給事中。妖僧繼曉既就逮，法司擬以常刑，璚與同官暴其罪，遂伏法。妖人王良惑衆通虜，奏令撫臣禁絶，因請重天下社學以端蒙養，則邪慝不興。有中人擊尙寶官於朝，劾之，俱坐黜。彭城伯張信爲幸臣所誣，璚辯其非。歷陞大理寺左右寺丞，左右少卿，南京都察院左僉都御史兼管操江，召回莅院事。周府莊田與屯田相錯，互爭不決，璚往勘歸之，府人多非之，璚著屯田十二難以辨。再陞南京都察院左副都御史兼管操江。劇賊施天泰等擾海上，璚引兵會巡撫魏紳不即捕滅，第誘降其首，而餘黨復熾，爲言者所論，遂致仕家居，不一年卒。賜祭葬如制。璚質遲重，以謹飭稱，然居官無大建明云。

同上　〔正德元年九月〕壬辰，崇明海盜施天常之亂既平，巡撫蘇松右副都御史艾璞，巡按御史魯大有，巡江御史張昊會奏預防地方六事：一崇明盜賊易起皆由隣境豪族與軍衛巡捕官交搆爲姦，而無專職以督察之，雖有浙江捕盜僉事，地廣責分，勢難相及，今宜添設兵備副使一員常駐太倉，往來崇明沙上提調軍衛，有司兼理四府五衛詞訟幷水利屯田，其浙江僉事止令理其本省職務。【略】其事皆可行，允之。

《明實録・武宗實録》卷一九　〔正德元年十一月〕，河南鎮巡官會勘徽府所奏，乞彰德衛官田二百一十三頃有奇，實本衛屯田舊額也。戶部覆議前田視周、德、衛三府護衛及開墾莊田不同，先帝洞見此弊，故特詔所司給軍領種，著在册籍，難再變更，今會勘既明，乞治長史承奉等官主謀撥置之罪。上以成化初特旨所賜令仍與徽府管業。

《明實録・武宗實録》卷二〇　〔正德元年十二月乙巳朔〕，陞南京刑部員外郎時中爲山西按察司僉事，管屯種。

《明實録・武宗實録》卷二一　〔正德二年〕，屯田一十六萬一千三百二十七頃一十八畝四分四釐四毫七絲一忽。

同上　〔正德二年正月〕，整理鹽法工部右侍郎兼僉都御史張憲奏鹽法四事。【略】一重職任。兩浙私鹽出没之處多江壖湖捕，難於関防，而浙西太倉州吳淞江守禦千戶所爲最，瀕海軍民任意興販，雖有軍衛、有司、巡司等官巡捕，或勢力不敵，或得賄縱弛，今宜改浙江水利僉事爲兵備提督巡鹽巡捕，仍管屯田水利，則私鹽可禁。戶部議覆犯私賫之罪者宜如所擬，但下場提督宜責之運司，其不係竈丁私煎賣者方責之軍衛、有司、巡鹽等官，其犯私販之罪宜如所擬，而瀕海貧民肩挑易米者依例不禁，所論老引影射者千引以上限十年，千引以下限五年，蓋恐竈戶煎煮之難則商人收買不給，是宜稍寬其限，水利僉事不必改兵備，俱宜於勑内增入提督巡鹽，以便行事。從之。

《明實録・武宗實録》卷二二　〔正德二年閏正月甲戌〕，工科給事中馬駿爲清理四川屯田疏四事。一責成管屯官員稽考屯糧多寡以禁侵欺之弊。一禁治典買民田及體察詭寄影射等弊以足原額之數。一下屯守城旗軍舊額各有分數，大概守城者十之二三，下屯者十之七八，近者官吏循情私相更換，宜申嚴成法，如役占餘丁名數照例降級以禁治之。先年欽賜藍國公遺下灌縣等處樣田九百六十八坵，舊令成都五衛正軍領種，納子粒如坵之數，後因軍人種辦不敷遂至積欠，今丈量原額及增出者計一千五百十一畆，宜如屯田事例，令成都五衛軍人餘舍六十八名，各領種二十二畝，每畆納子粒六石，歲可常得米四百十一石，以備軍士月糧之需，戶部覆奏，從之。

《明實録・武宗實録》卷二八　〔正德二年七月〕，命浙江署都指揮僉事陳璠軍政管屯兼局事，陞杭州右衛指揮同知張奎爲署都指揮僉事，代璠軍政兼管運糧。

《明實録・武宗實録》卷二九　〔正德二年八月〕，以旱災減免南京錦衣等四十二衛屯糧三之二。

《明實録・武宗實録》卷三〇　〔正德二年九月〕，陞弘農衛指揮僉事呂璽爲河南都司署都指揮僉事，管理屯田。

《明實録・武宗實録》卷三一　〔正德二年十月〕，寧王既奏復護衛江西鎮守巡按等官因以南昌左衛所有沿場屯田軍器局及壕池官塘俱應隨衛管理，戶部覆奏，從之。

同上　〔正德二年十月〕，以旱災免山東濟南等府，濱州等七十州縣，濟南等十衛，肥城等六千戶所存留夏稅子粒有差。

《明實録・武宗實録》卷三二　［正德二年十一月］戊辰，戶部覆議督漕都御史王瓊所奏江北軍旗過江領兌往還道遠，其行糧當增二斗，如江南兌軍人三石，宜聽於淮徐等倉支與米麥。督糧都御史儲巏所奏屯田災傷未經覈實，每歲拖欠子粒遂以民糧補撥，其虧損京儲甚多，欲視相近民田一體踏勘，必實災而後蠲除，則舊無報災不勘之例，宜申明覈實。從之。

《明實録・武宗實録》卷三三　［正德二年十二月］，以水災減免遼東定遼左等二十衛所屯糧有差。

同上　［正德二年十二月］，巡按直隷御史趙斌奏：奉命至大同清出無糧餘地五千九百五十九頃有奇，應徵糧一萬一千七百餘石，至宣府清出原設聽撥屯田地四百五十三頃四十畝有奇，失額并無糧餘地二千一十頃八十畝有奇，應徵糧七千九十六石，穀草四千四百四十餘束，宜行兩鎮巡撫都御史及管糧郎中自今年爲始照冊以時催徵，止供軍儲，不許別用，庶清查不爲無益。戶部覆議，移文巡撫管糧官，轉行都司衛所照數造冊，以備稽考。從之。

同上　［正德二年十二月］，鎮守雲南太監崔安、總兵官黔國公沐崑等奏：鎮守金騰太監張誠奉旨取異寶金銀珍珠等物，若欲支官庫銀，則金騰在庫公椽田并麥糧折色、贓罰等銀僅餘萬兩，若欲差官深入夷方則孟養、緬甸、孟密、木邦、孟乃等處見今諸夷仇殺，撫勘未寧，恐姦細難防，釁端易啓。戶部覆議誠初奉旨亦不許指此擾民，乞移文鎮巡支布政司所貯鹽價并各庫公椽田等銀止於內地如時價收買。從之。

《明實録・武宗實録》卷三三　［正德二年］，屯田一十六萬一千三百二十七頃一十八畝四分四釐四毫七絲一忽，糧一百四萬一百五十八石三斗九升一合五勺八抄九撮。

《明實録・武宗實録》卷三七　［正德三年四月］甲戌，先是戶部請如年例輸銀分給諸邊。有旨謂軍屯民運諸糧草所以供邊者皆有常規，乃復輸銀與之，且開中引鹽，恐有盜取浪費之弊，令廷臣議處。於是戶部集議言：各邊初皆取給屯糧，後以屯田漸弛，屯軍亦多掣回守城，邊儲始唯民運是賴矣。而其派運之數又多逋負，故歲用往往不敷，乃以銀鹽濟之，舍此似無長策，今宜令鎮巡官月覈軍馬見存及故物若干以杜虛報冒支之弊，如納銀贖罪入監補官諸例亦聽暫行，民運屯糧俱責限完納，庶可以少濟邊餉。詔如議，其各邊折糧銀兩有羨餘者仍責鎮巡官稽覈奏報，有如前任情浪費者遣邏卒伺察及許人告訐。

同上　［正德三年四月］辛巳，巡按陝西監察御史張彧奏勑清理寧夏等衛屯地新增四千四百餘頃。詔該部從輕議處，遂轉彧爲戶部主事在彼專理屯事，毋得輒遷，既而戶部議邊境地土多山塲沙磧，所收甚薄，前地歲入宜視舊再減畝徵銀一分，草一束徵銀二釐，有拋荒者亟召人佃種。從之。

《明實録・武宗實録》卷三八　［正德三年五月］乙丑，監察御史李璞奏命清查甘州等十二衛，古浪等三所屯田，還奏舊額實屯軍壯所種共一萬一千一百五十五頃五十畝，爲糧十三萬三千八百六十餘石，起科并措辦邊儲舍餘人等所種共一萬五千一百七十六頃六十畝，爲糧八萬四千五百七十餘石，惟西寧一衛田皆可墾，其他衛所實屯地一千八百三頃及起科地一百五十六頃七十畝，該糧二萬二千六百餘石，先因巡撫都御史劉璋委都指揮陳瑄、左参議李時等相度，不堪耕種，已請開豁，今清出各衛膏腴田地共三千餘頃，內以一千九百餘頃補璋所開豁原額之數，并餘地一千四十五頃俱撥軍壯餘丁承種，庶幾屯糧不缺，但鎮番衛孤懸邊境，虜常出沒，田半拋荒，宜添設墩堡以便瞭望耕種，及炤璋等既除荒地，不能別處以足糧數，其罪難辭。詔添築墩堡，令鎮巡官議處以聞。瑄逮問，璋等既遷官去任，勿究，屯田責撫按鎮守等官時加閱視，務見寔效。

《明實録・武宗實録》卷三九　［正德三年六月］，巡按山東監察御史周熊奏：據永樂十七年遼東定遼左等二十五衛原額屯田共二萬一千一百七十一頃五十畝，該糧六十三萬五千一百四十五石，至是田止一萬二千七十三頃，該糧二十四萬一千四百六十石，外給操練舍餘共二千三百一十四頃，該糧三萬七千二十四石，又地畝田園之類共一萬一千四百一十二頃，該糧五萬九千五百四十石，皆先年創法徵之以補屯糧者。今奉勑會查折增田共一萬三千七百二十頃，該糧一十一萬三千三百六十六石，通共四十五萬一千三百九十一石，揆之永樂間田多一萬八千三百五十頃，而糧反少一十八萬三千七百五十三石，緣永樂年徵之屯軍者比今多三之一，又今粗細相折該去糧一十三萬六千七百七十石外，實少糧四萬六千九百八十三石有餘，皆常操軍承種，逃故屯田從輕徵收之故耳。又永樂年間常操軍士凡一十九萬，以屯糧四萬二千有餘供之，而受供者又得自耕邊外，軍無月糧，以是邊餉足用。今軍止八萬有餘，皆仰給於倉，邊外之田無復敢耕，軍餉告匱，亦實坐此。事下戶部覆奏，乞將已清田糧行各衛徵納。從之。

《明實録・武宗實録》卷四一 ［正德三年八月］，濟州衛管屯指揮僉事關鋭奏：各屯軍民人等拖欠子粒銀兩不能追完，節奉明文住俸艱苦。戶部議覆屯田之弊，蓋因無官督理所致，不獨濟州一衛爲然，乞勅都察院照依巡倉事例每歲選差風力御史一員，專督在京并北直隸等衛所屯糧，禁其姦弊，其拖欠非災傷并例該蠲免者務要嚴限徵完，年終造冊送部查考，庶事體歸一，屯田易完。上從之。

同上 ［正德三年八月］，命浙江紹興衛指揮同知馮恩於本都司管理屯田，以都指揮體統行事。

同上 ［正德三年八月］，命河南都司捕盗署都指揮僉事徐節兼管屯田。

同上 ［正德三年八月］，兵部奏：清查給過延綏三十六營堡自弘治十一年十二月起至正德二年終止太僕寺發到并本處收貯椿朋屯田地畝鹽價等銀二十八萬三千八十兩有奇，收買及關領并陪補馬共四萬九千三百五匹。詔令鎮巡官嚴督官軍飼養，毋致耗損，違者罪之。

同上 ［正德三年八月］，陞四川成都後衛指揮使陸震爲本都司署都指揮僉事，兼管屯操。

同上 ［正德三年八月］，命南京錦衣衛指揮僉事趙永輝巡視屯田。

《明實録・武宗實録》卷四三 ［正德三年十月］辛未，整理糧儲。戶部左侍郎韓福奏湖廣地方自弘治元年迄於正德二年所屬武沔等府州縣，寶慶等衛所積欠稅糧屯糧共六百二十七萬一千石有奇，歷年巡撫都御史等官動時等一千一百八十二員，失於查催，以致倉廩空虛，官軍缺用，宜究治。戶部議如所奏，但各官任有久近，負有多寡，又有遇例除豁，專管兼管及或遷或去，已黜已死不同，其見任者宜行福覈實逮問，已遷已去者行各該巡按御史因其情罪輕重而究治之，黜者死者請裁定。有旨：湖廣地方軍民貧困，朕甚憫恤，軍儲缺乏尤宜斟酌區畫，福先已奏留漕粟及收武職生員等所輸銀頗多，今乃不遵勅旨，任意苛歛，弘治十六年以前稅糧經赦者俱不除豁，遠年官員又一槩叅奏，甚非朝廷委任安民之意，其令具實自劾，負欠錢糧已徵在官者可以漸查解，諸官之死在十八年以後，致仕在十五年以後，并遷官見任者俱如例定等陪償。然不可假以追徵爲名，恃威勸借，逼民逃竄。吏部仍舉能任賑濟之事者二員以聞，既而福奏徵完糧二百二十餘萬石，已足軍士數年之用，今境內旱甚，積欠未完者乞暫停徵。戶部議從福言，且請仍留該省今年兌運糧二十五萬石以備賑飢，而輸福所收事例銀四十餘萬兩入京以補漕運之數，又言河南亦有災甚府分宜急遣大臣併賑之。詔可。召福回京，於是命南京工部右侍郎畢亨兼右僉都御史代福并賑河南汝南等處。

《明實録・武宗實録》卷四四 ［正德三年十一月］，巡撫遼東都御史劉瓛等陳濟邊足餉六事。一本鎮當差舍餘十三萬二千一百餘名內摘出十分之二，爲二萬六千四百人，各令出銀一兩五錢，歲可得三萬九千六百餘兩。一原僉金復盖并右屯田衛修邊丁夫一萬四千三百餘名，離邊八百餘里，往返艱苦，宜免其動調，亦各納銀如舍餘，歲可得二萬一千四百九十餘兩。一先年於各衛舍餘三丁抽一分撥操守，又各與幫丁一名共萬有七千二百九十餘名，今邊事寧息，宜放回耕種，各納銀如丁夫，既省糧賞，歲可得二萬五千九百餘兩。一金復盖并右屯衛地方舊設防倭守墩軍五百餘名，及金盖右屯三衛守城虛占舍餘五百四十餘名，及所屬二十五衛雜役舍餘二千八百二十餘名，俱可查革，令納銀如前數，歲可得五千八百餘兩。一屬衛輕差餘丁二千八百八十餘名，宜免其納米、納紙、納草、納柴等役，令納銀如前，歲可得四千三百二十餘兩。一苑馬寺養馬軍三百四十四人，無他重役，宜盡革其月糧。事下兵部議覆，得旨，舍餘出銀供餉仍令巡按御史會審可否，必人實樂從，乃以聞。養馬軍人月支米五斗，餘多從之。

《明實録・武宗實録》卷四五 ［正德三年］，屯田一十六萬一千三百二十七頃一十八畝四分四釐四毫七絲一忽，糧一百四萬一百五十八石三斗九升一合五勺八抄九撮。

《明實録・武宗實録》卷四七 ［正德四年二月］，免萬全都司開平、龍門等衛所，雲州赤城等堡正德三年秋糧子粒，以撫巡奏其災傷也。

同上 ［正德四年二月］，以水旱免山東沂莒等州，霑化、利津等縣并沂莒等衛所正德三年糧草子粒。

同上 ［正德四年二月］，遣大理寺右侍少卿顏顧壽清理延綏等處屯田。

《明實録・武宗實録》卷四九 ［正德四年四月］，兵部議選發西寧衛騎兵五百人輸戍永昌，仍令清理屯田右僉都御史王憲於永昌傍近衛所抽餘丁或募壯士千人以實永昌，乃掣西寧戍兵回衛，從之。

同上　［正德四年四月］，初撥隆慶衛軍二百五十人協守永寧，以指揮一人，千百戶五人更番領之，至是千戶張鼐奏欲取其軍回隆慶，分戍居庸各關，而宣府守臣則以仍前禦備爲便。兵部覆議各軍屯堡及月糧布花在永寧住種開支已久，難復更動，惟領軍之官三年一更，往復爲艱，可令各回隆慶而永寧選六人代之，其軍即編隸永寧，別選募如數以實隆慶，庶事體歸一，人情兩便。從之。

《明實録·武宗實録》卷五〇　［正德四年五月］，戶部覆議兩廣鎮巡等官潘忠等奏馬平縣地方賊寇既平，當圖善後之計，乞於要害之地霍山、歸思、覃河、白面等堡添設敵樓，起蓋官廳，調撥官軍輪班防守，其合用糧餉查得二三等都賊人所遺田地數多，宜召人領種，照依民田起科納糧，仍於堡內起蓋倉廒，委官收放，及將佃戶俱免一年糧差，以示寬恤。從之。

《明實録·武宗實録》卷五一　［正德四年六月］戊辰，陝西鎮巡官奏：陝設六道，僉事惟五員，其一專管屯田分巡，常缺二道，乞從正統成化間例增設二員，以便巡歷。吏議從其奏，增設二員而革管屯名目，其事即屬各道官分理，因言諸處分巡官皆從鎮巡官每歲定委，歲周輒代，或安居總司暫出按屬，或道險地危輒相推避，日月曠於送迎，機獘乘其間隙，自今宜令各攜家屬於分治境內時常按歷，惟遷轉事故乃許離治。一有員缺，從吏部依道注補，如鎮巡官到任，離所部輒往送迎，御史出巡輒爲前導者，事覺俱論治降級，則官安於久任，而事舉於專理。詔俱可之，且命自浙江以至諸省并具屯田事宜以聞。

同上　［正德四年六月］，陝西山丹衛千戶馬政因斷理屯地笞軍餘張成致死，都察院奏律應贖杖，爲民追銀，給成爲埋葬費。得旨：納贖畢發戍邊衛，仍追給埋葬銀，著爲令。

《明實録·武宗實録》卷五二　［正德四年七月］，命監察御史柳尚義巡歷順天、保定等府，居天津，甯杲巡歷眞定、廣平等府，居眞定，薛鳳鳴巡歷應天、淮揚等府，居高郵，潘鋭巡歷蘇、松、徽、寧等府，居蘇州。時以四方盜起而屯田失實，故特設御史攜家專理之，杲狼貪肆惡，鳳鳴狂悖不檢，鋭傾險兇暴，皆爲瑾用，縉紳恥言之。

《明實録·武宗實録》卷五三　［正德四年八月］，劉瑾遣官四出丈量屯田。時戶部侍郎韓福受命往遼東，希瑾意，所行過刻，屯卒弗堪，福所奏帶同知劉玉等受檄至義錦等州，軍餘高眞、郭成等因脅衆爲亂，劫諸將領及城中右姓不從者之家，焚燬解舍，毆逐委官，守臣不能禁，發銀二千五百兩撫諭之，亂者始息。事聞，瑾乃歸罪於鎮巡官不能宣布威福，令會同申諭別選軍士素所信服將領從公丈量，自願耕佃者俱仍從其舊，報出糧料即平價與之，於是人情稍安，巡按御史趙應龍緝眞等首惡二十二人，密擒捕之，且劾分守叅將回鵬、備禦都指揮僉事張鳳等七人及鎮守太監岑章、總兵官毛倫、巡撫都御史劉瓛罪。事下兵部，都察院議遣給事中屈銓、刑部郎中楊節會應龍覆訊，獄上，詔眞等處斬，家屬發南海衛充軍，其爲從者俱宥之，各該地方官員姑免逮，鵬降二級，廣寧衛帶俸閒住鳳等各罰米二百石，章、倫、瓛俱宥免。

《明實録·武宗實録》卷五四　［正德四年九月］，黜左副都御史韓福。福先理湖廣軍儲，繼清遼東屯田，并以徵斂爲務，所在驚擾，至是爲給事中徐仁等所劾，乃黜之。

《明實録·武宗實録》卷五八　［正德四年十二月］，勅通政司左通政叢蘭往延綏，大理寺左少卿周東往寧夏，尚寶司卿吳世忠往薊州等處，各清理屯田。

同上　［正德四年十二月］癸丑，罰山東巡按御史趙應龍米二百石，以勘報屯田不開總數也。

《明實録·武宗實録》卷五八　［正德四年］，屯田一十六萬一千三百二十七頃一十八畝四分四釐四毫七絲一忽，糧一百四萬一百五十八石三斗九升一合五勺八抄九撮。

《明實録·武宗實録》卷六一　［正德五年三月］，兵部尚書胡汝礪卒。汝礪字良弼，陝西寧夏人。成化丁未進士。授戶部主事，進郎中，擢山西大同府知府，敢於任事，繩下以法，頗著治迹，然急於干進，厚賄劉瑾以希汲引，瑾以同鄉故甚悅之，因授以爲黨。正德丁卯夏，徵爲順天府丞。戊辰進府尹，遂陞戶部左侍郎，尋兼都察院右副都御史，往宣府清理屯田。己巳改兵部，庚午召還，爲兵部尚書，遷轉之速未有及之者，未至任而卒。訃聞，賜葬祭時例，大臣非歷三載者不得請葬祭，而特加汝礪，亦異數也。卒後五月，瑾始誅，故弗與罰，人咸幸之。

同上　［正德五年三月］，尚寶司卿吳世忠清查薊州等處屯田，奏言東勝、興州等衛所屯田多占種盜賣者，田租拖欠終年，積弊已久，若一一置之於法，人情未免不堪，除官豪占種及知情典買不首者依律究問外，其餘情不得已者量爲處分，田仍給主，價亦免追，若本主無力，另給附近軍民屯種，如買主不係官豪，情願納糧者聽，惟在租稅不失原數耳。其額外查出地土肥瘠不同，定則納糧，仍立圖冊，以息爭端。從之。

《明實録·武宗實録》卷六二 ［正德五年四月］，監察御史張禴往山東查盤劾奏管糧管分守等官，布政使張泰等一十七人，濟南等府衛所州縣及鹽運使司等官、知府趙璜等三百七十六人，俱催科踰限，請逮治。詔各官已屢坐罰，茲姑宥之。

同上 ［正德五年四月］辛亥，赦天下，詔曰：自古帝王法天立政，布德明刑，不可偏廢。朕嗣位以來，仰荷上天祖宗付託之重，勵精圖治。越五六年，念惟世久承平，人多玩法，振起綱維，剗革姦弊，期與斯人，登於至理。而有司不能悉體朕心，奉行過當，虛懷徒切，和氣弗臻，乃自今春以來亢旱爲厲，時雨愆期，風霾屢作，星異迭見，四川湖廣等處寇盜縱橫，撫捕未定，而陝西、寧夏都指揮何錦等戕害守臣，拒殺官兵，屠戮居人，謀立安化王寘鐇爲主，出給印信票帖，招誘諸路索要軍馬地圖。各鎮官員連日奏報，具有實跡，爰下皇親廷臣會議，僉謂寘鐇悖逆天道，得罪祖宗，朕不敢赦，祗告太廟，革其封爵，削其屬籍，命將出師正名討罪，誅剿首惡，分釋脅從，撫定軍民，安靖邊境，尤兵戎事重，供億甚勞，加以逋負相仍，徵科未息，在在皆然。方欲省刑薄斂，任賢使能，培養元氣，掃除災孽以保我國家億萬年之祚。所有寬恤事宜條列於後。【略】一各處屯田等項地土見今差官清理未完者悉皆停止，原差官員俱各取回。一各處軍衛有司錢糧子粒、馬匹布絹、鹽課料物等項歷年拖欠應該追徵帶徵者悉皆停免，待豐收年歲每年帶徵一分，文武官吏倉攢人等除侵盜外，查出浥爛虧折監追陪補者并有饒免。【略】是日，上亦不御殿，禮官奉詔至承天門宣讀而已。

同上 ［正德五年五月］丁丑，免陝西鎮番衛屯糧四千一百石有奇，以去年蝗災也。

《明實録·武宗實録》卷六三 ［正德五年五月］庚辰，命都察院右僉都御史徐以貞巡歷保定等處兼理屯田。

《明實録·武宗實録》卷六四 ［正德五年六月］丁酉，戶部覆題右僉都御史王憲覈實過甘肅等處一十五衛所新舊水旱田共一十萬二千九百六十餘頃，爲糧四十八萬七千七百四十餘石，爲草四百一十七萬八千一百六十餘束，爲地畝銀六千五百三十餘兩，抽選軍士共三千一百四十名，又收買麥糧料草，查處餘鹽草束銀俱各斟酌輕重，規畫得宜，其內外鎮守等官更代不常，所據給撥養廉地請各照頃畝四至立石誌之，永爲遵守。上是之，令俱如擬行，養廉地紀於石，毋得移換侵占。

《明實録·武宗實録》卷六六 ［正德五年八月］，巡按直隸御史凌相劾南京錦衣府軍等二十四衛屯田，還奏原額起科田萬四千八百餘頃，弘治間增餘田三千三百餘頃，今復得四百餘頃。戶部請分給附近空閑官軍舍餘人等佃種徵糧，從之。

《明實録·武宗實録》卷六七 ［正德五年九月］，戶部查奏劉瑾變亂舊制三十餘事。【略】一差官丈量各邊屯田侵奪民業，宜焚其籍，其清查王府功臣及沒官田土派民起科者俱免之。一富民兌買王府祿米戍邊沒產，宜如律例問擬。一周府護衛所遺營地、徽府廣潤坡莊田及各藩府改給食鹽，歲加祿米并折色改本色俱革仍舊。一官員罰米違限倍徵，已遇赦宥而逮繫如故者悉免。一北直隸屯田僉事改差御史，鳳陽倉添設監收內臣，各布政司管糧官革其勑，及有司糧未完遷轉者不許離任，宜復舊。一錢糧總目已具冊者不必疏陳。詔俱改正。

同上 ［正德五年九月］，六科給事中張潤、十三道御史房瀛等言：逆瑾已誅，群黨繼黜，其遺姦尚存者如尚書畢亨、洪鐘、柴昇、劉璟、劉纓、侍郎李瀚、夏昂、陸完、崔嚴、張志淳、都御史文貴、大理卿張綸、府尹陳良器，御史崔哲、李紀皆賂瑾求進者也。亨聞瑾敗，感念私恩爲之泣下。鐘掌憲議法，惟事迎合，至撻屬官以張威，及總制軍務復湛樂玩寇。昇巡撫陝西爲瑾治第修墳，極其華侈，民受科害。纓、志淳當瑾初熾，攘臂納賂，一時小人靡然爭趨。瀚總督漕運，貽毒江淮。昂行汚，完心險，而皆巧於夤緣，嚴督理河渠，僨事尤甚。貴假修墩臺盜國財凡數十萬，而太半輸之權門。綸側媚小人，與瑾舊識。良器，先任藩司，黷貨無厭。紀以親故，哲以府同知而皆營任風憲。僉都御史張綸，大理寺丞張禴，都給事中段豸，尚寶司卿吳世忠，司丞屈銓，御史周霖皆助瑾爲虐者也。綸、禴、豸查盤苛察，世忠請清查屯田，銓請刊行新法，霖恃同鄉大壞風紀。他如都御史林廷選一歲屢遷功名，實損於憲。副通政王雲鳳五經掃地，行檢有玷於司成。太常少卿楊廷儀力致要地，侍郎李遜學陸越常資，通政叅議張龍行類俳優，大理寺丞蔡中孚進招物議，乞量情罪重輕調用罷黜，或寘之於法。得旨亨冠帶閒住，良器、嚴、志淳、哲致仕，貴已致仕免究，銓、中孚、豸、紀、霖各封品，綸、龍各降三級，俱調外任，餘留供職。

《明實録·武宗實録》卷六八 〔正德五年十月〕丙午，免陝西莊浪鹻灘等墩屯糧一年，以邊警不獲布種故也。

《明實録·武宗實録》卷六九 〔正德五年十一月〕，詔以蘇、常、松江三府水災，凡起運京庫及南京各倉稅糧絲絹綿布俱量改折色，存留者本色折色中半徵收，仍存省腳價以補，應兑之數，各衛所屯田子粒俱視災之輕重除免，從巡按御史請也。

《明實録·武宗實録》卷七〇 〔正德五年〕，屯田一十六萬一千三百二十七頃一十八畝四分四釐四毫七絲一忽，糧一百四萬一百五十八石三斗九升一合五勺八抄九撮。

《明實録·武宗實録》卷七一 〔正德六年正月〕，以水災免山東濟南等府新城，膠州等州縣并濟寧衛正德五年秋田稅糧有差。

《明實録·武宗實録》卷七二 〔正德六年二月〕，以災傷免南京錦衣驍騎等三十四衛屯糧有差。

《明實録·武宗實録》卷七四 〔正德六年四月〕，命天津管屯僉事許承芳兼管霸州等處兵備。

同上 〔正德六年四月〕，戶科都給事中張潤等言：定遼左等衛屯田，近因清查處增糧數，宜如都御史王憲所覈改正，蘇邊軍困。詔以屯田處數既多，准暫照原額徵納，待地方寧日再爲議處。

《明實録·武宗實録》卷七六 〔正德六年六月〕，命各處都指揮、指揮、千百戶等官占種屯田五分以上，以隱匿不退者比多占軍餘事例，降級治罪，從戶部議也。

同上 〔正德六年六月〕，虜亦卜剌住牧於莊浪之蘆井、龍潭，屯種軍民多避遁，叅將魯經乞增兵禦之。兵部議請命遊擊將軍吳英應援，仍給茶馬五百匹，軍儲令侍郎葉蘭督所司措辦。詔可。

同上 〔正德六年六月〕，停故都御史安惟學、王綸祭葬。初二人子乞如例祭葬，已與之，既而工科給事中謝訥言惟學巡撫寧夏橫罹鋒刃，雖若可憫，而誅求激變，罪亦難辭。綸在湖廣賑濟則增銀數以自利，殺賊則戕良民以爲功，使其尚在，猶當舉正其罪，不宜復賜。遂止。惟學字行之，山西臨汾縣人，成化二十年進士。爲行人，歷工部郎中，平涼知府，陝西叅政，浙江右布政使，陝西左布政使，陞右副都御史。巡撫寧夏時，劉瑾方遣官覈屯田邊儲，惟學承望風旨，所行過刻，軍士多怨之者。安化王寘鐇因而謀逆，欲先殺鎮巡等官，而後發兵，何錦率其黨進公署，惟學方與都指揮楊忠議事，錦殺惟學於坐上，故恩典不及，然惟學居官亦以清謹聞。

《明實録·武宗實録》卷八〇 〔正德六年十月〕辛丑，戶部會議總督漕運及各巡撫都御史所奏事宜。一各兵荒地方起運糧米宜量徵折色，仍於災輕地方量爲派徵，以備存留缺乏，山東殘破州縣、京邊糧草俱免。一兑軍加耗米每石減一升，過江腳米江北八升，江南仍六升。一兑運糧以十之八輸京倉，十之二通倉，改兑糧京通二倉各半，暫行一年，其被賊焚劫糧米七年、八年者俱通倉，省腳價以補燒燬之數。一遮洋船原擬添帶德州庫綿布二萬疋，宜令停止。一管屯官即令兼領捕盜，以省屯軍供應，仍禁各衛所官擾遣人役下屯騷擾。一兵荒之餘，沿河軍衛有司苦於夫役，黄馬快船需索尤甚，宜定與夫數多者不過二十名。一南北河道請推重臣二員分理，且督有司疏濬，淮安理刑主事如舊復設。一添設鴈門等三關管糧通判一員，復設南京戶部軍儲倉大使，省無爲州民池河泊所併三河縣夏店、公樂二驛爲三河驛。一四川銀課，遵化鐵課俱宜量減。議入，得旨：分理河道重臣其再議以聞，進鮮馬快等船令内外守備官驗物撥船，務從省約，餘皆如議。

《明實録·武宗實録》卷八二 〔正德六年十二月〕戊子，陞監察御史甯溥爲山東按察司僉事，管理北直隸屯田兼整飭霸州等處兵備。

同上 〔正德六年〕，屯田一十六萬一千三百二十七頃一十八畝四分四釐四毫七絲一忽，糧一百四萬一千五十八石三斗九升一合五勺八抄九撮。

《明實録·武宗實録》卷八八 〔正德七年閏五月〕，免沁州守禦千戶所屯田子粒有差，以被賊殘害也。

《明實録·武宗實録》卷九五 〔正德七年十二月〕，以旱災免山西平陽太原二府所屬四十二州縣并鎮西衛偏頭關守禦千戶所民屯秋稅有差。【略】以兵荒減免永昌甘肅山丹等十四衛所稅糧有差。

同上 〔正德七年〕，屯田一十六萬一千三百二十七頃一十八畝四分四釐四毫七絲一忽，糧一百四萬一百五十八石三斗九升一合五勺八抄九撮。

《明實録·武宗實録》卷一〇〇　［正德八年五月］，庚辰，以蟲災免彭城衛正德七年分屯田子粒十分之四，從巡按御史奏也。

《明實録·武宗實録》卷一〇二　［正德八年七月］，户部主事張鍵奉旨會撫按官踏勘東安、三河、寶坻、豐潤、武清、永清、霸州、雄縣、新城等縣莊田，除河道水占鹻薄不堪耕種者實在頃畝凡六千二十五頃二十三畝有奇，共該徵子粒銀一萬四千八百餘兩。户部請如數徵收，年終類進，如遇災傷視軍民田例蠲免。從之。

《明實録·武宗實録》卷一〇七　［正德八年］，屯田一十六萬一千三百二十七頃一十八畝四分四釐四毫七絲一忽，糧一百四萬一百五十八石三斗九升一合五勺八抄九撮。

《明實録·武宗實録》卷一〇九　［正德九年二月］，命整飭天津等處兵備副使蔣曙兼管霸州等處兵備。初霸州兵備以屯田僉事兼之，户部已奏革，至是撫按者請復之，兵部以爲屯田官兼理兵備非便宜令天津兵備官兼管。從之。

《明實録·武宗實録》卷一一一　［正德九年四月］丙申，復給徽王彰德衛莊地二百三十頃有奇。初徽莊王之國，憲宗以地賜王，弘治中及正德初以舊額屯田一再退出給軍，至是累奏陳乞，許之。丁酉，復寧府原革護衛及屯田。初寧府護衛天順間以寧靖王不法，改爲南昌左衛，隸江西都司。正德二年寧王宸濠賄結劉瑾，矯詔復之。瑾誅，科道以爲言，既改正矣。至是濠復奏：革臣祖護衛，雖英宗一時之旨，而其初設立實皇祖萬世之法，議者徒以英宗詔旨爲當遵而不知太祖典章之不可廢，乞斥浮議，斷自聖衷，憫臣府中缺人應用，將護衛屯田皆賜還，以光述聖典。下兵部看詳以聞，尚書陸完因言寧府護衛已再裁革，固難議復，但王以太祖高皇帝典章爲言，且屯田户部所職，宜會廷臣從公議請。得旨：護衛并屯田俱准與王，仍以書諭之，濠未上奏，時密遣人齎金帛數萬偏賄當路檢討，郭維藩聞之言於編修費宷以達之大學士費宏，奏既下，完在朝迎謂宏曰：寧王求護衛可與之否。宏逆知其意所在，婉詞諷之曰：不知革之以何故也。完厲聲言：恐不能不與耳。宏應之曰：若是則宏不敢與聞。及至閣内，傳文書内臣盧銘者亦以爲言，宏復答曰：若寧王得遂所圖，則我爲鄉人顧不可乎，但揆諸事理非所宜耳，既而完爲覆奏，遂以太祖典章從臾成之而錢寧又爲之奧主，聞宏言深爲濠憾，故決意去宏矣。

同上　［正德九年四月］丙午，南京禮科給事中徐文溥言：自古親親莫如堯舜，然舜之處象必以義制之者，所以防其過而全之也，秦鍼以車多出奔，叔段以貳鄙自蹙，則恩掩義矣。漢文之時，七國方睦而賈誼鼂錯，切切爲帝言之，文帝不聽，卒生他變，至孝武帝乃用主父之謀，下分王之令而漢室復安，由是觀之，欲親親者可不明大義哉。近者寧王奏請復護衛屯田，有旨許之，既而科道官高滂、汪賜等論奏乃下其議於所司，盖始雖重違其請，終必裁以大義。臣是以知陛下親親之恩，制事之義雖堯舜不能過矣。但所司牽制未覆，豈所以將順德美而爲國忠謀乎。夫護衛固舊章也。曩因寧靖不道，英廟革之，及逆瑾亂政，巧計謀復，肆成呑併，幾激成變。瑾既伏誅而陛下又革之，正欲制以義而安全之耳。天下快聖明之政，藩服弭股腫之患，誠朝廷福也。柰何未幾復行奏請，且其言曰光述聖典，夫祖宗界之固謂之典，而英廟與陛下因事革之，獨非聖典乎。且以缺人應用爲辭，夫保障則有衛司，給役則有左右，燕坐深邃靡征討之勞，安享富榮無居守之責，何所用而缺人乎。請而可得則諸藩皆寧府矣。加以王之威勢日盛，暴行大彰，剝削居民，脅制官吏，欺奪商賈，攘害納户，舟航斷絶，邑里蕭條，招致無賴，撥置多端，俳優怙寵，陵轢無忌，盜賊乘機回祿肇變，民皆切齒，怒莫敢言，地方凜凜困迫已甚，及今禁止之猶恐不逮，顧可縱之而假翼於虎乎。貢獻本有節也，今無故差遣快馬絡繹道路，出入都城，伺察動静，果何爲歟。況今海内多故，天變未息，意外之虞實未易料，而可視爲細故哉。臣聞王天性足用爲善，陛下愛之不爲之處，使陷於惡，豈所以全之。伏望鑒之往古，裁以大義，特降勑旨諭令改行護衛屯田照舊革去，永爲定制，不得妄請，仍令巡按御史密捕投充無籍撥置生事之人解京究治，其無故差遣入京探事者，緝事衙門訪察擒治，長史等官輔導失職俱罷黜之，如此則親愛以篤，大義以明，宗藩得以保全而地方可以少安矣。得旨護衛屯田已有成命，文溥何爲妄言煩瀆，本當究治，姑貸之。

《明實録·武宗實録》卷一一四　［正德九年七月］癸未，户部覆給事中邵錫奏處甘肅事宜。一甘肅屯糧歲有常額，近以達賊出没，民多流亡，該徵糧税乞查勘除豁，改撥無田軍餘承種。一湖場採納年例秋青草束，近者鎮守副叅等官相承占據，撥軍採取，詭名報納，動支官銀，不獨甘肅一方爲然，宜行遼東、宣、大、延綏、寧夏諸鎮一體清查，如執迷不悛者劾奏處治。從之。

《明實録・武宗實録》卷一一六 ［正德九年九月］，以旱災免陝西西安左等衛屯田子粒有差。

《明實録・武宗實録》卷一一七 ［正德九年十月］，戶部議覆督理陝西糧餉右侍郎馮清建言備邊事宜。一甘肅地多肥美，虜寇侵擾，農事不修，宜令守臣嚴督軍民及時播種，量出官軍防護，去城遠者爲之築立團莊，守望應援，其灌溉皆資南山河泉諸水，宜責管屯等官往來巡視，嚴曲防之禁，使耕者樂業。一官軍患病三月以上停支俸糧，納級者止支軍功實職俸糧，此舊制也。今多冒濫，宜幷軍旗老疾之不堪差操者，夜不收之額，外濫充者逃軍之子及乞養幼男妄告紀録食糧者一體查革，以省浪費。一甘肅流民歲久奠居，雖有出銀之徭，殊非良法，宜行守臣清查造冊，量給官地人二十五畝，照例納糧免其銀差。一各邊站軍驛馬俱有供應定例，先年偶因役煩不繼，借用官司草料，遂因爲例，宜改正無令妄費邊儲。議入，皆允行之。

同上 ［正德九年十月］，以旱災免遼東衛所屯田子粒之半。

同上 ［正德九年十月］，巡撫甘肅副都御史趙鑑奏今秋民食頗足，地方可保無虞，且以所行均水利，實屯丁，墾荒田，給牛種，團耕收五事條上戶部，請量加奬勵。從之。

《明實録・武宗實録》卷一一八 ［正德九年十一月］，以有災免順天、永平、保定、河間等府衛屯田子粒有差。

《明實録・武宗實録》卷一一九 ［正德九年十二月］，戶部覆議湖廣枝江千戶所軍餘謝么兒侵占楊林湖等處田十三頃有奇，舊屬遼府者，請仍給本府管業，其餘田九頃撥給本屯無田軍餘佃種。從之。

同上 ［正德九年］，屯田一十六萬一千三百二十七頃一十八畝四分四釐四毫七絲一忽，糧一百四萬一百五十八石三斗九升一合五勺八抄九撮。

《明實録・武宗實録》卷一二〇 ［正德十年正月壬申］，以水災免義勇、燕山、富峪、會州等二十衛屯田子粒有差。

《明實録・武宗實録》卷一二三 ［正德十年四月］丙辰，下先任江西兵備副使胡世寧於鎮撫司獄。初寧府置莊趙家圈，多侵民業，民不能堪，收租時立寨聚人以相守，城中軍民居近寧府者輒被火延燒，因抑買其地以廣府基，世寧恐有變，具疏言之，詞甚激切。寧王宸濠亦奏世寧離間，而權倖受其賂者從中助之，都察院承望風旨，覆議以爲王世守忠貞而世寧語多狂率。上初令巡按御史逮之，王奏復至指爲妖言，乃復命錦衣衛官校往捕甚急。時世寧已遷福建按察使，聞之即間道走至京，自繫，都察院復奏其畏避掩飾。得旨：送鎮撫司嚴加掠治以聞。於是御史徐文華上疏言：世寧之論寧府，非獨爲朝廷、爲地方，亦爲寧王慮也，安有所謂妖言誹謗離間親親者邪。夫以寧府內外官員輔導無法，上下官司奉承太過，其隱蔽之事豈惟世寧知之、痛之、憂之，中外之臣亦知之、痛之、憂之矣。但人多後顧而世寧則忠於謀國耳。始令御史逮繫，復令官校捕解，世寧恐懼逋逃，間關赴訴其情，蓋有難於顯白者。夫人臣上爲聖朝，下爲宗室，發憤畢誠圖畫安危，言適啓其口而災旋逮身，亦可哀已。比見寧王乞護衛則與護衛，乞屯田則與屯田，凡璽書之褒嘉，恩禮之稠疊，諸宗藩未能或之先也。威勢日以張，大失今不戢，容有紀極乎。江西之臣畏其隱禍，莫敢顯訟，世寧一言置之重法，異日誰復肯爲陛下言者。臣以爲杜天下之口，奪忠鯁之氣，弱朝廷之勢，長宗藩之威，招意外之虞，皆自今日始矣。可不爲寒心哉。乞謹履霜之戒，曲賜優容，庶幾藩封遠逼僭之嫌，朝廷全治安之體。不聽。

《明實録・武宗實録》卷一二八 正德十年九月甲申朔，改整飭陳睢兵備河南按察司僉事馬應祥撫民管屯。

《明實録・武宗實録》卷一三一 ［正德十年十一月］己酉，災傷免蔚府州等衛所屯田地畝團種餘地秋糧有差，從巡按御史張經奏也。

《明實録・武宗實録》卷一三二 ［正德十年］，屯田一十六萬一千三百二十七頃一十八畝四分四釐四毫七絲一忽，糧一百四萬一百五十八石三斗九升一合五勺八抄九撮。

《明實録・武宗實録》卷一三四 ［正德十一年二月］，改整飭大名等府兵備河南按察司僉事汪正於河南管屯撫民。

《明實録・武宗實録》卷一三五 ［正德十一年三月］，命署都指揮同知劉宗武掌遼東都司印，都指揮同知薛澄管屯兼管鹽廠，都指揮僉事甯寶管局兼管鐵銀。

《明實録・武宗實録》卷一三七 ［正德十一年五月］，兵科右給事中朱鳴陽請查理侵占屯田，裁革新僉軍匠。戶部議覆：屯政屢有奏准事列，宜行巡按御史及管屯官，申嚴約束其新僉軍匠，給事中殷雲霄，御史程啓充亦屢言之，乞通行裁革。詔已之。

《明實録・武宗實録》卷一三九 〔正德十一年七月〕己丑，陝西巡撫都御史蕭翀奏：韓府郡王將軍郡縣主等歲用本色折色糧共一十八萬二千九百六十六石，今在倉粟米不及二千，庫貯折銀不及三百兩，民力轉輸有限，宗室仰給無窮，若不早爲議處，誠恐激成他變，其固鎮等衛所官軍俸糧派欠數多，亦宜併議。戶部議覆陝西宗室比之別省爲多，三邊供億又復浩繁，所以全陝稅糧升合不入京儲，又助以年例及河南折布等銀，數十年來不聞告乏，今有此奏必州縣因循致有逋負，宜行巡撫管糧等官將合屬正德七年以後該納糧草各衛所原額新增屯種折色嚴限完納，其咸陽縣抽分木植銀幷各該商稅鈔貫大小衙門贓罰紙米俱貯庫聽用。從之。

《明實録・武宗實録》卷一四二 〔正德十一年十月〕戊辰，先是南京兵科給事中周用等言：北虜往年寇二鎮，前年寇三關，今年則去京師纔百里，其入蓋深，其志蓋驕，此非虜有可恃之勢，乃我有可乘之斃耳。今日之斃有三，將領不一也，功次不明也，糧餉不繼也。今諸邊將領住不得相臨，權不得相軋，每有警則相顧不發，比及列營虜已肆劫而去。且延亘幾百里，鎮守等官不下十數，又有總制、總督、提督等官旁午交出，莫能相下，縱令授鉞，得人已爲掣肘。所謂將領不一者此也。賞不當功，猶乖公典，無功蒙賞，其將謂何。近年詐冒首功，濫施陞賞，戰士出死命於鋒鏑，勢豪坐獲封於床蓐，較之先朝冗員何啻十倍，名器猥褻，人心銷沮。所謂功次不明者此也。國家贍兵具有經畫，今鹽法阻壞而商募不通，屯田荒蕪而軍食益闕，少有徵集輒告空乏，致令邊餉倚辦京儲，夫京儲仰於漕運，漕運出於農畝，地力所生止有此數，內以供無算之冗食，外以給不時之軍與，方來未已，民何以堪。所謂糧餉不繼者此也。夫外攘之政，本於內修，乞下該部議處。於將領則汰煩猥，於功次則抑僥倖，於糧餉則復鹽法、修屯政、去冗食，庶可以仰紓宵旰之勤，永固河山之險矣。兵部覆議誠如用等所言，繼今行師，宜止推大臣一人提督軍務，不必再推總制總督等官致生掣肘。其言濫冒功次，宜令各邊巡按紀功，御史據實紀驗，不許以冒濫之人造報在冊，但有故違前例者聽指實劾奏，罪之。得旨，有實功者仍須爲之辨理。

《明實録・武宗實録》卷一四四 〔正德十年十二月〕，戶部覆巡撫大同都御史王憲議處邊儲事。一大同鎮虜等衛地在極邊，北虜不時侵犯，地多抛荒，其屯糧草束先年事例厚捜者，徵收本色沙薄者石折銀三錢，草每束折一分，軍民兩便，徵收易完，所當遵守。一土兵抽選宜如例免糧五石，若改充正軍，已食糧者不得優免，其節年征進獲功已陞授官旗等職役者，宜令所免糧自正德二年俱全徵留本府補支王府祿米。一弘治十四年以來召募抽選軍丁，宜揀選精壯者留以應役，老役殘疾者悉從沙汰。從之。

同上 〔正德十一年〕，屯田一十六萬一千三百二十七頃一十八畝四分四釐四毫七絲一忽，糧一百四萬一百五十八石三斗九升一合五勺八抄九撮。

《明實録・武宗實録》卷一五四 〔正德十二年十月〕，復除服闋廣西按察司僉事林典於山東，管理直隷屯田。

《明實録・武宗實録》卷一五七 〔正德十二年〕，屯田一十六萬一千三百二十七頃一十八畝四分四釐四毫七絲一忽，糧一百四萬一百五十八石三斗九升一合五勺八抄九撮。

《明實録・武宗實録》卷一六七 〔正德十三年十月〕戊寅，以水旱災免遼東定遼左等衛所屯田子粒有差。

《明實録・武宗實録》卷一六九 〔正德十三年〕，屯田一十六萬一千三百二十七頃一十八畝四分，糧一百四萬一百五十八石三斗九升一合。

《明實録・武宗實録》卷一七二 〔正德十四年三月〕，致仕左僉都御史王純卒。純字希文，浙江慈谿縣人。弘治癸丑進士。授大理寺右評事，歷左寺正，陞江西按察司僉事，領兵備，平瑞州賊。陞河南按察司副使，領穎州兵備兼理淮陽諸府屯田，未幾改廣東，以父喪去位。

《明實録・武宗實録》卷一八一 〔正德十四年十二月〕癸亥，以災傷免直隷隆慶州及宣府蔚州等衛所城堡屯糧有差。【略】丙寅，以水災免河南開封府等六府所屬四十五州縣宣武等八衛所秋糧子粒有差。

同上 〔正德十四年〕，屯田一十六萬一千三百三十七頃一十八畝四分四釐四毫七絲一忽，糧一百四萬一百五十八石三斗九升一合五勺八抄九撮。

《明實録・武宗實録》卷一八二 〔正德十五年正月〕甲寅，以水災免直隷、鳳、淮、揚三府，徐、滁、和三州所屬三十四州縣及鳳陽、徐邳等十五衛所糧草有差。

同上 〔正德十五年正月〕戊午，以旱澇災傷免湖廣安陸等十五府州所屬六十一州縣及長沙等二十二衛所稅糧有差。

《明實録·武宗實録》卷一八九　〔正德十五年八月〕庚午，初監察御史成美言：南京應天等衛屯田其在江北滁和六合等縣者地勢低下，屢遭水患，竊見自全河港抵濁河以達烏江三十餘里，中有古河舊跡，請開濬，非惟水有所泄，前患可消，又可接引江潮以資灌溉。工部議覆，從之。【略】壬申，以災傷免直隸、揚、鳳、淮、徐所屬十二州縣及淮安大河二衛夏稅有差。

《明實録·武宗實録》卷一九一　〔正德十五年九月〕，免甘州中護衛屯糧有差，以被虜患故也。以旱災免陝西鞏昌、臨洮二府及蘭州、甘州等衛夏稅有差。

《明實録·武宗實録》卷一九二　〔正德十五年十月〕丙申，以水災免遼東三萬等衛，鐵嶺中左等所屯田子粒之半。乙巳，以冰雹免山西大同縣并大同前等六衛田糧有差。

《明實録·武宗實録》卷一九四　〔正德十五年〕，屯田一十六萬一千三百二十七頃一十八畝四分四釐四毫七絲一忽，糧一百四萬一百五十八石三斗九斗一合五勺八抄九撮。

《明實録·武宗實録》卷一九六　〔正德十六年二月〕，命都指揮僉事申錫大寧都司掌印，署都指揮僉事余恩江西都司管理屯種。

《明實録·世宗實録》卷七一　〔嘉靖五年十二月〕甲寅，寧夏災傷。詔停徵各衛所屯田子粒。

同上　〔嘉靖五年十二月〕辛未，兵部覆議左都督時源條陳邊務三事。一實邊軍以禦外侮。言各邊軍士率因管軍官剝削，往往逃竄，乃以詭名幼小頂補食糧。乞通行各鎮巡清軍，管屯官取戶口屯田文冊逐一清查，有人者照名頂補，無人者從宜揀選，或分撥屯田耕種，量足原額之數，不許詭名幼小冒支食糧，撫按年終稽考。【略】得旨：俱如議行。

《明實録·世宗實録》卷七二　〔嘉靖六年正月〕，以災免南京錦衣衛等四十二衛屯田子粒有差。

《明實録·世宗實録》卷八一　〔嘉靖六年十月〕，以災傷免陝西慶陽府寧州眞寧、安化、合水、環四縣及慶陽衛田糧有差。

《明實録·世宗實録》卷八二　〔嘉靖六年十一月〕戊寅，巡撫甘肅都御史唐澤條奏六事。其一分布兵屯。言洪水、黑城二堡控賊要衝，當調山丹、甘州卒戍之，漸令其闢草萊，墾屯地，以實塞下。其西路遊兵三千惟二千練成可用，宜存留，餘汰還本衛。

《明實録·世宗實録》卷八三　〔嘉靖六年十二月〕癸丑，吏部尚書桂萼言：古之聖王，井地授民而取之有制，後世井田不行，但能因時爲法，以均取民之制而已。臣謹條其一二以獻，惟聖明擇焉。一曰分豁災傷田租。夫天下田租，國用所從出也。而凶荒不常，於是乎有通融之術。臣聞祖宗漕運之法必預儲百萬米於淮安，乃令督運之官會計江南諸省歲入之數，有災傷不足者，諸省自爲通融補之，又不足則繼以淮安餘米，此誠良法也。而今廢之久矣。臣請以各關鈔錢及南方諸省缺官銀兩盡發淮安乘豐積米，以備四方災傷，則民困蘇而國用足，一舉而兩得也。一曰分豁里甲官錢。夫戶部正賦隨丁田所出也。禮工諸部所派雜色物料，豈容獨異。臣聞之，江南諸省止論里甲科派，其有占役優免則所以代役者率小民也。因以困憊逃亡。臣請今之天下郡縣皆區畫官中無礙餘銀起解，而免其科派。如不得已則如侍郎周忱立爲定法，不分有無役占，一切隨田徵科，庶可免里甲代充之累。自此之外則又有分豁南北糧土之説，不可以不講焉。祖宗時以北方民寡，徙山陝無田之民分屯其地，當時本民占地頃畝廣，屯民後至，頃畝狹，故北方之土有小畝廣畝之異，至於則壤成賦，雖歷朝因革不同而輕者居多。若我朝則江南多抄沒之產，當時所收籍冊即以民間所入客租爲糧，謂之官糧。故南方之糧有輕則、重則之殊，此不均之怨所難免也。今北方官豪之家欲獨享廣畝之利，不肯爲屯民分糧，南方官豪之家欲獨出輕則之糧，不肯爲里甲均苦。間有巡撫守令欲爲均則量地者，即上下夤緣，多方阻抑，故臣願有以均平之。上曰：覽卿之奏，皆恤民圖治之意。分豁災傷、里甲二事戶部其斟酌可否以聞，務圖經久利便之規，無爲苟且目前之計，南北糧土版籍既定，姑已之。

《明實録·世宗實録》卷八四　〔嘉靖七年正月〕丙申，大學士楊一清言：臣出入中外幾四十年，而在陝西最久。竊見甘肅一鎮自蘭州渡河所轄諸衛綿亘二千餘里，番虜夾於南北一線之路，通其中肅州嘉峪關外，夷羌雜處，寇欸無時。自昔號爲難守，而今日事勢又有異者，亦卜剌、阿爾禿斯二賊竊伏西海，始而殘害諸番，今則與番聯合，窺我莊涼，又犯我河洮之境矣。西域、土魯番踵惡數世，先年獨殘破哈密，後則沿邊王子莊等處赤斤罕東等番衛俱被蹂踐，遂敢稱兵叩關，犯我肅州，困我甘州鎮城矣。爲今之計，既未能奉辭遠討，則先事預防之慮，胡可且夕忘也。臣聞禦戎之策，自治爲上，自治之道，兵食爲急。今各衛所行伍空虛，士卒疲憊，戰守之具徒支目前，若不於逃亡者設法勾補，見存者加意撫卹，脫有邊警，何以待之。河西糧儲匱乏，士有饑色，馬多瘦損，內地所派既不足外供，朝廷間發內帑給之，亦不過即糴所在之粟入所在倉廩而已。而境內佈種不廣，別無輦致，雖有官銀，無從糴入，以故穀價騰踴，日異月殊，所司往往以銀散之衛所軍餘，令市買納官，責限督併，衆口嗷嗷，怨聲載道。夫處積邊儲，不過糴買、召商二事，今糴買既有弊，惟召商爲最便之法，宜自今定制，凡開中鹽引務令商人上納本色，邊儲銀兩除量留以備豐歲折放，亦當召商糴粟，稍優其直，而不苛其收，則應者自衆矣。然欲以本土之所出，共本土之所需，非廣興屯種不可。今者遣官清查塞田，授軍耕作，此誠探本之策，而其故亦不可不講也。何則？正軍充伍，餘丁撥屯例也。但其中有有軍無餘者，有有軍餘而無力不能佈種者，故屯地多侵沒於將領豪右之家，以致屯軍終歲陪糧。有貧丁以田假佃於人者，有田隔遠磽瘠，無人願假，不得已終歲傭身以輸糧而不足者，管屯之官至計十歲以下幼男報充屯丁，衆兩朋合，謂之擡糧。屯事至此，邊人之困，尚忍言哉。故欲廣興屯種，非先補助屯丁不可。按軍士三守城，七屯田例也。今各衛征操之外，有乘墩、守堡、伏塘等役，即守城且苦乏矣，其何有於屯。宜令清軍官查理各衛軍戶應繼者俱選解健丁，仍加帶軍餘一人，戶大族衆者二人與俱詣邊，以補屯卒，使其來則有親屬以爲侶，至則有田業以爲家，庶乎生理相依，而逃亡者鮮矣。不然，亦可倣古募民實塞之意，召募隴右、關西之民以屯塞下，授地之外，任其開墾，俟三稔乃徵其租，一切徭役皆復之。如此則利可資身，人爭向募矣。又考先年屯政修舉之時，牛具種子皆爲官物，凡屯軍以年老或選伍代去者，例以牛具種子若干隨田還官，今盡廢矣。宜倣其法，以萬金買牛及田器，審屯丁係貧寠者及清解召募初至者人給牛牝牡各一隻，犂鏵各一具，種子五石，每年所穫自輸租外，即償原假種子，以備春作更給。至於屯地之埋沒者則聽人首告，占種於官豪者諭令吐退而不追其往可也。或有以虜警爲慮者，臣謂春種秋穫，各不過一二旬耳，設令各該守臣先期曉諭，約日並作，大發卒爲之守望，寇至舉烽即可收保，且虜入寇亦有時，壠畝連雲，禾稼蔽野，虜馬亦安能盡殘之乎。管屯之官尤必委任得人，貪婪侵剋者罰無赦，三年以上屯糧無負者賞之，五年以上無負及有贏積者薦舉擢用。今日修舉屯政，大要不過如此。若徒以清查催納爲名，而無實心經理之方，臣恐於邊備終無益也。上曰：覽卿奏具見經國憂邊至意，該部即擬議條列以聞，仍勅王憲、劉天和如所奏用心區畫，身親督課，務底成效。

《明實録・世宗實録》卷八五　〔嘉靖七年二月〕己未，戶部條上大學士楊一清所題屯政事宜。一廣屯種。言國初以本鎮屯種供本處軍馬，後屯政積弛，屯糧種不廣，召買無法，故邊方日困，宜行各邊守臣及甘肅屯政都御史將荒無田土多方開墾。一補屯丁。今軍伍消乏，屯丁甚寡，宜下清軍官將逃故軍士清解，其有戶丁願隨伍者聽，仍召募附近人民及隨伍貧難餘丁，分發屯田，令其耕種納糧，不當別差，空閑田地聽儘力開墾，使三年後方徵屯糧。一給犂種。動支官銀一萬兩，委官收買牛隻種糧，製造犂鏵，審勘貧丁無力者人給牛牝牡各一頭，犂鏵各一張，種糧五石，所得子粒先扣屯糧，次扣種糧，餘聽自贍。一清埋沒。行管屯官按籍稽查，有占種者責限投首，免其問罪，將田盡數給主派種，如仍欺隱，事發依律問遣，仍追積侵花利。一防寇掠。凡遇耕收時摘撥官軍架梁防守，平衍之處高深壕塹，山徑隘口設置排柵，嚴明烽堠，小警則拒，大警則避，如將官閉門坐視被賊搶擄，以失機論。一慎委任。擇管屯軍官廉勤者推誠任之，庸劣貪婪者亟行黜革，仍將給過牛隻印烙，督令屯戶愛養，毋致損傷。一明賞罰。檢覈管屯官三年以上屯糧無欠，屯戶樂業者量賞，五年如前。以勤能旌舉屯戶有能盡力開墾完納屯糧及鄰伍相保者亦加犒勞，其怠弛者有罰。議上，詔令屯政都御史劉天和及甘肅巡撫官看實舉行，仍通行各邊一體修舉。

《明實録・世宗實録》卷九三　〔嘉靖七年十月〕，提督陝西三邊軍務兵部尚書王瓊以甘肅等衛所倉糧先年設郎中總理，既經革去，須有責成，議將原任涼州分守道移住莊浪分管莊浪鎮羌倉糧一帶，原任甘州分巡道移住涼州分管涼州永昌、鎮番、古浪千戶所倉糧，甘州管糧僉事照舊管理甘州等五衛并山丹衛高臺千戶所倉糧，肅州兵備副使就近管理肅州衛鎮夷千戶所倉糧，西寧兵備副使就近管理西寧衛。各監督、管糧、通判等官稽考出納、禁革奸弊及一應軍馬屯田夫站事務。報可。

《明實録・世宗實録》卷九三　〔嘉靖七年十月〕，巡撫雲南都御史歐陽重議奏：尋甸府先年草創土牆，故爲叛賊所陷。近詢之居民，僉謂鳳梧山下地形頗便，及此兵燹之後，未有屋廬，宜即遷立府治於其地，仍設守禦千戶所，則文武並用，可以久安。竊見嵩明州等處有雲南左右中前四衛馬步土軍三千九百餘人，設有本管土官指揮千百戶，且多沒官田地，可以建屯，若準令設所分撥官軍令其三分操守，七分屯種，歲入租賦，以供軍餉，人不告擾，而樂從矣。得旨：俱如議行，名其所爲鳳梧守禦千戶所。

《明實録·世宗實録》卷九五 ［嘉靖七年十一月］，以水災免順天府及所屬衛所秋糧馬草屯田子粒有差。

《明實録·世宗實録》卷九九 ［嘉靖八年三月］，都御史劉天和言：肅州原設堡寨稀薄，虜易攻剽，以致屯田日就荒廢。今查本衛丁壯及山陝流民括之可得四千五百，其中多矯建善戰者。請於近邊密築墩臺，增其垣埤樓堞，使居其中，平時耕牧，遇警保塞，庶幾古人寓兵於農之意。則賊至無所掠，而屯種得以漸廣，即甘涼、山永、莊浪等處皆可行也。兵部覆請以其言下甘肅守臣議，從之。

《明實録·世宗實録》卷一〇〇 ［嘉靖八年四月］，國初，南北直隸及各省屯田子粒皆御史查覈。正統間改在京各衛及北直隸屯田專設僉事管理，列銜山東。至是戶部尚書梁材言：京師畿輔屯政日弛，蓋由僉事權力不重，皇親勳戚憑藉城社沮撓百出，勢難管理。自今請裁革僉事，仍專差御史，如南直隸例。詔從之，因命御史差三年一易。

同上 ［嘉靖八年四月］，戶部尚書梁材等覆詹事霍韜疏言：宗藩祿米日益不給，當如韜議，賜書各親王議處善後之策，其官軍俸糧則查革傳陞，乞陞之冒濫，嚴行新舊比試之成法，他如禁私役、復屯田、給鹽課，一一申明法令，令所司務實行之，庶俸糧可給也。內府糧料則請奉詔旨責令監收科道諸臣務在重恤民困。詔如議。

同上 ［嘉靖八年四月］戊子，總制陝西三邊軍務兵部尚書王瓊上言：臣聞漢趙充國奉命西征，曰願至金城圖上方畧，蓋百聞不如一見，閫外之事難以臆度，遙制故也。臣嘗觀都御史唐澤、御史劉濂議處哈密、土魯番事宜，皆身親履歷，見眞而議當可謂國是矣。向已會奏而未見允行，故今日紛紛迄無定論。其言曰：今議土魯番占據哈密一節，有已然之迹，有當然之理，有必然之勢，撫之以恩，而彼志益驕，震之以武而我力先屈，此已然之迹也。順則綏之而不爲之釋備，逆則禦之而不爲之勞師，此當然之理也。處置得宜則遠服而邇安，處置失宜則兵連而禍結，此必然之勢也。蓋師不可以輕舉，寇未可以橫挑，其大者有五焉。我之軍額空存，百無一補，而兵不足。屯田滿望十有九荒，而食不充。一也。屢挫而怯，久戍而疲，我之銳氣未振，長驅而入，滿載而還，彼之逆焰方張。二也。我失瓦剌之援，而進無所資，彼合瓜州之力而退有所據。三也。河東臨洮諸府，甘肅之根本，而傷夷未蘇；關外赤介諸衛，甘肅之藩籬，而零落殆盡。四也。西南巢海上之虜防守難撤，東北梗山後之戎饋餉難通。五也。況哈密地界羣虎之中，今若大發兵糧，遠冒險阻，強驅垂亡之部落，復還久失之封疆，是送羊入虎耳。掣兵而歸，則彼難獨立，留兵以守，則我難久勞，皆必危之道，非自然之策也。竊謂莫危於戰，莫安於守。忠順王之紹封勢宜加愼，土魯番之求貢理可俯容，索還城池存我繼絕之名，而漸圖興復，宣諭酋長開彼効順之路，而嚴加隄防，選任將帥而責其成，蒐補卒乘而養其銳，專官運粟河東以濟乏糴之急，募民廣屯塞下以濬足食之源，俟我無不修之備而彼有可乘之機，然後惟所欲爲倈。瓦剌屯苦峪城、瓜、沙，興哈密襟喉，西域拱衛中華將無不可矣。若今日則非其時也。臣反覆審詳，澤等之議知其明習時務，深加歎服，乞勑兵部早定國是，以便奉行。下兵部議，尚書李承勛言唐澤原奏固深合夷情，但機不可先設，變不可預圖，用兵馭夷，惟在隨機應變，要非畫一之法，可以持循而世守也。今第令甘肅鎮巡諸臣量度事勢，從宜行之。詔曰可。

《明實録·世宗實録》卷一〇一 嘉靖八年五月乙未朔，南京戶部奏弭災四事：【略】一議久任屯田御史三年一代。戶部議覆，得旨：允行。

《明實録·世宗實録》卷一〇五 ［嘉靖八年九月己亥］，都御史劉天和條奏甘肅屯糧事宜。一禁掊剋。謂科害屯軍事件，先朝禁例嚴切，今鎮總叅遊等官巧爲名目，科索屯丁，寃苦無告，宜申明禁約，違者論如法。一清湖場。謂甘肅諸衛所近城湖場爲鎮總將領等官侵據，反役軍採打，或令馬軍就湖牧放，或給步軍抵納操草，卻將各軍月糧扣支，累奉旨查革，占恡如故，宜悉清理給付官軍開墾採牧。一審派撥。謂先年屯田各衛所百戶俱有定界。比來屯丁遷徙不常，每遇派撥仍依各百戶舊界，以致相去遼絕，不便耕種，此後請著爲令，務查屯丁住居，先儘本渠，次及附近渠，分地土悉從宜分撥，無得隔遠及將無影地土虛撥。一覈侵冒。謂累年屯糧該管官吏收受，有虛出紅串之弊，支放有那移號領之弊，有虛捏關文之弊，以故公廩所積名有實無，宜設法稽查及申明侵盜之罪。一廣開墾。謂甘肅兵食所資不獨屯田。其南北山無糧沃地甚多，可給與本處步操軍及備禦班軍耕種，務於操守不失，又於耕牧兩便，庶可議行。一處牛種。謂牛價前已支京運銀一萬兩，聽臣買給，再乞於原議賑濟鹽銀內除二萬兩召買種糧，給散屯軍，每年所得子粒先扣應納屯糧，以備官軍支放，次扣原借種糧，以俟春作給散，其餘悉聽自贍，積有餘剩，官可糴買，價直自平。戶部覆：天和言皆切時務可行，惟步操備禦軍耕種事，仍行該鎮詳議便宜以聞。報可。

《明實録·世宗實録》卷一〇九 ［嘉靖九年正月］，復設陝西管糧叅政及管屯僉事。

同上 ［嘉靖九年正月］，以陝西寧夏旱災免本鎮各衛田糧仍給靈州鹽課等銀賑濟。

《明實録·世宗實録》卷一一二 ［嘉靖九年四月］，戶部會官議覆侍郎張璉、總制王瓊及給事中張潤身、陳侃所上各錢糧事宜。【略】臣等又議得我朝天下衛所設立屯田，而六鎮尤爲緊要，邇來武備漸弛，夷虜深入，抛荒大半，故軍需不敷。夫屯田不廣，則戰守無資，武備不修則屯種廢業，糧賞不時，剝削不禁，則軍士日困，而屯種益難，乞勑鎮巡將領等官持秉公廉，申嚴號令，遠烽堠，精器械，時軍餉，禁科害，斯屯田可復興矣。【略】上曰：兹會議足國經常事宜，朕已具悉，其復民運，急屯種，通鹽利俱依擬行該撫按司府官查酌施行。大同糧草令張璉照見在銀鹽糴買完足，具奏回京，待收成日再處。其延綏等處地方災變非常，仍作速議處具奏，以副朕恤民之意。

《明實録·世宗實録》卷一一三 ［嘉靖九年五月］甲午，陝西道御史郭登庸言：榆林各衛所官占種屯田，私役軍卒，扣減糧廪，大爲姦利，而納級武官爲尤甚。故今軍士一遭凶年，死者枕籍，請重貪官之罰，罷入粟之例，則宿害可革，災變可弭。上深然之，命都察院通行各撫按官榜諭禁革。

《明實録·世宗實録》卷一二〇 ［嘉靖九年十二月］，以災傷免寧夏五衛幷靈州守禦千戶所田糧湖草有差。

《明實録·世宗實録》卷一二五 ［嘉靖十年五月］，給事中王璣言：今邊儲之計大約有四，不過運內郡之糧，發太倉之銀，開引鹽之利，脩屯田之政而已。然內郡之糧、太倉之銀止可取辦目前，惟引鹽可濟不時之急，屯田可資有常之用，二者皆所宜熟計也。夫中鹽商人所利，今各邊開中，至無商應詔，何哉。自先朝權姦用事，占中賣窩，展轉通賂，利歸私室，乃令當事之臣矯枉過正，復有額外科罰之苦，有踰時清掣之難，商以利來，乃以害止，無足異矣。請速勑廷臣權利害之中，究公私之便，每歲一邊發引若干，每引定價若干，發引合於何時，商人上納應否本折兼收，召中應否專差科道，餘鹽應否添設引目，皆當悉心區處，畫爲定規以聞。至於欲興屯田屢矣。計不時定，蓋有三難焉。修墩堡，掘豪塹，分兵巡瞭，以防虜窺擾，其費不貲，一也。豪強占據，一行清查，必犯衆怒，二也。邊屯久弛，非假歲月處之以漸，固難猝復，三也。臣聞思永逸者不憚一勞，成大事者不惜小費，此舉勞費雖鉅而關於邊方之安危者不小，委之無策可乎。臣愚竊以今各處充軍雖押發配所，旋即買脫，一遇恩赦，又獲放免，於此請行贖軍之法，除免死幷無力者發遣外，其餘聽贖一軍百金，重或三倍，通計天下一年贖軍之銀可數十萬，以此供屯田修邊之費，行之一二年，屯政既成，即止不贖。乃簡大臣廉靜有才者一人奉勑臨邊督之，兼理鹽法，然後緩急可恃也。疏入。下所司議，戶部覆奏：定於正月開派引鹽，每邊各撥鹽七萬引，如欽定價上納本色糧料草束，專備客兵。第責成各邊巡撫及管糧郎中，不必另差科道，餘鹽截割如舊，不必添刷引目。屯田亦責成各邊巡撫清查，期以三年造冊具報，不必簡命大臣。詔俱從之。已而都察院請開贖軍之例。上曰：律聽贖者徒杖以下小罪耳，未開以充軍贖也，且死刑矜疑減從謫發，若一槩聽贖，則富者玩法縱橫，是敎之犯也，何以懲後，所議非體，罷之。

《明實録·世宗實録》卷一二六 ［嘉靖十年六月］，巡按陝西監察御史陳世輔題稱：足食強兵莫善於屯田，而濠塹、烽堠、堡寨，又屯田之先務也。本鎮沿邊一帶宜行鎮巡官督同守巡將官徧歷邊地，逐一閱視墩堡城塹宜修宜浚者，仍置立圖冊，擬定工糧，扣筭月日，以時興舉，堡寨既修，徐議耕作。量其土宜設立大小屯堡，百人以上爲大屯，立屯長、屯副，五十人以上爲小屯，止立屯長，令其督率耕種。有缺種者官爲借給，秋成抵斗還官，照舊納糧。不係納糧之地，候三年後起科。近堡設立小教場，暇則督屯丁習射，其中仍築整瞭望，遇警舉火，收斂人畜，及將近日京運盔甲酌量分給，仍奏討京運銀數萬兩解赴巡撫衙門委官買馬，分給各堡，令其輪流餵養，專備追賊。然興事建功要在賞罰以程督之，使考覈不嚴，則因循玩愒，不知所警。宜將前項工程約以年限，以三分爲率，不及一分者將各將領及守備操守等官量行罰治，不及二分者定擬住俸，全無修舉者乞請別議。若該道遲誤口糧聽巡撫官叅究，其有留心邊務依期報完者以禮犒賞，庶幾邊備可修，而虜患足禦。兵部覆，上詔準議行。

《明實録・世宗實録》卷一二七　嘉靖十年閏六月癸未朔，以災傷詔免寧夏等六衛及靈州千戶所屯糧有差。

同上　［嘉靖十年閏六月］，總制陝西三邊兵部尚書王瓊奏：　計度榆林東中二路大邊六百五十六里，當修者三百十里，二邊六百五十七里，當脩者二百四十八里，因言二邊乃成化中余子俊所修，因山爲險，屯田多在其外。大邊弘治中文貴所修，防護屯田，中間率多平地，築牆高厚不過一丈，可壞而入。今當先修大邊，務得大邊補塞，必使岸塹深險牆垣高厚，計用丁卒萬八千人，乞發帑金十萬，以今年計定，明年二月興工。兵部覆上請行延綏鎮巡等官如瓊所畫舉行。報可。

《明實録・世宗實録》卷一二八　［嘉靖十年七月］辛未，裁革睢陳兵備僉事併於屯田僉事。

《明實録・世宗實録》卷一二九　［嘉靖十年八月］，以災免遼東定遼左等衛田糧有差。

《明實録・世宗實録》卷一三〇　［嘉靖十年九月］，提督兩廣軍務右侍郎林富等議以新寧巢賊靖，增立營堡，諸雇募哨守之兵所費不貲，請以會寧二縣田爲賊所據及抛荒無主者幾數百頃籍之官，以爲民屯，募貧民驍健者使各佃種，人十五畝，三年之後乃輸正糧，免其雜徭，仍設義長約束，俾以時習武，度田百五十頃，可練民兵千人，此因賦得兵，可省供億之費。又謂新寧遭寇奔徙之餘，積逋稅糧無可徵者請悉除，以予民，招還流移，復使其業，即詭稱被賊以逃逋稅者亦宜寬除其罪，及赦後當輸者仍許石折銀三錢，及新會、恩平諸縣皆如令。戶部議以爲便，從之。

《明實録・世宗實録》卷一三八　［嘉靖十一年五月］庚午，戶部覆南直隸巡按御史方日乾所言二事。一言南京屯軍例無月糧，卒有災傷，自存者寡，宜以本衙門贖鍰積穀仍覈舊日所入，贖罪之穀，貯倉爲備，毋得他費。一言南京鎮南等衛田多坍沒，蠲之則損課，徵之復病軍，宜將先年處補荒田餘糧七百餘石及陞科營房等地糧二百餘石抵足原額，而免諸坍田，勿科。報可。

同上　嘉靖十一年六月己卯，戶部覆監察御史張惟恕奏：　國家屯政舊最明悉，邇來疆界混冒，冊籍不明，田歸豪室，賦累貧軍，大非畫疆分屯之舊，宜及今蠹壞之初，比照民田黃冊事體，令各有司以十年爲率，凡屯田之頃畝歲入悉籍置之，其有衛所之地相叅入及軍民私貿易者，即登佃者名於籍，按其地以定賦法，人給一券，以此爲稍入。待十年之後復行查審便。上是其言，既而巡按河南御史方鈍亦以爲言，戶部因請通行天下，以今歲大造之年改造實徵小冊，各清理查撥，永爲定規。從之。

《明實録・世宗實録》卷一四〇　［嘉靖十一年七月］，南京都御史萬鏜奏：　南京各衛屯田因無專官巡察，政多廢弛，乞如在京巡屯御史例，亡論在京在外，各衛俱隸南京巡屯御史管理。戶部覆奏，從之。

《明實録・世宗實録》卷一四三　［嘉靖十一年十月］，以旱荒發太倉銀六千兩賑陝西山丹、莊浪軍民，其屯田災傷者減免稅糧有差。

《明實録・世宗實録》卷一四五　［嘉靖十一年］，屯田子粒三百七十四萬二千五百五十石有奇，屯地銀一十四萬八千一百四十五兩有奇。

《明實録・世宗實録》卷一四六　［嘉靖十二年正月］庚午，以水旱災免浙江杭、台、溫、處四府，河南開封等府八十六州縣，陳州等十三衛所軍民田糧有差。

《明實録・世宗實録》卷一四九　［嘉靖十二年四月］，移貴州清平衛中左所於香爐山，山險要爲一方最，下有田有耕，頻年多爲盜據。至是撫按官請因人情之便，設險屯守。兵部覆議，從之。

《明實録・世宗實録》卷一五一　［嘉靖十二年六月］甲戌，初貴州按察司提調學校及兼管屯田水利。至是巡撫徐問言學憲造就人才，厥職甚重，且比來貴州多士，視昔數倍，每歲巡歷考校尚有未周，屯田水利宜責成各分巡道經理爲便。戶部覆議，從之。

《明實録・世宗實録》卷一五六　［嘉靖十二年十一月］乙卯，陞工部屯田司郎中李坦爲光祿寺少卿。

《明實録・世宗實録》卷一六〇　［嘉靖十三年閏二月］癸丑，直隸巡按御史王朝用言：　屯田舊例，私相買賣者，軍民皆發極邊，價業沒官，行之已久，人心帖服。近因清軍御史鮑象賢奏請查覆屯田，止令首正還主，價不入官，人不治罪，遂致軍人不論遠近典賣及將置買民地、逃軍遺業妄肆告爭。夫行法得平，人心始服。請自今退地歸軍者價必入官，人必治罪，一如舊例。

其田仍別給無田軍人。戶部覆議，從之。

《明實録・世宗實録》卷一六二 ［嘉靖十三年四月］乙巳，先是戶科都給事中管懷理奏言：國初軍餉多倚辦於屯塩，今屯田不興，塩法大壞，非極力振作不可。所謂屯田不興者，其弊有四：胡馬充斥疆埸，戒嚴時不能耕也；牛種不給，力不能耕也；丁壯亡徙，無人以耕也。套爲虜有，虜反居內，田顧居外，勢不敢耕也。有此四弊，屯政壞矣，而管屯者猶按籍徵賦，計非扣減月糧，則照丁賠補。無屯之利，有屯之害，屯田何自而興乎。【略】至於興復屯田，即責令各邊募軍給事中會同撫按司道等官親履邊境，相度地形，某田可以拓耕，某田可以設備，或創建衛所，或增飭垣墉，繪畵貼說具奏。其屯丁，或因土著，或募新軍，或徙附近設法安置，給以牛種，暫免徭賦，待開墾成熟，然後收租，安邊足用，計無踰此者矣。章下戶部，時募軍給事中已有旨取回，部請付其事於各該撫按及各運司議狀，且言餘塩應否開中，有無利便，遽難遙度，前者科臣蔡經、御史周相并有建議，與懷理所奏略同，必須併勘事乃歸一，且屯塩積弊已久，更乞遣命才望大臣二人分勘其事，乃可以清弊源而定經制。得旨：塩法係足邊急務，祖宗具有成法。近來勢要官員通同奸商買窩賣窩，以致沮壞，流弊滋甚。該部即行巡塩御史會同撫按遵照成法查處清理，務興利除害，禁革弊端，使畫一可行。文到限三月以裏報狀，官不必遣。

《明實録・世宗實録》卷一六三 ［嘉靖十三年五月］乙酉，復設山西管理屯田僉事一員，從巡撫都御史王德明奏也。丙戌，以災傷免河南衛輝、彰德、懷慶三府所屬州縣并福建泉州府晉江、惠安、南安、同安四縣及泉州衛所稅糧有差。

《明實録・世宗實録》卷一六五 ［嘉靖十三年七月］戊寅，戶部覆兵科右給事中祝詠奏興復屯田事宜，言：甘肅屯田名存實廢，蓋由募軍佃種，則有逃亡之虞，計丁課租則有賠貱之累，重以將領非時役使，倚法科求，以故子粒雖增，耕墾未偏。宜責令管屯官員清查頃畝，分給土著軍丁，量資牛種，令其承佃，應徵子粒或令徵納，或免徵，半給月糧，以從減支之例，仍戒諭將領禁止科役，庶軍心樂從，而屯政可舉。詔如議。

《明實録・世宗實録》卷一八四 ［嘉靖十五年二月］己卯，昭聖康惠慈壽皇太后聖旦節，賜百官壽麪，免命婦朝賀，召管理甘肅屯田都御史牛天麟還京，屯田副使崔允、吳鎧添註陝西按察司管事。先是麟等奉命脩復甘肅鎮屯政，至是兵部言其事有成緒，故有是命。其屯田功績，仍令巡撫御史覈實以聞。

《明實録・世宗實録》卷一八七 ［嘉靖十五年五月］丁巳，以災傷免順天、永平府屬及涿鹿左盧龍等衛所民屯稅糧有差。

《明實録・世宗實録》卷二〇九 ［嘉靖十七年二月］，以水災詔免順天府屬州縣稅糧及羽林等衛所屯糧并各（壯）［莊］田子粒有差。

《明實録・世宗實録》卷二一六 ［嘉靖十七年九月］，陞雲南布政使司左叅議毛衢、直隸眞定府知府宋宜俱按察司副使。衢，四川提調學校；宜，湖廣管屯田水利。

《明實録・世宗實録》卷二二八 ［嘉靖十八年八月］，黜原任南京戶部浙江司郎中李希說爲民。先是希說以營膳主事陞職，乃四年，不赴任。至是屯田缺郎中，吏部推希說改補，上以違限六月爲言。上責吏部失於查覈，因有是命。

《明實録・世宗實録》卷二二九 ［嘉靖十八年九月］，以災傷免直隸眞定、順德、廣平、大名所屬州縣及四衛所田糧如例。【略】以災傷免順天、河間、保定所屬州縣及河間、瀋陽、天津三衛田糧及皇莊子粒、寺觀、莊田、草場銀如例。

《明實録・世宗實録》卷二三一 ［嘉靖十八年十一月癸卯］，以旱災免山西太原、平陽、潞安四十州縣及衛所田糧如例。

《明實録・世宗實録》卷二三六 ［嘉靖十九年四月］，都御史劉儲秀言：遼東被災已免屯糧十分之三，本色糧料支用未敷，請發太倉銀於折色常數之外照時價添給，令官軍自行買用。從之。

同上 ［嘉靖十九年四月］辛巳，戶部議覆武定侯郭勛條陳邊務五事。一請各邊田畝向屬鎮守內臣爲業者分給總兵、副叅、遊擊等官，召人佃種，仍勅撫巡官申嚴侵占之禁。【略】詔悉如議行。

《明實録・世宗實録》卷二三七 ［嘉靖十九年五月］，河南巡按御史陶欽夔言：河南驛遞舊以他官兼攝，事弛弊叢，乞比山東例銓註屯田僉事專理之。報可。

《明實録・世宗實録》卷二三九 ［嘉靖十九年七月］，提督大工工部尚書甘爲霖奏：屯田司郎中今陞貴州僉事廖希賢才力精敏，宜留用以責成功。詔仍舊職，其各司郎中一體久任。

《明實録·世宗實録》卷二四〇 「嘉靖十九年八月」，湖廣清軍御史姚虞言：軍伍屯田不當分爲二事。今之清軍三司設有定員，而又間歲遣御史以責成之，屯田雖有副使、僉事，或遇缺官分理，各道地方廣遠，巡歷難周。矧屯田之事多干軍伍，或遇告爭，彼此掣肘難行。宜照清軍事例，或遇五年差遣御史清理之時，屯田事宜即與兼攝，其管屯官悉聽節制，庶事有責成，法自不廢。戸部覆議，允行。

《明實録·世宗實録》卷二五八 「嘉靖二十一年二月」，戸部覆巡撫寧夏都御史范鏓言：國家設立邊鎮將領各有常祿。初無給田養廉之制，邊鎮軍餘屯田各有課額，亦無贏餘可以給將領者。自武定侯郭勛奏以田園地土令各將領給種，委任奸軍以爲莊頭，索取種子牛具，派撥耘鋤人工，爲害不可勝言。今本鎮莊田五頃有奇，撥與總副叅遊官者，宜復歸軍民耕種。上以田地既屬軍餘開墾，依撥給還。如邊將能遏虜不敢近邊，住牧於邊外，自闢地者任其開種，不在此例。其通行各鎮知之。

《明實録·世宗實録》卷二六六 「嘉靖二十一年九月」，兵科都給事中錢亮等言：虜騎充斥，宣、大二鎮單弱，宜調山東、河北之民兵以守井陘，而以臨德二倉銀糧餉之，調河南徐邳之軍以守平陽，而以兩淮漕運之餘銀餉之，不足則請屯大同以北邊內之田，亦如新設五堡之制，則塞下之粟既富，可爲二鎮戰守之資，漕大同以南之桑乾河亦如新增通惠河之法，則轉輸之費既省，可備二鎮綏急之需。事下部議言：井陘業已有備，防守平陽宜以太倉銀八萬兩給之，其開屯、通漕二事俟撫臣查議以聞。報可。

《明實録·世宗實録》卷二六九 「嘉靖二十一年十二月」，南京吏科給事中王燁等言：虜患繹騷，邊儲空乏，欲爲久遠之圖，宜寬屯田之徵。凡沿邊地有能佃種者，無論軍民籍貫、頃畝悉與爲業，永不起科，貧者官司量給種具，仍令遊騎巡察，以防侵掠。將官墾土既廣，得多蓄以養死士，有司定其疆界，治其爭盜，撫巡官時加勞問。南京湖廣道御史吳瓊等亦以爲言，且請行各邊商人中鹽者，皆令輸粟，毋得槩准折銀。詔俱從之。已禮科都給事中管見疏曰：臣聞祖宗以來軍士月糧取給山陝諸路，而客兵與賞賜費，皆藉屯鹽之利。其後夷虜日肆，屯田漸荒，而將帥有力者尙號集家丁與鹽商巨賈連結堡寨，居常則屯種自營，虜至則闔衆備禦，歲久守臣惡其專利，遂爲厲禁。於是家丁散流，富賈虧損，膏腴之地，棄爲虜牧，屯鹽二利俱廢，而邊陲荒落，兵力不振矣。今欲實邊必興鹽法，欲興鹽法必復屯田。臣請嚴勑沿邊總督撫按官，令將帥軍民凡有力者聽其招集流亡，開墾土田，力不贍者官給牛具，俾有成業，即爲己產，永不起科。比及三年，鹽法不興，邊境不實，臣未聞也。或謂虜騎蹂躪，雖欲屯種不可得，誠令大司農廣備積貯，時發內帑，將沿邊主客官兵多方賑濟，更選將帥招徠義勇，虜至，俾一大挫去，自是虜必不敢復入，而屯種可興矣。臣又聞金城方畧無從中制，故得成功，請自今一切籌邊事宜悉任督撫便宜從事，而二三輔臣協濟於內。皇上乾剛獨斷，鋭然行之，如是而兵不強，食不足，臣亦未聞也。疏入。上曰：屯田、鹽法，實足邊至計。近因各官建白，阻撓不行。今屯田未可頓復，便勑督撫巡按榜諭地方將帥軍民人等將各邊堪種地土開墾成業，永不起科，其餘下該部再議以聞。

同上 「嘉靖二十一年十二月」甲辰，發太倉銀三十三萬付總督宣、大軍餉侍郎趙廷瑞以備芻粟。先是上以虜患重大，令戸部出常格條議士馬、饋餉、鹽法、屯田幷總計歲用以聞。至是戸部以邊鎮歲入之數上，且言屯鹽之法舊例已善，但行之鮮有實效，因請再發帑銀於宣、大，以濟一時之急。上納其議。又以邊患未寧，令羣臣條陳理財裕國長策，申飭各將領仰體朝廷，愛養士卒，務奮智勇，以紓邊患。其或老師費財失事如故者罪無赦。

同上 「嘉靖二十一年十二月」，屯田子粒三百七十四萬二千五百五十石有奇。

《明實録·世宗實録》卷二七九 「嘉靖二十二年十月」，以水災免直隸眞定等府及神武、深州等衛田糧有差。【略】以水災免河南開封等府州縣，睢陽等衛田糧有差。

同上 「嘉靖二十二年十月趙載」辛未進士，授戸部主事累陞僉都御史，巡撫甘肅督理屯田。陞南京都察院副都御史，以事回籍、聽勘。至是卒，載才識警敏，在甘肅十二年巡撫滿兩考，屢獲邊功，撫綏民夷，營屯飭武，易荒裔爲雄鎮，河西至今賴之。載既歿，朝廷追録其功，廕子應豊爲國子生。

《明實録·世宗實録》卷二八〇 「嘉靖二十二年十一月」，以災傷免宣府各衛及直隸保安州屯田糧草。

《明實録·世宗實録》卷二八一 「嘉靖二十二年十二月辛未朔」，以旱災免遼東開原等衛屯田子粒。

《明實録・世宗實録》卷二八五　［嘉靖二十三年四月］己卯，復發餘塩事例銀一萬五千兩於宣府修理松、君二堡。先是宣府都御史王儀等議稱獨石馬營孤懸邊外，最爲難守，宜將松、君二堡修整，分兵屯戍，首尾相應，胡虜可禦，且田極膏腴，我邊之所當復，醜虜之所必争。近日破虜獲功，不於此時乘勢興復，則機宜一失，後將難圖。於是命戶部發銀修復。

《明實録・世宗實録》卷二九〇　［嘉靖二十三年九月］丙午，以災傷免南京錦衣等四十二衛并鳳陽等衛所屯糧有差。以災傷免順天、永平二府所屬州縣衛所税糧并各官子粒、勳戚寺觀莊田、草場租銀俱減免有差，仍令徧示軍民，俾霑實惠。

《明實録・世宗實録》卷二九一　［嘉靖二十三年十月］，以災傷免河南開封、衛輝、懷慶、彰德、汝寧、南陽府所屬州縣并各衛所秋糧有差。

《明實録・世宗實録》卷二九九　［嘉靖二十四年五月］，勑吏科給事中李文進、監察御史趙炳然往宣、大、山西三鎮清查原發各該主客兵馬及戶兵二部續發修邊築堡募軍買馬及撫按贓罰，屯田地畝一應出入錢糧，自嘉靖十五年起至二十三年止。

同上　［嘉靖二十四年五月］，以旱災蠲山東東昌、兗州、登州、濟南諸州縣衛所夏税屯糧如例，仍令支本省在京扣積餘銀四萬一千餘兩，抵納諸倉今歲麥課。

《明實録・世宗實録》卷三〇〇　［嘉靖二十四年六月］，以旱災蠲直隸保定、河間、眞定、順德、廣平、大名諸州縣衛所田糧如例。【略】乙卯，以旱災免陝西延安、鞏昌、平涼、鳳翔、慶陽、西安諸州縣衛所田糧如例。

《明實録・世宗實録》卷三〇三　［嘉靖二十四年九月］，以旱災詔南直隸、浙江、江西、湖廣、河南所屬州縣及諸衛所田糧改徵折色有差。

《明實録・世宗實録》卷三〇四　［嘉靖二十四年十月］庚子，以雹災免山西大同前後二衛，渾、應二州，大同、廣靈二縣田糧如例。

《明實録・世宗實録》卷三〇五　［嘉靖二十四年十一月］癸未，以雹災免宣府諸衛所并順聖、川東諸城堡及直隸保安州田糧如例。

《明實録・世宗實録》卷三〇六　［嘉靖二十四年十二月］，御史胡汝輔條陳屯政事宜。一管屯官不得更調管事，收種之日別貯樣驗放。一勳戚莊田該納子粒每畝三分，令各州縣代爲徵收。一申明收糧違限住俸降級之例，從實舉行。一屯田地廣事夥，宜行各該兵備道分理，不當獨委御史一人。一嚴覈委官勤惰，明示賞罰。一三宮莊田係沙水衝没者勘實除豁，其新墾荒田量減該年税銀。一興州衛屯糧原坐豐盈倉，近因虜警，改派三屯營太平寨，宜俟事寧之日復舊。一屯丁派移皆衛所官貪酷所致，宜查明降級罰俸，有能招復者旌舉陞用，復業屯丁免其糧差三年。戶部議覆，從之。

《明實録・世宗實録》卷三一四　［嘉靖二十五年八月］壬寅，以水災免霸州宛大等州縣，武清等衛所税糧有差，仍行撫臣設法賑濟。

《明實録・世宗實録》卷三一四　［嘉靖二十五年八月］壬子，以水災免山東萊、登、青、兗、東昌五府所屬膠州、平度等二十六州縣及寧海、莒州等十二衛所糧草子粒有差。

《明實録・世宗實録》卷三一七　［嘉靖二十五年十一月］丙寅，以雹災免宣府前等衛所并順聖、川東等城堡屯糧。

同上　［嘉靖二十五年十一月］辛巳，戶部議覆巡撫甘都御史楊博所奏屯田事宜，言經略河西莫先於興復屯田，而屯政所以不舉者催徵擾之也。種未入土，名已在冊，人已在逃矣。請令諸邊臣召民墾闢，永不徵賦，其故嘗徵賦，而復荒蕪者并許佃種，一體蠲免。拋荒地土任民開墾，永不起科。原係起科，今復荒蕪者蠲賦十年。邊臣敢有變亂屯法者巡按御史叅奏處治。

《明實録・世宗實録》卷三一九　［嘉靖二十六年正月］丁丑，陞山東左布政使胡宗明爲都察院右副都御史，巡撫遼東。先是巡撫山西都御史楊守謙奏偏頭、老營二所餘地一千九百餘頃，堪爲營田，以内省京運，外嚴防守，且舉張鎬爲提調通判，張應麒爲總委官，欲久任責成，其牛種皆取自本省，又擬照盜沿邊錢糧禁例以防侵盜。下戶部議覆，謂守謙綜理周密，且管攝而事省，費半而利倍，若各鎮營田皆舉行如守謙議，則兵食可足，而帑藏所省多矣。議入，詔以實行。

《明實録・世宗實録》卷三二七　［嘉靖二十六年九月］，以災傷免徐、沛、蕭、宿、五河、虹各州縣秋糧有差，其鳳陽、廬州各衛所屯田子粒準依減定分數徵銀。

《明實録・世宗實録》卷三二八　［嘉靖二十六年閏九月］丁亥，以湖廣承天府災傷，詔準顯陵、承天二衛屯田子粒折徵有差，鐘祥縣民命有司出官錢賑濟。

《明實録·世宗實録》卷三三〇 〔嘉靖二十六年十一月〕丁未，總督陝西三邊侍郎曾銑同撫按官疏陳邊務十八事：曰恢復河套，曰修築邊垣，曰選擇將材，曰選練將士，曰買補馬羸，曰進兵機宜，曰轉運糧餉，曰申明賞罰，曰兼備舟車，曰多備火器，曰招降用間，曰審度時勢，曰防守河套，曰營田儲餉，曰明職守，曰息訛言，曰寬文法，曰處孳畜。奏下兵部覆，言銑經畧甚詳，但事體重大，請下其章於廷臣，令各疏所見，然後集議。上曰：虜據河套，爲國家患。朕軫懷宵旰有年矣。念無任事之臣，今銑前後所上方畧卿等既看詳，即會衆協忠定策以聞。已而銑復上營陣圖八，曰立營總圖，曰遇虜駐戰圖，曰選鋒車戰圖，曰騎兵逐戰圖，曰步兵搏戰圖，曰行營進攻圖，曰變營長驅圖，曰獲功收兵圖。上覽而嘉之，令所司一併議奏。

《明實録·世宗實録》卷三三二 〔嘉靖二十七年正月〕，以水雹旱災免宣府龍門、開平、保安、順川等城堡衛所州縣屯糧各有差。

《明實録·世宗實録》卷三三三 〔嘉靖二十七年二月〕丙寅，巡撫大同都御史詹榮言：屯田實塞，古人守邊之良法，然地利不盡，則粟不積，牛種不具，則田不墾。今近邊弘賜等堡三十一所延亘五百餘里，膏腴之地數十萬頃，召軍佃作，復其租徭，每至秋冬鱗附雲集，誠禦虜一助。第貧軍往往以家無農具，坐視汙萊，使地有遺利，可爲太息。臣聞該鎮故有牛具銀改給都司市馬，今馬漸充牣，請支一歲者市牛給軍，庶兵農不分而墾田有效。從之。

《明實録·世宗實録》卷三三五 〔嘉靖二十七年四月〕，戶部覆巡按直隸御史吳相言：邊兵戍守之勞，鋒鏑之憂百倍於民，民有恆產而兵自月糧外無擔石之儲，不才將領又從而朘削之，彼朝夕自救且不暇，何暇禦虜。臣以爲各邊民田自原額糧畝之外餘者尙多，宜下所司擇官勘實，給軍佃種，寬其租庸，其無餘田者許軍民以附邊屯田叅伍爲業。詔可。

《明實録·世宗實録》卷三四四 〔嘉靖二十八年正月〕丁酉，昨歲甘肅地方旱歉，莊浪爲甚，巡撫都御史楊博疏請賑貸，謂秋成米貴，民已嗷嗷，若至來春，勢必不支，救荒之政所當先事講求，多方處備。因條上四事。【略】一涼州等衛屯田宜行管屯官課民耕植，春初給種，秋成如數徵還，仍擇其戶之殷實者領之，至是戶部始議復，報可。

《明實録·世宗實録》卷三四五 〔嘉靖二十八年二月〕，先是巡撫山西都御史楊守謙議於偏頭、老營一帶興舉營田，謀之副使張鎬，諸所措畫方有次第，守謙俄調延綏，乃上疏請留鎬久任山西以終其事。時鎬已及考滿期詔加叅政銜，仍舊任。至是且二年餘，而營田之利大興，計秋穫幾當帑銀十萬，邊關穀價頓減十五。於是巡撫蘇佑疏陳其績，請超擢鎬並録其文武小吏分理勤事者，守謙亦疏薦鎬忠勤可大用，且言延綏、安定等邊土亦可耕，俟牆臺脩築竣工，亦欲舉營田如山西例。疏俱下戶部，部覆邇年邊費浩大，財用不紓，多方計處，動稱闕乏。今山西二年營田之利，公私委積有餘，內帑巨費亦既少節。今自遼東至固原邊內固多曠土，沿邊戍卒亦可耕可守，請通行各該撫臣一如山西例講求區畫，務盡地利，以佐軍儲。果有成績，特加叙賞。其守謙、佑宜俯賜褒嘉以風有位，鎬及諸文武將吏宜行吏兵二部紀録擢用。得旨：守謙、佑令所司註録功勤，從優擢用，餘俱如議。

《明實録·世宗實録》卷三四七 〔嘉靖二十八年四月〕乙卯，総督陝西三邊兵部尙書王以旂言：近日新築延綏邊牆墩臺，其募軍防守月糧乞以見在軍餉借支，俟發年例銀處補。又陝西西安四衛屯田計二萬七千頃，除見在軍士屯種尙餘地九千頃，其已種者當免其上納，即抵月糧。未種者宜如陝西見行頂軍法召種，可得軍五千餘人，且省募資月糧，但令赴邊防秋官軍兩利。先年撫臣余子俊開設榆林衛，時將延慶二府州縣民戶每糧二十石免其輸納，僉兵一名，自買馬匹騎征，謂之免糧土兵。今此等軍人逃亡絶少，宜照前法修舉，不獨全陝有賴，各邊似皆可行也。戶部覆奏命如議行。

《明實録·世宗實録》卷三四九 〔嘉靖二十八年六月〕甲辰，先是巡按直隸御史王楠言：宣府軍士月糧當盡用本色，其支放不時，及搭配豆粟減削等弊，所宜禁革。戶部奏：宣府官軍國初時三分城守，七分屯種，當時備操者止三萬九千餘名。正統以後，撤屯丁爲操軍，已非舊額。弘治間增至五萬八千餘名。正德間增至六萬九千二百餘名。今日增至八萬四千五百餘名。弘治間邊境無事，軍民雜耕，飛輓利饒，屯糧多穫，各省歲辦依期完納，第春秋給放本色夏冬二季糧米通融兼支。比來軍倍於昔，糧限於額，屯地多荒，塞上粟貴，子粒常蠲，歲派多逋。今查本鎮歲入糧二十七萬三千一百餘石，銀八十二萬二千九百餘兩，除放折俸賞之外，所餘無幾，督儲者因爲折色搭配之支，甚非得已，若復盡放本色，計每歲添糧二十一萬餘石，度支日詘，何以給之。但宜比弘治中舊額通融兼支，仍行督撫諸臣悉心計議，酌城堡緩急，視年歲豐歉，及時積貯，以漸舉行，務令異日折色盡復本色，斯爲長策。詔從其議。

《明實録・世宗實録》卷三五二 ［嘉靖二十八年九月］乙酉，以水災詔徐州并蕭碭等州縣改兑糧米俱於臨、德二倉撥補支運，仍量徵腳價，其各衛所屯田子粒亦照例折銀輸納。

《明實録・世宗實録》卷三五七 ［嘉靖二十九年二月］戊申，巡撫甘肅都御史楊博奏：甘肅荒田萬頃，請借支本鎮京運銀，募兵開墾。詔以三萬兩給之。

《明實録・世宗實録》卷三五九 ［嘉靖二十九年四月］，御史胡宗憲條陳防邊事宜。【略】一清牧地以裨戎政。宣府各城堡草場地侵没數多，宜清查給軍牧馬，其水地沮濕者召人佃種起科。一修邊政以實軍儲。北邊曠土多可屯種，宜行督撫查照近年團種營田事宜，或給牛種而薄其租，或分老弱使自食其力，或倣助法以爲公田，或照時價以漸平糴，各聽其便宜計處，候有成效，不次獎擢。

《明實録・世宗實録》卷三六三 ［嘉靖二十九年七月］，先是延綏鎮巡官以召募新軍，疏請加餉。潢覆言往年太倉銀庫一歲所入十存二三，今歲用不貲，内帑殫竭而各邊增兵遣戍，日朘月削，譬猶虚腹心以奉四肢，非完策也。臣職在理財，愚不知變，願與群臣明習國計者得公議於廷。惟上幸許，於是御史曾佩言：今戶部則言軍多缺伍，獘在額外加赢。兵部則言：民多逋賦，獘在額内虧耗。兩者人持一端，而其間或浮或歉，或侵或負，俱難懸斷。乞通行内外諸司詳議。上謂國用空乏，内則由有司催徵之不時，外則由邊臣支用之無度，積獘非止一端，令戶部即以佩疏集廷臣議處以聞。潢等議言：國初各邊錢糧取辦民屯二種，馬料取之採青牧放，歲有常供，未嘗告乏，邇者民糧逋負，日多軍屯，耕種寢廢，本源既竭，末流從之。乞行巡按御史先查各省起運錢糧，次查各衛所屯田子粒，别其積欠分數，嚴限催徵，屯軍缺伍者補之，是後會計歲用先儘民屯二糧，開中塩引，各税課等項通融計算，裒多益寡，或有非常蠲減，方許奏發帑銀，庶軍馬芻糧不失舊額。邊臣奏討之煩，非所慮矣。上曰：帑藏空乏，邊臣奏討不已。茲當求處之法。是議含糊，未見處分明白，其再會官詳查各項獘端，務求定論。潢乃更列九邊兵馬錢糧爲十七事以上，大率言各鎮軍餉皆浮舊額，而屯種、牧青、塩鈔諸課尚未查覆。上曰：是議仍浮濫未有定處，其稱多餘銀兩止據舊額扣算，不知應否給軍，與寔數何如，具以狀對，於是給事中葉鏜、御史馮璋交章論潢條對漫漶，不切時宜，潢亦上疏謝罪。上謂潢職司邦計，乃偏執自用，命調南用，以士翱代之。

《明實録・世宗實録》卷三六六 ［嘉靖二十九年十月］戊子，戶部奉詔計處兵食事宜。【略】一北直隸、山西宣、大沿邊一帶屯田牧地宜勅遣風力重臣督理清查，仍嚴窩販私塩及欺隱關税之禁，請添設叅政一員於蘇、松、常、鎮四府督糧，列銜山東。以上四事皆御史黄如桂議，宜行。【略】上俱從之。趣命添設分理屯督糧儲官，於是陞通政司右通政張濂、太僕寺少卿劉大直俱爲都察院右僉都御史，督理山西宣、大屯牧，江西按察司副使方任爲山東布政司叅政，整飭蘇、松、常、鎮糧儲。

《明實録・世宗實録》卷三六七 ［嘉靖二十九年十一月］，以旱災免四川重慶府江津等十二縣及重慶衛税糧屯糧有差。詔查南京四十二衛屯田隱占侵削諸獘，其本丁逃絶他戶佃種者俱署名補五，不則將原田入官，改募屯軍給之。

《明實録・世宗實録》卷三六九 ［嘉靖三十年正月］，以旱災免大同宣府諸州縣衛所田糧如例。

《明實録・世宗實録》卷三七四 ［嘉靖三十年六月］，巡撫寧夏都御史張鎬言：本鎮開墾荒田七百三十餘頃，宜設官專理，原任興武營都指揮趙廉熟知地利，承委勤勞，宜量加署職，一切水利屯田及招撫流移、提調各補官員俱令廉得專理爲便。從之。

同上 ［嘉靖三十年六月］丙寅，陞福建布政使司左叅政王璣爲都察院右僉都御史，充淮、徐、兖州等處招撫營田使。

《明實録・世宗實録》卷三七七 ［嘉靖三十年九月］，以災傷免江西九江、饒州等府各州縣衛所田糧有差，仍以九江鈔關明年二季税銀折補王府祿糧，免湖廣承天、襄陽等府州縣衛所田糧如例，仍命所司發倉粟賑之。【略】災傷免應天蘇、松、常、鎮、寧國、太平、鳳陽等府并徐、邳、宿、潁等州縣，南京錦衣各衛所，河南開封、河南、懷慶、衛輝、彰德、南陽、汝寧、歸德、汝州諸州縣衛所田糧有差，仍許折徵薊州倉兑軍米七萬石及扣留輸保定諸倉糧八分之三，河間諸倉糧六分之一。

《明實録・世宗實録》卷三七八　〔嘉靖三十年十月〕，以災傷免順天、河間、眞定、保定、順德、廣平、大名、永平各府所屬州縣各衛所稅糧馬草及宮莊屯田子粒有差。【略】以災傷免山西、太原、大同等府諸州縣及各衛所稅糧如例。

同上　〔嘉靖三十年十月〕，選陞兵科左給事中劉體乾、工部屯田司主事胡朝臣爲通政使司左右參議。

《明實録・世宗實録》卷三八〇　〔嘉靖三十年十二月〕癸酉，先是巡撫遼東都御史蔣應奎奏：頃者各營開墾荒田，獲稻粱四千餘石，又新開民田科糧可千七百餘石，請建義倉以貯營田所獲，專備修邊支給，其民糧徵貯各堡軍儲倉，用充軍月糧之數。戶部覆議，報可。

《明實録・世宗實録》卷三八四　〔嘉靖三十一年四月〕庚辰，戶部會廷臣議足邊儲三事。【略】一請責成宣、大屯牧都御史加意經理屯政，期有成效，以省內輓之費，其全陝遼東并各省屯田當行撫按官轉督所司勸農墾田，或量給貧民以牛種，管屯衛官有干預錢糧出入者罪之。得旨：如議。

《明實録・世宗實録》卷三八八　〔嘉靖三十一年八月〕，南直隸屯田御史張鑑條陳便宜。一乞復南京四十二衛教場，除其屯糧計一百二十餘石；一鳳陽守備單弱，乞以九衛所新舊屯軍定革留守掌印官提督操練；一屯田每一分補空丁一名，及時耕種，暇日操練，免其赴軍赴操，以示優恤；一嚴查勢族侵占及冒報陞科者，盡沒入官，仍撥餘軍屯種。下所司議覆，從之。

《明實録・世宗實録》卷三八九　〔嘉靖三十一年九月〕，以水災免河南開封、衛輝、彰德、汝寧四府所屬民屯秋糧各有差。

《明實録・世宗實録》卷三九二　〔嘉靖三十一年〕，屯田子粒三百七十四萬二千五百五十石有奇，屯地銀一十四萬八千一百四十五兩有奇。

《明實録・世宗實録》卷三九五　〔嘉靖三十二年三月〕戊戌，戶部言：屬者屯田御史陳效古清查大名、廣平二府乾沒牧地，得三千一百二十五頃有奇，宜如所定上中下三則徵課，解太倉銀庫，以給京營馬芻牧之費。其潼關衛牧地五十頃，每年徵收麥粟即入潼關倉，爲官軍月糧。報可。

《明實録・世宗實録》卷三九六　〔嘉靖三十二年閏三月〕癸酉，戶部言：京營牧馬草場額徵子粒銀一萬三千五百餘兩，近爲總督戎政官奏留賞軍公用，實濟己私，宜速改正。上命查牧馬舊規以聞已。戶兵二部因言宜查牧地，復牧政，資採青之利，裁請給之端。上以兵馬正在訓練，不當議牧，仍令屯田御史清查牧地，俟其完報別議以聞。

《明實録・世宗實録》卷四〇五　〔嘉靖三十二年十二月〕，詔以陝西臨鞏二府屯田改屬分巡隴右道僉事兼理。

《明實録・世宗實録》卷四〇九　〔嘉靖三十三年四月〕丙申，代王廷埼疏言：大同邊郡苦寒，頻遭虜患，且歲比告歉，邊儲匱乏，請將祖遺大同府蔚州等處牧馬草場膏腴田歸之官，籍其歲入輸邊給餉。戶部言：山西歲逋代府祿米二萬有奇，請即以此田所入摘補。上從其議。

《明實録・世宗實録》卷四一二　〔嘉靖三十三年七月〕，詔加發太倉銀十萬兩於宣、大賑濟，命刑部侍郎陳儒覈二鎭屯田及需餉當用本折事宜以聞。

同上　〔嘉靖三十三年七月〕戊午，上諭戶部：宣、大二鎭錢糧缺乏，必思何以計處，豈可俱爲虛文，其令陳儒會同督撫官詳覈見在兵馬若干，合用本色芻糧若干，屯田及各項銀兩堪以支給者實有若干，不足者即爲處補。時宣、大總督許論奏乞軍費而部臣以國用詘乏，報奏不可，故有是命。

《明實録・世宗實録》卷四一四　〔嘉靖三十三年九月〕，戶部覆南京兵部尚書張經、浙江撫按王忬、趙炳然奏凡直浙地方被倭被災者民田許減存留之數，屯田許從輕折之價，其內府白糧漕運米於無災州縣補之，紹興府所屬邊倉糧暫令本折兼徵，以備海防之用。制可。【略】以旱災免湖廣武昌、漢陽、承天、德安、黃州、荆州、岳州等府田租及改折屯田子粒有差。

《明實録・世宗實録》卷四一五　〔嘉靖三十三年十月〕戊子，命賑濟宣、大侍郎陳儒回部，儒賑濟宣、大完，請以便宜查覈山東、河南、山西屯田錢糧之數。兵部言：兵荒之後，恐益騷擾。乃詔儒還。

《明實録・世宗實録》卷四一六　〔嘉靖三十三年十一月〕，大同巡撫王忬疏陳預給馬草、酌增糧銀、督催民運、折徵屯糧諸事。戶部覆議自三十三年爲始，每馬冬春月支料豆九斗，舊支本色四斗，令加二斗，共本色六斗，其餘四斗折色如故，騎軍與守邊軍月糧上半年每月舊支本色三斗，令加二斗，本折中半兼支，餘軍不得槩給，山西、河南所逋該鎭民糧自二十八年至三十二年共七十餘萬，即嚴限催徵，歲終務完其半，有過限不及數者聽大同撫臣參劾，中間或以道里險遠，不便轉輸，當量爲調停之法，山西州縣去大同三百里內者不拘分數，多派本色，三百里外者與河南俱酌地里遠近，派增儎費或四錢、三錢、二錢，通計所增若干，併入會計年例以補增給軍糧折價之數。在百姓雖派增而猶利折色之便，在軍士雖折支而實得本色之惠。臣聞千里餽糧，士有饑色，屯田塞下，且戰且休，此法之最善也。大同屯糧視原額才五分之一，其虧折不爲少矣，而年例增加，自民屯外，已至四十萬，若更折收，僅得六萬餘金，以時估計之，可得米二萬餘石，無窮之費，何所取給乎。其令仍收本色便。上從部議。

《明實録・世宗實録》卷四一七　〔嘉靖三十三年十二月〕癸巳，戶部覆刑部右侍郎陳儒奏，以各鎮屯田責之分巡僉事管理，以各省起運宣、大糧草責之巡撫催督，發循環簿於管糧郎中以便稽查，建倉厫於朔州等處，以儲民運，將大同犒賞地一千五百七十餘頃徵收本折給軍。俱從之。

《明實録・世宗實録》卷四一八　〔嘉靖三十四年正月〕庚戌，戶部覆刑部侍郎陳儒勘出宣、大額外侵没屯田，宣府四千五十餘頃，大同五百八十餘頃，俱當定則起科，其侵盜邊餉官役人等宜各抵罪。詔可。

同上　〔嘉靖三十四年正月〕，工部尚書吳鵬奏：邇者黄河衝決飛雲橋。於是昭陽湖水櫃淤爲平阜，今與運河無涉，櫃外餘田四百九十餘頃，悉召民佃種，人授田五十畝，每畝徵銀三分，以備河道之用，日後或於河渠有濟，仍退還官，其馬場、南旺、安山等三湖水櫃不在此例。報可。

《明實録・世宗實録》卷四一九　〔嘉靖三十四年二月〕癸酉，戶科給事中黄謙因宣、大告饑，邊計缺乏，條陳三事。【略】一復公田。謂大同一鎮舊有養廉犒賞地土，蓋以優恤邊臣，振作士氣，寓有深意。近今退出給軍佃種，較刀錐之利，忘鼓舞之術，宜仍舊給還將領爲便。戶部覆奏，詔可。

《明實録・世宗實録》卷四二九　〔嘉靖三十四年閏十一月〕己丑，督察浙直軍務侍郎趙文華陳區畫海防三事，大要言：松江宜守，浙江宜攻，福建宜撫。而所謂守與攻者在籍閒田，給兵屯種，以扼冦，所謂撫者請增設經略總督專官。兵部覆言：戰守撫相須爲用，均不可廢，三省皆然，其言鄉官領兵恐督責不便，給兵田百萬畝未審何所從出，恐滋紛擾，閩中更置專官亦非其時，俱礙施行。報罷。

《明實録・世宗實録》卷四三〇　〔嘉靖三十四年十二月〕癸丑，陝西督撫官賈應春、王夢弼請以花馬池閒田二萬餘頃撥新招軍士耕種，仍給月糧冬衣布花以資之。戶部覆即以種田所穫糧石抵算月糧，其冬衣布花令陝西布政司會計添補。從之。

《明實録・世宗實録》卷四三一　〔嘉靖三十五年正月〕，河南宗藩祿糧缺。戶部請以本布政司今年均徭銀內量留五萬九千九百餘兩幷續收事例銀一萬餘兩共七萬兩給之。因言近者周府輔國將軍安涀請定祿米價石止三錢，冠服府第銀亦減其半，各以其餘貯庫補備邊。本部已行撫按會處，未報。夫價既以三錢爲準，其放支又以一季爲度，庶幾處補易辦，出納有方，宜先以見在祿糧及今所議者先放一季，少濟目前之急，俟其積貯少充，復補給一季，無致遲延生怨。巡撫等官查所屬商販輳集、舟車絡繹之所，按季收稅解司，以備補給。它如黄淮二河新舊退灘、南陽諸衛新增屯田，各府無糧田地數至十餘萬畝，皆可起科，宜通行撫按司道府州縣官勘處，以地方之財，周地方之用，甚便。詔可。

《明實録・世宗實録》卷四三四　〔嘉靖三十五年四月〕，以陝西地震詔發太倉銀萬兩於延綏，一萬兩於寧夏，一萬五千兩於甘肅，一萬兩於固原，協濟民屯兵餉，仍令所司亟覈被災重者停免夏稅，幷將先發內帑銀及該省備賑贓罰事例茶馬折穀銀賑救貧民。

《明實録・世宗實録》卷四三八　〔嘉靖三十五年八月〕辛卯朔，上從部議定各邊屯糧本色七分、折色三分爲率，不許邊臣違例奏改。至是大同巡撫都御史楊順以該鎮饑甚，屯軍輸納不前，請損本色之額。部覆安邊禦虜足食爲先，而屯田之法則兵食所自足者，故兵家謂取敵一鍾當吾二十鍾，屯田一石可當二十石。我祖宗時經畫邊計，大同額糧至五十萬石，故塞下之粟常充而虜不爲害。今日虧月耗，存者僅十萬餘石，而又以三分折銀，其於邊計殊窮蹙矣。今邊臣縱不能盡復前額，奈何於區區七分之數復不能守，而又議更耶。夫大同切鄰北虜，抄暴無時，民不得盡緣南畝固也。然考之古人，充國嘗屯於金城矣，曹操嘗屯於許下矣。夫強虜在前勢艱而難田，莫如充國，四面應敵急迫而不暇田，莫如操當時猶且爲之。誠如兵家勝算，惟營田爲最便利也。今大同雖苦虜，然出入可預謀，非有倉卒轉戰朝不謀夕之患也。而頃畝尚存，成規具在，又非若金城、許下創建於窮荒絕域之所，開墾於干戈擾攘之秋也。但以人罹兵凶而流竄，地多廢棄而荒蕪，饒飫者幷於豪強，貧寒者困於牛種，耕耨或奪於私差，輸納或病於重斂，掌屯之官，武職則慣於侵漁，文臣則事多姑息，屯法之壞，職此之由耳。當事者不務反本澄源，釐此數弊，而依違於人情之便。苟且目前之安，此臣之所未解也。乞嚴督順等毋更紛紛，若萬不得已，今年姑照四六分數定徵，俟年豐復舊。從之。

《明實録・世宗實録》卷四三九　［嘉靖三十五年九月］，以直隸應天、池州等府水災，蘇、松、常、鎮四府被倭，各量免秋糧及折徵衛所屯糧有差。【略】丁丑，以南京錦衣幷宿州等衛所屯田水災，減免折徵屯糧有差。

《明實録・世宗實録》卷四五七　［嘉靖三十七年三月］癸酉，吏部尚書吳鵬等、給事中趙鏘等、御史李成華等各應詔條陳理財事宜。戶部覆行二十九事。一各省屯田存積銀三分留一，以備兵荒，二分起解。一開墾宣、大二鎭拋荒屯田牛種未備者量爲處給。疏入。【略】上曰：此會議殊爲國中計，即如各驛成造、鋪陳費多，徒資侵尅，各省解送兩京曆日，第充私饋，宜悉行停革，令各該巡按將二項歲派銀額查徵解部，以三月爲限，違者罪之。裁省座船馬匹，禁革冒濫關支。兵部其詳議具奏，按察司知印不必設，軍官立功及軍民人等充不準贖，其餘悉依擬，各項銀兩即令各撫按覈明趣解，無容怠視。

《明實録・世宗實録》卷四五八　［嘉靖三十七年四月］丁酉，尚書楊博以右衛解圍聞。上喜，徵侍郎。江東還，賜二品，大紅紗衣一襲，賞總兵張承勛、李賢、巡撫楊選，副總兵尚表等銀幣有差。御史欒尚約言：右衛殘破以來，耕稼廢於攻守，田畝蹂於虜騎，廬舍器具盡於炊爨，農夫戰士夷於鋒鏑。今雖暫解，將來未可知也。宜大加賑卹，嚴設守備爲善後之計。疏入。上深喜其言，報曰：東既調兵入餉，愽其悉心周計，大逐虜賊，勿致再欺。凡墩堡之要害，務在修築堅久，期以八月前畢事，餘牆次第舉工。仍以賑恤邊備事宜下兵部，會九卿科道議，皆言尚約議是，除前後發銀之外，請加發賑銀二萬兩，屯種銀三萬兩給之。其邊備最急者各險要之處宜多設將官，客兵應調往來無益，宜多練土兵代之。屯田、鹽法宜復，官吏貪殘驅民於虜，宜寬征斂，加意招徠。奸民入虜中爲之鄉導者宜加懸購。上命總督務實行之，有未盡者仍便宜具奏，毋緩。

《明實録・世宗實録》卷四七七　［嘉靖三十八年十月］，添設廣東廣寧縣隸肇慶府。先是提督兩廣都御史王鈁、巡按御史潘季馴等奏：邇者揆梅扶黎諸巢寔四方亡命淵藪，糺盤流刼，比比爲地方害。雖時加勦蕩，旋復聚結，蓋由山峒深僻，奸盗易匿致然。今當大兵龕定之餘，宜爲地方善後之計，請於潭圃地方開設縣治，分割四會縣大平、柑欖、大圃等地方十一圖隸之，設縣官，建儒學，如裁減例，用以據險守要，防遏夷酋，仍於龍口水立屯田千戶所，移四會後千戶所官軍幷肇慶二衛中前二所屯軍駐彼耕守，移金溪巡檢司於雙車圃，以控龍口之東，而厚集兵卒於南綏輔之，移扶溪巡檢於扶落口，以防龍口之西，而厚集兵卒於鷺鷥坪輔之，俱改屬新縣，庶便彈壓。詔俱從之，賜縣名曰廣寧。

《明實録・世宗實録》卷四七八　［嘉靖三十八年十一月］，戶部尚書馬坤等條奏七事。【略】一各邊行屯田御史及巡按御史督令官屬修舉屯政。一欽賞勳戚田土請命官稽考冒濫。【略】得旨：允行。

《明實録・世宗實録》卷四八九　［嘉靖三十九年十月］，以水旱蝗蝻免河南彰德、衛輝、懷慶、歸德四府州縣幷衛所屯田稅糧各有差。

《明實録・世宗實録》卷四九六　［嘉靖四十年五月］，巡按山西御史溫如璋條陳屯田六事。一宣、大兩鎭屯糧不下三十餘萬，但令分巡官兼理，勢不能周，宜特設屯田僉事一員，專董其事。一山西屯糧散給各省，事屬遙制，侵沒難稽，宜將各省郡縣有山西屯田者，掌印等官俱聽山西屯田憲臣鈐束考察。一有隸寧山、平定衛所屯糧原屬直隸屯田御史管轄，惟公署設在山西境內，宜專屬直隸爲便。一各衛所屯糧宜責成有司與民糧同徵，如遇陞任考滿，一體查覈，不得專屬武臣。一近日荒田開墾者抽丁着伍，人懷疑畏，棄業逃移，宜罷其令。一屯田有水衝沙壓及虜寇相薄者原額子粒悉與除免。戶部議覆，從之。

《明實録・世宗實録》卷五〇一　［嘉靖四十年九月］，以水災免南京錦衣衛幷揚州等衛屯田子粒有差。

《明實録・世宗實録》卷五一四　［嘉靖四十一年十月］，戶部覆給事中趙灼及御史潘淸亶等議處賦役五事。【略】一近邊永平、豐潤、玉田、遵化、薊州、密雲等州縣頻年被虜，屯田民地間多閒曠，宜酌量分撥各區聽自行耕收，以備軍資。三年成熟，照今屯糧事例每畝徵銀三分，輸部備邊。【略】得旨：俱允行。

同上　［嘉靖四十一年十月］壬戌，以南京錦衣幷鳳陽等衛所屯田旱澇相仍，許折徵秋糧有差。

同上［嘉靖四十一年十月］，以直隸盧、鳳、淮、揚四府所屬州縣衛所水災蠲免秋糧有差。

《明實録・世宗實録》卷五一五［嘉靖四十一年十一月］，以湖廣武昌等府、直隸揚州等府所屬州縣衛所災傷減免稅糧及折徵屯糧有差。

《明實録・世宗實録》卷五一六［嘉靖四十一年］，屯田籽粒三百七十一萬五百八十一石有奇，屯地銀一十四萬七千七百六十五兩有奇。

《明實録・世宗實録》卷五一七［嘉靖四十二年正月］甲午，勑巡撫山東都御史張鑑不妨原務兼督理營田，添設山東兗州府營田同知二員。

《明實録・世宗實録》卷五一八［嘉靖四十二年二月］丙子，以水旱災免湖廣麻陽、當陽、醴陵、湘鄉、溆浦、辰溪及德安千戶所，九谿、枝江二衛所田糧有差，仍命所司設法賑濟。

《明實録・世宗實録》卷五二五［嘉靖四十二年九月］，以大水蠲免徐、沛、豐、碭四州縣衛所田糧如例，仍交廣運倉小麥五千石，候冬春之際給賑。

《明實録・世宗實録》卷五二六［嘉靖四十二年十月］，裁革山東布政司管糧參政、按察司屯田副使各一員，以其事并於各分巡道，從山東撫按官張鑑等議也。

《明實録・世宗實録》卷五三〇［嘉靖四十三年二月］，以順天三河等處被虜，詔量免各州縣稅糧，仍以存留贓罰銀給賑。上諭大學士徐階等曰：今言者動稱經略薊鎮，朕聞兵餉一節僅用於常，未有積餘，其傳諭戶部令急處備。於是尚書高燿等因請再給銀五萬兩，仍行各撫按官嚴徵積欠民屯錢糧，以備支用。報可。

《明實録・世宗實録》卷五三六［嘉靖四十三年七月］，先是上諭戶部：邊事料理似各有緒，如糧草第一管郎燿當嚴稽，巡按官亦須驗勘之，至是巡按順天御史董堯封覈，上密雲、昌平、薊州糧草贏縮之數，及諸拖欠侵欺邊儲告匱之由，因列上釐革獘源六事。一薊州、燕石二區軍糧照舊，上半年實支，下半年折支，仍於永平添設郎中一員，俾之就近督理糧儲，兼管屯種。一各鎮管糧通判悉聽郎中節制，撫按官不得他委。一將官籍報兵馬之數，多不以實，宜嚴行督撫清查。一官軍支糧先行兵備道按籍開數，然後送管糧郎中給發。一各倉收放錢糧斗斛衡石之類，先期懸式，以示不欺。一各邊發銀糴穀，務擇富商僉領，不得縱容姦頑，營求罔利。戶部覆議行之。

《明實録・世宗實録》卷五四四［嘉靖四十四年三月］，巡撫遼東都御史王之誥條陳開墾荒田八事。一議工力。其法以田九百頃爲率，用二千四百人，把總二十四員，總委官六員，將各營見在步軍六千四十餘名更番撥用。二議牛具。每牛一具，種田一頃五十畝，牧者一人，耕者三人，其牧者給草料，免其雜差，惟耕時隨牛下田，與三人同力合作，令總委等官不時查驗草料，其牛具即於原議修城銀給之。三議種子。計田九百頃，用種子二千四百四十石，或蕎或荳，隨地所宜，即於上年收穫內動支。四議車輛。登場日用車一百八十輛裝運，每輛銀二兩，除已造完三十輛，餘者宜於廣寧馬市稅銀內支用。五議供費。每營開田一百五十頃，軍夫四百名，委官五員，約工百日，該費口糧六百一十五石，牛百具，該荳七百五十石，草萬束，俱於本田收穫糧草動支。六議草稭。每種田九百頃，存積柴草除穀草荳稭，留以飼牛，蕎稭一歲所得可以變賣銀千兩，買補牛具農器。七議倉廒。各城倉廒倒塌，宜將夫丁銀兩及今春次第修理，除收貯屯鹽二糧外，餘倉悉收營田子粒。八專責成。宜將河西營田行接管都御史，河東營田行巡按御史互相督責，各道并大小將領以實舉行，其奉行不力及因循誤事者歲終查明參究，仍乞勑接管都御史協心共濟，以圖成效。疏下，戶部議覆，俱從之。

《明實録・世宗實録》卷五四五［嘉靖四十四年四月］，巡撫寧夏都御史王崇古條上邊務六事。【略】一近年河流改涉，水利不通，屯田半爲蒿萊，節經題準蠲免屯種，而有司未有實心奉行者，即今一歲中各衛屯堡逃丁已至千餘，年復一年，不盡不止，乞即委官踏勘，將荒田可開者量發牛具召種，寬其雜徭，水崩沙壓者議開虛籍，鹻潮灘漲者酌議折減。中有豪強占種欺隱者改正稅糧。【略】疏入，下所司議覆，俱從之。

《明實録・世宗實録》卷五四七［嘉靖四十四年六月］，提督兩廣軍務侍郎吳桂芳言：廣東肇慶府德慶州上下江一帶地名羅旁，淥水介東西二山之間，竹木叢翳，素爲傜賊淵藪，其羅旁西山傜人先年都御史韓雍經略隄防，頗就安輯，惟東山諸傜阻深箐而居，時出剽掠，有司每歲發戍卒［勦］之，費廣力疲，無益實效，今一勞永逸之計，莫如聚兵召商，隨山刊木，設立營堡，將就近田地給與戍兵耕種，以省給餉諸費，庶可扼其從出之塗，絕其潛伺之計。耕守既定，控制斯嚴，北岸營兵以次漸減，此足食足兵、治以不治之上策也。兵部議覆，詔從之。

《明實録・世宗實録》卷五五三 〔嘉靖四十四年十二月〕，巡按遼東御史李輔條上經略險山三事。【略】一險山山多田少，新募軍士無田可耕，宜開大佃於荒地，將險山叅將標下無爲軍士查撥七百人屯種，永不起科。【略】疏下兵部覆議，行之。

《明實録・世宗實録》卷五五六 〔嘉靖四十五年三月〕，起原任巡撫應天都察院右副都御史翁大立巡撫山東，兼理營田。

《明實録・世宗實録》卷五五七 〔嘉靖四十五年四月〕，更定各處衛所逋欠屯糧降罰則例。凡未完三分以上，管屯官降俸二級，掌印官降俸一級；五分以上，管屯官降一級，掌印官降俸二級； 七分以上，管屯官降一級，發邊方立功，三年回衛差操，掌印官亦降一級，著爲例。

《明實録・世宗實録》卷五五八 〔嘉靖四十五年五月〕，改總督南京糧儲右副都御史洪朝選巡撫山東兼督理營田。

《明實録・世宗實録》卷五六三 〔嘉靖四十五年十月〕，以湖廣水災，詔免各府衛屯糧料價有差，仍改折漕糧十四萬石。

同上 〔嘉靖四十五年十月〕，以水災免遼東都司定邊左等一十九衛所屯糧有差。

《明實録・神宗實録》卷三三五 〔萬曆二十七年五月〕，禦倭經略邢玠條陳東征善後事宜十事。【略】一議操練屯種，擇於寬便處所設立教場，天兵麗兵相兼操練，訓以教師，將官月試爲小操，鎮道季臨爲大操，撫臣春秋二汛爲合操，酌定賞格，以爲鼓舞，分附汛地內有荒蕪屯土者責開墾屯種，出於朝鮮牛具，給於官帑，庶足兵足食，兩得之矣。【略】事下部議。

《明實録・神宗實録》卷三三六 〔萬曆二十七年六月〕癸未，戶部覆屯田御史趙之翰題以直隸、山東、河南等處墾田數多，任事各官効有勞績，請將按察司等官顧雲程等知府秦鄰晉等移咨吏部紀録，仍行文各巡撫嚴督司道將所屬報墾荒地自萬曆二十二年起至二十五年止共計一萬一千六百四十五頃五十六畝幷今次續墾新地備查，原係有糧無糧，某年實徵銀各若干，已徵在庫者會否起解，存留者作何支銷，逐項覈實造冊，送部以便稽考催解，庶臺臣薦揚本部，議覆不記空言。上然之。

《明實録・神宗實録》卷三三八 〔萬曆二十七年八月〕丙戌，雲南巡撫劉會疏言： 頃入省偶聞在監重犯周時清等串通原奏官千戶張國臣微服暗入，會草奏本其遺落草稿爲同監犯人毛大忠所拾，因而出首。臣取其奏草閱之，則皆論撫臣事，大都爲被逮李先著叛酋，猛廷瑞求脫，又以吳顯忠、木元瑞事誣撫臣以受賄，此其事情自有帝鑒，臣亦無所容喙。獨其稿得之於獄中，而奏則欲假之於稅使，萬一羣奸之計中，撫臣之禍，從滇始矣。臣向來至滇不習滇事，亦常以目論而耳食之。今巡歷將遍，乃知滇千艱萬艱之狀，而撫臣之所以處滇者亦罄其千辛萬苦之思也。以通省錢糧僅止十一萬餘，而數十營兵餉取給於此，數千兩歲金取盈於此，二十郡六十五州縣各官吏俸鈔取辦於此，軍興不測之需，買象採石不時之費，又一切皆措置於此。臣見撫臣無日不爲陛下理財節用計也。七載以來，鞠躬盡瘁，今年畧三宣，明年復蠻莫，又明年則討平順，又明年則計擒多俺，計復猛密，而六詔盡以還定，至建八雄關於猛卯之外，闢地千里營屯田萬畝，此皆事事聞之。陛下所欽嘉而褒賞者。臣見撫臣無日不爲陛下靖亂安邊計也。三十年仕途皭然不滓，至今居僅舊廬，田僅饘粥。而葵藿一書，皆激將率以忠義，勸官吏以清勤。臣見撫臣無日不爲陛下正己率屬計也。以撫臣任封疆重寄，而李先著、周時清、猛廷瑞等結黨煽兇，謀欲自脫不赦之罪，先加撫臣不白之冤，而張國臣以原奏長隨受囑報復，輒欲假貂璫之氣焰，以甘心於撫臣，他日流毒縉紳，漢唐末季之亂即在此旦夕間。伏乞大振乾斷，獨彰法紀，將猛廷瑞、周時清等亟正典刑，李先著速炤近擬，張國臣嚴拏回京，仍諭該監慎嚴關防，無濫用匪人，則庶乎國是定而人心安矣。

《明實録・神宗實録》卷三四二 〔萬曆二十七年十二月〕，兵部覆巡按直隸御史王藩臣條陣屯操二議，以爲屯田之法，古人行之，卓有成效，積漸廢弛，膏腴者盡入豪貴，而僅存者俱瘠薄不堪，以致名存實亡，牢不可破。按臣自擊其弊； 銑然振刷，欲盡籍屯軍而精簡訓練之，其力強而技優者授以腴田而激勵之，寓兵於農，當不外此。至於一切管屯管操官詳覈委任，每歲終甄別去留，材者擢用，駑者斥汰，官得其人，則屯軍各得其所，委於屯政有裨，乞申飭力行以臻實效。上然之。

《明實録・神宗實録》卷三四五 〔萬曆二十八年三月〕，戶部題開屯佐餉籌邊之上策也。顧塵飯塗羹，徒爲戲具，今遼撫李植督理未及二載，墾過荒田四百餘頃，收雜糧萬石，柴草稱足，刱墾獲效如此，久屯倍利可知。因推九邊塞地強半抛荒，盡可開種，不獨遼左。乞勅通行開墾。奉旨各邊司道勅書原載責成屯政近來通不遵依，但求仰發京帑，豈同心體國之義。着各用心設法招墾，以佐軍需，勘有寔效，破格優推，怠玩的參來處治。

《明實録・神宗實録》卷三四九　〔萬曆二十八年七月〕，眞、保、薊、永礦稅監王虎疏請徵收寶坻等縣葦地船網稅課銀兩及開墾荒地，參百戶夏榮作威生事。得旨：漁葦課依擬徵收，及開墾荒田令會同撫按屯田御史查勘，不許侵越各處稅課疆界，夏榮着回衛。

《明實録・神宗實録》卷三五〇　〔萬曆二十八年八月〕，復除原任雲南副使楊以忠爲四川副使，管理清軍屯田事務。

《明實録・神宗實録》卷三五二　〔萬曆二十八年十月〕，戶部覆南京屯田御史王藩臣乞豁秋糧疏，言前項錢糧係各軍額餉，難以議豁，但既稱節年水旱，無從取辦，若不改折，則屯伍荒虛，宜令御史同戶曹官勘覈災傷屯地，分別輕重照例改折，輕者每石折銀三錢伍分，重者止折三錢，通融作數，抵放軍糧，仍備冊覈考。允之。

《明實録・神宗實録》卷三五三　〔萬曆二十八年十一月〕癸卯，論遼東開墾屯田功。按察使張中鴻、參政張登雲、徐準暨遊擊陳伯懌、劉大宗，備禦周朝卿、中軍劉可學、千總康如圭、委官許汝瀛、汪時鳴、孫克乾、胡帝臣、龔茂衡，守堡趙廷壁俱紀録。

同上　〔萬曆二十八年十一月〕癸丑，直、保、薊、永稅監王虎奏請各州縣官屯民地開墾荒田，歸併督理徵糧，查復投畝類進，其鹽商侵占葦地，刈割葦草，量爲徵稅，以充國課。詔悉從之。

《明實録・神宗實録》卷三六五　〔萬曆二十九年十一月〕丁酉，戶部覆奏天津屯田事宜。先是保定巡撫汪應蛟言天津葛沽一帶地廣人稀，臣爲之相度疆理，督行道府副協等官買牛制器，開渠築堤，計葛沽、白塘二處耕種地共五千餘畝，內水稻二千畝，其糞多力勤者畝收四五石，餘三千畝種蕎豆者畝收一二石，種旱稻者則以鹹立槁，大約水稻可收六千餘石，蕎豆可收四五千石。天津當多事之後，見在兩營水陸官兵尚四千人，歲費餉六萬餘兩，俱取給於加派。今幸而屯田可成，若盡依今法爲之，墾地七千頃，歲可得穀二百餘萬石，此非獨可給天津六萬之餉，卽以充近鎭之年例，省司農之轉饋，無不可者。且地在三岔河外，海潮上溢則取以灌漑，於運河無妨。白塘以下多竈地，原無糧差，白塘以上爲靜海縣民地，或五畝十畝而折一畝，糧差不過一分八釐。民願賣則給價，不願則田成給種於民亦便。議將天津防海官軍六千人春秋免赴防薊，合水陸兩營兵共計萬人，除人各耕種外，每歲渠築開堤可成田數百頃，召募殷實居民及南人有貲本者聽其承種，少或五十畝，多不過一二頃，悉命倣照南方取水種稻，本年姑免起科，次年每畝寔收稻米五斗，數年之後，永爲世業。其軍兵除自種五畝，每畝定收稻米一石五斗，數年之後荒穢盡闢，各軍兵且屯且練，民間可省養兵之費。章下所司，至是覆請，命如議行之，然得不償失，迄無成功。

同上　〔萬曆二十九年十一月〕癸丑，巡撫山東右副都御史黃克纘言：登、萊、青、武濱海四道一時俱缺，前撫臣尹應元因輔臣沈一貫條議營田疏內有宜令巡撫得自選用廉幹官員一節，奉旨允行，因有薦補諸道之疏，不意遂致科臣參論，遂自請去，命照舊供職。

《明實録・神宗實録》卷三七二　〔萬曆三十年五月〕戊寅，戶部以民屯多逋，兵餉皆仰給京運，具疏請責成巡撫及管糧郎中。奉旨：從來邊餉倚辦民屯，後乃以京運接濟。如何任其拖欠？不行參罰，職任安在？著各巡撫及管糧郎中照見行事例著實行。爾部還分別覆擬處治，不許徇私姑息，互相容隱推諉。

《明實録・神宗實録》卷三七三　〔萬曆三十年六月〕，兵部覆保定督撫議：津海屯田舉行有緒，乞留任事將官副總兵陳燮以今陞京營副將職銜，仍管理天津海防事，俟田工已畢，績效果著，不妨徑從優擢其新推副總兵戚金調補鎭守南直隸江南副總兵，從之。

同上　〔萬曆三十年六月〕，巡撫廠庫御史史學遷劾工部屯田司郎中尹從淑受富商千餘金，另僉貧民頂替，乞從公議處以清仕路。詔下所司。

同上　〔萬曆三十年六月〕丙午，工部屯田司郎中尹從淑上疏自白，詔部院從公查覈來說。

《明實録・神宗實録》卷三七九　〔萬曆三十年十二月〕，屯田子粒地共六十三萬五千三百四十三頃七畝八分六釐三毫有零。

《明實録・神宗實録》卷三八六　〔萬曆三十一年七月〕，天津餉司條議各軍防汛行糧本折，將屯田所收稻穀及保河各府扣剩二分糧銀照數充抵水陸兩營月餉六萬餘兩，將六府地畝攤派與暫借屯田稻穀抵放，候解到補還，仍作三營行糧之用。新增左右營幷通津營軍本色仍於額收漕糧及各衛所屯糧內取足，折色於餉司舊額折銀內動支一千二百四十七兩二錢，屯地上加徵六千二百三十六兩，行令各衛所如數加派，有司設法徵解，戶部如議，上請報可。

同上 ［萬曆三十一年七月］，初津防軍士月餉六萬餘兩，俱派民間出給。先任撫臣汪應蛟於葛沽白塘等處用兵民相守之計，行閩浙治地之法，撫臣孫瑋因而行之，開成熟地一百五頃二畝，并前開成田地所獲稻穀粺糧抵充津防額餉。戶部請優叙効勞文武官員併漸次減徵原派民糧，且令再加開墾。上俱從之。

《明實録·神宗實録》卷三八七 ［萬曆三十一年八月］，川貴總督王象乾因戶部咨其丈田糧、限田制，兵部咨其設屯衛，遂疏令夜郎、乘鳳、樂源、樂道、永鎮、儒溪、永定七處皆各州縣達府要路，深山邃谷，遠箐茂林，一有往還，動逾旬日，宜各設驛站，以協濟夫馬之奔馳，以聯屬遐方之脈絡，誠所當增。其餘一切經費除府衛首領及縣佐學驛查係冗員，另疏議裁，其貞安訓導、廩生，遵義、桐梓、綏陽、仁懷、儒學師生吏役俸廩及門庫鋪兵渡夫并夜郎等七驛驛丞支應傘轎鋪陳等項，雖後不可終廢，而目前尚可緩。道府州縣團操民壯，守護城池，看守倉庫，腹裏猶然，况新設州縣夫豈可少。姑於防兵數內每州縣量撥三百名，以供防守，暫停者共計停一萬四千二十兩有奇，每糧一石，止徵銀一兩三錢九分八毫有奇，實徵糧銀二萬四千三百一十兩，丁銀內酌量加添，實徵丁銀五千八百八十兩九錢有奇，通共丁糧銀三萬一百九十兩有奇，以備各項經費，播屬舊糧歲止銀三千一百兩，今加三萬一百九十兩有奇，武弁俸廩既薄，夷方米珠薪桂，養廉田地應照九絲事例酌量官職崇卑分撥，以示優恤。屯軍五千名，該田一十五萬畝，水邊屯田尚未設立，臣恐目前藩籬不固，將沙溪五里半之地暫改屯田，以備守望，該邊舊民及貞安州申文紛紛告稱不便，其貴州倉糧共計六千二百石，係戶部經制額數毫不可少，今亦無可徵辦，應俟地闢民聚之後，另行加派，其養廉、屯田、黔餉三項共該田地八千三百八十二頃，候兩省按臣查明疆界之日，另行撥補編徵。此外又有防兵八千名，歲餉八萬餘兩，竊計全播經費，歲不過四萬四千有奇，除裁削外，尚有停徵待編者一萬四千有奇，不能自給，此八萬之歲餉可復望之播乎。容臣另議具疏。乞勑下吏、戶、兵三部將前應增應裁應停等項官員驛站錢糧及所少將領軍屯田地并協濟貴州倉糧作何區處，逐項覆加查議。上請施行，下部知之。

《明實録·神宗實録》卷三八八 ［萬曆三十一年九月］，薊遼督撫議將左中二屯衛應徵三十年分糧料五千一百五十餘石，除有人承種納一千八百五十石零徵完貯該倉外，其無人承種欠糧三千二百九十餘石，仍於廣寧陳鎮、撫莊等處收穫糧石抵撥，以後備行該道，嚴督能幹官，踏勘開墾，仍於每年終備查各官墾地多寡，分別殿最，奏報戶部覆議。從之。

《明實録·神宗實録》卷三九九 ［萬曆三十二年八月］，戶部尚書趙世卿請申飭參罰民屯積逋，大畧言：國制一鎮軍馬自有一鎮民屯，後來間發京帑，原爲一時權宜之計。柰相沿日久，忘其初意，視民屯拖逋，漫不經心，則曰恃有京帑之可補耳。往當全盛之時尚難虛內以益外，况當匱乏至極，尚可尾閭洩之乎。且每年督撫會繳御覽文冊，奏稱民屯未完者聽其另疏參罰，而迄未見參者誰也。管糧郎中有專任責成會同參罰之例，而迄未見果會同也。時艱若此，縱不能多方搜括，別出他籌，只此應解錢糧見行事例，亦不能着實舉行，國計軍儲將安裨乎，相應題請申飭，候命通行。

《明實録·神宗實録》卷四〇六 ［萬曆三十三年二月］，巡撫大同右僉都御史張悌言：先是礦使弗戢，致有廣昌之變。礦監王虎屢疏控辭亦知邊民之難堪也。况臣屬五州縣歲包礦課四千五百兩，鋪墊火耗等項五百七十餘兩，業有定數，歸併稅使爲便。又稅監張燁先報清丈牧馬草場地坐派大同銀九千兩，查本鎮牧地僅一千二百餘頃，原徵銀二千二百三十餘兩，充軍餉貼站支用，今改充子粒加至四千兩，猶有說也。若養原屯田餘地一千七百九十餘頃，徵銀一千三百九十八兩，係題充撫賞正數者，原非牧地亦改子粒，且加至五千兩，撫賞失額，何以處之。乞準豁免。不報。

《明實録·神宗實録》卷四二〇 ［萬曆三十四年四月］，水西首領韓顯華、張守忠等寇劫遵義府界，鄉民宋永富等率農格鬭被殺數十人，獲賊十二人以歸。督臣王象乾上其事，因劾知府蔡鳳梧、同知尹志伊、指揮使周大謨弛防縱賊。又言播州與水藺二司各有分地，在水西以烏江渭河爲界，在藺州以河西儒溪爲界，臣奉命清疆，查得藺州侵占儒溪河西等里八百餘里之地，水西侵占五冊沙溪等里六百餘里之地。臣據法清理，豈眞爲尺寸壤土計，蓋阻據河險而易守，正以杜土夷侵淩之漸也。詎意僅復藺地，設官安屯，且耕且守，自儒溪至黎民村八百餘里之間數年帖然安堵，若夫水邊侵地該屯田三千八百分，竟爲烏有，而遵義之藩籬撤矣。今計欲遵義奠安，在四川應於沙溪屯兵五百，在貴州應於東隆屯兵三百，各該軍官統領防守，互爲犄角，四川合用防兵即於総兵標下抽取，庶兵無增餉之擾，而民免鋒鏑矣。章下兵部，部覆鳳梧、志伊奪俸半年，大謨降一級，戴罪緝賊，至添設兵將行二省吏議。從之。

《明實録・神宗實録》卷四三一　〔萬曆三十五年三月〕，兵部題鄖陽巡撫標下中軍係行都司僉書兼理，不便。宜照各省裁去管屯都司，專設中軍一員。從之。

《明實録・神宗實録》卷四三二　〔萬曆三十五年四月〕，戶部議屯糧依舊令衛所屯官催徵。先是御史吳崇禮議更屯政，以屯官收徵，染指錢糧，課額日虧，宜將屯糧歸併有司。事下部議，屯院以有司徵屯有五不便。地方遠近之不相屬，軍民紛擾之不相制，徵觧之難齊，科罰之太刻，有司屯官之交病，似不必過爲紛更，唯慎法擇人，剔蠹釐弊，在當事者慎圖之耳。至是還行屯院及巡按巡関各御史督令衛所經歷管屯各官照舊按徵，有侵漁染指，屯田御史據實題參，本部據法議處而已。

《明實録・神宗實録》卷四三七　〔萬曆三十五年八月〕甲申，戶部尚書趙世卿言：國初經制，一鎮之民屯自足以供一鎮軍馬，間發京帑，不過濟民運之不及耳。邇來功令日弛，舉刺不嚴，所在有司狃催徵爲故事，忽查參爲虛文，藉災荒任意逋負，以故邊餉匱空，歲甚月益。今宣、大督臣深維其弊，欲援往時保定巡撫事例，將隔屬有司歲行參罰，以儆積逋，甚苦思也。既經宣鎮撫臣會議相同，宜自今歲爲始，許宣、大撫臣將省直應觧邊糧備查完欠，題參到部，分別處分，無以彼此嫌怨，互相容隱，庶人心知儆而邊餉不空矣。從之。

《明實録・神宗實録》卷四四四　〔萬曆三十六年三月〕，遼東巡撫趙揖言：邊地災傷無處不苦，寧遠前屯一關通關地尤砂磧，開原、鐵嶺三面環夷，民乏恆產，議將屯糧徵折徵本曲烏調停，少加拯濟，乞勑部覆遵行。

《明實録・神宗實録》卷四四九　〔萬曆三十六年八月〕，戶科給事中韓光祐言：臣考國初九邊之制，兵隸於衛，餉供於屯，屯運不足，漸取給於民運，民運不足，又仰給於京運。正統以來始有請發。成化間歲額四十餘萬兩，嘉靖初年亦不過六十餘萬，嗣後虜數犯邊，歲無寧日，請發滋繁。隆慶三年通查各邊錢糧年例銀尚止二百四十餘萬，至於今日則四百九十餘萬矣。急宜申定經制，著爲令甲，某鎮主兵若干，客兵若干，除屯糧秋青草束，民運塩引若干，應發京運銀若干，此年例也。邊臣按籍而索，計臣具題而發，有事徵調，增兵若干，增餉若干，必撫按會題下部覆議，得請方發，名曰接濟，不爲例也。有混接濟於年例者，以侵盜律坐罪留中。

《明實録・神宗實録》卷四五八　〔萬曆三十六年五月〕，命御史徐鑒管理印馬屯田。

《明實録・神宗實録》卷四五九　〔萬曆三十六年六月〕甲戌，上始以兵部言秋防屆期，中外多事，請申飭九邊戰欵事宜。大都謂九塞惟薊、遼最近，患最迫，宣、大稍緩，關係最大，陝稍遠，虜情最黠。有旨邊防事宜，依議嚴行申飭。近來各鎮糧餉日增，武備日弛，兵數雖多，堪戰者少，該督撫官如何不用心振刷料理，以致有警之時動輒驚惶，責將誰委。你每說遼東緊急，着戶部即發應還太僕寺漕折銀十萬兩，太僕寺發班價銀五萬兩，南京兵部借銀八萬兩，戶工二部共七萬兩，解赴該鎮，以爲募兵充餉之用，仍着各該撫鎮巡官着用心整理邊備，訓練士伍，設法修復屯田，以助糧餉，不得因循怠玩，專靠增添，違者重究。

《明實録・神宗實録》卷四六〇　〔萬曆三十七年七月〕，直隸漕儲道副使梅守相、雲南屯田道副使趙楷並以按臣論劾，閑住致仕。

《明實録・神宗實録》卷四六二　〔萬曆三十七年九月〕丙戌，議修遼屯。時上有修復屯田之命。遼東巡按熊廷弼上其議，大畧言：遼地可耕，遼兵八萬，簡十之三，歲屯種可得一百二十萬石，省年例銀不下二三十萬。又言山海、杏山、錦義、廣寧、三岔、遼、瀋、開、鐵等處地多沃而反荒，金、復、海蓋地頗磽而反墾，議於軍屯則廣給薄科以鼓之，民耕則弛稅置堡以便之，官墾則議擢議參以勵之。上曰：自古養兵多取給屯田。我祖宗專以屯政實邊，轉輸甚少。自屯政漸壞，軍餉日增，以致今日庫藏空虛，內外窘急。國家待邊臣考滿超遷，三年內遇叙有功勞輒加陞賞，原自不薄，何以不爲朝廷出力。今屯政一端，已廢壞如此，所修何事。這所奏於邊務有裨，該部便詳細看議，具奏通行九邊，一體修復。於是戶部覆言行之便，其墩堡屯寨、月糧犒賞等費約該銀一十二萬兩，責成內外措處。上仍命兵工二部各詳細條議來說。

同上 ［萬曆三十七年九月］，兵部李化龍條言修復屯田十二事。謂先遼左而後可以及各邊。一定地畝。諸沃壤荒土堪以屯種者酌若干頃，次其段落經界，署倣魚鱗圖冊，候軍民按給之。一覈軍數。以遼兵八萬之中簡什之二三，上征調，次居守，下乃屯種。一給牛種。以軍人應支糧銀預給半載，令自置買耕牛，待秋成然後開除本折，仍免其次年之稅，更俟三年然後起科。一廣招募。曰土著，曰南兵。一薄徵斂。以所給田分三則，上則如法徵糧，中減十之三，下聽自便，永不起科。一置屯堡。約二三十里間置一堡，使附近民戶聚處一城，濬壕三道，多種榆茨，猝遇傳烽各斂物畜，據堡堵禦。一議修防遼。故無塞，議以今年塞河西，明年塞河東，約費六萬金築長垣一千四百里。一清中納。自改折令行，遼左猶輸納本色，然以賤買輸官，所上米豆，俱敗朽不堪，不若歲納折色，戶部將折銀解遼爲便。一置常平。就近堡立倉廒，歲稔就民間時價五分增一，官爲糴之，米麥豆草設法兼收，值大歉，乃減價平糶，遇急徵發。一覈養廉。所部屯軍能輸餘糧如數入官者以在官糧二十之一爲將官養廉之資。一專責成。督撫按道各給特勑陞廕，復命視其督察。一愼減餉。戶部歲給額餉必須如數如期，三載以後，乃可通融裒益。

同上 ［萬曆三十七年九月］，出吏科給事中喻安性爲廣東羅定道僉事，吏部員外［郎］丁鴻陽爲浙江台州道僉事，御史李應魁爲河南大梁道僉事，御史李櫰爲廣東屯田道僉事。

《明實録・神宗實録》卷四六三 ［萬曆三十七年十月］丁丑，江西道御史喬允升以四方災變陳救荒之議，一散利，二緩徵，三去譏，四省禮。又言理財之道，不可不講。理財莫若重農，重農莫若專官。本朝農官獨闕，或於督糧清戎等職寓官其中，俾歲時巡省，以專課民，官設而求水利，京畿近地與湖廣、江西、河南唐、鄧等處地勢平衍，率多河流，莫若少倣隋人之制，每郡以境中河水爲主，相其地勢各爲溝，大小委曲以相通。淮揚江浙之間，地多沮洳，萑葦盡數以爲田，召江南無田之民測泥塗之淺深，如制挑濬爲堤堰、斗門以受蓄洩。屯田之制必東起遼東，西盡甘涼，凡邊塞無鹹鹵，而宜種者皆相其土宜，給以牛種，設立亭障、溝塹，爲烽堠遊騎以備寇。均田之制口分世業，請限制，其將來無爭競之端。自今歲以後，一丁惟許買田一頃，以丁配田，定爲後法行之，數年田直日賤，民產亦均，此皆所謂藏富於民之道也。疏寢，不報。

《明實録・神宗實録》卷四六四 ［萬曆三十七年十一月］，戶部請將屯田御史所轄北直、山東、河南三省、大同等處各官見年開墾荒地委官查勘丈尺頃畝有無參差，以憑覈實施行。

《明實録・神宗實録》卷四六五 ［萬曆三十七年十二月］，仙遊人劉廷芝自稱密雲守備，奉命清查福建、廣東等處屯田，所賫僞勑一道，勘合一紙，自京師繇閩入粵，支驛傳供應近四百金，廣東巡按李應魁獲之以聞，下法司。

同上 ［萬曆三十七年十二月］甲戌，以翰林院簡討魏珩如爲浙江屯田道參政。

《明實録・神宗實録》卷四六七 ［萬曆三十八年二月］，兵部尚書李化龍言：皇上有感於按臣之言，謂明旨申飭無用，令臣部設法處治。此振作吏治，計安邊境盛心也。臣謂欲法之行，惟嚴責成，維密考成，即如召買軍馬，查勘邊情，修理城堡，修復屯田，一切邊計軍情關係緊急事務，撫按督行司道定以期限，如不能即完，寧稍寬其限，務以必完爲主。限既及矣，有過限一月者行催，兩月者急催，至三月不完竟以不職議參。輕則罰調，重則降黜，必無所貸。如此，何威令之不行，人心之不儆哉。報可。仍諭以後邊鎮奉旨所行事曾否遵依，都著撫按官依期回奏，有稽誤隱瞞者倂行治罪。該部科亦當時爲稽查參奏，不得因循怠玩，有失責成至意。

《明實録・神宗實録》卷四七三 ［萬曆三十八年七月］，戶部覆閱視關臣金明時疏四事。【略】一議免屯糧以恤貧軍。保茂六衛屯糧先年收貯州縣以俟臣部支給者，謂各軍屯地或殊多寡，又或歲異豐歉，徵於官而還給之，斯人有見糧即人得宿飽，自債弁侵尅，以致厲軍病國。今依擬將保茂六衛原有隨軍地畝及應納屯糧各若干清查冊籍，如各軍歲支月糧數免給本軍。若地多浮於數者除免外，仍令上給地少嗇於數者。本身不足補，以屯餘人給印帖，令每歲免討。其或有別項補絶軍未種屯地者，查出原地攬種與租典之人，即令退給應軍者，無得隱占。其應軍者即將屯種免給如前，若荒鹵不堪，不願承種，聽該道府酌量議處。詳報本部以憑剳行糧儲遵照施行。

同上 ［萬曆三十八年七月］戊辰，復除原任陝西僉事龍膺爲陝西屯田僉事。

《明實録・神宗實録》卷四七六 ［萬曆三十八年十月］丙戌，兵部覆議福建巡撫陳子貞海防條議七事。【略】一清侵占屯田，以復舊制。欲行清屯之法而無撓法之害，莫若就額糧之完欠而分別之，有田無軍，田必勢占，有屯無糧，屯必迷失，就中清出侵占屯地以養軍丁以充貼駕，餉不增而兵足用，策無便於此。獨刁軍暗受勢賄，告訐蝟興，得田入手，潛復典賣，則前弊未清，後害相踵，或有司憚勞，委之佐領，其間弊端尤難究詰，要在設法詳審，委任得人耳。【略】得旨島夷窺伺邊海，防禦宜周，如議行。

《明實録・神宗實録》卷四七九　〔萬曆三十九年正月〕，兵部奏薊州鎮團營地畝春夏旱蝗，入秋水災，禾黍無收，賦難供辦。乞將三十八年分應徵本部子粒錢糧照例準蠲五分，其餘五分俟三十九年麥熟徵解。報允。

《明實録・神宗實録》卷四八二　〔萬曆三十九年四月〕，兵部尚書李化龍上滇南善後事宜。隴川、南甸、千崖三宣撫並峙，爲我騰、永藩籬，寔西南一隩區也。宣撫多安民，背漢投緬，罪不容誅。天厭元兇，一朝授首，多安靖安民弟也，顧戀豢養，大義滅親，遵令所部同心討賊，功有足録，以其父祖之故地畀之無疑矣。但年幼勢孤，地方諸臣有多思譚協立之議。多思譚者，其族屬也。世授隴川土同知，住居遮放，兵力頗強，人心附焉。説者遂欲立之，恐啓他日憑陵之漸，惟定立安靖，給與冠帶，管宣撫事，而思譚仍以土同知協理，則名分定而夷情亦安。惟思譚人衆土狹，而江外曠土如灣腰樹諸處量給之，比於芒布放應職撫放廷臣事例，待安靖長成，限年退還。如有功即割予之，似不爲濫，而又責成南甸千崖保任，俾思譚無狡焉之患。其宣撫印信暫貯騰越州，聽候明旨頒給，或如司道所議，待安靖能自立始予之，庶可杜覬覦而消釁蘖。至於衎忠寓居灣西有年，蓋爲思線恃緬占據蠻莫之故，彼力不足以支思線，而我兵僅守汛地，又無深入防護之理，則權宜安插於猛外城外屯營之所，任其墾閒田，納屯種，又以其兵懾多太、多安邦諸夷，於守城亦有裨，俟其力足以當蠻莫，然後徐圖恢復。況每歲省餉數百金，而鎮遠營兵可漸撤矣。騰營防川之兵瘴癘難以久處，且夷漢襍居不無騷動，杉木隴據險少瘴，宜以本戍兵移建營房於此，內固騰、永之藩籬，外爲隴川之策應，且足杜騷擾而愜夷情，亦計之得者。夫三宣僻在一隅，盤據數千里，部落數萬衆，豈勢力所能服哉。惟馭之得其道耳。叅將守備銜門譬之郡守縣令也。多安民懼而逃，逃而開此大釁，煩我師旅，非守備一人激之乎。死有餘辜，可爲殷鑒，撫臣欲依九邊秋防閱視例，於騰、永一路道將官分別功罪黜陟之，亦勵人心、奠邊境之要務也。從之。

《明實録・神宗實録》卷四九七　〔萬曆四十年七月〕，雲南按察使方萬山卒。萬山，徽州府歙縣人。成萬曆丁丑進士，以行人選授南京河南道御史。甞論斥撫臣之隱匿邊事者，巡視四門，糾中官不法，兩都肅然憚之。谿屯田坍江虛糧六千餘石，罷爲政贖鍰歲八百緡。遷四川提學副使，造士爲盛。歷任廣東、江西，晉四川叅政，安隴未靖，鎮撫方議兵。萬山謂一勘可定，李文節以爲然，蜀事以寧。陞雲南按察使，武定之變，汰首功五萬餘級，省費累鉅萬，敘平隴功，賜白金一鎰。萬山持己清峻，履仕嚴明，以勞瘁卒，滇蜀多見思。

《明實録・神宗實録》卷四九九　〔萬曆四十年九月〕，兵部覆兩廣總督張鳴岡條防海五議。【略】舊營壅陌香山濠鏡間各五十里，議掣都司海道兵，足以四百選將，肄武更班守汛，與欽總所轄各兵營田以戍。【略】俱依議行。

同上　〔萬曆四十年九月〕，戶部覆巡按徐鑒言：民屯均屬國計，文武叅例宜同，議自今始本年銀兩有拖欠不及格者州縣印糧官、管屯官以所欠分數住俸降級革職有差，各戴罪督催，務完九分以上，方許開俸復職。得旨依擬嚴行申飭。

《明實録・神宗實録》卷五〇〇　〔萬曆四十年十月〕丙戌，命御史呂圖南往浙江，薛貞往蘇松，王九叙往淮揚，錢春往湖廣，周應期往廣東，潘濬往貴州，龍遇奇往陝西，吉人往甘肅，吳允中往宣、大，各巡按。徐縉芳往兩淮，潘之祥往長蘆，楊鶴往兩浙，楊州鶴往河東，各巡鹽。李徵儀巡視兩關，潘汝禎巡視屯田，田一甲巡視京通二倉，張銓巡漕。

《明實録・神宗實録》卷五〇三　〔萬曆四十年十二月〕，一重根本。蜀地險僻，家鮮蓋藏。邇有蕩播、善後、皇木三大役，加以榷採朘削，水旱頻仍，民力盡矣。而後不休，萬一姦宄乘之，少有動搖，便難收拾。竊計番猓原無統率，族落星散，驅之則去，置之復來，宜深入不毛，殲渠寬從，置墩築堡，畫地屯田，爲一勞永逸之長算。

《明實録・神宗實録》卷五〇五　〔萬曆四十一年二月〕乙巳，巡按直隸御史顏思忠疏陳地方事宜。【略】一專理清軍以速漕運。衛所軍差以運糧爲苦，而京操次之，較之城操屯田，勞逸懸絶，此中無官專理，各軍藉口差係祖代流傳，急難更易，不至逃亡不已。及遇逃亡，又信憑衛所官僉點，往往賣富差貧，何怪乎中途盜賣漕米什物，棄船私逃，致累運官稽延程限耶。查得各省俱有清軍道，專習清查編審，分別貧富，消長定差。合無炤例行准揚三兵備道各專管清軍事務，五年編審一次，分別消長貧富，某某上等應定運糧，某某中等應定京操，某某下等應定城操屯田等項雜差，庶法一，於下軍有定差，而於漕運不無少補矣。一查抵坍田以足糧額。江北通海、江儀一帶州縣田地強半濱臨大江，江河變遷，此坍彼漲有等，奸豪以糧田賦重，蘆地賦輕，一窺漲出，徑赴蘆政衙門報畝升科，致使坍民賠納無田之糧，奸豪安享白佔之利。此江北病民之第一事也。合無凡遇漲出田地，先儘坍民各炤原坍數目多寡分佃，聽其自行開墾，不許豪民越赴工部告佃，庶賦課兩不失額，而民無向隅之泣矣。

《明實録・神宗實録》卷五二八 ［萬曆四十三年正月］，命御史吳允中巡按江西，魯之賢巡按宣、大，李嵩巡視兩關，過庭訓督理印馬屯田。

《明實録・神宗實録》卷五二九 ［萬曆四十三年二月］，南直隸巡按陳玉輝陳修復屯政三欵。一定營費。江北三十四營，每營修理獎賞諸費年約銀三百兩零。今糧額難以動支，查得各衛識字工食皆出於新增之冒濫，量爲裁減，每年省五百餘金，合無將此項扣除三百兩零以爲修理獎賞之用。一嚴圩令。江北屯田僅恃一綫之圩，必革去千百戶之營委者，但令管屯指揮僉殷實圩長數名於春仲未水之時督修，完日申報，如不力而沖突者計糧數多寡移文南京兵部革任叅降。其有急公營職，堤防無虞者於報命之日薦用。一恤流離。南京四十二衛屯田在無爲州、和州、江浦、六合、全椒等縣去歲旱災饑饉，萬曆四十年以前逋負已蒙停徵一年，獨四十二年分各衛屯糧未蒙覆准改折，貧戍額賦難輸，合無照四十一年分題準輕災事例每石折銀三錢五分徵解戶部以紓貧戍轉輸之苦。戶部題覆。報可。

同上 ［萬曆四十三年二月］，肅王紳堯奏還屯所屯田一千餘頃資助新邊兵食。上嘉其忠義，差官齎勅建坊旌獎。

《明實録・神宗實録》卷五三〇 ［萬曆四十三年三月］丁巳，大學士方從哲言：吏部、都察院俱係緊要衙門。今吏部尚書鄭繼之署院事，刑部侍郎張問達告病，疏未發票，謝事日久，曠廢必多。又都察院堂官懸缺多年，而近日所題各處巡按御史關係地方利害，亟宜點用。內順天、陝西二差已經票擬，望即批發。其浙江、江西、河南、眞定屯田各差，祈皇上盡數簡發，無復遲留。不報。

同上 ［萬曆四十三年三月］甲戌，應天巡按徐應登條議屯田圩埂。凡有低窪，未有圩埂者，責令有司隨宜增築，工程小者限一年，大者限二年報完，相沿舊圩縣官親自踏看修築，限三月報完，如遇洪水破埂者，雖賢不獎，破至兩圩以上，或如往年接連受害者，特行叅治，停其陞考。其義社諸倉每社立社長一名，社副一二人，給與印簿，令其協力收掌，每年扣穀二三十石，以爲倉夫、紙張等費。三年一更，有功者給與冠帶，免其雜徭，每田一畝秋收日納穀一升，每至冬月收完。社長連印簿同實收繳縣，以防侵弊，各郡備賑銀兩照常平倉法賤糴貴糶，使銀米周流出入，即令小民以穀輸糧，雖大祲賑借，不許議動以虧倉本。戶部題覆，上是之。

《明實録・神宗實録》卷五三一 ［萬曆四十三年四月］，陝西巡撫李楠陳軍屯要議。一叅實徵。將西安四衛查出絶軍所遺免糧屯地二千一百五十六頃七十三畝俱有人種，既不赴營操練，又不照地納糧，姑免追究，令其復種，籍名在官，另造佃地認糧清冊，實徵入倉，計糧二萬零六十七石三斗二升，分別完欠，照例查叅。一汰老弱。將西安四衛軍人每年按籍稽驗，但有年老力弱，殘患久病，不堪差操者，盡行汰退，本軍戶內果有壯丁即準更替，如有丁未壯令其照數辦納屯糧，候壯日補役免徵，其本戶丁絶者召人承納地糧，不許姦人詐作戶丁，影冒屯地。一增全糧。西安四衛軍人除修邊守堡造作雜差可免操練外，其叅將營併固原東西二路游兵共四千九百一十名，遇虜入寇，皆當調發，而年止免糧六石，通應視邊軍例補足月糧，年共一十二石，責令常操，其馬於永豐倉收貯本折色內按月支給。一議團操。省城軍幾伍千名，食糧既少，又屯住或一二百里，或四五百里，難以一蹴而至，故往往失期，點查不到。今挑出精壯軍六百名內將三百名爲弓箭手，三百名爲鎗砲手，選委謀勇把總一員管領，仍於大小教場營房居住，使軍不離營，馬不離廄，每三日一操，每月合營二次，每年動支新征屯糧二百石，變價酌定賞格，至省城弓不堪用，調取別鎮巧匠修造，完日呈解臣處，驗果精好，方發叅營給軍。戶兵二部議覆，上命俱依議行。

《明實録・神宗實録》卷五三七 ［萬曆四十三年九月］，戶部疏稱開墾屯田扣抵年例，俱經題奉，欽依，據陝西督撫等官議將已墾熟地、見墾荒地次第起科，効勞官吏分別獎賞，無容他議。惟是屯田責成開墾原無抵補年例，太倉匱乏，可圖漸紓。今既湊支月餉，又云免扣年例，然則年例之發，獨非月餉之資乎。如謂兩運積逋，鹽課畫餅，自當責在守土，按法考成，豈可以奉旨修屯之新糧資有司之積欠，恐所報者或屬虛數，而朝廷不獲實用矣。況扣抵年例已奉明旨，而留充鎮用未免背違。竊恐責成修屯之意不若是相應議擬，請命即將已墾熟地自今四十三年起科，已墾荒地自四十四年起科，各徵收就近堡倉，遵照原題扣充年例，至於未墾荒地嚴行召諭軍民人等盡力開墾，酌量起科，每歲終備將墾過屯田、收過屯糧查係額內者仍補額糧，額外者抵充年例，造冊奏報，以便稽考，務圖實効。上是之。

《明實録·神宗實録》卷五三九 〔萬曆四十三年十一月〕辛卯，南京屯田御史孫光裕奏報南直屯田災傷，議將滁州、天長、全椒、鳳陽、泗州等五州縣屯糧比炤重災事例每石折銀三錢，并將四十年以前積逋暫停一年。戶部議覆，上是之。

《明實録·神宗實録》卷五五三 〔萬曆四十五年正月〕，戶部尚書李汝華覆薊、遼總督薛三才、巡撫郭光復查覈原額兵餉條議七款。一修屯田之政以抵年例，一舉鹽法之實以濟邊餉，一嚴逋欠之罰以足邊儲，一清虛冒之餉以塞濫費，一杜增餉之端以甦太倉，一覈外府之入以佐軍需，一信必行之法以重考成。得旨：令行督撫鎮道等官着實修舉，務臻成效，其增餉一欵，令該道悉心查明具奏。

《明實録·神宗實録》卷五六五 〔萬曆四十六年正月〕，山東巡撫李長庚奏：臣奉勑諭查照近題沿海一帶荒蕪田土委官清查，招佃墾耕，既有收成，酌編戶籍，仍同巡按及屯田各御史稽察司道府州縣官勤惰以別勸懲。今查得四十四年分共開過額內荒地四千一百八十五頃零，開過額外荒地一百七十六頃三十九畝零，額內者照部文備本省額糧，額外者遵新例，臣與屯臣各分一半，所徵銀穀抵充本省防倭兵餉，經管官員如布政使陳一元、濟南府知府吳一栻等，當行部紀録擢用，知縣張毓塘等當量加罰治，庶激勸當而兵餉有資。

《明實録·神宗實録》卷五六六 〔萬曆四十六年二月〕，差御史潘一桂巡按廣西，盧謙印烙種馬，兼理屯田。

《明實録·神宗實録》卷五六七 〔萬曆四十六年三月〕，南京都察院右都御史宋仕言：舊規南臺御史額設二十九員，每次考選少亦不下十四五員，或八九名，今見在止三人，即人兼數道，日亦不足。況屯田、屯馬、京營、京倉及鳳陽倉例差御史各一人，今率以一官而兼數職，其餘如巡視九庫查點十三門，清查黃冊掣鹽等項亦不下十數差，至於上下兩江東西綿亘，例該差御史各一員，以資彈壓。今止一員，巡視下江而上江暫行代攝，儻有乘間竊發，倉卒安能遙制。乞念故都重地，立命考選候命諸臣充補，庶重地無虞。不報。

《明實録·神宗實録》卷五七二 〔萬曆四十六年七月〕，補福建道御史曾陳易眞定巡按，命屯田御史盧謙山東監試。

《明實録·神宗實録》卷五七三 〔萬曆四十六年八月〕戊辰，大同巡撫文球題：應、蔚、朔三州，大同、懷仁、山陰、馬邑、靈丘、廣靈六縣，平虜、朔州、陽和、天城、鎮虜五衛西路營田各開墾荒地有差，乞將叅政余自強、知府張曉等紀録。

《明實録·神宗實録》卷五七六 〔萬曆四十六年十一月〕乙未，原任兩淮鹽法叅議吳撝謙申上屯田禦戎策，其利有五。一以限奴馬之馳，二以懈西虜之援，三以堅援兵之志，四以壯三軍之膽，五以寢窺關之心。我國家惟遼東四道一守并奉勑兼管屯田，立法自有深意，可不及斯時修舉。又師克在和，今遼鄙失事未有不繇將領不和者，宜申飭諸臣篤同舟之義，無分彼此，而又多設間諜，大懸賞格，護持北關以爲遼左蔽捍，厚撫卒賽以爲北關救援，則藩籬固而胡塵可清。

《明實録·神宗實録》卷五八〇 〔萬曆四十七年三月〕，勑江西左布政王在晉爲都察院右副都御史，巡撫山東等處，督理營田，提督軍務。

同上 〔萬曆四十七年三月〕，起陞原任吏部郎中孫鼎相爲屯田叅政。

同上 〔萬曆四十七年三月〕，大學士方從哲題三路失利，全鎮空虛，請就遼鎮籍民爲兵，遼自寧前、廣寧以及遼、瀋開、鐵金、復、海、蓋，大城十餘，每城不下二三萬衆，此外各處城堡屯寨難以悉數，總計當有四五十萬，若汰其老弱，蒐其強壯，可得精兵十餘萬人，授之鎧仗，給以月糧，無事則保固城池，且耕且守，有警則捍衛彊圉，足食足兵，不行屯田之法而獲屯田之利，不墾屯田之地而有屯田之兵，救時急著無便於此。或者又謂新餉有限，今猝增多兵，月糧豈能偏給。臣愚竊計三路損傷之卒，奚止數萬，若即以缺額兵之糧，充民兵之餉，劑量多寡不甚相懸，且土著之人，既無安家，又無內顧，較募兵之費，所省更多，乃槩用於調募之客兵，而獨靳於地方之死士，豈計之得也。至爲根本之計，仍須將宣、大、延、寧敢戰之士各抽一二千，併調山東文登、武定等營防倭之兵，河南毛葫蘆等兵共得萬餘，擇一智勇大將統之，駐劄關內近地，東事急則與薊兵犄角，而爲捍禦之師。東事緩則率之出關，與遼兵聯絡，以待征剿之用。再選眞保、山西腹裏軍兵共二三萬與前兵互爲聲援，分置永平、薊、昌、通、涿等城，一面操練，一面防守，捍禦與進剿機宜一如前議。說者或謂宣、大、延、寧皆係衝邊，鎭兵防虜，豈宜再動。不知事勢有緩急，道路有近遠，似未可以執一論也。第恐諸臣自分畛域，誼乏同舟，爭執遷延，動經時日，致以救焚拯溺之舉爲築舍道旁之謀。所謂議論定而虜兵已渡河矣。適因邊報緊急，勢若燃眉，謹據所聞聊陳一得以佐前著之籌。得旨：朕覽卿奏奴酋猖獗，將士敗衂，遼薊阽危，深切警惕。所請擇將、調兵、招募、捍禦、防剿諸事有裨國計，其令該部便會議妥當。

《明實録·神宗實録》卷五八三 ［萬曆四十七年六月］，遼東寧遠衛原任知縣劉永茂奏策遼十二事。一亟保遼陽以重根本，二廣屯田以足軍食，三收芻糗以騰士馬，四平糴買以省遠費，五募遼兵以省遠調，六晝戰守以固危鎭，七徙死士以壯塞垣，八行間諜以救萬全，九均月糧以免空伍，十酌將品以破常格，十一杜剝削以起疲癃，十二密機宜以料敵人。不報。

《明實録·神宗實録》卷五八四 ［萬曆四十七年七月］，戶部言：遼事萬分危急，軍需萬分難支，謹陳十議，以備接濟。查得各省直錢糧除起存正額外，除北直滑縣有屯積銀，南直安慶府有操江銀，福建上杭縣有河稅銀，南贛鄖陽二撫院各有積存兵餉銀。又如北直廣平府、山東登州府、福建沙縣亦各稱有存積銀兩，一向登報循環案簿可知，推而論之，各處在庫想亦皆有，合無咨都察院衙門通行各巡按將該府州縣循環簿偏行弔查，凡有如前等項，在庫銀兩俱摘出一半，起解到京，以備遼餉，一半留地方之用，仍將起解數具題，其循環隱匿不送者巡按訪出条處。【略】一議清各衛所屯田銀。【略】得旨：所奏諸欵有裨新餉，依議作速舉行，各該撫按官嚴催起解，以濟急用，遲者条處。

《明實録·神宗實録》卷五八五 ［萬曆四十七年八月］丁丑，廣東巡按王命璿言安攘八事。一簡精銳以嚴訓練，二開屯田以贍兵食，三養將士以壯銳氣，四練車營以肅隊伍，五明賞罰以收人心，六備戰守以酌機宜，七定閱核以達邊情，八隆信任以昭器使。留中。

《明實録·神宗實録》卷五八六 ［萬曆四十七年九月］，命彭際遇巡茶，陝西左光斗管理屯田。

同上 ［萬曆四十七年九月］壬寅，陞金華知府楊紹中爲廣東副使，禮部郎中陸完學爲浙江条政，工部郎中江起鳳爲江西条政，戶部郎中邢其任爲浙江屯田条政，起陞原任嘉興知府莊祖誨爲山東河工副使。

《明實録·神宗實録》卷五八七 ［萬曆四十七年十月］，戶科給事中李奇珍題邊餉取足於京運，非祖制也。太祖高皇帝嘗曰：吾養兵百萬，當不費百姓粒米。蓋祖制屯軍三分守城，七分屯種，每五十畝徵子粒上倉，以正糧十二石自給，餘糧六石分給守城，一軍之田足以贍一軍之用，自屯糧不足，加以民運，民運不足，加以鹽糧，鹽糧不足，加以京運。弘治時京運止四十三萬，嘉靖初始增至五十九萬，又自庚戌至末年漸增至二百五十一萬。皇上初年亦止三百十萬，今溢至四百萬。民運三百二十萬不與也。先是太倉老庫銀積至八百餘萬，冏寺馬價銀積至九百餘萬，故可爲東那西湊之計。今內帑若掃矣。去歲遼左用兵九萬，費餉亦不下五百萬，玆兵部召募且倍之，豈五百萬可濟哉。雖有加派搜括捐助留稅等銀，涓滴之潤不能當閭尾之洩也。且不獨遼也，大同一鎭京運逋者百五十萬，民運逋者亦幾五十萬。欵局雖終，善後無策，舉一鎭而他鎭可知。竊謂欲救燃眉，非立發五百萬不可，然此亦但可爲卒歲計。若局未易結，拏不能繼，尙須接濟之術也。欲圖接濟，莫如營田，且營田有十利焉。地無遺力，人有餘粟，和糴易而軍實饒，利一；西北之利足供西北之用，而千里之輓粟可減，東南之民困亦甦，利二；改折之議行則腳價耗米之省，歲可以百萬計，利三；南方富民競挾壯丁以來，京師不爲孤注，利四；游食游手之徒盡緣南畝，而盜賊希，利五；比閭什伍，人爲戰，家爲守，干城在野而胡馬不敢南嘶，利六；拋荒積逋者承佃有人，而里甲無包賠之累，利七；丁重差繁者得籍貼役而蒙寬減之條，利八；召募新兵事平之日有願留力穡者聽，而新餉不致坐糜，利九；歲入之米漸多，則出帑之數漸寡，府庫充而永無加派之擾，利十。臣但憂行之遲，而無救於急，斷無有行之久而無裨於事。伏乞皇上先發帑金以濟目前，次議營田以圖經久。留中。

《明實録·神宗實録》卷五八九 ［萬曆四十七年十二月］，福建道御史彭鯤化奏救遼之策，以三言進：一曰速。充國屯田之疏，七日報可，簡文事動經年，人患其遲，曰一日萬幾，那得速正惟萬幾，故當速耳。遲速之間，興替之關也。一曰實。崇寧宣和之詔，宣之通衢而人不聽，掛之牆壁而人不覩，以其文具而無實也。今奴酋殺僇甚慘，諭旨非不曰朕心惻然，朕心痛恨，而未嘗眞惻眞恨也。聖躬萬福，托疾非眞，聖諭累篇，虚套近戲。天子無戲言，以言戲，是以國戲也。一曰斷。宋雖議多功少，其君亦時出獨斷，葛敏敗於定川，事聞，帝按圖觀之曰：若仲淹出援，吾無憂矣。已而果，然何其斷也。今責樞臣之卸肩似斷矣。印已委署而又令供職，是不斷也。至於賞罰失平，用舍不當，需爲事賊，奸以疑生，其爲不斷可勝言哉。不報。

《明實録・神宗實録》卷五九三 ［萬曆四十八年四月］乙亥，命工部尚書周嘉謨、禮部右侍郎孫如游會同内監官汪良德巡視廠庫，工科給事中范濟世、廣西道御史王遠宜、屯田司郎中章謨、監督員外郎王湛、初祠祭司主事康新民帶領欽天監監正楊汝常等詣山陵相度一應修整事宜，併令酌議具奏。

《明實録・神宗實録》卷五九四 ［萬曆四十八年五月］壬寅，巡撫貴州張鶴鳴疏言：赤水衛白撒所乃國初創建，以屏翰諸夷，額設田土，所軍耕種，辦納糧差，各軍因貧，誤將本所東山堡吳家溝等處田地受諸夷財物，私爲典當，當時不即正買賣軍屯之律，耽延至今，強夷遂其巧計覇占不休，雖各軍將典當原價退還，夷衆恃惡不肯退還田地，即未經典當者亦公然占據，改爲私莊，原額糧差負固不納，致寥寥孤軍，貽累難完，祇因畏其刼殺，莫敢誰何。雖經本所官軍控訴，兩院會題委官堪斷，而逆酋奢崇明、奢寅不遵依原斷處分，聽信權姦者務等挑撥招納，夥盜龍仲、者箇、者撥等千房，復占近城桃園堡白蠟園等處田地，房屋穀粟任其焚刼，若不題請會堪追斷明白，則白撒一所不復爲黔所有，而藺酋鵰張横肆於黔腹中，黔撫按不得制，川撫按不肯制，尾大不掉，恐四衛皆非黔有矣。異日者川之勘官護前不勘，又如川南道不勘水西，故智則黔之釀禍，不知所底止。乞勅户兵二部移行四川貴州撫按諸臣行委兩者該道親自踏勘，將永寧宣撫司奢崇明、奢寅縱令惡夷及舊占新占白撒所田地勒令一一吐退給還該所各軍領種，占住夷民責令搬移別地，其挑禍惡夷者務以安田應龍等嚴行重處，逋欠糧差責令賠還，崇明父子敢再仍前抗違，不遵處斷，公爲叛逆，聽臣據實糸奏，改土爲流，庶土夷知警。上命兵部知之。

《明實録・光宗實録》卷五 ［泰昌元年八月］，陞工部屯田司主事麋有象爲通政司左叅議。

《明實録・光宗實録》卷五 ［泰昌元年八月］，陞山西左布政趙彦爲都察院右副都御史山東巡撫，督理營田，提督軍務。

《明實録・光宗實録》卷六 ［泰昌元年八月］，給事中王繼曾疏言遼陽饑荒可憂，内地冒破當議，其言冒破者二。【略】一曰海運之舟。今遼海運艘底平板薄，非乘風破浪之具，合募慣造海舟之人厚其直，令刱爲尖底如閩廣商船式樣，乃可無患。若如發造淮揚者既耗八萬金於無用，及至海若不効而遂怯於海運之不可行，則海運之舟當酌也。遼地亢旱，聞山東小米大收，每石值銀三錢，今請那太倉銀十萬給與山東沿海州郡，買小米共湊八萬石，視豆價高下買豆令足喂馬之數，餘以爲海運柁船之費。其次莫如招商，蓋發糴招商上納，必有奸商逋負之獘，不如令商自爲生計，官定其價，下令能運米萬石入遼者官議重賞，其次莫如屯田，令宿重兵所在聽邊軍自屯，永不徵其入，有水道可通者外深溝以防虜，内引水以灌田，庶爲兩便。奉旨下部。

同上 ［泰昌元年八月］，遼東巡撫周永春疏謂旌勸本鎮輸助官民。遼地瘠薄，荒者十之六七，官兵止將近城堡田地開種，離城堡稍遠者一望蒿荒，其在海、蓋四衛耕種稍寛，然近若海運養牛之家，供役輸輓，耕耘無暇，援兵駐劄地方，散在村屯，糴買不出，民間窖藏無餘積，遼人雖捐助，多寡不同，總之參與急公之心，宜急爲表揚，以示風勸。其輸糧二百以上至千石，輸銀一百兩至五百兩，及牛馬車輛及草束之價稱是者，廢閑將官量銜進級，見任職官應爲紀録，若輸糧五千石，銀至一千五百兩，如嚴正平一人者，尤當破格優叙，官爲建坊，以示禮異。下部覆，從之。

《明實録・光宗實録》卷八 ［泰昌元年八月］，御史左光斗請紀録屯田勸課等官、令甲、屯田御史。轄北直隸及河南、山東地方徵子粒濟邊，而山東一省所開多額糧田土，故有留以補額糧之議。時以開墾數多，當行激勸，故光斗會同撫按舉按察使景昉等、州縣官項良梓等、總兵指揮官姜弼等巡行勸課有勞，應咨送吏兵二部紀録。其徵銀事宜，悉照原題擬行。下部。

同上 ［泰昌元年八月］，巡按直隸監察屯田御史蕭毅中疏請開荒地以佐屯政。下戶部。

同上 ［泰昌元年八月］，右諭德、張鼐疏請調民力以裨邊計，言：自遼左用兵，竭天下而供一方，兵無了局，民無息期。以臣使事目擊畿南八府徵調絡繹，飲食若流，百屋晝驚，驛夫夜竄，則有援兵之苦； 兵符火速，派戶僉丁，募卒在逃，里牌連坐，則有募兵之苦； 荷戈忍饑，亡命山谷，徬徨無歸，彎弓嘯聚，則有逃兵之苦； 徵牛徵車，鮮夫鮮匠，慘同謫戍，痛切剝膚，則有奔命之苦。 而又出山海關外其蕭條風景便同鬼方，塞草連天，膏腴蕪穢，北山南海一望丘墟，民安有田土。 官牌夜呼，使事如織，防護迎返，酒漿供傳，民安有暇日。 鞭驢駕牛，循環往來，間關輸輓，頃刻靡停，民安有剩力。 強軍設防，弱軍趕運，大戶供辦，小戶貼錢，民安有藏蓄。 城堡鷄犬無聲，亭障村烟斷絶，彼河西救其死不暇而安能濟河東。 臣以爲畿南、河西之民不可不賑恤也。 賑恤之法莫大於墾荒田而廣開種。 皇上誠捐數十萬金以賑畿南八郡，河西一帶而勸之耕，彼小民牛種有本，雇募有人，東作有時，各肆力南畝，不半年而禾黍成熟，人人飽煖，此亦遼東持久用兵之長計也。 臣考古今屯田事亦備矣。 夫募兵屯田塞下晁錯第一策也。 游食之人募而戰則散，募而耕則聚矣。 列隊而界以深溝，使耕者有所恃而守者亦借以宿飽，此充國所以制金城也。 建置田官而專責其事，如魏用棗祗爲都尉故事，則官有專司而事易成，又一法也。 擇將而屯，如宋訥所言，選諸將中智勇略數人，分屯所，領衛兵，耕作而兼訓練，是又一法也。 揀兵而屯，如葉盛所言，謫戍卒不任戰事者俾事耕稼。 蠲除子粒而屯，如胡世寧所奏，凡拋荒空地不拘軍民土客盡力開墾，永不起科，是又一法也。 免罪而屯，如韓仲華出贓罪吏九百九十人給耒耜耕牛而歲收粟以省度支錢，又一法也。 賜官級而屯，如秦人以力耕受爵，漢人以力田賜帛，但能多墾田幾百畝者卽授之以官而賞賚之，又一法也。 臣觀遼左之費用如大海，中外之運輸如逝波，亦安有了期，而得不爲中國根本計哉。 若夫經臣熊廷弼分兵屯練，選將用人，和睦行陣，愛惜軍士，扼吭搗虛，出奇制敵，亦望皇上並於璽書內責成之。 如漢宣帝勞問趙充國曰： 卽如將軍計，虜當何時伏誅，兵當何時得決。 此激勵邊臣之功令。 疏上，下所司詳議具奏。

《明實録·熹宗實録》卷二 ［泰昌元年十月］，河南道御史袁化中言： 自有遼事以來增兵加餉，東括西派，使中原有財竭盜起之憂，殄滅無期，騷動日甚。 是以深計之臣皆言屯田，誠欲因地之利贍師旅而省轉輸也。 然屯事方興，寇或伺隙侵擾，必先於廣平之處連置墩堡，蓋民有城堡居止之所，卽戎馬卒至亦得以閉門拒守而無搶掠之害，至秋收之後其穀豆草束屯積於中，此屯之最先最急者也。 於外則度地形高下，因水路之便，建阡陌，浚溝洫，種稼穡而限戎馬，務使聲勢犄角，屹然金湯。 而又議統率，夫名雖田而實軍，軍雖種田而實日習夫兵法，故每軍一名授田十畝，一頃設屯頭一名，卽以旗頭爲之，十頃設屯長一名，卽以總甲爲之，五十頃設屯官一員，卽以把總爲之，二百五十頃設屯師使分查五官所屬之事，卽以千總爲之。 腹外設巡行督屯一員，日巡圻畝以察二師之勤惰，卽以叅遊爲之。 五百頃，設總理屯務官一員，卽以副將爲之，春耕則遞相稽查，以耕種得法，溝洫深邃，栽樹稠密爲高下而賞罰行焉。 秋收亦然。 其轉相報也，屯頭開之屯長，屯長開之屯官，屯官開之屯師，屯師開之總理，總理開之兩臺，上下交察而屯政成矣。 而又議農器。 夫農之須器，猶軍之荷戈，既不可責軍之自置，又不可借用民間，宜每地一頃度用農器若干，官爲給銀置辦，專使屯頭司之，朝則領出，暮則查收，如有損壞具稟補置，若漫不經心以致失落者責比屯頭。 而又議更番，蓋五人夥種五十畝矣。 其種之之法專以三人理田事溝洫，餘二人一司廚竈、一司餵馬如田事。 出屯官催各屯長整束器械。 其牧馬於邊者專以瞭望烽火，以爲田者遊兵，則田夫氣壯矣。 且令五人五日一更番，以休其勞役，平居則心志齊一而不乖，卽戰鬭生死相衛而必救，其振邊之上策乎。 而又議優卹。 於耕種之時，少增錢糧以爲犒賞之用，其銀卽於行糧動支，至秋收之時仍給斛斗，官七民三，依佃田戶則例，如是則因兵爲屯而國無增餉之費，屯有賞賜則軍有樂就之心。 計一年屯之所得，可積半年之食，二年則餘一年之積，數年則倉盈庾羨，又何憂轉輸之難乎。 若官等義無分粒，候政舉優擢可也。 章下所司。

《明實録·熹宗實録》卷三 ［泰昌元年十一月］，禮科右給事中周希令條議兵餉言： 兵必不可再募，惟有卽遼陽十八萬之衆分別上中下三等，責照信地訓練而鼓舞用之。 民必不可再派，惟將一切逋負盡行停止，使民併力於正賦及四百萬之加派，則加派可完，而民不重困。 然遼陽尚少一百八十萬之餉，戶部宜專差部臣與餉司覈兵之實數以計餉，覈餉之實數以計出，外而錢糧有可捐損者，內而供用有可議折者，各令內外衙門自行條陳，斷然行之。 有不足者先後沒入官房。 停罷皇店及蘆州草場等地可以變價，至各州縣設有機兵快手民壯等名目皆食兵糧，三分之二應差擾民，不如盡革，以其餉添設精兵，各處預備常平等倉，一責之正官收放，勿委吏胥。 各省原設有水利、屯田等道，令嚴督有司設法舉行，務月有考而歲有成，將不出五六年天下改觀矣。下部議覆。

同上　［泰昌元年十一月］，工科給事中霍守典言：　各邊單弱匱乏不在遼下。今策安邊宜先足用，乞敕各部嚴咨九邊，令實報見在官兵若干，用餉若干，堪衝鋒破敵者若干，其不堪戰陣可以載米舉趾者若干，堪戰者養以厚糈，作其超距之氣，不堪戰者盡驅之農，使各占空地以耕，合置牛器即於各軍月糧內預給一二月，待秋成准其月糧，糧不增而耕有餘，大約一年中務令人積穀或六石，或七石，其餘盡歸農軍，以鼓其樂耕之心，數年後邊倉充積。無事或暫准一年月糧以省京運，有事則即坐行糧，亦何至臨時加派各處招買以驛騷宇內也。然考成又須有法。於屯伍各官，計其三年內戰軍幾何則以首功爲率，部伍之中苟有斬獲，即不必手刃而本官之訓練可知也，陞之；　如不經戰陣則又以屯積爲率，其屯積如數者循級而陞賞之，不然者即薦語盈牘，不得躐遷。中原之地，雖與九邊不同亦各嚴咨令有司修城垣、編保甲、清屯畝、催稅糧。數事修者以備行取擢用之選，不然者註下考問。歲遣一科臣徧歷詳閱，毋仍徇故套，閱畢即造一細冊以送科部。俾陞轉之際按籍而稽。章下所司知之。

同上　［泰昌元年十一月］戊子，戶科給事中趙時用言：　國事之是非利害不壅於上聞，而廟謨之決計剖分無患於下阻者，皆資於議論，然有議論已定而不必追尋者，門戶之說是也。黨之一字爲害萬端，非但不可張之口吻亦且不可留之胷中。有議論未定而不當爭詈者，勘邊之事是也。去年之瀋陽棄而復存，遼城危而幸安，不可謂經臣無勞苦。今歲村屯殘破，軍馬損折，豈可謂言官虛誣，但平其氣一勘自明。有緩之實急而不可不議行者，屯田之利是也。太倉之罄已懸，加派之法難繼，若不驅荷戈之士自耕自食，則必使轉餉之民愈窮愈困。有急之實緩而不可不議精者，練兵之制是也。奴酋之羣醜總計不過數萬，而瀋、奉之屯聚大約儘可相當，然此嘗負怯彼且數來，若使訓練慣戰，何以縮朒不前。【略】臣倪應春亦以議論當決爲言，尤切切於中肯傳宣，期新絫二臣盡力匡扶，務得寢而後已。俱報聞。

《明實録·熹宗實録》卷四　［泰昌元年十二月］，甲辰朔，添設鳳陽府通判，命鑄關防，曰鳳陽府捕盜收鈔兼壽州衛屯糧通判。

同上　［泰昌元年十二月］戶科給事中趙時用條議屯田，言：　有軍則有屯，固稱祖制。然須令民與軍雜耕定壤，分界而屯，乃可久要，非能人人召募也。國初不有中引輸粟之例乎。今邊引之輸將固未全廢，而運司之餘塩已改折課，太倉每歲貪錙銖之利而塞下永無豐稔之期，計莫如併餘塩折課盡令輸粟於邊，各商久安於折，雖難以驅之猝往，若於其所納之粟比炤課銀量減十之二三，誰不聽從。就令內商憚遠，邊商附近易辦，彼其粟既不能不輸，又不能從內地飛輓而至，勢必自開墾，自雇募，各邊之土無荒，塞下之粟嘗滿，且可以通募之窮而佐屯之守，蓋屯法、塩法相爲表裏也。然吃緊一着又無如破格鼓勸，凡沿邊守令與守巡監司俱以墾田之多寡定其殿最，撫按非開荒有成績不得敘遷，使全副精神盡用之於勸農積課，凡一切支費誰不通融設處。即如各縣預備倉原爲救荒設也，民屯果能興舉則倉儲可以漸紓，應將連年所積之穀那爲一時募耕之用，俟有徵收，陸續補還，此不動國家一錢，不煩朝廷片紙，而直以見成官爵竦動其心，使之竭蹷而不得不趨。如是五年而邊疆盡成沃壤矣。章下所司。

《明實録·熹宗實録》卷五　［天啓元年正月］，遣御史張愼言管烙馬，屯田御史安伸巡倉。

同上　［天啓元年正月］甲辰，戶部覆給事中趙時用疏言：　遼餉長久之計無如屯田。查國初每軍受田五十畝，每年納正糧十二石，收貯屯倉，爲本軍支用，納餘糧十二石以給本衛官軍俸糧，後減半止六石，是立屯之法，令軍自爲養而無京運也。至永樂十年遼鎮歲收屯糧七十一萬六千一百餘石，以養該鎮官兵九萬餘，京運亦止一萬石而已。其後屯政日廢，荒占日多，至隆慶初歲收止二十七萬餘石，而京運漸增矣。遼左一鎮如此而九邊可知，是以先臣馬森奏歲除民運外所支太倉三百八十九萬有奇，廼每歲天下所入不足三百七八十萬，而文武俸糧、羽林軍餉凡四十萬不與焉。此九邊所以不支而臣部七事疏內亦諄諄以修屯爲急也。委應復屯田，省京運，方可長久。然有修舉之人須用鼓勸之法。臣部昔議：　道臣有開至五百頃、收穀五千石者，准推巡撫之用。如海、蓋道靳于中墾田一千八十二頃，得穀四千三十五石。又如山西鴈門道南居益督率知州牛任大開墾五頃八十五畝，俱自行措處，不煩部費。于中已陞巡撫，居益所當紀録以俟優擢，此鼓勸之法也。然用鼓勸之法須清查抛荒之田。臣部昔議：　或差科臣，或即令巡關臺臣據額按籍，即有姦弁猾卒轉售於人者，雖更換不常而契劵可直窮到底也。即有兼并占竊除去其籍者，而隴畝犂然具在，可履畝丈量也。若夫編戶召商中引輸粟之例。科臣議欲漸而復之，誠爲有見。蓋九邊鹽引其價折粟納在邊儲，爲邊軍之餉，其餘銀在兩淮則六十萬餘兩，在兩浙則十四萬餘兩，在長蘆則十四萬餘兩，在山東則五萬餘兩，共約百萬有奇，以供九邊京運之半，恐一旦難以盡捐，故餘銀輸粟必俟扣抵京運而後可。臣猶有説焉。蓋清查鼓勸以便通行，如京東之玉田、河間及涿鹿有宜水利者，如山西宣、大有水陸兼半者，其額原未嘗虧減，但民田牧田之類參雜其中，則易爲隱占耳。至於考終奏效要在三年起科扣減，以省京運，則修屯始爲實事而屯政始有實驗，宜行督撫守巡各道決意力行，必以減年例之多寡爲激勸之高下，過三年不減者治以怠緩悮邊之罪。上命如議著實行。

《明實録・熹宗實録》卷六 ［天啓元年二月］，陞河南布政使司左參政饒景暉爲廣東按察使，工部屯田司郎中馬諫爲湖廣布政使司右參政，屯鹽水利。【略】起陞原任吏部文選司主事王伉爲福建按察司僉事，管屯田水利，原任山東右布政使俞維宇爲湖廣左布政使。

《明實録・熹宗實録》卷七 ［天啓元年閏二月］，巡按直隸御史左光斗申屯田水糧之議。言：北地之患不難於開荒而難於救旱，不講救旱而荒是務開，前者未開而後者已荒，有司之薦墨未乾而萬姓之流亡已盡矣。亦何取於虛應故事乎。天不能災，地不能害，獨有用水一節。臣是以有水糧之議。稻田惟南人慣習，北人習者十之一耳。若使糧盡歸於流寓而澤不及於土著，二三年後北無土併無民矣。北地平衍順流，一渠率溉數千頃，物宜不改而收穫有加，力省功倍，土人便之。臣是以有澆旱地之議。亦有地高水下閘不能升，河聚地洩水不能積，有法以激之障之。臣是以教之上者爲車而下者爲堤。既不能渠，又不能泉，奈何？擊壤之歌惟曰鑿井，盤庚五遷，惟井存焉，家掘一井，井灌十畝，八口之家，可以無饑。臣是以教鑿井。據各州縣報道有開河十餘里者，有數十里者，開水田數百畝者，有數十畝者，有澆旱地千頃者，有數千頃者，有用閘用車用堤各得其法，昔之焦原爲澤田，汙萊爲沃壤者。有每縣鑿井千眼，亦不下數百眼者。又有士爲民倡，民爲民習，見在舉行尚未報完，來春力作可計告竣者。臣復恐虛報有餘，按實不足，復行司道推官查核據報，大約相同。臣之初願殊不及此而有司之心獨苦矣。緣臣檄行之時謬加獎許，巡行之日親自勞來，玆實不敢負有司以欺陛下。伏乞皇上獎見在勤勞各官比照開荒事例，容臣另具疏舉薦，更祈皇上勑該部院將水糧一事載入考成，每歲終一行舉刺，其開水田一頃，澆旱地三頃准與敘薦，鑿井二百眼者如之，開水田五頃，澆旱地十頃以上者不拘資格准與正薦，鑿井三百眼者如之，其司道督率所屬勞績茂著一併舉聞，不次超用，他如首領佐貳効有勤勞者不得沒其所長，亦許間及。十餘人若墾不及一頃及土井塞責，未幾圮塌者不得與薦，有水糧不興及已興復廢併那舊作新、挩少坐多、開報不實，必刺。庶賞罰分明而賢能兢勸，國家永賴之矣。得旨，下部議。

同上 ［天啓元年閏二月］，天津舊無議屯者。萬曆三十年海上倭警，設防海軍丁五千餘名。軍有餘閑，民多曠土，於是舊撫臣汪應蛟議於葛沽、何家圈雙溝、白塘口等處創買閑地一萬五千畝，每軍授田四畝，俾之開墾，買牛置器，濬河置閘。行之一年，歲穫稻直銀八千餘兩，半抵月餉，半以入官變價收貯。初議田盡墾可七千餘頃，歲可得穀百萬餘石，嗣因倭平撤兵，已墾之田廢十之七，見存成熟者僅葛沽河五十頃而已。屯田御史左光斗巡歷其地，河間府管河通判盧觀象條陳營田之利甚悉，且願以身任之，天津兵備道賈之鳳亦以爲可復。光斗因上疏請以賈之鳳加銜久任，改盧觀象爲管理屯田水利通判，俾悉心料理，俟有成效，不次優擢。部覆從之。

《明實録・熹宗實録》卷八 ［天啓元年三月］甲辰，兵科給事中朱童蒙以勘遼報命條陳彼中情形機宜列爲十欵。【略】八議屯田，謂關以外寧前地窄逼虜，廣寧汚下水潦，可屯者不多，遼陽及南四衛土肥人衆，無閒曠，清河、開、鐵久已失棄，止有寬鎮一道。據道臣胡嘉棟查得江以東土株栂三處，可開四百五十餘頃，趙士溝三處可開一百二十餘頃，龍潭三處可開一千三百餘頃，浪水堝三處可開七百六十餘頃，長山壘道三處可開一千二百餘頃，九平灣可開九百餘頃，江以西黄骨島等處可開二千餘頃，通計膏腴不下萬頃，去奴寨五六百里，不被兵戈之擾，宜聽道臣經畫，更增設一通判督之，然後任有專官而事有責效。得旨：諸款關切機宜，該部酌議具覆。

同上 ［天啓元年三月］庚戌，【略】山西道御史江秉謙疏駁戶部尚書李汝華屯田考成之議，且追論其借留金花委咎司官。汝華疏辯求罷，溫旨慰留。

《明實録・熹宗實録》卷一二 ［天啓元年七月］，四川石砫宣撫司加銜守備秦拱明奏：父邦屏奉命援遼，盡鬻家產以爲軍資，瀋陽之役先登殺賊，父既齏粉而三十口妻孥留滯京華，行乞求助，乞給償所費金以贖產業。其重慶衛所與臣接壤，絕軍屯地盡沒豪右，乞查驗撥二三十頃以贍孤寡，更念同父陣亡部落從重給卹。部覆：絕軍屯地撫按查明無礙，給作祭田，其優卹銀照例給散。報可。

同上 〔天啓元年七月〕，禮部都給事中楊道寅奏：【略】再查遼陽以東地多崇山峻嶺，回環層出，盡處則展平洋數十里，可墾田數千畝。臣向過遼陽，聞按臣廼委監軍胡嘉棟開田置屯。又發錢委買穀義州，預備穀種。今不知踏勘作何勾當，穀種作何支銷。廼且聞遼陷，夕卽棄地棄民，緣海而遁，東山失守，至一時武臣靉陽遊擊許定國援遼水兵、遊擊周義駐防寬奠，叅將王紹勳皆係奔竄。宜以軍法從事。上命該部酌議具覆。

《明實録・熹宗實録》卷一四 〔天啓元年九月〕，甘肅巡撫右僉都御史除養量題查萬曆四十七年本鎮馬三萬五百四十匹，椿朋屯田銀十八萬五百三十九兩，四十八年正月起泰昌元年十二月止買收并中給茶馬七千八百八十三匹，倒死幷變賣轉發援遼等項馬六千九百四十九匹，實在馬三萬一千四百七十四匹，比上年多馬九百三十四匹，新收椿朋屯田等銀除支放買馬等項外，實在甘州屯馬廳併衛所倉庫銀十八萬八千四百二十二兩，比上年多積銀七千八百八十二兩，尚未完見徵銀四千七百五十二兩，仍將馬死數逾二分追椿，又不及數各將官住俸買補追徵。下部。

同上 〔天啓元年九月〕，署戶部事左侍郎臧爾勸題遼左用兵算至三十萬，計歲用新餉非一千數百萬不可，除錢鹽事例專疏外，謹輯廷議十欵。【略】一查屯田草場蘆課。照弘治間差給事御史淸查南京四川屯田例。

《明實録・熹宗實録》卷一七 〔天啓元年十二月〕，監軍御史方震孺、叅鎭守標下遊擊婁雲龍、左翼營遊擊熊錦俱革任回衛，請以廣寧備禦陳一元陞官屯田僉書，署掌遼東都司印務。

《明實録・熹宗實録》卷一九 〔天啓二年二月〕，遣御史馬鳴起管屯田。

同上 〔天啓二年二月〕，陞杭州府知府孫昌裔爲本省按察司副使，管屯田水利。邵武縣知縣袁崇煥爲兵部職方司主事。

《明實録・熹宗實録》卷二一 〔天啓二年四月〕，巡按御史張愼言疏修舉天津屯田，言：自枝河而西，靜海興濟之間萬頃沃壤，惜荒爲黄茅白葦之區。河之東尚有鹽水沽等處爲膏腴之田不知凡幾，客歲同知盧觀象開寇家口以南田三千餘畝。臣徧觀其溝洫廬塘之制、種植疏濬之方，皆具而有法，期年成聚，人何憚而不爲也。大抵開種之法有五。一官種。謂牛種器具耕作雇募皆出於官，而官亦盡收其田之入也。一佃種。謂民願墾而無力，其牛種器具仰給於官，待納稼之時，官十而取四也。一民種。民之有力者自認開墾若干，迨開荒既熟較數歲之中以爲賞，十一而取是也。一軍種。卽今海防營軍種葛沽之田，人耕四畝收二石，緣有行月糧，故收稍重也。前四法已行矣，又有屯種之法。祖宗衛軍有屯田，或五十畝，或百畝，軍爲屯種者歲入十七於官，卽以所入爲官軍歲支之用。國初兵農之善制也。今日兵與軍分而屯止存其名矣。當選各衛之屯餘墾津門之沃土，如前官種之法。大約人耕水田六畝，計廬舍一切之費畝得一金，又自春作至秋九月收成凡七月，月餉一兩，計費一百三十金，而開六十畝準盧同知已墾之入當得三百石，礱米三而得一爲百石，至明年力作之費，卽給於今歲之獲。又以餘力耕附近旱田，相土宜而播黍稷，寬其力而不稅其畝，人樂於耕積而十倍百倍，視江以南糧艘之運率十鍾而致一石者相萬也。下疏於部。

同上 〔天啓二年四月〕，巡按直隸張愼言疏言：廣寧失守，河西士民轉徙入關者以百萬計，方欲招集津門以無家之衆墾不耕之田，乃有原任東城兵馬司吏目郭世安挈家浮海旅寄天津捐七百金之貲，募地丁自墾水田七百畝，且願授守備職銜，在衛專管屯務，廣集遼人，繼輸屯貲，從此漸墾漸闢，成聚成都，足餉強兵，實爲便計。臣請再檄天津道撥海防營軍三百助之，播種經費不足，查有寧山衛屯餘剩積銀三千兩，節年充餉銀一千兩給海防同知盧觀象提調，給發指授屯種，由百頃而千，由千而萬計，功超擢於軍屯民屯之中，卽察其御衆之才自有窺左足而動者矣。則今日郭安世之題所謂先從隗始也。命依議行。

同上 〔天啓二年四月〕，陞太常寺少卿董應舉太僕寺卿兼河南道監察御史，管理天津至山海關等處屯田，安插遼民事務。

同上 〔天啓二年四月〕，新陞太僕寺卿兼河南道御史董應舉奉命屯田，疏言：自古屯田或出將帥，或用召募，將帥則兵卽爲農，召募則農亦爲兵，未有分而能成者。況今屯田而安插遼民，是欲藉遼民以屯也。屯於天津至山海，是爲京師擁護左臂也，藉其力以屯，是以賑救當召募，不空費其銀於賑救也。爲京師左臂，是以屯政寓軍令，不別費其銀於募兵也。此何如重務而可以輕任乎。屯必人與一室，牛種田器穀食必具而後可耕作，千家一敵臺，兵械必具而後可收保，使錢糧不足以備諸事，臣不敢任也。屯必有分任之官，必有聽用之人，俸糧工食於何取給，然權不能行於郡邑，則勢有阻格，臣亦不敢任也。古之募屯必月給穀食，待田熟而止。臣切計之，安插一萬敵臺，牛種器具費須七萬，而月給穀食自今至明夏又須九萬六千，二項已十七萬矣。明夏以後麥米自給，廼可省此而子粒猶必待後年夏秋熟方得計畝輸糧，爲關餉用。朝廷先費幾許金錢而待輸於兩年之後，議者必有齟齬。臣能終其事乎。不能終其事而責臣成功臣亦不敢任也。古之屯田以兵以戍率皆用軍法從事。況今遼民爲人所疑，所屯又在邊鄙，非重法不能制。臣欲十家爲保，保有保長，十保爲聚，聚有聚長，十聚爲連，連有連長，四連爲師，師有師長，而後統以屯田分司。中有作姦藏寇，須用旗牌行法，乃可施行。不然臣亦不敢任也。蓋臣屯田雖非將帥而迫於危邊，亦須有將帥之權，雖名安插而制約流民，亦須用守邊之法，故立法不得不嚴，權不得不重也。上以條奏屯政甚晰，錢糧事權等項作速議處，以便展布責成。

《明實録·熹宗實録》卷二二 〔天啓二年五月〕，工科給事中方有慶疏言：自東奴發難，有加派之徵。近著令載入考成，自今有司愛民之心必不如愛官之心，敲骨剔髓，何所不至，民不堪命，羣起爲難，恐中國之憂不在奴而在蕭牆之内也。皇上宜立召輔臣并六部大臣共作長久之計，勿爲旦暮之謀，凡無益之冗費可以全革，不急之工作可以暫停，應緩之上供可以半減。他如屯田、如鑄錢可以爲軍餉計者多方措處，加派二字斷從蠲免，使天下曉然，知上意仍欲生我而不終嚻然喪其樂生之心。此收人心之大竅會也。報聞。

同上 〔天啓二年五月〕，命鑄管理天津山海屯田安民事務，關防給董應舉。

《明實録·熹宗實録》卷二二 〔天啓二年五月〕，原任寧夏都司僉書今陞神木遊擊高崇義，原任寧夏屯田守備今陞陝西都司僉書李雲俱革任回衛，巡撫王之采劾其貪鄙也。

《明實録·熹宗實録》卷二三 〔天啓二年六月〕己丑，戶科給事中陸文獻疏陳足餉之策。一復屯政。謂屯田於邊，募流民不如募土民，募土民不如募實粟於邊之富民。蓋召塞下民耕塞下田而民便，糴塞下粟實塞下儲而商便，行之久而農即是兵，屯即是餉矣。【略】疏下部議。

《明實録·熹宗實録》卷二四 〔天啓二年七月〕，差工部屯田司主事陸之祺管惠通河。

《明實録·熹宗實録》卷二五 〔天啓二年八月〕，向高等復爲雲南請帑，言：前此所發皆川貴之餉，雲南未沾分毫。況遼民賑濟銀復那作屯田之用，今戶部所請十萬雖充雲南兵餉，實留此賑濟遼民，即將兩廣遼餉抵解雲南，是亦兩利之道也。謹將原票改正請旨。上從之，以許發雲南帑金五萬兩留賑遼民，命該部行文兩廣總督官於遼餉内對支五萬兩解給雲南。

《明實録·熹宗實録》卷二六 〔天啓二年九月〕，直隸巡按左光斗以直隸眞、順、廣、大四府俱有武學而順、永、保、河四府獨缺，請照例收録武生附於文庠，以儲將材，從之。光斗又請於河間、天津設屯學，其法凡願入學者試其文理稍通，兼知騎射，申本院收録，給武生衣巾，授田百畝使自耕之，每畝歲納租一石，寄學之後業益進而土益闢，補附補增補廩一視衛學例。所補之廩即就田之入餼之。從此議貢議科總以耕讀之令名，成教養之實事，其願就武試者免其府中類試，至屯學官舍、人役一切經費俱屯官措辦，不必動官帑。天津原有兩教官即令一官攝理，不必更添教職，所屯之人但有墾田就學者即許占籍，不必拘南北遠近。大都採屯田通判盧觀象之議而叅酌之，因言屯學有五便。一畝入租一石，每試百人得穀萬石，試千人則十萬石矣，便一。既以屯占籍矣，世其學不得不世其田，便二。募民墾田，牛種傭工等費不貲，屯學行而聽人自耕不見金錢之出，但見子粒之入，便三。津餉一粒悉待遠輸，以附近之田養附近之兵，一鍾敵十鍾矣，便四。且此力田者大率殷實而俊秀者也，行之二三年後耰耡之衆，即爲干城橫槊之儒，即爲露布，便五。國家又何惜遼東事額而不爲屯士開功名之路哉。上命該部覆行之。

《明實録·熹宗實録》卷二七 〔天啓二年十月〕，戶部尚書汪應蛟言：太僕寺卿董應舉奉勅屯種，許照巡撫一體行事，權若不輕矣。然道府州邑祇知爲寺卿，不知爲巡撫，事體窒礙難行，似應改授僉都御史職銜，俾專管屯插，仍兼提督通州軍務。通州上下沿河荒地自安插遼民外，其召募南人分佃及建屯學等專聽與屯田御史會同修舉，實萬世無疆之利。得旨，屯插相關，切聽寺臣從長料理，先給帑銀及另發賑銀俱著嚴覈支給，務濟實用，改授職銜兼督軍務。該部即與議覆，其收兵補伍併通津開墾俱著會同撫按幷屯田御史行。

《明實録・熹宗實録》卷二八　〔天啓二年十一月〕，造佐理天津山海屯政關防給工部屯田司員外郎蘇萬傑。

同上　〔天啓二年十一月〕，巡撫天津右僉都御史李邦華躬勘海道要害，據寔奏聞，言：臣九月間單騎從官兵數人沿海躬歷，自津門出葛沽七十里，民居稠密，雞犬相聞。然道傍纍纍有阜，問之則昔年備倭所設傳烽之具，而今且漸爲平陸矣。葛沽故有海防營水陸兵五千，後減爲二千五百，頃調發遼陽千名無一還者，兵勢頓弱而地阡陌井井，即今户部尚書汪應蛟曩撫天津督營兵屯田處也。歲入積久，頗供修缸置械之用。臣深嘆老成謀國之周而貯財之豫也。又三十里爲鄧善沽，有新河，蓋由天津運糧赴薊鎮者。又二十里爲大沽，始稱海口，然去海尚一十里。臣從小艇出望，水光連天，極目無際，而運艘由此出，鹾艘由此入，雜以漁舟，兼之商販，稽查盤詰，談何容易。越日北行抵塘兒上，是爲寶坻縣屬薊鎮，河水入海之所，此地去長安路僅二百四十里，溝澗無阻，一日夜可達而未聞一兵之設，防禦之踈至此極也。暮宿蔡家莊，十餘里抵施家陀，稍趨見河，河身甚窄，僅容數斛之舟，海潮秋間時抵岸下，然視前塘兒上未免稍緩矣。自是行行去海漸遠，地方高阜可耕，青草蒙茸，而綿亘三四十里盡委荒莽。臣念寺臣董應舉奉命屯田，恨未有以此告之者，及今正可圖也。

《明實録・熹宗實録》卷三〇　〔天啓三年正月〕，陞山東布政使司左參政岳駿聲爲湖廣按察司按察使，管屯田水利。

《明實録・熹宗實録》卷三一　〔天啓三年二月〕，巡按湖廣監察御史舒榮都言：全楚衛所六十有二，屯糧三十九萬五千有奇，分隸三都司，省城都司所轄二十七萬五千有奇，行都司轄七萬六千九百有奇，興都留守司轄四萬二千有奇，子粒之數按籍可知，而軍屯槩不可問矣。軍之不可問者，以逃亡故絶居十之三，而以失屯因以失伍者強半。祖制以軍墾屯，以屯贍軍，每軍一名占糧六石，計田六十畝，以上中下三等通計之，自種自收，每畝可得穀三石，則六十畝可得百八十石，俯仰有餘。無奈日削月剝，以幾於盡也。蓋有一軍而生三子者，即以六石之糧三分之，軍差亦准於比，久之三分復折而爲八九分，強者兼人，弱者兼於人，苦於著役，各思他徙，貧軍之田爲富民有，絶軍之田爲軍官有，自是軍屯駸駸化爲烏有矣。欲補軍伍，不復軍業，軍何以堪。欲清屯補伍，徒取諸彼以與此，田主又何以堪。蓋當日之田有典價，遞年有築堤修堰之工力，今之退吐即田主吞聲，彼無賴之徒，冒頂祖軍之名，横奪平民之産，長此安窮。今民間交易三十畝之價可得七八十金，軍田有典無賣，價止二十金以下。有田主自種者全饗其利，有本軍占種者每畝納課穀一石，有本軍自納子粒者意在贖取，有田主代納者每十畝糧料各頃約輸銀四錢以外，大率一歲所入贏得十分之八，不強奪其所不願退之田，議令額屯一石歲出穀二石，計額屯六石合之得穀一十二石，則以贍一軍有餘。著伍之軍不必田主正身，或子弟，或義男，但要有膂力，有根腳，不堪者聽田主更置。但不更祖軍之名，猶恐異日勾補調撥，爲田主子孫憂，則莫肯承認。穀以三次支給，四月小熟，八月西成，臘月歲畢，如期如數交付著伍，每次於管屯官取註印信收票，田主收執，即本軍有力贖取者還其田，須揀其壯丁不以百八十石之粟米果一尫羸也。軍屯雖隸於衛所，許覈軍伍之虚實，衡穀石之完欠，不得以軍之故漁獵其田主，郡邑有司職在清察，不在姑息，出軍補伍，出穀贍軍，乃其典受屯田時應得之分數，積逋於昔，薄償於今，田主當自無説，若有他詞則以本田還之本衛本所，另行召募，算計從前出者少而入者多，退吐所宜，然有司復何庇焉。章下所司。

《明實録・熹宗實録》卷三二　〔天啓三年三月〕，命御史張汝懋管理屯田，李時榮管理遼餉。

《明實録・熹宗實録》卷三三　〔天啓三年四月〕，巡撫鄖陽右副都御史蔡復一條陳【略】又陳鄖事最切者，一曰覈軍屯。鄖之單弱甚矣。增兵增餉既難輕議。臣謂當練軍爲兵而以鄉兵佐之，鄖陽衛清出實操一千餘名，因軍覈屯，因屯求餉，蓋屯軍強半轉佃爲豪家所據，追而奪之，彼亦何辭，而軍户輪房人無恒役，過手隨賣，徒擾無益。臣只令承種者充納糧需，每名量衣甲銀給本軍户内壯丁入練，其種絶者不拘軍民，責令屯一分出壯丁一人入練，庶屯糧不至累軍而其餘資足以贍軍，似亦簡便而可通行者也。【略】得旨：所奏深切時務，内稱久任之法，當自巡撫始尤得肯綮，該部記著，其餘俱覆行。

同上　〔天啓三年四月〕，陞南京刑部郎中洪時蕃爲江西按察司僉事，管屯田水利。

《明實録・熹宗實録》卷三四　〔天啓三年五月〕，陞河南按察使戴熺爲廣東右布政使，管屯田水利。

同上 ［天啓三年五月］，貴州巡按侯恂疏請楚中協濟運餉夫役，勑該地方官上緊催趲。湖廣巡撫薛貞又謂夫派於各省則衆擎易舉，派於一楚則獨力難支。下部酌議，戶部尙書陳大道言：楚之民必不可重勞而黔之夫亦豈容議廢，全楚見額屯田共糧三十八萬七千五百四十五石四斗四升，以每石八分算，天啓元二年共該銀六萬二千三兩六錢。此項銀兩乞嚴諭經管屯田諸臣解赴，督臣於就近地方募夫，尙憂不足，或每石再加二分夫價，卽寬然有餘也。上命依議行，如屯糧方在催徵，仍先借別項見銀通融湊發，勿得耽悞。

《明實録・熹宗實録》卷三六 ［天啓三年七月］，屯田太僕寺卿董應舉以屯麥已收，苦無處置，謂西北軍士俱喜麥麵，且各處亦有運船，交兌亦易，但水陸運費亦當併議。如關上召買即以麥交割，召買官不領其銀，聽其以海船領運，如給兌通州軍兵即以麥交割，通州道差官聽其以河務剝船領運，如兌給密雲即以麥交密雲，差官聽其以空運廳剝船轉運，如薊如津亦莫不然。屯官不過交割上船，明白取彼印領報臣及報發運發餉衙門，轉報戶部覈其省餉之數報聞。庶屯效有據，臣亦不致以屯官兼觧戶之苦也。其最便者，莫如即以葛沽兵二千與臣，春耕可借濬築之役，秋收可資搬運之功，洪水暴漲更可藉其護堤之力，所收麥米可抵月糧萬石之麥，人給二三百，數日可了，不徒久頓於曬場，一年所收可抵全餉，不待仰給於度支，未必無小補也。其屯官功罪即以所領錢糧、所收子粒多寡爲據。上韙其議，命作速酌議具奏。

《明實録・熹宗實録》卷三八 ［天啓三年九月］，管理屯田太僕寺卿董應舉奏：前奉旨將屯麥兌給各軍，正移戶部糧儲廳通州道議。今續據屯官石公衍等報，又收有高粱二萬六千四百八十一石，并前麥一萬三千二十石零，共幾四萬石矣。此皆臣旱地之籽粒也。臣前報旱地草地一千四百餘頃，多繇買賣爲之認納錢糧，召佃開墾，分官勤督而開荒過半，實由事事掣肘，不得不然，蓋用地價三千七百一十三兩三錢。臣恐議者不察臣不得已之故，前疏欲扣還地價解部，以明買地之未嘗費帑。今欲待稻田成熟後通算籽粒，變價三千七百一十三兩三錢，解部抵作地價，其各縣錢糧不下千百餘兩即於雜糧麥藁高粱柴內設處，不費帑金，不敢一毫屑越，其各管所報籽粒待兌軍兌，方有實據，其報多而兌少者，必罪不宥，而後開屯方有實益。收割既完，臣且相地開井，因勢而趨之，河低者因其所開以築堤可成水田，高者因其所開以周潤易發各種，且有井而屯之多寡可數，他日不至侵隱，有井而後之編伍可行，卽此便成土練。此臣所以夙夜經理，冀得就緒以爲後規者也。得旨，這屯麥高粱俱准充餉，地價及各州縣錢糧准查明開銷，不必設處變價，屯官功罪并優敘，有司俱事完具奏。

同上 ［天啓三年九月］丁酉，巡按直隸監察御史王允成奏：開濬浦口舊河原欲疏通滁州、人長、來安、全椒、江浦、六合等州縣七十餘圩之水，俾鎭平等四十二衛所屯田屯營無暴漲之患，而屯糧有轉輸之便，屯軍獲粒食之休。舊識將三十四營屯軍每月免操三班，每班折銀六分，仍操三班，不失營規，衆軍自當踴躍公事，亦可兩全。後以工程浩大，費用不足，工役既興，難以中止，仍議來年再折三班，當時創議者督儲部臣于仕廉也，贊成者操江臣徐必達也，題疏者屯田御史曹汝蘭也。今去者去，死者死，垂成之功匱於一簣，滁前一帶軍民終不免於淪胥之患。乞勅南京都察院仍督各州縣官疏濬成河，不以半塗而廢，更有請者河工未成，商民貨物俱經繇六合地方，因得徵稅，以爲驛遞支用。河成則六合之稅無出，民情既失所利，而驛遞廩糧諸費不得不速爲議處，合無卽於新開河上於商民舟車總會之所，令六安縣委官炤舊收稅，以充驛遞之費，庶一舉兩得之矣。報可。

《明實録・熹宗實録》卷三九 ［天啓三年十月］，戶部尙書李宗延言：管理屯田太僕寺卿兼監察御史董應舉稱畿東屯地極多，亦易爲效，所領帑金實用開荒止二萬餘，收麥與高粱與稻見有五萬五千餘石，尙有黑豆、小米、雜糧及涿州水旱子粒未報，明效已見，臺省諸臣交章請加節鉞，該本部覆議，事權一節必須隆重，若總協叅遊等官而使事無齟齬，相應酌議覆請。得旨，董應舉准加巡撫職銜，以重事權。其應授官秩併兼督軍務還著吏兵二部酌議題覆。

同上 ［天啓三年十月］，差南京御史趙應期巡視上江，涂世葉屯田印馬。

《明實録・熹宗實録》卷四一 ［天啓三年十一月］戊寅，加督理屯田太僕寺卿董應舉爲右副都御史，督理如故。

《明實録・熹宗實録》卷四二 ［天啓三年十二月］，工科左給事中楊維新疏言：屯田一事，專委於董應舉，近報收過紅白稻一萬五千餘石，變價可得五千餘金，夫五千金一中縣之加派足矣。況關外糧料缺乏已極，所急原非折色，而貪弁逃卒又惟恐不折色也。當以本色充作新餉，聊濟斗米四錢之厄，仰答皇上捐金十萬開屯貴穀之意，又謂崔浧、李夔龍節被省臺論列，萬無復出之理，而文選司員外郎汪元標視浧與夔龍，其間不能以寸。科臣年例加陞二員，臺臣加陞四員，而吏部司屬非少，亦宜量加一員，以示通融。得旨：董應舉屯田已有成績，其稻米本色若便即與兑運，餘著該部議聞。

同上［天啓三年十二月］，先是屯田太僕寺卿董應舉以葛沽兵二千屬屯臣爲請。天津巡撫李邦華疏爭之曰：開屯本以濟餉，因屯恐致廢兵。葛沽津海極衝，雖承平不敢忘備，今方開新鎮，設撫臣，陳師鞠旅以扼其衝。前撫畢自嚴尚欲遣募南兵，而臣顧遣之於近二千人，仍當留津以資防禦。且如寺臣言春借濬築，秋資搬運，水漲藉護堤。此兵終歲勤劬，何暇操戈執殳，其不容相兼，不待智者而知也。兵部覆如應舉言。上允行之。【略】辛卯，加屯田太僕寺卿兼監察御史董應舉爲都察院右副都御史，督理順天等處屯田屯兵事務，鑄給新銜關防。

同上［天啓三年十二月］，造督理順天等處屯田屯兵關防給董應舉。

《明實録・熹宗實録》梁本卷四〇［天啓四年三月］，天津巡撫畢自嚴言：天津海防營水陸見兵二千五百名，歲餉四萬五千金。前撫汪應蛟因海濱亡儆屯田八千畝，人耕四畝，歲穀八石，共值四千八百金。操練盡廢，舟楫器械皆不存。今兵部欲以葛沽兵移歸屯田，春作力田，仍令津撫兼統，遇敵聽調，一柄兩持，屯操俱廢，不若水兵隸臣，增足二千，陸兵千人分隸屯臣兵部尚書趙彦執如故。

《明實録・熹宗實録》卷五六［天啓五年二月］，禮科給事中李恆茂疏言：自逆酋犯順以來，海內添巡撫四，曰通，曰登，曰偏，曰屯。通撫改用京左，祇覺其安靜而不聞有踈虞，登萊隔奴酋二千餘里，奴善騎，不善舟，輕去巢穴渡海而南，斷無是理，萬一小警道將饒爲，何必煩一巡撫重臣始爲愉快。天津一帶地各有主，無田可屯，前屯田不過葛沽區地，一水利道帶管之而有餘，朝議添撫院發帑金作屯本，艷稱雜糧也。詎知此雜糧原在民間，不以添撫而有，不以不添撫而無，第屯本未發耳，發則買田作屯如今日新法，道府州縣官皆能措辦，屯田御史豈可不責成乎。偏沅界在黔楚之間，初議添設巡撫，而不重之事權，牙爪營衛不敵一路將，非謂偏沅可撤此防也，但不必以巡撫防耳。若一切戍務事宜歸併沅州道臣掌管而議裁巡撫，是亦惜名器、汰冗費之一端也。巡按等差，近例較祖宗朝不同，計期雖係一年，行事不滿十月，畏茲簡書，刻期交代。夫官止有此精神，値茲軍興擾攘文案山積之日，既難目視十行，又不能展日爲月，照刷結正等件能保無停留乎。先年報滿事例不知可復於今日否。得旨，裁革巡撫與巡按寬限等事，著該部院確議具覆。

同上［天啓五年二月］，戶科給事中沈應時疏言：今日財匱計詘，太倉之粟不足本年之支，關上截漕併接濟毛帥總約截去三十五萬，儻無變計而專恃截漕，若至截無可截，此不但部臣之憂，而關撫亦宜爲部臣憂者也。無已，惟有廣屯可濟其窮。近如副都御史董應舉督理屯田，兩年間用屯本二萬六千三百兩，得利六萬四千兩，尚存屯本以爲後資。又如趙率教以武弁督屯，據報舊歲屯種至今年入倉鎮屬總數大約八萬有餘，可見大屯則大利，小屯則小利。今關外議進取，何若兼議且耕且守之爲兩得乎。誠專委有司相其土宜，凡有可耕去處定不必有買田之費，官給與牛種農器，令其開墾屯種，俾有餘粟可充軍儲，不惟截漕可減，粟多價賤亦可以折色配支，就如改觧南糧一節。萬不得已須早爲計處，運費妥確以便遵行，各處府州縣奉有歲積之法，以備賑濟，且列考成。計其所積分數以分殿最。宜勑撫按盡法清查，令倉廩陳陳相因，儻遇軫恤災民不待帑發於上。有司第奉皇上德音，而霑惠無窮矣。此宜申飭各省直遵照通行者也。疏下該部，酌議具覆。

同上［天啓五年二月］，奴酋破旅順，遊擊張盤、都司朱國昌死之。兵部疏言：自遼土沉淪，南四衛悉屬腥羶矣。惟金州東聯海、蓋，南近登、萊，遊擊張盤以孤軍據其地而兵力單弱，旋爲奴兵所攻，退保旅順。登撫前議城南至旅順口一百三十里，三面距海，惟北面狹束東西相距僅十里，許挑斷其地引海水以自固，設墩堡以防守，則百三十里沃壤，可屯可耕，可團聚難民數萬人，遂成不拔之基，已經覆議允行。間戶部會議裁登餉十萬兩，該鎮因挑濬之費無所出，尚未舉行，遽有旅順之失，張盤駐師旅順，朱國昌駐師長行島，魯有功駐師三山島，皆毛帥所棊布鼎足，烽連姦弁。魯有功不奉鎮撫之命，擅約張盤、朱國昌至南關嶺破土興工，及二將至而有功違約不來，即有虜騎猝至，重圍我師，張盤力戰被虜，朱國昌罵賊陣亡，奴兵復至旅順，破城戮將，血屠遼民，有功潛匿四日。又扁舟至旅順城下，焚其火藥，擄其婦女。奴之來也必有功暗投以呼之，張盤等之死也，必有功設計以誘之，應令登撫毛鎮擒捕正法，更乞勑下臣部會同戶部將天啓五年登、萊額餉二十萬，仍照舊全給一年，即將所留之銀爲旅順，再整士卒修復城池，及督率諸將領濬開城南海口，且屯且耕，保固藩籬，振起兵威，漸次而復金州窺海、蓋。一面申飭毛鎮益奮忠勇，勿以小挫爲嫌；一面責成登撫益殫壯猷，勿以裁餉掣肘，則所以圖雪恥而成大功端在此也。得旨：登、萊額餉著照舊全給一年，爲防守旅順及挑濬開城南海之費，還行文登撫毛文龍著用心連絡聲援，勿致踈虞。

《明實録・熹宗實録》卷五七 ［天啓五年三月］，刑科給事中霍維華疏言目前最急者三事。【略】一曰畿内屯田之滋擾。古者屯田皆疆場不爭之地，未聞割民産以供官屯。且畿南州縣原無無主無糧之田，屯撫之設，本用以賑遼人，又不欲遼人之坐食内地也。故議置買民田而便之屯，夫民田而膏腴耶，誰肯割己業以畀遼人斥鹵也。遼人誰肯捐其力於無用之地。當日之爲謀固已踈矣。未幾遼人已化爲烏有，而屯事猶累於地方，廢弁借捐田以騙官，刁民獻汙下以避糧。屯所屯者既明負州縣之糧而不納，屯所隱者又陰躲惟正之供而不輸，且屯官與有司相水火，屯丁與百姓爲仇讎，及田無所出，又多方剝削以買補，甚者仍累及原捐原賣之人爲包完，此之爲屯固已息不償費，利不補害矣。又從而奪守禦之陸兵，又從而奪海防之水兵，不幾以封疆爲戲乎。宜行各該撫道查屯撫見田若干，是否堪佃，稟造實數，要見子粒作何徵收，錢糧作何補納，水陸官兵是否止供屯田不必操練，從長議明，分責各該道府有司如數徵完，以佐軍需，或專董之屯院，或兼攝於餉臣，庶乎不廢屯亦不病民，不撤兵亦不悮屯，乃爲計之得耳。若七撫堅持其説，臣以爲向日所欲屯之遼民，今皆已還之關外，目今堪屯之地面天下莫便於河西，何不就見人見田而屯之，坐收趙率敎等百倍之利，而區區奪内地之兵之田也哉。得旨：准將查減糧額，議增糴價，併准暫那見徵之銀待雜項之補。查大通橋該管司官叅來究處，屯撫應否裁革著該部議妥來説。

同上 ［天啓五年三月］，陞雲南布政使司右布政使諸允修爲貴州左布政使，戶部員外郎熊師旦爲陜西按察司提學僉事，福建建寧府知府龔承薦爲廣東按察司副使屯田水利道，江西南安府知府孫同倫爲雲南按察司副使屯田水利道。

同上 ［天啓五年三月］，太僕寺卿黃運泰疏：【略】一就邊兵屯宜講也。屯於内地則轉輸勞費十耗其五，莫如屯種於邊，隨取隨足，實爲省便。昔孔明駐師渭上，雜軍民屯於五丈原，以爲久計。今宜倣其遺法，關内外相其可屯者卽委將官屯之。老弱力農，驍健防虜，賊至則戰，賊去則耕，以兵屯，又以兵防屯，此上策也。

同上 ［天啓五年三月］，陞吏部郎中張國紳爲四川布政使司右叅政，清軍屯田；兵科給事中朱大典爲福建按察司副使，分巡漳南道；刑科給事中薛大中爲四川布政使司右叅議，下川東兵備道；御史翟學程爲四川按察司僉事，松潘兵備道周汝弼爲陜西布政使司右叅議，胡良機爲廣東布政使司右叅議，分守海北道；陳保泰爲浙江按察司副使。

同上 ［天啓五年三月］，改湖廣布政使司右叅政周士昌於貴州兼按察司僉事，監督軍前事務；起陞襄陽知府儲顯祚爲貴州按察司副使，管本色糧運；起降雲南按察司副使張允登爲貴州按察司僉事，督理屯田鼓鑄稽覈軍馬錢糧；加陞湖廣按察司副使胡一鴻爲本省布政使司右叅政兼按察司僉事，分巡靖州辰沅等處；改按察司僉事段伯介爲鎮寧監軍道，加平越府知府曹進可本省按察司副使銜，仍管知府事，從貴州總督蔡復一等請也。

同上 ［天啓五年三月］，戶科給事中周汝謨疏言：東西缺餉，不得已於雜項中稍可取贏者有八，曰鼓鑄，曰鹽政，曰屯種，曰稅契，曰典鋪，曰散官，曰冗役，曰郵傳。【略】所謂屯種者，未闢之新畝非就買之舊畬也。今海内舊屯清應清理，而豪強兼併，經界混淆，籍猶未去，可按而稽，惟是關外荒土沿海汙萊悉聽附近軍民隨地開墾，而姑少徵其子粒，將畝有畝利，頃有頃利，日計不足，歲計有餘矣。

同上 ［天啓五年三月］，原任通政使司左叅議馮時行疏議省餉之策有八。【略】屯田内地不過得糧數萬，卽屯金州亦不過得糧十數萬石，若山海以東從廣寧至三岔河迤北彌周環千里，牛種出關，爲勢甚便，遼民之在内地者，分令屯種，且關上兵馬，若選二萬精兵，擇一能將委令防護，其餘盡發屯牧，在奴酋隔三岔河，不易過，在西虜受款，又易防。屯多則餉多，所積屯糧用供軍需，可省截漕與糴米及腳價之費不貲，策七也。

《明實録・熹宗實録》卷五八 ［天啓五年四月］，巡撫福建南居益修陳彭湖善後事宜。一議彭湖添設路將，一議戍守中左，一議增兵，一議增餉，一議建城池營舍，一議屯田，一議墩臺，一議用人，一議内地防禦。章下該部。

同上 ［天啓五年四月癸卯］，兵科給事中王鳴玉疏請修舉屯田，請自山海以逮各鎮如兵每萬各簡弱者三之一以屯，人予旱地二十畝，准糧九月寬其所入，以示屯之有利，利之所在，人忘其死，其誰不黽勉從事者。約而言之有五利焉。以屯租抵月餉則無汰兵減餉之名，而有汰之減之之實，其利一。抵餉屯租取自邊土則腳費自減，而津門之六十萬漸次可裁，其利二。米貴於珠，軍不宿飽，邊屯產穀，則價賤而士腹易果，其利三。牛馬仰給全藉芻梗，邊屯畝被，則草料充而騎可騰驤，其利四。饑寒不迫，人心有恃，屯之所以不能已也，其利五。或曰恐妨操也。夫東作者以三月始，六月終，秋穫以十月始，十一月終，他月皆可待操，旱田更多餘閑，況所簡恃不任戰三之一，其可戰可操者固不妨也。或曰：債帥怯而貪，平時攘虛餉以自肥，相沿成風，牢不可破，誰肯割見在之利以爲國減餉者？是不然。夫債帥之愛功名也，甚於其愛財貨也。如一帥得萬人，能簡弱者三千人授屯，是能於每萬金中減司農餉三千兩，取該道履畝實冊，簡軍若干，屯田若干畝，代餉子粒若干石，備細報部，移咨本兵，照軍功加銜俸一等，以開屯減餉之多寡，爲本帥賜爵之崇卑，彼冒矢石以殺虜固功，屯開邊利以困虜亦功也。況彼危此安，人情尤樂趨乎。屯之與兵相利不相妨，無疑矣。信能堅意必行，則二百萬之逋金可省，數十萬之人心可固，能富能強，可戰可守，司農得免攢眉，中外不至竭澤。章下該部。

同上　［天啓五年四月］，廣東道試御史陳世俊疏言：今國家所憂者兵與餉耳。皇上允鼓鑄之議，復允屯田之議，足餉養兵，其道實不踰此。然而冗冒不可不清，規制不可不備，奉行不可不實。東西交訌，計兵二十餘萬，何不犂庭掃穴也。計餉七百餘萬，何以鼓譟脫逃也。各營恊有隱占，有鬼名冒伍，有逃亡不補，有老弱年餉充數，故兵日增而日弱，餉日加而日耗耳。今須查覈則除，除得冒兵一萬，可省實餉二十餘萬，冒兵減則餉足，餉愈足而兵愈練，而查覈之法，查覈之人，尤在當事者之裁擇。近見馬世龍紙上之兵非不井井，特請科道點閱似矣。第十三萬守險之衆，一旦提集關內，聽查能無譁乎。各隘營堡可一空乎。此言眞同兒戲。若夫屯田之利，臣聞登州至鎮江沿途十餘島內多膏壤，風波不到，廣可屯田鉅萬，狹亦可屯田數千，毛帥果能相度其地而使遼兵遼民屯之，不惟安插遼人，且省航海糜費無算。但海外情形未敢懸議，若關外每三千屯軍之所入可得穀五六萬，果能實實舉行，募土著之民任其開墾，但使粟多，在官在民，總省委輸，又且著之令，其倡義備本以百夫耕者予百夫長，千夫耕者予千夫長，而歲量取其贏，行久大效，授爲屯官。不愈於遊棍材官占軍耗餉乎。至於津門之屯，往復查議，竊謂此事無可議也，以屯務併之餉撫而一其權，隨責之餉道而課其成，以本地之屯米抵本地之軍餉，餘則運之輸關，出入總屬一手，而以抵餉之多寡、解關之盈縮爲殿最，屯餉併而無一柄兩操之虞，屯撫裁而有衙門廪費之省。

《明實録・熹宗實録》卷五九　［天啓五年五月］，太常寺少卿倪斯蕙疏陳蜀黔事宜，一屯田不可不講。謂各府原設有軍屯同知，應擇任廉能二員盡地而田，計畝而耕，土民降夷一體分授，庶無事則守，有事則戰，久之屯農漸慣習戰，則防兵亦可漸撤。

同上　［天啓五年五月］，通政使司右叅議楊紹震陳兵食五款。【略】一廣屯田。議令遼人屯種寧遠以西，官兵屯種寧遠以東，明示以兵衛農之意。【略】上然之。

《明實録・熹宗實録》卷六〇　［天啓五年六月］，總督貴州蔡復一題海內之窮惟黔爲最，亦惟今日爲甚，練兵則激犒無資，用兵則懸賞無餌，運米以贍兵，繕甲制器以治兵，則料腳無措，佐餉者惟屯田鼓鑄二法，利在半歲之後，而枵腹在旦夕之近，事之不能待者也。臣等求可以資涓滴而救燃眉者，莫如開納事例，誠歲得數千金，稍佐犒賞征繕之用，以給牛種而勸屯，買銅鉛募鑄匠而興冶，亦庶幾可爲士飽馬騰之地矣。付該部議。

同上　［天啓五年六月］，總督貴州蔡復一題向因餉匱兵逃一舉蹉跌，而黔局又當從頭做起。臣去歲曾言破賊有緩急二局，急局必用兵十五萬，必用餉二百五十萬，必移督臣於遵義，而滇出霑益，黔出六廣、三岔，三省竝進，賊未有不滅者。然不難處兵而難處餉。臣設身爲計部思之，未有以辦此。緩局前疏議兵八萬，今縮爲七萬，從今年八月始以二年爲期，計部歲處一百二十萬之餉，分布屯田，且耕且戰，沿河拒守以蹙之，出奇以撓之，行間以潰之，不出二年，罪人可得，賊亦可平也。所以必從八月始者，目前斗米價銀五錢有奇，五六兩月勢必更踊，兵餓欲僵竄者，斬之不能止。臣今春招募開墾至八月穫稻，庶米價可平耳。屯愈廣則兵費愈省，歲額當縮而克敵不待二年，亦未可知。至閫外制勝全繇大將，臣曾疏薦狼山副總兵江之清，請勑兵部覆議，如果堪授節鉞，即充大將，責令募淮揚勁卒二千人與俱，俾展新硎至舊，將酌其自贖何狀分別議處，只用主帥一人，不必駢設，以省措視之淆亂，尤黔今日對症之藥。乞下九卿科道集議將緩急二局亟定歸一，措處兵餉，簡易將帥以責成功。章付兵部看議。

同上 ［天啓五年六月］，御史王祚昌言： 奢酋發難以來，除朝廷發帑以濟急需外，諸凡兵餉之不足者一切取之民間，膏髓已枯，立見其斃，又安所得轉輸乎。茲欲求民不竭澤，兵不枵腹，惟有屯田一著。以臣熟計之，其利有六焉。蓋永寧、藺州、遵義，其田地之膏腴固可耕而食也。誠嚴督諸將卒部曲計畝栽種，二三年後可免小民輓輸之苦，其利一。按之兵法取敵一鍾當吾二十鍾，屯田一石當吾二十石，非其以腳力省耶，其利二。自恢復永寧、藺州後招降夷部頗多，無以安頓而休養之，惟驅彼降夷耕種屯田則安插得所，而招徠自廣，賊黨益孤，其利三。相其地形深浚溝渠，高築圩埂，且多植榆柳等木，以界戎馬，使不得橫行，其利四。牛馬所需惟藉芻梗，屯田收穫，草料有餘，戰騎之騰驤可必，其利五。屯兵團聚，春耕秋練，家自爲壑，戶自爲堡，儻賊突犯各執堅以禦之，其利六。有此六利，是以主待客以逸待勞，致人而不致於人之術也。須當事設兩道臣管理屯田，一駐永寧，一駐遵義，以彈壓諸將而督率之。庶屯政有稟成，而虜功克奏乎。得旨： 屯田供餉原自善策，於安蜀援黔尤中機宜，督率道臣即附近推補。著該部速與議覆，仍移文彼處撫按便宜行。

《明實録・熹宗實録》卷六二 ［天啓五年八月］，督理屯田右副都御史董應舉疏報屯田，言： 臣之屯有三，有買地開荒，納糧當差而得子粒解部兑運，歲可四五萬石，名曰民屯。此用帑金而收其效者。有用葛沽見在屯兵二千名，經理舊屯八千畝，與民屯相錯，爲之開支河，築高壩，造石閘，借與牛種農具，收其稻穀抵餉，且改水糧從陸糧，歲可省餉一萬四千七百金者，名曰兵屯，此因舊屯舊兵而撙節以省度支者。有四府七十一縣報解地租七百七十七兩八錢八分，向咨戶部與陸營抵銀同發督餉衙門抵作部發腳價者，名曰州縣屯課，此又另一頭項，與兵屯民屯無敢混者。今兵屯已回津道，民屯及州縣屯課已發冊與餉道查徵，總以歸之於督餉部院，可無容議矣。臣猶以民屯明年屯本未備，以煩後人設處，終爲臣之心未盡，故令督屯官石公衎、劉鎮華等將新麥變價及存剩未發銀追還屯本銀共六千五百兩爲明年開種地，已解餉道三千二百兩，已發石公衎秋麥種一千兩更二千三百兩，則公衎應解一千八百兩，陳元勳應解五百兩，以足其數。臣開除慶鋪塌河凋東地多窪下，舊有河身隱見至菱角沽通梁城，所入海長可百餘里，若開成河，不惟可免水患，變鹵爲腴，且便於海運。今開纔及半，臣屯官自運餘糧一萬八千石，已爲戶部省腳九百兩矣。若開完津運搬壩，如臣雇中船裝運，傍海岸行，決無覆溺之患且歲可省船腳數萬金。其與歲開新河十五里，歲費銀八百兩，歲役寶、靜、天津民軍三四千人，豈不相萬哉。章下該部。

同上 ［天啓五年八月］，陞叅將管寧夏玉泉營遊擊事邢萬民爲大同西路叅將，臨洮鎮城坐營加都司僉書管事王紹禹爲寧夏興武營遊擊，大同冀北道中軍守備陳嘉賓爲寧夏水利屯田都司。

《明實録・熹宗實録》卷六三 ［天啓五年九月庚戌］，戶部尚書李起元又疏： 覆樞輔孫承宗清汰兵馬糧餉欵內汰過官兵一萬七千四百三十七員名，馬贏等五千六百四十九匹頭，歲省兵餉及裁減公費廩糧共五十四萬一千六百三十五兩，馬乾一萬一千七百九十六兩，米六萬六千九百一十二石，豆三萬八千九百七十八石，草三十九萬五千八百五十束，通計省銀六十八萬餘數，除米豆草束津部薊、永按數運用外，月餉草乾臣部分攤十二箇月，每月發銀二十二萬九千三百三十三萬零，按期給發。此外有可通融計算者，如關馬之四月放青，未嘗裁減扣乾，班馬之往來不定，未嘗計日扣除，屯田之米豆草束未嘗計數入額，逃故倒斃空月小盡未嘗預計扣省，又查兵馬未汰以前歲支米六十八萬，而舊部院奏繳疏內運過關米九十萬石，今止歲支六十一萬三千八百石，計餘米二十餘萬石，約銀十八萬餘兩，餉司未報作何支銷，亦宜一併查覈。上報可。

同上 ［天啓五年九月］，陞兵部車駕司郎中劉萬春爲河南布政使司右叅議，四川通判胡平表爲四川監軍僉事兼管屯田事務。

同上 ［天啓五年九月］，戶部尚書李起元覆督理糧餉巡撫天津戶部左侍郎畢自嚴運務四款。【略】一重屯田職掌。謂屯撫已裁併屬餉道，其衙門設之津門而所屯之田散之各府，事權未免稍輕。今議分責各道每年督將收獲子粒差官解至津門，聽餉道驗收起運，誠計之得也。至津門舊屯仍當還之津道。【略】一建關外倉廒。米豆無倉廒則浥爛可虞，應行關撫及各道確查某處應貯糧若干，應建廒若干，明確奏報。即關外屯田倉廒貯積亦當併議建置者也。上可其奏。

《明實録・熹宗實録》卷六四 ［天啓五年十月］，戶部尚書李起元以國計匱詘採集輿論： 【略】一廣開屯田議。令關門內外凡膏腴之地設法屯種，其在省直行各該道備查各衛所原額屯地若干，見今實在徵糧若干，其地畝不敷原額者見係何人占種，履畝清查舊田，無使影射，新墾處以本工限三月内造冊報部。【略】得旨：諸款鑿鑿可行，榷稅照舊例量徵，委廉能甲科推官管理，入貲克附，既非虐取貧民，又不壅塞仕路，各省直提學官即如議遵行一體考試。屯田籽粒實數著各撫按管屯設法清查，依限報部。其征倭征播加派錢糧已經蠲免，有司毋得溷徵，茶馬鹽法俱依議著實舉行，有虛文抵塞視爲故事者你部會同該科參來重治。

同上　［天啓五年十月］，陞福建布政使司參政孫國禎爲本省按察使屯田水利道。

同上　［天啓五年十月］丁亥，貴州巡按傅宗龍條上屯守方略，其略曰：夫蜀以屯爲守者也，而黔則以守爲屯，按安酋土地小半在水外，其盤據水外爲我肘腋之患者，則獞猺龍仲蔡諸苗雜種也，平時則輸之粟，有急則助之兵，賊有外藩，我無邊蔽，此黔兵之所以不得不分，而力之所以愈詘也。臣所謂以守爲屯者，先發兵據河奪賊之所恃，而後於諸種順者撫之，逆者勦之，陽順陰逆其心不可恃者脅而徙之，而後於大渡口置大寨，小渡口置小寨，深溝高壘勢如列城，烽整銃臺，隨山豎立，其小渡之不能盡守者則刊山運石，以扼塞要，使一粟不入水内，一賊不出水外，則賊無如我何矣。又令沿河之兵嘗習水戰，當賊耕穫之頃時出可兵渡河以掩襲之，則賊亦不敢負河而居矣。必如此爲守而後可以議屯也。屯之説有二，一則清理各衛所之原田而屯之，一則割裂賊之故壤而即以衛所之法屯之。黔不患無田而患無人，凡今之帶刀負弩者皆客兵也，有餉則聚，無餉則散，久客則思歸，寧可得而長繫之乎。莫若一倣祖制，盡舉屯田，以授之有功之人，將見在行間之將士，分別高下，功績尤異者擬授指揮，次者千戶，再次者百戶、總旗、小旗暫以劄付擬銜而即授之以應得田畝。熟者聽其自行清查，荒者聽其自行開墾，即永與之爲子孫世業，然不得私自買賣，新闢賊土即附入各衛所之内，一體徵租。屯政果修，方題實職承襲，則人受世職又愛得田，不待招徠，而戶可實。臣之所謂以守爲屯者如此，然守之兵非四萬八千人不可，守之餉非一年八十餘萬不可，守之時非三年不可。疏下部議。

同上　［天啓五年十月］，戶部尚書李起元覆餉臣黄運泰條上善後各款。一議屯本。謂前屯臣董應舉佃種之法，春給本而秋取息，今年應收本利之數，即備爲明年屯本，今餉臣謂屯本收完即繳還朝廷，不必給發，第令屯戶自輸其地内之糧每畝一斗三升鮮津交納，坐收屯利誠爲便計。至各戶應納之糧盡徵本色，以抵召買之數，經徵之官必慎擇廉能以杜擾害。一議屯戶。舊以所收子粒盡屬屯官收掌，故屯官代餉道買辦遼糧，今令屯戶自輸其地内之糧，而不領屯本，則所穫子粒在民而不在官，應如餉臣議，令屯戶自運津門平價收糴爲便。一議屯官。謂涿州所入屯利歲止八九百金，不宜特煩一部。即今餉臣議令該道於年終查覈明白，行委涿州知州就近管理，而部臣可離任回部。一議屯糧。謂屯田子粒與國用原無彼此，所納額糧即取給於所收子粒之内，屯官開荒既爲朝廷助餉，又爲州縣完糧，正以見其工效，不必更議開銷，合咨餉臣轉行各道申飭。報可。

《明實録・熹宗實録》卷六五　［天啓五年十月］庚子，命鑄四川按察司僉事監軍兼管屯田印二顆給胡平表、李必達。

同上　［天啓五年十一月］丙寅，禮科給事中張惟一陳關門六弊。一屯田之弊。言：榆關之外各處膏腴瓜田彌望者皆鎮將覇爲養廉，遠而磽者始爲軍屯，屯之利在武弁，不在朝廷。【略】得旨，六款切中情弊，著經臣痛加釐革。

同上　［天啓五年十一月］，陞貴州按察司副使顏欲章爲湖廣布政使司右叅政，陞湖廣荆州府知府郭滉爲山東按察司副使天津兵備道，降補原任四川布政使司叅政戴君思爲浙江布政使司右叅議，管屯田水利。

《明實録・熹宗實録》卷六六　［天啓五年十二月］，鳳陽守備太監劉鎮言：舊制，屯田每軍五十畝，歲納夏秋屯糧六石，至嘉靖年間因倭氛暫增兵餉每軍二錢一分，原議事平除豁，迄今未除，又加遼餉銀四錢八分，賦重差繁，兼以年來重罹災傷，盜賊羣起，又有署戶舊制每名給田五十畝，止供辦皇陵祭品及守直灑掃，竝無別項雜差，因世宗之國，鳳、臨等縣幫差原爲一時權宜，今遂著爲縣民入條編，每丁銀二錢七分，又加遼餉三分，民不堪命，率多逃竄。伏望垂念根本重地，將倭餉二錢一分全蠲，遼餉四錢一分減免一半，併將署戶行令鳳、臨等縣除去縣民籍貫，發署供辦祭品，永不許捏派雜差。得旨：倭餉准免，遼餉仍舊徵解，署戶止宜供辦祭品，守直皇陵，不許復派雜差。

同上 ［天啓五年十二月］，戶部覆督餉御史王祚昌條陳末議四款【略】一覈關門屯田。言屯田原以充餉，今年關外所屯更廣，餉臣云前屯中後中前尚有三四年屯糧，積貯不下十餘萬，應速查報部以抵餉額。【略】上是之。

《明實録·熹宗實録》卷六九 ［天啓六年三月］，陞貴州參政尹伸爲湖廣按察使贊畫，軍前兵部郎中孫學詩爲四川參議，監軍兼屯田。起原任貴州參政陸夢龍於湖廣。

同上 ［天啓六年三月］，以順天等處屯田遊擊張思忠爲南直鳳陽巡撫中軍遊擊。

《明實録·熹宗實録》卷七〇 ［天啓六年四月］己卯，戶部尚書李起元等奉旨會議兵餉彙爲十一款。【略】一開墾山澤屯田外有金塘、大樹等山宜逐一大勘。【略】得旨：朝廷設立撫按付以重權，其於錢糧漫不經心，即委守催及馬上差人皆是無用，該部以考成之法行於撫按，正合朕意。今後查進觧分數，定撫按功罪，會同吏部、都察院，不得輕與陞考，款內援納附學，先已有旨，不拘名數，以文到一年爲止，其銀著工部查收，以助大工急用，折贖自絞罪以上及門戶邪黨不准，如朦朧折贖者連坐以罪，餘俱依議著實行。

《明實録·熹宗實録》卷七一 ［天啓六年五月］，天津督餉戶部右侍郎黄運泰疏言：舊屯撫之屯大槩有三，屯本、屯課、屯田子粒是也。今屯本已繳，不權民間子母之利。屯課有限，無煩有司措處之艱。惟屯田子粒，其地原用帑金九千九百七十餘兩買爲長存事產者，是其地即爲本，而計其地之所入即爲利，大都得尺則尺，得寸則寸，雖時有豐歉，獲利未必取盈。然酌地定賦，閭閻不擾，視給屯本，以規屯息者，其便於民爲尤多也。今屯地已奉旨歸併各道，則地內子粒應徵本色折色及增減規則實屬各道專則，至今各道尚無定議，屢經催督，竟屬杳然。屈指秋成不遠，可不早爲之所乎。臣爲各道計須驗其地之腴者如數納糧，瘠者量從減豁，成熟者照舊耕耨，老荒者從實開除。總之價買者未必盡腴，其中亦有瘠者，不妨變賣另置，義捐者未必盡瘠，其中亦有腴者，似宜設法開種，從便區處。此正各道職掌，安能他諉。得旨：屯田歸併各道，著嚴加查覈；酌定本折多寡以便秋成收運。

同上 ［天啓六年五月］，河南道御史賈毓祥疏言：兵餉加派竭四方以事一隅者，幾十年矣。試問邊臣以破賊之期，彼能自必乎。不日不月，此竭澤而焚林，彼沃焦而漏卮，其與捐胃腹而療肩臂何異。今後似當從長打算，趙充國困先零，屯田養卒以待其疲，而詔旨屢下，獨不當就關內近地墾荒廢之田乎。得千人之粟則可省千人加派，得萬人之粟則可省萬人加派，誠得能者而任之，則雖歲歲用兵不失上天休養之意也。今如南直之旌德、太平，河南之靈寶、澠山，嘯林動以數千，一旦決裂，正不知兵出何人，餉出何地耳。夫夷雖未必遽爲患而牂羊萇楚之悲常自夷狄始，民窮亦未必輒爲患，而斬竿揭木之姦常自困迫始，人事如此，天地之氣，雖欲不乖，不可得也。疏下該部。

《明實録·熹宗實録》卷七二 ［天啓六年六月］，巡按直隸御史何廷樞言屯田實政爲目前所急修者，無如辨水利爲第一義。人知引水爲利，而不知洩水亦爲利。今渾河一帶大陸之間一望膏腴，往往爲河泊蒿萊之所擁，謂宜相視鄉鄙某處可墾成田，某處可墾成園，某處原陷可以瀦滙，某處平衍可以排決，高下咸爲吾用，早晚無曠其土。其次則寬賦以廣勸課，蓋荒淤多年，非極力興作，便難種藝。開墾三年後始照地之肥瘠分別起科，仍立石垂後，永不編入大糧，庶賦限寬而農家力穡之心可堅耳。亦有民占之而官未得其分毫之利者，則私墾宜清。自臣接管即開自首之條，如不自首，許他人訐首，地給首人。近日畿輔應者如流，荒糧溢額，然山東河南此風尤盛，宜責成各道通行曉示，私墾首出若干，按季報臣，使化私爲公，是一法也。亦有官倡之而民始享其垂成之利者，則捐助宜急。近日登州道臣周泰峙、府臣賀自鏡揭稱該府車都地方平原沃壤，有田可闢，有水可濬，自撫按道府州縣士紳咸捐俸醵金以助畚鍤，旬日之內，告厥成功。宜責成各道轉相則傚，果有次第按季報臣，使溥公濟私，亦一法也。開地載之於冊，而有司爲雜費之充，竟匿不報。如曲陽、眞定各有河淤，邢臺、沙河各有旱粒，而推縣之神機營地虧公潤私，莫可究詰，胡不力破積習，盡數申詳，嚴行清楚的冝，勒限報完，依期起解。然兼併不可不裁也。達官地土故絕掣回，戚畹莊田五服遞減，向來久不相聞，以致欺隱成習。臣謂達官當行之糧廳，勳戚當行之府衛，每遇年終閲查一次，永著爲令。如有扶同隱匿者叅治，或可迴狂瀾於既倒乎。然丈勘又不可不議也。牧馬草場今成沃壤，蘆葦稅課儘有盈餘。向不難輕減示寬，今何妨通融濟用。臣謂草場當創行丈量，課程當量爲增派，裒彼有餘，益此不足，亦一權冝。如有阻撓滋擾者治罪，或者資什一於千百乎。屯之妙在因屯撫價，買者乃投獻之姦獘。今當削除此項，不致添蛇足之誚也。屯之效在實，則屯童招來者乃冒籍之便門，當發回原籍，不致啓僥倖之竇也。得旨：屯田自有正額，《會典》開載甚明，喜事之徒不肯考究典章清查額數，惟務開墾虛名，紛紛擾害，甚至買田爲屯，成何政體，招來屯童致滋冒籍，尤屬非法，這本說得是，著如議申飭行。

同上〔天啓六年六月〕，御史李時馨奏：江北久苦異常，乞分別改折。得旨：江北久苦異災，委宜分別改折，以蘇屯困，姦弁鐵有功等徵收屯糧侵欠至一萬二千有奇，是何法紀。著勒限嚴追充餉。

同上〔天啓六年六月〕，巡撫天津黃運泰言：水陸二兵原以防海，非以屯田，後緣倭氛寧謐，當事者慮其虛糜，每名給田四畝，每畝收租稻二石，共收租稻一萬六千石，以供陸兵行糧及船隻器械之費。此海防以操兼屯之舊制也。自屯撫董應舉創爲兵屯之議，屯與操兩悞，今從長計議，將水陸兵二千名照舊各給田四畝，每名歲扣餉銀二兩四錢，均當攤派湊足三千六百兩之數，仍充運價。如是則寬其屯力，正可以責其操練，儼然藏一勝兵。祈勑部酌議，永著爲令，庶海防兵制復舊而津門保障有賴矣。疏下該部。

《明實録·熹宗實録》卷七四〔天啓六年七月〕，先是天津設有海防營水兵一千五百名，陸兵一千名，始於東南倭寇時，所重專在海防，倭氛既息兵有餘閒，驅之屯田，人給四畝，以餘力屯種，無妨操汛。天啓四年屯撫董應舉見各兵久處恬熙，不操不汛，遂令陸兵比舊人增屯二畝，而扣其餉三千六百金爲關內運價，次年復議水兵盡歸之屯，未幾應舉去任，以屯兵屬之津道，時奴警頻仍，有傳其造船謀渡者，天津撫臣黃運泰與保定撫臣郭尚友慮各兵因屯而廢防汛，合疏議將水陸兵二千名照舊各給田四畝寬屯力以責操練，水兵仍水，陸兵仍陸。戶兵二部如議具覆。上命即行彼處撫按永爲遵守。

《明實録·熹宗實録》卷七六〔天啓六年九月甲戌〕，翰林院編修姜日廣、兵科給事中王夢尹頒詔朝鮮，便道詳閱海外情形，歸陳八款，內兵部覆議四款。【略】戶部覆議三款。【略】一曰屯田。獐子島以西，舊隷遼東，皮島以東，舊隷朝鮮。其開墾田地天啓五年一歲收各色糧二十九萬石有奇，惟是島中之田堪種者固有而計地不寬，如金如旅，素稱沃饒，驅遼民而力耕之，何難爲孤軍之一助。【略】上俱從之。

同上〔天啓六年九月〕丁丑，兵部尚書馮嘉會言：毛文龍慷慨自任寧遠聲援，可恃無恐，惟是海外屯田風損蟲蝕，且蹂踐於虜騎，萬衆枵腹，勢不得不仰納內地，而餽運不時，何以應手。計臣誼切同舟，況奉有速發接濟之旨，亟宜預貯爲三軍續命之膏。上命戶部遵旨速發以濟急需。

同上〔天啓六年九月〕，遼東督師王之臣奏：千里餽糧，士有饑色，進則因糧於敵，退則寓兵於農，此兵家古法也。今遠運難致之糧，妄圖難殲之敵，十年於玆矣。再四熟思，但有屯之一法，大都不能戰，必不能守，不能戰守之人必不能屯，要在上下相通，其耕而獲者不必在官，不必在私，只地無遺利，人有餘糧，一年餘三年之食，人得以有其生，皇上始得有其人矣。合無仍以遼地還之遼民，俾數十萬生靈得以續命，另委大將一員專董其事，照嘗收稅，以充軍餉，且上不費官，下不擾衆，既免舟中敵國之患，又壯軍中敵愾之聲，此萬全計也。遼撫袁崇煥亦以爲言。上以奴報緊急，正當厲兵秣馬，嚴加防禦，屯田事從容酌議。

《明實録·熹宗實録》卷七七〔天啓六年十月〕丙寅，巡按直隷監察御史何廷樞言：各衛屯丁佃種屯地，辦納屯糧，應當屯差，是分內事，乃屯地與民地犬牙相錯，有司槩以民差苦之，各丁不勝憤激，謂與其供非分之役，孰若出死力以報朝廷。衛臣方弘瓚有感於中，謂各衛見戶約略不下數十萬，以二十戶出一軍，即可得萬餘軍；以三十戶餉一軍，即可得萬餘軍之餉。按臣楊春茂亦具疏申請：夫屯兵之苦民差，其事則同，而屯丁之願出軍餉，其意不能盡同，選萬餘軍於數十萬戶似易得，然一軍歲餉最少亦得十二兩，議派於三十戶則每戶歲出銀四錢，回較屯田之徵反倍矣。一二富饒之家藉此得免民差，出之似易，而家無寸土貧苦無賴者甚多，寧能歲辦如許？奉行之官，惟知計戶科派寧知貧富，即知之，寧容分別？此軍一日著伍，此餉不可一日中斷，而屯丁之消長難期，催科之盈縮難定。矧今畿輔之內洊值災荒，正額屯糧在在告蠲告折，屯官極稱催督苦難而此時此勢更強，以丁銀之徵知有萬萬不堪者，又何以善後而永無弊乎。章下部議。

《明實録·熹宗實録》卷七八〔天啓六年十月〕乙未，遼東巡撫袁崇煥奏：臣前具疏請屯田，皇上鄭重其事，令從容酌議，臣敢補牘請先言不屯之害。今日全遼兵食所仰藉者，天津截漕耳。國儲外分，京庾日減，一不便；海運招商，那移交卸，致北直山東爲之疲累，二不便；米入海運，船戶客官沿海爲姦，添水和沙，苦蓋失法，米爛不堪炊，賤賣釀酒之家而另市本色，有名無實，三不便；遼地新復，土無所出，而以數十年之坐食，故食價日貴，且轉販而奪薊門之食，薊且以遼窘，四不便；　今調募到者俱遊手也。不以屯繫之，而久居世業，倐忽逃亡，日後更能爲調募乎，五不便；　兵不屯則著身無所，既乏恆產，安保恆心，故前之見賊輒逃者皆烏合無家之衆也，六不便；兵每月二兩餉，豈不厚，但不屯無粟，百貨難通，諸物嘗貴，銀二兩不得如他處數錢之用，兵以自給不敷而逃亡，七不便。　請更端而言屯之利，計伍開屯，計屯覈伍，而虛冒之法不得行，便一；　兵以屯爲生，可生則亦可世久之化，客兵爲土著而無徵調之騷擾，便二；　屯則人皆作苦，而遊手之輩不汰自清，屯之即爲簡之，便三；　伍伍相習，坐作技擊，耕之即所以練之，便四；　屯則有草有糧而人馬不饑困，兵且得剩其草乾月糧修整廬舍，鮮衣怒馬爲一鎮富強，便五；　屯之久而軍有餘積，且可漸減乾草月糧以省餉，便六；　城堡關連有澮有溝，有封有植，決水衝樹，高下縱橫，胡騎不得長驅，便七。　若夫屯有屯法，祖宗之制具在，非奉祖制斷不能調人情，無容臣一毫作意者，繇此行之，奴子不降，必爲臣成擒矣。　況廠臣魏忠賢與閣部諸臣俱一時稷契夔龍之選，臣所遇非偶，故敢卜事之必成。　得旨向以防守方殷，故著從容議行。但向後作何給授使軍民不相妨，作何分撥使農戰不偏廢，作何演練使農隙皆兵，作何更番使營伍皆農，作何疆理足以限戎馬，作何收保不致資盜糧，一切事宜該撫悉心區處具奏。　這本內說，奴子不降必定成擒，諸臣無不樂聞。以朕計之，奴未必降，降不足信也。　戰必能勝，勝無輕談也。　蹈實而做，需時而動，正也，奇在其中矣。　該撫饒爲之亦善爲之。

《明實録・熹宗實録》卷七九　「天啓六年十二月」丙寅，巡按雲南御史余城言：　由蜀入滇，建昌一徑所遇諸隘口曰相嶺，曰冕山，曰瀘沽峽最稱要害。　昔年大創後添設營堡，碁布星羅，駐兵防守，行旅可恃無虞，但虎狼之窟，防禦豈易。　臣愚竊謂今日欲通蜀道，惟修廢舉墜，增兵飭伍，使我之神氣壯而邪氣自消。　且非特此也，瀘澮之間萬山攢立，強半砂箐，獨自松林以至祿馬站土壤沃衍百有餘里，可耕之田豈啻萬頃，止以惡夷出擾，滿目蒿萊，儻道途清肅，盡力開墾，而強兵足食，恆必由之。　況水藺煽禍，處處勾引，若不乘此速殄夷惡，早疏周道，犖猖獗潰亂，猝難收拾。　後即望此若塞若通，亦不可得矣。　得旨：　據奏從蜀入滇，情事甚晰，這建昌路著該地方官力加疏通，無俾梗阻，其修舉廢墜，增飭兵伍，開墾沃壤，具得廓清茀路之法，該部酌議速覆。

《明實録・熹宗實録》卷八一　「天啓七年二月」丁巳，戶部尚書郭允厚覆黃運泰屯田歸併各道疏，得旨：　這屯租二千二百二十餘兩，既經餉臣及該道酌議妥確，著各該地方照數及時徵解助餉，該部載入考成，有不完者照京邊例叅處，其應追地價銀兩已經追解的開明解役報部查考，見在應追的上緊追解，聽部覈實，及清查寶坻等處銀額地畝俱依議行。

《明實録・熹宗實録》卷八三　「天啓七年四月」，勒工部尚書徐大化、太僕寺少卿仍管寶源局事葉憲祖、屯田司郎中周鳳岐冠帶閑住，大化以那借柴薪銀八萬五千，又大工銀共十九萬餘買銅，鳳岐以屯田司署印謬奉堂批，憲祖以擅發工料銀兩爲運銅水腳故也。

同上　「天啓七年四月」，陞廣東布政使司右參政蕭應坤爲本省按察司按察使，管屯田水利。　山東按察司副使楊廷槐爲本省布政使司右參政，分守海右。

《明實録・熹宗實録》卷八六　「天啓七年七月」，賜安平伯魏鵬翼養贍莊田七百頃，一如寧國公初封肅寧伯例，仍行屯田御史擇膏腴善地作速撥給。從戶部尚書郭允厚之請也。　疏內褒美：　忠賢有安即是安社稷之安，而平非特平一方之平等語。

《明實録・熹宗實録》卷八六　「天啓七年七月」，命神樞營叅將劉芳美爲京營巡捕右叅將，陞寧夏衛指揮同知王光先爲寧夏屯田水利都司。

《明實録・明熹宗七年都察院實録》　「天啓三年九月二十七日」，福建道御史彭際遇題國事多艱可虞，救時寔政宜脩。　內稱邇時治道因循，士風躁競，已造成一情面相顧之世界，若非提法令以整肅，將無以振中外之積玩，伏願皇上銳然獨斷，舉紀綱法令一一振飭，嚴明行政，用人一一綜覈名寔，勑中外大小臣工無熟套之相仍，惟成憲之是守，庶乎克艱之念交相惕，而安壤之績可立奏也。　臣又惟目前急務，惟此兵餉。　欲足兵餉，無如屯田。　邇者太僕寺臣董應舉以經世之深心運營田之良法，前後收穫高粱屯麥不啻四萬餘石，將來屯種漸廣，稻田亦漸成熟，告匱之軍儲可藉以濟急。　夫如是寔心任事之人臣，予之節鉞新銜以重其事權，使屯政無掣肘之虞，國家收屯糧之利，至於各邊皆若無糧，屯政皆宜修舉，及時區畫清理，以督課開墾之任責之各邊道臣，務使屯政大興，邊儲有益，是在當事者亟籌之耳。　奉聖旨：　屯政宜重事權，董應舉着即與議覆，各邊開墾仍一體申飭，元輔即出贊襄。　已有諭旨了，該部知道。

同上　〔天啓六年六月初三日〕，直隸巡按何廷樞疏稱：屯務臣巡歷已半，三省所至咨詢利瘼，講究便宜，採之僉言，折之獨見有一二。屯田寔政爲日前所急倚者，則無如辦水利爲第一義。人知引水之爲利而不知洩水之亦爲利。今渾河一帶大陸之間一望膏腴，往往爲河泊蒿萊之所擁，吾曾敢與水爭乎。謂宜相視鄉鄙某處可墾成田，某處可墾成園，某處原隰可以瀦滙，某處平衍可以挑決高下，咸爲吾用，早晚無曠其土，厚民生而寔國用，無急於此者。其次則寬賦限以廣勸課，蓋荒廢多年，非極力興作，便難種獲。今開墾未畢，催科繼之，使人未見其利先見其害，豈得爲平。故開墾三年後始照地之肥瘠分別起科，仍立石垂後，永不編入大糧，庶賦限寬而農家力穡之心可堅耳。亦有民占之而官未得分毫之利者，則私墾宜淸。墾田之家年久不報，臣接管即開自首之條，如不自首，許他人訐首，地給首人。近日畿輔應者如流，荒糧溢額，并責成各道通行曉示，私墾首出若干按季報臣，使人人私化爲公，是一法也。亦有官倡之而民始享其垂成之利者，則捐助宜急。近日登州道臣周泰峙、府臣賀自鏡揭稱該府東都地方平原沃壤有田可闢，有水可濬，自撫按道府州縣士紳咸捐俸醵金以助畚鍤，旬日之內告厥成功。宜非衆擎，胡繇易舉，諸臣之績偉矣。宜責成各道轉相則傚，果有次第，按季報臣，使溥公濟私，亦一法也。開地載之方冊，而有司爲雜費之充，竟匿不報。臣嘗搜括及此，而念切急公者僅灤州知州劉繩祖，濟南府通判孫光耳。當三空四盡之時，而諸臣未見約己裕儲之誼。臣切耻之，胡不力破積習，盡數申詳。徵糧貯之於庫而胥吏規利之(啚)〔徒〕視爲己物，臣業嚴行淸楚，而黽勉從事者僅大名推官習孔化耳。當舟破卮漏之日而諸臣猶然怠緩悅從之態，臣所不滿，的宜勒限報完，依期起觧，然兼併不可不裁也。逹官地土故絕掣回，戚畹莊田五服遞減，向來久不相聞，以致欺隱成習。臣謂逹官當行之糧廳，勳戚當行之府衛，每遇年終閲查一次，永著爲令。如有扶同隱匿者參治，或可廻狂瀾於既倒乎。然丈勘又不可不議也。牧馬草場今成沃壤，蘆葦稅課盡有盈餘，向不難輕減示寬，今何妨通融濟用。臣謂草場當創行丈量課程當量爲增派，裒彼有餘，益此不足，亦一權宜。如有阻撓滋擾者治罪，或者資什一於千百乎。屯之妙在因而虛恢者衹見其強，則屯撫之價買者是。夫價買之端，乃投獻之奸獘。使一地而二三，其徵民以不堪，況進宮給爵自有成額，而可奪此以與彼乎。屯之效期寔，而奔競者巧竊其名，則屯童之招徠者是。夫招徠之說，乃冐籍之便門，使升合而區萬之償已爲非。况一廩一貢自有土著，而可容似以亂眞乎。屯田經歷趙鑑者事事誅求，件件〔掊〕尅，劣狀共有數款，贓私約計二千，自知狼狽，規避考察。么麼小吏貪橫若此，詎可令群寀見也。又如防海遊擊石公衎者，雙目失明，一身皆壟，倡議減餉充屯，營軍嘖嘖。又揑報屯糧一萬(石)八千石，毫無着落，該道欲行更置而公衎不受，成何法紀。奉聖旨：屯田自有正額，《會典》開載甚明，喜事之徒不肯考究典章，淸查額數，惟務開墾虛名，紛紛擾害，甚至買田而屯，成何政體。招徠屯童致滋冐籍尤屬非法。這本說的是。如議申飭行。趙鑑追贓助工，石公衎追贓革任，俱依擬。該部知道。

同上　〔天啓六年七月二十一日〕，直隸巡按李旹馨疏：爲軫恤窮屯以保根本重地，內稱屯務最切要者莫先於軫恤屯軍。近倉厫中銀支領以傜子種，以免屯軍失所之患，仍造冊奏繳，此後踵而行之，或可長繼，揔之推皇上之深仁，體厫臣之德意，以保護根本之赤子，臣在屯言屯，以求盡職如此。奉聖旨：這本說軫恤窮屯，保護根本，具見厫臣念切民艱之心。其積谷備賑，造冊進繳，著爲定例。着地方如議行。

《明實録・崇禎實録》卷二　〔崇禎二年二月〕，命屯田御史淸大天津視課入爲功罪，設同知專責之，從戶部尙書畢自嚴請也。

《明實録・崇禎長編》卷五　〔崇禎元年正月〕，四川道御史楊中樞疏陳三綱九目：一曰務實學以裨聖政，二曰崇禮制以期功化，三曰理財用以裕國脈。講春秋，覽綱目，遵祖制，實學也。器使久任，愼賞罰，禮制也。汰冗員，冗費，淸屯田鹽法，察加派逋欠，理財也。帝是之。

同上　〔崇禎元年正月〕，兵部覆督師王之臣疏言趙率教有錦州解圍之功，謂其以屯田啓釁，然未屯田，敵何嘗不來，昔人不以二卵棄干城，奈何以一眚失壯士乎，姑且停推，俟論定之日再爲起用。從之。

同上　〔崇禎元年正月〕，陞禮部左侍郎孟紹虞爲禮部尙書兼翰林院學士。掌部事劉廷元爲工部尙書。許宗禮爲吏部左侍郎，王祚遠爲吏部右侍郎兼翰林院侍讀學士。潘士良爲大理寺卿。周維京爲南京通政使司通政使。賀逢聖爲南京國子監祭酒，丘兆麟爲都察院右僉都御史巡撫河南，王從義爲都察院右副都御史巡撫山東，督理屯田，提督軍務。畢自肅爲都察院右僉都御史巡撫遼東，贊理軍務。

《明實録・崇禎長編》卷六　[崇禎元年二月]，浙江道御史宋景雲疏言練兵核餉，屯田設防諸事。下督撫酌議。

《明實録・崇禎實録》卷七　[崇禎七年三月]辛丑，策貢士於建極殿，上特裁宸翰問以恢彊、安邊、屯田、鹽法、漕運、馬政、恤民、足兵、正士習、破資格其道安施，朕將親覽焉。

《明實録・崇禎長編》卷七　[崇禎元年三月]，山東萊州府千戶郭景請屯田以足兵餉，下部議。

《明實録・崇禎長編》卷八　[崇禎元年四月]庚戌，兵部覆東江移鎮疏，言東江一旅未可輕撤，但一應兵馬錢糧將領俱應聽登撫統轄，其屯田移駐還着督師撫鎮會議確當，登撫仍擇風力司道渡海，查兵數以定糧額。詔如議行。

《明實録・崇禎長編》卷九　[崇禎元年五月]，戶科給事中黄承昊條陳國計。一曰戰守勦撫之局宜計，清兵核餉之政宜嚴。一曰屯種之舉行宜力，一曰鼓鑄之利病宜講，一曰加派之額數宜均，一曰織造之錢糧宜問。從之。

《明實録・崇禎實録》卷一三　[崇禎十三年六月]戊午，總督宣、大張福臻請沿邊屯田免科，從之。

《明實録・崇禎實録》卷一五　[崇禎十五年七月]，戶部尚書傅永淳奏言屯田八事。曰軍屯。軍買官屯，民占軍地，不必問矣。但就冊報徵即以折色改徵本色。曰民屯。凡荒閒可耕之地召募軍民商賈有捐貲開墾者給爲永業，其願耕無力者照佃發給貲，待二年後起科。曰兵屯。有事用兵以戰，無事用兵以耕，宜以七分戍守，三分屯田。曰商屯。依墾田多寡頒給職銜，以旌異之。曰水屯。招募南人習水利者度其原隰，使地無曠土，水無遺利。曰陸屯，擇不毛之地樹以桑棗，雜値榆柳，諸木隨其所便給業，永不起科。曰罪廢開屯。能墾千畝准開戍，墾五百畝准雜流，墾三百畝准配，俱認地三百畝，三年而止，照例察敘。曰設官特遣大臣專理屯務。設屯官分理，寬以吏議，遲以歲月，俾便宜行事。上是之。

《明實録・崇禎實録》卷一五　[崇禎十五年八月]，諭民屯田先發御前十萬金收貯穀種以備子粒，并設屯官。

《明實録・崇禎實録》卷一六　[崇禎十六年五月]己亥，召巡撫保定右僉都御史徐標入對。標曰：自淮來數千里見城陷處固蕩然一空，即有完城僅餘四壁，蓬蒿滿路，雞犬無音，曾未遇一耕者。土地人民如今有幾。皇上亦何以致治乎。上欷歔泣下。標又曰：須嚴邊防。天下以邊防爲門戶，門戶固則堂奧安，其要莫若脩內治，重守令，守令賢則政自簡，刑自清而盜由此息，民由此安。上曰：諸臣不實心任事，以至於此，皆朕之罪。標又言車戰及墾田。所謂墾者與屯田不同。即就納糧之田招民開種，民賦漸復，國課自完。上善之。標四月己卯受事，辛卯陛見，賜金幣，至是復召，蓋上心閔畿民，故屢訊及。

《明實録・崇禎實録》卷一六　[崇禎十六年]，大學士王應熊疏奏：臣觀邇來用人之途，亦甚易矣。登甲不數年而巡撫，履任不踰年而驟易，紀綱未必粗布，肯綮何曾熟嘗，眞以官爲傳舍也。推官即陛監臨，知府即畀節鉞，名分轉換，凌替易生，眞以官爲戲場也。此固由缺多人少，爲通權濟便之計，乃其治效亦可觀矣。【略】屯田裕邊長策，若阡陌果開，囷倉咸實，本色漸足，折色可減，豈非至幸。臣獨於屯官而疑之，稽考歷來之典制，山東巡撫原帶營田，沿邊各道多兼屯田者，則祖宗朝之良法，必有深意。今各處治屯道廳，莫不是廢閑起用，似乎爲人設官，非擇官任事之意。將來屯租不至抑勒攤賠，虛冊報登，即可矣。【略】屯鈔二事，臣愚恐將來所獲不如始願，而更有欺隱之弊、紛擾之煩，所謂立法當慮其終者，此也。臣從田間來，草野愚陋，不識大計，輒此妄議以備廟堂採酌。疏入。帝是其言，向來用人，未嘗凌躐，驟陞殊非政體，以後內外大小各官還遵旨久任。屯鈔事在必行，務期裕國足民，不得欺隱滋弊。章下所司看議。

《明實録・崇禎實録》卷一七　[崇禎十七年正月]，陞寇可教爲河北屯田參議。

《明實録・崇禎長編》卷一二　[崇禎元年八月]，兵部言：近蒙皇上召對，詢本朝兵制及歲餉太浮之故。臣對以國初無兵，軍即爲兵，一時應對未能條悉。退而自思，民之窮以兵之多也。兵之多以祖制之壞也。而其所由來則既遠矣。洪武二十六年定天下都司衛所，衛所皆軍也，皆兵也，在京之軍以衛所計之七十有餘衛，分爲五軍，帶甲控弦者數十萬。至正統已巳纔數十年，拔之僅得十二萬矣，於是有十二團營之名。至弘治十八年遣將北伐，拔之不過三萬已耳，軍伍消耗，一遇有警便募民爲兵，各邊有主兵，有客兵。

主兵者，土兵也。客兵，招募之兵也。兵以年增，餉以歲溢。即如大同一鎮，成化十九年因小王子窺大同始增有客兵，弘治十六年始發客餉，各鎮大率類此。開中之法既廢，近邊米豆無人買運，遂價騰湧而邊儲從此匱。邊地平蕪，千里榛棘，塩法廢，屯種荒，惟臨時倚辦於乞運糴買，乞運苦陸路艱難，糴買苦邊方粟貴，良法孅意盡行澌沒，兵餉之詘豈一朝一夕之故哉。夫國家邊費最大，欲省轉運，莫若隨邊屯種。今九邊之田固在也，而人以爲不可行者何耶。蓋商本之耗至今極矣。先年於額外加增浮課，正塩壅滯，各邊塩糧虧二百三十餘萬兩，淮塩課虧一百七十餘萬，雖今減斤疏理，尚未通行。上年因逆璫横括，兩淮塩商皆欲棄商爲農，商貲有限，轉運易窮，故今日之商非國初之商，必商本裕而後屯種興，屯種興而後本色贍，本色贍而後民運舒。今宜責成塩臣及各邊督撫漸修祖制，田地可耕者以次開墾，米粟可運者以次轉運，如漏舟破艦節節修補，督率有方收功有序，能致一鐘之粟即可省一鐘之費，能耕一畝之地即可望一畝之收，塩臣復命之時須明開興復分數以稽殿最，此漸復塩利轉邊之大畧也。至於軍兵原無二致，本朝倣《周官》司馬，法軍旅什伍之制，寓兵於農，設立衛所，自衛所凋敝，行伍空虚，而後有召募，召募者兵之所由始也。而衛所之所由凋敝，在西北則苦於輪班，在東南則苦於漕運。祖制班軍入京操練，赴邊防禦。今每撥班軍做工修築矣。軍不化爲兵而乃化爲磚灰石匠，手足胼胝，奔波道路。往例軍行糧隨，今有班事竣而不得糧者，以是在路愆期，回鄉乏費，領班扣勒，嘗規赴班又多使費，武弁必於剝軍樊役，敢爲科斂，以致稱貸無門，賠賍日甚，此當坐贓嚴究者也。正軍多係老弱，餘丁儘有精壯，今拘先年科臣題准事例既要精壯，又要正軍，不知班軍止須壯勇以任操防，餘丁亦可赴役，何必正軍，此當與時變通者也。國初轉餉仰給東南，海運變而爲漕運，漕運變而爲兊運，兊運變而爲支運，支運變而爲改兊。軍不化爲兵而乃化爲長年舟子，萬里間關勞苦莫恤。有有官而無軍者，各衛所皆然，有有軍而無官者，若溫州借官於別衛。軍無立錐之產，官有鵠立之形，水次交兊則被豪強之抑勒，入倉交納又被積役之苛求，踢斛淋尖，風揚日曬，無錢買補，忍苦罰椿，此不當量爲軫恤乎。江西出兊，未徵錢糧先徵隨運銀兩，故兊畢開幫，軍無留滯。今浙之屬舡已過江，而風蓬梳具蓆片等銀尚未給領，貧軍必借貸補利賠償，此不當先期給發乎。漕運議單每舡許帶客貨六十石，以蠅頭微利補其勞費。今峻法嚴搜，沿途趕逐，守凍掛欠梟斬軍弁，無家可傾，百身奚贖，此不當稍加憐憫乎。沿海衛所既令防海例免運糧，今如南直、鎮海、太倉等衛海濱與腹内幷運，目前海寇充斥，防禦無軍，地方岌岌，深懷隱慮，各幇儘堪灑帶，增糧不必增舡，此不當量從停減乎。衛所皆有屯田，屯田皆膏腴之地，今因軍竄伍虚，淸勾不至，遺屯多被官舍占種。夫屯以養軍，非以養官，官何可占。舍人非軍也，佃屯則爲軍矣，不班不運而坐享利，則軍伍益虚而不可復。臣以爲衛所屯田悉召軍餘頂佃，貪屯之利即應軍之差，無軍者將本田花利貼班貼運以濟疲軍，稍加幇助，其隨班隨運錢糧各處撫按務刻期徵解，毋誤班運，違限者即照例參處。班軍赴京赴邊及漕糧交納有科索嘗例者許赴部院告理，科道不時糾劾，庶軍不苦差，行伍漸寔，客兵漸消，兵餉漸減，二百六十年來之頽綱敝習庶有瘳乎。俱從之。

同上 〔崇禎元年八月〕，先是山東原任守備楚邦禎奏稱國初設有衛所，官軍即設處銀兩爲俸鈔月糧，名曰民屯，如萊州衛額設指揮千百戶一百一十四員，軍丁五千六百零四名，俸鈔糧餉俱取給於民屯，其後官軍故絶，僅存十分之三，而原設銀兩依然在也，以衛計故絶名糧，每歲可得一萬七千，數而推之，各省直何止數十百萬，因下撫按核議，至是順天巡撫王應豸復言：臣萊人也，知萊事最稔，據邦禎所奏萊州一衛誠有如疏中所云者業已奉旨咨行山東查覈矣。但本官春秋八十有五，觧任杜門，絶想登進，且無俗弁脂違逢世之態，臣雅重之，况其破產間關赴闕條奏，無非忠君愛國之一念，衰殘武弁尚能如是，何況文臣。苟當此三空四盡之時，不極力搜剔以濟時艱，則人臣體國急公之義謂何，第非儆皇上之明旨申嚴則武弁之言輕而諸司之奉行亦不力，將復置之高閣矣。旨限三月回奏。

《明實録・崇禎長編》卷一三 〔崇禎元年九月〕，原任大學士孫承宗疏辯科臣錢允鯨之劾，言臣在詞林十九年，從未談兵，偶值東西交訌，卿寺高攀龍、鍾羽正、馮從吾等各疏特薦，天啓二年遂以臣入内閣，又命臣暫掌兵部事，適缺遼東經畧，推侍郎王在晉以往。及在晉抵任屬道袁崇煥及兩贊司移書故輔葉向高，言在晉去關八里，以一百萬之費築二十里重城，群議哄然，欲臣抵關一閲。及臣抵關回奏，先帝以八里不宜再城，命易在晉，衆論推臣督師，調在晉爲南京兵部尚書。閻鳴泰出爲總督，臣已歸里，允鯨以臣爲逐在晉而任鳴泰，豈其然哉。臣之歸在撫臣喻安性之先，何以逐安性而任劉詔。

臣居關外，崇煥慷慨願從，喻安性遂題劉永基以代之，亦非以詔代煥也。馬世龍柳河之失，臣即劾奏，何敢一毫偏私。至關門諸事各有司存買馬則五部，各置造車則十二營，各造船則或造於永平，或造於江淮，硝黄則在晉原委部臣沈棨，棨去，更分屬各道，曾未有數十萬付一人者。壬戌遼亡，城郭人民俱盡，及臣來關外止有八里舖一堡、中前所一城以安哨馬，臣與各將吏拮据四年，有四十七城堡，有三十萬遼民，有三萬遼兵，有五萬弓弩火銃手，有六百兵船，有五百兵車，有六萬馬贏牛駝，有官衙民舍五萬有奇，有盔甲器械火藥弓矢百餘萬，其官兵屯田五千餘頃，官屯銀一十五萬有奇，塩錢利銀三萬四千有奇，採靑省餉部銀十八萬。

《明實録·崇禎長編》卷一四　［崇禎元年十月］，廣西道御史王政新言屯田七利，幷薦張捷、談自省、趙時周、范鳳翼、笪繼良、張醇儒，下所司酌覆。

《明實録·崇禎長編》卷一五　［崇禎元年十一月］，先是戶科給事中黄承昊七月中疏請復開中輸邊之法。時承昊奉命冊封益藩，因具疏請與揚州塩臣共商利病，至是歸因條上修復祖制八款。一曰給商庫價宜額設，一曰各省私販宜嚴禁，一曰舊引銷完宜預計，一曰病商諸弊宜痛革，一曰大工加派宜議［停］，一曰邊粟斗頭宜寬減，一曰邊腹屯田宜幷舉，一曰兩浙票塩宜幷議。言昔年塩法道臣袁世振創立十綱之法，能使壅滯立通，今兵塩道未復，自諸生時即究心經濟，各邊皆曾經歷。臣與談屯塩之政，無不精透。聞世振昔年曾立綱法，復條議居大半，信爲有用眞才，皇上欲修屯塩之政，宜重加録用。旨下所司議覆。

《明實録·崇禎長編》卷一六　［崇禎元年十二月］，總督貴州侯代張鶴鳴言：　黔自兵荒以來日仰糴於楚，約費二十餘金始能運致一石於黔，郊原骴骼累累，皆運夫骨也，言之痛心。至四年五年黔中斗米値尙五六錢，六年撫臣王瑊、按臣傅宗龍始倡議清屯，土司舊應當糧馬之田漸漸開種，當年收穫四萬餘石，至今元年大豐又加倍焉，三年之內米不糴於楚，而黔中斗米値止一錢五六分者，非屯田之利，何以得此。今欲俾黔瘠爲肥，寓戰於農，則不可不設專官以重其任。今議以安順府知府孫森就近題任屯田道，給予勅書關防，永爲定缺，不惟清理督課賴監司以董其事，即本官亦必殫力屯政以報足國之實效矣。況森剷平白岩隴架、戞卧、小底拱諸逆寔，俘斬千有餘賊，近逆賊傾巢渡河，森與王總兵提兵入險拒敵二十餘日，大敗賊衆，即酧此一級尙不足爲勞苦功高之報也。下所司。

同上　［崇禎元年十二月］，兵科給事中張承詔查核九邊軍餉舊額新增。始萬曆元年至宗禎元年，各邊京運有一二歲一增者，有三五歲一增者，有一鎭五六增，增額浮於原額者，有遞減遞增而所減不勝其所增者。宣、大、山西、延、寧、甘、固七鎭京運萬曆元年舊有定額，其後額外又復加增，薊、密、永、昌、易五鎭萬曆初年未有成額，每歲衹計外入多寡而以京運補足，故游移靡嘗而濫觴忒甚，至三十一年始著爲定額，然緣濫觴之後以爲額較初年已侈，而近年仍有溢額。至於民屯，國家邊餉大半所取資者也，京運日增，不問而知民屯之廢，查戶部冊籍，宣、大等鎭自萬曆初年以來止載京運定額，民屯數目已不載，薊、密、永、昌等鎭萬曆初年間亦止載本年發京運若干，亦未分折民運屯運之數。戶部既以無徵。臣寔無緣以覈，今幸遇皇上悉邊計勵精振刷，兪臺臣梁子璠之請，命臣與戶部兩臣恊同考核邊鎭地遙軍餉重務，臣即心知冒濫之多而何敢以遙度之臆見指定爲必減之數，惟是九月邊諸臣各同心釐飭，寔寔淸減，不論何年何項，但計某處必不可減，某處可以無增，加意節裁修復民屯，淸汰冒濫，還其本無不足之源，何皇祖初年之制不可復哉。旨云：　京運錢糧原以濟民屯二運之窮，今民屯數目未淸，京運如何節處？爾部即條行各邊，每邊查原額民屯若干，後來因何民屯日減，京運日增，幷將淸理民屯之法條畫前來，再將此疏通行研對，務淸虛冒以符原額。計開：一薊州鎭萬曆初年連民屯京運共額餉五十七萬二千餘，除民屯等項外，京運銀止二十五萬二千四百有奇，遞增至三十一年而始著爲定額京運四十二萬一千八百七十一兩有奇，至崇禎見額又增爲四十二萬六千八百七十一兩有奇，除計臣所汰新增塩菜銀七萬七千九百八十餘兩不與，是本鎭京運較三十一年分增五千餘兩，較萬曆元年寔增至一十七萬四千四百四十九兩餘。一密雲鎭萬曆初年共餉五十二萬九千五百六十餘，除民屯等項外，寔發京運銀三十九萬九十餘兩，三十一年始定額京運三十六萬五千三百九十一兩餘，較萬曆初年數縮，而四十一年所加遺計漕糧腳價銀四千五十餘兩已濫。一永平鎭萬曆初年餉銀三十三萬四百有奇，除民屯漕糧外，京運一十萬七千四百有奇，遞增至三十一年定爲二十九萬三千六百六十兩餘，今崇禎元年見額二十八萬九千八百六十六兩有奇，而題汰新增塩菜銀六萬七千八百餘兩不與。一昌平鎭萬曆初年共餉二十二萬六千八百餘兩，除民屯漕糧等項外，京運九萬二千三百六十餘耳，至三十一年定爲一十三萬八十二兩有奇，至崇禎元年見額則一十四萬二百三十二兩有奇，除額外舊制帶發營州、昌平州布花馬草銀，天啓元年設定陵、慶陵神馬料草布花銀共一千六百餘及本年題汰塩菜銀一萬九千七百餘不與。一易州萬曆元年主兵餉民屯本折俱派民運，其京運止有客兵餉五萬九千兩，萬曆九年定議將民運屯糧本色仍留本鎮，而以民運屯糧折色及京運銀盡歸太倉，每年酌發隨時多寡，至三十一年始著定額，遂至一十七萬六千一百九十五兩，崇禎元年見額一十四萬六千五百九十五兩有餘，較三十一年額雖減二萬九千六百，然查萬曆十三年條議將保定應解太倉銀二萬五千改解本鎮，不猶然太倉京運乎，至井陘原隷易州，十二年改撥本鎮定餉五萬七千八百餘，至三十年題以眞定府額解太倉銀改解本鎮而不出京運，然眞定府額解非應入太倉者乎。應勑易保撫按查核酌量淸汰。一宣府自嘉靖末主客兵餉每年京運三十二萬五千兩，至崇禎元年見額二十九萬九千一百餘，比萬曆元年則減二萬五千八百矣。大同嘉靖末主客兵餉共四十萬九千六百有奇，至崇禎元年額四十五萬六百餘，比萬曆元年則增銀四萬一千矣。山西隆慶間定額主客兵餉一十一萬八千三百，至崇禎元年見額二十萬六千三百，比萬曆元年額則減一萬二千兩矣。以上三鎭以有陽和總督裒此益彼，分之互有增減，合之寔增二千二百，總計三鎭餉額幾至百萬，而民屯皆不與焉。一延綏鎭萬曆初年照舊額京運三十二萬，至崇禎元年見額四十三萬三千七百餘，萬曆二十六年以寧夏之變增餉四萬四千三百一十餘兩，不知寧夏平後何以遂爲成例，所當議汰。一寧夏萬曆元年照原額七萬一千四百九十有奇，至崇禎元年見額爲一十三萬三千七百九十餘，增六萬二千三百矣，花馬、安定兩河月糧等項二萬六千七百餘，誠不容減，至如二十二年以地方殘破增餉二萬六千四百六十餘兩，豈殘破者終殘破耶。二十七年題增淮廬引價銀四萬五千兩，三十七年以倭平停止而四十二年又題復一萬，是則所當勑本鎭撫按酌汰者也。一甘肅鎭萬曆元年照舊額五萬一千四十餘兩耳，至崇禎元年見額則至一十九萬七千五百八十餘，增十四萬六千九十零矣。中間如十三年以加兵增餉七萬，十六年以增兵增餉三萬一千一百餘，二十二年又以召軍而增四萬四千九百七十餘，本鎭三面臨邊，或當因變稍增，然何至倍其舊也。一固原萬曆初年照原額京運五萬八千四百餘兩，至崇禎元年爲十四萬五千八百二十餘兩，按所增之故間有年遠不能盡核，中間增兵買馬豈盡無名，宜寔按其多寡虛寔以爲淸汰。一下馬關自二十三年建立四營，額定糧料銀四萬二千三百七十餘兩。

《明實録・崇禎長編》卷二〇　［崇禎二年四月］，雲南道御史毛羽健疏言：太祖高皇帝曰吾，養兵百萬不費民間一錢。夫不費之兵，何兵也。即今各省直之衛所軍是也。客軍皆轉餉，衛軍獨屯田，民田皆起賦，而屯田獨守粒，此即古者寓兵於農之意，法至深且遠也。成祖文皇帝遣英國公率滇、黔、川、廣兵征黎季犛，又調兩京及山陜、山東湖兵自將討本推失里，此衛軍之調見於國初者也。嗣是而後如馬昂之討瀧水猺，韓雍之討大藤峽，衛涇之討西寧酋沙把，白圭之討襄陽賊劉千斤，程信之討山都蠻，萬鏜之討惜爾，苗藩之討思恩酋岑信，郭文盛之討香爐酋阿傍，李化龍之征播州酋楊應龍，凡此皆用衛所軍也。然則衛軍何常不征調乎。永樂十二年成祖自統京營兵出土剌河，擊瓦剌。宣德三年宣廟自領鐵騎出喜峰口擊兀良哈，此京兵之出征見於國初者也。嗣是而後如正統九年成國公之禦太寧朵顏，成化二十年余子俊之討亦思馬因，弘治十八年保國公之鎭宣、大，正德六年流賊劉六劉七擁衆北向，陸完、馬中錫之次涿州，嘉靖三年土魯番寇甘肅，金獻民之出蘭州，凡此皆用京營兵也，然則營兵又何嘗不征調乎，不意廢弛至今，祖法蕩然，京營之兵泥於居重馭輕之說，久不從戰，既臃腫而無所用，驕忤而不可使矣。衛所之兵又復因噎廢食，有警不即調發，乃更別議召募。噫，至召募而尙可謂有長策乎。夫衛軍之食屯粒即猶京兵之食月糧也。千日養之，一日不得其用，斯已成贅物矣。且既不用其軍，便宜征其屯粒以養募兵，而乃不征不調，祇知向窮民中議加兵之糧，不知向衛所中尋食糧之兵，則亦甚失祖宗立法之初意矣。故今日而講足食惟有去客兵用衛兵之一法，欲用衛兵惟有淸屯田之一法，乃屯田至今日而又弊極矣。軍士利於屯田之去籍可以免著伍也，則私相賣，豪右利於屯田之無賦可以免征輸也，則私相買，管軍官利於軍士之逃亡可以收屯利也，則一任其私相買賣而莫肯追補，經此三弊屯之存者十無一二矣。以陛下之精明，誠於軍屯一事專委各省兵巡道，久任責成，勑令於凡軍丁之逃亡者鈎攝之，故絕者頂補之，凡屯田之典賣者追還之，隱占者嚴核之，每歲巡按御史以所淸數目同舉劾方面有司，疏回道伏命一同具奏，分勤惰功罪，遇有征調即令兵巡道同該衛所掌印指揮官提押本兵赴營聽用，其押兵指揮中有韜畧嫻熟，技藝精超者即以調來本兵給令統領，如此則軍既赴調，本衛操糧便可取作營中月糧，兵有定額，餉無虛冒，其利一也。人有籍貫逃亡可稽，其利二也。各自顧其父母親戚，不敢瞋目鼓譟，其利三也。各自認其原領官將不敢彼此參雜，其利四也。操練有素，臨敵不至股慄，其利五也。一舉而五利具焉。高皇帝所謂百萬不費一錢者，即不能盡行其法，庶亦不至盡廢其法乎。章下所司。

《明實錄・崇禎長編》卷二一　［崇禎二年閏四月］，兵部尚書王洽疏言：　清屯足餉，章滿公車，但祖宗設屯之制，養兵百萬不費朝廷一錢，原爲後日有事之防，兵行糧隨，不費招募，不假加派。今屯址具在，侵隱難窮，地利可搜，人工無措，如遼左、永平、天津、登、萊沿海拋荒地土不下數百萬頃，民入之租，亦可百萬，而今何如也。近如寶坻、東安、豐潤、玉田之間舊稱肥饒，元末虞集曾議屯田以足元京之食，其遺址可查也。神宗初年總督張佳胤，巡撫張國彥等開墾已經就緒，而豪右占田者忽巧計以中阻，今不可舉而行乎。他如萬曆末年道臣盛世承將河中之地設法開墾，已墾水旱地二千四百六十八頃零，歲徵糧五千一百一十六石零，成法相沿，至今沃野。又如天津巡撫汪應蛟開墾屯田俱有成績。今已墾者聽其荒蕪，未墾者曾未議及，則天施地生之利棄之不問，而日講生財之術，爲養軍之資，不大失策乎。此又可佐司農之未議者。乞皇上於兵巡分守等官簡廉能心計之臣務遵祖制，七分操練，三分耕種，設法料理以自有之食養自有之兵，庶於屯政有濟矣。從之。

《明實錄・崇禎長編》卷三一　［崇禎三年二月］，太子少保戶部尚書畢自嚴覆奏：　葛沽在天津下流，爲水陸要衝，舊設營兵二千名，分駐海防以資捍衛，責綦重也。前撫臣汪應蛟議置屯田，一兵授田四畝，歲輸稻穀八石，爲行糧船械諸費，以操兼屯，寓兵於農，實爲妥便。後屯撫董應舉竟以稻穀充運價，已非初意，而復扣餉以抵稻穀，不惟以屯廢兵，抑且并其屯而失之矣。今撫臣崔爾進議將水陸營兵照舊給田四畝，令其自爲屯種，歲納稻穀八石，兵二千名合稻穀一萬六千石，共折銀四千八百兩。以一千二百兩爲修造船隻，置買器械、火藥、馬騾之用，令其修整武備，仍豁其一千二百兩以寬兵力，俾藉以資操練汛哨，其餘二千四百兩仍抵運價，從此屯無荒蕪之虞，兵無朽鈍之慮，行之永久，是兩利之道也。帝曰可。

同上　直隸巡按李玄疏奏：　臣銜以屯田爲名，則勸課開荒、起租濟餉，其專職也。前臣巡歷山東時，見近海一帶荒地各州縣報墾甚多，及查起科之數一半隸於屯院，歸解太倉爲濟邊之用，一半徵解撫院，留貯本省爲備倭之用。臣深詫之，謂倭息多年，顧猶借備倭之名以乾沒此項耶。詰其根因，巡撫王從義支吾不應。及臣題奉朝命著東撫詳查而撫臣仍以留充軍餉爲辭。夫各省俱有額餉，原不藉於額外荒銀，況荒田開報無定時，增益無定數，徵解無定期，起課無定額，何可以供有定之軍餉也。臣極知此項侵沒已久，撫臣欲自掩其失，姑借兵馬名目令人無可稽考耳。近接布政沈珣冊報，細數年遠不開外，天啓三年合銀八千二百六十四兩有奇，四年合銀八千四百八十七兩有奇，五年合銀八千八百八兩有奇，六年合銀九千一百一十九兩有奇，七年合銀九千四百四十八兩有奇，或云拖在花戶，或云別項支用，俱成逝波，不可復問。而崇禎元年之銀據冊尚有九千金，若不早爲提解，撫臣信手支取，轉盼又歸烏有矣。乞敕本省將元、二年荒田租銀約二萬餘兩見在者立解太倉，未完者星催續解。以後將此項歸臣衙門登入考成，使各州縣徑解太倉，庶百姓之脂膏不至漫無歸著也。從義借養兵之名色，銷數萬之金錢，及有急徵兵而又以無兵辭，奉調獨先，應援獨後，多方支吾，中外駭爲怪事。若非科臣糾其逗遛，皇上勒以戴罪，將耗費多金而終不得一兵之用，國家亦何賴有此營私罔上之臣子哉。章下巡按覈奏。

《明實錄・崇禎長編》卷三六　［崇禎三年七月］，直隸巡撫李玄以視屯事竣，敬陳不嫌立異五款。一定起科。墾荒三年後起科，舊制也。今人心不古，變詐多端，各州縣官因起科在三年之外，上易下代，不能詳知，故原係荒地而虛報者有之，原有荒地報後而不起科者有之，原報起科之數臨期而以多作少，指肥爲瘠者有之，以故按冊則荒地日廣，查賦則荒租未加。臣洞知屯弊，凡所報荒地即令當年起科，寧減其租不需以時，故崇禎三年荒銀視前益五千餘兩，民不稱厲而國有實濟，此不嫌立異者一也。一變壓徵錢糧。軍國急需當年納辦，最爲清楚，上無帶徵之煩，下免并徵之苦，中間那移侵欺之弊，俱無從生，此法之至善者。乃各衛管屯等官別具肺腸，巧望乾沒，將本年應納糧數托言民逋，百方支吾，冀遇恩赦。臣衙門亦不過了本年責任，前後拖欠置不復問，此向來積習也。臣受事以來欲痛洗此弊，務期先完七年、元年兩年屯糧，爭奈敵犯畿內，停閣四月，未盡如意，然元年已完至十之七八矣。繼臣者稍稍催趲便可報竣，一二年後皆係現徵。此不嫌立異者二也。

一興廢屯。屯之有裨於國久矣。惟嫌怨二字最是掣人之肘而靡其氣。天津何家圈地方水旱雨田凡二萬二千餘畝，前屯臣幾費心力收買開墾，而一旦爲逆璫所壞鞠爲茂草，自天啓三年至今屢覆未行，皆緣彼處豪右利其荒蕪，交相呑佔，聞有興復者輒散布流言，多方阻撓而止。臣前躬履其地，見其一望平衍，溝渠橋閘依然在焉，洵見成之美利也。隨訪原委經理陳雲一一招種，許交租滿二千石之日題復原官，已奉俞旨，今夏大小麥豆見貯七百八十餘石，秋收又當不止於此，此後守之勿輟，每歲坐獲數千石之利，資軍佐餉，裨益良多，此不嫌立異者三也。一爭荒銀。山東一省荒地凡二萬一千四百餘頃，每年計銀二萬一千六百五十餘兩，自撫臣分劈，一年萬餘金錢悉付逝波，年久不可復。問前此諸臣，情面相礙，未聞有發之者。臣屢檄駁查，兩疏爭執，仰邀聖鑒盡歸太倉，百姓總爲溪壑之填，軍國實受涓滴之入，歲歲爲常，其佐軍需非淺鮮也。此不嫌立異者四也。一糴穀石。天災流行，國家代有積穀備賑救荒善策，但臣差職止屯馬，各項詞訟毫不干涉，贖鍰原無所出，又訪拿一節遵旨報罷，惟有俵墾掣批掛號等項間有違悮，例當究杖，不無稍稍公罪。臣受事以來減絕交際，樽節冗費，凡日用服食等類從未嘗票取一物，今已一年矣。通算三省直所積除循例，觧贓罰銀五百兩并兩巡紙扎供應各役工食衣鞋造冊犒賞，都察院額派諸費外，尚餘贖銀五百一十八兩，散寄州縣官庫就近糴穀，貯之各倉，備煑粥借貸之用，仍取各府實數登入循環，送臣衙門以備稽考，極知石斗之儲，所濟無幾，然一院彍之則微，院院彍之則奢矣，一時積之則少，年年積之則裕矣。臣不過以此爲各差嚆矢耳。此不嫌立異者五也。五者皆職業內事，何敢自鳴，但改絃易轍之事，率循不易，非飭以天語，恐日久必致遷移耳。帝以諸款甚有裨益，下部行接管御史查明整理，以後差滿者俱如李玄逐項奏聞，以憑稽核。

《明實録・崇禎長編》卷三八　〔崇禎三年九月〕，左副都御史張捷議鼓鑄、屯田、榷塩亟宜講求良法。章下所司。

《明實録・崇禎長編》卷三九　〔崇禎三年十月〕，兵部尚書梁廷棟等陳釐弊四款。一曰屯田。祖制以屯地養兵，大約每衛足供五千餘軍及官舍俸糧之用，今軍額雖虧而地畝見在，乃管屯諸臣止問糧而不問地，以致地歸豪主，糧出窮軍，久之軍逃糧欠，地之區段亦移換隱匿而不可曉矣。臣在陝時詢一二忠誠武官，以爲各衛魚鱗冊俱在，惟衛官及其識字知之，而日久弊多，恐得罪於豪家，故寧匿而不出。今欲清屯，宜專責省直營屯指揮使將原額屯田盡數報出，敢有豪強阻撓，聽指名參糾，治以重典，或衛所自行侵占首報不實，而都司扶同欺隱者聽屯田御史指實參糾，亦治以重典。而屯田御史庇護鄉紳反行掣肘者，處亦如之。則令行禁止，屯田計日可清。

《明實録・崇禎長編》卷四〇　〔崇禎三年十一月〕，兵科給事中魏呈潤上言：足兵之說有二，曰土著之兵，曰犄角之兵。何謂土著之兵。乞敕順天撫臣劉可訓，保定撫臣解經傳將所屬丁壯按籍查選，大縣五百名，小縣二三百名，分營團練，即扣本地兵糧以餉之，調卒於農，人有固心，練之既熟，不難更客兵而代之，是養主兵一而收兩客兵之用也。何謂犄角之兵。乞敕河南撫臣郝土膏鎮磁州，山東撫臣沈珣鎮德州，宣府撫臣沈棨鎮懷來，三方犄角以爲京陵聲援，萬一有警則朝發夕至，視徵調惑民，大爲不侔也。若乃足餉之議，莫先屯田，今通津、昌平之間連建三撫，乞敕撫臣翟鳳翀、范景文、侯恂等練兵之外兼營屯田，庶乎不設專官而屯田可理。然屯田未可卒成，邊戍不能宿飽，無如鼂錯所云以粟爲賞罰於計爲長，并乞更定納粟贖罪之例，凡省直之罪麗軍流而情尚可原者得輸粟末減，將見粟生金死，屯聚益多，是又足餉以足兵之一策也。帝命所司酌議。

《明實録・崇禎長編》卷四二　〔崇禎四年正月〕，兵部以邊餉缺額，上陳責虛糜、清弊源、禁加增、定額餉、清借支、還銅本、疏塩法、核屯田、廣鑄息、查節曠、勸輸助、搜逆產、查稅契、廣墾荒、開水利等十五事。

《明實録・崇禎長編》卷四四　〔崇禎四年三月〕，戶部尚書畢自嚴上言：遼鎮孤縣東北，地多沃壤，自昔稱爲樂土。自兵戈既起，屯田久廢，目今所可屯者不過山海以至寧錦一帶。今撫臣丘禾嘉議將現在之地選委廉能職官履畝踏勘，不拘官生軍民照戶編查，毋偏護豪右而多求窮窶，分爲上中下三則，因地起租，果係祖父故土墾種成熟者照舊起科，不爲限制。如係流移開墾、官兵佔種者止許每名種地百畝，俱令納租與印票收照。其有荒蕪地方不拘兵民召募墾種，三年起科，異時兵租不完，扣抵月糧，民租不完，甲首賠納，務使肥瘠維均，漸成沃壤，較之往時費屯本而化爲烏有、收屯糧而不作正餉者其得失實相萬也。合計寧遠等三衛歲可得穀豆四萬石，亦足爲遼餉涓滴之助，謹列其細數以聞。

《明實録・崇禎長編》卷四五　〔崇禎四年四月〕，戶部覆科臣朱文煥條陳四事。其一屯田。夫屯田有新屯舊屯之分，軍佃民佃之別，新屯例應加課，民佃價宜倍增，葢於清課之中默示軍屯之重也。惟是南北風氣各異，榮枯不同，獨腹裏地方則強半民佃軍屯，價輕而息倍，生擁厚利，國家不得享屯之利。又閩粵江浙俱係水田，所獲不貲。此科臣有慨於中而爲加增之議也。但加課多寡難以預定，應責成省直撫按嚴加清查，果有得利獨饒者，即不必每畝再加一錢，亦當於已加遼餉之外再爲加增，亦所謂取之而不爲虐也。而新屯無糧者又不待言已。

《明實録・崇禎長編》卷四七　［崇禎四年六月］癸丑，督治昌鎮侍郎范景文上言：從來兵餉之相需也久矣。國家設兵以衛民，民供餉以養兵，其交益也。迨其後兵不足衛民以糜餉，餉不足贍兵以耗民而交病。懲其病也，益餉以就兵而餉愈不足，縮兵以就餉而兵愈不足，遂至交厲而不可爲。今者廟謨深長，議撤援師、撤添設，其計目前者。甚至而又下詢永遠常足之策，以爲久計。於是議餉者曰搜括，曰裁扣，至於加派盡矣。議兵者曰勾補，曰召募，至於徵調盡矣。如此者寧非足之策乎。而不足也彌甚，以致司兵者惟咎餉之少，司餉者惟咎兵之多，由今之道而無變計，其足也何日之有。臣以爲有言之似迂而行之可以見效者，則有祖宗之法，在高皇帝定鼎之後邊鎮郡縣列衛設所，徧置世軍，以世官統之，計人授田，以爲世業，日事屯收，暇習戰陣，又許民輸粟中鹽，墾田拜官，遇警則遣大將統之，就近征討，軍興不乏。初未嘗招民爲兵，賊民爲餉也。邊後流弊不善，浸至於不可爲而法窮。語曰窮則變，變則通，通則復。今但當通變於祖宗之法之中，使不至於窮，而效斯可見，則復衛軍而不必於追原屯，何也。軍田入於百姓，主雖更而糧在也。壯士散之而四方，人雖更而戶在也。若追原田以還原軍，必至紛擾而大亂，惟當覈衛所軍戶幾何，屯糧歲入幾何，原額之外稍增其餉，不足則以民糧益之，簡汰老弱以餘丁壯者補伍，不足則以土人益之，即選指揮千百戶能者曰討軍實訓練焉，府官月課之，監司季課之，撫按歲課之，而幷以課府與道，其衛官教練有效，超遷爲守把參遊，否則逓降。府道教練有效，超遷爲督撫司道，否則論罷，行之數年得一軍，減一兵，得一壯軍，減五窮兵，而後召募可罷，加派可罷，裁扣、搜括、勾補、徵調幷可罷也。或曰增糧於何取之。今沿邊新兵月食一兩五錢，多者二兩，衛軍約止四五錢，以月食四五錢之人令與二兩者同事荷戈，更番逓操，人人知其心不服而力不樂用也。但增一半所省尙可，一半以此積之，而所省不其多乎。永遠可繼兵餉兩利之術莫過於此。帝命所司亟議。

《明實録・崇禎長編》卷四八　［崇禎四年七月］，雲南道御史張聚秀上言：敵國外患雖三代盛時未嘗無之。所恃者內地安堵緩急有備，庶中外人心有所憑藉，而不至動搖耳。近如流寇延蔓於秦晉，狪賊蠢動於中州，曹濮蓮妖時起時滅，亦可謂多事矣。當事者平時不知修備，臨事無計消弭，既苦無兵，又苦無餉，致皇上焦勞宵旰，臣子束手攢眉，戛戛乎，其難之孰。知有不煩募而兵足，不措處而餉足者，祖制犂然具備，顧名核實，何可不亟講之乎。臣每見各衛所設有班軍、城操軍，各有額設屯田，各州縣有民壯、快手，各有額設工食，以資調遣，以備防禦，何人非兵，何人不可練而爲兵。今衛所之屯田自若也，半隱沒於豪強武弁之家，州縣之工食自若也，祇豢養夫遊乞市儈之輩。其在冊軍丁占役者十之七，老弱者十之三，在官衙役不用於迎送往來，則用以勾攝詞訟。祖宗立法初意蕩然而不可復尋，亦何濟於緩急乎。倘一舉而清核之，以額設之餉，養見在之兵，最爲簡易，最爲妥帖。在事諸臣亦何憚而不爲此。今計惟嚴勅撫按責成本管守巡使之修明職掌，用意整釐。於衛所班、操諸軍，則爲覈其精實，補其虛冒，而清復屯田以贍給之，於州縣民、快諸役則爲簡其強壯，汰其羸疲而實給工食，以鼓舞之，俱使日赴教場如法操演，各每年巡歷閱操二次，仍查地方相近者會操二次，即以操練能否爲本管官殿最，地方有警聽斟酌調遣，一切功罪各道即與共之。想諸臣身在事內，利害關心，斷未有不力去積習而毅然振起者，則兵不期練而自精矣。至撫按官巡歷所到原有閱操之例，今後每至地方務期取州縣衛所原籍逐一查核，即以註冊食糧各軍快人等親行較閱，隨以操練能否定守巡之官評則，課處處責成，節節相制，不煩措餉，不煩徵兵，一簡練間而兵與餉兩得焉。所謂兵餉原自有餘者，此也。帝嘉納之。

《明實録・崇禎長編》卷五一　［崇禎四年十月］，親軍前衛掌衛事少保誠意伯劉孔昭以國家多難，邊方用兵財用不足，請舉採礦、塩法、錢法、屯田諸議以充國用。末言國家所重者賞罰之大法，而天下之敗不可謂勝，猶夫白不可爲黑，其理甚明，至推諉與僨事二者皆干司寇之誅，而僨浮於諉，又若輿羽之不輕於鉤金，倘置僨敗於不問，何以稱法之平？法既不平是爲徒法，欲以臻治平而討軍實，不較難乎。是在皇上平國法，警人心，其於封疆不無小補矣。帝謂治兵自宜足餉，但開採不可輕言，若僨事宜問、國法宜明，自屬正論。

《明實録・崇禎長編》卷五六 〔崇禎五年二月〕，刑科給事中吳執御上言：自秦晉之難未靖，山東之變突興，近日主西事者戒前車之覆，榰上報殺甚多；主東事者懾先人之聲，意中求撫更切。臣以爲西事終當濟以恩，東事必不可屈吾法，何也。兵亂與民亂異，民之亂迫於饑寒，兵之亂負我豢養也。故治亂兵者與治亂民亦異。今於兩事，皇上畀以本年加派雜項兩部議與募兵銀二十萬兩，在西事諸臣藉此隆恩似可展其手足矣。乃城池旋得旋失，寇盜愈撲愈生，何茫無定筭也。臣謂皇上責督撫鎮道以用兵，獨不可責群邑以撫民乎。假如一城有事，督鎮諸臣既帥師以定其變，郡邑諸臣即當弔死扶傷推亡固存，俾依孔邇而絶反側，則能以撫字濟兵戈之窮者，郡邑諸臣也。所謂濟之以恩者此也。爲東事計，皇上一日擇兩撫臣，予以登島金錢便宜召募，在東諸臣感此異數，自宜捐糜圖報矣。乃奸撫偷生，道郡惜死，王臣叛賊一穴同酬，何意竟無法紀也。臣謂皇上欲責新撫以戡亂兵，當逮諸奸以伸軍法，然後號令一新，勅新撫急募義勇以殲渠散脅，則當以五刑作三軍之氣者，偷生諸奸也。所謂先之以法者此也。夫既責郡邑撫民，逮諸奸以明法，然後籌勝，著明戰守分猷諸道。臣以爲左右手庶同心相濟，而師不老乎，凡此皆目前要著。至善後之策，又當熟講者。臣觀延慶一帶災害並集，千里不炊，幾成曠土。嘗考文皇帝時曾徙山東、山西、湖廣流戶以實保安，免其賦役三年。余子俊之廣榆林也，增三十六營堡，盡釐陝人伍籍詭落及罪謫南戍子孫以實之，令宜倣此舊典，敕山東、山西、湖廣諸處，凡有流戶，資其衣食，徙之延慶，仍敕陝西及江南省直各撫按一一清查陝人之落戎籍及謫戍子孫以實其地，給以荒田，官設牛種，使之盡力開墾，仍照正統年間事例免其輸納籽粒，而又導河廣運以待糴，召商開中以待輸，十年生聚，十年教訓，寧第足食，抑可足兵，秦患不永紓哉。臣又考永樂時安置降人於河間、東昌間，生養蕃悍。當正統己巳也先入寇之際，皆蠢蠢思逞，景皇帝納于謙奏，因征湖廣、廣東諸寇，厚犒其有名號者，統以隨軍進討。事平，留彼。於是百年大患，一旦潛消，大抵梟雄鷙驁之侶，失之則爲我仇，得之則爲我用，誰謂遼人棄物也。賊平之後合敕登撫統遼兵，出鎮旅順，予以從前額餉，漸徙島民於彼，勸以忠義，激以殺其父兄之讐，爲之開屯授田，買牛授種，且築且耕，且守且戰，無事畧倣羊祜之守江陵，務修德信以懷遠人，有事則堅壁清野以爲犄，乘間擊惰以爲用，喫緊尤在，自近而遠，由旅順而金、復，自金、復而海、蓋，月計不足，歲計有餘。更敕遼撫移駐寧、錦，漸移遼民在登、萊者於廣右一帶，一如登撫而撫治之，兩撫務東西相應，首尾相聯，漸成逐鹿之雄，毋開履尾之釁，豈止收拾哀鴻。而安邊要著基於此矣。至於奸撫孫元化屢見彈章。按臣王道純斥之爲賊，若猶巧爲庇護，豈祖宗三尺之法可以媚竈私人，殄乎。惟皇上自爲社稷計，命秦晉郡邑以撫民而督撫當早定勝著，逮山東諸奸以正法而兩撫當共圖恊和，急思善後之策，立清政本之人，然後廣布恩膏，振肅綱紀，即天下舉安，寧止小醜底定哉。章下所司看議。

《明實録・崇禎長編》卷六一 〔崇禎五年七月〕，浙江巡按劉士禎再搜屯田佃價一千三百五十六兩有奇，觧助軍餉，命到日覈收。

《明實録・崇禎長編》卷六三 〔崇禎五年九月〕，陝西巡按吳甡疏奏：臣入秦閱二十月，強半在延慶之間，流賊情形，小民疾苦，知之甚悉。今平涼西川諸寇雖漸次削平，而混天猴劉五等賊兩枝尚未殄滅。臣瓜代有期，殘疆可念，謹陳善後十策：一曰擇守令，二曰招流移，三曰墾荒田，四曰廣屯種，五曰清編審，六曰修山寨，七曰嚴保甲，八曰通糴販，九曰復本色，十曰實邊備。帝謂所陳多切實可行，有裨善後，命所司酌議以聞。

《明實録・崇禎長編》卷六四 〔崇禎五年十月〕，兵部疏覆兵科給事中李夢辰中原流寇突逞一疏及戶部左侍郎周士朴等流賊蔓入中土一疏，謂中州平衍之地素無寇警，人不知兵，一旦有急，驅市人而戰，誠不相敵。臣部先請調真保戰樣四千名令保撫督拌大二道，擇將統領，直趨河北境上，戮力堵截。而豫省鄉紳存乎見少，復有邊兵之請，使邊兵可調，臣部敢謂腹心當緩，但念秋防未竣，各邊布置粗定，一動更慮踈虞，誠不敢再議撤調，惟昌平左良玉之兵二千五百原議回昌防守，而良玉亦將中之錚錚者，此時兵將正在歸途，宜令督治臣侯恂調赴懷衛與真保兵互爲犄角，則合本省兵數已踰萬，勢頗不弱，而地方文武各官亦當悉計綢繆，無得盡恃客兵也。若各道分信移駐，誠爲要務，惟拌大二道已奉旨提兵南剿，正禦賊於藩籬之外，可不煩更置。其兗西道之移駐曹縣，冀南道之移駐澤州，蘭陽、儀封、汜水、滎澤、考城、孟津等處之爲河口要衝，各道不防更急，此則聽各撫酌量分派，嚴加責成耳。其州縣原設民壯隨其多寡，或以十計，或以百計，印官親自選擇，教習技藝，合數十州縣之衆便可成一勁旅，至於各衛所額軍、京邊班軍之外，必有存留，每百挑選三四十名并選户下餘丁塡補，務令清軍同知親自挑選，即於本衛所擇謀勇指揮千百户統之，緩則各守城池，急則發以征勦，合數十衛所之衆又可成一勁旅，何煩紛紛招募乃可足兵乎。各衛屯田每爲勢豪吞并，屯糧每爲衛弁乾沒，并宜責成清軍同知徹底清查，民種軍屯照民田起科，官侵者照監守自盜治罪，則清出之糧自足贍軍，無煩更爲措餉矣。此凡有軍屯衛所之處盡當如法選練清釐，又不但中州一省宜然也。帝謂衛軍鄉兵足資捍禦，撫按全不祇遵，有警輒請調發，殊可痛恨，其左良玉兵著侯恂即爲遣行，各道各分信責成及鄰撫協殲俱有成命，如誘卸泄悮，即行參治，餘依議著實申飭。

《清實録・太宗實録》卷一三　［天聰七年二月癸未］，上遣付將圖魯什、勞薩等并大臣十六人，率兵三百人，往略寧遠迤西一帶，命隨處揭榜諭衆。諭曰：【略】我今復告于天，率滿洲、蒙古、漢人諸軍，攜耕牛、農具屯種山海關外八城之地，因爾之糧，爲久住計。爾等八城人民，遠近田地，不必耕種；爾若播種，我當往耨焉。

《清實録・太宗實録》卷二二　［天聰九年二月己丑］，沈佩瑞奏言：【略】臣近思屯田一事，古人行之，皆著有成效，其法正可酌行於今日，臣敢爲皇上陳之。廣寧東西閭陽驛一帶田地，荒蕪已久，今計馬兵六萬，内步兵皆各屯拔選精壯農民熟諳耕種者，乘此春和之時，酌議屯田之法，於八旗每牛祿按其貧富，分爲上、下兩等，各備牛具、農器，遴選智能有謀勤愼任事者，隨帶行糧，率領屯兵丁壯，攜牛具、農器、穀種等物，前往閭陽驛駐扎，督令盡力耕種。【略】有警則馬步齊戰，無事則協力共耕。【略】上覽奏，是之。

《清實録・世祖實録》卷一二　［順治元年十二月丁丑］，諭户部：我朝建都燕京，期於久遠，凡近京各州縣民人無主荒田及明國皇親、駙馬、公、侯、伯、太監等死於寇亂者無主田地甚多，爾部可概行清查，若本主尚存，或本主已死而子弟存者，量口給與，其餘田地，盡行分給東來諸王、勳臣、兵丁人等。此非利其地土，良以東來諸王、勳臣、兵丁人等無處安置，故不得不如此區畫。然此等地土，若滿漢錯處，必爭奪不止，可令各府州縣鄉村滿漢分居，各理疆界，以杜異日爭端。今年從東先來諸王各官兵丁及見在京各部院衙門官員，俱著先撥給田園，其後到者，再酌量照前與之。至各府州縣無主荒田及徵收缺額者，著該地方官查明造冊送部，其地留給東來兵丁，其錢糧應徵與否，亦著酌議。至熟地錢糧，仍照額速徵，凡紳民有抗糧不納者，著該撫、按察處；有司官徇情者，著撫、按糾參；若撫、按徇情，事發，爾部即行察奏。

《清實録・世祖實録》卷一五　［順治二年三月丁亥］，順天巡撫宋權奏言：農事方興，屯政宜講。欲革弊興利，惟有按兵授田之法。計三協屯田舊額，不下十八萬餘畝，今確查可耕之田，除戰兵外，每守兵給地十畝，充作本兵五月糧餉。目前牛具籽種，各兵有未領月餉者，即作餉給之。下户部議。

《清實録・世祖實録》卷五〇　［順治七年八月癸卯］，户部奏言：故明衛所軍丁，有城守領運之責，故屯田徵派，較民地稍輕。今軍丁既裁，凡無運糧各衛所屯田地畝，俱應查照州縣民田則例，一體起科徵解。從之。

《清實録・世祖實録》卷六〇　［順治八年九月庚子］，户部左侍郎王永吉條奏三事：一查各衛所屯地，分上、中、下三等，撥上田予運丁，以濟運費。一各項折色銀兩，仍令官收官解，其本色物料，動支折價採買，如舊額不足，酌加數倍，以甦民累。一洲田丈量，重爲民害，請將蘆課併入各州縣考成，酌定五年一次丈量，則蘆政可以不設。敕所司速議。

《清實録・聖祖實録》卷三　［順治十八年七月辛亥］，户部議覆：山西巡撫白如梅疏言，天成、陽和二衛屯糧銀，共一萬七千有奇，委之衛弁，致多逋欠。應令中路通判移駐陽和，兼管東路，以便稽屯清餉。從之。

《清實録・聖祖實録》卷二二　［康熙六年閏四月戊子］，湖廣道御史蕭震疏言：屯田之制，爲古帝王養兵裕國之本。臣愚以爲兵屯縱不可即行，而投誠開荒之策，未有不可立行者。查投誠之衆，所攜家口，數倍正兵，若予以荒地，給以牛種，俾無失所，以爲招徠之勸，一便也。再查綠旗兵有防禦之任，投誠兵無汛地之責，是綠旗之屯田難，投誠之屯田易，二便也。近例投誠兵隨標者，月給餉銀，歲費金錢八十餘萬，將來臺灣平後，尚有繼至之人；與其糜費養兵之資，何如使開荒蕪之地，每投誠若干兵應給荒田若干畝，歲省餉銀若干兩，行之三年，照田起科，是既省餉而又增賦，三便也。查各省荒田尚有四百餘萬頃，若將此地分給投誠兵丁，使之耕種，則軍儲日實，户口漸繁，是力田即以阜生，四便也。疏入，命户部、兵部行令各省督撫，確查墾荒事宜遵行。

《清實録・聖祖實録》卷二四 〔康熙六年十二月己丑〕，四川總督苗澄等，請以重慶、夔州等鎮，成都城守等營督、撫、提標兵抽撥七千名，開墾成都屯田，每歲可得米四萬二千石，省部撥銀五萬六千兩。從之。

同上 〔康熙六年九月戊申〕湖廣道御史蕭震疏言：【略】今黔、蜀兩省，地多人少，誠行屯田之制，駐一郡之兵即耕其郡之地，駐一縣之兵即耕其縣之地，駐一鄉之兵即耕其鄉之地。如此，則國家養兵之費既省，而兩省荒田亦可漸闢矣。下部議行。

《清實録・聖祖實録》卷二三一 〔康熙四十六年十月壬辰〕，諭內務府：據河屯營守備楊弘德奏稱，駐防河屯兵丁二百名，已給錢糧，請將原給地畝交回。朕思兵丁內，陞轉病故者，伊等妻子既無地畝，又無錢糧，何以養贍。著將地畝仍令伊等耕種。

《清實録・聖祖實録》卷二六四 〔康熙五十四年七月辛酉〕，議政大臣等議奏：奉旨屯田事，令右衛將軍宗室費揚固等確議。今據費揚固等疏言，臣等以屯田事詢喀爾喀土謝圖汗等。據稱，蘇勒圖哈拉烏蘇、拜達拉克河、明愛、察罕格爾、庫爾奇勒、扎布罕河、察罕搜爾、布拉罕口、烏闌古木等處，俱可種地。再臣等所統兵丁，現駐扎察罕托輝扎布罕河、特斯河一帶地方，應派善種地之土默特兵一千名，每旗派台吉、塔布囊各一員，前往耕種，遣大臣一員監管。應如所請。再哈密地方，亦可耕種。應行文將軍席柱，尙書富寧安，將西吉木、布隆吉爾等處勘明具奏。得旨：依議。公傅爾丹情願前往效力，即交伊辦理；再著原任都統宗室愛音圖、議軍統領達米納、侍郎能泰、鐵圖同往。

《清實録・聖祖實録》卷二七四 〔康熙五十六年十月乙酉〕，命戶部左侍郎梁世勳、盛京兵部侍郎海壽，督理巴爾庫爾屯田。

《清實録・聖祖實録》卷二七七 〔康熙五十七年二月壬寅〕，戶部議覆：湖廣巡撫劉殿衡疏言，沔陽衛屯田，實係水淹窪地，歲輸屯餉，又輓漕運，兩差難以兼辦，請照清浪衛減則之例科糧，以舒軍困。應如所請。從之。

《清實録・聖祖實録》卷二八一 〔康熙五十七年九月己亥〕，議政大臣等議覆：侍郎海壽疏言，臣與將軍富寧安新舊開墾都爾白爾津、土呼魯克地方，以及回子扎薩克額敏所種之塔爾那沁地方，種過籽粒所餘青稞，各令本處修理舊倉，加謹收貯看守，已行文巡撫噶什圖，綽奇，令充兵糧。其郎中蘇赫等，急公耕種，請約計所交穀石之多寡，量予議敘。應如所請。從之。

《清實録・聖祖實録》卷二九五 〔康熙六十年十二月癸未〕，諭議政大臣等：吐魯番見駐官兵，其可種之地甚多。總督鄂海、按察使永太，在大將軍處無甚事務，著前往吐魯番地方，種地効力。

《清實録・世宗實録》卷一 〔康熙六十一年十一月辛亥〕，靖逆將軍富寧安奏報：巴爾庫爾等處地方屯田，收穫青稞一萬五百七十石有奇。下部知之。

《清實録・世宗實録》卷一三 〔雍正元年十一月丁亥〕，靖逆將軍富寧安奏報：吐魯番等處地方屯田，收穫麥子、糜子共九千三百三十石有奇。下部知之。

《清實録・世宗實録》卷一四 〔雍正元年十二月己酉〕，靖逆將軍富寧安奏報：巴爾庫爾地方屯田收穫青稞二萬一千六十石有奇。下部知之。

《清實録・世宗實録》卷二四 〔雍正二年九月戊辰〕，靖逆將軍富寧安疏報：巴爾庫爾等處屯田收穫青稞一萬二千二百九十石有奇。下部知之。

同上 〔雍正二年九月丙寅〕，靖逆將軍富寧安疏報：哈密、塔爾那沁地方屯田，收穫青稞一千七百四十六石有奇。下部知之。

《清實録・世宗實録》卷二五 〔雍正二年十月癸酉〕，靖逆將軍富寧安疏報：吐魯番等處屯田，收穫麥、糜五千五百四十石有奇。下部知之。

《清實録・世宗實録》卷三一 〔雍正三年四月戊子〕，諭振武將軍穆克登：喀爾喀地方駐兵年久，每年由京城運送軍糧，路途遙遠，一時不及，恐兵丁至於乏食。鄂爾昆、圖拉一帶甚爲寬闊，若開墾屯田，實爲永遠之計。爾會同喀爾喀副將軍等確議具奏。

《清實録・世宗實録》卷三五 〔雍正三年八月己卯〕，議政王大臣等議覆：振武將軍穆克登奏稱，鄂爾昆一帶，尙有昔人耕種及灌水溝渠舊跡，圖拉等處，現有大麥小麥，並非不可開墾之所，但霜降遲早不一，米穀宜否不齊，請於屯長內酌派十餘人，於明年三月內，遣往耕種試看，俟秋收後具奏。應如所請。從之。

《清實録・世宗實録》卷三六 〔雍正三年九月壬子〕，靖逆將軍富寧安疏報：塔爾那沁等處屯田，收穫青稞八千九百三十二石有奇。下部知之。

《清實録・世宗實録》卷四〇 〔雍正四年一月壬子〕，靖逆將軍富寧安疏奏：哈密、塔爾那沁等處屯田，收穫青稞二千一百石有奇。下部知之。

《清實録・世宗實録》卷五五　［雍正五年閏三月乙酉］，辦理阿爾泰軍營糧餉事務巴泰等疏報：察罕叟爾、特里、庫爾奇勒、扎克拜達里克四處屯田，收穫大麥、小麥、青稞共二千六百一十八石有奇，下部知之。

《清實録・世宗實録》卷六四　［雍正五年十二月壬午］，振武將軍宗室公巴賽疏報：鄂爾昆、圖拉等處屯田收穫青稞、麥、穈共二千六百五十石有奇。下部知之。

《清實録・世宗實録》卷八三　［雍正七年七月戊申］，戶部議覆：雲貴廣西總督鄂爾泰疏言，原任工部侍郎申大成條奏，黔省軍田，許照民田一體買賣，每畝上稅銀五錢，給契爲業，經九卿議覆準行。但黔省軍田一畝之價，可買民田二畝，應納糧賦，一畝亦可抵民田二畝，若再徵稅銀五錢，於民生無益，仰請豁免。嗣後凡有軍田授受，悉照常例報稅。應如所請。得旨：【略】申大成所奏軍田一案既不可行，則從前會議時，有軍田省分之九卿官員，何以不肯直言，今朕既知其不可行，若避朝更夕改之名，苟且遷就，以致貽累民生，朕不忍爲也。

《清實録・世宗實録》卷九六　［雍正八年七月乙酉］，戶部議覆：云貴廣西總督鄂爾泰遵旨酌定烏蒙總兵劉起元條奏苗疆事宜。【略】烏蒙地廣田多，應將無業田地，每兵賞給三十畝；或有餘丁，準其倍給，并量與牛種銀兩，勸令開墾。【略】均應如所請。從之。

《清實録・世宗實録》卷九九　［雍正八年十月己亥］，寧遠大將軍岳鍾琪奏報：巴爾庫爾、圖呼魯克等處屯田，收穫青稞共一萬一千六百石有奇。下部知之。

《清實録・世宗實録》卷九九　［雍正八年十月乙巳］，寧遠大將軍岳鍾琪奏報：哈密、塔爾那沁等處屯田，收穫青稞、麥子共四千六百石。下部知之。

《清實録・世宗實録》卷一一三　［雍正九年十二月癸丑］，寧遠大將軍岳鍾琪奏報：哈密、塔爾那沁等處屯田，收穫青稞、麥子共五千石。下部知之。

同上　［雍正九年十二月壬辰］，寧遠大將軍岳鍾琪奏報：巴爾庫爾、圖呼魯克等處屯田，收穫青稞三萬六百八十石有奇。下部知之。

《清實録・世宗實録》卷一二六　［雍正十年十二月癸亥］，靖邊大將軍順承親王錫保奏報：鄂爾昆、扎克拜達里克等處屯田，收穫大麥、小麥、穈子共九千四百石有奇。下部知之。

同上　［雍正十年十二月庚午］，署寧遠大將軍查郎阿奏報：巴爾庫爾、圖呼魯克等處屯田，收穫青稞一萬二千六百石有奇；魯谷慶屯田，收穫穈子、麥子共三千六百石有奇。下部知之。

《清實録・世宗實録》卷一三八　［雍正十一年十二月壬申］，定邊大將軍平郡王福彭奏報：鄂爾昆、集爾麻泰等處屯田，收穫大麥、小麥、穈子共八千六百石有奇；扎克拜達里克、推河等處屯田，收穫大麥、小麥共二千一百石有奇。下部知之。

同上　［雍正十一年十二月庚申］，署寧遠大將軍查郎阿奏報：巴爾庫爾、塔爾那沁、圖呼魯克等處屯田，收穫青稞共四萬六千一百石有奇；哈密等處屯田，收穫青稞共四千五百石有奇。下部知之。

《清實録・世宗實録》卷一五〇　［雍正十二年十二月辛酉］，定邊大將軍平郡王福彭奏報：鄂爾昆、集爾麻泰等處屯田，收穫大麥、小麥、穈子共一萬九千七百石有奇。下部知之。

同上　［雍正十二年十二月丁巳］，署寧遠大將軍查郎阿奏報：哈密、塔爾那沁等處屯田，收穫青稞共四千五百石有奇，圖呼魯克屯田收穫小麥一千四百石有奇。下部知之。

《清實録・世宗實録》卷一五七　［雍正十三年六月己丑］，辦理軍機大臣等議覆：署寧遠大將軍查郎阿等，摺奏西路駐防事宜。一巴爾庫爾兵丁全撤之時，廷議於安西等處添設一提一鎮，兵一萬名。各令搬移家口，前往駐劄，以彈壓邊陲，聲援哈密在案。查添兵萬名，需糧料十萬餘石。安西屯地，不過三千餘石，甚屬不敷。況兵丁搬移家口，更多糜費。即城堡營房等事，俱費周章。不若更番迭戍，既可省費，亦可以經久遠。請將駐防哈密兵五千名，就近於肅鎮、甘提、涼鎮、西寧鎮、安西鎮各派撥一千，合足五千名，令在哈密駐防。其安西地方，不必添設提鎮兵丁。一於陝西督標，派撥一千名，固原提標並各協屬，派撥一千五百名，延綏派撥一千名，寧夏派撥一千名，河州派撥五百名，共五千名，在赤金、靖逆、柳溝、布隆吉爾、橋灣五處駐防。彼地附近俱有牧場，可以牧放馬駝。一赤靖五處之兵，二年期滿，應全行更換。其哈密兵丁，應每年更換一半，則一半熟手，即可教習一半新兵。一哈密、赤靖等處，各有五千兵丁駐防。其統領將弁，須派總兵二員、副將二員，帶領遊、守、千、把分管。駐防赤靖等處之總兵、副將，於兵丁換班，亦俱更替。駐防哈密之總兵、副將，須一年更替換班。庶屯田、斥堠諸事，有新舊大員相間管理，諸事熟練。一軍營應支口糧。查駐防哈密之兵，屯種收穫，儘足供支。至駐防安西之兵五千名，連領兵將弁，歲需口糧一萬五千餘石。其各衛所官屯地畝，應全交與安西鎮標營兵丁承領屯種，爲伊等恆產。即以收穫籽粒，供兵丁口糧。如尚不敷，照例折給銀兩。一肅鎮爲臨邊重地，請添城守一營。設都司一員，千總一員，把總二員。於標營兵內，派步兵二百名，專司城守汛防之事。查肅鎮標，合計新舊兵共二千九百餘名，應添足三千之數。將新募之守兵，即撥入城守營。俱應如所請。但哈密及赤靖等處駐防兵丁，雖各派總兵統領，大兵甫撤，兩總兵分駐兩處，必得一總統大臣彈壓。請再派提督一員，駐劄哈密，節制兩處駐防之總兵。居中調度，更爲有益。從之。

《清實録・高宗實録》卷九 ［雍正十三年十二月甲申］，又議覆：署理陝西總督劉於義奏稱，涼州府屬之柳林湖等處屯員呼應不靈，應照直隸屯田例歸地方官管轄。查該處知縣俱係衝要，各有地方事件，應於涼州府添設通判一員，駐劄鎮番，專管屯田，仍責成涼州道督查。高臺縣添設縣丞一員，駐劄鎮夷堡，專管毛目城、雙樹墩屯田。添設主簿一員，專管三清灣、柔遠堡、平川堡屯田。肅州添設州判一員，駐劄九家窰，專管屯務，兼查南山一帶地方事件。其肅、高二處屯田，俱責成肅州道督查。請再立勸懲條例，如該屯增墾籽種二百五十石以上者，准紀録一次；五百石以上者，准紀録二次；一千石以上者，准加一級；再多，遞加。如該屯荒蕪籽種一百石以上者，罰俸一年；二百石以上者，降一級留任；三百石以上者，革職，仍勒令墾復舊額，方准回籍。均應如所請。從之。

《清實録・高宗實録》卷一一 ［乾隆元年一月甲寅］，命都統王常、侍郎柏修往鄂爾昆履勘屯田。

《清實録・高宗實録》卷一二 ［乾隆元年二月戊寅］，福建巡撫盧焯奏：閩省同知通判額徵屯糧，其地坐落各州縣，兼有隔府隔省者，請福州等處屯田，查明坐落州縣，有田歸民耕而仍列故軍老戶者，即行更正的名，分歸州縣徵收。下部議行。

《清實録・高宗實録》卷一三 ［乾隆元年二月乙酉］，戶部議準：原任漕運總督顧琮，會同兩江總督趙宏恩，疏題兩江軍田議贖議貼條款。一凡典出隨船運田，令現運此船之丁，查照原契取贖。其不能措贖者聽輪流駕運之丁，令公同回贖。田租亦輪流收受。有富豪踞占及奸丁勾串冒贖者，照例嚴懲。如有添蓋房屋等項，縣衛勘估補償。如另僉新丁，令償前丁贖價。應津貼者，照例津貼。一昔年拋荒衛田，軍民自行墾熟及年遠難稽者，免其回贖，照例幫貼。其有典賣原主可查，而契券無存者，令縣衛秉公議償，不得短價強贖。一軍田久有墳墓，不在回贖之例者，飭州縣查注備案。有暗立新墳圈占者，察究。一運田歸船，不許復典於民。並不許復典於軍。違者，與、受均究。一盧、鳳等衛運田，另有糧餉等田，有幫貼漕運，亦有向不幫貼者，應一槩酌量議貼。一執業運田，應造細冊報部。從之。

《清實録・高宗實録》卷一八 ［乾隆元年五月乙巳］，總理事務王大臣，會同理藩院大臣議：尚書通智等奏稱，殺虎口外清水河地方田畝，從前喀爾喀敬安固倫公主奏請耕種。康熙五十三年，因行走之人擾亂，停止耕種。雖將從前所領之票，具奏交部，而公主屬人，仍於其間耕種行走。今額駙端多普多爾濟既赴喀爾喀地方，此處種地之人，難以遙管，理宜將此項田畝徹出，招民耕種，以足戍兵之糧。但額駙將此地耕種多年，已成熟地，照土默特蒙古等賣田每畝銀二錢例價，查額駙檔內，載伊屬人所種清水河田四萬八千三百七十五畝，可否賞給銀九千六百七十五兩之處，恩典出自皇上等語。查從前臣等因歸化城種地以定戍兵之糧，議令額駙端多普多爾濟，在清水河較原賞田數，加倍開墾，至數萬頃。今額駙端多普多爾濟既赴喀爾喀地方，此項地畝，自係招民耕種，飭交通智，將原賞地畝查出，如何折價，賞給額駙銀兩，並將伊屬人多佔地畝徹出，作何辦理耕種之處，議奏等因，奏准在案。今尚書通智等，查明清水河地畝從前雖經端多普多爾濟具奏停止耕種，將票交部，而屬人仍復耕種數年，俱應徹出。但額駙屬人，既將此地種熟，應照伊檔內所載耕田四萬八千三百七十五畝之數，遵蒙古賣田例價，每畝賞銀二錢等因咨覆前來。應如通智所奏，賞給額駙端多普多爾濟銀九千六百七十五兩。所有清水河地畝，每年所得糧數，令通智等查明，照原奏辦理。所賞額駙端多普多爾濟銀兩，著伊派人持具印領赴京，在戶部支領。再通智等奏稱，清水河東北西爾哈墨哩圖一帶地方、西北烏蘭拜星一帶地方，原係蒙古游牧處所，續經額駙將蒙古等移於別處，已歷多年。臣等以爲耕地至此處，如遇舊牧之蒙古人等爭競，卽行確查，地畝果好，每畝賞銀二錢，別處安置，如地不成片段，卽請退還仍令游牧等語。查此帶地方，原係蒙古游牧處所，並非耕田建房者可比。自額駙端多普多爾濟屬人占據以來，移於別處安居多年，如屯田開墾，遇有蒙古爭競，卽行給價，則僥倖告訐之人必多，辦理未免紛紜。應交通智等，將原在西爾哈墨哩圖、烏蘭拜星游牧之蒙古，詳細查核，果係原耕之地，或照地給價，或仍令游牧之處，分晰辦理。從之。

《清實録・高宗實録》卷一九 ［乾隆元年五月乙卯］，豁減直隸懷來縣墾荒地糧，諭總理事務王大臣：朕聞宣化府屬之懷來縣，僻處山邊，向有保字號墾荒地七十一頃，徵糧八百六十餘石，始於前明時，防禦邊患，募兵戍守，卽以近山地土，令其耕種。每軍十一名，種地五十畝者，准作半年糧六石；種地一頃者，准作一年糧十二石。彼時應募屯軍，不過圖免本身雜差，遂不計地之多寡荒熟。今歷年既久，其間有地荒而糧存者，有地少而糧多者，官民不免賠累之苦。且該縣徵糧科則，上地每畝徵糧五升六合，中地三升六合，獨此項地土，則每畝徵糧至一斗二升，民力尤難輸納。著該督委員確查，將山地不可耕糧無所出者，共計若干，奏聞豁免。其可以耕種之地，則按照本縣科則，分別定議，俾邊塞黎民，永沾實惠。

《清實録・高宗實録》卷二一 ［乾隆元年六月庚辰］，諭總理事務王大臣：朕聞廣東有屯糧羨餘一項，原係衛所官弁徵收，每正糧一石，收穀三四石不等。除正米撥支兵糧外，餘穀悉係衛所官弁侵蝕入己，嗣經督撫查出，題報歸公，留備賑糶之用。但屯田糧額，本重於民田，今以一石之糧，徵收至三四石，屯民其何以堪。又聞各省軍田額糧，較之民地亦重，從前軍田畝數原多，嗣後漸次清釐，田主亦屢經更易，而糧石仍輸舊額，自屬苦累。大學士等可寄信各督撫，詳加確查，將如何定額徵收並革除額外加徵之處，密議請旨。

《清實録・高宗實録》卷二五 ［乾隆元年八月乙酉］，減浙江嚴州屯糧。諭：朕聞浙省屯糧，向來每石徵銀一兩，因軍丁等輸納維艱，於康熙年間特恩減免，改徵銀五錢五釐，計算每畝徵銀八分有零。彼時惟嚴州一所遺漏開報，未經查明減免，每畝仍徵銀二錢一分五釐。查杭州前右二衛屯田，與嚴所地方相距咫尺，每畝止徵銀一錢二分八釐零，而嚴所地土比通省較薄，賦額則比通省較重，實屬偏枯，所當酌量變通，使一體均沾恩澤。爲此特頒諭旨，將嚴所屯糧，循照杭州前右二衛科則徵收，以紓軍力。其應豁減銀兩若干，著大學士嵇曾筠確查報部，永著爲例。

《清實録・高宗實録》卷二七 ［乾隆元年九月庚申］，諭：粵西舊有軍屯田畝，當日原係給與各屯兵領耕，不與民田一例編徵四差等項，是以糧額較重於民田。其他州縣偏重之數無多，又無別項差徭，民間尚不至於苦累，惟武緣一縣所徵糧額，較之下則民田，每畝多出銀二錢二分，未免過重，小民輸納維艱。著該撫將武緣縣軍田舊額酌減，每畝定以一錢徵收，永著爲例，示朕優恤閭閻之意。

《清實録・高宗實録》卷二八 ［乾隆元年十月丁卯］，總理事務王大臣議覆：大學士仍管川陝總督查郎阿等疏言：陝省屯田更名地畝，其額賦本重於民田，雍正五年間，前督臣岳鍾琪，又請將通省之丁糧攤於通省之地糧，其屯更地畝，每本色糧一石，亦照民折銀一兩之例，均載丁銀一錢五分有奇，以致屯更百姓，於正供外，增派銀二萬四五千兩，實爲苦累。請照甘省豁除屯丁之例辦理。又督標火器營額兵一千名，乃撥於咸、長等州縣之屯丁，每名每月止領餉銀七錢，外皆屯民幫貼，請照鎭標步兵之例，召募領餉，免其在屯衛提補。均應如所請。從之。

《清實録・高宗實録》卷三一 ［乾隆十三年七月丁亥］，戶部等部議覆：陝西巡撫陳宏謀疏稱，裁汰潼關縣一案，准部覆。各項另議具題：一潼關縣屯地並節年開墾地，共三千三十五頃二十五畝一分零，共徵本色糧一萬四千四百三十四石九斗五升零，折色銀二千二百二十四兩一錢零，內坐落潼、華、閿屯地，應歸潼關廳徵；坐落河南靈寶縣屯地，歸靈寶縣徵；坐落大荔、朝邑、郃陽、澄城、華州、臨潼、渭南屯地，歸大荔等七州縣徵收。一潼關縣額徵屯地錢糧，照例一石折銀一兩，靈寶等八州縣耗銀，請照加一五徵收。至靈寶隨徵耗銀，聽豫省酌議。【略】俱應如所請。從之。

同上 ［乾隆元年十一月己未］，總理事務王大臣議覆：福建巡撫盧焯疏言，邵武縣之永安所屯田，每畝徵米四斗三升五合有奇；霞浦縣之福寧衛屯田，每畝徵米三斗三升有奇，又每畝徵修倉銀一分三釐，糧額實爲過重。請照中則屯田例，每畝徵米二斗，其多徵之米，並福寧衛應徵修倉銀兩，槩予豁除。應如所請。從之。

同上［乾隆元年十一月壬子］，總理事務王大臣議覆：原任正黄旗漢軍都統管理井田事務甘國璧疏陳屯莊事宜：一井田每戶原給田一百二十五畝：十二畝五分爲公田，十二畝五分爲廬舍場圃，百畝爲私田，公田儘收儘報；今既改屯莊，應令按畝完納屯糧。一堡戶原止給地三十畝，令其耕種，不交公糧，今若令一體完課，未免拮据，請加恩增給地畝。一三堡旗民雜處，難於稽查，請將各戶原領三堡房地盡交該州縣，即於現今咨回井戶所遺產地內照數撥給。一八旗改屯人戶，嗣後身故有子者，自應頂補；倘遇無子寡婦，情願守節并無親戚可依者，請留地四十畝，以資養贍；即令本屯之人，代種完糧，俟伊身後，仍將地畝交官召種。一井田原撥霸州、固安、永清、新城四州縣地，今改屯莊，令防禦管轄。請將附近霸州者，令霸州防禦管轄；附近固安者，令固安防禦管轄。一井田向設鄉長，請仍留供役，果能勤慎，遇有屯長缺出撥補。一驍騎校應遵議撤回，但一時未有可補之缺，請俟補放之日，令其交地回京。均應如所請。惟堡戶一條，納糧既屬無力，增地又似多事，應仍令其照舊暫行耕種。從之。

《清實録・高宗實録》卷三三［乾隆元年十二月戊寅］，總理事務王大臣遵旨議覆：果親王等各疏內【略】戍兵口糧，必當充裕，屯田最要。鄂爾昆地界寬廣，大可耕種，若撥兵三千人，人各種二十五畝，計可墾田七百五十頃；以畝收五六斗計算，可得數萬餘石，少亦二三萬石。現在軍營所貯，尚支數年之用，至數年後所需，自當豫計。平郡王、慶復所奏相同，請交軍營將軍、參贊大臣等詳悉辦理。從之。

《清實録・高宗實録》卷三四［乾隆二年一月癸巳］，減山西太谷等十州縣屯糧科則。諭曰：各省屯糧科則，輕重不一。朕聞山西所屬太谷、祁縣、徐溝、清源、交城、朔州、馬邑、左雲、右玉、偏關等十州縣之屯糧，有較之民田過重者；有同一屯地而徵糧之本折多寡不同者；有同一科則而額糧之輕重相去懸殊者。念此屯民皆吾赤子，若地瘠糧重，未免輸納維艱，著該撫石麟轉飭各州縣有司秉公確查，各就原額糧則之重者，酌量裁減，具題請旨，俾輕重各得其宜，輸糧不致竭蹶，以示朕愛養屯民至意。

《清實録・高宗實録》卷三六［乾隆二年二月癸酉］，減浙江溫、台二衛屯田科則。諭總理事務王大臣：朕因外省軍田糧額輕重不等，年來留心訪察，聞浙江溫州衛現徵屯田三百一十二頃，每畝額徵銀一錢七分零；台州衛現徵屯田二百二十頃，每畝額徵銀一錢四分零，比本地民田較重，丁民輸納未免艱難。查杭州前右二衛科則，均係一錢二分八釐，溫、台二衛屯田，著照此例畫一徵收，永著爲例，俾沿海丁民受減賦之益。該部即遵諭行。

《清實録・高宗實録》卷四九［乾隆二年八月壬午］，貴州總督張廣泗奏：遵旨籌畫苗疆，業將叛苗絕戶田產安設屯軍，並查餘苗現種之田，凡攙入絕田內者，令指明坵段，撥歸屯軍，另查閒田給還苗人。其有應遷移者，均飭令承辦官量給銀米，以資其費。前計算絕田約可安屯軍五六千戶，現據各具報清江可安屯軍二千六百餘戶、古州三保可安一千一百餘戶、八寨可安八百餘戶、丹江可安九百餘戶，其餘尚有古州山苗一帶暨臺拱、凱里、黃平、施秉、勝秉、清平等處，約計可安五六千戶。此皆清出叛苗絕產分布安屯。其應設屯堡一百餘處，亦皆形勢扼要。若去營汛稍遠，不宜安屯者，皆撥還苗人，並賞無業窮苗。並未嘗如尚書顧琮所奏，於深山邃谷招募屯田，盡奪生苗衣食之地也。現細察苗人，無不悔過自新，及時耕作，前經奏請添兵三千餘名，今查出田畝，又可安屯軍一萬餘戶，分布險要，於經久之計已屬萬全。得旨：苗疆經此一番料理，自必有數十年之安靜無事，然經久之計不可不圖，而用人之際，尤所當慎，不然法雖良而無人善爲經理，所謂徒法不能以自行也。

《清實録・高宗實録》卷五二［乾隆二年閏九月丁卯］，停貴州古州苗田屯軍。諭總理事務王大臣：貴州總督張廣泗奏稱，內地新疆逆苗絕產，請酌量安插漢民領種。彼時朕降諭旨，以苗性反覆靡常，若新疆招集漢民耕種，萬一苗人滋事蠢動，是內地之民人因耕種苗地而受其荼毒，此必不可行者。不得已而思及屯軍，乃指相近內地之處而言也。隨經王大臣議交張廣泗再行詳議具奏。復據張廣泗奏稱，逆苗絕戶叛產，俱命自行首舉。苗人等爭先首報，一無抗違，且歡忻踴躍，毫無疑忌。但此等叛產安設屯軍，以資分布防維，必須接聯營汛以及糧運商旅經由水陸通衢處所。而叛苗絕產與餘苗現種田畝，多有攙雜，應將現戶之田，凡有攙入絕田內者，令其指明若干坵段，歸併屯內，即以絕田之在旁列不宜安屯之處，令該苗自行相度，按數撥還，寧使有餘，毋令不足，等語。又經王大臣議，照所請辦理在案。今尹繼善來京陛見，朕詢及苗疆事務，伊一一陳奏，大畧以逆苗產業分布屯軍之舉，尚未妥協。朕再四思維，數年以來，經理苗疆，原期寧輯地方，化導頑梗，並未利其一絲一粟。是以彼地應輸之正供，朕皆仰體皇考聖心永行革除，不使有輸將之累，豈肯收其田畝以給內地之民人乎。從前屯田之意，原因該督等奏係無主之絶產，故有此議。今看來此等苗田，未盡係無主之產，或經理之人以爲逆苗，罪在當誅，今既宥其身命，卽收其田產，亦法所宜然，故如此辦理。殊不知苗衆自有之業，一旦歸官，伊等目前雖懾於兵威，勉强遵奉，而非出於本心之願，安能保其久遠寧帖耶。至於撥換之舉，在田地有肥瘠之不同，而畝數又有多寡之各異，豈能銖兩悉合，饜服其心，使苗衆無絲毫較論之念乎。總之，頑苗叛逆之罪本屬重大，國家既施寬大之恩，待以不死，予以安全，而此區區之產業，反必欲收之於官，則輕重失宜，大非皇考與朕經理苗疆之本意矣。料此時張廣泗正在辦理屯軍之事，可速將朕旨馳寄，令其卽行停止。查辦之官，應撤出者，卽行撤出；其絶產實有幾何，如何布置之處，必熟籌萬妥，請旨施行，不可固執前見。張廣泗向有郡縣其地之請，今屯軍如此經營，伊意中尚不能不瞻顧前說也。

《清實録・高宗實録》卷五三　［乾隆二年閏九月己卯］，免雲南軍丁銀。諭總理事務王大臣：朕前因各省軍屯額糧過重，密諭各省督撫確查。今據尹繼善奏稱，滇省軍丁一項，從前未曾攤入地畝，原議俟查有欺隱軍屯田地，陸續抵補，每丁自二錢八分至六錢二分不等，共應納銀一萬五千三百八十兩，內除自雍正四年至十一年抵去銀三千餘兩外，尚有應徵丁銀一萬二千二百七十餘兩，歷年惟按冊載老丁名字徵收，或已無寸土，而追比無休，或已絶後嗣而波及同伍，等語。滇省軍丁一項，從前既未曾攤入地畝，而見在完納丁銀之人，又係無田之戶，邊地屯民，未免輸納維艱，深可憫恤。著將應徵軍丁銀一萬二千二百七十餘兩，自乾隆三年爲始，概予豁免，俾無業屯民永釋苦累。該督撫等卽通行曉諭，務使均霑實惠，以副朕加惠邊氓之至意。

《清實録・高宗實録》卷五五　［乾隆二年十月丙午］，諭總理事務王大臣：據駐防哈密提督樊廷奏稱，本年蔡巴什湖屯種地畝，經管之官弁兵丁等，人人黽勉，不敢少懈，天時人事，兩收其效，計算收成分數，自十一分以至五十三分不等均稱豐稔等語。口外駐防兵丁等於屯墾事務，加意經理，收穫豐足，甚屬可嘉。其各官弁兵丁人等，俱著交部照例議敘，以示獎勵。

《清實録・高宗實録》卷六六　［乾隆三年四月丁酉］，減安徽軍田歲賦。諭：朕思惠養斯民之道，以輕徭薄賦爲先。凡各省田糧，偶有些微偏重之處，悉已陸續查明豁免，以紓民力。今查得安徽所屬懷遠衛軍田十三頃，每畝徵銀八分八釐零；又田二頃，每畝徵銀六分二釐零。較之民田，未免稍重。著照蒙城縣民田之例，每畝徵銀二分一釐零，共免銀九十八兩八錢七分。又武平衛軍田五千二百九十一頃，每畝加徵銀七釐三毫零，除現在請禁衛田之私典等事案內，每畝應留贍運銀一釐七毫外，每畝著減去加徵銀五釐五毫零，共免銀二千九百六十二兩六錢五分。該部卽遵諭行文該督、撫，從乾隆三年爲始，永著爲例。

《清實録・高宗實録》卷六七　［乾隆三年四月甲辰］，又議准調任陝西巡撫崔紀疏言，陝省豁除屯更丁銀，請自本年爲始，攤入編審新丁應徵銀兩內，入額徵解。從之。

《清實録・高宗實録》卷七二　［乾隆三年七月］，貴州總督張廣泗遵旨議奏：苗疆自奠定以後，各苗皆知畏服，而安設軍屯一事，實有必應如此辦理之勢。今兩廣督臣鄂彌達奏請量移營壘，安駐險要，擇苗民中爲衆所信服者，設立巡檢頭目，以約束之。至苗民遺產盡行入官安屯，恐日後苗民生齒漸繁，地少人多，必至怨久亂生，且屯丁不能耕作，仍須召苗佃種，其役使淩虐勢所不免，等語。查該督臣從前請將古州鎮遷設丙妹，八寨協移駐爛土汛或荔波縣，清江協移駐天柱縣，各處均係彈丸之地，不能安駐鎮協大營，現在新疆以內所有營汛不甚聯絡之處，俱請添設汛防。又於天柱、荔波等處酌量增駐官兵，防維周密，苗人必不敢再滋事端。至苗蠻向無酋長，雖有本寨中之强有力者一二人，亦不能約束其衆，況苗類衆多，統以文武，鎮以官兵，尚敢羣起跳梁，又豈一二巡檢頭目所能約束耶。再屯兵之設，乃係逆苗內之絶戶田產始行入官，其未絶者，仍令各本戶照前耕種，並未一槩歸屯。且新疆未墾地甚多，雖此後苗民生齒日繁，亦不至無以資生，原不必以日後之地少人多爲慮。其招墾屯戶，均係人才壯健可充屯軍者，令其承領不許倩人佃種，而所設屯田，已飭令與苗田標明界址，以免攙越侵占，並無召苗耕作之事。惟所奏屯軍淩虐苗民，實爲目前第一要事。查苗疆驟安，屯軍至八九千戶之多，而苗民經懲創之後，其勢易於欺淩，現已嚴行查禁，並擬酌定章程，以爲永遠遵守。得旨：既經卿詳悉敷陳，知道了。至新疆何處安設屯軍，何處仍係苗田，何處爲聲勢相聯之鎮協，卿其明悉爲圖以進，朕將覽焉。

《清實録·高宗實録》卷七六 ［乾隆三年九月甲寅］，大學士等議覆：直隸總督李衛奏請減免屯田糧額一摺，查直屬屯田，如宣化府屬之宣化等縣、永平府屬之箭桿嶺等處，並順天府屬薊協營路之李家峪等處，所有編徵糧額，均較重於民田，應照民糧科則酌量減免。請將各處民屯錢糧，令該督分別科則，造冊送部，以便核議。得旨：依議速行。

同上 ［乾隆三年九月辛酉］署廣東巡撫王暮疏報：雷、廉二府屬及歸併衛所之連州、廣寧縣等處，墾復乾隆二年分民屯田地一百零七頃一十八畝有奇。又廣、惠、潮、肇、羅五府州屬，首墾民田十五頃十一畝有奇。

《清實録·高宗實録》卷七七 ［乾隆三年九月辛酉］，貴州總督兼管巡撫張廣泗奏：酌籌採買屯苗餘糧事宜：一各屯軍收穫餘米，請照時價官爲收買，每戶一石，約計年可得米八、九千石。一各屯百戶、總旗、小旗等年給米石，折給銀兩，將米石存支兵米，年可得米四千餘石。一各屯戶每年上納屯糧，亦官爲收買，湊支兵食，年又可得米一千餘石。一新疆各苗人，數年來每種粳米雜糧，可就近收買；且苗疆兵丁亦有能食糯米者，亦可酌買搭支兵食，年又可得米數千石；如此多方籌劃，每年共可穫米二萬餘石。再現議新疆共裁減兵一千六百餘名，俟一二年內裁減足額，又可節省月糧五千七百餘石。嗣後楚、粵二省，每年只須運米一萬餘石，即敷供支。現在動項試買，俟買穫若干石，即飛咨楚、粵二省於來年額運四萬石內照數減運。如此遞年採買，只視上年買獲若干，以定下年減運之數，帑項既可節省，於苗疆鄰省，兩有裨益。俟再行之數年，苗疆日益奠定，兵食尚可酌減。且屯戶生齒日繁，種植益廣，則產米漸多，收買自易。苗疆兵糧即就苗疆籌濟，庶楚、粵二省稍可息肩。得旨：所見甚屬妥協，然行之苗疆，尤應酌其輕重，而不可徒爲節省之見，則善矣。

《清實録·高宗實録》卷七八 ［乾隆三年十月甲申］，大學士伯鄂爾泰等遵旨議覆：貴州總督兼管巡撫事張廣泗條奏，古州一帶苗疆，增添官兵、安設屯堡，應除積弊併約束屯軍各事宜。一苗疆兵役通事人等，下寨採買，宜嚴禁。應如所請，將薪蔬菽粟各項另立場市，預定日期，令兵役等交易，併委妥練員弁彈壓。一苗疆濫役之弊，宜請禁革。應如所請，嗣後雇募苗夫，陸路四十里爲一站，給銀八分；苗船逆水三十里爲一站，順水八十里爲一站，給銀一錢五分；隨時僱募小工併長短夫役，日給銀三分、口糧米一升；文武衙門兵役人等，不得仍前監派、短少欺凌。一塘夫派累之弊，宜請革除。應如所請，嗣後巡查併遞送武職衙門公文，俱責塘兵，不得役使苗民；其值塘苗夫，永行裁革。一苗疆通事，宜慎加遴選。應如所請，飭古州等八寨、丹江等各廳員，慎選承充。一苗寨宜僉立頭人，以專責成。應如廳請，飭令廳員將苗疆各寨擇良善者，令其公同舉報，酌量寨分大小，每寨或一二人，或二三人，僉爲寨頭，約束散苗。一屯田界限，宜嚴區別。應如所請，嗣後屯戶人等，如敢越界侵佔苗人田土山場，照盜耕種他人田例，計畝論罪，強者加等。一屯戶宜嚴稽察。應如所請，嗣後各軍戶內，不守屯規，小則枷責示衆，大則依法嚴處；至有緊事他往回，明限日給假，逾限究處。一屯軍技藝，宜因時訓練。應如所請，每年十月至次年正月，按期操演，衛弁親赴各保輪流教習，廳員親身巡歷，督率簡閱，古州兵備道不時遴員查驗，春夏秋三時農工稍暇，亦令演習。一屯軍田畝，宜嚴禁典賣。應如所請，嗣後屯軍人等，典賣屯田，照盜賣他人田：一畝以下笞五十，五畝加一等，官田加二等，私行當買者同罪。一屯糧宜酌定輸納，以充公費。應如所請，以乾隆己未年爲始，上田畝納米一斗、中田八升、下田六升，每斗加鼠耗三合，每年給百戶工食米十二石、總旗六石、小旗三石，其餘米石卽留爲本屯製備火藥等項公用。一苗疆地方宜分別屯堡，預籌積貯。應如所請，按計每戶三石，俟秋收米價平減，動帑發交該管廳員，於附近水次或隣近產米之處，照時價採買，運貯各屯堡，以備借賑平糶。一苗疆衛弁，宜揀選酌增。應如所請，清江、凱里、黃平，各添設衛千總一員，缺出，於通省千總內揀選諳曉文義、熟悉苗情者，不拘武舉營兵出身，一體酌補；五年俸滿，著有成效，以營守備遇缺題補。從之。

《清實録·高宗實録》卷九一 ［乾隆四年四月壬寅］，戶部議覆：漕運總督托時疏稱，溫州衛屯田，請仍令屯民經管，向佃收租，每畝酌定收穀，上田三石、中田二石、下田一石六斗。仍照舊例，按畝輸津納餉。查屯田一項，向係贍運公產，屯民不能過問，卽旗丁亦不能視爲己業，應仍照雍正五年以屯田歸民佃、衛備催徵解給之例辦理。但前定輸津銀數，每畝上田三錢五分、中田二錢五分、下田一錢六分，每畝餉銀一錢二分，與該督所定屯民收租之數多寡懸殊，佃戶獲利未免過多，應按租穀加增，最少亦須平分。仍令該督會同浙撫，將佃戶輸津、衛備徵解之處，再行詳議具題。從之。

《清實録·高宗實録》卷九三 ［乾隆四年五月乙丑］，甘肅巡撫元展成疏稱：安西鎭屬之卜隆吉、柳溝、雙塔、赤金、靖逆、惠回等處屯田，向撥屯兵耕種，秋收除農具籽種外，糧石平分，給作口糧，統於原估折餉銀內扣除。後以派防各兵，尚有歷年借製行裝銀未完，因將乾隆元年、二年分過屯田糧石，自四年春季爲始，在折餉項下四季扣除。上年鎭屬各營屯地悉被蟲災，請將平分糧石，除支領本季春餉按扣一季外，其餘限以四、五兩年，分作七季扣清。得旨：如所請行。該部知之。

《清實録・高宗實録》卷一〇一 ［乾隆四年九月辛酉］，又諭：據貴州總督張廣泗奏稱，貴州逆苗絶戶田產，賞給屯戶，令其選擇形勢，建築堡牆，以資捍衛，官給工價口糧。內有小工工價一項，每日每名以銀二分、米一升給與。乃各赴屯軍赴工之時，止領米一升，其工銀二分，並未具領。俱稱我等荷蒙天恩，賞給田地耕種，給以盤費口糧，復給牛具籽種，感激之私，無由上報，今建築堡牆，分應効力，每日所領食米一升，足資餬口，所有工銀二分，情願不領，等語。通計小工銀一萬五千餘兩，係題明應行散給之項，既據該屯戶報効心切，不願具領，應准其所請，歸還正項，具摺請旨。朕思築建堡牆，原爲各屯戶保衛身家，伊等子來趨事，不領工價，愛戴之意，出於至誠；但今伊等甫至屯所，家計未能充裕，而力辭應給之項，良民知義，實屬可嘉，其工銀一萬五千餘兩，仍著賞給。

《清實録・高宗實録》卷一〇五 ［乾隆四年十一月辛未］，大學士鄂爾泰等議覆：川陝總督鄂彌達奏，安西屯田每年所收糧石，請民得六分，官收四分，按數輸納，以備兵糧。其籽種、牛具、料草，請官爲備給，秋收扣還，交靖逆通判管理，安西道督率稽查。其餘可墾地土，有民人與餘丁願墾者，報該通判勘實，官給工本墾種，成熟照例納糧。應如所奏辦理。從之。

《清實録・高宗實録》卷一一六 ［乾隆五年五月甲寅］，戶部議覆：漕運總督托時奏，嗣後出運漕船，額設屯田，只許得當年租銀，不得層累疊加，立券預支。至現在已加租之田，嚴飭各丁舉報；力能回贖者，卽退還價值另租；間有力不能回贖者，俟租價滿日另租。儻此時隱匿不舉，將來發覺，將田追給運丁，租價概不准算。至嗣後如有指稱加租名色，立券私交者，將該丁革退，與出銀租田之人，均依典軍田例治罪，其田追給新丁，仍向革丁名下追取租價入官。從之。

《清實録・高宗實録》卷一二六 ［乾隆五年九月辛未，戶部］又議覆：署廣東巡撫王謩奏，瓊山、文昌兩縣，現徵屯米二千一百三十五石零，向係加一收耗。該縣等未經分晰開報，致前任督撫照通省之例，以一六計算，多加耗米一百二十八石零，實屬錯誤。請照舊加一徵收，免滋民累等語。應如所請。從之。

《清實録・高宗實録》卷一三三 ［乾隆五年十二月丁巳，戶部］又議：據直隸總督孫嘉淦冊送各屬屯田糧額，查永平府屬之箭桿嶺等處，共河淤屯地三十八頃四十六畝有奇，額徵銀米豆石，計銀合算，每畝徵銀自七分八釐至二錢二分不等，較之附近撫邑上則民田，每畝多徵銀二分至一錢七分不等。又邊儲屯地一百三十八頃二十畝有奇，額徵米豆，計銀合算，每畝徵銀自三分九釐至一錢二釐不等。較之中則民田，每畝多徵銀一分至九不等分。應請自辛酉年始，將河淤屯地每畝徵銀一分、米二升二勺、豆三升，邊儲屯地每畝徵米一升五合一勺、豆一升五合。從之。

《清實録・高宗實録》卷一三九 ［乾隆六年三月甲午］，署貴州布政使陳悳榮奏：黔省入春以來，雨澤調勻，二麥暢茂，省城士庶，相習飼蠶。省之上游，舊無杉木，臣捐募楚匠，包栽杉樹六萬株於城外各山。又附郭貴築縣之乾堰塘、麥穰寨、宋家壩三處，俱可引水開渠，約墾田二三千畝，現在捐貲委員辦理。得旨：欣悅覽之。至蠶桑樹藝，尤爲政之本，所當時時留心，而教民務本足用之道，均不外此也。

同上 ［乾隆六年三月丁亥］，戶部議覆：吏部尚書署兩江總督楊超曾奏請江省屯田照民田科則減徵。查蘇州、太倉、鎭海、淮安、大河五衞，及興化縣並所屯田糧額，偏重三分以上，但較諸上則之民田，固覺稍重，而衡諸頂則之民田，又屬過輕。毋庸議減。從之。

《清實録・高宗實録》卷一四三 ［乾隆六年五月辛卯］，巡視北漕御史王興吾奏：查舊制每漕船一隻，旗丁十名，丁地五頃，因累年丁地半歸民戶，運丁貧乏難前。經戶部行文淸查，有衞所地方軍地，不許民間隱占。訪得山東各員，並不細加踏勘，惟向各丁取具軍田足數甘結，各衞守備，向出運旗丁每名坐派銀兩，遺累無窮。請敕下該省督、撫確訪嚴參。得旨：著照所請速行。

《清實録・高宗實録》卷一六八 ［乾隆七年六月壬寅］，工部議准：四川巡撫碩色等疏報，提標附郭馬廠，開墾水旱田地三十三頃三十一畝，請照撫標退出河舖馬廠官地之例，免其升科。從之。

《清實録·高宗實録》卷一七八　［乾隆七年十一月辛酉］，王大臣等議奏：【略】前經王大臣議遣吉林閒散餘丁與驛站壯丁等開墾。吉林等處餘丁多年幼，不能耕種，驛站壯丁多有差使。請派吉林烏拉兵八百名，阿勒楚喀兵二百名，驛站夫五百名開墾，日給口糧鹽菜銀四分，并擇熟悉耕作之吉林官五員，領催三十名，官員月給鹽菜銀二兩，領催日給鹽菜銀三分。一墾地兵丁、站夫等一千五百名，應採買耕牛一千五百頭，額外採買一百頭，疲病補給。請自本年十二月初一日買起至明年正月三十日止，照例每頭價銀七兩【略】每牛三頭爲一具，共計五百具。初年可開田一千二百頃，次年仍耕成熟地畝，每具只用牛二頭，計剩牛六百頭，再派六百人加墾，約得五百頃。俟移駐之滿洲到時，每人按所墾地畝勻給，并與耕牛。其餘地畝，隨力開墾。【略】一養牛五百具。初年可得穀四五萬石，下年耕種熟田，又可得谷八九萬石。再六百人加墾，約可得穀二萬石。請照吉林烏拉、永寧倉例建倉一百二十六間。【略】均應如所請。從之。

《清實録·高宗實録》卷一九四　［乾隆八年六月癸亥］，戶部議覆：漕運總督顧琮疏稱，凡軍田典賣在民，以及頂墾絶荒培成沃壤者，該民願當軍差，准其管業，如不願當差，則聽本軍及同伍之軍回贖。或軍置軍產，田差俱去者，亦准其管業，如田去差存者，仍准回贖。應如所請。但恐原戶有貧疲不能回贖者，仍令該督、撫分別津貼。從之。

《清實録·高宗實録》卷二〇四　［乾隆八年十一月辛巳］，戶部議覆：陝西巡撫塞楞額疏稱，陝省西、鳳、同、乾四府州屬軍屯地畝，經前撫臣史貽直將寄莊寄糧題請改隸，尚有咸寧、長安、醴泉、高陵、臨潼、盩厔、渭南、興平、鄠縣、涇陽、咸陽、藍田、三原、寶雞、郿縣、岐山、扶風、大荔、華州、蒲城、乾州、永壽、武功等二十三州縣，未經改隸屯田一千一十餘頃，應令寄糧州縣將額糧科則，移送地畝坐落之州縣徵收。內有人糧本在一處，而地在別邑者，卽於改隸之時，開注佃戶姓名，著令催輸。更有屯戶軍地已售，而糧未過割者，卽行令州縣清查，使典主賣主過戶完賦。應如所請。從之。

《清實録·高宗實録》卷二一一　［乾隆九年二月］，甘肅巡撫黄廷桂奏：涼州府屬開墾之笈笈灘營田，距涼城窵遠，若派兵丁耕種，難免曠廢差操，請聽民人承種，納租交營，接濟兵食。得旨：著照所議行。

《清實録·高宗實録》卷二一二　［乾隆九年三月己丑］，戶部議覆：甘肅巡撫黄廷桂疏稱，高臺縣三清灣屯田地畝，鹻重砂多，收成歉薄，每歲官役俸工養廉、渠長工食並渠道歲修等項，所收不敷所用。請改歸民種升科。其原設之主簿並額設屯長渠長口食歲修銀兩，一併裁汰。又柔遠、平川二屯，應改歸高臺縣典史管理。至三清灣民渠，並責令該典史稽查督率，隨時修築。其已裁之三清灣主簿，改爲西寧縣主簿，移駐丹噶爾地方稽查邊隘盜匪。均應如所請。從之。

《清實録·高宗實録》卷二五四　［乾隆十年十二月丙午］，戶部議准：漕運總督顧琮疏稱，東昌衛之平山前後兩幫永減船隻軍丁內，有糧地一頃四十畝有奇，間運軍地內，有糧地十七頃二十五畝有奇，請照本幫，於津貼銀八分內，除二分完糧，每年每畝實津貼銀六分。其兩幫共墾地九十畝有奇，民人曾費工本，應照本幫有糧地，除完銀二分外，每畝酌立津貼銀四分。濟寧、東昌、臨清三衛，各幫典出贍運地畝，按契照原價取贖。至德州正左兩衛屯地二千四百二十九頃有奇，從前每畝雖貼租銀二分一釐、二分七釐不等，但地戶照例給租者，十無二三，請每年概以一分起租。從之。

《清實録·高宗實録》卷二七〇　［乾隆十一年七月乙巳］，戶部議准：川陝總督公慶復奏稱，哈密徹防後，留兵二千，軍屯糧食，尚存十三萬石零。且客民與回民交易，詞訟繁多，兼之回民屯田，四六分糧，碾打收割，務須專員稽查。其防兵口糧錢糧，經官收支，事務尙繁。該處管糧文員，若裁減僅留一員，定難兼顧，應照原議酌派更換。從之。

《清實録·高宗實録》卷二七五　［乾隆十一年九月戊午］，戶部議覆：左都御史、署漕運總督劉統勳稱，溫衛屯田，前定收租上田三石、中田二石、下田一石六斗，額數過多，卽豐年亦不能如數。今酌定每畝除完正餉外，上田徵津四錢、中田三錢、下田二錢，係與各半平分之數相符，照田定額，兩無偏累。應如所請，自乾隆十一年起運十年分漕糧爲始，將應徵前項餉津銀兩，統令該衛照數徵收。從之。

《清實録·高宗實録》卷二九八　［乾隆十二年九月壬辰］，戶部等議覆：漕運總督顧琮奏稱，清理各衛屯田，請定州縣衛所官弁處分一摺。應如所請。屯田典賣與民，許旗丁備價回贖，由衛所移明州縣，令民收價退田。儻州縣不卽飭退，照承查遲延例，扣限查參，分別議處。如該丁不卽備價，混控退田，官弁未及詳查，旋卽更正者，罰俸一年。實係民地，揑報軍田者，官弁降一級調用，旗丁責革。再有倚恃書役隱占軍田者，官照失察衙役犯贓例參處，役照侵盜官糧例治罪。嗣後各省屯田，如有影射侵漁等弊，州縣衛所不卽審結，將該管各糧道一併題參。從之。

《清實録・高宗實録》卷三〇四 ［乾隆十二年十二月丁巳］，軍機大臣等議覆：直隸總督那蘇圖奏八旗下屯種地稽查董率之方。一撥受房地四至造冊，交理事廳稽查。一屯戶原係理事廳衙門應管，其命盜等案，不得專責州縣，仍會同理事廳辦理；至窩賭、窩逃、私宰、私燒、鬥毆等事，一體稽查。一旗戶屯地，私行典賣與民人，已有定例，至旗人轉相典賣，一體查禁。其另派旗戶頂種及出銀典買之人，按律治罪。一屯戶領受房屋，如有些小滲漏破損，自行粘補，均照所請。一雇工傭耕，應聽自便，亦照所請。如將田畝出租召佃，則非令其種地習勞本意，應嚴禁。豫行交租認佃者，民人照例治罪，旗人追租。一旗戶如探親他出，往返在五日以上者，給假票；如私自遠出及逾限不回，分別懲治。但該戶儻任意逗遛，該旗如何稽查及理事廳如何查催之法，尚未議及。應令於遷移安集後，察看情形酌辦。從之。

《清實録・高宗實録》卷三四七 ［乾隆十四年八月］，貴州巡撫愛必達奏：遵查黔省屯丁案內，古州、八寨、台拱、丹江、清江等五廳，設立九衛，共一百二十堡，屯軍八千九百三十戶。乃清出逆苗絶產，招募安設新疆者，每戶給上田六畝，或中田八畝，或下田十畝。每年自十月初一日開操，至次年正月底止。設有衛千總九員，專司屯種訓練，應照舊辦理，無庸更改。查黔省係無漕之省分，舊設屯所三十有二，又於楚省改隸五衛，共三十七衛所。自裁改歸併州縣以後，現在屯丁，雖有子弟承田納糧，久經收入民籍，并無軍籍名目，亦無另行派管之處。報聞。

《清實録・高宗實録》卷三五五 ［乾隆十四年十二月癸巳］，兵部議准：安徽巡撫衛哲治奏稱，安、徽、寧、池、太、廣六府州屬馬田租稻，向係折米搭放兵糧，其不通水路州縣，俱折徵充餉。嗣於十二年，經前撫臣潘思榘奏改徵收本色，今查歙縣馬田，坐落休邑，山地瘠薄，止播雜糧，且嶺崎嶇，運腳浩繁，該縣每年餘剩租稻，僅百有餘石，添補倉廒，爲數甚微，不若折徵充餉爲便。從之。

《清實録・高宗實録》卷三六一 ［乾隆十五年三月］，四川總督策楞、提督岳鍾琪奏：華陽縣東關演武教場，向以東方生氣，不宜演武，是以會合大操，俱在城中東北教場。雍正五年，經前提臣黃廷桂將此地招佃收租，以爲本標各營公用，歲收租價銀一百九十兩零，迄今二十餘年，漸次開闢成熟，而報充歸公，仍止前數。查有水田七百零一畝五分、旱地二十四畝八分，每年應折穀價銀四百五十一兩四錢有奇，已飭立案，統歸營中差遣及賞需等項之費。報聞。

《清實録・高宗實録》卷三六九 ［乾隆十五年七月，直隸總督方觀承］又奏：查永平、宣化二府所屬各州、縣、廳額徵本色屯糧，向有加一餘耗。雍正七年，經前任布政使王謩議，每石一斗之內，三升留爲鼠耗，七升變價充公。嗣於乾隆二年題准，此後糶價銀兩，節年動用。祇緣章程未立，迄今未彙案咨銷。茲據布政司造冊詳送，查屯耗一項，雖節年並無侵蝕，但旣未按年報銷，而徵存糧亦不按年糶變，恐生弊竇。請嗣後永、宣二屬所收屯耗，責令各該府督催，按年變價解司，以充地方公用及辦差之費，動支隨時咨部。仍於奏銷時，按年彙冊咨部查核。至各屬辦公借墊，本案俱有應領之項，現在陸續報銷，如核減不敷，仍令各屬照數完補，以符款額。下部知之。

《清實録・高宗實録》卷三七三 ［乾隆十五年九月辛酉］，戶部議准：雲南巡撫圖爾炳阿奏稱，各屬年徵官莊穀一萬五千餘石，動糶無幾。常平倉額貯外，共溢額穀一十八萬餘石，應自乾隆十五年爲始，照秋米長折之例，每米一石，折銀一兩，穀豆一石折銀五錢徵收。至官莊穀旣經折色，其每年支放囚糧，應於常平溢額項下動放，其無溢額穀之處，於額貯穀內暫行借放，秋後買補。從之。

《清實録・高宗實録》卷三七四 ［乾隆十五年十月壬申］，戶部議覆：陝西總督尹繼善奏稱，哈密現貯小麥一萬九千餘石，以每年應需糧五千三百餘石計算，尚不敷四年之用。其蔡湖回屯每年徵收之糧，十年始敷一年之用。應豫籌積貯。請今歲秋收後，在哈密買貯，糧價在哈密估變口袋銀內按年動支。應如所請。從之。

《清實録・高宗實録》卷三九七 ［乾隆十六年八月辛亥］，又諭：前因八旗生齒日繁，命大臣等詳悉籌畫，其有情願前往屯莊務農之人，給予官田並置立牛具房屋銀兩，俾得勤習農務，以爲生計。今據直隸總督方觀承奏稱，遣赴屯莊之人，力田謀生者甚少，並有冒領官地、官銀任意花銷，逃回京城者。當日舉行此事，原爲裨益旗人起見，今行之數年，不特無益，轉開不肖匪徒冒領銀地之弊，實屬有負朕恩。著八旗大臣等將逃回之人，嚴行治罪外，嗣後應否仍遣務農及如何調度之處，并著軍機大臣等會同八旗大臣等議奏。尋奏：屯田旗人，共派一千二百六十四戶，內未往者九十九戶。據報，惟鑲黄旗漢軍高大紀潛逃，餘或脱逃在外，或係本佐領隱匿不報。現飭八旗行查，如由該督查出，將該佐領治罪，逃人家屬，發遣拉林耕種。至未經前往者，業給安插之資，令限期遣往。嗣請無庸再派。其贖回民典旗地，應行徵租處，另議請旨。從之。

《清實録・高宗實録》卷四一八 〔乾隆十七年七月己未〕，諭軍機大臣等：碩色奏查閲黔省營伍摺內，古州屯軍一項，從前所給屯田不敷日用，查看山頭地角尚不無餘隙，已飭古州兵備道督勸屯軍，將附近山岡畸零隙地勤加開墾，等語。此事似近理，而必不可行。屯地與苗疆相錯，凡所謂山頭地角，附近屯田者，皆苗地也。既經分設屯糧，相安已久，一令開墾，將來越界占墾無已，必有藉此侵占苗田生事起釁者。若謂屯軍生齒日衆，苗人又何獨不然。此時雖爲隙地，至開墾之後，必不甘心，爭奪之端，由此而起。是所補於屯軍者甚微，而關繫苗疆者甚大，不可因屯軍一時之感激，而不爲苗疆久遠計也。該督身任封疆，何乃見不及此，一任屬弁等慫恿，遽爾准行！殊屬非是。已諭開泰令就近飭該道等卽行停止。可卽傳諭碩色知之。

《清實録・高宗實録》卷四二七 〔乾隆十七年十一月乙酉〕，諭：本年八旗查得發往拉林、阿爾楚哈屯田人內，有攜帶家口者，有單身前往者，辦理殊不畫一。經副都統滿泰條奏，朕已降旨令八旗都統等，將各旗所有派往屯田之人，未曾攜帶妻子者查明，官爲治裝送往，以示體恤。但思程途遼遠，伊等家屬又皆婦女，官爲差送，諸多未便。此內如有願往者，聽其自囑親戚伴送，毋庸官爲簽差。嗣後八旗派往屯田之人，俱著攜帶家口。

《清實録・高宗實録》卷四三五 〔乾隆十八年三月癸酉〕，戶部議覆：湖北巡撫恆文疏稱，恩施縣外屯一處，距郡城四百餘里，在川省巫山、奉節、建始三縣之中，屯民五百餘戶。遇一切公務，必越建始，往返旬餘，實爲不便。從前改衛爲縣時，建邑尚隸川省，是以未及議歸，今建邑已改隸施郡，請將外屯一處改建始縣管轄，其頃畝糧銀額徵、烟戶冊籍，飭令恩施縣造移建邑接管。應如所請。從之。

《清實録・高宗實録》卷四六〇 〔乾隆十九年四月壬辰〕，兵部議覆：江蘇巡撫莊有恭等疏稱，奉裁金山衛，歸併鎮海衛。【略】金山衛屯糧，向係衛備在周浦鎮徵收，今歸併鎮海衛，應仍其舊。【略】至儀徵衛，離揚較近，屯糧既歸揚州衛額，應令各丁赴揚完納。【略】又金山衛屯田，坐落金山南滙等縣民田內，軍丁住居四散，一切催糧等事，需人傳喚，應將金山衛原設快役三名，照舊存留。又各衛屯田，係分散各縣地方，若佃戶隱占抗租，或盜賣脱籍避運等弊，向係衛備管理，今應除軍丁詞訟、有干命盜大案及戶婚田土事件歸州縣辦理外，至一切租種運造案件及有關屯政之詞訟，應照舊歸衛查辦。又各衛年額養廉，原定繁缺五百兩、簡缺四百兩，今揚州衛養廉已照繁缺例，毋庸加增；其鎮海衛養廉，年額四百兩，今歸併金山衛，事務較繁，亦請照繁缺例，增銀一百兩。又儀徵衛編支泰州所門軍口糧，並儀邑四門軍口糧，原有支給本款，應照舊存留，歸入揚州衛額內，按年支解。【略】均應如所請。從之。

《清實録・高宗實録》卷四七七 〔乾隆十九年十一月癸巳〕，軍機大臣等奏：從前鄂爾坤等處屯田，皆派綠旗兵，今額爾齊斯地方屯田，軍營現有綠旗兵三百名，再於喀爾喀兵內，擇通曉耕種者七百名，共爲一千，令其屯田。應令恆文、富昌，撥大麥等項籽種五百石，務於正月內送到，並行文班第，將現有農具查出，令其領用。從之。

同上 〔乾隆十九年十一月丁酉〕，又諭：據班第等奏，將烏梁海人衆編設旗分佐領。著照所奏。【略】庫克新瑪木特等請令扎哈沁等在扎布堪等處屯田。適據阿睦爾撒納奏定，明年二月進兵，卽在額爾齊斯等處屯田。著瑪木特等卽往額爾齊斯耕種。應需籽種，著加恩賞給。

《清實録・高宗實録》卷四八一 〔乾隆二十年一月乙未〕，又諭：【略】額爾齊斯屯田兵，前命努三帶往，今努三已解任，著以塔勒瑪善代之。親王成袞扎布，向請效力軍前，朕原派往額爾齊斯屯田，著仍派伊前往辦理。原定屯田兵丁，僅派車凌等數十人及喀爾喀綠旗兵數百名，尚未敷用。著阿睦爾撒納酌留厄魯特兵一二百名，於屯田處展放卡倫防守。又前哨大隊兵俱進，烏里雅蘇臺不可無人鎮守，著留莫爾渾駐劄辦事。此際辦理糧餉馬匹，亦屬需人，著舒赫德以章京銜協辦事務，奏事一體列名。著傳諭班第、阿睦爾撒納等知之。

《清實録·高宗實録》卷四八二　［乾隆二十年二月丁巳］，定北將軍班第等奏覆：準夷平後，額爾齊斯亦需駐兵，撫綏新收人衆。現既派備兵丁牛種器械，應仍屯田。諭軍機大臣等：據班第等奏，額爾齊斯仍須屯田之處，即著照所請行。其耕種所得穀石，以備接濟往來兵丁口糧，亦屬有益。若欲撫綏新收人衆，於額爾齊斯駐兵，則大功告成後，伊犁已留重兵，兼有大臣駐劄，額爾齊斯去阿爾台甚近，又何必更設兵駐防。著傳諭班第等知之。

《清實録·高宗實録》卷五〇五　［乾隆二十一年正月丙戌］，又諭軍機大臣等：據納木扎勒奏稱：厄魯特等屯田所需籽種，由色楞額處購得二百七石五斗，每石價銀二兩六錢；由塔密爾、鄂爾昆二處購得五十石五斗，每石價銀三兩六錢。現在二麥籽種足敷厄魯特等耕種，較由歸化城運解甚爲儉省，價銀應否向厄魯特等名下扣還，請旨遵行等語。【略】今屯田所需籽種價銀，不必在伊等名下坐扣，即加恩於正項錢糧內動支。著寄信納木扎勒明白曉諭厄魯特等，現在【略】復賞給籽種價銀，爾等務宜各安生業，及時耕種，以期永遠安居。

《清實録·高宗實録》卷五二〇　［乾隆二十一年九月己巳］，定邊右副將軍兆惠等奏：前奉旨令於伊犁附近地方，酌量派遣綠旗兵丁屯種。查自巴里坤至濟爾瑪台、濟木薩、烏魯木齊、羅克倫、瑪納斯、安濟海、晶等處，俱有地畝可資耕種。伊犁附近地方，約有萬人耕種地畝；崆吉斯、珠勒都斯等處，可種之地亦多。但須豫爲籌辦，方不誤來春耕種之期。現在伊犁有回人三十餘名，擬酌增至百人。請敕巴里坤辦事大臣及甘肅撫臣派出綠旗兵一百名，委員酌帶籽種、農具、耕牛，於明年正月內前來，臣等按地分給耕種。俟試看一年，再行辦理。報聞。

《清實録·高宗實録》卷五二三　［乾隆二十一年閏九月戊午］，諭軍機大臣等：回人伯克噶岱默特之子阿布都喇璊來京，詢知各處回人情形。著即遣回游牧。並著密諭兆惠，回人與厄魯特等素如敵仇，若令回人屯種伊犁，或受厄魯特等欺凌，轉恐滋事；不若仍令回人各歸原處，令其輸納貢賦，似較妥協。伊犁等處，可種之地既多，酌量遣派內地兵民，前往屯糧，照安西地方之例辦理。既可支給屯兵糧餉，而於鎮守地方，更屬有益。著兆惠詳悉妥議辦理。

《清實録·高宗實録》卷五二四　［乾隆二十一年十月乙亥，大學士管陝甘總督黄廷桂］又奏：瓜州回人遷移魯克察克，所遺成熟地二萬四百五十畝，應就近募種。按官四民六徵收，存貯廳倉，供支駐防滿兵口糧。得旨：好。如所議行。

《清實録·高宗實録》卷五三一　［乾隆二十二年一月壬戌］，兩廣總督楊應琚奏：粤西猺獞錯居，土司環繞。向來漢土名屬，於額設營汛外，又設土兵暨狼兵、堡卒、隘卒等項，每屬自百名至數百不等，給有軍田，輕其糧賦，平居則耕鑿巡防，有事則徵發調遣。近來土兵額少，田畝銷售，竊以兵額固不便虚懸，而軍田尤應嚴［禁］私賣。臣擬飭有土兵之漢土各屬，查照兵卒舊額補足，將現存田數、坐落、土名，清查造冊，查照各兵承耕田數，給予印照管業。如有事故，開收繳還。其應納錢糧，並另立軍田戶名，以免混淆。如各兵有貧乏不能守業者，田歸本族本地之狼猺，即令承田充兵；如民人有私典買者，授受俱如律治罪。並責各頭目，於農隙實力操演，地方漢土各官，會同營弁每歲訓練一次。如無營弁地方，即專責該土司自行訓練，該管道府，歲底通報查覈。得旨：好。

《清實録·高宗實録》卷五三五　［乾隆二十二年三月，大學士管陝甘總督黄廷桂］又奏：附近哈密之塔勒納沁，前經奏准，派兵開墾屯種。查該處兵屯，原有三千餘畝，自乾隆七年停種後，渠道淤塞，開挖修築，在在需費人工；今止可種地一千五、六百畝，餘至明歲再逐漸墾種。其籽種於糧員處領用，牛力、農具於防所通融。此項廢地，種藝既已開端，一二年內可次第修復。得旨：好。

《清實録·高宗實録》卷五四三　［乾隆二十二年七月己未］，兩廣總督楊應琚奏：臣於乾隆二十年，查得欽州地方尚有未墾官荒地畝，即與該道府捐資招民承墾。現已墾田三千一百五十餘畝，情願自本年起，每畝輸租穀七斗，共二千二百餘石，以資公用。查廉州府屬之廉州營、欽州營兵米，歲支本色不及一成，較內地獨少，且所領折色，遇價昂不敷買食。應請即以此項租穀，自戊寅年爲始，撥一千三十一石二斗碾運廉營，一千一十五石四斗碾運欽營，合之該二營原支色米，可得一季本色之數。其應領折色原款，扣回解司充餉。儻遇歲歉，官穀不敷撥支，仍照每石七錢折給。尚餘穀一百五十餘石，變價作解運廉營之費，該處原係山陬瘠土，應遵恩旨免其升科，仍飭地方官給與印照，非逋租拋荒，毋輕易佃。得旨：甚好。

《清實録・高宗實録》卷五四七　［乾隆二十二年九月甲寅］，又諭：前因東省濟寧等五州縣積水未消，曾經降旨，將積年民欠銀兩及常平穀石，概予豁免，其屯軍地畝被災情形，與民地相同，自宜一體撫卹。所有臨清衛坐落濟寧、魚臺二州縣境内之屯戶人等，未完乾隆二十一年地丁徵耗等銀一千四百餘兩，俱著加恩一併蠲免，俾災地軍民均沾渥澤。該部遵諭速行。

《清實録・高宗實録》卷五四八　［乾隆二十二年十月庚午］，大學士管理陝甘總督黄廷桂奏：查雍正年間，巴里坤駐劄大臣時，奎素、石人子、巴里坤至尖山一帶地畝，俱經開墾，尚不溝塍形迹。臣於上年冬月，奏請派撥綠旗官兵五百名前往墾試。嗣因逆賊巴雅爾等叛逃，派調軍前，旋議徹回；臣復札知巴里坤大臣，派現存綠旗兵將渠道先行開濬，並踏勘各處水泉可溉地畝若干。旋據覆稱，委總兵丑達勘得尖山子起至奎素一帶百餘里内，從前地畝舊迹俱存，係取用南山之水，共有正渠九道，自山口以外多滲入沙磧，必須木槽接引，方可暢流；其三道河以北，自鏡兒泉、三墩起至奎素止，亦有正渠三道及支渠形迹，蕪久湮塞。現在工多人少，且工料必須撥運，等語。臣查善後事宜案内，巴里坤駐劄滿兵三千名、綠旗屯田兵一千五百名，今駐防滿兵尚需時日，而開墾地畝似宜早計。請於甘、涼、肅三處先派種地官兵一千名，於來年正月前往濬泉引渠；需用工匠、物料、田器、牛隻等項，均由内地辦運。至二、三月間，土膏萌動，即分佈各兵於可墾之地，翻犁試種。查巴里坤一帶氣寒霜早，惟宜青稞。應令各兵於青稞之外，如糜穀之類少爲試種，有收再增。其官兵整裝銀兩，照例給發。諭軍機大臣等：黄廷桂奏派兵一千名於來春往巴里坤等處屯田等語，自應及時籌辦。但此尚在近地，其烏嚕木齊等處，亦須漸次屯種，接濟兵食。其如何相度水利，測驗土脈及派兵前往，一切口糧、牛具、籽種等項豫爲料理之處，著傳諭黄廷桂詳悉具奏。

《清實録・高宗實録》卷五五一　［乾隆二十二年十一月丙辰］，又諭：著寄信雅爾哈善帶兵往魯克沁屯田處所，留心查看可屯之地共有幾許。一面酌咨黄廷桂，令豫備兵丁、辦理籽種，以備明年屯田；一面奏聞。多多益善。至雅爾哈善應行帶兵前往之時，屯田事務，著交永貴接辦。

同上　［乾隆二十二年十一月丁巳］，軍機大臣等奏：臣等查將軍成衮扎布等奏稱，來年派兵二千，自魯克察克起程，前往哈喇沙爾、伊拉里克等處。請將吐魯番屯田綠旗兵八百名，攜帶籽種同往，即在哈喇沙爾等處耕種，等語。吐魯番今歲耕種，已有成效，非特不可空閒，更當增墾。臣等酌議，吐魯番現在耕種之綠旗兵，准其移往哈喇沙爾等處。應請旨交雅爾哈善查明吐魯番現種熟地若干頃，此外有無可墾、共需兵若干，移咨黄廷桂派兵辦給籽種器具，遣往吐魯番接種。報聞。

同上　［乾隆二十二年十二月丁卯］，又諭：昨命黄廷桂、雅爾哈善查勘屯田處所，廣爲播種，勿致荒閒，添派兵丁，以資耕作。來年我兵進勦，自應立奏膚功；即使未盡翦除，必蓄積有餘，始可次第辦理。可傳諭兆惠、富德等留心經畫，務使地無遺利。

同上　［乾隆二十二年十二月丙寅］，又諭：前因成衮扎布等以屯田事宜奏請，已命雅爾哈善等相度可耕地畝，支給籽種，出派兵丁。今又於屯田兵内抽調三千續進。可傳諭黄廷桂、雅爾哈善所派屯田兵丁，務與地畝相稱；既使可耕之土不致荒閒，亦於進勦有益。其悉心經理，條晰具奏。

《清實録・高宗實録》卷五五五　［乾隆二十三年正月壬子］，參贊大臣雅爾哈善等奏：『屯田事宜，按地派兵墾種，哈喇沙爾應派二千四百名；烏魯木齊原派五百名，應增五百名；托克三派五百名；闢展原派四百名，無庸增派。除現有兵外，移咨陝甘總督黄廷桂派兵三千，攜牛具、口糧，趕三月前到魯克察克。籽種動用闢展貯糧；不敷，移文巴里坤大臣運送。報聞。

《清實録・高宗實録》卷五五八　［乾隆二十三年三月己亥］，又諭：索倫兵效力軍前，屢年未獲休息，今賊衆漸次勦滅，大功將竣，自可不日徹回。現議在烏魯木齊、魯克察克等處屯田，令綠旗兵駐劄，雖嫻於耕作，而鎮守巡防之用，不及索倫，若令索倫兵同駐，似爲有益。伊等每年進納貂皮，今移往駐防，既免其納賦；又有錢糧養贍，射獵資生，自當更覺饒裕。可傳諭綽勒多等，於索倫兵丁内，揀選一千名，明白曉示，以駐防之外，並無別項差遣，且於伊等生計有益。或今年先遣兵丁前往，來年再將伊等眷屬移去，料伊等自必情願。至揀選兵丁時，若戶口多者，恐其親屬相離，毋庸派往。惟小戶單丁爲善，其作何選派，及攜眷駐防果否與伊等有益，著綽勒多等定議具奏。

《清實録・高宗實録》卷五六〇　［乾隆二十三年四月己未］，諭軍機大臣等：昨命兆惠擒勦厄魯特賊衆後，即著來京，原爲商辦屯田事務。看來厄魯特餘賊既除，則回部亦易於平定，惟明歲駐兵屯田，最關緊要。雖烏魯木齊等處現在耕種，而伊犂尙屬荒閒，倘被布魯特等侵占，又須經理。朕意於伊犂等處，駐劄索倫兵及健鋭營兵二三千名，合之綠旗屯田兵丁，聲威自壯。此事須黄廷桂同來商辦。著將兆惠等追賊奏摺録寄黄廷桂閲看，黄廷桂亦不必趲行，可詢問兆惠起程信息，先期來京。其屯田事宜，卽留意區畫爲要。

同上　［乾隆二十三年四月癸亥］，大學士等議覆：署江西巡撫阿思哈條奏，一雍正年間，軍戶民戶，一體編審，近年軍丁黠者匿避，疲丁止憑戶族開報，長途重運，多致掣肘。請將九江、南昌等衛坐落德化等二十四縣軍丁等，委南昌府同知查辦；吉安、贛州等衛廬陵等三十二縣軍丁，委建昌府同知查辦；撫、饒二所坐落江南建德、東流二縣屯田並軍丁，事屬隔省，委廣信府同知會同地方官查辦；並酌定四年一次編查，等語。應如所請，將九江、南昌等衛所有屯田坐落地土造具清冊，並將老戶及新生軍丁戶口徹底清查，毋得漏匿。一康熙年間清查屯地，將原地畝查出，定例回贖，原以杜絶民屯私相典賣，今日久弊生，丁田民地，壠畝毗連，或暗中典賣，違例互移，亟宜清理，等語。應如所請，委員將所有屯地，按軍丁州縣，照冊查明，諭令回贖，詳細清釐，以杜隱占。一軍屯田租，自應隨時增減，以收實惠。查從前吉安、建昌二所屯田，係佃戶耕種，折租交納，每糧一石，折銀二錢四分及六分不等，除完賦外，該丁每畝止得租銀一錢二三分，以致軍丁辦運拮据。現經酌議，將吉安、建昌二所定爲四錢八分及四錢不等，佃戶樂從，請飭令地方官傳齊丁佃取結，等語。應如所請，准其加增。但各佃租額，既經加增，恐平色等項浮於所取，應令該撫嚴飭州縣實心辦理，毋使胥役滋擾。以上各條，該撫祇就江西而言，其他有漕省分，亦應隨時整頓，詳查具奏。得旨：依議速行。

《清實録·高宗實録》卷五六一　［乾隆二十三年四月丁丑］，戶部議覆：漕運總督楊錫紱奏稱，運丁屯田，於雍正十三年、乾隆七年屢經奏請清查，造冊送部，其典賣者，許原價取贖，並禁軍民不得私相典賣；自定例後，貧丁仍無力回贖。請嗣後贖價在百兩以上，分三年交價，等語。應如所奏，價銀分三年清交。其已過一年、二年者，租息作何次第酌給，妥議辦理報部。【略】從之。

同上　［乾隆二十三年四月癸未］，軍機大臣議覆：大學士管陝甘總督黄廷桂奏，伊犂一帶，屯墾要需，請先期爲備辦。查臣等原議，請由巴里坤以西伊勒巴爾和碩等七處，以次建堡屯田，派兵駐劄，各以就近餘糧陸續辦理，直達伊犂。所有籽種、農具等項，自應豫爲備辦。但如該督所奏，籽種七八千石、農具五六千副，陸續轉運，尙易爲力。至口糧一萬五千石、駝一萬五千隻，每駝運米一石，一年一次。毋論直隸、山西一時難購，卽使足數，於商民有礙。請俟將軍兆惠等相度定議後，再爲措置。又查準噶爾舊例，係回人耕種交租。請俟回部蕩平，將葉爾羌等處回人量移耕種，查明回人原納租糧，足敷屯田兵丁若干人之食，其不足者，以貨物交易。若尙不足，或仍照原議，由近及遠，以次經理。得旨：黄廷桂所奏豫備伊犂屯田事宜，頗似欲速，徒滋紛擾。著將原奏及爾等所議，俱録寄雅爾哈善等，令其酌量情形，詳悉具奏。

《清實録·高宗實録》卷五六二　［乾隆二十三年五月庚寅］，又諭：永貴等奏稱，前與雅爾哈善會商，無分進勦、屯田兵丁，隨到卽令開墾地畝；續因耕牛、農器不能全到，先就闢展等處所有畚鍤，令其開溝築隄。又哈喇沙爾之海都河，水勢湍急，必須渠深岸固，方免衝齧等語。看來今年播種之期似稍遲誤，但將進勦兵丁後隊截留，人力有餘，或可將烏魯木齊等處俱行墾種。可傳諭永貴等，現在籌議屯田處所，交秋以後成熟穀石若干；來年伊犂等處屯田，能以次興作否；並將伊等奏摺，録寄黄廷桂閲看，俾得酌量豫備。

《清實録·高宗實録》卷五六三　［乾隆二十三年五月］，大學士管陝甘總督黄廷桂奏覆：軍流情重人犯，發往巴里坤等處屯田，經臣咨商辦理屯務大臣安置編管。茲據永貴等咨稱，吐魯番以東，俱有回民耕種，回民之外，又派兵一千四百名，儘力開墾，已無餘地；吐魯番以西，烏魯木齊、托克三、哈喇沙爾等處俱無回民，河大水寬，土地亦廣，俟料理屯兵起程後，親往踏勘。今奉諭將發遣人犯，入於綠營兵丁內屯田，如何嚴加管束之處，令臣等會同詳議。除行文阿里袞併移會永貴，卽速踏勘情形，遵旨就近定議。咨覆到日，臣再參以己見，合一具奏。得旨：知道了。辦此等事若拘泥成例，畏首畏尾，則一步不可行矣。

《清實録·高宗實録》卷五六八　［乾隆二十三年八月己未］，又諭軍機大臣等：據努三察勘穆壘至烏魯木齊屯田，約需兵丁六千有奇，繪圖呈覽。

屯田爲軍食所關，必由近及遠以次增墾，方可省餽餉而豐積貯，此時雖距耕作之期尚早，自當先事籌劃。可傳諭黄廷桂於内地緑旗兵内，挑選七千名，調赴烏魯木齊等處；其農器即於肅州辦給，交兵丁帶往，或并給以工作器具，令兵丁就近伐木造屋，俱宜酌量辦理。至派往回部之緑旗兵，現有軍營仍需調遣，不必撤往屯田處所，并傳諭永貴等知之。

《清實録・高宗實録》卷五七一 ［乾隆二十三年九月壬子］，諭軍機大臣等：從前因辦理回部，將伊犁屯田事務暫行停止。今回部各城迎降相繼，大功計日可成，來年(⿰馬方)［駐］防伊犁之兵，亦已豫爲分派，則屯田以省轉餉之勞，自不可緩。軍營緑旗兵丁駐防各城，所用無幾，應行派往伊犁，並酌派回人等，令納木扎勒、三泰等辦理屯田；或將魯克察克、哈喇沙爾、烏魯木齊等處屯田兵丁移至伊犁，再於内地派出兵丁補缺。可傳諭兆惠、納木扎勒、永貴、定長、黄廷桂等咨商，定議具奏，一面將應辦之事先時豫備。

《清實録・高宗實録》卷五七二 ［乾隆二十三年十月甲子］，大學士管陝甘總督黄廷桂奏：準屯田大臣永貴咨，明歲屯兵，每名種地十五畝外，酌加五畝，共計新舊屯兵一萬七千名，應添籽種七千二百餘石；本年甘、凉、肅收成歉薄，採購艱難。查肅倉有撥剩小麥六百數十餘石，再令該州動用倉貯，易换新麥三百餘石。又武威縣原辦粟穀籽種八百石，均令轉運哈密。現巴里坤、塔勒納沁二處有收穫青稞，令就近撥運三千石。闢展、吐魯番、托克三等處秋收粟穀可取用二千四百餘石，該處粟穀原備明歲屯兵口糧，應由哈倉運補。得旨：嘉奬。

同上 ［乾隆二十三年十月甲子］，又諭軍機大臣等：現在派往烏魯木齊等處屯田兵丁已至一萬數千，所墾地畝，亦必廣闊。目今軍營事務，俱有就緒，此項屯田，如有情願攜帶家口者，即行準其帶往；伊等既有家口，則分地墾種，各安其業，而生聚畜牧，漸與内地村莊無異；其不願攜帶者，亦不必抑勒勉強，聽其自便可耳。如何酌給盤費，俾兵丁不致拮据。著傳諭該督黄廷桂酌量妥辦。

《清實録・高宗實録》卷五七三 ［乾隆二十三年十月辛巳］，辦理屯田侍郎永貴等奏：本年闢展等五處屯兵共三千六百名，屯田三萬三千五百四十五畝，每畝收穫一石九斗至一石四斗不等，共收穀三萬七千三百四十餘石，較去年多收六千七十餘石。明年自闢展至哈喇沙爾、烏魯木齊新舊兵丁，又烏魯木齊附近，額林哈畢爾噶、羅克倫、昌吉至西托摩楚克等處新兵，共需籽種一千五百二十六石，餘穀三萬五千八百二十六石，碾米一萬七千九百十三石，共敷官兵跟役九千一百九十人七月口糧；不足之數，次年所種小麥、青稞，六月内即可收穫接濟。諭軍機大臣等：永貴等所奏闢展等處屯田收穫分數，看來只敷屯兵口糧，其伊犁駐防官兵，仍需籌劃，可傳諭兆惠遵照節次諭旨辦理。至從前屢諭永貴等確查收成分數，除新舊屯田兵丁外，尚足敷幾千人之食，伊等遲久方奏，微覺難於籌辦，不思内地農民何以畝有餘糧，蓋由家長善於勸課，且食用撙節，毫無欺隱耳。兵民雖異，其理則同。永貴其悉心經劃，於軍需自有裨益。

《清實録・高宗實録》卷五八一 ［乾隆二十四年二月戊辰］，又諭曰：定長奏稱，新派緑旗兵丁五千名，駐吐魯番聽候調遣；已會同總兵楊寧將老弱者徹回，其名糧於屯田兵丁内充補，仍飭該管官嚴加約束，等語。此次派出緑旗兵，前諭聽候兆惠行文，或調令進剿，或留派屯田。今時值春耕，與其坐縻糧餉，莫若先事耕作。可傳諭定長，即將兵丁五千名，分發吐魯番附近屯田處所，令其開墾，庶伊等不致閒住滋事，於屯務亦有裨益。

《清實録・高宗實録》卷五八四 ［乾隆二十四年四月庚申］，辦理屯田副都統定長等奏：上年闢展等五處屯田，所穫共三萬七千三百餘石，今全數碾出。通計奏過數目，喀喇和卓、托克三、哈喇沙爾三處與原數同；惟烏嚕木齊遊擊金梁多收三十四石，闢展都司瑪呼，地畝本多，較他處多四百一十石，照數存貯。諭軍機大臣等：屯田糧石關繫軍需，定長等所報碾出數目，有較上年加增者，皆承辦之員實心經理所致。著加恩將都司瑪呼等交部議敘。嗣後各處屯田，除收穫較多者準其奏請議敘外，如較原報之數虧缺無多，著暫行登記，準以下次盈餘抵補；倘再有虧缺，即照所缺之數，分別議處。庶承辦各員，知所勸懲。可傳諭令其遵照辦理。

《清實録・高宗實録》卷五八五 ［乾隆二十四年四月］，署江西巡撫阿思哈奏：江省軍屯，先經奏請立限清查，今查出脱漏及新生之丁四萬二千三百餘名，私行典賣屯田四百五十餘頃。其脱漏奸丁，現調各丁家譜及保甲門牌冊互相參考，尚易查辦；惟典賣屯田，情形不一，即議以取贖，亦須地方官親爲料理，方歸實濟。現將典賣地畝逐一酌辦，取贖歸軍；其民人久佃屯田，率經百十餘年及數十餘年不等，應仍令原人佃種，酌加餘租，給軍濟運。至荒屯一項，所在皆有。如贛州一府，多至五百餘頃，皆係山頭地角，難以開墾，現在徹底清查，寬其已往，盡令地主自首，在軍者歸軍墾報，在民者增租給丁。此次清理之後，卽爲定制。得旨：惟在據實妥辦。勉之。

《清實錄·高宗實錄》卷五九九 ［乾隆二十四年十月戊戌］，諭軍機大臣等：據楊應琚回奏緝捕改發巴里坤逸犯，將已獲者審明正法，未獲者催飭查拏一摺。現在定制伊始，正當執法嚴懲，不得以事屬軍逃，稍存姑息之見。試思此等人犯，原係死罪減等，僅從改發，已屬格外之仁。且以萬餘里新闢邊疆，散處安插，則內地淳俗，既不爲稂莠漸移，而食貨亦無虞坐耗；且令匪惡之徒，困心衡慮，惟以力田自給，日久化爲願樸良民，豈非美事。乃當中途解送時，復敢冥頑不靈，藐法潛竄，其罪更何可逭。夫國家承平百有餘年，人生不見兵革，每歲戶口孳息，千古罕儔；民間穀價有增而無減，實由於此。朕焦勞宵旰，每懷堯舜猶病之憂。今得此番經畫區處，於直省生計既多裨益，卽罪人並知改過自新，實爲一舉兩得。督撫身任封疆，所見務宜遠大。楊應琚在督撫中，尤能以公正自處，一切自當明體朕意。現在暫議停止改發，特爲甘省邇來歲事稍歉，是以隨宜酌量辦理，嗣後仍當遵循定例舉行。況田屯墾闢日增，卽由巴里坤推廣至伊犁一帶，豈有容納無地之患。俟將來法制大定，伊等果能各勤生業，奉法安居，遇有一、二兔脫之人，尚可量爲區別。其原犯本重者，固屬法無可寬；如原犯稍輕，卽倣古人郊寄遂棘之條，遞移遠處；倘仍不知改悔，再行正法示衆。若此時令在必行，斷不得曲爲寬貸。蓋執法不撓，則遠罪者多，而規制可垂永久；奉行不力，則人思狃玩，而扞網愈繁。所謂非以愛之，適以害之也。該督奉到此旨，將現在已獲各犯，卽如例處決；其失察疏縱之地方文武各員，一併參處，用昭炯戒。除一面勅知各省督撫通飭所屬，密躧嚴查，遇有逃回原處人犯，立卽解赴甘省，按律辦理外，將此詳悉傳諭楊應琚知之。

《清實錄·高宗實錄》卷六〇三 ［乾隆二十四年十二月乙巳］，諭軍機大臣等：阿桂奏稱，兆惠等經過阿克蘇，會議伊犁駐兵及遷移回人屯田事宜。從阿克蘇、烏什、賽哩木、拜、庫車、沙雅爾等城酌派回人二三百戶，於來年二月間，先遣丁壯前往屯田，以官兵五百名護送起程，俟青草發生，再將回人家口遷移，等語。所議尚屬可行。兆惠此時雖未具奏，卽應如此辦理。至屯田回人需兵彈壓，自阿克蘇至伊犁，安臺傳事，聲息相通，最關緊要。著傳諭舒赫德、阿桂，今大功告成，巴達克山、霍罕等部落悉皆歸附，則葉爾羌自可安靜無事，且有額敏和卓在彼，海明又已前往，舒赫德俟其到時，卽回阿克蘇駐劄辦理。阿桂、伊柱卽領駐防兵丁，護送回人往伊犁，管理屯田事務。至官兵等居止，自必相度地勢，安營立寨，土木之工，以漸興作，期於堅固久遠。所請備造帳房，原非可以常用，不過自阿克蘇至伊犁，沿途住宿，及初到時不致露處耳。所有應行事宜，俱著伊等會商辦理。

《清實錄·高宗實錄》卷六〇四 ［乾隆二十五年一月辛酉］，又諭曰：阿桂奏伊犁駐防屯田，皆必須辦理之事，若酌派回人先往屯田，再添駐官兵，增派回衆，卽易爲力，請早爲調撥起程，等語。具見勇往任事。適據兆惠、富德、楊應琚等會議，本年屯田，恐已踰期，但可遣兵巡查。已行文各駐劄大臣訖。阿桂若業經准咨停止，則奉到此旨，亦未必能猝辦。或伊現在辦理有緒，具確見必須屯田，卽酌量帶兵前往。併傳諭舒赫德、楊應琚知之。

《清實錄·高宗實錄》卷六〇六 ［乾隆二十五年二月癸未］，諭軍機大臣等：阿桂等奏稱，伊犁屯田，原議今歲派兵五百名、回人三百戶前往。今與楊應琚相見，始知將軍等酌議派兵四五千名、回人一千戶。但阿克蘇回人業經豫備，而庫爾勒等處所派，尚未辦理，仍俟楊應琚到葉爾羌時，與舒赫德定議等語。伊犁向爲準夷腹地，加意經畫，故稽事頗修。今歸我版圖，若不駐兵屯田，則相近之哈薩克、布嚕特等乘機游牧，又煩驅逐。大臣等自當辦理妥協，不可苟且塞責，以圖早歸。看來駐兵屯田，惟當漸次擴充，今歲且照原議，派兵五百名、回人三百戶，或並此俱行停止，來年再爲舉行。則我兵既得休息，而回人生計亦稍寬裕，又可量爲添派，以漸增多。此事朕惟責之舒赫德，伊不過於用兵時退縮，至於辦事心細，朕所深知。若果盡心，自能辦理。今雖命新柱前往協辦，究未熟悉，舒赫德惟視若己事，辦理妥協，方準其更換。此時應作何辦理，伊前奏多派兵丁、回人及河船糧運，經朕訓飭，何以尚未覆奏，俱著傳諭知之。

《清實錄·高宗實錄》卷六〇八 ［乾隆二十五年三月丁未］，諭軍機大臣等：阿桂奏稱，伊犁河以南，有地名海努克，與固勒扎相隔一日程途，水土沃衍，請於此處先行屯種，相其形勢，分立村莊等語。所辦甚是。俱依議行。果能實心奮勉，次第辦理，則屯田一事，當錄伊經始之功也。至村莊居住回人，需兵防護，非尋常屯田處所可比，必固其堡寨，勤其瞭望，庶藏匿之瑪哈沁及哈薩克等，不敢滋事。至所奏起程以前，派回人修理穆素爾嶺道路，及將來安設臺站，行知舒赫德酌辦等語。從前準噶爾與回人往來，俱由穆素爾嶺一路，今既屯田伊犁，自應時加修理。其酌派回人及安設臺站，俱傳諭舒赫德知之。

同上　［乾隆二十五年三月丁未］，又諭曰：安泰等奏，屯田以漸開擴，直通伊犁，自烏嚕木齊至羅克倫，擇水土饒裕之地，立四村莊，每莊屯兵八百餘名，委遊擊一員，都司一員，分派雜職等督課耕種，等語。所見甚是，可卽勉力善爲經理。至設立村莊，尤宜防範盜賊，不可輕忽。

《清實録・高宗實録》卷六〇九　［乾隆二十五年三月］，署江西巡撫阿思哈奏：江省軍丁，係歸縣管，統入民戶編查，殷實半多脫漏。現委員設法清釐，計查出丁二十三萬三百五十四，其違例典賣屯田，均許據實首出，免其治罪，酌照直隸分年減價回贖旗地例，弔契覈數，責令原業主及運丁同族、同船人等措價回贖，計共贖回田地三百一十七頃。至原撥屯田，弓口溢額，各軍自行開墾，坵段寬餘，並有誤作官荒報墾歸入民田納科等弊，現已查丈改正。計共清出田地九百二十五頃零，另題升科。再軍戶屯田，大半給佃耕種，折租數少，解道分給各船，更爲有限，其十年大造及每年起運，全憑丁力，屯田竟無實濟，請將各幫田均按地方情形、科則高下，一概酌增餘租。計共加餘租銀十一萬七千七百三十兩零。除九江、吉安、建昌、贛州等衛原有分貼大造租費外，其餘均無造費，應統給餘租銀，每船每造三百兩至一千兩不等；每年起運，除原有租銀外，應加給餘租銀，每船每運一百兩至三百五十兩不等；其多寡互異，係就各本衛田租之數，分別派給。至贛衛餘租過多，仍行撥給撫、饒等衛。得旨：此事所辦甚妥。

《清實録・高宗實録》卷六一五　［乾隆二十五年六月丙申］，參贊大臣舒赫德等奏：伊犁屯田，初次遣回人三百名，小麥等種未及播種，來年自應多爲遣往。而海努克、固勒扎兩處，俱派官兵屯駐，亦屬有益。現因各城伯克來阿克蘇之便，會議派出回人五百戶，計阿克蘇一百六十一戶、烏什一百二十戶、賽哩木十三戶、拜城十三戶、庫車三十戶、沙雅爾十三戶、多倫一百五十戶，於來年二月，辦給籽種、器具，攜眷前往。其行走口糧及收穫以前食用，按期接濟。【略】報聞。

《清實録・高宗實録》卷六二一　［乾隆二十五年九月辛未］，參贊大臣阿桂等奏伊犁耕牧、城守各事宜。一增派回人屯田。查伊犁收穫，可敷屯田回人一千戶之食，本年現有屯田回人三百名，近經舒赫德增派五百名，已照例整裝，於來年春起程；仍有應派回人二百名，請俟伊犁麥熟後遣發。一增派官兵駐防屯田。查伊犁收穫，通來年增派回人五百名計之，可敷官兵二千五百人之食。現有駐防滿洲、索倫、察哈爾兵八百餘名，應增兵六百餘名；屯田綠旗兵一百名，應增九百名。以上增兵一千五百名，應陸續遣發。一增派官兵，請隨時酌量定數。查屯田回人一千，計其收穫，則壬午年卽敷官兵三千人之食；加以綠旗兵一千，則所收又倍。應酌量定額，以多駐馬兵，於邊防有益。如駐兵五千，則馬三步二；駐兵四千，則減步兵一千。一次第建置城邑。查伊犁要地，河北則固勒扎，河南則海努克，其地土肥饒之處，則察罕烏蘇。應於海努克築城，以回人三百名屯田，用兵數百名駐防，西通哈薩克、布魯特及回地諸路；察罕烏蘇築城，以綠旗兵一千名屯田，並駐防伊犁河北一路；固勒扎須築大城，凡駐紮大臣公署倉庫咸在，以爲總匯。其馬兵於草青時分路巡查，霜降後各回汛地。擬於壬午年夏季派綠旗兵一千名辦理，令回人協助，一年內竣事。一豫備屯田兵馬駝。現議增派綠旗屯田兵一千，必需馬匹。查烏嚕木齊所易哈薩克馬六百匹，尚不敷用，應將陸續市易之馬，令安泰等辦理千餘匹，及查明哈密、巴里坤有無馬匹應用。其行裝駝隻，查烏嚕木齊尚有七百，應揀選五百解送，卽於伊犁牧放，從容往來轉運。得旨：軍機大臣議奏。尋議：伊犁屯田，原屬次第辦理，除現在回人三百名外，舒赫德又派回人五百名，於來春起程。其續派之二百名，仍令酌量，若能一起前往，甚善；如不能，則竟於秋收後發往。庶回人不致竭蹷，而伊犁糧石亦可節省。至本年所收糧石，既足官兵一千人之食，則來年增墾，可以類推。應如阿桂所奏，此項官兵於春秋二季，分起調往，其官兵額數，酌以四五千人爲率；但必隨時出派，始不煩內地之力。應俟來年秋收後再行酌定。其駐防年限，照從前成議更換。又所奏建置城邑，實爲邊防長久；不獨地當衝要，亦宜相其形勢物產。查固勒扎地居曠野，薪炭無資，應於烏哈爾里克、察罕烏蘇、哈什、崆吉斯、伯勒齊爾等木植多處或近山產煤之地，築城駐兵。仍令阿桂等再行勘定。其海努克、察罕烏蘇二城，俱應如所奏辦理。但另派綠旗兵一千築城，未免張大其事，且多浮費。應令屯田綠旗兵於農隙次第興築，不必定以年限。又所奏屯田馬駝，查所易哈薩克馬匹，現議陸續解送，烏嚕木齊有駝七百隻，卽可選出五百，俾運送一千人屯田器具。至兵丁糧餉，春初照初次遣兵例，從阿克蘇辦給米麪羊隻，麥熟後，則但給以程途口糧。並請嗣後添駐官兵，總於烏嚕木齊、阿克蘇調撥。從之。

《清實録・高宗實録》卷六二五　［乾隆二十五年十一月辛酉］，又諭曰：　阿桂等奏，本年屯田回人三百戶，所收穀石，接濟前後駐劄官兵及厄魯特回人二千餘口，可至來年五月；　來年再增加開墾，則建置城堡、公署、兵房等事，亦可次第舉行，不必更需阿克蘇糧石，等語。今年伊犁屯田稍覺逾時，尚能如此豐收，皆阿桂等盡心辦理所致，著加恩從優議敘。協辦之伊柱、常亮，亦屬奮勉，著交部議敘；　舒赫德善於籌辦接濟糧餉，亦著一體交部議敘。阿桂等又奏稱，副前鋒章京富勒琿、都司陳聖謨，承辦稽查田穀、催督回人耕穫，亦屬黽勉，等語。著交部於應陞之處列名。其屯田回人三百名，亦應加恩。著各賞銀二兩，以示鼓勵。

《清實録・高宗實録》卷六二五　［乾隆二十五年十一月甲子］，諭軍機大臣等：　書山奏伊犁屯田回人所需口糧，經阿奇木伯克鄂斯璊等辦理，從庫車、沙雅爾、賽哩木、拜四城共派出四萬八千七百餘觔，陸續送往等語。此項口糧，俱係各該伯克回人等捐助，急公可嘉，著舒赫德等酌量獎賞。

《清實録・高宗實録》卷六三二　［乾隆二十六年三月辛亥］，諭軍機大臣等：　胡寶瑔所奏江西省軍屯、城工二事，已於摺內批諭矣。此等地方要務，卽素有幹濟之能者，尚恐不能經理盡善，況阿思哈在巡撫中不過中材乎。從前清理軍屯，原以杜民戶欺隱、屯軍典賣，爲卹丁濟運之長策，而摺內不免舊額有加一語，似有難於質言之處，殊不明晰。江西民俗，素爲刁悍，定議伊始，自多浮議，若任事者因此而旋議更張，成何政體。但如直隸查辦民典旗地一事，令伊等自扣錢糧俸祿，置爲己產，且定有私行典賣治罪之條，而旗人尚未必實能受益，今以官贖之地，徒手給與疲惡之丁，將來隨手花消，適以助其飲博糜費，何所底止。此項清出屯糧，或應另行招募殷實良丁，或應存貯公所，遇糧艘有應用之項，於此請給，以資辦公，方爲妥協。應如何酌定章程及卹丁濟運，作何通盤籌畫，示之節制，俾公私交便，可以永遠遵行，著該撫悉心妥議奏聞。

《清實録・高宗實録》卷六三三　［乾隆二十六年三月乙卯］，又諭：　據納世通奏稱，派往伊犁屯田之多倫回人等，因玉古爾至穆素爾嶺，地多戈壁，牲隻疲乏，將籽種口糧，借供飼秣，旋准和其衷咨，已向阿克蘇回人通融辦解。今准阿桂咨，仍少籽種三十五石，暫將口糧內大麥抵補，再行辦送，等語。納世通初次辦理，殊未妥協。至多倫回人，係甫經招撫，安插庫爾勒，非各城回衆之馴服者可比。嗣後宜留心約束，固不當苦累，亦不得過於姑息。著傳諭知之。

《清實録・高宗實録》卷六三四　［乾隆二十六年四月戊寅］，諭軍機大臣等：　阿桂奏稱，葉爾羌、喀什噶爾、阿克蘇、烏什等城，有舊在伊犁耕種回人二三千名。今聞開設屯田，願來効力者甚多；　若添駐回人，卽可裁減綠旗兵丁。但該伯克等，或以錢糧缺額爲詞，惟停止協助之費。並照派出回人戶口，減其糧額，則衆皆樂從，等語。所奏甚是。伊犁再增回人千餘，生齒更覺繁盛，亦於伊犁生計有益。且裁減綠旗兵丁，既省內地之力，而回人田作，亦較勝綠旗兵。可將阿桂奏折，錄寄舒赫德等閱看。定議具奏。

《清實録・高宗實録》卷六三六　［乾隆二十六年五月壬寅］，又諭曰：　舒赫德奏稱，阿桂咨送奏稿，請派舊居伊犁回人一千戶，可減綠旗兵丁一千名。查從前所派回人，雖已陸續起程，尚未完畢，若再行增加，恐不無勉強從事者，轉啓新附人等猜疑。請飭各城阿奇木等，隨其所願，不必定以年限，等語。所奏甚是。昨據阿桂請添派回人，朕意伊等既願來伊犁屯田，自可省內地兵力，命舒赫德酌定。今按奏內情形，知回人等甫經安集，不盡情願遷移，阿桂亦未能深悉。著將奏派回人，停其前往。仍令該伯克等，查有願往屯田者，隨時遣發。其原派伊犁綠旗兵一千名，仍照舊辦理。

《清實録・高宗實録》卷六四〇　［乾隆二十六年七月己亥］，諭軍機大臣等：　納世通奏，本年五月，哈喇沙爾河水忽長三尺，流至城下，已將屯田處所築隄二千四百餘丈，親赴督率防護，幸保無虞，等語。隄工爲屯田要務，辦事大臣等自應親往查勘，以時修築。今派達桑阿往代納世通。伊初至新疆，恐未能熟諳情形。著傳諭納世通將屯田水利事宜，細爲達桑阿指授。此次被水田畝，或係官地、抑係回人產業，俱著勘明具奏。

《清實録・高宗實録》卷六四一　［乾隆二十六年七月庚申］，軍機大臣等議覆：　參贊大臣阿桂等奏稱，伊犁、烏嚕木齊之間，有瑪納斯、庫爾喀喇烏蘇、晶河三處，安設村莊，駐兵屯田，原以省額林哈畢爾噶一路臺站輓運口糧之力。瑪納斯酌派屯田兵二百名，庫爾喀喇烏蘇、晶河，每村派兵三百名，人各墾地十五畝。所需籽種農具駝隻，由烏嚕木齊、巴里坤取用。其分駐馬兵五百名，請以范時綬總管。又烏嚕木齊至伊犁，共設二十一臺，每臺馬兵五名，人給馬二匹；綠旗兵十五名，人給馬一匹；每臺駝四雙。晶河以西歸伊犁管轄，托多克以東歸烏嚕木齊管轄。應如所奏。從之。

《清實録・高宗實録》卷六四二 ［乾隆二十六年八月壬申］，軍機大臣等議覆：欽差副都統安泰奏稱，烏嚕木齊穀石極豐，折給官兵願領者少。查該處屯田有綠旗兵三千名，請以二千差操，一千屯田，互相更換，等語。烏嚕木齊穀石贏餘，不量加變通，久貯必致紅腐，自如[illegible]所奏，僅以一千兵屯田，則已經墾熟地畝致使荒蕪，亦屬可惜。查該處口俱係三年一換，并不挈眷。若聽兵丁等移家居住，或募內地流民承佃給地耕種，則生計益裕，穀石亦可變通。除招募內地流民，已奉旨交楊應琚辦理外，其烏嚕木齊兵，請令安泰查明有願攜家遷駐者，移咨楊應琚辦送。俱酌量官爲料理前往。到彼時，兵丁給鹽菜口糧，其內地糧餉奏裁。無業流民，將屯種不盡之田，撥給作産，開地任其墾種。至賞給籽種農具及分別納糧事宜，交安泰等酌量情形，定議具奏。從之。

同上 ［乾隆二十六年八月辛巳］，軍機大臣等議覆：侍郎五吉奏稱，巴里坤有屯田綠旗兵一千名，雖經墾種，而地寒霜早，僅收青稞，該屯兵仍須給鹽菜銀及粟麥，所費頗多；安西兵三千餘名，計日遷移，止折給糧價，不需支食青稞。是此項屯田兵竟可徹回，將安西兵派出屯田，以節冗食，等語。又陝甘總督楊應琚奏稱，巴里坤原設之屯田兵徹回，派安西兵五百名及巴里坤遣犯四百八十餘名，給與口糧，同往屯田，儘足敷用。該處地氣雖寒，試種豌豆亦皆成熟，加以人力糞治，並可種麥，等語。臣等酌議，巴里坤屯田所收青稞，不敷官兵等支食，今安西兵又移往該處，所支銀米尤多；即云試種豌豆有收，亦未必常年如是。查烏嚕木齊現設有駐防兵，該處屯田收穫，極爲豐稔，且相距不遠。若於巴里坤留兵千餘人，餘俱移駐烏嚕木齊，情形尤便。應行建屋整裝各事宜，請交楊應琚、五吉等會商，妥議具奏。其巴里坤酌留安西兵及遣犯屯田之處，應如所奏辦理。從之。

《清實録・高宗實録》卷六四四 ［乾隆二十六年九月癸卯］，陝甘總督楊應琚奏：哈密附近之蔡把什湖，有地一萬三千餘畝，除一萬畝給回民種穫外，其三千畝，曩撥給哈密防兵耕種。今哈密防兵陸續徹回，該協移駐兵少，難再分屯，應於安西提標步兵內配撥一百名，歸入哈密協，令往蔡把什湖屯種，仍於哈密協兵內，每年輪流更換。如再不敷，即於哈密遣犯內，酌撥年力精壯者，令隨耕作。得旨：如所議行。

同上 ［乾隆二十六年九月甲辰］，駐劄烏嚕木齊副都統安泰等奏：烏嚕木齊五村屯田，大小麥收成約四萬五千九百石有奇。

《清實録・高宗實録》卷六四九 ［乾隆二十六年十一月壬子］，軍機大臣等議覆：副都統安泰等奏稱，瑪納斯、庫爾喀喇烏蘇、晶河三處屯田，需綠旗兵八百名。請派駐防都司、守備各一員，千總三員、把總六員。查瑪納斯距羅克倫較近，堪令該處巡檢兼管糧務。晶河等處派員辦理。仍令范時綬駐劄三屯中，往來巡察。官兵鹽菜銀兩，瑪納斯等處，由烏嚕木齊支領；晶河由伊犁支領。需用馬駝，按照情形支給。均應如所奏。從之。

同上 ［乾隆三十年五月壬午］，塔爾巴哈台參贊大臣綽克托奏：臣至塔爾巴哈台，會同參贊大臣愛隆阿，以將軍明瑞所定築城屯田事宜，逐一指出。查現領綠旗兵六百名，即派五百四十名掘渠引水，開墾荒地。其餘六十名，以十名入山，採取碾磨之石，餘同滿洲索倫兵砍取柳條，於營外周圍插護。營內各分院落，苫蓋窩鋪。暫收糧餉緞疋等物，設立堆撥看守。計自駐劄月餘以來，時雨數降，地畝開墾，次第播種。隨於三月二十六日令參將吳士勝、原任主事伏魔保，領綠旗聽差兵興工，伐木刈葦，合土築城。仍於屯田兵內匀出協助，照明瑞所定玉爾、雅爾兩處築城，計周圍城垣二里四分，高一丈五尺，足敷兵一千五百名駐劄。所建官署、倉庫共六百餘間，仍有餘地以備添建。謹繪圖貼説，恭呈御覽。報聞。

《清實録・高宗實録》卷六五〇 ［乾隆二十六年十二月戊寅］，又諭軍機大臣等：阿桂等奏稱，伊犁屯田回人八百戶，收穫大、小麥給二十分以上，黍、粟、青稞約四十分以上，合算每人收穀四十石，應令其各交米二十石，定爲成額，則回人益知勤動。嗣後人給籽種一石五斗，以交糧十六石爲率；所種四項穀石，有豐歉不齊，亦可通融抵補等語。回人等著與兵丁一體酌量賞給，管理屯田回人之前鋒、參領等，俱著交部議叙；其定額交糧之處，俱如阿桂等所請行。

《清實録・高宗實録》卷六五三 ［乾隆二十七年一月丙辰］，諭軍機大臣等：旌額理等奏稱，發往烏嚕木齊屯田遣犯等，請先給屯地十二畝，與兵丁一體計畝納糧。伊等亦有攜眷者，酌給地五畝，自行開墾。其未收穫以前，官爲養贍家口，等語。著照所請行。伊等俱係免死減等之犯，理宜嚴加管束。果能知罪守分，盡力耕作，尚可姑容；若生事脱逃，自當於本處正法。卽尋常鬬毆等事，亦不可照內地之例辦理。著卽傳諭知之。

《清實録・高宗實録》卷六五四 「乾隆二十七年二月庚午」，葉爾羌阿奇木伯克等辦送回人一百三十戶，和闐伯克等辦送回人二十四戶，前往伊犁屯田，命賞如例。

《清實録・高宗實録》卷六五七 「乾隆二十七年三月戊午，戶部」又議准：甘肅巡撫明德疏稱，安西廳屬之瓜州踏實堡、小灣、奔巴爾圖等處屯田，先經督臣楊應琚於乾隆二十四年奏請改爲民地，招佃認種，現查明各該處屯民，共七百七十五戶，新舊開墾水旱地，四萬六千三百二十一畝。據墾戶呈稱，該處不產穀草，所有每畝應納草束，統照原奏改爲小麥三升，隨正糧同納。其安西、柳溝二衞，二十四年業經題報升科地，亦請一例改納。再該處招佃，多係口內民人，既經改屯升科，卽爲伊等世守之業，應令地方官發給印照，詳開戶籍並地畝段落，俾收執以杜爭冒。從之。

《清實録・高宗實録》卷六五七 「乾隆二十七年三月」，江西巡撫常鈞奏：查前撫阿思哈清理軍屯，委員勘丈時，令將各屯田地繪畫圖形，仿民田魚鱗圖式彙造成冊，嗣前撫胡寶瑔奏准，令經徵各州縣詳開坵段四至，造入交代。一事兩冊，久易滋弊。今酌將四至段落等項併入鱗圖冊內，擬名鱗圖四至冊，以歸畫一。報聞。

《清實録・高宗實録》卷六五八 「乾隆二十七年四月甲戌」，參贊大臣阿桂等奏：葉爾羌等城回人，續請移居伊犁者，二百十四戶，現交阿奇木伯克茂薩等安插。年力精壯者，給籽糧、牛具，令往屯田；老弱有疾者，暫交該伯克養贍；年幼者，俟其長成補屯田之缺。再此項回人，若俱令在河北固勒扎等處屯田，亦尚可容，但不如兩岸俱有莊屯，於觀瞻既協，而接濟穆素爾嶺臺站，更爲順便，因於霍濟格爾巴克、海努克兩處各編設一屯。報聞。

《清實録・高宗實録》卷六七〇 「乾隆二十七年九月壬申」，參贊大臣阿桂等奏：伊犁屯田，用牛較馬爲優，請將官牧牛給回人，令其孳生，不准倒斃。得旨：如所請行。

《清實録・高宗實録》卷六八〇 「乾隆二十八年二月丙申，軍機大臣等」又議奏：現在伊犁屯田，歲入三萬五千餘石，除給該處官兵外，尚有贏餘。但本年所派索倫、察哈爾及移駐涼州、莊浪兵，不止萬人，仍需糧三萬石，應請再派屯田兵一千五百名。前據舒赫德等奏，回城願遷伊犁人甚多，應令明瑞等議，以一千五百人爲率，不足，以綠旗兵補。其蓋造伊犁城署營房，請派綠旗兵一千，限三年竣工。至添駐之索倫、察哈爾等，應給孳生羊隻，請交都統巴爾品等，揀選牧羣，牛四千隻、羊二萬隻，令其陸續帶往，或酌派官兵協助。作何分給孳生，並交明瑞辦理。再塔爾巴哈台等處駐兵，應俟移駐伊犁兵事竣再辦。從之。

《清實録・高宗實録》卷六九三 「乾隆二十八年八月壬子」，又諭：據素誠奏稱，烏什派出伊犁屯田回人二百戶，其應給口糧牲隻，已向阿布拉都籌辦，來年二月可抵伊犁，等語。從前各城伯克頭目等，因協助屯田回人，俱加恩賞賚。此次派往伊犁回人頗衆，該伯克等既照例協助，自應一體辦理，若每次必候旨遵行，頗覺繁瑣。著傳諭素誠，卽照例分別賞給。仍通諭駐劄回部各大臣，嗣後有似此協助之舉，一面奏聞，一面賞給，不必仍前候旨。

《清實録・高宗實録》卷七〇九 「乾隆二十九年四月庚子」，伊犁將軍明瑞等奏：前臣等將遷來伊犁回人三千二十戶，交阿奇木公茂薩派往各處屯田，惟令於巴爾托輝築一小城，仍以伊犁河北固勒扎城爲總匯。因回人安插甫定，又事版築，是以姑緩籌畫。今據茂薩呈稱，詳詢回人，俱稱巴爾托輝地方泉甘土肥，情願出力築一大城，移往駐劄。臣等詳勘形勢，如回人所種之地，稍遷迤西，可空出摩垓圖、阿里瑪圖兩處水泉爲滿洲兵屯田之用，且伊犁、哈什二水之間，築一大城駐劄回衆，聲勢愈覺聯絡，於回人生計亦甚有益，嗣後卽再添一二千戶，亦自可容。請將伊犁河南海努克之二百戶、河北固勒扎一千九百戶內之八百戶仍駐劄，其河南和濟格爾之二百戶、河北固勒扎之一千一百戶、巴爾托輝之七百二十戶，並繼派呼倫貝爾兵一百戶，共計二千一百二十戶，俱令駐劄巴爾托輝，於今年屯田之暇，先造住房，明年築城。報聞。

同上 「乾隆二十九年四月丙午」，諭軍機大臣等：額爾景額奏稱，明瑞等因派往伊犁屯田回人端索丕中途逃走，卽將回人阿布都喇伊木補缺，以端索丕之妻配給，將端索丕發回葉爾羌，移咨前來。端索丕係私逃之人，今仍遣回葉爾羌，恐回人等相率效尤，不足示懲，請將端索丕賞給伊犁兵丁爲奴，等語。額爾景額所奏甚是。端索丕逃回本籍，一經拏獲，即應重加責處，或賞給兵丁，庶足以昭炯戒。乃遣歸故土，遂其本意，所辦殊出情理之外。著將端索丕發往伊犁給兵丁爲奴。如再有逃匿生事之處，即行正法。明瑞等辦理未協，著傳旨申飭。嗣後諸務，俱應加意妥辦。

《清實録・高宗實録》卷七一一　〔乾隆二十九年五月庚辰〕，陝甘總督楊應琚奏：巴里坤地方駐兵屯種，年來種植小麥、豌豆，地氣日漸轉移，近水易墾之地甚多，現在屯兵遣犯，每歲僅能種地一萬四五千畝，臣請照辦送烏魯木齊戶民之例，招募內地無業貧民，送至彼處墾種立業。現在敦煌等縣已招有六十餘戶，請將此項戶民辦送安插。其酌給地畝，借給口糧、農具、籽種，悉照烏魯木齊辦理。得旨：嘉獎。

《清實録・高宗實録》卷七一二　〔乾隆二十九年六月壬辰〕，諭軍機大臣等：據明瑞等奏，現在涼州、莊浪、熱河移駐兵丁需用口糧，除所存餘糧及本年秋收雖可多得二三萬石，僅足補數年不敷之數，未可遽以爲羨餘。請於此二年內攜眷兵未曾全到之時，於各回城再派回人二千名，赴伊犁屯田，等語。著照所請，即行知各回城駐劄大臣，酌量派往。惟擇其情願赴屯者，不必勉強。至從前所派回人，該伯克等捐助資送，此次所派，俱著官辦起程，毋庸協助。併傳諭明瑞等知之。

《清實録・高宗實録》卷七二五　〔乾隆二十九年十二月甲午〕，又諭軍機大臣曰：綽克托等奏，烏魯木齊等處屯田兵二千九百名，共收糧五萬七千餘石，可否將辦理屯田之總兵德昌及管屯官員交部議叙，兵丁賞給鹽菜銀兩等語。著照所請。

《清實録・高宗實録》卷七二九　〔乾隆三十年二月丁酉〕，伊犁將軍明瑞等奏：各城遷移屯田回人共一千七百九十六戶，俱陸續到齊，所需口糧，除五月以前照原奏給發外，尚需一月口糧，交吐魯番公茂薩通融辦理。其回人等所帶牲隻，即爲屯田之用，不足，再爲撥補。又據庫爾勒哈子伯克阿瑀禀稱：現有多倫回人三十戶，願自備資斧移屯。伊犁地畝寬廣，應準其一體安插。報聞。

《清實録・高宗實録》卷七三一　〔乾隆三十年閏二月丁卯〕，戶部議准：大學士管兩江總督尹繼善等疏稱，鳳陽、長淮二衛，坐落壽、鳳等州縣暨本衛屯田，前據漕運總督楊錫紱題請，每畝酌議徵津一分，以濟漕運。查較別衛屯田每畝三分、六分以及糧一差一者，所徵猶薄，且有益窮丁，應請如該漕督原議，按畝徵解，給丁辦運。從之。

《清實録・高宗實録》卷七三九　〔乾隆三十年六月甲子〕，諭軍機大臣等：明瑞等奏稱，賴和大圖拉中箭殞命，賊衆仍另立伯克等語。逆賊久抗大兵，罪深惡極，未得生擒寸磔，已屬倖免，而賊衆仍一心死守，情罪可惡。惟當遵節次諭旨，盡行勦殺，拆毁其城，不必多留官兵，酌派能事員弁一二人，領兵屯田。聞該處所產硝磺甚多，應廣爲採取，運解各城備用。俱著於事竣後悉心商辦。

《清實録・高宗實録》卷七四四　〔乾隆三十年九月丁亥〕，雲南巡撫常鈞疏報：乾隆二十九年分，開墾麗江、彌勒、和曲、平彝、通海、會澤、恩安、永善、大關、建水、河西、昆明、霑益、習峨、鎮沅、威遠、恩樂、文山、嵩明、馬龍、新興等府廳州縣民屯田地共一百九十八頃有奇。

《清實録・高宗實録》卷七五七　〔乾隆三十一年三月丙戌〕，又諭：據明瑞、永貴等奏：查烏什地畝，足供六千戶人耕種，除從前分給回衆外，現在屯田綠營兵一千名，每名分給二十一畝，餘地尚多；請派阿克蘇無業回人二百戶，賽哩木、拜城貧乏回人二、三十戶，借給耕具、牲隻，籽種遷往烏什屯田等語。烏什地畝甚多，合計已撥之數，尚不及半，即就近由阿克蘇、賽哩木、拜城遷無業回人往種，亦不過二百餘戶，與其將如許田地任其荒蕪，不若招人耕種，雖未便由內地紛紛撥往，而喀什噶爾、葉爾羌等處，亦有似阿克蘇等處無業回人，其中必有願往者，若派往耕種，伊等既得生計，地畝又不至拋荒，兩有裨益。著傳諭明瑞、永貴等悉心辦理，并行文各回城大臣等，查明各處無業回人，交伯克頭目，諭知此內有願往者，即量給耕具、牲隻，酌借籽種；其如何籌辦起程，及每戶給地若干，按畝征租之外，妥議具奏。

《清實録・高宗實録》卷七五九　〔乾隆三十一年四月庚申〕，軍機大臣等議奏：據雅爾辦事大臣阿桂奏，請將各遣犯攜眷者，盡改發烏嚕木齊屯田等語。烏嚕木齊地土肥美，招募民人，一時難以足數，且起程一切需費亦繁，不如將應遣人犯悉令攜眷遣發該處，其能改過者，擬定年限，給與地畝，準入民籍，不費帑項。地方漸至富庶，日久即可編成衛所。查例載發遣應攜眷屬者，準給官車口糧，不應攜眷而自願攜眷者不給。但烏嚕木齊地屬邊陲極遠，該犯有例不攜眷而情願攜眷，若非官爲料理，勢必無力攜往，請照阿桂所奏，不分例應攜眷與否，凡攜眷者，一併給與口糧車輛。至募民遣往之處，仍宜照舊以一千五百戶爲一所，三千戶爲一衛，令地方官管轄。又據稱，現在烏嚕木齊遣犯未曾攜眷者，皆以該處地廣田腴，易圖生理，自悔未曾攜眷。請令烏嚕木齊大臣等，曉諭伊等有情願在彼入籍者，即行文該省督撫，將伊等家眷，照送遣犯例，辦給口糧車輛送往。從之。

《清實録·高宗實録》卷七六二 〔乾隆三十一年六月乙巳〕，署陝甘總督、刑部尚書舒赫德奏：現在發往新疆人犯，自各省解甘，由總督衙門查各省來文，或載伊犁，或載烏嚕木齊字樣，分别給牌解往。又有文載伊犁、烏嚕木齊等處者，即按文内所開地方，如伊犁在前即解伊犁，烏嚕木齊在前，即解烏嚕木齊，並未定有均撥成例。查伊犁地廣田多，屯墾耕作，在在需人，似較烏嚕木齊尤當多撥，請嗣後將遣犯解甘者，除來文指定地方仍照指定地方解往外，其擬發烏嚕木齊、伊犁等處者，由總衙門以伊犁三人、烏嚕木齊一人遞流派撥。得旨：允行。

《清實録·高宗實録》卷七七二 〔乾隆三十一年十一月丁卯〕，陝甘總督吴達善奏報：巴里坤屯種官田，本年共收小麥六千七百六十五石、豌豆一千九百八十石、青稞四千五百四石。下部知之。

《清實録·高宗實録》卷七七五 〔乾隆三十一年十二月，陝甘總督吴達善〕又奏：巴里坤屯田，現派兵五百名，遣犯二百五十名合力耕作，每名額地二十二畝，共種地一萬六千五百畝。現在種植有效，宜廣爲添墾。查沙州等營分發遣犯内，其年力精壯者，可得一百五十名，請就近撥赴巴里坤，隨兵耕作。所需籽種、口糧、農具、牲畜等項，悉照現在該屯遣犯之例，一體辦給。得旨：好。如所議行。

《清實録·高宗實録》卷七八二 〔乾隆三十二年四月乙巳〕，更定停發新疆遣犯例。軍機大臣議奏：伊犁、烏嚕木齊等處，前因新置屯田需人耕牧，是以於内地軍流人犯内，酌其情節較重者，奏准改發。定例以來，每年各省改發不下六七百名，積而愈多。此等遣犯，多係頑梗成性，約束非易。臣等遵旨於舊定應發各款，酌按情節，其非積兇、尚易約束仍照例遣發者六條；其積匪猾賊及回人行竊等犯、應將向例停止發遣者十六條。請飭部分别行文各直省，凡未結及已結未解案犯，俱遵照新例辦理。從之。

《清實録·高宗實録》卷七八五 〔乾隆三十二年五月壬辰〕，陝甘總督吴達善等奏：哈密所屬蔡把什湖額田三千畝，分爲三工，設有把總經管；又牛毛湖新墾地二百五畝，亦歸兼管。查該弁已管有蔡把什湖三工，誠恐顧此失彼。應令哈密副將，於春秋之際，酌派千把一員督辦；並令哈密營都司前赴該屯，查其籽種是否照例播種，成熟後親試碾打，實報收成分數。該副將仍不時親往稽察。至塔勒納沁額地六千畝，分二十二工，設有都司一員總理，千總一員、外委三員分工經管，工段畸零，其間相距數十里不等，雖有都司管理，恐難遍及。應令該副將派遊擊一員，赴屯與該都司分地督耕，收割時該副將即由蔡把什湖前往，一律稽查。得旨：如所議行。

《清實録·高宗實録》卷七九一 〔乾隆三十二年閏七月戊申〕，軍機大臣等議覆：伊犁將軍阿桂等奏稱，伊犁地方遼闊，陸續添派駐防滿洲、錫伯、索倫、察哈爾、厄魯特攜眷官兵，及屯田回民，將及二萬戶，屯田修城之綠營兵，効力贖罪及發遣人犯，亦有數千名。惠遠、綏定二城，商民漸多，此皆由各處湊集，良善者少。

同上 〔乾隆三十二年閏七月辛酉〕，軍機大臣等議准：烏嚕木齊辦事大臣溫福等奏稱，烏嚕木齊各項人犯，准其年滿爲民一案，臣等當即委安西提標城守營把總邵昌易前赴該屯管理。此等爲民之人，將來日漸增多，必須立法稽查，照内地戶民之例，編立保甲，即於各戶内，選擇勤慎練達之人充當，凡遇戶民一切事件，隨時呈報該把總查辦。但把總既令管民，應刊給管理昌吉頭屯戶民事務把總字樣條記。一切鬬毆細事責令把總就近稽查。遇有命盜重大情事，即照佐雜例，令把總呈報該管同知訊詳。再此等人犯，既已准其爲民，倘爲民之後，頓思故土，或攜眷潛逃，或隻身遠遁，自應嚴拏務獲。其承緝督緝各官，亦應照軍流人犯脱逃之例辦理。請以把總爲專管，同知爲兼轄，道員爲總轄。照例一百日限内拏獲，逾限不獲，即照例分别參處。至現今已准爲民之人，本年撥給地畝，明年即應升科。若令均赴迪化倉完納，往返一百餘里，輓運維艱。應照烏嚕木齊建蓋倉廒之例，無須動項，於本年農隙時，派人在昌吉附近砍取木植，即在頭屯蓋造倉廒，責成專管之把總經理，該同知不時查察。得旨：允行。

《清實録·高宗實録》卷七九五 〔乾隆三十二年九月庚申〕，江西巡撫吴紹詩奏：江西軍籍屯田，原爲幫貼漕船而設，前因屯丁典賣隱占，以致領運維艱，經前撫阿思哈奏明，通行清丈，分限贖回，除扣還屯糧正耗外，餘給運丁爲造船領運之費。但田地星散，清釐不易，前撫阿思哈原奏，每屆四年清編一次，内有屯產不符者，於清編時據實更正。臣於三十一年到任後，咨訪各屬利弊，據九江、南康、袁州、贛州各府，均以所屬屯田除應納屯糧年清年欵外，其餘租銀兩多以加科過重，徵解不前，又贛衛之贛縣、雩都二縣，共缺田三千餘畝，無從徵租，紛紛禀詳，均以租重缺額爲詞，臣往返駁查，一則由從前清丈之時，限期緊迫，各委員未及查明田地之肥磽及上中下確據，按則科徵，是以有租重之累。又丈量之時，田禾正茂，難以施弓，僅用繩索圍量，數多浮溢，兼因贛衛舊額短缺，委員將依山傍澗初墾未熟之田，俱行造入，清丈後水衝沙壓，漸成荒土，是以有缺額之累。查軍丁向年在籍者，享田多租輕之利，而出運者，有租輕費繁之苦，近年則出運之造船運費，均屬有餘，而在籍之完糧納租，殊多拮据，似應少爲變通，清理妥協。現有建昌府知府黄肇隆，久任江西，熟悉屯田情形，臣委該員協同九江、贛州、南康、袁州各守，將缺額數目查勘明確，其租重地方，果否因田地肥磽不分，科則未確，以致多寡不均；並將缺額應否豁除，租重應否酌減，豁減之後是否不礙漕運之處，一併詳查妥議。容與督臣漕臣會覈另奏。報聞。

《清實録・高宗實録》卷八〇六　［乾隆三十三年三月乙未］，諭：據阿桂奏稱，伊犁駐兵衆多，需糧甚殷，若多移回人數百名，於屯田甚有裨益。因商之鄂對，據稱葉爾羌、和闐回人精壯，請揀選三百五十戶，照前次遣往烏什之例辦理，於冬間遣往伊犁，等語。鄂對近來實心奮勉，殊屬可嘉，著加恩賞大緞四疋。

《清實録・高宗實録》卷八二三　［乾隆三十三年十一月戊申］，又諭：伊犁等處種地兵，收穫糧石已至分數，俱經加恩將官員兵丁議敘賞賚。其烏嚕木齊民人遣犯等，雖非屯田可比，如果竭力耕作收糧至分數者，自應於多收糧石内，酌加賞給。該管官員亦應一體議敘。著溫福等卽行查奏，請旨辦理。嗣後新疆各處種地民人遣犯收糧，如至分數，俱照此例行。

《清實録・高宗實録》卷八五一　［乾隆三十五年一月甲辰］，軍機大臣等議覆：署烏嚕木齊提督巴彥弼等奏稱，烏嚕木齊有眷遣犯，經奏準，酌定年限，編入民籍。仍有年滿無眷之犯數百名，能悔過安分當差者，或因無力娶妻，遂無復作良民之望。應如所請，凡有過及耕作懶惰者，雖有眷屬，不準爲民；實在悔過遷善，盡心屯種，照前定年限，與有眷者一體爲民；或匪念復萌，或乘間脱逃，交該處辦事大臣查辦懲治。爲民後，先儘烏嚕木齊安插，如不敷，卽押赴瑪納斯，以官兵所遺屯地撥給。其退出官兵地，調柳樹溝，雙岔河二屯兵耕種納糧。二屯兵所遺地，另募耕種。從之。

《清實録・高宗實録》卷八六七　［乾隆三十五年八月］，兩江總督高晉奏：江西各幫運糧船隻，設有屯田，以濟軍運。先因屯丁典賣隱占，屯租不敷，嗣查出隱墾典賣田地加收餘租，統計應徵銀十三萬一千三百五十二兩零；後因九江等衛所屯田應徵租折，徵解不前，前撫臣吳紹詩委員清丈，題請減收餘租，經部議覆，以南昌等衛所田缺租重，是否實在情形，令臣等再行悉心詳查。茲臣等勘明，南昌、九江二衛，雖無缺田，但租則過重；贛州、袁州、鉛山、建昌、饒州等衛所，除原報缺田六十三頃四十餘畝外，此次復有贛、雩等縣丈缺田七頃六十三畝零；統計缺田租重屯地應減銀二萬八百九十六兩零。各幫運費，每船所少不過三十兩至七十兩不等，並不致稍有拮据，若徒將格外之租加徵催比，各佃力不能完，既多苦累，於軍丁亦無實濟。得旨：覽奏俱悉。

《清實録・高宗實録》卷九一三　［乾隆三十七年七月丙辰］，戶部議準：署漕運總督嘉謨、閩浙總督鍾音、陞任浙江巡撫富勒渾疏稱，浙江杭、嚴、嘉、湖等衛屯田，皆幫丁自行執業，收租完餉。惟台州衛前後兩幫屯田，坐落臨海、黄巖、太平、天台四縣，離次窵遠，旗丁春出冬歸，不能兼顧，向係佃種，每畝輸津銀四、五、六分不等，不敷辦運。請自乾隆三十七年爲始，無論豐歉，按照民田租額，酌中定數，上田交穀一石，中田九斗，下田八斗。第收穀一石，曬颺盡淨，實止八斗，而該衛又無倉廒，徵穀誠爲不便。今覈定每淨穀一石，折銀六錢，其應徵正耗餉銀，上、中、下一例，每畝一錢三分八釐零，卽於徵租内扣除，餘銀給丁濟運。從之。

《清實録・高宗實録》卷九一八　［乾隆三十七年十月戊辰］，諭軍機大臣等：據嘉謨奏，屯田原係給丁贍運，因其間隱漏典賣者多，以致田不歸運，丁力益疲；請將湖廣等省照江西查辦章程，徹底清釐一摺，所奏甚是。江西丁田一案，前經阿思哈奏請清理，勒限查清，行之頗著成效；此外如湖廣、江南、浙江、山東，俱係有漕省分，自應仿照江西省辦過章程，一體實力查辦。著傳諭各該督撫等，責成藩司糧道遴委幹員，協同縣衛覈實清釐，於僉丁贍運事宜，均屬有益。其如何定限確勘清查一律整頓之處，並著該督撫一面妥速覈辦，一面具摺奏聞。所有嘉謨原摺，卽行鈔寄閲看。

《清實録・高宗實録》卷九二一　［乾隆三十七年十一月］，山東布政使國泰奏：　東省屯田，間有隱漏典賣，奉旨查辦。現於每衛所派委試用知縣及丞倅佐雜等各一員，協同縣衛各官逐細清查，其實係運丁典賣，無力回贖者，卽照嘉謨所奏，借帑取贖，永禁典賣，犯者治罪。得旨：　覽奏俱悉。此乃查弊之事，不可反致滋弊，詳妥爲之。

《清實録・高宗實録》卷九三一　［乾隆三十八年閏三月丙戌］，四川總督劉秉恬奏：　屯兵一項，與各土司土兵不同。緣乾隆十七年，土司蒼旺不法，經前任總督策楞、提都岳鐘琪誅滅，於番衆内挑選精壯三千名，作爲屯兵，平時任其力田傭工，歲納雜糧六百餘石，並不支給糧餉，遇有征調，最爲勇往。此次進剿金川，於額設三千外，已多派二百餘名，此内陣亡病故者，共有一千餘名。伊等改土歸流，自知本係番人，不敢與官兵相埒，衝鋒打仗、爬山越嶺，不讓土兵，而又不屑與土兵爲伍。歷來攻得碉卡，屯兵之力頗多。諭軍機大臣等：　劉秉恬奏屯兵原委，看來竟爲軍營得力之人，各路將軍等自應另加愛惜。遇有奮勇者，隨時獎慰，如實有出衆功績，並當奏聞賞録，以示鼓勵。

《清實録・高宗實録》卷九三七　［乾隆三十八年九月丙子］，又諭曰：　索諾木策凌奏稱，烏魯木齊各屯所種之糧，分放各項，所餘米石，不敷明年一年放給。請暫撥帑項，購買米五萬石以備支放外，併請由内地派綠營兵二千前往耕田一摺。朕隨詢舒赫德，據稱，伊犁、烏什、巴里坤等處所種之糧，每年收成有二十分十八九分不等，惟烏魯木齊僅收成十分及十一二分。此向來辦理烏魯木齊屯田之積習，適經過烏魯木齊時，亦曾向索諾木策凌等言及，等語。看來烏魯木齊每年所收糧食分數，與伊犁等處懸殊，實由起初辦理屯田不善之故。該處屯田與伊犁等處，自應一律耕種，一例收成。今索諾木策凌等既稱不敷明年支放，姑如所奏，暫爲購備。再伊犁現有與哈薩克易換牛羊之事，亦可以此作爲口糧接濟。著索諾木策凌與伊勒圖相商，應如何運至烏魯木齊、折變接濟，一面酌辦，一面奏聞。至駐防兵丁，日漸增添，如每年不敷，買穀備放，亦非久遠之道；　若由内地添派綠營兵前往耕田，則陝甘兵現調四川軍營，據勒爾謹奏尚且不足，又豈能再派二千往烏魯木齊種地。總兵兪金鰲，在伊犁辦理屯田事務甚妥，今已補授提督，前往烏魯木齊；　伊至烏魯木齊，屯田事務，卽其專責，亦應如前在伊犁時，帶領烏魯木齊弁兵，妥爲悉心指示，令其耕種。

《清實録・高宗實録》卷九三八　［乾隆三十八年七月壬戌］，諭軍機大臣等：　上年嘉謨奏各省屯田，原係給丁贍運，其間隱漏典賣者多，以致丁力益疲，請照江西查辦章程，一體清釐。當經傳諭有漕各省督撫委員確勘，覈實查辦奏聞。嗣據河南、湖北、湖南陸續奏到，俱經部議覆，其山東省近經具奏，現交部議，惟江南、浙江尚未覆奏。昨嘉謨押運抵通，赴行在召見，詢及查辦軍屯一事，據奏江省現在查勘造冊，等語。屯田隱漏典賣，田不歸運，丁力日就疲乏，自應及早清釐，以濟漕運。況係特旨查辦之事，更不宜經久羈延。著再傳諭高晉、薩載、裴宗錫、三寶，將清釐屯田事宜迅速查明，妥覈具摺奏聞；　仍將因何遲延緣由，一併覆奏。

《清實録・高宗實録》卷九四〇　［乾隆三十八年八月辛丑］，諭曰：　裴宗錫覆奏查辦軍屯一案，據稱糧道林文德禀，請將上下江無爲等州十七州縣向不歸運之裁衛屯田，一概加徵津費。該撫以加徵津貼事屬創始，必須確查實在情形籌酌，尙無定議。」等語。而加徵之名，更屬不能深體朕意。前經嘉謨陳奏，屯田原以贍丁，若聽其私相售賣，丁力必致日疲。是以令各該督撫查辦，原指近年出運屯田之典賣在民者而言，卽須徹底清查，亦祇可從乾隆年間查起，辦理尚易爲力。其在雍正年者，已屬年遠難稽，若國初早經裁併州縣，田地久按民賦起科，更難悉行追溯。卽其中有較民賦輕者，尚得云借屯田爲影射，若已與民賦相等及加重者，小民又何所利而爲之。此理之顯而易見者，裴宗錫何見不及此耶。至於實係屯田有據，則係逃軍入民之類，應酌爲津貼，仍屬以屯濟運，自相資助，亦不宜稱官爲加徵。朕惠愛百姓，普蠲恩免，不下數千百萬，惟期家給人足，樂利永臻，何獨因清釐屯糧一節，欲舉百餘年相沿之民產，一旦忽議加賦，朕豈肯爲之。卽謂疲丁宜恤，又豈可因恤丁而轉以累民乎。況旗丁如果疲乏，亦必以漸而致。從前楊錫紱爲總漕最久，頗能體恤運丁，何未聞其議及於此。豈丁力獨疲於近日乎。其間或實係屯產轉售他人，而豪猾者貪圖輕賦，以逞其侵隱。此等官爲之經理，實所宜然。若因此而追究遠年之民產，且定以官爲加徵之名，則斷乎不可。此事著交高晉妥協查辦，迅速完結，毋致稽延時日。其江蘇省，並著一體照此旨辦理。

《清實録·高宗實録》卷九四一　［乾隆三十八年八月］，大學士管兩江總督高晉奏：　清查屯田一事，查上、下江各衛，衛有省衛、外衛之分，丁有運丁、快丁之別，運丁歸衛編查，快丁又屬州縣，其中脱漏規避，在所不免；　而額定屯田，軍民私相典賣，輾轉出售者，亦復不少。應令一併清釐。前經定限年半查辦完竣，今仍飭催各屬無得遲延。得旨：　查固應詳，亦不可延緩。

《清實録·高宗實録》卷九八六　［乾隆四十年七月壬子］，户部議覆：　湖北巡撫陳輝祖奏稱，武昌等衛所清出典賣屯田，請加津贍運。查典賣屯田，與受各户，均應照例辦理，特以典賣者未必盡係現運之丁，執業者亦恐非起首承買之户，從重加津，免其徹田歸運，則私相授受者知戒，而仍不至失業，向後典賣之弊可除。應如所奏。從之。

《清實録·高宗實録》卷九八九　［乾隆四十年八月癸卯］，諭軍機大臣等：【略】將來經久恆規，自當以屯田爲妥。兩金川地面，可耕之土甚多，而綠營兵衆，屯種又其所習。今新疆各處耕屯俱已收實效，阿桂向爲伊犁將軍，屯政乃所深悉，將來金川營務，自當酌仿而行。

《清實録·高宗實録》卷一〇〇四　［乾隆四十一年三月癸未］，軍機大臣議覆：　定西將軍協辦大學士尚書公阿桂等奏稱，【略】查儹拉地方就地屯田事宜，除美諾、底木達、布朗郭宗、大板昭及南路僧格宗、翁古爾壟、約咱、章谷等處，前議令所駐官兵授地墾種外，其改土爲屯之別斯滿一帶，應令雜穀腦屯弁阿忠保居住管理。其汗牛一處，於三十七年投降時，令明正頭人權爲管理，亦應派屯弁管束，改作屯兵。其帛噶爾角克及薩納木雅地方，本係侍衛木塔爾所管，即令管理此一帶降番屯種。其宅壟頭人安本，投順後久在南路出力，即令管理宅壟屯墾，其所管降番，均照屯兵辦理。至促浸地方，除官兵種種外，查有日爾底頭人丹比西拉布、章雜寨頭人得洛思達拉上年投誠，屢在前敵打仗；　又達爾卓克寨頭人色木里雍中，率六寨番民同時投順，官兵因得直抵噶喇依。其在北路投降頭人霍爾甲等，打仗亦爲奮勉。此等所有家屬番衆，擬分安於促浸河東、河西與官兵錯居，並一體酌給籽種牛具，俾及時種藝。再降番多者三四十户，少者不過一二十户，日久無虞反側。此屯墾之初，仰懇免其租賦，俟三年後，照屯練納糧例交官，以佐兵儲。應如所議，交成都將軍揀派應放土弁及管理屯弁，照阿桂議定章程妥辦。從之。

《清實録·高宗實録》卷一〇一三　［乾隆四十一年七月乙未］，軍機大臣等奏：　遵議伊犁博囉塔拉、塔爾巴哈台屯駐土爾扈特遣回遊牧所遺田地，應酌量辦理。今伊勒圖來京會議，據稱此項田地，應俟發往烏魯木齊之安南人等移駐伊犁，分給耕種，餘者給綠營兵等語，應如所議。從之。

《清實録·高宗實録》卷一〇一七　［乾隆四十一年九月］，陝甘總督勒爾謹奏：　巴里坤屯田遣犯，原額三百五十名，今有年久安靜、照例編入民籍者十四名，除將不種地遣犯四名補入，尚少十名。請於發遣烏嚕木齊人犯經過巴里坤時，照數截留撥補。嗣後照此辦理。報聞。

《清實録·高宗實録》卷一〇二九　［乾隆四十二年三月］，調雲南巡撫現任貴州巡撫裴宗錫奏：　黔省古州一帶，均係新闢苗疆，其間有著名牛皮大箐者，綿長數百餘里，東連八寨，南接丹江，西通古州、清江、台拱，北枕都江，山深林密，人迹罕經。乾隆元年列屯置軍，僅在各廳腹地，獨此箐未經議及。臣思苗疆重地，非可因承平無事稍存怠忽。求其防慮周備，莫若寓防於屯。查該箐坦壤可墾者甚少，惟山半腰以南，名雷公地，丹江廳所屬，約可墾田四五百畝。又雷公地以下，有歐收勇、荒蒿箐二處，約可墾田三四百畝。此地山箐深險，開墾之利小，而藏匿之害大，况各衛屯軍，生齒日繁，額田每虞不給，今既有可墾平原，應令附近之威震等堡屯軍，派撥子姪人等赴箐認段試墾，責成丹江廳稽查，毋許流匪竄入滋事。俟墾熟，即在該處立堡，以資防守。再請於四十里之鷄溝汛抽撥千總一員、兵丁五十名，擇適中處設卡駐守，以資控制。得旨：　此事所辦甚可嘉，可謂留心封疆之大臣。交圖思德妥爲之。

《清實録·高宗實録》卷一〇三七　［乾隆四十二年七月丁亥］，軍機大臣等議覆：　貴州巡撫覺羅圖思德奏覆，查明牛皮箐內，地勢稍平，並非泉水灌注之處。多施人力，可望墾熟。請於該箐適中之地，相度高阜處所，設立汛防。查丹江營鷄溝一汛，舊有千把總各一員、外委二員、兵二百名在汛巡防，即於該汛內，撥千總一員、兵五十名前往箐內新設汛地，屯駐防守。其箐口設卡一處，在總汛兵內撥五名，輪流稽察，聯絡聲勢。均令丹江營參將總轄，鷄溝汛守備專轄。一切稽查訓練，俱歸該參守就近留心整飭，等語。應如所請。又稱，屯田事宜，飭令丹江通判管理，並督同丹江衛千總派近箐邊屯軍子弟，造冊移廳給照，認段開墾。俟三四年後成熟，按則升科。亦應如所請行。從之。

《清實録·高宗實録》卷一〇四七 〔乾隆四十二年十二月己酉〕，軍機大臣等議奏： 據盛京將軍弘晌奏稱： 大凌河馬廠西北杏山、松山地方，丈得澤田萬畝有奇，地甚肥美，請移閑散宗室，分往居住。查閑散宗室內願往者一百十五戶，大小共二百零三名： 其十歲以上及隨孀婦之單戶閑散宗室共一百三十四名，餘俱未及十歲，係隨父兄度日，不必給予房間、地畝等項。其應得者，每名給銀二百八十兩，暫給八十兩，治裝起程，俟到該處時，再給二百兩； 每人給地畝三頃，一半官爲開墾，一半著自行從容開墾，或令家人耕種，或募民耕種。其地畝不許私行典賣，如查出私行典賣者，將價銀、地畝並追入官，典賣人照違禁例治罪。如有病故乏嗣者，將家產呈報將軍，分給人口衆多之宗室成丁者。再每戶給戶八間，如子弟衆多不敷居住者，著該將軍酌量多予數間； 其房屋編爲四屯，各就地畝近處修築。查在京宗室，十歲者每月給銀二兩，二十歲三兩，每歲給米四十八斛。今遣伊等前往，不必支給米石，仍按歲照京城宗室例，減半給予銀兩。俟十年後居久服習，全行裁汰。又每人給予耕種器械，到該處先給一年口糧，應飭該將軍將應墾地卽豫行派兵耕種，收貯糧石，以備給予。其紅、白事應得銀兩，俱照盛京舊居宗室例辦理。再墾地蓋房預交該將軍辦理，俟來年秋季分作二起遣往。請飭宗人府於京城現任奉恩將軍內，揀選四員護送，到該處卽分住四屯，令其嚴行管束。又由現往宗室內，擇老成者，每屯揀選二名，賞戴金頂，協同辦事。奉恩將軍係現任官員，其應得之俸，照舊給予外，每員給五頃、房十二間、銀三百兩，仍給予耕種器具。所管宗室內，有妄行滋事，或私將房地典賣等事，將該管官一併治罪。盛京舊居之宗室等，或有生齒日繁不能度日者，幷飭該將軍，酌給地畝錢糧，一體辦理。從之。

《清實録·高宗實録》卷一〇五三 〔乾隆四十三年三月庚寅〕，四川總督文綬、提督明亮奏： 兩金川辦理屯務，應撥雜穀兵戶赴屯墾種。其素有產業者，不免安土重遷，今查願往兵共一百五十戶，計男婦大小三百六十五名。現擬分地安插，如小金川之大板昭、丹札寨，各五十戶； 金川之卡卡角、沉角溝，各二十戶； 卡爾金十戶。責成分駐員弁管轄，並給口糧籽種牛具如例。報聞。

《清實録·高宗實録》卷一〇六四 〔乾隆四十三年八月戊辰〕，又諭曰： 伊勒圖奏，據和碩特德勒克烏巴什稟稱，伊等屯田數年，業經諳習，請照別處游牧例，自行耕種； 又稱，所收糧石，經觀音保每月差人分放等語。回疆各游牧，均無辦事大臣，其和碩特一處游牧，亦可無庸派人管理。遇有事件，卽著各盟長呈報烏什參贊大臣及伊犁將軍等辦理。觀音保前經貝子恭坦等列款控告，今又經德勒克烏巴什訴控差人分放糧石，是觀音保不獨措置失宜，且有擾累伊等之處，著革職。令惠齡暫住該處，辦理回人事務； 其土爾扈特、和碩特游牧，無庸兼管。

《清實録·高宗實録》卷一〇八五 〔乾隆四十四年六月己卯〕，軍機大臣等議准： 烏嚕木齊都統索諾木策凌奏稱滿洲官兵移駐吐魯番各事宜。一哈喇和卓迤東九百餘戶、羅布諾爾二百餘戶，令額敏和卓之子管束； 吐魯番迤西七百餘戶，令原有之伯克管束； 雅木什所居七百餘戶，令原有之扎齊魯克齊等管束； 其滋生之七百餘戶，令伊斯堪達爾管束。均歸領隊大臣總統。其戶口清冊，仍由烏嚕木齊都統報部，以備查覈。一闢展等處，可耕之田二萬一千畝，較回人田地俱遠，應卽作爲屯田。將修城之七百兵丁，分編七屯，令其耕種。

《清實録·高宗實録》卷一〇九五 〔乾隆四十四年十一月庚戌〕，貴州巡撫舒常奏： 丹江營所屬之雞溝汛，向分駐守備、千總、把總各一，外委二，帶兵二百名防守。乾隆四十二年，經前撫臣裴宗錫奏准，開墾牛皮箐內雷公地等處，撥附近之震威等堡屯軍餘丁，赴箐認段試開。改雞溝汛千總一，帶兵五十名，分駐雷公地。今試墾三年，所種若莜，多秀而不實，該地陰翳森寒，四時難逢晴日，四月方斷雪凌，八月卽降霜霰，氣候迥殊，難以開荒成熟。請將原撥之千總一、兵五十徹回，其雷公地卽責成雞溝守備千把，就近每月帶兵進山巡查一次，並令丹江營參將，每季親臨箐內查察。得旨： 如所議行。

《清實録·高宗實録》卷一一八六 〔乾隆四十八年八月辛酉〕，諭軍機大臣等： 戶部議覆薩載、毓奇等奏江淮、興武二衞丁力日疲，領買入官地畝，永爲隨船恒產，以資贍運一摺，已依議行矣。向來有漕省分，各該州縣因無辦運專責，一遇僉丁征津等事，視同膜外，任聽胥吏高下其手，賣富差貧，遲延拖欠，種種滋弊，竟成積習，牢不可破。昨據毓奇奏請嚴定處分，以專責成，業經行在該部議覆準行。著再傳諭有漕省分各督撫實力查察，儻各州縣內有仍前怠玩誤漕情弊，卽應據實嚴參。如各督撫稍存瞻徇，仍任該州縣賣富差貧，即著毓奇查明參奏，惟該督撫是問。至江淮、興武二衛，既經領買入官田畝以資贍運，此後仍著該督撫董飭地方官隨時查察，毋許旗丁私行典賣。如有此等情弊，除將該旗丁照例治罪外，仍將該州縣嚴行參處。

《清實録・高宗實録》卷一二〇一　［乾隆四十九年三月甲辰］，又諭曰：【略】江西軍田，向於屯糧外，每畝徵餘租三分，以爲造運之費。前撫臣阿思哈奏准清理，每畝增至三錢及二錢不等。嗣因軍佃不能完納，經前督臣高晉等奏，減租八分、四分不等，而節年仍多懸欠，實因田多磽瘠，租額太重。必須再行普減八分、六分、四分不等，方能稍紓軍力。

《清實録・高宗實録》卷一二二六　［乾隆五十年三月甲子］，軍機大臣議覆：據烏嚕木齊都統長清覆奏烏嚕木齊等處加屯撥運、酌停採買各事宜。查該處屯田隙地無多，且缺水灌溉，自難加兵屯種。即如所議，粟穀麋穀抵作麥石供支，可敷四年之用；四年之外，仍須採買，徒滋紛更抵撥之煩。再查迪化州不敷糧石，爲數較多，向於昌吉、阜康、綏來、濟木薩等處雇腳撥運，本不採買；今若由瑪納斯、哈喇巴爾噶遜抽兵前往屯種，每歲所收，尚有不敷，仍須照舊撥運，又何必添此數百名兵丁。再所稱改種豌豆一節，查哈密地方歲穫麥穀，存餘無多，若將地畝劃出，改種豌豆，設麥穀不敷，仍須採買，於事實屬無益。均應令再行詳查酌議。從之。

《清實録・高宗實録》卷一二二七　［乾隆五十年三月乙丑］，諭軍機大臣等：前因新疆採買糧石易於滋弊，因思該處俱有隙地，何不加兵屯種，多爲收穫，既可以備供支，兼可以停採買。【略】各該處所有隙地，是否實勘開墾；採買一事，可否酌量停止。如添兵屯種，需費浩繁，所入不償所出，於經費仍屬無益，且新疆地畝，官田與回民俱係分水布種，必須渠水充盈，足資灌溉，庶添兵屯種，可期有收，而回民亦得永安生業。若辦理不善，或致有礙回民水泉、地畝，尤非所以示體恤。又戶民承種之地，雖據報明畝數，按戶撥給，但開墾日久，如有未盡升科隱匿不報者，亦應一并丈量辦理；此內或有多餘地畝，可以有濟兵食之處，均著伊勒圖詳晰商酌，按照議駮各情節通盤籌劃，據實具奏。務令邊疆屯種，得以日就充盈，而回民屯戶，亦不致擾累侵占爲妥。

《清實録・高宗實録》卷一二二七　［乾隆五十年四月己丑］，又諭：據福康安奏：巴里坤屯田加種地畝，渠水不敷澆灌；鎮屬各營兵少差多；暨該處磨夫工價、屯車修費等項，經前任都統海祿奏請裁汰之後，兵丁苦累；又上年短收糧七千餘石，係武員借墊典當衣物賠償；種種情形，據該督署總兵和倫列款具稟，應請飭交奎林親赴巴里坤處所，詳加確勘，妥協籌辦等語。已批交軍機大臣議奏矣。巴里坤等處既屬有地短水、兵少差多、不能加種地畝，及裁汰磨夫工價銀糧等項之後，兵丁種種苦累，既據該鎮等紛紛具稟，自應確勘情形，妥協籌辦，方於新疆屯務永有裨益。

《清實録・高宗實録》卷一二三七　［乾隆五十年八月庚子］，陝甘總督福康安、伊犁將軍奎林奏：巴里坤在屯種地遣犯歲得口糧，不敷生計，請於月支面三十觔外，增給十觔，並歲給鞋腳等銀。其在工馬牛，每年每百例準倒八匹，嗣後馬每百準倒十五匹，牛每百準倒十二隻。下軍機大臣議行。

《清實録・高宗實録》卷一二五一　［乾隆五十一年三月］，漕運總督毓奇奏：江南江淮衛頭二七幫、興武衛三幫，向無贍運屯田，乾隆四十八年，經總督薩載奏準，承買入官田畝，爲隨船公產，價銀分四年呈繳。該丁承領後，四十九年應繳價，按限清完，五十年應繳價，因旱災歉收，且該丁等連年運船，守淺起剝，費用倍常，無力清繳。請將未完三年應繳價銀，自五十一年起，分六年完繳。得旨：如所請行。

《清實録・高宗實録》卷一二五二　［乾隆五十一年四月戊寅］，漕運總督毓奇奏：江南江淮衛頭二七等幫、興武衛三幫，從前認買官田，價銀四萬四千五百九十四兩零，分作四年呈繳，除已完初限外，下欠三限，實係年旱歉收，且官田坐落泰州、東臺等處，地較瘠薄，歲入租銀不過四千餘兩，丁力疲乏。請自本年爲始，分作六年完繳。得旨：著照所請行。該部知道。

《清實録・高宗實録》卷一二五五　［乾隆五十一年五月己巳］，戶部議准：漕運總督毓奇奏稱，淮安衛頭幫額船五十隻，因節年黃水漫溢，屢次遭風，丁力疲乏。查有入官田畝三十頃三十畝有奇，報銀一萬四千四百兩，請令該幫各丁承買，隨船贍運。應徵價銀，照安慶衛借帑贖屯例，先在江安糧道庫內，借漕項解交藩庫，仍於各丁每年額支行月等項銀內繳還，自乾隆五十二年始，分八年扣完。從之。

《清實録・高宗實録》卷一三〇五　［乾隆五十三年五月丁丑］，欽差協辦大學士陝甘總督辦理將軍事務公福康安、福建巡撫徐嗣曾奏：【略】熟番向化日久，請仿屯田之例，挑募壯丁，設立屯弁管束，將集埔、水沙連等處荒廢埔地分撥耕種，卽可無庸給餉。諭軍機大臣曰：【略】自應如此辦理。

《清實録・高宗實録》卷一三〇五 ［乾隆五十三年五月庚寅］，欽差協辦大學士陝甘總督辦理將軍事務公福康安奏熟番募補屯丁事宜：一全郡熟番九十三社，約可挑壯丁四千名，請分爲大屯四處，每屯安設四百人，小屯八處，每屯安設三百人，作爲額缺，卽令在本社防守。戶小之社，或數村歸併，或附入大社。其立屯之地，應酌量地勢，按照番社多寡，與營汛官兵聲息聯絡。一屯弁照四川屯練之例，南北兩路，額設屯千總二員，統領番衆；屯把總四員，分管各屯；每屯設屯外委一員，卽在番社頭目內，擇其曾經出力及素所信服者，由總兵揀選充補，詳明督撫，給與劄付，報部存案。一番界內山，現在未墾及入官埔地八千八百餘甲，請將屯丁每名撥給二甲、外委每員三甲，把總每員五甲，千總每員十甲自行墾種，免其納賦。一埔地民番界址混淆，現有丈出已墾一萬一千二百甲內，民買番地業經抽有番租，請照同安縣下沙科則按畝納銀，免其輸粟。其集集埔、虎仔坑、三貂、瑯嶠等處民人私墾尤多，亦準一例升科。自此次清查後，立石定界，永禁偷越。一屯丁習用器械，應呈報總兵逐加印烙，於每年巡查時點驗一次。一番民既挑補兵丁，應將一切徭役概免承應。下軍機大臣議行。

《清實録・高宗實録》卷一三〇六 ［乾隆五十三年六月丁酉］，欽差協辦大學士陝甘總督辦理將軍事務公福康安奏：入官叛產，遵旨撥給戍兵，但戍兵有操防之責，往返更替，不能自行耕種，應將查出地畝交地方官經理收租，會同營員散給。請每名先借銀二兩，撥產後徵收歸款。得旨：如所議行，該部知道。

《清實録・高宗實録》卷一三四二 ［乾隆五十四年十一月乙酉］，戶部議覆：兩江總督書麟等奏稱，江西漕船，行月二糧，向俱全支折色，買食不敷，請將該省繳給船戶水腳並縣倉扒夫等項銀米減半；節省銀一萬二千零，米一萬九千二百石零，分給十三幫，以爲增補行月之用。其軍船積欠通濟、長蘆及糧道各庫銀十四萬八千兩，請於江西藩庫閒款內動借銀十萬兩，先還通濟、長蘆等庫項，以應支放。仍將前動借各項銀十四萬八千兩，併爲一款，分作十年按船扣還。至各丁屯田地方，間有錯入江南等縣境內，請將屯坐本管地方者限以一年，分隸別府州縣者限以二年，責成該管府、州、縣、衛細查報部；如有私典之田，另行設法議贖。此後再有私相典當，治以盜賣之罪。均應如所請。得旨：依議速行。

《清實録・高宗實録》卷一三四四 ［乾隆五十四年十二月癸丑］，戶部議準：兩江總督書麟等奏稱，本年編查安省軍丁田地房產，因地方潦澗，兼趕辦災賑，請展至五十五年五月爲止，以便詳細編查。再各省軍丁，多有私典屯地之事，請照江西奏定事例，將屯坐本管者限以一年，分隸別府州縣者限以二年，詳查咨部，歸入編審冊內。得旨：依議速行。

《清實録・高宗實録》卷一三六七 ［乾隆五十五年十一月辛丑］，諭曰：伊犁屯田，每名收穫細糧九石零之花五等二十七名人犯，著每日各加賞麵半觔。該管官員及收穫十八石以上之綠營兵丁，各賞給一個月鹽菜銀兩。收穫二十八石以上之官員，著交部加倍議敍，兵丁等著各賞給兩個月鹽菜銀兩。總兵德光，著一併交部議敍。

《清實録・高宗實録》卷一三八一 ［乾隆五十六年六月己未］，戶部議准：陝甘總督勒保疏稱，鎮番縣民王元簡等，認種箕笈湖義田。所納銀糧，作書院生童膏火；額交草束，酌分鎮、蔡二營，以爲馬草。從之。

《清實録・高宗實録》卷一四一四 ［乾隆五十七年十月丁卯］，又諭：向來哈密地方所屬屯田，俱於發往伊犁、烏嚕木齊兩處遣犯內，截留種地，年滿後，再行分別送往原定配所爲民及當差爲奴。但該遣犯等原犯情罪輕重不同，若不定以區別，則情罪較重之犯，俱可就近截留，一經種地年滿，卽可僥倖安插爲民，未免起避重就輕之弊，不足以示懲儆。除此次塔琦等所奏各犯，查係照例辦理、如所請行外，嗣後該處應留種地遣犯，如原犯情罪本輕者，方準截留；其情罪較重者，概不得截留，以歸覈實而杜弊混。

《清實録・高宗實録》卷一四六四 ［乾隆五十九年十一月戊戌］，又諭：據保寧奏，伊犁西南達爾達木圖、厄莫根多羅圖等處空閒地畝，每歲東作時，遣回人前往耕種，秋成後仍遣回新建營房居住，等語。回人耕種地畝，必須常川駐守，始爲有益。若耕種時遣往，收穫復行遣回，不惟往返跋踄，且究與布嚕特、哈薩克邊界較近，恐回衆既還，布嚕特、哈薩克等乘間搶擄，雖邊境設有卡座，究未能周。保寧摺內惟酌辦屯田，而未嘗籌畫及此。著傳諭保寧，可否將回衆就近移駐耕田處所及卡上如何設防或另設回卡之處，查明具奏。尋奏：回人耕作時，派伯克二，兵四十，前往駐防，收穫後離田五十里內築小土城，令其移駐，防兵裁撤，年來並無偷盜。報聞。

《清實録・仁宗實録》卷一二　［嘉慶元年十二月丁丑］，哈密辦事大臣僧保住疏稱：　哈密所管塔爾納沁、蔡巴什湖兩屯種地遣犯，如有缺額，例於發往伊犁、烏嚕木齊遣犯內，擇其情輕年壯者，截留補額；　情罪重者，不準。但近年發遣新疆，情輕者甚少，不敷耕作。請於情重人犯內，擇年力精壯，暫行截留，俟續到有情輕者，再更替發往原配，照原擬罪名辦理。下軍機大臣等議，除洋盜案內被脅服役、發往回疆爲奴者，仍不準截留外，餘如所請。從之。

《清實録・仁宗實録》卷八五　［嘉慶六年七月甲申］，軍機大臣議覆：　雲貴總督琅玕請於石峴苗地建立碉卡、招募屯軍、設汛控馭一摺。據稱【略】逆苗絶產，俱係成熟上田，俟查明確數，每軍應給若干，造冊報部，免產租糧。仍照九衛屯軍之例，歸貴東道經理，【略】應如所請。從之。

《清實録・仁宗實録》卷八七　［嘉慶六年九月丙戌］，戶部議准：　江蘇巡撫岳起疏請，興化縣低窪屯田一百五頃，照賦減則。從之。

《清實録・仁宗實録》卷一三二　［嘉慶九年七月甲寅］，諭內閣：　松筠奏，伊犁採鍊銅鉛廠夫口食，總須哈什河南屯田收穫小麥二千石，方足一年之需。該屯向係派撥遣犯數十名前往耕種，不但不習耕作，致所收麥石不敷，且因毗連額魯特游牧，每多偷盜，於屯種有名無實，莫若撥給伊犁種地回子六千戶，俾應納官糧，盈餘卽可養贍家口等語。著照所請，將哈什河南遣屯地畝，改撥伊犁種地之六千回戶耕種。仍將本年回子藉種額藉特之地，一併撥給。其春稽地方有田二千餘畝，亦準回子耕種，每年交納小麥二千石，以供銅鉛廠夫口食。所有撥往種地之遣犯數十名，卽著徹回歸廠當差。

《清實録・仁宗實録》卷一三六　［嘉慶九年十一月庚寅］，湖廣總督吳熊光等奏：　鳳凰廳，係苗疆咽喉，最爲緊要。沿邊二百數十里，共建碉卡八百餘座。原議屯丁六千名，更代防守，每丁量授田五、六、七畝不等，共需田三萬餘畝，除鳳屬民人呈出田二萬餘畝，分授勇丁四千名外，不敷之田，在附近同資保障之麻陽、瀘溪二縣酌量分均，其乾州等處，各在本處一律均田屯勇。兹據總管三廳邊務鳳凰廳同知傅鼐禀稱，麻陽、瀘溪二縣均出田一萬餘畝，已丈收五千餘畝，分給鳳凰廳屬原留鄉勇一千八十一名歸屯；　乾州廳屬，已丈收一千五百畝，分給原留鄉勇三百名歸屯；　計歸屯鄉勇一千三百八十一名。本年秋成豐稔，該丁等口食有資，未便與未經授田之丁一體支食鹽糧，致無區別，應請覈實住支。其餘業經報均尚未丈收之田，及古丈坪、保靖縣二處屯勇四百名，應均田二千畝。永綏廳一路，田本無糧，原議挑撥壯勇二千名，分布防守，現須丈清田畝再行分給，統俟來年秋收後，合局報蕆。至裁存土塘苗兵，原因暫時羈縻窮苗起見，未便習以爲常，令傅鼐督令開山種地，買牛置具，漸次安頓。應將現可耕種謀生之土塘苗兵酌加裁汰，鳳凰廳屬裁去二千二百名，乾州、永綏每處一千二百名，古丈坪一百名，保靖縣三百名，共裁五千名，均於本年十月初一日住支鹽糧工食，以節糜費。此外未經授田鄉勇二千一百四十一名、裁存土塘苗兵九千九百三十六名，仍照舊分別支給，俟來年均田全竣，另議裁徹。下部議行。

《清實録・仁宗實録》卷一三八　［嘉慶九年十二月壬戌］，諭內閣：　那彥成等奏籌辦寧陝及漢南各鎮、協營新兵借項，置買地畝情形一摺。據稱，陝安鎮營、漢中協營並陽平關、寧羌、略陽等處新兵與寧陝新兵，皆須一律置買地畝，俾裕生計。統計馬步戰兵八千六百一十七名，每名給與十兩價銀之地，共應需地價銀八萬六千一百七十兩，請於嘉慶八年地丁項下先行借支，在於節省馬乾項下扣還，並交寧陝總兵楊芳等趕緊置買，兼令提督楊遇春督率辦理，等語。寧陝及陝安等處新兵，多係無業鄉勇，應募入伍，生計未免竭蹶，自當先令衣食充裕，方可一律訓練。且深山老林，逐漸開墾，則汙萊日闢，耳目易周，亦不致有藏垢納污之事。所奏自屬可行。著照所請，每新兵一名，借給地價銀十兩，共銀八萬六千一百七十兩，在於九年地丁項下借支，並準其於節省馬乾項下分年扣還，至嘉慶十五年冬季全數歸款。至提督楊遇春、總兵楊芳等，平素帶兵打仗，最爲勇往，惟當責以訓練新兵。至於買地、納糧、丈量、踏勘等事，必須詳細經理，且伊等所用，不過營中字識等，於一切事件，恐不能諳悉，此事著派臬司朱勳，或其餘道員內，熟悉地方情形辦事結實者，令其會同該提鎮詳悉籌辦，務臻妥協。

《清實録・仁宗實録》卷一九二　［嘉慶十三年二月戊寅］，諭內閣【略】辰沅永靖道傅鼐由佐貳出身洊陞道員，歷任苗疆十有餘年，勦除頑梗，安撫善良。前後修建碉卡哨臺一千餘座，均屯田土十二萬餘畝，收卹難民十萬餘戶，挑習屯練八千名，收繳苗寨器械四萬餘件。又復多方化導，將苗民妄信巫師椎牛聚衆惡習禁止革除，設立書院六處、義學一百處，近日苗民已知向學，籲求分額考試。所有鳳凰、乾州一帶邊界苗衆，實已革面革心，輯寧安堵。【略】著加恩賞給按察使銜，即令其先换頂帶以示獎勵。

《清實録·仁宗實録》卷一九七　〔嘉慶十三年六月丁酉〕，諭内閣：松筠奏酌籌塔爾巴哈台撥兵加屯一摺。塔爾巴哈台屯兵，每年收穫糧石，既不敷支放，而烏嚕木齊一帶官兵爲數尚多，且距該處較近，自應量爲調撥。著照所請，準其於烏嚕木齊提屬各營徹屯歸操兵内，調撥二百名，赴塔爾巴哈台屯種。其如何詳立章程、定期調撥之處，著松筠會同和寧、祥保，悉心妥議具奏。尋議：此項調撥屯兵二百名，擬酌派守備一員，千總、經制外委各一員，額外外委四名，三年更换一次；先借給該官兵治裝銀兩，於應領俸餉内分年扣還；其口糧由倉支領，每月鹽菜銀由鎮迪道庫經費項下解支；農具耕牛官爲給用。定於來年春暖起程赴屯，白露前後趕種秋麥，至十五年方可普行耕種。至農隙操演所需軍伙器械、號衣號帽等項，亦照例撥給備用。從之。

《清實録·仁宗實録》卷二二八　〔嘉慶十五年四月丙午〕，諭軍機大臣等：臺灣屯務，前經福康安等定議，在南北二路分設各屯，將未墾番地撥給開墾；其民人已墾番地，勘丈收租，官爲經理。立法甚爲詳備。今據方維甸奏，體訪番情艱苦，皆由各屯未墾之地多被奸民社丁人等串通欺詐，誘令典賣，越界霸占，地方官全不經理所致，實屬廢弛。至應徵屯租，原係廳縣收發，乃前署臺灣府楊紹裘等輒議令屯弁自行徵收，散給各丁，不復官爲經理，以致刁民抗欠甚多，而屯弁又從而侵蝕，屯丁苦累益甚。該府等擅改章程，不奏不咨，是何意見。除現在臺灣一縣仍歸該縣徵收外，其餘一廳三縣，方維甸已派員查勘，分别清釐。著俟查報到時，將所有屯地屯租各事宜會同張師誠，查照舊定章程，悉心詳議奏聞，並將違例廢弛各員一併參奏。方維甸於該處一切辦竣後，起程内渡，前經有旨，準其陛見，該督順赴江寧看視伊母，即行來京瞻覲可也。將此諭令知之。

《清實録·仁宗實録》卷二九〇　〔嘉慶十九年五月丙申〕，諭内閣：長齡等奏，籌撥寧陝裁兵餘地，請由營員經理，備支公用，並酌添兵食一摺。陝省寧陝鎮及漢中協籌撥營田，原照舊額兵數置買，嗣將寧陝鎮裁徹，漢中協改鎮，其裁去兵丁餘出地畝，交地方官招佃，收租變價，以備營中公用。兹據長齡等奏，漢中鎮各營，均係折色餉銀，全賴營地租糧藉資接濟。各營地畝，歷年水衝沙壓，租糧多有豁免，馬步兵丁得項較優，尚可支持，守兵關餉最少，生計維艱，著加恩將寧陝裁兵餘出地畝，自嘉慶十九年起，仍歸各營招佃收租，除每年營中公項變價動支外，餘糧匀給領糧最少之兵，俾資接濟，仍著地方官監放，將收支細數按季報明督撫，以杜侵蝕。

《清實録·仁宗實録》卷三四九　〔嘉慶二十三年十一月庚子〕，諭軍機大臣等：前據富俊奏，籌議開墾屯田，並請查明伯都訥圍場荒地備墾，當降旨交松寧詳查妥議，俟定議後再行會同富俊辦理。兹據松寧將議開雙城堡屯田章程，開單具奏，並以試墾伯都訥圍場地畝經費不敷，請俟雙城堡屯地陸續升科後接辦。富俊現已調任吉林將軍，著將松寧所議章程，再交富俊覆加覈議。松寧所定銀數，是否豐儉合宜？屯丁是否即可養贍家口？盡力開墾，務期國帑不致多糜，而於旗民生計，亦實有裨益，方爲經久良策。其伯都訥地畝，應否酌分緩急、次第辦理？該將軍議定，即行覆奏。

《清實録·仁宗實録》卷三五五　〔嘉慶二十四年三月己酉〕，漕運總督李奕疇奏：廬州衛軍丁典出屯田一千十頃有奇，丁力疲乏，懇請借項抽贖，收取租籽，以勸辦運。從之。

《清實録·宣宗實録》卷二六六　〔道光十六年七月辛丑〕，大學士長齡等議覆：伊犁將軍特依順保等奏巴爾楚克等城屯田情形，并酌撤防兵事宜：一巴爾楚克等處曠土本多，應廣招眷民，盡力開墾。一巴爾楚克歲需兵糧，向由喀什噶爾等四城撥運，今請自十六年爲始，將該處所徵搭放兵糧，抵作喀什噶爾應撥之七百餘石，以節運費。查喀什噶爾屯田，每歲例征六百餘石，今又減運巴爾楚克七百餘石，應請統歸備貯款内，以免採買。再巴爾楚克初墾屯田，每畝僅征糧三升，將來屯田日闢，應視土之肥瘠，按上、中、下三則，分别征收；以十餘萬畝計之，每歲可得糧三四千石，即可以該處屯糧，供該處兵食。其喀什噶爾屯田，將來逐漸開墾，亦可繼續征糧，多抵銀款，於經費大有裨益。【略】一巴爾楚克開墾曠地，應照伊犁、烏魯木齊廢員效力之例，準該廢員等捐資報效，招致眷民，呈明該將軍都統自行捐辦。如辦及百戶，由該管大臣等奏請鼓勵。【略】諭軍機大臣等：【略】均屬可行，已降旨依議矣。

《清實録·穆宗實録》卷八九　〔同治二年十二月癸巳〕，諭議政王軍機大臣等：光祿寺少卿鄭錫瀛奏請設屯田養兵以節經費一折。據稱：各直省及東三省等處，駐防緑營滿漢兵丁七十一萬九千餘名，歲需餉銀一千六七百萬餘兩；京城各旗營滿漢額兵十五萬一千餘名，需餉五百餘萬兩尚不在此數內。國家歲入之款約計四千數百萬兩，兵餉一項已用其半。請將被擾省分於城邑克復後，查明業戶已絕，荒田圈爲官地，募民屯種，僉以爲兵，并酌給駐防滿兵田畝，令其收取田租，抵作兵餉。計江、浙、皖、陝、甘等省兵餉每歲可節省數百萬兩，并請將俸薪等項及馬乾銀兩，一并酌給荒田，令其認墾招佃，抵作領款等語。國家歲出各款以兵餉爲最巨，現在江、皖、蘇、浙、陝、甘各省被擾較重各區，戶口稀少，多有無主閒田，果能開設屯田，所節兵餉，爲數甚巨，於經費不無裨益。著兩江、閩浙、陝甘各總督并江蘇、安徽、浙江、陝西各巡撫各就地方情形，分別酌擬章程，妥議具奏。并將業經克復地方，先行辦理，如實係無主荒田即可募民屯種。并須選派廉明委員，認眞清查，毋任蒙混騷擾。至折內所陳山東、河南、湖南、江西及黔、川、兩廣等省，各屬被擾地方，有無閒田可以開屯之處，均著各該省督撫確切查明，各就地方情形分別酌度辦理，不得以創始爲難，借詞推委，尤不可假手吏胥，強奪民間有主之田，致令紛紛擾害。

《清實録・德宗實録》卷四　［光緒元年二月己丑］，諭軍機大臣等：文麟、明春奏詳陳哈密地方情形及宋慶撥營到哈辦理屯田一折。張曜、宋慶兩軍，先後撥營赴哈辦理屯田，以資兵食。文麟等以哈密并無民田，所有軍屯，均回地借種，辦理維艱，自屬實在情形；惟張曜、宋慶兩軍，本因轉運之難，始作辦屯之計，文麟等自當妥爲籌劃，以濟軍糈。該大臣等以安敦玉等處曠土可爲屯種，并派員查勘水源，開通渠道。即著文麟、明春妥速布置。

《清實録・德宗實録》卷一七五　［光緒九年十二月丁未］，又諭軍機大臣：戶部奏新疆南北兩路急需大興屯田，開單呈覽，暨開辦屯務必須得人各折片。著戶部咨行新疆各路統兵大臣，酌議辦理。

《清實録・德宗實録》卷二三二　［光緒十二年九月辛卯］，山西巡撫剛毅奏：遵諭興辦躔金地方屯田事宜，其要三：一曰分段。套外地方，西則躔金和永牛壩上下，東則後套沙忽廟左右，均屬適中之地，於此分爲二段，撥兵分紮，且耕且練，無失寓兵於農之意。二曰修渠。西山觜南有珊瑚灣河道，擬於灣之東北，建築一壩，多開支渠，則烏拉前山之前，全可澆灌；其躔金後套各渠，官爲修濬。各處舊商界內支渠，仍令各商修理。三曰設官。口外地方遼闊，勢難兼顧，擬設文武官各一員，駐紮躔金，專理兵屯、商屯事務，并擬裁撤樹軍，挑練屯兵，概行試辦三年，如有明效，然後著爲定章。下所司議。

《清實録・德宗實録》卷二九三　［光緒十七年正月壬辰］，護理伊犁將軍富勒銘額等奏：查勘伊犁旗屯、民屯，綜計可耕之地十二萬八千餘畝。現悉心酌覈，量地劃分耕種，以清界畔，免致參雜而弭爭端。下部知之。

《清實録・德宗實録》卷五二五　［光緒二十九年十二月丙寅］，督辦墾務綏遠城將軍貽谷奏：綏遠城牧廠地畝墾放較難，另籌變通辦法，捐廉指認地畝以爲之倡，且飭官員兵丁量力認領，於是領地民戶，稍形踴躍。并擬擇滿蒙壯丁，每旗百名，撥地試行屯墾。如所請行。

《清實録・德宗實録》卷五三七　［光緒三十年十一月癸未］，署兩江總督端方奏：前因江寧京口駐防旗民生計艱難，議將萬頃湖牧場改爲屯田，招佃認墾。經預借官兵馬者銀兩，撥作開辦經費。時歷年餘，佃墾寥寥。來年即屆扣還借款之期，兵丁困苦异常。擬請俟招墾成熟，租款收清，再行分起撥還，以資周恤。從之。

《宣統政紀》卷三三　［宣統二年三月乙巳］，東三省總督錫良等奏：江省地廣人稀，上年於札賚特蒙旗所屬之哈拉火燒地方，試辦屯墾，採用屯田之法，兼寓殖民之方，原爲實邊至計。乃開辦逾年，殊鮮成效，固由擇地不審，用人不當，亦以兵民分途已久，強置身戎行之人，作躬耕隴畝之計，實爲情所不便，而習所難安。擬請停止兵丁，改招民佃，以變通爲補苴，洵足以救前失而圖後效，如果著有成績，再行切實擴充，於實塞殖民，均有裨益。下部知之。

藝文

《全唐詩》卷一四七劉長卿《送營田判官鄭侍御赴上都》　上國三千里，西還一作遊及歲芳。故山經亂在，春日送歸長。曉奏趨雙闕，秋成報萬箱。幸論開濟力，已實海陵倉。

《全唐詩》卷二一六杜甫《兵車行》　車轔轔，馬蕭蕭，行人弓箭各在腰。耶孃妻子走相送，塵埃不見咸陽橋。牽衣頓足闌一作欄道哭，哭聲直上干雲霄。道傍過者問行人，行人但云點行頻。或從十五北防河，開元十五年，以吐蕃爲邊害，詔隴右、河西兵集臨洮，朔方兵集會州，防秋，至冬初無寇而罷。便至四十西營田。去時里正唐制：百戶爲一里，里置正一人。與裹頭，歸來頭白還一作猶戍邊。邊亭一作庭流血成海水，武一作我皇唐人稱太宗爲文皇，明皇爲武皇。開邊意未已。君不聞漢家山東太行之東，唐都長安，凡河北諸道，皆爲山東。二百州，千村萬落生荆杞。縱有健婦把鋤犂，禾生隴畝無東西。況復秦兵耐苦戰，被驅不異犬與雞。長者雖有問，役夫敢申恨。且如今年冬，未休關一作隴西卒。一作役夫心益憤。如今縱得休。還爲隴西卒。《通鑑》：天寶九載十二月，關西遊奕使王難得擊吐蕃，克五橋，拔樹敦城。縣官急索租，一作縣官云急索。租稅從何出。信知生男惡，反是生女好。生女猶是一作得嫁比鄰，生男一作兒埋沒隨百草。君不見青海頭，古來白骨無人收。新鬼煩冤舊鬼哭，天陰雨濕聲一作悲啾啾。錢謙益曰：天寶十載，鮮于仲通討南詔蠻，士卒死者六萬。制大募兩京及河南北兵以擊南詔，人莫肯應。楊國忠遣御史分道捕人，枷送軍所。此詩序南征之苦，設爲役夫問答之詞。君不聞以下，言征戍之苦，海內驛騷，不獨南征一役爲然也。

《全唐詩》卷二七六盧綸《送錢從叔辭豐州幕歸嵩陽舊居》 白鬚宗孫侍坐時，願持壽酒前致詞。鄙詞何所擬，請自邊城始。邊城貴者李將軍，戰鼓遙疑天上聞。屯田布錦周千里，牧馬攢花溢萬羣。白雲本是喬松伴，來繞青營復飛散。三聲畫角咽不通，萬里蓬根一時斷。豐州聞說似涼州，沙塞晴明部落稠。行客已去依獨戍，主人猶自在高樓。夢親旌旆何由見，每阻一作値清風一回面。洞裏先生那怪遲。人天無路自無期。砂泉丹井非同味，桂樹榆林不並枝。吾翁致身殊得計，地仙亦是三千歲。莫著戎衣期上清，東方曼倩逢人輕。

《全唐詩》卷四九六姚合《送賈謩赴共城營田》 上國羞長選，戎裝貴所從。山田依法種，兵食及時供。水氣詩書軟，嵐烟筆硯濃。幾時無事擾，相見得從容。

《全唐詩》卷五二〇杜牧《感懷詩一首時滄州用兵》 高文會隋季，提劍徇天意。扶持萬代人，步驟三皇地。聖云繼之神，神仍用文治。德澤酌生靈，沈酣薰骨髓。旄頭騎箕尾，風塵薊門起。胡兵殺漢兵，屍滿咸陽市。宣皇肅宗也走豪傑，談笑開中否。蟠聯兩河間，燼萌終不弭。號爲精兵處，齊蔡燕趙魏。合環千里疆，爭爲一家事。逆子嫁虜孫，西鄰聘東里。急熱同手足，唱和如宮徵。法制自作爲，禮文爭僭擬。壓階螭鬬角，畫屋龍交尾。署紙日替名，分財賞稱賜。刳隍欻呼恬切萬尋，繚垣疊千雉。誓將付孱孫，血絕然方已。九廟仗神靈，四海爲輸委。如何七十年，汗赩含羞恥。韓彭不再生，英衛皆爲鬼。凶門爪牙輩，穰穰如兒戲。累聖但日吁，閫外將誰寄。屯田數十萬，隄防常慴惴。急征赴軍須，厚賦資凶器。因隳畫一法，且逐隨時利。流品極蒙尨，網羅漸離弛。夷狄日開張，黎元愈憔悴。邈矣遠太平，蕭然盡煩費。至於貞元末，風流恣綺靡。艱極泰循來，元和聖天子。英明湯武上。茅茨覆宮殿，封章綻帷帳。伍旅拔雄兒，夢卜庸眞相。勃雲走轟霆，河南一平盪。繼於長慶初，燕趙終舁襁。攜妻負子來，北闕爭頓顙。故老撫兒孫，爾生今有望。茹鯁喉尚隘，負重力未壯。坐幄無奇兵，吞舟漏疏網。骨添薊垣沙，血漲滹沱浪。祇云徒有征，安能問無狀。一日五諸侯，奔亡如鳥往。取之難梯天，失之易反掌。蒼然太行路，翦翦還榛莽。關西賤男子，誓肉虜杯羹。請數繫虜事，誰其爲我聽。蕩蕩乾坤大，曈曈日月明。叱起文武業，可以豁洪溟。安得封域內，長有扈苗征。七十里百里，彼亦何嘗爭。往往念所至，得醉愁蘇醒。韜舌辱壯心，叫閽無助聲。聊書感懷韻，焚之遺賈生。

《全唐詩》卷七二八周曇《韓惠王》 韓惠開渠止暴秦，營田萬頃飽秦人。何殊般肉供羸獸，獸壯安知不害身。

《全唐詩》卷七七六魏兼恕《送張兵曹赴營田》 河曲今無戰，王師每務農。選才當重委，足食乃深功。草色孤城外，雲陰絕漠一作漢中。蕭關休歎別，歸望在乘驄。

《宋詩鈔》卷六二范成大《夔州竹枝歌九首之六》 百衲畬山青間紅，粟莖成穗豆成叢。東平屯田秔米軟，不到貧人飯甑中。

《宋詩紀事》卷二四陶弼《寄新沅守謝麟》 險盡天開溪路平，詩書新將典新城。三千戍卒今無幾，十萬屯田古未耕。屬縣乞除防虎檻，生蠻願獻採砂阬。從茲預擬風塵息，盡是仁威下旆旌。《辰州府志》

《全唐文》卷三一二孫逖《送蔣冑曹充隴右營田判官序》 古之使臣，必有命介，所以謀闕計事，類能撰功。蔣侯之往佐輶軒，蓋其義也。夫其敏行精識，長才博聞，克荷詩禮之訓，聿修清白之業。故妙年從官，已著老成之風；卑飛未騁，共許垂天之翼。是行也，必能使田有封洫，事著典常，儲峙孔殷，甲兵不頓，愛人許國，何以尚茲。時中丞公亢寵天朝，而子勤役邊鄙，豈不以策名委質者，義方之大訓； 出入顧復者，常情之小慈，不貴垂堂之說，還嗤倚門之望，懿乎哉。又聞君子之遠其子也。河隴先秋，鷹隼方擊，贊成糾慝，今也其時。羣公題之，賦詩以贈。

元・蘇天爵《滋溪文稿》卷二《前衛新建三皇廟記》 世祖皇帝既一中夏，休兵息民，以建太平。乃於畿甸之南，列置諸營，環拱京都。分立屯田，居者佃作以爲養，出者扈衛以啓行，軍制肅然而有法矣。於是諸營有閱兵之所，邵農之治，庾廩府庫之藏，田廬市井之衆，而儒學、醫學亦各設官以司其教焉。前衛屯營在涿州范陽縣之境，建於至元十六年，而醫學之設則肇於後至元二年也。三皇之祠，寓於醫學，自國朝始。先時衛官繪像祀於治所，簡略弗稱。至正改元，副都指揮使濟南張侯元珪分治屯田，語官屬曰：國家詔郡邑立三皇廟，春秋祀享如釋奠宣聖儀，蓋所以崇治典遂民生也。今吾衛廟貌獨無，非闕典歟。乃卜吉地於宣聖廟之西，凡若干畝。中爲大殿，翼以兩廡。聖像袞服，巍然以臨，十大醫師，侑食左右。前爲神門，外爲靈星門，共十有四楹，戶牖煇煌，瓴甓堅密，周以崇垣，樹以嘉木。几席帷幕，俎豆巾篚，靡不備具。經始於是歲夏之孟月，落成於秋之仲月。董其役者千夫長董惟忝，百夫長大都閭、姜惠也。

《乾隆三十年蘇州府元長吳三縣境內各都圖屯田聽丁擇佃召種碑》 乾隆三十年五月三十日，奉蘇州府孔憲牌內開，乾隆三十年五月二十六日奉布政司蘇憲牌內開，乾隆三十年五月十三日準蘇糧道咨開，本年五月初一日奉閣撫部堂莊批，【略】蘇、太、海、鎮各衛屯田，聽丁擇佃召種，毋許私相頂贖一案。因各衛屯田類皆散嵌各州縣民田之中，若僅於衛所署前勒碑示禁，各佃實難周知。應請俯如所議，飭行坐落各州縣一體勒石示禁。【略】等情由。奉批如詳，通飭一體勒石各該州縣屯所，永遠遵守，毋許陽奉陰違。取碑(募)[摹]送查，仍移江糧道、江藩司查明淮、太等衛屯田，如有散嵌各邑者，一體通飭照辦。該道并將各丁姓名、田租額數，飭速查明造冊，通送考查。仍候漕部堂批示。繳。等因，到移司行府，轉飭遵照憲批，將屯田聽丁擇佃召種，毋許佃戶私相頂贖一案，一體勒石永禁，毋許陽奉陰違。取碑摹送查。等因，奉此。理合勒石示禁。嗣後坐落境內各都圖屯田，應聽管業衛丁擇佃召種，不許佃戶私相頂替，抗欠屯租。永遠遵守，以安屯業，以濟漕運。須至碑者。乾隆三十年十月。

《乾隆三十三年蘇州府爲各衛屯田聽丁擇佃召種碑》 蘇州府吳縣、長洲、元和縣，爲清屯還求清佃等事。乾隆三十年五月三十日，奉蘇州府孔憲牌，內開： 乾隆三十年五月二十六日，奉布政司蘇憲牌內開，乾隆三十年五月十三日，準蘇糧道咨開，本年五月初一日奉閣撫部堂莊批，宋升道會同本司呈詳蘇、太、海、鎮各衛屯田，聽丁擇佃召種，毋得私相頂贖一案。因各衛屯田，類皆散嵌各州縣民田之中。若僅於衛所署前勒碑示禁，各佃實難周知。應請俯如所議，飭行坐落各州縣一體勒石示禁。至鎮江衛乾隆八年呈請通禁短價勒折一案，亦應如所議，請照丹陽縣勒石之案，一體另立一碑等情由。奉批如詳，通飭一體勒石，各該州縣屯所永遠遵守，毋許陽奉陰違。取碑摹送查，仍移江糧道、江藩司查明淮、太等衛屯田，如有散嵌各邑者，一體通飭照辦。該道并將各丁姓名、田租額數，飭速查明造冊，通送查考。仍候漕部堂批示。繳。等因，到道移司行府，轉飭遵照憲批，將屯田聽丁擇佃召種，毋許佃戶私相頂贖一案，一體勒石永禁，毋許陽奉陰違，取碑摹送查，等因。奉此。理合勒石示禁。嗣後坐落境內各都圖屯田，應聽管業衛丁，擇佃召種，不許佃戶私相頂替，抗欠屯租，永遠遵守，以安屯業，以濟漕運。須至碑者。乾隆三十三年十月日立。

《乾隆五十七年嚴禁侵占蘇州衛屯田碑》 江南蘇州衛爲棍占屯田事。奉蘇州府正堂馮牌開，江蘇督糧道安行開，查議得衛屬屯田，係□□□□□□□不許運丁私相典賣，豈容佃戶造房占據。緣蘇衛屯田，散處各縣民田之內，竟有佃戶私造房屋。其地基雖屬□□□□□出自該佃，遂得私相典賣頂替。旗丁春出冬歸，議以租籽無缺，因循容隱。相沿日久，界址混淆，抗欠短租，由此而起。自應設法嚴禁，以杜侵占屯租，貽累漕運。惟是建屋，以歷有年。若批拆遷墾熟，必致紛擾，殊多未便。即公估價值，令業丁歸屋，亦難保無經紀□□，串同短估，藉端滋累，勢難一律循辦。應請示諭丁佃，將現在屯田舊建房屋，勘以界址。原定額租，著令該佃各按數具結輸租。如有霸占抗欠，即稟明縣、衛，傳同經紀，估價押遷，房歸運業。所有積欠租籽，即令該丁於應給房價內，按數扣清，以昭公允。其餘現居屯田，識遇遷居，隨時告知業丁，或本丁自行給價，或準其另召別佃認租，聽該丁臨時量力而行。總不許佃戶私相頂替。至在田間有舊墳，歷係子孫還租，應免置議。

嗣後屯田概行嚴禁侵占。倘再違禁，造房築墳，聽該丁隨時稟衛，勒令拆遷，改田還業。如敢典賣私頂，立即追價入官與受，各治以應得之罪。如此嚴立章程，自不致有霸占短租之患。倘蒙憲允，即飭該衛出示有屯地方，遍行曉諭，使軍民遵守，并於衛署前勒石永遵。取碑摹通送查考，并移有屯各縣存案。是否允協，相應擬議，詳復核示飭遵。等情由。詳奉總漕部院管批，據議立章程，嗣後佃種屯田，嚴禁私行建房築墳，侵占短租。其舊建房屋，責令查明，按間輸租等緣由，甚屬妥善。仰即傳飭遵照，遍行出示曉諭，勒石永禁。如再違犯，聽丁隨時稟明□嚴究，毋任□□。繳。等因，到道行府轉衛。奉此，合行勒石遵守。須至碑者。乾隆五十七年六月。

《碑傳集》卷五《孟喬芳碑銘》 順治九年孟喬芳上屯田奏曰：清秦省自明季寇變以來，荒田最多，虧正賦不貲。深山大谷，虎狼所窟，地方多事，議裁兵則不可，惟有屯田之一法，既可足食，亦可強兵，而弭盜安民亦在乎是矣。

上可其奏，以白士麟等五人分屯延慶、平固及西安、鳳翔諸郡，兵屯歲收糧米二萬六千石有奇，民屯歲收糧米一萬六千有奇，省協餉無算。

清・盛康《清經世文編續編》卷三九劉蓉《營田總結酌定章程》 一變通舊章以順民情。案查同治二年，前署撫部院張曾將西同二府，叛絕各產辦理大概情形具奏。奉旨：此項地畝與其招佃認墾，不如作爲屯田，可以絕回民之覬覦，兼可節省兵餉，寓兵於農，如能作爲旗兵之產，尤屬合宜等因，欽此。並經酌議屯田養兵，係爲經久之計，但陝省軍務正當喫緊，未暇釋械歸農。滿城弁兵，日事操練，逆氛未遠，方冀與撫標各營，同壯聲威，亦難遽令其出親耒耜，應俟軍務告竣，斟酌辦理，當將酌擬章程，飭行在案。查甘省軍務未平，陝省界連要隘，在在宜防，存城滿、綠各營，均應勤加操練，以備不虞，屯政斷難興舉。各州縣所報情形不一，均無實效，強者隨意墾種，貧者觀望不前，經理既少良規，窮黎難期安集，與其急圖贍兵，存奢望於閭閻，而餉需莫濟，不若寬以待民，使樂趨乎隴畝，而餉源自充。茲復檢取舊章，詳加核議，并將始終辦法，條列分明，牧民者果能實力奉行，不爲莠言所惑，妄行更議，行之必有成效。

一劃清段落以定地畝。凡丈量田地，先將鄰境本境有主、無主地界查明，由近及遠，親身周歷，雖偏僻荒遠之區，不得徒令書役勘報。按四鄉各里，分別地段，用官定弓步丈量，今之二十五畝，即古之百畝。一夫授田以二十五畝爲率，其有一夫之力，能種五十畝者，查明實非包攬圖占，准其承領。丈量時仍以二十五畝爲一段，用大木籤編列字號，標題某里某字第幾段，每五段決一小溝，將土作埂，十段作一大溝，將土作埂，甯可寬其餘地，毋庸計及分釐。其田地左近，有閒地可以搭蓋廬舍者，毋庸另給地段，若無閒地無可居住者，一夫酌給一二畝，丈量分段之外，遇有所餘，不及二十五畝者，作爲餘地。如有不願領種多畝，祇領餘地，或承種之戶，有願將界連餘地一并領種者，均於執照內分別注明。領種餘地若干畝，并領界連餘地若干畝，均一體按章輸納租糧。

一授地宜循次序以杜偏枯。丈量之初，既分段落，授地之時，即按標題次序，分別先來後到給領。如有數人同日投結認墾，即按人數分出地段掣籤，不得任其揀擇攙越，以昭公允而免紛爭。

一招墾宜清來歷。無論土著客民，報明姓氏年貫，取具甘保各結，俱准承領，係土著，取具親族保結，係客民，取具同鄉鋪商保結，如隔邑隔省起有印票，查無詭託情弊，准其一體給予執照，按地段次序授田。若句結多人，妄圖自立村寨，不與本鄉聯絡，恐貽土客不安之獘，著不准行。

一編保甲以資稽查。遠近之民，雜處其間，良莠不能盡悉，保甲之法，不惟稽查便易，而且情誼相聯。今於授地之初，既以五家十家分段，即就五家十家擇長，各稽其散戶，而統於里長。凡里長不必定以百戶，祇按其里分之大小，如一里僅三四十戶，或六七十戶，均設里長一人，若百戶之外，酌人民多寡，設長二三人，其近鎮集戶口繁多之地，分東西南北，各設一長。凡設長俱係新招之戶，即於新戶內選擇，若係新舊錯雜，仍按煙戶擇立，祇選公正，不分新舊，一體編立，以聯同溝共井之情。里長約束十長，十長約束五長，每歲交租納糧，里長按期催齊，報明地方官，同日交納，一里之中，如有勾結匪徒拖欠租糧等事，惟里長是問，里長有苛索平民把持地方等事，准同里開列實迹報官究治，另行擇立。凡里長半係官人，有緝匪催糧之責，應於授地之外，酌給地畝，以獎其勞，所管百戶，酌給六畝，不及百戶，酌給三畝，一體納糧。

一給執照以昭信守。現由總局頒發連三執照，一給認種之戶，一存該州縣衙門立案，一繳還總局備查。照內填寫姓名編號，以次給發，不准積壓，致有高下其手之弊。

一設分局以專責成。各州縣選擇公正明白紳耆二三人，戶工書吏各一人，書手一二人，設立分局，將丈量地段頃畝數目，暨頒發執照等事，各設印簿，逐日登記明晰，隨時稽考。每月以某幾日收結，當即查明於次日發給執照，先行出示，毋使遠近之民，守候無期，書吏紙筆之費，酌定每畝令認種之民出錢三十文，此外不許索取分文。其設局經費，官爲墊辦，俟於田地交納本租之內，按畝提出二升，以清公用墊款，不得於租外別立名目，向百姓索取。至招種齊全，即行撤局，官紳辦理妥實，著有成效，查無別項私弊，准其呈明，由總局核其勞績多寡，詳請獎勵。其有劣紳奸民，勾通地保書役，私相授受，刁難苛索，甚或把持地方，阻撓局事，以致田地久荒，糧餉無著，即照棍頭把持例懲辦。地方官申報不實，或借端漁利，一經發覺，亦由總局詳請查辦。

一定限制以息爭端。查前定章程，漢回雜處之地，互相典當，暨與鋪戶交易抵押之地，令各州縣勘明，另造清冊。漢當回業者，如果文約中證可憑，准其暫行耕種，俟軍務完竣，再行估核賣價，即由當主找足交官，田歸管業，無力找價，即由官核給原當價值，田產入官。其回當漢業，如漢民存有老契，准其繳價贖回，無力繳贖，暫行發佃承種，如無老契，即將田產入官，不准贖取等語。今詳加覆核，應將良回與漢民至今相安無事者，其地田房屋，互相典當，毋庸查辦外，分別實係叛產絕產，斟酌辦理。凡屬絕產，如漢當漢業，而原主或絕或逃，漢佃漢業，佃存而原主未歸，或原主僅存婦孺，有契據而不能指認，佃戶能指認而無廬舍之資，而該州縣境內叛絕各產均經招墾有人，此外更無閒地可給，應令兩造憑中估價，或原主補還費用，承種者作爲佃戶交租，或承種者有力價買，原主情願收價另置，俱聽其便。凡遠鄉隔邑之人，無契據人證可憑，妄指某地爲本業，雖互具保結，不足憑信，祇准照招墾之民，一律辦理。凡荒閒地畝，既經分段丈量，其間或一段數主，或數段一主，無從查考，原主限內歸來，其地尚無人種，查係確有證據，應准其取具切結領還，若已有人承種，其畝數業經劃分，不得因一人紊亂定章。應查原主契據畝數，與承種者相當，仍照播種未播種辦理，其畝數少者另行給地，多者先將無人承種者給還，餘仍另行給地補足，不致割裂紛更。至有主之地，界於叛產絕產之間，丈量之時，串通鄉保吏胥，隱匿侵占，無論遠年近月，一經發覺，地畝歸官，追繳歷年應輸租糧，照例一體科罪，以上專指絕產而言。至於實係叛產，例應歸官，毋庸再議。房屋地基，以契據爲憑，無契據而有鄉保鄰佑可證，俱准收還。如有隱占當賣及冒認己業，起蓋鋪屋，或將曠閒地基，平作地畝，均另行記載，儻被原主或旁人舉發，將所蓋房屋，不准折還，仍治以欺隱之罪，餘皆照前辦理。其栽種果木之沙地，照現在同州府辦法，變通折銀，每畝查照糧銀，加倍征收，如糧銀五分，租銀以一錢爲率，按畝給予執照，願爲已業者，令其按畝輸納十年，俱准其永遠管業。

一定租糧以資軍食。招墾地畝，所以綏輯遺黎，亦借以資軍食。查從前比照嘉慶十三年興安辦理章程，水旱田地，分上中下三等起租，邨舍莊基，有搭蓋房屋棚廠居住者，照上地起課，正項錢糧，另行按照輸納等語。年來各州縣稟報，未能畫一，雖係情形不同，其間任聽鄉保吏胥蒙蔽，漫不經心，以至荒地甚多，其未荒者，多係豪強估占，流亡者仍無所依，上官勤求安撫之意，未能下通，下以亟謀休養之情，未能上達，或亦規模未備，致多參差。今無論絕產叛產，皆屬官地，其酌征租糧，以濟民艱而資國用，自與尋常額徵正糧不同。查戶部例，水田旱田起科，有六年、十年之別，由官招墾，以田歸佃，次年起科。又雍正六年諭旨：小民甫經安插，公私兼顧爲難，著寬限二年起科等因。陝省軍興以來，倉廩無餘，軍食不足，非曩時充裕可比，茲分別水田旱田，寬立年限，酌定租糧，係水田，初年免其交租。

清·葛士濬《清經世文續編》卷三三《户政·屯墾》　營田總局章程：一變通舊章以順民情。屯田養兵係爲經久之計，但陝省軍務正當喫緊，未暇釋械歸農，【略】應俟軍務告竣，斟酌辦理。【略】茲復檢取舊章，詳加核議，并將始終辦法，條列分明，牧民者果能實力奉行，行之必有成效。

一劃清段落以定地畝。凡丈量田地，先將鄰境本境有主無主地界查明【略】按四鄉各里，分別地段，用官定弓尺丈量。今之二十五畝，即古之百畝，一夫授田以二十五畝爲率。其有一夫之力能種五十畝者，查明實非包攬圖占，准其承領。丈量時仍以二十五畝爲一段，用大木簽編列字號，標題某里某字第幾段，每五段決一小溝，將土作埂；十段作一大溝，將土作埂。【略】分段之外，遇有所餘，不及二十五畝者，作爲餘地。如有不願領種多畝，只領餘地；或承種之戶，有願將界連餘地一并領種者，均於執照內分別注明領種余地若干畝，并領界連餘地若干畝，均一體按章輸納租糧。

一授地宜循次序以杜偏枯。丈量之初既分段落，授田之時，即按標題次序，分別先來後到給領。如有數人同日投結認墾，即按人數分出地段掣簽，不得任其揀擇攙越，以昭公允，而免紛爭。

一招墾宜清來歷。無論土著客民，報明姓氏年貫，取具甘保各結，俱准承領，【略】按地段次序授田。若勾引多人，妄圖自立村寨，不與本鄉聯絡，恐貽土客不安之弊，著不准行。

一編保甲以資督查。今於授地之初，既以五家十家分段，即就五家十家擇長，各稽其散戶，而統於里長。【略】凡里長，半係官人，有緝匪催糧之責，應於授地之外，酌給地畝以獎其勞：所管百戶，酌給六畝；不及百戶，酌給三畝，一體納糧。

一給執照以昭信守。現由總局頒發連三執照：一給認種之戶，一存該州縣衙門立案，一繳還總司備查。照內塡寫姓名編號，以次給發。

一設分局以專責成。各州縣選擇公正明白紳耆二三人，戶工書吏各一人，書手一二人，設立分局，將丈量地段頃畝數目暨頒發執照等事，各設印簿，逐日登記明晰，隨時稽考。【略】書吏紙筆之資，酌定每畝令認種之民出錢三十文，此外不許索取分文。

一定限制以息爭端。【略】凡遠鄉隔邑之人，無契據、人證可憑，妄指某地爲本業，雖互具保結，不足憑信，只准照招墾之民一律辦理。凡荒閑地畝，既經分段丈量，其間或一段數主，或數段一主，無從查考，原主限內歸來，其地尚無人種，查係確有證據，應准其取具切結領還。若已有人承種，其畝數業經劃分，不得因一人紊亂定章，應查原主契據畝數與承種者相當，仍照播種、未播種辦理。注：未經播種以前到者，准其接收管業；播種以後到者，俟收穫後始准接收。其畝數少者另行給地；多者先將無人承種者給還，餘仍另行給地補足。

一定租糧以資軍食。【略】今無論叛產、絕產，皆屬官地。其酌征租糧，以濟民艱而資國用，自與尋常額征正糧不同。查戶部例：水田、旱田起科，有六年十年之別，由官招墾，以田歸佃，次年起科。又雍正六年諭旨，小民甫經安插，公私兼顧爲難，著寬限二年起科等語。陝省軍興以來，倉廩無餘，軍食不足，非曩時充裕可比。茲分別水田旱田，寬立年限，酌定租糧：係水田——初年免其交租，只納正糧；次年每畝上則輸租二斗，中則一斗五升，下則一斗；三、四等年，每畝上則輸租二斗五升，中則二斗，下則一斗五升；五、六等年，每畝上則輸三斗五升，中則二斗五升，下則二斗。正糧均照定例輸納。六年以後，合計遞年所輸之租，上則每畝補足五石，中則補足四石，下則補足三石，准其作爲己業，換給契紙，永遠管業。係旱田——初年租糧俱免；次年上則一斗，中則七升，下則五升；三四等年，每畝上則輸租一斗三升，中則一斗，下則七升；五、六等年，每畝上則輸租二斗，中則一斗五升，下則一斗。正糧均照定例輸納。六年以後，合計所輸之租，上則補足三石，中則補足二石，下則補足一石五斗，准其作爲己業，換給契紙，永遠管業。

一勸殷實以廣招徠。地方富紳、良賈樂善好施之士，有願捐助牛種、搭蓋棚舍、捐資招墾、出借口糧籽種，薄取利息，或幷不取息等情，皆屬勇於爲善，地方官查無市利盤剝私情，即將其捐助若干，開具姓名、年歲、有無功名，詳情酌量優獎。

一裁定章程以防混亂。查未定新章以前，各州縣招墾丈量既非親歷，頃畝未必劃清；認種之民，多寡聽其選擇。其認爲己業者，既未深究其由來，只圖目前之征收，舉凡隱冒、侵欺、中飽等弊置而不問。此時遽難概令更張。應裁定新章之前已經承種有人者，趕緊清丈，分出地段，先行造具清冊，【略】申報總局酌示遵行。如已奉新章，故意稽延，冀將未經墾種地畝混入已經承種之內，乘便營私，一經委查確實，由總局據實詳究。

清・徐世昌《東三省政略》卷一《邊務・瑷琿招墾章程》 第一章 清丈

瑷屬村屯，向未分界，所墾地段，率多錯雜。甲子後，或乙種甲地，或子墾丑荒，或越隴包套，雖有膏腴，視爲棄土。欲振興農業，以正經界爲先。茲定清丈章程如左：

第一節 凡清丈之法，先將江右各旗屯分爲南北西三界，由委員、書役會同界官各鄉屯長按屯勘丈分界，不得滲越，聽候覆勘。其距屯界較遠之上下游等處，先飭木稅委員順便勘查，何處可以墾種，何處可作林荒，何處可作草甸，何處可養森林，繪圖呈報，再行派員招戶丈放。

第二節 凡繪圖之法，每到一屯，將子午針先定南北，中立標杆，再行踏勘四至，隨其方圓曲折繪一綫圈，然後加繪某處山林，某處熟地，某處荒段，某處房園道路，某處溝窪壕甸，一一註明。次將每處丈量，另繪分圖，注明弓尺及業戶、官地字樣。遇有柳通、草甸及江套地方，均不得忽略。每屯各爲一冊。其鄰屯界址於各圖邊際，須挨次可以接合。

第三節　凡丈地之法，與省境各處一律，以二百八十八弓爲一畝，十畝爲一垧。如遇欹斜觚角不能核算，可以寬窄彎曲處注明丈尺。內有泡石，依樣丈註，仍須滿入繩弓，不得先行折扣，統俟丈竣後，由局核准，臨勘放時再爲折扣。

第四節　凡每界派清丈一員、繪圖一員、書識一名、繩弓夫役二名。因經費支絀，善後局員不另加薪水，外添員役按月酌給津貼。車腳不分行坐，由此屯至彼屯，公平給價，不準分毫騷擾屯戶，犯者查出參究。果能認眞勘丈，在事出力，准予從優咨請保奬。其界官、各鄉屯長等，於差竣酌給津貼。

第五節　凡兩三屯毗連，四外餘地犬牙交錯，向未分晰者，視每屯戶口之數，形勢之宜，酌量劃分，先立封堆，俟覆勘時，再立界樁。如有天然溪澗山脊可以分界者，即照劃分。

第六節　凡甲屯墾種乙屯之地，仍將其地劃入乙屯界內，註明甲屯人姓名，不得因甲屯人墾種，即將其地歸入甲屯。

第二章　授田　璦屬滿蒙漢軍，旗籍不一，所占地段自種而外，有出租者，招佃者，有私相典賣者。庚子以後，檔冊無存，原主熟地無從考核，既無官照部案，均不得爲執業憑證。且自遭離亂，死亡過半，絕戶之地多被強有力者占據，或一家一二百垧，或三四百垧。後歸者仰屋徒嗟。同隸該處旗籍，自應計口授田不收地價，頒發大照，以培難戶元氣。謹定授田章程如左：

第一節　凡現在管業之戶，無論所管地方是否自業，抑係代墾插占，均就現管地方，按照每戶丁口撥給。每人以二垧爲率，先盡原占熟地劃撥，如熟地不敷分撥，再將附近生荒，參照本年奏准旗丁生計成案辦理。

第二節　凡現在各戶占管之地，除照前條分別撥給外，倘各該戶占管之地，如有贏餘，應查明所有無業各戶，仍照前條分別熟荒按數撥給。再有贏餘，應先盡就近人口較多，確係務農之戶，於額領地外，分別備價承領。

第三節　凡劃給各戶田畝，如係額領熟地，其升科與否，應與省城一律辦理，暫不升科。如在額領地數以外者，應於當年升科。如係已墾未熟或已熟而拋棄者，統於劃給後第三年起科，每垧暫照省章納稅錢三百三十文。

第四節　劃給田畝，除熟地外，其餘已墾未熟，或已熟而拋棄者，統限令三年內一律墾種。如限滿未能墾種者，撤地另收。

第五節　舊日業戶於勘丈後始行到段，應就剩餘熟地或荒地分別撥給。

第六節　凡撥給每戶之地，只准自種或招佃，不准典賣，以杜取巧漁利之弊。如果無力墾種不願撥領者，聽之。

第七節　凡撥給之地，不收地價，每垧取辦公經費京錢四百文，此外分文不准需（素）〔索〕，違者究辦。

第八節　凡各屯舊戶房園，亦須丈明給照，照城中舊戶辦法，不取地價，另造毗連圖冊，鈐壓騎縫。此外餘地一律丈明，除廟宇墳塋外概作官地，以備學堂、警察公所等用，并准新戶承領。如有起造各戶建造房屋，務宜排列整齊，不得塡塞街道。

第三章　放荒　附近各屯地畝，除撥給土著外，剩有成片荒段，土人皆稱爲馬廠。現查江左尚未歸業難戶甚衆，不能不暫於江右各屯安插。遇有絕戶之地畝并馬廠夾荒，應撥分撥江左各戶耕種。如有餘荒暨上下游等處踏勘可墾之荒，準客民照半價承領。謹定放荒章程如左：

第一節　凡各屯下等不堪耕種之地，准作公共牧場。大屯留二十垧，小屯留十垧，其餘均歸官放。

第二節　凡江左人，亦視丁口多寡撥給荒地，照江右戶一律不收荒價。給予暫撥小票，不准典賣。俟江左之地俄人交出後，即飭各還江左本業。其原占江右地價，即撤回另放。有願在江右落業者，聽。無論江左、江右滿蒙漢軍民人等，有願在上下游開墾者，任其指領，不收荒價，以示優異。惟須移家該地，不准代人出名，包攬大段。

第三節　凡額撥地外，願領地者，熟地每垧地價銀二兩一錢，熟荒每垧地價銀一兩四錢，生荒每垧地價銀三錢五分。應收經費，仍照章核收，其偏坡磽瘠，另議。如有包入草甸不便提出者，准其附領。

第四節　凡願在璦屬上下游地方設農業公司者，准其指領空曠大段，照章備價承領，惟不得專事包攬於未經墾開之先，輒行轉賣漁利。

第五節　凡以個人及農業公司名義朦混冒領於未墾之先，私自典賣漁利，一經查出，應將冒領之地，悉數追回另放。

第六節　凡柳通謂之條荒，樹木謂之林荒，礦地灰窰石岩謂之山荒。願領者，先行呈報，派員勘丈，視遠近優劣，隨時公平議價。

第七節　凡墳塋地亦丈量給照，不收地價，惟只准照例丈留，不得多占。願多者，餘地分別生、熟地，備價承領。

第八節　凡爭執涉訟捏造契票者，皆撤地歸公另放。

第四章　公利　作育人才，以廣設學堂爲要，保衛疆域，以舉辦警察爲先。然瑷屬離亂初歸，瘡痍滿目，集私財爲公費，難乎其難，非籌公利，何以濟事。謹定公利章程如左：

第一節　凡各屯膏腴荒段，應先留撥學田。大屯酌留五十垧，中屯酌留四十垧，小屯酌留三十垧。如丈有餘荒，再行分別添撥。各屯學田，均由官招佃開墾，即於所收荒價，量撥農具墾費，每年所得租錢，權作各該屯學堂教員等修費等項之用，俟陸續籌有經費，再行擴充辦理。

第二節　凡柳通秧草爲天然公利，以供屯人養牲舉火之用。奈強有力者視爲利藪，致貧弱仍須價買。擬將此項悉數歸官，准備價承領，并准各戶出租刊刈。所得價值等項，作爲舉辦警察經費。

第三節　凡山林礦窰經人報領者，其款均作學堂、警察及地方公舉之用。

第四節　凡瑷境田疇，夏旱秋澇，每多歉歲，其故由於不講農政，不知蓄水泄水，故溝窪濠甸皆視爲棄土。向來放荒皆三七扣除，但除而不使之治理，何日能成沃壤。謹擬定有地五十垧者，四旁低處，須開溝洫通於江河以備水災，其窪泡等處，均掘水塘以備亢旱。不及五十垧者，兩三戶公開其支河，大溝淺涸之處，均須開浚。所掘之土，即以築堤築丘。視種地之多寡，各出人工，由界官監視，各界舉辦，予限三年，有不遵辦者，撤地歸公。蓋不收地價，所以培養元氣而興地利，不得不嚴立章程，通力合作，較之集款官辦，其難易利弊不待智者而知也。

清·徐世昌《東三省政略》卷一《邊務·紀招墾局始末》　蜂蜜山招墾局議辦於光緒二十五年，未幾拳匪事起，毀於兵燹，墾戶逃亡，局亦撤去，一切案卷無可稽考。二十八年，復派員設總局於穆棱河街，設分局兩所：一在蜂蜜山之鳳綿鎮，一在呢嗎口。呢嗎口者，地臨江岸，南與俄車站僅隔一水，洵水陸交通之區也。設行局二：一在穆棱河南，一在河北。此又三十三年稟准添設，專爲清丈已放之地、展放未丈之地而設。自二十六年至三十二年，共放生荒二十萬零二千二百七十三垧五畝九分一釐，墾熟升科者共三千七百七十垧八畝八分。三十三年分，共放生荒十一萬九千四百四十五垧八畝。均按七折扣算共放。擬設府縣街基，頭等三十六方半，二等四十四方，三等十五方。三十四年分，共放學田生荒一萬零八十垧，奏明免繳荒價。此外又放生荒五萬七千二百六十七垧一畝七分二釐，均案三七折扣，共放熟地五百八十六垧九畝一分。共放府、縣街基，頭等九方，二等八方，三等九方。又放呢嗎口街基鎮基，頭等八千四百二十一丈七尺五寸，二等四千八百九十八丈五尺。其三十四年以後續放之數，尚未據報。惟從前皆私墾，零星散處，由穆棱河東之八面通至青溝嶺東南，至龍王廟約七百餘里，只有三四百戶。其在鳳綿鎮者，係朝鮮墾戶，約四十餘家，此即納價升科承種此三千五百餘垧之居民也。自招墾設局，領戶漸衆，前後丈放穆棱河南生荒七萬餘垧，河北生荒八萬餘垧，多係直隸、山東、奉吉之民。領多者一、二萬垧，少者百垧、十垧不等，所添新戶爲數不少。又有哈爾濱商人稟准自行集股十萬兩設立公司，在山內黃泥河附近領荒數千垧，以爲開設貨場兼營耕作之用。惟馬賊甚熾，竟有綁去墾務委員，傷及吉寧軍統領情事。其餘綁荒戶、劫行旅，時有所聞。總局屢有添兵之請，實則以兵衛之，尤須以官治之，乃可使盜風漸戢，民事日繁。且強俄爲鄰，國防所係，尤非招墾局之徒事羈縻所能集事也。自派軍隊剿除馬賊後，因奏清添設蜜山府，凡已丈放及墾熟者悉歸經理。惟綜計該處荒地，蜂蜜山之大平原由石頭河至穆棱河口，袤長約六百里，廣闊由百里至四百餘里不等。官荒、民荒約五百余萬垧，今已墾者僅萬餘垧，已放者亦僅三十萬垧而已。招墾多年，田地不加辟，戶口不加多。一由於名爲招墾，實則買荒，故設局於上城子，取其火車便利，大糧戶一領數萬垧，來往甚便，選擇任意，有丈量加多之弊，則局中亦可於中取利。若貧民願領荒地數十垧，既無小費，又苦交通，局中又不顧因此區區入山丈量，往往以中地指爲上地，故小民率多裹足，而該局以爲丈放，不計其果墾否也。一由於胡匪聚集爲害，而無官以鎮撫之，無兵以保護之，僅恃此有限護局之兵，自保不暇，焉能及人，是以入山領地者有所畏而退卻不前也。嗣因前辦墾務百弊叢生，經總辦范經歷熾泰、試署蜜山府紹守舒，先後呈請撤查另放，後因官署與總局同辦墾荒，事權雜出，乃以已放之荒責諸地方官吏，以未放之荒責諸局員，復另檄張道柢前往總辦局務，而以陳令玠副之。經該道等悉心規劃，皆以該處放荒爲實邊殖民之計，非内地之僅圖荒價可比，乃有官墾、兵墾、民墾、商墾之議，并擬招商大舉，而以官款爲之助。惜以款巨費重，正在籌辦未及實行。倘治斯土者一意進行，則從前空虚之國防，不難變爲繁富之區域，豈特區區墾務一端，但入手辦法必當以此爲基礎耳。

清・徐世昌《東三省政略》卷一《邊務・試辦屯田營章程》 一屯田營爲推廣開墾起見，本係試辦，暫編爲兩隊，以兵二百五十二名爲定額，先盡東省陸軍退伍目兵情願實邊者補充。如不足，即以關内、外年力强壯，素行樸實，無論土著、客籍之良民，但有妥保，均堪收録到營入伍，先從事於開墾，一年後照章各授墾過之田百畝，退編爲屯戶。不願退者聽。

一屯田營購買馬犁四十具，耕牛一百二十頭。若墾成之地足敷多人耕種，或應退之兵不願授田，即另招他人，仍照屯戶授田規則辦理。

一屯田兵到營第一年，譬如自三月起至次年三月授田止，此一年内鋤草、墾荒、伐木、架屋及制造農具等事，皆資借其力，應照章發給薪垧、衣履等項。如已授田，即行停止。

一屯田兵退編爲屯戶，以每年三月爲定期。其授田伊始，凡本人平日穿過之軍夾綿單衣褲，准各帶去一套，布靴准帶去一雙，其原領之皮衣褲仍如數繳存。

一屯戶每人授田百畝，給耕牛一頭，農具全副，其子種房屋均由公家照備。此外，另給洋一百元作爲初年衣食及添補各項之用，但此百元應由公家代爲經理，按期分發，免致浪費而防拐逸。

一發給各屯戶牛籽、農具、房屋，連另給之洋百元，統算在内，每屯戶一名約需洋二百八十元，應統由公家籌墊。嗣後，再陸續按年收(田)[回]本金。

一授田後，如在第一年期内該兵染患病症，不能耕作，准其稟明該管官代爲雇工耕種，無違農時。其雇工費、本人醫藥費，仍由該兵應領洋百元内扣除。若患病在授田一年以後，所有雇工、醫藥等費統由自給。

一屯戶未授田以前，如有病症，統由公家醫治。倘因病身故，准照章發給燒埋銀十兩。

一屯田兵在授田第一年期内，如因病身故者，應需燒埋銀兩，亦准由公家籌給。其未竟之田，另由公家收回撥給他人接管耕種，仍照章辦理。

一授田二年以後，各屯戶力足自贍，如原籍本有室家，准稟明長官，於秋收後回籍省視，依限回防銷假。如欲將眷屬搬至墾所，應預爲稟明，由公家給予護照。倘有需乘京奉路局輪船及招商局輪船之處，應由該管官預先稟請督、撫轉咨商郵傳部，援照東三省酌核遣犯舊例藉圖實邊摺内聲明，減收船價，以示體恤。此外，均須自行擔任川資。

一屯田兵授田一年以後，原籍本無室家者，准稟明長官在墾所婚娶。

一授田第一年，如十個月内倘原領耕牛因病倒斃，准由公家認出半價，該屯戶認償半價，另購補用。若至十個月以後倒斃，無論耕牛、馬匹，統由各屯戶自行賠償，由官長督飭速購，不准遲誤農時。

一屯田兵授田以後，每年自十一月初一日起至次年正月底止，此三個月應由該長官酌定時日，督率操練及講解學課等，藉示寓兵於農之意。其調集操演之月，應由公家按日酌給伙食。

一邊務屯墾區域，現擇定延吉廳治西北一百八十里三道灣地方。該處土質肥美，面積寬闊，按照屯田章程設管帶以下各官及一應軍佐，暫照兩隊編制，爲之修蓋營房，多置屯戶住所，購備牛籽、農具作爲試辦屯墾基礎。嗣後逐年擴充，依次遞推，總期增殖邊界人民，藉杜外人覬覦。

清・徐世昌《東三省政略》卷一《邊務・紀屯墾》 延吉地勢爲白山東麓所開之大陸，又有圖們江、海蘭河、布爾哈通河、嘎呀河、(渾)[琿]春河流域之平原，土脈膏腴，氣候溫暖，平隰高原悉宜農業。乃自國初封禁以後，神皋隩區，漸成榛莽，利棄於地，誠可惜矣。光緒初元，删除舊禁，設局招墾，爲開荒實邊之計。惟以地方僻遠，華民移殖維艱，而朝鮮六鎮地瘠民稠，不敷食種，遂爭以圖們江北爲歸墟。故延吉韓民竟增至七萬餘戶，以至賓主異勢，幾成爲韓之殖民地者，實地利不辟有以致之也。今日延吉升科熟地不過十萬垧，歲供華韓人民之食，輸出於朝鮮及俄領烏蘇里江以東者，已難數計，況合計所有荒區，尚可墾成三十餘萬垧之熟地乎。日人越境，以延吉田土膏腴、穀產豐盈之故，特派農學士數人專門調查農業，歷數月之久。又於六道溝設立農事試驗場，以求改良種種發達農業之法。近且籌集巨資，創立東洋拓殖會社，欲於我延吉境内實行殖民政策，若不設法抵制，則未墾荒地將盡爲日韓人所有，現有華民必漸被擯斥而去，雖無領土割讓之名，將有割讓之實矣。然我國移民實邊之舉，既非旦夕可以圖功，膏腴之區，又未可任其廢棄，邊務督、幫辦請行屯田之法，蓋以兵開墾，既可爲邊荒繁富之基，而寓兵於農，復可免邊備空虛之患。且於延吉行屯田更有數便：吉強、吉寧兩軍頗多老弱，一旦裁汰便爲游民，難免不爲盜賊，擇其善者而分以田，仍留爲屯兵，可防游勇之弊，一便也。延境荒地極多，皆係官地，屯田之政，既以其所出量輸公家，又可允邊防之費，二便也。韓人貪其地利日趨如鶩，我若實行屯田，彼即無可越墾，則未來者必至裹足，已來者亦將失勢，三便也。此時界未劃清，多設防兵或易滋外人口實，我以屯田爲名，則彼無所藉口，四便也。屯田既設，則戍邊者皆爲駐防，駐防者皆成土著，此後界務確定，即可永杜邊患，五便也。山林叢脞，素多胡匪，居於此者，咸有自危之心。屯田既行，則鄉民皆有所恃，自相保衛，可安居無恐，六便也。吉省胡匪之多，大都遠方之民，無家無業，迫而出此，如有善法安置，未必不可化爲良民，前此招服之匪，皆令補充防兵，仍然游手無事，野心自難悉化，今若招民屯田，則無業者可以得所依歸，即向染惡習者，亦可漸生善念，未始非隱弭匪患之一道，七便也。延吉廳治西百數十里之三道灣、哈瑪塘一帶，有荒地數千垧，山水咸宜，土地肥沃，由每營中各分兵半哨共四百名，編爲屯田軍，先於其地試辦，并於其地之中建一營房，駐屯兵一哨，四周離中哨各數里之地分六所，復各建營房數處，以居各哨之屯兵，俾得守望相助，呼應靈通。人各授以田若干垧，令其量力開墾。所分之地，即近其所居，俾得日出而作，日入而歸，農暇則相聚操練，以爲有事之備。一切約束，雖不必如陸軍營規之嚴，亦不便任意自由，須受該管官等之命令指揮，以養其軍國民資格。陳昭常等所擬屯田營章程，於編制、經費、授田、納課及收回官款，代謀生聚一切辦法，籌劃詳備，因撥三鎮退伍兵之年力強壯及巡防隊之願入屯田營者，編爲一營，暫行試辦。以三道灣荒地爲屯田營駐紮之所，用兵法部勒之，爲農業之經營，庶可以厚兵力而消敵萌，辟地利而足民食矣。旋陳昭常又請於琿春東溝設屯田一營，以經費支絀而止。

清・徐世昌《東三省政略》卷三《蒙務下・紀興辦屯田》 實邊之策，首爲屯墾，但募市井之夫，或移畎畝之民，既使之守斥堠，復使之勤作息，欲以收寓兵爲農之效，豈易事也。然則欲辦屯墾，莫若移撥退伍，蓋皆出自農間，又久受軍人教育，平時無品類不齊之慮，有事可資以捍禦，此所以有撥退伍兵屯墾扎賚特旗荒地之舉也。光緒三十三年，以陸軍第三鎮兵將應期退伍，乃飭黑龍江民政司司使倪嗣冲籌移退伍各兵，興辦江省屯田。嗣倪嗣冲條陳其事，周密詳盡，輕而易舉。其辦法於應期退伍各兵，諭以屯田之利益，詢其情願赴江者，第一年酌撥一千名以爲之倡，第二年仍以一千名爲額，第三年稍見成效，增撥一千名，共撥二千名，第四年撥三千名，第五年仍撥三千名，前後五年共得屯兵萬人。每兵給開成之地一頃，第一年收穫後，令其每畝繳租費一元，第二年繳一元五角，第三年第四年各繳二元，五年歸其執業，照章升科交租。而受佃之初，牲畜籽種之費，每兵給以百元，棲止儲藏之地，又各給住房一間，廠棚二間。如此分年撥集，既以免其瞻顧，而經費亦易於籌維。且人人不耗一錢，既有耕作之資，又有食宿之所，五年而後化佃民爲業戶，坐享百畝之供，孰不趨前恐後耶。惟地既荒蕪，墾辟匪易，人力、馬力均難爲用，須購外國火犁機器，一律開成，然後分給，庶可以紓困苦而責租賦。各項經費比抵遞年所徵田租，第一年須費十四萬兩，第二年已溢二萬五千兩，第三年溢八萬五千兩，第四年溢二十四萬兩，第五年溢五十二萬五千兩。屯兵已及萬人，墾地已及萬頃，而第三年以後，所屯之兵於第六第七第八三年之內，共須繳租二百二十七萬五千兩。屯兵既收實益，國家亦不虛糜。更踵其後而推行之。二十年間，蒙邊將成重鎮矣。厥後擬指黑龍江畔哈達遜、必拉等處地段開墾。而倪嗣冲謂此處雖與俄一江相望，備邊殖民，固屬至計。惟創辦之初，如指地太遠，界鄰強俄，屯兵恐生疑畏，一切照料且亦難周，自應擇距省較近，土地肥腴者，先爲試辦，則得力易而成功速，屯兵之心亦安。後來者自趨之若鶩，然後經營極邊，亦易爲力，故地段似以指撥省西臨江之扎賚特地方爲宜。於是與扎賚特旗貝勒扎薩克商允，續放荒段之嫩江西岸哈拉火燒地方，先撥二萬垧試辦，派劉菊芳爲屯田總經理，蒙員阜海爲幫辦，於購定火犁機器之外，復購馬力機犁開墾零星片段，以助火犁之不足。三十四年爲第一年，擬退伍屯兵之期，曾奏請得旨試辦，而措手已晚，改於下年爲第一期，且火犁未到，只用馬犁開地不多，復遭水患，房舍牲畜薪刍之屬均受損害，水未涸而地已凍，火犁到而未能試驗，又以馬多倒斃，改用牛犁。撥到之兵二百零四名，官八員而已。現開地約三百頃，因變通定章，每兵給地一頃，授房一所，官給地五頃，授房一所，合四兵爲一股，以應給之資本代其購犁一具，牛五頭及農具爨器之屬。又恐一犁耕四頃之地，或有不及，復由公家備犁一具，牛四頭，借給使用。雖以天時人事之延阻，目前既以開辦而撥兵不多，未能如原定之數，第逐漸而擴張之，必能達最初之目的也。

清・徐世昌《東三省政略》卷四《軍事・第一協呈請挑派官長帶兵赴江屯墾文》　竊奉憲臺札發［署］黑龍江民政使司倪道嗣冲稟定退伍目兵屯墾章程，業經傳飭各標、營、隊，切實宣布，并將卑協願行實邊目兵一百九十八名，具單呈報憲鑒在案。伏查原定章程，退伍兵到江後，每名授地一頃，授宅一所，五年之間，可以招足萬人開地萬頃。既爲目兵裕生計，又爲江省備邊防，其辦法固極美善。然以桓桓赳赳之衆，一旦脱離軍隊，置諸荒烟蔓草之鄉，逐年增多，任聽分處，不有官長以率屬之，誠恐散漫無稽，易滋流弊。統領謹就管見所及，爲我憲臺分晰陳之。查札賚特旗地方，初分墾區，乍辟草萊，墾務功效之遲速，全視人之勤惰爲殿最。惟退伍兵得領地畝，而後倘或無人董勸，非畏難思返，即耽於晏安，勢必曠時失業，農務廢弛，其弊一也。人數既多，賢愚不等，馴良者固不憚躬稼之勞，以謀生聚，黠悍者恐艷於劫取之利，流爲匪徒。無官防閑，定多紛擾，其弊二也。兵丁屯墾，既離官長之範圍，各安農家之生業，及至家漸饒富，地漸豐腴，或遇盜賊蜂起，或有異族垂涎，若不預爲之計，一旦倉猝有事，以久於耕雲鋤雨之人，起而充執鋭披堅之役，第恐同袍有志，司令無官，督率乏員，衆心涣散，其弊三也。況江省地界强鄰，外人之謀我者，鷹瞵虎視，奸險叵測，時或誘以貨利，給以權術，人之多慾，易受牢籠，非有屯墾官以節制之，其流弊更有不可勝言者。若僅恃墾局員司，或新設州縣，統馭無綏，遇有邊警，亦恐不能如臂使指，立收寓兵於農之效。統領思維至再，擬請即於各鎮、協下級官中，凡已屆陸軍退休年歲者，一并准其屯墾，應給地畝房宅資本等項，按照目兵章程，酌加十倍，俾可招佃墾種，以資養贍。將來屯墾兵赴江時，即令該官長帶領前往，以便沿途照料。到江後，即以此項官長派充屯墾官，無事則督課農功，有事則督飭守望。且於秋成之後，各就墾區選擇適中地點，酌定時限，調集所屬各兵演練操法，隱合古時農隙講武，有備無患之遺意。既可爲退休之官籌出路，又爲退伍兵設防閑，庶於墾務、邊防兩有裨益。至屯墾官兵如何編制定章，如何劃分管區，如何定期調操及一切詳細辦法，應請仍由江省民政司察酌情形，妥定章程，另案辦理。抑統領猶有請者，此次屯墾，係屬創辦，無論赴墾之官長目兵，均請格外優待，俾下屆退伍時有聞風向往之忱，無觀望不前之弊。如蒙俯允，并乞飭下兵備處、江省民政司暨各鎮、協一體查照辦理，實爲公便。再卑協於本屆退伍兵内，現經續查有情願屯墾目兵二十九名，連前挑之一百九十八名，共合二百二十七名，擬請於明年二月退伍時，一并候飭前往江省，合并陳明。

清・徐世昌《東三省政略卷四軍事》倪嗣冲《擬訂退伍兵屯墾辦法章程文》　據署黑龍江民政使司倪道嗣冲稟稱，竊奉電示，飭將屯墾辦法開送節略等因，遵經電覆，一面詳查原擬以退伍兵之情願來江者令辦屯墾。第一年購火犁三架，擬開地千頃，建房千所，退兵千名。第二年退兵千名。第三年添火犁一架，退兵二千名。第四年添火犁二架，與第五年均退兵三千名，以滿萬人之數。每兵給熟地一頃，資本洋一百元，房產一所。每地一畝，令其分五年繳回租費洋六元五角，房地均歸己產。所需款項，第一年需銀二十一萬兩，第二年除用收回租費外，需銀八萬兩，第三年除用收回租費外，需銀十二萬兩，第四年除用收回租費外，需銀八萬五千兩，第五年收回租費，已足敷用。總計至五年，而開地萬頃，退兵萬人。至第八年而租費收清。以後均收大租，此大概辦法。所有遞年情形及預計出入款項，曾經具摺呈送在案。本年正月在奉訂購火犁二架，二月奉示垂詢如何下手，飭亟開辦等因。當因地段尚未指定，火犁須六月交貨，又只能開大片之地。其片段零星者，須馬力機犁以輔火犁之不足。因酌議變通辦法，將未購之火犁一架價值，改購大小馬力機犁三十架。購買馬匹，招募土夫，先行試開數十頃。俟房屋修齊，火犁交到，將千頃之地陸續開齊。明年退兵到荒，即可使之耕種熟地。原擬第一年需銀二十一萬兩，除去給兵資本銀七萬兩外，本年共需銀十四萬兩，請先發銀十萬兩，六七月間再發四萬兩。此原擬辦法，略爲變通情形也。復經詳細稟陳，奉諭屯兵一節，宜趁天氣和暖，速行布置。擬購火犁二架，馬犁三十架及招募土夫一切雜項，共計銀十四萬兩，均可照辦等因。遵經稟請發款於三月中旬領到銀五萬兩，内計現銀一萬兩，餘則銅元及廣信公司官帖以之兑换現銀，并購馬犁需用俄帖加色折耗，僅只八折實銀之用。即經指撥扎賚特旗地段，一面購辦馬犁、馬匹，招募土夫，赴荒試墾，急急趕辦。時已四月初旬，復雇匠備料，預備建房。而蒙旗始以酌留生計，繼以原奏并無兵屯章程，藉口阻撓。及至行文詰詢，并飭在事人員開導勸諭，始將地段劃定。因此阻延開犁。四月下旬，復將以上情形稟達鈞聽。該地生荒，草根盤結，土質堅硬，新馬又不服習。嗣經得雨，土脈稍松，墾辟較易。不意五六月來連日大雨，雖飭在事人員并力開辟，而雨水太大，不免稍有阻力。火犁又不及期運到，函電交催，并派員赴津理論，迄今尚未交貨。而馬犁現有五十架，及建修房屋，仍不稍停工作。俟火犁到後，晝夜加工，總期今年開齊千頃地畝，及修齊千所房屋。庶不致貽誤明年退兵到地。至江省地凍化通，約須三、四月之交。向來耕作，均二月中旬開犁，俟地犁好，凍化通，即可播種，至中秋前一例成熟。迨收割畢事，地雖未凍而霜已降。如播種稍遲，則禾苗尚未成熟，籽粒經霜，即不上漿，而杆枯槁。曾經考究，糧食中惟高粱成熟稍遲，須中秋後方能收割，計時已來不及，故省西北不能種植高粱，此其明效大驗也。前上電稟，請飭二月退足千名，蓋到荒後，安插住處，購備一切，料理事畢，適當新作播種之時。至所修房屋，均係土牆土蓋墁泥。如有人居，隨時自行修理，不致倒壞，倘無人居，一經夏雨，必致坍塌，鄉民房屋，無不如是。玆奉電示退伍之期，不能恰值實邊之期。每次送若干人，不能預計等因。遵經詳籌，二月間既不能齊，遲至四月初一以前必須送到，一誤期則窒礙甚多。四月以後如不送來，則所修房屋無人居住，夏雨冲刷，勢必坍塌，未免巨款虛糜。如仍送來，則耕種之期已過，須俟來年春季，方能有事。其間將及一年，群居無事，難免滋事逃亡，而生計毫無，實難另籌巨款，以資養贍。此限於天時地宜之無可如何者。至每次應送若干，既難預計，則自二月至四月初一以前，隨時陸續可送，以一千名爲率，自可無須拘定數目，舍此似別無兩全之計也。應請飭令三鎮知照，等情到。本大臣據此查該道所擬屯墾辦法，不僅專爲實邊，亦係爲各目兵廣籌生計，深恐該目兵等不能詳悉情形，致有誤會觀望之處，特將此項屯墾章程抄交各該鎮、協，轉飭各標、營、隊官長，切實宣布，俾目兵一體周知。本年冬季退伍兵内如有願行實邊者，仰即轉知各該目兵，自行開具名條，呈由各該鎮、協核其數目彙單具報。盡十月初一日以前送到，以便核辦。除批呈摺均悉，所擬屯墾辦法均尚妥善。應即照准。惟擬撥退伍兵一節，候將此項屯墾章程抄摺，飭各該鎮、協切實宣布，俟本年第二次退伍兵内有願行實邊者，由各該鎮、協核其數目，開單具報，再行電飭查照辦理。除分飭兵備處、糧餉局暨各鎮、協一體知照外，仰即遵照繳印發并分行外，合行粘抄札飭，札到該處，即便查照。

清・徐世昌《東三省政略》卷八《旗務・紀鐵山包、東興鎮屯田》　鐵山包、東興鎮兩營旗丁屯田，係光緒十八九年間清丈呼蘭等處地畝時，奏准北團林子所轄鐵山包地方安設屯田旗丁一千二百戶，巴彥蘇蘇所轄之山林地方安設屯田旗丁六百戶，如尚有餘，再安六百戶。原定每戶授地一方，共四十五垧，以十五垧歸各屯丁管業，免其納租，以三十垧定限六年起科，業於二十一二年間，安置就緒。旋值庚子亂後，轉徙流離，逃亡殆盡。三十年經署將軍程德全奏明，俟招安齊楚，再定限升科，并以巴彥州、綏化府兩處距屯田處所較遠，將巴彥蘇蘇協領率屬移札東興鎮，北林子協領率屬移札鐵山包，俾資就近稽查，大興屯墾。世昌莅任後，屢經飭催該協領等規劃經營，善爲安集，造送界圖。事閱經年，鐵山包始經畢事，劃定界址，奏准由三十四年起限六年升科。其東興鎮以委員不識情形，措置未協，旗丁裹足，致誤春耕，復經據實奏參，另設屯田局揀派委員以期整頓。計前後屯田一千二百八十戶，每戶四十五垧，每屯屯基七十五垧，均照定章辦理。惟東興鎮屬地以與大通縣毗連，前因吉、江界限尚未劃分，致魚鱗圖冊未據造送。今大通已劃歸江省，於宣統元年飭該協領勒限劃清，至今計且竣事。其東荒一帶開墾較早，從前劃留鐵山包、東興鎮屯田地段本極膏腴，第因俄兵蹂躪，均各逃亡失所。雖於兵事息後，設法招集，而遍野哀鴻，撫綏非易，因循遲滯，前後數年。今幸布置有成，旗屯復業，將來地盡墾熟，生齒日繁，富而後敎，固東南旗丁一大轉機也。

清・徐世昌《東三省政略》卷八《旗務・奏陳鐵山包屯田安插完竣摺》

奏爲鐵山包田現已安插竣事，恭摺具陳，仰祈聖鑒事。竊查光緒十八九年清丈呼蘭等處地畝，奏准在北團林子所轄鐵山包地方，安插設屯田旗丁一千二百戶，巴彥蘇蘇所轄之山林地方，安設屯田旗丁六百戶，如尚有餘，再安設六百戶。嗣於光緒二十一年間奏准部覆，業經安置就緒。旋值庚子變亂，各旗丁轉徙流離，逃亡殆盡。迨二十八年起科之期，逃亡皆未復業。當經奏蒙天恩，容俟招安齊楚，再行定限升科，并將北團林子委協領員缺改爲正印協領，率屬移札鐵山包，仍飭大興屯墾。各等因遵即飭屬辦理去後。玆據署理鐵山包協領事務佐領烏珍布報稱，查照原案，按一千二百戶，每戶授地一方，計每戶四十五垧，統計五萬四千垧。又於每戶一方内以十五垧歸各屯丁管業，免其納租，以三十垧定限起科，計免其納租地共一萬八千垧，起科地三萬六千垧。并劃定界地址，東至金牛山、懷歡洞，大小馬鞍山，南至大青山、横頭山，西至鐵山包河、大呼蘭河，北至依吉密河。惟此段界內原有舊占佃戶三十九名，向隸綏化府屬餘慶縣所轄，其應納官租即由該縣征收。現查此項佃戶原占暨續領之地，共撥予四十五方。等情繪具圖説，呈請奏報前來。臣等覆查是段屯田，既經署協領續行招戶，現甫安插齊畢，所有應納租地三萬六千垧，自應照章自三十四年起限至三十九年升科。惟所有舊占佃戶，向歸餘慶縣征租，現既劃在屯田界內，應否照舊辦理，擬俟將原占暨續領各數目，飭令查明分晰具服，再行核辦。謹繪具圖説，恭呈御覽。除飭造具毗連冊籍咨部查照，并巴彥蘇蘇屯田應俟另案奏報外，謹恭摺具陳。伏乞皇太后、皇上聖鑒。謹奏。光緒三十四年三月二十六日奉朱批，度支部知道，圖并發。欽此。

清・阿克敦《德蔭堂集・宿烏魯木齊》　吐蕃界北有空城，西距陽關第六程。雪滿荒蕪連野闊，春回林木帶流清。戍兵自古需屯策，柔遠於今識虜情。欲向輪臺尋舊址，萬山高聳一峰明。

清・紀昀《烏魯木齊雜詩・風土》　山田龍口引泉澆，泉水惟憑積雪消。頭白農夫年八十，不知春雨長禾苗。

歲或不雨，雨亦僅一二次。惟資水灌田，故不患無田，而患無水。水所不至，皆棄地也。其引水出山之處，俗謂之龍口。長波一瀉細涓涓，截斷春山百尺泉。二道河旁親駐馬，方知世有漏沙田。二道河初設屯兵百名，後其田澆水輒涸，如漏卮然。乃分移其兵於三臺諸屯。

良田易得水難求，水到秋深卻漫流。我欲開渠建官閘，人言沙堰不能收。

四五月需水之時，水多不至。秋月山雪消盡，水乃大來。余欲建閘蓄水，咸言沙堰淺(溢)[隘]，閘之水必橫溢。若深浚其渠，又田高於水，水不能上。余又欲浚渠建閘而多造龍骨車引之入田，衆以爲庶幾，未及議而余已東還矣。

秋禾春麥隴相連，綠到晶河路幾千。三十四屯如綉錯，何勞轉粟上青天。

中營七屯，左營六屯，右營八屯，吉木薩五屯，瑪納斯四屯，庫爾喀拉烏素二屯，晶河二屯，共屯兵五千七百人，一屯所穫，多者逾十八石，少者亦十三四石云。

清・紀昀《烏魯木齊雜詩・典制》　綠塍田鼠紫茸毛，搜粟真堪賦老饕。八蜡祠成踪迹絕，始知周禮重迎貓。

舊有田鼠之患。自祠八蜡迄今，數歲不聞。

藁砧不擬賦刀環，歲歲攜家出玉關。海燕雙栖春夢穩，何人重唱望夫山。

安西提督所屬四營之兵，皆攜家而來。其未及攜家者，得請費於官，爲之津送。歲歲有之。

烽燧全消大漠清，弓刀閑挂只春耕。瓜期五載如彈指，誰怯輪臺萬里行。

攜家之兵，謂之眷兵。眷兵需糧較多，又三營耕而四營食，恐糧不足，更於內地調兵屯種以濟之，謂之差兵。每五年更踐。鹽菜糇糧皆加給，而內地之糧，家屬支請如故，故多樂往。

戶籍題名五種分，雖然同住不同群。就中多賴鄉三老，雀鼠時時與解紛。

烏魯木齊之民凡五種，由內地募往耕種及自塞外認墾者，謂之民戶。因行賈而認墾者，謂之商戶。由軍士子弟認墾者，謂之兵戶。原擬邊外爲民者，謂之安插戶。發往種地爲奴當差，年滿爲民者，謂之遣戶，各以戶頭鄉約統之。官衙有事，亦多問之戶頭鄉約，故充事役者，事權頗重。又有所謂園戶者，租官地以種瓜菜，每畝納銀一錢，時來時去，不在戶籍之數也。

綠野青疇界限明，農夫有畔不須爭。江都留得均田法，只有如今塞外行。

每戶給官田三十畝，其四至則注籍於官，故從無越隴之爭。

清・紀昀《烏魯木齊雜詩・民俗》　戍屯處處聚流人，百藝爭妍各自陳。攜得洋鐘才似栗，也能檢點九層輪。

流人既多，百工略備。修理鐘表，至爲巧技，有方正者能爲之。

客作登場打麥勞，左攜餅餌右松醪。雇錢鬬價煩籌計，一笑山丹蔡掾曹。

打麥必須客作。客作太多，則麥價至不能償工價。印房蔡掾種麥，估值三十金。客作乃需三十五金，旁皇無策，余曰不如以五金遣之，省此一事，衆爲絕倒。

穲稏翻翻數寸零，桔槔到手不曾停。論園仿佛如朱荔，三月商家巳買青。

二三月間，田苗已長，商家以錢給衆戶，俟熟收糧，謂之買青。

藍帔青裙烏角簪，半操北語半南音。秋來多少流人婦，僑住城南小巷深。

遣戶有妻者，秋成之後，多僑住舊城內外，開春耕作乃去。

鱗鱗小屋似蜂衙，都是新屯遣戶家。斜照銜山門早掩，晚風時裊一枝花。

昌吉、頭屯及蘆草溝屯，皆爲民遣戶所居。

界畫棋枰綠幾層，一年一度換新塍。風流都似林和靖，擔糞從來謝不能。

塞外之田，更番換種，以息地力，從無糞田之說。

辛勤十指捋烟蕪，帶月何曾解荷鋤。怪底將軍求手鏟，吏人只道舊時無。

田惟拔草，不知鋤治。伊犁將軍牒取手鏟，一時不知何物，轉於內地取之。

十里春疇雪作泥，不須分隴不須畦。珠璣信手紛紛落，一樣新秧出水齊。

布種時以手灑之，疏密了無定則，南插北耩，皆所不知也。

清・蔣業晉《立厓詩鈔・靈山水歌》

靈山在北庭阜康縣地，勢極雄峻，上有大小龍潭，周圍四五十里。明將軍慮營田水之不繼也，鑿山引流，閱數月水始下注，如匹練然。事聞於上。夏六月擇吉祭告，親陟其嶺。松風作導，玉鏡清澈無波。夜宿山頂，月出松林，萬籟俱寂，洵塵迹不到之區。晉作長句謹志其事。

靈山山脈連祁連，峰頭積雪太古前。赤烏倒射玉龍脊，化作匹練千丈當空懸。上山下澤本定位，不聞水府反據高山巔。惟皇神武拓地遠，移置萬戶耦十千。流泉灌溉沙漠少，營屯何處籌安全。元戎除弊更興利，足兵足食謀開先。靈山高探得異境，雪消爲海山爲淵。相度興工幾閱月，五丁立錘山骨穿。依山立栅架以板，預辟水道趨平川。擇吉告虔盤磴上，松風萬壑披雲烟。瑤草萋萋滿巖谷，玉鏡一碧光涵天。臨流寂靜不敢唾，恐驚潭底蛟龍眠。萬籟無聲山頂宿，松林月出恍惚來群仙。至誠相感共效順，山神水伯爭揮鞭。一氣噴薄落天上，大龍小龍下灌千頃萬頃田。考古營平行本略，屯田之利史冊傳。孰若我公理疆遠，鑿破渾沌降蜿蜒。芃芃之苗汩汩水，功歸造化人操權。山川有待事非偶，多稌多黍歌豐年。嗚呼，多稌多黍歌豐年，我公利澤永永垂窮邊。

清・蔣業晉《立厓詩鈔・古牧地》 十里見孤戍，地傳古牧名。清渠盈漠野，荒店抱屯城。驅馬渺無迹，吹笳靜有聲。聖朝孳息久，此處合催耕。

清・蔣業晉《立厓詩鈔・九日隨將軍閱庫爾喀喇烏孫城》 戊己新屯驃騎營，恰逢九日上孤城。重關不斷黃雲色，大漠長流黑水聲。萬里登高兼審勢，三邊從獵劇論兵。時平伏莽都銷歇，豈學悲歌塞上行。

清・蔣業晉《立厓詩鈔・登紅山二首》 赤霞平地起，駐馬扣雲門。到眼無屏障，當關似虎蹲。泉流滋大漠，夕陽耀千屯。戰伐今銷歇，憑高把酒論。

清・王曾翼《回疆雜詠・巴里坤》 伊吾五月如當暑，才度南山凜若秋。雪嶺千年常冰玉，炎天一雨即披裘。薪蔬珍貴來偏遠，城郭恢宏戶未稠。昔日戰場今郡縣，循良應拜富民侯。玉節西來奉詔書，籌邊原欲裕儲胥。屯田競襲營平奏，水利誰增鄭國渠。須計源泉敷灌溉，難將(早)[旱]壤辟菑畬。重臣謀國規經久，偉議惟憑卓見攄。

清・王曾翼《回疆雜詠・過哈密》 新疆南北此交衝，風土清嘉內地同。碧漲瓜田渠汩汩，翠翻麥浪野芃芃。花門夾道瞻熊軾，柳色沿堤引玉驄。小憩征驂傾艾酒，客中佳節度天中。

清・王曾翼《回疆雜詠・土魯番》 古郡傳唐代，尋碑訪舊城。花門瓜作飯，屯地馬能耕。苜蓿經霜翠，葡萄入市盈。初冬偏覺暖，應有火州名。

清・莊肇奎《胥園詩鈔・伊犁紀事》 土膏肥沃雪泉香，盡有瓜蔬獨少薑。最是早秋霜打後，菜根甘美勝吾鄉。

戈壁灘頭已駐兵，城中無水欲遷城。試傳軍令齊開井，掘處皆泉萬斛清。

伊犁江上泮冰初，雪圃才消未有蔬。齊向鼓樓南市里，一時爭買大頭魚。

春水穿沙到麥田，野花初試草連阡。沿渠抽滿新蒲笋，帶得長鑱不用錢。

六月爭求節署瓜，剖開如蜜味堪夸。白居第一青居次，下品爲黃論不差。

家室頻移幾幕氈，屯耕游牧兩生全。紛紛荒外諸蕃部，每歲輪班入覲天。

一雙烏喇跪階苔，庫庫攜將馬湩來。好飲更須燒一過，勝他戴酒出新醅。

面白於霜米粒長，千錢一石價嫌昂。鷄豚蔬果家家有，內參無如牛與羊。

車載糧多未易行，六千回戶歲收成。造舟運入倉箱滿，大漠初聞歙乃聲。

有饋鱸魚一尺長，四腮形狀似江鄉。秋風莫漫思張翰，且喜烹鮮佐客腸。

銅鐵金從山上產，屯耕需鐵採將來。寶伊錢局需銅鑄，惟有金沙禁不開。

清・鄧廷楨《雙硯齋詩鈔・回疆凱歌》 流沙險遠雪山深，幾竭司農饋餉心。從此輪臺置田卒，何勞日調萬黃金。

清・許乃谷《瑞芍軒詩鈔・也可》 也可開渠也可田，珠崖勢異漫同捐。冰天雪窟梟獍竄，豐草長林虎豹跧。要視遐荒皆赤子，底須轉粟自青天。天時地利人和得，合與中華奠萬年。

清・方士淦《啖蔗軒詩存・綏來道中》 富庶甲邊城，風沙四望平。溪流隨雪化，村樹接天清。萬頃新苗長，千峰遠黛橫。重來經此地，偏惹故鄉情。

清・韋佩金《經遺堂全集・種麥行二首爲湘浦將軍作》 多種麥，多種麥，古通西域務屯田，屯田未過渠犁北。聖朝列聖遠開疆，軍吏按簿倉餘糧。軍門超投不盡力，出城步步尋官荒。誰謂爾無牛，官廠牧犍犍添犢，去年一頭今兩頭。莫怕堤塘圮，山頂雪消遍地渠，况有官裏來行水。今春試耕暫圍營，冬日耕餘添築城。白晝打場夜推磨，兒童拍手炊餅大。

催種麥，催種麥，匆匆播種春分前，穀雨才交長及尺。曉起清聞露葉香，風起翻將碧波色。一叢移栽刳木樽，朴過田家老瓦盆。同與宿麥待秋至，令人忘是今年根。可知兩歧非爲瑞，只要人人盡地利。獨不見東郭園居達官家，開滿洛下姚黃花。又不見豆蔬之種車箱帶，種出邊人壓肩賣。何况普天皇土宜作甘，莫待天雨烏鴉銜。眼看登場勸耕衆，轉眼更把秋禾種。闐玉秦珠不入貢，寶氣家家騰飯瓮。

清・成書《多歲堂雜詩・蔡把什湖》 草湖富地利，開屯集衆工。屯兵雜戍卒，合作力不慵。但多播種勞，而無芟薙功。良田與惡草，相伴各青葱。耕報雖鹵莽，終不礙歲豐。薰風五月交，雪山水融融。長渠亘百里，畎澮無不通。灌溉既云足，曲折任所終。永無水旱憂，日見倉廩充。兵食與民食，乃將取攜同。煌煌萬世利，創作欽群公。使臣莅斯土，典守唯兵農。高秋看刈穫，原野來清風。椎牛飲將士，拾穗喧兒童。勸其廣積蓄，節儉免困窮。

清・成書《多歲堂雜詩・東行巡屯四首》 經年困道路，此日復東行。爲校軍臺政，來巡屯籍氓。秋風吹曠野，夕照下邊城。萬里逢搖落，憑高無限情。

驅車臨沙磧，殘月尚朦朧。九夏祁連雪，凌晨閶闔風。疏楊垂弱縷，野卉弄輕紅。塞上悲秋客，凄涼孰與同？

路轉青山口，濃陰送野涼。塞雲飛漠漠，烟樹鬱蒼蒼。廢堠荆榛裏，孤村清潤旁。午晴時極目，空羡雁南翔。

漸近沁城路，公田次第看。雪深知歲稔，霜早怯秋寒。屯戍爭趨接，邊防愧撫安。西成眞有象，多稼已場攢。

清・成書《多歲堂雜詩・回莊子》 亂山去無際，砂礫爲平川。渺然見村落，孤迥殊可憐。屯衆三五家，茅棟八九椽。門前有老樹，屋傍有流泉。泉流不出村，渟泓作方園。平疇望可盡，禾黍亦陌阡。天生一掬水，灌此百畝田。如從稱量出，不過亦不愆。芳草綠滿地，野花紅欲燃。不意桃源境，落此戈壁天。驅車去未遠，回首意再牽。依然入大漠，百里無人烟。

清・成書《多歲堂雜詩・塔爾納沁》 亂石卧斜陽，孤城接大荒。秋原認禾黍，低草見牛羊。烟火新屯聚，風雲古戰場。無由問沿革，獨立向蒼茫。

清・成書《多歲堂雜詩・伊吾絶句》 滿眼風烟大漠沉，戰場舊鬼哭天陰。髑髏如斗沙邊卧，旁有兜牟一翅金。

早耕晚穫看農忙，一熟須教歇兩荒。蔡巴什湖四千畝，三秋麥豆始登場。

荷鍤開畦四月天，不須好雨潤芳田。眞陽融盡陰山雪，頃刻飛來百道泉。

烟墩閙上柳千竿，水繞茅亭白石瀾。密葉深叢無限好，秋風錯認碧琅玕。

東屯風景亦全諳，怪石驚沙百不堪。楊柳數株泉一道，沁城已是小江南。

燈槽古驛亂山巔，咫尺炎涼各一天。正是中元明月夜，雪花如掌落檐前。

剜瓜打餅過中秋，郎去屯田妾獨留。請得蘭州白檀速，拜香同上廟兒溝。

瓜畦麥隴任斜橫，東作初興幷日營。播種不愁牛力盡，駱駝身負夕陽耕。

清·王樹枬《文莫室詩·説園雜咏·戊巳亭》 當日屯田擁漢兵，中央校尉錫嘉名。十年生聚慚無術，萬里膏腴半可耕。春雨田原留夙駕，秋風草木帶邊聲。聖朝屢下齊民詔，一曲胡歌唱太平。

清·王樹枬《文莫室詩·説園雜咏·望歲亭》 落日黃鷄大野秋，豚蹄處處祝車篝。古稱上地千鍾利，富比人生萬戶侯。亂後荒田憂土滿，年來生計病民稠。夜籌本事安邊策，頻上孤亭看水流。

清·祁韵士《西郵竹枝詞·兵屯》 細柳雲屯劍氣寒，貔貅百萬勢桓桓。列城碁布星羅日，閫外羣尊大將壇。

雜録

《漢書》卷二七中之下《五行志》 景帝中三年秋，蝗。先是，匈奴寇邊，中尉不害將車騎材官士屯代高柳。

《漢書》卷九四上《匈奴傳》 票騎之出代二千餘里，與左王接戰，漢兵得胡首虜凡七萬餘人，左王將皆遁走。票騎封於狼居胥山，禪姑衍，臨翰海而還。

是後匈奴遠遁，而幕南無王庭。漢度河自朔方以西至令居，往往通渠置田官，吏卒五六萬人，稍蠶食，地接匈奴以北。

初，漢兩將大出圍單于，所殺虜八九萬，而漢士物故者亦萬數，漢馬死者十餘萬匹。匈奴雖病，遠去，而漢馬亦少，無以復往。單于用趙信計，遣使好辭請和親。天子下其議，或言和親，或言遂臣之。丞相長史任敞曰：匈奴新困，宜使爲外臣，朝請于邊。漢使敞使於單于。單于聞敞計，大怒，留之不遣。先是漢亦有所降匈奴使者，單于亦輒留漢使相當。漢方復收士馬，會票騎將軍去病死，于是漢久不擊胡。

數歲，伊穉斜單于立十三年死，子烏維立爲單于。是歲，元鼎三年也。烏維單于立，而漢武帝始出巡狩郡縣。其後漢方南誅兩越，不擊匈奴，匈奴亦不入邊。

烏維立三年，漢已滅兩越，遣故太僕公孫賀將萬五千騎出九原二千餘里，至浮苴井，從票侯趙破奴萬餘騎出令居數千里，至匈奴河水，皆不見匈奴一人而還。

是時，天子巡邊，親至朔方，勒兵十八萬騎以見武節，而使郭吉風告單于。既至乃自請與呼盧訾王各將萬騎南旁塞獵，相逢俱入。行未到，會三騎亡降漢，言匈奴欲爲寇。於是天子詔發邊騎屯要害處，使大將軍軍監治衆等四人將五千騎，分三隊，出塞各數百里，捕得虜各數十人而還。時匈奴亡其三騎，不敢入，卽引去。是歲也，匈奴飢，人民畜產死十六七。又發兩屯各萬騎以備漢。其秋，匈奴前所得西嗕居左地者，其君長以下數千人皆驅畜產行，與甌脱戰，所戰殺傷甚衆，遂南降漢。

其明年，西域城郭共擊匈奴，取車師國，得其王及人衆而去。單于復以車師王昆弟兜莫爲車師王，收其餘民東徙，不敢居故地。而漢益遣屯士分田車師地以實之。其明年，匈奴怨諸國共擊車師，遣左右大將各萬餘騎屯田右地，欲以侵迫烏孫西域。後二歲，匈奴遣左右奧鞬各六千騎，與左大將再擊漢之田車師城者，不能下。其明年，丁令比三歲入盜匈奴，殺略人民數千，驅馬畜去。匈奴遣萬餘騎往擊之，無所得。其明年，單于將十萬餘騎旁塞獵，欲入邊寇。未至，會其民題除渠堂亡降漢言狀，漢以爲言兵鹿奚盧侯而遣後將軍趙充國將兵四萬餘騎屯緣邊九郡備虜。月餘，單于病歐血，因不敢入，還去，卽罷兵。乃使題王都犂胡次等入漢，請和親，未報，會單于死。是歲，神爵二年也。

《漢書》卷九五《西南夷傳》 至成帝河平中，夜郎王興與鉤町王禹、漏卧侯愈更舉兵相攻。牂柯太守請發兵誅興等，議者以爲道遠不可擊，乃遣太中大夫蜀郡張匡持節和解。興等不從命，刻木象漢吏，立道旁射之。杜欽說大將軍王鳳曰：太中大夫匡使和解蠻夷王侯，王侯受詔，已復相攻，輕易漢使，不憚國威，其效可見。恐議者選耎，復守和解，太守察動靜，有變乃以聞。如此，則復曠一時，王侯得收獵其衆，申固其謀，黨助衆多，各不勝忿，必相殄滅。自知罪成，狂犯守尉，遠臧溫暑毒草之地，雖有孫吳將，賁育士，若入水火，往必焦沒，知勇亡所施。屯田守之，費不可勝量。宜因其罪惡未成，未疑漢家加誅，陰敕旁郡守尉練士馬，大司農豫調穀積要害處，選任職太守往，以秋涼時入，誅其王侯尤不軌者。卽以爲不毛之地，亡用之民，聖王不以勞中國，宜罷郡，放棄其民，絶其王侯勿復通。如以先帝所立累世之功不可墮壞，亦宜因其萌牙，早斷絶之，及已成形然後戰師，則萬姓被害。

《漢書》卷九六上《西域傳》 漢興至於孝武，事征四夷，廣威德，而張騫始開西域之迹。其後驃騎將軍擊破匈奴右地，降渾邪、休屠王，遂空其地，始築令居以西，初置酒泉郡，後稍發徙民充實之，分置武威、張掖、敦煌，列四郡，據兩關焉。自貳師將軍伐大宛之後，西域震懼，多遣使來貢獻，漢使西域者益得職。於是自敦煌西至鹽澤，往往起亭，而輪臺、渠犂皆有田卒數百人，置使者校尉領護，以給使外國者。

至宣帝時，遣衛司馬使護鄯善以西數國。及破姑師，未盡殄，分以爲車師前後王及山北六國。時漢獨護南道，未能盡并北道也，然匈奴不自安矣。其後日逐王畔單于，將衆來降，護鄯善以西使者鄭吉迎之。既至漢，封日逐王爲歸德侯，吉爲安遠侯。是歲，神爵三年也。乃因使吉并護北道，故號曰都護。都護之起，自吉置矣。僮僕都尉由此罷，匈奴益弱，不得近西域。於是徙屯田，田於北胥鞬，披莎車之地，屯田校尉始屬都護。都護督察烏孫、康居諸外國動静，有變以聞。可安輯，安輯之；可擊，擊之。都護治烏壘城，去陽關二千七百三十八里，與渠犂田官相近，土地肥饒，於西域爲中，故都護治焉。

至元帝時，復置戊己校尉，屯田車師前王庭。是時匈奴東蒲類王茲力支將人衆千七百餘人降都護，都護分車師後王之西爲烏貪訾離地以處之。

同上 元鳳四年，大將軍霍光白遣平樂監傅介子往刺其王。介子輕將勇敢士，齎金幣，揚言以賜外國爲名。既至樓蘭，詐其王欲賜之，王喜，與介子飲，醉，將其王屏語，壯士二人從後刺殺之，貴人左右皆散走。介子告諭以王負漢罪，天子遣我誅王，當更立王弟尉屠耆在漢者。漢兵方至，毋敢動，自令滅國矣！介子遂斬王嘗歸首，馳傳詣闕，縣首北闕下。封介子爲義陽侯。乃立尉屠耆爲王，更名其國爲鄯善，爲刻印章，賜以宮女爲夫人，備車騎輜重，丞相[將軍]率百官送至横門外，祖而遣之。王自請天子曰：身在漢久，今歸，單弱，而前王有子在，恐爲所殺。國中有伊循城，其地肥美，願漢遣將屯田積穀，令臣得依其威重。於是漢遣司馬一人、吏士四十人，田伊循以塡撫之。其後更置都尉。伊循官置始此矣。

同上 自武帝初通西域，置校尉，屯田渠犂。是時軍旅連出，師行三十二年，海内虚耗。征和中，貳師將軍李廣利以軍降匈奴。上既悔遠征伐，而搜粟都尉桑弘羊與丞相御史奏言：故輪臺(以)東捷枝、渠犂皆故國，地廣，饒水草，有溉田五千頃以上，處溫和，田美，可益通溝渠，種五穀，與中國同時孰。其旁國少錐刀，貴黄金采繒，可以易穀食，宜給足不(可)乏。臣愚以爲可遣屯田卒詣故輪臺以東，置校尉三人分護，各舉圖地形，通利溝渠，務使以時益種五穀。張掖、酒泉遣騎假司馬爲斥候，屬校尉，事有便宜，因騎置以聞。田一歲，有積穀，募民壯健有累重敢徙者詣田所，就畜積爲本業，益墾溉田，稍築列亭，連城而西，以威西國，輔烏孫，爲便。臣謹遣徵事臣昌分部行邊，嚴敕太守都尉明㷭火，選士馬，謹斥候，蓄茭草。願陛下遣使使西國，以安其意。臣昧死請。

上乃下詔，深陳既往之悔，曰：前有司奏，欲益民賦三十助邊用，是重困老弱孤獨也。而今又請遣卒田輪臺。輪臺西於車師千餘里，前開陵侯擊車師時，危須、尉犂、樓蘭六國子弟在京師者皆先歸，發畜食迎漢軍，又自發兵，凡數萬人，王各自將，共圍車師，降其王。諸國兵便罷，力不能復至道上食漢軍。漢軍破城，食至多，然士自載不足以竟師，彊者盡食畜產，羸者道死數千人。朕發酒泉驢橐駝負食，出玉門迎軍。吏卒起張掖，不甚遠，然尚厮留甚衆。曩者，朕之不明，以軍候弘上書言匈奴縛馬前後足，置城下，馳言秦人，我匄若馬，又漢使者久留不還，故興(師)遣貳師將軍，欲以爲使者威重也。古者卿大夫與謀，參以蓍龜，不吉不行。乃者以縛馬書徧視丞相御史二千石諸大夫郎爲文學者，乃至郡屬國都尉成忠、趙破奴等，皆以虜自縛其馬，不祥甚哉！或以爲欲以見彊，夫不足者視人有餘。《易》之，卦得《大過》，爻在九五，匈奴困敗。公車方士、太史治星望氣，及太卜龜蓍，皆以爲吉，匈奴必破，時不可再得也。又曰北伐行將，於鬴山必克。卦諸將，貳師最吉。故朕親發貳師下鬴山，詔之必毋深入。今計謀卦兆皆反繆。重合侯(毋)[得]虜候者，言聞漢軍當來，匈奴使巫埋羊牛所出諸道及水上以詛軍。單于遺天子馬裘，常使巫祝之。縛馬者，詛軍事也。又卜漢軍一將不吉。匈奴常言漢極大，然不能飢渴，失一狼，走千羊。乃者貳師敗，軍士死略離散，悲痛常在朕心。今請遠田輪臺，欲起亭隧，是擾勞天下，非所以優民也。今朕不忍聞。大鴻臚等又議，欲募囚徒送匈奴使者，明封侯之賞以報忿，五伯所弗能爲也。且匈奴得漢降者，常提掖搜索，問以所聞。今邊塞未正，闌出不禁，障候長吏使卒獵獸，以皮肉爲利，卒苦而烽火乏，失亦上集不得，後降者來，若捕生口虜，乃知之。當今務在禁苛暴，止擅賦，力本農，脩馬復令，以補缺，毋乏武備而已。郡國二千石各上進畜馬方略補邊狀，與計對。由是不復出軍。而封丞相車千秋爲富民侯，以明休息，思富養民也。

初，貳師將軍李廣利擊大宛，還過杅彌，杅彌遣太子賴丹爲質於龜茲。廣利責龜茲曰：外國皆臣屬於漢，龜茲何以得受杅彌質？即將賴丹入至京師。昭帝乃用桑弘羊前議，以杅彌太子賴丹爲校尉將軍，田輪臺，輪臺與渠犂地皆相連也。龜茲貴人姑翼謂其王曰：賴丹本臣屬吾國，今佩漢印綬來，迫吾國而田，必爲害。王即殺賴丹，而上書謝漢，漢未能征。

同上　昭帝時，匈奴復使四千騎田車師。宣帝即位，遣五將將兵擊匈奴，車師田者驚去，車師復通於漢。匈奴怒，召其太子軍宿，欲以爲質。軍宿，焉耆外孫，不欲質匈奴，亡走焉耆。車師王更立子烏貴爲太子。及烏貴立爲王，與匈奴結婚姻，教匈奴遮漢道通烏孫者。

地節二年，漢遣侍郎鄭吉、校尉司馬憙將免刑罪人田渠犂，積穀，欲以攻車師。至秋收穀，吉、憙發城郭諸國兵萬餘人，自與所將田士千五百人共擊車師，攻交河城，破之。王尚在其北石城中，未得，會軍食盡，吉等且罷兵，歸渠犂田。(秋收)[收秋]畢，復發兵攻車師王於石城。王聞漢兵且至，北走匈奴求救，匈奴未爲發兵。王來還，與貴人蘇猶議欲降漢，恐不見信。蘇猶教王擊匈奴邊國小蒲類，斬首，略其人民，以降吉。車師旁小金附國隨漢軍後盜車師，車師王復自請擊破金附。

匈奴聞車師降漢，發兵攻車師，吉、憙引兵北逢之，匈奴不敢前。吉、憙即留一候與卒二十人留守王，吉等引兵歸渠犂。車師王恐匈奴兵復至而見殺也，乃輕騎奔烏孫，吉即迎其妻子置渠犂。東奏事，至酒泉，有詔還田渠犂及車師，益積穀以安西國，侵匈奴。吉還，傳送車師王妻子詣長安，賞賜甚厚，每朝會四夷，常尊顯以示之。於是吉始使吏卒三百人別田車師。得降者言，單于大臣皆曰車師地肥美，近匈奴，使漢得之，多田積穀，必害人國，不可不爭也。果遣騎來擊田者，吉乃與校尉盡將渠犂田士千五百人往田，匈奴復益遣騎來，漢田卒少不能當，保車師城中。匈奴將即其城下謂吉曰：單于必爭此地，不可田也。圍城數日乃解。後常數千騎往來守車師，吉上書言：車師去渠犂千餘里，間以河山，北近匈奴，漢兵在渠犂者勢不能相救，願益田卒。公卿議以爲道遠煩費，可且罷車師田者。詔遣長羅侯將張掖、酒泉騎出車師北千餘里，揚威武車師旁。胡騎引去，吉乃得出，歸渠犂，凡三校尉屯田。

車師王之走烏孫也，烏孫留不遣，遣使上書，願留車師王，備國有急，可從西道以擊匈奴。漢許之。於是漢召故車師太子軍宿在焉耆者，立以爲王，盡徙車師國民令居渠犂，遂以車師故地與匈奴。車師王得近漢田官，與匈奴絕，亦安樂親漢。後漢使侍郎殷廣德責烏孫，求車師王烏[孫]貴將詣闕，賜第與其妻子居。是歲，元康四年也。其後置戊己校尉屯田，居車師故地。

元始中，車師後王國有新道，出五船北，通玉門關，往來差近，戊己校尉徐普欲開以省道里半，避白龍堆之阸。車師後王姑句以道當爲拄置，心不便也。地又頗與匈奴南將軍地接，普欲分明其界然後奏之，召姑句使證之，不肯，繫之。姑句數以牛羊賕吏，求出不得。姑句家矛端生火，其妻股紫陬謂姑句曰：矛端生火，此兵氣也，利以用兵。前車師前王爲都護司馬所殺，今久繫必死，不如降匈奴。即馳突出高昌壁，入匈奴。

《後漢書》卷八五《東夷列傳》　順帝陽嘉元年，置玄菟郡屯田六部。質、桓之閒，復犯遼東西安平，殺帶方令，掠得樂浪太守妻子。建寧二年，玄菟太守耿臨討之，斬首數百級，伯固降服，乞屬玄菟云。

《後漢書》卷八七《西羌傳》　時西海及大、小榆谷左右無復羌寇。隃麋相曹鳳上言：西戎爲害，前世所患，臣不能紀古，且以近事言之。自建武以來，其犯法者，常從燒當種起。所以然者，以其居大、小榆谷，土地肥美，又近塞內，諸種易以爲非，難以攻伐。南得鍾存以廣其衆，北阻大河因以爲固，又有西海魚鹽之利，緣山濱水，以廣田蓄，故能彊大，常雄諸種，恃其權勇，招誘羌胡。今者衰困，黨援壞沮，親屬離叛，餘勝兵者不過數百，亡逃棲竄，遠依發羌。臣愚認爲宜及此時，建復西海郡縣，規固二榆，廣設屯田，隔塞羌胡交關之路，遏絶狂狡窺欲之源。又殖穀富邊，省委輸之役，國家可以無西方之優。於是拜鳳爲金城西部都尉，將徙士屯龍耆。後金城長史上官鴻上開置歸義、建威屯田二十七部，侯霸復上置東西邯屯田五部，增留、逢二部，帝皆從之。列屯夾河，合三十四部。其功垂立。至永初中，諸羌叛，乃罷。迷唐失衆，病死。有一子來降，户不滿數十。

同上　順帝永建元年，隴西鍾羌反，校尉馬賢將七千餘人擊之，戰於臨洮，斬首千餘級，皆率種人降。進封賢都鄉侯。自是涼州無事。

至四年，尚書僕射虞詡上疏曰：臣聞子孫以奉祖爲孝，君上以安民爲明，此高宗、周宣所以上配湯、武也。《禹貢》雍州之域，厥田惟上。且沃野千里，穀稼殷積，又有龜茲鹽池以爲民利。水草豐美，土宜産牧，牛馬銜尾，羣羊塞道。北阻山河，乘阸據險。因渠以溉，水舂河漕。用功省少，而軍糧饒足。故孝武皇帝及光武築朔方，開西河，置上郡，皆爲此也。而遭元元無妄之災，衆羌内潰，郡縣兵荒二十餘年。夫棄沃壤之饒，損自然之財，不可謂利；離河山之阻，守無險之處，難以爲固。今三郡未復，園陵單外，而公卿選懦，容頭過身，張解設難，但計所費，不圖其安。宜開聖德，考行所長。書奏，帝乃復三郡。使謁者郭璜督促徙者，各歸舊縣，繕城郭，置候驛。既而激河浚渠爲屯田，省内郡費歲一億計。遂令安定、北地、上郡及隴西、金城常儲穀粟，令周數年。

同上　馬賢以犀苦兄弟數背叛，因繫質於令居。其冬，賢坐徵免，右扶風韓皓代爲校尉。明年，犀苦詣皓自言求歸故地，皓復不遣。因轉湟中屯田，置兩河閒，以逼羣羌。皓復坐徵，張掖太守馬續代爲校尉。兩河閒羌以屯田近之，恐必見圖，乃解仇詛盟，各自儆備。續欲先示恩信，乃上移屯田還湟中，羌意乃安。至陽嘉元年，以湟中地廣，更增置屯田五部，并爲十部。二年夏，復置隴西南部都尉如舊制。

三年，鍾羌良封等復寇隴西、漢陽，詔拜前校尉馬賢爲謁者，鎮撫諸種。馬續遣兵擊良封，斬首數百級。四年，馬賢亦發隴西吏士及羌胡兵擊殺良封，斬首千八百級，獲馬牛羊五萬餘頭，良封親屬並詣[賢]降。賢復進擊鍾羌且昌，且昌等率諸種十餘萬詣涼州刺史降。永和元年，馬續遷度遼將軍，復以馬賢代爲校尉。初，武都塞上白馬羌攻破屯官，反叛連年。二年春，廣漢屬國都尉擊破之，斬首六百餘級，馬賢又擊斬其渠帥飢指累祖等三百級，於是隴右復平。明年冬，燒當種那離等三千餘騎寇金城塞，馬賢將兵赴擊，斬首四百餘級，獲馬千四百匹。那離等復西招羌胡，殺傷吏民。

四年，馬賢將湟中義從兵及羌胡萬餘騎掩擊那離等，斬之，獲首虜千二百餘級，得馬騾羊十萬餘頭。徵賢爲弘農太守，以來機爲并州刺史，劉秉爲涼州刺史，並當之職。大將軍梁商謂機等曰：戎狄荒服，蠻夷要服，言其荒忽無常。而統領之道，亦無常法，臨事制宜，略依其俗。今三君素性疾惡，欲分明白黑。孔子曰：人而不仁，疾之已甚，亂也。況戎狄乎！其務安羌胡，防其大故，忍其小過。機等天性虐刻，遂不能從。到州之日，多所擾發。

五年夏，且凍、傅難種羌等遂反叛，攻金城，與西塞及湟中雜種羌胡大寇三輔，殺害長吏。機、秉並坐徵。於是發京師近郡及諸州兵討之，拜馬賢爲征西將軍，以騎都尉耿叔副，將左右羽林、五校士及諸州郡兵十萬人屯漢陽。又於扶風、漢陽、隴道作塢壁三百所，置屯兵，以保聚百姓。且凍分遣種人寇武都，燒隴關，掠苑馬。六年春，馬賢將五六千騎擊之，到射姑山，賢軍敗，賢及二子皆戰歿。

《後漢書》卷八八《西域傳》　武帝時，西域内屬，有三十六國。漢爲置使者、校尉領護之。宣帝改曰都護。元帝又置戊己二校尉，屯田於車師前王庭。哀平閒，自相分割爲五十五國。王莽篡位，貶易侯王，由是西域怨叛，與中國遂絶，並復役屬匈奴。匈奴斂税重刻，諸國不堪命，建武中，皆遣使求内屬，願請都護。光武以天下初定，未遑外事，竟不許之。會匈奴衰弱，莎車王賢誅滅諸國，賢死之後，遂更相攻伐。小宛、精絶、戎盧、且末爲鄯善所并。渠勒、皮山爲于窴所統，悉有其地。郁立、單桓、孤胡、烏貪訾離爲車師所滅。後其國並復立。永平中，北虜乃脅諸國共寇河西郡縣，城門晝閉。十六年，明帝乃命將帥，北征匈奴，取伊吾盧地，置宜禾都尉以屯田，遂通西域，于窴諸國皆遣子入侍。西域自絶六十五載，乃復通焉。明年，始置都護、戊己校尉。及明帝崩，焉耆、龜茲攻没都護陳睦，悉覆其衆，匈奴、車師圍戊己校尉。建初元年春，酒泉太守段彭大破車師於交河城。章帝不欲疲敝中國以事夷狄，乃迎還戊己校尉，不復遣都護。二年，復罷屯田伊吾，匈奴因遣兵守伊吾地。時軍司馬班超留于窴，綏集諸國，和帝永元元年，大將軍竇憲大破匈奴。二年，憲因遣副校尉閻槃將二千餘騎掩擊伊吾，破之。三年，班超遂定西域，因以超爲都護，居龜兹。復置戊己校尉，領兵五百人，居車師前部高昌壁，又置戊部候，居車師後部候城，相去五百里。六年，班超復擊破焉耆，於是五十餘國悉納質内屬。其條支、安息諸國至於海瀕四萬里外，皆重譯貢獻。九年，班超遣掾甘英窮臨西海而還。皆前世所不至，山經所未詳，莫不備其風土，傳其珍怪焉。於是遠國蒙奇、兜勒皆來歸服，遣使貢獻。

及孝和晏駕，西域北畔。安帝永初元年，頻攻圍都護任尚、段禧等，朝廷以其險遠，難相應赴，詔罷都護。自此遂棄西域。北匈奴卽復收屬諸國，共爲邊寇十餘歲。敦煌太守曹宗患其暴害，元初六年，乃上遣行長史索班，將千餘人屯伊吾以招撫之，於是車師前王及鄯善王來降。數月，北匈奴復率車師後部王共攻沒班等，遂擊走其前王。鄯善逼急，求救於曹宗，宗因此請出兵擊匈奴，報索班之恥，復欲進取西域。鄧太后不許，但令置護西域副校尉，居敦煌，復部營兵三百人，羈縻而已。其後北虜連與車師入寇河西，朝廷不能禁，議者因欲閉玉門、陽關，以絕其患。

延光二年，敦煌太守張璫上書陳三策，以爲北虜呼衍王常展轉蒲類、秦海之閒，專制西域，共爲寇鈔。今以酒泉屬國吏士二千餘人集昆侖塞，先擊呼衍王，絕其根本，因發鄯善兵五千人脅車師後部，此上計也。若不能出兵，可置軍司馬，將士五百人，四郡供其犂牛、穀食，出據柳中，此中計也。如又不能，則宜棄交河城，收鄯善等悉使入塞，此下計也。朝廷下其議。尚書陳忠上疏曰：臣聞八蠻之寇，莫甚北虜。漢興，高祖窘平城之圍，太宗屈供奉之恥。故孝武憤怒，深惟久長之計，命遣虎臣，浮河絕漠，窮破虜庭。當斯之役，黔首隕於狼望之北，財幣糜於盧山之壑，府庫單竭，杼柚空虛，筭至舟車，貲及六畜。夫豈不懷，慮久故也。遂開河西四郡，以隔絕南羌，收三十六國，斷匈奴右臂。是以單于孤特，鼠竄遠藏。至於宣、元之世，遂備蕃臣，關徼不閉，羽檄不行。由此察之，戎狄可以威服，難以化狎。西域內附日久，區區東望扣關者數矣，此其不樂匈奴慕漢之效也。今北虜已破車師，埶必南攻鄯善，棄而不救，則諸國從矣。若然，則虜財賄益增，膽埶益殖，威臨南羌，與之交連。如此，河西四郡危矣。河西既危，不得不救，則百倍之役興，不訾之費發矣。議者但念西域絕遠，卹之煩費，不見先世苦心勤勞之意也。方今邊境守禦之具不精，內郡武衛之備不脩，敦煌孤危，遠來告急，復不輔助，內無以慰勞吏民，外無以威示百蠻。蹙國減土，經有明誡。臣以爲敦煌宜置校尉，案舊增四郡屯兵，以西撫諸國。庶足折衝萬里，震怖匈奴。帝納之，乃以班勇爲西域長史，將弛刑士五百人，西屯柳中。勇遂破平車師。自建武至於延光，西域三絕三通。順帝永建二年，勇復擊降焉耆。於是龜兹、疏勒、于窴、莎車等十七國皆來服從，而烏孫、葱領已西遂絕。六年，帝以伊吾舊膏腴之地，傍近西域，匈奴資之，以爲鈔暴，復令開設屯田如永元時事，置伊吾司馬一人。自陽嘉以後，朝威稍損，諸國驕放，轉相陵伐。元嘉二年，長史王敬爲于窴所沒。永興元年，車師後王復反攻屯營。雖有降首，曾莫懲革，自此浸以疏慢矣。班固記諸國風土人俗，皆已詳備《前書》。今撰建武以後其事異於先者，以爲《西域傳》，皆安帝末班勇所記云。

同上　永興元年，車師後部王阿羅多與戊部候嚴皓不相得，遂忿戾反畔，攻圍漢屯田且固城，殺傷吏士。後部候炭遮領餘人畔阿羅多詣漢吏降。阿羅多迫急，將其母妻子從百餘騎亡走北匈奴中，敦煌太守宋亮上立後部故王軍就質子卑君爲後部王。後阿羅多復從匈奴中還，與卑君爭國，頗收其國人。戊校尉閻詳慮其招引北虜，將亂西域，乃開信告示，許復爲王，阿羅多乃詣詳降。於是收奪所賜卑君印綬，更立阿羅多爲王，仍將卑君還敦煌，以後部人三百帳別屬役之，食其稅。

《北史》卷九五《赤土傳》　隋煬帝嗣位，募能通絕域者。大業三年，屯田主事常駿、虞部主事王君政等請使赤土。帝大悅，遣賚物五千段以賜赤土王。

北魏・酈道元《水經注》卷二《河水二》　河水又東逕允川而歷大榆、小榆谷北，羌迷唐鍾存所居也。永元五年，貫友代聶尚爲護羌校尉，攻迷唐，斬獲八百餘級，收其熟麥數萬斛，於逢留河上築城以盛麥，且作大航於河峽，作橋渡兵，迷唐遂遠依河曲。永元九年，迷唐復與鍾存東寇而還。十年，謁者王信、耿譚西擊迷唐，降之，詔聽還大小榆谷。迷唐以漢造河橋，兵來無時，故地不可居，復叛居河曲，與羌爲讎，種人與官兵擊之允川，去迷唐數十里營止，遣輕兵挑戰，因引還，迷唐追之，至營，因戰，迷唐敗走，於是西海及大、小榆谷無復聚落。隃糜相曹鳳上言：建武以來，西戎數犯法，常從燒當種起。所以然者，以其居大、小榆谷，土地肥美，又近塞內，與諸種相傍，南得鍾存，以廣其衆。北阻大河，因以爲固，又有西海魚鹽之利，緣山濱河以廣田畜，故能彊大，常雄諸種。今黨援沮壞，親屬離叛，其餘勝兵不過數百，宜及此時，建復西海郡縣，規固二榆，廣設屯田，隔塞羌胡交關之路，殖穀富邊，省輸轉之役。上拜鳳爲金城西部都尉，遂開屯田二十七部。列屯夾河，與建威相首尾。後羌反，遂罷。

同上　河水又東，注賓城南，又東逕樓蘭城南而東注，董祐誠曰：《注》稱墢田士所屯，故城禪國名，蓋樓蘭田士屯此，非樓蘭治也。蓋墢田士所屯，朱訛作發田土。趙、全云：當作墢田士，即屯田卒也。趙、戴改同。故城禪國名耳。

同上　敦薨之水，自海西逕尉犂國。國治尉犂城，西去都護治所三百里，北去焉耆百里。其水又西出沙山鐵關谷。又西南流，逕連城別注，裂以爲田。桑弘羊曰：臣愚以爲連城以西，可遣屯田，以威西國。即此處也。其水又屈而南，逕渠犂國西。故《史記》曰：西有大河。即斯水也。又東南流，逕渠犂國南。治渠犂城，西北去烏壘三百三十里。漢武帝通西域，屯渠犂，即此處也。南與精絕接，東北與尉犂接，又南流注於河。

同上　川水又東南流，逕於輪臺之東也。昔漢武帝初通西域，置校尉屯田於此。搜粟都尉桑弘羊奏言：故輪臺以東，地廣，饒水草，可溉田五千頃以上。其處溫和田美，可益通溝渠，種五穀，收穫與中國同。時匈奴弱，不敢近西域，於是徙莎車相去千餘里，即是臺也。其水又東南流，右會西川枝水，水有二源，俱受西川。東流逕龜茲城南，合爲一水。水閒有故城，蓋屯校所守也。

同上　枝河又東逕莎車國南，治莎車城，西南去蒲犂七百四十里。漢武帝開西域，屯田於此。

同上　注濱河又東，逕鄯善國北，治伊循城，故樓蘭之地也。樓蘭王不恭於漢。元鳳四年，霍光遣平樂監傅介子刺殺之，更立後王。漢又立其前王質子尉屠耆爲王，更名其國爲鄯善。百官祖道橫門。王自請天子曰：身在漢久，恐爲前王子所害，國有伊循城，土地肥美，願遣將屯田積粟，令得依威重。遂置田以鎮撫之。敦煌索勱，字彥義，有才略。刺史毛奕表行貳師將軍將酒泉、敦煌兵千人，至樓蘭屯田，起白屋，召鄯善、焉耆、龜茲三國兵各千，橫斷注濱河。河斷之日，水奮勢激，波陵冒隄。

北魏・酈道元《水經注》卷二七《沔水上》　漢水又東，黃沙水左注之。水北出遠山，山谷邃險，人跡罕交，溪曰五丈溪。水側有黃沙屯，諸葛亮所開也。【略】漢水又東合褒水，水西北出衙嶺山，東南逕大石門，歷故棧道下谷，俗謂千梁無柱也。諸葛亮《與兄瑾書》云：前趙子龍退軍，燒壞赤崖以北閣道緣谷一百餘里，其閣梁一頭入山腹，其一頭立柱於水中。今水大而急，不得安柱，此其窮極，不可強也。又云：頃大水暴出，赤崖以南，橋閣悉壞。時趙子龍與鄧伯苗一戍赤崖屯田，一戍赤崖口，但得緣崖與伯苗相聞而已。

《舊唐書》卷一九四上《突厥上》　臣聞漢拜郅都，匈奴避境；趙命李牧，林胡遠竄。則朔方之安危，邊城之勝負，地方千里，制在一賢。其邊州刺史不可不慎擇，得其人而任之。蒐乘訓兵，屯田積粟，謹設烽燧，精飾戈矛，來則懲而禦之，去則備而守之，此又古之善經也。去歲亢陽，天下不稔，利在保境，不可窮兵。使內郡黔黎，各安其業，擇其宰牧，輕其賦徭，事無過舉，爵不以私。愛人之財，節其徭役；惜人之力，不廣臺榭。察地利天時以趨耕穫，命秋獮冬狩以教戰陣。則數年之後，有勇知方，帑世藏山積，金革犀利。然後整六軍，絕大漠，雷擊萬里，風掃二庭，斬蹛林之酋，縣槀街之邸，使百蠻震怖，五兵載戢，則上合天時，下順人事。理內以及外，綏近以來遠，以惠中國，以靜四方。臣少慕文儒，不習軍旅，奇正之術，多媿前良，獻替是司，輕陳瞽議。

上覽而善之。默啜於是殺我行人假鴻臚卿臧思言。思言對賊不屈節，特贈鴻臚卿，仍命左屯衛大將軍張仁亶攝右御史臺大夫，充朔方道大總管以禦之。仁亶始於河外築三受降城，絕其南寇之路。

《舊唐書》卷一九六上《吐蕃傳上》　天寶十四載，贊普乞黎蘇籠獵贊死，大臣立其子婆悉籠獵贊爲主，復爲贊普。玄宗遣京兆少尹崔光遠兼御史中丞，持節賫國信冊命弔祭之。及還，而安祿山已竊據洛陽，以河、隴兵募令哥舒翰爲將，屯潼關。

昔秦以隴山已西爲隴西郡。漢懷匈奴於河右，置姑臧、張掖、酒泉、伊吾等郡；又於磧外置西域都護，控引胡國；又分隴西爲金城、西平等郡，雜以氐、羌居之。歷代喪亂，不爲賢豪所據，則爲遠夷侵廢，迨千年矣。武德初，薛仁杲奄有隴上之地，至於河虜；李軌盡有涼州之域，通於磧外。貞觀中，李靖破吐谷渾，侯君集平高昌，阿史那社爾開西域，置四鎮。前王之所未伏，盡爲臣妾，秦、漢之封域，得議其土境耶！於是歲調山東丁男爲戍卒，繒帛爲軍資，有屯田以資糗糧，牧使以娩羊馬。大軍萬人，小軍千人，烽戍邏卒，萬里相繼，以卻於強敵。隴右鄯州爲節度，河西涼州爲節度，安西、北庭亦置節度，關內則於靈州置朔方節度，又有受降城、單于都護庭爲之藩衛。及潼關失守，河洛阻兵，於是盡徵河隴、朔方之將鎮兵入靖國難，謂之行營。曩時軍營邊州無備預矣。乾元之後，吐蕃乘我間隙，日蹙邊城，或爲虜掠傷殺，或轉死溝壑。數年之後，鳳翔之西，邠州之北，盡蕃戎之境，湮沒者數十州。

《舊唐書》卷一九六下《吐蕃傳下》　八年四月，吐蕃寇靈州，掠人畜，攻陷水口城，進圍州城，塞水口及支渠以營田。詔河東、振武分兵爲援，又分神策六軍之卒三千餘人戍於定遠、懷遠二城，上御神武樓勞遣之。吐蕃引去。六月，吐蕃數千騎由青石嶺寇涇州，掠田軍千餘人還，及連雲堡，守捉使唐朝臣遣兵出戰，大將王進用死之。九月，西川節度使韋皋攻吐蕃之維州，獲大將論贊熱及首領獻於京師。十一月，山南西道節度嚴震擊破吐蕃於芳州及黑水堡，焚其積聚，并獻首虜。

《新唐書》卷二一五上《突厥傳上》　漢時，長安北七百里即匈奴之地，侵掠未嘗暫息。計其舉國之衆，不過漢一大郡，鼂錯請備障塞，故北邊妥安。今潼關之西，隴山之東，鄜坊之南，終南之北，十餘州之地，已數十萬家。吐蕃縣力薄材，食鮮藝拙，不及中國遠甚，誠能復兩渠之饒，誘農夫趣耕，擇險要，繕城壘，屯田蓄力，河、隴可復，豈唯自守而已。

《新唐書》卷二一六上《吐蕃傳上》　儀鳳四年，贊普死，子器弩悉弄立，欽陵復擅政，使大臣來告喪，帝遣使者往會葬。明年，贊婆、素和貴率兵三萬攻河源，屯良非川，敬玄與戰湟川，敗績。左武衛將軍黑齒常之以精騎三千夜擣其營，贊婆懼，引去。遂擢常之爲河源軍經略大使。乃嚴烽邏，開屯田，虜謀稍折。

同上　帝既儒仁無遠略，見諸將數敗，乃博咨近臣，求所以禦之之術。帝曰：朕未始擐甲履軍，往者滅高麗、百濟，比歲用師，中國騷然，朕至今悔之。今吐蕃內侵，盍爲我謀？中書舍人劉禕之等具對，須家給人足可擊也。或言賊險黠不可與和，或言營田嚴守便。惟中書侍郎薛元超謂：縱敵生患，不如料兵擊之。帝顧黃門侍郎來恆曰：自李勣亡，遂無善將。恆即言：向洮河兵足以制敵，但諸將不用命，故無功。帝殊不悟，因罷議。

《新唐書》卷二一六下《吐蕃傳下》　是歲，河、隴高年千餘見闕下，天子爲御延喜樓，賜冠帶，皆爭解辮易服。因詔差賜四道兵，錄有勞者；三州七關地腴衍者，聽民墾蓺，貸五歲賦；溫池委度支榷其鹽，以贍邊；四道兵能營田者爲給牛種，戍者倍其資餽，再歲一代；商賈往來於邊者，關鎮毋何留；兵欲墾田，與民同。

初，太宗平薛仁杲，得隴上地；虜李軌，得涼州；破吐谷渾、高昌，開四鎮。玄宗繼收黃河積石、宛秀等軍，中國無斥候警者幾四十年。輪臺、伊吾屯田，禾菽彌望。開遠門揭候署曰西極道九千九百里，示戍人無萬里行也。乾元後，隴右、劍南西山三州七關軍鎮監牧三百所皆失之。憲宗常覽天下圖，見河湟舊封，赫然思經略之，未暇也。至是羣臣奏言：王者建功立業，必有以光表於世者。今不勤一卒，血一刃，而河湟自歸，請上天子尊號。帝曰：憲宗嘗念河湟，業未就而殂落。今當述祖宗之烈，其議上順、憲二廟謚號，夸顯後世。又詔：朕姑息民，其山外諸州，須後經營之。

《吐魯番出土文書・唐檢勘伊吾軍斸田頃畝數文書》

【前缺】

使通□軍使上柱國賈□

□田典張瓊□

檢佳

依檢與前報數同，典張瓊檢。

伊吾軍斸田數勘與□

通同記諮，休如白。

六日

【後缺】

《吐魯番出土文書・唐西州都督府上支度營田使牒爲具報當州諸鎮戍營田頃畝數事》

西州都督府　牒上　勑□

令當州諸鎮戍營田，總壹拾□頃陸拾□

赤亭鎮兵肆拾貳人，營□□頃；　維磨戍□

柳谷鎮兵肆拾人□□□肆頃； 酸棗戍［　］
白水鎮兵叁拾［　］營田陸頃； 曷畔戍兵［　］
銀山戍兵［　］營田柒拾伍［　］
右被□度營田使牒當州鎮戍□田頃畝［　］
戍兵［　］及營田頃畝［　］
方亭戍［　］谷戍 狼井［　］
右［　］
牒，被牒稱：［　］
格令斸［　］
者［　］
存［　］

【後缺】

《吐魯番出土文書・唐西州都督府所屬鎮戍營田頃畝文書》

【前缺】

［　］柳谷鎮肆［　］
□□畝 銀山戍捌拾［　］
［　］㫦頃畝如［　］
□□戍 礌石戍 苦水［　］
［　］可營

【後缺】

《吐魯番出土文書・唐北庭諸烽斸田畝數文書》

【前缺】

野［　］
耴[耶]勒守捉界耴[耶]勒烽［　］
乾坑烽床，伍畝［　］
白粟叁畝 共刈得貳［　］
檉林烽床，伍畝 田［　］
白粟貳畝［　］

【後缺】

《吐魯番出土文書・唐支度營田使下管内軍州牒》

支度營田使
管内軍州
牒准 旨，諸軍州所須［　］
支度使處分，［　］

【後缺】

《吐魯番出土文書・唐上支度營田使殘牒》

【前缺】

［　］守

【中缺】

［　］頻牒不到［　］
［　］狀牒上支［　］

【後缺】

《吐魯番出土文書・唐支度營田使殘文書》

【前缺】

［　］支度營田使

【後缺】

《吐魯番出土文書・唐殘營田名籍》

（一）

【前缺】

［　］種豆［　］
［　］楊石生

【後缺】

（二）

【前缺】

［　］張智成
［　］李義惲

□兒楊石生

□檢校健兒□

【後缺】

《吐魯番出土文書・唐北庭都護支度營田使文書》

【前缺】

副使游擊□

朝請大夫檢校北庭副都護兼□

中散大夫□上柱國周□

□副大使銀青光祿大夫檢校北庭都護□□營田等使上柱國　楊楚客

□如

□吾軍未報，典康元。又檢神狀主帥王□思通典康元。

神□治〔其〕所種田軍報不

涉欺隱□

【後缺】

《宋史》卷九五《河渠志五》　端拱二年，以左諫議大夫陳恕爲河北東路招置營田使，魏羽爲副使；　右諫議大夫樊知古爲河北西路招置營田使，索湘爲副使，欲大興營田也。

先是，自雄州東際於海，多積水，契丹患之，未嘗敢由此路入，每歲，數擾順安軍。議者以爲宜度地形高下，因水陸之便，建阡陌，濬溝洫，益樹五稼，所以實邊廪而限契丹。雍熙後，數用兵，岐溝、君子館敗衄之後，河朔之民，農桑失業，多閑田，且戍兵增倍，故遣恕等經營之。恕密奏：　戍卒皆惰游，仰食縣官，一旦使冬被甲兵，春執耒耜，恐變生不測。乃詔止令葺營堡，營田之議遂寢。

同上　天禧末，諸州屯田總四千二百餘頃，而河北屯田歲收二萬九千四百餘石，保州最多，逾其半焉。江、淮、兩浙承僞制，皆有屯田，克復後，多賦與民輸租，第存其名。在河北者雖有其實，而歲入無幾，利在畜水以限遼騎而已。

《宋史》卷一四三《兵志四》　〔元豐五年〕七月，提舉熙河路弓箭手營田蕃部司康識、兼提舉營田張大寧言：　乞應新收復地差官分畫經界，選知農事廂軍耕佃，頃一人。其部押人員、節級及雇助人工歲入賞罰，並用熙河官莊法。餘並招弓箭手營田，每五十頃爲一營，差諳農事官一員幹當。從之。

《金史》卷二七《河渠志》　〔泰和〕五年，上至霸州，以故漕河淺澁勑尚書省發山東、河北、河東、中都、北京軍夫六千，改鑿之。犯屯田戶地者，官對給之。民田則多酬其價。

《元史》卷六四《河渠志一・渾河》　〔延祐〕七年五月，營田提舉司言：　去歲十二月二十一日，屯戶巡視廣（賦）〔武〕屯北渾河隄二百餘步將崩，恐春首土解水漲，浸沒爲患，乞修治。都水監委濠寨，會營田提舉司官、武清縣官，督夫修完廣武屯北陷薄隄一處，計二千五百工；　永興屯北隄低薄一處，計四千一百六十六工；　落垈村西衝圮一處，計三千七百三十三工；　永興屯北崩圮一處，計六千五百十八工；　北王村莊西河東岸至白墳兒，南至韓村西道口，計六千九十三工；　劉邢莊西河東岸北至寶僧百戶屯，南至白墳兒，計三萬七百十二工。總用工五萬三千七百二十二。

泰定四年四月，省議：　三年六月內霖雨，山水暴漲，泛沒大興縣諸鄉桑棗田園。移文樞府，於七衛屯田及見有軍內，差三千人修治。

同上　至大二年十月，渾河水決左都威衛營西大隄，泛溢南流，沒左右二翊及後衛屯田麥，由是左都威衛言：　十月五日，水決武清縣王甫村隄，闊五十餘步，深五尺許，水西南漫平地流，環圓營倉局，水不沒者無幾。恐來春冰消，夏雨水作，衝決成渠，軍民被害，或遷置營司，或多差軍民修塞，庶免墊溺。三年二月十二日，省準下左右翊及後衛、大都路委官督工修治，至五月二十日工畢。

皇慶元年二月十七日，東安州言：　渾河水溢，決黃堝隄一十七所。都水監計工物移文工部。二十七日，樞密知院塔失帖木兒奏：　左衛言渾河決隄口二處，屯田浸不耕種，已發軍五百修治。臣等議，治水有司職耳，宜令中書戒所屬用心修治。從之。

《元史》卷六四《河渠志一・御河》　至大元年六月二十九日，左翼屯田萬戶府呈：　五月十八日申時，水決會川縣孫家口岸約二十餘步，南流灌本管屯田，已移文河間路、武清縣、清州有司，多發丁夫，管領修治。由是樞密院檄河間路、左翊屯田萬戶府，差軍併工築塞。十月，大名路濬州言：　七月十一日連雨至十七日，清、石二河水溢李家道，東南橫流。詢社長高良輩，稱水源自衛輝路汲縣東北，連本州淇門西舊黑蕩泊，溢流出岸，漫黃河古隄，東北流入本州齊賈泊，復入御河，漂及門民舍。竊計今歲水勢逆行，及下流漳水漲溢，遏絶不能通，以致若此，實非人力可勝。又西關水手佐聚稱，七月十二日卯時，御河水驟漲三尺，十八日復添四尺，其水逆流，明是下流漲水壅逆，擬差官巡治。

延祐三年七月，滄州言：清池縣民告，往年景州吳［橋］縣諸處御河水溢，衝決隄岸萬戶千奴爲恐傷(淇)［其］屯田，差軍築塞舊洩水郎兒口，故水無所洩，浸民廬及已熟田數萬頃，乞遣官疏闢，引水入海。

《元史》卷六四《河渠志一・灤河》 泰定二年三月十三日，永平路屯田總管府言：國家經費咸出於民，民之所生，無過農作。本屯闢田收糧，以供億內府之用，不爲不重。訪馬城東北五里許張家莊龍灣頭，在昔有司差夫築隄，以防灤水，西南連清水河，至公安橋，皆本屯地分。去歲霖雨，水溢，衝盪皆盡，浸死屯民田苗，終歲無收。方今農隙，若不預修，必致爲害。工部移文都水監，差濠寨洎本屯官及灤州官親詣相視，督令有司差夫補築。

《元史》卷六五《河渠志二・濟州河》【至元十八年】十月。火魯火孫等奏：阿八失所開河，經濟州，而其地又有一河，傍有民田，開之甚便。臣等議，若開此河，阿八失所管一方屯田，宜移之他處，不阻水勢。世祖令移之。

《元史》卷六五《河渠志二・洪口渠》 英宗至治元年十月，陝西屯田府言：

自秦、漢至唐、宋，年例八月差使水戶，自涇陽縣西仲山下截河築洪堰，改涇水入白渠，下至涇陽縣北白公斗，分爲三限，并平石限，蓋五縣分水之要所。北限入三原、櫟陽、雲陽，中限入高陵，南限入涇陽，澆漑官民田七萬餘畝。近至大三年，陝西行臺御史王承德言，涇陽洪口展修石渠，爲萬世之利。由是會集奉元路三原、涇陽、臨潼、高陵諸縣，洎涇陽、渭南、櫟陽諸屯官及耆老議，如准所言，展修石渠八十五步，計四百二十五尺，深二丈，廣一丈五尺。計用石十二萬七千五百尺，人日採石積方一尺，工價二兩五錢，石工二百，丁夫三百，金火匠二，用火焚水淬，日可鑿石五百尺，二百五十五日工畢。官給其糧食用具，丁夫就役使水之家，顧匠傭直使水戶均出。

陝西省議，計所用錢糧，不及二年之費，可謂一勞永逸，准所言便。都省准委屯田府達魯花赤只里赤督工，自延祐元年二月十日發夫匠(入)［人］役，至六月十九日委官言，石性堅厚，鑿僅一丈，水泉湧出，近前續展一十七步，石積二萬五千五百尺，添夫匠百人，日鑿六百尺，二百四十二日可畢。

文宗天曆二年三月，屯田總管兼管河渠司事郭嘉議言：去歲六月三日驟雨，涇水泛漲，元修洪堰及小龍口盡圮。水歸涇，白渠內水淺。爲此計用十四萬九千五百十一工，役丁夫一千六百，度九十三日畢。於使水戶內差撥，每夫就持麻一斤，鐵一斤，繫囤取泥索各一，長四十尺，草苫一，長七尺，厚二寸。

陝西省准屯田府照，洪口自秦至宋一百二十激，經由三限，自涇陽下至臨潼五縣，分流澆漑民田七萬餘頃，驗田出夫千六百人，自八月一日修堰，至十月放水漑田，以爲年例。近因奉元亢旱，五載失稔，人皆相食，流移疫死者十七八。今差夫又令就出用物，實不能辦集。竊詳涇陽水利，雖分三限引水漑田，緣三原等縣地理遙遠，不能依時周遍，涇陽北近，俱在上限，并南限中限，用水最便。今次修堰，除見在戶依例差役，其逃亡之家合出夫數，宜令涇陽縣近限水利戶添差一人，官日給米一升，併工修治。省准出鈔八百錠，委耀州同知李承事，洎本府總管郭嘉議及各處正官，計工役，照時直糴米給散。李承事督夫修築，至十一月十六日畢。

《元史》卷六六《河渠志三・涇渠》 元至元間，立屯田府督治之。大德八年，涇水暴漲，毀堰塞渠，陝西行省命屯田府總管夾谷伯顏帖木兒及涇陽尹王琚疏導之。起涇陽、高陵、三原、櫟陽用水人戶及渭南、櫟陽、涇陽三屯所人夫，共三千餘人興作，水通流如舊。其制編荆爲囤，貯之以石，復填以草以土爲堰，歲時葺理，未嘗廢止。

元・蘇天爵《滋溪文稿》卷二《新城縣紫泉龍祠記》 雄州屬邑曰新城，邑西北十餘里，有泉出焉，東流入於巨馬水。泉之北涯，昔人建祠以事龍神，金時刻石猶存。祠前二池，清瑩可鑑毛髮，冬夏不涸不溢。居民相傳曰紫泉者，莫究其始名也。泰定丙寅秋，池水一夕色變爲紫，遠近觀者異焉，疾者飲之而或愈也。明年，有赤蛇出於池中，蜿蜒行走祠壁，變化靈異，蓋龍云。樞府右翼屯田官廨在祠之西，朝列大夫、僉金符千夫長荆侯訥覩神之異，率其僚吏及祠旁耆老歲再祠之。

《明史》卷三一四《雲南土司傳二・尋甸》 洪武十五年定雲南，仁德土官阿孔等貢馬及方物，改爲尋甸軍民府。十六年，土官安陽來朝，貢馬及虎皮、氈衫等物，詔賜衣服、錦綺、鈔錠。十七年以尋甸土官沙琛爲知府。二十三年置木密關守禦千戶所於尋甸之甸頭易龍驛，又置屯田所於甸頭里果馬里，聯絡耕種，以爲邊備。是後，土官皆按期入貢。

《明史》卷三一四《雲南土司傳二・麓川》 二十年敕諭西平侯沐英等曰：近御史李原名歸自平緬，知蠻情詭譎，必爲邊患。符到，可卽於金齒、楚雄、品甸及瀾滄江中道，葺壘深池，以固營柵，多置火銃爲守備。寇來，勿輕與戰。又以往歲人至百夷，多貪其財貨，不顧事理，貽笑諸蠻。繼今不許一人往平緬，卽文移亦愼答之，毋忽。明年，倫發誘羣蠻入寇馬龍他郎甸之摩沙勒寨。英遣都督甯正擊破之，斬首千五百餘級。倫發悉舉其衆，號三十萬，象百餘，寇定邊，欲報摩沙勒之役，新附諸蠻皆爲盡力。英選師三萬亟趨至，賊列象陣搏戰。英列弩注射，突陣大呼，象多傷，其蠻亦多中矢斃，蠻氣稍縮。次日，英率將士，益置火鎗、神機箭，更番射，象奔，賊大敗。擣其寨，斬首三萬餘級，降卒萬餘人。象死者半，生獲三十有七。倫發遁，以捷聞。帝遣使諭英移師逼景東屯田，固壘以待大軍集，勿輕受其降。

《明史》卷三一六《貴州土司傳・安順》 洪武五年，普定府女總管適爾及其弟阿甕來朝，遂命適爾爲知府，許世襲。六年設普定府流官二員。十四年城普定。十五年，普定軍民知府者額來朝，賜米及衣鈔，命諭其部衆，有子弟皆令入國學。十六年，者額遣弟阿昌及八十一砦長阿窩等來朝。二十年詔徵普定、安順等州六長官赴京，命以銀二十萬備糴，遣普定侯陳桓等率諸軍駐普安屯田。明年，越州叛苗阿資率衆寇普安，燒府治，大肆剽掠。征南將軍傅友德擊走之，且詣軍門降，遂改軍民府爲指揮使司。二十三年，西平侯沐英奏普安百夫長密卽叛，殺屯田官軍及驛丞試百戶。調指揮張泰討之於盤江木窄關，官軍失利。更調指揮蔣文統烏撒、畢節、永寧三衛軍剿之，乃遁。二十六年，普定西堡長官司阿德及諸寨長作亂，命貴州都指揮顧成討平之。

《明史》卷三一七《廣西土司傳一・慶遠》 弘治九年，總督鄧廷瓚言：廣西猺、僮數多，土民數少，兼各衛軍士十亡八九，凡有征調，全倚土兵。乞令東蘭土知州韋祖鋐子一人，領土兵數千於古田、蘭麻等處撥田耕守，候平古田，改設長官司以授之。廷議以古田密邇省治，其間土地多良民世業，若以祖鋐子爲土官，恐數年之後，良民田稅皆非我有。欲設長官司，祗宜於土民中選補。廷瓚又言：慶遠府天河縣舊十八里，後漸爲僮賊所據，止餘殘民八里，請分設一長官司治之。部議增設永安長官司，授土人韋萬妙等爲正、副長官，并流官吏目一員。是年，裁忻城縣流官，留土官知縣掌縣事，亦從廷瓚奏也。

《明史》卷三一七《廣西土司傳一・平樂》 久之，十寨復聚黨作亂，據民田產，白晝入都市剽掠，甚至攻城劫庫，戕官民。總制劉堯誨、巡撫張任急統兵進剿，斬首一萬六千九百有奇，獲器仗三千二百，牛馬二百三十九。帝乃陞賞諸土吏功，復分八寨爲三鎮，各建一城，而以東蘭州韋應鯤、韋顯能及田州黄馮克爲土巡檢，留兵一千人戍之。於三里增建二堡，自楊渡水爲界，墾田屯種，給南丹衛，通道慶遠、賓州，使思恩、三里聯絡不絕，於是右江十寨復安輯輸賦。

《明史》卷三一七《廣西土司傳三・瓊州》 嘉靖十九年，總督蔡經以崖、萬二州黎岐叛亂，攻逼城邑，請設參將一員，駐劄瓊州分守。

二十八年，崖州賊首那燕等聚衆四千人爲亂，詔發兩廣官軍九千剿之。給事鄭廷鵠言：

瓊州諸黎盤居山峒，而州縣反環其外。其地彼高而我下，其土彼膏腴而我鹹鹵，其勢彼聚而我散。故我開郡來千六百餘年，無歲不遭黎害，然無如今日甚矣。今日黎患，非九千兵可辦，必添調狼土官兵，兼召募打手，集數萬衆，一鼓而四面攻之，然後可克。

嘗考剿除黎患，其大舉有二。元至元辛卯，曾空其穴，勒石五指山。其時雖建屯田府，立定安、會同二縣，惜其經略未盡，故所得旋失。嘉靖庚子，又嘗大渡師徒，攻毀巢岡，無處不至。於是議者謂德霞地勢平衍，擬建城立邑，招新民耕守。業已舉行，中道而廢，旋爲賊資，以至復有今日。謹條三事：

一崖黎三面郡縣，惟東面連郎溫、嶺腳二峒岐賊，實當萬州陵水之衝。崖賊被攻，必借二峒東訌以分我兵勢。計須先分奇兵攻二峒，而以大兵徑擣崖賊。彼此自救不暇，莫能相顧，則殲滅可期。傳聞賊首那燕已入凡陽搆集岐賊。此必多方誤我，且訛言搖惑，以堅諸部助逆之心。宜開示慰安，以解狐疑之黨。

一隋、唐郡縣，輿圖可考，今多陷入黎中。蕩平後悉宜恢復，并以德霞、千家、羅活等膏腴之地盡還州縣，設立屯田，且耕且守。仍由羅活、磨斬開路，以達定安，由德霞沿溪水以達昌化。道路四達，井邑相望，非徒懾奸銷萌，而王路益開拓矣。

一軍威既振，宜建參將府於德霞，各州縣許以便宜行事，以鎮安人心。其新附之民中有異志者，或遷之海北地方屯田，或編入附近衛所戎籍，如漢徙潯山蠻故事。又擇仁明慈惠之長，久任而安輯之，則瓊人受萬世利矣。

疏下兵部，詔悉允行。

明·余繼登《典故紀聞》卷一　太祖初設營田司，以元帥康茂才爲營田使。諭之曰：理財之道，莫先於農。春作方興，慮旱澇不時，有妨農事，故命爾此職，分巡各處。俾高無患乾，卑不病澇，務在蓄泄得宜。大抵設官爲民，非以病民。若但使有司增飾館舍，迎送奔走，所至紛擾，無益於民而反害之，非付任之意。

明·黄道周《博物典匯》卷一五　洪武初，命諸將分屯於龍江等處後設各衛所，創制屯田，以都司統攝。每軍種田五十畝爲一分，間亦有多寡不等者。軍士三分守城，七分屯種，又有二八、四六、一九、中半等例。又令少壯者守城，老弱者屯種。凡屯糧折徵，每軍田一分，正糧十五石，收貯屯倉，聽本軍支用；余糧十二石，給本衛官軍俸糧。永樂間，更定屯田則例，凡所收子粒多寡不等，除下年種子外，俱照每軍歲用十二石正糧爲法比較，將剩餘并不敷子粒數目，通行計算，定爲賞罰。如有稻、穀、粟、菽、秫、大麥、蕎麥等項粗糧，俱依數折算細糧。如有餘剩，不分多寡，聽各該旗軍自收，不許管屯官員人等巧立名色因而取用。又詔屯田餘糧，免其一半，止納六石。正統間，令每軍正糧免上倉，止徵餘糧六石。弘治間，議准京衛新增地畝，每糧一石，折銀二錢。嘉靖間，題准南京各衛新增田每畝量加五釐，熟田內每升科五升三合五勺，以備欠額。又詔：官舍軍餘，占種年久，故軍之田，仍與領種，代納糧草。如軍見有無田者，即令退還本軍爲業。其領種故軍之田，一人止許一分，一戶止許二分，其餘俱令退出。是兵農雖分，而實未嘗分。祖宗以來立法至善也。其後日久弊生，軍屯舊額，不爲勛臣貴戚之家占作莊田，則爲鎮守統制之官侵爲己業，軍士無田可屯矣。隆慶初，命大臣分督屯田，一往河北兼山東、河南，一往江南兼浙、湖、雲、貴，一往河東兼四川諸所，竟以無功而罷。萬曆初，又嚴屯糧完納條款，而侵漁乾沒者卒如故。

明·談遷《棗林雜俎·智集》　國初，屯軍七，操軍三。屯軍每人二十畝，種穀三石二斗，牛犂。歲徵穀五十石，入屯倉。每月徵穀二石，歲支二十四石爲家小糧；三石二斗爲種穀。後以米四斗折穀一石，歲納米九石一斗二升。南京屯制：每軍額田五十畝，歲輸十八石。即以其租，月給本軍一石，計歲每軍餘米六石，以餉城守之軍。後憐屯耗，令十二石存留自贍，止納六石。《寧國府志》：屯田，正軍人給四十畝，歲徵米六石。《杭州府志》：總旗人十八畝，糧二十四石。小旗人十四畝，糧二十石四斗。軍人十二畝，糧十八石。正統元年減徵，未幷鎗者，總旗納十二石，小旗八石四斗。幷鎗者，總旗六石，小旗與軍同。《嘉興府志》：總旗十八畝，小旗十六畝，軍十二畝，各糧六石，本折均平。未幷鎗總旗加辦六石，小旗加辦二石四斗。幷槍後各糧六石。《福州府志》：洪武時軍稱舊屯，永樂時軍稱新屯，俱分給三十畝。歲正租十二石，給本軍。餘糧十二石，給守城軍士。《平涼府志》：屯軍人百二十畝，畝輸穀豆。例一斗以五升給屯丁，實輸止五升，爲銀二分而已。遠者每石折銀四錢。又曰：營田一頃，徵子粒糧六石。按屯田贏縮不一，因地制宜，具見其略。南昌衛及饒州、撫州千戶所屯田，俱在池州。

明·陸深《儼山集》卷三四　臣深聞之先師章文懿公懋，太祖最留意屯田，嘗曰：吾京師養兵百萬，要令不費百姓一粒米。每以遠田三畝，易城外民田一畝爲屯田。不足，則移數衛於江北。今江浦、六合諸屯是已。其法，每一軍撥田三十六畝，歲收一十八石爲子粒。除與月糧歲十二石，閏加一石，餘六石上倉。其分番、宿衛、上直，幷打差應役一應軍人，於數內支給口糧，又餘以充倉廒之費。行之數年，倉廒苫蓋完備，而儲偫豐足。自後，屯田悉爲勢豪所侵，其法漸廢，而江北諸屯，荒蕪者亦多。今制，民出力以養軍；軍出力以衛民。二分而後兩弊。沿邊諸鎮，則歲運府藏以給之。驕兵債帥，天下之民，有不勝其困矣！今日之屯田，恐不可不講也。

明·朱朝瑛《壘庵雜述》卷下　屯田必先開渠。冀、幷、兗、豫等州，皆古溝洫地，今欲行之，而格格不能者，蓋北方之民，皆食麥，無藉於水田。且耕地浮於耕人，旱田之耕人可五十畝，水田灌溉則十畝而止耳。所穫雖豐，實與歉等。而沙土易壅，歲費挑浚，此北方水利所以難行也。若招徠南人以實之，泉近者鑿渠；水深者鑿井，無水之地，仿西人蓄水之法。官給以衣食器具，使出力以耕。既熟之後，輸其十之三四於業主，而官則稍加其賦。先試之一郡，既成而後，以所加之賦行之他郡，漸次典舉國家。不過費稍財，而可以收無窮之利，亦何憚而不爲也。如欲行之，必先自近水者始。近水又惡其竊漕也，必仿劉晏歇艎船法。而閉閘不開，使漕水北不入海，南不入河，則山東七十二泉，皆可爲灌溉之用矣。或曰：如此必多設倉，以備盤剝；必多造船，以備轉運。多設倉，則必多設兵以衛倉；多造船，則必多僉軍以押船，不太多事乎？曰：盛米以囊，不煩盤剝；舟不行遠，不易破壞；以易船戶，不易運軍，即有小小不便，孰若以數千里之地，聽水旱於不可知之天乎！賈讓治河之策，多開支渠，以時啓閉，以節旱潦，既可以殺水勢，又可以資灌溉，誠萬世之良法。然黄河流緩則不能刷沙；不能刷沙，則壅決不常，其爲利害，亦未可必。故資黄河以灌溉，不若截黄河而資泰山諸泉之爲得也。

清・松筠《新疆識略》卷六《屯務》 伊犁屯田有兵屯，有回屯，有戶屯，初無旗屯。兵屯者，綠營兵丁之屯；回屯者，回子之屯，皆創自乾隆二十五年，時初設兵駐守。

高宗純皇帝以武定功成，農政宜舉，特命辦事大臣阿桂專理屯田。由阿克蘇率滿洲索倫驍騎五百名，綠營兵百名，回子三百名，越木蘇爾達巴罕，至伊犁鎮守辦事，搜捕瑪哈沁，招撫潰散之厄魯特，即以綠營兵築城，回子乘時興屯，開渠灌溉，是爲伊犁屯田之始。二十六年至三十四年陸續由內地增調屯田兵至二千五百名，五年更替，五百名差操，二千名屯種。四十三年將軍伊勒圖奏准改爲攜眷，定額三千名，以五百名差操，二千五百名屯種。分爲二十五屯，仍視倉儲之多寡隨時增減屯種，此兵屯也。回屯自阿克蘇原帶回子三百名於伊犁河南海努克之地分撥墾種，次年調取伯克，並由烏什、葉爾羌、和闐、哈密、吐魯番等處陸續增調回子，至三十三年共有六千三百八十三戶，內除彥齊回子彥齊者，隨伯克品級給與服役之回子。三百二十三戶，種地所收之麥爲大小伯克及挖鐵回子十戶養贍口糧外，奏定種地回子六千戶分屯耕作於固勒札，建寧遠城，設阿奇木伯克管轄，此回屯也。戶屯者，商民之屯，創自乾隆二十八年，至四十六年將軍明瑞等先後奏明商民張子儀等三百三十三戶以無礙屯工之隙地，請撥令開墾，按例陞科，永爲土著，此戶屯也。以上兵、回、戶屯行之有年，其來已久，惟旗屯則前此所未有，至嘉慶七年而始興。先是，乾隆二十九年、五十年、五十五年疊次奉旨，以駐防官兵生齒日繁，諭令種地用資生計，歷任將軍皆因灌溉之水未及籌辦。嘉慶七年將軍松筠奉命督飭所屬，履勘地勢，相度泉源，奏明於惠遠城東、伊犁河北岸濬大渠一道，逶迤數十里，引用河水灌田。又於城西北覓得泉水，設法疏濬，築堤岸，開支渠引溉旗屯地畝。又於城東北就渠畔擇可種善地分授惠遠城官兵播種，而以前此綠營裁撤之屯授惠寧城八旗官兵，均令閒散餘丁代耕，並雇人佃種，永爲世業。得旨允行。嗣又濬大渠一道，與前所濬之渠通名通惠渠，並於其東阿齊烏蘇地方濬大渠，引闢里沁山泉之水灌田數萬畝，此旗屯所由始也。

同上 乾隆二十五年辦事大臣阿桂奉旨自阿克蘇帶領綠營兵一百名至伊犁墾闢屯田。是年又調綠營兵九百名，共計一千名，廣爲墾種。至三十四年陸續由內地增調屯田兵至二千五百名，五年更替，以五百名差操，二千名屯種。乾隆三十五年將軍伊勒圖奏定屯田兵每名歲穫糧二十八分以上者，該管官員加倍議叙，兵丁賞給兩月鹽菜銀兩；十八分以上者，該管官員議叙，兵丁賞給一月鹽菜銀兩；十五分者，功過相抵。

乾隆四十三年將軍伊勒圖奏准所調屯兵改爲攜眷，定額三千名，以五百名差操，二千五百名屯種。分爲二十五屯，每屯兵百名，每名種地二十畝。所種各色雜糧，於秋收後核計收成分數，仍視倉儲多寡隨時增減屯種。

乾隆四十七年將軍伊勒圖以積貯糧石過多，恐致霉變，奏明於二十五屯內，減撤十屯兵一千名操練技藝。乾隆五十四年將軍保寧因籌貯倉儲，奏准增添七屯。

嘉慶四年將軍保寧以積貯糧石盈餘，奏准於二十二屯兵內裁撤四百名歸操。

嘉慶九年將軍松筠奏准按照舊例裁撤三屯，以歸從前十五屯之數。屯種限定，五年爲滿，照前加種。

嘉慶十年將軍松筠以惠遠城滿營支放烏鎗步甲應需口糧皆係歷年積貯斛面餘糧，至嘉慶八年舊存糧石盡數放完，不得不於正項糧內動用支發等因，奏明於裁撤綠營水磨兵丁分撥各屯，加給籽種耕種，自十一年爲始，每年添交小麥一千六百石。

嘉慶十三年將軍松筠奏明前撤三屯，五年限滿，於十四年加種三屯。

嘉慶十九年將軍松筠以前種屯地十八屯，現屆復應加屯，奏准自二十年爲始每年加種兩屯。

所有屯田地畝，皆係輪年歇種，每屯兵百名，每年應領籽種一百一十石，秋成後視其收穫分數交納，每屯十八分至二十八分不等。其十八分者交納各色細糧一千八百石有零，二十八分者交納各色細糧二千八百石有零。

同上　一商民張子儀等三十二戶，自乾隆二十八年起共報墾麥地三萬九千六百一十八畝六分，每畝徵銀五分，每歲共計徵銀一千九百八十兩九錢三分。

一商民張尚義等二百戶，自乾隆二十八年起共報墾蔬地稻田一萬六百六十八畝六分，每畝徵租銀一錢，每歲共計徵租銀一千零六十六兩八錢六分。

一戶民莊世福等四十八戶，乾隆三十七年入屯田戶籍，共種地一千四百四十畝，每畝徵租銀五分，每歲共計徵銀七十二兩。

一戶民張成印等二十三戶，乾隆三十九年入屯田戶籍，共種地六百九十畝，每畝徵租銀五分，每歲共計徵銀三十四兩五錢。

一戶民王已興等三十戶，乾隆四十六年入屯田戶籍，共種地九百畝，每畝徵租銀五分，每歲共計徵銀四十五兩。

一綠營眷兵分戶子弟任世才等一百一十四戶，乾隆四十五年奏准每戶撥給地三十畝，共種地三千四百二十畝，每畝額交細糧小麥八升，每歲共計額交細糧小麥二百七十三石六斗。

一種地爲民遣犯陸續增減不等，現在二百八十八名，每名種地十二畝，每畝額交細糧八升，每名合交細糧九斗六升，共交細糧二百七十六石四斗八升。

綏定城屯鎮中營屯田，引用烏哈爾里克山泉並小蘆草溝泉水，上游分溉喇嘛寺溝遺屯民地、綏定城屯鎮中營官屯地畝、並城南戶民地畝、水泉子一帶滿營五旗地畝及戶民園地、旗下園地，入惠遠城，街衢適用。

中營官屯，又兼引用左營四屯遺水及泉水灌溉，餘水流歸磨河渠。其磨河上游，本有山泉，由塔勒奇城西北濬渠，環繞城南，折東，而又南，引泉水灌溉正紅、鑲紅兩旗屯地並本城官兵新墾地畝，是爲西地。

屯鎮左營大蘆草溝屯田，在綏定城西北。該營官屯引用果子溝即塔勒奇溝泉，水龍口分水一支，引溉屯地。外餘水流歸中營屯地。又自龍口分水一支引溉左營頭屯地畝，餘水流歸塔勒奇屯。左營又引大東溝水灌溉屯地，外餘水流歸塔勒奇屯。

左營又引小西溝水灌溉屯地，外餘水流歸塔勒奇屯。

屯鎮右營清水河屯田，在左營之西。該營官屯用大西溝泉水，自龍口分水一渠；另濬水泉一道引溉屯地，外餘水流入頭道河。又自龍口分水一渠引溉屯地，外餘水流入二道河。右營又用察罕烏蘇溝泉水，自龍口分水，一渠引溉屯地，外餘水流入三道河；又自龍口分水，一渠引溉屯地，外餘水流入三道河。

屯鎮塔勒奇營屯田，在綏定城之西微北，該營官屯引用左營各屯遺水，並引泉水灌溉。

塔勒奇營稻屯，引用磨河渠水灌溉，餘水退入磨河下游草湖，自湖東岸引灌遺屯地畝，亦謂之西地。

屯鎮霍爾果斯營屯田，引用霍爾果斯河水，並滾壩溝泉水分溉，兼用索倫屯地餘水灌溉，所有餘水，統歸三道河。

屯鎮巴彥岱營屯田，在惠寧城東南。該營官屯引用闢里沁溝泉水，自龍口分水濬渠二道，引溉該營官屯地畝並惠寧城旗屯民人園地；又於巴彥岱屯渠分開一渠，引溉惠遠城旗屯阿齊烏蘇地畝。

阿里瑪圖溝泉水，在闢里沁之西，分引灌溉惠寧城旗屯地畝，餘水由七里溝新渠引溉惠遠城之阿齊烏蘇旗屯。

乾隆二十九年欽奉高宗純皇帝諭旨：伊犂田土肥潤，如敷多人耕作，莫若令滿洲官兵分種，既得勤於力農，而於養贍家口，餧養馬匹，均屬有益。著交明瑞查明地畝，俟滿兵到齊住定後，酌量分給耕種。欽此。當經將軍明瑞議以附近伊犂二百里以內劃爲旗地，俟官兵到齊再爲妥議。辦理未久調任，後經將軍阿桂接辦，未久亦調任。乾隆五十年，將軍奎林奏報種地遣犯所交米穀之數，奉旨：現在伊犂既有此項種地規模，如耕種人多，立定室家，實於地方有益。該處地廣，可耕田畝甚多，但係引水灌溉，除遣犯所種地畝外，是否尚有餘水可引爲添墾地畝之用，著奎林察看情形，據實具奏。欽此。乾隆五十五年，將軍保寧奏請增添步甲錢糧等事，奉旨：伊犂滿兵駐防年久，生齒日繁，自應予以養贍之資，但國家錢糧原有定數，不容屢議增加，此次保寧所奏四百名步甲錢糧暫准其增添，外嗣後不得再請增給。若果因伊等人口衆多，錢糧有限，不得養贍，伊犁地方現有可耕之地甚屬寬廣，滿洲兵丁卽不諳耕作，自可酌按名數分給伊等地畝，令其雇人耕種，卽以取得租息養贍，用資生計。著傳諭保寧，令其盡心籌畫，務期久遠遵行，奏聞辦理。欽此。案查當時總因灌溉乏水，是以歷任將軍未及遵辦。嘉慶七年將軍松筠奏言：現在八旗生齒日繁，因採近水可種之田，於本年四月間奏明由惠遠、惠寧兩滿城酌派閒散三百六十名分地試種，雖爲時稍遲，秋收通計尚穫十分有餘，是旗人種地已有成效，自應廣行汲引，以利屯墾，而資養贍。因於秋間酌派委員於惠遠城東相度地勢，自伊犁河北岸濬開大渠一道，逶迤數十里，儘可引用河水。又於城之西北覓得泉水甚旺，設法另開渠道以資灌溉；新春修築堤岸，廣開支渠，一俟工程完竣，春水暢流，計可澆灌地畝甚廣。卽於渠畔揀擇好地分給惠遠城八旗耕種。其惠寧城八旗，係於該城就近從前綠營裁撤屯地耕種，原有渠水足資灌溉，兩城種地所需器具等項，酌交各協領於伊等公設官鋪息銀內動用，三五年內卽可全行歸還。惟種地必須牛力，因思伊犁綠營屯田，每屯例給馬牛，每年倒斃分數，按例由廠撥補，旗人種地，事同一律，且官廠孳生牛隻一萬有餘，其餘存廠備差牛隻，除照例撥補各項外，尚有常年牧放牛四千餘隻，既無需用，徒滋倒斃。仰懇皇上恩准於官廠內賞借惠遠城八旗每旗牛八十隻，惠寧城八旗每旗牛四十隻，俾得藉資耕作。種地既多，產糧必廣，儻有倒斃，無庸撥補，均著落各該旗自行買補，以示限制。如蒙恩允，本年種地既經有效，卽責成各該旗協領一律妥辦，庶邊地駐防兵農兼習，於數載後生計自能日裕，雖億萬年生齒繁富，亦無庸於經費之外另議增餉。奉上諭：松筠奏請賞借伊犁駐防滿兵耕種器具、牛隻一摺，所辦甚是。伊犁土田肥潤，可耕之地甚廣，向因灌溉乏水，未經籌辦，今該將軍設法疏渠引泉以資汲沃，上年耕種業經試有成效，自應廣益耕屯，俾滿兵生計日臻充裕，所需器具等項准其於公設官鋪息銀內動用製備，按限歸款，其應用牛隻卽照所請於官廠內賞借。惠遠城八旗每旗牛八十隻，惠寧城八旗每旗牛四十隻，該將軍卽責成各該協領督率駐防官兵盡心耕作，以收兵農並習屯守兼資之效。欽此。嘉慶九年將軍松筠奏言上年仰蒙皇上恩賞耕牛，試種之初，因八旗閒散耕耘未諳，故令公同夥種以便教習，兩年以來熟習者已有數百人，若仍令其夥種，將所穫糧石分贍八旗，未免視爲官產，久而生懈，應照錫伯營八旗屯種之制，按名分給地畝，各令自耕自食，某人耕者卽爲某人世產。查錫伯營向無官給口糧米麪，均係自耕自食，現在生計有資，迥無兩滿營拮据之況。滿營旗人意以地如種成，將來必有奏請裁汰口糧者，因此相習趦趄，今再三開導乃皆欣然領地耕作，是以據實奏聞，以開羣惑。兩年以來屯所所蓋房間足資栖止，自明年爲始，於惠遠、惠寧兩滿城熟習耕種之人內，先行酌撥數百名，另派年長妥實領催馬甲委以催總，按旗約束，量其力作多寡，每名分地三四十畝，仍派妥員督率耕種，永爲己產。再查協領每月例支口糧米麪二百六十餘觔，佐領防禦以下等官，以及前鋒領催馬甲每月每員名例支口糧米麪一百四十餘觔，多有不敷養贍，此內情願令其閒散親屬子姪分地耕作者，應請一體撥給地畝，各家永爲世產，所有自行耕種之人，仰懇鴻慈，於倉存餘糧內賞借明年籽種口糧，分作三年秋成後還倉，兩城餘地甚廣，所有稻田每年照舊耕種，不過數年，一切工本槪可歸還，彼時陸續所穫餘利儘可贍給貧乏，俟耕種數年饒裕之後，應仿照錫伯之例，八旗各設公倉一座，每年量其所能交糧若干，用資生計。今通盤籌畫惠遠城官兵需地八萬畝，惠寧城官兵需地四萬畝，克資久遠，養贍偏行，踏勘可耕之地，儘有仰荷聖主洪施，伊犁駐防世僕數年後庶可均沾實惠，以收屯守兼資之效，奉硃批軍機大臣會同大學士保寧議奏，欽此。嗣奉諭旨，本日軍機大臣會同保寧議覆松筠陳請酌定分給八旗滿洲田畝永爲世業章程一摺，伊犁駐防滿洲兵丁生齒日繁，松筠相度屯地，疏濬泉源，按名分給地畝，係爲旗人生計起見，其事本屬可行，惟新疆重地，武備最爲緊要，此項地畝祇可專交閒散餘丁代爲耕種，不當令官兵親身力作，有妨操練。此事惟在該將軍妥協經理，既使旗人有田可耕，而於新疆重鎭設兵防守事宜無少窒礙，方爲盡善等因。欽此。遵辦以來，嘉慶十七年將軍晉昌奏言伊犁屯田事宜應略爲變通一摺。奉旨：軍機大臣會同松筠議奏，欽此。當經軍機大臣等議覆：據該將軍奏稱，伊犁滿營種植雜糧田畝，有已分未分二項。其已分一項田二萬四千畝，係前任將軍松筠酌撥離城較近者分授八旗，每旗三千畝，責成各協領佐領派人分種，每年將所得之糧由各旗自行分贍鰥寡孤獨及貧乏各戶，由將軍衙門查核辦理，已閱數年，每年各有實效。其未分一項四萬畝，離城畧遠，係每年專派協領職銜之佐領蘇勒芳阿烏勒登布督率八旗閒散通力合作，每年於四萬畝內，種植一半，緩歇一半，人力不敷，添雇回子、遣犯，所得之糧總儲一處，年終分給八旗添補養贍鰥寡孤獨及貧乏各戶。此項未分田畝，在二三年前冬雪多而春寒久雪徐消而水常足，原可大有利益。近來伊犁冬雪畧少而春暖常早，山中積雪春日已消十分之五，種植之初用水不多，至夏間用水漸多而山中積雪已少，此項未分田畝地勢遞高，得水不能充足，二三年來，計其所得餘糧，竟不能與八旗已分田畝相等。臣悉心籌畫，松筠所辦已分之田，各旗視爲己業，既免畛域之見，八旗比較成效，復收激勵之功，章程實爲妥善。臣愚昧之見，擬將此項未分田畝，亦照松筠所辦章程，作爲分授田畝，將每年必不能得水之田竟行删除，免致鶩廣而荒。其可期得水之田，分爲八分，添入八旗已分田畝項下，均令各旗自督閒散耕種，以專責成。計删去不能得水之田，尚可得田二萬餘畝，連前已分一項，計共分給八旗種植雜糧田四萬餘畝。此內除照伊犁種地舊規每年停歇一半以緩地力外，再有人力不敷不能全種之田，請令各旗佃人耕種，計畝收租，無庸再行添雇回子、遣犯，每年所得餘糧地租應如何分贍各旗鰥寡孤獨及各貧戶之處，督令衆協領等秉公辦理，實力稽查，務期無濫無遺，永安樂利，是否有當，伏乞聖裁。至滿營種植稻米田禾，上年收成亦在二十分以上。嗣後仍照松筠辦定章程辦理，深有實濟等語。臣等查伊犁屯田事宜，自乾隆二十九年即欽奉高宗純皇帝諭旨，以該處土田肥美，莫如令滿洲官兵分種，既得勤於力農，而於養贍家口餧養馬匹，均屬有益，著查明地畝，酌量分給等因。嗣又節次欽奉諭旨籌畫，因一時渠水未能辦就，總未墾種。迨至嘉慶七年屯田試行有效，奏奉皇上恩允，臣松筠欽遵辦理，當於附近惠遠、惠寧兩滿城酌量開渠，田疇日闢，所有一切籽種、牛隻，又節次奏蒙聖恩賞借，次第經理，駐防餘丁兵農交習，屯守兼資，洵於生計有益，但邊防重務必須隨時講求，方足以資經久。今據晉昌奏，該處滿營種植雜糧地畝除已分授八旗田二萬四千畝歷年均有實效外，其未分之田四萬畝，緣近來冬雪較少而春暖又早，易於消化，值夏田需水之時不能接濟，以致收穫有限。且此項田畝係八旗公種之田，與分授八旗視爲己業者不無畛域之見，請於此內删去不能得水之田，將其餘二萬畝仍一併分給八旗自行管業，如人力不敷，不能全種，准其佃人耕種，計畝收租。臣等查此項八旗公種地畝爲數較多，近年以來有因雪水短少，灌溉不能周徧者，該將軍諒係目擊情形奏聞酌辦，但係業經開墾成熟之田，設將來雪水寬餘之年，仍可資其美利，是此項地畝祇可暫時歇種，亦不便徑置廢棄，應令該將軍隨時察看情形，留心經理，至於可以得水之田二萬餘畝，若仍令八旗通力合作，伊等視公產不如私業，或有勤惰不齊，轉不足以收實效，自應照該將軍所請，將此項田二萬餘畝按數分給八旗，添入已分田畝項下，俾各專心耕種，永爲世業。至該將軍所稱佃人耕種，按畝收租，無庸添雇回子、遣犯一節，臣等竊思駐防八旗閒散餘丁甚多，此項餘丁素無執業，有終身不能挑補錢糧者，今令其習勤耕作，既敷養贍，又免游惰，正教養兼施之道。若如晉昌所奏，令其佃人耕種，按畝收租，恐滋流弊。緣田畝一經佃出，可以安坐收租，在旗人不勞而獲，罔識艱苦，既難免習於游蕩，而田畝佃於他人，恐不免影射典賣，輾轉易手，日久膠轕不能清理。該處本無土著，祇係發遣年滿爲民之人，一經佃種之後，此等膏腴之產利歸若輩，而旗人生計依然竭蹷，實非聖主惠養駐防旗僕之意。臣等公同籌議，嗣後責令八旗餘丁自行耕種，不准佃人耕種，方足以永資樂利。如有違禁租佃以及私買私賣，將該旗人及典買之民人一體嚴行治罪，田畝入官，另給別戶勤於耕作之人，以示懲勸。至於回子、遣犯當日原因旗人未諳耕作，是以雇令幫種，今數年來旗人皆已諳習，毋庸再爲傭雇幫種，自應如該將軍所議辦理。再臣松筠前在伊犁，見此項公種之田毗連伊犁河北岸附近蘆柴，兼可捕魚，相離惠遠城不過三十餘里，嘉慶十四年於現任將軍晉昌未到之先，臣松筠傳集閒散壯丁二百名，每名日給麪二觔，銀四分，在於公地之南繪圖築堡穿井。彼時堡雖築成，房間尚未蓋造。堡內議住閒散壯丁百戶，每戶蓋房三間，院牆周環四十丈。每戶壯丁授田三四十畝，酌種穀麥，兼植蔬果，即可餬口。而按照駐防錫伯之制，養雞畜豚，其於生計大有裨益。臣松筠原議該處先爲築堡四座，每堡蓋房百所，陸續共可移駐閒散壯丁四百戶，每所院牆周圍四十丈，甚爲寬濶，各有餘力養其親族，添蓋房間以資棲止。其餘各佐領老弱俱可按堡畜豚獲利養生，而協領以下等官各於本旗屯堡畜豚，以供各本家祭祀及紅白事應用，可期生計更資充裕。如此辦理在城在屯旗人俱可兩有裨益，並可三時務農，冬時操演鳥鎗、弓箭，亦與寓兵於農之意相符。所有前項辦法於將軍晉昌到任之際，臣松筠並未立案交代，實屬疎畧。至分年築堡蓋房等費，亦屬有項可支，查定例，惠遠城四千官兵每年自四月至九月六箇月每官兵一名每月分領口食羊一隻，領羊之月官扣應得白麪十五觔，惟口食羊隻由察哈爾厄魯特游牧官兵原領孳生羊內撥給，年久苦累，不能交羊，即有能交到者俱係小羊，每隻不過值銀一二錢。是以奏明各從其便，每羊一隻折交銀三錢，每年約共得銀八千餘兩。若按名每月給領銀三錢，官兵不無任意花費。因有公種稻田每年約收一萬餘石，每兵每月應得羊價銀三錢，折給稻米三十觔，亦於旗人生計有裨。所有羊價八千餘兩，每年除種稻田使用不過三千餘兩，其餘四千餘兩儘可爲築堡蓋房應用。至於屯堡蓋造房間，尚有奏明抽收山場木植，辦理尤屬易易，可否勅下該將軍仍令旗人分年築堡設屯約束，自行耕種。並令仿照錫伯之制，勤於養雞畜豚以期永資樂利。奉旨：慶桂會同松筠議覆伊犂將軍晉昌酌定屯田事宜一摺，該處從前八旗公種之田，仍令其通力合作。伊等視公產不如私業，勤惰不齊，不足以專責成。自應將此項田二萬餘畝分給八旗，俾各專心耕種，永資樂利。其原奏所稱如有人力不敷，准其佃人耕種計畝收租一節，日久恐滋流弊，應如慶桂等所議責令八旗閒散餘丁自行耕種，既敷養贍，又免游惰，於駐防旗人教養之道大有裨益。至松筠另片所奏，伊前在伊犂將軍任內，曾於伊犂河北岸附近地方築堡造屋，移駐閒散壯丁，按堡授田，教之樹畜，並令三時務農，冬時操演。所辦已將次第舉行，費用亦有款可支，無須另給。松筠在彼年久熟悉情形，現在該處自有原派承辦員弁，著晉昌遵照所定章程，認眞妥辦，以收實效，欽此。將軍晉昌竭力遵辦，總因乏水灌溉，辦理旗屯尚未就緒。十九年將軍松筠莅任後，查明八旗舊分屯地盡已租給民人，公中稻田麥田間多廢馳，因復修渠濬泉，克資灌溉，於二十年復令八旗如前耕作，漸復舊制。欽遵。十七年所奉諭旨酌定章程自可永資世守矣。

惠遠城東南紅柳灣一帶旗屯，引用稻屯渠水灌溉，分授鑲白旗五佐領耕種。

惠遠城東北沿山一帶旗屯，引用烏哈爾里克泉水灌溉，分授正黃旗五佐領耕種。

惠遠城東北水泉子一帶旗屯，引用烏哈爾里克泉水灌溉，分授正藍旗五佐領耕種。

惠遠城新北屯旗地，引用烏哈爾里克泉水灌溉，分授鑲黃旗五佐領耕種。

惠遠城東通惠渠迤北一帶旗屯，引用烏哈爾里克泉水灌溉，兼用稻田北渠餘水，分授正白旗五佐領耕種。

惠遠城東分水閘迤北一帶旗屯，引用烏哈爾里克泉水灌溉，分授鑲藍旗五佐領耕種。

惠遠城西北一棵樹西南西北一帶旗屯，以塔勒奇城北泉水製做橙槽引用灌溉，分授正紅鑲紅兩旗十佐領耕種，其內鑲紅旗第三佐領地畝兼用烏哈爾里克渠水。

惠遠城東旗屯稻田，引用通惠渠伊犂河水灌溉，爲八旗公田。此項收穫米石用抵羊隻口食，每年分散官兵撙節羊隻價銀酌給種地，壯丁鹽菜月銀其有盈餘分贍旗下貧乏。

惠遠城稻田迤東七里溝卽阿齊烏蘇旗屯，引用闢里沁新開渠水灌溉，爲八旗公田。惠遠城西北葦湖新開渠水，引灌船工處遣屯地畝。

惠寧城東旗屯，引用闢里沁新開渠水灌溉，分授正黃、正紅兩旗四佐領耕種。

惠寧城東旗屯引用闢里沁新開渠水灌溉，分授鑲黃、正白兩旗四佐領耕種。

惠寧城東旗屯引用闢里沁新開渠水灌溉，分授鑲紅、鑲藍兩旗四佐領耕種。

惠寧城北旗屯，引用磨霍圖泉水灌溉，分授鑲白、正藍兩旗四佐領耕種。

惠寧城西北旗屯，引用東阿里瑪圖溝泉水灌溉，爲八旗公田。

右旗屯水利。

錫伯營八旗八佐領，分爲八屯。鑲黃、正白二旗駐豁吉格爾，正紅旗駐巴圖蒙柯，引用泉水灌溉。鑲白旗駐綽豁囉，正黃旗移駐塔什布拉克，鑲紅旗移駐額爾格穆托羅海，正藍旗移駐綽豁囉之東，鑲藍旗移駐綽豁囉之西，俱引用河水灌溉。

右錫伯營水利。

索倫營八旗八佐領，分左右翼，左翼屯田引西阿里瑪圖河水灌溉，右翼屯田引圖爾根河水灌溉。

右索倫營水利。

察哈爾營八旗，分左右翼屯田，皆依博羅塔拉河岸，河北之田多引山泉，河南之田引用河水灌溉。

右察哈爾營水利。

厄魯特營上三旗六佐領屯田四處：曰敦達察罕烏蘇，曰霍依圖察罕烏蘇，曰特爾莫圖，曰塔木哈，引用其地之水灌溉。下五旗十四佐領屯田十六處：曰昌曼，曰哈什，曰春稽布拉克，曰蘇布台，曰渾多賴，曰衮佐特哈，曰庫爾庫壘，曰呢勒哈，曰大濟爾噶朗，曰算珠圖，曰特勒克，曰明布拉克，曰特古斯塔柳，曰沙喇博果沁，曰巴哈拉克，曰弩楚衮。各引用其地之水灌溉。

乾隆二十五年，辦事大臣阿桂奉旨自阿克蘇帶領回子三百名至伊犂分撥墾種，自二十七年至三十二年陸續由烏什、葉爾羌、和闐、哈密、吐魯番等處增調回子共六千戶墾種地畝。

乾隆三十八年，將軍伊勒圖奏准以六千回戶分爲九屯耕種納糧，每戶交糧十六石，每年共交糧九萬六千石。

乾隆五十九年，將軍保寧以回子生齒日繁，增墾地畝，情願加交糧四千石，以足十萬石之數等因。奏奉諭旨：嗣後遇有歉收之年，不必增交，以示體恤，著爲令。欽此。自是每戶攤交糧十六石六斗六升六合六勺零。

嘉慶九年，將軍松筠以六千回戶生齒倍加，請將遺屯等處地畝撥給回子耕種，每年令交小麥二千石以供銅鉛廠夫口食之需，得旨允行。

管轄六千回戶分屯種地之始，係阿奇木伯克茂薩。茂薩者，吐魯番郡王額敏和卓之次子也，於乾隆二十五年授伊犁阿奇木伯克，嗣以軍功封輔國公。三十一年額敏和卓第三子鄂羅木雜布赴伊犂，將軍明瑞奏明令協理屯田事務，是年授一等台吉，任伊犂三品阿奇木伯克。五十三年誥以一等台吉世襲罔替，五十五年晉公品級。嘉慶十年將軍松筠奏言去歲回戶所種田禾雨水過多，收成稍歉，而於應納之糧十萬石全數交納。奉旨：回子公職銜台吉阿奇木伯克鄂羅木雜布之長子密里克雜特，次子邁爾諾什姪色莫特伯柯依應納糧石俱各奮勉全數交完。其四品伊什罕伯克托克托納交糧石，甚屬奮勉，著加恩托克托，賞戴花翎。密里克雜特邁爾諾什色莫特伯柯依俱著加一級，賞用四品頂戴，以示鼓勵。欽此。是年鄂羅木雜布卒，恩賞銀二百兩，以其子密里克雜特襲一等台吉，署阿奇木伯克事務。

清・傅恒《西域圖志》卷三二《屯政一》　臣等謹按：籌邊之策，將使兵食兼足，舍屯政無由。第時異勢殊，泥古者或乖實用，則隨宜立制之道尚焉。漢晁錯建議募民徙塞下，已兆屯田之法。至宣帝遣故將吏屯田張掖，而屯政日開。自時厥後，若擊先零，討李憲，取伊吾，復三郡，凡有軍興，必修屯政。然而師行則舉，師旋則廢。議者徒備一時權宜，而未得經久承行之利。魏晉以降，間或行之內地，亦旋興旋罷，立制鮮籌盡善。我皇上耆定西陲，關門以西，葱嶺以東，版章式廓。於滌瑕蕩穢之餘，圖生養安全之計。聖天子仁宏亭育，智燭遐荒。爲之授田里，謀保聚，殫宥密於巖廓杳儆之間，而人人自得於流沙萬里之外，固非舊隸版籍之哈密鎮西府屬所能限已。爰於准部自今迪化州至伊犂，回部自辟展至哈喇沙爾，擇其地之近泉源傍河瀆者，翦萊坌土以布物宜，且劑其歲收之數。自給官兵廩稍外，儲贏餘以資增墾。先後屯種，大著成效。由是山北推之晶河、庫爾喀喇烏蘇、塔爾巴噶台諸境。山南推之烏什、阿克蘇諸城。調派武職以專其成，特置重臣以董其事。良法美意，曠古罕聞。竊謂西域屯政之善，實有所以超漢軼唐者。如充國虞詡之策，重華李降之謀，意在籌軍實，謹邊防耳。今則各部臣民，願編郡縣，銷戈戟，鑄農器。以蒐獮之剩卒，爲耕垡之上農。餉不空糜，地無遺利，康阜鴻休，垂諸無極。况昔之屯田，或給耒耜，或假耕牛。非仰給於官，即抑配於民，經費甚鉅。今則且耕且駐，無俟招集流亡。在兵在民，不必官支農具。史書佚牛括牛之弊，種種俱絕。不惟腹地不資轉運，而給饟之羨，陳陳相因，減費更廣。無他，漢唐之屯政，專爲養兵，而未能兵民幷濟。漢唐之屯政，專爲供戰，而未能戰守兼宜。乃者程功簡而收利溥。沙磧之區，絕無棄地。瀉鹵之土，盡變膏腴。甚至移郊寄棘之徒，從事耕耘，幷以贖愆糊口，荒裔悉成樂土。自昔服疇力穡之化，有被及無外如今日者哉。爰舉新疆屯田經制，現在處所，按地詳載。而歲入之額，戶口之籍，皆附之。

同上　按：安西州爲靖逆、赤金、柳溝、安西、沙州五衛地，舊屬軍民屯種之所。自本朝裁衛，改設府縣後，地畝久經定額升科。惟瓜州、踏實、小灣三堡，舊居土爾番回人，乾隆二十一年，移歸土爾番。所遺地畝，招佃承種。每戶地三十畝，官給籽種牛具，秋成後扣存籽種外，以什之四輸官。至二十五年，亦經定額升科，編入民賦。故茲編所載，斷自哈密屬始。

哈密

塔爾納沁

屯田七千三十畝。乾隆二十四年置五千六百七十畝，二十五年增五百畝，二十七年減一百七十畝，三十二年增一千三十畝，如今額。

管屯都司、把總外委各員，於哈密協標屬營內派撥，無定額。

屯兵一百七十名。乾隆二十四年設屯兵二百名，二十七年裁三十名，如今額。

遣犯，乾隆二十七年派一百三十名。現無增減。

按：塔爾納沁屯田於乾隆二十一年，由總督黄廷桂奏請，於黄墩營撥兵二百名試墾。二十三年，益以哈密卡倫兵二百名試墾，均有成效。於二十四年，開屯設兵爲定制。

土宜：小麥、胡麻、菜子、糜、青稞。

收穫：乾隆二十四年收穫九分二釐，二十五年收穫九分八釐，二十六年收穫十分，二十七年收穫八分，二十八年收穫六分八釐，二十九年收穫十分三釐，三十年收穫十分六釐，三十一年收穫六分二釐，三十二年收穫七分二釐，三十三年收穫六分八釐，三十四年收穫七分二釐，三十五年收穫七分，三十六年收穫七分三釐，三十七年收穫七分五釐，三十八年收穫七分五釐，三十九年收穫七分七釐，四十年收穫八分一釐，四十一年收穫七分九釐，四十二年收穫八分一釐。

按：收穫分數，或以籽粒計，或以畝計。惟是籽粒土宜不一，布種多寡，復以地殊，積算參差，難於合會。兹載收穫分數，概以畝計。每畝以斗起分，以畝收一石爲十分。合各種土宜，統計成分，庶編紀劃一，覽若列眉。而歲入糧儲之實數，亦緣是可考見云。

蔡巴什湖

屯田四千六十五畝。乾隆二十七年置三千畝，三十三年增一千六十五畝，如今額。

管屯把總、外委各員，於哈密協標屬營内派撥，無定額。

屯兵一百名。乾隆二十七年設。

遣犯，乾隆二十七年派五十名。

土宜：小麥、穀、糜。

收穫：乾隆二十七年收穫六分，二十八年收穫七分二釐，二十九年收穫七分四釐，三十年收穫八分四釐，三十一年收穫十一分二釐，三十二年收穫九分六釐，三十三年收穫九分三釐，三十四年收穫九分八釐，三十五年收穫九分六釐，三十六年收穫九分六釐，三十七年收穫九分八釐，三十八年收穫九分八釐，三十九年收穫九分五釐，四十年收穫九分八釐，四十一年收穫八分八釐，四十二年收穫八分九釐。

牛毛湖

屯田二百五畝。乾隆三十二年置。

管屯把總一員[係蔡巴什湖把總兼轄]。

屯兵十名，乾隆三十二年設。

土宜：小麥、豌豆。

收穫：乾隆三十二年收穫六分一釐，三十三年收穫八分一釐，三十四年收穫九分七釐，三十五年收穫九分七釐，三十六年收穫九分八釐，三十七年收穫九分八釐，三十八年收穫九分八釐，三十九年收穫九分七釐，四十年收穫九分五釐，四十一年收穫九分八釐，四十二年收穫九分六釐。

按：牛毛湖屯田於乾隆三十一年，初由蔡巴什湖管屯把總姚成仁私墾成熟，查出入官。嗣後照例撥兵屯種。

《後漢書・西域傳》永平十六年取伊吾盧地，置宜禾都尉以屯田。建初二年罷屯田伊吾。元初六年，遣行長史索班將千餘人屯伊吾。永建六年，帝以伊吾舊膏腴之地，傍近西域，匈奴資之以爲鈔暴，復令開設屯田，如永元時事。

按：哈密在漢時爲伊吾盧地，自明帝迄順帝，其屯田興廢之迹，有可考者。地宜五穀、桑麻、香棗、蒲萄。準諸禹貢厥田上上，故漢帝置田官於此，以控制西域焉。元幷天下，兼有西陲，甘肅瓜沙以西，皆置屯田，與塔爾納沁相近。明初封元裔忠順王於此，頗修軍屯，至嘉靖間委之於土爾番。於是乎關門不啓，敦煌以西，名皋沃野，俱置之度外矣。不隸聖朝疆索，安能睹原隰龍鱗之盛歟。

鎮西府[即巴爾庫勒]

朴城子[屬宜禾縣]

屯田一萬八千七百畝。乾隆二十三年置二萬九百畝，二十五年增一百畝，二十六年增一千畝，二十七年裁七千七百畝，三十一年增二千二百畝，三十二年增二千二百畝，如今額。

管屯游擊千總、把總、外委各員，於巴爾庫勒鎮標屬營内派撥，無定額。

屯兵五百名。乾隆二十三年設一千名，二十七年裁六百名，三十一年增一百名，如今額。

遣犯，乾隆二十七年派二百五十名，三十二年增一百名。現三百五十名。

土宜：小麥、豌豆、青稞。

收穫：乾隆二十三年收穫五分七釐八毫，二十四年收穫六分九釐九毫，二十五年收穫六分八釐七毫，二十六年收穫六分七釐，二十七年收穫四分七釐，二十八年收穫五分一釐，二十九年收穫七分，三十年收穫七分六釐，三十一年收穫八分三毫，三十二年收穫八分五釐，三十三年收穫八分二釐五毫，三十四年收穫八分二釐七毫，三十五年收穫八分二釐九毫，三十六年收穫九分，三十七年收穫八分五毫，三十八年收穫八分，三十九年收穫八分五釐，四十年收穫八分五釐，四十一年收穫七分一釐，四十二年收穫七分三釐。

按：乾隆二十三年於鎮西府屬之朴城子及奎蘇二處，開設兩屯，調派甘州、涼州、西寧、肅州、寧夏、固原、河州七提鎮營官兵一千名，統以副將、游擊、守備諸員，經理屯務。至三十六年十月，將前派官兵撤回，并裁減奎蘇一屯，別派巴爾庫勒鎮標游擊各員管理，如今制。

古城［屬奇臺縣］

屯田一萬二千一百畝。乾隆三十七年置八千畝，三十八年增四千一百畝，如今額。

管屯游擊、千總、把總各員，係古城本營專轄。

屯兵五百五十名。乾隆三十七年設四百名，三十八年增一百五十名，如今額。

土宜：小麥、豌豆。

收穫：乾隆三十七年收穫十三分九釐，三十八年收穫十四分，三十九年收穫十三分九釐，四十年收穫十三分六釐，四十一年收穫十二分一釐，四十二年收穫十二分三釐。

木壘、奇臺［屬奇臺縣］

屯田一萬畝。乾隆三十一年置二千二百四十畝，三十二年增七千七百六十畝，如今額。

管屯守備、千總、把總各員，於巴爾庫勒鎮標屬營內派撥，無定額。

屯兵五百名。乾隆三十一年設二百名，三十二年增三百名，如今額。

土宜：小麥、青稞。

收穫：乾隆三十一年收穫九分二釐，三十二年收穫二十三分，三十三年收穫十二分七釐，三十四年收穫二十四分二釐。

按：乾隆三十一年屯木壘，兼東濟爾瑪台。三十二年屯奇臺，兼西濟爾瑪台。三十三年屯奇臺，兼吉布庫。三十四年屯奇臺、木壘，兼東格根，略仿古一易再易之法。至三十五年後，專於吉布庫開屯，而統於古城營游擊總理。其木壘，奇臺等處屯田遺地，均給民戶耕種。

吉布庫

屯田三千三百畝。乾隆三十五年置三千畝，三十八年增三百畝，如今額。

管屯都司、守備、千總、把總各員，於巴爾庫勒鎮標屬營內派撥，無定額。

屯兵一百五十名。乾隆三十五年設。

土宜：小麥、豌豆。

收穫：乾隆三十五年收穫十三分，三十六年收穫十三分九釐，三十七年收穫十四分，三十八年收穫十四分，三十九年收穫十三分九釐，四十年收穫十三分六釐，四十一年收穫十二分一釐，四十二年收穫十二分三釐。

迪化州［即烏魯木齊］

五堡［屬州］、昌吉、羅克倫［屬昌吉縣］

屯田六萬五千三百四十八畝。乾隆二十五年置八萬七千一百七十四畝，二十六年增一百六十三畝，二十七年裁四萬六百畝，二十八年增二萬二千三百十九畝，二十九年增六千一百三十二畝，三十年增二千一百三十畝，三十一年增一萬九千八百二十畝，三十二年裁一萬五千六百七十一畝，三十三年增二萬三千四百七十五畝，三十四年裁五千三百五十八畝，三十五年裁八百九十六畝，三十六年裁三萬三千八百八十八畝，三十七年裁四百七十四畝，三十八年增五千三百七十三畝，三十九年增二千八百四十四畝，四十年裁七千一百八十三畝，如今額。

管屯副將、參將、游擊、都司、守備、千總、把總、外委各員，於烏魯木齊提標屬營內派撥，無定額。

屯兵三千一百九十五名。乾隆二十五年設四千三百七十四名，二十六年裁三百十八名，二十七年裁一千一百七十名，二十八年增五百四十五名，二十九年增一百名，三十年裁二百名，三十二年增二百四十九名，三十三年增一千五十一名，三十六年裁一千名，三十七年裁四百二十名，三十八年增六百五十九名，三十九年裁四十四名，如今額。

遣犯，乾隆二十七年派二十八名，二十八年增一百八十五名，二十九年增一百二十三名，三十年增一百九十九名，三十一年增六百八十四名，三十二年增四百二十七名，三十三年增一百一名，三十四年裁三百六十七名，三十五年裁一百四十七名，三十六年裁一千七十四名，三十七年增十五名，三十八年裁二十五名，三十九年裁六十一名，四十年增三名，現八十一名。

土宜：小麥、粟、穀、胡麻、青稞。

收穫：乾隆二十五年收穫九分三釐，二十六年收穫八分三釐，二十七年歉收止二分四釐，二十八年收穫十分，二十九年收穫九分三釐，三十年收穫八分，三十一年收穫七分九釐五毫，三十二年收穫七分八釐，三十三年收穫八分，三十四年收穫八分五釐，三十五年收穫八分四釐三毫，三十六年收穫七分二釐，三十七年收穫五分一釐，三十八年收穫六分八釐，三十九年收穫六分八釐，四十年收穫九分七釐，四十一年收穫九分九釐，四十二年收穫九分三釐。

按：烏魯木齊之五堡，於乾隆二十三年屯兵八百名，試墾地八千畝，收穫糧三千五百四十二石五斗。二十四年屯兵九百八十名，試墾萬六千五百七十二畝，收穫糧一萬零九十五石有奇。當試墾之初，猶未及昌吉、羅克倫諸處也。至二十五年次第興舉，始爲定制云。

瑪納斯[屬綏來縣]

屯田二萬八千二百畝。乾隆二十七年置一千七百畝，二十八年增一千九百畝，三十一年增二百四十畝，三十二年增四千五百四十八畝，三十三年裁六百二十畝，三十四年增一萬九千四十四畝，三十五年裁五千五百五十六畝，三十六年增一萬二千九百三十六畝，三十七年裁一萬五千七百四十八畝，三十八年舊屯增三千一百一十六畝，又設新屯田一萬三千二百畝，三十九年新屯增一千四百四十畝，共新舊屯田二萬八千二百畝，如今額。

管屯游擊、都司、守備、千總、把總、外委各員，由陝西甘肅調撥，無定額。

屯兵一千四百名。乾隆二十七年設一百八十名，三十二年增一百八十名，三十三年裁四十名，三十四年增五百四十名，三十五年裁三百十五名，三十六年增六百三十名，三十七年減七百五十八名，三十八年舊屯增一百六十名，設新屯兵六百六十名，三十九年增新屯兵一百六十三名，共新舊屯兵一千四百名，如今額。

遣犯，乾隆三十一年派二十名，三十二年增七十名，三十三年增十五名，三十四年增十二名，三十五年增六十二名，三十六年增二十八名，三十七年裁四十九名，三十八年裁七十六名，三十九年裁四十名，四十年裁十九名。

土宜：青稞、小麥、粟、穀。

收穫：乾隆二十七年收穫十三分，二十八年收穫十分一釐，二十九年收穫十一分九釐，三十年收穫九分九釐，三十一年收穫十分一釐，三十二年收穫十分一釐，三十三年收穫八分五釐，三十四年收穫九分八釐，三十五年收穫十分六釐，三十六年收穫十一分五釐，三十七年收穫七分，三十八年收穫五分四釐，三十九年歉收止二分七厘，四十年收穫十四分，四十一年收穫八分六釐，四十二年收穫八分四釐。

濟木薩[屬阜康縣]

屯田一萬五千一百畝。乾隆三十三年置二萬畝，三十六年裁一千畝，三十七年裁二千八百八十畝，三十八年裁一千畝，三十九年裁二十畝，如今額。

管屯參將、游擊、守備、千總、把總、外委各員，於陝西甘肅省調撥，無定額。

屯兵七百五十五名。乾隆三十三年設一千名，三十六年裁五十名，三十七年裁一百四十四名，三十八年裁五十名，三十九年裁一名，如今額。

土宜：青稞、穀、粟、小麥。

收穫：乾隆三十三年收穫九分九釐，三十四年收穫九分七釐，三十五年收穫九分七毫，三十六年收穫六分八釐，三十七年收穫八分六釐，三十八年收穫八分四釐，三十九年收穫十四分，四十年收穫十三分，四十一年收穫十二分，四十二年收穫十二分三釐。

《後漢書・耿恭傳》：永平十七年，以恭爲戊己校尉，屯後王部金蒲城。《西域傳》永興元年，車師後部王阿羅多，與戊部候嚴皓不相得，攻圍漢屯田且固城。

按：迪化州屬東阜康縣，西昌吉綏來縣，皆南倚天山，山泉北流，匯爲長河。其最著者曰烏魯木齊河、特納格爾河、濟木薩河、呼圖克拜河、瑪納斯河、昌吉河、羅克倫河，分流浸潤，膏澤土田。一州三縣地，咸資灌漑。更以從古游牧之區，糞種得諸自然，是以歲收倍稔也。迪化州境即烏魯木齊，於漢爲蒲類國地，唐爲北庭都護府之後庭縣，其東境博什奇勒克城，爲漢車師後部之金滿城，即唐金滿縣，地本毗接。後漢耿恭屯田金蒲，即金滿，爲今烏魯木齊、昌吉、羅克倫一帶膏腴之壤。至《西域傳》所載，且固城雖不可考，然考後漢時戊部候，固居車師後部者，是以車師後王得而攻之，則其地亦當與今烏魯木齊爲近。

庫爾喀喇烏蘇

屯田三千六百三十六畝。乾隆二十七年置五千四百畝，三十年裁一千八百畝，三十一年增二百二十八畝，三十二年增一千二十畝，三十三年增十二畝，三十四年裁九十六畝，三十五年裁九十六畝，三十六年裁六百三十六畝，三十七年裁二百五十二畝，三十八年增七十二畝，三十九年裁一百四十四畝，四十年裁七十二畝，如今額。

管屯都司、守備、千總、把總、外委各員，由陝西甘肅省調撥，無定額。

屯兵一百八十名。乾隆二十七年設二百七十名，三十年裁九十名，如今額。

遣犯，乾隆三十一年派十九名，三十二年增八十五名，三十三年增一名，三十四年減八名，三十五年減十二名，三十六年減五十三名，三十七年減二十七名，三十八年增一十二名，三十九年減十二名，四十年減九名。現三名。

土宜：小麥、粟、穀、青稞。

收穫：乾隆二十七年收穫八分九釐，二十八年收穫九分九釐，二十九年收穫八分七釐，三十年收穫八分三釐，三十一年收穫八分六釐，三十二年收穫八分二釐，三十三年收穫八分七釐，三十四年收穫八分七釐，三十五年收穫十分三釐，三十六年收穫七分，三十七年收穫六分五釐，三十八年收穫六分五釐，三十九年收穫九分八釐，四十年收穫十一分九釐，四十一年收穫十一分一釐，四十二年收穫八分二釐。

晶河

屯田三千三百六十畝。乾隆二十七年置四千五十畝，二十八年增一千三百五十畝，三十年裁一千八百畝，三十一年增一百九十二畝，三十二年增一千四十四畝，三十三年裁八十四畝，三十四年增六百四十八畝，三十五年裁八百十六畝，三十六年裁六百三十六畝，三十七年裁一百六十八畝，三十八年裁一百九十二畝，三十九年裁一百八十畝，四十年裁四十八畝，如今額。

管屯都司、千總、把總各員，由陝西甘肅省調撥，無定額。

屯兵一百六十八名。乾隆二十七年設二百七十名，三十年裁九十名，三十七年裁六名，三十八年裁六名，如今額。

遣犯，乾隆三十一年派十六名，三十二年增八十七名，三十三年減七名，三十四年減十二名，三十五年減二名，三十六年減五十三名，三十七年減四名，三十八年減六名，三十九年減二名，四十年減四名，無存。

土宜：小麥、青稞、粟、穀。

收穫：乾隆二十七年收穫十一分，二十八年收穫十分六釐，二十九年收穫九分八釐，三十年收穫八分八釐，三十一年收穫七分五釐，三十二年收穫七分二釐，三十三年收穫七分，三十四年收穫七分五釐，三十五年收穫十分九釐，三十六年收穫七分二釐，三十七年收穫六分二釐，三十八年收穫六分一釐，三十九年收穫八分七釐，四十年收穫十二分六釐，四十一年收穫十分一釐，四十二年收穫八分六釐。

塔爾巴噶台

屯田一萬七千畝。乾隆三十年置一萬八百畝，三十四年增七千二百畝，三十六年裁七千二百畝，三十八年增四千三百二十畝，三十九年增二千八百八十畝，四十年裁一千畝，如今額。

管屯游擊、守備、千總、把總、外委各員，由陝西甘肅省調派，無定額。

屯兵八百五十名。乾隆三十年設五百四十名，三十四年增三百六十名，三十六年裁三百六十名，三十八年增二百十六名，三十九年增一百四十四名，四十年裁五十名，如今額。

土宜：小麥、胡麻、青稞。

收穫：乾隆三十年收穫七分八釐，三十一年收穫七分六厘，三十二年收穫十一分八釐，三十三年收穫十四分五釐，三十四年收穫十五分七釐，三十五年收穫十六分，三十六年收穫十一分一釐，三十七年收穫十五分，三十八年收穫十三分八釐，三十九年收穫十三分一釐，四十年收穫十四分，四十一年收穫十二分八釐，四十二年收穫八分一釐。

伊犁

屯田五萬五百八十八畝。乾隆二十六年置一萬六千畝，二十七年增四千畝，二十九年增一百八畝，三十年增三十二畝，三十二年增一萬二十四畝，三十三年增六千四十八畝，三十四年增七十二畝，三十五年增六千七十二畝，三十六年增八千一百二十畝，三十七年增六百畝，三十八年裁一千四百八十八畝，三十九年增三十六畝，四十年增三十六畝，如今額。

總理屯務總兵及管屯參將、游擊、都司、守備、千總、把總、外委各員，由陝西甘肅省調派，無定額。

屯兵二千五百名。乾隆二十六年設八百名，二十七年增二百名，三十二年增五百名，三十三年增三百名，三十五年增四百名，三十六年增四百名，三十八年裁一百名，如今額。

遣犯，乾隆二十九年派九名，三十年增三名，三十二年增二名，三十五年增四名，三十四年增六名，三十五年增六名，三十六年增十名，三十七年增二名，三十八年增一名，三十九年增三名，四十年增三名，現四十九名。

土宜：大麥、小麥、糜、穀、青稞。

收穫：乾隆二十六年收穫十六分五釐，二十七年收穫十四分三釐，二十八年收穫十七分六釐，二十九年收穫十七分五釐，三十年收穫十九分四釐，三十一年收穫十二分，三十二年收穫十八分三釐，三十三年收穫十八分八釐，三十四年收穫十六分，三十五年收穫十八分六釐，三十六年收穫十八分七釐，三十七年收穫十七分，三十八年收穫十七分二釐，三十九年收穫十七分二釐，四十年收穫十六分二釐，四十一年收穫十五分八釐，四十二年收穫十六分一釐。

按：伊犁東南北三面負山，地勢平廣，土膏饒厚。地有三河，一空格斯河，出納拉特嶺之北，西北行。一哈什河，出哈喇古顔山，西南行。一特刻斯河，出汗騰格里山，東北行。各三百餘里，匯爲伊犁河，經流其地，西北入海。支渠數十道，分漑民田。地氣和暖，爲山北沃壤。乾隆二十五年，令阿克蘇回人三百名攜帶籽種，偕同綠營官兵，如法試種。計種黍米籽種九十石五斗，得收穫黍米千一百三十三石有奇。種粟米籽種二百一十一石，得收穫粟米二千六百二十二石。爰於二十六年開屯設兵爲定制，其回民受田之戶，論籽種，不計頃畝。每戶各種二麥一石，穀黍五斗。二麥收穫約二十分有奇，黍穀收穫約四十分有奇。定以歲輸十六石爲額，餘則聽收以資養贍，與世業無異云。

又按：伊犁之地，前代設屯史傳無明文，《漢書》稱其地莽平多松樠。又言其俗不田作，種樹，隨畜逐水草，與匈奴同。非土田磽确，不可樹藝，亦其人之不務農業，自遺地利耳。玆幸入聖朝幅宇，荷鍤如雲，土地日辟，時和歲稔，稌黍盈餘。十數年以來，休養生息，民庶物阜。烏孫故壤，始熙熙然成大都會矣。

清・傅恒《西域圖志》卷三三《屯政二》 按：山南回部舊地，自辟展以西，武功耆定後，於乾隆二十二年，始事耕屯。經駐防闢展大臣定長等進麥萬穗，宸翰親裁，以著綏豐之盛。嗣是年和人樂，以回民之夙習農務，較准俗惟資畜牧者，尤宜且稱。而伊古車師、輪臺、渠犁之遺迹，亦緣是可考證云。

闢展

屯田一萬三千六百三十三畝。乾隆二十四年置一萬七百五畝，二十五年增二千九百二十八畝。

管屯都司、守備、千總、把總各員，由陝西甘肅省調派，無定額。

屯兵八百名。乾隆二十四年設。

土宜：麥、青稞、豌豆、粟、穀。

收穫：乾隆二十四年收穫六分五釐，二十五年收穫十五分九釐。

哈喇和卓

屯田六千畝。乾隆二十四年置四千五百畝，二十五年增一千五百畝。

管屯游擊及千總、把總各員，由陝西甘肅省調派，無定額。

屯兵三百名。乾隆二十四年設。

土宜：小麥、青稞、粟、穀。

收穫：乾隆二十四年收穫五分五釐，二十五年收穫九分二釐。

托克三

屯田一萬四千二百五十三畝。乾隆二十四年置一萬一千八十二畝，二十五年增三千一百七十一畝。

管屯參將、守備、千總、把總各員，由陝西甘肅省調派，無定額。

屯兵一千名。乾隆二十四年設。

土宜：小麥、豌豆、粟、穀。

收穫：乾隆二十四年收穫四分一釐，二十五年收穫七分五釐。

按：闢展南臨沙山，北距大山一百里。秋冬山間積雪，入夏消融，流注南麓，滲於沙土。離闢展城五六里許，復出地上，是爲泉源。泉眼星羅棋錯，約十數處。去城里許，匯合成渠，名闢展郭勒，屈曲而南。地勢就平，渠流散漫。凡近渠之地，咸引水灌溉。其高阜則水所不到，專資雨澤也。哈喇和卓，水源出北山下，經由沙磧，漫衍而南，出金嶺口，匯爲大渠，入哈喇和卓郭勒。分道諸堡，田畝資其灌溉。托克三，水凡二道，一發源於東面大山之麓，湍泉漫流沙磧間，經一百五十餘里，匯入河流。一發源於烏魯木齊之東山，積雪所融，流注南行，離城二十里許，與泉水合，爲托克三郭勒，藉溉田畝。於乾隆二十二年，試墾地六千五百五十畝。二十三年，增墾地一萬一千一百五十畝。二十四年，設兵開屯如制。嗣於乾隆二十六、七兩年，經辦事大臣次第奏請，給與土爾番回民爲世業，歲納額租。

御制駐防闢展屯田大臣定長等奏進所穫麥萬穗詩以紀事［庚辰］

載戢西瀛已定功。戍耕伊始慶綏豐。夏收萬穗先來進，秋熟千屯預報芃。實栗惟堪嘗以堯，既安那更役如熊。開疆逾遠心隨遠，總爲祈年宵旰中。

按：闢展在漢屬狐胡國地，與車師鄰接。前代設屯與否，史無明文。今以地位考之，狐胡與漢車師、柳中地接。當漢屯田車師，後漢屯田柳中時，必兼舉之矣。或謂東漢時歸義、建威二十七所屯田，在伊吾之西。伊吾爲今哈密，如其說則當與闢展相近。今詳考之，歸義諸屯，當在漢西海廢郡居延故城，元爲額齊訥舊作亦集乃，今改正。路。至元間額齊訥總管呼嚕圖，言所部有田可以耕作，乞以新軍三百人，鑿哈濟渠於額齊訥地，并以傍近民西僧餘戶助其力。從之。計屯田九十餘頃，即漢歸義屯等處也。明屬陝西行都司。今在甘州之北，哈密之東，而云在伊吾西者非也。

《漢書・西域傳》：昭帝時，匈奴使四千騎田車師。宣帝遣五將將兵擊匈奴，車師田者驚去。地節二年，漢遣侍郎鄭吉、校尉司馬憙將免刑罪人田渠犁積穀。吉奏事至甘泉，有詔還田渠犁，及車師，益積穀以安西國。於是吉始使吏卒三百人別田車師。單于大臣皆曰：車師地肥美，漢得之多田積穀，必害人國，不可不爭也。果遣騎來擊田者。吉乃與校尉盡將渠犁田士千五百人往田，上書言願益田卒。公卿議以爲道遠煩費，可且罷車師田者。其後置戊己校尉屯田，居車師故地。

《後漢書・耿恭傳》：謁者關寵爲戊己校尉，屯前王柳中。《西域傳》延光二年，以班勇長史將弛刑士五百人，西屯柳中。

按：哈喇和卓、托克三，今屬闢展，在漢爲車師前王地。其屯田積穀，與匈奴爭逐之迹，有可考者。《漢書》稱其地肥美，可以多田而積穀。後漢班勇西屯柳中，即今魯克察克，在昔爲車師國地東境也。又今闢展屬境，於北魏爲高昌，《北史》言高昌厥土良沃，穀麥一歲再熟。由今核之，似與昔殊。蓋緣沙磧之壤，以雪爲水源，肥饒磽瘠，視水勢之盈涸，靡有定則也。

又按：宋王延德《高昌行紀》云，其地產五穀，惟無蕎麥。有水出金嶺，導之周繞國城，以溉田園，作水磑。今授回民爲世業，以耕以藝。古法具在，多田積穀，惟勤則不匱耳。

哈喇沙爾

屯田七千四百四十畝。乾隆二十三年置四千一百四十五畝，二十四年增五千五百三十五畝，二十五年增三十二畝，二十八年裁一千九百八十八畝，二十七年裁二千五百十畝，二十八年增一千十一畝，二十九年增八百十畝，三十三年增一千五畝，三十五年裁一千畝，三十八年增四百畝，如今額。

管屯參將、游擊、都司、守備、千總、把總各員，於陝西甘肅省調派，無定額。

屯兵三百六十二名。乾隆二十三年設二百七名，二十四年增二百七十七名，二十五年增一名，二十六年裁一百四十四名，二十七年增五十六名，二十八年裁五十四名，二十九年增九名，三十二年增四十名，三十五年裁五十名，三十八年增二十名，如今額。

土宜：粟、穀、小麥、青稞。

收穫：乾隆二十三年收穫六分二釐，二十四年收穫十五分二釐，二十五年收穫九分八釐，二十六年收穫十一分，二十七年收穫三分六釐，二十八年收穫八分五釐，二十九年收穫六分二釐，三十年收穫九分六釐，三十一年收穫八分七釐，三十二年收穫九分八釐，三十三年收穫八分四釐，三十四年收穫八分三釐，三十五年收穫六分七釐，三十六年收穫四分五釐，三十七年收穫五分六釐，三十八年收穫七分，三十九年收穫七分二釐，四十年收穫六分九釐，四十一年收穫七分，四十二年收穫六分七釐。

《漢書・西域傳》：自敦煌西至鹽澤，往往起亭。而輪臺、渠犁皆有田卒數百人，置使者校尉領護，以給使外國者。征和中，搜粟都尉桑弘羊與丞相御史奏言：故輪臺以東，捷枝、渠犁，皆故國地。廣饒水草，有溉田五千頃以上，處溫和田美，可益通溝渠，種五穀，與中國同時熟，可遣屯田卒詣故輪臺以東，置校尉三人分護。各舉圖地形，通利溝渠，務使以時益種五穀。田一歲有積穀，募民壯健，有累重敢徙者詣田所，就蓄積爲本業，益墾溉田。昭帝用桑弘羊前議，田輪臺。輪臺與渠犁地皆相連也。

按：哈喇沙爾，北至天山一百四十餘里，南至海都郭勒四里。海都郭勒源發北山下，紆曲南行二百五十里，當哈喇沙爾西南境。冬春河身廣及一里，夏秋漲發輒三四里。引渠灌溉，屯墾地畝。其地爲古焉耆，《漢書》稱其國近海，水多魚。《北史》亦言焉耆土田良沃，穀有稻菽粟麥，去海千餘里，有魚鹽蒲葦之饒。今自哈喇沙爾至漢輪臺、渠犁屯田處，約四百餘里。在庫車以東。所謂廣饒水草，有溉田五千頃以上者也。更以《水經注》考之，輪臺最西，即所謂龜兹東川水，東南流，徑於輪臺之東者也。連城稍東，即所謂敦薨水，西南流，連城別注，裂以爲田者也。渠犁更東，即所謂敦薨水，又屈而南，徑渠犁國西，又東南流徑渠犁城。漢武帝屯渠犁，即此處也。其實地皆毗連，相去不過幾百里。在今哈喇沙爾之西南，庫車之東南，依往迹以尋其塍隴，當必有良疇美土，蕪穢於沙磧中者。盡人力以收地利，顧可不講歟。

烏什

屯田八千畝。乾隆三十一年置二萬畝，三十二年裁一千畝，三十三年裁四千畝，三十四年裁三千畝，三十五年裁二千畝，三十六年裁二千畝，如今額。

管屯副將、都司、守備、千總、把總各員，由陝西甘肅省調派，無定額。

屯兵四百名。乾隆三十一年設一千名，三十二年裁五十名，三十三年裁二百名，三十四年裁一百五十名，三十五年裁一百名，三十六年裁一百名，如今額。

土宜：小麥、大麥、豌豆、糜。

收穫：乾隆三十一年收穫八分六釐，三十二年收穫九分八釐，三十三年收穫九分九釐，三十四年收穫九分二釐，三十五年收穫九分五釐，三十六年收穫九分九釐，三十七年收穫九分四釐，三十八年收穫九分三釐，三十九年收穫九分四釐，四十年收穫九分三釐，四十一年收穫九分四釐，四十二年收穫九分五釐。

按：乾隆三十二年阿克蘇稻田，移於烏什試種，收獲九分二厘。旋因地寒水冷，不宜稻穀，即於三十三年仍移阿克蘇。

阿克蘇

稻田一百五十畝。乾隆二十七年置，如今額。

管屯游擊、把總，即駐防武職，不另派。

屯兵十五名。乾隆二十七年設。

收穫：乾隆二十七年收穫二十二分，二十八年收穫二十三分，二十九年收穫二十八分，三十年收穫二十七分九釐，三十一年收穫二十二分三釐[三十二年移烏什，見前條]，三十三年收穫三十分，三十四年收穫三十五分一釐，三十五年收穫三十五分，三十六年收穫三十分二釐，三十七年收穫三十四分三釐，三十八年收穫三十三分九釐，三十九年收穫三十五分二釐，四十年收穫三十一分八釐，四十一年收穫三十七分二釐。

按：阿克蘇稻田，於乾隆二十六年經辦事大臣以地當孔道，供支往還星使，及內附藩臣，有酌宜筵宴處，需用稻米，請於葉爾羌運籽試種。自二十七年爲始，每歲收穫盈餘，運交烏什糧員，配給官俸，敷取足用而止，與他處講求地利博資民用者不同也。抑臣等竊見武功告成之後，即從事設戍開屯，用以綏遠固圉，長治而久安，策莫善於此。恭讀御制回部貢金詩序，拳拳於井牧之方，駐守屯種，取足供支。既不擾內地之一絲一粟，役中土之一丁一夫，蠲彼橫徵，登諸衽席，以視前代骨都戊己，僕僕轉餉，坐耗物力者，固不可同年語矣。而又爲之立賞罰之條，嚴勸課之則，使荷戈擐甲之夫，轉而緣南畝者，罔不爭先踴躍，思盡地力。即一屯政而我皇上之知周道濟，坐照萬里之外者蓋如此。

清康熙《江南通志》卷一八《屯田》 蘇州衛原額屯田三百五十頃九十二畝五分四釐。內查有積荒田畝經招墾外，實除荒田九頃八十四畝九分三釐。

康熙二十二年，實在屯田地三百四十一頃七畝六分一釐。

共該徵銀四千七百九十六兩七錢二分四釐，本色米四千八百九十二石二斗一升。內每畝屯田科銀一錢四分三釐四毫零，科米二斗五升七合六勺零。

同年，蘇州衛實在屯丁一千三百二十六名。領運納糧，不納丁銀。

原額屯田二百五十四頃七十七畝三分七釐八毫。又清出基地一頃二十三畝二分二釐六毫。

康熙二十二年實在屯田二百五十六頃零六分四毫。

共該徵銀二千九百七十八兩八分三毫，本色米二千二百三十六石二斗三升四合四勺。內每畝屯田科米二斗六升八合五勺零，科米折銀八分二厘五毫零。

同年，太倉衛實在屯丁一千一百五十三名。領運納糧，不納丁銀。

清乾隆《溫州府志》卷一〇《田賦》 原額奉裁金鄉衛歸縣帶徵屯田四十五頃二十畝七分二釐九毫，園二十七頃八分五釐，除棄置加升科，實徵屯田、園八頃四十二畝五分三釐六毫。

原額官田、地三十七頃三十六畝四分九毫，除題蠲加開墾，實存官田、地二十頃六十七畝八分九毫。

奉裁金鄉衛歸縣屯田四十頃四十畝七分二釐二毫，內上則田二十五頃四十二畝九分七釐，下則田一十四頃九十七畝七分四釐六毫。

國朝按：金鄉衛於順治十八年遷徙奉裁，本衛坐落平陽縣屯田四十五頃二十七畝七分二釐九毫，園二十七畝八分五釐并歸平陽縣田額，坐落泰順縣屯田四十頃四十畝七分二釐二毫，又民人帶種屯田七頃一畝五分四釐并歸泰順縣田額。其棄置、開墾、題蠲等款詳兩縣《田賦》。

溫州衛原額屯田三百二十六頃三十四畝九分。內軍種屯田三百一十二頃八十二畝九分，除缺額荒廢加勸墾復業，實徵田三百頃三十九畝四分七釐八毫五絲，內原徵田二百九十九頃六十八畝五分八釐五毫五絲，墾復田七十畝八分九釐三毫；民佃田一十三頃五十二畝，除缺額荒廢，實徵田一十二頃六十五畝五分五釐七毫五絲。

清咸豐《瓊山縣志》卷七《經政志·屯田》 國初既定營制，軍丁改爲屯丁，屯糧改充兵食。順治九年，設衛守備一員，督徵屯糧，散給兵食。十二年，奉裁衛所，官回原籍，屯糧歸并州縣帶徵，仍給兵食。十六年，復設衛守備一員，令各州縣交糧回衛徵給兵食。

雍正三年，裁汰海南衛五所，四年，奉文歸并瓊山帶徵。

九年，奏准屯丁，照民丁之例，按糧勻派，每屯米一石派納丁銀一分八釐九毫。

十年，奉行一件詳請屯戶丁隨糧納等事案內勻派，屯丁一百五十一丁六分一釐，每丁徵銀二錢五分六釐八毫七絲零二微八纖五沙七塵，共征丁銀三十八兩九錢四分四釐一毫零四忽，閏銀一兩五錢一分四釐二毫零四忽，尚銀一十七兩六錢一分六釐零，免徵餘丁俱作滋生免徵。

乾隆二年，奏准曠軍羨餘米穀銀兩仍照舊例歸公，其原報徵收之屯糧羨余盡行革除。原係衛所官弁徵收，每正糧一石收穀三四石不等，除正米撥支兵糧外，餘穀悉係衛所官弁侵蝕入己。額徵屯米照民米例，每石收耗米一斗六升。《則例》載瓊山、文昌二縣每石收耗米一斗。所有應支兵糧腳費及監犯燈油等項，不敷銀兩均於耗米內通融支給，額徵屯糧仍照久定科則徵收。先於雍正六年據廣督孔毓珣疏稱，原設衛所，當日屯丁逃亡故絕，田地拋荒，官發工本招民墾種輸租，除完額糧外，有所余羨，收作養廉，今衛所裁并，州縣管理，請歸常平倉備賑。

原額荒熟上則稅一百九十五頃四十一畝三分八釐零七絲零二微，米五千八百三十九石零八升零二勺一抄九撮一圭，耗銀八十七兩四錢九分一釐，內除原題准減豁荒蕪上則稅一百三十六頃九十四畝二分零一毫五絲一忽二微八纖，除荒米四千零八十石零四斗二升一合六勺九抄七撮六圭，耗銀六十一兩一錢一分一釐一毫。

康熙二、三、四、五等年，共墾復原則上稅六頃零五畝七分零五毫三絲三忽，每畝照原則例科米三斗編徵米一百三十一石七斗一升二合，耗銀二兩七錢二分五釐。又康熙十一年、二十三年、四十六年共墾復減則上稅一十頃零二十六畝一分，每畝減則徵米八升八合八勺一抄。

清光緒《重修天津府志》卷二八 藍田在府城南，河渠圩岸周數十里，墾田二百餘頃。

康熙時，天津鎮總兵藍理開圍田，引用海河潮水，仍洩水於本河以灌田，招閩浙農人數十家分課耕種，每田一頃，用水車四部，秋收畝三四石不等。及陞任去，奏歸之官。嗣後經理無人，圩坍河淤，數載廢爲荒壤。按藍公立水田於城南，并請建海光寺，延僧湘南爲住持，寺外多湘南墾土，故湘南著《寺志》言城南開墾甚詳。爾時水田分爲東西兩圈，內又各以墾種爲圈名，如華家圈、徐家圈是也。又地名東棚、西棚者，爲推水車畜馬所也。公，閩人，故以閩法行之。然公方治田，而公母不悅，恐溝渠爲塚墓患。公於是親閱郊原，而塚墓無患。至今民呼城南爲藍田。又按父老相傳：康熙、雍正間，雖藍鎮、怡賢之後經理無人，而城南尚有水田。至乾隆四十年間，閘水蓄洩不得其時，水田盡廢，惟葛沽一帶水田如故。

賀家圍——其西半即藍田也。東濱海河，因橋建閘，周圍築埝，圍內開渠，縱橫貫注。共營由三十八頃九十三畝，官民自營田九頃。

何家圈圍——地勢平坦，土性滋潤，天然秔稻之鄉。前明撫臣汪應蛟相度屯田，以此爲首。雍正五年，循照溝圍舊迹，開築營田八十三頃十六畝，民間自營田二十三頃四十畝。圍內有大人莊，詢據老民：當時屯田御史及屯田道廳等官駐扎於此，故名。

吳家咀圍——三面臨河，民間就沽道爲園圃，在津田間，稱土座。雍正五年於馮家口建閘引水，并設涵洞三座，分渠灌溉，營田二十七頃九十二畝，民間自營田十四頃四十一畝。

雙港圍——本汪應蛟屯田舊地，循照故迹開築，東與何家圈溝渠相通，兩圍互爲蓄洩，營田三十八頃二十五畝五分，民間自營田三十八畝七十三畝。

白塘口圍——河形閘基皆汪應蛟屯田故迹，以董太僕應舉於天啓中修復之，故遺制猶存；委員開築，即用閘基舊石添砌建造，并設涵洞二座。營田六十四頃六十七畝；民間自營田四頃七十二畝。

辛家圍——亦汪應蛟屯田舊地。村東西各有沽河一道，西河即屯田故渠，東河即津人鄭圍引水種稻所開，地勢平闊，強潮內涌，往往波及田間，本與陸種不宜。委員疏浚二河，各置閘一座，圍內溝渠交注，引新洩故，留沃去鹹。營田六十一頃六十二畝，民間自營田五十九畝。

葛沽盤沽——二圍畛域接聯。自汪應蛟肇開水田，土人至今習知其利，插蒔不絕；亦能自制水車，不以升挽爲苦。所產稻米，幾與白玉塘齊名。雍正五年，委員分建圍圩，開渠置閘，民地官荒營田五十九畝，民間自營田四頃九十一畝。

東西泥沽——二圍亦汪應蛟舊屯地，而董應舉令經歷趙鑒修復之。距海口六十餘里，河形宛在，循照開築。東西圍各建進水閘一座，洩水涵洞各二口。營田三十五頃二十七畝，民間自營田六頃二十八畝。

葛沽私營稻田——雍正間有徐某者，自浙紹來津，置買津南一帶地獻爲官軍牧馬之用；於葛沽自置地一段種稻，有水車之設。其法用大車輪一，周圍用布棚四，每棚約布二三幅，長五六尺，風吹棚動，車輪旋轉不已，而水自汲入田間。後徐某之裔南歸，而此法遂絕。

咸豐九年，欽差大臣僧格林沁督兵大沽海口，以海河兩岸舊有水田日久荒棄，倡勸捐資，在於咸水沽營田三千五百四十畝，葛沽營田七百五十畝，挑溝建閘，引用海河之水以資灌溉，就地招集農民，給資本認種，相度規圖，使斥鹵之區成爲沃壤。旋以軍務中輟。

同治二年，兵部侍郎三口通商大臣崇厚修復僧親王前墾水田，添開水溝，并新開稻地一千餘畝。

光緒元年，試辦海上屯田。先是，總督李鴻章以津沽一帶，地多斥鹵，空闊百餘里，曠廢不耕，棄爲沮洳，命統領防軍提督周盛傳試辦屯墾。盛傳於建築新城之暇，試墾萬畝，穫稻數千石。因議於咸水沽建閘，增挑引河，導之東下，以墾新城附近之田。於南運河建閘，別辟減河，分溜下注，以滌積鹵，大墾海河南岸之田。咸水沽之工先成。屯基在天津迤東，新城迤西，葛沽、咸水沽迤南。先由咸水沽西面海河口接挑引河一道，導流南下二十里，至新設鎮，曰新農鎮，繞折而東，直挑至大沽鎮之西沽，計長七十餘里，復入海河出口入海。再由新農鎮西挑三十里至長劉莊。共計大河一百二十里，河面寬十三丈，夾河兩面爲防軍屯營十八座，營外另有小營莊房。新墾田畝，新浚溝洫、汊河、小橋、涵洞，縱橫條貫其中。計營田十三萬六千五百餘畝，周圍挖有界溝，并築長隄，與民地劃隔。

清光緒《臨高縣志》卷九《兵防類・屯田》 澄邁屯，距城十五里。安平屯，距城三十里。二屯俱正統二年立，額設海南衛後所千戶各一員，督旗軍各一百十二名，各屯田二十二頃四十畝，納糧各六百七十石。澄邁屯千戶故絕無襲，旗軍逃亡殆盡，其有屯糧，撥後所餘丁賠納。安平屯千戶吳鼎故後，旗軍逃散至七十餘名，所有荒田亦撥後所餘丁耕納。及鼎男吳朝卿襲職，復有旗軍五十餘名，所派餘丁賠納錢糧，經吁，御史蔡夢說免追。國朝屯軍改爲屯丁，糧改充兵食，仍隸海南衛守備督徵。後所存額屯糧粟四百六十六石九升四合五勺一抄九撮一圭，除荒外實徵本色米六十石五斗九升五合九抄五撮。

按：屯田之設，本以耕戍，誠得古者寓兵於農意。屯政久壞，無可復舊。今軍已革，所存屯丁無異於民。且軍田與民交錯，每追徵，勾攝互爲影避，彼此爭執，適以相妨。近江南北衛所只留領運，餘俱歸并州縣。粵省衛所既無兑運漕糧，亦非專城專鎮，屢經奉行議裁，而當事仍多議留者，或亦愛禮存羊之意者歟？

屯田糧米丁銀，自雍正間裁廢衛所後，概歸各州縣徵解。丁銀同正賦彙報，米徵本色，同民一幷支給兵食。每年冊報督糧道，會同藩司核銷。

清·黃文煒、沈青崖《重修肅州新志·屯田》 自雍正十年以來，因西方用兵，軍需繁重，大學士西林鄂公巡邊，考漢、唐故事，總以屯田爲第一義。於是，總督武進劉公，與協辦軍需侍郎蔣公，在嘉峪關以東屯田。大將軍查公與都御史孔公，在嘉峪關以西屯田。在關西者，今已分授營兵耕種。在關東者，則募百姓充當屯戶，現在設官督種，分糧以爲駐防軍糈之用，以省河東輓運之煩，百世長久之利也。計所開屯田，在肅州屬曰九家窰、三清灣、柔遠堡、毛目城、雙樹墩、九壩。在甘州屬曰平川堡。在涼州屬曰柳林湖、昌寧湖。在肅屬者，應見肅州、高臺志內。在甘、涼者，本應見甘、涼之志。然統爲肅州軍需起見，而甘省《通志》中，此項又無開載，恐後世無憑稽考，因亦附載於此云。屯田條例，雍正十二等年，總督劉公，與侍郎蔣公上議：一凡開渠、築壩、平地，雇募人夫，每日每名給工價銀六分，面一斤八兩，米四合一勺五抄。若米、面本色不便，願領折色者，照依各地方時價計算給銀。一招募屯戶既定之後，所需籽種和州縣存倉之糧或不敷，方行採買。總係在官借給，秋成後，先行扣還，然後將餘糧官民各半平分。一凡開渠、築壩、打牆、蓋屋、丈尺工程，總照依土方，部頒定例。一凡屯田需牛車、農具，計籽種每百石需牛二十四隻，每隻銀十兩，需車六輛，每輛銀七兩。又，凡牛一隻，需農具銀一兩六錢。凡有多寡，依此核算。官爲借給，分作五年扣還。一地居口外無房屋者，每籽種一百石，酌給窩鋪五間，每間給銀二兩四錢，牛圈六間，每間給銀一兩二錢，日後免其追交。一管理屯田，需用委官、生、監、農民。若地在口外，照依嘉峪關西屯田事例，一官二役，每日給銀六錢。若在口內，照口內佐、雜、辦差之例，一官一役，每日給銀一錢六分。其生、監無論口內外，給銀一錢八分，農民無論口內外，每日給銀一錢。一地居口外，委官人等，未便露處，每一千石，酌蓋土房十間，每間給銀八兩或五兩不等。一屯田所收草束，屯戶等需喂牛之用，故不分於官，全歸屯戶。一青黃不接之時，酌量借給口糧，當年秋收，照數於屯戶所分之內扣還。一所下籽種，因地土厚薄，每畝多寡不同，小麥則每畝一斗六、一斗四、一斗二以至八、九升不等。青稞、豆，照依小麥。糜子則每畝五、六、七升不等。粟穀則顆粒尤細，每畝一二升不等。

清《甘省便覽·屯田水利》 甘省安西、涼州、肅州等處，從前均有屯田，自安、涼二處改屯升科之後，只肅州屬之柔遠堡、平川堡、毛目城、雙樹墩四屯仍照舊制辦理。此四屯地畝係雍正十一年所開，招民承種，秋收時，除歸還官借子種幷扣除耗糧外，官民各半分收。每年約官收糧一千四五百石不等。

清·魏源《聖武記》卷一四《武事餘記·軍儲第四篇補注》 又考伊犁屯田，向惟綠營及回、漢屯丁。自嘉慶九年，將軍松筠奏言：伊犁駐防之錫伯營，向無官給口糧，均係自耕自食，生計有資，迥異滿營之拮据。近日八旗生齒日繁，上年酌派滿洲閑散丁三百六十名，官給牛隻、器具，分地試種，秋穫十分有餘，已有成效。惟係通力合作，未免視爲官產，久而生懈。應照錫伯營屯制，按名給地，永爲世業，幷諭以地即種成，將來亦不奏裁口糧，毋庸觀望。滿營旗人聞此，始皆欣然領地耕作。十七年，將軍晉昌奏言：伊犁旗屯之田，有年已分、未分二項。其已分田二萬四千畝，係松筠奏明分授八旗，每旗三千畝。其未分田二萬畝，離城較遠，每年專派佐領督率八旗閑散丁通力合作，添雇回子、流民，將所收糧公貯，分給貧乏。請照松筠章程分給八旗閑散自行管業，不准招佃耕種，以滋流弊。再仿松筠前奏，於公地之南督築數堡，每堡蓋屋百所，以駐屯丁，教之樹畜，農隙習武，以收兵屯兩益。此新疆駐防旗屯之成效，可推行於畿輔及留都者。

《西域水道記》曰：乾隆三十年，自盛京移錫伯部官兵千，駐伊犁河南岸。去河數里，舊有一渠，東西長二百餘里。渠北地隘，處在無田，渠南阻崖，患在無水。嘉慶初，有部人圖默特，創議於察布察爾山口引水，自崖上鑿渠，亦東西長二百餘里，功費繁鉅，部人嗟怨。圖默特卒排衆議，數年乃成。既浚新渠，辟田千頃，遂大豐殖，雄視諸部，鄭、白之沃不足云也。新渠東北有積水潭，廣數里，環潭皆回民田。將軍松筠因新渠成，以潭西、南二面田二千畝畀錫伯屯之，界遂東移。兩渠相去十餘里。新渠高於舊渠六七丈，新渠之南幷南山下皆回民田。此錫伯營屯田水利同於內地者。

清·戴槃《嚴陵記略》 浙省自兵燹後，田畝久荒，各市鎮悉成焦土，遠近鄉村亦復人烟寥落，連阡累陌，一片荆榛。辦理善後事宜，墾荒其第一要務也。余莅任後，查嚴郡各屬田地荒蕪、人民稀少，較他郡情形，蹂躪更甚。今欲招墾，必須外來之戶樂於耕種。【略】查有棚民一項，向來以種山爲業，地方農民不與爲伍。自咸豐十年後，粤匪滋擾，棚民僻處深山，未受大害，現較農民尚勝一籌。

一宜令隨墾隨報也。本地荒田，外來墾種各戶，無論本籍寄籍，須先報明認墾，不准隱匿遲延。近年來田畝荒蕪已久，墾本較大，三年內如有原主來認，應分租息作爲墾本，不准分租，亦不准遽行收回，俟承種之人稍得利息，三年後再行退還。其有情願來人佃種者悉聽自便。報墾到縣，不准勒索墾戶分文，并准免錢糧一年，須以原報畝數爲憑。三年內業主承認既不分租，一年之後，應完錢糧，即暫令墾戶照出。倘未新墾之田，佃戶照舊完租，由業主完糧，不在此例。其有私墾而不舉報者，查出作私占論。

一宜令墾三年後即行執業也。限定年分，須照到縣報墾日期爲憑，扣至三年方准呈辦。三年後如無業主來認，准墾種各戶作爲己業。

一宜令原主早爲呈報也。荒田有人墾種，如實係自外間回來者，方准照數收回。到籍三月內即須稟稱。倘係在籍之戶，不即行報明朝廷，至日久俟田已墾熟再行呈報，顯係任意取巧，詢明地鄰，即將所種田畝罰半歸墾戶執業。至於業主之親族，不得混行爭執。

一宜嚴禁冒認也。荒田墾熟後，本籍奸民固有藉端假冒，甚則衙門書差串出鄉民冒認，藉端勒詐。其實有印契糧串可憑者，自當退還；如無確據，必須本莊地保紳董代爲出結，方准執業。如有非業主前來冒認，并憑空揑造假契，訊明情節，嚴行懲辦；衙門書差勾串勒索，尤爲地方之害，倘有此弊，更應從重治罪，庶墾戶無所疑畏，田畝可以漸次耕種。

國有土地制度總部

職田部

題解

宋·陳祥道《禮書》卷三一《圭田五十畝》 《王制》曰：夫圭田無征。夫猶治也，征，税也。孟子曰：卿以下必有圭田，治圭田者不税，所以厚下也。此則《周禮》之士田以任近郊之地，税什一。《周禮》載師以士田、賈田任近郊之地。士讀爲仕。仕者亦受田，所謂圭田也。《孟子》曰：卿以下必有圭田，圭田五十畝餘，夫二十五畝。又曰：惟士無田則亦不祭。絀士無圭田。孔穎達曰：夫猶治也。卿以下皆以治此圭田，公家不税其物。必云圭者，圭，潔白也。言卿大夫德行潔白，乃與之田，此商禮也。商政寬緩，厚重賢人，故不税之。周則兼通士，税之，故《周禮》士田以任近郊之地，税什一。後魏有公田。隋文帝時有公廨田。唐凡京諸司有公廨田，諸京官諸州有職分田。

《士虞禮》曰：圭爲哀薦之饗《詩》之吉蠲，或作吉圭，則圭田潔白也。惟士無田則亦不祭，則圭田所以共祭也。卿以下有圭田，猶天子諸侯之有藉也。圭田無征所以厚賢也。鄭氏以《周禮》士田爲圭田，以圭田無征爲商制，而改士爲仕，其説無據。《孟子》言：九一而助，繼之以圭田五十畝。餘夫二十五畝者，圭田禄外之田也，餘夫夫外之田也。禄外之田半百畝，夫外之田又半之，此自百畝而差之，然也。古者自卿士達於圭田同等，欲各致其誠敬而已。後世職分田以貴賤制之，非禮意也。

元·徐元瑞《習吏幼學指南》 廩給

職田孟子曰：卿以下必有圭田。隋開皇間始曰職田。

論説

唐·白居易《白氏長慶集》卷六四《策林三·四十二議百官職田》 臣伏以職田者，職既不同，田亦異數，内外上下，各有等差：此亦古者公田稍食之制也。國家自多事已來，厥制不舉。故稽其地籍，而田則具存；考以户租，而數多散失。至有品秩等，官署同，廩禄厚薄之相懸，近乎十倍者矣。今欲辨内外之職，均上下之田，不必乎創新規，其在乎舉舊典也。臣謹按：國朝舊典，量品而授地，計田而出租。故地之多少，必視其品之高下；租之厚薄，必視其田之肥墝。如此，則沃瘠齊而户租均，等列辨而禄食足矣。今陛下求其典，而典存焉；索其田，而田在焉。誠能申明舉而行之，則前弊必自革矣。

宋·范仲淹《范文正公集補編·論職田不可罷天聖八年》 眞宗初賜職田，實遵古制，蓋大賚於多士，俾無蠹於生民。無厭之徒，或冒典憲，由濫官之咎，非職田之過。若從而廢罷，則吏困於廉；收而均給，則民受其弊。天下幕職、州縣官、三班使臣俸禄微薄，全藉職田濟贍，其無職田處，持廉之人例皆貧窘。曩時士員尚少，凡得一任，必五六年方有交替，到闕即日差除，復便請給。當時條例未密，士寡廉隅，雖無職田，自可優足。今物貴，與昔不同，替罷之後，守選待闕，動踰二年。官吏衣食不足，廉者復濁，何以治化？天下受弊，必如臣言。乞深加詳軫，不以一時之論，廢經遠之制，天下幸甚。

明·楊士奇《歷代名臣奏議》卷六七鄭介夫《太平策大德七年》 欽惟聖朝布威敷德，臨簡御寬，極地際天，罔不臣服，混一之盛，曠古所無。三代以降，自周至今，二千年間得大一統者，惟秦、漢、晉、隋、唐而已。秦、隋、晉以貽謀不遠，旋踵敗亡；漢、唐雖傳數十世，其間又亂日常多，治日常少。古今一統，其難如此，而能保於長且久者又難如此，毋謂四海已合，民生已泰，可以安意肆志，而不思否泰相因，離合相仍，大有可憂可慮者存也。昔賈誼當漢文宴安之時，猶爲之痛哭，爲之流涕，爲之長太息。方今之勢，恐更甚焉，安得如誼者復生，爲朝廷畫久安長治之策？今觀朝廷之上，大臣則悠悠然持禄而顧望，小臣則惴惴然畏懼而偷生。含胡苟且，以求自全之計；玩歲愒月，以希遷轉之階。誰肯奮不顧身，出爲百姓分憂者？然或有之，又招疑速謗，不能自容於時矣。都堂總朝廷之樞柄，謂宜立經陳紀，爲萬世法程；進賢退不肖，殖邦家根本；制禮作樂，以黼黻皇猷；崇文興義，以變移風俗：當今之急務也。卯聚酉散，因循度日，案牘紛塡，剖決不暇，間或舉行一二，下侵有司，又皆不急之細事，殊欠經遠之宏規。臺察乃朝廷之耳目，振刷風采，修立紀綱，錯舉枉直，扶弱抑強，職分之宜然也。民冤載路，十詞九退，賄賂充斥，掩耳不聞，縱豺狼之肆暴，取狐鼠以塞責，謾膺搏擊之名，殊乏風憲之體。六部乃朝廷之手足，宜思官盡其職，職盡其事，可也。言乎吏，則銓衡之無法；言乎禮，則文遜之不興；言乎刑，則奸慝之滋甚；言乎戶，則賦役之未均；言乎兵，則運掉之無方；言乎工，則規畫之不一。高使賈生身今之時，目今之事，不知何如其痛哭流涕，又何如其長太息也。固有指見遠識之士雖以斧鉞在前，刀鋸在後，其能自已於言乎？數年以來，固有指陳事實，傾吐忠蘊者矣。雖措辭不無純疵，言事各有鋭鈍，中間豈無一事可行，一語可採者？往往堆案盈几，略不省察，類皆送部置架閣庫而已。聞者扼腕，誰肯爲言？於是忠直退，諛佞興，或陳說田土以要利；或進獻珍奇以希賞；或賦述大都、頌稱一統而得官陞職。缺張齊賢以洛陽布衣，太祖引見賜食，所當類入架閣者也，而返獲嘉賓優容之厚。是皆無益於理亂，所當類入不如是，則上無以推納諫之誠，下無以作敢言之氣也。今朝廷合奏之事委積滿前，動是浹旬半載不得聞奏；而得奏事者又僅止二三大臣及近幸數人而已，言官諍士莫得一覩淸光。所陳無問可否，若抑而不奏，則終爲廢紙。或事有緊切，合從便宜者，必待送擬完議，宛轉遲誤，久而不決，則遂至乾休。上意不得下達，下情不得上通，萬幾之來，何由盡知？此古今之通患，有國之大戒也。介夫幼勤於學，長習於吏。備員儒泮，偃蹇無成。侍直禁垣，有年於此。田野之艱難，朝廷之利害，嘗歷既久，靡不悉知。胸中抱負，頗異凡庸。雖迹近權門，不善造請，故碌碌無聞，少有知者。欲緘默無言，則上負明時，下負所學。縱瞋目張膽，羅縷自陳，則不免束之高閣，否爲刀筆吏覆醬瓿而已。古語有曰：樵夫之言，聖人擇焉。又曰：愚者千慮，必有一得。或冀一言見聽，可爲涓涘之助云爾。如言而足取，則施之時政，必有所裨；言無可采，亦宜恕其狂僭，以來諫諍之路。輙以所見，列爲一綱二十目，條陳於後，謹投中書省、御史臺以聞。仰干宸聽，臣無任瞻天望聖，激切屛營之至。

【略】

一俸祿。孟子曰：祿足以代其耕也。在官者不耕而食，故制祿以代之。祿有不及，何以養廉？漢宣帝詔曰：吏不廉平，則治道衰。今小臣皆勤事而俸祿薄，欲無侵漁百姓，難矣。近來貪官污吏，習以成風。祿之有餘者則視爲儻來，略無撙節之心；祿之不足者則借曰無可養廉，恣爲侵漁之地。上下交征，相承爲例，廉耻道喪，不覺其然。宜思所以整救之，可也。時務所急雖未專在此，而祿之不均自是朝廷一大缺政。今親民之官，該俸十兩者給職田二頃，獨江南半之。南地非肥，北土非瘠也。况江北少嚚訟之風，江南多豪猾之俗，而給田乃有重輕。此祿之不均一也。顧玆中外管軍、管民、務站各色官，均爲任君事也，均爲食天祿也，而職田獨與路府州縣及廉訪司官，而餘弗之及。於此何薄？於彼何厚？此祿之不均二也。今各處職田，元有官田則有之，元無官田則無之。又雖有官田，而不給爲職田者。有職田處，除絲、麻、豆、麥外，所收子粒，路之正官不下八百石，微如巡檢，亦收一百餘石。無職田處，浪得職官之名，不沾顆粒之惠。而况外任俸鈔，從五品止三十兩，從六品不滿二十兩，如九品止十二兩。以俸鈔買物，能得幾何？十口之家，除歲衣外，日費飲膳，非鈔二兩不可。九品一月之俸，僅了六日之食，而合得俸鈔又多爲公用捎除，若更無職田，老穉何以仰給？又如小吏，俱已添俸添米，舊請俸鈔六兩者增作八兩，每鈔一兩，月加米一斗。以此比之，則六品以下之無職田者，反不如一小吏也。飢寒相迫，欲律以廉，得乎？此祿之不均三也。今內任俸鈔倍於外任，而京城之間，尋常米價亦是半定一石，飲食衣帛，件件穹貴，以鈔數計之，雖多一倍，以日用計之，實無外任一半所得，況無職田可以供贍。如外任三品官，月得俸鈔八十兩，職田米八百石，一月該米六十餘石。至如九品，亦收職田米一百石以上，一月得米已近九石之數。隨朝三品官月請俸鈔三錠一十五兩，既元無職田，又不添俸米。而四品官除俸鈔外，月增米一石九斗五升。由此言之，則隨朝三品、四品之官，反不如外任九品簿、尉之俸。此祿之不均四也。制祿不均，則人心不一，放辟邪侈，無不爲已，其流弊可勝言哉？且俸祿一事，自歸附以來，言者不知其幾矣，而所言俱不得其要。朝廷舉行，亦不知其幾矣，而所行皆未底於平。一番更變，又是一番衰行，終無益於缺政之萬一也。中朝冗職固難枚舉，如各處巡檢、各路提控案牘，歲收職米尤爲虛費。隨縣置尉司，簽弓手，以專巡警，又有分鎮軍官以助之，何須贅設巡檢司？　甚而一縣之內有設三四處者，徒蠹民間，無濟官府。　隨路既有經歷、知事，足任案牘，又令行省贅差一員，徒蠹官府，無益民間。　兹類頗多，皆合汰去，既可省俸，又可以清選法也。　如處州、徽州等路總管，無職田可收，縱令每月增米一石五斗五升，而省劄人員一月反得米八石有零。　似此不平，朝廷何嘗知之？　當今之弊，不在俸祿之薄，而在俸祿之未均；　不患俸祿之不敷，而患設官之太濫。　均有餘以周不足，取濫設之米以給合設之官，則國無所損，而官有所利矣。　議事之臣日夜講求俸米之説，謾爾紛紛，莫窮要領。　其有俸鈔，有職田，則過於厚；　無俸鈔，又無職田，則過於薄。　尸位素餐者，空負糜廩粟之譏；　服勤輸力者，乃有飯不足之歎。　若能裒多益寡，截長補短，職田所收，自可敷用。　且今有額外多費二十八萬餘石糧，徒於國儲大有所損，實於官吏未見其益。　且丞相職居人臣之右，每月得俸八錠有零，一日之俸不滿十四兩，若放晉之何曾，日食萬錢無下筯處，雖罄竭私帑，亦不能自給矣！　天子立相，必須厚祿以優崇；　大臣律身，自宜戒奢而從儉。　豈可先處以約，而薄其所養哉？　今俸自三錠以上者不得添米，官益高而俸益薄，甚非尊尊貴貴之道也。　又如隨朝大小官及各處行省、宣慰司，皆是樞要重臣，既無所取於民，又無職田可收，縱添些少俸米，何足爲養廉計？　君子猶良驥也，欲責之日行千里，又不飽以芻菽，世無是理也。　宜盡取元撥職田，合收子粒錢糧，官爲收貯，將中外合設人員分別差等而普及之。　隨朝官吏俸給雖厚，米價則穹，凡俸五兩，月給米一石。　外任官吏俸給既薄，米不直錢，凡俸五兩，月給米二石。　五兩以上，隨俸加之。　不願支米者，則隨時價准之以鈔。　內外臺、察院、廉訪司事煩而形神勞，官清而交往絶，比之有司，量加優添，所以重風憲也。　和林、上都、山後、河西諸州城不係出米去處，照依本處時估折價，不當拘以二十五兩，所以重邊鄙也。　無分軍、民，各色官吏，但請俸錢者，隨所給鈔數按月支米。　元無俸錢者，隨所授品從，依例增支。　將官收職田錢糧，先儘外任數足，其餘剩者，盡令起運赴都，以給隨朝官吏。　計其所得倍多於前，又可無過費太倉之粟，此所謂利國利官之要道也。　其祿既均，其政自平，免致飢寒之憂，自存廉耻之節，然後律之以贓貪之法，彼亦不得而有辭矣。

元・程鉅夫《程雪樓文集》卷一〇《民間利病》　江南官吏家遠俸薄，又不能皆有職田，不能自贍，故多貪殘，宜於係官田地撥與職田

江南官吏多是北人，萬里攜家，鈔虛俸薄，若不漁取，何以自贍？　中［省］前曾令依腹裏郡縣體例，各各給與職田，而行省行下，必令於荒閑田地內標撥。　夫江南州郡，安得處處皆有荒閑田地？　只爲此語糊塗浮汎，得職田者遂無幾人，轉見窘迫，咨意貪殘。　今欲與一一添俸，則費鈔愈多，虛鈔愈甚，莫惟職田之爲便也。　宜令行省偏下諸道諸路郡縣，凡各處係官田土，即撥與各官，充合得職田，比腹裏體例，毋令減少。　使潔己守職者既免饑寒之憂，其病民蠹國者自甘懲汰之罰，如此然後治平可冀也。

元・蘇天爵《滋溪文稿》卷二六《災異建白十事》　一命郡縣之官，唯欲圖治；　班田祿之制，所以養廉。　今國家設官固有高下之列，頒祿當無厚薄之分。　然而朝廷卿士俸廩既均，郡縣公田多寡不一。　亦有刱設員闕，逐月止請俸錢。　故廉者奉公，凍餒其妻子；　貪者受賄，辱及其宗親。　各處雖嘗申明其事，主者但言設置已久，廉吏嗟嘆，無可奈何。　宜從戶部行移取勘各處所闕公田，於係官田內均行標撥。　豈惟廩祿惠及官吏之一家，庶責廉能治洽郡縣之兆姓。

綜　述

唐・杜佑《通典》卷三五《職官十七・職田公廨田》　古者自卿以下必有圭田，圭田五十畝，餘夫二十五畝。孟子言古者卿以下至於士，皆受田五十畝，所以供祭祀。圭，潔也。士田謂之圭田，所謂惟士無田則亦不祭，言絀士無潔田也。井田之民養公田者，受百畝，圭田半之，故五十畝。餘夫者，一家一人受田，其餘老小尚有餘力者，受二十五畝，半於圭田，謂之餘夫也。受田者田萊多少，有上中下。《周禮》曰餘夫亦如之，亦如上中下之制也。　故《王制》曰公田藉而不稅，藉之言借也，借民力治公田，美惡取於此，不稅民之所自治也。孟子曰：夏后氏五十而貢，殷人七十而助，周人百畝而徹。是也。　夫圭田無征，是也。夫猶治也。征，稅也。治圭田者不稅，所以厚賢也。此則《周禮》之士田，以任近郊之地，稅什一也。　凡藉田之法，以一里之田凡九頃，分授八夫，則家得一頃。　其餘一頃，以八十畝均付八家，以爲公田，家得十畝。　借民力而治之，公則好惡取於是，不復侵人所自治之田也。　故《詩》曰：　雨我公田，遂及我私。　其餘二十畝，二家共得五畝，以爲廬舍。　秦漢之間，不詳其制。

至晉，公卿猶各有菜田及田騶多少之級，然粗舉其制，而史不備書。其餘歷代多闕。

後魏孝文太和五年，州刺史、郡太守并官節級給公田。

隋文帝開皇中，以百僚供費不足，咸置廨錢，收息取利。蘇孝慈上表請罷。於是公卿以下內外官給職分田，一品給五頃，至五品則爲三頃，其下每以五十畝爲差。又給公廨田以供用。

大唐凡京諸司各有公廨田：司農寺，給二十六頃。殿中省，二十五頃。少府監，二十二頃。太常寺，二十頃。京兆府、河南府，各十七頃。太府寺，十六頃。吏部、戶部，各十五頃。兵部、內侍省，各十四頃。中書省、將作監，各十三頃。刑部、大理寺，各十二頃。尚書都省，門下省、太子左春坊，各十一頃。工部，一十頃。光祿寺、太僕寺、祕書省，各九頃。禮部、鴻臚寺、都水監、太子詹事府，各八頃。御史臺、國子監、京縣，各七頃。左右衛、太子家令寺，各六頃。衛尉寺、左右驍衛、左右武衛、左右威衛、左右領軍衛、左右金吾衛、左右監門衛、太子左右奉坊，各五頃。太子左右衛率府、太史局，各四頃。宗正寺、左右千牛衛、太子僕寺、左右司禦率府、左右清道率府、左右監門率府，各三頃。內坊、左右內率府、率更府，各二頃。

在外諸司公廨田，亦各有差：大都督府，四十頃。中都督府，三十五頃。下都督、都護府、上州，各三十頃。中州，二十頃。宮總監、下州，各十五頃。上縣，十頃。中縣，八頃。下縣，六頃。上牧監、上鎮，各五頃。下縣及中下牧、司竹監、中鎮、諸軍、折衝府，各四頃。諸冶監、諸倉監、下鎮、上關，各三頃。互市監、諸屯監、上戍、中關及津，各二頃。其津隸都水使者，不給。下關，一頃五十畝。中戍、下戍、嶽瀆。各一頃。

諸京官文武職事各有職分田：一品，十二頃。二品，十頃。三品，九頃。四品，七頃。五品，六頃。六品，四頃。七品，三頃五十畝。八品，二頃五十畝。九品，二頃。并去京城百里內給。其京兆、河南府及京縣官人職分田，亦準此。即百里內地少，欲於百里外給者，亦聽之。

諸州及都護府、親王府官人職分之田，亦各有差：二品，十二頃。三品，十頃。四品，八頃。五品，七頃。六品，五頃。京幾縣亦準此。七品，四頃。八品，三頃。九品，二頃五十畝。鎮、戍、關、津、嶽、瀆及在外監官五品，五頃。六品，三頃五十畝。七品，三頃。八品，二頃。九品，一頃五十畝。三衛中郎將、上府折衝都尉，各六頃。中府，五頃五十畝。下府及諸郎將，各五頃。上府果毅都尉，四頃。中府，三頃五十畝。下府，三頃。上府長史、別將，各三頃。中府、下府，各二頃五十畝。親王府典軍，五頃五十畝。副典軍，四頃。千牛備身、備身左右、太子千牛備身，各三頃。諸軍上折衝府兵曹，二頃。中府、下府，各一頃五十畝。其外軍校尉，一頃二十畝。旅帥，一頃。隊正副，各八十畝。皆於領側州縣界內給。其校尉以下在本縣及去家百里內領者，不給。其田亦借民佃植，至秋冬受數而已。

諸職分陸田限三月三十日，稻田限四月三十日，以前上者並入後人，以後上者入前人。其麥田以九月三十日爲限。各前人自耕未種，後人酬其功直；已自種者，準租分法。其價六斗已下者，依舊定，不得過六斗，並取情願，不得抑配。

開元十年六月敕，所置職田，本非古法，爰自近制，是以因循。事有變通，應須刪改。其內外官所給職田地子，從今年九月以後，並宜停給。十八年六月，京官職田，特令準令給受，復月舊制。自大曆以來，關中匱竭，時物騰貴，內官不給。乃減外官職田三分之一，以給京官俸。每歲通計，文武正員，員外官及內侍省、閑廏、五坊、南北衙宿衛并教坊內人家糧等，凡給米七十萬石。

宋・鄭樵《通志》卷五七《職官略第七》　職田　公廨田

古者自卿以下必有圭田，圭田五十畝，餘夫二十五畝。故《王制》曰：公田籍而不稅。秦、漢之間，不詳其制。至晉，公卿猶各有菜田及田騶多少之級。

後魏孝文太和五年，州刺史、郡太守并官節級給公田。隋文帝開皇中，以百僚供費不足，咸置廨錢，收息取利。蘇孝慈上表請罷，於是公卿以下內外官給職分田，一品給五頃，至五品則爲三頃，其下每以五十畝爲差。又給公廨田以供用。

唐，凡應在京諸司，各有公廨田：司農寺，給二十六頃。殿中省，二十五頃。少府監，二十二頃。太常寺，二十頃。京兆府、河南府，各十七頃。太府寺，十六頃。吏部、戶部，各十五頃。兵部、內侍省，各十四頃。中書省、將作監，各十三頃。刑部、大理寺，各十二頃。尚書都省、門下省、太子左春坊，各十一頃。工部，十頃。光祿寺、太僕寺、祕書省，各九頃。禮部、鴻臚寺、都水監、太子詹事府，各八頃。御史臺、國子監，各七頃。其京縣亦準此。左、右衛，太子家令寺，各六頃。

衛尉寺，左、右驍衛，左、右武衛，左、右威衛，左、右領軍衛，左、右金吾衛，左、右監門衛，太子左、右春坊，各五頃。太子左、右衛率府，太史局，各四頃。宗正寺，左、右千牛衛，太子僕寺，左、右司禦率府，左、右清道率府，左、右監門率府，各三頃。內坊，左、右內率府，率更府。各二頃。在外諸司，公廨田亦各有差：大都督府，四十頃。中都督府，三十五頃。下都督府、都護府、上州，各三十頃。中州，二十頃。宮總監、下州，各十五頃。上縣，十頃。中縣，八頃。下縣，六頃。上牧監、上鎮，各五頃。下縣及中下牧司、竹監、中鎮、諸軍折衝府，各四頃。諸冶監、諸倉監、下鎮、上關，各三頃。互市監、諸屯監、上戍、中關及津，各二頃。其津隸都水使者不給。下關，一頃十五畝。中戍、下戍、岳瀆。各一頃。諸京官文武職事各有職分田：一品，十二頃。二品，十頃。三品，九頃。四品，七頃。五品，六頃。六品，四頃。七品，三頃五十畝。八品，二頃五十畝。九品，二頃。並去京城百里內給。其京兆、河南府及京縣官人職分田亦准此。即百里內地少，欲於百里外給者，亦聽之。諸州及都護府、親王府官人職分之田，亦各有差：二品，十二頃。三品，十頃。四品，八頃。五品，七頃。六品，五頃。京畿縣亦准此。七品，四頃。八品，三頃。九品。二頃五十畝。鎮戍、關津、岳瀆及在外監官：五品，五頃。六品，二頃五十畝。七品，三頃。八品，二頃。九品。一頃五十畝。三衛中郎將、上府折衝都尉，各六頃。中府，五頃五十畝。下府及諸郎將，各五頃。上府果毅都尉，四頃。中府，三頃五十畝。下府，三頃。上府長史、別將，各三頃。中府、下府。各二頃五十畝。親王府典軍，五頃。副典軍，四頃。千牛備身、備身左右、太子千牛備身，各三頃。諸軍上折衝府兵曹，二頃十畝。中府、下府，各一頃五十畝。其外軍校尉，一頃二十畝。旅帥，一頃。隊正、副。各八十畝。皆於領側州縣界內給。其校已下在本家及去家百里內領者不給。其田亦借民佃植，至秋冬受數而已。諸職分陸田，限三月三十日，稻田限四月三十日，以前上者並入後人，以後上者入前人。其麥用田以九月三十日爲限，若前人自耕未種，後人酬其功直；已自種者，准租分法。開元十年六月，敕：所置職田，本非古法，爰自近制，是以因循，事有變通，應須刪改。其內外官所給職田地子，從今年九月以後，並宜停給。十八年六月，京官職田，特令准令給受，復用舊制。自大曆以來，關中匱竭，時物騰踴，內官不給，仍減外官職田三分之一以給京官俸，每歲通計給文武官正員、外員，及內侍省閑廄、五坊、南北宿衛使并教坊人家雜糧等，凡給田米前後可約七十萬石數。

宋·王應麟《玉海》卷一七七　職田

殷圭田　周圭田士田

《記·王制》：夫圭田無征。注：圭田不税以厚賢也。《正義》畿內無公田，故有圭田，圭，潔白也。卿大夫德行潔白乃與之田，此殷禮也。殷政寬重賢，故不税，周則通士税之，故曰士田，任近郊之地税什一。《周禮》載師士田。注：仕者亦受田，所謂圭田也。易氏曰上中下士所受之田。《疏》：凡大夫士賜地有四種，大夫以上有采，有賞田，及加田，又有士田，及圭田。《王制》夫圭田無征，復是殷法，故圭田無税，入天子法，故言無征。周法近郊十一而税。《孟子》：卿以下有圭田，圭田五十畝。注：圭，潔也。以其祭祀，惟士無田則亦不祭，井田之民，養公田者受百畝，圭田半之。方氏曰所以養廉潔之行。《晉語》：大夫食邑士食田。注：受公田也。官宰食加，大夫之家田。叔向曰大國之卿，一(放)〔旅〕之田。五百頃。上大夫一卒之田。百頃。

周賞田

《禮》載師賞田。見上司勳掌六鄉賞地之灋，注：賞田也，有遠郊之內，屬六鄉。頒賞地參之一食。注：賞地之税，參分計税，王食其一也，二全入於臣。疏：與次國三之一入天子同。惟加田無國正。注：加田以賞之，又加賜以田，所以厚恩也。疏：加田或與賞田同處，仕田在近郊，加田在遠郊。易氏曰：賞地參之一食，其地雖媺，惡多寡之不等，先鄭謂以下地可食三之一，故云不以美田爲采邑。而皆以田百畝，萊二百畝爲準，乃司馬令賦之灋也。賞田在遠郊，後鄭說與遠郊二十而三背馳。先鄭以爲祿田亦有給公家之賦貢，若今時侯國，有司農少府錢穀，諸子凡國正弗及，國子安得有祿田之税。所謂國正者，均人之力政，此則無力政也。《左傳》：晉以先茅之縣賞胥臣，瓜衍之縣賞士伯，賜公孫段州田，鄭賜子展先八邑，楚子重請，取申呂爲賞田。魏惠王以公叔戰勝賞田百萬，求吳起後賞田二十萬。《漢書》：武帝賜卜式田十頃。昭帝始元六年，賜蘇武公田二頃，宅一區。田蚡奉邑食鄃。《溝洫志·紀》：餐錢奉邑。自永初兵荒，王侯租秩多不充，特詔以他縣租税足(馮)石，令如舊限。《晉書》：王導有賜田。陳騫爲大司馬，給田十頃，園五十畝。衛瓘給田十頃。陶潛爲彭澤令，有公田。《唐書》：裴寂長安平賜田千頃，甲第一區。秦王以美田給淮安王神通。李襲譽曰：負京有賜田十頃。孔緯僖宗賜天興良田，善和里第各一區。牛僧孺樊鄉有賜田數頃。於志寧、張行成、高季輔俱賜田。志寧辭，分其田與二人。鄭光賜鄠、雲陽二縣良田。《寰宇記》：樂城、黎城。按唐《開元十道要略》云：漢何斌爲蜀郡太守，以己祿米施惠百姓，此數城之民由是獲存。臨別，百姓以白米倍塡，曰：荷君父之恩，無以報。後之州郡有職田，始於此。

隋職田

隋文帝開皇十四年初給職田。先是，臺省府寺及諸州皆置公廨錢，收取給工部尚書。扶風蘇孝慈以爲官司出舉興生煩擾，百姓敗損風俗，請皆禁止給地以營農，上從之。六月丁卯，始詔公卿以下皆給職田，毋得治生，與民爭利，一品五頃，至五品則三頃，其下每以五十畝爲差。開皇中又給公廨田以供用。

《通典》：晉公卿各有菜田及田騶多少之級。後魏孝文太和五年刺史太守給公田。

唐職田頃畝簿　武德制祿　官職分田

《食貨志》：武德元年，文武官給祿頗減隋制，一品七百石，至從九品三十石，皆以歲給之，外官則否，一品有職分田十二頃，二品十頃，三品九頃，四品七頃，五品六頃，六品四頃，七品三頃五十畝，八品二頃五十畝，九品二頃，皆給百里內之地。諸州都督、都護、親王府官二品十二頃，三品十頃，四品八頃，五品七頃，六品五頃，七品四頃，八品三頃，九品二頃五十畝，鎭戍、關津、岳瀆官五品五頃，六品三頃五十畝，七品三頃，八品二頃，九品一頃五十畝。《會要》：武德元年十一月制。三衞中郎將、上府折衝都尉六頃，至隊正副八十畝，親王以下至職事官又有永業田，自百畝至武騎尉六十畝，流內九品以上口分田終其身，六十以上私停乃收。凡給田而無地者，畝給粟二斗。京師及州縣又皆有公廨田，以供公私之費。其後以用度不足，京師有俸賜而已，諸司置公廨本錢以番官貿易取息，計員多少爲月俸料。貞觀初百官得上考者給祿一季，[未]幾又詔得上下考給祿一年。中書舍人高季輔言：外官卑品貧匱宜給祿養親。自後以地租春秋給京官，歲凡五十萬一千五百餘斛，外官降京官一等，一品以五十石爲一等，至八品九品二石五斗爲一等。貞觀十一年以職田侵漁百姓，詔給逃還貧戶，(親)[視]職田多少，每畝給粟二斗，謂之地子。是歲，以水旱罷之。十二年罷諸公廨本錢。一本貞觀十四年四月十四日罷。十五年置公廨本錢，以諸司令史主之，號捉錢令史，褚遂良疏罷之。復給百官俸十八年，三月十三日以京兆府岐、同、華、邠、坊、(川)[州]隙地陂澤可墾者，復給京官職田。光宅元年有納庫品子。開元十年正月乙丑收職田賦，逃還貧民。畝率給倉粟二斗，《通典》：開元十年六月敕，後九月以後停給職田。十八年三月丁酉，《通典》：六月。復置公廨本錢，十九年初置職田頃畝簿，租價無過六斗。地不毛者，畝給二斗。二十九年，以京師地狹，計丁給田，猶不足，於是分諸司在都者，給職田於都畿，以京師地給貧民。是時，河南、北職田兼稅桑，有詔：公廨職田有桑者，毋督絲課。天寶十三載，楊國忠以兩京百官職田送租勞民，請五十里外輸於縣倉，百官就請於縣。然縣吏欺盜益多。十四載兵興，權臣增領，諸使月給厚俸，比開元加數倍。至德初，以用物不足，給半祿。上元元年復令京官職田以時輸送，其後，籍爲軍糧矣。永泰元年百官請納職田充軍糧。大曆二年，文武官月俸二十六萬緡，而增給居三之一。先是，職田、公廨田，每歲六月，以白簿上尚書省覆實，至十月輸送，別有黃籍，歲一易之。《通典》：大曆以來減外官職田三分之一，以給京官俸，凡給米七十萬。建中三年，復減百官料錢，李泌爲相，又增百官俸錢，會昌後不復增減。《李元紘傳》：時廢京司職田，議者欲置屯田，元紘曰：得不補失，徒爲煩費。《會要》：開元十三年戶部侍郎李元紘。《奚陟傳》：貞元八年遷中書舍人。先是，右省雜給眂職田稟，主事與拾遺等，陟以奉稍爲率，吏官有差。《會要》：元和六年八月，戶部侍郎李絳請州府闕官職田祿米及見任抽一分，職田收貯以備水旱。從之。十三年三月辛亥詔百司職田，多少不均，宜令等差分給。《庾敬休傳》：大和中，戶部侍郎請以蜀道闕官職田賑貧民，詔可。《李吉甫傳》：疾吏員廣奏，曰國家之制，官一品奉三千，職田祿米大抵不過千石。《百官志》：屯田郎中掌文武職田。

咸平職田

咸平二年七月，眞宗欲興復職田。三司請令依例輸稅。詔三館祕閣檢討故事沿革以聞。甲申，檢討杜鎬等言：按《王制》，古者公田藉而不稅。言借民力治公田，美惡取於此，不稅民之所自治也。又曰：夫圭田無征，夫猶治也，征，稅也。《孟子》曰：卿以下必有圭田，治圭田者不稅，所以厚賢也。《周禮》載師之職有士田，有官田，有賞田，又以家邑之田任稍地，以小都之田任縣地，以大都之田任疆地，家邑大夫之采地，小都卿之采地。漢制列侯皆衣食租稅而不得臣其吏民。晉制有芻藁之田，大國十五頃，次國十頃，小國七頃。又占田之限：官第一品五十頃，二品以下每品減五頃爲差，九品十品又得蔭人爲衣食客及佃客。後魏宰人之官各給公田，刺史十五頃，太守十頃，治中別駕八頃，縣令丞六頃，職分田起於此矣。北齊京城四面諸坊之外三十里爲公田，一品以下逮羽林、虎賁各有差。唐給職分田，又給公廨田，乞候今秋令轉運使就近差官盡括係官水陸莊田均給州縣長吏，次及通判、幕職、判司、簿尉等官，所占佃戶止得以浮客充，仍免鄉縣差徭，如此則中才可革於貪心，上智益興於廉節，百官廪賜莫盛於唐，月俸之餘既有食糧雜給祿粟之外，又有利息本錢，加以白直，執刀防閤掌固之類，悉許私用役使，潛有所輸。五代所支裁得其半。太祖始定添支，太宗增給實俸，職田之制廢於五代，興於本朝，而計臣以出納之吝，遂有玆議，故事無輸税之文，從之。祥符六年五月，令三司檢會幕職州縣元定職田頃畝數付流内銓，仍別具轉運使、副、知州、通判及京朝官、使臣、幕職、州縣官等職田頃畝數目編錄以聞。九年七月丙寅，詔戒約職田，遵守元制，遇災沴卽蠲省之。

天聖復職田

天聖九年二月癸巳，詔曰：天下吏給職田，所以養廉節也。比詔有司皆從停罷，如聞勤事之吏，祿薄不足以自養，其復職田。七年八月丁亥，詔天下職田租送官以數上三司均給之。先是上封者乞停廢職田。七月丙子詔資政殿學士晏殊等詳定，殊等上議，詔依奏停罷。

慶曆均公田　限職田

慶曆三年十一月壬辰，詔曰：先帝詔復公田，合王制班祿之差，得聖人養賢之義，然郡縣受地有無不齊，銓審補員權利爲倖，所宜給其所未給，均其所未均。《紀》：慶曆三年十一月壬辰限職田。大藩府長吏二十頃，通判八頃，判官五頃，餘並四頃，節鎭十五頃，防團以下州軍十頃，小軍監七頃，縣令萬戶以上六頃，五千戶以上五頃，不滿五千戶並四頃，簿、尉萬戶以上各三頃，五千戶以上二頃五十畝，不滿五千戶並二頃。云云熙寧六年三月二十八日復詔詳定。

紹興復職田

建炎元年六月乙酉，以國用不足，遂均天下職田，隸憲司後復給之。紹興末，東南諸路收圭租二十三萬斛有奇，州縣有過給者。二十九年十二月癸酉，命及格則止。隆興初元六月，又有權借一年之令。乾道元年七月辛亥，又借三年。八年十月丙戌復還之，十二月詔嚴額收斂之禁。

同上　唐公廨田

《六典》：屯田郎中凡在京諸司有公廨田，皆視其品命而審其分給，司農寺二十六頃，殿中省二十五頃，少府監二十二頃，太常寺二十頃，京兆、河南各十七頃，太府寺十六頃，吏、戶部十五頃，兵部、內侍省各十四頃，中書省、將作監各十三頃，刑部大理十二頃，尚書、門下、左春坊各十頃，工部光祿、太僕寺、祕書省各九頃，禮部、鴻臚、都水、詹事府各八頃，御史臺、國子監七頃，左右衛、家令寺各六頃，衛尉、左右十二衛、右春坊各五頃，衛率寺、太史局各四頃，宗正寺、千牛衛等各三頃，內坊內率府各二頃。舊志同。《百官志》：屯田郎中掌諸司公廨田，以品給，比部掌會公廨。《通鑑》：開元十年正月癸亥，命有司收公廨錢，以税錢充百官俸。《楊綰傳》：故事，舍人年久者爲閣老，其公廨雜料獨取五之四，綰悉均給之。《漢書》注：《兒寬傳》師古曰：若今諸司公廨牛羊。

隋唐給田之制有三，一曰永業，二曰職分，三曰公廨。隋開皇十四年六月丁卯，詔省府州縣皆給廨田，不得治生，與人爭利。

《史記》卷三〇《平準書》　乃分緡錢諸官，而水衡、少府、大農、太僕各置農官，往往卽郡縣比沒入田田之。其沒入奴婢，分諸苑養狗馬禽獸，及與諸官。諸官益雜置多，徒奴婢衆，而下河漕度四百萬石，及官自糴乃足。

《晉書》卷二四《職官志》　太子太傅、少傅，皆古官也。泰始三年，武帝始建官，各置一人，尚未置詹事，官事無大小，皆由二傅，並有功曹、主簿、五官。太傅中二千石，少傅二千石。其訓導者，太傅在前，少傅在後。皇太子先拜，諸傅然後答之。武帝後以儲副體尊，遂命諸公居之；以本位重，故或行或領。時侍中任愷，武帝所親敬，復使領之，蓋一時之制也。咸寧元年，以給事黃門侍郎楊珧爲詹事，掌宮事，二傅不復領官屬。及楊珧爲衛將軍，領少傅，省詹事，遂崇廣傅訓，命太尉賈充領太保，司空齊王攸領太傅，所置吏屬復如舊。二傅進賢兩梁冠，黑介幘，五時朝服，佩水蒼玉，食奉日三斛。太康二年，始給春賜絹五十匹，秋絹百匹，緜百斤。其後太尉汝南王亮、車騎將軍楊駿、司空衛瓘、石鑒皆領傅保，猶不置詹事，以終武帝之世。惠帝元康元年，復置詹事，二傅給菜田六頃，田騶六人，立夏後不及田者，食奉一年。

同上　諸公及開府位從公者，品秩第一，食奉日五斛。太康二年，又給絹，春百匹，秋絹二百匹，緜二百斤。元康元年，給菜田十頃，田騶十人，立夏

後不及田者，食奉一年。【略】

特進，漢官也。二漢及魏晉以加官從本官車服，無吏卒。太僕羊琇遜位，拜特進，加散騎常侍，無餘官，故給吏卒車服。其餘加特進者，唯食其祿賜，位其班位而已，不別給特進吏卒車服，後定令。特進品秩第二，位次諸公，在開府驃騎上，冠進賢兩梁，黑介幘，五時朝服，佩水蒼玉，無章綬，食奉日四斛。太康二年，始賜春服絹五十匹，秋絹百五十匹，緜一百五十斤。元康元年，給菜田八頃，田騶八人，立夏後不及田者，食奉一年。【略】

光祿大夫與卿同秩中二千石，著進賢兩梁冠，黑介幘，五時朝服，佩水蒼玉，食奉日三斛。太康二年，始給春賜絹五十匹，秋絹百匹，緜百斤。惠帝元康元年，始給菜田六頃，田騶六人，置主簿、功曹史、門亭長、門下書佐各一人。【略】

三品將軍秩中二千石者，著武冠，平上黑幘，五時朝服，佩水蒼玉，食奉、春秋賜緜絹、菜田、田騶如光祿大夫諸卿制。【略】

尚書令，秩千石，假銅印墨綬，冠進賢兩梁冠，納言幘，五時朝服，佩水蒼玉，食奉月五十斛。受拜則策命之，以在端右故也。太康二年，始給賜絹，春三十匹，秋七十匹，緜七十斤。元康元年，始給菜田六頃，田騶六人，立夏後不及田者，食奉一年。

《隋書》卷二四《食貨志》 京官又給職分田。一品者給田五頃。每品以五十畝爲差，至五品，則爲田三頃，六品二頃五十畝。其下每品以五十畝爲差，至九品爲一頃。外官亦各有職分田。又給公廨田，以供公用。

宋・王溥《唐會要》卷九二《內外官職田》 武德元年十二月制，內外官各給職分田，京官一品十二頃，二品十頃，三品九頃，四品七頃，五品六頃，六品四頃，七品三頃五十畝，八品二頃五十畝，九品二頃。雍州及外州官二品十二頃，三品十頃，四品八頃，五品七頃，六品五頃，七品四頃，八品三頃，九品二頃五十畝。

貞觀十一年三月敕，內外官職田，恐侵百姓，先令官收，慮其祿薄家貧，所以別給地子。去歲緣有水旱，遂令總停，兹聞卑官頗難支濟，事須優恤，使得自資，宜準元敕，給其地子。

景龍四年三月，敕旨頒行天下，凡屬文武官員五品以下，各加田五畝，五品以上，各加田四畝。

開元十年正月，命有司收內外官職田，以給逃還貧民戶，其職田以正倉粟畝二升給之。

其年六月敕，所置職田，本非古法，爰自近制，是以因循，事有變通，應須刪改，其內外官所給職田地子，從今年九月以後，並宜停給。

十八年三月敕，京官職田，將令準令給受，復用舊制。

十九年四月敕，天下諸州縣，并府鎮戍官等職田頃畝籍帳，仍依允租價對定，無過六斗，地不毛者，畝給二斗。

二十九年二月敕，外官職田，委所司準例倉中受納，納畢一時分付，縣官亦準此。

其年三月敕，京畿地狹，民戶殷繁，計丁給田，尚猶不足，兼充百官苗子，固難周濟。其諸司官令分在都者，宜令所司，具作定額，計應受職田，並於都畿給付。其應退地，委採訪使與本州長官給貧下百姓。其應給職田，亦委採訪使與所由長官勘會同給，仍永爲常式。

天寶元年六月敕，如聞河東河北官人職田，既納地租，仍收桑課，田樹兼稅，民何以堪。自今以後，官人及公廨職田有桑，一切不得更徵絲課。

十二載十月敕，兩京百官職田，承前佃民自送，道路或遠，勞費頗多。自今已後，其職田去城五十里內者，依舊令佃民自送入城，自餘限十月內便於所管州縣并腳價貯納。其腳價五十里外，每斗各徵二文，一百里外不過三文，並令百官差本司請受。

上元元年十月敕，京官職田，準式並令佃民輸送至京。

廣德二年十月，宰臣等奏，減百司職田租之半，以助軍糧。從之。

大曆二年正月詔，京兆府及畿縣官職田，宜令準外州府縣官例，三分取一分，至十月，減京官職田，一分充軍糧，二分給本官。

十四年八月敕，內外文武官職田及公廨田，準式，州縣每年六月三十日勘造白簿申省，與諸司文解勘會，至十月三十日徵收，給付本官。近來不守常規，多不申報，給付之際，先付清望要官，其閒慢卑官卽被延引不付，自今以後，準式各令送付本官。又準式，職田黃籍，每三年一造，自天寶九載以後，更不造籍，宜各委州縣，每年差專知官巡覆，仍造簿依限申交所司，不得隱漏及妄破蒿荒，如有違犯，專知官及本典，準法科罰。

貞元四年八月敕，準田令，永業田，職事官從一品、郡王，各五十頃，國公若職事官正二品，各四十頃，郡公若職事官從二品，各三十五頃，縣公若職事官從三品，各二十頃，侯若職事官正四品，各十四頃，伯若職事官從四品，各十一頃。

十四年六月，判度支于頔請收百官闕職田，以贍軍須。從之。

元和六年八月詔，百官職田，其數甚廣，今緣水潦，諸處道路不通，宜令所在貯錢，充度支支用，百官卻令據數於太倉請受。

十三年三月詔，百司職田，多少不均，爲弊日久，宜令每司各收職田草粟等數，自長官以下，據多少人作等差，除留闕官外分給。

長慶元年七月勅，百司職田，在京畿諸縣者，訪聞本地多被所由侵隱，抑令貧戶佃食蒿荒，百姓流亡半在於此，宜委京兆府勘會均配，務使公平。

其年十月勅，司兼中舊令合屬內官，各依舊外，再加田五畝，七品以下仍舊。

寶歷元年四月制，京百司田散在畿內諸縣，舊制配地出子，歲月已深，佃戶至有流亡，官曹多領虛數，今欲據額均入，地盤萬戶，供輸百司，盡得隨稅出子，逐畝平攤，比量舊制，孰爲允便。宜委京兆府與屯田審勘計會，條流聞奏。

開成二年五月，判國子祭酒事門下侍郎平章事鄭覃奏，太學新置五經博士各一人，屯田素無職田，請依王府官品秩例，賜以祿粟。從之。

會昌六年十月，京兆府奏，諸縣徵納京百司官秩職田斛斗等，伏請從今已後，卻準會昌元年已前舊例，上司官斛斗，勒民戶使自送納，所冀輸納簡便，百官各得本分職田，縣司所由，無因隱欺者。並從之。

大中元年十月，屯田奏，應內外官請職田，陸田限三月三十日，水田限四月三十日，麥田限九月三十日已前上者，入後人，已後上者，入前人，伏以令式之中，並不該閏月，每遇閏月，交替者卽公牒紛紜，有司卽無定條，莫知所守，伏以公田給使，須準期程，時限未明，實恐遺闕。今請至前件月，遇閏卽以十五日爲定式，十五日以前上者，入後人，已後上者，入前人，據今條，其元闕職田，並限六月三十日，春麥限三月三十日，宿麥限十二月三十日，已前上者入新人，已後上者，並入舊人，今亦請至前件月，遇閏卽以十五日爲定式，所冀給受有制，永無訴論。勅曰：五歲再閏，固在不刊，二稔職田，須有定制，自此已後，宜依屯田所奏，永爲常式。

《舊唐書》卷四三《職官二》　凡京文武職事官，有職分田。京兆、河南府及京縣官，亦準此。

同上　凡在京諸司，有公廨田，皆視其品命而審其分給。

同上　凡給田之制有差，園宅之地亦如之。凡給口分田，皆從便近。居城之人，本縣無田者，則隔縣給授。凡應收授之田，皆起十月，畢十二月。凡授田，先課後不課，先貧後富，先多後少。凡州縣界內所部，受田悉足者，爲寬鄉，不足者爲狹鄉。凡官人及勳，授永業田。凡天下諸州有公廨田，凡諸州及都護府官人有職分田。

《舊唐書》卷四四《職官三》　神威軍本號殿前射生左右廂，貞元二年九月改殿前左右射生軍，三年四月改爲左右神威軍，非六軍之例也。大將軍二員，正三品將軍二員。從三品職田、俸錢、手力、糧料等，同六軍諸衛。

《新唐書》卷五五《食貨五》　［貞觀］十一年，以職田侵漁百姓，詔給逃還貧戶，視職田多少，每畝給粟二升，謂之地子。是歲，以水旱復罷之。**【略】**

十八年，以京兆府、岐、同、華、邠、坊州隙地陂澤可墾者，復給京官職田。

同上　李泌以度支有兩稅錢，鹽鐵使有筦榷錢，可以擬經費，中外給用，每貫墊二十，號戶部除陌錢。復有闕官俸料、職田錢，積戶部，號戶部別貯錢。御史中丞專掌之，皆以給京官，歲費不及五十五萬緡。京兆和糴，度支給諸軍冬衣，亦往往取之。減王公以下永業田：郡王、職事官從一品田五十頃，國公、職事官正二品田四十頃，郡公、職事官從二品田三十頃，縣公、職事官正四品田十四頃，職事官從四品田十一頃。

同上　開元十年，中書舍人張嘉貞又陳其不便，遂罷天下公廨本錢，復稅戶以給百官。籍內外職田，賦逃還戶及貧民。罷職事五品以上仗身。

十八年，復給京官職田。州縣籍一歲稅錢爲本，以高戶捉之，月收贏以給外官。復置天下公廨本錢，收贏十之六。十九年，初置職田頃畝簿，租價無過六斗，地不毛者畝給二斗。**【略】**

二十九年，以京畿地狹，計丁給田猶不足，於是分諸司官在都者，給職田於都畿，以京師地給貧民。是時河南、北職田兼稅桑，有詔公廨、職田有桑者，毋督絲課。**【略】**

十二載，國忠以兩京百官職田送租勞民，請五十里外輸於縣倉，斗納直二錢，百里外納直三錢，使百官就請於縣，然縣吏欺盜蓋多，而闕司有不能自直者。

同上　至德初，以用物不足，內外官不給料錢，郡府縣官給半祿及白直、品子課。乾元元年，亦給外官半料及職田，京官給手力課而已。上元元年，復令京官職田以時輸送，受加耗者以枉法贓論。其後籍以爲軍糧矣。永泰末，取州縣官及折衝府官職田苗子三之一，市輕貨以賑京官。

大曆元年，斂天下青苗錢，得錢四百九十萬緡，輸大盈庫，封太府左、右藏，鐍而不發者累歲。二年，復給京兆府及畿縣官職田，以三之一供軍饟。增稅青苗錢，一畝至三十。權臣月俸有至九十萬者，刺史亦至十萬。楊綰、常衮爲相，增京官正員官及諸道觀察使、都團練使、副使以下料錢。初，檢校官同中書門下平章事者，月給錢十二萬。至是戶部侍郎判度支韓滉請同正官，從高而給之。文官一千八百五十四員，武官九百四十二員，月俸二十六萬緡，而增給者居三之一。

先是，州縣職田、公廨田，每歲六月以白簿上尚書省覆實；至十月輸送，則有黃籍，歲一易之。後不復簿上，唯授租清望要官，而職卑者稽留不付，黃籍亦不復更矣。德宗卽位，詔黃籍與白簿皆上有司。【略】

李泌以度支有兩稅錢，鹽鐵使有筦榷錢，可以擬經費，中外給用，每貫墊二十，號戶部除陌錢。復有闕官俸料、職田錢，積戶部，號戶部別貯錢。御史中丞專掌之，皆以給京官，歲費不及五十五萬緡。京兆和糴，度支給諸軍冬衣，亦往往取之。減王公以下永業田：郡王、職事官從一品田五十頃，國公、職事官正二品田四十頃，郡公、職事官從二品田三十頃，縣公、職事官正四品田十四頃，職事官從四品田十一頃。尙郡主檢校四品京官者月給料錢三十萬，祿百二十石。尙縣主檢校五品京官者料錢二十萬，祿百石。

《全唐文》卷三四元宗皇帝《停給職田勅》　所置職田，本非古法，爰自近制。是以因循，事有變通，應須刪改。其內外所給職田，從今年九月以後，並宜停給。

《全唐文》卷三六元宗皇帝《定京畿職田勅》　京畿地狹，人戶殷繁，計丁給田，尙猶不足，兼充百官苗子，固難周濟。其諸司官令分在都者，宜令所司具作定額，計應受職田，並於都畿給付。其應退地，委採訪使與本州長官給貧下百姓。其應給職田，亦委採訪使與所繇長官勘會同給，仍永爲常式。

《全唐文》卷四六代宗皇帝《均濟職田俸料詔》　京諸司官等，自艱難已來，不請祿料，職田苗子，又充軍糧，頗聞艱辛，須使均濟。其諸州府縣官及折衝府官職品據苗子多少，三分每年宜取一分，依當處時價，迴市輕貨數內破腳差綱部領送上都，納青苗錢庫。其闕官職田，據數盡送，仍青苗錢與本道節度、觀察、都防禦等使會切勾當，從今年職田並依此數徵收發遣，其送物綱典計數，準輕貨綱典例處分。

《全唐文》卷六四穆宗皇帝《令勘會京畿職田制》　百司職田在京畿諸縣者，訪聞本地多被所繇侵隱，抑令貧戶佃食蒿荒，百姓流亡，半在於此。宜委京兆府勘會均配，務使公平。

《全唐文》卷三〇〇李元紘《廢職田議》　伏以軍國不同，中外異制。若人間無役，地棄不墾，發閒人以耕棄地，省餽運以實軍糧，於是乎有屯田，其爲益多矣。今百官所退職田，散在諸縣，不可聚也。百姓所有私田，皆力自耕墾，不可取也。若置屯田，卽須公私相換，徵發丁夫，徵役則業廢於家，免庸則賦闕於國，內地置屯，古所未有，得不補失，或恐未可。謹議。

《全唐文》卷四四肅宗皇帝《職田準舊式輸送至京勅》　京官職田，準式並合佃人輸送至京。中閒楊國忠奏：去城五十里外，貯納縣倉，本官自差人請受，緣是暫時寄貯，所繇觸途乾沒，中閑司尤被抑屈，公私不便，因循累年。自今已後，京兆河南府諸縣，並令依舊送京輸納，本官如邀詰停留，并輒受加耗，請準所費及剩數計贓以枉法論，至死者加役流。

唐·張九齡《唐六典》卷三《尚書·戶部》　凡天下諸州公廨田，大都督府四十頃，中都督府三十五頃，下都督、都護、上州各三十頃，中州二十頃，宮總監、下州各十五頃，上縣十頃，中縣八頃，中下縣六頃，上牧監、上鎭各五頃，下縣及中牧、下牧、司竹監、中鎭、諸軍折衝府各四頃，諸冶監、諸倉監、下鎭、[上]關各三頃，互市監、諸屯監、上戍、中關及津各二頃。津隸、都水則不別給。下關一頃五十畝，中戍、下戍、嶽瀆各一頃。凡諸州及都護府官人職分田：二品一十二頃，三品四品以二頃爲差，五品至八品以一頃爲差，九品二頃五十畝，鎭戍、關津、嶽瀆及在外監官五品五頃，六品三頃五十畝，七品三頃，八品二頃，九品一頃五十畝，三衛中郎將、上府折衝都尉各六頃，中府、下府以五十畝爲差，郎將各五頃，上府果毅都尉四頃，中府、下府以五十畝爲差，上府長史、別將各三頃，中府、下府各二頃五十畝，親王府典軍五頃五十畝，副典軍四頃，千牛備身、備身左右、太子千牛備身各三頃，諸軍上折衝府兵曹各二頃，中府、下府各一頃五十畝，其外軍校尉一頃二十畝，旅帥一頃，隊正副各八十畝。

凡給公廨田，若陸田限三月三十日，稻田限四月三十日，以前上者並入後人，以後上者入前人。其麥田以九月三十日爲限。若應給職田，無地可充者，率畝給粟二斗。

唐・張九齡《唐六典》卷七《尚書・工部》　凡京文武職事官有職分田：一品十二頃，二品十頃，三品九頃，四品七頃，五品六頃，六品四頃，七品三頃五十畝，八品二頃五十畝，九品二頃，並去京城百里內給。

京兆、河南府及京縣官亦準此。凡在京諸司有公廨田：舊唐志　司農寺給二十六頃，殿中省二十五頃，少府監二十二頃，太常寺二十頃，京兆府、河南府各十七頃，太府寺十六頃，吏部、戶部各十五頃，兵部、內侍省各十四頃，中書省、將作監各十三頃，刑部、大理寺各十二頃，尚書都省、門下省、太子左春坊各十一頃，工部一十頃，光祿寺、太僕寺、祕書監各九頃，禮部、鴻臚寺、都水監、太子詹事府各八頃，御史臺、國子監、京縣各七頃，左右衛、太子家令寺各六頃，衛尉寺、左右驍衛、左右武衛、左右威衛、左右領軍衛、左右金吾衛、左右監門衛、注文百八十一字，宜聯太子右春坊。太子右春坊各五頃，太子左右衛率府、太史局各四頃，宗正寺、左右千牛衛、太子僕寺、左右司禦率府、左右清道率府、左右監門率府各三頃，內坊、左右內率府、率更寺各二《通典》作二頃，其有管署局子府各準官品人數均配。

皆視其品命，而審其分給。

唐・元稹《元稹集・同州奏均田狀》　當州自於七縣田地數內，均配兩稅元額頃畝，便請分給諸色職田、州使田、官田與百姓。其草粟腳錢等，便請於萬戶上均率。又均攤左神策郃陽鎮軍田粟，及特放百姓稅麻，及除去斛斗錢草零數等利宜，分析如後：

當州兩稅地

右件地，並是貞元四年檢責，至今已是三十六年。其間人戶逃移，田地荒廢。又近河諸縣，每年河路吞侵，沙苑側近，日有沙礫塡掩，百姓稅額已定，皆是虛額徵率。其間亦有豪富兼并，廣占阡陌，十分田地，纔稅二三，致使窮獨逋亡，賦稅不辦，州縣轉破，實在於斯。臣自到州，便欲差官檢量，又慮疲人煩擾。昨因農務稍暇，臣遂設法各令百姓自通手實狀，又令里正書手等傍爲穩審，並不遣官吏擅到村鄉。百姓等皆知臣欲一例均平，所通田地，略無欺隱。臣便據所通，悉與除去逃戶荒地及河侵沙掩等地，其餘見定頃畝。然取兩稅元額地數，通計七縣沃瘠，一例作分抽稅。自此貧富強弱，一切均平，徵斂賦租，庶無逋欠，三二年外，此州實冀稍校完全。

當州京官及州縣官職田公廨田并使官田驛田等

右，臣當州百姓田地，每畝只稅粟九升五合，草四分，地頭搉酒錢共出二十一文已下。其諸色職田，每畝約稅粟三斗，草三束，腳錢一百二十文。若是京官上司職田，又須百姓變米雇車般送，比量正稅，近於四倍加徵。既緣差稅至重，州縣遂逐年抑配百姓租佃。或有隔越鄉村，被配一畝二畝之者，或有身居市井，亦令虛額出稅之者，其公廨田、官田、驛田等，所稅輕重，約與職田相似，亦是抑配百姓租佃，疲人患苦，無過於斯。伏準長慶元年七月敕文，京兆府職田，令於萬戶上均配，與臣當州事宜相類。臣令因重配元額稅地，便請盡將此色田地，一切給與百姓，任爲永業，一依正稅粟草及地頭搉酒錢數納稅。其餘所欠職田、斛斗、錢草等，只於夏稅地上每畝加一合，秋稅地上每畝各加六合，草一分。其餘腳錢，只收地頭搉酒錢上分釐充數便足，百姓元不加配。其上司職田合變米送城者，比緣百姓自出車牛，及零碎舂碾，動逾春夏，送納不得到城。臣今便於當州近城縣納粟，官爲變碾，取本色腳錢，州司和雇情願車牛般載，差綱送納。計萬戶所加至少，使四倍之稅永除。上司職祿及時，公私俱受其利。

當州供左神策郃陽鎮軍田粟二千石

右，自置軍鎮日，伏準敕令，取百姓蒿荒田地一百頃，給充軍田。並緣田地零碎，軍司佃用不得，遂令縣司每畝出粟二斗。其粟並是一縣百姓稅上加配，偏當重斂，事實不均。臣今已於七縣應稅地上，量事配率，自此亦冀均平。

唐・元稹《元稹集・論當州朝邑等三縣代納夏陽韓城兩縣率錢狀》

右，准元和十三年敕。緣夏陽、韓城兩縣殘破，量減逃戶率稅，每年攤配朝邑、澄城、郃陽三縣代納錢六百七十九貫九百二十一文，斛斗三千一百五十二碩一斗三升三合，草九千九束，零並不計。臣今因令百姓自通田地，落下兩縣蒿荒之外，並據見定頃畝一例徵率。臣然兩縣已減元額稅地，請更不令三縣代納差科。

當州稅麻

右，當州從前稅麻地七十五頃六十七畝四壟，每年計麻一萬一千八百七十四兩，充州司諸色公用。臣昨因均配地稅，尋檢三數十年兩稅文案，只見逐年配率，麻地並不言兩稅數內爲復數外，既無條敕可憑，臣今一切放免不稅。

當州所徵斛斗草及地頭等錢畸零分數

右，從前所徵斛斗升合之外，又有抄勺圭撮，錢草即有分釐毫銖。案牘交加，不可勘算，人戶輸納，元無畸零，蹙數所成，盡是姦吏欺沒。臣今所徵斛斗並請成合，草並請成分，錢並請成文。在百姓納數，元無所加，於官司簿書，永絕姦詐。其蹙數粟、麥、草等，便充塡所欠職田等數。其錢當州每畝元稅二十文三分六釐，人戶元納二十一文整數。臣今只收納二十一文，內分釐零數，將充職田腳錢，二千六百餘貫便足，更不分外攤徵。回姦吏隱欺之贓，除百姓重斂之困，如此處置，庶有利宜。以前件謹具利宜如前。逐縣兩稅元額頃畝，幷攤配職田分數，及蹙成文分合等錢草斛斗數，謹具分析在前件狀如前。伏以當州田地，鹹鹵瘠薄，兼帶山原，通計十畝，不敵京畿一二。加以檢責年深，貧富偏併，稅額已定，徵率轉難。臣昨所奏累年逋懸，其敝實由於此。臣今並已均融抽稅，又免配佃職田，閭里之間，稍合蘇息。伏緣請配職田地充百姓永業，事須奉敕處分。然冀永有遵憑，伏望聖慈允臣所奏。謹錄奏聞，伏聽敕旨。

宋・王欽若等《册府元龜》卷五〇五　［貞觀］十年正月，詔有司收內外職田，除公廨田園外，並官收。先給逃還貧下戶及欠丁田戶。其職田，以正倉粟，畝率二升給之。【略】

乾封元年八月，詔：京文武官，應給防閤，庶僕俸料，始依職事品。其課及賜，各依本品。凡京文武，正官每歲供給俸食等錢總十五萬二千七百二十貫。員外官不在此數。外官則以公廨田收及息錢等常食。公用之外，充月料。先以長官定數，其州縣少尹、長史、司馬及丞，各減長之半。大都督府長史，副都督別駕及判司，準上佐，以職田數爲加減。其參軍及博士判、試判、司主簿、縣尉丞，各三分之一。諸內外員同正員者，祿料賜。會食料一事以上，並同正員。其不以同正員者，祿賜食料亦同正員，餘各給半職，田並不給。自乾元之後，以常賦不給，內外官俸祿各減其半矣。內供俸及裏行不帶本官者，祿俸食料。防閤庶僕一事以上，並同正官帶官者，聽從多處給。若帶外官者，依京官給。諸檢校及判試知試等官不帶內外者，料度一事以上，準員外官同正員例給。若檢校及判試知處，正官見闕者，兼給雜用。其職田不應入正官者，亦給。其侍御史、殿中及監察御史知試，並同供俸裏行例。

宋・李心傳《建炎以來朝野雜記》卷一六　圭田

圭田，自三代以來有之。本朝沿唐，不廢其制。咸平初，既定以官莊及遠年逃田充其數。天聖中，言者以謂多寡不均，又貪吏或多取歲租，以害細民。七年八月，詔罷天下職田，悉以其歲入租課送官，具數上三司，以所在時估定價而均給之。九年二月，復故。慶曆三年九月，更定守令佐職田頃畝之限。靖康元年五月，始借一年輸內帑。建炎初，以國用不足，遂拘天下職田隸提刑司。元年六月乙酉。李伯紀免相，復給之。明年，呂源爲發運副使，復請收圭租以贍軍。上不許。五月癸丑。紹興末，東南諸路收圭租二十三萬斛有奇，州縣有過給者，上聞之，命及格則止。二十九年十二月癸酉。舊制，圭租皆給正色，至是江西、湖南米斗才數十，而圭租乃令折價至三四千，陳正獻爲殿中侍御史，爲上言之，遂命復輸本色。三十年十一月庚辰。隆興初，又有權借一年之令。元年六月。乾道改元，以軍事始息，又借職田米三年，用王大寶尚書請也。元年七月辛亥。八年冬，復還之。十月丙辰。時四川州縣職田，宣撫司已借十年，爲軍中減汰使臣之用。乾道四年，虞雍公申請。會其數，歲得十二萬八千八百九十九緡而已。淳熙初，亦還之。淳熙末，言者又論州縣守倅合得圭租皆折見緡，其他小官則交本色，非是。事下戶部。戶部奏：在法，圭租以前後官在任月日均給，不許折錢。即人戶願輸錢而旋增實直者，準律科罪。從之。十四年三月戊辰。今蜀中圭租，皆折見錢，又多從隔郡支給，相承已久，莫知始於何年。

《宋史》卷一七二《職官十二》　職田

周自卿以下有圭田不稅，晉有芻稾田，後魏宰人之官有公田，北齊一品以下公田有差，唐制內外官各給職田，五代以來遂廢。咸平中，令館閣檢校故事，申定其制，以官莊及遠年逃亡田充，悉免租稅，佃戶以浮客充，所得課租均分，如鄉原例。州縣長吏給十之五，自餘差給。其兩京、大藩府四十頃，次藩鎮三十五頃，防禦、團練州三十頃，中、上刺史州二十頃，下州及軍、監十五頃，邊遠小州、上縣十頃，中縣八頃，下縣七頃，轉運使、副十頃，兵馬都監押、砦主、釐務官、錄事參軍、判司等，比通判、幕職之數而均給之。

景德二年七月，詔諸州職田如有災傷，準例蠲課。大中祥符九年，殿中侍御史王奇上言，請天下納職田以助振貸。帝曰：奇未曉給納之理。然朕每覽法寺奏款，外官占田多踰往制，不能自備牛種，水旱之際又不蠲省，致民無告。遂罷奇奏，因下詔戒飭之。

天聖中，上患職田有無不均，吏或多取以病民；詔罷天下職田，悉以歲入租課送官，具數上三司，計直而均給之。朝廷方議措置未下，仁宗閲具獄，見吏以賄敗者多，惻然傷之；詔復給職田，毋多占佃戶，及無田而配出所租，違者以枉法論。

又十餘年，至慶曆中，詔限職田，有司始申定其數。凡大藩長吏二十頃，通判八頃，判官五頃，幕職官四頃。凡節鎮長吏十五頃，通判七頃，判官四頃，幕職官三頃五十畝。凡防、團以下州軍長吏十頃，通判六頃，判官三頃五十畝，幕職官三頃。其餘軍、監長吏七頃，判官、幕官，並同防、團以下州軍。凡縣令，萬戶以上六頃，五千戶以上五頃，不滿五千戶並四頃。凡簿、尉，萬戶以上三頃，五千戶以上二頃五十畝，不滿五千戶二頃。錄事參軍比本判官。曹官比倚郭簿、尉。發運制置、轉運使、副，武臣總管，比節鎮長吏。發運制置判官，比大藩府通判。安撫都監，路分都監，比節鎮通判。大藩府都監，比本府判官。黃、汴河、許、汝、石塘河都大催綱，比節鎮判官。節鎮以下至軍監，諸路走馬承受幷砦主，都同巡檢，提舉捉賊，提點馬監，都大巡河，不得過節鎮判官。在州監當及催綱、撥發，巡捉私茶鹽賊盜，駐泊捉賊，不得過簿、尉。自此人有定制，士有定限，吏以職田抵罪者，視昔爲庶幾焉。

至熙寧間，復詔詳定：

凡知大藩府三京、京兆、成都、太原、荆南、江寧府，延、秦、揚、杭、潭、廣州。二十頃，節鎮十五頃，餘州及軍淮陽、無爲、臨江、廣德、興國、南康、南安、建昌、邵武、興化。並十頃，餘小軍、監七頃。通判，藩府八頃，節鎮七頃，餘州六頃。留守、節度、觀察判官，藩府五頃，節鎮四頃。掌書記以下幕職官三頃五十畝。防禦、團練軍事推官、軍監判官三頃。令、丞、簿、尉，萬戶以上，縣令六頃，丞四頃；不滿萬戶，令五頃，丞三頃；不滿五千戶，令四頃，丞二頃五十畝。簿、尉減令之半。藩府、節鎮錄參，視本州判官，餘視幕職官。藩府、節鎮曹官，視萬戶縣簿、尉，餘視不滿萬戶者。

發運、轉運使、副，視節鎮知州。開封府界提點，視餘州。發運、轉運判官，常平倉司提舉官，視藩府通判。同提舉，視萬戶縣令。發運司幹當公事，視節鎮通判。轉運司管幹文字，提刑司檢法官，提舉常平倉司幹當公事，視不滿萬戶縣令。蔡河、許、汝、石塘河都大催綱，管幹機宜文字，府界提點司幹當公事，視節鎮判官。總管，視節鎮知州。路分鈐轄，視餘州知州。安撫、路分都監，州鈐轄，視節鎮通判。藩府都監，視本州判官。諸路正將，視路分都監；副將，視藩府都監。走馬承受，諸州都監，都同巡，都大巡河，並視節鎮判官。巡檢，堡砦都監，砦主，在州監當及催綱、撥發，巡捉私茶鹽賊盜，駐泊捉賊，並視幕職官。巡轄馬遞鋪，監堰幷縣、鎮、砦監當，並視本縣簿、尉。諸路州學教授，京朝視本州判官，選人視本州曹官。

又詔：成都府路提點刑獄司，以本路職田令逐州軍歲以子利稻麥等拘收變錢，從本司以一路所收錢數，又紐而爲斛斗價直，然後等第均給。自熙寧三年始，知成都府，一千石。轉運使，六百石。鈐轄二員，各五百石。轉運判官，視鈐轄。通判二員，各四百五十石。簽判，節推，察推，知錄，幹當糧料院，監軍資庫，都監，都巡檢，巡檢，係大使臣。走馬承受，京朝官知縣，各二百石。內職官係兩使支掌以上資序者同。如係初等及權入者，各一百五十石。監商稅、市買院、交子務，係京朝官或大使臣充者。視職官。城外巡檢，監排岸，十縣巡檢，係三班使臣者。各一百五十石。司理，司戶，司法，府學教授，係敕劄正授者。監甲仗庫，各一百石。知眉、蜀、彭、雅、邛、嘉、簡、陵州，永康軍，視成都通判。其通判減三之一。知威、黎、茂州，視眉、蜀通判。其都監，監押，駐泊，都巡檢，係大使臣者。簽判，推、判官，係兩使職官幷支掌以上資序。知錄，京朝官幷職官知縣，監棚口鎮，係京朝官。視成都職官。監押，巡檢，同巡檢，駐泊，係三班使臣。初等職官或權入職官，錄事參軍，縣令，試銜知縣，視成都城外巡檢。司理，司戶，司法，諸縣主簿、尉，應監當場務選人監稅、監鹽，巡轄馬鋪，係三班使臣。視成都曹官。應諸縣令佐係職員權攝者不給。歲有豐凶，則數有少剩，皆隨時等級爲之增減。初，權御史中丞呂誨、御史知雜劉述奉詔同均定成都、梓、利、夔四路職田。誨等以成都路歲收子利稻麥、桑絲、麻竹等物逐處不同，遂計實直紐作稻穀一色，每斗中價百有二十，自知成都府以下官屬等第均定。及再詔詳定，而三路數少，均分不足，用定到成都路數目以聞，中書再行詳定，而有是詔。

元豐中，詔熙河、涇原、蘭州路州軍官屬職田，每頃歲給錢鈔十千。以其元給田及新造之區，募弓箭手及留其地以爲營田。元符三年，朝散郎杜子民奏：職田之法，每患不均。神宗首變兩川之法，均給上下，一路便之。元祐中，推廣此意，以限月之法，變而均給。士大夫貪冒者，或窮日之力以赴期會，或交書請屬以倖權攝，奔競之風長，廉耻之節喪。乞復元豐均給之法，以養士廉節。從之。

建中靖國元年，知延安府范純粹奏：昨帥河東日，聞晉州守臣所得職田，因李君卿爲州，諭意屬邑增廣租入，比舊數倍。後襄陵縣令周汲力陳其弊，郡守時彥歲減所入十七八，佃戶始脫苛斂之苦。而晉、絳、陝三州圭腴，素號優厚，多由違法所致。或改易種色，或遣子弟公皁監穫，貪污猥賤，無所不有。乞下河東、陝西監司，悉令改正。從之。

大觀四年，臣僚言：圭田欲以養廉，無法制以防之，則貪者奮矣。姦吏挾肥瘠之議，以逞其私，給田有限，課入無算，祖宗深慮其弊，以提點刑獄官察之，而未嘗給以圭租，庶不同其利而公其心也。近歲提點刑獄所受圭租，同於他司，故積年利病，壅於上聞。元豐舊制，檢法官，其屬也，當視其長。自元祐初併提舉常平司職事入提刑司，兼領編敕，遂將提舉官合給之數撥與提刑司，參詳修立，而檢法官亦預焉。詔依舊法。

政和八年，臣僚言：尚書省以縣令之選輕，措置自不滿五千戶至滿萬戶遞增給職田一頃。夫天下圭租，多寡不均久矣，縣令所得，亦復不齊。多至九百斛，如淄州高苑；八百斛，如常之江陰；六百斛，常之宜興。亦六百斛。自是而降，或四五百，或三二百。凡在河北、京東、京西、荊湖之間，少則有至三二十斛者；二廣、福建有自來無圭租處；川峽四路自守倅至簿、尉，又以一路歲入均給，令固不得而獨有。今欲一概增給一頃，豈可得哉？詔應縣令職田頃畝未及條格者，催促摽撥。

宣和元年詔：諸路職官各有職田，所以養廉也。縣召客戶、稅戶，租佃分收，災傷檢覆減放，所以防貪也。諸縣多踰法抑都保正長，及中上戶分佃認納。不問所收厚薄，使之必輸，甚至不知田畝所在，虛認租課。聞之惻然。應違法抑勒及詭名委保者，以違詔論；災傷檢放不盡者，計贓以枉法論；入己者以自盜論。

靖康元年，詔諸路職田租存田亡者，並與落租額。紹興間，懼其不均，則詔諸路提刑司依法摽撥，官多田少，即於鄰近州縣通融，須管數足。又詔將空閑之田爲他司官屬所占者，撥以足之，仍先自簿、尉始。其有無職田，選人並親民小使臣，每員月支茶湯錢一十貫文。內雖有職田，每月不及十貫者，皆與補足，所以厚其養廉之利。懼其病民，則委通判、縣令覈實，除其不可力耕之田，損其已定過多之額。凡職租不許輒令保正催納，或抑令折納見錢，或無田平白監租，或以虛數勒民代納，或額外過數多取，皆申嚴禁止之令。察以監司，坐以贓罪，所以防其不廉之害。罷廢未幾而復舊，拘借未久而給還，移充糴本，轉收馬料，旋復免行，皆所以示優恩，厲清操也。

若其頃畝多寡，具有成式：知藩府，謂三京、潁昌、京兆、成都、太原、建康、江陵、延安、興仁、隆德、開德、臨安府，秦、揚、潭、廣州。二十頃。發運、轉運使副，總管，副總管，知節鎮，一十五頃。知餘州及廣濟、淮陽、無爲、臨江、廣德、興國、南康、南安、建昌、邵武、興化、漢陽、永康軍，并路分鈐轄，一十頃。發運、轉運判官，提舉淮南、兩浙、江南、荊湖東西、河北路鹽事官，通判藩府，八頃。知餘軍及監，并通判節鎮州，鈐轄，安撫副使，都監，路分都監，將官，發運司幹辦公事，七頃。通判餘州及軍，滿萬戶縣令，六頃。藩府判官，錄事參軍，州學教授，並謂承務郎以上者。都監，發運、轉運司主管文字，滿五千戶縣令，副將官，五頃。節鎮判官，錄事參軍，州學教授，並謂承務郎以上者。轉運司主管帳司，不滿五千戶縣令，滿萬戶縣丞，餘州都監，走馬承受公事，主管機宜文字，同巡檢，都大巡河，提點馬監，四頃。節度掌書記，觀察支使，藩府及節鎮推官，巡檢，縣、鎮，砦都監，砦主，巡捉私茶鹽，駐泊捉賊，在城監當，餘州判官、學教授，並謂承務郎以上者。軍、監都監，三頃五十畝。軍、監判官，餘州推官，餘州及軍、監錄事參軍，巡檢，縣、鎮，砦都監，砦主，巡捉私茶鹽，駐泊捉賊，在城監當，藩府及節鎮曹官，州學教授，謂承直郎以下。滿五千戶縣丞，滿萬戶縣簿、尉，巡轄馬遞鋪，縣、鎮，砦監當及監堰，三頃。餘州及軍、監曹官，州學教授，謂承直郎以下。不滿五千戶縣丞，滿五千戶縣簿、尉，巡轄馬遞鋪，縣、鎮，砦監當及監堰，二頃五十畝。不滿五千戶縣簿、尉，巡轄馬遞鋪，縣、鎮、砦監當及監堰，二頃。

《宋史》卷一九四《兵八》　〔紹興〕十三年，詔：殿司諸統領將官別無供給職田，日贍不足，差兵營運，浸壞軍政。可與月支供給：統制、副統制月一百五十千，統領官百千，正將、同正將五十千，副將四十千，準備將三十千，皆按月給。既足其家，可責後効。若仍前差兵負販，從私役禁軍法，所販物計贓坐之，必罰無赦。州縣知而不舉，同罪。主管步軍司趙密言：比定諸軍五等請給，招填闕額，要以屏革姦弊。第數內招收白身効用，填馬步軍使臣闕。其五等請給例內，馬軍効用依五人衙官例，步軍効用依三人衙官例。緣舊効用曾經帶甲出入，日止餐錢二百、米二升；有少壯善射者，既見初收効用廩給稍優，因逃他軍以希厚請。今擬五等招收白身効用與舊効用，不以馬步軍論，概增其給，人日支錢二百、米二升，填使臣闕。

《天聖令》卷二一《田令》 [諸]在京諸司公廨田，司農寺給二十六頃，殿中省二十五頃，少府監二十二頃，太常寺二十頃，京兆、河南府各一十七頃，太府寺一十六頃，吏部、戶部各一十五頃，兵部、內侍省各一十四頃，中書省、將作監各一十三頃，刑部、大理寺各一十二頃，尙書都省、門下省、太子左春坊各一十一頃，工部十頃，光祿寺、太僕寺、祕書省各九頃，禮部、鴻臚寺、都水監、太子詹事府各八頃，御史臺、國子監、京縣各七頃，左右衛、太子家令寺各六頃，衛尉寺、左右驍衛、左右武衛、左右威衛、左右領軍衛、左右金吾衛、左右監門衛、太子右春坊各五頃，太子左右衛率府、太史局各四頃，(宋)[宗]正寺、左右千牛衛、太子僕寺、左右司禦率府、左右(情)[淸]道率府、左右監門率府各三頃，內坊、左右內率府、率更寺各二頃。其有管置(署)、局、子府之類，各准官品、人數均配。

同上 諸職田，三京及大藩鎭四十頃，藩鎭三十五頃，防、團州三十頃，上、中州二十頃，下州、軍、監十五頃，邊遠小(郡)[州]戶少者一十頃，上、中、下縣十頃至七頃爲三等給之。給外有賸者，均授。州縣兵馬監臨之官及上佐錄事、司理參軍、判司等，其給賸田之數(類)，在州不得過幕職，在縣不得過簿、尉。

諸職分陸田桑(枱)[柘]、(縣)[緜]絹等目。限三月三十日，稻田限四月三十日。以前上者，並入後人；以後上者，入前人。其麥田以九月三十日爲限。若前人自耕未種，後人酧其功直；已自種者，準租分法。其限有月閏者，只以所附月爲限，不得更理閏月。若非次移任，已施功力，交與見官者，見官亦酧功直，同官均分如法。若罪犯不至、去官，雖在禁，其(由)[田]並同見任；去官者，同闕官例。或本官暫出即還者，其權署之人不在分給。

同上 諸京官文武職事職分田，一品一十二頃，二品一十頃，三品九頃，四品七頃，五品六頃，六品四頃，七品三頃五十畝，八品二頃五十畝，九品二頃，並去京城百里內(納)[給]。其京兆、河南府及京縣官人職分田亦准此。即百里內地少，欲於百里外給者亦聽。

諸州及都護府、親王府官人職分田，二品一十二頃，三品一十頃，四品八頃，五品七頃，六品五頃，京畿縣亦(在)[準]此。七品四頃，八品三頃，九品二頃五十畝。鎭、戍、關、津、嶽、瀆及在外監官五品五頃，六品三頃五十畝，七品三頃，八品二頃，九品一頃五十畝。三衛中郎將、上府折衝都尉各六頃，中府五頃五十畝，下府及郎將各五頃。上府(課)[果]毅都尉四頃，中府三頃五十畝，下府三頃。上府長史、別將各三頃，中府、下府各二頃五十畝。(果毅)親王府典軍五頃五十畝，副典軍四頃，千牛備身左右、太子[千]牛備身各三頃。親王府文武官隨府出藩者，於所在處給。諸軍[上]折衝府兵曹一頃，中府、下府各一頃五十畝。其外軍校尉一頃二十畝，旅帥一頃，隊正、隊副各八十畝。皆於鎭側州縣界內給。其校尉以下，在本縣及去家百里內鎭者不給。

同上 諸屯隸司農寺者，每地三十頃以下、二十頃以上爲一屯。隸州、鎭諸軍者，每五十頃爲一屯。其屯應(署)[置]者，皆從尙書省處分。

同上 諸驛封田，皆隨近給，每馬一疋給地四十畝，驢一頭給地二十(頃)[畝]。若驛側有牧田處，疋別各減五畝。其傳送馬，每一疋給田二十畝。

諸公廨、職分田等，並於寬閑及還公田內給。

諸內外官應給職田，無地可充，幷別勑合給地子者，率一畝給粟二斗。雖有地而不足者，準所欠給之。鎭戍官去任處十里內無地可給，亦准此。王府官，若王不任外官在京者，其職田給粟，減京官之半。應給者，五月給半，九月給半。未給解(伐)[代]者，不卻給。劍南、隴右、山南官人不在給限。

《宋大詔令集》卷一七八《俸賜・復職田詔》天聖九年二月癸巳 天下吏給職田，所以惠養廉節也。而貪污之人，並緣爲姦，侵漁細民，滋以爲害。比詔有司，皆從停罷，如聞勤事之吏，祿薄不足以自養，朕甚愍焉。□□職田卽無得多占佃戶及無田而配出租。違者以枉法論。

《宋大詔令集》卷一七八《俸賜・定職田詔》慶曆三年十一月壬辰 昔者先帝詔復公田，合王制班祿之差，得聖人養賢之義，載原深旨，本自愛民。比者搢紳之間，屢陳利害之意，以謂郡縣受地，無有不齊，銓審補闕，權吏爲幸。

辨兢以之傷俗，因沿至於害人。故嘗命有司，斷以定數，誠足釐於浮弊。然未安於予懷。禮不云乎，厚祿以勸群臣，則下之報禮重。凡厥文武，仕於朝廷，雖廉素者爲士之常行，而富貴者是人之所欲。其全寛大之體，自有公平之制，所宜給其所未給，均其所未均，約爲等差，槩令周足，使事父母者得以致其養，蓄妻子者得以致其樂，冠婚喪祭有所奉，慶恤饋問有所資，不牽私室之憂，不專公家之慮，則六計可以弊群吏之治，四方可以期衆職之修。儻自犯於有司，亦何逃於彝憲。上廣先朝之惠，示不敢渝，下俾群臣之言，審茲自定，惟爾中外，體予所存。應天下職田，大藩府長吏二十頃，通判八頃，判官五頃，餘並四頃；節鎮十五頃，通判七頃，判官四頃，餘並三頃五十畝；防團使已下州軍十頃，通判六頃，小軍監七頃，判官三頃五十畝，餘並三頃；縣令萬戶已上六頃，五千戶已上五頃，不滿五千戶並四頃，簿尉萬戶以上各三頃，五千戶各二頃五十畝，不滿五千戶並二頃。發運轉運使及武臣總管比節鎮長吏，鈐轄比防團州長吏，路分都監比節鎮通判，都監比藩府判官，監押比節鎮判官，監當不得過本處職官之數，在縣鎮監當不得過簿尉之數。錄事參軍比本判官，判司比倚郭簿尉。宜令三司具所定職田，並於慶曆四年爲始，內無職田處及有職田而頃畝少處，并元摽得山石積潦之地不可耕種者，限三年內檢括官荒地，并絕戶田及五年已上逃田添換其數。若係官莊田見有人戶出租者，不得一例支撥。如逐處職田，比今來所定頃畝不足，即據見在頃畝及子利，重與上下衆官等第均分。如地內有桑棗果蔬之利者，即以所收利約度折充職田，其田許自差公人勾當，并招置客戶，每頃不得過三戶，即不得全令州縣差人及招客戶。或遇災傷，並依例檢覆減放。以上違者，官員以違制論。如恐減下職田子利，不肯接災傷詞狀者，亦以違制論。其所收子利並納官，如將職田隱庇卻合入差徭及抑配虛作佃戶令出課者，並以受所監臨財物論，仍專令逐路提點刑獄司覺察。若犯者情重而失於覺察，亦當以罪坐之。

《宋大詔令集》卷一七八《俸賜・誡約職田遵守元制詔大中祥符九年七月丙寅》 職田彝制，品秩定規，蓋優待於庶官，且旁益於稍食。夫厚祿食者，蓋欲聳其廉節，務稼穡者，亦在利於貧民。佇介潔之治聞，必甄揚而明陟，而州縣之職，慈愛靡聞，罔恤人勞，且違田制，闢汙之始，奪農力以□求，斂熟之時，峻公□而奄取，無水旱蠲除之惠，無鄉原賑濟之恩。有一於茲，動興訟訴，沮傷和氣，深敗素風。各宜革心，用叶求治，自今天下群官職田，並須遵守元制，無擾客戶，遇災沴且蠲省之。

《金史》卷五五《百官一》 戶部

尚書一員，正三品。

侍郎二員，正四品。泰和八年減一員，大安二年復增。

郎中三員，從五品。天德二年置五員，泰和省作二員，又作四員，貞祐四年置八員，五年作六員。

員外郎三員，從六品。

郎中而下，皆以一員掌戶籍、物力、婚姻、繼嗣、田宅、財業、鹽鐵、酒麴、香茶、礬錫、丹粉、坑冶、榷場、市易等事，一員掌度支、國用、俸祿、恩賜、錢帛、寶貨、貢賦、租稅、府庫、倉廩、積貯、權衡、度量、法式、給授職田、拘收官物并照磨計帳等事。《泰和令》作二員，後增一員，貞祐四年作六員，又作八員，五年作四員。

《金史》卷五八《百官四》 正三品：【略】外官，【略】公田三十頃。【略】統軍使、招討使、副使，【略】公田二十五頃。【略】天德二年，省奏：職官公田歲入有數，前此百姓各隨公宇就輸，而吏或貪冒，多取以傷民。宜送之官倉，均定其數，與月俸隨給。

從三品：【略】外官，【略】公田二十一頃。皇統元年二月，詔諸官、職俱至三品而致仕者，俸祿、傔人，各給其半。

正四品：【略】副統軍，【略】職田十七頃。餘同下。【略】公田十五頃。【略】

從四品：【略】外官，【略】公田十四頃。【略】烏魯古使，同，無職田。【略】

正五品：【略】外官，刺史、知軍、鹽使，【略】公田十三頃。餘官，【略】職田十頃。

從五品：【略】外官，【略】公田七頃。【略】喬家部族都鈐轄，無職田。

正六品：【略】外官與從六品，皆【略】公田六頃。

從六品：【略】烏魯古副使，同，無職田。

正七品：【略】諸司屬令、諸府軍都指揮，【略】無職田。潼關使，【略】無職田。

從七品：【略】諸招討司勘事官、諸縣令、諸警巡副、京兆府竹監管勾、五品鹽使司判、諸部禿里、同提舉上京皇城司、同提舉南京京城所、黄河都巡河官、諸酒稅榷場使，【略】職田五頃。會安關使，諸知鎮城堡寨，【略】職田四頃。

正八品：【略】外官，市令、諸録事、諸防禦判、赤縣丞、諸劇縣丞、崇福埽都巡河官、諸酒稅使、醋使、榷場副、諸都巡檢，【略】職田四頃。烏魯古判官，【略】無職田。按察司知事、大興府知事、招討司知事、諸副都巡檢使，【略】職田二頃。諸司屬丞，【略】無職田。諸節鎮以上司獄、諸副將，【略】職田二頃。【略】

從八品：【略】諸州軍判官、諸京縣丞、諸次劇縣丞、諸三品鹽司判官、漕運司管勾、永豐廣備庫副使、左右別貯院木場使，【略】職田三頃。諸壓忽、諸移里堇，【略】職田三頃。

正九品：【略】諸警巡判官，【略】職田三頃。諸縣丞、諸酒稅副使，【略】職田三頃。市丞、諸司候、諸主簿、諸録判、諸縣尉、散巡河官、黄河埽物料場官，【略】職田二頃。管勾泗州排岸兼巡檢、副都巡檢、諸巡檢，【略】並無麥及職田。諸鹽場管勾、左右別貯院木場副、永豐廣備庫判，【略】職田二頃。諸部將、隊將，【略】職田二頃。【略】諸州軍司獄，【略】職田二頃。【略】

從九品：【略】外官，諸教授，【略】職田二頃。【略】司候判官，【略】職田二頃。諸防次軍轄，【略】無職田。

同上　大定二十三年，以省除提控官、與運司置司處，虧課一分剋俸一分，共罰涉重。亦命先給月俸之半，餘半驗所虧分數剋罰補，公田則不在剋限。

同上　諸京府運司提刑司節鎮防刺等【略】。諸防刺已上女直、契丹司吏、譯史、通事，不問千里內外，【略】公田三頃。

同上　諸職官上任，不過初二日，罷任過初五日者，給當月俸。或受差及因公幹未能之官者，計程外聽給到任祿。若文牒未至，前官在任，及後官已到，前官差出，其祿兩支，職田皆給後官。凡職田，畝取粟三斗、草一稱。倉場隨月俸支俸，麴則隨直折價。諸視王授任者，祿從多，職田從職。朝官兼外者同。六十以上及未六十而病致仕者，給其祿半。承應及軍功初出職未歷致仕，雖未六十者亦給半祿。內外吏員及諸局分承應人，病告至百日則停給。除程給假者俸祿職田皆以半給，衣絹則全給。

元《通制條格》卷一三《祿令・俸祿職田》　至大四年三月，欽奉詔書內一款：外任職官公田、俸鈔，並復舊制，毋得樁配貧民，影占富戶，違者從監察御史、肅政廉訪司糾劾。

同上　皇慶二年二月二十七日，中書省奏：內外勾當裏行的叁定俸錢已下官吏人等，無公田的，完澤篤皇帝時分教與祿米來。在後尚書省官人每奏了，將外任職官每的公田拘收了，驗着品級與祿米，俸錢改支至元鈔，宣慰司軍官、雜職等官，俸錢減了，改支至元鈔來。皇帝登寶位時分，外任職官公田、俸鈔並復舊制，其餘宣慰司外任無職田軍官、雜職，司縣小吏人等合支俸給祿米不均有。麼道，各處行省咨稟將來有。俺商量來，外任官員但有公田底，並依舊制支給。合得職田官員，若全無職田的，改支至元鈔。宣慰司軍官、雜職並諸司吏員人等，自文字到日，依先例放支至元鈔數。小吏合得祿米，只依舊例支呵，怎生？奏呵，那般者。麼道，聖旨了也。欽此。

至元二十年六月，中書省奏：漢陽田地裏底管城子官人每根底，與了俸錢，又與公田，江南管城子官人每根底，不曾與來。俺商量來，那裏的田地，水澆好田地有，斟酌少與呵，怎生？又轉運司官人每根底，也依着管民官體例與田地。奏呵，奏聖旨：那般者。

同上　至元二十一年五月，中書省。准各省咨及御史臺呈：官員職田，江淮、閩廣地土不同，合依中原遷轉官，每俸鈔五貫給公田一頃。都省議得，比及通行定奪以來，比附腹裏官員職田體例，於無違礙係官荒閑地內減半撥付。

各路

上路

官

達魯花赤捌頃　總管捌頃　同知肆頃　治中三頃　府判貳頃半

首領官

經歷貳頃　知事壹頃　提控案牘壹頃

下路

官

達魯花赤柒頃　總管柒頃　同知叁頃半　府判貳頃半
首領官
經歷貳頃　知事壹頃　提控案牘壹頃
散府
官
達魯花赤六頃　知府陸頃　同知叁頃　府判貳頃
首領官
提控案牘壹頃
上州
官
達魯花赤五頃　知州五頃　同知貳頃半　州判貳頃
首領官
提控案牘壹頃
中州
官
達魯花赤肆頃　知州四頃　同知貳頃　州判壹頃半　都目半頃
下州
達魯花赤叁頃　知州叁頃　同知貳頃　州判壹頃半
上縣
達魯花赤貳頃　縣尹貳頃　縣丞壹頃半　主簿壹頃　縣尉壹頃
中縣
達魯花赤貳頃　縣尹貳頃　主簿壹頃　縣尉壹頃
錄事司
達魯花赤壹頃半　錄事壹頃半　錄判壹頃　司(嶽)[獄]壹頃
巡檢壹頃
各道按察司
官
按察使捌頃　副使肆頃　僉使叁頃
首領官
經歷貳頃　知事壹頃
各處運司
官
運使捌頃　同知四頃　運副叁頃　運判貳頃半
首領官
經歷貳頃　知事壹頃　提控案牘壹頃
鹽司
鹽使貳頃　鹽副貳頃　鹽判壹頃
各場管勾
正管勾壹頃　同管勾壹頃

同上　至元二十一年五月，御史臺。體訪得，各路府州司縣，以至提刑按察司官，元撥職田，不依例召客佃種分收，督勒附近百姓認種，無問年歲豐歉，徵收本色粟草，銷用不盡者，折收價鈔，及有不曾標撥者，驗合該頃畝扣算粟草數目，俵散所管州縣，敷斂百姓送納，搔擾違錯。擬合照依中書省定到合得職田，標撥無違礙地土，召募佃客種蒔，驗年豐歉，依例分收，無致樁配人戶，科徵違錯。

大德七年正月，中書省。戶部呈：　各路添設推官并各州同知等官，合(收)[得]職田，擬合先儘係官荒閑無違礙地內標撥。如是不敷，於鄰近州郡積荒地內貼撥。若無荒地，照勘曾經廉訪司體覆過無違礙戶絕地內撥付。都省准呈。

大德六年二月，中書省。河南行省咨：　前荊門知州馬芮呈：　職官公田，不問被災，並要人戶送納子粒，實是不忍。擬合依稅糧例除免。都省議得，各處官員職田子粒，合依鄉原例分收，毋得樁配，若遇災傷，依例免除。

延祐二年七月十八日，中書省奏：　江南湖廣道奉使溫的罕等，俺根底與將文書來有：　姓陳的人，俺根底告有，在先按察司時分，佃種職田呵，每壹拾畝納叁石谷有來，在後改立廉訪司時分，每壹拾畝添作陸石來，如今本道按攤不花監司添做拾分取要有。麼道，告有。在先爲官員職田的，上頭教依鄉原例分收者，若遇災傷呵，依例除免者。麼道，行了文書來。只依那例交行。又行轉與生利錢本、餧養豬隻等勾當有，其餘道分也有似此的勾當也者，合遍行禁止有。如遇災傷呵，依例合除免有。麼道，與將文書來有。依着他每說將來的交行呵，怎生？　奏將來有。奏呵，那般者。麼道，聖旨了也。欽此。

至元二十年十月，中書。戶部。照得外任遷轉官員，各有擬定公田頃畝數目，卻有曠闕未補官員，歇下所獲子粒，擬合照勘，從實拘收入官，開坐各各頃畝所獲子粒，稽稈備細數目，官吏保結申部。

皇慶元年四月，御史臺奏：外任廉訪司官、路府州縣官的職田，腹裏路分施工布種的要來，江南的，芒種已前下種的(時)分收有來。近年以來，新舊官遇(的)[着]種田的時月交代了呵，爭競職田的多有。更有下種之後禮任的，直到下年十月前後，年半方得職田有。勾當壹年的，卻得貳年職田，勾當貳年的，只得壹年職田，不均勻有。天下官員俸錢，勾當過壹月呵，與壹月俸。今後遇着新舊官交代的時分，他每應得的秋夏職田子粒，隨着各該支俸的月分扣算分收呵，均勻的一般有。奏呵，那般者。麼道，聖旨了也。欽此。

《元典章》卷一五《戶部一・祿廩》 俸鈔改支至元拘職田支米

至大三年三月，行省准中書省咨：至大二年十二月二十八日奏：天下諸衙門官吏俸錢不敷的，上頭交俺商量了添與者，麼道，行了詔書來。俺衆人商量來，隨朝衙門官員並軍官每，如今見請俸錢內減了加伍，改換與至元鈔，住支俸米。外任有職田的官員，三品的每年與祿米一百石，四品的六十石，五品的五十石，六品的四十五石，七品以下的四十石，俸錢改支至元鈔，將職田拘收入官。又外任宣慰司、軍官、雜職等官俸錢，十分中減去三分，餘上七分改支至元鈔兩。隨朝衙門、行省、宣慰司的吏員俸鈔，減去加五，其餘鈔數與至元鈔。至元鈔一十兩以下，每月與俸米五斗。外任行的小吏每的俸鈔，依數改作至元鈔，俸米依舊與呵，怎生？奏呵，奉聖旨：那般者。欽此。議得：在都隨朝官吏俸秩，截自至大三年正月爲始，欽依支付。所據在外行省同隨朝衙門官吏並外任俸給，擬自文字到日爲始支付。都省咨請欽依施行。

同上 俸鈔改支至元

皇慶二年五月，江西行省准中書省咨該：皇慶二年二月二十七日奏過事內一件：內外勾當裏行的三定俸錢以下官吏人等，無公田的，完者禿皇帝時分與祿米來。在後，尚書省官人每奏了，將外任職官每的公田拘守了，驗著品級與俸米，俸錢改支至元鈔。宣慰司、軍官、雜職等官俸錢減了，改支至元鈔來。皇帝登寶位時分，外任職官公田、俸鈔並復舊制者。麼道，行了詔書來。除有職田官員俸錢並依舊制，其餘宣慰司、外任無職田軍官、雜職、司縣小吏人等，合支俸給祿米不均有。麼道，各處行省咨稟將來有。俺商量來，外任官員但有公田的，並依舊制支給。合得職田官員，若全無職田的，改支至元鈔。宣慰司、軍官、雜職並諸司吏員人等，自文字到日，依先例改支至元鈔數。小吏合得祿米，只依曰例交支呵，怎生？奏呵，那般者。麼道聖旨了也。欽此。都省咨請欽依施行。

同上 副達魯花赤俸祿

延祐四年二月，行省准中書省咨：[來咨：]據禿見迷先海牙告：係添設副達魯花赤，不見定給俸錢、公田，乞詳狀事。得此。送據戶部呈：照得至元三十一年十一月初三日奏准，官員職田依舊例標撥。欽此。欽依外，腹裏官員每中統鈔五兩，公田一頃，江南減半。本部議擬到腹裏、行省路府州並所轄中下縣、錄事司添設副達魯花赤俸鈔公田，開呈照詳。都省開咨請欽依施行。

本部比例議擬到下項添設官員公田、俸鈔。

路、府、州同知並上縣丞減去，設副達魯花赤一員。前件，議得：前項路、府、州並上縣副達魯花赤，既以減去同知、縣丞，各官俸秩、公田，擬合比依減去官員公田俸例，一體支付相應。

中縣並錄事司，添設副達魯花赤一員。前件，議得：上項添設副達魯花赤合得俸祿，擬合比依主簿、祿判，一體支付相應。

下縣添設[副]達魯花赤一員。前件，議得：上項添設副達魯花赤公田，俸鈔，擬合比依簿尉，一體支付相應。

同上 官員摽撥職田

至元四年二月，中書左三部承奉中書省劄付：近將隨路府州司縣官員斟酌定到俸鈔，外，據職田，合依舊例標撥。奏奉聖旨：准。欽此。省府今比附舊例，約量定到各路府州司縣官員職田頃畝。除斷沒地、營盤草地外，仰於本處係官並戶絕地及冒占荒閑地內依數摽撥，召募培牛院客種佃，依鄉原例分收。於內若有荒地，於近上戶內斟酌時暫，借倩牛力，限二年內逐旋耕墾作熟，依上召客種佃。已後各官相沿交割，取明白公文，申部類攢呈省，無致因而多餘開要違錯。奉此。省部仰依所奉中書省劄付內處分事理施行。纔候摽撥到各各頃畝條段、卓望四至，備細照依連去體式，造冊二本申部。

同上　犯罪罷職公田不給

元貞元年八月日，行御史臺：　江南湖北道廉訪司申：　湖北湖南等處轉運司運使孛羅，自至元二十九年六月爲始，因事停奉聽候，卻令在職辦課勾當，至元三十年六月纔方罷職。種過三十年公田，占穀二百五十三石五斗五石八合二勺，已作闕官子粒還官，合無給付事。得此。照得先據本道申：　漢陽府達魯花赤囊家歹因事被問，停職月日似難支俸。據本官三十年職田下種子粒三百石，省府盡數給付了當，未審合無追徵事。參詳，得替並身故官員職田，皆以下種收租，已有定例。外，據有罪解任並被問停職、當年不曾還職，不應支俸者，其職田雖拋下種，合無收租。爲係通例，移准御史臺咨，具呈中書省照詳。外，據孛羅係犯贓斷罷人數，在先停俸在職辦課，本年職田合無收租，亦係爲例事理。以此移准御史臺咨：　呈奉中書省劄付：　送戶部，議得：　諸官員犯罪罷職，元請公田雖已下種，其子粒似難給付，擬合沒官。外，停職被問，辨證得或被誣枉，或所犯不該解任，如本年還職，所種子粒合行給付。如經隔年，亦合沒官。都省照得，即係元貞元年五月初八日已前事理。除已移咨湖廣行省依例施行外，仰照驗施行。承此。咨請照驗。准此。亦已行下本道照驗。今准御史臺咨，照得先准咨文：　漢陽府達魯花赤囊家歹，亦爲被問停職月日不應支俸，職田下種合無收租。呈奉中書省劄付：　送戶部，議得：　諸官員犯罪罷職，元請公田雖已下種，其子粒似難給付，擬合沒官。已咨貴臺依上施行。今准前因，合行回咨，請照驗施行。

【略】

中書省定到體例：　各道提刑按察司、隨路府州司縣官，合得標撥無違礙地土，召募佃客種蒔，驗年歲豐歉，依例分收。無得椿配人戶科徵違錯。［至元二十一年五月御史臺照行例。］**【略】**

中書省咨：　爲各路添設推官並各州同知等官合得職田，送戶部照擬得：　擬合先儘係官荒閑無違礙地內標撥。如是不敷，於鄰近州郡積荒地內貼撥。若無荒地，照勘曾經廉訪司體覆過無違礙戶絕地內撥付。［大德七年都省例。］**【略】**

都省議得：　各處官員職田子粒，合依鄉原例分收，無得椿配。若遇災傷，依例除免。［大德六年二月都省例。］

同上　職田驗俸月分收

皇慶二年二月，行省准中書省咨：　御史臺呈：　皇慶元年四月十七日，本臺官奏過事內一件：　外任廉訪司官、路府州縣官的職田，腹裏路分施工布種的要來。江南的，芒種以前下種的分收有來。近年以來，新(田)［舊］官遇着種田的時月交代了呵，爭競職田的多有。更有下種之後禮任的，直到下年十月，前後年半，方得職田有。勾當一年的卻得二年職田，勾當二年的只得一年職田，不均勻有。天下官員俸錢，勾當過一月呵，與一月俸。今後遇著新(田)［舊］官交代的時分，他每應得秋夏職田子粒，隨著各該支俸的月分扣算分收呵，均勻的一般。奏呵，那般者。麼道聖旨了也。欽此。具呈照詳。得此。送據戶部呈，議得：　官員職田舊例，腹裏施工布種，江南芒種已前分收。交代之際，災傷事故，番耕改種，爭訟者多端。如准御史臺奏奉聖旨事意，各驗俸月分收相應。具呈照詳。都省咨請欽依施行。

同上　職田佃戶子粒

皇慶二年六月，江西廉訪司奉江南行臺劄付該：　據監察御史呈：　伏謂天下之廣，黎元之衆，居總要者，政不親民。惟風憲之司、牧民之官，職當任重，是以月奉之外，復加之以公田養廉者，務在政重民安也。天祿不可以虛其賜，天民不可以重其擾。切照各處廉訪司、有司官職田雖有定例，地土肥瘠有無不仝，主佃分收多寡不等。或有全缺不敷去處，官挾其勢，民畏其威，無田虛包者有之，逃亡閉納者有之，影避差徭原輸者有之，掊斂加要輕齎者有之。人有貧乏，時有旱澇，官稅、私租俱有減免之則例，獨職田子粒，不論豐歉，多是全徵，豈親民之任哉？理合遍行禁止，違者究治黜降。今後各官合得職田，若有不敷全缺去處，驗其遠近，依例於荒閑係官田地內約量標撥，毋致搔擾於民，誠爲兩便。乞照詳。得此。憲臺相度：　標撥公田已有定例，非法取要者，理合禁止究問。仰依上施行。

《元典章・新集至治條例・戶部》　官員職田依卿原例分收

至治二年，抄到江西省延祐二年三月日准中書省咨：　戶部呈：　奉中書省判送，本部元呈，奉省判，御史臺呈：　據葉宗禮告係江西道袁州路萬載縣人戶，告爲職田事。得此。照得中書左三部奉中書省劄付：　近將隨路州府司縣官員，勘酌定到俸鈔。外，據職田，合依舊例標撥。奏奉聖旨。准。欽此。省府今比附舊例，約量定到各路府州司縣官員職田頃畝。除斷沒地、營盤草地外，仰於本處係官並戶絶地及冒占荒閑地內，依數摽撥，召募培牛院客種佃，依鄉原例分收。於內若有荒地，於近上有牛力民戶內，勘酌時暫，借倩牛力，限二年內逐旋耕墾作熟，依上召人種佃。已後各官相沿交割，取明白公文申部。仰照驗，行下各路總管府依上施行。纔候撥定各頃畝條段、卓望四至，備細造冊申部，類攢呈省，毋致因而多餘開要違錯。奉此。省部合下，仰照驗，速爲照依前項所奉中書省劄付處分事理施行。纔候撥定，照依連去體式，備細造冊一本申部，毋致因而多餘開要違錯。今據見告，本臺看詳：外任官員職田，元行既許召募佃客，依鄉原例分收。今葉宗禮見告，袁州路官卻行多勒鈔，事屬不應。宜從都省移咨行省，行下合屬，依例分收，嚴加禁止。今後不許似前樁配，多勒鈔定，庶免百姓生受。具呈照詳。批奉都堂鈞旨，送戶部，照擬連呈。奉此。照得葉宗禮所告：袁州路官員職田，至元十四年起(微)[徵]稅糧之時，亡宋俱有文簿，將屯田、營田、職田一體科徵。及以鄉原斛斗較量，每米一石準官斛四斗。每官田一畝，比附鄉原舊額增損，登答科徵。鄉原六斗，準收官斛二斗四升。比之民田每畝三升，尤慮太重。得蒙從優，每畝徵納糙米二斗二升。至元二十三年摽撥職田，赴各官私衙送納子粒稱是，佃戶每畝勒要白米六斗，比之官收子粒多要訖三斗八升。每斗又加斗面米三升五合、鼠耗米三升五合，仍複堆垛斗面高量，一畝納一石之上。至元三十一年，蒙上司將職田照依官租項下登答作數，每畝二斗，外加耗米，出給田帖，付各戶，赴官倉送納。元貞元年，各官視爲己業，申覆上司，復回職田，赴各官衙內交納。每畝依前勒要納米六斗，連斗面、鼠耗米，共折鈔三十六兩。本部議得，合依御史臺所擬，嚴加禁止，不許似前樁配，多勒鈔定，庶免百姓生受。據外任官員職田，擬合照依鄉原舊例，改正分收。今後毋得似前樁配人戶，多餘取要。宜從都省劄付御史臺，及咨江西行省，依上施行相應。具呈照詳。批奉都堂鈞旨，送戶部再行商擬連呈。奉此。照得葉宗禮告狀內，所指羅安定等節次赴省臺呈告袁州路官員職田。爲此，行據省架閣庫呈，連到文卷一宗該：羅安定狀告：江西袁州路萬載縣人氏。於至元二十四年，蒙上司將民間(職佃所田)[所佃職田]分撥各官衙，每一畝勒要送納上等白米六斗。各官令梯己提控、總領人等，將闊面軍斗高量加倍，仍要水腳稻藁等錢，不容分訴。使民不獲已，而變賣家產了納。其司縣逐年預先差祗候人等，除要鷄酒外，要勾追鈔兩，多者十兩，少者五兩。以致所佃職田，民戶多有逃亡，及親鄰、主首、社長人等，官司勒要閉納，以致下民流散，拋下田土無人耕種。官司全不體察，下民枉受虐害，俱各不得相安矣。緣民戶所佃職田，係亡宋不堪耕種田土。比及歸附以來，所納米石加增數倍，爲此生受。有一般佃職田民戶楊天祐等，已經累告行省，不蒙明降，乞詳狀事。都省照得，近據御史臺呈，監察御史條陳事內一件：隨路按察司並管民官員合得公田，常例自行召募佃客，所收子粒，照依體例分張，或自行種佃。在後各處官司往往不依舊例，卻將公田樁配百姓自願，每年驗頃畝，比之常例，多行取索租課，虧損下民，搔擾不安。今後莫若革去此弊，深爲便益。送戶部，照得各路官員公田，擬合照依舊例，召募有牛之家作佃客耕種，依鄉原例分收子粒，毋得樁配百姓。已於至元二十八年五月二十七日，遍行各省，依上施行去訖。今據見告，毋令百姓包納，搔擾違錯，十一月二十三日移咨江西行省，依已行事理施行去訖。今奉前因，本部議得：葉宗禮所告，袁州路官員職田不依舊例收租，每畝勒要米六斗，又行加量斗面，及折收鈔兩，事屬不應。以此參詳，合依御史臺所擬，今後照依鄉原舊例改正分收，不許似前樁配，多餘取要，庶免百姓生受。宜從都省移咨江西行省，嚴行禁止相應。得此，咨請依上施行。

元・唐惟明《憲臺通紀續集》 公田折價

至元六年七月初七日，欽奉詔書內一款節該：官員職田，近年以來多占戶計，添搭價值，多收子粒，病民爲甚。今後除廣東、廣西、海北三道每石折收不過中統鈔貳錠，其餘去處，照依時值，多者不過壹錠。其濫設莊官頭目，截日革去。拘該有司，依例追徵，多餘取要者，以坐贓論罪。欽此。

同上 一諸職田擾民，雖屢禁治，貪婪者尚循舊轍多取，或令百姓虛包，致使吾民重(因)[困]，無所控訴。監察御史、廉訪司嚴加究治。廉訪司官多收者，監察御史體察。

元・劉孟琛《南臺備要》 行御史臺官吏俸給二條

至大三年二月初七日，准御史臺咨該：奉尚書省劄付：欽奉詔書內一款節該：官吏祿薄，不能養廉，以致侵漁百姓，治效不修。尚書省從長計議頒給。欽此。送戶部照擬到各項事理，至大二年十二月二十八日奏：天下諸衙門官吏俸錢不敷的，上頭交俺商量了添與者，麼道，行了詔書來。俺衆人商量來：隨朝衙門官員並軍官每，如今見請的俸錢內減了加五，改換與至元鈔，住支俸米。外任有職田的官員，三品的每年與祿米一百石，四品的六十石，五品的五十石，六品的四十五石，七品以下的四十石。俸錢改支至元鈔，將職田拘收入官。

《元史》卷八八《百官四》 管領本位下怯憐口隨路諸色民匠打捕鷹房都總管府，秩正三品。達魯花赤一員，都總管一員，並正三品；同知一員，正五品；副總管一員，從五品。掌怯憐口二萬九千戶，田萬五千餘頃，出賦以備供奉營繕之事。中統二年置府。大德十年，隸詹事院。至大三年，隸徽政院。延祐三年，改善政司。至治二年，徽政院及其屬盡廢。天曆三年，復立府，仍正三品，設官如上。其首領官則經歷一員，從七品；知事一員，從八品；照磨一員，從九品。吏屬：令史一十二人，譯史四人，通事、知印各二人，奏差一十人，典吏六人。

《元史》卷九六《食貨四》 職田之制，路府州縣官至元三年定之，按察司官十四年定之，江南行省及諸司官二十一年定之，其數減腹裏之半。至武宗至大二年，外官有職田者，三品給祿米一百石，四品給六十石，五品五十石，六品四十五石，七品以下四十石；俸鈔改支至元鈔，其田拘收入官。四年，又詔公田及俸皆復舊制。延祐三年，外官無職田者，量給粟麥。凡交代官芒種已前去任者，其租後官收之，已後去任者前官分收。後又以爭競者多，俾各驗其俸月以爲多寡。

其大略如此。今取其制之可考者，具列於後。【略】

職田數：

至元三年，定隨路府州縣官員職田：上路達魯花赤一十六頃，總管同。同知八頃。治中六頃。府判五頃。下路達魯花赤一十四頃，總管同。同知七頃。府判五頃。散府達魯花赤一十[二]頃，知府同。同知六頃。府判四頃。上州達魯花赤一十頃，州尹同。同知五頃。州判四頃。中州達魯花赤八頃，知州同。同知四頃。州判三頃。下州達魯花赤六頃，知州同。州判三頃。警巡院達魯花赤五頃，警使同。警副四頃。警判三頃。錄事司達魯花赤三頃，錄事同。錄判二頃。縣達魯花赤四頃，縣尹同。縣丞三頃。主簿二頃，縣尉、主簿兼尉並同。經歷四頃。

至元十四年，定按察司職田：各道按察使一十六頃。副使八頃。僉事六頃。

至元二十一年，定江南行省及諸司職田比腹裏減半。上路達魯花赤八頃，總管同。同知四頃。治中三頃。府判二頃五十畝。下路達魯花赤七頃，總管同。同知三頃五十畝。府判二頃五十畝。經歷二頃。知事一頃，提控案牘同。散府達魯花赤六頃，知府同。同知三頃。府判二頃。提控案牘一頃。上州達魯花赤五頃，知州同。同知二頃，州判同。提空案牘一頃。中州達魯花赤四頃，知州同。同知二頃。州判一頃五十畝。都目五十畝。下州達魯花赤三頃，知州同。同知二頃。州判一頃五十畝。上縣達魯花赤二頃，縣尹同。縣丞一頃五十畝。主簿一頃，縣尉同。中縣同上。無縣丞。下縣達魯花赤一頃五十畝，縣尹同。主簿兼尉一頃。錄事司達魯花赤一頃五十畝，錄事同。錄判一頃。司獄一頃，巡檢同。

按察司使八頃。副使四頃。僉事三頃。經歷二頃。知事一頃。運司官：運使八頃。同知四頃。運副三頃，運判同。經歷二頃。知事二頃，提控案牘同。鹽司官：鹽使二頃。鹽副二頃。鹽判一頃。各場正、同管勾各一頃。

《元史》卷一〇二《刑法一・職制上》 諸臨民官於無職田州縣，虛徵其入於民者，斷罪解職，記過。

《明史》卷八二《食貨六》 國家經費，莫大於祿餉。洪武九年定諸王公主歲供之數。親王，米五萬石，鈔二萬五千貫，錦四十匹，紵絲三百匹，紗、羅各百匹，絹五百匹，冬夏布各千匹，綿二千兩，鹽二百引，茶千斤，皆歲支。馬料草，月支五十匹，其緞匹，歲給匠料，付王府自造。靖江王，米二萬石，鈔萬貫，餘物半親王，馬料草二十匹。公主未受封者，紵絲、紗、羅各十匹，絹、冬夏布各三十匹，綿二百兩；已受封，賜莊田一所，歲收糧千五百石，鈔二千貫。【略】郡王諸子年十五，各賜田六十頃，除租稅爲永業，其所生子世守之，後乃令止給祿米。【略】

明初，勳戚皆賜官田以代常祿。其後令還田給祿米。公五千石至二千五百石，侯千五百石至千石，伯千石至七百石。百官之俸，自洪武初，定丞相、御史大夫以下歲祿數，刻石官署，取給於江南官田。

傳記

《晉書》卷三五《陳騫傳》 累處方任，爲士庶所懷。既位極人臣，年踰致仕，思欲退身。咸寧三年，求入朝，因乞骸骨。賜衮冕之服，詔曰：騫元勳舊德，統乂東夏，方弘遠績，以一吳會，而所苦未除，每表懇切，重勞以方事。今聽留京城，以前太尉府爲大司馬府，增置祭酒二人，帳下司馬、官騎、大車、鼓吹皆如前，親兵百人，廚田十頃，廚園五十畝，廚士十人，器物經用皆留給焉。又給乘輿輦，出入殿中加鼓吹，如漢蕭何故事。

《晉書》卷三六《衛瓘傳》 宣尚公主，數有酒色之過。楊駿素與瓘不平，駿復欲自專權重，宣若離婚，瓘必遜位，於是遂與黃門等毀之，諷帝奪宣公主。瓘慚懼，告老遜位。乃下詔曰：司空瓘年未致仕，而遜讓歷年，欲及神志未衰，以果本情，至眞之風，實感吾心。今聽其所執，進位太保，以公就第。給親兵百人，置長史、司馬，從事中郎掾屬；及大車、官騎、麾蓋、鼓吹諸威儀，一如舊典。給廚田十頃、園五十畝、錢百萬、絹五百匹；牀帳簟褥，主者務令優備，以稱吾崇賢之意焉。有司又奏收宣付廷尉，免瓘位，詔不許。帝後知黃門虛構，欲還復主，而宣疾亡。

《南史》卷五七《范雲傳》 永明十年使魏，魏使李彪宣命，至雲所，甚見稱美。彪爲設甘蔗、黃甘、粽，隨盡復益。彪笑謂曰：范散騎小復儉之，一盡不可復得。使還，再遷零陵內史。初，零陵舊政，公田奉米之外，別雜調四千石。及雲至郡，止其半，百姓悅之。深爲齊明帝所知，還除正員郎。

《南史》卷五九《任昉傳》 武帝踐阼，歷給事黃門侍郎，吏部郎。出爲義興太守。歲荒民散，以私奉米豆爲粥，活三千餘人。時產子者不舉，昉嚴其制，罪同殺人。孕者供其資費，濟者千室。在郡所得公田奉秩八百餘石，昉五分督一，餘者悉原，兒妾食麥而已。

《南史》卷七〇《循吏傳・阮長之》 時郡田祿以芒種爲斷，此前去官者則一年秩祿皆入後人。始以元嘉末改此科，計月分祿。

《南史》卷七五《隱逸傳上・陶潛》 後爲鎮軍、建威參軍，謂親朋曰：聊欲絃歌，以爲三徑之資，可乎？執事者聞之，以爲彭澤令。不以家累自隨，送一力給其子，書曰：汝旦夕之費，自給爲難，今遣此力，助汝薪水之勞。此亦人子也，可善遇之。公田悉令吏種秫稻，妻子固請種秔，乃使二頃五十畝種秫，五十畝種秔。

《北史》卷五四《斛律金傳》 帝賜提婆晉陽之田，光言於朝曰：此田，神武以來，常種禾飼馬，以擬寇難。今賜，無乃闕軍務也？帝又以鄴清風園賜提婆租賃之。於是官無菜，賒買於人，負錢三百萬，其人訴焉。光曰：此菜園賜提婆，是一家足；若不賜提婆，便百官足。由是祖、穆積怨。

《北史》卷六一《王誼傳》 太常卿蘇威議，以爲戶口滋多，人田不贍，欲減功臣之地以給人。誼奏曰：百官者，歷世勳賢，方蒙爵土，一旦削之，未見其可。帝以爲然，竟寢威議。

《北史》卷七五《蘇孝慈傳》 先是，以百僚供費不足，臺省府寺咸置解錢，收息取給。孝慈以爲官與百姓爭利，非興化之道，表請公卿已下給職田各有差，上並納焉。

《隋書》卷四六《蘇孝慈傳》 數載，進位大將軍，轉工部尚書，率如故。先是，以百僚供費不足，臺省府寺咸置廨錢，收息取給。孝慈以爲官民爭利，非興化之道，上表請罷之，請公卿以下給職田各有差，上並嘉納焉。

《舊唐書》卷四八《李元紘傳》 元紘性清儉，既知政事，稍抑奔競之路，務進者頗憚之。時初廢京司職田，議者請於關輔置屯，以實倉廩。元紘建議曰：軍國不同，中外異制。若人閑無役，地棄不墾，發閑人以耕棄地，省餽運以實軍糧，於是乎有屯田，其爲益多矣。今百官所退職田，散在諸縣，不可聚也；百姓所有私田，皆力自耕墾，不可取也。若置屯田，卽須公私相換，徵發丁夫，徵役則業廢於家，免庸則賦闕於國。內地置屯，古所未有，得不補失，或恐未可。其議遂止。

《舊唐書》卷五五《楊愼矜傳》 五載，愼矜遷戶部侍郎，中丞、使如故。林甫見愼矜受主恩，心嫉之，又知王鉷於愼矜有間，又誘而啗之，鉷乃伺其隙以陷之。愼矜奪鉷職田，背詈鉷，詆其母氏，鉷不堪其辱。

《舊唐書》卷一四九《奚陟傳》 貞元八年，擢拜中書舍人。是歲，江南、淮西大雨爲災，令陟勞問巡慰，所在人安悅之。中書省故事，姑息胥徒，以常在宰相左右也。陟皆以公道處之。先是右省雜給，率分等第，皆據職田頃畝，卽主書所受與右史等。陟乃約以料錢爲率，自是主書所得減拾遺。

《舊唐書》卷一六八《馮宿・馮定傳》 寶曆二年，出爲郢州刺史。長壽縣尉馬洪沼告定強奪人妻，及將闕官職田祿粟入己費用，詔監察御史李顧行鞫之。獄具上聞，制曰：馮定經使臣推問，無入己贓私，所告罰錢，又皆公用。然長吏之體，頗涉無儀，刑賞或乖，宴遊不節。緣經恩赦，難更科書，猶持郡符，公議不可，宜停見任。尋除國子司業、河南少尹。

《舊唐書》卷一七三《鄭覃傳》 ［覃］以宰相兼判國子祭酒，奏太學置五經博士各一人，緣無職田，請依王府官例，賜祿粟，從之。

《舊唐書》卷一八七下《忠義傳下・庾敬休》 ［庾敬休］又奏：兩川米價騰踴，百姓流亡。請糴兩川闕官職田祿米，以救貧人。從之。

《宋史》卷二九四《胥偃傳》 初，天下職田，無日月之限，而赴官者多以前後爲斷。偃請水陸田各限以月，因著爲令。

《宋史》卷二九五《謝絳傳》 吏部擬官，舊視職田有無，不問多寡，以是不均。絳爲覈其實，以多寡爲差，其有名而無實者皆不用，人以爲便。

《宋史》卷三四一《趙瞻傳》 趙瞻字大觀，其先亳州永城人。父剛，太子賓客，徙鳳翔之盩厔。瞻舉進士第，調孟州司戶參軍，移萬泉令。捐圭田修學宮，士自遠而至。

《元史》卷一二〇《立智理威傳》 大德三年，以參知政事爲湖南宣慰使，繼改荆湖。荆湖多弊政，而公田爲甚。部內實無田，隨民所輸租取之，戶無大小，皆出公田租，雖水旱不免。立智理威問民所不便凡十數事上於朝，而言公田尤切。朝議遣使理之。會有詔，凡官無公田者，始隨俸給之，民力少蘇。

《元史》卷一三九《朶爾直班傳》 元統元年，擢監察御史。【略】是時日月薄蝕，烈風暴作，河北、山東旱蝗爲災，乃復條陳九事上之，【略】五曰：均公田。

《元史》卷一七〇《王利用傳》 大德二年，改安西、興元兩路總管。其在興元，減職田租額，站戶之役於他郡者悉除之，民甚便焉。

《元史》卷一七二《齊履謙傳》 至治元年，拜太史院使。泰定二年九月，以本官奉使宣撫江西、福建，黜罷官吏之貪污者四百餘人，蠲免括地虛加糧數萬石，州縣有以先賢子孫充房夫諸役者悉罷遣之。福建憲司職田，每畝歲輸米三石，民不勝苦。履謙命准令輸之，由是召怨，及還京，憲司果誣以他事。未幾，誣履謙者皆坐事免，履謙始得直，復爲太史院使。天曆二年九月卒。

《元史》卷一八三《王守誠傳》 州縣官多取職田者，累十有四人，悉釐正之。因疏言：仕於蜀者，地僻路遙，俸給之薄，何以自養。請以戶絶及屯田之荒者，召人耕種，收其入以增祿秩。

《元史》卷一八五《蓋苗傳》 ［泰定四年］出爲山東廉訪使，民饑爲盜，所在羣聚，乃上救荒弭盜十二事；劾宣慰使仳骶不法者。有司援例欲徵苗所得職田，苗曰：年荒民困，吾無以救，尚忍征斂以肥己耶！輒命已之，同僚皆無敢取。【略】

六年，復入爲治書侍御史，陞侍御史，尋拜中書參知政事、同知經筵事。【略】又，僉四川廉訪司事家人違例收職田，奉使宣撫，直坐其主，宰臣命奉使即行遣，苗請付法司詳議，勿使憲司以爲口實。

《明史》卷一五四《黃福傳》 安南既平，郡縣其地，命福以尚書掌布政、按察二司事。時遠方初定，軍旅未息，庶務繁劇，福隨事制宜，咸有條理。上疏言：交阯賦稅輕重不一，請酌定，務從輕省。又請：循瀘江北岸至欽州，設衛所，置驛站，以便往來。開中積鹽，使商賈輸粟，以廣軍儲。官吏俸廩，倉粟不足則給以公田。又言：廣西民餽運，陸路艱險，宜令廣東海運二十萬石以給。皆報可。於是編氓籍，定賦稅，興學校，置官師。數召父老宣諭德意，戒屬吏毋苛擾。一切鎮之以靜，上下帖然。

紀事

《漢書》卷九《元帝紀》 初元元年春正月辛丑，孝宣皇帝葬杜陵。賜諸侯王、公主、列侯黃金，吏二千石以下錢帛，各有差。大赦天下。三月，封皇太后兄侍中中郎將王舜爲安平侯。丙午，立皇后王氏。以三輔、太常、郡國公田及苑可省者振業貧民，貲不滿千錢者賦貸種、食。封外祖父平恩戴侯同産弟子中常侍許嘉爲平恩侯，奉戴侯後。

《南齊書》卷二二《豫章文獻王》 宋氏以來，州郡秩俸及［雜］供給，多隨土所出，無有定准。嶷上表曰：循革貴宜，損益資用，治在(風)［夙］均，政由一典。伏尋郡縣長尉俸祿之制，雖有定科，而其餘資給，復由風俗，東北異源，西南各緒，習以爲常，因而弗變，緩之則莫非通規，澄之則靡不入罪。殊非約法明章，先令後刑之謂也。臣謂宜使所在各條公用公田秩石迎送舊典之外，守宰相承，有何供調，尚書精加洗覈，務令優衷。事在可通，隨宜開許，損公侵民，一皆(乙)[止]卻，明立定格，班下四方，永爲恆制。從之。

《南史》卷二《宋本紀中》　[景和元年]二月乙丑，減州郡縣田祿之半。

同上　[大明二年春正月]丙辰，復郡縣田秩，并九親祿奉。

《北史》卷一一《隋本紀上第十一》　[開皇十四年]六月丁卯，詔省、府、州、縣皆給廨田，不得興生，與人爭利。

《隋書》卷二《高祖紀下》　[十四年]六月丁卯，詔省府州縣，皆給公廨田，不得治生，與人爭利。

《舊唐書》卷八《玄宗紀上》　十年春正月丁巳，幸東都。甲子，省王公已下視品官參佐及京三品已上官伏身職員。乙丑，停天下公廨錢，其官人料以稅戶錢充，每月准舊分例數給。戊申，內外官職田，除公廨田園外，並官收，給還逃戶及貧下戶欠丁田。

同上　[十八年]三月辛卯，改定州縣上中下戶口之數，依舊給京官職田。

《舊唐書》卷一一《代宗紀》　閏十月辛卯，以京兆少尹黎幹爲京兆尹。丙午，封朔方大將孫守亮等九人爲異姓王，李國臣等十三人爲同姓王。丁未，百僚上表以軍興爭於糧餉，請納職田以助費，從之。

同上　十一月甲寅，乾陵令於陵署得赤兔以獻。丙辰，詔：

古者量其國用，而立稅典，必於經費，由之重輕。公田之籍，可謂通制；履畝而稅，斯誠弊法。所期折中，以便於時。億兆不康，君孰與足？故愛人之體，先以博施；富國之源，必均節用。朕自臨宸極，比屬艱難，嘗欲闡淳朴之風，守沖儉之道，每念黎庶，思致和平。而邊事猶殷，戎車屢駕，軍興取給，皆出邦畿。九伐之師，尚勤王略；千金之費，重困吾人。乃者遵冉有之言，守周公之制，什而稅一，務於行古。今則編戶流亡，而墾田減稅，計量入之數，甚倍征之法，納隍之懼，當寧軫懷。慮失三農，憂深萬姓，務從省約，稍冀蠲除，用申勤卹之懷，以救惸嫠之弊。京兆府今年合徵八十二萬五千石數內，宜減放一十七萬五千石，青苗地頭錢宜三分取一。在京諸司官員久不請俸，頗聞艱辛。其諸州府縣官，及折衝府官職田，據苗子多少，三分取一，隨處糶貨，市輕貨以送上都，納青苗錢庫，以助均給百官。

同上　十月戊寅，靈州奏破吐蕃二萬，京師解嚴。甲申，減京官職田三分之一，給軍糧。

《舊唐書》卷一三《德宗紀下》　[貞元四年正月]辛巳，李泌以京官俸薄，請取中外給用除陌錢，及闕官俸外一分職田、額內官俸，及刺史執刀司馬軍事等錢，令戶部別庫貯之，以給京官月俸，令御史中丞竇參專掌之。歲得錢三百萬貫，謂之戶部別處錢，朝臣歲支不過五十萬，常有二百餘萬以資國用。

《舊唐書》卷一四《憲宗紀上》　[元和六年]八月癸亥朔，戶部侍郎李絳奏：諸州闕官職田祿米，及見任官抽一分職田，請所在收貯，以備水旱賑貸。從之。乙丑，以天德軍防禦使張煦爲夏州刺史、夏綏銀等州節度使。丁卯，荆南先制永安軍，宜停。辛巳，以常州刺史崔芃爲洪州刺史、江西觀察使。

《舊唐書》卷一五《憲宗紀下》　丁未，以太子少師鄭餘慶爲左僕射。辛亥，詔：百司職田，多少不均，爲弊日久，宜令逐司各收職田草粟都數，自長官以下，除留闕官物外分給。至銀臺待罪，請獻德、棣二州，兼入管內租稅。

《舊唐書》卷一八下《宣宗紀下》　[會昌六年]十一月，有司享太廟，其穆宗室文曰皇兄。太常博士閔慶之奏：夫禮有尊尊，而不敍親親。祝文稱弟未當，請改爲嗣皇帝。從之。京兆府奏：京師百司職田斛斗，請准會昌三年例，許人戶自送納京師，所冀州縣無得欺隱。從之。以江西觀察使周墀爲義成軍節度使、鄭滑觀察等使。

宋・李燾《續資治通鑑長編》卷一一〇宋仁宗天聖九年　[天聖九年]癸巳，詔曰：職田所以惠廉吏，而貪者並緣爲私，侵漁細民，滋益爲害。比詔有司罷職田，如聞勤事之吏，祿薄不足以自贍，朕甚閔焉。其復給職田，即多占佃夫若無田而令出租者，以枉法論。先是，下三司裒職田歲入之數，計直而均給之，未能即行。上因閱天下所上獄，多以賄敗者，遂降是詔。

宋・李燾《續資治通鑑長編》卷二四三宋神宗熙寧六年　壬申，詔詳定職田：

知州，藩府三京、京兆、成都、太原、荆南、江寧府、延、秦、揚、杭、潭、廣州。二十頃，節鎮十五頃，餘州及淮陽、無爲、臨江、廣德、興國、南康、南安、建昌、邵武、興化軍並十頃，餘軍、監七頃。通判、藩府八頃，節鎮七頃，餘州六頃。留守、節度、觀察判官，藩府五頃，節鎮四頃。掌書記已下幕職官三頃五十畝。防禦、團練軍事推官、軍監判官三頃。令、丞、簿、尉，萬戶以上，縣令六頃，丞四頃；不滿萬戶，令五頃，丞三頃；不滿五千戶，令四頃，丞二頃五十畝。簿、尉各減令之半。藩府、節鎮錄參，比本州判官，餘比幕職官。藩府、節鎮曹官，比萬戶縣簿、尉，餘比不滿萬戶縣簿、尉。

發運、轉運使、副，比節鎮知州。開封府界提點，比餘州知州。發運、轉運判官，常平倉司提點官，比藩府通判。同提舉官，比萬戶縣令。發運司勾當公事，轉運司管勾文字，提點刑獄司檢法官，比節鎮通判。蔡河、許、汝、石塘河都大催綱，管勾機宜文字，開封府界提點司勾當公事，比節鎮判官。

總管，比節鎮知州。路分鈐轄，比餘州知州。安撫、路分都監，州鈐轄，比節鎮通判。藩府都監，比本州判官。走馬承受、諸州都監、都同巡檢、都大巡河，並比節鎮判官。巡檢、堡寨都監、寨主、在州監當及催綱、撥發、巡捉私茶鹽賊盜，駐泊捉賊，並比幕職官。巡轄馬遞鋪、鎮監堰并諸州鎮寨監當，並比本縣簿、尉。諸路州學教授、京朝官，比本州判官，選人，比本州曹官。此據《會要》增入。

宋·李燾《續資治通鑑長編》卷二四四宋神宗熙寧六年　詔：涇原、環慶路職田，依鄜延路例，招置弓箭手。其所收租，估中價，於本路給鹽鈔還官吏，仍趨河東、秦鳳兩路檢量上之。六月癸未可考。

宋·李燾《續資治通鑑長編》卷二四五宋神宗熙寧六年　秦鳳路經略司言，檢量官吏職田及曠土三十餘頃，以招弓箭手，內職田仍依例以鹽鈔給還。四月甲午可考。

宋·李燾《續資治通鑑長編》卷二七一宋神宗熙寧八年　又言：先嘗論知亳州俞希旦前任兩浙轉運使，以轉運司職田交易江陰職田，地利未見收附，并以船橫江道，縱舟人受賂，并妄作知常州徐九思、知縣郭暨等事，未聞行遣，乃知大藩聞希旦與兩浙轉運使張靚是親，若下本路體量，必不得實。今又聞開常州運河日，希旦以轉運使巡歷蘇、常州，自諭吏，令已與部役官一例破開河食錢，共數百緡入己。乞再根究，仍先罷希旦亳州之命。詔蘇澥、章岵案實以聞。朱史簽帖此一項無施行，又非朝廷急務，合刪。蘇澥兩浙轉運使，十月二十六日除。章岵兩浙轉運使，十月二十六日已除。

宋·李燾《續資治通鑑長編》卷三〇九宋神宗元豐三年　點檢驅磨三陵官物所言：兆城南有地一十頃有畸，本充公用。監官相承以爲職田，無文記可以勾考。上批：陵寢重事，今守吏不法如此，不可不痛加懲治。昨差閻安止是點檢驅磨，初無指揮根究，可選一強毅官，就置司根究取勘以聞。

宋·李燾《續資治通鑑長編》卷三二七宋神宗元豐五年　熙河經略安撫司奏：蘭州內外官屬，法當撥地爲圭田。今新造之區，居民未集，耕墾人牛之具皆彊役之。乞計數給以錢鈔，而留其地以爲營田，或募弓箭手。從之。

宋·李燾《續資治通鑑長編》卷三三四宋神宗元豐六年　工部狀：陝西路轉運司言，舊管使副、判官止四廳職田，而昨因軍興，逐路增員乃至十二，雖職事一等勞苦，而餘八員乃無職田，乞許以四廳所收均給。從之。

宋·李燾《續資治通鑑長編》卷三三六宋神宗元豐六年　臣(楊叔儀)遂擘畫先閱視見存牧地，循其邊幅，圖以形勢，方見見存牧地尖斜彎曲闕縮之狀。呼集人戶，令就紙圖見存牧地之旁，自裏及外，籤貼所占地段，然後諭以牧地形勢，侵冒灼然之迹。除豪右侵占外，復有見任官職田、州學學田之類，係占牧地者，先次拘括，以塞百姓觀望之意。

宋·李燾《續資治通鑑長編》卷三四三宋神宗元豐七年　御史蹇序辰言：左司員外郎曾伉前任江西提點刑獄，巡歷至洪州，受公使庫月給，及以官錢自貸職田所得米備價，乞正其罪。詔轉運司體量以聞。伉尋卒，遂已。

宋·李燾《續資治通鑑長編》卷四六〇宋哲宗元祐六年　三省言：沿邊州軍得替官員，將俸餘職田錢願就本處入納、赴京請領者，不得入過所請之半，委本州契勘的實，一半合剩錢數入納，附朝廷封樁帳外附訖，方得書塡合用公據，給付牒在京榷貨務以末鹽錢支還。仍限當日申提刑司，委終榷貨務、提刑司各依條具帳，逐一開坐申。其非俸餘職田錢，及受請囑而詐冒入納，若請囑之人，並杖一百。許人告，以所詐入錢充賞錢。從之。新本刪去。

《宋史》卷一六八《職官八》　又覩唐制內外官奉錢之外，有祿米、職田，又給防閤、庶僕、親事、帳內、執衣、白直、門夫，各以官品差定其數，歲收其課以資於家。本司又有公廨田、食本錢，以給公用。

《宋史全文》卷一二上《宋神宗二》　［熙寧五年］甲戌，資政殿學士趙抃爲資政殿大學士、知成都府。或言：前執政舊不差知成都。上曰：今人少欲去，但爲職田不多耳，抃清苦，必不爲職田。蜀人素愛抃，抃必肯去。召見，勞之曰：前此無自政府復知成都者，卿能爲朕行乎？扑曰：陛下宣言，即敕命也，顧豈有例？上甚悅。

《宋史全文》卷一六下《宋高宗二》〔建炎二年〕癸丑，罷借諸路職田。自軍興，始有拘借之命，至是，詔圭田士大夫仰以養廉，自今毋得借。

《宋史全文》卷一八下《宋高宗六》〔紹興三年〕庚午，詔無職田選人及親民小使臣并月給茶湯錢十千，職田少者，通計增給。先是，御筆增選人、小使臣俸以養廉。輔臣進呈，上諭以今飲食衣帛之直，比宣和不啻三倍。衣食不給而責以廉節，難矣。雖變舊法，亦權一時之宜。戶部尚書黄叔敖言：文武官料錢各有格法，不可獨增選人、小使臣。乞令提刑司內州縣職田於一路通融應付，無職田及職田少者增支。從之。

《宋史全文》卷一九中《宋高宗八》〔紹興五年〕本朝慶曆、嘉祐間，民始有盜湖爲田者。宣和以來，創爲應奉，始廢湖爲田，自是歲被水旱之患。臣自壬子歲入朝，首論茲害。蒙朝旨，先取會餘姚、上虞兩邑廢置利害，遂蒙獨罷兩邑湖田。其會稽之鑑湖、鄞之廣德湖、蕭山之湘湖等處其類尚多，州縣官往往利爲圭田，頑猾之民侵耕盜種，上下相蒙，未肯盡行廢罷。伏望聖慈專委漕臣考究漢、唐之遺利，檢舉祖宗之成法，應明、越湖田盡行廢罷，其諸路如江東西圩田、蘇秀圍田各有未盡利害，望因此東作之時，遍下諸路監司、守令條具以聞。詔諸路漕臣躬親前去相度利害，限半月申尚書省。

《宋史全文》卷二三上《宋高宗十八》〔紹興三十年〕十一月庚辰，殿中侍御史陳俊卿言：比年江西、湖廣米斗纔數十錢，而職田米乃令折價至三四千。監司、守倅利其豐於己而莫敢問。如永之祁陽，乃監司職田之所聚，爲縣令者，惟於諸司職租不乏則薦削可盈，不知斯民何辜，而取其膏血以自媒也。按令職田折錢而增直者計贓，望今后只令納本色。從之。

《宋史全文》卷二五下《宋孝宗四》〔乾道八年〕十有二月戊申，詔：諸路職田已降指揮，與免拘借，尚慮循習，額外收斂。自今正理正色，仍不得過數多取，違戾令提刑按劾。從臣僚之請也。

《宋史全文》卷二六上《宋孝宗五》〔淳熙三年〕夏四月戊寅，進呈四川總領所乞再借四路職田租課十年，歲爲錢十二萬貫，充揀汰人請給。上曰：昨借諸路職田尋已給還，四川自當一體，豈可再借？龔茂良、李彥穎奏：圭田所以養廉，誠不當借。上曰：卿等可契勘，別撥錢作揀汰人請給職田，自今歲便與給還。

《元史》卷五《世祖紀二》〔至元六年八月〕，詔親立條格：省併州縣，定官吏員數，分品從官職，給俸祿，頒公田，計月日以考殿最；均賦役，招流移。

《元史》卷六《世祖紀三》〔至元三年〕十一月辛卯，初給京、府、州、縣、司官吏俸及職田。

《元史》卷一〇《世祖紀七》〔至元十五年七月〕，定江南俸祿職田。

《元史》卷一二《世祖紀九》〔至元二十年五月〕，定江南民官及轉運司官公田。

《元史》卷二四《仁宗紀一》〔皇慶二年二月〕丁亥，敕：外任官應有公田而無者，皆以至元鈔給之。

《元史》卷二五《仁宗紀二》〔延祐二年七月〕甲子，江南湖廣道奉使溫迪罕言：廉訪司公田多取民租，宜復舊制。從之。

《元史》卷二六《仁宗紀三》〔延祐四年十月〕給兩淮屯田總管府職田。

《明實録·太祖實録》卷一一五〔洪武十年十月〕辛酉，制賜百官公田以其租入充俸祿之數，公侯省府臺部都司內外衛官七百六十人，凡田四千六百八十八頃九十三畝，歲入米二十六萬七千七百八十石。

《明實録·太祖實録》卷二〇八〔洪武二十四年三月〕，應天府江寧縣沙州鄉條築土城，侵蘄春侯唐鐸、左軍都督僉事沈鏞公田及民田二十餘頃。詔增蘄春侯祿米三百餘石，沈鏞及民撥官田地償之。

《明實録·太祖實録》卷二二〇〔洪武二十五年八月〕己未，江夏侯周德興以帷薄不修伏誅，命收其公田。

《明實録·宣宗實録》卷五八〔宣德四年九月〕，掌岷州衛都指揮僉事后能奏：臣祖后朵爾只初爲岷州宣慰司土官同知，洪武初歸附，除岷州衛指揮僉事。父后安襲職，被召至京，改大寧右衛，從征討戰歿。臣又自立功，授指揮使。宣德二年以土官還岷州，征松潘有功，陞都指揮僉事，掌岷州衛事。土官例無俸給，臣父祖舊有田地房屋水磨，今悉爲人占據，乞令還臣以代俸祿。上諭尚書郭敦曰：古者公卿有圭田，免其租稅，使耕以自給。今文武官皆有廩祿代耕而土官無俸，固當給田土，況是其父祖舊業，其即移文有司悉令還之。

《明實録・宣宗實録》卷八一　〔宣德六年七月〕，賜韃官侯伯等草場。先是都指揮也先帖木兒奏：在京居久，所給牛馬未有牧地。上命行在户部遣官行視，順天府屬縣有空閒地非民耕種者給之。至是户部言：三河等縣地多空曠，遂定撥侯四百畝，伯三百畝，都督二百五十畝，都指揮二百畝，指揮一百五十畝，千户衛鎮撫一百二十畝，百户所鎮撫一百畝。

《明實録・英宗實録》卷一三七　〔正統十一年正月〕，雲南布政司奏：所屬臨安等府州縣部運稅糧爲因山高路遠，挑擔艱難，止帶馬牛銀兩前去變賣，糴米上倉。近因米價高貴，不能完納，勘得武職官多有職田，自買馬牛操備耕種，乞將府州縣齎到牛馬銀兩等物照時價兩平兑與武職官，每年自九月收成後起，至下年二月終止准作俸糧，其餘月分該支糧米仍收本色上倉，按月挨陳支給，庶官民兩便，稅糧易完。從之。

《明實録・英宗實録》卷一五一　〔正統十二年三月〕，沙州衛都督僉事喃哥等率部屬二百餘户，一千二百三十一人來歸。上命官舍頭目於山東平山、東昌二衛管束帶俸城内居住，賜都督米二十五石，地二百五十畝；都指揮米二十石，地二百畝；指揮米十五石，地一百五十畝；千户衛鎮撫米十石，地一百二十畝；百户所鎮撫米五石，地一百二十畝；舍人頭目米三石，地一百畝。分其部落於青平、博平二縣爲三屯居住，各賜米三石，地八十畝，仍賜鈔、綵幣、表裏、紵絲、襲衣、綿布、房屋、林榻、器皿、牛羊等物支與俸糧，月糧。

《明實録・英宗實録》卷一六七　〔正統十三年六月〕丁丑，石樓縣主卒有司造墳用地五十三畝有奇，永和王美塢復請益墳外地三十畝增造具服等房。上以山西地土窄狹，豈可過用以妨民田。命今後造墳一字王地五十畝，房十五間；郡王地三十畝，房九間；郡王之子二十畝，房三間；郡主縣主地十畝，房三間，著爲令。

《明實録・孝宗實録》卷二〇三　〔弘治十六年九月〕，舊例四川各衛官員有准俸田地者其三分本色俸米不再支給，至是巡撫都御史林元甫言寧番衛官原無准俸田地，而本色俸米亦不獲關支，請如建昌、會川二衛例一體支給。從之。

《明實録・武宗實録》卷一七八　〔正德十四年九月〕，監察御史胡潔言雲南四事。【略】一淸職田。雲南武職折俸外又給以田，指揮百四五十畝，千户百二十畝，百户百畝，朝廷之恩既優且渥，而武職子孫輒將職田典賣，及罹贓罪，往往牽連買田者爲之陪償，以是累犯不悛，善良受害。乞令巡按御史查究禁約。後部覆議：潔，雲南人，深知其弊，言皆可行，宜令撫按官依擬從實舉行，不許虚應故事。詔從之。

《明實録・崇禎實録》卷一三　〔崇禎十三年十一月〕，工部主事李振聲請限品官占田，如一品田十頃，屋百間，二品以下遞減，命部議覆之。

《明史》卷二《太祖紀二》　〔洪武十年冬十月〕辛酉，賜百官公田。

《明史》卷一二一《南康公主傳》　南康公主，洪武二十一年下嫁胡觀，東川侯海子也。海嘗以罪奪祿田。及觀尚主，詔給田如故。

藝文

《全唐詩》卷五五一盧肇《謫連州書春牛榜子》　陽和未解逐民憂，雪滿羣山對白頭。不得職田飢欲死，兒儂何事打春牛。

元・吴澄《吴文正公集》卷一九《臨川縣尉司職田記》　制祿者，馭臣之柄也；重祿者，勸士之經也。夫君之馭其臣而必重其祿，何也？厚之也，欲其有以贍於家，則可以無所營於私，而得以專其治於官也。三代以下，祿之等差降殺雖不一，而俾居官之人足以自養，則其意同也。國朝之制：凡官於内服者，月有俸幣，而又有廩粟焉；官於外服者，月有俸幣，而又有職田焉。職田之制通行乎天下，而亦或無公田可給，有所偏頗，不能均一，上之人莫之知也。縣之置尉舊矣，官雖小，而職則要。近年廉恥道喪，貪濁成風，官資清顯而不能廉者有矣，况在庶僚之位者乎？田祿豐盈而不能廉者有矣，况無職田之養者乎？臨川，撫之附郭縣也，而尉司無職田。齊人張雩從事風憲，初授將仕佐郎，來尉臨川，獨潔於羣污之中，而其才又與其志稱。明不可欺，毅不可犯；盜賊息於境，胥徒閑於庭。郡縣之獄訟紛糾費爬梳、遷延未結絶者，上官率命之訊鞫，剖疑無所停滯，擊強無所畏避，審決一一得其當，廉能之聲遠播。己雖能守，深慮繼其後者之不能然，乃以臨川尉司無公田之故聞於上。撫州路嘗增設治中一員，後不復設，而其所占職田在官。行中書省於内給一頃爲臨川縣尉職田，從張尉所請也。歲收之米以斗計可三百五十有奇，郡府易光鄉士饒宗道嘉邑尉自守之廉而心公慮遠如是，請記其事以貽永久，而用之條段，載諸碑陰焉。予謂士之廉如女之貞，固己分當然之事，雖凍餓迫之，刀刃臨之，寧死而不改節，豈顧禄之厚薄哉？而禄欲其重，則君之厚於其臣也。君厚其臣，而臣不自勸以報其君者，非人類也。居今之世，而見張尉其人，蓋千百不一二。予烏乎而不喜談樂道之乎？世亦間有號爲廉者，廉於始，而或不廉於終；廉於此，而或不廉於彼；廉於位卑之時，而或不廉於位高之後；廉於得寡之處，而或不廉於得多之地，暫焉僞廉以釣名焉耳。噫！嗜利無耻而眞貪者，剽掠之寇也；若釣名無實而僞廉者，穿窬之盗也，相去迨不能以寸。張尉字志道，益都沂州費縣人。其籍儒家也，諳吏文，習國語。己能廉，而願人之皆爲廉，可嘉已，予烏乎而不喜談樂道之乎？

明・陳澧《東塾續集・卿以下必有圭田圭田五十畝餘夫二十五畝》 制外有田，合君子小人而被澤焉。夫圭田五十畝，爲卿以下設之，二十五畝爲餘夫設之，皆在常制外也，可不謂厚歟！且以田禄之有定制也，君有禄，臣之身食之，即臣之祖父享之。國有田，家之長受之，即家之子弟分之，豈必踰乎常格而惠澤始彰哉！不知推教孝之典，則報宜隆，廣慈幼之懷，則恩宜溥，數有限而意無窮，彌覺綽有餘地耳。野與國中之制，小人所以養君子者也。夫由君子推之，則自卿以下；由小人推之，則有餘夫。卿之位冠乎朝班，乃等而降之曰以下，則無田不祭者，悉從其類，垂數世鐘鼎之家而馨香未祝，所宜動仁人孝子之情。夫之數定於戶口，乃連而及之曰餘，則逸居無教者，雜厠其間，合千百市井之輩，而衣食無資，豈僅爲曠土遊民之慮。蓋必有圭田五十畝，而卿以下之祀修矣。核以卿倍大夫之禄，則膺膴仕者，歲取十千，而兹特吉蠲之用也。位列浚明，亦自幸以特達之榮，光昭於寢廟，而白華孝養，至秋霜春露，而倍致其虔，所爲特寬其征斂之條也。考其名載於師之職可也。有二十五畝，而餘夫之食足矣。例以『夫三爲屋』之文，則服先疇者，或相倍蓰，而兹則波及之恩也。分同亞旅，亦幸附於肩隨之列，祈禱乎倉箱，而黄茂豐盈，即水耨火耕而敢辭其瘁，所爲兼收夫田萊之利也。數其典於《遂人》之官可也，此皆在常制之外者也。夫然，吾得而推其説焉。學者參稽《周禮》，謂六卿之職，率其屬者悉數難終，而畿甸無可啓之疆，當日或難遍及，乃滕以式微之國，不特詔糈無缺，而尚能推不匱之念，以惠及先人，五十畝不至作閑田之用也，而何疑於《周禮》之書也哉！儒生尚論井田，謂三代之隆，定其制者民生尚寡，而生齒有日繁之勢，後世或恐難行。乃滕以僻陋之邦，不特恆產無憂，而尚多逾格之施，以穀我婦子，二十五畝未嘗窘度地之方也，而何疑於井田之法也哉！此所以合君子小人而同被其澤也，厚之至也。

雜録

宋・鄭樵《通志》卷一二一上《衛瓘傳》 乃詔進位太保，以兵就第，給親兵百人，置長史、司馬、從事中郎掾屬；及大車、官騎、麾蓋、鼓吹諸威儀，一如舊典，給廚田十頃，園五十畝，錢百萬，絹五百匹，牀帳簟褥主者，務令優備。

宋・鄭樵《通志》卷一二二下《陳騫傳》 咸寧三年，求入朝，因乞骸骨。賜衮冕之服，詔聽留京城，以前太尉府爲大司馬府，增置祭酒二人，帳下司馬、官騎、大車、鼓吹皆如前，親兵百人，廚田十頃，廚園五十畝，廚士十人，器物經用皆留給焉。又給乘輿輦出入殿中加鼓吹，如漢蕭何故事。

宋・熊克《中興小紀》卷二六 時以觀文殿學士汪伯彦知宣州，仍趣朝行在，伯彦將至國門。丁巳，上謂宰執曰：伯彦相見便會之官，庶免紛紜。且曰：伯彦潛藩舊僚，去國十年，漢高光不忘豐沛南陽故舊，皆人情之常。秦檜退而竊嘆曰：伯彦遭遇聖主，乘風雲之會，致位宰輔，雖勳烈無聞，然上終始眷之，可謂至矣。初，伯彦未第，有祁門縣令王本者，築館曰英材，延之授經，檜與其兄弟皆從伯彦游。至是伯彦蒙異寵，亦檜之力，詔伯彦元帥府舊臣，特依見任執政給俸，於是給事中劉一止曰：節度使俸，借減尚不薄，況郡有供給圭田之厚，以郡守而依執政，殆與異時非待制而視待制、非兩府而視兩府者類矣。乃詔罷之。

宋・王稱《東都事略》卷五 〔天聖〕九年春二月癸巳，詔曰：天下吏給職田，所以惠養廉節也。而貪汙之人並緣爲私，侵漁細民，滋以爲害。比詔有司皆從停罷。如聞勤事之吏禄薄不足以自養，朕甚愍焉。其復職田。

宋・王稱《東都事略》卷五九上 既而再賜手詔，趣使條天下事，又開天章閣召見，賜坐，詢以世務。仲淹言：天下之治莫若守宰得人，欲守宰得人先擇轉運按察使，又云取士不可以不根行實而先詞華，圭田不均則不足以養廉吏，農桑不課則民失業，詔令屢更則下不信。又請復府兵以宿衛京師，併縣邑以寬傜役，又欲減五品以上任子例。

宋・彭百川《太平治跡統類》卷五　［大中祥符］九年七月甲子，詔：自今天下郡官職田並須遵守先制，無侵擾客戶，遇災沴即蠲省之。先是，殿中侍御史王奇請籍納職田以助賑貸。上曰：朕以此田均濟官吏，闕人各足用，責以言謹耳。奇未曉闕留，上供來五十萬以備飢年。

宋・彭百川《太平治跡統類》卷九　天聖六年八月，員外郎陳貫知涇州，督察盜賊，禁戢不肖子弟，簿書賦租，出入皆自檢覈。常謂僚屬，日視縣官物如己物，容有姦乎。州人憚其嚴，徙爲利路轉運使，歲饑，自以職田粟賑饑，率富民令計口占粟，發其餘，活幾萬人。

宋・彭龜年《止堂集》卷九《策問十道》　國初遞有馬有步，馬闕則取之羣牧司騏驥院，後或配之民閒。今以卒代馬，何怪其期會之不如律也。若用舊制，豈不益重州縣費乎。或曰：唐給驛田，今官田所在而有，亦可復給否耶。諸軍及牧守閒別置卒，如漢私驛，似若便矣。

宋・趙汝愚《宋朝諸臣奏議》卷一四七范仲淹《上仁宗答詔條陳十事》　眞宗皇帝思深慮遠，復前代職田之制，使中常之士自可守節，婚嫁以時，喪葬以禮，皆國恩也。能守節者，始可制奸贓之吏，鎮豪猾之人，法乃不私，民則無枉。近日屢有臣寮乞罷職田，以其有不均之謗，有侵民之害。臣謂職田本欲養賢，緣而侵民者有矣；比之衣食不足，壞其名節，不能奉法，以直爲枉，以枉爲直，衆怨思亂，而天下受弊，豈止職田之害耶？又自古常患百官重內而輕外，唐外官月俸尤更豐足，簿、尉俸錢尚二十貫。今窘於財用，未暇增復。臣請兩地同議外官職田，有不均者均之，有未給者給之，使其衣食得足，且使英俊之流，樂於爲郡爲邑之任，則百姓受賜。又將來升擢，多得曾經郡縣之人，深悉民隱，亦致化之本也。惟聖慈深察，天下幸甚。

宋・釋文瑩《湘山野録》卷上　天聖七年，晏元獻公奏：朝廷置職田，蓋欲稍資俸給，其官吏不務至公，以差遣徇僥競者極衆，屢致訟言，上煩聽覽，欲乞停罷。時可其奏，但令佃戶逐年收課利，類聚天下都數，紐價均散見仕官員。至九年二月，忽降勑：國家均敷職田，以厲淸白，向因僥倖，遂行停罷。風聞搢紳之間持廉守道者甚衆，苦節難守，宜布明恩，悉仍舊貫。審官、三班、流內銓今後將有無職田處均濟公平定奪，差遣不得私徇。

宋・章定《名賢氏族言行類稿》卷五七　宋朝皇甫煥，字堯文，湖之長興人。父子莅官所至皆有可紀。慶元間將漕廣東，嘗捐俸錢七千緡，置圭田以給廣之與計偕者，廉介之操，士夫以《無逸》比之。塡、埏，其二子也。

宋・朱熹《別本韓文考異》卷二五《河南少尹李公墓誌銘》　公主奪驛田，京兆尹符縣割界之，公不與。主下方有簿字，云簿如簿錄之簿，非是。

元・蘇天爵《滋溪文稿》卷九《元故太史院使贈翰林學士齊文懿公神道碑銘》　泰定二年，選充江西福建道奉使宣撫。江西俗頗譁訐，獄訟滋章，姦人因緣爲市。公訊之以情，皆隨事決遣。泉、漳戍兵逞威肆暴，凌蔑郡縣長吏，或白晝刼民財。公痛繩之以法。初，括江南地時，民或無地輸稅，或地少輸多，曰虛加糧，江西尤甚。詔諭憲司覆實蠲免，久弗施行。公曰：上欲澤加於民，而憲司格之，何也？既杖屬吏，俾憲使親行覆實，免糧若干萬石。閩憲職田每畝歲輸米三石，民率破產償之。公命準令送官，其地左不能致者，以秋成米價輸其直。福建鹽漕分司古田，江口商旅過者被擾，公立罷之。

元・蘇天爵《滋溪文稿》卷一三《元故奉訓大夫湖廣等處儒學提舉黃公墓碑銘并序》　元統初，時宰請罷貢舉，已而詔復行之，乃命中外作興學校，以經術造士。行省提學，皆愼其選，公是以有湖廣儒學提舉之命。湖、湘之間，士尚文辭，公申嚴課試經訓，遠近知勸。吏白：廣海學官，或有冒濫，當覈實之。公曰：三苗久阻聲教，今方會同，中國士夫衝犯瘴癘往爲之師，甚可矜念，吾何忍於逆詐乎！提舉月俸於學廩給之，比歲擬郡縣公田，多取其直，公不許。

明・宋濂《宋學士文集・芝園續集》卷五《俞先生墓碑》　陞江山縣尹，階從事郎。【略】郡長吏圭田屬縣境，歲遣家童徵租，田者告病，憚先生嚴明，遠去不敢橫。

明・宋濂《宋學士先生文集輯補・故丹谿先生朱公石表辭》　縣大夫勸耕於鄉，將有要於民。先生懼其臨境，邪幅扉屨往迎於道左。大夫驚曰：先生何事迺爾耶？先生曰：民有役於官，禮固應爾。大夫曰：勸耕善乎？先生曰：私田不煩官勸，第公田生靑芻耳。是時圭田賦重，種戶多逃亡，故先生以此爲風。大夫一笑而去。

國有土地制度總部

王田部

題解

唐・白居易、宋・孔傳《白孔六帖》卷一九《買賣田》　王田。王莽令天下田名王田，不私買賣。

論説

宋・華鎮《雲溪居士集》卷二七《問井田肉刑封建》　何新室爲王田而天下怨叛。東漢議肉刑而孔融異詞。

宋・李覯《盱江集》卷三四　商鞅之除井田，非道也，而民從之，各自便也。王莽之更王田，近古也，而民怨之，奪其有也。孔子曰：愚而好自用，賤而好自專，生乎今之世，反古之道，如此者裁及其身者也。

《宋文選》卷一九李邦直《東漢論》　及化爲王氏，有王田之擾，有六筦之侵，師旅興於前，旱蝗繼於後，夷狄攻其外，寇盜擾其內，使天下之民潰裂四出而不知所從，遂以攻莽而亡。

綜述

《漢書》卷二四上《食貨志四上》　平帝崩，王莽居攝，遂篡位。王莽因漢承平之業，匈奴稱藩，百蠻賓服，舟車所通，盡爲臣妾，府庫百官之富，天下晏然。莽一朝有之，其心意未滿，陿小漢家制度，以爲疏闊。宣帝始賜單于印璽，與天子同，而西南夷鉤町稱王，莽乃遣使易單于印，貶鉤町王爲侯。二方始怨，侵犯邊境。莽遂興師，發三十萬衆，欲同時十道並出，一舉滅匈奴；募發天下囚徒、丁男、甲卒轉委輸兵器，自負海江淮而至北邊，使者馳傳督趣，海內擾矣。又動欲慕古，不度時宜，分裂州郡，改職作官，下令曰：漢氏減輕田租，三十而稅一，常有更賦，罷癃咸出，而豪民侵陵，分田劫假，厥名三十，實什稅五也。富者驕而爲邪，貧者窮而爲姦，俱陷於辜，刑用不錯。今更名天下田曰王田，奴婢曰私屬，皆不得賣買。其男口不滿八，而田過一井者，分餘田與九族鄉黨。犯令，法至死，制度又不定，吏緣爲姦，天下謷謷然，陷刑者衆。

後三年，莽知民愁，下詔諸食王田及私屬皆得賣買，勿拘以法。然刑罰深刻，它政誖亂。邊兵二十餘萬人仰縣官衣食，用度不足，數橫賦斂，民俞貧困。常苦枯旱，亡有平歲，穀賈翔貴。

宋・王欽若《册府元龜》卷四九五《邦計部・田制》　王莽動欲慕古，不度時宜，分裂州郡，改職作官。下令曰：漢民減輕田租，三十而稅一。常有更賦，罷癃咸出，雖老病者，復出口算。而豪民侵陵，分田劫假，分田，謂貧者無田，而取富人田耕種，共分其所收地。假，亦謂貧人賃富人之田也。劫者，富人劫奪其稅，侵欺之也。厥名三十，實什稅五也。富者驕而爲邪，貧者窮而爲姦，俱陷於辜，刑用不錯。錯，置也。今更名天下田曰王田，奴婢曰私屬，皆不得賣買。其男口不滿八而田過一井者，分餘田與九族、鄉黨，犯令，法至死，制度又不足定，吏緣爲姦，天下謷謷然，陷刑者衆。中郎區博諫莽曰：區，姓也。音一侯切。井田雖聖王法，其廢久矣！周道既衰，而民不從。秦知順民之心，可以獲大利也，故滅廬井而置阡陌，遂王諸夏，訖今海內未厭其弊。今欲違民心，追復千載絕迹，復，音扶目切。雖堯、舜復起，而無百年之漸，弗能行也。天下初定，萬民新附，誠未可施行。莽知民怨，乃下書曰：諸食王田，皆得賣之，勿拘以法。犯私買賣庶人者，且一切勿治。

傳記

《漢書》卷九九中《王莽傳中》　莽曰：　古者，設廬井八家，一夫一婦田百畝，什一而稅，則國給民富而頌聲作。此唐虞之道，三代所遵行也。秦爲無道，厚賦稅以自供奉，罷民力以極欲，壞聖制，廢井田，是以兼并起，貪鄙生，強者規田以千數，弱者曾無立錐之居。又置奴婢之市，與牛馬同蘭，制於民臣，顓斷其命。姦虐之人因緣爲利，至略賣人妻子，逆天心，誖人倫，繆於天地之性人爲貴之義。《書》曰予則奴戮女，唯不用命者，然後被此辜矣。漢氏減輕田租，三十而稅一，常有更賦，罷癃咸出，而豪民侵陵，分田劫假。厥名三十稅一，實什稅五也。父子夫婦終年耕芸，所得不足以自存。故富者犬馬餘菽粟，驕而爲邪；貧者不厭糟糠，窮而爲姦。俱陷于辜，刑用不錯。予前在大麓，始令天下公田口井，時則有嘉禾之祥，遭反虜逆賊且止。今更名天下田曰王田，奴婢曰私屬，皆不得賣買。其男口不盈八，而田過一井者，分餘田予九族鄰里鄉黨。故無田，今當受田者，如制度。敢有非井田聖制，無法惑衆者，投諸四裔，以禦魑魅，如皇始祖考虞帝故事。

中郎區博諫莽曰：　井田雖聖王法，其廢久矣。周道既衰，而民不從。秦知順民之心，可以獲大利也，故滅廬井而置阡陌，遂王諸夏，訖今海內未厭其敝。今欲違民心，追復千載絕迹，雖堯舜復起，而無百年之漸，弗能行也。天下初定，萬民新附，誠未可施行。莽知民怨，乃下書曰：　諸名食王田，皆得賣之，勿拘以法。犯私買賣庶人者，且一切勿治。

《後漢書》卷一三《隗囂列傳》　囂既立，遣使聘請平陵人方望，以爲軍師。望至，說囂曰：　足下欲承天順民，輔漢而起，今立者乃在南陽，王莽尚據長安，雖欲以漢爲名，其實無所受命，將何以見信於衆乎？宜急立高廟，稱臣奉祠，所謂神道設教，求助人神者也。且禮有損益，質文無常。削地開兆，茅茨土階，以致其肅敬。雖未備物，神明其舍諸。囂從其言，遂立廟邑東，祀高祖、太宗、世宗。囂等皆稱臣執事，史奉璧而告。祝畢，有司穿坎于庭，牽馬操刀，奉盤錯鍉，遂割牲而盟。曰：　凡我同盟三十一將，十有六姓，允承天道，興輔劉宗。如懷姦慮，明神殛之。高祖、文皇、武皇，俾墜厥命，厥宗受兵，族類滅亡。有司奉血鍉進，護軍舉手揖諸將軍曰：　鍉不濡血，歃不入口，是欺神明也，厥罰如盟。既而薶血加書，一如古禮。

事畢，移檄告郡國曰：　漢復元年七月己酉朔。己巳，上將軍隗囂、白虎將軍隗崔、左將軍隗義、右將軍楊廣、明威將軍王遵、雲旗將軍周宗等，告州牧、部監、郡卒正、連率、大尹、尹、尉隊大夫、屬正、屬令：　故新都侯王莽，慢侮天地，悖道逆理。鴆殺孝平皇帝，篡奪其位。矯託天命，僞作符書，欺惑衆庶，震怒上帝。反戾飾文，以爲祥瑞。戲弄神祇，歌頌禍殃。楚、越之竹，不足以書其惡。天下昭然，所共聞見。今略舉大端，以喻吏民。

蓋天爲父，地爲母，禍福之應，各以事降。莽明知之，而冥昧觸冒，不顧大忌，詭亂天術，援引史傳。昔秦始皇毀壞謚法，以一二數欲至萬世，而莽下三萬六千歲之歷，言身當盡此度。循亡秦之軌，推無窮之數。是其逆天之大罪也。

分裂郡國，斷截地絡。田爲王田，賣買不得。規錮山澤，奪民本業。造起九廟，窮極土作。發冢河東，攻劫丘壟。此其逆地之大罪也。

紀事

漢・荀悅《漢紀》卷三〇《孝平皇帝紀》　［始建國元年］復井田制。

晉・袁宏《後漢紀》卷一《光武皇帝紀》　四方盜賊往往數萬人，攻城邑，殺二千石以下。太師王匡等戰數不利，莽知天下潰畔，事窮計迫，迺議遣風俗大夫司國憲等分行天下，除井田、奴婢、山澤、六筦之禁，即位以來詔令不便於民者，皆收還之。

宋・司馬光《資治通鑑》卷三七　始建國元年己巳、九夏，四月莽曰：　古者一夫田百畝，什一而稅，孟子曰：　周人百畝而徹。此言周制也。則國給民富而頌聲作。秦壞聖制，廢井田，見二卷周顯王十九年。壞，音怪。是以兼并起，貪鄙生，強者規田以千數，弱者曾無立錐之居。又置奴婢之市，與牛馬同闌，師古曰：　闌，謂遮闌之，若牛馬闌圈也。制於民臣，顓斷其命，繆於天地之性人爲貴之義。《孝經》：　孔子曰：　天地之性人爲貴。斷，丁亂翻。減【章：　十二行本減上有漢氏二字；　乙十一行本同；　孔本同；　張校同；　退齋校同。】輕田租，三十而稅一，常有更賦，罷癃咸出；師古曰：更，音工衡翻。罷，讀曰疲。癃，音隆。晉灼曰：雖老病者復出口算。而豪民侵陵，分田劫假。師古曰：分田，謂貧者無田而取富人田耕種，共分其所收也。假，亦謂貧人賃富人之田也。劫者，富人劫奪其稅，侵欺之也。厥名三十稅一，實什稅五也。故富者犬馬餘菽粟，驕而爲邪；貧者不厭糟糠，窮而爲姦；俱陷于辜，刑用不錯。師古曰：錯，置也；音千故翻。今更名天下田曰王田，奴婢曰私屬，更，工衡翻；下同。皆不得賣買。其男口不盈八而田過一井者，分餘田予九族、鄰里、鄉黨。予，讀曰與。故無田，今當受田者，如制度。敢有非井田聖制、無法惑衆者，投諸四裔，以禦魑魅，師古曰：魑，山神也。魅，老物精也。魑，音螭。魅，音媚。如皇始祖考虞帝故事！舜投四凶於四裔，以禦魑魅。

宋·司馬光《資治通鑑》卷三七新莽始建國 四年壬申、一二莽性躁擾，不能無爲，躁，則到翻。每有所興造，動欲慕古，不度時宜，度，徒洛翻。制度又不定；吏緣爲姦，天下謷謷，陷刑者衆。師古曰：謷謷，衆口愁聲，音敖。莽知民愁怨，乃下詔：諸食王田，皆得賣之，勿拘以法。犯私買賣庶人者，且一切勿治。治，直之翻。然他政誖亂，刑罰深刻，賦斂重數，猶如故焉。誖，蒲內翻。數，所角翻。

藝文

明·梅鼎祚《西漢文紀》卷二一四 王莽下

行井田法書莽動欲法古，不度時宜，規行井田，制度不定，吏緣爲姦，陷刑者衆。

古者，設廬井八家，一夫一婦田百畝，什一而稅，則國給民富而頌聲作。此唐虞之道，三代所遵行也。秦爲無道，厚賦稅以自供奉，罷民力以極欲，壞聖制，廢井田，是以兼并起，貪鄙生，強者規田以千數，弱者曾無立錐之居。又置奴婢之市，與牛馬同蘭，制於民臣，顓斷其命。姦虐之人，因緣爲利，至略賣人妻子，逆天心，誖人倫，繆於天地之性人爲貴之義。《書》曰予則奴戮女，唯不用命者，然後被此辜矣。漢氏減輕田租三十而稅一，常有更賦，罷癃咸出。而豪民侵陵，分田劫假，厥名三十稅一，實什稅五也。父子夫婦終年耕芸，所得不足以自存。故富者犬馬餘菽粟，驕而爲邪；貧者不厭糟糠，[窮]而爲姦。俱陷于辜，刑用不錯。予前在大麓，始令天下公田口井，時則有嘉禾之祥，遭反虜逆賊且止。今更名天下田曰王田，奴婢曰私屬，皆不得賣買。其男口不盈八，而田過一井者，分餘田予九族、鄰里、鄉黨。故無田，今當受田者，如制度。敢有非井田聖制，無法惑衆者，投諸四裔，以禦魑魅，如皇始祖考虞帝故事。

區博

諫王莽行井田中郎區博諫，莽知民怨，乃下書。

井田雖聖王法，其廢久矣。周道既衰，而民不從。秦知順民之心，可以獲大利也。故滅廬井而置阡陌，遂王諸夏，今海內未厭其敝。今欲違民心，追復千載絶迹，雖堯舜復起，而無百年之漸，弗能行也。天下初定，萬民新附，誠未可施行。

王莽下書

諸名食王田，皆得賣之，勿拘以法。犯私買賣庶人者，且一切勿治。

雜録

宋·李燾《續資治通鑑長編》卷二一三宋神宗 ［熙寧三年］癸丑，前陝縣令范育爲光祿寺丞、崇文院校書。育，祥子，嘗得召對，進《復田役書》。上又以轉對章疏三十付育看詳，育條奏稱旨故也。

先是，上問執政：范育如何？王安石曰：育言地制事亦不全爲迂闊。上曰：育言凡於一事措置，一事卽不得。此言是也。又言須先治田制，其學與張戩同。安石曰：臣見程顥云：須限民田，令如古井田。上曰：如此卽致亂之道。安石因言王莽名田爲王田事，上曰：但設法以利害敺民，使知所趨避，則可。若奪人已有之田爲制限，則不可。安石曰：今朝廷治農事未有法，又非古備建農官大防圩埠之類，播種收穫，補助不足，待兼并有力之人而後全具者甚衆，如何可遽奪其田以賦貧民？此其勢固不可行，縱可行，亦未爲利。已而上稱：育所看詳轉對文字甚有識見，今館職少，及今除校書。曾公亮欲令學士院試策論，安石以爲：人有或不能爲此而能言世務有實用之材者，今正要變此尚虛文舊俗，若陛下疑其假授或采問得之，卽召給筆札，令內臣監試，更以數卷轉對令看詳，甚易見也。上曰：

此必非假授。若能問，卽是能擇義理是非，亦自是有識見可取也。卽有是命。後數日，又除太子中允、權監察御史裏行。當考育是何人薦得召對，并於育集內檢育論田制，略見於此。育除裏行在八月六日，與林旦並命，今附見。案：據此則育先授校書，後又權御史裏行。《宋史》作召見，授崇文校書、監察御史裏行，亦誤。

國有土地制度總部

官莊部

論說

《道咸同光奏議》卷二七綿宜《官莊應交各款遵旨釐定章程疏》 竊奴才於光緒十六年二月二十五日，接准署將軍定安咨開，光緒十六年二月初八日，內閣奉上諭： 前據御史愛興阿奏參盛京戶部六品官松壽等浮收勒索各情等因。欽此。欽遵咨行前來。奴才隨即督率司員詳加查核，莊頭等每年額徵稗九千九百餘倉石，內實入倉稗五千八百餘石，外應存留官莊稗一千七百石，以備供應三陵祭祀需用雞、鵝、鴨、蛋、瓢、笤、刷、帚等項。查莊頭每年實交稗僅七千六百餘石，照依額徵之數尚短交稗二千三百八十石。斟訊各領催并札據官莊六品官均稱，莊頭等短交稗石，係折給入祭麥銀，每莊十兩零八錢，蘇麥銀十二兩五錢七分，雜糧銀三兩五錢以外，并無浮冒。奴才誠恐內有掩飾情弊，傳訊各莊頭折對，所供短交稗石與該領催聲稱數目相符。究訊短交始於何年，莊頭等不知底細，而官莊亦無案據可稽。歷年已久，從未申明，因此莊頭始生疑竇。奴才詳加核計入祭麥銀、蘇麥、雜糧三款，每莊共折二十六兩八錢七分。若以應交稗石以市價折核，不過多折二三兩。擬以嗣後無論稗價低昂，三項每莊共交銀二十四兩。再查車價，每莊折銀一兩五錢，係運送盛京粟米以及鳳凰城應付朝鮮粳米庫倫喇嘛車腳。此項毫無浮冒，仍擬照舊折核。查回繳牛皮銀一兩六錢四分，係交工部入庫銀兩，稗折銀八兩五錢，庫銀二十五兩，此二款係交銀庫加平足銀，亦無浮冒，擬亦照舊折核。紙硃銀五錢，工食銀一兩一錢，公用銀十六兩，係官莊衙門辦公之項。查公用一項乃修理官莊衙署以及貼補各項差徭，此皆因與正款有間，是以莊頭疑爲浮冒。然官莊署內辦公向無別項正款開銷，非此不敷應用，擬以十二兩爲率，以照平允。查羊草折銀二十四兩二錢，應交禮部乳牛館喂牛、工部秫秸廠喂牛、禮部送祭墊車，戶部車夫喂牛等項。羊草所折數目雖較市價稍差，而應付殷繁，無多餘潤。且據各莊僉稱，有交東錢二百千與一百二三四五十千不等，又有交銀二十四兩二錢，更有自行應付羊草者，苦樂既屬不均，雜差又未截止，殊屬毫無限制。況各路領催賢愚不等，從中藉詞需索，固所不免。擬以每莊折東錢一百四十千，其自行應付者，悉聽其便。如此一律均平，各莊頭庶無疑竇。以上各款名目雖多，均係供應三陵祭祀之需以及庫款并各項差徭。雖其中不無稍有盈餘，而事非一年，官非一任，若必於正供而外概行裁撤，未免竭澤而漁，辦公無從而出，勢必枝節橫生。奴才再四思維，如此釐定，莊頭等有所遵循，事歸一致，而胥役等無權勒索，訟免再興。至釐定後，各路領催此外不得再立名目，稍涉參差，而莊頭等應交各款亦不准絲毫蒂欠。竊思釐定之始，恐日久弊生，仍蹈故習。查官莊六品官向係兩員，今擬由奴才衙門郎中、員外郎內擇其老成可靠、辦事精詳者，暫遴派一員監辦官莊事宜。此雖一時權變之計，實奴才慎重公務起見，似相周密。經奴才派員監辦後，官莊一切果均能循規蹈矩，久遠可期。仍責成六品官妥爲經理，俾符向章而歸簡易。

再，莊頭等所稱，官地近因河水漲發有被水沖沙壓者，雖呈請撥補究無閑荒可籌，一俟有封禁地畝再行指領。至莊頭中近聞有將官地私壓盜典情事，倘被查出或別經發覺，若不將莊頭從嚴懲辦，勢必紛紛效尤，至官田歸於無。著今由奴才衙門遴派監辦官莊之員，飭令詳加查看，如有私典私壓情弊，擬覺時懲辦。再，運通米豆一差，向係官莊，凡十七名糧莊供應豆石，每莊額交豆一百零一斛，由奴才衙門派員經理。自開徵後莊頭有交隨色，有折給錢文，隨市價低昂，從中擬定。由經徵委員代爲預備豆石，運赴牛莊，挑檢齊楚，方行裝運。緣莊頭從前近附牛莊，皆交本色。本近省城莊頭懇求折色，以免運赴牛莊，往返車腳盤費亦不易辦，是以求委員代辦，兩有裨益。辦理已久，從無他議。近有無知莊頭拖附累累，以折色爲把持，反究心於挾制。查莊頭所交豆石，乃運赴牛莊之項，至改歸輪船後，由牛莊復行囤積營口，一俟輪船到日，刻即裝兌，無容稍緩。而莊頭有延至六月、七月之久，尚不能交納完竣。委員若不預爲齊備，輪船到口不能久候，例限綦嚴，該委員責無旁貸。雖嚴辦莊頭，無濟於事。此款乃天庾正供，所關匪輕。奴才再四思維，事歷已久，莊頭等或交本色或折給錢文，從前辦理有年，悉聽其便，嗣後不得以折色爲把持，有誤要需。

綜　述

《宋史》卷一七三《食貨志上一》　〔紹興〕二十年，詔：兩淮沃壤宜穀，置力田科，募民就耕，以廣官莊。知資州楊師錫言：有司奉行失當，田畝不分腴瘠，市居丈尺隙田，亦充稅產。於是降詔曰：椿年乞行經界，去民十害，今聞寖失本意。凡便民者依已行，害民者與追正。

同上　寧宗開禧元年，夔路轉運判官范蓀言：本路施、黔等州荒遠，綿亘山谷，地曠人稀，其占田多者須人耕墾，富豪之家誘客戶舉室遷去。乞將皇祐官莊客戶逃移之法校定：凡爲客戶者，許役其身，毋及其家屬；凡典賣田宅，聽其離業，毋就租以充客戶；凡貸錢，止憑文約交還，毋抑勒以爲地客；凡客戶身故，其妻改嫁者，聽其自便，女聽其自嫁。庶使深山窮谷之民，得安生理。刑部以皇祐逃移舊法輕重適中，可以經久，淳熙比附略人之法太重，今後凡理訴官莊客戶，並用皇祐舊法。從之。

同上　〔紹興〕二十六年，以諸路賣官田錢七分上供，三分充常平司糴本。初，盡鬻官田，議者恐佃人失業，未賣者失租。侍御史葉義問言：今盡鬻其田，立爲正稅，田既歸民，稅又歸官，不獨絕欺隱之弊，又可均力役之法。浙東刑獄使者邵大受亦乞承買官田者免物力三年至十年。一千貫以下免三年，一千貫以上五年，五千貫以上十年。於是詔所在常平沒官、戶絕田，已佃未佃、已添租未添租，並拘賣。二十九年，初，兩浙轉運司官莊田四萬二千餘畝，歲收稻、麥等四萬八千餘斛；營田九十二萬六千餘畝，歲收稻、麥、雜豆等十六萬七千餘斛，充行在馬料及糴錢。四月，詔令出賣。七月，詔諸路提舉常平官督察欺弊，申嚴賞罰。分水令張升佐、宜興令陳迒以賣田稽違，各貶秩罷任。九月，浙東提舉常平都絜以賣田最多，增一秩。三十年，詔承買荒田者免三年租。

《明史》卷七七《食貨志一》　明時，草場頗多，占奪民業。而爲民厲者，莫如皇莊及諸王、勳戚、中官莊田爲甚。太祖賜勳臣公侯丞相以下莊田，多者百頃，親王莊田千頃。又賜公侯暨武臣公田，又賜百官公田，以其租入充祿。指揮沒於陣者皆賜公田。勛臣莊佃，多倚威扞禁。帝召諸臣戒諭之。其後公侯復歲祿，歸賜田於官。

仁、宣之世，乞請漸廣，大臣亦得請沒官莊舍。然寧王權請灌城爲庶子耕牧地，帝賜書，援祖制拒之。至英宗時，諸王、外戚、中官所在占官私田，或反誣民占，請案治。比案問得實，帝命還之民者非一。乃下詔禁奪民田及奏請畿內地。然權貴宗室莊田墳塋，或賜或請，不可勝計。御馬太監劉順家人進薊州草場，進獻由此始。宦官之田，則自尹奉、喜寧始。

初，洪熙時，有仁壽宮莊，其後又有清寧、未央宮莊。天順三年，以諸王未出閣，供用浩繁，立東宮、德王、秀王莊田。二王之藩，地仍歸官。憲宗即位，以沒入曹吉祥地爲宮中莊田，皇莊之名由此始。其後莊田遍郡縣。給事中齊莊言：天子以四海爲家，何必置立莊田，與貧民較利。弗聽。弘治二年，戶部尚書李敏等以災異上言：畿內皇莊有五，共地萬二千八百餘頃；勛戚、中官莊田三百三十有二，共地三萬三千餘頃。管莊官校招集群小，稱莊頭、伴當，占地土，斂財物，汙婦女。稍與分辨，輒被誣奏。官校執縛，舉家驚惶。民心傷痛入骨，災異所由生。乞革去管莊之人，付小民耕種，畝徵銀三分，充各宮用度。帝命戒飭莊戶。又因御史言，罷仁壽宮莊，還之草場，且命凡侵牧地者，悉還其舊。

又定制，獻地王府者戍邊。奉御趙瑄獻雄縣地爲皇莊，戶部尚書周經劾其違制，下瑄詔獄。敕諸王輔導官，導王奏請者罪之。然當日奏獻不絕，乞請亦愈繁。徽、興、岐、衡四王，田多至七千餘頃。會昌、建昌、慶雲三侯爭田，帝輒賜之。武宗即位，踰月，即建皇莊七，其後增至三十餘處。諸王、外戚求請及奪民田者無算。

世宗初，命給事中夏言等清核皇莊田。言極言皇莊爲厲於民。自是正德以來投獻侵牟之地，頗有給還民者，而宦戚輩復中撓之。戶部尚書孫交造皇莊新冊，額減於舊。帝命覈先年頃畝數以聞，改稱官地，不復名皇莊。詔所司徵銀解部，然多爲宦寺中飽，積逋至數十萬以爲常。是時，禁勛戚奏討、奸民投獻者，又革王府所請山場湖陂。德王請齊、漢二庶人所遺東昌、兗州閒田，又請白雲等湖，山東巡撫邵錫按新令卻之，語甚切。德王爭之數四，帝仍從部議，但存藩封初請莊田。其後有奏請者不聽。

又定，凡公主、國公莊田，世遠者存什三。嘉靖三十九年遣御史沈陽清奪隱冒莊田萬六千餘頃。穆宗從御史王廷瞻言，復定世次遞減之限：勛臣五世限田二百頃，戚畹七百頃至七十頃有差。初，世宗時，承天六莊二湖地八千三百餘頃，領以中官，又聽校舍兼并，增八百八十頃，分爲三十六莊。至是始領之有司，兼并者還民。又著令宗室買田不輸役者沒官，皇親田俱令有司徵之，如勛臣例。雖請乞不乏，而賜額有定，徵收有制，民害少衰止。

神宗賚予過侈，求無不獲。潞王、壽陽公主恩最渥。而福王分封，括河南、山東、湖廣田爲王莊，至四萬頃。群臣力爭，乃減其半。王府官及諸閹丈地徵稅，旁午於道，扈養廝役廩食以萬計，漁斂慘毒不忍聞。駕帖捕民，格殺莊佃，所在騷然。給事中官應震、姚宗文等屢疏諫，皆不報。時復更定勛戚莊田世次遞減法，視舊制稍寬。其後應議減者，輒奉詔姑留，不能革也。熹宗時，桂、惠、瑞三王及遂平、寧德二公主莊田，動以萬計，而魏忠賢一門，橫賜尤甚。蓋中葉以後，莊田侵奪民業，與國相終云。

清・鄂爾泰《八旗通志》卷一八《土田志一・八旗土田規制》　順治元年十二月，諭戶部曰：今我朝定都燕京，期於久遠。凡近京各州縣民人無主荒田及明朝皇親、駙馬、公、侯、伯、太監等，凡歿於寇亂者，無主田地甚多。田主或有或無，其田地爾部概行清查。若本主尚存，或本主已過，而子弟存者，量口給與。其餘田地，盡行分給東來諸王、勳臣、兵丁人等。蓋非利其地土，良以東來諸王、勳臣、兵丁人等，無處安置，故不得已而取之。然所取之地，若滿漢錯處，必爭奪不止。可令各府、州、縣、鄉村滿漢分居，各理疆界，以杜異日爭端。今年從東先來諸王各官兵丁及現在京各部院衙門官員，俱著先撥給田園。其後到者，再酌量照前與之。至各府、州、縣無主荒田及徵收缺額者，著該地方官查明，造冊送部。基地俟給東來兵丁，其錢糧應徵與否，亦著酌議。

是月，順天巡按柳寅東疏言：清查無主之地，安置滿洲莊頭，誠開創弘規。第無主地與有主地，犬牙相錯，勢必與漢民雜處。不惟今日履畝之難，恐日後爭端易生。臣以爲莫若先將州縣大小，定用地多寡，使滿洲自住一方。而後，以察出無主地與有主地，互相兌換，務使滿洲界限分明，疆理各別而後可。蓋滿人共聚一處，阡陌在於斯，廬舍在於斯。耕作牧放，各相友助，其便一也；滿人漢人，我疆我理，無相侵奪，爭端不生，其便二也；里役田賦，各自承辦，滿漢各官，無相干涉，且亦無可委卸，其便三也；處分當，經界明，漢民無竄避驚疑，得以保業安生，耕耘如故，賦役不缺，其便四也；可仍者仍，可換者換，漢人樂從，且其中有主者既歸併，其餘自不容無主者隱匿，其便五也。疏入，奉旨：戶部詳議速覆。

二年正月辛卯，戶部以圈撥地土事奏聞，報曰：凡圈丈地方，須令滿漢分處。至於故明賞賚勳戚莊地及民間無主荒田，悉令輸官，酌行分撥。

按《會典》，順治十一年覆准：凡丈量州縣地用步弓，各旗莊屯地用繩。用步弓曰丈，用繩曰圈。

是年，二月己未，諭：戶部傳諭各州縣有司，凡民間房產，有爲滿洲圈占，兌換他處者，俱視其田產美惡，速行補給，務令均平。倘瞻顧狥庇，不從公速撥，躭延時日，爾部察出，從重處分。

是年，十二月辛丑，戶部尚書英俄爾岱等言：臣等奉命圈給旗下地畝。查得易州、安肅等州縣軍衛，共三十六處，無主田地，盡數撥給旗下。猶若不足，其未察地方，如滿城、慶都等二十四州縣，尚有無主荒地，若撥給旗下，則去京漸遠，兵民雜處，多有未便。議將易州等處有主田地，酌量給旗，而以滿城等處無主田地，就近給民，庶幾兩利。至於清查事緒繁多，應差廉幹官員前往，從公撥給。務令滿漢兵民，各有寧宇。疏入。命遣給事中四員，御史四員，同戶部司官八員，前往撥給。

順治二年題准：給諸王、貝勒、貝子、公等，大莊每所地一百三十晌，或一百二十晌，至七十晌不等。半莊每所地六十五晌，或六十晌至四十晌不等。園每所地三十晌。或二十五晌至十晌不等。

順治三年三月，戶部言：民間田地撥給滿洲，已經於隣近地方補還。但廬舍田園，頓非其故，遷徙流離，深爲可念。應照被撥地數，一應錢糧，全免一年。其地土房舍，雖未經撥給滿洲，而與近村被撥之民，同居分種，亦應照分出地數，將一應錢糧，量免一半。凡故明公、侯、外戚屯地，既經撥出，其錢糧自應照數永免。如有被撥之民，將他處未撥之產，混開冒免者，察出重究。詔從所請。

四年正月辛亥，戶部言：去年八旗圈地，止圈一面，內薄地甚多，以致秋成無望。況今年東來滿洲，又無地耕種。若以遠處府、州、縣、屯、衛故明勳戚等地撥給，又恐孤貧者無力運送。應於近京府、州、縣內撥換去年薄地，并給今年東來滿洲。其被圈之民，於滿洲未圈州縣內，查屯、衛撥補。仍照遷移遠近，豁免錢糧。四百里者，准免二年；三百里者，准免一年。以後無復再動民地，庶滿漢兩便。疏入，詔從其議。於是，圈順義、懷柔、密雲、平谷四縣地六萬七百五晌，以延慶州、永寧縣、新保安、永寧衛、延慶左衛、右衛、懷來衛無主屯地撥補。圈雄縣、大城、新城三縣地四萬九千一百一十五晌，以東鹿、阜城二縣無主屯地撥補。圈容城、任邱二縣地三萬五千五十一晌，以武邑縣無主屯地撥補。圈河間府地二十萬一千五百三十九晌，以博野、安平、肅寧、饒陽四縣先圈薄地撥補。圈昌平、良鄉、房山、易州四州縣地五萬九千八百六十晌，以定州、晉州、無極縣、舊保安、深井堡、桃花堡、遞鶻堡、雞鳴驛、龍門所無主屯地撥補。圈安肅、滿城二縣地三萬五千九百晌，以武強、藁城二縣無主屯地撥補。圈完縣、清苑二縣地四萬五千一百晌，以眞定縣無主田地撥補。圈通州、三河、薊州、遵化四州縣地十一萬二百二十八晌，以玉田、豐潤二縣圈剩無主屯地及遷安縣無主屯地撥補。圈霸州、新城、漷縣、武清、東安、高陽、慶都、固安、安州、永清、滄州十一州縣地十九萬二千五百一十九晌，以南皮、靜海、樂陵、慶雲、交河、蠡縣、靈壽、行唐、深州、深澤、曲陽、新樂、祁州、故城、德州各州縣無主屯地撥補。圈涿州、淶水、定興、保定、文安五州縣地十萬一千四百九十晌，以獻縣先圈薄地撥補。圈寶坻、香河、灤州、樂亭四州縣地十萬二千二百晌，以武城、昌黎、撫寧各縣無主屯地撥補。

順治四年題准：參領以下官員，各給二名壯丁地。

又題准：撥給甲兵地畝，有告稱不能耕種者，不准。

又題准：圈撥地內如有集場，仍留給民，以資貿易。

又題准：嗣後民間田產，永停圈撥。

又題准：撥給地畝，以現在爲準。嗣後雖增丁不添給，減丁不退出。各官雖陞遷不添給，亡故降革不退出。

五年題准：親王給園十所，郡王給園七所，每所地三十晌。

又題准：南苑海戶，每戶給地三晌。

又題准：各官帶來壯丁，給地不敷，每佐領下，再給十名壯丁地。

六年題准：襲封王、貝勒、貝子、公等，伊祖父所遺園地，除撥給應得之數外，其餘地畝不必撤出，仍留本家。

又題准：凡加封王、貝勒、貝子、公等，各照本爵撥給園地。

又題准：撥給官員園地。公、侯、伯、精奇尼哈番各三十晌，阿思哈尼哈番各二十晌，阿達哈哈番各十五晌，拜他喇布勒哈番各十晌。雖陞至超品公，亦不踰三十晌。

又題准：凡官員致仕者，督、撫、布、按、總兵各給園地六晌，道員、副將、參將各給園地四晌，府、州、縣、遊守等官，各給園地三晌。

又題准：改撥官員園地。公、侯、伯各五十晌，精奇尼哈番各四十晌，阿思哈尼哈番各三十晌，都統、尚書、阿達哈哈番各二十晌，副都統、侍郎、拜他喇布勒哈番各十晌，一等侍衛、護衛、參領各七晌，二等侍衛、護衛各五晌，三等侍衛、護衛、拖沙喇哈番各四晌。

又題准：新來壯丁，每名給地五晌。

七年題准：撥給親王園八所，郡王園五所，貝勒園四所，貝子園三所，公園二所，每所地三十晌。嗣後凡初封王、貝勒、貝子、公等，俱照此例撥給。鎭國將軍園地四十晌，輔國將軍園地三十晌，奉國將軍園地二十晌，奉恩將軍園地一十晌。凡給過園地者，停給家口糧米。

又題准：八旗舊壯丁，每名撤出地一晌，撥給新壯丁。

九年題准：八旗壯丁退出晌地，并首告清出地及各省駐防遺下地，照墾荒例招墾，三年起科。

十年題准：嗣後圈占民間房地，永行停止。

順治十一年正月乙卯，都察院言：滿洲兵丁雖分土地，每年并未收成。窮兵出征，必需隨帶之人，致失耕種之業，往往地土空閑。一遇旱澇，又需部給口糧。且以地瘠難耕，復多陳告，而民地又不便再圈。請查壯丁四名以下地土，盡數退出，量加錢糧月米。其馬匹，則於冬春二季，酌與喂養價銀。其退出之地，擇其腴者，許令原得瘠地之人更換，餘則盡還民間。在滿洲有錢糧可望，樂於披甲。而又無瘠地之苦。至民間素知地利，復不至於荒蕪，是兵民共仰聖仁於無盡矣。下該部確議。

順治十五年題准：舊例勳戚莊屯糧石，在部報收。嗣後交各本主報納，多寡聽其自便。

十七年覆准：八旗撤出壯丁地畝，向交各佐領收存，以致荒蕪。令地方官招民墾種，照例三年後起科。

順治十八年九月癸巳，戶部言：民間地土房屋，禁止滿洲置買，已於順治七年三月內，定例遵行。後順治十三年，奉有順治七年未禁以前，所買地土房屋入官，戶部給發原價，其錢糧行文地方官除免之旨。臣等看得未禁之前，所置地土房屋，發覺者請不給原價，免其入官。七年禁止以後，所買地土房屋，仍照定議盡行入官。買者賣者，一併治罪。詔從所請。

康熙元年，工部議：遣官發帑，修築近京八旗護莊堤岸。其取土刨挖地畝，戶部另撥補給地主。詔從所議。

康熙二年題准：新來佐領給地五晌，領催給地三晌。

康熙三年春正月，先是，正黃旗副都統穆占奏稱：伊佐領下四百四十名壯丁，地畝不堪，祈給地更換。奉有各旗村莊有地畝不好者，壯丁一百名以下，仍令留住。一百名以上，應遷移之旨。至是，戶部查明：鑲黃、正白、正紅、鑲藍各旗，壯丁一百名以上，地畝不堪者，共二萬六千四百五十名。應將順天、保定、河間、永平等府屬州縣，圈出地畝十三萬二千二百五十晌，分給各旗。每壯丁一名，給地五晌，準令遷移。并請差部員、旗員會同地方官酌量換給。議上。得旨：右翼著尚書去，左翼著侍郎一員去。其更換不堪地畝，各旗著副都統去。餘依議。

五年正月壬寅，和碩康親王傑書等遵旨：議沙壓水淹地十五萬四千晌有奇，該佐領未經踏勘，難以懸議。應差部臣前往踏勘明白，造冊再議。疏入。輔臣等稱旨：踏勘地畝，事情重大。著八旗滿洲、蒙古、漢軍等都統，戶部滿漢尚書及滿侍郎一員，都察院左都御史及滿左副都御史一員，六科給事中或滿或漢，每科各一員，往看具奏。

三月辛丑，都統貝子溫齊等，奉差查勘八旗沙壓水淹不堪耕種之地。內鑲黃旗地尤不堪，其餘各旗有一半可耕者，亦間有過半不堪與全不堪者。各別具疏覆奏。輔臣等稱旨：太祖、太宗時，原將八旗分左右翼，莊田房屋，俱從頭挨次分給。後因睿親王到京，欲住永平府，留剩週圍地土未圈。且欲令伊本旗切近，故將鑲黃旗應住地方與正白旗，而給鑲黃旗於右翼之末。今各旗以地土不堪具控。據都統等踏勘回奏，鑲黃旗不堪尤甚。如換給地畝，別旗分已立界截圈，不便更易。惟永平府週圍地畝，未經圈出，應令鑲黃旗移住。且世祖章皇帝旨亦云，凡事宜遵太祖、太宗例行。今思莊田房屋，應照翼給與。將鑲黃旗移於左翼，仍從頭挨次撥給。至各旗不堪地畝作何分別，圈撥之地作何補還，鑲黃旗移出舊地作何料理，著戶部一併酌議。

四月己未，戶部議覆：八旗圈換地畝事，鑲黃旗近圈順義、密雲、懷柔、平谷四縣之地，毋容撥換外，其左右翼之涿州、雄縣、大城、新安、河間、任邱、肅寧、容城等處地，應照舊例從頭挨次撥換。將正白旗通州、三河迤東大路北邊，至豐潤縣、永平府週圍留剩地，撥給鑲黃旗。如不敷，將遵化至永平路北夾空民地撥給。其正白旗所撤通州迤東之地，亦應於永平週圍地內撥補。不敷，將路北夾空民地，灤州、樂亭縣民地撥給。至二旗包衣、佐領下壯丁，應否遷移，伏候聖裁。再六旗地畝內，除一半可耕，一半不堪者，不准撥換外，其過半不堪與全不堪者，應將各旗圈內空地，或滿洲退回地，酌量撥換。俱俟秋成後，差員丈量分撥。又一議：鑲黃旗既有順義等四縣地，應將所移涿州壯丁，即於順義等處民地撥給。其河間等處七縣所移壯丁，應將正白旗薊州、遵化地撥給。不敷，將夾空民地撥給。其通州、三河、玉田、豐潤等處地，仍留正白旗。餘照前議。奏入。輔臣等稱旨：鑲黃旗涿州壯丁，移於順義等縣，依後議。其前議，將正白旗通州迤東大路北邊給與鑲黃旗，南邊留與正白旗之處，俟秋後差員，將正白旗滿洲地、投充人地、皇莊地，丈量明白，取具實數，酌議分撥。餘俱俟鑲黃旗遷移事竣，具題請旨。

十二月己巳，戶部覆准侍郎巴格等疏：鑲黃旗遷壯丁共四萬六百名，該地二十萬三千晌。將薊州、遵化、遷安三處，正白旗壯丁分內地、民地、開墾地、多出地、投充漢人地派給。不敷，將延慶州民地撥補。其正白旗遷移壯丁二萬二千三百六十一名，該地十一萬一千八百五晌。將玉田、豐潤二處民地、多出地、開墾地、投充漢人地，并永平等處投充漢人地派給。不敷，將永平、灤州、樂亭、開平民地，酌量取撥。詔從所議。

八年六月戊寅，諭戶部：朕纘承祖宗丕基，撫育羣生。滿漢軍民，原無異視，務俾各得其所，乃愜朕心。比年以來，復將民間房地圈給旗下，所以致民生失業，衣食無資，流離困苦，深爲可憫。嗣後永行停止。其今年所圈房地，悉令給還民間。爾部速行曉諭，昭朕嘉惠生民至意。至於旗人無地，亦難資生，應否以古北等口邊外空地，撥給耕種。其令貝勒大臣確議以聞。

康熙八年題准：圈撥民間田房，屢經停止。邇來有因旗下退出荒地，復行圈撥者；有遊牧等處投來人丁，復行圈撥者；有因圈補時，復圈接壤民地者；百姓失業堪憫。今張家口、喜峯口、殺虎口、古北口、獨石口、山海關外，各有曠土。如宗室、官員及甲兵，有願將壯丁地畝退出，取口外閒地耕種者，該都統、副都統印給文咨送，按丁撥給。

康熙九年二月癸未，戶部遵諭議：古北等口外閑空之地，分撥八旗。查喜峯口、獨石口外，既無閑地，正紅旗又無赴邊外領地之人，不必撥給。今以古北口外地，撥與鑲黃旗、正黃旗；羅文峪外地，撥與正白旗；冷口外地，撥與鑲白旗、正藍旗；張家口外地，撥與鑲紅旗、鑲藍旗。詔從所議。

康熙九年題准：官員、甲兵地畝，不許越旗交易。其甲兵本身種地，不許全賣。

又題准：官員撥補地畝，不遵部文，擅撥給別項地畝者，罰俸一年。

十年覆准：八旗莊屯，每屯原設屯領催一名，不必更設里長。

十五年覆准：官員不對閱部冊支給口糧地畝者，罰俸兩個月。筆帖式等，罰俸一個月。其察對冊籍，係司官職掌，堂官不必議處。

二十年題准：滿洲新歸旗者，停給園地。

康熙二十二年八月丙午，議政王大臣等會議：八旗貧丁，賙給房地。特召滿洲大學士等諭曰：朕軫念八旗貧丁，特令會議，使之得所。今覽所議，無房產貧丁，令於城外空地造房居住。夫以單身貧丁，離本旗佐領地方，遠居城外，既難應差。又或有不肖之徒，肆意爲非，亦難稽察。八旗官員房屋田地，雖皆係從前分佔，亦有額外置買者。可令有房四五十間之人，量撥一間，與無房者居住。其正丁所分田地外，有旗下莊頭，將窪下之地已經開墾耕種者，着該部明白丈量。有多餘者註冊，仍暫留與原主。俟現在收存地畝撥給不敷之時，將此地補撥。如此，庶於貧丁少有裨益。爾等傳諭議政王貝勒大臣、八旗佐領以上議奏。甲寅，議政王大臣等議：旗下兵丁貧無妻室者，官給資婚娶。無房屋者，令八旗王以下，官員人等以上，有房屋四十間者，分撥一間，給與居住。無田土者，以戶部所存未分撥田土撥給。幷丈量王以下，官員人等以上戶內田土，有較原數浮溢者，令存留撥給。奉旨：所議尚未盡善。每四十間撥給一間，如在住室牆垣之內，恐有未便。或別所房屋，或空地築室撥給，庶不涉於強派。其皇莊地土，未經議及，亦非公私一體之誼，應令一併丈量。若親王以下，富戶以上，有空閑園地房屋，情願捐納入官者，着部奏聞。分別議敘。

二十三年五月壬午，戶部題：丈量過旗下大臣官員及投充民人溢額地畝，暫留原主名下。需用時，再行撥給。奉旨：田地爲民恆產，已經給與者，不便復取。其旗下大臣官員，既有溢額之地，理宜註冊。俟需用時，再行撥給。民地不可輕動。

二十三年五月甲申，諭戶部：民間田地，久已有旨永停圈撥。其部存地畝，分撥時，或不肖人員，借端擾害百姓，圈佔民人良田，以不堪地畝抵換；或地方豪強，隱佔存部良田，妄指民人地畝撥給，殊爲可惡。直隸巡撫，可嚴察此等情弊，指名糾參，從重治罪。

二十四年四月戊戌，戶部議覆順天府府尹張吉午疏：請自康熙二十四年始，凡民間開墾田畝，永免圈取。應不准行。奉旨：民間自開墾田畝，若圈與旗下，恐致病民。嗣後永不許圈。如旗下有當撥給者，其以戶部現存旗下餘田給之。

康熙二十四年議准：直隸州縣百姓墾荒田地，停止圈撥。如有各處壯丁及新滿洲，將皇莊幷上三旗內務府，及八旗禮部、光祿寺丈量所餘地畝撥給。俟此項地畝撥完時，另行請旨。

又議准：撥給地畝，不論多少，停其遣筆帖式，俱差司官撥給。如不照旗員退出之地取撥，另將別項地撥給者，降三級隨旗行走。

康熙四十年八月丁卯，戶部議覆直隸巡撫李光地疏奏：青縣等處，西翼四旗馬廠餘地，原十八萬八千四百六十二晌零。今民認墾者，止三萬二千十六晌零。其外有民偷墾鄰畝，暫充己業者；有偷墾之田，現爲水淹不可耕者。會勘之時，民人懼罪，莫敢出名承認。乞免已往之罪，招民承種。於康熙四十年爲始，照則起科。應如所題，令該撫查核具題。詔從所議。

五十三年七月甲子，戶部議覆直隸巡撫趙弘燮疏言：直屬旗人退還田地，原有二項。一係退還民人當差納糧，永行停圈者；一係退還民人承種輸租，應圈之時例令圈撥者。滄州旗人退還田地，係奉旨永行停圈之地。今莊頭李必達等，具呈內務府，指圈滄州旗人退還地六百餘頃。查此田地，滄州民人耕種、當差、納糧已久，若聽圈撥，必致失所。請各屬旗人退還輸租地內均匀撥給。應不准行。尙書趙申喬另議：滄州旗人退還地原係奉旨停圈之地。應如該撫所請，於輸租地內均撥。得旨：照趙申喬所議行。

雍正六年十月，戶部議覆：據巡察順天、永平、宣化三府監察御史苗壽等奏稱：直屬近畿州縣，不論旗民，均編保甲，奉行在案。惟是旗莊圈、賞、投充地畝冊，貯內府及戶部。凡各州縣查閱原檔，例應申請咨部，轉行知照，往返動需歲時。臣等歷據民人控告旗莊強霸不結之由，總因檔案未易清查。州縣官雖知隱佔情弊，不便懸斷，以致旗莊益得恣行兼併。仰懇皇上勑下內務府、宗人府、八旗都統，其內府大糧莊頭及內府官兵、投充、當差人等，現在實有地畝，由內務府查明實數，并坐落州縣鄉村名下地段四至，造具清冊，咨送戶部。其親王以下、閑散宗室以上，莊頭及包衣、官兵、投充、當差人等地畝，由各管領、佐領等官，查造四至清冊。覺羅八旗莊頭及官兵、投充人等地畝，由該旗查明，照造清冊，咨送戶部。此冊務須一樣二本。一留部存案，一由部轉咨直督，發布政司照造清冊，鈐發州縣，與民人糧地清冊一同存貯。嗣後有旗民互爭之案，檢冊查對，不難勘丈訊斷。再查此內帶地投充人戶，有隱地數頃或數十頃者，自應徹底清晰，難容遺漏。請照民人首報隱匿地畝之例，勒以定限，准其據實首明該管處。除本身現在當差地畝之數記檔咨送外，餘地另冊報明戶部，請旨歸著，輸納差糧，以正賦額。其有隱匿不報，并不實指坐落四至等弊，或經查出，或被告發，其所隱餘地，照例入官，仍嚴加議罪。將查送之官，一併交部議處。至此項檔冊頒發以後，每年不無移換。應於歲底，由兩翼稅課司彙報戶部，咨行各屬，知照記檔等語。應如苗壽等所請，將旗莊圈、賞、投充各項地畝，行文內務府、宗人府及八旗都統，查明大糧莊頭地畝坐落四至。其餘某旗某人有地若干，坐落縣分村莊，遵照造具四至清冊。一樣二本，咨送臣部。一存部備查，一發直督衙門，轉飭照造，鈐發各州縣收貯。如有旗民互爭地畝，俾得一目瞭然，查勘易結。再疏稱：此內帶地投充人戶，有隱瞞地畝，亦應徹底清查等語，相應一併行文內務府及八旗都統，遍行傳示。如有前項隱瞞地畝，照民之例，以奉旨之日爲始，定限一年，令在該管處自行首明，照例免罪。將首報地畝，另冊咨送臣部題明，仍著輸租當差。如過限一年及首報不實，或被告發，將地畝入官，嚴加治罪。將查送檔冊之官，一併交部議處。至此項檔冊頒發以後，每年不無移換之處，亦應如所奏，每於歲底，令兩翼監督，將稅買過旗地畝若干，造具清冊二本，彙報臣部，咨行各屬，知照記檔查核。奏入。奉旨依議。

八年，上諭：近畿各府，有八旗莊屯雜處其間，有司難於清查。且八旗罷黜之廢員及不能上進之子弟，與多事不法之家人，往往潛住其中，結交遊手好閑之輩，妄行生事。或好勇鬬狠，或酗酒賭博，或與百姓爭訟告訐，輒轉不休，以致風俗日漸澆凌，難以整理。雖有理事同知一員，亦相隔甚遠，不過詞訟到案，一爲判斷而已，平時則無稽查約束之功也。朕意欲於旗員及司官內，遴選賢能者八員，派往各府有莊屯之地方，專辦旗人之事。時加教誨，申明禁約，導其善念，革其邪心。小則分別懲戒，大則據實糾參。其有旗民互相爭訟之事，仍聽該管衙門審理。此差往之員，以一年爲期更換一次。果能實心辦理，化導有方，一年內所管之處，無旗人犯法之案，將該員與以議敘。倘或怠忽廢弛，因循瞻顧，或擅作威福，多生事端，著直隸總督與巡察御史即行參奏，從重議處。其如何分析管理及如何定例之處，著該部詳悉妥議具奏。特諭。

尋戶部議覆：直隸九府內，除廣平、大名二府，遠處京南，均無旗莊坐落，毋庸置議外，其餘七府所轄有旗莊坐落者，共計七十七州縣衛，廣袤約二千餘里。其間旗民雜處，賢愚不等。地方有司既無約束旗人之責，而理事同知一員又難稽查周遍。皇上特頒諭旨，差遣官員專辦旗人之事，仰見聖慮周詳，籌畫至當。臣等伏查八旗冊報：旗莊坐落處所，一州一縣之內，有一二處以至百餘處者；即一村一莊，有二三旗分之人居住者，亦有祗地畝坐落，而無旗人居住者；又有此州縣旗莊雖多，而界址實與別府州縣地相輻輳者。若分旗分府，則該管之員，難以辦理。臣等酌量旗莊之多寡，復計地方之遠近，約以三百里內外，分作一路，共爲八路。以順天府屬之通州、武清、香河、寶坻，及天津州與所屬之靜海，永平府屬之玉田七州縣，爲京東路。順天府屬之宛平、良鄉、房山、淶水、易州、涿州、新城、雄縣、容城、定興、安肅十一州縣，爲京西路。順天府屬之大興、順義、三河、薊州、平谷、密雲、懷柔、昌平、延慶九州縣衛，爲京北路。順天府屬之固安、東安、永清、霸州、保定、文安、大城，河間府屬之任邱，保定府屬之新安、安州、高陽十一州縣，爲京南路。順天府屬之遵化州，永平府屬之豐潤、遷安、灤州、盧龍、樂亭、昌黎、撫寧、山海衛九州縣衛，爲京北東路。宣化府屬之宣化、懷來、萬全、保安、赤城、延慶六州縣，爲京北西路。河間府屬之河間、肅寧、獻縣、交河、景州、南皮、滄州、青縣、故城，正定府屬之衡水、武強、深州十二州縣，爲京南東路。保定府屬之清苑、蠡縣、博野、滿城、完縣、唐縣、慶都、定州、祁州，正定府屬之無極、獲鹿，順德府屬之沙河十二州縣，爲京南西路。每路派官一員，到彼專管莊屯旗人之事。臣部已經行文各部院并八旗，揀選賢能司官旗員保送。俟各部院八旗將人員保送到日，臣等開列職名，帶領引見，恭候欽點八員，分路前往辦理。并將應行事宜，臣等遵奉諭旨，詳議六款，另摺呈覽。爲此謹奏。

一　各路所轄莊屯，有内務府及各王公莊頭，并八旗廢員以及旗員之子弟家人。其中賢愚固屬不等，然設官分職，原以獎善而癉惡。官斯職者，當仰體皇仁，教誨禁約，使之開導洗革，以化其澆淩之積習。今此八路所派之員，應令蒞任後，即將所屬地方居住旗人，查明住址、戶口、行業。如有來歷不明、多事不法之人，潛匿旗莊者，即行驅逐。其餘莊屯力作之家，有安分循良，各務本業者，獎之翼之，以使其益勵。或有游手好閑，不務本業者，懲之戒之，以期其必改。更於農隙之時，宣揚《聖諭廣訓》，發其彝良，漸歸淳樸。小事則按法究治，大事則據實揭報。他如戶婚田産，以及命盜案件，有關民事者，仍聽地方有司辦理。并將所屬地方居住旗人村莊、戶口、行業，造具清冊，報部查核。此派往之員，如果能於一年任内，實力奉行，無忝厥職，令直隸總督并巡察御史出結保題，交部議叙。倘有多生事端，擾害旗民者，亦令直隸總督并巡察御史查參，交部議處。

一　各員所轄旗莊，大約廣袤三百餘里。而旗人雜處各村，若不按屯計戶，設立屯目、鄉長，分任防閑糾舉，勢難稽查管轄。臣等伏查直省州縣，原設有保正、甲長，分任防閑。今既設官專辦旗人之事，似應彷彿保甲之例，不計旗分佐領，第以屯住之旗人，酌量以若干戶口，設立屯目一名。再合附近各莊村，更設鄉長一名統轄。各令其於屯鄉之内，互相防閑。遇有不務恆業，酗酒賭博，夜聚曉散，以及來歷不明，踪跡可疑者，目、長立即糾舉，以聽該管官員分別處置。其目、長作何分別設立，揀選充補，并各目、長如何分別獎賞懲罰之處，俟各員蒞任後詳議。到日再議。

一　所派各員，既責以董率旗人，必須給與關防，以資文移往來之用。應咨禮部，按照以上八路，鑄給管理某路某莊事務官員關防字樣關防。至年滿更換之期，接受掌管。仍將伊任内經手案卷交代明白，報部查核。

一　查各員所轄地方，或係莊屯稠密，或係地方遼闊，必須設立書役，以資文移驅策。臣等酌量每員設立書吏二名，差役八名，其所需工食銀兩，照直屬額設夫役工食數目，在於司庫按季支給。仍造入奏銷冊内，報部查核。

一　派往各員，除伊本身品級應得俸銀外，其於任所，亦須量給養廉之項。查雍正四年十二月内奉上諭欽差各處一年更換之員，令其馳驛。其一年内，如何使其不至拮据之處，交部查議具奏。經兵部議覆，照依該員品級，按日支給廩給口糧等因，奉旨依議，欽遵在案。今八路派往各員，自京城起身蒞任，路不甚遠，毋庸馳驛。其一年内食用，似應照例按各員品級，日支廩給口糧，總于司庫照數撥給。仍造入奏銷冊内，報部查核。

一　各員俱係新設之員，必須設立衙署，令其駐劄。應令直隸總督酌量各路所轄適中地方，查有入官房屋，酌計應需間數，咨報撥用。如所轄適中之地方，并無入官房屋，其作賃房居住之處，應令直隸總督妥議。到日再議。

以上六條，是否允協，伏祈皇上圣訓遵行。

奏入。于雍正八年八月初九日，奉旨：依議。旗庄等處設立官員，乃立法之始，必得賢能之人實心辦理，訓導有方，始有益于人心風俗。玆所差往之員，著該管大臣于所屬内揀選保舉。差往之後，仍著保舉之大臣，留心訪察。倘差往之員，或不能稱職，或在地方生事，而保舉之大臣据實參奏者，免其誤保之處分。若不能參奏，經朕訪聞發覺者，將保舉之大臣，一併嚴加議處。

又定：分撥地畝，緣邊次第挨給。若不論疆界，挑選膏腴，狥情派撥者，佐領、領催分別罰責。

又定：錦州、蓋州各官庄屯，非奉欽賜者，概令退出。

又定：自京城來人員，曾將伊原給地繳部者，准給熟地。未繳者，給草萊地五晌。若有餘丁者，著該管官具結，給與草萊地。

順治五年題准：沙河以外、錦州以内，八旗官員家丁，每名撥給地六晌承種。

又題准：官員莊屯，兩黄旗設於沙河所，兩白旗設於寧遠，兩紅旗設於塔山，兩藍旗設於錦州。

八年覆准：山海關外荒地甚多，有願出開墾地者，令山海道造冊報部，分地居住。

十二年題准：遼陽、鐵嶺至山海關，另設邊界。八旗莊地多有在邊外者，相沿已久，不必遷移。令照舊種住。惟酌量邊界開門，勿誤耕穫。

康熙十二年題准：凡欲往盛京領地設莊護墳者，若將分内壯丁地退出，准撥熟地。不願退出者，以荒地撥給。

康熙十九年八月己未，戶部郎中鄂齊禮奉差往盛京，踏勘滿洲新開蒿地。事竣，回奏言：東至撫順，西至山海關，南至蓋州，北至開原，皆經查勘，計田萬頃有奇。徵收錢糧，約僅有萬兩。據將軍言，若將滿洲自開地畝，盡撤入官，恐難度日。詔如所奏以行。

十九年八月壬戌，戶部議覆：盛京戶部侍郎塞赫等疏言：察過未墾荒地荒田一百五十四萬七千六百餘晌。內除皇莊喂馬打草地二萬二千四百餘晌，仍有一百五十二萬五千二百餘晌。應照侍郎塞赫等所題，將此地畝註冊。有民願開墾者，州縣申報府尹，給地耕種徵糧。若旗人有力願墾者，亦將人名地數，呈明註冊。若自京城移往官兵、當差及安莊人等，有將在京地畝退還交部，願領盛京地畝者，將彼處旗人墾過餘地，并未墾地之內，酌量撥給。得旨：盛京田地，關係旗丁民人生計，最爲緊要。着爾部賢能司官二員前往，會同奉天將軍、副都統、侍郎等及府尹，將各處田地淸丈明白。務令旗民咸利，設立邊界，永安生業。

康熙十九年覆准：奉天新來之民，界內安插，緣邊次第墾種。其原在旗界內居民，有願移於民界內墾種者，有仍願在旗界內墾種原地者，聽從其便。至旗人、民人力不能開墾荒甸，又復霸佔者，嚴查治罪。

康熙二十四年四月，諭大學士明珠：曩者每一夫田，撤還一晌之田。近日丈量各旗，有察出溢額之田。今玆撥給，何以不給此等田，而以百姓開墾之田四百頃撥給耶？其令戶部堂官，於十四日早至，察溢額之田現有若干及以百姓開墾之田因何撥給，詢問明白，同戶部堂官面奏。特諭。

康熙二十五年題准：錦州、鳳凰城等八處荒地分撥旗丁、民丁，給牛屯墾。每十六丁內，二丁承種，餘十四丁，助給口糧農器。

又題准：黑龍江默爾根地方，戶部各差官一員監看耕種。默爾根令索倫，打虎兒官兵耕種。黑龍江令盛京官兵耕種。

又題准：鳳凰城等八處，差大臣三員、司官八員前往，會同盛京將軍、戶部侍郎，酌量屯墾。

康熙二十五年十二月，諭大學士等：日者遣部員自吉林烏喇至黑龍江，以蒙古、席北、打虎兒、索倫等人力耕種，田穀大穫。夫民食所關至重，來歲仍遣前種田官員，以蒙古、席北、打虎兒、索倫等人力耕種。郎中博奇所監種田地，較諸處收穫爲多，足供驛站人役之口糧，又積貯其餘穀。博奇効力，視衆爲優，其令註冊。此遣去諸員，可互易其地，監視耕種。博奇又復大穫，則議敘之。

二十六年十月，諭大學士等：黑龍江官兵口糧，關係至重。屢次轉運米數，并黑龍江默爾根地方，接續所種米數，宜加察明。自盛京等處廣運米石，以爲久遠裨益之計，此皆當周詳區畫。又發遣彼處遊手無事之人甚多，其口糧作何酌給？前至黑龍江一帶，乃徑直通衢，往來轉輸，斷不至稍有阻滯。如蔡毓榮等巨富之人，幷殷實之家，概予口糧，殊覺未當。彼處漢軍皆着察出，披甲當差、遊手無事之人，可分設官莊，廣開田畝，以爲恆產。令戶兵二部賢能司官迅往，逐一察明。到日確議具奏。

二十八年，戶部議覆：戶部郎中鄭都等疏言：臣等遵旨，會同盛京戶部奉天府府尹，親往各屬地方，詳察旗民地畝，分立界限。嗣後分界之地，不許旗人民人互相墾種，以滋爭端。如有荒地餘多，旗民情願墾種者，將地名畝數，具呈盛京戶部，在各界內聽部丈給。庶界地分明，旗民各安生業，不致互相爭告。應如所請。詔從所議。

康熙二十八年諭：奉天等處旗民田地，所立界限不明。着將各部賢能司官，具題差往。會同盛京戶部侍郎及該府尹，將旗民田地并牧廠，逐一確察，各立界限，詳定具奏。遵旨議定：旗民互相墾種，以致爭告不已。嗣後民人不許在旗界內墾種，旗人不許在民界內墾種。

康熙二十九年，戶部議覆：黑龍江將軍薩布素疏言：默爾根居住之總管索倫、安諸祜等，每年耕種官田二千餘晌。今官兵移駐默爾根，請即以此項成熟之田，分給耕種。應如所請。詔從所議。

康熙三十二年議准：盛京旗人所種地畝，每年地一晌，徵豆一關東升，草一束。今將地畝丈量，不論何屬之人，俱照八旗十三城所管地界，交與協領、城守尉等催追。

三十七年諭：着停止差往種地。嗣後不必具題。如差往種地，再行頒諭。

三十九年題准：旗人所種地畝，交該管官員催追。

五十五年覆准：旗人開墾地畝，令該管官員出具保結，呈報盛京戶部。其民人開墾地畝，仍在地方官處具呈，轉報盛京戶部，准其開墾。將墾過地畝，於年底彙冊，報戶部查核。

雍正二年議准：盛京旗人所種地畝，仍照舊例。在何界內種地，即將彼界協領、城守尉爲督催之員，佐領拖沙喇哈番品級旗員驍騎校爲經催之員。如有抗欠不交者，該督催官員即行拘拿治罪。如有催追不完之數，計分數題參。

四年議准：盛京旗地，自康熙三十二年起輸草豆以來，未經查丈，檔冊舛錯，旗民彼此爭告，經年不絕。將王以下至閒散宗室，盛京所有莊屯內管領、莊頭、壯丁、捕牲人等名姓，居住村莊，查明係何王府之人，係何閒散宗室之人。行文八旗，分別造冊，送奉天將軍、盛京戶部，以備查丈地畝之大臣，會同核對查丈。仍將查丈過地畝若干，輸納草豆若干之處，造冊具題查核。

又覆准：盛京地畝，令奉天將軍、府尹、戶部侍郎，會同差往丈量地畝大臣，將十四城界內，分爲十四分。旗地、民地，公同派出賢能官員，會同查丈。其皇莊捕牲人，三陵內佐領官兵，屯莊執事人，閒散人等，千丁，驛站臺上園丁，戶、禮、工三部屯莊官丁，僧道各項人等地畝，率領伊等該管官，公同查丈。務期詳悉清楚，無致遺漏隱匿。丈完之日，將丈過地畝數目，造冊送部。倘有隱匿不清之處，日後發覺，將查丈官從重治罪。

又覆准：寧古塔、船廠等處，設立州縣。打牲烏喇離船廠甚近，着船廠知州兼轄管理。其拉林阿等處地畝，不准開墾，交與白都訥新設知縣嚴行禁止。

又覆准：船廠等處開墾地畝，禁止旗民互相典買。

又覆准：合爾素等驛站，各邊地之驛站，所有近城之八旗莊屯，寧古塔所有之開熟田地，亦如奉天府屬之州縣，照每畝三分錢糧例交納。若有附於原主名下，未經查出者，佃戶首報該縣，給與印票，即令其交納錢糧，不許原主侵佔。

順治二年九月辛巳，諭戶兵二部曰：近來土賊竊發，民不聊生。如直隸順德府，山東濟南府、德州、臨清州，江北徐州，山西潞安府、平陽府、蒲州八處，着滿洲統兵駐劄，務期剿撫得宜，以安百姓。以上八處駐劄滿兵者，給以無主房地。其故明公、侯、伯、駙馬、太監地，察明量給原主外，餘給滿洲兵丁。

順治四年題准：江寧駐防旗員，給園地三十晌至十晌不等。西安駐防旗員，給園地四十晌、三十五晌不等。又題准：浙江駐防官兵，不給田，俸餉照經制支領。

五年題准：各省駐防官兵，家口半攜去者，在京園地半撤，全攜去者全撤。

又題准：直省駐防官，應給澇地米。所留家口，在京支給。隨帶家口，在駐防所支給。

六年題准：外省駐防官員，初任其地，未經發給園地者，準令撥給。其加級陞任者，不復添給。凡應給地十晌以下者，戶部撥給。十晌以上者，奏請撥給。

七年題准：駐防官員，量給園地。甲兵、壯丁，每名給地五晌。臨清、太原，以無主地并官地撥給。保定、河間、滄州，以八旗退出地撥給。

康熙三十一年題准：將山西、陽太二邑所屬享堂等六屯地畝，撥給晉省駐防滿洲官兵。又覆准：陽曲地畝被圈，將太、榆、清、忻四州縣屯地撥補。但屯頭、佃戶，倚恃隔屬，不肯完租，被圈之民賠累，照直隸之例，令州縣官代徵，解給被圈之民。倘有拖欠，照例處分。

三十二年議准：八旗駐防省分官兵，在所住之處給與地畝。

五十七年覆准：山西右衛苧麻口外，西至十家鋪三十里，東至彌陀山十五里，共有荒地四千五百餘晌。差官丈量，安設莊頭十五名。

五十八年題準：滿洲官兵，駐劄河南南陽府揚河地方，所有墾荒地畝，給與管業耕種。

雍正二年六月二十三日，總理戶部事務和碩怡親王胤祥等謹奏：雍正二年閏四月初九日，隆科多傳旨：朕交與怡親王查戶部餘地，內務府衙門餘地，拖欠錢糧人員所交地畝數目，俱已查明具奏。朕盡行覽過。爾等即照此辦理。但內有民地，如何辦理之處，爾等議明具奏，再行辦理。欽此。欽遵。臣等恭惟我皇上爲天下生民，雖至微之處，無不周詳，以勞聖慮。又爲旗人永遠之生計，特旨交與臣，將戶部餘地、內務府餘地，并拖欠錢糧人員所交地畝數目查奏。今復奉諭旨，令臣等會同辦理，此誠我皇上撫育兵民之至意。臣等查得內務府餘地，共一千六百餘頃。拖欠錢糧人等所交地，共二千六百餘頃。此二項地內，挑選二百餘頃，作爲井田。行文八旗，除現在官員子弟，實在讀書之人及有產業現在可以當差，并後順藩下人等外，將無產業滿洲五十戶，蒙古十戶，漢軍四十戶，共挑選一百戶前往種地。此撥去種地之人，自十六歲以上，六十歲以下，各授田百畝。周圍八分爲私田，中間百畝爲公田。共力同養公田。俟三年之後，所種公田百畝之穀，再行徵取。將革職大臣官員內，誠實有年紀者，揀選二員，前往種地之處，勸教管理。三年之內，果有成效，着令議叙。十月後，農事既畢，令打步圍，學習射箭。伊等子姪內有好者，令本佐領照常挑差。如果行之有效，再照此例派往一次。庶無產旗人，各得竭力以務本業，而亦可服苦矣。令戶部挑選賢能司官，分往有地畝之州縣，會同各該州縣官員，將拖欠錢糧人員所交之地，查明收貯。仍將地之腴瘠，租價之實數，查明分爲等次，造冊報部。再與種地人等，每莊壓蓋土房四百間。設立村莊之處，亦交與查地官員等。即將此項地內，挑選設立村莊之處，壓蓋土房四百間，算其人口分給。每間給銀十兩，共需銀四千兩。仍將用過銀兩數目，造冊報部查核。俟土房蓋完報部之日，將挑選種地人等，令其前往居住。此耕種井田實在之人，每名給銀五十兩，以爲一年辦買人口糧米、牛、種、農具等項之用。將此銀即交與查地官員，會同管理勸教二人，公同監看辦買。若有餘剩銀兩，分與伊等，以備來年種地之用。將用過銀兩，造具清冊，報部查核。壓蓋土房，辦買牛、種、農具等物，合算共約需銀一萬四千兩。此二項地內，除挑選井田地畝外，仍有地四千餘頃。約計一年，可得租銀三萬餘兩。立此井田所需銀兩，將戶部銀兩支給。再拖欠錢糧人等所交之地，如何作價抵補拖欠錢糧之處，俟查完地畝之後，再行議奏。現在地內，有典旗人地畝者，有典買民人地畝者。先經內務府奏稱：如典旗人地畝，勒限三月，准其取贖。如逾限，即行入官辦理。此內有典買民人地畝，俱關係地方錢糧，應交與地方官，勒限三月，令原業主取贖。如逾限，將此地交與該撫，給與本地民人，收取原價，解交內廣儲司等語。但典賣地畝之人，俱係貧窮小民。勒限則不能遽得銀兩取贖，請暫停勒限。使民人得銀，即在戶部具呈，驗看原契，照部原折價銀交納，准其取贖。未贖之前，照例起租解部。贖後止租。再查戶部餘地，俱係供應各處撥給備用之地，仍令各處收貯備用。如有撥給之處，仍照舊例，將此地撥給。再作井田地畝內，倘有旗民人等之地，交雜其中者，將就近存貯好地內，照數換給。如此，八旗中無產業者，各得產業以全生計。即億萬斯世，均沾聖主浩蕩洪恩於無既矣。臣等識見淺陋，未得周詳之處，仰懇聖主指示。俟命下之日，將查地官員揀選派出，差往查地可也。奉旨：所議甚好。照行。

尋奏：先經臣等遵奉諭旨議覆：將內務府餘地，并拖欠錢糧人等所交地畝內，挑選二百餘頃，作爲井田。將無產業之滿洲、蒙古、漢軍，共挑選一百戶，前往種地。此種地之人，每戶授田百畝。凡八百畝爲私田，百畝爲公田。共力同養公田。派出臣部司官，分往有地畝之州縣，查勘可以設立村莊之處，設立村莊。共壓蓋土房四百間，每間給銀十兩。俟土房蓋完之日，將挑選種地人等，令其前往居住。給與口糧、牛、種、農具，以便耕種等因。於雍正二年六月二十三日，交與奏事雙全等轉奏。本日奉旨：所議甚好。照行。欽此。欽遵。隨派出臣部員外郎傅璽等，前往查勘地畝。今據查勘得新城縣有地一百一十六頃零，固安縣有地一百二十五頃八十九畝零。俱係拖欠錢糧人等所交，及內務府所收之地畝。查固安縣地畝，坵段雖屬零星，然皆附近村居，且去京師甚近，甚可分給種地人等耕種。臣等請將固安縣所有一百二十五頃八十九畝零官地，以十二頃五十畝爲公田，以一百頃爲私田，計得十二井五分。其存剩一十三頃三十九畝零，爲種地之人室廬、場圃處所。臣部派出司官二員，量地之遠近多寡，勘酌形勢，共壓蓋土房四百間。遵照原題，每間給銀十兩，共需銀四千兩。令直隸總督於雍正二年地丁錢糧內，動支銀四千兩，交該地方官即行壓蓋。務於二月內完工。庶耕種之人，不失農時。一面豫行挑選種地人等，俟土房報完之日，即給與口糧、牛、種、農具等項銀兩，撥往居住。其管理之員，臣部行文八旗。俟查送到日，彙齊引見。恭候皇上欽定。爲此謹奏請旨。

雍正三年正月十四日，奉旨：依議。耕種之期已近，壓蓋土房，務期堅固，不可草率。即速行文。

尋又奏：先經臣等將內務府餘地，并拖欠錢糧人等所交地畝，作爲井田。其管理之員，行文八旗，俟查送到日引見，恭候皇上欽定。雍正三年正月十四日，奉旨依議。今據八旗都統陸續咨送原任副都統保德等二十九員到部，相應開列職名奏聞。俟皇上御門之日，臣等帶領引見，恭候皇上欽點一二員。

雍正三年二月十四日，帶領管教種井田廢官引見。奉旨：此次着厄爾德黑連肖先去。將此十人，爾部記檔。再派往時，此內派往。

雍正五年，上諭：旗人枷號、鞭責、治罪、革退官兵，并無恆業。在京閒住，倚靠親戚爲生，以致良善之人，被累維艱。而伊等無事閒游，不能不生非爲惡。將此等之人查出，令於京城附近直隸地方，耕種井田。作何安置之處，王大臣等會議具奏。遵旨議定：將八旗滿洲、蒙古內，拖欠錢糧、枷責治罪革退官兵，并伊妻子發往井田。本身爲非犯法、枷責治罪革退官兵，無所倚靠者，亦并伊妻子發往井田。應發耕種井田之人，各該旗查明，備造細冊，鈐蓋印信，發與管理井田之人。嚴行約束，令其耕種，不許出入京城。伊等子孫內，如有長大誠實，弓馬嫻熟，欲來京披甲當差効力者，該管之人保送來旗，於挑選披甲當差之時，仍行挑選。若挑選披甲當差之後，爲非犯法者，將保送之人一體治罪。發往井田之人，在彼處仍行怙惡不悛，妄生事端者，管理井田之人，即呈報該旗咨部，按伊所行之事，加倍從重治罪。巡察御史、地方官員，亦行不時稽察。若不守分，飲酒生事等項，該地方官即申報該督。若地方官徇情隱諱，不申報該督，或已申報該督，該督不行咨各該地方，被巡察御史查出，將不申報之州縣官，并不咨行之該督議處。若巡察御史徇情隱諱，不行查參，被州縣官查出申報，將巡察御史治罪。再管理井田之人，有事呈報各旗。若無記識，難以憑信，交與該旗鑄給管理井田關防。但今發往之人，皆係從前已經治罪，不必照先去之人一體安置。每戶給三十畝，五戶共給牛三隻。購買牛具、籽粒等物及每年口糧，每戶給銀十五兩。交與管理井田官員，於相宜地方，築建土堡，酌量人口多寡，苫蓋土房，俾其居住。發往之人，管理井田官員不能料理妥貼，約束不嚴，致令生事擾害地方，事發者，將管理井田官員，從重治罪。嗣後每年一次查出發往。再開戶之人，爲非犯法，枷號、鞭責、治罪，退甲閒住無倚，不無妄生事端，自爲盜竊。嗣後開戶之人，爲非犯法、枷責革退兵甲者，給與發往井田人內，効力良善之人爲佃丁。不許擅賣，令其出力。

又諭：井田地方，止有一人管理。著於彼處，再補放驍騎校四員，領催八名，料理事務。俸餉、陞轉，照京驍騎校、領催一體，以爲彼處之人出身之路。若以陞轉原在彼處効力者，即令其帶銜在彼居住。此二年，在彼勤慎可用，應補驍騎校之人，著保送到部引見補放。

清・鄂爾泰《八旗通志》卷一九《土田志二・畿輔八旗土田上》 鑲黃旗

滿洲：初次給地一十九萬三千八百六十晌，二次給地四萬二千三百一十五晌，三次給地二萬一千八百八十五晌。

蒙古：初次給地二萬九千九百五晌，二次給地二萬八千三百三十五晌，三次給地六千八百九十五晌。

漢軍：初次給地三萬三千三百四十晌，二次給地一萬九千八百五晌，三次給地一萬七千五百五十晌。

共壯丁地三十九萬三千八百九十晌。坐落大興、宛平、良鄉、固安、永清、東安、香河、通州、三河、武清、寶坻、昌平、順義、密雲、懷柔、涿州、房山、霸州、文安、大城、保定、薊州、玉田、平谷、遵化、豐潤、永平、遷安、昌黎、灤州、樂亭、清苑、滿城、安肅、定興、新城、唐縣、容城、完縣、蠡縣、雄縣、安州、高陽、新安、易州、淶水、河間、肅寧、任邱、交河、青縣、南皮、獲鹿、永寧衛、良牧署、采育里、開平、沙河驛、赤城、宣府、德州、古北口、冷口、張家口、喜峯口、羅文峪、獨石口、石匣等處。

正黃旗

滿洲：初次給地七萬三千四百四十晌，二次給地一十五萬二千九百一十五晌，三次給地三萬一千二百三十晌。

蒙古：初次給地一萬二千六百一十五晌，二次給地一萬八千七百八十五晌，三次給地三萬一千四百一十晌。

漢軍：初次給地二萬一千二百三十七晌三畝，二次給地三萬一千三百一十二晌三畝，三次給地一萬九千四百五十二晌三畝。

共壯丁地三十九萬二千三百九十六晌九畝。坐落大興、宛平、良鄉、固安、永清、東安、香河、通州、三河、武清、寶坻、昌平、順義、密雲、懷柔、涿州、房山、霸州、文安、保定、薊州、玉田、平谷、遵化、豐潤、盧龍、遷安、灤州、樂亭、清苑、滿城、安肅、定興、新城、唐縣、慶都、容城、完縣、蠡縣、雄縣、安州、高陽、新安、易州、淶水、河間、肅寧、任邱、交河、青縣、滄州、南皮、獲鹿、開平、赤城、宣府、古北口、冷口、張家口、獨石口、石匣等處。

正白旗

滿洲：初次給地九萬五千四百五十五晌，二次給地五萬五千四百四十五晌，三次給地七萬二千二百三十五晌。

蒙古：初次給地二萬一千五百六十二晌半，二次給地二萬七百九十二晌半，三次給地一萬八千二百四十三晌。

漢軍：初次給地一萬四千四百六十晌，二次給地二萬四千四百二十晌，三次給地二萬三千九百九十五晌。

共壯丁地三十四萬六千六百八晌。坐落大興、宛平、良鄉、固安、永清、東安、香河、通州、三河、武清、寶坻、昌平、順義、密雲、懷柔、涿州、房山、霸州、文安、保定、薊州、玉田、平谷、遵化、豐潤、永平、遷安、撫寧、昌黎、灤州、樂亭、安肅、定興、新城、容城、完縣、雄縣、安州、高陽、易州、淶水、河間、肅寧、任邱、交河、青縣、滄州、南皮、宣府、羅文峪、張家口、獨石口、古北口等處。

正紅旗

滿洲： 初次給地三萬五千四百九十八晌，二次給地八萬八千五百一十四晌零，三次給地三萬五千三百四十五晌。

蒙古： 初次給地三千九百二十八晌零，二次給地一萬二千七百六十晌，三次給地九千二百五十五晌。

漢軍： 初次給地四千六百三十五晌，二次給地一萬六百八十晌，三次給地六千一百七十晌。

共壯丁地二十萬六千七百八十五晌零。坐落宛平、良鄉、固安、永清、東安、通州、武清、寶坻、昌平、順義、密雲、房山、霸州、文安、保定、灤州、樂亭、清苑、安肅、定興、蠡縣、雄縣、任邱、河西務等處。

鑲白旗

滿洲： 初次給地一十萬四千四百七十五晌，二次給地四萬四千五百七十晌，三次給地三萬八千一百七十晌。

蒙古： 初次給地一萬六千九百五晌，二次給地一萬四千三百六十五晌，三次給地一萬五千九百三十五晌。

漢軍： 初次給地一萬一百五十晌，二次給地五千五十五晌，三次給地七千七百八十晌。

共壯丁地二十五萬七千四百五晌。坐落大興、宛平、良鄉、固安、永清、東安、香河、通州、三河、武清、寶坻、昌平、順義、密雲、懷柔、涿州、房山、霸州、文安、大城、保定、薊州、玉田、平谷、遵化、豐潤、永平、遷安、灤州、樂亭、滿城、安肅、定興、新城、容城、雄縣、新安、易州、淶水、河間、肅寧、任邱、交河、青縣、靜海、滄州、南皮、延慶、張家口、喜峯口、冷口、羅文峪、開平、赤城、沙河驛、良牧署等處。

鑲紅旗

滿洲： 初次給地一萬八千三百四十五晌，二次給地九萬六千四百五十二晌半，三次給地四萬三千五百三十七晌半。

蒙古： 初次給地五百九十晌，二次給地二萬二千四百二十五晌，三次給地一萬七百二十晌。

漢軍： 初次給地五千一百三十晌，二次給地一萬五百晌，三次給地九千八百九十五晌。

共壯丁地二十一萬七千五百九十五晌。坐落宛平、良鄉、固安、永清、東安、香河、通州、三河、武清、寶坻、昌平、順義、涿州、房山、霸州、大城、保定、豐潤、永平、遷安、灤州、樂亭、清苑、安肅、定興、新城、唐縣、慶都、完縣、蠡縣、雄縣、淶水、河間、肅寧、任邱、滄州、延慶、河西務、天津等處。

正藍旗

滿洲： 初次給地一十萬三千三百一十二晌半，二次給地六萬六千五百四十五晌，三次給地三萬七千九百九十晌。

蒙古： 初次給地二萬五十晌，二次給地一萬二千六十五晌，三次給地一萬一千八百六十晌。

漢軍： 初次給地一萬四千七百三十二晌半，二次給地一萬二千二百一十五晌，三次給地六千八百四十晌。

共壯丁地二十八萬五千六百一十晌。坐落大興、宛平、良鄉、固安、永清、東安、香河、通州、三河、武清、寶坻、昌平、順義、密雲、懷柔、涿州、房山、霸州、保定、薊州、玉田、平谷、遵化、豐潤、遷安、昌黎、灤州、清苑、滿城、安肅、定興、唐縣、容城、雄縣、高陽、新安、易州、任邱、青縣、南皮、良牧署、延慶等處。

鑲藍旗

滿洲： 初次給地一十萬八千三百八十晌，二次給地三萬九千一十五晌，三次給地二萬四千三百四十晌。

蒙古： 初次給地二萬五千八百五晌，二次給地四千一十三晌，三次給地五千三百七十晌。

漢軍： 初次給地一萬二千六百四十五晌，二次給地八千六十晌，三次給地七千五百六十晌。

共壯丁地二十三萬五千一百八十八晌。坐落大興、宛平、永清、東安、香河、三河、武清、昌平、密雲、涿州、房山、盧龍、樂亭、定興、蠡縣、安州、高陽、易州、淶水、河間、任邱、獲鹿、河西務、獨石口、張家口等處。

順天府

大興縣

鑲黃旗： 順治二年至四年，原撥給旗人民地共二百二十二頃零二畝。屯地三十七頃六十八畝七分。 牧馬地八十四頃六十畝五分。 康熙三年至三十四年，續撥給各項地共二百十一頃三十六畝三分，歷年退出地共一百三十六頃三十畝四分。 康熙六年至三十九年，復撥給各項地共九十九頃五十六畝一分。

正黃旗： 順治二年至四年，原撥給旗人民地共一百九十九頃九十五畝。屯地共五十二頃七十一畝。 牧馬地共八十一頃三十七畝五分。 康熙三年至五年，續撥給馬房、香火等地，共二十五頃六十七畝。

順治七年，投充旗地共七十二頃二十九畝二分，歷年退出地共二十三頃六十九畝五分。 康熙四年至四十二年，復撥給各項地共八頃三十三畝。

正白旗： 順治二年至四年，原撥給旗人民地一百七十九頃八畝五分。屯地共五十五頃十八畝五分。 牧馬地共九十一頃十五畝。 順治十三年至康熙二十三年，續撥給各項地共三百十六頃八十八畝八分。 歷年退出地共八十五頃十六畝四分零。 康熙六年至五十一年，復撥給各項地共一百十八頃零三畝一分。

鑲白旗： 順治二年至四年，原撥給旗人民地共一百零六頃八十六畝五分。 屯地共四十五頃六十四畝五分。 牧馬地共九十一頃十四畝。 順治十七年至康熙五年，退給光祿寺等處地，共九頃四十七畝。 畦地一千一百三十八箇。歷年退出地共一百二十四頃零二畝二分。 康熙五年至二十二年，復撥給退地共二十一頃零二畝三分。 內塋地十八畝三分。

正藍旗： 順治二年至四年，原撥給旗人民地共九十五頃六十八畝六分。屯地共四十五頃三十一畝。 牧馬地共八十七頃八十九畝五分。 康熙元年至十一年，續撥給各項地共九頃九十六畝六分。 歷年退出地共七十三頃九十畝零六分。 康熙十三年至三十二年，復撥給退地共三頃二十五畝三分。

鑲藍旗： 順治二年至四年，原撥給旗人民地共八十四頃零五畝七分。屯地共三十二頃九十三畝六分。 牧馬地共七十五頃九十三畝二分。 順治十七年至康熙六年，退給尚膳監等處地，共十三頃八十六畝五分。 畦地一萬三千四百一十五箇。

各王府屬下退出地共二百十七頃五十八畝三分。 康熙二十年至五十九年，復撥給苑戶、莊頭、馬軍等地，共三百五十四頃十一畝八分。

宛平縣

鑲黃旗： 康熙六年至二十二年，原撥給旗人地共九十七頃十一畝。 康熙六年至五十八年，退出地共七頃四十畝。

正黃旗： 順治元年至康熙四十八年，原撥給旗人地共八百四頃六十一畝零。 順治七年，投充旗地五十五頃十三畝八分零。 康熙三年至雍正二年，退出地共三十二頃三十五畝零。 康熙二十四年至雍正五年，復撥給旗人地共十五頃二十四畝六分。

正黃、鑲紅二旗： 康熙二十六年，同退出地一頃八十畝。

正白旗： 順治八年至康熙五十七年，退出地共二十四頃二十九畝。 雍正四年，復撥給旗人地二十畝。

正紅旗： 順治三年至康熙二十三年，原撥給旗人地共六百六十三頃二十三畝九分零。 康熙五十一年，續撥給旗人地一頃四十畝零。

鑲白旗： 順治四年至康熙二十五年，原撥給旗人地共一千一百五十八頃二十四畝三分零。 康熙四年至七年，退出地共十頃三十六畝。

鑲紅旗： 康熙十三年，原撥給旗人地二十八畝。 康熙二年至八年，退出地共五十頃九十二畝。 康熙八年至五十五年，復撥給旗人地共六頃十一畝零。

正藍旗： 康熙十四年至二十三年，原撥給旗人地共十頃八十五畝。 康熙四年至三十九年，退出地共二頃七十畝。 內三十五畝築渾河堤岸。

鑲藍旗： 康熙十七年，原撥給旗人地二十八畝。 康熙三年、四年，退出地共十二頃四十九畝五分。

又康熙十三年至二十二年，撥給莊頭、苑戶、馬軍等地，共一百二十一頃五十六畝八分零。 順治三年至雍正五年，退出莊頭、苑戶、園頭等地，共一百四十三頃三十三畝四分零。 康熙七年至雍正五年，復撥給莊頭、苑戶、各項人等地，共二百二十九頃七十二畝六分零。

良鄉縣

鑲黃旗： 康熙二十一年，撥給旗人地二頃三十七畝。 康熙四十二年，退出地六頃六十畝。康熙四十九年，復撥給旗人地一頃六十畝。

正黃旗：順治三年、四年，原撥給旗人地共二千六百九十三頃二畝零。順治二年至四年，投充旗地共二百二十五頃二十二畝二分零。康熙二十三年至雍正二年，退出地共十一頃十畝。康熙四十五年至五十五年，復撥給旗人地共四頃七十畝。

正白旗：康熙二十年，撥給旗人地共三十一頃二十七畝八分零。康熙四十一年，退出地一頃八十畝。康熙四十九年，復撥給旗人地共四頃三十三畝。

鑲紅旗：康熙五十五年，撥給旗人地九十畝。

又順治十五年至康熙六十一年，復撥給各旗人等地，共一百五十九頃十畝七分零。康熙五十一年至雍正四年，莊頭人等退出地，共九頃二十三畝。康熙五十五年至雍正元年，復撥給莊頭人等地，共七頃十九畝二分。

固安縣

鑲黃旗：康熙三十六年，退出地九十畝。

正黃旗：康熙二十年，撥給旗人地共八頃五十五畝。

正白旗：順治三年，投充旗地一百二十四頃五十九畝二分零。康熙五十一年，退出地二十二畝五分。

鑲藍旗：順治二年至四年，原撥給旗人地共三千八百八十四頃七十畝七分零。康熙八年至十五年，撥給旗人民地共一頃九十九畝九分零。順治二年，投充旗地四頃八十九畝。康熙三十二年至雍正二年，退出地共七頃三十九畝。康熙二十四年至雍正五年，復撥給旗人地共七頃五十九畝五分零。

又康熙九年至四十六年，撥給各旗人等地，共三十三頃六十一畝九分零。

永清縣

鑲黃旗：順治二年至康熙二十三年，撥給旗人地共五十三頃五十一畝。順治二年至七年，投充旗地共二十八頃四十二畝五分。

正黃旗：順治二年至康熙二十四年，撥給旗人地共四十五頃三十五畝。又各莊頭地共三十七頃三十三畝。又內務府人等地十四頃十八畝。又投充旗地十六頃四十八畝九分零。

正白旗：順治二年至六年，撥給旗人地共九十七頃七十八畝五分零。又莊頭地共十八頃。

正紅旗：順治六年，撥給旗人地共五頃四十畝。雍正元年，撥給王府莊頭地共十一頃九十六畝。

鑲白旗：順治二年至康熙年間，撥給旗人地共一百三十三頃二十三畝六分。又投充旗地五頃三十畝。

鑲紅旗：順治二年，撥給旗人地共五十三頃七畝。

正藍旗：順治二年，撥給旗人地共三百五十頃三十二畝。

鑲藍旗：順治二年至康熙三十五年，撥給旗人地共八百六十三頃七十三畝五分。順治二年至五年，投充旗地共十五頃三十九畝。

東安縣

鑲黃旗：康熙二十三年、二十四年，原撥給旗人地共二百七十六頃六十七畝九分，康熙二十四年至五十四年，退出地共三十一頃八十畝，康熙四十年至四十九年，復撥給旗人地共九頃六十畝。

正黃旗：康熙二十三年、二十四年，原撥給旗人地共一百九十四頃。康熙二十三年至四十九年，退出地共二十一頃。康熙二十四年至四十七年，復撥給旗人地共四頃二十畝。

正白旗：康熙三十六年至四十年，退出地共六頃。

鑲白旗：康熙十一年至二十四年，原撥給旗人地共四十七頃五十四畝三分。康熙三十八年至四十九年，退出地共二頃四十畝。

鑲紅旗：康熙二十三年，撥給旗人地六頃五十畝。

又康熙二十二年，復撥給各旗人等地，共十二頃七十六畝三分。康熙三十三年至五十二年，退出地共十四頃十七畝五分。康熙四十九年至六十年，復撥給莊頭等地，共十八頃九十七畝。

通州

鑲黃旗：順治三年，原撥給旗人地二十五頃四十九畝。康熙二十三年、二十四年，續撥給旗人民地共二十七頃四十五畝。順治四年，投充旗地十四頃二十畝。康熙三十八年至四十四年，退出地一頃五十畝。康熙二十四年，復撥給旗人退出地五十五畝，墾荒地十一頃二十畝。

正黃旗：順治三年，投充旗地二十一頃八十畝。康熙二十二年，撥給旗人墾荒等地六十三畝七分。康熙二十四年，退出地六十畝。

正白旗：　順治二年至四年，原撥給旗人地共四千二頃十四畝二分零。內荒蕪道路及房基、寺廟香火地，共八十三頃七十九畝五分零。　順治三年、四年，投充旗地共七百三十頃五十三畝六分。　康熙二十三年，續撥給旗人墾荒等地，共六十六頃四十六畝。　康熙四十六年至雍正三年，退出地共二頃六十六畝。　康熙二十二年至四十六年，復撥給旗人地共十三頃七十九畝。

鑲白旗：　順治三年，撥給旗人地一百十一頃三十一畝四分。　順治三年、四年，投充旗地共六百五十頃八畝一分零。

正藍旗：　順治三年、四年，投充旗地共三十一頃九十六畝。　康熙二十三年，退出地三十五畝。　二十四年，仍撥給本旗。

又康熙三年至雍正三年，各旗退出地共七十二頃十八畝。　康熙四年至雍正四年，復撥給各旗人等地，共十七頃十畝六分。　康熙四年至二十四年，撥給各旗人等開荒地，共八十二頃五十五畝八分。

正藍旗：　康熙三十二年至六十年，退出地共六頃。　康熙四十七年，復撥給旗人地二頃十六畝。

鑲白、正藍二旗：　康熙十三年，同撥給旗人地十五頃八十畝六分零。

鑲白、鑲藍二旗：　康熙九年，同撥給旗人地十一頃七十四畝八分零。

鑲藍旗：　康熙二十一年至二十三年，原撥給旗人地共二十九頃六十五畝。　康熙三十一年至四十八年，退出地共二十一頃五十畝。　康熙四十三年至五十二年，復撥給旗人地共十九頃二十四畝。

又康熙十一年至二十三年，原撥給打牲人等地，共十二頃八十畝。　康熙四十年至六十一年，復撥給莊頭等地，共六十頃五畝五分零。　康熙三十九年至雍正五年，海戶人等退出地，共二十三頃七十二畝九分零。

香河縣

鑲黃旗：　康熙五年至二十三年，原撥給旗人地共四十六頃四十三畝。

正黃旗：　康熙八年至二十二年，原撥給旗人地共四十頃五十五畝七分。

正白旗：　康熙五年至十五年，原撥給旗人地共十頃五十畝。　康熙四十一年至四十六年，退出地共二頃五十二畝。

鑲白旗：　順治二年至康熙九年，原撥給旗人地共三千四百六十六頃六十畝六分零。　康熙四十六年，退出地九十畝。

正藍旗：　康熙七年至二十三年，原撥給旗人地共七十二頃十二畝二分零。　康熙三十四年至五十五年，退出地共九頃七十六畝。

鑲藍旗：　康熙三十七年，退出地六十畝。

漷縣歸併通州地

鑲黃旗：　順治三年，原撥給旗人地九十六頃四十畝零。　康熙二十四年至三十四年，續撥給旗人備邊、備荒等項地，共四十八頃六十畝。　康熙二十五年，退出地三十畝。

正黃旗：　順治二年、三年，原撥給旗人地共四百二十二頃八十二畝五分零。　順治二年至五年，投充旗地共八百八十三頃二十七畝八分零。　順治二年、三年，續撥給旗人備邊、備荒等項地，共二百二頃四畝五分零。　康熙二十二年，退出地七十畝。

正白旗：　順治二年至七年，投充旗地共三百二十七頃六十二畝二分零。　順治四年至康熙二十三年，續撥給旗人備荒、開墾等項地，共五十五頃三十八畝二分零。　康熙二十三年至三十九年，退出地二頃八十五畝。　康熙五十八年，復撥給旗人地三頃。

正紅旗：　康熙五十二年，退出地五十二畝。

鑲白旗：　順治五年至七年，投充旗地共二十五頃五十七畝二分。　康熙二十三年，退出地七十畝。

正藍旗：　順治二年至四年，原撥給旗人地共一千三百九十一頃四畝零。　順治二年至四年，投充旗地共一百四十三頃三十七畝三分零。　順治二年、三年，續撥給旗人備邊、備荒等項地，共一百二十二頃四十六畝八分零。　康熙三十三年至六十年，退出地共四頃十二畝。

鑲藍旗：　順治五年，投充旗地一頃六十九畝五分零。

又順治三年，原撥給馬廠地四百八十八頃六十五畝四分零。　康熙三年至十年，退出地共四十三頃三十六畝五分。　康熙五年至五十三年，復撥給各旗人等退出及開墾等地，共一百九十八頃二十畝八分零。

三河縣

鑲黃旗：　順治十四年至康熙二十三年，撥給旗人地共四十八頃七十四畝。　順治四年，投充旗地一百六頃十八畝八分零。

正黃旗：　順治四年，投充旗地四十四頃七十畝。

正白旗：順治二年至康熙二十三年，撥給旗人地共五千八十七頃四十七畝六分零。順治二年至七年，投充旗地共三千三百七十四頃五十一畝八分零。

鑲白旗：順治三年、四年，投充旗地共二百六十八頃八十六畝二分零。

鑲紅旗：順治三年，投充旗地十一頃十三畝七分零。

正藍旗：順治四年，投充旗地四頃。

武清縣

鑲黄旗：康熙二十三年、二十四年，原撥給旗人及牧廠人員地共三百十八頃六十一畝六分零。順治元年至十四年，投充旗地共一百十四頃六十一畝九分零。康熙元年至五十九年，退出地共二十一頃六畝六分零。康熙五十五年至雍正元年，復撥給旗人地共二頃二十畝。又牧馬廠地一千四十六頃七十九畝零。

正黄旗：順治十一年，原撥給旗人地共二十六頃二十四畝九分零。順治元年至十三年，投充旗地共一百八十七頃五十六畝六分零。康熙五十九年，退出地九十畝。康熙五十五年，復撥給旗人地共十四頃七十畝。又牧馬廠地八頃三十六畝。

正白旗：順治十六年至康熙二十三年，原撥給旗人地四十頃二十九畝二分。順治五年至康熙八年，投充旗地三十頃十三畝三分零。康熙元年至五十四年，退出地共十頃十三畝三分零。雍正二年，復撥給旗人地三頃六十畝。

正紅旗：康熙五十二年，退出地一頃二十畝。

鑲白旗：順治二年至康熙二十三年，原撥給旗人地共一百七頃三畝二分零。康熙四十六年至六十年，退出地共一頃八十畝。康熙五年至雍正元年，復撥給旗人地共五頃六十畝。

正藍旗：順治三年至康熙二十三年，原撥給旗人地共四千二十一頃九十六畝三分零。順治三年、四年，投充旗地共二百六十八頃六十三畝一分零。康熙三十七年至六十年，退出地共十二頃十五畝。

又康熙五年至二十四年，撥給網戶及馬廠等地，共四百七十三頃九十八畝八分零。康熙五十五年至六十年，復撥給莊頭等地，共二十六頃九十二畝二分零。雍正元年至三年，退出莊頭等地，共十四頃八十九畝。

寶坻縣

鑲黄旗：康熙二十三年，原撥給旗人地六十頃三十畝。順治六年，投充旗地一百八頃八十二畝二分零，康熙五十年，復退給莊頭地一頃二十畝。

正黄旗：順治二年至康熙九年，撥給旗人地共一百六頃四十五畝。順治四年，投充旗地一千四十五頃三十二畝三分零。

正白旗：康熙十四年至十九年，原撥給旗人地共十六頃六十畝。順治七年，投充旗地一百十八頃七十一畝六分零。康熙五十年至五十六年，復退給莊頭地二頃九十畝。

正紅旗：順治三年，投充旗地二百四十二頃四十六畝一分零。

鑲白旗：順治二年至康熙十五年，撥給旗人地共四千三百四十二頃三十三畝八分零。

正藍旗：康熙五年至二十三年，原撥給旗人地共一百五十四頃十畝三分。康熙五十年至五十八年，復退給莊頭地共三十三頃二十畝。

鑲藍旗：康熙二十年，撥給旗人地二頃七十畝。

又康熙五年至七年，撥給壯丁等地共十四頃五十五畝。康熙五十年，復撥給莊頭等地共二頃五十八畝。

梁城所

鑲黄旗：順治六年，投充旗地十二頃十二畝。

正白旗：順治二年，投充旗地四頃十二畝六分。

鑲白旗：順治六年，投充旗地共五十一頃二十九畝。

右本所來文。

昌平州

鑲黄旗：順治十三年至康熙二十四年，撥給旗人地共六百十九頃二十五畝七分。康熙三十三年至四十二年，退出地共一百三十三頃二十九畝。

正黄旗：順治二年至康熙十七年，撥給旗人地共三千二百三十七頃五畝三分。康熙三十三年至雍正三年，退出地共七頃十一畝四分。

正白旗：康熙三十四年，退出地四頃八十畝。

鑲白旗：順治十五年，撥給旗人地二十八畝。

鑲黄、正黄二旗：康熙六年，同撥給旗人地二百八十七頃五分。又雍正三年至五年，退出莊頭地共二十九頃六十畝。

密雲縣

鑲黄旗：順治三年至康熙二十三年，原撥給旗人地共一千六百五十二頃一畝八分零。順治三年、四年，投充旗地共一百七十頃六十六畝。順治十八年至康熙十六年，續撥給旗人地共一百頃四十四畝。順治五年至康熙五十三年，退出地共六十七頃二十三畝三分零。康熙九年至二十四年，復撥給旗人地共七十一頃九十畝。康熙二十二年至四十四年，復退出地共三十三頃八十畝。

正黄旗：順治十二年，撥給旗人地三十七頃七十五畝五分。順治三年、四年，投充旗地共一百八十一頃一分零。順治八年至康熙二十三年，退出地共十三頃七十四畝六分零。

正白旗：順治四年至七年，投充旗地共一百四十一頃三十四畝七分零。順治八年至十四年，退出地共三十四頃二十六畝。康熙十二年，復撥給旗人地一頃四十畝。

正紅旗：順治二年，撥給旗人地二百九十三頃四十二畝三分零。康熙三十二年，復撥給旗人地二頃七十畝。

鑲白旗：康熙三十二年，退出地六十畝。

正藍旗：康熙三十二年至四十三年，退出地共四頃八十畝。

鑲藍旗：康熙三十二年，退出地三十畝。

又康熙十六年至六十一年，復撥給各旗人等地共十頃八畝。康熙五年至五十九年，退出地共五頃九畝四分。

順義縣

鑲黄旗：順治二年至康熙二十四年，原撥給旗人地共三千一百八十七頃七畝九分零。順治五年至雍正三年，退出地共二百二十九頃九十四畝零。康熙三年至四十九年，復撥給旗人地共一百五十一頃五十三畝零。

正黄旗：順治三年，投充旗地三十二頃六十六畝四分零。

正白旗：順治四年，投充旗地一百七十八頃八十五畝零。順治十年，退出地十九頃二十七畝三分零。康熙三十年至四十八年，復退出地共七頃二十畝。康熙四十四年，復撥給旗人地三頃六十畝。

鑲白旗：康熙二十三年，退出地三頃九十六畝。

又康熙四十七年至五十一年，復撥給各旗人等地共三十三頃八十四畝。

康熙二年至雍正三年，退出各項人等地共十七頃三十八畝四分零。康熙二十一年至六十一年，復撥給各旗人等地，共九十三頃四十八畝。

懷柔縣

鑲黄旗：順治二年至康熙二十四年，原撥給旗人地共七百九十七頃六十一畝零。順治四年、五年，投充旗地共二百一頃六十畝零。順治五年至康熙二十四年，退出地共五十一頃二十二畝一分零。順治十八年至康熙十九年，復撥給旗人地共一百五十一頃十五畝零。康熙三十年至五十五年，復退出地共二十頃七十八畝。

正黄旗：順治四年，投充旗地二頃五十九畝零。

正白旗：順治四年至七年，投充旗地共九十頃七十六畝四分零。

正紅旗：順治四年，投充旗地七頃四十五畝二分零。

鑲白旗：順治四年、五年，投充旗地共九十頃七十六畝四分零。

正藍旗：順治四年、五年，投充旗地共五十七頃五十畝三分零。

又順治五年至康熙二十三年，退出各莊頭地共一百四頃八十一畝七分零。康熙六年，復撥給各旗人等地，二頃九十四畝八分。康熙二十七年至三十二年，復退出地一頃九十七畝三分零。康熙五十年至五十九年，復撥給莊頭地共六頃八十二畝。

涿州

鑲黄旗：順治三年至康熙四年，撥給旗人地共一千二百十二頃三十三畝。

正黄旗：順治二年至康熙四十四年，撥給旗人地共八百二十一頃七十八畝三分。順治七年，投充旗地二頃六十五畝。

正白旗：順治四年，撥給旗人地二十頃。順治六年至八年，投充旗地共三十六頃十四畝七分。

正紅旗：順治二年至康熙四年，撥給旗人地共四千七百二十八頃九十七畝四分。

又康熙四十九年，撥給莊頭地九十八畝七分。

房山縣

正黄旗：康熙二十二年、二十三年，撥給旗人地共七頃十畝五分零。

正白旗：康熙三十九年、四十年，撥給旗人地共四頃九畝六分零。

正藍旗：　康熙四十八年、四十九年，撥給旗人地共二頃五十八畝九分零。

又康熙三年至四十七年，撥給各旗人等地共十五頃六十八畝二分零。康熙十二年至二十年，復撥給各旗人等地共三頃六十五畝四分零。

霸州

鑲黃旗：　康熙二十三年，撥給旗人地三頃五十二畝。

正黃旗：　康熙十一年至二十四年，原撥給旗人地共十二頃七十五畝零。康熙七年至四十七年，退出地共三十頃六十四畝七分。康熙十年至四十四年，復撥給各旗退出地，共九十五頃四十畝五分零。

正白旗：　順治八年、九年，退出地共八十頃十一畝一分零。

鑲紅旗：　順治三年至康熙元年，原撥給旗人地共二千十八頃四十二畝六分零。康熙三年至四十四年，退出地共一百十九頃四十一畝零。康熙二十一年至五十五年，復撥給旗人地共三十四頃八十一畝五分。

正藍旗：　順治四年，撥給旗人地三十頃三十四畝二分零。康熙八年至二十三年，退出地二頃八十七畝五分。

鑲藍旗：　順治二年，原撥給旗人地三十三頃三十六畝二分零。康熙三十八年，退出地一頃五十畝。

正白、鑲紅二旗：　康熙五十六年，同撥給旗人地二頃四畝。

又順治二年，撥給各旗人等地，共一千一百八十二頃四十五畝一分零。順治二年至八年，投充旗地共一百三十七頃九十三畝四分零。順治九年至康熙五十三年，退出地共十九頃五十二畝五分零。

康熙二十三年至五十二年，復撥給各旗人等地，共二十一頃六十八畝六分。

文安縣

鑲黃旗：　順治四年，撥給旗人地十頃四畝七分零。康熙七年至十年，退出地共十頃六十五畝八分零。

正黃旗：　順治七年、八年，投充旗地共三十二頃七十九畝五分零。順治十四年至康熙二十四年，退出地共三十七頃十八畝四分零。康熙二十三年、二十四年，復撥給旗人地共三十頃九十七畝三分零。

正白旗：　順治三年至七年，投充旗地共三十四頃四十一畝六分零。

正紅旗：　順治三年、四年，原撥給旗人地共一千七百五十八頃七十六畝四分零。康熙四年至四十二年，退出地共二十六頃七十八畝九分零。康熙二十二年至二十四年，復撥給旗人地共二十頃四十畝四分零。

鑲紅旗：　順治三年，投充旗地三頃三十畝四分零。

正藍旗：　順治三年，投充旗地十五頃四十三畝零。

又順治十五年至雍正五年，退出地共三百十一頃九十一畝六分零。順治十五年至雍正二年，復撥給各旗人等地共一百八十六頃九畝八分零。

大城縣

鑲黃旗：　順治三年、四年，撥給旗人地共三百五十七頃一畝八分零。順治五年至十年，投充旗地共六十九畝三分零。順治八年至康熙二十九年，退出地共一百頃四十一畝。

正白旗：　順治七年，投充旗地一頃三十一畝八分零。康熙三年至五年，撥給旗人地共一頃六十五畝九分零。順治八年，退出地一頃三十一畝八分零。

保定縣

正紅旗：　順治三年、四年，撥給康親王地共二百三十三頃三十三畝三分。撥給順承郡王地七十頃。

薊州

鑲黃旗：　康熙五年至二十四年，撥給旗人地共一千一百二十五頃七十六畝九分零。康熙三十年至五十六年，退出地共二百八十八頃七十三畝五分。

正黃旗：　順治三年，撥給旗人地四頃五十畝。順治七年，投充旗地十八頃。

正白旗：　順治二年至康熙二十三年，撥給旗人地共六千八百七十六頃五十五畝九分零。順治三年、四年，投充旗地共二千二百四十七頃六十八畝九分零。康熙二十三年至五十年，退出地共二百六頃四十五畝四分零。

正藍旗：　順治十年，撥給旗人地九十三頃八十七畝。康熙四十六年，退出地一頃二十畝。

又順治三年，撥給莊頭地七頃九畝九分零。康熙六年，撥給投充人地九十七畝。康熙三十年至雍正二年，復撥給各旗人等地，共四百八十九頃四十一畝四分零。雍正二年至五年，退出地共十頃六十一畝。

平谷縣

鑲黃旗：順治二年至七年，原撥給旗人地共一百八十八頃六十五畝八分。順治三年、四年，投充旗地共五百三頃十九畝一分。順治二年至康熙六十一年，續撥給旗人地共二百八十頃六十九畝一分零。順治八年至康熙三十二年，退出地共四十五頃三十畝九分。順治八年至康熙三十九年，復撥給旗人地共三十一頃六十五畝九分。

正黃旗：順治四年，原撥給旗人地三百四十九頃八十三畝。康熙十三年、十四年，復撥給旗人地十二頃七十九畝五分。

正白旗：順治二年至七年，原撥給旗人地共一百二十六頃三十畝一分。順治二年至七年，投充旗地共十頃五十二畝九分。順治八年至康熙三十四年，退出地共三十六頃。康熙六年至十三年，復撥給旗人地共三十一頃七十一畝。

又康熙十年，退出地十三畝七分。

遵化州

鑲黃旗：康熙六年至十二年，撥給旗人民上地，民中地每二畝折上地一畝，民下地每三畝折上地一畝。共五百十二頃六十九畝四分零。康熙十四年至二十四年，撥給旗人民下地共一百八十七頃六十四畝九分零。順治七年，投充旗地九十四頃四十畝九分零。

正白旗：順治三年至十七年，撥給旗人民上地，共六千六百六十九頃八十二畝七分零。順治十七年，撥給旗人民中地一頃五十畝七分。順治十七年至康熙二十三年，撥給旗人民下地，共二十頃四十五畝六分零。順治六年，投充旗地一頃三十畝五分。

鑲白旗：順治三年，撥給旗人民上地五十六頃。康熙二十九年，撥給旗人民下地十八畝。

鑲藍旗：康熙二十年，撥給旗人地二十四畝。

又順治七年，投充旗地共九頃五畝五分零。順治十八年至康熙二十九年，撥給山陵官役人等民上地，共五十三頃四十四畝五分零。

又民中地五十一畝四分。順治十年至康熙三十四年，撥給山陵官役人等民下地，共九十五頃二十六畝一分零。

又山場各項地，共一百十七頃四十七畝二分零。

天津府

天津縣

鑲黃旗：康熙五年，投充旗地共四頃五十六畝二分零。

正紅旗：康熙五年，投充旗地共七頃。

又康熙五年，撥給網戶地三百七十八頃三十四畝一分。

青縣

鑲黃旗：康熙二十三年，撥給旗人地共二百二十一頃五十九畝。

鑲白旗：康熙十二年至十九年，撥給旗人地五十二頃三十畝七分零。

鑲紅旗：順治十四年、十五年，撥給旗人地共五十五頃四十四畝四分。

正藍旗：順治三年、四年，撥給旗人地共六千三百三十四頃二十四畝三分零。康熙九年至十二年，續撥給旗人地共八十五頃八十八畝九分零。

又順治五年至康熙二十三年，撥給投充各項地，共二百十五頃七十七畝零。

興濟歸併青縣

鑲黃旗：康熙二十三年，撥給旗人地二十六頃九十九畝七分零。

鑲白旗：康熙十二年至十四年，撥給旗人地共一頃六十五畝六分零。

正藍旗：順治三年，撥給旗人地一百十六頃二十四畝九分零。

又順治三年，復撥給各旗人等地共五百二十五頃四畝五分零。

山海衛

鑲黃旗：順治二年、三年，撥給莊頭地共四十頃十二畝二分零。順治九年，退出莊頭地十三頃七十六畝五分零。

正黃旗：順治三年，撥給莊頭地十三頃三十六畝二分零。

鑲黃、正黃二旗：康熙五年，同退出投充地一百六十三頃二十八畝六分。

撫寧衛

鑲黃旗：順治二年，撥給莊頭地二頃七十六畝八分。

正黃旗：順治四年，撥給莊頭地四十七頃七畝三分零。康熙六年，退出地六十一畝八分。

鑲白旗：順治四年，投充旗地十三頃六十七畝三分。

鑲黃、正黃二旗：康熙五年，同退出地八十三頃三十七畝八分。又退出投充地十二頃六畝二分零。康熙八年，二旗又同退出投充下地五十六頃十四畝二分。

右本衛來文。

按：山、撫兩衛，撥給投充地共一百十七頃四畝三分零。退出地共三百五十頃十八畝三分零。退地兩倍於給地。查原冊所載，給地每衛不過兩三條，其退地幷注明現歸本衛征糧。蓋所開撥給地畝，係現存之數，非原撥之額也。

延慶衛

正黃旗：順治二年至康熙六年，撥給尚膳監等處人員地共一百十五頃二十畝五分。

直隸定州

正黃旗：順治四年至康熙五年，撥給旗人地共四十九頃九十八畝九分零。康熙六年至五十四年，退出地共五十二頃六十八畝三分零。康熙十九年至五十四年，復撥給旗人地共四十頃四十二畝。

正白旗：康熙五十五年，復撥給正黃旗退出地一頃一畝四分零。

清・鄂爾泰《八旗通志》卷二〇《土田志三・畿輔八旗土田下》 保定府

清苑縣

正黃旗：順治三年至康熙二十四年，原撥給旗人地共三千六百十四頃六畝二分零。順治三年至康熙元年，投充旗地共五百四十七頃六十六畝。順治八年至雍正二年，退出地共五百十三頃三十二畝六分零。康熙二十三年至雍正二年，復撥給旗人退地共四百四十七頃八畝七分零。

正白旗：順治三年至七年，投充旗地共三百八十九頃六十五畝六分。順治八年至康熙三十九年，退出地共三百四頃六十三畝二分。

正紅旗：順治十六年，退出地九十六頃。康熙四年至五十年，撥給旗人地共一百九十二頃四十八畝。康熙四年至雍正五年，退出地共十九頃四十三畝。

鑲紅旗：順治十四年，原撥給旗人地二十九頃四十畝。順治十六年至雍正三年，退出地共三十頃三十畝。康熙五年至四十一年，復撥給旗人退地共二十二頃五十畝。

滿城縣

正黃旗：順治三年至六年，原撥給旗人地共二千一百二十一頃三十三畝二分零。順治七年，投充旗地共二十一頃五十一畝。康熙二十一年至二十三年，續撥給旗人地共一百四十三頃四十畝。順治十年至康熙四十三年，退出地共一百四十八頃七十五畝。順治十五年至康熙二十一年，復撥給旗人地共九十三頃十三畝四分零。

正白旗：順治四年，投充旗地三十五頃。康熙七年，撥給旗人地三頃六十畝。康熙五十二年，退出地一頃四十七畝。

鑲白旗：康熙七年，撥給旗人地六十畝。康熙四十年至四十七年，退出地共四頃五十畝。

又康熙三十二年，退出地五畝。康熙五十五年，撥給莊頭人等地十一頃七十九畝，又右衛地九頃三十畝。雍正三年，復退出地六頃九畝。

安肅縣

鑲黃旗：順治十年，退出地三十七頃二十六畝。

正黃旗：順治三年至康熙二十二年，原撥給旗人地共四千七百三頃五十四畝九分零。順治六年、七年，投充旗地共三百三十三頃七畝五分零。順治十年至康熙六十年，退出地共三百三十四頃二十八畝三分零。順治十五年至康熙二十三年，復撥給旗人地共三百二十六頃六十七畝八分零。

正白旗：順治六年，投充旗地七十畝八分。康熙五十二年，退出地二頃。

又康熙二十年，投充旗地共十二頃三十一畝九分。康熙三十三年至五十三年，各旗人等退出地，共七十一頃七十九畝九分零。又雍正二年至五年，退出地六頃四十六畝零。康熙三十九年至五十七年，復撥給莊頭及各旗人等地，共四十六頃一十七畝八分零。

定興縣

正黃旗：康熙四十三年至五十九年，撥給旗人退地共三十頃四畝九分零。

正紅旗：順治二年至四年，原撥給旗人地共五千四百十三頃八十二畝九分零。康熙四十七年、四十八年，復撥給旗人退地共六頃七十九畝一分。康熙四十八年至五十七年，續撥給旗人地共七頃五十畝。

鑲紅旗：　雍正五年，撥給旗人退地二頃四十七畝。

又康熙八年至雍正五年，各項退地共九十七頃四畝四分零。康熙八年至四十四年，復撥退地給各旗筆帖式人等，共十九頃六十四畝。康熙五年至五十五年，續撥給各旗人等地共七十八頃九十畝一分零。

新城縣

鑲黃旗：　順治三年、四年，投充旗地共六頃六十四畝三分零。康熙元年，退出地四頃五十五畝八分。

正黃旗：　順治元年至四年，投充旗地共三十二頃五十五畝六分零。康熙元年至二十四年，退出地共七十五頃四十四畝八分。康熙三十二年至五十三年，復退出地共九十二頃二十三畝八分零。

正白旗：　順治二年至四年，投充旗地共七十四頃五十畝三分零。順治九年，退出地共六十三頃五十七畝五分零。

正紅旗：　順治三年、四年，投充旗地共四十七畝。康熙二年，退出地一頃六十畝。

鑲白旗：　順治三年，投充旗地五頃。

鑲紅旗：　順治四年至康熙元年，原撥給旗人地共八千六十七頃九十九畝二分零。順治三年、四年，投充旗地共四十一頃三十七畝四分零。順治十三年至康熙二十一年，退出地共一千六百五十七頃二十二畝四分零。康熙五年至二十一年，復撥給旗人地共一百四十五頃十六畝五分。順治二年、三年，原撥給旗人額外地一千五百二十一頃三十畝五分零。康熙二十六年至五十一年，退出額外地共三十八頃六十六畝。

鑲藍旗：　康熙三十四年，退出地六十畝。

又康熙二十三年，撥給各旗人等地共二百十頃九十畝。康熙二十三年，退出地三頃六十六畝。康熙二十三年，復撥給各旗人等地共一百九十四頃八畝。康熙二十六年至雍正元年，撥給各旗人等地共一百三十三頃一分零。康熙四十八年，退出地一頃五十畝。

慶都縣

正黃旗：　順治四年，原撥給旗人民地四百二十七頃九十一畝零。康熙二十三年，續撥給旗人開荒等地，共二十二頃八十畝。順治五年至七年，投充旗地共四頃五十五畝八分零。順治八年至康熙六十年，退出地共二十頃九十六畝一分零。康熙二十三年至五十五年，復撥給旗人開荒及退出地，共四十頃十九畝三分。

容城縣

鑲黃旗：　順治三年、四年，撥給旗人地共一千八百三十一頃三十五畝四分零。康熙三年至九年，撥給旗人地共二頃七十六畝八分零。順治四年至康熙三十六年，退出地共九十四頃八十五畝四分零。順治十四年至康熙七年，復撥給旗人退地共五頃一畝六分零。

正黃旗：　康熙五年，撥給旗人地三十二頃五十二畝零。順治五年至七年，投充旗地共一百十八頃六十六畝。順治十一年至康熙五十年，退出地共五十三頃三十六畝九分。康熙二十二年至三十九年，復撥給旗人地共八十五頃四十二畝三分零。

正白旗：　康熙三十九年，撥給旗人退地共十頃四十八畝五分零。康熙五十二年至雍正三年，退出地共一頃七十二畝零。

正藍旗：　康熙三十二年至四十一年，退出地二頃四十畝。

又康熙四十八年至五十六年，撥各旗退地給內務府，共二十九頃四十七畝。雍正三年，內務府退地三十畝零。

唐縣

正黃旗：　順治四年，撥給旗人地八百一頃八畝。順治七年，投充旗地一頃四十九畝九分零。

完縣

正黃旗：　順治三年至五年，撥給旗人民地共二千二百十六頃二十四畝八分零。順治三年至康熙二十三年，撥給旗人地共一百四十八頃七十五畝七分零。順治四年至康熙三十九年，撥給旗人屯地及開墾等地，共二百五十頃九畝五分零。順治九年至康熙三十一年，退出地共四十一頃二十畝三分零。順治十五年至康熙二十一年，復撥給旗人退地共十八頃七十九畝一分零。康熙二十四年至四十二年，續撥給旗人地共十二頃九十畝。

又康熙二十一年至三十一年，撥給旗人各項地共五頃四十二畝四分零。康熙三十五年，內務府退出地八十四畝。

蠡縣

鑲黃旗：　順治六年、七年，投充旗地共五十三頃七十七畝四分零。

正黄旗：順治四年，原撥給旗人地四百八十頃四十五畝八分零。順治五年至七年，投充旗地共九百十五頃七十七畝九分零。順治八年至康熙七年，退出地共四十頃九十五畝九分零。康熙八年、九年，復撥給旗人地共十六頃五十畝。

正白旗：順治五年至七年，投充旗地共一百七十六頃六十六畝三分零。順治八年至康熙四十七年，退出地共八十頃三十一畝七分。

正紅旗：順治四年至七年，投充旗地共六十八頃四十二畝二分零。

鑲白旗：順治六年，投充旗地二十五頃五十畝。順治八年，退出地二十五頃五十畝。

鑲藍旗：順治四年，原撥給旗人地一千一百四十五頃二十七畝。順治五年，投充旗地一頃八十九畝三分零。康熙二十一年至雍正五年，退出地十二頃十畝。康熙十一年至十三年，復撥給正黄旗退地共十八頃三十五畝。康熙二十二年至四十七年，復撥給旗人退地共二頃八十畝。

又雍正三年，莊頭退出地五頃四十六畝二分。

雄縣

鑲黄旗：順治三年至十八年，原撥給旗人地共三千三十九頃七十一畝三分零。順治三年、四年，投充旗地共三百七十二頃六十七畝零。順治十年至康熙十八年，退出地共三百四十頃三十二畝九分零。康熙五年至二十三年，復撥給旗人地共一百九十四頃三十三畝八分零。

正黄旗：順治十三年，撥給旗人地十八頃二十畝一分零。順治二年至十四年，投充旗地共九十五頃十四畝九分零。康熙三年至五十四年，退出地共十七頃八十五畝四分零。康熙二十一年至五十七年，復撥給旗人地共四十九頃二十四畝。

正白旗：順治三年至十五年，投充旗地共五十二頃七十畝七分零。康熙四十二年，退出地共十四頃三十四畝。

正紅旗：順治四年，投充旗地一頃二十四畝五分。康熙二十二年、二十三年，復撥給旗人地共十八頃。

鑲白旗：順治三年，投充旗地共七十一頃二十一畝五分零。

鑲紅旗：康熙三十二年，退出地共三頃六十畝。康熙十八年至四十九年，復撥給旗人地共三十六頃五十二畝一分零。

正藍旗：順治三年、四年，投充旗地共七頃二十畝二分零。康熙十年，退出地九十畝。

鑲藍旗：康熙五十二年，退出地一頃三十八畝。康熙三十一年至五十九年，復撥給旗人地共十八頃八十四畝五分。

又順治十年至康熙五十七年，各旗退地共五百六十一頃四十四畝一分零。康熙十八年至五十九年，復撥網戶人等地，共五頃四十畝七分零。

安州

鑲黄旗：順治三年至五年，投充旗地共二百四十八頃三十五畝七分零。順治九年，退出地二百十七頃二十五畝三分零。

正黄旗：順治三年，原撥給旗人地八十五頃九十畝一分。順治三年至五年，投充旗地共八十六頃四十五畝零。順治八年至康熙三十九年，退出地共七十九頃六畝。康熙六年至二十三年，復撥給旗人地共二十一頃九十畝。

正白旗：順治三年、四年，投充旗地二百四十九頃二十四畝七分零。順治九年，退出地四十四頃九十一畝七分零。

鑲白旗：順治八年，投充旗地二十九頃六十畝七分。

鑲紅旗：順治三年，投充旗地二十頃四十三畝。

鑲藍旗：順治四年，原撥給旗人地二千一百十六頃三十九畝四分零。順治十年至康熙五十四年，退出地共二百十四頃二十六畝。順治七年至康熙二十二年，復撥給旗人地共五十頃十畝。

又康熙五十七年，退出地九十畝。康熙四十七年至五十七年，復撥給各旗及園頭等地，共八十八頃六十二畝。

高陽縣

鑲黄旗：順治三年至五年，投充旗地共三百四十二頃四十六畝八分零。順治九年，退出地三百一頃五十一畝。

正黄旗：順治三年至七年，投充旗地七十三頃二十七畝零。康熙二十三年，撥給旗人地八十八頃二十畝。順治九年至雍正四年，退出地共七十五頃十二畝一分。順治十七年至康熙二十三年，復撥給旗人地共十三頃二畝。

正白旗：順治三年至七年，投充旗地共一百十二頃八畝二分零。順治九年至雍正三年，退出地共一百六頃五十二畝七分零。

正紅旗：順治八年，投充旗地十一頃七十六畝三分零。

鑲藍旗：　順治四年至六年，原撥給旗人地二千九十四頃四十三畝一分零。順治三年，投充旗地六十一畝四分零。康熙二十二年至五十年，續撥給旗人地共八十頃二十二畝五分零。順治十年至康熙五十四年，退出地共二百二十一頃四畝。康熙八年至二十一年，復撥給旗人地共一百四頃七十畝。

又康熙四十五年至雍正元年，撥給內務府莊頭及各旗人等地，共五十三頃六十九畝。

新安縣

鑲黃旗：　順治三年至康熙二十二年，原撥給旗人地共八百四頃三十七畝六分。順治十年至康熙三十五年，退出地共七十三頃七十六畝一分零。康熙二十一年，復撥給旗人地共二十一頃三十畝。

正白旗：　順治六年，投充旗地九畝五分。康熙五十五年，撥給旗人地十八頃。

又康熙六年至雍正三年，遵化等處退出地，共四十八頃五十畝九分零。

易州

鑲黃旗：　順治四年，投充旗地二十頃三十八畝九分零。

正黃旗：　順治三年、四年，原撥給旗人地共三千五百五十四頃四十畝七分零。順治四年至七年，投充旗地共一百七十三頃十六畝零。順治十年至康熙六年，退出地共十七頃四十一畝四分零。康熙三年至二十一年，復撥給旗人地共十九頃二畝四分零。

正藍旗：　康熙五十七年，退出地一頃二十畝。

又順治十年，退還工部地十一頃九十五畝零。康熙二十三年至六十年，撥給旗人各項地，共十三頃八十一畝二分零。

淶水縣

正黃旗：　順治十三年，投充旗地三頃九畝。康熙元年，退出地三頃九十六畝。康熙四十六年，撥給旗人開墾地五十三畝。

正紅旗：　順治二年至康熙二十三年，撥給旗人地共三千六百七頃四十五畝七分。順治十年至康熙五十年，退出地共三十三頃三十七畝六分零。康熙二十年，復撥給旗人地九十畝。

又康熙二十三年至四十九年，復撥給各旗人等地共六頃六十七畝。雍正三年、四年，撥給園頭等地共二十五頃二十二畝。

河間縣

鑲黃旗：　順治三年至康熙二十二年，撥給旗人地共六千一百六十二頃七十四畝三分零。順治四年至八年，投充旗地共七十七頃八十三畝一分。順治八年至康熙五十五年，退出地共一百五十三頃九畝。

正黃旗：　康熙二十三年，撥給旗人地共一百二十三頃五十畝一分零。順治三年至八年，投充旗地共二十七頃。順治十八年至康熙三十八年，退出地共六十一頃六十畝。

正白旗：　順治四年，投充旗地共十九頃。順治八年至康熙五十八年，退出地共四十七頃五十四畝三分零。

鑲紅旗：　康熙八年至二十四年，撥給旗人地共一百四十八頃五畝一分零。康熙二十二年至四十五年，退出地共六頃六十畝。

正藍旗：　康熙三十九年，退出地二頃二十畝。

鑲黃、正黃、正白、鑲紅四旗：　康熙六年，同退出地共三千四百四十一頃四十二畝二分零。

又順治五年至康熙三十三年，退出地共四百二十六頃八十畝一分零。康熙五十五年，復撥給莊頭等地五十六頃七十畝。雍正三年，退出地七十畝。

肅寧縣

鑲黃旗：　順治三年、四年，原撥給旗人地共一千九百三十二頃十一畝一分零。順治五年，退出地四十二頃六十六畝四分。順治九年至康熙十一年，退出地共二百五十九頃八十二畝二分零。康熙三年至五年，復撥給旗人地共六十一頃九十五畝七分零。

正黃旗：　康熙四年，退出地一頃七十五畝。康熙六年至二十三年，復撥給旗人地共一百九十頃五十七畝四分。

正白旗：　順治三年，退出地十二頃。順治十七年至康熙五十二年，退出地共十二頃三十八畝。康熙七年，復撥給旗人地二頃九十畝五分。

鑲紅旗：　康熙九年，撥給旗人退地二十五頃五十五畝。

又順治十八年，撥給各旗人等地十一頃二十一畝七分零。康熙三年至六年，各旗退出地共一千三百三十六頃八畝三分零。康熙五十五年，復撥給莊頭地三頃八畝零。康熙五十六年，退出地六頃九十一畝。康熙六年，撥補通州、豐潤、懷柔、寶坻、昌平五處地，共一千八十四頃五十四畝零。

任邱縣

鑲黃旗： 康熙二十一年至三十九年，撥給旗人地共九頃。

正黃旗： 康熙二十三年至五十七年，撥給旗人地共三百五十二頃五十四畝二分。

正紅旗： 康熙三年至二十三年，撥給旗人地共三百九十三頃四畝。

鑲紅旗： 康熙二十二年，撥給旗人地共五十七頃九十畝。

又康熙十三年至五十年，撥給各旗人等地共五十三頃五十畝。

交河縣

鑲黃旗： 康熙二十三年至二十九年，撥給旗人地共五百七十六頃九十五畝六分。康熙二十三年至二十九年，退出地共二百八十七頃三畝七分零。

正白旗： 雍正六年，退出地一頃二十畝。

鑲白旗： 康熙十二年至二十二年，撥給旗人地共十九頃五十五畝。康熙八年至三十一年，退出地共十三頃四十三畝九分零。

正藍旗： 康熙二十三年至雍正五年，退出地共三十二頃十四畝。

鑲藍旗： 雍正六年，退出地十六頃四十三畝一分零。

鑲白、正藍二旗： 康熙三十三年，同退出地二頃七十畝。

又康熙九年至雍正二年，撥給莊頭等地共二百三十三頃二十四畝。康熙四年至雍正五年，退出地共一百五十三頃三十一畝一分零。

右俱本縣來文。

滄州

鑲黃旗： 順治八年，投充旗地七頃九十七畝零。康熙六十一年，撥給旗人地五頃六十七畝九分零。

正黃旗： 康熙四十四年至雍正五年退出地，共五頃七十一畝。又退出地共四頃七十四畝。

正白旗： 康熙二十四年，撥給旗人退出地共四頃四十一畝四分零。康熙十七年至五十六年，退出地共十一頃五十五畝二分零。

鑲白旗： 康熙十年，投充旗地十五頃二十二畝六分零。康熙二十二年、二十三年，撥給旗人退出地共二頃八十六畝七分零。康熙十五年至二十四年，退出地共二頃五十二畝一分零。

鑲紅旗： 順治三年、四年，撥給旗人地共一千五百二頃四十九畝四分零。康熙七年至二十三年，復撥給旗人退出地共三十一頃二十五畝四分零。康熙三年至雍正五年，退出地共二十二頃五十五畝四分。又退出地十八頃七十三畝。

正藍旗： 康熙四年，退出地二十二畝五分零。

正白、鑲白二旗： 康熙十四年至二十四年，同退出地共十頃三十八畝九分零。

正白、鑲紅二旗： 康熙十年、十一年，同退出地五頃二十六畝八分零。

又順治八年，撥給各旗人等地八頃九十七畝六分零。順治四年至十年，退出地共六百七十八頃九畝九分零。又康熙九年至五十三年，退出內務府等地共一頃四十五畝八分零。

滄州南皮縣

鑲黃旗： 康熙二十二年，退出地六十畝。

正黃旗： 雍正五年，退出地一頃四十三畝。

正白旗： 康熙二十二年至五十三年，退出地共六十五畝。

鑲白旗： 康熙二十三年至三十五年，退出地共一頃六十九畝四分零。

鑲紅旗： 康熙三十二年至三十五年，退出地共一頃八十畝。

正藍旗： 康熙二十三年至三十九年，退出地共七頃七十三畝。康熙九年，復撥給旗人地七十三畝二分零。

又順治四年至康熙九年，撥給各旗及各旗投充地，共一千五百二十二頃十九畝九分零。康熙六十一年，撥給莊頭等地五頃五畝六分零。康熙四十六年至雍正五年，各項退地共八十頃七十四畝零。

滄州鹽山縣

鑲黃旗： 順治六年，投充旗地共二十七頃二十三畝五分零。康熙五年，退出地共七頃六十九畝五分。

正黃旗： 順治六年，投充旗地共五十頃。

永平府

灤州

鑲黃旗： 康熙八年至十二年，撥給旗人地共十七頃十九畝二分零。順治七年，投充旗地八十四頃六十八畝三分零。

正白旗：　順治十七年至康熙十三年，撥給旗人地共三百六十六頃二十八畝四分零。　順治八年，投充旗地十五頃六十一畝八分。　順治四年，撥給草場地六百十一頃五畝五分。

鑲白旗：　順治八年，投充旗地八十九頃三十畝七分零。

鑲紅旗：　順治十五年，退出投充地七十五畝。

正藍旗：　順治九年至康熙二十一年，撥給旗人地共六百十九頃九十七畝。　順治四年，投充旗地一千五百十頃七十九畝零。　順治十一年，退出地三十五頃三十一畝九分。

鑲黄、正藍二旗：　康熙九年，同撥給旗人地三十一頃五十三畝五分。

鑲黄、正白、正藍三旗：　康熙九年，同撥給旗人地六頃七十三畝。

正白、正藍二旗：　康熙八年至十三年，同撥給旗人地共二十頃七十三畝七分零。

鑲白、正藍二旗：　康熙五年、六年，同撥給旗人地共十一頃六十四畝。

又順治三年、四年，撥給八旗折上地，共七千四百四十四頃七十七畝零。康熙二十三年，撥給各旗人等地共一百三十一頃六十二畝五分。　順治五年，投充旗地二頃四畝六分。　順治八年至康熙三十五年，投充人及各旗人退出地，共一千七百十九頃七十三畝零。

撫寧縣

正黄旗：　順治二年至四年，撥給旗人地共七十頃二十畝五分零。　順治六年至九年，退出地共三十三頃五十九畝零。

正白旗：　順治三年至五年，投充旗地共二頃九十一畝九分。　順治十年，退出地二頃八十八畝零。　康熙十六年，復退出地一頃三十四畝三分。

正藍旗：　順治七年，投充旗地五頃九十九畝零。

又順治九年，撥給園頭莊頭地二頃四十一畝二分零。　順治七年，投充旗地三頃八十畝一分零。　順治四年至康熙六年，壯丁、莊頭等退出地，共十頃六十九畝一分零。

昌黎縣

鑲黄旗：　順治六年，投充旗地四頃八十八畝四分零。　康熙四年至二十年，退出地共二頃二畝五分零。

正黄旗：　順治七年，投充旗地四頃七畝八分零。

正白旗：　順治三年至十年，投充旗地共四十六頃九十七畝一分零。　順治九年，退出地共三十九頃九畝六分零。　康熙十二年，退出旗莊地十三畝。

鑲白旗：　順治二年，投充旗地七頃十五畝二分零。

正藍旗：　康熙十二年至四十一年，退出地共九十畝。

又順治四年，撥給各旗地九百七頃六十畝六分零。　康熙五十三年，撥退出地給大糧莊頭三十七畝五分。

樂亭縣

鑲黄旗：　康熙八年，撥給旗人地六頃七十四畝四分。　康熙十年至十三年，退出地共三十四頃十一畝九分。　康熙八年，復撥給旗人地五頃十三畝五分。

正黄旗：　順治七年，投充旗地一百十八頃三十五畝。　順治十年，撥給旗人地六頃四十四畝。　康熙六年，退出地共二頃五十六畝五分。

正白旗：　順治六年，投充旗地六頃四十畝一分零。　順治十年至康熙十九年，退出地共十八頃七十八畝一分零。

鑲白旗：　順治三年、四年，投充旗地共八百六十八頃八畝二分零。　順治四年至十二年，退出地共十三頃七十三畝八分零。

正藍旗：　順治十四年至康熙二十四年，退出地共九十七頃三十七畝。康熙四年至十二年，復撥給旗人地共三十七頃七十九畝二分。

正黄、正白二旗：　康熙五年，同撥給旗人地二十三頃八十畝。

正白、正藍二旗：　康熙六年，同撥給旗人地一百七十八頃十五畝。

又順治三年至十年，撥給八旗及英王下人員地，共六千八百七十六頃三畝三分零。　順治八年至康熙二十一年，內務府人等退出地，共六百一頃七十二畝二分。

豐潤縣

正黄旗：　順治七年、八年，投充旗地共一百七頃四十九畝。

正白旗：　順治二年至康熙三十九年，撥給旗人地共一萬四千二十三頃七十八畝七分零。　順治三年至六年，投充旗地共五千五十三頃八十三畝一分零。　順治十年至雍正五年，退出地共二百三頃五十六畝九分零。　康熙五年至雍正五年，復撥給旗人地共二十八頃六十一畝九分零。　順治四年、五年，撥給草場地共二十九頃九十四畝。

鑲白旗：順治三年，撥給草場地五頃二十畝。

正藍旗：順治十年，撥給旗人地一千一百六十三頃六十七畝七分零。雍正二年，本旗入官地六頃三十七畝四分零。

正白、正藍二旗：康熙二十三年，同撥給旗人地三百十一頃二畝。

又順治八年至雍正四年，英王下人員及各旗莊頭等退出地，共三千八百六十三頃三十一畝六分零。康熙五年，復撥給各旗人等地二百五十三頃三十二畝五分零。

玉田縣

鑲黃旗：康熙二十四年，撥給旗人地三頃。順治三年，投充旗人草場地一百六十五頃七十七畝六分。

正黃旗：順治七年，投充旗地三百六十七頃十八畝二分零。

正白旗：順治二年至康熙二十三年，撥給旗人地共五千四百二十五頃九十七畝三分零。順治二年至康熙三年，投充旗地共五頃九畝五分。康熙四十五年，退出地一頃六十四畝三分零。康熙二年，復撥給旗人地一百五十頃八十畝五分。順治三年至康熙二十三年，撥給草場地共二千六百十六頃七十七畝六分零。順治三年至康熙二十一年，投充及撥給草場地，共一百四十四頃四十六畝二分。

鑲黃、正白二旗：康熙五年，同地撥給旗人地一千二百十二頃八十畝三分。順治三年，同投充旗地六百四十三頃七十三畝零。

正黃、正白二旗：順治四年，同投充旗地五百五十一頃四十一畝九分零。康熙二十二年，同撥給草場地七十五頃五分。

又順治九年，撥給各旗人等地共一百六十四頃五十六畝八分。順治八年至雍正五年，退出地共九百九十八頃十一畝六分。

盧龍縣

正白旗：康熙六年，撥給旗人折上地一百五十二頃四十六畝一分。順治五年，投充旗人折上地三十四畝八分。

又順治二年，撥給八旗折上地一百二十頃六十八畝八分。順治三年，投充旗人折上地三頃五十二畝九分。

遷安縣

鑲黃旗：康熙六年，撥給旗人折上地六百六頃二十五畝二分零。康熙三十三年，退出地三頃三十畝。

正黃旗：順治二年，投充旗地共五百九十三頃七十七畝八分零。康熙二十三年，退出地二頃七十三畝八分。

正白旗：順治七年至十三年，投充旗地共二百二十頃六十六畝一分零。

鑲白旗：順治六年，投充旗地四十六頃八十六畝一分。康熙二十三年至五十四年，退出地共八十畝。

鑲黃、鑲白二旗：康熙十二年，同撥給草場地四頃九十畝。

又順治二年至九年，撥給各旗地等折上地共二十六頃八十三畝八分。順治三年，撥給各旗塋地二十五畝七分。順治八年至康熙八年，退出投充地共二百四十六頃五十八畝零。康熙十二年，復撥給旗人地四頃九十畝。

右俱本縣來文。

宣化府

鑲黃旗：康熙六年至五十三年，撥給旗人地共八十一頃三十二畝四分。康熙四十九年，會同三旗牛羊羣總管撥給地三頃十畝。康熙九年至雍正五年，退出地共十七頃五畝一分。

正黃旗：順治二年至康熙五十五年撥給旗人地共八十一頃三十六畝六分。康熙二十年，投充旗地六頃六十五畝。順治四年至康熙四十三年，退出地共六十二頃十六畝一分。

正白旗：康熙十八年至雍正五年，撥給旗人地共三頃二畝五分。康熙四十八年，退出地一頃五十畝。

正紅旗：順治十一年，撥給旗人地二十七頃五畝一分。順治九年，退出地六十三頃七十八畝五分零。

鑲白旗：康熙四十五年至五十七年，撥給旗人地共四頃八十六畝。康熙二十二年，會同內務府撥給地九頃一畝七分零。康熙二十六年至六十一年，退出地共三頃三十畝。

鑲紅旗：康熙四十五年，撥給旗人地九十畝。

正藍旗：康熙二十七年至四十四年，撥給旗人地共八頃六十一畝。康熙四十三年至五十五年，退出地共八頃四十畝。

鑲藍旗：康熙二十五年至五十五年，撥給旗人地共九頃九十二畝。康熙三十七年至四十八年，退出地共二頃一畝。

鑲黃、正黃二旗： 順治六年至雍正元年，同撥給旗人并投充地共三百三頃三十一畝九分零。

鑲黃、正黃、正藍三旗： 康熙三十三年，同撥給旗人地二頃二十二畝。

鑲黃、正白二旗： 順治四年，同撥給旗人地八十一頃十四畝。

鑲黃、鑲白二旗： 康熙二十六年，同撥給旗人地四十七頃九十六畝四分零。

鑲黃、正藍二旗： 康熙三十五年，同撥給旗人地二頃十六畝。

鑲黃、鑲藍二旗： 順治十三年，同撥給旗人地九十五頃三十八畝。

正黃、正白二旗： 順治七年，同撥給旗人地一千三百六十六頃十二畝六分零。

正黃、正紅二旗： 順治三年至康熙七年，同撥給旗人地共一千四十頃三十畝一分零。

正白、鑲藍二旗： 康熙四十二年，同撥給旗人地三頃七十七畝。

正紅、正藍二旗： 康熙二十三年，同撥給旗人地四十一頃十八畝五分。

鑲白、鑲紅二旗： 康熙二十四年，同撥給旗人地一頃二十畝。

鑲白、正藍、鑲藍三旗： 康熙三十一年，同撥給旗人地九頃六十畝。

又康熙十一年至四十三年，各旗人等退出地共八頃三十八畝。 康熙二十五年至四十六年，撥給內務府人等及張家口筆帖式等地，共十頃六十二畝三分。 順治十六年至康熙二十五年，各項旗人退出地共十六頃六十九畝五分零。

宣化縣

鑲黃旗： 康熙六年至二十三年，撥給旗人地共二十頃九十畝。 康熙二十六年至雍正五年，退出地共三頃三十畝。

正黃旗： 順治二年至康熙二十四年，撥給旗人地共三百八十七頃二十四畝四分零。 順治十六年至康熙二十二年，退出地共一頃九十一畝七分。

正白旗： 康熙二十二年、二十三年，撥給旗人地共十五頃八十四畝。 康熙二十五年至四十八年，退出地共三頃六十畝。

正紅旗： 順治四年至十三年，撥給旗人地共二十七頃六十畝一分。

鑲白旗： 康熙二十三年，撥給旗人地五十畝。 康熙十一年，退出地三十五畝。

正藍旗： 康熙二十三年至二十九年，撥給旗人地共十一頃八十畝。 康熙二十六年至四十三年，退出地共六頃。

鑲藍旗： 康熙二十三年，撥給旗人地共六頃六十一畝五分。 康熙二十七年至四十四年，退出地共三頃九十畝。

鑲黃、正黃二旗： 順治七年，同投充旗地二十三頃六十八畝三分零。 又康熙二十二年至二十五年，撥給內務府莊頭等地，共十頃五十六畝六分。 順治十七年至康熙二十五年，內務府莊頭等退出地，共十二頃三十八畝八分。

萬全縣

鑲黃旗： 順治十三年至康熙五十五年，撥給旗人地共五十五頃七十畝三分零。 康熙九年至五十年，退出地共七頃四十一畝一分。

正黃旗： 順治二年至康熙二十三年，撥給旗人地共六十六頃五十畝二分零。 康熙二十六年至四十三年，退出地共四頃五十畝。

正白旗： 康熙三十一年，撥給鷹手地六十畝。

正紅旗： 順治四年至康熙二十三年，撥給旗人地共十九頃四十一畝一分零。

鑲白旗： 康熙二十三年至四十五年，撥給旗人地共十八頃九十四畝。 康熙二十六年至六十一年，退出地共四頃五十畝。

鑲紅旗： 康熙二十二年、二十四年，撥給旗人地六頃二十四畝。

正藍旗： 康熙二十三年至四十一年，撥給旗人地共十二頃九十畝。 康熙二十七年至三十八年，退出地共二頃九十六畝。

鑲藍旗： 順治十三年至康熙四十四年，撥給旗人地共一百一頃三十七畝。 康熙三十七年，退出地二十三畝。

又康熙四十九年，撥給三旗牛羊羣總管地二頃八十畝。

懷安縣

鑲黃旗： 康熙二十四年，撥給旗人地三頃，至雍正五年退出。

正黃旗： 順治三年，撥給旗人地五十六頃七十二畝二分，至順治四年退出。

正紅旗： 順治三年，撥給旗人地六十三頃七十八畝五分零，至順治九年退出。

正藍旗：康熙二十三年，撥給旗人地三頃三十畝。康熙五十五年，退出地一頃二十畝。

赤城縣

鑲黄旗：撥給旗人地十三頃五十三畝。

正黄旗：撥給旗人地六頃十四畝。

正白旗：撥給旗人地四頃三十六畝。

正紅旗：撥給旗人地三十畝。

鑲白旗：撥給旗人地一頃五十八畝五分。

鑲紅旗：撥給旗人地二頃六十四畝。

正藍旗：撥給旗人地六十畝。

鑲藍旗：撥給旗人地六頃三十一畝。

按：赤城原册，康熙三十二年，初改衛設縣。今各旗地畝，並未開明何年月日，并投充等語，知係原卷未備之故。今照册存載。

懷來縣

鑲黄旗：順治十三年，撥給旗人地共二十七頃八十五畝六分零。康熙二十二年，退出地共二頃七十八畝。康熙三十三年，同鑲紅旗退出地一頃二十八畝。

正黄旗：順治十三年至康熙二十年，撥給旗人地共三十六頃九十二畝二分零。投充旗地四頃五十畝。

正白旗：順治七年至十三年，撥給旗人地共一百三十七頃九十七畝。

鑲白旗：康熙二十二年，撥給旗人地四頃十六畝四分零。

鑲黄、正黄二旗：順治十三年，同撥給旗人地一百三十七頃六十三畝零。

延慶州

鑲黄旗：順治六年、七年，撥給園頭及各佐領人等地，共三百七頃十一畝一分。雍正元年，撥給莊頭地共十四頃四十畝。

正黄旗：順治六年至雍正元年，撥給園頭、雁戶及各佐領人等地，共三百二十二頃九十八畝九分零。順治六年，投充旗地共六十二頃五十五畝六分零。

正白旗：順治六年至雍正五年，撥給園頭及各佐領人等地，共二百四十三頃七十四畝八分。

正紅旗：順治七年，撥給各佐領人等地，共十二頃七十九畝八分。

鑲白旗：順治七年至康熙五十七年，撥給各佐領人等及莊頭等地，共一百七頃七十七畝五分。

鑲紅旗：順治七年至康熙四十五年，撥給王公、莊頭及各佐領人等地，共五百十一頃九十畝九分零。

正藍旗：順治七年，撥給各佐領人等地五頃二十一畝。

鑲藍旗：順治七年至康熙四十二年，撥給各佐領人等地共三頃四十七畝。

鑲黄、正白二旗：順治四年，同撥給鷹手地八十一頃十四畝。

又康熙四十六年，撥給張家口筆帖式地三頃。

保安州

正黄旗：順治七年，撥給鷹戶等地共三十八頃六十九畝零。十三年，撥給莊頭地共二百二十八頃十三畝一分零。康熙二十年，投充旗地二頃十五畝。康熙十年，退出地十二畝九分。

鑲白旗：康熙二十二年至二十六年，撥給莊頭地共二頃六十一畝。

又康熙五年，退出地三頃三十七畝。

清・鄂爾泰《八旗通志》卷二一《土田志四・奉天八旗土田》 凡撥給八旗官員兵丁盛京土田。

上三旗包衣佐領下壯丁地畝：鑲黄旗在盛京、興京、開原、遼陽界内，共地二千七百四十七晌二畝四分。正黄旗在盛京、興京、開原界内，共地一千六百五十晌一畝四分。正白旗在盛京、興京、開原、遼陽界内，共地三千四百二十七晌一畝一分。

上三旗包衣佐領下園丁地畝，在盛京、開原、遼陽界内，共二萬二千二百四十六晌四畝。

盛京禮部六品官所屬各項壯丁地，在盛京、興京、遼陽、鐵嶺、秀巖界内，共八千三百四十九晌五畝三分。

盛京工部五品官所屬壯丁地，在盛京、遼陽、牛莊、秀巖、因登界内，共九千三百六十六晌。六品官所屬壯丁地，在盛京、興京、開原、遼陽界内，共三千一百五十晌四畝九分。製造庫匠役人等地，在盛京界內，共三百七十二晌。

盛京戶部倉官、莊頭、樓軍、倉軍地，共六千八百五十一晌三畝四分。領催、莊頭地，共四萬六千八百八十晌二十一畝六分。

盛京禮部莊頭壯丁地七百八十四晌一畝六分。

盛京兵部站丁地一千零四十五晌四畝八分。

盛京工部莊頭、壯丁地一千二百七十六晌零三分。

興京界內，八旗所屬王、貝勒、貝子、公、大臣等地二萬零三十九晌二畝。官員、兵丁、閒散人等地九千六百八十一晌零五分。

撫順界內，右翼四旗所屬王、貝勒、貝子、公、大臣等地，二萬一千六百四十七晌十七畝七分。官員、兵丁、閒散人等地一千二百五十三晌二畝六分。

鹻場、汪清二門，官兵、臺丁地五千四百六十七晌二畝八分。

開原界內，八旗莊屯地二千八百頃零七十九畝。

遼陽城界內，八旗官員兵丁地一萬四千八百零九晌一畝。

鐵嶺界內，左翼四旗莊屯地八千六百五十七頃四十四畝二分。

法庫邊門，莊屯地六百七十八頃五十八畝。

威遠堡邊門，莊屯地二百二十八頃八十七畝。

英額邊門，莊屯地一百二十六頃七十二畝二分。

鳳凰城，八旗巴爾虎地一千九百四十八頃六十四畝。又正黃旗屯地共六十頃九畝。

靉河邊門，分種地共二十四頃七十四畝。四臺四屯地六十一頃五十九畝。

復州界內，八旗分撥地二萬八千八百二十三晌二畝。

熊岳城界內，八旗滿洲、蒙古、巴爾虎、漢軍莊屯地二千八百八十三頃三十九畝。

金州界內，八旗滿洲、蒙古、漢軍官員兵丁地三千三百四十一頃零四畝。水師營地二十六頃十八畝。

山海關，官員、兵丁、寡婦、閒散人等，在山海衛、寧遠州界內，共地一百三頃五十七畝七分零。又正白、正紅、鑲紅旗下閒散人等地，共三頃六十七畝零。

秀巖界內，八旗官員兵丁地二千一百二十一頃零二畝七分。

蓋州界內，各旗官員兵丁地六千七百七十三晌。

牛莊界內，八旗官員兵丁地四萬八千七百十六晌四畝。

廣寧城所屬巨流河、白旗堡、小黑山、閭陽驛、張五太邊門等界內，八旗官員、兵丁、閒散人等地，共一萬五千一百九十四頃九十六畝二分。

錦州界內，王、貝勒、貝子、公、宗室、額駙、官員、莊頭、閒散人等地，共二千七百十七頃零七畝八分。八旗兵丁閒散人等地，共一千五十四頃五十畝零四分。

義州界內，八旗莊屯地五千四百七十一頃二十五畝。

清河邊門，莊屯地五百三十四頃二十三畝。

九關臺邊門，莊屯地二百三十二頃十八畝。

吉林烏喇界內，官員兵丁開墾地：鑲黃旗六千二百四十二晌，正黃旗四千九百二十一晌，正白旗四千四百三十五晌，正紅旗四千二百十三晌，鑲白旗四千八百零八晌，鑲紅旗三千六百九十六晌，正藍旗四千三百五十四晌，鑲藍旗四千四百五十四晌，水師營四千四百二十六晌。又各莊頭開墾地共四千二百零一晌。

寧古塔界內，官員兵丁開墾地：鑲黃旗五千七百八十四晌，正黃旗三千三百九十五晌，正白旗五千五百八十五晌，正紅旗七千晌；鑲白旗七千九百五十九晌，鑲紅旗五千四百四十五晌，正藍旗四千六百六十九晌，鑲藍旗三千六百六十一晌。又各莊頭開墾地，共五千五百五十七晌。

渾春界內，官員兵丁開墾地：鑲黃旗一千九百五十三晌，正黃旗一千六百五十九晌，正白旗五千二百八十二晌。

三姓地方，官員兵丁開墾地：鑲黃旗一千九百十六晌，正黃旗三千零二十五晌，正白旗九百九十一晌，正紅旗六千九百九十四晌。

白都訥界內，官員兵丁開墾地：鑲黃旗一千九百四十三晌，正黃旗一千二百二十八晌，正白旗三千九百二十四晌，正紅旗二千零九十二晌，鑲白旗一千三百三十七晌，鑲紅旗一千一百八十七晌，正藍旗三千五百八十四晌，鑲藍旗三千二百三十五晌。又各莊頭開墾地，共三百七十二晌。

阿爾楚哈界內，官員兵丁開墾地：鑲黃旗一千九百十八晌，正黃旗二千零五晌，正白旗九百八十五晌。

凡上三旗及五旗，王以下奉恩將軍以上採捕山場，各有分界。具載於後。

凡上三旗及各旗採捕人等，按驗戶部執照，移文奉天將軍，給與出邊信票。採獲人參，秤驗造冊報部。

凡內府圍獵人員所騎內廄馬匹喂養槽、鍘、鍋、掀，以及將軍衙門圍獵需用鐵钁、木掀、筐、木籠、車輛等件，照來文造給。其製帳房、口袋需用布疋、棉線、黃麻、綫麻，於該部移取。其木籠動支錢糧製給。用過數目報部。

凡烏喇採捕處所，烹煎鱘鰉魚，需用鍋、杓、笊籬等物，本部辦買。布、鹽、繩、麻等物，於該部支取。其蘆葦官丁取辦，驛站牛車運送。用過錢糧，本部報銷。

鑲黃旗人參山：黑車木　馬家　肥牛村　牛哈兒哈　色欽　趙家　厄兒民河　哈爾民河岡　佟家河　拉哈多布庫河　牙爾渣河

採捕山：波那活河　一而門　呼藍　馬哈拉

圍獵山：哈代上澗坍　威諄河　河爾法瓥　加色葉坑厄嶺　沂澈漲泥河　巘嶺　果羅河　一馬呼港　得弗河　交河

正黃旗人參山：木起　呼渾谷背山傍　幽呼羅東界　克車木　肥牛村　土克善梅佛黑齊　五林峯厄兒民河　哈兒民河夾岡　佟家河　拉哈多布庫河　渾濟山　見得黑山

採捕山：一而門　牙瀨港　厄黑五陵阿

圍獵山：喀普赤藍　勒克得弗口　朱扯

正白旗人參山：呼雷　剛山嶺　東勝阿谷　濟爾歌把羅打八拉岡　濟爾歌河　瓦而喀什八羅　覺羅衛濟嶺　昂把釋楞　阿沙哈河　綿灘厄母皮里　阿什汗河　湖南谷　湖南嶺　布魯張市　乂欣谷　梭希納　鈕王澗谷　布勒亨

採捕山：希爾哈河　阿克敦　上澗峯　木書河

圍獵山：沂澈漲泥河　科羅河　復漲泥河　吉當阿河岸　蒙古谷　大起　朱車衮

正紅旗人參山：牛哈兒哈　撒木湯阿　劉姑山嶺　五兒烘噶哈　阿巴噶哈　木敦　古黑嶺背山傍汙處哈谷　西伯谷　五兒烘谷　阿米大谷　阿米大牙爾過

採捕山：撒侖一而門　五藍得弗　哈占你白葉

圍獵山：覺羅大陽阿　邊米牙呼　會肥一藍木黑林　過而名岡　呼渾　肥得里　都什黑梅黑河勒扶峯　色黑驪達馬納　會肥圍屯

鑲白旗人參山：劉姑山嶺　撒木湯阿　張而都科八羅　歡他　呼勒英厄　剛山嶺　色珍大霸庫扎兒大庫河　烏林布占　三通嶺　多布庫羅門渾濟木敦

採捕山：阿呼峯　撒侖

圍獵山：喀普赤藍　木罩焉泰　上澗峯　色勒五魯庫　江都庫峯　火托峯　渾濟你什哈河

鑲紅旗人參山：加海　撒木占河　浙澈東五　札木必汗札木他賴　紐木舜　五什欣阿普大力　五兒烘阿普大力　白母白力　撒哈連　昂八烏而呼　納孟厄　阿沙哈圍黑　厄黑港　古黑嶺南山傍　瓦里呼　汗處掀谷　昂把烏黑　昂把釋楞

採捕山：勒扶渡口　一八單　依蘭峯　朱綠峯　呼朱白葉

圍獵山：兩紅旗合給覺羅大陽阿　邊米牙呼　會肥一藍木黑林　過而名岡　呼渾　肥得里　都什黑梅黑河　勒扶峯　色黑驪達馬納　羅大羅火港

正藍旗人參山：東勝阿　加哈嶺　瓦爾喀什　札爾呼河　吉牟申書谷　五兒烘噶哈　昂巴噶哈木敦家牟占　灣他哈　鈕王澗谷　非牙郎阿　阿什哈溫拉黑

採捕山：阿濟革牙哈　木克峯　阿木灘納麥爾齊　昂巴牙哈

圍獵山：吉當阿河西岸　圍黑夸藍　一香河　昂把西伯　納親河　葉河一藍木黑林

鑲藍旗人參山：札木必汗　札東阿　色欽　札庫木　厄一扶峯　都稜　溫泉　札爾呼河　圍黑法三

採捕山：牙瀨港　一香木克　波香波香　酸焉岡

圍獵山：書民烏力汗　馬打堪岡　色朱稜　駿焉瓦色

奉天將軍所轄驛站

沙河站，壯丁八十七名，地一千五百五十五晌一百二十六畝。東光站，壯丁六十四名，地一千七百二十五晌一百二十一畝三分。寧遠驛，壯丁七十五名，地一千八百五十晌二百三十四畝七分。高橋驛，壯丁六十三名，地一千二百九十六晌二百零八畝。小陵河驛，壯丁四十六名，地四百九十五晌一百四十七畝一分。十三山驛，壯丁九十一名，地三千三百五十二晌二百零八畝九分。廣寧驛，壯丁六十九名，地一千八百一十晌三百四十二畝八分。小黑山驛，壯丁四十三名，地三千七百一十七晌一百九十二畝七分。二道境驛，壯丁七十三名，地二千六百八十二晌二百九十三畝三分。白旗堡，壯丁八十七名，地二千七百六十二晌二百六十三畝九分。巨流河驛，壯丁五十二名，地一千一百三十二晌零五畝四分。舊邊驛，壯丁五十三名，地一千一百二十九晌一百一十九畝四分。盛京驛，壯丁三十八名，地九百二十八晌一百十畝九分。十里河驛，壯丁二十四名，地五百二十八晌六十七畝。東京驛，壯丁九名，地一百一十晌十五畝。狼子山驛，壯丁二十二名，地四百七十一晌六十七畝。甜水站，壯丁十九名，地四百六十九晌五十一畝。連山關驛，壯丁二十名，地六百三十八晌九十五畝。通遠堡驛，壯丁十九名，地三百四十七晌四十七畝。雪裏站，壯丁三十一名，地四百九十九晌七十畝。鳳凰城驛，壯丁二十二名，地四百五十九晌四十六畝。高麗堡驛，壯丁四十名，地三百零七晌。易路驛，壯丁五十名，地五百三十二晌三畝八分。嚴千戶屯驛，壯丁三十一名，地五百八十五晌六十五畝。法庫驛，壯丁三十三名，地五百六十六晌。沙爾湖驛，壯丁二十三名，地一百九十晌五十畝一分。開原驛，壯丁五十三名，地七百九十三晌五十七畝。噶布喇村驛，壯丁二十一名，地四百三十九晌二畝六分。木奇驛，壯丁十八名，地四百零六晌十八畝。

寧古塔將軍所轄臺站

巴言俄佛洛邊門七臺，種地共二千四百零六晌。一統邊門六臺，種地共一千四百五十六晌。河爾素邊門八臺，種地共九百三十晌。布爾圖庫蘇巴爾漢邊門七臺，種地共一千二百八十九晌。叺喇站、蘇通站、一而門站、刷烟站、一巴旦站、阿爾坦厄墨爾站、黑爾素站、夜河站、蒙古河洛站共九處，種地七千九百六十晌。金周俄佛洛站、書蘭站、法他哈站、登格爾哲庫站、蒙古站、討來詔站、孫扎波站、蒿子站、合力站、北都訥站、厄和木站、拉法站、推呑站、俄莫和索洛站、畢爾漢必拉站、沙蘭站、寧古塔站共十七處，種地一萬零六百四十三晌。

清・鄂爾泰《八旗通志》卷二一《土田志四・直隸駐防土田》

直隸保定府駐防：城守尉一員，防守禦四員，驍騎校四員，筆帖式二員，領催四十名，披甲四百六十名，弓鐵匠四名，內給地官六員，共地六頃一十畝。撥什庫、披甲、弓匠一百三十七名，閒散寡婦九名，共地一百二十六頃五十畝。撤回京城兵丁已故者一百二十四名，共地一百一十六頃二十二畝。

滄州駐防：城守尉隨衙門五壯丁地，在王家莊。正白旗滿洲旗分章京，隨衙門一壯丁地，在孟家莊。蒙古旗分章京，隨衙門二壯丁地，在孟家莊。又本身十六壯丁地，在孟村等四莊。鑲白旗滿洲旗分章京，隨衙門六壯丁地，在王御史莊。蒙古旗分章京，隨衙門一壯丁地，在齊家莊。正白旗滿洲領催、披甲、閒散人等，共九十七壯丁地，在孟村、程家林、孟家莊、穆家莊等處。蒙古領催、披甲等，共八十一壯丁地，在孟村、程家林、新店、趙官屯、王家寨、西莊、曹家莊、宋家莊等處。鑲白旗滿洲領催、披甲等，共一百零八壯丁地零二十畝，在程家林、許村、新店、王家莊、穆家莊、孟村、三十五里舖、白楊橋、李三橋、新莊等處。蒙古領催、披甲、閒散人等，共六十壯丁地零十八畝，在新店、捷地、褚村、程家林、高家莊、孟村、齊家莊、秋家莊、蠻西莊等處。

山海關駐防：順治二年，初設拖沙喇哈番品級章京四員，每員俸米地五十晌。筆帖式二員，每員俸米地四十晌。甲兵四十六名，每名口糧地十晌。康熙十四年，添設城守尉一員，俸米地八十晌。八旗佐領八員，俸米地照前。章京驍騎校八員，俸米地同筆帖式。筆帖式三員，俸米地照前。甲兵八百名，口糧地照前。二十年，撤去甲兵四百名，官員照舊。俸米地、口糧地，每員每名俱照舊。二十一年，奉旨：盛京、山海關等處官員，年老病故之寡婦孤兒，仍在原任處居住，給原官房屋地土。二十七年，改城守尉爲總管。除總管、筆帖式存留甲兵六十六名外，其餘官員甲兵，俱撤在盛京沿途駐防。從京補授拖沙喇哈番品級章京八員，添甲兵九十四名，共一百六十名。其俸米地、口糧地俱照前。

康熙三十四年，添設驍騎校八員，甲兵四十名，共甲兵二百名。俸米地、口糧地俱照前。三十五年，敦住據總管車爾布赫言轉奏，該部遵旨議准：引冷口、喜峯口駐防甲兵例，山海關駐防甲兵，照例每年每名給米四十四斛，其地畝交還。自是年以後，甲兵俱在山海關通判倉領米，其各官員俸米地仍照前。

喜峰口駐防：　守禦一員，地十六頃六十七畝零。章京二員，共地十三頃五十九畝零。筆帖式二員，共地十一頃三十三畝零。共官員地四十一頃五十九畝零。八旗披甲地共四十四頃零十畝。鑲白、鑲紅、正藍三旗下閒散地，共十五頃七十一畝零。

雍正十一年，將鐵門關外餘地并園地，續撥給鑲黃旗披甲地十五頃十畝三分零，在大屯。正黃旗披甲地十五頃十畝三分零，在前峪崖。正白旗披甲地十五頃十畝三分零，在碾子峪。正紅旗披甲地十五頃十畝三分零，在大屯。鑲白旗披甲地十三頃九十四畝一分零，在後峪兒崖。鑲紅旗披甲地十三頃九十四畝一分零，在網戶灣。正藍旗披甲地十三頃九十四畝一分零，在碾子峪。鑲藍旗披甲地十三頃九十四畝一分零，在禾子溝。

獨石口駐防：　康熙三十二年，撥宣化府地給正紅旗領催、披甲，共一頃五十畝，在樣田堡。鑲黃旗披甲地，共二頃八十五畝，在樣田堡。正白旗撥什庫披甲地，共五頃三十六畝，在破堡子、張家窰，鎮安、樣墩等處。鑲白旗披甲地，共一頃五十八畝五分，在青泉堡。鑲紅旗披甲地二頃六十四畝，在鎮安、樣墩。正藍旗披甲地六十畝，在樣田堡。鑲藍旗披甲地，共六頃三十一畝，在樣田堡、赤城、破堡子、張家窰、興仁堡等處。

古北口駐防：　防守尉開墾地四頃八十八畝一分。章京開墾地五頃十二畝七分。筆帖式開墾地二頃零四十二畝二分。鑲黃旗披甲開墾地，共六頃零一畝二分。正黃旗領催、披甲開墾地，共四頃九十六畝七分。正白旗領催、披甲、閒散開墾地，共十頃零十一畝四分。正紅旗領催、披甲并護軍前鋒開墾地，共十頃零三十一畝一分。鑲白旗領催、披甲、閒散開墾地，共二十四頃二十六畝六分。鑲紅旗領催、披甲開墾地，共三頃八十六畝七分。正藍旗領催、披甲開墾地，共九頃七十五畝三分。鑲藍旗領催、披甲開墾地，共二頃四十七畝六分。

右衛駐防：　雍正二年七月，賞給察哈爾地。鑲黃旗滿洲官十六員，兵丁一百九十一名，鐵匠十名，共賞地一百九十五頃六十一畝六分零。每員名分得地九十畝一分零。正黃旗滿洲官十八員，兵丁一百九十九名，鐵匠十名，共賞地二百四頃六十三畝一分零。每員名分得地九十畝一分零。正白旗滿洲官十七員，兵丁一百八十六名，鐵匠十名，共賞地一百九十二頃一畝零。每員名分得地九十畝一分零。正紅旗滿洲官十六員，兵丁一百八十五名，鐵匠十名，共賞地一百九十頃二十畝八分零。每員名分得地九十畝一分零。鑲白旗滿洲官十八員，兵丁九十三名，鐵匠十名，共賞地一百九十九頃二十二畝二分零。每員名分得地九十畝一分零。鑲紅旗滿洲官十八員，兵丁一百九十八名，鐵匠十名，共賞地二百三頃七十二畝九分零。每員名分得地九十畝一分零。正藍旗滿洲官十九員，兵丁一百七十九名，鐵匠十名，共賞地一百八十七頃五十畝三分零。每員名分得地九十畝一分零。鑲藍旗滿洲官十七員，兵丁一百九十一名，鐵匠十名，共賞地一百九十六頃五十一畝八分零。每員名分得地九十畝一分零。東翼蒙古官二十九員，兵丁二百五十八名，鐵匠十六名，共賞地二百七十三頃十四畝二分零。每員名分得地九十畝一分零。西翼蒙古官二十六員，兵丁二百二十四名，鐵匠十名，共賞地二百三十九頃七十八畝八分零。每員名分得地九十畝一分零。東翼漢軍官十六員，兵丁三十三名，共賞地四百九十四頃十九畝一分零。每員名分得地九十畝一分零。西翼漢軍官十三員，兵丁四百六十七名，共賞地四百三十二頃七十畝零。每員名分得地九十畝一分零。

黑龍江駐防：　乞察哈兒八旗官兵、水手、拜唐阿，官種地二千五百晌，兵種地三萬五千晌。東至呼育爾八十里，南至烏爾努爾一百里，西至哈木巴代七十里，北至額爾黑產七十里。本城官兵、水手、拜唐阿，官種地一千三百七十五晌，兵種地一萬八千九十九晌。東至科林呼爾哈五十里，南至拖里哈達六十五里，西至多爾莫二十八里，北至薩哈連五十里。墨爾根和屯官兵、水手、拜唐阿，官種地一千七百六十晌，兵種地二萬九千三十三晌。東至顯克得勒二十五里，南至哈力雅圖四十五里，西至葉赫得三十五里，北至烏黑特二十里。布特海副都統駐防納爾吉村地方，官種地三千一百六十六晌，布特海人丁種地三萬一千七百七十晌。東至得敦一百八十八里，南至梅勒參二百九十里，西至哈代堪四百三十里，北至薩媽黑爾二百二十里。

雍正六年，管侍衛內大臣公富爾丹題准：　乞察哈兒兵丁、水手、拜唐阿，在城南克爾育爾、恆賚發爾等處，種官地二千晌。黑龍江城兵丁水手，在城南種官地一千五百晌。布特海、索倫、打虎兒，在那爾吉村東博爾得羅洛庫等處，種官地二千晌。

山西太原府駐防：　正藍、鑲藍二旗，滿洲官六員，蒙古官二員，共地五千四百四十畝。隨衙門菜園地五十晌。正藍旗滿洲兵丁地九千四百五十畝，鑲藍旗滿洲兵丁地一萬二千四百二十畝，正藍旗蒙古兵丁地八千六百四十畝，鑲藍旗蒙古兵丁地三千畝。

雍正六年正月，駐防城守尉一員，陞任右衛副都統，退交本縣三十五壯丁地。新任城守尉一員，撥給京城兌換三十四壯丁地。

七年正月，撥給筆帖式一員，從京城兌換地八頃二十畝。

八年二月，革退筆帖式一員，退交本縣二十壯丁地。十月，撥給筆帖式一員，從京城兌換地六十三畝。

十三年二月，撥給防禦一員，從京城兌換五壯丁地。

山東濟南府德州駐防：鑲黃、正黃二旗，滿洲、蒙古官十一員，共地七百五十畝。兵丁五百名，匠役四名，共地二萬五千五百六十畝。

陝西西安駐防：順治三年八月，撥給園地、鎮守西安將軍地二十五晌，在長安縣羅家寨及西城內菜園子地方。左翼滿洲副都統地二十晌，在咸寧縣景龍池地方。右翼滿洲副都統地二十晌，在咸寧縣八里村。正黃旗滿洲協領地十五晌，在咸寧縣龍渠堡。佐領五員，共地三十晌，在咸寧縣景龍池龍渠堡。正紅旗滿洲協領地十晌，在咸寧縣小鴈塔地方。佐領五員，共地三十五晌，在長安縣塔坡里、野狐塚，咸寧縣小鴈塔等處。鑲紅旗滿洲協領地十晌，在咸寧縣大鴈塔地方。佐領五員，共地二十五晌，在咸寧縣大鴈塔、水河村、魯家村及長安縣野狐塚等處。鑲藍旗滿洲協領地二十晌，在咸寧縣景龍池地方。佐領五員，共地二十五晌，在咸寧縣景龍池地方。正黃旗蒙古佐領二員，共地十五晌，在咸寧縣景龍池地方。正紅旗蒙古佐領二員，共地十晌，在長安縣野狐塚地方。鑲紅旗蒙古佐領二員，共地十晌，在咸寧縣大鴈塔八里村。鑲藍旗蒙古佐領二員，共地十晌，在咸寧縣景龍池地方。

陝西寧夏駐防：雍正三年，撥給滿洲官兵地共二千六百畝。除東門外演武廳基地一百三十五畝，關帝廟香火地九十九畝外，將軍地一頃一十一畝。兩翼副都統地，共二頃零九畝。協領六員，共地一頃八十畝。佐領二十四員，共地三頃六十畝。防禦二十六員，共地二頃六十畝。驍騎校二十四員，共地一頃二十畝。筆帖式三員，共地三十畝。理事同知一員，地十畝。委署前鋒校十六員，共地一十六畝。委署驍騎校二十六員，共地二十六畝。將軍印房、貼寫、領催、馬甲四名，共地四畝。每旗滿洲佐領二員，蒙古佐領一員，每佐領下分給馬步兵丁地三十畝。三佐領下兵丁地共九十畝。八旗二十四佐領下馬步兵丁地共七百二十畝。

清・鄂爾泰《八旗通志》卷二二《土田志五・守陵人員地畝》 看守永陵關防屬下各旗人等及匠役、掃院丁壯地八十五頃三十九畝二分，在馬家和羅吳庫禮噶山、胡籃哈達等處。總管屬下八旗丁壯地四百四十八頃六畝四分，佐領屬下千丁地二萬一千一百五十八晌零六分，在奉天遼陽、撫順、因登、巨流河界內。

看守福陵關防屬下包衣、八旗官員、兵丁及掃院、看園人等地二百八十七頃八十三畝七分，在盛京、興京界內。總管屬下八旗人員並看官廳丁壯地六百零三頃三十四畝，在盛京、興京、開原等界內。佐領屬下千丁地一千一百三十八頃二十七畝六分，在奉天開原界內。

看守昭陵關防屬下官員人等及掃院丁壯地一千七百零七頃三十四畝七分，總管屬下八旗丁壯地四千五百五十七晌五畝，在奉天開原、廣寧、秀巖、牛莊界內。

順治十八年，遵化州撥給孝陵官兵等忠義衛地三十三頃三畝五分零，在西三屯等莊。又給地四十三頃七十六畝五分零，在李官屯等莊。又給地十頃十二畝四分零，在韋家嶺等莊。又給地一頃六十三畝，在西峯寺前。又給州東寬屯地六頃二十五畝五分，在下院寺等莊。

康熙二年，給筆帖式地五十六畝，在租戶莊。

八年，給讀祝官地二頃六十六畝又五十四畝，在租戶莊。

二十年，給鑲藍旗筆帖式東勝衛地二十四畝，在馬各莊。

三十一年，給披甲人等地八畝二分零，在上莊。

三十四年，給總管筆帖式地二十四畝，在桃園莊。又飯上人地二十四畝，在租戶莊。

康熙四十八年，遵化州撥給孝東陵郎中地十二畝。

五十八年，給鑲黃旗官兵地四十四畝，正黃旗官兵地四十三畝八分零，正白旗官兵地四十四畝，正紅旗官兵地四十三畝九分零，鑲白旗官兵地四十四畝，鑲紅旗官兵地四十四畝，正藍旗官兵地四十四畝，鑲藍旗官兵地四十三畝九分零。又給各旗護軍地十八畝。

五十九年，給茶上、飯上人等地四十畝。又給筆帖式等地十六畝，又給拜唐阿等地六十六畝，又給拜唐阿等地三十四畝，又給關防郎中等地十二畝。

雍正元年，給員外郎鳴贊等地一頃一十六畝。

二年，給新設內管領地二畝。又給護軍地十六畝。

雍正元年，遵化州撥給景陵護軍等地十畝。

二年，又給員外郎等地十畝，又給侍衛等地一頃，又給護軍等地十畝，又給關防郎中等地十二畝，又給員外郎等地十二畝，又給茶上人等地十六畝，又給飯上人等地十二畝，又給官兵等地十二畝。

五年，給飯上人地八畝。

康熙二十年，遵化州原撥給護守孝誠仁皇后、孝昭仁皇后陵寢官兵等地十八頃六十六畝，在平安城。又四頃五十畝，在龍虎峪。又屯地一頃二畝，在小喜峯口，又七頃二十畝，在堡子店。又十八頃六十六畝，在念莊等處。

二十二年，給披甲人等地十二畝，在小廠。

二十九年，給員外郎等地四畝四分，又一畝六分，在堡子店。

清・鄂爾泰《八旗通志》卷二二《土田志五・八旗井地》 雍正三年正月，順天府固安縣設立圈頭村井地十七頃四十八畝九分零，林城村井地二十頃七十九畝一分零，劉家村井地十四頃二十四畝九分零，石家務井地十九頃六十六畝五分零，蠻子營井地十一頃七十五畝三分零，固城村井地十四頃三十三畝零。六項共地九十八頃二十七畝九分零。

二月，保定府新城縣設立宮井村井地十頃七畝一分零，新立莊井地十七頃六十二畝四分零。二項共地二十七頃六十九畝五分零。

五年十一月，保定府新城縣設立韓村營井地六頃九十畝。

七年三月，順天府霸州設立沙城村、圈子村、狄家莊、岔河村四處井地各十頃。又葉家莊補足固安縣井地一頃五十二畝。五項共地四十一頃五十二畝。

又順天府永清縣設立高家營村井地十頃，北孟村井地十五頃，南台子村井地十頃。三項共地三十五頃。

清・鄂尔泰《八旗通志》卷二二《土田志五・八旗塋地》 順治十年，詔：八旗貧無葬地者，每旗撥給墳塋地五十晌。

康熙十二年題准：凡欲往盛京領地設莊護墳者，若將分內壯丁地退出，准撥熟地。不願退出者，以荒地撥給。

十七年議准：八旗府佐領，每一佐領給墳塋地六晌。滿洲、蒙古，每佐領給墳地三晌。漢軍，每佐領給墳地一晌半。

康熙十七年，諭大學士等：前命爾等清查地畝，以給出征死亡兵丁，必平原高燥之處方可。若地勢卑濕，不堪爲墳塋，雖撥給何所用之？又須令與道途相近，若去道遠，則家貧難以趨赴矣。至於官員職卑、小民貧乏者，皆資地畝爲生。若取伊等之地撥給兵丁，又致彼失業。可查內務府所管地畝及諸王大臣地畝，詳加丈量，有溢於正額者，分給兵丁，以副朕恤下至意。尋大學士等議：滿洲、蒙古及包衣，每佐領給地十五畝。漢軍另戶兵少，每佐領給地七畝半。清查內務府及王以下大臣等園地溢額者撥給。詔從之。

康熙二十三年四月，撥給陝西西安駐防八旗兵丁塋地。鑲黃旗滿洲地十二畝六分零，在咸寧縣北關菜園地方。漢軍地八畝零，在咸寧縣城東南。正黃旗滿洲地十二畝六分零，在咸寧縣城北菜園地方。漢軍地八畝零，在長安縣南火巷。正白旗滿洲地十三畝一分零，在咸寧縣仁頭院地方。漢軍地八畝八分零，在咸寧、長安兩縣南城濠邊。鑲白旗滿洲地十三畝一分零，在咸寧縣仁頭院地方。漢軍地八畝零，在咸寧縣城南。正紅旗滿洲地十二畝六分零，在長安縣海家村。漢軍地八畝六分，亦在海家村。鑲紅旗滿洲地十二畝六分零，在長安縣解家村。漢軍地八畝六分零，在長安縣海家村。正藍旗滿洲地十三畝零，在長安縣西南城濠邊。漢軍地八畝零，在咸寧縣南城濠邊。鑲藍旗滿洲地十二畝六分零，在長安縣楊家村。漢軍地八畝八分零，在長安縣南城濠邊。

清・鄂爾泰《八旗通志》卷二二《土田志五・八旗牧場草場》 順治二年題准：御用馬館，王、貝勒、貝子等馬館，俱按各該旗地方牧養。

又題准：天師庵草廠，設場尉、筆帖式及書役、甲兵巡守。

又題准：近京廢地，俱令撥給壯丁墾種。如撥給有餘，方准爲牧馬廠。

六年題准：順義、清河、漷縣、沙河、蘆溝橋五處荒地二萬四千四百七十四晌，通州河、沙河、清河、蘆溝橋兩岸各長五里，闊三里，俱令丈作馬廠。

又定：嗣後棄地爲馬廠，永行停止。如沙地不堪耕種者，仍留牧馬。

十一年題准：給親王牧廠方八里，郡王牧廠方四里。

十二年覆准：親王牧廠方二里，郡王牧廠方一里。額外多占者，查出撥給新壯丁。

康熙元年題准： 天師庵草場，歸併崇文門部員管理，其原設官役、甲兵俱裁。

十二年題准： 太僕寺牧馬場，向係戶部撥給入官人看守。今內府並諸王、貝勒等馬匹，就馬場內餘丁選補看守。如無可選者，仍行令戶部撥給。

鑲黃旗牧馬廠地，坐落武清、寶坻。東自唐畦，西至陳琳莊，七十里； 南自張家莊，北至上馬臺，九十里。

正黃旗牧馬廠地，坐落天津州。西北自俞家莊，東北至小稍子口，三十五里； 西南自孫家莊，東南至秋家莊，四十七里。

正白旗牧馬廠地，坐落天津州。東自好字沽，西至白家莊，四十二里； 南自城兒上，北至清溝，六十五里。

正紅旗牧馬廠地，坐落甕山，二百五十晌。蘆溝橋西高陵，四百六十晌。

鑲白旗牧馬廠地，坐落通州，四百一十四晌。

鑲紅旗牧馬廠地，坐落順義縣天主馬房村，五百八十八晌。蘆溝橋西，八十晌。

正藍旗牧馬廠地，坐落豐臺、王蘭等莊，東西三十里，南北五十里。

鑲藍旗牧馬廠地，坐落草橋十里，廊房八里。

順治五年奏准： 奉天中前所、前屯衛、中後所三處地畝，今八旗均分爲馬場。自東迤西，先給兩黃旗，次兩白旗，次兩紅旗，次兩藍旗。

康熙二年題准： 錦縣馬廠地，仍留備用牧馬，不許民開墾。

興京牧廠草場地三千八百十晌零九分。

撫順界內，右翼四旗牧廠草場地九百七十晌五畝一分。

開原八旗兵丁等牧廠，自城外遼河東西，至朔羅阿林止。

遼陽城所屬八旗牧廠四處，在沙溝子、船城、單家莊、小網戶屯。

哈達霍羅牧廠，自開原城東墨爾根村起，至商家臺止。

復州界內，八旗牧廠地一萬九千四百三十六晌。

熊岳城界內，八旗滿洲、蒙古、巴里虎、漢軍牧廠地二百七十五頃九十畝。

金州界內，牧廠地，七十四頃五十八畝。

秀巖界內，八旗官員兵丁牧廠地三百七十頃二十畝二分。

牛莊所屬新倍河馬廠一處。

寧古塔界內左翼四旗牧廠，在城西北四十五里外。阿都和洛北，拉哈米河口往南，至厄木海蘭，長五十二里； 東自色勒木哈連蒙阿往西，至恩格木阿林，寬三十五里。右翼四旗牧廠，在城南五十里外，自窩楞河茶庫拉法蘭北，木敦東，阿爾哈河口往西，至烏爾虎和洛木敦，長四十九里； 自茶庫拉法蘭北，木敦往南，至蛟梅佛恆，寬十八里。

渾春界內，鑲黃、正黃、正白三旗牧廠，在渾春村南九十里。綽庫北，自奇他帕他阿林往南，至朱黑俄莫，長二十里； 綽庫東，自海岸往西，至達爾吉阿林山，寬十八里。

三姓地方，鑲黃、正黃、正白、正紅四旗牧廠，在城東南四十三里。自海蘭俄莫北，至翁肯河南烏魯林河，長三十四里； 東南自達庫蘭阿林往西，至你爾格墨阿林山，寬二十六里。

阿爾楚哈界內，鑲黃、正黃、正白三旗牧廠，在城北七十里。自德克秦東，至阿爾楚哈河口，長二十里； 德克秦西，至羅進蘇蘇，長五十里； 自德克秦北，至松阿里江岸，寬五里； 德克秦往南，寬五里。

吉林烏喇界內，鑲黃旗，自卧必拉河北，東至雅通阿必拉河十里，西至扎棍必拉河五里，北至馬哈拉阿林山四十里。正黃旗，自依拉秦河至扎棍和呑，長十二里； 自扎棍必拉河至卧爾混，寬十三里。正白旗，自恩皮溝源至馬哈爾圖山，長三十里； 自恩皮溝至某哈連布占，寬十五里。鑲白旗，自雅通阿必拉河至扎棍必拉河，長二十里； 自雅通阿必拉河至馬哈爾呑阿林山，寬十五里。正紅旗，自刷煙必拉河口，南至大路，長三十里； 自沙倫河至刷煙必拉河，寬二十里。鑲紅旗，自卧爾渾必拉河至沙倫必拉河，長二十五里； 自對鶯厄，至波諾和必拉河口，寬二十里。正藍旗，自阿克敦霍洛昂噶至扎棍必拉河，長二十五里； 自依拉秦必拉河口至雅通阿必拉河，寬十五里。鑲藍旗，自波諾和必拉河口至依爾門必拉河，長三十里； 東至扎棍必拉河，寬二十里。

白都納牧地，在拉哈傅和舍庫地方，長一百四十里，寬三十里。

康熙三十年覆准： 德州駐防官兵，向在滄州牧放。因越省不便，將霑化縣邵家莊所有荒地，令作馬廠，其應徵地畝銀兩，准其豁除。

三十九年題准： 天津等十二州、縣、衛、所牧馬廠地，派都統等會同直撫查明。東翼四旗，丈出餘地一萬二百六十一頃零。西翼四旗，丈出餘地一十八萬八千四百六十二晌。交與地方官招民墾種，照開荒之例起科。

雍正二年議准：八旗存留馬廠，并馬廠餘地，派旗下大臣一員，帶領該部賢能官二員，每旗賢能官一員，令直撫於守巡二道內派一員，公同查明。其有可以墾種者，交與地方官招民墾種。其不堪耕種之處，仍交八旗作爲馬廠。

五年諭：禮部并無飯食銀兩，郭家莊、天竺村兩處廠地，著賞給禮部。共地一百八十一頃零。

四川滿城駐防馬廠地共六千二百八十六弓，坐落沙河鋪。南至大磄趙國良爲界，西至玉祥山山嶺爲界，東北以大路爲界。

清・鄂爾泰《八旗通志》卷六八《土田志七》　［乾隆十年］又奏准，國初以來，附近耕種地畝自二三十頃至四五十頃不等。嗣後，此等地畝，如莊頭係子孫弟兄及族人承種者不必議減外，其欠糧或緣罪革退，及絶戶以異姓承種者，均以十八頃爲一分，九頃爲半分，餘地足十八頃九頃者，增設大莊、半莊，奇零不足數者，交地方官召民耕種，輸租戶部。

《清會典》卷二〇《戶部・井田科》　凡旗地，禁其私典私賣者，犯令則入官。直隸各屬民人及旗下家奴在例禁前典賣旗地，清查時自行首明者，官爲給價回贖，召佃輸租，爲入官旗地。其有隱匿不報者，及例禁以後典賣者，或贖後復行典賣者，俱將地畝撤出入官，作爲公產旗地。每年升除數目不能一定，令按光緒十三年奏銷冊，額徵入官旗地三萬九千五百二頃二十二畝有奇。若抵帑者，抵帑入官地畝，核其租數定價，以一分三釐之息爲斷，如徵租銀得百三十兩者，准抵銀一千兩，以次增加抵算。如係契與他人田地，聽原業主回贖。籍沒者，官兵緣事抄產入官地畝，由部咨直隸總督委員履畝確勘，酌定租數。造冊徵租，一并奏銷。皆徵其租。民人佃種入官旗地，照契價以十一議租，每市平市色銀一兩，減納銀一成三分，統以庫平庫色交官報解。光緒十三年奏銷冊，徵旗租銀四十一萬四千四百九十三兩有奇。官贖者亦如之。旗地除在清查以前典賣者，官爲給價回贖入官外，另戶漢軍出旗爲民，其置賣旗地及原圈地，准其隨帶執業。日後止准賣與旗人，不准賣與民人。另記檔案養子開戶出旗爲民，共置買旗地并原圈地，報官給價回贖地畝入官。凡塋地之在官者，各以其等給焉。入官旗地內有墳圈祭田，數在三頃以下者，免其入官。即有多者給還，亦不過三頃。官贖旗地，原業葬有墳塋，准其回贖。三品以上不得過二頃，四品以下不得過一頃，兵丁閑散不得過五十畝。出旗爲民，原管旗地有墳塋地畝，係另記檔案曾任職官者，給予五十畝，兵丁閑散給予三十畝，養子開戶戶下給予十畝，已官贖者令其回贖，未官贖者照數扣除。其易於官者三倍之。旗人有兌易官地爲墳者，以地三畝易官地一畝，仍核其所易地租與官地租，務使有贏無絀。凡地，公用則撥補，旗地有開浚河道及營造工程官用者，地方官丈勘後，行旗查原業姓名相符，准以官地按畝撥補。若原業租數比官地多至一倍，准以二畝抵補一畝。察其存地、退地、餘地、絶地。存地，旗人駐防外省，將原有地畝交官徵租，兌易任所地畝，回京時仍給還管業，乾隆二年停止。惟張家口、山海關尚准兌換。退地，舊例撥給內務府莊頭地畝，如有沙薄不堪耕種者，查明原撥地畝退交官佃徵租。餘地，丈量餘出之地。絶地，八旗無嗣人地畝在一頃以上，以十分之七入官，十分之三給族人祭掃。在一頃以下，概給三十畝。無族人者，給親女親姊妹親侄女外甥外孫或本戶家奴，及該佐領爲祭掃之需。凡存、退、餘、絶官地，俱歸另案奏銷。又乾隆十六年以前八旗下屯種地旗人有身故者，原領官地聽妻子承種。如無妻子而家口冊內有名嫡屬，亦准頂補。如俱無者，撤出地畝入官徵租，爲屯莊奏銷。

《清會典・戶部》卷二一《田土二》　國初設立官莊，以供內府之用，有在盛京者，有在畿輔者。凡內府各莊，皆自內務府掌之；至部寺官莊，分隸禮部、光祿寺、上林苑監。

《清會典》卷二二《戶部・田土三》　［康熙］三十四年題准，花園內種稻田莊頭壯丁，每名給養贍家口地五晌，在於大、宛二縣收存附近地查給。又題准，退出地畝照上、中、下則，加一倍徵租。四十五年議准，撥給地畝，自康熙十三年後，俱係將八旗退出地方官收存地畝撥給，至今遵行，但春間二、三月內，已經耕種，應停撥給，俟九月秋成後，始行撥地。其撥給地畝，移咨內務府奉宸苑，轉付八旗司，并行直撫大、宛二縣知照。至滿洲已給之地畝，不准更換，其初次應行給地之新滿洲，於八旗餘地內丈給。五十一年議准，安設莊屯，應給屯頭地畝并換給地畝，俱俟內務府具題移咨到部，行令該撫查明之日，與內務府派官公同換給。五十二年覆准，容城縣丈出餘地十一頃七十二畝零，原係旗退地畝，仍交與莊頭耕種，每畝納銀三分、草一束。五十三年議准，撥給莊頭地畝，在各屬旗退輸租地內均匀撥給，不得指圈民地。五十四年議准，莊頭拖欠銀兩，照正項錢糧定爲一年之例，催完解部，如限滿不完，將承追不力各官，照例題參。雍正三年議准，戶部收過八旗人等所交地畝，并內務府交出餘地，所收銀錢糧石，另立一案，以定奏報考成。自雍正三年起，按年按數徵完，銀錢解部，糧石存貯各州縣備用，仍於歲底將解部銀錢并存貯糧石數目造具清冊；具題查核。如有未完，該督照未完錢糧分數之例題參，交與該部議處。

《清會典》卷七八《盛京戶部》　凡官莊糧莊百十有八所，分四等：一等莊十有二所，每莊歲輸米三百八十二石；　二等莊二十所，莊三百五十二石；　三等莊三十七所，莊三百有七石；　四等莊四十九所，莊百九十二石。棉花莊五所，每莊歲輸棉七百斤；　鹽莊三所，每莊歲輸鹽萬二千斤。由部歲於秋成時奏請欽簡在京部院堂官一人詣盛京會視收納，以供陵寢祭祀及廩餼芻茭之用，餘米輸內倉存貯。

同上　凡旗地：興京、遼陽、復、蓋平、寧海、開元等州縣，錦州府寧遠、義二州，廣寧縣及牛莊、岫巖、鳳凰、熊岳等城旗丁限田五萬六千四百七十六頃七十四畝九分，輸草豆者二萬一千九百八十頃七十七畝有奇，每六畝歲輸米二升六合五勺五抄。又錦、寧遠、廣寧、義四州縣官莊餘田七千七百二十頃四畝有奇，招旗丁耕種。定上、中、下三則，歲分半輸豆、輸銀各三千八百六十頃二畝有奇。上則每畝豆一斗三升四勺三抄有奇、銀三分；　中則豆八升六合九勺五抄有奇、銀二分；　下則豆四升三合四勺七抄有奇、銀一分。令各城守尉徵收解部充用。

《清會典》卷九四《內務府》　畿輔之莊，三百七十有三。畿輔一等莊六十六、二等莊十三、三等莊十八、四等莊三十四、四等分圈莊四、半分莊二百二十八、豆糧莊五、豆糧圈莊二、稻田莊三。在宣化、永平等府，及通、灤、霸、涿、易、滄、薊、安、昌平、延慶、遵化、保安等州，大興、宛平、三河、豐潤、玉田、樂亭、平谷、昌黎、盧龍、遷安、香河、青、雄、完、蠡、唐、寶坻、東安、武清、天津、南皮、新城、靜海、固安、永清、容城、交河、任邱、新安、良鄉、房山、順義、密雲、懷柔、安肅、定興、淶水、懷來、滿城、萬全、河間、清苑、懷安、高陽、撫寧等縣。盛京之莊，六十有四。盛京一等莊二十六、二等莊一、三等莊五、四等莊三十二。在盛京、興京、牛莊、金州、蓋州、遼陽、熊岳、岫巖、廣寧，鐵嶺、鳳凰城等處。錦州之莊，二百八十有四。錦州一等莊六十二，二等莊三十，三等莊二十四，四等莊一百，外納糧莊四十五，納租莊四，納銀莊十九，均不分等次。在錦州、寧遠、廣寧、義州等處。熱河之莊，百三十有二。熱河莊均一等，在喜峰口、古北口外。歸化城之莊十有三。歸化城莊不分等次，在黑河、渾、津等處。打牲烏拉之莊五。打牲烏拉莊不分等次，在吉林城之北。駐馬口外之莊十有五。駐馬口外莊不分等次，均在彌陀山等處。莊各設其長。每莊各設莊頭一人，其缺各以其親族承充，欠糧或緣事革退，及新設之莊，均於本莊及別屬壯丁內選補。除緣罪沒入及投充之人選爲莊頭外，餘舊人子弟均准應試。三歲則比其丁數而書於冊。每三年編審壯丁，畿輔莊，由府委本司官編審。盛京莊、錦州莊、熱河莊、歸化城莊、打牲烏拉莊、駐馬口外莊，由各該將軍都統總管等編審。各具冊報府，由府彙冊奏聞。凡丁自二三歲以上均入冊，有逾十歲未報者，不准載入，莊頭自買之人亦如之。其自國初投充及無罪撥遺之壯丁，有力能謀生，願退爲民者，命莊頭報府，聽入民籍。

《清會典》卷一五九《户部・田賦》　畿輔官兵莊田〇鑲黃旗：　滿洲初次給地萬一千六百三十一頃六十畝，二次給地二千五百三十八頃九十畝，三次給地千三百十有三頃十畝；　蒙古初次給地千七百九十四頃三十畝，二次給地千七百頃有十畝，三次給地四百十有三頃七十畝；　漢軍初次給地二千頃有四十畝，二次給地千一百八十八頃三十畝，三次給地千五十三頃，共壯丁地二萬三千六百三十三頃四十畝，坐落通、涿、昌平、霸、薊、遵化、灤、安、易等州，大興、宛平、良鄉、固安、永清、東安、香河、三河、武清、寶坻、順義、密雲、懷柔、房山、文安、大城、保定、玉田、平谷、豐潤、盧龍、遷安、昌黎、樂亭、清苑、滿城、安肅、定興、新城、唐、容城、宛、蠡、雄、高陽、新安、今改鄉。淶水、河間、肅甯、任邱、交河、青、南皮、獲鹿、赤城、宣化等縣，及永甯衛、良牧署、采育里、開平、沙河驛、德州、古北口、冷口、張家口、喜峯口、羅文峪、獨石口、石匣等處。正黃旗：　滿洲初次給地四千四百六頃四十畝，二次給地九千一百七十四頃九十畝，三次給地千八百七十三頃八十畝；　蒙古初次給地七百五十六頃九十畝，二次給地千一百二十七頃十畝，三次給地千八百八十四頃六十畝；　漢軍初次給地千二百七十四頃二十五畝，二次給地千八百七十八頃七十五畝，三次給地千一百六十七頃十有五畝，共壯丁地二萬三千五百四十三頃八十五畝，坐落通、涿、昌平、霸、薊、遵化、灤、安、易、滄等州，大興、宛平、良鄉、固安、永清、東安、香河、三河、武清、寶坻、順義、密雲、懷柔、房山、文安、保定、玉田、平谷、豐潤、盧龍、遷安、樂亭、清苑、滿城、安肅、定興、新城、唐、望都、容城、完、蠡、雄、高陽、新安、淶水、河間、肅甯、任邱、交河、青、南皮、獲鹿、開平、赤城、宣化等縣，及古北口、冷口、張家口、獨石口、石匣等處。正白旗：　滿洲初次給地五千七百二十七頃三十畝，二次給地三千三百二十六頃七十畝，三次給地四千三百三十四頃十畝；　蒙古初次給地千二百九十三頃七十五畝，二次給地千二百四十七頃五十五畝，三次給地千九十四頃五十八畝；　漢軍初次給地八百六十七頃六十畝，二次給地千四百六十五頃二十畝，三次給地千四百三十九頃七十畝，共壯丁地二萬七百九十六頃四十八畝，坐落通、涿、昌平、霸、薊、遵化、灤、安、易、滄等州，大興、宛平、良鄉、固安、永清、東安、香河、三河、武清、寶坻、順義、密雲、懷柔、房山、文安、保定、玉田、平谷、豐潤、盧龍、遷安、撫甯、昌黎、樂亭、安肅、定興、新城、容城、完、雄、高陽、淶水、河間、肅甯、任邱、交河、青、南皮、宣化等縣，及羅文峪、張家口、獨石口、古北口等處。 正紅旗： 滿洲初次給地二千一百二十九頃八十八畝，二次給地五千三百十頃八十四畝零，三次給地二千一百二十頃七十畝； 蒙古初次給地二百三十五頃六十八畝零，二次給地七百六十五頃六十畝，三次給地五百五十五頃三十畝； 漢軍初次給地二百七十八頃十畝，二次給地六百四十頃八十畝，三次給地三百七十頃二十畝，共壯丁地萬二千四百七頃十畝，坐落通、霸、昌平、灤等州，宛平、良鄉、固安、永清、東安、武清、寶坻、順義、密雲、房山、文安、保定、樂亭、清苑、安肅、定興、蠡、雄、任邱等縣，及河西務等處。 鑲白旗： 滿洲初次給地六千二百六十八頃五十畝，二次給地二千六百七十四頃二十畝，三次給地二千二百九十頃二十畝； 蒙古初次給地千十有四頃三十畝，二次給地千八百六十一頃九十畝，三次給地九百五十六頃十畝； 漢軍初次給地六百有九頃，二次給地三百有三頃三十畝，三次給地四百六十六頃八十畝，共壯丁地萬五千四百四十四頃三十畝，坐落通、涿、昌平、霸、薊、遵化、灤、易、滄、延慶等州，大興、宛平、良鄉、固安、永清、東安、香河、三河、武清、寶坻、順義、密雲、懷柔、房山、文安、大城、保定、玉田、平谷、豐潤、盧龍、遷安、樂亭、滿城、安肅、定興、新城、容城、雄、新安、淶水、河間、肅甯、任邱、交河、青、靜海、南皮、赤城等縣，及良牧署、開平、沙河驛、張家口、喜峰口、冷口、羅文峪等處。 鑲紅旗： 滿洲初次給地千一百頃七十畝，二次給地五千七百八十七頃十有五畝，三次給地二千六百十有二頃二十五畝； 蒙古初次給地三十五頃四十畝，二次給地千三百四十五頃五十畝，三次給地六百四十三頃二十畝； 漢軍初次給地三百七頃八十畝，二次給地六百三十頃，三次給地五百九十三頃七十畝，共壯丁地萬三千五十五頃七十畝，坐落通、涿、昌平、霸、灤、滄、延慶等州，宛平、良鄉、固安、永清、東安、香河、三河、武清、寶坻、順義、房山、大城、保定、豐潤、盧龍、遷安、樂亭、清苑、安肅、定興、新城、唐、望都、完、蠡、雄、淶水、河間、肅甯、任邱、天津等縣，及河西務等處。 正藍旗： 滿洲初次給地六千一百九十八頃七十五畝，二次給地三千九百九十二頃七十畝，三次給地二千二百七十九頃四十畝； 蒙古初次給地千二百三頃，二次給地七百二十三頃九十畝，三次給地七百十有一頃六十畝； 漢軍初次給地八百八十三頃九十五畝，二次給地七百三十二頃九十畝，三次給地四百十頃四十畝，共壯丁地萬七千一百三十六頃六十畝，坐落通、涿、昌平、霸、薊、遵化、灤、易、延慶等州，大興、宛平、良鄉、固安、永清、東安、香河、三河、武清、寶坻、順義、密雲、懷柔、房山、保定、玉田、平谷、豐潤、遷安、昌黎、清苑、滿城、安肅、定興、唐、容城、雄、高陽、新安、任邱、青、南皮等縣，及良牧署等處。 鑲藍旗： 滿洲初次給地六千五百有二頃八十畝，二次給地二千三百四十頃九十畝，三次給地千四百六十頃四十畝； 蒙古初次給地千五百四十八頃三十畝，二次給地二百四十頃七十八畝，三次給地三百二十二頃二十畝； 漢軍初次給地七百五十八頃七十畝，二次給地四百八十三頃六十畝，三次給地四百五十三頃六十畝，共壯丁地萬四千一百十有一頃二十八畝。 坐落昌平、涿、安、易等州，大興、宛平、永清、東安、香河、三河、武清、密雲、房山、盧龍、樂亭、定興、蠡、高陽、淶水、河間、任邱、獲鹿等縣，及河西務、獨石口、張家口等處。

《清會典》卷二一五《盛京户部・莊屯》 國初，定興京附近糧莊二十所，每莊歲徵糧九十石，穀草四千束。

盛京附近糧莊九十七所，內二十莊，每莊歲徵糧一百二十石，穀草四千束。餘七十七莊，每莊歲徵糧一百二十石，谷草一千五百束，芻草三千束。以上各莊，徵綫麻、苧麻、鵝、鷄等物。鹽莊三所，每莊歲徵鹽一萬二千斤。棉花莊五所，每莊歲徵棉花一千斤。每莊屯設壯丁十名，牛六頭，鹽莊牛各十頭。共設領催八名，經管應徵糧食、棉花、鹽斤數目，分作十分，如欠不及一分者，莊頭免責。欠一分，鞭五十，欠二分，鞭八十，俱令賠補。欠三分，枷號兩月，鞭一百，交內務府當差。管屯領催，各照分管數目，分作十分，如欠一分，鞭五十，欠二分，鞭八十，欠三分，鞭一百，枷號一月，令爲官莊奴僕。專管官，各照總管數目，分作十分，如欠不及一分，罰俸半年，欠一分，罰俸一年，欠二分，降一級，罰俸一年，欠三分，降二級調用。盛京戶部侍郎，亦照所管總數，分作十分，欠不及一分，罰俸三月，欠一分，罰俸六月，欠二分，罰俸一年，欠三分，降一級，罰俸一年，留任。其額外多納糧石，每石、鹽每百斤、棉花每一斤，莊頭賞銀五錢，賞至五兩，該管領催賞銀一兩。如遇旱澇災傷，派出官員、筆帖式勘驗，被災地，每一晌免糧一石，棉花五十斤，若地畝全荒，給莊頭口糧、牛料、田種。耕耘時，屯丁及耕牛有缺，每丁免糧五石，棉花五十斤，鹽五百斤。每牛一頭，免糧十石，棉花一百斤，鹽一千斤。又定，奉天莊屯徵糧，不敷應用，許動支錢糧辦買，屯丁逃亡，移咨奉天將軍記冊，仍從戶部撥補，牛支倒斃，動庫銀買給，牛皮解交工部。【略】順治元年題准，盛京地方，令照舊織布，仍留養蠶屯十處。康熙四十年議准，興京等處二十官莊一應差使，俱歸驛站供應，每莊增糧三十石，每年每莊共報糧一百二十石。五十八年覆准，盛京戶部所管官屯一百二十六所，每年一屯倒斃牛支不得過二支，每牛一頭，合價銀七兩，如數目過額，將該部堂司官、管屯官員一并從重議處。五十九年議准，官莊所報米石數目，嗣後派各部院堂官一員，會同盛京戶部監收。雍正三年議准，奉天所屬寧、錦、廣三州縣地方官莊收貯穀石，自本年以後，刨窖盛貯，其工料動支正項錢糧，刨窖所用地畝，照蓋倉之例，將別處地畝補給。五年覆准，近遼河居住莊頭所種之禾，因遼水泛漲以致歉收，將四年未完帶徵糧五千六百餘石，於秋收時照數徵完報部。又覆准，錦縣、寧遠、廣寧三州縣莊頭退出餘地，照各州縣徵糧數目，一例徵收。

《清會典》卷二一五《盛京戶部》 〔康熙〕二十四年，特遣大臣督領盛京官兵至黑龍江，分給牛種，墾地一千五百餘晌。二十五年題准，錦州、鳳凰城等八處荒地，分撥旗丁、民丁，給牛屯墾，每十六丁內，二丁承種，餘十四丁助給口糧、農器，共墾地二萬四千六十五晌。又題准，黑龍江默爾根地方戶部各差官一員監看耕種。默爾根令索倫、達固爾官兵耕種，共田一千六百六十晌。黑龍江令盛京官兵耕種，共田一千七百八十九晌。又題准，鳳凰城等八處，差大臣三員、司官八員前往，會同盛京將軍、戶部侍郎酌量屯墾。二十六年議准，盛京曠土甚多，令該府尹廣置官莊，多買牛種，將發遣擺站人酌量足應差使外，餘盡令其屯種，所收穀石，以時豐欠，照例輸納，設立官倉收貯。二十八年議准，奉天所屬，如有荒地多餘，旗、民有情願耕種者，務將地名、畝數，具呈盛京戶部，在各界內聽部丈給。

《清會典》卷二二八《內務府・會計司》 會計司郎中、員外郎、主事，分掌莊園地畝、戶口、徭役之事。

凡設立糧莊及編審壯丁，舊例，於額丁內選堪用者爲莊頭，給田一百三十晌，場院馬館另給田四晌。每莊頭連本身共壯丁十名，蕃衍則留於本莊，缺則補足。給牛八頭，如有倒斃，報明補給。量給房屋、田種、口糧、器皿，免第一年錢糧。每三年差司官前往編審壯丁，將餘夫比量，編入壯丁數內，老者開除。康熙八年題准，將各莊頭等第，編爲頭等、二等、三等、四等。二十二年題准，嗣後編查莊頭等第，限十年編定一次。二十四年題准，設立糧莊，每莊給地三百晌。又題准，頭等、二等莊頭不准給牛。二十六年題准，於交納二百兩之莊頭內，挑選改爲糧莊。又題准，每糧莊，連本身給壯丁十五名。四十八年題准，莊頭地畝不足額數者，准其補給，薄減沙壓者，准其換給。

凡山海關內，古北口、喜峰口外納糧額數，舊例，每糧莊一所，納糧一百石。康熙三十九年，定報滿額一百斤石，合倉石三百六十石。五十年題准，頭等莊，報倉石二百五十石；二等莊，報倉石二百二十石；三等莊，報倉石一百九十石；末等莊，報倉石一百二十石。所報之糧，俱係穀石，每穀一石，折小米五斗。

凡山海關外納糧額數，舊例，每糧莊一所，納糧一百二十石。康熙三十九年定，報滿額一百二十斤石，合倉石四百三十二石。五十年題准，管理糧莊，每年派內務府官一員，值年專管。五十一年題准，頭等莊，報倉石三百二十二石；二等莊，報倉石二百九十二石；三等莊，報倉石二百六十二石；末等莊，報倉石一百九十二石。又題准，領種入官地畝莊頭四名，每名報糧七十石。本身帶地納糧莊頭一名，按額報糧六十四石。又題准，莊頭交倉雜糧，每名納蘇子二十四石三斗，穀子四石八斗六升，俱准於報糧內抵除。其應交茜草五十斤、綫麻十八斤、小根菜十六斤、蔓蒿菜十六斤、黃花菜十斤，不准抵扣。五十七年題准，停止值年專管官。

《清會典事例》卷一一一九《八旗都統・田宅》 〔乾隆〕二年覆准：黑龍江呼蘭地方設立官莊，令盛京將軍於八旗開戶人內選能種地壯丁四百名，攜帶家口前往開墾。每壯丁一名撥給地六十畝，蓋給草房二間。每十丁合編一莊，共設官莊四十所。每十莊設領催一名，共設領催四名管理。由盛京遷移家口，每名給碾磨銀五兩，其家口每人給整備行裝銀二兩，沿途各給口糧，撥驛站車送至吉林，由吉林撥運糧船，仍給口糧，送至呼蘭。初至呼蘭，每丁給冬夏衣帽，其家大口每月給糧二斗四升九合，小口半之。每開墾地六畝給籽種二斗，每莊給牛六隻，如有倒斃，動支庫存牛價銀買補。再呼蘭安駐兵丁，各有墾種地畝，不能代官莊人等助墾。於每莊額給牛六隻外，各多給牛二隻，令全出己力墾種。其牛如有倒斃，毋庸補給，每牛月給牛料糧一石二斗，其家口糧給一年，牛料糧給兩月皆停止。每丁所受之地，歲納粗細糧三十石。第一年免輸，第二年交半，第三年全納，再委撥官兵採木造屋，每間各給飯銀四兩，動支庫銀倉糧，令該將軍等分析歸款奏銷。俟安設官莊事竣，令盛京將軍再於八旗開戶人內，詢明有願往呼蘭墾種官地之人，應增設官莊若干，再議具奏。

［乾隆］六年議准：呼蘭地方寬衍，可設官莊之處尚多。應將前設四十官莊之閑丁一百三十八名內選擇五十名，增設官莊五所，撥地開墾。每名給地六十畝，及牛種、器具、口糧，并每年應納糧數，均照二年之例。但選拔官莊閑丁，不比他處移住。其每丁應給房二間，每間給銀四兩五錢，令其自行蓋造，毋庸別撥兵丁，其餘丁備補各莊空缺。

［乾隆］七年議准：呼蘭左近溫德亨山并都爾圖地方，土性肥饒，水草佳美，應將盛京將軍所送願墾官地開戶人內，選能種地壯丁五十名，增設官莊五所，撥地開墾。其資送及撥給田房、牛種、器具、衣帽、口糧并應納糧數，均照二年之例。再六年增設官莊五所，合之此次所增官莊五所，已足十莊之數，亦照例增設領催一名管理。

同上　［乾隆二十二年］，又諭：入官地畝交與該旗查明原業原收租數，行令地方官照數徵收之處。此等地畝以加惠小民而論，即租額再爲輕減亦無不可，但向來官地租額雖輕，而民佃多不沾實惠，蓋地租一項既不在官，又不在民，則不肖官吏轉得視爲利藪。該部請照原納租數徵收，自係爲杜絶弊端起見。但旗人原收租數或係市平市斛，而官爲收納，勢必用庫平官斛，則租數雖屬相符而貧民所加已屬不少。嗣後入官地畝地方官照原數徵收，著即照原收平斛令其輸納。庶俾承佃各戶交租不致畸重，而官吏亦不致中飽矣。

二十八年議准：八旗應行入官地內有墳園祭田數在三頃以下者，准其給還。若三頃以上，除給還三頃外，餘地悉行入官。又原業正身旗人於未經典賣旗地前葬有墳塋，行旗確查報部。如係三品以上大員，其回贖墳地不得過二頃，四品以下職官不得過一頃，兵丁閑散人等不得過五十畝。無論已未官贖，俱令交足原價，准其子孫世守。至出旗爲民之人，於典買旗地後葬有墳塋，令該州縣確查報部。如係另記檔案曾任職官之人，其請留墳地不得過五十畝，兵丁閑散人等不得過三十畝，其餘養子開戶旗下家奴不得過十畝。

又諭：上年因八旗回贖旗地，積至二萬餘頃之多，降旨令戶部會同內務府及八旗大臣定議：以三四千頃安設莊頭，餘俱賞給八旗作爲恆產。第念此項地畝雖係旗人世產，但貧民耕種日久，藉以資生，若改歸莊頭，於庸佃農民未免失業。所有分設莊頭管理之處，宜如何交租并酌定章程之處，著軍機大臣會同議奏。欽此。遵旨議定：旗地分佃之花戶姓名一一塡注細册，按名分給執照，每人照內將村名地數及每畝徵租若干、共銀若干、細數總數開寫明白，俾愚民易於曉悉。各佃遇有事故，實不能耕種者，准其呈明地方官，另行召佃承種，不得私相授受。其有敢將佃種官田私行典賣者，照佃賣官地律治罪，撤出地畝另行招佃。再旗地租息向無寬免之例，應照民地錢糧分數遞減，將應納之租作爲十分，如被災十分准免租銀五分，被災九分准免租銀四分，被災八分准免租銀二分，被災七分准免租銀一分，其六分以下不作被災分數。儻勘不成災，應暫行緩徵并分年帶徵之處分別具題請旨。至應徵租銀秋成後一體徵收，解交藩庫，彙總解部交納。

《清朝通典》卷二《食貨二・田制》　內務府官莊，國初定制，每莊壯丁十名，選一人爲莊頭，給田一百三十晌，六畝爲一晌。場院、馬館另給田四晌。壯丁蕃衍則留於本莊，缺則補足。量給牛、種、房舍、口糧。莊有整莊、有半莊、有稻莊、有豆秸莊、有園，又有蜜戶、葦戶、靛戶、瓜園、果園、菜園、牧地、網戶地、獵戶地。

同上　國初，以近京各州縣無主荒田及前明皇親、駙馬、貴戚、大臣、內監歿於寇亂無主荒田，并百姓帶地投充之田，設立莊屯，自王以下及官員兵丁皆授以土田，俾世爲恆產。嗣後生齒日繁，凡盛京古北口外新辟之壤咸隸焉。其官莊有三：一、宗室莊田；一、八旗官兵莊田；一、駐防官兵莊田。凡牧場地，專隸內務府，會計司掌其牧納之數。

《清朝通典》卷三《食貨三》　國初以盛京爲駐防重地，按旗分處，各有定界。繼因邊內地瘠，糧不足支，展邊開墾，移兩黃旗於鐵嶺，兩白旗於安平，兩紅旗於石城，兩藍旗所分張義站靖遠堡地瘠，以大城地與之。又，以外藩蒙古隸入版圖，分爲五等撥給田土。一等給莊屯三所、園地九十畝，二等給莊屯二所、園地六十畝，三等以下止給莊屯。

［順治］四年　定緣邊分撥地畝均次第挨給，其越界選擇者罪。又定錦州、蓋州各官莊原非欽賜者，概令退出。

五年　更定盛京莊屯地界。兩黃旗設於承德縣沙河所，兩白旗設於寧遠，兩紅旗設於承德縣塔山，兩藍旗設於錦州。又准沙河所以外，錦州以內八旗官員家丁，每名給地三十六畝。令分給外藩邊外莊地，各守界限，不許越境。定各省駐防官兵家口半攜去者，在京園地半撤，全攜去者全撤。

六年　准：外省駐防官員初任，未經撥給園地者，撥給。其加級升任者，不增。凡應給地六十畝以下者戶部撥給。六十畝以上者，奏請撥給。

七年　駐防官員量給園地兵及莊丁者，每名給地三十畝。

十二年　題准遼陽鐵嶺至山海關八旗莊地，有在邊外者，令照舊種住。惟酌量邊界開門，勿誤耕穫。

十八年　令蒙古、察哈爾大臣侍衛等，各照品級撥給莊屯。

[康熙]十二年　定在京旗人願往奉天領地設莊守護墳墓者，如退出在京所受之地，准撥給奉天熟地，不退者仍准撥給荒地。

十八年　定分給伊徹滿洲地畝例。奉天所屬，東自撫順起，西至寧遠州老天屯，南自蓋平縣攔石起，北至開原縣，除馬廠、羊草地外，丈淸地三十二萬九千四十九頃三十畝，定旗地二十七萬六千三百二十餘頃。伊徹滿洲遷來者，若撥種豆地，每六畝給地種一斗，撥種穀米黏米高粱地，每六畝給各種六升。

二十年　停給蒙古新編歸旗者園地。

二十五年　給錦州、鳳凰城等八處旗民開墾牛、種、口糧、農器。

二十六年　令索倫達呼爾官兵耕種墨爾根地方，奉天官兵耕種黑龍江地方，由部差官監視。

二十八年　令奉天等處旗民各在本界內墾種，不許互相侵越。

三十二年　令八旗駐防官兵均於所駐之處給與地畝。

乾隆元年　定口外官兵私墾地畝分別納糧例。熱河驛站營汛官兵於驛地外自行開墾者，令按畝納糧。古北口沿邊瘠地悉行賞給，免其徵輸。蒙古等地亦免其徵輸。又，內務府鷹手、捕牲人、鞍匠等開荒地畝，均將丈出餘地注冊免徵。嗣後，如續有開墾，仍按畝徵收。

二年　設立黑龍江、呼蘭地方官莊，每丁撥地六十畝，每十丁編爲一莊，共莊四十所。每十莊設領催一名，皆於盛京將軍所轄八旗，挑選發往。

六年　增設呼蘭莊屯五所，擇閑丁五十名領種。

七年　又，議准呼蘭左近溫得亨山及都爾圖地方，土性肥饒，水草佳美，選壯丁五十名增設莊五所，合六年增設之五所，共十莊，亦設領催一名。

三十一年　盛京刑部侍郎朝銓疏言：丈量奉天地畝，餘地在二三十晌以上，於十分中分出二三分，爲各城兵丁隨缺地畝。餘仍令原業承種納糧，注載紅冊。新丈出旗人自首餘地三十三萬六千四百餘晌，民人自首餘地七萬四千七百餘晌。民人餘地在停止開荒以後違例私開者，全行撤出。在未停開荒以前者，照旗人例酌量地數分撥。其官員兵丁應得隨缺地畝，各城營田水手公產及旗民水沖沙壓不足紅冊地畝，即於丈出餘地內撥補。從之。戶部侍郎英廉疏言：旗民丈出餘地係違例私開，均請撤出，令無地兵丁閑散認買。上諭：英廉所請固爲旗人生計起見，但此等無地人戶貧富不一，富者置產必多，貧者不能承買，旗人生計仍無實濟。以應撥補各項外，餘地一幷入官。令原種之旗民照數納租，以爲賞給冬圍兵丁鞍馬之需。

四十年　議准偸墾地畝入官納租之例。時有山東民人偸墾岫巖城、五塊石等處兵丁牧馬官廠地者，均令納租，不欲耕種者，別募。

四十六年　定懲匿報之令。凡盛京、吉林民人私墾查出者，每畝歲徵銀八分，仍在旗倉納米二升六合五勺五抄，以懲匿報。

盛京土田撥給八旗官兵地畝　內務府三旗包衣佐領下壯丁地，鑲黃旗共地百六十四頃八十四畝四分，正黃旗共地九十九頃一畝四分，正白旗共地二百五頃六十二畝一分，均在盛京、興京、開原、遼陽界內。內務府三旗包衣佐領下園丁地，共千三百三十四頃八十畝，在盛京、開原、遼陽界內。盛京禮部六品官所屬各項壯丁地，共五百頃九十九畝三分，在盛京、興京、遼陽、鐵嶺、岫巖界內。盛京工部五品官所屬壯丁地五百六十一頃九十六畝，六品官所屬壯丁地百八十九頃四畝九分，均在盛京、興京、遼陽、開原、牛莊、岫巖界內。制造庫匠、役人等地，共二十二頃三十二畝，在盛京界內。盛京戶部倉官莊頭樓軍倉軍地，共四百十一頃九畝四分。領催莊頭地，共二千八百十三頃一畝六分。盛京禮部莊頭壯丁地，共四十七頃五畝六分。盛京兵部站丁地，共六十二頃七十四畝八分。盛京工部莊頭壯丁地，共七十六頃五十六畝三分。

興京界內，八旗所屬諸王、貝勒、貝子、公、大臣等地千二百二頃三十六畝。官員兵丁閑散人等地共五百八十頃八十六畝五分。

撫順界內，右翼四旗所屬王、貝勒、貝子、公、大臣等地千二百九十八頃九十九畝七分。官員兵丁閑散人等地七十五頃二十畝六分。碱場、汪淸二門官兵臺丁地三百二十八頃三十畝。

開原界內，八旗莊屯地二千八百頃七十九畝。

遼陽城界內，八旗官員兵丁地八百八十八頃五十五畝。

鐵嶺界內，左翼四旗莊屯地八千六百五十七頃四十四畝二分。

法庫邊門莊屯地六百七十八頃五十八畝。

威遠堡邊門莊屯地二百二十八頃八十七畝。

英額邊門莊屯地百二十六頃七十二畝二分。

鳳凰城八旗巴爾呼地千九百四十八頃六十四畝。又，正黃旗屯地六十頃九畝。

靉河邊門分種地二十四頃七十四畝。四臺四屯地六十一頃五十九畝。

復州界內，八旗分撥地千七百二十九頃四十畝。

熊岳城界內，八旗滿洲、蒙古巴爾呼、漢軍莊屯地二千八百八十三頃三十九畝。

金州界內，八旗滿洲、蒙古、漢軍官員兵丁地三千三百四十一頃四畝，水師營地二十六頃十八畝。

山海關官員、兵丁、寡婦、閑散人等地百三頃五十七畝七分，在山海關衛寧遠州界內。又，正白正紅鑲紅旗下閑散人等地三頃六十七畝。

岫巖界內，八旗官員、兵丁地二千百二十一頃二畝七分。

蓋州界內，各旗官員、兵丁地四十六頃三十八畝。

牛莊界內，八旗官員、兵丁地二千九百二十三頃。

廣寧城所屬巨流河、白旗堡、小黑山、閭陽驛、彰武臺邊門等界內，八旗官員、兵丁、閑散人等地萬五千百九十四頃九十六畝二分。

錦州界內，王、貝勒、貝子、公、宗室、額駙、官員、莊頭、閑散人等地二千七百十七頃七畝八分，八旗兵丁、閑散人等地千五十四頃五十畝四分。

義州界內，八旗莊屯地五千四百七十一頃二十五畝。

清河邊門莊屯地五百三十四頃二十三畝。

九關臺邊門莊屯地二百三十二頃十八畝。

吉林烏拉界內，官員、兵丁開墾地： 鑲黃旗三百七十四頃五十二畝，正黃旗二百九十五頃二十六畝，正白旗二百六十六頃十畝，正紅旗二百五十二頃七十八畝，鑲白旗二百八十八頃四十八畝，鑲紅旗三百二十一頃七十六畝，正藍旗二百六十一頃二十四畝，鑲藍旗二百六十七頃二十四畝，水師營二百六十五頃五十六畝。又，各莊頭開墾地二百五十二頃六畝。

寧古塔界內，官員、兵丁開墾地： 鑲紅旗三百四十七頃四畝，正黃旗二百三頃七十畝，正白旗三百三十五頃十畝，正紅旗四百二十頃，鑲白旗四百七十頃五十四畝，鑲紅旗三百二十六頃七十畝，正藍旗二百八十頃十四畝，鑲藍旗二百十九頃六十六畝。又，各莊頭開墾地三百三十三頃四十二畝。

琿春界內，官員、兵丁開墾地： 鑲黃旗百十七頃十八畝，正黃旗九十九頃五十四畝，正白旗三百十六頃九十二畝。

三姓地方，官員、兵丁開墾地： 鑲黃旗百八十一頃五十畝，正白旗五十九頃四十六畝，正紅旗四百十九頃六十四畝。

伯都訥界內，官員、兵丁開墾地： 鑲黃旗百十六頃五十八畝，正黃旗七十三頃六十八畝，正白旗二百三十五頃四十四畝，正紅旗百二十五頃五十二畝，鑲白旗八十頃二十二畝，鑲紅旗七十一頃二十二畝，正藍旗二百十五頃四畝，鑲藍旗百九十四頃十畝。又，各莊頭開墾地二十二頃三十畝。

阿勒楚喀界內，官員、兵丁開墾地： 鑲黃旗百十五頃八畝，正黃旗百二十頃三十畝，正白旗五十九頃十畝。

〔順治〕五年　盛京牧場地以奉天中前所、後屯衛、中後所三處地畝，分給八旗爲牧場，自東迤西，先給兩黃旗，次兩白旗，次兩紅旗，次兩藍旗。

十二年　定牧場制。凡親王牧場方二里，郡王牧場方一里。

〔康熙〕二年　令： 錦州大凌河牧場東至右屯衛，西至鴨子廠，南至海，北至黃山堡，留爲牧馬地，不許民間開墾。

〔雍正〕二年　清查八旗存留牧場地，凡可耕者，均募民開墾。

〔乾隆〕十三年　裁減馬群。復議： 大凌河馬場袤延於西界，截出十里，給官兵耕種。後又以西界地勢不齊，量地截給。 東至杏山北濠溝，西至鴨子廠，南至七里河，北至金廠堡。

三十七年　定民人開墾馬廠例。殺虎口外民人開墾馬廠，在於察哈爾游牧地界外已經成熟者，聽其耕耘徵賦，毋許再行私開。

三十九年　又，蒙古招民開墾輔國公馬廠地百餘頃。 議准在飭禁以前早已成熟者，即照三十七年民人開墾牧地例。 又准太僕寺廠地招民開墾。

《清朝通典》卷五《田賦五·田賦考五》　乾隆元年，改井田爲屯莊。 時以井田試行十年，咨回者已九十餘戶。 令地方官確查，實力耕種者改爲屯戶，於附近州縣按畝納糧，令各屬防御管轄。時井田改屯地，地共百五十四頃九十八畝有奇。定古北口外旗地折銀之例，古北口外、熱河東西兩河，各項旗地分別上、中、下三則，上則每畝納銀一分四釐，中則納銀七釐，下則納銀三釐五毫，免其徵收本色，以省挽運之艱。

二十五年　定違禁私行長租之例。違禁私行長租者，業主、租戶各治以違禁罪外，由業戶名下將租價追出入官，由租戶名下將地畝追出給還本人。使業主、租戶兩失長租之利，以示懲警。

查丈熱河道屬四旗通判地方，旗人增墾地畝按則升科。方觀承言：熱河道屬四旗通判地方，東西兩河丈出墾熟未升科旗地三千九百三十三頃六十四畝有奇，應照該處上則一分四釐起科。下部議行。

［三十九年］申旗民私開地畝之禁。戶部議，大凌河馬廠牧場水草內，旗民人等私開地畝、建蓋房屋，全行拆毀，私開人等照例治罪，將督率不力之地方官，咨部議處。幷令總管等，每年春秋二季親身詳查。如議行。

四十年　嚴偷墾私造之禁。戶部議，大孤山地方所有閑空地畝，即作該城兵丁馬廠。其五塊石地方偷墾地畝、私造房間民人，交與該地方官治罪。如議行。

四十六年　諭：戶部議覆，索諾木策凌等，查丈流民私墾地畝，仿照山東科則，定賦一折，自應如此辦理。流民私墾地畝，於該處滿洲生計大有妨礙，是以照內地賦則酌增，以杜流民占種之弊。且撤出地畝，幷可令滿洲耕種，不特於旗人生計有益，幷可習種地之勞，不忘舊俗。原非爲加賦起見，至吉林與奉天接壤，地糧自應畫一。今據戶部查奏，吉林所定額賦又係照直隸辦理，與奉天查照山東科則者互異。是和隆武專似爲言利起見，殊非均平額賦加惠旗人之意。所有吉林地畝錢糧應收賦則，著交和隆武會同索諾木策凌，詳悉熟籌，酌中畫一，定額妥議。具奏。尋經和隆武等覆奏，戶部議准，四十二年以前陳民耕種地畝，照奉天陳民例，分爲上、中、下三等，銀米各半徵收。以後續行查出私開地畝，亦照奉天查出流民地畝加增糧額之例，銀米幷徵。是辦理既有等差，酌中定賦，不致畸重畸輕，尚屬可行。應如所奏，從之。

［乾隆］四十八年　正紅旗宗室，整莊一百四十五所，半莊三所，整園五十所，半園十一所，共地一千二百四十四頃十六畝。坐落順天、宛平、昌平、涿州、文安、保定、定興、淶水及遼陽、海城、蓋平各州縣。

鑲白旗宗室，整莊一百七十六所，半莊五所，莊八所，整園八所，園二十所，果地、靛地、網戶、獵戶等地七十六處，共地千七百一十七頃十有四畝有奇。坐落大興、宛平、良鄉、固安、永清、東安、香河、通州、三河、武清、寶坻、昌平、密雲、懷柔、房山、霸州、薊州、玉田、平谷、遵化、豐潤、遷安、灤州、樂亭、保定、易州、河間、任邱、滄州、保安及遼陽、海城、蓋平、鐵嶺、山海關外等處。

鑲紅旗宗室，整莊二百九十八所，半莊二十三所，莊五所，整園一百十一所，半園二所，共地二千六百三十頃一畝。坐落大興、宛平、永清、香河、通州、寶坻、昌平、涿州、房山、霸州、灤州、新城、河間、肅寧、滄州、延慶及張家口外等處。

正藍旗宗室，整莊五百四十四所，半莊一百五十一所，莊二十二所，整園一百三所，半園十九所，園七十三所，果菜、牧地五處，共地五千三百十有三頃二十四畝有奇。坐落大興、宛平、良鄉、永清、東安、香河、通州、武清、昌平、順義、懷柔、涿州、房山、霸州、保定、薊州、玉田、平谷、遵化、豐潤、永平、昌黎、灤州、樂亭、新城、易州、青縣、無極、保安及承德、遼陽、開原、錦州、寧遠、廣寧、開平、冷口外等處。

鑲藍旗宗室，整莊二百三十一所，半莊六十三所，莊九所，整園一百二所，半園二所，園三所，共地二千二百五十四頃七十畝。坐落大興、宛平、固安、永清、東安、昌平、懷柔、灤州、蠡縣、安州、高陽及遼陽、海城、蓋平、錦州、開平等處。

順治五年　定八旗莊屯地界。國初按旗分處，各有定界。繼因邊內地瘠，糧不足支，展邊開墾。移兩黃旗於鐵嶺，兩白旗於安平，兩紅旗於石城，兩藍旗所分張義站、靖遠堡。地瘠，以大城地與之。至是，復定官員莊屯。兩黃旗設於承德縣沙河所，兩白旗設於寧遠，兩紅旗設於承德縣塔山，兩藍旗設於錦州。又准沙河以外，錦州以內八旗官員家丁，每名給地三十六畝。

十二年　以遼陽、鐵嶺至山海關另設邊界。八旗莊地多有在邊外者，令照舊住種，惟酌量邊界開門，勿誤耕穫。

［康熙］十二年　定在京旗人欲往奉天領地設莊守護墳墓者，若將在京所分地退出，准撥熟地，不願退出者，以荒地撥給。

十八年　定分給新滿洲奉天地畝例。戶部議准奉天成熟地畝，撥給新滿洲耕種，恐於民未便，今更定兩便之法。奉天所屬，東自撫順起，西至寧遠州老天屯，南至蓋平縣攔石起，北至開原縣，除馬廠羊草地外，實丈出三十二萬九千四十九頃三十畝，定旗地二十七萬六千三百二十二頃八十畝。新滿洲遷來者，撥種豆地，每六畝給地種一斗，撥種穀米、黏米、高粱地，每六畝給各種六升。

二十五年　以錦州、鳳凰城等八處荒地，分給旗民開墾，給以耕牛及口糧農器。又令，索倫達呼爾官兵耕種墨爾根地方，奉天官兵耕種黑龍江地方，由部差官各一人監視。

二十八年　令奉天等處旗民各在本界內墾種，不許互相侵越。

[乾隆]二年　設立黑龍江屯莊。黑龍江湖蘭地方設莊四十所，每十丁編爲一莊。令盛京將軍等選八旗開戶壯丁四百名，各給地六十畝，房二間，幷給口糧、籽種。

六年　增設呼蘭莊屯，又，擇閑丁五十名，增設莊五所。

七年　設莊屯於溫得亨山及都爾圖地方，以該處與呼蘭毗連，土性肥饒，水草佳美，選壯丁五十名，增設莊五所，各給牛、種、器具、口糧。

三十一年　命尚書新柱會同盛京將軍等，查辦丈出旗民餘地。先是，盛京刑部侍郎朝銓言：奉天地畝自雍正四年迄今，未經查丈，應履畝丈量。如有餘地在二三十晌以上，於十分中分出二三分，爲各城兵丁隨缺地畝，餘仍令原業主承種納糧，注載紅冊。至三十年，朝銓等言：奉天各項旗人原紅冊地共二百五十五萬七千四百晌有奇，現今丈出自首餘地三十三萬六千一百晌有奇。民人紅冊地四十六萬零二百晌有奇，丈出幷自首餘地七萬四千七百晌有奇，二共餘地四十一萬零八百晌有奇。民人餘地，在停止開荒以後違例私開者，全行撤出。在定例以前，或依傍畦壠者，照旗人例，酌量地數分撥。其官員、兵丁應得隨缺地畝，幷各城學田、水手公產及旗民水冲沙壓不足紅冊地畝，俱請即於丈出餘地內撥補。下部議行。至三十一年，戶部侍郎英廉言：旗民丈出餘地係違例私開，應一概撤出，除撥補隨缺等項外，聽各旗無地兵丁、閑散人等扣價認買，照例納糧。部議，應如所請。

奉諭旨：戶部議覆，侍郎英廉請丈出盛京旗民餘地，准令無地兵丁閑散人等認買一折，原爲旗民生計起見。但此等無地人戶貧富不齊，其有餘者置產必多，而無力之家未必能一律承買，恐於伊等資計仍無實濟。因念該處多圍兵丁一切鞍馬之需不無拮据，若將此項餘地內酌派徵租，每年備賞資裝，于該兵等，殊有裨益。其應撥用若干及所餘地畝，除撥補隨缺各項外，或可一体徵租存貯動撥，或听旗人認買，毋致有名無實之處。新柱現在出差盛京，著會同該將軍府尹等，确勘該地實在情形，妥協定議。具奏。嗣据新柱等議言：現在丈出餘地四十一万八百餘晌，加之移駐塔爾巴哈臺兵一千名，隨缺地七千晌，二共四十一萬七千八百餘晌。內除應撥隨缺官員等地一萬六千九百晌，兵丁地四萬八千五百七晌，水冲沙壓、學田、水手公產等項地三萬九千九百餘晌，其餘地畝共三十一萬二千四百晌有奇。應一幷入官，即令原種之旗民照數納租承種，以裨生計。幷按各處地畝之高下肥瘠，糧額之等差，照依上、中、下三則，分別核計。每晌應徵租銀自四錢八分至二錢四分不等，折中每晌合租銀三錢六分，約計每年共徵租銀十有一萬四百兩有奇。多圍兵丁恩賞銀兩，即於此項內撥給。餘銀解交盛京戶部，另款存貯，聽候撥用。下部議行。

三十七年　諭：將軍增福等具奏，盛京各佐領下所有馬甲多寡不等，請裁馬甲，添設步甲，其餘剩錢糧幷隨缺地畝入於正項報銷一折。經軍機大臣會同該部覆准，具奏。所辦非是，盛京額設馬甲幷隨缺地畝，皆爲養贍該處滿洲而設。今年久，生齒日繁，若將伊等應得分例裁汰入官，於伊等生計殊屬無益。國家一切用度固應節儉，然亦止宜酌減無益糜費，幷查核不肖人員，使不得從中侵蝕。至於正項應支之處，豈可節省。盛京滿洲皆朕臣僕，人丁日盛，不敷養育。尚宜酌量添給，豈有轉將伊等現在應得分例裁汰之理。今各佐領下馬甲額缺不均，固宜均勻辦理。但此項裁缺錢糧地畝，亦宜斟酌養贍多人，惟期普被恩施，示朕體恤滿洲至意。

四十年　定偷墾地畝入官納租之例。戶部議，岫巖城、五塊石各兵丁牧馬官廠內，有山東流來民人偷墾地畝，私造房間，不必折毀，令其入官，仍著伊等居住，耕種納租，幷令交納地畝租銀、米石，若有不願耕種者，即行另召耕種。如議行。

四十六年　定懲匿報之令。盛京、吉林民人私墾地畝續經查出者，每畝歲徵銀八分，仍在旗倉納米二升六合五勺五抄，以懲匿報之弊，著爲令。

四十八年　總計實在退圈地七十七萬二千四百七畝八分有奇。

四十九年　總計實在民地一百八十八萬八千八百七十畝六分有奇。

凡撥給八旗官員兵丁盛京土田，內務府三旗包衣佐領下壯丁地畝，鑲黃旗在盛京、興京、開原、遼陽界內共地一百六十四頃八十四畝四分。正黃旗在盛京、興京、開原界內共地九十九頃一畝四分。正白旗在盛京、興京、開原、遼陽界內共地二百五頃六十三畝一分。內務府三旗包衣佐領下園丁地畝，在盛京、開原、遼陽界內共地一千三百三十四頃八十畝。盛京禮部六品官所屬各項壯丁地，在盛京、興京、遼陽、鐵嶺、岫巖界內共地五百頃九十九畝三分。盛京工部五品官所屬壯丁地，在盛京、興京、遼陽、牛莊、岫巖、因登界內共地五百六十一頃九十六畝。六品官所屬壯丁地，在盛京、興京、開原、遼陽界內共地一百八十九頃四畝九分。制造庫匠、役人等地，在盛京界內共地二十二頃三十二畝。盛京戶部倉官莊頭、樓軍、倉軍地，共四百一十一頃九畝四分。領催莊頭地共二千八百一十三頃一畝六分。盛京禮部莊頭、壯丁地，共四十七頃五畝六分。盛京兵部、站丁地，共六十二頃七十四畝八分。盛京工部莊頭、壯丁地，共七十六頃五十六畝三分。盛京界內八旗所屬諸王、貝勒、貝子、公、大臣等地，共一千二百二頃三十六畝。官員、兵丁、閑散人等地，共五百八十頃八十六畝五分。

撫順界內，右翼四旗所屬王、貝勒、貝子、公、大臣等地，共一千二百九十八頃九十九畝七分。官員、兵丁、閑散人等地，共七十五頃二十畝六分。鹻場、汪清二門官兵、臺丁地，共三百二十八頃三十畝。

開原界內，八旗莊、屯地二千八百頃零七十九畝。遼陽城界內，八旗官員、兵丁地，共八百八十八頃五十五畝。鐵嶺界內，左翼四旗莊屯地，共八千六百五十七頃四十四畝二分。法庫、邊門莊屯地，六百七十八頃五十八畝。威遠堡邊門莊屯地，二百二十八頃八十七畝。英額邊門莊屯地，一百二十六頃七十二畝二分。鳳凰城八旗巴爾呼地，一千九百四十八頃六十四畝。又，正黃旗屯地，共六十頃九畝。靉河邊門分種地，共二十四頃七十四畝。四臺四屯地，六十一頃五十九畝。復州界內，八旗分撥地，共一千七百二十九頃四十畝。熊岳城界內，八旗滿洲、蒙古巴爾呼漢軍莊屯地，二千八百八十三頃三十九畝。金州界內，八旗滿洲、蒙古、漢軍官員兵丁地，三千三百四十一頃零四畝，水師營地，二十六頃十八畝。山海關官員、兵丁、寡婦、閑散人等在山海衛、寧遠州界內，共地一百三頃五十七畝七分零。又，正白、正紅、鑲紅旗下閑散人等地，共三頃六十七畝零。岫巖界內，八旗官員兵丁地，二千一百二十一頃零二畝七分。蓋州界內，各旗官員兵丁地，四萬六百三十八畝。牛莊界內，八旗官員、兵丁地，共二千九百二十三頃。廣寧城所屬巨流河、白旗堡、小黑山、閭陽驛、彰武臺邊門等界內，八旗官員、兵丁、閑散人等地，共一萬五千一百九十四頃九十六畝二分。錦州界內，王、貝勒、貝子、公、宗室、額駙、官員、莊頭、閑散人等地，共二千七百十七頃零七畝八分。八旗兵丁閑散人等地，共一千五十四頃五十畝四分。義州界內八旗莊屯地，五千四百七十一頃二十五畝。清河邊門莊屯地，五百三十四頃二十三畝。九關臺邊門莊屯地，二百三十二頃十八畝。

吉林烏喇界內，官員、兵丁開墾地，鑲黃旗三百七十四頃五十二畝，正黃旗二百九十五頃二十六畝，正白旗二百六十六頃一十畝，正紅旗二百五十二頃七十八畝，鑲白旗二百八十八頃四十八畝，鑲紅旗二百二十一頃七十六畝，正藍旗二百六十一頃二十四畝，鑲藍旗二百六十七頃二十四畝，水師營二百六十五頃五十六畝。又，各莊頭開墾地，二百五十二頃六畝。

寧古塔界內，官員、兵丁開墾地，鑲黃旗三百四十七頃四畝，正黃旗二百三頃七十畝，正白旗三百三十五頃一十畝，正紅旗四百二十頃，鑲白旗四百七十頃五十四畝，鑲紅旗三百二十六頃七十畝，正藍旗二百八十頃一十四畝，鑲藍旗二百一十九頃六十六畝。又，各莊頭開墾地，共三百三十三頃四十二畝。

渾春界內，官員、兵丁開墾地，鑲黃旗一百一十七頃一十八畝，正黃旗九十九頃五十四畝，正白旗三百一十六頃九十二畝。

三姓地方官員、兵丁開墾地，鑲黃旗一百八十一頃五十畝，正白旗五十九頃四十六畝，正紅旗四百一十九頃六十四畝。

伯都訥界內，官員、兵丁開墾地，鑲黃旗一百一十六頃五十八畝，正黃旗七十三頃六十八畝，正白旗二百三十五頃四十四畝，正紅旗一百二十五頃五十二畝，鑲白旗八十頃二十二畝，鑲紅旗七十一頃二十二畝，正藍旗二百一十五頃四畝，鑲藍旗一百九十四頃一十畝，又，各莊頭開墾地二十二頃三十二畝。

阿爾楚哈界內官員兵丁開墾地，鑲黃旗一百一十五頃八畝，正黃旗一百二十頃三十畝，正白旗五十九頃一十畝。

右據八旗土田志盛京等處檔載入。

《清朝文獻通考》卷五《田賦考五》 內務府官莊

順治元年設立官莊。是時，近畿百姓帶地來投，設爲納銀莊頭，願領入官地畝者，亦爲納銀莊頭，各給繩地，每四十二畝爲一繩。其納蜜、葦、棉、靛等物者附焉。計立莊百三十有二，不立莊者仍其戶，計二百八十五戶，分隸內務府鑲黃、正黃、正白三旗，坐落順天、保定、河間、永平、天津、正定、宣化等府州縣。奉天、山海關、古北口、喜峰口亦令設立。

康熙八年編各莊頭等第，以其田土編爲四等。至二十三年題准，每十年編定一次。

二十四年，設立糧莊，每莊各給地千八百畝。舊例每莊壯丁十名，選一人爲莊頭，給田一百三十晌。每六畝爲一晌。場園馬館另給田四晌。壯丁蕃衍，則留於本莊，缺則補足。給牛八頭，量給房屋田種口糧器皿，免第一年錢糧。至是設糧莊，每莊地三百晌，其頭、二等莊頭不准給牛。又山海關內，古北口、喜峰口外糧莊，每一所納糧百石，合倉石三百六十石。山海關外糧莊，每一所納糧百二十石。合倉石四百三十二石。至二十六年題准，於交納銀二百兩之莊頭內，改爲糧莊，增壯丁爲十五名。

凡內務府所領官莊地，曰糧莊、曰豆秸莊、曰半分莊、曰稻莊、曰菜園、曰瓜園、曰果園。又有蜜戶、葦戶、棉靛戶。豆秸莊設壯丁五名，後增爲七名，選一人爲莊頭，給田三十五晌，場園二晌，牛四頭，其納糧照糧莊之數減半。康熙四十五年，每莊給地一百五十晌。五十年定納糧六十石。雍正二年，以廄館飼馬不用豆秸，將豆秸莊頭三十名暫編爲半分莊頭。半分莊設壯丁七名，選一人爲莊頭，給牛四頭，照豆秸莊納糧。又每莊交黑豆二十五石二斗、草千束、秫秸百四十束。康熙四十七年，每莊給地百五十晌，五十年定納糧六十石。稻莊在房山、玉田、涿州及玉泉山，稻田廠各處按水旱田分別徵糧。菜園設壯丁五名，選一人爲園頭，給種菜田十九晌，口糧田各五晌，牛二頭。康熙五十一年，又立豐臺菜園，園頭各給田四頃，內畦地一頃八十畝。牛四頭。五十四年，每園增壯丁五名。六十年，園頭各給旱地九頃。瓜園設壯丁五名，選一人爲園頭，給種瓜田三十晌，口糧田各五晌，牛四頭。果園設園頭一名，園內舊丁各給口糧地，每年徵銀三兩；新丁按地每畝徵銀三分、草二束折徵銀二分。康熙三十九年，定每園納糧壯丁不得過六丁，餘丁免其徵銀。凡蜜戶按丁給地徵銀，每地一晌徵收蜜五斤，每斤折算銀七分。康熙四十九年，以烏拉捕牲蜜丁所進蜜已足用，嗣後蜜戶俱按地徵銀，每畝徵銀五分。凡葦戶按丁給地，每畝徵銀一分至五分、八分不等，所進葦每斤折算銀三厘五毫零，每年額徵葦四萬三千七百五十二斤，其餘按畝徵銀。凡投充棉靛戶，每丁給地五十六畝，徵棉花五十斤，水靛百斤，交廣儲司。

〔康熙〕十六年總計官莊田共五千七百四十八頃三十畝，銀共三萬八千九百二十四兩，草十二萬一千七百九束各有奇。

右據是年奏銷總數。

〔康熙〕三十二年總計莊頭六百八名，應交本年糧石等項折價銀四萬四千九百八兩有奇，各圈草六十一萬八千一百四十五束。

右據是年會計司總數開載。

清・王雲慶《熙朝紀政》卷四《盛京官屯》 國初，以內地不足，展邊開墾，移設八旗莊田於盛京等屬。順治十八年，丈出奉天地畝三十二萬九千餘頃，以二十七萬六千餘頃爲旗地。旋令索倫達呼爾官兵耕種墨爾根地，奉天官兵耕種黑龍江地。乾隆初，增設湖蘭溫得亨都爾圖屯莊，根本之地，無不宅宅畋田矣。

清《户部則例》卷五《旗地上・田賦》 一 八旗另戶，漢軍出旗爲民，係不在近京五百里居住、不賴現地爲生者，其老圈幷自置各旗地，給限一年，令售與旗人管業。限外無售，由旗撤地，交部估給價值，其地照公產例，令旗人認買繳價。還項係在近京五百里內入籍者，所有老圈自置及抵買公產各地，均准隨帶出旗。有當時願售與旗人者，仍聽至隨帶出旗地畝，令開明坐落、四至、頃畝，報旗記檔，造冊二本，咨送戶部一，存部備查一，轉發入籍州縣存案，該戶日後將地典賣，仍令售與旗人，併令呈明該地方官詳報咨部，行旗記檔。又恩賞隨帶之原領井田幷屯種官地，該漢軍出旗時，令地畝坐落之州縣，核明地數段至，塡給印照，仍於各該戶補編保甲門牌內，將地數註明，凡准帶各地係本身原有旗產，不准典賣與民人。係恩賞地畝，祗准承種，不準典售，違者照違禁例治罪。原領井田照舊每畝徵穀一斗，屯種官地上地，每畝徵租六分，中地每畝徵租四分，下地每畝徵租三分，均歸州縣徵收，給發串票，註明賞種官地字樣，所收租穀照時變價，同租銀按年解部，分別奏銷。各戶內有故絕遠徙者，撤地銷照，仍歸旗地項下，交地方官召租奏銷。

一　八旗另記檔案，養子開户人等出旗爲民，其原有老圈及置典置買各旗地，俱令報明官贖，不准隨帶出旗。若自置民地及開墾地畝，准其隨帶。

清《户部則例》卷五《旗地上・田賦》　一　八旗絶嗣地畝，在一頃以上者，作爲十分，以七分入官，三分留給該族，代爲祭掃，無族人者，給本户之親女，次給親姊妹、姪女，再次給親外甥外孫。如地在一頃以下者，概給三十畝，餘地入官。凡應給祭掃地畝，如無親屬，派本户家奴二名，看守主墓，其墳地不足三十畝者，全行給與，多者酌留，亦不得過三十畝。倘本户更無家奴，亦照酌給家奴地數，交該佐領擇人代爲收租祭掃，若得地之人，私自典賣者，從重治罪，失察該管官議處。

一　八旗應行入官地内，有墳園祭田數在三頃以下者，免其入官，若在三頃以上，除給還三頃外，餘地悉行入官。

一　民人墳墓在旗圈地内者，准其子孫祭掃。

一　官贖旗地内有原業正身旗人，於未經典賣與民之前，塟有墳塋，呈請回贖行旗查確者，三品以上官不得過二頃，四品以下官不得過一頃，兵丁閑散人不得過五十畝。無論已未官贖，俱令交足原價，准其世守，至出旗爲民之人，於所典所買旗地内塟有墳塋，該州縣查確者，係另記檔案。曾任職官之人，請留墳地不得過五十畝，兵丁閑散不得過三十畝，養子開户旗下家奴不得過十畝，俱毋庸分别段落。已官贖者，令交原價，受地未官贖者，照數扣給，如第泛稱祭田，無從稽考者，不准給與。若經部准給之地，事後指爲墳旁所餘典賣與民人者，仍照私典旗地例辦理。

清《户部則例》卷六《旗地下・田賦》　一　八旗入官召售地畝，按租作等，按等定價，凡每畝租銀三錢以上者，爲頭等地；　每畝價銀一兩六錢，租銀自二錢至二錢九分九釐者，爲二等地；　每畝價銀一兩二錢六分六釐有奇，租銀自五分六釐至一錢九分九釐者，爲三等地；　每畝價銀九錢三分三釐有奇，租銀自一分至五分五釐者，爲四等地；　每畝價銀六錢，無租荒地，亦照四等地作價。其入官抵帑地畝，作價詳後條。凡認買以具呈先後爲定；　若同日具呈，又皆願現交全價，以當官掣籤爲定；　其餘同日具呈者，先准現交全價之人，次准先交半價之人，又次准坐扣俸餉年近之人，俱查明旗籍，俸餉與原冊相符，准其承買。凡扣交價銀，無論在部在外，若現交全價在十月以前，三限交銀，而初限交在八月以前，俸餉兼扣而有一項扣自六月以前者，俱准收取本年租銀，併於准買行知之日，指交管業。若現交全價在十一月以後，初限交價在九月以後，俸餉起扣在六月以後者，俱令次年收租，仍於當年秋收後，指交管業，其在外各州縣所收地價，隨時解司。該司於彙解部庫文内，聲明收貯藩庫月日，以憑稽核。至認買入官房屋，准於認買交價行知之次月，管業收租，如係隨地房屋，仍照地畝定限指交。

一　入官地内有原係恩賞地畝，應仍留備恩賞之用，不准認買。若圈地則祗准旗人認買，若旗人所置民地，及各州縣入官房間，不論旗民概准認買。凡認買地數，官員不得過十頃，兵丁閑散不得過五頃。有坐落一村而頃畝數多者，准公同認買，認買之後，非有病故、革退官兵情事，不准濫請具退。其坐扣俸餉，本身而外，祗准在同居兄弟子姪俸餉内代扣，不准借扣他人，倘遇事故，原地仍行入官，其扣過交過價銀，以所得歷年租銀作抵，抵除不敷，仍准找給。

一　八旗人等有拖欠公項，將地畝抵帑入官者，無論典買，均令將原契、原價、原佃、原租各數呈報該旗，造冊送部。户部一面行旗寬其追限，一面行文直隸總督，委員會同地方官勘明，租數相符，造冊咨部，即按其租數定價作抵，統以一分三釐之息爲斷，如租銀得一百三十兩，准其抵帑一千兩；　租銀得二百六十兩，准其抵帑二千兩。以次增加抵算。倘本人希圖多抵官銀，浮開租數，察出治罪，如州縣官勘報不實，查叅議處。

一　抵帑入官地畝，本人及其子孫不准事後認買，朦混者，官則議處，兵則治罪。濫準之該管官，并予查議，若分居之伯叔兄弟，仍准認買。

一　八旗應行入官房地内，有係契典者，令該旗查詢原業主，如願回贖，以查丈完結之日起，准限一年回贖，或坐扣俸餉，限五年扣贖，如不願回贖及願贖而逾限者，其房地即行入官，令官兵認買。

一　凡各旗報出入官地畝，於部行知之日，藩司委員會同該地方官履畝詳查，原租并訪實隣地租額，據實酌定，出具印勘冊結，該上司加結核轉，咨部入冊。如有聽囑受賄減租情事，察出將原佃照欺隱田糧律治罪，其委員及地方官并加結核轉各上司，均嚴加議處。

一　民人佃種八旗入官地畝，應納官租，准照原業所收租數，每市平市色銀一兩，減納銀一成三分，統以庫平庫色交官報解，地方官不得多收。其銀兩隨解藩庫，分季彙冊解部，每年另冊奏銷，各官經徵督催不力，指名叅處。

清《户部則例》卷一七《田賦・典賣田産》 一　土默特蒙古地畝，不准自行典賣，如有民人私置者，賣主買主俱從重治罪，地畝入官。

清《户部則例》卷一七《田賦・典賣田産》 一　廣西省慶遠等五府屬土司官莊田畝，不許私行典賣，如土目土民典買土司官莊田畝，即將承買之人照盜賣田畝律，每五畝加一等治罪，追價入官，田還原主。並將違例典賣之土司降一級留任，該管知府罰俸一年，若該土司有倚勢抑勒情事，將勒賣之土司降一級調用，該管知府降一級留任。

清・席裕福《清朝政典類纂》卷一三《官莊》 孫鼎臣曰：我朝八旗以兵政寓民，於京城内外按旗分給房屋，於近京五百里内圈給地畝，衣租食稅，恩至渥也。然歷年既久，生齒繁而衣食絀。列聖時以爲憂，當昌陵之季，年議開奉天吉林等處荒地，移駐京旗。於是富俊、松筠迭爲吉林將軍，首尾經畫十餘年，雙城堡之屯始成，他未遑及而二公繼沒矣。先是，乾隆間御史舒赫德、范咸，户部侍郎梁詩正，請于盛京、黑龍江、宁古塔沿邊開屯，議者多以爲不便。至嘉慶十一年，諭曰：京旗户口日增，生計拮据。乾隆間以八旗人衆分撥拉林地方，給田墾种，迄今甚享其利。今若將在京閑散陸續資送吉林，以曠地撥給，或自耕，或召佃取租，足資養贍。乃命松筠、富俊与盛京將軍和瑛會勘議行，會吉林將軍賽沖阿奏秋收不丰而止。十九年，富俊爲吉林將軍，乃始奏于雙城堡設中左右三屯，爲移駐京旗之計。雙城堡者，吉林轄境也。南北七十里，東西百三十里，西南爲拉林河，北爲松花江，地勢平衍，土沃泉甘。其地俗以晌計，一日可犁之地爲一晌。大晌十畝，得糧四五石，多者七八石，一石準倉石二石有半。四年十月富俊奏。 富俊奏：挑派吉林、奉天旗人三千户爲屯丁，官給耕牛、農具、籽種，分中左右三屯，爲百二十屯，每屯鑿井二，每井給銀十八兩，每户給蓋窩棚銀四兩，撥荒地九萬數千晌，每丁給地三十晌，先開熟二十晌，五年後徵糧二十石。移駐京旗到日，撥給熟地十五晌，荒地五晌，通二十晌。餘十晌荒熟各半，給屯丁爲恆産，不徵其租。後道光三年松筠奏，改爲兩户屯丁原分二地六十晌內，照原議荒熟地畝之數，兩户屯丁撥給一户京旗二十晌，各屯丁每户留二十晌爲恆産。 每屯屯丁三十户，京旗三十户，中左右三大屯，議移駐京旗三千户，每歲移駐二百户，願移之户十月報部，次年正月起程。每户户部給治裝銀三十兩，本旗津貼銀十五兩，車馬皆官給。到屯後户給房屋四間，皆官建。自道光二年始移駐二十八户，三年移住三十一户，四年移駐五十三户，五年移駐七十七户。時墾熟之地已三萬三千一百餘晌。四年容照耆英奏。 蓋富、松兩公前後數任，始終其事，閱時最久，故規畫倍詳。二公歿而當事者不能無懈，京旗安土重遷，往者益少。其後協辦大學士英和猶以爲言，以爲經始維艱，宜推廣以竟成功，而任事無其人矣。方雙城堡之興屯也，富俊欲推其法於伯都訥圍場，以爲募民開墾可得地二萬餘晌，較雙城堡事半功倍，前後奏至六七，上廷議以雙城堡屯務未竣，且經費不足，不能更及，竟寢其事。而松筠於道光三年任吉林將軍，亦請開養什牧及大凌河馬廠，皆嘉慶十七年故所勘地也。良法美意，雖未果施行，而老成謀國之心，條議區處之密，與營平之在金城何異。若夫成功，則豈人之所能爲者哉。《蒼筤文集》。

傳記

《舊五代史》卷一一二《周書・太祖紀》 〔廣順三年〕乙丑，詔：諸道州府繫屬户部營田及租稅課利等，除京兆府莊宅務、贍國軍榷鹽務、兩京行從莊外，其餘并割屬州縣，所徵租稅課利，官中只管舊額，其職員節級一切停廢。應有客户元佃繫省莊田、桑土、舍宇，便賜逐户，充爲永業，仍仰縣司給與憑由。應諸處元屬營田户部院及繫縣人户所納租中課利，起今年後并與除放。所有見牛犢并賜本户，官中永不收繫云。帝在民間，素知營田之弊，至是以天下繫官莊田僅萬計，悉以分賜見佃户充永業。是歲出户三萬餘，百姓既得爲己業，比户欣然，於是葺屋植樹，敢致功力。又，東南郡邑各有租牛課户，往因梁太祖渡淮，軍士掠民牛以千萬計，梁太祖盡給與諸州民，輸租課。自是六十餘載，時移代改，牛租猶在，百姓苦之，至是特與除放。未幾，京兆府莊宅務及榷鹽務亦歸州縣，依例處分。或有上言，以天下繫官莊田，甚有可惜者，若遣貨之，當得三十萬緡，亦可資國用。帝曰：苟利於民，與資國何異。

宋・王稱《東都事略》卷一一二《循吏傳・陳靖宇》 始于兩京，東西千里，檢責荒地及逃田而官籍之，募人佃耕，其室廬、耕牛、農具、糧種，請州郡斥賣贓罰無用之物，使營辦之，不足則給以庫錢。其所耕也，定爲十分，從制置所給印紙，令州縣勸農分殿最三等，凡縣管墾田一歲得課三分，二歲六分，三歲九分，爲下最；一歲四分，二歲七分，三歲十分，爲中最；一歲九分，未及三歲盈十分，爲上最。其最者，令佐與免選或超資。殿者，即增選折資。每州通以諸縣田爲十分，視最而行功罪，候數歲盡罷，官莊田屯田悉以賦民，然後量人授田，度地均稅，約井田之制爲定法，以頒行四方。

宋・李攸《宋朝事實》卷八 ［徽宗時］，今後自依熙寧詔書賜田，並于兩京近輔，沿流州軍取應未賣官田物業撥充。每州府各置宗室官莊，專差交武官各一員，與逐州通判同行管幹，逐縣兼管，仍置指揮使二員，每歲量入爲出，宗女量給嫁資，仍立定則例量支嫁娶喪葬之費，其逐州自今後有沒官田產物業，更不出賣，並撥入官莊，仍先于京西北路撥田一萬頃，一熙寧詔書，祖免以下許隨處置產業。其出官卽置田宅，一如外官之法。

宋・范純仁《范忠宣集》卷一五《司空康國韓公墓志銘》 信州官莊四百頃，以衙前四十人，假官牛以耕，牛死輸課不已，人至破產，公減其課，召民願種者予之。

宋・樓鑰《攻媿集》卷九一《直秘閣廣東提刑徐公行狀》 淳熙元年正月，召赴闕，奏對稱旨，除工部郎中，仍舊措置官莊。樞密院得旨，列具淮東官莊已成之數，總五部七縣，及楚州忠勇、使效，爲五十四莊，屋二千四百四十九間，耕者一千二百有奇，牛六百二十有五，稼器六百二十五副，老稺五千四百二十有七，耕田九百一十四頃。上見實效尤以爲喜。

《明史》卷一一九《德王見潾傳》 正德初，詔王府莊田畝徵銀三分，歲爲常。見潾奏：初年，兗州莊田歲畝二十升，獨淸河一縣，成化中用少卿宋旻議，歲畝五升。若如新詔，臣將無以自給。戶部執山東水旱相仍，百姓凋敝，宜如詔。帝曰：王何患貧，其勿許。十二年薨。子懿王祐榕嗣。

嘉靖中，戶部議覈王府所請山場湖陂，斷自宣德以後者皆還官。詔允行。於是山東巡撫都御史邵錫奏德府莊田俱在革中，與祐榕相訐奏，錫持之益急。儀衛司軍額千七百人，逃絕者以餘丁補。錫謂非制，檄濟南知府楊撫籍諸補充者勿與餉。軍校大譁，毀府門。詔逮問長史楊穀、楊孟法，戍儀衛副薛寧及軍校陶榮。諭王守侯度，毋徇羣小滋多事。議者謂錫故激致其罪，不盡祐榕過云。此十一年八月事。至十八年，涇、徽二王復請得所革莊田，祐榕援以爲請。詔仍與三湖地，使自徵其課。

《明史》卷一二〇《景王載圳傳》 帝謂大學士徐階曰：此子素謀奪嫡，今死矣。初，載圳之藩，多請莊田。部議給之。荆州沙市不在請中。中使責市租，知府徐學謨執不與，又取薪稅於漢陽之劉家堨，推官吳宗周持之，皆獲譴。其他土田湖陂侵入者數萬頃。

《明史》卷一七七《葉盛傳》 成化三年秋，入爲禮部右侍郎，偕給事毛弘按事南京。還改吏部。出振眞定、保定饑，議淸莊田，分養民間種馬，置倉涿州、天津，積粟備荒，皆切時計。

《明史》卷一八〇《李森傳》 明年夏，日食，瓊山縣地震，森疏陳十事。未幾，以貴倖侵奪民產，率諸給事言：昔奉先帝敕，皇親強占軍民田者，罪毋赦，投獻者戍邊。一時貴戚莫敢犯。比給事中丘弘奏絕權貴請乞，陛下亦既俯從。乃外戚錦衣指揮周彧求武強、武邑田六百餘頃，翊聖夫人劉氏求通州、武淸地三百餘頃，詔皆許之，何其與前敕悖也！彼谿壑難厭，而畿內膏腴有限，小民衣食皆出於此，一旦奪之，何以爲生。且本朝百年來戶口日滋，安得尚有閒田不耕不稼。名爲奏求，實豪奪而已。帝善其言，而已賜者仍不問。山西災，山東 及杭、紹、嘉、湖大水，森等請蠲振，帝幷從之。

《明史》卷一八三《周經傳》 崇王見澤乞河南退灘地二十餘里，經言不宜予。興王祐杬前後乞赤馬諸河泊所及近湖地千三百餘頃，經三疏爭之，竟不許。帝以肅寧諸縣地四百餘頃賜壽寧侯張鶴齡，其家人因侵民地三倍，且毆民至死，下巡撫高銓勘報。銓言可耕者無幾，請仍賦民，不許。時王府、勳戚莊田例畝徵銀三分，獨鶴齡奏加徵二分，且概加之沙鹻地。經抗章執奏，命侍郎許進偕太監朱秀覆覈。經言：地已再勘，今復遣使，徒滋煩擾。昔太祖以劉基故減靑田賦，徵米五合，欲使基鄉里子孫世世頌基。今興濟篤生皇后，正宜恤民減賦，俾世世戴德，何乃使小民銜怨無已也。頃之，進等還言此地乃憲廟皇親柏權及民恆產，不可奪。帝竟予鶴齡，如其請加稅，而命償權直，除民租額。經等復諫曰：東宮、親王莊田徵稅自有例，鶴齡不宜獨優。權先帝妃家，亦戚畹也，名雖償直，實乃奪之。天下將謂陛下惟厚椒房親，不念先朝外戚。帝終不納。

《明史》卷一八五《李敏傳》 當憲宗末，中官、佞倖多賜莊田。既得罪，率辭而歸之官，罪重者奪之，然不以賦民。敏請召佃，畝科銀三分，帝從之，然他莊田如故也。會京師大水，敏乃極陳其害，言：今畿輔皇莊五，爲地萬二千八百餘頃；勛戚、中官莊三百三十有二，爲地三萬三千一百餘頃。官校招無賴爲莊頭，豪奪畜產，戕殺人，污婦女，民心痛傷，災異所由生。皇莊始正統間，諸王未封，相閒地立莊。王之藩，地仍歸官，其後乃沿襲。普天之下，莫非王土，何必皇莊。請盡革莊戶，賦民耕，畝概徵銀三分，充各宮用度。無皇莊之名，而有足用之效。至權要莊田，亦請擇佃戶領之，有司收其課，聽諸家領取。悅民心，感和氣，無切於此。時不能用。

《明史》卷一八五《賈俊傳》　諸王府第、塋墓悉官予直，而儀仗時繕修。內官監欲頻興大工，俊言王府既有祿米、莊田，請給半直；儀仗非甚敝，不得煩有司；公家所宜營，惟倉庫、城池，餘皆停罷。帝報可。

《明史》卷一八六《韓文傳》　榮王乞霸州莊田，崇王請自徵莊田租，勿令有司與，文皆持卻之。保定巡撫王璟請革皇莊，廷議從之，帝命再議。文請命巡撫官召民佃，畝徵銀三分輸內庫，而盡撤中官管莊者，大學士劉健等亦力言內臣管莊擾民。乃命留中官各一人、校尉十人，餘如文議。

《明史》卷一九三《費宏傳》　加少師兼太子太師、吏部尚書、謹身殿大學士，委任甚至。戶部議督正德時逋賦，宏偕石珤、賈詠請斷自十年以後。從之。帝以四方災異，敕羣臣修省。宏等因言：陛下用度無節，工役不休。畿內土地半成莊田，內庫收納要求踰倍。太倉無三年之積而冗食日增，京營無十萬之兵而赴工不已。直臣得罪未見原，言官舉職乃被詰。律所當行者數經讞不誅，罪無可辨者遽傳旨獲免。干和召怨，自非一端。帝引咎褒答，然不能用也。

《明史》卷二〇一《王軏傳》　［嘉靖時］，出覈勛戚莊田，請如周制，計品秩，別親疏，以定多寡，非詔賜而隱占者俱追斷。戶部尚書梁材採其言，兼幷者悉歸官。稍進左侍郎。

《明史》卷二二〇《李汝華傳》　汝華在贛十四年，威惠甚著，進秩兵部右侍郎，召拜戶部左侍郎。尚書趙世卿去位，遂掌部事。福王莊田四萬頃，詔旨屢趣，不能及額。汝華數偕廷臣執爭，僅減四之一。

《明史》卷二二六《呂坤傳》　福王封國河南，賜莊田四萬頃。坤在籍，上言：國初分封親藩二十有四，賜田無至萬頃者。河南已封周、趙、伊、徽、鄭、唐、崇、潞八王，若皆取盈四萬，占兩河郡縣且半，幸聖明裁減。復移書執政言之。會廷臣亦力爭，得減半。

《明史》卷二三五《陸大受傳》　陸大受，字凝遠，武進人。萬曆三十五年進士。授行人，屢遷戶部郎中。福王將之國，詔賜莊田四萬頃。大受請大減田額，因劾鄭國泰驕恣亂法狀，疏留中。

《明史》卷二三七《姜志禮傳》　進山東右參政，分守登、萊。福王封國河南，詔賜田二百萬畝，跨山東、湖廣境。既之國，遣中貴徐進督山東賦，勢甚張。志禮抗疏曰：臣所轄二郡，民不聊生，且與倭鄰，不宜有藩府莊田以擾茲土也明甚。且自高皇帝迄今累十餘世，封王子弟多矣，有賜田二萬頃，延連數十郡者乎？繼此而封，尚有瑞、惠、桂三王也。倘比例以請，將予之乎，不予之乎？況國祚靈長，久且未艾。嗣是天家子姓，各援今日故事以請，臣恐方內土田，不足共諸藩分裂也。帝大怒，貶三秩爲廣西僉事。久之，遷江西參議。

《明史》卷二四〇《葉向高傳》　［萬曆］四十一年春，廷臣交章請，復諭改明春。已，忽傳旨，莊田非四萬頃不行，廷臣大駭。向高因進曰：田四萬頃，必不能足，之國且無日，明旨又不信於天下矣。且王疏引祖制，而祖制無有是事。曩惟世宗時景王有之。景王久不之國，皇考在裕邸，危疑不安。此何可效也？帝報曰：莊田自有成例，且今大分已定，何猜？向高因疏謝，言：皇考時，名位雖未正，然講讀不輟，情意通。今東宮輟講八年，且不奉天顏久，而福王一日兩見，以故不能無疑。惟堅守明春期，而無以莊田藉口，天下疑自釋。帝報福王無一日兩見事。

《明史》卷二四三《孫慎行傳》　孫慎行，字聞斯，武進人。幼習聞外祖唐順之緒論，即嗜學。萬曆二十三年舉進士第三人，授編修，累官左庶子。數請假里居，鍵戶息交，覃精理學。當事請見，率不納。有以政事詢者，不答。

四十一年五月由少詹事擢禮部右侍郎，署部事。當是時，郊廟大享諸禮，帝二十餘年不躬親，東宮輟講至八年，皇長孫九齡未就外傅，瑞王二十三未婚，楚宗人久錮未釋，代王廢長立幼，久不更正，臣僚章奏一切留中，福府莊田取盈四萬頃，慎行並切諫。已，念東宮開講，皇孫出閣，係宗社安危，疏至七八上。代王廢長子鼎渭，立愛子鼎莎，李廷機爲侍郎時主之，其後，羣臣爭者百餘疏，帝皆不省。慎行屢疏爭，乃獲更置。楚宗人擊殺巡撫趙可懷，爲首六人論死，復錮英嬚等二十三人於高牆，禁蘊鈁等二十三人於遠地。愼行力白其非叛，諸人由此獲釋。皇太子儲位雖定，福王尙留京師，須莊田四萬頃乃行，宵小多窺伺。廷臣請之國者愈衆，帝愈遲之。愼行疏十餘上，不見省。最後，貴妃復請帝留王慶太后七旬壽節，羣議益籍籍。愼行乃合文武諸臣伏闕力請，大學士葉向高亦爭之強。帝不得已，許明年季春之國，羣情始安。

《明史》卷二六五《李邦華傳》　〔萬曆〕四十一年，福王之藩已有期，忽傳旨莊田務足四萬頃。廷臣相顧愕眙，計田數必不足，則期將復更，然無敢抗言爭之者。邦華首疏諫，廷臣乃相繼爭，期得毋易。

《明史》卷三〇〇《外戚傳・周能》　周能，字廷舉，昌平人。女爲英宗妃，生憲宗，是爲孝肅皇太后。英宗復位，授能錦衣衛千戶，賜賚甚渥。能卒，長子壽嗣職。憲宗踐阼，擢左府都督同知。成化三年封慶雲伯，贈能慶雲侯。壽以太后弟，頗恣横。時方禁勛戚請乞莊田，壽獨冒禁乞通州田六十二頃，不得已與之。嘗奉使，道呂梁洪，多挾商艘。主事謝敬不可，壽與閧，且劾之，敬坐落職。十七年進侯，子弟同日授錦衣官者七人，能追贈太傅、寧國公，謚榮靖。孝宗立，壽加太保。時壽所賜莊田甚多，其在寶坻者已五百頃，又欲得其餘七百餘頃，詭言以私財相易。部劾其貪求無厭，報不許，孝宗竟許之。

紀事

《宋史》卷九《仁宗紀》　〔天聖六年〕冬十月甲申，除福州民逋官莊錢十二萬八千緡。

宋・李燾《續資治通鑑長編》卷八八宋真宗大中祥符九年　免利州官莊經水租十之五。

宋・李燾《續資治通鑑長編》卷一〇六宋仁宗天聖六年　甲申，除福州民逋官莊錢。初，王氏據福州時，有田千餘頃，謂之官莊。自太平興國中，授券與民耕，歲輸賦而已。天聖二年，發運使方仲荀言：此公田也，鬻之可得厚利。遣屯田員外郎辛惟慶領其事，凡售錢三十五萬餘緡，詔減緡錢三之一，期三年畢償。監察御史朱諫以爲傷民，不可，詔復爲貧弱者寬期。既而期盡，未償者十二萬八千餘緡，知州事章頻具以聞。上曰：遠方民貧，而官司督責甚苦，其悉除之。

宋・李燾《續資治通鑑長編》卷二八〇宋神宗熙寧十年　丁亥，駕部員外郎、熙河路相度官莊霍翔，乞先次熙州城下營田，出租地百一十頃置官莊，差見任京官、選人、使臣勾當，弓箭手共治。從之，仍以翔提點秦鳳路刑獄，兼提舉官莊。本志云凡言實邊者，營田本趙卨，官莊本霍翔。元豐元年七月一日，翔陞任。

宋・李燾《續資治通鑑長編》卷二八七宋神宗元豐元年　又詔：經制熙河路邊防財用司根括冒耕地爲官莊，限年半聽民自陳，其方田更不施行。舉貸止支錢，納日計市直許以糧折納，收息二分，願納錢者增一分。熙寧七年三月六日，又元豐元年十二月十七日，可考。

宋・李燾《續資治通鑑長編》卷二八九宋神宗元豐元年　經制熙河路邊防財用司言：準朝旨，以土田分等：近城第一等爲官莊，第二等合種，第三等出租，第四等募人耕，五年起稅。欲選附城沃土八百頃爲官莊；有餘，募弓箭手；又有餘，募人合種及出租賦。官莊每五十頃差治田使臣一員，立賞罰格。從之。

宋・李燾《續資治通鑑長編》卷二九〇宋神宗元豐元年　經制財用司言：熙河路弓箭手，昨準朝旨，四人同治官莊一頃，頗聞困於役使，致闕二千人。欲罷四人治田指揮，惟收成時聽暫應副外，餘毋得役使。兼秦鳳路轉運司綱運所兵級，已詔隸本司，乞勘會元額，下陝西轉運司簡廂軍投換，以充治田。如不足，益以選中保寧兵。從之。七月一日，十月二十七日。

宋・李燾《續資治通鑑長編》卷二九六宋神宗元豐二年　〔經制熙河路邊防財用司：〕岷州床川、荔川、閭川寨，通遠熟羊寨乞置牧養十監，募兵爲監牧指揮，其營田乞依官莊例募永濟卒二百人，其永濟卒通以千人爲額，以十六官莊四營田工役，其請給並從本司自辦，九也。

宋・李燾《續資治通鑑長編》卷三〇一宋神宗元豐二年　壬子，詔開封府界牧地可耕者爲官莊。從都大提舉淤田司請也。

宋・李燾《續資治通鑑長編》卷三〇八宋神宗元豐三年　詔都大提舉淤田幷官莊隸司農寺。

宋・李心傳《建炎以來繫年要錄》卷一〇三宋高宗紹興六年　詔營田課子除椿出種子外，且令官收四分，客戶收六分，次年已後，卽中停均分，自今請佃官莊倣此。用都督行府奏也。

宋・李心傳《建炎以來繫年要錄》卷一三八宋高宗紹興十年　甲子，右正言万俟卨論營田官莊附種之弊，以爲官莊設，卽百里之民應籍者，皆赴莊以待耕耨，已業荒廢，多不能舉。附種行，則斗升之種戶種給於民，散斂之擾，率以爲常。欲望逐路選委強明監司一人，遍行郡縣，應有營田去處，核實均放，其帥臣隱蔽，不肯公共商榷者，並許按核以聞。上曰：卨所論極當，大凡營田須軍中自爲之，則不斂於民，而軍食足，若使民舍己之田，營軍之田，恐甚於斂民之爲虐也。乃詔領營田監司措置。

宋・李心傳《建炎以來繫年要錄》卷一六一宋高宗紹興二十年　癸酉，左朝奉大夫新知廬州吳逵言：兩淮之間，平原沃壤，土皆膏腴，宜穀易墾，稍施夫力，歲則有收，而莫加工，茅葦翳塞，望置力田之科，募民就耕淮甸，賞以官資，闢田以廣官莊，自今歲始。今欲江浙、福建委監司守臣，勸誘土豪大姓，赴淮南從便開墾田地歸官莊者，歲收穀五百石，免本戶差役一次，七百石，補進義副尉，至四千石，補進武校尉，並作力田出身，其被賞後再開墾及元數，許參選如法理，名次在武舉特奏名出身之上，遇科場並得赴轉運司應舉。從之。

宋・李心傳《建炎以來繫年要錄》卷一八一宋高宗紹興二十九年　初，有詔盡鬻諸司官田，而兩浙轉運司營田九十二萬六千餘畝，歲收稻麥雜豆等十六萬七千餘斛，官莊田四萬二千餘畝，收稻麥等四萬八千餘斛，內稻麥充行在馬料雜豆等糶錢，納繳償庫，轉運副使提領營田趙子潚審於朝。詔令出賣。

《明史》卷一四《憲宗紀二》　［成化二十二年］夏四月乙未，清畿內勳戚莊田。

《明史》卷二〇《神宗紀一》　［萬曆元年］十二月甲午，詔定戚臣莊田。

《明實錄・英宗實錄》卷一三七　［正統十一年正月］乙酉，守備寧夏都指揮使种興奏：左參將都指揮使丁信令隨來京衛官旗侵占莊田，拘集附近軍餘耕種，宜勑總兵參贊等官勘實，取發回京爲便。從之。

《明實錄・英宗實錄》卷一九二　［景泰元年五月］，故太監僧保母朱氏進保所遺駝并莊田二所，命駝送御馬監，莊田以歸戶部。

《明實錄・英宗實錄》卷三〇二　［天順三年四月］，賜東宮及諸王莊田。以昌平縣湯山莊、三河縣白塔莊、朝陽門外肆號廠官莊賜東宮。西直門外新莊村并果園，固安縣張華里莊賜德王。德勝門外伯顏莊、鷹坊莊，安定門外北莊賜秀王。

《明實錄・英宗實錄》卷三〇八　［天順三年十月］，賜中軍都督府都督僉事鮑政河間府青縣莊田八十頃，從其請也。

《明實錄・英宗實錄》卷三四二　［天順六年七月］，錦衣衛都指揮使錢增護祖母陳氏奏乞抄沒莊田一百頃。上曰：貴戚之家當知止足，僧護嘗賜地千餘頃，已足耕種，何得復求。不允。

《明實錄・憲宗實錄》卷三九　［成化三年二月］庚子，賜德王歲用米鹽等物。王累奏本府日用白熟粳米食鹽及內官內使每月柴米并養馬料草俱在內府開支，今將之國，一時難於措辦，乞勑有司仍舊開用，候莊田成收日停止。上允王奏，令今歲撥與白熟粳米二百八十三石有奇，食鹽歲與一百引，馬草料到府日爲始，給五閱月，內官內使於所在官倉每月人給米四斗，以資食用，五閱月而止。

《明實錄・憲宗實錄》卷五二　［成化四年三月］，詔給慶雲伯周壽順天府涿州莊田六十三頃有奇，不爲例。時方禁求莊田者，而壽乃皇太后弟，冒禁以請，上不得已與之。

《明實錄・憲宗實錄》卷八三　［成化六年八月］壬申，巡視眞定等府吏部右侍郎葉盛奏便民事宜：一，今日民間最苦養馬，破家蕩產皆馬之故。舊例牝馬一匹每年取一駒。當時馬足而民不擾者，以芻牧地廣，民得以爲生，馬得以自便也。厥後豪右莊田漸多，養馬日漸不足。洪熙元年改爲兩年一駒。成化元年又改三年一駒。馬愈削而民愈貧，然馬不可少，於是又復兩年一駒之例。夫納馬有數，用馬不貲，雖有智者，無善處之術。方今京營各邊缺馬，取給民間，孳牧所缺之馬雖亦追陪於軍而軍多艱苦，又不能償，仍復給之。於是馬愈不足，民愈不堪。爲今之計欲寬民間之馬，必有以處軍中之馬，然後其弊可除也。請以宣府一處言之，往年以馬死未陪，將步隊軍之輭弱空閑者領種官田，用其餘糧，貿易銀物，於山西等處買馬，一年得馬一千九百餘匹，馬皆精壯，軍免追陪而民間亦得以寬舒，此已行之成效也。諸邊風土雖各有所宜，然隨處盡心自有良法，請勅各邊會議隨其土俗所宜，凡可以買馬足邊，免追陪於軍，閑領於民者聽其便宜處置。果有成效，具實奏聞，令其永遠遵守。仍勅廷臣會議通查遠年近日各項莊田，權其輕重，量與處分，還民復業，及令各營總兵等官一體會議處置，所貴禆益馬政，稍紓民力。【略】疏入，上以其言有理，命該部參酌以聞。

《明實録·憲宗實録》卷一〇六　〔成化八年七月〕，太子少保吏部尚書兼文淵閣大學士彭時等言：　今天下水旱相仍，人民缺食，山西、河南、陝西三處急於軍餉，而民愈苦。京畿八府迫於追馬而民愈困，鬻賣子女，流離道路者在在有之。如是而不加存恤，誠恐良善化爲盜賊，則邦本動搖而事日多矣。然欲矜恤非人賜之衣食，家與之金帛也，但省科派，減力役，寬秋夏之稅而勿徵，弛山澤之利而無禁，使民得以休息營生，是即安養之道，惟在聖心一轉移之間耳。昔之人君有言民吾子也，安有子倒懸而父不爲之解哉。斯言也施於今日尤爲切務。臣等於民情不能盡述，謹條列一二於後，伏望皇上念上天付畀之重，思下民仰賴之切，採而行之，斯民幸甚。一，皇莊之名，自古無有，景泰存藩邸之舊，皇上因東宮之餘，莊名曰皇，固已非理，然事因其實猶爲有說。近聞故太監劉永誠所獻莊田亦欲立爲皇莊，深駭人情，居者懼於騷擾不已，耕者懼爲徵科過舊，而街談巷議咸謂四海之內莫非王土，何獨以此謂之皇莊。臣等竊聞外議如此，恐不足爲聖德之光，乞以劉永誠莊田令戶部籍之，俾居民仍舊耕種，以息外議，使三處之民稍得蘇息。疏入。上批答云：　卿等所言深切民情，馬政止以見有昔印烙其折買者停止。劉永誠還官地，朕自處分，餘令所司議行。

《明實録·憲宗實録》卷一四六　〔成化十一年十月〕丁亥，尚衣監太監姜玉奏乞故太監鄭善所遺永年雞澤二縣地四百餘頃。事下廣平府，勘報鄭善原種莊田止五十頃，及家人鄭山多種雞澤牧馬草場二十頃七十五畝，今玉所乞者多是民人納稅之地，但與善莊地相鄰耳。上曰：　善原所種地令以賜玉，其民間稅地仍以給民，俾各耕種，爲陪買官馬之用。

《明實録·憲宗實録》卷一八六　〔成化十五年正月〕，賑濟官刑部郎中張錦奏：　眞定等府水災，朝廷雖遣官賑恤，然民間倒失官畜、逋負稅糧者仍舊追徵，乞并寬免。又，朝廷所賜勳戚內外官莊田，軍民爲之佃種納租者，亦乞準官田減免例，以蘇民困。事下戶部議，民間所欠官畜產稅糧近已移文所遣賑恤官，俾爲區處，寬貸私租，宜如所奏。制可。

《明實録·憲宗實録》卷一九〇　〔成化十五年五月〕，命再給趙王見濬祿米五千石，本色三千石，折色二千石，其莊田俟勘報區處。趙府原祿一萬五千石。王以不法革爵，及其祿三十二既又定爲本色五千，折色二千，其原所買田八十頃六十畝仍令管業，餘俱查勘退給。後以母妃請復爵，至是王屢以原祿及田一千四百三十餘頃爲請，故有是命。

《明實録·憲宗實録》卷一九五　〔成化十五年十月〕戊子，戶科都給事中張海等以災異上言五事。一，南北直隸、河南、山東、陝西、江西、湖廣、四川、福建等處水旱頻仍，軍民饑饉，管糧官迫於住俸，催徵轉急，民不堪命，乞勅該部凡災重地方，軍衛有司該徵并拖欠糧草子粒、諸色顔料及闕過賑濟悉爲寬免，江西之地被災尤甚，所造甆器宜暫停止，及凡無災地方宜通行巡撫、巡按等官，嚴督有司及時措置預備倉糧，四時造冊奏報。一，天順二年英廟有勅禁革皇親大臣強占軍民田地、侵奪公私之利，成化四年戶科請禁求討莊田者，皇上有旨內外官豪勢要之家不許求討莊田，近來內外親倖不遵勅旨仍憑信姦民投獻，求討無厭，民生窘迫，恐致他虞，乞令戶部申明禁約。一，健訟之徒起雲南，時十三道監察御史李介等亦以是爲言。上批答曰：　災重地方追徵糧草顔料并停俸官吏所司即爲查照，斟酌奏聞，燒造甆器將完不必停止，闕過賑濟悉從寬免。求討莊田嚴加禁約。恤刑獄，准行。楊鼎等仍留治事福建，巡視雲南巡撫官俱不必用。

《明實録·憲宗實録》卷二〇三　〔成化十六年五月〕，命官莊徵租如開墾荒田例。先是官莊多在河間府東光縣地，管莊人徵糧無度，令畝二斗，民情騷然。於是六科給事中齊章等言天子以四海爲家，普天率土莫非所有，何必置立莊田與貧民較刀錐之利哉，且財盡則怨，力竭則懟，今東光之民失其地土矣，而賦歛比之公田又三倍其數，民困如此，非死即徙，非徙即盜，亦可知矣。十三道監察御史謝顯等亦上言其事。上命每畝徵五升三合五勺，如開墾荒田則例。是時中官貴戚莊田遍於郡縣，其弊不獨東光爲然也。

《明實録·憲宗實録》卷二一〇　〔成化十六年十二月〕，免直隸廣平府所屬三縣無徵秋糧四千九百五十餘石，草九萬三千五百九十餘束，德府莊田秋糧子粒一千七百一十餘石，以水災故也。

《明實録·憲宗實録》卷二一一　〔成化十七年正月〕癸巳，賜宜興長公主武清縣埸河水甸地一千八十頃。徽王將之國，奏辭所賜莊田，因言埸河甸七里海水窪二處，乞撥與宜興長公主，王與公主同母故也。事下戶部，覆奏公主已有莊田八十餘頃，難槩撥給。上以王奏盡賜之。

《明實録・憲宗實録》卷二六二 〔成化二十一年二月〕，徽王見沛累上章言府中莊田數少，日用不給，請以許州税課局税幷湖廣黄岡縣樟松湖及開州趙府已退莊田給賜。詔以三邊供給浩繁，各處災傷甚重，軍民已困，王所請者俱勿許。

《明實録・憲宗實録》卷二七五 〔成化二十二年二月〕，以災傷免直隸大名、眞定、順德、廣平、保(保)〔定〕五府去年夏税九萬八千三百餘石，絹二萬三千六百六十餘匹，德王廣平府莊田子粒一千五十石，及湖廣武昌等府縣秋糧五十萬三千餘石，武昌等衛所子粒四萬五千餘石。

《明實録・憲宗實録》卷二七七 〔成化二十二年四月〕乙未，命戶部清理畿内莊田。時駙馬游泰奏請武清縣六道口葦地，戶部因奏勳戚勢家所據太多且不納税，今請以先年賜予有文案可驗者爲準，其無者悉從減輕則例納税，以充國用，已經承佃起科者仍舊，侵占民地者悉令給還。從之。

《明實録・憲宗實録》卷二七八 〔成化二十二年五月〕癸酉，命分順義縣仁智鄉莊田一所，以其半給常德大長公主香火，其半賜興濟郡王。

《明實録・孝宗實録》卷四 〔成化二十三年十月〕，南京閑住右少監梁芳辭還原賜和遠官店及永清縣莊田，詔以店賜都督同知張巒，莊田令有司守視。

同上 〔成化二十三年十月〕癸未，尚衣監太監廖屏養病，辭還先賜保定府定興縣莊田百七十二頃有期，命戶部遣人守視。

《明實録・孝宗實録》卷五 〔成化二十三年十月〕，戶部言：前錦衣衛指揮萬喜等辭退所賜莊田，尚有涿州等四處隱匿未辭，宜俱追入官。從之。

《明實録・孝宗實録》卷七 〔成化二十三年十一月〕，彭城衛千戶陳禎奏：科道官以言爲責。近年每遭譴責，遂致敢言之士索然無聞。内閣經筵之設所以博詢軍民利病，講求聖賢之道，然朝廷每遇政務當議，内閣大臣未得親奉天顔，面陳得失，經筵亦虚曠彌旬，不過徒設名色而已。天下方鎮内外官動以進貢爲名，假一科十，而府州縣官轉相效尤，民力告竭，至如建立皇莊仍遣内臣董之，爲害非細。夫天下一家，尺地莫非王土，又何用皇莊而已，乞令該部通查兩京科道等官，但係陳言調除遠方，悉令改任近地，以開納言之門。其可議事幷經筵講説，務令内閣大臣與講官時賜接見，無所阻隔。仍乞遣官丈量莊田頃畝，悉撥小民佃種起科，通諭各王府幷皇親家自後毋再奏乞莊田，幷方鎮官毋再進貢方物，永爲定制，則天下生民得享太平之治於無窮矣。命下其奏於所司。

《明實録・孝宗實録》卷八 〔成化二十三年十二月〕，戶部言成化中萬喜等辭還欽賜莊田，内河間府三所已賜都督同知張巒，餘順天保定等處十所俱奉旨令有司守視，巒復幷乞管業。上命有司守視如舊。

《明實録・孝宗實録》卷一〇 〔弘治元年閏正月〕，都督同知張巒復請以萬喜等辭還順天保定府莊田通賜管業，戶部議不可。上是之，差人守視如故。

《明實録・孝宗實録》卷一一 〔弘治元年二月〕庚子，戶部言：各項辭退莊田在順府等處者雖累有旨令人守視，然未免地有遺利，請差官查勘，計其頃畝召人佃種，畝收銀三分以備用。從之。

《明實録・孝宗實録》卷一六 〔弘治元年七月〕，太子太保吏部尚書王恕言：臣近以疾在告，聞朝廷陞用内官頗多，又聞有蟒衣莊田之賜，不知果由聖意否，望裁革之。上曰：比所陞内官以昔時侍春宮年久，茲遇節日，並加陞賞耳，非有他也，姑置之。

《明實録・孝宗實録》卷二七 〔弘治二年六月〕甲寅，初德府莊田每畝准徵租二斗，在直隸清河縣者成化間以畿民勞困減至五升，仍命其餘不得比例，至是臨清州民奏稱本州莊田與清河接壤，事同一體，亦請量與減免。戶部議覆，上曰：先朝已有成命，臨清不得比清河例，其徵如故。

《明實録・孝宗實録》卷二八 〔弘治二年七月〕，工部尚書賈俊等以災異言八事：一謂各王府郡王以下及郡縣主等建造府第例俱給價，今宗室日蕃，將有不勝其給者。況各府自有禄米莊田，請此後房價視原數止給其半。【略】上從其議，仍令移文内外衙門務爲撙節財費，減省工役，以甦民困。

同上 〔弘治二年七月〕，戶部尚書李敏等以災異上疏言：臣惟災異之來率由民心積怨所致。切見畿内之地皇莊有五，共地一萬二千八百餘頃，勳戚太監等官莊田三百三十有二，共地三萬三千一百餘頃。比來管莊官校人等往往招集無賴群小，稱爲莊頭伴當佃戶家人名目，占民地土，斂民財物，奪民孳畜，甚至污人婦女，戕人性命，民心傷痛入骨，少與分辯輒被誣奏，至差官校拘拏，舉家驚憾，怨聲交作。災異之興，皆由於此。且皇莊之設，在祖宗時未有。正統間以諸王未封，供用浩繁，不欲重徵小民，又見彼時地廣民稀，因其閒地立莊以資供用。諸王之國，地仍歸官，其後因襲，遂有皇莊之名。且普天之下莫非王土，若以此地爲皇莊，則其餘者非朝廷之土乎。今若革去管莊之人，撥付小民耕種，畝徵銀三分，歲可得銀三萬八千餘兩，比之官校掌管所得尤多，以此銀歸之内帑，充各宫用度，則不顯立皇莊之名而有實用之利，佃田之人免剝害之苦，尚何天意之不可回哉。上曰：皇莊留與朕弟諸王，其餘功臣等項田土管業已定，難令有司督辦，俱如舊。今後管莊之人敢有生事害人者聽巡按御史指實劾奏，從重治之。

《明實録·孝宗實録》卷三〇　弘治二年九月丙辰朔，禮科給事中孫孺等奏：奉旨清查畿内諸已故太監莊田，中間有轉賞寄託及佃户自占者凡二千七百一十八頃有奇，户部請籍之於官，召民佃種。上命不及二十頃者仍與管業人耕種，準民田例徵糧。二十頃以上者量除五頃，三十頃以上者每三十頃遞除五頃，並留與見管業人耕種納糧，不願耕種者聽，餘地並收入，官召人佃種。

同上　［弘治二年九月］，户部奏：今歲各皇親公侯駙馬伯及太監莊田乞照附近民田被災分數爲收租之數，不許過取厲民。上曰：皇親及公侯等官歲有常禄，豈可復與百姓爭利，奏中所擬悉准施行，如有過取者必論以法。

《明實録·孝宗實録》卷四一　［弘治三年八月］癸未，初寧晉伯劉福叔祖太監劉永誠蒙賜武清縣利上屯莊田二百五十餘頃，因侵占牧馬草場地二百餘頃，積租米至十五萬石，銀至四千餘兩。比奉旨欽賞莊田，其人已故者收入官，每三十頃遞五頃與其遺嗣，福得留四十一頃有奇。至是巡按監察御史鄒魯發其侵占草場，其事福愬之。下户部議，今之皇莊及賜功臣等項莊田大槩俱是牧馬草場餘地。其始也，姦貪之徒詐稱空閑投獻，勢要之家奏乞，及其久也，卷冊埋沒，疆不明，又從而乘機開種，於是草場益窄狹。今鄒魯奏劉福侵占前地固當，但福自其祖父以來相繼管業，已非一日，宜行法司通會查照奏請。上曰：劉福占地收租，法當逮治，但念其叔祖曾有軍功及其父相承管業，姑貸之，仍停俸三月，利上屯地於應得遞除外仍留二十頃供奉劉永誠香火，餘地并草場俱收入官。

《明實録·孝宗實録》卷四六　［弘治三年十二月］癸酉，户部覆議左給事中韓鼎、御史陳金等所言修省事，一乞勿追蠲除諸税，一乞及時區畫邊餉，一乞裁抑貴戚奏討莊田，其言皆可行。從之。

《明實録·孝宗實録》卷五三　［弘治四年七月］，駙馬都尉齊世美奏乞豐沛二縣莊田。户部請正其違例之罪。上命姑免究問，如再奏擾即罪之。

《明實録·孝宗實録》卷六四　［弘治五年六月］甲辰，先是晉府寧化僖順王之子鍾鈵以有罪革爵，有司請籍其莊田入官，至是其母妃趙氏奏莊田有自墾者，歸之於官，有係先朝勑賜及撥給者乞存留養贍。上曰：古城、大陵、成熹營三處莊田既原係勑賜撥給，俱許留本府管業。

《明實録·孝宗實録》卷七五　［弘治六年五月］，户部尚書葉淇應詔陳五事。【略】一，止勘官以安地方。比者衡府奏乞雄縣莊田，所報四至皆非閒曠，而王乞遣重臣再勘，民方饑病，重以驚惶，其何能堪。今查順天府豐潤縣加南等社有田八百餘頃，乞定數撥給而免遣官往勘。【略】奏入。上曰：所言有理，俱准行，豐潤縣加南等社莊田以五百頃賜衡王管業。

同上　［弘治六年五月］，户科給事中甯舉言五事：【略】一曰紓民困，欲勳戚大臣之家不許求索禄米莊田。命所司議處以聞。

同上　［弘治六年五月］，户部尚書葉淇等應詔陳三事：【略】二，禁革收受子粒。謂天下王府及在内功臣之家皆有莊田，管莊者收租時往往正額外横取數倍，侵剋入己。請令各莊田及牧馬草場佃户照徽府例輸於本管州縣，而後令各該人員來領，不得仍前自索擾人。【略】上曰：所言有理，俱准行。

《明實録·孝宗實録》卷七六　［弘治六年閏五月］，户部覆奏：户科給事中甯舉所奏勳臣戚畹奏乞莊田事，今後請斷以大義，有怙恩陳乞者許科道官劾奏。從之。

《明實録·孝宗實録》卷八〇　［弘治六年九月］戊午，先是勳臣莊田子粒命有司代收，至是安昌伯錢承宗祖母王氏奏乞自收，乃命通行司府州縣遇業主願自收者聽，仍申禁管莊人等毋得暴横爲非。

《明實録·孝宗實録》卷八五　［弘治七年二月］戊子，户部覆奏監察御

[史]張泰所陳二事：一，均平賦役。謂莊王田及皇親等莊田雖遇災傷，不得比軍民田地量免徵税，請自今令所在有司將軍民田別皇莊等項通行踏勘，議定該免分數，一體徵。一，賑恤困窮。謂山東、河南、湖廣、兩直隸被災之後民不聊生，牛具種子皆竭，請行各巡撫都御史諭令所屬正官勸相賑給，中有徒事虚文惠不逮下者以不職罪之。上曰：皇莊、皇田遇有災傷，仍令管莊人員奏來處置，餘從所議。

同上 [弘治七年二月]癸未，命楚府故婺川郡君弘治四年支過祿米免還官。命以原賜故御用監太監白俊武清縣莊田七十六頃還官。

《明實録・孝宗實録》卷八七 [弘治七年四月]丁亥，衡王奏以前賜豐潤縣莊田有不堪耕種者，命於餘田内再撥一百五十頃給之。

《明實録・孝宗實録》卷九三 [弘治七年十月]丁卯，巡撫保定等府都御史張琳言：北直隸各府自永樂年間編造驛傳文冊，凡買馬驢牛車船及工食草料科徵價銀謂之站錢，中間有計地畝者，有計人丁者，有兼計地與丁者，有徵糧地一頃而止納站錢三分之一者，有全納者，有全不納者，又有貧民地已賣與人而站錢猶累貧民代納者，蓋由編戶有消長，地土多變易，而原造文冊承用不改，故吏胥得以作弊，官府難於清查，謂自今每十年令管屯僉事督同各府官親詣所屬州縣按冊查編，不分官吏軍民人等及各衛官軍置買莊田，但有田者各照地畝糧數依舊例分派上中下第等，如馬牛驢及紅站船各該糧若干定數辦納，其養馬牛驢夫及船夫十年一易，若有消乏者以糧多上戶僉補，庶幾可少救其弊。兵部覆奏，從之。

同上 [弘治七年十月]，皇親瑞安侯王源之母臯國夫人叚氏奏以原賜高陽縣田一百頃還官，而乞興府辭退武清縣田六百頃爲業。戶部言：興府辭退田他日當改給親王出府者，非勳戚家所宜請。上命高陽田不准辭，別以肅寧縣洋東淀田二百頃益之。

《明實録・孝宗實録》卷九七 [弘治八年二月]，神宮監太監陸愷仍援孝穆皇太后外親之故爲其妹李氏奏乞岐王所辭永清縣莊田爲業。戶部議謂：愷所奏莊田計九百餘頃，俱係本部奏准留待親王出府聽候恩命給撥之數，今若歸之李氏，他日親王出府又將何所給之。得旨，俱留撥給親王，不許勳戚等家奏請。

《明實録・孝宗實録》卷一〇九 [弘治九年二月]，以故太監白俊武清縣莊田七十六頃有奇賜神宮監太監陸愷，從其請也。

《明實録・孝宗實録》卷一一七 [弘治九年九月]，賜汝王玉田縣望軍臺莊田七百頃，從其請也。

《明實録・孝宗實録》卷一二四 [弘治十年四月]，先是奉御趙瑄指獻雄縣等處閒田可作皇莊，命巡撫都御史高銓等勘報，謂閒田止七十餘頃，皆與小民徵糧地土相參。戶部言畿民困極，藉此補助，宜令管業如故，而重治瑄罪以警於後。從之。

《明實録・孝宗實録》卷一二九 [弘治十年九月]，戶部請以壽王辭還舊賜涿州、良鄉、永清、大興、固安、寶坻、宛平及劉武營莊田共五百四十三頃有奇召民佃種起科，從之。

《明實録・孝宗實録》卷一四三 [弘治十一年十一月]庚申，命以壽王辭還涿州等處莊田賜涇王管業。

《明實録・孝宗實録》卷一四五 [弘治十一年十二月]乙未，都察院覆奏府部等衙門所言故太監李廣招權納賄，贓物累鉅萬，計莊田鹽貨尤多，乞籍其所有盡沒於官。不允。

同上 [弘治十一年十二月]乙巳，衡王再奏乞前齊府所遺青州等府田。戶部言此田先已賜德王，今不宜更易，以起爭端。上從之，命今後諸王府凡賜有莊田者不許再乞。

《明實録・孝宗實録》卷一四七 [弘治十二年二月]，先是巡按湖廣監察御史王恩奏請湖廣各王府莊田俱令有司徵租送府，以免橫斂之害。既得旨，至是興王奏本府莊田與他府有糧民田不同，請得自徵。復從之。

《明實録・孝宗實録》卷一四八 [弘治十二年三月]，命原賜嘉善大長公主任丘等縣莊田仍賜其子錦衣衛千戶王銘，從其請也。

《明實録・孝宗實録》卷一五三 [弘治十二年八月]癸卯，戶科都給事中盧亨等言：頃者管莊內臣張璿等奏居民毆傷佃戶，究問涉虚，并丈量地畝已明，而璿仍奏差官覆勘岐府新乞莊田，欲自收子粒，皆得允旨。命下之日物議紛然，且國之所恃以安者土地人民而已，必得人心之和而後土地可保，今宗藩勳戚陳乞莊田者歲無虚月，管莊之人攫取民財，勢如狼虎。璿等誣奏情狀已白，其請覆勘者蓋圖翻異以飾己非，秋收在邇，民必驚擾，挈家逃匿，場圃盡空。王府收租新定則例行之未幾，輒自變之，使天下王府皆相效尤，許之則失小民之心，不許則有厚薄之嫌，乞收回成命，罷黜璿等，別用守法內官管理岐府莊田，令有司徵收如故。上曰：此事業已行矣，所言已之。

《明實録・孝宗實録》卷一五七 「弘治十二年十二月」辛亥，戶部尚書周經等奏凡王府勳戚之家莊田例畝徵銀三分，上下稱便，昨奉旨張鶴齡莊田畝徵銀五分，恐繼此有效尤奏瀆者，許之則傷民，不許則有不均之嘆，且所覈地可常耕者止如舊額，今妨占沙鹻中堪種者亦令如例徵租，恐管莊之人誅求無厭，威逼貧民，將來獄訟當甚前日，乞收還成命。上曰：堪種者仍照前旨起科，妨占沙鹻者仍令內外官覆勘聞奏。

《明實録・孝宗實録》卷一六〇 弘治十三年三月乙卯朔，初，忠勇伯蔣信永樂中累功受封，子善襲爵而卒，無嗣，有旨給其母夫人王氏養贍米月十石，原賜莊田仍與其子孫耕種。至是王氏亦卒，家人姚信等以信前賜誥券盔甲等物進繳，因請仍存莊田以供祭祀。上命所司量給之。

《明實録・孝宗實録》卷一六一 「弘治十三年四月」己酉，先是上命壽寧侯張鶴齡河間府肅寧等縣莊田每畝五分起科，妨占沙鹻者亦起科如例。戶部尚書周經等執奏。上不允，命差內外官覈實以聞，經等復奏先差官兩次勘已明白，今再爲此舉徒使官民驚擾，地土豈能復增，昔太祖高皇帝令功臣劉基原籍青田縣糧每畝五合起科，曰令基鄉里子孫世爲美談。今興濟篤生淑懿以配聖躬，宜恤民薄賦，使世頌恩德，乃罄其地畝，重其徵歛，窮其民人，臣恐怨咨之無已也。鶴齡爵受侯封，祿賜已極，無藉於莊田矣。安分以保富貴，惠其鄉里，如基可也，而信群小之言，奪其素業，縱其起科受田盡如聖諭，所得幾何，斂怨招尤實由此始。皇上推愛鶴齡，亦宜矜其愚暗，諭之以正，俾不蹈罪戾，不當從其私請，以長其過，乞仍命三分起科，罷差內外官爲當。上亦不從，乃勑戶部左侍郎許進太監朱秀勘量明白以聞，至是進上奏臣會同巡撫都御史高銓勘量原賞張鶴齡地四百一十八頃外，丈量出一百九十三頃，此外皆獻縣民丘聽等歲辦賦役之數及皇親栢權、民岳亨自易者，相承已久，若盡賜鶴齡則權、亨將來爭訟無已，聽等何所栖止，賦役何所承辦，將逃而去之，雖有莊田，無人耕收，徒有恩賞之名而無其實，况崇舊恤民，王者大政，奪彼與此，仁者不爲，乞俱付各民管業。上曰：地土既已明白，俱賜與張鶴齡照前起科，丘聽等糧差即與除豁，權、亨等地高銓以原價償之。經等復奏：東宮親王莊田俱遵近例每畝三分起科，獨鶴齡五分，天下之人將謂陛下恩有偏施，例爲徒具，非惟無以服親王外戚之心，抑恐啓天下後世之議也。丘聽等賦役雖已除豁，但管莊家人勢如虎狼，生事害民，情所不堪，鶴齡陛下之外戚，丘聽等陛下之赤子，天下之人將謂陛下惟外戚是厚，不恤赤子也。栢權憲宗皇帝妃家，亦是皇親，雖曰償價，豈其本心，實與奪者無異，以先帝妃家一旦視爲常人，天下之人又將謂陛下惟厚外戚，不念先帝也。陛下聰明仁孝，冠絶百王，乞少留意當必釋然於此，若果如前旨行之，恐爲聖德之累，臣等故不避斧鉞而陳之，伏乞俯從。不允。

《明實録・孝宗實録》卷一六二 「弘治十三年五月」，五府六部等衙門奏：近者欽天監奏彗星，雲南奏地震，邊方奏虜情，皇上因禮部之言，下詔修省。臣等會議條陳十八事，伏望皇上一一體而行之。【略】一，處莊田。天下各處空閒地土多被王府并內外勳戚之家奏爲莊田，戶部奏准每畝徵收子粒銀三分，俱送各該州縣收貯，業主差人關領，近來奏乞太濫，又有不照前例起科者，如壽寧侯河間府地土內有沙鹻妨占等項，每畝徵銀五分，又如興王分外奏乞湖廣赤馬野豬二湖淤地千三百餘頃，內有軍民千七百餘家，佃種年久，所司踏勘明白，得旨俱與王管業，既令自行管業則虎狼軍校恣意誅求，勢所必至，伏望皇上仍將河間地土、湖廣淤地照例每畝徵銀三分，各該有司收貯，待業主差人關領，其家人軍校不許違例自徵。【略】上曰：卿等所言切中時弊，早視朝，勤聽政，朕自有處置。汰冗員，節財用，省差遣，處莊田，清鹽法，止織造，恤邊民，停改造，黜異端，各衙門查奏定奪，其餘俱准行。

《明實録・孝宗實録》卷一七六 「弘治十四年七月」己巳，南京吏部等衙門林瀚等以災異陳十二事，曰明黜陟，曰去冗官，曰清吏弊，曰定莊田，曰折鹽鈔，曰處監生，曰嚴軍政，曰省供應，曰收才望，曰禁姦貪，曰停不急，曰寬民力，命所司知之。

《明實録・孝宗實録》卷一七八 「弘治十四年八月」乙亥，免山西各府州縣正官明年朝覲，以供軍餉方急，從巡撫官奏也，并勳戚之家莊田子粒俱有司收徵給用，遵行已久，官民稱便，已爲定例，今不可輙從所謂。詔特許之，順義(羣)[郡]主及駙馬都尉樊凱奏乞將欽賜莊田自行徵收子粒。戶部議爲王府。

《明實録・孝宗實録》卷一八八 「弘治十五年六月」，戶部以災異陳三事。一，京城九門所收商稅宜專委部屬官主之，其守門內外官勿令于與。

一，謂近年五府官授多撥置諸王奏求莊田山塲湖泊之數，請勑諸王罪其輔導之官及引誘之人。一，謂光祿寺歲用物料已有常數，請罷齋醮省宴賚無名之費。從之。

同上［弘治十五年六月］癸丑，戶部覆奏監察御史車梁所奏故軍良田多爲鎮守官占種，所遺薄田乃令軍士陪納，宜一一清理，召人耕種，又各處軍民開墾空閑田地近來爲貴戚豪右請爲己業，糧差仍累舊主，宜將所奏撥田土驗畝定税，詔從其言。莊田已准管業者已之。內官監太監王庸于德勝外創起寺宇，以寺額爲請，禮部議謂私剏寺宇律有明條，先帝又有成命，况近日宗室以此請者已奉旨不允，今豈宜狥庸所請乞，毀其所創以爲妄奏者戒，詔已之。錄遼東清河堡等處殺賊功官軍陞賞有差。

《明實錄・孝宗實錄》卷一九六［弘治十六年二月］辛丑，上復視朝，命以汝涇二王辭還玉田縣莊田千頃有奇與東宮管業。賜建昌侯張延齡涿州等處莊田七百五十一頃，幷佛城疙疸河口俱汝涇二王府辭退田也。

《明實錄・孝宗實錄》卷一九七［弘治十六年三月］，賜錦衣衛帶俸指揮使邵英三河縣莊田二百一十五頃有奇。英舊蒙賜薊州田二百餘頃，查係草塲，還官地，故以此補之。

同上［弘治十六年三月］，以水旱災免山西太原、平陽二府及平陽等衛所弘治十五年税糧四十五萬一千石，草二十五萬一千六百束有奇，其各王府莊田之在府州縣者亦照民田被災分數免徵子粒有差。

《明實錄・孝宗實錄》卷二〇二［弘治十六年八月］丙辰，憲宗純皇帝忌辰，上祭奉先殿，遣駙馬都尉游泰祭茂陵，命郢梁二府所遺莊田幷供祭人丁及清出起科地二十餘頃俱與興王府爲業。

《明實錄・孝宗實錄》卷二一七［弘治十七年十月］，禮科給事中葛嵩奏邊方軍民田土凡鄰近牧馬草塲及皇親莊田者輒爲侵奪，致使流移困苦，上干和氣，乞勑都察院禁革，今後軍民有訴稱田地被侵者務令所司從公究勘，若軍民得業在先、每年納税者則斷歸軍民，若草塲皇親莊在先、果被軍民侵占者則亦斷歸其主。都察院覆奏以爲燕薊等處地廣收薄，永樂間許人盡力開種，輕其税歛，故邇年以來懷姦貪得者往往以無糧荒地爲詞，因而呑併，乞命所司凡軍民奏訴即與審究歸斷，其税糧當蠲除者如數除之，仍揭榜戒諭，使各安其分，毋得爭擾。從之。

《明實錄・孝宗實錄》卷二二四［弘治十八年五月］，先是，上以久旱憂切於心，欲降勑諭頒寬恤十五事。【略】一，各處欽賞莊田有自收子粒，管莊人等分外需索，逼民逃竄，今後令有司徵收送用。【略】上不豫，不果頒，今上遣念先帝遺志，乃載入登極詔，及恭上兩宮尊號，詔內行之。

《明實錄・武宗實錄》卷二［弘治十八年六月］，初署承運庫太監龍綬等奏：大行皇帝喪葬用度繁浩，又今方將舉行徽號幷大婚等禮須用金五千餘兩，給賞內外官員人等須用銀一百八十萬兩有奇，庫中所積不多，宜預行區處。下戶部集議，言：戶刑二部、都察院收貯贓罰等銀，贖罪銅錢幷太倉銀總計不過銀一百五萬餘兩，即今給散在京軍官春季俸銀十萬餘兩，遼東、宣府、甘肅各邊年例及奏討銀又四十八萬餘兩矣。擬夫贓罰贖罪銀錢行令順天府收買金千兩，其實在見銀則留備各邊糧草之用，蓋今北方大旱，虜勢猖獗，不可不慮。給賞之數宜先支承運庫所有，不足則於各衙門借補。議上，詔更議處。會給事中李貫、御史李良、臧鳳有裁減查覈之疏，因言邇因宣府等處傳報賊情，數日之間已用銀三十八萬餘兩，財用匱乏，莫今爲甚，惟京軍及各邊官軍勞苦窘急，須如舊給賞。此外一切禮儀賞賚宜如李貫等所言悉遵遺詔減省，且查成化二十三年則例重加裁定，親王則銀鈔相半，在京官員如公、侯、駙馬、伯、儀賓、都督、都指揮、錦衣衛，堂上見任幷帶俸官及文職各官各給鈔有差，武職指揮以下則遞減給銀。其銀以戶部十五萬兩，太倉二十萬兩及內庫見收者兼用，不足則取內府歷代舊錢國朝通寶二萬一千萬文、準銀三十萬兩以補前數，又不足則於天下歲報在冊錢糧酌量查取三之一或四之一。備用之金宜令四川產有之處收買四千兩，此後賞用則待各處解到折糧銀及查觧淮浙等運司各項鹽銀以漸給之。又先年所賞皇親、駙馬、功臣、內官、寺觀莊田將八萬餘頃，每畝徵銀三分，歲約得銀二十萬兩，宜遣官查觧內庫以備給賞，俟庫藏稍充仍歸業主。此皆因時權處以應目前之急，而邊方意外之需又有當慮者，宜令承運庫會同司禮監將先年積貯金銀查盤見數，仍會內閣計處今後支用，務守祖宗成憲，計算庫藏盈縮，量入爲出，加意撙節，不經之費，無名之賞，幷無益工作不得妄支。本庫每年終具數開奏，聽戶部戶科查考。如御史李良議若仍以齋醮等項爲名浪費支用，宜追究引誘之人，從重問擬。庶國計可充。命再審議，乃言親王賞賜宜仍舊典，各項莊田子粒銀兩量借一年，其南京內外守備叅贊及各處鎮巡分守兵備等官賞，如在京公侯等官例俱給鈔。上曰：賞賜照成化二十三年則例，銀兩聽以漸措置支給莊田子粒已之，餘如所議。

《明實録・武宗實録》卷八 〔弘治十八年十二月〕，以寧晉、隆平、南宮、新河等縣幷德仁務永安四號廠，大興等莊及板橋麥莊、竹木廠、蘇家莊田俱爲仁壽宮皇莊。

《明實録・武宗實録》卷九 〔正德元年正月〕，戶科左給事中尚衡陳言四事：其親儒臣。言兼聽則明，偏信則暗，願事無大小必謀之內閣，謀之六卿，籌畫既當，即賜施行，不可偏信一人之言而輒有更易，則事體有條，而上無失政。其重節義。言國朝旌表之典所以彰善，謚葬之典所以報功，今有孝子順孫、義夫節婦，以家貧無力，有司不爲具奏，該部不爲施行。其久主朝著、無所建明、以不職而去者，操握兵柄、武功不立、以宴安而死者，及其子孫陳乞郵典，朝廷乃如例槩與之。是以人心怠忽，無所激勸，願斟酌損益，庶爲善者自勵而無功者知愧。其論勳貴爭奪民利。言今之勳戚往往求討莊田，置買店房，小民被其侵奪，實不堪命，愁哭呻吟，有傷和氣，願嚴加禁止，家人生事爲害者必懲治之，庶民皆安業，和氣可召。其論權豪沮壞鹽法。言近來皇親駙馬公侯太監家人開中引鹽，詭名包占，憑籍聲勢強中強支，商人聚守資本折閱，是以近日各邊報中者視昔甚少，乞勅戶部移文兩淮，有如前沮壞者聽巡鹽御史解京究問，則鹽法疏通。下所司知之。

《明實録・武宗實録》卷一〇 〔正德元年二月〕，巡撫都御史王璟請革皇莊，未有俞旨，其在眞定等府寧晉等縣者太監夏綬請歲加葦場之稅，又欲勿聽小民爭訟，其在靜海、永淸、隆平等縣者少監傅琢等請遣官履畝覈實以便管理，小河之在寧晉莊前者，太監張峻等又欲稅往來客貨，皆從之。時又以莊田之故差官校齎駕帖逮捕民魯堂等二百餘人，璟及都給事中張文、監察御史葉永秀等極言其不便。戶部初集廷臣議，謂千百頃瑣瑣之利恐不足以孝養兩宮，請革皇莊之名，通給小民領種。有旨令再議，於是尚書韓文等覆請，謂畿民當加存恤，若謂莊田以奉兩宮，不可給散小民，則宜移文巡撫官覈實，召人佃種，畝徵銀三分解部，輸內庫進用。其管莊內官悉召還，庶地方得免侵漁之患。上曰：卿等意在爲國爲民，所言良是，但朕奉順慈闈，事非得已。管莊各留內官一人，校尉十人，餘悉召還，子粒如擬徵銀，不許分毫多取。沿途往來廚傳俱止勿給，敢有仍前生事爲民害者令巡按御史具實以聞。當議上，時大學士劉健等又言皇莊既以進奉兩宮，止令有司照數收銀，亦足供用，若必以私人管業反失朝廷尊親之意，且管莊內官假託威勢逼勒小民，其所科索必踰常額，况所領官校如餓豺狼，甚爲民擾，以致蕩家產，鬻兒女，怨聲動地，逃移滿路，京畿內外盜賊縱橫，亦由於此。諸如此弊，上之人豈得知之。今使利歸群小，怨歸朝廷，事極勢窮，變生不測，在近地尤有可憂，所以廷臣合詞議奏，望念宗社生民重計以成大孝，問安視膳之餘從容奏請，倘得欣允，實國家天下之幸。然中人爲漁利之計，錮蔽已深，竟不能盡革也。

同上 〔正德元年二月〕，癸酉，【略】戶部覆議都給事中鄒軒等所言裕民止盜事：其一謂貴戚藉所賜莊田侵奪民產，蓋長寧伯周彧賜田之在景州東光境內者實民人高崇等世業，往年爲姦民讐害投獻中貴，遂以賜彧而崇愬焉，逮□□衣衛鞫問已明，宜令踏勘官員從公斷理，勿畏勢以虐民，仍行。諸貴近或嘗受獻者俱遵詔旨，亟以還民。其一謂內府各監局、各庫、各倉場及各門內官內使人等，每緣收納錢糧刻削無厭，先帝晚年洞察民隱，嘗特降明旨嚴加戒諭，今復玩愒，恬不知畏，故諸所解納百方巧取，粟米布絹之價往往倍於時估，民甚苦之，宜重刻戒諭之旨於諸司，懸布永示遵守。其一謂莊田子粒貪暴者違例自收，蓋公侯田土及牧馬草場畝徵銀三分，令佃戶自赴有司上納，而後聽業主領用，實慮管莊之人貪暴自恣，逼民逃竄也，今宜令巡撫巡按重加榜諭，或違例致民失業者業主有司一體究問。其一謂征稅不經甚至屠宰皆(訥)〔納〕官錢，蓋京城各門宣課司近聞日進供用庫豬肉丁字庫羊皮，又歲時一再送進瓜果，皆舊制所無也，宜盡行革罷，若張家灣、蘆溝橋二司經過客貨非在彼發賣者宜令徑赴宣課司執稅，毋得重征，其崇文門分司五百貫以上例該起條者宜如原稅之數，勿令加倍，各門大小車兩及驢贏負載諸貨宜悉聽巡視御史等官照例收取正稅，不許守門內官仍前干與分外過取。其一謂珍寶應禁而不之禁。蓋近該內承運庫太監龍綬等奏，謂寶藏庫寶石西珠無可用者欲本部區處進納。臣等嘗集府部羣臣詳議，時方凋敝，未能致此難得之物，况皇上新服厥命，正宜屏絕奇玩以培養儉德，宜勅所司選諸內庫所藏取足成冠婚之禮而止，不必過求侈用，敢有貪緣舉奏務爲蠱惑者查照先年處置梁方例重加究治。奏入。上是之，曰：先帝所頒戒諭之旨令諸司翻刻懸布，遵行有故，違者罪無赦。時廷臣集議綬等所奏之章留中將一月矣，於是亦得旨不必買辦。

《明實録・武宗實録》卷一一　〔正德元年三月〕，戶部覆大學士劉健等所奏請追收商人譚景淸等殘鹽引目給與原價，其皇莊田土不必差官往勘，請令巡撫都御史查明，召人領種，每年子粒有司如例徵完解部，轉進兩宮。其內庫金銀等項請依太監龍綬所奏非具本傳取者勅下司禮監會同內閣查究，用餘之數責令還官。上曰：莊田第令巡撫官勘明子粒，有司徵完交管莊內官進送內庫，金銀等項令該庫經管官員查奏。

《明實録・武宗實録》卷一五　〔正德元年七月〕，崇世子奏歸德等州縣民積年負莊田租多甚，乞逮問，其租仍聽本府自徵，有司勿與。得旨，從之，令巡按御史逮負租者治罪。戶部尚書韓文等覆議莊田租入聽佃戶赴州縣輸納，長史司差人領用，遇荒旱一體減免。此孝廟僉旨及詔書例也。况本府賜田幾萬頃，此又溢於常祿而他府所無者，今遇災不免，又欲私徵，非惟重貽民害，且於詔旨有違矣。矧諸宗室類有賜田，若緣此例乞，何有紀極，宜仍行巡按御史覈其遇災當免及前此三年所負悉免之。十七年以後所負督有司徵完，畀本府領用。從之。

同上　〔正德元年七月〕，戶部尚書韓文復會英國公張懋等覆題言：頃奉命欲究冗費加增之由，查邊方支用之數并再陳可行長策。臣等追惟其故，銀兩之用由於京軍屢出，調度頻繁，山陜饑荒供億加倍。往者孝廟登極賞賜悉出內帑，戶部止湊銀三十餘萬兩，今則銀一百四十餘萬皆自戶部出矣。往者內府成造金冊皆取諸內庫，今則戶部節進過一萬四千八百餘兩矣。往者戶部進送內庫銀止備軍官折俸，今則無名賞賜無益齋醮皆取而用之矣。此銀費所以日增也。招收投充之匠，傳陞乞陞之官，役占影射之軍皆貪緣權貴，蠹公營私，或臣下建白而裁革不行，或方行裁革而旋復仍舊，深根滋蔓，潛耗京儲，此冗食所以日增也。光祿寺供應每告不敷，內監局工匠作署無停息，至如玉帶蟒衣一槩濫賜，其餘瑣細不能枚舉，此冗費所以日增也。伏望皇上深懲宿弊，俟諸司查奏至日，應裁革減省停止者，即賜施行。其各邊解送銀兩已用未用數目及有無冒妄關支之弊，宜行各邊巡按御史備查明白，造冊奏繳，以憑叅究。所謂可行之策則各處稅課司、河泊所，王府舊嘗陳乞爲業者，不論久近，盡取還官，行撫巡等官稽其歲入錢鈔如例折銀。山場湖陂田土或王國改遷爲人侵占者，盡數查出，召人佃種，如例徵銀。應漁牧者定則以收其利，俱解部備用。又沿邊屯田廢弛尤甚，禾黍之地盡爲草莽之區，以故倉儲缺乏，輸銀日多，宜勅各邊總制會同巡按及管糧郎中督同巡守管屯等官淸查故有并新增頃畝，除已給軍領種外，其間凡爲權豪奪占者追究改正，荒蕪未種者立法召人開墾承種，限三年成熟起科，或租額太重奏請量減。近邊有膏腴可耕之地亦宜因時酌處，不必拘於禁例而久棄之。又順天、保定等府地方先年賞賜內官莊田有年久而其人已故，家衆受價典賣，或投托勳貴，隱匿爲業，乞選差科道及本部屬官各一員會同撫巡查勘原賞頃畝，遵奉先帝勅旨，不及二十頃者仍與見管業之人，三十頃而上每三十頃遞除五頃與之佃種，如民田例畝稅銀三分，餘地並收入官，令有司招人佃種，各將租銀解部。以上三事似亦可以少助公家之費。上曰：然。屯田積穀乃餉邊上策，漢之趙充國行於金城，唐之韓重華行於振武，其效昭然可考，沿邊及邊東屯田其擇御史能者分行勘實，然貴臻實效，不可虛應故事。

同上　〔正德元年七月〕，德王奏莊田在兗州等處者每畝舊皆收子粒二斗，惟淸河子粒成化七年用大理少卿宋旻議以爲畿內役重民貧，每畝止納五升，近者又奉詔例凡莊田每畝止徵銀三分。臣無以自給，乞如前徵收二斗。有旨處從之。戶部言：稅重則民不堪，故多逋負，今東境內水旱相仍，百姓凋弊，意外之虞，不可不慮，王所奏宜勿從，第如詔旨起科，令有司徵收送用便。上曰然。

《明實録・武宗實録》卷一六　〔武德元年八月〕，錦衣衛百戶黃錦奏：叔祖太監黃順英廟所賜隆平、束鹿二處莊田頃者被人投獻於德淸公主府，乞歸復管業。戶部尚書韓文奏賜田係一時特恩，順既歿自合還官，錦不宜奏擾，及照駙馬都尉林岳既有録賜，亦不可假公主名踰分，陳乞前田當還官，庶息二家之爭，存朝廷之法。從之。既而岳、錦猶互爭不已。戶部執奏請切責岳而治錦之罪。上令仍與主爲業。

《明實録・武宗實録》卷一七　〔正德元年九月〕，御用監太監張永奏求已故太監吳忠辭退七里海等處莊田。戶部言其違禁當究治，且謂王者無私恩，人臣無私請，朝廷之地有限，人心之欲無窮，此端一開，何以制後。上令仍與永管業。

《明實録・武宗實録》卷三〇　正德二年九月辛丑朔，錦衣衛指揮使朱成進大興縣田家莊地八頃五十四畝有奇，藁城縣民王增進通州墳莊地五頃四十七畝有奇，及神樹地十二頃四十七畝有奇爲皇莊，且乞蠲其稅，詔從之，令少監成玉管理。凡以地獻官者多非己業，朝廷不究其實，遽從而納之，以致小民互訟，屢奏皆此類也。

《明實録・武宗實録》卷三一　［正德二年十月］辛卯，魏國公徐俌與無錫縣民鄒塾等及妙相院僧爭田，巡按御史曾大有委蘇州府推官甘泉、常州府推官伍文定督無錫縣知縣徐海體究，皆以俌奏無實。既而差兵科給事中徐忱、錦衣衛千戶屠璋往會巡撫都御史艾璞及大有查勘，忱等復委常州府知府楊二和、通判劉昂、鎮江府知府丘經、長洲縣知縣李珏、吳縣知縣劉恆、宜興縣知縣王鋑、無錫縣知縣馮應奎至所爭之鄉履畝體究，鄉民皆云俌家初無田土。忱等乃斷給僧民，俌復奏，改差大臣勘問。上重命戶部左侍郎王佐同大理寺右少卿王鼎、錦衣衛指揮僉事周賢往勘之，於是佐等具題至彼備查始末文卷，勘合圖籍、黃冊，并無洪武初欽賜魏國公莊田文冊，僅有俌家所收無錫佃戶勘合二紙可據，又據無錫民許祿等招稱中山武寧王以收取吳越有功，賜莊一所在鎮巷口，號徐府莊，又田八十三頃六十畝在泰伯、延祥、膠山等鄉，及妙相莊各有佃戶管理。武寧王薨，其子襲爵，至永樂初赴鳳陽閒住，田遂荒蕪，塾等各祖父以己業相隣，混收入冊，今宜仍斷還本府。俌所奏山場并觀燈樓則無，實難以追究。因劾大有輕聽羣訟，偏執己私，璞、忱、璋奉命勘事不悉心研究，擬斷不當，泉等阿附大有輕信妄供，情已失眞，二和等依聽璞等指使復踵前勘，事愈不明，昂等亦扶同勘報，俱宜究問。上是之，大有等命錦衣衛差官校械繫至京，送鎮撫司鞫問，後璞逮繫獄，具命錦衣衛杖之五十，全家遷海南爲民。俌家原賜莊田世遠湮沒爲民業矣，許祿者爲縣吏以罪罷黜，乃見俌導之爭理，訟久不決，及瑾專政，俌賂之，故復遣佐等勘處，觀佐等所具獄辭皆出祿口，而欲連坐前後勘官，遂興大獄，蓋不敢拂瑾之意也。

同上　［正德二年十月］，徐聚興者洪武中從征有功歷陞元帥，賜揚州江都縣田共九百一十三畝有奇，世襲萬全左衛指揮使。其後子孫不能守，盡鬻之他人爲業，至是其裔孫保聽罷後吏戴義謀，妄指旁近民產四千三百餘頃皆賜田也，疏進爲皇莊。上命戶部侍郎王佐等督守備、巡按等官踏勘，佐等方勘徐俌莊田於無錫，聞是命後趨江都。既勘畢，具奏江都縣田地大數不及六千頃畝，若如保奏則所餘無幾，豈堪立縣，其虛妄明矣。蓋聚興原賜田地俱保父洪立券鬻之，得價數千兩，今止餘瘠地四十八畝并契外田九十畝，又鬻而未割者一百二十餘畝，則保所獻皇莊之數耳。保固可罪，而義代爲草奏，尤首惡也。詔以保妄獻官民業田，義代寫奏草，罔上害民，情罪可惡，令巡按御史各箠四十，仍枷項三月，滿日併妻子發充雲南瀾滄衛軍。陞佐及大理少卿王鼎各俸一級，錦衣衛指揮僉事周賢官一級，量出餘地令給無田民種之，如例起科。前此未有因勘事而加陞者，蓋佐等勘處徐俌莊田能阿瑾意，故有是命。

《明實録・武宗實録》卷三二　［正德二年十一月］，衡王奏平慶州原賜莊田三百五十頃，可稅者一百六十頃，給民佃納子粒，而豪民多假災傷逋負，且毆府中人至死，乃命司禮監及戶部官各一員勘處。時戶部右侍郎王瓊方詣清河縣踏勘地土，遂以委之。

同上　［正德二年十一月］甲寅，故內官監太監沐敬從孫沐聰奏：宣德間賜滹縣新河里莊田，今止存五頃有奇，乞免徵稅。戶部執奏，著令已故太監莊田當還官，願種者照例徵納子粒。詔特與沐敬墳所修理，徵納子粒俱免之。

《明實録・武宗實録》卷三九　［正德三年六月］，命戶部員外郎華津仍查常德府香爐洲等處莊田七處共六百三十餘頃給賜榮王。時津已奉勅清查王所乞新樂等村土田矣，至是王復有所乞，故有是命。

《明實録・武宗實録》卷四〇　［正德三年七月］辛酉，給慶雲侯周壽豐潤縣來安務莊田八百七十頃。初壽有賜田一區在實坻，因與建昌侯張延齡土地相連，孝廟聽其辭以給延齡，而以豐潤田與壽，時豐潤田尚屬榮府，待之國乃給焉，其後雍靖王妃吳氏奏乞莊田，詔亦以豐潤田賞之，壽以爲言，乃仍給壽，別以定興、滿城二縣田賜雍王妃。畿郡賜田既多，小民多失業云。

《明實録・武宗實録》卷四一　［正德三年八月］辛巳，初憲宗賜惠妃弟錦衣衛百戶郭勇靖海縣莊田二所共二千三百七十八頃五十畝，歲久爲人侵種，屢請差官查勘，訟久未平，至是勇弟仲良復以爲請，乃命戶部署員外郎張鳳狃覆勘，爲永業者一千八百二十八頃六十四畝，爲百戶張琮等所侵者一百四十五頃七十二畝，爲海水渰沒者又若干畝，因劾節委勘官戶部員外郎吳紀等十六人會州衛指揮張經等四人不行審實，朦朧斷給，以致連年奏擾，俱有罪。戶部議覆，有旨令巡按御史逮琮等五十四人，監追占種積年子粒，罰紀等十六人各米五百石，經等四人各三百石以贖罪。十六人者惟按察使黃珂、驛丞李璽、知州刑政見任，餘皆致仕罷黜，且有物故者矣。如丁信特河間府一經歷，郭哲特靜海一主簿，而罰米之多如此，寃哉寃哉。

《明實録・武宗實録》卷四四　［正德三年十一月］乙巳，賜仁和大長公主定興新安二縣莊田三百七頃九十餘畝，因其請也。

《明實録・武宗實録》卷五〇　［正德四年五月］戊申，汝王奏乞滎澤、河陰、汜水等縣黃河退灘地六百二頃有奇。戶部議覆本府累蒙朝廷賜有莊田及奉先帝成命各王不許分外奏討，宜治輔導官之罪。上謂王原賜莊田數少，所奏地既覆勘無礙，特以與之。

《明實録・武宗實録》卷五四　［正德四年九月］，兵部左侍郎胡汝礪奏覆：丈量過公侯伯指揮等官張懋等莊田地共一千八百一十八頃七十餘畝，欲將無糧者照例起科。詔以公侯伯等官既有常祿，在外莊田徒使利歸佃戶家人，即今邊儲缺乏，各官豈無憂國足邊之心，查出地土宜照例起科，革去管莊人役，各家願自種者聽，不願者撥與附近空閒舍餘種納，還量地利厚薄以定則例，依頃畝糧數以立案冊，仍令各邊查出地土視此令行之。

同上　［正德四年九月］庚子，戶部議覆兵部左侍郎胡汝礪奏：踏勘過宣府內外鎮守、協守、守備等官莊田共九百二十八頃七十餘畝，乞要量爲裁減，召人承佃。詔以內外鎮守官朝廷重託，俱准以水旱地各十頃，副總兵半之，分守、監鎗、游擊各旱地十頃，守備半之，免其徵稅，其餘願自佃種者照例起科，多餘田地撥與空閒舍餘人等承種納租，明立文冊，敢有奏討幷吞併者科道官查記重罰之，仍行各邊鎮視此令行之。

同上　［正德四年九月］戊申，宜興大長公主慶陽伯夏儒錦衣衛千戶王敏所賜莊田在武清縣之尹兒灣水淘莊等處者以地界相連，互有侵奪，刑科給事中等官李學曾等奉命往勘，奏儒初請止三百六十餘頃，今可墾者實二千二百二十八頃，而敏所賜田亦在其中，公主所請初爲一千八十頃，今僅有六百三十一頃。詔其地以千頃畀主管業，敏於主地傍給與十分之二，餘盡給儒。

《明實録・武宗實録》卷五八　［正德四年十二月］，御馬監太監谷大用奏本監牧馬草場爲軍民盜種，勳戚勢要奏討致虧原數，命御馬監太監李璽、戶部右侍郎陳勗、都察院右副都御史戈瑄、坐營都指揮陳紀、禮科給事中閔楷覈實。至是，覆奏在監幷鄭村壩等二十馬房上下草場故額幷今首報地六十處實有地五萬五千三百四十二頃九十四畝，賜爲寺宮廟宇墳塋者、占爲皇莊賞爲莊田及香火贍墳者如例起科，補辦糧草者共一千三百四十七頃二十一畝，爲道路河淀、爲沙漠鹻薄、爲山不堪牧馬者共四千九百八十二頃六十畝有奇，實堪牧馬地凡四萬九千一十三頃三畝有奇。詔以八十三頃四十畝有奇仍如舊賜太監錢福、錢能、張敏、劉永誠、來福、傅恭、韋可、甯瑾及奉聖夫人李氏男呂俊以供寺廟香火墳塋之用，其餘俱收入草場。至內軍民侵種今已還官者除其稅，量出餘地，幷勳戚豪右奏討強占者俱改正。今後仍蹈前弊，聽科道官舉劾，永戍邊衛，家產沒官。是舉也，止據本監圖籍，人滋以首報緝訪之弊，故地溢原額而業與主離，畿民病之。

《明實録・武宗實録》卷一〇三　［正德八年八月］，初慶陽伯夏儒奏乞廣平府清河縣莊田三千三百餘頃，有旨賜之。縣民葛振剛等言前地皆其祖父奉例開墾者，復命司禮監太監張淮、戶部侍郎王瓊等踏勘，仍以賜儒。既而振剛等復奏，愬下巡按御史錢如京再勘，如京因奏國初直隸等處空閒地土聽民開耕，永不起科，此祖宗惠民之令典；弘治十八年五月詔書，各處莊田不許管莊人等倚勢生事，又陛下踐阼之大恩。清河小縣空閒地土既已起科，管田人等又復吞併，豈惟違戾恩典，抑恐激變地方。況一縣正糧止千餘石，而戚畹子粒銀過萬兩，重困民力，崇殖私門，或生他變，亦非戚里所以自全者也。乞將沙薄硝鹻幷加增辦納不敷者悉與除豁，惟以先年德府退出民地七百餘頃與儒管業，仍革管莊人，止令有司徵解，戶部轉發。戶部議覆，詔仍如淮等所勘原數，令管業不許紛擾。

《明實録・武宗實録》卷一二六　［正德十年六月］甲子，以水災免河間府靜海縣莊田子粒銀兩有差。

《明實録・武宗實録》卷一三四　［正德十一年二月］，以原賜晉府清源等處莊田十二頃，令鎮國將軍鍾錆管業，從其請也。

《明實録・武宗實録》卷一五七　［正德十二年閏十二月］，致仕右副都御史柳應(神)［辰］卒。應辰字拱之，湖廣巴(凌)［陵］人。成化己丑進士，授刑部主事，歷員外郎、郎中，遷四川兵備副使，以憂去，服闋，改河南，擢山西按察使，歷江西陝西左右布政使，遂副右都御史巡撫薊州。遞瑾用事，乃摭其清理莊田不實，械繫下詔獄褫爲民。瑾誅，復原職，致仕。至是卒，祭葬如例。應辰才明敏，所至皆有可稱，然頗矜己傲物，人不滿之。

《明實録・世宗實録》卷七一　嘉靖五年十二月己酉朔，慶陽伯夏臣母夫人葉氏奏討寶坻、高密二處莊田。戶部議夏臣賜地已六百餘頃，今又欲占奪民田，請求無厭，不宜聽許。上從部議已之。

《明實録・世宗實録》卷九五　［嘉靖七年十一月］，戶部議覆戶部右侍郎王軏、戶科給事中李鶴鳴、監察御史吴淮等奏：　勘過御馬監草場五十八處，目公廨所占及監官養贍之外，計實地二萬一千五百七十餘頃，蘆葦地及拋荒草地三千餘頃，歲可徵子粒銀七萬二千兩有奇，各照莊田事例徵銀觧部，其召佃人戶定爲差等，上戶不得過二頃，中下戶漸減之，仍嚴爲界限，以杜爭端。原設巡青官旗量爲裁革，每馬房設官一員，馬百匹，給旗軍五十人，餘皆歸之衛所差操。詔如議，自今敢有違例奏請、混占侵奪者，所司以實聞，重治不貸。

《明實録・世宗實録》卷一〇〇　［嘉靖八年四月］甲戌，戶部左侍郎王軏言：　臣奉命清查各處莊田，見勳戚之家多者數百千頃，占擄膏腴，跨連郡邑，此後勳戚日增，有限之土豈能應無已之求哉。乞如成周之制，隨其官之品級而定擬多寡，別其世之親疎而量爲裁革，其自置田土，不報納糧差者俱追斷，如功臣田土律，庶幾爲經國裕民可久之道。下戶部議，尚書梁材言：　成周班祿而有土田，蓋祿以田出也，非於常祿之外，復有土田之賜。今勳戚高爵厚祿，已踰涯分，而陳乞地畝，動以數千，誠非祖宗立法之意。自今宜申明詔旨，不許妄爲奏討，侵漁小民，其已經欽賞有成命者仍與管業，中有世遠秩降，或非一派相傳者量存三之一，以爲墓祭之費，餘皆入官，以備邊儲。上然之，因諭曰：　已賞田土亦宜查明，有分外強占者俱給原主，自今勳戚大臣務各安分，以保祿位，不許妄行陳乞。

《明實録・世宗實録》卷一〇六　［嘉靖八年十月］丙寅，吏科給事中李鶴鳴奏：　內官龔成隱占朝陽關外莊田四十六頃，且多科子粒銀兩。戶部勘覆追奪入官，其多科租銀准作原佃人戶以後年分應徵之數。詔如擬。

《明實録・世宗實録》卷一〇九　［嘉靖九年正月，巡按御史劉］臬又言：　黔國公沐紹勛莊田近奉旨查勘，而奸惡管莊之人憑藉聲勢，始而侵占投獻，終則刼掠鄉村，動以激變，嫁言阻撓，有司懼變束手，而紹勛且屢以奏乞分豁爲詞，及今不處則蓄亂宿禍，貽害地方，非世臣子孫之福。戶部覆議：　總兵莊田原有額賜，宜委守巡官老成練達者一員清查之，其額外無文籍可據者即屬侵占投獻，宜悉歸軍民莊戶，有犯窩盜違法者，所司明正其罪。詔如議行。

《明實録・世宗實録》卷一一二　［嘉靖九年四月］，戶部言：　各馬牛羊房苜蓿地土并仁壽清寧未央三宮官地銀兩與起運京邊錢糧事體相同，請行巡撫都御史及屯田御史嚴督府州縣掌印管糧等官將勘過召佃見耕成熟地土，定擬上中下等，則如徵收稅糧例限，俱於十二月終完足，觧部類進各宮及送太倉銀庫。其四大營草場地土銀兩，先將應徵數目觧納，候清查頃畝明白，及各勳戚應入官莊田并鷹房地土俱候造冊，至日一體徵觧，其違限官員即住俸降級如例。詔如議行。

《明實録・世宗實録》卷一一三　嘉靖九年五月庚寅朔，錦衣衛帶俸指揮沈傅再乞改給莊田。上不許，責傅貪求，不知止足，自今請乞如傅者罪之。

同上　［嘉靖九年五月］甲寅，戶科給事中田秋言：　勳戚俸入俱以千百石，計今常祿之外，濫求恩澤莊田遍於畿甸，宜令入田於官，量給太倉銀，以準其利。又因其爵秩之高下，議爲莊田多寡之式，求討過多者通行削奪。可稍寬山東河南京運糧草之稅，以助邊儲，且自江以北淮揚兗濟之地，皆濱湖海而督亢膏腴，聞於戰國，宜募江南水工作溝澮圩堤以時溉種，數年之後可令倉庾充溢，饑荒有救。昔漢有勸農賑貸之令，故海內殷富。宜令撫按循行考課，別其勸農勤惰，以爲舉劾，及察民務本力穡者厚奬勸之。令內外收贖罪罰開中引鹽皆入粟，并舉義倉、屯田之制，則國計可充。又成周荒政有舍禁利民之法，今林藪湖蕩坑冶池濠皆自然之利，貧民所資焉者也，而爲王府所奏討及鎮守總兵太監所專擅。宜皆還官，以假貧民，或令有司筦榷以備賑濟。事下部覆，上頗採用之。

《明實録・世宗實録》卷一一六　［嘉靖九年八月］癸亥，昌化伯邵杰復疏請莊田。上不許。

《明實録・世宗實録》卷一三〇　［嘉靖十年九月］，詔還德衡諸府初封時莊田。先是用戶部議，查革王府所謂山場湖（坡）［陂］，斷自宣德以後，德王府初嘗謂得齊漢二庶人所遺及東昌兗州二府閒地爲莊田，其後復請白雲等湖爲業。及是巡撫山東都御史邵錫議以先後所請俱在革中，德王執不可，自言所受莊田與山場湖陂異，且詔書不及莊田，何盡革也。疏再至，語頗侵錫。上以其事下錫覆勘，報王府所奏請多指民間墾田謂之荒地，既得請爲莊田，則縱校等爲虐，征斂過於稅糧，地方騷然，民不堪命。然王府所入不過十二三，而官校以下侵冒常十七八，使親王虛被其名而群小實享其利，且德王祿米皆支本色，當厚倍於魯王，何爲規規壟畝之利耶。今曰會議查革不及莊田，不知王府莊田即山場湖陂之目，如涇府草場及湖凡七所皆稱莊田。占據之後，民間地土搜括殆盡，而德府承奉以下，朋奸黨惡，要寵取利，以誤親王，漸不可長。臣請革三府莊。因盡革則貧不能生，錫故與臣有欲乞別下所司再勘。戶部乃酌議宣德以後王府有封國之初，原請莊田非山場湖陂，而王府祿糧多闕，用度不給者皆聽留用，其之國以後及傳數世者凡有奏請即係莊田，不得議留。其莊田子粒悉委有司徵收，入之王府，荒歲勘免如例。不得仍用管莊人役，自今承奉以下不奉明詔，致王奏擾者重罪之。上從部議，命諭各王府長史司，啓王務遵處斷，勿得輕信誤置奏擾。

《明實録・世宗實録》卷二一一　〔嘉靖十七年四月〕，戶部奉旨查明革爵重犯張鶴齡、延齡順天等府莊田，原係節年欽賞者二十四處，共三千八百八十餘頃，責令原佃人戶照舊承種，徵子粒銀觧部，許每年一次関領，以爲家口食費。原係奏討者九處，計一千四百餘頃，查數追沒入官，其自買順義縣莊田一處，計四十七頃，許令變賣。詔可。

《明實録・世宗實録》卷二七五　〔嘉靖二十二年六月〕庚辰，崇王戴境奏：本府莊田多爲佃戶侵沒，欲差官覈治。戶部議行撫按官查追，候本府差人関領，仍究投獻撥置之弊。上不允，特令本府自行收管，其奏內侵盜情由命巡按御史從公查究。

《明實録・世宗實録》卷四七二　嘉靖三十八年五月壬申朔，汝安王及嫡妃李氏、次妃晉氏歸葬西山，賜祭如壽定王例，仍給維妃李氏祿米一千石，莊田八百二十頃有奇。

《明實録・世宗實録》卷四九九　〔嘉靖四十年七月〕，以旱災免三宮莊田子粒有差。

《明實録・神宗實録》卷三五三　〔萬曆二十八年十一月〕丁卯，大學士沈一貫題前貢人張國祥二本：臣擬下部院，此係舊制，不敢違越，而三次蒙發改票，臣未測聖意所在，但思天下田土除皇莊外，無不出辦差徭者，今國祥恃恩祈免，上比皇莊，已非國制，且其糧數二百八十石加三百五十石，計田將二萬餘畝，幾罄一縣之境，安可盡蠲其徭而令軍國費用靡所出耶。臣查品官蠲免皆有定數，即皇親勛臣之家亦無全免之理。皇上既欲特廣聖恩，亦宜下部斟酌，不惟通融民力，辦理公儲，且以防奸釁而遏不道之源。其侵葬一事已悉依原奏行撫按勘問，皇上明見萬里，乞俯垂睿照，庶政無偏黨，而人咸悅服。臣堇再改擬上進，仰候宸斷施行。錦衣衛指揮同知許濬祥奏：捐貲助工，且以羽檄，時聞辭免欽給莊田徵銀備餉。上令銀兩貯庫，莊田准辭。

《明實録・神宗實録》卷三八二　〔萬曆三十一年三月〕，駙馬許從誠原賜莊田七百頃，已故例減半給予，戶部以請，從之。

《明實録・神宗實録》卷三九五　〔萬曆三十二年四月〕，戶部覆福王府養贍。上答曰：王府養贍事例，爾部既會同查議明白，幷景府遺下莊田地租俱着照例每年如數徵收，交送福王府，不許虧欠，及崇文門外官店亦令本府管理，毋拘原奏之數，聽從民便，酌量多寡照常徵稅，以充養贍。景府亦天潢正派，義讓條稅仍給該府。該部知道。

《明實録・神宗實録》卷四〇五　〔萬曆三十三年正月〕丁丑，巡按直隸監察御史張似渠奏：奏旨撥給福王府贍養莊田二千八百一頃九十一畝，徵銀六千五百八十四兩，報聞。

《明實録・神宗實録》卷四八〇　〔萬曆三十九年二月〕，先是雲南撫按奏：鎮臣沐昌祚莊田自欽賜外，多至八千餘頃，橫征暴斂，以致莊戶刼掠公行，該庇之滇民如在水火，宜歸併有司徵觧，明國法以甦民困。兵部疏催不下。

《明實録・神宗實録》卷四九四　〔萬曆四十年四月〕癸酉，大學士葉向高題今日蒙發下黔國公沐昌祚爲莊田子粒疏：傳旨令自行徵收。臣惟此事，該省撫按官以莊丁爲盜之故屢次疏爭，兵部覆奉欽依令有司代徵，今若復與該鎮，地方必復紛紜，內外必復爭執。且詔旨前後相違，朝行夕改，甚非事體。

《明實録・神宗實録》卷四九九　〔萬曆四十年九月〕乙卯，禮部言：近因戶部議覆福王奏請養贍田地，奉之國有期之旨，仰見皇上深謀遠慮，爲王貽燕翼而樹鴻圖者至詳且切，卽王自求之國，所爲尊祖宗而順人心者，良豫且周。但就國諸務如輔導佐理之員，護衛隨侍之選，傳璽圭冊之制，儀仗車騎之屬，皆難取必臨時。乞先示吉期，速催預辦。

《明實録・神宗實録》卷五〇〇　〔萬曆四十年十月丁丑〕，大學士葉向高言：臣查潞王於萬曆十七年三月十九日之國，先於十六年七月一日有旨下部，擇日措辦，蓋分封重典，事務煩多，各衙門及沿途經過地方百凡供應，非半年數月必不能辦。皇上前諭臣以明春之國，今爲日幾何，尚可緩視，至於莊田一事地方官自當悉心計處，不必爲此遲留。臣願王如河間東平修德樂善萬事稱賢，亦不必爲此爭論，是亦臣愛王之一念也。臣謹擬諭請令該部擇吉舉行。

《明實録・神宗實録》卷五一五 〔萬曆四十一年十二月〕丙申，福王請減莊田。上特允之，遂定額二萬頃。

《明實録・神宗實録》卷五二八 〔萬曆四十三年正月〕乙丑，時福府差承奉往東省丈田，所在擾害。山東巡按趙日亨疏言東人向苦旱，近苦水，今每畝三分，倍踰五分之額，而又以狐假者索之，必至溝殍道殣。且其地半濱海，半聯遼，今中州之窮搜，全楚紛擾，蘆州鹽店之屑瑟，具叢衆怨，而適以烏合歡聚者倡之，能必其不揚航操弋與之晌應乎。夫田畝不足，須丈界，至不明須丈頃，坐派四千四百八十畝零，無尺寸虧也，額租一萬三千四百五十兩零，無纖毫減也。冊籍具明，租戶各定，有司征不加少，中使營不加多。乞陛下俯收清丈之命，亟停藩閹之差，每畝三分，逐歲有司徵收，依期解納，一如部議。巡撫錢士完亦極言中使清丈之害。上曰：福府田地既奉有明旨，自行管業，本府差官查丈田地與冊相同者查收外，近有姦民故將膏腴藏匿，以荒蕪朦朧搪抵，與冊互異，豈得不行查丈，不必又來煩瀆。

《明實録・神宗實録》卷五二九 〔萬曆四十三年二月〕丁酉，初福府贍田原派楚省四千七百八十五頃有奇，地方官極力搜括，僅湊五百餘頃，而福王復請故相張居正遺下入官田土八百餘頃。上已允其自行管業，撫臣梁見孟言此業多係各王府與百姓上價攤糧，已三十載，攤糧固惟正之供，上價亦有主之物，且二十年轉售多主，工築多費，一旦盡奪，民其何堪。今議有價無糧者二百餘頃，給價還官，以充贍產，其上價已攤糧者仍歸民業，尚有廢遼田土行查另報。

《明實録・神宗實録》卷五五〇 〔萬曆四十四年十月〕，巡按湖廣彭宗孟上福王贍田之數，湖廣原派四千四百八十五頃，除福王自請減一千頃，今冊報一千二百二十六頃。疏言自福王奏減之後，明旨責撫按以抗阻怠玩。天威在上，豈敢有違，而極力搜括，田數止此，故以元祐宮之公田也，而取以楚府撥補之淤田也，而取以廢雍敗屋之餘課也，而取以廣進等洲爲廢遼子孫糊口之業，渥泥等湖爲故相已沒之產，貧宗士民曾納價於宮中也，而亦取若是。其瑣刻也，而田額必不可完，誠無所逃罪。不報。

《明實録・神宗實録》卷五五四 〔萬曆四十五年二月〕，直隸巡按熊化奏：都督同知杜允祥一世祖杜繼宗，係孝恪皇太后親姪。穆宗莊皇帝登寶，進封慶都伯。隆慶二年欽賜地七百頃，二世父惟忠襲都督同知，減去地三分之一，留地四百六十頃六十畝六分六釐。皇親應襲，鄭養性父鄭國泰係皇貴妃親弟，於萬曆十二年八月內蒙恩賜莊三百頃，二十九年陞授左軍都督府左都督，伊男養性未襲。杜允祥係在三世之例，分爲二次，應減去地二百三十頃三十畝三分三釐。鄭養性亦係三世之例，應分二次議減，但二世國泰應減三分之一，而奉旨姑留。既微皇上特恩，止就見在地土減去一百五十頃，俱自四十五年爲始，改爲備邊。杜允祥准留地二百三十三頃三十畝三分三釐，鄭養性准留地一百五十頃，各給贍養。疏上，不報。

《明實録・熹宗實録》卷二 〔泰昌元年十月〕，上諭先年抄沒過馮保、張誠、姚瀾等凡內外房屋莊田俱著廠衛五城查數明白，會同工部估計變價以充遼餉，不許遺漏，所有見徵收過租銀著該衙門照例年終類進。

《明實録・熹宗實録》卷一一 〔天啓元年六月〕，賜都督同知張國紀房價銀一萬五千兩，莊田五百頃，錦衣衛千戶王學、叚黃彝房價三千兩，莊田一百頃。學等復援神祖昭妃、宣妃父例以請，命各加給二千兩。

《明實録・熹宗實録》卷二一 〔天啓二年四月〕，戶部查撥過戚畹莊田，中府都督同知張國紀五百頃，錦衣衛千戶王學叚、黃彝各一百頃，每畝徵銀三分，轉給養贍。

《明實録・熹宗實録》卷三五 〔天啓三年六月〕，先是瑞王、惠王、桂王以莊田租課不完，疏叅武清縣民于守光等詔錦衣衛差官旗逮問，至是御史吳甡條陳時政，因言鄉民欠課事甚細微，但令撫按行有司覈奏耳，何煩緹騎輕瀆朝廷之法。且謂三王爲張學書蒙蔽。上責其牽扯瀆奏，奪俸三月。

《明實録・熹宗實録》卷五八 〔天啓五年四月〕，戶科給事中孫紹統疏言沐鎮莊田之害，宜還有司徵收，漕糧虧損之多蚤令計部措處。上命沐鎮徵收仍舊，漕糧戶部作速議處。

《明實録・熹宗實録》卷七一 〔天啓六年五月〕，巡按直隸御史何廷樞查撥過肅寧伯魏良卿莊田坐獻縣等縣贍地七百頃，每歲額徵銀二千一百兩。

《明實録・熹宗實録》卷七七 〔天啓六年十月〕，詔肅寧侯魏良卿照武定侯歲支祿米二千五百石，原給莊田七百頃外，再加三百頃。

同上 ［天啓六年十月］詔給魏良卿祿米照魏國公事例歲支五千石，所賜莊田再加一千頃，以示眷酬。

《明實録・熹宗實録》卷八一 ［天啓七年二月］，戶部覆信王辭免贍田。上命屯田御史將景府遺下寶坻等縣原額及撥補各養贍子粒銀兩俱令該縣照數改作備邊銀兩，其武清縣塲河海等處原業行三府承奉司查見徵額數發縣入冊，有豪強侵隱的嚴行查究，務盡數起徵濟邊，自天啓七年爲始，仍先將清查緣繇奏報。

同上 ［天啓七年二月］，巡按陝西莊謙請賜之國贍田，得旨：瑞王之國日期已逼（這）［近］，所請贍田三萬頃，據該省所奏僅漢中開報四十一頃五十二畝，及坐派西安一千五百頃而已，西安所派田從何出，稅從何補，尚未有定議，至潼關一稅，業有旨停免，難更議給，數目懸絕，時日稽悮，甚失朕親親之意。著該部作速商確，或量定額數，或行該省再加搜查，或派近省通行協濟，西安田稅作何抵補，或作何開除，上緊覆議回奏。

同上 ［天啓七年二月壬戌］，巡按湖廣溫皋謨請賜之國贍田，得旨：二王之國吉期在邇，所請贍田各三萬頃，據該省所報，僅通得一萬頃，分給二藩。時已稽緩，額尚懸絕，甚失朕厚親藩之意。著該部作速商確，或量定贍額，或嚴行再括，或別議協濟，至見搜出頃數，或撥府自管，或有司徵納，孰爲妥便，俱作速議覆具奏。

《明實録・熹宗實録》卷八二 ［天啓七年三月］，陝西總督王之寀疏言：瑞府贍田疏請三萬，三秦物力地不加拓，分藩至瑞府而五，委實勢難取盈，今自漢中府報四十餘頃之外，各府幷無廢產，不得已通融坐派十分之一。臣等當力任之，若再派於三千頃之外，土膏磬盡，搜括力窮，臣等雖欲曲爲王國，計有不能盡，必者或於別省分派撥給，衆猶易供。至民地皆有正賦供邊餉，既充贍租，邊餉抵補亦當有定議。得旨：據奏瑞府贍田尚未得十分之二，除漢中府所報外，西安府與各州縣何獨無廢地絕產可爲補湊，各省作何協濟，邊餉作何那抵，原請三萬頃數內作何酌裁，既度民艱，又不失篤親至誼。該部速議具覆。

同上 ［天啓七年三月丁亥］，先是湖廣巡撫李棲鳳疏言：惠桂二府分封荊衡給賜贍田，查出廢遼及東陽王絕產民間淤田共得一萬頃，計畝收租，可得三萬兩，分之兩藩可得一萬五千兩，然必有司徵輸，民乃樂從，若自行徵收必激生亂，如欲再加必於鄰壤協濟。疏下戶部，戶部尚書郭允厚覆疏言：臣思福府贍田不足二萬，僅及潞府之半，則今日兩府有福府之半，亦不爲薄。然皇澤隆長猶存乎。見少以萬頃而分兩府，委爲懸絕。查得湖廣廢府有九，除湘遼二府見在搜括景地量撥潞府外，尚有潭谷二府坐落長沙，郢梁二府坐落安陸，岐府坐落德安，雍府坐落衡州，其所遺田地雖變置改撥，多寡不同，然而里胥之隱沒，豪猾之侵占，暨及郡藩之私收，恐不止一二處也。況淤田草場之類豈肯一時盡報乎。其附近鄰省廣西江西應照協濟往例分派均撥，務足二王之經費。至如有司徵收原有成例，不但慮其騷擾，良以宗藩之體不宜褻耳。得旨：據奏楚省九王廢府除湘遼景三府外，尚有遺產併空閑餘地及別項淤田草場，著該撫按逐一清查，再行搜括。福建、廣西、江西等處某省應協濟某府若干，酌量贍額務足二王經費，以昭朕篤念親藩至意。其見在搜出地畝著各該州縣照限催納，不得躭延時日，餘俱依議行。

同上 ［天啓七年三月］，戶部覆陝西總督王之寀疏言瑞藩贍田三萬之數委是難敷，但陝省分隸四藩，豈遂無郡蕃之廢業與民間之絕產爲豪強所隱占者乎。雖不能足二萬頃之多，亦不得執定六千頃之數，合無將贍田分作三分，秦任其二，其餘一分四川、山西、河南共任之，行撫按官設法搜查，以仰體皇上親親之仁。得旨：瑞王贍田不敷，朕心惻然，除陝西舊藩廢業民間絕產搜括外，卽分作三分，秦任其二，蜀晉中州共任其一，著該撫按速行湊處，其西安抵補田稅亦著從長酌議，至儘力湊處，不能如數另行該府長史啓王自行裁減，以昭王德。

《明實録・熹宗實録》卷八七 ［天啓七年八月］，加授東安侯魏良棟爲太子太保，併賜第宅，給銀三萬七千一百四十二兩，祿米歲支二千五百石，本色一千七百五十石，折色七百五十石，擇腴地一千頃爲贍田。

《清實録・世祖實録》卷一一 ［順治元年二月甲辰］，先是，設看守故明十三陵，每陵夫二十四名、田二十二頃。至是定制，除萬曆陵不設外，其十二陵各設太監二名、夫八名，照役給田。仍命戶部量給歲時祭品。

《清實録・世祖實録》卷二〇 ［順治二年八月戊戌］，平西王吳三桂奏言：臣原蒙隆恩准給錦、義、甯遠、中後所安插臣衆，後內院傳出，義州地土尚留牧馬，將甯、錦、中右、中後、前屯、中前給臣安插人民；又按丁給地五晌。查各所房屋灰燼，地土瘠窪，仰祈增給改撥。【略】下所司速議。

同上［順治二年九月甲子］，諭戶部：河間、灤州、遵化等府州縣，凡無主之地，查明給與八旗下耕種。其故明公、侯、伯、駙馬、皇親、太監地，酌照家口撥給外，餘給八旗。

《清實録·世祖實録》卷二二［順治二年十二月辛丑］，戶部尚書英俄爾岱等奏言：臣等奉命圈給旗下地畝，查得易州、安肅等州縣軍衛共三十六處。無主田地，盡數撥給旗下，猶若不足，其未察地方，如滿城、慶都等二十四州縣，尚有無主荒地，若撥給旗下，則去京漸遠，兵民雜處，多有未便，議將易州等縣有主田地酌量給兵，而以滿城等處無主田地就近給民，庶幾兩利。至於清查事緒繁多，應差廉幹官員前往，從公撥給，務令滿漢兵民各有寧宇。疏入。得旨：遣給事中四員、御史四員，同戶部司官八員前往撥給。

《清實録·世祖實録》卷三〇［順治四年一月辛亥］，戶部奏請：去年八旗圈地止圈一面，內薄地甚多，以致秋成歉收；今年東來滿洲又無地耕種，若以遠處府州縣屯衛故明勳戚等地撥給，又恐收穫時，孤貧佃戶無力運送，應於近京府州縣內，不論有主無主地土，撥換去年所圈薄地，並給今年東來滿洲。其被圈之民，於滿洲未圈州縣內，查屯衛等地撥補。仍照遷移遠近，豁免錢糧。四百里者准免一年，三百里者准免一年。以後無復再圈民地，庶滿漢兩便。疏入。從之。於是圈順義、懷柔、密雲、平谷四縣地六萬七百五晌，以延慶州、永寧縣、新保安、永寧衛、延慶衛、延慶左衛右衛、懷來衛無主屯地撥補；圈雄縣、大城、新城三縣地四萬九千一百一十五晌，以東鹿、阜城二縣無主屯地撥補；圈容城、任邱二縣地三萬五千五十一晌，以武邑縣無主屯地撥補；圈河間府地二十萬一千五百三十九晌，以博野、安平、肅寧、饒陽四縣先圈薄地撥補；圈昌平、良鄉、房山、易州四州縣地五萬九千八百六十晌，以定州、晉州、無極縣、舊保安、深井堡、桃花堡、遞鶚堡、鷄鳴驛、龍門所無主屯地撥補；圈安肅、滿城二縣地三萬五千九百晌，以武強、藁城二縣無主屯地撥補；圈完縣、清苑二縣地四萬五千一百晌，以眞定縣無主屯地撥補；圈通州、三河、薊州、遵化四州縣地十一萬二百二十八晌，以玉田、豐潤二縣圈剩無主屯地及遷安縣無主屯地撥補；圈霸州、新城、漷縣、武清、東安、高陽、慶都、固安、安州、永清、滄州十一州縣地十九萬二千五百一十九晌，以南皮、靜海、樂陵、慶雲、交河、蠡縣、靈壽、行唐、深州、深澤、曲陽、新樂、祁州、故城、德州各州縣無主屯地撥補；圈涿州、淶水、定興、保定、文安五州縣地十萬一千四百九十晌，以獻縣先圈薄地撥補；圈寶坻、香河、灤州、樂亭四州縣地十萬二千二百晌，以武城、昌黎、撫寧各縣無主屯地撥補。

《清實録·世祖實録》卷三一［順治四年四月庚子］，兵部奏言：山海關外地土，原以一半給與平西王，一半仍留土著人民爲業。茲議鐵永官兵家口，仍居本地，以便耕種，其各兵歸隸山海總兵標下，以足營額。從之。

《清實録·世祖實録》卷一一七［順治十五年五月戊午］，九卿、詹事、科、道會議禮部條奏四事：一、該部官莊，原爲餧養牲口而設，應交回戶部及上林苑監，照例徵收丁地錢糧，解送光祿寺；其餧養應用各項，自戶部支給；催屯撥什庫，亦應退回各旗牛錄。應如該部所議行。從之。

《清實録·聖祖實録》卷三［順治十八年七月壬申］，戶部題：世祖章皇帝守陵內侍共四十四名，官員人役共六十六名，應給園地共三百八十餘晌，請將附近地畝圈取撥給。從之。

《清實録·聖祖實録》卷八七［康熙十八年十二月癸未］，戶部議：發盛京成熟地畝，分給新滿洲。上曰：田畝百姓生業所關，以熟地撥給新滿洲，恐生民困苦，可更議兩便之法。尋議：奉天所屬，東自撫順起，西至寧遠州老君屯，南自蓋平縣攔石起，北至開原縣，除馬廠羊草等甸地外，實丈出五百四十八萬四千一百五十五晌；分定旗地四百六十萬五千三百八十晌，民地八十七萬八千七百七十五晌。新滿洲遷來，若撥種豆地，每晌給豆種一金斗；撥種穀米黏米高粱地，每晌給各種六升。旗人民人無力開墾荒甸，又復霸占者，嚴查治罪。從之。

《清實録·聖祖實録》卷一四一［康熙二十八年六月乙酉］，戶部議覆：原任奉天府府尹金世鑑疏言，奉天等處地方，旗民田畝互爭訐告，請將八旗莊頭餘地荒地另行丈出給民，則錢糧可增，有裨國用。查奉天田地，康熙十九年，業經原任將軍安珠護等丈明立界，今因無檔可查，欲另行丈出給民，殊爲不合，應不准行。得旨：奉天等處旗民田地，所立界限不明，著將各部賢能司官差往，會同盛京戶部侍郎及該府尹，將旗民田地及牧廠逐一確察，各立界限，詳定具奏。

《清實録·聖祖實録》卷二六六［康熙五十四年十一月丁未］，九卿等議覆：署奉天將軍事前鋒統領伯唐保住、奉天府府尹朱軾疏言，奉天城內及關廂居住民人三百餘戶應令搬移，在城外關廂內擇一處安插。至村莊地方，雖立旗民界限，仍有攙雜居住者，若盡令搬移，恐致苦累。應令嗣後有賣房者，在旗界內之民房賣與旗人，在民界內之旗房賣於民人，違者照侵奪例治罪。庶旗民得從容搬移，日後自各在界內分開居住，而互相爭告之事可省。應如所請。至奉天、錦州二府人民，或將子女典賣與旗人，別省人及旗民互相侵占田土者，仍如前議治罪。從之。

《清實録·世宗實録》卷五 ［雍正元年三月乙未］，諭禮部：陵寢重地，凡有關風水者，理合嚴禁。但有相隔甚遠，本無關礙之地，概行設禁，則無知小民以私竊耕種樵採而獲罪者必多。前因陵寢地方柴薪甚艱，曾令欽天監會同總管副將詳確相度，將遙遠無礙之地令衆樵採。此等田土，或交皇莊耕種，或應作賞給之用，著總理事務王大臣，會同戶部、禮部、工部、欽天監定議。尋議：陵寢風水，關係重大，謹查自分水嶺起至五靈山頂止，俱應禁止採樵，現在偷種地畝，竝行查出。所有寺廟居住僧人，於風水遙遠之寺廟，酌量安住。將草搭窩舖窰座等項，盡行拆毀。其當禁止之處，各令樹立紅椿，交與古北口總兵官竝四關官兵加謹巡查。再，鳳凰山及分水嶺等處地勢微窪，應派官員前往查勘，即行填墊。從之。

《清實録·世宗實録》卷九 ［雍正元年七月甲申］，諭禮部：國家祀典，必貴潔誠，先農壇每歲展祀，且爲親耕耤田之所，最宜清肅。舊制，圍牆內有地一千七百畝，以二百畝給壇戶種植五穀蔬菜，以供祭祀，餘一千五百畝，每年交租銀三百兩，以備修理。聞康熙四十年間，內務府撥給園頭耕種，粢盛蔬菜，無所從出，惟向市中採買，殊非潔凈精誠之意。今著園頭請還地畝，仍給太常寺壇戶耕種，以供祭祀之需。餘地一千五百畝，著將內外園牆查明丈尺，每種地十畝，估計令其修牆若干，務期加謹葺護，毋致傾壞。每年派滿漢太常寺少卿一員不時稽察，庶壇壝清潔，祀事更加虔謹矣。

《清實録·世宗實録》卷二一 ［雍正二年六月甲午］，戶部議覆：戶部侍郎塞德奏請設立井田。查內務府餘地一千六百餘頃，入官地二千六百餘頃，應於此內擇二百餘頃爲井田，將八旗無產業人內，自十六歲以上、六十歲以下者，派往耕種：滿洲五十戶、蒙古十戶、漢軍四十戶，共一百戶。各受田百畝，周圍八分爲私田，中間百畝爲公田，共力同養公田，俟三年後，所種公田之穀，再行徵取。於革職大員內，揀選二人勸教管理，三年分別議敍。每年十月後，農事即畢，校圍學射；幷令戶部派員往視，設立村莊，蓋造土房四百間，計口分給。其耕種之人，每名給銀五十兩，以爲置辦種粒牛具農器之用。其井田地畝，儻有旗民交錯之地，請將附近良田照數給換。從之。

《清實録·世宗實録》卷二三 ［雍正二年七月甲寅］，怡親王允祥等遵旨議覆：都統世子弘昇疏奏，丈量察哈爾右翼四旗地畝，共二萬九千七百餘頃，每年應徵銀十九萬餘兩。請設滿洲理事同知一員，駐扎北新莊地方，督管農民事務，幷設滿洲千總二員，催糧稽察。再，察哈爾西界，窮山僻谷，易於藏匪，請再設滿洲理事同知一員，駐扎張家口，管理詞訟，稽查邊口出入之人。均應如所請。從之。

《清實録·世宗實録》卷八四 ［雍正七年閏七月己卯］，諭內閣：恭查陵寢祭祀，需用黍稷菓菜，是以設立園頭、莊頭，給與地畝，俾其種植灌溉，按時供辦。康熙三年，聖祖仁皇帝於孝陵設立莊頭、園頭，共給地四百一十晌，至康熙三十九年，又增給地一百五十三晌。據禮臣查奏，此二項地畝，已足供辦祭品，朕伏念陵寢祀禮，關係重大，所需時獻品物，必承辦之人充實豐裕，然後嘉穀珍蔬繁茂鮮潔，庶可展孝思而達誠敬；今欲加增地畝若干，賞給莊頭、園頭，使之供應饒裕。著三陵總管大臣詳悉查議，到日交與該部議奏。尋議：請撥附近膏腴之地二百七十五晌，增給莊頭、園頭，令其辦理陵寢祭品饒裕鮮潔，以達誠敬。從之。

《清實録·世宗實録》卷九三 ［雍正八年四月己酉］，諭內閣：【略】查國家定制，旗人地畝，不許民人典買，例禁甚嚴，乃無籍之徒，不遵禁約，彼此私相授受，以致諸弊叢生，姦僞百出，爭訟告訐，大爲人心風俗之害，實有不得不清查釐正者。朕又念此等積弊，沿習多年，按律究治，有所不忍，於是特降諭旨，寬其違禁典買之罪，且命動支內帑，給價歸贖，使旗地仍歸旗人，不至爲民人巧占，民人仍得原價，不至資本子虛，永息爭端，革除弊竇。

同上 ［雍正八年四月戊午］，戶部奏請，太平峪建立紅椿之內，撥換田房、遷移寺廟一切事宜。得旨：風水地內所有民間田畝，按其陞糧科則，照應得之價加倍賞給，已經耕種者，俟收成後，再令交官。村莊廬舍，悉照房屋間檩加倍先給銀兩，俟其將遷居之處收拾周備，再令搬移。各村舍所種樹木，亦著給與價值。一應寺廟，於風水地紅椿之外，照式官爲蓋造。如該寺廟有香火田地，亦著將新建寺廟附近地畝加倍撥給。至所有墳墓，悉照地之大小，從厚賞給地價，俟卜有平穩之地，再令遷移。務使民間從容寬裕，各霑實惠。其應需各項價值，悉於内庫支領。

《清實録・世宗實録》卷九五 〔雍正八年六月丁未〕，諭大學士等：從前怡親王常在朕前奏稱，白家疃一帶居民忠厚善良，深知感激朝廷報養之恩，今王薨逝，而彼地居民人等感念王之恩德，願自備資本建立祠宇，歲時致祭。輿情懇切，足徵王之遺愛在人，而民風醇厚，亦卽此可見。朕欲將白家疃數村地丁錢糧永遠蠲免，以爲將來祭祀香火之資，并使良民均霑恩澤，爾等確議具奏。尋議：白家疃等十村莊，具呈建祠之鄉民，共三百餘戶，內有田土者甚少，查得此地附近有入官田土三十餘頃，需人耕種，又若將此數村人口酌量多寡，派撥地畝，令其世世管業，每年除辦祭物外，俾得均霑餘潤，所有應納錢糧，永遠蠲免，庶於鄉民俱有裨益。從之。

《清實録・世宗實録》卷九九 〔雍正八年十月辛酉〕，總理太平峪工程事務保德疏言：萬年吉地圈入旗民地畝，請照原地上、中、下三則，將易州入官地畝加厚撥給。得旨：撥給伊等地畝，著將辛亥年應納之錢糧寬免一年。

《清實録・高宗實録》卷一七 〔乾隆元年四月丙戌〕，八旗王大臣會議：侍讀學士積德條奏，拖欠錢糧人等之入官房、地、奴僕，與墳墓相關，賞還本人，畫一辦理一事。入官房屋地畝，與墳墓相關者，從前入官時，有登記檔案者，亦有臨時報出者，此內亦有希圖徼倖多報者，若視其報出卽行賞還，則不肖之徒希圖徼倖妄報，在所不免。臣等公同酌議，入官墳塋祭田內，與墳墓相關者，如係三頃以下，卽查出賞還本人，其十餘頃者，將三頃賞還本人，餘者入官。此項房地內，賣出者，交各該旗查明在部原交數目，支領贖出，退還本人；看守墳塋人內，已經賣出者，若令贖還，或有拆散夫婦之事，除已經賣出者毋庸議外，其現在官者，俱請查還。又此項墳塋地畝，聖主施恩賞還，誠恐伊等絕祀，實仁慈之至意。但此內有弟兄數人者，雖一人之房地入官，其弟兄尚有房地，若此者，請毋庸查辦。如此，則聖恩週徧，亦可去宵小徼倖之事。命下之日，交與各旗秉公查辦。從之。

《清實録・高宗實録》卷二〇 〔乾隆元年六月乙亥〕，又諭：戶部查奏，八旗復令入官之房屋地畝，共七十二案，俱係從前欽奉皇考恩旨，已經寬免者。後因該旗大臣不能仰體聖意，復令交官。今既查明造冊具奏，著仍給還本人，令其執業。再此項房地內，有於交官後，已經估變認買及賞給兵丁官用者，若復行徹出，未免滋擾。著該部查明，已經估變認買及賞給兵丁官用之房屋地畝，將別項入官之房屋比照間架、地畝比照等次賞給，儻有不公不均，藉端作弊者，一經察出，定從重究治。餘照所奏行。

《清實録・高宗實録》卷二一 〔乾隆元年六月乙酉〕，鑲黃旗漢軍都統納穆圖奏：旗人已經賣出房地，令戶部贖還，給與本人。得旨：此項入官墳園地畝賞還本人，乃朕格外之特恩，今將戶部存留地畝與撥給莊頭之地畝徹回，給還本人，事屬可行，若將已經賣出之地畝復行贖回給還，事覺紛擾，卽以官地抵還，亦爲不便。此一項，著八旗照此遵行辦理。

《清實録・高宗實録》卷三〇 〔乾隆元年十一月癸卯〕，禮部議覆：光祿寺疏言，臣寺額設網戶六十名，每名給地三十六畝，辦供太廟奉先殿祭品。今准太常寺將各壇廟祭祀，併歸光祿寺辦理，應請網戶每名增給地十五畝。應如所請。從之。

《清實録・高宗實録》卷三一 〔乾隆元年十一月壬子〕，總理事務王大臣議覆：原任正黃旗漢軍都統管理井田事務甘國璧疏陳屯莊事宜，一、井田每戶原給田一百二十五畝，十二畝五分爲公田；十二畝五分爲廬舍場圃；百畝爲私田；公田儘收儘報，今既改屯莊，應令按畝完納屯糧。一、堡戶原止給地三十畝，令其耕種，不交公糧。今若令一體完課，未免拮据，請加恩增給地畝。一、三堡旗民雜處，難於稽查。請將各戶原領三堡房地，盡交該州縣，卽於現今咨回井戶所遺房地內，照數撥給。一、八旗改屯人戶，嗣後身故有子者，自應頂補，儻遇無子寡婦，情願守節，并無親戚可依者，請留地四十畝，以資養贍，卽令本屯之人，代種完糧，俟伊身後，仍將地畝交官召種。一、井田原撥霸州、固安、永清、新城四州縣地，今改屯莊，令防禦管轄，請將附近霸州者，令霸州防禦管轄，附近固安者，令固安防禦管轄。一、井田向設鄉長，請仍留供役，果能勤慎，遇有屯長缺出撥補。一、驍騎校應遵議徹回，但一時未有可補之缺，請俟補放之日，令其交地回京。均應如所請，惟堡戶一條，納糧既屬無力，增地又似多事，應仍令其照舊暫行耕種。從之。

《清實録・高宗實録》卷六三 〔乾隆三年二月戊戌〕，命旗買民地已入公產者，准民人置買。諭：朕前以旗人生計貧乏者多，令王大臣議將八旗入官地畝立爲公產，取租解部，按旗分給，以資養贍。但思此等入官地畝，內有我朝定鼎之初，圈給八旗官兵，將錢糧悉行豁免，亦有旗人與百姓自相交易，出銀置買，仍在州縣納糧者，兩種原屬不同。祇因旗產入官，有糧無糧，未經分晰，一并交官收租，是以部冊并造入公產。此項民地，當契買之時，旗人執業，民人得價，原係彼此樂從之事，若以入官之後，一概定爲公產，不准民買，殊非朕軫恤畿輔黎赤之本懷。用是特頒諭旨，除原圈官地爲旗人世業，自不容民間置買；其旗人自置有糧之民地現在入官者，如有願售之人，不論旗民，一體准照原估價值變賣，將銀兩交解司庫，陸續咨解戶部，交各旗料理生息，分給旗人，俾沾惠澤。至於民買官地，該地方官務須經理得宜，毋致中飽壟斷等弊，以昭朕一視同仁，欲旗民兩便之至意。

《清實録·高宗實録》卷六五　［乾隆三年三月辛未］，給還八旗入官房地。諭：朕前因八旗人員生計艱難，曾降諭旨將應入官之房產地畝，有雖經交部尚未估價及八旗已經估價而尚未報部者，令各該處查明給還本人執業。又念欠帑人員挪移之項，與侵貪不同，著該部查明，各案內有家產已報未估幷報估而尚未變交者，如實係因公，確有凭據，准其具題請旨。乃降旨已久，而戶、刑兩部奏請給還者，不過數案，推求其故，蓋因承辦衙門泥於前旨內估價而尚未變交之語，以爲凡抵帑之產，一經開報，即爲交官，既係交官，即不應在給還之列矣。又因戶部覆奏，房地等項，作爲已還數內者，不應給還，毋庸查奏，以爲凡抵帑之產，一經交官，即俱扣作完數，皆不應在查奏之列矣。是以歷數年之久，而奏請者仍寥寥無幾。朕思雍正十三年九月以前抵帑入官之房產，現存者不過十之一二，久留官所，徒滋荒圮，於事無益，用是再頒諭旨，凡從前各案，有情罪稍輕，如挪移、分賠、代賠、著賠、開欠、指欠等項入官之產，除已經變價、已指俸勒限、有人認買者不必查奏外，其現存未變價者，毋論已未交官，已未扣作完數，一概查明原案情節，將應否給還之處，具奏請旨。可傳諭戶、刑二部行文八旗各省一體辦理。

《清實録·高宗實録》卷一二二　［乾隆五年七月甲戌］，禁八旗私行典賣承買地畝。諭：朕爲八旗人等生計，疊沛恩施，復爲伊等謀永遠之益，將賞作公產地畝，准令貧乏旗人承買，以爲恆產。今聞不肖之徒，承買此項地畝，祇圖目前微利，竟有私行典賣與旗民者。【略】著通行曉諭八旗，務令伊等仰體朕心，各圖生計，將承買地畝斷不可顧目前之利私行花費，作爲恆產，幷交與該管大臣官員，將此等私賣地畝不肖之徒嚴加查禁，若禁而不遵，奏明治罪。務將旗人視如子弟，留心管養，不時教訓，俾令各知永遠生計，以至豐裕。斷不可仍前漫不經心，苟且怠忽。

《清實録·高宗實録》卷一四一　［乾隆六年四月壬戌］，工部等部議准：御史祿謙奏稱，民人典買旗地，例得贖取。查有不肖民人，潛來京師，賄囑原舊地主，串通旗人代爲出名，換契假買，昂增價值，以防日後贖取。應嚴行禁止。

《清實録·高宗實録》卷一六九　［乾隆七年六月丙辰］，議政王大臣議覆：順天府府尹蔣炳奏稱，旗人藉地租當差，民人賴種地度日，每有業主被佃戶之勒掯，佃戶受業主之欺凌，以致爭控到官。該地方官於此等案件，故意玩延，竟成積習。應如所請，嗣後如有告發奸民掯勒者，州縣官不速爲審理，該上司即行查參議處；如旗人有欺虐情弊，令州縣官申送該上司訊究。總期平允，無致偏枯。再旗人以地畝事件告假下鄉，非尅期所能猝辦，應交與八旗都統等寬給限期，俾從容料理。從之。

《清實録·高宗實録》卷一七二　［乾隆七年八月乙未］，兵部議覆：王大臣等會議，順天府府尹蔣炳奏稱，旗莊地畝，俱在近京五百里內，八旗官兵人等，各有當差執事，不得不資佃耕種，收取租息，佃戶亦得藉此養贍身家。近年以來，旗人下鄉取租，點佃多方刁蹬支吾，旗人情急，將該佃送官究治。乃州縣中，有以抑挫旗人爲不畏強禦者，有以袒護民人爲善於撫字者。遇此案件，大都置之不理。請嗣後旗人取租、召佃、贖地等事，如佃戶將租計刁難及串通霸佔、故意勒掯，告發到官，應令該地方官速爲秉公審理。如任意遲延，有心偏袒，令該上司提訊，將奸民按律懲治，州縣查參議處。如旗人欺虐佃戶，令該州縣送臣衙門究治。再旗人以地畝事件告假下鄉，原非十日半月所能猝辦，應令該旗寬給限期，俾得從容辦理，庶不致爲奸民掯勒，等語。均應如所請。從之。

《清實録·高宗實録》卷一七七　［乾隆七年十月］，是月，都察院左都御史杭奕祿、理藩院左侍郎勒爾森、署直隸總督史貽直會奏：奉命查徹莊頭典賣地畝，共計一千二百餘案。年歲久遠，其中情事不一，如有應行變通之處，當商酌妥辦，務使旗民兩得其平。得旨：所見甚是。和衷詳酌爲之。

《清實録·高宗實録》卷一八八　［乾隆八年四月己丑］，大學士等議准：左都御史杭奕祿、理藩院侍郎覺羅勒爾森、署直隸總督史貽直等奏，查徹直屬各州縣莊頭，私行典賣當差官地事宜。一、分別應追全價、酌給半價之處，照雍正十三年查徹園頭牲丁地畝之例辦理。一、白契典賣官地，准自雍正十三年分別前後，酌給半價，其應徹地內，已種秋麥者，毋庸議給工本，俟秋收後，退交莊頭管業。一、莊頭名下，應追全價半價，不能當時交還，將其養家餘地及自置田地，或將徹回地畝內，酌量撥出，議定租數，令民人承種，限年以租抵償；至應追全價，著落用印官及莊頭各半之處，已屬有著，應准恩免。一、清查後，儻有故智復萌者，事發，照盜買盜賣之例治罪，地方官徇隱及漫無覺察者，議處。從之。

《清實録・高宗實録》卷二三七 「乾隆十年三月，四川巡撫紀山」又議奏：官莊田地，兵丁任種納租，未免曠弛營務。且所入有限，不能徧濟兵艱。應如重慶鎮臣邱策普所請，照重慶鎮標塘田，悉爲變價，與節年動存租銀，一併買貯米石。遇有青黃不接時，按名借給，關餉扣除。得旨：著如所議行。

《清實録・高宗實録》卷二六〇 「乾隆十一年三月戊辰，戶部」又議准：直隸總督那蘇圖疏請，直屬州縣回贖民典旗地，酌定各條款。一、贖價宜按年遞減。查原議在十年以內者，照原價；十年以外者，減十分之一；必至二十年，始減十分之二。所給價值，未免偏枯，應令按年遞減；其原價較時價過重者，令該督查照原題，務使地畝、價值，兩得其平。一、詳驗原契，較對原冊，幷查明原典，分別作準。【略】銀地各數多寡互異者，自應驗契據實更正。應令逐案詳查，質證時價，造冊報部，幷將轉典地畝，無論價值多寡，總以原典價爲準，按年減價取贖；其轉典價重者，原典之人完補。一、依次取贖，毋得攙越。查原議行令挨次取贖，民典旗地者，恐有爭先告贖，臨時規避，如典主果事故遠出，而泥於鱗序辦理，非惟回贖無期，抑且虛懸帑項，自應挨次取贖。儻典主有意支延，中保通同徇隱者，查究。一、原典莊窠場園等地，宜一例取贖。查前項莊窠場園，原係老圈旗地，無論典價多少，均照原價一例減贖，則旗地歸旗，不致牽混；其有民人於原典旗地內已造墳塋者，丈明畝數，照頭等租數，聽民租賃，造清冊二本，一送該旗，一存部備考。一、業主備價回贖之案，宜查明辦理。查直屬各州縣民典旗地，有原業備價自行回贖者，各該旗咨部，即於原冊內開除。應令將現在報稱原業贖去者，造冊送部，儻有私相典售，即照隱匿官田例治罪，該叅佐領幷地方官議處。從之。

《清實録・高宗實録》卷二六六 「乾隆十一年五月丁酉」，戶部議覆：巡視臺灣戶科給事中六十七等奏稱，臺郡供粟之外，尚有官莊一項，按畝徵納，與正項錢糧無異；今閩省丙寅年地丁錢糧，幷臺屬額徵供粟，已全蠲免，此項租銀，應否照舊徵收，奏聞請旨。查臺灣官莊，租息三萬餘兩，自題報歸公後，撥充內地養廉之用，原非耗羨銀兩，亦非正項錢糧，實與雜稅無異，自應照舊徵收。惟查本年三月，奉旨蠲免滇省官莊義田等項租銀十分之三，農民均霑恩澤，今臺灣官莊事同一例，可否照滇省蠲免，請旨。得旨：依議速行。

《清實録・高宗實録》卷二六九 「乾隆十一年六月庚寅」，戶部議覆：黑龍江將軍富森疏稱，呼蘭左近溫得亨山，地土寬廣，水草佳美，可設官莊。請於奉天將軍查送願種地開戶人內能種地之壯丁，每十名設官莊一座，仍歸舊官莊領催管轄。應如所請。從之。

《清實録・高宗實録》卷二八〇 「乾隆十一年十二月丙寅」，戶部議准：黑龍江將軍傅森疏稱，黑龍江被水官莊三座，酌移額爾本河開墾，所有蓋造兵房幷派兵協墾，及分別年限交納錢糧各事宜，均照呼蘭添設官莊例辦理。從之。

《清實録・高宗實録》卷三七五 「乾隆十五年十月戊子」，熱河總管實圖奏：上年莊頭趙明遠等呈報開墾餘地二百十一頃六十六畝，經內務府奏准，照例每晌徵糧四斗，幷令將報出地畝及未報之莊頭地畝逐一查丈，倘再有餘地，照例納糧；仍將隱匿不報之莊頭，交內務府治罪等因。本年三月，續據趙明遠等又報出餘地五百四十三頃五十畝，其未報餘地之莊頭于珠等又報出四百十八頃六畝，現已會同欽差內務府員外郎四格，查丈得餘地六百餘頃，一時不能丈完，現值秋成，請將所報餘地，於本年起，照例徵糧，爲本處添放兵米之用。俟丈完時再有餘地，仍請照例添徵。至隱匿不報之莊頭于珠等五十四名、呈報不實之莊頭趙明遠等八十一名，請照例治罪。得旨：內務府大臣議奏。

《清實録・高宗實録》卷四〇五 「乾隆十六年十二月辛亥」，戶部議准：黑龍江將軍富爾丹等疏稱，呼蘭城、溫德亨山八座官莊地畝，疊被水災，不堪耕種。請移於巴延穆敦、郭爾敏穆敦地方。從之。

《清實録·高宗實録》卷六〇八　〔乾隆二十五年三月己未〕，又諭：行宫周圍附近田地不許耕種，原爲扈從人等安營起見，遇朕巡幸之期，自應遵照辦理。但永遠荒蕪，亦屬可惜。如朕巡幸木蘭皆在秋令，麥苗等項，原可早爲耕穫。朕恭謁二陵，如在春季，車駕已過，秋穀儘可耕種。如在秋季，春花亦已收成。著交總管内務府衙門，將此次圈出各行宫附近田地，即行賞給各行宫千把兵丁等，遇朕經過之時，留爲隙地，於經過前後，分撥耕種。則田地不至廢棄，而於官兵生計，亦大有裨益。

《清實録·高宗實録》卷六五八　〔乾隆二十七年四月辛未〕，又諭：據如松等奏稱，西安滿洲二旗副都統，俱有田園二十晌，惟漢軍二旗副都統并無田園，請將裁汰滿洲一旗副都統之田園，給與現留之漢軍副都統，等語。同一副都統，將現餘地畝給與無地之副都統，非爲不可。但陳世泰人本平常，原係裁缺留京之員，朕念其母老，(持)〔特〕恩將范宜中調任，復補用西安副都統。如松此奏，特爲將此地畝與彼，而陳世泰即當陳説，阻攔將軍之奏方是，乃并不阻攔，且與聯名具奏，甚屬糊塗卑鄙。陳世泰，著交部查議。如松將陳世泰職名入奏，亦屬非是；如松，著飭行。此項地畝，不必與陳世泰；其租銀，著暫存公用，俟陳世泰出缺，另放有人時，再行給與。

《清實録·高宗實録》卷六六五　〔乾隆二十七年六月丙辰〕，户部議奏：八旗積存地畝一萬五千餘頃，請擇可編官圈者，分設整分半分莊頭數百名，即於現在莊頭子弟内，選擇安放。得旨：户部所有八旗積存地畝一頃，摺内酌議分設莊頭之處，著照所請行。但安放莊頭，需地不過三四千頃，所餘尚有一萬頃之多。此等皆係老圈旗地，且發帑贖回者，十居七八，原係應行入官地畝，徒交地方官徵解，適滋胥吏侵肥，旗與民兩無裨益。著將此項交内務府派員經理徵收，俟原帑按數歸清之後，即將地畝賞給八旗，作爲恆產。其將來如何酌定章程妥協辦理之處，臨時著該部會同内務府八旗大臣，悉心詳議具奏。現在内務府查辦時，并著八旗各派幹員會同經理，將來該員等亦俱熟練，即可接手承辦矣。

《清實録·高宗實録》卷六九九　〔乾隆二十八年十一月己巳〕，伊犁將軍明瑞等奏：據阿奇木公茂薩回至伊犁呈稱，應派各城種地回人一千五百户，派出阿克蘇二百七十户，烏什二百户，喀什噶爾三百户，葉爾羌、和闐四百户，賽哩木拜一百三十户，庫車、沙雅爾一百五十户，哈喇沙爾、多倫五十户，同員外郎拕穆齊圖按城分驗，俱年壯可効力之人，其家口册籍，并查覈收明。内匠役二十六户，先行帶來製造器具，應照例給口糧。再，臣等准涼州將軍巴祿咨稱，涼州、莊浪兵三千二百名挈眷移駐伊犁，分作三年送往。此項官兵皆坐車輛，路途險易，務須豫爲酌定等因。臣查晶河至托和木圖臺站，尚可車行，惟呼蘇圖布拉克臺站中間，有一里不可行車。又自塔爾巴哈臺伯勒齊爾臺站至闥勒奇阿璊，亦不可行車。臣等勸諭商賈，漸次修平，應再派官兵於中路崎嶇處加意平治，兵到時無卸車馱負之累。仍行知闢展、烏嚕木齊等處大臣。報聞。

《清實録·高宗實録》卷七一六　〔乾隆二十九年八月癸巳〕，又諭曰：額爾景額等奏稱，由葉爾羌、和闐派往伊犁回人五百户，原議官辦資裝起程，而阿奇木伯克鄂對等，再三懇請照舊捐助。已曉示鄂對等，將回人現有零星什物，准其協助，至衣服路費，仍由官給，等語。各城資送回人，朕惟恐稍有擾累，諭令概從官辦。今額爾景額等，既據回衆情詞，感恩圖報，即照所請，量行協助，其衣服路費自應動支帑項。至協助之回人等，著查明照例給賞，以示體卹。

《清實録·高宗實録》卷七一九　〔乾隆二十九年九月辛未〕，軍機大臣等奏：查磬錘山簽立木樁之外一帶，均有山場地畝，雖不在從前查禁交界之内，但附近行宫，地處高阜，未便聽旗民開種。兹據熱河道勘報，磬錘山南及東北一帶山場地，共二頃三十三畝，又桃園東西一帶地十八畝，紅橋西南一帶地七頃三十三畝，共地九頃八十四畝，應請亦歸於原禁簽樁之内，交該道查照向例，如數撥給，仍不時嚴行查察，毋許私種及樵採牧放。報聞。

《清實録·高宗實録》卷七八一　〔乾隆三十二年三月甲申〕，軍機大臣等議奏：陵寢官員太監，從前分給菜地，以非例内應得之項，均經徹回。惟查東陵總管尚有分受官地，應照泰陵總管向未給予例全徹。至兩陵官員太監茶膳人等，均各有官地自三十畝至二十四畝不等，坐落遵化、薊州、新城、安肅四處，其應否仍行賞給之處，現飭查明請旨。得旨：官員太監，一概不必給予。

《清實録·高宗實録》卷一一一一　〔乾隆四十五年七月壬寅〕，軍機大臣等議覆：吉林將軍和隆武奏稱，三姓地方，原立官莊十三處，每歳納穀三千石入倉，積至三萬石，爲應貯定數。除供給雜項口糧米石外，餘穀二千餘石，於青黃不接之時，糶與兵丁，甚有裨益。但現在新駐寧古塔及三姓地方貢納貂皮人等，二千三百餘戶，均需賞給口糧，原糶穀石不敷，請增設官莊五處，自明年爲始，每丁令其交穀三十石，共收穀一千五百石，以資接濟兵丁口糧。應如所請，交該副都統明英派員妥協辦理。從之。

《清實録・高宗實録》卷一一八三 「乾隆四十八年六月壬午」，諭軍機大臣等：弘晸差家人許鳴持諭至靜海縣查收地畝一案，現已據留京辦事王大臣審明定擬具奏矣。至靜海縣雙窰村等處，有弘晸之父入官地畝共一百九十三頃，迄今徵租地僅有二十七頃，其餘荒地至一百六十五頃之多，其故殊不可解。此項地畝既經入官，自應召墾徵租，乃直屬向來陋習，旗地一經入官，即多報荒，此皆地方官假捏詳報，以爲影射漁利之地，最爲積弊，亦不止此案也。從前旗租拖欠，經部議定有處分之後，即按季徵解，不致拖欠。況此項地畝，當年未入官時，若皆似此拋荒，本人何以取租養贍。可見從前報荒地畝，非地方官規避處分，即係藉端捏報。著交劉峩將靜海此項地畝徹底清查，其荒棄者，究有若干頃。其餘各屬旗地，報荒衝壓者，亦一併查辦，據實詳明覆奏。

《清實録・高宗實録》卷一一八四 「乾隆四十八年七月丁酉」，又諭：據留京辦事王大臣等奏弘晸之姪延恆與民人許鳴訛詐地畝一案，其代寫諭帖之王二，即王福清，審明擬以杖一百、流三千里等因一摺。王福清，著改發伊犁，給額魯特兵丁爲奴。閱此造作諭帖一事，弘晸之主使明矣。何則，延恆年幼，焉知舊事。而許鳴又係漢人，亦豈得知。若無弘晸主使，何能造作墨墨聶等字句。若止係延恆與許鳴商謀，轉令王福清編作諭帖，則舊佃花戶姓名，延恆又何由得知。此事朕不肯深究，特行寬宥耳。并非不能看出此等情節也。著傳諭王大臣等知之。

《清實録・高宗實録》卷一二四二 「乾隆五十年十二月戊午」，諭軍機大臣等：據富綱奏，雲南提標，向有大會等五莊田畝，收存租息，爲養贍營中孤寡兵丁眷屬之用，嗣因木邦土司線甕團等投誠，安插大理府，將漾濞上下二莊田畝撥給，另於營中積存租穀變價銀內，酌留銀六千五百兩，另買田畝，取租贍給。今線甕團已經改遷東川府安插，所有年徵租息，既經報部充公，而前項租息，因無田可買，久未買足，營中提存銀兩，孤寡不敷贍給，請將漾濞上莊田畝仍撥還提標，爲贍卹之用，即以提存藩庫田價銀兩，作抵上莊原價，等語。此項田畝，本係該營自置，今仍舊發還提標，而以提存藩庫銀兩抵還原價，其事尚非不可。但摺內稱，提標現在年收租米，孤寡兵眷，不能普給，有實應支口糧而不得者，尚有一百數十戶等語。果如所言，則購買未得田畝，已經十有餘年，此百數十戶孤寡，不得口糧，又何所賴以存活。情節殊未明晰，難以據准。著傳諭富綱再行詳悉查明，據實覆奏。尋奏：查該標自乾隆三十八年，按所買莊田歲科定額，每孤寡兵眷，月給米一斗五升。其時祇有一百八十戶，此後遞年增添，復有一百三十餘戶，除動支租米外，餘係營員捐辦，是以奏請將漾濞上莊田賞還，爲贍卹之用。得旨：依議可也。

《清實録・高宗實録》卷一四二五 「乾隆五十八年三月庚申」，諭曰：步軍統領衙門奏，貝子永澤莊頭五德呈控本府管事家人霍三德多收錢糧，并指稱本主訛詐銀兩一案。霍三德，以民人投充，代主收納錢糧，於莊頭五德每年應交銀二百六十兩之數，長至一千五百兩，又慫慂伊主多收平銀，索要車輛，復藉稱伊主之名，詐銀五百兩，侵用入己，情節甚爲可惡。應如所奏，將霍三德連眷屬發往黑龍江，給索倫兵丁爲奴，以昭儆戒。貝子永澤，任用民間長隨，復聽信其言，派累莊頭，任意增長錢糧至一千五百兩之多，竟與上年綿惠任聽太監倭昇額訛詐莊頭孫文繼之案無異，亦應如所奏，照伊加增派累一千五百兩之數，十倍罰出入官示懲。至五德一戶，若仍令在永澤家充當莊頭，必致挾嫌磨折，別生事端。著將五德莊頭一戶，連地畝一併徹出，交內務府暫行收管取租。俟將來遇有阿哥分府時，再將此項人地撥給。

《清實録・高宗實録》卷一四六〇 「乾隆五十九年九月己亥」，總管內務府大臣怡親王永琅等奏：遵化州官地，從前輸租過重，應自本年爲始，每畝徵收租銀一兩。報聞。

《清實録・仁宗實録》卷九二 「嘉慶六年十二月甲辰」，諭內閣：御史舒敏奏，請查明八旗王公等空閒馬廠地畝，照從前恆祿等四家呈進馬廠之例開墾一摺。所奏似屬可行。八旗王公等，分賞馬廠地畝，其中多有并無馬匹牧放者，與其任聽民人偷種，自不如官爲經理，轉可於地租內酌量賞給原有馬廠之家，俾沾租利。著宗人府查明前此宗室公恆祿等四家呈進馬廠辦理舊案，飭令八旗王公以及閒散宗室，將所分馬廠地畝，其現不牧放情願開墾者，自行呈報，彙繕清單奏聞，照例辦理。

《清實録・仁宗實録》卷二五七　［嘉慶十七年五月丁丑］，諭内閣：賽沖阿等奏，吉林官莊壯丁積年拮据情形一摺。據稱，該處官莊設立之初，丁戶富庶，地土肥腴；歷年來壯丁缺額，牛隻不敷原數，兼有抛荒地畝，不堪耕種，糧石攤徵，致多積欠，請量加調劑，等語。吉林官莊丁戶，近多缺額，應徵糧石逐漸攤徵，丁力日形竭蹶，既據該將軍等徹底清查，自應覈實辦理。著照所請，加恩將該處應徵丁糧，卽以一萬零六百八十石作爲正額；所缺壯丁二百三十四名，准其以現存幼丁，於五六年後添補足數；所缺官牛一百一十七隻，准其於五年倒斃牛銀内豫支一半銀一千零五兩，陸續買補，每年仍領未支一半銀二百零一兩，俾資按年添補；其不堪耕種地畝，著於零星閒荒内挑揀撥補，招丁抵租。至所欠官糧二千九百五十九石四斗，著加恩豁免一半；餘剩糧石，著落值年官員名下，分作五年賠補交倉，俟糧額交完，方准更换。并著該將軍等於將來丁牛敷額、撥補地畝齊全後，再行察看情形，將能否查照原額交糧之處，另行酌議具奏。

《清實録・仁宗實録》卷二七一　［嘉慶十八年七月辛未］，諭内閣：綿譽等奏莊頭誤差一摺。西陵祭品，向由承種官地莊頭備辦，年久相沿，并無缺誤。本年清明節，莊頭劉福來誤差，卽應叅奏查辦，此次中元節，又復貽誤。祭品關繫典禮，非尋常誤公可比，該莊頭具呈，以地畝沙壓爲詞。著溫承惠卽飭拏劉福來到案詢問，并著内務府查明，該莊頭承領地畝冊檔，移交該督委員確勘，如地畝實有曠廢等情，奏明調劑，如係飾詞玩誤，訊明從重懲辦。卽查無别情，其兩次誤差，亦治以應得之罪。

同上　［嘉慶十八年七月辛卯］，諭内閣：弘謙等奏，據莊園頭等呈稱官地不敷備辦祭品，懇請補撥一摺。據稱東陵后妃以下各主位桌張，自乾隆八年歸併承辦，内未准議撥地畝者，尚有五十五分，俱係該莊頭等，由租息内通融辦理。現在物價昂貴，未免拮据，請酌半賞撥地畝，等語。著交禮部詳查檔冊，與所奏是否相符。如當年未經議撥屬實，卽奏明飭令直隸總督，於附近州縣内查明官地，酌半撥給，俾該莊園頭等承領備辦，以昭慎重。既經添撥地畝之後，如再有缺誤，卽奏明照例懲治。

《清實録・仁宗實録》卷二七二　［嘉慶十八年八月甲辰］，諭内閣：前據弘謙等奏，東陵各莊園頭等，承辦祭品，因從前后妃以下各主位内，有未經議撥地畝者，未免拮据，懇請酌半賞撥。當經降旨，交禮部詳查具奏，并諭令綿譽等，恭查西陵莊園頭等承辦祭品情形是否相同。兹據奏稱，西陵皇貴妃園寢内主位，亦有八分未經撥給地畝者。與東陵事同一例，著禮部一併詳查檔冊，奏明辦理。尋奏：東陵祭品，臣等按該貝子等所奏五十五分詳查檔冊，内雍正七年以前奉安之后妃十一位，所有承辦祭品莊園頭等，業經雍正七年撥給地畝；乾隆八年以前奉安之妃嬪八位，所有承辦祭品莊園頭等，業經乾隆八年撥給地畝；今俱無庸再給。惟乾隆八年以後奉安各主位共三十六位，其承辦祭品莊園頭等，應遵旨酌半給與地畝。又西陵妃園寢主位八位，俱係乾隆八年以後奉安，其莊園頭等地畝，亦請酌半給與。從之。

藝文

《全唐詩》卷六九七《韋莊三・官莊》江南富民悉以犯酒没家産，因以此詩諷之，浙帥遂改酒法，不入財産。　誰氏園林一簇煙，路人遥指盡長歎。桑田一作林稻澤今無主，新犯香醪没入官。

宋・陳襄《古靈集・與福建運使安度支書》　近歲出賣官莊屯田，事體不細。諸處各選官吏，往覆檢估。凡歷州縣，動逾歲月，其間民有窮富，土有肥磽，其勢與利不必均也。百姓小民，爭相扇熾，交搆訟獄，有辭盈庭。公私兩勞，既極於病。今又罷而不行，此誠過在有司不深籌而慎發也。

宋・薛季宣《浪語集》卷一六《上殿札子一》　今者齊安之立官莊壽春，所以分給歸正，不免檢括冒占，取其荒田。初索干照視之，有名田一畝而占地五七頃者。自耕則無力，剗請則必爭。諸處之民，轉徙淮甸者，縱有佃田之請，州縣村堡往往憚事，且爲土人囊橐，多方沮之，陳訴窮年，了不可得。弊源未滌，乃欲覈知實數，自欺可也，誠不可以告陛下。

宋・黄履翁《古今源流至論續集》卷一《屯田》　［南宋初］，當時淮南官莊四十三，耕田二百二十五頃，官得萬九千九百九十八石。建康官莊三十九，耕田一百八十四頃，官得六千五百二十石。見上。其明驗可見矣。

宋・周密《齊東野語》卷一七《景定行公田》　［景定三年］，州、縣、鄉、都，則分差莊官以富饒者充應，兩年一替。每鄉創官莊一所，每租一石，明減二斗，不許多收斛面。約束雖嚴詳，而民之受害亦不少。其間毗陵、澄江，一時迎合，止欲買數之多。凡六斗、七斗者，皆作一石。及收租之際，元額有虧，則取足於田主，以爲無窮之害。或內有磽瘠及租佃頑惡之處，又從而責換於田主，其害尤慘。時中書劉震孫與京尹魏克愚，湖邊倡和詞語，偶犯時忌，則隨命劾去之。

《五百家播芳大全文粹》卷六六丘道源《與權郡國博帖》 遂僑居於城之偏隅，爲貴地編氓，首尾五載，請官莊一區，謂之紫巖，僦耕牛雇夫役競逐錐刀，以贍老幼，值比年俱旱，租米不可輸，今歲尤甚，飛蝗遮天蓋地。

雜録

宋·周應合《景定建康志》卷四一《田賦志二·營租》 紹興初，以閑田立官莊，以畸田募耕墾。

宋·梁克家《淳熙三山志》卷一一《版籍類二·官莊田》 官莊田一頃九十畝三角四十六步。

租課錢一十貫二百文足。

官莊國林山地池塘陂堰等一千五百七十頃八十四畝二角二十四步。

租課錢五十五貫五百四十七文。

初僞閩時，官莊田地一千一百一十頃八十二畮。配納人戶租米八萬一千二百四十八石有奇。太平興國五年，雖詔與私產均作中下定稅，是時尚給戶帖，未許爲永業。租米數見墾田。淳化五年，李偉請鬻官田，乃遣張延熹赴州估賣，尋已之，令佃者仍舊佃蒔輸租。大中祥符六年，轉運使王贄言：建、劍、漳、泉、汀、邵、興化七郡官田皆課租，惟福州止同私產輸稅，請依漳泉例課一色斛斗，上田畝九斗，中田上園畝六斗，下田中園畝四斗五升，歲緫羨米，度可得五萬餘石。明年王平奏福州舊隸兩浙，與漳泉事體不同，租課自太平興國五年已經朝省均定。漳泉僞命日徵科歸屬本朝未經均檢。今王贄請輸二稅外，益納租米，乃是額外增稅，且州官私田園總一萬五千餘頃，徵米一十萬二千餘石，其間輸送尚恐不前，若將官莊一千二百餘頃改徵租米五萬九千餘石，其田比之都額，頃畮纔十分之一，則是六倍徵利，歛重科紐。伏惟軫念遠方，矜其重賦，許從舊貫，詔可之。天禧四年轉運使方仲荀言：福州官莊田自來給與人戶主佃，止納夏秋稅，更不他輸物色。元夏稅錢五百二十五貫二百八十七文，是秋稅米九千四百九十八石有奇。鄉雖經朝省均定，緣百姓私產竝用貲買，既輸稅又充色役，佃官莊戶乃是請射成熟田地耕作，復免隨例差徭，深見虧官。請估價，許元佃者承買，與限二年，償所得估直，度可三十萬緡。不從。既而復委尚書屯田員外郎張希顏依漳泉例均租，總得米六萬五千一百二十石有奇，尋下詔：國家無急蒸黎常輕賦歛，豈令遠俗重此科輸，宜特予於推恩，且從竝於舊貫，可令福州佃官莊戶依舊佃蒔，更不課租。五年前福建提刑王文震奏福州佃官田戶雖係屯田名目，只依二稅催科，產錢不計多少，免例門役差遣。臣管見屯田戶既特免租課，又不追田價，卽與平產人戶田業無殊，欲乞剷去屯田名目，割歸稅簿催科，止當門役，省司議名目，依舊屯田，不得充爲永業。其差遣宜依平產人例。有旨依天聖三年張希顏請福建七州官莊竝各輸租，惟福州獨依私產復免差徭，豈非倖民。乞依臣先來均定租米，胡則奏當州官田已奉勑均定，與私產雷同催科，已經四十六年，若依張希顏所奏，改納租米，且官田鹹蒸瘠薄者多，肥濃浚壤者少，地臨巨海，夏秋之間，海潮颱風慓蕩流落州縣，難於催督。乞仍納二稅，不輸租課。於是朝廷更令方仲荀分析利害，仲荀遂申前請，廼令屯田員外郎辛慶忌復括十二縣官莊屯田一百四所，成熟田園一千三百七十三頃八十四畝一角三十八步，佃者二萬二千三百二十七人。元無正田，先定二稅止有閩侯懷安閩清永福古田甯德七縣田園十分中內五分下，長樂福清連江羅源長溪五縣皆下品，十分中內三分中七分下。估直可三十五萬二千一百餘緡，省司議佃戶二稅外，更納所買田價，恐難以依限督納，乞減所估分數仍展年償。明年有旨與減三分之一，賞限三年，六年章頻奏：福州官田估計價錢三十五萬餘，人餘一分，納一十一萬七千三百餘緡，減放外有二分，合給納二十三萬四千七百餘緡。隨三年夏秋二稅，作六限催科，錢數浩大，督輸嚴峻，有佃戶九百餘人，訴稱貧乏，無可輸償，願還田，別召買者。內五百餘戶，已納過二限錢，爲次限急迫，願以所佃田及已輸錢并入還官，計今年在冊已納緡錢一十萬六千三百有奇，尚有未納一十二萬八千四百，望賜蠲除，則二萬餘家庶獲存濟。詔州具納欠五等數目以聞。州奏前已納一十萬九千五百六十六緡有奇，願退不買田四千七百五十緡，歲終又納四萬二千七百九十三緡有奇，未納錢尚七萬七千八百餘緡。有旨竝與除破。明年州奏，頃所鬻田已輸錢足，人合給契與執爲永業。其退還官及後來承買，未曾償直等，欲仍舊拘籍，歲輸二稅，省司議令已納外欠人竝與除放，出給戶帖。其退還田土及全未納戶仍舊理納租課。於是轉運司盡括諸縣退佃并不納價錢白腳戶六百六十九，田園五十九頃六十畝，計輸米二千九百一十二石有奇，除五百四十石折納二稅，元額總合輸租米二千三百七十二石。十年鄭載奏：本州官莊肥膿地土各有承買，其退納田土竝是枕海鹹蒸瘠薄之地，年收夏秋二稅，尚憂不辦，以此人情退納還官。今輸租米不數，甚至多兼窮民，的難了納，但有虛數係簿，枉行科較。乞賜蠲免。詔可之。於是國初以來官莊已鬻及退納田土竝爲民永業，不復議輸租矣。至天聖之後，沒納田產入官浸多率豪戶冒占。慶曆三年，前轉運使呂紹寧上言福州官田多爲豪戶蓄弊，乞根檢重估，別定稅數，當增賦不少，仍可入貲十餘萬緡。明年三司戶部奏：福泉漳州興化軍莊田，歲輸米一十二萬一百餘石，從來增助諸州逐歲軍儲。今若依紹寧所請歲總輸米止可四萬四千餘石，卻虧官數，乞仍舊租佃輸課。從之。嘉祐二年，詔沒官戶絕田土輸課，別儲一倉，名曰廣惠，以備賑濟。熙寧二年，住撥入廣惠倉。十年，以沒官莊產出賣。崇寧三年，住賣拘收租課，充外學支費。五年拘學費田產，入常平司，尋令召賣。政和元年臣寮言：天下係官田產在常平司有出賣，法如折納抵當戶絕之類是也。在轉運司有請佃，法如天荒逃田省莊之類也。自餘閑田，名類非一，雖間有出鬻請佃，多爲豪右侵冒。望命官總領，除贍學給賜沿邊州縣官田外，悉召承買，令戶部侍郎范坦措置總領。明年言者謂係官田業法度具在有司治之，若禁令修而歛取以時，則無利爲無窮。今不脩禁令，不督有司，一旦盡鬻之，裨膏腴土田爲有其力者締結收置，而荒田冷薄無用之產，徒費帳籍。且張官置吏召賣田宅，有傷國體。竊聞福建等處皆以爲非便，既致煩擾，減落上供，又易租爲稅，其失數倍。福建路嘗言屯田官莊出租一十九萬七千餘石，居一路賦稅六分之一，如悉估鬻，必誤軍儲，乞寢之。遂降御筆。其畧云：祖宗以來，田之公者爲屯田，爲官莊，養民兵居熟戶，於以致助經費藩衛邊鄙，乃者有司建言係官田宅，一切賣鬻，苟目前之利，廢長久之策，豪強兼併，佃戶失業，昨范坦所出賣官田宅，畫一更不施行。總領措置官吏竝罷，已買田宅給還元納價錢，其田宅卻拘入官，元佃賃人願依舊佃賃者聽。餘依元豐法。元豐令諸田宅入常平司者召人承買，其省莊退田竝不出賣。紹興二年復議出賣，尋寢。五年朝廷以謂，發兵費不貲，或請賣官田，不特濟用度，而於民亦不爲無補，且產錢舊額以沒納銷落，雖官自常產之外，得佃戶年租，而課利悉歸豪右，科料特促貧弱。今出沒納曰散賣，民間得田優產以補舊額，且示國家抑兼并，行寬卹之意。於是遂以繫官田舍及不繫出賣者，竝委逐路提刑總領措置出賣。建炎元年罷提舉常平司歸提刑司。若繫獨賃及三十年以上，卽十分其價，與減三分。是歲鬻錢三十五萬餘緡，知閩縣李汝明以率先措置，賣緡錢一十二萬，推賞。十三年省司又以未售田產，增租三分。常平司奏州縣未賣田地，高仰瘠薄，望與減一分半或二分，省司議福建土產與他州膏腴等處不同，與增租二分，其錢作總制窠名起發。十四年請佃官田依承買發輸牙契錢。二十年，以沒官田土率豪右倖占，復相剗佃，詞訟不已，乃拘入常平，不許人承佃，尋以拘入田土募人佃賃，依民間定租畝米一石，與減二分，所貴服田力穡之人，得以畊種，不致獨歸有力之家。二十八年，言者請盡鬻常平官田以助經費。乾道八年，復詔：諸路常平司根括本州所沒官田園屋舍，總一千九百九十六頃六十六畝四十九步，已賣四百二十三頃八十八畝一角四十步，爲錢二萬八千五百八十七緡有奇，未賣一千五百七十二頃七十七畝三角九步，淳熙四年住賣，今承佃所輸如前數云。

明・沈榜《宛署雜記》卷八　三宮者，今慈慶宮、慈寧宮、乾清宮也。國初，民屯田地一例徵銀當差，別無宮莊。歷朝以來，各府州縣沒官田地漸多，奉旨徵銀濟邊，而以其餘繫之進宮項下，備不時撥給賞地之用。宮莊之名始此。正德末年，奉文查出宛平沒官達官地，及太監某贍寺護墳等地，宛平有未央宮莊始此。嘉靖末年，又改撥宛平備邊地太清觀等處一百七頃四十九畝五分二釐三毫，永安御地二頃四十二畝，龐家莊二十七頃九十四畝二分五釐九毫二絲七微七纖，俱入內。宛平有仁壽宮莊始此。節年勛戚奏，封於內撥給各不等，莊額漸失。萬曆元年內閣傳奉聖旨，問：三宮子粒如何拖欠許多？又昨所進仁壽宮錢糧，比去年少一千有餘，查明回奏。欽此。戶部題：行屯田御史丈量清查，造冊奏繳。奉聖旨：是。萬曆二年，該屯田御史孫成名備題應徵應免數目，查得仁壽宮莊舊額不足，另將宛平香山等處一百六十八頃九十八畝七分六釐七毫撥補，遂以爲新仁壽宮莊，以別於舊額地云。萬曆六年，戶部恭進銀兩，奉聖旨：這銀兩着收進。今後仁壽改慈寧，清寧改慈慶，未央改入乾清宮。三宮莊地更今名始此。

明・余繼登《典故紀聞》卷一六　正德四年九月，兵部侍郎胡汝礪，丈量過公侯伯指揮等官張懋等莊田地共一千八百餘頃。得旨：公侯伯等官既有常祿，在外莊田，徒使利歸佃戶家人。即今邊儲缺乏，各官豈無憂國足邊之心。查出土地，宜照例起科。革去管莊人役，各家願自種者聽；不願者，撥與附近空閑舍餘種納。還量地利厚薄，以定則例。令各邊查出地土，視此令行之。

明・黃景昉《國史唯疑》卷一二《補遺》 戚臣莊田有定制：后戚傳五世，留百頃充世業；駙馬都尉傳三世，准留十頃供主祀；諸妃家傳亦五世，准留香火地七十頃。若家無正派者，傳三世止，不論多少，盡數還官。事經萬曆中題允，不審後有無遵行？

清・顧炎武《菰中隨筆》卷二上 正德丁卯二年十月，賜皇親沈傳、吳讓靜海縣莊田二千五百餘頃。讓妻厲氏奏稱：訪得河間府靜海縣莊田一處，原係河淤退灘田土，乞比照皇親夏儒事例。蓋奸民李良等捏稱投獻也。事下戶部，查得河間府莊田冊內，并無靜海縣河淤退灘地四至。及差官勘得，雖稱無徵荒地，但頃畝數多，見有軍民管業，難便定擬復奏。不從，卒賜二家爲莊田永業。嘉靖初，差科道官查勘稱：靜海縣原額一十九里，編戶三千三百，十餘年來，逃移絕滅，已過其半，止并得八里，人戶九百而已。皆因本縣地土，盡爲皇親勢家所奪，無復餘地，可以耕種，困弊至此。

清・顧炎武《天下郡國利病書・北直隸上》 《三河縣志》：官莊之設，後世弊政也。洪惟我太祖高皇帝初定天下時，即核官民田土額徵稅糧，與民世守，眞堯舜之道焉。至洪武十三年，詔北平等處民間田土，盡力開墾，有司毋得起科。弘治二年，又令順天等府：入官田土，俱撥與附近無田小民耕種。殊恩嚴制，載在令典，可考見也。今之官田王田，乃以下奉上，分所宜然，無容議矣。何勛戚之家富貴已極，猶不能仰體祖宗至意，輒肆行侵占，將民間力開永業，指爲無糧地土，概奪爲己有。噫，有是哉！其鮮禮也！嘉靖初年，蒙差科道部屬，會同巡按御史，親詣查勘，退回侵占民田若干，雖未能盡復舊制，而積弊已稍除矣。

國有土地制度總部

學田部

綜述

《宋史》卷一七三《食貨上一》 紹興二十一年，以大理寺主簿丁仲京言，凡學田爲勢家侵佃者，命提學官覺察，又命撥僧寺常住絕產以贍學。戶部議併撥無敕額庵院田，詔可。初，閩以福建六郡之田分三等：膏腴者給僧寺、道院，中下者給土著、流寓。自劉夔爲福州，始貿易取貲。迨張守帥閩，紹興二年秋。上倚以拊循凋瘵，存上等四十餘剎以待高僧，餘悉令民請買，歲入七八萬緡以助軍衣，餘寬百姓雜科，民皆便之。

元《通制條格》卷五《學令・廟學》 大德十年五月，中書省御史臺呈：興舉學校、關防、錢糧等事。禮部議擬事理，都省準呈。

一、學官人品不同，眞僞混淆。今後教官得代，如任內學糧未足、荒田未開，廟宇損壞，教養無實，不許朦朧給由。其或行止玷缺，文學疎謬，就便究停。本部議得，各處贍學錢糧，令路府州縣文資長官、提調關防知數，除廩給師生、修理廟宇外，不許破用。教授任滿，提調官照勘得別無侵欺粘帶，方許給由。或在任有行止不臧，忝居師席者，從廉訪司糾彈。

一、學校田土，本以養士修學，今學官職吏，或賣作荒閑，減額收租，或與豪家轉令僕佃兼併，及巧立名色，濫行支破，正俸之外，又作隨侍子弟等供。本部議得，諸處學田收租，各隨鄉土所宜，師儒俸廩，自有定例。學官、職吏，減額收租，轉令僕佃、豪戶兼并，濫行支破等弊，令提調長官關防革去。

元《通制條格》卷一七《賦役・學田地稅》 至元二十五年八月初九日，江西行省咨：江州路府學、景星、濂溪叄學歲收子粒，除納稅糧外，所存不足養士，惟恐荒業。照得近欽奉聖旨節該：江南立學校呵，怎生屬學校的田地屬官也？如今師傅每根底，學文書的孩兒每根底，種養(者)[着]喫的田地與他每呵，怎生？麼道有，奏呵，那般者。麼道，聖旨了也。欽此。擬合欽依蠲免。都省准擬。

元《至正條格》卷二七《條格・賦役》 斈田免稅

至元二十五年八月，江西省咨江州路府斈、景星、濂溪三斈，歲收子粒除納稅糧外，所存不足養士，惟恐荒業。照得近欽奉聖旨節該：江南立斈校呵，怎生屬斈校的田地屬官也。如今師傅每根底，斈文書的孩兒每根底，種養者喫的田地與他每呵，怎生。聖旨那般者。欽此。擬合欽依蠲免。都省准擬。

同上 斈田災傷

延祐四年十月，戶部議得各處贍斈地土，經值水旱災傷，合與官民田土一体檢覆。都省准擬。

《元史》卷八一《選舉一》 至元二十三年二月，帝御德興府行宮，詔江南學校舊有學田，復給之以養士。

《元史》卷一〇三《刑法二・學規》 諸贍學田土，學官職吏或賣熟爲荒，減額收租，或受財縱令豪右占佃，陷沒兼幷，及巧名冒支者，提調官究之。

《清朝通典》卷三《食貨三・田制》 祭田學田附

雍正元年總校天下學田，共三千八百八十六頃七十八畝有奇。乾隆十二年，除福建閩縣先賢二十三祠祭田糧租。謹按：祭田直隸十有九頃二十四畝，盛京一頃四十一畝，山東九十八頃九十六畝，山西三十八頃六十七畝，河南百有一頃七十四畝，江南江蘇百有八頃八十四畝，安徽十有三頃十有三畝，江西十有四頃三十一畝，福建五百二十頃五十五畝，浙江七十六頃五十四畝，陝西十有三頃二十三畝，四川十有五頃十有九畝，各有奇。

傳記

《宋史》卷三三二《滕元發傳》 哲宗登位，徙蘇、揚二州，除龍圖閣直學士，復知鄆州。學生食不給，民有爭公田二十年不決者。元發曰：學無食而以良田飽頑民乎？乃請以爲學田，遂絕其訟。

《宋史》卷四〇〇《王信傳》　擢集英殿修撰、知紹興府、浙東安撫使。奏免逋官錢十四萬、絹七萬匹、緜十萬五千兩、米二千萬斛。山陰境有狹獴湖，四環皆田，歲苦潦。信創啓斗門，導停潴注之海，築十一壩，化匯浸爲上腴。民繪象以祠，更其名曰王公湖。築漁浦隄，禁民不舉子，買學田，立義冢，衆職修理。加煥章閣待制，徙知鄂州，改池州。

《宋史》卷四二四《徐鹿卿傳》　立養士綱條，學田多在溪峒，異時征之無藝，農病之，鹿卿撫恤，無逋租者。

《元史》卷一二五《賽典赤贍思丁傳》　［至元］十三年，以所改雲南郡縣上聞。雲南俗無禮儀，男女往往自相配偶，親死則火之，不爲喪祭。無秔稻桑麻，子弟不知讀書。賽典赤教之拜跪之節，婚姻行媒，死者爲之棺槨奠祭，教民播種，爲陂池以備水旱，創建孔子廟、明倫堂，購經史，授學田，由是文風稍興。

《元史》卷一二五《忽辛傳》　先是，贍思丁爲雲南平章時，建孔子廟爲學校，撥田五頃，以供祭祀教養。贍思丁卒，田爲大德寺所有，忽辛按廟學舊籍奪歸之。

《元史》卷一三〇《徹里傳》　［至元］二十三年，奉使江南，省風俗，訪遺逸。時行省理財方急，賣所在學田以價輸官。徹里曰：「學田所以供祭禮、育人才也，安可鬻。」遽止之。還朝以聞，帝嘉納焉。

《元史》卷一三四《千奴傳》　退居濮上，築先聖宴居祠堂於歷山之下，聚書萬卷，延名師教其鄉里子弟，出私田百畝以給養之。有司以聞，賜額歷山書院。

《元史》卷一四二《徹里帖木兒傳》　初，徹里帖木兒之在江浙也，會行科舉，驛請考官，供張甚盛，心頗不平，故其入中書以罷科舉爲第一。事先，論學校貢士莊田租可給怯薛衣糧，動當國者，以發其機，至是遂論罷之。

《元史》卷一六四《王構傳》　［成宗時］久之，起爲濟南路總管。【略】學田爲牧地所侵者，理而歸之。

《元史》卷一七〇《申屠致遠傳》　宋平，焦友直、楊居寬宣慰兩浙舉爲都事，首言：宋圖籍宜上之朝。江南學田，當仍以贍學。行省從之。轉臨安府安撫司經歷。

《元史》卷一八〇《孔思晦傳》　三氏學舊有田三千畝，占于豪民，子思書院舊有營運錢萬緡，貸於民取子錢，以供祭祀，久之，民不輸子錢，幷負其本，思晦皆理而復之。

《元史》卷一九〇《儒學傳二・吳師道》　登至治元年進士第，授高郵縣丞，明達文法，吏不敢欺。遷池州建德縣尹，郡學有田七百畝，爲豪民所占，郡下其事建德，俾師道究治之，卽爲按其圖籍，悉以歸於學。

《元史》卷一九二《良吏傳二・段直》　未幾，澤爲樂土，大修孔子廟，割田千畝，置書萬卷，迎儒士李俊民爲師，以招延四方來學者，不五六年，學之士子，以通經被選者，百二十有二人。

《元史》卷一九二《良吏傳二・楊景行》　楊景行字賢可，吉安太和州人。登延祐二年進士第，授贛州路會昌州判官。乃創學舍，禮師儒，勸民斥腴田以贍士，弦誦之聲遂盛。

元・蘇天爵《滋溪文稿》卷七《大元贈中順大夫兵部侍郎靳公神道碑銘奉勅撰》　泰定甲子，調星子縣尹。縣廨歲久弊壞，官吏治事幾無所容。公偕同列割俸繕治，民不知勞。公久居江右，熟其土風，聽訟日益精明。大府知其材，他縣所訟亦以屬公。開先寺僧與南康郡學爭田，府檄治之。公詣田所，召佃人、鄰人各言曲直。田有小溪介之，訟之所由興也。公命吏具文書，以田在溪北者歸之學，溪南者歸之寺，遂不復爭。

元・蘇天爵《滋溪文稿》卷一〇《故集賢大學士光禄大夫李文簡公神道碑》　元貞改元九月，公偕使者入覲，錫賚蕃渥。明年，公請補外，除同知嘉興路總管府事，再遷婺州，佐兩郡凡十年。時天下無事，年穀豐穰，法制寬簡，士大夫亦多樂外官。公操韻高潔，又喜吳、越風土，所在興學訓士，暇則自放山水間，蓋隱然承平官府之舊，民亦悅其安靜之化焉。公有吏能，嘗奉詔錄囚江南，或疑不能決者，公得其情，多所平反。常州學田萬畝，僧冒種三之一，公言行省，復歸諸士。

元・蘇天爵《滋溪文稿》卷一七《元故正議大夫僉宣徽院事周侯神道碑銘》　侯早聰敏，既長，思樹功名，乃游京師，學國語，數月盡能之。擢翰林院譯掾，語益精熟。出官將仕郎、監廣盈倉，出納無弊。進承務郎，佩金符，慶元、紹興等處海運副千戶。在官四年，舟再涉海而不以爲勞，中書錫宴及賜錦幣四襲。遷奉議大夫、東勝州知州。侯下車作新學宮，士亦往往來游焉。學舊有田二千餘畝，比年豪民冒種，士無所訴。侯稽故籍，悉歸諸學，士刻石頌侯美。

明・宋濂《宋學士文集》卷四《芝園續集・故岐寧衛經歷熊府君墓銘》　〔至正〕十一年，江西行中書省檄爲吉安路龍溪書院山長。龍溪故有田屬他邑，前山長久不理，浸侵之。君至，問吏，吒曰：國家置田以養士，田亡，士將安食？即檄所治，徵索既具，弟子員隸業如令，月旦望，玄端深衣，據席講說，程其良否而獎督之。

明・宋濂《宋學士文集》卷五《芝園續集・俞先生墓碑》　擢歸安縣丞，至則修孔子廟學化民，出田養士。

明・宋濂《潛溪前集》卷一〇《故翰林待制承務郎兼國史院編修官柳先生行狀》　〔泰定〕三年丙寅，先生年五十七，以文林郎出爲江西等處儒學提舉。龍興郡學久廢不治，先生請宰府新之，延聘名儒孫轍爲學者師，士風爲之復振。他書院不籍於禮官者，亡慮數十。其出納布粟，從提舉署主領一員司之。有力者，常行貨求檄，至則乾沒爲奸。先生盡罷遣，分隸所在學官。提舉朝夕膳，歲進米凡八十石，皆取於諸生餼廩中，先生謝不受。後來莫有敢追襲其弊者。黄冠師建三靈廟以侵學地，浮屠據東湖書院田二百二十畝而贏，先生皆爲復之。

《明史》卷一一七《寧王權傳》　嘉靖九年上書請建宗學，令宗室設壇壝，行耕桑禮，謹祀典，加意恤刑，皆得旨俞允。捐田白鹿洞贍學者。其後以議禮稱旨，拱枘上《大禮頌》，並賜敕褒諭。

《明史》卷一四七《解縉傳》　解縉，字大紳，吉水人。祖子元，爲元安福州判官。兵亂，守義死。父開，太祖嘗召見論元事，欲官之，辭去。縉幼穎敏，洪武二十一年舉進士，授中書庶吉士，甚見愛重，常侍帝前。一日，帝在大庖西室，諭縉：朕與爾義則君臣，恩猶父子，當知無不言。縉即日上封事萬言。

同上　臣聞仲尼曰，王公設險以守其國。近世狃於晏安，墮名城，銷鋒鏑，禁兵諱武以爲太平。一旦有不測之虞，連城望風而靡。及今宜敕有司整葺，寬之以歲月，守之以里胥，額設弓手，兼教民兵。開武舉以收天下之英雄，廣鄉校以延天下之俊乂。古時多有書院學田，貢士有莊，義田有族，皆宜興復而廣益之。

《明史》卷二三〇《蔡時鼎傳》　蔡時鼎，字台甫，漳浦人。萬曆二年進士。歷知桐鄉、元城，爲治清嚴。徵授御史。太和山提督中官田玉兼分守事，時鼎言不可，並及玉不法狀。御史丁此呂以劾高啓愚被譴，時鼎論救，語侵楊巍、申時行。報聞。已巡鹽兩淮。悉捐其羨爲開河費，置屬邑學田。

紀事

《宋史》卷一五《神宗紀二》　〔熙寧四年三月〕庚寅，詔給諸路學田，增教官員。

《宋史》卷一五七《選舉志三》　仁宗時，士之服儒術者不可勝數。即位初，賜兗州學田，已而命藩輔皆得立學。

宋・李燾《續資治通鑑長編》卷一五三　〔慶曆四年余靖〕竊以國家興建學校，所以獎育俊秀而訓導之。由是廣學宮，頒學田，使其專心道義，以思入官之術。伏緣朝廷所賜莊園、房錢等贍之有限，而來者無窮，若偏加廩給，則支費不充，若自營口腹，則貧窶者衆，日有定數，不敢不來，非其本心，同於驅役。古之勸學，初不如此。

宋・李燾《續資治通鑑長編》卷二二一　〔熙寧四年三月〕庚寅，詔：諸路置學官，州給田十頃爲學糧，元有學田不及者益之，多者聽如故。仍置小學教授，凡在學有職事，以學糧優定請給。

宋・李心傳《建炎以來繫年要録》卷一六四　〔紹興二十三年〕自太尉楊政再爲帥，以次繕治，至是一新，戶口浸盛，如承平時矣。政嘗葺學舍，府學教授青神唐迪請增學田以廣養士，政從之。時有欲以學田饋軍，迪言：大軍歲費四千萬，而欲取學田以當賦，何啻九牛之毛，又豈愛禮存羊之意耶。論者乃止。

《元史》卷一四《世祖紀十一》　〔至元二十三年二月〕江南諸路學田昔皆隸官，詔復給本學，以便教養。

《元史》卷一五《世祖紀十二》　〔至元二十五年十月〕塔不帶反，忽剌忽、阿塔海等戰却之。詔免儒戶雜徭。尙書省臣請令集賢院諸司，分道鈎考江南郡學田所入羨餘，貯之集賢院，以給多才藝者，從之。

《元史》卷一六《世祖紀十三》　〔至元二十七年正月〕復立興文署，掌經籍板及江南學田錢穀。

《元史》卷一七《世祖紀十四》［至元二十九年正月］甲辰，詔：江南州縣學田，其歲入聽其自掌，春秋釋奠外，以廩師生及士之無告者。貢士莊田，則令覈數入官。

《明實録·太祖實録》卷一四四［洪武十五年四月］丙戌，詔天下通祀孔子，賜學糧，增師生廩膳。上諭禮部尚書劉仲質曰：孔子明帝王之道，以教後世，使君君、臣臣、父父、子子，綱常以正，彝倫攸序，其功參于天地。今天下郡縣廟學並建而報祀之禮止行京師，豈非闕典。鄉與儒臣其定釋奠禮儀頒之天下學校，令以每歲春秋仲月通祀孔子，又命凡府州縣學田租入官者悉歸於學，俾供祭祀及師生俸廩。仲質對曰：前代學田多寡不同，宜一其制。乃詔定爲三等，府學一千石，州學八百石，縣學六百石，應天府學一千六百石，各設吏一人，以司出納，師生月給廩膳米一石，教官俸如舊。

《明實録·武宗實録》卷一七［正德元年九月］乙酉，授莆田處士劉閔以儒學訓導。閔天性孝友，慎言動，守正不渝。早喪父，貧不能葬，旅殯于里人之園，三年不處內，不御酒肉，祭奠皆極誠敬。事母甚孝，時物未奉母不敢嘗，晨昏定省，出告反面皆如禮。母疾，衣不解帶，撫摩通夕，鄉人皆敬慕之。提學僉事周孟中嘗捐金以助其養，副使羅璟令有司立社學，搆養親堂，延閔爲師。知府王弼復置學田，歲取租五十石以資其費。母卒，毀瘠廬墓，弼將以前田賻之，不受。歲凶，弟婦欲求分異，閔閉戶自撾，感悟復合。其篤行如此。巡按御史宗彝饒糖授詔例欲以經明行修薦閔，懇辭。知府陳效請遂，閔志以學職榮之，乃有是命。

《明實録·神宗實録》卷四九一［萬曆四十年正月］辛酉，禮部題覆孔顏曾孟四氏學，請加廩增如府學例。先是生員孔貞志等言：本庠自太祖洪武二年特設教授司，至嘉靖十年劉都御史奏准將本學生員分廩增附例同府學，但彼時閤學生員只五十名，故廩以三十增以二十，附全無。迄今族姓不下萬餘，入學者已三百有奇，請增補十廩以全我朝優崇之典，如以廩餼難辦，本學自有欽賜學田不靡國費。有旨：四氏學乃朝廷所優，這廩增額數準照府學例加添。

《明實録·崇禎長編》卷三五［崇禎三年六月］順天府府尹劉宗周請以紳士續捐銀四百三十兩有奇置買學田，歲收租息以周貧士。報可。

《清實録·高宗實録》卷一〇三［乾隆四年十月］江蘇學政劉吳龍奏：江蘇有學田一項，係從前職官鄉宦捐置，以助諸生膏火，輸糧與民田無異。歲收租銀五千餘兩，除修理學宮，備辦祭祀，併歲科試、賑貧、給廩外，遇豐年，約贏餘四五百兩不等，原議撥司充餉在案。此項銀兩，向隸學臣報銷，其贏餘備載司冊，請嗣後照常支用外，如有贏餘，即作刷印御纂經書之費。歲科試，於優等內擇其有志向學無力購書者給之。又各學月課時，貧生一飯維艱，如印書再有餘，請分給各學爲月課飯貲，仍照例入冊覈銷，庶學田所出，供訓課之用，名義亦覺相符。得旨：此奏俟朕緩緩酌量。

《清實録·高宗實録》卷一三九［乾隆六年三月辛巳］免福建無著學租。諭：朕聞福建福州府屬之閩縣鼓山里，舊有學田一千八百四十八畝，每年徵學租銀五百三十三兩二錢有零，匀給廩生貧士，爲膏火之資。後因田久荒蕪，租無所出，至康熙三年，招民墾復，改爲民業，報升糧色，輸納正供，已非昔日官置民佃之學田矣。乃廩生貧士，仍欲復還學租，以致墾戶頻頻告免。於康熙五十三年，該知縣將丈出通縣田地溢額等銀詳抵學租，各業戶始獲相安。雍正五年通查溢額之時，該縣知縣辦理錯誤，將從前已報溢額詳抵無著學租之項，復報溢額，詳請升科，又將康熙三年墾復之民田丈實，只存洲田一千六百二十畝，加徵學租，匀追符額，以致民苦失業，佃苦賠累，節年追比無完，徒滋擾累。以朕所聞如此。著交與總督德沛、巡撫王恕悉心查辦，將從前詳抵無著學租之項，即行豁免，以甦民困。該部即遵諭行。

《清實録·高宗實録》卷七七一［乾隆三十一年十月］是月，盛京將軍舍圖肯等奏：軍機大臣等議覆，奉天府府丞李綬奏請設瀋陽書院一摺，令臣等會議。查瀋陽書院，始於乾隆七年，前任府尹霍備勸捐修建，向緣經費無項，未經辦理。今即就舊有書院延師，慎選生徒，勤加訓誨，實於文風有裨。至奉天州縣，每學設立學田一千畝，每年可得租銀七百餘兩，此項租田，原以養贍貧士，令其力學，應即以此作束脩膏火之費，餘銀仍酌給貧士。其一切應行事宜，責成治中總理、府丞專司考察。從之。

藝文

宋・許應龍《東澗集》卷一三《學田跋》 郡給田贍學，學刻石以紀，兹舊典也。環峙森列，歷歷可稽，捐私帑而置，未有鄒侯若者。侯屬意教育，超軼今昔，迺者捐金之始，諄諄面諭，以刱邸宇、掠僦金，不若菑畬之安且久，地遙多逋，土瘠易歉，又戒以擇負郭膏腴市之，深圖遠慮，委曲詳盡，兹不亦仁人之盛心，庠序之殊遇乎。今所殖者，地邇而租豐，亶可裨廩，稍傳永久。大書深刻，俾青子衿，顧瞻咨嗟以無忘，莫大之德。《易》曰觀頤，觀其所養，自求口寔，觀其自養。盍亦自養，以副所養則游泳其間者可無恧矣。

又

捐閒田以贍學，諸郡皆有別駕而爲兹舉者，林公之前未聞焉。蓋公尊賢重士，出於天性，以兩科得雋，薦典芹泮，作成譽髦，增羨廩給，四明富沙交口稱頌。今雖展驥，治中於學校尤屬意，尊先聖則飾簾易戟，禮諸生則設醴餽金。復因民請荒萊，拘其租入，屢以畀學。青衿感戴，請誌諸石。某謂公贊貳此邦，廉明平恕，諸臺列剡，去是而羽儀於天朝也，不遠矣。廣廈萬間將以庇天下寒士俱歡顔，豈但汀庠蒙賜而已。

宋・陳淳《北溪大全集》卷四六 一學田有偷賣者。村民有世佃學田，上世祖父立鬮書遺後人，載所佃學田與諸子分佃。至再易世，後又再至分佃鬮書，而不聲說是學田。又易數世後，子孫不復知其由，以爲祖父產業，遂立赤契與人戶交關，而無可奈何矣。若明皇莊田是也。

一學田有偷占者。本學田有一段，在城東之村七里，曰赤嶺，圖記分明，而無有的知疆界之所在。遣職事出地頭訪之居民，皆曰無之。又以圖記細考而物色之，乃覺其爲武斷鄉村者所盜據，居民畏懾而不敢言。然此段竟亦無如之何。

一學田有偷入帳請買者。本學官洲莊田有三洲，年科占穩穀一千五百斛，其中大者曰北洲，該納九百六十斛，次二洲，共五百四十斛。今北爲洪水流崩，未有拄應。淳熙間趙師洽捨田入學，其田下泓生泥淤，學中歲收萬草錢一百九十一貫，殆未足以裨補北洲所崩地位。近緣謝念二、念九盜刈萬草，斷罪挾怨，欺罔顔知縣，宅唆令幹人計較入帳請買。顔宰最是潔白之官，一時爲村人所誤，納錢請買，豈有本學泓生泥白而可以入帳請買乎。近又計較林廷秀詭名增三百石租捺佃，彼官洲佃戶父祖世居在彼，或有海濤衝突，隨即補治，久而輸納無欠，豈應爲謝念三計較詭名捺佃乎。

宋・范浚《香溪集》卷一七《衢州龍游縣學田記》 今天子紹開中興，以至仁神武戢兵靖民，億寧區夏，爰建太學，風動萬方，文治熠然，覃布遐澗。凡雄州偏郡，壯縣下邑，庠校並設，生員營宇，務爲崇盛。守長佐貳，闕決學政，一或不虔，爲不任職。然以銅墨効官者責專而事叢，不與他等。自中材處之，往往促束于文符，朱墨敲朴，期會苴罅，補短救過不給，其能以養士爲念信乎。必文儒而兼通世務，然後能以化治稱也。括蒼吳君彥周爲龍丘宰，既蠲民瘼，乃行視黌宇，問著錄幾人，吏白廩米不繼，士至潔腹誦經，或不煖席，又負笈挈而它，前令熟視，欲議未遑也。令君曰，嘻！兹爲教，本予後而弗圖，是不知務，其何政之能爲。即日按取官廢田，請于州，以爲邑之學田，歲制其收，可食數十士。太守待制張公韙其意許之，於是高冠侈袂而抱方策者，相與婆娑乎崇堂邃館，商古今，引仁義，縱雄辯而極理要，終歲賴安。令君爲諸儒賜其厚矣哉。令君以論秀登雋科，爲文雅健，意氣兼勝，當官猶嗜學。決事得小閒，即取插架書，吟翫自娛，休暇對客于便坐，即之退然。如韋布士雖劇談終晷，不出文字間。世固有沾沾者，朝解褐得名第，暮已氣息拂霄漢，視窮巷士如土梗矣。令君從官二十年，而氣習不異書生時，則胷中所存有過人者，宜其注心於學宮，勤如此也。某客游邑境，見士大夫若市里儒舊道。令君性資剛耿，清操如冰雪，秩行滿矣，而理邑規橅不變如始至。自經賦外，一銖一粟，不忍横索，以彫其民。鋤姦剔蠹，吏率懲懼，爲脅息股栗，盡戢頑暴，革心掃跡。蓋令君文儒而通世務，知以養士勸學爲急，故化行孔易，如高屋之建瓴水也。邑士徐安節、學職徐振業等，相與具敘田事本末，謁請于某，且曰：惟我學子，伊昔羣萃，糗糒不贍，牽勉肄習，百爲勤艱，不克卒業，逮令君惠我諸生，俾既厥心惟問學是專修焉，而安以克力久，邑人咸曰：休哉。我有子弟，令君實飲食教誨之，惟父兄，人知銜荷，謂不可諼，宜有金石刻，丕揚茂猷，願爲志之，以慰父兄子弟之心。某應之曰：紀令君實德，使邑人歌詠，以無忘厥休，其寧可辭。惟令君養士，士思所以稱，宜觀夫自養者，自養正則令君所養正矣。昔孟軻論養心爲大體，而賤養口腹，蓋是心之大，覆穹隆而載旁薄，包八荒而函萬殊，兼舉有無，一物莫之能外。其與天地流通、陰陽冥合者，曾莫見其形狀，是大體也。自養者善養乎，此而無事於區區之小體，則令君與士子兩善而咸宜已，雖不文亦得自託於不腐。矧龍丘爲信安支邑之劇，雅稱多儒，今復漸被于美化，家修人勵，將有秀民魁士，比肩接跡，震耀于時，以光昭令君之大惠。顧不偉歟，令君名芑，今爲左宣教郎，紹興十九年夏四月壬申，蘭溪范浚記。

宋・朱熹《朱熹集》卷七九《建寧府崇安縣學田記》 崇安縣故有學而無田，遭大夫之賢而有意於教事者，乃能縮取他費之贏以供養士之費。其或有故而不能繼，則諸生無所仰食而往往散去。以是殿堂傾圮，齋館蕪廢，率常更十數年乃一聞弦誦之聲，然又不一二歲輒復罷去。淳熙七年，今知縣事趙侯始至而有志焉，既葺其宮廬之廢壞而一新之，則又圖所以爲飲食久遠之計者，而未知所出也。一日，視境內浮屠之籍，其絶不繼者凡五，曰中山，曰白雲，曰鳳林，曰聖曆，曰暨曆，而其田不耕者以畝計凡若干。乃喟然而嘆曰：吾知所以處之矣。於是悉取而歸之於學，蓋歲入租米二百二十斛，而士之肄業焉者，得以優游卒歲而無乏絶之慮。既而學之羣士十餘人相與走予所居之山間，請文以記其事曰：不則懼夫後之君子莫知其所始而或至於廢壞也。

予惟三代盛時，自家以達於天子諸侯之國，莫不有學，而自天子之元子以至於士、庶人之子莫不入焉，則其士之廩於學官者，宜數十倍於今日，而考之禮典，未有言其費出之所自者。豈當時爲士者之家各已受田，而其入學也有時，故得以自食其食而不仰給於縣官也歟？至漢元、成間，乃謂孔子布衣養徒三千，而增學官弟子，至不復限以員數。其後遂以用度不足，無以給之而至於罷。夫謂三千人者聚而食於孔子之家，則已妄矣。然養士之需，至以天下之力奉之而不足，則亦豈可不謂難哉？蓋自周衰，田不井授，人無常產，而爲士者尤厄於貧，反不得與爲農、工、商者齒。上之人乃欲聚而教之，則彼又安能終歲裹飯而學於我？是以其費雖多，而或取之經常之外，勢固有所不得已也。況今浮屠氏之說亂君臣之禮，絶父子之親，淫誣鄙詐以毆誘一世之人而納之於禽獸之域，固先王之法之所必誅而不以聽者也。顧乃肆然蔓衍於中國，豐屋連甍，良疇接畛，以安且飽，而莫之或禁。是雖盡逐其人，奪其所據而悉歸之學，使吾徒之學爲忠孝者，得以無營於外而益進其業，猶恐未足以勝其邪說，況其荒墜蕪絶，偶自至此，又欲封植而永之乎？趙侯取之，可謂務一而兩得矣。故特爲之記其本末與其指意所出者如此，以示後之君子，且以警夫學之諸生，使益用力乎予之所謂忠且孝者；職其事者又當謹其出內於簿書之外而無龠合之私焉，則庶其無負乎趙侯之教矣。趙侯名彥繩，材甚高，聽訟理財，皆辦其課，又有餘力以及此，諸使者方上其治行於朝云。十一年春正月庚戌，具位朱熹記。

宋・真德秀《西山文集》卷二六《建安縣學田記》 建安縣故無學，韓公元吉昉立廟以祀先聖、王侯。元應又立講堂二，齋學之制畧具矣。而亡以廩士，猶未始有學也。寶慶丙戌秋，清源留侯來謁，欸於廟，顧學雖頗具而未完，則命撤其蔽垣，其闕植以叢桂，氣象一新矣。獨廩給之費，莫知所自出，每春秋舍菜，先期補弟子員，賦以餐錢，俾與厥事，事已散去，惕焉爲弗寧。下車踰二年，畢力經營，得在官之田若干，歲租僅百石，悉舉而歸之學。於是學之有田，侯實始之。書來諗予願有志，予爲之歎曰：道二，仁與不仁而已矣。仁者，視物由己；不仁者，反是。蓋凡與吾並生天壤間者，皆同類也。於其同類之中，有位以爲之長饑焉而哺，寒焉而衣。夫孰非吾責，況士者，又同類之秀乎。憫士之窮而無以養，此即惻隱之心而仁之端也。且公卿大夫者，士之積耳，養之以成其材，勵其節，使善人衆多，而當世有所賴，其仁不既大矣乎。世之爲吏者，鮮克知之，故常以學政爲弗急，雖養士之田素具，或轉而他用，或漫不訾省，聽其侵牟於吏而奪壞於豪民。今建安有學無田，議者初不以咎。今留侯於此迺獨恝焉，由己隱憂，朝思夕謀，必如所志而後已。推此念也，其忍四境之內有一民弗獲其養乎。予故曰：此惻隱之心而仁之端也。雖然，侯之於士厚矣，士之所以自厚者，當何如耶。昔鄒孟氏之門人，有以不耕而食，疑其爲素餐者。孟子曰：君子之居是國也，其君用之，則安富尊榮；子弟從之，則孝悌忠信。不素餐兮，莫大於是。今士之廩於官者，優游自佚，不幾於無事而食歟吁。養之厚，所以責之深也。夫用之，則國安君榮，雖既往者之任，然培其可用之本，獨不在今乎。本者何，孝悌忠信是也。蓋四者，人之所以爲人而士之所以爲士者也。一或失是，且有愧於人，而況士哉。故聖門之教曰：行有餘力則以學文，操觚吮墨汲汲焉，以徼利達爲事而本焉之，莫知是則眞素餐矣。有志之士，蓋亦竦然自厲，修之身以刑于家，有位焉則推之以及於國，使人知君親臣子大義大閑而弗渝，是則侯置田廪士本指。侯名元圭，字某，實三朝賢相衛國忠宣公之孫云。紹定二年十月壬寅浦城眞某記。

宋・陳傅良《止齋集》卷三九《温州淹補學田記》　郡校官有賜田，自慶歷四年始。於是宋興且百年，上所以加惠學校之道備矣。崇寧學制行郡，各置博士弟子員，費廣不繼，用事者文飾過當，至苛斂以贍之。中間多故，輒一切弛去，往往所在，凡校官之入，不足以待學士之版。直煥章閣司諫謝侯，來守永嘉，下車纔數月，修墜緒，平滯訟，人用乂和。乃以其暇訪求里中士賔，致之學，又得公田民私以爲利而不應令者，歸於學。有司闔郡驚歎。方爲吏者，急他務，不暇有學政，侯顧獨加之意耶。相與請於博士李君，求余文記之，余固樂道乎此者也。蓋宋興，士大夫學亡慮三變，起建隆至天聖明道間，一洗五季之陋，知鄉方矣。而守故蹈常之習未化，范子始與其徒抗之以名節，天下靡然從之，人人耻無以自見也。歐陽子出而議論文章，粹然爾雅，軼乎魏晉之上，久而周子出，又落其華，一本於六藝，學者經術，遂庶幾於三代，何其盛哉！則本朝人物之所由衆多也。余嘗求其故，三君子者，皆萃於東南，若相次第然，殆有天意而浸灌培埴斯已勤矣。雖後生晚進，失其師傅，自爲異同，不務相扶持。然要其消長，皆關於興衰之數，非細故也。而議者但患官冗，而舉子多厭薄而銷沮之，之說滋甚。吾州【闕】生長旁郡，最有聞，則亦每在數中。侯於今加意焉，政何足以言之，是尤余所樂道者也，而况李君之請乎。侯名某，邵武人。李君某，廬陵人。田若干畝，着之碑陰。

宋・何夢桂《潛齋先生文集》卷八《分水縣學田記至元二十五年三月十六日》

學校之法二，教與養而已。三代學校，法出諸公上，而不出於私，故司成、樂正，國爲設官，所以教也；公田、米廪，國爲給事，所以養也。自王公國都，以至比廬族黨，莫不有學；自王太子、王子與夫群后之世子、卿大夫、元士之適子，以至國之俊選，莫不有教，亦莫不有養。故其四時誦絃禮書，干戈，羽籥，若貴者賤者，皆得以一志於學，而責其成。三代學廢，其僅存於後世者，惟國學與郡縣學耳。教法不備而養之道益狹，故鄉民之秀者，群居自爲師友，而詩書禮樂之化，不盡出於公上。齊民或竊取而私之，亦既非古意矣，而况學校之在郡縣者，復不能以概舉也。其幸而僅存於郡縣，又幸而隸於大都大邑，地方千里，計畝萬億，地方百里，計畝百億，歲取其贏，以供學校之不給，是猶太倉損一稊粒，稱員餼廪，特易易爾。乃不幸處於窮陋，竭地之力，不足以食農夫，尚復間田以祿不耕之士子乎！芹藻榛蕪，衿佩落落，顧瞻城闕上之人，亦不得不分任其責矣。分陽爲睦最下邑，隸學田僅二十五畝，東北偏池六十畝，歲以蓮芡易粒，纔數石，人日給二缶，養生徒不能十人。至元丙子，學士解散，前學官何鳴鳳、何壽老葺理復完，章掖甫集，在籍至三十人。今學官徐會龍席擅未煖，撥己田三十畝隸之學籍，曰：姑以繼廪粟也，士未必宿飽，吾爲義倡爾。嗚呼！學校之設，茲固古先聖王所以公天下者，茲乃逸而歸諸邑人士之私，使人人若此，則大道之行三代之英也，推而放諸四海，且將與天下爲公也，州里云乎哉！諸生礱碣乞記，以誌永久。余嘉徐君之誼，重諸君之有請，將善鄭以勸來者，遂爲之記。至元戊子二月既望。

宋・何夢桂《潛齋先生文集》卷九《廬陵養濟買田記大德二年》　員外司馬何某佐郡無善狀，每出，覩疲癃殘疾乞呼食於道旁者，未嘗不疾蹙，力不競徒哀焉耳。一日，有事郊外，適見髫稚雨立者尫羸垂盡，惻然動心，攜以歸，告於邦侯。侯矜之，俾隸慈幼，既以月廪。某於是問諸左右曰：慈幼有廪，養濟獨無廪乎？或對曰：養濟曩給常平米，開慶兵興，移助邊餉，不及養濟久矣。會有廖氏交易訟，願納鍰贖罪，始難其請，有間惕然悔曰：昔之所見而哀焉者，欲賑之而未能也，使得鍰買田，以活此輩，是則之所失者小，而惠之所及者大。亟白於邦君侯與部使者，君侯曰可，使者亦曰可，乃委郡法曹謝公昕董其事，囑報恩東堂老定智物色膏田，得苗屯白米二百一十碩有奇，計直若干，展糙得贏二十一碩，歲可給四十人。嗚呼！天地之廣，兆民之衆，若今所惠，亦大狹矣。雖然，吾亦視吾力而已矣。賢君侯許益充拓之，則其所以惠利者，當不止此數民之無，蓋其庶幾乎。經營告成，定智請鑱石以詔永久，於是乎書。戊戌季夏月圓前二日何某記。

元・金履祥《仁山文集》卷四《祭縣學士地文》　維年月日，邑士金某謹以酒肴，致祭於縣學土地之神。比鄉邦、寓公、大夫士考據圖籍，謂吾先世純孝八行金公以孝義爲乾、淳名賢，聞於朝廷，表其鄉里。是宜有祠於鄉邑之學。縣侯是之，俾履祥主營祠、作主之事，將以吉辰奉安，謹先以酒肴祗告於爾神：俾我純孝公之靈妥於學宮，則惟爾神實陰相之。尚饗！

元・劉敏中《中庵先生劉文簡公文集》卷一《長山縣學田記至大三年七月》

爲政有本末緩急。能知本末緩急之所在，不惑於心，孜孜而力行之，善於政者也。《記》曰：如欲化民成俗，其必由學乎！故由三代而下，自國都至於郡邑黨術，莫不有學。我朝始令郡邑廟於學，祠孔子，重其事也。德音諄諄，然未始不以勵學爲先務，則知學乃爲政之本，而尤不可緩者歟。而爲民吏者，類多忸功利之習，漫然以儒學爲迂闊淡泊，無切於事，一不以加意，第知朔望一詣孔子廟，應故事而已耳。及考其所治，則禮讓無所興，姦弊不得除，而獄訟無以息也。嗚呼！是烏知政之本末與夫緩急者哉！大德丁未，余在京師，見中書掾許商孟君仲賢乞便親，出尹長山。明年，余歸繡水之上，聞孟君政化大行，而民服如神明，余喜而未悉也。其縣教王潛頃來謁余，曰：吾尹孟君治事之外，且至廟學觀諸生講授，課其進退，復子弟之入學者，里胥無敢窺其門。凡縣吏皆肄業如生徒。始者，學無廩膳之給。至元壬辰，縣尹安某僅營地五畝入學，而繼政者復取以圉國馬。雖嘗上聞，許以他田之在官者補其數，而竟無田以補者久矣。孟君至，閱籍得廢宅，貿諸其鄰，以其直買桑田爲畝者凡十又六，乞悉以入學。以聞，許焉。又廟舊未有外門，君始爲之，極宏敞。覆以崇屋，爲甬道，固以甓。爲垣，垣之外內，甬道之左右，皆樹以栢槐，期茂鬱可久。於是師生無寂寥之嗟，邑人有矜式之喜，而學事修矣。惟是學田之始，欲得先生紀于石，以諗後來。余躍然曰：乃今知孟君之所以化行民服者，一本於學乎！嘻！君可謂善於政者矣，故備言之。中奉大夫、河南江北等處行中書省叅知政事劉敏中記。

元・吴澄《吴文正公集》卷三一《題湯教授復學田詩後》　昇學沙洲之田，近年有權勢者奪取以畀其下，一時職教者甘心奉之。在後竟不復問，無它，罷媆者不能，畏懦者不德，亦或因之爲姦利者有焉。今教授湯君至，慨然以剔蠹剗敝爲己任，謀復其所失。要路有人主之于其上，故其復之也始雖甚難，而卒若易。田既復，諸儒咸喜，歸功於教授，作詩以美之。教授曰：上官之賜也，吾何力之有？噫！湯君之於是事能有功，而不自有其功，是可嘉也。其善不可以不書，故書於諸儒美詩之後。

元・吴澄《吴文正公集》卷二〇《丹陽書院養士田記》　黄池鎮有書院舊矣，自宋景定甲子，貢子劉君肇建，郡守朱公以聞於朝，錫丹陽書院名額，撥僧寺沒官之田二頃給其食。厥後僧復取之，而書院遂無以養士。至大戊申，憲使盧公議割天門書院之有餘以補不足。令既出，會公去，不果如令。人匠提舉陳侯分司黄池，暇日與羣士游，習知書院始末，慨然興懷，移檄儒司。儒司上之省，省下之郡，郡太守主之力，竟如憲府初議，俾天門書院歸田於丹陽，以畝計凡四百。侯猶以爲未足以贍，乃勸士之有田者數十家暨官之好義者一二人各出力以助。或十畝，或五畝，有八畝七畝者，有四畝三畝二畝者。積少而多，所得之田以畝計凡二百。噫！丹陽書院之創垂五十年，而教養之闕餘三十年。今一旦有田六百畝，盧公開其始，陳侯成其終。盧公勉勵學校，固其職也。陳侯典治絲設色之工，而用心儒教，有出於職分之外者。尸祝越樽俎而治庖，可乎？《唐風》之詩曰：職思其居。又曰：職思其外。夫居者，其分也；外者，其餘也。《唐風》，思之遠者也。於職既盡其分，而兼及其餘，所思可謂遠也已，陳侯有焉。侯所勸率，隸匠籍者五之一，隸儒籍者十之八，此豈以氣勢利害動而使之從哉？能得其心説而樂助，蓋有以也。非才之優、識之定，其孰能感人如是？田之疆畎名數久則湮，羣士請勒諸石，而陳侯之功尤不可泯。《春秋》常事不書，侯此舉非常也，宜得書。若夫士既有以養，必知所以學，是不待余言也。侯名童，單州人。

元・程鉅夫《雪樓集》卷一三《永新州醫學祭田記延祐元年二月一日》　國家仁民愛物，無所不用其極。天下郡縣建醫學，置官吏，與儒學等。醫有功於民甚大，誠有國者所宜先，昔人方之相業，可見已。大德初，王東野爲吉安路永新州官醫提領，七年，遷本路副提領。至大四年，赴調京師，改臨江，未行，徽政院使羅司徒薦其名興聖宮，命爲太醫。歲年之間，三錫楮幣凡七千五百緡。皇慶二年夏，又命乘傳還江南迎妻子。初爲永新時，手建廟學，歲三月三日、九月九日有事於三皇，唯取給醫家。至是，盡以所受上賜買田五十畝入學，奉春秋之祀。還朝謁余記。東野，永新人也。大父文信、父慶隆，皆有善行。其祖母又賢，日夜課東野學不懈，而東野長好倉公之術，遂稱良醫。及被寵用，凡所錫賚，不以仁妻子，不以事緇黄，惓惓買田鄉校，以蠲誅求，可謂不負矣。嗟夫，永新之學者，既無公上供給之勞，又當國家崇重之日，益勵所學，以擴其仁民愛物之心，此則東野之志，而國家之望也。凡吏於兹學者，其亦勉之哉！延祐改元二月朔記。

元・韓信同《韓氏遺書》卷下《福寧州學新置田記》　三代王宮國都至閭巷皆有學，觀《孟子》論王道，則學校、井田相繼，維其教養之資，亦當出於公田之入。或謂《周禮》士田即學田，其詳不可考矣。後世井田廢，郡縣僅一置學，而學必有田。有學而無田，以師帥不得其人也。福寧州學田無幾，所仰惟雙溪一莊，元之元貞丙申爲浮屠氏所奪。延祐己未，教授劉棠請于州復之，備極勞苦。後州長輒奪與浮屠，事可愕。泰定丁卯，今太守、朝散大夫張公來，民庸孔彰，學政具舉。教授韓世華喜謂人曰：賢師帥所遇吾不及，今謀歸汝陽，後將噬臍。而臺省方勤公以事。至順庚午春，逢執事之間，乃法一發口言之，公曰：吾念此熟矣。府學有田在吾州者吾嘗請之，不可。雙溪復之在我，吾去而又有奪之者，若之何？必欲爲學計久遠，惟自置田爲宜。孟夏朔，詣學公堂誦言之，退即以中統鈔五十錠送學爲倡，僚屬率郡掾、教授率諸生，與鄉里好善之士翕然和之。諸刹咸慕德化，亦各有助。雙溪寺獨助鈔五十錠，願以息虞芮之訟。公笑曰：歸斯受之，無爭不校，君子之道。乃命教授置利便田，凡用中統鈔四百六十錠，買福州朱顏、和田、逮遙、香里、翁潭等處，計以鄉石爲穀一千一石七斗，合舊田所入五百一十三石七斗，總一千五百一十五石四斗，折以官米一百八十九石四斗二升五合。教授告竣事曰：微公之力不及此。公遜謝曰：爲之兆爾，用宏茲賁，在我後之人。諸生無以報太守盛德，請勒石。教授□□□□書來徵予文。予聞士品有三，志道德爲上，志功名次之，志富貴爲下。國家取士以科舉，養士以學校。太守謀其所處，與其所乏，維既厥心，豈爲夫志富貴者設哉。此州舊爲人才淵藪，異時由科舉進者必多，維能以道德功名爲心，即所以報太守也。太守名伯顏，別號東軒，世居河間，今爲浙之吳門人。天性清剛，始終如一。教授字士實，福之懷安人，宋孝廉諱斗之孫，居官奉職如此，其學亦有所本矣。

元·熊禾《熊勿軒先生文集》卷四《母梅庵題考亭書院祀田》　我聞夫子之道，日月照，四時行；厥有曲阜之居，宗廟美，百官富。作述凡經幾代，表章皆出公家。式修寢宅以妥靈，或錫土田而致享。亦爾士而有教養居游之地，故此邑稱茲絃歌禮義之邦。睠今考亭，視昔闕里。千秋萬古，世守竹林一畝之祠；四海九州，人知晦庵《四書》之學。頃緣郡政，獲拜公祠。靖惟苴補之微，苟完猶慊；茲睹規隨之計，式廓用休。恭惟昭代之崇文，首重先賢之褒典。第居下位，靡達微悰。祭而無田，何以爲春秋粢祀之助；教而不養，何以爲晨夕齏鹽之供。祀典實風化之有關，人才豈世道之無補。居如此其近，而世如此其未久；學有所不講，則道有所不得明。吾力負山，斯文如綫。幸是邦有足徵者，而爾祖其與享之。凡爲人賢子孫，與吾世大夫士，實皆有責，豈得無情。與其徼異端一日之福田，孰若綿吾道百世之利澤。畫田井以興學校，且共爲横渠一鄉之謀；置廩餼以延師儒，當有建明道十事之議。欲觀周道，請自魯祠。

元·陸文圭《牆東類稿》卷七《吳縣學田記至元二十八年》　至元辛卯春三月，余領吳縣學事。始至，進拜先聖，退立廡下。顧視壁宇蕭然，衿佩簡寂，嘆曰：壯哉縣！而學弗稱，是何歟？有士揖余言曰：茲學之建，始紹定戊子，趙公汝証所爲也。六十餘年，新者故矣。視爲傳舍，日不加葺，田疇多荒。會計不當，又稱貸而益之。士廩無繼，則衆散而去。絃歌之音，不聞久矣。近歲里中趙君糾錄於學，慨然閔之。率鄉之右姓各以租助，計畝若干。方將嗣有建請，未卒事，代去，故籍可復也。余復嘆曰：趙君今安在？今人而能爲此也耶！利之入人深矣。官于學者，常祿之外，姑取贏焉，未見有能廉者也。千金之家，廩有餘粟，則厚以自奉，未見有能施者也。余不識趙君何如人，乃能閔士之窮，勸人以義，鄉之右姓樂與共成之，其志可謂仁哉！是不可以無紀也。昔三代盛時，人各里居，田各井授。自國子而下，爲士者皆出於鄉遂之夫家，而入學有時，故士得自食其力，不仰給於縣官。自田制壞，鄉治廢，士失其守，反不如農工商賈之有定業也。爲民者四，今加而六，異端之說，由是入焉。浮屠之室，老子之宮，鳴鐘國擊鼓，閒坐而食者，通都之內，日不知其幾千人。聚而給之者誰與？女媪之敬信，吾無譏也，勇夫健卒固捨其身而奉之矣。閭巷之無知，吾無責也，士大夫之家固捐所有而予之矣。無他，福田利益之説惑之也。子朱子有言曰：先生禮義之宮，與異端鬼教之居，孰正孰邪？三綱五常之教，與無父無君之教，孰利孰害？今趙君之舉行也，舍彼而之此，其有得文公之心者乎！抑學校之道二，教與養而已。中心好之，曷飲食之，養者之責也。佻兮達兮，在城闕兮，教者之責也。余愚且老，婆娑此行，竊承荒乏之餘，大懼教養有闕。幸居是邦，以友士之仁者，樂趙君之事，書而刻之，庶有聞風而起者乎！雖然，趙君信有德于士矣，士之饘于是，粥于是，何以報德？愚聞之曰：士無事而食，不可也。有人於此，其君用之，則安富尊榮；其子弟從之，則孝弟忠信，乃免素餐之譏矣。飽食逸居而無教，則近於禽獸。孟子謂亡恆產而因無恆心者，民也。士則有常心矣。士有常產而猶無常心，何以自拔於民哉！

元·鄧文原《巴西文集·丹陽書院田記》　書院舊有記，建康道肅政廉訪使盧公之所作也。若郡縣之因革，儒教之廢興，與書院之創始而承序者，亦既參稽方志，咨諏故老，闡道之奧，垂訓方來。按書院肇自宋景定甲子，劉君應安嘗貢於其鄉，即別業建精舍，爲學者藏修息遊之所。郡守朱公祀孫爲請於朝，報可，且賜公田，爲畝者二百。由是教養以立，多士用勸，名登大比，烜著後先。屬王師撫定函夏，聲教所暨，朔南是鈞。章縫子息徭寬賦，殊於甿隸。劉君自長茲山，即擢文學掾，溧陽邵子輝孫繼之，亦職教海陵。歷歲滋久，而書院繕治悉完。弘麗靚深，鄉邑改觀。獨賜田奪於浮屠氏，廩稍弗供，絃誦荒簡。被檄來者，居若傳舍，視廕去留。龍泉陳君潤祖至，則慨然曰：官無崇庳，惟勿曠厥職，矧茲弊廢，其曷敢不圖，以隳前人成功？乃諗諸慕義者，黃池典織有局漆君榮祖爲之副，首助田十畝，以倡學者。提舉陳侯侗義之，卜日之吉，觴酒俎肉，燕畢而語屬劉君洎前山長姚霖龍、學賓董文賓，告以如漆君之志，相協厥成。衆曰：諾。不數月，得田數仍其舊。夫可以義動，甚轉丸哉！陳侯職在監工，乃能以庠養爲務，可謂知本也已。余聞而嘆曰：古之爲民者，各有分田以周事育，而暇則從鄉之長老習孝弟忠信之道。其秀者自鄉升之司徒，有選俊造進之等，簡不帥教者，右鄉移之左，左亦如之。甚則屏之遠方，終身不齒。其道易明而教易行也。自田制壞而貧富以病，士無田，至不以祭，乃出遊四方，資權謀術數以獵取聲利，去先王之道益遠。後世知遊士之不可無歸也，則爲之夏屋以居，腴田以食，其意非不周渥，而仍莫誦習，乃揩揩乎詞章藝業之末，則人才之不逮古，又不在無田也。學者可以求其故矣。今夫不易之田二頃，上農夫二家之產，風耕雨耘，終歲不得息，規豆區之入以餬其口，而水旱凶荒之不時，猶或不給焉，而不敢墮也。學者羣居逸遊，歲月逾邁而問學不充，視農夫寧不有愧哉！余既記其事，復誦所聞，與學者共勗之。潤祖字正德，世爲儒宗，習聞義訓，故克有樹立，以才詣稱。是宜書。若田則詳諸碑陰云。

清乾隆《奉化縣志》卷一二　元·鄧文原《建尊經閣增置學田記至治二年》

浙水東四明學舍居天下二，而屬治文風之盛，必以奉川爲稱首。時異事殊，士廢學，悉趨時所尚，間有不隨其所趨，則羣聚而縮鼻。人不韋賢經，一切掃地於祝氏矣。天開文明，奎星炳煥。聖天子下詔設科舉，以經明行修取士，士風翕然鼓舞。奉川籍學者皆欲以明經芥拾青紫，而未有主斯文者。廣平馬侯致遠來牧是州，長官例提學校，侯語二三子：學校之事，似緩而實急，其不在我也，若在我，則不可不學之問。夫士之作成，養與教而已。架上之書，廩中之粟，今其何如？曰：學有田，舊額四百石，馮令多福勸率鄉儒置租至七百石，曰義廩，見之於周丞勉所撰碑文。廩蓄鄉豪學職輩暗圖竊取，以周貧老婚葬爲名，立廩計私收巧破，所謂周急者，曾不沾一毫。租失舊額，職此之由。士無所贍，絃歌聲絕。問之則曰：何必讀書。馬侯聞之，愀然曰：士不明經，何以應選？吾聞之柳子曰：作於聖，故曰經；述於才，故曰文。香山居士以文集置於釋子之樓，文且有樓，經其可以無閣乎？於是出己俸，倡募建尊經閣。聞者感動，傾帑助匠計之功，力饒。春季作之，夏孟落之。溪山映帶，市聲不入。洒斲文木，廼架廼匱。定經南嚮，尊之也。史西而子集東，帙籤異具。扁尊經閣，侯之子克敬大書，筆力健。杜子美誇其姪勤筆陣時年已十六七，克敬年且十二，見者稱美，以涓期之閣上奉先聖燕居。乃以前政宋御史節置到九經韓柳文子集等書，及今次刊到活字書板印成《大學衍義》等書庋其上，遷文公先生祠於左，建後軒五間，接蓋廊屋一十八間，立倉廒五間於堂之西，拓殿東餘地，亭於古松之下，扁曰聽松，以爲師生之游息。甃砌磚石，地如砥平。圍築垣牆，百堵皆作。遷行路於泮池之外，而池之中橋焉，跨鼇其扁也。通儀門成泮宮以南通水故事，樹以松柳，環列左右，規模整肅，燦然可觀。乃窮學廩積弊，物色馮令置田之碑，得之，革去廩計欄僕，義廩之儲，悉歸於學。委學正黃先根挨舊額田糧，得隱諼租若干石，及改正義廩若干石。侯猶有飯不足之慮，復出己資，倡率儒人董湛等增助田若干畝，租若干石。至治二年夏，侯復以增置義士餘糧，再置到田若干畝，租穀若干石。新舊通計田一千一百五十四畝，租穀及山租錢等計一千七百三十石六斗九升，米二十五石九斗六升餘。有地山租錢、絲、麥等物見之砧基碑籍。又規措學後餘地一十畝，桑苧其上，其利爲學職生員虀鹽之助。選生徒百名，立訓導大小學生員，周歲行供，春秋二丁，學職俸給止支外，餘皆撙節立規，儲有贏餘。侯時詣學，使諸生執經，更相問難。禮宿儒腹經笥者授業解惑，月書季考，期必成效。二月既望，申明鄉飲，僉舉賓介尊德尚齒合七百餘人會於泮宮，俎豆詵詵，衣冠濟濟，以陶成士君子之風。然又謂宮牆缺紀述，故不書。是役也，侯倡之，監州公力任之，佐貳諸君贊成之。學正黃先來杭徵文爲記。與侯相知非一日，故不牢讓，因摭事實梗概書之石，俾以告夫後之人。至治二年立石。

元·蒲道源《閑居叢稿》卷一四《南安贍學田記》　皇元龍興朔方，列聖相繼，駕馭豪傑，削平海內。于時西土有若汪氏，實爲虎臣，忠孝夙著，隱若長城，可付大事。於是寄以爪牙腹心之任，俾便宜開府，總率其屬，以征弗庭。子孫承業，穹爵旋加，其所以寵綏者至渥也。武功既立，文事亦修。昔先子禮部君遊南安，與其士夫游歸，謂道源曰：南安廟學一新，文士咸集，甲於他郡，皆汪闓之力。道源未冠，猶識其言，距今一周甲矣。厥後朝制遷徙，不得專一。儒先凋謝，後學失菁莪之育，漸不逮前。今銀青榮祿大夫、大司徒汪公，克世其家，臺省薦更，久居於外。新荷寵錫，歸榮故里。竊謂古者司徒之職，自唐虞三代皆掌邦教，敷五典，擾兆民，職任非輕。今公位是，其於學校當篤意，宜矣。況公平日讀書，與寒士角，非他將種之比，而德不孤立，善以類聚。後至元丙子夏，御史朝列李公憲僉、奉訓宋公適以讞獄至，亦既覯止，道合志協。蓋宣明教化，興舉學校，亦其職也。邇又欽承聖天子劭農興學詔旨，是宜敢緩，於是發擿爲豪民所隱者，學田爲畝者百，水碓一區，歸我公□□□□□司徒公又益以田爲□□□十日水經田中有可□□□□□□力以修充學者用自□□□□□徒日益給膳者日三□□□已也。郡學博士李維□□□□以相其事既已就緒□□□□□僕求文以紀其實，意□□□□□事不鑱諸石恐後之□□□□書有西土乏人之□□□□□□而曰以公之與李□□□□□學者如營己私將□□□□□□來者之不如今也□□□□□先勇力朱文公嘗□□□□□導之興二南之化□□□□□而生秦人以猛驅□□□□□戰鬪之心勃然而□□□□□□機其可不審而不□□□□□老不文，不忍辭，故□□□□□□□爲權輿之詩，詩人□□□□□□禮。其辭曰：　於我乎□□□□□□食無餘；吁嗟乎不□□□□□□□後之來者。

元・唐元《筠軒集》卷一〇《紫陽書院增置學田記》　學校之設舊矣，其教焉養焉，皆三代遺法也。文備成周，菁莪樂育，洋洋德意，爲士何修，而幸逢斯辰，風教陵夷，羣居弗養，趨爲游說，揣摩捭闔，迷本失眞。嗚呼！斯文在穹壤，曷可一日廢哉！歷炎劉而瀛而奎，漸追古典，至慶曆則天下郡縣皆有學有田，禮義浸灌，河嶽發祥，而七大儒繼生，盡啓羣聖關鑰，幾復三代之懿。我文公先生其一人焉，異時與門人高弟陟降星墟，卜居未果，神遊故都，山川草木，尚有餘耀。今書院曰紫陽，從先正志也。始創於城南隅，則韓侯補、魏侯克愚爲之也。再遷南阜，則山長張公炳爲之也。百年舊制，輪奐翬飛，廩稍未充，延佇方來。後至元三年，郡守嘉議公浩善慨然自任，命天臺楊某、直學吳國英節縮浮費，爲市田圖，歲會其贏，得錢以貫計若干。既而教諭蔣某攝書院事，與直學貢某積貲益加，又得錢以貫計若干，買田三十畝有奇，爲養士之助。公勤懇篤至，弗啻視爲私家事，前所罕有。贊之者知事張侯爲有力，是不可無述。元謂蒐財庀工，以據高明，凡隸于學者，皆可居焉也。拓疆增庾，以食其徒，凡以儒名者，皆可進焉也。孟子曰：誦其詩，讀其書，不知其人，可乎？知其人者，知其心也。先生之書具在，讀其書而知其心，又以知先生集賢聖之大成也。二三子其務學哉！公西域人，果毅有力略，嘗爲部使者，用法平允，方大新孔子廟，以雄特稱。從事張侯，三衢人，由科第起家，以文行著于時。履畝宣勞，則程元道、姚廷用、張斑、孔彬、孔榮也。

元・柳貫《柳待制文集》卷一五《處州路學歸田記元統三年八月》　凡學田，始皆官給，歲籍賦租，以供春秋時祀、師生餼廩。其疆理步畝，載之戶曹之版，明且悉也。然自五十年來，緇白殊流，統屬角立，挾邪飾僞之徒，騁其私智，謂學田無適主，吾可以冒沒而攫取之。或鑽石藏土中，或逑賂竄鄉籍，藉爲口實，從其所司移文州縣，往往符牒未及下，而攰攘已蠭起，訟理雖勤，卒以卮言蔓辭，淆亂糾錯，莫能正定。迨其久也，是非得失繫乎法，理欲消長存乎人，彼爲是狡獪狙詐之謀者，舉無以自匿於鑿空衡平之下。校官去來，捷如郵傳，固莫知所適主。而仁人君子執法持憲，以臨乎民上，斯主之矣。處州路學田之在青田縣黃肚、黃裏兩源者，宋康定初，郡守孫威敏公買之民間，以隸於學。有田有山有園，地總之爲十三頃八十六畝四十步，砧基在學，圖牒在有司，焉可誣也。至元二十七年，僧官楊總統倚法始橫，延慶寺僧師晟因搆誣詞，陳之總所，利兩源之便己，豪據顯攘，飾其言曰：盧使君約建寺于唐乾元中，施田二十頃，四至內無官民田土。宋宣和元年改寺爲觀，三年而復。五年，知州黃葆光遂奪之入學。蓋學自康定有田，逮至元三十年，歷歲二百五十，寺未嘗無僧，獨無一言及之，何也？且約起羣盜，據州以叛，自稱刺史，吳越遣將討平之。即其所施，亦得之亂賊之手，君子尚羞稱之，固明是田爲康定始有之田矣。歸之于學，理則宜然。郡府方上其議，明年，詔旨誕布，凡贍學地土、貢士莊田，禁毋侵奪。于是郡符首下，挈其田，還畀路學。亡幾，寺僧素禮如京師愬宣政院，院臣納其偏詞，不以達之省部，直奏言宜如師晟所陳，畫田三頃七十二畝付之寺僧。而寺僧復沿是啓倖心，不盡奪不饜。郡守酌情論法，檄青田主簿柴瓘、教授杜熙，躬即其地量計，田山地凡十四頃二十二畝，其以三頃七十二畝予之寺僧，餘十頃五十畝，令路學依驗砧基帳籍，入其賦租。自皇慶元年以始，郡具上帥憲二府，報下如章。越五年，延祐三年，僧元清者再愬之宣政，大變其詞，謂所餘十頃五十畝，皆在盧施四至之內，學非所當有。復奏回付，寺近而學遠，僧獷而儒柔，獷者怙勢，柔者執理，蓋久而莫能自明。乃皇上御極之明年，元統二年，載錫璽書，申嚴學校地土之禁。職事趙良乘若干人彙詞白郡守，府檄縉雲主簿鄭伯答、學錄薛元德與青田縣官重行檢括。其冬，僉憲吳公按部至郡，府備成案上之，得報，宜奉詔行事。吳公去而憲副李公實來，良乘復白寺僧慢令之狀，公取案閱之，悉知其姦。乃具移總管盧公，責之所屬，且俾經歷王君視書牘，除元標黃肚田五百三段合三頃七十二畝入之寺僧外，餘田地山十頃五十畝，盡還路學。其見佃湯文等十二甲徵到鈔米，就給養士。是歲六月，李公復來律囚，重屬盧公其以歸田本末具鑱諸石，俾後有考。盧公謂予嘗執筆隸奉常，其言宜傳信方來，乃使請辭。予學于孟氏者也。知息邪距詖，所以正人心而閑聖道者，其趨甚正。至比之禹治洪水，周公膺戎狄，孔子作《春秋》，究而論之，君子以爲知言。今去程子又數百年，所云近理而非朱翟之比者，果安如哉？歸田一政耳，可以識三公正人閑聖之用矣。《春秋》重歸侵疆，而書法各異。然則謹而著之，不亦可乎？李公名端，字彥方，保定人，歷仕館閣，入御史府，出節東閩，再轉而涖東浙。摧姦擊暴，不撓不矜，而尤尊其所自，振揚風教，壹本于儒，學者稱靜齋先生。吳公名壽，字承禧，廣平人，再遷御史，自汴移浙，今爲廣東憲副，廉靖有爲，淵然儒者。盧公名景，字彥遠，大名人，世傳政譜，守江陰，守三衢，皆有惠愛。是三公乃所謂仁人君子，臨乎民上，而爲之適主者也。若憲掾馮君迪、杜君士謙、武君瑛、閻君國寶之佐其籌畫，經歷王君文彪之宣其猷爲，法宜牽聯得書。凡署牘官僚，亦列名氏下方，重勞烈也。教授林堂後至不與，與於樹碑紀績之役，故末繫之。元統三年，其歲乙亥，秋八月癸丑，太常博士柳貫記。

元・黃溍《黃文獻集》卷七上《明正書院田記》　宋南渡後，衢之先賢忠簡趙公而下六人，蓋尸祝之舊矣。景定末，王侯已守是邦，始諗於朝，即故吏所據祠地爲道院者，闢書堂曰明正，且以其沒入之田百七十有六畮隸焉。咸淳間，繼之者趙侯孟奎，又益以他田六十有三畮，祠事以備。國朝因之，建書院額，設山長員。而茲田之奪於浮屠、老氏者什七八，有司漫弗加省也。皇慶初，上新即位，垂意庠序之事，凡田之在學官者，冒取有禁。於是總管申侯爲閱累歲之訟牒，而覈其實，悉返所侵田。有挾教門檄來爭之者，侯弗爲動。乃賂吏瞰侯在告，謬爲可疑，上其事於宣閫。今山長葉君謹翁白侯，破其計，而閫復下于郡。侯爲徵圖籍覆按，具有本末，田以卒歸。蓋九十年間，祠三徙而始有田，不二十年遽失不守，又三十餘年迺復。葉君念其得之難而保有之不易也，求書于石，以圖永久。溍竊惟三代而降，師廢民散，儒失其守，而奪於二氏者，匪直吾疆畎而已，矧夫威怵利誘有甚於二氏者乎？嘗試觀馬公之在建炎，連拄大奸，一斥，終其身不悔。逮紹興，權臣擅事，汪公既坐切直，擯弗用；趙公竟以不苟合去相位，貶且死。至若范、劉、小汪公委蛇仕止之間，又莫或少自撓，是凜焉不可奪者。區區之土壤，猶外物也。賢師帥祗奉德意，幸惠斯文甚厚。繄六君子之冑若士之從葉君登斯堂者，敬共以承事，感慕而振飭，必有名人傑出其間，媲美於前哲。夫能寶其不貲之軀，則一物之細，有不難守矣。溍既爲書其概，且道其所望於諸君如此。初，田之未復也，劉公五世孫衍嘗以己田百畮代其賈，汪公五世孫誼亦以己田三十畮相焉。至是，兩家因捐其田，戒子孫勿復有，是抑可書已。申侯名伊嚕特穆爾，高麗人。

元・黃溍《黃文獻集》卷七上《上海縣學田記》　上海由鎮爲縣之三年，縣始有學；又十年，學始有田；又九年，乃改作學于縣東如干步。延祐元年冬，張侯如砥來涖縣事。厥既延見諸生，視其居，則齋廬未備也，庖廩未充也；按其籍，則田之折於郡庠，若出於是邦之寓公者，歲爲米不盈四百石。惕焉深懼士失其養，而學政之弗舉，謀大其規制，爲久遠計，而未知所出也。上人善能者聞之，請入私田四百九十五畮有奇，爲學官永業，以佐經費。侯既納其請，則白狀于縣，而輸券于學。主教事者方君遇以爲，向之克有學有田不易如此，而上人一念之頃，遽能不愛其所有，以弛吾乏絕之慮，是不宜使後之君子無述也，乃伐石來徵文爲記。嗟乎！大道隳裂，九流百家之異趨久矣，是果不可同歟？《易》稱同人于野，亨，而謂同人于宗，吝。夫與善不擇其類，致亨孰大焉？施惠而不私其黨，去吝孰先焉？由其通，捨其蔽，茲所以合異而爲同也。侯與吾從其有取乎此矣。上人亦嘗學於是耶？土地之利，其末爾。竊獨嘉乎是舉也，庶幾乎吾聖人之旨而有非茍同者。故爲原其大趣，而爲之記。其目之細，則碑陰存焉。

元・黃溍《黃文獻集》卷七上《常熟州學田記》 常熟故吳地，州之西，子游宅在焉。當孔子時，吳通上國已久，北學宜非一人。獨子游以身通受業，列於七十有七人之間，而其言行見於記録爲甚具。迨今千有七百餘年，生其地而好學能文者，猶彬彬焉。風氣之厚，俗習之盛，誠非旁州比縣之所及。然自其爲縣時已有學，而所占田多薄瘠。以歲之不易也，諸生往往無所仰食。學校之養，顧出他州縣下，弦誦之聲希闊寂寥。前後爲是州若職教事者，思有以裕之，而未知所以爲計。學之賓老以爲，州之有力而名好事，莫如曹君，乃相率造君以爲言。君欣然爲輟田之可耕者若干晦，山之可樵者若干晦以佐之。士之羣居聚食，始無所乏絶。莫不德君之爲，而願得予文以記之。予聞古昔授田建學，悉有成法。民之爲士，固不必廩於學宮，而大家巨室，亦不得有羨田以資施予也。自先王之法壞而不可復見，說者蓋以爲三千之徒聚而食於孔子，或又以飲食之人爲子游氏之儒。何言之無稽耶？今之去孔子日益以遠，有能聞布衣養徒之事而興起焉，可謂難也已。若夫爲弟子員，而藏修息游於斯者，皆生於子游之鄉，而得其風氣俗習之美者也。苟無幸乎居之安、食之飽，而必有事焉，將見其處也必無愧乎子游之文學，其出也必無忘乎子游之學道而愛人。一簞一瓢不足爲其儉，萬鍾之祿不足爲其泰，孰得以區區飲食之細厚誣君子也哉？是用弗讓，而爲之記，以告諸來者云爾。曹君名某，嘗爲某官。

元・黃溍《黃文獻集》卷七上《西湖書院田記》 昔天下未有學，惟四書院，在梁楚間。今江浙行中書省所統吳越閩之地，偏州下縣，無不立學，而其爲書院者，至八十有五。大抵皆因先賢之鄉邑，及仕國遺跡所存，而表顯之，以爲學者之依歸。不然，則好義之家創爲之，以私淑其人者也。獨杭之西湖書院，實宋之太學，規制尤盛。舊所刻經史羣書，有專官以掌之，號書庫官。宋亡學廢，而板庫具在。至元二十有八年，故翰林學士承旨徐文貞公，持部使者節，涖治于杭，始崇飾其禮殿，而奉西湖上所祠三賢於殿之西偏。行省以其建置沿革之詳達於中書，畀書院額，立山長員，異時書庫官之所掌悉隸焉。顧所以贍之者，田皆薄瘠，且遠在他州縣。富歲所輸，猶多不登。營繕廩給之須，猶或匱乏而弗繼，未有餘力及其書也。郡人朱慶宗，以二子嘗肄業其中，念無以報稱，乃捐宜興州泊陽村圩田二百七十有五畝，歸於書院。遵著令，減其租什二，實爲米一百三十有二石，請別儲之，以待書庫之用，而毋移他費。凡書板之刓缺者補治之，舛誤者刊正之，有所未備者增益之。主教事者既白於儒臺，而轉聞於憲府，俾有司蠲其田之徭役。慮後人昧於所自，而隳其成規，徵文爲記，以示永久。昔蘇文忠公記李氏山房藏書，以爲物之悦於耳目，適於用而不敝不竭，隨人之才分，求無不獲者，惟書耳。李氏於其書，既取而用之，而書固自如，未嘗少損也。夫書，誠可悦而適用，不敝不竭矣。使傳刻者歲滋久而常無弊，則摹造者日益廣，而豈有竭哉？向之書院，若白鹿洞，若嶽麓，非朝廷所賜，無以得書。今也以布衣之士，而垂意於學校之事，不患其居之不崇、食之不豐，而患其書之不完，此仁者之心，無窮之惠也。學者宜無求而不獲，能玩味其英華，而究極其根柢者，幾何人哉？蘇公所以嘆古人得書之難，而其學非後世所及；後世之書多且易致，而學者益以苟簡也。蘇公，書院之先賢。顯誦其說，而推明之以爲記，庶幾來者主張是而勿廢，且以勸夫束書不觀、游談無根者焉。

元・黃溍《金華黃先生文集》卷一〇《文學書院田記》 昔州縣未有學，儒先或擇勝地，建精舍以講授，爲政者輒就而褒美之，號曰書院。宋初，天下四書院而已。然惟白鹿、睢陽之有田，僅見於傳記，皆上之人以是而厚其養，未有以一鄉之善士專任其事者。其後，命州縣咸立學，而學校之官徧於天下，書院之創置亦日增多。我朝尊右儒術，以風厲乎海內，聞者莫不知勸。有力而好事之家，往往構廣廈以崇祀事，輟良田以豐廩食。其爲書院者，遂與州縣學參立，而布滿於四方。既奉濂洛乾淳二三大儒以爲先賢，而於前代名臣、山林高蹈之士，有所弗遺。凡尸而祝之者，非其仕國，則其鄉邑也。孔子之門，從游三千，速肖七十，獨子游爲吳人。今常熟州，實其所居里。南州之先賢，孰有加於子游者乎？寥寥千載，莫有能表顯之者。州故爲縣時，孫公應時知縣事，嘗爲位於學官講舍之西偏，率學士大夫及其子弟行釋菜禮，而未克爲專祠。後百五十年，爲今至順二年，州人曹君始出私錢，買地作祠宇，而闢論堂於其後，列齋廬於其旁。有司因爲請於中書，設師弟子員，而揭以新額，曰文學書院。曹君既贍以田一千六百畝有奇，恐旱乾水溢之不虞，益畀以田二千六百畝有奇。其田有苗稅，而無力役，春秋之事得不匱乏，爲士者亦有所蒙賴，而得以藏脩游息於其間。爰狀其實，屬溍記之。溍竊觀孫公舉曠古之缺典，意甚美，而爲事簡略，特以先師朱子之記而見稱於人。曹君乃能不愛其所有，而汲汲焉致力於孫公之所不及，固已不易。以一鄉之善士，而專任樂育人材之責，亦古所無。顧欲以滔之蒙陋，嗣爲之記，而自附於朱子之末，安敢犯是不韙哉？惟朱子之文，天下學者莫不家傳人誦之，況爲其州之士，而羣居於此，豈無聞其緒言而興起者？誠能相與勉焉，朝益暮習，而無苟利乎爲養之厚，必有異乎今世之所謂文學，而不爲昔人之所謂賤儒。此則朱子之所望於來者，滔無庸以勸説爲也。

元・歐陽玄《圭齋集》卷六《分宜縣學復田記》 昔前宋咸淳癸酉分宜民曰宋應槐訟其鄉有田，稱梁子思所置，立戶爲萬壽菴長明莊者，崇法院僧正冲之所作僞也。宋田令：寺已有常住田，不得買民業。冲違法私買，妄稱梁氏所置，故應槐發之。漕使鍾某閱實，據法罪冲等，而沒其田，以畀分宜縣學養士。士刻石爲記，其文載縣志甚明。越三年，宋亡，分宜內附，其田租歲入學廩，前後凡二十有八載。大德己亥、庚子，縣學直學劉應丑死，其子自昭受崇法寺僧錢，盜以本學砧基簿賣之。由是僧恃力奪田。學雖有文移在官，求與僧論直，而儒多寒酸，學官滿三歲率去，力莫能競。僧挾其有餘之資，又歲收所奪田租，以助其力，故訟連年不決。延祐間，江西僉憲薩德彌實按問至邑，攷覈始末，以田歸學。僧又爭之。既而奉使宣撫及江西行省理直如前，田復歸學。僧德旻者往愬宣政院，院達之都省，省循例移行省體勘其是否。行省檄下袁州路，路以其事付録事判官怯烈決之。怯烈惟僧言是聽，僧又誘刑餘之人冒儒名者曰宋應祥，赴官誣伏，怯烈輒以學田歸僧，公論咸不直之。學乃有詞，展轉歲久，本路專委縣尹趙侯思順研究，尹詣田所，集耆老佃人，詢知固學田也。會宋應槐子從吾，出前主學徐祺印信徵租之文，以爲左驗。先是，自昭盜賣學籍於僧，學無其副，田之條段四至無所於考。至是得從吾之文，疆界瞭然。尹乃周諏密訪，備實上於路，議以田歸學。路質於憲，僉憲伯顏適按部，力主其議，憲掾某相之。路推官鄭時中又屢言之。尋得行省儒學提舉范君匯，悉以其實告藩垣大臣，咸直趙言，遂以田歸學如初。寺主大有坐是爭亦敝罷，歸咎始謀，赴官入準伏狀，願遵分宜縣所斷，以田復分宜縣學爲業。第數內有水田四十畝，及山園地，大有舊所佃者，乞減輕租額，仍付耕種，歲輸學租。尹再三審之，以其親書入案，而徐議其所陳乞。於是四十餘年之訟，一日而絕。諸儒礱石請文以記。予乃太息而言曰：天地間物，人各得主其所有者，以時王之法爲可恃也。在法可，則物己物也；在法不可，則非己物也。僧違法而田歸官，則田非僧物矣。官以田與學，學受田於官，非受田於僧也。神聖受命易世，凡前代之所予，欲亦惟其是之從耳。世祖皇帝在位，崇儒之詔累下，其以膳學錢糧爲養士之資者既久，則分宜之學田，實在其中矣。成廟即阼，又明有諸人毋得侵占學田之旨。由是考之，分宜縣學之主是田也，在宋之日甚淺，在皇元之日甚深。由丙子內附至於庚子，二十五年間，田固學有也。僧於斯時，未嘗起而爭之也。直至劉自昭盜賣砧基之後，始生詭謀，則其枉直，較然易知也已。國家近年田令：民間田宅，僧道不得爲隣。不爲隣者，不使買民產也。後至元以來，又著僧道買田之禁。使正冲私買，在今日之法，亦豈得爲寺業乎？嗟夫！士，四民之一；僧，亦自民出者也。王官奉命以司王民之直，於斯二者，豈容心於其間哉！事枉則必復，事直則易斷。趙侯之明，能信其直，故無疑也。田在儒林鄉，土名良步等處，計一頃二十三畝三分六釐，歲入租七十三石二斗一升。又有一山園地，計五頃四十三畝一角，亦在其處云。是役也，儒之宣力者曰某，特附著於斯。

元・貢師泰《貢禮部玩齋集》卷七《福州路儒學復田記》 國家廟祀孔子，建學籍田，以教養天下之士。自江以南，惟閩廣爲盛，而閩處八郡之中，租入尤號富饒。比年典司不謹，姦弊滋甚，遂使歲入之數日以耗損，教養之具或不給焉。廉訪使贍思丁公聞之，慨然曰：是必有豪強侵之者，不然，則漁於姦吏。憲治所在，敢爾乎！乃命郡守申顏家奴稽圖按籍，教授沈質初周履旁詢，悉發諸豪民所侵。在閩縣者，得南洲田三百畮奇，銀租若干兩；魚蕩數百頃，銀租三十兩；兔壕莊田若干畮；時昇里田一百畮奇：歲皆分其收之半。在侯官者，大、小馬鄭漈洋田二百畮奇，銀租一十三兩，今增至五十三兩；曇石莊銀租九十兩，今增至二百兩；新復田八十五畮，銀租二十六兩。在長樂者，善田等田若干畮，米增七十五石奇。學產於侯官爲最多，其十四洲田畮幾五千，米石二千三百六十，僅入其半，今悉復如數。而又歸浮圖氏先勝洲侵田三百畮奇。是舉也，憲史武鼎、治中賈佺、學正張熙孫皆與有力焉。於是在泮之士盧曄等，相率狀其事來請記。嗚呼！昔之侵者今以歸，昔之漁者今以復，變耗損爲富饒，監憲公之用心亦知所本哉！雖然，學校之職，教與養而已矣。養之而非其材，則稂莠足以害苗；教之而無其法，則紅紫得以亂朱。今教養既有其具，盍亦思所以去其害苗而亂朱者乎！不然，佻達貽《子衿》之譏，貪殘興《碩鼠》之刺，倉庾雖實，亦何益於學校哉！紀之石間，用勸來者。

元・貢師泰《貢禮部玩齋集》卷七《福州三皇廟學田記》 三皇有廟，醫者有學，其制雖昉見於前代，而合廟學爲一，則又我國家之盛典也。然廟以崇祀，牲幣粢盛之物不備，是爲瀆禮；學以明道，餼廩供饍之具不稱，是爲慢士。瀆禮慢士，皆爲政者之失。福州三皇廟在城東北隅，向予廉問閩海時，顧瞻棟宇荒陋，俎豆狼藉，師生散去，學業不講。語諸有司，則曰：無以贍也。方謀所以經助之，會遷去不果。後五年，以分部復來，則廟學視前稍加飭焉。問之，主者謂宣城葛君秉璧之提學也，會今平章普公之至，大興學校，而僚佐賓屬議以克合。始取閩縣民田没入于官者二百六十晦奇，隸諸學官。而部使者諸君，又皆風勵勸勉，以相厥成。然後春秋祀饗，朝夕供具，一如令式，而俎豆絃歌，升降講習，皆足以稱大藩之觀矣。竊惟三皇之道，猶天之元氣也。元氣無不用，故道亦無不該。凡後世之叙倫明紀以淑諸人，飲食作息以保其生者，何莫非三皇之道也，豈醫家者流所得而專祀哉？況今所傳《素問》、《難經》、《靈樞》、《本草》之書，鍼刺、砭㶕、按摩、齊和、呪詛之法，其言多假托附麗問難以神其術，未必皆出乎三皇也。然讀其書于學，固可以推廣夫好生之德；仰其神于廟，又可以想見夫生成覆載之功。觸類而長之，庶幾猶得其所存於萬一爾。嗚呼！掘地而泉至，蓋水無不在也；穴隙而光入，蓋明無不照也。三皇之主于醫，其亦若此夫。他凡預田事者，具載於碑陰，故不書。

元《編類運使復齋郭公敏行録》陶璞《謝運使復齋郭公復學田啓》 右璞啓：伏以煮海功深，恢億萬斯年之國課；得人望重，振二十四考之家聲。遐邇相安，見聞交慶。仰惟同知運使相公，浩氣凌霄，精忠貫日。山横青玉案，少年志篤於螢窻；花對紫微郎，壯歲名香於鳳治。式際風雲之會，屢承雨露之恩。才足以治劇剸繁，德足以廉頑敦薄。迎伋作守，允多竹馬之童；先隗爲師，卓冠金臺之士。天生賢之不偶，地因人而愈崇。高柔乃棟梁臣，將大用矣；陳恕眞鹽鐵使，姑少試之。掃舊弊則古與今而一新，建長策則國與民而兩便。胸中貯一壺之冰雪，如水益清；筆下起萬竈之風雷，熬波出素。秋毫無擾，春意甚濃。容衆尊賢，笑燕雀安知鴻鵠；抑強扶弱，驅豺狼不問狐狸。禁蓮滷之私，藹棠陰之庇。平反數訟，漢廷尉民自不冤；增羨多功，唐劉晏才何足比？如宏羊者聞風投印而去，相司馬者即日補衮而歸。披襟當之，舉笏賀矣。璞誤叨溫綍，濫占冷氊。學居海之濱，欲厚倫而移俗；詔自天而下，常重道以崇儒。奈何千百載鄉校養士之公田，陷爲十數都竈戶肥家之私產。上司之催租雖切，各佃以辦課爲由。不輸一粒之糧，盡歸己有；弗畏三尺之法，莫敢誰何。致公廩之常虚，有奇字而難煮。豈特廣文之飯不足，待哺者多；自歎淵明之琴無絃，知音者少。雖曰不求飽求安者，君子之志；尤當思有教有養者，聖化之仁。今大明幸遇於台星，如久旱忽逢於甘雨。主張公道，以嚴其令，懲戒豪頑，以警其餘。催積歲之逋，蘇多士之涸。吾豈匏瓜而不食，願報公恩；爾惟鹽梅以和羹，佇觀相業。特兹申覆，伏望内原。璞頓首再拜謹呈。

元・傅若金《傅與礪文集》卷五《衡府判于公復學田序》 衡石鼓書院故有田在屬邑茶陵者，東西莊凡六百畝有奇。茶陵既自爲州，三分其一入州學，獨東莊仍爲書院田。不幸莊近靈巖寺，寺僧恃地阻險，而去衡又遠，校官力勿能制，數奪有其田。事即聞有司，恆受僧賂，易置曲直，前後數十年，田三復書院，而三奪之。然文牘藏學官，雖未得田，猶不可泯，或教僧購得其牘，毁之以滅蹤跡，自是積十餘年，莫與理者。後至元三年，程義孚爲山長時，會監察御史、部使者俱至郡，以其事白之。御史按有司得實，即移湖南兩府，使復田書院而罪寺僧，且徵田租。御史去，寺之主僧泰賂藩府文法吏求解。吏受賂，乃檄衡判府于公會茶陵守，更詳詰其是非，實欲緩之。泰自喜，陰使人行賕於公，公勿受，泰乃夜遁。公至茶陵，悉致寺僧，案得其姦狀，上之藩府。文法吏受僧賂者，駮前議非泰詞，不聽復田，檄再下，公益自堅，不爲利奪，未至茶陵，先遣人至寺，執泰送州，州不受，欲縱使逸去，公聞之，馳至茶陵，立治泰誣奪書院田狀。泰具服，不得有所隱。獄上，文法吏不能破矣，卒復其田。衡之士德公者，各爲詩歌以道其實，俾余叙之。嗟呼，君子之食禄於上者，將使司平於下也。凡民有争，猶必眂其曲直而理之，不敢有所阿私，矧書院田以供先聖之祀，以爲邦家育材者乎？前時有司不顧是非之正、予奪之宜，徒惑於浮屠氏，而利其賕賂，視公所爲而不媿且死，則非人矣。士之歌公，有以也夫。公治衡，善政不少，復田特其一事云。

元・魯貞《桐山老農集》卷一《江山修學復田記》 天生斯民不能以自治也，故生聖人以治之。聖人不能以獨治也，故設官以養而教之。建后稷教之稼穡，以養其生，而升其俊秀於學。建學校以明人倫，使復其性，而貢其賢能於王。當是之時，升於學者不使耕也，而凡庸不與焉，則養之得其人也。教之於學者必先王之道，而異端之與焉，則教之得其道也。由是大道明焉，異端息焉，風化成焉，人材出焉。三代聖王所以盡夫代天子民之責者，其在此矣。自秦以來，若漢之文、景，海內富庶，屢賜民租，知養民矣，而不知養士也。若唐之太宗大召名儒，增廣生員，知養士矣，而不知教也。迨宋河南二程子倡明正學，紫陽朱子又發揮之，然後聖人之道晦而復明，昭若日月，知所教矣，而當時不知用也，是以大道泯而異端起，風俗薄而人材靡。迨及我朝，上自京師，下至州縣，莫不有學，學有生徒，有廩膳，而又表章程、朱之學，以爲教於天下，則其養與教，豈不超乎唐、宋而追蹤三代歟？江山爲縣，在衢上游。學在縣之西，舊有田若干，爲豪民據者十之二，所入微而養士之資有所不給。至正六年，監縣朵只侯來視學事，怪生徒之不集也。教諭劉奎進曰：田奪於豪民，故無以爲養也。侯於是召鄭明等而語之，俾復其田。未幾，詹侯來尹斯邑，遂力追復之。於是鄭明、周子顔等歸田四十五畝，魚塘蔬圃不與是數，而學之廩遂豐。明年，郡人周撝新主學事，請曰：棟宇欹撓，楹桷頹陊，風雨震撼之，朝夕若不能支。詹侯喟然嘆曰：此吾事也。乃即咨之邑長速來蠻，而悉之。邑士鄭文明、周德垕，及聞侯之言，欣然助之，又率邑之士民出鍬供役。於是撤朽易新，去缺更全，塗之以黝堊，補之以磚瓦。講誦之室，庖湢之所，凡學之具，各有所葺理。乃命教諭招集生員，邑之群彥森然來萃，廩之以所復之租，充然而足，而是邑之士，始得其養矣。遂明先王之道以教之，其書《易》、《詩》、《書》、《春秋》、子史百家，其理仁義禮智信，其事君臣父子夫婦日用之間，誦讀以習之，思慮以通之，晝爲而宵得，瞬養而息存，而是學之士，始得其教矣。友人徐君，來道詹侯之事，求爲之記，辭不獲。嘗記今年春。貞遊江山時，見其諸山雄壯，怪石突起衝雲，疑其必有卓然之士，特立勁氣，與山石相盪摩者。及至其學，讀朱子所爲二記，然後知賢哲之生不偶然也。又疑朱子所謂深藏不市者，豈至於今未之見邪？然今不異於古，安知其不生於朱子之時，而生於今日也？邑之群士既得所養，則相與服侯之教，益勵於學，而山石蘊畜之氣，將必有所泄矣。豈非教化大行，而人材由是出焉？然則詹侯之功，不可忘也，是宜爲記。詹侯名道愈，字齊之，好學而文，所至有善政，武夷人也。

元·宋禧《庸菴集》卷一四《高節書院增地記》 國朝於天下祠學所謂書院者，例設官，置師弟子員，與州學等。嘗詔有司，以閒田隙地係於官者，歸之學院，以贍廩稍之不足。然仕於州縣者，往往局於米鹽獄訟之煩，能致意學校以應明詔者，蓋少矣。至正九年夏，河南郭公來守餘姚。既于孔子廟學，究其事力之所至矣，復以州有先賢祠學曰高節書院者，乃漢嚴子陵先生丘墓所在而建者焉。先生之風，誠范文正公所謂大有功于名教者，故縉紳大夫，即丘墓所建祠立學，以致褒崇之意。公又慮其田租之入尚薄，不足贍學士，於是爲覈雲柯海濱之地，得四百十有六畝。繼覈汝仇湖田，又約四十有五畝，悉以歸之。高節之建，始自宋咸淳中沿海制置使劉公黻，至今八十有餘載矣。守是邦而圖增其產者，前後僅數人。郭公，又士論之所歸者。山長應君仲珍、前攝書院劉君彥質，謀刻石記實，祈文于余。余因歎而言曰：三代學校之法，莫備於成周。成周之時，民皆百畝其田。於其入學之費，必有以自給。故學官養士之法，獨無聞焉。後世貧富不均，士之力於學者，勢不能兼農工商賈，而多阨於貧窶。今聚而處之學院，於其口體有所養矣。然自學者而言，則心志之養，尤不可缺。養其心志而無餒焉，雖併日不食，亦不能病其所學者矣。范文正公之讀書南都學舍，往往饘粥不充，日晏始食，亦嘗有廩稍之賴乎？至其爲治，則記嚴先生之祠，固以廉貪立懦爲言。攷范公之志，聞嚴先生之風，士之肄業於斯者，亦可以自勵矣。況以郭公之能致意廩稍，而內外得以兼養，士亦何憚而不進于聖賢乎？予既服公之爲人，又重應君之請，作此記，以勉夫學於斯者。郭公名文煜，字彥達，嘗仕于朝，有聲矣。其爲是邦，治行甚優，當有論著。

元·盧琦《圭峰集》卷一《惠安縣學修學增田記》 至正五年己酉夏六月，惠安教諭傅君馳書告琦曰，惠安學凡四遷而迄定于縣治之左。前至元癸巳，令尹趙君仲臣之所創也。舍如舟，廩如罄，倚教席者視學如傳。間有以革陋爲志，往往畫於力不足，以叩有司，有司聽之漠然，不少加意，如是者積有日矣。至順庚午，監縣樂禮公寔來，毅然以興學自任，宮之狹者闢而廣，田之失者稽而復。士爲建祠、樹碑，德之也。又十有二年辛巳，吳漢臣來守茲邑，飾大成殿，殿廣袤凡若干，悉易磚以石。又三年甲申，陸公君華繼至，乃大脩明倫堂。棟撓者更之，礎陷者平之，枲、桷、瓦、甓無纖巨，咸徹其舊腐破缺而新之。堂之後曰尊經閣，閣之下曰崇賢堂，畢就輪奐。更築環圃之牆，爲丈六十有奇，徙光霽亭其中，仍斥而大之。又自櫺星門達于通衢，翼以石欄，爲間凡四十有六。自始役迄終，公每躬督之，不務苟成，不求速效，必完必固，圖可以久。於是學之制始備。先時邑民陳某以罪沒田于官，鄉豪陰據之。前令吳公廉得其狀，議以所沒田與學養士。牘具即代去，豪賄吏陰更其牘。公亟以前議白之府。府是之，因召豪至廷下，示以法，豪遂服。田悉歸于學，於是學廩始給。邑之耆士來言曰：凡有功於學者宜祀，今仲臣樂禮公既有祠，公與前尹吳公，獨不宜祠乎？衆諾而祠之，將載其事于石，因以所入田附書焉。請予爲記。某聞，諸邑令，古諸侯也。邑學，古庠序也。董子曰：設庠序以化於邑。夫興學以化於邑者，令之事也。邑得良令難，前有作而後克繼之者尤難。若二公者其位同，其志同，其興學之功又同。即于學而並祠之者，蓋秉彝好德之良心，其施於二公者亦同也。某，邑諸生也，目當時之陋，每羞且憾之，今者居有廬，食有廩，絃誦有次，其可忘所自耶？爲我語同志之士，其益勗乃德，淬乃業，處而善其身，出而周於用，庶幾不負二公教養之初志云。是爲記。

元・趙汸《東山趙先生文集・文補・商山書院學田記》　新安自南遷後，人物之多，文學之盛，稱于天下。當其時，自井邑田野，以至于遠山深谷民居之處，莫不有學有師，有書史之藏。其學所本，則一以郡先師子朱子爲歸。凡六經傳註、諸子百氏之書，非經朱子論定者，父兄不以爲教，子弟不以爲學也。是以朱子之學雖行天下，而講之熟、說之詳、守之固，則惟新安之士爲然。故四方謂東南鄒魯。其成德達才之出爲當世用者，代有人焉。然考其學所由，則在宣、政間，婺源有汪公紹者始作四友堂於其鄉，以居四方學者。其子存遂以明經教授，學者稱爲四友先生。一時名士若金公安節、胡公仲輩皆出其門，此吾郡義塾之始見也。其後則有尙書錫山陳公之茂初尉休寧，命鄉舉秀民爲學官弟子而躬教之，故休寧之學特盛。歲大比，與貢者至千人，蓋有自來矣。迨夫世降日下，文治既微，俗亦少衰焉。薦經禍亂，自井邑田野，以至于遠山深谷民居之處，莫不蕩爲丘墟。學者逃難駭散，未安其生，又奚暇治詩書禮樂之事哉？識者於此蓋深憂之。而郡別駕汪公，義學之建、田租之廣所爲惓惓者也。公，四友先生七世孫也，其平居時，嘗欲推先世遺意，創義塾以教鄉人子弟。多難未遑間，雖從事軍旅，日不暇給，而未嘗少忘於中。至正丙申歲，既以義兵克定鄉郡，駐師休寧，什伍其民，使相守護，郡邑蓋少安焉。重惟人亡禮失，經殘教弛，莫甚於斯時，作興之機不可少緩也。乃求溪山清邃之地，得邑人吳氏遺址於商山之南五里，規創書院，以爲學者講習之所。其既廩之供，則買於旁近，得田二百餘畝，在黟者五十餘畝。命邑士黃權圖其地形廣狹，識其物色、處所、歲入若干，爲籍以示遠久，而司其出納。其學舍造作土木工役之事，始終鉅細之相其成者，皆屬諸宗人周，周亦四友之族也。其廟學之制，釋奠之儀，師弟子供億之節，教學之規，一切皆使學者相時考禮，以序爲之，公若無所豫焉。公之所尤汲汲者，在乎定厥居以收其人於散亡之餘，繼之粟以續其食於族處之日，使士得安身一志，以從事於其所當爲者而已。於是周與黃權以告於邑人趙汸，而請記其事。汸聞而歎曰：於乎！斯文之興喪，天也。世變極矣，豈其遂泯絕於斯乎？抑將有待於人乎？夫有國家者化民成俗之方莫先於學，而學之爲道，又非可以私意苟且而妄爲之者。矧新安之學，本乎郡先師者，父兄師友之授受猶或有傳也，其可一旦廢而不講乎？此固大夫君子之所宜盡心，而凡民俗吏以爲迂遠而闊於事情者也。今別駕公以剛明之姿，承家世之遠，雖兼職軍民，合行郡邑，而凡所以爲妻妾之奉、子孫之遺者漠然不動其心。既建知本堂以膳其宗族，而興學育才之志不懈益虔蓋如此，其觀夫興衰之變、存亡之故，而審夫得失之機也明矣。天其或者尙存斯文遺緒於東南，則商山之學者，必有光於四友之堂，而汪氏爲世有功於新安之士矣。是豈非公之志哉！乃爲之記，使刻諸石，以勉夫在學之士。而凡學田之物色、處所、歲入之數，咸勒於碑陰。

元・陳高《不繫舟漁集》卷一二《平陽州儒學增田記》　凡學校之經用，師弟子有廩膳，士之貧者有養，春秋釋奠有簠簋俎豆之實。苟歲之所入無以爲出，則庶事闕遺，師生曠業，而學校廢矣。平陽舊爲縣，贍學之田素寡。後陞州，更設教授員，厥費倍昔，而田弗加多。歲所收穀，以石計者不過三百，二丁奉祭之贏，教官祿且弗給，是故訓導之師，恆虛其席，而絃誦之聲，未之嘗聞。前後之職教及守土者，雖或病之，而其力不足以爲。至正十九年，天台陳鑑翁來爲教授，慨然以興起學校爲己任。越明年春，南臺監察御史易普剌金、孔汭行部閩廣，取道于溫。三月之吉，適臨是州。乃蒞學宮，虔謁于先聖行師，遂登講堂，慰勞多士，宣布德意，環列觀視，罔不欣肅。因覩學師缺員，生徒希鮮，乃詢其故。鑑翁具以膳廩空乏之告，二公惕然曰：崇學尊教，實我國家盛典，而勉厲作興之，豈非吾職所當先乎？乃言于副元帥周嗣德曰：自吾入茲境，民若不知有干戈焉者，子之保守撫綏斯土，厥功茂矣。然當海內用武之日，吾民得以安居無事，必須庠序之教，使之明人倫而知禮節，匪爲治之急務歟？州之有學，蓋以教民，而田弗充于贍士，教奚由興？盍圖之。元帥曰：諾。爰撥在官之田若干畝，歸諸學，且籍其入，專爲師弟子廩膳費，而俾來徵記于余。余唯學校育才之地，凡子弟來游於是者，將以漸摩乎理義之訓，涵泳乎道德之源。少則習夫洒掃應對進退之節，長則業夫修己治人之術，始之爲士，終之爲聖賢。其所以爲教而學者，閎大如此，則其養而食之也，庸可闕乎？而凡師弟子之食其食者，得不思夫爲教之本與夫爲學之道乎？異時吾見禮樂之教行，後秀之才成，居則有以孝親而悌長，出則有以化民而善俗，是則增田之功有補于學者，豈小乎哉！蓋非御史之賢，無以成其美；非元帥之賢，無以拓其規。陳君之志，由是而獲遂，然則書之以昭示久遠，夫孰曰不宜。至正二十年秋七月望記。

元・虞集《道園類稿》卷二五《滕州性善書院學田記》 天曆庚午五月，滕州守洛陽曹侯振文，介前學正李德昭至京師，來告曰：吾郡有性善書院者，大德四年，前守尚敏作義塾州治之南，其屋四楹，覆以瓦，其齋舍茅茨而已。延師以教郡人之子弟，出己俸以率州士，得錢五千緡貸諸人，取子息以供師弟子之食。明年，以禮教鄉官地三頃給之。延祐元年，監察御使任居敬言於朝曰：昔滕文公嘗聞性善之說於孟子，宜表義塾曰性善書院。朝廷用其言，性善書院列於學官，置山長以爲之師。延祐二年，前守鄭某改築于滕之舊治。其宮之地凡八畝，右廟堂以祠孟子，左講堂翼以兩齋以居業，張忙古歹繼成之，又給以使相鄉戶絕地二頃一十五畝、如市鄉一十八畝。而鐸之來也，於學校之事不敢後，既爲深督其教養，修完其宮牆、屋室，治其用器之未備，究子息之亡失，地之見侵者，悉經理之，增給禮教鄉官地五頃，合其舊有，凡爲田十頃三十餘畝，使滕縣簿明安答兒、山長滕昂霄行田表其畔。歲非甚侵，亦足以備用矣。鐸代者且至，將去之，懼來者無所考，謹伐石載始末，請一言而表之。予乃爲之言曰：師弟子之講習於是者，其亦嘗致意於性善之說乎？息焉處焉，亦有存其初者乎？念慮之興，酬酢之頃，亦有以察其幾，而致其辨者乎？有能一日用其力於此，庶幾賢太守之所以望于郡人乎者！蓋古之人，其幼無不學者，及其長也，受田而耕，而後秀者入於學，以學乎修己治人之道。耕者食人，而不以爲勞；學者食於人，不以爲泰；誠以學者有益於人之國家也。學非其學，而欲安坐以食，則又何責於人乎？吾聞之也，君子學道則愛人，小人學道則易使也。使滕之人，以侯之故而知學道焉，亦何待區區執信于咫尺之石哉？滕昔爲國，今爲州。今之守，昔之侯也。孟子之說，布在方冊，傳之千載，有民人、有社稷者，孰不得而誦之？視其所聞，有多於文公遠矣。慨懲文公之爲政於斯也，孰肯爲汙暴之慢者乎？繼曹侯而來者，善擇師推明孟氏之說，以教其人。於久遠之道，無大於此者。

元・虞集《道園類稿》卷二五《南康路白鹿洞書院新田記》 南康白鹿洞書院山長柴實翁，誦其郡守崔侯之言曰：昔者斯洞在南唐時，學者之盛，猶至數百人。宋初，固不待言矣。及朱文公作而興之，以講道其間，其規約之要，被乎天下，學者嚮往，以爲宗焉。此其所建立，又非昔人所能及者。翼之不敏，假守茲郡，誠不敢以學校爲緩，於聖人之道，誠亦知所尊信，而未之能學也，思致其所以爲教者，而未之能爲也。然而繕其既廩，使其師、弟子得安於治其業。顧力雖不足，猶庶幾可能乎？乃視學田之入，而節縮其冗泛，計其資之積，可易民田百畝，實翁之未至也。教授王君肖翁通攝書院之事，乃能親行田，視其肥饒去取之，故所得皆上壤。夫侯之意，王君之勞，田之始入，皆不可無記，願刻其事于石。嗚呼！朱子之書，學者蓋家藏而人誦之矣，其于聖賢之傳，爲學之要，本末始終，豪分縷析，無復餘蘊，使窮鄉下邑獨學特行之士，苟玩而習之，思而得之，體而踐之，及其久也，猶可以入聖賢之域，況乎有明師良友相先後之討論問辨，以求其正觀感、契會，以推致其極者乎！此其人固何待於人之食之而後用也？雖然，侯郡守也，書院郡之學也，自侯爲之者，當如是耳，來者其勿負侯之心也哉！侯名翼之，字鵬舉，燕山人，歷官多美政。守是郡也，二年矣，通練樂易，敏勤堅信，民無隱情，庭無留事。其用民力也，若增石閘，繕郡治，非必當爲者不爲也。是以事集而人不知擾。至治初元之詔，命司臬事者舉天下守令之最。江西部使者牢某，舉侯政績著明，考二十五事。後使者怯列察之如章，併以上御史。邦人士請像侯而祠之，侯亦莫能止也，其得民如此。王君，金華人，其大父師勉齊黃氏；柴君，番易人，其父師雙峰饒氏；皆不忘其世學，故併書之。

元・虞集《道園類稿》卷二五《撫州路臨汝書院復南湖記》 臨川臨汝書

院，在郡城西二里許。有匯澤曰南湖，延廣數百畝，受東南諸原之水，霖雨不溢，旱乾可瀦。其流南出，多所灌溉，而後與郡城衆流會焉。蓋屬縣樂安、崇仁、宜黄之水皆至於郡城之西，與所謂臨水、汝水俱合于盱江之水，北行，去郡城殊遠，雖抑之趨近，卒不可得也。城郭之間，峰嶺轇擖，地勢鹵薄，自官府、民居、祠廟、閭巷，因其高下，無有虚曠，風氣盤互，疏通委折，則渠溝之流注而已矣。是以無以宣其湮欝、去其壅底，以來爽塏而致清通焉。則南湖之納於郡，人之休養生息，蓋有所係焉。書院雖以臨汝名，實主於兹湖也。考諸舊誌，容其進而莫之敢湮者舊已。故宋天聖中，修唐故事，郡置放生池。時守臣太常博士朱公正辭，用詔書即此湖爲放生之池，其説曰：使魚鳥、草木各遂其性，以祝人君之千萬壽云。是以有司謹治之，而郡人常以盛春出遊於斯，將以宣濯其昏滯，以禊祓其不祥，而守史亦將率其僚佐賓客，暢其情而遂其樂焉。此太平之盛觀，善與民偕樂者也。曾子固諸人皆嘗賦焉，非直道其遊觀之美而已也。及乎宋晚，儒士之在庠序，尚進士業而務爲祿仕，學道之君子有憂之。是常平使者都昌馮公去疾即湖爲堂，率學者以從事乎爲己之學，書堂祠朱文公，而尊信服行其説焉。而兹湖也，遂爲風雩詠歸之地，郡人士者艾童冠之至於斯也，相觀而善。是以徽庵程君以考亭之學，從郡守部使者之請，來爲之師。遊其門而甚知名者，故司徒、楚國程文憲公鉅夫，故翰林學士吴文正公澄其人也。蓋書院始於淳祐戊申，未三十年而内附。國朝崇尚學校，建官立師，士之效學於斯者，無敢慢焉。又數十年，執事者弗虔，浸爲傍近，湮塹殖利。鳶飛魚躍之高深，混以汙萊之變易；川泳雲飛之間適，限於畦町之縱横。吏民失及時之樂，士子興茅塞之嘆，彼獨何心哉？吾聞古之爲田者，方里而井，井九百畝，上有阡陌，下有溝洫。夫豈不知阡陌之立，溝洫之浸，皆可以稼穡乎？然而聖賢之相承，謹修其制而不敢盡者，所以爲天道地利之當然而不可易。不然，何待於後之盡利者之輕廢乎？此又君子之所當究心者矣。是仕於斯者，豈無慨然欲復其舊乎？蓋日力有所不及者而已。至正辛巳，蜀人王君堅孫來爲照磨，覽其舊績而嘆焉。愛蓮之名從在，而中通外直者何見？枕流之扁雖存，而有源之活水何注？語諸其僚，知事夾谷立以告監郡倅貳，請按圖籍之舊而復之，莫不稱善。是時山長張震盡力職事，租入無弊，廩膳有常。自禮殿、講堂、門廡、齋舍久壞而弗修者，悉致其力而新完之；土田之久侵於人者，理而復之。方委曲咨勸，以承王君復湖之志，而幕長亳人趙君雷澤實來，克合其志，按得其實，即備徒役、具畚鍤，除積壤、完堤防，沛然而清流集，淵然而止水停，生植爲之光輝，飛動爲之欣悦。而郡將處州萬戶邢侯惟明，始作漱石之亭，以爲之勸。而放生枕流風雩，皆如其舊。自始役至於成功，朝夕程督者，録事司達魯花赤和尚與震也。既而太守雒陽楊公益始下車，登斯堂也，觀斯湖也，顧而喜曰：天將使吾民沐浴聖化，而蘇息其雕瘵乎？春水方新，秋潦既盡，予得與文武吏士酌芳泉以胥慶，詠太平於無涯，有不在於斯者乎？郡幕三君，皆歷仕憲府，而至是以得時措之宜者如此。以予既老而僑於斯土也，命震率其訓導虞登，以其府公之命來，求爲之記云。監郡、朝列大夫曲薛捏，太守、嘉議大夫楊益，同知、中順大夫亦憐眞，治中、宜武將軍周德林，判官、昭信校尉張克明，推官、承德郎于公説、承德郎李德芳，經歷、承事郎趙雷澤，知事、登仕郎夾谷立，照磨王堅孫等立石。

元・虞集《道園學古録》卷八《滕州學田記》　國家之制，自京師、會府、郡縣皆有學，學必有廟，廟以奉先聖先師之祭祀，學設師弟子員，有廩膳之給、補葺之費，故學有田。[聖朝創制以來，學]田[未有定制]，多因其舊，有缺者，有司得以閑田與之，俾募人以耕，歲收其入。然田之蕪治，租之有無，祭祀廩餼之充歉，則繫於長吏之善不善，用意與不用意，而教之力不力繫於師。師得其人，則長吏敬之，民庶服之，故教行而化興，不然則否，此其大凡也。滕州之學，右爲廟，廟有殿，殿有[兩]廡，廡有[重]門，左爲學，學有講堂，東西有齋舍，有庖有庫，成於至元己丑，則滕縣尹陳諶、州學正陳渥之所爲也。明年，諶[欽依詔旨]，以如市鄉官地五頃餘爲學田，從渥請也。大德甲辰，滕縣長吏阿[兒]不思等[復欽依詔旨]又以如市鄉官田五頃與之，[蓋補其未足]，用學正張中立請也。[然所佃之家，租出於己未，嘗耕於中]。至治壬戌，般陽李德昭爲學正，滕守李元重之，思所以相德昭治學者，[始]取租于田，而給之教養、奉祠之外，戶牖幕帟之飾，堊茨丹雘之工，聖賢肖象有衣裳之制，廟貌有牆宇之嚴，煥然[而]一新[之]，郡人稱之。[然其所用，固未嘗乏]。其間郡吏無良，民豪無忌，租入弗至，生徒散去，德昭有憂之，而未能振。[適]洛陽曹侯鐸[以剛明通介]之[才]來爲州也，[迺]以學校爲先務，教養爲己任，清介自守，政如神明。[繼有監郡公哈只、同知拓跋旭曒、判官劉復初、都目張氏等，皆以清雅疏通之士，接武到學。同寅協恭，思舉墜]田之見占於強家者，始復歸於學。而嚚訟者構言于司臬，謀有以撓侯［等，凡數反復而愈力］。會［憲司副］使［者］趙公行部至滕，得其實，［始絕其誣詞］，歸田如曹侯言。因又以禮教鄉之［官地］五頃增之，簿正以定其租，立石以表其畔。猶懼後之人或失之也，又使德昭請於濟寧，於山東憲司，於中書禮部，以文書下之，俾勿敢斁。又來求文，刻石以爲記。烏乎！滕與鄒、魯，兄弟之邦也，聖賢之遺化在焉，其人固易使也。今侯［欲爲］久遠之計，將質諸契劵以待之，孰若善其教以正人心，美風俗則人知禮義廉耻，亦何忍自欺乎跬步之土而私圭撮之利乎？曹侯，儒者也，其必有以勸其父兄，率其子弟者矣。不然，文墨何足以制［之］［其強豪侵奪如昔者］哉？是歲，朝廷命天下廟學以顔子、曾子、子思、孟子並配孔子西面北上，有司或憚煩，多不及奉行，而侯於滕學，獨更新設象如法。其知本蓋如此，［由是推其善政於民者，固可知已］，來者尚有徵焉。

元・蘇天爵《滋溪文稿》卷二《揚州路學田記》 維揚郡學田九萬一百九十畝，比歲政弛，或爲豪民冒種，或妄言淪入江水，或以墝瘠易其膏腴，歲入不足，士始失所養焉。至元四年戊寅，郡侯不華下車，瞻拜學宮，敦延師儒，又廣郡士以學。或言饟廩弗贍，侯稽舊籍，檄官屬廉敏者泰興縣尹劉節、六合縣尹徐居仁偕教授崔宗瑤，分行驗視。民畏郡侯之政，不敢欺隱，於是學田皆復其故，增多于前一萬三千一百七十畝，共爲田十萬三千三百六十畝。歲入有餘，士獲其養，而學制益修矣。

明年己卯，天爵被命使憲淮東，且望趨謁廟廷，退聽諸生講誦經訓，蓋亦彬彬有可觀者焉。侯間來請曰：郡之學田既復舊貫，恐歲遠或去其籍，又將無所稽考。今礱石二，誌其頃畝，樹于府治及郡學中，尚其永久而有徵也。天爵聞而嘉之。夫國必有學，所以明彝倫也；學必有田，所以育賢材也。維揚號東南名郡，地大物衆，家給人足，廟學之崇，隆於古昔。又有憲司臨涖于上，將見英材輩出，甲于他邦，然自延祐以來，貢舉取士，闔郡不聞一人與計偕者，豈儒學之士耻于自售歟，抑教養之方有所未至歟。夫江、淮之南，其田履畝而賦，民無有閑田以自養者。而維揚郡學有田十萬餘畝，歲收租入若干萬石，則國家興學養士之意，不亦盛乎！且古之爲士者，所以學乎道也，道也者，忠於君、孝于親、弟于長上、信于朋友之謂也。後世之士有志於道德者矣，有志於功名者矣，其志於富貴利達者，則未足與議也，矧志於刀筆筐篋之習者乎！嗚呼，世之有官君子，俾俊秀之民役役乎文法之末，是豈朝廷樂育賢材之意歟！

蓋古之學者爲己非爲人也，身修于一時，則道德可以表于後世矣。以淮東屬郡觀之，若海陵胡公瑗、山陽徐公積，經術德業之懿，高尚孝友之風，千載之下猶足儀形後學，激勵風俗，視彼富貴利達無所聞于世者爲何如哉。今維揚學宮既完，饟廩斯足，士之來游者修身爲學，能以先賢自期，則庶幾不負聖朝崇尚文化之盛，風紀敦勸庠序之勤，及郡侯振舉政教之美矣。郡侯冑出北庭貴族，向爲御史，論列無所避。及其臨民，勸農脩學，輯姦禁暴，民便安之，憲臺交薦其材。古稱良二千石者，侯之謂歟！

元・蘇天爵《滋溪文稿》卷四《新城縣學田記》 新城，燕督亢之地也。古稱土壤肥饒，溉以西山紫泉諸水，故凡植物豐暢茂遂。邑方百里，北去京師僅二百里，士卒屯戍列其左右，公卿分地交於前後，而官府民庶公私之田及朝廷頒賜釋、老以爲永業者又不與也。夫一邑之中，其地如是之美，居者如是之多，欲無侵漁爭奪之患，蓋亦難矣。邑有學田百八十畝，散在四鄉之野，歲入租粟五十餘石，稾千餘束。教官張節慮爲豪強侵奪，疆界之不明也，伐石志之，屬天爵爲之記。

嗚呼，井田、學校，王政之本也。後世經界之法既壞，明倫育才，尚賴庠序存焉。然而教養之法在乎師表之嚴，敦勸之方責諸承宣之寄。而聖賢之祀享，弟子之膳羞，是皆學田所出，可不正其疆界乎。夫世之學田往往湮沒者，何也？蓋今之校官無刑罰可施，則人不知所懼；無圖籍可攷，則吏易以爲姦。故必大書深刻，斯能彰示永久焉。雖然，長民者所以專其政也，爲師者所以司其教也，若夫治化洽而禮讓興，風俗淳而民庶化，豈獨耕者讓畔于野，是則政教有成，庶幾隆古之治乎。

明・宋濂《宋學士文集・朝京稿》卷三《玄潤齋記》 信之龍虎山，爲漢天師裔孫傳道之所，四方之士，從其學者無虛時。元重紀至元己卯，山之耆德朱君某，以謂學者之來，爲求道也，不博以文，則道何由成。博文必有師，不有田以養之，則師弟子之羞服百需之具，奚所取給而賴以不壞？乃捐腴田若干畝爲學田莊，俾其曾孫李弘範主之。

越十三年，朱君卒，兵亂事寢。至正甲辰，朱君之門人史君由直，懼不克繼師志，復益以私田百四十畝，命弘範興學事。弘範亦自感奮，斥田五十畝，即山中易隙地，闢齋舍爲講誦之區。以一百五十畝增爲學田，授齋之長者世守之，名其齋曰玄潤。於是弘範曰：斯可以成二師之志矣。然吾居鄱陽，兄弟皆夭死無嗣，不圖，祖禰將無所食，吾責何辭？復選從弟之子義實爲嗣，作室數楹於琵琶山之陽，扁之曰思堂，以奉其先。堂之旁搆齋，題曰玄潤，以教其後人，亦以田百五十畝隸焉。弘範復曰：斯可以延吾親之祀矣！師之德不可廢也，入田七十五畝於上清宮之祠，附祀其師某，而以其禰配之。弘範又曰：吾志稍行矣！然不托之文，烏足以知朱、史二師嘉惠學者之仁，後人繼緝之力哉！乃屬其友鄧君仲修來請文，記其玄潤齋，欲著二師之績也。

明・危素《危太樸文集》卷二《樂平州慈湖書院贍學田記甲申至正四年》

昔楊文元公之宰樂平也，崇教化，敦禮義，治人事神，克盡其道。樂平之民向之蒙公惠澤者，由今觀之，皆其高曾祖父矣。然去之百年猶不能忘，非摩漸撫循，使之心悅而誠服者，詎能至是？孔子曰：君子學道則愛人。有以哉！袁正肅公之提點江東刑獄，乃創書樓廟學之後。入國朝，至元十九年，縣尹翟君衡謀於故宋丞相馬公，崇祠楊氏，請以貢士莊田若干以供祭祀，以贍師生。馬公以爲宜，乃得魏氏之隙地於縣治之東，高明亢爽，山川獻奇，爰築宮其上，率諸生舍奠焉。事既上聞，賜額曰慈湖書院，設官如令式。廿七年，覈天下戶口，延祐二年，經理田畝，皆係於書院。其後不知緣起者每以貢士莊爲辭，而吏得以舞文其間，甚不足以仰承聖朝敦厲學校、成俗化民之意。至正元年，公之五世從孫同翁來爲山長，列其事於郡。饒州路總管府知事于君凱言於郡守曰：慈湖書院以貢士莊田養士，行之於國初，非害於法，若何而靳之？又以上於江浙行省，行省是其言。自是，書院始有田。素始過是州，既拜謁祠下，同翁具述其顛末，求爲之記。惟楊氏之學得之陸文安公，其爲樂平也，實朱文公爲浙東常平使者之所薦也，而不知者紛紛然謂朱、陸異學，可勝歎哉！今書院有田以自養，學於其間者他日出而仕於明時，有民社焉，當以公樂平之政爲師範焉可也。是爲記。

《永樂大典》卷二一九八四 元・何民先《興寧縣儒學復田記》

昔之善治者務教化，教化必自學校始，漢文翁、唐歐陽詹是以教必有養，苟無其養教焉施。炎趙以來，應郡邑學各實以田。嶺海雖僻遠，亦如之。興寧爲廣東著邑，邑故有學，學故有田。泰定丙寅二月朔，邑長進義田，當令尹張承務綺、簿尉李從仕崇高率其屬祗謁學宮，禮畢升堂，見學舍弗理，訊諸生學廩幾何。教諭陳希旦等揖而進曰：若稽古田，計一十有六號，山泊塘俱與焉。至元丙子後，海濱未寧，章逢散逸，前教諭陳釆護其籍，器貯而藏于土中，逮出之，邊幅微腐，幸未澌滅。迺陳縣易之以據，又不幸奪于強有力。時攝學事朱文富、直學羅漢南，鳴於當塗，尋得教諭黎子春力復之，所存纔七號爾。歲收米僅二十四石五斗，山塘租鈔七十緡，未復者過半，皆良田也。第仕于此邦者，往往構植豪黠，畏勢忽義，漫不之省。職教者又虞其中傷，噤莫敢言，亦莫克伸。以故祭祀、教養、脩造常不給焉。三大夫聞其言，憮然曰：是非吾儕責歟？聖朝崇學校，育人材，興科目。贍學地土，諸人無得侵奪，明詔如日，孰敢干之。所以畀付者，謂何而可後乎？閱籍竟，即以幕賓麥稷商之，君曰然，是誠在官不在學，遂下令悉力經理，惟明惟果，仍誘其衷。由是豪民蕭全興、蕭友文等，既懾且悔，自首于公，盡歸侵疆。是歲冬，除元數外，米之增石一百三十有餘，鈔之增貫二百二十有五，倍蓰於前。倘非諸君崇道篤，爲義勇，存心公，凝力定，安能至是哉？宰一邑且如是，他日推而一路，一道，可知已。昔范公尹襄縣，爲學買田；熊君作江山縣尉，倡建縣學，惟其有之，是以似之。嗟夫！好義之心，人所同也，聞風者可以勸矣。使後之士者，擴而充之，何患人心之不化，學校之不興歟？始予至五羊，聞臬司爲廣學復茶山，嘖嘖嘆羨。今復見興寧此事。爲彼易，爲此難，諸公能其所難，偉哉！所以惠邑學者至矣。抑田未復時，務在於養；田既復時，務在於教。學之士友，自今充飫乎仁義，嚌嚅乎道德，日講明乎正心誠意之學，脩齊治平之理，養其大者，無養其小者。是迺邦大夫學道愛人之初意，國家作養人材之深望也，尚懋之哉！鄉友邑簿李象明，書來屬予記。予嘉迺事，故爲書之。

元至正《金陵新志》卷九 湯彌昌《復取沙洲鄉學田記至治二年》

建康郡學，宋紹興間，秦丞相以己貲買江寧縣沙洲鄉黃魚莊等處蘆地十有五頃，畀鄉校，具載碑籍。至元十三年後，開田百頃有奇。十八年，營田司以田撥隸財賦府，僅以地四頃七十一畝二分歸于學。三十一年，權豪占佃，開四頃爲田。其後經理丈量，羨田四十畝，地三十畝，凡爲田四頃四十畝，地一頃一畝二分，奄據租入，二十有七稔。彌昌備員掌教，詢知有司，文移不輟，明爲學產，遂建白于行臺泊察院。於是路、縣參考文案，擬斷歸學。至治元年二月，省札准斷，郡俾縣主薄朱端卿偕彌昌履畝交業，而田始來歸。從行者直學謝慶德、知書王夢桂、縣吏郭滋。府給文據，公堂掌之，以相授受，始末備著文卷。佃者歲納田米七十九石有奇，地租錢二十五貫，自元年始。然非定額，有願增租者，佃可易歟。惟學事因循弗舉，豈特斯田哉？明年夏四月，作亭以覆玉兔泉。閏五月，新創靈星三門，煥然改觀。此皆職所當爲，而前人憚事難役鉅，彌昌勉爲之，賴臺察宗主，力克有成。謹識形石，田圖四至佃名，刻之下方。至治二年良月□日記。

明弘治《淳安縣志》卷一三 元·徐唐佐《淳安縣儒學增田記至大二年十一月》

井地均而人有養，學校設而人有教。士生三代之前，家恆產而人恆心，故教易入。戰國以來，流於說客。漢流於專門，人自爲食，家自爲師，人才之不古，有由矣。厥後博士雖置弟子員，郡國雖立學校官，後魏迄宋，州縣雖設學，皆未及於養。慶曆間，余公靖始建議請頒學田，俾爲士者食焉以肄業，教養始合于一，而猶未均也。淳之學創於崇寧，而未有田。紹興癸亥，邑令孔君括始倡率爲之，畝不登百。文明日盛，魁彥踵興，家誦戶弦，養之者固猶前日。數十年來，士方奔走於文書徵會之令，教亦幾廢。至大戊申冬，邑長愛祖丁承事公至，欽承德音，興學校，復徵徭，以稱聖朝作養人材之意。顧瞻宮牆，近市湫隘，且穿漏弗治，鋭意營葺，不期月而殿堂齋宇煥然一新。明年輟稍食，以貿民地之比于學者，東西拓地凡若干畝若干步，厚爲之垣，凡若干丈，教之地闢矣。乃揖儒生而進之曰：佛、老二氏持鉢扣人門，以福田利益撼世俗，割膏腴以奉其徒者，動以頃計。淳學之士不加少，淳學之田不加多，予欲無言，獨不愧於二氏乎！諸生攝衣起謝曰：吾儕小人，名不登農工之版，身不與編伍之役，而于此乎靳，獨不愧於世之徼福田利益者乎！歡然以田助者百有二十畝。於是廚煙續續，誦聲洋洋，教養並行，諸邑莫尚焉。會廉訪僉事吳公舉按行屬邑，陞堂勉勵，閱其籍而嘉之，爲署印而藏之庋，俾來者有所考。士友相與言，世之能官者往往迂視教化，其汲汲焉以養士爲意者，百六十七年間纔二人焉，亦罕矣，是不可無以垂永久。謂唐佐與食斯堂，宜有述。既不獲讓，則諗于衆曰：吾道在天地間，猶元氣行乎一身，一日非道，天地不能自立，此聖人養賢所以扶斯道也。夫子所謂觀其所養，大亨以養者而豈徒哉？吾黨之士，盍亦思夫一指肩背何者爲大？梧檟樲棘何者爲賤？養其大者爲大人，若區區飲食之賤，則斯道之寄於我者爲何如？此養也而教之道存焉。其朝夕刻厲，以無忘邑長嘉惠學者之盛心。邑長以妙年試邑，所至有最聲，其於士也尤勤，修泮募田之事皆可書。入田若干家，其名氏、畝步、鄉里、疆域刻之碑陰云。十有一月日南至，邑人前進士徐唐佐記。

明正德《松江府志》卷一一 元·柯九思《贍學田記至正三年十月》

乾清坤濁，天地闢矣。陰陽開闔，人物化生。六氣之所感致，五味之所霑濡，五色之所眩誘，五音之所動盪，六情內擾，萬有外鶩，而疾病生焉。惟聖人能知微知防而爲之節，不過不淫，故能保其身以終天年。衆人則否。聖人者出而教之醫藥，然其本在於節之時之，醫藥其末也。淫陰寒疾，淫陽熱疾，淫風末疾，淫雨腹疾，淫晦惑疾，淫明心疾。故和緩、秦越人、淳于意之徒，以上智之資，求諸本而爲之醫，能洞見腸胃、腠理、骨髓，湯熨、針石、酒醪無施不可。後之爲醫者，苟無上智之資，必群聚而講明其師說，以知本末之先後，審其不時不節之所至，以投其藥，而後民得以遂其生也。群聚而講明之，則必有學，學必有所贍，此醫之所以有學，學之所以有田也。祖宗混一區宇，其仁如天，欲億兆咸遂其生也，內設太醫之署，外置提舉之司，以領各郡學官，俾講明其本，知生死，決嫌疑，定可治，以製其禁方，可謂仁之至矣。松江府三皇廟，延祐四年，前守姚侯文輔之所建也。學附於廟而未有所贍。後守汪侯從善始勸率宣慰任仁發等出田六頃一十一畝，以給春秋之祀，用猶不足。二十餘年，廟貌傾圮，學宮蕭條，因之以饑饉，日趨於廢。至元間，楊侯伯野台爲守。蒞政之初，即能興復，迺建靈星門三，凡廊廟齋廡之摧毁者，令教授謝文彬以次葺之。又勸郡人孫華孫出田八頃八十五畝，併舊所入之田，共一十四頃九十六畝，以給祀事、修造、贍士之費。其規既成，謝教授屬其郡士曹君慶孫謁予爲文以記之。予既爲叙民生所以不節不時致疾之故，俾十講之於其素，而復施之於用。然三守之所以拳拳於學宮者，蓋體朝廷好生之德，以承流宣化。夫民之不時不節，一身之疾也。其或賦役之煩，獄訟之繁，一郡之疾也。三守相承，思療民身之疾，其用心亦勤矣。後之爲政者，其思一郡之疾而用心焉，使祖宗之仁被于海隅，庶幾良二千石矣！是爲記。至正三年十月，前奎章閣學士院鑒書博士、文林郎柯九思爲文并書，亞中大夫、紹興路總管兼管內勸農事泰不華篆額，教授謝文彬立石。

明嘉靖《湖廣圖經志書》　元・劉舉《贍學田記節文》

新邑介於長沙零陵，頖宮自經始以來，殿庭草創，田糧野失，至是主簿吳將仕營葺於前，縣尹何承直增脩於後。宮殿堂廡，丹雘一新，甃甓具備，牲舍庖廩有次。天曆戊辰，主簿張登仕，自下車以來，以學校爲先務，適長官達魯花赤迭董其事，二年間，用度無乏，廩有實積。庚午，歲荒民饑，而庠有餘粟。于時，張侯既致敬先聖，親書閶定價得四千緡一石，因發收價金得中統鈔二千五百緡。民之得糴者莫不欣然喜曰：民有所濟而學校亦有益也。遂以金增田產，得縣之江東青峰王家田二十二畝五分，歲收稻可三百把。於是，正經界，立文書，以增廩膳，用垂不朽。邑之士友請余文以記之。張侯字善卿，河南府陝州人。

明嘉靖《真定府志》卷一八　元・王理《定州學田記》

中山自古爲□國，隋、唐爲州，□□定武軍節度，五代、宋、金因之，國初置散府，□眞定。其民物夥侈浩□，蓋稱雄望矣。宋宰相魏國韓忠獻公琦嘗以節度典茲兵民，始大啓州學。建廟像，立講位，門廡齋宇，庋經之閣，庖廩之列，弘深顯敞，□制其麗。割邑閑田畝一千，計供獻享、給學者、庠序之盛爲當時河北之最。厥後毀于兵，廟貌僅存而其田盡沒矣。春秋奠薦，牲幣粢盛、䐗腶饗醢、五齊嘉栗、芹藻之品，取具於民，弗吉弗蠲。皇元崇古興學，尊明孔子之道，制詔郡邑爰立四教，俾厚民俗。至元中，知府事齊侯諭大懼弗克承茲茂典，相城之方隍池之隙地可治爲田者，凡三百有七十畝，募民能藝者簿其租，蒲葦菡萏菱芡皆賦之，廟祀始有供焉，學官弟子有給焉，於今殆四十年矣。民益堙其際爲己利，不登其數而輒私相貿易。泰定三年，府教授海祿丁君始至，□其□□，稽其田數，得其匿畝，左驗著白，以言於爲縣者。爲縣輒不聽，遂以言於府監□妥博解、知府彭侯寅亮、尹侯馬合□、通判李侯德，謂君狀言，君曰：方田之法，步二百四十爲畝，廣勾股，概以是爲準。盡城下之地皆學地，城四面各十里，池之半皆壂地，今止得三百七十畝。祿於故書中得延祐五年府括學田，舊田比今爲畝多二百六十五。朱德潤者與民爲市，匿其成業，但存舊畝而已。佃民劉義今有狀，惟審察之。咸曰：教授言具有迹，可聽。召知事顏君導議狀，俾安喜主簿封君從植括之，於是得畝一頃八十八有奇，與舊畝總爲五百五十八，蒲葦菡萏水澤所居者不在是數。初，大德中，郡民劉德一納大陳村私田陸地二百畝學宮，至是凡水陸之田七百五十八畝云，戊辰歲之七月也。明年八月，府牒下，俾以新舊田籍租數爲永久。君曰：始匿案市括田爲利者，乃刻石以誣後人，所刻猶在。今若不刻示，則我代去，或將以舊刻誣後來者，茲實在我。遂具石書其畝與其戶及其租入之數，因著其廢興之始末云。君□城人，字爲鐘，由進士拜□恩例除是官，能舉我不□□前人之弊，有太□□□，故理爲記焉。

明嘉靖《安慶府志》卷一六　元・羅允登《學田記至順四年》

金臺段公尹望江之初年，寔至順辛未也。至縣之明日，謁孔子廟，視門廊殿堂，風搖雨漂，棟宇榱桷，不腐則撓，儀像之黯昧，采繪之漫漶，牆隳壁摧，日涉童牧之跡，有矣。公焦焉不寧，若墜若隕，進學官弟子問故，語次，尋繹成毀所由，幷徵之石記田租之入，得民故所侵牟狀。退詣公署，索舊牘，核前事，則其復於公者纔十一，掩於私者十八九，慨然嘆曰：吾夫子之聖之靈，於穆在天，萬世是尊是賴。夫縣有學，學有田，皆所以報德報功于罔極者，今而不即不圖，咎將誰執？必盡復吾疆理而後已！廼重購賞以鈎情實，痛檢制以繩姦欺。踰年，民之歸誠自獻、暨首而白者，凡得田爲租若干而餘，湖爲課若干緡有奇。無病于民，無煩于官，而一反之正，廩食以充，資用饒給，粢盛孔修，百廢幷舉，因故爲新，易朽以堅，缺者完之，汙者鮮之，無毀厥成，以開後來。既又爲之擇師弟子惟其人，民吏觀化，罔不幾于文行。始公之未至也，縣政彫弊如其學，惟公振挈綱維，宰割在己，剗垢削頮，還之清明。於是訟者平，賦者均，居者宜其家，行者樂其塗。既富而教，又新三孝祠，以厚風化，其知所本矣。于時主簿滿公吉甫克濟以義，以底于績。繼又太原塔失帖木恆卿以進士由朝郎監是縣，是以政用大和，相與以有爲也。其年秋，部使者行縣，至境，察治有異等之效，尋以最聞，且勸之俾勿壞。嗚呼茂哉！夫政由人興，亦以人廢，廢而復之，賢者之譽，不肖者之毀。悠悠我心，勗哉！來者之如今，其可久也。故紀其事于石。

明嘉靖《湖廣圖經志書》卷四　元・郭友直《儒學田土祭器碑記》

嘗謂教養所以興學，禮器所以將誠。教養偏廢，則學不興，禮器不備，則誠不盡，皆守臣效職之所以盡其責也。故學有錢糧以充其歲用者，贍師生、供祀事而已，俾之不以饑寒累其心，而後禮義之治，足以行其教，苟爲無養，則惟救死而恐不贍，奚暇治禮義哉！甚矣，教養之不偏廢也。然有其禮無其器，樽俎不足供於前，豐潔無以陳於上，則雖致敬以有禮，而祀之誠有不盡者矣。教養兼舉，禮器兼備，賢守之自責，固如是之用心也。晉寧喬君誠齋爲黄梅尹，日以學校爲心，慨宫殿廊廡頽毁不稱，治政之二年，悉徹其弊而新之，始鑄銅爲器，以供祀事。又慮職教者傳替不一，田土或湮，無以爲養，舊有圖形砧基簿籍，歲久糜弊，或夤緣爲姦，後難以徵，於是勘券明正，列田土條段及祭器之目鏤諸石，蓋欲盡其責於學，而教養祀事之永傳也。故述其端，以紀歲月，且以示勸於後云。

明嘉靖《衢州府志》卷四　元・魯貞《開化益學田記》

至正十年二月戊子，浙東分憲余公巡開化。有江氏訟役田不決者，公爲白其事，而田未有所屬。乙未，公謁瞻夫子廟，進諸生而教之，且知學之廩薄，無以贍生徒也，遂以江氏之田歸之學，凡若干畝。學先有田五十畝，僅足以更費，而延師以訓導者，皆資諸生。今得是田，則有其資矣。諸生喜而買石求文，以紀其事。貞聞：人受天地之中以生，萬理咸具，或不能全者，氣窒之而慾蔽之也。學者，所以通其窒而開其蔽也。有欲學而無師者矣，有得師而無養者矣，學之不興，爲是故也。人有去家遠而失其道者，或指之途，或與之車且餽之糧，其歸也孰禦焉？兹學之士，承公之教，得田以養，於是致知以明其理，力行以踐其實，遂復其初，如歸其家，如入夫子之宫牆，牛羊倉廩之富，宗廟百官之美，若固有之。則公之教之者，指之途者也；益之田者，與之車且餽之糧者也。其惠也豈不大哉！開化，小邑也。公留不過十日，均賦役，定□牧，激濁揚清，以詩書禮樂之藴，致經綸治平之用。《孟子》所謂澤加於民，兼善天下，兹之謂歟？既述其事，復繫以詩曰：我行四方，久而思歸。茫茫多歧，莫適所之。曰有來者，指其西東。我心則悦，我行則從。足之疾矣，糧之罄矣。心之憂矣，道之迴矣。曰有來者，□其窮途。既餽之食，又賜以車。昔出今歸，見其家室。宗廟百官，倉廩充實。穆穆余公，來巡浙東。剔民之蠹，啓學之蒙。兹學之士，如歸失道。公指之向，士知所好。士無所養，如歸而饑。賜食與車，非公而誰。公適兹學，惠之深矣。士懷公德，識之心矣。是用作詩，以紀其績。刻之山石，爲示無斁也。

明萬曆《荆門州志》卷八　元・劉應奎《重建贍學田記》

贍學有田，載之碑碣，示不可得而泯滅。其次有砧基，有文案，無非關防、出納。荆門舊經兵革，州治遷方城，且於江陵創東山書院，以待流寓士子。至元丁亥，天朝混一，州城復故地，始建立廟學，求所謂學田，碑碣化爲烏有。元貞間，西山海會寺理藏殿基址得仆碑，乃海會院記，於其碑陰備載州學田土，時宋之隆興二年。吁，寥寥百六七十年之久，失於此而得於彼，非鬼物有訶護歟。欽以詔書屢下，贍學田土諸人毋得侵奪，於是申明上司取勘，多爲百姓占種，已復者大小凡七處。先書院之安土重遷也，以江南景林、白水、張卜、魚湖付之，江北高投、松林歸荆門，繇是合九莊，并學糧若干石，置坫基簿與古碑相稽考，然常經火爍，故裂而成三，申准本州重爲立石，仰州嘗督勵之勤。大抵汶陽之田，春秋所不貸，用意若此，宜無負於聖門。姑述始末以附於其下。元河南省鄉貢進士劉應奎撰。

明萬曆《嘉定縣志》卷一九　元・楊載《修造局田記》

嘉定州贍學田五十五頃六十畝有奇，歲收米一千二百餘石，籍於有司，官若吏不能有所齮齧。乘洊歲荒旱之餘，擅減舊額，與農夫分受其利，創爲他名，曰分例米。此官吏之所受，農夫之所受，不啻過此。繇是倉廩空虚，用度不足，雖禮文之事，猶趨就苟簡。學者罕至，弦誦之聲不聞，棟宇崩頽，牆屏荒翳，有窮鄉衰陋之風。延祐六年，興和路周侯思明來視州事，進謁廟庭，延覽徘徊，喟然大息：守土於兹，以承流宣化爲職。學校不修，無以奉行詔書，懼獲罪戾，欲謀修飭，顧財用無所出，未得其方。會教授缺官，請前縣學教諭三山林君疇權主學事。議從耆儒之言，請於周侯：欲復釆舊額，而歷時既久，頑民必以死爭，未易悉勝之也。盍先收他名米，一歲三百石有奇，再歲如之，三歲收二百五十七石。屬富人出貸，而取其息百五十石。林君後議從耆儒之言，請于周侯：合三歲之積，僅千有餘石，以之營繕，復有所不足，吾策不得行矣。周侯□□：别買膏腴田三頃八十七畝，得米三百四□石，所收他名米三百石，歲計六百石有奇，置局修造，不以給他費。自是而後，財用可使有餘，雖撤宫室而新之，無不可者。先是，至元六年，林君之父前太學進士諱懋，捨田二頃二畝，歲收米七十石有奇，給已繕修之費，其後廢弛。至是，其米悉併入學中。學校既壞，則秀異之士，無所於歸，聖人之道，何所辯明，庶民之愚，何以觀望而興起之哉？周侯舉應詔條，不廢職守，爲政如此，可謂之忠。林君能承父之遺志，可謂之孝。兼忠與孝，有所建立，業垂不朽，宜矣。學者承藉如斯，以强立志，以敏趨學，積累細微，以至衆盛，名實並克，自家行之而達於朝廷四方，繇庶士而至於公卿，道德純備，光明顯融，聖化宣通，流行無際，則可謂無負也矣。建學於斯，不無望於爾也。周侯爲守五年，有惠政於民，著跡偉然，可比於古之循良，非有得於講學之功，能致爾耶？林君用衣冠儒先，累世富盛，躬行節儉，又篤於爲義，繇興學一事觀之，其他可知也矣。教授金華劉君德載，調脈補綴，享有成功，欲息不忘，欲彰遺美，過徵鄙辭，鑱諸堅石，一再有請，於是乎書。

明萬曆《邵武府志》卷二　元・上官文本《增田記至正二十四年六月》

至正二十四年春，臨川傅侯士謙繇建昌司理用左轄陳公薦，來宰昭武邑。值艱危之時，任撫綏之寄，切切然興學化民是務。未期月，流竄者歸，呻吟者歌。廛有新居，公無逋租。暇日輒至秀水上載瞻文杏，仰聖道之高，徘徊瑞榴，徵文獻之存。巡觀庭廡，則籩豆簠如，廩膳□如。取租籍視之，知春秋祀事外罔贏餘。顧謂諸人曰：教養具則賢才勸，盍圖增廣諸生何如。言未既，邑民黃茂因攝教黃元叔謁曰：吾禾坪鄉黃五經教，上世惟澹以儒顯。大父適擢科官右司掌誥院，至今爲鄉榮。記髫齓時外王父考亭長危公安道撫余曰：宅相在爾。先隱君宣壽公曰：吾世業儒爾，他日毋得事佛老，壞家法。承命以來，惟恐失墜。今天惠仁矣，不鄙夷我，皆詩書之澤，願割己田四十釜有畸在黃家坊者，增入廩稍以贍士，欲報之德，勾隱君考亭公祠于鄉先生之後，庶幾畢吾志。侯韙其請，上其事于府，書其畛畷之息于籍。且懼泯沒，求余文識之。余惟國朝有天下，中外咸建學校。近制六事責守令，而興舉學校居其一，蓋知本也。承平日久，功利之士往往迂是，至鞠爲園蔬，可勝歎哉。賢令自當兵革之餘，獨留意斯文，使吾民保有恆產，不罹征徭之苦。而黃茂亦不爲緇黃之費，惟若翁之言是守，先聖之言是讀。一旦復不私其有，悉奉上圖藉以歸于我，則善教得民賢於衆人遠矣。昔蕭相國謂養民以致賢人，今侯思養賢以安百姓，其養賢以及萬民之意歟！於法應書。若黃氏子不忘先訓，惟誠心嚮聖化，志行可嘉尚，故得附書于此云。是歲夏六月朔日記。

明萬曆《京口三山選志補》　元・謝震《丹徒縣學田記》

學校之政有二：曰教也，養也。雖開物成務，化民成俗，其功莫大於教。然徒欲教焉而不得其養，則無以禦生利用，以作多士之氣。故《書》言敬敷五教，而繼之播時百穀之後，《詩》言烝戎髦士，而見之自古有年之餘，此教養所以不可偏廢，然必得人而後行也。洪惟天朝文治蔚興，上自京都，以及郡邑，莫不有學。其於學也，凡所謂教養之具，亦莫不悉備焉。丹徒爲州屬邑，舊無學廟。延祐初，郡博士朱天珍搆廟城之西隅，以祀先聖先師而立之學焉。至正乙酉，蒙西搭察兒公來監茲邑，復撤其舊而新之。越六年庚寅，吳興陳君遠實興教于斯，謀買田爲養士計，得邑東北拾都新生沙田六頃有奇，合書言之郡，內黃謝侯君琬輒允焉。命府史石勛著之牘，以徵後。畝議歲入租錢伍緡以爲常，於是士得其養矣。夫自延祐至至正乙酉而廟始成，辛卯而後田始歸，前後三十餘年，而教養之具始備，非以相繼之有其人乎？自今以往，設訓導，增弟子員，月有俸，日有饍，毋復諉曰教養不足也。養之□者其責重，教之至者其塗深，二三子其益務學也哉！雖然，爲學在乎教養，教養又在乎有常。今陳君之於是田也，既稽既畬，而益既有成矣。後之繼乎今者，苟能如陳君之志，則養士之澤當益深，則武城弦歌之化，其不復見於今日乎！

明天啓《四川成都府志》卷四〇　元・羅壽《成都贍學田記》

皇元誕受天命，奄有萬方，列聖繩承，詔郡國崇學，給田養士，以風天下。成都在蜀爲會府，昔以武定故所授多萊田。少中大夫趙公世延使指蜀道，憫士習之頹弊，教養道息，無以承流宣化，乃選秀民年二十上下者，復其身，補弟子員。定章程，樹令於學，以明經治行爲業。步其地，得其畝，制其域，如市地法。會其利入，歲以爲贍學永業，所輸入廩師弟子，有度所司時其出納焉。路總管張保同實總學政，閒以語壽，且曰：茲學校之經賦也，請記諸石碑。固不獲讓，曰：成都自丙申蕩於兵，文物泯盡，搆治學舍才二十八年，倚席不講，士子怠散，不能恆其業，蓋所授學田僻遠未墾，無所仰哺而然也。才之不立，則有司將何以奉揚天休？諸大夫可謂知所先矣！教養之道，可謂周且恆矣。既而惟之《周官》，鄉大夫歲時登夫家之賢者能者，莫得考其群居族食以養以教之道，其或授田而自食其力，大比禮而賓興之者，並授之民也歟？何治績之凝、隆平之久也？漢興，崇儒興學，增廣博士弟子，搢紳之盛至於環橋門者億萬計。吾見其士類之多於周也，未見其比隆於周也。其故何哉？噫！燼秦之餘，非六學之實也；百家之言，非聖道之純也；修潔博習，非道德之蘊也；冠帶委蛇，非力田之質也；文學賢良，非夫家之秀也；方領矩步，非樂舞之節也；傳疏章句，非躬行之確也。胡周之比隆也？然猶察舉於鄉閭也，不果其行者猶尠也。降漢而下，學校修而教樹戾，文辭侈而士習浮矣，科目盛而其進狹矣。合而論之，道與利而已矣。上以道求，士之學也爲道；上以利誘，士之學也爲利。上之所好，下必有甚焉者，豈不信歟？是以漢之士不能並乎周，後之來者亦莫漢之愈也。蜀有材，漢文翁始也。前乎文翁也，固不能洽先王之化。厥後如卿、雲、坡、潁之賢，代見時出，豈特比齊魯而已哉？由是言之，漢之士未始異乎周，蜀之材亦未嘗不炳然於漢也，顧上之人所以造之何如耳。方今車書大同，厲學興化，源流濂洛，聖道開明，士不力田而得飽於學官，不待察舉鄉閭而可受知於公上，無百家之雜、科舉之累以荒其志。矧少中公開導教化之有則，廩食養成之有資，士之食於學者，曷亦諒之？公篤志勵行，彊力不反，何往先之愧也哉？故既紀其實以告將來，因著一言，思講評於博聞之君子。

明崇禎《清江縣志》卷八　元・趙浚明《臨江路清江縣儒學買田記》

聖朝制誥路、府、州、縣立學，守令興舉，風憲勉勵，所以崇教化，育人才，扶世道，美風俗也。臨江爲江右名郡，清江爲臨江劇邑。學較雖設，歲計其微。春秋之祭祀，僅供師生之廩稍不給。宮牆頹圮，莫克完聚。至正戊子冬，前江東僉憲清徹公，以元勳世冑宿德重望受知聖眷，來守於兹。下車之初，詢縣學，知歲計缺狀，乃慨然歎曰：聖天子以學較任守令，縣學雖令職而守，實總其綱，可不思以稱上意乎？又曰：清江鎮張主一先生書院亦久廢不治，而歲計充溢有餘，以有餘補不足，亦事體可行者。繇是計路學撙節贏鈔，得中統四百二十八定有奇。謀以買兩處學田贍用，而事屬憲府，不敢自專。適憲使買公糾治臨江，清徹公即以爲請。買公素崇儒重道，聞請，欣然喜曰：興舉學較，實在郡守，實吾分憲者勉勵之事，不成就之，無以盡吾責。亟牒於總憲，而從其請。以縣尹張悅遂承德廉介有守，府掾鄧椿謹飭儒者，俾收民田之願鬻者優其值，使無虧於民，覈其實，使無虧於學，事未就而清徹公薨，而知事芊沂將仕爲重，繼成其終。於是田入學者，爲畝百有六十。租出於田者，爲碩六十有四。其直計以中統鈔爲定有四，書院之田數入與縣學等。縣尹張悅遂承德又推廣其意，捐俸脩蓋殿堂門廡，煥然一新。時浚明承之縣學，謀於衆曰：清江學較之廢久矣，今焉祀事之有奉，教養之有備，使得與二三子涵泳，淑人心，覺後進，以助政教之萬一者，郡守清徹公興舉之德，憲使買公勉勵之功。郡守如清徹公，憲使如買公，可謂能不負聖天子之付託矣。盍鋪張盛美，刻之堅珉，使後來教學於此者，飲泉知脉，起甘棠之思，益進而爲忠爲孝，以答聖朝立學之意。而知事芊沂將仕成終之勤，縣尹張悅遂承德、府掾鄧椿贊襄之力亦以著焉。衆咸曰宜，遂次本末以爲之記。清徹公西域人，名木八剌，字世明，賽典赤開國元勳咸陽王之嫡孫。四歷風憲，兩膺牧守，冰玉其清，終始一節。其來臨江也，愛民如子，而民愛之如父母。薨之日，路祭衖哭，哀動城邑。雖暴夫悍卒，莫不掩泣。非其仁恩入人之深，其能感人如是夫！既而人思不忘，乃相與祠之講堂之右，以舒追慕之情。憲使買公，甕吉剌民，名買來的，字誠甫，國朝右族，勳德名臣，歇歷風憲，蹇蹇其直，有古人風。按節西江，清聞益□，吏民仰如景星鳳皇，繡斧所臨，如陽春着地，有物皆生，故幷書之，使後來吏民有所攷云。

明《建平縣志》卷七　元・方回《復學田記》

古今井田法，行井田九百畝，中爲公田，八家皆私田百畝，故民歌之曰：雨我公田，遂及我私。天之耳，雨澤萬物也，豈有先後公私之異哉，而其民所歌乃爾。然則尊君敬上，先公後私，人情之常也。自什一法廢，富連阡陌，貧乏置錐，惟學校往往有恆產。廣德之建平，民俗醇，士風古，學有田三千畝有奇，山若地亦夥。至元乙亥，衿佩于歸，而產籍出於罔利者之手，征入無所考，職教事者皆以更置不常，間欲爬梳，隨出輒沒，豪民猾胥交相爲瘉。大德癸卯春，故大理卿安定胡公之孫定國，奉省檄來典學事，剛毅清明，廉頑立懦，橫經講說，以道正人。視學產蠹弊，慨然以興復田爲己任。松山六十餘畝，邑民據之，儒生豐登里長湯瓊發事，聞於憲司，追理得咸淳印劵爲證，彼畏刑肆誣，冀以自逭。定國間關二載，役役二千里，求直于儒司，奉使於省府，公道大明，卒復于學。定國嘗翩然高舉而去之，省府俾還職。其再至，氣益勵，志益堅，躬履阡陌，括田四百餘畝，該租賦米稻五百餘石，絹五百餘疋，立田甲，造砧基，垂久遠，土毛之入，增復舊額。人情天理不容有一毫之私，苟一私間之，則四端之是非皆泯，萬事無不舛矣。古者所謂公田私田，以事論，未必以心論也。至後世，有以公滅私之說，有公爾忘私之稱，則以心論矣。建平百里，三十年餘有人焉，私其林麓，而爲家之薪樵，私其膏腴，而爲己之菑畬，是誠何心哉？胡公定國以一公破百私，不茹不吐，此心可以對越宣聖衮郕諸公而無愧矣。

清康熙《南康縣志》卷一四　元・王南寂《南康縣儒學復田修造記》

鄆、讙、龜陰之田，本魯故物，而齊有之，從容於一言之間，侵疆來歸。吾邑學廩不幸類是，其亦幸而有能復之者。惟邑學，昔肇於三衢陳公升之，蓋在郭之東隅，建中靖國胡公晉侯徙於縣南，即今之學也。靖康間，邑宰李公能一撤其故而新之。乾道間，邑宰黄公由庚置田贍學，諸生得以肄業。景定間，始創魁星閣於前，學正劉介元實董是役。辛未科，以本經試省闈，果應閣名之識。登斯閣也，高明爽塏，俯章流之環繞，挹秀峰之峭拔，巽水會於前，旭嶺枕於後，實爲古今之奇觀。歲久物敝，風雨震凌，瓦縫疏缺，椽桁栱棁朽腐獨甚。禮殿、講堂、東西兩廡，後雖重建，而簷脊瓦甓亦多毁裂。櫺星門牆又爲漲濤所漂。泰定乙丑，廣漢張株孫，字可道，乃殿撰南軒先生之後人也，典教是邑。視事初，進諸生而言曰：學校乃作養人材之地，今墮廢如此，欲興修之而學廩不足，奈何？前廡有曰：今學廩增矣，昔蝕於浮圖者三之一。延祐乙卯，教諭趙尚祖，號石塘，稽簿書，躬履畝，移文有司，達於省憲，閲實而復之，即馬齊、崇文二莊，計糧六十三石。該鄉桶一百九十石，祭祀廩膳之餘，尚可以給。邑士亦願捐財以助其用。可道曰：善。以學廩量其出納，祭膳賴以充。遂搆材募工，先修禮殿。以講堂兩廡、櫺星門牆葺完美，惟魁星閣召匠計之，其費不貲。於是謀諸邑寮。時達魯花赤承直買驢、縣尉張忽都答兒、典史張著皆以斯文爲重，協力主盟，典教張株孫及前廡俱捐己俸，邑士亦各助貲，陶甓梓材，趨事赴工，咸恐後。適遇本路同知朝列段［善］臨邑平賦，朔望奠謁，與聞其事。自泰定丙寅冬鳩工，至丁卯秋落成。今可道修學之心，即石塘復田之心也。然石塘猶有未復之田，如蔡儒一、鄧復新以所佃田私售富家者，計米一十石有奇，可道今亦復之。石塘、可道易地則皆然。爲儒領袖者，不視學舍爲傳舍，而一日必葺；不視學田爲己田，而一介不私，誠不負所任。郡有總管大中趙侯能新泮宮，諄諄勉勵，同知朝列段善爲之佐，邑長承直買驢力主張之，何憂斯學之不興也。自今以始，必有能繼前修以經魁天下，復應斯閣之讖者，尚其勉之。

清乾隆《濟陽縣志》卷一〇　元・李謙《贍學田記大德八年》

聖上踐阼之初，以十四事詔天下，其九曰：學校之設，所以作成人材。無學田處，量撥荒閑地土贍給生徒，所司常與存恤。七月復申諭中外曰：孔子之道垂憲萬世，有國家者所當崇奉。曲阜林廟，大都、上都，諸路府州縣邑應設廟學書院，其贍學地土德至渥也。濟陽，濟南之屬邑，爲縣幾百八十年。邑學，近歲賢令尹皆營繕一新。具鄉先生翰林學士楊文鬱所著《贍學記》，獨境內無遺田，所以資贍者未有以應詔，教官之至率不能安席，學者亦裴回引去。大德七年，教諭章邱廉鐸至，適城南清濟之汭，水落而灘出，廣袤二百五十餘步，當市集諠囂之地，以之列肆，可以致人而聚貨。誠請於官，月取僦直以資學，則祭祀教養之費宜若可給，且民不得私有，收其利入學爲宜。乃上之本路總管府及廉訪分司，皆允所請。符下縣趣如令，俾爲贍學永業，仍附入學籍，干冒者有禁。縣請記其事於石。予惟自古人才之成，未始不自教養中來。故《詩》曰：菁菁者莪，在彼中阿。既見君子，樂且有儀。説者謂：育我者，山阿之潤澤；育材者，人君之德化。漢史亦曰：地之美者善養禾，君之仁者善養士。方制詔勉學，首及學田，無者以閑田給之，國家嘉與士類，期於作成。所在郡邑，顧豈無倉廩府庫之實以給數十人之日用哉！意者錢粟之廩可蹔而不可常，以土田賜之永修，可以無弊矣。濟陽雖蕞爾邑，而地故齊境。前代人材輩出，非以其教有本原，學有根柢故耶？今守土之吏寅奉詔條，作新邑而又疏闢墟田，以補助教養之需。自今爲士者，沐浴膏澤，不至有口腹饑渴之害爲心害，朝夕得壹意於學，將有博學洽聞蔚爲時望者出焉。苟備員諸生，竊虚譽以貽鄉人羞，是豈賢長貳所以惠淑之意，尚熟計焉，毋忽。

清乾隆《縉雲縣志》卷二　元・俞希魯《復儒學田記》

括自唐昌黎韓公作《孔子廟碑》，民知向化，士風之盛，最于浙東。縉雲爲括屬邑，又晦庵朱先生過化之地，故其士風爲尤盛。然士衆而產薄，學廩弗恆給。至宋嘉定中，侍郎魏豹文、左司朱元龍、叅知政事何澹、知縣趙崇絢慮其有教而無養也，相與營度，得田爲畝者肆百，而山之爲原者肆原，皆周垣，里許著之籍。我皇元之制，凡土田之隸于學者，咸給以養士，而侵沒者有禁。獨茲學之田，陷普化浮屠六之一，而山盡爲豪民所據。職教者訟之縣若郡，累數十載莫克直。至元五年歲己卯，學之士梅必先復訴于郡。明年，部使者閲籍，僧田之數，溢乎舊者肆拾有貳，即歸之學。又明年，至正改元辛巳夏五月，京兆史侯承務來尹其邑，下車，首以興學爲務。大捐己祿，徵工購材，凡殿堂齋祠之壞者葺之，龕座帷帟之弊者新之。易祭器以銅，樹儀門以戟。佩衿來遊，赫焉改觀。既乃召豪民于庭，躬諭以理，皆頓首願歸業于學。命教諭龍游鄭君維行田覈實，遂復故疆，廩稍出內有贏無匱。於是邑中薦紳咸願刻石以著厥美，而鄭君述其績來謁文。余嘗爲獨峰長，稔知其俗。今史侯以忠勤峻潔，起身臺閣，出而寄百里之命，又能以禮義化其民，則俗將一變至道矣。然其善治之可紀者不止此也，而侯之所以急先務者其在斯乎！昔魯僖公能修泮宮，而詩人頌之。齊人來歸鄆讙龜陰田，而《春秋》筆之，則玆舉也宜書。田山畝數，詳載碑陰，俾後來者有考。侯名企賢，字思齊。至正二年九月朔，承信校尉處州路縉雲縣達魯花赤兼勸農事完閭，保義副尉處州路縉雲縣主簿赤速甫，儒學教諭鄭維，訓導宋壽之，序賔王澤民立石。

清乾隆《吴江志》卷五二　元・蘇大年《甯氏納田新學記至正二十年七月》

至正二十年春，吴江州尹趙君伯安以甯氏故宅創新學，甯君復以二十八都投氣渭田，二十五頃納諸新學，資贍廩給，於是吴江學校教養之儲大備。予聞而歎曰，有教有養，聖王學校之懿政也。教而無以爲養，則學者不得一意於學，以克底厥成，故畫井授田，一夫百畝，餘夫二十五畝，士不與焉。豈非學者居則食之於學，仕則祿之於官，培植煦濡，俟其成德達材，而後徵之於大用與！此三代人才所以爲盛，而後世邈乎其不可及已。國家承平日久，守令率多以虚文取具，學校之政漸弛，一旦用兵振武，日不暇給，幸其不至於廢墜足矣，尚何敢復修崇振舉如往日全盛之時也哉！趙君出領一郡，獨能區區以興復斯文爲己任，郡之賢士大夫如甯君者，又從而克相其成，非偶然也。且吾儒以正誼明道爲本，未嘗有求於人，非如異端邪說以禍福利害恐動一世，愚夫愚婦劫其所有而掩歸於己也。獨以趙君表則倡率於其上，於是甯君觀感興起，贊襄終始，如不遑已。豈非天道人心之至理，終古而不可泯絶者乎！彼俗吏乘時以掊克爲功，而鄙夫壟斷以吞併爲能，夫何與於學校，此又在所不論也。蓋有學有田，教養斯備，則學校興而人才盛，人才盛則禮義明而風俗美，其所關係於世道者大矣。安得天下爲守令者，皆如趙君，爲士大夫者皆如甯君，尊聖學而正人心，樹名教而化流俗，其庶乎禮教修隆，一作明，人才輩出，復奚患夫三綱淪而九法斁哉！雖然，趙君之爲力至矣，甯君之處心厚矣，士之學於學者藏焉、修焉、息焉、游焉，從容安處如家居，然孰非二君之賜也！苟徒飽食終日，泊焉遊從無營，是則賢使君之所以教養吾徒，賢士大夫之所以加惠吾人，其所望於吾屬者果何爲哉？聖賢德業，人能勉焉俱可至；忠孝大節，人能守焉俱可立；治平大業，人能用焉俱可爲；此方謂之善學，此方謂之人才。而後有光於學校，有補於治道，克稱夫賢使君與賢士大夫之願。不然，以逸居安養爲當然，以假途借徑爲得計，則亦不足謂之人矣。抑吾聞之，天下之治，本於人才，人才之興，本於學校，夫修復聖王之善政，必自學校始。而論東南學校之興，又當自吴江始。大年嘗以文爲使君記新學矣，感歎之餘，復爲記新田本末，俾刻石以告來者。趙侯，燕人，名仁，字伯安。廉惠有才幹，所至政績可紀。其知吴江綽有古循吏風，而修崇學校一事，尤爲可書。甯君懷慶孟州河陽縣人，推忠宣力定遠功臣、太尉、金紫光祿大夫、魏國武宣公孫，曰普，曰壽。初，甯君將以田納之於學，有沮之者，甯君疑而質之於其親。湖州路知事趙君季文，慨然曰：君何爲義之不勇也，計利害義，小人常態，君其安之乎！甯君意遂決。趙君名渙。信都人，廉吏忠簡趙公心遠之子也。若夫田之廣袤封界，租之出納成數，詳石碑陰，此不煩載。至正庚子秋七月，前翰林院國史編修官趙郡蘇大年撰。

清嘉慶《長興縣志》卷二六　元・陸伯閏《長興州學經理學田租記延祐三年十月》

長興舊有學，學有租。陸伯碩後，人去其籍，存不滿百。宋令尹向君士斐、史君岩之極力根刷，僅復其半。外有房廊，以供朱墨及地租等錢，此大概也。歲湮月廢，故籍殘缺，無足取徵。皇元陞州以來，亦祇憑掌計指爲實額，米以石計二百九石，穀以斤計三千二百，錢鈔以貫計六百四十有畸。舊時養士止三十員，今五倍之。又有祭祀公費，支吾日煩，屢至空乏。今提調官州侯伯帖木兒昭信慨然欲爲學廩計，未有其說。會朝廷行經理，侯奉府檄，快然曰：此得其機矣。本學租數積以弊削，每畝徵米率不過一二斗，地租猶輕。因命吏專其事，相田之肥瘠，地之美惡，略爲之增益。得米九十八石，穀一千斤，錢中統鈔一十六錠。士歡曰：微侯之力不及此，請籍之。侯曰：未也，物皆有弊，記錢糧于片楮之上，歲久惡得無敗乎？或繼職非人，朝立暮改焉。侯知書重士，學校事知無不爲。此來未足以記其美云。延祐三年良月吉日書并篆額。

清嘉慶《長興縣志》卷二六　元・楊維楨《東湖書院修造田記》

長興陳瀆里蔣義門氏德芳甫來謁余錢唐，曰：克明悼浙大家既贏又操狹取贏不止，丁造物忌，贏與狹併喪，後至亡噍類者，不學故也。克明承先人之遺休，得以義名門教立塾里，無賴兒家有子弟志乎成德達材者，皆吾先人之澤也。於是東湖書院名於浙江八十有四之中者，實克明伯父慶元主簿。君之始創時，至元二十四年丁亥也，原捐田地之二百五十畝，山地一千七十六畝。至治辛酉，克明從父居仁白于有司，轉聞于中書省，得弁書院額。泰定丁卯，行中書省置山長員至院主教事，從父居仁暨必壽弟尋倡首，益以田二百四畝，山地四百八十四畝，由是春秋祀事無闕乏，庖湢之供，什物之須，與夫摹鋟書板之費靡不給足。閱歲滋深，殿堂門廡日就摧廢，必加葺理，克明懼費其侵於養也，至元後己卯，復輟田一百畝歸之，別儲其入顓給修營之費，仍爲要束，毋以他用弛貸。又懼來者之弗察也，或變其成規則不可無言者，視諸石也。謹已伐石，願先生賜之言。余爲之喟然曰：古之書院禮義出也，今之書院類出於名。甚至徹旌命祁世祿其貿者，博矣。不幸一再傳，子孫弗率，則視尺椽寸土爲故家舊物，不能爲小靳肯又舍所有乎？聞蔣氏之先修身起家，立大宗法以合乎族屬，斥浮屠教以樹乎喪紀禮義之宗也。宜其家塾遺制獨去古未遠，子孫如德芳者，又纂承其先志而圖其所弗墜，不惟無所靳又舍所有以利於人，非敦乎義者不能也。義之所在，既以名其門，又以名其田，又悉之於一井一塚，一舟一梁之及，蔣氏之義推而行之，殆不可勝用。吁，豈惟賢於浙大家而已哉！主簿蔣君諱必勝，字質甫，別號容齋，起身教授高郵、池州，用資格序，遷慶元以沒。德芳出主簿之嫡後，尚義而好學，有主簿君之遺風焉。田山步畝鄉落詳列石陰，此不著。

清嘉慶《黟縣志》卷一四　元・胡默《儒學新增田糧記至正六年》

黟在秦漢時爲大縣，祁門、石埭、建平、廣德皆其治也。厥後分布地隸徽，爲下邑。其俗樸厚，其人淳野，多隱者。山谷閒號桃源。其學校庾積米，歲僅十三石，粢盛不給，官師祿膳弗可言矣。至正五年冬，宣城陳侯眞孫來尹是縣，首謁孔子廟，訪咨徬徨，謂其鄉人教諭李熊曰：學校者教養之地，有虞氏之庠曰米廩，孟子曰庠者養也，夫豈無故。會監縣、主簿、典史諸君明倫堂上，選曹史之良，致邑士曰：黟之疆埸視古雖不同，人性則無不同。吾聞三年大比，教之不行，貢士無藝，是有司失職，豈非諸君子之羞哉。古之於民聚而教之，教而貢之，微養不可也。況田不井授，士無恆產，貧者反不若農工商。救死不贍，安能裹飯以務於學。富者田連阡陌，施予二氏無幾微悋。孰若相學養士，且使其子弟皆得以服禮義廉耻之教，講尊君親上之道，三綱立，九法叙，才彥彬彬若古先達，鄉稱處士，出爲名公卿，豈非諸君子之樂哉。聞者感激，遂獻田焉。明年春，黟學增田，士歌相慶，伐石馳書，胡默請記其事。胡默曰：黟之學舊矣，陳侯始能俾民周養以修教，是愛人以德，而慕義者又能翕然鄉方，以見人心天理之同，新安士民之厚。又以見朱夫子禮義之化，斯不泯也。滕元發爲鄆州，民有爭田久不決者，公曰：學無食，以良田飽頑民乎。乃請爲學田。黟俗雅厚，無爭訟風，陳侯乃能勸民出田養士。蜀素未知學，文翁興學於蜀。黟學久廢，陳侯作興之，其文翁之徒與，亦滕公之徒與，是可書矣。侯字善甫，監縣回回氏讚吉沙，主簿畏吾兒人氏帖木兒，典史王仕慶，曹史胡息俊，教諭字舜臣也。能從事乎是得書。

清道光《濟南府志》卷一八　元・趙文昌《長清縣學田碑記》

王者受命，作君師以綏四方，主於政教而已。海宇之大，民人之衆，必求賢者共治之，然後興滯補敝，植太平之基而慮無遺策矣。夫求賢必養士，養士必立學，蓋三者一道也。且三代之士，出於塾而入於耕，出於耕而入於塾。當是時也，井田之制與學校相須而行，教與養皆出於國制。井田既廢，學者散而之四方，則人人自養自學矣。故董仲舒對漢武之辭曰：不素養士而欲求賢，譬猶不琢玉而求文采也。故立太學以教於國，設庠序以化於邑，用此道也。逮我至元之有天下也，四海會同，汲汲乎崇儒右文以黼黻至道，自京師至於郡縣皆有學。中統、元貞以來，凡學問優長者皆被拔擢，公卿大夫布滿閣，嗚虖盛哉！尚文之世也。惟長清爲邑，居齊魯間。至元癸酉，予自中書掾來尹是邑，視事之三日，謁款孔子廟，瓦礫古木中，禮殿巋然獨存，然風雨之不能庇。居歲餘，補葺粗完，仍於殿後購地以廣其居，起講堂三間，扁之曰樂育。於是率縣之僚屬及凡民之秀者，命邑士日講誦於其中，廟之有學自茲始。會國家有事於江左，供億日繁，餘功皆未遑也。宋既平，予以御史裏行承乏南臺，至今悔不勇也。後十二年，令單父縣司居敬來主縣簿，莅事之餘，以修學爲己任。廊廡齋舍，無一不備，仍布武以定廟地之衡從，又買田以資廟學之廩餼。至元三十一年，奉詔文謂孔子之道，垂憲萬世，有國家者，所當崇奉。曲阜林廟，上都、大都、諸路府州縣邑，應設廟學書院。照依世祖皇帝聖旨，諸官員毋擾於學，其贍學地土產業，及貢士莊，諸人毋得侵奪。所出錢糧，以供春秋二丁朔望祭祀，及師生廩膳。貧寒老病之士，照月支米糧優恤。其無學田去處，量撥荒閒地土，所司常與存恤。覩茲盛事，雖二帝三王之用心無以加此。大德辛丑，簽山東廉訪司事黑的于斯按政于清，謁拜廟下，謂教諭李篪曰：學有田乎？曰：有。曰：幾何？曰：石窌有田四十畝。公曰：誠不足用也。乃謂縣官曰：學校教養之地，人才作成於此，滅裂可乎？時達魯花赤忙歹進曰：今有第五鄉蓋家寨戶絕田九十畝，可以奉祭祀。公曰：可。遂以田歸於學，畝之廣狹經界，有公牘在。二曰，達魯花赤重壽、縣尹杞郁、主簿劉秉貞、縣尉商企莘、教諭袁如愚來謂曰：公歛歷中外，於今三十年。然筮仕自長清始，廟學實自公始。上賴社稷之福，斯文日盛，今廟有學，學有田，可謂苟完美矣。吾道之光，亦公之素志也。敢乞文刊諸石，以垂於永久。予曰：士之爲士也，其君用之則安富尊榮，其子弟從之則孝弟忠信。況吾邑之民，生長見聞於禮義之鄉，薰陶漸染，孰無良心綱常之教，亘萬世而不能易。爲師帥者，苟有賢大夫以身率之，學校之興不特是而已。將見養弟子以萬鍾之粟，庇寒士以千閒之廈，不無日矣。姑書此，以爲張本云。

清道光《高唐州志》卷三　元・喬懷忠《延祐年施田記延祐五年》

聖天子臨御之初，方歷覽大政，思振宏綱，即首以興起斯文爲務。於是條具列聖以來崇儒重道、養士育才之典，丁寧申復，惟恐有司奉行或後。叡意之盛，蓋欲廣成天下之才，布之庶位，期以移風易俗，而益隆太平之業，規模極宏遠矣。由是四方風動，非惟巖穴草茅窮經學古之士知所奮厲，而感化慕義責無與己者，亦思起而佐之。蓋上有所好，下必從焉，理固然也。承事郎、管領冀寧路打捕鷹房諸色人匠總管王侯仲，高唐屬邑夏津人也。家素饒財，而濟貧樂施之譽聞乎州里。延祐五年，即高唐近郊，以幣貿田二百畝，施爲其州儒學之常產。又即夏津武城之境，各市田百畝，付之二縣之學。具契券，詣學宮，將授其事。州監尹佐倅而下暨闔縣官屬，趨赴咸賀。侯揖而進曰：仲承祖考居室之善，苟至完美。又身荷國恩，授以位秩，常思補報萬分之一，而其道無從。幸值國家益振儒風，興學取士，顧吾鄉郡邑廟學雖完，而廩餼素匱，願以是資供億費。庶區區涓埃之一劾也。於是聞者翕然嘆美，既舉觴相屬，議文石以示悠久，且相與授簡於予。辭弗能得，乃推其意而敘之曰：『凡我國家之所以崇吾儒教，厚吾士子，委備周悉，慮無不至。然平時每聞興學制下，常所諭及。而仰成者，職固有在，而責亦有歸。自王侯觀之，諭素所未及，責亦非在己，乃能毅然捐己所有，體國劾忠，思贊巍巍之化。彼諭所常及、職所當盡者，誠能因是反躬爲思，則是石屹然門屏之間，目擊心存，將爲其身無窮之規，非特爲記田一用而已也。予猥以淺學，方玷教職，於任責之臣，其尤弗稱而負愧者。故贅言反復，蔓而及此，冀凡同被諭而分有于乎其間者，咸知所警，亦庶幾圖報之一道也。侯字威卿，仲乃其名。其爲心誠欵質實樂易人也。平生爲善有弗聞，聞則行之，惟恐弗逮。武城故治，舊有臺名弦歌，世傳丹陽言公子游宰邑所也。臺巓有廟，歲久幾圮。好事者一言及之，侯輒規度徹而改作。今爲之方有次，其詳後當別敘於廟記云。是歲戊午秋七月。

清道光《濟南府志》卷六七　元・張臨《置學田記》

鄒平縣有學無田，積有年矣。縣大夫賢者拘農家子弟，裹糧庠舍，厚進束修，以故農家父兄，往往不願子弟受學，至有訟於上府，又爲賢大夫善名累。春秋重禮，闔縣士民鳩楮幣牢醴于市，俎豆籩爵，跦陋儉薄，不可責以如禮。遇門廡傾圮，齋館蕪廢，亦闔縣士民鳩楮幣爲木瓦之費，以故草率苟且，不務堅緻，屢壞屢葺。每修泮宮，聞者戚然。學校因之不興，闔縣士民，皆受不好善之譏。學無田，無所取費，力欲興之，難矣。主簿淮陽楊侯禮律己以廉，蒞政以勤，徭役均平，獄訟剖決，自監縣長貳，皆賢其爲人。乃復竭力於教事，不惟泮宮葺理，欲得沃衍之地，歸諸學校，以爲講習資。始楊侯署政，欲爲泮宮，南接城擇地二畝，民屋之以居，櫺星門外，不容旋馬。縣士周君恭知廣平路事，捐楮幣十定，貿八學。醴泉鄉劉莊民宋炳自言逃匿地八畝，有桑。梁鄒鄉孫家鎮謝邱嫂逃亡，鎮中宅一，鎮北地一畝，鄒平城中宅一所，今悉歸縣學。聞周恭之風，感於衆者，必不但已也。

清道光《東平州志》卷一九　元・張翰《東平路學田記後至元二年二月》

井田學校，三代之所以爲治。井田已廢，而學校僅存。其法雖不能盡合于古，因其所存而考其所廢，則知先生教民之道，養士之義，蓋兼舉而並行焉。今天下自京師達于郡縣皆有學，學皆有田，上以爲祭祀之供，下以爲養士之設，豈亦古之遺意歟？然壞于兼并、昧于詭詐者，殆不可爲數，而隸于學者無幾。尙幸學官能守公道，有司能從公道，則奚患焉？否則嘵嘵之訟迭起迭和，將何日而息？雖然，彼無良之人，一時私爲得計，豈知公道之終不可廢哉？東平有學尙矣。學有田千餘畝，在汶陽之東逢，廼國家所錫，以供春秋祭祀。其在郡西土山五十餘畝，右丞嚴公爲藩侯時所置，其費盡出儒籍，爲養士設也。年歲滋久，學幹孫皥反肆欺隱，鬻于民者十有餘頃。六七十年之間，閱教官不知幾人，則皆緘默拱視，略不加意，苟且歲月，以爲仕階，代至則去，奚暇他恤。以故貪墨之徒得擅其利，恬不知懼，而學之所需反或不給，其罪固有歸矣。至順壬申秋，山東僉憲鄆陵圖公馭按部至東平學，始能以其事聞。公命有司如所列碑還于學，事未竟，有司中緩乃止。元統己卯，郡侯碣石王公從義，視篆之初，學官復申前請。公深知其弊，攝暭等至庭以理喻之曰：汝始以流移貧民，應募耕佃衣食乎此，今完富矣，復肆詭筭以欺其心，何不仁之甚哉！暭等感悟悔過，相率首實。至是盡復其舊，既爲之，別其疆畔，訂其畝步。公又謂暭等積年所沒皆學租也，不可不徵，方嚴督責，俾學焉是歸。郡之大夫士翕然稱快，教授孔之威以爲學有契券，官有簿籍，雖足以信後，莫若大書深刻，可以明久而傳遠，將爲它日侵牟隱蔽之防，且存公道于無窮，請文諸石。嗚呼！公道所在，誰得而廢之？然道不虛行，必待人而後能，傳不云乎：其人存則其政舉，其人亡則其政息。後之來臨是邦典是教者，當如何哉？當如何哉？至元二年二月吉日。

清道光《陽江縣志》卷七　元·林淳《復南恩學田記至正四年三月十五日》

學政弛而士習媮，井田壞而豪奪起，此三代而降，世所通患。非有材智潔修之士臨乎其上，不足以激揚而控制之。恩有學，學有田尙矣。歸附初，士氣委靡，圖籍散失，豪民奪士之養以肥其家，官不暇理，士忧於懟。有關時者兄弟□□，以其世業田稅一頃三十八畝零舍諸學。既而方鳴鳳之徒，乘隙肆奸□□其田之出，而校籍虛稅，爲士者病之。邑民林光祖首其事聞於憲，罪其人而墨其貪，得歸我者十才二三。元統甲戌之歲，南陽白公景亮來佩郡符，廉明果斷，吏畏民懷。士有李輔孫者，慨然嘆曰：維其時矣，可以申吾喙矣。迺疏其姪李天錫占田一百一十畝之由於官。白守辯其元宋年代印署之僞，奪而歸之學，諸生以爲德。八年，天錫之子元與興詞於督府，委之今郡守謝公。公遴吏之能者陳宏、士之勸者凌光謙，皆耆宿而履□，得一頃一十五畝六分，又增白水村田六畝七分。凡李氏之有附於壤者，並計之，驗其籍，亦得田如學之數，而嬴一十二畝有奇。然後彼疆我界，不較判然，而李遂欵服。又二年，元與之弟夤緣督府小吏復有詞，檄下肇慶路總管府，索州前後成牘視之，未有如謝公之裁決詳明、允爲可據者。府上諸分憲，徐公諭以義，完璧而歸，夫然後定。嗚呼！世道降則僞興，官政窳則弊熾，夫以廩士之田，文獻足徵，昭昭若是，而桀頑之徒懷機以僥倖，伺釁而爲奸，既息而復訟者，良由貪官污吏有以啓之也。與之校者，苟非迂懦，則曰：吾借徑於是，傳舍過之，曾幾何而以得罪巨室爲耶？兹田非材智潔修如白公之條理於其始、如謝公之條理於其終，其能臻是哉？此邦人士所以鼓舞作興，頌公之德無以異於白也。公名必昌，字壽卿，世居盧陵西溪。以後至元庚辰領郡，郡邊山瀕海，民猺雜居，素號難治。公至，剖斷以嚴，撫柔以寬，罔不安堵。年未及致政，而歸田之志，浩不可遏。寮宷士庶，攀卧無從，因撫行事之概，勒諸學宮，以示不朽。至正四年歲在甲申三月望日。

清同治《遂川縣志》卷一六　元·劉將孫《清復學田記》

粵自封建井田以來，無田不受之於公，而唐虞三代，米廩以給士者具有制。若佛之爲教，惟以持鉢乞食爲資，雖如來說法亦然，豈有所謂田耶？而後之爲僧者，漫爲欺以罔上，曰：此僧田也。來於他方者不知其故，亦雷同而和曰：此僧田也。徵典亡而文獻廢，任其事者懵不知本末源流，因無能以悉辨。迨歲久事明，會遇清時尙文治、興科舉，然後事之鬱屈者得以自信，而賢士大夫之知本者相與主張綱維，予因著言其初，可以俟不惑而質不悖者於此，固非無信之言也。龍泉學舊有田六百石有奇，今僅半入，上下因循不省。延祐乙卯，教諭胡君可詩按籍而索之，天寶占百五石，桑林占百二十六石。往僧歲輸，自稱僧田，官不問而聽之。胡君遺儒生臨田循覈，僧豪抗則白縣，下之里，里胡進可集驗如學籍，疆且歸，以吏賄，緩閱三月。邑長伯顏承事來閱，實慨然以爲任，戒行吏署成案唯謹。三年，簿新安，胡君淀來，暨典史龔君正協贊。其長學舉事項雲叔，以今學乃其弟司丞公重建也，又偕子姪慫慂其間，然後邑再上之府，府再報，歸之學。非胡君彊力必爲，非伯顏侯不利疚，不物遷，非胡簿君能相其終，幾何不奪於異議而移於重貲也！故著僧之所以本無田者以袪世惑，歷叙田之所以失者以示戒，今之復之難也以勸功，而後來者愼微防漸，無爲小利隳後悔，無循私意啓外隙，毋皆公論隳美名，皆可憮然而有省也。伯顏侯，前饒州路元侯之子，盛年清雅，公退掩關讀書，名其齋曰西齋，所臨多善政。簿君，新安世家，字安國，自唐明經登科，有聞至於今，嘗建明經書院，捐私田，請公額，教鄉人子弟。教諭字詩庭，澹庵忠簡公五世孫，清修有義概。直學胡志常，妙年志學，協教諭事有成，是亦可人者。

清同治《新化縣志》卷一〇　元·方大年《贍學田記至順元年十一月》

王政以興舉學校爲先，學校以教養人材爲急。蓋學校爲風化之本，而人材爲國家之元氣，此學所以不可無養也。惟兹新化，介於楚南，泮宮自經始以來，殿庭草砌，田糧野食。至是，始得主簿吳將仕營葺於前，既而縣尹何承直增修於後。宮殿堂廡，丹雘一新，生舍庖廩有次。天曆戊辰，主簿張登仕甫下車，即以學校爲先。與長官達魯花赤某公迭董其事，三年之際，用度不匱，廩有實積。庚午歲荒，郡邑皆乏食，而邑庠有餘粟。於時米直騰踴，張侯即致告於先聖，親書札以定價發糶。民之得糶者，無不欣感。收價二千五百緡，遂以增置學田。得江東青峰王家田二十二畝五分，歲收禾可三百把，値價金計三十緡，立契書以增膳士。邑紳士請記。予曰：事有似緩而實急者，學校是也。今張侯先務養士，所以壯國家之元氣也，可不記乎？新化士風，有非他郡所能及者，況得賢邑侯爲之作興焉！將見比屋絃歌，人材輩出，文翁且不得專美於前矣。故刻之於石，以垂不朽云。凡田之頃畝，悉詳載於石右。張侯名善卿，河南陝州人。至順庚午仲冬吉日記。

清同治《金谿縣志》卷三三之二　元・傅商俊《金谿縣儒學置田記》

聖人臨御天下，設爲學校以敎養斯人者，始于四代學，四代學始于虞庠，養老即出米廩。米廩何所入乎？井田自黃帝始，則學校所養，必公田所入者也。虞舜食惟時。禹八政，一曰食。武王所重民食。孟子論三代學，先均井地，民有恆產，而後謹庠序之敎。士無恆產，而有田以祭。抑士固自有田，則居游學校，不在公養者乎。秦焚書坑儒而井田廢。後之臨御天下者，學校之制，於四代有加。設博士弟子員，而敎養之法密。惟井田廢而用以養士者無徵不信。若朝廷給郡縣學田，自趙宋始，民絕戶、僧廢寺田撥付之，民田爭訟不決，有司亦付之學校，贏財貿易而入焉。州縣學惟南方最盛，雖書院亦盛也。自南北混一以來，事沿特異，凡三二十年，敎養不度，遂設提調學校官以督勸工課，拘鈐財用焉。撫金谿邑學，祀先聖先師；槐堂書院，祀三陸先生，各有田以祭以養。三二十年，倉庫朽虛，歲罔有入。延祐戊午，平陽李公有來尹茲邑。越四三年，而倉庫寔增，置田若干畝。公滿任去，濟南呼延公瑞代尹，復增置若干畝，皆出羨餘所置。乃廩益露積，庫益珍貯，百費胥此焉出，歲用裕如，士得所養，視昔有加。然士之居游于斯者，宜先養大體而後小體。茲邑爲三陸先生之鄉，復齋先生掌敎興國軍學時，固稽學廩豐饋養以待士，然敎以正心脩身齊家治國平天下，則謂當明先王之道也。商俊適隸邑學，兼照管槐堂書院事，計選曹月日將滿去。士友皆曰：吾邑自南北混一後，未有爲學宮書院置田者，置田自二令尹始，宜立石以紀之。會肅政廉訪分司行部茲邑，贊其成。商俊乃援古證今，文之以刻于石。蓋將垂敎方來，非侈一日之觀美而已也。田段租額，件列于書院止善堂之石陰，茲不述。泰定四年七月癸丑，金谿縣儒學敎諭傅商俊記。

清同治《南安府志》卷二〇　元・孔思文《恢復上猶縣儒學基田記至正五年九月》

猶庠宮牆之內東西隅，爲地虛曠，狡焉者盜而據之。長子若孫，建樓爲楹，至迫大成門左。黠胥又盜學田爲己產，來詰者視其可罔則罔之，其不可罔者則私致之。不知者不足言，知者亦狃其利，而謂上猶之地，山崎峻而水激括，民俗陰伉自厚，不惜體統。然服聖人之敎，食聖人之祿，不惟不能有所增光，而且以失其故，前此之設敎者，可勝責哉！豫章楊蔚秉鐸斯地，惕然首以宮牆之不復爲己任。黠胥狃勢，捭抵百出，卒以上有司。簷垣之內，迫者傾而斷之，屋宇之未毀者籍而稅之。宮牆左右，始不頗僻。繼察盜收學租者，亦聲其罪，籍入之。東西隅，地稅之入，爲地二畝有奇，鈔六十緡。禮信鄉田租之入，增額一十三石。自是祿膳之登，庶可不替。是舉也，有提舉范公滙行之，有南安別駕、前國子進士孛羅公決之。又有上猶長博魯舉令尹宋德延成之。而前殿中侍御史哈麻公謫居茲邑，日勉就學，而講習益弗倦。僕近南來，凡學校敎養無可人意者，唯於上猶覩是事，故喜而書之，使勒石。時至正乙酉年秋九月也。

清・沈濤《常山貞石志》卷一八　元・王思廉《欒城縣學田記至大二年七月十五日》

欒學無田，其來也尙。敎官蒞職，但食諸生束修之奉而已。號寒啼饑，蓋有所未免，故往往不能滿秩。縣豪傑僉樞張浹子惠洎弟澄，三原宰郭貞正卿，首割己業以畀之。富室董恪杜端洎弟秉彝、耿鳳見義勇爲，從而附益。又以錢五百緡具祭器。僉樞公復施諸書壹萬卷。於是講授之席不虛，而釋奠之儀克舉。闔境化之，文風於變，駸駸乎齊魯之鄉矣。主簿梅濟濟川將勒琬琰昭示悠久，特命敎諭劉澥以文爲請。予嘉諸君之用心與它人異，樂爲之書而不辭。若夫田之頃畝，則詳載之陰，茲可得而略云。

清光緒《通州志》卷一三　元・王磐《增置學莊記》

同簽書樞密院事趙公名良弼既新贊皇廟學，又置學莊買居人二戶以贍給諸生。既成，公曰：趙州吾鄉土，又先節使故所臨治。汴都失守，吾自河南來歸，方窮苦，又嘗寓居州學，敎授生徒以自業。今四十餘年矣，未嘗一日忘之，即遣視州學廟貌，精舍間缺，兵亂後已重修葺，幸粗完備，但諸生貧乏不能贍給，師儒既難久留，諸生亦時聚時散，不能終其所業，無由成材。若得學田數頃，贍濟師儒，使諸生得肆力卒業，則爲幸大矣。趙公既出捐金帛，委本州士人劉藻、杜邦彥、趙元粹等擇選負郭良田，於州東趙村買地八百畝，州東北黎村買地二百畝，餘有七十畝爲兩莊募佃戶耕種，委信厚幹濟生員管領，又贖驅口一戶王襄，掌學洒掃之役。莊既成，州人歡忭，相率敦遣弟子入學肄業，遂狀其事蹟來詣求文，將刻之學宮，傳示永久。予曰：昔文公興學校於蜀，漢史褒稱；僖公修泮宮於魯，詩人作頌。彼皆以一郡國之事，其力役易供也，其材用易辦也。今趙公一錢不資於官，一力不假於民，罄己力而傾家貲，開宏遠之規模，建長久之利益，施之一縣又推而及於一州，此其仁愛公恕之念，比之前人蓋相什伯千萬矣。贊皇有碑，州人亦以爲請，余所以大書特書屢書，不敢以爲煩者固宜。吾聞之輪轅飾而人弗庸虛車也，棟宇修而人弗居廢宅也，學莊立而諸生肄業不勤，則爲徒設矣。自今以往，州人之子弟其相與勉勵於學，務爲孝弟忠信之行，而日致學問思辨之功，使道德修明，英賢輩出，庶幾不負簽樞密趙公愛敬桑梓之雅意云。

清光緒《兩浙金石志》卷一五 元·湯炳龍《西湖書院增置田記》

古者之興學校，一以教養爲先務，而養又先於教也。《記·王制》論虞夏商周之上下庠，必先言國老、庶老之養。有虞氏以米廩名學，匪專爲粢盛之委而設，而養士或先焉。庠之義亦養也。孔門五秉九百之與弟子，猶賴聖師而食。而欲授孟子室者，必拳拳於萬鍾之養而後及□。夫國人之有所矜式，蓋士得其養，則置身禮義，人人皆思爲聖爲賢爲君子爲善人，於是政化行而習俗美，是養之者所以教之，其機括政在是矣。西湖古無書院，自至元丙戌徐廉使改舊壁庠爲之。創建之初，恆產缺然。越二年，松江瞿運使嘗一再助田，合四百伍拾叁畝肆拾陸步，歲得米壹伯叁拾石。院中經費浩瀚，延祐戊午續置杭之仁和田陸拾捌畝壹角，收米伍拾肆碩陸斗，猶未給用。次年，周廉使特爲勸率，有高貲樂助者，并取補刊書板，餘力及以贏糧轉售，共得中統鈔陸伯餘定。於是憲府知事趙將仕與經歷宋從仕，建議增產，力言於廉使，洎闔司官同主其說，僉曰：是當爲者。遂置湖州烏程、平江崑山二莊，共田拾壹頃貳拾玖畝叁拾伍步有零，歲除優放，實收米柒伯伍拾貳石壹斗壹升伍合。山地共貳拾壹畝貳角壹拾步，房廊壹拾貳間，歲得租錢中統鈔貳定叁拾捌兩玖錢捌分。自此春秋祭奠、師生廩餼、興蓋補葺，一皆取給於此。近歲以來，誠爲創見之舉。今憲府長貳皆昭代名公，他日增益完成當不止是。嘗謂吾道之盛衰係乎時，學政之廢興存乎人。係乎時者屬盛世文明之運，存乎人者屬當路賢哲之官。機緣相値之巧識者，知吾道其大昌乎。將見鼓篋踵堂挾策坌集，何啻四方八千而止。使凡任風憲者，倣傚而行，豈非天下儒風之大幸歟！山長陳袠、直學朱鈞及諸生欲寫之堅瑉，以傳不朽。辭弗獲，姑爲述其概云。

湖州烏程縣口契至治元年十一月置錢茂之民田上貳頃伍拾柒畝八分捌釐陸毫，米貳佰貳石貳升。

清光緒《長治縣志》卷四 元·宋渤《潞州學田記》

上黨學舍燬於兵，余三十年前見之，惟存大觀中聖作碑及賜辟雍詔，巋然二石，對峙於應門之前而已。爾後來知州事者，咸以官方須勸學，故皆願致力焉。乃爲廟堂，以像聖人，爲兩廡，以畫七十二弟子配享，漢唐以來諸大儒從祀。爲講堂，爲齋舍，爲師生肄業之室。凡三易尹，閱二十年，然後學制苟完，別有刻石載其事。文登人劉傑來爲州，曰：學制苟完，而生徒受業者歲中無以食，於墳實不可闕。乃於柳林里取間田四頃餘畝，擇謹信吏一人守之，以爲二仲月釋菜之資，爲舍中晨昏之餐。至元二十八年，於藩王小薛得分牧地上黨，而學田籍故間。聞田中故事：諸藩牧馬地，民無敢犯。守吏以白王，召學正程世文，語之曰：吾以知分地中有隸學校者，吾不可奪，汝善收取無恐也。乃下敎盡畀之。世文與余同里閈，去歲以書來云：列郡皆有學，爲守帥者，少不加念，則蕪廢不治。因循以應公上之例，十郡五六也。竊聞大父言，吾州承平時號衣冠藪澤，習科藝者，連甍接里，如鄉先生王公大用、劉公貢父、金昭義軍節度使文簡李公父子、禮部尚書楊公之美、君家伯父訥軒先生及鳩水公，皆由此州人士以登太學。名聲赫然至於今，頌於鄉枌，聞於四海。而又前後爲政三尹，皆能謹庠序之事，知其爲王政之大端者。今賢王復有錫田美意，口刻之石，具其始終，告後人，幸文之。蓋余於興復之初及畢手之日，皆嘗與言焉。程君自幼受經於鄉先生，及長，爲諸生於齋舍。今老矣，得在敎官，其於分內之事，宜無所不盡心，是宜書。余亦里中人，盍敢不勉？第以守官四方，不獲親書不腆之詞於石上爲恨，俾求善工摹而刻之，於父母之邦，亦庶幾與寵光焉。

清光緒《襄陵縣志》卷二四　元・張思敬《贍學田記》

治道有二：曰教，曰刑。郡邑之學，庠序之遺制也。由灑掃應對，誠意正心，以至曰選士、俊士、進士，皆自鄉而邦，自邦而國，自國而廷，表裏之以忠貞，薰陶之以愷悌，義洽人心，怨讟不興，政稽時令，陰陽不戾，此天下臻於治平，而人才育於學校也。夫水之就濕，草之偃風，亦猶下之從上歟，故上之人制禮作樂，先節文其身。身既先之，猶梗而弗化，刑而齊之也，豈獲已哉？且天之於物，有雨露以始之，風霜以終之，乃知刑之後於敎如此。國朝戊戌初，父老甫襲科場之餘，率子弟以事進取，或負糧從師，閱經就友。當是之時，英髦濟濟，晉寧所隸五十餘城，議者以襄陵爲冠。江南既平，故俗漸革，夙望先覺之士，日陵月替，書帙賤於剡藤，人才艱於荆玉。逮我成宗、武宗二皇帝運際守成，明詔四海，凡民社必立乎學，學必頒田。《孟子》曰：無君子莫治野人，無野人莫養君子，敎養相仍，嘉謨永矣。玆邑也，有學而無田。縣尉劉盎奉典謹付迫近城之畝、邇鄽之基克贍。敎諭以綱維之，直學以簿貯之，出納則與莅籍，而會朔望者公知之，非興修釋奠不敢動也。邑之令長時省視焉，如是防閑之，即歸烏有，豈忍於或士其服而啇其腹者取之也？夫敎諭之級雖卑，而一邑範模所在。能溫之以緝熙，守之以廉愼，何階之不可崇？輒窺纖芥之利，自晝遠大之途，謂人之不我知也，視之者豈特十目邪？幸爲長厚之所掩，汝之顔得無赧乎？阿媚之徒又將而證之，汝亦人也，何殊於編民而復其役哉？縱不克捐己之財，殫己之力，可不以至誠答淸福之萬一？予嘗奇緇黃者流，能徒手而結大緣，何其志之篤歟？齊之故也。吾儕所禮之殿廡凡百，皆仰於官而成。今不過洋洋乎講誦揖讓於其內，豈特二三其德，又從而蠹之，是天壤間罪人也，何衣冠之可名，敎養之可隆邪？予因紀田之始末，爲復及此者，以鄉校之故惜之於墜，不知言切直也，庶欲懲於後來耳。後來之君子，當念敎諭蔡蒙創始之勞，趙世舉繼完其壁，郭存道來謁文，以圖不朽。若夫田畝之畔，賈氏所惠之書，具悉。

清光緒《寧波縣志》卷一一　元・朱鎭《元學田記泰定三年》

夫縣學之設，其來尚矣。自我皇元混一區宇，命天下郡縣建學立師，靡所不至。其無田去處，仰所在官司於係官地內標撥，以供春秋祭祀暨師生廩膳，可謂厚矣。本學自至元二十六年，蒙河南河北道勸農分司苟公撥到黃窑村西地四頃。至大德八年夏，本縣復以就善等村旱乾沙河淤地七頃六十五畝，申白於府，俾以贍學。府允其請，乃令其地畔居民耕種，使後之典敎者歲獲其利，以具祀享之費。厥後承佃人役欲混占，飾詞告退於邑，迄今荒廢二載，而有司亦莫之詰。逮泰定丙寅秋仲，適有河北河南道肅政廉訪分司辛公之按覈是邑也，首謁學宮，問及斯事，曰：嗟乎！凡人衣食乎天地之間者，莫非吾夫子之力也。今其民窺圖學業，詎可坐視而莫之治耶？乃命達魯花赤哈剌察兒、縣尹顔元楫召諸舊佃者，計地多寡，而悉承佃之。又慮歲久無蹟可考，仍命本學具條段四至鐫於石，俾將來者有所稽焉。於是乎記。

清光緒《鄞縣志》卷五九　元・虞師道《慶元路儒學塗田記元統三年十一月》

元統三年秋，台慶分司廉訪副使靜齋李公，按部至四明，凡官吏貪殘、姦豪悍鷙爲民害者，發擿無遺。政令簡肅，士論交慶。乃十月朔，謁先聖廟，升論堂，進諸生，問所以爲學，歷舉格言大訓，勉諭諄切，聞者竦息佩服，退則欣然有得也。郡泮舊有塗田三百一十二畝有畸，隸鄞之東鄙，曰大嵩，籍存而佃非，歲爲近境育王大慈寺僧所據，以磽易腴，指熟爲歉，租入僅爲鈔七十二貫，數十年間，或納或否，田幾乾沒。曩歲，憲部洞悉玆弊，檄帥閫經理考核，僧懼罪及，始自實于官，聽別召居民佃種。由是，隣氓鄭椿等視舊增租爲緡錢十倍以請，寺僧德昇、介祉遂懷詐諼，依增數仍佃，久假不歸，幷兼可圖也。復與鄭交訴於有司，吏甘于貨餌，依阿不决。公閱郡牘，灼其欺，曰：彼皆規利故爾，宜兩黜之。即追毁各執榜劵，屬郡倅燕山劉侯敬叔釐正其事。侯亦鋭意斯文，議募小民承佃，爲散戶若干，每戶田不過十畝，畝爲租入若干。詭名冒佃，罰有常憲。其數則勒之堅珉，副以印籍，所司互爲鍵防，垂遠弗墜。徵僧積負，輸校廩，備士供，豪氓黠髡。雖極嚚狡姦無所容，噤不復競。於是諸生相與請於郡守寧夏張侯西源曰：博哉！李公之用心也。既爲學規以敎誨我，又爲復田以飲食我。公之德，其可忘乎？時張侯方以敎養繕脩爲急務，聞之，喜曰：此吾志也！子盍爲之記以示後？師道方攝敎事，義不敢辭。欽惟聖元統正皇極，富有四海，常賦出納，悉隸有司。獨贍學田土，嘉惠儒流，禁諸侵奪，以充粢盛饌設，蠲徭賦藝，恩遇罕倫。憲臣勉勵，非不嚴且明也，然職敎或匪其人，宮牆傳舍，籍固有田，惟利之趨，莫詰佃之誰某。如是者踵相接，藩籬不密，以召外侮，寇攘侵削，爲今通患。若斯田者，豈惟豪黠朵頤攘臂，得視爲彀中物，抑由吾黨士嗜利忘義，推而與之之爲可罪耳！今幾沒而復歸，非賴部使者廉斷之下，疇克是耶？蓋公之學光明正大，故臨事若神，積年姦弊，不崇朝而剖剔，以絶患於未然，誠學校春回之一機也。謹列田畝步角與佃民之數，備刻諸石，以成公志。後之職敎而義利之不明，庶亦永戒之哉！公名端，字彦方，保定人。父退齋先生元貞初爲御史，直聲聞于天下。及公爲御史，論事謇諤有父風，三入翰林，一爲國子師，踐歷中外，所至有善政，樹碑傳誦，述公言行，宜爲縉紳楷則者也。請以是爲記。

清光緒《續纂句容縣志》卷一七　元・許良知《句容儒學田籍記至順二年二月十五日》

郡邑有學，學有田土，國家之令典也。尙古民淳而俗化，工市農畝之夫，皆學也。中古聖人敎養之義備而民知學，先王之遺制爾。句容繇山名邑，爲集慶屬縣。學宮弟子，典則猶存，皆其江東父兄子弟。學之田□畝計一千六百一十八贏。山鶴田之□贏，則加其一。□八地□百六十□贏，在水之塘，畝有五贏。歲入以斛計，大小麥物九十六贏。粟倍於麥，贏又加其三十四。菽十六贏。楮以貫計，□□□十八贏。延祐經理士綏於防，細戶□爲□弊而更其舊。□□御史□□□□例，凡江南學院，令有司稽其田畝之實，郡諸侯與邑大夫□□□□□諸方□且刻石焉。去年秋，良知承乏于學，遂合其儒□□□，俾贊其籍，並加理焉。後之君子，庶有徵諸。至順二年春二月十五日，敎諭許良知記。

清光緒《永康縣志》卷一五　元・應才《贍學田記》

人之在官有一善可書，則其不可書者未必皆善。終一政無可書之善，然後知一政無非善，書之則不勝也。孫公伯虎來尉我邑，士民之大惠，無日無之。添置學糧，亦吾儒所當爲者，宜不書之，以隱蔽孫公爲善之大概。然學糧無碑不可傳久，異日有萌攘取之心，何所據依？主敎導姚公龍興甲申來視勾稽，篆屬意於學，戮力克終，其事不可沒，其實即不可無書。學者葉儔以二公添置者，乞文立石。材謹俾其具元所有學田并刊之，爲永康縣庠不刊之定額，非敢輕記孫公之善也。

清光緒《滁州志》卷九　元・葛敏問《滁州學田記至正八年》

贍學有田，其來尙矣。滁學自前宋舊有蠲稅圭田，在於屬邑，迨歸我皇元，復增之，詔以其歲租奉祀事、修黌舍、食士類焉。然其砧基故籍，祗載頃畝，而無租數，且字跡磨滅，日久詐生，考其籍與戶租或異，勘其田則頃至實多，蓋緣租人家業進退，租券交佃，上下詭計，以致田租隱沒，日給不敷也。至正八年春，奉直大夫、揚州路滁州達魯花赤兼勸農事扎牙進，奉議大夫、揚州路滁州知州兼勸農事安暐究知其弊，相與謀曰：夫法久則弊，易變則通，斯聖賢因時立政之格言也。今學租之弊，苟不立法防閑，則作僞者日甚，恐廢弛愈久，而莫能振舉也。於是移文仰學正張□□較其故籍，驗其新額，明頃至，實租數，擬鑱諸貞珉，將爲不朽之計，屬余作文以記之。余惟明政化者以崇學校爲本，崇學校者以足錢糧爲先，若然，則祀事備，府舍完，廩食充，而士類敎化，胥得其効矣。是舉也，匪特田頃租數有所徵驗，抑亦使上下詭計隱沒之習，不復敢萌。是天朝右文之意，郡尊立政之方，廟學有恆之產，俱爲盛事，可書矣！於是爲記。

清康熙《上高縣志》卷六　元・鄭民則《正德書院田記》

大哉，敎之感人深也。嘗讀宋景文成都祠碑，稱文翁治蜀，肇開學校，以《詩》《書》敎人。後宋高朕復能興完石室之祠，二賢並列，流風遺韻，千載如新。蒙山之學，前提舉侯孛蘭創之，觀復公重修之。事雖同，而實不同。夫以成都之富饒，二千石之氣勢，興造學宮，材力優贍，命相如爲之師，則有以敎，省財用，更徭役，則有以養，是經久之制，已寓於開創之初。高朕繼之，不過興其廢以完之耳。豈若正德之建，功僅數椽，學官無以養廉，生徒無以供給，纔踰兩紀，上雨旁風，蓋存乎賦於民者有定制，貢於上者有定額，雖欲修葺，無所取材，因循頹傾，勢所必至。非我公以咳唾萬金之意氣，廓萬間庇寒之規模，銳所急修，成所未備，八年之間，始終不倦，安能煥乎其更新，巍乎其壯麗也？不惟興學，以美乎觀瞻，必欲置田，以資乎久遠，捐貲不吝，益務擴充。好義之士李瑞卿、李祥卿又能體承以成其美，崇獎風厲，具申上司，而益孜孜焉新廟貌，置祭田，勸講以禮士，課試以崇文，作養人才以備選用，凡可爲斯道計者，靡不留意，其功固倍於高朕也。民則初而倡開端之議，既而效綱維之力，今而睹翬飛之氣象，喜增衍於膏腴，致請於公，立石詔後。公曰：敎思無窮，即人心之碑也。焉用石？民則曰：不然。敎與養不可偏廢，田與學相與悠久。公之興學置田，用心勤矣。不有其功德，謙矣。然不可使後來者不知得田之難也。自茲以往，主領敦勸，固不乏人，職敎書堂，有如傳舍，其人賢，雖無紀載之文，自有道義之味，萬存一焉。瞻茲碑之穹然，過其下而眦睥，愧者或有所不爲，懼者或有所不敢，則斯碑也，未必非扶植之一助也。謹以公所置贍學租穀租鈔，及李氏兄弟元畀田租並刻之，仍虛其下方以俟。田增愈多，則學久而愈盛。十君子孰不受夫子罔極之恩，孰不爲教子義方之計？修學明道，萬世一日；民彝世教，萬古一今。輔翼振德，期於方來正遠也。然則我公之教思，又何有紀極耶！

雜録

宋·熊禾《勿軒集》卷二《考亭書院記》 書院舊有田九十餘畝，春秋祀猶不給，侯捐田爲倡。郭君適自北來，議以克協，諸名賢之胄與邦之大夫士翕然和之，合爲田五百畝有奇，供祀之餘，則以給師弟子之廩膳，名曰義學田。

宋·葛勝仲《丹陽集》卷一《乞以學書上御府并藏辟廱劄子》 令並依大觀三年四月以前指揮，合依元指揮，以大觀三年歲終数編纂，今已成書，總天下二十四路，教養大小學生以人計之凡一十六萬七千六百二十二，學舍以楹計之凡九萬五千二百九十八，學錢以緡計之，歲所入凡三百五萬八千八百七十二，所用凡二百六十七萬八千七百八十七，學糧以斛計之歲所入凡六十四萬二百九十一，所用凡三十三萬七千九百四十四，學田以頃計之凡一十萬五千九百九十，房廊以楹計之凡一十五萬五千四百五十四，既以逐州縣離爲析數，又以天下合爲總數，凡二十有五冊，而中都兩學之数不與焉。

宋·真德秀《政經》 一學校。風化之首，訪聞諸縣間有不以教養爲意者，贍學之田或爲豪民占據，或爲公吏侵漁，甚至移作他用，未嘗養士。其間雖名養士，又或容其居家，日請錢米，未嘗在學習讀，或雖在學，未嘗供課，或雖供課，而所習不過舉業，未嘗誦習經史。凡此皆有失國家育材待用之本意。今請知佐究心措置，學田所入，嚴加鉤考，毋令滲漏，計其所入，專以養士。仍請主學官立定課程，每旬一再講書，許士子問難，再講之日，各令覆説前所講者，舉業之外，更各課以經史，使之紬繹義理，講明世務，庶幾異時皆爲有用之才，所補非淺。

宋·陳均《九朝編年備要》卷八 給先聖廟學田

判國子監孫奭言，知兗州日，於文宣王廟建立學舍，以延生徒。自後從學者不減數百人。臣雖以俸錢贍之，然常不給，自臣去郡，恐漸廢散，請以楊光輔爲兗州講書，仍給田十頃，以爲學糧，從之。諸州給學田始此。

宋·《嘉泰會稽志》卷一《學》 宋興學校之制皆因前代惟州郡，自唐末五代喪亂學官盡廢，有司廟祭先聖而已，猶有廢而不舉者。仁宗皇帝天聖初賜兗州學田，又命藩郡皆得立學，其後列郡多亦有請，悉可之。稍增賜之田如兗州，由是學校殆遍天下。然法制猶未具也。慶歷中范仲淹輔政議興學校，本行實以取士。於是宋祁等合議請士皆土著而教之於學校，然後州縣察其履行，則學者修飭矣。

宋·陳耆卿《嘉定赤城志》卷一三《學田》 學舊有田，自宣和三年，罷三舍，歸之有司。其在學者不過嘉祐中陳貽範所輸數十畝，李守勛命功曹陳槖攝教事且經理之，既而臨海丞姚湙請於郡，於啇舶枰頭之餘輟，十之七以助學。十年間得三百畝，其後教授魯訔請籍負郭公田補其乏。乾道元年，有司又將鬻以予民，黄守然易而歸之，爲九十三畝有奇。三年有司又將鬻其餘，李守浩又易歸之，爲九十六畝有奇。淳熙四年，李守宗質議增給，而諸邑有樂義者三人，獻其私八十五畝。嘉定四年，黄守當撥四十三畝，且儲錢千緡，爲增買費，兪守建助之，得二百七畝。又撥沒入田二十五畝，康守仲潁撥三十畝，喩守珪撥二十五畝，齊守碩撥一十畝，合先後瑣悉歲得穀僅一千九百石。眎遐邦所入未爲凋陋，然吾州多士地也。試於有司者幾萬而入於學者不滿百，博士欲出意羅絡力窘輒止。蓋今江淛學廩亦未有如此，邦之凋陋者，必有聞而附益之者也。

宋·梁克家《淳熙三山志》卷一二《贍學田》 舊管田七十六頃七十八畝一角一十四步，園地山林屋基埕池塘坂等一百二十五頃四十五畝二角三十二步，房廊屋六十八間，屋地基一十二所。

續添田園沙洲地一十七頃五十畝三角三十八，屋一十八所，菴基地一所。

租課錢四千二百七十七貫六百二十九文足，房廊屋基地錢四百二十九貫二百六十文足，白米二千四十三石五合。

糙米二百九十九石八斗八升九合。

豆麥雜子一百三十四石五斗八升。

景祐四年，通判謝微攝州事，始表建州學，仍請賜田五頃，詔下微連罷去。康定二年，沈都官邈遂增田充所賜數。熙寧三年，詔例郡修闢學舘，其都府置學官者，給公田十頃，著爲令。元豐初，孫司諫覺守是拜，會安福寺僧犯法，籍沒其田，請于田以資養士。凡田占閩、侯官、懷安、永福、長樂五縣，收租凡一千二百斛緡。崇寧三年行三舍法，合一千二百餘人，詔撥諸繫官田宅常平戶絶等田以充學費。五年罷。尋復政和中田一千三頃三十晦，房廓三百一十四區，錢一萬七千四十四貫一百二十五文，米四千九百二十九石五斗八升。宣和二年，復科舉取士，除舊贍學田產存留外，餘增置者並拘入常平。紹興九年，張丞相浚始至，以福唐儒學最盛之地，三歲應詔蓋八千餘人，而以春秋求補入學者幾半，所給生員乃不滿二百人，舊所賜田多瀕海，往往數爲崩漂，不足以稱朝廷加惠學者之意。願以田之在官者增給之。疏入，未報。明年復上言，盜德有浮屠氏田十三頃六十二畝，籍沒歲久，乞以其田爲賜。詔從之。會朝廷用兵，有旨鬻官田以給軍食，復以帥司錢二百萬易閩縣鼓山里洲田二頃九十晦有奇入于學。於是增養生員二百四十人，歲月茲久，學田寖虧，庖廩不繼。乾道改元，有以侵田二十三條，告王參政之望者，公按圖籍復舊疆，許民實封，增歲佃，獲租三千緡。以公帑之餘，復貿閩侯懷三邑官田六頃，屋一十八所。閩之邑有盜買舊學田一頃六晦者，檄於學以其直取之。及先籍黃冠私田幾六十畝，歲獲通千緡并歸于學乃益養士至三百人，教授馮攄以新舊產若租之數總爲一籍，上于郡而以其副一留於學，一藏之以授代者，使相授受。又疏其記刻于碑陰云。

元・蘇天爵《滋溪文稿》卷二《盱眙縣崇聖書院記》 長淮之東，地多平衍。虎山在盱眙縣南一里，石潤而土美，木茂而泉潔，昔人表之曰第一山，蓋因其勝而名之也。至元四年戊寅，監縣納璘不花勤於爲政，訟日清簡，興學以訓諸生，制雅樂以祠夫子。他日，耆老來告曰：吾邑在漢爲臨淮郡，有孔武者，由國子博士來爲郡守。卒于官，遺愛在民，民祠事之。宋季，祠燬于兵。今吾幸生治平之世，又遇縣侯興學作士，民之俊秀將日益盛。願卽虎山別建黌舍，以廣爲學之所，并爲祠以祀孔公，不亦可乎！監縣曰：是維某之責也。首捐俸伍伯貫以倡其衆，僚宷士民咸樂輸財助役。是歲四月經始，九月告成。十月丁酉，泗州守帥邑官屬行釋奠禮。黌舍在山之陰，山三級，上爲燕居堂以祀夫子，配以兗、郕、沂、鄒四公；中爲兩廡，右祀周、程十儒，左祀郡守孔公，侑以晉侍中陳騫等六人。下爲淮山堂，以居其師，進學齋，以教其弟子。庖廚門亭，咸有其所。合三十八楹，買田四百畝，給其餼廩。以孔公於夫子爲十一世孫，故名之曰崇聖書院。乃請于朝，立師以司其教。

元・蘇天爵《滋溪文稿》卷二《浯溪書院記》 至元三年春，僉嶺北湖南道肅政廉訪司事陝郡姚侯紱按部祁陽之境。舟過浯溪，覽前賢之遺跡，作而嘆曰：昔唐天寶之季，忠烈之士奮濟時艱，遂復兩京，號稱中興。水部員外郎元公結作爲雅頌，鋪張宏休。撫州刺史顏公眞卿大書其詞，刻諸崖石。殆今四百餘年，過者觀其雄詞偉畫，猶足聳動。維二公風節文采，可使一方之人獨無所概見乎！零陵縣尉曾君進而言曰：圭家衡山，世業儒術。每讀載籍，見昔人言行卓卓者，心慕好之。況二公流風餘思，在此山隅，當作祠宇以奉事之。并築學宮，招來多士，庶幾遐方有聞風而興起者矣。姚侯曰：善。於是曾君命其子堯臣獨捐家貲，度材庀工，不一歲告成。右爲大殿，以奉先聖，東西兩廡屬焉。又於殿之左爲祠，以祀元公；右爲祠，以祀顏公。後爲明倫堂，前爲三門。周以崇垣，規制宏偉。下枕崖石，前臨浯水。表其額曰：浯溪書院。請于行省，設官以司其教。曾君又割私田三百畝，以廩學者。是年，姚侯移憲廣西。

元・蘇天爵《滋溪文稿》卷三《新樂縣壁里書院記》 古者學校之設，所以明彝倫而興賢材也。蓋彝倫不明，則不能以立教；賢材不興，則不足以敷治。甚矣，學校不可一日亡於天下也。故於家有塾，於黨有庠，於遂有序，於國有學。夫內外學制既嚴，教養之方又備，茲隆古治教之盛，後世有不能及者矣。我國家戡定中夏，治化斯彰，興學之典屢頒於詔書，而山林清曠之地，亦有建立黌舍，以爲藏修遊息之所者焉。新樂永壽鄉壁里書院者，趙氏兄弟作之以誨來學者也。初，趙氏僅有中人之產，其父孝弟力田，兼通陰陽五行之說，母亦賢明，延師以教其子。久之，鄉隣從學者衆，黌舍至不能容，始捐家貲修建書院。中爲禮殿以祠夫子，顏、曾、思、孟、十哲列焉。前樹儀門，翼以兩廡。後爲講藝之堂。東西棲士之舍，合五十楹，堅完可久。割俠神里田三百畝，以廩師生。經始於至正四年三月，告成於七年五月。監察御史楊君俊民表以書院之號，郡縣之官既蠲除其差役，復言于朝，請設學官，欲其規制永久而弗替也。

明・宋濂《宋學士文集》卷九《芝園前集・葉氏先祠記》 數世以來，祭祀之節，並依朱子家禮從事。興祖慨念先祠舊在所居之東偏，規制淺陋，無以展其孝思，乃即中堂分爲龕室者四，以奉息庵而下神主；傍親之無後者，以其班祔。祭以四仲月，正至朔望則三謁焉。郡士黃鎭成實爲之記。元季，毁于兵。興祖哀慕不能自已，復捐私田百畝入樵谿書院，以祔祀息庵。逮至國朝，凡學校之田，悉籍于官，而祠又廢。興祖之志猶不怠，卜地於城東三十里曰虛壇，築先祠一區，奉之如禮。經始於洪武四年六月，落成於明年正月。功屋以間計者五，錢以貫計二十千，且歸田四十畝，收其入以給牲醪之用。功適成而興祖卒。光祖之子存恕，興祖之子壽孫，思先德之當報，念諸父之艱勤，宗微胤薄，或不足以負荷，恐涉不孝，復入田以畝計者六十，通前爲百畝，擇宗人之良者掌之，春秋之祭因得不廢，其承先志以裕後昆者，蓋甚切也。

明・宋濂《宋學士文集》卷三《芝園續集・吳先生碑》 重紀至元之初，遷文林郎池州建德縣尹。新孔子廟堂，廣學舍。豪氓侵郡學田七百畝，郡下先生問狀，按圖繩豪民歸諸學。

明・宋濂《宋文憲公全集輯補・重建青田縣廟學記》 青田處萬山間，跨山爲孔子廟，初建於崇寧中，迄元至正之末，餘二百載，而燬於寇。金臺耿君亮來爲縣，展謁焉，則斷礎荒榛交錯於頹牖之間，於是捐俸爲倡。縣人士懽然和之，輸粟薦貨，各視其力爲差。耿君親自督勸，至廢寢食。厥材孔嘉，厥石維堅，廟殿崇雄，講堂清邃，戟門有嚴，齋廡翼如，庋書之樓，貯粟之庾，湢房爨室，以次而就。繚以周垣，甓以修塗。始則舊基迫山，斜迤而傾，恆病狹隘，今則鞏石爲級，拓而弘之；環學之地，編氓所業，今則悉購入之；西有方塘，歲久湮塞，今則浚而沼之。經始於庚子之歲冬十一月乙亥，訖工於辛丑歲正月辛未。復聘名師，廣招弟子員，日申五倫之教。蔣子先聞而樂之，相率割田爲養士之助，而學之制大備。

明・周暉《續金陵瑣事》卷上 太祖建學，祿廩之外，無復公田。自侍御馮公始置百畝。提學御史馮公天馭置田百三十九畝。府尹邵公仲祿置田百九十六畝；又置圩田五百十四畝；又罰民田七畝。署府事鴻臚寺卿徐公大任置田百九十三畝；又置田四十七畝。提學御史耿公定向墾田一百一畝。府丞張公朝端罰入官田地二十七畝；又置田一百餘畝。一京兆收回張公原價銀五百兩，其價寄江寧縣，去歲周海門先生署府事，查出置陽明祠。總計學田不過一千三百三十餘畝，大都皆低田，旱則先旱，潦則先潦。加之以吏胥之侵漁，生員沾惠者幾何哉？宋天聖七年始建學，朝廷給田十頃。至建康增至三十八頃五十七畝。紹興秦會之續置田千八百九十畝。淳祐吳道父復置後湖田七千二百七十八畝。宋時學田之多如此，附記之。

明・周暉《二續金陵瑣事》卷上 府尹邵公置有學田五百一十畝，坐落上元縣盡節、丹陽二鄉。每年租銀六十二兩，久被汪崇學、汪崇孝霸占包租，以六十餘兩減至十五兩。又以官銀修築圩埂，俱至大河，旱潦無憂。腴田改作荒地，糧飛一邑，積弊已久，牢不可破。山人汪徽之首告，可謂義舉。

清康熙《文昌縣志》卷四《學校志・義田》 學宮濟貧田，土名，坐落北山原。價四十兩。租穀收貯明倫堂，分給貧生。輸差在內。

書院辦祭田，土名，坐落書院前分司前北山坑大潭。又縣前鋪一座。共價銀一百一十兩零五錢。每年收租以充春、秋二祭，并逐時修理。輸差在內。

書院科舉田，土名，坐落□□村。田價銀七十兩五錢。每年收租銀七兩五錢，每科共租銀二十二兩五錢，以資科生盤費。輸差在內。每丁每年田夫銀三錢，貼值會費用在外。

書院濟荒田，土名，坐落蔡村。田價銀三十兩。其田□次上瑤。每年租銀二兩八錢，以充濟飢。輸差在內，田夫貼值會費用在外。

《舊志》：天下事善作者未必善成，善始者未必善後。文邑原有濟貧田、濟荒田、書院田、科舉田，約價二百餘金，皆先賢倡爲義舉，以崇教化而厚風俗，法良而意美也。迨後輪值分肥，爭爲利藪，書院田亦舉時祭矣，問百十金之產，僅以供二祭乎？科舉田每科二十二兩五錢之租，自□清來，十三科於斯矣，問科生有資分文者乎？濟貧、濟荒只以自濟乎？昔計廣文濟貧田，有《記》矣。熊廣文會計義田租，五年得金一百餘兩，以修學宮矣。今文廟待修，書院平莽，文昌閣瓦蕩垣圮，數十年值會無有過而問焉。雖曰今日之糧或重於昔，然義田已另立椿，只輸正供，永無雜派。豈二百餘價之田租，納條之外，遂無餘貲歟？是宜計年清租，以通縣之義田爲通縣之義舉。或修學宮，或修文昌閣，則在乎值會者之輕利慕義耳。【略】

義學田　係雍正十三年奉藩憲陳捐發銀一百二兩，其不敷者，州判羅仰錡添出置買。

一、契買劉士儀舊納里新墾田一段，秋糧三升，價銀九兩六錢，坐落布廣河路下，年收租穀京斗七石七斗。佃戶劉士儀。

一、契買劉開祚開澤大篾架田七段，係四兩二錢，額糧四斗二升，價銀二十五兩五錢，年收租穀京斗二十四石六斗：　柳樹田一段，係一兩，租六石；　花尖旁田一段，係五錢，租三石；　灣子田一段，係一兩，租六石；　龍樹田一段，係三錢，租一石八斗，以上佃戶黄祚種。花尖田一段，係一兩，租六石。佃戶謝連緒。營盤腳下大田一段，係二錢，租一石二斗。佃戶王昆。龍洞田一段，係二錢，租六斗。

一、契買戴應祥大篾架田三段，係四兩一錢，額糧四斗二升，價銀二十五兩，年收租穀京斗二十四石六斗；　團山石頭田一段，係二兩七錢，租十六石二斗；　河邊田一段，係二錢，租一石二斗；　河底田一段，係一兩二錢，租七石二斗。佃戶余國祥。

一、契買黄文昭、黄光應、黄國楹、黄國樟大篾架田五段，係四兩二錢，額糧四斗七升，價銀二十五兩五錢，年收租穀京斗二十五石二斗：　旬心內田一段，係一兩三錢，租七石八斗；　鵝毛樹下田一段，係三錢，租一石八斗；　佃戶王國佐。旬心內田一段，係八錢，租四石八斗；　旬心田一段，係一兩一錢，租六石六斗；　佃戶雷應春。旬心內田一段，係七錢，租四石二斗。佃戶郭允祥。

一、契買李法、李淇、李溶利弄里田四段，係二兩一錢，額糧三斗三升，價銀二十三兩五錢，年收租穀京斗十八石：　大溝上田一段，係八錢，租六石八斗；　大路上田一段，係四錢，租三石三斗；　佃戶羅旦。利弄河邊田一段，係二錢，租二石二斗；　佃戶羅小孟。大路下田一段，係七錢，租五石七斗。佃戶彭超。

一、契買李淇者法里丙坡田一段，係四錢，額糧六升，價銀六兩，年收租穀京斗四石。佃戶保得頗。

一、契買黄國權、黄國柄、黄國棫大村新墾田二段，秋糧四升，價銀十二兩；　濠溝一段，團山一段，共租穀京斗六石。佃戶黄國柄，原報作耤田，後將農壇新墾田抵換。

一、契買李淇者法里幫糧田一段，係四錢，額糧六升，價銀六兩，年收租穀京斗四石。佃戶彭國才，原報作耤田，後將農壇新墾田抵換。

一、開墾南門外平田二段，計二十一畝零；　積塘水塘一口，工價銀五十一兩四錢，年收租穀京斗二十石。佃戶卞容、卞才，原係報作學田，因後建先農壇，遂以四畝九分作耤田，其租穀辦祭需之用。農夫口糧既認定租數，不敷另給。

清康熙《樂會縣志・學校志・學田》　自元千夫長王有益□□□□□□□□□□舊失，正統間爲豪右侵沒。繼因邑民馬文起□以所爭田義輸之學，而先繼縣牒稍增，學田之設於是再見。恐日久復生蠹弊，因詳糧於後：

東門坡，初有雲希田二丘，後合成一丘，秧地一丘，丈米一斗四升四合四勺。原主王應志，萬歷五年知縣彭大化牒發下學。坐落縣東門坡。久沒。

龍塘，田一莊，二十二丘，秧地二丘，連圍丈米六斗六升以上。馬文起因告爭願輸入官，萬歷十一年署縣訓導左登中準發學。坐落下北偏鄉龍塘地方。

新寨清塘、加坡等田七丘，秧地一丘，丈米三斗五升。因歐中定等告爭，萬歷十六年知縣林棟申準發學。坐落上小鄉清塘地方。

東門坡心田一丘，原丈苗一畝，嘉靖十五年知縣孫鏗爲名宦曹公梅祠立。□□陳海歲納租銀二錢。今久沒矣。

莫村田二十二丘，該苗田十四畝□分三釐□毫，□□□六斗九升七合九勺二抄。

清乾隆《向鹽井志》卷二《義田》　一、提舉鄭山任內，奉署臬篆盧藩憲發還舊規禮銀，買田九十六丘，坐落磨石江，年收穀四十四石，貯倉備賑，後於提舉孔尚琨任內，改令伍井竈戶輪收，作土主神會公費，今仍之。

一、署提舉白兌捐銀一百二十兩，買貢生張鐸田一分，坐落柳樹塘，年收租穀一十七石，作義學教讀束脩，勒石於文昌宮。《記》載藝文。

一、貢生羅銓遵父羅臺垣遺命，備價銀八百五十四兩五錢，買雲南縣楊土丞金旦莊作義田，每年額納稅秋米各二石，收租九十一石，年該租銀一百零六兩二錢，内除納糧及撥入南北兩館義學各項外，其餘散給孤貧。每年不敷銀十餘兩。係提舉郭捐給。

一、生員陳斗光於雍正十三年提舉劉邦瑞任內呈請捐送修學田租穀市斗十石，坐落柳樹塘，詳請各憲批示，勒石給匾。《記》載藝文。

一、已故生員白萬正之妻王氏於乾隆十五年同子監生白匯捐市斗租十石，坐落起底沖，以資書院膏火。提舉郭存莊轉詳各憲給匾旌獎，仍準載入匯記，立碑以垂永久。又於乾隆二十三年捐市斗租十石，撫部院劉旌之曰義播儒林。

清乾隆《向鹽井志》卷二《學地》 一、南關內菜地九分，遞年額納租銀四兩六錢，原無丁稅，今建社倉，地基免租四錢。

一、南關外棗子園前菜地二分，遞年額收租銀一兩二錢，隨納姚州半里夏稅二升五合。

一、司署前後并環龍橋大街房基二十八塊，遞年納租銀十二兩一錢。

一、童生彭祖賢於乾隆二十一年九月內呈送祖遺租地一塊，經鹽大使勘覆，南首，柴如檜、洪功、曾文道、曾宏仁、樊琳、樊康侯、樊元、王新民、陳秉禮之子等，共估地價銀二百八十兩；北首，貢生張標、監生張書、白匯分估地價銀一百二十兩，外加借公項五十二兩，贖出南首之房，尚存瓦房、苫片房十四間，俟出賣還借項外，將餘銀置買公產收息，永作書院膏火。

清乾隆《向鹽井志》卷二劉邦瑞《請捐修學田》 爲捐置學田懇請恩轉詳勒石以垂永久事。

雍正十三年二月初五日，據白井生員陳斗光呈前事，呈稱：情因白井文廟建自萬歷年間，歷任父師雖間有修葺之處，不過補偏救弊，既無學田以爲修補之資，日久年深，木植腐朽，遲延至今，盡爲傾頹。恭遇師臺體聖天子崇儒之化，竭力督修，并捐養廉，拆毁重建，宮闕維新，所以至誠感格，泮涌甘泉，乃從古未有之嘉祥也。但恐今日鼎新之後，異日無修補之資，未免爲風雨飄搖。生叨列宮牆，目睹瑞應，千載奇逢，踴躍倍切，情願將父遺柳樹塘田一分遞年收租穀十石價值百金永入學宮，以爲將來修葺之費。若有餘剩穀石，或學中有志上進無父兄供給者，將此項租穀給與，以助膏火。自勒石之後，陳氏子孫有異言者，以違悖祖命論。伏乞仁恩轉詳，勒石以垂永久等情據此，卑職隨即飭委署大使何經方、白石穀場大使沈鴻儒履畝查勘。去後，續據該大使等詳覆前來。據此，該卑職看得：白井修學一案，除奉撥十一年分歸公門隨銀二百三十二兩外，貢生羅銓樂捐銀一百兩，五井士、竈樂捐銀二百兩，卑職捐銀二百四十三兩三錢四分零，通共銀七百七十五兩三錢四分五釐九毫四絲，今已捐修完固，廟貌聿新。現在造備清冊另文申報外，有泮池涌泉，前經詳報，荷蒙憲批勒石并獎羅生以勵風化在案。惟查白井并無學田學租，從前垣頹瓦破，塵積苔封，無項動用，日久相沿，今茲修理，俱從新制，工程匪易，但目前雖經重修，煥然一新，竊恐將來補葺無資，不能無日久傾圮之虞。茲有本井生員陳斗光，願將己田一分，年收彼地租斗穀十石折京石二十石該值時價銀一百兩，送入文廟永爲學田，以備將來修葺之資，餘濟寒士膏火之助。卑職飭委確查，并無異議，除將文約粘卷發學收存，并招佃耕種外，竊念該生陳斗光身列黌序，志在飲水思源，一介儒生，不惜捐産義送，從此學有恆業，而俎豆愈光，饘粥有資，而貧儒攸賴，念茲懿行，不愧衣冠，似此淳風，堪行褒錫，事關學校，相應詳請批示勒石以垂永久，并請獎錫匾額，以彰善士者也。

雍正十三年七月初六日奉藩憲牌：行同前事。雍正十三年五月初四日奉督部堂尹批：本司呈詳，查白鹽井學宮經該提舉及五井士、竈、貢生羅銓等倡捐修葺，業經告成，詳蒙憲臺批示，轉飭勒石，并給匾獎勵貢生羅銓在案。茲據該提舉義以該井生員陳斗光，將父遺田一分，年收京斗穀十石價值百金情願送入學宮，永爲將來修葺之費，若有餘剩穀石作無父兄供給有志上進之士以爲膏火之資，勒石垂久，并請獎賜匾額等情詳奉憲臺批司查議通詳。」本司遵查，該生陳斗光將父遺田送入學宮以作將來修費，果屬好善樂施，有光俎豆。查其田價值銀一百兩，與前貢生羅銓捐銀之數相符，應照羅銓之例，本司撰給匾式，飭令該提舉制送，以示獎勵，并飭將該生捐送之田坐落丘段、條糧租數勒石垂久，取具碑摹報查可也。伏候憲臺查核批示等因，奉批如詳行，仍候撫部院批示繳，奉此。五月初二日，先奉撫部院張批：「如詳給匾獎勵并令勒石，取具碑摹送查。仍候督部堂批：示繳奉此，擬合行知，爲此牌仰提舉官吏遵照牌內詳奉憲批事理，即將發來匾字照式制送該生，以示獎勵，并將該生捐送之田坐落村屯、丘段四至、條糧租數勒石垂久，仍取具碑摹，通報督撫兩憲暨本司，查考毋違，計發匾字一幅等因，奉此，相應勒石，以垂永久，所有頃畝四至、條糧租穀附勒於後須至勒石者。

清乾隆《温州府志》卷七《學校・東山書院膏火涂田》 永邑廣化廂編田一十畝四分七釐，每年每畝交租銀四錢；二十都太平嶺下三港廟前編田三十四畝，每年照鄉例交租穀；又接漲新涂一十八畝，現本商認稅每年每畝交銀五錢；三十四都羅浮編田二畝零，三十五都楓埠編田八畝，每年俱照鄉例交穀；三十四都永寧庵編田、山地共三十畝九分零，每年除田糧外，凈交租銀五兩四錢六分；三十五都箬岙涂田一十六畝九分，每年租銀五兩另八分四釐九毫；又新涂九畝另二分，每年租銀二兩七錢零；又草涂成田一百四十八畝五分零，每年租銀四十四兩五錢五分零；三十六都江中塘內文、行、忠、信四號涂田共六百另五畝，塘外涂田七百九十畝零，每年租穀俱分收；雙穗埸蕩田四十二畝零，每年交租銀兩錢；大嵒街涂田三畝，每年交租銀兩錢；平陽九都江口涂田一百四十九畝，每年租銀四十四兩七錢。

清道光《定遠縣志・義學田》 書院、清水、臘灣、朵基學田。明時，士民捐輸義田一頃八十八畝三分，又地九十一畝七分六釐，大小十五塊。雍正十三年，知縣馬公德至查清，歸入義學。

一坐落陽和村，田大小三丘，栽工十一個，每年收京斗租米一石四斗八升三合；一坐落花棒村，田大小十三丘，栽工三十個，每年收京斗租米四石九斗四升一合；一坐落官村，田大小十四丘，栽工十八個，每年收京斗租米一石九斗七升八合；一坐落南關外，地九塊，田三丘，栽工十個，每年收京斗租米四石六斗九升；一坐落南關外，田大小三丘，栽工四個，每年收京斗租米五斗三升五合；一坐落南關外，地五塊，每年收京斗租米九石五斗一升；一坐落發科屯，田一丘，栽工十二個，每年收京斗租米一石一斗五升三合；一坐落方家屯，田大小三丘，栽工五個，每年收京斗租米九斗九升二合；一坐落鄧官屯，田大小二十三丘，栽工二十二個，每年收京斗租米二石一斗五升四合；一坐落黃連塘蕭家冲，地一塊，每年收京斗租米二斗五升；一坐落楊旗屯小冲，田大小五丘，栽工八個，每年收京斗租米一石一斗五升三合；一坐落河節冲王家門，田大小三十一丘，栽工四十個，每年收京斗租米七石九斗六升八合；一坐落羅磨苴本屯，田大小四十二丘，栽工二十七個，每年收京斗租米三石二斗九升六合；一坐落光法寺本屯，田大小三丘，栽工五個，每年收京斗租米七斗四升三合；一坐落溪河，田大小四十丘，栽工四十五個，每年收京斗租米十二石三升二合；一坐落羅絲車，田大小五丘，栽工十九個，每年收京斗租米三石二斗九升六合；一坐落柳樹冲，田大小四十二丘，栽工四十八個，每年收京斗租米八石七斗三升；一坐落河節冲溫家門首，田大小三十七丘，栽工四十個，每年收京斗租米六石四斗三升二合；一坐落光法寺，田大小二丘，栽工八個，每年收京斗租米九斗九升二合；一坐落天仙堂沙長甸，田一丘，栽工六個，每年收京斗租米七斗五升六合；一坐落天仙堂沙長甸，大小二丘，栽工七個，每年收京斗租米一石九斗；一坐落天仙堂沙長甸，田大小三丘，栽工十九個，每年收京斗租米八斗九升三合；一坐落光法寺本屯，田大小四丘，栽工二十五個，每年收京斗租米三石九斗四合；一坐落梁官屯大石板，田大小五丘，栽工六個，每年收京斗租米一石三斗二升；一坐落山廟屯鄭家嘴，田大小三丘，栽工三個，每年收京斗租米五升二合；一坐落西山寺海家箐，田大小七丘，栽工十二個，每年收京斗租米一石一斗五升三合；一坐落小倉屯沙溝，田一丘，栽工六個，每年收京斗租米八斗四升二合；一坐落小倉屯沙長甸，田大小四丘，栽工十六個，每年收京斗租米一石六斗四升五合；一坐落小倉屯沙長甸，田大小八丘，栽工十八個，每年收京斗租米一石三斗二升；一坐落西山寺海家箐，田大小十五丘，栽工二十一個，每個收京斗租米二石四斗七升四合；一坐落紙房屯習家河，田一丘，栽工三個，每年收京斗租米五斗二合；一坐落西山寺南榜，田三丘，栽工九個，每年收京斗租米九斗八升八合；一坐落爐子冲，田三丘，栽工三個，每年收京斗租米六斗六升，以上田地額該正耗秋米五石八斗一升五合六勺二抄、夏稅九斗九升一合，折征米麥銀六兩五錢四分六釐一毫，條丁銀七兩四錢七分二釐八毫，公件銀三兩四銀九分一毫。知縣捐完，共收京斗租米九十一石一斗五升七合，給書院、臘灣、朵基、清水，永供束脩。

大江坡學田

乾隆三年，知縣沈公堂詳撥自在林故僧洪西募置之田七分，歸入義學。

一坐落紙房屯，田四丘，栽工二十一個，每年收京斗租米四石八斗；一坐落天仙堂沙長甸南榜，田二丘，栽工八個，每年收京斗租米一石六斗；又天仙堂沙長甸南榜，田二丘，栽工六個，每年收京斗租米一石六斗；一坐落雲龍口本屯，田十五丘，栽工二十個，每年收京斗租米四石八斗；一坐落楊旗屯，田八丘，栽工六個，每年收京斗租米一石六斗；一坐落蕎地車，田二十一丘，栽工十七個，每年收京斗租米三石二斗；一坐落蕎地車，田十三丘，栽工七個，每年收京斗租米一石九斗二升，以上額該正耗秋米七斗二合四勺六抄，折征銀七錢二釐，條丁銀七錢六分一釐，公件銀四錢二分八釐，係知縣捐完，共收京斗租米一十九石五斗二升，永供束脩。

文龍書院膏火

知縣葉公立筌，捐廉二百兩；地方公銀五百兩，置產生息。月給膏火：超等三分，每名月給膏火銀六錢；特等六分，每名月給膏火銀四錢。童生四分，上取二名，每名月給膏火銀四錢；中取二名，每名月給膏火銀二錢。

清咸豐《瓊山縣志》卷九《經政志・學田》 一、臨高縣土名南定武營群大田十丁，稅一頃六十畝零四分五釐四毫四絲三忽四微。雍正十年，詳撥交內壇禮生經管。每年完地丁銀一兩六錢四分，批解學院租銀一兩二錢六分。

一、本縣土名烈樓大來田一丁，稅二十畝零五分二釐四毫六絲九忽六微。每年完地丁銀一錢五分，本色民米五升，批解學院租銀九錢。

一、本縣土名南昌田一丁，稅二十畝零九釐一毫九絲六忽六微。每年完地丁銀六錢五分四釐，本色民米二斗一升二合，批解學院租銀三錢。以上田二丁。雍正十年詳撥交外壇禮生經管。

一、澄邁縣土名羅贊田四丁，稅三十六畝六分零四毫一絲九忽四微。每年完地丁銀五錢八分六釐，雜稅銀四分，本色民米一斗零三合。批解學院租銀一兩五錢。明隆慶元年，副使陳復升給送入學。康熙二十四年六月，被颶風淫雨，水冲嶺崩，陷埋田二十畝零三分二釐，存田一十六畝三分零四毫一絲六忽。生員陳帝訓經呈府縣，錢糧匯荒免征，其學租仍照額納解，未奉豁減。

一、安定縣土名南立田一十丁半，稅三十六畝六分零四毫，每年完地丁銀五錢四分七釐，本色民米一斗三升四合，批解學院租銀一兩二錢。尙稅九十三畝二分六釐六毫二絲五忽，該租銀三兩六錢，報荒免征。今擬開墾。康熙四十五年，定安武生丘千乘弟自墩坡占耕此田，教諭關必登遣生員鄒宗泗往查，丘乃具呈退還，移明定安縣存案。

一、定安縣土名榕木田三十二丁，稅三頃四十六畝五分。每年完地丁銀三兩二錢八分六釐，本色民米一石二斗四升三合，榔稅銀一錢二分八釐。批解學院租銀四兩八錢四分。明崇禎年間，生員朱日耀承管。十二年，有府學貢生張其美呈按院李乞準承管養老，後朱象源承管二十四丁，值黎岐猖獗，田廢。其美養男子善乘變盜賣於王儀才、王鴻烈。康熙二十年，教諭盧啓運、訓導黎暉吉奉文査墾學田，乃著朱象源親往查勘，始知張子善盜賣，通學生員公憤，聯呈道府訊審，斷復原田三十四丁，經詳提學陳肇昌，于覺世存案。朱象源另立學椿稅，在定安縣思河曲二十甲外。康熙二十四年，墾復，二十八年，征租起解。

一、本縣郡城內東坡井菜田十六丘，幷塘一口，共稅五畝六分，批解學院租銀二兩八錢。以上俱《府志》。以上共田五十六丁半，又菜田一十六丘，通共田六頃二十六畝三分七釐九毫二絲九忽四微。

原額學田七頃七十八畝二分七釐三毫九絲五忽，除原報荒田五頃一十八畝四分八釐六毫六絲二忽，缺租銀一十兩零八錢九分。康熙九年，墾復田二十畝零九釐一毫九絲六忽六微，租銀三錢。康熙十二年分起征。又康熙二十五年，墾復田三頃四十六畝五分，租銀四兩八錢四分。康熙二十八年分起征。

實在田連墾復共稅二頃七十九畝八分七釐九毫二絲九忽。除納在縣正賦外。通計每畝征租銀二分八釐四毫四絲零八微，共征租銀七兩九錢六分，又墾復田三頃四十六畝五分，租銀四兩八錢四分，通共實征租銀一十二兩八錢，每年解府投納轉解學院，賑給貧生。

清宣統《樂會縣志》卷三《學田》 書院，舉、義、壽、元、學五字號，田園名、丘數開列：舉字號田二埇，在尙忠鄉紅槌嶺地方。計開：東邊埇田一百零五丘，幷無其他田參插；西邊埇田七十一丘，幷無其他田參插；隨田秧地。以上田二埇。道光二十年，邑主汪吉士撥博敖港船甲一頃入本縣書院，永爲賓興膏火之資，按年出息，議於舉、元二字號均開收理。道光十六年，鄭老師捐俸錢二十千文歸入書院，專爲賓興之資，今置業江嘴峒三角田名。

義字號田五丁，二丁在白石鄉大田坡沙魚塘地方，計開：三角田一丘，禾三十擔；椰子頭田一丘，禾三十擔；四方田一丘，禾三十擔；長田仔一丘，禾二十擔；灣田一丘，禾五十擔；南嶺洋，四十擔。隨田秧地南嶺一丘，下溝三丘。此田係南正村王嗣華所薦。以上共田一十丘。歸仁鄉石角地方田三丁，計開：紅頭井田一丘，禾三十擔；峒肚田一丘，禾十五擔；過山長田一丘，禾二十擔；邦田一丘，內帶田仔一丘，禾二十擔；里畝田一丘，內帶甲頭埇田仔一丘，禾三十擔；山味埇過山長田一丘，內帶曲田仔一丘禾五擔，共禾二十擔；軍橋子田一丘，禾五擔；加朗田一丘，禾十五擔；毛隱埇上烏欖頭田一丘，禾二十擔；下烏欖頭田一丘，禾二十擔；石埲上田一丘，禾十五擔；石埲下田一丘，禾一十擔；泮宮迌過山塘田一丘，禾四十擔；迌田仔田四丘，禾二十擔；泮官迌過路塍下田一丘，禾一十五擔。隨田秧地：南密秧地大小共九丘，毛隱埇門秧地一丘，村夾秧地一丘，泮官迌秧地一丘。以上共田二十三丘。

壽字號田，白石嶺、嶺夾方、菊花園山，連田四至。嶺夾方四至：東至加朗嶺腳，西至田，南至不備嶺石墩頂天水分流，北至崩田園乾槽，直上加朗嶺止。白石嶺四至：東至大淞，南至家山乾槽，西至天水分流，北至彭家山。菊花園山四至：東至稱布石，南至三牛荒王家山，西至天水分流，北至彭家山。壽字田祭田一丁，在歸仁鄉石角地方，計開：軍橋田二丘，禾五十擔，帶南峒田仔一丘，共田三丘；佇埇田八丘，禾五十擔，隨田秧地南逆峒二丘，土地前一丘。每年租分爲二祭收用。執禮鄉丹村地方溪圯灣田一丘，禾六十擔；隨田秧地田圯一丘，載種九斗。樂郊峒大田一丘，禾二十五擔；西排田一丘，禾一十五擔；曲田一丘，禾一十五擔；溪溝田一丘，禾一十五擔；舊坡田一丘，禾一十擔；墩坡田一丘，禾一十擔；塘圯田一丘，禾一十擔；下迅田一丘，禾一十擔；尖田一丘，禾五擔；隨田秧地二丘相連，載重一石三斗。以上共田九丘，共載禾一百一十五擔。龍港朗一段，內帶田二丘。港朗四至：東至港高田坎，南上截至高朗坎，下片直至溪止，西至龍塘溪仔，北至老塍。白石鄉嶺夾方山一派，帶田一段，四至抄上注明新捐。

元字號，置田七丁半零五擔，在篤行鄉坡頭峒。計開：坡頭峒歐公田二丘，禾三十擔；坡頭峒外朗田一丘，禾三十擔；沙田峒朗溝田一丘，禾四十擔；坡頭峒歐公田一丘，禾三十擔；坡頭峒朗溝田一丘，禾三十擔；坡頭峒朗所田一丘，禾五十擔；坡頭峒外朗田一丘，禾三十擔；坡頭峒朗溝田一丘，禾十四擔；上朗田一丘，禾三十五擔；上朗下田一丘，禾二十擔；歐公田一丘，禾三十五擔；坡頭峒鄭宅朗田二丘，禾四十五擔；坡頭峒歐公田一丘，禾三十擔；沙田峒下朗車田四丘，禾七十擔；沙坡峒歐公車曲田一丘，禾五十擔；又帶峒上車并圯田一丘，禾二十擔；沙坡峒歐公田一丘，禾一十五擔；篤行鄉牛路邊大田一丘，禾五十擔；牛路邊田一丘，禾三十擔；牛路邊田一丘，禾三十擔；牛路邊田一丘，禾二十五擔；崇文鄉三洲地方田七丘，上村一段，下村一段，帶山一派。三洲山四至：東至排溝田大溝，南至橋嶺大溝，西至下村田天水分水流，北至溝仔止。秉信鄉石頭村馮昌琮、馮時烈薦石頭峒大墩田一十五擔。何正元薦光嶺峒田一丘。王先正薦卜山峒田一丘。

學字號，崖溪山一派，帶田一段。崖溪山四至：東至胭脂嶺，南至大蔴分界，西至大溪，北至荔枝嶺止。官墓田相連九丘，田牌四張，紅契二張，白契二張，爛契一張，舊田數印簿三本，俱存房。崇文鄉陽江上王朝寶薦加筵大攬口田大小五十石，共十丘。同治七年。李主案斷撥白石鄉長尾傘朗，奉道府憲王、戴批準，十分折五，歸入書院，永爲膏火項。光緒三十二年，彭主案斷長尾朗，除己酉年王家承理外，吳以炘承耕，每年定期五月十三繳租銀六十大圓。光緒三十二年，執禮鄉丹溪村覃家薦京坡朗，四至號數：西至覃、周、彭三家朗，橫勢一百一十八號；東至嶺，橫勢一百三十號；南至林家朗，直勢八號；北至京坡帝閣朗，直勢五十三號。上游京坡帝閣朗，下游龐、林兩家朗，中間餘地。光緒三十二年，彭主案斷撥歸學堂管租，四至號數：西至學堂朗坎，橫勢一百七十號；東至白沙，橫勢二百一十號；南至龐、林兩家朗，直勢一百二十號。注：東北對面有望流廟前松樹，與西南京坡村尾大海棠樹爲梁限可證。

清宣統《樂會縣志》卷四《東西齋學田》　莫村田丘列下：大問田二丘，上步田四丘，芒莪田三丘，東埇田四丘，嶺貢田二丘，高峒田一丘，曲塍田一丘，橫塘田一丘，白水塘田一丘，平頭峒田五丘，沙土田西邊二丘，北洪田北邊二丘，又南邊一截，婆密田西邊一截，又東邊一截，下塘田北邊一截，又南邊一截，南密田東邊一截，又西邊一截，秧地八丘，曠園二所。共田三十二丘，秧地八丘，曠園二所，合計一畝三分二釐六毫。每年完糧銀一分六釐。

山仙村田丘列下：牛牳下埇田六丘相連，牛牳上埇田四丘相連，後黎大田四丘，佳勝埇田六丘，檻埇田二丘，邊頭田三丘，大仙埇田二丘，大頭田三丘，毛棉田二丘，學官秧地一丘。共田三十二丘，秧地一丘，合計一畝。每年完糧銀一分二釐。

西岸村田丘列下：門巷田一丘，狗棘樅田三丘又一排，黎喜田一丘，落陵田一丘，留馬塘田四丘，田心田一丘，羅喜田一丘，山蒲田三丘并一排，高塘田一丘，邊頭田一丘，偷鷄田二丘并一壢，三角田一丘，井頭田一丘，西埇田上二丘下一丘，塘角田一丘，塘門田二丘，風鼓田二丘相連，青竹田二丘，十殿田一丘，大國田一丘并一排，山豬田二丘，曲刀田二丘，笳籠田一丘，包墩田二丘，山腳田二丘，坡膠田一丘，獺牢田一丘，加利田二丘，眼鏡田一丘，官竈田二丘，加塔田一丘，塘口田一丘，被田一丘，山口埇田一丘，椰子樅田二丘，山心埇田一丘，高坎仔田二丘，豬姆仔田一丘，荔枝埇田二丘，下坡埇田五丘，高殿嶺田一丘，木棉頭田三丘，黃狗埇田一丘，北門園田一丘，茅樅埇田一丘，高敦嶺田一丘，毛棉頭田二丘，椰子塘田一丘，高坎仔田一丘，南峒埇田二丘，隨田秧地二十五丘。共田八十七丘，秧地二十五丘，合計一頃。每年完糧銀一兩二錢。

石角村田丘列下：崩田三丘相連，大園圯田一丘，馬蹄埇田四丘，路巷門田三丘，永目坡田二丘，牛腳東埇田四丘，豹皮田二排，高坡田一丘，雷公田五丘，車田一丘，滙田一丘，朗田一丘幷西邊一截，隨田秧地八丘。共田二十九丘，秧地八丘，合計四畝。每年完糧銀四分八釐。

龍山村田丘列下：龍志埇田上五丘相連，下五丘相連。曠園一所，四至：東至符家園，南至劉家園，西至符家園，北至唐家園。共田十丘，曠園一所，合計一畝。每年完糧銀一分二釐。

龍塘村田丘列下：村圯田一丘，堀頭田一丘，加滙田一丘，高坡田一丘，林鐵峒田二丘，車風鼓田三丘，黎邁塘田二丘帶秧地一丘，黎邁田一丘帶秧地一丘。溝圯田上下三丘帶秧地一丘，家伯田一丘帶秧地一丘，大朗田三丘帶園一壢，高坡田五丘帶秧地一丘。共田二十四丘，秧地五丘，合計三畝。每年完糧銀三分六釐。

以上共田二百一十四丘，秧地四十六丘，曠園三所，計一頃十畝零三分二釐六毫。

國有土地制度總部

寺觀田部

綜　述

元《通制條格》卷三《户令·寺院佃户》　大德三年七月初三日，中書省奏：　江南有的種佃寺家田地的佃戶每，依在前楊總統說謊奏了：　俺寺家的佃戶每根脚裏，亡宋時分，在後寺家的冊裏也籍着來，不干他每事。管民官說俺合管麽道，教生受有。依在前體例裏，則教俺管呵，怎生？麽道，奏過，要了聖旨來。前者，又管和尚的官人每，依着在前楊總統朦朧奏來的奏了，有氣力的教當差者，無氣力的休教當者，管民官休管者。麽道，行了聖旨有。俺商量來，亡宋時分，百姓的數目裏籍着來，後頭世祖皇帝聖旨裏虎兒年抄數戶計時分，也百姓的冊裏籍着有來，更兼俗人休教和尚管者。麽道，在先有行來的聖旨；　則杭州省裏管着寺家的佃戶，約伍拾萬戶有餘，教和尚每管呵，別着大體例的一般有。做佃戶種田呵，依體例種佃也者。依在前聖旨體例裏，則教管民官每管呵，怎生？　商量來。奏呵，奉聖旨：　是也。和尚每休管者。教管民官管者。欽此。

元《通制條格》卷一六《田令·典賣田産事例》　元貞元年十一月，中書省。陝西行省咨：　安西路普淨寺僧人侁吉祥，告西鄰王文用，將門面幷後院地基偷賣與宮伯威爲主。不見各處軍民典賣田宅，若與僧道寺觀相鄰，合無由問。禮部照擬得：　僧道寺觀常住田地，既係欽依聖旨不納稅糧，又僧俗不相干，百姓軍民戶計，雖與寺觀相鄰住坐，凡遇典賣，難議爲鄰。參詳合准王文用已賣西鄰宮伯威爲主。都省准呈。

元《通制條格》卷一六《田令·異代地土》　大德六年正月，中書省。陝西行省咨：　安西路僧人惠從，告李玉將本寺正隆二年建立石碑內常住地土(古)[占]種。照得見爭地土，即係異代碑文誌記畝數，似難憑准。若蒙照依定例革撥，將地憑契斷付李玉爲主相應。禮部照得：　李玉憑牙於賈玉處用價立契，收買上項地土，經今貳拾餘年，又經異代，合准陝西行省所擬。都省准呈。

《元史》卷八七《百官三》　宣農提舉司，秩從五品。達魯花赤、提舉、同提舉、副提舉各一員。掌徵收田賦子粒之事。天曆二年，以大都等處田賦提舉司隸隆祥總管府。三年，改提舉司。

護聖營繕司，秩正五品。達魯花赤、司令、大使、副使各一員。掌營造工匠、寺僧衣糧、收徵房課之事。天曆二年，始立大承天護聖營繕提點所。三年，改爲司。

平江善農提舉司，秩從五品。達魯花赤、提舉、同提舉、副提舉各一員。天曆二年，立田賦提舉司，設官四員。三年，改爲善農提舉司。

善盈庫，天曆二年，隸隆祥總管府。置提領一員，大使、副使各一員。掌金銀錢糧之事。

荆襄等處濟農香戶提舉司，秩正五品。天曆三年，以荆襄提舉司所領河南、湖廣田土爲大承天護聖寺常住，改爲荆襄濟農香戶提舉司，隸隆祥總管府。置達魯花赤、司令、提舉、同提舉、副提舉各一員。

龍慶州等處田賦提領所，秩九品。提領、副提領各一員。天曆二年置。掌龍慶州所有土田歲賦。

平江集慶崇禧田賦提領所，提領、同提領、副提領各一員。天曆三年始置。

《元史》卷九三《食貨一》　[至元]二十八年，又命江淮寺觀田，宋舊有者免租，續置者輸稅，其法亦可謂寬矣。

同上　泰定之初，又有所謂助役糧者。其法命江南民戶有田一頃之上者，於所輸稅外，每頃量出助役之田，具書于冊，里正以次掌之，歲收其入，以助充役之費。凡寺觀田，除宋舊額，其餘亦驗其多寡令出田助役焉。民賴以不困，因幷著于此云。

《元史·刑法一·職制上》　諸僧人但犯姦盜詐僞，致傷人命及諸重罪，有司歸問。其自相爭告，從各寺院住持本管頭目歸問。若僧俗相爭田土，與有司約會；　約會不至，有司就便歸問。諸各寺院稅糧，除前宋所有常住及世祖所賜田土免納稅糧外，已後諸人布施并己力典買者，依例納糧。

《清户部則例》卷一七《田賦・典賣田産》　寺院齋田

一各省叢林古剎，舊經報官入冊，齋田不許私相售賣，違者治罪。凡有續置，亦令報明地方官，申報上司，載入清查冊。其庵觀茶亭社廟淨室等處産業，令該住持開具數目，赴州縣呈明立案。

傳記

宋・朱熹《朱熹集》卷九一《端明殿學士黃公墓志銘》　［黃中］公在東臺不半歲，詔勑下者，問理如何，未嘗顧己狥人，小有所屈。內侍李綽、徐紳、賈竑、梁珂遷官不應法，諫官劉度坐論近習龍大淵忤旨補郡，已復罷之，公壹不書讀，繳奏以聞，左右已深忌之。會復有旨賜安穆皇后家墳寺田，而僧遂奪取殿前選鋒軍所買丁禩田以自入，軍士以爲言。事下户部，尚書韓仲通以爲不可，而侍郎錢端禮觀望，獨奏予之。公復封上曰：今若奉行前詔，則當以官田給賜，不當取諸軍家所買。若謂丁禩得之非道，軍家不應得買，則亦當還直取田，不當遽乾沒也。疏奏，群小相與益肆媒孽公，遂以特旨罷中書舍人。馬騏上疏留公，未報，而言事官尹穡希意投隙，詆公爲張公黨。騏後亦不能自堅，而公竟去國矣。

《元史》卷一四三《巎巎傳》　英宗卽位【略】文宗立，除宣政院使。上言乞沙汰僧道，其所有田宜同民間徵輸。

《元史》卷一七五《張珪傳》　世祖之制，凡有田者悉役之，民典賣田，隨收入户。鐵木迭兒爲相，納江南諸寺賄賂，奏令僧人買民田者，毋役之以里正主首之屬，逮今流毒細民。臣等議：惟累朝所賜僧寺田及亡宋舊業，如舊制勿徵；其僧道典買民田及民間所施産業，宜悉役之，著爲令。

明・宋濂《宋學士文集》卷四《鑾坡前集・故熊府君墓志銘》　熊以王父字爲氏，蓋本於楚鬻熊之後，至曾孫繹，成王封於丹陽。丹陽，今之江陵枝江也。其後徙於南昌，若太常卿遠、臨江尉曜、户部郎中執易，皆南昌人。執易爲右補闕，與陽城同上疏，極論裴延齡之姦，君子多之。其裔孫某復徙居於臨川，某生繹，好施與，貧病無告者賴焉。性嗜浮屠氏說，嘗捐田七千三百畮畀其徒，其徒以居士號之。三傳至宋迪功郎公琦，迪功生待問，亦迪功郎。

明・宋濂《潛溪集・前集》卷八《葉仲貞墓銘代柳待制》　桐廬李驤龍，嘗與武林葉禎交。禎年三十時，從父某來桐廬，爲釣臺山長。山長君死，禎貧不能歸，驤龍爲合錢予之，使賣藥市中以自給。禎風神蕭爽，不能隨世沈浮，每遇月白風清，輒同驤龍買舟泛桐江而下。驤龍善洞簫，禎歌古辭，扣舷而和之，或至忘返。蓋飄飄然游於物外者垂二十年，而不知老之將至也。禎一日病革，憂戚莫知所爲。驤龍顧禎曰：君非念後事乎，有驤龍在，君何憂？禎喜，力疾起拜，曰：此膝未嘗下人，今不覺爲君屈也。竟不能食，三日死。驤龍爲具棺斂，買地葬焉。後一年，驤龍亦卒。驤龍之從弟懋，哀禎不娶而無子，復合禎之所遺財，市田二畝有奇，入華林僧院，俾立主以奉禎。初，禎善爲學，不治章句，頗喜以詩自鳴，翰林學士貫公甚器重之。稍長，習吏於浙西憲府，部使者欲辟爲屬，不就。天曆中，有詔粉黃金爲泥書《大藏經》，禎以善書應募，法當得儒學官，亦不就。蓋禎氣岸多豪，一言不合，輒徑去，故卒無所成名。

明・宋濂《宋學士文集・芝園續集》卷四《故岐寧衛經歷熊府君墓銘》　黃巖官署毀于兵，官寓尼寺中，併儲糧其間。君視糧過寺，尼數人來謁，皆美少年也。問孰爲主者，則方氏女弟也。君大驚，跽州守通判以下切責之，令逐尼歸俗，而以寺入官。州有宋杜清獻公墓，杜氏有田若干畝入僧寺，儲其租以奉祀，僧挾與方氏連，奪田以爲己有，復墾田侵墓下，墓且蝕，其孫回以書聞。君執僧置諸獄，瘐殺之，追田與回，且令州立祠刻石以旌之。

《明史》卷二〇〇《姚鏌傳》　初，廣東提學道魏校毀諸寺觀田數千畝，盡入霍韜、方獻夫諸家。鏌至廣，追還之官。

紀事

《舊唐書》卷一八上《武宗紀》　十一月甲辰，敕：悲田養病坊，緣僧尼還俗，無人主持，恐殘疾無以取給，兩京量給寺田賑濟。諸州府七頃至十頃，各於本管選耆壽一人勾當，以充粥料。

《新唐書》卷五二《食貨二》　武宗卽位，廢浮圖法，天下毀寺四千六百、招提蘭若四萬，籍僧尼爲民二十六萬五千人，奴婢十五萬人，田數千萬頃，大秦穆護、祆二千餘人。上都、東都每街留寺二，每寺僧三十人，諸道留僧以三等，不過二十人。腴田鬻錢送戶部，中下田給寺家奴婢丁壯者爲兩稅戶，人十畝。以僧尼既盡，兩京悲田養病坊，給寺田十頃，諸州七頃，主以耆壽。

《金史》卷八《世宗紀下》［大定二十六年三月］癸巳，香山寺成，幸其寺，賜名大永安，給田二千畝，栗七千株，錢二萬貫。

宋・李燾《續資治通鑑長編》卷五二真宗咸平五年　免嘉州峨眉山普賢寺田租。

宋・李燾《續資治通鑑長編》卷六〇真宗景德二年　丙寅，詔廬山太平興國、乾明寺田稅十之三充葺寺宇經像，令江州置籍檢校，選名行僧主之。張知白使還，言寺僧不謹故也。

《宋史》卷三九《寧宗紀三》［嘉定二年三月］辛酉，罷漳泉福三州、興化軍賣廢寺田。

《宋史》卷四七《瀛國公紀》［德祐元年八月］己酉，拘閻貴妃集慶寺、賈貴妃演福寺田，還安邊所。

《元史》卷四《世祖紀一》［中統二年八月］賜慶壽寺、海雲寺陸地五百頃。

《元史》卷一六《世祖紀十三》［至元二十七年三月］立江南營田提舉司，秩從五品，掌僧寺貲產。

《元史》卷二〇《成宗紀三》［大德五年二月］戊戌，賜昭應宮、興教寺地各百頃，興教仍賜鈔萬五千錠；上都乾元寺地九十頃，鈔皆如興教之數；萬安寺地六百頃，鈔萬錠；南寺地百二十頃，鈔如萬安之數。**【略】**

［大德六年十一月］詔江南寺觀凡續置民田及民以施入爲名者，並輸租充役。

《元史》卷二一《成宗紀四》［大德七年］八月己丑，罷護國仁王寺元設江南營田提舉司。給安西王所部貧民米二萬石。

《元史》卷二四《仁宗紀一》［至大四年冬十月］辛未，賜大普慶寺金千兩，銀五千兩，鈔萬錠，西錦、綵段、紗、羅、布帛萬端，田八萬畝，邸舍四百間。**【略】**癸巳，詔置汴梁、平江等處田賦提舉司，掌大承華普慶寺貲產。

同上　［皇慶二年四月］乙酉，御史臺臣言：**【略】**諸王、駙馬、寺觀、臣僚土田每歲徵租，亦極爲擾民。請悉革其弊制曰可。

《元史》卷二五《仁宗紀二》［延祐三年春正月］壬戌，賜上都開元寺江浙田二百頃，華嚴寺百頃。**【略】**［秋七月］辛酉，賜普慶寺益都田七十頃。

《元史》卷二六《仁宗紀三》［延祐五年冬十月］敕：僧人除宋舊有及朝廷撥賜土田免租稅，餘田與民一體科徵。

《元史》卷二八《英宗紀二》［至治二年三月］庚辰，敕：江浙僧寺田，除宋故有永業及世祖所賜者，餘悉稅之。

《元史》卷二九《泰定帝紀一》［泰定］二年春正月，中書省臣言：江南民貧僧富，諸寺觀田土，非宋舊置并累朝所賜者，請仍舊制與民均役。從之。

《元史》卷三〇《泰定帝紀二》［泰定三年二月］甲戌，建殊祥寺於五臺山，賜田三百頃。

同上　［泰定三年十月］賜大天源延聖寺鈔二萬錠，吉安、臨江二路田千頃。

《元史》卷三三《文宗紀二》［天曆二年九月］市故宋太后全氏田爲大承天護聖寺永業。

同上　［天曆二年十月］諸王、公主、官府、寺觀撥賜田租，除魯國大長公主聽遣人徵收外，其餘悉輸於官，給鈔酬其直。

同上　［天曆二年十一月］以平江官田百五十頃，賜大龍翔集慶寺及大崇禧萬壽寺。

同上　［天曆二年十二月］詔：諸僧寺田，自金、宋所有及累朝賜予者，悉除其租。其有當輸租者，仍免其役。僧還俗者，聽復爲僧。

《元史》卷三四《文宗紀三》［至順元年二月］命市故瀛國公趙㬎田，爲大龍翔集慶寺永業。御史臺臣言不必予其直，帝曰：吾建寺爲子孫黎民計，若取人田而不予直，非朕志也。

同上　［至順元年四月］壬辰，以所籍張珪諸子田四百頃，賜大承天護聖寺爲永業。**【略】**壬寅，括益都、般陽、寧海閑田十六萬二千九十頃，賜大承天護聖寺爲永業。

同上　［至順元年閏七月］籍鎖住、野里牙等庫藏、田宅、奴僕、牧畜，給大承天護聖寺爲永業。

同上　［至順元年九月］至治初以白雲宗田給壽安山寺爲永業，至是其僧沈明琦以爲言，有旨，令中書省改正之。

同上　［至順元年十一月］東鹽課鈔三千錠，賑曹州濟陰等縣饑民。癸巳，以臨江、吉安兩路天源延聖寺田千頃所入租税，隸太禧宗禋院。戊戌，立打捕鷹坊紅花總管府於遼陽行省，秩四品。辛丑，徵河南行省民間自實田土糧税，不通舟楫之處得以鈔代輸。命陝西行省賑河州蒙古屯田衛士糧兩月。甲辰，命司天監禜星。丙午，恩州諸王按灰，坐擊傷巡檢張恭，杖六十七，謫還廣寧王所部充軍役。

《元史》卷三五《文宗紀四》　［至順二年三月］以籍入速速、班丹、徹理貼木兒貲産賜大承天護聖寺爲永業。浙西諸路比歲水旱，饑民八十五萬餘戶，中書省臣請令官私、儒學、寺觀諸田佃民，從其主假貸錢穀自賑，餘則勸分富家及入粟補官，仍益以本省鈔十萬錠，并給僧道度牒一萬道，從之。旌同知大都府事忙兀禿魯迷失妻海迷失貞節。己丑，賑雲内州饑民及察忽凉樓戍兵共七千戶。

同上　［至順二年十月］戊午，詔還平江路大玉清昭應宮田百頃，官勿徵其租。

《元史》卷三六《文宗紀五》　［至順三年四月］安西王阿難答之子月魯帖木兒，坐與畏兀僧玉你達八的剌板的、國師必剌忒納失里沙津愛護持謀不軌，命宗王、大臣雜鞫之，獄成，三人皆伏誅，仍籍其家。以必剌忒納失里沙津愛護持妻丑丑賜通政副使伯藍，玉鞍賜撒敦，餘人畜、土田及七寶奩具、金珠、寶玉、鈔幣，並沒入大承天護聖寺。免四川行省境内今年租。命有司爲伯顏建生祠，立紀功碑於涿州，仍别建祠、立碑於汴梁。

《元史》卷四一《順帝紀四》　［至正七年十一月］撥山東地土十六萬二千餘頃屬大承天護聖寺。

《元史》卷四三《順帝紀六》　［至正十四年二月］立鎮江水軍萬戶府，命江浙行省右丞佛家閭領之。詔河南、淮南兩省並立義兵萬戶府。建清河大壽元忠國寺，以江浙廢寺田歸之。

同上　［至正十四年］十一月丙寅，敕：　中書省、樞密院、御史臺，凡奏事先啓皇太子。詔：　江浙應有諸王、公主、后妃、寺觀、官員撥賜田糧，及江淮財賦、稻田、營田各提舉司糧，盡數赴倉，聽候海運，以備軍儲，價錢依本處十月時估給之。』丁卯，脱脱領大兵至高郵。辛未，戰于高郵城外，大敗賊衆。

《明實録・太祖實録》卷一三九　［洪武十四年九月］己亥，改建蔣山太平興國禪寺爲靈谷寺。初太平興國禪寺在寶珠峯之陽，梁僧寶公塔在焉。至是住持僧仲羲奏請遷之，遂詔改建於京城東獨龍岡之左，既成，賜額曰靈谷，榜其外門曰第一禪林，又賜田一百五十餘頃。

《明實録・太宗實録》卷一二下　［洪武三十五年九月］大理寺少卿虞謙自陳：　建文時臣爲杭州知府，嘗建言天下僧道每人止令畜田五畝，無田者官給之，餘有常住田悉歸官，以給無田之民，僧道悉免其賦役。當時從臣所言行之，臣當坐改舊制之罪。上笑曰：　此秀才闢老、佛也。已在赦前。命以奏牘付科，復之。初，有旨：　凡在建文中上言改舊制者，悉令面陳。至是視謙有戰懼之色，遂命自今不須面陳，悉以奏牘送科，復之。

《明實録・太宗實録》卷一〇八　［永樂八年九月］庚辰，命番僧綽思吉領禪巴藏卜爲灌頂弘慈妙濟國師，掌巴監藏爲凈慈妙智國師，掌巴哈羅思巴爲普濟慧應國師，皆賜誥印、圖書，仍給護勑俾自在脩行，其寺田土、山場、園林、財産、孳畜之類，禁諸人毋侵擾，違者罪之。

《明實録・宣宗實録》卷一〇〇　［宣德八年三月］廣東按察司僉事曾鼎奏：　僧道二家，各奉其教，既已出家，自當離俗。今廣東、浙江、江西等處寺觀田地多在隣近州縣，頃畝動以千計，謂之寄莊。止納秋糧，别無科差，而收養軍民子弟以爲行童，及匿逃軍、逃民代爲耕種，男女混雜，無異俗居。又有荒廢寺觀土田報爲寄莊，收租入己。所在貧民無田可耕，且多差徭，而僧道豐富，安坐而食。乞勑禮部會議，取勘僧道寄莊之田及廢寺觀田，有人耕種者開報佃人戶籍，頃畝多則均分本處無田之民，以供徭税。其私置莊所、隱逃軍逃民、男女雜居者，所在法司嚴捕治之。上然其言，命行在禮部施行。

《明實録・英宗實録》卷八　［宣德十年八月］廣東按察司僉事趙禮言：　各處寺觀多因田糧浩大，與民一體當差，是致混同世俗。如南海縣光孝寺該糧三千餘石，每當春耕秋斂，羣僧往來佃家，男女雜坐，嬉笑酣飲，豈無污染，敗壞風俗。乞依欽定額設僧人，府四十名，州三十名，縣二拾名，就於本寺量撥田畝，聽其自種自食，餘田均撥有丁無田之人耕種納糧。上命行在禮部如所言行之。

《明實録・英宗實録》卷一五九　［正統十二年十月］初宣德中建大功德寺，占田六頃有奇，税糧未除，累民包納，至是十八年矣，被累者數奏，覈勘既實。上命除之。

《明實録・英宗實録》卷二七三　〔景泰八年正月〕南京户科給事中唐濾言： 臣聞治世以天災爲懼，爲政以足食爲先，然欲弭災莫大乎修德，欲足食莫要於生財。欽惟皇上屢下修省之詔，大施寬恤之恩，使臣子咸體皇上之心，尚何天下之不治哉。然臣竊有憂懼者四事。古者三公論道經邦，燮理陰陽，凡有災異避位以禳之，故災可息。今災異迭見，惟聞其享大祿受厚恩而已，未聞有避位以禳之者，若此則天災必不可回，此可憂懼一也。古者三年耕餘一年之食，九年耕餘三年之食，故用可舒。今飢饉薦臻，各處稅糧俱稱災傷，南京糧儲見在之數無餘一年之食，倘有不測，將何施爲，此可憂懼二也。古者官不必備，惟其人，故食祿者寡。今公孤滿朝，庶職盈位，未聞有益於國，而惟虚費俸糧、役用、隸卒，此可憂懼三也。古者無不授田之家，故生財者衆。今僧徒徧處，寺田連遷，未聞有能禳災救世，惟不耕而食，不蠶而衣，此可憂懼四也。是四者固不可諫於既往，猶可圖於將來。臣願皇上誅貪慝，崇節儉，重名爵，慎賞罰，恩不輕施，赦不妄下，則群臣莫不恐懼修省，將有避位以禳災者，天災自是而可回，年穀自是而可登矣。南京缺糧，乞勑遞年各處納欠皮鐵盡令輸銀，並各贓罰銀俱解京，委官於成熟之處收糴預備，如有不敷，更以府庫之財湊糴，如是則糧有備而無患矣。官員冗濫，乞退其衰老大臣，無裨治道者，使得優閒，各衙門官量事裁減，添設官悉罷之，武職衰邁不能任事者亦進令優閒，納粟補官者止許冠帶，毋令食俸管事，如是則食者寡而倉廩實矣。僧徒游食，乞定額設每寺不過十名，餘盡遣歸農，寺田止存食用，餘盡給無田小民耕種，如是則生者衆而財用充矣。奏上，詔各部議擬行之。

《明實録・憲宗實録》卷五〇　〔成化四年正月〕大慈恩寺西天佛子劄實巴奏： 乞以宛平縣民十户爲佃户，并靜海縣樹深莊地一段爲常住田。詔許之，不爲例。

《明實録・憲宗實録》卷二一〇　〔成化十六年十二月〕巡按福建監察御史徐鏞奏： 福建僧寺田有多至萬畝者，而當差良民或無寸土，照丁徵歛，苦不可言。乞查寺田，除五百畝以下，餘取其半給之貧民。事下户部議，從之。鏞又奏： 福建僧人多以田投獻勢豪之家，謀爲住持，亦有已經問罪還俗，仍復赴京請求僧録司給劄住持者，乞爲之禁。事下禮部覆奏，除兩京外，宜移文天下司府州縣，遇有錢糧僧寺住持缺，必須僧司舉保，本處籍僧送有司勘結，轉行給劄，不許仍前濫保，其曾經問結者，雖有劄付，亦必究問。詔可。

《明實録・孝宗實録》卷一二九　〔弘治十年九月〕命以良鄉縣莊地賜大慈仁寺凡一百十二頃，昌平縣莊地賜大慈延福宫，凡一百五十頃。

《明實録・武宗實録》卷四二　〔正德三年九月〕丙辰，寧王宸濠奏： 乞雲蓋等寺觀田地山塘三百四十餘頃，并沈池大上趙河等湖池港一十九處，隨湖等洲一十四段且欲蠲除稅糧課程。户部議，不可許。又請治承奉長史不能以正輔導之罪。詔宥承奉長史而以南昌府河泊所與之。

《明實録・世宗實録》卷一一八　〔嘉靖九年十月〕戊寅，户部議大學士桂萼所奏任民考曰清圖，曰清籍，曰攢造，曰軍匠開户，曰新增田地，曰寺觀田土，曰編審徭役，請上裁。得旨： 新增田地、寺觀田土、編審徭役如議，餘已之，以免紛擾。

《明實録・世宗實録》卷一五五　〔嘉靖十二年十月〕户部言： 頃者糴穀備賑之令業已下之有司矣。第各處邊江濱海等地及毁壞寺觀閒田租賦不入於縣官，而豪族右室漁以爲利，貧民不得分尺土焉。其餘救患賑貧之道未備，宜下撫按臣分委廉幹之吏盡入其地，假與無業貧民量其肥瘠，以定歲入高下。此不煩公家之費，而貧民得有所(瞻)〔贍〕便。得旨： 近來各處閒田多被官豪侵奪，有司非惟不禁，而私送市恩，往往有之。今無論新舊田土撫按官一切清查變賣，儲穀以備災賑，限一月之內，首正免罪，敢有侵匿不與者，在京官員并在外五品以上官指名奏治，撫按官徇情阿從一體治罪。

《明實録・世宗實録》卷二六七　〔嘉靖二十一年十月〕南贛巡撫李顯、福建巡按徐宗魯奏： 清查寺觀田地還官，召賣并追收租課花利紙贖銀二十九萬有奇，次第解運，以濟國儲，自後凡投獻撥給典賣者各以律論。寺觀田過五頃以上者，每畝課納租銀一錢入官。詔可。

《明實録・熹宗實録》卷七九　〔天啓六年十二月〕兵部主事詹以晉言： 其鄉靈鷲古刹久廢，有寺田四百五十餘畝，先因造橋變價共去一百九十畝，尚存二百五十餘畝。乞勑部行文本省變價助工。得旨靈鷲古刹雖廢，可修，所存田畝如何説變價助工，分明垂涎賤價，規奪寺業，而以助工藉口，且既慢神必定害人，詹以晉著削籍爲民，追奪誥命，仍著自行修理寺宇，其田因造橋估變佃爲民業的，責令贖還本寺，以爲錙銖言利之戒，寺新田還日，該地方官申報撫按具奏。

《明實録・崇禎長編》卷四五 ［崇禎四年四月］戶部覆科臣朱文煥陳四事：【略】其一寺田。江浙閩廣之間，每以無糧之田託之寺產，聽豪右自私自利，非法之平也。是在撫按立破情面，未變價者照數變價，未納糧者照地派糧，不得借口寺僧隱占充橐。

《清實録・高宗實録》卷一五 ［乾隆元年三月癸丑］戶部議覆：福建巡撫盧焯疏稱，閩省寺田，向係四分租給僧，六分租歸官，僧人應收之租，官爲代徵，僧人應納之糧，向佃追比，寺佃深受其累。請將租穀徵糧，全歸僧收僧納，每畝徵銀二錢。應如所請。從之。

《清實録・高宗實録》卷七一八 ［乾隆二九年九月癸亥］諭軍機大臣等：輔德奏查辦寧州還俗僧人盧秉剛一案，議將寺內田產撥出歸公，仍録二百餘畝給還養贍之處，辦理尚未允協。盧秉剛以還俗僧人占寺爲室，娶妻生子，捐納職銜，移毀佛像、鐘鼓，並將寺中田盧據爲己有，實屬緇流中之匪類。若不示以重懲，則凡叢林住持不守清規者，尤而效之，勢將何所底止。況寺內租穀，原爲常住香火之資，住僧經營有年，積贏阡陌，仍保寺中餘息所出，並非伊披剃時攜帶私貲，自行置買者，又何必給令管業，以遂其擁貲自利之心乎。其摺內所請給與養贍田二百餘畝，著概行入官充公，並將盧秉剛定擬發遣，以示炯戒。可將此傳諭輔德，令其另擬具奏。

《清實録・高宗實録》卷八〇三 ［乾隆三三年一月戊午］諭軍機大臣等：高晉奏，審擬江寧不法僧人恆昭誘姦民婦一摺，僅請改發伊犁，所辦殊屬輕縱。【略】至所稱另招戒僧居住，酌留齋田二頃之處，其數未免過多。此寺既以聚徒挾貲，自作不靖，向後卽須酌覓住持，不過令其稍敷餬口足矣。又豈應優給產業，轉滋游蕩。著將此項田畝，再加酌減存給外，其餘盡數估變，作爲修理幽棲寺等處之用。此案該督卽遵旨執法辦理完結，並不値交部覈復，更增讞牘也。將此傳諭知之。

《清實録・仁宗實録》卷三三九 ［嘉慶二三年二月丁亥］又諭：富俊等奏請將喇嘛自置私產仍令自行取租一摺。盛京實勝等寺，給莊園冊地及自置香火地畝，前因該喇嘛等苦累壯丁，概令官爲徵租，酌給口糧。嗣各寺喇嘛以所得口糧不敷養贍，奏經部議，准其將自置及施捨地畝自行招佃，行令擬定租數，以免多收。茲該將軍奏稱，該喇嘛等自置施捨之地，並非官田，懇請自取糧租，歲獲餘潤，如有苛取，情甘領罪等語。著照所請，除官給莊園冊地二萬六千五百餘畝，仍照原定章程徵租，給予口糧外，其喇嘛自置私產並香火地一萬三千八百二十畝，准令該喇嘛等自行招佃取租，以資養贍。該將軍等，仍嚴飭各寺喇嘛妥協經理，不得任意加租，儻有苛求奪佃等事，隨時秉公懲辦，以杜爭端。

《清實録・仁宗實録》卷三六八 ［嘉慶二五年三月戊辰］戶部議駁綏遠城將軍祿成等奏沙拉穆楞地畝，請由喇嘛自行交收一摺。得旨：部駁甚是。歸化城沙拉穆楞地畝，節經該將軍等奏明，折收銀兩由歸化城同知徵解，分給蒙古喇嘛，作爲香火養贍之資。嗣該撫請照吉林開墾地畝，由喇嘛自行收取，經戶部咨駁有案。此次該將軍等復稱該喇嘛情願自行交收，不必官爲經理，是啓私相盜賣之弊，且恐招集多人滋生事端。所奏不准行。祿成、成格、博卿阿俱著交部察議。

藝文

《全唐文》卷三三五萬齊融《阿育王寺常住田碑》 我聞語寂滅者，本之以不生，而菩薩不能去資生立法；談逍遙者，存之以無待，而神人不能亡有待爲煩。吉闕一字之降，帝農敎以耒耜；蒼靈之下，后稷俾其播種。故維摩之毗耶，稽首持鉢，尚詣於香積；釋迦之給孤，洗足著衣，猶乞食於舍衞。闕一字知夫食者不獨乎人天，農者豈惟夫政本。阿育王靈塔寺者，晉義熙元年之所置也。昔孔雀氏宿童子之因果，當金人之授記，曁鐵輪位正，寶塔功成，計鳥道之千里，占人寰之一勝，夜乂密跡以飛行，神僧護影而圍繞。雖方壇氣象，已萌青石之符；而員頂光明，未質白雲之狀。迨觀音應現而幽贊，利賓虛求以昭發。全身踊出，偲如多寶之音；一爪圓開，宛是樓邪之相。神其不滅，道在茲乎。晉安帝允釐三才，成就六度，聿圖蘭若，式印招提，景行阿育王，故以育王靈塔爲稱首。徒觀夫輪奐規矩，鉤繩刱製，珠軒翠檻，延袤中霄，玉霤金池。周羅上界，環海之下流元氣，大地爲衣；圍山之上結太清；諸天作蓋，信方廣一都之會也。左赤岸而千里，右青闕三字曲。霞標莽蒼，幽幽迷鬼谷之祠；日刹晶明，的的識丈人之館。天花未雨，宿傳龍界之香；地籟無風，時起魚山之梵。則知定光諸佛，悔天台之赤城；羅漢羣仙，謬崑崙之元圃。闕二字法惟神授，道乃人宏，向使輸柯王昧巴連之因，初微此塔；迦葉佛晦閻浮之跡，殆曠茲山。蓋虛明之絕境，不可得而思議者也。粵寺東十五里塔墅常住田者，宋元嘉二年奉闕二字所立也。宋文帝秉籙御乾，作娑羅之外護，感闍耶子砂糗之供，制賜是田。梁武皇握樞臨極，爲寶應之下生，見阿育王金粟之果，敕蠲其賦。日月盈止，既有命以自天，陵谷迭闕三字動其如地。梁普通中，沙門僧綬，茲寺之應眞也。以發行爲道場，以直心爲淨土，聞純陁良田之喻，遂篤志焉。既種既戒，載芟載柞。察地道之化成，觀天道之時變，晤是闕一字無闕三字始以常住名焉。次有僧濟上人，虛己淨心，紬茲慧業，披衣畫其塍埒，持戒整其疆畔，苗而不秀，有恨何及。逮陳隋之季，喪亂薦臻，農野蕭條，鞠爲茂草。我皇家執大象，乘飛龍，陟丕上帝之耿命，紹復先王之大業。有山棲曠和上，道尊人傑，德貴天師。中宗孝和皇帝親降璽書，願同金輦，擊鼓而陳其入國，造船而捧其登座。故知二乘行道，闕二字朱闕一字四果適時，還陞紫殿。雖植衆德本，作南山之福田，種諸善根，存東皋之淨業。初湖之左右，夾壞二區，榛梗始艾，菑畬粗立。僧徒理勝，力未贍農，童牧因閒，私竊種藝。和上闕一字蒙俗之貪垢，負冥期之幽報。乃推湖西易壟，讓爲間田，斅諍歸之，春稅就給。惟劃湖東十頃，復古賜地，窮海北漸，曾山南麓。樓子根盤以東峙，富都股引而西注。眞陸水膏腴之沃壤，實神靈滋液之奧區。於是奠其畛畷，孚其版籍，農野罷侵，田畯至喜，人到於今稱焉。前寺主簡、皎二法師，僧祇之龍象也。就先疇之畎畝，敦老農之底績。蕆事作製，蓑笠來思者久之，歲功未成，生厓共盡。流沙忽去，荒涼紫陌之田；影壁空存，搖落青園之寺，可爲長太息者矣。有惠炬闍黎，德業淳修，曾統綱領。道勝之韻，生而能言；禪悅之味，老而彌篤，用能纂其闕一字始，高軌可追；庀其委積，長算斯遠。與法言沙門，俗姓喻氏，貞己密行，惠心苦節。今屆知墅任，垂將十年。先是瀉鹵朱斥，塗洫未濬，薹稗翳薈，漫於農郊。夫其心畬制度，目闕一字曲折，荷鍤畚土，堙窪鏟凸。隤竹落，揵石留，溉高湊仰，增卑培薄。分殺水怒，承達土氣，塡淤游盪而時至，餘波寬緩而不迫。終古旱害，浸以汙潰，冬不祈於積雪，夏無禜乎小雨，由是湖有千金之號焉。當其春鳸司載，田事既飭，產乎甲，毓萌芽，或藨或蓘，實穎實發，上農臺而課長贏，汶陽之稼如雲矣。及夫寒蟬紀時，農乃登穀，完積聚，築場圃，孚不遺秉，贏無闕四字庾而督收成，海陵之倉非衍矣。《詩》云：綽彼碩田，歲取十千。其是之謂乎。百穀既蒸，萬供既設，滿以衆香之鉢，薰以毗耶之城。或異聲聞，若化菩薩，虛高座以影集。時洪鍾而闕三字座而坐。飯食經行，嗅若香風，味同甘露，遍滿一劫，周流十方。聞之者得未曾有，食之者咸登正位。白衣之會龍國，無掘鬱金之香，緇裳之集雞寺，不碎菴羅之末。三藏大闕三字金之奇貴，一器沙彌識麨坋之非重，資我飯色，師之力與。都維那元宗，遊方觀化，大闕一字慈誘。火耕水耨常有助於上農；飛杖浮杯，今載行乎中國。上座釋辨疑，十城之僧主也。闕三字合，金杵發其修徵。寺主釋惠敏，九州之維那也。風骨天成，鐵鎖起其靈相，咸能以如來之衣衣，分如來之座坐，護育王之靈塔，願賀金錢。闕一字育王之聖田。思模石柱，弟子早校蘭書，式典麒麟之閣；晚遊蓮跡，每參鸚鵡之林。賓頭盧之下空，急見有能師子；舍那私之入寺，豈謂無知老人。識異博文，才非能賦，阮公不事，曾供香花。顧越有緣，遂瞻碑版，滿笈多之石室，未擲其籌對輪王之金地。且耕其筆，多羅之葉，而書偈云：渾儀草昧，象物紛拏。或甲而乙，或萌而芽。萬殊成類，百寶攸嘉。故后稷播其種，神農嘗其華。其一燧人更運，火正司職。教以鼎飪，炊之黍稷。易茲毛茹，成此粒食。是之爲人天，是之爲皇極。其二我聞維摩，曾語舍利。如來大慈，甘露上味。又見阿難，問是香氣。亦有以飯食，以之爲佛事。其三若長者主，若聲聞人。天諸居士，地虛空神。如聞飯氣，而亦來臻。況生生之位闕一字有待之爲身。其四猗歟童子，供茲砂糗。法王大慈，冷然虛受。伊鐵輪以授記，從滅度後。何寶塔之莊嚴，得未曾有。其五鳥道於許，人寰在哉。鬼神冥運，風雨潛來。白雲湧出，青闕二字開。闕一字千輪之蓮跡，建百福之花臺。其六宋帝下生，梁皇外護。太稷賜疇，司農蠲賦。皋壤暵發，湖源灌注。既魚鱗於左右，亦犬牙而盤互。其七菑畬平秩，蓑笠來思。爰疏畛畷，是務鋤犁。三農闕二字，萬畝祁祁。自膏腴而兼倍，矧雨露與華滋。其八懿茲開士，賞功司過。悅以犒勤，刑以肅惰。東作方喜，西成是課。始象耕而鳥耘，終牛春而馬簸。其九千箱既積，五穀斯分。味蒸甘露，闕一字涌香雲。孰云菩薩，而謂聲聞。摶須彌所不能盡，曷毗耶之足薰。其十藐爾赤松，猶田白玉。矧伊塔寺，神通付囑。信矣育王，能生金粟。彼鄭國之泥紫，如富都之水綠。十一我來自東，經行成趣。淨業斯聞，善根方樹。式紀因緣，匪在章句。庶金田與石柱，永巍巍以常住。

宋・黄榦《勉齋集》卷三二《白蓮寺僧如璉論陂田》 金谿縣白蓮寺僧如璉，經轉運司論金谿縣尉看定薛家陂田不還本寺耕種，仍將行者勘杖一百，在縣身死，所斷不當，事送本縣看詳。今將案牘參照，係白蓮寺論佃客蔣某擅於本院未曾開墾田内彊栽禾稻，續係蔣某稱是盧將領宅耕種，金谿縣遂將蔣某勘斷，又續係盧將領宅於貴溪縣，論白蓮寺爭占自己所栽木，又續係盧嘉猷於本州府判廳提舉使衙論強塞水圳，有妨水利，遂行下金谿縣丞廳看定，偶金谿縣尉權丞，遂將白蓮寺所訟田不得耕種，仍將行者某人從杖一百勘斷，以本縣丞尉親至地頭必須究見事理，合得允當。而寺僧如璉不能無辭者，則以其閒不得其平者，有二事。其一謂田乃寺田，不應不得爲主。其二謂行者從杖不當。今照得上件爭訟，本縣縣尉何不索出兩縣干照從實打量。若盧家所置薛思惠產不曾推流，則不應越港占白蓮之田；僧寺之田若畝步見在，則亦不應並緣沙漲，輒行開墾，阻遏水勢。如此則不待辯而自明矣。今不行打量而憑空便行理斷，此不可曉一也。盧嘉猷初得於貴溪縣爭白蓮寺之田，次則經通判廳，又次則經提舉司爭水圳，而帶及田事，其前後詞反覆不同，此不可曉二也。盧嘉猷之田在港東，白蓮寺之田在港西，若盧嘉猷委是田被水衝沒於東而復生於西，亦當經官標扞，豈得徑自栽種而反行論訴，此不可曉三也。又田在港東而論港西水圳，又别無干照，見得有古水圳處來歷白蓮寺乃有薛家借圳干照。若盧家得薛家產亦港西下流，則借圳可也。豈可訟乎，此不可曉四也。盧嘉猷所論者水圳，縣尉乃不定奪水圳，而反及水港，此不可曉五也。若謂不合將遺洲開田衝破港東之田則栽田者，乃盧嘉猷初非白蓮寺之罪，何故卻將行者勘斷，此不可曉六也。兩家之訟初爭田，次則捨田而爭水圳，其終又捨水圳而爭水港，及所種田以阻遏水勢乃盧嘉猷而非行者，乃將行者勘斷一百，既欲聽贖斯可已矣。何至必加之杖而使之抑鬱以死乎，此不可曉七也。觀其所看定如此，則其所論田之形水之勢亦恐未能盡，當事情提舉寺丞於所申之後判令兩家並不得耕種，則亦已覺尉司所以右盧嘉猷者太過而未必盡得其實也。今已斷者不可復贖，已死者不可復生，而吏輩受財曲斷，其事已在赦前，皆可勿問。而所爭之田欲乞上司再委官前去地頭體究，方見著實，庶絶詞訟，申都運提舉使衙取指揮。

宋・崔敦禮《宫教集》卷六《海虞山寶嚴寺田記》 常熟縣之北，有海虞山，而西有道場，曰寶嚴寺。寺有敎院，荒陋不足安衆，又無神靈降依，爲之驚動禍福，以來四方之供，單鉢不陳，像設無饗。余每過之，雖憐而力不至也。一日主僧德章來謁曰：吾院有可興之理，邑人劉姓康名者，自言其父嘗以報慈、寶嚴及吾院俱貧不能給，欲施田以辦百斛，爲三寺助粥飯，緣生前願力勝追修百倍，是不可墜。乃舍之，如其數而三分焉。今梵宫相望，粥魚齋鼓，鉉鉉隱隱，振響山谷間。劉氏與有力也。吾將自是莊嚴積累，興無盡供，願求一言記之，以勸來者。余曰：近世多田家連亘阡陌，至不可畝計，揚珠擣玉，露積而不收，及其較封洫，辨疆畎，爭尺寸，如爭死利害。劉氏除慳，舍有割膏肥之地而作佛事，如執左券，樂然付之，畧無難色，是可取也矣。故爲之言，康孝而樂善。其父諱仲榮。

宋・洪邁《夷堅志》支甲卷五《妙智寺田》 建昌新城縣妙智寺，有田皆上腴。會寺僧盡死，寓客吕郎中方來郡城卜築，垂涎其產，囑諸邑宰張君，欲承佃。吕之女嫁軍守孔搢之弟，張畏其挾勢，遂給與之。寺以是廢，並屋室亦毁撤無遺。張臨受代，夢客通謁，自言爲妙智寺土地，以田爲請曰：可令吕公見還，而别命僧主持香火，修理院舍。不然，且速禍。凡三夕，連夢皆然。及罷去，復夢來謁而加懇切。張悔懼，具告吕，吕殊不顧省。張調湖北安撫幹官，未赴而卒。吕夢張服緑袍如平生，偕寺土地來，斥數其貪，仍警以咎讉，申言再三，吕竟不聽，其長子又從而羽翼之。未幾，除守蜀中郡，行至武昌而死。長子繼亡。

元・劉壎《水雲村泯稿》卷一七《萬緣堂化田疏》 結萬人緣，蓋爲同修淨土；圖三餐飽，固須廣置良田。如來尚甘乞食之羞，道人那有烝沙之法。欲求贍足，寧免鈔題。或撥三頃五頃，特地周旋；或捐十定八定，隨時增置。拈匙弄碗，知有來處；搥鐘打磬，報無盡期。是名千年田，雖歷劫而不賣；只此一盂飯，至成佛而乃消。休吝休慳，常捨常有。

元・劉辰翁《須溪集》卷二《太秀洞天買田記》 太秀江西洞天，而山田不滿三百，其爲宫觀不知幾何年，簪盍第增，環山十里，古以至今無人焉居之。比年游山者、禱祠者、暮投宿者，日常數人食而田不加多，世亂恭奉幣者益少。餘紹禹之爲道司也，獨寸寸而節，歲收歲廣，復市田七百餘石，附舊籍於山間，耆老共祈乎一言以爲記。凡方外以噓吸爲喬松，而世亦以餐花絶粒者望之，故其業視給孤乞食爲寡合，雖有飢色，必將忍之焉。千年空山，甫及千斛，將來者笑人無能，則昔之居此者爲已多矣。謂非才且賢者不及此也。

當庚桑子之來，草根木實澹然至足，徒遺後人以其處，而代興賜焉，望走施焉。雖然，有隱有顯，是山以杜眞顯，而又有法樂天王爲鬼神司命，幽明證信，人物歸往，而上不及閣阜，中不及承天，比於隱者徒以貧無求、素無欲。今其辛勤積累，視他山能幾，然井田之世，上農夫數百人之食，百金之費，中人十家之產，此華門圭竇之士所爲廬舍而竊嘆，而金堂石室之地，顧猶以蜀薑爲未足也。繼自今，其儉、其勤、其益思，其始計、其終，於諸仙之過化爲不享，於叔季之所蒙爲僥倖，毋以給足傲蘋薦，毋以積實廢飯芻，由百致千難，由千取百易。繼自今，其儉、其勤，其一百乎其初，則吾言爲陋矣，夫吾言且過矣，夫陋且過不論，吾又自有感也。士大夫無儋石負米而起，熙熙然家如嬰兒，一日而置二頃，則身後有爭焉者矣。政煩賦重，阡陌僢封，君念子若孫有願爲寠焉而不可得者矣。而惟世外之人皆宛然閱世而無患，非其能足以致此，所以致此者，其道蓋是也。嗚呼！大道之行與三代之英，吾黨未之見也。見素抱樸，少私寡欲，道其道者尚亦毋悔乎其言。

元·姚燧《牧庵集》卷九《儲宮賜龍興寺永業田記》 史稱後漢孝明永平中，由夢金人，遣博士遵，自乾竺求迎其法至函夏。或又曰：在先漢孝武世，驃騎將軍霍去病過焉祁山，得休屠王祭天金人，則後世範金像佛者，實其遺法。至唐藩鎭趙王鎔，爲大悲像于龍興寺，具千手目，高七丈三尺，以語其大。九圍之間，無有與京，爲閣三重五霤覆之。歷宋而金，補壞爲完，易舊而新者，四百年。元貞始元端月八日午時，儲皇猶未出閣，金剛上師丹巴，開長生講，修番漢二疏，領講主明公、住公、僧判迭凡巴求主等之功德。皇上立極，既正元良，明年至大之元，辰在戊申四月十有五日，乃爲下令，割眞定屬縣獲鹿隸震宮石同北魏劉三邨，與官院營之田五千畝，賜爲永業，資開講席。又舉太祖、太宗、世祖、成宗四聖成訓，凡僧道伊囉勒琨以名與國祈天永命，門徭田稅既屢蠲復，申飭兵民之官驛傳之，使諸郡之臣，自今水輪廐馬在野之墅在城之肆，是所業無敢千騷祝髮之徒，或恃有此肆爲不度，罔知所畏者，則入畏矣。明年三月，俾翰林學士、承旨姚燧爲文，刻之石。燧亦嘗思，惟昔儒臣于佛氏書臻蘊奧，凡爲寺碑必能概舉備言其法，燧性顓蒙，于周、孔書，童而習之，白首不知其源。矧于佛書，未嘗一望其塗涯，豈敢妄謂曰知，然以壓于儲皇之命，不敢禮辭，故惟即夫賜田以言。蓋民恃粒食以生，彼學佛者苟無田自業，勢必見求之人，積日而月，月而歲，民自有仰事俯畜其家，且歲或豐凶，亦安能哀其所有，久應其無已之求，此諸山無田之衆，所由以聚散不恆也。今有賜田盈五千畝，率以夏秋入止一石，當爲穀五千。姑大其耗，糠粃四之，猶得精鑿三千，日人賦升，可食八百人。以一宮居而八百人者，交無身口之累，夫誰力哉？其不開講席演法言，與國祈天永命者，又將何爲？雖然，猶有阱民者存，不可不預言之。蓋由溝洫畎澮之制，廢天下無有畔之田，必與民犬牙相錯，末世衰風，讓畔其誰。古之人防其訟也，既明券契，且書所由，質劑于官，以待異日，可恃爲徵。如是，又私于界表石以識。又慮可轉，或十百步椓杙地中，穴實石粉，計亦周矣，而猶不能弭人之爭。矧是賜也，東西南北，必畔民田，祝髮之徒，將奔走服勞，錢鎛耒耨，務盡地力，以供歲事。或如奕人布施於局，稍蠶食之，利其寸尺之畔，而盜侵以耕，挑釁交惡，怙勢力取，則民將奮起而致死以訟矣。今文之終戒者，豈在是歟？其年夏五記。

元·程鉅夫《雪樓集》卷九《大護國仁王寺恒產之碑》 皇元以仁得天下，其愛衛社稷、福綏生民之道甚備。惟佛法慈悲智慧，大無不包，細入無倫，參天地，贊化育，功博且遠，尊信尤異。若昔太祖龍興，列聖相承，世祖奄有四海，成宗垂拱而治，武宗立功邊陲。今上撥平內難，以正神器。皇太后慈明仁愛，受天下之養。雖天命所歸，人心所戴，萬有億載而陰相默佑之者，豈無所自耶！初，至元七年秋，昭睿順聖皇后於都城西高良河之濱大建佛寺而祝釐焉。肇基發迹，天人之應，神物之感，雲臻霧集，昭爛赫奕。三年而成，時裕宗在東宮，襄善贊美，所以奉慈闈，尊梵王，弘法海之盛心，無所不用其極。以佛法不徒行，必依於人，人不可以無食，中宮乃斥粧奩，營產業，以豐殖之。已而効地獻利者隨方而至，物衆事繁，建總管府統於內，置提舉司提領所分治於外。歲滋月積，府之政日以懈，田失故額，租賦不登，寺之賴日以削。至大元年，皇太后翼扶明聖，慨然思述祖宗之德。念昭睿順聖經始之仁，罷總管府，建會福院，以平章政事、宣政院使安普忽馬兒不花爲會福院使，綜核名實，遣官分道約部使者，集郡縣吏申畫疆場，樹識封畛，歷四載始仍舊貫，視常歲之入相倍蓰焉。凡徑隸本院若大都等處者，得水地二萬八千六百六十三頃五十一畝有奇，陸地三萬四千四百一十四頃二十三畝有奇，山林、河泊、湖渡、陂塘、柴葦、魚竹等場二十九，玉石、銀鐵、銅鹽、硝鹻、白土、煤炭之地十有五，粟爲株萬九千六十一，酒館一。隸河間襄陽江淮等處提舉司提領所者，得水地萬三千六百五十一頃，陸地二萬九千八百五頃六十八畝有奇，江淮酒館百有四十，湖泊、津渡六十有一，稅務閘、壩各一。內外人戶，總三萬七千五十九，實賦役者，萬七千九百八十八。殿宇爲間百七十五，靈星門十，房舍爲間二千六十五，牛具六百二十八，江淮牛之隸官者百三十有三。經界既正，版籍既一，皇帝以爲能稱孝養意，進封安普秦國公，辭，上曰：爾逮事世皇，乃累朝舊臣，封以此，毋庸辭。出制書親授之。皇太后樂其有成功也，命詞臣載文勒石，以垂永久。臣奉命惟謹，竊謂祖宗受命爲天下主，所以尊崇佛法，休惠僧徒，惟恐不備焉者，豈有他哉，誠以其道足以安利國家，澤潤生民，期底于至治也。欽惟聖上侍皇太后，繼志述業，篤恭於其上；而羣臣披榛剔蕪，忠順於其下，故能若是，猗歟盛哉！居其居，習其書，衣其衣，食其食，盍亦脩其道，安其教。願宗社之靈長祝兩宮之萬壽，以報于上。嗚呼，一寺之政，必得其人乃舉，況天下之大，四海之衆乎。既刻其詳于碑之陰，謹拜手稽首而獻詩曰：巍巍世尊，靈妙昭融。振華金方，迪我皇風。皇矣聖神，聰明神武。圖基萬億，四三六五。爰稽象教，載跂遐躅。四海同源，萬里一轂。於穆昭睿，順坤承乾。高良之濱，神宮矗焉。丹明碧麗，重門夾戺。傑棟龍驤，飛甍霞肆。學人總總，以衣以食。原田每每，誰饜誰闞。繼祖承宗，唯我聖君。爰啓爰謀，太母之仁。昔也莽枳，今也禾黍。昔也蕩只，今也徵賦。既樹既碣，疆埸有截。我倉我庾，載盈載溢。惟得其養，其道乃明。惟得其人，其政乃行。嚴嚴廣剎，其音藹藹。西負大行，東漸滄海。松敷梵唄，河衍法流。於千萬年，敬天之休。

元・程鉅夫《雪樓集》卷一二《龔氏舍田記大德八年三月》　盱江城中有善男子，名曰龔有富，與妻陳氏妙靜，發阿耨多羅三藐三菩提心，詣大景德寺僧伽塔廟，合掌恭敬而白佛言：願買稻田，布施常住，供養十方三寶，結緣福德，使過去見在悉得安穩快樂。作是念已，有富命終，妻子眷屬持田及券授比丘可仁已，稽首於白雪道人，請現宰官身而爲說法。道人爲說偈言：我聞天人師，身空無所有。莊嚴布金地，念彼長者恩。長者本無心，以有我佛故。我佛竟何在？不離長者心。三千與大千，何者非淨土。虛空一微塵，於中見三界。云何得如是，過眼塵亦無。人我與衆生，究竟不可得。而我心所作，一一俱見前。如耆闍崛山，又如河沙數。業風不能蕩，欲火不能燒。善男子女人，汝今當諦聽。汝等捨難捨，回向於所親。若生布施心，我相衆生相。我佛無所得，於我亦無求。是名福德多，過百千萬億。道人說是偈已，舍田、受田，僧俗眷屬皆大歡喜，信受奉行。大德八年暮春初記。

元・徐明善《芳谷集》卷三《先樞密施田真觀院記大德十一年十月初一》

佛不耕食而受田，人不耕食其田而施之佛，何哉？佛者之說曰：上能祈國永命；次則而父以上，法皆超度之；又歸而檀越之名，有瓜華梵貝之奉于寺不廢，然則其報施之，厚矣。先樞密東湖居士施田眞觀院者，紹興四年，公辭宥密思居，後起守信州，樂旁縣德興山川風俗之美，由豫章東湖徙焉。公母韓國黄夫人，先忠愍公之室，而太史文節公女兄也，葬新建縣洪厓鄉大雲塘。公念德興去墓之遠，而墓距眞觀近，佛者之說，豈不戶牖夫孝而不得直遂者耶。乃施田院中，寓祠託墓，意其報不薄也。甫百年，而院僧裂所施田以餉豪宦者，由是祠遂徹，塚宅蓬顆矣。嗟夫！使凡寺之報施類如此，則誰肯施？而佛之教何以振行於天下哉？又數十年，公七世孫明善、嘉善、元善來拜墓下，低回院中，念時享有聚廟，魂氣無不之，祠何必此寓也？又念先公之孝之施，期於有永，山川鬼神與聞之，院僧而忘之乎？公蓋世藐俗之氣，而無憒悒於土中乎？後之人而可已乎？於是妥其所徹，經紀封樹，度僧萊埧者屬之，且鐫其田之見業於院者於石，雖不幸釐剗，繼得善護持者，收其入以祝聖人壽於億萬載，而先公之孝尚永垂云。大德丁未歲十月朔。

元・陸文圭《牆東類稿》卷八《常州路玄妙觀莊田記天曆二年》　猶龍氏之道，清净無爲，齋心寡慾。然爲之學者，聚其徒以講其師之言，又象其天之主宰而事之，于是乎不可無室以居，無田以食。夫人居而求安，食而求飽，此在吾《易》中，所謂神而化之、日用而不知者邪？富者壤有餘蔬，貧則貸粟，亦既清淨寡慾，猶未免此，又豈非吾有大患，爲吾有身者邪？延陵郡玄妙觀，實故天慶，元貞初賜今額，觀基晉永嘉中尉毛公捨宅爲之，觀田則宋端拱中教練使陳公所施，有年所矣。乙亥，南風不競，師燹焉，一城爲墟，道士執左契藏之地中，幸得不燬。于是道錄可道樊公帥衆先入，披榛莽、屏菑翳，堂觀粗立。莊田多爲豪右所據，詣官訟理，悉歸侵疆。眞靜闞公繼領觀事，復核隱租，修明故籍，副在有司，鈐以印章。乃合元額，并後續置及道俗所捨條例項目，凡若干頃畝，議勒之石，以垂永久。居敬蔡公又繼之，創祠室，具香燈，以祀施主之考妣師資，且欲鐫其姓字以勸來者。今住持雲巖華公痛前人之志未就，不遠百里踵門謁記。余嘉前後數公之勤，嗣續弗怠，弗私其躬，吾儒教中能自樹立鮮及此者，故爲之著其顛末。觀中人饘于是，粥于是，以餬其口者，可不知所自哉！或曰：是則然矣，抑暵潦之不時，出納之弗謹，則如之何？曰：天下有道，卻走馬以糞。自今以始，歲其有矣。況神人居藐姑射之山，乘雲氣，御飛龍，能使物不疵癘而年穀熟哉！若夫管鑰司存，是其塵垢粃糠，奚敝敝以爲事？天曆己巳重午日記。

元・陸文圭《牆東類稿》卷八《資敬觀捨田記代作》 余賴前人餘慶，襲箕裘之業，顧惟鞠育深仁，欲報罔極，不能守志。廬墓手護，松楸親扞，採樵者以誓畢此生之願。規墓傍地，可置萬家，河流徑其左。蔭以修竹，樹之嘉木，垣而築之，構宇于其上，延道流居之。請于朝，以甲乙住持，著爲例，晨夕香火，上以致封人之祝，下以存豐氏之祧。又慮春秋享祀，無以供粢盛，而饘粥于是者，無以餬其口。惟是先疇之畎畝，不敢愛籍，而置之觀中者，爲頃二十有畸，爲米豆若干，麥若干石有畸，制其出納，爲之品節，羨餘則儲之，以給創修之費。後嗣之賢者，斥而廣之，以成吾志。其不賢者，勉而守之，毋去其籍，毋毀傷其薪木可也。昔李文饒記平泉莊，有毀吾一樹一石者非佳子弟。而洛陽之亂，醒酒石已爲監軍所得。劉夢得游玄都觀，桃花千樹，後十四年重來，則兔葵燕麥，蕩搖春風耳。世故相尋，人事相感，令人悠然興歎。由前之說，吾子責也，由後之說，觀中人責也。乃刻規約於左方。年月日，嗣子某記。

元・任士林《松鄉集》卷二《曹氏捨田記》 吾聞佛菩薩之道如水中月，而清瑩無瑕之淵，光明委照，上下通徹，無有障礙。若華亭曹氏，與佛有緣，心心相印，有開必先，玆非其徵歟？超果寺在今松江府治之南西，實白衣大士瑞光示現之地，衆敬趍湊，慈感如覿。事有吉凶禍福，其頌百三十，置籤以卜之，諦信之歸者亦多矣。昔帥幹曹公某，以子孫畬構之重卜，乃後紹讖言，其度吉有遠猷。今宣慰副使勉齋公夢炎，日事精祈，幾有先見。至元三十一年，以事禱，不孚襲吉，告無易辭。至大元年以疾禱，讖復示之，父子歡榮，且期七月事有寵，遂及期習卜，亦不易也。事下，果然。先是，沃洲光煒師住山日，嘗迎大士小像行化。公疇昔之夜，夢白衣人求見，纓絡珊珊。云自超果寺來，明日臨門。公益悚然。夫大士之於曹氏，何影響相示若是耶？於是公嚴事日篤，凡道場幢蓋之地，法食雙轉之輪，屢施不倦。自大德五年迄九年，施財若干貫，米若干石，田若干蕩、若干畝。今住持北山文勝師，以所施田歲入，五百畝補齋粥，二百畝備修建，百畝舉期懺。且歲以正月，集千僧誦經典，固將彰大士之道，侈曹氏之施而久之也，求文以紀其事。夫惟三兆九筮之道，有鬼神焉，所以示也。近世有籤卜，尊像設以示昭事，讖言辭以明吉凶，猶繇頌之流也。曹氏父子以積善聞其鄉邦，其始卜也，固知遭遇昌時，在此兆矣。及宣慰公之貴也，紫衣照坐，小心翼翼。今九十翁矣，儉而有度，富而有守，整整熙熙，室無妄祈。其心固與佛菩薩合，一誠交通，百感孚應，猶耳提之面命之也。是則措封殖之入，弘可久之施，以崇嚴佛事，俾菩薩之道益大彰明，而子孫之有繩承，德業之有出處，動於此乎？卜之則精神志慮，清瑩無瑕，上下通徹，豈徒爲福田利益計哉！於是乎記。

元・釋圓至《牧潛集》卷三《平江府萬壽寺浴院柴莊記》 僧之躬，以恬泊無慾爲養。其居也，以鬼神爲衛。與鬼神混，故形必潔。凝而不慾，故血氣之閉必宣而後平。爲之浴，以洩其襟鬲膚腠之煩，雖大雪堅冰，浴不廢焉。所以節宣致潔也。萬壽在鄽郭之間，遠山少薪，一湯之費用，上農半月之食。鼓鳴湢啓，衣布之入如雲。故凡主浴者，必先掌田穡，種刈事，假利柄以集其費。歲終則斂藁秸於所役之農，歸而爲薪。以田爲林，以穫爲樵。故歲一不穰，則薪之源竭，浣濯之候愆期失宜，暑雨之月病焉。南州禪師涖寺之明年，衆廣而浴政益修。永嘉祖朋，寺徒也，執其費三歲矣。既而曰：吾去里而東西漂，手孑孑無挾，以寺覆養涵植，轂長而羽飛之，僧於茲食、於茲抉吾囊。一錢一粟，必植根蕃葉，於寺之帑不厚有報，吾負不償。乃悉舉其私及州民顧氏所施凡田四百畝，歸其賦於公。通一歲之浴，爲薪三萬。及舟子竈人之僦他浴，具席履巾匜茗藥之材，壹以田入給之。蓄其餘以備凶歲之不足焉。然後費出有經而浴不匱。祖朋勤於治，貲積而不居。凡衆之共億有大費，必求其任。久居之，又寓錢於庫，爲子本以綿其施。而害朋者撓仆之，故屢立屢仆。朋不懈，嗜施益堅，又施其餘田四十餘畝，市膏燭爲法藏晝夜燈明之供。二善立而懲昔不繼也，求余志其成就之難，以勸于後。其懷惠篤本，雖老不渝，亦徒之異乎其類者矣。乃爲書其役而使刻之。後有繼者，視余言而矜朋之志，浴傳不廢，其庶幾哉。

元・劉岳申《申齋集》卷五《廣福寺舍田記》 嗚呼，余讀《廣福寺舍田記》，見二王所爲文辭，未嘗不慨然深悲其志也。寺不知創始何年，而寺僧慶與其徒榮墾寺傍土爲田肆畝餘者，則唐光化三年也。宋淳祐八年，始有曾氏舍田五畝餘。咸淳六年，始由南安史君王氏，盡得寺前之田，凡七十畝。於是廣福僧飯始具。至元中，李氏始欲以子孫霜露之所不可知者，寄久遠於廣福。而曠氏以李氏甥，承舅家志，益加廣焉。嗚呼，朝陽史君所記，稱長陵抔土與王侯將相功德寺，其言豈不深悲至痛也哉。而李氏、曠氏方且相繼爲之，若眞可托以久遠者，其志豈不尤可悲也耶。余嘗聞丞相文信公宿半山寺，見寺僧有爲明日舒王忌日者。公嘆曰：舒王一飯乃托浮屠氏耶。信公所爲自致不朽者，固不在此，而於此不能無所感，則夫曠氏之孝思有得於先志者，益又可感也。於是明伯之子既於寺西偏經閣後作堂以祠其父，又爲屋以居所渡僧，供洒掃，又買田以給晨夕香燈忌日飯僧等費。夫曠氏子，其事死如事生，豈不如僧，而必若此，此其慮遠矣。而又求余文以記之。嗚呼，悲夫。余文豈有久遠過於佛者哉。昔者朱邑之葬桐鄉也，曰：子孫奉嘗我，不如桐鄉民。至今桐鄉民祠朱邑不絕。夫朱邑固自信其所施於桐鄉者未易沒故也。曠氏豈亦冀望其所施於佛者，如邑於桐鄉民哉，非也。朱邑蓋與孟子論君子之澤，孟嘗君問玄孫之孫，其意正同。而曠氏輕財好施，槩得其意。夫寺更唐、五代、宋至今，買田有曾氏、王氏、李氏、曠氏，而曠氏子孫方盛，爲其祖父計久遠愈切，曠氏父子亦不可謂不達也，故不辭而爲之記。

元・袁桷《清容居士集》卷一九《陸氏捨田記》　吳越舊俗，敬事鬼神。後千餘年，爭崇尚浮屠、老子學，棟甍偏郡縣。宋帝南渡，公卿大臣，多出兩浙。而制令入政府，得建宮院，崇祖禰。驅石輦木，空巖閴寂之地，高下晃曜。財日益耗，而弊莫可救矣！故稍自給足者，亦承風效施，跬步瞬目，日不勝其繁。吁，可禁哉！宋社亡，故家日降辱過，昔所崇建，揮手若不相識。甚者，翦夷其墓田，豚蹄之祭，不通於焄蒿，而卒未有能懲戒。夫厲階於初，其習聞者不變，故雖善說巧譬，終莫能以改也。夫錫山陸元俊，以其母夫人楊氏捨田之狀，且告曰：陸，故吳望族。大父凱，恬靜，絕企鶩，觀《老子》書，若有得，所與交多聞人。是生先府君，愈孝謹自治，讀司馬公書不釋手。人勸之仕，則曰：吾承事於家者未至，安能弊內以益外哉？未幾，大父母相繼卒。吾府君拮据治窀穸，不幸以毀卒。又不幸，弟鐵孫卒。於是，吾母曰：爲物爲變，魂之屈而不能伸者也。氣化則魂升。求於家祭，記禮者盡之矣！求於窈冥，則莫若淸淨焉。是依汝父若弟，其往也無悔。而吾惓惓者，情有盡而哀終身不可以有盡也。今將割田若干，歸于城北之洞虛觀，以廣其時思。吾知守禮者，矜其情而曲許之焉。事不永久，則吾之志墮。當求能文詞者爲之傳，其文傳，田不復可易矣！田不可易，則汝父、弟與吾志俱不朽矣！其言若是。俾余信其言者，吾友陽穀李君希哲也。希哲於陸母爲姻聯，善屬文，遜於予者，求徵以示公也，儆其子孫。而余前言惓惓，復將以儆夫觀中之徒，知以輿言爲可畏也。袁桷記。

元・唐元《均軒集》卷一〇《興道觀張公捨田奉先記》　三代而上，教出於聖人，故生事祭葬，爲人子者得以盡其心。三代而下，教或移於二氏，乃有離形獨立，而天倫之愛有不得而完者矣。然其徒以傳法爲父子兄弟，則長幼後先，初不可紊，其囿於聖人之仁而不自覺者歟？異時親者疏、疏者親，其所謂霜露淒其之感、事亡如存之誠，往往又以淸虛障礙之說自勝。馬醫夏畦之子，猶冀子孫上丘墓，具人心者，得無少儆之乎哉！明善張公應元係出於儒，早領玄教，迨遊京師，被旨授興道觀提點以歸。益用慮材繕治，中外整飭，遂捐己貲，買田若干畝入本觀，供聶仙焚修，又斥其餘二十五畝有奇，助玄妙道衆半歲午膳，于以祠事其先人，願與玆山相爲久長。君蒿悽愴，若接於心目，其亦知儒者禮經大意，天倫之愛，庶幾少完焉。後人見其祠而思其賢，視公之祖父不啻如己所自出，則晨香夕燈，歲時祭享，毋以世遠而遂亡其初，則今日之捨田建祠者，非無所爲而然也。住持知觀事洪君天禧欲俾來者知作之所由始，徵言于余，不敢以固陋辭，顧將有以告于其徒者。嗟夫！父師罔極之恩，疇得而忘？觀明善公之爲，可無憾矣。然食其土之毛而身得脫於公上之役，若知其所事耶？是宜相與守淡泊，去健羨，期進於師之道焉。公之意亦在是，故余得併發之，書以爲記。

元・張養浩《張文忠公文集》卷一六《復龍祥觀施田記》　走總丱數往來五龍潭，聞故老言，此唐胡國公秦瓊第遺址。一夕雷雨，潰而爲淵，有漁者善游，見階戺皆玉石，尚隱隱可數。又有中酒臥水濱者，蘿朱衣延至門，宮殿閎邃，未及入而寤。世神之，不敢宇。或謂潰而爲淵者，龍嘗居焉，是宜爲道士觀，祠五方之龍，庶永鎭玆土，罔有後艱。於是其里好事家乃鳩工庀材，以構是觀。於今殆八十餘年矣。凡水旱癘疫必禱，旣禱，恆見應，居民益神之。初，民匠官張大使雅崇道教，嘗一再葺，師居徒館略具，且入田爲畝七十，俾衣食之。旣請葆光法師王某主祠事，六傳而至今嗣教劉志義。其張氏子若孫以田直倍前，要而敓之，交獄于官，累數政不能決。劉乃辭去。延祐乙卯，濟南路總管答里馬上，嗣教以聞，侯曰：父施之，子斂之，若繼志何？違父之命，非孝；挾貴以甚良善，非仁；睹利而懷倖心，非義。有一于此，辠所必及。於是斂者讋縮不敢出。未幾，侯改福建閩海道肅政廉訪使，復騰口實。今榮祿大夫中書左丞許公時爲憲使山東，召路吏詰曰：汝去官折此兩家較然甚，若何不署所折按，而使齦齦不戢若是？吏歸具顛末洎今許公旨，署文若劵者二，一留公所，一授嗣教者，俾相傳爲質。由是事遂息。其道流若耆老數輩，迓志義仍居之。志義德二公，不能忘，將樹石記其事，乃走余求文焉。切謂天下事本易理，私焉則底於難。公厥心，雖物叢前，談笑頃可節解而根揭。且張氏之先所以葺祠宇、不難於割田奉之者，非名是圖，抑寔軫彼玄風不振，恐久而寖淪於衰廢。其嗣亦非見利而渝夙好，或者恐其徒恃田所入，弛於修飾，孤乃先尙賢好德之心於冥冥。以是論之，則彼此胥未足深訝也。雖然，權輿者非難，令終克守爲難；惠人非難，受人惠而不負厥德尤難。志義既復其田矣，自今其益嚴操履，潔身律衆，上以爲國祝釐，下以爲一方之民祈無凶札，毋俾悠悠之言效於後，則善矣。余因紀其事如此，且擬《騷》作迎送神詞以貽道衆，俾有事歌于壇場之間以祀焉。其詞曰：緊全齊之疆理兮，莫吾土與比靈。山崒雲以叢秀兮，泉七十有餘名。維乾隅存兹故宇兮，云昔賢之攸營。淼雷雨潰而函兮，邈罔究其年齡。神連蜷以燕處兮，羌雲霧之晝冥。崇厥構以俎豆兮，尙利賴夫我氓。既瓊瑤其階戺兮，又若木以爲楹。凡有禱猶影響兮，無寧謂其無形也。代眞宰以施玄化兮，雨暘時而歲用成也。朝磅礴夫崑崙兮，夕偃息於滄溟。民於何而揭虔兮，肆肖容于丹青。蕙蒸椒糱感必格兮，諒明德之惟馨。飍風伯使啓路兮，召屛翳偕降庭。肅群衛之森嚴兮，旌纛撓乎日星。厲鬼錯武無所兮，何有彼賊與妖螟。靈具醉而樂懌兮，衆紛舞以輔行。或篚幣以殿後兮，或爐香以前迎。誶曰聖皇孔仁兮，深澤溢于八紘。有事必走群望兮，虞一物或失平。爾神之助寔繁兮，宜家敉而戶寧。歷千年毋或瀆兮，永於焉爲藩屛。

元·黃溍《金華黃先生文集》卷一三《淨勝院莊田記》　凡佛者之居，曰寺若院，有甲乙次相授法，田廬貲蓄、器械百須之物，悉得以爲世業，傳子若孫。其成之難而保有之不易，與齊民之家固無大異也。然人之子孫不皆才且賢，而佛氏之子若孫率以義合，必擇焉而得其人，乃以畀之，故其傳往往至於千數百歲而不墜，世家大族弗如也。迹以所憑藉以永久者，存乎其人爾，顧豈有它術哉！婺州城西南二十五里，其山曰石門。前臨陂水，陂之大可五百畝。水乘高而下者三級，其旁之人或稱之曰龍門云。有爲佛廬於其地者，曰淨勝院。舊記以爲建於吳赤烏中，始號尊勝。宋治平間，乃更今名。而又以爲車騎將軍張公施地所造，越之天章光遠法師實爲之開山。按天章創於近代，謂開山爲光遠，則院不必肇於赤烏。車騎將軍官廢已久，謂施地爲張公，則主是山者，不必昉於光遠。是雖無所於考，然自治平賜額，迄今已二百六十餘年矣。先是，衆幾千指，後多散落。其存者派別而三，勢分而力單。穹墉邃宇，日就摧圮。國朝至元間，住山仁體始合其三者以爲一，未及有以振起之而逝。嗣主院事者一眞，爲購田若干畝，俾食其什之七，而別籍其餘田，以資營繕之費。法堂、兩廡、觀音殿甫告訖功，會廣敎虛席，江湖道俗推以補其處。繼之者道勤，益購田若干畝，循舊比，分以給其食及土木之須。山門、鐘樓、羅漢堂、方丈之室，次第畢備。院之耆宿，若初、若宗、若靜，洎好事之家，前後捐田爲助，又若干畝。其傳以爲世業者，視昔有加焉。靜之孫偉，辱與予游，爰伐石，而以勤之命來謁文爲記。夫能以亡爲存，以廢爲興者，豈非得其人而畀之故歟？雖然，此世間法也。窮千萬億劫，而無增減成壞者，蓋不即世間，亦不離世間，是固不待記，予亦安得而記之？姑因其所欲言者，敘次之如此。

元·譚景星《村西集·文集》卷七《藥湖寺施田記》　寺以湖而後勝，湖以藥而後名。蓋取烈山氏於此浣藥之謂，而邑簿郭壽記之矣。江之北禮團黃氏以世於寺護持勿墜。吾母出於黃，父命名淑柔，而歸于譚。悲乎無所於寧，以故施之寺，勿忺勿忘也。一日寺僧請曰：吾寺丙丁間，半爲煨燼，凡理荒整廢，壽母夫人施爲最得，於聞而知矣。吾徒憑虛控寂，食少齒繁，錯畝二十有奇，不繼輙散，及成復聚，九夏安居禁足之戒，與夫祠厲山氏之典，缺如也。夫人又割畝二十有五裕之，一飯忘所自乎。歲在丁酉，像設赴流，夫人又倡爲佛像，惠及於寺多矣。願有以徵之。信乎，吾母之念此土也，父母之邦也，託其所以感，寓其所以思也，非惑於禍福而然也。高天厚土，實鑒臨之。予嘗觀斯湖也，郭壽記之曰：古先帝王，屬意斯民，故有事於巡狩。其出也，儀衛簡寡，非必後世隆禮而後動。而衡陽圖誌，亦以爲神農氏有藏衣冠弓劍之地，在今酃邑。酃與安相聞，皆衡屬也。或浣藥斯湖，亦可爲證矣。宋始寺之。蓋有事於古先帝王也。辯愈近，事愈遠。景星則曰不然。於惟厲山氏之道在天下，無往而不在。無問其至與不至，通得而祀之。凡擴天彝，修人紀，所謂君臣父子，士農工賈，致其修齊治平，行其孝弟忠信，總總焉，林林焉，粒於萬世之下以遂其生，疇非其惠耶？見斯湖而思杜也，未至猶至也。寺之所以得名者，厲山氏也。其所以祠之者，彼之教一是以光大之也。況夫耒耨之利，法喜禪悅不免焉。而寺之起祀杜之廢於斯也，君子謂之知本矣。

元・李存《番陽仲公李先生文集》卷一三《上塔寺修造捨田附祠堂記》

臨川之東鄉，有寺曰上塔，屋老甚，且無碑碣可考，蓋不知其始何時。寺之僧永茂者忽言於衆曰：嘻！惡可以坐視其圮。於是自殿及門，取瓦甓之斷裂而椽桷之朽折者盡易之。未幾，新鐘樓。又未幾，墁垣牆，砌道路。時則有永芸者，亦干財於富室，而葺經藏焉，爲之會，甚費，則從而佽助之。既復曰：合吾寺且三百指，饘粥將不給，奈何？披其私畝而公之，戚然自念曰：吾故傳家子也，而遭於不造，寄跡釋氏之門者，五十餘年矣。今先人之他子孫無孑遺者，而吾亦老且憊焉，猶有鬼神，則將安所歸乎？及祠其父母於堂之東序，又披餘畝以食衆，而資其春秋薦獻焉。他日，命其徒正印，來請述其始末。余曰：久哉，世俗之偷也。若爾師者，亦可謂不私其嬴，不忘其本矣。愆於義而病焉，尊所聞而行焉，固有可尚，而又有可悲者也。師姓李氏，世爲臨川人。父諱某，字叔陽，登宋某年進士第，嘗教授福王宮云。

元・楊維楨《東維子文集》卷二〇《隆福寺重修寶塔并復田記》 去華亭縣之北二舍近，其聚爲青龍鎮，鎮之南寺曰隆福，創於唐天寶間。寶塔七級，凡若干尺，造於長慶間。其徒邵文知、俞文富之所募緣也。重修於宋慶曆，閱二百餘年，風雨之所經，兵燹之所更，土木殆不支矣。主僧普善覽其敗瓴斷礎，不無愴然者，迺發弘願，白千里之大族。宣慰使司任公仁發獲答其請，始損貲營建，實大德之三年也。致和元年，公之子賢德繼厥志。至正三年，公之孫士質先述其事，而後締構之精，莊嚴之麗，日光霞景出雲雨上，佛牙秘藏，登崇寶輪，人天鬼神，瞻仰贊嘆。力餘及於大佛殿東西兩廡，皆撤而一新。又假錢若干萬緡，爲復其所失田三十頃。然後象設有所栖，其徒有所食飲，而寺之斂稍振，舊觀薦復。遂狀顛末，介其鄉士王元來請曰：寺塔爲一郡推，古佛牙之所寄，蘇塗之顛，時出光景現相，載在寺紀。今幸任氏三世經營，而壞始復完，願有言以侈之。予惟先王之創民宇也，室奧以庇生，窾竈以送死，堅而爲牆垣城郭，高而爲臺榭覽觀之所，亡聞乎累浮屠之製。釋氏書謂佛滅後，鐵輪王造塔八萬四千，一日夜神役也。中國倣之，或以佛骨、以舍利、以金玉神像。唐鳳翔法門寺塔，有佛指骨在焉，三十年輒一開，開則歲豐人安，天子爲遣中使迎之。今塔爲佛牙所在，吾不知若干歲可開，開抑何應。塔之成壞實有數，靈物之開闔當有時。塔之崇，非徒靡吾民力以視外觀而已也。余嘗悼象教之徒，未有一毛利益人，而蚩蚩焉惟仰於人以給，吾氓之辛苦墊隘者，望風而趨，其徒益繁，則仰於人者益廣。主其教者，既有以假佛之化現堅固相，出大光明也以崇厥居。而復有以慮其仰給者，而圖長其食土，教由是而展布，玆非其徒不之善於彼者乎？若普善者是已。吾聞普善攻苦敷淡，業既成，而行亦有以動乎人，與古佛師躬勞辱而有成者相師法，比今之避農賦佛逃以偷生者，其賢不肖相萬萬已。彼尸居素食，務治其荒唐之說，以爲竟祖教，而訖無益於教之殿最，人目之爲高，吾居之普善之蠹而已耳。書其說畀之，使其人知所懼而，且勿忘其居食之自則。安知後人之無致力於其所未備者如普善，施德於將來者如任氏云。相其役者，耆德曰寶、曰秀、曰慶、曰福，知事曰通、曰吉、曰喜、曰俊也。任君士質元朴，居家以孝義聞，便利及人者，不獨浮屠氏也。至正九年九月八日記。

元・貢師泰《貢禮部玩齋集》卷七《香嚴寺復田記》 福州西門外香嚴寺有圍田七十五畝奇，在福清州萬安鄉萬安里之上洋，積水溉田者又四十五畝奇。宋大中祥符間，開山了宗振禪師及其弟子廣利的禪師之所營，利之入于寺者四百餘年矣。間以道遠，失於防護，隄食於水，久廢不治，州之靈石寺塔庵僧遂侵而有焉。香嚴僧自嚴白諸州，州移諸佐，佐下里，會凡執事者即其地視之，信，乃以歸之香嚴。未幾，吏受塔僧賄，竊更成案，反誣香嚴妄，疑不決者二十年矣。至正辛丑歲，知州林君閱牘履畝而直之，然後得復如故。嗚呼！田之侵甚明，可片言而決，今乃至二十年，況民隱有難於田者乎！甚矣！貪吏之敗事也。書其顛末，以誌諸石，豈徒守寺之僧有所徵考，庶幾長民者皆知警焉。

元・傅若金《傅與礪文集》卷三《新淦州建興寺施田碑》 州之交衢，有僧居曰建興寺者，肇唐武德中。始其徒盛大，支爲院十有四，環列左右。代遷時移，今所存者獨六院，而院各有田，以飯其衆。歲久稍增益之，獨寺正殿爲公堂，故有田百六十畝有奇，歲入租八十有四石，以資熏祝營造之費者，前是未有所增焉。至正改元，會州之東十里所，普惠院主僧惠鐙年且八十，嘗苦行節用，積其贏，買田三百畝之在欽風鄉者，租以大石計百又五十有奇，歲以充衣盂之費。而年老不欲以生產自累，念世之諸緣若大夢幻，非堅固實有，不可執而存者。而如來自無量劫捐捨身命國城以用布施，由大願力，卒證佛位乘，流布其法於斯世。凡今吾徒得以安坐而致其利益者，盍亦思其所自而圖報萬一耶？於是悉以其所置田捐施建興，以益常住之產。田入正殿爲租石三十，其百二十石，則六分之，入支院。正殿之田，先會其租入，募工聚黄金，薄莊嚴無量壽佛，具足色相，繪飾牀坐，以稱他佛。其後歲所入者，積以待棟宇之有缺壞，及凡像設器皿之必新者，資以用焉。寺僧狀其事始末，請予文諸石。於乎！鐙公其學佛而有見者乎。世之貪於豐己而吝於及人者，田連阡陌，至不能簞食以恤宗族之窮，徒孳孳自苦以老，無所述於後。而爲佛氏者，資施於人者也。乃有鐙者銖積寸累，以致頃畝，一旦年老大悟，遽擇其自累之業，以利建興，使傳之永久，其於恆人果相遠哉。然吾聞始者佛氏之立教，持鉢出丐，日中一飯，未嘗大畜田以事生產。及後世，尊信其法者益衆，則自天子、公卿，下逮庶民之富多田者，率捐棄膏腴以惠養其徒。大者一寺田至萬億，小者猶數百千，吁，亦盛矣。由其教寖廣，食指之積，不啻若聚恆沙以數，諸佛田之多，不若是則不足以給，故食於其教者，亦有推其始者耶？抑求施於人而已矣，有反其施者耶？夫有所施者，必有所利者矣。惟不利其利，而利莫大焉。鐙公可謂善推其始者矣，善反其施者矣。若夫布施以希福田利益，吾疑佛之道不專在是，而亦非鐙之志，學者尚思其大者乎。

元・釋惟則《師子林天如和尚語録》卷六《善惠菴施茶田記》　吾佛之致滿足菩提者，以其不捨一法，以其無一法非濟人之行也。故凡學佛之徒，見一行足以濟人，必勇爲之。然行有鉅細，濟人有緩急，架舟梁，樹宫刹，捨頭目、髓腦，其行固大矣。有以一勺之湯，一啖之茶，活人於道路者，功或倍之，是蓋濟其急也。吴郡閶闔西瀕河爲路，負者戴者、轡者韁者，奔蟻縱横於臂交趾接之衝。每歲夏秋暑酷，行塵欻飛，河波沸濺，焦渴瘏痡，枕藉而暍死者有之。至大戊申，善惠菴沙門慧持請于有力者，作亭菴外，鑿井其下，歲募茗藥，及是時汲清煮香手給其施，由是德其惠者不可勝紀。延祐間持沒，善達繼焉，迄今二十年矣。忽語人曰：吾銖求黍乞，勞不敢恤。嗣吾來者，或憚其煩而廢之，將若何？於是有感其言者，欣然相率施以田若干，且議曰：田籍于菴，米别貯，毋公私互濫。歲會其餘積以備旱澇，如是則用有恆產，雖遞千載無足慮。屬余文記諸。余曰：噫，自濟易，濟人難。濟人者，推己之餘易，求諸人難。求人以濟人者暫易，持久難。今夫以茶湯濟人，雖一至微事，然平生扣謁瑣屑，志不少衰。既能守鮮終之戒，又挈挈爲悠久謀，苟非具學佛知見，其肯以無厭之勞，不報之施累其身，復累其後於無窮世乎？後之覽者知濟人之行不可不爲，知滿覺之道一法不可捨，必有感於此而奮發於此。故不辭爲之記。

元・楊翮《佩玉齋類藁》卷二《廣福院新田記》　世之爲浮屠氏之學者得于人，雖一食之微則必爲之頌禱祈祝，使獲福利於冥冥，以示不忘其惠之意，所以勉夫施與者於不倦，而勸夫後來者於無窮也。故天下之人皆篤信其說，或累千金鉅萬之貲，挈以與之而不靳，聞其風者又相率而慕效之，由是其徒居處衣食之奉日益豐羨，用傳其教至於久而不衰。祈門縣北有浮屠氏之居爲廣福院。至正六年冬，其主者廣利，袖銜田書數通走休寧，謁予曰：此吾祈門監縣袞通君，買田以食吾徒之券也。利請言其詳。初，君之在祈門，一以嚴明爲治，盡絶私謁，合邑中士民無所與交。公暇，則獨與利相從於寂寞之濱，相好也。會其夫人石氏病卒寓邸，未克返葬，得卜於廣福之隙地而菆焉，則悉取石氏平日所蓄金珠、寶玉、珥飾、妝具及所嘗服御錦綺文繡諸物，盡鬻之。又復爲之規畫勸導，得錢合若干緡，用買腴田，歸吾廣福，爲租一百有奇，今而後吾徒之食寖以充矣。以吾徒典守之不常，而斯田湮沒之是懼，將勒之石以垂久遠，且以使異時之食其食者，知其食之所從來也，幸爲之記。按《祈門志》：廣福舊以壽聖爲名，浮屠氏傳記所載，廣有謙禪師卓錫于歙之珠溪，始建壽聖，事在光化之初。承其後者代有名德，至利上人遂以至正二年，重新其殿之名大雄者。及是田租既增，食以饒裕，廣福之日向隆盛，人益覬之。時予適官休寧，爲鄰邑，得其所傳聞尤信。嗚呼！此不獨施與者之賢，上人之勤力爲可嘉矣。蓋其爲人，非特戒律精專，能守其教不悖，至於惇慤急義，趨人之患難，不憚湯火，有士君子朋友之道焉。其得此於袞通君者，殆非偶然也。自田之入廣福三年，而上人之來休寧跋涉數四，凡以不得予記不已。予惟廣福舊有田租，於今所增僅什一，上人猶拳拳焉於袞通君不忘如此，眞足以爲後來者之勸哉！然不於其冥冥之不可稽，而獨求于予紀載論著，以從事乎文字之間有足征者，上人之識益宏遠已。故爲備著增田之故，而俾鑱其名數於碑陰。

元・蘇天爵《滋溪文稿》卷四《真定奉恩寺買田修殿記》　眞定實河朔上郡，山川之雄，城郭之固，官署民廬之所，浮圖老子之宮，瑰偉壯麗，甲於佗邦。奉恩寺居城之中，作於北齊之天保。唐元和時，成德軍節度使王承宗又增構焉。金季燬于兵。元有中夏，丞相史忠武王開府眞定，公私所居，釋、老之舍，燦焉一始。于時祖師道琳實主是寺，再傳曰政公、安公，克守其舊。今宗主勝始慨然曰：寺興幾千年，國初迨今又百年矣，屋日以弊。乃竭贏餘，幷出己有，以興繕爲任，久之始完。寺舊有邸舍百餘間，無極西門里田二百八十畝，勝增買三百四十畝，又買眞定常山里田一百六十畝，原頭里墓田三十畝。建居屋八十間，浴室二區，酒肆一區。歲收其租，月取其直。於是諸僧處有安居，廪有餘粟，而無風雨寒飢之憂矣。

先是奎章閣大學士忽公請于朝，勑賜金字佛經若干卷。勝具其事來請文，以志諸石。予里人也，不克終辭。夫自昔有國者養民之方咸備，蓋井九區之田而敎之耕，分五畝之宅以爲之居，民無有無職事而食者。自佛敎之入中國，穹宮以奉其身，良田以食其衆，優養可謂至矣。學佛之徒可不清潔其躬，扶植其敎，朝夕揭虔頌禱，思圖報其萬一乎。余官禮曹，每見朝廷崇奉釋氏，興建梵宮，歲新月異。又割江南腴田，賦其租入，以供祝髮。今勝不資官帑，不勞民力，能完其居以庇其徒，非其材有以動人，能若是歟！嗚呼，世之有官者使皆材能，則天下之事何患其不治乎！勝闡敎乘，一鄉傾信，而大歷、資福諸僧咸請主其寺云。聖立極，屢降德音，興崇庠序，敦延師儒，非徒爲觀美也。至于仁皇，始欲丕變其俗，以文化成天下，猗歟盛哉。觀公治行卓偉若此，則祖宗取材作人之效，豈第文辭之工而已。雖然，非此無以表公之藴。公既沒，其徒弟察院掾易朔出公詩文若干篇，合天爵所藏，共若干卷，請于中臺，刊諸維揚郡學。嗚呼，覽者尚能考公之行也夫。至元己卯冬十一月朔，趙郡蘇天爵序。

明・宋濂《宋學士文集》卷一〇《鑾坡前集・育王山廣利禪寺塗田記》

明之廣利禪寺，名列五山，爲浙河東一大叢林，緇衣之士執瓶錫而來者，動以千計。舊雖多土田，而淪沒者過半，一遇乏食，必持鉢走民間以乞食爲事。寺之長老普濟禪師光公既爲正其侵疆，復謀買田以助之。既賫志而歿，其弟子象先輿公恢廓而有爲，乃慨然曰：先師之志，我不可不就也。市奉化縣腴田若干畝有畸，錢以緡計者十千九百有畸，俾其徒嘗輸力於其間者，若廣融、若景鼎等輪掌其事，歲收其入六百斛，薦於寺中以補其不足。且建屋三楹，間以爲儲偫之所。爰伐堅石，屬予爲之文，而勒步畝鄉落之詳於石陰。

予謂象先之功侈矣，固不可以不書，然爲文之體，因其事而著其理，始爲得之。請借田爲諭，以勵夫進修之士何如？象先曰：不亦善乎，士之進修則不昧因果，所謂竊攘貿鬻之禍不作，吾田固有永而不廢矣。予因請佛爲證，結跏敷坐，爲説偈曰：大田在海濱，厥土惟塗泥。何物不可藝？藝禾乃有成。禾根入土已，當加保衛力。涵受及糞壅，耘耔復以時，勿使惡草生。若非雨露滋，亦不能生成。數者既能備，時至自然熟。嘉穟纍纍然，徧及郊野中。我心有如田，諸種靡不納。青黃與白黑，隨其所種生。菩提譬嘉禾，種之即有秋。持戒爲保衛，忍辱爲涵受，布施爲糞壅，精進爲耘耔，智慧爲雨露，禪定道乃成。人力一不至，田雖號膏腴，蒿萊日夜長。雉兔之所藏，蛇虺共出沒，化爲荒穢區。欲求一粒粟，有不可得者。我心倘不治，其失亦復然。治心如治田，豈不以此故？上人最方便，市田繼先志。食此緇衣衆，頓免饑火煎。食者或感觸，寧不思前喻？嗜道如嗜食，定知顆粒微，視如萬金重。進道功或怠，亦不易消受。刻文於貞珉，讀者知自勵。更加護持力，常使食輪轉。

明・宋濂《宋學士文集・芝園後集》卷三《東陽興修乾元宮記》　婺之東陽，直縣西二里所，東嶽行廟在焉。莫詳其建立之歲。宋紹興中，鄉先達朝奉大夫曹冠，嘗重構之，歷一百三十餘年，馴致隳壞。元至元中，邑民曹序又補葺以還舊觀，且請廟額曰乾元宮，命道家者流司之，入田一百二十畝以爲養生之具。又歷五十餘年，其隳壞如初。至順末，縣尹許思忠禜雨有驗，屬大姓一新之。僅三十年，又駸駸就壓矣。

至正之季，國兵取婺州，縣地内屬，帳前總管陳從貴來知縣事。會夏秋久不雨，聞思忠之故，往與神約曰：期三日雨。若雨，當新其廟。已而果雨，歲因有秋，爲建大門五楹間。及從貴報政而去，事遂寢。自是迫於科繇，非惟廟室日圮，而所入之田，亦且質鬻殆盡。

尚義之士李灝、蔣齊眞、鍾道壽、俞閏、樓鉉五人者，相與謀曰：吾儕藉神之休，克有闔廬，以蔽風雨，而神宇若是，無乃不可乎？於是各捐私橐而興修之，不足則遺緩頰之徒，説諸有力者，土木之材，不期月而集。新作寢宮，以間計者三；正殿則葺而完之，其間如寢宮之數；東西二序各二十有二，皆易朽腐而爲堅良。然神道貴清靜，恐細氓之或瀆也，刱外門以扃鐍之；像設黖昧剝蝕者，施丹雘以藻飾之，殿閣深沉，儀容嚴飭，靈飈襲人，如將見之。經始於洪武十年某月某甲子，告成於十一年某月某甲子，仍擇純行道士周節亨爲其主守，歸田若干畝，收其粟以給羞服瘞燈之費，爲慮甚周而成功甚鉅也。介濂學子葛信來求記。

明《嘉靖固安縣志》卷八　虞集《萬壽禪寺復田記》

天下至公之謂理，天下大中之謂政。大中者，王道之本也；至公者，王法之紀也。微王法，不足以治天下；微王道，不足以正國人。燕都萬壽寺者，昔金天會間，青州辯禪師開化行道之所也。□諸寺最號爲法奧，巾舄象多，產植庫薄，日給□繼，頗爲病，太保劉文貞公屢嘗念之。中統□□，民之豪族有曰張仲[俱]子世英，以固安□□□五百頃寄遺公。公言于世祖皇帝，轉□寺□□，其主者雪□塔公以歲入禪餐粥，爲常住□□計。至元十九年，有司抄籍。計其地，在固安□□百九十三頃三畝，在霸州者三百七頃十□□分，作寺戶供報，在公在私，咸直其□□□□□暴如也。然地之鄙四而二，與牧□□□□□者□□固法。大德七年，有怙驀赤暨不作赤勝古伯那火者，挾權恃強，冥心冒占，指寺之界爲彼業，□說公庭，迨二紀而猶豫靡祐。泰定三年，宣政院官撒留哈具言於上，欽奉玉音，俾廉能爲□者決之。當是時，東作已興，姑寢斯舉。明年，□□省委斷事官咬住閭、宣徽同僉蒙哥撒兒、官□僧、副留守寺瑣住、經正監太卿妥堅不花、太僕寺丞塔海、固安知州薛世昌等，執至公之衡，操大中之柄，洗人欲而白天理，蒐源委而按□□。十手所指，十目所視，折誣坐妄，而歸地於□□慧公，俾古之下一定不易也。是□□在天地□□私欲以勢力之所可欲也如□。噫！寺今後□□子，得以安坐而食，當思所以修身務本，以善導人，而有密資於治功，庶不爲無補於人之世者焉。天曆改元歲次戊辰十一月吉日。

清嘉慶《泰山志・金石》　金・周馳《靈巖寺田園碑明昌六年》

濟南靈巖自法定禪師肇建道場，於今幾千載矣。峰巒奇秀，祠宇雄麗，號天下四絕之一。比丘恆二百餘衆，雖四方布施者源源而來，然其衣食之用出於寺之田園者蓋三之二。其地實亡宋景德間所賜也。逮天聖初，稍爲人侵冒，主寺者不克申理，但刻石以紀其當時所得頃畝界畔而已。其後紹聖間，掌事者稍怠，左右□□遂伺隙而取之。時長老妙空者，雖訟於有司，其地未之能歸也。至廢齊時，始徵天聖石記，悉歸所侵地。然石記字畫已皆駁缺，寺僧□其歲久愈不可考，因請於所司，□令主首故老與夫近鄰共立界至，迄今阜昌碑石存焉。聖朝天德間，復有指寺之山欄爲東岳火路地者。既而，省部委官驗視，考之阜昌碑文，不得遂其詐，因符移府司，府司乃印署文帖給付焉。大定六年，朝廷推恩，弛天下山澤以賜貧民。由是諸山林舊所固護者莫敢爲主，樵者薪之，匠者材焉。凡森鬱叢茂之處，皆濯濯如也。惟靈巖山林以其有得地之本末，故獨保完。明昌三年，提刑司援他山例，許民採伐。由是長老廣琛訴於部於省，纔得地之十一二也。五年，琛復走京師，詣登聞院陳詞，蒙奏，斷用阜昌天德所給文字爲準，盡付舊地。省符既下，於是□事僧悟寶陳於府，再給公帖矣。將復刻石以爲後人之信，遂丐文於歷下周馳，乃爲序其終始之實而書之。或曰：世人所以不能脫世網而逃死生者，以其貪愛爲病也。如來有藥爲之對治，止於一捨而已。故深於道者視軀命猶視外物，況外物乎！見衆生飢餓，雖封割支體，了無靳惜。今琛公以土地之故，至取必於朝廷而後已，斯無乃□於其敎歟？愚應之曰：不然。夫封割支體以啗衆生，則可矣。若封割衆生支體以啗衆生，豈理也哉！抑嘗聞客有捐萬□□□以遺累者，蓋初無難色，及有人托守斗粟，則不敢縱鳥雀耗□一龠。何則？自爲、爲他之理異也。且夫寺之常住，所以贍養十方□□□也。渠蓋不得已而爲衆主持□爾，非所私有也。如視其湮沒而弗與保護，因而絕大衆日用之資，乃曰吾能以捨爲心，然則所捨者□誰物耶？知是理，則知琛公之□□違佛敎矣。或者釋然。因併書其言以告來者，使謹守焉。

清嘉慶《松江府志》卷一三　元・黃溍《修學釋氏舍田記》

惟我皇元以神武安天下，以文德致太平，聲敎四達，漸被海隅。縣之有學，其來尚矣。歲久弗葺，齋舍隳圮，師生靡寧，領者漫不加省。今監縣忠武兀奴罕公、縣侯承務張議公始至茲邑，瞻顧咨嗟，大懼學政之不修，敎基之廢墜，有負聖朝建學立師之美意也，曰：惟政本莫先於敎。辟雍、泮宮載在雅頌，上以底無思不服之化，下以成一變至道之俗。古人爲治，蓋自有其本哉。於是同心攄誠，叶力規度，捐俸以倡。幕佐姚良能、阿德彌實謀畫贊襄，邑士費雄等咸輸金助役。爰命敎諭于逵愼歲租之入，節廩稍之費，擇吏陳天麟鳩工貿材。凡椽棟宲柱蝨腐橈折者易之，齋廬門廡之未建者完之。瓦比甎甃，上安下寧。戶牖洞達，丹堊炳煥。重簷翼翔，廣庭砥平。瞻宮牆，足起其敬肅之心；居齋舍，足安其講習之志。壯麗宏偉，中式度程。豈特爲士君子之美觀哉？誠以善俗必本於立教，立教必在於建學。二公之心，可謂得善俗立教之本，盡承流宣化之職者歟！凡創造櫺星門、大成殿門、齋舍二十餘楹。垣牆則益其卑而高焉，廊廡則撤其故而新焉，講堂則因其舊而甃緻焉。落成之日，邑士大夫游歌來觀者，莫不懽忻嗟悼，誦詠其德。上人覺玄者，感誠嚮化，舍田蕩六百畝有奇，輸券于學，歲租之入，永嗣修葺之費，俾已成之功保全於弗朽。傳曰：至誠而不動者，未之有也。上人異教殊科，嚮慕若此，宜乎政治民和，化行俗美，閭里巷社，弦歌聲聞。二公偉績，方之文翁奚愧！至正十一年，翰林侍講學士、中奉大夫、同修國史、知經筵事黃溍撰。

清同治《上饒縣志》卷二三之三　元·嚴彌堅《寂照院施主捨田記至正十八年六月十六日》

浮圖氏遺去物累，一歸於空，固其所也。然口體之累，必不可去，而又不暇於耕，苟蔑以資之，則空門赤立，不能一朝居焉。佛六波密以布施爲先，佛之徒稱比邱者，亦以乞食得名。闢輪廻果報之門，行慈悲普施之便，謂禍可免而福可求，幽明主宰，一徵於佛，故踵門者景從，割田者響應。吾門寂照院棟宇麗矣，神靈妥矣，以歲入之租，給常住之用，猶水之有源也，木之有本也，其深遠盛大也宜哉！自今以始，宜勒文碑陰，列諸善信姓名與田畝之多寡、歲月之先後，以次書於下，俾後之人知有所考，且無忘其所自。若夫圓其頂者，絲身穀腹，上答蒼宰，下及檀那，宜一乃心，無怠無忽。至正戊戌六月既望，前進士上饒嚴彌堅記。

清同治《湖州府志》卷五一　元·陳存《湖州路報恩光孝禪寺置田山記至元二十一年十一月》

報恩光孝禪寺，舊爲天甯宋徽廟追嚴道場也。寺無柴山，主僧悳鄰，當擾攘之後，服勤忍辱，能以供衆餘米，又捐衣資爲助，或成買，或勸捨，得章氏、葉氏、龔氏二千五百餘畝。山之下□□一百餘畝，以贍守山者，畫界爲五，歲樵其一，周而復始。又得清塘世□三圍久廢之田，或成界買，或募捨，得趙氏、陳氏、任氏、董氏、楊氏、湯氏、方氏、宋氏、施氏、呂氏、朱氏、沈氏、許氏田五百餘畝，三載用工，遂成其田。每畝租米一石，歲儲三百以爲夏供。命耆宿掌之，以四月朔日爲始。撥二十石，充一寺僧衆終年淨髮，又撥五石歸選僧寮，五石歸報德寮，俱爲梳髮用。冬收就莊支給，以酧刀鑷者之勞。圍內有官田二百五十畝，佃種輸粱，蓋自陵谷變更，田賦皆增，量倍稅。有產之家急於脫去，寺遂得而有之。柴米相資，歲歲無乏。鄰既詳其本末，刻之石，求數語示來者，俾勿壞。噫！此住持常事也。常事不書，此何以書？夫魔邪橫流，佛不能救，住持不於其法於其賄，見在者舐鼎而繼嫪，未來者操戈以敚攘，已乃刮骨而剝髓而取償焉，於是寺仆而衆散矣。鄰乃能不專其有，爲常住計，爲大衆計，不亦賢哉！迷悟升沈，皆由一念。不盜不貪，此心即佛。長□□護持，不退不轉。神通妙用，日日現前。其爲快樂，無有限量，豈但賢於□渴□倒之流而已！時至元甲申十一月日記。

清光緒《寧海縣志》卷二一　元·牟巘《淨土寺捨田碑大德十一年》

大德丁未，甯海縣淨土禪寺主僧可淵，以前進士葛寅炎所攄塗田事狀，文溪本暢上人過吳興，謂陵陽牟巘曰：淨土，古葛寅炎地也，田不半頃。休庵、妙雲二師，首築瀕海二塗爲田，僧始粒食。既而用煩徒夥，一翁元禪師計將焉出。有謂某某分塘深爲沃壤。然富人之田不可圖，圖其外田斯可矣。所圖成昔不半頃者，今以頃計。至元辛巳秋，颶風挾潮，圍田內外皆海矣。所恃以啖衆者，歷洋二塗耳。無則儀禪師，吾祝髮師也，益以凌嶼塘，竹山圭禪師復益團前塘。大德庚子，可淵承立茲山，修復之念切，顧力不逮也。至癸卯甲辰，風潮屢橫。向之所恃以啖衆者破矣，凌嶼、團前又破矣。於是葛公喟然嘆曰：理有乘除，必相須而運，豈終否耶？遂度地庀工，盡捐所重而經營之。一毫不假於人，期於事之集也。甲辰秋，歷洋、凌嶼、團前塘相繼而復。相墺之外圍，復之未能，所謂八頃者皆海矣。心罷力殫，惟望洋向若而嘆。或售焉，或捨焉，或捨而售焉。昔之不可圖者，今不圖而得焉。至乙巳，盡內圍先成。夫以數十頃之荒塗，六百頃之斷岸，經始於仲秋，至孟冬而功告成。既成而輒圮，又一月斯完固矣。非曰能之，列祖陰相，百靈顯助而致也。竹以束計，千有奇；木以章計，三千有奇；力以工計者，五萬有奇。以基若工、若竹木，運載之費以緡計，三萬三千有奇。念壞之易、成之難，不書何以鏡來者。將求文以刻。余曰：釋之道，貴清淨寂滅。上乞法於佛，以延慧命；下乞食於檀，以資色身。馬祖、百丈以前，叢林且無有，塗田云乎哉？有叢林則有衆，衆則非田無以贍。然其田賴以堅固垂久者，惟力之深廣耳。山巖可泐，我田有秋；滄海可枯，我願無違。後之繼者，能體師之爲，汝和師之克承志，則師之功當與此田俱不朽矣。師四明人，自號枯海。是歲佛成道日記。吴興趙孟頫書。

雜録

宋·王欽若《册府元龜》卷三一四《宰輔部·謀猷》　［開元二十二年］其兩京望給寺田十頃，大州鎮望給田七頃，其他諸州望委觀察使，量貧病多少，給田五頃，以充粥食。如州鎮有羨餘官錢糧，與置本收利，最爲穩便。若能如此，方圓不在給田之限。從之。

宋·龔明之《中吴紀聞》卷四《信義縣》　近歲耕者於薦嚴寺田中，得城磚甚多，及箭鏃以銅爲之，識者疑其爲春秋時物。

宋·張耒《柯山集》卷四二《太寧寺僧堂記》　圓明岳師住淮陰之太寧寺。其始至也，牆屋圮毁，佛事不嚴，歲乃大饑，寺田之入不足以給其衆。

宋·黄震《黄氏日抄》卷八〇　慈溪縣永壽寺田一十二畝一角二十二步。何侍郎田。

明·宋濂《宋學士文集》卷五《鑾坡後集·句容奉聖禪寺興造碑銘有序》

句容縣之東四十五里，有地曰白土埭，邃陸衍迤，林樾蒼潤，鬱岡、虎耳、良常諸山屹立乎東西，聯輝分彩，神秀之所融會，而奉聖禪寺宅焉。按《金陵塔寺記》，初名永定，梁武帝時有大桑門寶亮主之。帝方尊崇釋乘，聞亮精通義學，命撰《涅槃經疏》。參訂辨博，允契先佛甚深微妙之旨，寺因籍之增重，與諸大刹爭雄。唐李兵燹縱横，寺日隳廢。僞吴楊氏據有金陵，其檢校僕射許褒遵厥父司空雍之命新作之，割腴田在句容丹徒者若干畝，以飯浮屠。夫人景氏猶以爲未足，復施句容田若干埤益之。宣城二比丘曰義爽，曰廷規，行業峻潔，僕射具疏延居寺中，蓋大和年間也。至宋大中祥符初，始賜今額。沿于宋季，又復催敝弗支，羣僧皆風雨散去，丹徒之田亦爲閭右民施茂等所奪。元至元中，住持平山坦公不憚四千里之遠，北訴于中書，移文江南總攝，且命下其符於鎮江。凡歷七載之久，殫三往返之勤，侵疆乃歸。平山既遷化，滅庵受公繼之。後雖數易其主，而未遑設施。

至正三年癸未，笑巖禪師往補其處，當屢廢之餘。室如懸罄，積逋之未庚者踰五千緡。笑巖晝夜不自寧，議鬻不毛之山以償，殺衣縮食，孜孜以興建爲務。不四三春秋，粟盈于倉，泉溢于囊，乃剪歲荒，乃闢靈場，乃樹棟梁。九年己丑，釋迦寶殿成。明年庚寅，摶土塐佛菩薩暨大弟子護法神王諸像，環以大阿羅漢，慈容穆如，九座香華，嚴奉如式。曾未幾何，三解脱門又成。右設涅槃之居，以處有疾僧伽，左建僕射父子祠，而他施者附之。又明年辛卯，演法之堂又成，名之曰正法眼。閲三月，棲禪之室又成，名之曰清淨覺海。且拓其術徑，别築小山門以爲喉衿。通名曰定林山。西廡及衆寮次第而就。又四年乙未，像四天王神於三門，繚以周垣，延袤三百餘堵。委蛇縵廻，如雲横阜截，防限邃嚴。又明年丙申，禪師遷住保寧，而懷楚津公、南宗定公先後而至，皆刻厲有爲，益其土田。當是時，大明建都江左，而浙右猶未盡平，寺當毗陵、京口之衝，騎步之兵爨息者旁午，覩其宋敞嚴飭，戢手相戒不敢犯。

明·宋濂《宋學士文集》卷五《翰苑續集·天界善世禪寺第四代覺原禪師遺衣塔銘有序》　［至正］十六年丙申，王師定建業，師謁皇上於轅門。上見師氣貌異常，嘆曰：此福德僧也。命主蔣山太平興國禪寺。時當儉歲，師化食以給其衆，無闕乏者。山下田人多欲隸軍籍，師懼寺田之蕪廢也，請於上而歸之。

明·宋濂《宋學士文集·翰苑續集》卷六《神仙宅碑》　先是，主觀事者，嘗作亭墓前，壞於風雨。道士王有大日徘徊其間，悵然有上清笙鶴之思。歸與其師梁惟適謀，自墓左開曲徑一千餘尺，直至巖顛；誅榛剪荆，造祠宇七楹間，名之曰神仙宅。中祠處士星及仙翁諸像；東室曰芸香，藏書其中；西室曰橘樂，爲娱賓奕棋之所。宅之前，二石巖拔起，其蟠若龍，其踞若虎。各構亭其上，左曰來鶴，右曰留舄，而山之景愈勝矣。經始於至正丙午春正月某甲子，落成於其年夏六月甲寅。贊其功者，楊一寧、王性存也。惟適復捐腴田若干畝，歲收其入，度子弟世守之。

明·宋濂《宋學士文集》卷三《芝園前集·四明阿育王山廣利禪寺碑銘有序》　其主僧自宣密素公始可考見。宣密五傳至大覺璉公，名振天下，仁宗待以殊禮，作詩頌十七篇遺之。熙寧三年，大覺爲構宸奎閣，蘇文忠公軾實記其成。大覺日與九峯韶公、佛國白公、參寥潛公，講道一室，扁曰蒙堂，叢林取則焉。高宗即位，以寺爲舍利所宅，親灑宸翰，錫名曰佛頂光明之塔。

大覺十五傳至大慧杲公，紹興間來領寺事，四方學徒川奔濤湧，而食或弗繼，乃於奉化忠義鄉堤海塗，成田一千餘畝，名般若莊。大慧四傳至妙智廓公，纘承益虔。淳熙元年冬，孝宗之子魏王愷出鎮其土。二年孟夏四月，瞻舍利，毫光發祥，青紅交絢，變幻不一，更用黄金爲塔，而藏寶塔於中。冬十月一日，孝宗遣内侍省西頭供奉官李裕文取塔入内，妙智護之行，舍利現於塔顛，如月輪相，又現兩角如水精珠，若此者三，御書妙勝之殿四字，俾揭於塔所。妙智再傳至佛照光公，緇錫坌集，不減於昔時，盡鬻賜賚之貲，市田四千餘畝，視大慧加三倍焉，名吉祥莊。佛照十五傳至笑翁堪公，有權貴人至寺，戲問曰：舍利何在？笑翁指道傍松謂曰：此處即有。已而松枝皆放光，貴人驚異，即寺之門巷建二石塔以表之。笑翁又倣古制，累石爲塔者三，列於寺右，以瘞僧之歸寂者。

宋季，寺又災，寶塔附安別院。元至元十三年春三月，世祖命使者奉塔至開平龍光華嚴寺，尋遷燕都聖壽萬安寺，集僧尼十萬於禁庭、太廟、青宫及諸官署，建置十六壇場，香鐙華旛之奉，備極尊崇。世祖親幸臨之，夜有瑞光從壇發現，貫燭寺塔相輪之表，又自相輪分金色光，東射禁中，晃耀奪目。世祖大悅，命僧録憐占加送塔南還，更賜名香金繒，詔江浙省臣、郡長吏增治舍利殿宇。笑翁十二傳至頑極彌公，適際良會，遂以詔書從事，曾未幾何，甍棟雄麗，如天成地湧，上薄雲漢，寶塔還于故處。頑極四傳至横川珙公，道被華夷，禪學爲之中興，僧伽來依法輪者，至無席以容，二十三年，大建堂宇以居之。横川九傳至雪窗光公，寺復新，豪家所據諸莊田土園林盡復之。且以詔使之臨，祗奉無所，至正二年春二月，又造承恩閣七楹間，黄文獻公溍爲之作記。雪窗四傳至扶宗宏辨禪師約之裕公，已歷六十二代矣！

禪師以笑隱訴公法子，入我國朝，自廬山圓通選補其處，戒律精嚴，言行一致，智慧福德，皆絶出乎等夷，從洪武初元以迄今兹，一座十年，宗綱丕振，風雨不動，安如泰山。寺之勤奮竭其力而翼贊之。有若岳林住持、象先輿公，築黄賢塘，得田叁千餘畝，名報本莊；有若雲石起公，市史氏之田，其數如黄賢塘，名忠義莊。二莊皆與般若爲鄰，大佛寶殿則又雲石葺之；三解脱門則僧伽智華作之；修演法之堂，幷撤其房廬爲下蒙堂，則白雲住山智珠營之；補東塔院者，沙門自悟也；造西塔院者，又象先也。西塔肇建於唐玄宗，東塔在迦葉足跡之左，即寶塔所湧之地，下至庫院雜室，則出於比丘智寧之力也。凡寺制宜有而摧敗不支者，悉舉而更之。禪師念締構之艱，不可無以示來者，俾其徒師秀至浦陽山中，徵文以爲記。

明・余繼登《典故紀聞》卷一〇 宣德間，廣東按察司僉事曾鼎奏：僧道二家，各奉一教，既已出家，自當離俗。今廣東、浙江、江西等處寺觀田地，多在鄰近州縣，頃畝動以千計，謂之寄莊。止納秋糧，别無科差。而收養軍民子弟以爲行童，及匿逃軍逃民，代爲耕種。男女混雜，無異俗居。又有荒廢寺觀土田，報爲寄莊，收租入己。所在貧民，無田可耕，且多差徭；而僧道豐富，安坐而食。乞敕禮部會議，取勘僧道寄莊之田，及廢寺觀田。有人耕種者，開報佃人户籍；頃畝多則均分本處無田之民，以供徭税。其私置莊所，隱逃軍逃民，男女雜居者，所在法司，嚴捕治之。』

明・謝啟元《謝先生雜記》 近來朝例變鬻寺田，而豪右之家，爭據爲己業。有司奉行不當，或鬻或反媚之於存，而沒奪之，獻於顯而裒取之。市井販夫之不爲者，衣冠之士倡焉，是亦風俗之一慨也。

清・顧炎武《天下郡國利病書・福建》 《癸酉志》原載寺租議：寺租之由，訪之故老，其説不同。或云前代給僧之田；或云擅越捨施入寺；或云二者之外又有民户撥寄之田。蓋先年僧糧概免雜差，故詭寄僧户，日久爲業，此亦有之，但此後來之弊，其間未必盡然。然自國初以至於今二百餘年，僧惟管租而不管田，田土民間得相買賣，惟寺租不敢埋沒；有田者輸租，取租者納糧，其來非一日矣。所以拖欠錢糧者，蓋以一僧入寺，舉家父子兄弟，群聚而食，耗費已多；又因糧差浩重，輒將租穀減價，預先典與富民或田户，但濟目前之急，不顧日後之慮。然及官司追幷，楚撻萬狀，不敢虧累田户者，以分定故也。近者軍門過聽，以此田多係勢豪占掌，欲重加追徵以固抑之。而承委官員，失於奉行，輒將田户拘擾，重復科派。甚至奸僧倚稱四六名色，將無米肥租，私隱入己，止存瘦田，將租虛估畝數，令民倍納。不知此田多是民間小户置買。如龍溪、南靖等處，民田帶僧租者十居三四，豈可盡謂豪民。設有占掌，僧家豈肯忍受。且如海澄等處，僧田一畝，民間置買，多者十餘兩，少者亦七八兩。歲收稻穀，鄉斗止七八石，與佃户均分一半，得穀四石。内除納僧租一石七斗，止存穀二石有零，所穫無多。特以生長此地，當耕此田耳；而乃欲令其倍納軍餉，在富民猶不能堪，在貧民何啻剜肉。如近年之事，民田一畝，値銀七八兩者，納餉至十餘兩。往往相率欲棄田逃走，其不釀成大患者，幸也。今雖設法調停，定價徵納，然竊思田戶納銀三錢，與納僧租一石有零，其價亦頗相當。但糧差未知何人供納，且其間鄉斗，得官斗七八升者有之，得四五升者亦有之，斗色不齊，是又難於折算。及糧差不完，其勢非再取於民，必再取於僧。既取之民，又取之僧，重徵橫斂，將何時而已也。近該本府知府羅，憫念僧民重困，欲將餉銀再減一錢，徵納稍寬，未奉明示。以愚膚見，止是照舊田糧分管，依見行民田事例，追納軍餉。其管糧於寺中，擇有行止身家僧以充之，仍嚴禁不許將租先行賤典，違者將本僧及典主從重治罪。如欲照依近議，另追六分軍餉，不必以租估畝，惟在以米配租。如每米一石，該租十石，共值時價銀二兩五錢。除納本折丁料兵快驛傳米四幷年例綢銀，共該銀二兩一錢，餘銀四錢，就將充餉。如以間有陷江浮糧，或照近例再減銀二錢，每米一石，止追餉銀二錢，則比之民田米四事例，已有五倍之重。其四分焚脩，止追糧差，免納軍餉，俱於各僧名下追徵，不必累及田戶，俟地方稍寧，即行停止。如此，則事體出於畫一，而各僧免陳奏之擾，有司易於追徵，而百姓遂田里之安矣。妄議如斯，惟有司者裁之。

清·程烈《愜心集》卷五　嘉靖時，括天下廣寺田，盡鬻民間，士大夫往往藉是占業。葉南巖家居，官篋蕭然，直指按江右，與葉有舊，欲以百畝餉葉。葉曰：吾平生不妄取一錢，豈因里僧破戒耶？

清·釋佛彥《仙巖寺志》卷二《法產》　本山法產自宋檀越陳敏久公捨田七百二十畝，宋末元初又鮑公捨田二百五十畝，俱廢久無存，所存者惟寺基一片，荒榛殘垣斷礎而已。由溪山第一，入虎溪橋，至西積翠峰內岙，基址約二十餘畝。自吏部姚公揆奏請聖壽禪寺額後，歷朝俱免科稅。今我本師住持以來，大興崇樓殿閣之餘，或化或買，所置約有三百畝。

國有土地制度總部

其他官田部

論說

元·王惲《秋澗先生大全文集》卷九一《事狀，開種兩淮地土事狀》 竊見黃河迤南、大江迤北、漢水東西兩淮地面，係在前南北邊徼，中間歇閑歲久，膏肥有餘，雖有居民耕種，甚是稀少。宜設立大司農司，招集江南北無產業人民，驗丁力標撥頃畝，令一定住坐爲主，官給牛隻、農具，差稅並不取要，若成就後別議定奪。如此不數年間，開耕作熟，貧民既得濟，虛地又行內實，萬一緩急，以食以兵，皆可倚用。

元·趙天麟《太平金鏡策·樹八事以豐天下之食貨》 限田產

元世祖時，趙天麟上策曰：臣聞天時地利，養萬姓於鴻鈞，富戶貧家，皆一人之赤子，理無輕重，政貴施行。臣謹按井田之法，六尺爲步，步百爲畝，畝百爲夫，夫三爲屋，屋三爲井。井方一里，凡九百畝，其中爲公田。八家皆私百畝，同養公田，公事辦，然後敢治私事。百畝之糞勿奪其時，八口之家可以無飢矣。五畝之宅樹牆下以桑，五十者可以衣帛矣。井百爲成，成方十里，成百爲同，同方百里，同百爲畿，畿方千里。臣嘗計方千里之地，提封百萬井，山川、城市等除百分提封之三十六外，定六十四萬井，爲私田五萬一千二百萬畝。其井中區，除宅居二十畝之餘，爲公田五千二十萬畝。又乘除粟稻等子粒之多寡，每畝歲只率一石五斗而計之，則私田子粒可得七萬六千八百萬石，公田子粒可得七千六百八十萬石。其鰥寡孤獨無告者，須先賑惠焉。上下相睦，貧富相均，此隆周所以旁作穆穆迓衡，而孟子所以不憚區區告人也。自嬴秦變法之後，富者田連阡陌，而貧者無置錐之地，回思古道，邈矣哀哉！越至於今，迫於豪富官貴而不能復也。我聖朝東西南北，地境無窮，國家用費之資僅足，下民愁嘆之聲未絕。且古者方千里之地，得公田子粒七千六百八十萬石，方今能得之乎？臣知其斷不能也。伏見今王公大人之家，或占名田近於千頃，不耕不稼，謂之草場，專用牧放孳畜。又江南豪家廣占農地，驅役佃戶，無爵邑而有封君之貴，無印節而有官府之權，恣縱妄爲，靡所不至。此而弗治，化實難行。又貧家樂歲終身苦，凶年不免於死亡，荆楚之域至有雇妻鬻子者，雖土風之常然，亦衣食不足之所致也。衣食不足，由豪富之兼并故也。方今之務，莫如興復井田，尚恐驟然騷動天下，豪富之家宜限田以漸復之。伏望陛下一新田制，凡宗室王公之家，限田幾百頃，凡庶族官民之家，限田幾十頃。凡限外退田者，賜其家長以空名告身，每田幾頃，官階一級，不使之居實職也。凡限田之外蔽欺田畝者，坐以重罪。凡限外之田，有佃戶者就命佃戶爲主。凡未嘗墾闢者，令無田之民占而闢之，且全免第一年租稅，次年減半，第三年依例科徵。凡占田不可過限，凡無田之民不欲占田者聽。凡以後有賣田者，買田亦不可過限也。私田既定，乃定公田。公田之法凡九等，一品者二十頃，二品者十八頃，三品者十五頃，四品者十二頃，其以下俱以二頃爲差，至九品但二頃而已。庶乎民獲恆產，官足養廉。《易》曰：君子以裒多益寡，稱物平施。此之謂也。如是而行之，五十年之後，井田可以興復矣。

清·賀長齡《清經世文編》卷三四儲方慶《荒田議》 宜興之弊，莫荒田若矣。荒田之害，民受之，吏受之，舉宜之民皆受之。民業荒田則稅糧缺，稅糧缺則斃於刑，是民受之也。民力竭矣，敲扑之威無如之何矣，而考成隨而議其後，是吏受之也。吏以功名爲念而不遑卹其民，民以死生爲憂而不遑卹其鄰里親戚。於是攤派賠償之法，取盈一時，而牽引遍於一邑，是舉宜之人皆受之也。嗚呼！一荒田耳，民不保其生，吏不保其位，舉宜之人不保其鄰里親戚，禍莫烈於此矣，可不思救之哉！

顧欲詳救害之法，當先明致害之由。荒田之害始於宜之亂民，而成於宜之姦民。宜邑西有山有湖，南有山，東有湖。盜賊潛伏，至易也。國家初受命時，竊發之姦在在皆有，而宜尤甚。故濱湖帶山之地，居民失業而竄於城市，田之荒者以數萬計，而田一荒於兵。順治七八年間，一歲旱而兩歲潦，又有疾疫流行，其中人民死徙，不暇守田園，而田再荒於歲。明季兼并之勢極矣，貧民不得有寸土，縉紳之家連田以數萬計。及國家受天命，豪強皆失勢，而鄉曲姦詐之民起而乘之，禁其鄉之愚民不得耕縉紳之田，以窘辱其子孫，而田三荒於人。夫荒於兵，荒於歲者，天爲之也，無如之何也。荒於人者，人爲之也，可以力制之也。可以力制之而卒莫之制者，類皆有摧抑豪強之念，存於中而不察，斯事之不可一概論也。故二十年間，豪強之力盡，而長吏亦身受其害而莫能辭。是亦無可如何者也。然則如之何而後可？曰：上寬之以蠲，下勉之以墾而已矣。

蠲之道如何？縣請於府，府請於藩臬，藩臬請於督撫，而以聞於朝，如是而已矣。雖然，如是而已乎？縣請於府，府不之信也；府請於藩臬，藩臬不之信也；藩臬請於督撫，督撫不之信也；督撫以聞於朝，朝廷不之信也。府信矣，藩臬信矣，督撫信矣，朝廷信矣，而按數以考其地，勘地以責其費，吏任之乎？民任之乎？民任之，而業荒之民其鄰於死亡也近矣；吏任之，而任事之吏其戒於苛派也嚴矣。民其如吏何哉！吏其如民何哉！吏與民皆有無可如何之勢，以阻其欲爲而不得爲之機，故有百倍之利明明在目前，而不敢一出其身以嘗試焉者，爲此也。不特此也。今使朝廷下之督撫，督撫下之藩臬，藩臬下之郡縣，以稽其荒而蠲之，而民亦必不應。何則？今之所爲荒者未必荒，而其荒者又不能以荒告也。宜之荒田半爲姦民攘利之窟。其實業荒田者皆逃亡遷徙，不能自直於長吏之前。今而曰淸荒，是破姦民之利也。姦民既懼其敗利，又畏其發姦，每創爲利害不根之說，以震恐業荒之民，使之不敢自言其荒，而姦民因得匿於混淆莫辨之中。故夫業荒之民，無力之民也；冒荒之民，有力之民也。一二有力之民，可以愚千百無力之民；而千百無力之民，勢必轉而爲有力之民之所用，以愚夫不知其弊之縣官。嗚呼！欲官不受其愚也，不亦難乎？愚以爲姦民之所恃，在縣官不能履畝而稽耳。破姦民之所恃，然後可以釋愚民之所疑。破姦民之所恃，在於窮極其情而使之無遁形，則數十年之積弊可以一日除之而無難。故夫蠲荒之道莫先於覈實，莫急於不憚煩。上官當寬時日之限，以緩責其成功，下吏當竭心計之精，以盡除其夙弊。首報荒，無荒而報者罪之，有荒而不報者亦罪之。次辨荒，荒之僞者宥之，荒之眞者免之。次審荒，荒之有業者歸之，荒之無業者志之，荒之有業而窮困者亦赦之。次用荒，荒之比於山者，責薪蒸，荒之比於水者，責萑葦。取其供賦而已，不毛之土不在是焉。既辨其荒，又審其業，又資其用，荒可知矣。知之而不以聞於朝，其數少而易從，蠲之易也。知之而以覈於野，其民無所容姦，而業荒者無不平之心，蠲之當也。

難之者曰：縣官司一邑事，理簿書，奉期會。晨起視事，夕猶不得安寢，奚暇勘荒？荒田連百十頃，其多者以里數計，移此飾彼，舍近趨遠，至易也。一人之心力有限，群姦之欺蔽無窮。盡抉其弊以別眞僞，勢必有所不能。愚謂宜邑之大患在荒田，荒田不淸，吏雖勤於他事，無益也。省獄訟，緩徵輸，并力而謀之，不過數月，而眞僞之形判若黑白矣。

難之者曰：等荒耳，則均應蠲，奚必辨其有業與無業？奚必辨其孰麗於山而孰濱於水？愚謂今之亟於議荒者，爲稅糧計耳。業主之力足以辦稅糧，墾之不難也。麗於山，濱於水，可以供稅糧，蠲之太過也。是烏得無辨？

難之者曰：請於朝而朝不從，則奈何？愚謂宜之荒田不能及十萬，辨其僞者，而已及半矣；辨其業主之能勝者，而又去十之二矣；辨其土之足用者，而又去十之一矣。十萬之荒可以二萬計也。二萬之荒其爲稅糧也不過二千。朝廷之於二千，毫末耳，奚爲而不蠲？即不蠲，而一歲之中，縣官之於二千，其亦易爲力矣。

或曰：朝廷蠲荒稅，可不議墾矣。愚謂惟蠲而後墾可議也。國家則壤成賦，以佐國用，至不得已而議蠲。爲有司者，不以時勸耕桑，復舊額，非忠臣也。愚故曰：惟蠲而後可以議墾。雖然，使聽民自墾，則墾必無效。何則？彼業荒而遁者非一日矣。此等客處已久，忘其田園之樂，且有所業，以謀食於異鄉，甚有父死子存，兄終弟在者。其心已不知爲宜人，而況其先之荒田，復何足戀，而返而求其世業也哉？愚謂墾荒之事必責之業荒之人，人不復聚，田必不墾。宜邑逃亡之餘，民無生氣。爲長吏者，當先有以鼓舞之，示之以墾荒之利，而不責其目前之收入。而又動之以親戚之情，聯之以宗族之誼，使以漸而歸其故里。如是而猶有甘爲流民，就食異地，與夫力不任墾之人，則當按其數而收之於官。官以次理之。或募民墾，或募兵墾，或罰有罪者墾，或汰不急之胥役墾。墾田之人多，石荒之地少，不過數年，宜無荒田矣。未墾之前有二難，已墾之後有二患。逃亡不歸，一難也。弱民力不任耕種，二難也。已墾之田即聞於朝，民必畏而復遁；不聞於朝，而姦人起而訐之，一患也。墾荒之人無長久計，展轉趨利，以求其便，則墾者可復荒，而瘠者不復墾，二患也。彼二難者，既籌之於未墾之前矣，則夫已墾之患可不慮其未然乎？愚謂墾田之始當立報墾之限。限以三年，限以五年。自其初墾之日而已著其輸稅之期於官，姦人何所訐？墾荒之人授之以田，而著其籍。墾於東者不得移於西，墾於北者不得遷於南，一如世業之有戶口，而特寬其糧役以息其力。遲之數年之後，所寬之期滿，則使爲里甲以供公上之役，彼即欲不爲久遠計，其可得乎？

清・賀長齡《清經世文編》卷三四胡蛟齡《推廣闢荒疏》 臣愚以爲此法不獨陝省可行，凡西北近邊之地似皆可倣而行之。如直隸之永平、宣化等府，晉省之大同、朔平、寧武等府，甘省之寧夏、西寧等府，俱皆鄰接邊疆，隙地曠土，所在多有。而盛京之奉天、錦州二府各屬，壤地沃衍，水泉豐溢。一經開墾，即爲膏腴。若令概照陝省之法，領銀交糧，春借秋還。邊民之力能耕種者必無不願。惟是領銀交糧之時，無使勒掯需索，無令守候稽延，而所交之糧，照時價又必須準其略爲加增，以勸興之。民情踴躍，而來歲之領銀者自必雲集矣。

夫小民不願與官從事者，懼官府之朘削甚於富民耳。若果體卹民艱，諸弊杜絕，而所交之糧比時價又微有增益，窮民於交官之外，尚有盈餘，以資口食，彼何苦避官府而甘受富民之盤剝乎？至於能自備工本，不願領銀者，則聽其報墾，限年升科。或官爲開墾，而招民承種。照安西哈密佃種官田，官四民六分收之例，變通酌籌，亦似可行。竊謂宜令實心任事之州縣，先試之一鄉一隅，果有明效，再行推廣。其於積粟實邊之計，或不爲無補也。

清・賀長齡《清經世文編》卷三四雅爾圖《勘報開墾虛實疏》 今既屆升科之期，有不得不備陳於皇上之前者。查王士俊所報開墾之地共有四項：一曰河灘地畝。此項原議灘漲靡定，且酌分籽粒充公，免其升科，應毋庸置議外。其一曰鹽礆荒地。此項王士俊亦明知其難以墾治，所以原疏內聲明，必俟四五年後，勘明地氣果否盡轉，另議升科。乃富德不加詳察，反稱內有可以經久裕賦者，竟請按年升科，然此項共僅存地六百頃九畝，爲數甚少。應請俟屆當升科之年，勘明果否地氣盡轉，另行定議。其一曰夾荒地。查原疏內稱係零星墾闢，荒熟相雜者。夫小民既知此地可耕，豈有墾治一（叚）[段]拋荒一段錯綜間雜之理？蓋緣豫省地土有一種沃野之地，年年可耕，即《禹貢》所謂厥土惟壤也。又有一種磽瘠之地，樹藝一兩年，則其地無力，不能生發。必另耕一處，將此處培壅一兩年，然後復種。如此更番迭換，始得收穫，即《禹貢》所謂下土墳壚也。前人立法不分高下等則，一體納糧，止於弓丈之間，準其獨大，以卹民力。《賦役全書》開載弓數，班班可考，俗所謂大弓地是也。乃王士俊即指此項爲夾荒地，勒令普例耕治，捏指爲新墾，是以此項地畝多至七千餘頃，已經升科納糧在案。臣查此項若果大爲民累，欣逢堯、舜在上，臣亦何敢因循不請減豁？然此地究屬弓丈獨大，小民原有地畝可耕。即每畝報升分數，亦不失任土作貢之意。況豫民感戴皇上天恩，踴躍輸將已經數年，不爲苦累，亦無庸再議更張，徒滋勘丈之擾。其一曰老荒地。此項地畝即有現屆升科者在內。夫當時既謂之老荒，則係自古不毛可知。臣思王士俊之才智，非眞遠勝於前人。如果自古拋荒之地，王士俊能使之墾治至數千頃之多，則豫民日見其殷富。乃今反見貧疲，此其欺罔已彰明較著。今臣細加查察，多係村頭溝尾，道左墳旁，沙岡水濱，廟墓屋角，或砂礫之區，或确犖之處，皆非人力所能施者。開墾本屬虛名，荒蕪不知凡幾。臣若因循玩視，現在尚未徵糧，猶屬紙上空談，將來一成額賦，便屬閭閻永累矣。是王士俊矯誣於前，而臣遂分過於後。雖通計不過一千五百頃，尚非至多。

清・賀長齡《清經世文編》卷三四鄂彌達《開墾荒地疏》 查肇慶府大官田地方，新設鶴山一縣及附近恩平、開平等縣，現有荒地數萬畝，以之開墾耕種，安插貧民，最爲相宜。臣上年曾委糧驛道陶正中料理新縣城工，兼令查勘荒地。現據丈出荒地三萬三千餘畝。查業戶每耕地百畝須佃五人，此可安集佃民一千六百餘戶。恩平、開平荒地甚多，不止一二萬畝。現今丈出五千餘畝，尚未及四分之一。因該處地廣人稀，雖有藩庫墾荒銀兩，莫肯赴領承墾。臣等諭令有力商民，招集惠、潮等處貧民，給以廬舍、口糧、工本。每安插五家，編甲入籍，即給地百畝。復念各佃遠來托居，雖有可耕之業，仍恐日後予奪，憑由業戶，不能相安，應爲從長計議。凡業戶領田百畝外，並令各佃俱帶領地五畝，一例納糧，永爲該佃世業，田主不得過問。庶佃戶稍有餘資，無偏枯之嘆，亦可無逋租之虞。今惠、潮二府貧民，就居鶴山耕種入籍者，已有三百餘戶。

綜述

《漢書》卷二四上《食貨志第四上》 周室既衰，暴君汙吏慢其經界，繇役橫作，政令不信，上下相詐，公田不治。故魯宣公初稅畮，《春秋》譏焉。於是上貪民怨，災害生而禍亂作。

同上 武帝末年，悔征伐之事，乃封丞相爲富民侯。下詔曰：方今之務，在於力農。以趙過爲搜粟都尉。過能爲代田，一畮三甽。歲代處，故曰代田，古法也。后稷始甽田，以二耜爲耦，廣尺深尺曰甽，長終畮。一畮三甽，一夫三百甽，而播種於甽中。苗生葉以上，稍耨隴草，因隤其土以附(根苗)[苗根]。故其《詩》曰：或芸或芓，黍稷儗儗。芸，除草也。(耔)[芓]，附根也。言苗稍壯，每耨輒附根，比盛暑，隴盡而根深，能風與旱，故儗儗而盛也。其耕耘下種田器，皆有便巧。率十二夫爲田一井一屋，故畮五頃，用耦犂，二牛三人，一歲之收常過縵田畮一斛以上，善者倍之。過使教田太常、三輔，大農置工巧奴與從事，爲作田器。二千石遣令長、三老、力田及里父老善田者受田器，學耕種養苗狀。民或苦少牛，亡以趨澤，故平都令光教過以人輓犂。過奏光以爲丞，教民相與庸輓犂。率多人者田日三十畮，少者十三畮，以故田多墾闢。過試以離宮卒田其宮壖地，課得穀皆多其旁田畮一斛以上。令命家田三輔公田，又教邊郡及居延城。是後邊城、河東、弘農、三輔、太常民皆便代田，用力少而得穀多。

《漢書》卷二七中之下《五行志第七中之下》 宣公十五年冬，蝝生。劉歆以爲蝝，螕蠹之有翼者，食穀爲災，黑眚也。董仲舒、劉向以爲蝝，螟始生也，一曰(螟)[蝗]始生。是時民患上力役，解於公田。宣是時初稅畝。稅畝，就民田畝擇美者稅其什一，亂先王制而爲貪利，故應是而蝝生，屬臝蟲之孽。

《漢書》卷二八下《地理志第八下》 長沙國

本秦京師爲內史，分天下作三十六郡。漢興，以其郡(大)[太]大，稍復開置，又立諸侯王國。武帝開廣三邊。故自高祖增二十六，文、景各六，武帝二十八，昭帝一，訖於孝平，凡郡國一百三，縣邑千三百一十四，道三十二，侯國二百四十一。地東西九千三百二里，南北萬三千三百六十八里。提封田一萬萬四千五百一十三萬六千四百五頃，其一萬萬二百五十二萬八千八百八十九頃，邑居道路，山川林澤，群不可墾，其三千二百二十九萬九百四十七頃，可墾不可墾，定墾田八百二十七萬五百三十六頃。民戶千二百二十三萬三千六十二，口五千九百五十九萬四千九百七十八。漢極盛矣。

《北史》卷二《魏太武帝紀》 真君四年，從征蠕蠕，至鹿渾谷，與賊遇。虜惶怖擾亂，太子言於太武曰：宜速進擊，掩其不備。尚書令劉潔固諫，以爲塵盛賊多，須軍大集。太子曰：此由賊恇擾，何有營上而有此塵？太武疑之，遂不急擊，蠕蠕遠遁。既而獲虜候騎，乃云不覺官軍卒至，上下惶懼，北走經六七日，知無追者，乃徐行。帝深恨之。自是太子所言軍國大事，多見納用，遂知萬機。及監國，命有司使百姓有牛家以人牛相貿，又禁飲酒雜戲棄本沽販者，於是墾田大增。

《北史》卷四《魏宣武帝紀》 [正始元年]十二月丙子，以苑牧公田分賜代遷戶。

《北史》卷四《魏孝明帝紀》 [孝昌二年]冬十一月戊戌，杜洛周攻陷幽州，執刺史王延年及行臺常景。丙午，稅京師田租，畝五升；借賃公田者，畝一斗。閏月，稅市，人出入者，各一錢，店舍爲五等。

《北史》卷一一《隋文帝紀》 [開皇十年]夏五月乙未，詔曰：魏末喪亂，宇縣瓜分，役軍歲動，未遑休息。兵士軍人，權置坊府，南征北伐，居處無定，家無完堵，地罕苞桑，恆爲流寓之人，竟無鄉里之號，朕甚愍之。凡是軍人，可悉屬州縣，墾田籍帳，一同編戶。軍府統領，宜依舊式。罷山東、河南及北方緣邊之地新置軍府。

《北史》卷一八《拓跋澄傳》 澄當官無所回避。又奏墾田授受之制八條，甚有綱貫。

《魏書》卷一一〇《食貨志六》 孝昌二年冬，稅京師田租畝五升，借賃公田者畝一斗。又稅市，入者人一錢，其店舍又爲五等，收稅有差。

唐·長孫無忌《唐律疏議》卷一三《户婚中》 諸盜耕種公私田者，一畝以下笞三十，五畝加一等；過杖一百，十畝加一等，罪止徒一年半。荒田，減一等。強者，各加一等。苗子歸官、主。下條苗子準此。

【疏】議曰：田地不可移徙，所以不同眞盜，故云盜耕種公私田者。一畝以下笞三十，五畝加一等，三十五畝有餘，杖一百。過杖一百，十畝加一等，五十五畝有餘，罪止徒一年半。荒田減一等，謂在帳籍之內，荒廢未耕種者，減熟田罪一等。若強耕者，各加一等；熟田，罪止徒二年；荒田，罪止徒一年半。苗子各歸官、主，稱苗子者，其子及草並徵還官、主。下條苗子準此，謂妄認及盜貿賣、侵奪私田、盜耕墓地，如此之類，所有苗子各還官、主。其盜耕人田，有荒有熟，或竊或強，一家之中罪名不等者，並依《例》以重法併滿輕法爲坐。若盜耕兩家以上之田，只從一家而斷，併滿不加重者，唯從一重科。若親屬相侵得罪，各依服紀，準親屬盜財物法，應減者節級減科。若已上籍，即從下條盜貿賣之坐。

諸妄認公私田，若盜貿賣者，一畝以下笞五十，五畝加一等；過杖一百，十畝加一等，罪止徒二年。

【疏】議曰：妄認公私之田，稱爲已地，若私竊貿易，或盜賣與人者，一畝以下笞五十，五畝加一等，二十五畝有餘，杖一百。過杖一百，十畝加一等，五十五畝有餘，罪止徒二年。《賊盜律》云：闌圈之屬，須絕離常處；器物之屬，須移徙其地。雖有盜名，立法須爲定例。地既不離常處，理與財物有殊，故不計贓爲罪，亦無除、免、倍贓之例。妄認者，謂經理已得；若未得者，準妄認奴婢、財物之類未得法科之。盜貿易者，須易訖。盜賣者，須賣了。依令：田無文牒，輒賣買者，財沒不追，苗子及買地之財並入地主。

《宋會要輯稿・食貨六一・官田雜録》 高宗建炎元年五月十日，知江寧府兼江南東西路經制使翁彥國言：准朝廷指揮：委官拘收籍沒蔡京、王黼等莊田變賣，收充糴本。竊許逐家莊田元租與人戶，歲收淨課，今若比元立租及主戶所得稍損一二分，以優佃戶，自是欣然承佃，官歲收租，自有常入，比之出賣，官吏作弊，計會輕價，所得之直不多，利害較然。詔依，租課與減二分。

三年正月十四日，江南西路安撫都總管司幹辦公事賈公曄言：應天下坊郭鄉村係省田宅見立租課有名無寔，荒蕪隳毁，至於無人佃賃。昨因赦出賣，州縣口稱尋求公案不見，無憑給賣。欲乞詳酌行下，見賃錢數，依樓店務自來體例紐折舊產以佃，租依鄉原體例紐折，並依建炎元年五月一日赦文收贖出賣。如輸納價錢違限，復沒入官，別召人承買。見今西北流寓人衆，乘時給賣，則官私兩濟。准條：官戶許買不許佃賃，仍乞分明行下。戶部看詳：建炎元年五月一日赦文：止合出賣崇寧以來因買樸坊場、河渡及折欠官物、沒納田產，如委實元估公案不見，欲依本官所乞，依鄉原體例紐折出賣。其應冒占係省官田宅之家，指揮到日，限半月許人戶自行陳首，依自來租課輸納佃賃；如無舊額，即比近鄰立定租課爲准。如違限不首，並依見行條法。從之。

四年二月三日，知永嘉縣霍蠡言：本州四縣，見管戶絕抵當諸色沒官田產數目不少，並係形勢戶詭名請佃，每年租課多是催頭及保正長代納，公私受弊。欲乞量立日限，召人實封投狀請買，限半月拆封，給最高之人。內有林靈素沒官屋宇，爲元估價高，累榜無人承買，乞行下本州減價出賣。詔並依，仍限半月。今來所賣田宅係要贍軍支用，全在州縣當職官吏協力措置。如敢高擡下估，虧損公私，遣官按視比近田土舍宅，稍有高下，官員取旨竄責，人吏杖脊配海島。

七月九日，戶部言：湖州見賣拘籍到蔡京等田產，遵依指揮，出榜立限召人贖買。如累榜不售，即乞量減價，其地且令見租佃人承佃，候有承買人離業，所貴不致荒廢。自餘州縣亦乞依此。從之。

十三日，發運副使宋暉言：江西召人承買收贖沒到蔡京等田產，既無文籍稽考，即官吏得以爲姦，別生欺隱。乞依隱匿戶絕財帛物法，計所直准盜論斷罪；仍許人告，以所告田產准價給三分充賞。所貴杜絕姦弊。詔：應官吏干繫人等欺隱，根括不盡不實，或少出價錢，並依二月二日指揮斷罪，仍許人告，賞錢一百貫文。

紹興元年六月九日，臣僚言：諸路州縣係官田產，緣當時估立租額高重，產主逃移，展轉勒鄰人承佃，破壞家產，輸納不及，遂致逃移，至有累年荒廢，無人承佃者。並是科較保正長及甲頭典賣己產，代納租課，每年有追呼之擾，而所入無幾。如向緣興崇三舍，召買田產贍學，或有因抵請市易官錢營運，或買樸坊場，或赴場監請鹽，通出田產抵當，多是計會估量。官吏、田宅牙人虛添畝角，增擡錢數，其賣贍學田人恐致敗露，且依虛增畝角出名抱佃，三年間，便即逃移。及買樸坊場、抵請鹽貨、抵當市易人，因消折錢本，送納官錢不足，所屬依條拘沒元通產業入官。雖重估計，恐畝角錢數不實，依法合納元估人補償。以此遞相計囑，只依元估數，或量損畝角紐立租數，出榜召佃，無人願就，又勒元業人承佃，以是輸納不充，規避計較，不免逃移。更有逃戶絶戶田產，因估量田宅牙人等乞覔，逐處社甲不從，故重立租課，亦無人願佃，其間不幸踏逐作職田丘段，不問有無，催督愈峻。逐項積弊，不可概舉。監司州郡既見逐色官產已有合納租課定額，遂行督責。所屬縣分官員苟且逃責，吏沿爲姦，抑勒鄰保及產業相鄰人分招承認，上戶用情推免。纔行勘會，亦復計囑。雖實鄰人妄作無鄰供具，往往下戶坐受抑勒，無所申訴。其間又有一戶產業條許人全業承佃，佃人逃移，亦是勒有鄰人分佃。屋宇新麗，田園膏腴，悉歸上戶，其貧乏下戶雖有佃名，實無所得，緣此亦致逃移。延及催科，保長、甲頭逐年代納租課，爲害不細。內鹽產已係人戶私典賣，自舊來雖有許用逐年子斛消欠指揮，其間佃人入納子斛已過元數，緣元降指揮不許挑段，遂致官司一例追催，今有至三四十年間入納子斛，不知幾何。雖累經宥赦，特降指揮，不得拘催，已是淨產，而鹽案人吏意在規求，並不除放，至今每歲拘催，及至人戶略行計囑，即便沉沒，元引吏指爲衣食之源，而官實無所入。乞下逐路提舉鹽事司檢會前後所降蠲除赦文指揮施行外，有上件及該說不盡諸色官產，並不專置一司，或行下諸路州縣分明開具土名田產、坐落四至，召人實封投狀承買。詔並依，仍委逐路提刑總領措置田事，各許置幹辦官一員，並朝廷選差。其請給、人從等，依監司下幹辦條例施行，候事畢日罷。

十一月二十二日，都省言：浙西州縣籍沒到蔡京等田產，昨委宋輝出賣，訪聞州縣官吏並緣爲姦，將根括到田產並不開坐地界四至，容縱鄰人以瘠薄私田等公然抵換，欺弊百出。詔令宋輝限三日重別措置關防，如何不致鄰人欺弊換易事狀以聞，仍多出文榜曉諭。應今日已前有耕換易之田，限半年許令陳首，特與免罪，更不追理日前所收地利；如出限不首，許地鄰及諸色人告，每畝給賞錢三十貫，於犯人名下追理；犯人估所換田產價直計贓，加二等科罪。地鄰人不告，與同罪。

二年正月十九日，江南西路安撫大使李回言：撫州宜黃縣人戶熊富、吳惲等一百餘家，昨拘籍田產估賣，緣中下之家無力承買，今相度欲許被估人納錢收贖。從之。

六月二十九日，詔：諸路委漕臣一員，將管下應干係官田土並行措置出賣，仰各隨土俗所宜，究心措置，出榜曉示。限一月召人實封投狀請買，仍置印曆抄上承買人戶先後資次、姓名，限滿，當本官廳拆狀，區畫所着價最高之人，賣到錢數，申取朝廷指揮。其諸路漕臣若推行不擾，早見次第，當議優加給賞；如或視爲文具，隱蔽徇私，奉行滅裂，並當重行黜責。仍行下逐路照會。

七月二日，詔：諸路委漕臣一員，將應係官田並出賣，各隨土俗所宜，究心措置。若推行不擾，早見次第，當議優加旌賞；如或視爲文具，隱蔽營私，奉行滅裂，並當重行黜責。

九月十九日，詔：兩浙轉運判官張致遠躬親前去取索浙西提刑司行遣出賣官田案檢，具違慢官吏姓名申，仍催督本司官，將未賣田產遵依已降指揮，催促所管州縣多出文榜，疾速召人依條實封投狀承買。除本州縣官吏公人外，應官戶、諸色人並聽承買，其未起賣田錢並租課應錢米等，仰子細檢勘拖欠去處，疾速催促送納，逐旋附綱起發。其官司擅支過錢米，仰嚴緊催促當職官吏火急依數撥還，令提刑自責近限，須管數足，如敢出違今來再責日限，當職取旨，重行竄責。以戶部言浙西未賣蔡京等田，合納租課，取會提刑司供報違慢，故有是詔。

三年三月十三日，戶部言：常平司見管閑田，權令人戶認納二稅，卻於常平倉送納，候及三年，依條出賣，或立定租課，許人戶添租承佃，給最高之人。若召到人所入租課與見佃人所入數同，即先給見佃人。仍先乞下湖南提刑司照會施行。從之。

七月二十四日，臣僚言：建州賊火勦滅之後，官司籍沒到賊中同事田產不少，今來州縣輒行引用去年住賣官田指揮，一例更不推賞，止是召人請佃。往往揀擇膏腴，減落頃畝，小立租課，或致賊首親戚冒濫陳乞，卻要給還己分，弊倖百端。伏望申明行下：其住賣指揮，自爲舊日官田，今來籍沒到賊人田產，自合依法出賣。從之。

十一月十日，江南西路轉運副使李弼孺言：本部州縣自經兵火之後，戶口減耗，稅額比舊欠折，蓋因檢括荒田、依閣稅租，官吏奉行滅裂。今乞於本路州縣官選擇四員充專一點檢州縣根括拋荒田產，整治簿書，依條督責縣官下鄉，逐一子細取見逃亡死絶拋荒人戶田土合著稅租，然後再令本州差官覆實，置籍拘管。戶部勘當，欲下本司先將曾經兵火繁劇一縣，依所乞推行。若因此見得賦稅歸著，不致搔擾，即具事因申取朝廷指揮。從之。

四年九月十五日，赦：　諸路州縣人戶所佃官田，其間佃人逃、死，往往違法，只勒四鄰或本保代納，顯屬違法害民。仰諸縣令佐根刷，如有似此田產，量減租課，依法召人承佃，仍仰監司常切覺察。　諸路衙前因欠拘收抵當物產，在法許以子利償欠，如依限納足，卻給元產，限外不足，猶許租佃。　其間有自父祖以來，因欠官錢歲月漸久，官司有失舉催，子孫卻將抵當爲己業典賣，有經三四十年，偶因告首，便給與告人，仍追錢業，爲害不細。　仰諸路州縣守令按籍根刷，如有似此之類已經照刷者，並與銷落；　未及三十年者，自今冬爲始起理租課，已前積欠，並與放免。　或願備元欠納者，官給還元業，再經半年，尚納不足，即依理欠法施行。　如官吏用情，並許越訴。

五年正月三日，臣僚言：　諸路州縣七色依條限合賣官舍，及不係出賣田舍，並委逐路提刑司措置出賣。　州委知州，縣委知縣，令取見元管數目，比倣鄰近田畝所取租課及屋宇價直，量度適中錢數出榜，限一月召人實封投狀承買。　限滿拆封，給着價最高之人，其價錢並限一月送納。　候納足日交割田舍，依舊起納稅賦。　仍具最高錢數先次取問見佃賃人願與不願依價承買，限五日供具回報。　若係佃賃及三十年已上，即於價錢上以十分爲率，與減二分價錢，限六十日送納。　其賣到價錢，仰逐路提刑司總領起發赴行在送納，內不通水路，變轉輕賫，專充贍軍支用。　如官司輒敢截撥、借兌、移易，伏乞朝廷重立斷罪。　詔依，仍逐路專委監司一員，江東路轉運范振、江西逢汝霖、廣東劉仿、廣西趙子巖、兩浙提刑向宗厚、福建呂聰問總領措置。

三月二十九日，詔：　出賣沒官等田，今年二月二十四日已降指揮：　監司州縣官吏公人並不許收買外，其寄居待闕官願買者聽。　從福建路提刑呂聰問之請也。

四月二日，總制司言：　承送下專切措置財用司奏：　今條具下項：一、係官田地，乞且截自宣和以後，應可以賣者，先委官根括，候見着實頃畝四至，即大字牓示人戶願買人名，以時價着錢，依已措置事理出賣，庶幾歲月未久，易於考驗，不至紛爭。　兼多在形勢戶下，取之無傷，縱使巧爲占吝，亦須高價承買。　其宣和以前田地，且令官司寬緩括責步畝，增減租課，改造砧基薄，賣與不賣，他日臨時相度。　元降出賣官田指揮，即不顯年限，今欲宣和以後應可以賣者依臣僚所乞，先次出賣；　其以前年分，令諸路總領官續次相度申請施行。　今來召人承買，係州委知州、縣委知縣，若論職事，合在守令。　緣其間有貪有廉，有才有否，不可一概委付。　欲令逐路轉運、常平兩司不問職位高下，州縣各精選一員同主其事，如係職官以下，許添破請給，庶相關繫，無敢容私。　今相度，欲依今年正月三日指揮，州委知州、縣委知縣，取見元管數目比倣鄰近田畝所取租課及屋宇價直，量度適中錢數，出榜召人實封投狀承買。　賣到價錢，州委通判，縣委縣丞拘催，計置起發。　其諸縣有實闕知縣去處，即於丞、簿內選委可以倚仗之人權行管幹，候正官到日，卻行交割。　所有州縣應估價、檢察姦弊，乞令州縣當職官並行通僉管幹施行。　一、竊謂賣田極易，惟括責實難，此全在官吏得人，然公平者少，容私者衆。　乞飭諭所委官司有違戾者，當遵用藝祖之法罷黜。　其合賣田舍，承今年正月三日指揮：　州委知州、縣委知縣，取見元管數目。　並二月二十四日指揮：　令州軍先將但干照據簿曆子細剗刷的實，合行出賣田產名色、地段、頃畝、物件，先次置籍拘管，申總領官。　及承閏二月十八日指揮：　應州縣因剗刷失實，別無情弊，並依被差檢覆戶絕財產根括不盡條法施行，如有情弊，或爲隱漏不實，從所委監司具事因申取朝廷指揮，重賜施行。　今欲乞依已降指揮施行。　一、看詳戶部前後所具事節已如是詳備，緣有省房租賃一色，多爲官吏之家累世隱占，有良田數百畝，而歲納四五十千者；　有市井地段數十丈，而歲納四五十錢者，今卻不係合賣七色之內。　議者謂田可增價出賣，地可增錢召賃，兼逃絕田土又有累年荒廢，只是抑鄰人、保甲代納租稅，似此一色，若不量行減價，或許放一二年官物，決未有人承買。　檢准紹興四年六月二十二日戶部狀：　諸路州縣係官房廊、白地、園圃等，自軍興以來，或因賊馬殘破，簿籍不存，或逃亡未歸業，或被虜死絕事故之類，往往人吏作弊，侵欺入己；　或爲形勢之家強占起造，更不納錢；　或非理減落元價。　蓋緣官司失於拘籍，爲弊日久，失陷官錢，不可勝數。　今相度乞下諸路運司，州委通判、縣委知縣，限五日措置關防利害，並如何可以革去僥倖、增收課入，限半年陳首。已承指揮，依所申條具。　戶部累將上件事理，委監司州郡條具，未有申到去處，今欲依臣僚所申，如有似此隱占之家，許限一月，詣官自陳，依本處體例添納租課，仍與減免二分；　限滿不首，許人陳告，即以其地給與告人，具告人所納租課，亦減二分。　一、實封投狀，已限一季開拆，若措置未盡，即限滿給賣，難以追改。　欲乞更令戶部詳細議定，疾速行下諸路轉運、常平司，令得遵執，庶幾不失信於民間。　若慮遠方被受稽緩，即乞更展一月。　今欲依臣僚所乞。詔依措置到事理施行。

十九日，臣僚言：兩浙諸州自建炎中殘破之後，官司亡失文籍，所有苗稅元額不登，蓋爲兼并隱寄之家與鄉村保正鄉司通同作弊，隱落官物，至有歲收千畝之家，官中收二三頃者，有歲收千斛之家，官無名籍者。乞應詭名子戶隱寄田人吏有田産而無敷配苗役者，被虜田産官司糾察不盡者，聽一季或半年內許令自陳，紹興四年以前所欠官物一切不問，委官根責。專切措置財用司言：今來所乞，與隱占官田頗同，其立限陳首、免納稅課、告賞等，欲權依出賣官田指揮行下轉運司，仍限一季自陳，遍下州縣遵守施行。從之。

五月十日，臣僚言：竊見兵火之後，諸處戶絕田產不少，往往爲有力人戶侵耕，遂失官中逐年二稅、免役之類，其鄉司、保正等人公然受賂，致使逐縣苗稅不能及額。欲望優立轉官資賞格，仰諸州當職官與屬縣令佐竭力措置，根括土豪之家侵佃戶絕田產，仍立賞，許人越訴。如州縣官吏巧作諸般搔擾，若情理稍重者，欲乞遠竄嶺表；若事理稍輕，亦當量其所犯科罪。專切措置財用司言：根括失陷，未有許行推賞之文，今欲比附依命官磨勘覆磨出稅租簿內虧失錢數立定賞格施行。仍從提舉司保明申奏。從之。

同日，尚書省言：近降指揮：專委逐路監司總領出賣係官田，全仰所委官悉心奉行。若不嚴行賞罰，無以激勵。詔令戶部行下諸路所委官，遵依已降指揮疾速施行，如奉行有方，即優與推賞；若有違戾，重行責罰。

六月四日，詔：江東轉運黄子遊降一官，仍令江東提刑司取問，申尚書省取旨施行。以都省勘會賣沒官田產措置留滯也。

六年二月十二日，臣僚言：兩浙東、西、江南東、西、福建、廣南東、西路所管鄉村戶絕並沒官及賊徒田舍，與江漲沙田、海退泥田，昨爲兼并之家作弊，計囑人吏小立租額佃賃，不盡歸公上，已降指揮：將逐色田舍委監司總領出賣復行寢罷致有疑惑未肯投狀逐項田舍，依租來條法自是合行出賣之數。多因州縣容縱佃人作弊障固出賣不行，尋節次措置約束事件及優恤見佃人。先次取問願與不願承買及佃賃年歲深遠亦減損價錢，公私皆便，遂降上項指揮召人承買。是舉行租來條法即非一時指揮，與前來出賣事體不同。唯在官司遵守奉行，日後永無改易，理當申嚴告諭。詔令逐路總領賣田監司檢坐見行條法及節次所降指揮，大字雕印文出榜告諭人戶，仰依限投狀其買到田舍未爲己業更無改易。仍令戶部與監司州縣除出賣田疑惑及增潤事合行申明外，其餘並不得申請少有更改。各仰常切，遵守施行。

九年四月五日，詔：令兩浙、福建、江南、荆湖、廣南東西、四川路轉運司，將今日以前人戶冒占田產舍屋，每三縣於本州或不干礙縣分見任官內，選委清疆有風力官一員，如不及三縣亦委一員。取見逃戶姓名田屋等數目逐一體憲括責。逐戶各有無官司給到憑據，如無，即係冒占，仰本縣立定租課，令依舊佃賃。仍令所委官立定狀式鏤板，遍下鄉村出榜曉諭，許限一月投狀自首立租，特與免罪，及更不追理以前租課，將逐頃田舍令本縣置籍，分明開坐鄉村人戶姓名、著落去處、合納租課數目逐一拘管，如違限不首，許諸色人告，其犯人依條斷遣，及追理以前租課，仍將所冒田產屋宇等頃畝、間架估計實直，於犯人名下追理，依見行條法給賞，先次拘收沒官。仍須管限一季結絕，即不得關留人戶經宿，及少涉搔擾，如違，取旨重行降黜。候了畢，令運司開具體究出首陳告田產頃畝、間架、合納租課數目與所委官職姓名，分立等第，保明申尚書省取旨推恩。

十年九月十日，敕：近因臣僚言：出賣官田，許人實封投狀承買。訪聞州縣卻有將見佃舍屋一例出賣，事屬搔擾，緣房廊屋宇自兵火以來，多係人戶自備錢物修蓋，元降指揮不曾許賣。如有違戾去處，仰改正。

十一年二月二十五日，詔：知德清縣主簿王鑄特轉一官，以浙西提刑向宗厚言本縣田產，首先出賣盡絕，故有是命。

十二年十月二十一日，戶部言：常平司見出賣田產，見今未有人承買，若不依舊令人戶租佃，荒廢愈深，恐出賣不行。乞下諸路提刑兼常平司並總領賣田官，將見今未賣田產，今見佃人限半月添租三分，依舊承佃；如出限不願添租，即勒令離業，其積年拖欠合催理租課，並限一月納足。仍別召人，再限一月，實封投狀，添租剗佃，限滿拆封，給添租最高之人。若無人剗佃，仰總領官措置減價。其拖欠租課，如限滿不足，當職官具姓名取旨施行，如失申及奉行滅裂，委常平官覺察，失覺察委御史臺彈劾。從之。

十三年二月三日，戶部言：欲將常平轉運司應管田產並提刑司所管賊徒田舍，並遵依去年十月二十一日指揮施行，內元係荒閑田土，因人戶請佃圍裏興修田產，即自請佃日依今降指揮，各理五年日限權免添租，剗佃出賣，令依舊承佃。謂如請佃已及三年，更合展限二年之類。若限滿，尚有不願添租之人，依前項備坐已降指揮，剗佃出賣施行。餘路依此。從之。

二十年四月六日，戶部言：契勘州縣沒官田土，往往形勢之家互相剗佃，今欲乞更不許人承佃，並撥歸常平拘收，與見興水利一就措置。仍令轉運、提刑、茶鹽等司，如有沒官田土，即具數報常平司拘收。輒敢漏落，從本部取旨，重賜施行。從之。

二十一年十月六日，臣僚言：贍士公田多爲形勢之戶侵占請佃，逐年課利，入於私家，以致士子常患饔廩不給，望詔有司申嚴行下諸路提舉官常切覺察。詔令戶部措置，並緣住賣度牒，常住多有絶產，令撥充贍學支用。戶部言：除已行下諸路提舉學事官下所部州縣遵守施行，仍令本司常切覺察，如有違戾去處，即仰按治，依法施行外，今欲乞令諸路州軍取見上件絶產各係是何寺觀、若干頃畝間架、每年合收若干錢糧的確實數保明，無得隱落，關報提舉學事官置籍拘管。仍仰本司催促諸州軍開具供申，本司置籍，將今來所撥絶產租課錢物，令項專委官封樁，具數申取朝廷指揮支撥。其州縣寺觀於圖經內各有所載去處，近來僧道往往違法，於所在去處擅置庵院，散在民間，若無敕額，其所置田產、屋宇，亦乞依前項施行，更合取自朝廷指揮。内福州寺觀，比之張守任內括責到寺觀常住所收歲終出剩數目並皆不同，已行下福州密切體究的確收支數目，亦乞委本路提舉學事官催促本州疾速開具，候到審實別無侵隱，開具供申，參照施行。詔依措置到事理施行。

二十二年三月二十二日，戶部言：數內福建路寺觀係數多去處，雖已行下本路提舉學事司開具，竊慮往反取會遲延，因致漏落，今欲乞朝廷差官一員前去措置施行。從之。

同日，戶部言：已降指揮，差官一員前去福建路措置寺觀常住絶產田畝。今欲專委新除司農寺丞鍾世明帶行本職，前去措置。從之。世明措置：將寺觀田產除二稅、上供、常住歲用等外，每歲趲賸錢三十六萬五千八百六貫八百四十五文，起發赴左藏庫。續據知福州張澄乞添破童行人力米除豁外，實計每歲起發錢三十三萬九千三百六十貫文有奇。

二十六年二月三日，戶部言：江浙、湖南、福建路諸州軍自紹興二十年降指揮之後，應常平司拘收到沒官、戶絶等已未佃賃田地宅舍，專委提刑總領出賣，並四川、二廣州縣沒官、戶絶等田地，除見佃人戶已添三分租課並令人戶依舊承佃更不出賣外，其餘有不曾添租田產，欲乞依今來措置施行。自後應沒官、戶絶等田地宅舍等准此。從之。

六月一日，戶部言：諸路沒官田產，近因鍾世明申乞盡行出賣，自後未有人承買，其未買之田，遂致荒廢。欲將已降出賣指揮更不施行，令江浙、湖南、福建常平司遵依節次所降指揮，並撥歸常平司拘收，召人修葺佃賃。其四川、二廣見出賣田產，自合照應元降添租承佃指揮施行。上曰：建議出賣者，不過利於得錢。若許民戶租佃，量出租課，百姓必利之。百姓足，君孰與不足乎！沈該等曰：陛下卹民務本如此，天下幸甚！

二十七年六月十五日，江南東路轉運判官葉義問言：欲望將今日以後應拘沒到僧道置產及寺觀絶產，並行措置，召人實封投狀，增錢承買，起理二稅。從之。

二十八年七月二十八日，知溫州黃仁榮言：因經界出僧道違法田產，即合照應見行條法拘沒入官。欲乞將上件拘沒田產盡行召人實封投狀出賣，給與價高之人，仍舊令授納牙契供輸稅苗，公私兩便。如內有賣未售之田，合行權給租課，亦乞先給見租種人紐租送納。於是戶部言：已降指揮，似此田產，已撥充養士，今欲依所乞施行，內契稅錢與免納。從之。

十月十七日，詔戶部將所在常平沒官、戶絶田產，已佃未佃、已添租未添租，並行拘收出賣。戶部措置：一將諸路州軍應諸司並常平司拘收簿籍內合行出賣田地宅舍，先次選委清彊官，躬親地頭，從實勘驗，取見詣實，分明立定字號，仍開具田地鄉分地名、坐落四至、膏腴瘠薄、若干頃畝。如有墳墓已葬埋在今日以前者，剋留四至各三丈，與爲己業。若所至三丈內，或係別人己產，即據所至給與，不得侵越別人己產。或所至三丈內係見今出賣水田池塘之類，止得以岸爲至。若墓地元從官地上出入者，買主不得阻障。宅舍亦開具新舊間架、丈尺闊狹、城市鄉村等緊慢去處，並量度適中估價，務要公當，不致虧損公私。如拘收沒官、戶絶有畜產什物，亦仰所委官取見詣實，開具估價出賣。州委知、通，縣委令、佐。如有荒田地多年不曾耕墾者，與買人免納二年四科稅賦。一令州軍造木櫃封鎖，分送管下縣分收接，承買實封文狀置曆一道，令買人於曆內親書日時投狀，或有不識字人，即令承行人吏書記日時，並於封皮上押官用印記入櫃。限九十日內，倚郭縣分將櫃申解赴州，聚州官當廳開拆。其外縣委通判，縣分多處，除委通判外，選委以次幕職官分頭前去開拆。並先將所投文狀當官驗封，開拆簽押，以時比較，給賞著價高人。內著價同者，即給先投狀人，或見賃佃人願依著價高人承買者，限五日投狀聽給，限外或稱緣故有失投狀之類，官司並不得受詞。所買田產等，並與免投納契稅錢，每一貫文省止收頭子錢四十三文省，更不分隸諸司，專充腳乘縻費、行遣紙札支用。仍置曆收支具帳申戶部照會。其承買價錢不以多寡，自拆封日爲始，並限六十日納足。若違限，納錢不足，其已納錢物，依條並沒入官，其田產等亦行拘收。其間如未有人承買田地宅舍，聽見佃賃人依舊管納租課。一前承降到指揮，止許諸色人並寄居(侍)[待]闕官實封投狀承買，即不許當職官吏、監司或本州縣在任官及主管公人並本州縣公吏承買，如有違犯，依條施行外，許人陳告，其所買田舍等依舊還官。仍以買價錢爲則，每一百貫支賞錢二十貫，除支賞外，其餘價錢並行沒官；如價錢未納在官，即以犯事人家財充。一今來所賣田地宅舍等，專差重祿吏人承行，州縣各差二人，其差出到地頭驗實官，亦許帶吏人二名。如因職事乞取財物，並依重祿法。一今來所賣田宅，其間若有見佃人已施工力布種，聽收當年花利，管納租課。內情願令買人償其工直即交業者聽。一今出賣田地，如內有佃人自造屋宇居住，未能有力承買，官司量度適中立定白地租錢，令人戶輸納，依舊居住。元有出入行路在現出賣地上者，特與存留，如不願佃上件白地，願行拆移者聽。其城郭內外沒官、絕產白地，已有佃賃人蓋造屋宇，止令依舊納白地租錢。如日前計囑官吏作弊，低估賃錢，即聽官司從實量行增減。一今來應出賣宅舍，其間有見承賃人不願承買，雖合給著價高人，並限六十日般移，不得拆毀作壞。其見賃人有自添脩蓋造，官司先次取見諳實，估定價直，別項開說，許今來承買人依價還直。如見賃人不願，欲自行拆移者聽。一其間見有人戶爭理官司未曾與決，限六十日須管結絕。如合拘收，即行出賣。

同日，權發遣浙東提刑邵大受言：置買田產，皆有力之人緣懼物力高重，將見在產業詭名隱寄，避免色役。今一旦承買官產，即門戶驟增，無由隱諱，以致遲疑，不敢投狀。今來欲將承買官莊，每價直一千貫以下，與免三年物力；一千貫以上，免五年；五千貫以上，免十年。又出賣田地，竊慮民間被人阻障，稱某處可作宅基，某處可作墳地。候他承買，修治耘蒔了畢，用親鄰執贖，致不敢投狀。今應承買官產之人，已給賣後與免執鄰取贖。及承買田產價錢，元限六十日納足，不足沒官。竊恐近日錢物最爲難得，錢一不繼，便至沒官，則人不敢投。欲將價錢分作三限，每限各六十日取足，始與交業；限滿不足，十日內許人剗買，無人剗買，即錢沒官，仍許將金銀依時價折納。如州縣官吏秤估價貫斤兩虧民，許經元納官司陳狀，實封至本司，重行秤估。如委是阻節虧損，即本司按治行遣。於是戶部言：置官差物力，欲一千貫以下免一年，以上免二年，五千貫以上免三年。二稅、和買、役錢之類，則依條供輸，其價錢分三限：第一限六十日，第二限三限三十日。違限，納錢不足，十日內無人剗買，其已納錢物並沒入官，田產等拘收，別召人實封承買，餘並依所乞施行。從之。

二十九年二月十七日，權戶部侍郎趙令詪言：江浙、湖南、福建、川、廣應諸司沒官、戶絕田產，並行出賣，今欲州委知、通，縣委令、丞根括出賣。如能用心措置，每賣價錢，縣及二萬貫、州及五萬貫，與減一年磨勘；縣及四萬貫、州及十萬貫，減二年磨勘；縣及六萬貫、州及十五萬貫，減三年磨勘；縣及十萬貫、州及二十萬貫，轉一官。如欺弊滅裂，出賣稽遲，令提刑司具所委官職位姓名申朝廷，重行黜責，人吏斷罷。及欲下諸路常平司依已降朝旨，先次根括逐州軍合出賣田宅細數，及依溫州作冊，並限十日供申，戶部置籍拘催。如依前滅裂違滯，從本部取會當職官吏申朝廷重作施行。並江浙福建湖南路州軍月具、四川二廣季具，已未賣田宅數目並賣到價錢，申部照會，如有見占佃形勢官戶及豪右之家欺隱占吝，及用情障固，致人戶不敢請買，仰所委官具名申朝廷重作施行。今來措置出賣田產萬數浩瀚，若不委官驅考，竊慮散漫稽違，今欲專委郎官一員，左右曹各差職級一名，手分二人，貼司二人，置籍揭貼，排日拘催，月具已未賣田產及價錢數目申朝廷照會。從之。

二十二日，權戶部侍郎趙令詪言：出賣沒官田宅見有承佃去處，令知、通、令、佐監督合干人估定實價，與減二分，如估直十貫，即減作八貫之類，分明開坐田段坐落、頃畝、所估價直出榜曉示，仍差耆保逐戶告示。如願依減定價例承買，並限十日自陳，日下給付；如不願承買，即依條出賣張榜，許實封投狀，限一月拆封，給價高人。如限滿未有人承買，再榜一月。自來合申常平司審覆，竊慮地里遙遠，往來稽緩，欲令州縣一面估價給賣，止具坐落、頃畝、價直申司檢察，其承買人計囑官吏低估價錢，藏匿文榜，見佃人巧作事端，故意阻障，及所委官吏容心作弊，即仰常平司覺察，取旨施行。從之。

二十七日，新除直祕閣知廬州黄仁榮言：溫州根括到田地頃畝，見委官吏出賣，乞量立賞罰，責以近限。從之。

三月二十五日，詔：公吏等冒占係官屋宇，限一月許見住人陳首，與免坐罪，及追理日前合出賃錢，令所委官拘收出賣。如限滿不首，送所屬以違制斷罪，仍許鄰保限半月赴官陳告，將所告屋宇估定實直價錢，以十分爲率，二分給告人充賞。若鄰保限滿不告，許諸色人陳告，將鄰保從杖一百斷罪，依此給賞。如鄰及告人不願給賞，依估定價錢承買者，與減二分錢數。其冒占應干係官田產隱匿稅租，亦依此施行。從戶部郎官楊倓之請也。

四月十九日，兩浙路計度轉運副使趙子潚等言：本司昨承指揮，將本路浙西州縣官田土作營田耕種，分三等立租，召人租佃，拘收稻麥應付行在馬料支遣。戶部言：今來具到田地隸屬轉運司，即係諸司官田，依已降指揮，合行出賣。欲乞下浙西路常平司，將前項應管田畝數目行下所屬，照應節次已降出賣官田指揮，疾速估定實直價錢，多方措置出賣。從之。

五月一日，殿中侍御史任古言：福建路江海畔新出沙田其民戶自備錢本興修，數年之間，償費未足，與尋常逃移請佃官田事體不同。本路提刑樊光遠方行申審，而戶部便令出賣。欲望少寛年限，仍乞將見今所在州縣出賣官田申嚴其法，使形勢之家不得更似日前多方占據，仍重州縣當職官吏殿最之格。詔令戶部看詳。戶部言：福建沙泥田經界指揮後，實打量人戶起理稅賦，已承朝旨召人實封投狀承買，撥三分錢與元佃人戶充還興修工本之費，並田宅有形勢豪右之家占佃，已委官立罪賞根括出賣。今所陳沙田，乞行下本路提舉常平司權行住賣，其出賣官田，竊慮州縣奉行不虔，亦乞申嚴行下。從之。

七月五日，戶部提領官田所言：江浙等路沒官、戶絶等田宅，近承指揮，州委知、通，縣委令、丞措置出賣，及委逐路常平官總領督責。今欲將未賣田宅並依條出榜，許實封投狀，自出榜日爲始，限一月拆封，以最高錢數取問見佃人，如願依價承買，限十日自陳，與減二分價錢給賣；如不願承買，即三日批退給價高人。若見佃人先佃荒田，曾用工開墾，以二分價錢還工力之費。如元佃熟田，不在給二分之數。限滿，無人投狀，再限一月。若兩限無人承買，即量行減價，出榜召人買。見佃人戶已買田宅，既於官中低價承買，卻又增價轉手出賣，或借貸它人錢物收買，後冒行增價準折之類，欲許諸色人經官陳告，以所買田宅價錢三分給一分與告人充賞，餘拘沒官，別行召人實封投買。人戶所佃田宅，若有以前冒占及詭名承佃，至今耕種居住，見送納課米或稅，既已施工力，終是見佃之家，欲並作見佃人承買。今來賣田宅內有官戶、形勢之家請佃，往往坐占，不肯承買。如出違前項拆封日限，無人投狀承買，即依官估定價直，就勒見佃人承買；如依前坐占，不肯承買，即仰常平司申取朝廷指揮施行。投狀承買田宅，拆封日，見得著價最高合行承買卻稱不願買者，依已降指揮，以所著價十分追罰一分入官，欲將此追罰錢數限一月追理納足。仍令常平司常切覺察，如州縣不爲追理，及人戶不爲送納，即具名申取朝廷指揮施行。出賣浙西營田，已承指揮權住賣外，所有其餘路分營田、官莊、屯田前後已降指揮即不該載，今來並不合出賣，訪聞常平司並州縣人吏不將前後措置多出文榜曉諭，或州縣榜內更不寫出田段價直，致出賣稽違。欲下逐路常平司官嚴行覺察，稍有違戾，按劾申朝廷重作施行，人吏決配。及下兩浙、江東、西、湖南、福建、二廣、四川提舉常平司疾速行下所部州縣遵依施行，仍令州縣多出榜文曉諭民戶通知，無令藏匿。若常平司不檢察，乞令提刑司覺察按劾。從之。於是詔令逐路提舉常平官躬親督責，嚴行檢察欺弊，如能率先出賣數多，仰戶部具申尚書省取旨，優異推恩；或出賣數少，當行黜責。州縣當職官能用心措置，亦於已立賞格外增重推賞；或稽違不職，令常平官按劾聞奏，重作施行。

十八日，詔：嚴州分水縣令張升佐、宜興縣令陳迟、縣丞蒲榮各特降一官資放罷，以戶部提領官田所言賣逐縣所賣官田，於一路最爲稽遲故也。

同日，詔：知秀州黄仁榮、通判李文仲、嘉興縣丞唐叔玠各減二年磨勘，以本州言嘉興縣已將發賣官田錢數，合該賞典，故有是詔。

二十七日，戶部提領官田所言：乞下江浙、福建、湖南、四川、二廣常平司官，疾速行下所部州府知、通，督責屬縣令、丞，逐一子細根括，將見佃賃未賣田宅已滿一年，與理爲見佃賃之家，依前項已降指揮承買。若未及一年者，開封日，將著價最高人錢數先次取問見佃人，如願承買，更不減價；若不願承買，即給賣與著價最高人。如有違戾去處，仰本司官照應已降指揮，具職位、姓名申取朝廷指揮施行。從之。

二十八日，荆湖南路提點刑獄公事彭合言：欲望詳酌行下，如有已行召賣未有人承買去處，痛行裁減，不得抑勒民間自然爭售，實爲公私之利。

詔令戶部措置。戶部言：乞下江浙、湖南、四川、二廣常平司遵依節次已降指揮，即不得抑令田鄰承買，及追呼監繫搔擾。如有似此去處，仍令本司依已降指揮施行，毋致違戾。從之。

九月十一日，詔浙東提舉常平都潔特轉一官，以戶部言比較浙東賣官田最多，故有是命。

同日，中書、門下省言：諸路出賣沒官田產，州及五萬貫、縣及二萬貫已上，各有立定遞增酬賞。詔令戶部將州縣賣錢及格應賞去處，取會當職官職位、姓名，一面審覆推恩施行。

三十年正月四日，湖南提舉常平司何份言：乞將本路州縣未賣荒田，更不依元估定價錢，並許人戶自行開坐所買田段四至，隨鄉原例量度，任便著價，實封投狀，給與最高之人。於是戶部言：荒田無人開墾去處，若與已經開墾熟田一例估定價錢，召人承買，竊慮輕重不均，難以出賣盡絕。欲下本司依所乞施行，仍取見詣實，多方措置出賣，拘收價錢起發。從之。

三月十三日，試右諫議大夫何溥言：祖宗出賣官田，舊法止令人戶實封投狀，限滿拆封，給與價高之人。比來建議之臣欲優卹見佃之家，許令減價二分，依舊承買。意固善矣，而復爲一說以請：見佃人戶已買田宅，既於官中低價買過，卻與外人相見轉手增價出賣，或借人錢物收買，於後增價準折，若此等類，並許陳告，即行拘沒。夫始憐其失業而爲之減價，終設爲轉賣之說而開其爭端，欲望聖慈特詔有司，將前項申請已得指揮即賜改正，明以示民。從之。

四月十三日，資政殿學士知潭州充荊湖南路安撫使魏良臣言：本州因兵火後，百姓復業，今已二十餘年，往往將本戶元供荒產節次私下耕熟，不納官課。已行下諸縣，令十家結爲一甲，從實供具已耕田畝，輸納二稅，自今爲始，所有日前隱匿熟田漏納苗稅，並免追理。如所供不實，即令諸色人告首，以新告田充賞，仍每畝支賞錢，止於犯人名下追理所隱苗稅。如本戶實有苗田，無力耕作，即開具頃畝，曉示人戶，令實封投狀承買。又奏：昨降指揮，召人承佃荒田，與免三年租課。緣無人願佃，遂降指揮，令人戶納錢承買，卻止免二年四科稅賦，委是輕重不等。乞依請佃例，與免三年。從之。

五月十四日，臣僚言：吉州出賣常平沒官田產，元估價錢與提舉司覈實高下遼絕，遂委提刑司看詳到數目，見係可出賣者約三十一萬貫，而未售者尚居其半，其餘盡皆荒閑不耕之地，雖乞委官相視，量立中價，召人承買，今以提刑司覆實之數較之，提舉所虧者一十萬緡，而賣未盡絕，尚未可知。欲望特命有司行下所屬，如有召賣不行，理宜裁減。又除豁去處，並令條具申省，別委監司審覆取旨。詔令戶部看詳。戶部言：諸路州軍有人戶見佃田宅出賣了當，欲將未賣見佃田宅再限半月，仍於減免二分價上更減一分，今後更不減價。如見佃人依前執占，令州縣召人承買；如見佃人不願承買，及曾有人承佃開墾成熟田產，欲將來賣田產，於元定價上十分減免一分，依條出榜，許諸色人實封投狀，給價高人。無人開墾荒田，近承指揮，並許人戶自行開坐所買田產四至，隨鄉原任便著價，給與價高人，其買人免納三年六科稅賦。委是太優，州縣自合遵守。如有違戾去處，常平司坐視不爲檢察，亦乞令提刑司覺察，按劾施行。諸路州縣自降指揮及今多日，出賣未絕，卻將未賣田產巧作緣故，縱容見佃形勢之家及元拘沒人戶坐佔花利，其所委官不協力措置，是致遲緩。欲乞行下江浙等路提刑司官嚴行覺察，如有違戾去處，即仰按劾，重作施行。州縣已賣未起錢數不即起發，往往移易應付別色窠名，今乞下常平司官督責州縣所委官盡數根刷，日下起赴所屬送納。從之。

七月二十四日，湖北轉運司言：被旨照對本路州縣皆以田畝定稅外，照得純州平江縣兵火後來復業人戶自陳種植後，以種定稅。二十五年，因本州措置以丁定稅。緣以種定稅，人戶往往隱匿，量行供申；以丁定稅，有力之家往往將丁隱匿，並下戶丁多田少，有丁而無田者，有力之家僥倖，下戶不能應辦，復行逃移。若行經界，卻有不曾隱匿之家一例被擾。欲下純州平江應管人戶附近五家爲一保，逐保自將見佃田同共打量實耕頃畝，開具結罪保明文狀，赴官自陳。每畝依舊納稅米二升四合，鼎新上簿，籍記數目。仍各置砧基簿，遇典賣，對行開收。如有隱漏，許諸色人告，委官打量，將不曾納稅頃畝追十年合納二稅，仍將出剩頃畝給與告人爲業，犯人並保內人並從杖一百科斷。若係保內人自行告首，與免罪，依此給田。詔依逐司相度到事理施行，仍限半年令人戶從實供具，赴官自陳。

十月二十九日，戶部言：欲下本路轉運司行下所部，將人戶包占田土再限半年盡行自陳，批鑿照驗，再限三年開耕。如限滿不自陳，並尚荒廢，並依前項已降指揮施行。從之。以權發遣眞州徐康言：本州兩縣自收復以來，人戶歸業，識認祖產，及外人請佃荒閑田地，自有頃畝，鄰比界至多有包占，謂之大四至。今欲乞立限半月或一季，許歸業請佃人戶實具冒占之數，經所屬自陳，官司於元結莊帳公據明行批鑿頃畝四至，批上即押付人戶照使，其熟田已輸納税賦自依舊外，其冒占頃畝未經開墾，拘入官，召人請佃。故有是焉。

三十一年四月九日，戶部侍郎錢端禮等言：　訪聞近來逐州縣出賣成熟田地已經限滿，減價之後，見佃並承買人通同計囑合干人藏匿榜示，卻令人戶自行著價，入狀拆封，止以狀內價高錢數便行出賣。欲乞下逐路提舉常平司官約束所部州縣當職官吏，將未賣成熟田宅，依元估減定價錢，多出文榜分明曉諭，召人增錢實封投狀承買。候拆封日，給賣價高人爲業。如有依前減裂違戾去處，即仰具姓名申取朝廷指揮重作施行，仍下逐路提刑司官常切檢察。從之。

十一月十六日，戶部提領官田所言：　節次承降指揮，將浙江等路應諸司沒官戶絕等田產，州委知、通，縣委令、丞，專一根括，立賞出賣。今來拘籍到王繼元房廊田園山地等，乞下臨安府責所委官多方措置出賣，依前項立定錢數格法(或)[減]半推賞施行。從之。

孝宗隆興元年十一月十五日，戶部言：　昨上封者乞賣常州無錫縣省田四十萬畝，每畝直錢一十五千。得旨：　委兩浙漕臣親相度。今據申到止有十六萬六千餘畝，每畝價直二貫。若許人承佃，歲得上供省苗近四萬石，如行出賣，深慮暗失上供省額，乞將上件田住賣。從之。

二年四月五日，湖南常平司言：　本路荒田將近六年無人承買，今欲乞將見佃並可以開耕者措置召賣外，間有難於開墾，從州縣取見畝數撥付常平司，召人租佃，與免三科合納租課。如願承買，即仰適中估價給賣。從之。

乾道元年三月三日，戶部言：　浙西所管營田官莊共一百五十九萬餘畝，內有未承佃六十七萬餘畝，緣上件田產皆係肥饒，多是州縣公吏與形勢之家通同管占，不行輸納租課。乞委官根括出賣，其冒佃人限半月陳首，與免罪及所逋租課。從之。

二年十一月九日，權戶部侍郎曾懷言：　諸路沒官、戶絕田產已賣到錢五百四十餘萬貫，所有營田若便出賣，竊慮擁併，候沒官田產賣畢，申朝廷接續出賣。其見佃人買者，與減二分價錢。從之。

十七日，戶部言：　諸路營田，已降指揮令常平司出賣。今欲行下逐路常平司盡實開具頃畝，紐計實價，保明供申，從本部置籍拘催。所納價錢，聽以金銀依市價紐折，並許用會子。應約束行遣事件，並依元降出賣沒官田產指揮施行。從之，仍令戶部侍郎曾懷專一提領，其錢起赴左藏南庫令項椿管。

三年六月一日，三省言：　戶部乞出賣營田事，今據兩浙運司具到本路營田已佃九十二萬六千餘畝，內二十四萬元無二税，見只納租課一色外，有六十七萬六千餘畝係元有二税，更令貼納租課。今來既令人戶用錢承買，卻合除豁租課，必須虧損馬料。兼據四川總領所備坐興元府申，營田所收夏秋斛斗計八千餘石，今若依江西例出賣，委是有虧租課。竊慮諸路事體不一。詔除四川外，餘路營田可令疾速出賣。

閏七月二十五日，戶部侍郎曾懷言：　諸路未賣沒官田產，計價錢一百四十餘萬貫，今欲乞下逐路常平司從實估價，再限一季召人承買，二税與免十之三。從之。

九月七日，臣僚言：　在法：　品官之家不得請佃官產，蓋防權勢請託也。今乃多用詭名冒占，有數十年不輸顆粒者；逮至許人刬佃，則又計囑州縣，不肯離業。乞自今應戶絕、沒官田宅，不以有無見佃之人，並令州縣具頃畝、間架經申戶部，行下常平司估價出賣。從之。

四年八月三日，詔：　諸路常平司見賣戶絕、沒官田產及諸州未賣營田，並日下住賣依舊拘收租課。其人戶承買而違限納價不足者，所納錢依條沒官。

六年正月二十九日，工部侍郎姜詵言：　昨令臨安府出賣王繼元沒官田產屋宇，其未有承買者尚多，乞劄下本府，更量減一分價錢。從之。

二月一日，臣僚言：　浙西、江東、淮東諸處沙田蘆場多爲有力之家請佃，功包畝步。昨據人戶供具，計二百八十餘萬畝並未曾起理租課，乞行下估價出賣。從之。

七年正月十七日，詔：　戶部開具州縣沒官田產並營田頃畝、間架，分作三等估定價直，具實數申尚書省。從本部侍郎曾懷請也。

八年十一月六日，詔：　諸路沒官田產、屋宇並營田，已降旨令常平司開具三等九則價錢，至今累月，多未報到，或估到價直又太低少，可委戶部長貳同郎官一員措置，合行事件，限五日條具聞奏。戶部條具下項：一今來出賣諸路沒官田產、屋宇並營田，雖據逐州報到價直，緣當時所委官往往未曾躬親，肥瘠止憑牙吏作弊，或將膏腴作中下等立價，虧損官錢。乞下諸路常平司別委官審驗，具實價申尚書省，俟得指揮，限一月召人承買，見佃人願買者，就價中與減二分。其賣到價錢，計綱起發赴行在左藏南庫送納。一出賣沒官田產，州委知、通，縣委令、丞，如能究心措置，縣及二萬貫、州及五萬貫，減一年磨勘；縣及十萬貫、州及二十萬貫，與轉一官。若出賣稽遲，或比較數少，申朝廷黜責。一諸路安撫、轉運、提刑等司有拘籍到沒官田產、屋宇並營田等，乞令盡數關報常平司，一就差官措置出賣。並從之。

九年正月十五日，詔將作監丞折知常前往浙西措置出賣營田並沒官田產。知常條具下項：一乞朝廷劄下浙西常平官，開具營田並沒官田產色額數，估價關報本所，其出賣田產，除本處當職官吏外，應官戶、公吏等，並許依價承買，價錢委知、通置庫拘收，計綱發赴行在。一恐有形勢之家計囑隱名，立價不實，全藉提舉官並知、通、令、佐盡實根括。如官吏所行滅裂，致有詞訴，許從本所具當職官姓名申取朝廷指揮。一今來竊慮不能偏歷州縣，欲暫委官前往計置，如所賣田產率先辦集，乞從本所具職位、姓名申朝廷推賞；或所行滅裂，亦當申奏責罰。一田產、屋宇除有人佃賃者，合就所估價增錢承買外，間有荒棄田產及隤圮屋宇，欲委知、通、令、佐再行相視，重裁價直，召人承買。並從之。

同日，詔司農寺丞葉翥前往浙東措置出賣營田並沒官田產。

閏正月七日，詔：出賣官田如實係荒閑，無人耕種，或有人戶承買者，與免五年十科稅賦。從江東提舉張郯請也。

二十四日，三省言：浙西人戶請佃營田，逐年租課，並納稻穀充馬料，今既出賣，即合起稅。乞行下州縣，並令依舊折納稻穀。從之。

二十六日，詔：浙東提舉司將人戶承買官產一千貫以上，免差役三年；五千貫以上，免五年；和買並免二年，其二稅役錢自(令)[今]計數供輸。以措置官言民戶困於和買，致有避懼故也。

二月四日，詔：四川提舉常平司將諸州戶絕、沒官田產屋宇委官估價，召人承買。其營田依昨降指揮權行住賣，仍舊令人請佃。先是，資州言：屬縣有營田，自隋唐以來，人戶請佃爲業，雖名營田，與民間二稅田產一同，不應出賣。故有是命。

四月五日，詔：監登聞檢院張孝賁往江東主管官告院，周嗣武往江西措置出賣營田並沒官田產。

五月三日，詔：今來出賣營田並沒官田產、屋宇，內有見佃人願承買者，日前逋欠並與蠲放；或不願承佃，依舊催理。從措置浙西官田所請也。

十一日，中書、門下言：今來出賣沒官田產並營田，如見佃人願承買即已施工布種者，依紹興二十八年指揮，聽收當年花利輸納租課。從之。

六月二十五日，權戶部尚書楊倓言：昨承指揮，令諸路提舉常平司委官根括沒官田產、屋宇並營田。今據兩浙、江東、福建、廣東估到價錢四百餘萬貫，竊慮州縣不即措置，故爲遷延。乞下逐司，限一季出賣，如無稽違，即與推賞外，有江西、湖南、北、廣西、四川等路尚未申到，欲令限一月估價供申，若有違慢，申朝廷行遣。其間州縣或有收到價錢，不即起發，移易他用，致有失陷，其官吏依擅支封樁錢論；常平司失於覺察，一例施行。從之。

七月十六日，臣僚言：近見戶部申請諸路並限一季出賣官產，拘錢發納，且以江東、西、二廣論之，村疃之間，人戶凋疎，彌望皆黃茅白葦，民間膏腴之田，耕布猶且不偏，豈有餘力可買官產？今州縣迫於期限，且冀厚賞，不免監錮保長，抑勒田鄰。乞寬以一年之限，戒約州縣不得抑勒，如有違戾，重置典憲。從之。

《宋史》卷一七三《食貨上一》 紹興二十七年，趙子瀟奉詔措置鎮江府沙田，欲輕立租課，令見佃者就耕；如勢家占吝，追日前所收租利。詔速拘其田措置，蠲其冒佃之租。二十八年正月，詔戶部員外郎莫濛同浙西、江東、淮南漕臣趙子瀟、鄧根、孫藎視諸路沙田、蘆場。先是，言者謂江、淮間沙田、蘆場爲人冒占，歲失官課至多，故以命濛等。既而殿中侍御史葉義問言：奉行者不恤百姓，名爲經量，實逼縣官按圖約紐，惟務增數，以希進用。有力之家初無加損，貧民下戶已受其害。因小利擾之，必致逃移，坐失稅額。因極論之。二月，詔：沙田、蘆場止爲勢家詭名冒占，其三等以下戶勿例根括。六月，以孫藎措置沙田滅裂，罷之。詔：浙西江東沙田、蘆場，官戶十頃、民戶二十頃以上並增租，餘如舊。置提領官田所掌之，不隸戶部。二十九年，以莫濛經量沙田、蘆場失實，責監饒州景德鎮稅，遂詔盡罷所增租。

三十二年九月，趙子瀟言：浙西、江東、淮東沙田，往年經量，有不盡不實處，爲人戶包占。期以今冬自陳，給爲己業，與免租稅之半；過期許人告，以全戶所租田賞之。其蘆場量立輕租。詔以馮方措置。十有一月，方滋疏論沙田。上問：沙田或以爲可取，或以爲可捐。陳康伯等奏：君子小人，各從其類。小人樂於生事，不惜爲國斂怨；君子務存大體，唯恐有傷仁政，所以不同。上然之，命止前詔勿行。

乾道元年，臣僚言：浙西、江東、淮東路沙田蘆場，頃畝浩瀚，宜立租稅，補助軍食。詔復令梁俊彥與張津等措置。二年，輔臣奏：俊彥所上沙田、蘆場之稅，或十取其一，或取其二，或取其三，皆不分主客。朝廷疑之。六年，以俊彥所括沙田、蘆場二百八十餘萬畝，其間或已充己業，起稅不一，及包占未起租者，乞並估賣、立租。詔蔡洸、梁俊彥行在置司措置。八年七月，詔提領官田所所催三路沙田、蘆場租錢併歸戶部。十月，遣官實江、淮沙田、蘆場頃畝，悉追正之。

建炎元年，籍蔡京、王黼等莊以爲官田，詔見佃者就耕，歲減租二分。三年，凡天下官田，令民依鄉例自陳輸租。紹興元年，以軍興用度不足，詔盡鬻諸路官田。五年，詔諸官田比鄰田租，召人請買，佃人願買者聽，佃及三十年以上者減價十之二。六年，詔諸路總領諭民投買戶絕、沒官、賊徒田舍及江漲沙田、海退泥田。七年，以賊徒田舍及逃田充官莊，其沒官田依舊出賣。二十年，凡沒官田、城空田、戶絕房廊及田，並撥隸常平司；轉運、提刑、茶鹽司沒入田亦如之。

同上 淳熙元年，臣僚言：出賣官田，二年之間，三省、戶部困於文移，監司、州郡疲於出賣。上下督責，不爲不至，始限一季，繼限一年，已賣者纔十三，已輸者纔十一。蓋買產之家，無非大姓。估價之初，以上色之產，輕立價貫，揭榜之後，率先投狀；若中下之產，無人屬意，所立之價，輕重不均。莫若且令元佃之家著業輸租，歲猶可得數十萬斛。從之。六年，詔諸路轉運、常平司，凡沒官田、營田、沙田、沙蕩之類，復括數賣之。紹熙四年，以臣僚言住賣。慶元元年八月，江東轉運提舉司以紹熙四年住賣以後續沒官田，依鄉價復召人承買，以其錢充常平糴本。十有一月，余端禮、鄭僑言，福建地狹人稠，無以贍養，生子多不舉。福建提舉宋之瑞乞免鬻建、劍、汀、邵沒官田，收其租助民舉子之費，詔從之。四年，詔諸路召賣不行田，覆實減價，其沙礫不可耕處除之。

《宋史》卷一七六《食貨上四》 〔咸平〕四年，陝西轉運使劉綜亦言：宜於古原州建鎮戎軍置屯田。今本軍一歲給芻糧四十餘萬石、束，約費茶鹽五十餘萬，儻更令遠民輸送，其費益多。請於軍城四面立屯田務，開田五百頃，置下軍二千人、牛八百頭耕種之；又於軍城前後及北至木峽口，各置堡砦，分居其人，無寇則耕，寇來則戰。就命知軍爲屯田制置使，自擇使臣充四砦監押，每砦五百人充屯戍。從之。既而原、渭州亦開方田，戎人內屬者皆依之得安其居。

同上 是時兵費浸廣，言屯、營田者，輒詔邊臣經度行之。順安軍兵馬都監馬濟請於靜戎軍東壅鮑河，開渠入順安、威虜二軍，置水陸營田於其側。命莫州部署石普護其役，踰年而畢。知保州趙彬復奏決雞距泉，自州西至滿城縣，分徐河水南流注運渠，廣置水陸屯田，詔駐泊都監王昭遜共成之。自是定州亦置屯田。五年，罷襄州營田下務。六年，耿望又請於唐州赭陽陂置務如襄州，歲種七十餘頃，方城縣令佐掌之，調夫耘耨。

景德初，從京西轉運使張巽之請，詔止役務兵。二年，令緣邊有屯、營田州軍，長吏並兼制置諸營田、屯田事，舊兼使者如故。大中祥符九年，改定保州、順安軍營田務爲屯田務，凡九州軍皆遣官監務，置吏屬。淮南、兩浙舊皆有屯田，後多賦民而收其租，第存其名。在河北者雖有其實，而歲入無幾，利在蓄水以限戎馬而已。天禧末，諸州屯田總四千二百餘頃，河北歲收二萬九千四百餘石，而保州最多，逾其半焉。

同上 其後陝西用兵，詔轉運司度隙地置營田以助邊計，又假同州沙苑監牧地爲營田，而知永興軍范雍括諸郡牛頗煩擾，未幾遂罷。右正言田況言：鎮戎、原、渭，地方數百里，舊皆民田，今無復農事，可即其地大興營田，以保捷兵不習戰者分耕，五百人爲一堡，三兩堡置營田官一領之，播種以時，農隙則習武事。疏奏，不用。後乃命三司戶部副使夏安期等議並邊置屯田，迄不能成。

同上 樞密使吳充上疏曰：今之屯田，誠未易行。古者一夫百畝，又受田十畝爲公田，莫若因弓箭手倣古助田法行之。熙河四州田無慮萬五千頃，十分取一以爲公田，大約中歲畝一石，則公田所得十五萬石。官無屯營牛具廩給之費，借用衆力而民不勞，大荒不收而官無所損，省轉輸，平糴價，如是者其便有六。而提點刑獄鄭民憲言：祖宗時屯、營田皆置務，屯田以兵，營田以民，固有異制。然襄州營田既調夫矣，又取鄰州之兵，是營田不獨以民也；邊州營屯，不限兵民，皆取給用，是屯田不獨以兵也；至於招弓箭手不盡之地，復以募民，則兵民參錯，固無異也。而前後施行，或侵占民田，或差借耨夫，或諸郡括牛，或兵民雜耕，或諸州廂軍不習耕種、不能水土，頗致煩擾。至於歲之所入，不償其費，遂又報罷。惟因弓箭手爲助田法，一夫受田百畝，別以十畝爲公田，俾之自備種糧功力，歲畝收一石，水旱三分除一，官無廩給之費，民有耕鑿之利，若可以爲便。然弓箭手之招至，未安其業，而種糧無所仰給，又責其借力於公田，慮人心易搖，乞候稍稔推行。九年，詔：熙河弓箭手耕種不及之田，經略安撫司點廂軍田之，官置牛具農器，人一頃，歲終參較弓箭手、廂軍所種優劣爲賞罰。弓箭手逃地幷營田召佃租課，許就近於本城砦輸納，仍免折變、支移。【略】

紹興元年，知荆南府解潛奏辟宗綱、樊賓措置屯田，詔除宗綱充荆南府、歸峽州、荆門公安軍鎮撫使司措置五州營田官，樊賓副之。渡江後營田蓋始於此。其後荆州軍食仰給，省縣官之半焉。二年，德安府、復州、漢陽軍鎮撫使陳規放古屯田，凡軍士：相險隘，立堡砦，且守且耕，耕必給費，斂復給糧，依鋤田法，餘並入官。凡民：水田畝賦秔米一斗，陸田豆麥夏秋各五升，滿二年無欠，給爲永業。兵民各處一方，流民歸業寖衆，亦置堡砦屯聚之。凡屯田事，營田司兼之；營田事，府、縣兼之。廷臣因規奏推廣，謂一夫授田百畝，古制也，今荒田甚多，當聽百姓請射。其有闕耕牛者，宜用人耕之法，以二人曳一犂。凡授田，五人爲甲，別給蔬地五畝爲廬舍場圃。兵屯以大使臣主之，民屯以縣令主之，以歲課多少爲殿最。下諸鎮推行之。【略】

〔紹興〕六年，都督張浚奏改江淮屯田爲營田，凡官田逃田並拘籍，以五頃爲一莊，募民承佃。其法五家爲保，共佃一莊，以一人爲長，每莊給牛五具，耒耜及種副之，別給十畝爲蔬圃，貸錢七十千，分五年償。命樊賓、王弗行之。尋命五大將劉光世、韓世忠、張俊、岳飛、吳玠及江、淮、荆、襄、利路帥悉領營田使。遷賓司農少卿，提舉江、淮營田，置司建康，弗屯田員外郎副之。官給牛、種，撫存流移，一歲中收穀三十萬石有奇。殿中侍御史石公揆、監中嶽李宗及王弗皆言營田之害，張浚亦覺其擾，請罷司，以監司領之，於是詔帥臣兼領營田。

〔紹興六年〕九月，以川陝宣撫吳玠治廢堰營田六十莊，計田八百五十四頃，歲收二十五萬石以助軍儲，賜詔獎諭焉。三十二年，督視湖北、京西軍馬汪澈言：荆、鄂兩軍屯守襄、漢，糧餉浩瀚。襄陽古有二渠，長渠溉田七千頃，木渠溉田三千頃，兵後堙廢。今先築堰開渠，募邊民或兵之老弱耕之，其耕牛、耒耜、種糧，令湖北、京西轉運司措置，既省餽運，又可安集流亡。從之。【略】

隆興元年，臣僚言州縣營田之實，其說有十，曰：擇官必審，募人必廣，穿渠必深，鄉亭必修，器用必備，田處必利，食用必充，耕具必足，定稅必輕，賞罰必行。且欲立賞格以募人，及住廣西馬綱三年以市牛。會有訴襄陽屯田之擾者，上欲罷之。工部尚書張闡言：今日荆襄屯田之害，以其無耕田之民而課之游民，游民不足而強之百姓，於是百姓舍己熟田而耕官生田，或遠數百里徵呼以來，或名雙丁而役其強壯，老稚無養，一方騷然，罷之誠是也。然自去歲以來，置耕牛農器，修長、木二渠，費已十餘萬，一旦舉而棄之，則荆襄之地終不可耕也。比見兩淮歸正之民，動以萬計，官不能續食，則老弱饑死，強者轉而之他。若使之就耕荆襄之田，非惟可免流離，抑使中原之民聞之，知朝廷有以處我，率皆襁負而至矣。異時墾闢既廣，取其餘以輸官，實爲兩便。詔除見耕者依舊，餘令虞允文同王珏措置。二年，江、淮都督府參贊陳俊卿言：欲以不披帶人，擇官荒田，標旗立砦，多買牛犂，縱耕其中，官不收租，人自樂從。數年之後，墾田必多，穀必賤。所在有屯，則村落無盜賊之憂；軍食既足，則饋餉無轉運之勞。此誠經久守淮之策。詔從之。【略】

紹熙元年，知和州劉煒以剩田募民充萬弩手分耕。嘉定七年，以京西屯田募人耕種。十三年，四川宣撫安丙、總領任處厚言：紹興十五年，諸州共墾田二千六百五十餘頃，夏秋輸租米一十四萬一千餘石，餉所屯將兵，罷民和糴，爲利可謂博矣。乾道四年以後，屯兵歸軍教閱，而營田付諸州募佃，遂致租利陷失，驕將豪民乘時占據，其弊不可概舉。今豪強移徙，田土荒閑，正當拘種之秋，合自總領所與宣撫司措置。其逃絶之田，關內外亦多有之，爲數不貲，其利不在營田之下，乞併括之。初，玠守蜀，以軍儲不繼，治褒城堰爲屯田，民不以爲便。因漕臣郭大中言，約中其數，使民自耕。民皆歸業，而歲入多於屯田。【略】

知太原府呂惠卿嘗上《營田疏》曰：今葭蘆、米脂裏外良田，不啻一二萬頃，夏人名爲眞珠山、七寶山，言其多出禾粟也。若耕其半，則兩路新砦兵費，已不盡資內地，况能盡闢之乎？前此所不敢進耕者，外無捍衛也。今於葭蘆、米脂相去一百二十里間，各建一砦，又其間置小堡鋪相望，則延州之義合、白草與石州之吳堡、尅胡以南諸城砦，千里邊面皆爲內地，而河外三州荒閑之地，皆可墾闢以贍軍用。凡昔爲夏人所侵及蘇安靖棄之以爲兩不耕者，皆可爲法耕之。於是就糴河外，而使河內之民被支移者，量出脚乘之直，革百年遠輸貴糴，以免困公之弊。財力稍豐，又通葭蘆之道於麟州之神木，其通堡砦亦如葭蘆、米脂之法，而橫山膏腴之地，皆爲我有矣。

《天聖令》卷二一《田令》 諸應還公田，皆令主自量爲一(叚)〔段〕退，不得零疊割退。先有零者聽。其應追者，皆待至收授時，然後追收。

同上 諸公私〔田〕荒廢三年以上，有能〔借〕佃者，經官司申牒借之，雖隔越亦聽。易田於易限之內，不在(備)〔倍〕限。私田三年還主，公田九年還官。其私田雖廢三年，主欲自佃，先盡其主。限滿之日，所借人口分未足者，官田即聽充口分，若當縣受田悉足者，年限雖滿，亦不在追限。應得永業者，聽充永業。私田不合。〔令〕其借而不耕，經二年者，任有力者借之。(則)〔即〕不自加功轉分與人者，其地即回借見佃之人。若佃人雖經熟訖，三年〔之〕外不能耕種，依式追收，改給。

《遼史》卷五九《食貨志上》 餘民應募，或治閑田，或治私田，則計畝出粟以賦公上。統和十五年，募民耕灤河曠地，十年始租，此在官閑田制也。

《金史》卷四七《食貨二・田制》 田制。量田以營造尺，五尺爲步，闊一步，長二百四十步爲畝，百畝爲頃。【略】凡桑棗，【略】猛安謀克戶少者必課種其地十之一，除枯補新，使之不闕。凡官地，猛安謀克及貧民請射者，寬鄉一丁百畝，狹鄉十畝，中男半之。請射荒地者，以最下第五等減半定租，八年始徵之。【略】自首冒佃比隣地者，輸官租三分之二。佃黄河退灘者，次年納租。

海陵正隆元年二月，遣刑部尚書紇石烈婁室等十一人，分行大興府、山東、眞定府，拘括係官或荒閑牧地，及官民占射逃絕戶地，戍兵占佃宮籍監、外路官本業外增置土田，及大興府、平州路僧尼道士女冠等地，蓋以授所遷之猛安謀克戶，且令民請射，而官得其租也。

世宗大定五年十二月，上以京畿兩猛安民戶不自耕墾，及伐桑棗爲薪鬻之，命大興少尹完顏讓巡察。

十三年，勅有司：每歲遣官勸猛安謀克農事，恐有煩擾。自今止令各管職官勸督，弛慢者舉劾以聞。

十七年六月，邢州男子趙迪簡言：隨路不附籍官田及河灘地，皆爲豪强所占，而貧民土瘠稅重，乞遣官拘籍冒佃者，定立租課，復量減人戶稅數，庶得輕重均平。詔付有司，將行而止。復以近都猛安謀克所給官地率皆薄瘠，豪民租佃官田歲久，往往冒爲己業，令拘籍之。又謂省臣曰：官地非民誰種，然女直人戶自鄉土三四千里移來，盡得薄地，若不拘刷良田給之，久必貧乏，其遣官察之。又謂參知政事張汝弼曰：先嘗遣問女直土地，皆云良田。及朕出獵，因問之，則謂自起移至此，不能種蒔，斫蘆爲席，或斬芻以自給。卿等其議之。省臣奏，官地所以人多蔽匿盗耕者，由其罪輕故也。乃更條約，立限令人自陳，過限則人能告者有賞。遣同知中都路轉運使張九思往拘籍之。

〔十九年〕十二月謂宰臣曰：亡遼時所撥地，與本朝元帥府，已曾拘籍矣。民或指射爲無主地，租佃及新開荒爲己業者可以拘括。其間播種歲久，若遽奪之，恐民失業。因詔括地官張九思戒之。復謂宰臣曰：朕聞括地事所行極不當，如皇后莊、太子務之類，止以名稱便爲官地，百姓所執憑驗，一切不問。其相隣冒占官地，復有幸免者。能使軍戶稍給，民不失業，乃朕之心也。

二十年四月，以行幸道隘，扈從人不便，詔戶部沿路頓舍側近官地，勿租與民耕種。又詔故太保阿里先於山東路撥地百四十頃，大定初又於中都路賜田百頃，命拘山東之地入官。五月，諭有司曰：白石門至野狐嶺，其間淀濼多爲民耕植者，而官民雜畜往來無牧放之所，可差官括元荒地及冒佃之數。

同上 〔明昌元年〕十一月，尚書省奏，河南荒閑官地，許人計丁請佃，願仍爲官者免租八年，願爲己業者免稅三年。詔從之。

二十一年正月，上謂宰臣曰：山東、大名等路猛安謀克戶之民，往往驕縱，不親稼穡，不令家人農作，盡令漢人佃蒔，取租而已。富家盡服紈綺，酒食遊宴，貧者爭慕效之，欲望家給人足，難矣。近已禁賣奴婢，約其吉凶之禮，更當委官閲實戶數，計口授地，必令自耕，力不贍者方許佃於人。仍禁其農時飲酒。又曰：奚人六猛安，已徙居咸平、臨潢、泰州，其地肥沃，且精勤農務，各安其居。女直人徙居奚地者，菽粟得收穫否？左丞守道對曰：聞皆自耕，歲用亦足。上曰：彼地肥美，異於他處，惟附都民以水害稼者賑之。

三月，陳言者言，豪強之家多占奪田者。上曰：前參政納合椿年占地八百頃，又聞山西田亦多爲權要所占，有一家一口至三十頃者，以致小民無田可耕，徙居陰山之惡地，何以自存。其令占官地十頃以上者皆括籍入官，將均賜貧民。省臣又奏，椿年子猛安參謀合、故太師耨盌溫敦思忠孫長壽等，親屬計七十餘家，所占地三千餘頃。上曰：至秋，除牛頭地外，仍各給十頃，餘皆拘入官。山後招討司所括者，亦當同此也。又謂宰臣曰：山東路所括民田，已分給女直屯田人戶，復有籍官閑地，依元數還民，仍免租稅。[六月上]又曰：近遣使閱視秋稼，聞猛安謀克人惟酒是務，往往以田租人，而預借三二年租課者。或種而不耘，聽其荒蕪者。自今皆令閱實各戶人力，可耨幾頃畝，必使自耕耘之，其力果不及者方許租賃。如惰農飲酒，勸農謀克及本管猛安謀克並都管，各以等第科罪。收穫數多者則亦以等第遷賞。

七月，上謂宰臣曰：前徙宗室戶於河間，撥地處之，而不迴納舊地，豈有兩地皆占之理，自今當以一處賜之。山東刷民田已分給女直屯田戶，復有餘地，當以還民而免是歲之租。八月，尚書省奏山東所刷地數，上謂梁肅曰：朕嘗以此問卿，卿不以言。此雖稱民地，然皆無明據，括爲官地有何不可？又曰：黃河已移故道，梁山濼水退，地甚廣，已嘗遣使安置屯田。民昔嘗恣意種之，今官已籍其地，而民懼徵其租，逃者甚衆。若徵其租，而以冒佃不即出首罪論之，固宜。然若遽取之，恐致失所。可免其徵，赦其罪，別以官地給之。御史臺奏大名、濟州因刷梁山濼官地，或有以民地被刷者。上復召宰臣曰：雖曾經通檢納稅，而無明驗者，復當刷問。有公據者，雖付本人，仍須體問。十月，復與張仲愈論冒占田事。

二十二年，以附都猛安戶不自種，悉租與民，有一家百口壠無一苗者，上曰：勸農官，何勸諭爲也，其令治罪。宰臣奏曰：不自種而輒與人者，合科違例。上曰：太重，愚民安知。遂從大興少尹王脩所奏，以不種者杖六十，謀克四十，受租百姓無罪。

又命招復梁山濼流民，官給以田。時人戶有執契據指墳壠爲驗者，亦拘在官，先委恩州刺史奚晦招之，復遣安肅州刺史張國基驗實給之，如已撥係猛安，則償以官田。上曰：工部尚書張九思執強不通，向遣刷官田，凡犯秦、漢以來名稱，如長城、燕子城之類者，皆以爲官田。此田百姓爲己業不知幾百年矣，所見如此，何不通之甚也。八月，以趙王永中等四王府冒占官田，罪其各府長史府掾，及安次、新城、宛平、昌平、永淸、懷柔六縣官，皆罰贖有差。

九月，遣刑部尚書移剌慥于山東路猛安內摘八謀克民，徙于河北東路酬斡、青狗兒兩猛安舊居之地，無牛者官給之。河間宗室未徙者令盡徙于平州，無力者官津發之，土薄者易以良田。先嘗令俟豐年則括籍官地，至是歲，省臣復以爲奏，上曰：本爲新徙四猛安貧窮，須刷官田與之，若張仲愈等所擬條約太刻，但以民初無得地之由，自撫定後未嘗輸稅，妄通爲己業者，刷之。如此，恐民苦之，可爲酬直。且先令猛安謀克人戶，隨宜分處，計其丁壯牛具，合得土田實數，給之。不足，則以前所刷地二萬餘頃補之。復不足，則續當議。時有落兀者與婆薩等爭懿州地六萬頃，以皆無據驗，遂沒入官。

二十七年，隨處官豪之家多請占官地，轉與它人種佃，規取課利。命有司拘刷見數，以與貧難無地者，每丁授五十畝，庶不至失所，餘佃不盡者方許豪家驗丁租佃。章宗大定二十九年五月，擬再立限，令貧民請佃官地，緣今已過期，計已數足，其占而有餘者，若容告訐，恐滋姦弊。況續告漏通地，敕旨已革，今限外告者宜卻之，止付元佃。兼平陽一路地狹人稠，官地當盡數拘籍，驗丁以給貧民。上曰：限外指告多佃官地者，卻之，當矣。如無主不願承佃，方許諸人告請。其平陽路宜計丁限田，如一家三丁已業止三十畝，則更許存所佃官地一頃二十畝，餘者拘籍給付貧民可也。

七月，諭旨尚書省曰：唐、鄧、潁、蔡、宿、泗等處，水陸膏腴之地，若驗等級，量立歲租，寬其徵納之限，募民佃之，公私有益。今河南沿邊地多爲豪民冒占，若民或流移至彼，就募令耕，不惟貧民有贍，亦增羨官租。其給丁壯者田及耕具，而免其租稅。八月，尚書省奏：河東地狹，稍凶荒則流亡相繼。竊謂河南地廣人稀，若令招集他路流民，量給閑田，則河東飢民減少，河南且無曠地矣。上從所請。九月戊寅，又奏：在制，諸人請佃官閑地者免五年租課，今乞免八年，則或多墾。並從之。十一月，尚書省奏：民驗丁佃河南荒閑官地者，如願作官地則免租八年，願爲己業則免税三年，並不許貿易典賣。若豪強及公吏輩有冒佃者，限兩月陳首，免罪而全給之，其税則視其鄰地定之，以三分爲率減一分，限外許諸人告詣給之。制可。

明昌元年二月，諭旨有司曰：瀕水民地，已種莳而爲水浸者，可令以所近官田對給。

同上 [元光元年]九月，權立職官有田不納租罪。

《元典章》卷一九《户部五・影占係官田土》 官田

至元二十六年閏二月，勸農營田司：承奉行大司農司：參照議擬到先奉條畫内一款：亡宋各項係官田土，每歲各有額定子粒、折收物色。歸附以來，多被權豪勢要之家影占以爲己業佃種，或賣與他人作主。立限一百日，若限内自行赴行大司農司並勸農營田司出首，與免本罪，其地還官，止令出首人種佃，依例納租。據在前應收子粒，並行免徵。若限外不首，有人告發到官，自影占耕作年分至今應收子粒，盡數追徵。職官解見任，退閑官、軍、民諸色人等，驗影占地畝多寡，就便約量斷罪。仍於徵到子粒内一半，付告人充賞。欽此。行大司農司議得，犯人十畝以下，杖五十七下。一百畝以下，杖六十七下。三百畝以下，杖七十七下。五百畝以下，杖八十七下，一千畝以下，杖九十七下。已上田畝雖多，罪止一百七下。奉此。

《元典章》卷一九《户部五・轉佃官田》 大德五年七月，江西行省准中書省咨：御史臺呈：備山南廉訪司申：體知得一等農民，將見種官地私下受錢，書立私約，吐退轉佃。佃地之家，又不赴官告據，改立户名。又諸衙門見勾當大小官吏，於内一等不顧廉恥營利之徒，於任所恃勢詭名佃種官田，不納官課，更占奪百姓見佃官田，自行種佃，或轉與他人，分要子粒。如蒙禁治相應。具呈照詳。得此。都省議得，江南各處見任官吏，於任所佃種官田，不納官租，及奪占百姓已佃田土，[違者]許諸人赴本管上司陳告是實，驗地多寡，追斷黜降，其田付告人並佃人種佃。外，據佃種官田人户欲轉行兑佃與人，需要(其)[具]兑佃情由，赴本處官司陳告，勘當别無違礙，開寫是何名色官田頃畝、合納官租，明白附簿，許立私約兑佃，隨即過割，承佃人依數納租，違者斷罪。咨請依上施行。

《元典章》卷一九《户部五・荒閑田地給還招收逃户》 至元五年　月，行御史臺咨：承奉中書省劄付：見欽奉詔書内一款節該：逃户復業，中統二年已降聖旨存恤。仍令中書省出榜立限，明設賞罰，勒各處管民官司招收。欽此。照得中統二年四月内欽奉聖旨諭十路宣撫司條畫内一款：逃户復業者，將元拋事產不以是何人種佃者，即便分付本主。户下合着差税，一年全免，次年減半，然後依例驗等第科徵。又中統二年九月内欽奉聖旨節該：諸路報到逃户數内，各處官司不爲用心撫治，以致逃竄，或冒申民户在逃，取斂差發，以致靠損見在民户，甚爲不便。仰行下各路宣撫司，更爲常切戒諭管民官，擬自今後，有能安集百姓，招誘逃户，比之上年增添户口，差發辦集，各道宣撫司關部申省，别加遷賞。如不能安集百姓，招誘逃户，比之上年户口減損，差發不辦，定加罪黜。欽此。都省議得，蓋是管民官司不爲用心撫治，因而往往趁熟他所。除已開坐賞罰條畫，遍行出榜外，仰照驗施行。

《元典章》卷一九《户部五・荒田開耕三年收税》 至元二十三年四月，江西行省：准中書省咨：至元二十二年九月十一日奏：准西福州、廬州那裏有主底田地裏，有氣力富豪人家占着底也有。别箇百姓每來種呵，無主底田地裏與，不勾呵，富豪之家多占來的田地與了。他每根底二三年的税不要呵，怎生？奏呵：如今的勾當不是有。先也交行來，他每不曾行來那甚麼？如今不索倦，教行者。麼道，聖旨了也。欽此。都省除已劄付户部，欽依聖旨事意，多出文榜，召募諸人開耕。若有前來開耕人户，先於荒閑地土内，驗本人實有人丁約量標撥，每丁不過百畝。如是不敷，於富豪冒占地土内依上標撥。據開耕人户，三年外依例收税。外，咨請依上施行。省府合下，仰照驗施行。

《元典章》卷一九《户部五・荒田開耕限滿納米》 至元二十三年十一月，湖廣行省准中書省咨：爲設立營田都總管府事内一件：江南係官公圍、沙蕩、營、屯諸色田糧，諸路俱有荒蕪田土，並合招募農民開墾耕種，若不少示寬恩，難以招集。合無將荒蕪田土蠲免一切雜泛差役，似望不致荒蕪，官民兩便。都省議得，開墾荒田之家年限滿日，依鄉原例送納官米。餘准所呈施行。

《元典章》卷一九《户部五・荒地許赴官請射》 至元二十八年，至元新格内一款：諸應係官荒地，貧民欲願開種者，許赴所在官司入狀請射，每丁給田百畝。官豪勢要人等不請官司，無得冒占。年終照勘已給數目，開申合屬上司，類冊申部。

《元典章》卷一九《户部五・開荒展限收税》 大德四年十月　日，欽奉聖旨內一款：江北係官荒田，許給人耕種者，元擬第三年收税。或恐貧民力有不及，並展限一年，永爲定例。欽此。

元《通制條格》卷二《户令・投下收户》 至元十九年十月，欽奉詔書內一款：元降聖旨，諸投下不得招收户計。近年諸投下往往將不干礙人户濫行收拾，爲此，已令中書省遍行文字禁斷去訖，違者依理究治。諸人亦不得將州縣人户及辦課處所係官田土各人己業，於諸投下處呈獻。

元《通制條格》卷三《户令・隱户占土》 大德三年正月，欽奉聖旨：中書省官人每奏：月哥歹皇帝時分，忽都魯官人抄數了户計，漏籍、放良等户，不揀誰休收拾者。麽道，行聖旨來。壬子年抄數户計時分，蒙哥皇帝依前再行聖旨來。在後收附了江南，抄數了户計呵，漢兒、蠻子不以是何漏籍、析居、放良、還俗僧道等户，依在先聖旨體例，諸王、公主、駙馬休收拾者，隱藏呵，有罪過者，似這般户計，隨處管民官每，取見數目中書省裏申報者，麽道，世祖皇帝行聖旨來。孛羅歡爲頭河南行省官題説，俺管轄的地面裏，將係官并民田每，有一等歹人，諸王、駙馬每根底，官人每根底各投下呈獻的多有，不係諸王、駙馬各投下分撥到的户計地土有，若不禁治呵，漸漸的倣學的多了去也。麽道，説有。諸王、駙馬、權豪勢要衆百姓每根底宣諭的聖旨行呵，怎生？麽道，奏來。如今不揀那箇諸王、公主、駙馬，依在先聖旨體例裏，漏籍并不干礙他每的户計，休收拾者，休隱藏者，地土也休占者。已收拾來的户計，已占來的地土，依體例回付者。這般宣諭了呵，庶人每隱藏户計、自意占地土，諸王、公主、駙馬每根底呈獻户計地土呵，有罪過者。欽此。

元《通制條格》卷一四《倉庫・糧耗》 至元二十二年十月，中書省。户部呈：江南民田税石，擬合依例每石帶收鼠耗分例七升，內除養贍倉官、斗腳一升外，六升與正糧一體收貯。如有短折數目，擬依腹裏折耗例，以五年爲則，准除四升，初年一升二合，次年二升，三年二升七合，四年三升四合，五年共報四升，餘上不盡數目，追徵還官。若有不及所破折耗，從實准算，無得因而作弊，多破官糧外，據官田帶收鼠耗分例，若[依行省所擬]比民田減半，每石止收三升五合，卻緣前項所破正糧，擬合每石帶收鼠耗分例五升。都省議得，除民田税石依准部擬外，官田減半收受。

元《通制條格》卷一六《田令・佃種官田》 大德五年七月，中書省。議得：江南各處見任官吏，於任所佃種官田，不納官租，及奪占百姓已佃田土，許諸人赴本管上司陳告是實，驗地多寡，追斷黜降，其田付告人或元主種佃外，據佃種官田人户，欲轉行兑佃與人，須要具兑佃情由，赴本處官司陳告，勘當別無違礙，開寫是何名色官田頃畝，合納官租，明白附簿，許立私約兑佃，隨即過割，承佃人依數納租，違者斷罪。

元《通制條格》卷一六《田令・妄獻田土》 至元七年正月，欽奉聖旨條畫內一款：和尚每根底，歹人每將無主荒閑田地，不經由官司，一面獻與和尚每做主有。高上和尚下次和尚每並怯里赤每那般做也者，那的每根的當呵，怎生？欽奉聖旨：那般者。拏者。欽此。

元《通制條格》卷一六《田令・官田》 大德七年十二月十八日，中書省奏：江南浙西等處係官田土內出的子粒，每年海運將來有。餘剩的，本處省官做軍糧等各項支持有。近年以來，那田土各寺裏并官員人等根底，多與了有，不合與。麽道，行省官每、臺官每并撫安百姓去來的奉使每題説，與將文書來有。商議省事叁箇學士也題説有。俺商量來，每年這裏怯薛歹每、各枝兒裏多人每根底，并工役、軍匠闕食的人每根底，多於江南運來的米糧內支與有。他每題説的是，不合與有。這田土出產，多是國家必用之物，難比其餘錢物。如今幾箇人根底，教與田地者。麽道，奉聖旨，俺根底與將文書來。這的每根底不與。今後有人奏過與俺文書呵，俺回奏呵，怎生？麽道，奏呵，奉聖旨：那般者。欽此。

元《至正條格》卷七《斷例・户婚》 私種官田

延祐二年七月刑部議得豐閏署達魯花赤和尚自備麥種於屯户地內用官牛種訖蕎麥壹拾貳畝，收到子粒入己，即係不應，合笞貳拾柒下，還職，已追價鈔沒官。都省准擬。

同上　多收公田

至順元年五月詔書內一欵：公田之設本以養廉。比年以來外任官員間有不務守慎，因而廣占富户，多收子粒，不依時估折收輕賫，凡遇災傷不爲擬免。今後若有違犯，依例以贓論罪。監察御史廉訪司嚴加體察。

虛包公田

皇慶二年九月刑部議得豐州知州劉源爲無撥到職田循習舊弊，令人户包納，收要訖米叁拾柒石肆斗捌升。准不枉法例科罪，解見任別行求仕，標附私罪過名，元追米價給主。都省准擬。

闕官公田

泰定元年八月戶部議得湖廣省咨：闕官公田子粒徵收起解，田未收成，先行徵租，靠損貧民。今後各處須要委官提調，伺候秋成，依例徵納，回易作鈔，通行起解。但有虧欠着落委官追陪，仍於糧斛冊內另立名項，明白攢報，年終通行照筭。若有侵欺，比同侵使官錢計贓論罪。都省准擬。

元《至正條格》卷二六《條格・田令》 禁索官田

大德七年十二月十八日中書省奏：江南浙西等處係官田土內出的子粒，每年海運將來有，餘剩的，本處省官做軍糧等各項支持有。近年以來那田土各寺裏并官員人等根底多與了有，不合與。麼道，行省官每、臺官每并撫安百姓去來的奉使每題說，與將文書來有，商議省事三個孛士也題說有。俺商量來，每年這裏怯薛歹每、各枝兒裏多人每根底并工役軍匠闕食的人每根底，多於江南運來的米糧內支與有，他每題說的是不合與有。這田地出產多是國家必用之物，難比其餘錢物，如今幾個人根底教與田地者，麼道。奉聖旨：俺根底與文書來，這的每根底不與。今後有人奏過與俺文書呵，俺回奏呵，怎生。奏呵，奉聖旨：那般者。

同上 佃種官田

大德五年七月中書省議得：江南各處見任官吏於任所佃種官田，不納官租及奪占百姓已佃田土，許諸人赴本管上司陳告是實，驗地多寡追斷黜降，其田付告人或元主種佃。外，拋佃種官田人戶欲轉行兌佃與人，須要具兌佃情由赴本處官司陳告，勘當別無違礙，開寫是何名色官田，頃畝、合納官租明白附簿，許立私約兌佃，隨即過割，承佃人依數納租。違者斷罪。

至元六年七月初七日詔書內一欵節該：浙西沙塗草地自來俱係細民與竈戶撒佃，納租辦課。邇者添荅：租賃錢鈔，撥付阿加失里魯王、朶兒只班公主等，擾害竈民。詔書到日有司即便拘收已降聖旨，依舊令民管佃納課。敢有似前占據者以違制論。

占種官田遇革

至順三年八月刑部議得江浙省咨：管軍官私役軍人就用官牛，於係官地內帶種，并管民官占種官地，所收子粒。招證明白，追徵沒官。若未承伏并犯在革前，招在革後，擬合革撥。都省准擬。

同上 撥賜田土

皇慶二年四月二十六日中書省奏：臺官人每與俺文書，江南平江等處有的係官地內撥賜與了諸王、駙馬並寺觀諸官員每的地土，他每自委付着管莊的人每，比官司恣意多取要糧斛分□□□教百姓每生受有，合追斷還官，供給國家，麼道說有。杭州行省也這般與文書來，俺與御史臺、集賢、翰林院老的每一同商量來，除與了諸王、公主、駙馬、寺觀的田地依已了的聖旨與他每，佃戶合納的租糧官倉裏收了，各枝兒卻於倉裏驗着納來的數目關支。這般呵，百姓每不被擾，其餘官員人每根底與來的田地都教還官呵，怎生。奏呵，奉聖旨：那般者。

皇慶二年六月初六日中書省奏：至元十三年收附江南時分一個姓毛的，一個姓柴的人不伏歸附，謀叛逃竄了的，上頭將他每的家私物業斷沒入官來。曲律皇帝時分將那斷沒了的地土山場都與了劉司徒的爺耒，去年又那地土內教與劉參政，地土山場教與不曾罕丁者，麼道，聖旨有呵，行將文書去依着聖旨體例與了耒，前者俺與臺官並翰林、集賢院官一同商量，定諸王、公主、駙馬並各寺裏與來的田土依舊交屬他每官倉裏收了子粒，似阿哈探馬兒一般與他每官員人等根底，與來的都教還官者，麼道。奏了也，依着聖旨已了的都教還官呵，怎生，麼道。奏將來有，那地土山場內每年多出產錢物有，這幾年他每要了的勾也者，其餘都教還了官，他每根底與來的不教還官呵，偏負有教還官呵，怎生。奏呵，奉聖旨：那般者。

皇慶二年十月二十三日中書省奏：江南地面裏平江等處有的係官地內諸王、公主、駙馬根底、各寺觀裏並官人每根底與來的，他每委着人。比官司納來的之上多取糧的上頭，百姓每生受，麼道。臺官每言着呵，今春衆人商量了，諸王、駙馬根底並各寺觀裏與來的將合納的租子官倉裏納了，似阿合探馬兒一般，各投下於官倉裏撥與。奏了各處行了文書來，前者崇祥院官人每將普慶寺裏江南撥與來的田地內出產的子粒，不教其餘的指例崇祥院管轄的提舉司收着，麼道。奏了，與俺文書來。俺商量來將那糧他每收呵，止是那裏糶賣依已了的聖旨官倉裏收了，取勘了數目，驗本處開倉時估撥與價錢呵，怎生，奏呵，奉聖旨：那般者。

元統二年四月二十八日中書省奏：戶部官俺根底與文書，至元三十年以後今歲續撥與了諸王、公主、駙馬、百官、寺觀等田數，其間寺觀自有常住，百官已有俸祿，諸王、公主各有分撥城池歲賜錢帛，又復撥賜田糧，合拘收還官說有。俺於文卷內照得今歲撥賜地土數多，如今除世祖皇帝時分並有影堂的寺院裏撥賜外，壽寧公主、南加八剌公主、扎牙八剌公主、班丹公主、速哥八剌公主、奴倫妃子、班的荅八哈失，慶壽長生觀、明慧報恩寺、捌思丹姑姑寺、承天永福寺、崇恩寺將這的每根底元撥賜與來的地土驗數還官，將撥賜與住奴皇后的一百頃田內將五十頃還官，搭失帖木兒駙馬母親道道的一百頃田內五十頃還官，普納公主的四百九十九頃九十二畝內一百九十九頃九十二畝還官，荅里海牙公主的五百頃田內二百頃還官，大長公主的五百頃田內二百頃還官，趙王的五百頃田內二百頃還官，孛羅大王的一百四十九頃六十九畝田內九十九頃六十九畝還官，拜住丞相的一百頃田內五十頃還官，普安大萬聖祐國寺的五百頃田內二百頃還官，福藏司徒昭福寺的三十頃二十頃還官，原敎寺的一百頃田內五十頃還官，畏兀兒哈藍寺的三百一十三頃五十九畝田內一百一十三頃五十九畝還官，永福寺的五十頃五畝田內三十頃五畝還官，聖安寺的九十一頃二十一畝田內三十一頃二十一畝還官，天慶寺的五十頃田內三十頃還官，難的沙津愛護(持)[寺]的五十頃田內三十頃還官，延洪寺的一百五十頃田內七十五頃還官，妙淨寺的四十頃田內二十頃還官，阿憐帖木兒八哈赤寺的五十頃田內二十五頃還官，失剌千姑姑至大寺的一百四十八頃五十一畝田內七十四頃二十五畝半還官，崇眞萬壽宮的一百頃田內五十頃還官，永安寺的五十頃田內三十頃還官呵，怎生。奏呵，奉聖旨：那般者。

至正元年正月初一日詔書內一欵：江南撥賜田土每年令有司催辦租糧，遇有水旱災傷逼令里正主首陪納，痛害百姓，十九消乏。今後各位下並諸王、駙馬近侍官員及係官寺觀一應撥賜田土既已各有所屬，除官收海運外，其餘不許着落有司里正主首催辦。

同上　河南自實田糧

天曆元年九月詔書內一欵：河南地土合納稅糧悉依舊額，其經理虛椿之數並行革撥。

至順元年十一月中書省奏：延祐元年爲河南兩淮地面裏田土多人種佃隱漏的，上頭差官取勘到自實供首未納糧田四十三萬五千八百一十五頃有餘，田地每畝納糧三升，該徵糧一百三十萬七千四百四十餘石。延祐五年奏准每畝依鄉原例減半，敎納八九年有來，於內納本色糧的也有，折納輕賫鈔的也有，每年通該糧六十五萬五千餘石，又堪開耕官民田土一十五萬一千六百九十餘頃，若是開耕，依例納糧。天曆元年九月十三日欽奉詔書：河南省地土合納稅糧悉依舊額，其經理虛椿之數並行革撥，麽道，行了文書來。河南省文書裏說將來，這河南的田土虛椿之數合欽依革撥，所拋自實的田土合無科徵，這般稟將來。又戶部也與俺文書來，如今俺商量來，種田納地稅，做買賣納商稅，這的是累朝皇帝遵守的定制。中間果有虛椿之數，自合依着詔書革撥，自實的地土合納糧有。天曆二年合納糧來爲那裏災傷的，上頭如今敎除免了。今年合徵的糧，若依着元定來的每畝全科三升呵，百姓每生受也者，權且敎減半科納。不通水路去處除際留三年支持糧外，折納輕賫呵，怎生。奏呵，奉聖旨：那般者。

同上　豪奪官民田土

至元六年七月初七日詔書內一欵節該：官民田土俱有定籍，科差賦稅，生民衣食皆由此出。比者伯顏黨乞失者延不花等恃勢奪占大都、河南、江淮、腹裏諸處及保定、雄、霸等州官民田土房產，指稱屯衛牧馬草地，割爲己業，發掘丘壠，拆毁宅舍，稍有違忤，痛遭杖責，民不聊生。詔書到日所在有司即與照勘，委係軍民事產回付各主，係官田土依舊還官，有司遲延其事因而受財者從監察御史、廉訪司體察究治。

同上　典賣係官田產

大德七年四月江浙省咨：各路府州司縣所管官房地基多係官豪勢要人等租賃住坐，故將元舊屋宇改拆間架，欲爲己業，計構上下路府州縣官吏主首坊里正人等通同捏合，推稱年深倒塌，不堪修理，低估價錢變賣，或稱事故，以租就買，朦朧除豁官租，私相典兌，並不申明官司。今後係官房舍基地毋得似前變賣典兌及以租就買。戶部議得合准本省所擬徧行禁治。都省准呈。

《元史》卷八五《百官一》　戶部，尚書三員，正三品；侍郎二員，正四品；郎中二員，從五品；員外郎三員，從六品。掌天下戶口、錢糧、田土之政令。凡貢賦出納之經，金幣轉通之法，府藏委積之實，物貨貴賤之直，斂散准駁之宜，悉以任之。中統元年，以吏、戶、禮爲左三部。尚書二員，侍郎二員，郎中四員，員外郎六員。至元元年，分立戶部。尚書三員，侍郎、郎中四員，員外郎省爲三員。三年，復爲左三部。五年，復分爲戶部。尚書一員，侍郎，郎中各一員，員外郎又省爲二員。七年，始列尚書六部。尚書一員，侍郎二員，郎中二員，員外郎如故。十三年，尚書增置一員，侍郎、郎中、員外郎如故。十九年，郎中、員外郎俱增至四員。二十三年，六部尚書、侍郎、郎中、員外郎定以二員爲額。明年，以戶部所掌，視他部特爲繁劇，增置尚書、員外郎各二員。成宗大德五年，省尚書一員，員外郎亦省一員，各設三員。主事八員，蒙古必闍赤七人，令史六十一人，回回令史六人，怯里馬赤一人，知印二人，奏差三十二人，蒙古書寫一人，典吏二十二人，司計官四員。

《元史》卷九三《食貨一·經理》 仁宗延祐元年，平章章閭言：經理大事，世祖已嘗行之，但其間欺隱尚多，未能盡實。以熟田爲荒地者有之，懼差而析戶者有之，富民買貧民田而仍其舊名輸稅者亦有之。由是歲入不增，小民告病。若行經理之法，俾有田之家，及各位下、寺觀、學校、財賦等田，一切從實自首，庶幾稅入無隱，差徭亦均。於是遣官經理。以章閭等往江浙，尚書你咱馬丁等往江西，左丞陳士英等往河南，仍命行御史臺分臺鎮遏，樞密院以軍防護焉。

其法先期揭榜示民，限四十日，以其家所有田，自實於官。或以熟爲荒，以田爲蕩，或隱占逃亡之產，或盜官田爲民田，指民田爲官田，及僧道以田作弊者，並許諸人首告。十畝以下，其田主及管幹佃戶皆杖七十七。二十畝以下，加一等。一百畝以下，一百七；以上，流竄北邊，所隱田沒官。郡縣正官不爲查勘，致有脫漏者，量事論罪，重者除名。此其大略也。

然期限猝迫，貪刻用事，富民黠吏，並緣爲姦，以無爲有，虛具於籍者，往往有之。於是人不聊生，盜賊並起，其弊反有甚於前者。仁宗知之，明年，遂下詔免三省自實田租。二年，時汴梁路總管塔海亦言其弊，於是命河南自實田，自延祐五年爲始，每畝止科其半，汴梁路凡減二十二萬餘石。至泰定、天曆之初，又盡革虛增之數，民始獲安。今取其數之可考者，列於後云：

河南省，總計官民荒熟田一百一十八萬七百六十九頃。

江西省，總計官民荒熟田四十七萬[石]四千六百九十三頃。

江浙省，總計官民荒熟田九十九萬五千八十一頃。

同上 大德二年，宣慰張國紀請科夏稅，於是湖、湘重罹其害。俄詔罷之。三年，又改門攤爲夏稅而併徵之。每石計三貫四錢之上，視江浙、江西爲差重云。其在官之田，許民佃種輸租。江北、兩淮等處荒閑之地，第三年始輸。大德四年，又以地廣人稀更優一年，令第四年納稅。凡官田，夏稅皆不科。

《明史》卷七七《食貨一》 明土田之制，凡二等：曰官田，曰民田。初，官田皆宋、元時入官田地。厥後有還官田，沒官田，斷入官田，學田，皇莊，牧馬草場，城壖苜蓿地，牲地，園陵墳地，公占隙地，諸王、公主、勳戚、大臣、內監、寺觀賜乞莊田，百官職田，邊臣養廉田，軍、民、商屯田，通謂之官田。其餘爲民田。

元季喪亂，版籍多亡，田賦無準。明太祖卽帝位，遣周鑄等百六十四人，覈浙西田畝，定其賦稅。復命戶部覈實天下土田。而兩浙富民畏避徭役，大率以田產寄他戶，謂之鐵腳詭寄。洪武二十年命國子生武淳等分行州縣，隨糧定區。區設糧長四人，量度田畝方圓，次以字號，悉書主名及田之丈尺，編類爲冊，狀如魚鱗，號曰魚鱗圖冊。先是，詔天下編黃冊，以戶爲主，詳具舊管、新收、開除、實在之數爲四柱式。而魚鱗圖冊以土田爲主，諸原坂、墳衍、下隰、沃瘠、沙鹵之別畢具。魚鱗冊爲經，土田之訟質焉。黃冊爲緯，賦役之法定焉。凡質賣田土，備書稅糧科則，官爲籍記之，毋令產去稅存以爲民害。又以中原田多蕪，命省臣議，計民授田。設司農司，開治河南，掌其事。臨濠之田，驗其丁力，計畝給之，毋許兼并。北方近城地多不治，召民耕，人給十五畝，蔬地二畝，免租三年。每歲中書省奏天下墾田數，少者畝以千計，多者至二十餘萬。官給牛及農具者，乃收其稅，額外墾荒者永不起科。二十六年覈天下土田，總八百五十萬七千六百二十三頃，蓋駸駸無棄土矣。

凡田以近郭爲上地，迤遠爲中地、下地。五尺爲步，步二百四十爲畝，畝百爲頃。太祖仍元里社制，河北諸州縣土著者以社分里甲，遷民分屯之地以屯分里甲。社民先占畝廣，屯民新占畝狹，故屯地謂之小畝，社地謂之廣畝。至宣德間，墾荒田永不起科及洿下斥鹵無糧者，皆覈入賦額，數溢於舊。有司乃以大畝當小畝以符舊額，有數畝當一畝者。步尺參差不一，人得以意贏縮，土地不均，未有如北方者。貴州田無頃畝尺籍，悉徵之土官。而諸處土田，日久頗淆亂，與黃冊不符。弘治十五年，天下土田止四百二十二萬八千五十八頃，官田視民田得七之一。嘉靖八年，霍韜奉命修《會典》，言：自洪武迄弘治百四十年，天下額田已減強半，而湖廣、河南、廣東失額尤多。非撥給於王府，則欺隱於猾民。廣東無藩府，非欺隱卽委棄於寇賊矣。司國計者，可不究心。是時，桂萼、郭弘化、唐龍、簡霄先後疏請覈實田畝，而顧鼎臣請履畝丈量，丈量之議由此起。江西安福、河南裕州首行之，而法未詳具，人多疑憚。其後福建諸州縣，爲經、緯二冊，其法頗詳。然率以地爲主，田多者猶得上下其手。神宗初，建昌知府許孚遠爲歸戶冊，則以田從人，法簡而密矣。萬曆六年，帝用大學士張居正議，天下田畝通行丈量，限三載竣事。用開方法，以徑圍乘除，畸零截補。於是豪猾不得欺隱，里甲免賠累，而小民無虛糧。總計田數七百一萬三千九百七十六頃，視弘治時贏三百萬頃。然居正尚綜核，頗以溢額爲功。有司爭改小弓以求田多，或掊克見田以充虛額。北直隸、湖廣、大同、宣府，遂先後按溢額田增賦云。

《明史》卷七八《食貨二》 初，太祖定天下官、民田賦，凡官田畝稅五升三合五勺，民田減二升，重租田八升五合五勺，沒官田一斗二升。惟蘇、松、嘉、湖，怒其爲張士誠守，乃籍諸豪族及富民田以爲官田，按私租簿爲稅額。而司農卿楊憲又以浙西地膏腴，增其賦，畝加二倍。故浙西官、民田視他方倍蓰，畝稅有二三石者。大抵蘇最重，松、嘉、湖次之，常、杭又次之。洪武十三年命戶部裁其額，畝科七斗五升至四斗四升者減十之二，四斗三升至三斗六升者俱止徵三斗五升，其以下者仍舊。時蘇州一府，秋糧二百七十四萬六千餘石，自民糧十五萬石外，皆官田糧。官糧歲額與浙江通省埒，其重猶如此。建文二年詔曰：江、浙賦獨重，而蘇、松準私租起科，特以懲一時頑民，豈可爲定則以重困一方。宜悉與減免，畝不得過一斗。成祖盡革建文政，浙西之賦復重。宣宗卽位，廣西布政使周幹，巡視蘇、常、嘉、湖諸府還，言：諸府民多逃亡，詢之耆老，皆云重賦所致。如吳江、崑山民田租，舊畝五升，小民佃種富民田，畝輸私租一石。後因事故入官，輒如私租例盡取之。十分取八，民猶不堪，況盡取乎。盡取，則民必凍餒，欲不逃亡，不可得也。仁和、海寧、崑山海水陷官、民田千九百餘頃，逮今十有餘年，猶徵其租。田沒於海，租從何出？請將沒官田及公、侯還官田租，俱視彼處官田起科，畝稅六斗。海水淪陷田，悉除其稅，則田無荒蕪之患，而細民獲安生矣。帝命部議行之。宣德五年二月詔：舊額官田租，畝一斗至四斗者各減十之二，四斗一升至一石以上者減十之三。著爲令。於是江南巡撫周忱與蘇州知府況鍾，曲計減蘇糧七十餘萬，他府以爲差，而東南民力少紓矣。忱又令松江官田依民田起科，戶部劾以變亂成法。宣宗雖不罪，亦不能從。而朝廷數下詔書，蠲除租賦。持籌者輒私戒有司，勿以詔書爲辭。帝與尚書胡濙言計臣壅遏膏澤，然不深罪也。正統元年令蘇、松、浙江等處官田，準民田起科，秋糧四斗一升至二石以上者減作三斗，二斗一升以上至四斗者減作二斗，一斗一升至二斗者減作一斗。蓋宣德末，蘇州逋糧至七百九十萬石，民困極矣。至是，乃獲少甦。英宗復辟之初，令鎮守浙江尚書孫原貞等定杭、嘉、湖則例，以起科重者徵米宜少，起科輕者徵米宜多。乃定官田畝科一石以下，民田七斗以下者，每石歲徵平米一石三斗；官民田四斗以下者，每石歲徵平米一石五斗；官田二斗以下，民田二斗七升以下者，每石歲徵平米一石七斗；官田八升以下，民田七升以下者，每石歲徵平米二石二斗。凡重者輕之，輕者重之，欲使科則適均，而畝科一石之稅未嘗減云。

同上 未幾，御史郭弘化等亦請通行丈量，以杜包賠兼并之弊。帝恐紛擾，不從。給事中徐俊民言：今之田賦，有受地於官，歲供租稅者，謂之官田。有江水泛溢溝塍淹沒者，謂之坍江。有流移亡絕，田棄糧存者，謂之事故。官田貧民佃種，畝入租三斗，或五六斗或石以上者有之。坍江、事故虛糧，里甲賠納，或數十石或百餘石者有之。夫民田之價十倍官田，貧民既不能置。而官田糧重，每病取盈，益以坍江、事故虛糧，又令攤納，追呼敲扑，歲無寧日。而奸富猾胥方且詭寄、那移，并輕分重。此小民疾苦，閭閻凋瘁，所以日益而日增也。請定均糧、限田之制。坍江、事故，悉與蠲免。而合官民田爲一，定上、中、下三則起科以均糧。富人不得過千畝，聽以百畝自給，其羨者則加輸邊稅。如此，則多寡有節，輕重適宜，貧富相安，公私俱足矣。部議：疆土民俗各異，令所司熟計其便。不行。

越數年，乃從應天巡撫侯位奏，免蘇州坍海田糧九萬餘石，然那移、飛灑之弊，相沿不改。至十八年，鼎臣爲大學士，復言：蘇、松、常、鎭、嘉、湖、杭七府，供輸甲天下，而里胥豪右蠹弊特甚。宜將欺隱及坍荒田土，一一檢覈改正。於是應天巡撫歐陽鐸檢荒田四千餘頃，計租十一萬石有奇，以所欺隱田糧六萬餘石補之，餘請豁免。戶部終持不下。時嘉興知府趙瀛建議：田不分官、民，稅不分等則，一切以三斗起徵。鐸乃與蘇州知府王儀盡括官、民田裒益之。履畝清丈，定爲等則。所造經賦冊，以八事定稅糧：曰元額稽始，曰事故除虛，曰分項別異，曰歸總正實，曰坐派起運，曰運餘撥存，曰存餘考積，曰徵一定額。又以八事考里甲：曰丁田，曰慶賀，曰祭祀，曰鄉飲，曰科賀，曰卹政，曰公費，曰備用。以三事定均徭：曰銀差，曰力差，曰馬差。著爲例。

徵一者，總徵銀米之凡，而計畝均輸之。其科則最重與最輕者，稍以耗損益推移。重者不能盡損，惟遞減耗米，派輕賫折除之，陰予以輕。輕者不能加益，爲徵本色，遞增耗米加乘之，陰予以重。推收之法，以田爲母，戶爲子。時豪右多梗其議，鼎臣獨以爲善，曰：是法行，吾家益千石輸，然貧民減千石矣，不可易也。顧其時，上不能損賦額，長民者私以己意變通。由是官田不至偏重，而民田之賦反加矣。

時又有綱銀、一串鈴諸法。綱銀者，舉民間應役歲費，丁四糧六總徵之，易知而不繁，猶網之有綱也。一串鈴，則夥收分解法也。自是民間輸納，止收本色及折色銀矣。

是時天下財賦，歲入太倉庫者二百萬兩有奇。舊制以七分經費，而存積三分備兵歉，以爲常。世宗中年，邊供費繁，加以土木、禱祀，月無虛日，帑藏匱竭。司農百計生財，甚至變賣寺田，收贖軍罪，猶不能給。二十九年，俺荅犯京師，增兵設戍，餉額過倍。三十年，京邊歲用至五百九十五萬，戶部尚書孫應奎蒿目無策，乃議於南畿、浙江等州縣增賦百二十萬，加派於是始。

《明史》卷八二《食貨六》 明田稅及經費出入之數，見於掌故者，皆略可考見。

洪武二十六年，官民田總八百五十萬七千餘頃。夏稅，米麥四百七十一萬七千餘石，錢鈔三萬九千餘錠，絹二十八萬八千餘匹；秋糧，米二千四百七十二萬九千餘石，錢鈔五千餘錠。弘治時，官民田總六百二十二萬八千餘頃。夏稅，米麥四百六十二萬五千餘石，鈔五萬六千三百餘錠，絹二十萬二千餘匹；秋糧，米二千二百十六萬六千餘石，鈔二萬一千九百餘錠。萬曆時，官民田總七百一萬三千餘頃。夏稅，米麥總四百六十萬五千餘石，起運百九十萬三千餘石，餘悉存留，鈔五萬七千九百餘錠，絹二十萬六千餘匹；秋糧，米總二千二百三萬三千餘石，起運千三百三十六萬二千餘石，餘悉存留，鈔二萬三千六百餘錠。屯田六十三萬五千餘頃，花園倉基千九百餘所，徵糧四百五十八萬四千餘石。糧草折銀八萬五千餘兩，布五萬匹，鈔五萬餘貫，各運司提舉大小引鹽二百二十二萬八千餘引。

《清朝通典》卷三《食貨三・田制》 官田之制：凡耤田及在京壇壝，直省社稷山川厲壇、祠墓、寺觀、文廟、學校等田，並部寺公用田，太僕寺牧廠及在官地均爲公田，除其租賦。順治十一年，耕耤田於南郊，設耤田於正陽門外之西，中爲先農壇，壇內地百七十頃，其二十頃種五穀蔬菜，以供祭祀，餘千五百畝，歲徵租三百兩，供修壇牆。康熙二十四年詔曰：禮，天子爲耤千畝，諸侯百畝，此則耤田之禮，通於天下。今朕欲各地方守土官通行耕耤之禮，下九卿詳議。尋議，頒耕耤之制，令各省擇東郊官地潔淨豐腴者，立爲耤田，徑直四畝九分，後立先農壇，令守壇農夫灌漑耤田［無官地者置買民田］，每歲仲春行九推之禮。

《清現行刑律》卷六《田宅・盜賣田宅》 凡盜他人田宅賣、將己不堪田宅換易及冒認、他人田宅作自己者若虛寫價錢實立文契典買及侵占他人田宅者，田一畝屋一間以下，處五等罰，每田五畝屋三間加一等，罪止徒二年，係官田宅者各加二等。若強占官民山場、湖泊、茶園、蘆蕩及金銀銅錫鐵冶者，不計畝數流三千里。若將互爭不明及他人田產妄作己業，朦朧投獻官豪勢要之人，與者、受者各徒三年。盜賣與投獻等項田產及盜賣過田價并各項田產中遞年所得花利，各應還官者還官應給主者給主。若功臣有犯者，照律擬罪，奏請定奪。

條例

一各省丈量田畝，及抑勒首報墾田之事，永行停止。違者以違制論。

一凡人民告爭墳山，近年者以印契爲憑，如係遠年之業，須將山地字號、畝數及庫存鱗冊幷完糧印串，逐一丈勘查對，果相符合，卽斷令管業；若查勘不符，又無完糧印串，其所執遠年舊契及碑譜等項，均不得執爲憑據，卽將濫控侵占之人，按例治罪。

一軍民人等將爭競不明並賣過及民間起科，僧道將寺觀各田地，若子孫將公共祖墳山地，朦朧投獻王府，及內外官豪勢要之家，私捏文契典賣者，投獻之人依律問擬，其受投獻家長並管莊人叅究治罪。直隸各省空閒地土，俱聽民儘力開種，照年限起科，若有占奪投獻者，亦照律治罪。

一凡子孫盜賣祖遺祀產並義田及歷久宗祠者，俱照盜賣官田宅律定擬，罪止徒三年，知情謀買之人，各與犯人同罪，房產收回給族長收管，賣價入官，不知者不坐。其祀產、義田令勒石報官，或族長自立議單，公據方准，按例治罪，如無公私確據藉端生事者，照誣告律治罪。

一凡雇工莊頭人等，因伊主外出，私自盜賣所遺田產，至五十畝者，流三千里，不及前數者，照盜賣官田律治罪，盜賣房屋亦照盜賣官宅律科斷。謀買之人與串通説合之中保，均與盜賣之人同罪，房產給還原主，賣價入官。其不知者不坐，倘不肖之徒藉端訛詐，照誣告律治罪。

一用強占種屯田五十畝以上不納子粒者，照數追納，完日照強占官民山場律，流三千里。其屯田人等，將屯田典賣與人至五十畝以上，典主買主各不納子粒者，俱照前問擬。若數不滿五十畝及上納子粒不缺，或因無人承種而侵占者，照侵占官田律治罪，典賣與人者，照盜賣官田律治罪。管屯等官不行用心清查者，叅奏依違制律治罪。

一凡租種山地棚民，除同在本山有業之家，公同畫押出租者，山主棚民均免治罪外，若有將公共山場一家私召異籍之人，搭棚開墾者，照盜賣官田宅律治罪，租價入官，承租之人，罪亦如之，爲從并減一等，父兄子弟同犯仍照律罪坐，尊長、族長、祠長失於查察，照不應重律科罪，至因召租承租釀成事端，致有搶奪殺傷者，仍各從其重者論。

《清現行刑律》卷六《田宅・盜耕種官民田》 凡盜耕種他人田園土地者，不告田主一畝以下處三等罰，每五畝加一等，罪止八等罰，荒田減一等，強者不由田主各指熟田荒田言加一等。係官者，各通盜耕強耕荒熟言又加二等，仍追所得花利官田歸官民田給主。

《清現行刑律》卷六《田宅・功臣田土》 凡功臣之家，除朝廷撥賜公田免納糧當差外，但有自置田土，從管莊人盡數報官入籍，照額一體納糧當差。違者，計所隱之田一畝至三畝，處六等罰，每三畝加一等，罪止徒三年。罪坐管莊之人，其田入官，仍計遞年所隱糧稅，依畝數年數額數徵納。若里長及有司官吏，阿附踏勘不實及知而不舉者，與管莊人同罪，不知者不坐。

清《户部則例》卷八《田賦・開墾上》 盜耕田地

一凡盜耕他人田地及盜耕營堡草場、越踰邊牆界石種田者，依律例分別究擬，仍追所得花利，官田歸官，民田給主。

一臺灣奸民私贌熟番埔地者，依盜耕本律問擬。於生番界內私墾者，依越渡關塞律問擬，田仍歸番。

同上 欺隱田糧

一凡官紳軍民將新墾舊熟等地，隱匿一畝以上至一頃以上者，分別議處責懲，其田入官，所隱錢糧按數追納。該管各官將隱地察出自二十頃以上，按畝紀敘，不能察出者，分別議處，如地主已經呈報，而州縣官不轉呈司道府，或司道府不詳明督撫者，皆查叅議處。至未曾欺隱錢糧，不得借名清查，無故丈量，致滋擾累。

清《户部則例》卷一七《田賦・典賣田產》 盜賣官民田宅

一凡盜賣官田及他人田宅，依本律問罪，如軍民人等，將爭競不明或已賣及民間開墾已經起科田地，或僧道將寺觀各田地，及子孫將公共祖墳山地，朦混投獻王府、官豪、勢要之家，私捏文契典賣者，分別叅究治罪。盜賣與投獻等項田產，及盜賣過田價，并遞年所得花利，分別還官給主。

一凡盜賣祖遺祀產、義田、宗祠等項，將盜賣與知情謀買者，分別治罪，房產收回給族長收管，賣價入官。

一八旗在京人員，坐落盛京祖遺田產房屋，有家奴、莊頭人等盜賣者，田五十畝照子孫盜賣祖遺祀產律治罪，不及數者照盜賣官田房宅律治罪。串通説合之中保，均與盜賣之人同罪，房產給還原主，賣價入官。

《清會典事例》卷一〇〇《吏部八四・處分例則》 入官田產

乾隆十二年覆准：各省軍旗，有屯田典賣與民者，許備價回贖，由衛所移明州縣，飭令民人收價退田，儻地方官不即飭退，照承查遲延例，按違限月日，分別議處。如該丁不即備價，混控退田及捏報混冒者，將該衛弁照例處分。各衙門書識人等，有隱占屯田情弊，該管官照失察衙役犯贓例，分別議處。

二十四年覆准：一年限內，贖不及十分之二者，將衛所官弁，罰俸二年，回贖二分以上者免議，回贖三分以上者，將衛所官弁，照例議叙。儻有捏報回贖，不行查出者，降一級調用，各該同知有清軍之責，一併照例議處議叙。

二十年奏准：直隸營田州縣，令該道等勸導查察，如州縣實力督課，三年之後，著有成效出色者，各該道府廳州縣，據實詳報，由司覈轉保題，不論俸滿即升。儻有怠忽因循，並將工本以完作欠、以欠作完等弊，即行揭報叅處追賠，據實詳報，如有濫舉徇庇等情，該督亦即查叅，照例議處。

《史記》卷四九《外戚世家》　褚先生曰：臣爲郎時，問習漢家故事者鍾離生。曰：王太后在民閒時所生(子)〔一〕女者，父爲金王孫。王孫已死，景帝崩後，武帝已立，王太后獨在。而韓王孫名嫣素得幸武帝，承閒白言太后有女在長陵也。武帝曰：何不蚤言！乃使使往先視之，在其家。武帝乃自往迎取之。蹕道，先驅旄騎出横城門，乘輿馳至長陵。當小市西入里，里門閉，暴開門，乘輿直入此里，通至金氏門外止，使武騎圍其宅，爲其亡走，身自往取不得也。卽使左右羣臣入呼求之。家人驚恐，女亡匿内中牀下。扶持出門，令拜謁。武帝下車泣曰：嚄！大姊，何藏之深也！詔副車載之，迴車馳還，而直入長樂宫。行詔門著引籍，通到謁太后。太后曰：帝倦矣，何從來？帝曰：今者至長陵得臣姊，與俱來。顧曰：謁太后！太后曰：女某邪？曰：是也。太后爲下泣，女亦伏地泣。武帝奉酒前爲壽，奉錢千萬，奴婢三百人，公田百頃，甲第，以賜姊。太后謝曰：爲帝費焉。於是召平陽主、南宫主、林慮主三人俱來謁見姊，因號曰脩成君。

《史記》卷六八《商君列傳》　於是以鞅爲大良造。將兵圍魏安邑，降之。居三年，作爲築冀闕宫庭於咸陽，秦自雍徙都之。而令民父子兄弟同室内息者爲禁。而集小(都)鄉邑聚爲縣，置令、丞，凡三十一縣。爲田開阡陌封疆，而賦税平。平斗桶權衡丈尺。行之四年，公子虔復犯約，劓之。居五年，秦人富彊，天子致胙於孝公，諸侯畢賀。

《史記》卷一一〇《匈奴列傳》　是後匈奴遠遁，而幕南無王庭。漢度河自朔方以西至令居，往往通渠置田，官吏卒五六萬人，稍蠶食，地接匈奴以北。

《史記》卷一二六《滑稽列傳》　武帝時有所幸倡郭舍人者，發言陳辭雖不合大道，然令人主和說。武帝少時，東武侯母常養帝，帝壯時，號之曰大乳母。率一月再朝。朝奏入，有詔使幸臣馬游卿以帛五十匹賜乳母，又奉飲糒飧養乳母。乳母上書曰：某所有公田，願得假倩之。帝曰：乳母欲得之乎？以賜乳母。乳母所言，未嘗不聽。

漢・劉珍《東觀漢紀》卷一一《劉隆》　建武時，天下墾田多不實，詔下州郡檢覈其事，百姓嗟怨。時州郡各遣使奏事，帝見陳留吏牘上有書，視之，云潁川、弘農可問，河南、南陽不可問。帝詰吏由趣，吏不服，抵言於長安街得之。帝怒。時東海公年十二，在幄後言曰：吏受郡勑，當欲以墾田相方耳。帝曰：卽如此，何故言河南、南陽不可問？對曰：河南帝城，多近臣，南陽帝鄉，多近親，田宅踰制，不可爲准。帝令虎賁詰問吏，吏首服，如顯宗言。遣謁者考實，具知姦狀。

漢・劉珍《東觀漢紀》卷一四《張堪》　張堪，字君遊，試守蜀郡太守，遷漁陽太守，有惠政，開治稻田八千餘頃，教民種田，百姓以殷富。童謠歌云：桑無附枝，麥穗兩岐。張君爲政，樂不可支。視事八年，匈奴不敢犯塞。

《後漢書》卷二九《郅壽傳》　復徵爲尚書僕射。是時大將軍竇憲以外戚之寵，威傾天下。憲嘗使門生齎書詣壽，有所請託，壽卽送詔獄。前後上書陳憲驕恣，引王莽以誡國家。是時憲征匈奴，海内供其役費，而憲及其弟篤、景並起第宅，驕奢非法，百姓苦之。壽以府臧空虚，軍旅未休，遂因朝會譏刺憲等，厲音正色，辭旨甚切。憲怒，陷壽以買公田誹謗，下吏當誅。侍御史何敞上疏理之曰：臣聞聖王闢四門，開四聰，延直言之路，下不諱之詔，立敢諫之旗，聽歌謠於路，爭臣七人，以自鑒照，考知政理，違失人心，輒改更之，故天人並應，傳福無窮。臣伏見尚書僕射郅壽坐於臺上，與諸尚書論擊匈奴，言議過差，及上書請買公田，遂繫獄考劾大不敬。臣愚以爲壽機密近臣，匡救爲職。若懷默不言，其罪當誅。今壽違衆正議，以安宗廟，豈其私邪？又臺閣平事，分爭可否，雖唐虞之隆，三代之盛，猶謂諤諤以昌，不以誹謗爲罪。請買公田，人情細過，可裁隱忍。壽若被誅，臣恐天下以爲國家横罪忠直，賊傷和氣，忤逆陰陽。臣所以敢犯嚴威，不避夷滅，觸死瞽言，非爲壽也。忠臣盡節，以死爲歸。臣雖不知壽，度其甘心安之。誠不欲聖朝行誹謗之誅，以傷晏晏之化，杜塞忠直，垂譏無窮。臣敞謬豫機密，言所不宜，罪名明白，當塡牢獄，先壽僵仆，萬死有餘。書奏，壽得減死，論徙合浦。未行，自殺，家屬得歸鄉里。

《後漢書》卷四九《仲長統傳》　仲長統：《損益篇》曰：【略】盜賊凶荒，九州代作，饑饉暴至，軍旅卒發，横税弱人，割奪吏祿，所恃者寡，所取者猥，萬里懸乏，首尾不救，徭役並起，農桑失業，兆民呼嗟於昊天，貧窮轉死於溝壑矣。今通肥饒之率，計稼穡之入，令畝收三斛，斛取一斗，未爲甚多。一歲之閒，則有數年之儲，雖興非法之役，恣奢侈之欲，廣愛幸之賜，猶未能盡也。不循古法，規爲輕稅，及至一方有警，一面被災，未逮三年，校計騫短，坐視戰士之蔬食，立望餓殍之滿道，如之何爲君行此政也？二十稅一，名之曰貊，況三十稅一乎？夫薄吏祿以豐軍用，緣於秦征諸侯，續以四夷，漢承其業，遂不改更，危國亂家，此之由也。今田無常主，民無常居，吏食日稟，(祿)班[祿]未定。可爲法制，畫一定科，租稅十一，更賦如舊。今者土廣民稀，中地未墾，雖然，猶當限以大家，勿令過制。其地有草者，盡曰官田，力堪農事，乃聽受之。若聽其自取，後必爲姦也。

《後漢書》卷七六《循吏列傳·任延》 任延字長孫，南陽宛人也。【略】更始元年，以延爲大司馬屬，拜會稽都尉。時年十九，迎官驚其壯。及到，靜泊無爲，唯先遣饋禮祠延陵季子。時天下新定，道路未通，避亂江南者皆未還中土，會稽頗稱多士。延到，皆聘請高行如董子儀、嚴子陵等，敬待以師友之禮。掾吏貧者，輒分奉祿以賑給之。省諸卒，令耕公田，以周窮急。每時行縣，輒使慰勉孝子，就餐飯之。

《三國志》卷一五《魏書·司馬朗傳》 遷元城令，入爲丞相主簿。朗以爲天下土崩之勢，由秦滅五等之制，而郡國無蒐狩習戰之備故也。今雖五等未可復行，可令州郡並置兵，外備四夷，內威不軌，於策爲長。又以爲宜復井田。往者以民各有累世之業，難中奪之，是以至今。今承大亂之後，民人分散，土業無主，皆爲公田，宜及此時復之。議雖未施行，然州郡領兵，朗本意也。

《晉書》卷九四《隱逸列傳·陶潛》 復爲鎮軍、建威參軍，謂親朋曰：聊欲絃歌，以爲三徑之資可乎？執事者聞之，以爲彭澤令。在縣公田悉令種秫穀，曰：令吾常醉於酒足矣。妻子固請種秔，乃使一頃五十畝種秫，五十畝種秔。素簡貴，不私事上官。郡遣督郵至縣，吏白應束帶見之，潛歎曰：吾不能爲五斗米折腰，拳拳事鄉里小人邪！義熙二年，解印去縣，乃賦《歸去來》。

《晉書》卷一〇九《載記·慕容皝》 皝躬巡郡縣，勸課農桑，起龍城宮闕。

尋又率騎二萬親伐宇文歸，以翰及垂爲前鋒。歸使其騎將涉奕于盡衆距翰，皝馳遣謂翰曰：奕于雄悍，宜小避之，待虜勢驕，然後取也。翰曰：歸之精銳，盡在于此，今若克之，則歸可不勞兵而滅。奕于徒有虛名，其實易與耳，不宜縱敵挫吾兵氣。於是前戰，斬奕于，盡俘其衆，歸遠遁漠北。皝開地千餘里，徙其部人五萬餘落於昌黎，改涉奕于城爲威德城。行飲至之禮，論功行賞各有差。

以牧牛給貧家，田於苑中，公收其八，二分入私。有牛而無地者，亦田苑中，公收其七，三分入私。皝記室參軍封裕諫曰：

臣聞聖王之宰國也，薄賦而藏於百姓，分之以三等之田，十一而稅之，寒者衣之，飢者食之，使家給人足。雖水旱而不爲災者，何也？高選農官，務盡勸課，人治周田百畝，亦不假牛力。力田者受旌顯之賞，惰農者有不齒之罰。又量事置官，量官置人，使官必稱須，人不虛位，度歲入多少，裁而祿之。供百僚之外，藏之太倉，三年之耕，餘一年之粟。以斯而積，公用於何不足？水旱其如百姓何！雖務農之令屢發，二千石令長莫有志勤在公、銳盡地利者。故漢祖知其如此，以墾田不實，徵殺二千石以十數，是以明章之際，號次升平。

自永嘉喪亂，百姓流亡，中原蕭條，千里無煙，飢寒流隕，相繼溝壑。先王以神武聖略，保全一方，威以殄姦，德以懷遠，故九州之人，塞表殊類，襁負萬里，若赤子之歸慈父。流人之多舊土十倍有餘，人殷地狹，故無田者十有四焉。殿下以英聖之資，克廣先業，南摧強趙，東滅句麗，開境三千，戶增十萬，繼武闡廣之功，有高西伯。宜省罷諸苑，以業流人。人至而無資產者，賜之以牧牛。人既殿下之人，牛豈失乎！善藏者藏於百姓，若斯而已矣。邇者深副樂土之望，中國之人皆將壺餐奉迎，石季龍誰與居乎！且魏晉雖道消之世，猶削百姓不至於七八，持官牛田者官得六分，百姓得四分，私牛而官田者與官中分，百姓安之，人皆悅樂。臣猶曰非明王之道，而況增乎！且水旱之厄，堯湯所不免，王者宜濬治溝澮，循鄭白、西門、史起溉灌之法，旱則決溝爲雨，水則入於溝瀆，上無《雲漢》之憂，下無昏墊之患。

同上 皝乃令曰：覽封記室之諫，孤實懼焉。君以黎元爲國，黎元以穀爲命。然則農者，國之本也，而二千石令長不遵孟春之令，惰農弗勸，宜以尤不修闢者措之刑法，肅厲屬城。主者明詳推檢，具狀以聞。苑囿悉可罷之，以給百姓無田業者。貧者全無資產，不能自存，各賜牧牛一頭。若私有餘力，樂取官牛墾官田者，其依魏晉舊法。溝洫溉灌，有益官私，主者量造，務盡水陸之勢。中州未平，兵難不息，勳誡既多，官僚不可以減也。待克平凶醜，徐更議之。百工商賈數，四佐與列將速定大員，餘者還農。學生不任訓教者，亦除員録。夫人臣關言於人主，至難也，妖妄不經之事皆應蕩然不問，擇其善者而從之。王憲、劉明雖其罪應禁黜，亦猶孤之無大量也。可悉復本官，仍居諫司。封生蹇蹇，深得王臣之體。《詩》不云乎：無言不酬。其賜錢五萬，明宣內外，有欲陳孤過者，不拘貴賤，勿有所諱。

《梁書》卷三二《陳慶之傳》 中大通二年，除都督南、北司、西豫、豫四州諸軍事、南北司二州刺史，餘並如故。慶之至鎮，遂圍懸瓠。破魏潁州刺史婁起，揚州刺史是云寶於溱水，又破行臺孫騰、大都督侯進、豫州刺史堯雄、梁州刺史司馬恭於楚城。罷義陽鎮兵，停水陸轉運，江湖諸州並得休息。開田六千頃，二年之後，倉廩充實。高祖每嘉勞之。

《梁書》卷五三《良吏傳・伏暅》 詔勘有十五事爲吏民所懷，高祖善之，徵爲新安太守。在郡清恪，如永陽時。民賦稅不登者，輒以太守田米助之。郡多麻苧，家人乃至無以爲繩，其厲志如此。屬縣始新、遂安、海寧，並同時生爲立祠。

《梁書》卷五三《良吏傳・何遠》 遠在官，好開途巷，脩葺牆屋，民居市里，城隍廐庫，所過若營家焉。田秩俸錢，並無所取，歲暮，擇民尤窮者，充其租調，以此爲常。

《南史》卷三二《張邵傳》 及至襄陽，築長圍，修立堤堰，創田數千頃，公私充給。

《南史》卷四九《劉懷慰傳》 齊國建，上欲置齊郡於都下。議者以江右土沃，流人所歸，乃置於瓜步，以懷慰爲輔國將軍、齊郡太守。上謂懷慰曰：齊邦是王業所基，吾方欲以爲顯任，經理之事，一以委卿。又手敕曰：有文事必有武備，今賜卿玉環刀一口。

懷慰至郡，修城郭，安集居人，墾廢田二百頃，決沉湖灌溉。

《魏書》卷四八《高允傳》 尋以本官爲秦王翰傅。後敕以經授恭宗，甚見禮待。又詔允與侍郎公孫質、李虛、胡方回共定律令。世祖引允與論刑政，言甚稱旨。因問允曰：萬機之務，何者爲先？是時多禁封良田，又京師遊食者衆。允因言曰：臣少也賤，所知唯田，請言農事。古人云：方一里則爲田三頃七十畝，百里則田三萬七千頃。若勤之，則畝益三斗，不勤則畝損三斗。方百里損益之率，爲粟二百二十二萬斛，況以天下之廣乎？若公私有儲，雖遇飢年，復何憂哉？世祖善之。遂除田禁，悉以授民。

《魏書》卷八八《良吏傳・杜纂》 又詣赭陽、武陰二郡，課種公田，隨供軍費。

《周書》卷二三《蘇綽傳》 又爲六條詔書，奏施行之。【略】其三，盡地利，曰：人生天地之間，以衣食爲命。食不足則饑，衣不足則寒。饑寒切體，而欲使民興行禮讓者，此猶逆坂走丸，勢不可得也。是以古之聖王，知其若此，故先足其衣食，然後教化隨之。夫衣食所以足者，在於地利盡。地利所以盡者，由於勸課有方。主此教者，在乎牧守令長而已。民者冥也，智不自周，必待勸教，然後盡其力。諸州郡縣，每至歲首，必戒敕部民，無問少長，但能操持農器者，皆令就田，墾發以時，勿失其所。及布種既訖，嘉苗須理，麥秋在野，蠶停於室，若此之時，皆宜少長悉力，男女併功，若援溺、救火、寇盜之將至，然後可使農夫不廢其業，蠶婦得就其功。若有遊手怠惰，早歸晚出，好逸惡勞，不勤事業者，則正長牒名郡縣，守令隨事加罰，罪一勸百。此則明宰之教也。

夫百畝之田，必春耕之，夏種之，秋收之，然後冬食之。此三時者，農之要也。若失其一時，則穀不可得而食。故先王之戒曰：一夫不耕，天下必有受其饑者；一婦不織，天下必有受其寒者。若此三時不務省事，而令民廢農者，是則絶民之命，驅以就死然。單劣之戶，及無牛之家，勸令有無相通，使得兼濟。三農之隙，及陰雨之暇，又當教民種桑、植果，藝其菜蔬，脩其園圃，畜育雞豚，以備生生之資，以供養老之具。

夫爲政不欲過碎，碎則民煩；勸課亦不容太簡，簡則民怠。善爲政者，必消息時宜而適煩簡之中。故《詩》曰：不剛不柔，布政優優，百祿是求。如不能爾，則必陷於刑辟矣。

《北史》卷二六《刁雍傳》 後除薄骨律鎮將。雍以西土乏雨，表求鑿渠，溉公私田。

《北史》卷三二《崔伯謙傳》 天保初，除濟北太守，恩信大行，富者禁其奢侈，貧者勸課周給。縣公田多沃壤，伯謙咸易之以給人。

《北史》卷三三《李搔傳》 搔妹曰法行，幼好道，截指自誓不嫁，遂爲尼。

所居去鄴三百里，往來恆步，在路或不得食，飲水而已。逢屠牽牛，脱衣求贖，泣而隨之。雉兔馴狎，入其山居房室。齊亡後，遭時大儉，施糜粥於路。異母弟宗侃與族人孝衡爭地相毀，尼曰：我有地，二家欲得者，任來取之，何爲輕致忿訟？宗侃等慚，遂讓爲閑田。

《北史》卷三三《李繪傳》　高陽舊多陂淀，繪至後，淀水皆涸，乃置農正，專主勸課，墾田倍增，家給人足。瀛州三郡人俱詣州，請爲繪立碑於郡街。

《北史》卷五一《馮翊王高潤傳》　及長，廉慎方雅，習於吏職。至於摘發隱僞，姦吏無所匿其情。開府王回洛，與六州大都督獨孤枝侵竊官田，受納賄賂，潤按舉其事。二人表言：王出送臺使，登魏孝文舊壇，南望歎息，不測其意。武成使元文遙就州宣敕曰：馮翊王少小謹慎，在州不爲非法，朕信之熟矣。登高遠望，人之常情，鼠輩欲輕相間構，曲生眉目。於是回洛決鞭二百，獨孤枝決杖一百。

《北史》卷六三《蘇綽傳》　蘇綽又爲六條詔書，奏施行之。【略】其三，盡地利，曰：人生天地之間，衣食爲命。食不足則飢，衣不足則寒。飢寒切體，而欲使人興行禮讓者，此猶逆坂走丸，勢不可得也。是以古之聖王知其若此，先足其衣食，然後教化隨之。夫衣食所以足者，由於地利盡。地利所以盡者，由於勸課有方。主此教者，在乎牧守令長而已。人者冥也，智不自周，必待勸教然後得盡其力。諸州郡縣，每至歲首，必戒敕部人，無問少長，但能操持農器者，皆令就田，墾發以時，勿失其所。及布種既訖，嘉苗須理，麥秋在野，蠶停於室，若此之時，皆宜少長悉力，男女并功，若揚湯救火，寇盗之將至，然後可使農夫不失其業，蠶婦得就其功。若游手怠惰，早歸晚出，好逸惡勞，不勤事業者，則正長牒名郡縣，守令隨事加罰，罪一勸百。此則明宰之教也。

夫百畝之田，必春耕之，夏種之，秋收之，然後冬食之。此三時者，農之要月也。若失其一時，則穀不可得而食。故先王之戒曰：一夫不耕，天下必有受其飢者；一婦不織，天下必有受其寒者。若此三時，不務省事，而令人廢農者，是則絶人之命，驅以就死然。單劣之戶，及無牛之家，勸令有無相通，使得兼濟。三農之隙，及陰雨之暇，又當教人種桑植果，藝其蔬菜，修其園圃，畜育雞豚，以備生生之資，以供養老之具。

夫爲政不欲過碎，碎則人煩；勸課亦不容太簡，簡則人怠。善爲政者，必消息時宜而適煩簡之中。故《詩》曰：不剛不柔，布政優優，百祿是求。如不能爾，則必陷於刑辟矣。

《遼史》卷一〇四《文學下・耶律昭傳》　會蕭撻凜爲西北路招討使，愛之，奏免其役，禮致門下。欲召用，以疾辭。撻凜問曰：今軍旅甫罷，三邊宴然，惟阻卜伺隙而動。討之，則路遠難至；縱之，則邊民被掠；增戍兵，則餽餉不給；欲苟一時之安，不能終保無變。計將安出？昭以書答曰：竊聞治得其要，則仇敵爲一家；失其術，則部曲爲行路。夫西北諸部，每當農時，一夫爲偵候，一夫治公田，二夫給糺官之役，大率四丁無一室處。芻牧之事，仰給妻孥。一遭寇掠，貧窮立至。春夏賑恤，吏多雜以糠粃，重以掊克，不過數月，又復告困。且畜牧者，富國之本。有司防其隱沒，聚之一所，不得各就水草便地。兼以逋亡戍卒，隨時補調，不習風土，故日瘠月損，馴至耗竭。

爲今之計，莫若振窮薄賦，給以牛種，使遂耕穫。置游兵以防盗掠，頒俘獲以助伏臘，散畜牧以就便地。期以數年，富強可望。然後練簡精兵，以備行伍，何守之不固，何動而不克哉？然必去其難制者，則餘種自畏。若捨大而謀小，避強而攻弱，非徒虚費財力，亦不足以威服其心。此二者，利害之機，不可不察。

《金史》卷七一《闍母傳》　興中府宜州復叛，闍母討之，并下詔招諭，詔闍母曰：遼之土地皆爲我有，彼雖復叛，終皆吾民，可縱其耕稼，毋得侵掠。勃堇蒙刮、斜鉢、吾撻等獲契丹九斤，興中平。

《金史》卷七三《按荅海傳》　海陵時，自上京徙河間，土瘠，詔按荅海一族二十五家，從便遷居近地，乃徙平州。詔給平州官田三百頃，屋三百間，宗州官田一百頃。

《金史》卷八三《張汝弼傳》　詔徙女直猛安謀克於中都，給以近郊官地，皆墝薄。其腴田皆豪民久佃，遂專爲己有。上出獵，猛安謀克人前訴所給地不可種蓺，詔拘官田在民久佃者與之。因命汝弼議其事。請條約立限，令百姓自陳。過限，許人首告，實者與賞。上可其奏。仍遣同知中都轉運使張九思拘籍之。

《金史》卷八三《納合椿年傳》　椿年有宰相才，好推輓士類，然頗營產業，爲子孫慮。冒占西南路官田八百餘頃。大定中，括撿田土，百姓陳言官豪占據官地，貧民不得耕種。溫都思忠子長壽、椿年子猛安參謀合等三十餘家凡冒占三千餘頃。詔諸家除牛頭稅地各再給十頃，其餘盡賦貧民種佃。世頗以此譏椿年云。

《金史》卷八八《紇石烈良弼傳》 初，山東兩路猛安謀克與百姓雜居，詔良弼度宜易置，使與百姓異聚，與民田互相犬牙者，皆以官田對易之，自是無復爭訴。

《金史》卷八九《移剌子敬傳》 〔皇統間〕除同知遼州事。舊本廳自有占地，歲入數百貫，州官歲取其課，地主以爲例，未嘗請辯。子敬曰：已有公田，何爲更取民田，竟不取。

《金史》卷九〇《張九思傳》 九思所守清約，然急於進取，一切以功利爲務，率意任情不恤百姓。詔檢括官田，凡地名疑似者，如皇后店、太子莊、燕樂城之類，不問民田契驗，一切籍之，復有鄰接官地冒占幸免者。世宗聞其如是，召還戒之曰：如遼時支撥地土，及國初元帥府拘刷民間指射租田，近歲冒爲己業，此類當拘籍之。其餘民田，一旦奪之則百姓失業，朕意豈如此也。

《金史》卷九二《徒單克寧傳》 世宗欲以制書親授克寧，主者不知上意，及克寧已受制，上謂克寧曰：此制朕欲親授與卿，誤授之於外也。又曰：朕欲盡徙卿宗族在山東者居之近地，卿族多，官田少，無以盡給之。乃選其最親者徙之。

《金史》卷九三《宗浩傳》 會中都、山東、河北屯駐軍人地土不贍，官田多爲民所冒占，命宗浩行省事，詣諸道括籍，凡得地三十餘萬頃。

《金史》卷九八《完顏匡傳》 承安中，撥賜家口地土，匡乃自占濟南、眞定、代州上腴田，百姓舊業輒奪之，及限外自取。上聞其事，不以爲罪，惟用安州邊吳泊舊放圍場地、奉聖州在官閑田易之，以向自占者悉還百姓。

《金史》卷一〇〇《李復亨傳》 興定四年，復亨又奏：河南閑田多，可招河東、河北移民耕種。被災及沿邊郡縣租稅全免，內地半之，以救塗炭之民，資蓄積之用。詔有司議行焉。還奏：南陽禾麥雖傷，土性宜稻，今因久雨，乃更滋茂。田凡五百餘頃，畝可收五石，都得二十五萬餘石。可增直糴稻給唐、鄧軍食。緣詔書不急科役即令免罷，臣不敢輒行，如以臣言爲然，乞付有司計之。制可。

《金史》卷一〇四《溫迪罕達傳》 〔興定時〕，東方荐饑，達上疏曰：亳州戶舊六萬，今存者無十一，何以爲州？且今調發數倍於舊，乞量爲減免。是歲大水，碭山下邑野無居民，轉運司方憂兵食，達謾聞二縣無主稻田且萬頃，收可數萬斛，即具奏。朝廷大駭，詔戶部尚書高夔佩虎符專治其事，所獲無幾，夔坐累抵罪。達自念失奏，因感愧發病，尋卒。

《金史》卷一〇六《張行簡傳》 泰和時，改順天軍節度使。行簡到保州，上書曰：比者括官田給軍，既一定矣，有告欲別給者，輒從其告，至今未已。名曰官田，實取之民以與之，奪彼與此，徒啓爭端。臣所管已撥深澤縣地三百餘頃，復告水占沙鹹者三之二，若悉從之，何時可定。臣謂當限以月日，不許再告爲便。下尚書省議，奏請：如實有水占河塌不可耕種，本路及運司佐官按視，尚書省下按察司覆同，然後改撥。若沙鹹瘠薄，當準已撥爲定。制曰：可。

《金史》卷一〇七《高汝礪傳》 貞祐三年五月，朝廷議徙河北軍戶家屬於河南，留其軍守衛郡縣。【略】

軍戶既遷，將括地分授之，未有定論，上勅尚書省曰：北兵將及河南，由是盡起諸路軍戶，共圖保守。今既至矣，糧食所當必與，然未有以處之。可分遣官聚耆老問之，其將益賦，或與之田，二者孰便。又以諭汝礪。既而所遣官言：農民並稱，比年以來租賦已重，若更益之，力實不足，不敢復佃官田，願以給軍。於是汝礪奏：遷徙軍戶，一時之事也。民佃官田，久遠之計也。河南民地、官田，計數相半。又多全佃官田之家，墳塋、莊井俱在其中。率皆貧民，一旦奪之，何以自活。夫小民易動難安，一時避賦，遂有此言。及其與人，即前日之主今還爲客，能勿悔乎，悔則忿心生矣。如山東撥地時，腴田沃壤盡入勢家，瘠惡者乃付貧戶。無益於軍，而民則有損，至於互相憎疾，今猶未已，前事不遠，足爲明戒。惟當倍益官租，以給軍糧之半，復以係官荒田、牧馬草地量數付之，令其自耕，則百姓免失業之艱，而官司不必爲厲民之事矣。且河南之田最宜麥，今雨澤霑足，正播種之時，誠恐民疑以誤歲計，宜早決之。上從其請。

尋遷尚書右丞。時上以軍戶地當撥付，使得及時耕墾，而汝礪復上奏曰：在官荒田及牧馬地，民多私耕者。今正藝麥之時，彼知將以與人，必皆棄去，軍戶雖得，亦已逾時，徒成曠廢。若候畢功而後撥，量收所得，以補軍儲，則公私俱便。乞盡九月然後遣官。十月，汝礪言：今河北軍戶徙河南者幾百萬口，人日給米一升，歲率三百六十萬石，半給其直猶支粟三百萬石。河南租地計二十四萬頃，歲徵粟纔一百五十六萬有奇，更乞於經費之外倍徵以給，仍以係官閑田及牧馬地可耕者畀之。奏可。乃遣右司諫馮開等分詣諸郡就給之，人三十畝，以汝礪總之。既而，括地官還，皆曰：頃畝之數甚少，且瘠惡不可耕。計共可耕者均以與之，人得無幾，又僻遠處不免徙就之，軍人皆以爲不便。汝礪遂言於上，詔有司罷之，但給軍糧之半，而半折以實直焉。

四年正月，拜尚書左丞，連上表乞致仕，皆優詔不許。會朝廷議發兵河北，護民芟麥，而民間流言謂官將盡取之。上聞，以問宰職曰：爲之奈何？高琪等奏：若令樞密院遣兵居其衝要，鎮遏土寇，仍許收逃戶之田，則軍民兩便。或有警急，軍士亦必盡心。汝礪曰：甚非計也。蓋河朔之民所恃以食者惟此麥耳。今已有流言，而復以兵往，是益使之疑懼也。不若聽其自便，令宣撫司禁戢無賴，不致侵擾足矣。逃戶田令有司收之，以充軍儲可也。乃詔遣戶部員外郎裴滿蒲剌都閱視田數，及訪民願發兵以否，還奏：臣西由懷、孟，東抵曹、單，麥苗苦亦無多，訊諸農民，往往自爲義軍。臣卽宣布朝廷欲發兵之意，皆感戴而不願也。於是罷之。

汝礪以數乞致仕不從，乃上言曰：立非常之功，必待非常之人。今大兵既退，正完葺關隘、簡練兵士之時，須得通敏經綸之才預爲籌畫，俾濟中興。伏見尚書左丞兼行樞密副使胥鼎，才擅衆長，身兼數器，乞召還朝省。不從。時高琪欲從言事者歲閱民田徵租，朝廷將從之。汝礪言：臣聞治大國者若烹小鮮，最爲政之善喻也。國朝自大定通檢後，十年一推物力，惟其貴簡靜而重勞民耳。今言者請如河北歲括實種之田，計數徵斂，卽是常時通檢，無乃駭人視聽，使之不安乎。且河南、河北事體不同，河北累經劫掠，戶口亡匿，田疇荒廢，差調難依元額，故爲此權宜之法，蓋軍儲不加多，且地少而易見也。河南自車駕巡幸以來，百姓湊集，凡有閑田及逃戶所棄，耕墾殆徧，各承元戶輸租，其所徵斂皆準通推之額，雖軍馬益多，未嘗闕誤，詎宜一概動擾。若恐豪右蔽匿而逋征賦，則有司檢括亦豈盡實。但嚴立賞罰，許其自首，及聽人告捕，犯者以盜軍儲坐之，地付告者，自足使人知懼，而賦悉入官，何必爲是紛紛也。抑又有大不可者三，如每歲檢括，則夏田春量，秋田夏量，中間雜種亦且隨時量之，一歲中略無休息，民將厭避，耕種失時，或止耕膏腴而棄其餘，則所收仍舊而所輸益少，一不可也。檢括之時，縣官不能家至戶到，里胥得以暗通貨賂，上下其手，虛爲文具，轉失其眞，二不可也。民田與軍田犬牙相錯，彼或陰結軍人以相冒亂，而朝廷止憑有司之籍，儻使臨時少於元額，則資儲闕誤必矣，三不可也。夫朝廷舉事，務在必行，既行而復中止焉，是豈善計哉。議遂寢。

《金史》卷一一四《石抹世勣傳》　石抹世勣字景略。【略】貞祐三年，累官爲太常丞，預講議所事。時朝廷徙河北軍戶河南，宰職議給以田，世勣上言曰：荒閑之田及牧馬地，其始耕墾，費力當倍，一歲斷不能熟。若奪民素蒔者與之，則民將失所，且啓不和之端。況軍戶率無耕牛，雖或有之，而廩給未敢遽減。彼既南來，所捐田宅爲人所有，一旦北歸，能無爭奪。切謂宜令軍戶分人歸守本業，收其晚禾，至春復還爲固守計。會侍御史劉元規亦言給田不便，上大悟，乃罷之。

《金史》卷一二二《忠義二·納合蒲剌都》　〔貞祐〕四年，升河州爲平西軍，就以蒲剌都爲節度使。【略】又請補官贖罪以足用，及請許人射佃陝西荒田、開採礦冶，不報。

《元史》卷一二八《相威傳》　〔至元〕十四年，召拜江南諸道行臺御史大夫。【略】繼陳便民一十五事，其略曰：併行省，削冗官，鈐鎮戍，拘官船，業流民，録故官，賑饋遺，淮浙鹽運司直隸行省，行大司農營田司併入宣慰司，理訟勿分南北，公田召佃仍減其租，革宋公吏勿容作弊。帝皆納焉。

《元史》卷一四八《董俊傳》　至元改元，召爲西夏中興等路行省郎中。中興自渾都海之亂，民間相恐動，竄匿山谷。文用至，鎮之以靜，乃爲書置通衢諭之，民乃安。始開唐來、漢延、秦家等渠，墾中興、西涼、甘、肅、瓜、沙等州之土爲水田若干，於是民之歸者戶四五萬，悉授田種，頒農具；更造舟置黃河中，受諸部落及潰叛之來降者。

《元史》卷一五〇《奧敦世英傳》　〔保和〕尋以元帥領眞定、保定、順德諸道農事，凡闢田二十餘萬畝。改眞定路勸農事，兼領諸署，賜居第、戎器、裘馬，給戶，食其租。

《元史》卷一六〇《閻復傳》　〔元貞三年〕因星變，且曰：古者，刑不上大夫，今郡守以徵租受杖，非所以厲廉隅。江南公田租重，宜減，以貸貧民。

後多采用。

《元史》卷一七三《燕公楠傳》　〔至元〕三十年，復爲大司農，得藏匿公私田六萬九千八百六十二頃，歲出粟十五萬一千一百斛、鈔二千六百貫、帛千五百匹、麻絲二千七百斤。

《元史》卷一七五《張珪傳》　天下官田歲入，所以贍衛士，給戍卒。自至元三十一年以後，累朝以是田分賜諸王、公主、駙馬，及百官、宦者、寺觀之屬，遂令中書酬直海漕，虛耗國儲。其受田之家，各任土著姦吏爲莊官，催甲斗級，巧名多取，又且驅迫郵傳，徵求餼廩，折辱州縣，閉償逋負，至倉之日，變鬻以歸。官司交忿，農民窘竄。臣等議：惟諸王、公主、駙馬、寺觀，如所與公主桑哥剌吉及普安三寺之制，輸之公廩，計月直折支以鈔，令有司兼令輸之省部，給之大都；其所賜百官及宦者之田，悉拘還官，著爲令。

《元史》卷一七七《吴元珪傳》　仁宗即位，詔元珪與十六人議時政。皇慶元年，出拜江浙行省左丞。江淮漕臣言：江南殷富，蓋由多匿腴田，若再行檢覆之法，當益田畝累萬計。元珪曰：江南之平，幾四十年，戶有定籍，田有定畝，一有動搖，其害不細。執其論固爭，月餘不能止，移疾去。

《元史》卷一八四《王都中傳》　已而世祖追念其父功不置，特授都中少中大夫、平江路總管府治中，時年甫十七。【略】崑山有詭易官田者，事覺，而八年不決，都中爲披故牘，洞見底裏，其人乃伏辜。

《元史》卷一八六《曹鑑傳》　至治二年，授江浙行省左右司員外郎。明年，奉旨括釋氏白雲宗田，稽檢有方，不數月而事集，纖豪無擾。

《元史》卷一八七《烏古孫良楨傳》　御史臺作新風憲，復疏其所當行者，以舉賢才爲綱，而以厚風俗、均賦役、重審理、汰冗官、選守令、出奉使、均公田爲目，指擿剴切，雖觸忌諱，亦不顧也。

《元史》卷一八四《王克敬傳》　元統初，起爲江浙行省參知政事，請罷富民承佃江淮田，從之。

《元史》卷一八五《干文傳傳》　長洲爲文傳鄉邑，文傳徙楊公署，無事未嘗輒出，而親舊莫敢通私謁。會創行助役法，凡民田百畝，令以三畝入官，爲受役者之助。文傳既專任其縣事，而行省又以無錫州及華亭、上海兩縣之事諉焉。文傳諭豪家大姓，以腴田來歸，而中人之家，自是不病於役。

《明史》卷一一七《寧王朱權傳》　〔正德〕十四年，御史蕭淮疏言宸濠諸罪，謂不早制，將來之患有不可勝言者。疏下內閣，大學士楊廷和謂宜如宣宗處趙府事，遣勳戚大臣宣諭，令王自新。帝命駙馬都尉崔元、都御史顏頤壽、太監賴義持諭往，收其護衛，令還所奪官民田。

《明史》卷一四六《張信傳》　永樂八年冬，都御史陳瑛言信無汗馬勞，忝冒侯爵，恣肆貪墨，強占丹陽練湖八十餘里，江陰官田七十餘頃，請下有司驗治。帝曰：瑛言是也。昔中山王有沙洲一區，耕農水道所經，家僮阻之以擅利。王聞，即歸其地於官。今信何敢爾！命法司雜治之，尋以舊勳不問。

《明史》卷一四八《楊士奇傳》　帝以四方屢水旱，召士奇議下詔寬恤，免災傷租稅及官馬虧額者。士奇因請並蠲逋賦薪芻錢，減官田額，理冤滯，汰工役，以廣德意。民大悅。

《明史》卷一五三《周忱傳》　初，太祖平吳，盡籍其功臣子弟莊田入官，後惡富民豪幷，坐罪沒入田產，皆謂之官田，按其家租籍征之，故蘇賦比他府獨重。官民田租共二百七十七萬石，而官田之租乃至二百六十二萬石，民不能堪。

時宣宗屢下詔減官田租，忱乃與知府況鍾曲算累月，減至七十二萬餘石，他府以次減，民始少甦。七年，江南大稔，詔令諸府縣以官鈔平糴備振貸，蘇州遂得米二十九萬石。故時公侯祿米，軍官月俸，皆支於南戶部。蘇、松民轉輸南京者，石加費六斗。忱奏令就各府支給，與船價米一斗，所餘五斗，通計米四十萬石有奇，并官鈔所糴，共得米七十萬餘石，遂置倉貯之，名曰濟農。振貸之外，歲有餘羨。凡綱運、風漂、盜奪者，皆借給於此，秋成，抵數還官。其修圩、築岸、開河、濬湖所支口糧，不責償。耕者借貸，必驗中下事力及田多寡給之，秋與糧並賦，凶歲再振。其姦頑不償者，後不復給。定爲條約以聞。帝嘉獎之。終忱在任，江南數大郡，小民不知凶荒，兩稅未嘗逋負，忱之力也。

時漕運，軍民相半。軍船給之官，民則僦舟，加以雜耗，率三石致一石，往復經年失農業。忱與平江伯陳瑄議，民運至淮安或瓜洲水次交兌，漕軍運抵通州。淮安石加五斗，瓜洲又益五升。其附近并南京軍未過江者，即倉交兌，加與過江米二斗，襯墊蘆蓆與折米五合。兌軍或後期阻風，則令州縣支贏米。設廒於瓜洲水次，遷米貯之，量支餘米給守者。由是漕費大省。

民間馬草歲運兩京，勞費不訾。忱請每束折銀三分，南京則輕齎即地買納。京師百官月俸，皆持俸帖赴領南京。米賤時，俸帖七八石，僅易銀一兩。忱請檢重額官田、極貧下戶兩稅，準折納金花銀，每兩當米四石，解京兑俸，民出甚少，而官俸常足。嘉定、崑山諸縣歲納布，疋重三斤抵糧一石。比解，以縷粗見斥者十八九。忱言：布縷細必輕，然價益高。今既貴重，勢不容細。乞自今不拘輕重，務取長廣如式。從之。各郡驛馬及一切供帳，舊皆領於馬頭。有耗損，則馬頭横科補買。忱令田畝出米升九合，與秋糧俱征，驗馬上中下直給米。【略】

初，欲減松江官田額，依民田起科。戶部郭資、胡濙奏其變亂成法，請罪之，宣宗切責資等。忱嘗言：吳淞江畔有沙塗柴場百五十頃，水草茂盛，蟲蜢多生其中。請募民開墾，可以足國課，消蟲災。又言：丹徒、丹陽二縣田沒入江者，賦尚未除。國初蠲稅之家，其田多併於富室，宜徵其租，沒於江者除之，則額不虧而貧富均。無錫官田賦白米太重，請改征租米。悉報可。其因災荒請蠲貸，及所陳他利病無算，小者用便宜行之，無所顧慮。久之見財賦充溢，益務廣大。修葺廨舍學校、先賢祠墓、橋梁道路，及崇飾寺觀，贈遺中朝官，資餉過客，無稍吝惜。胥吏漁蠹其中，亦不甚訾省。以故屢召人言。

《明史》卷一六一《況鍾傳》　清軍御史李立勾軍暴，同知張徽承風指，動以酷刑抑配平人。鍾疏免百六十人，役止終本身者千二百四十人。屬縣逋賦四年，凡七百六十餘萬石。鍾請量折以鈔，爲部議所格，然自是頗蠲減。又言：近奉詔募人佃官民荒田，官田準民田起科，無人種者除賦額。崑山諸縣民以死徙從軍除籍者，凡三萬三千四百餘戶，所遺官田二千九百八十餘頃，應減稅十四萬九千餘石。其他官田沒海者，賦額猶存，宜皆如詔書從事。臣所領七縣，秋糧二百七十七萬九千石有奇。其中民糧止十五萬三千餘石，而官糧乃至二百六十二萬五千餘石，有畝徵至三石者，輕重不均如此。洪、永間，令出馬役於北方諸驛，前後四百餘匹，期三歲遣還，今已三十餘歲矣。馬死則補，未有休時。工部征三梭闊布八百匹，浙江十一府止百匹，而蘇州乃至七百，乞敕所司處置。帝悉報許。

《明史》卷一六一《楊瓚傳》　擢浙江右布政使。與鎮守侍郎孫原貞共平陶得二之亂。景泰二年，瓚以湖州諸府官田賦重，請均之民田賦輕者，而嚴禁詭寄之弊。詔與原貞督之，田賦稱平。久之，卒官。

《明史》卷一七二《孫原貞傳》　景泰元年，原貞進兵擣賊巢。俘斬賊首陶得二等，招撫三千六百餘人，追還被掠男女。捷聞，璽書獎勵。請奔喪。踰月，還鎮。復分兵剿平餘寇。奏析瑞安地增置泰順，析麗水、青田二縣地置雲和、宣平、景寧四邑，建官置戍，盜患遂息。論功，進秩一等。浙官田賦重，右布政使楊瓚請均於民田輕額者。詔原貞督之，田賦以平。

《明史》卷一八二《王恕傳》　還南京數月，遷兵部尚書，參贊如故。考選官屬，嚴拒請託，同事者咸不悦。而錢能歸，屢譖恕於帝。帝亦銜恕數直言，遂命兼右副都御史巡撫南畿。舊制，應天、鎮江、太平、寧國、廣德官田徵半租，民田全免。其後，民田率歸豪右，而官田累貧民。恕乃量減官田耗，稍增之民田。常州時有羨米，乃奏以六萬石補夏稅，又補他府戶口鹽鈔六百萬貫，公私便焉。所部水災，奏免秋糧六十餘萬石。周行振貸，全活二百餘萬口。江南歲輸白糧，民多至破產，而光禄概以給庖人、賤工。又中官暴横，四方輸上供物，監收者率要羨入。織造繒綵及採花卉禽鳥者，絡繹道路。恕先後論列，皆不納。

《明史》卷二二三《徐貞明傳》　及貞明被謫，至潞河，終以前議可行，乃著《潞水客談》以畢其說。其略曰：西北之地旱則赤地千里，潦則洪流萬頃，惟雨暘時若，庶樂歲無饑，此可常恃哉？惟水利興而後旱潦有備，利一。中人治生必有常稔之田，以國家之全盛獨待哺於東南，豈計之得哉？水利興則餘糧棲畝皆倉庾之積，利二。東南轉輸其費數倍。若西北有一石之入，則東南省數石之輸，久則蠲租之詔可下，東南民力庶幾稍甦，利三。西北無溝洫，故河水横流，而民居多沒。修復水田則可分河流，殺水患，利四。西北地平曠，寇騎得以長驅。若溝洫盡舉，則田野皆金湯，利五。游民輕去鄉土，易於爲亂。水利興則業農者依田里，而游民有所歸，利六。招南人以耕西北之田，則民均而田亦均，利七。東南多漏役之民，西北罹重徭之苦，以南賦繁而役減，北賦省而徭重也。使田墾而民聚，則賦增而北徭可減，利八。沿邊諸鎮有積貯，轉輸不煩，利九。天下浮戶依富家爲佃客者何限，募之爲農而簡之爲兵，屯政無不舉矣，利十。塞上之卒，土著者少。屯政舉則兵自足，可以省遠募之費，甦班戍之勞，停攝勾之苦，利十一。宗禄浩繁，勢將難繼。今自中尉以下量禄之田，使自食其土，爲長子孫計，則宗禄可減，利十二。修復水利，則倣古井田，可限民名田。而自昔養民之政漸可舉行，利十三。民與地均，可倣古比閭族黨之制，而敎化漸興，風俗自美，利十四也。

譚綸見而美之曰：我歷塞上久，知其必可行也。已而順天巡撫張國彥、副使顧養謙行之薊州、永平、豐潤、玉田，皆有效。及是貞明還朝，御史蘇瓚、徐待力言其説可行，而給事中王敬民又特疏論薦，帝乃進貞明少卿，賜之敕，令往會撫按諸臣勘議。

時瓚方奉命巡關，復獻議曰：治水與墾田相濟，未有水不治而田可墾者。畿輔爲患之水莫如盧溝、滹沱二河。盧溝發源於桑乾，滹沱發源於泰戲，源遠流長。又合深、易、濡、泡、沙、滋諸水，散入各淀，而泉渠溪港悉注其中。以故高橋、白洋諸淀，大者廣圍一二百里，小亦四五十里。每當夏秋淫潦，膏腴變爲瀉鹵，菽麥化爲萑葦，甚可惜也。今治水之策有三：濬河以決水之壅，疏渠以殺淀之勢，撤曲防以均民之利而已。帝並下貞明。

貞明乃躬歷京東州縣，相原隰，度土宜，周覽水泉分合，條列事宜以上。戶部尚書畢鏘等力贊之，因採貞明疏，議爲六事：請郡縣有司以墾田勤惰爲殿最，聽貞明舉劾；地宜稻者以漸勸率，宜黍宜粟者如故，不遽責其成；召募南人，給衣食農具，俾以一教十；能墾田百畝以上，卽爲世業，子弟得寄籍入學，其卓有明效者，倣古孝弟力田科，量授鄉遂都鄙之長；墾荒無力者，貸以穀，秋成還官，旱潦則免；郡縣民壯，役止三月，使疏河芟草，而墾田則募專工。帝悉從之。其年九月遂命貞明兼監察御史領墾田使，有司撓者劾治。

貞明先詣永平，募南人爲倡。至明年二月，已墾至三萬九千餘畝。又遍歷諸河，窮源竟委，將大行疏濬。而奄人、勳戚之占閒田爲業者，恐水田興而己失其利也，爭言不便，爲蜚語聞於帝。帝惑之。三月，閣臣申時行等以風霾陳時政，力言其利。帝意終不釋。御史王之棟，畿輔人也，遂言水田必不可行，且陳開滹沱不便者十二。帝乃召見時行等，諭令停役。時行等請罷開河，專事墾田。已，工部議之棟疏，亦如閣臣言。帝卒罷之，而欲追罪建議者，用閣臣言而止。貞明乃還故官。尋乞假歸。十八年卒。

《明史》卷二二六七《鹿善繼傳》 鹿善繼，字伯順，定興人。祖久徵，萬曆中進士，授息縣知縣。時詔天下度田，各署上中下壤，息獨以下田報，曰：度田以紓民，乃病民乎！調襄垣，擢御史，以言事謫澤州判官，遷滎澤知縣，未任而卒。父正，苦節自礪。縣令某欲見之，方糞田，投鍤而往。急人之難，傾其家不惜，遠近稱鹿太公。

《明史》卷二八一《循吏傳・趙豫》 趙豫，字定素，安肅人。燕王起兵下保定，豫以諸生督賦守城。永樂五年授泌陽主簿，未上，擢兵部主事，進員外郎。內艱，起復。洪熙時進郎中。

宣德五年五月簡廷臣九人爲知府，豫得松江，奉敕往。時衞軍恣横，豫執其尤者，杖而配之邊，衆遂帖然。一意拊循，與民休息。擇良家子謹厚者爲吏，訓以禮法。均徭節費，減吏員十之五。巡撫周忱有所建置，必與豫議。及清軍御史李立至，專務益軍，勾及姻戚同姓。稍辨，則酷刑榜掠。人情大擾，訴枉者至一千一百餘人。鹽司勾竈丁，亦累及他戶，大爲民害。豫皆上章極論之，咸獲蘇息。有詔減蘇、松官田重租，豫所轄華亭、上海二縣，減去十之二三。

紀事

漢・荀悅《漢紀》卷三〇《孝平皇帝紀》 凡漢有天下，地東西［萬］九千三百二里，南北萬(二)［三］千三百六十八里。隄封［田一］萬萬四千五百一十三萬六千四百五頃，除邑居、道路、山林、川澤、郡國不可闢者，定墾田八百二十七萬五百(六)［三］十(七)［六］頃。郡國［一百］三，［事三十］縣［邑］一千三百一十四，道三十(三)［二］，侯國二(事)［百］四十一。戶千［二百］二十三萬三千六百一十二，口五千(六)［九］百五十九萬四千九百(九)［七］十八人。此在國家強盛之時。

《後漢書》卷一下《光武帝紀》 ［建武十五年］詔下州郡檢覈墾田頃畝及戶口年紀，又考實二千石長吏阿枉不平者。【略】［十六年］秋九月，河南尹張伋及諸郡守十餘人，坐度田不實，皆下獄死。

《後漢書》卷二《顯宗孝明帝紀》 ［永平九年］夏四月甲辰，詔郡國以公田賜貧人各有差。

《後漢書》卷三《肅宗孝章帝紀》 ［元和二年］二月甲戌，詔曰：王者八政，以食爲本，故古者急耕稼之業，致耒耜之勤，節用儲蓄，以備凶災，是以歲雖不登而人無飢色。自牛疫已來，穀食連少，良由吏教未至，刺史、二千石不以爲負。其令郡國募人無田欲徙它界就肥饒者，恣聽之。到在所，賜給公田，爲雇耕傭，賃種餉，貰與田器，勿收租五歲，除筭三年。其後欲還本鄉者，勿禁。

《後漢書》卷五《孝安帝紀》〔永初元年〕二月丙午，以廣成游獵地及被災郡國公田假與貧民。

同上〔元初〕三年春正月甲戌，修理太原舊溝渠，溉灌官私田。

《梁書》卷三《武帝紀下》〔大同七年〕十一月丙子，詔停在所役使女丁。丁丑，詔曰：民之多幸，國之不幸，恩澤屢加，彌長姦盜，朕亦知此之爲病矣。如不優赦，非仁人之心。凡厥諐耗逋負，起今七年十一月九日昧爽以前，在民間無問多少，言上尚書督所未入者，皆赦除之。又詔曰：用天之道，分地之利，蓋先聖之格訓也。凡是田桑廢宅沒入者，公創之外，悉以分給貧民，皆使量其所能以受田分。如聞頃者，豪家富室，多占取公田，貴價僦稅，以與貧民，傷時害政，爲蠹已甚。自今公田悉不得假與豪家；已假者特聽不追。其若富室給貧民種糧共營作者，不在禁例。己丑，以金紫光祿大夫臧盾爲領軍將軍。

《陳書》卷五《宣帝紀》〔太建元年〕閏〔十一〕月辛未，詔曰：姑熟饒曠，荆河斯擬，博望關畿，天限嚴峻，龍山南指，牛渚北臨，對熊繹之餘城，邇全琮之故壘，良疇美柘，畦畎相望，連宇高甍，阡陌如繡。自梁末兵災，凋殘略盡，比雖務優寬，猶未克復，咫尺封畿，宜須殷阜。且衆將部下，多寄上下，軍民雜俗，極爲蠹耗。自今有罷任之徒，許分留部下；其已在江外，亦令迎還，悉住南州津裏安置。有無交貨，不責市估；萊荒墾闢，亦停租稅。臺遣鎮監一人，共刺史、津主分明檢押，給地賦田，各立頓舍。

《魏書》卷八《世宗紀》〔景明元年〕十有二月丙子，以苑牧公田分賜代遷之戶。

《遼史》卷一三《聖宗紀四》〔九年正月〕辛卯，詔免三京諸道租賦，仍罷括田。

《金史》卷八《世宗紀下》〔大定二十一年正月〕上聞山東、大名等路猛安謀克之民，驕縱奢侈，不事耕稼。詔遣閱實，計口授地，必令自耕，地有餘而不贍者，方許招人租佃，仍禁農時飲酒。

同上〔大定二十一年三月〕乙丑，詔山後冒占官地十頃以上者皆籍入官，均給貧民。

《金史》卷九《章宗紀一》〔大定二十九年九月〕庚申，詔增守山陵爲二十丁，給地十頃。

《金史》卷一一《章宗紀三》〔泰和元年九月〕更定贍學養士法：生員，給民佃官田人六十畝，歲支粟三十石；國子生，人百八畝，歲給以所入，官爲掌其數。

《金史》卷一四《宣宗紀上》〔貞祐三年七月〕辛酉，議括官田及牧馬地以贍河北軍戶之徙河南者，已爲民佃者俟穫畢日付之。羣臣迭言其不便，遂寢。

《金史》卷一六《宣宗紀下》〔元光元年春正月〕壬子，遣官墾種京東、西、南三路水田。

《元史》卷六《世祖紀三》〔至元四年二月〕丁亥，括西夏民田，徵其租。

《元史》卷七《世祖紀四》〔至元八年〕十二月括西夏田。

《元史》卷一二《世祖紀九》〔至元二十年十一月〕詔：大都田土，並令輸稅；甘州新括田土，畝輸租三升。【略】戊辰，立司農司，掌官田邸舍人民。

《元史》卷一三《世祖紀十》〔至元二十一年〕十二月甲辰朔，中書省臣言：江南官田爲權豪寺觀欺隱者多，宜免其積年收入，限以日期，聽人首實。踰限爲人所告者，徵以其半給告者。從之。

《元史》卷一四《世祖紀十一》〔至元二十三年〕秋七月己巳，用中書省臣言，以江南隸官之田多爲強豪所據，立營田總管府，其所據田仍履畝計之。

《元史》卷一五《世祖紀十二》〔至元二十五年〕大司農言耕曠地三千五百七十頃。

《元史》卷一八《成宗紀一》〔元貞元年十一月〕詔江浙行省括隱漏官田及檢劾富強避役之戶。

《元史》卷一九《成宗紀二》〔元貞二年七月〕括伯顏、阿朮、阿里海牙等所據江南田及權豪匿隱者，令輸租。

《元史》卷二一《成宗紀四》〔大德七年十二月〕命江南、浙西官田奉特旨賜賚者，許中書省迴奏。

同上〔大德九年二月〕免大都、上都、隆興差稅，內郡包銀俸鈔一年。江淮以南租稅及佃種官田者，均免十分之二。

同上 〔大德九年十月〕常州僧録林起祐以官田二百八十頃冒爲己業施河西寺，敕募民耕種，輸其租於官。

《元史》卷二二《武宗紀一》 〔大德十一年十一月〕庚寅，賜太師月赤察兒江南田四十頃。時賜田悉奪還官，中書省爲言，有旨： 月赤察兒自世祖時積有勳勞，非餘人比，宜以前後所賜，合百頃與之。仍敕行省平章别不花領其歲入。

同上 〔至大元年七月〕壬戌，皇子和世㻋請立總管府，領提舉司四，括河南歸德、汝寧境内瀕河荒地約六萬餘頃，歲收其租，令河南省臣高興總其事。中書省臣言： 瀕河之地，出没無常，遇有退灘，則爲之主。先是，有亦馬罕者，妄稱省委括地，蠶食其民，以有主之田俱爲荒地，所至騷動。民高榮等六百人，訴於都省，追其驛券，方議其罪，遇赦獲免，今乃獻其地於皇子。且河南連歲水災，人方闕食，若從所請，設立官府，爲害不細。帝曰： 安用多言，其止勿行！

《元史》卷二三《武宗紀二》 〔至大三年十一月〕隨處官民田土各有所屬，諸人勿得陳獻。【略】壬申，晉王也孫鐵木兒言： 世祖以張鐵木兒所獻地土、金銀、銅冶賜臣，後以成宗拘收諸王所占地土民户，例輸縣官，乞回賜。從之，仍賜鈔三千錠賑其部貧民。

《元史》卷二四《仁宗紀一》 〔至大四年二月〕甲寅，遣使檢覈小雲石不花所獻河南荒田。

《元史》卷二五《仁宗紀二》 〔延祐元年冬十月〕遣官括淮民所佃閑田不輸税者。

同上 〔延祐二年〕八月丙戌，贛州賊蔡五九陷汀州寧花縣，僭稱王號，詔遣江浙行省平章張驢等率兵討之。【略】乙未，臺臣言： 蔡五九之變，皆由昵匝馬丁經理田糧，與郡縣横加酷暴，逼抑至此。〔信〕豐一縣，撤民廬千九百區，夷墓揚骨，虚張頃畝，流毒居民。乞罷經理及冒括田租。制曰： 可。

九月丁未，張驢以括田逼死九人，敕吏部尚書王居仁等鞫之。

《元史》卷二六《仁宗紀三》 〔延祐六年六月〕辛丑，置河南田賦總管府，隸内史府，設達魯花赤、總管、同知各一員，副總管二員，秩從三品。

《元史》卷二八《英宗紀二》 〔至治二年十一月〕己亥，以立右丞相詔天下。【略】免陝西明年差税十之三，各處官佃田明年租十之二，江淮創科包銀全免之。【略】平江路水，損官民田四萬九千六百三十頃，免其租。

《元史》卷二九《泰定帝紀一》 〔泰定元年十月〕，河南廉訪使賈奴，坐多徵公田租免官。

《元史》卷三三《文宗紀二》 〔天曆二年冬十月〕己丑，立大承天護聖寺營繕提點所，秩正五品； 又立大都等處、平江等處田賦提舉司二，秩從五品； 皆隸隆祥總管府。

《元史》卷三五《文宗紀四》 〔至順二年五月〕，以平江官田五百頃立稻田提舉司，隸宫相都總管府。

《元史》卷三六《文宗紀五》 〔至順三年三月〕，燕鐵木兒言： 平江、松江澱山湖圩田方五百頃有奇，當入官糧七千七百石。其總佃者死，頗爲人占耕。今臣願增糧爲萬石入官，令人佃種，以所得餘米贍臣弟撒敦。從之。

《元史》卷四〇《順帝紀三》 〔至正二年〕六月戊申，命江浙撥賜僧道田還官徵糧，以備軍儲。壬子，濟南山崩，水湧。乙丑，罷邦牙宣慰司。是月，汾水大溢。

《元史》卷四三《順帝紀六》 〔至正十三年夏四月〕己酉，詔取勘徐州、汝寧、南陽、鄧州等處荒田并户絶籍没入官者。

同上 〔至正十四年春正月〕，立遼陽等處漕運庸田使司，屬分司農司。

同上 〔至正十四年十二月〕，罷庸田、茶運、寶泉等司。

《明實録·太祖實録》卷三七 〔洪武元年〕，是歲中書省奏内外鼓鑄銅錢八千九百餘萬，天下州縣墾田七百七十餘頃。

《明實録·太祖實録》卷四七 〔洪武二年十二月〕，户部奏是歲天下郡縣墾田八百九十八頃。

《明實録·太祖實録》卷五六 〔洪武三年九月〕庚戌，户部奏蘇、松、嘉、湖四府官民田租不及六斗者請輸京倉，六斗以上者輸鎮江瓜洲倉。上令租之重者於本處倉收貯，餘皆令輸入京。

《明實録·太祖實録》卷五九 〔洪武三年十二月〕，户部奏今歲山東、河南、江西府州縣墾田二千一百三十五頃二十畝。

《明實録·太祖實録》卷六五 〔洪武四年五月〕乙亥，免兩浙秋糧。詔曰： 朕起農業，深知稼穡艱難，及躬率六師征討四方尤知將士勞苦，重荷上天眷佑，平群雄，一天下，東際遼海，南定諸番，西控戎夷，北靖沙漠，皆以精鋭屯守要害，用安黎庶，未免科徵轉運，供給繁勞，事豈得已，惟爾兩浙自歸附之後民力未甦，兼以守令多非其人，或肆侵漁，或務苛刻。朕甚憫焉。今四方既定，選用賢良，專意治道以厚吾民。其今年秋糧及没官田租俱與蠲免。於乎食者民之天，民乃邦之本，一視同仁，豈有厚薄。然恩之所及，時有先後，咨爾人民，其體朕懷，永安生業，共享太平。

《明實録·太祖實録》卷六七 ［洪武四年八月］丙戌，户部奏今年兩浙秋糧及没官田租既已蠲免，而所賜公侯田糧多没官租，亦宜照例免徵。其公侯歲禄別給之。制可。

《明實録·太祖實録》卷七〇 ［洪武四年十二月］，是歲天下郡縣墾田十萬六千六百二十二頃四十二畝。

《明實録·太祖實録》卷七四 ［洪武五年六月］癸巳，定六部職掌，歲終考績以行黜陟。吏部掌天下官吏選法、封勳、考課之政，其屬有三，一曰總部，掌文選；二曰司勳部，掌官制；三曰考功部，掌考覈。户部掌天下户口、田土、貢賦、經費、錢貨之政。其屬有四，一曰總部，掌天下户口田土、貢賦、水旱災傷；二曰度支部，掌管考校賞賜禄秩；三曰金部，掌課程、市舶、庫藏錢帛、茶鹽；四曰倉部，掌漕運軍儲、出納料量。

同上 ［洪武五年六月］乙巳，命户部遣使度四川田，以蜀始平故也。

《明實録·太祖實録》卷七五 ［洪武五年七月］己巳，詔户部經理功臣田土。

《明實録·太祖實録》卷八六 ［洪武六年十二月］，户部奏今歲天下墾田三十五萬三千九百八十頃有奇。

《明實録·太祖實録》卷九五 ［洪武七年十二月］，户部奏今年天下郡縣墾荒田凡九十二萬一千一百二十四頃。

《明實録·太祖實録》卷一〇〇 ［洪武八年五月］，陝西按察司僉事虞以文言：洪武七年冬巡按至漢中，見其民多居深山，少處平地，其膏腴水田除守禦官軍及南鄭等縣民開種外，餘皆灌莽彌望，虎豹所伏，暮夜輒出傷人。臣嘗相視其地本皆沃壤，若薙其榛莽，修其渠堰，則雖遇旱澇可以無憂已。令各縣招諭山民隨地開種，鮮有來者，蓋由歸附之後其民居無常所，田無常業。今歲於此山開墾即攜妻子，誅茅以居，燔翳下種，謂之刀耕火種，力省而有獲。然其土磽瘠，不可再種，來歲又移於他山率以爲常，暇日持弓矢捕禽獸以自給。所種山地皆深山窮谷，遷徙無常，故於賦税官不能必其盡實。遇有差徭，則鼠竄蛇匿，若使移居平地開種水田，則須買牛具，修築堤堰，較之山地用力多而勞。又畝徵其租一斗，地既莫隱，賦亦繁重，以是不欲下山。今若減其租賦，寬其徭役，使居平野以漸開墾，則田益闢而民有恆産矣。上善其言，詔陝西行省度行之。

《明實録·太祖實録》卷一〇二 ［洪武八年十二月］，直隸寧國諸府，山西、陝西、江西、浙江各省墾田地六萬二千三百八頃二十八畝。

《明實録·太祖實録》卷一〇五 ［洪武九年三月］，免河南、福建、江西、浙江、北平、湖廣及直隸揚州、淮安、池州、安慶、徽州五府税糧。詔曰：前者兵征四方，軍需甲仗皆出吾民。今天下已定，正當與吾民共樂。其樂奈何，土木之工屢興，煩勞愈甚，内郡多被艱辛而外郡疲於轉運。近勑中書下户部度倉庫錢穀，足給數年，其河南、福建、江西、浙江所屬府州縣并直隸揚州、淮安、池州、安慶、徽州等府今年夏秋税糧盡行蠲免，北平所屬眞定等七府已免洪武八年夏税，惟大名一府未經優免，其今年夏秋税糧并七府秋糧盡行蠲免。湖廣行省武昌等二十五府所屬州縣并思南宣慰等司今年夏秋税糧盡行蠲免，蘄州、黄州二府已免去年秋糧，今年夏税一體免徵。其有上年覈出欺隱不報官田地，人民及各處應有入官田地私租不在蠲免之例。

《明實録·太祖實録》卷一一〇 ［洪武九年十二月］，户部奏是歲天下墾田地二萬七千五百六十四頃二十七畝。

《明實録·太祖實録》卷一一六 ［洪武十年］，是歲户部奏墾田一千五百一十三頃七十九畝。

《明實録·太祖實録》卷一一九 ［洪武十一年九月］，吉安侯陸仲亨、汝南侯梅思祖赴召違期，法司劾之。上命收仲亨公田，停思祖歲俸。以應天府上元縣官民田爲司菜局蔬圃，官田除租，民田給其直。

《明實録·太祖實録》卷一二八 ［洪武十二年十二月］，户部奏是歲開墾田土計二十七萬三千一百四頃三十三畝。

《明實録·太祖實録》卷一三四 ［洪武十三年十二月］，户部奏天下開墾荒閑田地五萬三千九百三十一頃。

《明實録·太祖實録》卷一三五 ［洪武十四年二月］庚辰，命户部覈實天下官田。

《明實録・太祖實録》卷一三九　［洪武十四年十月］甲寅，免應天等五府秋糧。詔曰：立法所以繩姦，施恩所以卹下。朕思創業之初軍需甲仗皆出於江左之民，其勞甚矣。其應天、太平、廣德、鎮江、寧國五郡今年秋糧官田減半徵收，民田全免，期蘇民力，同樂治平。

《明實録・太祖實録》卷一四〇　［洪武十四年十一月］壬辰，覈天下廢寺田產沒入官。

《明實録・太祖實録》卷一四三　［洪武十五年閏二月］丁丑，征南將軍潁川侯傅友德等遣人至京奏事。先是上諭友德等以雲南既平，留江西、浙江、湖廣、河南、四川都司兵守之，控制要害，考元時所習兵數，并計歲用及稅糧徭役之法，與凡事便宜以聞。至是友德等奏：自元世祖至今百有餘年，屢經兵燹，圖籍不存，兵數無從稽考，但當以今之要害量宜設衛以守。其稅糧則元司徒平章達里麻等嘗言元末土田多爲僧道及豪右隱占，今但準元舊，則於歲用有所不足，已督布政司覈實雲南、臨安、楚雄、曲靖、普安、普定、烏撒等衛及霑、益、盤江等千戸所見儲糧數一十八萬二千有奇，以給軍食，恐有不足，宜以今年府州縣所徵并故官寺院入官田及土官供輸、鹽商中納、戍兵屯田之入以給之。上可其奏。

《明實録・太祖實録》卷一五三　［洪武十六年四月］己亥，寧國府宣城縣民訴故元官田徵租太重，積年逋負一十五萬七千六百八十餘石，民實貧困，不能輸納。戸部以聞，詔自辛丑歲至洪武十三年逋租悉皆免徵。

《明實録・太祖實録》卷一五五　［洪武十六年六月］，遣行人覈寧波府海塗田。

《明實録・太祖實録》卷一五八　［洪武十六年］，是歲墾荒田一千二百六十五頃四十四畝，直隸應天、鎮江、太平、常州四府七百三十八頃三十三畝，山西平陽府五百二十七頃一十二畝。

《明實録・太祖實録》卷一六〇　［洪武十七年三月］丁未，江夏侯周德興請決荆州獄山壩以通水利，從之。由是得溉田，歲增官田租四千三百餘石。

《明實録・太祖實録》卷一六三　［洪武十七年七月］，免應天、太平、鎮江、寧國府及廣德、滁、和州今年官民田租之半，尋又免應天等四府及廣德浙西馬草。

《明實録・太祖實録》卷一七三　［洪武十八年五月］丙子，泰州久雨，水溢渰官民田三千餘頃，詔免其租。

《明實録・太祖實録》卷一九三　［洪武二十一年冬十月］壬寅，南安侯俞通源奏：雲南新附官民軍士田糧馬牛之數，都指揮使司所屬官計一千三百一人，軍士六萬四千二人，馬三千五百四十五匹，屯牛一萬二千九百九十四頭，田四十三萬四千三十六畝，糧三十三萬六千七石，布政使司所屬軍民凡六萬三千七百四十戸，糧七萬六千五百六十二石，馬驛六十七所，馬九百九十三匹。

《明實録・太祖實録》卷二〇一　［洪武二十三年閏四月］丙子，詔免滁陽、定遠、六合、長淮、天長、香泉、儀眞、舒城、江都等監養馬戸田租，民田全免，官田減半徵之，永爲定例。戸凡五萬四千八百有五，官民田凡三萬八千八百四十頃，免徵夏秋米麥凡二十七萬二千四百四十五石。

《明實録・太祖實録》卷二一七　［洪武二十五年二月辛巳］，潁國公傅友德請懷遠縣官地九頃六十餘畝以爲田圃。上曰：爾貴爲上公，食祿數千石而猶請地，獨不聞公儀休事邪。友德慚而退。

《明實録・太祖實録》卷二二〇　［洪武二十五年八月］甲戌，命仍歲給公侯之祿。魏國公、宋國公、曹國公、信國公、江陰侯、靖海侯、永平侯、蘄春侯各歸舊賜田於官。

《明實録・太祖實録》卷二三〇　［洪武二十六年十一月］庚申，曹國公李景隆奏還莊田六所，凡田地山塘池蕩二百餘頃。

《明實録・太祖實録》卷二四二　［洪武二十八年十月］乙卯，應天府溧陽縣知縣盧何生言：本縣荒熟田計一萬三千二百七十四頃，丁男七萬四千六百餘。若量力均種，則官不缺租，民有恆產。上敕戸部議行之。戸部言：若附近田地，令其量力均種，如僻遠不便於民者，宜俟生齒蕃息，以漸開耕。從之。

《明實録・太宗實録》卷一二上　［洪武三十五年九月］，駙馬都尉王寧奏，舊有賜田及自置田，建文中盡沒官，乞復之。上從之，仍命戸部以其所入租准祿米。

《明實録・太宗實録》卷二〇下　［永樂元年五月癸卯］，行部言：順天八府所屬見在人戶十八萬九千三百有奇，未復業八萬五千有奇，已開種田地六萬三千三百四十三頃有奇，未開種十八萬一千四百五十四頃有奇。

《明實録・太宗實録》卷二五　［永樂元年十一月］，除滁州荒田九十四頃七十九畝之稅。【略】新開墾田地十四萬七千三百五十八頃。上諭戶部臣曰：人情不得已而去其鄉，今既復業，即令有司厚撫綏之，未復業者悉心招撫，新墾田地停徵其稅。

《明實録・太宗實録》卷三三　［永樂二年八月丙戌］，禮部尚書兼左春坊大學士李至剛同六部、都察院、通政司、大理寺六科等官劾奏都督李增枝，明知兄景隆不臣之跡，曾無一言規諫，且於各處多立莊田，每莊蓄佃僕無慮千百戶，此其設意非小，望明正典刑。上曰：景隆兄弟國之親屬，朕自處之，其莊田佃僕俱沒入官。

《明實録・太宗實録》卷三五　［永樂二年十月］，撫安江西給事中朱肇言：江西十三府官田租重十倍民田，民田之租間歲折收布帛，官田悉貧民所種，其租乃令收米，乞於官田折收布，民田輸米以甦貧民。從之。

《明實録・太宗實録》卷六二　［永樂四年十二月］乙酉，除戶絶田及桑棗茶租稅。廣西鬱林等四十州縣官民田二萬七百八十五頃八十五畝，桑一萬三千七百二十株，茶二十四萬二千九百九株，山東樂安等五十七州縣官民田七千一百三十八頃四十畝，桑一萬五百一十三株，棗一千五百八十二株，廣東瓊州等八府文昌等縣田四千二百四十九頃五十五畝。

《明實録・太宗實録》卷六六　［永樂五年四月］庚寅，工部言廣東高要縣銀岡、金山等處官民田五百餘頃皆低下，圩岸爲水沖決，又竇源五穴宜築隄以防水患，請發民脩築。從之。

《明實録・太宗實録》卷一三〇　［永樂十七年七月］，順天府言：盧溝河水漲，壞橋及隄岸八千二十丈，及壞官民田廬，溺死人畜。上命戶部遣人綏撫，工部遣人修築。

《明實録・太宗實録》卷一四〇　［永樂十一年五月］，行在戶部言：山東博興、高苑、樂安、新城四縣去年大水沒官民田四千二百七十頃一十七畝，糧無徵，命覈實除之。

《明實録・太宗實録》卷一四一　［永樂十一年七月］壬午，戶部言：通州海門縣官民田近被風潮衝坍入江者該輸糧三千五百八十餘石。

《明實録・太宗實録》卷一六〇　［永樂十三年正月］，勅諭內外諸司官曰：祗奉天命，統承皇考太祖高皇帝鴻業，簡賢用能，撫綏軍民，國臻治理。爾文武群臣宜盡誠竭慮，以副朕望。今春陽維時，宜布寬恤之令，所有合行事條示於後。【略】一民間應有事故人戶抛荒田土，有司即從實開報除豁，別召人承佃。有係官田者，照民田例起科。

《明實録・太宗實録》卷二一三　［永樂十七年六月丁亥］，直隸揚州府如皋縣丞劉遜言：洪武中縣民五戶養一馬，民田稅糧全免，官田減半。比年新僉養馬戶稅糧未免，其有孳生及數者責令買補，以致稅糧逋欠。乞如例優免。從之。

《明實録・太宗實録》卷二二三　［永樂十八年三月癸巳］，行在戶部奏廣東崖州言：所屬寧遠縣山水暴泛，衝決田稼，漂人民，壞廬舍，已遣官覈實，其租稅宜蠲免。又奏：所遣官言踏視民田有不可耕者，宜改撥旁近閒田與之耕種。皆從之。

《明實録・宣宗實録》卷一　［洪熙元年六月］，遂頒詔大赦天下曰：洪惟天眷國家，茂隆景運，肇自太祖高皇帝，聖神文武提一旅之衆，建萬世之業。太宗文皇帝神功聖德，載安宗社，弘靖萬方。皇考大行皇帝紹承大統，奉天子民，體祖宗之至仁，用緝寧於庶類，自臨寶位，夙夜勞勤，甫及踰年，德澤覃霈。不幸違豫，奄臻大漸，顧命神器，付予眇躬哀慟，方殷，罔知攸措，親王文武群臣，下至耆老軍民，畨夷朝使，萬衆一誠，累章勸進，辭拒不獲，仰惟列聖創守之難，俯循輿情，已於六月十二日祗告天地、宗廟、社稷，即皇帝位。爲政所重，以德及人。其改明年爲宣德元年，大赦天下，咸與維新。所有合行事宜條示於後。【略】一官民田地舊種人戶或全家死亡，或丁力消耗，以致抛荒，有司即與召人耕種，官田準民田起科，如果無人耕種者該納稅糧從實取勘開除，毋得灑派包荒，重爲民患。

《明實録・宣宗實録》卷四　［洪熙元年七月］，行在戶部奏：直隸鎮江丹徒縣民咸丑關、莫勝七等言所種官田五十五頃七十餘畝，濱江爲風潮衝決入江，該稅糧二千一百餘石，官府仍舊徵納。上命除之。顧謂尚書夏原吉曰：民艱苦不止於此。比來各處數言入秋霖雨水潦泛溢，渰沒田苗寔多，此是天災流行，人難爲力。卿宜令所司覆勘，若果成災，稅糧皆當斟酌減免，毋重困民。

《明實録·宣宗實録》卷六 〔洪熙元年閏七月〕，廣西右布政使周幹自蘇、常、嘉、湖等府巡視民瘼還，言： 臣竊見蘇州等處人民多有逃亡者，詢之耆老，皆云由官府弊政困民及糧長弓兵害民所致。 如吴江崑山民田畝舊税五升，小民佃種富室田畝出私租一石，後因没入官，依私租減二斗，是十分而取其八也。 撥賜公侯駙馬等項田每畝舊輸租一石，後因事故還官，又如私租例盡取之，且十分而取其八，民猶不堪，況盡取之乎。 盡取則無以給私家，而必至凍餒，欲不逃亡不可得矣。 又如杭之仁和、海寧，蘇之崑山自永樂十二年以來海水淪陷官民田一千九百三十餘頃，逮今十有餘年，猶徵其租，田没於海，租從何出。 常之無錫等縣洪武中没入公侯田莊，其農具車牛給付耕佃人用，納税經今年久，牛皆死，農具及車皆腐朽已盡，而有司猶責税如故，此民之所以逃也。 糧長之設專以催徵税糧。 近者常、鎮、蘇、松、湖、杭等府無籍之徒營充糧長，專掊尅小民，以肥私己。 徵收之時於各里内置立倉囤，私造大樣斗斛而倍量之，又立樣米，擡斛米之名以巧取之，約收民五倍，卻以平斗正數付與小民運赴京倉輸納。 緣途費用所存無幾，及其不完，着令賠納，至有亡身破產者。 連年逋負，倘遇恩免，利歸糧長，小民全不沾恩，積習成風，以爲得計。 巡檢之設從以弓兵本用盤詰奸細，緝捕盜賊。 常、鎮、蘇、松、嘉、湖、杭等府巡檢司弓兵不由府縣僉充，多是有力大戶令義男家人營謀充當，專一在鄉設計害民，占據田產，騙要子女，稍有不從輒加以拒捕私鹽之名，各執兵仗，圍繞其家，擒獲以多槳快舡裝送司監收挾制，官吏莫敢誰何，必厭其意乃已，不然即聲言起解，赴京中途絶其飲食，或戕害致死，小民畏之甚於豺虎，此糧長弓兵所以害民而致逃亡之事也。 臣等覆勘，信如所言。 若欲斯民各得其所，必命有司將没官之田及公侯還官田租俱照彼處官田起科，畝税六斗，海水淪陷田地與農具車牛無存者悉除其税，如此則田地無抛荒之患，官府無暴横之徵，而細民得以安生矣。 乞禁約糧長不許置立倉囤，私造大樣斗斛，止是催徵，毋得包收攬納。 巡檢司弓兵從府縣僉充，將僉過姓名榜示，以革其弊，民人出入不許帶伴當五人以上、乘四櫓多槳船隻，如此則糧無侵漁之弊，豪強無暴虐之毒，而細民安業矣。 此事雖小而爲害實大，不特此也。 豪強兼并，游惰無賴之徒爲民害者尤重，衆究其所以，亦由府縣官多不得人，乞勅所司慎選賢才，授守令之任，撫字存恤，仍命在廷大臣一員往來巡撫，務去兇頑，扶植良善而後治効可興也。 幹又言： 治農左通政岳福老疾不任事，宜別委任，庶使耕種以時，民免飢餒而流亡可歸。 上命行在吏部尚書蹇義與戶部兵部同議行之。

《明實録·宣宗實録》卷七 〔洪熙元年八月〕辛未，行在戶部奏： 鎮江府金壇縣水災，官民田二千二百頃八十二畝皆無收，其糧二萬八百四十八石有奇請除免。 上曰： 田無收則民無食，尚可徵糧乎。 即與開豁。

《明實録·宣宗實録》卷九 〔洪熙元年九月〕，山西布政司奏： 樂平、介休二縣及遼州夏初多雨，没官民田稼二百九頃，桑一千三百三十株。 命行在戶部蠲其租税。

《明實録·宣宗實録》卷一一 〔洪熙元年十一月〕癸亥，上命行在戶部以宛平縣官田六頃賜彭城伯張昶及昶故有田二頃俱免徵税。

《明實録·宣宗實録》卷一二 〔洪熙元年十二月甲戌〕，浙江新昌等縣奏： 先奉詔書凡官民田荒廢者召民耕種，官田准民田例徵租，無人耕者除之。 今荒田已召人開耕，租如民田科徵，而本府猶循舊額，督令徵辦。 上諭戶部臣曰： 既下詔優免，而州郡吏尤如舊責辦，使朝廷失信於民，可乎？ 爾速移文開額，違者罪之。

同上 〔洪熙元年〕，減免天下官田等項税糧計米麥六萬二千五十九石。

《明實録·宣宗實録》卷一四 〔宣德元年二月〕庚午，上諭行在戶部尚書夏原吉等曰： 前下詔書令民間應有抛荒官田召人開耕，依民田例起科。 近來各處有司多言戶部不除舊糧總額，仍復徵收，若果如此，豈不失信。 民糧遠運艱難，必致逃避，則田起復荒。 卿等宜遵依詔書，無失人心。

《明實録·宣宗實録》卷一六 〔宣德元年四月〕，浙江台州府黄巖縣奏： 永樂二十二年七月内颶風大作，海潮怒溢，漂没人民廬舍七千八百四十三戶，老幼溺死者八百餘口，渰没官民田二百五十六頃四十畝有奇，其年税糧無從徵納，乞蠲免。 從之。

同上 〔宣德元年四月〕，廣平府曲周縣民奏： 佃種官田一頃養官牛一十一頭，牛相繼皆死，歲虛納租米三十五石。 乞免追租，官田乞准民田例起科。 上諭行在戶部臣曰： 此皆已行之令，何至百姓復以爲言，豈非奉行者之怠慢乎。 其悉從之。

《明實録·宣宗實録》卷一七 〔宣德元年五月〕辛酉，直隸蘇州府崇明縣民奏所種官民田蕩一十五頃五畝有奇，永樂十八年於上修築城垣，立軍民衙門，不得耕種，至今糧額未除。上命行在戶部除之。

《明實録・宣宗實録》卷二六　［宣德二年三月］丙辰，行在工部尚書吳中奏：比唐王奏府第舊係南陽衛治，規制隘狹，今弟妹長成，皆無居室，城中官地皆官員軍校居住，請遣人按視，果有官地令居者他徙，以其地付王府營居室。上從之，仍令有司具材王府，以軍校營建。

《明實録・宣宗實録》卷二九　［宣德二年七月］，行在戶部奏：直隸蘇州府崑山縣今年夏久雨，渰没官民田稼一千八百六十三頃有奇，鎮江府金壇縣雨，渰没官民麥田一千一百二十頃有奇，湖廣長沙府攸縣旱，傷田禾一千五百九十八頃有奇。上命遣人驗實，蠲其税糧。

《明實録・宣宗實録》卷三二　［宣德二年十月］戊午，直隸太平府蕪湖縣奏今年五月久雨，江水泛溢渰官民田一百五十八頃有奇。命行在戶部遣人覆視，蠲除租税。

《明實録・宣宗實録》卷三四　［宣德二年］，減免天下官田等項税糧計米麥一十萬四千八百七十九石有奇。

《明實録・宣宗實録》卷四九　［宣德三年］，減免天下官田等項税糧計米麥一萬一千八百六石有奇。

《明實録・宣宗實録》卷五〇　［宣德四年正月］，湖廣潛江縣奏：本縣蚌湖、陽湖皆臨襄河，去年水漲衝決汙岸，荆州三衛荆門、江陵等州縣官民屯田多被其害。今當築堤二千餘丈以捍水災，緣非一縣人力所能，請發旁近州縣民丁與軍衛相兼修築，庶不妨農業而事易就。從之。

《明實録・宣宗實録》卷五四　［宣德四年五月］，福建福清縣民奏：縣之光賢里官民田百餘頃，舊有隄六百餘丈以障海水，因隄壞田荒，永樂中縣民嘗奏請築堤，工部移文令農隙用工，至今有司未曾興築，民不得耕。上命行在工部責有司修築，因諭尚書吳中曰：陂地隄堰，民賴其利，外無賢守令舉其政，爾宜申飭郡縣，務及時修浚，慢令者罪之。

《明實録・宣宗實録》卷五七　［宣德四年八月］壬辰，監察御史李笴言：今北京文武官及軍民園圃店舍舟車俱令納鈔，人皆以鈔爲重，在外浙江、江西、山東、山西、河南、陝西等都司及屬衛并直隸衛所武官與各處鎮守内外官多占田地耕種，栽植蔬果，動千百畝，俱無糧税，請令按察司、巡按御史勘實，每田一畝歲納鈔三十貫，蔬地每一畝果樹每十株歲納鈔五十貫，隱匿及倚勢不報者治罪，其地畝入官，則在外之鈔亦流通矣。命行在戶部議。

《明實録・宣宗實録》卷五九　［宣德四年十一月］甲子，都督把台奏請漷縣新河里地四十餘頃爲牧地。上命行在戶部遣官踏勘，果空閑地，可與十五頃。若民耕種納糧熟地皆不與。

《明實録・宣宗實録》卷六〇　［宣德四年］，減免天下官田等項税糧計米麥二萬一千五百七十九石有奇。

《明實録・宣宗實録》卷六三　［宣德五年二月］癸巳，勅諭行在六部都察院曰：朕恭膺天命，嗣承祖宗洪業，夙夜孜孜，保民圖治，每食則思下人之飢，衣則思下人之寒，心存民瘼，未嘗忘之。今春氣已和，特頒寬恤之令條示於後。爾六卿大臣與國同體，爲德爲民，務盡乃心。如政令有所未當、朕慮有所未周者，尚審思列奏，都御史任耳目之寄，亦宜博訪以聞，庶用副朕恤民之意。欽哉。無忽。【略】一各處舊額官田起科不一，租糧既重，農民弗勝，自今年爲始每田一畝舊額納糧自一斗至四斗者各減十分之二，自四斗一升至一石以上者減十分之三，永爲定例。

《明實録・宣宗實録》卷六四　［宣德五年三月］丙辰，免山西平陽府一十九州縣去歲旱雹所傷官民田三萬九千九百八十四頃五十四畝其應納税糧三十二萬二百五十九石。

《明實録・宣宗實録》卷七〇　［宣德五年九月］，廣東始興縣奏：本縣久荒，官民僧地田山塘二百三十頃九十八畝無人承佃，税糧七百九十六石有奇，乞與除豁。上命行在戶部覆實除之。

《明實録・宣宗實録》卷七一　［宣德五年十月］，免直隸鎮江府金壇縣民宣德三年水災官民田租一萬六千九百五十六石有奇，馬草一萬九百二十四包。

《明實録・宣宗實録》卷七四　［宣德五年］，減免天下官田等項税糧計米麥七十四萬六千一百四十四石。

《明實録・宣宗實録》卷七七　［宣德六年三月］，巡撫侍郎周忱言：松江府華亭、上海二縣其東瀕海地高，止產黄豆，得雨有收，其西近湖地低，堪種米稻，宜雨少。洪武間秋糧折收綿布，永樂間俱令納米，今遠運艱難，乞仍折收綿布、黄豆。又上海縣舊有吳松江，年久湮塞，昔尚書夏原吉等按視以爲不可疏濬，止開范家洴闊一十三丈，通水溉田，因潮汐往來衝決八十餘丈，淪沒官民田四十餘頃，計糧一千二百八十餘石，小民困於陪納。又華亭、上海舊有官田稅糧二萬七千九百餘石，俱是古額，科糧太重，乞依民田起科，庶徵收易完。上命行在戶部會官議。於是太子太師郭資、尚書胡濙等議奏：華亭、上海地有高卑，時有旱澇，收成不一，宜折收綿布，起運京庫，餘折黃豆，存留本處軍倉備用。官民田淪沒者請再行踏勘。上海縣大戶凡有多餘田畝請分撥與民耕種，以補常數。其欲減官田古額依民田科收，緣自洪武初，至今籍冊已定，徵輸有常，忱欲變亂成法，沽名要譽，請罪之。上曰：忱職專糧事，此亦其所當言，朝議以為不可則止，何為遽欲罪之。卿等大臣必欲塞言路乎，忱不可罪，餘如所議。

《明實録・宣宗實録》卷七八 〔宣德六年四月〕壬寅，巡按山西監察御史張昺奏：山西官種紅花藍靛，牛具人力費用甚多，而收利甚薄，況地皆臨邊軍餉爲急，請罷種紅花，以其地給軍民。從之。

同上 〔宣德六年四月〕辛亥，免四川合江縣抛荒官民田地五十一頃四十五畝稅糧。

《明實録・宣宗實録》卷七九 〔宣德六年五月〕，直隸松江府知府趙豫言四事。【略】其三，昨奉勅書矜恤民隱官田糧重十減二三，而華亭、上海有官地所科之稅一如官田，今田糧減除，地租未減，乞勅戶部通行各處，官田官地租糧一例減徵。上命行在兵部、戶部叅酌行之。

《明實録・宣宗實録》卷八五 〔宣德六年〕，減免天下官田等項稅糧計米麥六萬五百九十一石，絲一百七十三斤有奇。

《明實録・宣宗實録》八八 宣德七年三月庚申朔，勅諭行在五府六部都察院等衙門，朕以菲德，恭膺天命，嗣承祖宗大統，夙夜惓惓，思付託之重。夫君國之道保民爲要，當春時和萬物發生，顧念兵民有未得所者，祗體造化之仁，爰敷懷保之政，庶幾下人蒙福而有以仰答天與祖宗之心。凡爾羣臣宜同朕志，合行庶事勉務欽承。一近年百姓稅糧遠運艱難，官田糧重艱難尤甚，自宣德七年爲始，但係官田塘地稅糧不分古額、近額悉依宣德五年二月二十二日勅諭恩例減免，中外該管官司不許故違。

同上 〔宣德七年三月〕上退朝，御左順門，謂尙書胡濙曰：朕昨以官田賦重，百姓苦之，詔減什之三以蘇民力。嘗聞外間有言朝廷每下詔蠲除租賦而戶部皆不準，甚者文移戒約有司有勿以詔書爲辭之語。若果然則是廢格詔令，壅遏恩澤，不使下流，其咎若何。今減租之令務在必行，書曰：民惟邦本，本固邦寧。有子曰：百姓不足，君孰與足。卿等皆士人，豈不知此。朕昨有詩述此意，卿當體念勿忘也。濙等皆頓首謝。其詩曰：官租頗繁重，在昔蓋有因。而此服田者，本皆貧下民。耕作既勞勩，輸納亦苦辛。遂令衣食微，曷以贍其身。殷念惻予懷，故迹安得循。下詔減什三，行之四方均。先王視萬姓，有若父子親。茲惟重邦本，豈曰矜吾仁。

《明實録・宣宗實録》卷九一 〔宣德七年六月〕，直隸蘇州府知府況鍾言：近奉詔書官民田地有荒蕪者召人佃種，官田準民田起科，無人種者勘實除豁租額。臣勘得崑山等縣民以死徙、從軍除籍者三萬三千四百七十二戶，所遺官田召人佃種，應準民田科者二千九百八十二頃。其間應減秋糧一十四萬九千五百一十石，已嘗申達戶部，未奉處分。況官田有沒入海者糧額尙在，乞皆如詔書除豁。【略】悉從之。

同上 〔宣德七年六月〕，巡撫侍郎于謙奏：開封府祥符、中牟、尉氏、扶溝、大康、通許、陽武、夏邑八縣去年七月黃河泛溢，衝決隄岸，渰沒官民田五千二百二十五頃六十五畝，該納秋糧五萬六千八十餘石，馬草七萬六千五百餘束，乞爲豁除。從之。

《明實録・宣宗實録》卷九三 〔宣德七年六月〕，行在戶部奏：直隸松江府沒官田宜准民田例起科，古額官田積年逋負稅糧請蠲免，以甦民困。上從之，仍命今後各處官田糧俱准此例。

《明實録・宣宗實録》卷九六 〔宣德七年十一月〕，直隸常州府奏：宜興縣今年四月以來久雨，水沒官民田二千一百三十九頃有奇，禾稼無收。上命行在戶部遣人覆視寬恤。

《明實録・宣宗實録》卷九七 〔宣德七年〕，減免天下官田等項稅糧計米麥七十九萬七千五百五十二石。

《明實録・宣宗實録》一〇四 〔宣德八年八月〕，監察御史馬駿劾奏：四川行都司都指揮僉事朱忠、陳榮於任所佃種官田，僦任官屋，不納糧稅。聞事覺補納。令首領官吏以前年月具文書請治之。上曰：知過能改，姑容不問。

《明實録・宣宗實録》卷一〇七 〔宣德八年〕，是歲天下【略】田地四百二十七萬八千九百三十四頃四十九畝，田賦米麥二千八百九十五萬七千二百二十七石。

同上　〔宣德八年〕，減免天下官田等項税糧計米麥一十八萬二千三百七十八石有奇。

《明實録・宣宗實録》卷一一〇　〔宣德九年五月〕，行在户部奏：昨江西宜黄縣耆民李崇政等言縣民連年遭疾死亡者多，官田重租，艱於徵納，乞如舊例折納土產苧布以爲民便。上曰：舊例折布，正以租重故也。況今民多死亡，何忍復徵米，使生者重困乎，宜從其言。

《明實録・宣宗實録》卷一一一　〔宣德九年六月〕，免直隸順德府鉅鹿等三縣宣德七年水災官民田地租一千三百四十五石，草二萬五千一百四十束。

《明實録・宣宗實録》卷一一二　〔宣德九年八月〕，勅諭巡撫侍郎吴政、周忱，于謙、趙新、曹弘及湖廣、河南、江西都司、布政司、按察司、中都留守司及遼東都司、南北直隸衛府州縣各處巡按監察御史曰：朕撫恤兵民，圖惟安利，夙夜在念，孜孜不忘。今夏不雨，亢旱爲災，農畝雖種無穫者多。朕甚憫之。爾等同衛所府州縣官躬詣田畝視之，果係災傷即具實奏聞。今年官民田地秋糧及屯種子粒以十分爲率，俱免四分。爾等宜用心於斯，不可怠忽。如僻遠之地不能偏歷，必遣廉潔公正官往視，務在得實以恤民隱。然近年各處奏災傷者衛所府州縣官吏多附下罔上，誣稔爲荒，以圖苟免，其深戒斯弊，若仍蹈前非，必罰不宥。

《明實録・宣宗實録》卷一一三　〔宣德九年十月〕丁卯，勅諭巡撫侍郎吴政，成均、趙新、周忱、于謙、曹弘并浙江、湖廣、江西等都司、布政司、按察司、巡按監察御史及南北直隸衛府曰：比聞各處亢旱，兵民飢窘，朕心惻然，恆用不寧。今以寬恤事宜條示，爾等其欽承無怠。【略】一民有全家充軍并絶户所遺田地召人承佃，如官田則不分古額近額俱依民田例起科。遞年所欠税糧、馬草悉免徵。【略】又勅陝西、福建、廣東、貴州、四川、廣西、雲南三司及巡按監察御史凡全家充軍絶户田地召人承佃，官田俱照民田例起科，免徵所欠糧草，府州縣見收税課及爲鈔法增收諸色課鈔減十之四，逃民所欠及見徵糧草皆停徵，招撫復業，蠲免糧差亦如之。

《明實録・宣宗實録》卷一一五　〔宣德九年十二月〕，湖廣襄陽府竹山縣奏：縣民佃耕荒閑官田地二十四頃七十四畝有奇，蒙准民田例徵納糧税。近行在户部移文以佃在例前者仍令如古額官田起科，凡宣德五年六年七年負欠之數悉令補納。本縣止轄二里，民居深山，該徵糧税辦納尚艱，若復增額必致失所。乞依例減除以蘇民難。上從之。

同上　〔宣德九年十二月〕，減免天下官田等項税糧計米麥七千三百九十三石有奇。

同上　〔宣德十年正月〕，上豁達大度，致孝尊親，惇睦宗族，朝政所施，動咨成憲。至於恤下，惓惓推仁。四方奏水旱蝗災，即遣人馳視賑濟，除其租税。聞江南細民困弊，詢厥所由，知自宋元來官田租額過重，量與減除。

《明實録・英宗實録》卷一　〔宣德十年正月〕壬午，上即皇帝位，頒詔大赦天下。詔曰：我國家膺天明命，統理華夷，奄甸萬姓，於兹七十餘年。仰惟祖宗肇造之功，守成之道，規摹弘遠，光昭萬世。惟我皇考皇帝以至仁大德統承之，率循憲章，恢弘政化，方期家國永底雍熙，不幸奄兹遐棄，肆予眇躬，祗奉遺命，於宣德十年正月初十日即皇帝位，付畀攸重，兢惕惟深，允惟神天之典，惟敬斯承生民之衆，惟仁斯保阜成之績，惟勤惟儉，乃克有成。顧予涼薄，勉懷永圖，尚賴親王宗室益修藩屏，中外文武群臣宣力効忱以副委任，以惠我蒼生，用臻富庶，躋於泰和。其以明年爲正統元年與天下更新，一應寬恤事宜條示於後。【略】一差出、買辦、造辦、采辦内外官員人等有在各處私占官民田地及起蓋房屋，隱占軍民諸色人等作打捕户養户等項名色使用者，詔書到日官民田地各復其舊，房屋入官，隱占之人俱復本役，違者治以重罪。【略】於戲。自古生民獲福，咸由君臣同心同德，圖厥成功，亦罔不在初尚協嘉猷，以隆邦本。詔告天下，咸使聞知。

《明實録・英宗實録》卷四　〔宣德十年四月〕，詔除浙江台州府寧海縣衝決田地税糧。先是寧海縣奏去歲五月中疾風猛雨大作，飄瓦折木，洪水驟漲，渰没廬舍，衝決官民田地一百七十餘頃，已成海道。上命行在户部遣官覆視，得實，至是開除之。

《明實録・英宗實録》卷五　〔宣德十年五月〕，行在户部奏：浙江等布政司并直隸蘇松等府州縣自永樂十九年至宣德八年有全家充軍并絶户抛荒官民田地俱准民田起科，及古額官田照例減除，共減税糧二百七十七萬七千三百餘石，其中慮有不實，朝廷供給歲用攸繫，請移文各處，委官重加審覈。上曰：減除田租，正欲以蘇民困，今若又令所司覈實，恐其復虚增額，重遺民患。不從。

《明實録・英宗實録》卷八　［宣德十年八月］己酉，浙江杭州府富陽縣奏：民情三事。一本縣瀕江田土累歲潮水衝決共八十七頃二十四畝有奇，乞除稅糧。【略】一屢蒙詔減拋荒官田糧。本縣有站田、僧田，原係增科，未蒙准減。事下行在戶部覆奏，請令所司驗視，入江之田改發曠閒土地補與耕種，以足稅糧絲綿，宜令有司量地減納僧站田糧，移文巡撫侍郎審覈減科。從之。

《明實録・英宗實録》卷一二　［宣德十年］，減免天下官田等項稅糧計米麥二十一萬七千三百八十八石有奇。

《明實録・英宗實録》卷一四　［正統元年二月］，應天府江寧縣民奏：本縣拋荒官田令民佃種，已有詔例准民田起科，而糧長不遵，一依官田全徵，民受其害，又巧立過鄉名色，每年夏稅秋糧索取麥稻，以致小民逋欠。奏下行在戶部覆奏，令巡撫侍郎體實具聞，以憑究問。上恐累及平人，但令移文禁止之。

［正統元年二月］，陝西都司都指揮同知王禎私役軍伴占種官田，事覺，陝西按察使王文等請罪之。上曰：禎武人知利而不知法，姑記其罪，俾圖自新，如其不改，必罪不宥。

《明實録・英宗實録》卷一九　［正統元年閏六月］，行在戶部奏：浙江、直隸、蘇松等處減除稅糧數目，已命重覈，尚多不實，蓋緣各司府縣官不念朝廷供給，惟知掠美沽名，以致倉廩歲用不敷，請移文各處巡撫侍郎并司府縣官用心覈實，其官田准民田起科，每畝秋糧四斗一升至二石以上者減作二斗七升，二斗一升以上至四斗者減作二斗，一斗一升至二斗者減作一斗，明白具數送部磨勘。上從其請，且命諭各官審覈，務循至公，不得欺官損民，以招罪咎。

《明實録・英宗實録》卷二一　［正統元年八月］，巡撫直隸右侍郎周忱言：直隸常州府無錫縣官田每畝歲徵麥一斗，𪎊米五斗，白米一石，其稅甚重。況白米歲供內府，漕挽進納，費用尤夥，以此民不肯佃，已令通縣之田每糧一石內徵白米三斗五升，以足上供之數，其官田白米請改徵𪎊米每石量增一斗，於南京上納，庶幾民不獨困而國用亦足。從之。

《明實録・英宗實録》卷二五　［正統元年］，減免天下官田等項稅糧計米麥四十三萬九百八十二石有奇。

《明實録・英宗實録》卷三九　［正統三年二月］，巡撫河南、山西行在兵部右侍郎于謙奏：奉勑督同巡按監察御史并布按二司委官親詣開封等七府所屬州縣水災之所，覆勘渰沒官民地七萬一千三百四十餘頃，該免糧七十六萬三千三百餘石，草九十七萬五千九百餘束。上命行在戶部從之。

《明實録・英宗實録》卷四一　［正統三年四月］，戶部遣官覆視其該田九十餘頃，請令見種者准民田利起科，空閒者召人承種，如例徵納。從之。

《明實録・英宗實録》卷四九　［正統三年］，減免天下官田等項稅糧計米麥八萬三千四百三十六石有奇。

《明實録・英宗實録》卷五三　正統四年三月己酉朔，上御奉天殿，頒詔大赦天下。詔曰：朕以眇躬嗣承大統，仰惟天眷之隆，祖宗創守之艱，夙夜祗慎，用圖政理，以寧萬邦，一切不急之務，悉已停罷，尚冀羣生樂業，上協天心，切慮民情幽隱，庶職未盡得人，承流宣化有所未至，深歉於懷。茲當春和，萬物發舒，吾民或有不得其所者悉從寬恤，以遂其生。爾中外臣僚其體朕心，盡乃職，務求實效，勿事虛文。所有合行事宜條示於後。【略】一民間應有事故人戶拋荒田土無人佃種，有司即爲取勘除豁，另行召人承佃，中間有係官田地即照民間田地例起科，若不係官民田地，許令諸人耕種，三年後聽其報官起科，所種桑棗有司時加提督，務求成效，不在起科之數。【略】嗚呼。天地以生物爲心，國家以養民爲政，尚圖成績，用底雍熙。詔告臣民想宜知悉。

《明實録・英宗實録》卷六二　［正統四年］，減免天下官田等項稅糧計米麥二萬三百五十三石。

《明實録・英宗實録》卷六五　［正統五年三月］，監察御史丘俊言二事。【略】一令有司取勘寺觀田地，無僧道管業者撥與佃人耕種，計畝徵糧，勿令別寺觀僧道兼管收租，有悞糧稅，寺觀廢者毋得重修。事下行在戶部覆奏，從之。

《明實録・英宗實録》卷七四　［正統二年］，減免天下官田等項稅糧計米麥一十二萬二千七百九十三石有奇。

同上　［正統五年］，減免天下官田等項稅糧計米麥五十九萬六百九十二石有奇。

《明實録・英宗實録》卷八四　［正統六年十月］，江西臨江府新喻縣奏：本縣拋荒官田二百四十四頃六十四畝，今雖耕種成熟，而糧額頗重，乞每糧一石折闊布一疋，以便民。上謂行在戶部臣曰：田以糧重故荒，今若不輕其賦，民將畏難而復荒矣。其從之。

《明實録・英宗實録》卷八七　［正統六年］，減免天下官田等項稅糧計米麥一百二萬九千五百二石。

《明實録・英宗實録》卷八九　［正統七年二月］，免山西并直隸保定等府逃民負欠稅糧，以見在人戶包納艱難故也。其遺下田土令所司召人佃種納稅。

《明實録・英宗實録》卷九九　［正統七年］，減免天下官田等項稅糧計米麥一百三十五萬一千四百一十石有奇。

《明實録・英宗實録》卷一〇三　［正統八年四月］，戶部右侍郎焦宏言：海門衛桃渚千戶所城池舊有塘岸障隔海潮，歲久坍塌，潮水渰浸不堪居住，況倭寇竊發艱於防制，已會議於臨海縣地名芙蓉創築城池，撥官軍備禦，所占官民地一百二十畝有奇，應輸稅糧米麥鈔，乞爲除豁。從之。

《明實録・英宗實録》卷一〇六　［正統八年七月］，山東布政司右參政李讓奏：青州府臨淄縣累被災傷，民皆饑窘，并全家充軍死絶者四百四十二戶，遺下官民田地二百五十餘頃，該徵稅糧無從辦納。事下戶部，請如例停徵。從之。

《明實録・英宗實録》卷一一一　［正統八年］，減免天下官田等項稅糧計米麥五十四萬一千六百四十石有奇。

《明實録・英宗實録》卷一一四　［正統九年三月］，鎮守陝西都督同知鄭銘等奏：鄭府今既移國懷慶，請將鳳翔、寶雞二縣官田并所買民人田園退還官民承種，起科納糧。上以親親故，仍以與王。

《明實録・英宗實録》卷一一九　［正統九年閏七月］，有軍餘五人各以侵占官田私獻皇親指揮孫紹宗事覺。上宥紹宗罪，追田入官。

《明實録・英宗實録》卷一二四　［正統九年］，減免天下官田等項稅糧計米麥七十三萬七千八百二十一石有奇。

《明實録・英宗實録》卷一三四　［正統十年十月］，巡撫河南山西大理寺左少卿于謙奏：臣奉勑行移河南、湖廣，委右布政使年富等督所屬衛府，將山東、山西、陝西等處逃民七萬餘戶居相近者另立鄉都，星散者於原鄉都內安插，就於其類推選老實者立爲里老管束，無田者量撥荒閑田并河水退灘田令其墾種，其貧難乏食者量爲賑濟。上是其言。

《明實録・英宗實録》卷一三五　［正統十年十一月］，順天府順義縣民袁大等奏河水坍塌田地三十餘頃不堪耕種。命撥韓貴等還官地畝與種補辦糧草。

《明實録・英宗實録》卷一三六　［正統十年］，減免天下官田等項稅糧計米麥一十四萬九千四百一十石有奇。

《明實録・英宗實録》卷一三九　［正統十一年三月］己丑，直隸河間府靜海縣奏：欽遵勑諭及奉巡撫侍郎薛希璉劄付，招集逃民附籍者七百戶於本縣居住，緣本縣地多窊鹻，無田可給，縣東天津等衛官軍草場先被逃民龐興等占種，後退還官，仍爲草場地，耕熟者一百三十餘頃，乞將撥付各戶耕種爲便。從之。

《明實録・英宗實録》卷一四九　［正統十一年］，減免天下官田等項稅糧計米麥五十八萬七千二百九十八石有奇。

《明實録・英宗實録》卷一五一　［正統十二年三月］，巡按直隸監察御史周紀奏：總督糧儲戶部右侍郎劉璉占種官田減納稅糧，又於所部娶妾。上曰：姑貸之，再犯不宥。

［正統十二年三月］，河南鄧州流民馬貴等言：臣等三百五十餘戶原居山東、山西，因地狹民衆，徭役繁重，逃移至此，近承恩例命於所在附籍均田耕種，顒望已久，郡縣不即舉行，乞早加恩恤，使得寧居。上命有司亟行之。

《明實録・英宗實録》卷一六一　［正統十二年］，減免天下官田等項稅糧計米麥二十二萬九千九百九十石有奇。

《明實録・英宗實録》卷一七三　［正統十三年］，減免天下官田等項稅糧計米麥七十四萬八千四百八石有奇。

《明實録・英宗實録》卷一八六　［正統十四年］，減免天下官田等項稅糧計米麥二十七萬九千四百一十二石。

《明實録・英宗實録》卷一九九　［景泰元年十二月］，巡按浙江監察御史黃英言三事。一浙江麗水瑞安縣俱僻在萬山，民不識官府負固爲非，今雖招撫稍靖，慮難革其頑心，請於麗水縣鮑村、瑞安縣羅洋地方添設縣治巡司及千戶所衙門。一宋高宗賜衍聖公孔玠衢州田五頃以奉先聖廟祀，子孫世守其業，至洪武間有王希達冒姓附籍因得罪沒前田入官，散佃民間，陞科納糧，請撥前田復賜孔聖子孫。一各布政司田土自洪武初差監生分區丈量，造魚鱗圖，本府州縣里各存一本，今世遠無存，明年例該重造黃冊，請仍舉洪武丈量圖本之法，庶田糧得清小民不困。事下戶部，覆奏，詔沒官田地起科納糧已定不必更改，添設衙門并丈量田土命鎮守副都御史軒輗會官體勘以聞。

《明實録・英宗實録》卷一九九　［景泰元年］，減免天下官田等項稅糧計米麥一百一十五萬九千六百五十石有奇。

《明實録・英宗實録》卷二〇一　［景泰二年二月］，命北直隸并山東巡撫鎮守都御史等官推選府衛州縣廉能官員專勸農務，遇官民田地荒閒悉撥無田之人耕種，乏牛具種糧即爲措辦借給。

《明實録・英宗實録》卷二一〇　［景泰二年十一月］庚戌，勅鎮守浙江兵部左侍郎孫原貞、布政司右布政使楊瓚、按察司僉事陳永得、爾瓚奏欲將湖州等府官田重租分派民田輕租之家承納，及歸併則例禁革分戶，今准所言。勅至爾等務在公同遍歷所屬府縣，督同官吏查勘，重則田地除每畝稅糧二斗絲綿三兩以下者不動外，其餘相度田地肥瘠將糧絲量宜增減，斟酌分搭，可使經久便利，又須不失本縣原額總數，其官吏勢豪敢有將田糧詭寄戶口隱瞞并軍匠竈籍扶捏分戶者，悉聽爾等提問。五品以上官奏拏，爾等仍須造定黃冊，依期奏繳毋違。

《明實録・英宗實録》卷二一一　［景泰二年十二月］，免福建尤溪沙二縣景泰元年無徵秋糧八千一百一十三石有奇，景泰二年塩糧魚米三千二百五十九石，二縣被賊死絶逃亡一萬二千九百五十三戶，所遺田園山池三百二十五頃五十一畝，蠲其所欠稅糧，給無業者承佃。

《明實録・英宗實録》卷二一八　［景泰三年七月］，雲南都指揮同知李福爲所部奏其強占官民田地賣放強盜等事，法司請下巡按御史慶寶以聞，從之。

《明實録・英宗實録》卷二二四　［景泰三年十二月］壬辰，兵部左侍郎翰林院學士兼左春坊大學士商輅奏：　近聞河南開封等府并南直隸鳳陽府等處今歲水澇田禾，無收積年，在彼逃民俱各轉徙赴濟寧臨清各處趁食，動以萬計，有司聞其入境，一切驅逐，不容潛住，緣此等流民轉徙已久，無家可歸，迫而不恤，恐生他變。臣切見畿內順天等八府所屬一百三十餘州縣儘有空閒拋荒田地足以居民，乞勅戶部計議榜諭逃民有志復業者即令復業，其無所歸者聽於八府所屬州縣分住，撥田與耕，設法賑恤，其口糧種具之類，或暫給官儲，或勸貸富室，俟有收之際如數追償。詔戶部移文河南山東巡撫等官斟酌事宜可行則行，如有窒礙，從具設法處置，但事妥民安以副朕意。

同上　［景泰三年］，減免天下官田等項稅糧計米麥一十三萬六千七百一十六石有奇。

《明實録・英宗實録》卷二二八　［景泰四年四月］，戶部奏請移文湖廣布政司令辰州府將安插達官結盼等俸糧悉如原職應得數目支給，其舍人達民等月給米二石養贍，仍於附近空閑田地內斟酌職分大小量撥多寡分給耕種，務使各遂生業以圖補報。從之。

《明實録・英宗實録》卷二二九　［景泰四年五月］，詔巡撫直隸侍郎李敏均定應天等府州縣官民田。先是正統中戶部會官議令江南小戶官田改爲民田起科，而量改大戶民田爲官田，以備其數，既又因御史徐郁奏令所司均配扣筭，務使民田量帶官田辦糧以甦貧困，俱行巡撫侍郎周忱清理，然民田多係官豪占據，莫能究竟，其弊仍舊，至是郁復以爲言。戶部請從其議，命敏均定搭派，敢有恃強阻滯者執治其罪。從之。

《明實録・英宗實録》卷二三四　［景泰四年十月］，勅各處鎮守巡撫等官兵部尚書孫原貞等：　朕惟農桑爲衣食之源，勸課乃有司之責，此古今通務也。茲特命爾等督同三司官分督府縣屯堡官，令里老省諭鄉村，除士工商賈并在官供役之人，其餘悉令務農，及時耕種，若有荒閒田地令無田及丁多田少之人開墾，或缺牛具種子，於有力之家勸借，收成後量爲酬給。若原係稅額俟三年後徵收，其土地宜桑棗漆柿等木隨宜酌量，丁田多寡定與數目，督令栽種，務在各鄉各村家家有之，不許團作一二園圃以備點視，虛應故事。敢有怠惰不務生理者許里老依教民榜例懲治，縣官嚴加分督，府官依時點視，布按都司總督比較，仍將開墾種過田地并桑棗數目造冊繳報。爾等宜嚴禁約，愼選廉正官員設法整理，毋令從人需索科歛。如違，并聽巡撫巡按等官糾察拿問，奏請罷黜，庶使姦弊不生，農政修舉。

《明實録・英宗實録》卷二三六　［景泰四年］，減免天下官田等項稅糧計米麥四萬八千九百七十七石。

《明實録・英宗實録》卷二四〇　［景泰五年夏四月壬午朔］，神機營總兵官都督同知楊能奏：本營原發香河草場計二百四十八頃，薊州草場計四百五頃，每歲採秋青草飼養官馬及趁時牧放。近被軍民人等在内科種，又爲有官旗侵欺。乞除軍民人等納糧田地聽令耕種，其餘俱令荒閑生長野草，趁時牧採，以備餵馬。從之。

《明實録・英宗實録》卷二四八　［景泰五年］，減免天下官田等項税糧米麥一百三十萬七千三百八十一石有奇。

《明實録・英宗實録》卷二六一　［景泰六年］，減免天下官田等項税糧計米麥一百七十六萬一千八百六十五石有奇。

《明實録・英宗實録》卷二七〇　［景泰七年九月］，定浙江嘉、湖、杭官民田徵糧則例。先是浙江右布政使楊瓚奏：浙江起科糧額則例不一，欲約量歸併。詔鎮守浙江兵部尚書孫原貞等查理併例以聞，至是戶部覆奏原貞等定到徵糧則例，起科重者徵米宜少，運納宜近，起科輕者徵米宜多，運納宜遠，官田每畝科米一石至四斗八升八合、民田每畝科米七斗至五斗三升者俱每石歲徵平米一石三斗，官田每畝科米四斗至三斗、民田每畝科米四斗至三斗三升者俱每石歲徵平米一石五斗，官田每畝科米二斗至一斗四合、民田每畝科米二斗七升至一斗者俱每石歲徵平米一石七斗，官田每畝科米八升至二升、民田每畝科米七升至三升者俱每石歲徵平米二石二斗，紹興等八府重則官糧各於本府縣存留上納，如仍不敷，於人戶坍江田糧及中則官田、重則民田内撥補。從之。

《明實録・英宗實録》卷二七三　［景泰七年］，減免天下官田等項税糧計米麥二百四十五萬四千二百七十石有奇。

《明實録・英宗實録》卷二七六　［天順元年三月］，戶部言撙節利民五事。【略】一山東、河南、浙江等布政司并應天、順天、直隸、河間、蘇松等府地方連年災傷，人民逃亡者多，遺下田地未曾耕種，及見在人戶田地亦有無力不能徧耕者，宜行各該巡按御史督令各布按二司并直隸等府州縣官設法勸諭，有力丁多之家趁時布種，收成之後除納糧食用外，若有餘積存留賑濟，務在田不荒蕪，民食可足。一各處陂塘圩岸等項損壞者所司即便斟酌起倩有力之家併工設法修理，以資灌溉之利，庶幾秋成有望，違者聽巡按御史糾察執問。上曰：進士令各衙門辦事，其餘都准議行。

《明實録・英宗實録》卷二七七　［天順元年四月］，戶部言興利除弊八事。【略】一應天、太平、寧國、鎮江、廣德五府州，太祖高皇帝念係興王之地，該徵税糧民田全免，官田減半，其時民少田荒，以後富豪之家逐年開墾，有多至百餘頃者俱不納糧，宜令各該官司查勘，以十分爲率，減其三分，就取勘丁多田少及無田之家每丁摘撥二十畝令其耕種，以贍身家。【略】上曰：俱准擬行，其收糧情弊，内府供用庫令司禮監，在外衙門令都察院備榜禁約。

《明實録・英宗實録》卷二八〇　［天順元年七月］癸酉，詔曰：朕以菲德，早承大統，中罹多難，復登宸極，夙夜兢惕，罔敢怠荒。乃天順元年七月初六日承天門災，此誠上天示譴，莫究所由，朕甚驚惶，省躬思咎，務新其德，永惟奉承天意必以施惠爲先，其大赦天下，咸與維新，所有寬恤事宜條示於後。【略】一山東并順天，直隸河間二府地方爲因上年積水未消，不曾播種夏麥田地，各該巡按御史、按察司官勘實具奏，該徵今年夏麥農桑絲絹悉與蠲免。先令該部差官踏勘，山東河南北直隸空閑地土俱免踏勘，其新增起科田地除造冊已定外其餘悉皆除豁，民間河灘沙淤田地所司踏勘是實，即於附近空閑地内撥補，應有情願承佃拋荒田地者有司驗畝仍照輕例三年之後起科，就於本處倉廒送納，其各處軍民人等天順元年七月十二日以前借過預備等倉糧米俱免還官，以甦困敝。【略】見以匡時政之失，言或乖謬亦不加罪。於戲。天心篤愛，敢忘警懼之誠，民欲惟從，誕布寬人之澤，播告中外，咸使聞知。

《明實録・英宗實録》卷二八五　［天順元年］，減免天下官田等項税糧計米麥九萬五百四十三石有奇。

《明實録・英宗實録》卷二九八　［天順二年］，減免天下官田等項税糧計米麥共一十三萬六千二十七石。

《明實録・英宗實録》卷三〇七　［天順三年九月］，初錦衣衛指揮逯杲奏：英國公張懋、會昌侯孫繼宗、太平侯張瑾、錦衣衛都指揮同知孫紹宗俱侵官田，立私莊，命各具狀以聞。至是懋等皆輸罪。上曰：勳戚大臣已享厚祿而又若此，論法本難宥。既輸罪，姑宥之。管莊人仍執問之，其田還官。

《明實録・英宗實録》卷三一〇　［天順三年］，減免天下官田等項税糧計米麥二百七十二萬一千六百七十四石有奇。

《明實録・英宗實録》卷三一三　［天順四年三月］，後府帶俸都指揮同知于忠奏：武清、東安二縣空地共五十九頃，乞賜耕種。事下戶部，言達官給地舊有定例。都督止得二百五十畝宜給之如數，餘地令兩縣撥付丁多田少之家耕種，起科。從之。

《明實録・英宗實録》卷三二三　〔天順四年〕，減免天下官田等項稅糧計米麥四十三萬九千五百五十六石有奇。

《明實録・英宗實録》卷三三五　〔天順五年〕，減免天下官田等項稅糧米麥三十九萬二千九百四十二石有奇。

《明實録・英宗實録》卷三三九　〔天順六年四月〕，命山西沁州及沁源、武鄉二縣小民開墾荒田，照例起科，仍舊管種。時寧河王奏前地係祖父晉恭王護衛屯田，比因革罷衛，分田亦荒蕪，多被所在小民開種，乞撥賜本府養贍。上命戶部勘實以聞，因有是命。

《明實録・英宗實録》卷三四七　〔天順六年〕，減免天下官田等項稅糧計米麥共七百四十九萬六千八百一十九石有奇。

《明實録・英宗實録》卷三六〇　〔天順七年〕，減免天下官田等項稅糧計米麥八十四萬二千一百六十六石有奇。

《明實録・憲宗實録》卷三　〔天順八年三月〕乙卯，以恭上慈懿皇太后、皇太后尊號禮成，上御奉天殿，文武百官行慶賀禮。是日頒詔天下。詔曰：朕惟大孝尊親著於典禮，是以自古聖帝明王之有天下者靡不以尊親爲重，而亦未嘗不致隆於所生，傳享在予，秪循敢後。仰惟母后以坤德之懿，配我皇考，昭宣化源，而嬰疾有年，燕禖弗兆於時，贊理宮闈，相成宗祀與所以迓續天休而隆邦本者，寔我母妃之功之德是賴。內治雍睦，皇考鑒焉。予一人躬承兩宮訓育，至於有成，嗣統之初，敢忘圖報。夫欲兼隆於至養，固宜各極於尊稱，是用率籲衆心，叅稽古誼，謹上冊寶尊母后皇后曰慈懿皇太后，尊母妃皇貴妃曰皇太后，至情大義，庶幾兩盡無違，然孝既盡於尊親，仁當推以逮下。所有卹典合行條示。【略】一自天順元年以來抄沒入官田地許令所在軍民耕種，照例起科。【略】於戲。養以天下永惟二聖之尊，福被後人，茂衍萬年之慶，布告中外，咸使聞知。

《明實録・憲宗實録》卷一二　〔天順八年〕，減免天下官田等項稅糧五十六萬四千八百九十四石。

《明實録・憲宗實録》卷一五　〔成化元年三月〕甲寅，巡撫湖廣右僉都御史王儉奏：內外鎮守等官違例置買莊田鋪店，役使軍民，侵奪民利，又多養馬匹，虐害軍民。乞行查追入官，嚴加禁約。上曰：鎮守內外官種田養馬，不必禁，但不許役占軍士，侵人田土，所養馬許給四匹草料。

《明實録・憲宗實録》卷二二　〔成化元年十月〕庚寅，戶部奏：景泰末宣府總督邊儲都御史李秉嘗上言，邊城多有空地而守城諸役之外復有閒曠軍餘，請以宣府官銀量支買牛，給與耕種，收其餘糧入官，易銀給與貧軍買馬騎操。時已准其言，於億萬庫支銀壹萬兩買牛給軍耕種矣。後至天順初有言勞軍不便者，備行都督楊能等官會議，俱稱且耕且守，經國遠圖，而大同宣府自罹兵燹人畜蕩盡，幸而朝廷大發帑銀差官於河南、山東諸處買牛，給軍耕種，收餘銀以買馬，由是邊人稍得聊生。此法安可輕廢。事遂仍舊。今巡府宣府都御史葉盛等官復申奏：先年原買官牛共五千有奇已多死者，今漸設法買補，又以餘糧添買，共分爲一千八百餘具，給軍耕種官田。今年雖有旱乾，亦頗收成。往年官馬虧缺俱責軍買補，軍貧無措則朋合科歛，甚至典鬻男女，扣除糧科，亦不能完。今缺馬二千六百有奇，已買及一千餘數，俟秋收後再買補完，官府不煩督責之勞，軍士不知買償之苦，此皆官田官牛之明效大驗，然立法非難，守法爲難。伏乞聖明申勅守臣恪守成規，益加防範，俾得久而不廢，庶貧軍有賴，邊事克濟，其言宜從。上曰：法既良便，宜永遵行。

《明實録・憲宗實録》卷二三　〔成化元年十一月〕，巡撫南直隸右副都御史劉孜上言六事。其一直隸濱江府縣民戶原種官田俱被江湖坍沒無存，而徵稅如故，欲乞蠲免。【略】詔以劉孜所言皆便民事宜，戶部其定議以聞，既而戶部條陳，復下五事於孜令其覈實，從宜處置，惟免僉富戶如其請。

《明實録・憲宗實録》卷二四　〔成化元年〕，減免天下官田等項稅糧二百五十二萬八千六十一石。

《明實録・憲宗實録》卷三七　〔成化二年〕，減免天下官田等項稅糧二百四十九萬七千三百九十六石。

《明實録・憲宗實録》卷四九　〔成化三年〕，減免天下官田等項稅糧一百二十萬五千五百八十石有奇。

《明實録・憲宗實録》卷五五　〔成化四年六月〕丙午，以旱災免江西南昌等府衛官民田幷山塘屯田秋糧子粒凡二百八十八萬六千三百餘石。

《明實録・憲宗實録》卷六一　［成化四年］，減免天下官田等項税糧一百一萬五千八百七十九石有奇。

《明實録・憲宗實録》卷七四　［成化五年］，減免天下官田等項税糧五十四萬三百六十二石有奇。

《明實録・憲宗實録》卷八六　［成化六年］，減免天下官田等項税糧三十一萬二千六百六十石有奇。

《明實録・憲宗實録》卷九八　［成化七年十一月］辛亥，寧夏左叅將都指揮使朱榮以私役操軍占種官田，爲其下奏發。有旨令榮自陳。榮奏辯不服，下巡按御史推問，擬以奏事不實，贖罪還職，從之。仍命榮下得復任叅將。

《明實録・憲宗實録》卷一一一　［成化八年］，減免天下官田等項税糧八十一萬五千石有奇。

《明實録・憲宗實録》卷一二三　［成化九年］，減免天下官田等項税糧六十七萬七千五十石有奇。

《明實録・憲宗實録》卷一三六　［成化十年］，減免天下官田等項税糧三十四萬六千二百三十石有奇。

《明實録・憲宗實録》卷一四八　［成化十一年］，減免天下官田等項税糧三十一萬九千七百四十石有奇。

《明實録・憲宗實録》卷一六〇　［成化十二年］，減免天下官田等項税糧一十九萬四千八百四十石有奇。

《明實録・憲宗實録》卷一七三　［成化十三年］，減免天下官田等項税糧一百七萬三千四十石有奇。

《明實録・憲宗實録》卷一八五　［成化十四年］，減免天下官田等項税糧六十七萬七千五十五石有奇。

《明實録・憲宗實録》卷一九八　［成化十五年］，減免天下官田等項税糧八十一萬五千三十八石有奇。

《明實録・憲宗實録》卷二一〇　［成化十六年］，減免天下官田等項税糧二十萬一千八十五石有奇。

《明實録・憲宗實録》卷二二二　［成化十七年］，減免天下官田等項税糧九十三萬七千一百石有奇。

《明實録・憲宗實録》卷二三五　［成化十八年］，減免天下官田等項税糧四十八萬三百三十六石。

《明實録・憲宗實録》卷二四四　［成化十九年九月］丁巳，戶部會官議奏漕運巡撫等官所上事宜。【略】一應天、鎮江、太平、寧國、廣德五府所太祖初得天下仰其供給，故特勑寬之。凡官田糧半徵，民田糧全免，以後富家爭買民田，是以官田多在小民，請令各府州縣以官田糧加耗每石量減二三斗，民田每畝量加一二升以補所減之數。【略】疏入，詔王煥莊即令勘城堡，宣府各城舍人精健者如例給糧，餘皆如議。

《明實録・憲宗實録》卷二四七　［成化十九年］，減免天下官田等項税糧六十九萬四千一百七石有奇。

《明實録・憲宗實録》卷二五九　［成化二十年］，減免天下官田等項税糧五十六萬九千二十八石有奇。

《明實録・憲宗實録》卷二七三　［成化二十一年］，減免天下官田等項税糧一百八萬五千九百石有奇。

《明實録・憲宗實録》卷二八五　［成化二十二年］，減免天下官田等項税糧一十六萬九百六十石有奇。

《明實録・孝宗實録》卷二二　［弘治二年正月］丁卯，命戶部以天順中所賜故太監葉達固安縣田二百二十五頃入官別用，幷通查先蒙賜田，今病故者各開具以聞。

《明實録・孝宗實録》卷二五　［弘治二年四月］，大興隆寺僧戒璇、錦衣衛指揮劉綱爭訟直隸安肅縣田四十頃，得旨入官別用。戶部請給民耕種，徵租如例。從之。

《明實録・孝宗實録》卷一二八　［弘治十年八月］，陝西鄜、寧二州，淳化等十八縣及延安衛凡承佃荒田者照前例每糧一石徵五斗，或折徵銀二錢五分，草一束折徵銀二分，其無人承佃者照今例糧一石止徵銀五分，草一束徵銀二釐五毫，從巡撫官奏也。

《明實録・孝宗實録》卷一五九　［弘治十三年二月］乙未，戶部覆議巡撫寧夏都御史王珣所奏靈州金積山河口開渠灌田，欲量起附近人戶於春時開濬成渠，其中地土各撥軍民佃種起科。從之。

《明實録・孝宗實録》卷二一〇　［弘治十七年四月］，初賜皇親會昌伯孫忠永清縣義河、寶坻縣把門城、老鴉口田二千四百八十一頃，後孫氏寵衰，乃以把門城田一千二百頃賜太監辰保。久之辰保卒，皇親慶雲侯周壽奏乞之，壽方貴幸，乃展改四至，兼占孫氏田。忠曾孫銘襲侯爵，與叔指揮瓚等各分賜地，銘與其姪賢私以五百頃易壽銀四百五十兩。豐潤縣柳科港內有牧馬草場歲徵銀市馬，玉田縣羅蔔窩，香河縣横水、三灣田共萬餘頃，皆辦納糧銀之數，銘等各佃其中。皇親建昌侯張延齡妻，瓚繼室周氏女也。瓚卒，周氏自陳無嗣，乃以義河、老鴉口兩處所有田四百餘頃，更援柳科港諸處孫氏田俱混作己業，辭畀延齡。上不知而允之，其地與壽連者稍侵壽界，毀其封堆。時壽寵漸衰，延齡方貴幸，壽心不平，兩家奴僕遂相掊擊，壽、延齡各奏其事。上命户部左侍郎王儼、左少監朱信、錦衣衛都指揮僉事葉廣勘量以聞。工科左給事中張文上疏曰：壽及鶴齡、延齡肺腑至親，休戚攸同，不圖忠義，專事貨財，希恩傳奉，濫私親黨，原具初心不過富貴，但富貴之極驕奢淫佚所自生也。皇上上體太皇太后，下念聖子與夫力徵之愴，渭陽之感推念數親，均加恩眷，特一轉移間耳。不然臣恐愛之愈至，驕縱日甚，正如饑者而食之毒，鮮不害也。近日兩家家人朱達、杜成、周洪等陳乞兩淮長蘆鹽引若干萬，萬一王皇親及左右貴幸之人援例奏請，拒之則業已賜人，從之則鹽引有限，何以爲處。初達等命下其門如市，將竈丁見煎鹽引收發，商人守支愈難出塲，則舟楫相望，姦僞百出，私門日富，國計日虧，乞寢前命重治達等。又兩家爭訟地土奏稱頃至太多，恐包民業在內，乞勅儼等急勘，如有民業則除之，仍乞面諭。壽等當知止足，天道惡盈，顛覆必至。尤望皇上凡有[干]請，輒從檢抑，倣漢竇㑹國故事，擇人與俱日講求所以竭忠保族之道。疏入，下所司知之。儼等勘歸，奏壽原賜地附餘者多，周氏辭異延齡地內有牧馬草場及多包軍民者，銘、賢盜賣賜地價，壽遞年花利收銀二千兩，俱當還官。壽、延齡縱容下人擅毀封堆，通宜究問，兩家奴僕擬徒杖罪有差，而當壽家者獨重。下户部都察院覆議。上曰：壽等俱皇親，并周氏俱宥之。賢等逮治如律，壽所乞把門城田一千二百頃，今再賜八百頃俱令管業，銘、壽利息及價銀免追，其田五百頃并把門城餘地、老鴉口、柳科港、横水、三灣、蘿蔔窩、義河等田俱周氏辭退之數，宜賜延齡。其交納太僕寺馬價辦納糧銀俱除之。儼等仍依數撥給，明白具圖以聞，至是歸復奏，把門城等地內新增民地屯田二百二十三頃有奇，尚辦賦役。上命蠲之，亦賜延齡。是舉也，壽得地二千頃，延齡得地一萬六千七百五頃有奇，而銘止得原賜地二百二十頃云。

《明實録・孝宗實録》卷二一七 ［弘治十七年十月］，南京兵部尚書韓文等陳四事。一量減稅銀。謂南京軍民耕種空閒草場畝納銀一錢者請畝減三分，以爲定則。一助買官馬。謂南京領馬官軍每苦辦樁頭朋合銀兩，其災傷地方請特免一年。一減牛隻。謂南京寢廟供用牲牛納時多弊，請量減三分之一仍查數約束。一減快船。謂南京水軍左衛快船數倍他衛，役及幼寡，請暫免補造。兵部覆奏，從之。

《明實録・武宗實録》卷二 ［弘治十八年六月］丙寅，大理寺左少卿張泰、錦衣衛都指揮韋順、巡撫都御史周季麟會勘薊州草場地土，四月中奏上所處事宜，言其地通計四千九百四十餘頃，御馬監草場在侯家營者已足舊額八百頃一十畝之數，爲團營委官賈昂所侵者三百二十五頃五十七畝，在靑店莊者今實有五百一十四頃五十八畝，團營草場屬之三千營者今實有九百二十一頃四十七畝，又以侯家營界內萱港官地五十四頃及民人所侵官地五十頃并附餘地十六畝補之。屬之五軍營者今實有一千五百六十頃三十五畝，附餘地五十八頃二十三畝。屬之神機營者，今實有五百一十三頃一十二畝，附餘地一百四十五頃七十五畝。各草場侵占民田屯地九百三十七頃四十九畝并附餘地皆宜給軍民爲業，仍封土濬濠以定其界，立碑深刻以紀其數，則官民各有所據，而爭端可杜。蓋先是新寧伯譚祐以神機營草場不及舊額，嘗遣給事中周旋往勘之，旋失於覈實，擅增地九百餘頃。御馬監太監甯瑾又奏：侯家營草場爲皇莊及團營侵占數百頃。薊州民孟昱等又奏：徵糧地爲賈昂所侵，屢遣侍郎顧佐、熊翀，太監趙忠、黎鑑、楊俊，武定侯郭良，給事中潘鐸，御史謝朝宣會同勘處，忠、鑑等執奏異詞，已皆辭避，事久不結，乃改命泰、順、李麟。泰等於御馬監則據往年御史陳璧等所勘，於三營則據景泰中武清侯石亨所奏叅酌區處，擬上此奏。户部尚書韓文言：如泰等所處則牧養有地，上可副朝廷愼重戎馬之意恆產不失，下可慰小民仰事俯育之願矣。奏上，先帝欲查議，至再，文等言各草場勘處已明，惟神機營一處遣官踏勘已經四年，境內軍民屢遭蹂躪，人心怨甚。蓋鑑、良徒據旋所增，又佐、翀勘報之數而不知忠、鐸、朝宣所勘正與亨所奏之額脗合而無異也。且邦政莫急於馬，固當重其牧放之地，邦本實在於民，尤恐妨其耕作之業。今薊州軍民彭釗等逃移失業者已二百八十餘戶矣。昱等安居此地百有餘年，其戀戀而不去猶冀聖明矜念，復其故業，庶不捐親戚棄墳墓而他徙也。惟乞如臣等前後議擬而行。便章留中，再閲月至如，乃詔如所議。

同上 ［弘治十八年六月］，浙江巡鹽御史邢昭與布按二司、運司官議寬恤竈戶事宜，言：鹽課辦納之難易視人丁之多寡。今擬竈戶三丁以下人免田七十畝，勿事徭役，或六丁，或十丁、十五丁、十九丁以下凡四等所免田各遞減十畝，二三十丁以上全戶免之，或無餘田則止免其所有，既免而有餘田，乃聽派差，若將田准丁辦課者免如數，或有丁無田者毋得以他戶田詭寄免役，違者究問，擬充竈戶。庶惠均而弊可革。從之。

《明實録·武宗實録》卷四 ［弘治十八年八月］己卯，戶部奏：浙江稅糧惟杭、嘉、湖爲重，而湖之官田正糧或至七八斗，耗米或至二斗，民困尤甚，請如御史車梁言，將寧、紹等八府原派京庫折銀於內扣發萬餘兩派湖折納，而以湖之起運南京等倉糧米抵數改派寧、紹等府徵運，從之。

《明實録·武宗實録》卷五 ［弘治十八年九月］，以水災免直隸鳳陽府所屬壽州等十六州縣，中都留守司所屬壽州等十四衛所夏稅有差。

《明實録·武宗實録》卷六 ［弘治十八年十月］，巡按浙江御史車梁言：杭州西湖周圍三十餘里專蓄水以溉瀕河千頃之田，近年豪右不思前賢鑿引開濬之意，往往侵占以爲園圃地蕩，種植桑柘茭藕，蓄養魚蝦，甚者塞而爲田，築而爲居，又欲固爲己業，則於冊內捏收佃稅，給帖影射，官府因循莫能禁防。水既湮塞，所仰溉之田乃盡荒蕪，其爲害不小。乞察究所侵，悉以還官，其所報佃稅查有空閒田地給之補納，湖面之湮塞者則支帑銀之可用者傭工開濬，務復舊額以利民。工部覆議，從之。

《明實録·武宗實録》卷三〇 ［正德二年九月］壬戌，戶部侍郎林泮等言：勘過河南唐泌等縣田地一百二十九頃有奇，鹿邑等縣田地七百五十七頃有奇，初無糧稅，天朝以賜徽府仍該給與本府管業。軍民趙朋等積欠稅糧七千一百九十六兩有奇，亦合追徵給撥，因言知縣李訥等輕信朋等誣奏，以前地爲有糧田土轉申上官，改撥軍民耕種，而叅政劉約、御史鄭陽、都御史陶琰亦皆眩於是非不行勘駁，俱合究治。上是之，朋等及訥等并約、陽俱令錦衣衛遣官校捕繫至京，送鎮撫司鞫問，琰俟公差回日別議。

《明實録·武宗實録》卷三二 ［正德二年十一月］，初汝王奏本府原賞獲、輝二縣三橋坡田地，乞踏勘頃畝，通給管業。下戶部，行守臣勘報，前地共一百三十一頃有奇已給該府者七十頃，其餘亦退灘無糧地也，於例可以撥給。詔止以原賞地與之。

《明實録·武宗實録》卷四六 ［正德四年正月］，德府奏原賜白雲湖及新城等縣蘆蕩田地共一千七百餘頃爲小民占種，久負子粒、魚課，府縣等官不與追徵。戶部覆議：因劾先任布政使張泰、劉璟，叅政鄧廷瓚、濟南府同知耿文明、通判張祐、新城縣知縣段瑩曾委查勘，議處未明，移文鎮巡等官覈實上聞。先是泰及文明、祐、瑩俱致仕矣。仍各罰米一百石，璟既遷刑部侍郎矣，仍罰米三百石。惟廷瓚已死獲免。

《明實録·武宗實録》卷五七 ［正德四年十一月］，戶部覆大理寺寺丞楊武查出大同鎮巡守備等官欽賜草場地正數外尚占據七百餘頃，欲令盡歸之官，其不能蓄草者聽牧放戰馬，宜蓄草者各該守備等官差人取之備用，有仍前侵占者從撫按官叅究。詔從之，仍令可田者給軍士佃種起科。

《明實録·武宗實録》卷五八 ［正德四年十二月］，巡撫甘肅右僉都御史王憲奏：奉勑查勘內外鎮守等官地土務足養廉之用，原無者不必添給。今查得甘肅等處鎮守太監宋彬田一百一十二頃，總兵官署都督僉事衛勇田八十七頃，左副總兵都指揮僉事白琮田一十四頃，監鎗都知監左監丞王欣田一十頃，又採草湖田共八十七頃。分守涼州御馬監太監張昭田三十三頃，右副總兵官都指揮僉事姜漢田二十五頃，分守肅州左叅將都指揮僉事蘇泰田一十三頃，守備西寧署都指揮僉事趙承序田一十五頃。戶部議覆：鎮守等官原無給與養廉地土事例，中間多因奏討，相沿承種，耕獲採取，不無重勞軍士，兼且多寡不均，必至別項漁取。伏望酌量職分重輕定爲等第，庶使與不傷惠，事體歸一。詔鎮守給水旱田各十頃，副總兵各半之，分守并監鎗、游擊各旱田十頃，守備半之，原無者各給水田一頃，永爲養廉定例，餘聽給舍餘人等承種納稅，毋得數外濫給侵占。

《明實録·武宗實録》卷一六二 ［正德十三年五月］，總督都御史陳金奏：廣西江北抵桂林，南連梧州，其中上下八百餘里，兩廣舟船必由之路。民夷雜處，居無城廓之限，苗賊據險出沒，江道阻塞，近雖調兵征剿而林菁深密，不能盡殄，時復潛出爲患。臣等訪詢衆議，欲於招平堡創建守備衙門及分司，闢其城垣，中置倉廒及官軍營房，移守備平樂都指揮居之，摘撥廣東各衛所官軍居之。二哨并桂、平、柳、梧所屬民款二千人分番防守，又增昭平巡檢司弓兵百人及哨舡二十隻，巡捕仍聽守備官提督，仍調柳慶土民及田州土兵三四十人分撥沿江一帶耕種荒田，牛種暫給，行糧五七年之後量科稅，立總小甲聯絡管束，無事則耕種立業，有警則互相應援，則一方獲安而府江之患彌矣。兵部議金所言慮遠法詳俱從之。

《明實録・武宗實録》卷一八二　［正德十五年正月］，應天府府尹陳良器卒。良器字彦成，浙江仁和人，故南康守敏政子也。成化辛丑進士，授南京大理寺評事，歷寺副，寺正。擢池州知府，歲餘積粟十三萬石，墾田百六十頃，號爲能吏。遷山東右衆政，至福建右布政使，遭母喪，服闋，改湖廣轉福建左布政使，入爲應天府府尹，尋罷。良器之居山東也，不一二旬輒出行所部郡縣，不以爲勞。又善聚歛以堅好名杭中，過者駭焉，而良器亦以此自侈。

《明實録・世宗實録》卷六七　［嘉靖五年八月］丁卯，提督漕運都御史高友璣、巡按御史劉隅奉旨會勘前廬州府知府龍誥所陳備荒八議，條列以聞。【略】一議官田。凡田段界至及糧租額數，買直多寡，佃戶姓名，每鄉各竪碑鐫刻，仍勒總碑於本倉，以防混併磨滅，率冲田十畝，納租三石五斗，塝田十畝，租二石五斗，其田係首出清出者，或侵利擾民，合行再處。【略】議上戶部，請依擬刻榜施行。從之。誥前已有旨陞級，至是勘疏上，上以誥建議能留意民瘼，令從誥見職上陞一級。時誥已陞四川副使矣。隨陞廣西右衆政。

《明實録・世宗實録》卷九九　［嘉靖八年三月］，御馬監太監麥福復請盡徵牧馬草場地租。戶部言：御馬監轄二十馬房，各草場共五十六所，熟地二萬四千十一頃。皇上前從侍郎王軏之言，命科道官勘處因以熟地八千畝歸監，以資公用，留生草地四十萬畝，以備芻牧，其所餘一千九百三十餘頃，召民佃種，徵租以充國家歲時之需，信公私兩利，經久可行之策也。福請不宜聽許。上從部議，令如前旨行。

《明實録・世宗實録》卷一五四　［嘉靖十二年九月］丙寅，南京太僕寺卿王崇獻等上疏，乞均草場以杜混占。兵部覆言：草場地土在成化時已有豪勢侵占之患，時則令太僕寺查照誌書圖卷，區別上中下等，凡邊阜低漥止堪牧馬者聽養馬人戶輪管牧放，肥饒可墾者撥與有力馬戶畊種，照依佃種官田事例徵收花利，不拘銀穀，依時估納。如遇災傷，逃移及貧乏甚不能具馬者量與照給，以足正數。馬政之外，毋許他用。待後養馬數多，停免耕種，照舊牧放，此善制也。其後則有居民得入耕墾之令，又其後則有馬戶免科之令，又其後復有禁民佃牧，違者准屯田論罪之令。於是豪強倚藉養馬，兼併無制，轉佃他人厚取租利，如今太僕王崇獻所言者矣。向令舊制常存，馬戶佃租不免，則田有定稅，而姦豪無幾幸以殖利，居民佃者不禁，則民有定業，而馬戶亦無所肆其兼併之謀，此皆妄揺成計，而不慮其後者也。且養馬人戶自有額定丁田，國家牧地非所可私，故收入其租以備緩急，此恩之出於分外者也。議者不察，不問貧富，不計豐凶，每逢觧俵槩而給之。如此則官自爲買，非復民間孳生觧俵之舊矣。宜復令甲之舊，高阜、低漥逓年抛荒者，許除租爲放牧地，其諸肥饒成熟者無論在軍與民照依三等則例納租，每觧俵百匹量留銀百兩，其馬多銀少者則盡數貯庫，以備災傷、逃移、貧乏甚者之缺，餘皆觧太僕如故便。議上，從之。

《明實録・世宗實録》卷一六六　嘉靖十三年八月乙未朔，直隸巡按御史李禩奏鳳陽連歲旱，民多亡(徒)［徙］，請勑有司查勘荒田，招集流民，給以牛種，督勸耕墾，仍免其逋負。歲祲則量加賑給。戶部議墾田勸課之法宜通行天下。詔從之。

《明實録・世宗實録》卷一七二　［嘉靖十四年二月］，巡撫應天都御史侯位奏上應議事宜。【略】一處坍糧。查得直隸蘇州府原額官民田地山池溝蕩共八萬六千三百九十七頃，正額秋糧米二百三萬八千三百九十石，正額秋糧米二百三萬八千三百二十三石，課額於天下已爲偏重，內有原勘坍荒田地七千四百九十一頃，該正米九萬六千四百三十九石，遞年皆里甲包賠，乞將坍湖坍海田地額糧減豁除之。【略】章下部議，謂塩法宜行，浙江巡塩御史查議坍糧係額徵之數，俟勘明備造文冊，奏請處分。其議專責有司深切時弊，如擬施行。報可。

《明實録・世宗實録》卷一七三　［嘉靖十四年三月］，巡撫遼東都御史呂經以苛虐失衆心，遼東諸衛所每軍一以餘丁三供之，每馬一給牧田五十畝，其來遠矣。經檄行清革，每軍給餘丁一，餘悉編入徭冊，徵銀解廣寧庫，追牧馬田還官，召佃納租，由是衆益怨之。是月經巡視遼陽，檄將吏並城築圍牆及臺，將吏希經意，督併嚴急，諸軍遂大譟，擁衆入撫院。罷工及免馬田租。都指揮劉尙德者以中軍爲經信用，經所行多出尙德，於時適在傍叱衆退，不應，經怒呼左右榜笞告者，衆益悍鬨不可制，爭起，毆尙德及指揮李鉞，經倉皇棄勅，踰垣走匿苑馬寺幽室中。衆軍遂擊毁院門，火其徭役籍，鳴鍾鼓糾衆。途人有不戒眼，持械者輒群毆之。盡閉諸城門，故遊擊將軍高大息於獄，欲擁以爲主。尋圍苑馬寺，搒得經，盡裂其冠裳，執副都司公署。於是鎮守總兵官劉淮以狀聞兵部，以事未經查勘，難以遽議，宜令巡按御史會同總兵官從實查勘，先令副總兵李鑑入城宣布恩威，令衆軍悔罪守法，各歸營伍，以保身家，毋得稔禍怙終。官田仍令照舊管業，不許變亂，以生事端。都指揮劉尙德呈撥官田以致軍士嗟怨，革職監候聽勘，都御史呂經蒞政多奇，奉法太過，始則輕信寡謀以啓邊方之釁，終則退縮不振以損重臣之威，宜取回別用。遼陽軍士饑寒切身，擄其哀鳴，不爲無故，宜行文省諭各軍各安生業。詔俱如擬。

《明實録・世宗實録》卷三四三 ［嘉靖二十七年十二月］甲辰，山西撫臣言：太原、平陽二府，澤、汾、沁三州所屬荒田可墾者計一萬七千四百九十餘頃，歲可入粟九萬一千六百四十餘石，請遣官相度召民佃種，以補王府祿糧及他郡荒田之稅。報可。

《明實録・世宗實録》卷四四四 ［嘉靖三十六年二月］乙未，總督漕運兼巡撫都御史蔡克廉請築寶應縣城，以防倭患。工部議覆，從之。詔以鳳陽府所貯折糧銀二萬兩及揚州沒官田租銀給工費。

《明實録・世宗實録》卷五二二 ［嘉靖四十二年六月］乙卯，山東巡撫張鑑言：沂、嶧、郯、滕、費、泗六處荒地，近以召民開墾，官發耕牛給之，價直三千兩，請就近取之本省香稅銀，其所墾荒田原係起科之數，今宜止令貼辦稅糧，餘悉除豁。部覆，得旨：香稅准動支，新開荒田姑免征三年，并盡蠲其已往逋負之數，仍期以三年有成，毋輒延諉致虧正賦。

《明實録・神宗實録》卷三五七 ［萬曆二十九年三月］，戶部覆奏川貴總督李化龍題播州善後事宜二欵。一丈田糧。環播幅幀千里，田地數千萬畝，舊額糧歲以五千八百石，輸貴州。蓋夷方賦稅原輕，至應龍出而後考取民財定爲新法，名曰等賨，每田一畝徵銀數錢。初猶歛其錢，以招苗，後并奪其地以養苗，而賦法蕩然矣。今既改流，自當純用漢法，第額糧輕重罰無定規，查克平九縣丈量田地，分別上中下三等，每畝上田四升，中田三升，下田二升，今宜倣之以清播田，定爲等則，務令均平。二年之後，方起科徵收。一限田制。播土舊民僅存者什之一二，遺棄田地，往往冒認影占，若不爲限制，恐將來田地濶而人民少，不能成府縣之規。今應將播之舊民號楊保子者仍給田三十畝，其餘無主之田與沒官者許三省之民占籍授田，各爲限制。奉旨授田，先儘原住人民，招撫流移復業，果有無主沒官田土，方許外人占籍。毋令豪強姦狡，乘機冒奪，致歸正之人失所。

《明實録・神宗實録》卷五五五 ［萬曆四十五年二月］，兩淮塩法道吳楀謙條陳太平第一策，其意欲借墾田之名，行井田之法，假田工之力，嚴溝洫之制，更樹榆柳梨棗等木，於經界之上，一則資以爲利，一則資以爲守。戶部如議具覆。

《明實録・熹宗實録》卷六 ［天啓元年二月］，禮科給事中汪慶百陳末議以裨新政。一曰固邦本。言方今海内處處蕭條，加派重困，乞諭各省直有司清查官場官地，如沿海塗田、江南蕩田等項酌量納價升科，准抵加派，至於鼓鑄乃自然之利，屯田實三年之艾，但能擔當應無築舍。

《明實録・熹宗實録》卷六六 ［天啓五年］，是歲天下【略】官民田土七百四十三萬九千三百一十九頃八十三畝八釐九毫七忽四微三纖二沙八塵五渺。

《明實録・熹宗實録》卷七九 ［天啓六年］，是歲天下【略】官民田土七百四十三萬九千三百一十九頃八十三畝八釐九毫七忽四微三纖二沙八塵五渺。

《明實録・崇禎長篇》卷五七 ［崇禎五年三月］，南京戶科給事中戈允禮以滇俗漢夷雜處，蠢動時聞，近自普酋發難以(朱)［來］，每每籲餉九閫遠不獲濟。因上言滇省衛所軍伍先皆受膏腴職田，其數視品級爲差，中有世系斬絶承襲無人者爲強梁衛弁所并，每畝納穀不過三斗。遂占種無價官田甚，且土指揮例無職田，與納級指揮例不加田者俱混取絶田，爭攫美利。此皆當還之朝廷者，是宜急敕撫按盡數嚴查，詳開清冊，悉追其價每畝可得六七金，逐衛清核總計一省奚啻數萬。平居無事時以之充作鑄本，則可以歲增子息，一旦有事取之逢源，又何愁軍興仰屋哉。章下所司看議。

同上 ［崇禎五年三月］，允禮又請因十年大造清查隱漏田地以資兵餉，并覈寄籍詭戶，以甦小戶代役之累，其有抗不收歸者所寄之田入官，而撫按亦以清戶多少爲郡縣殿最，此又軫恤窮民之大端也。章下所司看議。

《明史》卷二《太祖紀二》 ［洪武十四年］二月庚辰，覈天下官田。

《明史》卷三《太祖紀三》 ［洪武二十四年］秋七月庚子，徙富民實京師。辛丑，免畿内官田租之半。

［洪武二十五年］甲戌，給公侯歲祿，歸賜田於官。

同上 ［洪武二十八年］十二月壬辰，詔河南、山東桑棗及二十七年後新墾田，毋徵稅。

《明史》卷四《恭閔帝紀》 ［建文二年二月］，均江、浙田賦。詔曰：國家有惟正之供，江、浙賦獨重，而蘇、松官田悉準私稅，用懲一時，豈可爲定則。今悉與減免，畝毋踰一斗。蘇、松人仍得官戶部。

《明史》卷六《成祖紀二》 ［永樂元年］八月己巳，發流罪以下墾北京田。

《明史》卷九《宣宗紀》 ［宣德七年］三月辛酉，諭禮部曰：朕以官田賦重，十減其三。乃聞異時蠲租詔下，戶部皆不行，甚者戒約有司，不得以詔書爲辭。是廢格詔令，使澤不下究也。自今令在必行，毋有所遏。

《明史》卷二〇《神宗紀一》 ［萬曆］五年春正月己酉，詔鳳陽、淮安力舉營田。

［萬曆六年秋七月］丙子，詔江北諸府民，年十五以上無田者，官給牛一頭，田五十畝開墾，三年後起科。九月庚午，詔蘇州諸府開墾荒田，六年後起科。

《清實録・世祖實録》卷一九 ［順治二年七月甲戌］，太常寺典簿王文言條奏：江南長江一帶，荻蘆數千餘里，中多腴地，乞遣臺臣部臣，以次清查，立爲蘆政，以充國用。得旨：江南初經歸附，治平急務，惟在安民，王文言何得借端言利？不准行。

《清實録・世祖實録》卷二三 ［順治三年一月乙亥］，工部議覆：操江巡撫陳錦疏，請將故明勳戚及各衙門自占蘆洲查出歸公；其有主者，丈量入冊。得旨：葦地果屬無主併各衙門自占者，查出歸公；其有主者，不必入官。

《清實録・聖祖實録》卷一八 ［康熙五年一月壬寅］，和碩康親王傑書等議覆：沙壓水淹地十五萬四千晌有奇，該佐領未經踏勘，難以懸議。應差部臣前往踏勘，明白造冊再議。疏入，輔臣等稱旨踏勘地畝，事情重大，著八旗滿洲蒙古漢軍都統、戶部滿漢尚書及滿侍郎一員、都察院左都御史及滿左副都御史一員、六科給事中或滿或漢每科各一員往勘具奏。

《清實録・聖祖實録》卷一四九 ［康熙二十九年十月壬戌］，戶部議覆：黑龍江將軍薩布素疏言，墨爾根居住之總管索倫安珠護等，每年耕種官田二千餘晌，今官兵移駐墨爾根，請即以此項成熟之田分給耕種。應如所請。從之。

《清實録・世宗實録》卷二五 ［雍正十年二月辛卯，大學士等］又議覆：奉天將軍那蘇圖遵旨查奏，山海關外中後所舊城西邊地方，查出多餘之地五萬七千晌有餘，此處可以造城，駐兵四千名，於盛京所屬滿洲漢軍餘丁內，每旗挑滿洲兵三百名，漢軍兵二百名居住，照例給與錢糧地畝等項，添設官員管理。應如所請，將盛京餘丁內，挑選四千名添設駐防。但此等餘丁，現在十六城居住，應令仍在各舊住處當差操演，不必另行築城設官。從之。

《清實録・世宗實録》卷一二〇 ［雍正十年六月甲申］，戶部議覆：廣西巡撫金鉷疏言，桂林府屬之永寧州，地居萬山之中，爲猺獞出沒之所。向年改州之初，有富祿、常安二鎮，設有狼兵守隘，每名各給兵田二十畝。富祿鎮狼兵五十六名，頭目管事官屬五名，又該鎮養贍田三百二十畝；常安鎮狼兵八十四名，又該鎮養贍田三百二十畝，並無頭目等名色。兩鎮共給兵田三千七百畝，各自耕種，不輸差餉。此項田畝，原在額荒數內，自清查首墾，將所給田畝令與民一體升科，各兵養贍無資，何能供應差遣？請將富祿、常安二鎮原給兵田，仍循舊例，免其升科。至富祿鎮向有頭目管事官屬人等，原不隨兵差操，實屬虛糜，應請革去，將伊等名下田畝添設狼兵九名，以昭畫一。均應如所請。從之。

《清實録・世宗實録》卷一五九 ［雍正十三年八月丙子］，戶部議覆：倉場總督宗室塞爾赫，查丈熱河以東八旗地畝事宜。一寬城驛等處驛站弁兵三項地畝，共丈出三百九十八頃有奇，請照數按則輸糧，歸於熱河兵糧內交納。一義院口、桃林口等處地畝，共丈出一百六十頃有奇，歸於承德、撫寧等州縣，按數升科。一南至長城、北至喀喇沁、東至科爾沁、西至熱河地畝，向照熱河莊頭，以六畝爲一晌，今共丈出十萬六千晌有奇，請照上、中、下三則之例，按晌納糧。俱應如所請。從之。

《清實録・高宗實録》卷八 ［雍正十三年十二月甲戌］，總理事務王大臣議覆：定邊大將軍慶復疏言，鄂爾昆地雖寬平，然近山 高下不一，雖二河環繞，其去水遠者，亦不能偏溉，必須引水試看，方可定議。擬俟明年撥兵五百名，自胡克新至濟爾瑪台，擇水土佳處開墾。所需耕牛農具並各種籽粒，分別辦理，試種一年有效，再據實詳議具奏。應如所請。從之。

《清實錄・高宗實錄》卷八　［雍正十三年十二月己卯］，戶部議准：內閣學士岱奇奏，旗員歷任外省，有在任所置產者。令各自首出，交該省督撫勒限責令變價回旗，如有隱匿不報，查出財產入官，地方官失察，照例議處。得旨：依議。向來涿州地方，旗人在彼居住者甚多，有廣置田產，爲恆居常業之計者，有躲避差役，苟且偷安者。伊等身係旗人，久居民地，介乎兩歧之間，稽查殊有未便。若言京中無產養活，現今畿輔之地，設立井田，營治地畝，俱有田可耕，儘可謀畫生理。將此等人口移往彼處，墾耕井田，以圖養贍，似屬妥協。著八旗大臣查明詳議具奏。

《清實錄・高宗實錄》卷一四　［乾隆元年三月丁酉］，鎮守寧夏將軍阿祿等奏：阿拉善山下，遠隔民田，水草甚好，請爲滿洲牧廠，並派兵出牧。即以學習圍獵舊制，兼可熟識牧放之所。報聞。

《清實錄・高宗實錄》卷二八　［乾隆元年十月壬戌］，戶部等部議覆：吏部右侍郎阿山等疏言，清丈張家口外東四旗地畝，除應得賞給外，所有太僕寺馬廠駝馬牛羊羣等開種地一千五百九十一頃九十三畝有奇，賞給一半養贍，餘照例納課。又千家店駐防兵多開種地二十九頃六十七畝有奇、獨石口駐防兵開種地二十一頃九十七畝有奇、各村莊香火地八十五頃一十三畝有奇，石窑子六間房東溝門等處班第佐領下地一百四十七頃七十畝有奇、楊木柵子怡親王府槍手地三十七頃八十二畝有奇，胡素臺韓慶壩三道營等處色楞家人地一十三頃三十一畝有奇，俱照例納課，於乾隆三年起科，並禁種地民攜帶妻子及多雇人，越界耕種。又設立領催四名，分管新營、六間房、太平莊、西峰砦各路，每路給兵四名，協同同知差役，催交錢糧，稽查奸匪，分別月給銀兩，歸理事同知管轄。又查丈出西四旗餘地五百七十二頃四十八畝有奇，一併照例起科。應如所請。從之。

《清實錄・高宗實錄》卷三三　［乾隆元年十二月甲申］，總理事務王大臣奏：遵旨議以八旗入官地畝九千五十餘頃，立爲公產，令八旗都統於叅佐領內揀員經管，召種取租，每年將所取租息報明戶部。又入官房屋八千三百餘間，准人認買，其未認買之前，亦由各該處取租，以此分給旗人之貧乏者，使得各立產業，以資養贍。從之。

《清實錄・高宗實錄》卷三七　［乾隆二年二月戊寅］巳刻，上御養心殿，召入八旗都統等，諭曰：從前入官旗人之地，理應賞還旗人，俾得資生之計，但旗地與民地不同，不便交部，是以特交爾等八旗大臣辦理。今爾等議稱，入官地畝，從前所定租額本輕，徒致州縣吏胥中飽，請派員前往，另行秉公更定等語。現在入官地畝之租，較之民人佃種旗地之租，爲數實少，而此項入官之地，原屬旗地，與民人交納錢糧之地不同，雖經官定租額，而百姓不知，仍納重租，以致吏胥中飽。今因地定租，固爲允協，但愚民不明事理，或妄生疑意，謂添增租額，亦未可定。夫旗人民人，均吾赤子，朕一視同仁，並無歧待。著交與直督出示曉諭，若無從前弊端，即令該督保題，停止增添。又議稱，似此一定之後，交與地方官，按年照數收租解部等語。夫年歲之豐歉不齊，如遇歉收之歲，仍照定數徵租，則百姓未免受累。其旱澇之年，作何減收，豐稔之年，作何補納之處，著各該州縣官，隨年歲之豐歉酌量辦理，報明該旗。仍報部存案，以備稽察。儻有藉端朦混，不據實辦理者，即著該旗、該督查叅。

《清實錄・高宗實錄》卷六三　［乾隆三年二月乙巳］，又諭：雍正十三年九月間，朕以八旗入官地畝房屋，從前該管大臣等辦理不妥，有將已經豁免之項，因該旗查報在先，仍行勒逼交官者，其間弊端種種，曾經諭旨，飭部確查辦理。又於乾隆元年六月內降旨，將八旗應入官之地畝房屋，雖經報部尚未估價、已經估價尚未交部者，分別情罪，令各該處查明，給還本人。以上二次諭旨，屈指已歷三年，今朕訪聞，仍有稽延遲滯，未曾清楚者，大約因該管大員從前辦理不善，未免回護前非；或貧寒孤苦之家，無力控訴；又或胥吏借端需索，有意遲回。有此數端，以致膏澤不能下逮。用是再頒諭旨，凡入官田房，有與前次旨意相符者，許本身及其的屬在各該管衙門據實呈明，如果情有可原，該管大臣即行具奏請旨，毋許仍蹈前轍。儻有應奏不奏者，經朕訪聞，或別經發覺，定行從重議處。若本人揑詞妄控，亦照誣告例治罪。

《清實錄・高宗實錄》卷六五　［乾隆三年三月癸酉］，戶部奏：直隸總督李衛咨稱，霸州、固安、永清、新城等州縣，井田改爲屯莊地畝，應徵屯糧，並無科則可援照，請仍照井田各戶每年所納公田糧石核算，每畝議徵屯糧一斗。應如所請。從之。

《清實録・高宗實録》卷六九　［乾隆三年五月庚辰］，戶部議准：調任陝西巡撫崔紀疏言，邠州匠地二十頃一十畝有奇，查係故明時撥給匠戶之項。額徵匠價，成例已久，今地畝俱推與民戶耕種，悉屬山坡磽瘠，與民間下則地無異。請以額徵匠價通融攤入匠地徵收，則地糧並無隱漏，卽匠戶亦無偏累。從之。

《清實録・高宗實録》卷八二　［乾隆三年十二月庚辰］，工部議准：署理蘇州巡撫許容疏言，松、太二府州屬，建築海塘，挖廢田畝，前署撫顧琮題准塘西概留二十丈、塘東概留三丈，爲歲修取土之需，豁免錢糧，交塘長收息充用。今華亭等六縣業戶，紛紛呈請自種。細察民情，以地非全廢，一歲所入官租外，尚可稍沾餘利；卽或再有挖廢，姑俟他年，又作計較。應請俯順輿情，將前項已未挖廢地畝，仍令原業戶耕種，定額輸租，另款徵解海防道庫收貯，充歲修及堡房塘長工食之用。從之。

《清實録・高宗實録》卷九三　［乾隆四年五月乙丑］，兵部議覆：管理養息牧、哈岱、郭羅、馬羣總管對親奏稱，養息牧設立牧廠，每年出青時，俱於養馬屯莊就近牧放，該衙門不時嚴禁耕種。雍正五年丈量地畝，將原地均入紅冊，今開墾漸多，牧廠日窄，應請禁止。查前據奉天府府丞王河奏，嚴禁馬羣丁役騷擾小民，應令各立疆界，以杜爭競。從之。

《清實録・高宗實録》卷九九　［乾隆四年八月甲午］，又諭：前經降旨，令將八旗入官地畝，仍著賞給八旗永遠爲業。據八旗都統等議奏，請於京城空地建造房屋，賞給無房人等居住。其建房工料銀兩，請於庫帑借支動用，俟陸續收到地租，交庫歸完原款之時，再將續收租銀應請如何賞賚，俾得永濟之處議奏等語，已依議行矣。朕思此項地畝，俱係八旗人等祖業，或因拖欠官項入官，或因貪婪抵補應賠之項入官。此項地畝，既已賞還八旗世僕，復又存公辦理，所得租銀，分給亦斷不能均遍。且官徵地租，較之自行收取爲數少，況以每年所收之租分賞，人多租少，所得無幾，到手卽盡。輾轉思維，不若將此項地畝仍令八旗官員兵丁承買，或指俸餉，或交現銀，庶謀生之人，均得各置產業，而八旗之地，仍給八旗之人，自於生計有益。昨將入官民地，已令旗民承買，現在入官旗地，八旗無業官兵閒散人等，如有願買者，亦著聽其承買。此項地畝，業經降旨賞給八旗，其賣價銀兩，卽著交該部補還建房之項。其餘銀兩，應作如何調濟辦理，及現在地畝，應如何量其肥瘠定價，令其承買之處，著該部會同八旗都統等詳細妥議具奏。

《清實録・高宗實録》卷一二七　［乾隆五年九月甲午］，工部等部議覆：河東河道總督白鍾山奏稱，預東兩省，向無蘆葦，專用秫秸。第蘆葦爲河工要料，自應設計栽植。現在清查黃河南北兩岸坑塘窪地，共二百餘頃，除不堪栽葦地外，尚餘一百三十餘頃，可全行栽種供用。但爲地尚少，非民栽不能寬廣；非州縣官勸導，不能踴躍從事。請照墾地之例，酌定議敍；如有抑勒等弊，亦照例議處。至民人栽成葦草，願議敍者，栽葦四頃，給九品頂帶；不願者，依時價採買等語。應如所請。嗣后州縣官能勸民栽葦二百頃以上，紀録一次；四百頃以上，紀録三次；六百頃以上，加一級；八百頃以上，加一級、紀録一次；數多者照例遞加。如抑勒捏報，均照墾荒地例議處。至將可栽葦草之地，任其廢棄，該督撫查明指參，分別議處。從之。

《清實録・高宗實録》卷一三六　［乾隆六年二月丙申］，又諭：聞八旗兵丁在部具呈買置官地，及到該地方領地之時，往往移甲換乙，將瘠薄更易膏腴，非復原指之產業，而歸旗之限又迫，不得不回京師。及向部中具呈，部中據呈行查，該地方官又復支吾塞責，不能爲之清理，大失公平之義。著該部定議，作何稽查以清弊竇。尋議：交直隸總督遴委道員、同知、通判等官專司督察，儻有仍前串通更換等弊，州縣官不爲清理，致旗人羈延守候者，卽將該地方官嚴加議處。如承委之該管官失於覺察，一并叅處。從之。

《清實録・高宗實録》卷一五三［乾隆六年十月］，大學士查郎阿、侍郎阿里袞奏：臣等奉命往盛京相度地勢，先往吉林烏喇、黑龍江等處查勘。自威遠堡邊門以東，看得和爾蘇站之東南四家子處，有地一段，寬十里至三十里不等，約長五六十里；和爾蘇站至一統河道北，有地一段，寬七八里至四十里不等，約長百里；刷烟站之西南，有地一段，寬十五里至三十里不等，約長五六十里；刷烟站之東北，有地一段，寬二十里至四十里不等，約長六七十里。此四段地內，稍有旗民開墾成熟之處。細詢土人，除棉花外，凡穀麥雜糧，俱可耕種，洵稱上地。報聞。

《清實録・高宗實録》卷一六一　［乾隆七年二月戊午］，軍機大臣會同戶部議覆：兩廣總督公慶復、廣西巡撫楊錫紱奏稱，桑江逆苗入官之產，可作堡田者二千四百畝，驟募堡卒不及，暫與苗民耕種完租，其畸零瘠薄之田卽給苗民自種，薄徵其出。但堡卒皆無産游惰之民，安分守法者不肯承充，其素無産業游手惰民，重以官之招募，視苗猺有如奴隸，且聞多不自耕，仍資苗代，久之又主持教唆，使爲不法。前首逆張老金，卽堡卒也。又苗性兇貪，以其世受族居之地爲他人所據，不得佃耕，積怨不能相安。本年釐産募耕，黠者已不能平。桑江一隅，設重兵彈壓，堡卒直無所用，不但缺者不必足額，卽已募者亦可令其回籍，將田全給就近苗猺，分耕薄斂。且以爲該地積貯，責理苗通判經理，可備新設協營之餉，可免柳、慶二府山運之艱，無損有益。應如所請。但已招堡卒，承種一載，勒令復回，房屋牛具籽本均有所費，宜熟籌不致失所之道妥協辦理。從之。

《清實録·高宗實録》卷一六八　［乾隆七年六月丁酉］，大學士等議奏：旗、民不准交産，定例禁止，遵行日久，查禁漸疎，請嗣後旗人認買官地，該佐領於年終查明，有無私行典賣之處，呈報都統察核，並令該保正、甲長查明民人有無典賣旗地，由該州縣詳報直隸總督稽查。儻私行典賣，將旗、民分別按例治罪外，地畝地價，均照例入官。該佐領州縣官，失於覺察，一并交部議處。從之。

《清實録·高宗實録》卷二一五　［乾隆九年四月］，甘肅巡撫黄廷桂奏：上年九月内，奏明平羅縣屬四堆子以下埂外閒田，不在升科之内，仍立社倉，酌量輸租。今計墾熟田二十三萬五千三百餘畝，民二千五百餘戶，俱給執照，聽其管業，按戶設牌，開明丁口，選立堡長，編排保甲。因令各戶田一畝，輸租一升，每堡選身家殷實二人充社總、社副，專司登記，仍令官爲經理，歲底報查。惟四堆子一帶，舊有老埂，延長七十餘里，近年以來，該地民復於老埂之内逼近河流之處，加築新隄二道，均應歲修，令於春融農隙時，每田百畝，出夫一名，量備柴草，併力興作，官爲督率。得旨：好。知道了。

《清實録·高宗實録》卷二一七　［乾隆九年五月癸巳］，戶部議覆：江南河道總督白鍾山疏稱，南河自乾隆元年以來，宿遷等縣，陸續報墾地四百五十四頃有奇，前因濱河淹涸靡定，兼之淮徐一帶，連年災歉尚未報升。但已墾灘地，若再不勘定科則，適啓豪強爭奪，官吏侵漁，若即報升，則灘地較腹地課輕，納税無多，而完糧則一。設遇水旱，勢必一例報災，議賑議蠲，徒滋紛擾。況坍漲無定，今歲報升，明年請蠲，亦非體制。且愚民無知，恐報升後遇坍，難於豁免，往往畏累，不欲承種者有之。莫若將此項灘地酌定額租，另立一冊，租銀彙解河庫，以爲河工之用。歉則減免，坍則豁開，歲於搶修案内動用報銷。查該河督所稱此項淤出之地，是否係民間舊田水沈近復涸出，抑係河灘新漲，請勅下督撫確勘。如係新漲之田，即照該河督所奏，妥議具題。從之。

同上　［乾隆九年五月］，是月江蘇巡撫陳大受奏：上元縣七里州江寧縣銅井地方，新漲洲灘，原無業主，應照例入冊升科。卽以所刈蘆薪變價納賦，其餘爲普濟、育嬰、廣仁各堂經費。報聞。

《清實録·高宗實録》卷二二三　［乾隆九年八月丙寅］，工部議覆：尙書公訥親等奏稱，南旺一湖，在運河西岸，隄列斗門，以洩汶水盛漲。前河臣白鍾山議於湖中截築圈隄，分爲内外兩湖，以資蓄水，請將餘地給民認墾。但查議圈之内湖，更多高阜，卽使截築成隄，亦不能蓄水濟運，應請停止。至湖内積窪之區，可容減下之水，本爲耕種所不及；其餘高阜處，水小之年，悉可布種，卽遇汶水漫溢，數日消退後，仍屬腴田，請將涸出湖地，令民耕種。水大時，仍以受水，免其輸租，歉收之年，亦不得請賑等因。查南旺湖地，藉洩運河暴漲之水，是以久經封禁，不令民間墾種。今經勘明形勢，請將高阜之地給民布種，應如所議，令河東總河會同山東巡撫，委員查丈，除河工柳園葦地及先賢祠宇墓地外，撥給無業貧民領墾，毋許富戶胥役侵占，並分別銀則及每戶領給若干具題。所收租銀，卽貯道庫，爲河工之用。儻遇歉收，亦應如所議，免其輸租，不得請賑。從之。

《清實録·高宗實録》卷二三九　［乾隆十年四月己巳］，戶部議覆：甘肅巡撫黄廷桂疏稱，寧夏移建滿城，占用民地，先經奏明照時給價，俾另行置買。其舊城基地，並從前撥給滿兵官地，亦奏准交地方官變價。今請卽將所遺官地，撥給新城所占民地各戶承種。新舊滿城，相距不過數里，民情俱甚樂從。應如所請。從之。

《清實録·高宗實録》卷二四三　［乾隆十年六月］，江南河道總督白鍾山奏：柳株爲河工要料，必須豫籌種植。現在黄河兩岸，丈出侵隱官地一千五百三十四頃零，各營汛兵，每年有應栽額柳，力難兼顧，應俟農功畢後，遴委効力幹員會同文武汛官，於丈出官地内，募夫栽植。所需工價，公項内酌量節省發辦，不必請動錢糧。得旨：所奏俱悉。但論裕料可耳，必以節省爲見，亦屬過中。

《清實録·高宗實録》卷二四六 ［乾隆十年八月庚子］，工部議准：陞任直隸總督高斌奏稱，直省淀泊河灘各地畝，或因水道遷徙，或係隄岸空餘，半屬腴田，可以耕種。現在逐一查勘，分別等次，酌定租銀，給附近貧民認種。每戶自十畝至三十畝，計口受田，毋許逾限。每年所收租銀，解貯道庫，爲河工歲修之用。如遇水大被淹，止免應徵租銀，不得請賑；或值地方大勢災歉，仍照例一體辦理。儻有逃絕之戶，招人另佃，禁私行典賣。從之。

《清實録·高宗實録》卷二六〇 ［乾隆十一年三月己卯］，諭：朕愛育黎元，特降諭旨，將直省錢糧輪年通免，使之均沾惠澤。查浙江溫台二府所屬玉環山地方，從前棄置海外，雍正六年設立文武官弁，招徠開墾，現在田地山場每年額徵本色穀一萬六千四百九十餘石；又海寧縣有錢塘江海口、南大亹、中小亹之間，天漲沙地給佃承種，每年應徵銀五千五百二十餘兩。以上二項，與腹內地丁無異，因名爲租穀、租銀，是以不在所蠲之內。彼邊海之地，土瘠民貧，自當一視同仁，俾免輸將，以安作息。丁卯年，係該省輪免之期，著將此二項一體蠲免。該部卽傳諭該督撫知之。

同上 ［乾隆十一年三月壬申］，軍機大臣等議奏：據順天府尹蔣炳奏稱，民典旗地，令地方官領帑回贖，交官徵租，徒爲土豪胥役侵漁，不如於贖出時，卽交旗人管業，不必更定官租。查贖出地畝，皆先儘原主取贖，必原主不願取贖，始令各旗官兵認買，或贖或買，必查核明確，方按名給與，其間必須時日，斷難於甫經贖出時，卽交旗人管業，應仍照在官徵租之例辦理。至該府尹又稱，向日旗地，每畝收租係二錢、三錢者，今所定官租，每畝自六分至錢許不等，土豪胥役，遂將地畝包攬，仍照原額轉租佃民，從中取利。再地畝多寡，必原業旗人，方知實數，去冬贖地，但憑民人首報，未經傳問旗人，以致隱匿。查該部原議內，地方官於贖地時，查明現種之人與現出之租，將佃戶租銀數目造冊三本，一存地方官，一送戶部存查，一咨該旗備案。又令該督通飭各地方官，毋得草率徇縱滋弊，儻有旗民夥開浮價，誆報分用情弊，照例治罪，地畝入官。種種弊竇，皆立法剔除，何以去冬贖地時，祇憑民人首報，致仍有如該府尹所稱等弊。現在總督那蘇圖酌定條款，復將從前所送冊內錯漏之處，俱令驗明契紙，據實更正，其從前遺漏之案，亦令另行續報。該部定議覆准，應令該督嚴行查察，照例妥辦，毋得仍前草率。再查該督現在報部所贖之地，自必照原議現出之租辦理，今所報固安、滄州、赤城三處租數，每畝自二三分起至二錢不等，誠如該府尹所稱二三錢者，僅六分至錢許，則現租與原租，太覺懸殊，侵隱包攬之弊，勢所不免。此項租銀，留爲將來贖地之用，豈可過於減輕。且旗人贖買之後，照此收租，必較原租短少，於旗民均無裨益，徒爲土豪胥役中飽。應請一併勅交該督詳悉查核，妥協辦理報部。得旨：現今高斌、劉於義在直隸地方辦理水利工程，於各處情形，知之必悉，著會同那蘇圖妥商辦理。高斌此時差往南河，有查勘事務，卽著劉於義先行商辦。

《清實録·高宗實録》卷二六六 ［乾隆十一年五月甲辰］，總管內務府大臣等奏：八旗公產地內，向有未經認買以及存退餘絕地畝，於乾隆七年，戶部議定，凡內務府莊頭牲丁等當差地畝瘠薄，應行換給，或賞給新滿洲，並撥補挖河占用等項，均在此內動撥，將存退餘絕等項地內，酌留一千頃，以爲各案撥補之用。查此項地畝，未經撥用之前，仍係地方官收租徵解，官租爲數既輕，且不免土豪胥吏包攬侵漁等弊，況自酌留以來，撥補僅數十頃，與其置之閑地，經理不得其宜，不若酌籌安置，以收實用。請將此項未撥地畝九百餘頃，照例全數安設莊頭，將來遇有應行撥用之處，卽於各莊頭名下，按照數目指給。其應如何安設分給之處，並請勅部會同內務府詳悉妥辦。從之。

《清實録·高宗實録》卷二七七 ［乾隆十一年十月］，直隸總督那蘇圖奏：辦理回贖旗地案內，查保定府屬有旗地各州縣，現在共贖過一千三百九十六案，給過按年遞減價銀四萬四千五百餘兩，此外各府州屬回贖之案，尚未報齊，臣復嚴行催辦。其已贖地，一面照例收租，一面行知八旗官兵回贖認買，俟將來租銀與贖買地價交納，又可接濟官贖之需。得旨：好。甚愜朕意。但恐過於欲速耳，不無滋擾耶。旗固當念，民亦當念也。妥爲之。

《清實録·高宗實録》卷二八三 ［乾隆十二年一月，署山東巡撫直隸布政使方觀承］又奏：安山湖地分撥貧民認墾開科一案，行司轉飭東平州詳查。據稱安山湖地面寬闊低窪，運河水漲，則由通湖閘分減入湖，以保運道；各村瀝水，亦均藉湖爲歸宿，以全民田。乾隆十一年夏秋間，通湖皆水，現猶停蓄，大概湖地必須雨水調勻，秋禾始望有收。惟二麥佈種於已涸之後，收獲於未發之前，小民皆願認墾。臣查湖田多屬沃壤，而麥收足抵秋禾，每畝額徵銀二三分，又至輕減，故雖有水患，民間亦願升科。但升科之后，官徵民納，例重秋收，如秋禾被水，或並未播種，則請蠲，并將請岩；且或連年積水，河工需地行水，又應請豁，徒致紛煩，兼多妨礙。竊思安山、南旺二湖，同爲河洩水之地，南旺湖業經奏准報墾徵租，安冊湖似應一例辦理，將升科改爲徵租，并照直隸澱泊河灘地畝分季徵收之法，其專種一季夏麥者，於麥後徵收，兼種秋禾者，分麥、禾兩季徵收，地方官解交運河道庫，以爲河工之用。如遇水潦，查明免其輸租，不得請賑。貧民每戶領地二十畝，禁私相典賣，則租額毫無減於升科，而除去升科名色。官地民種，應徵應免，可以隨宜辦理。且富戶無從兼併，貧民常霑恩澤。得旨：所見頗是。知道了。

《清實録·高宗實録》卷二九二　〔乾隆十二年六月庚申〕，戶部議准：直隸總督那蘇圖疏稱，八旗下屯種地人等應建房屋，現在通州、昌平、豐潤、三河、玉田、昌黎、樂亭、淶水、武清等州縣，各報建竣二百五十戶；又任邱、文安、香河、大興、延慶衛、大城、霸州、延慶州、灤州、順義、清苑、望都、容城、密雲、寶坻、遷安、高陽、雄縣、蠡縣等州縣衛，續報共建竣三百六十九戶；又建竣耕種任買公產地畝共三十二戶，應查明已撥人戶，令其前往耕種。內有各屬已造旗分姓名及現報完工。尚未造有旗分姓名者，均經分晰彙造總冊，應聽戶部移咨各旗，按戶查明，發銀給照，令其前往，等語。查各州縣建竣房屋內，八旗共計六百十九戶，耕種公產者三十二戶，共六百五十一戶，應照原議，於公產地價項下，動撥銀六萬五千一百兩，令各該旗出具總領，赴部領回，會同查旗御史，按戶給發。每戶給牛具籽種銀各一百兩，並印照一紙，令其前往。又稱，各屬未經建竣六百四十三戶及耕種認買公產旗人一十九戶，現在督令速建等語。應令該督嚴飭趕辦，隨竣隨報，俾得陸續下屯耕作。從之。

《清實録·高宗實録》卷三二五　〔乾隆十三年九月庚辰〕，戶部議：盛京戶部侍郎德爾格等題覆，乾隆四年郎中徐萬卷條奏查丈盛京各城界內馬廠等處長寬四至並荒地令查明招墾一案。一鑲黃旗漢軍佐領李國宰等三佐領，以山尖泡處馬廠窄小，移往黃蠟坨子地方牧放，並金州八旗增城東澄沙河等四處小馬廠，向係空閒，不堪開墾。應如所請，准其移增，並將馬廠坐落四至丈明，造冊送部。至三尖泡處舊廠內私墾地二十餘處，應令照例入官變價。其餘閒荒，悉招旗人認墾輸租。一長興島內旗民地畝，現據該侍郎等查明，已入紅冊者三萬八百九十八畝零，但每年徵糧若干，何年起科，應令再查報部。其車世烈等陸續私開地畝，照例入官，分別等則，估價招旗人認買。所遺荒甸招墾。一山廠委員查丈，立定四至，造冊送部。至私開地畝內，鑲黃等旗四廠既屬廢棄，應令估變招墾。其英額林子等處，丈出私墾地畝，有礙地方，應即平毀。仍飭該管地方官，不時查察，毋許私墾。從之。

《清實録·高宗實録》卷三二七　〔乾隆十三年十月〕，直隸總督那蘇圖又奏：靜海縣蒲港窪地方，有正紅旗馬廠地一百五十四頃七十七畝，在子牙河東岸，向有西隄一道，以障河水，康熙三十八年，復築東隄，將此地夾入兩隄之中，久無渾水灌潤，漸致不毛。乾隆三年，東隄決三十餘丈，引入渾水，逐漸受淤可墾。乾隆四年，有天津縣武生楊普成等，朋揑詭名，認墾地三十頃，以爲霸占之由，經臣飭審勒退。此地原係馬廠官地，未便報墾升科，應照河淀淤地之例，分給附近貧民認種，上等地每畝租銀六分，次等三分，每年徵解道庫，爲河工添補歲修之用。如遇大水被淹，勘明豁免，不得請賑。報聞。

《清實録·高宗實録》卷三四〇　〔乾隆十四年五月乙卯〕，諭軍機大臣等：東陵後千松背山，原係風水內地，因將紅樁火道向內遷移，遂屬風水地外。但該山究爲官地，聞有附近民人私行砍樹燒炭，殊屬非是。爾等可寄信布蘭泰，令伊嚴禁管束，仍著查明具奏。再，陵寢週圍山勢，各處樹株疎密情形，令伊繪圖呈覽外，並將千松背距紅樁遠近及抵密雲行宮若干里之處，一併繪圖黏簽呈奏。

《清實録·高宗實録》卷三五一　〔乾隆十四年十月癸巳〕，大學士等議覆：寧古塔將軍永寧奏稱，吉林烏拉、伯都訥等處旗地，現丈出餘地三萬八千五百八十六畝，並游民私墾地一萬三千八百九十八畝，俱應照盛京納糧之例，編爲三等，今年秋收，即令納糧。其未丈地畝，詳細確丈，每年報部納糧。應如所請。其京城、盛京、黑龍江地方旗址，應令各該旗、該將軍查明，到日另辦。從之。

《清實録·高宗實録》卷三七七　〔乾隆十五年十一月〕，陝西巡撫陳宏謀奏：西安駐防八旗馬廠，每旗一百二十頃，與民地毗連，原定界址，隨高就低，不能截然畫一，且逼近渭濱，坍漲靡常，旗則指爲牧地，民則指爲種地，各圖侵占，連年控爭。臣委員履畝勘丈，每旗丈足一百二十頃，於交界之處，築墩挖濠，立定界址，令地方官諭民不得越界侵種。至民人承種之地，亦經照額丈足，分撥清楚，可以永杜爭端。復查此項外，又有丈出餘地，非旗非民，乃河灘之官地，例應召認墾種，但河濱坍漲靡常，升科請豁，未免紛煩，不若召民承墾收租，解司充公。通計興平、武功、盩厔、扶風四縣，丈出可墾地八十一頃七十畝零，俾附近之民，墾種資生，於窮民不無裨益。得旨：覽奏甚妥。知道了。

《清實録·高宗實録》卷三七八〔乾隆十五年十二月己卯，戶部〕又奏：西洋人郎世寧等，於例禁之後，私典旗地，應徹回治罪。得旨：民人私典旗地，定例綦嚴，屢經飭禁，但念郎世寧等係西洋遠人，內地禁例，原未經通飭遵行，且伊等寄寓京師，亦藉此以資生計，所有定例後價典旗地，著加恩免其徹回治罪。其定例以前所典之地，亦著免其一例回贖。如原典之人自行用價收贖，仍聽其贖回。此朕加惠遠人，恩施格外，今禁例既經申明，嗣後西洋人於此項地畝之外，再有私行典買旗地者，與受之人，定行照例治罪，並此次恩免徹回之處，從重究治。郎世寧等，既經寬免，所有出典之蔡永福等，並失察之該管各官，均從寬免其治罪議處。至河游地畝，亦係郎世寧等價典之地，俱免圈徹。但蔡永福於認買公產之外，所有多得河游地畝典價，並非伊分內應得之項，著該部照例查辦。

《清實録·高宗實録》卷三七九〔乾隆十五年十二月，湖南巡撫開泰〕又奏：龍陽縣內，向有濱湖積水荒地，經前撫臣趙申喬勸民修築大圍隄一道，逐漸淤成平陸，共報墾田五萬一千七百七十五畝，久已入額輸糧。惟查隄內尚有湖坪草塲等地，民人逐年開墾，今查勘得圍民未首之地八千八百五十二畝有奇，該處地勢較高，應請照水田下則，每畝科糧二升。又續墾田二萬三千九十八畝，該處地勢甚窪，雨水稍多，收成即歉，應照官莊徵租之例，照水田下則，每畝科租二升。下部議行。

同上〔乾隆十五年十二月乙未〕，諭軍機大臣等：據開泰摺奏，【略】〔湖南〕龍陽縣大圍堤涸出地，續墾田畝，援照官莊之例，給照徵租一摺，並著鈔寄楊錫紱，將辦理情形，是否妥協，具摺奏聞。

《清實録·高宗實録》卷三八三〔乾隆十六年二月壬辰〕，諭：朕聞常州府屬之武進、陽湖二縣，開抵役田租銀一項，原係前明時虛田領價，後因本戶逃亡，株連親族，各將己產開抵。實非前明原置之田，亦非當日領價之戶，小民條糧役租，力難並輸，以致積年拖欠，朕省方所至，民隱勤求，請問既周，倍深軫念。著將武進、陽湖二縣開抵役田，除應辦條漕仍照民田一例完納外，其新舊租銀，概予豁免，以除民累。凡爾百姓，尚其永承樂利，各相勉於孝弟力田，以仰副朕格外加恩之意焉。

《清實録·高宗實録》卷三八七〔乾隆十六年四月〕，福建臺灣總兵李有用奏覆：水沙連地方，逼近生番，久經定界，李朝龍恃買墾地，混占爭租，李光顯復挾讎啓釁，招集流棍。經文武各員將首從人犯嚴拏監禁，研訊確情，從重定擬。其聚棍空寮，俱經焚毀解散。現在民番寧靜，並無驚擾情事。至該處開墾有年，所有無辜之佃民人等，若槩行驅逐，轉恐滋擾。請將大小二十四莊，開成田園一千五百七十一甲，未墾荒地二百六十餘甲，一併入官，令該佃照例輸租，以杜爭競。其近番山界，勘明立石，定爲禁地，不許復生覬覦。報聞。

《清實録·高宗實録》卷三九三〔乾隆十六年六月丁巳〕，兵部議准：陝西巡撫陳宏謀奏稱，督、撫兩標馬廠，向無定額，是以兵民侵占互爭。臣等遴委員弁，按照各營馬數多寡、廠地高下立界，其未經承糧及開墾之地，督標丈出三百七十九頃零，撫標丈出二十五頃零，按其科租，共銀二千六百九十五兩，請照八旗馬廠奏明事例，畫一辦理。從之。

《清實録·高宗實録》卷四五五〔乾隆十九年一月〕，廣西巡撫李錫秦奏：鎮安府係改土歸流，土司向有役田一項，共九百三十五壋，除完正賦外，每年繳租銀一千八十六兩零，以爲地方辦公之用，名曰公堂銀兩。自改流以來，如各書役工食及修理犒賞並幫貼天保縣辦公等項，經臣酌定，共需銀七百零六兩。查該府首邑天保縣屬，有鑒隘、倫隘、旺崗、忙村、甘沙並向武土州通凍等六塘號書、舖司，每年應給工食一百二十六兩，向係天保縣土民及下雷、湖潤、上暎、都康四土司按年公捐，解府支給，未免苦累，應將此項公捐銀兩永行革除，其工食亦於該府役田租內支給，餘剩銀二百五十餘兩，將領田少而納租多者，查明公平酌減。報聞。

《清實録·高宗實録》卷四五六〔乾隆十九年二月壬辰〕，軍機大臣等議奏：臣等現查以俸餉坐扣贖出地畝及買得公產地畝，共九千八百十三頃八十二畝，除租佃與民及典賣在旗外，其餘典賣與民人地畝共七百二十五頃二十八畝。伏思此項地係特恩動帑向民贖回，將伊等俸餉坐扣，俾各得原業，不許私行典賣與民之處，例禁甚嚴。乃竟有不肖旗人，圖利私典與民，民人違例私典，均屬不合。請將此項七百二十五頃有零地，盡行徹出，照戶部原奏收取租銀，年終彙奏賞給旗人之例辦理。再查旗人原圈地畝及自置地畝內，從前清查時未報，此次報出典賣與民共一萬四千七百五十九頃零。既據自行報出，照議免其治罪，應交與各佐領清查原業主，如能交銀回贖者，令其回贖，如不能回贖者，將此項地官贖，所得租息，亦照部議辦理。並請將八旗地畝冊檔咨送戶部，轉行直隸總督，除現納錢糧民地外，挨村清查，有無遺漏隱匿之旗地，勒限一年，據實造冊咨部。戶部卽令各該旗造冊鈐印，收貯備查。如有再行違例私典與民，及民人私自典賣，或被查出，或被首告，從重治罪，將地畝價銀盡行徹出，交與該旗，照例辦理，并將該管大臣、地方官嚴加議處。從之。

《清實錄·高宗實錄》卷四五七　［乾隆十九年二月］，兩廣總督班第奏：廣東合浦縣永年司巡檢所轄地方，距縣三百六十里，周圍亦三百餘里，與廣西橫州、貴縣、興業、鬱林、博白等州縣壤界相接，爲獞猺出沒之所。明成化年間，令狼猺兵丁分守要隘，撥田耕種，蠲徭薄賦，名曰狼田猺田。各兵後人，承田充兵，糧餉不費，足資捍禦。本朝初年，尚存狼猺田一百四十四頃一十八畝零，存兵二百四十二名。閱年久遠，稽查有疎，致田畝多被土人誘騙典當，兵數漸缺。現在覈對《賦役全書》，請出田畝坵段，並查出私典數目、授受姓名，勒限分別定價取贖，並酌議章程，自本年爲始，如有民人向狼猺私典授受，照盜買盜賣官田例治罪。儻狼猺內有貧不能守業者，田歸本族本地之狼猺承買，務令按田當兵，不得外售與民。仍飭地方官不時考驗技藝，操演訓練。得旨：覽奏俱悉。

《清實錄·高宗實錄》卷四六〇　［乾隆十九年四月辛巳］，又諭：鑲黃旗奏請旗人所典房產俱令過契上稅一摺，內有請將私行典賣房產地畝入官之語，甚屬非是。朕臨御以來，每念旗人生計維艱，撥出官地一萬餘頃，作爲公產，又將典賣於民地畝贖出，亦作爲公產，無非欲有裨於旗人生計之意。此項贖出地畝內，或有不肖之徒，復行典賣於民者，官又爲之辦出，仍作公產。今伊等私用白契典賣房產，若令入官，非惟不副朕惠愛旗人之意，且令不肖之徒得以藉口，謂朕借端將房產入官矣。況入官之例，原爲己身獲罪，或有虧公項者而設，若私行典買房產未經稅契，非此可比。卽欲懲治，亦不過不准復歸本主，作爲公田濟衆而已。請入官可乎。朕所賞旗人萬餘頃地，卽此入官之地也。此項尚且賞回，私行典賣之房產，該旗奏請入官，甚屬錯誤。將此通諭知之。

《清實錄·高宗實錄》卷四七九　［乾隆十九年十二月癸酉］，又諭曰：班第奏，據阿睦爾撒納稱，額爾齊斯等處地方，原係杜爾伯特、巴玉特人等耕種之地，取用何處水泉，伊等深知。請令車凌、車凌孟克屬下派宰桑一員，種地人各五十名，將兵丁一同帶往，教以耕種等語。著寄知納木扎勒轉諭車凌等，照班第所奏派往。如車凌等業經起身，納木扎勒卽可辦理。將此亦寄與阿睦爾撒納、色布騰巴勒珠爾等知之。

《清實錄·高宗實錄》卷五二六　［乾隆二十一年十一月壬寅］，戶部議奏：旗人有將康熙年間賣出之產，捏稱爲典，圖利控贖者，總因年遠，兩造俱非經手之人，中證又皆無存，一稱爲典，一稱爲買，甚至價值多寡互異，卽以契爲憑，雍正元年以前，俱係白契，眞僞難辨。竊思康熙年間典賣房地，至今多則八九十年，少亦三四十年，賣者固無回贖之理，卽典者亦輾轉出售，難以根尋。應將八旗地畝，凡典賣於民者，仍彙入民典旗地案內辦理；其在康熙年間典賣者，概不准贖。嗣後凡契典房地，俱報明各該佐領，將價銀併載旗檔，回贖時，仍報明銷檔，以杜訟端。從之。

《清實錄·高宗實錄》卷五三三　［乾隆二十二年二月戊子］，值年旗奏：民典旗地租銀內，有絕嗣及無力收贖者，曾充公產，爲貧苦兵丁賞項，由各旗派員赴各州縣收取。嗣經副都統廣成奏准，改爲修理營房之用，其銀仍由各旗派員取自各州縣，轉交戶部，似屬紛繁。請嗣後將此項地租銀不必由旗派員收取，但由部行文該督飭交州縣解部，由部行旗註檔，俟敷修費，臣等奏請動用。得旨：允行。

《清實錄·高宗實錄》卷五三四　［乾隆二十二年三月壬辰］，又諭閩浙總督喀爾吉善、浙江巡撫楊廷璋：西湖之水，海寧一帶田畝藉以灌溉，今聞沿湖多有占墾，若將墾熟之田挖廢歸湖，小民未免失業，如任其占墾，將來日漸壅塞，海邑田畝有涸竭之虞，於水利民田均有未便。除已經開墾成熟者免其清出外，嗣後不許再行侵占。尋奏：西湖舊址三十餘里，雍正二年清查時，僅存二十二里四分有奇，至今三十餘年，小民復漸占墾。現委員將湖址逐段勘丈，凡現存湖面及淤淺沙灘，俱丈量標誌，繪圖存案，侵占依律懲治。至現在小民栽荷蓄魚之蕩，止許用竹箔闌隔，以通水道，禁其私築土埂，仍責地方官於每歲水落時，按圖勘丈，具結申報。其現已墾熟田畝，雖蒙恩免其清出，但究係私占官湖，俟丈出占墾確數，如果無礙水源，當另請旨酌量徵輸，歸入西湖歲修項下，爲挑濬之用。得旨：是。

《清實録·高宗實録》卷五五二 ［乾隆二十二年十二月癸亥］，戶部議奏：旗人存退餘絶地畝，應酌留一千頃，撥補官用，其餘照例安放莊頭辦理。其入官地畝，應交與該旗查明原業原收租數，行令地方官照數徵解。得旨：依議。其入官地畝，交該旗查明原業收租數，行令地方官照數徵收之處，此等地畝，以加惠小民而論，卽租額再爲輕減，亦無不可，但向來官地租額雖輕，而民佃多不霑實惠。蓋地畝一項，既不在官，又不在民，則不肖官吏，轉視爲利藪。該部請照原納租數徵收，自爲杜絶弊端，所奏是。但旗人原收租數，或係市平市斛，而官爲收納，勢必用庫平官斛，則租數雖屬相符，而貧民所加，已屬不少。嗣後入官地畝，地方官照原數徵收，著卽照原收平斛，令其輸納，庶俾承佃各戶，交租不致畸重，而官吏亦不致中飽矣。

《清實録·高宗實録》卷五五三 ［乾隆二十二年十二月］，浙江巡撫楊廷璋奏：臣奉諭旨清理西湖。查自雍正二年丈實湖面週二十二里四分，迄今三十餘年，沿湖居民或培土成田，或築隄爲蕩，逐漸占墾，並淤淺沙灘，失二里有餘，遵旨將已墾成熟者免其清出。臣謹周歷相度，將各處有無阻遏水源，逐一標記，分定應去應留，明白曉諭，於秋杪收獲後，令該道府督率各員分頭展復，較前清出一里有餘。現在湖面計二十一里二分，四處立碑，永禁侵占。其不礙水源之田畝地蕩，尚有五百八十九畝零，遵旨免其清出，仍酌定稅額，於二十三年起，歸入西湖租息項下，以備挑濬公用。再請照蘇隄式，於清出隄岸上徧栽柳樹，不特可杜小民侵損，其根株盤結，亦可堅固隄身。報聞。

《清實録·高宗實録》卷五五七 ［乾隆二十三年二月甲戌］，軍機大臣會同八旗大臣等議奏：據副都統祖尙賢奏稱，八旗老圈地畝，例止准本旗買賣，遇緊急事故，本旗難覓售主，准典與别旗。其中添寫虛價，多勒年限，致日久難贖，名典實賣，且得價轉不如賣，請嗣後照八旗買公產例，不拘旗分買賣，令於左右兩翼稅課司過稅，不准私立文卷。應如所請，嗣後旗人遇事故典地者，仍報該都統、佐領存案，以備查贖，或圖多得價直，准其不拘旗分出賣；漏稅私立文券者，治罪。從之。

《清實録·高宗實録》卷五七九 ［乾隆二十四年一月］，署江蘇巡撫陳宏謀奏：蘇州郡城，設有普濟、育嬰、廣仁、錫類等堂，需費浩繁，歷任督撫，或清查官產，或撥留灘地，或撥公項。收養日廣，經費較增。灘地時有坍沒，公費不敷，撥社倉息穀接濟。但息穀爲出借農民籽種，撥充堂用，漸少漸虧。查雍正年間，部議准江南新漲無主互爭之洲，勘明入官，今通州如意沙，係新漲無主灘地，向有刁民隱占，委員往勘，除附近民業者，仍聽升科執業，餘撥作堂中官產。又通州、崇明、連界新漲玉心沙，爲兩邑民人爭毆致命，經地方官查明究議，歸作堂中公產，以餘地養窮民，息穀仍歸民借，洲棍攘爭，亦可漸戢。得旨：不但一舉而數善備，而汝亦因此得名也。

《清實録·高宗實録》卷六二七 ［乾隆二十五年十二月戊子］，又諭：據岳鍾璜奏，建昌鎮等處馬廠地界，多與民田相聯，屢致侵占搆訟，請照提標馬廠之例，招佃開墾收租，添補餧養馬匹，等語。此項馬廠地畝，原係給營牧馬在官之產，並非閒曠，及毗連民地，以致日久私侵，互相控告，勢所不免。今據該提請將此項地畝佃民承墾成田，每歲收租，散給添補飼餧之資，息爭端而清案牘。事屬可行，著傳諭開泰，令其確查勘丈，酌量情形會同籌辦，務使兵民兩便，以爲久遠相安之道。將此傳諭知之。

《清實録·高宗實録》卷六四〇 ［乾隆二十六年七月乙巳］，又諭曰：蘇昌奏，荆州八旗牧馬廠地，坐落江陵、潛江、石首、監利、枝江等縣一帶沿江地方。從前原係民間抛荒地土，後因設立滿洲官兵，卽圈作馬廠。近日居民漸次報墾升科，旗人稱爲侵占廠地，民人指係納糧産業，彼此爭競不息。現在會同將軍定界造冊，以息兵民紛爭，等語。牧廠關係營伍，而糧地亦民間生計所資，自必明定界限，始可永遠杜息爭端。現在沿江之地，如果牧放久經圈用，勢在必需，而民人從中計圖侵種，自應按照前此界限，查出歸旗。若僅係附近馬廠四旁，原無礙於牧放，民人又已墾熟升科，亦應仍給民人管業。蘇昌已經調任，此事著卽交與愛必達會同該將軍秉公妥協勘辦，務令兵民相安，彼此有益無損，毋任有司旗員各存袒護，至乖平允之道。將此傳諭該督等知之。

《清實録·高宗實録》卷六五〇 ［乾隆二十六年十二月壬申］，戶部議准：兩江總督尹繼善疏稱，鹽城縣范公隄外，舊有公樵草灘七百五十六頃，嗣因民竈爭訟，另於伍佑、新興二場淤灘，照數撥給竈樵。恐日久私墾，請每歲春間令該縣及場大使親勘出結，儻徇情失察，知府分司查揭叅處。從之。

《清實録·高宗實録》卷六九二 ［乾隆二十八年八月癸巳］，諭：上年因八旗回贖旗地，積至一萬餘頃之多，降旨令戶部會同內務府及八旗大臣定議，以三四千頃安設莊頭，餘俱賞給八旗，作爲恆產。第念此項田畝，雖係旗人世產，現在貧民耕種日久，藉以資生，若改歸莊頭，於傭佃農民，未免失業。所有分設莊頭管理之處，不必行。其如何按則交租並酌定章程之處，著軍機大臣會同方觀承，詳悉妥議具奏。尋議：現在贖回地畝，向來各該業主每畝所收若干，雖無從一一查覈，而各該處田畝之前後左右，自必有現在旗民執業，所租地畝，應即按照各鄰近田畝租數，一體徵收。但佃戶輸租業主，往往因循拖欠，或銀色低潮，未能按期清楚。既經地方官徵收報解，例應年清年款，而庫平庫色，亦較諸業主所收不無少異，應於額租內酌減，覈計佃戶所出添平補色之數，仍與原租相仿，在佃戶符其向來應交之額，吏役亦無從借端滋弊。請派大臣前往，會同方觀承督率道府，逐一履畝查勘，按其地址，繪造清冊，並將租額分別上、中、下則實數，塡冊二分，一送總督衙門，一送戶部。所有每年租銀，應如何解交，及偶遇水旱，如何酌量分數，分別蠲免，統令會同熟籌妥議。得旨：依議。著派英廉、錢汝誠會同方觀承查辦。

《清實録·高宗實録》卷七五五 ［乾隆三十一年二月］，直隸總督方觀承奏：直隸淀泊河灘淤地，前經奏定分給附近貧民認種完租，每戶自十畝至三十畝止，定例遇有改移河道開挑引河等事，需用民人認種地畝，即行免租聽用。查淤地以天津、河間二府屬爲多，今將實係貧民，仍聽照數認種，其有爲胥役豪強詭名占種者，悉行徹出。直隸各州縣，設有留養局五百餘處，雖各有經費，而衝途流養較多，所需衣被薪米不敷，俱係地方官捐辦，若將徹出冒占之淤地酌撥各局經理，除完租外，以羨餘補留養之需，則貧民之力能受佃者，既沾樂利，而煢獨之尤無告者，更慶生全。得旨：嘉奬。

《清實録·高宗實録》卷七五六 ［乾隆三十一年三月癸酉］，又諭：戶部議覆，侍郎英廉奏請丈出盛京旗民餘地准令無地兵丁閒散人等認買一摺，原爲旗人生計起見，但此等無地人戶，貧富不齊，其有餘者，置產必多，而無力之家未必能一律承買，恐於伊等資計仍無實際。因念該處冬圍兵丁一切鞍馬之需，不無拮据，若將此項餘地內酌撥徵租，每年賞備資裝，於該兵等殊有裨益。其應撥用若干，及所餘地畝除撥補隨缺各項外，或可一體徵租存貯動撥，或聽旗人認買，毋致有名無實之處，新柱現在出差盛京，著會同該將軍府尹等確勘該地實在情形，妥協定議具奏。尋奏：丈出餘地約共三十一萬二千四百晌有奇，其撥補官兵隨缺各項地，應就本境撥給，再有餘者，即令原種之旗民照數納租承種。按地畝肥瘠、糧額等差，分別覈計，每年共徵租銀十一萬二千四百兩有奇。查每年派撥冬圍兵丁一千三百名，每名擬賞銀十五兩，即於此項租銀內按數撥給，餘銀解交盛京戶部，另貯候撥。如此一轉移間，不特冬圍兵丁鞍馬有資無稍拮据，而官員兵丁俱可得地耕種。下部議行。

《清實録·高宗實録》卷七七一 ［乾隆三十一年十月］，直隸總督方觀承奏：武清縣屬范甕口一帶，舊有淤灘葦地四十七頃八十六畝零，內除河身起土坑蕩，並隄壩占壓及栽柳空隙等地八頃九十一畝零，實存地三十八頃九十四畝零。近因積次受淤已成高灘，非葦性所宜，應交地方官丈明召墾，改種禾稼。初種之年，稍寬租數，一二年後，漸成熟地，即可普定租額。以每畝租銀二三錢計，每年可收銀一千餘兩，除歲需河神各廟香火之用，餘銀存貯永定河道庫，遇有河隄等公務動用。得旨：如所議行。

《清實録·高宗實録》卷七七九 ［乾隆三十二年二月乙卯］，軍機大臣等議覆：盛京將軍舍圖肯等議奏，據盛京兵部侍郎富德奏稱，盛京現丈出旗民餘地三十一萬餘晌，每年租銀十一萬二千四百餘兩，請令銀米兼收，俟各城倉貯足用，仍照例全收租銀。查各屬地方遼闊，道路紆長，運腳難免飛灑。且每銀一兩折交米一石，較市價過賤，旗民勢難輸納，應請仍照舊例徵銀。惟各城倉貯，本屬無多，應於秋收價平時，令各屬就近採買，價昂即行停止。俟倉米足數，遇青黃不接之時，即如所奏，以三成減價出糶，秋成後照數買補還倉。均應如所議。從之。

《清實録·高宗實録》卷七八五 ［乾隆三十二年五月辛卯］，軍機大臣等議奏：山西巡撫彰寶奏稱，右衛牧廠餘地，現經派員履勘招墾辦理。並將召募赴科管轄各事宜，酌擬條款。一查勘五旗牧廠餘地，正藍旗爲一段，正黃、正紅、鑲紅三旗爲一段，鑲藍旗爲一段。其中堪以墾種者，共計一千六百餘頃。應於歸綏道所屬五廳及大同、朔平二府屬沿邊州縣，招募佃民。每地五頃爲一分，各量資本，或一戶認種一分，或數人合認一分，入冊後，給以印照管業。當初認種之年，免其輸納，於次年起科，其餘遞年耕熟，陸續升報。一此項地畝，較察哈爾土性瘠薄，祇可種植雜糧，應照口外不分等則之例起科。其牧廠俱坐落和林格爾及清水河二廳地方，所有應徵租銀卽交該處通判經徵，就近解交綏遠城同知衙門，撥充旗營兵餉。一此項地畝，除現在招墾一千六百餘頃外，尚有八百餘頃，係砂磧山溝。不成片段，俟佃民將好地墾成後，飭令零星開種，以盡地利。又此項應募佃民，約需千有餘戶，將來俟認種人多，卽令該處兩通判相度適中之地，設立村莊，以便稽察彈壓，無須另設專員。以上均應如所請。惟稱該處地畝，土性瘠薄，應照口外例不分等則之處，查徵賦之重輕，應准收成之厚薄，此時未可懸定，應令試看成熟後，再行定則。又該處佃民，聚集既多，其中或不無遊民攔入，滋生事端，並抗租逃避各情弊，宜嚴飭承辦之員，時加稽察。從之。

同上 ［乾隆三十二年五月，兩江總督高晉等］又奏：江省崇明縣之北、通州之南，新漲沙灘一處，自乾隆二十八年以來，該州縣詳報頃畝多寡不等。查此項沙灘淤漲頗廣，未便任聽地方官草率辦理，致滋影射。現委員查勘，草灘二百四十五頃有奇、泥灘二百八十四頃有奇、水灘三百八十四頃有奇，應將漲出沙地北歸通州，南歸崇明，分界管轄。目下情形，沙尚低嫩，請俟灘地堅實，再由該州縣詳報查明丈尺，估報定則。報聞。

《清實録·高宗實録》卷八一四 ［乾隆三十三年十二月丙辰］，戶部議覆：御史虞鳴球奏稱勳田一項，係前明勳臣產業，散在江浙諸省。其賦較別項田畝爲輕，且不納漕米。現在執業，並非勳臣後裔，而田賦科則，相沿邀恩，殊爲未協。應如所請，勅各督撫按冊立限，飭各州縣清查，並令民戶首報布政司覈實，一體輸將，督撫具奏辦理。從之。

《清實録·高宗實録》卷八四二 ［乾隆三十四年九月甲申］，諭軍機大臣等：英廉奏，肅寗縣武生孔聖宗呈控，伊種郭炌地畝，每年交租二百餘兩。去年郭炌緣事，地畝入官，忽經該縣勒令退出，與生員劉喬齡承種，止納租銀六十餘兩，其事甚可駭異。以原佃交租二百餘兩之產，一經入官，忽另招新佃，改定租銀六十餘兩，輕重懸殊，其中顯有情弊。著傳諭楊廷璋，卽行秉公確訊，將此項田畝，在郭炌手內原收租銀若干、該縣因何換佃減租僅收四分之一及劉喬齡如何夤緣佃種、該縣如何袒庇奪田各情節，徹底確查，務使水落石出，毋得稍有含混。此案並非楊廷璋任內之事，卽孔聖宗所控均屬實情，亦與楊廷璋無涉，斷不必稍爲回護。設欲博屬員感悅畧存瞻徇之心，至案情或有不盡不實，將來別經發覺，恐伊不能當其咎也。所有郭炌名下坐落九州縣入官地畝租額，並著楊廷璋一併查明，分晰具奏。英廉摺一併寄閲。其原告孔聖宗，卽著英廉派役押交楊廷璋候質，并將此諭令英廉知之。

《清實録·高宗實録》卷八四四 ［乾隆三十四年十月戊午］，諭：據楊廷璋查奏，肅寧縣武生孔聖宗控告承種郭炌入官地畝減租奪佃一案，該旗委員和爾景阿，先赴原佃陳文彩家居住，得受餽送，串通減租，揑名認種，復經告病知縣王汝木家人受賄，代投認狀各情由。並查出霸州、河間、任邱三處郭炌入官地畝，均有短少租額情弊，亦係委員和爾景阿自往勘定，領催跟役，俱得受錢文。該地方官並不會同查辦，率行造冊，並任書役人等婪贓舞弊，恐其中尚有別情。請將委員和爾景阿解任，同領催人等發直質訊。其霸州知州李汝琬、任邱縣知縣商衡、前任丁憂河間縣知縣盛鐏，均請革職審擬，等語。和爾景阿查地定租時，既有受賄營私情弊，卽著革職，並領催跟役人等，交與軍機大臣嚴審確情具奏。所有肅寧縣告病知縣王汝木，業經降旨革職，令山東巡撫解直質審。其李汝琬、商衡、盛鐏，俱著革職，並案內有名人犯，交與該督一併嚴審定擬具奏。

《清實録·高宗實録》卷八四七 ［乾隆三十四年十一月戊戌］，諭軍機大臣等：據楊廷璋奏，查審和爾景阿受賄減租分別定擬一摺，所辦殊未允協，已交軍機大臣會同該部另行覈擬矣。和爾景阿，以旗員奉委查丈郭炌入官地畝，敢於所到之處，串通婪索，任意減租。內如肅寧縣地畝一項，原租二百三十兩，竟減至六十四兩，爲數不及三分之一，至按其丈過各處積算所減額租，不可勝計。是其舞弊虧公，乃本罪之萬無可貸者。該督定案時，理應統覈所減租額，照侵虧律擬罪，方爲允協。若該犯收受餽送盤費禮物共銀六十餘兩，不過本案中之餘罪，何竟照此計贓定擬，遽以折枷鞭責了事乎。況該犯各處所減原租，數至如許之多，安知非豫爲地步，事過之日，向地戶等陸續按減數索謝。此乃案情緊要關鍵，豈可轉置之不論。該督久任封疆，屢經審辦案件，不應輕重失當若此。楊廷璋，著傳旨申飭。

《清實録·高宗實録》卷八九七 ［乾隆三十六年十一月戊午］，軍機大臣等議覆：江寧將軍容保奏稱，乾隆三十二年，開墾江寧教場廢地三千四百畝，每年徵租銀一千五百六十四兩，請將此項分給八旗佐領官學公費及兵丁運腳。應如所請，造冊報部。從之。

《清實録・高宗實録》卷九〇九　〔乾隆三十七年五月庚申〕，戶部議覆：署江蘇巡撫薩載疏稱，先據江蘇按察使胡季堂原奏變賣上元、江寧二縣獄田，劃買王文進入官地畝一摺，奉敕詳查覆奏。今查得各處獄田，均係山圩夾雜磽瘠，雖有一千二百餘畝，額租並無照收，不敷司監之用。近年田價增昂，據估值銀六千餘兩。至王文進入官田畝，係種稻平田，其契載田價，俱屬近年所置，無可另議增減，等語。查胡季堂原奏蘇州獄田一項，遠在隔屬，徵解不便，兼磽瘠無獲，請變價抵買王文進入官田畝，自屬酌量變通，以收實用。今既據該署撫分晰聲明，應如所奏，將上元、江寧二縣原置獄田一千二百畝變價，於長州、元和二縣王文進入官田七百餘畝，劃買四百餘畝，委員徵解報銷。其從前獄田項下民欠租息，並令該署撫確查，應追應免，分別辦理。從之。

《清實録・高宗實録》卷九二〇　〔乾隆三十七年十一月庚子〕，盛京副都統德福奏審辦錦州民人偷典官地一案。得旨：此案若僅照德福所奏辦理，尚恐未能平允，裘曰修、瓦爾達，現在盛京查勘民典地畝，著將此摺譯漢鈔寄，令伊等便道查明實在情形，秉公核擬具奏。

《清實録・高宗實録》卷九二六　〔乾隆三十八年二月乙丑〕，欽差尚書裘曰修等奏：查盛京民典旗地，計十二萬餘晌，蒙恩動帑回贖。請嗣後原業旗人，自能耕種，准其徹回，原佃民人欠租，官爲催比，如抗玩不交，徹地另行招佃。至帑項未經扣完以前，旗人不能自種，佃戶又無拖欠，遽將地畝徹回者，治罪示儆。得旨：所奏是。依議。

《清實録・高宗實録》卷九四〇　〔乾隆三十八年八月庚寅〕，諭軍機大臣等：上年奉天查贖旗地一事，經裘曰修會同履勘後，交瓦爾達等詳加查覈。今半年餘，尚未見奏查辦完竣，現已降旨，將瓦爾達革職。所有查辦旗地案內，或尚有未完事件，著交喀爾崇義仍會同將軍弘晌、府尹博卿額，即速悉心確查妥辦具奏，並將瓦爾達等曾否清查完竣緣由，一併查明奏覆。將此諭令知之。尋奏：臣等公同確查，應動帑回贖旗地十二萬六千八百二十六晌，已經欽差尚書裘曰修等履勘，奏准照戶部原議辦理。嗣續行首報民典旗地五百九十餘晌；自瓦爾達離任後，復據各州縣造報回贖地三千四百二十餘晌。尚有地一萬四千一百六十餘晌，未據各州縣造報回贖，臣等現勒限催令如期辦竣，不使遲延。俟報銷全完，用過銀數清冊，再覆加詳查，報部覈扣。報聞。

《清實録・高宗實録》卷九四二　〔乾隆三十八年九月己巳〕，直隸總督周元理奏：永定河下游七工舊河身內，有坐落武清縣范甕口蔴葦地三十八頃九十四畝。前經召民試種禾稼，酌定每畝租銀自一錢五分至三錢不等，每年共徵租銀一千六十餘兩，收貯道庫，爲永定河祀神祈報及河防一切公務之用，不入奏銷。惟該處地屬下游，土浮沙薄，生植稍難，節年以來，屢有拖欠，應請將租額減輕，每畝自一錢至二錢一分六釐，較原租共覈減銀三百四十兩五錢五分。得旨：如所議行。

《清實録・高宗實録》卷九八八　〔乾隆四十年八月丁亥〕，兵部等部議覆：西安將軍傅良、陝西巡撫畢沅奏稱，駐防西安八旗官兵牧馬廠地九百六十頃，自節次移駐新疆等處，現僅存馬三千五百，留四旗廠地四百八十頃，足備牧放，其餘四旗廠地四百八十頃，請交地方官，招民墾種升科，以作官兵紅白賞卹之需。應如所請。從之。

《清實録・高宗實録》卷一〇〇三　〔乾隆四十一年二月庚申〕，兵部議准：寧夏將軍三全、陝甘總督勒爾謹奏稱，寧夏、平羅兩縣，黄河沿一帶有寧夏滿兵牧廠。查滿兵從前每名拴馬二匹，經前任將軍傅良奏准，照西安涼州例，每兵實拴馬一匹。此項廠地多有閒曠，應將平羅廠地仍留牧馬，其寧夏廠地丈勘定界，聽民認墾。從之。

《清實録・高宗實録》卷一〇三八　〔乾隆四十二年八月丙午〕，陝甘總督勒爾謹、陝西巡撫畢沅、西安提督馬彪等會奏：籌辦西安提標馬廠地畝。查中、右兩營廠地一百九十七頃零，坐落咸陽、興平、鄠縣，地勢寬平，水草豐美，以提標五營馬匹，統於二廠牧放。又左營廠地，硝鹻夾雜，不堪耕種，亦仍存留牧馬。其前後兩營，坐落長安、咸陽、高陵、三水、淳化等縣馬廠，除沙磧鹻灘土脈磽瘠不堪耕種外，計可墾地一百七十頃六十九畝，招民認墾，試種取租，與牧馬既無妨礙，而附近貧民得地墾種，足變無用爲有用。應取租息，請遞年歸還各營借項。得旨：允行。

《清實録・高宗實録》卷一〇四七　〔乾隆四十二年十二月己酉〕，軍機大臣等議奏：據盛京將軍弘晌奏稱，大淩河馬廠西北，杏山、松山地方，丈得澤田萬畝有奇，地甚肥美，請移閒散宗室分往居住。查閒散宗室內，願往者一百十五戶，大小共二百零三名，其十歲以上及隨孀婦之單戶閒散宗室，共一百三十四名，餘俱未及十歲，係隨父兄度日，不必給予房間地畝等項。其應得者，每名給銀二百八十兩，暫給八十兩，治裝起程，俟到該處時，再給二百兩。每人給地畝三頃，一半官爲開墾，一半著自行從容開墾，或令家人耕種，或募民耕種。其地畝不許私行典賣，如查出私行典賣者，將價銀、地畝並追入官，典賣人照違禁例治罪。如有病故乏嗣者，將家產呈報將軍，分給人口衆多之宗室成丁者。再每戶給房八間，如子弟衆多，不敷居住者，著該將軍酌量多予數間。其房屋編爲四屯，各就地畝近處修築。查在京宗室，十歲者每月給銀二兩，二十歲三兩，每歲給米四十八斛。今遣伊等前往，不必支給米石，仍按歲照京城宗室例，減半給與銀兩。俟十年後，居久服習，全行裁汰。又每人給予耕種器械。到該處，先給一年口糧，應飭該將軍將應墾地，卽豫行派兵耕種，收貯糧石，以備給予。其紅白事應得銀兩，俱照盛京舊居宗室例辦理。再墾地蓋房，豫交該將軍辦理，俟來年秋季，分作二起遣往。請飭宗人府於京城現任奉恩將軍內，揀選四員護送，到該處卽分住四屯，令其嚴行管束。又由現往宗室內，擇老成者，每屯揀選二名，賞戴金頂，協同辦事。奉恩將軍係現任官員，其應得之俸，照舊給予外，每員給地五頃、房十二間、銀三百兩，仍給予耕種器具。所管宗室內，有妄行滋事，或私將房地典賣等事，將該管官一併治罪。盛京舊居之宗室等，或有生齒日繁不能度日者，併飭該將軍酌給地畝錢糧，一體辦理。從之。

《清實録・高宗實録》卷一〇五二 ［乾隆四十三年三月壬戌］，軍機大臣等議覆：盛京將軍宗室弘晌奏稱，前因盛京丈得閒田，議請移駐閒散宗室一百餘戶，分爲四屯，給屋一千八間、地四百四十三頃，每屯駐宗室章京一員。閒散三十戶，建屋木料，由遼陽、寧遠等處運買，甎瓦缺少，戶給瓦屋三間，餘蓋平棚。墾田一犂三牛，兵爲耕種，一切需費，先由盛京戶部支領。又每屯設貼寫、傳事、馬甲各四名，並另給蕩田一頃，取租作爲公用。此外餘地招墾。俱應如所請。得旨：此事暫行停止辦理。著存記。

《清實録・高宗實録》卷一〇五四 ［乾隆四十三年四月庚子］，江蘇巡撫楊魁奏：臣標左、右二營及蘇州城守中、左、右三營，額設馬步守兵，遇有僉差並無賞項，每於月餉內攤扣，未免拮据。查江陰縣官灘內，有圍築成田者三百二十三畝、水草灘二千六百九十五畝零，請給兵丁承領，召佃墾種，按例升科，俾得藉霑餘息。報聞。

《清實録・高宗實録》卷一〇七三 ［乾隆四十三年十二月辛巳］，諭：八旗入官地畝，向來原准賣給八旗官兵，嗣因不肖之徒私行賣與民人，種種滋弊，始令入官取租。現在生齒日繁，八旗人等圈地，俱在京城附近五百里內，數目有限，若仍將此項地畝入官取租，旗人產業不免日漸短少，嗣後所有入官圈地，加恩仍照舊例，賣給官兵。著都統等嚴密稽查，不許私自賣與民人，以示矜恤八旗之意。

《清實録・高宗實録》卷一〇七四 ［乾隆四十四年一月戊戌］，諭：八旗入官老圈田地，向皆令八旗官兵認買，後因不肖之徒私行典賣，諸弊叢生，始降旨不准認買，租由官取。今旗人生齒較繁，此項田地若仍由官取租，旗人產業漸少，於伊等生計無益，復降旨將入官老圈田地，加恩仍准官兵分買，並交戶部、八旗查覈議奏。今又詳思八旗人衆，內有家奴者無多，分買之田，與京相近，尚易取租，儻分買之田過遠，告假取租，不但徒耗盤費，更恐百姓刁難，租銀得否，尚在未定，而每月錢糧，先扣存地價，於伊等生計更屬無益。朕意此項田地，莫若仍由官取租，俟每歲租銀送交戶部時，分給八旗兵丁，則伊等既不費力，又不須扣存地價，於生計甚有裨益。著交戶部、八旗將如何分給之處，妥議具奏，以副朕惠養旗人之至意。

《清實録・高宗實録》卷一〇八三 ［乾隆四十四年五月］，江西巡撫郝碩奏：省城外設有馬廠二處，皆濱臨江湖沙地，向爲撫、鎮下六營暨縣驛牧馬之所，界內之地，間被隣田侵越，今按址清出，除原定額地外，兩處餘地共一千三百餘畝，召民墾種，今歲即據各戶認繳租銀一百三十七兩零。其未據認墾之地，將來成熟，約收租銀二百兩。此項銀兩，即可儲備六營公用，請自今歲爲始，隨時支給。設遇水坍沙漫，酌將租銀豁除。報聞。

《清實録・高宗實録》卷一一〇九 ［乾隆四十五年六月丙子］，兩江總督薩載等奏：江蘇吳縣地方，向有公田一萬二千五百餘畝，原係前明本地富民捐置。其承種民戶，除完納地漕等項銀米外，歲收租息，以爲添補運漕之費。迨入本朝，民間此項租息久未完納，乾隆三十一年，經前撫臣明德據知縣介玉濤查出碑據，奏將此項應徵餘租米二千二百二十七石，遞年抵補吳縣逃亡無著錢糧。歲餘米一千數百石，留爲該縣地方公用。因此項餘租並非正賦，不入報銷，儻遇歉年，悉照定額催徵，亦不按照災分辦理，以致歲有逋欠。每遇恩旨，亦從未援請蠲豁。計自乾隆三十一年起，至四十三年止，共積欠銀一萬九百八十九兩有奇。現在江省歷年災緩正項錢糧，俱沐恩普行豁免，此項公田餘租積欠，應請一體恩蠲。嗣後如遇歉收之年，勘明災分，照例蠲緩。得旨：允行。

同上［乾隆四十五年六月］，江蘇巡撫吴壇奏：長江舊設救生船五十六隻，又康熙四十七年，奏准於京口輪雇漁船六隻，每船月給工食銀三兩，當卽買置丹陽縣民田五百畝，名曰普生莊，歲收租息，除納正項錢糧外，卽以供添雇漁船及救人得生加賞之用。嗣經前撫臣雅爾哈善奏裁救生船三十四隻，祇存二十八隻，分撥上元、江寧、江都、丹徒、儀徵、江陰、靖江、山陽、清河、寶山等十縣，京口僅存救生官船一隻、漁船六隻，不敷救濟。查普生莊租息，除動用外，歲有盈餘，請再添雇漁船四隻。得旨：嘉奬。

《清實録・高宗實録》卷一一四六［乾隆四十六年十月丁亥］，又諭曰：索諾木策凌奏稱，現今查出流民私墾地畝，酌定租銀，併定旗倉納米數目。此内如有畏賦重不肯承種仍回原籍者，將地交旗人耕種，照紅冊地畝例納米。仍嚴飭民間永遠不准私墾官地，如旗人不種，又暗令民人耕種取租者，除一併照例治罪外，仍將地徹回入官，等語。索諾木策凌所辦尚是，已交部議矣。盛京、吉林二處，流民私墾地畝，辦理錢糧，事屬一體。昨和隆武奏稱，應納地丁錢糧十三戶居民，俱棄地逃走，不知去向。和隆武所辦，如果人心悦服，何至逃走不知去向乎。又稱，仍將地收回，著窮苦滿洲耕種，如再有逃者，亦照此辦理等語，甚屬糊塗，不知事體輕重。奸民欲隨意耕種，則令其耕種，如不遂意，則任其逃避，有是理乎。且所遺地畝，令滿洲耕種，滿洲慵懶不種，此項奸民，仍然潛回。給與微末租價，仍得耕種，於滿洲何益。和隆武若俱照索諾木策凌辦理，自能妥協，伊卽糊塗不能辦事，豈亦不能倣效他人乎。著傳諭和隆武，接奉此旨後，將究竟如何辦理之處，速行奏聞。並將索諾木策凌奏摺，鈔寄閲看。

《清實録・高宗實録》卷一一七七［乾隆四十八年三月戊申］，諭軍機大臣等：據阿桂等奏十三日合龍，大溜全入新河，壩土堵合穩固一摺，已降諭旨交部議敘矣。阿桂此時，自必將善後事宜次第籌辦妥協，方始起程前赴東省。朕思善後事宜内，惟撥給民地一事，最關緊要。北岸河身既經涸出，其空地可以墾種者必多，以彼易此，總須以南岸占用民地頃畝數目，將北岸地畝官爲丈量，照數撥給，多寡一如原數。若一任小民自行占踞，則豪強都得以多占膏腴，而懦弱無力貧民竟至缺少，且不肖官吏胥役，得以籍此侵漁滋弊，殊非安集災黎、清釐地畝之道。此事著責成阿桂、李世傑迅速辦理，早爲換給，俾小民得以乘時趕種夏禾，方爲妥善。至此項地畝，除照數換給閭閻之外，如尚有多餘，不妨召募佃種，收取租糧，以備河工公用。再要工既經堵合，則下游漫水來源已斷，而運河兩岸縴道，自必漸次涸出。著傳諭明興，卽督率該道等趕緊一律興修，以便漕艘銜尾遄行。至金鄉、魚臺被淹地畝，此時業經涸出，恐被水災黎無力耕種，並著明興查勘確數，照例酌借籽種，俾得及時播種，咸慶西成，以副朕軫念災黎有加無已之至意。將此由六百里各傳諭知之。

《清實録・高宗實録》卷一一九九［乾隆四十九年二月癸酉］，諭：【略】蘇州藩司所屬，地丁漕項公用餘租等款積欠銀糧，業經概予蠲除，因思吴縣公田已與民田一律交納條銀漕米，並加徵義租，嗣因該縣有節年無著田糧，復於公田徵收餘租米二千二百二十餘石，抵補無著虛糧七百餘石外，尚餘米一千四百餘石，留爲該縣地方公用，歷年均有拖欠，民力未免拮据。【略】著加恩永免徵收，以示省斂惠民，有加無已之至意。該部卽遵諭行。

《清實録・高宗實録》卷一二四〇［乾隆五十年十月己丑］，諭軍機大臣等：據阿桂奏攔黄壩後塡塘河工，勘量丈尺，提查案卷，尚無別項情弊一摺，因念薩載、李奉翰現在應賠之項，爲數較多，已明降諭旨寬免議處，其工部所減方價，准其開銷，毋庸伊等分賠矣。至此項工程，上年南巡時，朕親臨閲看，本在可辦可不辦之間，若薩載等彼時奏明，所費如許之多，可以不辦，則亦止矣。今至縻費如許之多，而又無當河工要務，薩載等原不能辭咎，但業已辦理，亦毋庸再議。惟現在壩後深塘既經塡壓平實，又係久淤之土，地脈必肥，既未便令百姓耕種，致滋爭占，若聽其閒隙，又覺可惜。或竟令官爲召墾取租，所收餘息，卽歸入河工項下動用。是否可行，著薩載等詳悉妥議，據實具奏。並將該處所塡塘工情形，繪圖貼説呈覽。將此由四百里諭令知之。尋奏：履勘塡塘地，共五頃七十畝零，除緊靠壩後六十八畝零應栽柳護隄，其餘卽招墾取租，歸入河工項下動用。報聞。

《清實録・高宗實録》卷一二四九［乾隆五十一年二月甲辰］，署河東河道總督蘭第錫奏：豫、東兩省境黄河大隄内外官地，雖零星不成片段，上冬委員清查，除現種葦柳及浮沙鹽鹹外，舊坍新淤及空隙可種地，約一百餘頃；又乾隆四十八年，改築南隄，舊隄自考城六堡以東，至河尾五十餘里，已屬廢棄，召募墾種，可清出官地二三十頃；又曹縣舊河身內，新丈出無糧灘地六十四頃十二畝，除撥補新河占用民地外，尚餘二十二頃有奇。各地若由官招佃徵租，於工用民生兩益，懇請恩准咨會兩省巡撫委員會丈召耕，分別議賦。原係工員管理者，仍交工員徵解；續查出地，由地方官徵解。統貯各河道庫，按年報部，遇工奏請動用。得旨：此係有益於民之事，爾等妥爲之。

《清實録・高宗實録》卷一二七一［乾隆五十一年十二月戊午］，又諭曰：劉峩奏勘明大陸澤地畝，酌議徵租一摺，已批交該部議奏矣。惟摺內稱，現在認租之戶，每畝僅輸租二分零，未免過優，若每畝徵銀一錢，未免過重，等語。地畝徵銀，比較多寡，自應寫輕重字樣，試思優與重，字義相仿，何所區別。已用硃筆改正。

《清實録・高宗實録》卷一二七三［乾隆五十二年一月乙未］，諭軍機大臣等：工部奏駁葦蕩右營新淤蕩地添建樵兵一摺內稱，該河督原題每年交柴十七萬束，原指蕩地新淤而言，一二年後，自應加增。今奏請添設樵兵，何以竟將十七萬束作爲定數。又查雍正年間，新淤灘地，每畝計產柴三束，今新淤蕩地，計每地一畝竟不及一束，前後大相懸殊，等語。該營新淤產柴蕩地，雖係河督管理之事，但李世傑係兩江總督兼管河道，其淤地所產柴束，何以並不留心查覈，竟將十七萬束作爲定數，又不詳查舊案，致每畝產柴數目，與雍正年間多寡懸殊。看來竟係李世傑病後精神恍惚，於地方事務不能照料周到，漫無查察所致，不特前日所奏硝礦短少一事辦理乖謬也。著傳諭該督將是否實因病後精力衰頹，以致辦事多有錯誤之處，據實覆奏。其新淤蕩地實在產柴數目，仍著該督會同李奉翰確切查奏辦理，毋任營員朦混具報。將此傳諭李世傑、李奉翰知之。

《清實録・高宗實録》卷一二九一［乾隆五十二年十月癸丑］，諭軍機大臣等：臺灣地方，奸民糾衆械鬥，皆由該處多係漳、泉二郡及廣東民人在彼居住，里居田土互相錯處，往往紛爭搆釁，地方官並不實力查辦，將就完案，以致奸民無所儆畏。此次林爽文等倡亂不法，劫縣戕官，亦即因糾衆倡會而起。今福康安統領大兵鼓勇進勦，自可剋期蕆事。因思廣東、漳、泉三處民人互相搆釁，若能令其彼此分處，各不相涉，自屬甚善，但伊等居處多年，各有田產，安土重遷，一時概令離析，勢有所難。將來賊匪蕩平後，福康安應酌量情形，設法妥辦，如實在隨同官兵打仗殺賊者，既經奮勇出力，豈可轉令遷徙失其世業；若賊匪莊業，例應入官，當召募別處良善之民居處。至各近處村莊民人，雖無從逆實跡，而與賊匪同住一莊，心持兩端者，究不可信，或趁此兵威，將該處村莊民人酌爲遷徙；其籍貫分隸廣東、漳、泉者，令其各爲一莊，俾相離較遠，以杜爭端。至臺灣南北各處村莊，多被賊焚燬，民人俱遭戕害，並賊人頭目及被賊脅從之衆所遺田土房屋，既未便仍撥給漳泉之民，令其徒享利益，且恐遊手無籍之徒從而聚處，又致滋事，自應將其田產查明入官，另行分撥。因念該處熟番向化日久，此次逆匪滋事，熟番並無從賊者，且淡水等處，現在招集鄉勇甚多，莫若將此項入官田產，如四川屯練之例，即給與熟番耕種，按則升科，令其安居管業，自爲守護，既可以示綏戢，又可招撫生番，豈不一舉兩得。

《清實録・高宗實録》卷一三一三［乾隆五十三年九月庚辰］，諭：據阿桂等奏查鈔荆州府蕭姓民人家產，請將勒休都司蕭夢鼎一併革職，解部治罪一摺。各省民田廬舍，俱有管業之人，始准其輾轉售賣。今江心長出沙洲，自係官地，無論何姓，皆不得據爲己業。若云蕭姓所墾洲地，買自王、齊、葉、張、楊五姓，則此五姓民人，又因何敢私占官地，必係奸民見江中漲有沙洲，認種可以獲利，遂借詞升科，呈請開墾，而地方官受其賄賂，因而准行。既據蕭逢盛供，係伊祖父於雍正七年起，至乾隆二十七年止，陸續買自王、齊、葉、張、楊五姓，雖雍正年間閱時既久，而契冊可以調查。窖金洲乃係官地，該五姓民人因何准其私相售賣，抑係此五姓從前又向何姓轉買，實在起自何時，亦無難逐一清查。著阿桂、畢沅務將此項洲地係何姓始行私占開墾，何時地方官得其賄賂准令私占之處，再行詳細確查，據實具奏。至前令阿桂等將蕭姓家產查鈔者，原因窖金洲適處江心，逼束溜勢，而蕭姓一味漁利，於洲上多種蘆葦，以致滋蔓環生，沙洲不能刷動，日漲日寬，逼溜北趨，衝決隄塍，淹斃數萬生靈。皆伊一家貪利，貽此鉅害，此而尚令坐擁富厚，何以示懲儆而慰輿情。現據阿桂等將伊家產查封具奏。但此項查出財產，不可照例入官，著阿桂等即分別估變，留於該處，以抵工賑之用，使爲富不仁者，知所儆戒。

《清實録・高宗實録》卷一三六五［乾隆五十五年十月甲戌］，諭軍機大臣等：據伊齡阿查明松山、杏山等處牧廠地畝一摺。此項地畝，於紅冊之外，丈出多畝，皆係影射私開，自應查明業戶，照畝數之多寡，治以應得之罪。其查出尚可開墾荒地，未便聽其抛棄。今據伊齡阿逐畝丈量，必須登記簿冊，既可備招募開墾之需，亦可杜影射占據之弊。現在奏到摺圖存記，著傳諭伊齡阿，再將米廠地畝，速行詳悉查勘。並將私墾各案及失察之副都統、地方文武應議各官，一併秉公查辦。俟具奏到日，交內務府會同該部分別覈議。

《清實録・高宗實録》卷一四一六［乾隆五十七年十一月丙午］，又諭：據長麟奏，請將太原駐防滿兵絶嗣入官地畝，仍賞該營作爲養贍孤寡之資，等語。所辦是。此項地畝即使入官，不過空閒，若賞給駐防兵丁，養贍孤寡，甚有裨益。著交各省駐防將軍大臣等，均照長麟所奏辦理。著爲令。

《清實録・高宗實録》卷一四四九［乾隆五十九年三月］，浙江巡撫覺羅吉慶奏：浙江沿海沙地，坍漲靡常，奸民爭訟不已。現查有陸凱等二十四案，計地十三萬三千畝零，或罩陞多畝，或借詞妄占，均屬不安本分之徒。且若輩每歲勒租，佃戶多致受累，此項地畝，應照例入官，仍給原佃種作，按則納課。民地歸縣徵收，竈地歸場徵解，冊報充公。嗣後有續漲新沙，即照此次章程辦理。儻有仍前爭控罩陞霸占滋事者，即照強占官民山場律，杖一百流三千里，以昭炯戒。得旨：嚴明妥實，勉爲之。

《清實録・高宗實録》卷一四六三［乾隆五十九年十月辛未］，西安將軍舒亮等覆奏：查明入官地畝，賞給駐防兵丁，以爲養（瞻）［贍］孤寡之用。查西安駐防滿營，節經奏准於馬廠牧地租銀內支給，但該營生齒日繁，自應籌款添補，請於西安滿營內裁缺移駐入官地八頃三十畝零，召佃納租，以備散給。得旨：自當如此。

《清實録・仁宗實録》卷八七［嘉慶六年九月己亥］，諭軍機大臣等：御史鄭敏行奏，敎匪滋事地方，地多人少，請查明共有若干，造冊報部，分給鄉勇，等語。各該省叛産絶産，曾經降旨令各督撫等詳查明晰，或以之安插鄉勇，或以之分給難民，而該督撫日久遷延，總未辦有條款。此時大功將次告竣，誠宜及早詳查。該督撫接奉此旨後，即派委明幹大員分投查勘，除查係難民逃亡之産，其仍回原籍者，給還業主，其餘應查明共有若干，豫爲清理，隨時具奏。將此各諭令知之。

《清實録・仁宗實録》卷一四八［嘉慶十年八月癸未］，諭內閣：盛京清查民典旗地一事，前經戶部議令勒限一年，准其首報。其旗人首報者，徹地入官，即佃原業旗人按則輸租，免罪，免追典價，民人照例治罪，並追歷年租息入官；民人首報者，免罪、免追租息，即佃原首民人輸租，並免徵一年租銀，以抵典價；其出典之旗人照例治罪，並追典價入官；如旗、民公首者，均免治罪，免追典價租銀，仍令民人佃種，三年後將地入官，交原業旗人承種輸租，當經降旨施行。今據富俊等奏稱，自上年九月至今，業據旗民首報地約計二十一萬餘畝等語。此項民典旗地，事閲多年，且尚有輾轉接典等事，頭緒繁多。該旗民等，均係窮苦之人，今既各將地畝呈首，而一則應追典價，一則應追租息，俱不免追呼之擾，且尚有應得罪名，其情究屬可憫，玆格外施恩，著將業經首出地畝所有旗民人等應得之罪並應追典價租息銀兩，一併寬免。此事前已降旨展限至明年二月爲止，嗣後旗民人等，如有依限續行首報者，一律照此辦理，以示朕省方行慶普惠旗民至意。至應議章程，仍著富俊等屆限滿時，再行奏明交部覈辦。

《清實録・仁宗實録》卷二〇八［嘉慶十四年三月壬戌］，諭內閣：據戶部奏議覆盛京將軍富俊等，查明內務府莊頭羊草官甸情形一摺。此案奉天旗民所種官甸，既據該將軍查明，該莊頭等，自順治、康熙年間，因備養官馬，即占取官荒以供差徭，迄今百數十年，久已視爲己産，不復知爲官荒，與私開各案，稍有區別。著照部議，所有墾熟官甸，准其按例交租。其未經開墾及水衝沙壓之官甸，俟開墾後，隨時呈報辦理。歷任失察職名，並著加恩寬免。餘依議。

《清實録・仁宗實録》卷二一九［嘉慶十四年十月癸丑］，諭內閣：戶部奏，衍聖公孔慶鎔缺額祭田，多至九百餘頃，有湖淤地畝，在應行撥補之例，前經奏明，行文該省查辦，今遲至二年之久，尚未奏報。請旨飭令迅即勘辦，等語。此項至聖先師祭田，缺額九百餘頃，前經該部奏明，由該撫派員履勘，將湖淤地畝是否無礙河流，再行酌量撥補。該省奉文之後，何難即行履勘明晰，分別辦理。如其地畝可以耕種，無礙河流，自應照數撥補；如果妨礙水利，不便開墾，亦應據實奏明，停止撥給。今事越兩年之久，尚未查覆，殊屬延玩。著吉倫即行派員據實查明，將各該處湖淤究竟於河流有無妨礙，應否撥補祭田，及有無民人佔據之處奏明，分別覈辦。尋奏：蜀山湖爲瀦蓄要區，未便撥補，其聖廟祭田，應另行清理歸足原額。報可。

《清實録・仁宗實録》卷二二一 ［嘉慶十四年十一月乙酉］，又諭：弘康等奏，丹徒縣召變蘆洲，請准京口駐防官兵承買一摺。此項入官蘆地，現經照例估變，旗人與民人同一承買，本無差別，且從前該處駐防，曾有置買儀徵縣入官蘆洲之案，著加恩准其動用存公銀兩置買，分年坐扣還款。將此項蘆地作爲京口八旗駐防公産，每年除完正賦外，按各官兵數目，酌定分領章程，務俾均沾實惠。

《清實録・仁宗實録》卷二六〇 ［嘉慶十七年八月壬子］，諭軍機大臣等：松筠等奏會勘大凌河牧廠餘地並柳河溝一帶，均可陸續移駐旗人墾種緣由一摺。【略】今松筠等所勘大凌河、柳河溝一帶之地，距盛京省城皆遠在數百里之外，四面遼闊，並無官員駐劄，設旗人移往居住，憑何約束。【略】至摺内所叙東廠南北東西，周圍不下百餘里，皆有積水，須自邊牆相地開河，使入大川歸海，方可涸出沃壤。又東柳河溝一帶，積水蕩漾，須自北山，東由拒馬流河，西至鴛鴦河，横開大渠，束水入海，方可闢墾耕屯，等語。開渠引水，必須察勘地勢高下，方不至受水之患。十年前詣盛京，馬上遙見海水混茫，海船來往，高仰之勢顯然，卽使地勢合宜，而興舉鉅工，事豈易言。現在帑項不能寬裕，伊等豈不熟知。卽使儲蓄充盈，朕亦不肯徒勞罔功，爲此無益之事。松筠等所議，俱不可行，亦無庸繪圖呈覽。既據伊等奏稱，大凌河一帶地方，多有閒曠地畝，向被游民私墾，著卽嚴行示禁，將閒曠之地造冊存記，或日久另有需用之處，以備查考。至鳳凰城一帶，松筠、富俊已往查勘，卽使勘有可墾之地，亦無庸辦理。

《清實録・仁宗實録》卷二六三 ［嘉慶十七年十一月庚辰］，諭内閣：賽沖阿等奏新增錢糧，請分別覈實攤徵一摺。伯都訥東十甲黑林子地方，丈出新陳餘地，應徵銀兩，自十六年起徵，至今未能一律完納。現據二道河西民衆結稱，東十甲地畝，本屬低窪，不如河西屯堡平坦膏腴，所有東十甲未完銀糧，情願自十七年起，永遠代爲攤徵十分之六，所餘四成，令東十甲民戶自行完納。經該副都統履勘屬實，並無勒徵情弊，自應准其通融攤徵，以紓民力。著照所請，該處應徵銀六千零三十兩六錢七分五釐，自十七年起，著於東十甲實徵四分，河西攤徵六分，分別造冊，永遠照徵。其十六年未完銀二千九百六十兩九錢五分，除逃丁正耗銀四百七十八兩九錢九分五釐准其豁除外，其餘銀兩，仍於東十甲民戶分作五年帶徵。其新陳流民抛荒地畝，著飭令招佃耕種，交納錢糧，無致曠廢。

同上 ［嘉慶十七年十一月丙申］，諭軍機大臣等：賽沖阿等奏踏勘拉林可墾閒荒地畝一摺。據稱，勘得拉林東北，有閒荒一處，可墾五千餘晌；又有東南夾信子溝一處，可(懇)〔墾〕二萬餘晌。該兩處距阿勒楚喀城四五十里不等，恐新駐旗人，該副都統難以約束。並稱近來吉林各處收成不豐，請俟三五年後從容籌辦等語。又據另摺奏，請將三道卡薩里閒荒地畝，撥補吉林官莊莊丁，除撥給外，其餘閒荒不許旗民侵占，每年秋收後，請令該管官親往查勘，以杜私墾，等語。移駐閒散旗人，以裕生計。今既勘明拉林附近有可墾地二萬五千餘晌，而三道卡薩里地方除撥補官莊之外，仍有閒荒可墾，是該省未經墾種曠土甚多，與其每年派人查管，何如一併籌畫，使旗人前往耕種，俾收地利而成恆産。至拉林荒地離城雖有四五十里，移駐旗人耕作，與按期演習騎射者不同，亦不必專在近郊，如從前拉林專設副都統稽察，旋卽裁汰，至今該處旗人久安生業，亦無庸專設大員就近約束。若謂該處近年收成不豐，此時原不能卽將旗人移駐，其一切墾荒計畝章程，則須豫爲籌辦，不必延至三五年後推諉時日，著該將軍等卽檢查乾隆年間移駐舊案，將先期試墾備辦各事宜詳細酌覈，先行籌議章程具奏，候旨遵行，其請撥補瑪埏官莊欠地三千餘晌，卽著照所請辦理。將此諭令知之。

《清實録・仁宗實録》卷二七五 ［嘉慶十八年九月己丑］，諭軍機大臣等：據和寧奏，查勘大凌河、養息牧曠地，初年試種，著有成效一摺。大凌河東岸一帶及養息牧空曠廠地，經該將軍等派員劃定地界，分投試種，現在大凌河一處，墾成熟地五十頃，計四年加墾，可得熟地一千頃；養息牧河一處，墾成熟地一百六十八頃，計五年加墾，可得熟地八千四百頃，該旗佃等甚爲踴躍。和寧辦理此事一年，已有成效，著卽循照辦理，自可冀地利日闢也。

《清實録・仁宗實録》卷二九六 ［嘉慶十九年九月戊戌］，又諭：從前辦理川、楚、陝三省邪匪時，地方官清查叛産絶産，甚屬遲延，自緣三省地方遼闊，林藪邃深，事閲多年，易滋轇轕。其延緩尚屬有因。此次平定教匪如林清、祝現等犯，其逆産卽在近畿，此外李文成及附逆匪犯大抵籍隸滑、濬、長垣、東明、開州暨曹、定一帶，逆産在千里之内，地勢平衍，並無山林錯雜，且前後三月蕆事徹兵。【略】著順天府府尹、直隸、河南、山東各督撫迅卽督飭所屬，各將該管地方叛產並絕產勒限查清，奏明辦理，毋得日久宕延，致吏胥等隱匿侵欺，種滋弊竇。

《清實録・仁宗實録》卷二九八 ［嘉慶十九年十月丙戌］，諭內閣：晉昌等奏，勘明養息牧河牧廠試墾情形一摺。此案養息牧河牧廠，前經松筠、富俊、和寧於會勘大凌河西廠試墾摺內，請將該牧廠查丈，歸官開墾。其時因經費不敷，降旨停止勘辦，惟令將大凌河西廠試墾。續經和寧、富俊將該牧廠地畝撥給錦州、義州各界旗人及陳新蘇魯克認領試墾。嗣據潤祥等於審辦烏特拉丹擻等控案，查明該處牧廠試墾不便情形，並將松筠、和寧、富俊參奏，當經降旨，令軍機大臣會同該部議奏。未及議上，復據富俊奏稱，開墾此項牧廠，不糜經費，而於旗人生計有益，廢棄實屬可惜，等語，復經降旨，令晉昌會同文寧確勘具奏。茲據奏稱，該牧廠地在邊外，距錦州、廣寧、義州皆三四百里，旗人無力者不能開墾，有舊業者又不肯捨舊圖新，現在試墾者，多係內地民人包攬分種，於旗人生計無益，徒爲奸民牟利之藪，等語。所見甚是。該牧廠開墾，於旗人生計無益，且與牧政有礙，著即裁徹。其潤祥等原奏各事宜，仍著軍機大臣會同該部議奏。松筠、和寧仍著議處；富俊固執不通，呶呶瀆奏，著嚴加議處。

《清實録・仁宗實録》卷二九九 ［嘉慶十九年十一月甲寅］，直隸總督那彥成奏：請將長垣、東明、開州逆產地三十八頃給正定鎮標兵丁召佃收租。從之。

同上 ［嘉慶十九年十一月己酉］，諭軍機大臣等：本日軍機大臣會同該部議奏烏特拉丹擻等罪名，已依議行矣。此案養息牧廠開荒地畝，松筠等於奉旨停止勘辦之後，復行試墾，並未詳悉奏明，乃伊等之咎。至此項地畝，原在三營牧廠之外，其陳新蘇魯克黑牛羣，原定牧廠界址，各寬二十餘里至八十里，長四十里至一百數十里不等，本屬寬餘，近年又撥給養贍地一萬四千六百晌，於生計更爲充足。此項曠廢馬廠，與牛羊廠毫無干涉，該牧丁等，前此藉以牧放私有牲畜，並私自開墾地畝，駕詞誣控。茲審明分別治罪，若仍聽該牧丁等占據牧放，刁風斷不可長。即如軍機大臣等所議，令該將軍每年派員巡察，嚴禁私墾私放。但地既閒曠，又與三營廠界相連，恐稽察難周，仍復多滋訟端。上年九月內，和寧具奏，養息牧曠地，現已開墾成熟一百六十八頃，五年加墾，可得熟地八千四百頃。曾經降旨，以此事辦理一年，已有成效，著循照辦理。本年該處秋收豐稔，旗佃均霑利益，此時若盡行裁徹，平毀溝濠，拆逐窩鋪，轉多紛擾。此事既不糜國家經費，每年又增收租穀，竟以仍行開墾爲是。地既開墾，則松筠等處分亦可稍減。松筠、和寧俱改爲降一級留任；富俊改爲降二級留任，仍准抵銷。此事著專交晉昌。仍派和忠前往該處，將界址、溝濠逐一覆勘。其應如何分給旗丁等照舊耕作並經理妥善歷久無弊之處，著晉昌詳查，妥議具奏。將此諭令知之。

同上 ［嘉慶十九年十一月癸丑］，諭軍機大臣等：富俊等奏，豫議試墾章程，請先於吉林等處閒散旗人內，揀選屯丁一千名，每丁給銀二十五兩、籽種穀二石，於拉林東南夾信溝地方，每名撥給荒地三十晌，墾種二十晌，留荒十晌。試種三年後，自第四年起，交糧貯倉，十餘年後，移駐京旗蘇拉時，將熟地分給京旗人十五晌、荒五晌，所餘熟地五晌、荒五晌，即給原種屯丁，免其交糧，作爲恆產。並將屯田出入各數、屯丁用款及設官管理章程，開單呈覽。此項試墾地畝，需帑無多，將來開墾成熟後，移駐京旗閒散，與本處旗屯衆丁錯處，易於學耕夥種，不致雇覓流民代耕，啓田爲民占之弊。所議似屬可行。其單內合計十年用銀四萬零五百兩，其試墾之第一年，祇需銀二萬八千餘兩即可興辦，著即照富俊等所議，挑選屯丁一千名，由該處備用銀兩內撥給牛價等項，公倉內撥給穀種，如法試墾。富俊現准來京陛見，著松寧先行經理，俟富俊回任後，一切會同妥辦。此事創行伊始，伊等務計畫周詳，督率各屯丁勤習耕作，並隨時認眞查察。如一年辦有成效，則積至十餘年後，所得租穀糶價，大可裕旗人生計。若仍令雇民代墾，或將地畝私行租佃，久之悉爲流民占據，將來移駐旗人時，無地可耕，則該將軍等辦理不善，咎有攸歸，斷不寬恕。其所議按年徵租及派撥官兵約束一切章程，均著照所議辦理。將此諭令知之。

《清實録・仁宗實録》卷三二八 ［嘉慶二十三年一月壬寅］，諭內閣：富俊等奏大凌河馬廠曠地，試墾期竣，酌擬章程一摺。大凌河牧場餘地，試墾期竣，勘丈於原墾續墾十一萬餘畝外，尚浮多地五千八百餘畝，均地近海濱，其中磽薄沙鹼者多，不能按原議照直隸旗租之例升科。著加恩即照養息牧試墾地畝之例，每畝徵租銀四分，作爲定額。現存已徵穀一千七百八十餘石，准其減價十分之三出糶，價銀解交盛京戶部存庫備用。其起科年分、催徵考成及收成分數、查禁私典各章程，俱著照所議辦理。

《清實録・仁宗實録》卷三四九 ［嘉慶二十三年十一月庚子］，諭軍機大臣等：【略】本日又據松寧等奏，站丁藉地當差，今因私相典賣，若將各站丁地畝普行勘丈，每名留給十晌，餘俱入官徵租，丁力拮据，請仍其舊，等語。此事並著富俊悉心覈計，應如何派撥均匀，俾各有力當差，不致私行典買，妥議章程具奏。

《清實録・仁宗實録》卷三五二 ［嘉慶二十三年十二月辛巳］，又諭：富俊奏覈議吉林站丁地畝章程一摺。吉林站丁，私將地畝典賣，若將該丁等自墾地畝普行勘丈，每名僅給十晌，餘俱入官徵租，丁力必驟形竭蹷，著仍照松寧原議，循舊辦理。至查出典賣與民地一萬三千五百六十三晌五畝，著照富俊所議，均匀賞給額設站丁八百五十名，每名十五晌九畝零，即作隨缺工食養贍津貼。其當差窮苦站丁，各按典賣之民種滿十年，照該村屯租地寬減二成，給該丁納租，不准該丁奪地另佃，如民抗不交租，照例徹地，交站丁自種。嗣後如再有越界私墾及私相典賣者，丁民俱一體治罪，地價全行入官，以示懲儆。

藝文

元・程端禮《畏齋集》卷五《著存庵田記》 桐汭子有王君謂程端禮曰：余夫婦之藏得卜於鎮山之陽王村之原，吾子既名其屋曰著存之庵，俾某知致其愛慤，幸矣！余承先祖父之遺，戶有民田若干畝，官之二税田、營田若干畝。惟是官田磽瘠，易旱易澇，所入絶少而輸賦重甚，每歲必以民田之入助輸官田之賦，僅免門戶隳突摧楚之害。念異日子孫貧富之不常，民田易售而官田難除，害將無窮。乘今日之苟完，預以某處民田若干畝撥入著存庵爲戶，俾子孫貧不得賣，永爲官田輸賦之助，餘以供祀事。歲使子一人掌之，周乃復。外以某處民田若干畝，贍守墳之人及焚修之用。懼其久而偷也，吾子爲我識之。余謂父之於子，既生成之而全付其家，又審其利害而預爲之備，所以遺之者，其心無窮也。子之於父，宜思承家之責至重，繼志述事於無窮也。往往苟目前以自拔其芘賴生養之本，害及其身而不恤者，何哉？蓋以忘其身爲父母之遺體也。倘知致愛致慤而著存不忘乎心，則知身父母而心父母矣！况若兹田之遺以避切近之害者乎！凡當繼述者，將無不力。不死其父母，在推著存之義而已矣！子有曰：唯唯。因書以爲記。

元・柳貫《柳待制文集》卷九《楊丞檢田頌并序》 東陽丞楊公景安，解秩將去。操耒之農、負版之夫暨於褐寬之徒、逢掖之士，譁然言曰：兹歲丙子，公之涖官適三年已，而原田無秋，民將阻饑。公曰：吾其可以官滿自諉？躬愬大府，以次聞於部使者，請如故事，檢覆其菑。厥既報可，公受牒，當分詣諸鄉。一童一馬，襆被徑往，次舍必於庵廬，食飲取諸裝橐，視田勞農，已事即行。跋履荒阻閲數旬，歸治任俟代，退然若無德於民者。聞古有借留之典，吾將破崖岸而求之，不識可乎？嗟夫！官民之間，相臨以勢，方滿秩將代，且夕解去，嚬呻戚休，吾何繫哉？而公之是心，篤不能忘卹菑救患，若己隱憂，雖一食飲一芻秣之微，不以重累吾民。宜乎民之愛戀，眞若赤子之去其慈母，而疾者之失其良醫也。迹公之智，其賢於世吏遠矣！然則願借寇君，興謠叔度，壹是吾民可已不已之情。予兹有聞，敢忘傳信？乃作《楊丞檢田頌》一篇，以永民思，竊附風人之義，流爲孺子之歌。頌曰：大縣置丞，丞以貳令。彌縫闕漏，闔闢成政。舉斯加彼，實制民命。肆令治縣，共理惟寅。占位涉筆，丞豈其臣。有智必協，有謀必詢。載稽治否，酌有公論。繭絲保障，間不容寸。民鑒孔明，莫或流遁。東陽在婺，百里之封。廉德章章，有丞楊公。楊公制政，健敏而通。先時丘民，喜鬬樂訟。公牖其衷，不震而竦。令雖執競，民獲康共。因賦定役，則罔後艱。重其所輕，兹以穴姦。賴公司平，里謐閭安。民奉公上，有庸有調。挾是厚誣，烈甚原燎。公爲事程，無爾酗暴。衆方嚚嚚，莠言盈庭。汩其腥腐，亂我芳馨。繄公主靜，神聽和平。亦越三期，俟瓜而代。時秋亢旱，赤魃爲害。焦澤赭原，莫覿銍艾。公戚於懷，往籲牧連。謂此巖邑，民病無年。不蠲其輸，則瘠而顛。誠至言諄，卒獲聽受。即命行田，檢括疆畝。公曰異哉，予其奔走。既屏騶從，亦載糧餱。單馬羈童，陟巘降丘。勞來疲甿，使無隱憂。甿曰明府，顧我復我。不驚犬雞，不窘舂莝。遂我生育，拔諸寒餓。宦成而怠，人有常情。繄公一節，不撓不傾。翕是實德，溢爲休聲。惟令部使，張膽明目。剌貪舉廉，令嚴政肅。豈遺其近，而弗甄録。論公之才，宜濟時康。最公之績，何愧明揚。廓而天路，跂彼雲驤。賢智之生，世常不數。達而之用，守約施博。厦材既具，不棄櫨欂。今人古人，可企而齊。龔黄卓魯，夫何遠而。相我楊公，大邦維儀。我邑於西，五舍而近。謠誦相聞，説丞如尹。問訊棠陰，酌言斯允。爰緝蕪章，播之康衢。匪我誇公，爲後之模。庶幾遒人，采而進諸。

元・余闕《青陽先生文集》卷一《送樊時中赴都水庸田使序》 國家置都水庸田使於江南，本以爲民，而賦稅爲之後。往年，使者昧於本末之義，民嘗以旱告，率拒之不受，而盡徵其租入。比又以水告，復逮繫告者，而以爲姦治之。其心以爲，官爲都水，而民有水旱之患，如我何？於是吴越之人咻然相譁，以爲厲己。會天子問民所苦，迺以爲民實水非姦，遂劾逐使者，破械縱民，而以聞上。朝議乃歷選公卿有學術知大體者爲之使，而吾樊君時中以江南湖北道肅政廉訪使而選是職。自君之來，官僚叶和，吏畏民服，政以大行。命下之日，無不相視嗟咨，以惜其去。獨其友余闕躍然曰：東南民力，自前已謂之竭矣。況今三百餘年，昔之盛者衰，登者耗，今其貧者力作以苟生，富者悉力以供賦，有持其產爲酒食予人，人皆望而去之，其窮而無告，甚於前世益遠矣！其可重困之？今而得賢使者以涖之，修其溝澮，相其作息，不幸而有水旱之災，則哀矜而爲之所，民之窮者其少瘳矣乎？今夫木之實繁者其枝披，其本疏者其幹拔，況於國與民乎哉！故善樹木者簡其實而厚其本，善爲國者疏其賦而厚其民，理之較然者也。時中慷慨有大志，臨大事果毅，不擇利害而爲之。今其行也，其能有以大慰吳越之民望、以副朝廷之倚注也必矣！二月初吉，式發鄂城，卉木繁盛，賓僚具在，各爲詩以稱美之，予故首序焉。

明・朱右《白雲稿》卷四《韓侯覈田事實叙》 或問：爲政何先？曰：莫先於正經界。經界既正，分田制祿可坐而定，其有關於王政也尚矣！成周盛時，體國經野，以爲民極。至孟子時已不得聞其詳，則諸侯惡其害己而去籍者有之。刬阡陌之法變，兼併之患滋，先王田制，固不可得而稽矣。漢、魏、唐、宋，隨時制宜，不過計田定賦以馭民，尚何望其能復古也哉！傳曰：制而用之謂之法，神而明之存乎人。先王良法美意，豈終不可復舉耶？此韓侯所以用心，而卒底於有成矣。上虞爲縣，并湖瀕海，賦歛倍於它州。國朝至元以來，雖累行理田之令，而迄無成式者，非法之過，不得人以任法者之過也。比年鄰竟騷繹，民力益殫。天台韓侯自行來爲令，深爲此懼，乃議履畝以計田，定賦而差役，思以均齊其民。其法每田一區，畝至百十，隨其廣袤高下形勢，標某號若干，畫爲之圖，曰魚鱗。以魚鱗條號，第載簡冊，曰流水。每號署圖一紙，具四至、業佃姓名，俾執爲券，曰烏由。集各號所載，得畝若干，曰保總。集各保所積，得畝若干，曰都總。又自各都流水，攢類戶第，計其實管田數，曰鼠尾。小大相承，多寡分合，有條而不紊，其爲法可謂密矣。乃選鄉之大姓有文行足爲人表者，司一都之事，曰監踏；統一縣之事，曰總覈；又分掌簿書計筭，曰執事。賢智竭慮，材力効能，各輸乃心，以裨侯之政，亦可謂得人矣。侯則躬爲指授，訓其用違，稽章程以作勤怠，官出廩膳筆札，以給日費。及期而事始完，上成牘於省府。吁！斯亦難能也已。由是積弊以革，民瘼以甦，貧富適均，徵差有則，民輸惟期，歲入用足。而一縣之民，室家相慶，咸戴侯惠無已。既刻諸貞石，以紀侯德，復以其播告訓言、施行次第、執事名氏，繕緝成編，名曰《覈田事實》，將鋟梓以傳，請予爲序。予嘉侯設施有法，信任得人，深識古者爲政之要，以能有成功，遂書首簡，以慰民父兄之繫思。侯名諫，字自行，宋魏國忠獻王琦十世孫，前翰林待制陳□□甥。家學有自，故爲政知所本云。

元・貢師泰《貢禮部玩齋集》卷七《上虞縣覈田記》 古昔聖王之治天下也，曰分田定賦，以一其民而已矣。後世田賦不正，徭役不均，豪民得以肆其侵暴，黠吏得以縱其奸貪，然後法制大壞，而斯民始不堪其生。越上虞縣大德間定墾田，揔之凡三十三萬二千三百晦奇，其兵、竈、驛、學、寺、觀免徵者四萬七千晦，官民實徵者二十八萬五千二百晦，具載典冊，可謂較然矣。歲久法弊，因去其籍，且推收之法不行，而鬻質之數不實，遂使詭名、寄戶、飛隱、走貼、虛增、張併之弊紛紜雜出，而眞僞莫能辨矣。至正十八年夏四月，安陽韓侯諫來爲尹，會治兵縣境，一切軍資悉取於民，重輕失當，怨讟載道。侯爲此懼，將有以處之而未暇也。明年春，分省論功，陞行樞密院都事，仍總制縣事。迺進父老，曰：若等苦吏橫歛久矣。我欲爲若等定令，使不得重輕爲市，何如？皆俯伏頓首曰：幸甚！侯乃下令，聽民自陳，即有不實，并以坐吏，仍選鄉里大姓有祿位德望者覈視之。而侯坐堂上，執朱墨，勾稽覆驗，窮晝夜不少休。其法：每田一區，署由一紙，載田形地方畝數與凡執事者其上，俾執之以爲券。而圖以魚鱗，冊以鼠尾，分以兜率，揔以歸類。然後奸欺屏息，田賦正，徭役均，而庭無紛爭之訟矣。又距縣西南數百步，有湖曰西溪。當故宋時，民有私其高仰以爲田者，或獻之福邸。內附後，籍入皇太后宮，即其私租，畝歲輸穀二石二斗，曰籍田。其田并湖，居民稍復侵耕，輸穀五斗，曰蕩田。又窪下者，輸穀四斗三升，曰葑田。歲久，籍田力薄，更失水利，終歲勤苦，得不償費，而蕩、葑之利日饒。侯爲度其土宜，第其租入，民皆稱均。其冬，予以總漕閩廣，道出上虞，父老遮拜道左，具述其事。嗟夫！治民亦多術矣，要莫大乎得其心。得其心有道，亦不背其所好，不施其所惡而已。或奪其利以戕其生，勞其力以咈其性，則民心其可得哉？侯能因民好惡以出治，其庶幾長民者之道乎！且聞侯之始至也，會萬戶馮輔卿以兵來守，將預徵民租。侯言方旱饑，請待新穀之登，民甚便之。鄰境構兵，遊軍已入縣，將校慮有伏，欲盡燬民居。侯白參政公，遂得免。長鎗軍來分鎮，或言縣多湖，田膏腴，可屯種。侯力爭水利不可失，亦得免。又大脩孔子廟，復忠恕堂，聘名師，廣弟子員，日與講論忠君親上之道，縣人化焉。故并記之。侯字自行，故宋魏國忠獻王十世孫。少孤，能自力學。以義兵數立戰功，丞相便宜擢台之臨海縣丞，遂來爲縣，累官都事云。

元・楊維楨《東維子文集》卷一二《新建都水庸田使司記》 天地位而水爲之脈絡，脈絡運而天地之功成。古者水病民，神禹氏治之，功與天地等。代之職水者，雖小大不侔，其得一日廢耶？此周之匠人稻人，漢之水衡水司空之官所由著，而今之都水使者之司所由立也。大德初，司置平江，曰行都水監。泰定年改庸田，遷松江，以置不常，人視爲疣舍，故棟宇弗葺，寄署於它所。至正元年，重置司平江，秩隆三品，轄江東、浙東西道官，與風紀重臣交調御，兼行工部事，掾屬亦皆視司臬吏遴選，郡縣守令，咸受節制。司之權崇勢重，視昔有加。八年，都水使者左荅納失里公來，謂今聖天子切切焉以東南租稅之出，重在三吳。而三吳水國也，故署都水司平江，而官吏寄署他所，事體弗稱。先是請於朝，得給官錢四萬緡，仍得撥地郡治西財賦府故基若干畝。於是鳩工庀材，經始於是年十月八日，不三月告完。中堂弘敞，掖室靜密，幕司曹舍，鱗次翼張。旁爲繚垣，前爲崇閎，氣勢突兀，規模備具。吳父老咸扶藜仰瞻，嘖嘖稱贊，以爲不自意垂白復見是司之新也。既而群工竣事，長貳率僚屬位正新宇，相與舉酒落成。幕元僚沙君來請於維楨，願有以記。維楨考中吳水患，自宋季兵部韓殿省郟亶，父子經營，規畫亦詳矣。其溧陽五堰、江陰十四瀆、宜興大吳等瀆，松江曰塘曰浦者，凡一百三十有二，志籍尚可稽也。然未若我朝，知力足以興除其利害，而德足以消其震盪漂忽之變也。大德間，三江陻塞，平章徹里氏濬治功成，民到於今稱之。邇者洪河暴決，折而西北流，天子一念動坤載，遣使沉璧而河復故道。吁，官都水者，上以聖天子之心爲心，下以徹里氏之功爲功，三吳之民尚有昏墊而無訴者乎？抑相水之職，本諸順天之理。世未有順於理而利不興，亦未有逆諸理而害能除者。孟子曰：禹之行水也，行其所無事也。行其所無事者，順理也。鯀之反是，則以方命。命者何，即理也。以水爲職者，職與理應，雖湯湯可乂，不則天下之治水者，皆鯀也，可不慎哉！左公字廷憲，居憲府，使雲南，巖巖有風采。奮髯之頃，奸膽盡落，到官視民，饑溺猶己。是年十二月，除浙東閫帥。大使尙公有用，字繼賢，是年九月卒於官。副使散竹，字質卿。康公若泰，字魯瞻，是年五月除國子監司業。僉事觀音奴公，字國賓，是年十二月除福建憲。僉事王公仲溫，字輔卿。照磨李暇，字公錫。分事董役者，掾吏錢璛、奏差蔡琳、李報也。繫之辭曰：邈哉法象，類玄與黃，坎德流長。雷雨在上，江河在下，吐納陰陽。維坎之德，惠迪惟吉，從逆惟殃。帝憫下土，具區茫茫，忽焉震盪。周官稻人，漢司水衡，利修於農。叶。爰設司存，保彼東方，臬臣之良。爲天子使，材負且幹，不吳不揚。相彼天時，以順地理，恩肥海邦。水居其壑，土反其宅，昆蟲蟄藏。畊食鑿飲，男樂其作，女修其紅。叶。年穀屢登，順成八方，其蠟悉餐。叶。職臣報功，曰我水庸，長發農樣作郎反。

《餘姚縣志》明・危素《餘姚州經界圖記甲申至正四年六月》 周官司徒之職，設載師，掌任土之灋；縣師，掌邦國都鄙稍甸郊里之地域；均人，掌力政；至於遂人，則以土地之圖經田野。所以爲其民計者，至深且遠。自秦壞先王之灋，阡陌既開，而天下不可得而治矣。故孟子之論仁政必自經界始，蓋謂是矣。國朝之有天下，四方之賦，各因其舊，至於治野之說，有不暇詳。延祐初，下經理之令，而郡縣幷緣以厲民，至有竊弄兵戈於草間者。上下憂之，遂不克竟，豈非惜哉？至正二年，禮部侍郎泰不華公出守紹興，思有以均其賦役，謀於同僚，亦皆曰然。迺以餘姚州田賦未均，屬同知州事劉侯顯治其事。初，大德四年，是州嘗覈實田稅，繼而籍燬於火，執事於鄉里者往往增虧田畝之數，變亂賦稅之實。於是富而強者享其利而安處，貧且弱者罄其家而無告，積弊蝟興，莫此爲甚。侯受檄以來，出宿公宇，日一還問太夫人起居而已，晝夜悉心，鬚髮爲白。田一區，印署盈尺之紙以與田主，謂之烏由，凡四十六萬餘枚。田後易主，有質劑，無烏由，不信也。州民嘗以其所有田詭戶名，至是懼有奪之者，廼自陳。繼是自陳者萬人。或舊無糧，今自實，多至伍百畝者。至於消積久之爭者七千餘事。侯開諭之，無不感悟，父子兄弟復還其天者蓋多有焉。其站戶田迷而復歸者一萬七千二百二十餘畝，俾得田之家助其役。其畫田之形，計其多寡，以定其賦，謂之流水不越之簿；其所畫圖謂之魚鱗挨次之圖；其各都田畝，則又所謂兜簿者焉；至於列其等第以備差徭，則又所謂鼠尾冊者焉。計其凡六千二百五十餘帙，綱目畢張，如指諸掌。侯既受代，而上官挽留，使竟其事然後去。然其號令之行於下，如始至官。非有以服其心，熟能臻此？嗚呼！侯之於其民，可謂能爲之長慮卻顧者矣！侯名輝，字文大，汴人。嘗任風紀，沈厚而精鍊，蓋其少孤，勇於植立，故能堅善刻勵，以成事功，去是州而羽儀於天朝，不遠矣。屬余以使事至，耆宿楊仲等請爲文刻之石，使來者考諸。至正四年六月既望，經筵檢討危素記。

明・危素《危太樸文集》卷二《休寧縣尹唐君覈田記丙戌至正六年》　國朝以五事、六事責成於守令，其目皆曰賦役均。嗟乎，賦役之難均也久矣！大抵江淮之北，賦役求諸戶口，其田則取諸土田。戶口之貧富無恆業，土田之貿易無恆主，由是雖欲其均，卒莫能均。況於守令之憂民者至鮮，而貪殘舞法於其間者皆是也。使承平之世，膏澤不及於下，果誰之咎歟？予嘗求能覈其有田無稅、有稅無田以定力役者，蓋得三人焉：其一至元間紹興新昌縣尹李君，其一大德間金谿縣尹趙君，其一同知餘姚州事劉君，蓋皆能終始卒成其事者，民之蒙惠豈其微哉！顧今又聞吳興唐君爲縣於徽之休寧，而亦以此先之。至正五年春，君始至官，召父老問民不便者，皆以賦役不均告。君曰：吾不可使胥曹任其事，爲其幷緣爲姦蠹也。乃聽民自推擇廉而幹實者諉之。五月甲子，鄉各舉二人，君置酒縣堂，申命之，戒以毋私、毋擾、毋欺，期三月以籍至縣。八月訖事，上其籍於郡，民情大悅，歌咏載道。於是父老請伐石紀其事，使至上京，求予爲之文。余固樂君之慈祥清簡，號令不煩，而一埽宿弊，使其民樂生安業於無窮，何其有古循吏之風哉！君名棣，字子華，文章清麗，而善寫山水，嘗承詔畫嘉禧殿御屏，故不知者謂君以藝名家而已。

明・危素《危太樸文集・餘姚州覈田記甲申至正四年》　至正二年，浙東海右道肅政廉訪司檄紹興路總管府，以餘姚州田賦未均，迺屬同知州事劉侯專治其事。初，大德四年，嘗覈實田稅，既而籍燬於火，執事於鄉里者往往增減田畝之數，變亂賦稅之常。於是富者享其利而安處，貧者罄其家而無告，積弊蝟興，莫此爲甚。侯受檄以來，出宿公宇，日一還問太夫人起居而已。晝夜悉心，鬚髮爲變。田一區，印署盈尺之紙以給田主，爲之烏由，凡四十六萬餘枚。田後易主，有質劑，無烏由，不信也。民王實嘗以其所有詭戶名，至是懼有奪之者，乃自陳。繼是自陳者五萬人。或舊無糧，今自實，有至三五百畝者。至於消積年之爭訟者七千餘事。片言之下，無不感悟知悔，父子兄弟復還其天者，蓋多有之。又覈站田一萬五千二百廿餘畝，俾得田者助其役。其畫田之形，計其多寡，以定其賦，謂之流水不越之簿。又畫圖，謂之魚鱗才次之圖。其各都田畝，則又有所謂兜簿者焉。至於分其等第，以備差科，則又有所謂鼠尾冊者焉。計其凡六千二百五十餘帙，綱目畢張，如指諸掌。侯既交代，而上官挽留之，使不得去，然其號令行於下者如始至官。非有以得於民者，豈能若此？嗚呼！如侯者，可謂能爲民長慮卻顧者矣。侯名輝□，字文大，沈厚而精練，嘗任風紀，去是而羽儀於天朝，不遠矣。屬予以使事過是州，耆宿楊仲等請爲文刻之於石，使來者有考焉。

《明經世文編》卷一八八霍韜《霍文敏公文集四・書沙田事海中沙田》
東莞順德香山之訟，惟爭沙田，葢沙田皆海中浮漲之土也。頑民利沙田交爭焉。訟所由棼也。善斷者凡訟沙田皆沒入之官，則訟端永息矣。何也。沙田者，海中之洲島也。先年五嶺以南皆大海耳。故吾邑曰南海。漸爲洲島，漸成鄉井，民亦蕃焉。南海闔邑皆富饒沃土矣。今也香山、順德，又南海之南洲島日凝，與氣俱積亦勢也。頑民利洲島交利互爭，訟所由棼，有司所不能斷者也。如遇沙田之訟卽按其籍曰：爾田何年報稅。如果增報稅額，有益國賦也，按籍給之永業，無籍者沒之官。若曰吾所承之業，從某戶某田塌陷，代之承補者也，則姦民之尤也，宜勿聽，仍斷其田沒之官，則姦固難售，而訟亦可省矣。是固聽沙田之訟之策也。故曰：凡訟沙田皆沒之官，則沙田之訟自息耳。葢沙田皆海中浮土，原無稅業，是民所由爭也。語曰：一兎在野，衆共逐焉，無主故也，積兎在市，過而不問，有主也。海中沙田，野兎之類也。其爭也，逐兎也。沒之官，召民承買，而取其價以供公需，絕訟之術也。

《明經世文編》卷一四九王廷相《王氏家藏文集・與開封趙二守書田地免

科》　廷相頓首，二守趙公閣下。余嘗讀《周禮》，見先王之取於民者，雖荼蕘果蓏蜃蚌嬴蚳之細，靡不上供天府，計於民者，若無所遺矣。及見山林川澤丘陵海斥之利，則皆與民共之而不私。是分田制產，任土作貢之外，猶有曠蕩不征之區，以弛其利於民矣。先王之待民者何其仁哉。竊以敝邑之田，不登稅籍殆什之四五。永樂以來皆奉明旨永不起科，此非先王曠蕩不征之區，以弛其利於民者乎。小民仰荷無疆之澤，殆與太平寧國歸義之鄉，鳳陽臨淮根本之地，同一生成矣。獨非幸乎哉。何以言之。敝邑在國初之時，其民田與周府三護衛屯田相雜而居，及後護衛調去，田雖空閑，民不敢耕。黃河當時亦汎濫衝決，適臨敝邑，戶部量田亦不及收入圖籍，及後河日南徙，與護衛遺田皆蘆莽菅茅，一望無際，虎狼爲窟，盜刼爲巢。時而上司憂之，乃白於朝廷，以故永樂年間有許民儘力開耕，永不起科之旨至今載在官府，藏之民家，可稽而知也。彼時儀封之民無多，其力不能多墾，故陳留祥符杞縣之民來占耕之。至今三縣之民居儀封者約三之一不下也，但民生貧富無常，不得不轉相易賣，其契書皆曰無種白地，以是故耳。轉賣轉耕，已百有餘年矣，未聞有告爲納糧地者。近年以來，民生日繁，情僞日滋，始有以詐欺其上而赴訴者矣。但賢人君子來自他方，便驟聞而駭之，謂有田有租，古今通議，豈有無糧之田，不稅之民乎。遂信爲彼縣之田而判之，然轉相告辯，終歸明實，竟不能行焉。何也。事勢之不可變，政體之不可擾也。何謂事勢之不可變。民間糧冊，其田地皆有坐落處所，此縣之田必不爲彼縣輸稅。斯版籍有定，非可便宜從事也。許民開耕之旨雖戶部及見行事例每引以爲言，今之有司顧不得不遵之也。必欲有田有租，使其納稅，須得撫按奏聞，該部議處而後可。此等舉措，干繫重大民情，又賢人君子，惟以藏富於民爲急，不忍屑屑令民起科，終以此而止，故曰事勢之不可變。何謂政體之不可擾。君子之爲政也，務襲常而重變革，非有大利之興，大害之除，以作民福，必不肯以已安靜之政而反涉於擾攘驚駭之塗也。如此田地民不輸稅久矣，一變而代之稅，則平日之賣田者舉引領跂足而相效，誰不赴訴哉。葢小民之心，惟利是趨，既開其端，斯(蛸)[蜎]興蜂起，不可止矣。賣田者既皆效其欺，則買田者必欲直其情，更相辯詰，煩瀆上司，始而或被其欺，終而復歸之正，反覆相尋而聽者日益厭苦矣。故曰政體之不可擾。或又曰買田者必富，賣田者必其貧困不振者也。奪富而益其貧，何所不可。嗟乎，是大不然矣。古者明王之治天下也，必先均萬民焉。所謂均者至公無私，民各得其分願之謂也。非曰奪彼以益此也。葢貧富有定分，貢賦有定制。凡以立法行政，使各得其分願，斯善矣。憎而損之，愛而益之，不可也。若不論其定分而惟以貧富計之，是以私意爲愛憎，舍法制而爲予奪矣。豈先王無怨無惡，廓然大公之政哉。

《明經世文編》卷二八七《王之誥《王中丞奏疏·條陳開墾荒田疏墾荒事宜》　一議工力。其法以田九百頃爲率，用二千四百人，把總二十四員，總委官六員，將各營見在步軍六千四十餘名，更番撥用。二議牛具。每牛一具，種田一頃五十畝，牧者一人，耕者三人，其牧者給草料，免其雜差，惟耕時隨牛下田，與三人通力合作，行總委等官不時查驗草料，其牛具卽於原議修城銀給之。三議種子。計田九百頃，用種子二千四十石，或蕎或豆，隨地所宜，卽於上年收穫內動支。四議車兩。登場日用車一百八十兩裝運，每兩銀二兩，除已造完三十兩，餘者宜廣寧馬市稅銀內支用。五議供費。每營開田一百五十頃，軍夫四百名，委官五員，約工百日，該費口糧六百一十五石，牛百具該豆七百五十石，草萬束，俱於本田收穫糧草動支。六議草稭。每種田九百頃，存積柴草，除榖草豆稭，畱以飼牛，蕎稭一歲所得，可以變賣銀千兩，買補牛具農器。七議倉廒。各城倉廒倒塌，宜將夫丁銀兩及今春次第修理，除收貯屯鹽二糧外，餘倉悉收營田子粒。八專責成。將河西營田行接管都御史、河東營田行巡按御史互相督責，各道幷大小將領，以實舉行。其奉行不力及因循誤事者，歲終查明叅究，仍乞勑接管都御史，協心共濟，以圖成効。

《明經世文編》卷四三五沈一貫《沈蛟門文集·墾田東省疏東省墾田》

臣聞軍國之需，最先足食，生財之道，貴在聚民。頃因倭氛飈起，海防戒嚴，皇上俯采輿言，創設天津登萊巡撫以圖戰守，更責內地巡撫計處兵食器械以資接濟。今山東巡撫缺，特允以尹應元往整飭之，事似可計日矣。臣查其舊勑，山東巡撫原有營田一事，後亦具文而不行。今日時務，特宜重此。臣請勑書內特許便宜，則可望山東一省不請戶部，不派小民，而自裕其海防之資。臣惟山東古齊魯地，春秋時管仲擁魚鹽之利，通財積貨，獨稱富強。至令舉臂勝事，無不服籍，輔其君桓公尊王室攘夷狄，爲五霸首。延至漢時尚稱十二之國，餉饋關中，冠帶天下，何其雄也。乃今則廑廑裁自給，而司農之所以奏京師餉九邊者，悉仰之江南。該省甫一防海，輒告不足，求盈於內帑，借資於兩浙，甘棄沃饒，坐視匱乏。此豈無土哉。無人故耳。有人則有土而有財矣，該省六府大抵地廣民稀，而迤東海上尤多抛荒，謂宜修管子之法。管子曰：凡有地牧民者務在四時守倉廩，國多財則遠者來，地辟舉則民留處。今日之事宜令巡撫得自選廉幹官員將該省荒蕪地土逐一查覈頃畝的數，多方招致能畊之民。如江西、浙江、福建、山西及徽池等處，不問遠近凡願入籍者悉許報名擇便，官爲之正疆定界，署置安插，辨其衍沃原隰之宜，以生五穀六蓄之利，必嚴輯土人而告戒之，毋阻毋爭，凡抛荒租逋一切蠲貸，與之更始，或聽和買，或聽分種。其新籍之民則爲之編戶排年，爲里爲甲，循阡履畝，勸耕勸織，禁絶苛暴，罷免追呼，止奢僭以養其淳樸之性，興禮讓以厚其親睦之俗，以錢穀爲市，使輕民無所覬覦，貪吏無所漁獵。或又聽其寄學應舉，量增解額，以作興之，聽其試武科，充吏役，納粟官以榮進之，毋籍爲兵以駭其心，毋重其課以竭其財。有恩造於新附而無侵損於土著，務令相安相信，相生相養。既有餘力，又爲之淘濬溝渠，內接漕流以輕其車馬負擔之力，使四方輻輳於其間，米多價平，則鳴吠相應，不煩遠輸，而獲利已多。海渠交通則商賈坌來，魚鹽四出，而其利益廣，不出數年，可稱天府。卽不能如齊桓雄九合之師，而本地自稱富庶，亦足以省司農請發之煩，免百姓加派之苦，紓九重東顧之憂，增環海長城之重矣。第有司安循常而憚改作，居民席世業而患分授，必且曰地皆主籍，原無抛棄，田皆耰鋤，曾何荒蕪，而不知東人之習爲惰農也已久，卽所謂主籍耕鋤者悉鹵莽滅裂而與荒蕪正等耳。高允有言：方百里田三萬七千頃，若勸之，則畝益三升，不勸則畝損三升，乃百里損益之率，爲粟三百二十萬斛，况其廣者乎。東土之貨棄於地，東人之力藏於身，安能如新集者勤而相勸，以復周漢之齊魯哉。是事也宜專責巡撫之擔任，而令巡按以時稽察之，且重司道之選，如近日楊鎬之在遼東，霍鵬之在肅州，皆以墾田聞，豈乏其人。可令召舉而用之，以爲率，且精有司之選，如先年申其學、趙蛟、楊果輩皆勤敏精幹，治邑如家者，豈乏其人。宜不限科貢異流而器使之以爲長，又且明勸懲之典，有績則加官久任以優之，一有朘削不廉，或溺職不舉，如鋤苗之莠，不時畫法以處之。又且鋤豪右之梗，若有造作流言，破敗成事，可令搜捕，時處重典，不必別立農官，就府縣見職可以責任，不許別請錢糧，就本省倉庫可以通融，事本不難，得人卽易。蓋擁千里之地而患寡與貧者，政不立也。有千里之寄，而不獲展試者，任不專也。數年前鄭汝璧巡撫此地，有其志矣。而被流言以去，美業不終，臣甚惜之。今尹應元之才，何難於此，第恐委任之不專，便宜之不假耳。皇上奮誅島夷，海內皆喁喁嚮風，樂趨王事。况招狹鄉之民，以就寬鄉，人心所欲，因民之利而利，事亦不勞。管仲之事功雖不足以爲天下士大夫願，而姑取救時，亦當有奮然而任者。且聞江北畿南，可墾甚多，又不特山東爲然也。以此風之，利可益開矣。

雜録

元·蘇天爵《滋溪文稿》卷一二《元故奉元路總管致仕工部尚書韓公神道碑銘并序》　大德初元，選爲安西王相府郎中。又明年，進奉訓大夫。六年，遷奉議。八年，遷奉政，郎中令如故。十年，改朝列大夫、知沔陽府。陞中憲大夫、峽州路總管，未上，以便親養改汴梁稻田總管，轉黃州路總管。丁母夫人憂。延祐四年服闋，移守奉元。又二年，始請老焉。【略】稻田官屬舊無公田，竊官租以爲養。公白於朝，賜田八千畝，官屬至今賴之。

元·蘇天爵《滋溪文稿》卷一四《姬先生墓碣銘》　時天兵圍襄，郡縣多儲金帛以讐有功，郢有金數萬兩，君一日閱實而數不足，主者於法當死。君曰：是必急有所需。乃命償之。至元十二年，襄陽降。天兵棄郢不攻而南，郢之守臣乘便冒種官田，竊庫金入其家。君不能止，乃收故牘藏之曰：他日事覺，悔無及矣。宋亡，朝廷遣使者稽覈故宋金帛之在庾、田土之在籍者入官，於是貪者相繼獲罪，惟君獨無所汙。未幾，例以故官授之，君斂身而退，因家於郢，徜徉林壑以終老焉。

明·宋濂《潛溪集前集》卷一〇《蜀墅塘記》　義烏縣南四十里，有塘曰蜀墅焉，周圍凡三千六百步。東西北皆岸山，山之水合七十二流入於塘而南出。南有蜀山突然中起，昔人因據山作隄，障水以溉田。山之東，其修七百尺有奇，廣如修之數而殺其五之四，深如廣之數而又殺其三之二。山之西，其修如廣之數，而稍加強焉。隄之中，刳木爲三竇以洩水。水之所溉田，至六千畝而羸。至正四年夏，水暴而隄壞，田遂不稔。丹溪朱君震亨，憫農之告病也，白於縣。縣尹周侯自強爲下其事，命雙林巡檢張某來視役。震亨遂盡召有田之民，履其畝而使之輸其力，蔫貨有差，復出役夫之功一千以爲衆倡。衆悦趨之，一聽震亨之經畫。補其闕遺，增以崇高，築其址，加闢而漸殺其上。隄之西垂，鑿石爲斗門，視水溢乾而時畜洩之。門之上，架徒杠以便行者。木實易壞，則易以堅石，且定爲高下之穴，使欲水者，先後有程而不紊。復懼歷歲之久，而隄弗固也，請於掌塘事者，中析粥魚之利而葺之。凡用錢四千緡，夫一萬功。經始於五年秋八月庚申，踰三月乃告成。

里耆朱仁傑等來請濂曰：震亨之興是役也，初無一弓之田以徼塘利，其夙夜盡瘁而不舍者，果何爲哉？凡欲利吾農也。我不敢忘，願吾子記之。濂聞海陵胡公瑗之在湖學也，置經義治事齋，教授諸生，至於水利之屬亦無不習而通之，故其門人皆有適於世用。今震亨之學，出於金華許先生謙，先生之六世祖，實嘗從海陵游。其家學相傳至先生爲尤盛，宜吾震亨見諸行事者有足觀哉。世之人方高談性命以聾世瞽俗，聽之雖若可以有爲，一遇小利害，輒顛倒衣裳，不知所措。視震亨無所爲而利民者何如也，盍亦知所警哉！震亨字彦修，有長材，縣嘗下括田之令，唯震亨行之無擾云。

明・宋濂《宋學士文集・鑾坡前集》卷三《大明故王府參軍追封縉雲郡伯胡公神道碑銘》 會浙東苗軍爲變，婺守將既被害，而處城亦爲所據，上遣公復處州。比至，城已復，除公浙東行省左右司郎中，總制處州軍民事。郛郭甫被兵，民物凋瘵，而山寇乘間竊發，人情未固。公隨方招捕，凡首惡即誅之，然猶慮戍兵之寡，日募之，獲勝卒萬餘人。諗於衆曰：兵少不足禦敵，師衆又無以食之，奈何？衆皆曰：養兵所以衛民，苟不爲禦備計，子女玉帛且不保，况於食乎！公乃因民之產以權宜增帛賦之。沿海軍素驕横，及是以復城有功，横益甚。公擇其尤無良者斬之，衆乃讋服。江西食東浙鹽，而有司十分稅一，販者鮮至。公請以二十分收一，商賈遂通。城南枕大溪，浮橋之廢已久，橋堤當水之衝，亦爲所齧蝕幾盡，公即上流比舟爲梁，以濟行者。州學敝壞，講舍僅存，用以貯官粟，公撤而新之，薦新進士吳世昌爲郡文學，以司教事。城中民廬多爲戎士所據，混淆而處，公度閑曠之地，建營屋數十區，使別居之。縉雲官田，其稅額甚重，執里役者恆以私粟代償，公以新沒入之田實其數，其害乃除。

明・田藝蘅《留青日劄》卷三七 洪武二年，詔戶部籍天下戶口，置戶帖，書各戶之鄉貫、丁口、名歲，以字號編爲勘合，用半印鈐記，籍於部，帖給於民。令有司點閘比對，有不同者，問發充軍，官隱瞞處斬。又二十年，浙江布政司進魚鱗圖冊。先是命戶部覈實天下土田，而兩浙富民畏避差役，往往以田產詭寄親鄰、佃僕，謂之貼腳詭寄〔亦作鐵腳詭寄〕。久之相習成風，鄉里欺州縣，州縣欺府，奸弊百出，謂之通天詭寄。而富者益富，貧者益貧。上遣國子監生武淳等，往各處，隨其稅糧多寡，定爲幾區，區設糧長四人，使集糧長、耆民躬履田畝，以量度之。圖其田之方圓，次其事，悉書主名及田之四至，編匯爲冊。其法甚備，謂之魚鱗圖冊。至是冊成，乃上之。嘉靖末年，兩浙田土，复行丈量，較成化之冊，美惡頓異。蓋古人法度精詳，今時大率苟簡。即吾杭論之，莫善於海寧，莫不善於錢塘，而餘杭則曾不丈量，含糊申報。要皆無任事之人故耳！許公天贈在戶部爲余言，海寧之政，始終條理，眞合魚鱗舊法。至於錢塘，則遷延七年而後成，雖曰扒平，猶爲不平也，安得借許而重平吾杭也哉！此久任之法，所以當急也。余見出思集。

明・余繼登《典故紀聞》卷一八 隆慶初，戶部請以錢糧文冊定式頒行天下。自嘉靖三十六年至四十五年凡起運京邊錢糧，完欠起解，追征數目，及貧民不能完納者，備記冊中。自州縣以建府，自府達布政司，於來歲入覲之日，送戶部稽考。如有隱漏、那移、侵欺、及不如式者，參治。

明・沈德符《野獲編》卷二 嘉靖八年開局重修《會典》，時副總裁詹事霍韜等上疏。其略云：臣等將舊典翻閱，見洪武初年，天下田額，以至弘治十五年。如湖廣田額二百二十萬，今存二十三萬，失額一百九十七萬。河南額田一百四十四萬，今存四十一萬，失額一百三萬。自洪武至今百四十年矣，天下田額已減如此，再數百年，減失不知如何。乞敕戶部考訂。又天下戶口，洪武初年，一千六十五萬，弘治四年承平已久，戶僅九百一十一萬，乞敕戶部覈實。天下藩府，洪武初年，山西晉王府，歲支祿一萬石，今增郡爵而下，共支八十七萬石有奇，則加八十七倍矣。乞敕禮部稽覈，俾司計者計之處之。天下武職，洪武初年，二萬八千餘員，成化五年，增至八萬一千餘員。錦衣官，洪武初年，二百一十一員，今增一千七百餘員。此成化以前耳，若弘治以後，尚未之及也。乞敕兵部稽覈，俾司計者何以處之。再按內臣監局官，祖訓置職甚詳。惟弘治年間，儒臣失考，不及纂述，致皇祖聖制，不得而知。乞敕禮部行司禮監，備查洪武年職掌員數，列聖來欽差事例，及今日員數，送館修纂。臣等觀《周禮》內監統天官，今監局事例，多由禮部，若遵祖訓，添修內臣職掌，亦聖朝禮以制治之意。至刑、工二部、都察院，累年匠役之制，官府供應之式，四方物料之準，律令異同之宜，太祖俱有定典在。惟弘治間，庸臣舞智，更爲新例，盡壞成憲，乞敕廷臣剷斥，訂積年之陋。得旨，令各衙門備覈沿革定數送付文館。按：霍疏最切時弊。至查考內官冗濫，尤爲吃緊。世宗雖俞允嚴稽，迄至書成，猶循弘正之舊。至今上再修時，則江陵公爲政，交歡璫寺，惟恐稍失其歡。欲如霍渭崖昌言刊補，難矣，惜哉！

明・陸深《溪山餘話》 今東南之田有二則，曰官田、曰民田。然官田未必盡重，而民田未必盡輕也，存諸冊籍，有此異同。其在耕種，各有肥瘠高下，而官民之名若於田無與者，非如輕重二則之有利害也。惟編審差徭，則官田輕而民田重，故受田之家，亦嘗校論官民之則。然官田之得名，莫能推求所始，或指爲近世抄沒之田，或以爲賈似道所買之田。偶見《李忠定公奏議》中，已有東南官田之説。元豐間，檢正中書五房公事畢，仲衍投進中書備對，所述四京十八路田税數目，已見官田，則西北并有之。又熙寧八年詔：凡官田及已佃，而或佃租違期應劃佃者，則召佃悉籍之官。當時又有總領措置官田所名目之設，其所從來遠矣。拈出以俟參考。

清・朱彝尊《静志居詩話》卷九 自宋景定四年春三月，買公田於浙西六郡，共田三百五十餘萬頃，所收者公租耳。迨元有天下，置江淮財賦都總管府，又立江浙財賦府。各領官田、籍沒田皆不在州縣原額。《元史》所紀大臣賜田，咸在平江等路，於時官田已多。及張士誠據吳，所署平章太尉等官，皆負販小人，無不志在田宅，一時買獻之田，遍於浙西。明初既入版圖，按其租籍沒入之。已而富民沈萬三等，又以事被籍沒，而浙西之官田愈多矣。官田之租多者，每畝輸倉米一石五斗，少者七斗七升四合。本依租以征税，此租額而非糧額也。相沿既久，混租爲糧。於是官民之田科則相遠，官田多者不勝其苦，而蘇、松、嘉、湖四府尤甚。其後蘇州之田賦，則巡撫都御史陳□均之；湖州之田賦，則知府劉天和、張鐸均之；嘉興之田賦，則知府趙瀛均之。稽諸《實録》孝陵、獻陵、景陵，咸下減租之詔，彼時尚分官民等則，故然。迨平賦之後，官田之重賦得輕，在當日民非不以爲利。然民田之輕賦反重，在今日欲吁恩求減，則其籍已去，無從依據，此司國計者所當留意也。至於嘉興原止三縣，宣德中，析嘉興添設秀水、嘉善；析海鹽添設平湖；析崇德添設桐鄉。嘉興民田多，故田則輕，嘉善官田多，故田則重，秀水則官民相等，故在輕重之間。趙氏圖記可證。善邑不原其本，爭訟者幾百年，不知非附郭二縣之弊，猶賈似道之貽害爾。趙同魯字與哲，長洲布衣，有《仙華集》。

清・閻若璩《潛丘劄記》卷三 夫官田之農具車牛，其始皆給於官，而歲輸其税，浸久而不可問，而其税復派之於田。然而官田，官之田也，國家之所有，而耕者猶人家之佃戶也。民田自有之田也，各爲一冊而征之，猶夫《金史》所謂：官田曰租，私田曰税，而未嘗并也。相沿日久，版籍訛脱，疆界莫尋，村鄙之民，未嘗見冊，買賣過割之際，往往以官作民，而里胥之飛灑移換者又百出而不可究。所謂官田者，非昔日之官田矣。

清・揆敍《隙光亭雜識》卷三 明太祖平吳，盡籍其功臣子弟莊田入官，後又惡富民豪併，坐罪沒入田產，皆謂之官田，按其家租籍征之。故蘇郡之賦比他郡獨重，官田租至二百六十二萬石，民不能堪。宣德時積逋至八百萬石，乃用周文襄忱爲巡撫，忱與知府況鐘曲算累月，減七十二萬餘石，民始少蘇息焉。

明・汪價《中州雜俎》卷一 明季河南諸藩最横，汴城即有七十二家王子，田產子女盡入公室，民怨已極，壬午遂有逆寇決河之禍。莫中江先生嘗云：中州地半入藩府。李于麟送客河南詩云：惟餘芳草王孫路，不入朱門帝子家。可謂詩史，而含蓄有味，乃知此風已久，不待啓、禎之世也。

清・趙翼《廿二史劄記》卷三二 《明史表序》謂：親王或可自存，郡王至中尉空乏尤甚。蓋親王歲禄既多，洪武九年初定親王歲五萬石，鈔二萬五千貫，絹布鹽茶馬草各有支給。二十八年更定親王禄猶萬石，郡王只二千石，鎮國將軍以下二百石、一百石遞減。其護衛軍及儀衛司人役并樂戶之類俸餉皆支於官。是親王之分例，本屬豐厚。且初封時，歲禄外，又有草場灘地之賜，如英宗子見潾就藩德州，請齊漢二庶人所遺東昌、兗州閑田及白雲、景陽、廣平三湖地，憲宗悉與之。神宗子潞王就封，請得景藩故籍田產，多至四萬頃。福王常洵之國，亦援例以請，而版籍已定，尺寸皆奪之民間，不得已減半，中州田不足，則取山東、湖廣田益之。又奏乞張居正入官田，及江都至太平沿江荻州，四川鹽井榷茶銀。又請淮鹽千三百引，設店洛陽售賣，至爲禁食河東鹽以聽鬻賣，此親王富厚之大概也。蓋親王初封爵出藩，皆帝王愛子，故歲禄外有此別給。其後嫡子孫襲親王爵者，即世其產，是以富厚如此。至親王之支子孫封爲郡王及鎮國、奉國將軍、中尉者不能分此私產，惟恃歲禄爲衣食，而生齒日繁，國力不給。嘉靖中御史林潤言：天下財賦，歲供京師米四百萬石，而各藩祿米至八百五十三萬石，即無災傷蠲免亦不足供祿米之半，年復一年，將何以支，此可見國家養給各藩之竭蹶也。【略】蕲學顔所謂：唐宋宗藩，或通名仕版，或散處民間，我朝分封列爵，不農不仕，吸民膏髓。是也。

明・陸深《停驂録》 召佃之名，亦自宋賈似道公田始。咸淳戊辰正月，改官田爲召佃，召人承佃。自耕、自種、自運、自納，與今法雖不同，而其來有所自矣。

清・葉夢珠《閲世編》卷一 瀕海斥鹵之地，沮洳蘆葦之場，總名曰蕩，不在三壤之列。明興，幷給竈戶，不容買賣，俾刈薪挹海以煮鹽，商人運米易鹽，聊以代食而已。其後沙灘漸長，内地漸墾，於是同一蕩也，有西熟，有稍熟，有長蕩，有沙頭之異。西熟、稍熟可植五穀，幾與下田等。既而長蕩亦半堪樹藝，惟沙頭爲蘆葦之所，長出海濱，殆不可計。萑葦之外，可以漁；長蕩之間，可以鹽。稅輕役簡，雖有該年總催之名，稅無賠累，役無長征，沮洳斥鹵，遂爲美業。富家大戶，反起而佃之，名雖稱佃，實同口分，竈戶轉爲佃戶。利之所在，人共爭之，勢使然也。本朝因之，長蕩以内稅隸鹺司，較之田賦，十不及一，業戶以之成家，司役視爲奇貨。因於正供之外，倍加使費，然民猶未甚病也。自順治十六年己亥，江上海氛深入。次年，朝廷遣大臣蘇公訥海等，相度沿海機宜，奏遷瀕海之民於内地，幷棄長蕩，不容樵採耕駐。於是盡徙山東、閩浙以及江北、江南濱海之地，嚴禁不許人迹至海滋，片板不容入海洋。鹽課蘆稅，幾幾不可問矣。吾鄉獨從南匯所守備劉效忠議，以爲松屬沙灘，素號鐵板，船不得近，不在遷棄之列。惟以浙、閩、山東等處，因遷而缺之課額，均攤於蘇松不遷之地，曰攤派，而鹽課之額極重矣。自海寧將軍郎賽駐扎吳門，放馬數千於沿海，沙頭遂爲牧地，而蘆課之稅賠矣。於是民視蕩業，幾於康熙元二三四年[一六六二——一六六五]間之田，即徒手授人，莫肯顧而問者。年來海禁已弛，攤派遞減，總催之累稍息。獨是沙頭，自康熙元年，蘆政達陽安，躬臨丈量而後，上下其手者，因而獲利，迄今清丈不已，弊孔百出，監司郡縣接踵督行。職掌愈多，業戶愈困。究之沙涘荒蕪，茫無涯畔，非若熟田有溝洫徑塗之限，有廬舍墳墓可以記認，圖形按冊，可以計畝之比。望空升科，總是賠累；遙度減賦，尤屬空談。民間有數倍之征，公家無毫末之益。將來日甚一日，竊恐漁鹽之地，群委而去，悉化爲甌脫之墟矣，可不慮哉！

清・徐世昌《東三省政略》卷一《實業・奉天省・官牧場招佃章程》

按：牧爲農之副業，本場既以牧爲主名，則農又爲牧之副業。中國農業經濟以北數省觀之，田在三四百畝以上，不能自充苦工倡率耕作者，非招佃戶無以自營。況牧場之田多至萬畝，其性質之複雜，尤非常尋農家可比，因將招佃詳情擬定章程二則如左：

主權佃第一

一主權佃者，凡屬農事之權及出乎農事以外之權，均由地主主之，故其名爲佃，其實不異於傭，惟獲利無限，恆以每年之豐歉爲準。

一牧場既分定六區，每區擬種田八百畝，即歸主權佃經理，人數以十二名爲限。其餘欲種之田，均招權外佃，權外佃如不易招，人數再行酌添。

一主權佃之分利，凡判三等，上腴之地十成之利分給四成，次腴之地分給四成五，下地則分給五成。

一主權佃在大河以北名爲光棍佃，謂終年只竭一身之力並無墊辦，而一切供給之煩全出自地主也。在英、荷所屬殖民地名爲分子家，蓋一出地、一出力，而各分其利也。巫來由半島之礦，尤以此辦法爲最通行。惟其分利之時，將火食幷零工支費由地主扣出，以備來年招佃之用。

一此地招佃較關内稍殊，招遠來之佃與招附近之佃又殊。蓋關内之農隙不過四五十日，此地之農隙則至五閱月之久。況有遠方之佃，不能於農隙之時即歸，而自營其五閱月之費當亦不少，是爲佃者之一難也。茲擬於農隙之時，附以粗淺制造，以爲彌補之計，佃戶或可相安。

一凡地主之零星工作皆歸主權佃承認，其工作日之火食則由地主供給。然收穫牧草以及大項工程，不得全責佃戶。

一佃戶多係貧民，一家老幼每藉其力以爲生活，遇有凶年饑歲，利無可分，地主墊辦之款，無從扣留，自難索其償還。若其所分之利盡行扣留，適與墊款之數相符或稍有不足，地主須格外體恤，酌留若干，以爲激勸招徠之地。

一各糧入倉之後，即與佃戶訂定明年之事，告退者任便歸家，其不告退而不欲回家者，擬在此謀一營業，準請地主酌爲出資，另議分利辦法。然此係佃戶禦冬之計，地主不得視爲利藪，不過期以相安而已。

一主權佃之例，地主雖有農事之外權，然值農忙之際，亦不得動衆鳩工擾及農事，然必有不獲已之舉，佃戶亦不能推委。

一地主墊辦之柴糧，除各色種子作消耗品外，其餘秋成後照樣扣留。其有不能照樣者，亦準作價相抵。至於墊辦之錢，則將其應分之項按市價變補。

一牧畜一項，既由地主備辦，分利之時，除高（糧）［粱］秸、棉花柴外，自應全歸地主。

一佃戶脫米之糠與剩食等類，即爲養豬飼料，然每局之佃戶以養六豬爲限，其豬價則由地主發給。至各糧入倉之後，豬自肥大，平均其大小之略數，一半歸之地主，其餘則由佃戶各人平均。

一凡關於火食之項，遇有消耗之件，均由佃戶隨時償補。若關於農具之項，遇有消耗之件，佃戶報告地主隨時添辦，與佃戶無涉。

一地主墊辦之款，即爲種地之資本，不遇凶荒，則一年之資本可爲連年之墊辦。若遇凶荒，則佃戶不能償還其資本，即歸無有。臨時須準另外撥款，以備墊辦之用。

一禾本科及豆科等類均鏟地三次，若少一次亦於生發力無礙，須請地主承認，方準變通。至於落花生及瓜果等類，鏟地不拘次數，然不得不足三次。

一佃戶既限定十二名，須派一佃頭以統轄之。至有提議之事，即責成佃頭經理。

一佃戶於農事之外代地主充工，火食均由地主預備，惟鍘草之工則不得援照此例。

權外佃第二

一權外佃者，籽種、牲畜以及各項墊辦，皆由佃戶預備，一切事權悉主於佃戶，地主不得任便指揮。

一權外佃之分利亦判三等，上腴之地十成之利分給五成五，次腴之地分給六成，下腴地則分給七成，惟落花生一項則分給六成。

一權外佃在大河以北謂之小客家，以其分種地畝不拘多少也。牧場擬於招佃之前，預查該佃牲畜若干，人丁多少，然後酌授以田。

一各植物之秸秆，除秫秸、棉秸、芝麻秸專屬火柴用等類，照分量之數分給外，其餘皆歸佃戶。蓋牧畜既備之佃戶，凡屬草類可供喂養者自應全給之也。

一佃戶所種之田，肥料自由該佃預備，至田種出之後及時耕種三次，倘不及時或不滿其數，準地主查問酌罰。

一佃戶遇有培堰、挑溝之事，亦須幫工，然當農忙之際，不得以此相遺。

一各區之權外佃，須於地主田內擇各佃適中地方設一收穫場，以便地主及各佃遣人照顧。

一佃戶刈禾之日，須先期報告地主派人查驗後，準運輸到場。

一招權外佃之田，既屬各區主權佃之餘，遇有事件，亦須到各區議訂，將來分定之糧，以田屬某區，即送至某區入倉。

一牧場多沙質壤土，宜種落花生，但此地農民向來無此器具，篩子一項，須由地主備辦，以此項在民戶不易置辦也。

一招權外佃之田，大都距各分區之中央較遠，且其段落零星乃用此辦法。佃戶即在該田附近居住作工甚便，自事少而工多。

一柴火屬粗笨物件，佃戶不易分送，準於收穫場堆起，俟農隙之時，地主自行搬運。

一收穫場打糧之先，須限日呈報地主，地主派人驗分。分定後，即將地主所分之糧送入地主倉內。

一佃戶須量力種田，不得於承招後因力不給，以春借秋還之議，哀懇地主。

一地質之分三等，分利亦互有差數，如該佃將次下之田培成上腴，十年之內其分利仍照次下，若上腴之田降至次下，則分利仍照前，不準該佃告退。

清・徐世昌《東三省政略・財政・墾務篇》 紀放竣各荒

奉省歷辦荒務已歷年所，今先就其放竣者言之，如東流水圍荒即曩年所放海龍圍場，餘剩各圍地本封禁。光緒二十五年，金州租借，難民內徙，前將軍文興、增祺遵籌開放，安插難民。二十六年又奏，無論金州及何處旗民，均準承領。二十七年設局，越一載告竣，出放荒地一百一十六萬七千二百餘畝，城鎮基地二千四百餘畝，收價至一百四十五萬餘兩。二十八年奏設東平縣，管理經征。大凌河牧廠坐落錦州府治東南大凌河西岸，東西斜長五十餘里，寬一二十里不等，國初武功隆盛，馬政綦重，此項廠地每歲養馬至三四十群，數恆在八千餘匹。甲午以后，馬群傷夷殆盡，地多占墾，名存實去，積弊日深，於是前將軍增祺奏裁馬政，請將牧廠地畝放墾升科，以裕餉源，而增課賦。光緒二十七年六月，奏請設局開放，越年餘告竣，丈放牧地五十萬九千四百餘畝，收價至五十八萬三千餘兩，劃歸錦州副都統管理經征。現副都統員缺已裁，改歸地方官辦理。西流水圍荒於光緒二十一年前戶部侍郎良弼奏請開放，未竣事而去任，接辦者爲繼任侍郎鍾靈，亦未放竣而庚子變起。至二十九年廷杰接續勘辦，設局覆丈，越兩載餘而告竣。出放生熟各地三百零二萬二千餘畝，城鎮基九千七百餘畝，收價至一百一十八萬餘兩，分隸西豐、西安兩縣管理經征。盤蛇驛牧廠坐落廣寧縣南五十里，原有官地百萬餘畝，同治初年招民承種，交納官租，嗣因迭遭水災退銷租課，歲收僅二十餘萬畝，近年漸次涸復，私墾倍於官租。前將軍增祺奏請，將牧廠無論官租私墾，一律丈放收價。光緒二十九年九月設局，越三載放竣，出放生熟各地五十七萬四千二百餘畝，地價三十二萬餘兩，奏設盤山廳管理經征。扎薩克圖王旗蒙荒，即哲里木盟長所轄十旗之一，坐落洮兒河南北兩岸，東西延長，爲奉省北鄙屏障。承平日久，蒙旗故步自封，向以游牧爲事，沃野千里，不加闢治，內地民或越墾，必援例驅逐。近年強鄰逼處，勢取利誘，各旗蒙地漸失主權，正宜設法經營以資控制。而該圖旗郡王烏泰以積欠外債，籌償無款，欲自放墾，而辦理不善，叠被參控無已，則呈請前將軍增祺派員奏辦，是爲本省開放蒙荒之始。光緒二十八年七月設局，越兩載餘告竣，出放荒地六百二十五萬餘畝，城基地一百二十五萬餘丈，共收地價銀八十萬六千餘兩。是年奏設洮南府治，并所屬開通、靖安兩縣，辦理善後。扎薩克鎮國公旗蒙荒，坐落與扎薩克圖王旗前放荒地毗連，亦歸哲里木盟長統轄，同爲奉省北部屏蔽。扎薩克圖王旗蒙地出放既著成效，該公旗亦咸知種植利益，招民漸墾。及耕民日多，而復施以驅逐，蒙漢生釁，訟案迭出，於是前將軍增祺設法籌商，得援照圖旗成案開放，遂劃定洮兒河南岸寬長俱百餘里，奏明出放。光緒三十年五月設局，不及兩載報竣，出放荒地四十萬垧有奇，共收地價銀三十二萬餘兩。三十一年，前將軍趙爾巽奏設安廣縣，管理經征。錦屬歸公地在府治南，濱大海，海退河淤，閑荒甚多。嘉慶年間，經錦州副都統奏請，招佃墾種，交納官租，名曰試墾續墾地。嗣副都統所屬四路五邊十二佐領及牧群衙門每年所放兵餉由此項租賦撥放，故又名之曰二十二處歸公地。厥後旗兵有名無實，所入租賦盡被承催旗員私收入己，據爲常例。前將軍增祺、趙爾巽先後奏請丈放收價。光緒三十一年設局，越兩載餘報竣，出放生熟各地二十一萬三千七百餘畝，共收地價銀三十二萬八千餘兩。續放扎薩克圖王旗蒙荒，前次開放洮兒河南北兩岸荒地，已添設洮南一府兩縣，成效昭著。惟該王旗前指荒界內尚有餘荒未經全放，今王旗頗知荒務多利，於是復劃清新荒三段，呈經前將軍趙爾巽續放。光緒三十二年三月奏請設局，越一歲報竣，續放荒地八萬九千餘垧，鎮基地十四萬零六百餘萬丈，共收地價銀一十八萬二千餘兩，仍分隸洮南府各屬管理經征。此放竣各荒之崖略也。

國有土地制度總部

祭田部

綜述

《清通典》卷三《食貨三・田制》 祭田學田附

順治元年，賜聖賢後裔祭田： 衍聖公二千百五十七頃五十畝，孔林地、廟基地二十一頃五十四畝零，四氏學田五十頃，復聖裔祭田、墓田、廟基地五十四頃十有五畝零，宗聖裔祭田、墓田、廟基地六十二頃十有四畝零，亞聖裔祭田、墓田、廟基地五十九頃七十六畝零，先賢仲氏裔祭田、墓田、廟基地七十五頃五十六畝零。又置各省學田，凡貧生均於學内酌給銀米，每年清釐各省學田。康熙二十四年，復增孔林地十有一頃十有四畝九分。免曲阜顔氏額糧有差。又賜元聖周公祭田五十頃。

傳記

《北史》卷三〇《盧玄傳》 累遷燕郡太守。道將下車表樂毅、霍原之墓，爲之立祠。優禮儒生，厲勸學業，敦課農桑，墾田歲倍。

《元史》卷一五八《許衡傳》 延祐初，又詔立書院京兆以祀衡，給田奉祠事，名魯齋書院。

《元史》卷一六〇《閻復傳》 元貞元年，上疏言： 京師宜首建宣聖廟學，定用釋奠雅樂。從之。又言： 曲阜守塚戶，昨有司併入民籍，宜復之。其後詔賜孔林洒掃二十八戶，祀田五千畝，皆復之請也。

《元史》卷一八〇・孔思晦傳》 至順二年，改賜三品印。思晦以宗祀責重，恒懼弗勝，每遇祭祀，必敬必慎。【略】又以尼山乃毓聖之地，故有廟，已毁，民冒耕祭田且百年，思晦復其田，且請置尼山書院，以列于學官，朝廷從之。

《元史》卷一八二《張起巖傳》 舉親族弗克葬者二十餘喪，且買田以給其祭。

《明史》卷一一九《梁莊王傳》 及睿宗封安陸，盡得郢、梁邸田，供二王祠祀。

《明史》卷一四〇《青文勝傳》 青文勝，字質夫，夔州人。仕爲龍陽典史。龍陽瀕洞庭，歲罹水患，逋賦數十萬，敲扑死者相踵。文勝慨然詣闕上疏，爲民請命。再上，皆不報。歎曰： 何面目歸見父老！ 復具疏，擊登聞鼓以進，遂自經於鼓下。帝聞大驚，憫其爲民殺身，詔寬龍陽租二萬四千餘石，定爲額。邑人建祠祀之。妻子貧不能歸，養以公田百畝。

《明史》卷二八四《儒林三・孔彦繩傳》 孔彦繩，字朝武，衢州西安人，先聖五十九代孫也。宋建炎中，衍聖公端友扈蹕南渡，因家衢州。高宗命以州學爲家廟，賜田五頃，以奉祭祀。五傳至洙。元至元間，命歸曲阜襲封。洙讓爵曲阜之弟治。

弘治十八年，衢州知府沈杰奏言： 衢州聖廟，自孔洙讓爵之後，衣冠禮儀，猥同氓庶。今訪得洙之六世孫彦繩，請授以官，俾主祀事。又言： 其先世祭田，洪武初，輕則起科，後改徵重稅，請仍改輕，以供祀費。帝可之。正德元年授彦繩翰林院五經博士，子孫世襲，并減其祭田之稅。

紀事

宋・葉隆禮《契丹國志》卷九《道宗天福皇帝》 〔己亥清寧五年〕夏四月，宋以周恭帝子爲崇義公，給田十頃，令奉周祀。

《元史》卷五《世祖紀二》 〔中統四年六月〕建帝堯廟於平陽，仍賜田十五頃。

《元史》卷二四《仁宗紀一》 〔至大四年二月〕立淮安忠武王伯顔祠於杭州，仍給田以供祀事。

《元史》卷二八《英宗紀二》〔至治二年十二月〕賜淮安忠武王伯顔祠祭田二十頃。

《元史》卷二九《泰定帝紀一》〔泰定二年正月〕甲辰，奉安顯宗像于永福寺，給祭田百頃。

《明實録·英宗實録》卷六一〔正統四年十一月〕，襲封衍聖公孔彦縉奏：歷代撥賜贍廟田土一千九百八十頃，洪武初聽募人佃種，共六百二十四戶，已爲定例。今有司復奏每戶存二丁充佃，餘令隸籍應當糧差，其實耕種不敷，差役重衍。乞賜全免，以備供給修祀。奏下行在戶部，請存五百全戶，共丁二千耕種，餘仍令應辦糧役。從之。

《明實録·英宗實録》卷二六一〔景泰六年十二月〕辛酉，都察院左僉都御史徐有貞奏：臣比以公務往山東兗州府鄒縣，蓋顔、孟二氏子孫世居之地，聞前元時嘗撥贍廟祭田六十頃，二氏分種，以供粢盛，兼以養贍族人。國初以來，因之不革，其後子孫微弱不能守，被人侵占，雖嘗訟於官而未能追理退還，以致無田供祭。即今蒙恩賜官者日用粗給，其舉族之衆未免飢寒。切惟顔氏之德，孟子之功，宗傳先聖，垂裕後來，萬世人君所共尊禮，故雖胡元之君亦知崇尚而撥田贍廟，矧聖朝惇典庸禮之盛，皇上崇儒重道之至，而忍使其祭田不供，子孫失所乎。臣又伏見皇上新行視學，特召孔、顔、孟三氏子孫陪從，仍授顔、孟二氏孫以近侍儒官，其優待之恩有隆無替，誠超軼前代之君矣。茲其祭田之缺，子孫之苦，有司不爲分理，使者不以上聞，非惟有負先聖之教抑，且有負皇上之恩意，豈不興聖世缺典、儒道無人之歎哉。乞勅該部移文山東，督令有司將原給田履畝覆視，免其徵租，退還二氏，並從嗣授官掌其歲入，贍廟供祭之外，賑給族氏，此外或供贍不敷，或乏力墾種，更乞以附近廢棄之地量益數頃，仍如孔廟例撥佃戶助種，尤見特恩。帝悉從其言，命追給贍廟田外各益田二十頃，佃戶十家。

《明實録·憲宗實録》卷一六〔成化元年四月〕，減曲阜縣孔氏子孫田租三分之二。孔子五十六代孫克昫以子孫繁衍，日用不給，乞蠲應輸之租。上曰：孔子有功於萬世，其子孫所在優恤，命有司減其租。

《明實録·憲宗實録》卷一四七〔成化十一年十一月〕，賜襄王世子祁鏞南漳縣祭田。初襄王奏世子故妃李氏葬南漳第四都，近墳地一十餘頃乃流民所遺者，乞爲祭田。事下湖廣都布按三司勘實，戶部覆奏以爲故妃墳下第四都俱是平民納税之地，惟第七都有無税地十頃七畝，雖亦有民耕種，或可量以賜王。上命以第七都地四頃賜之。

《明實録·孝宗實録》卷二五〔弘治二年四月〕，山東兗州府知府趙蘭陳六事。【略】一請補缺署。謂孔、顔、孟三氏子孫各有官爵祭田，惟曾氏子孫未有，乞賜祭田給人戶備洒歸，選賢良戶爲廟主，歲時祭祀，仍令有司主之。

《明實録·孝宗實録》卷三六〔弘治三年三月〕，命以山東嘉祥縣田十六頃四畝有奇給沂國宗聖公廟祀，仍令同姓一人爲廟主，給地九十畝贍之，并給佃戶五，洒掃戶十，俱免雜泛差役。從兗州府知府趙蘭奏也。

《明實録·孝宗實録》卷四一〔弘治三年八月〕，公徐俌承命祭孝陵，禮部覆奏，戶部會多官議：孝穆皇太后宗親在昔兵燹之餘，人民奔竄，歲月悠遠，往事無踪跡求之，恐愈久愈鑿。况前日已誤信李文貴等濫受官爵，今日豈容再誤，請倣太祖高皇帝即宿州爲孝慈高皇后父徐王立廟事例，爲孝穆皇太后父母定擬封號，立祠於廣西附郭地方，春秋遣布政司官致祭，即以沒入李文貴等賀縣田八十畝爲奉祭之資，似爲得宜。上曰孝穆皇太后早棄，朕躬，朕每念及此，戚然如割。初謂宗親尚可求訪，故寧受百欺有所不恤。今卿等既謂歲久無從物色，請加封立廟，歲時致祭，以仰慰聖母在天之靈，是或一道。矧皇祖亦有故事，朕心雖不忍，又莫能違。其悉准所議。

同上〔弘治七年九月〕，致仕都察院右副都御史唐瑜卒。瑜字廷美，直隸上海縣人。景泰二年進士，授南京禮科給事中，陞衢州府知府，有惠政，民甚德之。郡孔氏祭田爲他姓所奪，瑜以私財贖其租，俾共祀事。轉湖廣參政，分按荆襄，置廩積穀，値歉發若干斛，民賴以濟。襄河爲患，爲作隄障之。遷山西右布政使，丁母憂，服闋，改云南，尋遷左布政使，立待制王禕祠，正土官宗派以定傳襲。擢都察院右副都御史，巡撫甘肅，詔使至諷，令織細氊充貢獻，瑜執不從，復有武臣被黜者競陰中之，遂被劾褫其官以去。弘治五年以建儲，詔復故官致仕，至是卒，賜祭葬如例。瑜爲人豪爽，有才氣，頗傷麤厲，居官有聲。其在衢州尤著，衢人慕之。既卒，父老來赴吊者累累不絶云。

同上〔弘治七年九月〕，命以郢梁二王香火田地四百四十九頃，先屬襄府帶管者改屬興府帶管，從王請也。

《明實録·孝宗實録》卷一四六〔弘治十二年正月〕庚寅，浙江錢塘縣民岳華奏：其十三世祖宋武穆王飛墓田在杭州西湖者爲僧永言等所侵占，禮部請移文究治禁約。上曰：飛在宋室忠烈可嘉，墓田准令有司究理。

《明實録・武宗實録》卷一一 ［正德元年三月］，江西按察司副使邵寶奏：九江府德化縣蓮花峰下有宋儒周惇頤墓，其東北數里有濂溪書院，歲久荒頽。近者守臣重加修葺，自道州取其裔孫倫來屬之守奉，然必正其秩祀，賜以閒田，庶久而不墜，實表章先儒風勵後學之盛典也。禮部覆請如朱熹婺源例每歲春秋令府縣官即書院致祭，仍給田五十畝以爲修葺祠墓之資。從之。

《明實録・武宗實録》卷一四 ［正德元年六月］，授孔子五十九代孫彥繩爲翰林院五經博士，主衢州廟祀。宋之南渡也，衍聖公端友扈蹕自曲阜徙衢州，傳五世至其孫洙，而宋亡，元世祖召洙至，欲令襲爵，洙以墳墓在衢力辭，乃讓其爵于曲阜宗弟治，自是曲阜之後世襲爲公，兩嫡派之在衢者遂無禄，衢州知府沈杰求端友後，得彥繩請授以官，俾世主衢之廟祀，且言其先世所賜祭田在西安者五頃，洪武初以民田輕則起科，未幾有王氏子隨母改適，冒孔姓以罪抵法，田沒官，改徵重稅，亦宜減輕，以供祭奠修葺費。禮部議覆。上曰：先聖苗裔在衢者齒於齊民，朕甚憫之。其授之五經博士，令世世承襲，并減祭田稅，以稱朕崇儒重道之意，於是以博士授彥繩。

《明實録・武宗實録》卷一六二 ［正德十三年五月］，戶部右侍郎兼左僉都御史張津卒。津字廣漢，廣東博羅人。成化丁未進士。授建陽知縣，築城防盜，建朱熹、蔡元定諸賢祠，置祭田畀其後領之。弘治乙卯以憂去。

《明實録・世宗實録》卷四一四 ［嘉靖三十三年九月］，命山東撫按官給世襲翰林院五經博士曾質粹土田人戶，質粹既紹先賢曾子，後因援顔、孟二氏例請給供祀土田，守冢人戶。詔有司如例予之。

《明實録・熹宗實録》卷八四 ［天啓七年五月］，文華殿中書徐溶捐貲一千兩助大工疏頌忠賢，其同官郭希禹捐田二百畝爲忠賢祠，永佐祝釐。得旨：各褒答之。

藝文

元・虞集《道園類稿》卷二五《吉安路三皇廟田記》 今天下自國都至於郡縣，得通祀者，惟社稷之神與學之先聖、先師，而醫學有伏羲、神農、黃帝之祠，居其一焉。郡學、儒學有田，以供祭祀之牲幣、粢盛、器皿與師弟子之飲食。或因前代之舊，或取閑田給之，雖多寡不齊，而食與祭，可不盡取諸有司矣。醫者之學，國朝之制，始偏天下。其初，廟祭祀教養，率依仿儒學。然而，歲以春秋之季修祀事，有司取具而已，或至醵諸醫者，而師、弟子之廩稍，無所從出。夫國家制爲通祀，有司之重事也。伏羲、神農、黃帝，所謂上古開天立極，其神貴且尊矣。醫者掌民之疾病，察四時六氣之沴，五藏九竅之變，養之以食飲、氣味之宜，攻之以砭焫、膏液之毒，其係於生死甚大，而其術亦精微矣。顧無以資其爲學之具，差其全否之食，是故良有司凜然，懼無以稱聖朝之意。而爲醫官知所重輕者，恆懼不能稱其職焉。吉安之爲郡，土厚而物殷，論人材文物之盛，則必稱焉。然而醫之爲學，猶未大有所興發者，則時力有所未至耳。仍改至元之二年，其守張侯浩介其郡人醫愈郎、遼陽行省醫學提舉謝縉孫，以其修理醫學之事來告，而請書之云。其郡始建醫學在城南，去廬陵縣獄爲近。延祐七年，郡治中朵兒赤率廬陵縣丞馮克敏，遷廟學於廬陵縣舊治。於是，新學之成十六七年矣，張侯之來，有民鄧明遠請以其所得賞田之半歸諸醫學以備用。狀上，侯與同官議許之，乃命吉水州達魯花赤佛留、其學教授鄧思泰，經田定其頃畝之畔，計歲租之入，得米一百五十石有奇。而耕者姓名，府乃爲之文書而授諸醫學。師泰乃白諸府，以所收大修三皇殿與門廡及其講堂，作齋舍及其庖。自是祭祀有備，師徒有居食矣。今郡縣有司，事無大小，必咨稟於上，無敢少得自遂也。故若醫學之田，誠在所不可闕，然因時制之，宜爲久遠之計，則必有事會之來，而後得以致其力、成其利。則張侯與其同官之志，師泰之勞，亦可見矣。是年，張侯告老去官，記未及成。今年夏，師泰又以其府官之意來，請書之。其府同僚官，某人某官也。至若三聖人南面參坐而食，配享從祀之位，祭之時日，牲牢之數，議定於國家始制廟時，此不具書。賞田之故，則存諸府史云。

元・鄧文原《巴西文集・淮安忠武王廟田記延祐三年十一月》 至大己酉，時聖天子龍德在淵，功贊位育，浹於幽明。追推元勳茂德，宜修祀典，以示崇褒。廼命江浙行中書省建淮安忠武王廟於杭。廟成，申飭詞臣勒文貞石。凡厥有位，知聖世旌善報功、儆勵百執事之意甚厚。視昔著丹書、刑白馬者，規摹宏遠矣。特行省左丞高公昉寔董其事，又屬萬戶郭侯震、千戶劉侯元亨計徒庸、慮財用。咸曰：棟宇既備，像設孔嚴，必有腴田，以供粢盛，庶用資永久。於是撙工費之贏鈔，爲錠者七百四十有奇，買田三百七十三畝，俾朱君慶掌其契要，副藏有司，歲司出納，以給祠祭。君早負才譽，事忠武王，嘗被璽書爲王府長官，建廟始終躬任勤瘁。請于行省，屬文原書廟田之始末。辭不可，則爲之記曰：按《周官》，司勳掌賞地之法，以等其功。凡有功者，銘書於王之太常，祭於大蒸，司勳詔之。凡賞無常，輕重眡功。凡頒賞，地參之一，食惟加田，無國征。釋者曰：有大功者，既賞以地，復有加賜之田，則無國征。凡賦稅皆免，所以優有功而厚報之也。又按，伯禽始侯於魯，則有山川土田附庸之錫。是則勳勞焯著，生備茅土，播諸聲詩。若今忠武王既沒，而九重睠思不忘，先賁封爵，享有廟祀。藩翰之臣，又克昭布湛恩，謂加錫之田，國有令典，爰積羡錢，相厥衍沃，菑播以時，歲時吉蠲，薦其嘉穀，牲酒肥旨，駿奔在列，陟降左右，若有風馬雲車肸蠁來假。生榮死哀，今古鮮儷。王之精靈不昧，亦思相佑皇圖於億萬斯年，曷有窮已？猗歟盛哉！ 田始延祐二年，越明年，龍集丙辰，十一月丁卯日南至記。

元・黄溍《金華黄先生文集》卷一〇《海寧州三皇廟祭田記》 延祐五年，知鹽官州張侯克明，以部使者北臯張公之命，肇建三皇廟于州署之東南。州故爲縣，時橫浦張公五世孫宣嘗主縣簿，因諉以督其役。明年殿成，而侯以秩滿去。泰定元年，方侯存心繼知是州，乃克施采章，以嚴像設。尋增創東西廡及儀門。後改號其州曰海寧，而李侯懃以至元某年來知州事，又爲圖從祀，造禮器，遷櫺星門，前臨通衢，右廟而左學，齋廬庖舍，次第畢完。今知州張侯光祖涖事之又明年，至正二年也。以政理之暇，周視其所缺，自兩廡三門，屬于通衢，悉加以陶甓，疏水爲池，而環以石隄。藻飾華好，內外聿新，士民靡不瞻仰歎息。顧獨未有田，以供粢盛酒醴。取具臨時，幾於苟簡。侯謂是非所以崇典祀，其年春三月，蕆事而退，爰集僚佐，共輟俸貲，以爲衆倡。俾醫學正胡某，陰陽學録許某，率其籍於醫者三十家，籍於陰陽者三百家。合錢若干緡，購民田若干畝有畸，載以兩青冊，留其一于州，而以其一併券書藏于學。即廟置倉，儲歲入以給祀事。有餘，則以待營葺之須，不得輒移爲它用。凡出納，必白於長官之主領學事者。侯欲使後人守其要束，永久而弗廢，來徵文以記之。謹按，宋元嘉中，醫始有學。唐天寶間，三皇始有廟。學不附於廟，而廟不出於京師。醫鍼按摩呪禁之師生，並隸於太常，而享先代帝王之儀制名數專掌於禮部，歷五季逮宋，莫之有改也。我朝言醫及陰陽者，乃原其所自，推三皇以爲先聖。天下郡邑，咸得通祀焉。蓋振古未及行之曠典，乃今而舉之。土木之役，固不止一人一日之力；至於有田以祭，而廟學之事斯爲大備。侯之垂意於此，則已勤矣。若夫三聖人之道，既非一藝可以名言，而其功亦無一物可以爲報稱。茲不敢復贊以一辭也，姑叙其建置之始末及其成規，而爲之記，用告于嗣爲政者焉。

元・黄溍《金華黄先生文集》卷一四《朱氏祭田記》 婺義烏赤岸之有朱氏，始於漢槐里令雲之七世孫晉、臨海太守泛，又二世而建威將軍禮，遂廟食其鄉。郡志以建威爲金威，語之訛耳。自是又若干世，乃至三府君者。有田以祭，始於府君也。府君諱良佑，宋紹興間，初置旁舍常稔之田三十畝有奇，合爲一區，而儲其所入，以給孝祀燕私之事。府君歿，有子三人，曰孟明，曰鄉貢進士中，曰季龍。同繼其禰，而莫適爲宗，列屋聚居，謂之三宅。凡田事，三宅歲迭掌之。祭主於府君，而三宅之子孫咸以次祔食，不以世數祧毀爲親疏遠邇之別。族大以衍，位序日繁。患夫褻而弗專，且難爲繼，乃稍裁定，著其成規，每歲以日北至，與新穀之既升，蕆事者二。由府君上而祖考，本所自出也；下而三子，則三宅之所祖也。正配位總十有四，皆世世不遷。府君之孫、之曾孫而爲掌田事者之祖考，乃得從餕食。歲終合享者一，亦惟掌田事之家在祖考行者乃與焉。三歲則適徧于三宅，玄孫亦與合食，而斷以三十年爲一世，滿一世輒止。祖免而下，則絶而弗與。墓祭之降殺，亦以是爲差。懼遠者之易忘，則用先儒家禮，以立春日祀臨海，而侑以建威；慮親盡則情盡，則有歲時之序拜，而三宅之長幼無不在列，此其大略也。府君五世孫震亨，以書諗于溍曰：願有述刻寘先墓之左，庶俾後之人無隳其成。故朝列大夫、婺州路總管府治中致仕叔麒，於府君爲曾孫，溍之從祖姑歸焉；而震復與溍有文字之雅，不敢以不敏辭。惟府君去二代盛時已久，又不有大夫士之位，田祿弗及，而能因地之利以報其親，仁之至也；宗法廟制不得行乎其家，而能因人情爲之節文，以屬其族，義之盡也。數世之後，以文學政事顯融于時者，既已流光奕葉，而其處者，亦往往被服儒術，馳英聲於士林，脩其已成之業，而承其所欲爲之志，仁義之澤未艾也。《楚茨》之首章曰：自昔何爲？我蓺黍稷。府君之經始勤矣。其卒章曰：子子孫孫，勿替引之。三宅之嗣人，尚慎其終，以延裕於無窮哉。

元·陳基《夷白齋稿》卷二五《斡勒氏續祭田記》 河南斡勒氏自太中公宦居浙東西，而其子故湖州路儒學教授君博雅好禮，克世其家。其卒於越之蕭山也，夫人皇甫氏與其子溥、溓、沂、潚卜地錢唐大慈山之原，葬焉。既奉襄大事，遺業悉均之諸子，而以田若干畝在蕭山者，爲墓廬祭祀百事之需，前經筵檢討豫章鄒君魯望實爲之記。而公賦有常，歲用不足，凡冢舍、祭器、壞樹、神道、碑碣所宜有之屬，用皆闕如。夫人念諸子從宦北南，而大慈之原不有以增緝防範之，懼久益廢。乃以其田若干畝所資以自老者，期於終養，并歸祭田，以圖永久。飭子孫毋毫髮敢漁取，或私相質鬻，廢墜墳墓，餒厥祖禰，以蹈不肖之辜。因命其子來取文，爲《續祭田記》，歸而刻諸石。余聞之《禮》曰：有田祿者，先爲祭服。斡勒氏，肅慎右族，世階膴仕，而教授君又名知禮者，則其有祭田宜矣。而追養厚本，謹封樹，備不虞，人子之事也。夫人顧先諸子，推其所在已，爲其所得爲，異日使大慈松楸不鞠爲蒭牧之區，斡勒氏不爲若敖氏之鬼，若夫人者，其殆《禮》之所謂慮事不可以不預者乎？爲厥子孫，歲時來歸，怵惕霜露，比時具物，於禮不可以不備。則田宜益治，祀宜益豐，土宜益厚，樹宜益茂，而凡夫人所圖永久者，勿替引之，而教授君之澤未艾矣！彼思以其木爲材，以其榛棘爲薪者，且貽譏於君子，而况祭田乎？此宜馬醫、夏畦之子所不忍爲者，固無庸爲知禮子孫告也。是爲記。

元·陳高《不繫舟漁集》卷一二《林氏祭田記》 古制，田以井授，由士而上，祭皆有田。然其法之廢壞久矣。近代朱氏著《家禮》，乃教人取附墓田以奉祀事。蓋生者之于既死日忘，子孫霜露之思，弗保其久而不怠。使有田焉，則不惟可籍其資于給用，而歲時常祀，因田以存，所以竭虔致享，豈不可繼于無窮哉！福寧林君宗璧，孝其親。親既沒，而哀慕不已，時思之祭，必恪恭如式。于是乎圖所以爲久遠計也，乃謀于兄之子某，合出田若干畆，籍其入以爲祖禰春秋之享薦，忌日之獻祠，且刻其數于石以示後人，而求予文以志。夫報本嚴祀，禮之大者。去古既遠，習俗寖渝，而世人于奉祀之孝，漫不以爲事者，蓋有之矣。或孝子慈孫，有能致其追遠之念者，則施田釋老氏而立祠焉。曾不思吾祖考之靈非類不享，而況托於虛空怪誕之說也哉。嗚呼！道教之不明，而斯民蔽惑，亦大可哀也已。然則林氏祭田之舉，誠今世之所當法者。《詩》云：永言孝思，孝思維則。其此之謂歟！是宜書之以示勸，故爲斯記。

元·劉辰翁《須溪集》卷四《萬安縣舜祠買田記》 大洲僻邑，深山卜寺，而一日揭焉以舜祠興，雖邈乎褊矣，然能使周旋博雅之士爲之矯首而遐思，汎濫遊騖之人爲之褰裳而忘倦，以其所立有在常情之表者，則寶祐景定間僧了敬之爲也。方祠未成，記先具鄉，綉衣持節至其處問焉，見其畫堵基山爲讀書堂，雖嘉其有志若寓言者，又久之堂成祠成，祠成而敬去主龍須，其徒慈意者自仰山歸祠敬祠，敬之十五年而買田既百餘石，合是二百。敬來求田記，刻寺俾有考。余笑曰：時節世間，安得不使來者笑人無能？何昔之舜祠者成之難，而今之寺田者獲之易也？則亦有聞舜祠之風者也。如將爲爾并舜祠記之邪，則或者以爲無謂也；不并爾舜祠記之，又未有知夫無謂之謂也。寺在韶山，山之下爲韶江，江韶口里韶濩，雖俚訛志謬，自儒者言之無一可，若彼教中古帝王亦猶幻耳。悟則舜在床琴，不悟則必陟方乃死。吾以韶山見舜事，舜如吾師，然鄉人士之爲我來者如鄴侯，書堂如李氏山房，士大夫之過其下者，如望蒼梧，登九成，要亦何以大相過荒濱絕遥，詭爲異聞，隱爲奇觀。游者如有所慕，因徘徊之久，而又有感焉。向之田者始由是而積矣。人有常言曰：知自，孰知田之自舜，又孰知日用飲食、父子兄弟，無一之非舜哉。斯民異端，無重華故至此。今夫山田二百，井田之世不足當上農夫二人之食，然亦有甚難者。今夫耕者，或不得食，販夫夜作，且而市，或不售，則不食。彼深山大衆不耕不售而不缺食，不惟不缺，復有餘，而田者積焉。今夫望施示人難矣，有得有不得焉，再而竭，三而倦，或不得謝則怨，而施之佛者即甚厚，如梁蕭氏以其國則小果，然施者常不悔也。不惟不悔，益腆而田者積焉，彼豈皆能一生死、齊得喪，道隆行顯，且佛實有力至此哉？乃其迂闊，則又若舜祠者焉。豈非心胸眉目，福有在福田之外，莫之致而至，而好德者遠矣。山無窮，田無窮，百年千年連阡陌始此。夫舜祠者，理之所不當有，而佛之所無用也，固有有之，而不事事之而猶無益，而二僧以此爲無窮，且以此不朽。嗟乎！昔者萬安永福，何至此。後舜祠二十三年七月，須溪記。

元·劉敏中《中庵先生劉文簡公文集》卷三《靈惠祠新田記延祐元年》

靈惠祠，濟南龍洞山靈祠也。濟南當山水勝絶之區，民物繁阜，甲爲海右。蓋昔爲州治，今爲路置，總府監司在焉。城之南連延皆山，東南距城僅三十里，鬱然隆秀者，龍洞也。山之麓陂陀掩互巷折，而入山益深，俄而崖壁四豁，翠削萬仞，仰視天宇，如墮壺中。東崖絶空有巨穴，黯黮如側甗，父老傳云，異時民嘗懸入避兵。西南石洞穹邃如連廈，可居。有潭焉，泓澄甘洌，不溢不涸，歲旱，禱雨雪輒應。斯山之所由名，而祠之所由立歟！凡石刻四，其一摧剝不可讀，僅辨者大魏天平四年，官爵四銜，亡其名。天平，東魏也。其一宋元豐某年，太守韓鐸以禱雷，請封順應侯。其一金皇統辛酉，南陽韓公美禱雨靈惠公祠，而不著加封之始。其一國初濟南張侯新其祠，募僧守之。觀此山之靈，其來尚矣。皇慶癸丑夏，旱。中奉大夫、肅政廉訪使阿思蘭海牙暨懷遠大將軍、濟南路總管府達魯花赤卜蘭禧，率所屬詣祠，期七日雨，禱焉。禮成，中奉謂懷遠：君可留，雨而歸。懷遠處祝無夙夜，未及期，雨，歲熟。明年夏，又旱。中奉公禱如前，屬總管袁太中某俟雨。夜未半，雨大降，歲以又熟。中奉念其祠宇弊圮，命葺之，煥爾一新。又以守僧無所仰給，屢荒懈以去。有淨僧曰洪貴，乃召以嗣守，爲圖其所以自給者。適洪貴來，以疏謁中奉，欣然割祿廩以先。於是由憲屬以及轉運、總府皆如之，而尚義慕善者多與焉。乃胥議，買田若干畝，券於祠下。府推李承直不作狀其事，懇余記。夫雲行雨施，天地之所以育物也；事神庇民，王者之所以有國也。而雲雨之出，山川實司之；神民之託，有司實任之。蓋山川必峻深而靈，則然後可以出雲雨而育乎物；有司必正直而誠，則然後可以感夫山川之靈，而民得以賴其雲雨之庇也。乃或掊尅以爲能，猜禍以爲才，高下以害於公，貪墨以濟其私，政窳而不懼，民困而弗憫，水旱則循故事，飾貌敬，以從其山川之禮。若是者，神固不答而災必不息。嘻！民之庇何望哉。今中奉公以持憲之寄，懷遠、太中君以承宣之責，連歲致禱，神應如響，向所謂正直而誠者，其素著可知矣。矧又新祠宇以妥靈，創田疇爲久計，則於是神庇民之道，不既盡且遠乎？是宜書，故書。

元·陸文圭《牆東類稿》卷七《陸魯望祠堂捨田記》 唐陸魯望居臨頓里，皮日休以爲吳中勝處。不出郛郭，曠若郊墅，爲作趁泉澆竹、候雨種蓮之詩。又有別業在甫里，距城東四十餘里，則先生自謂四鄰多是老農家，網魚繰車之具在焉。清風素節，照耀江湖之上。今白蓮院即先生故居，而祠堂在其右。里人指其地云：此當時鬬鴨欄也。裔孫元吉捨苗田五十畝以供祠堂祭祀繕脩之費，俾僧某主之。夫捨田之事微矣，微而必書者，以見陸氏之裔今而尚存，甫里之業久而不墜者也。夫先生一隱淪之士耳，同時若平泉莊之草木，奇章公之石，其權力有百倍於先生者矣，再傳之後，已不能保，而二家之子姓無聞。悲夫！尚論者固不以彼易此也，先生之澤豈止五世而已哉！元吉字安仲，余所爲作字說者，好學而尚義，與其弟德原，字靜遠，捨田建家塾，以訓吳中之子弟，時人美之，於是魯望爲不死矣！

明《永樂大典》卷五三四五 元·張思敬《脩文廟新田記大德六年》

潮爲郡，僻于海隅，而風土頗饒。民始未知學，然朴且易化。逮唐昌黎至，命師教育之，迄今號稱多士，實甲閩越諸郡。學有廟甚偉，咸燼于兵，獨書樓巋然。至元甲午，憲僉張公處恭分治，循視舊規，慨然以興復爲己任。命提舉鄭必大董役，不踰歲而落成，沉鬱輪奐，士子動色。然颶風不常，木性易腐，公深以爲憂，曰：學有田無幾而養士也，若墁剝而瓦裂，柱傾而棟撓，則將若之何？適工畢初，斂餘財，及後時而助者，得若干，悉置田，凡四百畝。距府治遠，租輸運頗艱，從佃者請而優之，取直而已，毋失之荒，他庸弗徵也。學職一員，專其出入，然非土木之費不敢用，九年於兹矣。會其數，不爲不多，茫然施巧於簿書間，沿襲而卒歸烏有，殿廡未之加新。吁，可嘆也已！吾脩道周孔之道，職師儒之報本，曾豺獺之不若，舉張公創始之瑞，顔毋厚乎？思敬自江西巡歷至潮，韙鄭君言，亟革其弊，爰鋟諸梓，不惟衍張公之永圖，庶來者知所警也。至於田畝之畔，租數之詳，具之碑陰云。大德壬寅，提舉張思敬記。

明·錢穀《吳都文粹續集》卷一五元·陸元吉《三高祠田記泰定元年八月》

三高祠，石湖范公一記盡矣。所謂清風峻節，相望於松江太湖之上，而天下同高之。邑人獨奉其烝嘗者，蓋有自焉。宋乾道間，徙建其堂於雪灘，像而祠之，垂二百年。南北士大夫仕於州者，初蒞政必謁拜，又率州之士民長老集於堂下，以修祭祀禮。閱歲悠久，棟梁榱桷，寧免傾圮，非以嚴祀事而崇聖化也。故鄉老耆皆謂元吉爲魯望先生遠裔，居先生之里，乃闔辭見褒舉於有司，乞以元吉主奉祠事。既而江浙儒司申命於國子監，始得請焉。於是，設掌祠各一人，以佐其事。元吉祗奉以來，其敢不加謹？然每念時祀有恆，則棟宇必葺，其所能者，可不爲謀？遂置吳江田五十畝，歲入租三十有二石，爲堂之公費。又慮奉祀者無所憑，爲具詢州之學官，它爲儲頓以請，而遂設之，益籍以教授印，用防出納也。鄉黨以爲然，俾予直書其事，刻石以傳永久，由今而後，庶所爲烝嘗而修飾者自有不容少怠也。其畝數之詳，具見公文之副墨云。泰定元年八月吉旦，主奉陸元吉記。

清雍正《義烏縣志》卷一九元・朱震亨《修築祭田記》 萬物本乎天，人本乎祖，此追遠報本之所由昉也。自井田廢而圭田之制不行，貧者難於備物，富者莫保後艱，一本之中，遂有未閱世而各祖其祖者矣。君子傷之，是以緣義起禮，證古宜今，規己田以定祭，無世祿而有世田，俾子子孫孫引之弗替。斯制也，即親親之仁，義禮所從生也。吾族宋祖東堂公置美田三十六畝，合爲一區，以公諸族，使長厚者司其入，以給宗廟歲祀之需。慮年無常豐，築東溪石堰百尺許，循街鑿溝，逶迤一里，周砌以石，導堰泉溉之。擇旋壯而勤者主修其缺壞，時其蓄洩，名之曰自家陂、自家甽，示以未非他人所能與也。予嘗歷觀大田溝堰間，其經畫綜理之周，而吾祖之仁孝誠敬宛然如見，每徘徊不能置。詎意今者四月之交，商羊舞虐，山漲橫流，石堰壞而大田盡沒於沙礫。致予族之子孫，莫不悲祖志之淪胥，而孝享之中輟也。予因撫之曰：天災流行，何國蔑有？繼志述事，務在我者耳。於是儲廩既，具器用，糾工徒，分任使，舉鍾如雲，擔虆若市，墾淤以畝計，築堰以方計，濬溝以丈計，運石以工計，約工力四千一百有奇。田也、堰也、溝也，遂次第而告成。是役也，始於孟秋丙午之辰，成於仲冬既望之夕。雖衆力輸勤，程工若倍，而天時効順，風雨無侵，一似有神靈之默□□，又孰是其不興起於教化也？因并記之，以爲有志者勸。

清乾隆《孟縣志》卷九元・王好古《元宣慰同知甯德祖捨田碑記至正十一年》 維大元國懷慶路孟州西門裏富平坊住人奉神弟子甯武宣公之嫡孫、甯元帥之嫡子、前宣慰同知甯德祖謹狀，切照得祖父甯國公、父甯元帥各用己財，置到本家宋庄墳上地土並諸處地土房屋蒲荷一切物業，中間多被無分遠族並軀口人等，潛結豪民，通同僉畫押字，偷典盜賣者，亦有先後，年月不同。偷典盜賣者及多，因德祖勢孤力薄，不能爭理，若不上告於神明，此冤無處伸訴。如虧心者，必加明彰，速當報應。又因余獨奉母一十五年，遺付下元分到梯己養老地土內□，願將墳南紫金山北逯家院地貳拾畝，其地不係祖地，諸子孫並無干論。其地西至堰，南至人行小道，東自至，北至梁敬之，可依四至內盡行捨施。除已另行寫立捨田稱冤意願碑記外，今當寫立施狀文字二紙，一紙燒獻神明知會，一紙與廟人裴社長，子子孫孫收管，將地永遠與廟內，爲主作功緣用度。已後，但有江南甯門子孫，並孟州等處不肖無分遠族人等，前來侵奪者，令裴社長子子孫孫賫余元施文字，赴合干官司陳告，以不孝論罪。今當出給捨田文字一紙，付裴社長收執，日後永遠爲照用者。

清嘉慶《山陰縣志》卷二七元・韓性《南鎮廟置田記泰定三年四月》 九州之鎮，國重祀也。東南之鎮曰會稽，見於《周官》，由漢以來，咸謹祀事。國家一海內，歲遣使降香茗、金幣，馳驛抵廟下，以一太牢祠。守土之吏，奔走承事惟謹。廟在會稽縣東南十餘里，無祝史之守，尚方所錫藏之郡，帑積無所用。泰定乙丑，金源王公克敬爲會稽守，議買田以供廟之用，請於帥府。帥府如其請，乃會所藏，得楮幣若干，白金爲鋌者若干，爲香奩者若干，斥而賣之，又得楮幣若干，買傍近田一百十七畝有奇。侯命列其邱畝，刻之石，使後有□，侯之慮事遠哉！南鎮，國重祀，廟之用度，有司所當慮，其最重者二焉。古之祭祀，預備以示嚴，神倉所以備□□也，掌牧所以備牲牷也，祭祀之物具，故臨事而不擾。今南鎮歲祀責成有司，有司□□則已犧牷粢盛取具，臨時有不能具，則賦之民，民以爲病，一也。圮祀嶽瀆，始爲宮室□廟祏制，後以爲常。今會稽之廟，壯麗靚深，明宮齋廬，多至千礎，歲歲修繕，勞民無已時。委而不修，必至於隤圮，圮而更爲民之擾滋甚，二也。今侯買田於廟，貯其租入，以供祭祀，以待修繕，至於香火之需，祝史之養，皆出乎其中，非獨致力於神，其爲斯民計遠矣！或謂：一夫之田，所入無幾，用之不周，猶之無益也。是不然。天下之事，莫難於創始，今侯倡之於前，繼侯之理者，頗增益之，足用而後已。敬其明神，民不勞勸，神人相依，有引弗替，以稱國家崇明祀之意，此侯之所望於後來也。典其事者，郡吏沈天瑞。泰定丙寅孟春日記。

清嘉慶《崇安縣志》卷七四元・張端本《增置祀田記泰定四年》 嘗聞道學盛于東南，惟建之崇安有先賢遺風獨多，故爲天下重。迨來宰斯邑，暇日閱圖志，山川人物之秀，景行先哲，昭揭日月，爲世軌範，抑貲取增益于予政者多矣。及讀文公記，學舊有田土，亦有養，爲浮屠奪其疆以歸，存無十之二三，不足以供粢盛，祀事益多缺遺。邇來群士聚金市田助祀，斛二十有奇，薄不償費，請益之。予慨然以愀，視俸餘，舉以奉田資，迺招諸生驗籍，有前未捐貲者俾胥勸相率裒田，得二十四斛，合以給二祀，泰而靡侈，儉而靡簡，亦可以塞職分內之責焉耳。然謀始必當慮終，典敎與會稽更易不常，異時或有去其籍者，虛實多寡何所稽？僉曰：是宜記。竊讀聖經曰：俎豆之事，則嘗聞之矣。俎豆非細故也，禮之所寓而敎之所由興也。禮始諸飲食，重於祭祀，當其齋明盛服升降俯伏拜跪周旋於籩豆簠簋罇罍之間，敬乎日月之臨，凜乎雷霆之震，若履冰臨淵，執玉捧帛，惟恐斯須之或失也。苟舉斯心行之衽席闉門，達之鄉黨、州里、朝廷之上，不忽於暗室屋漏，不弛于造次顛沛，禮緣三百，威緣三千，形著於吾身，眞履實踐者，敬爲之主也。敬者，誠身之本也。故知所以誠身，則知所以事神；知所以事神，則知所以治天下國家矣。今二三子有志于俎豆之事，禮以淑諸身而及諸人，則爲國乎何有？毋徒爲牲牢幣帛足以爲禮文觀美，曾不思至誠感神，感必有應，安知簡簡穰穰，不介以景福者乎？《楚茨》諸詩豈欺我哉？予既叙述其概，且爲二三子勉。

道光《婺源縣志》卷三四虞集《朱文公廟復田記》　爲治於郡國者，表先民於百世之上，所以正民心之趨向，而開其敎思於無窮，善其父兄君子之所爲，所以諷其子弟細民於易從也。敦禮師、尚名義、厲廉恥，以變其鄙薄，可得而書者，今於徽之婺源見之。婺源，文公朱子父母之邦也。其先吏部，在宋政和戊戌，以上舍出身，調建州政和尉，丁艱服除，調劍之尤溪。歷靖康、建炎至四年庚戌，文公生焉。亂亡未定，涪湛管庫以自給，同郡張公敦頤敎授於劍，邀與還徽。而吏部之來閩，質其先業百畝以爲資，歸則無以食也。張侯請爲贖之，計十年之入可以當其直，而後以田歸朱氏。癸亥，吏部沒，張侯以書慰文公於喪次，而歸田焉。既葬吏部於建之崇安，丁卯，公自建寧舉進士。明年，登第，授同安簿。紹興庚午，省墓於婺源，以其租入充省掃祭祀之用。乾道己丑，丁母憂。淳熙丙申，歸省故鄉，松楸已傷於鄉人矣。與鄉子弟講學於汪氏之敬齋，修墓而去。宋之將亡，徽、建阻於兵，族人藏其劵而竊售之，又見侵於富民。而某畝某方，父老猶識朱氏故物之所在也。內附聖元將三十年，朱氏之學徧天下，而朱氏子孫，志尚未足以復其舊。五世從孫光，訴於浙省，閫憲者又將三十年，而後兩府以屬婺源守臣、前進士干侯文傳，始復其宅基於城南。請於朝，得旨，立徽國文公廟於其地，則後至元乙亥三月八日也。而田則未歸，無以爲祭，光又以爲言。同知州事茶陵李祁之來，亦進士也，覈得田主名，召與之議，三分其田，償其賈之二，歸其田之一。約雖定，賈錢無所從出，其一亦未肯歸也。歙士鮑魯卿聞廟之成也，願割私田以供祭，未果行而卒。其子元康見吏民之紛紛，思成父之志。於是，賣其私田若干與材木之山，得爲中統鈔者一萬五千緡，以贖舊田，三分其賈，得元直之二，其一則歲收其租而還之，滿其數而止。既成約，而田歸朱氏之廟矣。今奉祀者，文公五世孫勳，謀諸守貳、父兄、邦人，請置張、鮑之祠於廟側。張侯字養正，卒官知衡州。鮑文學，字景曾。而其田之畝數與其租入之數，録其劵之副，而刻諸碑陰云。噫！孔子之居於魯也，蓋有宅焉。歷戰國、秦、項之暴，魯人固相與護視之。至於西都，世之平治久矣，諸侯王之世封魯者，殆欲壞之，而且堂壁固在也。神靈感之而止者，豈有他哉？其餘之心，有所未安也。其餘之土田，周公、魯公之土田也。其餘之城郭，周公、魯公之城郭也。時代雖殊，爲其守者，爲之主宅之廢興，則有任其責者矣。不然，東阡西陌，禾易長畝，風雨霜露之變，匪今斯今，何獨於此惓惓乎？賢者之所存，固有係其沒世不忘者乎？張侯經營於文公父子之時，鮑君以私財復田於朱子，五世二百年之後，故鄉之人，孰無良心善性哉？干、李兩君，可謂知爲治之本者矣。傳曰：君子學道則愛人，小人學道則易使也。吾尚有觀於徽之爲鄒、魯乎？爲之來請記者，其郡人懷慶文學程文，余在奎章同館生也。至正丁亥二月望，前奎章閣學士、翰林侍講學士、通奉大夫、知制誥、同修國史虞集記。

清《康熙五十四年吳縣申氏義田祭田恪遵舊制碑》　江南蘇州府吳縣正堂加二級杜，爲遵憲具稟，懇賜叙案申詳事。康熙五十四年正月二十七日奉總理糧儲提督軍務巡撫江寧等處地方都察院右僉都御史張批該本縣詳，據進士舉人生監申瑋、申可貞、申陶憲、申元成等稟詞前事，內稱：族孽申振六等，侵伐賜塋樹木，盜賣祭田，抗欠官糧等情，已蒙審明詳府，轉詳司道。雖蒙嚴批，勒石永禁，振六等仍前頑抗，隨銜叩憲一筆施恩，祖澤千年不朽事。公吁撫院大老爺憲轅奉批，赴縣稟詳核奪。爲此具稟，幷據抄録控院原詞，內稱：先曾祖太師文定公，前朝首輔，勛業彪炳，祿賜所存，設祭田以供祭祀，置義田以膳族姓。先大司馬大參公恪承遺訓，定立規條，一如范文正法則。考祖制：凡主奉主管，擇族內賢良等專任，米入義莊，總司出納，原無分裂之例。迨至本朝，有不肖申乃迪，擅更舊制，乃創議東西分管，散慢難稽。後來不肖者亦乘間欺混。今年七月，爲賜塋樹木被伐，因得族孽申振六、申直公等，盜祭田及侵租抗糧等弊。縣審確實，着通族公舉賢能，遵照祖制，劃一經管。至被盜之田，瑋等而今子姓，念祖宗遺澤，不忍輕落外姓協力捐資贖歸，各遵縣斷。通族會議，公舉年長一人爲主奉，其主管司入司出等項，東西兩支各議三人經管，收租則在文定公所建休休庵公所，復縣給貼永遵；并申詳司道府批勒石。詎料振六等不思悔過，跳梁刁誑。伏思大老爺節鎮南邦，名高北闕。先人遺澤，得大賢表彰，則愈久重光。不肖之奸，非憲威不足震慴。伏乞特賜椽筆以便勒石家廟，永奉儀型。等因。抄粘具稟到縣。據此，相應據情詳請，伏乞憲臺俯鑒批示，以便飭行，勒石永遵，庶憲德永章，而先賢遺澤不廢。仰使不肖輩知所儆惕矣。等因。申詳撫憲，奉批：如詳勒石永遵。繳。等因，到縣。奉此，案照先奉布政司糧守道本府各憲批詳，俱經飭行勒石在案。今奉前因，合再勒禁。爲此示諭主奉、主管司入司出并通族子姓人等知悉，嗣後義祭兩田，恪遵舊制，永爲遵守，毋許紛更。慎之慎之！須至碑者。

清《道光二年嚴禁盜賣盜買長洲元和等縣義田祭田帖》　江南江蘇等處承宣布政使司，爲請定盜賣盜買祖產義田之例以厚風俗事。

案奉蘇撫部院莊憲牌開，準刑部議復條奏，祖宗祀產，倘有不肖子孫投獻勢要，私捏典賣，及富室強宗謀吞受買，各至五千畝以上者，悉依投獻捏賣祖墳山地原例，問發充軍。田產收回，賣價入官。不及前數者，即照盜賣官田律治罪。其盜賣歷久宗祠者，亦計間數，一體辦理。若盜賣義田，應仍照例罪，止杖一百，徒三年。謀買之人，各與同罪。仍今立有確據，分別勒石，報官存案。等因。奏奉諭旨欽遵，咨院行司。奉此。爲查江省各項祭田，先奉戶部咨查，業經通飭造冊，詳咨載入會典。并奉部復，河南省銀米係屬豁除。江省各祠祭田，是否免課，抑仍征收，現在查詳咨復外，今據長、元等縣詳，據各裔呈稱：祭、義田畝，舊例編立圖後，應辦賦稅。秋成，同學田十月啓征，優免差徭。請賜給帖昭垂，等情前來。復查祀產之設，往哲祠基攸賴。或官爲撥給，或後裔自置，均應世守，以昭崇德報功之典。至義田爲贍給同族貧亡，則效文正遺規，亦宜垂久勿替，庶得蒸嘗永薦，惇睦成風。每有不肖子徒，恃無稽察，盜賣盜買，以致祠墓頹蕪，歲祀陵替。故奉撫憲折奏，申嚴定例。玆據前情，除經呈詳督撫二憲批飭遵行在案。合準給帖。爲此帖，仰該裔遵照帖開緣由，勒石永遵，循例編立圖後，秋成輸賦，優免差徭。余子以供俎豆賙給。倘有奸徒捏冒詭寄，及不肖子孫私行盜賣，富室強宗謀吞受買，許即執帖首告，按律懲治。如非帖內田產，亦不得藉端控爭，毋□□□。須至帖者。

計開元和縣監生王銓，爲伊祖母欽旌節婦李氏設祠建坊，并捐置元和縣境內田蕩一百六十八畝六分五釐四毫。又祠旁瓦房一所。所捐田畝，歲收租息，除完辦條漕外，餘供祠墓祭修之用，洵屬孝思不匱。合準給帖勒石，彙冊咨部立案，以昭世守。

雜録

元·蘇天爵《滋溪文稿》卷一《贊·丞相淮王畫像贊》　故太傅、開府儀同三司、錄軍國重事、贈宣忠佐命開濟翊戴功臣、太師，追封淮王，謚忠武伯顏，有廟在杭州德化里，賜田二千畝，勅有司歲時祀享。

元·蘇天爵《滋溪文稿》卷四《文水王氏增修塋兆記》　正議大夫、晉寧路總管王侯國器既承寵命褒贈其父祖，請于翰林學士承旨歐陽公銘其隱德遺善于碑，又刻宗人世系于碣，又各題石表識其墓，及陳祭石于前。乃謂天爵曰：先世塋兆，翁仲石儀已具，封樹祭田冢人所居皆次第成之。子其書于碑陰，俾後人守之，庶幾永久而弗墜也。

按，王氏先墓在太原文水縣云周里，東距汾河數里之近。比年河流墳閼，夏秋之交，水衍溢于墓域。侯築土四圍，高十有五尺，闊八尺，水害遂息。樹松柏榆柳凡八百章，鬱然暢茂。墓域舊惟三畝，王氏族大且盛，塋不能容。侯買地五十畝，以二十畝爲塋地，餘爲祭田。三畝爲宅，作室四楹，令冢人居之。

明·宋濂《宋學士文集·鑾坡後集》卷七《故民匠提舉司知事許府君墓誌銘》　謹按歐陽時中所爲狀，府君諱嗣宗，字原仲，姓許氏，其先洛陽人。【略】府君生有異質，嗜學弗倦，取六經百氏，晝夜探其精微。已而嘆曰：爲學貴行，不行而能言，雖如簇錦，將何施邪？益溥心家政，旁及樹藝之事。

久之，貲若產超於前人，遂以事親訓子姓爲務。家西百餘步，斸土爲臺，引清流遶之，奇葩叢篁，環列於左右，穠英涼翠，蓊鬱然云。府君建聚景樓，其間翼以衆芳、俯清、天心、水面諸亭，幽靜軒敞，一塵弗侵。府君奉板輿游其中。俾童冠者隨薦紳家嚅嚌羣書，孳孳弗之解。稍有餘暇，輒集賓朋，雅歌投壺以自樂。府君曰：可則可矣，苟不以禮自治，何以示悠久？乃稽諸子冠婚喪祭之禮，肄習而行，復擇並舍常稔之田五十晦，焚其質劑，永收其入，以供四時祀事。州里之間有凶喪、單窶弗自支者，且振而給之。大司徒楚國歐陽文公，當世大儒也，義府君之爲人，結爲交友，嘗寄詩以寓其意。

明・宋濂《宋學士文集・翰苑續集》卷四《莆田林氏重建先祠記》 初睦庵在宋初時已置祭田，自後累增至於二千畝有奇，故烝嘗之禮，視他族爲特豐。元季亂離，始不能以自守。

明・宋濂《宋學士文集輯補・故丹谿先生朱公石表辭》 先是府君置祭田三十餘畝，合爲一區，嗣人遞司穡事，以陳時薦。然有恆祭而無恆所。先生迺即適意亭遺址建祠堂若干楹，以奉先世神主。歲時行事，復考朱子《家禮》而損益其儀文，少長咸在，執事有恪，深衣大帶，以序就列，宴私洽比，不愆於禮。適意亭者，府君所造，以延徐文清公之地。先生弗忍其廢，改創祠堂之南，俾諸子姓肄習其中。

清《乾隆碍嘉志書・公田社穀》 原係士民侵占，州判羅仰錡到任，清查歸公，爲祭祀之需。

城隍廟祀田一段，係一兩，坐落大村壩心，年收租穀五市石。卞愷佃種。

又一段係一兩，租五市石，與前祀田相連。

祭羊田一段，係四錢，坐落廝得田，年收租穀二市石。王小三佃種。

燒帛田一段，係一錢，坐落廝戛村旁，有糧三升三合，年收租穀七市斗。王世繼佃種。

祿海田一段，係四錢，坐落利弄里南岑河邊，年收租穀一市石。羅光祚佃種。

祿豐田一段，係二錢，坐落者法里河邊，年收租穀五市斗。黃國樟佃種。

同上 公田三段

百長田一段，坐落邦有村，年收租穀八市斗。彭起林佃種，年給予鄉約口糧。

火頭田一段，係坐落大村山尾，年收租五京石。火頭承種爲口糧。

耤田一段，坐落南門外先農壇前，乃州判羅仰錡所開之田。四畝九分，招農夫卞材耕種，年納租穀二十京石，爲祭先農及添備義學館餼之用。

清《［瑞安］項黎治家分書》 撥爾祖父岐山公祭祀田共一百三十六畝。撥余養身田百畝，俟百年後即作爾父黎治公祀田，亦四房值祭輪流。

清《［瑞安］盤谷孫氏族譜・祠祀分支表》 遠祖四公大清明衆祀田十二畝四分，老二房謙十派下小宗衆祀田十五畝七分六釐，第十七世恭二公莊底衆祀田十七畝八分，十八世小二房宣義派下青石墥衆祀四十三畝九分，第二十二世吉生名下馬社衆祀田四畝八分九釐，第二十三世仁籌名下孫三衆祀田八畝。

國有土地制度總部

義田部

傳記

《元史》卷一八四《韓元善傳》　元善性純正，明達政體，歇歷臺閣三十餘年，遂躋丞轄，以文學治才，羽翼廟謨，論議之際，秉義陳法，不偭鄉上官，國是所在，倚之以爲重。嘗以謁告侍親居家，效范文正公遺規，置田百畝爲義莊，以周貧族。至正交鈔初行，賜近臣各三百錠，元善復以買田六百畝，爲義塾，延名士，以教族人子弟云。

《元史》卷一八四《崔敬傳》　六年，遷樞密院都事，拜監察御史。時既毀文宗廟主，削文宗后皇太后之號，徙東安州，而皇弟燕帖古思，文宗子也，又放之高麗。敬上疏，略曰：文皇獲不軌之愆，已徹廟祀；叔母有階禍之罪，亦削洪名。盡孝正名，斯亦足矣。惟念皇弟燕帖古思太子，年方在幼，罹此播遷，天理人情，有所不忍。明皇當上賓之日，太子在襁褓之間，尚未有知，義當矜憫。蓋武宗視明、文二帝，皆親子也，陛下與太子，皆嫡孫也。以武皇之心爲心，則皆子孫，固無親疏；以陛下之心爲心，未免有彼此之論。臣請以世俗喻之：常人有百金之產，尚置義田，宗族困阨者，爲之教養，不使失所。況皇上貴爲天子，富有四海，子育黎元，當使一夫一婦無不得其所，今乃以同氣之人，置之度外，適足貽笑邊邦，取辱外國。況蠻夷之心，不可測度，倘生他變，關係非輕。興言至此，良爲寒心！臣願殺身以贖太子之罪，望陛下遣近臣迎歸太后、太子，以全母子之情，盡骨肉之義，天意回，人心悅，則宗社幸甚！不報。

《元史》卷一八五《蓋苗傳》　苗學術淳正，性孝友，喜施與，置義田以贍宗族。

《明史》卷一八一《徐溥傳》　溥性凝重有度，在內閣十二年，從容轉導。人有過悞，輒爲掩覆，曰：天生才甚難，不忍以微瑕棄也。屢遇大獄及逮繫言官，委曲調劑。孝宗仁厚，多納溥等所言，天下陰受其福。嘗曰：祖宗法度所以惠元元者備矣，患不能守耳。卒無所更置。性至孝，嘗再廬墓。自奉甚薄，好施予。置義田八百畝贍宗族，請籍記於官，以垂永久，帝爲復其徭役。

《明史》卷二二七《宋儀望傳》　宋儀望，字望之，吉安永豐人。嘉靖二十六年進士。授吳縣知縣。民輸白糧京師，輒破家。儀望令諸區各出公田，計役授田贍之。

《明史》卷二三〇《姜士昌傳》　姜士昌，字仲文，丹陽人。父寶，字廷善。嘉靖三十二年進士。官編修。不附嚴嵩，出爲四川提學僉事。再轉福建提學副使，累遷南京國子監祭酒。請罷納粟例，復積分法，又請令公侯伯子弟及舉人盡入監肄業，詔皆從之。累官南京禮部尚書。嘗割田千畝以贍宗族。

《明史》卷二五三《張至發傳》　尋出按河南。福王之藩洛陽，中使相望於道。至發以禮裁之，無敢橫。宗祿不給，爲置義田，以贍貧者。［萬曆］四十三年，豫省饑，請留餉備振，又請改折漕糧，皆報聞。

紀事

《元史》卷二八《英宗二》　［至治三年夏四月］己卯，詔行助役法，遣使考視稅籍高下，出田若干畝，使應役之人更掌之，收其歲入以助役費，官不得與。

《明實錄·孝宗實錄》卷九九　［弘治八年四月］戊寅，大學士徐溥奏：臣以祿賜所入於原籍宜興縣倣范仲淹之意置義田若干畝，歲收租稅以助族人婚葬之費，定爲家規，傳之子孫，但條約不關於部曹，數目不籍於郡邑，恐人心難合而易離，義事難成而易敗。異時子孫或視爲度外，則不禁鄉鄰之侵；或認爲分內，則啓族人之訟，乞勑戶部將臣所置義田文冊用印鈐記發臣本管府縣存照，俟造冊之年另以徐義莊爲名立戶造入本里帶管戶內，如有侵占爭訟者以官法從事，庶幾家法藉國法而永存，百世子孫皆蒙休賜。下戶部議，宜從所請。上曰：置義田以贍族，深有補於風化，便行本管有司嚴爲防護，俾其子孫永遠遵守其義莊，戶內差役仍與蠲免。

《明實録・世宗實録》卷五〇四 〔嘉靖四十年十二月〕壬戌，刑科給事中趙灼條陳三事。一清常賦。謂江南軍興，額外加派，新舊相仍，重爲民病，乞將歲徵之數列常暫二條，暫徵者事訖停止，仍揭榜曉諭，俾吏胥不得爲姦。一覈實用。謂每歲軍餉不下百萬，中間姦貪，將領虛塡兵數，冒領糜費，內地冗兵無故坐食，并宜稽實減省。一立義田。謂江南賦税必責糧長，糧長承役必至破家，宜設義田，收其所入，以畀承役之人，上區田六百畝，中區五百畝，下區四百畝，計畝出金置産，有司爲之課督，則民不偏累，國課可足。戶部覆設立義田，恐于民情不便，徒滋姦弊，餘二事可行。詔從之。

《明實録・神宗實録》卷四一五 〔萬曆三十三年十一月〕戊戌，先是湖廣撫按會奏楚藩善後事宜十二款。【略】一立義田。謂王宜量撥莊田若干，或捐禄若干，置立義田，其郡王、將軍、中尉必好義而共成其美，所收子粒以給庶宗之貧不能婚葬者。

藝文

元・虞集《道園類稿》卷二五《雙溪義莊記》 古者諸侯有國，大夫有家，則有大宗、小宗之法，以收其族，有土田禄食，可以及其人。後世富貴之家，雖枝葉扶疏，而尊尊親親之道微矣。唐、宋以來，五等之爵，有國之名，而食無其地，雖至於大官貴人，往往隨寓以爲家，得歸其鄉者甚少。于其族人所謂本諸一人之身者，漫然無以及之也。是以范文正公之在吳郡，給養有法，嫁娶喪葬皆有助，世世守之，以爲楷則。宋雖亡，而范氏子孫蒙被皇元忠恕仁厚之澤，官於其郡者，相與扶持之。至今三四百年，常如一日，天下四方效而行之者，亦或有之，而久近多寡，不可盡知也。今西域阿剌溫氏，歷仕於閩。以其久監順昌之邑也，買田四頃，收其租以贍其族人之在閩者，又爲手書，命其子孫世世毋敢奪焉。其孫阿里沙爲江西憲史，請爲筆而記之。我國家祖宗龍飛朔方，四征不庭，西域之來歸也，其土之人，極梯航以通幽遠，率名賦以充國用，其有才智者，相天子以執國柄，司利權而蒞民庶，仕于時者，蓋莫盛焉。至於會府奧區，以富盛稱者相望也。雖其鄉里之情、親戚之好，勢足以相任使，力足以相發興，非不周且充也，而義田之舉，昉見於順昌，何其厚乎！閩爲文物之邦，殷阜之府，方以類聚，其亦有所觀感者矣。阿里沙漢人之字曰君美，其言曰：其先祖也速兀闌，從憲宗皇帝南征至蜀，善用機石、治弓矢，以火攻城壘爲功。世祖在潛邸，號之武德將軍，領天下諸匠、弓矢、炮手，書諸羊革以命之。伯顏忠武王之取宋也，其子忽答失兀闌從軍，隨定諸閩、南劍、建寧等郡縣，奏功，賞白金二百五十兩，授武略將軍、東平都達魯花赤。有九子，上嘗呼之爲九子母云。東平之第幾子補伯，以特旨爲威武上將軍、婺州宣課提舉司達魯花赤。宣課之子馬合謀，福建置行中書省，時以世將諸孫宣佈任使，歲滿，除延平路録事，司達魯花赤。延平將高忙古歹爲不法虐民，録事質之，高怒擊録事折其肱，亡其印，詣闕愬之，有旨刑部逮問，受杖而竄之，録事還職。遷順昌縣達魯花赤，在官十年，民訟平允。江西盜起南境，順昌沿檄會捕，寇平，移福清州同知、閩縣達魯花赤，以朝請大夫、福州路同知致仕而卒。子揑古歹，初廕泉州永春簿，今爲莆田達魯花赤。三子，沙其長也。噫！國家將帥之臣，皆有世守，或以舊勞見顯用，而東平之家子孫，乃膺郡縣社稷民人之寄，而沙又以文史歷風憲。義田之舉，所以遺其子孫者，爲德厚矣，後當有顯著何疑哉！是以爲記。

元・黃溍《文獻集》卷七上《傅氏義田記》 烏傷之北鄙，有義門者，里人傅氏之居也。傅氏之長曰某，過予而言曰：家故有田四百畮，合族而食五世矣。以羣從子姪之蕃衍也，歲率用八畮之入食一人，而籍其餘，可當十人之食，以給賓祭百須之費。吾懼夫久且弗繼，而無以善其後也，吾竭吾私焉耳矣。蓋得田凡若干畮，別儲其入爲子本，而權其奇贏，俟他日更購田，以附益焉。是不可無告來裔，使成吾志，以惟子也請。嗟乎！義之名孰從生乎？親親，仁也；因時制宜，義也，禮之所由起也。蓋予聞之，古之制禮者，爲之井田以同其利，爲之比閭族黨以均其安，夫然後教以有急相賙，有喜相慶，死葬相卹，疾病相養。猶患其未足以勸親親也，於是乎有宗族焉，而非會居聚食之謂也。服窮於緦，而同姓殺於袒免。是以祖遷於上，聖人莫能存也；宗易於下，聖人莫能止也。戚也，而日以疏，勢也。繫之以姓而弗別，綴之以食而弗殊，則是疏可使戚也。其所因者，本也。循其勢，故教易行；達其本，故道可久。聖人惡有術以強合之哉？《大雅》曰：飲之食之，君之宗之。王者之大政也。田制壞，宗道廢，仁人孝子不得由乎先王之禮之盛，而各以意行之，假區區生養之具，以收聖人之所不能合，夫亦有取其義云爾也。充其義，而仁不可勝用也。記曰：一家仁，一國興仁；一家讓，一國興讓。在乎勿替引之而已。書而歸之，俾刻諸石，豈非其所望以扶吾義於百世而弗墜者耶？旌異之實存乎舊記，條約之凡具於碑陰，茲不書。

元・黃溍《文獻集》卷七上《沈氏義莊記》　湖之歸安東七十里，是爲花城。爲其鄉之望者，曰沈君，家故業儒。君之父處士公，遺外聲利，不有仕祿，而樂出私財，以賑人之急，謂親親仁民，宜有本末次第。首圖創義莊，以教養其族人。未及就緒而歿。君以爲前人之志不可不續，爰以至順辛未，捐田五百畝，建義塾，搆殿宇，妥先聖先師像其中，以春秋修釋奠之儀。闢講舍齋廬，延宿儒爲之師，而聚族之子弟，俾隨材以受業，鄉人來學者弗拒也。尋復以至正乙酉，捐田五百畝，即義塾之南立義莊。屋以間計者若干。歲取其田之所入以實之，擇族中之長且賢者，同主其出納。貧無以給昏喪諸費者，量厚薄之宜，制隆殺之等，而周給焉。大抵本於昔人之成規，而微有所損益。沈君既求懼來者弗克嗣其事，則以聞于外宰相執政及部使者，咸報如所請。沈君既求里之寓公記其義塾，而義莊未之有記，乃叙次其事，以屬筆於予。古之有國家者，必度田授民，以厚其生；立宗收族，以教之親愛。自其法不行於後世，而民之失其養者日多，風俗亦日衰薄。然而萬古一心，萬心一理。田制壞，而此心不與之俱壞；宗道廢，而此心不與之俱廢。仁人君子，苟充其一念之良心，推吾有餘，賫彼不足，使得遂其生，而發其油然親愛之心，豈非禮之以義起者哉？是則生乎千載之下，猶爲三代之民也。《傳》曰：一家仁，一國興仁；一家讓，一國興讓。有能慕沈君之爲而興起焉，將見人各親其親，而周宇之內，無一夫不獲其所矣。子子孫孫勿替引之，善繼善述者所宜盡心也。戚戚兄弟，莫遠具邇，秉彝之良心，誰獨無之？予弗辭而爲之記者，非徒以勗沈君之後人纂承而弗墜，亦以爲富而好禮者之勸也。

元・黃溍《文獻集》卷七下《湯氏義田記》　湯氏在龍泉爲鉅族，宋南渡時，岐國公思退以文章家致位宰相，族益著。岐公之伯祖太中大夫□，後九世，是爲武翼大夫節。武翼生望，以父蔭讓其弟，始不有世祿。有子曰鏞，字伯韶，生十三年，而德祐失國，遂隱不仕，人稱之曰石屋處士云。處士君既不仕，則混跡民間，務爲生產作業，家以苟完。自奉甚簡薄，而樂振人之窮急。謂仁民愛物，宜始於親親，乃置義田，以贍同族。其爲田二百畝，歲可得穀四百石，擇族人廉謹而有幹局者，俾任其出納，月給人五斗。有喪者二石，葬則半之。產子者一石，再有子則倍之。子始入學，予錢三十緡。嫁女如入學之數，娶婦則減三之一。年七十者，每歲帛一疋，能自業者弗預，不知檢飭而有子弟之過者罷之。大略倣范文正公之成規，而微有所損益。其爲施貧活族之義，則無以異也。蓋范公有志於是者三十年，暨出臨方面，入踐政途，位充而祿厚，始克終其志。岐公方貴顯時，未及爲，而處士君乃以一布衣爲之，可謂難也已。然嘗觀三王之民，皆有常業，食飲服用之須，不必仰於人而後具。公卿大夫，所受田祿亦有等差，而不得過其制，安所取羡田以爲相賙相恤之資乎？若夫合族之道，又非衣食於我之謂也。厥今田制之壞、宗道之廢亦已久矣，有能以義起禮，而崇其恩愛於服窮親竭之餘，不愈難哉？處士君三子，長濱，次溱，次京。溱不幸先卒。濱與京是繼是述，弗懈益虔。而京不遠數百里走錢唐，求予書其事于石，以告後人，俾勿墜。孝子仁人之用心，何其深且遠歟？是固予所喜聞而樂書者也。處士君之言行，前進士葉峴既以銘其墓，茲不復云。

元・李存《番陽仲公李先生文集》卷二六《書黃氏義田記後》　昔晏嬰爲齊大夫，父母之黨，有因之而乘車，齊國之人，待之而舉火者三百餘家，此固有祿位君子之賢者也。金鉛山黃氏父子，能推其有餘，以仁夫其宗，若向吳中范氏之爲者。使有祿位於一時，其設施當不止此，孰謂古今人不相及也哉！然則苟非其人，簞食豆羹見於色。世之有餘者，唯以奉其口體，私其子孫，驕其妻妾，豪其鄉里，如恐不及焉。今黃氏獨能若是，亦可謂加於人一等矣。

元・貢師泰《玩齋集》卷七《義阡記》　松江通守謝侯禮既作義阡，間至錢唐謁予，曰：葬不如禮曰埋，不得埋曰棄。今吾郡之民，不幸而棄焉者或有之矣。吾爲守而未能使之化，又不能惠吾民，於心獨無欲然乎！今得地五百晦，散在九龍山中，各垣其四周，以限芻牧之入，鋤耰之侵，使凡孤貧無依、羈旅無歸者皆得葬焉。猶懼夫葬者力有不贍，則又割田五百晦，歲徵其入以助之。凡斂而棺者，予地二十尺，米二石；火而函者，地五尺，米五斗。仍深其坎，崇其封，大書居里姓名而謹志之。他日子孫或有徙瘞者，給米如葬數之半。庶幾長民者之道焉。予聞守言，爲之太息，曰：先王定爲喪葬之禮，自天子以至於庶人，其塋域大小、日月遠近皆有截然之制，不可踰也。自浮圖氏之教行，而火葬遂興，郭璞、管輅之學出，而拘忌益甚。火葬興，故有沈其遺於水者矣。拘忌甚，故有拆裂暴露而不顧者矣。今侯之爲阡也，不徒孤貧羈旅有以慰其魂魄於風淒露泣之時，庶使火焚水溺與夫拆裂暴露者惕焉感動，而知所以掩其親矣。然則侯之化其民也，豈小補哉！

元・貢師泰《玩齋集》卷七《黄氏義田記》　四明城南有黄氏者，兄弟六人，曰景振、景文、景誠、景華、景行、景賢。志剛氣和，且能拓其入以致豐，約其出以爲羨，久而家益饒。景振間飲諸弟而告之曰：我等雖未能力學以施諸用，猶幸不失先人之遺。顧吾宗多貧窶，其可不思所以爲淑後之計乎？請以租田五百畝，倣范文正公義莊之制，而稍損益之，其庶幾盡吾情哉！行之未久，兄弟相繼物故，獨景賢在。一日，慨然曰：自兵起南方，征徭無度，雖破家不足以給用，況所謂義田乎！今幸大府令有司計畝受役，民力亦少紓矣。若是而不思有以繼吾兄之志，將何以慰其魂魄於地下哉！於是更益田一百畝，市里人王氏地若干步，搆屋若干楹，以貯其歲入。斟酌時宜，定爲規約。凡所以贍宗族，時祭祀，給廬墓之營葺，婚喪出入，助各有差。然後黄氏之賢，籍籍乎四明之境。天台陳君從來三山，數以田記爲請。君從，予故人也，其言既可徵，又喜黄氏兄弟好義之力，廼作而嘆曰：義出於人心而本諸天理。國之盛衰，家之興廢，在義與不義而已。一事之行，苟合乎義，猶足以使人感服而興起，況割己所有，以惠衆人乎！黄氏子孫，能世守之不失，則其爲義也益遠矣！

元・鄭玉《師山先生遺文》卷二《義田辯》　頃見友人洪君實《書范文正公義田記後》，謂：再嫁者濫有三十千之予，疑出范公一時處置之未定，非斷然欲爲萬世法也。錢公輔之爲記，又不能諱其事，而必以實書。本欲彰公之盛德，反以出公之瑕疵，乃刪定其文，而去此一語。予初見之，擊節嘆賞，謂范公復生，亦當服膺此論。後細思之，始知其爲不然。夫再嫁者，當是族人之嫁次女，故視長女有殺焉，非謂改適人者也。蓋族人之有女，多寡不同，而與之者務欲均一，此仁人君子之用心，而非常情之所能及也。故其文義不曰改，而曰再者，則再嫁爲嫁次女無疑矣。女人以貞一爲賢，改行易節，古所不齒，而謂范公於斯人有取乎？況公平生，擬而後言，議而後動，雖流離顛沛未嘗有差，而立朝事君始終一節，語默動止皆可爲人之法。義田之舉，公自微時即有志矣。及爲西川，參大政，始有祿賜之入，以終其志。是則終身所爲素定，而有謬乎？矧再嫁人之大倫，公於小物且不遺，而謂於此有謬乎？吾故以爲再嫁是族人之嫁次女，無疑也。然則范公百世之儀表，錢君一代之名人，其必有說矣。且先儒於著書，有疑則曰某字當作某字，而不敢輒易本文。君實刪定之說，恐乖古史闕文之旨。是爲《義田辯》。

元・戴良《九靈山房集》卷一一《上海鶴砂義塾田記》　上海鶴砂義塾者，皇慶二年縣人雅州守瞿君時學之所建。前爲廟，後爲塾。而廟有殿，殿有廡，廡有門。塾有講堂，東西有齋舍，有庖，有庫。而先聖先師之祭祀，師弟子之廩餼，則有田一十四頃以給之。視州縣學，蓋無差等矣。其後瞿氏子孫日以陵遲，田既易主，而塾亦隨廢。至正十八年，縣大夫何君某始即故基而重搆之，宏壯麗密，比舊有加。仍勸知經之士，割田七頃有奇，以供祭祀、廩膳之費。及蘇君宗瑞之來爲縣也，乃以學政弗舉，生徒散去，遂延禮某郡易蒙，俾主其塾事。蒙於教養之暇，益以興修廢墜爲己責。祠宇之未具者增之，禮器之弗完者足之，租稅之不實者正之。其屋廬之多寡，田畝之廣袤，亦既立簿正以稽其數，嚴契券以表其畔。猶懼後之人或失之也，又謹伐石載始末，請一言而表之。嗚呼！上海爲吳之近邑，泰伯、仲雍之遺化在焉，其人固易使也。蒙能興善教以正人心、美風俗，使之知禮義廉耻，而不欺其上。則所以質信於簿正契券者且不必，又何取於咫尺之石哉？雖然，繼蒙之後者，來讀余文，其亦有所徵矣。

元・陳高《不繫舟漁集》卷一二《義田記》　三代之世，同黨相救，同州相賙，而在官又有不恤之刑以糾其闕。當是時，凡民皆知分有餘補不足，而急人之急也。逮乎世道下降，王政不行，人各私其富，錙計銖較，悋于施予。甚者至于骨肉同氣，雖極凍餒，濱于死亡，猶邈然不之恤，而人亦恬不爲怪。於是而有推其財以惠困乏者，非有仁人之心，不能也已。桃源陳君思禮，買田其鄉爲義田，幾若干頃，歲籍其入，以賙恤宗族隣里之貧者。予有常數，貸有常經，喪葬嫁娶，各有常給。而又以其贏即所居之旁建書塾，招致經師，教鄉之子弟。嗚呼！陳君之用心，亦仁矣哉！昔先哲范文正公置義田于姑蘇，迨今數百年遺業猶在，而鮮聞有繼而行之者。陳君茲舉，蓋聞文正之風而興起與！雖其規模有所不逮，然亦各其隨力之所至，而用心之仁則一也。若使世之富者皆能如君之用心，而人人賙其宗族，恤其隣里，則施所流者廣遠而溥博，豈不可以厚民俗而有補于王政也哉！君字義甫，嘗以帥府辟教諭贛榆縣之儒學，秩未滿而隱去，以善稱于鄉云。

元·袁桷《延祐四明志》薛基《重建義田莊記延祐四年八月》 鄞風俗素厚。方淳熙盛時，史忠定、汪莊靖、沈端憲諸公投紱里居，實始鳩田儲粟，以待仕族之有喪不能舉，孤女不能嫁者。規式備詳，掌者交自重士，非甚不得已，亦以干請爲恥。常斥其餘積市田附之，久而益廣。莊始於紹熙改元，宣獻樓公所記猶存。暨基至此，循近比得與聞其事，則弊弛非昔，屋亦如之，雖有粟且無所容。同知府事吳郡張公伯延，清明豈弟子，視困窮每相與悼焉。一日，公悟曰：是當自擇人始。又曰：託任貴專，毋分立長貳。則革故刊冗，咨諏老儒。咸曰：吳濠孫其可。固辭，公固命之，不得已乃蒞事，悉更前所爲，收斂必公，賑遺必實，僉既悅服。相舊倉衡立三敖，與不欺亭相接，偪仄幽翳，壤復卑濕，不足修治。其後距城猶有廢地，乃拓而更新之。增培燥剛，流潦屏避，兩楹之閒，虛以爲治所。疏櫺洞寬，爽氣遙集。析左右爲四敖，引其前榮如舫，以通不欺亭，亭亦易礎石加崇焉。又飾土地祠，美其象設，改築西北墉，達於城。闢先賢祠後爲室，用備憩休。措置堅密，不爲目前計。噫，是役也，自前任其職者有不暇及，而君被選纔數月，談笑成之。不遺急難，不告匱縮，則世果無不可爲之事也。世常病儒者寡於實用，今國家設科取士，將責治道焉。苟充是以往，其弗有濟乎。雖然，微張公戢止僞冒，戒佐史章周介嚴督租入，吳君雖欲爲顧，安得致此。惟公嘉惠是邦，勤勞庶政，俾死有藏，生有歸，沛然其贏，作是輪奐。後之出牧者，如公之心，遵公之法，聞風興起，一日必葺，何患乎莫之繼也。時掌計盧全祖實相其事，邦人謂基在文學，史宜紀成績，用鑱諸石，以示不忘。延祐四年八月望日記。

元·王元恭《至正四明續志》況逵《書錦樓氏義田莊記元統二年八月》 四明樓氏，在勝國爲衣冠望族。紹興間，知揚州兼淮東安撫朝議大夫璹，即鄞縣置腴田五百畝，立名義莊，以成先太師楚公之志。自同曾祖下至緦麻而貧於無服而行業有聞者，人廩給有差。朝議四子歲更任其出納，定規約，以示夫後之人，睦婣族，厚風教，意甚善也。後六十年，當嘉定壬申，諸孫洪、深、澤、瀚，曾孫杞、椿，慮其族大年遠，而不率教者或貿鬻之它而攘敓其入，以壞其成。援范文正例，申請奏裁，敢一違越，則官有恆刑。時猶子宣獻公鑰，以同知樞密院事參大政，録其事上聞，尚書檄給如請。洪等復申定義莊規約，而詳於初，其要以增廣紹續爲勸，而戒夫覆墜者，諄諄焉。宣獻記則又訓之以無倦，其言曰：人情初未嘗不善，久則怠，怠則肆，肆則無所不至。家庭之不謹，而求直於有司，亦豈所望哉？旨哉斯言！其慮深矣。初，太師異由進士歷清要，里人尊之爲墨莊先生，名其坊曰書錦。政和末，典鄉郡，奏堙廣德湖，爲田七萬八千餘畝，收粟四萬八千有奇，以贍軍養士，沒則廟食於湖，賜額豐惠。歲或蝗旱，他皆歉乏，惟湖田不憂，至今蒙利。墨莊子五：琛、璹、琚、璩、珌，派爲五，常聚居書錦里。曾大父正議先生郁、大父常俱登上第。義莊之立，義派所從出也。至元丁亥，上距嘉定且百年，勸農營田史君分麾至鄞，文房子曰仟，懼是莊與義役田俱沒入，亟白之史君，君亦援范例，授仟執據，俾世其業。時莫不稱之，曰義莊有人矣，庶其可久乎。大德之癸卯，予署湖北憲，楚公六世孫墉侍金華戴君提舉儒學，文正公孫日軒分教岳陽，君指示曰：是義莊樓氏子與？曰：軒家儷美於東西州者也。予聞之，輒悚然爲加禮。又卅有二年，予爲四明推官，過書錦而問焉，故老咸曰：義莊幾荒矣。蓋至正丁亥，白之營田史君而獲執據者，仟也。大德丙午，倡而瓜分，售之章若陳諸庶者，亦仟也。迨於皇慶壬子春，江浙行省平章政事章呂公行部東浙，族長彬偕僎、傒、成垣彙詞陳於公。事下總管府，同知路事聳吾耳海涯主公是徵，質劑毀於官，族不肖伏其辜若仟者凡二十九人。諸富氓視元直無有，則願與樓氏中分田租之半以當之。又四年，始全璧，復食於書錦，築祠堂以奉先祀，神人具依，以妥以完。或曰：樓族寠且弱，田沒於富民，雄噬狎翫殆十五稔，其何力之能復？而今乃復之，非先太師朝議默相之乎！曰：非也。義之在人心，窮天地，亘古今而不可磨滅者。方其瞀瞀焉爲不義之舉，以人勝；而終復之爲義者，其天定爾。是莊經始於紹興，奏請於嘉定，幾厄於至元之丁亥，蕩析於大德之丙午，復歸於舊則泰定之丙寅，上下二百餘年，一成一毀，雖若有數存乎其間，亦惟義之所在人心，天理千載，猶一日也。然安撫朝議立規約於初，宣獻鐫勉於中，史營田申勸於其後，丁寧告誡非不明且嚴。卒之屣視遺壤，悖先訓，違教命，貿鬻覆墜而莫之顧，利欲之陷溺其心若是哉！故善惡之報不可知，而可知者存乎天；廢興之故不可必，而可必者係乎人。吾於書錦之成毀，竊有感焉。嘗考文正公勳業忠義，焜燿簡冊。忠宣克世其美，吳門規約纖悉備具，范族之聚於斯者，宜莫能廢之。曾未幾何，而田籍散落，宅燬於兵，編氓豪據。至五世孫良器與族長公元者，訴於郡、於監司、於臺省，力加攘劾，乃克復舊。攻媿筆之，歎其家法如是，爲范氏無窮之休。朝議繼先志，以施貧活族之義貽其後，大略與范同。其廢墜、克復世次又相若，其故何耶？噫，世祿之澤有時而或窮，垂裕之善愈久而彌著。古之深見遠識，思以遺其子孫，固有不求於人而求知於天，不汲汲於目前，而必效於他日者，豈無所用其力哉！譬猶種植在地，斧斤摧剝，根荄纏綿，及其雨露之養，萌蘖興焉。義之爲物，不可以終廢，廢而必有興，若范氏之有公元，樓氏之有彬也。吾觀范氏之流風餘韻，當時名公鉅卿概乎有聞，投袂勇爲，尚易事耳。楚公五傳而僎、傒，衣冠塵土，凄其隔世，間關轉鬬，侵疆再歸，視范爲尤難。至於今，益信先太師纍世之遺澤，綿綿而未泯，此吾所爲反復而三歎也。《詩》曰：以似以續，續古之人。因其食思其教，續其所以爲善，是乃祖乃父所望於晝錦之人也。若徒利升斗之給，梗蠹而不相能，明神、先君將不汝貸。況吾筆之所與，誅前而懼後者，可不爲凜凜乎。是年爲元統之甲戌夏六月，墉來請曰：范氏歲寒新莊之復，先顯謨爲之記。去今一百五十餘年，不意兹事乃出吾族。識公且久，今官於郡，則父母我者也。願一言以迪諸不肖，刻之牲石，以旌夫復田子孫之勞。因摭先世遺訓而申儆之，且考證於范，以爲世之積善以遺其後者勉焉。其田籍湮沒，有未如舊者，凡若干畝，載諸碑陰，使來者得以核實云。八月甲子記。

明·宋濂《宋學士文集·芝園前集》卷六《王氏義祠記》 義烏之和溪有王府君者，諱埜，當宋之季，來贅竹山樓約家。約之妻，埜之姑王氏也，故約以女妙清歸于埜。然王氏愛妙清甚，乃於湖塘上造屋一十七間，別置薪山若干畝，蔬畦若干畝，腴田若干畝，召妙清夫婦謂曰：此皆吾捐嫁貲所營，毫髮不以煩樓氏，今悉畀爾主之，爾其慎哉！

明·宋濂《宋學士文集·朝京稿》卷五《長洲練氏義塾記》 皇上建大號之八年，以爲天下既已安輯，而化民善俗之道猶有未備，乃下詔郡縣，凡閭里皆啓塾立師，守令以時程督之。於是雖窮鄉陋壤，莫不有學。吳郡長洲縣之尹山，民居繁庶，習俗嗜利，久不知教，有司偶遺不舉。大姓練壎，自謂其父文達由睦來居，嘗有志而未果。今明詔如此，而塾不時立，恐非朝廷淑斯民意。乃與弟篪謀，夷土治材，作堂三楹間，以爲講習之所。旁爲四室，以供寢處、庖、湢。延儒士高平、范煥爲師，俾里中子弟就學焉，割田三十畝以食之。始於洪武十一年正月，越七月而後成。具以其狀，白于縣若郡，郡許以爲宜。壎乃遺書，來請文紀成績。

清《松江府志》卷一九元·陸居仁《松江站館夫義役田記元統三年》 里人陳君達之以好義聞於鄉。一旦，踵門謂予曰：民無貴賤，凡執役於公者罔不艱厥役，其尤則館守之隸人，率寬褐靡練隸事，且日以力食自給，役之無以稱。使令雖轉賄素習守館者代若役，然名繫有司，無一日寧其業，是以細民咸疾首。斯役比年益繁，十室九磬。予憫民力之不紓，又惟隸役之不可乏，因與父老謀曰：以里正富民之役，猶有津田以優之；館夫，細民之役也，反無優其力者，於義安乎？吾將援津田例，首捐己貲，率鄉之好義，鳩券買租，給雇役之費而無厲斯民。於是，首捐中統鈔千五百緡，及鄉之好義樂施者，共得萬有六千五百有六緡。置田租二百四十一石有奇，令父老殷民章以事陳有司，歲以所買租約除二十有二石，備苗稅課程之需，餘租擇膺館人之習守隸者，每夫月給一石，俾專是役。庶驛夫有恆糈，誠胥利也。初，松江二驛，在城隸八夫，風涇鎮隸四夫。厥後，司站者妄以在城行役繁多，加四名，爲十有六夫。以今驗之，松江居僻壤，使者所至視他郡恆少，隸人率多曠日風涇，使者經食無留宿供給。用是站裁二夫，存十有二名，歲給計百四十有四石，以所餘備旱潦之虞，綽乎有餘裕矣。然懼歲月浸久，議勒堅珉以示遠。余素重陳之爲人，因述其概以遺之。元統乙亥夏四月記。

清《兩浙金石志》卷一四元·曾綱《紹興路增置義田記大德八年》 越之有義廩，自忠定史越王始。蓋必賢者之後，喪不能舉，女不能嫁，然後賙之，將使爲善者有所勸，規式井如也。其後好義之士遡源衍流，田益加增。凡所給助，壹出公論，他費亦惟成規是眂，由是歲有餘積。卿大夫之提其綱者，又能充拓前人意，接踵成之，有羨無斁，廩儲遂倍於初，越之人實嘉賴焉。歲久弊滋，或指上腴爲閒田，或耕者逃徙，漫不訾省，威胥徒相與爲姦利，而潛損其故額者過半。給助既多，不盡覈其實，而他費且益浮。非惟力不能買田以加益，而貧者顧不被其賜。比歲稍議更張，會汴梁劉侯來總府事，問民疾苦之暇，首詢顛末，鏡見弊端。乃闢閒田，復故額，汰濫予，撙浮費，積羨米陸伯餘石。收其直，得楮券五千八百餘緡。擇山陰、會稽之良田，酬以善賈，爲畝壹伯叁十有奇。登其數于籍，俾職出納者庀司之，又以其副庋藏于府。猶以爲未也，則刻之石，使不至湮沒，以無負先賢創義之良規。鄉人聞其事而相語曰：義廩蠹敝極矣，非劉侯見義勇爲，舊租以復，新畬以增，則虧其半者將至於盡虧，而助其乏者將無以爲助。仁哉，劉侯之用心也。昔范文正公嘗置義田，嫁娶凶葬皆有贍，世以爲美談，然不過周及其族。惟忠定以故相鎮越，獨能惠利邦人，養成士大夫廉恥之俗，不遺子孫憂，其所周，視文正益廣矣。今劉侯又能循前人之跡而推廣其意，下車甫期月，於義舉已駸駸可紀。積而至於三年之久，其什百倍蓰，成效固不止是。後之繼者，又能從而推廣之，則貧有仰，善有勸，所及者不益廣且遠耶！是不可無述。遂屬綱識其梗概，使來者有考焉。凡田之畝步若處所，則條而勒諸碑陰，茲不書。大德八年四月日記。

清・羅諸《飛雲渡詳撥官田歲修官船碑記》　雍正九年間，邑僧宗義原創義渡，募建慈航，自捐施田一百畝，又募田三十畝，收租完公外，餘租收入積價買盡私渡船二十七隻，折朽修損，共成義渡船四十隻，分泊南北兩岸。議每船載三十人，載貨一擔即算一人，人給錢一文，以爲水手工食，具載原詳，另行勒石。第江潮洶湧，風勁浪高，船遭衝擊，易於損壞，歲需修造，費用浩繁，非有公項以勵勸，將毋善果之難久。

雍正十三年，恭逢浙閩督憲郝，經臨此區，士民曹廷輔等公呈，請將瑞邑四十五都塗田撥給收租，資助修葺。奉批平邑查報。經平邑移查本縣塗田畝數詳覆，又奉批送藩司張，再行飭議。信符始下，餘適奉題視篆茲邑，隨會諸耆庶妥議詳覆，已邀督憲批允。復緣此田曾入鄔令參案，大部行令收貯備賑；余以備賑、濟渡均屬利民，理無二致，復經剴切轉請，蒙前府憲莊、署府憲李，先後看詳，業蒙撫憲盧、督憲郝批允。僧人宗義亦赴省上陳，正與憲批符合。乾隆四年五月間，咨明戶部，將在官塗田二百四十畝撥給義渡收租，助充歲修，飭行立石渡口以垂永久。此外又有墾熟涂田九十畝，業已陞科在先，并歸義渡公用。宗義數年經營終弗替，得邀各憲深仁咨部定案，億萬年永永無數，庸非宗義籌畫之苦衷歟？余忝膺民社，同善有心，感憲恩而嘉僧志，樂叙其顛末如此。

今宗義老邁也，合邑衆議另行僉擇督理征造，克紹師志。慮日後田租錯雜，修造推諉，議照船配田，分手辦理，人給一冊，以憑遵守，歲終報核。如有侵蝕卸誤者罪之，有司公事繁冗，牒移儒學時加稽察，庶事有耑責，功無旁落。此皆推廣憲仁好生利濟之殷懷也。并志於石，以垂不朽。

并録督憲郝批僧宗義呈：查設立義渡，原爲利濟行人。僧宗義不憚辛勤，竭力倡造，商民稱便，可謂禪門中之巨擘矣。但修葺需費，勢所不免。若不酌守款項，恐已成之功歸於無益。今應作何料理以垂永久之處，仰浙布政司悉心妥議詳奪。

雜録

元・蘇天爵《滋溪文稿》卷六《訾君孝義詩序》　德州齊河縣有孝義之士曰：訾君仲元。其上世以貲雄，金之季年，散財招壯勇，保衛鄉社，由是貲衰，然里人咸賴之以安。聖朝平定之初，君之父思振先業，而家日裕。有子四人，仲元居其次。幼服田力穡，悃愊無華，動循矩度，敦行孝義。父病瘍甚，君拜醫求藥，藥必親嘗，衣不去體，食不甘味。父卒，躃踴哀號，絶而復蘇。棺斂葬祭，稍從禮制。既而母亦感疾，伏枕二年，君奉侍彌篤。及卒，哀踰前喪。母鍾愛君孝謹，知其無所私藏，疾革，屏人以金珠首飾付之。君拜辭，乞與諸弟，母益賢之。異時諸弟求分財別居，君不能止，聽擇田廬便利者取之，而已略不介意也。諸弟不幸蚤亡，君撫遺孤如己子，待中外姻族盡恩義。里閈貧無依者十餘家，割良田百畝俾種植自給，以終其身。

明・宋濂《潛溪集後集》卷七《龍淵義塾記》　至正十三年九月某甲子，栝蒼章君溢，新建龍淵義塾成。龍淵即龍泉，避唐諱更以今名。相傳其地即歐冶子鑄劍處，至今有水號劍溪焉。山深而川阻，與通都大邑相去遠或二三百里，雖至近亦且半之，鄉閭之子弟無所於學。章君之先世嘗以爲病，謀創桂山、僊巖兩書院，以無恆產，未幾而皆廢。章君深憂之，與諸子計曰：無田是無塾也，其奚可哉！遂撙節凡費而用其餘，斥田至一百五十畝。其妻黨陳京兄弟聞之，以曾大父適齋先生所遺二百三十畝有畸，來爲之助。章君曰：吾事濟矣。乃卜地官山之陰創燕居以奉先聖，而先師爲之配，春與秋行舍采之禮。旁列四齋：曰遜敏、曰知通、曰敬樂、曰博約，以居弟子員。後敞正義堂，月旦十五日，鳴鼓齊多士，以申飭五倫之教。前建大門，榜之曰龍淵義塾。甓其修塗，以達於東西。灌木嘉篁，前後蔽廕，蓋鬱然云。歲聘經行修明之士以爲講師。諸生業進者，月有賞；才穎家單，不能裹糧者，資之使成；其不帥教者，罰及之。田賦之出入，主塾事者司焉，日用有籍，月考朒贏，歲二會其數。有餘則他貯，益斥田以廣其業。石華、象溪二所，復設別塾，以教陳氏族子之幼者，俟其長乃赴龍淵受業。此其大凡也。江浙行省參知政事石抹公聞而嘉之，檄本郡免其科繇，俾無有所與。章君既列條教，序而刻諸石，復懼來者不能保其終也，伻來請濂記之。

明・宋濂《潛溪集後集》卷九《元故行宣政院照磨兼管勾承發架閣鄭府君墓銘》 府君諱銖字彥平，其先出於鄭，遂以國氏。自公子友受封至今，世系皆可考，詳見《世譜錄》中。其由滎陽徙歙者，則宋歙縣令凝道也；由歙遷睦者，則殿中侍御史自牖也；自睦徙婺之浦陽白麟溪者，則淮也。淮字巨淵，於府君爲八世祖。淮生照，照生綺，綺生聞，聞生運，運生政，政生德璋，處之青田縣尉，府君之大父也。父文厚，母葛氏。府君自幼輒失怙恃，鞠於世母周氏，府君事之以孝聞。年十六，善爲廢舉之術。未幾，家大穰。府君自綺以來，八世同爨，朝廷嘗表爲義門，子姓之多至數千指。府君與兄欽營田八百畝有畸，建嘉禮莊，以給婚姻之用。

明・宋濂《潛溪集後集》卷一〇《方府君墓銘》 樒概有義士曰方府君鎰，字子兼，裔出玄英處士干。干自新定隱鑑湖，其諸孫敎遂徙樒概華山，至府君十三世。曾祖賀祖天與父世卿，宋季游太學以文鳴。府君氣軒邁，讀書志欲篤行，不屑泥章句，見裂截籍以綴文題者，唾去。與兄鐵甚相友，人或鼓簧言撼之，久不能無動。府君悟曰：兄弟天屬也，我何敢爾，我何敢爾？即造兄前且拜且泣，金繒悉聽其所爲，弗問。簞食豆羹，非對案弗御。間以論辯貽兄怒，輒屏氣長跽。伺怒霽，方起。歲大侵，人盎無斗儲，大厲又頻行，咸自度必死，競操梃，起爲盜。府君憂見顏面，盡斥故藏，易粟東陽郡，椎牛釃酒享壯者，使巡耄弱之廬，口賦以食，病者，親注善藥，環數十里無嘩。掾捕賊，恆倚爲聲援。府君營腴田十二頃，貯其歲入爲義莊，凡宗屬孤惸貧窶者月有給，嫁昏有助，死喪有棺槥及瘞薶之阡。復設義塾一區，中祀先聖先師，旁挾六齋，後敞正義堂，招講師以六藝摩切諸生。義聞煊赫，士有不遠千里至者，業成多至大官。侍御史馮翼欲上其事，府君謝曰：此無甚高事，假是以徼寵名，非人行也。府君祭先甚謹，牲牢必潔碩，帥家人雁鶩行進，就位立，不失尺寸。

明・宋濂《宋學士文集・翰苑別集》卷七《題〈湯處士墓銘〉後》 予觀老友陶先生所撰《湯處士墓銘》，歎其制行淳厚，何其絕於人哉？竊求其故。處士之諸祖，嘗置義田以贍宗族，積累深長，故其孫子多賢。此固天佑善人，理當報施者如是，抑亦家庭之間耳濡目染之所致也。

昔者范文正公、吳文肅公皆有志義田，及登二府，祿賜豐厚，方能遂其所願。儒先學士每豔其事，且謂劉暉簽判家無餘資，能於初仕亦置義田數百畝，實有難於二公者。嗚呼！暉亦食君之祿矣。

明・宋濂《宋學士文集・朝京稿》卷一《惠州何氏先祠碑》 初公追思顯融之盛由於先世，既於東莞率族人建祠置田以祀羣祖，復與弟迪謀，悉以其先所遺田，儲租入以祭其禰。公猶未慊於心，乃以惠州城西之私第爲義祠，斥所有私田百餘頃爲義田，世俾宗子主祀事。恐族人不知學也，有塾以教之；恐其羞服或乏也，有粟帛歲賑之；嫁娶喪葬有以助之，疾病疲癃有以養之。懼其久而失其意也，爲書以訓之。俾嗣弗壞而來請銘。

明・宋濂《宋學士文集・翰苑續集》卷二《故龍泉湯師尹甫墓碣銘有序》 湯府君諱京，字師尹，一字景山，處之龍泉人。其先與宰相岐國公思退同宗。蓋自岐公曾大父太師婺國公載之長子太中大夫稻，傳十世至武翼大夫大節，武翼生望，以父蔭讓其弟，始不有世祿。有子曰鏞生，未冠而宋社已屋，遂隱居行義，置田二百畝，以贍同族。黃文獻公溍爲記其事，實府君之父也。

府君性聰利，羣書過目輒成誦。逮入州學，習進士科試之業，下筆光焰逼人，同舍畏憚之。州里有貢之者，府君辭曰：仕固足以澤物，然有命焉，不可必致也。所可必者，其惟醫道乎。乃發《黃帝內經》而精研之。久且有所契，察脈辯證，多著奇驗。遂闢仁濟堂，居四方善藥於中，疾癘者、疕瘍者來謁，悉與之診療，不責其報。復慮義田之入，可給於一時，他日宗胤蕃滋，當有不可繼者。乃與兄濱，各捐常稔之田一百畝入之。義莊湫隘，別建數百楹，中爲堂，曰睦順，東西爲二齋，曰立本，曰養原。合羣族俊彥，聘碩師誘迪之。旁列廩庾，以貯田粟，俟時而分給。府君猶以爲未足，其遇鄉黨耄疾不能存者，月予粟，終其身；歿而無歸者，給槥櫝，使之葬。歲或儉，閭右發粟多增直邀利，府君獨持價弗二，恆如粟初熟時。香爐峰下道苦惡，不利行者，府君率羣隸平其坑坎，取溪中自然石甓之，凡二十里所。

明・宋濂《宋學士文集・翰苑續集》卷七《元故婺州路儒學教授季公墓銘》 陞饒之雙溪書院山長，以親年高辭。時丁元季，州郡多繹騷，藩方大臣多有辟公起者，公力辭。龍泉湯京，好義之士也，捐田爲義莊，以惠其族，復開義塾，以教鄉子弟，以公爲一郡之望，延爲師。公悉心開道，孳孳如不及。

清·吴履震《五茸志逸隨筆》卷三 吾松太學顧正心，號清宇，苦於踐更。助義役田四萬餘畝，朝廷旌之，免其徭役，一時承役者頗沾其惠。迨後佃戶與田保表裏爲奸，較之初時，取租僅得其半。已後方岳貢守郡，沒入此項，僅作公費，即着輪役者取租輪稅，豈知佃戶田保積蠹已久，每累役人鬻妻子以免血杖，甚至無償者死於縲囚，而顧氏子孫亦爲賠償此項，以至售田園而徙出鄉者有之。